PARKER
BORDEAUX

ROBERT M. PARKER, JR.

PARKER BORDEAUX

DEUTSCH VON WOLFGANG KISSEL

HALLWAG VERLAG
BERN UND MÜNCHEN

MEINEM VATER, DER VERKÖRPERTEN LEBENSFREUDE

Die amerikanische Originalausgabe ist unter
dem Titel BORDEAUX im Verlag Simon & Schuster,
New York, erschienen.

Original English language edition
© Copyright 1998, 1991, 1985 by Robert M. Parker, Jr.

All rights reserved including the right of
reproduction in whole or in part in any form.
This edition published by arrangement with the
original publisher, Simon & Schuster, New York.

Alle deutschen Rechte vorbehalten
© 1998 Hallwag AG, Bern
2. Auflage, 2000

Schmuckelemente: Christopher Wormell
Übersichtskarten: Jeannyee Wong
Umschlag: Robert Buchmüller
Satz: Utesch GmbH, Hamburg
Druck und Einband: Spiegel GmbH, Ulm
ISBN 3-7742-5192-4

Hallwag

Inhalt

1. Erläuterungen und Betrachtungen 9

2. Beschreibung der Bordeaux-Jahrgänge 1945 bis 1997 19

3. Beurteilung der Weine von Bordeaux 85
    St-Estèphe 85
    Pauillac 154
    St-Julien 255
    Margaux und das südliche Médoc 330
    Die übrigen Médoc-Appellationen: Médoc, Haut-Médoc, Listrac und Moulis 437
    Die Rot- und Weißweine von Pessac-Léognan und Graves 536
    Pomerol 693
    St-Emilion 857
    Die Weine von Barsac und Sauternes 1091
    Die Satelliten-Appellationen von Bordeaux 1181

4. Die Klassifizierungen der Weine von Bordeaux 1209

5. Die Elemente für grossen Bordeaux 1221

6. Ratschläge für den Bordeaux-Liebhaber 1237

7. Ratgeber für Bordeaux-Besucher 1247

8. Glossar 1259

Register 1263

DANK

für wertvolle Unterstützung schulde ich: Hanna, Johanna und Erich Agostini, Jean-Michel Arcaute, Jim Arseneault, Ruth und Bruce (†) Bassin, Jean-Claude Berrouet, Bill Blatch, Jean-Marc Blum, Thomas B. Böhrer, Monique und Jean-Eugène Borie, Christopher Cannan, Dick Carretta, Corinne Cesano, Bob Cline, Jean Delmas, Dr. Albert H. Dudley III., Barbara Edelman, Michael Etzel, Paul Evans, Terry Faughey, Joel Fleischman, Han Cheng Fong, Maryse Fragnaud, Laurence und Bernard Godec, Dan Green, Philippe Gouyonnet-Duperat, Josué Harari, Alexandra Harding, Ken-ichi Hori, Dr. David Hutcheon, Brenda Keller, Barbara G. und Steve R. R. Jacoby, Jean-Paul Jauffret, Nathaniel, Archie und Denis Johnston, Ed Jonna, Allen Krasner, Françoise Laboute, Susan und Bob Lescher, Christian, Jean-François und Jean-Pierre Moueix, Jerry Murphy, Bernard Nicolas, Jill Norman, Les Oenarchs (Bordeaux), Les Oenarchs (Baltimore), Daniel Oliveros, Bob Orenstein, Frank Polk, Bruno Prats, Martha Reddington, Dominique Renard, Dr. Alain Raynaud, Huey Robertson, Helga und Hardy Rodenstock, Dany und Michel Rolland, Carlo Russo, Tom Ryder, Ed Sands, Erik Samazeuilh, Bob Schindler, Ernie Singer, Park B. Smith, Jeff Sokolin, Elliott Staren, Daniel Tastet-Lawton, Peter Vezan, Robert Vifian, Sona Vogel, Karen und Joseph Weinstock, Jeanyee Wong, Steven Yerlin, Dominique und Gérard Yvernault, Murray Zeligman.

Für ihren großartigen Einsatz bei der Gestaltung dieses Buchs aus einer ungeheuren Masse von Einzelinformationen gebührt ein besonderes Dankeschön Janice Easton, meiner Lektorin bei Simon und Schuster, sowie Hanna Agostini, meiner Assistentin und Übersetzerin in Frankreich, Joan Passman, meiner Assistentin in den USA, und meinem früheren Korrektor und Redakteur des *Wine Advocate*, Dr. Jay Miller, der mich schon ein Leben lang bei Essen, Trinken und Verkosten als Freund begleitet. Auch Florence Falkow, Pierre-Antoine Rovani und sein Vater Yves Rovani waren immens hilfreich, und ich schulde ihnen großen Dank.

1.
Erläuterungen und Betrachtungen

Keine Frage, die romantische, ja mystische Empfindung, die mit dem Entkorken einer Flasche Bordeaux aus einem berühmten Château einhergeht, übt eine nahezu unwiderstehliche Faszination und Verlockung aus. So mancher glühende Bericht wurde schon über die Weine von Bordeaux verfaßt, und manchmal ist ihnen mehr Hochachtung entgegengebracht, mehr Erhabenheit zugesprochen worden, als sie eigentlich verdienen. Denn wie oft hat sich nicht eine feine Flasche Bordeaux aus einem angeblich exzellenten Jahrgang als verwässert, kaum genießbar, ja sogar als gräßlich herausgestellt? Wie oft hat nicht schon ein Wein aus einem berühmten Château seinem Besitzer und seinen erwartungsvollen Freunden eine herbe Enttäuschung beschert? Wie oft hat nicht ein von den Sachverständigen abgeschriebener Jahrgang den allerschönsten Genuß bereitet? Und wie oft hat man nicht schon eine großartige Flasche Bordeaux gekostet und dann erfahren, daß sie aus einem Château stammt, das nicht auf der ehrfurchtgebietenden Liste der renommiertesten Weingüter steht?

In diesem Buch geht es gerade um diese Dinge. Es ist ein Leitfaden durch das Bordelais für den Verbraucher. Wer hat in Bordeaux die besten und wer die schlechtesten Weine zu bieten? Wie stellt sich die Leistung eines Châteaus über die letzten 20 bis 30 Jahre hinweg dar? Welche Châteaux werden überschätzt und überbezahlt und welche unterschätzt und unterbezahlt? Solche Fragen werden bis ins Detail erörtert.

Die in diesem Buch enthaltenen Beurteilungen beruhen auf umfangreichen Verkostungen im Bordelais und in Amerika. Seit 1970 besuche ich das Bordelais jedes Jahr, und seit 1978 reise ich berufsmäßig mindestens zweimal im Jahr nach Bordeaux, um Faßproben der Jungweine zu nehmen und verschiedene Weine, die inzwischen abgefüllt und zum Verkauf freigegeben wurden, zu vergleichen. Seit 1970 habe ich in den besten Jahren die meisten Weine mindestens ein halbes Dutzend Mal geprüft.

Es wäre einem Weingut gegenüber ausgesprochen unfair, wenn man ein Urteil über seinen Wein abgeben wollte, nachdem man ihn nur einmal gekostet hat. Wenn ich also jungen Bordeaux verkoste, dann versuche ich das möglichst viele Male zu tun, um ein klares, präzises Bild von der Art und vom Potential des Weins zu bekommen. Schon oft habe ich das Verkosten eines jungen, noch nicht abgefüllten Weins mit der Momentaufnahme eines Langstreckenläufers zu Beginn des Rennens verglichen. Ein einziger Blick auf diesen Wein, ein einmaliges Verkosten gleicht einem Ausschnitt, der nur einen Sekundenbruchteil von etwas erfaßt, das sich ständig

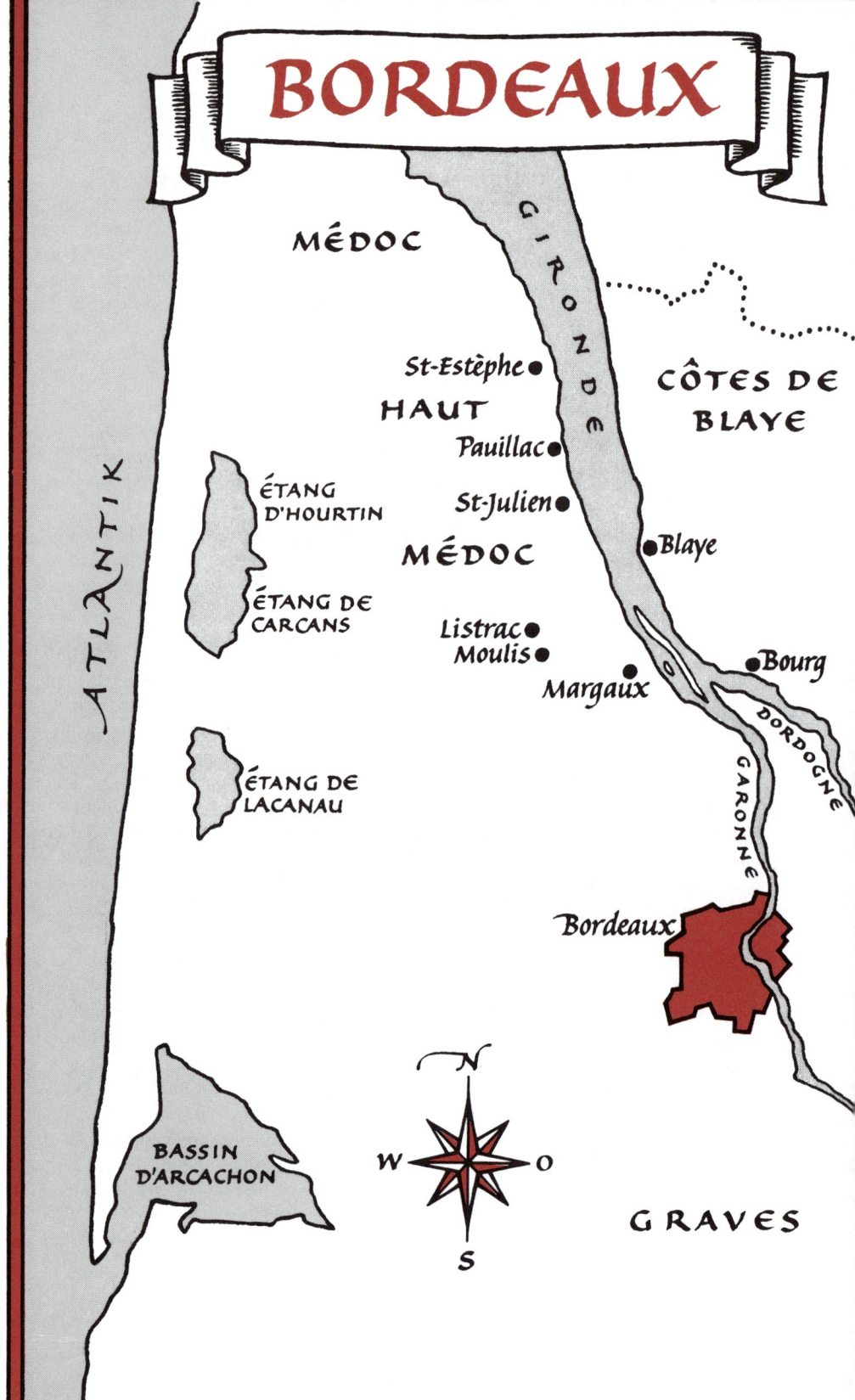

weiterentwickelt und verändert. Will man das Verhalten und die Qualität eines Jahrgangs wirklich beurteilen, dann muß man den Wein im Lauf der 16 bis 24 Monate währenden Entwicklung vor dem Abfüllen in Flaschen, aber auch wenn er sich schon in der Flasche befindet, immer und immer wieder prüfen, um zu sehen, ob das erwartete Potential noch immer vorhanden ist.

Freilich sind manche Weine und generell auch Jahrgänge leichter zu beurteilen als andere. Auf jeden Fall verlangt das Verkosten junger Weine volle Konzentration und äußerste Hingabe, denn sie müssen in ihrer Jugend so oft wie möglich sowohl im jeweiligen Château als auch in Vergleichsproben mit ähnlichen Weinen geprüft werden. Nur so kann ein wahrheitsgetreuer Eindruck von der Qualität und vom Potential eines Weins entstehen. Deshalb besuche ich das Bordelais mindestens zweimal im Jahr und bringe Jahr für Jahr über einen Monat dort mit Besuchen aller bedeutenderen Châteaux in allen wichtigen Appellationen des Médoc, von Graves und Sauternes sowie in St-Emilion und Pomerol zu.

Die Château-Besuche und die Gespräche mit den Kellermeistern sind wesentlich für das Zusammentragen der maßgeblichen Daten über die Wachstumsperiode, die Lesezeitpunkte und die Weinverarbeitungstechniken. Die meisten Kellermeister in den Châteaux von Bordeaux sind erstaunlich offen und ehrlich mit ihren Antworten, während die Gutsbesitzer sich meist sehr bemühen, ihre Weine zu glorifizieren.

Neben solchen intensiven Besuchen in Châteaux aller Bordeaux-Appellationen in guten, schlechten und ganz großen Jahren lege ich auch größten Wert auf vergleichende Verkostung von Faßproben der neuen Jahrgänge. Dabei fordere ich die führenden Négociants von Bordeaux auf, ganztägige Vergleichsproben zu veranstalten, die dem Verbraucher sicherlich höchst massiv vorkommen, nämlich mit 60 bis 100 Weinen. In Gruppen zu jeweils 10 bis 15 Weinen kann so ein ganzer Jahrgang, vom bedeutendsten Spitzengewächs bis zum bescheidensten Cru Bourgeois, mehrmals im Lauf von zweiwöchigen umfangreichen Verkostungen geprüft werden. Durch solche Prüfungen läßt sich die Qualität, die ich beim ersten Besuch im jeweiligen Château feststellte, entweder bestätigen oder zurechtrücken. Da ich diese breitgefächerten, umfassenden Verkostungen mindestens dreimal vor dem Abfüllen des jungen Bordeaux-Weins durchführe, kann ich zahlreiche Eindrücke von einem Wein im Kindheitsalter von 6, 9 und 18 Monaten gewinnen, woraus sich meist ein sehr klares Bild von seiner Qualität ergibt.

Obwohl sich die jungen Bordeaux-Weine während des Entwicklungs- und Reifevorgangs im Faß ständig verändern, kommen die großen Weine eines Jahrgangs meist deutlich zum Vorschein. Ich habe die Erfahrung gemacht, daß manche Weine, die sich am Ende als gut oder sogar sehr gut erweisen, oft recht stumpf und nichtssagend erscheinen, wenn man sie in der Jugend aus dem Faß verkostet. Aber die echten Superstars eines großen Jahrgangs sind stets sensationell, ob sie nun 6 oder 20 Monate alt sind.

Beim Verkosten von jungem Bordeaux aus dem Faß bilde ich mir mein Urteil gern, nachdem die endgültige Mischung, die *assemblage,* fertig ist. Bis dahin hat der junge Wein erst eine kaum nennenswerte Zeit im Eichenfaß zugebracht. Für mich ist es wesentlich, einen Wein in diesem noch kindlichen Alter (üblicherweise Ende März oder Anfang April nach der Lese) zu begutachten, weil die meisten Weine ohne den Einfluß von Eichenholz, der die Frucht verdecken und dem Wein fremdes Tannin und Aroma verleihen kann, besser zu beurteilen sind. Was man in diesem Stadium zu sehen bekommt, ist der nackte Wein, der sich allein in seiner eigenen Fülle und Reife, seiner Frucht, Tiefe und Konzentration, in Körper, Säure und natürlichem Tanningehalt, unverschleiert durch den Ausbau im Eichenfaß, betrachten läßt.

Als wichtigsten Bestandteil im jungen Bordeaux suche ich Frucht. Große Jahrgänge, geprägt durch reichliche Sonneneinwirkung und Wärme, bringen vollreife Trauben hervor, die wiederum volle, reife, zutiefst fruchtige Weine entstehen lassen. Fehlt die Frucht oder ist sie unreif und grün, dann kann der Wein niemals groß werden. Bleiben dagegen die Trauben bei warmer, feuchter Witterung zu lange am Stock, dann werden sie überreif und schmecken nach Dörrpflaumen und manchmal nach Rosinen, und es mangelt ihnen an Säure. Auch sie haben nur wenig Zukunft. Neuere Jahrgänge, die überall im Bordelais in ihrer Jugend durch größte Reife,

ERLÄUTERUNGEN UND BETRACHTUNGEN

Fülle und Reinheit der Frucht gekennzeichnet waren, sind 1982, 1985, 1986, 1989, 1990, 1995 und 1996 – alles Bordeaux-Jahrgänge von hohem Rang. Dagegen zeigten 1974, 1977 und 1984 nur sehr wenig Frucht bei unerfreulichem vegetabilem Charakter – sie sind dürftige bis mittelmäßige Jahrgänge.

Im Frühsommer oder Herbst nach der Ernte komme ich dann wieder nach Bordeaux, um mir die Weine erneut gründlich anzusehen. Um diese Zeit haben sie sich bereits gesetzt und sind zudem vom Aroma neuer Eichenfässer geprägt. Der intensive traubige Charakter der Jugend hat unter dem Eindruck von bereits 3 bis 4 Monaten Faßreife zu schwinden begonnen. Wenn die umfangreichen Verkostungen im März und April ein allgemeines Bild von der Qualität eins Jahrgangs vermitteln, so bringen eingehende Verkostungen im Juni und dann wieder im zweiten März nach der Ernte fast immer schlüssige Hinweise darauf, wo ein Jahrgang im Verhältnis zu anderen Bordeaux-Jahrgängen steht und wie ganz bestimmte Weine sich in ihrer Qualität anderen gegenüber verhalten.

Bereits in Flaschen abgefüllte Bordeaux-Jahrgänge verkoste ich dagegen am liebsten «blind», und zwar kann es sich dabei entweder um «einfach blinde» oder um «doppelt blinde» Weinproben handeln. Das bedeutet nun freilich nicht, daß man die Weine mit verbundenen Augen verkostet, sondern vielmehr weiß der Weinkoster bei einer einfach blinden Probe, daß die Weine beispielsweise alle aus dem Bordelais stammen, nur kennt er die Châteaux oder die Jahrgänge nicht. Bei der doppelt blinden Probe weiß der Weinkoster nichts, außer daß ihm Weine aus beliebigen Weltgegenden und Jahrgängen in beliebiger Reihenfolge vorgesetzt werden.

Beim Bordeaux-Flaschenwein verkoste ich am liebsten nach der einfach blinden Methode. Dann kenne ich den Namen des Weins nicht; da ich aber stets in gleichwertigen Gruppen verkoste, habe ich immer denselben Jahrgang vor mir. Außerdem verkoste ich nie Weine aus dem Bordelais gleichzeitig mit solchen, die nicht von dort stammen, denn ein Cabernet-Sauvignon aus Kalifornien oder Australien etwa ist immer ein ganz anderer Wein. Wenn nun auch Vergleichsproben zwischen Bordeaux und Kalifornien sicher Spaß machen und interessante Artikel abgeben, so sind doch ihre Ergebnisse nie besonders zuverlässig und auch für den Verbraucher, dem es um exakte Informationen geht, nicht besonders sinnvoll. Man bedenke, daß – gleich, ob man ein 100- oder ein 20-Punkte-System benutzt – der Sinn und Zweck professioneller Weinbeurteilung doch stets derselbe ist, nämlich die Qualität eines Weins gegenüber gleichartigen Weinen einzuschätzen und seinen relativen Wert und seine Bedeutung auf dem internationalen Weinmarkt zu ermitteln.

Bei der professionellen Beurteilung von Weinen versteht es sich von selbst, daß geeignete Gläser und die richtige Serviertemperatur unerläßliche Voraussetzungen für objektive, sinnvolle Verkostung sind. Das beste Glas, das es für diese Zwecke gibt, ist das von der International Standards Organization empfohlene sogenannte ISO-Glas; es ist tulpenförmig und wurde speziell für Verkostungen geschaffen. Als Temperatur sind etwa 16 bis 18 °C sowohl bei Rot- als auch bei Weißwein für die Beurteilung am besten. Bei zu warmer Temperatur wird das Bukett diffus und der Geschmack flach. Ist die Temperatur dagegen zu kühl, dann ist kein wahrnehmbares Bukett mehr vorhanden, und der Geschmack wird durch die zu stark kühlende Wirkung des Weins blockiert.

Wenn ich einen Wein kritisch prüfe, dann sowohl optisch als auch physisch. Zunächst betrachte ich den Wein vor einem weißen Hintergrund und beurteile die Brillanz, Dichte und Intensität seiner Farbe. Ein junger Bordeaux, dessen Farbe hell ist oder der verschleiert oder trübe wirkt , läßt auf ernsthafte Probleme schließen. Bei Bordeaux-Rotweinen ist die Farbe äußerst wichtig. Praktisch allen großen Bordeaux-Jahrgängen ist in der Jugend ein sehr tiefes, sattes, dunkles Rubinrot gemeinsam, während bei minderen Jahrgängen infolge von schlechter Witterung und Regen die Farbe oft schwächer, nicht so satt erscheint. 1982, 1983, 1985, 1986, 1989, 1990, 1995 und 1996 war die Farbe der Bordeaux-Rotweine sehr dunkel. 1975 und 1978 erschien sie zwar ebenfalls dunkel, im Farbton aber nicht so tief wie in den vorgenannten Jahrgängen. 1973, 1974, 1980 und 1984 dagegen war sie eher hell.

BORDEAUX

Beim Betrachten eines älteren Wein ist zunächst der Rand unmittelbar am Glas auf bernsteingelbe, orangefarbene, rostrote und braune Töne zu untersuchen. Sie sind normale Anzeichen für Reife. Erscheinen sie aber in einem guten Jahrgang bei einem Wein, der noch unter 6 bis 7 Jahre alt ist, dann stimmt etwas nicht. Beispielsweise reifen schlampig bereitete, in unreinen Fässern oder an der Luft gelagerte Weine schneller und nehmen schon das Aussehen alter Weine an, wenn sie nach Bordeaux-Maßstäben eigentlich noch relativ jung sind.

Außer auf die Farbe des Weins achte ich bei der Betrachtung auch auf seine «Beine» – das sind die «Tränen» oder «Schlieren», die an der Innenwand des Glases herablaufen. Volle Bordeaux-Jahrgänge haben «kräftige Beine», weil die Trauben viel Glyzerin und Alkohol abgegeben haben und dem Wein dadurch eine Konsistenz verleihen, auf die dieser Effekt zurückzuführen ist. Bordeaux-Jahrgänge mit guter bis ausgezeichneter Konsistenz sind beispielsweise 1996, 1995, 1990, 1989, 1986, 1985, 1983, 1982, 1970 und 1961.

Nach der Betrachtung folgt die eigentliche physische Prüfung des Weins. Sie besteht aus zwei Teilen, wobei für den einen der Geruchs- und für den anderen der Geschmackssinn zuständig ist. Nachdem man den Wein im Glas geschwenkt hat, steckt man die Nase hinein (ins Glas, nicht in den Wein) und nimmt das Aroma auf, das vom Wein ausgeht. Das ist ein äußerst wichtiger Punkt, denn Aroma und Geruch des Weins geben Aufschluß über Reifegrad und Reichhaltigkeit der Frucht, über den Reifezustand des Weins sowie über alles Unsaubere oder Zweifelhafte in ihm. Der Geruch eines Weins, ob jung oder alt, sagt viel über seine Qualität aus, und deshalb unterschätzt kein professioneller Weinkoster je die Bedeutung des oft auch als «Nase» oder «Bukett» bezeichneten Geruchs oder Aromas.

Emile Peynaud hält in seinem klassischen Werk über das Weinkosten, *Le Goût du Vin* (Bordas, 1983; deutsch: *Die Hohe Schule für Weinkenner*, Albert Müller Verlag, Rüschlikon-Zürich, 1984), neun Aromagruppen fest:
1. animalische Düfte: Wild, Rindfleisch
2. balsamische Düfte: Pinien, Harz, Vanille
3. Holzdüfte: frisches Holz von Eichenfässern
4. chemische Düfte: Azeton, Thioalkohol, Hefen, Wasserstoffsulfid, Säure- und Gärgerüche
5. Gewürzdüfte: Pfeffer, Nelken, Zimt, Muskat, Ingwer, Trüffel, Anis, Minze
6. empyreumatische Düfte: Karamel, Rauch, Toast, Leder, Kaffee
7. blumige Düfte: Veilchen, Rosen, Flieder, Jasmin
8. fruchtige Düfte: schwarze Johannisbeeren, Himbeeren, Kirschen, Pflaumen, Aprikosen, Pfirsiche, Feigen
9. vegetabile Düfte: Kräuter, Tee, Pilze, Laub, Gras

Das Vorhandensein oder Nichtvorhandensein aller oder auch einzelner dieser Duftnoten, ihre Intensität, ihre Komplexität, ihre Nachhaltigkeit machen zusammen das Bukett aus, das dann als vornehm, vollkommen und ausdruckskräftig oder aber auch als wirklich mangelhaft und nichtssagend erscheinen kann.

Nach gründlicher Prüfung des Buketts wird der Wein gekostet, indem er gegen den Gaumen gedrückt oder gekaut und gleichzeitig das Aroma inhaliert wird. Gewichtigkeit, Fülle, Tiefe, Gleichgewicht und Nachhaltigkeit eines Weins lassen sich an dem Gefühl erkennen, das er am Gaumen hinterläßt. Süße empfindet man an der Zungenspitze, Salzigkeit unmittelbar dahinter, Säure seitlich an der Zunge und Bitterkeit am Zungengrund. Die meisten professionellen Weinkoster spucken den Wein dann aus, obwohl es nicht ausbleibt, daß ein wenig davon auch geschluckt wird.

Der Abgang bzw. die Nachhaltigkeit des Weins, also seine Fähigkeit, Aroma und Geschmack auch dann noch von sich zu geben, wenn er sich nicht mehr auf der Zunge befindet, macht den Hauptunterschied zwischen einem guten und einem großen jungen Wein aus. Wenn Aroma und Geschmack anhalten und lange nicht vergehen, dann hat man einen großen Wein auf der Zunge gehabt. Große Weine und Jahrgänge sind stets geprägt von der Reinheit, Fülle, Reichhaltigkeit,

ERLÄUTERUNGEN UND BETRACHTUNGEN

Tiefe und Reife der Frucht, von der sie stammen. Verfügen sie dann auch noch über genügend Tannin und Säure, dann ist das Gleichgewicht hergestellt. Die Gesamtheit dieser Eigenschaften ist es, die einen großen Bordeaux von einem guten abhebt.

BENOTUNG UND BEWERTUNG

Weinverkostungen nehme ich möglichst mit Gruppen gleichrangiger Weine unter einfach blinden Bedingungen vor (d. h. gleichartige Weintypen werden miteinander verglichen, ohne daß der Name des Erzeugers bekannt ist), und zwar in meinem Probierraum, in den Kellern von Erzeugern oder in den Räumen der größeren Handelshäuser in Bordeaux. In der Bewertung spiegelt sich die unabhängige, kritische Prüfung der jeweiligen Weine. Weder der Preis noch das Renommee des Erzeugers übt einen Einfluß aus. Ich verbringe jedes Jahr drei Monate mit Weinproben in den Weinbaugebieten. In den übrigen neun Monaten sind sechs- und manchmal siebentägige Arbeitswochen allein dem Verkosten und der schriftlichen Ausarbeitung gewidmet. An Weinprämierungen oder Fachweinproben nehme ich aus vielerlei Gründen nicht teil, von denen die wichtigsten folgende sind: 1. verkoste ich Wein vorzugsweise aus vollen Flaschen, 2. finde ich dabei richtig geformte und gut gespülte Gläser unerläßlich, 3. muß die Temperatur des Weins stimmen und 4. möchte ich allein darüber entscheiden, wieviel Zeit ich der zu beurteilenden Anzahl von Weinen widmen will.

DAS BEWERTUNGSSYSTEM

96 bis 100 Punkte: außerordentlich
90 bis 95 Punkte: hervorragend
80 bis 89 Punkte: überdurchschnittlich bis sehr gut
70 bis 79 Punkte: durchschnittlich
50 bis 59 Punkte: unterdurchschnittlich bis schlecht

Die zahlenmäßige Benotung gibt meine Einstufung eines Weins innerhalb einer zusammengehörigen Gruppe wieder. Natürlich sind schon Weine mit einer Note von über 85 sehr gut bis ausgezeichnet, und ein Wein mit 90 Punkten und mehr ist in seiner Art ganz hervorragend. Es wird manchmal behauptet, eine Punktebewertung sei für ein seit Jahrhunderten romantisch überhöhtes Getränk unangebracht, doch Wein ist eben auch ein Verbraucherprodukt. Es gibt ganz bestimmte Qualitätsstandards, die ein hauptberuflicher Weinfachmann zu erkennen vermag, und es gibt vorbildliche Weine, an denen alle anderen gemessen werden können. Ich kenne niemanden, der aus drei oder vier Gläsern mit verschiedenen Weinen – unabhängig davon, wie gut oder schlecht sie sein mögen – nicht denjenigen auswählen könnte, der ihm am besten schmeckt. Die Benotung ist lediglich die Festschreibung einer sachverständigen Meinung unter einheitlicher Anwendung eines so oder so gearteten Punktesystems. Diese Benotung ermöglicht dann die rasche Weitergabe von Informationen an Fachleute und an Laien.

Die Punktebewertung, die ich in meiner Fachzeitschrift *The Wine Advocate* verwende, liegt auch diesem Buch zugrunde. Es ist eine Skala von 50 bis 100 Punkten, bei der dem allerunerfreulichsten Wein 50 Punkte zugebilligt werden, weil dies ja der Ausgangspunkt der Skala ist, während den allergroßartigsten Geschmackserlebnissen 100 Punkte entsprechen. Ich bevorzuge dieses System gegenüber der sonst weithin üblichen, 20 Punkte umfassenden sogenannten Davis-Skala der University of California in Davis, weil es größere Flexibilität bei der Benotung zuläßt. Es wird in Amerika leichter verstanden, weil es dem Schulbenotungssystem entspricht, und es leidet nicht wie die Davis-Skala unter allzu komprimierter Punkterechnung. Natürlich ist es auch nicht problemlos, denn manchmal wird sich der Leser fragen, was denn wohl der Unterschied zwischen einem Wein mit 86 und einem mit 87 Punkten, die ja beide sehr gut sind, eigentlich sein soll. Darauf kann ich nur antworten: Als ich die beiden nebeneinander probierte, schmeckte mir der Wein mit 87 Punkten ein klein wenig besser als der mit 86 Punkten.

Die Note eines bestimmten Weins ist Ausdruck seiner Qualität in Bestform. Wie ich schon sagte, vergleiche ich oft die Beurteilung und die Bewertung eines Weins, der ja vielfach bis zu 10 Jahre lang ständigem Wandel unterworfen ist, gern mit der Momentaufnahme eines Marathonläufers. Man kann viel daraus erkennen, doch wie bei dem bewegten Objekt wird sich auch beim Wein vieles ändern. Weine aus offensichtlich schlecht verkorkten oder beschädigten Flaschen verkoste ich erneut, denn eine einzige mangelhafte Flasche läßt ja nicht den Rückschluß zu, daß der ganze Posten mangelhaft sein müsse. Viele der hier besprochenen Weine habe ich mehrere Male geprüft, und die Benotung stellt die Summe der Erfahrungen aus allen bisherigen Verkostungen dar. Die Benotung sagt aber nicht alles über einen Wein aus. Der begleitende Kommentar bildet oft eine bessere Informationsquelle als jede Benotung, was den Stil und die Persönlichkeit eines Weins, seinen Qualitätsstand unter vergleichbaren Weinen, seinen relativen Wert und sein Reifepotential anbelangt.

Hier soll nun eine allgemeine Anleitung zum rechten Verständnis der Benotung gegeben werden:

90 bis 100 Punkte entsprechen einer glatten Eins; sie werden nur einer ganz hervorragenden Leistung zuerkannt. Derart bewertete Weine sind die allerbesten ihrer Art und sind es wie ein Drei-Sterne-Hotel im Michelin der Mühe wert, daß man sie aufsucht und probiert. Der Unterschied zwischen 90 und 99 ist natürlich groß, beides aber sind Spitzennoten. Im Text wird man feststellen, daß nur recht wenige Weine eine solche Bewertung erreichen, ganz einfach deshalb, weil es nicht sehr viele wirklich große Weine gibt.

80 bis 89 Punkte entsprechen der Schulnote Zwei, und man kann sagen, daß ein solcher Wein, vor allem einer im Bereich zwischen 85 und 89, noch immer sehr, sehr gut ist; und viele von ihnen sind außerdem ihren Preis sehr wohl wert. Ich würde nicht einen Moment zögern, einen solchen Wein in meine persönliche Sammlung einzureihen.

70 bis 79 Punkte entsprechen der Note Drei, also einem guten Durchschnitt; freilich ist dabei 79 schon sehr viel wünschenswerter als etwa 70. Weine, die mit 75 bis 79 bewertet werden, sind meist gefällig und einfach, aber es fehlt ihnen an Komplexität, Charakter oder Tiefe. Wenn sie billig sind, dann können sie für anspruchslose Gelegenheiten bestens geeignet sein.

Weniger als 70 Punkte entsprechen einer Vier oder Fünf. Auch hier weist die Note auf ein unharmonisches, mängelbehaftetes oder gar schrecklich nichtssagendes, dünnes Gewächs hin.

Grundsätzlich erhält nun von vornherein jeder Wein in meinem Bewertungssystem erst einmal 50 Punkte. Die Farbe und das allgemeine Aussehen bringen dann bis zu 5 Punkte ein. Da heutzutage dank moderner Methoden und dem vermehrten Einsatz professioneller Kellertechniken fast alle Weine gut bereitet sind, erreichen sie ohne weiteres 4 oder auch 5 Punkte. Aroma und Bukett bringen bis zu 15 Punkte ein, je nachdem wie intensiv und reichhaltig es ist und wie sauber der Wein erscheint. Auf Geschmack und Nachhaltigkeit entfallen 20 Punkte, wobei wiederum die Intensität des Aromas sowie die Ausgewogenheit, Sauberkeit und die tiefe, anhaltende Wirkung des Geschmackseindrucks wesentliche Kriterien für die Vergabe von Punkten darstellen. Schließlich trägt noch der allgemeine Qualitätsstand und das Potential zur weiteren Entwicklung und Entfaltung im Alter bis zu 10 Punkte ein.

Die Punktebewertung ist wesentlich, um dem Leser einen Maßstab für die Einstufung eines Weins nach seiner Gesamtqualität gegenüber vergleichbaren Weinen an die Hand zu geben. Sie ist aber auch höchst wichtig für die Beschreibung der Eigenart, der Persönlichkeit und des Potentials eines Weins. Kein Punktesystem ist vollkommen objektiv, doch wenn es bei der Vergabe der Punkte Flexibilität bietet, wenn es ohne Vorurteil angewendet wird, dann kann es verschiedene Ebenen der Weinqualität bemessen und dem Leser ein fachgerechtes Urteil zur Verfügung stellen. Allerdings ist es kein Ersatz für den eigenen Gaumen, und nichts bildet den Geschmack so gut aus, wie wenn man selbst Weine probiert.

ERLÄUTERUNGEN UND BETRACHTUNGEN

Was bedeutet «voraussichtliche Genussreife»?

Da ich immer wieder gefragt werde, wann ein Bordeaux-Wein den Punkt seiner Entfaltung erreicht hat, an dem er als genußreif gelten darf, gebe ich eine Schätzung ab, über wie viele Jahre hinweg der Wein eines Châteaus aus einem bestimmten Jahrgang getrunken werden soll. Ich nenne diesen Zeitrahmen «Voraussichtliche Genußreife». Bevor meine Anregungen jedoch allzu wörtlich genommen werden, möchte ich auf einige Punkte hinweisen:
1. Wenn Ihnen ein Wein so zusagt, wie er in der Jugend schmeckt, dann genießen Sie ihn so, ganz gleich, was in den Richtlinien steht, denn es geht nichts über den eigenen Gaumen.
2. Ich muß bestimmte Voraussetzungen zugrunde legen, vor allem, daß der Wein beim Kauf in gesunder Verfassung war und daß er in einer kühlen, erschütterungs- und geruchsfreien Umgebung bei genügender Luftfeuchtigkeit gelagert wurde, wo im Sommer eine Temperatur von 18 °C nicht überschritten wird.
3. Meine Schätzungen beruhen auf Erfahrungswerten hinsichtlich der normalen Entwicklung des Weins, seiner Qualität und Ausgewogenheit sowie der generellen Tiefe des betreffenden Jahrgangs.
4. Bei den Schätzungen soll kein Risiko eingegangen werden. Ich setze den Höhepunkt nach meinem eigenen Geschmacksempfinden an, das einen frischen, lebendigeren Wein gegenüber einem bereits im Verblassen befindlichen vorzieht, auch wenn dieser noch immer köstlich und komplex ist.

Wenn die Lagerbedingungen ideal sind, kann demzufolge der angegebene Zeitrahmen für den Höhepunkt der Entwicklung nach der jüngeren Seite hin ausschlagen. Ich nehme jedoch an, daß es den meisten meiner Leser eher recht sein wird, eine Flasche zu früh zu öffnen als zu spät. Dies sind jedenfalls die Überlegungen, die hinter der von mir angegebenen Genußreife stehen.

Beispiel

Jetzt Völlig genußreif; baldiger Verbrauch innerhalb einiger Jahre nach dem «letzten Verkostungsdatum» wird empfohlen.
Jetzt – vermutlich im Nachlassen Diese Angabe wird je nach dem Alter des Weins und aufgrund der Kenntnis des Châteaus und Jahrgangs dann gegeben, wenn ein schon früher als voll genußreif befundener Wein seither nicht mehr neu verkostet wurde und anzunehmen ist, daß er den Höhepunkt überschritten hat.
Jetzt – vermutlich stark im Nachlassen Diese Einschätzung wird je nach dem Alter des Weins und aufgrund der Kenntnis des Châteaus und Jahrgangs dann gegeben, wenn er früher schon am Ende seines höchsten Entwicklungsstands war inzwischen aber nicht mehr verkostet wurde und vermutlich seinen Höhepunkt weit überschritten hat.
Jetzt bis 2001 Der Wein hat seinen höchsten Entwicklungsstand erreicht, und es wird damit gerechnet, daß er ihn bis 2001 beibehält, dann aber vermutlich nachzulassen beginnt. Die Angabe «jetzt» gilt für das Datum der letzten Verkostung.
1999 bis 2010 So wird der geschätzte Zeitraum angegeben, in dem meiner Meinung nach der höchste Entwicklungsstand des Weins besteht, d. h. in diesen Jahren ist er zur schönsten Genußreife entfaltet. Man muß dabei beachten, daß Bordeaux-Weine aus Spitzenlagen meist sehr langsam verblassen (ganz im Gegensatz zum Burgunder) und daß ein Wein aus einem sehr guten Jahrgang nach dem Ende des angegebenen höchsten Entwicklungsstands seine Frucht und Frische erst nach nochmals 10 bis 15 Jahren einbüßt.

Der Aufbau des Buches

Das Buch ist nach den geographischen Bereichen des Weinbaugebiets Bordeaux eingeteilt. Innerhalb dieser Bereiche werden die großen, aber auch viele erwähnenswerte kleinere Châteaux besprochen. Aus praktischen Gründen liegt dabei der Schwerpunkt auf den bedeutenderen Châteaux, deren Weine über Bordeaux hinaus bekannt und erhältlich sind. Die Qualität dieser Weine wird im Zeitraum von 1961 bis 1997 unter die Lupe genommen. Bei den weniger bekannten Châteaux wurde die Auswahl nach zwei Hauptkriterien vorgenommen: Qualität und Renommee. Nicht so sehr bekannte Güter mit hoher Qualität werden ebenso besprochen wie Güter, die unabhängig von ihrer Qualität auf den Exportmärkten stark vertreten sind. In den vergangenen 25 Jahren habe ich mir größte Mühe gegeben, Châteaux im Bordelais zu entdecken, deren Ruf nicht weit in die Welt hinauskommt. Da ältere Jahrgänge ihrer Weine nicht aufzutreiben sind und die meisten Cru-Bourgeois-Weine sowieso innerhalb von 5 bis 7 Jahren nach der Lese verbraucht werden sollen, liegt der Schwerpunkt bei diesen weniger bekannten Châteaux auf den Leistungen zwischen 1982 und 1997. Ich glaube, daß die hier besprochenen unbekannteren Châteaux die besten ihrer Art sind, doch Irren ist menschlich, und so wäre es unrealistisch, anzunehmen, daß es nicht hier und dort doch noch ein mir unbekanntes kleines Gut mit exquisitem Wein geben könnte.

Zu Beginn eines Kapitels über eine Bordeaux-Appellation gebe ich jeweils meine eigene Klassifizierung der Weine der betreffenden Appellation ab. Meine Analyse baut auf der allgemeinen Güte der einzelnen Weine auf. In diesem Buch sollen Qualitätsunterschiede nicht durch fein gedrechselte Formulierungen vernebelt werden. Innerhalb jeder Appellation sind die Châteaux in alphabetischer Reihenfolge aufgeführt. Meine Gesamtklassifizierung der Spitzenweingüter von Bordeaux ab Seite 85 wird sicherlich allen von Nutzen sein, die an systematischen Darstellungen Gefallen finden.

Zu den einzelnen Jahrgängen ist zu sagen, daß der Schwerpunkt bei der Verkostung auf gute Jahre gelegt wurde. Sehr geringe Jahrgänge wie 1991, 1977, 1972, 1968, 1965 und 1963 werden im allgemeinen nicht berücksichtigt, denn in diesen Jahren entstand nur in wenigen Châteaux Wein von akzeptabler Qualität. Auch sind diese Jahrgänge nicht mehr im Handel. Bei den eigentlichen Probiernotizen ist unter «voraussichtliche Genußreife» der Zeitraum zu verstehen, in dem ein Wein auf dem Gipfel seiner Entfaltung zu sein verspricht; er ist innerhalb dieser Zeit voll genußreif und in idealer Verfassung. Es handelt sich um vorsichtige Schätzungen des vermutlich höchsten Entwicklungsstands, allerdings unter der Voraussetzung, daß der Wein beim Kauf in intaktem Zustand war und erschütterungs- und geruchsfrei in einem dunklen, kühlen Raum bei höchstens 18 °C gelagert wurde. Näheres zu der benutzten Terminologie sowie zur Lagerung von Wein ist in Kapitel 6 «Ratschläge für den Bordeaux-Liebhaber» und im Kapitel 8 «Glossar» nachzulesen.

Ein weiterer Hinweis

Wenn ein Buch wie dieses überarbeitet wird, müssen stets schwierige Entscheidungen hinsichtlich der Degustationsnotizen für Weine getroffen werden, die seit der ersten Ausgabe nicht mehr neu beurteilt worden sind. Viele der feinsten Weine aus den Spitzenjahrgängen sind seit der letzten Ausgabe freilich neu verkostet worden, und so konnte ihre Entwicklung in Text und Benotung, soweit erforderlich, berücksichtigt werden. Die laufende Probiernotiz ist ja für den professionellen Weinkoster so etwas wie die fotografische Dokumentation eines Weins im Lauf seiner Entwicklung. Da alle Degustationsnotizen in diesem Buch datiert sind, habe ich mich dafür entschieden, alle bisherigen Aufzeichnungen als Hintergrundbelege für die Qualität eines Weinguts beizubehalten.

2.
BESCHREIBUNG DER BORDEAUX-JAHRGÄNGE
1945 BIS 1997

In diesem Kapitel wird eine allgemeine Beurteilung und Besprechung der Bordeaux-Jahrgänge 1945 bis 1997 gegeben. Dabei werden die Spitzenweine aus den annehmbaren Jahrgängen einzeln erörtert, und der Begriff Jahrgang beinhaltet im wesentlichen ein generelles Bild der jeweiligen Weinbaugegend. Oft bringen geschickte Winzer, die sich die Mühe einer sorgfältigen Auswahl aus dem Lesegut und unter den fertigen *cuvées* machen, auch in mittelmäßigen bis schlechten Jahren guten Wein zuwege, während unfähige und habgierige Erzeuger selbst in guten, ja sogar großen Jahren dünne, verwässerte, charakterlose Weine produzieren können. Für den Verbraucher ist eine Übersicht über die Jahrgänge als allgemeiner Leitfaden im Hinblick auf die potentielle Güte, die in einem bestimmten Jahr von gewissenhaften Winzern oder Weinerzeugern erreicht werden kann, von Bedeutung.

1997 IM ÜBERBLICK – LESEBEGINN 5. 9. 97

St-Estèphe *** – Graves rot *** – Pauillac *** – Graves weiß** – St-Julien ***
Pomerol **** – Margaux *** – St-Emilion ****
Médoc/Haut-Médoc Crus Bourgeois ** – Barsac/Sauternes ***

Ertragsmenge: Ein überaus reichlicher Jahrgang, nur etwas geringer als 1996 und 1995.
Zusammenfassung: Ein verlockender, gefälliger, milder Jahrgang (säurearm, hohe pH-Werte), der dank früher Reife und Entfaltung der Weine außerordentlich breiten Anklang finden wird. Die meisten 1997er wollen im ersten Lebensjahrzehnt getrunken sein.
Reifezustand: Aufgrund rascher Entwicklung werden die Weine, mit Ausnahme der am stärksten konzentrierten, in 10 bis 12 Jahren ihren Höhepunkt überschritten haben.
Preis: Bei Abfassung des Texts waren die Preise für die 1997er Bordeaux-Futures noch nicht festgelegt. Entgegen allen Gerüchten, daß die Preise des im Vergleich mit den sehr hochpreisigen Weinen von 1996 und 1995 nicht so gut gelungenen 1997ers entsprechend fallen würden, sagten mir im März 1998 die meisten Erzeuger, sie beabsichtigten, die Preise heraufzusetzen, und zwar weitgehend in Anbetracht der von ihnen zur Erzielung guter Ergebnisse in der Flasche vorgenommenen überaus strengen Auslese.

BORDEAUX

Nach zwei Wochen intensiver (oft viermaliger) Verkostung der wichtigsten sowie vieler anderer Bordeaux-Weine kann es keinen Zweifel daran geben, daß dies ein guter Jahrgang ist. Die Art sowohl der auf Merlot als auch der auf Cabernet Sauvignon beruhenden Weine ist geprägt von sehr guter Reife (oft ist ein überreifes Element zu spüren), extrem schwacher Säure, hohen pH-Werten, Saft und Kraft bei mildem Tannin und gefälligem, entgegenkommendem Charakter. Zwar gibt es sehr profund konzentrierte, langlebige Ausnahmen, im allgemeinen aber will dieser Jahrgang relativ früh getrunken werden. Fast alle Weine der besseren Petits Châteaux, Crus Bourgeois und einfacheren Crus Classés tranken sich im Alter von 6 Monaten bereits köstlich.

Da die Abfüllung erst in einem Jahr erfolgt, nehme ich an, daß diese Weine bei der Freigabe bereits genußreif sind und am besten in den ersten 2 bis 6 Lebensjahren getrunken werden sollten. Die Crus Classés der Spitzengruppe, besonders die aus Weingütern, die bekanntermaßen kräftigere, dichtere Weine produzieren, können 10 bis 15 Jahre überdauern, werden aber allesamt schon bei der Freigabe durch Charme bestechen.

Im Gegensatz zu 1996, als die auf Cabernet Sauvignon beruhenden Weine eindeutig besser waren als die Merlot-dominierten, zeichnet sich 1997 keine Appellation vor den anderen aus. Die Pomerols sind besser ausgefallen als 1996, und es gibt eine Fülle von aufregenden 1997er St-Emilions, in allen Appellationen aber sind milde, offen gewirkte, geschmeidige, leicht diffuse Weine die Regel. Nach längerer Überlegung, mit welchem Jahrgang der 1997er vergleichbar sein könnte, ist es mir nicht gelungen, in meiner 20jährigen Erfahrung mit der Verkostung von Bordeaux-Weinen einen ähnlichen zu finden. Zwar erwiesen sich auch andere Jahrgänge (so der 1985er) schon bei der Faßprobe als gefällig und zeigten ähnliche Milde und Sanftheit, doch unterscheidet sich der 1997er ganz erheblich vom 1985er. Bei den meisten 1997ern handelt es sich nicht um kräftige, muskulöse Weine, sie vermitteln eher einen graziösen, verlockenden, charmanten, eleganten, aber etwas fragilen Eindruck. Ich meine, dieser Jahrgang ist ideal geeignet für Restaurants sowie für Liebhaber, die sich auf baldigen Genuß freuen. Aus diesen Gründen besteht kein Anlaß für Spekulanten, in diesen Jahrgang zu «investieren» und die Preise in die Höhe zu treiben. Allerdings ist der Markt inzwischen höchst kompliziert geworden und die Nachfrage nach Bordeaux in bester Qualität nach wie vor unersättlich.

Ich glaube, daß jeder, der ein gutes Glas Wein zu schätzen weiß, den 1997er attraktiv finden wird. Vermutlich wird sich niemand durch Geschmackstiefe oder Intensität überwältigt sehen, doch die 1997er sind saubere, milde, gefällige Weine und bilden eine gute Ergänzung zu 1996, 1995 und 1994 – alles tanninreiche Jahrgänge, die lange Flaschenreife brauchen.

1997 begann unter guten Vorzeichen. Seit 18 Jahren verbringe ich stets die beiden letzten Märzwochen in Bordeaux, und 1997 war der wärmste März, den ich je erlebt habe. Die Temperaturen lagen bei 29 °C und erreichten einmal sogar 32 °C, so daß ich glaubte, es sei Ende Juni und nicht März. Diese Hitze setzte das Wachstum in den Weinbergen mit einem Schlag in stürmischen Gang. Die Blüte erfolgte zu dem seit Menschengedenken frühesten Datum, so daß viele Châteaux prophezeiten, die Lese werde schon Mitte August in Gang sein.

Allerdings ging die Blüte nicht ganz glatt vor sich und zog sich schließlich einen ganzen Monat lang hin. Die Unregelmäßigkeiten der Blüte führten zu ungleichmäßiger Fruchtreife, und dieser Effekt wurde noch durch einen ungewöhnlichen Witterungsverlauf im Sommer verstärkt. Anfang Juni war es heiß, dann aber wurde es kühl und sehr naß. Auch der Juli verlief nicht normal. Er ist in Bordeaux meist sengend heiß, aber 1997 war er kühl und feucht. Ende Juli setzte Hochdruck ein, und es wurde schwül. Es folgte ein tropisch anmutender August mit Luftfeuchtigkeit in Rekordhöhe und großer Hitze. Trotz weitgehender Behangausdünnung und Laubauslichtung bei gut geführten Châteaux brachten die lang ausgedehnte Blüte, das ungewöhnliche Wetter Ende Juni und der tropische August (die Winzer sagten: mehr Bangkok als Bordeaux) stark ungleichmäßige Reife innerhalb der einzelnen Fruchtstände mit sich. Die am häufigsten zu vernehmende Klage lautete, in jedem Fruchtstand seien rote, grüne und rosa Früchte beisammen – ein Alptraum des Winzers.

BESCHREIBUNG DER BORDEAUX-JAHRGÄNGE 1945 BIS 1997

Der unglaublich frühe Beginn von Frühjahr, Austrieb und Blüte veranlaßte manche Weingüter in Pessac-Léognan, die Lese ihrer Weißweintrauben (unter den wachsamen Augen der Fernsehkameras) schon am 18. August zu beginnen. Dadurch wurde der 1997er zu einem «noch früheren Jahrgang» als der legendäre 1893er. Unmittelbar nach dem Beginn der Weißweintraubenernte ging das tropisch heiße Wetter zu Ende, und eine Folge von Tiefdruckgebieten brach über Bordeaux herein. Vom 25. August bis zum 1. September fiel in der Region Regen in beträchtlichen Mengen. Zweifellos ist die Tatsache, daß so viele 1997er mild und säurearm sind und nichts von der großen Konzentration und Dichte der feinsten 1996er und 1995er aufweisen, auf die starken Regenfälle zurückzuführen. Man braucht ja kein Kernphysiker zu sein, um sich auszurechnen, welchen Geschmack Weine annehmen, die aus aufgeschwemmten Trauben entstehen. Wer nun in Panik geriet und aus Furcht vor Fäule und weiterer Verschlechterung des Wetters schon Anfang September die Lese durchführte, brachte die am wenigsten gelungenen Weine des Jahrgangs zustande. Wer dagegen die innere Festigkeit und Disziplin aufbrachte, weiter abzuwarten, wurde durch einen fabelhaft schönen September belohnt. Abgesehen von vereinzelten Schauern am 12. und 13., war er einer der trockensten und heißesten September dieses Jahrhunderts. Je länger die Lese hinausgeschoben werden konnte, desto mehr kam dies den Reben und schließlich auch dem Wein zugute.

Praktisch der gesamte Merlot wurde zwischen dem 2. und 23. September und der Cabernet Franc zwischen Mitte September und Anfang Oktober gelesen. Die Cabernet-Sauvignon-Ernte begann ebenfalls Mitte September, zog sich dann aber länger hin. Manche Erzeuger ernteten ihre letzten Cabernet-Sauvignon-Parzellen erst Mitte Oktober ab.

Eine der interessanteren statistischen Zahlen zu diesem ungewöhnlichen Witterungsverlauf ist die außerordentlich lange Zeit, die den Trauben zwischen Blüte und Ernte am Stock zugute kam. In Bordeaux gilt die Faustregel, daß bei einer Spanne von 110 Tagen zwischen Blüte und Lese reifes Traubengut geerntet wird. 1997 waren es beim Merlot nicht selten 115 bis 125 Tage nach der Blüte. Beim Cabernet Sauvignon waren ganze 140 Tage nichts Ungewöhnliches. Normalerweise würde dies auf außerordentliche Geschmackskonzentration hindeuten, doch das Wetter Ende August machte alle Hoffnungen auf einen großen Wein zunichte. Die Erträge waren relativ bescheiden, und als die Gesamtproduktion für Bordeaux statistisch erfaßt war, erwies sie sich als etwas geringer als 1996 und 1995. Noch größere Bedeutung kommt der nie zuvor so streng durchgeführten Auslese zu, die ja auch als Erklärung für die Qualität der Crus Classés herangezogen werden kann. So war es nicht ungewöhnlich, daß lediglich 50 bis gar nur 30 % des Gesamtertrags eines Châteaus für den jeweiligen Grand Vin als akzeptabel anerkannt wurden.

Der Bordeaux-Markt ist weitgehend unberechenbar geworden. Schon im Vorjahr war ich fest überzeugt, daß die Preise auf demselben Niveau liegen würden wie 1995, und obwohl ich für viele der großen Médocs mit einem aktiven Futures-Geschäft rechnete, war ich nicht auf die dann einsetzende Kaufhysterie und die von den Châteaux verlangten hohen Preise vorbereitet. Nun scheint mir, daß der 1997er eigentlich im Preis niedriger liegen müßte als der 1996er und der 1995er, ich habe aber auch Verständnis für die mißliche Lage derjenigen Erzeuger, die eine strenge Auslese getroffen und infolgedessen sehr viel weniger Wein unter ihrem Grand-Vin-Etikett produziert haben als sonst. Wieso hätten sie auch, wenn sich Spitzenweine doch so rasant verkaufen, nicht versuchen sollen, von dem offenbar überhitzten Markt zu profitieren? Indessen, lohnen es die 1997er, daß man sie als Futures kauft? Gewiß mag es bei manchen Weinen aus limitierter Produktion sowie bei den Premiers Crus und Super-Seconds (die ja stets am schwersten zu bekommen sind) weiterhin sinnvoll sein, Futures zu kaufen, um sicher zu sein, daß man nicht leer ausgeht. Allerdings ist dies ein Jahrgang nicht für Spekulanten, sondern für echte Weinfreunde. Ich glaube nicht, daß die Preise für den 1997er so eskalieren werden, wie es bei den Spitzengewächsen von 1996 und 1995 der Fall war. Aber wer weiß, was geschieht, wo ich doch schon in den letzten Jahren die weltweite Nachfrage nach Bordeaux-Weinen unterschätzt habe. Im November lautete die Prognose in Bordeaux noch, daß die Preise nachgeben würden, doch im März waren die Hotels voll von Einkäufern aus aller Welt, die nur darauf aus waren

BORDEAUX

(trotz Klagen über die Preise), soviel zu kaufen wie sie nur bekommen konnten, um sich eine Zuteilungsgarantie zu sichern, wenn die 1998er, 1999er und gar – Himmel hilf! – die 2000er auf den Markt kommen. Zum Zeitpunkt dieser Veröffentlichung kann noch niemand sagen, welche Preise für den 1997er schließlich gezahlt werden.

Eines aber weiß ich: Niemand hat jemals etwas falsch gemacht, wenn er feinsten Bordeaux aus einem profund großartigen Jahrgang oder gar superben Bordeaux aus einem exzellenten Jahrgang kaufte. Wie aus den später folgenden Verkostungsnotizen hervorgeht, ist der 1997er kein großer Jahrgang, und es gibt von ihm auch nicht so sehr viel große Weine, dafür aber viele gefällige, erfreuliche Leistungen, die hoffentlich zu vernünftigen Preisen zu haben sein werden.

DIE BESTEN WEINE

St-Estèphe: Cos d'Estournel, Montrose
Pauillac: Lafite-Rothschild, Latour, Lynch-Bages, Mouton-Rothschild, Pichon-Longueville Baron
St-Julien: Branaire, Gloria, Gruaud-Larose, Lagrange, Léoville-Barton, Léoville-Las Cases, Léoville-Poyferré, Talbot
Margaux: Angludet, Château Margaux
Médoc/Haut-Médoc/
Cru Bourgeois: Sociando-Mallet
Graves rot: Les Carmes-Haut-Brion, Domaine de Chevalier, Haut-Brion, Pape-Clément, Smith-Haut-Lafitte
Pomerol: Clinet, Clos L'Eglise, L'Eglise-Clinet, L'Evangile, La Fleur-Pétrus, Lafleur, Pétrus, Le Pin, Trotanoy
St-Emilion: Angélus, Ausone, Cheval Blanc, Clos de l'Oratoire, Faugères, Gracia, Grandes Murailles, l'Hermitage, Monbousquet, La Mondotte, Moulin-St-Georges, Pavie-Decesse, Pavie-Macquin, Troplong-Mondot, Valandraud
Barsac/Sauternes: Ich möchte diese süßen Weine nicht kommentieren, ehe sie nicht wenigstens 1 Jahr alt sind, also behalte ich mir mein Urteil vor. Aufgrund der bisherigen Verkostungen läßt sich lediglich sagen, daß es mindestens ein Drei-Sterne-Jahrgang wird.

1996 IM ÜBERBLICK – LESEBEGINN 16. 9. 96

St-Estèphe ***** – Graves rot **** – Pauillac ***** – Graves weiß*** – St-Julien *****
Pomerol *** – Margaux **** – St-Emilion ****
Médoc/Haut-Médoc Crus Bourgeois *** – Barsac/Sauternes ****

Ertragsmenge: Ein ausnehmend großer Ertrag; er liegt nur knapp unter dem der überaus reichlichen Jahre 1995 und 1986.
Zusammenfassung: Der 1996er ist nicht nur schon als Jungwein der teuerste Bordeaux der Geschichte, seine Eröffnungspreise lagen 50 bis 100 % über denen für den 1995er, er ist auch ein großartiger Jahrgang für die auf Cabernet Sauvignon beruhenden Weine aus dem Médoc.
Reifezustand: Die wuchtigen Weine auf Cabernet-Sauvignon-Basis aus dem Médoc sind zugänglicher als der 1986er, der dem 1996er am meisten ähnelt, allgemein aber braucht er nach der Abfüllung noch 10 bis 15 Jahre Kellerreife. Die Weine vom rechten Dordogne-Ufer und aus Graves sind schon früher ansprechend; sie dürften im Alter von 7 bis 10 Jahren genußreif sein.
Preis: Wie schon gesagt ist dies ein sehr teurer Jahrgang mit Rekordpreisen.

BESCHREIBUNG DER BORDEAUX-JAHRGÄNGE 1945 BIS 1997

Seit über 20 Jahre beobachte ich (mit beträchtlicher Detailgenauigkeit) den Witterungsverlauf in Bordeaux vom Frühjahr über den Sommer bis zum Frühherbst. Außerdem habe ich die zur Verfügung stehenden Wetterinformationen über den Witterungsverlauf in praktisch allen großen Bordeaux-Jahren dieses Jahrhunderts studiert. Ein paar Rückschlüsse lassen sich aus den Wetterstatistiken ohne weiteres ziehen. Die meisten großen Bordeaux-Jahrgänge sind in ausnehmend heißen, trockenen Sommern mit unterdurchschnittlichen Niederschlagsmengen und überdurchschnittlichen Temperaturen entstanden. Zwar hat es bei allen berühmten Jahrgängen dieses Jahrhunderts im September Regenfälle gegeben, sofern es sich aber nicht um wirklich größere Mengen handelte, waren die Auswirkungen auf die Qualität meist gering. In allen Weinbauregionen Frankreichs hört man von den Winzern das gleiche Lied: «Der Juni bringt die Menge, der September die Qualität». Manche gehen noch weiter und sagen: «Der August macht die Art.»

Gemessen an der großen Zahl der 1996 entstandenen hochwertigen Weine war der Wetterverlauf in Bordeaux von März bis Mitte Oktober entschieden ungewöhnlich. Der Winter 1995/96 war feucht und mild. Als ich am 19. März 1996 nach Bordeaux kam, glaubte ich unter dem Eindruck der Hitzewelle in der Region, es sei Mitte Juni und nicht März. Diese Hitzewelle dauerte die ganzen 12 Tage hindurch an, die ich dort war. Viele Erzeuger sagten eine frühe Blüte und infolgedessen auch eine frühe Ernte voraus. Die Hitzewelle endete Anfang April, es folgte eine kalte Periode und Mitte April dann wieder eine Zeit überraschend hoher Temperaturen. Dafür war der Mai untypisch kühl.

Als ich Mitte Juni auf 17 Tage nach Frankreich zurückkehrte, stöhnte das Land unter sengender Hitze mit über 30 °C. Diese sorgte für rasche und allgemein gleichmäßige Blüte. In Bordeaux waren die meisten Weingüter hochzufrieden darüber, daß die Blüte nur 3 bis 4 Tage anstatt wie sonst 7 bis 10 gedauert hatte. Die Kälte, die Ende Mai bis Anfang Juni geherrscht hatte, brachte auf den wärmeren Terroirs auf dem Plateau von Pomerol schwere *millerandage* (ungleichmäßigen Fruchtansatz) und infolgedessen geringeren Ertrag. Ende Juni stand eine große und frühe Ernte zu erwarten. Abgesehen von den Ertragseinbußen in Pomerol hätte es im Weinbau nicht günstiger aussehen können. Dann aber fing das Wetter an, Kapriolen zu schlagen.

Zwar verlief die Zeit vom 11. Juli bis 19. August relativ normal (statistisch war es etwas kühler und feuchter als üblich), doch die ersten 11 Julitage und die Zeit zwischen dem 25. und 30. August brachten ungewöhnlich starke Regenfälle und zudem weit kühlere Temperaturen als normal. Statistiken können aber trügen. Das zeigt sich daran, daß die normale Regenmenge im August für Bordeaux 50 mm beträgt, während im Jahr 1996 rund 150 mm zusammenkamen, allerdings örtlich unterschiedlich verteilt. In Entre-Deux-Mers und St-Emilion fielen rund 100 mm, in Margaux 50 mm, in St-Julien 45 mm, in Pauillac 40 mm und unter 25 mm in St-Estèphe und dem nördlichen Médoc. Ich erinnere mich, etwa Anfang September mit mehreren Freunden in Bordeaux telefoniert und dabei widersprüchliche Meinungen über die Aussichten des Jahrgangs 1996 gehört zuhaben. Im südlichen Graves und auf dem rechten Dordogne-Ufer herrschte große Besorgnis, der Jahrgang könne ähnlich katastrophal ausfallen wie der 1974er. Es bestand lediglich noch Hoffnung, daß ein wunderschöner September ihn allenfalls noch dem 1988er oder 1978er vergleichbar machten könnte. Dagegen war man im Médoc, vor allem von St-Julien nordwärts, optimistisch und meinte, ein guter September könne einen hervorragenden Jahrgang bringen. Die großen Regenmengen, die weiter südlich und östlich die Trauben aufschwellen ließen, waren am Médoc vorübergezogen. Vielmehr reichten hier unterdurchschnittliche Niederschlagsmengen gerade aus, die Reben zu versorgen, so daß diese nicht wie 1995 und 1989 wegen zu großer Hitze und Trockenheit die Photosynthese einstellten.

Große Niederschlagsmengen Anfang September hatten sich 1991, 1992, 1993, 1994 und in geringerem Umfang 1995 abträglich ausgewirkt, doch 1996 wiederholte sich ein solcher Wetterverlauf nicht. Vielmehr gab es vom 31. August bis zum 18. September eine bemerkenswert lange Folge von 18 Sonnentagen, an die sich am 18. und 19. September leichte Regenschauer in der ganzen Region anschlossen. Dann war es einige Tage lang heiter, am 21. September fiel Sprühregen, und schließlich setzte am Abend des 24. September starker Regen ein, der den ganzen 25. September hindurch andauerte.

Ein weiteres bedeutendes Merkmal der Zeit zwischen dem 31. August und dem 24. September war der ständig wehende kräftige Ost- und Nordostwind, der die Weinberge nach den Regenfällen Ende August stark austrocknete. Auch schrieben die Erzeuger es diesem Wind zu, daß sich in den Trauben der Zuckergehalt in einem Tempo aufbaute, das Ende August noch für unmöglich gehalten worden war. Ein weiterer günstiger Aspekt dieser windigen Zeit bestand darin, daß die Fäulegefahr gewissermaßen durch das ureigenste Antibiotikum der Mutter Natur minimiert wurde.

Der Merlot-Ernte fand in den beiden letzten Septemberwochen statt, der Cabernet Franc wurde Ende September und in den ersten 4 bis 5 Oktobertagen gelesen. Die später reifenden, dickschaligeren Cabernet-Sauvignon-Trauben wurden zwischen Ende September und dem 12. Oktober geerntet. Abgesehen von einem kräftigeren Regenguß am 4. Oktober in der ganzen Region war das Wetter im Oktober sonnig und trocken und bot günstigste Voraussetzungen für die Cabernet-Sauvignon-Lese. Viele Erzeuger sprachen von einer deutlichen Parallele zwischen der Cabernet-Sauvignon-Ernte 1996 und 1986. Damals hatte Regen die Lese der früher reifenden Traubensorten (Merlot und Cabernet Franc) beeinträchtigt, aber dann hörte er auf, und es folgten 4 Wochen trockenes, windiges, sonniges Wetter, so daß die Cabernet-Sauvignon-Lese unter idealen Bedingungen stattfinden konnte.

Bei diesem Witterungsverlauf ist es nicht überraschend, daß die meisten feinen 1996er aus dem Médoc stammen, wo der Cabernet 10 bis 18 Tage später abgeerntet wurde als in den übrigen Gebieten der Merlot.

Wie nach der überaus günstigen Blüte im trocken-warmen Juni zu erwarten war, brachte die Ernte 1996 in Bordeaux reichlichen Ertrag (6,5 Millionen hl), etwas weniger als 1995 mit 6,89 Millionen hl. Allerdings muß dabei berücksichtigt werden, daß in Pomerol Ertragseinbußen von 30 bis 50 % eingetreten waren und in St-Emilion viele Weingüter 10 bis 15 % weniger produziert hatten als gewöhnlich. Die meisten Spitzengüter im Médoc verzeichneten Erträge zwischen 45 und 55 hl/ha, etwa 20 bis 30 % weniger als 1986.

Alles in allem sind zum Jahrgang 1996 acht Punkte zu beachten:

1. Dieser Jahrgang ist als Jungwein der teuerste, den es bisher in Bordeaux gegeben hat; seine Eröffnungspreise lagen 50 bis 100 % über denen von 1995.
2. Im Gegensatz zu 1995, als es einen fabelhaften Sommer gab, der durch einen regnerischen September beeinträchtigt wurde, war der Wetterverlauf 1996 höchst ungewöhnlich. Anfänglich schien der 1996er der früheste Jahrgang des Jahrhunderts zu werden. Auf sengend heißes Wetter im Frühjahr folgte eine Kälteperiode und im Juni dann wieder trockene Hitze. Der Sommer verlief, abgesehen von einigen unüblich kalten Perioden, relativ normal. Ende August, wenn es normalerweise heiß und trocken ist, gab es schwere Regenfälle und dazu unterdurchschnittliche Temperaturen. Im September war es dann relativ trocken und vor allem windig. Der scharfe Nordwind erwies sich als günstig, weil er die Weinberge nach dem Ende August gefallenen Regen wieder abtrocknete. Außerdem bewirkte der Wind (im Verein mit trockenen, sonnigen Tagen) einen außerordentlich starken Aufbau des Zuckergehalts der Trauben, insbesondere beim Cabernet Sauvignon, der sehr spät gelesen wurde.
3. Es gab eine reichliche Ernte mit Mengen, die nur knapp unter denen von 1995 lagen.
4. Der Jahrgang ist unterschiedlich ausgefallen und zeigt keine gleichmäßige Qualität wie 1995. Die große Stärke des Jahrgangs 1996 liegt in den Cabernet-Sauvignon-dominierten Weinen aus dem Médoc.
5. Im November 1997 probierte ich im Lauf mehrerer Wochen alle Weine nochmals durch. In den 20 Jahren, die ich diese Gegend regelmäßig besucht und die jungen Bordeaux-Jahrgänge verkostet habe, ist mir nie ein so voller, reifer, reintöniger und intensiver Cabernet Sauvignon vorgekommen, wie es die feinsten 1996er Médocs sind. Ich glaube, daß einige auf Cabernet Sauvignon beruhende Weine aus dem Médoc sich schließlich als mit die größten Rotweine herausschälen werden, die in Bordeaux in den letzten 50 Jahren entstanden sind.

BESCHREIBUNG DER BORDEAUX-JAHRGÄNGE 1945 BIS 1997

6. Der Jahrgang 1996 ist am meisten vergleichbar mit 1986, und zwar aufgrund des Wetterverlaufs und der Tatsache, daß der spätgelesene Cabernet Sauvignon in beiden Jahrgängen so schöne Erfolge brachte. Schon als ich die 1996er erstmals verkostete, war dieser Vergleich ohne weiteres zu ziehen, dann ebenso im November 1997. Allerdings besitzen die feinsten auf Cabernet beruhenden 1996er aus dem Médoc Süße, Fülle sowie Aroma- und Geschmacksdimensionen, die weit über die der größten 1986er hinausgehen.
7. Die himmelhohen Preise, die für die 1996er auf dem überhitzten Bordeaux-Markt von 1997 gezahlt wurden, haben bewirkt, daß viele 1996er, vor allem unterhalb des Niveaus der Premiers Crus und Super-Seconds, nicht bis zum Verbraucher durchgedrungen sind. Es hat Gerüchte über stornierte Bestellungen gegeben und auch darüber, daß einige Handelshäuser ihre Zahlungen für den 1996er nicht erfüllen konnten. Vieles hiervon wurde von Kollegen in Bordeaux bestätigt, doch sind andere Märkte dafür eingesprungen und haben zurückgegebene Bestände, die der amerikanische Weinhandel nicht absetzen konnte, übernommen. Zweifellos gibt es noch 1996er, die für ihre Qualität zu teuer sind. Sobald aber die Weinfreunde die Chance bekommen, die Cabernet-Sauvignon-dominierten 1996er Weine selbst zu beurteilen, werden sie mir beipflichten, daß viele Weingüter im Médoc einen zutiefst großartigen Jahrgang mit klassischen, langlebigen Weinen hervorgebracht haben, der so vielgepriesenen Jahrgängen wie 1990, 1989, 1982, 1961 und 1959 ebenbürtig ist. Bei alledem darf man nicht erwarten, daß sich die feinsten 1996er schon in der Jugend glänzend, köstlich und opulent präsentieren. Die hinreißendsten Weine dieses Jahrgangs verlangen Geduld.
8. Es ist kein Geheimnis, daß Pomerol, St-Emilion und Graves (einschließlich der weiter nördlich gelegenen Appellation Pessac-Léognan) nicht soviel Erfolg hatten. Dennoch gab es auch dort etliche außerordentliche Weine. Auf jeden Fall gilt es zu berücksichtigen, daß die Qualität in diesen Appellationen nicht so gleichmäßig ausgefallen ist wie 1995.

DIE BESTEN WEINE

St-Estèphe: Calon-Ségur, Cos d'Estournel, Haut-Marbuzet, Lafon-Rochet, Montrose

Pauillac: d'Armailhac, Batailley, Clerc-Milon, Duhart-Milon, Grand-Puy-Lacoste, Haut-Batailley, Lafite-Rothschild, Latour, Lynch-Bages, Lynch-Moussas, Mouton-Rothschild, Pichon-Longueville Baron, Pichon-Longueville-Comtesse de Lalande, Pontet-Canet

St-Julien: Branaire (Duluc Ducru), Ducru Beaucaillou, Gloria, Gruaud-Larose, Hortevie, Lagrange, Léoville-Barton, Léoville-Las Cases, Léoville-Poyferré, Talbot

Margaux: Angludet, d'Issan, Kirwan, Malescot St-Exupéry, Château Margaux, Palmer, Rauzan-Ségla, Du Tertre

Médoc/Haut-Médoc/Crus Bourgeois: Cantemerle, Charmail, Domaine de Chiroulet Réserve, Les Grandes Chênes Cuvée Prestige, La Lagune, Lanessan, Reignac Cuvée Spéciale, Roc des Cambes, Sociando-Mallet

Graves rot: Les Carmes-Haut-Brion, Haut-Bailly, Haut-Brion, La Mission-Haut-Brion, Pape-Clément, Smith-Haut-Lafitte, La Tour-Haut-Brion

Graves weiß: De Fieuzal, Haut-Brion, Laville-Haut-Brion, Pape-Clément, Smith-Haut-Lafitte

Pomerol: Beau-Soleil, Bon Pasteur, Clinet, La Conseillante, La Croix-du-Casse, L'Eglise-Clinet, L'Evangile, La Fleur de Gay, La

BORDEAUX

	Fleur-Pétrus, Gazin, Grand-Puy-Lacoste, Lafleur, Latour à Pomerol, Pétrus, Le Pin, Trotanoy, Vieux-Château-Certan
St-Emilion:	Angélus, L'Arrosée, Ausone, Beau-Séjour Bécot, Beauséjour-Duffau, Canon-La-Gaffelière, Cheval Blanc, Clos Fourtet, Clos de l'Oratoire, La Couspaude, La Dominique, Ferrand-Lartigue, La Gaffelière, La Gomerie, Grand-Mayne, Grand-Pontet, Larmande, Monbousquet, La Mondotte, Moulin-St-Georges, Pavie-Macquin, Rol Valentin, Le Tertre-Rotebœuf, Troplong-Mondot, Trotte Vieille, Valandraud
Barsac/Sauternes:	Ein vielversprechender potentieller Vier-Sterne-Jahrgang, doch bei Abfassung des Texts war es noch zu früh für ein Urteil über die einzelnen Weine.

1995 IM ÜBERBLICK – LESEBEGINN 20. 9. 95

St-Estèphe **** – Graves rot ****/***** – Pauillac ****/***** – Graves weiß***
St-Julien ****/***** – Pomerol ***** – Margaux **** – St-Emilion ****
Médoc/Haut-Médoc Crus Bourgeois *** – Barsac/Sauternes **

Ertragsmenge: Wieder eine gewaltige Ernte, nur knapp weniger als der Rekordertrag von 1986. Die bedeutenderen Châteaux führten jedoch Behangausdünnung durch, so daß die Hektarerträge bescheiden blieben. Darüber hinaus wurde bei den Premiers Crus, Super-Seconds und anderen qualitätsbewußten Weingütern eine strenge Auslese vorgenommen, so daß weit weniger Wein unter den Grand-Vin-Etiketten zustande kam als in den ertragreichen Jahren 1989 und 1990.
Zusammenfassung: Der gleichmäßigste Jahrgang in Spitzenqualität seit 1990. Fast alle bedeutenderen Appellationen hatten außerordentlich gute Weine in einheitlicher Qualität vorzuweisen.
Reifezustand: Es ist behauptet worden, daß der schöne Merlot-Ertrag 1995 zu frühreifen Weinen für sofortigen Verbrauch geführt habe. Bei allen meinen Verkostungen stellte es sich jedoch heraus, daß der Merlot zwar fraglos gut ausgefallen ist, daß aber sowohl er als auch Cabernet Sauvignon und Cabernet Franc Weine mit beträchtlicher Gewichtigkeit, Tanninherbheit und Struktur hervorgebracht haben. Abgesehen von eindeutigen Ausnahmen sind die meisten der feinsten 1995er Bordeaux klassische *vins de garde* mit beträchtlichem Tanningehalt und verlangen trotz zugänglicher Art Flaschenreife. Ich glaube nicht, daß die größeren Weine vor 2003 bis 2005 Genußreife erlangen.
Preis: Der als Jungwein sowohl *en primeur* als auch in der Flasche zweitteuerste Bordeaux.

Juni, Juli und August gaben dem 1995er Gestalt, denn sie waren mit die trockensten und heißesten der letzten 40 Jahre. Doch wie in den meisten Jahren seit 1991 konnte auch diesmal im Bordelais die erste Septemberwoche nicht vorübergehen, ohne daß das Wetter schlechter wurde. Die Schauerwetterlage dauerte aber nur vom 7. bis zum 19. September und hielt nicht wie 1992, 1993, 1994 und in geringerem Maß 1991 den ganzen Monat hindurch an. Anders als bei der Rekordregenmenge von 275 mm im September 1992 und 175 mm im September 1994 kamen im September 1995 alles in allem nur 145 mm zusammen. In den Médoc-Gemeinden St-Julien und Pauillac sowie in Pomerol lag die Niederschlagsmenge sogar nur zwischen 91 und 134 mm.

Es gab eine gewaltige Ernte, und der Schlüssel zum Erfolg scheint beim 1995er in strenger Auslese nach dem Gärprozeß und der malolaktischen Säureumwandlung gelegen zu haben. Der Merlot war gewiß reif, aber zum ersten Mal seit 1990 war auch der Cabernet Sauvignon (zumindest der spät gelesene) außerordentlich reif. Die meisten Châteaux, die bis Ende September mit der Lese zuwarteten, wurden durch physiologisch reifen Cabernet Sauvignon belohnt.

BESCHREIBUNG DER BORDEAUX-JAHRGÄNGE 1945 BIS 1997

Zusammengefaßt sind beim Jahrgang 1995, der als außergewöhnlich und einheitlich gelten darf, sieben Punkte zu bedenken:
1. Der zweitteuerste junge Bordeaux-Jahrgang in diesem Jahrhundert.
2. Bei verregnetem September war der von vielen Châteaux im Jahrgang 1995 erzielte hervorragende Erfolg das Ergebnis des herrlichen Wetters in Juni, Juli und August, einer Periode, die zu den trockensten und heißesten in den letzten 40 Jahren zu zählen ist.
3. Es kam eine gewaltige Produktion an Wein zustande, doch die von vielen erstklassigen Châteaux durchgeführte strenge Auslese erbrachte bei den Crus Classés der Spitzengruppe bescheidenere Erträge als in den reichlichen Jahren 1989 und 1990.
4. Dieser Jahrgang stellte sich in allen Appellationen als einheitlich gut heraus. Im Faß nahm sich der Jahrgang in St-Julien, Pauillac und Pomerol besonders stark aus, doch scheint es keine regionalen Schwächen zu geben, mit Ausnahme der trockenen Weißweine von Graves und der süßen Weißweine von Barsac/Sauternes, die zwar gefällig, aber allgemein durchschnittlich in der Qualität geraten sind.
5. Wer den Jahrgang 1995 kaufte, bevor die Preise in die Höhe zu schießen begannen, wird sich freuen zu hören, daß sich die 1995er nach der Abfüllung meist aussichtsreicher darstellen als im Faß. Der 1995er ist zumindest ein exzellenter Jahrgang; bei dem hohen Anteil an hervorragenden Weinen läßt sich sogar mit Fug und Recht behaupten, daß der 1995er so großen Jahrgängen wie 1990 und 1982 durchaus nahekommt.
6. Über die allgemeine Art eines Jahrgangs läßt sich nur schwer etwas Gültiges aussagen, doch gilt es, nicht auf die Annahme zu verfallen, daß der höchst erfolgreiche Merlot-Ertrag von 1995 frühreife Weine für baldigen Verbrauch hervorgebracht hätte. Aus meinen Verkostungen geht hervor, daß Merlot und Cabernet Sauvignon während der Ausbauzeit im Faß nicht nur Wucht, Fleisch und Fett angesetzt, sondern auch klarere Linien und mehr Tannin gewonnen haben. Es gibt natürlich Ausnahmen, aber die meisten 1995er Bordeaux sind klassische *vins de garde* mit beträchtlichem Tannin und brauchen trotz zugänglicher Art Flaschenreife.
7. Alles in allem ist 1995 ein exzellenter bis hervorragender Jahrgang mit einheitlich erstklassigen Rotweinen in allen Appellationen. Wie ich schon von Anfang an gesagt habe, dürfte der 1995er ein moderneres Pendant zum 1970er werden. Bedenkt man aber die heutigen kellertechnischen Möglichkeiten, den strengeren Ausleseprozeß und das allgemein weit höhere Qualitätsbewußtsein, dürfte es 1995 weit mehr hervorragende Weine geben als 1970. Die Preise für 1995er Flaschenwein sind extrem hoch, doch immerhin hat aus einem allgemeineren Blickwinkel das Jahr 1995 ja auch die einheitlich höchste Qualität seit 1990 hervorgebracht.

DIE BESTEN WEINE

St-Estèphe: Calon-Ségur, Cos d'Estournel, Cos Labory, Lafon-Rochet, Montrose
Pauillac: d'Armailhac, Clerc-Milon, Grand-Puy-Lacoste, Haut-Batailley, Lafite-Rothschild, Latour, Lynch-Bages, Mouton-Rothschild, Pichon-Longueville Baron, Pichon-Longueville-Comtesse de Lalande, Pontet-Canet
St-Julien: Branaire (Duluc Ducru), Ducru Beaucaillou, Gloria, Gruaud-Larose, Lagrange, Léoville-Barton, Léoville-Las Cases, Léoville-Poyferré, Talbot
Margaux: Angludet, Malescot St-Exupéry, Château Margaux, Palmer, Rauzan-Ségla
Médoc/Haut-Médoc/
Crus Bourgeois: Charmail, La Lagune, Roc des Cambes, Sociando-Mallet
Graves rot: De Fieuzal, Haut-Bailly, Haut-Brion, La Mission-Haut-Brion, Pape-Clément, Smith-Haut-Lafitte, La Tour-Haut-Brion

BORDEAUX

Graves weiß: De Fieuzal, Haut-Brion, Laville-Haut-Brion, Pape-Clément, Smith-Haut-Lafitte
Pomerol: Bon Pasteur, Bourgneuf, Certan de May, Clinet, La Conseillante, La Croix-du-Casse, L'Eglise-Clinet, L'Evangile, La Fleur de Gay, La Fleur-Pétrus, Gazin, Grand-Puy-Lacoste, La Grave à Pomerol, Lafleur, Latour à Pomerol, Pétrus, Le Pin, Trotanoy, Vieux-Château-Certan
St-Emilion: Angélus, L'Arrosée, Ausone, Beau-Séjour Bécot, Canon-La-Gaffelière, Cheval Blanc, Clos Fourtet, Clos de l'Oratoire, Corbin-Michotte, La Couspaude, La Dominique, Ferrand-Lartigue, Figeac, La Fleur-de-Jaugue, La Gomerie, Grand-Mayne, Grand-Pontet, Larmande, Magdelaine, Monbousquet, Moulin-St-Georges, Pavie-Macquin, Le Tertre-Rotebœuf, Troplong-Mondot, Valandraud
Barsac/Sauternes: Rieussec, La Tour Blanche, Climens, Coutet.

1994 IM ÜBERBLICK – LESEBEGINN 24. 9. 94

St-Estèphe *** – Graves rot **** – Pauillac ***/**** – Graves weiß *****
St-Julien ***/**** – Pomerol **** – Margaux *** – St-Emilion ***
Médoc/Haut-Médoc Crus Bourgeois ** – Barsac/Sauternes *

Ertragsmenge: Wiederum ein ausnehmend großer Ertrag, jedoch mußten die führenden Weingüter eine extrem scharfe Auslese treffen, um nur feinste Weine unter dem Grand-Vin-Etikett herauszubringen. Infolgedessen ist die Produktion dieser Spitzengüter relativ bescheiden.
Zusammenfassung: Ein heißer, trockener Sommer bereitete das Potential für einen großen Jahrgang, aber im September gab es schlechtes Wetter, und zwischen dem 7. und 29. September fielen 175 mm Regen. Erzeuger, die nicht bereit waren, 30 bis 50 % der Ernte abzustufen, konnten keine Weine in Spitzenqualität hervorbringen. Wer eine derartige Auslese vornahm, konnte in diesem Jahrgang, dem besten nach 1990 und vor 1995, recht guten Erfolg verbuchen. Der Merlot lieferte in diesem ungleichmäßigen Jahrgang die besten Ergebnisse. Selbst bei den besten Médocs wurde ein höherer Anteil an Merlot als an Cabernet Sauvignon, der zu karger, krautiger Art und sehr hohem Tanningehalt neigte, eingesetzt. Ein weiterer Schlüssel zum Verständnis des 1994ers ist, daß die Weinberge mit der besten Drainage (die in größter Ufernähe im Médoc und in Graves) meist sehr gute Weine lieferten, sofern die Auslese entsprechend streng gehandhabt wurde.
Reifezustand: Die meisten 1994er werden sich in Anbetracht ihres relativ hohen Tanningehalts nur langsam entwickeln. Es handelt sich um einen klassischen *vin-de-garde*-Jahrgang; die Spitzenweine weisen kräftige Farbe und Struktur auf, sind recht wuchtig und verlangen zusätzliche Flaschenreife.
Preis: Die ursprünglich zu erschwinglichen Preisen gehandelten 1994er haben von dem zum Teil spekulativen internationalen Interesse an allen guten Bordeaux-Jahrgängen profitiert. Inzwischen scheinen, am Potential dieses Jahrgangs gemessen, die Preise eher hoch zu liegen.

In der Spitzenklasse sind 1994 ausgezeichnete, ja hervorragende Weine zustande gekommen, die weit höhere Qualität als 1993 erreichen. Allerdings haben sich nur allzu viele Weine seit der Abfüllung nicht gut entwickelt, weil die fragile Frucht durch übermäßiges Schönen und Filtern geschwächt wurde. Als Folge hiervon kommen die eher negativen Charakteristiken wie Hohlheit und strenges Tannin stark zum Vorschein. Dabei hätte der 1994er ausnehmend gut ausfallen können, hätte es nicht zwischen dem 7. und 29. September 13 Tage lang zum Teil heftig geregnet. Wie es so häufig bei einem Jahrgang der Fall ist, dem im Sommer 3 Monate herrliches

BESCHREIBUNG DER BORDEAUX-JAHRGÄNGE 1945 BIS 1997

Wetter zugute kamen, und der dann doch durch Regen vor und während der Lese schweren Schaden erlitt, bedeutete die Bereitschaft des Erzeugers, 30 bis 50 % seines Ertrags abzustufen, oft den Unterschied zwischen der Gewinnung hoher Qualität und dem völligen Mangel an Gleichgewicht.

Das allgemeine Merkmal des 1994ers ist eine Verschlossenheit, die größtenteils auf den hohen Tanningehalt zurückzuführen ist. Doch die wirklich gelungenen Weine des Jahrgangs verfügen über genug Frucht und Extrakt als Gegengewicht zum Tannin. Wer die Auslese nicht streng genug vornahm oder zu wenig Merlot zur Verfügung hatte, um den kargen Cabernet Sauvignon aufzufüllen und auszuwiegen, brachte nur trockene, harte, magere, ja dürre Weine hervor. Der Jahrgang 1994 ist fraglos ungleichmäßig und beim Verkosten unerfreulicher als der 1993er, aber es gab auch hervorragende Weine. Wer sich auf die Sache versteht, kann echte Schlager finden, doch auf jeden Fall ist bei diesem Jahrgang Vorsicht geboten.

1994 waren ganz ähnlich wie 1993 die Appellationen mit einem hohen Merlot-Anteil im Rebbestand oder mit besonders durchlässigen Böden begünstigt. Wie 1993 scheint Pomerol wiederum besonders bevorzugt gewesen zu sein. Das ist aber nicht als Blankozeugnis für alle Pomerols zu verstehen, denn es hat auch Enttäuschungen gegeben. Auch die Weingüter in Ufernähe im Médoc und in Graves mit kieshaltigen, tiefen, steinigen, besonders durchlässigen Böden hatten das Potential für volle, ausgewogene Weine. Es war aber 1994 insbesondere im Médoc wichtig, einen beträchtlichen Teil des Ertrags auszuscheiden (bei Spitzengütern wurden 30 bis 50 % und mehr eliminiert) und im Mischungsrezept einen höheren Merlot-Anteil vorzusehen. Darüber hinaus verlangten die Weine schonende Abfüllung ohne übermäßiges, die Geschmacksstoffe und den Körper schädigendes Schönen und Filtern.

DIE BESTEN WEINE

St-Estèphe: Cos d'Estournel, Lafon-Rochet, Montrose
Pauillac: Clerc-Milon, Grand-Puy-Lacoste, Lafite-Rothschild, Latour, Lynch-Bages, Mouton-Rothschild, Pichon-Longueville Baron, Pichon-Longueville-Comtesse de Lalande, Pontet-Canet
St.-Julien: Branaire-Ducru, Clos du Marquis, Ducru-Beaucaillou, Hortevie, Lagrange, Léoville-Barton, Léoville-Las Cases, Léoville-Poyferré
Margaux: Malescot St-Exupéry, Château Margaux
Médoc/Haut-Médoc/Crus Bourgeois: Roc des Cambes, Sociando-Mallet
Graves rot: Bahans-Haut-Brion, Haut-Bailly, Haut-Brion, La Mission-Haut-Brion, Pape-Clément, Smith-Haut-Lafitte
Graves weiß: Domaine de Chevalier, de Fieuzal, Haut-Brion, Laville-Haut-Brion, Pape-Clément, Smith-Haut-Lafitte, La Tour-Martillac
Pomerol: Beaurégard, Bon Pasteur, Certan de May, Clinet, La Conseillante, La Croix du Casse, La Croix de Gay, L'Eglise-Clinet, L'Evangile, La Fleur de Gay, La Fleur Pétrus, Gazin, Lafleur, Latour à Pomerol, Pétrus, Le Pin
St.-Emilion: Angélus, L'Arrosée, Beau-Séjour Bécot, Beauséjour-Duffau, Canon-La-Gaffelière, Cheval Blanc, Clos Fourtet, La Dominique, Ferrand-Lartigue, Forts de Latour, Grand-Pontet, Larcis-Ducasse, Magdelaine, Monbousquet, Pavie-Macquin, Le Tertre-Rotebœuf, Troplong-Mondot, Valandraud
Barsac/Sauternes: Keine.

BORDEAUX

1993 IM ÜBERBLICK – LESEBEGINN 26. 9. 93

St-Estèphe ** – Graves rot *** – Pauillac ** – Graves weiß *** – St-Julien **
Pomerol *** – Margaux * – St-Emilion ** – Médoc/Haut-Médoc Crus Bourgeois *
Barsac/Sauternes *

Ertragsmenge: Ein sehr großer Ertrag.
Zusammenfassung: Auch dieser Jahrgang entstand unter betrüblichen Witterungsbedingungen. Allerdings gibt es eine Reihe erfreulicher Überraschungen. Es kamen attraktivere Rotweine zustande als 1992 und 1991.
Reifezustand: Die feinsten Weine dürften sich bis in die ersten 5 bis 6 Jahre des kommenden Jahrhunderts schön trinken lassen.
Preis: Der letzte noch auf dem Markt zu vernünftigen Preisen erhältliche Jahrgang. Der 1993er kam recht preisgünstig heraus und ist im wesentlichen erschwinglich geblieben.

In manchen Gegenden mußte der Jahrgang 1993 wegen enormer Septemberregenfälle abgeschrieben werden. Schon 1991 und 1992 hatte es starke Niederschläge gegeben, was aber im September 1993 über Bordeaux hereinbrach, übertraf die in den letzten 30 Jahren gemessenen Durchschnittsmengen um erstaunliche 303 %! Allein schon deshalb lag der Schluß nahe, daß niemand guten Wein hätte produzieren können. Außerdem war im Frühjahr das Wetter ebenso widrig; sowohl im April als auch im Juni gab es größere Niederschlagsmengen.

Der Juli war allerdings wärmer als normal und der August ganz ausnehmend heiß und sonnig. Bevor am 6. September die Wetterverschlechterung einsetzte, glaubten die Erzeuger, es sei ein ausnehmend guter Jahrgang zu erwarten. Der Septemberregen machten diesen Optimismus zunichte. Da es aber zwischen den Sintfluten überaus trocken und kalt war, trat die von den Erzeugern so sehr gefürchtete Fäule nicht ein. Die meisten Châteaux führten die Lese durch, so gut es ging, und beendeten sie etwa Mitte Oktober.

Die besseren 1993er Weine lassen immerhin erkennen, daß es sich um einen volleren und potentiell besseren Jahrgang als 1991 und 1992 handelt. Die Merkmale sind tiefe Farbe, unreifer Cabernet-Sauvignon-Charakter, gute Struktur, mehr Tiefe und Länge als erwartet und eine gewisse Verwässerung.

DIE BESTEN WEINE

St-Estèphe: Cos d'Estournel, Montrose
Pauillac: Clerc-Milon, Grand-Puy-Ducasse, Grand-Puy-Lacoste, Latour, Mouton-Rothschild
St-Julien: Clos du Marquis, Hortevie, Lagrange, Léoville-Barton, Léoville-Las Cases, Léoville-Poyferré
Margaux: Château Margaux
Médoc/Haut-Médoc/ Crus Bourgeois: Sociando-Mallet
Graves rot: Bahans-Haut-Brion, de Fieuzal, Haut-Bailly, Haut-Brion, La Mission-Haut-Brion, Smith-Haut-Lafitte, La Tour-Haut-Brion
Graves weiß: Haut-Brion, Laville-Haut-Brion, Smith-Haut-Lafitte
Pomerol: Beauregard, Bon Pasteur, Clinet, La Conseillante, La Croix de Gay, L'Eglise-Clinet, L'Evangile, La Fleur de Gay, Gazin, Lafleur, Latour à Pomerol, Pétrus, Le Pin, Trotanoy
St-Emilion: Angélus, L'Arrosée, Beau-Séjour Bécot, Beauséjour-Duffau, Canon-La-Gaffelière, Cheval Blanc, La Dominique,

BESCHREIBUNG DER BORDEAUX-JAHRGÄNGE 1945 BIS 1997

                     Ferrand-Lartigue, Grand-Pontet, Magdelaine, Monbousquet,
                     Pavie-Macquin, Le Tertre-Rotebœuf, Troplong-Mondot,
                     Valandraud
Barsac/Sauternes: Keine.

1992 IM ÜBERBLICK – LESEBEGINN 29. 9. 92

St-Estèphe ** – Graves rot ** Pauillac ** – Graves weiß *** – St-Julien **
Pomerol *** – Margaux * – St-Emilion ** Médoc/Haut-Médoc Crus Bourgeois *
Barsac/Sauternes *

Ertragsmenge: Es wurde eine große Ernte eingebracht, aber die Spitzenweingüter mußten strenge Auslese treffen. Deshalb entstanden Weine der Spitzenklasse nur in bescheidenen Mengen.
Zusammenfassung: Die 1992er der Spitzengruppe sind angenehm mild, doch selbst bei den feinsten fiel es schwer, die von den überaus starken Regenfällen vor und während der Lese verursachte Verwässerung und Krautigkeit im Geschmack zu vermeiden.
Reifezustand: Die meisten 1992er wollen in den ersten 10 bis 12 Lebensjahren getrunken werden.
Preis: Da der Jahrgang als schlecht bis mittelmäßig gilt, sind die Preise recht niedrig. Der eigentliche Wert des Jahrgangs liegt darin, daß viele Spitzenweine für 35 bis 40 $, die 2èmes bis 5èmes Crus für 15 bis 25 $ zu haben waren ... für den überhitzten Bordeaux-Markt ist das bemerkenswert günstig.

Der Jahrgang 1992 wurde nicht wie 1991 durch tragischen Frost, sondern vielmehr durch übermäßige Regenfälle zum ungünstigsten Zeitpunkt beeinträchtigt. Nach einem frühen Frühjahr mit viel Feuchtigkeit und warmer Witterung begann die Blüte 8 Tage früher als im Durchschnitt der letzten 30 Jahre und ließ Hoffnungen auf eine frühe Ernte aufkeimen. Der Sommer war mit einem feuchtwarmen Juni, einem etwas überdurchschnittlich heißen Juli und weit überdurchschnittlichen Temperaturen im August außergewöhnlich heiß. Anders aber als in den klassischen heißen und trockenen Jahren 1982, 1989 und 1990 gab es im August kräftige Niederschläge (dreimal mehr als normal). So wurden in der Gegend von Bordeaux 193 mm gemessen (der größte Teil stammte aus heftigen Gewittern an den beiden letzten Augusttagen), gegenüber 22 mm in 1990 und 63 mm in 1989.

   Mitte August war bereits erkennbar, daß die Erntemenge enorm sein würde. Seriöse Weingüter nahmen daher Behangausdünnung vor, um den Ertrag zu beschränken. Auf diese Weise konnten sie Weine mit größerer Fülle erzielen als die leichten, verwässerten Gewächse der anderen, die den Behang nicht ausgedünnt hatten.

   Die beiden ersten Septemberwochen waren trocken, allerdings ungewöhnlich kühl. Während dieser Zeit wurden Sauvignon und Sémillon unter idealen Bedingungen gelesen, woraus sich das (trotz hoher Erträge) exzellente, manchmal hervorragende Ergebnis beim weißen 1992er Graves erklärt.

   Ab dem 20. September und im größten Teil des Oktobers herrschte ungünstiges Wetter mit viel Regen, dazwischen aber heiteren Abschnitten. Bei den meisten Weingütern zog sich die Lese lang hin. Dennoch wurde der Merlot beiderseits der Gironde an 3 heiteren, trockenen Tagen am 29. und 30. September und 1. Oktober eingebracht. Vom 2. bis 6. Oktober herrschte erneut stürmisches Regenwetter, und da durch weiteres Zuwarten nichts mehr zu gewinnen war, fand die Lese unter miserablen Bedingungen statt. Wer guten Wein erzielen wollte, mußte schon im Weinberg eine Auslese treffen und schlechte Frucht am Weinstock zurücklassen. Noch strengere Auslese war dann im Keller nötig.

   Alles in allem ist der Jahrgang 1992 doch besser geraten als der 1991er, denn keine Appellation hatte einen hohen Anteil an minderen Weinen zu beklagen, wie es 1991 in Pomerol und St-Emilion der Fall gewesen war. Die 1992er sind moderne Pendants zu den 1973ern. Da aber inzwischen bessere Kellertechniken, strengere Auslese, bessere Ausrüstungen und striktere Ertragsbeschränkungen die Regel sind, kamen in den Weingütern der Spitzenklasse 1992er zustande, die sich konzentrierter, voller und insgesamt besser präsentieren als die besten 1973er oder auch 1987er. Alle 1992er neigen der sanften, fruchtigen, säurearmen Art zu und weisen leichten bis moderaten Tanningehalt sowie mittlere bis gute Konzentration auf.

Am besten unter allen Appellationen ist wohl Pomerol gefahren. Allerdings führten die Spitzengüter der Firma Jean-Pierre Moueix sehr scharfe Behangausdünnung durch. In den beiden Flaggschiff-Gütern Trotanoy und Pétrus wandte Christian Moueix eine innovative Technik an, indem er die Weinberge Anfang September mit schwarzer Plastikfolie abdecken ließ. Die dann einsetzenden starken Regenfälle liefen auf der Folie ab, anstatt den Boden zu durchnässen. Ich habe Fotos von diesen aufwendigen Maßnahmen gesehen und bei der Verkostung festgestellt, daß sich diese brillante Idee gelohnt hat. Der Trotanoy und der Pétrus sind zwei der drei höchstkonzentrierten Weine des Jahrgangs, wodurch sich bestätigt, daß die unerhörte Arbeitsleistung, die mit dem Abdecken von 8,5 ha Rebfläche von Trotanoy und 11 ha von Pétrus verbunden ist, schließlich doch der Mühe wert war.

Andernorts gab es in allen Appellationen Erfolg und Mißerfolg, und echte Einheitlichkeit war nicht zu finden. Die Weingüter, die auf Ertragsbeschränkung achteten und den Behang ausdünnten oder das Glück hatten, vor der Sintflut vom 2. bis 6. Oktober die Lese zu beenden, und außerdem alles fragwürdige Traubengut ausschieden, brachten fruchtige, sanfte, charmante Weine zuwege, die wie die 1991er in den ersten 10 bis 12 Lebensjahren getrunken sein wollen.

DIE BESTEN WEINE

St-Estèphe: Haut-Marbuzet, Montrose
Pauillac: Lafite-Rothschild, Latour, Pichon-Longueville Baron
St-Julien: Ducru-Beaucaillou, Gruaud-Larose, Léoville-Barton, Léoville-Las Cases
Margaux: Giscours, Château Margaux, Palmer, Rauzan-Ségla
Médoc/Haut-Médoc/Crus Bourgeois: Keine
Graves rot: Carbonnieux, Haut-Bailly, Haut-Brion, La Louvière, La Mission-Haut-Brion, Smith-Haut-Lafitte
Graves weiß: Domaine de Chevalier, de Fieuzal, Haut-Brion, Laville-Haut-Brion, Smith-Haut-Lafitte
Pomerol: Bon Pasteur, Certan de May, Clinet, La Conseillante, L'Eglise-Clinet, L'Evangile, La Fleur de Gay, La Fleur Pétrus, Gazin, Lafleur, Pétrus
St-Emilion: Angélus, L'Arrosée, Beauséjour-Duffau, Canon, Fonroque, Magdelaine, Troplong-Mondot, Valandraud
Barsac/Sauternes: Keine.

1991 IM ÜBERBLICK – LESEBEGINN 30. 9. 91

St-Estèphe ** – Graves rot ** – Pauillac ** – Graves weiß 0 – St-Julien ** – Pomerol 0
Margaux * – St-Emilion 0 – Médoc/Haut-Médoc Crus Bourgeois 0
Barsac/Sauternes **

BESCHREIBUNG DER BORDEAUX-JAHRGÄNGE 1945 BIS 1997

Ertragsmenge: Eine sehr kleine Ernte, insbesondere weil der Spätfrost am Wochenende des 20./21. April in Pomerol und St-Emilion den größten Teil des Ertrags vernichtete.
Zusammenfassung: Eine Katastrophe für die Appellationen Pomerol und St-Emilion, aber im Médoc nimmt die Qualität zu, je weiter man nach Norden kommt. In Pauillac und St-Estèphe entstanden einige überraschend gefällige, ja gute Weine.
Reifezustand: Die Weine reifen rasch heran und wollen in den ersten 10 bis 12 Lebensjahren getrunken werden.
Preis: Da diesem Jahrgang ein schlechter Ruf anhaftet, ist er zu günstigen, erschwinglichen Preisen im Handel.

Das Jahr 1991 bleibt wegen des großen Spätfrosts in Erinnerung. Am Wochenende des 20. und 21. April sanken die Temperaturen auf −9°C, und in den meisten Weinbergen ging der erste Austrieb zugrunde. Die schlimmsten Verheerungen geschahen östlich der Gironde, vor allem in Pomerol und St-Emilion. Weniger Schaden entstand im nördlichen Médoc, insbesondere im nordöstlichen Teil von Pauillac und in der südlichen Hälfte von St-Estèphe. In dem auf den verheerenden Frost folgenden Frühjahr entwickelte sich dann ein zweiter Austrieb.

Da mit einer kleinen Ernte zu rechnen war, kamen Optimisten auf den Gedanken, der 1991er könne ähnlich wie der 1961er ausfallen (das war ein großer Jahrgang, bei dem die Ertragsmenge ebenfalls durch Spätfrost dezimiert wurde). Diese Hoffnung beruhte natürlich auf der Voraussetzung, daß während der Wachstumsperiode sonniges, trockenes Wetter herrschen würde. Als der September herannahte, war es den meisten Erzeugern klar, daß die Merlot-Lese nicht vor Ende September und die Cabernet-Sauvignon-Ernte nicht vor Mitte Oktober beginnen konnte – die zweite Fruchtgeneration brachte diese Terminverschiebung mit sich. Ende September ließ blauer Himmel Hoffnungen auf ein erneutes «Wunderjahr» wie 1978 aufkommen. Aber am 25. September lud ein Sturm vom Atlantik her 116mm Regen ab, genau das Doppelte der durchschnittlichen Niederschlagsmenge für den ganzen Monat!

Vom 30. September bis 12. Oktober herrschte allgemein trockenes Wetter. Die Merlot-Weinberge rechts der Gironde wurden in dieser Zeit größtenteils so schnell wie möglich abgeerntet, wobei in Pomerol und St-Emilion viel Verwässerung, auch Fäule und Unreife festgestellt wurden. Im Médoc war der Cabernet Sauvignon zum Teil noch nicht ganz reif, trotzdem erkannten viele Weingüter, daß es zu riskant war, noch länger zu warten. Wo die Lese vom 13. bis 19. Oktober stattfand, bevor 6 Tage hintereinander schwere Regenfälle (wiederum 120mm) niedergingen, wurde unreifer, aber überraschend gesunder und säurearmer Cabernet Sauvignon eingebracht. Wer vor dem Eintreffen der zweiten Sintflut nicht gelesen hatte, konnte keinen hochwertigen Wein zuwege bringen.

Der Jahrgang 1991 ist für die meisten Weingüter in Pomerol und St-Emilion dürftig oder gar katastrophal ausgefallen. Ich halte ihn für schlechter als den 1984er und damit für den schlimmsten Jahrgang dieser beiden Appellationen seit dem schrecklichen 1969er. Viele bekannte Weingüter stuften ihren gesamten Wein ab, darunter auch so renommierte Namen wie L'Arrosée, Ausone, Canon, Cheval Blanc, La Dominique und Magdelaine in St-Emilion. In Pomerol entstanden irgendwie ein paar gute Weine, alles in allem aber war es für die kleine Appellation eine Katastrophe. Unter den bekannteren Châteaux, die ihren Ertrag abstuften, befanden sich hier Beauregard, Bon Pasteur, L'Evangile, Le Gay, La Grave à Pomerol, Lafleur, Latour à Pomerol, Pétrus, Trotanoy und Vieux-Château-Certan.

Trotz all dieser ungünstigen Umstände entstanden doch einige milde, gefällige, leichte bis mittelschwere Weine in Graves und in den Médoc-Weinbergen unmittelbar an der Gironde. Die Qualität vieler dieser Weine, insbesondere aus St-Julien, Pauillac und St-Emilion, ist überraschend gut. Hier im nördlichen Médoc blieb ein großer Teil der ersten Fruchtgeneration vom Frost verschont, und so entstand zwar verwässertes, aber doch physiologisch reiferes Traubengut als in der zweiten Generation. Allerdings müssen die guten Weine zu einem günstigen Preis angeboten werden, um beim Verbraucher Interesse zu wecken.

Die Appellationen, die 1991 einheitlich gute Weine aufweisen können, sind St-Julien, Pauillac und St-Estèphe. Sie erlitten weniger Frostschäden an der ersten Fruchtgeneration. Praktisch alle gut geführten Weingüter in diesen Appellationen brachten überdurchschnittliche, manchmal exzellente Weine zustande.

Da kluge Köpfe im Médoc anstelle des unreifen Cabernet Sauvignon einen höheren Merlot-Anteil in das Mischungsrezept einbrachten, sind die 1991er milde, aufgeschlossene Weine, die in den ersten 10 Lebensjahren getrunken werden sollten.

DIE BESTEN WEINE

St-Estèphe: Cos d'Estournel, Lafon-Rochet, Montrose
Pauillac: Forts de Latour, Grand-Puy-Lacoste, Lafite-Rothschild, Latour, Lynch-Bages, Mouton-Rothschild, Pichon-Longueville Baron, Pichon-Longueville Comtesse de Lalande, Réserve de la Comtesse
St-Julien: Beychevelle, Branaire-Ducru, Clos du Marquis, Ducru-Beaucaillou, Langoa-Barton, Léoville-Barton, Léoville-Las Cases
Margaux: Giscours, Château Margaux, Palmer, Rauzan-Ségla
Médoc/Haut-Médoc/Crus Bourgeois: Citran
Graves rot: Carbonnieux, Domaine de Chevalier, Haut-Brion, La Mission-Haut-Brion, Pape-Clément, Smith-Haut-Lafitte, La Tour-Haut-Brion
Graves weiß: Keine
Pomerol: Clinet
St-Emilion: Angélus, Troplong-Mondot
Barsac/Sauternes: Keine.

1990 IM ÜBERBLICK – LESEBEGINN 12. 9. 90

St-Estèphe ***** – roter Graves **** – Pauillac ***** – weißer Graves ***
St-Julien ***** – Pomerol ***** – Margaux **** – St-Emilion *****
Médoc/Haut-Médoc Crus Bourgeois **** – Barsac/Sauternes *****

Ertragsmenge: Mit die größte in Bordeaux je eingebrachte Ernte.
Zusammenfassung: Das wärmste Jahr seit 1947 und das sonnenreichste seit 1949 schuf in manchen Spitzenlagen in Graves und im Médoc besondere Verhältnisse. Infolgedessen brachten die schwereren Böden in Appellationen wie St-Estèphe, die Kalksteinhänge und Plateaux von St-Emilion sowie Lagen in Fronsac ausgezeichnete Ergebnisse.
Reifezustand: Ausgesprochen niedriger Säuregehalt bei kräftigem Tannin läßt auf frühe Zugänglichkeit schließen, wobei den abgerundetsten Weinen weitere 20 bis 25 Jahre Lebenserwartung zuzubilligen sind, aber es gibt in diesem Jahrgang keinen Wein, der nicht am Ende der neunziger Jahre bereits mit Genuß zu trinken wäre.
Preis: Die Eröffnungspreise lagen um 15 bis 20 % unter denen des Vorjahrs, aber kein moderner Bordeaux-Jahrgang außer dem 1982er hat im Preis stärker zugelegt als der 1990er.

Die meisten großen Bordeaux-Jahrgänge dieses Jahrhunderts sind warmen, trockenen Jahren zu verdanken. Allein schon aus diesem Grund darf der 1990er ein hohes Maß an Aufmerksamkeit beanspruchen. Das bezeichnendste Merkmal des Jahrgangs 1990 ist, daß er aus dem zweitwärmsten Jahr des Jahrhunderts stammt – nur knapp übertroffen von 1947. Es war auch das

BESCHREIBUNG DER BORDEAUX-JAHRGÄNGE 1945 BIS 1997

zweitsonnenreichste Jahr; vor ihm rangiert nur 1949. Der reichliche Sonnenschein und die überaus warmen Sommer, deren sich Bordeaux in den achtziger Jahren erfreute, werden oft dem sogenannten «Treibhauseffekt» und der globalen Erwärmung zugeschrieben, die aus Wissenschaftlerkreisen mit ominösen Warnungen bedacht werden. Betrachten wir jedoch einmal das Wetter in Bordeaux in der Zeit von 1945 bis 1949: Erstaunlicherweise war diese Periode noch heißer und trockener als 1989 bis 1990. (Man kann sich nur fragen, ob es damals auch schon Besorgnisse über das Abschmelzen der Eiskappen an Nord- und Südpol gegeben hat.)

Der Witterungsverlauf des Jahres 1990 eröffnet erfreuliche Aussichten, weil er auf ein Potential für große Weine schließen läßt. Doch das Wetter ist nur ein Teil des Ganzen. Die Sommermonate Juli und August waren die trockensten seit 1961, und der August war der heißeste seit dem Jahr 1928, aus dem die ersten Aufzeichnungen stammen. Der September (der nach Auffassung vieler Erzeuger die Qualität bestimmt) war witterungsmäßig nicht außergewöhnlich, und 1990 war auch das zweitfeuchteste unter den heißen Jahren – hierin wurde es nur von 1989 übertroffen. Wie 1989 regnete es zu Zeiten, die Anlaß zu Besorgnis gaben. Beispielsweise fegte am 15. September eine Reihe heftiger Gewitterstürme über Bordeaux und setzte große Teile von Graves unter Wasser. Am 22. bis 23. September fiel in der ganzen Region mäßiger Regen. Am 7. und 15. Oktober gab es überall leichte Schauer. Die meisten Erzeuger beeilten sich zu versichern, daß der Regen im September eine Wohltat gewesen sei. Sie erklären, die Cabernet Sauvignon-Trauben seien noch zu klein und ihre Schalen zu dick gewesen. Viele Cabernet-Stöcke hatten das Wachstum eingestellt, und die Trauben konnten nicht ausreifen, weil es zu heiß und trocken war. Der Regen, so meinten die Erzeuger, habe das Wachstum wiederbelebt und den stagnierenden Reifevorgang erleichtert. Dieses Argument besticht und hat auch seine Berechtigung. Zwar gerieten einige Châteaux in Panik und ernteten zu bald nach den Regenfällen, die meisten Spitzengüter aber hielten die Lesetermine ein.

Im Geschmack der 1990er Weine fällt vor allem eine geröstete Note auf, die zweifellos auf den außerordentlich heißen Sommer zurückzuführen ist. Der Regen im September hat vielleicht die Beschwerlichkeiten gemildert, unter denen vor allem die Cabernet-Lagen mit ihrem leichteren, durchlässigeren Boden zu leiden hatten, sie haben aber auch die Trauben zum großen Teil aufgeschwemmt und damit zweifellos zu der wiederum überaus reichlichen Erntemenge beigetragen.

Es steht fest, daß alle großen Jahrgänge aus heißen, trockenen Jahren stammen. War nun aber 1990 etwa zu dürr? Oder sollten etwa die Erträge so hoch gewesen sein, daß trotz der außergewöhnlichen Witterung einfach zuviel Trauben geerntet wurden und keine tiefen Weine entstehen können? 1990 verursachte das Wetter noch mehr Streß in den Weinbergen als die Hitze und Trockenheit von 1989. Ein Schlüssel zum Verständnis dieses Jahrgangs ist wohl die Tatsache, daß 1990 die besten Weine (1) in Lagen mit schwereren und nicht den sonst erwünschteren hochdurchlässigen Böden gewachsen sind und (2) von Weingütern stammen, die eine besonders strenge Auslese vornahmen. Meinen Probiernotizen zufolge erbrachten nämlich die schwereren Böden in Appellationen wie St-Estèphe und Fronsac sowie die Hang- und Plateau-Lagen von St-Emilion gehaltvollere, konzentriertere und harmonischere Weine als viele der Spitzenlagen auf den schönen, durchlässigen Kiesböden von Margaux und Graves.

Die Erntemenge war 1990 enorm, ungefähr vergleichbar mit dem Ertrag von 1989. Tatsächlich wuchs mehr Wein, da aber die französischen Behörden intervenierten und umfangreiche Abstufungen verlangten, entspricht die dann angegebene Menge der von 1989, d. h. sie liegt in beiden Jahren um 30 % höher als 1982. Offiziell nahmen jedoch viele Châteaux (vor allem die Premiers Crus und Super-Seconds) eine noch strengere Auslese vor als 1989, und die von vielen Erzeugern unter dem Grand-Vin-Etikett deklarierte Menge ist infolgedessen kleiner als 1989.

Quer durch die Appellationen machen die trockenen Rotweine den allgemeinen Eindruck eines extrem niedrigen Säuregehalts (so gering wie 1989, in manchen Fällen noch geringer), kräftiger Tannine (in den meisten Fällen kräftiger als 1989) bei allgemein milder Art und früh entwickeltem, äußerst reifem, manchmal sonnengeröstetem Geschmack. Da die Tannine so sanft sind (ähnlich wie 1982, 1985 und 1989), bieten diese Weine schon in der Jugend großen Genuß, dennoch haben sie Lebenskraft für Jahrzehnte.

Auf den leichteren Kiesböden brachte das zweite warme, sonnenscheinreiche und trockene Jahr in Folge offenbar noch mehr Streß als 1989. Viele Weingutsbesitzer in Graves und Margaux behaupteten, sie seien geradezu gezwungen gewesen, ihren Cabernet verfrüht zu lesen, sonst wäre er am Stock verdorrt. Im Verein mit den überaus hohen Erträgen erklärt sich daraus wohl auch, weshalb die Appellationen Graves und Margaux ganz ähnlich wie in den ebenfalls heißen und trockenen Jahren 1989 und 1982 nicht soviel Erfolg hatten. Doch auch hier kamen einige brillante Weine zustande.

Überraschende Stärke beweisen in diesem Jahrgang die meisten Premiers Crus im Médoc (eine Ausnahme macht nur Mouton-Rothschild). Man kann sagen, daß sie 1990 reichhaltigere, vollere und harmonischere Weine hervorgebracht haben als 1989. An anderen Stellen im Médoc, insbesondere in St-Julien und Pauillac, entstanden reihenweise relativ milde, runde, ansprechende, fruchtige Weine mit kräftigem Alkohol, hohem Gehalt an mildem Tannin und außerordentlich wenig Säure. Für mich ist der interessanteste Aspekt des Jahrgangs 1990 der, daß die Weine während des Faßausbaus und der weiteren Entwicklung in der Flasche ähnlich wie die 1982er (jedoch nicht die 1989er) an Gewichtigkeit und Struktur zugelegt haben. Anfänglich habe ich einige St-Juliens und Pauillacs eindeutig unterschätzt, da erst bei der Abfüllung erkennbar wurde, daß diese Appellationen viele zutiefst reichhaltige, konzentrierte Weine hervorgebracht hatten, die sich als die großartigsten jungen Bordeaux-Weine seit 1982 herausstellen sollten. Mein anfänglicher Mißgriff beim Versuch, diesen Jahrgang zu verstehen, rührte daher, daß zwei der Superstars, Mouton-Rothschild und Pichon-Lalande, Weine produzierten, die weit weniger vollendet waren als ihre 1989er. Sie bedeuteten eine gewisse Enttäuschung für diesen Jahrgang und lagen weit unter der Qualität ihrer Klasse. Die unbegreiflichen Leistungen dieser beiden Châteaux bestätigten sich jedoch in meinen Verkostungen gegen Ende der 1990er Jahre. Die anderen Spitzenweine aus dem Médoc dagegen haben beträchtliche Statur und Fülle gewonnen und stellen das Aufregendste dar, was in Bordeaux zwischen 1982 und 1995/1996 entstanden ist.

Auf dem rechten Ufer schien es zunächst, daß Pomerol einen weit weniger erfolgreichen Jahrgang als 1989 erlebte, mit Ausnahme der Weingüter an der Grenze zu St-Emilion – L'Evangile, La Conseillante und Bon Pasteur –, die von vornherein eindeutig reichhaltigere Weine als 1989 produziert hatten. Doch mit fortschreitender Entwicklung im Faß schien der Jahrgang, wenn er auch nicht ganz an die Größe des 1989ers heranreichte, sich alles in allem zu kräftigen, wobei die Weine an Gewichtigkeit, Konturenschärfe und Komplexität zunahmen. Je näher das Ende des Jahrhunderts rückt, desto mehr erweist sich der 1990er als ein Jahrgang, in dem einige zutiefst großartige Pomerols zustande gekommen sind, insgesamt aber ist er doch weniger harmonisch als der 1989er.

Die sonst nie einheitliche Appellation St-Emilion produzierte vielleicht den homogensten und großartigsten Jahrgang der letzten zehn Jahre, und zwar in allen drei Teilen der Appellation – dem Plateau, am Fuß der Hänge und in den Lagen auf Sand- und Kiesboden. Interessant ist die Beobachtung, daß Cheval Blanc, Figeac, Pavie, L'Arrosée, Ausone und Beauséjour-Duffau 1990 weit großartigere Weine zustande gebracht haben als 1989. Insbesondere nehmen sich der Cheval Blanc und der Beauséjour-Duffau geradezu legendär in der Qualität aus. Der Figeac steht nicht weit zurück; der 1990er ist der feinste Wein aus diesem Gut seit dem 1982er und 1964er.

Die trockenen Weißweine von Graves und der einfache weiße Bordeaux haben einen sehr guten Jahrgang zu verzeichnen, der weithin besser ist als der 1989er, jedoch mit zwei bedeutenden Ausnahmen, Haut-Brion-Blanc und Laville-Haut-Brion, denn es besteht kein Zweifel, daß diese beiden 1989er mit die wunderbarsten weißen Graves waren, die es je gegeben hat. Beide sind bei weitem reichhaltiger und vollendeter als die entsprechenden 1990er. Die Fehlbeurteilungen, als deren Folge die 1989er zu früh gelesen wurden, wiederholten sich bei den 1990ern nicht mehr, die daher mehr Fülle und Tiefe aufweisen als die meisten 1989er.

BESCHREIBUNG DER BORDEAUX-JAHRGÄNGE 1945 BIS 1997

Bei den süßen Weißweinen von Barsac/Sauternes darf dieser Jahrgang insofern als historisch gelten, als die meisten Weißweinerzeuger mit der Lese schon vor den Rotweinerzeugern fertig waren, was seit 1949 nicht mehr vorgekommen ist. Die Weine waren schon im Faß und anfangs in der Flasche kraftvoll süß und haben inzwischen allmählich mehr Komplexität und Konturenschärfe gewonnen. Es ist sicher reine Geschmackssache, ob man bei den Barsacs und Sauternes dem 1990er, 1989er oder 1988er den Vorzug geben will, aber jedenfalls ist damit das Ende einer glorreichen Trilogie von Jahrgängen mit den kraftvollsten und konzentriertesten Weinen seit langem erreicht. Die 1990er wirken mit den eindrucksvollsten technischen Daten, die mir je vorgekommen sind, in ihrer Größe und Intensität gigantisch und haben eine Lebenserwartung von 30 bis 40 Jahren vor sich. Werden sie sich als komplexer und eleganter erweisen als die 1988er? Mein Instinkt sagt mir, daß das nicht so sein wird, aber auf jeden Fall sind sie ungeheuer eindrucksvolle, kraftstrotzende Weine.

Alles in allem sind zum Jahrgang 1990 die folgenden vier Punkte zu beachten.
1. Ich habe stets geschrieben, daß der Jahrgang 1990 insgesamt großartiger ist als der 1989er. Ich habe auch festgehalten, daß meiner Ansicht nach der 1990er sogar großartiger ist als der 1982er – insbesondere angesichts der Tatsache, daß manche Weingüter, die heute superben Wein produzieren, im Jahr 1982 nicht besonders gut geführt oder motiviert waren. Man denke beispielsweise nur an die Châteaux Angélus, Beauséjour-Duffau, Canon-La-Gaffelière, Clinet, Clos Fourtet, L'Eglise-Clinet, La Fleur de Gay, Gazin, Lafon-Rochet, Lagrange (St-Julien), Monbousquet, Pape-Clément, Phélan-Ségur, Pichon-Longueville Baron, Smith-Haut-Lafitte, Le Tertre-Rotebœuf, Troplong-Mondot und Valandraud. Sie alle bemühen sich in den neunziger Jahren, superlative Weine zu produzieren, während sie im Jahr 1982 noch gleichgültig bewirtschaftet oder (im Falle von Valandraud) noch nicht einmal vorhanden waren. Der 1990er ist zweifellos einer der großartigsten jungen Bordeaux-Jahrgänge der neueren Zeit mit einer Art, die der des 1982ers nicht unähnlich ist, durchweg aber mehr Einheitlichkeit aufweist als 1982. Dennoch ist die außerordentliche Konzentration und Opulenz der profundesten 1982er größer als bei den besten 1990ern.
2. Mit Ausnahme von Pomerol und der beiden Glanzleistungen von La Mission-Haut-Brion und Haut-Brion im 1989er trägt der 1990er bei vergleichenden Verkostungen der beiden Jahrgänge meist den Sieg davon. Es gibt noch einige andere Ausnahmen, im allgemeinen aber sind die 1990er konzentrierter, komplexer und reichhaltiger als ihre Pendants von 1989, abgesehen – wie schon gesagt – von den Pomerols und den geradezu legendären 1989ern von La Mission-Haut-Brion und Haut-Brion.
3. Die Preise der 1990er liegen noch höher als die der 1982er, und leider sehe ich auch die Preise der 1990er und genausogut der 1982er nur steigen. Es gibt zu viele wohlhabende Menschen auf dieser Welt, die nun einmal um jeden Preis das Beste vom Besten haben wollen. Heute ist der Weinmarkt weit vielschichtiger und breiter als noch vor 5 oder 10 Jahren. Außerdem führt eine Wirtschaftsflaute in einem Land nicht unbedingt zu einem Sinken der Preise für die größten Weine aus den größten Jahrgängen – eine traurige, aber unausweichliche Folgerung aus den Erfahrungen mit dem heutigen internationalen Weinmarkt.
4. Schaut man sich die großen Jahrgänge dieses Jahrhunderts genauer an, so drängt sich der Eindruck auf, daß es zwei verschiedene Arten gibt. Einerseits sind da trocken-heiße Jahre, in denen säurearme Weine mit ungeheurer Fülle an Frucht und einer von den Franzosen *surmaturité* (Überreife) genannten Komponente entstehen. Diese Art ist wegen des reifen Tannins und der milden Säure schon in der Jugend köstlich zu trinken. Nun verfällt man leicht auf den Gedanken, solche Jahrgänge würden sich nicht lange halten, doch in Anbetracht einiger alter Jahrgänge, die diese Merkmale aufwiesen, muß man sagen, daß sie bemerkenswert lange Lebensdauer besitzen. Große Jahrgänge, die in diese Kategorie fallen, sind 1900, 1921, 1929, 1947, 1949, 1959, 1961, 1982, 1989, 1990 und möglicherweise 1995.

Die andere Art besteht aus extrem konzentrierten, aber ungeheuer tanninstrengen Weinen, deren Geschmack mehr von Cabernet Sauvignon dominiert ist. Sie sind in der Jugend fast abweisend und stellen die Geduld des Käufers jahrzehntelang auf die Probe. Sie bergen beim Kauf ein Risiko, weil häufig 10 bis 20 Jahre Kellerruhe vergehen müssen, bis solch ein Wein genug Tannin abgestreift hat und genießbar wird. Die größten Jahrgänge dieser Art aus dem 20. Jahrhundert sind 1926, 1928, 1945, 1948, 1955 (Médoc und Graves), 1975 (in Pomerol und einer Handvoll Weingüter anderswo) und 1986 sowie 1996 (jedoch nur im Médoc).

DIE BESTEN WEINE

St-Estèphe: Calon-Ségur, Cos d'Estournel, Cos Labory, Haut-Marbuzet, Montrose, Phélan-Ségur

Pauillac: Les Forts de Latour, Grand-Puy-Lacoste, Lafite-Rothschild, Latour, Lynch-Bages, Pichon-Longueville Baron

St-Julien: Branaire-Ducru, Gloria, Gruaud-Larose, Lagrange, Léoville-Barton, Léoville-Las Cases, Léoville-Poyferré

Margaux: Malescot St-Exupéry, Margaux, Palmer, Rauzan-Ségla

Médoc/Haut-Médoc/Moulis/Listrac/Crus Bourgeois: Lanessan, La Tour St-Bonnet, Moulin-Rouge, Sociando-Mallet, Tour Haut-Caussan, Tour du Haut-Moulin

Graves rot: Haut-Bailly, Haut-Brion, La Louvière, La Mission-Haut-Brion, Pape-Clément

Graves weiß: Domaine de Chevalier, Clos Floridène, de Fieuzal, La Tour-Martillac

Pomerol: Bon Pasteur, Certan de May, Clinet, La Conseillante, L'Eglise-Clinet, L'Evangile, La Fleur de Gay, Gazin, Lafleur, Petit-Village, Pétrus, Le Pin, Trotanoy, Vieux-Château-Certan

Fronsac/Canon-Fronsac: Canon-de-Brem, de Carles, Cassagne-Haut-Canon-La-Truffière, Fontenil, Pez-Labrie, La Vieille Cure

St-Emilion: Angélus, L'Arrosée, Ausone, Beauséjour-Duffau, Canon, Canon-La-Gaffelière, Cheval Blanc, La Dominique, Figeac, Grand-Mayne, Pavie, Pavie-Macquin, Le Tertre-Rotebœuf, Troplong-Mondot

Barsac/Sauternes: Climens, Coutet, Coutet-Cuvée Madame, Doisy-Daëne, Lafaurie-Peyraguey, Rabaud-Promis, Raymond-Lafon, Rieussec, Sigalas Rabaud, Suduiraut, La Tour Blanche, Yquem.

1989 IM ÜBERBLICK – LESEBEGINN 31. 8. 89

St-Estèphe **** – Graves rot *** – Pauillac ***** – Graves weiß ** – St-Julien ****
Pomerol ***** – Margaux *** – St-Emilion ****
Médoc/Haut-Médoc Crus Bourgeois **** – Barsac/Sauternes ****

Ertragsmenge: Gigantisch; neben 1990 und 1986 der höchste deklarierte Ertrag in der Geschichte von Bordeaux.

Zusammenfassung: Von allen Seiten außer von den Weingutsbesitzern in Bordeaux hochgepriesener Jahrgang. Amerikanische, französische und sogar englische Publizisten waren schon geneigt, ihn zum Jahrhundertwein zu erklären, bis bei kritischer Verkostung der Extraktgehalt, der erstaunlich geringe Säuregehalt und die fragwürdige Qualität bestimmter Weine Zweifel weckten. Es sind aber viele reichhaltige, faszinierende und vollmundige Weine entstanden, die sich auch recht gut halten dürften.

BESCHREIBUNG DER BORDEAUX-JAHRGÄNGE 1945 BIS 1997

Reifezustand: Hoher Tanningehalt bei extrem wenig Säure läßt wie beim 1990er auf frühe Genußreife schließen; nur die konzentriertesten Weine können eine Lebenszeit von 20 bis 30 und mehr Jahren erreichen.
Preise: Die teuersten Eröffnungspreise, die je ein Jahrgang vor 1995 und 1996 verzeichnete.

ABC Television und die *New York Times* brachten als erste die Nachricht, daß einige Châteaux in Bordeaux bereits in den letzten Augusttagen mit der Lese begonnen hatten – damit war 1989 die früheste Weinernte seit 1893. Eine frühe Ernte weist gewöhnlich auf eine heiße Wachstumsperiode und unterdurchschnittliche Niederschlagsmengen hin – und das sind stets Anzeichen dafür, daß ein erstklassiger Jahrgang vor der Tür steht. In seinem jährlichen *Vintage and Market Report* sprach Peter Sichel davon, daß zwischen 1893 und 1989 nur die Jahre 1947, 1949, 1970 und 1982 einen ähnlichen Witterungsverlauf gezeigt hatten, daß aber keines so heiß war wie 1989.

Die vielleicht aufschlußreichste und bedeutendste Entscheidung (zumindest unter dem Aspekt der Qualität) war die Wahl der Lesetermine. Noch nie hat sich in Bordeaux die Lese von ihrem Anfang bis zum Ende über einen so langen Zeitraum erstreckt (28. August bis 15. Oktober). Manche Châteaux, insbesondere Haut-Brion und die von Christian Moueix geleiteten Weingüter in Pomerol und St-Emilion brachten die Ernte in der ersten Septemberwoche ein. Andere Güter warteten ab und kamen mit der Lese erst Mitte Oktober zu Ende. In der zweiten Septemberwoche stellte sich ein gravierendes Problem ein. Ein großer Teil des Cabernet Sauvignon war zwar analytisch reif und hatte genügend hohen Zuckergehalt für einen potentiellen Alkoholgehalt von 13 %, aber physiologisch war er noch nicht ausgereift. Viele Châteaux waren angesichts dieser noch nie erlebten Wachstumsverhältnisse unentschlossen, und allzu viele verließen sich auf ihre Önologen, deren Befund auf technisch reife Frucht lautete, die nur rasch an Säuregehalt einbüßen konnte. Mehr als nur ein Gutsbesitzer oder *négociant* bemerkte später, daß durch zu frühe Lese beim Cabernet eine ganze Reihe von Erzeugern die Chance ihres Lebens auf einen ganz großen Wein vertan hatten. Zusammen mit der enormen Ertragsmenge erklärt dies vielleicht das zwar gute, aber nicht gerade inspirierende Abschneiden so vieler Weine aus den Appellationen Graves und Margaux.

Bei dem ebenfalls früh gelesenen Merlot gab es offenbar keine Probleme; er kam auf in Bordeaux noch nie dagewesene 13,5 bis sogar 15 % Alkoholpotential. Diejenigen Weingüter, die einen Ausdünnungsschnitt vorgenommen hatten – Pétrus und Haut-Brion – erzielten Erträge um 45 bis 55 hl/ha bei herrlicher Konzentration. Wo kein Grünschnitt durchgeführt worden war, erreichten die Erträge geradezu umwerfende 80 hl/ha.

Entgegen allen Berichten über eine vollkommen «trockene Lese» gab es am 10., 13., 18. und 22. September Regenschauer, die nur wenig Schaden anrichteten, solange nicht in Panik gleich am Tag nach dem Regen gelesen wurde. Manche Weine sind sicherlich nur deshalb leichter ausgefallen, weil einige Château-Besitzer sich ins Bockshorn jagen und das Lesegut sofort nach dem Regen einbringen ließen.

Die Gesamterzeugung war auch 1989 überwältigend hoch.

Generell sind die 1989er die alkoholstärksten Bordeaux-Weine, die mir je auf die Zunge gekommen sind; die Werte liegen zwischen 12,8 % und – bei vielen Pomerols – mehr als 14,5 %. Der Säuregehalt ist außerordentlich niedrig, der Tanningehalt jedoch erstaunlich hoch. Bei der Beurteilung der Struktur des 1989ers fällt demzufolge auf, daß die Weine 1 bis 2 % mehr Alkohol als die 1982er oder 1961er aufweisen, und zwar bei sehr viel geringerem Säuregehalt als bei den 1982ern, 1961ern und 1959ern, dafür aber hohem Tanninanteil. Zum Glück sind die Tannine jedoch reif und mild wie beim 1982er und nicht trocken und hart wie beim 1988er. Dadurch fällt die Empfindung auf der Zunge ähnlich wie beim 1982er vollmundig und reichhaltig aus. Die besten 1989er enthalten sehr viel Glyzerin – sind sie aber wirklich so konzentriert wie die feinsten 1982er 1900er, 1995er und 1996er? In Margaux lautet die Antwort entschieden «Nein», denn ganz ähnlich wie 1982 ist diese Appellation eindeutig am schlechtesten weggekommen. In

Graves sind die Weine außer bei Haut-Brion, La Mission-Haut-Brion, Haut-Bailly und de Fieuzal relativ leicht und wenig markant ausgefallen. In St-Emilion hatten die 1982er und 1990er mehr Tiefe und Konzentration aufzuweisen gehabt; es sind zwar 1989 einige herrlich gehaltvolle, enorm fruchtige, vollmundige Weine entstanden, aber es zeigen sich große Ungleichmäßigkeiten in der Qualität. Dagegen kamen im nördlichen Médoc, vor allem in St-Julien, Pauillac und St-Estèphe, sowie auch in Pomerol viele faszinierende, körperreiche, alkoholstarke und tanninhaltige Weine zustande. In den besten scheint die prachtvoll reichhaltige, opulente, vollmundige Struktur der 1982er mit der Kraft und tanninreichen Art der 1990er vereint zu sein, seltsamerweise aber schmecken sie weniger konzentriert als diese beiden Jahrgänge.

Ebenfalls wie der 1982er wird auch der Jahrgang 1989 wahrscheinlich über eine große Zeitspanne hinweg schönsten Genuß gewähren. Trotz des hohen Tanningehalts verleiht ihm die schwache Säure im Verein mit reichem Glyzerin- und Alkoholgehalt eine faszinierend vollmundige, körperreiche Struktur. Obwohl die Qualität beträchtlich schwankt, dürften die feinsten 1989er aus Pomerol, St-Julien, Pauillac und St-Estèphe in bestimmten Fällen an manche der größten Weine aus den letzten zwanzig Jahren heranreichen.

DIE BESTEN WEINE

St-Estèphe: Cos d'Estournel, Haut-Marbuzet, Meyney, Montrose, Phélan-Ségur
Pauillac: Clerc-Milon, Grand-Puy-Lacoste, Lafite-Rothschild, Lynch-Bages, Mouton-Rothschild, Pichon-Longueville Baron, Pichon-Longueville Comtesse de Lalande
St-Julien: Beychevelle, Branaire-Ducru, Ducru-Beaucaillou, Gruaud-Larose, Lagrange, Léoville-Barton, Léoville-Las Cases, Talbot
Margaux: Cantemerle, Margaux, Palmer, Rauzan-Ségla
Médoc/Haut-Médoc/Moulis/Listrac/Crus Bourgeois: Beaumont, Le Boscq, Chasse-Spleen, Gressier Grand-Poujeaux, Lanessan, Maucaillou, Moulin-Rouge, Potensac, Poujeaux, Sociando-Mallet, La Tour de By, Tour Haut-Caussan, Tour du Haut-Moulin, La Tour St-Bonnet, Vieux-Robin
Graves rot: Bahans-Haut-Brion, Haut-Bailly, Haut-Brion, La Louvière, La Mission-Haut-Brion
Graves weiß: Clos Floridène, Haut-Brion, Laville-Haut-Brion
Pomerol: Bon Pasteur, Clinet, La Conseillante, Domaine de L'Eglise, L'Eglise-Clinet, L'Evangile, Lafleur, La Fleur de Gay, La Fleur Pétrus, Le Gay, Les Pensées de Lafleur, Pétrus, Le Pin, Trotanoy, Vieux-Château-Certan
Fronsac/Canon Fronsac: Canon, Canon-de-Brem, Canon-Moueix, Cassagne-Haut-Canon-La-Truffière, Dalem, La Dauphine, Fontenil, Mazeris, Moulin-Haut-Laroque, Moulin-Pey-Labrie
St.-Emilion: Angélus, Ausone, Cheval Blanc, La Dominique, Grand-Mayne, Magdelaine, Pavie, Pavie-Macquin, Soutard, Le Tertre-Roteboeuf, Troplong-Mondot, Trotte Vieille
Barsac/Sauternes: Climens, Coutet, Coutet-Cuvée Madame, Doisy-Védrines, Guiraud, Lafaurie-Peyraguey, Rabaud-Promis, Raymond-Lafon, Rieussec, Suduiraut, Suduiraut-Cuvée Madame, La Tour Blanche, Yquem.

BESCHREIBUNG DER BORDEAUX-JAHRGÄNGE 1945 BIS 1997

1988 IM ÜBERBLICK – LESEBEGINN 20. 9. 88

St-Estèphe *** – Graves rot ***** – Pauillac **** – Graves weiß *** – St-Julien ****
Pomerol **** – Margaux *** – St-Emilion ***
Médoc/Haut-Médoc Crus Bourgeois ** – Barsac/Sauternes *****

Ertragsmenge: Ein großer Ertrag, mit 1982 vergleichbar, d. h. 30 % weniger als 1989 und 1990.
Zusammenfassung: Aus Furcht vor einer Wiederholung der Regenfälle, die 1987 das Potential für einen großen Jahrgang verdorben hatten, gaben viele Erzeuger wieder zu früh den Startschuß zur Lese. Infolgedessen wurden leider beträchtliche Mengen Cabernet Sauvignon im Médoc verfrüht eingebracht.
Reifezustand: Aufgrund des guten Säuregehalts und des relativ hohen Anteils an herben Tanninen gibt es keinen Zweifel an dem Potential des 1988ers, sich 20 bis 30 Jahre gut zu halten. Wie viele Weine dieses Jahrgangs über ausreichend Frucht verfügen, um sich gegen das Tannin durchzusetzen, bleibt abzuwarten.
Preis: Die Preise liegen 20 bis 50 % unter dem Jahrgang 1989, daher sind selbst die besseren Weine oft sehr preiswert.

Der 1988er ist ein guter, aber nur selten aufregender Rotweinjahrgang, aber einer der größten Jahrgänge dieses Jahrhunderts für die Süßweine von Barsac und Sauternes.

Bei den Rotweinen liegt das Problem darin, daß es an Superstar-Leistungen seitens der Spitzen-Châteaux fehlt. Das ist zweifellos der Hauptgrund dafür, daß der 1988er stets zwar als ein sehr guter, nicht aber exzellenter Jahrgang gelten wird. Die Erntemenge von 1988 war recht groß, sie wurde jedoch in den beiden darauffolgenden Jahren, also 1989 und 1990, übertroffen. Die Durchschnittserträge lagen 1988 zwischen 45 und 50 hl/ha und entsprachen damit ungefähr der Erzeugung von 1982. Die Weine zeigen meist schöne Farbe, kräftiges Tannin und feste Struktur, den weniger gut gelungenen aber mangelt es an Tiefe, der Abgang ist kurz und das Tannin grün und adstringierend. In Graves und dem nördlichen Médoc fiel der Jahrgang fein aus und hatte recht köstliche Art.

Diese Merkmale zeigen sich insbesondere im Médoc, und zwar eindeutig als Folge dessen, daß viele Châteaux aus Furcht vor Regenfällen und dem Aufkommen von Fäule (wie 1987) ihren Cabernet Sauvignon zu früh ernteten. So brachten sie oft Lesegut ein, das nur 8 bis 9 % Zuckergehalt aufwies. Wer abwartete oder strenge Auslese vornahm, brachte die besten Weine zustande.

In Pomerol und St-Emilion wurde der Merlot in schönem Reifezustand gelesen, aber infolge der Dürre waren die Traubenschalen dicker und die resultierenden Weine erstaunlich tanninreich und streng.

In St-Emilion berichteten viele Weingüter, der Cabernet Franc sei vollreif und mit einem Zuckergehalt eingebracht worden, der angeblich höher war als je zuvor. Dennoch schmeckte trotz so optimistischer Beurteilung der Cabernet Franc meist wäßrig und dünn. Daher weist der St-Emilion trotz der Berichte über eine sehr erfolgreiche Ernte große Qualitätsschwankungen auf.

Die Appellation Graves dürfte 1988 die besten Rotweine von Bordeaux hervorgebracht haben.

Nun hat zwar der reichhaltigere, sensationellere, vollmundigere 1989er zweifellos dem 1988er beim Publikum die Schau gestohlen, aber eine objektive Betrachtung des Jahrgangs 1988 fördert überraschend starke Leistungen in Appellationen wie Margaux, Pomerol und Graves sowie bei Weingütern im nördlichen Médoc, die den zu früh gelesenen Cabernet Sauvignon ausschieden oder aber überhaupt erst später mit der Lese begonnen hatten, zutage. Bei den Crus Bourgeois hat das Jahr 1988 nicht allzu viel Gutes gebracht, weil oft zu früh gelesen wurde. Die für diese Weine gezahlten niedrigeren Preise ermöglichen den Crus Bourgeois keine so strenge Auslese, wie sie 1988 erforderlich war.

Dagegen hatten die Appellationen Barsac und Sauternes einen Jahrgang in Superstar-Qualität. Bei einer Lesezeit, die sich bis Ende November hinzog, und Bilderbuchwetter für das Entstehen von Edelfäule gilt der 1988er bei den einigen Autoritäten als der feinste Jahrgang seit 1937. Fast durchweg – selbst bei den kleineren Weingütern – zeichnet er sich durch einen intensiven Duft nach Honig, Kokosnüssen, Orangen und anderen tropischen Früchten aus. Er ist ein bemerkenswert reichhaltiger Jahrgang mit überaus schön entwickelter Edelfäule und großer Geschmackskonzentration; die reiche, ölige, opulente Konsistenz findet ein wunderbares Gegengewicht in einer pikanten, frischen Säure. Gerade die letztere Komponente macht das Besondere an diesen Weinen aus.

DIE BESTEN WEINE

St-Estèphe: Calon-Ségur, Haut-Marbuzet, Meyney, Phélan-Ségur
Pauillac: Clerc-Milon, Lafite-Rothschild, Latour, Lynch-Bages, Mouton-Rothschild, Pichon-Longueville Baron, Pichon-Longueville Comtesse de Lalande
St-Julien: Gruaud-Larose, Léoville-Barton, Léoville-Las Cases, Talbot
Margaux: Monbrison, Rauzan-Ségla
Médoc/Haut-Médoc/Moulis/Listrac/Crus Bourgeois: Fourcas-Loubaney, Gressier Grand-Poujeaux, Poujeaux, Sociando-Mallet, Tour du Haut-Moulin
Graves rot: Les Carmes-Haut-Brion, Domaine de Chevalier, Haut-Bailly, Haut-Brion, La Louvière, La Mission-Haut-Brion, Pape-Clément
Graves weiß: Domaine de Chevalier, Clos Floridène, Couhins-Lurton, de Fieuzal, Laville-Haut-Brion, La Louvière, La Tour-Martillac
Pomerol: Bon Pasteur, Certan de May, Clinet, L'Eglise-Clinet, La Fleur de Gay, Gombaude-Guillot-Cuvée Spéciale, Lafleur, Petit-Village, Pétrus, Le Pin, Vieux-Château-Certan
St-Emilion: Angélus, Ausone, Canon-la-Gaffelière, Clos des Jacobins, Larmande, Le Tertre-Rotebœuf, Troplong-Mondot
Barsac/Sauternes: d'Arche, Broustet, Climens, Coutet, Coutet-Cuvée Madame, Doisy-Daëne, Doisy-Dubroca, Guiraud, Lafaurie-Peyraguey, Lamothe-Guignard, Rabaud-Promis, Rayne-Vigneau, Rieussec, Sigalas Rabaud, Suduiraut, La Tour Blanche, Yquem.

1987 IM ÜBERBLICK – LESEBEGINN 3. 10. 87

St-Estèphe ** – Graves rot *** – Pauillac ** – Graves weiß **** – St-Julien **
Pomerol *** – Margaux ** – St-Emilion ** – Médoc/Haut Médoc Crus Bourgeois *
Barsac/Sauternes *

Ertragsmenge: Die mittelgroße Ernte nimmt sich neben den gigantischen Erträgen in den übrigen achtziger Jahren geradezu winzig aus.
Zusammenfassung: Der am meisten unterbewertete Jahrgang der achtziger Jahre brachte in überraschender Anzahl reife, runde, schmackhafte Weine, vor allem aus Pomerol, Graves und besonders gut geführten Châteaux im nördlichen Médoc.
Reifezustand: Die besten Vertreter sind köstlich genußreif und sollten vor 2000 getrunken werden.
Preis: Bescheidene Preise sind bei diesem oft attraktiven, aber unterbewerteten Jahrgang eher die Regel als die Ausnahme.

BESCHREIBUNG DER BORDEAUX-JAHRGÄNGE 1945 BIS 1997

Mehr als einer im Bordelais hat mir auseinandergesetzt: Wenn nicht in den ersten Oktoberwochen 1987 der Regen gekommen wäre und die Qualität des noch nicht geernteten Cabernet Sauvignon und Petit Verdot zunichte gemacht hätte, dann wäre der 1987er und nicht der 1989er oder 1982er der außerordentliche Jahrgang der achtziger Jahre geworden. Waren denn nicht der August und der September die heißesten Monate in Bordeaux seit 1976 gewesen? Doch der Regen kam in großen Massen und schwemmte die Hoffnungen auf einen Spitzenjahrgang davon. Nur der Merlot war zum großen Teil vor dem Regen gelesen worden, und der früh geerntete Cabernet Sauvignon war in befriedigender Qualität; was aber erst gelesen wurde, nachdem der Regen begonnen hatte, war in schlechtem Zustand. Zum Teil dank der gigantischen Erträge der damaligen Rekordjahre 1985 und 1986 waren aber in den meisten Châteaux von Bordeaux die Keller voll, und deshalb reute es die Erzeuger nicht allzusehr, den in der 14tägigen Regenzeit im Oktober geernteten, verwässerten Cabernet Sauvignon einfach auszuscheiden. Bei den Spitzengütern kamen auf diese Weise leichte bis mittelschwere, reife, fruchtige und runde, ja sogar vollmundige Weine mit wenig Tannin, wenig Säure und üppiger, gewinnender, charmanter Persönlichkeit zustande.

Zwar wird der 1987er oft als ein dürftiger Jahrgang angesehen und mit anderen dieser Art wie 1977, 1980 und 1984 verglichen, in Wahrheit aber könnte er von allen diesen gar nicht verschiedener sein. Bei den Jahrgängen 1977, 1980 und 1984 lag das Problem in der Unreife durch kalte, nasse Witterung bis kurz vor der Ernte. 1987 aber mangelte es nicht an der Reife, denn der Merlot und der Cabernet waren ausgereift, vielmehr wurde 1987 das vollreife Lesegut durch den Regen verwässert.

Gegenüber allen anderen Jahrgängen der achtziger Jahre wird der 1987er vor allem dort zu Unrecht unterbewertet, wo eine strenge Auslese getroffen bzw. der Merlot in bestem Zustand geerntet wurde. Solche Weine sind vorzüglich fruchtig, ansprechend, sauber, vollmundig und mild, ohne jede Beeinträchtigung durch Fäule. Der Preis ist außerordentlich günstig, obwohl nur geringe Mengen erzeugt wurden. Im Restaurant suche ich jedenfalls auf der Weinkarte gerade nach diesem Jahrgang, und ich habe eine ganze Reihe 1987er für meinen eigenen Keller eingekauft, eben weil ich sie – ähnlich wie die 1976er – als mild und ansprechend kenne, als einen Jahrgang, der in seinem ersten Jahrzehnt durchaus schönen Genuß bereitet.

DIE BESTEN WEINE

St-Estèphe: Cos d'Estournel
Pauillac: Lafite-Rothschild, Latour, Mouton-Rothschild, Pichon-Longueville Baron, Pichon-Longueville Comtesse de Lalande
St-Julien: Gruaud-Larose, Léoville-Barton, Léoville-Las Cases, Talbot
Margaux: Angludet, Margaux, Palmer
Médoc/Haut-Médoc/Moulis/Listrac/Crus Bourgeois: Keine
Graves rot: Bahans-Haut-Brion, Domaine de Chevalier, Haut-Brion, La Mission-Haut-Brion, Pape-Clément
Graves weiß: Domaine de Chevalier, Couhins-Lurton, de Fieuzal, Laville-Haut-Brion, La Tour-Martillac
Pomerol: Certan de May, Clinet, La Conseillante, L'Evangile, La Fleur de Gay, Petit-Village, Pétrus, Le Pin
St-Emilion: Ausone, Cheval Blanc, Clos des Jacobins, Clos St-Martin, Grand-Mayne, Magdelaine, Le Tertre-Rotebœuf, Trotte Vieille
Barsac/Sauternes: Coutet, Lafaurie-Peyraguey

1986 IM ÜBERBLICK – LESEBEGINN 23. 9. 86

St-Estèphe **** – Graves rot *** – Pauillac ***** – Graves weiß ** – St-Julien *****
Pomerol *** – Margaux **** – St-Emilion ***
Médoc/Haut Médoc Crus Bourgeois *** – Barsac/Sauternes *****

Ertragsmenge: Kolossal; einer der größten Ernteerträge, die es in Bordeaux je gegeben hat.
Zusammenfassung: Ein unbestreitbar großartiges Jahr für die Cabernet Sauvignon-Traube im nördlichen Médoc, in St-Julien, Pauillac und St-Estèphe. Die Spitzen-1986er verlangen nach weiterer Kellerreife, und man fragt sich nur, wie viele glückliche Besitzer dieses Weins die Geduld verlieren werden, bevor die volle Reife erreicht ist.
Reifezustand: Crus Bourgeois-Weine sowie Gewächse aus Graves und vom rechten Gironde-Ufer sind inzwischen trinkreif, makellos gebaute Médocs jedoch werden frühestens 2005 zugänglich.
Preis: Noch realistisch, mit Ausnahme einer Handvoll Superstars.

Das Jahr 1986 hat zweifellos dem nördlichen Médoc, insbesondere St-Julien, Pauillac und St-Estèphe, einen großartigen Erfolg beschert. Dort produzierten viele Châteaux die tiefsten und konzentriertesten Weine seit 1982, denen noch 20 bis 30 und mehr Jahre bevorstehen. Allerdings muß dem Leser klar gesagt werden, daß – anders als der große Jahrgang 1982 und die sehr guten Jahrgänge 1983 und 1985 – der 1986er kein entgegenkommender, schon in der Jugend angenehm zu trinkender Wein ist. Die meisten Spitzenweine aus dem Médoc brauchen allein schon 10 Jahre Kellerreife, um ihre Tannine loszuwerden, bei denen der höchste Gehalt gemessen wurde, den es in Bordeaux je gegeben hat. Wer nicht bereit ist zu warten, bis der 1986er endlich die richtige Reife hat, für den ist es nicht sinnvoll, ihn zu kaufen. Wer aber genug Geduld aufbringen kann, dem werden sich viele Weine dieses Jahrgangs am Ende als mit die erfreulichsten erweisen, die in Bordeaux seit 1982 entstanden sind.

Warum hat sich nun das Jahr 1986 als so außergewöhnlich gut für viele Médoc- und Graves-Weine entwickelt und beim Cabernet Sauvignon ein Lesegut von so ungewöhnlicher Fülle und Kraft zuwege gebracht? Das Wetter war im Sommer 1986 sehr heiß und trocken. Zu Anfang September steckte Bordeaux sogar inmitten einer Dürreperiode, die das endgültige Ausreifen der Trauben bedrohte. Dann gab es zunächst am 14. und 15. Regen, der den Reifeprozeß begünstigte und die Trockenheit milderte. Er war durchaus willkommen, aber am 23. September brauste dann ein schrecklicher Sturm über die Stadt Bordeaux und die Appellationen Graves, Pomerol und St-Emilion hinweg.

Merkwürdig war an diesem Sturm, der in Bordeaux Überschwemmungen hervorrief, daß er die Appellationen St-Julien, Pauillac und St-Estèphe im nördlichen Médoc kaum streifte. Wer Ende September mit der Lese begann, fand nichts als aufgeschwemmten Merlot und unreifen Cabernet vor. Infolgedessen kamen die Spitzenweine von 1986 aus denjenigen Châteaux, die 1) den Hauptteil der Lese nach dem 5. Oktober einbrachten oder 2) den frühgelesenen Merlot sowie den zwischen dem 23. September und dem 4. Oktober geernteten Cabernet Franc und Cabernet Sauvignon ausschieden. Nach dem 23. September gab es nämlich 23 Tage mit ungewöhnlich warmem, windigem, sonnigem Wetter, das allen, die mit der Lese abgewartet hatten, einen ausnehmend guten Jahrgang bescherte. Es ist daher nicht weiter verwunderlich, daß der spät – nämlich nach dem 6. Oktober, vor allem aber zwischen dem 9. und 16. Oktober – gelesene Cabernet Sauvignon im nördlichen Médoc Weine von außerordentlicher Intensität und Tiefe lieferte. Château Margaux und Château Mouton-Rothschild, die 1986 die beiden großartigsten Weine des Jahres hervorbrachten, hatten den Lesetermin für den größten Teil ihres Cabernet Sauvignon auf den 11. bis 16. Oktober gelegt.

In Pomerol und St-Emilion durften sich die Châteaux, die sofort nach der Sintflut vom 23. September abernteten, freilich nicht wundern, daß sie nicht so intensive Weine produzieren konnten. Wer noch abwartete (z.B. Vieux-Château-Certan, Lafleur, Le Pin), brachte viel konzentriertere, harmonischere Weine zustande. Wie in den meisten Jahren war also auch 1986 der Lesetermin entscheidend, und ohne jede Frage gewannen die, die am längsten warteten, die feinsten Weine. Das vielleicht verblüffendste Paradoxon des Jahrgangs 1986 ist die generell hohe Qualität der Weine aus Graves, und zwar vor allem deshalb, weil diese Gegend von dem Unwetter am 23. September stark mitgenommen worden war. Die Erklärung mag darin liegen, daß die Spitzen-Châteaux von Graves den Merlot weitgehend aus dem endgültigen Mischungsrezept herausnahmen und deshalb einen höheren Cabernet Sauvignon-Anteil in ihren Weinen hatten.

Schließlich brachte das Jahr 1986 in der Ertragsmenge einen weiteren Rekord, denn es übertraf den schon recht stattlichen Ertrag von 1985 um 15% und die Erntemenge von 1982 um 30%. Dieser übrigens sowohl 1989 als auch 1990 wiederum erreichte Rekord läßt sich mit dem Vorjahr freilich nicht ohne weiteres vergleichen, weil die bedeutenderen Crus Classés im Médoc 1986 weit weniger Wein produzierten als 1985. Aus diesem Grund und infolge der Überreife und des Tanninreichtums der Cabernet Sauvignon-Trauben sind die meisten 1986er Médoc-Weine merklich konzentrierter, wuchtiger und herber ausgefallen als die 1985er. Bedenkt man alles, so bietet der Jahrgang 1986 zahlreiche interessante und auch erfreuliche Weine von großer Tiefe und außergewöhnlichem Potential für lange Lebensdauer. Dennoch frage ich mich, wie viele meiner Leser bereit sein werden, geduldig bis nach der Jahrhundertwende auszuharren, denn dann erst werden diese Weine genußreif sein.

DIE BESTEN WEINE

St-Estèphe: Cos d'Estournel, Montrose
Pauillac: Clerc-Milon, Grand-Puy-Lacoste, Haut-Bages-Libéral, Lafite-Rothschild, Latour, Lynch-Bages, Mouton-Rothschild, Pichon-Longueville Baron, Pichon-Longueville Comtesse de Lalande
St-Julien: Beychevelle, Ducru-Beaucaillou, Gruaud-Larose, Lagrange, Léoville-Barton, Léoville-Las Cases, Talbot
Margaux: Margaux, Palmer, Rauzan-Ségla
Médoc/Haut-Médoc/ Moulis/Listrac/ Crus Bourgeois: Chasse-Spleen, Fourcas-Loubaney, Gressier Grand-Poujeaux, Lanessan, Maucaillou, Poujeaux, Sociando-Mallet
Graves rot: Domaine de Chevalier, Haut-Brion, La Mission-Haut-Brion, Pape-Clément
Graves weiß: Keine
Pomerol: Certan de May, Clinet, L'Eglise-Clinet, La Fleur de Gay, Lafleur, Pétrus, Le Pin, Vieux-Château-Certan
St-Emilion: L'Arrosée, Canon, Cheval Blanc, Figeac, Pavie, Le Tertre-Rotebœuf
Barsac/Sauternes: Climens, Coutet-Cuvée Madame, de Fargues, Guiraud, Lafaurie-Peyraguey, Raymond-Lafon, Rieussec, Yquem.

1985 IM ÜBERBLICK – LESEBEGINN 29. 9. 85

St-Estèphe *** – Graves rot **** – Pauillac **** – Graves weiß **** – St-Julien ****
Pomerol **** – Margaux *** – St-Emilion ***
Médoc/Haut-Médoc Crus Bourgeois *** – Barsac/Sauternes **

Ertragsmenge: Eine sehr große Ernte, damals ein Rekord, der aber dann von den Erträgen der Jahre 1986, 1989 und 1990 übertroffen wurde.

BORDEAUX

Zusammenfassung: Die Spitzenweine aus dem Médoc können sich zu getreuen Abbildern der prachtvoll verführerischen, charmanten 1953er entwickeln. Die meisten erstklassigen Weine sind erstaunlich gut entfaltet und zeichnen sich durch schöne Fülle, runden, femininen Charakter und außergewöhnliche Reinheit und Komplexität des Buketts aus. Dieser Jahrgang ist 1998 einer der schönsten Genüsse.
Reifezustand: Der offensichtlich schon bei der Freigabe trinkreife 1985er entwickelt sich rasch weiter, doch dürften Spitzenvertreter 10 bis 15 Jahre Haltbarkeit besitzen. Erstklassige Crus Bourgeois sind jetzt köstlich und sollten bis zum Ende der 1990er Jahre getrunken werden.
Preis: Die zu ungeheuer hohen Preisen herausgekommenen 1985er haben ihren Wert nicht in demselben Maß gehalten wie andere Spitzenjahrgänge.

Jeder Jahrgang, in Bordeaux ebenso wie anderswo, wird vom Witterungsverlauf geprägt. Der Bordeaux-Jahrgang 1985 stand von Beginn an im Zeichen großer Befürchtungen. Der Januar 1985 war der kälteste seit 1956. (Ich war am 16. Januar dort, als die Rekordkälte von –14,5°C erreicht wurde.) Jedoch waren die Befürchtungen hinsichtlich der Schäden in den Weinbergen von Bordeaux übertrieben. Man muß die Aufrichtigkeit solcher Befürchtungen in Zweifel ziehen und fragt sich, ob sie nicht nur dazu da waren, den Preis des Jahrgangs 1983 hochzutreiben und die Nachfrage nach dem überteuerten 1984er zu beleben. Auf jeden Fall verliefen das Frühjahr und der Frühsommer normal, nur im April, Mai und Juni war es vielleicht etwas kühler und feuchter als üblich. Der Juli war etwas wärmer und feuchter, der August kälter als normal, jedoch äußerst trocken. Das Septemberwetter brach dann wieder alle Rekorde – es war der sonnigste, trockenste und wärmste September, der je verzeichnet wurde. Die drei Spitzenjahrgänge 1961, 1982 und 1989 konnten sich so hervorragender Witterungsverhältnisse im September nicht rühmen.

Als die Lese Ende September begann, stellten sich zwischen dem 23. und 30. September drei Dinge klar heraus: Erstens war der Merlot voll ausgereift und exzellent in der Qualität. Zweitens hatten die Cabernet-Sauvignon-Trauben nicht die erwartete Reife und kamen nur knapp auf 11 % natürlichen Alkoholgehalt. Drittens hatte mit einer so enormen Erntemenge niemand gerechnet. Die Trockenheit im August und September hatte für viele auf Kiesboden liegende Cabernet-Weinberge eine harte Belastung bedeutet und den Reifeprozeß verzögert. Kluge Winzer stellten die Lese beim Cabernet ein und riskierten schlechtes Wetter in der Hoffnung auf höheren Zuckergehalt. Weniger Wagemutige gaben sich mit gutem anstelle von sehr gutem Cabernet Sauvignon zufrieden. Wer abgewartet hatte und den Cabernet Sauvignon erst Mitte Oktober erntete, wurde eindeutig mit den besten Weinen belohnt, denn das Wetter hielt sich den ganzen Oktober hindurch. Infolge der Trockenheit gab es in Barsac und Sauternes nur wenig Edelfäule. Die Weine fielen monolithisch, ansprechend und fruchtig aus, aber es fehlte ihnen generell an Komplexität und Tiefe.

Alles in allem ist der 1985er ein überaus verführerischer, attraktiver Jahrgang mit zahlreichen schön ausgewogenen, vollen, sehr duftigen, aber zarten Weinen. Ihrer Bestimmung gemäß sollte man sich in den nächsten 15 Jahren vorwiegend an sie halten und inzwischen die 1986er ihr Tannin abschmelzen sowie die reichhaltigeren, volleren, massiveren Exemplare der Jahrgänge 1982, 1989, 1990 und 1996 auf ihren Höhepunkt zusteuern lassen.

Das Jahr 1985 brachte viel Sonnenschein, Hitze und Trockenheit, soviel, daß viele Lagen auf leichterem, stärker kieshaltigem Boden in Bedrängnis gerieten. Im Médoc gab es 1985 eine enorme Ernte. Wo die Châteaux eine strenge Auslese trafen, entstanden unbestreitbar charmante, runde, frühentwickelte, opulente Weine mit geringer Säure und einer insgesamt eleganten, fast femininen Qualität. Die Tannine sind sanft und mild. Interessant zu bemerken ist, daß es im Médoc eines jener Jahre wie 1989 war, in denen die sogenannten «Super-Seconds» wie Cos d'Estournel, Lynch-Bages, Léoville-Las Cases, Ducru-Beaucaillou, Pichon-Longueville-Comtesse de Lalande und Léoville-Barton, Weine hervorbrachten, die es mit den viel illustreren Premiers Crus aufnehmen können, ja sie manchmal sogar übertreffen. In vielen Jahren (z.B. 1986) schweben die Premiers Crus qualitativ hoch über den anderen, aber beim 1985er ist das nicht der Fall.

BESCHREIBUNG DER BORDEAUX-JAHRGÄNGE 1945 BIS 1997

Im günstigsten Szenario könnten sich die Spitzen-1985er sehr wohl auf gleicher Ebene entfalten wie der schöne, charmante Jahrgang 1953.

Die meisten Médoc-Erzeuger, die mit ihrer Meinung über den 1985er in glühende Begeisterung verfielen, bezeichneten diesen Jahrgang im Stil als eine Verschmelzung von 1982 und 1983. Andere verglichen den 1985er mit dem 1976er. Beide Auffassungen scheinen jedoch weit gefehlt. Die 1985er sind gewiß leichter und haben nicht entfernt die Konsistenz, Wucht oder Konzentration der feinsten 1982er und 1986er, zugleich aber sind die meisten 1985er weit voller und reichhaltiger als die 1976er.

Auf dem rechten Gironde-Ufer, in Pomerol und St-Emilion, wurde der Merlot in exzellentem Reifezustand eingebracht, obwohl in vielen Châteaux (z. B. Pétrus und Trotanoy) eher zu früh gelesen wurde. Zwar ist nun dieser Jahrgang in Pomerol dem 1982er und 1989er nicht vergleichbar, aber ein schöner Jahrgang ist er gewiß. In St-Emilion fiel er uneinheitlicher aus, weil zu viele Erzeuger den Cabernet ernteten, bevor er physiologisch voll ausgereift war. Interessanterweise verglichen viele Erzeuger im Libournais den 1985er im Stil mit dem 1971er.

Der Jahrgang mit seiner verführerisch ansprechenden Art wurde bei der Freigabe preislich fast zu hoch angesetzt. Die Weine haben ihren Wert nicht in dem Maß halten können, wie viele es verdient gehabt hätten, und werden heute zu erschwinglicheren Preisen angeboten als bisher.

DIE BESTEN WEINE

St-Estèphe: Cos d'Estournel, Haut-Marbuzet
Pauillac: Lafite-Rothschild, Lynch-Bages, Mouton-Rothschild, Pichon-Longueville Comtesse de Lalande
St-Julien: Ducru-Beaucaillou, Gruaud-Larose, Léoville-Barton, Léoville-Las Cases, Talbot
Margaux: Angludet, Lascombes, Margaux, Palmer, Rauzan-Ségla
Graves rot: Haut-Brion, La Mission-Haut-Brion
Graves weiß: Domaine de Chevalier, Haut-Brion, Laville-Haut-Brion
Pomerol: Certan de May, La Conseillante, L'Eglise-Clinet, L'Evangile, Lafleur, Le Pin, Pétrus
St-Emilion: Canon, Cheval Blanc, de Ferrand, Soutard, Le Tertre-Roteboeuf
Barsac/Sauternes: Yquem.

1984 IM ÜBERBLICK – LESEBEGINN 5. 10. 84

St-Estèphe * – Graves rot ** – Pauillac * – Graves weiß * – St-Julien * – Pomerol *
Margaux * – St-Emilion ** – Médoc/Haut Médoc Crus Bourgeois *
Barsac/Sauternes *

Ertragsmenge: Kleine bis mittelgroße Ernte; vorwiegend Weine auf Cabernet-Basis.
Zusammenfassung: Der heute am wenigsten ansprechende unter den neueren Jahrgängen; wegen des Ausfalls der Merlot-Ernte beruht der 1984er weitgehend auf Cabernet; er hat schöne Farbe, ist aber kompakt, streng, verschlossen, unentwickelt und tanninreich.
Reifezustand: Diese Weine wollen getrunken werden.
Preis: Praktisch jeder beliebige 1984er ist für ein Butterbrot zu haben, denn die Einzelhändler, die sich damit eingedeckt haben, bleiben auch 1998 darauf sitzen.

Nach drei reichlichen Jahrgängen, 1981, 1982 und 1983, fanden die Witterungsverhältnisse im Sommer und Herbst 1984 im Bordelais kaum freudigen Beifall. Zunächst setzte dank prächtigem, warmem und sonnigem Wetter im April die Wachstumsperiode sehr rasch ein. Dann aber folgte ein relativ kühler und feuchter Mai, der in der Blüte des früh austreibenden Merlot Unordnung stiftete. Infolgedessen war ein großer Teil der Merlot-Ernte von 1984 schon zunichte gemacht, bevor es überhaupt Sommer wurde. Das schlimme Wetter im Spätfrühling und Frühsommer machte in weiten Teilen der Weltpresse Schlagzeilen, und der Jahrgang wurde bereits als katastrophal angekündigt. Der Juli war aber dann trocken und warm,, und Ende August sprachen einige übertrieben enthusiastische Erzeuger bereits von einem Potential an superreifem Cabernet Sauvignon in kleinen Mengen. Einige Berichte verglichen sogar den Jahrgang 1984 mit dem 1961er. Dahinter konnten wirklich nur finstere Absichten stecken, denn der 1984er war auf keinen Fall mit dem 1961er vergleichbar.

Nach einem relativ ordentlichen Septemberanfang gab es dann zwischen dem 21. September und dem 4. Oktober ganz unerwartete Wetterentwicklungen mit einem Wirbelsturm namens Hortense, dem ersten, den es in Bordeaux je gab – er deckte Dächer ab und brachte manchen Winzer an den Rand eines Nervenzusammenbruchs. Nach dem 4. Oktober jedoch klärte sich das Wetter wieder auf, und die Cabernet Sauvignon-Lese konnte beginnen. Wer bis jetzt gewartet hatte, erntete relativ reifen Cabernet in gutem Zustand, wenn auch die Beerenhaut etwas dick und der Säuregehalt, insbesondere im Vergleich mit den darauffolgenden Jahrgängen, extrem hoch war.

Das Hauptproblem, das beim 1984er von Anfang an bestand und bis heute noch Schwierigkeiten macht, ist das Fehlen eines größeren Merlot-Anteils als Gegengewicht zu dem schmalen, kompakten, säurereichen, kargen und tanninstrengen Charakter. Infolgedessen mangelt es an Vollmundigkeit und Charme, dafür aber zeigen diese krautigen Weine als echte Cabernet Sauvignons tiefe Farbe.

Fraglos erzielten diejenigen die besten Ergebnisse, die spät gelesen hatten, und die interessanteren Weine stammen größtenteils aus dem Médoc und Graves. Sie werden sich länger halten, wahrscheinlich aber nicht soviel Genuß bieten wie die Weine von 1980 und 1987, den beiden anderen schwierigen Jahrgängen des Jahrzehnts.

In St-Emilion und Pomerol ist der 1984er zwar keine völlige Katastrophe, aber doch eine Enttäuschung. Viele Spitzen-Châteaux – Ausone, Canon, Magdelaine, Belair, La Dominique, Couvent-des-Jacobins und Tertre-Daugay – nahmen den gesamten Ernteertrag aus der Klassifizierung. Dadurch war es der erste Jahrgang seit 1968 und 1972, in dem diese Châteaux keinen Wein unter dem eigenen Namen produzierten. Selbst bei Pétrus kamen nur 800 Kisten zustande, verglichen mit 4500 Kisten in den Jahren 1985 und 1986.

1998 zeigen sich die besseren Weine von 1984 noch immer relativ schmalbrüstig und verschlossen, zwar nach wie vor mit schöner Farbe, aber ohne Fett, Offenheit und Charme. Es ist auch unwahrscheinlich, daß sie überhaupt jemals zu Charme gelangen; dagegen besteht kein Zweifel, daß besser ausgestattete Vertreter des Jahrgangs 1984 sich noch ein Jahrzehnt halten werden.

DIE BESTEN WEINE

St-Estèphe: Cos d'Estournel
Pauillac: Latour, Lynch-Bages, Mouton-Rothschild, Pichon-Longueville Comtesse de Lalande
St-Julien: Gruaud-Larose, Léoville-Las Cases
Margaux: Château Margaux
Graves rot: Domaine de Chevalier, Haut-Brion, La Mission-Haut-Brion
Graves weiß: Keine
Pomerol: Pétrus, Trotanoy
St-Emilion: Figeac
Barsac/Sauternes: Yquem.

BESCHREIBUNG DER BORDEAUX-JAHRGÄNGE 1945 BIS 1997

1983 IM ÜBERBLICK – LESEBEGINN 26. 9. 83

St-Estèphe ** – Graves rot **** – Pauillac *** – Graves weiß **** – St-Julien ***
Pomerol *** – Margaux ***** – St-Emilion ****
Médoc/Haut Médoc Crus Bourgeois ** – Barsac/Sauternes ****

Ertragsmenge: Große Ernte; die Gesamterzeugung liegt etwas unter 1982, nur im Médoc produzierten die meisten Güter mehr Wein als 1982.
Zusammenfassung: Bordeaux hatte wie ganz Frankreich im August unter einer ganz ungewöhnlich tropischen Hitzewelle mit großer Luftfeuchtigkeit zu leiden. Dadurch entstand in hohem Maß Überreife und auf bestimmten *terroirs* auch Fäule, insbesondere in St-Estèphe, Pauillac, Pomerol und auf den vorwiegend sandigen Teilen des Plateaus von St-Emilion.
Reifezustand: Zunächst wurde der Jahrgang als klassischer (oder typischer) als der 1982er bewertet, und es wurde ihm eine längere Lebenszeit geweissagt. 15 Jahre danach ist der 1983er weit stärker ausentwickelt und – anders als der 1982er – in den meisten Fällen voll ausgereift. Tatsächlich ist dieser Jahrgang mit zunehmendem Tempo auf seinen Höhepunkt gelangt.
Preis: Die Preise für die besten 1983er sind unverändert fair.

Das Jahr 1983 bot mit die eigentümlichsten Wachstumsverhältnisse der letzten Zeit. Die Blüte im Juni lief nun schon das dritte Jahr in Folge gut ab und schuf damit die Voraussetzungen für einen großen Ertrag. Der Juli war dann so warm, daß er als der heißeste seit Menschengedenken in die Geschichte eingegangen ist. Der August war ebenfalls extrem heiß und regenfeucht, und infolgedessen gab es in vielen Lagen erhebliche Probleme durch Mehltau und Fäule. Zum Schutz der Weinberge mußte im August 1983 fast wöchentlich gespritzt werden. Wer nicht fleißig genug spritzte, hatte später Schwierigkeiten mit mehltaubefallenen Trauben. Am Ende dieses witterungsmäßig schlimmen Monats sprachen viele pessimistische Erzeuger besorgt von einer ähnlichen Katastrophe wie 1968 und 1965. Der September brachte dann aber trockenes Wetter, viel Wärme und keine übermäßigen Niederschläge. Auch im Oktober blieb es außergewöhnlich schön, und daher konnten spätgelesene Trauben unter trockenem, sonnigem Himmel voll ausreifen. Seit 1961 war es nicht mehr vorgekommen, daß die gesamte Weinernte in Bordeaux, rote wie weiße Trauben, bei völlig trockenem, heiterem Wetter eingebracht werden konnte.

Die größten Erfolge des Jahres 1983 kommen zuallererst aus der Appellation Margaux, die den großartigsten Jahrgang des Jahrzehnts erlebte. Diese sonst durch schwache Leistungen gekennzeichnete Appellation brachte diesmal viele Spitzenweine zuwege mit besonders schönen Beispielen aus den Châteaux Margaux, Palmer und Rausan-Ségla (ein Jahrgang des Wiederaufstiegs für den guten alten Namen) sowie d'Issan und Brane-Cantenac. Noch heute gehören diese Weine zu den Geheimtips der achtziger Jahre.

Die übrigen Appellationen hatten vielfach Schwierigkeiten, und ihre Weine entwickelten sich nicht so gleichmäßig oder anmutig wie manche Propheten behaupteten. Die Weine aus dem nördlichen Médoc, vor allem aus St-Estèphe, enttäuschen. Die Pauillacs liegen zwischen relativ leicht, sonnengedörrt mit überstarkem Eichenholzaroma und hohler Mitte bis zu einigen ausnehmend guten Vertretern, vorwiegend von Pichon-Longueville-Comtesse de Lalande, Mouton-Rothschild und Lafite-Rothschild.

Auch die St-Juliens legten 1983 keine große Ehre ein, ausgenommen der superbe Léoville-Poyferré, der 1983 erstaunlicherweise ebenso gut ausfiel wie seine beiden Namensvettern, Léoville-Las Cases und Léoville-Barton. In keinem anderen Jahrgang der achtziger Jahre kann eine solche Feststellung getroffen werden. Auch die Cordier-Châteaux Gruaud-Larose und Talbot erbrachten gute Weine, insgesamt aber war 1983 für St-Julien kein denkwürdiges Jahr.

In Graves wiederholen sich die Ungleichmäßigkeiten mit einerseits ganz wunderbaren Weinen aus den Graves-Châteaux im Bereich von Pessac-Léognan (Haut-Brion, La Mission-Haut-

Brion, Haut-Bailly, Domaine de Chevalier und de Fieuzal) und andererseits mit Enttäuschungen in anderen Teilen der Appellation.

Auch in Pomerol und St-Emilion war Uneinheitlichkeit die Regel. Die meisten Hanglagen in St-Emilion brachten gute Ergebnisse, dagegen waren die Verhältnisse auf dem Plateau und auf den Sandböden gemischt, nur Château Cheval Blanc erzielte einen seiner großartigsten Weine des Jahrzehnts. In Pomerol ist schwer zu sagen, wer den besten Wein zustande brachte, aber dem Haus Jean-Pierre Moueix glückte in diesem Jahrgang nichts Besonderes. Andere Spitzengüter, beispielsweise La Conseillante, L'Evangile, Lafleur, Certan de May und Le Pin, produzierten dagegen Weine, die in der Qualität nicht weit von ihren großartigen 1982ern entfernt sind.

DIE BESTEN WEINE

St-Estèphe: Keine
Pauillac: Lafite-Rothschild, Mouton-Rothschild, Pichon-Longueville Comtesse de Lalande
St-Julien: Gruaud-Larose, Léoville-Las Cases, Léoville-Poyferré, Talbot
Margaux: Angludet, Brane-Cantenac, Cantemerle (südliches Médoc), d'Issan, Margaux, Palmer, Prieuré-Lichine, Rauzan-Ségla
Médoc/Haut-Médoc/Moulis/Listrac/Crus Bourgeois: Keine
Graves rot: Domaine de Chevalier, Haut-Bailly, Haut-Brion, La Louvière, La Mission-Haut-Brion
Graves weiß: Domaine de Chevalier, Laville-Haut-Brion
Pomerol: Certan de May, L'Evangile, Lafleur, Pétrus, Le Pin
St-Emilion: L'Arrosée, Ausone, Belair, Canon, Cheval Blanc, Figeac, Larmande
Barsac/Sauternes: Climens, Doisy-Daëne, de Fargues, Guiraud, Lafaurie-Peyraguey, Raymond-Lafon, Rieussec, Yquem.

1982 IM ÜBERBLICK – LESEBEGINN 13. 9. 82

St-Estèphe ***** – Graves rot *** – Pauillac ***** – Graves weiß ** – St-Julien *****
Pomerol ***** – Margaux *** – St-Emilion *****
Médoc/Haut Médoc Crus Bourgeois **** – Barsac/Sauternes ***

Ertragsmenge: Ein höchst reichlicher Ertrag, damals ein Rekordjahr, inzwischen ist jedoch die Ernte von 1988 gleich groß und die von 1985, 1986, 1989 und 1990 noch größer gewesen.
Zusammenfassung: In praktisch allen Appellationen mit Ausnahme von Graves und Margaux entstanden die konzentriertesten und potentiell komplexesten und tiefsten Weine seit 1961 und 1990.
Reifezustand: Die meisten Crus Bourgeois sollten schon seit 1995 ausgetrunken sein, und die einfacheren Weine von St-Emilion, Pomerol, Graves und Margaux sind voll ausgereift. Die kräftiger ausgefallenen Pomerols, St-Emilions sowie die St-Juliens, Pauillacs und St-Estèphes aus dem nördlichen Médoc entwickeln sich im Schneckentempo. Ihren Babyspeck haben sie größtenteils abgelegt und sind nun in ein kompakteres, massiveres, fester gefügtes, tanninherbes Stadium eingetreten.
Preis: Außer dem 1990er hat kein moderner Bordeaux-Jahrgang seit dem 1961er so rasch im Preis zugelegt und seinen Wert so gut gehalten. Die Preise sind heute so unerschwinglich hoch, daß Verbraucher, die diesen Jahrgang nicht als Futures gekauft haben, nur neidvoll auf die schauen

BESCHREIBUNG DER BORDEAUX-JAHRGÄNGE 1945 BIS 1997

können, die den 1982er erwarben, als er zuerst angeboten wurde, und zwar aus heutiger Sicht fast zu Spottpreisen. Wer könnte sich wohl noch an einen anderen großen Bordeaux-Jahrgang erinnern, der zu so verlockenden Eröffnungspreisen gehandelt wurde, wie z.B. Pichon-Lalande (110$ pro Kiste), Léoville-Las Cases (160$), Ducru-Beaucaillou (150$), Pétrus (600$), Cheval Blanc (550$), Margaux (550$), Certan de May (180$), La Lagune (75$), Grand-Puy-Lacoste (85$), Cos d'Estournel (145$) und Canon (105$)? Solche Durchschnittspreise galten für den 1982er im Frühjahr, Sommer und Herbst 1983! Allerdings heißt es heute bei Käufen Vorsicht zu üben, denn inzwischen sind viele gefälschte 1982er auf dem Markt aufgetaucht, vor allem Pétrus, Lafleur, Le Pin, Cheval Blanc und Premiers Crus aus dem Médoc.

Als ich im April 1983 im *Wine Advocate* meinen Bericht über den 1982er veröffentlichte, brachte ich darin zum Ausdruck, daß ich nie zuvor reichhaltigere, konzentriertere, vielversprechendere Weine gekostet hatte. 15 Jahre später bildet der 1982er trotz so wunderbar erfolgreicher Jahre wie 1985, 1986, 1989, 1990, 1995 und 1996 nach wie vor den modernen Bezugspunkt für die Größe, die ein Bordeaux erreichen kann.

Die feinsten Weine dieses Jahrgangs kamen aus dem nördlichen Médoc, und zwar aus den Appellationen St-Julien, Pauillac und St-Estèphe, sowie aus Pomerol und St-Emilion. Seit den ersten Tagen im Faß haben sie sich kaum verändert; zwar zeigen sie noch immer ein so hohes Maß an Fülle, Opulenz und Intensität, wie ich es noch kaum gesehen habe, und doch sind die Spitzenweine des Jahrgangs kurz vor ihrem 16. Geburtstag noch immer relativ unentwickelt und verschlossen.

Die Weine anderer Appellationen sind rascher gereift, vor allem die aus Graves und Margaux und die leichteren, kleineren Weine aus Pomerol und St-Emilion sowie die Crus Bourgeois.

Heute könnte vernünftigerweise niemand die Größe des Jahrgangs 1982 in Abrede stellen, dessenungeachtet war er noch 1983 von der Weinfachpresse Amerikas mit viel Skepsis behandelt worden. Es gab, nachdem der Jahrgang vorgestellt worden war, reichlich Unkenrufe über die Säurearmut dieses Weins und seine «kalifornisch» anmutende Art. Manche Publizisten meinten, 1981 und 1979 seien «feinere Jahrgänge» und der «vollreife» 1982er müsse «bis 1990» ausgetrunken werden. Eigenartigerweise gaben diese Publizisten keine spezifischen Probiernotizen heraus. Freilich ist auch das Weinkosten etwas Subjektives, aber solche Stellungnahmen sind unsinnig, und eine derartige Kritik an diesem Jahrgang läßt sich unmöglich rechtfertigen, insbesondere wenn man bedenkt, wie gut die Spitzen-1982er 1998 schmecken und wie reichhaltig und allmählich sich die Premiers Crus, die Super-Seconds und alle großen Weine aus dem nördlichen Médoc, Pomerol und St-Emilion entfalten. Auch in Bordeaux wird der 1982er nun auf den Sockel gehoben und mit dem 1961er, 1949er, 1945er und 1929er gleichgesetzt. Darüber hinaus steigen auf dem Markt und in den Auktionssälen als den einzigen Orten, die einen wirklichen Maßstab für die Güte eines Jahrgangs abgeben, die Preise für die Spitzen-1982er nach wie vor in stratosphärische Höhen.

Der Grund dafür, daß so viele 1982er bemerkenswert gut ausgefallen sind, liegt im Witterungsverlauf. Die Blüte verlief bei warmem, sonnigem, trockenem idealem Juniwetter, wodurch die Voraussetzung für einen großen Ertrag geschaffen wurde. Der Juli war sehr heiß, der August etwas kühler als normal. Anfang September rechneten die Erzeuger mit einer sehr großen Ernte in exzellenter Qualität. Dann aber ließ eine 3 Wochen anhaltende Hitzewelle im September den Zuckergehalt der Trauben gewaltig ansteigen, und was ursprünglich allgemein als ein reichlicher und sehr guter Jahrgang gelten durfte, wurde zu einem großen Jahrgang für alle Appellationen außer Margaux und Graves, wo die sehr dünnen, leichten Kiesböden in der trockenen Septemberhitze ausdörrten. Erstmals mußten auch viele Erzeuger die Weinbereitung bei ungewöhnlich warmem Wetter beginnen. Damals lernten sie viel dazu, was ihnen später in ähnlich warmen Jahren wie 1985, 1989 und 1990 zustatten kam. Gerüchte über Katastrophen durch überhitzten oder steckengebliebenen Gärprozeß erwiesen sich als haltlos, ebenso die Meldungen, daß die Regenschauer gegen Ende der Lesezeit bei manchen Weingütern die noch am Stock hängenden Cabernet Sauvignon-Trauben geschädigt hätten.

Die Analyse weist den Jahrgang 1982 als den höchst- konzentrierten extraktreichsten Wein seit 1961 aus, dessen Säuregehalt zwar gering, durchaus aber nicht geringer als in anderen Jahren mit außergewöhnlicher Reife, z. B. 1949, 1953, 1959, 1961 und überraschenderweise auch 1975, ist. Die Skeptiker, die den niedrigen Säuregehalt beim 1982er rügten, waren aber nun dieselben, die den 1985er, 1989er und 1990er hoch priesen – alles Bordeaux-Jahrgänge mit bedeutend niedrigerem Säuregehalt und höherem pH-Wert als beim 1982er. Der Tanningehalt war 1982 ausgesprochen hoch, aber in nachfolgenden Jahren, insbesondere 1986, 1988, 1989 und 1990, entstanden Weine mit noch mehr Tannin.

In letzter Zeit deuteten Verkostungen der 1982er erneut darauf hin, daß die Spitzenweine aus dem nördlichen Médoc nochmals 5 bis 10 Jahre Lagerzeit brauchen. Die meisten der besten scheinen sich seit den ersten Tagen im Faß kaum entfaltet zu haben. Das Abfüllen haben sie gut überstanden und zeigen die außerordentlich expansive, reichhaltige, glyzerin- und extraktbeladene Geschmacksfülle, die ihnen auch über die kommenden 10 bis 20 Jahre hinweg erhalten bleiben dürfte. Ist nun auch der Jahrgang 1982, was die meisten Weine aus St-Emilion, Pomerol, St-Julien, Pauillac und St-Estèphe betrifft, unverändert sensationell, so zeigt sich bei den Weinen aus Margaux und Graves die schwache Seite des 1982ers immer deutlicher. Nur Château Margaux scheint mit den Problemen der Übererträge, durch die in der Appellation Margaux ansonsten so viele schwach strukturierte, flaue Cabernet Sauvignon-Weine entstanden sind, fertig geworden zu sein. Dasselbe gilt auch für die im Gegensatz zu den wunderschönen 1983ern allgemein leichten und gefügeschwachen Graves. Nur La Mission-Haut-Brion und Haut-Brion produzierten bessere 1982er als 1983er.

Auf der negativen Seite fallen dagegen die hohen Preise ins Gewicht, die man heute für den 1982er hinlegen muß. Sollte hier der eigentliche Grund dafür liegen, daß der 1982er nach wie vor von amerikanischen Publizisten mit Tiefschlägen bedacht wird? Wer sich damals 1982er für die Zukunft hinlegte, tätigte den Weinkauf des Jahrhunderts. Für die heutige Generation der Weinenthusiasten ist der 1982er dasselbe, was der 1945er, 1947er und 1949er für eine frühere Weinliebhabergeneration war.

Schließlich sind auch die süßen 1982er von Barsac und Sauternes, die ursprünglich wegen des Fehlens von Edelfäule und fülliger Art ebenfalls gerügt wurden, durchaus nicht so schlecht. Tatsächlich stellen sich der Yquem und die Cuvée Madame von Château Suduiraut als bemerkenswert kraftvolle, reichhaltige Weine dar, die sich neben den besten 1983ern, 1986ern und 1988ern sehen lassen können.

DIE BESTEN WEINE

St-Estèphe: Calon-Ségur, Cos d'Estournel, Haut-Marbuzet, Montrose
Pauillac: Les Forts de Latour, Grand-Puy-Lacoste, Haut-Batailley, Lafite-Rothschild, Latour, Lynch-Bages, Mouton-Rothschild, Pichon-Longueville Baron, Pichon-Longueville Comtesse de Lalande
St.-Julien: Beychevelle, Branaire-Ducru, Ducru-Beaucaillou, Gruaud-Larose, Léoville-Barton, Léoville-Las Cases, Léoville-Poyferré, Talbot
Margaux: Margaux, La Lagune (südliches Médoc)
Médoc/Haut-Médoc/ Moulis/Listrac/ Crus Bourgeois: Tour Haut-Caussan, Maucaillou, Potensac, Poujeaux, Sociando-Mallet, La Tour St-Bonnet
Graves rot: Haut-Brion, La Mission-Haut-Brion, La Tour-Haut-Brion
Graves weiß: Keine

BESCHREIBUNG DER BORDEAUX-JAHRGÄNGE 1945 BIS 1997

Pomerol: Bon Pasteur, Certan de May, La Conseillante, L'Enclos, L'Evangile, Le Gay, Lafleur, Latour à Pomerol, Petit-Village, Pétrus, Le Pin, Trotanoy, Vieux-Château-Certan
St-Emilion: L'Arrosée, Ausone, Canon, Cheval Blanc, La Dominique, Figeac, Pavie
Barsac/Sauternes: Raymond-Lafon, Suduiraut-Cuvée Madame, Yquem.

1981 IM ÜBERBLICK – LESEBEGINN 28. 9. 81

St-Estèphe ** – Graves rot ** – Pauillac *** – Graves weiß ** – St-Julien ***
Pomerol *** – Margaux ** – St-Emilion ** Médoc/Haut Médoc Crus Bourgeois *
Barsac/Sauternes *

Ertragsmenge: Die mittelgroße Ernte nimmt sich im Rückblick recht bescheiden aus.
Zusammenfassung: Das erste einer Folge von warmen, trockenen Jahren, die sich fast ununterbrochen bis 1990 fortsetzte. Der 1981er wäre ein Spitzenjahrgang geworden, hätte es nicht unmittelbar vor der Lese geregnet.
Reifezustand: Die meisten 1981er stehen kurz vor der Höchstreife, die besten Beispiele jedoch halten sich noch weitere 5 bis 10 Jahre.
Preis: Der 1981er ist als weitgehend unbeachtet gebliebener Jahrgang nach wie vor unterbewertet und daher preisgünstig zu haben.

Dieser Jahrgang ist oft «klassischer» als der 1983er oder 1982er genannt worden. Was der Begriff «klassisch» denen bedeutet, die den 1981er einen klassischen Jahrgang nennen, ist lediglich, daß es sich um einen typisch guten Bordeaux-Jahrgang handelt – mittelschwer, ausgewogen, anmutig. Trotz eines runden Dutzends exzellenter Weine ist der 1981er nichts weiter als ein guter Jahrgang, dessen Qualität vom 1982er, 1983er und auch vom 1978er und 1979er übertroffen worden ist.

Dabei hätte er hervorragend ausfallen können, hätten nicht schwere Regenfälle eingesetzt, als gerade die Lese beginnen sollte. So wurde die Geschmacksintensität in den Trauben durch den Regen, der die Weinberge vom 1. bis 5. Oktober und dann wieder vom 9. bis 15. Oktober durchnäßte, verwässert. Bis dahin war der Sommer vollkommen gewesen. Die Blüte verlief unter ausgezeichneten Verhältnissen; der Juli war dann zwar kühl, der August und September aber warm und trocken. Man kann nur spekulieren, daß sich der 1981er, wäre der Regen nicht gewesen, ebenfalls als einer der ganz großen Jahrgänge der Zeit nach dem 2. Weltkrieg erwiesen hätte.

So aber brachte das Jahr 1981 einen recht großen Ertrag an generell dunklen, mittelschweren Weinen mit mäßigem Tanningehalt. Die trockenen Weißweine fielen gut aus, sollten aber inzwischen ausgetrunken sein. Die Süßweine von Barsac und Sauternes wurden vom Regen beeinträchtigt, so daß aus diesen Appellationen nichts wirklich Überzeugendes gekommen ist.

Eine Reihe recht erfolgreicher Weine gab es 1981 insbesondere in den Appellationen Pomerol, St-Julien und Pauillac. 17 Jahre nach der Ernte stehen die 1981er auf ihrem Höhepunkt; nur die besten werden sich nochmals 5 bis 7 Jahre halten. Was ihnen mangelt, ist die Reichhaltigkeit, Vollmundigkeit und Intensität, die von neueren Jahrgängen erreicht worden sind. Die meisten Rotweinerzeuger mußten den Most kräftig anreichern, weil der Cabernet bei der Ernte unter 11% und der Merlot unter 12% potentiellen Alkohol aufwiesen – sicherlich aufgrund des Regens.

DIE BESTEN WEINE

St.-Estèphe: Keine
Pauillac: Lafite-Rothschild, Latour, Pichon-Longueville Comtesse de Lalande
St-Julien: Ducru-Beaucaillou, Gruaud-Larose, Léoville-Las Cases, St-Pierre
Margaux: Giscours, Margaux
Médoc/Haut-Médoc/
Crus Bourgeois: Keine
Graves rot: La Mission-Haut-Brion
Graves weiß: Keine
Pomerol: Certan de May, La Conseillante, Pétrus, Le Pin,
Vieux-Château-Certan
St-Emilion: Cheval Blanc
Barsac/Sauternes: Climens, de Fargues, Yquem.

1980 IM ÜBERBLICK – LESEBEGINN 14. 10. 80

St-Estèphe * – Graves rot ** – Pauillac ** – Graves weiß * – St-Julien ** – Pomerol **
Margaux ** – St-Emilion * – Médoc/Haut Médoc Crus Bourgeois *
Barsac/Sauternes ****

Ertragsmenge: Es wurde eine mäßig große Ernte eingebracht.
Zusammenfassung: Es läßt sich nichts weiter von Bedeutung über diesen mittelmäßigen Jahrgang sagen.
Reifezustand: Mit der Ausnahme von Château Margaux und Pétrus sollten praktisch alle 1980er inzwischen ausgetrunken sein.
Preis: Niedrig.

Die achtziger Jahre, die schließlich die Attribute «goldenes Zeitalter von Bordeaux» und «Jahrzehnt des Jahrhunderts» bekommen sollten, fingen gewiß nicht vielversprechend an. Der Sommer 1980 war kühl und naß, die Blüte war nicht großartig, weil der Juni enttäuschte, und Anfang September standen die Winzer vor einer Wiederholung der beiden schlimmsten Jahrgänge der letzten 30 Jahre, 1963 und 1968. Allerdings bewährten sich die modernen Spritzmittel gegen Fäule doch sehr und schützten die Trauben vor der gefürchteten *pourriture*. Deshalb konnten die Winzer auch die Lese aufschieben, bis sich das Wetter Ende September zu bessern begann. Anfang Oktober war es dann schön, und erst ab der Mitte des Monats regnete es wieder, gerade als viele Erzeuger mit der Lese begannen. So entstanden leichte, verwässerte, oft enttäuschende Weine mit einem unverkennbar vegetabilen, grasigen Geschmack, häufig noch durch übermäßig viel Säure und Tannin beeinträchtigt. Erzeuger, die eine strenge Auslese durchführten und ausgesprochen spät ernteten, z. B. die Familie Mentzelopoulos von Château Margaux («Wein des Jahrgangs»), erzielten mildere, rundere, interessantere Weine, die sich ab dem Ende der achtziger Jahre gut trinken ließen und bis zur Jahrhundertwende in diesem Zustand verharren dürften. Allerdings sind es nur wenige Weingüter, von denen man sagen kann, daß ihnen Weine in guter Qualität gelungen sind.

Wie immer in nassen, kühlen Jahren, konnten die Lagen auf leichteren, durchlässigen Kiesböden, z.B. in Margaux und Graves, mit besserer Reife rechnen. So überrascht es nicht, daß die besten Ergebnisse generell aus diesen Bereichen stammen, obgleich auch etliche Pauillacs dank strenger Auslese gut geraten sind.

So enttäuschend der Jahrgang 1980 für die Rotweinerzeuger ausfiel, für die Winzer von Barsac und Sauternes war es ein exzellentes Jahr. Der Reifeprozeß und die Lese verliefen allgemein

BESCHREIBUNG DER BORDEAUX-JAHRGÄNGE 1945 BIS 1997

unter idealen Voraussetzungen bis gegen Ende November. Dadurch kamen reichhaltige, intensive, hochklassige Barsac- und Sauternes-Weine zustande. Leider litt ihr kommerzieller Erfolg unter dem schlechten Ruf des Rotweinjahrgangs. Wer aber eine Flasche 1980er Climens, Yquem oder Raymond-Lafon auftreiben kann, der wird sofort feststellen, daß es sich um einen erstaunlich guten Jahrgang handelt.

DIE BESTEN WEINE

St-Estèphe: Keine
Pauillac: Latour, Pichon-Longueville Comtesse de Lalande
St.-Julien: Talbot
Margaux: Margaux
Médoc/Haut-Médoc/
Moulis/Listrac/
Crus Bourgeois: Keine
Graves rot: Domaine de Chevalier, La Mission-Haut-Brion
Graves weiß: Keine
Pomerol: Certan de May, Pétrus
St-Emilion: Cheval Blanc
Barsac/Sauternes: Climens, de Fargues, Raymond-Lafon, Yquem.

1979 IM ÜBERBLICK – LESEBEGINN 3. 10. 79

St-Estèphe ** – Graves rot **** – Pauillac *** – Graves weiß ** – St-Julien ***
Pomerol *** – Margaux **** – St-Emilion **
Médoc/Haut Médoc Crus Bourgeois ** – Barsac/Sauternes *

Ertragsmenge: Eine gewaltige Ernte, damals ein Rekord.
Zusammenfassung: In den beiden letzten Jahrzehnten war dies eines der kühlen Jahre, die sich dann doch als annehmbar guter Jahrgang herausstellten.
Reifezustand: Entgegen früheren Berichten reifen die 1979er sehr langsam heran, wohl weil sie über relativ harte Tannine und gute Säure verfügen, zwei Merkmale, die den besseren Jahrgängen der achtziger Jahre fehlen.
Preis: Wegen mangelnder Nachfrage und dem nur durchschnittlichen bis guten Ruf des Jahrgangs verharren die Preise auf niedrigem Niveau, außer bei einigen der besonders glanzvollen Weine aus Pomerol mit ihrer begrenzten Produktion.

Das Jahr 1979 ist zu einem vergessenen Bordeaux-Jahrgang geworden. Eine Rekordernte mit relativ gesunden, mittelschweren Weinen, die feste Tannine und gute Säure zeigten, bildete den Abschluß der siebziger Jahre. Im Lauf des folgenden Jahrzehnts fand dieser Wein in der Fachpresse nur selten Erwähnung. Zweifellos wurden die meisten Weine verbraucht, lange bevor sie ihren Höhepunkt erreichten. Der bei seiner Vorstellung als dem 1978er unterlegen befundene 1979er wird sich jedoch zumindest in der Haltbarkeit als überlegen erweisen. Haltbarkeit allein aber ist kaum Grund genug, einem Jahrgang Wert zuzubilligen, und so muß man sagen, daß viele 1979er nach wie vor recht dürftige, unterernährte, karge, kompakte Weine sind, obwohl naive Kommentatoren sie für klassisch anstatt dünn befunden haben.

Trotz der Uneinheitlichkeit von einer Appellation zur anderen sind doch aus den Bereichen Margaux, Graves und Pomerol recht viele auffallend gute, überraschend geschmacksintensive, volle Weine zum Vorschein gekommen.

Mit wenigen Ausnahmen hat es mit dem Trinken der 1979er keine Eile, denn ihr (im Vergleich mit den neueren Jahrgängen aus warmen Jahren) relativ hoher Säuregehalt und der kräftige Tanninanteil sowie die robuste Struktur dürfte den Spitzenweinen mindestens noch einmal 10 bis 15 Jahre Lebensdauer sichern.

Kein gutes Jahr war es für die trockenen Bordeaux-Weißweine von Graves – sie litten unter unvollkommener Reife – sowie auch für die Süßweine von Barsac und Sauternes, bei denen es nicht ausreichend Edelfäule gab, um ihnen die honigfeine Komplexität zu verleihen, die für ihren Erfolg unerläßlich ist.

Die Preise für den 1979er – sofern er noch aufzutreiben ist – sind die niedrigsten aller neueren guten Bordeaux-Jahrgänge, worin sich das allgemein geringe Interesse an diesem Jahrgang spiegelt.

DIE BESTEN WEINE

St-Estèphe: Cos d'Estournel
Pauillac: Lafite-Rothschild, Latour, Pichon-Longueville Comtesse de Lalande
St-Julien: Gruaud-Larose, Léoville-Las Cases
Margaux: Giscours, Margaux, Palmer, du Tertre
Graves rot: Les Carmes-Haut-Brion, Domaine de Chevalier, Haut-Bailly, Haut-Brion, La Mission-Haut-Brion
Pomerol: Certan de May, L'Enclos, L'Evangile, Lafleur, Pétrus
St-Emilion: Ausone
Barsac/Sauternes: Keine.

1978 IM ÜBERBLICK – LESEBEGINN 7. 10. 78

St-Estèphe ** – Graves rot **** – Pauillac *** – Graves weiß **** – St-Julien ***
Pomerol ** – Margaux *** – St-Emilion ***
Médoc/Haut Médoc Crus Bourgeois ** – Barsac/Sauternes **

Ertragsmenge: Es wurde eine mäßig große Ernte eingebracht.
Zusammenfassung: Der sonst recht zurückhaltende englische Weinkommentator Harry Waugh sprach von 1978 als einem «Wunderjahr».
Reifezustand: Die meisten Weine sind voll ausgereift.
Preis: Hoch.

Das Jahr 1978 brachte für die Rotweine von Graves einen hervorragenden und für die Rotweine aus dem Médoc, Pomerol und St-Emilion einen guten Jahrgang. Den süßen Weißweinen von Barsac und Sauternes fehlte es an Edelfäule, so daß monolithische, ansprechende Weine ohne großen Charakter entstanden. Die trockenen Weißweine von Graves fielen ebenso wie die Rotweine dieser Gegend außerordentlich gut aus.

Dabei war der Witterungsverlauf 1978 kaum ermutigend. Das Frühjahr war kalt und naß, und das schlechte Wetter plagte die Region den ganzen Juni und Juli bis in den August hinein, so daß viele Winzer sich schon an die schrecklichen Jahre 1963, 1965, 1968 und 1977 erinnert fühlten. Mitte August aber setzte sich dann ein mächtiges Hochdruckgebiet über Südwestfrankreich und Nordspanien fest, und neun Wochen lang blieb das Wetter sonnig, warm und trocken, mit Ausnahme gelegentlicher leichter Regenschauer, die keine nachteilige Wirkung hatten.

Da die Trauben im Reifeprozeß weit zurückgeblieben waren (man vergleiche dieses Szenario mit den neueren Jahren wie 1989 und 1990 mit ihrem weit fortgeschrittenen Reifezustand),

BESCHREIBUNG DER BORDEAUX-JAHRGÄNGE 1945 BIS 1997

begann die Lese außerordentlich spät, nämlich erst am 7. Oktober. Sie verlief unter ausgezeichneten Wetterbedingungen, was Harry Waugh, verglichen mit dem miserablen Wetter, das durch große Teile des Frühjahrs und Sommers geherrscht hatte, als Wunder empfand.

Allgemein gilt der Jahrgang als sehr gut bis ausgezeichnet. Am besten schnitten die beiden Appellationen Graves und Margaux ab, deren leichtere, durchlässigere Böden kühleres Wetter besser vertragen. Tatsächlich erfreute sich Graves (mit Ausnahme des enttäuschenden Pape-Clément) wahrscheinlich seines großartigsten Jahrgangs seit 1961. Die Weine, die sich zunächst als intensiv fruchtig, tiefdunkel, mäßig tanninhaltig und mittelschwer darstellten, reiften dann viel schneller heran als die säurereicheren, mit festerem Tannin versehenen 1979er, die ja in einem noch kühleren, aber trockeneren Jahr entstanden sind. Die meisten 1978er waren 12 Jahre nach der Ernte voll ausgereift, und manche Kommentatoren zeigten sich enttäuscht darüber, daß die Weine entgegen ihrer Einschätzung nicht besser ausgefallen waren.

Das Hauptproblem liegt darin, daß wie beim 1979er, 1981er und 1988er ein Mangel an echten Superstar-Weinen herrscht. Es gibt zwar einige sehr gute Weine, doch die geringe Faszination bei den meisten hat den Enthusiasmus für sie nachhaltig gedämpft. Außerdem haben die einfacheren Weine von 1978 einen unerfreulich vegetabilen, grasigen Beigeschmack, weil in den weniger guten Lagen die Trauben nicht voll ausreiften, obwohl am Saisonende so eindrucksvoll warmes, trockenes Wetter herrschte. Eine weitere wichtige Überlegung ist, daß der in den achtziger Jahren so streng gehandhabte Ausleseprozeß in den siebziger Jahren nicht in dem Maß angewandt wurde und viele Châteaux alles einfach unter dem Grand-Vin-Etikett abfüllten. Von Gutsbesitzern hört man heute oft die Ansicht, daß der 1978er den anfänglichen guten Anzeichen hätte gerecht werden können, wenn eine strengere Auslese stattgefunden hätte.

Für die Weingüter im Bereich Barsac/Sauternes war es ein sehr schwieriges Jahr, weil sich bei dem warmen, trockenen Herbstwetter nur wenig Edelfäule bildete. Die Weine sind ähnlich wie die 1979er vollmundig und voller Glyzerin und Zucker, doch es fehlt ihnen an Biß, Konturenschärfe und Komplexität.

DIE BESTEN WEINE

St-Estèphe: Keine
Pauillac: Les Forts de Latour, Grand-Puy-Lacoste, Latour, Pichon-Longueville Comtesse de Lalande
St-Julien: Ducru-Beaucaillou, Gruaud-Larose, Léoville-Las Cases, Talbot
Margaux: Giscours, La Lagune (südliches Médoc), Margaux, Palmer, Prieuré-Lichine, du Tertre
Médoc/Haut-Médoc/Moulis/Listrac/Crus Bourgeois: Keine
Graves rot: Les Carmes-Haut-Brion, Domaine de Chevalier, Haut-Bailly, Haut-Brion, La Mission-Haut-Brion, La Tour-Haut-Brion
Graves weiß: Domaine de Chevalier, Haut-Brion, Laville-Haut-Brion
Pomerol: Lafleur
St-Emilion: L'Arrosée, Cheval Blanc
Barsac/Sauternes: Keine.

1977 IM ÜBERBLICK – LESEBEGINN 3. 10. 77

St-Estèphe 0 – Graves rot * – Pauillac 0 – Graves weiß * – St-Julien 0 – Pomerol 0
Margaux – St-Emilion 0 – Médoc/Haut Médoc Crus Bourgeois 0 – Barsac/Sauternes *

Ertragsmenge: Eine kleine Ernte.
Zusammenfassung: Ein schrecklicher Jahrgang, eindeutig der schlimmste seit 1972; er hatte im negativen Sinn seither nicht mehr seinesgleichen.
Reifezustand: Die Weine, auch die wenigen genießbaren, hätten bis Mitte der achtziger Jahre schon ausgetrunken sein sollen.
Preis: Trotz Schleuderpreisen ist nichts mehr aufzutreiben, was sein Geld wert wäre.

Der schlimmste Bordeaux-Jahrgang der siebziger Jahre war bei weitem schlimmer als die beiden mittelmäßigen Jahre 1980 und 1984. Der Merlot-Ertrag wurde zum großen Teil durch Spätfröste vernichtet. Der Sommer war kalt und naß. Als dann kurz vor der Ernte warmes, trockenes Wetter einsetzte, reichte die Zeit einfach nicht mehr aus, um den Jahrgang noch zu retten. Die Ernte brachte Trauben, die sowohl analytisch als auch physiologisch unausgereift waren.

Die daraus entstandenen Weine waren relativ säurereich und stark grasig, ja vegetabil im Geschmack und sollten eigentlich schon seit Jahren verbraucht sein. Mit einigem Glück waren anständige Weine in Figeac, Giscours, Gruaud-Larose, Pichon Lalande, Latour und den drei Graves-Weingütern Haut-Brion, La Mission-Haut-Brion und Domaine de Chevalier, zustande gekommen. Ich habe mich aber nie dazu durchringen können, einen dieser Weine zu empfehlen. Sie haben weder Geld- noch Genußwert.

1976 IM ÜBERBLICK – LESEBEGINN 13. 9. 76

St-Estèphe *** – Graves rot * – Pauillac *** – Graves weiß *** – St-Julien ***
Pomerol *** – Margaux ** – St-Emilion *** – Médoc/Haut Médoc Crus Bourgeois *
Barsac/Sauternes ****

Ertragsmenge: Es wurde eine große Ernte, die zweitgrößte der siebziger Jahre, eingebracht.
Zusammenfassung: Bei Hitze und nahezu völliger Dürre hätte der Jahrgang des Jahrzehnts entstehen können, wäre nicht kurz vor der Lese der Regen gekommen.
Reifezustand: Die 1976er schmeckten schon vollreif und köstlich, als sie 1979 herauskamen. Die besten Vertreter bieten jedoch heute noch erfreulichen, manchmal vorzüglichen Trinkgenuß. Der 1976er ist einer von den wenigen Jahrgängen, die sich nie verschlossen und abweisend zeigten, doch sollten praktisch alle 1976er (mit Ausnahme von Ausone und Lafite-Rothschild) noch vor dem Jahr 2000 getrunken werden.
Preis: Die 1976er zeichneten sich stets durch mäßige Preise aus, weil sie von den Weinauguren nie hochgejubelt wurden.

Der anfänglich mit großer Publizität umgebene Jahrgang 1976 ist seinem Ruf nie ganz gerecht geworden. Dabei waren alle Voraussetzungen für einen superben Jahrgang gegeben. Der Lesebeginn am 13. September war der früheste seit 1945. Die Sommerwitterung war trocken und heiß; die Durchschnittstemperatur der Monate Juni bis September wurde nur 1949 und 1947 übertroffen. Aber noch während viele *vignerons* einen «Jahrhundertwein» prophezeiten, traten zwischen dem 11. und 15. September starke Regenfälle ein und schwemmten die Trauben auf.

Das Lesegut war reichlich und ausgereift; die Weine wiesen guten Tanningehalt bei schwacher Säure und gefährlich hohem pH-Wert auf. Die Spitzenweine von 1976 zeigten wundervoll milde, geschmeidige, köstlich fruchtige Art, seit sie 1979 freigegeben wurden. Ich hatte durch-

BESCHREIBUNG DER BORDEAUX-JAHRGÄNGE 1945 BIS 1997

aus damit gerechnet, daß diese Weine bis zum Ende der achtziger Jahre eigentlich hätten getrunken sein müssen. Aber die Spitzenweine von 1976 scheinen ihren Reifehöhepunkt schön gehalten zu haben, ohne zu verblassen oder ihre Frucht einzubüßen. Ich wollte nur, ich hätte mich mit diesem Jahrgang stärker eingedeckt, wenn man bedenkt, wieviel köstlichen Genuß er über so lange Zeit gewährt hat. Wirklich «alte Knaben» werden sich jedoch nicht herausschälen, und mit den schwächeren 1976ern, denen es von vornherein an Intensität und Tiefe fehlte, muß man vorsichtig sein. Solche Weine waren überaus fragil und haben inzwischen einen Schuß Bräune angenommen und ihre Frucht verloren. Die Spitzenweine bleiben jedoch überaus köstlich und beweisen überzeugend, daß selbst in relativ verwässerten, überaus weich ausgefallenen Jahrgängen mit gefährlich niedrigem Säuregehalt gut gelagerte Bordeaux-Weine ohne weiteres 15 Jahre und mehr überdauern.

Die besten Ergebnisse erbrachte der Jahrgang 1976 im nördlichen Médoc, in den Appellationen St-Julien, Pauillac und St-Estèphe, die schwächsten Leistungen dagegen in Graves und Margaux, während in Pomerol und St-Emilion gemischte Resultate entstanden – der Wein des Jahrgangs ist der Ausone.

Wer üppig volle, honigfeine Süßweine liebt, der findet in den reich von Edelfäule geprägten, verschwenderisch füllligen und opulenten 1976ern aus Barsac/Sauternes einen der beiden besten Jahrgänge der siebziger Jahre.

DIE BESTEN WEINE

St-Estèphe: Cos d'Estournel, Montrose
Pauillac: Haut-Bages-Libéral, Lafite-Rothschild, Pichon-Longueville Comtesse de Lalande
St-Julien: Beychevelle, Branaire-Ducru, Ducru-Beaucaillou, Léoville-Las Cases, Talbot
Margaux: Giscours, La Lagune (südliches Médoc)
Médoc/Haut Médoc/Moulis/Listrac/Crus Bourgeois: Sociando-Mallet
Graves rot: Haut-Brion
Graves weiß: Domaine de Chevalier, Laville-Haut-Brion
Pomerol: Pétrus
St-Emilion: Ausone, Cheval Blanc, Figeac
Barsac/Sauternes: Climens, Coutet, de Fargues, Guiraud, Rieussec, Suduiraut, Yquem.

1975 IM ÜBERBLICK – LESEBEGINN 22. 9. 75

St-Estèphe ** – Graves rot ** – Pauillac *** – Graves weiß *** – St-Julien ***
Pomerol ***** – Margaux ** – St-Emilion ***
Médoc/Haut Médoc Crus Bourgeois *** – Barsac/Sauternes ****

Ertragsmenge: Nach den reichlichen Jahrgängen 1973 und 1974 gab es 1975 eine mäßig große Ernte.
Zusammenfassung: Nach drei aufeinanderfolgenden dürftigen bis mittelmäßigen Jahren waren die Bordelais gern bereit, den 1975er in den Himmel zu loben.
Reifezustand: Der Jahrgang mit der langsamsten Entwicklung seit 30 Jahren.
Preis: Unbehagen im Handel und beim Verbraucher wegen der sinkenden Reputation dieses Jahrgangs sowie die Eigenart selbst der Spitzenweine (die bis heute hart, verschlossen und na-

hezu undurchdringlich geblieben sind), machen die 1975er zu einer preiswerten Anlage für alle, die es verstehen, die Rosinen herauszupicken und auch die nötige Geduld besitzen, ihre Reife abzuwarten.

War es nun das Jahr der großen Enttäuschung oder das Jahr der unbestreitbar großen Weine? Neben dem 1964er und dem 1983er ist der 1975er wohl der launischste Jahrgang. Er hat unbezweifelbar große Weine aufzuweisen, aber das allgemeine Qualitätsniveau ist beklemmend unterschiedlich, und die Zahl der Versager zu groß, als daß man darüber hinweggehen könnte.

Weil die drei voraufgegangenen Jahre reichliche Ernten gebracht hatten und durch hohe Ölpreise eine internationale Finanzkrise eingetreten war, griffen die Erzeuger, die ihren 1972er, 1973er und 1974er auf dem Markt schon gut untergebracht wußten, zu strengem Rückschnitt, um einen großen Ertrag abzuwenden. Das Wetter spielte mit; Juli, August und September waren heiße Monate. Doch im August und September gingen bei mehreren starken Gewittern große Regenmengen auf die Weinberge nieder. Das waren jedoch nur lokale Erscheinungen und taten außer an den Nerven der Winzer wenig Schaden. Allerdings beeinträchtigte Hagelschlag mehrere Gemeinden im mittleren Médoc, insbesondere Moulis, Lamarque und Arcins, und auch im südlichen Pessac-Léognan gab es vereinzelt Hagelschäden.

Die Lese begann in der ersten Septemberhälfte und dauerte unter allgemein günstigen Witterungsverhältnissen bis Mitte Oktober. Unmittelbar nach der Ernte sprachen die Winzer von einem erstklassigen Jahrgang, vielleicht dem besten seit 1961. Doch was ist aus ihm geworden?

Im Rückblick komme ich nach vielen Verkostungen und Gesprächen mit zahlreichen Weingutsbesitzern und Kellermeistern zu der Überzeugung, daß die meisten Winzer ihren Cabernet Sauvignon später hätten ernten sollen. Aber nicht nur war zu früh gelesen worden, sondern es wurde damals in vielen Fällen auch noch nicht völlig entrappt, was die relativ harten Tannine im 1975er nur noch strenger hervortreten ließ.

Es war einer der ersten Jahrgänge, die ich (wenn auch in noch recht begrenztem Maß) als Tourist und nicht so sehr berufsmäßig in Bordeaux aus dem Faß verkosten konnte. 1975 zeigten die jungen Weine schöne Farbe, intensiv reifes, vollduftiges Bukett und immenses Potential. Andere wieder wiesen übermäßig viel Tannin auf. 2 bis 3 Jahre nach der Abfüllung verschlossen sich die Weine und sind bis heute meist unerbittlich hart und unentwickelt geblieben. Es gibt nicht wenige schlecht bereitete Weine darunter, deren Frucht bereits verblaßt und deren Farbe braun geworden ist. In vielen Fällen ist daran der Ausbau in alten Eichenfässern schuld – damals waren neue Eichenfässer noch nicht so reichlich in Gebrauch wie heute, und die Hygiene war in vielen Kellern alles andere als ideal. Aber selbst unter Berücksichtigung solcher Unterschiede bin ich immer wieder erstaunt über die gewaltigen Diskrepanzen in der Weinqualität dieses Jahrgangs. Bis heute bleibt die Bandbreite der Qualität weit größer als in anderen Jahren. Wie war es beispielsweise möglich, daß La Mission-Haut-Brion, Pétrus, L'Evangile und Lafleur überaus herrliche Weine hervorbrachten, während viele ihrer Nachbarn völlig versagten? Das bleibt eines der Rätsel dieses Jahrgangs.

Der 1975er ist ein Jahrgang für echte, mit großer Geduld begabte Bordeaux-Kenner. Die Spitzenvertreter, meist aus Pomerol, St-Julien und Pauillac (die großen Erfolge von La Mission-Haut-Brion und La Tour-Haut-Brion und in geringerem Maß Haut-Brion bilden Ausnahmen im kläglichen Qualitätsnivau von Graves), haben ihren Höhepunkt noch nicht erreicht. Könnten sich die Spitzen-1975er vielleicht als den 1928ern ähnlich erweisen, die erst nach 30 und mehr Jahren ihre volle Reife entfalteten? Die großen Erfolgsweine dieses Jahrgangs sind jedenfalls imstande auszudauern, weil sie über genügend Fülle und Konzentration an reifer Frucht als Gegengewicht zum Tannin verfügen. Ihnen stehen jedoch viele Weine gegenüber, die einfach zu trocken, zu herb oder zu tanninreich sind, um sich anmutig entfalten zu können.

Ich habe mir diesen Jahrgang als Futures zugelegt und erinnere mich, daß ich glaubte, mit einem Preis von 350 $ die Kiste bei den Premiers Crus günstig eingekauft zu haben. Inzwischen

BESCHREIBUNG DER BORDEAUX-JAHRGÄNGE 1945 BIS 1997

aber habe ich 23 Jahre Geduld investiert, und ich glaube, daß die Spitzenweine nochmals 10 Jahre brauchen – wahrhaftig ein Jahrgang für späte Freuden.

DIE BESTEN WEINE

St-Estèphe:	Haut-Marbuzet, Meyney, Montrose
Pauillac:	Lafite-Rothschild, Latour, Mouton-Rothschild, Pichon-Longueville Comtesse de Lalande
St-Julien:	Branaire-Ducru, Gloria, Gruaud-Larose, Léoville-Barton, Léoville-Las Cases
Margaux:	Giscours, Palmer
Médoc/Haut-Médoc/Moulis/Listrac/Crus Bourgeois:	Greysac, Sociando-Mallet, La Tour St-Bonnet
Graves rot:	Haut-Brion, La Mission-Haut-Brion, Pape-Clément, La Tour-Haut-Brion
Pomerol:	L'Eglise-Clinet, L'Enclos, L'Evangile, La Fleur Pétrus, Le Gay, Lafleur, Nenin, Pétrus, Trotanoy, Vieux-Château-Certan
St.-Emilion:	Cheval Blanc, Figeac, Magdelaine, Soutard
Barsac/Sauternes:	Climens, Coutet, de Fargues, Raymond-Lafon, Rieussec, Yquem.

1974 IM ÜBERBLICK – LESEBEGINN 20. 9. 74

St-Estèphe * – Graves rot ** – Pauillac * – Graves weiß * – St-Julien * – Pomerol * – Margaux * – St-Emilion * – Médoc/Haut Médoc Crus Bourgeois * – Barsac/Sauternes *

Ertragsmenge: Eine enorme Ernte.
Zusammenfassung: Wer noch Vorräte an 74ern hat, sollte sie in den nächsten Jahren schleunigst austrinken oder verschenken.
Reifezustand: Eine Handvoll Spitzenweine ist noch lebendig und wohlauf, aber noch mehr an Entfaltung herausholen zu wollen, wird sich als fruchtlos erweisen.
Preis: Dieser Jahrgang war schon immer nicht teuer, und ich kann mir auch nicht denken, daß man einen anständigen Preis dafür bekommen könnte, außer wenn ihn jemand unbedingt haben will, um einen Geburtstag zu feiern.

Infolge guter Blüte und trockener, sonniger Witterung im Mai und Juni war die Erntemenge 1974 groß. Von Mitte August bis in den Oktober hinein war es dann kühl, windig und regnerisch. Trotz ständiger Nässe erwies sich 1974 die Appellation Graves als die günstigste. Während die meisten 1974er bis heute hart, tanninreich, leer, ohne viel Reife, Körper und Charakter geblieben sind, brachte eine Reihe von Weingütern in Graves überraschend würzige, interessante Weine hervor. Sie sind zwar auch einigermaßen kompakt und gedämpft, lassen sich aber 24 Jahre nach der Ernte noch immer mit Genuß trinken. Die Stars sind La Mission-Haut-Brion und Domaine de Chevalier, gefolgt von Latour in Pauillac und Trotanoy in Pomerol. Wenn Sie noch größere Bestände an 1974ern im Keller haben, dann wäre es nicht ratsam, das Glück herauszufordern. Mein Instinkt sagt mir, daß es trotz des noch gut erhaltenen Zustands am besten ist, diesen Jahrgang bald auszutrinken.

In Barsac und Sauternes fiel der Jahrgang durchweg schlecht aus; ich habe auch nie eine Flasche zu verkosten bekommen.

Man kann sich darüber streiten, ob der 1972er, der 1974er oder der 1977er der schlimmste Jahrgang der siebziger Jahre war.

1973 IM ÜBERBLICK – LESEBEGINN 20. 9. 73

St-Estèphe ** – Graves rot * – Pauillac * – Graves weiß ** – St-Julien **
Pomerol ** – Margaux * – St-Emilion * – Médoc/Haut Médoc Crus Bourgeois *
Barsac/Sauternes *

Ertragsmenge: Eine enorme Ernte – eine der größten in den siebziger Jahren.
Zusammenfassung: Ein beklagenswert aufgeschwemmtes, verregnetes Lesegut wurde in ärmlichem bis mittelmäßigem Zustand eingebracht.
Reifezustand: Es besteht kaum eine Chance, einen 1973er – wenigstens in Flaschen üblicher Größe – noch in guter Verfassung aufzutreiben.
Preise: Gedrückte Preise, selbst für Leute, die in diesem Jahr geboren sind.

Um die Mitte der siebziger Jahre hatten die besten 1973er einen gewissen Wert als angenehm leichte, runde, milde, etwas verwässerte, aber gefällige Bordeaux-Weine. Mit Ausnahme der Domaine de Chevalier, von Pétrus und des großen süßen Klassikers Yquem sind inzwischen alle 1973er in Vergessenheit versunken.

Wie schon so oft stand Bordeaux unmittelbar vor einem erstklassigen Jahrgang, als der Regen kam. Er kam während der Ernte und schwemmte das an sich gesunde, reichliche Lesegut auf. Moderne Spritzmittel und Techniken wie *saignée* wurden damals noch unzulänglich angewendet, und so entstand 1973 eine Reihe von Weinen, denen es an Farbe, Extrakt, Säure und Rückgrat mangelte. Als sie 1976 herauskamen, waren sie völlig trinkreif, und zu Beginn der achtziger Jahre befanden sie sich außer Pétrus schon stark im Niedergang.

DIE BESTEN WEINE

St-Estèphe: De Pez
Pauillac: Latour
St-Julien: Ducru-Beaucaillou
Margaux: Keine
Médoc/Haut-Médoc/
Moulis/Listrac/
Cru Bourgeois: Keine
Graves rot: Domaine de Chevalier, La Tour-Haut-Brion
Graves weiß: Keine
Pomerol: Pétrus
St-Emilion: Keine
Barsac/Sauternes: Yquem.

1972 IM ÜBERBLICK – LESEBEGINN 7. 10. 72

St-Estèphe 0 – Graves rot * – Pauillac 0 – Graves weiß 0 – St-Julien 0 – Pomerol 0
Margaux * – St-Emilion * – Médoc/Haut Médoc Crus Bourgeois 0
Barsac/Sauternes 0

BESCHREIBUNG DER BORDEAUX-JAHRGÄNGE 1945 BIS 1997

Ertragsmenge: Es wurde eine mäßig große Ernte eingebracht.
Zusammenfassung: Neben dem 1977er der schlimmste Jahrgang der siebziger Jahre.
Reifezustand: Die meisten Weine sind längst bergab gegangen.
Preis: Äußerst niedrig.

Der Witterungsverlauf des Jahres 1972 ist durch ungewöhnlich kühle, wolkenreiche Sommermonate und einen verregneten August geprägt. Der September brachte dann zwar warmes und trockenes Wetter, konnte aber die Ernte nicht mehr retten. Infolgedessen fiel der Jahrgang 1972 als der schlechteste der siebziger Jahre aus – säuerlich, grün, rauh, vegetabil im Geschmack. Die kräftige Säure hielt viele dieser Weine 10 bis 15 Jahre lang am Leben, aber der Mangel an Frucht, Charme und Geschmackskonzentration war allzu groß, als daß im Alter etwas daraus werden konnte.

Wie immer in schlechten Jahren gelang es einigen Weingütern, anständige Weine hervorzubringen, wobei sich die durchlässigen Böden von Margaux und Graves gegenüber anderen als günstiger erwiesen.

Es gibt keine 1972er mehr, die für den Verbraucher auch nur noch im geringsten von Interesse wären.

DIE BESTEN WEINE*

St-Estèphe: Keine
Pauillac: Latour
St-Julien: Branaire-Ducru, Léoville-Las Cases
Margaux: Giscours, Rauzan-Ségla
Médoc/Haut-Médoc/
Moulis/Listrac/
Cru Bourgeois: Keine
Graves rot: La Mission-Haut-Brion, La Tour-Haut-Brion
Graves weiß: Keine
Pomerol: Trotanoy
St-Emilion: Cheval Blanc, Figeac
Barsac/Sauternes: Climens.

*) Diese Angaben dienen rein zur Information, denn alle diese Weine sind meiner Meinung nach stark im Niedergang, außer wenn sie sich in unter idealen Bedingungen gelagerten großformatigen Flaschen befinden.

1971 IM ÜBERBLICK – LESEBEGINN 25. 9. 71

St-Estèphe ** – Graves rot *** – Pauillac *** – Graves weiß ** – St-Julien ***
Pomerol **** – Margaux *** – St-Emilion ***
Médoc/Haut Médoc Crus Bourgeois ** – Barsac/Sauternes ****

Ertragsmenge: Kleine bis mäßig große Ernte.
Zusammenfassung: Ein guter bis sehr guter stilvoller Jahrgang mit den schönsten Leistungen in Pomerol und bei den Süßweinen von Barsac/Sauternes.
Reifezustand: Alle 1971er sind schon seit vollen 10 Jahren genußreif; nur Spitzen-Cuvées werden sich noch ein weiteres Jahrzehnt halten.
Preis: Der kleine Ertrag sorgte für hohe Preise, dennoch werden die meisten 1971er gegenüber anderen guten Jahrgängen der letzten 30 Jahre etwas unterbewertet.

BORDEAUX

Anders als 1970 gab es 1971 wegen schlechter Blütebedingungen im Juni, die zu einer bedeutenden Verringerung des Merlot-Ertrags führten, eine kleinere Ernte. Nach der Lese wurde ein um 40 % kleinerer Ertrag gegenüber der Riesenernte von 1970 festgestellt.

Die anfänglichen Einschätzungen des Jahrgangs haben sich als übertrieben erwiesen. Manche Fachleute (vor allem Peter Sichel in Bordeaux) meinten, aufgrund des kleinen Ertrags müsse der Jahrgang besser ausfallen als der 1970er. Das hat sich als völlig falsch herausgestellt. Gewiß waren die 1971er, als sie herauskamen, ebenso aufgeschlossen und köstlich wie die 1970er, aber anders als den 1970ern fehlte es den 1971ern an der tiefen Farbe, der Konzentration und dem Tanninrückgrat. Im Médoc fiel der Jahrgang gemischt aus, in Pomerol, St-Emilion und Graves dagegen gut.

Heute noch 1971er kaufen zu wollen, könnte riskant sein, außer wenn diese Weine ungewöhnlich gut gelagert waren. 25 Jahre nach der Ernte haben manche Weine gerade erst ihren Höhepunkt erreicht – Pétrus, Latour, Trotanoy, La Mission-Haut-Brion. Sorgfältig gelagerte Exemplare dieser Weine dürften noch mindestens weitere 10 bis 15 Jahre schönen Genuß gewähren. In allen anderen Fällen hängt es sehr von der Lagerung ab. Man kann den 1971er allerdings noch ernsthaft in Erwägung ziehen, wenn es sich um gut erhaltene Flaschen zu vernünftigen Preisen handelt.

Die süßen Weißweine von Barsac und Sauternes fielen gut aus und sind jetzt voll genußreif. Spitzenweine haben noch mindestens 1 bis 2 Jahrzehnte Lebensdauer vor sich und überleben zweifellos alle Rotweine aus dem Jahrgang 1971.

DIE BESTEN WEINE

St-Estèphe: Montrose
Pauillac: Latour, Mouton-Rothschild
St-Julien: Beychevelle, Gloria, Gruaud-Larose, Talbot
Margaux: Palmer
Médoc/Haut-Médoc/
Moulis/Listrac/
Cru Bourgeois: Keine
Graves rot: Haut-Brion, La Mission-Haut-Brion, La Tour Haut-Brion
Graves weiß: Keine
Pomerol: Petit-Village, Pétrus, Trotanoy
St-Emilion: Cheval Blanc, La Dominique, Magdelaine
Barsac/Sauternes: Climens, Coutet, de Fargues, Yquem.

1970 IM ÜBERBLICK – LESEBEGINN 27. 9. 70

St-Estèphe *** – Graves rot **** – Pauillac *** – Graves weiß *** – St-Julien ***
Pomerol **** – Margaux *** – St-Emilion ***
Médoc/Haut Médoc Crus Bourgeois *** – Barsac/Sauternes ***

Ertragsmenge: Ein enormer Ertrag, damals eine Rekordernte.
Zusammenfassung: Die erste reichliche Ernte der modernen Zeit, die Qualität mit Quantität verband.
Reifezustand: Ursprünglich galten die 1970er als früh reifend. Dementgegen haben sich die meisten großen 1970er langsam entwickelt und sind mit nur wenigen Ausnahmen jetzt auf dem Höhepunkt der Genußreife. Kleinere Weine, Crus Bourgeois, leichtere Pomerols und St-Emilions sollten allerdings schon seit 1980 ausgetrunken sein.

BESCHREIBUNG DER BORDEAUX-JAHRGÄNGE 1945 BIS 1997

Preis: Teuer, sicherlich weil es sich um den populärsten Jahrgang zwischen 1961 und 1982 handelt.

Zwischen den beiden großen Jahrgängen 1961 und 1982 liegt als bester der 1970er mit Weinen von ansprechender Fülle und viel Charme und Komplexität. Sie haben sich anmutiger entfaltet als viele aus dem kargen Jahrgang 1966 und erscheinen voller, reichhaltiger, ausgewogener und gleichmäßiger als die harten, gerbstoffreichen, kräftig gebauten, aber oft leeren und strengen 1975er. Der 1970er erwies sich als der erste moderne Jahrgang, in dem sich hoher Ertrag mit guter Qualität verbindet. Darüber hinaus fiel er in ganz Bordeaux gleichmäßig und einheitlich aus, wobei jede Appellation ein gut Teil Spitzenweine verzeichnen konnte.

Der Witterungsverlauf im Sommer und Frühherbst war sehr günstig: Es gab keinen Hagel, keine wochenlangen durchnässenden Niederschläge, keinen Frost und keine demoralisierenden Überschwemmungen zur Lesezeit. Es war eines jener seltenen Jahre, in denen alles gut geht, und so wurde in Bordeaux eine der reichlichsten und gesündesten Ernten eingebracht, die man je erlebt hatte.

Der 1970er war auch der erste Jahrgang, den ich direkt vom Faß verkostet habe, als ich mit meiner Frau im Sommerurlaub 1971 und 1972 als Tourist zu den billigen Stränden Spaniens und Nordafrikas unterwegs war. Ich erinnere mich, daß diese Weine schon in ihrer Frühzeit großartige Farbe, eine intensive Fülle der Frucht, ein duftiges, reifes Bukett, vollen Körper und kräftiges Tannin aufwiesen. Doch im Vergleich mit den feinsten Jahrgängen der achtziger und neunziger Jahre fällt der 1970er doch ab. Fraglos ist die Zahl der Spitzenweine in den Jahrgängen 1982, 1985, 1986, 1988, 1989, 1990, 1994, 1995 und 1996 weit größer als 1970.

Bei den Süßweinen von Barsac/Sauternes müssen die 1970er dagegen den 1971ern den Vortritt lassen, weil es wenig Edelfäule gab. Zwar sind die 1970er eindrucksvoll, kräftig und gehaltreich ausgefallen, aber es fehlt ihnen die Komplexität, Delikatesse und Finesse der besten 1971er.

Abschließend sei bemerkt, daß die 1970er noch einige Jahrzehnte lang zu hohen Preisen gehandelt werden dürften, weil es sich um den gleichmäßigsten, in manchen Fällen hervorragendsten Jahrgang zwischen 1961 und 1982 handelt.

DIE BESTEN WEINE

St-Estèphe: Cos d'Estournel, Haut-Marbuzet, Lafon-Rochet, Montrose, Les-Ormes-de-Pez, de Pez
Pauillac: Grand-Puy-Lacoste, Haut-Batailley, Latour, Lynch-Bages, Mouton-Rothschild, Pichon-Longueville Comtesse de Lalande
St-Julien: Ducru-Beaucaillou, Gloria, Gruaud-Larose, Léoville-Barton, St-Pierre
Margaux: Giscours, Lascombes, Palmer
Médoc/Haut-Médoc/Moulis/Listrac/Crus Bourgeois: Sociando-Mallet
Graves rot: Domaine de Chevalier, de Fieuzal, Haut-Bailly, La Mission-Haut-Brion, La Tour-Haut-Brion
Graves weiß: Domaine de Chevalier, Laville-Haut-Brion
Pomerol: La Conseillante, La Fleur Pétrus, Lafleur, Latour à Pomerol, Pétrus, Trotanoy
St-Emilion: L'Arrosée, Cheval Blanc, La Dominique, Figeac, Magdelaine
Barsac/Sauternes: Yquem.

BORDEAUX

1969 IM ÜBERBLICK – LESEBEGINN 6. 10. 69

St-Estèphe 0 – Graves rot * – Pauillac 0 – Graves weiß 0 – St-Julien 0 – Pomerol *
Margaux 0 – St-Emilion 0 – Médoc/Haut Médoc Crus Bourgeois 0
Barsac/Sauternes *

Ertragsmenge: Gering
Zusammenfassung: Mein Kandidat für die Rolle des allerunerfreulichsten Weins aus Bordeaux in den letzten 30 Jahren.
Reifezustand: Ich habe außer dem Pétrus nie einen 1969er auf die Zunge bekommen, dem man auch nur die geringste Fülle oder Frucht hätte nachsagen können. Ich bin auch außer dem Pétrus jahrelang keinem Wein dieses Jahrgangs mehr begegnet, aber sie müssen inzwischen alle ungenießbar sein.
Preis: Verwunderlich ist, daß dieser Jahrgang zu einem relativ hohen Preis angeboten wurde, aber mit Ausnahme einer Handvoll großer Namen dürften inzwischen alle Weine dieses Jahrgangs völlig wertlos sein.

Wann immer Bordeaux einen schlechten Jahrgang (wie den 1968er) erlebt hatte, bestand stets große Neigung, das darauffolgende Jahr mit Lob zu überhäufen. Freilich verlangte Bordeaux auch nach den schrecklichen Erfahrungen von 1968 dringend nach einem guten Jahrgang, aber trotz überaus optimistischer Einschätzungen durch einige Bordeaux-Experten zur Zeit der Lese hat sich der 1969er zu einem der am wenigsten ansprechenden Bordeaux-Jahrgänge der letzten beiden Jahrzehnte entwickelt.

Die Ernte war klein, der Sommer warm und trocken genug, um gutes Ausreifen zu ermöglichen, dann aber machten sturzflutartige Regenfälle im September alle Hoffnungen zunichte; nur ein paar Investoren ließen sich nicht davon abbringen, gegen jede Vernunft diese flachen, unguten, säuerlich scharfen Weine aufzukaufen. Infolgedessen waren die 1969er, als sie auf dem Markt erschienen, nicht nur außergewöhnlich unattraktiv, sondern obendrein teuer.

Ich muß aufrichtig sagen, daß ich noch keinen 1969er verkostet habe, der mir nicht mißfallen hätte. Die einzige Ausnahme bildete eine relativ anständige Flasche Pétrus (in der Punktwertung hoch in den 70), der ich 20 Jahre nach der Ernte begegnet bin. Die meisten übrigen Weine aber sind streng und hohl, ohne Fülle, Frucht und Charme, und es ist kaum vorstellbar, daß auch nur einer davon heute schmackhafter sein könnte als in den siebziger Jahren.

In Barsac und Sauternes gelangen einigen Weingütern, vor allem d'Arche, annehmbare Weine.

1968 IM ÜBERBLICK – LESEBEGINN 20. 9. 68

St-Estèphe 0 – Graves rot * – Pauillac 0 – Graves weiß 0 – St-Julien 0 – Pomerol 0
Margaux 0 – St-Emilion 0 – Médoc/Haut Médoc Crus Bourgeois 0
Barsac/Sauternes 0

Ertragsmenge: Kleine Ernte, in Quantität und Qualität katastrophal.
Zusammenfassung: Ein großes Jahr für Cabernet Sauvignon in Kalifornien, aber nicht in Bordeaux.
Reifezustand: Alle diese Weine müssen passé sein.
Preis: Einer von mehreren wertlosen Jahrgängen.

1968 war eines der schlimmen Jahre, die Bordeaux in der sechziger Dekade durchzustehen hatte. Schuld daran war, wie gewöhnlich, starker Regen (das nasseste Jahr seit 1951), der die

BESCHREIBUNG DER BORDEAUX-JAHRGÄNGE 1945 BIS 1997

Trauben aufschwemmte. Allerdings habe ich einige 1968er weit ansprechender gefunden als alles aus dem Jahrgang 1969, obwohl der doch einen «besseren» Ruf hat (ich bin mir nicht sicher, ob «besser» das richtige Wort ist).

Zu gewissen Zeiten waren Weine wie der Figeac, Gruaud-Larose, Cantemerle, La Mission-Haut-Brion, Haut Brion und Latour durchaus schmackhaft. Wer aber etwa heute noch auf Weine dieses Jahrgangs stoßen sollte, dem sei ein warnendes *caveat emptor* zugerufen, denn ich bezweifle sehr, daß auch nur einer noch viel Genuß bieten könnte.

1967 IM ÜBERBLICK – LESEBEGINN 25. 9. 67

St-Estèphe ** – Graves rot *** – Pauillac ** – Graves weiß ** – St-Julien **
Pomerol *** – Margaux ** – St-Emilion *** – Médoc/Haut Médoc Crus Bourgeois *
Barsac/Sauternes ****

Ertragsmenge: Es wurde eine reichliche Ernte eingebracht.
Zusammenfassung: Ein günstiges Jahr für Graves, Pomerol und St-Emilion mit besonders guten Bedingungen für den früh gelesenen Merlot.
Reifezustand: Die meisten 1967er waren trinkreif, als sie 1970 herauskamen und sollten bis 1980 ausgetrunken sein. Eine Handvoll Weine (z. B. Pétrus und Latour) werden, wenn sie gut gelagert sind, noch einige Jahre überdauern, sich aber wahrscheinlich nicht mehr weiter entfalten.
Preis: Mäßig.

1967 war ein reichlicher, brauchbarer Jahrgang, denn er brachte eine große Ernte an runden, rasch heranreifenden Weinen. Die meisten davon hätten eigentlich schon vor 1980 getrunken werden sollen, aber eine Handvoll Weine zeigt unverdrossen bemerkenswertes Stehvermögen und hat die volle Blüte ihrer Reife noch nicht überschritten. In diesem Jahrgang war Pomerol eindeutig bevorzugt, in geringerem Maß aber auch Graves. Die 1967er Weine noch länger aufbewahren zu wollen, scheint nicht sinnvoll, doch hege ich keine Zweifel, daß manche der ganz Großen, z. B. Latour, Pétrus, Trotanoy, vielleicht auch Palmer, sich noch weitere 5 bis 10 Jahre halten. Wer einen der nachstehend genannten Spitzenweine in einer großformatigen Flasche (also Magnum, Doppel-Magnum usw.) zu einem vernünftigen Preis auftreiben kann, dem möchte ich raten, den Einsatz zu wagen.

So schlicht das Gros der Rotweine 1967 ausfiel, so sehr zeichneten sich die Süßweine von Barsac und Sauternes durch Fülle und feine Honigsüße aus, und auch an Edelfäule fehlte es nicht. Allerdings möge der Leser daran denken, daß in dieser Zeit der Depression im Weinbau von Barsac/Sauternes nur wenige Güter imstande waren, der Aufgabe gerecht zu werden, die mit der Gewinnung eines großen Weins verbunden ist.

DIE BESTEN WEINE

St-Estèphe: Calon-Ségur, Montrose
Pauillac: Latour
St-Julien: Keine
Margaux: Giscours, La Lagune (südl. Médoc), Palmer
Médoc/Haut-Médoc/
Moulis/Listrac/
Cru Bourgeois: Keine
Graves rot: Haut-Brion, La Mission-Haut-Brion
Graves weiß: Keine

Pomerol: Pétrus, Trotanoy, La Violette
St-Emilion: Cheval Blanc, Magdelaine, Pavie
Barsac/Sauternes: Suduiraut, Yquem.

1966 IM ÜBERBLICK – LESEBEGINN 26. 9. 66

St-Estèphe *** – Graves rot **** – Pauillac *** – Graves weiß *** – St-Julien ***
Pomerol *** – Margaux *** – St-Emilion ** – Médoc/Haut Médoc Crus Bourgeois **
Barsac/Sauternes **

Ertragsmenge: Es wurde eine reichliche Ernte eingebracht.
Zusammenfassung: Der am stärksten überbewertete «erstklassige» Jahrgang der letzten 25 Jahre.
Reifezustand: Die besten Weine sind jetzt auf dem Höhepunkt, die meisten aber büßen die Frucht eher ein als das Tannin.
Preis: Teuer, sogar überteuert.

Während mehrheitlich die Meinung herrscht, der 1966er sei nach dem 1961er der beste Jahrgang des Jahrzehnts gewesen, möchte ich mit Bestimmtheit behaupten, daß für Graves, Pomerol und St-Emilion der 1964er eindeutig der zweitbeste Jahrgang der sechziger Jahre ist. Der in etwa demselben Geist wie der 1975er gepriesene 1966er (nach mehreren uninteressanten Jahren v. a. im Médoc sehr umjubelt), hat sich nie so gut entwickelt, wie es viele seiner Befürworter gern gesehen hätten. Nach 32 Jahren sind diese Weine größtenteils so karg, streng, unaufgeschlossen und gerbstoffreich wie ehedem und büßen ihre Frucht ein, bevor sich das Tannin mildert. Es gibt allerdings einige bemerkenswerte Ausnahmen. Wer könnte leugnen, daß bei Latour (Wein des Jahres) und bei Palmer außergewöhnliche Weine entstanden?

Alle die Enttäuschungen, die dieser Jahrgang bereithielt, kamen unerwartet, nachdem die anfänglichen Berichte davon gesprochen hatten, daß die Weine relativ früh reifend und charmant ausfallen würden. Wenn aber auch der Jahrgang nicht so einheitlich geriet wie zunächst geglaubt wurde, hat er doch eine angemessene Zahl mittelschwerer Weine im klassischen Stil hervorgebracht. Sie sind aber alle überteuert, da dieser Jahrgang von Anfang an in Mode war, und es ihm auch nie an Befürwortern, vor allem aus der englischen Publizistengilde, gemangelt hat.

Auch die Süßweine von Barsac und Sauternes sind nur mittelmäßig ausgefallen. Für die Entstehung von Edelfäule ergaben sich keine günstigen Voraussetzungen.

Die für diesen Jahrgang prägenden Witterungsabläufe begannen im Juni mit zögerlicher Blüte und gingen weiter mit abwechselnd Hitze und Kälte im Juli und August und schließlich einem trockenen, sonnigen September. Der Ernteertrag war reichlich, und die Lese fand bei günstigem Wetter statt.

Ich wäre skeptisch, was den Kauf der meisten 1966er anbelangt, ausgenommen wo es sich um einen der ausgesprochenen Erfolgsweine des Jahrgangs handelt.

DIE BESTEN WEINE

St-Estèphe: Keine
Pauillac: Grand-Puy-Lacoste, Latour, Mouton-Rothschild,
Pichon-Longueville Comtesse de Lalande.
St-Julien: Branaire-Ducru, Ducru-Beaucaillou, Gruaud-Larose, Léoville-Las Cases
Margaux: Lascombes, Palmer

BESCHREIBUNG DER BORDEAUX-JAHRGÄNGE 1945 BIS 1997

Médoc/Haut-Médoc/
Moulis/Listrac/
Cru Bourgeois: Keine
Graves rot: Haut-Brion, La Mission-Haut-Brion, Pape-Clément
Pomerol: Lafleur, Trotanoy
St-Emilion: Canon
Barsac/Sauternes: Keine.

1965 IM ÜBERBLICK – LESEBEGINN 2. 10. 65

St-Estèphe 0 – Graves rot 0 – Pauillac 0 – Graves weiß 0 – St-Julien 0
Pomerol 0 – Margaux 0 – St-Emilion 0 – Médoc/Haut Médoc Crus Bourgeois 0
Barsac/Sauternes 0

Ertragsmenge: Ein sehr geringer Ertrag.
Zusammenfassung: In der Quintessenz ein Jahrgang der Fäule und Nässe.
Reifezustand: Die Weine schmeckten von Anfang an schrecklich und müssen heute völlig ungenießbar sein.
Preis: Wertlos.

Der Jahrgang der Fäule und Nässe. Mit der Verkostung der 1965er habe ich wenig Erfahrung. Er gilt aber bei den meisten Fachleuten als der schlimmste Jahrgang nach dem 2. Weltkrieg. Der nasse Sommer war schon schlimm genug, doch den Rest gab diesem Jahrgang der total verregnete September, der die Trauben am Stock faulen ließ. Spritzmittel gegen Fäule gab es noch nicht. Es braucht wohl nicht erst gesagt zu werden, daß man den ganzen Jahrgang besser meidet.

1964 IM ÜBERBLICK – LESEBEGINN 22. 9. 64

St-Estèphe *** – Graves rot ***** – Pauillac * – Graves weiß *** – St-Julien *
Pomerol ***** – Margaux ** – St-Emilion ****
Médoc/Haut Médoc Crus Bourgeois * – Barsac/Sauternes *

Ertragsmenge: Es wurde eine große Ernte eingebracht.
Zusammenfassung: Das klassische Beispiel eines Jahrgangs, in dem der früh gelesene Merlot und Cabernet Franc großartigen, der spät gelesene Cabernet Sauvignon, insbesondere im Médoc, aber verwässerten Wein brachte. Dadurch kam es zum Versagen zahlreicher großer Namen im Médoc.
Reifezustand: Die Médocs sind über ihren Höhepunkt hinaus, dagegen können die größeren Weine von Graves, Pomerol und St-Emilion noch weitere 5 bis 10 Jahre überdauern.
Preis: Kluge Bordeaux-Freunde haben stets erkannt, wie großartig dieser Jahrgang in Graves, Pomerol und St-Emilion ausgefallen war, und dementsprechend hoch sind die Preise geblieben. Dennoch sind im Vergleich mit den glanzvollen Jahren 1959 und 1961 die Spitzen-1964er vom rechten Gironde-Ufer und aus Graves nicht nur unterbewertet, sondern in manchen Fällen sogar ausgesprochen preiswert.

Der 1964er, einer der faszinierendsten Bordeaux-Jahrgänge, brachte in Pomerol, St-Emilion und Graves, wo viele Weingüter das Glück hatten, ihre Ernte vor dem Einsetzen der sintflutartigen Regenfälle am 8. Oktober einzubringen, eine Reihe prächtiger, preislich stets unterbewerteter Weine. Wegen dieser Niederschläge, die im Médoc über die noch nicht abgeernteten Weinberge hereinbrachen, wurde der 1964er nie als Bordeaux-Spitzenjahrgang anerkannt. Während er sich für manche Châteaux im Médoc und für die auf späte Lese eingestellten Weingüter in Barsac und Sauternes als ausgesprochen schlecht darstellt, hat er in den drei Appellationen Pomerol, St-Emilion und Graves ausgezeichnete bis hervorragende Ergebnisse gezeitigt.

Der Sommer war so warm und trocken gewesen, daß der französische Landwirtschaftsminister Anfang September ankündigte, ein Jahrhundertwein stehe bevor. Da der Merlot zuerst reift, begann die Lese dort, wo er am meisten angebaut wird. St-Emilion und Pomerol ernteten bereits Ende September und waren mit der Lese fertig, ehe am 8. Oktober die Sintflut kam. Auch in Graves war bei den meisten Weingütern die Lese bereits beendet. Als es dann zu regnen begann, hatten die meisten Châteaux im Médoc gerade mit der Lese des Cabernet Sauvignon angefangen und konnten dann wegen der allzu starken Regenfälle die Ernte nicht zu Ende bringen. Deshalb ist dieser Jahrgang im Médoc durch einige ungewöhnliche, berühmt gewordene Fehlleistungen geprägt. Wehe dem, der damals Lafite-Rothschild, Mouton-Rothschild, Lynch-Bages, Calon-Ségur oder Margaux kaufte! Aber nicht überall wurde enttäuschender Wein produziert. Montrose in St-Estèphe und Latour in Pauillac brachten die beiden größten Weine im Médoc hervor.

Infolge der sehr abschreckenden Berichte über die Regenschäden gingen viele Weinliebhaber mit großen Befürchtungen an den 1964er heran.

Die Spitzenweine aus Graves, St-Emilion und Pomerol sind dagegen außergewöhnlich vollmundig, körperreich, opulent und konzentriert, haben große Alkoholstärke und tiefdunkle Farbe, überaus langen Abgang und ungebändigte Wucht. Erstaunlicherweise sind sie weit gehaltvoller, interessanter und vollendeter als die 1966er und können sich in vielen Fällen mit den feinsten Weinen des Jahrgangs 1961 messen. Aufgrund des geringen Säuregehalts erreichten sie alle um die Mitte der achtziger Jahre ihre volle Genußreife. Die besten Exemplare zeigen bisher keinerlei Nachlassen und halten sich ohne weiteres noch einmal 5 bis 10 Jahre und länger.

DIE BESTEN WEINE

St-Estèphe: Montrose
Pauillac: Latour
St-Julien: Gruaud-Larose
Margaux: Keine
Médoc/Haut-Médoc/Moulis/Listrac/Cru Bourgeois: Keine
Graves rot: Domaine de Chevalier, Haut-Bailly, Haut-Brion, La Mission-Haut-Brion
Pomerol: La Conseillante, La Fleur Pétrus, Le Gay, Lafleur, Pétrus, Trotanoy, Vieux-Château-Certan
St-Emilion: L'Arrosée, Cheval Blanc, Figeac, Soutard
Barsac/Sauternes: Keine.

1963 IM ÜBERBLICK – LESEBEGINN 7. 10. 63

St-Estèphe 0 – Graves rot 0 – Pauillac 0 – Graves weiß 0 – St-Julien 0
Pomerol 0 – Margaux 0 – St-Emilion 0 – Médoc/Haut Médoc Crus Bourgeois 0
Barsac/Sauternes 0

Ertragsmenge: Es wurde eine kleine bis mäßig große Ernte eingebracht.
Zusammenfassung: Ein schrecklich dürftiges Jahr, das in der Armseligkeit der Weine mit 1965 wetteifert.

BESCHREIBUNG DER BORDEAUX-JAHRGÄNGE 1945 BIS 1997

Reifezustand: Die Weine müssen inzwischen gräßlich schmecken.
Preis: Wertlos.

In Bordeaux hat man sich nie darüber einig werden können, ob nun 1963 oder 1965 das schlechteste Jahr war. Wie 1965 waren Nässe und Fäule auch der Ruin des Jahrgangs 1963. Ich habe seit über 20 Jahren nicht eine einzige Flasche 1963er mehr zu Gesicht bekommen.

1962 IM ÜBERBLICK – LESEBEGINN 1. 10. 62

St-Estèphe **** – Graves rot *** – Pauillac **** – Graves weiß **** – St-Julien ****
Pomerol *** – Margaux *** – St-Emilion ***
Médoc/Haut Médoc Crus Bourgeois *** – Barsac/Sauternes ****

Ertragsmenge: Eine reichliche Ernte – eine der größten der sechziger Jahre.
Zusammenfassung: Ein bedauerlich unterbewerteter Jahrgang, der einfach das Pech hatte, auf einen der großartigsten Jahrgänge des Jahrhunderts zu folgen.
Reifezustand: Die Oldtimer unter den Bordeaux-Liebhabern behaupten, der 1962er habe sich am Ende der sechziger Jahre wunderbar getrunken und habe sich dann in den 1970er Jahren noch entfaltet und ein beträchtliches Maß an Charakter, Frucht und Charme gezeigt. Am Ende der neunziger Jahre sind die Spitzen-1962er noch immer wundervoll reichhaltige, runde Weine voller Finesse und Eleganz.
Preis: Unterbewertet, vor allem wenn man die Preise des Vorgängers von 1961 und des weit überbewerteten 1966ers bedenkt.

Da der 1962er unmittelbar auf den großen Jahrgang 1961 folgte, kam es nicht gänzlich unerwartet, daß er unter Wert beurteilt wurde. Überhaupt ist dieser Bordeaux-Jahrgang anscheinend der am allerstärksten unterbewertete nach dem 2. Weltkrieg. Dabei kamen in praktisch allen Appellationen elegante, geschmeidige, sehr fruchtige, runde und charmante Weine zustande, die weder zu tanninherb noch zu massiv waren. Da sie früh trinkreif waren, dachte mancher, sie würden sich nicht lange halten, aber sie haben länger überdauert, als irgend jemand geglaubt hätte. Die meisten 1962er müssen zwar nun verbraucht werden, sie überraschen mich jedoch immer wieder aufs neue, und gut konservierte Exemplare können sicherlich das Ende dieses Jahrhunderts noch erleben.

Das Wetter war annehmbar, jedoch nicht sensationell. Die Blütezeit verlief in einem sonnigen, trockenen Mai sehr gut; es folgte ein relativ heißer Sommer mit einigen beeindruckenden Gewittern und anschließend eine gute *fin de saison* – wie die Franzosen sagen – mit einem warmen, sonnigen September. Die Lese lief nicht ganz niederschlagsfrei ab, doch es gab keine Regenfluten, die alles hätten verderben können.

1962 war nicht nur in allen Appellationen höchst erfolgreich, für die trockenen Weißweine aus Graves und die süßen Nektare aus Barsac und Sauternes war es sogar ein Spitzenjahr.

DIE BESTEN WEINE

St-Estèphe: Cos d'Estournel, Montrose
Pauillac: Batailley, Lafite-Rothschild, Latour, Lynch-Bages, Mouton-Rothschild, Pichon-Longueville Comtesse de Lalande
St.-Julien: Ducru-Beaucaillou, Gruaud-Larose
Margaux: Margaux, Palmer

BORDEAUX

Médoc/Haut-Médoc/
Moulis/Listrac/
Crus Bourgeois: Keine
Graves rot: Haut-Brion, Pape-Clément
Graves weiß: Domaine de Chevalier, Laville-Haut-Brion
Pomerol: Lafleur, Pétrus, Trotanoy, La Violette
St-Emilion: Magdelaine
Barsac/Sauternes: Yquem.

1961 IM ÜBERBLICK – LESEBEGINN 22. 9. 61

St-Estèphe ***** – Graves rot ***** – Pauillac ***** – Graves weiß ***
St-Julien ***** – Pomerol ***** – Margaux ***** – St-Emilion ***
Médoc/Haut Médoc Crus Bourgeois *** – Barsac/Sauternes **

Ertragsmenge: Es gab eine ungewöhnlich geringe Ernte – der letzte Jahrgang mit einem winzigen Ertrag in bester Qualität.
Zusammenfassung: Einer der legendären Weine des Jahrhunderts.
Reifezustand: Die bereits jung trinkbaren Weine haben mit Ausnahme von nur einigen wenigen volle Genußreife erreicht und befanden sich 1990 alle auf dem Höhepunkt. Die meisten Spitzengewächse werden sich mindestens nochmals 5 bis 10 Jahre halten, doch viele 1961er beginnen nachzulassen.
Preis: Infolge der geringen Mengen bei außergewöhnlicher Qualität ist der 1961er heute der teuerste vollreife Bordeaux-Jahrgang auf dem Markt. Wenn man bedenkt, wie wenig davon noch da ist, kann man übrigens nur mit dem Steigen der Preise rechnen – der Traumjahrgang eines Auktionators. Doch Vorsicht ist geboten: Viele 1961er waren nicht gut gelagert oder haben oft den Besitzer gewechselt. Hinzu kommt, daß auch gefälschte 1961er auf dem Markt auftauchen.

Der 1961er ist einer von neun großen Jahrgängen aus der Zeit nach dem 2. Weltkrieg. Auch die anderen – 1945, 1947, 1949, 1953, 1959, 1982, 1989 und 1990 – haben ihre Anhänger, keiner aber genießt so allgemeine Verehrung wie der 1961er. Seine Weine werden ob ihrer phantastischen Konzentration, ihres prachtvoll kräftigen Buketts von hochreifer Frucht und ihres vollen, tiefen, üppigen Geschmacks höchlichst gepriesen. Die bereits in ihrer Jugend köstlichen Weine haben mit Ausnahme einer Handvoll der allerkonzentriertesten Exemplare inzwischen volle Genußreife erlangt und trinken sich herrlich. Auch sehe ich kein Risiko darin, ideal gelagerte Flaschen noch weitere 10 Jahre aufzubewahren.

Die Witterung verlief 1961 nahezu vollkommen; Spätfröste reduzierten die Erntemenge, und dann gab es den ganzen Sommer und die Lesezeit hindurch sonniges, warmes Wetter, so daß herrliche Reifegrade erreicht wurden. Der kleine Ertrag gewährleistete hohe Preise für die Weine in solchem Maß, daß die 1961er heute so teuer bezahlt werden wie flüssiges Gold.

Es war ein exzellenter Jahrgang für alle Appellationen von Bordeaux, ausgenommen Barsac/Sauternes, aber auch diese Gegend profitierte vom großen Ruf des 1961ers, obwohl eine Kostprobe der Süßweine dieses Jahrgangs erkennen läßt, daß selbst der Yquem nur mittelmäßig ausfiel. Die unglaubliche Trockenheit sorgte dafür, daß nur sehr wenig Edelfäule auftrat, so daß zwar kräftige, aber doch nur monolithische Süßweine entstanden, die das ihnen entgegengebrachte Interesse nie verdienten. Als einzige weitere Appellation, die nicht auf das allgemeine Qualitätsniveau kam, ist St-Emilion zu nennen, wo sich viele Weinberge noch nicht wieder von den schrecklichen Frostschäden des Jahres 1956 erholt hatten.

Nach der Verkostung des 1961ers bin ich überzeugt, daß ihm nur zwei Jahrgänge in Fülle und Stil einigermaßen ähnlich sind, nämlich 1959 und 1982. Die 1959er haben etwas weniger Säure,

BESCHREIBUNG DER BORDEAUX-JAHRGÄNGE 1945 BIS 1997

sind aber langsamer gealtert als die 1961er, während die 1982er anscheinend das gleiche physische Profil, jedoch weniger Tannin aufweisen als die 1961er.

DIE BESTEN WEINE

St-Estèphe: Cos d'Estournel, Haut-Marbuzet, Montrose
Pauillac: Grand-Puy-Lacoste, Latour, Lynch-Bages, Mouton-Rothschild, Pichon-Longueville Comtesse de Lalande, Pontet-Canet
St-Julien: Beychevelle, Ducru-Beaucaillou, Gruaud-Larose, Léoville-Barton
Margaux: Malescot St-Exupéry, Margaux, Palmer
Médoc/Haut-Médoc/Moulis/Listrac/Crus Bourgeois: Keine
Graves rot: Haut-Bailly, Haut-Brion, La Mission-Haut-Brion, La Tour-Haut-Brion, Pape-Clément
Graves weiß: Domaine de Chevalier, Laville-Haut-Brion
Pomerol: L'Eglise-Clinet, L'Evangile, Lafleur, Latour à Pomerol, Pétrus, Trotanoy
St-Emilion: L'Arrosée, Canon, Cheval Blanc, Figeac, Magdelaine
Barsac/Sauternes: Keine.

1960 IM ÜBERBLICK – LESEBEGINN 9. 9. 60

St-Estèphe ** – Graves rot ** – Pauillac ** – Graves weiß * – St-Julien ** – Pomerol *
Margaux * – St-Emilion * – Médoc/Haut Médoc Crus Bourgeois 0
Barsac/Sauternes *

Ertragsmenge: Es wurde eine reichliche Ernte eingebracht.
Zusammenfassung: Die verregneten Monate August und September wurden diesem Jahrgang zum Verhängnis.
Reifezustand: Die meisten 1960er waren dazu prädestiniert, in den ersten 10 bis 15 Lebensjahren verbraucht zu werden.
Preis: Niedrig.

Ich erinnere mich an einige vorzügliche Magnumflaschen 1960er Latour sowie an gute Beispiele für 1960er Montrose, La Mission-Haut-Brion und Gruaud-Larose, die ich in Bordeaux gefunden habe. Den letzten 1960er habe ich vor über 15 Jahren getrunken – es war eine Magnumflasche Latour. Ich nehme an, daß selbst dieser Wein, der Bordeaux-Kennern zufolge der konzentrierteste des Jahrgangs war, inzwischen im Nachlassen ist.

1959 IM ÜBERBLICK – LESEBEGINN 20. 9. 59

St-Estèphe ***** – Graves rot ***** – Pauillac ***** – Graves weiß ****
St-Julien **** – Pomerol *** – Margaux **** – St-Emilion **
Médoc/Haut Médoc Crus Bourgeois *** – Barsac/Sauternes *****

Ertragsmenge: Durchschnittlich.
Zusammenfassung: Der erste moderne Jahrgang, dem die Bezeichnung «Jahrhundertwein» zuteil wurde.

BORDEAUX

Reifezustand: Diese Weine, denen (wie den 1982ern) in den ersten Jahren Säurearmut und Mangel an Rückgrat vorgeworfen wurde, haben sich langsamer entwickelt als die kräftiger ausgestatteten 1961er. Bei Vergleichen zwischen den Spitzenweinen der beiden Jahrgänge erweist sich der 1959er immer wieder als noch nicht soweit entwickelt, tiefer in der Farbe und mit mehr Fülle und Lebensdauerpotential versehen.

Preis: Die 1959er haben stetig an Wert gewonnen, weil ernsthafte Kenner einzusehen begannen, daß dieser Jahrgang dem 1961er nicht nur gleichkommt, sondern ihn in manchen Fällen sogar übertrifft.

Der 1959er ist ein unbestreitbar großer Jahrgang. Seine Weine zeigen vor allem im nördlichen Médoc und in Graves große Stärke – auf dem rechten Gironde-Ufer dagegen weniger (Pomerol und St-Emilion mußten sich noch von der verheerenden Eiseskälte 1956 erholen) – und gehören zu den gehaltvollsten und massivsten, die je in Bordeaux entstanden sind. Oft werden zwei neuere Jahrgänge, nämlich 1982 und 1989, mit dem 1959er verglichen, und solche Vergleiche mögen ihre Berechtigung haben.

Die 1959er haben sich im Schneckentempo entwickelt und befinden sich oft in besserer Verfassung (vor allem die Premiers Crus Lafite-Rothschild und Mouton-Rothschild) als ihre Pendants von 1961 mit ihrer noch größeren Reichhaltigkeit. Die Weine tragen alle Merkmale ihrer Entstehung in einem klassischen, heißen und trockenen Jahr, in dem es gerade soviel Regen gab, daß nichts verdorrte. Sie sind körperreich, äußerst alkoholstark und opulent und verfügen über ein hohes Maß an Tannin und Extrakt. Die Farbe hat sich eindrucksvoll tief und dunkel erhalten und zeigt weniger Braun- und Orangetöne als beim 1961er. Wenn überhaupt ein nagender Zweifel an vielen 1959ern besteht, dann der, ob sie jemals den sensationellen Duft und Bukettreichtum entfalten, der den größten Bordeaux-Jahrgängen nun einmal eigen ist. Vielleicht verdarb die große Hitze im Sommer 1959 diesen Aspekt der Weine, aber noch ist es zu früh, um das endgültig zu beurteilen.

DIE BESTEN WEINE

St-Estèphe: Cos d'Estournel, Montrose, Les-Ormes-de-Pez
Pauillac: Lafite-Rothschild, Latour, Lynch-Bages, Mouton-Rothschild, Pichon-Longueville Baron
St-Julien: Ducru-Beaucaillou, Langoa-Barton, Léoville-Barton, Léoville-Las Cases
Margaux: Lascombes, Malescot St-Exupéry, Margaux, Palmer
Graves rot: Haut-Brion, La Mission-Haut-Brion, Pape-Clément, La Tour-Haut-Brion
Pomerol: L'Evangile, Lafleur, Latour à Pomerol, Pétrus, Trotanoy, Vieux-Château-Certan
St-Emilion: Cheval Blanc, Figeac
Barsac/Sauternes: Climens, Suduiraut, Yquem.

1958 IM ÜBERBLICK – LESEBEGINN 7.10.58

St-Estèphe * – Graves rot *** – Pauillac * – Graves weiß ** – St-Julien * – Pomerol *
Margaux * – St-Emilion ** – Médoc/Haut Médoc Crus Bourgeois *
Barsac/Sauternes *

Ertragsmenge: Es wurde eine kleine Ernte eingebracht.
Zusammenfassung: Ein zu Unrecht geschmähter Jahrgang.

BESCHREIBUNG DER BORDEAUX-JAHRGÄNGE 1945 BIS 1997

Reifezustand: Die Weine sind jetzt stark im Verblassen. Die besten Beispiele kommen fast stets aus der Appellation Graves.
Preis: Günstig.

Vom 1958er besitze ich knapp zwei Dutzend Probiernotizen, doch die Weine, die sich hervorheben, stammen alle aus der Appellation Graves. Haut-Brion, La Mission-Haut-Brion und Pape-Clément produzierten sehr Gutes. Sie dürften in den sechziger und anfänglich auch den siebziger Jahren ausgezeichneten Genuß bereitet haben. Zum letzten Mal habe ich den 1958er Haut-Brion im Januar 1996 verkostet. Er war noch immer ein relativ schmackhafter, runder, milder und vollmundiger Wein mit Tabak und mineralischen Noten in Duft und Geschmack, doch man merkte, daß es viel besser gewesen wäre, ihn schon vor 10 bis 15 Jahren zu trinken. Noch reichhaltiger war der 1958er La Mission-Haut-Brion, der auch heute noch ausgezeichnet sein dürfte, wenn sich gut erhaltene Flaschen finden lassen.

1957 IM ÜBERBLICK – LESEBEGINN 4. 10. 57

St-Estèphe ** – Graves rot *** – Pauillac *** – Graves weiß ** – St-Julien **
Pomerol * – Margaux * – St-Emilion * – Médoc/Haut Médoc Crus Bourgeois *
Barsac/Sauternes ***

Ertragsmenge: Eine kleine Ernte.
Zusammenfassung: Ein fürchterlich kalter, nasser Sommer.
Reifezustand: Weil der Sommer so kühl war, hatten die Rotweine relativ hohen Säuregehalt, was ihnen half, dem Zahn der Zeit zu widerstehen. Wenn man gut gelagerte 1957er auftreiben kann, dann wäre das ein Jahrgang, den zu kaufen sich lohnt – vorausgesetzt, der Preis ist vernünftig.
Preis: 1957er sollten zu einem realistischen, d. h. nicht zu hohen Preis gehandelt werden, denn schließlich hat dieser Jahrgang keinen großen Ruf.

Für einen Jahrgang, der nie sehr günstig aufgenommen worden ist, habe ich manche Überraschung durch viele respektable und erfreuliche Weine, insbesondere aus Pauillac und Graves, erlebt. So würde ich ohne weiteres meinem anspruchsvollsten Bekannten gern einen 1957er La Mission-Haut-Brion oder einen 1957er Haut-Brion vorsetzen. Und ich würde gewiß selbst auch gern wieder einmal einen 1957er Lafite-Rothschild trinken. Anfang der achtziger Jahre hatte ich zwei ausgezeichnete Flaschen Lafite, seither aber habe ich diesen Wein nicht mehr zu Gesicht bekommen.
   In der Witterung war es ein überaus diffiziles Jahr mit sehr nassen Perioden von April bis August, wodurch die Lese bis Anfang Oktober hinausgezögert wurde. Die Weine hatten kräftige Säure, und auf den durchlässigeren Böden entwickelte sich überraschend gute Reife, wenn man bedenkt, wie wenig Sonnenschein und statt dessen wieviel Nässe es gegeben hatte. Die 1957er Bordeaux-Weine haben sich ähnlich wie ihre Pendants aus Burgund mit dieser kräftigen Säure und dem in ihnen stets vorhandenen unreifen Tannin recht gut gehalten.

1956 IM ÜBERBLICK – LESEBEGINN 14. 10. 56

St-Estèphe 0 – Graves rot 0 – Pauillac 0 – Graves weiß 0 – St-Julien 0 – Pomerol 0
Margaux 0 – St-Emilion 0 – Médoc/Haut Médoc Crus Bourgeois 0 – Barsac/Sauternes 0

Ertragsmenge: Winzige Mengen an kläglich schwachem Wein wurden produziert.
Zusammenfassung: Der kälteste Winter seit 1709 verursachte in den Weinbergen nie zuvor erlebte Schäden, vor allem in Pomerol und St-Emilion.

Reifezustand: Ich habe seit 15 Jahren keinen 1956er mehr zu Gesicht bekommen und besitze auch nur fünf Probiernotizen über diesen Jahrgang.
Preis: Ein Jahr ohne Wert brachte Weine ohne Wert.

Das Jahr 1956 gilt als das schlimmste für Bordeaux in neuerer Zeit, noch schlimmer als so unsäglich schlechte Jahre wie 1963, 1965, 1968, 1969 und 1972. Die Winterkälte und auch die noch unglaublich kalten Monate Februar und März brachten vielen Weinstöcken in Pomerol und St-Emilion Verderben und verzögerten den Austrieb der Reben im Médoc. Die Ernte war spät, der Ertrag klein und die Weine schließlich praktisch nicht zu genießen.

1955 IM ÜBERBLICK – LESEBEGINN 21. 9. 55

St-Estèphe **** – Graves rot **** – Pauillac **** – Graves weiß *** – St-Julien ****
Pomerol *** – Margaux *** – St-Emilion ****
Médoc/Haut Médoc Crus Bourgeois ** – Barsac/Sauternes ****

Ertragsmenge: Es gab eine große, gesunde Ernte.
Zusammenfassung: Der inzwischen fast 45 Jahre alte Jahrgang wurde stets unterbewertet. Allerdings ist er mit dem 1953er und 1959er nicht vergleichbar, dennoch haben sich seine Weine allgemein gut gehalten und sind fester und solider beschaffen als die einst grandiosen 1953er.
Reifezustand: Nach langem Schlaf scheinen die Spitzenweine jetzt voll ausgereift. Sie zeigen keine Anzeichen für Verblassen.
Preis: Unterbewertet, außer La Mission-Haut-Brion, dem Wein des Jahres, wenn nicht des Jahrzehnts.

Zum größten Teil haben sich die 1955er stets als relativ strenge, ziemlich straff gefügte, aber doch beeindruckend tiefe und volle Weine mit schöner Farbe und ausgezeichneter Langlebigkeit dargestellt. Was ihnen im allgemeinen fehlt, ist Geschmeidigkeit, Charme und Opulenz.

Die Wetterbedingungen waren weitgehend ideal mit warmen, sonnigen Tagen im Juni, Juli und August. Obschon es im September etwas Regen gab, hatte er eher positive als negative Wirkung.

Aus unerfindlichen Gründen hat die reichliche Ernte von 1955 niemals soviel Aufsehen erregt wie andere Jahrgänge in den 50er Jahren, z. B. 1953 und 1959. Vielleicht war es der Mangel an Superstars, der den Enthusiasmus dämpfte. Könnte unter den neueren Jahrgängen der 1988er eine Wiederkehr des 1955ers darstellen?

DIE BESTEN WEINE

St-Estèphe: Calon-Ségur, Cos d'Estournel, Montrose, Les-Ormes-de-Pez
Pauillac: Latour, Lynch-Bages, Mouton-Rothschild
St-Julien: Léoville-Las Cases, Talbot
Margaux: Palmer
Graves rot: Haut-Brion, La Mission-Haut-Brion, Pape-Clément
Pomerol: L'Evangile, Lafleur, Latour à Pomerol, Pétrus, Vieux-Château-Certan
St-Emilion: Cheval Blanc, La Dominique, Soutard
Barsac/Sauternes: Yquem.

BESCHREIBUNG DER BORDEAUX-JAHRGÄNGE 1945 BIS 1997

1954 IM ÜBERBLICK – LESEBEGINN 10. 10. 54

St-Estèphe 0 – Graves rot * – Pauillac * – Graves weiß 0 – St-Julien * – Pomerol 0
Margaux 0 – St-Emilion 0 – Médoc/Haut Médoc Crus Bourgeois 0
Barsac/Sauternes 0

Ertragsmenge: Es wurde eine kleine Ernte eingebracht.
Zusammenfassung: Eine ausgesprochen späte Lese unter erschreckenden Wetterbedingungen.
Reifezustand: Es ist kaum anzunehmen, daß aus diesem Jahrgang noch ein genießbarer Wein vorhanden sein könnte.
Preis: Weine ohne Wert.

1954 brachte in ganz Frankreich einen miserablen Jahrgang, insbesondere aber in Bordeaux, wo die Winzer nach einem ungewöhnlich nassen und kühlen August auf das Ausreifen der Trauben warteten. Zwar besserte sich das Wetter Anfang September, doch gegen Ende des Monats öffnete der Himmel seine Schleusen, und fast vier Wochen lang zog ein Tiefdruckgebiet nach dem anderen über Bordeaux hinweg. Dabei groß es in enormen Strömen auf die Weinberge herab und machte jede Hoffnung auf einen auch nur mäßig erfolgreichen Jahrgang zunichte.
   Es ist sehr unwahrscheinlich, daß ein Wein aus diesem Jahr heute noch genießbar wäre.

1953 IM ÜBERBLICK – LESEBEGINN 28. 9. 53

St-Estèphe ***** – Graves rot **** – Pauillac ***** – Graves weiß ***
St-Julien ***** – Pomerol *** – Margaux **** – St-Emilion ***
Médoc/Haut Médoc Crus Bourgeois *** – Barsac/Sauternes ***

Ertragsmenge: Eine mittelgroße Ernte wurde eingebracht.
Zusammenfassung: Einer der verführerischsten, genußvollsten Bordeaux-Jahrgänge, die es je gegeben hat.
Reifezustand: Wenn man den Bordeaux-Oldtimern folgt, so waren diese Weine in den fünfziger Jahren absolut köstlich, in den sechziger Jahren noch grandioser und in den siebziger Jahren sublim. Charme, Rundheit, Duftigkeit und eine samtige Art waren die Merkmale dieses Jahrgangs, dem man heute allerdings mit Vorsicht begegnen muß, außer wenn die Weine unter untadeligen Bedingungen oder in großformatigen Flaschen gelagert waren.
Preis: Kein Jahrgang mit so großem Ruf wird je zu einem vernünftigen Preis zu haben sein. Infolgedessen sind die 1953er nach wie vor Weine zu Luxuspreisen.

Der Jahrgang 1953 ist der einzige in Bordeaux, zu dem man wohl vergeblich nach einer Stimme der Unzufriedenheit mit der Qualität der Weine sucht. Die Bordeaux-Oldtimer wie auch die Senioren unter unseren Weinkommentatoren (insbesondere Edmund Penning-Rowsell und Michael Broadbent) sprechen vom 1953er mit großer Verehrung. Offensichtlich hat dieser Jahrgang nie ein ungünstiges Stadium durchgemacht. Er war im Faß schon köstlich und in der Flasche noch mehr. Deshalb wurde dieser Jahrgang schon vor seinem zehnten Geburtstag zum großen Teil ausgetrunken. Wer länger wartete, erlebte in den sechziger und siebziger Jahren eine Entfaltung zu noch großartigerem Charakter. In den achtziger Jahren begannen dann, vor allem in Amerika, viele Weine Alterserscheinungen zu zeigen (Braunfärbung, verblassende Frucht). Wenn in einem Château in Bordeaux heute ein 1953er hervorgeholt wird, dann ist er meist in taufrischer Verfassung und gehört zu den wundervoll üppigsten, füllisten, charmantesten Rotweinen, die man sich wünschen kann. Moderne Parallelen zum 1953er sind wahrscheinlich in den Spitzenweinen des Jahres 1985 oder in leichteren 1982ern zu sehen, obwohl mein Instinkt mir sagt, daß die 1982er alkoholstärker, gehaltvoller und schwerer sind.

Wer über die Mittel verfügt, diesen hochpreisigen Jahrgang zu kaufen, sollte allerdings so umsichtig sein, darauf zu achten, daß die Weine in kalten Kellern oder zumindest in großformatigen Flaschen gelagert waren.

DIE BESTEN WEINE

St-Estèphe: Calon-Ségur, Cos d'Estournel, Montrose
Pauillac: Grand-Puy-Lacoste, Lafite-Rothschild, Lynch-Bages, Mouton-Rothschild
St-Julien: Beychevelle, Ducru-Beaucaillou, Gruaud-Larose, Langoa-Barton, Léoville-Barton, Léoville-Las Cases, Talbot
Margaux: Cantemerle (südliches Médoc), Margaux, Palmer
Graves rot: Haut-Brion, La Mission-Haut-Brion
Pomerol: La Conseillante
St-Emilion: Cheval Blanc, Figeac, Magdelaine, Pavie
Barsac/Sauternes: Climens, Yquem.

1952 IM ÜBERBLICK – LESEBEGINN 17. 9. 52

St-Estèphe ** – Graves rot *** – Pauillac *** – Graves weiß *** – St-Julien ***
Pomerol **** – Margaux ** – St-Emilion ***
Médoc/Haut Médoc Crus Bourgeois ** – Barsac/Sauternes **

Ertragsmenge: Die Ernte war klein.
Zusammenfassung: Der Jahrgang 1952 fiel in Pomerol, wo die Lese weitgehend vor dem Einsetzen der Regenfälle abgeschlossen war, am besten aus.
Reifezustand: Die meisten 1952er schmeckten stets hart und überaus herb, ohne Geschmeidigkeit, Charme und Reife. Spitzenweine sorgten jedoch oft für Überraschungen.
Preis: Teuer; gut ausgewählte Pomerols sind jedoch oft ihr Geld durchaus wert.

Ein sehr schöner Frühling und Sommer mit relativ warmer und trockener Witterung und gerade ausreichend Niederschlag wurde schließlich durch stürmisches, unbeständiges und kaltes Wetter vor und während der Lese verdorben. In Pomerol und St-Emilion wurde der Merlot großenteils und der Cabernet Franc zum kleineren Teil geerntet, ehe das Wetter umschlug, und infolgedessen stammen die besseren Weine aus diesen Appellationen. Auch Graves-Weine können gut gelungen sein, weil der Boden in dieser Appellation besonders durchlässig ist, vor allem in der Gegend von Pessac-Léognan. Die Médoc-Weine sind dagegen eher hart und enttäuschend ausgefallen, sogar die Premiers Crus.

DIE BESTEN WEINE

St-Estèphe: Calon-Ségur, Montrose
Pauillac: Latour, Lynch-Bages
St-Julien: Keine
Margaux: Margaux, Palmer
Graves rot: Haut-Brion, La Mission-Haut-Brion, Pape-Clément

BESCHREIBUNG DER BORDEAUX-JAHRGÄNGE 1945 BIS 1997

Pomerol: La Fleur Pétrus, Lafleur, Pétrus, Trotanoy
St-Emilion: Cheval Blanc, Magdelaine
Barsac/Sauternes: Keine.

1951 IM ÜBERBLICK – LESEBEGINN 10. 9. 51

St-Estèphe 0 – Graves rot 0 – Pauillac 0 – Graves weiß 0 – St-Julien 0 – Pomerol 0
Margaux 0 – St-Emilion 0 – Médoc/Haut Médoc Crus Bourgeois 0
Barsac/Sauternes 0

Ertragsmenge: Es wurde eine sehr kleine Ernte eingebracht.
Zusammenfassung: Auch heute noch gilt der 1951er als einer der schlechtesten Bordeaux-Jahrgänge für trockenen Rot- und Weißwein sowie für süßen Weißwein.
Reifezustand: Ungenießbar in der Jugend, ungenießbar im Alter.
Preis: Ein Jahrgang ohne jeden Wert.

Scheußliches Wetter im Frühjahr, im Sommer und schließlich vor und während der Lesezeit (Regen und übermäßige Kälte) wurde zum Verhängnis für diesen Jahrgang, dem der höchst zweifelhafte Ruhm gebührt, als einer der schlechtesten nach dem 2. Weltkrieg zu gelten.

1950 IM ÜBERBLICK – LESEBEGINN 17. 9. 50

St-Estèphe ** – Graves rot *** – Pauillac *** – Graves weiß *** – St-Julien ***
Pomerol ***** – Margaux *** – St-Emilion ****
Médoc/Haut Médoc Crus Bourgeois * – Barsac/Sauternes ****

Ertragsmenge: Es gab eine reichliche Ernte.
Zusammenfassung: Viele Pomerols sind großartig, und doch wurden sie von den Chronisten der Region Bordeaux glatt übersehen.
Reifezustand: Die meisten Weine aus dem Médoc und aus Graves lassen inzwischen nach. Schwere Spitzen-Pomerols können nach wie vor prachtvoll sein und haben noch etliche Jahre vor sich.
Preis: Die Qualität der Pomerols ist kein Geheimnis mehr.

1950 ist ein weiteres Beispiel für einen Jahrgang, bei dem das Médoc den allgemeinen Eindruck bestimmt. Der relativ reichliche Ertrag des Jahres kam als Folge einer schönen Blüte, eines warmen, trockenen Sommers und eines diffizilen, durch starke Regenfälle beeinträchtigten Septemberanfangs zustande.

Die Médoc-Weine, die inzwischen allesamt nachlassen, waren damals mild, offen, mittelschwer, also ähnlich wie die modernen Jahrgänge 1971 und 1981. Die Graves-Weine waren etwas besser, aber auch sie sind vermutlich inzwischen passé. Am besten erging es St-Emilion mit einer Reihe reichhaltiger, voller, intensiver, rasch heranreifender Weine und Pomerol, wo es den vierten superben Jahrgang in Folge gab – das war in der Geschichte dieser Gegend noch nicht vorgekommen. Hier entstanden unglaublich reichhaltige, üppige und konzentrierte Weine, die es mit den größten Pomerols aus den berühmter gewordenen Jahrgängen 1947 und 1949 ohne weiteres aufnehmen können.

Auch die Appellation Barsac/Sauternes schnitt 1950 gut ab. Liebhaber der süßen Weine behaupten steif und fest, der 1950er sei einer der größten Jahrgänge nach dem 2. Weltkrieg gewesen.

BORDEAUX

DIE BESTEN WEINE

St-Estèphe:	Keine
Pauillac:	Latour
St-Julien:	Keine
Margaux:	Château Margaux
Médoc/Haut-Médoc/ Moulis/Listrac/ Crus Bourgeois:	Keine
Graves rot:	Haut-Brion, La Mission-Haut-Brion
Pomerol:	L'Eglise-Clinet, L'Evangile, La Fleur Pétrus, Le Gay, Lafleur, Latour à Pomerol, Pétrus, Vieux-Château-Certan
St-Emilion:	Cheval Blanc, Figeac, Soutard
Barsac/Sauternes:	Climens, Coutet, Suduiraut, Yquem.

1949 IM ÜBERBLICK – LESEBEGINN 27. 9. 49

St-Estèphe ***** – Graves rot ***** – Pauillac ***** – Graves weiß ***
St-Julien ***** – Pomerol **** – Margaux **** – St-Emilion ****
Médoc/Haut Médoc Crus Bourgeois *** – Barsac/Sauternes *****

Ertragsmenge: Es wurde eine kleine Ernte eingebracht.
Zusammenfassung: Das trockenste, sonnigste Jahr seit 1893, dem in neuerer Zeit (witterungsmäßig, nicht in der Qualität) nur 1990 nahekommt.
Reifezustand: Die besten Weine sind noch in der vollen Blüte ihrer Jahre und zeigen bemerkenswerte Fülle und Konzentration, doch Herkunft und Lagerung müssen bei eventuellen Kaufüberlegungen als wichtige Faktoren gelten.
Preis: Furchtbar teuer.

Unter den vier außergewöhnlichen Jahrgängen der zweiten Hälfte der vierziger Jahre – 1945, 1947, 1948 und 1949 – ist dieser seit jeher mein Favorit. Die Weine sind nicht ganz so alkoholstark und massiv wie die 1947er, scheinen aber besseres Gleichgewicht, mehr Harmonie und Frucht zu besitzen als die 1945er sowie mehr Komplexität als die 1948er. Kurz gesagt, die Spitzenweine sind eine Pracht. Der 1949er ist gewiß einer der außergewöhnlichsten Jahrgänge unseres Jahrhunderts. Nur die Weine vom rechten Gironde-Ufer scheinen (mit Ausnahme von Cheval Blanc) in der Qualität hinter den 1947ern zu rangieren. Im Médoc und in Graves stellt sich der 1949er ganz großartig dar; fast überall entstanden Weine von erstaunlicher Reife, Fülle, Opulenz, Wucht und Nachhaltigkeit.

Geprägt wurde der Jahrgang durch das außerordentlich heiße und sonnige Wetter, das den ganzen Sommer über herrschte. Wer sich etwa Sorgen machten sollte, ob es 1989 und 1990 für die Entstehung großer Weine nicht etwa zu heiß gewesen sei, der möge sich die Wetterstatistiken für 1949 ansehen. Das Jahr war eines der beiden heißesten (das andere war 1947) und das absolut sonnigste seit 1893. Die Lesezeit verlief nicht völlig trocken, aber die Niederschlagsmenge läßt sich etwa mit der von 1982 vergleichen. Zum Teil fiel Regen vor der Lese, aber das war angesichts der tiefen Austrocknung des Bodens nur günstig.

Selbst die süßen Weine von Barsac und Sauternes fielen faszinierend aus. Wer heute einen 1949er kaufen will, muß ein Vermögen dafür hinlegen, denn die Weine dieses Jahrgangs gehören zu den teuersten und gesuchtesten des 20. Jahrhunderts.

DIE BESTEN WEINE

St-Estèphe: Calon-Ségur, Cos d'Estournel, Montrose
Pauillac: Grand-Puy-Lacoste, Latour, Mouton-Rothschild
St-Julien: Gruaud-Larose, Talbot
Margaux: Palmer
Graves rot: Haut-Brion, La Mission-Haut-Brion, Pape-Clément
Pomerol: La Conseillante, L'Eglise-Clinet, L'Evangile, Lafleur, Latour à Pomerol, Pétrus, Trotanoy, Vieux-Château-Certan
St-Emilion: Cheval Blanc
Barsac/Sauternes: Climens, Coutet, Yquem.

1948 IM ÜBERBLICK – LESEBEGINN 22. 9. 48

St-Estèphe *** – Graves rot **** – Pauillac **** – Graves weiß *** – St-Julien ****
Pomerol *** – Margaux **** – St-Emilion ***
Médoc/Haut Médoc Crus Bourgeois *** – Barsac/Sauternes **

Ertragsmenge: Die Ernte fiel knapp mittelgroß aus.
Zusammenfassung: Ein weitgehend übersehener, aber guter Jahrgang im Schatten seines Vorgängers und Nachfolgers.
Reifezustand: Die harte, verschlossene Art dieser Weine hat ihnen im Lauf der Entwicklung gutgetan. Die meisten kräftigeren, konzentrierteren 1948er sind heute noch attraktiv.
Preis: Unterbewertet, wenn man Alter und Qualität bedenkt.

Wenn es in Bordeaux drei sehr gute Jahrgänge in Folge gibt, dann kommt es oft vor, daß einer ganz in Vergessenheit gerät, und das trifft auf den 1948er zu, weil er, obwohl selbst sehr gut, das Pech hatte, zwischen zwei legendäre Jahrgänge zu fallen.

Wegen diffiziler Blüte bei kaltem, nassem, windigem Juniwetter kam eine kleinere Ernte als 1947 und 1949 zustande. Im Juli und August gab es dann schönes Wetter, und der September war außergewöhnlich warm und trocken.

Obwohl Weine in hoher Qualität entstanden, fanden sie bei Bordeaux-Liebhabern nie viel Anklang. Aber wem soll man das verübeln? Die 1947er waren gefälliger, opulenter, alkoholstärker und körperreicher und die 1949er frühreifer und gehaltvoller als die eher harten, strengen, tanninherben und verschlossenen 1948er.

In vielen Fällen reifte dieser Jahrgang allerdings anmutiger heran als der massive 1947er. Die Spitzenweine sind allgemein noch in exzellenter Verfassung. Die Preise erscheinen gemäßigt, jedenfalls im Vergleich mit denen, die man für 1947er und 1949er bezahlen muß.

DIE BESTEN WEINE

St-Estèphe: Cos d'Estournel
Pauillac: Grand-Puy-Lacoste, Latour, Lynch-Bages, Mouton-Rothschild
St-Julien: Langoa-Barton, Léoville-Barton (der Beste aus dem Médoc)
Margaux: Cantemerle (südliches Médoc), Margaux, Palmer
Graves rot: La Mission-Haut-Brion, Pape-Clément
Pomerol: L'Eglise-Clinet, Lafleur, Latour à Pomerol, Petit-Village, Pétrus, Vieux-Château-Certan
St-Emilion: Cheval Blanc
Barsac/Sauternes: Keine.

BORDEAUX

1947 IM ÜBERBLICK – LESEBEGINN 15.9.47

St-Estèphe *** – Graves rot **** – Pauillac *** – Graves weiß *** – St-Julien ***
Pomerol ***** – Margaux ** – St-Emilion *****
Médoc/Haut Médoc Crus Bourgeois * – Barsac/Sauternes ***

Ertragsmenge: Es wurde eine reichliche Ernte eingebracht.
Zusammenfassung: Ein Jahr außerordentlicher Qualitätsextreme; es entstanden manche Weine in so portweinartiger Konzentration, wie sie in Bordeaux nie zuvor produziert worden waren. Der Jahrgang brachte aber auch unerwartete Fehlschläge (z.B. bei Lafite-Rothschild).
Reifezustand: Mit Ausnahme der konzentriertesten und wuchtigsten Pomerols und St-Emilions muß dieser Jahrgang unverzüglich verbraucht werden, denn viele Weine sind schon über den Höhepunkt hinaus und weisen nun übermäßig viel flüchtige Säure und verblaßte Frucht auf.
Preis: Ungeheuer hoch, schließlich war auch dieser ein «Jahrhundertwein».

Dieser geradezu exemplarische Hitzejahrgang brachte viele Weine hervor, wie ich sie konzentrierter und portweinähnlich intensiver kaum je gekostet habe. Die meisten echten Schwergewichtler des Jahrgangs stammen aus Pomerol und St-Emilion. Im Médoc wies der Jahrgang beträchtliche Ungleichmäßigkeiten auf. Manche Châteaux, z.B. Calon-Ségur, Mouton-Rothschild, erzielten großartige Weine, dagegen brachten einige Premiers Crus, z.B. Lafite-Rothschild und Latour, sowie einige der Super-Seconds wie Léoville-Barton nur Weine mit übermäßig viel Säure hervor.

Die Spitzenweine sind denkwürdig, und sei es auch nur wegen ihrer überaus vollen, süßen Art, die bei modernen Jahrgängen am ehesten den 1982ern entspricht. Allerdings kenne ich keinen 1982er, der ebensoviel Extrakt und Intensität aufzuweisen hätte wie die größten 1947er.

Der Grund für diese Intensität liegt in der außergewöhnlichen Wärme im Juli und August, auf die (ähnlich wie 1982) zu Lesebeginn Mitte September eine ungeheure, fast tropische Hitzewelle folgte. Châteaux, die keine Möglichkeit hatten, die Temperatur des heißen Leseguts zu regulieren, hatten mit abgerissenem Gärverlauf, hohem Restzucker in den Weinen und in vielen Fällen mit einem Anteil an flüchtigen Säuren zu kämpfen, die einem modernen Önologen die Haare zu Berge stehen lassen würden. Wer mit den diffizilen kellertechnischen Verhältnissen zurechtkam, erzielte die reichhaltigsten, opulentesten Rotweine, die es im 20. Jahrhundert in Bordeaux gegeben hat.

DIE BESTEN WEINE

St-Estèphe: Calon-Ségur
Pauillac: Grand-Puy-Lacoste, Mouton-Rothschild
St-Julien: Ducru-Beaucaillou, Léoville-Las Cases
Margaux: Margaux
Graves rot: Haut-Brion, La Mission-Haut-Brion, La Tour-Haut-Brion
Pomerol: Clinet, La Conseillante, L'Eglise-Clinet, L'Enclos, L'Evangile, La Fleur Pétrus, Lafleur, Latour à Pomerol, Nenin, Pétrus, Rouget, Vieux-Château-Certan
St-Emilion: Canon, Cheval Blanc, Figeac, La Gaffelière-Naudes
Barsac/Sauternes: Climens, Suduiraut.

BESCHREIBUNG DER BORDEAUX-JAHRGÄNGE 1945 BIS 1997

1946 IM ÜBERBLICK – LESEBEGINN 30. 9. 46

St-Estèphe ** – Graves rot * – Pauillac ** – Graves weiß 0 – St-Julien ** – Pomerol 0
Margaux * – St-Emilion 0 – Médoc/Haut Médoc Crus Bourgeois 0
Barsac/Sauternes 0

Ertragsmenge: Die Ernte fiel klein aus.
Zusammenfassung: 1946 war das einzige Jahr nach dem 2. Weltkrieg, in dem Bordeaux von einer Heuschreckenplage heimgesucht wurde.
Reifezustand: Mit den Weinen dieses Jahrgangs geht es auf jeden Fall bergab.
Preis: Ausgenommen eine rare Flasche Mouton-Rothschild (für Milliardäre zur Vervollständigung ihrer Sammlungen) haben die meisten dieser Weine kaum Wert.

Auf schönes, warmes Sommerwetter, vor allem im Juli und August, folgte ein ungewöhnlich nasser, kalter, windiger September, der die Lese verzögerte und verbreitet Fäule verursachte. 1946er Weine sind auf dem Markt selten zu sehen. Ich besitze für den gesamten Jahrgang nur 11 Probiernotizen. Spitzenweine kenne ich keine, jedoch bezeichnet Edmund Penning-Rowsell den 1946er Latour als exzellent. Ich selbst bin nie einer Flasche davon begegnet.

1945 IM ÜBERBLICK – LESEBEGINN 13. 9. 45

St-Estèphe **** – Graves rot ***** – Pauillac ***** – Graves weiß *****
St-Julien ***** – Pomerol ***** – Margaux **** – St-Emilion *****
Médoc/Haut Médoc Crus Bourgeois **** Barsac/Sauternes *****

Ertragsmenge: Die Ernte war sehr klein.
Zusammenfassung: Der meistgepriesene Jahrgang des Jahrhunderts.
Reifezustand: Bestimmte Weine aus diesem Jahrgang (allerdings nur, soweit sie untadelig gelagert waren) sind noch immer nicht voll ausgereift.
Preis: Die teuersten Bordeaux-Weine des Jahrhunderts.

Kein anderer Jahrgang nach dem 2. Weltkrieg, auch nicht 1990, 1989, 1982, 1961, 1959 oder 1953, genießt einen so hohen Ruf wie der 1945er. Das Ende eines schrecklichen, zerstörerischen Kriegs konnte bei beachtlich schönem Witterungsverlauf mit einer überaus kleinen Ernte in kaum je dagewesener Konzentration gefeiert werden. Gegen Ende der achtziger Jahre hatte ich das Glück, bei zwei verschiedenen Gelegenheiten die Premiers Crus probieren zu dürfen; es scheint kein Zweifel daran erlaubt, daß es sich um einen wahrhaft bemerkenswerten Jahrgang handelt, der fast 45 Jahre brauchte, um auf seinen Höhepunkt zu gelangen. Die großen Weine, und es gibt ihrer viele, können sich durchaus noch einmal 20 bis 30 Jahre halten und damit die meisten der jüngeren großen Jahrgänge, die doch nach spätestens 25 bis 30 Jahren getrunken sein wollen, weit in den Schatten stellen.
   Allerdings hat der Jahrgang auch seine Kritiker, von denen manche behaupten, die 1945er seien zu gerbstoffreich und viele inzwischen im Verblassen. Es gibt zwar Weine, auf die das zutrifft, wenn man aber einen Jahrgang nach den Leistungen führender Weingüter wie Premiers Crus, Super Seconds und Spitzen-Châteaux in Pomerol und St-Emilion beurteilt, dann steht der 1945er in einer Klasse für sich.
   Der sehr kleine Ertrag erklärt sich aus einer Reihe von Spätfrösten im Mai (*la gelée noire*), worauf dann ein Sommer mit außergewöhnlicher Hitze und Trockenheit folgte. Der Lesebeginn am 13. September fiel auf denselben Tage wie 1976 und 1982.

DIE BESTEN WEINE

St-Estèphe:	Calon-Ségur, Montrose, Les-Ormes-de-Pez
Pauillac:	Latour, Mouton-Rothschild, Pichon-Longueville Comtesse de Lalande, Pontet-Canet
St-Julien:	Gruaud-Larose, Léoville-Barton, Talbot
Margaux:	Margaux, Palmer
Graves rot:	Haut-Brion, La Mission-Haut-Brion, La Tour-Haut-Brion
Graves weiß:	Laville-Haut-Brion
Pomerol:	L'Eglise-Clinet, La Fleur Pétrus, Gazin, Lafleur, Latour à Pomerol, Pétrus, Rouget, Trotanoy, Vieux-Château-Certan
St-Emilion:	Canon, Cheval Blanc, Figeac, La Gaffelière-Naudes, Larcis-Ducasse, Magdelaine
Barsac/Sauternes:	Suduiraut, Yquem.

3.
Beurteilung der Weine von Bordeaux

St-Estèphe

Von allen Weinen aus dem Haut-Médoc haben die aus St-Estèphe den Ruf, die am langsamsten reifenden, strengsten und tanninherbsten zu sein. Nun mag eine solche Verallgemeinerung zwar vor 20 oder 30 Jahren ihre Berechtigung gehabt haben, heute aber lassen die in St-Estèphe produzierten Weine ein stärkeres Zurückgreifen auf die mildere, vollmundigere Merlot-Traube und eine Kellertechnik erkennen, die auf geschmeidigere, früher genußreife Weine abzielt.

St-Estèphe mit seiner Rebfläche von 1360 ha ist die am wenigsten prestigeträchtige der vier weithin bekannten Médoc-Appellationen, zu denen außerdem Margaux, Pauillac und St-Julien zählen. Bei der Klassifizierung im Jahr 1855 wurden nur fünf Weine aus St-Estèphe als gut genug für die Aufnahme in die Rangliste angesehen. Aus der Perspektive des Verbrauchers hat St-Estèphe jedoch eine große Zahl von Châteaux im Crus-Bourgeois-Rang zu bieten, deren Weine derzeit genauso gut sind wie Crus Classés, ja unter ihnen befinden sich sogar mehrere, deren Weine eindeutig besser sind als die aus zumindest einem der fünf Crus Classés in St-Estèphe. Gäbe es jetzt eine Neuklassifizierung der St-Estèphe-Weingüter, dann hätte beispielsweise Cos Labory die größte Mühe, seinen Stand zu wahren, während hervorragende Châteaux mit weniger klangvollen Namen wie Haut-Marbuzet, Meyney und Phélan-Ségur dank ihrer ausgezeichneten Weine gewiß in die engere Wahl für die Aufnahme unter die Crus Classés kämen.

Obwohl sich nun die Weinerzeuger von St-Estèphe inzwischen um einen milderen Weinstil bemühen, sind die Weine dieser Appellation im allgemeinen doch nach wie vor mit die verschlossensten und abweisendsten in Bordeaux. Freilich ist der Boden von St-Estèphe nicht so durchlässig und enthält mehr Lehm, so daß der Wasserabzug langsamer vor sich geht. Dadurch entstehen Weine mit relativ kräftigerer Säure und niedrigerem pH-Wert, und ihr Gefüge ist kantiger und robuster als beispielsweise bei Weinen aus Lagen mit leichtem, kieshaltigem Boden in Margaux und Graves.

Derzeit sind sich wohl alle darin einig, daß in dieser Gemarkung Cos d'Estournel, insbesondere seit Anfang der achtziger Jahre, die populärsten Weine produziert. Übrigens ist es auch das erste Château, das man erblickt, wenn man von Pauillac her nach St-Estèphe kommt. Der exzentrische pagodenähnliche Bau überragt auf seinem Hügelkamm das berühmte Château Lafite-Rothschild in Pauillac. Mehrere neuere Jahrgänge, vor allem 1996, 1995, 1990, 1986, 1985 und

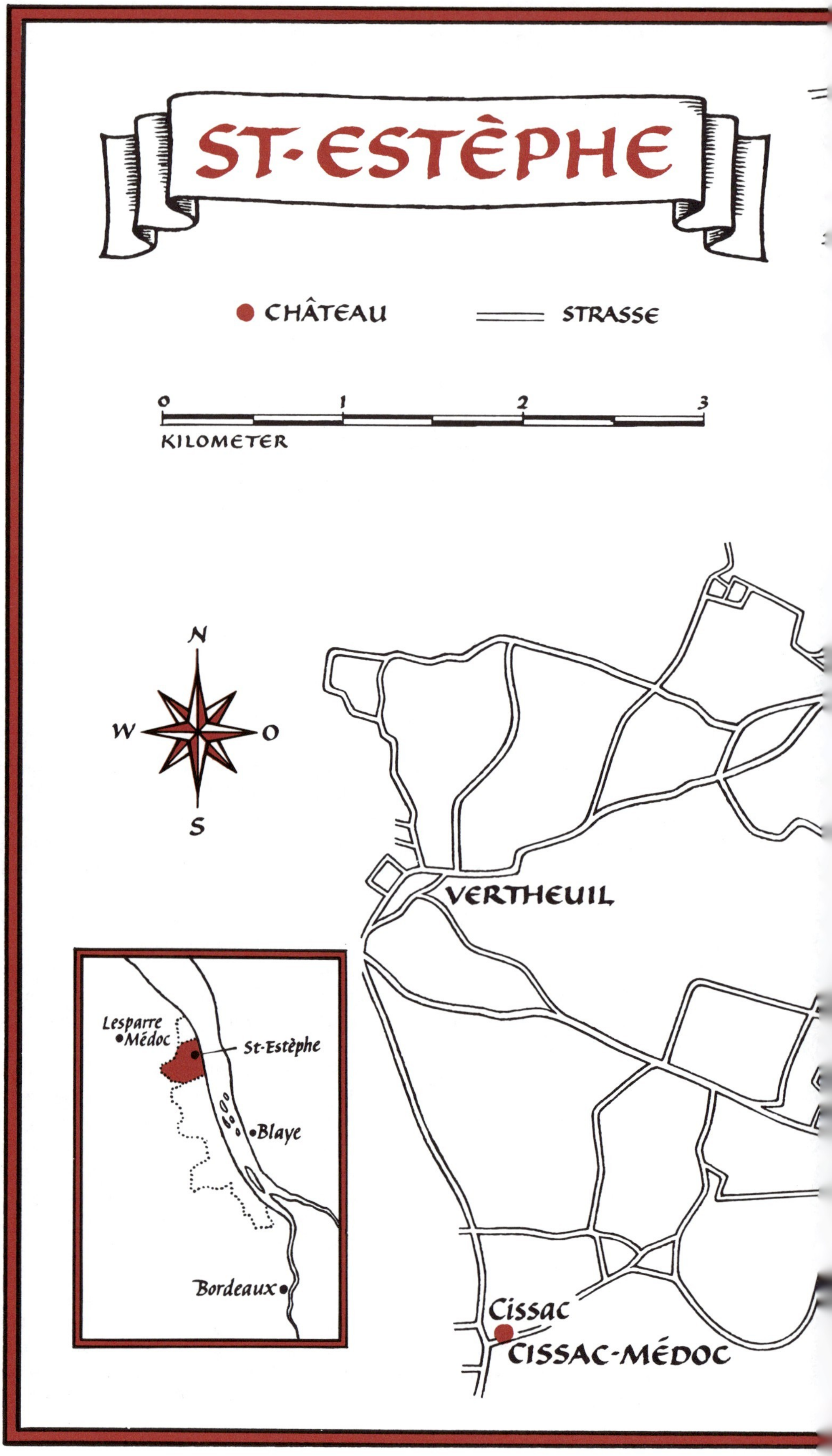
ST-ESTÈPHE
CHÂTEAU
STRASSE
0
1
2
3
KILOMETER
N
W
O
S
VERTHEUIL
Lesparre
Médoc
St-Estèphe
Blaye
Bordeaux
Cissac
CISSAC-MÉDOC

1982, lassen den Eindruck aufkommen, Cos d'Estournel habe Premier-Cru-Ambitionen. Der Wein aus diesem Château stellt eine brillante Verbindung moderner Technik mit Achtung vor der Tradition dar. Er ist schon mit 5 oder 6 Jahren genußreif, aber für lange Lebensdauer bereitet und deshalb über 10 bis 20 Jahre hinweg entfaltungsfähig.

Der Hauptrivale von Cos d'Estournel ist Montrose. Das Château liegt versteckt an einer Nebenstraße näher bei der Gironde. Bis um die Mitte der siebziger Jahre produzierte Montrose einen der kräftigsten, tiefsten und am langsamsten reifenden Weine von Bordeaux. Er wurde im Bordelais wegen seiner Wucht und Fülle oft mit Latour verglichen. Um die Mitte der 1980er Jahre gestaltete Montrose seinen Wein auf eigentümliche Weise leichter, doch dieser Flirt mit einem marktgängigeren Stil war nur kurzlebig. Inzwischen braucht der Montrose wieder gut 15 bis 20 Jahre, bis der rauhe Tanninmantel fällt. Die profunden Montrose-Jahrgänge 1989 und 1990 geben die Rückkehr zu dem Stil zu erkennen, dem dieser Wein lange Zeit in unserem Jahrhundert den Ruf verdankte, einer der größten im Médoc zu sein.

Potentiell ebensogut wie jeder andere St-Estèphe oder auch fast jeder Médoc ist der Calon-Ségur aus dem weißen Château am Ortsrand von St-Estèphe. Wenn bei Calon-Ségur alles klappt, wie es 1996, 1995, 1982, 1953 und 1947 geschehen ist, dann kann man gar keinen besseren Wein finden. Leider aber ist der Calon-Ségur stets unberechenbar; auch wenn man sich die Weine aus den achtziger und frühen neunziger Jahren ansieht, macht sich dieser Hang zur Unbeständigkeit störend bemerkbar. Erst seit Madame Capbern-Gasqueton nach dem Tod ihres Gatten die Leitung des Guts ganz in die Hand genommen hat, ist der Calon-Ségur in der Qualität beständiger geworden und bietet ein ausgezeichnetes Preis/Leistungs-Verhältnis.

Lafon-Rochet bleibt bei seinem soliden, tanninreichen, verschlossenen Weinstil, der den Liebhabern harter, strenger St-Estèphe-Weine bestimmt echt vorkommen wird. Dagegen ist das 5ème Cru Cos Labory der am stärksten überbewertete Wein der Gemeinde. Neuere Jahrgänge zeigen eine gewisse Qualitätsverbesserung, alles in allem aber lebt dieser Wein weitgehend von seiner Reputation aus dem Jahr 1855 anstatt von zeitgemäßer Qualität.

Eine der schönsten Attraktionen von St-Estèphe ist die großartige Reihe fachgerecht bereiteter Cru-Bourgeois-Weine, die zum Teil eine Erhebung in den Cru-Classé-Rang verdient hätten.

Haut-Marbuzet produziert überaus würzigen, eichenholzduftigen, prachtvollen Wein, der vom Aroma der schwarzen Johannisbeere überströmt; sollte ihn jemand aus Versehen für ein 2ème Cru halten, dann würde mich das nicht überraschen. Der exzellente Phélan-Ségur erlebt derzeit eine Renaissance; seine Lebenserwartung ist fast ebenso groß wie bei anderen St-Estèphes. Eingeweihte Sammler entdecken zunehmend die Weine dieses Guts. Meyney gehört ebenfalls zu den hervorragenden Cru-Bourgeois-Gütern von St-Estèphe; es befindet sich in herrlicher Lage nördlich von Montrose nahe am Fluß und ist ein großer Erzeugerbetrieb, dessen zuverlässig kräftige, volle, tiefe, feine Weine die Suche nach ihm lohnen.

St-Estèphe-Weine aus mittelmäßig oder gar schlecht ausgefallenen Bordeaux-Jahrgängen zu wählen oder zu kaufen, ist kaum ratsam. In solchen Jahren erbringen Cos d'Estournel, Montrose und Haut-Marbuzet die besten Leistungen. Die großen Jahrgänge dieser Gegend stammen jedoch aus Jahren mit viel Sonne und Wärme, wenn alle Trauben, insbesondere der Merlot, gut ausreifen können. Deshalb sind die Jahrgänge 1959, 1961, 1970, 1982, 1986, 1989, 1990, 1994, 1995 und 1996 für St-Estèphe großartig ausgefallen. Besonders heiße und trockene Jahre, die in Lagen auf leichtem Kiesboden Schwierigkeiten bringen, lassen auf den schwereren Böden von St-Estèphe oft hervorragende Weine entstehen. Hierfür bilden 1989 und 1990 – mit die heißesten und trockensten Jahre dieses Jahrhunderts – überzeugende Beispiele. Man darf nicht vergessen, daß die Böden dieser Gegend nicht so durchlässig sind und deshalb der Wasserabzug nicht so rasch vor sich geht wie in anderen Médoc-Appellationen. Darum sind die Weine aus regenreichen Jahren in St-Estèphe meist nicht so ein großer Erfolg wie bei den Nachbarn St-Julien oder Margaux. Beispielsweise hatten der 1987er, 1983er, 1980er, 1977er und 1974er in anderen Médoc-Appellationen mehr Glück. Für das gute Abschneiden eines Jahrgangs in St-Estèphe ist vor allem gesundes, sehr reifes Merlot-Lesegut von Bedeutung, das den ziemlich hohen Säure- und Tanningehalt der hiesigen Weine mildert. 1995, 1990, 1989, 1982, 1976 und 1970 waren der Merlot-Traube günstig, und deshalb entstanden in diesen Jahren in St-Estèphe viele hervorragende Weine.

St-Estèphe
(aus Insider-Sicht)

Potential allgemein: mittel bis superb

Am langlebigsten: Calon-Ségur, Cos d'Estournel, Montrose

Am elegantesten: Cos d'Estournel

Am konzentriertesten: Calon-Ségur, Cos d'Estournel, Montrose

Bestes Preis/Leistungs-Verhältnis: Lafon-Rochet, Meyney, Phélan-Ségur, Tronquoy-Lalande

Am exotischsten: Haut-Marbuzet

Am schwersten zu ergründen (in der Jugend): Calon-Ségur

Am meisten unterbewertet: Calon-Ségur, Lafon-Rochet, Phélan-Ségur

Jung am besten zu trinken: Haut-Marbuzet, Les-Ormes-de-Pez

Aufstrebende Weingüter: Cos Labory, Lilian Ladouys, Lafon-Rochet, de Pez, Phélan-Ségur

Die großartigsten neueren Jahrgänge: 1996, 1995, 1990, 1989, 1986, 1982, 1961, 1959

St-Estèphe im Überblick

Lage: Die nördlichste der vier bedeutendsten Appellationen im Médoc liegt links der Gironde, rund 40 km nördlich der Stadt Bordeaux

Rebfläche: 1360 ha

Gemeinden: St-Estèphe

Durchschnittliche Jahresproduktion: 765 000 Kisten

Crus Classés: insgesamt 5: 2 Deuxièmes Crus, 1 Troisième Cru, 1 Quatrième Cru und 1 Cinquième Cru. 43 Crus Bourgeois

Hauptrebsorten: vorwiegend Cabernet Sauvignon und Merlot, kleinere Bestände an Cabernet Franc und Petit Verdot

Hauptbodenarten: verschiedene Böden; die besten Weinberglagen befinden sich auf Kieshügeln, aber auch kalkhaltige Sand- und Lehmböden sind verbreitet

Verbrauchergerechte Klassifizierung der Châteaux von St-Estèphe

HERVORRAGEND
Cos d'Estournel · Montrose

AUSGEZEICHNET
Calon-Ségur · Haut-Marbuzet

SEHR GUT
Lafon-Rochet · Meyney · Phélan-Ségur

GUT
Chambert-Marbuzet · Cos Labory · Coutelin-Merville · Laffitte-Carcasset · Lavillotte
Lilian Ladouys · Les-Ormes-de-Pez · Petit Bocq · de Pez · Tronquoy-Lalande

WEITERE BEACHTENSWERTE WEINGÜTER IN ST-ESTÈPHE

Andron-Blanquet, Beau-Site, Bel-Air, Le Boscq, Capbern-Gasqueton, Cave Coopérative Marquis de St-Estèphe, La Commanderie, Le Crock, Haut-Beauséjour, Haut-Coteau, La Haye, Houissant, Marbuzet, Pomys, Les Pradines, Ségur de Cabanac, Tour-de-Marbuzet, Tour De Pez, Tour-des-Termes, Valrose, Vieux-Coutelin

ANDRON-BLANQUET
Cru Bourgeois

Lage der Weinberge: in Cos (St-Estèphe), in der Nähe von Cos Labory und Cos d'Estournel

Besitzer: Domaines Audoy
Adresse: 33180 St-Estèphe
Telefon: 33 5 56 59 30 22 – Telefax: 33 5 56 59 73 52

Besuche: nur nach Vereinbarung, montags bis freitags von 9 bis 12 und von 14 bis 18 Uhr
Kontaktperson: Bernard Audoy, Telefon und Telefax siehe oben

WEINBERGE

Rebfläche: 16 ha

Durchschnittliches Rebenalter: 25 Jahre

Rebbestand: 60 % Cabernet Sauvignon, 25 % Merlot, 15 % Cabernet Franc

Pflanzdichte: 7000 Reben/ha

Ertrag (im Durchschnitt der letzten 5 Jahre): 55 hl/ha

Durchschnittliche Jahresproduktion insgesamt: 100 000 Flaschen

ST-ESTÈPHE

GRAND VIN (rot):

Name: Château Andron-Blanquet

Appellation: St-Estèphe

Durchschnittliche Jahresproduktion: 64 000 Flaschen

Verarbeitung und Ausbau: Lese von Hand und maschinell. Vinifikation 25 Tage in Edelstahl- und Betontanks (keine Temperaturregelung). Etwa 12 Monate Ausbau in zu 25 % neuen Eichenfässern. Malolaktische Säureumwandlung im Tank vor Abzug in Fässer. Der Wein wird geschönt und gefiltert.

ZWEITWEIN

Name: Château St-Roch

Durchschnittliche Jahresproduktion: 36 000 Flaschen

Beurteilung des derzeitigen Rangs: entspricht der Klassifizierung

Genußreife: 3 bis 8 Jahre nach dem Jahrgangsdatum

Andron-Blanquet sollte eigentlich besseren Wein produzieren. Die Weinberglage in der Nähe von Lafite-Rothschild im Nachbarbereich Pauillac sowie des berühmten Château Cos d'Estournel befindet sich auf einem Plateau mit Kiesboden, dessen Mikroklima als etwas wärmer gilt als in anderen Gegenden von St-Estèphe. Allerdings deutet der Einsatz von Vollerntemaschinen für einen Teil der Weinlese nicht darauf hin, daß allerhöchste Qualität angestrebt wird. Die Weinbereitung ist sachgemäß mit relativ langer Maischzeit, dennoch fehlt es dem Andron-Blanquet stets an Konzentration, Charakter und Charme. Die Einführung eines Zweitweins auf Wunsch des Önologen und Besitzers Bernard Audoy dürfte der Grund dafür sein, daß der 1989er der beste neuere Jahrgang ist.

JAHRGÄNGE

1990 • 74   Der 1990er Andron-Blanquet ist von allen St-Estèphe-Weinen dieses Jahrgangs, die ich verkostet habe, die größte Enttäuschung. Er ist mager, kurz und hart und hat zu wenig Frucht. Letzte Verkostung: 1/93.
1989 • 82   Anscheinend bringt das stets unter seinem Niveau liegende Weingut nicht die erforderliche Motivation auf, einen Wein von hoher Qualität zu produzieren. Der 1989er ist überraschend hell, jedoch intensiv fruchtig bei schlichter, etwas dicklicher, mittelschwerer Art. Er sollte in den ersten 5 bis 7 Jahren getrunken werden.
Voraussichtliche Genußreife: Jetzt. Letzte Verkostung: 4/91.
1988 • 74   Der 1988er ist leicht, es fehlt ihm der fruchtige Charme des 1989ers. Der Abgang ist bei sehr viel Säure kurz.
Voraussichtliche Genußreife: Jetzt. Letzte Verkostung: 4/91.
1986 • 74   Trotz Meldungen über stärkeren Einsatz für bessere Qualität bleibt das Weingut beharrlich einer der blassesten Sterne am Firmament von St-Estèphe. Der 1986er ist für den Jahrgang überraschend leicht bei mittlerer bis dunkelrubinroter Farbe, einer gewissen Reife und Länge, doch den Haupteindruck vermittelt hartes Tannin, das gegenüber der Frucht Übergewicht hat.
Voraussichtliche Genußreife: Jetzt. Letzte Verkostung: 11/89.
1985 • 67   Der 1985er ist ein flacher, etwas dünner und wässeriger Wein, mit mittlerem Körper und leichtem, unauffälligem, dünnfruchtigem Bukett und trinkreifer Konsistenz. Er sollte in den nächsten 3 bis 5 Jahren verbraucht werden.
Voraussichtliche Genußreife: Jetzt. Letzte Verkostung: 10/88.

BORDEAUX

Beau-Site
Cru Bourgeois Supérieur seit 1932

Lage der Weinberge: St-Estèphe

Besitzer: Héritiers Castéja
Adresse: 33180 St-Estèphe
Postanschrift: Domaines Borie-Manoux, 86, cours Balguerie Stuttenberg, 33082 Bordeaux Cedex
Telefon: 33 5 56 00 00 70 – Telefax: 33 5 57 87 60 30

Besuche: nur nach Vereinbarung
Kontaktadresse: Domaines Borie-Manoux, siehe oben.

WEINBERGE

Rebfläche: 39,5 ha

Durchschnittliches Rebenalter: 30 Jahre

Rebbestand: 70 % Cabernet Sauvignon, 30 % Merlot

Pflanzdichte: 7000 Reben/ha

Ertrag (im Durchschnitt der letzten 5 Jahre): 55 hl/ha

Durchschnittliche Jahresproduktion insgesamt: 14 000 Kisten

GRAND VIN (rot)

Name: Château Beau-Site

Appellation: St-Estèphe

Durchschnittliche Jahresproduktion: 14 000 Kisten

Verarbeitung und Ausbau: Lese von Hand, vollständiges Entrappen. Vinifikation 3 Wochen in temperaturgeregelten Edelstahltanks. Malolaktische Säureumwandlung im Tank, Abstich in zu 50 % neue Eichenfässer etwa im Dezember. Schönung, aber keine Filtrierung.

Kein ZWEITWEIN

Beurteilung des derzeitigen Rangs: Der Qualität nach ein gutes Cru Bourgeois

Genußreife: 3 bis 10 Jahre nach dem Jahrgangsdatum

Das hübsche, wundervoll gelegene Château Beau-Site ging 1955 in den Besitz der bekannten Familie Emile Casteja aus Bordeaux über. Der Hauptteil der Weinberge befindet sich auf einem Plateau über der Gironde bei St-Corbian. Der Beau-Site müßte eigentlich ein ausgezeichneter Wein sein, doch die Leistungen waren in den sechziger und siebziger Jahren unterschiedlich. Lag es an dem hohen Cabernet-Sauvignon-Anteil, daß die Weine allzu oft tanninherb und streng waren? Wie dem auch gewesen sein mag, die spätere Lese und der Einsatz von einem Drittel neuer Eichenfässer haben in den achtziger Jahren mildere und daher populärere Weine hervorgebracht. Nichtsdestoweniger bleibt dieser St-Estèphe unberechenbar und hat weiterhin reichliches, wenn nun auch reiferes und sanfteres Tannin.

Die Weine von Beau-Site werden ausschließlich durch das Handelshaus Borie-Manoux vertrieben.

ST-ESTÈPHE

JAHRGÄNGE

1990 • 84 Der 1990er ist ein gefälliger, runder, fruchtiger Wein mit sanftem Tannin und samtiger Art.
Voraussichtliche Genußreife: Jetzt bis 2002. Letzte Verkostung: 1/93.
1989 • 85 Dieser Jahrgang ist der wohl beste von Beau-Site seit 1982. Tief rubinpurpurrot mit mäßig intensivem Bukett von hochreifer Cassis-Frucht, Mineralen und würziger Eiche, ein mittelschwerer, mäßig tanninhaltiger, konzentrierter Wein mit mehr Kraft und Fülle als die meisten bisherigen Beau-Site-Jahrgänge. Schon jung trinkbar, dürfte sich aber bis zu 10 Jahre schön entfalten.
Voraussichtliche Genußreife: Jetzt bis 2000. Letzte Verkostung: 4/91.
1988 • 77 Mitteldunkles Rubinrot mit knappem, aber anschwellendem Bukett von Kräutern, Eichenholz und roter Frucht, ein schlanker, karger, mittelschwerer St-Estèphe, dessen reichliches, herbes Tannin sich noch mildern muß. Der Wein hat verborgene Frucht, doch der Haupteindruck besteht in Strenge und verschlossener, kompakter Art.
Voraussichtliche Genußreife: Jetzt. Letzte Verkostung: 4/91.
1986 • 79 Cru Bourgeois von fester, karger Art, durchaus gut bereitet, braucht zur Abrundung aber 2 bis 3 Jahre Flaschenreife. Der 1986er ist mittelrubinrot mit knappem, aber würzigem Bukett von Kräutern und Johannisbeerfrucht, mittelschwer, tanninreich und fest.
Voraussichtliche Genußreife: Jetzt. Letzte Verkostung: 3/89.

CALON-SÉGUR
3ème Cru seit 1855

AUSGEZEICHNET

Lage der Weinberge: St-Estèphe

Besitzer: S.C. Château Calon-Ségur – Leitung: Madame Denise Capbern-Gasqueton
Adresse: 33180 St-Estèphe
Telefon: 33 5 56 59 30 08 – Telefax: 33 5 56 59 71 51

Besuche: nur nach Vereinbarung
Kontaktperson: Madame Capbern-Gasqueton

WEINBERGE (Rotwein)

Rebfläche: 54,5 ha

Durchschnittliches Rebenalter: 35 Jahre

Rebbestand: 45 % Cabernet Sauvignon, 40 % Merlot, 15 % Cabernet Franc

Ertrag (im Durchschnitt der letzten 5 Jahre): 40 hl/ha

Durchschnittliche Jahresproduktion insgesamt: 280 000 Flaschen

GRAND VIN

Name: Château Calon-Ségur

Appellation: St-Estèphe

Durchschnittliche Jahresproduktion: 240 000 Flaschen

Verarbeitung und Ausbau: Lese von Hand. Vinifikation 3 Wochen in temperaturgeregelten Tanks. Malolaktische Säureumwandlung bei 20 % der Produktion in neuen Eichenfässern, ansonsten im

Tank; anschließend 18 bis 20 Monate Ausbau in zu 30 % neuen Eichenfässern. Schönung, aber keine Filtrierung.

ZWEITWEIN

Name: Marquis de

Durchschnittliche Jahresproduktion: 40 000 Flaschen

Beurteilung des derzeitigen Rangs: Entspricht der Klassifizierung

Reifezeitraum: 8 bis 30 Jahre nach dem Jahrgangsdatum

Das Cru Classé Calon-Ségur liegt auf sandigem Kiesboden mit eisenhaltigem Kalkgestein ganz am Nordrand der Gemarkung St-Estèphe. Wie im Nachbargut Montrose wohnt auch hier die Besitzerin, Madame Capbern-Gasqueton, im Château. Der weiße Bau mit zwei Türmen unter ungewöhnlichen runden Hauben beherrscht die umgebende Landschaft, eingeschlossen ist er von einer Mauer, einem in Burgund häufigen, in Bordeaux dagegen seltenen sogenannten *clos*.

Die Geschichte von Calon-Ségur geht zurück auf die Römerzeit, als St-Estèphe den Namen «de Calones» trug. Seine Bekanntheit als Weingut wird zweifellos durch den berühmten Ausspruch gesteigert, mit dem der Marquis de Ségur im 18. Jahrhundert seine Freunde überraschte: «Meinen Wein baue ich in Lafite und Latour, aber mein Herz ist in Calon.» Seiner emotionalen Bindung an Calon wird auf dem Etikett durch ein dort abgebildetes Herz gedacht. Fast das ganze 20. Jahrhundert hindurch gelang Calon-Ségur so ziemlich alles gut, ja oft entstanden hier Weine, die es mit den Premiers Crus durchaus aufnehmen konnten. In den Jahren 1926, 1928 und 1929 gab es außerordentlich gute Leistungen, und in den trüben dreißiger Jahren kam ein feiner 1934er zustande. Gegen Ende der vierziger und am Anfang der fünfziger Jahre konnten nur wenige Weingüter in Bordeaux mit den erstaunlichen Erfolgen mithalten, die Calon-Ségur 1945, 1947, 1948, 1949 und 1953 verzeichnete. Nach 1953 allerdings wurde ein wahrhaft profunder Wein in Calon-Ségur erst wieder 1982 herausgebracht. Zwar waren die Weine der sechziger und siebziger Jahre nicht schlecht, doch selbst die besten davon neigten zu leicht firner Art mit müder Frucht und manchmal einem etwas zu starken, dumpfigen Geschmack nach altem Holz und zuviel herbem Tannin. Eingeweihte Bordeaux-Kenner hatten das Gefühl, daß mit dem Ausbau (*élevage*) im Keller nicht alles zum besten stand und daß die Weine zu spät in die Flasche kamen; wohl wurden auch das Abstechen und die Faßreinigung salopp, um nicht zu sagen schlampig gehandhabt.

Seit 1982 hat Calon-Ségur seine Form wiedererlangt und brachte 1988, 1989, 1990, 1995 und 1996 gute Weine hervor. Das in den 1970er Jahren anscheinend führungslose große historische Gut hat ein schönes Comeback erlebt; seine Weine sind im Stil zwar ganz andersartig, können es aber mit denen von Cos d'Estournel und Montrose aufnehmen. Madame Gasqueton betont (wie ihr verstorbener Gatte), der Calon-Ségur sei von allen St-Estèphe-Weinen dem traditionellen Stil der Langlebigkeit und langsamen Entfaltung zu voller Blüte am meisten treu geblieben. In diesem Sinne hat sie recht, und die Traditionalisten wären gut beraten, die jüngsten Leistungen des wunderschön gelegenen, historisch bedeutenden Weinguts, das (geographisch gesprochen) das letzte aus der berühmten Klassifizierung von 1855 bildet, auch so zu sehen.

JAHRGÄNGE

1997 • 84-86 Wer hätte das gedacht? Nachdem ich Madame Gasqueton zu einer meiner Heldinnen für 1997 erkoren und die brillanten 1995er und 1996er Calon-Ségurs in den Himmel gelobt hatte, wurde ich durch den recht substanzarmen, verschlossenen, tanninstrengen 1997er schwer enttäuscht. Nach drei getrennten Verkostungen, aber übereinstimmenden Notizen zeigt

dieser Wein eine schon fortgeschrittene rubingranatrote Farbe sowie eine karge, herbe Persönlichkeit mit adstringierendem Tannin im Abgang. Es fehlt ihm die Frucht, das Fett und der Charme der feinsten 1997er. Verdienstvoll sind immerhin das komplexe Aroma von Erde, schwarzer Frucht, Mineralen und Gewürzen, der mittelschwere Körper und die bescheidene Nachhaltigkeit. Dennoch liegt der 1997er Calon-Ségur weit unter dem Qualitätsniveau des 1996ers und 1995ers.
Voraussichtliche Genußreife: 2001 bis 2012. Letzte Verkostung: 3/98.

1996 • 92-94 Madame Gasqueton (in *The Wine Advocate* zu einer der Heldinnen von 1997 gewählt) hat zwei großartige Erfolge nacheinander hervorgebracht. Der 1996er hat an Gewichtigkeit zugelegt und zeigt noch mehr Substanz und Tiefe als im Frühjahr 1997. Die Farbe ist ein tiefdunkles Rubinpurpurrot, der Wein selbst körperreich, überaus tanninherb und vollgepackt mit Frucht und Extrakt. Er ist in kompromißlos traditionellem Stil bereitet und verlangt ein Jahrzehnt Geduld. Im Vordergrund steht reichliche süße Frucht; das Tannin ist zwar kräftig, aber durchaus reif, und zeigt keinerlei Adstringenz oder Krautigkeit. Dieser offensichtlich profunde, klassische, muskulöse, wuchtige Calon-Ségur wird mühelos 30 bis 40 Jahre überdauern. Man darf nicht vergessen, daß dieses Weingut mit über die großartigsten *terroirs* von ganz Bordeaux verfügt und in den 1920er, späten 1940er und frühen 1950er Jahren schon eine Fülle legendärer Weine hervorgebracht hat. Danach blieb alles ein wenig dem Zufall überlassen. Erst unter der Leitung von Madame Gasqueton entstanden wieder regelmäßig hervorragende Weine. Der 1996er besteht zu 60 % aus Cabernet Sauvignon und zu 40 % aus Merlot und beruht auf extrem kleinen Erträgen von 35 hl/ha.
Voraussichtliche Genußreife: 2006 bis 2035. Letzte Verkostung: 3/98.

1995 • 92+ Wie ich schon mehrfach gesagt habe, seit ich diesen Wein zum ersten Mal verkostete, ist der 1995er Calon-Ségur einer der Geheimtips dieses Jahrgangs (ich kaufte ihn als «Future» für nur 250 $ die Kiste). Seit der Abfüllung hat er sich ganz in sich zurückgezogen, aber er ist und bleibt eine sensationelle Leistung und könnte später einmal eine noch höhere Punktnote verdienen. Die Farbe ist ein tiefdunkles Purpurrot. Mit einiger Nachhilfe gibt das straffe Aroma eine grasige Cassis-Note, verwoben mit Trüffeln, Schokolade und an blutiges Rindfleisch erinnernden Nuancen zu erkennen. Am Gaumen spürt man eine gewisse *surmaturité* (1995 erfolgte bei Calon-Ségur die Lese extrem spät), fabelhafte Dichte und Reintönigkeit und eine Schiffsladung Tannin. Dieser tiefe, noch ganz und gar in sich verschlossene klassische Bordeaux braucht ein Jahrzehnt Kellerreife.
Voraussichtliche Genußreife: 2005 bis 2035. Letzte Verkostung: 11/97.

1994 • 86+? Ein konzentrierter, verhaltener, herber Wein mit dunkelrubinroter Farbe und verschlossenem trüffelähnlichem Aroma, offenbar mit mehr Wucht als der 1993er, aber auch mit stärker adstringierendem Tannin. Er braucht noch 2 bis 3 Jahre Kellerreife.
Voraussichtliche Genußreife: 2000 bis 2012. Letzte Verkostung: 1//97.

1993 • 86 Dieser milde, mittelschwere, dunkelrubinrote Wein zeigt gefälliges Beeren-, Erd- und Kräuteraroma, schwache Säure und einen runden, sanften Abgang.
Voraussichtliche Genußreife: Jetzt bis 2004. Letzte Verkostung: 1/97.

1991 • 84 Der tief rubinrote 1991er bietet ein festes, altmodisches, rustikales Bukett von Leder, Zedernholz, Tee und reifer Beerenfrucht, kräftigen Körper, feste Struktur und schöne Tiefe. Ich halte es für durchaus möglich, daß ihm weitere 3 bis 4 Jahre Kellerreife gut bekommen. Er dürfte sich dann 10 bis 12 Jahre halten.
Letzte Verkostung: 1/94.

1990 • 90 Der dunkelrubinrote 1990er zeigt bereits einen gewissen Bernsteinton und bietet ein reichhaltiges Bukett an Gewürz- und Eichennoten sowie kräuterhafte Kirschenfrucht – ein bewundernswert konzentrierter, überraschend ansprechender, schön ausgewogener Wein mit außergewöhnlicher Tiefe und reiner Frucht bei mittelschwerer Art. Erstaunlicherweise steht er kurz vor dem Gipfelpunkt.
Voraussichtliche Genußreife: Jetzt bis 2010. Letzte Verkostung: 8/97.

BORDEAUX

1989 • 88   1989 hat das Gut eine einzigartige Leistung vollbracht, einen Wein von tief rubingranatroter Farbe, mit süßer, vollmundiger, dichtgepackter Art bei vollem Körper, kräftigem Alkohol und mäßigem Tannin. Er ist zwar früh genußreif, wird sich aber mindestens 15 Jahre halten. Er mutet mich an wie eine schlankere Version des 1982ers, ist aber etwas rustikaler.
Voraussichtliche Genußreife: Jetzt bis 2010. Letzte Verkostung: 8/97.

1988 • 91   Der 1988er Calon-Ségur übertrifft die beiden viel höher gepriesenen Jahrgänge 1989 und 1990. Er hat tiefe Farbe, superbes Gleichgewicht, vollen, kräftigen Körper und scheint durchaus für ein Alter von 15 bis 20 Jahren gebaut zu sein – ein klassisches Beispiel für die Weine von Château Calon-Ségur, sehr duftig, mit Zedernholzaroma und viel süßer roter und schwarzer Johannisbeerfrucht. Hinzuzufügen wäre, daß er für seinen Jahrgang überraschend kraftvoll ist, und er hat meine Stimme als feinster Calon-Ségur zwischen 1982 und 1995.
Voraussichtliche Genußreife: Jetzt bis 2020. Letzte Verkostung: 6/97.

1987 • 75   Der hell- bis mittelrubinrote mit einem verwaschenen, an Kräuter und Holz gemahnenden, schwach fruchtigen Bukett versehene milde, mittelschwere Wein sollte im Lauf der nächsten 5 bis 6 Jahre getrunken werden.
Voraussichtliche Genußreife: Jetzt. Letzte Verkostung: 6/90.

1986 • 88   Der 1986er hat tief rubingranatrote Farbe mit knappem, aber reifem Bukett von schwarzen Johannisbeeren vor einem Hintergrund von Kräutern, Zedernholz und süßem Eichenaroma. Am Gaumen erweist er sich als muskulös, gehaltvoll und körperreich mit ausgeprägtem mineralischem und Johannisbeercharakter. Er hat schönen Nachklang mit noch im Abgang merklichem, etwas rustikalem Tannin. Merkwürdig ist, daß in diesem Calon-Ségur-Jahrgang ein außergewöhnlich hoher Cabernet Sauvignon-Anteil (90% gegenüber 10% Merlot) steckt. Normalerweise ist der Merlot-Anteil weit größer.
Voraussichtliche Genußreife: 1999 bis 2015. Letzte Verkostung: 4/94.

1985 • 84   Der 1985er wurde sehr spät abgefüllt (Januar 1988), was zum Abmagern dieses Weins beigetragen hat. So zeigt er bei mittelrubin/granatroter Farbe und süßem, erdigem Beeren-, Gewürz- und leichtem Kräuterduft mittelschwere, angenehme Art, doch es fehlt ihm an Tiefe und Körper. Zudem ist er auf dem Gipfel.
Voraussichtliche Genußreife: Jetzt bis 2005. Letzte Verkostung: 6/96.

1984 • 75   Der 1984er ist ein mittelschwerer, heller, relativ milder Wein mit einem gewissem Aroma von frischem Eichenholz und mit schöner Ausgewogenheit. Der Farbe nach könnte er ein 1973er sein.
Voraussichtliche Genußreife: Jetzt. Letzte Verkostung: 9/88.

1983 • 82   Als ich diesen Wein im Frühjahr 1984 erstmals kostete, zeigte er sich überraschend mild, mit traubigem Aroma, scharfem alkoholischem Abgang und ziemlich fragilem Körperbau. Später im Jahr war er reif und nuancenreich, jedoch säurearm und wiederum alkoholstark. In Stil, Farbe und Konsistenz erinnerte er mich an einen 1976er. Der viel Bernsteingelb und Rostrot aufweisende voll ausgereifte, locker gefügte, etwas grasige Wein sollte ausgetrunken werden.
Voraussichtliche Genußreife: Jetzt. Letzte Verkostung: 11/94.

1982 • 94   Dieser im Faß schon brillante Wein durchlief dann eine schrecklich verschlossene, harte, karge Phase, die nun aber überwunden scheint. Über 10 Jahre lang fürchtete ich, bei meinen Faßproben Halluzinationen verfallen zu sein, zu guter Letzt jedoch enthüllt der 1982er Calon-Ségur seine wahre Persönlichkeit. Er hatte im Faß opulente, ölige Art und Fülle, die mich an den legendären 1947er dieses Weinguts erinnerte. Diese Eigenschaften treten nun wieder in Erscheinung, nachdem er größere Komplexität erlangt und einen Teil seiner ungeheuren Tanninherbheit abgestreift hat – ein breitgefächerter, hochkonzentrierter Wein, der nach dem Dekantieren mindestens eine Stunde atmen muß. Er zeigt dichte Pflaumenfarbe mit einem leichten Bernsteinsaum. Dem intensiven Duft von frisch geröstetem Kaffee, süßer, praller Frucht, Leder und Gewürz folgt gehaltvoller, tanninherber Geschmack, der die füllige Opulenz zu zeigen beginnt, mit der ich gerechnet hatte. Dieser noch junge, verschlossene, in traditionellem

ST-ESTÈPHE

Stil mit allen Finessen bereitete klassische Calon-Ségur dürfte im ersten Jahrzehnt des kommenden Jahrhunderts auf seinen Höhepunkt gelangen.
Voraussichtliche Genußreife: 2002 bis 2030. Letzte Verkostung: 9/97.
1981 • 83 Der recht leichte, aber doch charmante, elegante, fruchtige und deutlich von frischem Holz geprägte Wein spiegelt eine gewisse Uneinheitlichkeit sowohl des berühmten Château Calon-Ségur als auch des Jahrgangs 1981. Er ist mild auf der Zunge und bereits trinkreif.
Voraussichtliche Genußreife: Jetzt bis 2000. Letzte Verkostung: 5/88.
1979 • 80 Ein Wein in elegantem, charmantem, recht schlichtem Stil mit guter, milder, geschmeidiger Frucht, leichtem Tannin, mittelrubinroter Farbe und ausgeprägtem, reifem Merlot-Charakter. Voraussichtliche Genußreife: Jetzt. Letzte Verkostung: 10/84.
1978 • 78 Eine eindeutig mittelmäßige Leistung, mittelrubinrot, mit gefälligem, jedoch eindimensionalem, reifem, gras- und kräuterwürzigem intensivem Aroma und kurzem, einfachem Abgang. Etwas Tannin ist vorhanden, trotzdem muß dieser Wein schnellstens verbraucht werden.
Voraussichtliche Genußreife: Jetzt.
Letzte Verkostung 3/88.
1976 • 78 Der einst gefällige, milde, köstlich fruchtige 1976er beginnt inzwischen seine Frucht einzubüßen und nachzulassen. Er ist mittelgranatrot mit Braun an den Rändern und hat ein schön entwickeltes Bukett von Hickoryholz, reifer Frucht und Gewürz. Der milde Geschmack ist durch geringe Säure und eine herbe Trockenheit im Abgang gekennzeichnet. Schleunigst austrinken.
Voraussichtliche Genußreife: Jetzt. Letzte Verkostung: 7/87.
1975 • 87 Der 1975er Calon-Ségur, einer der einschmeichelnderen, milderen und zugänglicheren Weine dieses Jahrgangs, zeigt schon viel Bernsteingelb am Rand, dazu süßen Duft von gedörrten Kräutern, Mokka, Schokolade und roter und schwarzer Frucht bei mittelschwerer Art, leichtem Tannin und würzigem ingwerartigem Geschmack. Dieser Wein dürfte sich noch 10 Jahre lang gut trinken.
Voraussichtliche Genußreife: Jetzt bis 2006. Letzte Verkostung: 12/95.
1974 • 69 Calon-Ségur brachte einen für diesen Jahrgang typischen flachen Wein mit angenehmer Farbe hervor, der gerade genug Frucht besitzt, daß er als schmackhaft empfunden wird. Er hält sich aber noch, zweifellos wegen seiner kräftigen Säure. Caveat emptor. Letzte Verkostung: 2/86.
1973 • 65 Dieser Wein, der sich 1976 bis 1978 auf seinem Höhepunkt befand, war einer der angenehmeren 1973er aus Bordeaux. Ich habe ihn längere Zeit nicht mehr gekostet, wäre aber mehr als erstaunt, wenn er noch viel Frucht hätte. Letzte Verkostung: 9/77.
1971 • 65 Der 1971er Calon-Ségur ist – wie die braune Farbe erkennen läßt – inzwischen stark im Nachlassen und hat ein Aroma von alten Pilzen angenommen; der Geschmack ist sanft und kaum noch wahrnehmbar, der Abgang säuerlich. Aus meinen Notizen geht hervor, daß ich 1977 eine gute Flasche zu genießen bekam, ansonsten aber war die Zeit diesem Calon-Ségur-Jahrgang nicht gnädig. Letzte Verkostung: 10/80.
1970 • 80 Ebenfalls ein Beweis dafür, daß die Reputation von Calon-Ségur, langlebige Weine hervorbringen zu können, durch die Leistungen in weiten Teilen der sechziger und siebziger Jahre kaum gerechtfertigt erscheint. Der 1978 voll ausgereifte Wein mit ansprechendem, charmantem, mäßig intensivem Bukett von Merlot-Frucht und würzigem Eichenholz ist granatrot mit leichten Brauntönen und hat milde, sanfte Frucht, mittleren Körper und nur noch wenig Tannin.
Voraussichtliche Genußreife: Jetzt – vermutlich im Nachlassen. Letzte Verkostung: 1/81.
1967 • 84 Calon-Ségur brachte einen der besten 1967er hervor, der sogar eine Zeitlang seinen weit mehr gerühmten älteren Bruder, den 1966er, in den Schatten stellte. Der reichhaltige, milde, geschmeidige und zutiefst fruchtige Wein weist einen üppigen Körperbau auf. Im Bukett finden sich reife Frucht und Zedernholz. Die Frucht beginnt inzwischen zu verblassen, daher ist baldiger Verbrauch anzuraten.
Voraussichtliche Genußreife: Jetzt – vermutlich im Nachlassen. Letzte Verkostung: 10/80.

1966 • 87   Dieser Jahrgang hält sich zwar noch knapp am Leben, steht aber kurz vor dem Ende. Er hat ein wunderschönes Bukett voller Intensität mit Zedernholz und reifer Frucht. Auf der Zunge sehr angenehm bei schöner Konzentration und Nachhaltigkeit – der sicherlich beste Calon-Ségur der sechziger Jahre.
Voraussichtliche Genußreife: Jetzt. Letzte Verkostung: 1/87.

1964 • 75   Derbe Art und mangelnde Frucht sowie ein feucht-erdiges, dumpfiges Aroma bei bescheidener Ausstattung in Geschmack und Proportionen kennzeichnen diesen Wein, der sich zwar noch hält, für die Zukunft aber nicht mehr viel verspricht.
Voraussichtliche Genußreife: Jetzt – wahrscheinlich stark im Nachlassen. Letzte Verkostung: 6/78.

1962 • 76   Meine erste Verkostungserfahrung Anfang der siebziger Jahre belegt diesen Calon-Ségur als besonders leicht, ohne Reichhaltigkeit und Fülle, mit Brauntönen an den Rändern. Gegen Ende der achtziger Jahre in Bordeaux erneut verkostet, stellte er sich als noch am Leben, jedoch leicht und nichtssagend heraus.
Voraussichtliche Genußreife: Jetzt. Letzte Verkostung: 1/87.

1961 • 83   Ein guter, solider Wein, aber in Anbetracht des Jahrgangs und der Gesamtqualität der beiden berühmtesten Nachbarweine, Montrose und Cos d'Estournel, ist der 1961er Calon-Ségur eine Enttäuschung. Der Farbe fehlt es an der Tiefe und Fülle dieses Jahrgangs, auch die Konzentration und Reichhaltigkeit scheint geringer als bei anderen. 1987 war dieser Wein trinkreif, jedoch schon gefährlich dem Ende nah, wobei eine starke Säure sich bereits durch den bescheidenen Extraktgehalt drängte. Als 1961er stellt er eine mäßige Leistung dar.
Voraussichtliche Genußreife: Jetzt. Letzte Verkostung: 6/87.

ÄLTERE JAHRGÄNGE:

Das heute weitgehend in Vergessenheit geratene Calon-Ségur ist eines der großen Weingüter von Bordeaux. Es brachte in den 1920er, 40er und frühen 50er Jahren außergewöhnliche Weine hervor. Die Jahrgänge 1924, 1926, 1928, 1929, 1945, 1947, 1949 und 1953 sind noch immer exquisit. Wie ich höre, war der 1953er (96 Punkte, Verkostung 10/94) schon im Alter von nicht einmal 10 Jahren geradezu üppig. Vor kurzem erwies er sich aus einer Magnumflasche als klassisches Beispiel der glorreichen Duftigkeit und samtigen Fülle dieses Jahrgangs. Während die meisten Calon-Ségurs deftiges Tannin aufweisen, bietet er ein prachtvolles Zusammenspiel von Zedernholz, süßer, fülliger Frucht, vollem Körper und bemerkenswerter Intensität ohne die herbe Rauheit, wie sie Calon-Ségur eigen sein kann. Zwar zeigt sich schon viel Bernsteingelb am Rand, dennoch ist dieser Wein in großartiger Verfassung.

Der 1945 Calon-Ségur (90 Punkte, Verkostung 12/95) ist ein kraftvoller, dichter, dunkelgranatroter Wein mit viel Erde, Mineralen und schwarzer Frucht im Duft. Er weist noch immer Tannin auf und ist ein prachtvoll konzentrierter, gehaltvoller, gewaltig extraktreicher, erstaunlich jugendfrischer Wein. Er ist zwar schon genußreif, verträgt aber noch weitere 25 bis 30 Jahre Kellerreife. Der opulenteste, reichhaltigste und vollreifste Calon-Ségur, den ich je verkostet habe, ist der 1947er (96 Punkte, Verkostung 7/97). Er zeigte ein hohes Maß an Bernsteingelb und Rostrot, doch der süße, füllige Duft von Früchtekuchen, Zedernholz und kolossalen Mengen an öliger schwarzer Frucht hat das Zeug für eine Legende. Mit vollem, reichem Geschmack und mehr Glyzerin, Frucht und Alkohol als Tannin ist dieser saft- und kraftvolle Wein schon seit über 20 Jahren genußreif. Anzeichen von Niedergang oder Einbuße an Frucht zeigte er nicht. Unterschiedliche Flaschen sind mir beim 1949er (94 Punkte, Verkostung 12/95) vorgekommen, und zwar von karg und abgemagert bis superb. Die letzte Flasche war ein hervorragendes Beispiel, allerdings ohne die Wucht, Öligkeit und Fülle des 1947ers oder die jugendfrische Kraft und muskulöse Art des 1945ers. Die dunkelgranatrote Farbe zeigte einen auffallenden bernsteingelben Saum. Im Duft waren Médoc-typische Noten von Zedernholz, Gewürz, Johannisbeeren,

ST-ESTÈPHE

Mineralen und Waldboden erkennbar – ein eindrucksvoller, mittelschwerer bis schwerer, voll genußreifer Calon-Ségur mit kräftigem Tannin, ausgezeichneter Konzentration und einem Anflug von überreifer Frucht; er trinkt sich gut, verträgt aber auch noch 10 bis 20 Jahre Kellerreife.

Die 1920er Jahre waren für Calon-Ségur eine legendäre Zeit. Die erste Flasche 1929er, die ich verkostet habe, war muffig, wahrscheinlich von einem schlechten Korken. Die zweite (92 Punkte; Verkostung 12/95) zeigte reifes Bernsteingranatrot mit reichlich Rostrot am Rand. Das Bukett bot Früchtekuchen, Ingwer und asiatische Gewürze sowie starke Anzeichen von *surmaturité*. Am Gaumen spürte sich der Wein mild und voll, dabei bemerkenswert intakt an, ließ aber kräftige Säure und rauhes Tannin erkennen. Er hat sich fabelhaft gehalten. Der 1928er (96 Punkte; 12/95) zeichnete sich durch tiefdunkles Granatrot mit kaffeebraunem Rand aus. Der auf späte Lese hinweisende, mit Nuancen von Pflaumen, asiatischen Gewürzen, Leder und Melasse versehene Duft und Geschmack begleitet einen erstaunlich intensiven, öligen, überaus milden, gehaltvollen, körperreichen Wein mit viel Glyzerin und ohne jede Schärfe. Dieser Wein bestärkt den festen Glauben an die außerordentliche Langlebigkeit großer Bordeaux-Weine. Er ist wohl der großartigste unter den alten Jahrgängen von Calon-Ségur. Allerdings steht ihm der 1926er (94 Punkte; 12/95) – übrigens kein Wein für moderne Önologen – nicht viel nach. In seiner Farbe, vorwiegend orange-rostrot, hat sich nur noch ganz wenig Rubinrot erhalten. Die markante flüchtige Säure verliert sich in wenigen Minuten. Das süße, pflaumenwürzige, an Zedernholz, geröstete Nüsse und Nelken erinnernde Bukett geht einher mit überraschend mildem Geschmack mit schöner Reife und kräftigem Glyzerin. Der lang anhaltende Nachklang wirkt ausdrucksvoll und generös. Zwar zeigt die bläßliche Farbe ein hohes Maß an Altersschwäche an – davon kann aber keine Rede sein.

CHAMBERT-MARBUZET
Cru Bourgeois

GUT

Lage der Weinberge: St-Estèphe

Besitzer: Henri Duboscq und Söhne
Adresse: 33180 St-Estèphe
Telefon: 33 5 56 59 30 54 – Telefax: 33 5 56 50 70 87

Besuche: Montags bis freitags von 8 bis 12 und von 14 bis 18 Uhr

WEINBERGE (Rotwein)

Rebfläche: 6,9 ha

Durchschnittliches Rebenalter: 25 Jahre

Rebbestand: 70% Cabernet Sauvignon, 30% Merlot

Pflanzdichte: 8300 Reben/ha

Ertrag (im Durchschnitt der letzten 5 Jahre): 45 hl/ha

Durchschnittliche Jahresproduktion insgesamt: 45 000 Flaschen

GRAND VIN

Name: Château Chambert-Marbuzet

Appellation: St-Estèphe

Durchschnittliche Jahresproduktion: 45 000 Flaschen

Verarbeitung und Ausbau: Lese von Hand, vollständiges Entrappen. Gärdauer 18 bis 20 Tage, Maischdauer bis zu 4 Wochen mit häufigen *saignées*. Abstich alle drei Monate, Ausbau halb in großen Holzfässern, halb in neuen kleinen Eichenfässern. Schönung, aber keine Filtrierung; Abfüllung von Hand unter Schwerkraft (ohne Pumpen).

Kein ZWEITWEIN

Beurteilung des derzeitigen Rangs: Qualitativ gleichwertig mit einem 5ème Cru

Reifezeitraum: 2 bis 8 Jahre nach dem Jahrgangsdatum

Henri Duboscq, der talentierte und tatkräftige Besitzer des bekannteren Château Haut-Marbuzet in St-Estèphe, ist auch Eigentümer des kleinen Guts in der Nähe des Orts Marbuzet. Die Familie Duboscq hat es 1962 erworben. Wie bei Haut-Marbuzet erfolgt die Weinbereitung bei relativ hoher Gärtemperatur und langer *cuvaison*; der Ausbau geschieht in zu mindestens 50 % neuen Eichenfässern, und bei der Abfüllung wird nicht gefiltert. Die Weine von Chambert-Marbuzet zeigen üppige, mannigfaltige Frucht, verbunden mit reichlicher, manchmal übermäßiger Toastnote von frischem Eichenholz. Sie sind ansprechend und süffig. Wenn Chambert-Marbuzet überhaupt Kritik verdient, dann höchstens, weil seine Weine manchmal allzu entgegenkommend sind und ihr Haltbarkeitspotential über ein Jahrzehnt hinaus zweifelhaft ist. Nichtsdestoweniger ist die Qualität recht gut, und die Popularität der Weine wächst stetig.

JAHRGÄNGE

1995 • 83   Der 1995er hat nicht viel Tiefe. Er zeigt eine gewisse Reife, übermäßig viel Eichenton und schwache Säure bei zusammenhangloser, schwerfälliger Art ohne Konturenschärfe oder Konzentration. Letzte Verkostung: 3/96.

1994 • 76   Es ist schwer zu sagen, wie das zustande gekommen ist, aber der 1994er Chambert-Marbuzet schmeckt wie ein alter, stickiger, mittelmäßiger Rioja mit zuviel Holzton und zuwenig Frucht – ein dünner, unharmonischer, enttäuschender Wein. Letzte Verkostung: 3/96.

1993 • 74   Der würzige, milde, fruchtige Minzeduft klingt ebenso rasch ab wie der Geschmack am Gaumen. Dieser 1993er ist verwässert, hat zuviel Erd- und Holzton und kurzen Abgang. Letzte Verkostung: 11/94.

1992 • 76   Der 1992er hat die Abfüllung nicht sehr gut verkraftet und beträchtlich an Frucht eingebüßt. Er ist leichter als üblich ausgefallen und zeigt sich mittelschwer, würzig, wässerig mit Minzenote bei ordentlicher Konzentration und kurzem, schwächlichem Abgang. Er sollte in den nächsten 2 bis 3 Jahren ausgetrunken werden. Letzte Verkostung: 11/94.

1990 • 89   Der stark eichenduftige, überaus würzige, fleischige 1990er quillt über von reifer Frucht – dieser Chambert-Marbuzet ist mit überzeugendem Geschmack und vollem Körper der bisher feinste aus diesem Haus und wird noch weitere 5 bis 9 Jahre sinnenbetörenden Genuß gewähren. Letzte Verkostung: 1/93.

1989 • 86   Der 1989er Chambert-Marbuzet zeigt kräftige Toastnote von frischem Eichenholz, ein exotisches Bukett von dunkler Frucht und Gewürzen; er ist überströmend fruchtig, sehr mild, mittelschwer und hat im Abgang schlagartig viel Alkohol und Tannin. Auf der Zunge wirkt er ausdrucksstark, doch fehlt es ihm etwas an Substanz. Er sollte in den kommenden 7 bis 8 Jahren verbraucht werden.
Voraussichtliche Genußreife: Jetzt. Letzte Verkostung: 4/91.

1988 • 83   Der abnorm leichte, duftige und ausentwickelte 1988er ist für einen Wein aus diesem Hause erstaunlich verhalten und gedämpft. Er sollte innerhalb von 2 bis 4 Jahren nach der Lese getrunken werden.
Voraussichtliche Genußreife: Jetzt. Letzte Verkostung: 4/91.

ST-ESTÈPHE

1987 • 74 Grüne, kräuterhafte, verwaschene Frucht in einem mittelschweren, sanftherben Wein, dem es an Konzentration mangelt. Er sollte ausgetrunken werden.
Voraussichtliche Genußreife: Jetzt – vermutlich im Nachlassen. Letzte Verkostung: 3/90.

1986 • 87 Bei allen Faßproben erwies sich der 1986er als ein eindrucksvoller Wein mit tiefdunkel rubinroter Farbe, großer Tiefe und Fülle bei kräftigem Körper, erstaunlicher Nachhaltigkeit und genug Tannin für 5 bis 6 Jahre positive Entwicklung. Dieser muskulöse, robuste Wein ist durch den Ausbau in zu 100 % neuen Eichenfässern geprägt. Er ist exzellent, jedoch viel leichter, als er bei den Faßproben zunächst erschien – ein Schlager des Jahrgangs.
Voraussichtliche Genußreife: Jetzt. Letzte Verkostung: 4/90.

1985 • 86 Die Bewertung des 1985ers ist vielleicht etwas sparsam, weil ich ihn bei der Faßprobe zunächst als besser eingestuft hatte. Der tiefe, wuchtige Wein ist vollgepackt mit substanzreicher Frucht, einem überaus würzigen Eichenholzaroma bei mittlerem bis kräftigem Körper und sanfter Konsistenz.
Voraussichtliche Genußreife: Jetzt. Letzte Verkostung: 3/89.

COS D'ESTOURNEL
2ème Cru seit 1855

HERVORRAGEND

Lage der Weinberge: an der Grenze zu Pauillac, von den Weinbergen von Lafite-Rothschild durch den Bach La Jalle du Breuil getrennt

Besitzer: Domaines Prats S.A.
Adresse: 33180 St-Estèphe
Telefon: 33 5 56 73 15 50 – Telefax: 33 5 56 59 72 59

Besuche: nur nach Vereinbarung, montags bis freitags von 10 bis 12 und 14 bis 17 Uhr
Kontaktperson: Catherine di Constanzo – Tel. 33 5 56 73 15 55, Telefax siehe oben

WEINBERGE (Rotwein)

Rebfläche: 63 ha

Durchschnittliches Rebenalter: 35 Jahre

Rebbestand: 60 % Cabernet Sauvignon, 40 % Merlot

Pflanzdichte: 9000 Reben/ha

Ertrag (im Durchschnitt der letzten 5 Jahre): 50 hl/ha

Durchschnittliche Jahresproduktion insgesamt: 400 000 Flaschen

GRAND VIN

Name: Château Cos d'Estournel

Appellation: St-Estèphe

Durchschnittliche Jahresproduktion: 300 000 Flaschen

Verarbeitung und Ausbau: Lese von Hand, traditionsgemäße Weinbereitung. Vinifikation etwa 3 Wochen. Nach malolaktischer Säureumwandlung im Tank Abstich in Eichenfässer. 1997 entschied sich Prats erstmals für 100 % malolaktische Säureumwandlung in kleinen Eichenfässern. Je nach Jahrgang schwankt im Ausbau der Anteil neuer Eichenfässer zwischen 60 und 100 %. Der Wein wird geschönt und gefiltert.

BORDEAUX

ZWEITWEIN

Name: Les Pagodes de Cos

Durchschnittliche Jahresproduktion: 100 000 Flaschen

Beurteilung des derzeitigen Rangs: seit 1982 einem 1er Cru qualitativ gleichwertig

Reifezeitraum: 8 bis 30 Jahre nach der Lese

Unter der inspirierten Leitung von Bruno Prats hat sich Cos d'Estournel (überraschenderweise «Koss» ausgesprochen) an die Spitze seiner Klasse in St-Estèphe hinaufgearbeitet. Seit 1982 eilen die Weine von einem Höhepunkt zum anderen, und in den meisten Jahrgängen kann man damit rechnen, daß Cos d'Estournel mit die feinsten Weine im Médoc hervorbringt. Das pagodenähnliche Château liegt auf einem Hügel unmittelbar nördlich der Grenze zu Pauillac und schaut von dort aus auf seinen berühmten Nachbarn Lafite-Rothschild herab. Untypisch für einen Médoc ist, daß der Cos im Verschnittrezept einen ungewöhnlich hohen Anteil von Merlot (40 %) hat und sehr viele neue Eichenfässer verwendet werden – 60 bis 100 %. Dieser Merlot-Anteil ist mit der höchste im Haut-Médoc, und er liegt auch dem in neueren Jahrgängen deutlich spürbaren vollmundigen, reich strukturierten Charakter zugrunde. Der Leiter und Besitzer Bruno Prats gehört zu den Avantgardisten der modernen Weinbautechnologie. Sein Gut ist eines der wenigen Spitzen-Châteaux in Bordeaux, die einer weitgehenden Filtrierung des Weins sowohl vor der Faßalterung als auch vor dem Abfüllen durchaus aufgeschlossen gegenüberstehen. Allerdings macht sich Bruno Prats wohl seine eigenen Gedanken hierüber, sonst hätte er nicht die zweite Filtrierung, nämlich die vor dem Abfüllen, bei seinem 1989er unterlassen. Die Resultate sprechen für sich – der Cos d'Estournel hat sich in St-Estèphe, nachdem er in den fünfziger und sechziger Jahren hinter dem Montrose zurücklag, in den achtziger Jahren zu einem der populärsten Weine von Bordeaux aufgeschwungen. Bemerkenswert ist auch, daß Cos d'Estournel in schwierigen Jahren wie 1993, 1992 und 1991 besonders gute Erfolge hatte.

JAHRGÄNGE

1997 • 90-91   Wiederum hat Cos d'Estournel einen der feinsten Weine des Jahrgangs zustande gebracht. Der Besitzer, Bruno Prats, und sein Sohn Jean-Guillaume versichern, daß im größten Teil der Weinberge von Cos d'Estournel die Zeitspanne zwischen Blüte und Lese mindestens 120 Tage betrug – in normalen Jahren sind es 105 bis 110 Tage. Der tiefdunkel purpurrote 1997er Cos d'Estournel bietet eine prächtig süße Duftfülle von reifer Cassis-Frucht, provençalischen Oliven, geräucherten Kräutern, *pain grillé* und Süßholz. Der volle, wuchtige, zugleich aber elegante und stilvolle Wein hat reichlich Fett, vielschichtige Frucht und Glyzerin aufzuweisen – ein intensiv charmanter, anmutiger und dabei eindrucksvoll ausgestatteter Cos, der aufgrund seiner milden Säure und seines sanften Tannins schon in der Jugend köstlich zu trinken sein dürfte. Voraussichtliche Genußreife: 2000 bis 2016. Letzte Verkostung: 3/98.

1996 • 94-96   Ein fabelhafter Cos d'Estournel. Neben dem 1995er ist der 1996er der feinste Wein aus diesem Gut seit dem üppigen 1990er und stellt die Quintessenz von Cos d'Estournel dar. Alles, von der satten, schwärzlich rubinpurpurroten Farbe über das umwerfende Aroma von asiatischen Gewürzen, Süßholz, mit Tabaknuancen versehener Cassis-Frucht und Pflaumenmarmelade bis zur körperreichen, außerordentlich reintönigen Art, deutet auf eine ungeheuer eindrucksvolle Zukunft hin. Etwa 66 % des Ertrags gingen in den Grand Vin ein, der einen etwas höheren Cabernet-Sauvignon-Anteil (65 % und 35 % Merlot) aufweist als sonst. Eine gewisse Ähnlichkeit mit dem 1986er ist beim 1996er festzustellen, doch sind Frucht und Tannin bei ihm milder und reichlicher. Er ist ein massiver Cos, aber trotz immenser Wucht weder schwerfällig noch niederschmetternd. Voraussichtliche Genußreife: 2005 bis 2035. Letzte Verkostung: 3/98.

ST-ESTÈPHE

1995 • 95 Der 1995er Cos d'Estournel, ein Wein mit außerordentlicher Intensität und Zugänglichkeit, ist eine sinnlichere, hedonistischere Leistung als der muskulöse, in sich verschlossene 1996er. Dieser opulente, herrliche Cos mit seinem aufgeschlossenen Aromaprofil (kräftige schwarze Frucht, vermischt mit toastwürzigen Düften von *pain grillé* und einer Schiffsladung Gewürzen) besitzt bemerkenswerte Lebenskraft, vollen Körper und vielschichtige füllige Frucht, schön eingerahmt in eine Note von frischem Eichenholz. Milde Säure und sanftes Tannin sorgen dafür, daß dem 1995er schon in der Jugend schwer zu widerstehen ist; er wird sich aber über 2 bis 3 Jahrzehnte hinweg entfalten.
Voraussichtliche Genußreife: 2001 bis 2025. Letzte Verkostung: 11/97.

1994 • 91 Bei einer Verkostung der verschiedenen Weine von Cos d'Estournel war es interessant, den ungefilterten 1994er mit derselben Cuvée nach normaler Filtrierung zu vergleichen. Der gefilterte Wein war ausgezeichnet (ich gab ihm 88 Punkte), doch wie auch Bruno Prats und andere Teilnehmer der Verkostung anerkannten, war seine Farbe nicht so undurchdringlich und sein Aroma nicht so interessant; hinzu kamen geringere Fülligkeit und Vollmundigkeit. Noch immer wird in den meisten Châteaux von Bordeaux zuviel geschönt und gefiltert, aber manche der besseren Güter mildern inzwischen die strengeren Klärungsverfahren ab. Leider haben die meisten meiner Kollegen die Standardantwort der Önologen und Erzeuger in dieser Frage, daß nämlich «Schönen und Filtrieren den Wein nicht beeinträchtigen», allzu bereitwillig geschluckt.
Der ungefilterte 1994er Cos d'Estournel ist einer der Spitzenweine des Jahrgangs. Seine Farbe ist ein undurchdringliches Blauschwarz-Pupur, im fabelhaft süßen Duft zeigen sich schwarze Frucht, Süßholz, *pain grillé* und asiatische Gewürze. Mit vollem Körper und süßer, opulenter Frucht, die nichts von dem harten Tannin des Jahrgangs hat, wird sich dieser bemerkenswert vollmundige, ausgewogene, klassische Wein als überaus langlebig erweisen.
Voraussichtliche Genußreife: 2003 bis 2025. Letzte Verkostung: 1/97.

1993 • 89 Der 1993er Cos d'Estournel, einer der erfolgreichsten Médocs dieses Jahrgangs, zeigt undurchdringliches Dunkelpurpur und ein mächtig aus dem Glas hervorströmendes süßes, reines Bukett von schwarzen Johannisbeeren. Selbst Kenner würden nicht vermuten, daß ein so eleganter, mittelschwerer, geschmacklich ausdrucksstarker Wein mit so viel Fülle, Saft und Glyzerin in einem derart schwierigen Jahrgang zustande kommen konnte. Bei milder Säure und runder Art sind 12 bis 14 Jahre Trinkreife durchaus gewährleistet – ein herrlicher Erfolg in einem ungleichmäßigen Jahrgang. Letzte Verkostung: 1/97.

1992 • 88 Der 1992er Cos d'Estournel, einer der Stars dieses Jahrgangs, zeigt tief rubinpurpurrote Farbe, mittleren bis schweren Körper, Duft von rauchigem Eichenholz und reichliche Mengen an Cassis-Frucht. Bei samtiger, mittelschwerer bis voller Art dürfte sich dieser untypisch reife, konzentrierte und eindrucksvoll reichhaltige Wein 6 bis 10 Jahre lang schön trinken lassen – ein 1992er, der beträchtliches Interesse verdient! Letzte Verkostung: 11/94.

1991 • 87 Der Cos d'Estournel von 1991 (in diesem Jahr mußten rund 50 % des Ertrags abgestuft werden) ist in Anbetracht seines relativ günstigen Preises und seiner feinen Qualität einer der empfehlenswerteren Weine. Er zeigt dunkelrubinrote Farbe, vollen, reichen Cassis-Duft, intelligent gepaart mit einer würzigen Eichenholznote. Bei überraschend viel Saft und Kraft, schöner Nachhaltigkeit und mildem, sanftem Körper dürfte er sich mindestens ein Jahrzehnt gut trinken. Letzte Verkostung: 1/94.

1990 • 95 Der Charme des 1990ers ergibt sich aus einer lebendigen Merlot-betonten Art (Anteil rund 40 %), gemischt mit reifem Cabernet Sauvignon. Er erwies sich bei der Verkostung als einer der bereits aufgeschlosseneren 1990er, was zweifellos zu dem gereiften Eindruck beitrug. Der hochkonzentrierte Wein zeigt im Duft gedörrte Kräuter und süße, füllige schwarze Frucht bei bemerkenswerter Opulenz und Saftigkeit – ein reintöniger, vollmundiger Wein, der mehr Tannin in sich birgt, als er gegenwärtig merken läßt. Seiner offenen, einschmeichelnden Art kann man nicht widerstehen, und dabei hat er noch 15 bis 20 Jahre Reifezeit vor sich.
Letzte Verkostung: 11/96.

BORDEAUX

1989 • 88 Der 1989er ist zwar gut, erfüllt aber die an Terroir und Jahrgang geknüpften hohen Erwartungen nicht. Seine Farbe ist tief rubinrot, der würzige Duft erinnert an Vanille und Johannisbeeren, der Körper ist mittelschwer, und der Wein hat exzellente Tiefe und in sich geschlossene Art, aber weder die Konzentration noch die Dimension des außergewöhnlichen 1990ers. Im Abgang des 1989ers findet sich hartes Tannin, das sich aber schön mit der reifen Frucht vermählt. Man darf damit rechnen, daß dieser Wein sich noch mindestens 15 Jahre lang gut trinkt. Letzte Verkostung: 11/96.

1988 • 87 Der 1988er hat ein faszinierendes Bukett von exotischen Gewürzen und dunkler Frucht. Er war in der Jugend ungeheuer tanninherb, hat sich inzwischen aber gemildert und mehr Charme und ansprechende Art entfaltet. Die Farbe ist noch immer tief rubinpurpurrot und zeigt wenig Altersanzeichen. Der mittelschwere, etwas karge Wein besitzt gute Cassis-Frucht, beste Reintönigkeit und elegante, klassische Art.
Voraussichtliche Genußreife: 2000 bis 2012. Letzte Verkostung: 10/96.

1987 • 83 Dieser Wein ist völlig trinkreif und zeigt ein Bukett mit Pflaumen-, Toast- und Grasnote, leichten bis mittelschweren Körper, eine gewisse milde, vollmundige Frucht, schwache Säure und sanftes Tannin im Abgang. Er sollte in den nächsten 7 bis 8 Jahren getrunken werden.
Voraussichtliche Genußreife: Jetzt. Letzte Verkostung: 3/91.

1986 • 95 Der 1986er ist ein höchst extraktreicher Wein mit dunkelrubinroter Farbe und mannigfaltigen Toast- und Rauchnoten im Bukett, das an reife Pflaumen und Süßholz erinnert. Er entfaltet sich überaus langsam und zeigt massive, gewaltige, reife, äußerst konzentrierte Geschmacksnuancen bei eindrucksvoller Tiefe und Fülle. Er hat mehr Kraft, Wucht und Tannin als der opulentere und derzeit charmantere 1985er.
Voraussichtliche Genußreife: Jetzt bis 2010. Letzte Verkostung: 10/94.

1985 • 93 Der 1985er hätte im Faß als leichtere Version des 1982ers und 1953ers empfunden werden können. Er wirkt aufgeschlossen und zeigt ein fabelhaft duftiges Bukett von *pain grillé* und konzentrierter roter und schwarzer Frucht (vor allem schwarze Kirschen) und ist mannigfaltig, üppig, nachhaltig bei mittelschwerem bis schwerem Körper – ein sehr duftiger Wein mit viel süßer schwarzer Frucht, Mineralen und Gewürzen in Geruch und Geschmack; ein besonders aufgeschlossener Cos.
Voraussichtliche Genußreife: Jetzt bis 2010. Letzte Verkostung: 4/97.

1984 • 78 Von der ersten Probe an zeigte sich der 1984er als ein großer Erfolg aus einem schwierigen Jahrgang. Schön rubinrot mit mäßig intensivem würzigem, an Teer, Eichenholz und schwarze Johannisbeeren erinnernden Bukett, zeigt der mittelschwere Wein gute Konzentration, sanftes und doch festes Tannin und frische Säure. Inzwischen beginnt er wohl seine Frucht einzubüßen.
Voraussichtliche Genußreife: Jetzt. Letzte Verkostung: 4/94.

1983 • 81 Auf den ersten Blick war dieser Cos d'Estournel im März 1984 roh, tanninstreng, kantig und verschlossen, aber er hatte schöne Farbe und gute Gewichtigkeit. Später im Jahr zeigte er mehr Fülle und Frucht, war aber immer noch ausgesprochen tanninreich in einer harten und kargen Art. Neuere Verkostungen haben gezeigt, daß dieser Wein nun rasch ausreift und eine fortgeschrittene Färbung annimmt. Ein Muster an Ausgewogenheit war er nie, dieser grasige, etwas gedämpfte Cos wirkt mit der Zeit immer gedrückter und uncharmanter. Für den Jahrgang alles in allem eine Enttäuschung.
Voraussichtliche Genußreife: Jetzt. Letzte Verkostung: 11/96.

1982 • 96 Wie viele andere 1982er auch war der Cos d'Estournel in seiner Jugend einschmeichelnder, opulenter und gefälliger, als er es heute ist. Im allgemeinen kommt aus diesem Gut Bordeaux-Wein der eleganteren Art, der 1982er jedoch ist untypisch voll, hochkonzentriert, reichhaltig und wuchtig. Er ist zwar etwa eine Stunde nach dem Dekantieren zugänglich und sogar köstlich, zeigt aber in seiner undurchdringlich dunkelrubin-purpurroten Farbe keine Anzeichen von Alter. Sein Tannin ist aggressiver geworden, doch der fabelhafte Kern aus süßer, fülliger Frucht von schwarzen Johannisbeeren und dunklen Kirschen ist erhalten geblieben. Ein

ST-ESTÈPHE

beträchtliches Maß an Glyzerin und Körper zeichnet diesen noch immer jugendfrischen und dabei ungeheuer vielversprechenden Cos d'Estournel aus. Es liegen noch mindestens 20 Jahre Lebensdauer vor ihm. Letzte Verkostung: 9/95.

1981 • 83   Tief rubinrot, mit einem würzigen, vollen, rauhen, festgewirkten Bukett, ein Wein mit mehr Tiefe und besseren Zukunftsaussichten als der 1983er, jedoch relativ leicht, kompakt und karg. Er dürfte in seiner verhaltenen Art in den nächsten 5 bis 7 Jahren am besten zu trinken sein.
Voraussichtliche Genußreife: Jetzt. Letzte Verkostung: 5/90.

1980 • 83   Der 1980er – fraglos für den Jahrgang großartig gelungen, wenn auch offenbar kein großer Wein – ist mittelrubinrot, hat ein interessantes, leicht würzig-kräuterhaftes Bukett und einen für diesen Jahrgang weit überdurchschnittlich fruchtigen Geschmack.
Voraussichtliche Genußreife: Jetzt – vermutlich im Nachlassen. Letzte Verkostung: 10/84.

1979 • 86   Der beste unter den 1979ern aus St-Estèphe zeichnet sich durch dunkelrote Farbe, mit einem sich entfaltenden Bukett von reifen Kirschen, Johannisbeeren und einer Spur Vanillin und Eichenholzwürze aus. Er hat Fülle, für den Jahrgang fast Korpulenz und überraschend viel Wucht und Tiefe, entwickelt sich langsam und braucht bis zur völligen Reife weitere 2 bis 3 Jahre Ruhe in der Flasche.
Voraussichtliche Genußreife: Jetzt bis 2000. Letzte Verkostung: 11/89.

1978 • 85   Diesen vom Château selbst hoch eingeschätzten Jahrgang finde ich sehr gut, aber nicht so anmutig und ausgewogen wie den 1979er. Der Wein ist dunkelrubinrot und hat ein mäßig intensives Bukett von Kirschen, Gewürzen, Eichenholz und Leder. Auf der Zunge zeigt er mittleren bis kräftigen Körper und staubige, tanninreiche Art.
Voraussichtliche Genußreife: Jetzt bis 2005. Letzte Verkostung: 1/88.

1976 • 86   Er ist einer der besseren 1976er; es gelang Cos d'Estournel, irgendwie die Schwäche und fragile Art vieler Weine aus diesem früh ausgereiften Jahrgang zu vermeiden. Inzwischen ist er voll ausgereift, jedoch noch weit vom Niedergang entfernt, hat ein komplexes Bukett von roter Beerenfrucht, Gewürzen sowie Toast- und Eichenholznuancen. Geschmeidigkeit und gute Frucht zeichnen diesen milden, runden, eleganten Wein aus, der in den nächsten 5 Jahren getrunken werden sollte.
Voraussichtliche Genußreife: Jetzt. Letzte Verkostung: 2/90.

1975 • 76   Kein schöner Wein – die Farbe zeigt einen bernsteingelben Anflug, der Duft ist erdig, krautig, würzig bei wenig Frucht. Mit seinem strengen, kargen, ungeheuer tanninherben Geschmack wird sich dieser hohle Wein zweifellos noch 20 bis 25 Jahre lang halten, aber ein Genuß wird er nie sein. Austrinken. Letzte Verkostung: 12/95.

1974 • 67   Ordentliche Farbe, doch dieser ungefüge, unreife Wein schmeckt noch immer grün und hohl.
Voraussichtliche Genußreife: Jetzt – wahrscheinlich stark im Nachlassen. Letzte Verkostung: 10/81

1973 • 65   Schon vor 18 Jahren war die Frucht weg, und es zeigten sich sichere Anzeichen – bräunlich blasse Farbe – für bevorstehende Vergreisung. Inzwischen geht es mit ihm bergab.
Letzte Verkostung: 10/80.

1971 • 84   Der 1971er Cos d'Estournel – aus einem Jahrgang mit sehr ungleichmäßiger Qualität – ist jetzt voll genußreif. Er ist mittel- bis dunkelrubinrot mit orange-bräunlichem Rand und weist eine seidige, höchst verführerische Art bei guter, geschmeidiger Frucht auf. Er sollte unverzüglich getrunken werden.
Voraussichtliche Genußreife: Jetzt. Letzte Verkostung: 1/87.

1970 • 86?   Beim 1970er Cos d'Estournel hat sich die Farbe eindrucksvoll tief granatrot mit rubinpurpurrotem Schimmer gehalten. Er zeigt sich mittelschwer bis kräftig im Körper, tanninreich, rustikal und konzentriert, jedoch rauh und reizlos. Er wird sich zwar noch weitere 25 Jahre halten, ich frage mich aber, ob er jemals zu einer Blüte gelangt. Letzte Verkostung: 6/96.

1967 • 73   Dieser Wein, der jetzt stark im Nachlassen ist, stand von 1976 bis 1978 auf seinem Höhepunkt, hatte aber nie eindrucksvolle Tiefe oder Konzentration aufzuweisen.

Voraussichtliche Genußreife: Jetzt – wahrscheinlich stark im Nachlassen. Letzte Verkostung: 9/79.

1966 • 85   Der Cos d'Estournel ist ein sehr guter 1966er, obwohl er nicht zur Spitzenklasse zählt; die Farbe ist mittel- bis dunkelrubinrot mit leichter Bräunung. Im kargen, strengen Charakter des Jahrgangs zeigt er sehr gute Konzentration sowie viel Tannin im Abgang. Er scheint zwar immer noch nicht ganz ausgereift zu sein, ich würde ihn aber dennoch in nächster Zukunft austrinken, bevor die Frucht zu verblassen beginnt.
Voraussichtliche Genußreife: Jetzt. Letzte Verkostung: 10/84.

1964 • 72   Wegen der starken Regenfälle in diesem Jahr war bei den meisten Médoc-Châteaux guter Wein eher ein Zufallstreffer. Wurde früh gelesen, dann standen die Chancen gut, wurde die Ernte aber erst nach den Unwettern eingebracht, dann war die Frucht verwässert, und der Wein fiel entsprechend aus. Der 1964er Cos d'Estournel wirkt roh und ungefällig, hat aber erstaunlich kräftige Farbe; es fehlt ihm an Frucht und Komplexität, und es besteht keine Aussicht auf weitere Verbesserung.
Voraussichtliche Genußreife: Jetzt – wahrscheinlich stark im Nachlassen. Letzte Verkostung: 10/78.

1962 • 86   Ein typischer St-Estèphe in dem Sinne, daß den Weinen aus dieser Gemeinde harte und verschlossene Art nachgesagt wird. Nichtsdestoweniger hat er alle erforderlichen Komponenten aufzuweisen: dunkelrubinrot, sehr gute Konzentration und Wucht, mäßiges Tannin.
Voraussichtliche Genußreife: Jetzt. Letzte Verkostung: 12/83.

1961 • 92   Der typisch dunkel und dicht gefärbte Wein ohne Bräunungserscheinungen am Rand hat kraftvolle, intensive, konzentrierte, tanninherbe Art und mindestens noch eine Lebensspanne von 10 Jahren vor sich. Das duftige Bukett erinnert an Zedernholz, orientalische Gewürze und Früchtebrot. Der Wein ist sehr gehaltvoll, tief und nachhaltig und weist massenweise reife, dunkle Frucht auf. Eine opulente Schönheit.
Voraussichtliche Genußreife: Jetzt bis 2000. Letzte Verkostung: 1/91.

ÄLTERE JAHRGÄNGE

Der 1953er (93 Punkte; 10/94), den ich 1994, 1993 und 1989 aus Magnumflaschen verkostet habe, ist ein klassisches Beispiel seines Jahrgangs mit mächtigem, duftigem, blumigem Beerenbukett. Aus einer Flasche im Normalformat könnte er schon im Niedergang erscheinen, doch aus einwandfrei gelagerten Magnumflaschen dürfte sich der voll ausgereifte Wein als Musterbeispiel seines Jahrgangs und gewiß als eines der größten Gewächse dieses Jahrhunderts erweisen.

Ein weiterer köstlicher alter Cos d'Estournel, den ich kosten durfte, ist der 1959er (im November 1989 war er jugendlicher als der 1961er und erhielt 92 Punkte). Weitere berühmte Jahrgänge, die ich probiert habe, waren drei enttäuschende Flaschen 1947er (andere nennen ihn fabelhaft) und zwei unerfreulich tanninherbe Flaschen 1945er. Im März 1988 trank ich im Château zusammen mit Monsieur Prats eine profunde Magnumflasche 1928er (97 Punkte), später aber, 1994 und 1995, erwiesen sich zwei Flaschen 1928er als hohl und tot.

ST-ESTÈPHE

Cos Labory
5ème Cru

GUT

Lage der Weinberge: St-Estèphe, auf dem Plateau von Cos, im Süden der Appellation, neben Cos d'Estournel

Besitzer: S.C.E. Domaines Audoy
Adresse: 33180 St-Estèphe
Telefon: 33 5 56 59 30 22 – Telefax: 33 5 56 59 73 52

Besuche: nur nach Vereinbarung, montags bis freitags von 9 bis 12 und 14 bis 18 Uhr
Kontaktperson: Bernard Audoy

WEINBERGE (Rotwein)

Rebfläche: 17,8 ha

Durchschnittliches Rebenalter: 30 Jahre

Rebbestand: 55% Cabernet Sauvignon, 35% Merlot, 10% Cabernet Franc

Pflanzdichte: 8700 Reben/ha

Ertrag (im Durchschnitt der letzten 5 Jahre): 48 hl/ha

Durchschnittliche Jahresproduktion insgesamt: 100 000 Flaschen

GRAND VIN

Name: Château Cos Labory

Appellation: St-Estèphe

Durchschnittliche Jahresproduktion: 70 000 Flaschen

Verarbeitung und Ausbau: Lese von Hand, Vinifikation 25 Tage bei max. 30°C. Häufige *remontage* für gute Tannin- und Farbextraktion. Nach malolaktischer Säureumwandlung in kleinen Fässern 15 Monate Eichenfaßausbau. Je nach Jahrgang werden 30 bis 50% neue Eichenfässer verwendet. Abstich alle 3 Monate. Die Weine werden geschönt, jedoch nicht gefiltert.

ZWEITWEIN

Name: Le Charme Labory

Durchschnittliche Jahresproduktion: 30 000 Flaschen

Beurteilung des derzeitigen Rangs: Abstufung zum Cru Bourgeois wäre zu empfehlen, allerdings ist die hohe Qualität des 1989ers und 1990ers zu beachten

Genußreife: 5 bis 12 Jahre nach dem Jahrgangsdatum

Der Cos Labory, jahrzehntelang einer der enttäuschendsten Weine unter allen Crus Classés, hat sich in den letzten 10 Jahren allmählich wieder zu empfehlenswerter Form entwickelt. Die Erneuerung der Qualität begann mit ausgezeichneten Weinen der Jahrgänge 1989 und 1990 und setzt sich bis 1996 fort, obwohl in den neunziger Jahren oft genug weit weniger vielversprechendes Lesegut anfiel, als es Mutter Natur 1989 und 1990 zur Verfügung stellte. Heute ist dieser Wein ein gut bereiteter, tiefdunkler, reichhaltiger, muskulöser, tanninherber St-Estèphe. Strengere Auslese durch den Besitzer Bernard Audoy sowie malolaktische Säureumwandlung in kleinen Fässern und Abfüllung ohne Filtrierung haben zum bedeutenden Anstieg der Qualität des Cos Labory beigetragen.

JAHRGÄNGE

1997 • 86-87   Mit tief rubinpurpurroter Farbe und süßem, fülligem Aroma von Cassis-Frucht, Pflaumen und würzigem frischem Eichenholz präsentiert sich dieser mittelschwere, moderat tanninherbe Wein, den gute Reife, mäßige Konzentration und ein kurzer, tanninreicher Abgang kennzeichnen. Er dürfte im Alter von 2 bis 3 Jahren genußreif sein und sich ein Jahrzehnt schön trinken lassen. Letzte Verkostung: 3/98.

1996 • 86-87+?   Dieser Wein zeigt tiefdunkles Purpurrot, süßen, reintönigen Duft von schwarzen Himbeeren, Cassis, Heidelbeeren und Mineralen, gute Dichte und Fülle, kräftigen Extrakt, mittleren Körper und eine Schiffsladung adstringierendes Tannin. Trotz positiver Attribute bleibt es doch fraglich, ob sich dieser Wein gut entfalten wird. Ich möchte warten, bis man nach der Abfüllung sieht, was ihm an Frucht und Extrakt bleibt. Derzeit liegt die voraussichtliche Genußreife zwischen 2008 und 2020. Letzte Verkostung: 3/98.

1995 • 88+   Dieser dunkel rubinpurpurrote Cos Labory zeigt sich zwar nach der Abfüllung charmanter, sein Aroma ist aber noch verschlossen und läßt rote und schwarze Frucht gerade erst durchschimmern. Im Mund spürt man starkes, staubtrockenes Tannin, das dem Wein einen harten, rauhen Abgang verleiht. Dem steht im Anfang ein voller Körper und viel süße, reiche Frucht entgegen, und mein Instinkt sagt mir, daß hinter der Mauer aus Tannin guter Extrakt liegt. Jedenfalls ist dies kein Wein für baldigen Genuß.
Voraussichtliche Genußreife: 2003 bis 2015. Letzte Verkostung: 11/97.

1994 • 86?   Dieser Wein hatte einen Anflug von Schimmelgeruch, der von einem schlechten Korken stammen mochte. Er war zwar nicht so stark, daß er eine Beurteilung des Weins unmöglich gemacht hätte, ich möchte diese Information jedoch weitergeben für den Fall, daß der Korken nicht an dem stickigen Geruch schuld gewesen sein sollte. Dieser tanninherbe, mittelschwere 1994er besitzt tief rubinpurpurrote Farbe und viel reife Frucht schwarzer Johannisbeeren mit einer Süßholznote. Bei sauberem Geruch dürfte sich der 1994er Cos Labory als solide Leistung erweisen, die 85/86 Punkte verdient.
Voraussichtliche Genußreife: 2004 bis 2012. Letzte Verkostung: 1/97.

1993 • 85   Der 1993er Cos Labory zeigt dunkelrubinrote Farbe und würzigen, gedämpften, angenehmen, aber wenig ausgeprägten Duft nach roter Frucht, Erde und Holz. Der Wein ist hart, hat aber gute Tiefe, und vielleicht wird die Frucht einmal für ausgewogene Struktur sorgen. 1 bis 2 Jahre Kellerreife sind nötig; die Lebensdauer beträgt 12 bis 15 Jahre. Letzte Verkostung: 1/97.

1992 • 82?   Der milde 1992er ist sauber bereitet, hat mäßige Tiefe, mittleren Körper, schöne Reife und ausreichende Nachhaltigkeit. Das kräftige Tannin im Abgang läßt mindestens 3 bis 4 Jahre Kellerreife angeraten erscheinen; allerdings würde es mich nicht wundern, wenn die bescheidene Frucht austrocknet, ehe das Tannin dahinschmilzt. Letzte Verkostung: 11/94.

1991 • 86   Der 1991er zeigt überraschend satte Farbe und straffe, vielversprechende Noten von Pfeffer, schwarzen Johannisbeeren und rauchigem neuem Eichenholz im Duft. Der mittelschwere, tanninherbe Wein mit guter Tiefe wird von 4 bis 5 Jahren Kellerreife profitieren und dürfte sich mindestens 15 Jahre halten. Letzte Verkostung: 1/94.

1990 • 89   Der 1990er hat fast schwarze Farbe und verhaltenen Duft von Gewürzen, Süßholz, Mineralen und Cassis. Im Mund spürt man großen Extraktgehalt, vollmundige, körperreiche Art und prachtvoll anhaltenden, mäßig tanninherben Abgang.
Voraussichtliche Genußreife: Jetzt bis 2010. Letzte Verkostung: 1/93.

1989 • 89   Der prachtvolle 1989er ist fraglos der feinste Cos Labory, der mir bisher auf die Zunge gekommen ist. Er zeichnet sich durch schwarz-rubinrote Farbe, ein gewaltiges Bukett von

schwarzen Johannisbeeren und vielschichtigen Extrakt, einen sehr hohen Tanningehalt und deftige Alkoholstärke aus. Dieser Jahrgang gibt das Startsignal für eine neue Generation von Cos Labory.
Voraussichtliche Genußreife: Jetzt bis 2015. Letzte Verkostung: 4/91.

1988 • 84 Der 1988er Cos Labory ist ein gefälliger, mittelschwerer, tanninreicher Wein mit kräftiger Farbe, schöner Ausgewogenheit und guter Nachhaltigkeit. Er dürfte anständigen, wenn auch nicht gerade begeisternden Genuß bieten.
Voraussichtliche Genußreife: Jetzt bis 2000. Letzte Verkostung: 3/90.

1986 • 79 Der 1986er Cos Labory ist leicht, zeigt aber gefällige, charmante Beerenfrucht in Verbindung mit ansprechender, milder Eichenholzwürze. Er scheint die reichliche Ernte von 1986 widerzuspiegeln, insbesondere die leichte Art des Merlot, die sich in diesem Jahr in bestimmten Lagen einstellte.
Voraussichtliche Genußreife: Jetzt. Letzte Verkostung: 11/89.

1985 • 85 1985 gelang Cos Labory ein guter Wurf mit einem milden, eichenholzwürzigen, reifen Wein mit mittelschwerem Körper, schöner Konzentration und ansprechender Nachhaltigkeit – alles in allem eine überraschende Leistung.
Voraussichtliche Genußreife: Jetzt. Letzte Verkostung: 6/89.

1983 • 70 Der 1983er ist enttäuschend leicht, unauffällig, schlicht und einfach, ein respektabler *vin de table*, jedoch kaum einer in Cru-Classé-Qualität.
Voraussichtliche Genußreife: Jetzt – wahrscheinlich stark im Nachlassen. Letzte Verkostung: 6/84.

1982 • 75 Im Kontext des Jahrgangs ein recht mittelmäßiger Wein, aber im Kontext der gewohnten Leistungen von Cos Labory in dieser Ära ein solider, voll ausgestatteter Wein mit guter Konzentration, kräftiger Farbe und gemäßigtem Tanningehalt.
Voraussichtliche Genußreife: Jetzt. Letzte Verkostung: 1/88.

1979 • 65 Der mittelrubinrote Wein mit flachem, schwach fruchtigem Aroma weist geringe Intensität und stumpfe Frucht im schlichten Geschmack sowie niedrigen Tanningehalt auf.
Voraussichtliche Genußreife: Jetzt – vermutlich stark im Nachlassen. Letzte Verkostung: 9/84.

1978 • 67 Der voll ausgereifte, leichte bis mittelschwere Wein zeigt ein von Stielen und Laub geprägtes dürres Aroma und verwässert-fruchtigen Geschmack bei leichtem bis mäßigem Tanningehalt. Ein sehr mittelmäßiger Wein. Letzte Verkostung: 5/83.

1976 • 55 Neben verblichenen, dumpfigen Kellergerüchen steht zu wenig an reifer Frucht und zu viel an feucht-erdigen Komponenten, als daß man ihn einen guten Bordeaux nennen könnte. Hell- bis mittelrubinrot mit deutlichen Altersanzeichen durch beginnende Braunfärbung.
Voraussichtliche Genußreife: Jetzt – wahrscheinlich stark im Nachlassen. Letzte Verkostung: 2/80.

1975 • 64 Ein strenger, kantiger Wein ohne Charme und markante Frucht, dagegen mit herbem, hartem, tanninreichem Biß.
Voraussichtliche Genußreife: Jetzt. Letzte Verkostung: 12/81.

1971 • 52 Schlechte Weinbereitung und womöglich Überertrag brachten einen sehr mittelmäßigen, dünnen, grünen, unerfreulichen Wein hervor, der die unangenehmste Seite von Bordeaux illustriert. Letzte Verkostung: 4/78.

1970 • 70 Ein annehmbarer Wein, der gegen Ende der siebziger Jahre anständigen, wenn auch nicht gerade inspirierenden Genuß bereitete; mittelrubinrot, mit einfacher, unkomplizierter Fruchtigkeit, angenehmen würzigen Kirschnuancen und leichtem bis mittelschwerem Körper.
Voraussichtliche Genußreife: Jetzt – wahrscheinlich stark im Nachlassen. Letzte Verkostung: 2/80.

BORDEAUX

Le Crock
Cru Bourgeois seit 1932

Lage der Weinberge: Marbuzet, St-Estèphe

Besitzer: Familie Cuvelier
Adresse: c/o Domaines Cuvelier, 33180 St-Estèphe
Telefon: 33 5 56 59 30 33 – Telefax: 33 5 56 59 60 09

Besuche: nur nach Vereinbarung, montags bis freitags von 8 bis 12 und 14 bis 17 Uhr
Kontaktperson: Charles Viollet (Adresse usw. siehe oben)

WEINBERGE (Rotwein)

Rebfläche: 31,3 ha

Durchschnittliches Rebenalter: 35 Jahre

Rebbestand: 55% Cabernet Sauvignon, 25% Merlot, 15% Cabernet Franc, 5% Petit Verdot

Pflanzdichte: 8500 Reben/ha

Ertrag (im Durchschnitt der letzten 5 Jahre): 57 hl/ha

Durchschnittliche Jahresproduktion insgesamt: 220000 Flaschen

GRAND VIN

Name: Château Le Crock

Appellation: St-Estèphe

Durchschnittliche Jahresproduktion: 180000 Flaschen

Verarbeitung und Ausbau: Lese von Hand, Vinifikation 3 Wochen, 16 Monate Ausbau in zu 20% neuen Eichenfässern. Der Wein wird geschönt, jedoch nicht gefiltert.

ZWEITWEIN

Name: Château La Croix St-Estèphe

Durchschnittliche Jahresproduktion: 40000 Flaschen

Beurteilung des derzeitigen Rangs: Entspricht qualitativ einem Cru Bourgeois

Genußreife: 5 bis 12 Jahre nach dem Jahrgangsdatum

Das attraktive zweigeschossige Château südlich des Orts St-Estèphe befindet sich seit 1903 im Besitz der Familie Cuvelier. Obschon es so wunderschön auf einem Hügel an einem meist von zahlreichen Schwänen bevölkerten Teich liegt, daß es selbst dem verwöhntesten Photographenauge auffallen muß, hat es doch bisher kaum aufregende Weine hervorgebracht. Der hohe Merlot-Anteil im Verschnittrezept sollte doch eigentlich für Vollmundigkeit und Milde sorgen, aber meine Erfahrungen mit den Weinen von Le Crock zeigen sie als übermäßig tanninreich, streng in der Art und oft hart und karg.

Dabei ist die Pflege der Weinberge und die moderne Weinbereitungstechnik der Familie Cuvelier in keiner Weise zu tadeln. Nichtsdestoweniger scheint es den Weinen von Le Crock allgemein an Frucht zu fehlen, obwohl sie doch körperreich und dicht in der Substanz sind und 10 bis 12 Jahre überdauern können. Vielleicht erweist sich der unter der Aufsicht des neu hinzugezogenen Önologen Michel Rolland entstandene milde, volle 1995er als symbolisch für eine neue Ära in diesem Weingut.

ST-ESTÈPHE

JAHRGÄNGE

1995 • 86   Der 1995er zeigt gesunde, dunkle rubinpurpurrote Farbe, reichlich süße Frucht von schwarzen Kirschen und Johannisbeeren, gute Reife, sanfte Art, schwache Säure und bewundernswerte Länge und Fülle im Abgang. Er dürfte sich zu einem sehr guten, vielleicht sogar ausgezeichneten Wein zu mäßigem Preis entwickeln und wird sich ein Jahrzehnt lang gut trinken. Letzte Verkostung: 3/96.

1994 • 74   Der 1994er wartet gewissermaßen mit einem Grog aus Tannin und Säure auf – ein harter, strukturfester Wein ohne genug Frucht, die das magere Skelett verhüllen könnte. Mit der Zeit wird er einfach austrocknen. Letzte Verkostung: 3/96.

1990 • 87   Der 1990er ist der feinste Le Crock, den ich je gekostet habe. Seine Farbe ist tief rubinpurpurrot, der Duft würzig und voll, der Geschmack dicht, muskulös und körperreich – ein wuchtiger Wein, der sich eindrucksvoll entfalten wird.
Voraussichtliche Genußreife: Jetzt bis 2006. Letzte Verkostung: 1/93.

1989 • 83   Früher brachte dieses Gut harte, magere, unfruchtige, uncharmante Weine hervor. Allerdings hat der 1989er mehr Frucht als gewöhnlich, schöne, rubinrote Farbe, Brombeerfruchtigkeit, mittelschweren Körper, wenig Säure, aber viel Tannin. Es mangelt ihm an Komplexität, doch er dürfte in den nächsten 5 bis 6 Jahren anständigen Genuß bereiten.
Voraussichtliche Genußreife: Jetzt. Letzte Verkostung: 4/91.

1988 • 82   Der 1988er Le Crock ist dem 1989er in der Qualität ähnlich, in der Art aber ganz anders. Er ist mager, kleiner dimensioniert und weder so tanninreich noch so alkoholstark; er sollte in den nächsten 5 bis 6 Jahren getrunken werden.
Voraussichtliche Genußreife: Jetzt. Letzte Verkostung: 11/90.

1986 • 74   Den 1986er Le Crock habe ich stets als mangelhaft in der Fülle und im Geschmack einfach zu hart und adstringerend für die in ihm doch vorhandene Frucht empfunden.
Voraussichtliche Genußreife: Jetzt. Letzte Verkostung: 4/90.

1985 • 73   Der 1985er hat mittelschweren Körper, mäßige Tiefe im Geschmack und leicht adstringerenden Abgang – zuviel Preßwein im Verschnitt? Alles in allem stellt er eine wenig begeisternde Leistung dar.
Voraussichtliche Genußreife: Jetzt. Letzte Verkostung: 3/89.

HAUT-MARBUZET
Cru Bourgeois

AUSGEZEICHNET

Lage der Weinberge: St-Estèphe

Besitzer: Henri Duboscq und Söhne
Adresse: 33180 St-Estèphe
Telefon: 33 5 56 59 30 54 – Telefax: 33 5 56 50 70 87

Besuche: montags bis freitags von 8 bis 12 und 14 bis 18 Uhr

WEINBERGE (Rotwein)

Rebfläche: 50 ha · Durchschnittliches Rebenalter: 35 Jahre

Rebbestand: 50 % Cabernet Sauvignon, 40 % Merlot, 10 % Cabernet Franc

Pflanzdichte: 8300 Reben/ha

Ertrag (im Durchschnitt der letzten 5 Jahre): 45 hl/ha

Durchschnittliche Jahresproduktion insgesamt: 300 000 Flaschen

BORDEAUX

GRAND VIN

Name: Château Haut-Marbuzet

Appellation: St-Estèphe

Durchschnittliche Jahresproduktion: 250 000 Flaschen

Verarbeitung und Ausbau: Vollständiges Entrappen. Vinifikation 18 bis 20 Tage in temperaturgeregelten Tanks (Maischdauer 4 Wochen), tägliche *remontage*. 18 Monate Ausbau in neuen Eichenfässern. Der Wein wird geschönt, jedoch nie gefiltert.

ZWEITWEIN

Name: Rose MacCarthy

Durchschnittliche Jahresproduktion: 50 000 Flaschen

Beurteilung des derzeitigen Rangs: Aufstufung zum 3ème Cru wäre zu empfehlen

Genußreife: 3 bis 15 Jahre nach dem Jahrgangsdatum

Haut-Marbuzet ist eines der ältesten Weingüter in St-Estèphe, seine Ruhmeszeit begann jedoch erst 1952, als der Vater des heutigen Besitzers, Henri Duboscq, es erwarb. Es befindet sich in schönster Lage am Gironde-Ufer auf einem sanften Abhang mit Kiesboden und kalkhaltigem Lehm. Dubosc, eine sprühende Persönlichkeit, beschreibt seine Weine gern in Analogien zu prominenten weiblichen Filmstars. Er hat einen der allerpopulärsten Bordeaux-Weine kreiert, der vorwiegend in Frankreich, Belgien, Holland und England Liebhaber findet. Er schwört auf späte Lese, bringt auf diese Weise vor Reife strotzendes Lesegut ein, läßt es mindestens 3 Wochen eingemaischt und baut dann seinen Wein 18 Monate lang in zu 100 % neuen Eichenfässern aus. Mit solchen Methoden erzielt er intensive, opulente und verschwenderische Fruchtigkeit bei vollem, würzigem, exotischem Bukett. Dem Weinenthusiasten bietet Haut-Marbuzet einen höchst aufgeschlossenen Wein, so «sexy» wie kein anderer in Bordeaux.

Manche Kritiker von Duboscq meinen allerdings, sein Weinstil grenze schon an das Vulgäre, er aber argumentiert, das frische Eichenholz bringe einfach Charme und eine gewisse Geschmeidigkeit in die traditionell muskulöse, hartgefügte Art, die so viele Weine aus St-Estèphe kennzeichnet. Andere Kritiker behaupten, der Haut-Marbuzet entfalte sich nicht anmutig. Er ist schon bei der Freigabe meist köstlich, und aus meinen Verkostungen alter Jahrgänge bis zurück auf 1961 geht im allgemeinen hervor, daß der Haut-Marbuzet am besten ist, wenn man ihn in den ersten 10 bis 15 Jahren trinkt.

Trotz aller Kritik kann dem Besitzer Duboscq niemand seine Erfolge abstreiten, auch wenn er einen Bordeaux produziert, der sich eher wie ein hochreifer Burgunder oder Rhônewein ausnimmt.

JAHRGÄNGE

1997 • 84-86 Ich habe diesen Wein bei drei Gelegenheiten verkostet und war überrascht, daß er nicht mehr Substanz und Intensität besitzt. Er ist zwar gut, entspricht aber nicht dem sonstigen Standard dieses Châteaus. Der mit einer aggressiven Holznote versehene 1997er Haut-Marbuzet zeigt sich in der Mitte hohl, hat aber auch sanfte, reife Art, Nuancen von Kaffee, Erde und die Frucht von schwarzen Kirschen in gefälligem, mittelschwerem Format zu bieten. Etwas mehr Konzentration, Extrakt und Nachhaltigkeit wären besser gewesen. Dieser Wein will in den ersten 4 bis 5 Lebensjahren getrunken werden. Letzte Verkostung: 3/98.

1996 • 86-88 Dunkelrubinrot, mit ausgeprägtem rauchigem Duft von *pain grillé*, Oliven und süßer Beerenfrucht – ein mittelschwerer, voller Wein mit ansprechender Art und allen Nuancen

ST-ESTÈPHE

von Eichenholz, Glyzerin und Parfum, wie sie die treuen Anhänger dieses Weinguts erwarten. Er zeigt mehr Tannin als in den Jahrgängen 1995 und 1994, ist sauber bereitet, konzentriert und würzig mit viel Kraft und Nachhaltigkeit.
Voraussichtliche Genußreife: 1999 bis 2010. Letzte Verkostung: 11/97.

1995 • 89   Der dunkelrubinrote 1995er zeigt überreifen Charakter von fülliger schwarzer Frucht mit einem Anflug von Dörrpflaumen, mittleren bis vollen Körper und pikante, rauchige, kräuterwürzige, milde Art – ein Kraftprotz mit Eichenholz- und Konfitürenote, der keinen intellektuellen Anspruch erhebt.
Voraussichtliche Genußreife: Jetzt bis 2006. Letzte Verkostung: 3/96.

1994 • 89   Ein sinnenfroher, opulenter, korpulenter Vertreter des exotischsten Weins aus dem Médoc. Der 1994er Haut-Marbuzet hat erstaunlich wenig Säure bei exzellenter Reife, süßer, rauchiger Toastnote und fülligem, aromatischem Geschmack von schwarzen Johannisbeeren, der den Gaumen lang und üppig ohne jede Schärfe umschmeichelt. Ein vollmundiger, saftiger Wein, den man nur köstlich nennen kann. Er trinkt sich im Lauf des nächsten zehn Jahre gut.
Letzte Verkostung: 3/96.

1993 • 82   Ich hätte den 1993er gern eindrucksvoller gefunden, aber er ist nun einmal karg, sehr rauh und tanninreich, für einen Haut-Marbuzet untypisch hart. Bei genauerem Hinsehen entdeckt man zwar würzige, reife Cassis-Frucht, sie reicht aber nicht aus, um die strenge, hohle Art auszugleichen. Meine Punktnote könnte vielleicht allzu großzügig ausgefallen sein.
Letzte Verkostung: 11/94.

1992 • 82?   Die Vorliebe von Haut-Marbuzet für 100 % neue Eichenfässer wirkt sich in Spitzenjahren wie 1990, 1989 und 1982 zwar großartig aus, 1992 aber wird der Wein vom Holz dominiert. Neben übertriebener Eichenwürze zeigt er tiefes, konzentriertes Rubinrot, ein würziges, fülliges Bukett wiederum mit Eichenholznote, mittleren Körper, milden Geschmack, überdurchschnittliche Tiefe, weiche Säure und geschmeidigen Abgang. Er ist für den Jahrgang frühreif und äußerst entgegenkommend, und es dürfte am besten sein, ihn in den ersten 6 bis 7 Lebensjahren zu trinken. Letzte Verkostung: 11/94.

1990 • 93   Der 1990er ist ein klassischer, tanninreicher, konzentrierter Haut-Marbuzet. Er zeigt dunkelrubin-purpurrote Farbe und verschwenderisch eichenwürzigen, an Vanille, geröstete Nüsse, Kräuter, süße, füllige schwarze Johannisbeeren und Oliven erinnernden Duft. Ein vollmundiger, opulenter Wein mit gehaltreicher Art, schwacher Säure und kräftiger Frucht, der mit seiner übervollen Eichenholz- und Fruchtnote großen Genuß gewährt und sich weitere 10 bis 12 Jahre lang schön trinken lassen wird. Meiner Meinung nach ist er der feinste Haut-Marbuzet seit dem fabelhaften 1982er. Letzte Verkostung: 11/96.

1989 • 86   Der 1989er Haut-Marbuzet zeigt bereits viel Bernsteingelb, daneben aber ausgeprägte Duftnuancen von Zedernholz, fülliger Kirschenfrucht, Seegras und Gewürz. Der Geschmack ist voll und reif, säurearm, rund und mild. Angesichts der verkosteten Flasche, an der keine Anzeichen von Lagerung bei hoher Temperatur festzustellen waren, würde ich empfehlen, den 1989er Haut-Marbuzet innerhalb der nächsten 5 bis 6 Jahre zu trinken. Letzte Verkostung: 11/96.

1988 • 89   Der 1988er ist ebenfalls ein bestechender, verführerischer, körperreicher, voll ausgestatteter und reichlich eichenholzgewürzter Wein. Die Tannine sind etwas aggressiver, als die Liebhaber dieses Weins es im allgemeinen erwarten. Nichtsdestoweniger zeigt er reichlich Extrakt und Fülligkeit.
Voraussichtliche Genußreife: Jetzt bis 2000. Letzte Verkostung: 3/91.

1987 • 82   Der erstaunlich duftige (beherrscht von rauchigem Eichenholz und Kräutern), milde, mittelschwere, kräftige Wein ist zwar nicht konzentriert, aber trotzdem schmackhaft und gefällig.
Voraussichtliche Genußreife: Jetzt – vermutlich im Nachlassen. Letzte Verkostung: 4/90.

1986 • 90   Der 1986er hat sich stetig entfaltet, seitdem ich ihn erstmals aus dem Faß verkostet habe. Die tiefe, rubinrote Farbe, das enorme, von rauchigem Eichenholz, exotischen Gewürzen und pflaumiger Frucht geprägte Bukett läßt beim 1986er darauf schließen, daß er sofort genußreif ist, doch das Tannin im Abgang deutet darauf hin, daß er nach mehreren Jahren Kellerreife wohl noch erstaunlicher sein wird. Ein interessanter, einzigartiger, voll befriedigender Wein! Voraussichtliche Genußreife: Jetzt bis 2003. Letzte Verkostung: 2/90.

1985 • 88   Der 1985er Haut-Marbuzet hat jene kraftstrotzende Persönlichkeit, die ihn so verlokkend macht. Sein volles, pflaumenduftiges Bukett zeigt reichlich Frucht. Im Mund fühlt sich der Wein geschmeidig, würzig, reichhaltig und immens schmackhaft an. Er trinkt sich jetzt bereits köstlich, dürfte aber noch 6 bis 9 Jahre vor sich haben.
Voraussichtliche Genußreife: Jetzt. Letzte Verkostung: 5/90.

1984 • 78   Der 1984er Haut-Marbuzet hat tonnenweise Eichenholzaroma im Bukett, eine milde, geschmeidige Fruchtigkeit und ordentliche Nachhaltigkeit. Allerdings beginnt die Frucht auszutrocknen, und deshalb ist baldiger Verbrauch angezeigt.
Voraussichtliche Genußreife: Jetzt – vermutlich im Nachlassen. Letzte Verkostung: 3/88.

1983 • 88   Der 1983er zeichnet sich durch extrem dichte, dunkelrubinrote Farbe, reifen, vollen, pflaumigen Duft, öligen, intensiven, sämigen Geschmack und mäßigen Tanningehalt aus und trinkt sich bei aller Fülle durchaus schön – er hält aber auch noch 5 bis 6 Jahre.
Voraussichtliche Genußreife: Jetzt. Letzte Verkostung: 1/85.

1982 • 94   Dieser Wein ist hinreißend und verführerisch, seit er in die Flasche gekommen ist. Nach wie vor bietet er reichliche, süße, opulente Frucht von schwarzen Kirschen und Johannisbeeren mit einem Anflug von Vanille und faszinierenden Nuancen von Kaffee und Zedernholz. Mit seiner vollmundigen, saftigen Art ist er ein Gaumenkitzel, ein vielschichtiger, sanfter, üppiger Genuß – fast zuviel des Guten. Dieser glorreiche, intensive Haut-Marbuzet ohne jede Schärfe wird sich mindestens weitere 5 bis 7 Jahre auf seinem derzeitigen Höhepunkt halten. Er ist einer der beständigsten, beim Publikum beliebtesten Weine dieses Jahrgangs. Ich habe ihn nicht anders als brillant erlebt. Letzte Verkostung: 9/95.

1981 • 85   Der ebenfalls faszinierende 1981er Haut-Marbuzet zeichnet sich durch intensive Farbe, reifes, pflaumiges, würziges, eichenholzduftiges Bukett, vollen Körper, viel Konzentration und milden, alkoholstarken Abgang aus.
Voraussichtliche Genußreife: Jetzt. Letzte Verkostung: 10/88.

ÄLTERE JAHRGÄNGE

Unter den positiven Verkostungsnotizen befinden sich voll ausgereifte, sehr gute Jahrgänge wie der 1978er (87 Punkte) und 1979er (86 Punkte), beide ausgezeichnet. Der 1975er (im März 1989 mit 90 Punkten benotet) ist hervorragend, ebenso der 1970er und 1961er (beide 90 Punkte); die beiden letzteren habe ich mit großem Genuß im März 1988 aus einer Magnumflasche getrunken. Ich befürchte jedoch, daß alle diese Weine 1998 im Nachlassen begriffen sein dürften.

LAFON-ROCHET
4ème Cru seit 1855

SEHR GUT

Lage der Weinberge: St-Estèphe

Besitzer: Familie Guy Tesseron
Adresse: 33180 St-Estèphe
Telefon: 33 5 56 59 32 06 – Telefax: 33 5 56 59 72 43

Besuche: nur nach Vereinbarung
Kontaktperson: Michel oder Alfred Tesseron, Tel. 33 5 56 59 04 04, Fax: 33 5 56 59 26 63,
(Château Pontet-Canet)

ST-ESTÈPHE

WEINBERGE (Rotwein)

Rebfläche: 44,5 ha (nur 40,5 ha bestockt)

Durchschnittliches Rebenalter: 30 Jahre

Rebbestand: 55 % Cabernet Sauvignon, 40 % Merlot, 5 % Cabernet Franc

Pflanzdichte: 9800 Reben/ha

Ertrag (im Durchschnitt der letzten 5 Jahre): 55 hl/ha

Durchschnittliche Jahresproduktion insgesamt: 17 000 bis 20 000 Kisten

GRAND VIN

Name: Château Lafon-Rochet

Appellation: St-Estèphe

Durchschnittliche Jahresproduktion: 13 500 Kisten

Verarbeitung und Ausbau: Traditionelle Verarbeitung, Vinifikation 3 Wochen. 16 bis 18 Monate Ausbau in zu 40 % neuen Eichenfässern. Der Wein wird geschönt und gefiltert. Die malolaktische Säureumwandlung spielt sich in Tanks ab.

ZWEITWEIN

Name: No. 2 du Château Lafon-Rochet

Durchschnittliche Jahresproduktion: 8500 Kisten

Beurteilung des derzeitigen Rangs: Entspricht der Klassifizierung

Genußreife: 8 bis 20 Jahre nach dem Jahrgangsdatum

N. B. Lese stets von Hand; in den Lagen, die für den Grand Vin bestimmt sind, werden eventuelle junge Reben zuerst und getrennt abgeerntet, die älteren Stöcke erst später, wenn volle Reife erreicht ist. Das Lesegut wird auf einem speziell für das Château gebauten Tisch sortiert.

Obwohl in der Klassifizierung von 1855 als 4ème Cru eingestuft, sollte dieses Weingut nach Meinung der meisten Beobachter heute aufgrund seiner erstklassigen Lage direkt neben Lafite-Rothschild und Cos d'Estournel regelmäßig Wein mit mehr Charakter und Geschmacksfülle hervorbringen, als es das gewöhnlich tut. Die derzeitigen Besitzer, die Tesserons, erwarben es 1959 und leiteten ein allmählich wirksam werdendes großartiges Programm zur Restaurierung der Weinberge und des heruntergekommenen Châteaus ein. Inzwischen ist das Gut vollständig renoviert, und die neuen Kellereianlagen sind in dem großen, crèmefarbenen eingeschossigen Château mit zweigeschossigen Kellergewölben im Mittelteil untergebracht. In den letzten 10 Jahren hat nun eine Reihe intelligenter qualitätsorientierter Beschlüsse, u. a. (1) Entrappen, (2) etwas spätere Lese, (3) Ausbau mit einem höheren Anteil an neuen Eichenfässern, (4) Erhöhung des Merlot-Anteils in Rebbestand und Verschnittrezept und (5) Produktion eines Zweitweins von schwächeren Beständen, zu eindrucksvolleren Erstweinen geführt, die ihren bisherigen Höhepunkt 1989 in einer brillanten Leistung gefunden haben.

Zwar hat Lafon-Rochet (gemessen an seinem Rang) in den siebziger Jahren viele enttäuschende Weine hervorgebracht, die in den achtziger Jahren unternommenen Anstrengungen sprechen jedoch eindeutig für seine Stellung in der Klassifizierung von 1855.

JAHRGÄNGE

1997 • 86-87+ Es ist in Bordeaux kein Geheimnis, daß Alfred und Michel Tesseron in ihrem Flaggschiff-Château Pontet-Canet in Pauillac großartige Leistungen vollbringen. Inzwischen investieren sie auch in ihr Gut Lafon-Rochet in St-Estèphe mehr Geld und Mühe. 1997 gingen 55 % des Leseguts in diesen sauber bereiteten Wein ein, der noch immer monolithisch wirkt und nicht die Zugänglichkeit vieler anderer 1997er aufweist. Die Farbe ist dunkel rubinpurpurrot, das unkomplizierte Aroma bietet schwarze Frucht, Erde und Eichenholz. Der dichte, mittelschwere Wein ist in sich verschlossen, vierschrötig und zeigt kräftiges Tannin und Gefüge. Er ist einer der wenigen 1997er, die längere Kellerreife verlangen.
Voraussichtliche Genußreife: 2003 bis 2013. Letzte Verkostung: 3/98.

1996 • 87-90 Der kräftige, stämmige, maskuline Wein mit seiner dichten rubinpurpurroten Farbe zeigt hartes Tannin, aber auch intensiv konzentrierte Frucht. Er erwies sich als monolithisch und als straffer, als ich erwartet hatte, ist aber unbezweifelbar ein extraktreicher, gehaltvoller, vielschichtiger Wein mit beträchtlichem Potential. Auch bei ihm ist Geduld vonnöten.
Voraussichtliche Genußreife: 2007 bis 2025. Letzte Verkostung: 3/97.

1995 • 89+ Dieser Wein könnte nach einigen Jahren Flaschenreife eine höhere Punktnote verdienen. Er hat sich zwar seit der Abfüllung in sich zurückgezogen, ist aber ein eindrucksvoll ausgestatteter, reichhaltiger Lafon-Rochet mit süßer Cassis-Frucht in Duft und Geschmack. Die ungeheuer satte, tiefe rubinpurpurrote Farbe geht einher mit würzigen Aromen von Vanillin und Erde, mittlerem bis vollem Körper, ausgezeichneter, ja großartiger Fülle und moderatem Tannin im kräftigen, klar gezeichneten Abgang.
Voraussichtliche Genußreife: 2003 bis 2018. Letzte Verkostung: 11/97.

1994 • 89+ Dieser Jahrgang dürfte sich zu einem hervorragenden Lafon-Rochet entwickeln. Der 1994er brachte für das Weingut den Durchbruch, ihm folgte der noch überzeugendere 1995er. Der 1994er ist tiefdunkel purpurrot, hat süße, reintönige Duftnuancen von Cassis, neuem Eichenholz und blutigem Rindfleisch. Ein muskulöser, massiver Wein mit mächtigem Körper und einer Schiffsladung Tannin, vollgepackt mit Extrakt und Wucht. Er braucht 5 bis 7 Jahre Kellerreife und wird sich 20 bis 30 Jahre halten.
Voraussichtliche Genußreife: 2003 bis 2025. Letzte Verkostung: 1/97.

1993 • 86 Eine vegetabile, an Paprika erinnernde Komponente beeinträchtigt diesen tiefdunklen Wein. Er hat zwar hartes Tannin, aber auch reichlich Frucht (vor allem für einen 1993er). Dieser Wein wird wahrscheinlich rasch abmagern, wer aber einen Bordeaux der rauheren, strengeren Art mit viel Saft und Kraft liebt, darf sich über das gute Preis/Leistungs-Verhältnis freuen. Auf jeden Fall wird dieser Wein auf 5 bis 10 Jahre hinaus manchen deftigen Schluck ermöglichen. Letzte Verkostung: 1/97.

1992 • 85? Der 1992er besitzt offenbar ausreichend volle, reife Frucht. Er ist zwar kein Schwergewicht, aber tanninreich und möglicherweise sehr haltbar. Er dürfte sich in 3 bis 4 Jahren gut trinken und dann noch weitere 12 Jahre überdauern – wenn die Frucht durchhält. Vielleicht ist ein Risiko damit verbunden, jedenfalls ist der Lafon-Rochet nach wie vor ein wenig bekannter, unterbewerteter und unter seinem Preis gehandelter St-Estèphe. Letzte Verkostung: 11/94.

1991 • 85 Der 1991er ist zwar kompakt, aber doch ein guter Wein. Seine Farbe ist dunkelrubinrot, im Duft bietet er reife schwarze Kirschen, Kräuter und Gewürznoten. Trotz einer gedrückten Art sind süße, volle Frucht, mittelschwerer Körper und schöne Tiefe zu bemerken. Eine Milderung des Tannins kann in den nächsten 10 bis 12 Jahren noch größere Reichhaltigkeit einbringen. Letzte Verkostung: 1/94.

1990 • 89 Der 1990er Lafon-Rochet, eine überwältigende Leistung dieses Guts, bildet einen weiteren Beweis dafür, wie großartig dieser Jahrgang in St-Estèphe ausgefallen ist. Er ist tief dunkelrubinrot, hat einen straffen Duft von schwarzer Frucht und massive Fülle – mit der kraftvollste, konzentrierteste Lafon-Rochet, den ich je verkostet habe. Geduld verlangt er allerdings.
Voraussichtliche Genußreife: Jetzt bis 2022. Letzte Verkostung: 1/93.

ST-ESTÈPHE

1989 • 88 Der dunkelrubinrote Wein mit intensivem Bukett von überreifen schwarzen Johannisbeeren erinnert mit seiner vollmundigen, wohlausgestatteten, körperreichen Art an die exzellenten 1970er. Mit seinem opulenten und zugleich tanninreichen Charakter wird er auch in einem Jahrzehnt noch gute Benotungen erhalten.
Voraussichtliche Genußreife: Jetzt bis 2015. Letzte Verkostung: 4/91.

1988 • 87 Der 1988er hat mittelschweren Körper, gute, reife Frucht und lobenswerte Harmonie. Der exzellente, rubinrote, für seinen Jahrgang überraschend hochkonzentrierte Wein dürfte sich 5 bis 15 Jahre lang schön entfalten.
Voraussichtliche Genußreife: Jetzt bis 2010. Letzte Verkostung: 11/90.

1986 • 88 Bei zahlreichen Gelegenheiten erwies sich dieser Wein, aus dem Faß verkostet, als unerbittlich tanninstreng und praktisch unzugänglich für jede Beurteilung, er hat sich aber als einer der besten Weine der 1980er Jahre aus diesem Gut erwiesen. Tief rubin- bis purpurrot mit hochintensivem, rauchigem, reichhaltigem Bukett voller Johannisbeeraroma, ein kräftiger, tanninreicher Wein, der alle, die Geduld genug haben, ihn 10 Jahre im Keller ruhen zu lassen, mit großem Genuß belohnen wird.
Voraussichtliche Genußreife: Jetzt bis 2015. Letzte Verkostung: 2/90.

1985 • 83 Der 1985er Lafon-Rochet ist vollmundig, substanzreich, hat schöne Farbe, festes Tannin und mittleren Körper, bedauerlicherweise aber ist er eindimensional. Vielleicht wird nach längerer Flaschenreife mehr Charakter zum Vorschein kommen.
Voraussichtliche Genußreife: Jetzt bis 1999. Letzte Verkostung: 4/89.

1983 • 86 Bei anfänglichen Vergleichen mit anderen Spitzenweinen von St-Estèphe konnte sich der Lafon-Rochet mit dem Cos d'Estournel messen. Der reichhaltige, körperreiche, tief konzentrierte, mit Frucht bepackte Wein zeigt mäßigen Tanningehalt und dunkle Farbe sowie ausgezeichnetes Potential für lange Entwicklung. Für den Jahrgang stellt er eine verdienstvolle Leistung dar.
Voraussichtliche Genußreife: Jetzt bis 2005. Letzte Verkostung: 1/88.

1982 • 86 Der 1982er ist vollmundig und konzentriert, im wesentlichen aber doch eindimensional und einfach. Zwar bietet er dicklich konfitürenhafte Frucht, aber keine Komplexität. Im Abgang findet sich etwas Tannin vor. Mein Instinkt sagt mir, daß dieser Wein in den nächsten 10 bis 15 Jahren getrunken werden muß. Letzte Verkostung: 9/95.

1979 • 85 1979 brachte Lafon-Rochet einen gut gelungenen Wein hervor. Er ist dunkelrubinrot, hat ein ausgeprägtes Aroma von frischem Eichenholz und schwarzen Kirschen, viel Körper und ist alles in allem erfreulicher als der 1978er aus diesem Château. Sein Tannin hat er nur zögernd abgelegt. Wird die Frucht verblassen, bevor das Tannin ganz abschmilzt? Er könnte eigentlich charmanter sein.
Voraussichtliche Genußreife: Jetzt bis 1999. Letzte Verkostung: 6/89.

1978 • 82 Ein geschmeidiger, aufgeschlossener, fruchtiger Wein, dem mehr Substanz und Charakter gut anstehen würden. Mäßig dunkle Farbe, süffige, milde Art, angenehmer, sanfter, fruchtiger Geschmack und ein kurzer Abgang kennzeichnen diesen Wein, der im Lauf der nächsten Jahre getrunken werden sollte.
Voraussichtliche Genußreife: Jetzt. Letzte Verkostung: 6/89.

1976 • 74 In diesem Jahrgang brachte Lafon-Rochet einen leichten, recht fragilen Wein hervor, der seit 1980 voll ausgereift ist. Die mittelrubinrote Farbe zeigt etwas Braun an den Rändern; der Geschmack ist diffus und etwas dünn.
Voraussichtliche Genußreife: Jetzt – wahrscheinlich stark im Nachlassen. Letzte Verkostung: 7/81.

1975 • 82 Der 1975er Lafon-Rochet ist ein kräftiger, erstaunlich tief dunkler, substanzreicher Wein und weist noch immer den strengen, tanninherben, kantigen Charakter auf, den so viele 1975er zeigen. Trotz Farbe und Intensität läßt er wenig Komplexität oder feste Richtung erkennen. Er ist zwar großzügig bemessen, jedoch schwerfällig und zu sehr eindimensional.
Voraussichtliche Genußreife: Jetzt bis 2000. Letzte Verkostung: 4/88.

1973 • 64   Den inzwischen blassen 1973er Lafon-Rochet mit seinem verblichenen, dumpfigen Aroma, seiner unkenntlich gewordenen Frucht und seinem verwaschenen, kurzen Abgang wird man am besten vergessen. Letzte Verkostung: 10/82.

1971 • 76   Der recht leichte, aber 1978 doch ziemlich charmante und fruchtige 1971er war damals voll ausgereift, und so kann man sich unschwer vorstellen, daß ihm nach nochmals 13 Jahren in der Flasche alle Attraktivität, die er einmal gehabt haben mag, abhanden gekommen ist. Letzte Verkostung: 6/78.

1970 • 87?   Ein vierschrötiger, muskulöser, mächtiger Wein, der nie einen harmonischen Charakter erlangt hat. Es scheint, als ob das Tannin sich nie ganz integrieren wird, außerdem mangelt es an Komplexität. Nichtsdestoweniger ist er ein körper- und nuancenreicher, sehr schön konzentrierter, stämmiger Wein mit eindrucksvoller, satter, dunkelrubinroter Farbe und einer Spur Bernsteingelb am Rand. Der lederige, tanninherbe 1970er zeigt im Geschmack Noten von Braten und blutigem Rindfleisch. Mit dem Austrinken hat es keine Eile, ich rechne aber auch nicht damit, daß dieser Wein noch viel besser wird. Letzte Verkostung: 6/96.

1966 • 69   Der 1966er, gewiß ein Lafon-Rochet des alten Stils, bleibt staubig, tanninherb und rauh bei verblassender Frucht, beträchtlicher Braunfärbung an den Rändern und viel noch unverkennbarem Tannin. Er beginnt auszutrocknen und adstringierenden Charakter anzunehmen, ist also stark im Nachlassen. Letzte Verkostung: 6/87.

1961 • 85   Der immer noch volle und konzentrierte, mit viel adstringierendem Tannin versehene würzige, reife, körperreiche und durch Geschmacksfülle gekennzeichnete Wein zeigt viel Extrakt und einen staubigen, kalkigen Abgang. Er ist ein eher guter als wirklich feiner 1961er, der jetzt getrunken oder noch einmal 5 bis 10 Jahre aufbewahrt werden kann. Am Ende wird sich das Tannin vielleicht als zu stark für die Frucht dieses Weins erweisen, also ist baldiges Austrinken zu empfehlen.
Voraussichtliche Genußreife: Jetzt. Letzte Verkostung: 11/88.

LILIAN LADOUYS
Cru Bourgeois seit 1932

GUT

Lage der Weinberge: St-Estèphe (Blanquet)

Besitzer: Château Lilian Ladouys S.A.
Adresse: 33180 St-Estèphe
Telefon: 33 5 56 59 71 96 – Telefax: 33 5 56 59 35 97

Besuche: nur nach Vereinbarung
Kontaktperson: Marguerite North (Adresse und Telefon siehe oben)

WEINBERGE (Rotwein)

Rebfläche: 47,5 ha

Durchschnittliches Rebenalter: 35 Jahre

Rebbestand: 58 % Cabernet Sauvignon, 37 % Merlot, 5 % Cabernet Franc

Pflanzdichte: 10 000 Reben/ha

Ertrag (im Durchschnitt der letzten 5 Jahre): 55 hl/ha

Durchschnittliche Jahresproduktion insgesamt: 280 000 Flaschen

ST-ESTÈPHE

GRAND VIN

Name: Château Lilian Ladouys

Appellation: St-Estèphe

Durchschnittliche Jahresproduktion: 224 000 Flaschen

Verarbeitung und Ausbau: Vinifikation 25 bis 30 Tage in temperaturgeregelten Edelstahltanks bei bis zu 30 °C. Anschließend Abstich und malolaktische Säureumwandlung in zu 30 bis 50 % neuen Eichenfässern und Abfüllung je nach Jahrgang nach 18 bis 20 Monaten. Abstich alle 3 Monate; leichte Schönung, aber bei der Abfüllung keine Filtrierung.

ZWEITWEIN

Name: La Devise de Lilian

Durchschnittliche Jahresproduktion: 60 000 Flaschen

Beurteilung des derzeitigen Rangs: Das wiedererstandene Weingut hat erst wenige Jahrgänge herausgebracht, es gibt aber Anlaß zu großen Hoffnungen

Genußreife: 5 bis 15 Jahre nach dem Jahrgangsdatum

Das kleine, erst vor einiger Zeit von Christian und Lilian Thiéblot wiederrichtete Weingut (bis 1989 lagen Weinbereitung und Vertrieb in den Händen einer großen Genossenschaft) kommt in den Genuß hoher finanzieller und persönlicher Einsatzbereitschaft für hervorragende Leistungen. Der Weinberg, besetzt mit Reben im Alter von 25 bis 45 Jahren, liegt in der Nähe so hochrenommierter Bordeaux-Superstars wie Cos d'Estournel und Lafite-Rothschild. Der 1989er und der 1990er stellen sich als erstaunlich gehaltvolle, intensiv konzentrierte, körperreiche, vollmundige Weine dar, die hohe Klasse und großen Charakter zu erkennen geben. Die Erzeugung wird exklusiv durch das große Bordeaux-Handelshaus Dourthe vertrieben. Zwar machen zwei Jahrgänge noch keinen Star, aber die meisten Beobachter sind der Ansicht, daß mit diesem aufstrebenden St-Estèphe-Gut auch weiterhin ernsthaft zu rechnen sein wird. 1997 wurde es an den Alcatel-Konzern verkauft.

JAHRGÄNGE

1995 • 86 Der 1995er ist ein Klon des 1994ers mit etwas dichterer Frucht und kräftigerem Tannin. Er erinnert an einen 1986er und verlangt Geduld, während der 1994er früh getrunken sein will. Letzte Verkostung: 3/96.

1994 • 86 Dieser Jahrgang bietet schöne Reife, mittelschweren Körper, saubere, kompetente Bereitung, gute Konzentration und ausreichend rote und schwarze Frucht, verpackt in Eichentoastnoten, um allgemein dem Gaumen zu schmeicheln. Er sollte im Lauf der nächsten 10 Jahre getrunken werden. Letzte Verkostung: 3/96.

BORDEAUX

MEYNEY
Cru Bourgeois Exceptionnel seit 1932

SEHR GUT

Lage der Weinberge: St-Estèphe

Besitzer: Domaines Cordier
Adresse: St-Estèphe – 33250 Pauillac
Postanschrift: Domaines Cordier, 53, rue du Dehez, 33290 Blanquefort
Telefon: 33 5 56 95 53 00 – Telefax: 33 5 56 95 53 01

Besuche: nur nach Vereinbarung
Kontaktadresse: Domaines Cordier (siehe oben)

WEINBERGE (Rotwein)

Rebfläche: 49,5 ha

Durchschnittliches Rebenalter: 35 Jahre

Rebbestand: 70% Cabernet Sauvignon, 25% Merlot, 2% Petit Verdot, 3% Cabernet Franc

Pflanzdichte: 7500 Reben/ha

Ertrag (im Durchschnitt der letzten 5 Jahre): 55 hl/ha

Durchschnittliche Jahresproduktion insgesamt: 366 000 Flaschen

GRAND VIN

Name: Château Meyney

Appellation: St-Estèphe

Durchschnittliche Jahresproduktion: 293 000 Flaschen

Verarbeitung und Ausbau: Vinifikation 20 bis 25 Tage in 200-hl-Zementtanks bei max. 30 bis 32°C mit häufiger *remontage* für gute Extraktion. Malolaktische Säureumwandlung bei 15% des Ertrags in neuen Eichenfässern, ansonsten in Tanks, anschließend Abstich in zu 15% neue Fässer: Abfüllung erfolgt nach 20 Monaten unter Schönung und leichter Filtrierung.

ZWEITWEIN

Name: Prieuré du Château Meyney

Durchschnittliche Jahresproduktion: 73 000 Flaschen

Beurteilung des derzeitigen Rangs: Aufstufung zum 3ème Cru wäre zu empfehlen

Genußreife: 8 bis 25 Jahre nach dem Jahrgangsdatum

Meyney, mit rund 50 ha ein großes Weingut, liegt unmittelbar nördlich von Montrose mit schönem Blick auf die Gironde; es bringt ausgesprochen reichhaltige, robuste Weine hervor, die dem findigen, mehr auf Qualität als auf Prestige achtenden Weinfreund einen günstigen Einkauf ermöglichen. Die Weinqualität ist bemerkenswert gleichmäßig und kann sich seit 1975 neben vielen Crus Classés im Médoc sehr wohl sehen lassen. Die Art ist ziemlich kräftig, die Frucht gut und die Lebenserwartung mit 20 bis 25 Jahren ausgezeichnet. Manche Beobachter meinen, das ausgeprägte Meyney-Bukett, in dem sich Süßholz, Pflaumen und Trüffeln vorfinden, sei auf eine geologische Besonderheit zurückzuführen: Ein großer Teil der Weinberge von Meyney liegt auf

ST-ESTÈPHE

mit Eisen angereichertem blauem Ton, der im Médoc sonst nicht vorkommt. Seltsamerweise gibt es eine solche Bodenart dagegen in Pomerol, vor allem unter den berühmten Weinbergen von Château Pétrus. Für Besucher von St-Estèphe dürfte Meyney auch deshalb von Interesse sein, weil das Château einer der wenigen alten kirchlichen Bauten im Médoc ist und von seinen Besitzern, der Firma Cordier, in gutem Zustand erhalten wird.

Zum Glück für den Verbraucher werden die Weine von Meyney nach wie vor gröblich unterbewertet. Weinbereitung und Ausbau finden unter der Aufsicht eines der größten Önologen in Bordeaux, Georges Pauli, statt, der übrigens auch Bürgermeister von St-Julien ist. Im Verein mit der fabelhaften Lage in St-Estèphe kommen dadurch erstaunlich gehaltvolle, individualistische Weine zustande, die sich nicht nur mit den besten in St-Estèphe, sondern im ganzen Médoc messen können.

JAHRGÄNGE

1996 • (85-87)   Das zuverlässige Cru-Bourgeois-Gut hat einen dichten, rauchigen, kräuterwürzigen Wein mit dem Duft schwarzer Kirschen hervorgebracht, der zwar nicht so gewichtig wie manche anderen Jahrgänge aus diesem Haus, jedoch sauber bereitet, mittelschwer und überraschend aufgeschlossen für seinen Jahrgang ist. Solides Tannin im Abgang läßt vermuten, daß dieser Wein 10 bis 15 Jahre Lebensdauer vor sich hat. Letzte Verkostung: 3/97.

1995 • 89   Der 1995er zeigt undurchdringlich purpurrote Farbe, herrlichen Duft von schwarzen Kirschen und Cassis, verwoben mit Noten von Erde, Süßholz und toastwürzigem Eichenholz. Milde, reife, säurearme Geschmacksnuancen überfluten den Gaumen und schaffen im Mund ein beeindruckendes, öliges Gefühl. Dieser mittelschwere bis schwere, konzentrierte Meyney dürfte sich bereits jung schön trinken, aber auch gut 12 bis 15 Jahre überdauern. Letzte Verkostung: 3/96.

1994 • 88   Das Jahr für Jahr überdurchschnittliche Leistungen erbringende Gut hat einen attraktiven 1994er mit dunkel purpurroter Farbe, süßem, pflaumigem, kräuterhaftem, mineralischem und würzigem Duft, kraftvollem, mittelschwerem bis vollem Geschmack, angemessener Säure und mäßigem Tannin hervorgebracht. Dieser Wein zeigt bei einer gewissen Frühreife schöne Frucht und gutes Gleichgewicht. Er dürfte sich 12 bis 15 Jahre lang angenehm trinken. Letzte Verkostung: 3/96.

1993 • 78   In diesem Jahr fiel die Leistung des beim Publikum beliebten Guts mittelmäßig aus. Die Farbe ist dunkelrubinrot, der Wein jedoch hart mit zuviel Tannin für die magere Frucht. Infolgedessen schmeckt er kompakt, gedämpft, und es fehlt ihm an Charme und Reife. Letzte Verkostung: 11/94.

1992 • 81   Der zuverlässige, oft brillante St-Estèphe ist in diesem Jahr dunkelrubinrot bei mittlerem Körper, ausreichender Säure und übermäßig viel Tannin und Rauheit im Abgang ausgefallen. Er ist zwar besser als mancher andere 1992er, doch der hohe Tanningehalt wird zu einer wenig anmutigen Entwicklung führen. Letzte Verkostung: 11/94.

1990 • 88   Der 1990er ist zwar nicht so vollmundig wie der 1989er, aber doch eine gute Leistung dieses stets überdurchschnittlichen Erzeugers. Der Wein zeichnet sich durch tief rubinpurpurrote Farbe, schönen Duft nach schwarzer Frucht, Kräutern und Eichenholz, reifen, vollen, von Tannin beherrschten Geschmack, gute Konzentration und einen mäßig langen, festen Abgang aus. Voraussichtliche Genußreife: Jetzt bis 2010. Letzte Verkostung: 1/93.

1989 • 90   Der 1989er ist einer der feinsten Weine, die das Gut je produziert hat. Die undurchdringliche schwarz-rubinrote Farbe, ein Bukett von Mineralen und Damaszenerpflaumen, der alkoholstarke, massive Geschmack und das den Mund füllende Tannin – alles trägt zu einer wahren Sinnenorgie bei. Der 1989er wird sich als ungewöhnlich langlebig und als profund in der Geschmacksentfaltung erweisen.
Voraussichtliche Genußreife: Jetzt bis 2020. Letzte Verkostung: 1/93.

1988 • 88 Wer keine Geduld hat, der sollte sich mit dem 1988er nicht einlassen. Er ist noch viel gewaltiger tanninhaltig als der 1989er, jedoch vollgepackt mit Frucht, und er wird mindestens ein Jahrzehnt im Keller ruhen müssen. Er erinnert an den wundervollen 1975er Meyney, der jetzt erst gerade genußreif wird.
Voraussichtliche Genußreife: Jetzt bis 2015 Letzte Verkostung: 4/91.

1987 • 82 Für den Jahrgang ist dieser Wein ein großer Erfolg. Dieser mitteltief rubinrot, milde und doch auch mäßig tanninhaltige Wein mit duftigem, kräuterwürzigem, pflaumenhaftem Bukett wird im Lauf der kommenden 5 bis 7 Jahre idealen Genuß bieten.
Voraussichtliche Genußreife: Jetzt. Letzte Verkostung: 5/90.

1986 • 90 Nach rascherer Entwicklung als bei manchen anderen 1986ern aus dem nördlichen Médoc zeigt sich der Meyney tiefdunkel granatpurpurrot mit mäßig intensivem Duft von Mineralen, Süßholz, Rauch, gedörrten Kräutern und süßer Frucht schwarzer Johannisbeeren. Am Gaumen erweist es sich, daß noch Tannin abzulegen ist, doch die breite, saftige Art sorgt bereits für Zugänglichkeit. Bei ausgezeichnetem Extrakt und vielschichtiger Frucht verträgt dieser Wein auch noch weitere 10 bis 15 Jahre Kellerreife – mindestens.
Voraussichtliche Genußreife: Jetzt bis 2015. Letzte Verkostung: 9/97.

1985 • 87 Der voll ausgereifte 1985er Meyney zeigt tief rubinrote Farbe mit leicht bernsteingelbem Saum. Der verlockende Duft gibt grasige schwarze Frucht, verflochten mit Nuancen von Pflaumen, Tee, Erde und Süßholz zu erkennen. Der von vornherein milde, mittelschwere, köstlich fruchtige, runde, seidige Wein dürfte sich weitere 10 Jahre lang gut trinken.
Voraussichtliche Genußreife: Jetzt bis 2006. Letzte Verkostung: 9/97.

1984 • 84 Der 1984er hält sich noch weitere 10 bis 12 Jahre; er hat tief rubinrote Farbe, ausgezeichnete Tiefe, mittleren bis vollen Körper und viel Beerenfrucht.
Voraussichtliche Genußreife: Jetzt. Letzte Verkostung: 6/87.

1983 • 85 Der 1983er Meyney ist ein schöner Erfolg. Er zeigt große Dichte bei reifem, geröstetem Aroma, in dem sich schwarze Johannisbeeren vorfinden, mit öliger, dicker, reichhaltiger Geschmacksfülle, mittlerem Säuregehalt und mäßigem Tannin. Ein voller, konzentrierter, rustikaler Wein, dessen Entwicklung noch einmal 10 Jahre weitergehen kann.
Voraussichtliche Genußreife: Jetzt bis 2000. Letzte Verkostung: 9/88.

1982 • 90 Der 1982er Meyney, eine der besseren Leistungen dieses Jahrgangs, hat tief granatrote Farbe entwickelt und bietet prächtigen Duft von Süßholz, asiatischen Gewürzen, Rauchfleisch, Leder (Brettanomyces?) und fülligen schwarzen Kirschen. Dieser körperreiche Wein mit süßer, expansiver Frucht und vollmundiger Art, hinter der sich das wuchtige Tannin fast verbirgt, ist stets köstlich gewesen, hat aber in den letzten Jahren an Struktur zugelegt. Er ist ein saftiger, schön konturierter Meyney, der sich jetzt und im Lauf der kommenden 10 bis 15 Jahre mit Genuß trinken läßt.
Letzte Verkostung: 9/95.

1981 • 85 Ein weiteres Beispiel für Meyneys Stärke: substanzreiche, kraftvolle Weine mit dichter Geschmacksfülle, kräftiger Farbe, Charakter und Wucht. Dieser Jahrgang kompensiert den Mangel an Komplexität und Eleganz durch Unmengen an reifer Frucht von schwarzen Johannisbeeren.
Voraussichtliche Genußreife: Jetzt bis 2000. Letzte Verkostung: 1/88.

1979 • 81 Der für diesen reichlichen, aber unterbewerteten Jahrgang zweifellos gute 1979er Meyney hat dunkelrubinrote Farbe, ein recht einfaches, traubiges, an Gewürze und Stiele erinnerndes Aroma mit mäßig vollem Körper und leichtem Tannin.
Voraussichtliche Genußreife: Jetzt. Letzte Verkostung: 3/88.

1978 • 84 Ein Bilderbuch-Meyney: dunkel, vollmundig, fruchtig, bepackt mit Geschmacksnuancen von Kräutern, schwarzen Johannisbeeren und Pflaumen, mit viel Extrakt und den Mund zusammenziehendem Tannin; hat noch weitere 10 Lebensjahre vor sich. Ein wahrhaft guter Meyney.
Voraussichtliche Genußreife: Jetzt bis 2000. Letzte Verkostung: 4/87.

ST-ESTÈPHE

1976 • 74   Eine mittelmäßige Leistung, zwar schmackhaft und süffig, jetzt aber im Nachlassen; der Wein wird, wenn man ihn nicht sofort verbraucht, bald an Altersschwäche eingehen. Voraussichtliche Genußreife: Jetzt – wahrscheinlich stark im Nachlassen. Letzte Verkostung: 8/79.

1975 • 90   Dieser Wein ist beständig hervorragend; er zeigt dunkle rubinpupurgranatrote Farbe, breitgefächerten Duft nach Rauchfleisch, Zedernholz, Gewürzen und erdiger schwarzer Frucht. Dieser Wein mit seinem vollen Körper bei mäßigem Tanningehalt und fleischiger Intensität ist inzwischen voll ausgereift und dürfte weitere 10 Jahre in diesem Stadium bleiben. Ein Schlager seines Jahrgangs. Letzte Verkostung: 12/95.

1971 • 80   Der 1971er Meyney trinkt sich noch immer sehr schön; er zeigt dunkelrubinrote Farbe, vollmundige, stämmige Art ohne viel Komplexität, ist aber stets ein guter, robuster Tropfen. Voraussichtliche Genußreife: Jetzt. Letzte Verkostung: 9/79.

1970 • 83   Der dunkelrubinrote, voll ausgereifte Wein zeigt an den Rändern eine Spur Orangebraun. Er ist ein körperreicher, fester, herber Wein mit trockenem, leicht adstringierendem Abgang, doch hätte ich in ihm gern mehr Frucht gefunden – er dürfte nochmals 8 bis 10 Jahre überdauern.
Voraussichtliche Genußreife: Jetzt. Letzte Verkostung: 10/89.

ÄLTERE JAHRGÄNGE

Im Jahr 1978 begann Georges Pauli, der hervorragende Önologe der Firma Cordier, seine Talente an der Bereitung des Meyney zu beweisen. Vorher zeigte der Wein aus diesem Château eine Tendenz zu übermäßiger Tanninstrenge und adstringierender Herbheit. Aus den sechziger Jahren sind insbesondere die 1966er, 1962er und 1961er gut, doch sie halten den Vergleich mit den großen Meyneys der achtziger Jahre nicht aus. Der feinste alte Meyney, den ich gekostet habe, ist der 1959er (Punktnote 86, verkostet 1987).

MONTROSE
2ème Cru seit 1855

HERVORRAGEND

Lage der Weinberge: St-Estèphe

Besitzer: Jean-Louis Charmolue
Adresse: 33180 St-Estèphe
Telefon: 33 5 56 59 30 12 – Telefax: 33 5 56 59 38 48

Besuche: nur nach Vereinbarung
(Besuchszeiten von 9 bis 11 und 14 bis 17 Uhr nur an Werktagen)
Kontaktperson: Direktor Bruno Lemoine (Adresse usw. siehe oben)

WEINBERGE (Rotwein)

Rebfläche: 67 ha

Durchschnittliches Rebenalter: 33 Jahre

Rebbestand: 65 % Cabernet Sauvignon, 25 % Merlot, 10 % Cabernet Franc

Pflanzdichte: 9000 Reben/ha

Ertrag (im Durchschnitt der letzten 5 Jahre): 45 hl/ha

Durchschnittliche Jahresproduktion insgesamt: 340 000 Flaschen

BORDEAUX

GRAND VIN

Name: Château Montrose

Appellation: St-Estèphe

Durchschnittliche Jahresproduktion: 230 000 Flaschen

Verarbeitung und Ausbau: Weinlese von Hand, traditionelle Vinifikation: 21 bis 25 Tage in Holzfässern und Edelstahltanks bei Temperaturen bis max. 30 bis 32 °C mit häufiger *remontage* für bestmögliche Farb- und Tanninextraktion. Ausbau 19 Monate in zu 35 % neuen Eichenfässern. Schönung mit Eiweiß, sechsmaliger Abstich, keine Filtrierung bei der Abfüllung.

ZWEITWEIN

Name: La Dame de Montrose

Durchschnittliche Jahresproduktion: 110 000 Flaschen

Beurteilung des derzeitigen Rangs: Entspricht der Klassifizierung

Genußreife: 3 bis 25 Jahre nach dem Jahrgangsdatum für Spitzenjahrgänge nach 1970; vor 1971: 15 bis 35 Jahre nach dem Jahrgangsdatum

Montrose – eine der besten Weinberglagen im Médoc und eine der am untadeligsten geführten Kellereien in der Appellation – stand lange Zeit für mächtige, dichte, wuchtige Weine, die mehrere Jahrzehnte im Keller ruhen mußten, bis sie soweit gemildert waren, daß man sie trinken konnte. Beispielsweise bot mir Jean Paul Jauffret, der ehemalige Vorsitzende der CIVB in Bordeaux, im Jahr 1982 den 1908er Montrose an, ohne den Jahrgang zu nennen, um zu sehen, ob ich das Alter erraten könnte. Dieser Wein hatte es noch sehr in sich, und er schmeckte, als wäre er mindestens 30 Jahre jünger.

Inzwischen hat der Besitzer, der liebenswürdige Jean-Louis Charmolue, den Stil von Montrose offensichtlich leichter gestaltet, und zwar weil er meint, daß dichte, ungeheuer tanninstrenge Weine bei den Liebhabern nicht mehr ankommen. Besonders deutlich wird der Stilwandel bei den Weinen vom Ende der siebziger und vom Anfang der achtziger Jahre, da im Verschnittrezept der Merlot-Anteil auf Kosten von Cabernet Sauvignon und Petit Verdot angehoben worden war. Seit 1986 ist Montrose wieder zu einem kraftvolleren, muskulöseren Stil zurückgekehrt, der an die Jahrgänge vor 1975 erinnert. Auf jeden Fall brachten die Jahrgänge 1989 und 1990 aus diesem Château Schwergewichte von einem Kaliber hervor, wie es seit 1961 hier nicht mehr gesehen worden ist. Wer je das Vergnügen hatte, einige der größten Montrose-Jahrgänge probieren zu dürfen – 1953, 1955, 1959, 1961, 1964 und 1970 –, wird zweifellos bestätigen, daß Montrose zahlreiche massive Weine produziert hat, die den Beinamen «der Latour von St-Estèphe» rechtfertigen. Eine besonders starke Zeit hatten die Weine von Montrose zwischen 1953 und 1971 sowie von 1989 bis heute – man kann sie in dieser Zeit fraglos zu den feinsten Weinen aus dem nördlichen Médoc zählen.

Besucher von St-Estèphe finden das bescheidene Château Montrose ziemlich hoch oben mit einem wunderbaren Blick auf die Gironde. Das Gut, seit 1896 im Besitz der Familie Charmolue, ist einen Besuch durchaus wert, allein schon wegen der prachtvollen *cuverie* mit den riesigen alten, offenen Eichenbottichen und dem ansehnlichen neuen Faßkeller. Wie viele seiner Nachbargüter verfügt auch Montrose über neue, modern eingerichtete Probier- und Empfangsräume.

ST-ESTÈPHE

JAHRGÄNGE

1997 • 87-89+ Bei Montrose gingen 40 % des Leseguts in den Grand Vin ein (65 % Cabernet Sauvignon, 29 % Merlot, 5 % Cabernet Franc, 1 % Petit Verdot). Die Erträge beliefen sich auf lediglich 42 hl/ha. Dieser Wein wird sich nach weiterer Faßreife als hervorragend erweisen. Seine Farbe ist ein tiefes Rubinpurpurrot, das überaus lebendige Aroma bietet süße, konfitürenhafte Frucht von Preiselbeeren, Kirschen und Cassis, Kräuternoten und den im Montrose oft anzutreffenden mineralisch-kiesartigen Duft. Eingangs wirkt der Wein wie viele andere hochwertige 1997er mild, sanft und rund ohne jede Schärfe. Bei mittlerem Körper und schöner Konzentration weist er dann im mäßig nachhaltigen Abgang trockenes Tannin auf, daher wird er nicht von Anfang an zu genießen sein. Er wird sich aber rasch entwickeln, und sein Potential verleiht ihm eine Lebenserwartung von mindestens 15 Jahren.
Voraussichtliche Genußreife: 2001 bis 2015. Letzte Verkostung: 3/98.

1996 • 90-93 Die tiefdunkle purpurschwarze Farbe dieses klassischen Montrose wirkt eindrucksvoll. Der Wein hat ausnehmend volle, überreife Pflaumen- und Cassis-Frucht, vermischt mit Rauch, Mineralen und Gewürzen, vorzuweisen. Nur 59 % des Leseguts gingen in den Verschnitt von 72 % Cabernet Sauvignon, 24 % Merlot und 4 % Cabernet Franc ein. Die ölige Art verleitet zu der Vermutung, es sei mehr Merlot im Rezept, doch ist sie vielmehr dem überreifen Cabernet Sauvignon zu verdanken. Der 1996er wirkt geradezu süß (durch Reife, nicht Zuckergehalt) und hat mittleren bis vollen Körper bei klar gezeichneter Persönlichkeit. Zweifellos liegt im Hintergrund kräftiges Tannin, es verbirgt sich aber zum Teil unter dem deftigen Gehalt an Extrakt, Glyzerin und Frucht.
Voraussichtliche Genußreife: 2006 bis 2030. Letzte Verkostung: 3/98.

1995 • 93 Der explosiv volle, exotische, fruchtige 1995er Montrose zeigt noch mehr Fett und Extrakt als der 1996er. In seinem Rezept ist der Cabernet-Sauvignon-Anteil kleiner, und dadurch kam eine körperreichere, zugänglichere, freundlichere Art zustande. Die Farbe ist ein tiefdunkles Schwarzrubinpurpurrot, das reife Aroma erinnert an schwarze Frucht, Vanillin und Süßholz. Dieser kraftvolle, dabei aber (dank samtigem Tannin und milder Säure) höchst entgegenkommende, herrliche Montrose dürfte bereits in der Jugend schön zu trinken sein.
Voraussichtliche Genußreife: 2003 bis 2028. Letzte Verkostung: 11/97.

1994 • 91 Die undurchdringliche Purpurfarbe läßt auf beträchtliche Intensität schließen. Dieser Wein, einer der erfolgreichsten 1994er aus dem nördlichen Médoc, zeigt verschlossene Aromen von fülliger schwarzer Frucht, Pflaumen, Gewürzen und Erde. Am Gaumen spürt man eindrucksvollen Extrakt, reintönige Art und reichliche süße Frucht von schwarzen Johannisbeeren, ausgewogen durch mäßiges, reifes Tannin – ein beeindruckender mittelschwerer Montrose mit exzellenter bis hervorragender Konzentration, der nach weiteren 4 bis 5 Jahren Kellerreife kurz vor dem Höhepunkt stehen dürfte.
Voraussichtliche Genußreife: 2002 bis 2020. Letzte Verkostung: 1/97.

1993 • 87 Ein dunkelrubin-purpurroter Wein mit Duftnuancen von gegrilltem Fleisch, Pfeffer, sonstigen Gewürzen und schwarzer Frucht bei mittelschwerem Körper, überraschend süßer Fruchtigkeit und Milde, mäßigem Tannin und ausgewogener, fester, konzentrierter Persönlichkeit. 2 bis 4 Jahre Kellerreife werden ihm gut tun, die Lebenserwartung beträgt 15 Jahre (einer der langlebigeren Weine des Jahrgangs). Letzte Verkostung: 1/97.

1992 • 87 Dunkelrubinrot mit straffem, aber vielversprechendem Duft von Süßholz, schwarzen Johannisbeeren und Mineralen bei mittelschwerem Körper, attraktiver, süßer, voller Cassis-Frucht und mäßigem Tannin – ein Wein mit schöner Konzentration und Reife, der noch 2 bis 4 Jahre im Keller ruhen möchte. Er dürfte sich 12 bis 14 Jahre halten. Dieser 1992er scheint einer der wenigen zu sein, die über genügend Frucht als Gegengewicht zum Tannin verfügen. Letzte Verkostung: 11/94.

1991 • 88 Der 1991er zeigt dunkle, satte Farbe (einer der undurchdringlichsten Weine des Jahrgangs) und straffen, aber vielversprechenden Duft von süßer, fülliger Frucht schwarzer Himbeeren, von Mineralen und subtilem frischem Eichenholz. Mit seiner mittelschweren bis vollen Art, beträchtlichen Mengen an Tannin, bewunderungswürdiger Reife und vielschichtiger Frucht dürfte dieser exzellente Wein in 7 bis 8 Jahren seinen Höhepunkt erreichen und nahezu zwei Jahrzehnte überdauern. Letzte Verkostung: 1/94.

1990 • 100 Der 1990er ließ seine unglaubliche Komplexität und seinen massiven Charakter klar zum Vorschein kommen. Mir machte es besondere Freude, daß der 1990er Montrose bei einem Vortrag, den ich Ende März in London hielt, gegen scharfe Konkurrenz (1989er und 1990er Cheval Blanc, 1989er und 1990er Pichon-Lalande, 1989er und 1990er Certan de May) mit überwältigender Mehrheit von den Teilnehmern, fast 400 britischen Weinkostern, zum Sieger erklärt wurde. Der Wein präsentiert sich erstaunlich reichhaltig mit markantem Duft von süßer, fülliger Frucht, flüssigen Mineralen, neuem Sattelleder und gegrillten Steaks. Im Mund schmeicheln enorme Konzentration, Extrakt, volles Glyzerin und mildes Tannin dem Gaumen. Dieser mächtige, korpulente, ehrfurchtgebietend voll ausgestattete Wein ist noch recht zugänglich, denn er hat sich noch nicht zum Abspecken in sich zurückgezogen. Er stellte den 1989er, der ja selbst auch ein außergewöhnlicher Wein ist, glatt in den Schatten. Der 1990er verlangt noch 10 Jahre Kellerreife und dürfte sich 25 bis 30, möglicherweise sogar 40 bis 50 Jahre halten. Letzte Verkostung: 3/97.

1989 • 96 Der hervorragende 1989er Montrose ist einer der Stars seines Jahrgangs. Seine Farbe ist tiefdunkel rubinpurpurrot, das süße Aroma erinnert an Minerale, schwarze Frucht, Zedern- und Eichenholz; hinzu kommen mittlerer bis voller Körper, extraktreicher Geschmack, milde Säure und moderates Tannin im anhaltenden Nachklang. Zwar scheint er sich nun viel rascher in sich zurückzuziehen als der legendäre 1990er, zeigt aber vielschichtige süße Frucht und hohen Glyzeringehalt. Man sollte ihm noch 5 bis 7 Jahre Kellerreife gönnen, dann läßt er sich in den darauffolgenden 2 bis 3 Jahrzehnten genußvoll trinken. Letzte Verkostung: 3/97.

1988 • 83 Der stets wenig beeindruckende 1988er Montrose ist leicht, wahrscheinlich zu tanninhaltig, und es fehlt ihm an Fülle, Tiefe und Nachhaltigkeit. Hohe Erträge und eine zu früh angesetzte Lese haben ihn gezeichnet.
Voraussichtliche Genußreife: Jetzt bis 2000. Letzte Verkostung: 11/90.

1986 • 91 Dieser Wein hat sich als besser erwiesen, als ich ursprünglich dachte. Er entstand in der Periode, als Montrose mit einem leichteren Stil flirtete, stellt aber eine der strammeren Leistungen aus dieser kurzlebigen Zeit stilistischer Abschweifung dar. Er zeigt dichte rubinpurpurrote Farbe mit nur schwacher Aufhellung am Rand. Dieser vollmundige, muskulöse, wuchtige Montrose mit seinen Aromen von roter und schwarzer Frucht, Erde und Gewürzen und seinem mittleren bis vollen Körper ist tanninstreng und straff und deshalb von seiner vollen Reife noch entfernt. Er hat vielschichtigen, kernigen Charakter und im Abgang noch viel ungemildertes Tannin.
Voraussichtliche Genußreife: 2000 bis 2025. Letzte Verkostung: 10/97.

1985 • 85 Der überraschend leichte, harmlose 1985er Montrose zeigt mittleres Rubinrot und gefällige, aber verwaschene Duftnuancen von süßen roten Johannisbeeren, Erde und Kräutern. Anfänglich bietet dieser mittelschwere Wein im Geschmack süße Frucht und einen gewissen Charme, im Mund und im Abgang jedoch erweist er sich zunehmend als schmal. Im Nachgeschmack zeigen sich auch kantiges Tannin und eine krautige Art. Obwohl er noch immer ein überdurchschnittlich guter Wein ist, stellt er für einen Montrose doch eine Enttäuschung dar.
Voraussichtliche Genußreife: Jetzt bis 2005. Letzte Verkostung: 10/97.

1984 • 77 Der mittelrubinrote Wein mit leichtem Duft von milder, eichenholzwürziger Beerenfrucht macht auf der Zunge einen sauberen, annehmbaren Eindruck, fällt im Abgang aber zurück – ein Picknick-Montrose der leichteren Art.
Voraussichtliche Genußreife: Jetzt. Letzte Verkostung: 6/88.

1983 • 83 Der 1983er Montrose ist bei weitem nicht so kraftvoll oder tanninreich, wie man erwarten würde; er hat vielmehr ausreichend Tannin, anständige rubinrote Farbe, würziges, pflaumiges Bukett, mittelschweren Körper und adstringierenden Abgang.
Voraussichtliche Genußreife: Jetzt bis 2000. Letzte Verkostung: 11/88.

ST-ESTÈPHE

1982 • 91 Ich habe diesen Wein in seiner Jugend unterbewertet und möchte nun die Dinge geraderücken. Neuerdings genossene Flaschen waren überwältigend, und ich bin überrascht, wie aufgeschlossen, köstlich und komplex der 1982er Montrose geworden ist. Bei rascher Entfaltung verträgt er dennoch mindestens weitere 20 Jahre Kellerlagerung. Die Farbe ist ein gesundes dunkles Rubingranatrot, der Duft zeigt sich voll, süß, mit Noten von schwarzer Frucht, verflochten mit neuem Eichenholz und blumigen Nuancen. Der körperreiche, opulente, prachtvoll proportionierte, volle, konzentrierte Wein mit staubtrockenem Tannin im Abgang ist bereits trinkreif, kann aber noch zwei Jahrzehnte aufbewahrt werden – ein höchst eindrucksvoller, untypisch entfalteter und aufgeschlossener Montrose. Letzte Verkostung: 8/97.

1981 • 84 Montrose produzierte 1981 einen eleganten, verhaltenen, mittelschweren Wein in Stromlinienform; er ist voll ausgereift, doch scheint es ihm für lange Lebensdauer an der nötigen Fülle und Konzentration zu mangeln. Ich finde ihn übertrieben karg.
Voraussichtliche Genußreife: Jetzt bis 2000. Letzte Verkostung: 12/90.

1980 • 72 Der magere, tanninreiche, recht dubiose 1980er mit seiner hellrubinroten Farbe wird meiner Meinung nach kaum je mehr sein als ein teurer Spaß.
Voraussichtliche Genußreife: Jetzt – wahrscheinlich im Nachlassen. Letzte Verkostung: 2/84.

1979 • 82 Der 1979er ist ein guter Wein, für Montrose aber eine enttäuschende Leistung. Er hat mittelrubinrote Farbe, ein leichtes Bukett von Kirschenfrucht, durchzogen mit würzigem Eichenholz, und ist karg, trocken und adstringierend im Abgang durch aggressives Tannin.
Voraussichtliche Genußreife: Jetzt. Letzte Verkostung: 3/88.

1978 • 84 Der dem 1979er ähnliche, wenn auch dunklere und verschlossenere, tanninreiche Wein zeigt gute, reife Frucht, stilvolle, mittelschwere Struktur, jedoch Mangel an Charakter, Komplexität und Fülle. Der neue leichtere Montrose-Stil wurde mit diesem Jahrgang eingeläutet. Wie wird er sich entwickeln?
Voraussichtliche Genußreife: Jetzt. Letzte Verkostung: 9/88.

1976 • 86 Der 1976er Montrose, unbezweifelbar einer der großen Erfolge und auch einer der langlebigsten Weine dieses Jahrgangs, ist nach wie vor dunkelrubinrot und zeigt würzigen Vanillin-Eichenholzduft sowie füllige, tiefe Fruchtigkeit von schwarzen Johannisbeeren. Während schon viele 1976er auszutrocknen und ihre Frucht einzubüßen beginnen, ist der Montrose jung, eindrucksvoll und vielversprechend geblieben.
Voraussichtliche Genußreife: Jetzt. Letzte Verkostung: 3/89.

1975 • 87? Der trotz einsetzendem bernsteingelb-rostrotem Saum noch immer verschlossene, wuchtige, muskulöse, uncharmante Montrose hat zwar bewunderungswürdige Struktur, aber ich bezweifle doch, daß seine Frucht noch weitere 10 Jahre überdauern wird. Schwerer Körper, erdige, staubige, rote und schwarze Fruchtnuancen zeichnen diesen tanninherben Giganten aus, der noch weitere 2 bis 3 Jahre Kellerreife verlangt. Das Urteil über diesen Wein ist noch nicht endgültig gesprochen. Letzte Verkostung: 12/95.

1974 • 72 Kleine schlechte Leistung in einem Jahr, das sich in Bordeaux als unterdurchschnittlich erwiesen hat. Der 1974er Montrose ist mager und sehnig, aber er zeigt nach wie vor gute Farbe, ansprechende Frucht, Eichenholz und erdige Düfte im Bukett sowie einen säurereichen Abgang.
Voraussichtliche Genußreife: Jetzt – wahrscheinlich im Nachlassen. Letzte Verkostung: 6/85.

1973 • 65 Zwischen 1976 und 1979 war dieser Wein eine erfreuliche Leistung in einem Jahr, in dem nur allzu viele verwässerte, dünne Weine zustande kamen. Inzwischen hat er seine Frucht verloren, und es bleiben nur noch Eichenholz, Alkohol und Tannin. Der Wein ist lediglich noch von akademischem Interesse. Letzte Verkostung: 8/86.

1971 • 86 Der 1971er Montrose ist auf seinem Höhepunkt attraktiv, hat ein betörendes Bukett mit Nuancen von Leder, Zedernholz, reifer und duftiger Frucht, milde, mäßig reichhaltige Geschmacksfülle und mittelschweren Körper. Auch ist er nach wie vor charmant und für einen 71er erstaunlich voll ausgestattet. Wer diesen Wein besitzt, sollte sich vornehmen, ihn auszutrinken.
Voraussichtliche Genußreife: Jetzt. Letzte Verkostung: 2/87.

1970 • 92+ Dieser 1970er scheint einer von denen zu sein, die alle Voraussetzungen für eine Entwicklung zu etwas Besonderem besitzen. Er ist nach wie vor jugendlich hart und adstringierend, doch das hohe Maß an Konzentration und Intensität ist nicht zu bezweifeln. Darüber hinaus zeigt der Wein ein hochklassiges, komplexes Bukett mit Nuancen von Zedernholz, schwarzer Frucht, Mineralen und Leder. Dieser körperreiche, wuchtige und reichhaltige Montrose mit seiner ungewöhnlichen Konzentration verlangt immer noch weitere 7 bis 10 Jahre Kellerreife – ist das zu glauben? Fraglos ein Wein mit 40 bis 50 Jahren Lebenserwartung. Letzte Verkostung: 6/96.

1967 • 82 Der für seinen Jahrgang überraschend gute 1967er Montrose war zwischen 1975 und 1979 auf seinem Gipfel. Jetzt befindet er sich bei verblassender Frucht und hervortretendem staubigem Tannin und Eichenholz im Nachlassen, doch der mittelrubinrote Wein hat noch immer guten Körper und ein genügend interessantes Bukett, um bei vielen Anerkennung zu finden. Austrinken.
Voraussichtliche Genußreife: Jetzt. Letzte Verkostung: 10/81.

1966 • 86 Der 1966er Montrose ist noch immer dunkelrubinrot, hat ein pfefferiges, starkwürziges, jedoch knappes, relativ verschlossenes Bukett. Auf der Zunge nimmt er sich karg und streng aus, hat aber gute Frucht und derbes, festes Tannin. Vergleichsweise ist er nicht so massiv oder reichhaltig wie der 1970er, 1964er bzw. 1961er, sondern weiterhin unentwickelt und karg. Wird sich die Frucht gegen das Tannin halten?
Voraussichtliche Genußreife: Jetzt bis 2005. Letzte Verkostung: 1/90.

1964 • 92 Der 1964er Montrose war einer von wenigen Médocs, die vor dem Einsetzen der Regenfälle gelesen wurden, und daher zeigt dieser Wein unerwartete Tiefe, Fülle und Kraft. Er ist gehaltvoller und intensiver als der 1966er, hat eine weit dunklere, undurchdringlichere Farbe und bietet als mächtiger, reifer Wein im alten Stil reichhaltigen, vollmundigen Rotweingenuß. Erstaunlicherweise schmeckt er, als sei er nicht einmal 10 Jahre alt. Für den Jahrgang ist er ein großer Erfolg und erweist sich vielleicht als der langlebigste Wein im Médoc. Eine außergewöhnliche Leistung!
Voraussichtliche Genußreife: 2000 bis 2020. Letzte Verkostung: 6/97.

1962 • 88 Der 1962er Montrose war 1985 auf dem Höhepunkt. Der dunkelrubinrote, sehr angenehme Wein mit einem komplexen, reich nuancierten Bukett von Zedernholz und schwarzen Kirschen zeigt auf der Zunge überraschende Fülle und Tiefe sowie geschmeidigen, langen Abgang. Jetzt köstlich.
Voraussichtliche Genußreife: Jetzt. Letzte Verkostung: 5/82.

1961 • 95 Ein umwerfender Wein aus einem superben Jahrgang, aber der 1961er Montrose braucht noch einmal 10 Jahre Ruhe im Keller. Die tiefe, undurchdringliche rubinrote Farbe, das mächtige Bukett von reifer Cassis-Frucht und mineralischen Düften, die körperreiche, dichte, überzeugende Fülle und Nachhaltigkeit sowie starkes Tannin sind Anzeichen für einen monumentalen Wein, der in den ersten 20 bis 30 Jahren des kommenden Jahrhunderts ein großer Genuß sein wird.
Voraussichtliche Genußreife: 2000 bis 2030. Letzte Verkostung: 10/94.

ÄLTERE JAHRGÄNGE

Der 1959er (95 Punkte; 10/94) ist dem 1961er überraschend ähnlich, hat aber süßere Frucht, eine stärker rustikale, tanninherbe Persönlichkeit und dieselbe enorme Wucht, Fülle und ausgesprochen altmodische Art wie der 1959er und 1961er. Der 1959er erreicht gerade seinen Gipfel und wird sich weitere 20 bis 30 Jahre halten!

Der 1921er Montrose (74 bis 90? Punkte; 1995 und 1996 viermal verkostet) ist variabel. Bei einer Verkostung bot er anfänglich vielversprechende Duftnuancen von Zedernholz und Rauchfleisch bei pfefferigem, Rhône-ähnlichem Charakter, doch wurde der magere Geschmack von starker Säure und unbändigem Tannin beherrscht. Bei anderen Verkostungen erwies er sich als

ST-ESTÈPHE

voller, milder Wein mit opulenter Fülle, lebenskräftig und mit beträchtlicher Frucht ausgestattet. Die feinste Flasche aus dem Pariser Handelshaus Niclolas habe ich 1996 in meinem nordamerikanischen Lieblingsrestaurant Daniel in New York getrunken. Es war eine herrliche Flasche (sie verdiente 93 Punkte)! Die Jahrgänge 1945 und 1947 sind angeblich zwar superb, doch die Flaschen, die mir untergekommen sind, waren durch einen Essigstich, trockenes, fast zähes Tannin und mangelnden Zusammenhalt beeinträchtigt. Ich kenne viele, denen ich glaube, daß sie großartige Beispiele des 1945er Montrose gekostet haben, ich hätte aber wahrhaftig gern Gelegenheit, selbst einmal einen zu genießen.

LES-ORMES-DE-PEZ
Cru Bourgeois seit 1932

GUT

Lage der Weinberge: Pez, St-Estèphe

Besitzer: Familie Cazes
Adresse: 33180 St-Estèphe
Postanschrift: c/o Château Lynch-Bages, 33250 Pauillac
Telefon: 33 5 56 73 24 00 – Telefax: 33 5 56 59 26 42

Besuche: nur nach Vereinbarung
Kontaktperson: Isabelle Faurie (Telefon- und Fax-Nr. siehe oben)

WEINBERGE (Rotwein)

Rebfläche: 32,5 ha

Durchschnittliches Rebenalter: 35 Jahre

Rebbestand: 70 % Cabernet Sauvignon, 20 % Merlot, 10 % Cabernet Franc

Pflanzdichte: 9500 Reben/ha

Ertrag (im Durchschnitt der letzten 5 Jahre): 50 hl/ha

Durchschnittliche Jahresproduktion insgesamt: 17000 Kisten

GRAND VIN

Name: Château Les-Ormes-de-Pez

Appellation: St-Estèphe

Durchschnittliche Jahresproduktion: 17000 Kisten

Verarbeitung und Ausbau: Weinlese von Hand, vollständiges Entrappen. Vinifikation 15 bis 17 Tage (außer 1996: 20 Tage) in 18 temperaturgeregelten Edelstahltanks. Malolaktische Säureumwandlung im Tank, anschließend Abstich in ein- bis zweimal gebrauchte, von Lynch-Bages übernommene Eichenfässer; Ausbauzeit 15 Monate. Der Wein wird mit Albumin geschönt und gefiltert.

Kein ZWEITWEIN

Beurteilung des derzeitigen Rangs: Aufstufung zum 5ème Cru wäre zu empfehlen

Genußreife: 5 bis 12 Jahre nach dem Jahrgangsdatum

Les-Ormes-de-Pez ist ein populärer Wein; das liegt zum großen Teil an der generösen Geschmacksfülle und der gefälligen, manchmal süßen und geschmeidigen Art. Aber auch die umfangreichen Werbebemühungen von Jean-Michel Cazes darf man nicht zu gering veranschlagen. Der Les-Ormes-de-Pez enttäuscht selten. Seine Farbe ist oft recht dunkel, und der Geschmack seit 1975 zunehmend sanfter und auf leichte Zugänglichkeit für ein breites Publikum abgestimmt. Dennoch kann der Wein 7 bis 12 Jahre aufbewahrt werden. Ältere Jahrgänge aus den vierziger und fünfziger Jahren, die noch in einem massiveren, dichteren Stil hervorgebracht wurden, können überaus wertvoll sein, denn die Bereitungstechnik ist seit Jahrzehnten untadelig. Daher ist der Les-Ormes-de-Pez ein Wein, den der Verbraucher, der nach hoher Qualität zu einem mäßigen Preis Ausschau hält, stets in die engere Wahl ziehen sollte.

JAHRGÄNGE

1996 • 85-87   Der 1996er Les-Ormes-de-Pez stellt eines der tieferen, muskulöseren Beispiele aus diesem leistungsfähigen Cru-Bourgeois-Gut dar. Dunkelrubinrote Farbe geht einher mit Aromen von süßer schwarzer Frucht, vermischt mit Düften von Lehmerde und würzigem frischem Eichenholz. Im Mund erweist sich der Wein als mittelschwer und überraschend sanft. Tannin, Säure und Alkohol sind schön integriert.
Voraussichtliche Genußreife: Jetzt bis 2008. Letzte Verkostung: 3/98.
1995 • 86   Ich bin versucht zu sagen, dieser Wein sei zu offensichtlich kommerziell, aber dennoch ist er ein attraktiver, sanfter, runder, mittel- bis dunkelrubinroter Bordeaux mit Noten von Kräutern, schwarzen Kirschen und Johannisbeeren. Dieser geschmeidige, recht elegante Wein mit seinem mittelschweren Körper, sanften Tannin und gefälligen Abgang sollte in den ersten 7 bis 8 Lebensjahren getrunken werden. Letzte Verkostung: 3/98.
1993 • 82   Dunkles Rubinrot geht einher mit Aromen von Paprika und schwarzen Johannisbeeren – ein eleganter, milder, reifer, mittelschwerer Wein, der in den nächsten 4 bis 5 Jahren getrunken sein will. Letzte Verkostung: 1/97.
1992 • 85   Der Wein ist dunkelrubinrot, hat exzellente reife Beerenfrucht, etwas Tannin im Abgang, üppige, mittelschwere, vollmundige Art sowie schöne Frucht und Geschmeidigkeit und dürfte sich etwa 7 bis 8 Jahre lang gut trinken. Vielleicht habe ich ihn unterbewertet. Letzte Verkostung: 11/94.
1991 • 81   Der 1991er zeigt mäßiges Tannin, würzige, kräuterhafte Frucht, für den Jahrgang überdurchschnittliche Tiefe, ausreichendes Tannin und einen sauberen, eindimensionalen Abgang. Er dürfte 5 bis 8 Jahre lang gut zu trinken sein. Letzte Verkostung: 1/94.
1990 • 89   Der dunkle, fast undurchdringlich rubinpurpurrote 1990er weist exzellente Tiefe, viel Substanz und Konturenschärfe sowie einen langen, reifen, alkoholstarken Abgang auf. Dieser verschwenderisch volle, körperreiche Wein ist nicht nur geschmeidig und überwältigend, sondern auch mehr als seinen Preis wert. Genußreif ist er auf 10 bis 15 Jahre hinaus. Letzte Verkostung: 1/93.
1989 • 86   Ein opulenter, intensiv fruchtiger Les-Ormes-de-Pez mit dunkelrubinroter Farbe, vollem Körper und sanftem Tannin. Er dürfte für mindestens 10 Jahre schönen Genuß bieten.
Voraussichtliche Genußreife: Jetzt bis 2000. Letzte Verkostung: 11/90.
1988 • 85   Der 1988er ist dem 1989er erstaunlicherweise ähnlich, er hat aber nicht ganz dessen Wucht und Frucht. Für den Jahrgang ist er überraschend weit entwickelt und dürfte sich bis zu 10 Jahre lang schön trinken.
Voraussichtliche Genußreife: Jetzt. Letzte Verkostung: 11/90.
1987 • 77   Weiche, grasige, verwässerte Frucht ist kaum imstande, einen günstigen Eindruck zu machen. Im Mund fühlt sich dieser Wein lose gewirkt und übermäßig kommerziell an. Er muß baldigst getrunken werden.
Voraussichtliche Genußreife: Jetzt. Letzte Verkostung: 3/90.
1986 • 86   Zweifellos wegen des Jahrgangs entstand 1986 einer der tanninreicheren, intensiveren Weine von Les-Ormes-de-Pez seit dem außergewöhnlichen 1970er. Der reife, tiefe, vollmun-

dige Wein hat viel Substanz und Frucht als Gegengewicht für die aggressiven Tannine aufzuweisen und wird sich einige Jahrzehnte lang gut halten, obwohl er schon in 3 bis 4 Jahren genußreif sein dürfte.
Voraussichtliche Genußreife: Jetzt bis 2005. Letzte Verkostung: 3/89.

1985 • 83   Der 1985er erweist sich als angenehmer, milder, fruchtiger Wein ohne große Tiefe, jedoch mit gefälliger Fruchtigkeit und unmittelbarer Zugänglichkeit.
Voraussichtliche Genußreife: Jetzt. Letzte Verkostung: 1/90.

1984 • 82   Der 1984er, hell- bis mittelrubinrot mit mildem, rundem, flachem Geschmack, in dem sich Gras, Kraut und Cassis-Frucht vorfinden, sollte möglichst bald getrunken werden.
Voraussichtliche Genußreife: Jetzt. Letzte Verkostung: 12/88.

1983 • 84   Der sehr dunkle, körperreiche, sauber bereitete Wein mit fülligem, reifem, rundem, reichfruchtigem Charakter hat gutes, seidiges, aber kräftiges Tannin und schwache Säure.
Voraussichtliche Genußreife: Jetzt. Letzte Verkostung: 5/88.

1982 • 87   Obwohl dieser sanfte, fleischige Wein mit seinem reifen Geschmack bereits seit 5 bis 6 Jahren trinkreif ist, gibt er noch keine Anzeichen von Farbveränderung oder Fruchteinbuße zu erkennen. Er ist rund, geschmeidig und reichhaltig, hat viel üppige, erdige Frucht von schwarzen Johannisbeeren, verwoben mit Kräuterdüften – ein strammer, stämmiger Wein, der sich noch 5 bis 6 Jahre lang gut trinken lassen wird. Letzte Verkostung: 9/95.

1981 • 78   Der unkomplizierte Wein kann sich mit der exzellenten Qualität des 1982ers oder dem sehr guten 1983er nicht messen, doch ist er robust und fruchtig, mit generöser Konsistenz und gefälligem, rundem, mildem Abgang.
Voraussichtliche Genußreife: Jetzt. Letzte Verkostung: 1/83.

1979 • 75   Eine mittelmäßige Leistung von Les-Ormes-de-Pez. Ein hellroter Wein mit voll ausgereiftem, fruchtigem Bukett, leicht dumpfigem Eichenholzaroma und weichem, etwas magerem Abgang.
Voraussichtliche Genußreife: Jetzt – wahrscheinlich im Nachlassen. Letzte Verkostung: 6/84.

1978 • 85   Ein sehr guter Wein mit tiefer, reifer Frucht von schwarzen Johannisbeeren, mittelschwerem bis schwerem Körper und gutem, solidem Tannin. Im Bukett stellen sich allmählich komplexe Düfte von Zedernholz und Gewürzen ein, und das Tannin mildert sich. Ein stämmiger, vollmundiger Wein, der sich noch 10 bis 12 Jahre hält.
Voraussichtliche Genußreife: Jetzt. Letzte Verkostung: 3/88.

1976 • 72   Mäßig intensive dickliche Frucht im Geschmack suggeriert überreifen Charakter. Der Wein ist mild, hat wenig Säure und einen dünnen Abgang. Austrinken!
Voraussichtliche Genußreife: Jetzt – wahrscheinlich stark im Nachlassen. Letzte Verkostung: 5/82.

1975 • 84   Der 1975er Les-Ormes-de-Pez ist für seinen Jahrgang gut gelungen, besser als einige der viel teureren Crus Classés; er ist gehaltvoll, körperreich, mit reifem, fruchtigem, an Leder erinnernden Bukett und staubigem, würzigem, durchweg reifem Geschmack mit leicht adstringierendem Tannin. Er sollte in den kommenden 4 bis 6 Jahren getrunken werden.
Voraussichtliche Genußreife: Jetzt. Letzte Verkostung: 11/88.

1971 • 65   Schon bei der ersten Verkostung 1977 war dieser Wein recht leicht und im Verblassen; inzwischen hat er stets eine strenge, bissige Säure und Mangel an Frucht an den Tag gelegt. Nicht zu empfehlen. Letzte Verkostung: 6/85.

1970 • 89   Der 1970er Les-Ormes-de-Pez hält sich beständig gut. Nachdem ich fast eine ganze Kiste geleert habe (ich kaufte sie 1973 für 4,99 $ die Flasche), muß ich gestehen, daß noch nicht eine Flasche voll ausgereift war, und ich bezweifle, daß dieser Wein jemals ein ideales Gleichgewicht zwischen Frucht, Tannin und Säure erreichen wird. Dieser konzentrierteste Les-Ormes-de-Pez, den ich je gekostet habe, zeigt dickliche pflaumenblaue bis granatrote Farbe mit bernsteingelbem Saum. Er ist vollmundig und robust, hat Duftnuancen von Pfeffer, Eisen, Zedernholz, Erde und Johannisbeerfrucht – ein großartiger, vollblütiger Wein; er läßt sich jetzt trinken, hält sich aber auch noch 10 Jahre. Letzte Verkostung: 6/96.

ÄLTERE JAHRGÄNGE

Um die Mitte der 1980er Jahre hatte ich Gelegenheit, den 1947er, 1953er, 1955er, 1959er und 1961er, jeweils ausgewählt aus den Weinkarten verschiedener Restaurants in Bordeaux zu probieren. Sie waren alle noch immer in gutem Zustand, massiv, robust, fast derb – echte Repräsentanten des alten Weinstils von Bordeaux. Ich habe keinen Zweifel, daß gut gelagerte Exemplare der vierziger, fünfziger und sechziger Jahre aus diesem Château auch heute noch einen sehr hohen Wert darstellen.

DE PEZ
Cru Bourgeois seit 1932

GUT

Lage der Weinberge: St-Estèphe

Besitzer: Champagne Louis Roederer
Adresse: B.P. 14 – 33180 St-Estèphe
Telefon: 33 5 56 59 30 26 – Telefax: 33 5 56 59 39 25

Besuche: nur nach Vereinbarung
Kontaktperson: Philippe Moureau (Adresse usw. siehe oben)

WEINBERGE (Rotwein)

Rebfläche: 24 ha

Durchschnittliches Rebenalter: 32 Jahre

Rebbestand: 46 % Merlot, 43 % Cabernet Sauvignon, 8 % Cabernet Franc, 3 % Petit Verdot

Pflanzdichte: 6400 Reben/ha

Ertrag (im Durchschnitt der letzten 5 Jahre): 51 hl/ha

Durchschnittliche Jahresproduktion insgesamt: 140 000 Flaschen

GRAND VIN

Name: Château de Pez

Appellation: St-Estèphe

Durchschnittliche Jahresproduktion: 140 000 Flaschen

Verarbeitung und Ausbau: Weinlese von Hand. Vinifikation etwa 25 Tage in Holzfässern bei Temperaturen bis 29 bis 30 °C. Im Dezember Abstich zur malolaktischen Säureumwandlung in jährlich zu jeweils $1/3$ erneuerten Eichenfässern. Ausbau in neuen Fässern 14 Monate, in ein- bis zweimal gebrauchten Fässern 12 Monate. Der Wein wird geschönt, aber nicht gefiltert.

Kein ZWEITWEIN

Beurteilung des derzeitigen Rangs: Aufstufung zum 5ème Cru wäre zu empfehlen

Genußreife: 8 bis 18 Jahre nach dem Jahrgangsdatum

Das Château mit seinen zwei Türmen ist kaum zu übersehen, wenn man durch das kleine Dorf Pez kommt. Seit Jahren produziert dieses Gut einen muskulösen, jedoch ausgezeichneten, manchmal sehr robust gebauten Wein, der bis zu zwei Jahrzehnte Lebenserwartung haben kann.

ST-ESTÈPHE

Wenn der Wein aus dem Château de Pez überhaupt Kritik verdient, dann deshalb, weil es ihm nur selten gelingt, eine außergewöhnliche Bewertung zu bekommen. So zuverlässig und solide er auch sein mag, er bringt es einfach nicht zuwege, dieselben Höhen zu erreichen, die andere beachtenswerte Crus Bourgeois, v. a. Haut-Marbuzet, Meyney und seit dem Ende der achtziger Jahre auch Phélan-Ségur, regelmäßig erklimmen. Oft habe ich mich schon gefragt, ob nicht ein erhöhter Merlot-Anteil im Verschnitt dem unnötig verhaltenen, oft sogar mageren de Pez nicht mehr Substanz und Charakter verleihen würde.

Man sollte de Pez, das vor einigen Jahren von dem Champagnerhaus Louis Roederer erworben wurde, im Auge behalten. Der frühere Besitzer, Robert Dousson, verbrachte einen großen Teil seines Lebens auf dem Château de Pez; er wurde dort 1929 geboren. Er arbeitete selbst auf dem Weingut mit und schwor auf unmanipulierten Wein. Auf die Langlebigkeit seines Weins und dessen Popularität in England und Nordeuropa bildete er sich nie etwas ein. Es ist noch zu früh für ein Urteil, aber Veränderungen in Stil und Qualität sind unter dem neuen Regime wahrscheinlich.

JAHRGÄNGE

1997 • 84-85   Der neue Besitzer von De Pez, das Champagnerhaus Roederer, ist bemüht, die Qualität des Weins noch weit höher zu treiben, als meine Verkostungsnotizen bisher erkennen lassen. Der 1997er ist ein attraktiver, gefälliger Bordeaux in recht kommerziellem Stil mit milder Säure, schlichter Frucht von Cassis und anderen Beeren und erdig-würzigen Nuancen im Hintergrund; er will in den ersten 4 bis 6 Lebensjahren getrunken werden. Letzte Verkostung: 3/98.

1996 • 84-86   Der 1996er zeigt sich als adstringierender, tanninreicher Wein, der sich noch mausern muß, wenn er eine höhere Punktnote verdienen soll. Er hat attraktive reife, reintönige Frucht von schwarzen Kirschen, mittelschweren Körper und schöne Süße und Substanz, doch derzeit beherrscht das Tannin noch die Persönlichkeit des Weins.
Voraussichtliche Genußreife: 2004 bis 2012. Letzte Verkostung: 3/97.

1995 • 86   Der 1995er hat exzellente Farbe, süßes Aroma von fülligen schwarzen Johannisbeeren, einförmigen, aber gut proportionierten und konzentrierten Geschmackseindruck, weiche Säure und reifes Tannin im Abgang – ein schmackhafter, vollmundiger St-Estèphe, der sich ab seiner Freigabe gut trinken lassen und 10 Jahre überdauern wird. Letzte Verkostung: 3/96.

1989 • 86   Der opulent reichhaltige 1989er ist früher reif als üblich und zeigt vielschichtige Cassis-Frucht, eng verflochten mit Düften von Kräutern und rauchigem Eichenholz. Für einen De Pez ist er überraschend vollmundig, säurearm und körperreich – ein Wein, der sich jung schon gut trinken läßt, aber doch die erforderliche Tiefe und Ausgewogenheit besitzt, die ihm 12 bis 15 Jahre Lebenszeit verleihen kann.
Voraussichtliche Genußreife: Jetzt bis 2005. Letzte Verkostung: 1/93.

1988 • 83   Der 1988er stellt eine typische De-Pez-Leistung dar; sein Bukett von mäßig reifen schwarzen Johannisbeeren, Mineralen und Holz ist verhalten und unaufdringlich. Der Wein ist mittelschwer, leicht adstringierend, karg und gedämpft. An Vollmundigkeit fehlt es ihm, er erscheint eher kompakt.
Voraussichtliche Genußreife: Jetzt bis 2000. Letzte Verkostung: 1/93.

1986 • 82   Gegenüber diesem de Pez hege ich allein deshalb Bedenken, weil er so abweisend undurchdringlich und tanninstreng ist. Bei mehrfacher Verkostung nach dem Abfüllen zeigte er eindrucksvolle dunkelrubinrote Farbe, doch das Bukett ist völlig verschlossen, und auf der Zunge fühlt er sich rauh wie ein Reibeisen an, ohne alle Vollmundigkeit, charmante Art und Konzentration, die man selbst im jüngsten Bordeaux vorzufinden erwartet. Dennoch ist kaum anzunehmen, daß dem Château in diesem Fall nicht ein zumindest guter Wein gelungen sein soll, aber man wird bestimmt Geduld für ihn brauchen.
Voraussichtliche Genußreife: Jetzt bis 2005. Letzte Verkostung: 3/90.

1985 • 86 Dieser charmante, elegante Wein hat nichts von dem harten, strengen Tannin, das so oft in diesem Jahrgang vorkommt. Tief dunkelrubinrote Farbe, ein mäßig intensives, betörendes Bukett mit Eichenholzwürze und Johannisbeerfrucht verleiht dem mittelschweren bis körperreichen, im Geschmack erstaunlich früh ausgereiften de Pez angenehme Süffigkeit, dabei dürfte er noch weitere 10 bis 12 Jahre überstehen.
Voraussichtliche Genußreife: Jetzt bis 2001. Letzte Verkostung: 11/89.

1983 • 85 Der 1983er de Pez ist ebenso sauber bereitet wie viele seiner berühmteren Jahrgangsvettern, zeigt dunkle Farbe und dichten, vollen, reifen, fruchtigen Geschmack bei beträchtlichem Tanningehalt und würzigem, mäßig strengem Abgang. Seine traditionelle Bauart verlangt nach weiteren 4 bis 5 Jahren Kellerreife.
Voraussichtliche Genußreife: Jetzt bis 2005. Letzte Verkostung: 1/88.

1982 • 86 Der 1982er ist viel runder und fruchtiger als der 1983er, zeigt sehr dunkles Rubinrot und ein intensives Cassis-Bukett, runden, großzügig ausgestatteten, üppigen Geschmack, starkes, aber samtiges Tannin und einen feinen, kräftigen Abgang.
Voraussichtliche Genußreife: Jetzt bis 2003. Letzte Verkostung: 1/89.

1981 • 77 Der 1981er ist der am wenigsten gelungene de Pez aus den drei guten Bordeaux-Jahren 1981, 1982 und 1983. Er ist mittelschwer, karg und verschlossen, hat aber gute Frucht und eine feste, tanninreiche, magere Struktur. Er ist noch immer unzugänglich und unentwickelt, doch ich fürchte, daß die Frucht inzwischen auszutrocknen beginnt.
Voraussichtliche Genußreife: Jetzt. Letzte Verkostung: 6/87.

1979 • 83 Mittel- bis dunkelrubinrote Farbe, ein schön entfaltetes Bukett von Kräutern, Gewürzen und dem Duft schwarzer Johannisbeeren, ein mittelschwerer Wein mit guter Frucht, mäßigem Tannin und einem trockenen, leicht adstingierenden, ziemlich nachhaltigen Abgang.
Voraussichtliche Genußreife: Jetzt. Letzte Verkostung: 7/86.

1978 • 85 Der 1978er war für de Pez ein guter Erfolg, weil er einen höheren Merlot-Anteil als üblich hatte, was auf Blüteprobleme beim Cabernet zurückzuführen war; er ist voll, geschmeidig, tief, fruchtig, mit viel Extrakt und Tannin. Bei mittlerem bis kräftigem Körperbau zeigt er sich voll entwickelt, aber ohne eine Spur von Nachlassen.
Voraussichtliche Genußreife: Jetzt bis 2000. Letzte Verkostung: 11/88.

1976 • 84 Von Geburt an zeigte der 1976er de Pez hervorragend saubere Bereitung und strenge Auswahl aus nur den allerbesten Mosten dieses reichlichen Jahrgangs. Er ist dunkler als die meisten 1976er Bordeaux-Weine, hat reifes, volles, fruchtiges Aroma und mildes, zurückhaltendes Tannin; diese für den Jahrgang erstklassige Leistung ist schon seit Anfang der achtziger Jahre voll ausgereift.
Voraussichtliche Genußreife: Jetzt. Letzte Verkostung: 10/87.

1975 • 84 Ich habe diesen Wein stets für fast untrinkbar gehalten, weil sein Tanningehalt so erschreckend hoch war. Inzwischen ist das Tannin abgeschmolzen, und nun findet sich einige Frucht in diesem mittelschweren, erdigen Wein, der bescheidene Nuancen von Zedernholz und Kirschenfrucht sowie staubige Noten bietet. Er hat noch immer tanninherben Biß, inzwischen aber schöneres Gleichgewicht, als ich es jemals für möglich gehalten hätte. Er sollte in den nächsten 5 bis 7 Jahren getrunken werden. Letzte Verkostung: 12/95.

1973 • 76 Der inzwischen verblaßte 1973er war (bis 1980) einer der erfreulichsten Weine aus einem schrecklich schwachen, dünnen Jahrgang mit gebrechlichen, wässerigen Weinen. Dagegen zeigte der de Pez eine freundliche, charmante, mäßig intensive Beerenfruchtigkeit und milden, geschmeidigen Geschmack. In großformatigen Flaschen – z.B. Magnum – hat dieser Wein eventuell immer noch lebendige Kraft.
Voraussichtliche Genußreife: Jetzt – wahrscheinlich stark im Nachlassen. Letzte Verkostung: 3/85.

1970 • ? Der 1970er De Pez ist eigentlich immer ein sauber bereiteter, eleganter, stilvoller Wein mit ausgeprägtem mineralischem, an Johannisbeeren erinnerndem Aroma gewesen, im Dezember aber war die letzte Flasche aus meinem Keller eine Enttäuschung. Zwar war die Farbe noch

ST-ESTÈPHE

in Ordnung, doch der Wein schmeckte mager, hart und adstringierend. Vielleicht handelte es sich nur um eine schlechte unter vielen guten Flaschen. Letzte Verkostung: 6/96.

Phélan-Ségur
Cru Bourgeois seit 1932

SEHR GUT

Lage der Weinberge: St-Estèphe

Besitzer: Xavier Gardinier
Adresse: 33180 St-Estèphe
Telefon: 33 5 56 59 30 09 – Telefax: 33 5 56 59 30 04

Besuche: nur nach Vereinbarung
Kontaktperson: Thierry Gardinier (weiteres siehe oben)

WEINBERGE (Rotwein)

Rebfläche: 63 ha

Durchschnittliches Rebenalter: 30 Jahre

Rebbestand: 60 % Cabernet Sauvignon, 35 % Merlot, 5 % Cabernet Franc

Pflanzdichte: 8500 Reben/ha

Ertrag (im Durchschnitt der letzten 5 Jahre): 56 hl/ha

Durchschnittliche Jahresproduktion insgesamt: 25 000 bis 30 000 Kisten

GRAND VIN

Name: Château Phélan-Ségur

Appellation: St-Estèphe

Durchschnittliche Jahresproduktion: 20 000 Kisten

Verarbeitung und Ausbau: Vinifikation etwa 20 Tage in temperaturgeregelten Edelstahltanks bei max. 25 bis 30 °C. Ausbau rund 18 Monate in zu 40 % neuen Eichenfässern. Der Wein wird vor der Abfüllung geschönt und gefiltert.

ZWEITWEIN

Name: Franck Phélan

Durchschnittliche Jahresproduktion: 12 000 Kisten

Beurteilung des derzeitigen Rangs: Entspricht der Klassifizierung, allerdings ist anzumerken, daß die Qualität seit 1986 jeden Vergleich mit den besten 4èmes und 5èmes Crus im Médoc aushält

Genußreife: Seit 1986: 5 bis 14 Jahre nach dem Jahrgangsdatum

Nach höchst problematischen Anfängen zu Beginn der achtziger Jahre wurde das Gut von der Familie Delon 1985 an Xavier Gardinier verkauft. Der neue Besitzer mußte mehrere Jahrgänge zurückrufen, weil sich in vielen Flaschen ein übler chemischer Geruch eingestellt hatte. Das Château strengte einen Prozeß gegen einen namhaften Hersteller von Pflanzenschutzmitteln an, weil der Verdacht bestand, daß sich der üble Geruch von dessen Chemikalien herleitete.

Inzwischen befindet sich Phélan-Ségur wieder in kompetenten, tüchtigen Händen. Das schöne Gut wurde von den neuen Besitzern bereinigt und neu ausgestattet und besitzt wie seit eh und je das Potential für einen der feinsten Weine von St-Estèphe, denn die Weinberglagen grenzen an die von Montrose und Calon-Ségur an. Welche Fortschritte die neuen Besitzer erreicht haben, zeigt sich vor allem an den exzellenten Weinen seit dem Ende der achtziger Jahre.

JAHRGÄNGE

1996 • 86-88   Der 1996er Phélan-Ségur stellt nach dem locker gewirkten, kommerziellen, flauen 1995er die Rückkehr zu einem typischeren Stil dar. Er zeigt tief rubinpurpurrote Farbe und ein exzellentes Aroma von Himbeer- und Cassis-Frucht, vermischt mit Nuancen von Rauch und Erde. Der mittelschwere, mit bewundernswerter Fülle und Konturenklarheit ausgestattete Wein hat moderates Tannin, eindrucksvolle Reintönigkeit und schöne Substanz und Nachhaltigkeit. Voraussichtliche Genußreife: 2001 bis 2012. Letzte Verkostung: 3/98.

1995 • 84   Der offen gewirkte, milde und gefällige 1995er Phélan-Ségur ist im wesentlichen jedoch eindimensional und monochromatisch; er hat erfreuliche Frucht im Duft, es fehlt ihm aber die Tiefe und Fülle anderer Weine dieses schön gelegenen Cru-Bourgeois-Guts aus Spitzenjahrgängen.
Voraussichtliche Genußreife: Jetzt bis 2005. Letzte Verkostung: 11/97.

1994 • 86   Der 1994er zeigt rote und schwarze Johannisbeeren, Eichenwürze und Toast im Duft. Er ist zwar mild für seinen Jahrgang, und es mangelt ihm an der Vollmundigkeit des 1993ers, er ist aber sauber bereitet, dicht und mittelschwer. Trotz leichter Tanninherbe im Abgang dürfte sich dieser Wein jung gut trinken und 7 bis 8 Jahre überdauern. Letzte Verkostung: 1/97.

1993 • 87   Es muß ein Glücksfall in diesem Jahrgang sein, aber der 1993er Phélan-Ségur ist besser gelungen, voller und reifer als der 1994er und 1995er – insofern eine Überraschung, als das Traubengut in den beiden letzteren Jahrgängen potentiell besser war. Der 1993er zeigt dunkles Rubinrot, exzellente Duftnuancen von rauchigem, süß-toastwürzigem Eichenholz und schwarzer Frucht, dazu schöne Fülle und Reife, gute Vollmundigkeit, feine Reintönigkeit, attraktive, mittelschwere Art und Zedernholz im milden Abgang ohne jede Adstringenz. Dieser köstliche, fein ausgefeilte 1993er läßt sich in den nächsten 5 bis 7 Jahren gut trinken. Ein Geheimtip! Letzte Verkostung: 1/97.

1992 • 86   Phélan-Ségur, eines der am besten geführten Weingüter im Médoc, ist für jeden zu empfehlen, dem es auf hohe Qualität und gutes Preis/Leistungs-Verhältnis ankommt. Besonders beachtenswerte Jahrgänge – sofern man sie findet – sind der glorreiche 1990er und der opulente 1989er, aber auch 1992 konnte Phélan-Ségur eine schöne Leistung vorweisen. Dieser Jahrgang zeigt dunkelrubinrote Farbe, süßen Duft von schwarzen Johannisbeeren, Eichenholz und Gewürzen, schmackhafte, mittelschwere Art bei schöner Reife, Geschmeidigkeit und gutem Extraktgehalt sowie einen vollmundigen, sanften Abgang – eine beachtliche Leistung für diesen Jahrgang. Dieser Wein sollte in den nächsten 3 bis 4 Jahren getrunken werden. Letzte Verkostung: 11/94.

1991 • 86   Der 1991er ist ein tiefdunkler, milder Wein mit mäßig intensivem Duft von schwarzer Frucht, Mineralen und Eichenholz. Mit seiner mittelschweren, sanften Art, schönen Konzentration und einem glatten, tanninherben Abgang dürfte er sich im Lauf von 7 bis 10 Jahren schön trinken lassen. Letzte Verkostung: 1/94.

1990 • 89   Der 1990er hat dunkle Farbe, mächtigen, süßen, opulenten, fast explosiven Duft und vollen Körper mit exzellenter Intensität und Extraktfülle, viel reifem Tannin und langem, reichhaltigem, ausdrucksstarkem Abgang.
Voraussichtliche Genußreife: Jetzt bis 2003. Letzte Verkostung: 1/93.

1989 • 88   Strenge Auswahl, der Einsatz von zu 40% neuen Eichenfässern und eine lange Maischzeit erbrachten einen vollen, körperreichen 1989er, der sowohl Kraft als auch Finesse zu

bieten hat. Der tief rubinpurpurrote Wein mit viel roter und dunkler Frucht im Aroma und konzentrierter eindrucksvoller Struktur wird einem breiten Publikum zusagen. Er ist der feinste Phélan-Ségur, den ich je gekostet habe.
Voraussichtliche Genußreife: Jetzt bis 2003. Letzte Verkostung: 4/91.

1988 • 87   Der 1988er Phélan-Ségur ist leichter als der 1989er, aber auch er ist ein Bilderbuch-Exemplar von einem St-Estèphe. Dem Bukett mit Toastnote und dem Duft schwarzer Johannisbeeren steht ein mittelschwerer Körper mit schöner Ausgewogenheit und Nachhaltigkeit zur Seite. Die Lebenserwartung dieses Weins ist nicht so hoch wie beim 1989er.
Voraussichtliche Genußreife: Jetzt. Letzte Verkostung: 4/91.

1987 • 71   Ein leichtes, grasiges Bukett leitet über zu strengem, eindimensionalem, tanninherbem Geschmack, dem es an Vollmundigkeit und Charme fehlt. Ich sehe für diesen Wein keine Zukunft.
Voraussichtliche Genußreife: Jetzt. Letzte Verkostung: 6/89.

1986 • 82   Der 1986er Phélan-Ségur stellt die erste achtbare Leistung unter dem neuen Regime dar. Mittel- bis dunkelrubinrot, knappes, aber sich entfaltendes Bukett von grasiger Cassis-Frucht, mittelschwer, tanninreich, aber konzentriert; es fehlt lediglich an Konsistenz und Komplexität.
Voraussichtliche Genußreife: Jetzt. Letzte Verkostung: 3/89.

Sonstige Weingüter in St-Estèphe

Bel-Air
Ohne offiziellen Rang

Lage der Weinberge: St-Estèphe

Besitzer: S.C. du Château Bel-Air
Adresse: 4, rue de Fontaugé, 33180 St-Estèphe
Postanschrift: 15, route de Castelnau – 33480 Avensan – Médoc
Telefon: 33 5 56 58 21 03 – Telefax: 33 5 56 58 17 20

Besuche: nur nach Vereinbarung
Kontaktperson: Jean-François Braquessac (Adresse und Telefon siehe oben)

WEINBERGE (Rotwein)

Rebfläche: 4 ha

Durchschnittliches Rebenalter: 30 Jahre

Rebbestand: 65 % Cabernet Sauvignon, 30 % Merlot, 5 % Cabernet Franc

Pflanzdichte: 8500 bis 10 000 Reben/ha

Ertrag (im Durchschnitt der letzten 5 Jahre): 60 hl/ha

Durchschnittliche Jahresproduktion insgesamt: 1500 Kisten

GRAND VIN

Name: Château Bel-Air

Appellation: St-Estèphe

Durchschnittliche Jahresproduktion: 18 000 Flaschen

Verarbeitung und Ausbau: Gär- und Maischdauer 5 Wochen in Edelstahltanks mit 90 und 110 hl. Max. Gärtemperatur etwa 30 bis 32 °C. Ausbau 13 Monate in einmal gebrauchten Fässern (beim Debut mit dem Jahrgang 1995). Der Wein wird geschönt, aber nicht gefiltert.

BORDEAUX

ZWEITWEIN

Name: Château Bel-Air Coutelin

Durchschnittliche Jahresproduktion: 18 000 Flaschen

* Lese von Hand und erste Sortierung in den Weinbergen, die den von Cos d'Estournel, Marbuzet und Montrose gegenüberliegen. Behangausdünnung wird bei jüngeren Reben gegebenenfalls durchgeführt.

Le Boscq
Cru Bourgeois seit 1932

Lage der Weinberge: St-Estèphe

Besitzer: Société Civile du Château Le Boscq
(das Weingut wird seit September 1995 von Dourthe bewirtschaftet)
Adresse: 33180 St-Estèphe
Postanschrift: Dourthe (CVBG). B.P.49, 45, route de Bordeaux, 33290 Parempuyre
Telefon: 33 5 56 35 53 00 – Telefax: 33 5 56 35 53 29

Besuche: nur nach Vereinbarung
Kontaktadresse: Dourthe C.V.B.G.

WEINBERGE (Rotwein)

Rebfläche: 16,5 ha

Durchschnittliches Rebenalter: 25 Jahre

Rebbestand: 51 % Merlot, 38 % Cabernet Sauvignon, 6,5 % Petit Verdot, 4,5 % Cabernet Franc

Pflanzdichte: 8000 Reben/ha

Ertrag (im Durchschnitt der letzten 5 Jahre): 55 hl/ha

Durchschnittliche Jahresproduktion insgesamt: 120 000 Flaschen

GRAND VIN

Name: Château Le Boscq

Appellation: St-Estèphe

Durchschnittliche Jahresproduktion: 80 000 Flaschen

Verarbeitung und Ausbau: Weinlese von Hand, Vinifikation (Rebsorten und Parzellen getrennt) rund 3 Wochen in temperaturgeregelten Tanks. Malolaktische Säureumwandlung bei einem Teil des Ertrags im Tank, ansonsten in kleinen Fässern; Ausbau 15 bis 18 Monate in zu 64 % neuen Eichenfässern, anschließend *assemblage*. Der Wein wird geschönt, aber nicht gefiltert.

ZWEITWEIN

Name: noch nicht festgelegt

Durchschnittliche Jahresproduktion: 40 000 Flaschen in 1995 (das erste Jahr, in dem ein Zweitwein produziert wurde)

Beurteilung des derzeitigen Rangs: Entspricht der Klassifizierung

Genußreife: 3 bis 8 Jahre nach dem Jahrgangsdatum

ST-ESTÈPHE

Die Weinberge von Le Boscq liegen am nördlichen Rand von St-Estèphe mit schönem Blick auf die Gironde. Der Boden ist stark kies- und lehmhaltig; die Weinbereitung erfolgt in Edelstahltanks, der 18-monatige Ausbau in kleinen Eichenfässern. Bei dem hohen Merlot-Anteil ist es keine Überraschung, daß der Wein mild und fruchtig ausfällt. In Jahren mit Tendenz zu Überreife kann der Le Boscq gefügeschwach und flau wirken. Gute Jahrgänge dagegen bieten in den ersten 10 Jahren schönen Genuß bei mäßigem Preis.

CAPBERN-GASQUETON
Cru Bourgeois seit 1932

Lage der Weinberge: St-Estèphe

Besitzer: Héritiers Capbern-Casqueton – Leitung Madame Capbern-Gasqueton
Adresse: 33180 St-Estèphe
Telefon: 33 5 56 59 30 08 – Telefax: 33 5 56 59 71 51

Besuche: nur nach Vereinbarung
Kontaktadresse: siehe oben

WEINBERGE (Rotwein)

Rebfläche: 34,5 ha

Durchschnittliches Rebenalter: 30 Jahre

Rebbestand: 65% Cabernet Sauvignon, 25% Merlot, 10% Cabernet Franc

Ertrag (im Durchschnitt der letzten 5 Jahre): 35 hl/ha

GRAND VIN

Name: Château Capbern-Gasqueton

Appellation: St-Estèphe

Durchschnittliche Jahresproduktion: 135 000 Flaschen

Verarbeitung und Ausbau: Weinlese von Hand, Vinifikation etwa 3 Wochen in temperaturgeregelten Edelstahltanks. Ausbau 18 Monate in zu 30% neuen Eichenfässern.
Der Wein wird geschönt, aber nicht gefiltert.

Kein ZWEITWEIN

Beurteilung des derzeitigen Rangs: Entspricht der Klassifizierung

Reifezeitraum: 5 bis 10 Jahre nach dem Jahrgangsdatum

Capbern ist zwar nur ein Cru Bourgeois, man munkelt aber, daß es von den Jungweinen von Châteaux Calon-Ségur, die für dessen Grand Vin nicht geeignet erscheinen, profitiert. Der Wein wird völlig in alten, kleinen Fässern ausgebaut und zeigt eine Tendenz zur Härte; es fehlt ihm an Geschmack, Dimension und Charakter. Die besten neueren Jahrgänge sind 1982, 1988, 1989 und 1990.

Cave Coopérative Marquis de St-Estèphe

Der als eine der besten und am modernsten ausgestatteten Genossenschaftskellereien angesehene Zusammenschluß von über 200 Winzern mit insgesamt 370 ha produziert enorme Mengen an Wein; diese kommen nicht nur unter der Genossenschaftsmarke Marquis de St-Estèphe auf den Markt, sondern auch unter den Namen vieler kleiner, aber angesehener Weingüter wie Les Pradines, l'Hôpital, Le Roc und (vielleicht das feinste zur Genossenschaft gehörige) Château Faget, die ihren Wein in der Kellerei bereiten und abfüllen lassen. Das letztgenannte ist eine 4-ha-Domaine im Besitz von Maurice Lagarde, dessen Weine stets durch volle, körperreiche Art und mäßige Preise angenehm auffallen. Wer die Kellerei besucht, sollte nicht versäumen, diese Cuvée zu probieren. Die meisten Genossenschaftsweine werden in Tanks ausgebaut und haben nur selten das Glück, in ein neues Eichenfaß zu gelangen; sie sollten deshalb in den ersten 5 bis 6 Jahren verbraucht werden.

La Commanderie
Cru Bourgeois seit 1932

Lage der Weinberge: St-Estèphe

Besitzer: G.F.A. Château Canteloup et La Commanderie
Adresse: 33180 St-Estèphe
Postanschrift: J.-P. Meffre, Vignobles Meffre, 84810 Aubignan
Telefon: 33 4 90 62 61 37 – Telefax: 33 4 90 65 03 73

Besuche: nur nach Vereinbarung
Kontaktadresse: CVBG Dourthe, 45, rue de Bordeaux, 33290 Parempuyre,
Tel.: 33 5 56 35 53 00 – Fax: 33 5 56 35 53 29

WEINBERGE (Rotwein)

Rebfläche: 15 ha

Durchschnittliches Rebenalter: 25 Jahre

Rebbestand: 55 % Cabernet Sauvignon, 40 % Merlot, 5 % Cabernet Franc

Pflanzdichte: 6000 Reben/ha

Ertrag (im Durchschnitt der letzten 5 Jahre): 50 hl/ha

Durchschnittliche Jahresproduktion insgesamt: 100 000 Flaschen

GRAND VIN (rot)

Name: Château La Commanderie

Appellation: St-Estèphe

Durchschnittliche Jahresproduktion: 100 000 Flaschen

Verarbeitung und Ausbau: Vinifikation 15 bis 20 Tage, je nach der Qualität des Traubenguts.
Ausbau 12 bis 15 Monate zu $1/3$ in neuen Eichenfässern, ansonsten in Tanks.
Der Wein wird geschönt und gefiltert.

Beurteilung des derzeitigen Rangs: Entspricht der Klassifizierung

Reifezeitraum: 4 bis 8 Jahre nach dem Jahrgangsdatum

ST-ESTÈPHE

Der Wein wird in modernem, kommerziellem Stil mit Nachdruck auf milder, gefälliger Frucht und sanftem, leichtem Tannin bereitet und ist bei Abfüllung trinkreif. Er könnte mehr Komplexität aufweisen, ist aber auf jeden Fall sauber und spricht ein breites Publikum an.

COUTELIN-MERVILLE
Grand Cru Bourgeois seit 1932

GUT

Lage der Weinberge: Blanquet, St-Estèphe

Besitzer: Bernard und François Estager
Adresse: c/o G. Estager et Fils, Blanquet, 33180 St-Estèphe
Telefon: 33 5 56 59 32 10

Besuche: an Werktagen den ganzen Tag, an Wochenenden nur nach Vereinbarung
Kontaktpersonen: Bernard und François Estager

WEINBERGE (Rotwein)

Rebfläche: 21 ha

Durchschnittliches Rebenalter: 25 Jahre

Rebbestand: 51% Merlot, 26% Cabernet Franc, 20% Cabernet Sauvignon, 3% Petit Verdot

Pflanzdichte: 8000 Reben/ha

Ertrag (im Durchschnitt der letzten 5 Jahre): 60 hl/ha

Durchschnittliche Jahresproduktion insgesamt: 160 000 Flaschen

GRAND VIN

Name: Château Coutelin-Merville

Appellation: St-Estèphe

Durchschnittliche Jahresproduktion: 160 000 Flaschen

Verarbeitung und Ausbau: Traditionelle Verarbeitung, Vinifikation 15 bis 21 Tage. 12 Monate Ausbau in zu 20% neuen Eichenfässern. Der Wein wird geschönt und vor dem Abfüllen leicht gefiltert. Château Merville ist ein zweiter Name für denselben Wein.

Beurteilung des derzeitigen Rangs: Entspricht der Klassifizierung

Genußreife: 8 bis 15 Jahre nach dem Jahrgangsdatum

N.B.: Das Château liegt auf dem höchsten Punkt von St-Estèphe.

Ich wollte, ich wäre mit den Weinen dieses mittelgroßen Guts vertrauter. Die Jahrgänge, die ich gekostet habe – 1986, 1982, 1975 und 1970 –, stellten intensiv konzentrierte, wuchtige, tanninreiche, doch interessante, im alten Stil schön bereitete Weine dar. Die Besitzer, Bernard und François Estager aus der Gegend von Corrèze (wie die Familie von Jean-Pierre Moueix in Libourne), marschieren nach einem anderen Takt als in St-Estèphe üblich, denn ihr Rebbestand gibt sie als große Befürworter eines hohen Cabernet-Franc-Anteils im Rezept zu erkennen. Das erklärt vielleicht die überzeugende Duftigkeit ihrer Weine, aber nicht die Haltbarkeit, Wucht und Kraft. Alles zusammengenommen ergibt einen Wein, der nach Angaben der Estagers in Spitzenjahrgängen 15 bis 20 Jahre braucht, bis er volle Reife erlangt! Damit könnten sie recht haben. Man sollte sich den Namen dieses Guts merken.

BORDEAUX

HAUT-BEAUSÉJOUR
Cru Bourgeois seit 1932

Lage der Weinberge: St-Estèphe

Besitzer: Champagne Louis Roederer
Adresse: Rue de la Mairie – 33180 St-Estèphe
Telefon: 33 5 56 59 30 26 – Telefax: 33 5 56 59 39 25

Besuche: nur nach Vereinbarung
Kontaktperson: Philippe Moureau (weiteres siehe oben)

WEINBERGE (Rotwein)

Rebfläche: 19 ha

Durchschnittliches Rebenalter: 24 Jahre

Rebbestand: 54% Merlot, 39% Cabernet Sauvignon, 4% Petit Verdot, 3% Malbec

Pflanzdichte: 8300 Reben/ha

Ertrag (im Durchschnitt der letzten 5 Jahre): 54 hl/ha

Durchschnittliche Jahresproduktion insgesamt: 130 000 Flaschen

GRAND VIN

Name: Château Haut-Beauséjour

Appellation: St-Estèphe

Durchschnittliche Jahresproduktion: 110 000 Flaschen

Verarbeitung und Ausbau: Lese von Hand, Vinifikation 3 Wochen in Zementtanks bei Temperaturen bis 29 bis 30 °C, malolaktische Säureumwandlung im Tank. Im Dezember Abstich in jährlich zu $1/3$ erneuerte Eichenfässer. Ausbauzeit: in neuen Fässern 14 Monate, in ein- bis zweimal gebrauchten Fässern 12 Monate. Der Wein wird geschönt, aber nicht gefiltert.

Kein ZWEITWEIN

HAUT-COTEAU
Cru Bourgeois seit 1932

Lage der Weinberge: zwischen St-Estèphe und St-Seurin de Cadourne

Besitzer: Familie Brousseau
Adresse: St-Corbian, 33180 St-Estèphe
Telefon: 33 5 56 59 39 84 – Telefax: 33 5 56 59 39 09

Besuche: an Werktagen von 11 bis 18 Uhr
Kontaktperson: B. Brousseau

WEINBERGE (Rotwein)

Rebfläche: insgesamt 20 ha, jedoch nur 7 ha erbringen Traubengut für den Château Haut-Coteau

Durchschnittliches Rebenalter: 30 Jahre

Rebbestand: 50% Cabernet Sauvignon, 30% Merlot, 15% Cabernet Franc, 5% Petit Verdot

ST-ESTÈPHE

Pflanzdichte: 8200 Reben/ha

Ertrag (im Durchschnitt der letzten 5 Jahre): 58 hl/ha

Durchschnittliche Jahresproduktion insgesamt: 45 000 Flaschen

GRAND VIN

Name: Château Haut-Coteau

Appellation: St-Estèphe

Durchschnittliche Jahresproduktion: 45 000 Flaschen

Verarbeitung und Ausbau: Gärdauer 5 bis 8 Tage, Maischdauer 15 bis 20 Tage. Ausbau 12 Monate in zu 35 % neuen Eichenfässern. Der Wein wird geschönt, aber nicht gefiltert.

Kein ZWEITWEIN

LA HAYE
Cru Bourgeois seit 1932

Lage der Weinberge: Leyssac, St-Estèphe

Besitzer: Georges Lecallier
Adresse: Leyssac, 33180 St-Estèphe
Postanschrift: 28, rue d'Armenonville – 92200 Neuilly-sur-Seine
Telefon: 33 1 47 38 24 42 – Telefax: 33 1 47 38 14 41

Besuche: vom 1. Juli bis 15. September, montags bis samstags, 10 bis 17 Uhr, im übrigen Jahr nur nach Vereinbarung
Kontaktperson: Sylvie Jaffre, Tel. 33 5 56 59 32 18

WEINBERGE (Rotwein)

Rebfläche: 10 ha

Durchschnittliches Rebenalter: 25 Jahre

Rebbestand: 50 % Cabernet Sauvignon, 42 % Merlot, 8 % Cabernet Franc

Pflanzdichte: 8000 Reben/ha

Ertrag (im Durchschnitt der letzten 5 Jahre): 45 bis 50 hl/ha

Durchschnittliche Jahresproduktion insgesamt: 70 000 Flaschen

GRAND VIN

Name: Château La Haye

Appellation: St-Estèphe

Durchschnittliche Jahresproduktion: 50 000 Flaschen

Verarbeitung und Ausbau: Vinifikation 20 Tage in temperaturgeregelten Tanks bei max. 28 bis 30 °C. 15 Monate Ausbau in zu 25 bis 30 % neuen Eichenfässern. Der Wein wird geschönt und gefiltert.

ZWEITWEIN

Name: Le Fleuve

Durchschnittliche Jahresproduktion: 20 000 Flaschen

BORDEAUX

HOUISSANT
Cru Bourgeois Supérieur

Produktion: 11 000 Kisten

Rebbestand: 70 % Cabernet Sauvignon, 30 % Merlot

ZWEITWEIN

Rebfläche: 20 ha

Besitzer: Jean Ardouin

Faßreifezeit: Der Wein wird nur in großen Fässern ausgebaut

Durchschnittsalter der Reben: 15 Jahre

Beurteilung des derzeitigen Rangs: Abstufung zum einfachen Cru Bourgeois wäre zu empfehlen

Genußreife: 3 bis 8 Jahre nach dem Jahrgangsdatum

Das runde halbe Dutzend Jahrgänge von Houissant, das ich probiert habe, hat mir nie einen günstigen Eindruck gemacht. Der Wein neigt zur unharmonischen, kargen, sehr tanninherben Seite.

LAFFITTE-CARCASSET
Cru Bourgeois

GUT

Produktion: 8500 Kisten

Rebbestand: 74 % Cabernet Sauvignon, 35 % Merlot, 1 % Petit Verdot

ZWEITWEIN

Château La Vicomtesse

Rebfläche: 20 ha

Besitzer: Vicomte Philippe de Padirac

Faßreifezeit: 12 bis 18 Monate

Durchschnittsalter der Reben: 35 Jahre

Beurteilung des derzeitigen Rangs: Entspricht der Klassifizierung

Genußreife: 5 bis 8 Jahre nach dem Jahrgangsdatum

Ich kenne diesen Wein nicht sehr gut, aber die Jahrgänge, die ich verkostet habe – 1988, 1986, 1985 und 1982 –, scheinen mir die elegante, auf Finesse ausgerichtete Schule der Weinbereitung zu verraten. Etwas leicht, dabei aber schmackhaft und harmonisch, ohne das strenge, oft übermäßige Tannin, das viele Weine aus St-Estèphe aufweisen; die Weine von Laffitte-Carcasset sind vermutlich innerhalb von 7 bis 8 Jahren nach der Lese am besten. Die Weinberglage auf einer Anhöhe am Nordrand der Appellation St-Estèphe ist gut.

ST-ESTÈPHE

LAVILLOTTE
Cru Bourgeois

GUT

Produktion: 7000 Kisten

Rebbestand: 75 % Cabernet Sauvignon, 25 % Merlot

Kein ZWEITWEIN

Rebfläche: 12 ha

Besitzer: Jacques Pedro

Faßreifezeit: 16 bis 20 Monate

Durchschnittsalter der Reben: 20 Jahre

Beurteilung des derzeitigen Rangs: Aufstufung zum Cru Bourgeois Exceptionnel oder zum 5ème Cru wäre zu empfehlen

Genußreife: 8 bis 15 Jahre nach dem Jahrgangsdatum

Als der jetzige Besitzer, Jacques Pedro, 1962 das Château kaufte, befand es sich in einem kläglichen Zustand. Pedro stammt aus einer französischen Winzerfamilie, die in Algerien lebte, bis das Land seine Unabhängigkeit von Frankreich errang. Seine Philosophie vereint Sinn für moderne Technik und einen gesunden Respekt vor der Tradition. Der Kontrast ist unverkennbar: Die Lese führt er maschinell durch, doch die *cuvaison* dauert mindestens 3 Wochen. Der Wein wird in zweimal gebrauchten Fässern aus dem Château Latour ausgebaut, mit Eiweiß geschönt, aber nicht gefiltert. Auf diese Weise entstehen, beurteilt aufgrund der von mir gekosteten Jahrgänge – nämlich 1982, 1985, 1986 und 1989 – überraschend konzentrierte, intensive, körperreiche Weine mit schöner Duftigkeit, Komplexität und Fülle. Die oben bezeichneten Jahrgänge werden sich gewiß über ein Jahrzehnt hinweg anmutig entwickeln. Hier dürfte sich eine der besten, wenn auch noch weitgehend unbekannten Quellen für feinen Wein aus St-Estèphe auftun.

MARBUZET
Cru Bourgeois seit 1932

Lage der Weinberge: St-Estèphe

Besitzer: Domaines Prats S.A.
Adresse: 33180 St-Estèphe
Telefon: 33 5 56 73 15 50 – Telefax: 33 5 56 59 72 59

keine Besuche möglich

WEINBERGE (Rotwein)

Rebfläche: 7 ha

Durchschnittliches Rebenalter: 20 Jahre

Rebbestand: 60 % Cabernet Sauvignon, 40 % Merlot

Pflanzdichte: 9000 Reben/ha

BORDEAUX

Ertrag (im Durchschnitt der letzten 5 Jahre): 60 hl/ha

Durchschnittliche Jahresproduktion insgesamt: 60 000 Flaschen

GRAND VIN

Name: Château Marbuzet

Appellation: St-Estèphe

Durchschnittliche Jahresproduktion: 60 000 Flaschen

Verarbeitung und Ausbau: Lese von Hand; traditionelle Verarbeitung, Vinifikation rund 3 Wochen, malolaktische Säureumwandlung im Tank. Anschließend 12 Monate Ausbau in einmal gebrauchten Fässern. Der Wein wird geschönt und vor dem Abfüllen gefiltert.

Kein ZWEITWEIN

Beurteilung des derzeitigen Rangs: Bis noch vor kurzem Zweitetikett von Cos d'Estournel für im Grand Vin von Cos d'Estournel nicht verwendbare Weine

Genußreife: 2 bis 8 Jahre nach dem Jahrgangsdatum

Wenn ich unter den schönsten und romantischsten Weingütern im Médoc wählen sollte, ich würde mich für dieses herrlich gelegene Château mit seiner prachtvollen Terrasse und seinen wunderbaren Gärten entscheiden. Das Gebäude, von dem aus man einen grandiosen Blick auf die Gironde hat, ähnelt übrigens stark dem Weißen Haus in Washington.

Die sehr kleine Domäne, früher Zweitetikett von Cos d'Estournel, hat jetzt eigene Identität. Der Besitzer Bruno Prats ist der Meinung, daß die jetzt eigenständige Gutsabfüllung mit ihrer sanften, geschmeidigen Art innerhalb von 7 bis 8 Jahren ideale Genußreife haben dürfte. Ich erwarte, daß das Gut, seit es nicht mehr die zweite Rolle spielt, immer bessere Weine hervorbringen wird.

PETIT BOCQ
Klassifizierung. Cru Bourgeois

GUT

Produktion: 1000 Kisten

Rebbestand: 80 % Merlot, 20 % Cabernet Sauvignon

Kein ZWEITWEIN

Rebfläche: 2 ha

Besitzer: Francis und Modeste Souquet

Faßreifezeit: 14 bis 16 Monate

Durchschnittsalter der Reben: 25 Jahre

Beurteilung des derzeitigen Rangs: Aufstufung zum Cru Grand Bourgeois Exceptionnel oder zum 5ème Cru wäre zu empfehlen

Genußreife: 3 bis 12 Jahre nach dem Jahrgangsdatum

Leider ist dieser ausdrucksvolle Wein mit dem höchsten Merlot-Anteil aller St-Estèphe-Weingüter meines Wissens nie im Export in Erscheinung getreten. Der Besitzer stammt aus einer Win-

ST-ESTÈPHE

zerfamilie und war immer im Weinbau tätig; er gestaltet einen der genußvollsten Weine in St-Estèphe. Der 1982er, 1985er und der 1989er quollen von dunkler Frucht geradezu über, zeigten so explosive Kraft und Fülle und wiesen so volle, saftige Substanz auf, daß ich mich nur fragen kann, weshalb dieses Gut bei den Weinliebhabern nicht mehr Anerkennung findet. Zwar läßt der hohe Merlot-Anteil die Vermutung zu, daß der Petit Bocq keine allzu große Lebenserwartung besitzt, aber immerhin war der 1982er bei der letzten Verkostung im Jahr 1989 noch frisch und lebendig und hatte bestimmt noch einmal 10 Jahre Lebensdauer vor sich. Dieses Weingut wäre es sicherlich wert, auf den Exportmärkten in aller Welt vertreten zu sein, obwohl seine Weine natürlich nur in geringen Mengen lieferbar sind.

POMYS
Cru Bourgeois

Lage der Weinberge: St-Estèphe

Besitzer: G.F.A. Arnaud
Adresse: Leyssac, 33180 St-Estèphe
Telefon: 33 5 56 59 32 26 – Telefax: 33 5 56 59 35 72

Besuche: montags bis freitags, von 9 bis 12 und von 14 bis 17 Uhr
Kontaktperson: Madame Rechaudiat

WEINBERGE (Rotwein)

Rebfläche: 13 ha

Durchschnittliches Rebenalter: 25 Jahre

Rebbestand: 50 % Cabernet Sauvignon, 35 % Merlot, 15 % Cabernet Franc

Pflanzdichte: 6000 Reben/ha

Ertrag (im Durchschnitt der letzten 5 Jahre): 50 hl/ha

Durchschnittliche Jahresproduktion insgesamt: 3500 bis 4000 Flaschen

GRAND VIN

Name: Château Pomys

Appellation: St-Estèphe

Durchschnittliche Jahresproduktion: 3500 bis 4000 Flaschen

Verarbeitung und Ausbau: Vinifikation 20 Tage in temperaturgeregelten Edelstahltanks. 15 bis 18 Monate Ausbau in zu 30 % neuen Fässern. Der Wein wird geschönt, aber nicht gefiltert.

Als zweiter Name wird Château St-Estèphe benutzt

Durchschnittliche Jahresproduktion: 600 hl

LES PRADINES
Ohne offiziellen Rang

Produktion: 4000 Kisten

Rebbestand: 60 % Cabernet Sauvignon, 35 % Merlot, 5 % Cabernet Franc

BORDEAUX

Kein ZWEITWEIN

Rebfläche: 8 ha

Besitzer: Jean Gradit

Faßreifezeit: 12 Monate, zumeist in großen Fässern

Durchschnittsalter der Reben: 25 Jahre

Beurteilung des derzeitigen Rangs: Entspricht qualitativ einem Cru Bourgeois

Genußreife: 3 bis 7 Jahre nach dem Jahrgangsdatum

Die von der Cave Coopérative St-Estèphe produzierten und abgefüllten einfachen, aber straff gebauten Weine sind typisch für die Appellation, nur mangelt es ihnen allzu oft an Charme und Frucht. Allerdings sind die Preise angemessen.

Ségur de Cabanac
Cru Bourgeois

Lage der Weinberge: St-Estèphe

Besitzer: Guy Delon
Adresse: c/o S.C.E.A. Guy Delon et Fils – 33180 St-Estèphe
Telefon: 33 5 56 59 70 10 – Telefax: 33 5 56 59 73 94

Besuche: nur nach Vereinbarung
Kontaktperson: Guy Delon (Tel. und Fax. siehe oben)

WEINBERGE (Rotwein)

Rebfläche: 6 ha

Durchschnittliches Rebenalter: 25 Jahre

Rebbestand: 60 % Cabernet Sauvignon, 30 % Merlot, 5 % Cabernet Franc, 5 % Petit Verdot

Pflanzdichte: 8500 Reben/ha

Ertrag (im Durchschnitt der letzten 5 Jahre): 50 hl/ha

Durchschnittliche Jahresproduktion insgesamt: 35 000 Flaschen

GRAND VIN

Name: Château Ségur de Cabanac

Appellation: St-Estèphe

Durchschnittliche Jahresproduktion: 35 000 Flaschen

Verarbeitung und Ausbau: Lese von Hand, Vinifikation rund 3 Wochen in temperaturgeregelten Edelstahltanks; häufige *remontage*. 20 Monate Ausbau in jährlich zu $1/3$ erneuerten Eichenfässern. 7facher Abstich, Schönung mit Eiweiß, aber keine Filtrierung.

Kein ZWEITWEIN

ST-ESTÈPHE

Tour de Marbuzet
Cru Bourgeois

Lage der Weinberge: St-Estèphe

Besitzer: Henri Duboscq und Söhne
Adresse: 33180 St-Estèphe
Postanschrift: wie oben
Telefon: 33 5 56 59 30 54 – Telefax: 33 5 56 50 70 87

Besuche: Montags bis freitags, von 8 bis 12 und von 14 bis 18 Uhr

WEINBERGE (Rotwein)

Rebfläche: 7 ha

Durchschnittliches Rebenalter: 25 Jahre

Rebbestand: 40 % Cabernet Sauvignon, 40 % Merlot, 20 % Cabernet Franc

Pflanzdichte: 8300 Reben/ha

Ertrag (im Durchschnitt der letzten 5 Jahre): 45 hl/ha

Durchschnittliche Jahresproduktion insgesamt: 45 000 Flaschen

GRAND VIN (rot)

Name: Château Tour de Marbuzet

Appellation: St-Estèphe

Durchschnittliche Jahresproduktion: 45 000 Flaschen

Verarbeitung und Ausbau: Lese von Hand, vollständiges Entrappen, Vinifikation 18 bis 20 Tage in temperaturgeregelten Edelstahltanks, tägliches Umpumpen. Ein Viertel der Produktion wird in neuen kleinen Eichenfässern, alles übrige in großen Holzfässern ausgebaut. Alle 3 Monate erfolgt Abstich; Abfüllung von Hand (unter Schwerkraft). Der Wein wird geschönt, aber nicht gefiltert.

Kein ZWEITWEIN

Tour de Pez
Cru Bourgeois seit 1932

Lage der Weinberge: St-Estèphe

Besitzer: Château Tour de Pez S.A. Leitung: Monsieur H. Duhayot
Adresse: «L'Hereteyre» – 33180 St-Estèphe
Telefon: 33 5 56 59 31 60 – Telefax: 33 5 56 59 71 12

Besuche: nur nach Vereinbarung, v.a. für Gruppen, montags bis freitags, von 9 bis 12 und von 14 bis 17.30 Uhr
Kontaktperson: Monsieur F. Bellet oder Monsieur F. Duprat (Weiteres siehe oben)

WEINBERGE (Rotwein)

Rebfläche: 29 ha

Durchschnittliches Rebenalter: 25 Jahre

BORDEAUX

Rebbestand: 45% Cabernet Sauvignon, 40% Merlot, 10% Cabernet Franc, 5% Petit Verdot

Pflanzdichte: 8000 Reben/ha

Ertrag (im Durchschnitt der letzten 5 Jahre): 50 hl/ha

Durchschnittliche Jahresproduktion insgesamt: 200 000 Flaschen

GRAND VIN

Name: Château Tour de Pez

Appellation: St-Estèphe

Durchschnittliche Jahresproduktion: 80 000 Flaschen

Verarbeitung und Ausbau: Lese von Hand, Sortierung in Weinberg und Keller, vollständiges Entrappen. Vinifikation 3 bis 4 Wochen in temperaturgeregelten Edelstahltanks bei max. 30 bis 31 °C. 15 Monate Ausbau in zu 50% neuen Eichenfässern (für den Grand Vin). Der Wein wird geschönt, aber nicht gefiltert.

ZWEITWEIN

Name: Château Les Hauts de Pez

Durchschnittliche Jahresproduktion: 120 000 Flaschen

Tour des Termes
Ohne offiziellen Rang

Lage der Weinberge: bei St-Corbian (St-Estèphe)

Besitzer: Jean Anney
Adresse: c/o Vignobles Jean Anney – 33180 St-Estèphe
Telefon: 33 5 56 59 32 89 – Telefax: 33 5 56 59 73 74

Besuche: montags bis freitags, von 8 bis 12 und von 14 bis 17 Uhr
Kontaktperson: Jean oder Christophe Anney

WEINBERGE (Rotwein)

Rebfläche: 15 ha

Durchschnittliches Rebenalter: 30 Jahre

Rebbestand: 50% Merlot, 45% Cabernet Sauvignon, 5% Petit Verdot

Pflanzdichte: 6665 Reben/ha

Ertrag (im Durchschnitt der letzten 5 Jahre): 50 hl/ha

Durchschnittliche Jahresproduktion insgesamt: 124 000 Flaschen

GRAND VIN (rot)

Name: Château Tour des Termes

Appellation: St-Estèphe

Durchschnittliche Jahresproduktion: 90 000 Flaschen

Verarbeitung und Ausbau: Lese von Hand. Vinifikation 25 bis 28 Tage in temperaturgeregelten Edelstahltanks, regelmäßiges Umpumpen. Am Ende des Gärprozesses wird in einigen Behältern

ST-ESTÈPHE

eine höhere Temperatur zugelassen als in anderen. Anschließend 12 bis 15 Monate Ausbau in zu $1/3$ neuen Eichenfässern. Der Wein wird geschönt, aber nicht gefiltert.

ZWEITWEIN

Name: Château Les Aubarèdes du Château Tour des Termes

Durchschnittliche Jahresproduktion: 30 000 Flaschen

N.B.: Außerdem werden 4000 Flaschen unter der Bezeichnung Château Tour des Termes Collection prestige produziert. Dieser Wein stammt aus einem besonders alten Rebenbestand (40 Jahre), v. a. Merlot (70 %) in einer Lage mit Kiesunterboden. Traditionelle Verarbeitung, jedoch malolaktische Säureumwandlung in kleinen Fässern sowie 15 Monate Ausbau in neuen Eichenfässern.

TRONQUOY-LALANDE
Cru Bourgeois seit 1932

GUT

Lage der Weinberge: St-Estèphe

Besitzer: Madame Arlette Castéja-Texier
Adresse: 33180 St-Estèphe
Telefon: 33 5 56 59 30 24

Besuche: nur nach Vereinbarung
Kontaktperson: Madame Castéja-Texier (Adresse und Telefon siehe oben) oder Dourthe CVBG: 45, route de Bordeaux, 33290 Parempuyre, Tel.: 33 5 56 35 53 00 – Fax: 33 5 56 35 53 29

WEINBERGE

Rebfläche: 17 ha

Durchschnittliches Rebenalter: 25 Jahre

Rebbestand: 45 % Cabernet Sauvignon, 45 % Merlot, 10 % Petit Verdot

Pflanzdichte: 8500 Reben/ha

Ertrag (im Durchschnitt der letzten 5 Jahre): 54 hl/ha

Durchschnittliche Jahresproduktion insgesamt: 115 000 Flaschen

GRAND VIN (rot)

Name: Château Tronquoy-Lalande

Appellation: St-Estèphe

Durchschnittliche Jahresproduktion: 85 000 Flaschen

Verarbeitung und Ausbau: Lese von Hand, Verarbeitung in getrennten Partien, Vinifikation 20 bis 30 Tage, je nach Tanningehalt. Ausbau vollständig in zu 100 % neuen Eichenfässern. Der Wein wird geschönt, aber nicht gefiltert.

ZWEITWEIN

Name: Château Tronquoy de St-Anne

Durchschnittliche Jahresproduktion: 30 000 Flaschen

Beurteilung des derzeitigen Rangs: Entspricht der Klassifizierung

Genußreife: Seit 1982:
5 bis 10 Jahre nach dem Jahrgangsdatum; früher sehr langsame Entwicklung.

Tronquoy-Lalande ist ein historisches Weingut mit einem schönen zweitürmigen Château. Sein Wein war vor hundert Jahren hoch angesehen, hat aber an Popularität eingebüßt, weil andere Crus Bourgeois von St-Estèphe, z. B. Meyney, Haut-Marbuzet, Les-Ormes-de-Pez und neuerdings auch Phélan-Ségur, bestechendere Leistungen erbrachten. Ich habe alle Weine seit dem Ende der siebziger Jahre beobachtet; es fehlt ihnen von einem Jahrgang zum anderen an Gleichmäßigkeit. Bestenfalls ist dieser Wein sehr dunkel, mächtig, schwerfällig mit erdigem, markantem Charakter. Er wird exklusiv durch das Bordeaux-Handelshaus Dourthe vertrieben. Der feinste neuere Jahrgang ist der schwarzrote, dichtgefügte, vollreife 1989er.

VALROSE
Ohne offiziellen Rang

Lage der Weinberge: St-Estèphe

Besitzer: M. und Mme. Jean-Lois Audoin (seit 1986)
Adresse: 7, rue Michel Audoy – 33180 St-Estèphe
Telefon: 33 5 56 59 72 02 – Telefax: 33 5 56 59 39 31

Besuche: im Sommer täglich von 9 bis 12 und von 14 bis 19 Uhr, ansonsten nach Vereinbarung
Kontaktpersonen M. oder Mme. Jean-Louis Audoin (Weiteres siehe oben)

WEINBERGE (Rotwein)

Rebfläche: 5 ha

Durchschnittliches Rebenalter: 25 Jahre

Rebbestand: 43% Cabernet Sauvignon, 33% Merlot, 23% Cabernet Franc, 1% Petit Verdot

Pflanzdichte: 7500 Reben/ha

Ertrag (im Durchschnitt der letzten 5 Jahre): 56 hl/ha

Durchschnittliche Jahresproduktion insgesamt: 36000 Flaschen

GRAND VIN

Name: Château Valrose

Appellation: St-Estèphe

Durchschnittliche Jahresproduktion: 24000 Flaschen

Verarbeitung und Ausbau: Lese von Hand. Vinifikation 10 bis 20 Tage in Edelstahltanks je nach Jahrgang, zweimal täglich Umpumpen. 18 Monate Ausbau in zu 40% neuen Eichenfässern. Der Wein wird geschönt und gefiltert.

ZWEITWEIN

Name: Château La Rose Blanquet

Durchschnittliche Jahresproduktion: 12000 Flaschen

N.B.: Das Weingut führte als erstes in St-Estèphe bei der Weinlese die «méthode champenoise» ein, d.h. im Weinberg erfolgt eine erste Sortierung und in der Kellerei eine zweite.

ST-ESTÈPHE

VIEUX COUTELIN
Ohne offiziellen Rang

Lage der Weinberge: St-Estèphe

Besitzer: Vignobles Rocher Cap de Rive S.A.
Adresse: B.P. 89 – 33350 St-Magne de Castillon
Postanschrift: wie oben
Telefon: 05 57 40 08 88 – Telefax: 05 57 40 19 93

Besuche: nur nach Vereinbarung
Kontaktperson: Madame Isabel Teles Pinto (Tel. und Fax. siehe oben)

WEINBERGE (Rotwein)

Rebfläche: 6 ha

Durchschnittliches Rebenalter: 20 Jahre

Rebbestand: 70 % Cabernet, 25 % Merlot, 5 % Petit Verdot

Pflanzdichte: 7500 Reben/ha

Ertrag (im Durchschnitt der letzten 5 Jahre): 59 hl/ha

Durchschnittliche Jahresproduktion insgesamt: 1800 bis 2000 Kisten

GRAND VIN

Name: Château Vieux Coutelin

Appellation: St-Estèphe

Durchschnittliche Jahresproduktion: 1200 Kisten

Verarbeitung und Ausbau: 18 Monate Ausbau in (zu 20 % neuen) Eichenfässern und Edelstahltanks. Der Wein wird bei der Abfüllung geschönt und gefiltert.

ZWEITWEIN

Name: Chevalier Coutelin

Durchschnittliche Jahresproduktion: 600 bis 800 Kisten

BORDEAUX

Pauillac

Es gibt im Haut-Médoc, ja in ganz Bordeaux, keine berühmtere Appellation als Pauillac. Zwar hat der Name Margaux lyrischeren, romantischeren Klang und ein berühmtes Premier Cru Classé gleichen Namens, Pauillac aber kann drei der vier Premiers Crus Classés im Médoc vorweisen. Das sagenumwobene, unglaublich teure Spitzentrio Lafite-Rothschild, Mouton-Rothschild und Latour hat in Pauillac seine Quelle, und dahinter steht eine ganze Reihe gewaltiger Weine, zum Teil überaus brillante, zum Teil überbewertete und ein paar mysteriöserweise völlig übersehene, in Vergessenheit geratene. In die ursprüngliche Klassifizierung von 1855 wurden allein 18 Weine aus Pauillac aufgenommen, und auch heute noch hätten nur zwei oder drei Weingüter Mühe, den ihnen damals zuerkannten Rang zu halten, wenn eine Neubewertung der Weine erfolgen würde.

Der typische Pauillac zeichnet sich durch volle, körperreiche Art, ein markantes Bukett mit Noten von schwarzen Johannisbeeren und Zedernholz sowie durch ausgezeichnete Lebenserwartung aus. Da sich ein großer Teil der anerkannten Rebfläche (1185 ha) im Besitz der 18 Crus Classés befindet, gibt es in Pauillac weniger Crus Bourgeois als beispielsweise in St-Estèphe. Allerdings findet man hier doch eine breite Vielfalt an Stilen vor; schon zwischen den drei berühmten Premiers Crus Classés könnten die Unterschiede nicht größer sein. Zugegebenermaßen haben alle den Kiesboden gemeinsam, der die Sonnenwärme reflektiert und besten Wasserabzug gewährleistet. Jedoch liegen die Weinberge von Château Lafite-Rothschild – am nördlichen Ende von Pauillac unmittelbar an der Grenze zu St-Estèphe – über Kalkgestein und bringen deshalb die im Aroma vielschichtigsten und im Geschmack subtilsten Weine von Pauillac hervor. Allerdings findet sich auch im Lafite-Bukett die für Pauillac charakteristische «Zedernholz-Komponente», aber Lafite kann es in schierer Opulenz und Wucht nicht mit Mouton-Rothschild oder in der Gleichmäßigkeit nicht mit Latour aufnehmen. Von den übrigen Pauillacs, die nicht zur allerersten Klasse zählen, wird der leichtere, aromatische Lafite-Stil – wenn auch auf etwas niedrigerer Ebene – am besten vom seidig leichten Haut-Batailley verkörpert.

Mouton-Rothschild liegt auf einem Kieshügelkamm oberhalb der größten Stadt im Médoc, Pauillac. Unter dem Kies hat Mouton-Rothschild Sandstein in den tieferen Bodenschichten; sein Rebbestand weist einen unüblich hohen Anteil an Cabernet Sauvignon auf. Wenn alle Voraussetzungen zusammen stimmen, entsteht hier ein Wein, wie es keinen reichhaltigeren, vollmundigeren und exotischeren in Pauillac, ja im ganzen Médoc, gibt. In mancher Hinsicht stellte der Mouton ein getreues Abbild der tatkräftigen Persönlichkeit des 1988 verstorbenen Besitzers, Baron Philippe de Rothschild, dar. Seine durchaus ebenso tatkräftige Tochter Philippine führt das Weingut in bewundernswerter Weise weiter. Natürlich ist der Mouton aber nicht der einzige Pauillac, der in einem vollen, reichhaltigen, opulenten Stil bereitet wird. Einige Kilometer weiter südlich entsteht auf einem anderen sanften Hügel, dem sogenannten Bages-Plateau, der Lynch-Bages – ein rustikaler, oft herrlich tiefer, konzentrierter Wein, der seinen Ruf als «Mouton des kleinen Mannes» wahrhaft verdient.

Das dritte Spitzengewächs von Pauillac ist der Latour. Das großartige alte Weingut hat kaum seinesgleichen, wenn es auf Gleichmäßigkeit von einem Jahrgang zum anderen ankommt. Im größten Teil dieses Jahrhunderts war der Latour neben dem Montrose aus St-Estèphe der am langsamsten reifende, langlebigste Wein von Bordeaux. Nach der Lage der Weinberge im Südteil von Pauillac – an der Grenze zu St-Julien – sollte man einen Wein in geschmeidigerem Stil erwarten, aber mit Ausnahme eines kurzen Schlenkers in den 1980er Jahren (1983 bis 1989), in denen Latour überraschend eine sanftere, weniger ehrfurchtgebietende Seite hervorkehrte, war er stets verschlossen und tanninstreng gewesen. Der Boden von Latour ist fast reiner, feiner Kies von höchster Durchlässigkeit, mit besserem Wasserabzug als bei Lafite-Rothschild und Mouton-Rothschild. Das erklärt wohl auch zum Teil, weshalb Latour in regenreichen Jahren wie 1960, 1968, 1969, 1972, 1974, 1992 und 1993 den anderen Médocs weit überlegen war. Im übrigen ist Latour nun einmal Latour, und es gibt in Pauillac nichts, was ihm in Stil und Charakter gleicht.

PAUILLAC

Allerdings gibt es hier mehrere Weingüter mit ganz eigener Art, so daß Verallgemeinerungen über den Wein dieser Appellation noch schwieriger werden. Am interessantesten unter den Weinen dieser Gruppe ist vielleicht der Pichon-Longueville-Comtesse de Lalande (oder kurz Pichon-Lalande). Das Weingut grenzt an Latour, nahe der Gemarkung St-Julien. Anders als Latour bringt Pichon einen Pauillac hervor, der dem Stil von Pomerol oder St-Julien nahekommt – seidig, anmutig, geschmeidig, sanft und schon in relativ früher Jugend genußreif. Es wäre jedoch völlig falsch, wollte man annehmen, daß dieser so früh genußreife Wein keine lange Lebensdauer hätte – ganz im Gegenteil: Der Pichon Lalande war seit jeher ein großartiger Wein, in den letzten Jahrzehnten aber steht er in keiner Weise hinter den Premiers Crus von Pauillac zurück und ist von einem Jahrgang zum anderen gleichmäßiger als etwa der Lafite-Rothschild oder der Mouton-Rothschild.

Grand-Puy-Lacoste bringt es anscheinend nie zu der großen Publizität wie die anderen Spitzenweingüter von Pauillac. Jahrelang war der weit von der Gironde abgelegene Besitz der Stolz und die Freude des großen Gourmet (und in mancher Hinsicht Gourmand) von Bordeaux, Raymond Dupin. Nach Monsieur Dupins Tod hat es niemand wieder in Bordeaux zu einem auch nur annähernd gleich großen Ruf gebracht wie er, wenn es um verschwenderische Tafelfreuden geht. Inzwischen liegen sein Gut, seine Keller und seine Weinbereitungs-Philosophie in den tüchtigen Händen von Xavier Borie. Als ersten Jahrgang brachte er einen wundervollen 1978er hervor. Auf dieses Weingut gilt es ein wachsames Auge zu haben; sein Stil liegt irgendwo zwischen Latour und Mouton-Rothschild – wuchtig und voll mit vielschichtiger Cassis-Frucht – ein echter Pauillac, sauberer und gleichmäßiger heute als zur Zeit Dupins, aber nach wie vor robust, tanninherb und von großer Geschmacksfülle.

Unter den übrigen zur Klassifizierung zählenden Pauillacs gibt es eine ganze Reihe, die ihrem Rang heute gerecht werden, weitgehend weil sie seit dem Ende der 1980er Jahre erfreuliche Fortschritte gemacht haben.

Als eindrucksvollster Phönix aus der Asche erweist sich Pichon-Longueville Baron, das mit Türmchen gezierte Château gegenüber von Pichon-Longueville Comtesse de Lalande und Latour. Von 1960 bis 1985 war das prominente Weingut wie kein zweites seines Rangs in Pauillac durch schwache Leistungen gekennzeichnet, aber seit 1986 ist die Qualität wieder in raschem Aufstieg. Die neuen Besitzer, der Versicherungskonzern AXA, beauftragten Jean-Michel Cazes und sein brillantes Team mit der Leitung und pumpten zugleich Millionen in den Wiederaufbau des Guts und die Errichtung einer hochmodernen Kellerei. Unter der neuen Leitung hat Pichon-Longueville Baron nun eine Reihe außergewöhnlicher Weine, darunter den fabelhaften 1989er und 1990er, hervorgebracht.

Ein weiteres Gut, dessen Weinqualität insbesondere seit der Mitte der 1990er Jahre einen Sprung nach oben macht, ist Pontet-Canet. Es befindet sich im Besitz der Familie Tesseron und verfügt über eine sehr große, relativ homogene Rebfläche gegenüber Mouton-Rothschild. Wer die außergewöhnlichen Pontet-Canets aus den Jahren 1929, 1945 und 1961 probiert hat, erkennt, daß der Pontet-Canet, wenn er gut bereitet ist, weit über seinem Rang als 5ème Cru steht. Die Tesserons, die in der Region Cognac bekannt und groß geworden sind, arbeiten hart daran, Pontet-Canet in die Elite von Pauillac einzureihen. Die Qualität der 1980er-Jahrgänge war bereits sehr gut, doch die Tesserons waren damit offenbar noch nicht zufrieden. 1994 wurde beschlossen, alle Weine, die nicht als vollendet gelten durften, unnachsichtig auszuscheiden, und das Ergebnis hiervon war einer der feinsten Pontet-Canets seit über drei Jahrzehnten. Dem 1994er folgte der prächtige 1995er und der mächtige 1996er. Ich glaube, man geht nicht fehl mit der Behauptung, daß dieses Château einen der klassischen Weine von Pauillac produziert. Im Kontrast zu der sanfteren, seidigeren Art ist er ein echter *vin de garde* und darüber hinaus zu einem vernünftigen Preis zu haben.

Als den am schwersten zu ergründenden Wein von Pauillac empfinde ich den Batailley. Das Gut wird von der Familie Castéja einwandfrei geführt, bringt aber strengen, kargen, ungeheuer tanninherben Wein hervor, der ein Jahrzehnt braucht, bis er die Tanninhülle abwirft und seinen

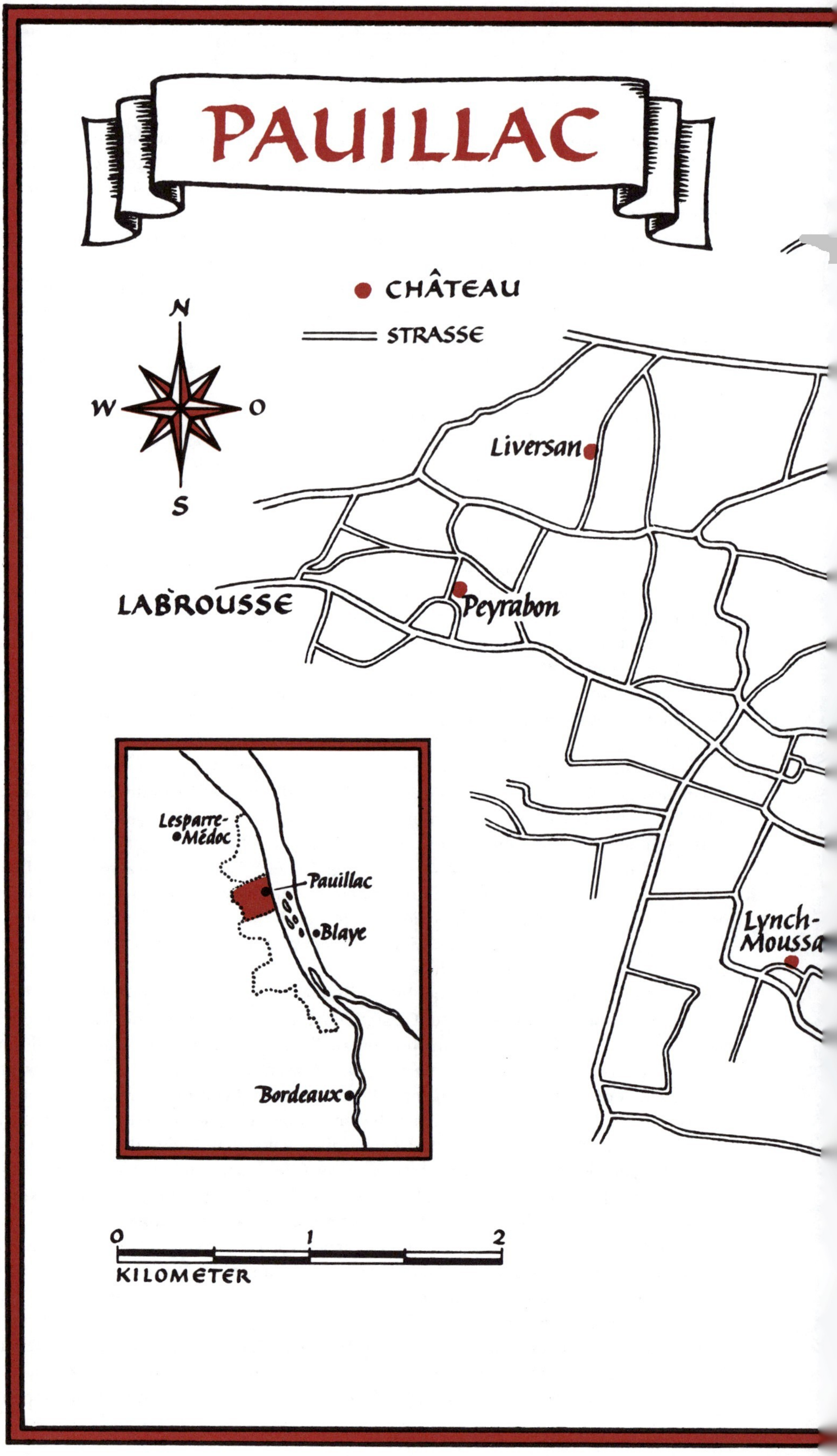

PAUILLAC

● CHÂTEAU
══ STRASSE

LABROUSSE

Liversan ●

Peyrabon ●

Lesparre-Médoc ●
Pauillac
● Blaye
Bordeaux ●

Lynch-Moussa ●

0 1 2
KILOMETER

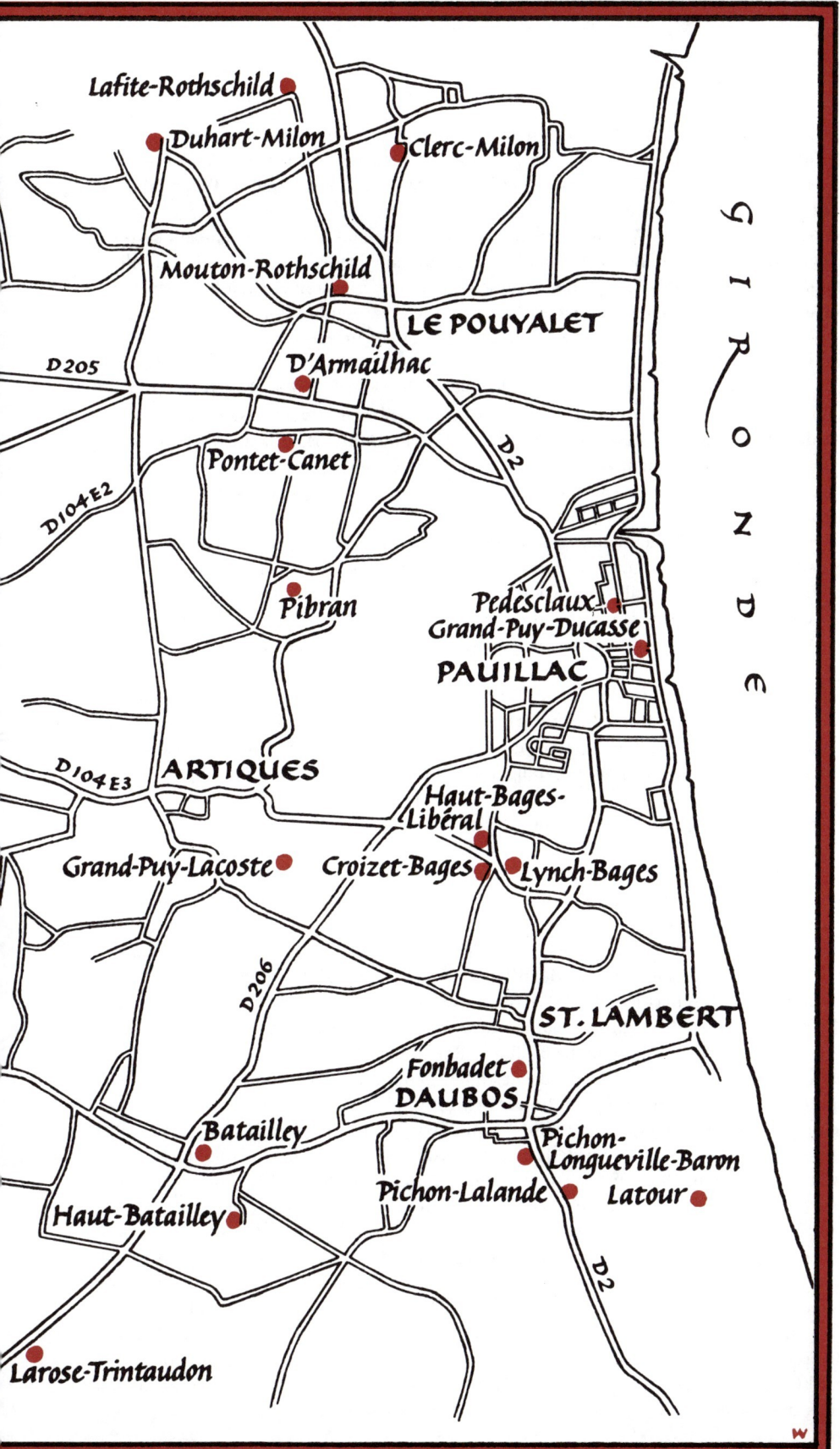

Charme spielen läßt. Immer wieder unterschätze ich den muskulösen, verschlossenen Batailley, bemerke aber, daß er in jüngerer Zeit süßere, reifere Frucht aufzuweisen scheint. Auch er ist ein klassischer Pauillac im alten Stil, der gewiß viel Geduld braucht, dessen wahres Potential aber im Preis nicht genügend Ausdruck findet.

Das Schwester-Château von Batailley ist – wenigstens dem Namen nach – Château Haut-Batailley, es befindet sich aber im Besitz der Familie Borie, der auch Ducru-Beaucaillou in St-Julien und Grand-Puy-Lacoste in Pauillac gehören. Diese beiden letzteren stellen Haut-Batailley meist in den Schatten, dessen Wein in krassem Gegensatz zum Batailley seidige, sanfte, reichfruchtige, verführerische Art hat, die vielleicht das allerhöchste Qualitätsniveau nicht erreicht, aber beständig und stets köstlich ist.

Wer nach einem Wein im Stil von Haut-Batailley sucht, aber kräftigeren Eichenton, exotischere und fülligere Art bevorzugt, ist gut beraten, dem Clerc-Milon und dem d'Armailhac, beides Weine aus der Hand der Baronesse Philippine de Rothschild, Aufmerksamkeit zu schenken. Es sind aufgeschlossene, reichfruchtige Weine, die von Kritikern als aggressiv, wenn nicht gar exzessiv eichenwürzig bezeichnet werden, sie haben aber eine große Anhängerschaft. Fraglos sind sie interessant, nuancenreich und verlockend.

Besondere Beachtung verdient allein schon wegen seiner ungewöhnlich reichhaltigen finanziellen Ausstattung und seiner guten Weinberglagen das Château Duhart-Milon. Sein vom Mitarbeiterstab von Lafite-Rothschild produzierter Wein bietet beste Voraussetzungen für einen stets klassischen Pauillac in elegantem, und dennoch langlebigem Stil. Die Rothschilds haben in Duhart-Milon beträchtliche Investitionen getätigt, und die Weine des Guts werden immer besser.

Relativ unbekannt ist Château Haut-Bages-Libéral. Auf seinen Wein fiel in den 1980er Jahren meine Kaufentscheidung als besonders zuverlässiges Gewächs, das ich den «Lynch-Bages des kleinen Mannes» nannte und das stets bei mäßigem Preis reiche Nuancen von Zedernholz, schwarzen Johannisbeeren und anderer fülliger Frucht in stämmiger, vollmundiger Art bot. Bedauerlicherweise hat dieser Wein in den 1990er Jahren an Gleichmäßigkeit eingebüßt, und es ist schwer vorauszusagen, in welche Richtung er sich weiterentwickeln wird.

Mehr als andere Appellationen im Médoc wird Pauillac wegen der hier dominierenden drei Premiers Crus und mehreren Super-Seconds, als Maßstab für das Renommee eines Jahrgangs angesehen. Manche behaupten sogar, daß die Güte des Pauillac maßgeblich für die Meinung des Publikums über den jeweils neuesten Bordeaux-Jahrgang sei. Obwohl sich in dieser Richtung nichts schwarz auf weiß belegen läßt, darf doch allgemein gesagt werden, daß die Qualität der Weinbereitung in Pauillac seit der Mitte der 1980er Jahre bedeutend besser geworden ist.

Pauillac mit seinen durchlässigen Böden erzielt wohl nach wie vor in relativ heißen, trockenen Jahren die besten Erfolge. Die achtziger Jahre waren für ganz Bordeaux ein goldenes Zeitalter, aber keine Appellation hat hiervon mehr profitiert als Pauillac. Auf den guten 1981er folgte ein spektakulärer 1982er – insgesamt der großartigste Jahrgang in der Appellation seit 1961; 1983 war ein gutes, jedoch weitgehend wegen hoher Erträge ungleichmäßiges Jahr, und der 1984er fiel – wie in Bordeaux fast überall – mittelmäßig aus. Der 1985er wird überbewertet, und 1986 war ein exzellenter echter Vin-de-Garde-Jahrgang, in dem viele profund reichhaltige, tanninstarke Weine entstanden. Der 1987er wurde unterbewertet, der 1988er fiel sehr gut aus, der 1989er war ungleichmäßig und wurde stark überbewertet. Die 1990er Jahre zeigten sich zwar Pauillac nicht so günstig wie Bordeaux insgesamt, doch für die Premiers Crus, insbesondere Latour und Lafite-Rothschild, war 1990 ein außergewöhnliches Jahr, während es für Mouton-Rothschild überraschend zur Enttäuschung geriet. Bei den anderen Spitzengütern fiel der Pichon-Longueville Comtesse de Lalande 1990 enttäuschend aus, während Pichon-Longueville Baron, Lynch-Bages und Grand-Puy-Lacoste fabelhafte 1990er hervorbrachten. In Pauillac hängt ein Spitzenjahrgang mehr als in den übrigen Appellationen, außer in Margaux, von einem gesunden Ertrag an Cabernet Sauvignon ab. Der Rebbestand der meisten Weingüter umfaßt mindestens zwei Drittel Cabernet, daher gibt es natürlich überall Probleme, wenn diese Sorte einmal nicht voll ausreift. In den 1990er Jahren erwiesen sich 1995 und 1996 durchweg als exzellente Jahrgänge. Während die 1995er eher geschmeidig und charmant ausfielen, präsentieren sich die 1996er unbestreitbar wuchtig, mit gewaltiger Struktur und langer Lebenserwartung. Kurz gesagt sind die 1996er außergewöhnlich und stehen auf einer Ebene mit den 1990ern und 1982ern!

Pauillac
(Aus Insider-Sicht)

Potential allgemein: exzellent bis superb

Am langlebigsten: Batailley, Grand-Puy-Lacoste, Lafite-Rothschild, Latour, Lynch-Bages, Mouton-Rothschild, Pichon-Longueville Baron, Pontet-Canet

Am elegantesten: Duhart-Milon, Grand-Puy-Ducasse, Haut-Batailley, Lafite-Rothschild, Pichon-Longueville Comtesse de Lalande

Am konzentriertesten: Grand-Puy-Lacoste, Latour, Lynch-Bages, Pichon-Longueville Baron, Pichon-Longueville Comtesse de Lalande, Pontet-Canet (seit 1994)

Bestes Preis/Leistungs-Verhältnis: Grand-Puy-Ducasse, Grand-Puy-Lacoste, Pontet-Canet

Am exotischsten: Clerc-Milon, Mouton-Rothschild, Pichon-Longueville Comtesse de Lalande

Am schwersten zu ergründen (in der Jugend): Batailley, Lafite-Rothschild

Am meisten unterbewertet: Grand-Puy-Lacoste, Pontet-Canet (seit 1994)

Jung am besten zu trinken: d'Armailhac, Clerc-Milon, Grand-Puy-Ducasse, Haut-Batailley, Pichon-Longueville Comtesse de Lalande

Aufstrebendes Weingut: Pontet-Canet

Die großartigsten neueren Jahrgänge: 1996, 1995, 1994, 1990, 1986, 1982, 1970, 1967, 1961, 1959

Pauillac im Überblick

Lage: Links der Gironde zwischen St-Estèphe im Norden und St-Julien im Süden, ungefähr 35 km von der Stadt Bordeaux entfernt.

Rebfläche: 1186 ha

Gemeinden: Pauillac

Durchschnittliche Jahresproduktion: 640 000 Kisten

Crus Classés: Insgesamt 18: 3 Premiers Crus, 2 Deuxièmes Crus, 1 Quatrième Cru und 12 Cinquièmes Crus. 16 Crus Bourgeois

Hauptrebsorten: Cabernet Sauvignon, gefolgt von Merlot und in geringerem Umfang Cabernet Franc und Petit Verdot

Hauptbodenarten: Tiefgründige Kiesbetten in den Weinberglagen am Strom; weiter landeinwärts ist Kies mit Sand und Kalkstein untermischt

BORDEAUX

Verbrauchergerechte Klassifizierung der Châteaux von Pauillac

HERVORRAGEND
Lafite-Rothschild
Latour
Mouton-Rothschild
Pichon-Longueville-Comtesse de Lalande

AUSGEZEICHNET
Grand-Puy-Lacoste
Lynch-Bages
Pichon-Longueville Baron
Pontet-Canet (seit 1994)

SEHR GUT
Duhart-Milon
Les Forts de Latour
Haut-Batailley

GUT
d'Armailhac (zwischen 1956 und 1989 Mouton-Baronne-Philippe)
Batailley
Clerc-Milon
Grand-Puy-Ducasse

WEITERE BEACHTENSWERTE WEINGÜTER IN PAUILLAC

La Bécasse, Bellegrave, Bernadotte, Carruades de Lafite, Colombier-Monpelou, La Couronne, Croizet-Bages, La Fleur Milon, Fonbadet, Gaudin, Haut-Bages-Libéral, Haut-Bages-Monpelou, Lynch-Moussas, Pedesclaux, Pibran, Plantey, La Rose Pauillac, Saint-Mambert

D'Armailhac (Mouton-Baronne-Philippe)
5ème Cru seit 1855

GUT

Lage der Weinberge: Le Pouyalet, Pauillac

Besitzerin: Baronne Philippine de Rothschild G.F.A.
Adresse: 33250 Pauillac
Postanschrift: Baron Philippe de Rothschild S.A., B.P.117, 33250 Pauillac
Telefon: 33 5 56 73 20 20 – Telefax: 33 5 56 73 20 44

Keine Besuche möglich

WEINBERGE (Rotwein)

Rebfläche: 50 ha

Durchschnittliches Rebenalter: 35 Jahre

PAUILLAC

Rebbestand: 50% Cabernet Sauvignon, 23% Cabernet Franc, 25% Merlot, 2% Petit Verdot

Pflanzdichte: 8500 Reben/ha

Ertrag (im Durchschnitt der letzten 5 Jahre): 45 bis 50 hl/ha

Durchschnittliche Jahresproduktion insgesamt: 22 000 Kisten

GRAND VIN

Name: Château d'Armailhac

Appellation: Pauillac

Durchschnittliche Jahresproduktion: 22 000 Kisten

Verarbeitung und Ausbau: Vinifikation 3 Wochen bei Temperaturen um 25 °C für gute Tanninextraktion. Im Dezember Abstich in Eichenfässer; 15 bis 18 Monate Ausbau in zu 30% neuen und zu 70% einmal gebrauchten Eichenfässern. Der Wein wird geschönt, hinsichtlich einer Filtration bestehen keine festen Regeln.

Kein ZWEITWEIN

Beurteilung des derzeitigen Rangs: Entspricht der Klassifizierung

Genußreife: 5 bis 14 Jahre nach dem Jahrgangsdatum

Dieses Weingut ist das am wenigsten bekannte und dem breiten Publikum am wenigsten vertraute aus dem Trio von Châteaux in Pauillac, das den Besitz des verstorbenen Barons Philippe de Rothschild ausmachte. Der Baron erwarb es 1933, als es noch den Namen Mouton d'Armailhacq trug. 1956 wurde der Name in Mouton-Baron-Philippe und 1975 zu Ehren der Gemahlin von Baron Philippe, die übrigens ein Jahr darauf starb, in Mouton-Baronne-Philippe, geändert.* Die Kellerei liegt unmittelbar neben Mouton-Rothschild, und das Weinbereitungs-Team Patrick Léon und Lucien Sionneau, das auch in den hochrenommierten Châteaux Mouton-Rothschild und Clerc-Milon Regie führt, ist bei d'Armailhac ebenfalls für die Kellertechnik zuständig.

Obwohl die Reben ein eindrucksvolles Alter haben, ist der Wein oft leicht, relativ früh reif und wird von seinen zwei Stallgefährten in Komplexität, Charakter und Langlebigkeit ohne weiteres übertroffen. Allerdings gibt es deutliche Bemühungen um eine Verbesserung dieses Weins. Während der 1982er seine Qualität zweifellos dem Jahrgang selbst verdankt, wurde es mit der Verbesserung des d'Armailhac ab dem feinen 1985er wirklich ernst, und das hat sich seither fortgesetzt. Der 1989er ist vielleicht der beste Wein, der in moderner Zeit in diesem Gut entstand.

JAHRGÄNGE

1997 • (86-87)   Der 1997er d'Armailhac (58% Cabernet Sauvignon, 23% Merlot und 19% Cabernet Franc) hat tief rubinrote Farbe, dazu ein kräftig entwickeltes Aroma von Pflaumen, Johannisbeeren, Zedernholz und Gewürzen, eingangs reichliche Mengen an süßer schwarzer Frucht sowie einen sanften, mittelschweren, gefälligen Abgang mit wenig Biß oder Linienklarheit. Er wird zu einem fruchtigen, vordergründigen Wein mit milder Säure heranreifen, der in den ersten 7 bis 10 Lebensjahren getrunken werden will. Letzte Verkostung: 3/98.

1996 • 87-88   Dieser Wein machte einen ausnehmend guten Eindruck. Neben dichter, rubinpurpurroter Farbe zeigt er weit entwickeltes Aroma von Süßholz, asiatischen Gewürzen, Cassis und subtil toastwürziger Eiche. Er besteht zu 45% aus Cabernet Sauvignon, zu 30% aus Merlot und zu

---

* Ab Jahrgang 1989 lautet der Name d'Armailhac.

BORDEAUX

25 % aus Cabernet Franc, hat mittelschweren Körper und eine überraschende, für den Jahrgang untypische Üppigkeit. Am Gaumen erweist er sich als mild, im Abgang als samtig, anhaltend und geschmeidig – ein hedonistischer, gefälliger Pauillac, der sich schön weiterentfalten dürfte.
Voraussichtliche Genußreife: 2001 bis 2005. Letzte Verkostung: 3/98.

1995 • 89 Wiederholt sei es gesagt: Dieser d'Armailhac ist vielleicht der beste, den es je gegeben hat. Er entstand zu 50 % aus Cabernet Sauvignon, zu 32 % aus Merlot und zu 18 % aus Cabernet Franc. Neben tief rubinpurpurroter Farbe weist der 1995er milde Säure und reichliches, sanftes Tannin auf, und sowohl im Aroma als auch im Geschmack ist eine Fülle von reifer Cassis-Frucht schön eingerahmt von mit großem Bedacht eingesetztem toastwürzigem Eichenholz – ein schmackhafter, runder, generöser Hochgenuß, der breiten Anklang finden wird.
Voraussichtliche Genußreife: Jetzt bis 2012. Letzte Verkostung: 11/97.

1994 • 86 Der mit attraktiver, eher muskulöser Art aufwartende 1994er zeigt sich in dunklem Rubinpurpurrot und bietet würzige, an Fleisch und Johannisbeeren erinnernde Aromen mit einem Anflug von Zedernholz und Erde, bei moderatem Tannin, kräftigem Körperbau und fester Struktur. Er könnte sich zu einer Punktnote im oberen 80er-Bereich entfalten, wenn das Tannin abschmilzt, ehe die Frucht welkt.
Voraussichtliche Genußreife: 2002 bis 2010. Letzte Verkostung: 1/97.

1993 • 86 Der sanfte, mit Nuancen von Pfeffer und Kräutern versehene dunkelrubinrote Wein besitzt exzellente Frucht, geschmeidige Art und runde, angenehme, leicht ergründbare und süffige Geschmacksfülle. Er sollte im Lauf der nächsten 6 bis 8 Jahre getrunken werden – ein guter, erschwinglicher Pauillac für Restaurants und für Weinliebhaber, denen an baldigem Genuß gelegen ist. Letzte Verkostung: 1/97.

1992 • 86 Der 1992er d'Armailhac ist ein charmanter, unkomplizierter, reichfruchtiger Wein in mittlerem bis dunklem Rubinrot und mit würzigem Aroma von gerösteten Nüssen und fülligen schwarzen Johannisbeeren. Eingangs bietet er geschmeidige, samtige, aber rasch verklingende Frucht. Immerhin ist dies ein reintöniger, eleganter Wein, der in den nächsten 5 bis 6 Jahren getrunken sein will. Letzte Verkostung: 11/94.

1991 • 74 Der 1991er zeigt sich an der Oberfläche verlockend mit seinem verschwenderisch eichenwürzigen, süßen Duft, unter dem Make-up aber erweist er sich als dünn und kantig mit nur wenig Tiefe und einem kurzen, tanninherben Abgang. Er wird mit zunehmendem Alter noch schwächlicher werden. Letzte Verkostung: 1/94.

1990 • 85 Der 1990er ist dunkel rubinpurpurrot und hat ein ausdrucksvolles Aroma von Nüssen, Cassis, Rauch und Schokolade, doch es fehlt diesem samtigen, runden, angenehmen Wein an Struktur und Nachhaltigkeit am Gaumen. Er ist charmant, aber nicht so konzentriert wie der 1989er.
Voraussichtliche Genußreife: Jetzt bis 2003. Letzte Verkostung: 1/93.

1989 • 87 Das Château selbst bestätigt, daß der 1989er der beste Wein seit über drei Jahrzehnten ist. Er hat entgegenkommende, extraktreiche Fülle, viel samtige Frucht, kräftigen Alkoholgehalt und fülligen, üppigen Abgang. Wer einen Bordeaux liebt, der von Frucht überströmt, dem wird dieser Wein im Lauf der nächsten 10 Jahre schönsten Genuß gewähren.
Voraussichtliche Genußreife: Jetzt bis 2000. Letzte Verkostung: 1/93.

1988 • 84 Im Vergleich mit dem 1989er ist der 1988er Mouton-Baronne-Philippe viel leichter, kompakter, deutlich hart und mager und hat einen kurzen Abgang.
Voraussichtliche Genußreife: Jetzt. Letzte Verkostung: 1/93.

1987 • 77 Der hell bis mittelrubinrote Wein mit milder, runder, grasiger Fruchtigkeit ist etwas dünn und eignet sich schön für Picknicks.
Voraussichtliche Genußreife: Jetzt. Letzte Verkostung: 10/89.

1986 • 86 Ich habe den 1986er als einen attraktiven, milden, vollen, mittelschweren Wein mit gefälliger, charmanter Geschmeidigkeit, einer schönen Dosis süßer Eichenholzwürze und einer insbesondere für diesen Jahrgang früh ausgereiften Persönlichkeit kennengelernt.
Voraussichtliche Genußreife: Jetzt bis 2002. Letzte Verkostung: 9/90.

PAUILLAC

1985 • 86 Dank der Bemühungen des Verwalters Philippe Cottin und des Kellermeisters Patrick Léon begann sich das Qualitätsniveau des Mouton-Baronne-Philippe mit diesem Jahrgang zu verbessern. Der 1985er ist ein sanft fülliger, üppiger, angenehmer Wein mit verführerischer, reichhaltiger Fruchtigkeit, früh ausgereifter Persönlichkeit und geringer Säure. Er läßt sich im Lauf der nächsten 10 Jahre prachtvoll trinken.
Voraussichtliche Genußreife: Jetzt bis 2000. Letzte Verkostung: 1/89.

1983 • 83 Der 1983er ist trotz reichlicher Proportionen nicht so konzentriert und reichfruchtig wie der 1982er, aber dennoch eindrucksvoll fest gefügt und konzentriert.
Voraussichtliche Genußreife: Jetzt bis 2000. Letzte Verkostung: 3/89.

1982 • 86 Zwar sollte niemand diesen Wein mit dem legendären 1982er von Mouton-Rothschild verwechseln, aber dennoch ist er sehr lobenswert, dunkel rubinrot, mit mäßig intensivem Bukett von Zedernholz und reifen schwarzen Johannisbeeren, körperreich, mit sehr guter Konzentration, viel staubigem, aber doch reifem Tannin und sehr schöner Nachhaltigkeit im Geschmack.
Voraussichtliche Genußreife: Jetzt bis 2005. Letzte Verkostung: 1/89.

1981 • 83 Der dunkelrubinrote, mäßig tanninherbe Wein mit recht straffem, verschlossenem Bukett von Johannisbeeren und Pflaumen zeigt gute, reife Frucht, mittleren Körper und schöne Nachhaltigkeit. Er ist leichter als der Mouton-Rothschild, aber es sind Ähnlichkeiten im Stil vorhanden.
Voraussichtliche Genußreife: Jetzt. Letzte Verkostung: 12/84.

BATAILLEY (5ème Cru)
5ème Cru seit 1855

GUT

Lage der Weinberge: Pauillac

Besitzer: Héritiers Castéja
Adresse: 33250 Pauillac
Postanschrift: Domaines Borie Manoux, 86, Cours Balguerie-Stuttenberg, 33082 Bordeaux Cedex
Telefon: 33 5 56 00 00 70 – Telefax: 33 5 57 87 60 30

Besuche: nur nach Vereinbarung; Wochenenden ausgenommen
Kontaktadresse: Domaines Borie Manoux

WEINBERGE (Rotwein)

Rebfläche: 54 ha

Durchschnittliches Rebenalter: 30 Jahre

Rebbestand: 70 % Cabernet Sauvignon, 25 % Merlot, 3 % Cabernet Franc, 2 % Petit Verdot

Pflanzdichte: 8000 Reben/ha

Ertrag (im Durchschnitt der letzten 5 Jahre): 55 hl/ha

Durchschnittliche Jahresproduktion insgesamt: 22 000 Kisten

GRAND VIN

Name: Château Batailley

Appellation: Pauillac

Durchschnittliche Jahresproduktion: 22 000 Kisten

BORDEAUX

Verarbeitung und Ausbau: Lese von Hand, vollständiges Entrappen. Vinifikation 3 bis 4 Wochen in temperaturgeregelten Edelstahltanks. Malolaktische Säureumwandlung bei 25 % des Ertrags in Eichenfässern, ansonsten in Tanks mit anschließendem Abstich in Eichenfässer. Diese werden jeweils zu 50 % erneuert. Nach 12 bis 16 Monaten Ausbau im Faß wird der Wein mit Eiweiß geschönt, aber nicht gefiltert.

Kein ZWEITWEIN

Beurteilung des derzeitigen Rangs: Entspricht der Klassifizierung

Genußreife: 10 bis 25 Jahre nach dem Jahrgangsdatum

Das attraktive Château Batailley liegt von der Gironde weit landeinwärts in einer Waldlichtung, umgeben von hohen Bäumen. Die Weinberge – alle in die Klassifizierung von 1855 aufgenommen – befinden sich zwischen Haut-Batailley im Süden und Grand-Puy-Lacoste im Norden. Der englische Weinautor David Peppercorn hat schon oft darauf hingewiesen (und ich stimme ihm voll und ganz zu), daß dieser Wein, weil er exklusiv durch das Handelshaus Borie-Manoux vertrieben, also nicht frei gehandelt wird und in den üblichen kommerziellen Kreisen von Bordeaux nicht zur Verkostung verfügbar ist, recht oft einfach in Vergessenheit gerät. Das hat dazu geführt, daß er unterbewertet wird.

Seit 1961 wird das Gut von Emile Castéja geführt und produziert nach wie vor relativ altmodischen, soliden, farbkräftigen, recht rustikalen Pauillac, der in der Jugend nur schwer zu beurteilen ist. Ich habe schon oft bemerkt, daß dieser Wein zwar lange Lagerung verträgt, aber nur selten begeistert oder inspiriert, vielmehr im wesentlichen zuverlässig und preisgünstig ist. Ich stehe zwar zu diesen meinen Worten, bin aber doch zu der Auffassung gekommen, daß ich gewisse Jahrgänge unterbewertet habe. Weinfreunde, die viel Geduld haben, sind sicherlich über die lange Entwicklungszeit des Batailley ebenso erfreut wie über den Preis. Angesichts der in den achtziger Jahren begonnenen Bemühungen um Qualitätsverbesserung kann der Batailley jedoch kaum noch lange einer der preiswertesten Crus Classés von Pauillac bleiben.

JAHRGÄNGE

1997 • 80-84 Diesem Wein fehlt es an Tiefe, und es bestehen Zweifel an der Reife seines Tannins (man beachte die kratzige Schärfe). Dessenungeachtet hat er dunkelrubinrote Farbe, ein süßes Aroma von roten und schwarzen Johannisbeeren, Mineralen und Erde. Eingangs erweist sich der Wein als leicht bis mittelschwer mit der sanften Beerenfrucht des Jahrgangs, und er hat einen sauberen, aber nicht gerade inspirierenden Abgang. Er will in den ersten 7 bis 10 Lebensjahren getrunken werden. Letzte Verkostung: 3/98.

1996 • 87-89 Diese schöne Leistung von Batailley weist dichtes Rubinpurpurrot, ein klassisches Aroma von schwarzen Johannisbeeren und Zedernholz sowie einen Anflug von Anis und rauchigem Eichenholz auf. Mit seiner wuchtigen Art, seinem mittleren bis vollen Körper und reichlichen Mengen an mildem Tannin zeigt dieser hochklassige, eindrucksvoll ausgestattete Batailley bei schöner Vollmundigkeit keinerlei Schärfe.
Voraussichtliche Genußreife: 2003 bis 2020. Letzte Verkostung: 3/98.

1995 • 87 Der 1995er ist gut ausgefallen und zeigt dunkle rubinpurpurrote Farbe und Aromen von Mineralen, schwarzen Johannisbeeren und rauchigem frischem Eichenholz. Im Mund stellt er sich als mittelschwerer, verhaltener, sauber gezeichneter Pauillac mit viel Tannin und echtem Vin-de-Garde-Stil dar.
Voraussichtliche Genußreife: 2002 bis 2015. Letzte Verkostung: 1/97.

1994 • 85 Attraktives Schwarzrubinpurpurrot wird begleitet vom Aroma süßer Johannisbeerfrucht und frischer Eiche. Bei mittelschwerem Körper, guter Reife fehlt es diesem sauberen,

PAUILLAC

unkomplizierten, gut bereiteten Wein an Tiefe und Komplexität, er wird aber für weitere 12 bis 14 Jahre angenehmen, schlichten Genuß bereiten.
Letzte Verkostung: 1/97.

1993 • 76 Dieser dunkelpurpurrote Batailley wird von einem durchdringenden gemüseähnlichen Geruch beeinträchtigt. Des weiteren ist der Wein schmal, hart und tanninstreng, es mangelt ihm an Charme und Frucht. Er wird sich zwei Jahrzehnte lang halten, aber wer fragt danach?
Letzte Verkostung: 1/97.

1992 • 77 Dieses Gut bringt oft strenge, harte Weine für lange Aufbewahrung hervor. Das mag in vielen Jahren ein erstrebenswertes Ziel sein, für die Entstehung eines attraktiven 1992ers war es aber nicht das richtige Rezept. Dieser mittelschwere Batailley wird von einer für die fragile Frucht allzu schweren Tanninlast niedergedrückt. Das Resultat ist ein strenger, harter Wein, der abmagern wird, lange bevor dieses Tannin sich auflösen kann. Letzte Verkostung: 11/94.

1990 • 86 Der 1990er präsentiert sich in mäßig dunklem Rubinrot und zeigt ein offen gewirktes, duftiges, würziges, süßes Aroma. Im Mund ist er entschieden weniger fest gefügt und tanninreicher als der 1989er, eher sanft, elegant und zumindest im Augenblick einschmeichelnd. Bildet er das Pendant zum 1962er Batailley?
Voraussichtliche Genußreife: Jetzt bis 2010. Letzte Verkostung: 1/93.

1989 • 87 Der 1989er ist in eine harte, tanninstrenge, herbe Phase eingetreten, die darauf hinweist, daß man viel Geduld mit ihm haben muß. Die rubinpurpurrote Farbe ist gesund, und das Bukett mit Tönen von Toast und rauchigem Eichenholz, Schokolade und hochreifen schwarzen Johannisbeeren leitet über zu einem mittelschweren, vollen, extraktreichen Wein mit derbem Tannin und kräftiger Säure. Er ist ein gehaltvoller Wein in eher traditionellem Stil, der mindestens 10 Jahre Flaschenreife braucht.
Voraussichtliche Genußreife: 2000 bis 2018. Letzte Verkostung: 193.

1988 • 85 Der typisch strenge, harte, verschlossene, schwer zu durchdringende 1988er zeigt dunkelrubinrote Farbe, ein verhaltenes mineralisches Bukett mit schwarzen Johannisbeeren und Eichenholzwürze, mittelschwerem Körper und hohem Tanningehalt.
Voraussichtliche Genußreife: Jetzt bis 2008. Letzte Verkostung: 4/90.

1986 • 86 Die Bewertung des 1986ers wird sich vielleicht als allzu vorsichtig erweisen, denn dieser Wein erschließt sich nach 10 bis 12 Jahren in der Flasche wahrscheinlich besser als im Jugendzustand. Er wurde von 70 % Cabernet Sauvignon, 20 % Merlot und im übrigen von Petit Verdot und Cabernet Franc gewonnen, zeigt tief rubinpurpurrote Farbe, ist aber noch extrem hart und tanninstreng. Allerdings scheint er die nötige Tiefe an Konzentration und Frucht zu besitzen, um das Tannin zu überdauern.
Voraussichtliche Genußreife: 2000 bis 2015. Letzte Verkostung: 4/90.

1985 • 86 Es überrascht nicht, daß der 1985er Batailley die Reife des Jahrgangs deutlich spüren läßt, daneben aber die für diesen Wein typischen harten und tanninstrengen Züge aufweist. Er ist sauber bereitet, verhalten und stilvoll.
Voraussichtliche Genußreife: Jetzt bis 2005. Letzte Verkostung: 4/90.

1984 • 82 Der 1984er ist leicht, weist mäßig intensive Beerenfrucht, einen vegetabilen Zug im Charakter, eine geringe Säure und einen milden Geschmackseindruck auf.
Voraussichtliche Genußreife: Jetzt. Letzte Verkostung: 3/88.

1982 • 87 Milder, relativ füllig-fruchtiger Geschmack bei nicht so großer Konzentration wie bei den allerbesten 1982ern, aber dennoch saftige schwarze Johannisbeeren, schön vermischt mit gefälliger Vanillinwürze von Eichenholz. Das gemäßigte Tannin hat sich gegen Ende der achtziger Jahre sehr viel kräftiger bemerkbar gemacht und läßt größere Alterungsfähigkeit vermuten, als ich ursprünglich glaubte.
Voraussichtliche Genußreife: Jetzt bis 2010. Letzte Verkostung: 1/90.

1980 • 67 Leicht, dünn, ohne besondere Frucht; ein flacher Wein ohne Nachhaltigkeit, eindeutig keine der besseren Leistungen aus diesem mittelmäßigen Jahrgang.
Voraussichtliche Genußreife: Jetzt – vermutlich im Nachlassen. Letzte Verkostung: 3/83.

1979 • 83   Gute, dunkelrubinrote Farbe, reifes, hervortretendes Bukett von Cassis-Frucht, Eichenholzwürze und erdigen Düften. Die aggressiv harten Tannine des 1979ers haben sich zu mildern angefangen und lassen einen würzigen, kompakten, kargen Wein zum Vorschein kommen, der sich noch schön halten, aber nie große Begeisterung wecken wird.
Voraussichtliche Genußreife: Jetzt bis 2000. Letzte Verkostung: 3/89.
1978 • 84   Der 1978er Batailley ist ein solider, haltbarer, durchaus ansprechender Wein mit exotischem, mäßig intensivem Bukett von Cassis, Anis und anderen Gewürzen. Körperreich, mit überraschend milder, geschmeidiger Frucht, rundem, reifem Tannin und guter Nachhaltigkeit – eine sehr gute Leistung von Batailley.
Voraussichtliche Genußreife: Jetzt bis 2000. Letzte Verkostung: 2/84.
1976 • 81   Der einfache, voll ausgereifte, mittelrubinrote Wein hat ein würziges, volles, fruchtiges Bukett, mittelschweren Körper, ansprechenden, sanften, fast eleganten Geschmack und einen ziemlich kurzen, aber milden Abgang.
Voraussichtliche Genußreife: Jetzt. Letzte Verkostung: 4/84.
1975 • 82   Attraktive Duftnuancen von Zedernholz und Gewürzen gehen in diesem Wein einher mit fester Substanz, starkem Tanningehalt und hartem, strengem Geschmack. Die mittelgranatrote Farbe läßt auf weitere 10 bis 15 Jahre Lebensdauer schließen, ich fürchte aber, daß der 1975er Batailley zu tanninstreng bleibt und seine mäßige Frucht noch mehr abmagert, so daß ein Gleichgewicht immer unwahrscheinlicher wird. Letzte Verkostung: 12/95.
1971 • 73   Das Aroma erinnert stark an frisch gebrühten Tee und reife Mandarinen und deutet auf Überreife hin. Auf der Zunge wirkt der Wein diffus, ohne klare Linie und ist etwas wässerig und uninteressant; eine seltsame, wenig ansprechende Leistung von Batailley.
Voraussichtliche Genußreife: Jetzt – wahrscheinlich stark im Nachlassen.
Letzte Verkostung: 2/79.
1970 • 82   In vieler Hinsicht ist dieser Wein typisch für Batailley und den hier gepflegten Stil – dunkelrubinrot, mit einem Bukett, in dem sich reife Frucht, milde Eichenholznoten, aber nicht viel Komplexität vorfinden. Auf der Zunge ist er extraktreich, vollmundig, zeigt gute Konzentration, festes Tannin und eine monolithische Persönlichkeit.
Voraussichtliche Genußreife: Jetzt. Letzte Verkostung: 6/87.
1966 • 82   Der 1966er Batailley hat jetzt seine volle Reife erreicht. Im Bukett weist er bescheidenes Aroma von reifen schwarzen Johannisbeeren auf, der Geschmack ist füllig und solid, allerdings läßt dieser angenehme Wein doch an Substanz, Frucht und Charme zu wünschen übrig.
Voraussichtliche Genußreife: Jetzt. Letzte Verkostung: 3/84.
1964 • 87   1964 brachte Batailley einen der erfolgreichsten Weine des nördlichen Médoc hervor. Er ist gehaltvoll, körperreich, jetzt voll ausgereift, mit betörendem Bukett von Zedernholz, Gewürzen und Pflaumen, ein reichhaltiger Batailley, der an den Rändern schon etwas bernsteingelb schimmert, aber wundervolle Frucht und Nachhaltigkeit zeigt.
Voraussichtliche Genußreife: Jetzt bis 2000. Letzte Verkostung: 5/90.
1962 • 87   Der 1962er Batailley enttäuschte mich, als ich ihn daheim kostete, aber einige Flaschen, die 1988 im Château entkorkt wurden, zeigten glorreiche Duftfülle, Geschmeidigkeit, vollmundige und vollreife Art. In keiner war das karge, manchmal rohe Tannin vorzufinden, das der Batailley aufweisen kann.
Voraussichtliche Genußreife: Jetzt. Letzte Verkostung: 3/88.
1961 • 84   In diesem großartigen Jahrgang ist mir der Batailley als ein schöner, kompakter, fruchtiger Wein mit guter Farbe, robuster, staubiger Art im Geschmack begegnet, aber nicht als bestes Beispiel dafür, was der Jahrgang 1961 alles zu bieten hatte.
Voraussichtliche Genußreife: Jetzt – vermutlich im Nachlassen. Letzte Verkostung: 3/79.

PAUILLAC

CLERC-MILON
5ème Cru seit 1855

GUT

Lage der Weinberge: Pauillac

Besitzerin: Baronne Philippine de Rothschild G.F.A.
Adresse: 33250 Pauillac
Postanschrift: Baron Philippe de Rothschild S.A., B.P.117, 33250 Pauillac
Telefon: 33 5 56 73 20 20 – Telefax: 33 5 56 73 20 44

Keine Besuche möglich

WEINBERGE (Rotwein)

Rebfläche: 30 ha

Durchschnittliches Rebenalter: 32 Jahre

Rebbestand: 70 % Cabernet Sauvignon, 20 % Merlot, 10 % Cabernet Franc

Pflanzdichte: 8500 Reben/ha

Ertrag (im Durchschnitt der letzten 5 Jahre): 45 bis 50 hl/ha

Durchschnittliche Jahresproduktion insgesamt: 16 000 Kisten

GRAND VIN

Name: Château Clerc-Milon

Appellation: Pauillac

Durchschnittliche Jahresproduktion: 16 000 Kisten

Verarbeitung und Ausbau: Vinifikation 3 Wochen bei Temperaturen um 25 °C für gute Tanninextraktion. Im Dezember Abstich in Eichenfässer; 16 bis 18 Monate Ausbau in zu 30 % neuen und zu 70 % in einmal gebrauchten Eichenfässern. Der Wein wird geschönt, zur Filtration werden keine Angaben gemacht.

Beurteilung des derzeitigen Rangs: Aufstufung zum 4ème Cru wäre zu empfehlen, da seit 1985 eine Qualitätssteigerung eingetreten ist

Genußreife: 5 bis 14 Jahre nach dem Jahrgangsdatum

Clerc-Milon wurde 1970 von dem 1988 verstorbenen Baron Philippe de Rothschild erworben. Ein eigentliches Château gibt es zwar nicht, die Weinberge aber befinden sich in schönster Lage unmittelbar neben Mouton-Rothschild und Lafite-Rothschild, ganz nahe bei der riesigen Ölraffinerie, die das stille Städtchen Pauillac überragt. Bis 1985 kam aus ihnen oft leichter und wenig bemerkenswerter Wein. Neuere Jahrgänge zeigen dagegen eine üppige, fruchtige Art, verschwenderisch viel Eichentoastwürze sowie größere Dimension in Geschmackstiefe und -fülle. Im Vergleich mit den übrigen Weinen aus den Gütern der Baronin Philippine de Rothschild ist der Clerc-Milon der aufgeschlossenste und in der Jugend schon ansprechendste. In Anbetracht der Qualität der neueren Jahrgänge ist er derzeit unterbewertet.

JAHRGÄNGE

1997 • 87-89   Clerc-Milon scheint neuerdings eine Glücksträhne zu haben, so exzellente, ja hervorragende Weine kommen hier zustande (der 1996er und der 1995er stellen brillante Leistungen dar). Sie zeichnen sich aber unter den Crus Classés von Bordeaux durch erschwingliche Preise aus. Der 1997er (53% Cabernet Sauvignon, 33% Merlot, 9% Cabernet Franc und 5% Petit Verdot) ist das Resultat strikter Auslese (30% des Ertrags wurden abgestuft). Der Wein weist ein gewisses Maß an Tannin auf, doch seine deutlichsten Wesenszüge sind dunkles Rubinpurpurrot und ein süßes, aus dem Glas hervorströmendes Aroma von Rauch, schwarzen Johannisbeeren und Kirschen. Der vollmundige, seidige, mit kräftigerem Tannin als sein Vetter d'Armailhac begabte Wein zeigt sich vielschichtig, reintönig, voll und mittelschwer; er wird sich in der Jugend bereits schön trinken, aber doch 10 bis 12 Jahre überdauern. Letzte Verkostung: 3/98.

1996 • 89-90   Der aus 51% Cabernet Sauvignon, 37% Merlot und 12% Cabernet Franc bestehende 1996er ist ein vollmundiger, untypisch saftiger, üppig sanfter Pauillac, der schon in früher Jugend genußvoll zu trinken sein wird. Am Gaumen zeigt er viel Volumen und Biß mit reichlicher Frucht und einer subtilen Dosis an frischem Eichenholz (das Gut arbeitet mit 35% neuen Eichenfässern). Milde Säure und reiche Frucht überdecken weitgehend das zwar vorhandene, aber unauffällige Tannin. Ein Schlager.
Voraussichtliche Genußreife: 2000 bis 2012. Letzte Verkostung: 3/98.

1995 • 89   Der 1995er Clerc-Milon (56% Cabernet Sauvignon, 30% Merlot, 14% Cabernet Franc) weist mehr Tannin und Biß auf als der 1996er (überhaupt hat der 1995er mehr vom Jahrgangscharakter des 1996ers und umgekehrt). Der eindrucksvolle, dunkel rubinpurpurrote Wein präsentiert sich eindrucksvoll und könnte nach weiteren 1 bis 2 Jahren Flaschenreife eine höhere Punktnote verdienen. Er bietet ein prachtvolles Aroma mit Nuancen von gedörrten Kräutern, Fleisch, Zedernholz, Cassis, Gewürzen und Vanillin, dazu dichte, mittelschwere bis volle Art, hervorragenden Extraktgehalt, viel Glyzerin und einen weichen, vielschichtigen, hedonistischen Abgang. Bei üppiger Komplexität hat er doch auch genug Tannin und Tiefe, um mindestens 15 Jahre Kellerreife zu gewährleisten. Ein Schlager.
Voraussichtliche Genußreife: 2002 bis 2015. Letzte Verkostung: 11/97.

1994 • 87+?   Dieser sauber bereitete, dunkel rubinpurpurrote Wein, qualitativ dem 1993er gleichwertig, aber verschlossener, tanninreicher und wuchtiger, zeigt mittelschweren Körper und würzige, vollmundige Art. Für einen 1994er ist er zwar weich, jedoch durchaus imstande, 15 bis 18 Jahre zu überdauern. Das im Abgang spürbare Tannin läßt 2 bis 3 Jahre Kellerreife ratsam erscheinen. Letzte Verkostung: 1/97.

1993 • 87   Der 1993er Clerc-Milon mit satter dunkelrubinroter Farbe, mittelschwerem Körper und sauberer Art weist Bilderbuchduftnoten von schwarzen Johannisbeeren, Gras und Tabak auf. Trotz leichtem Tanningehalt zeigt er keinesfalls die Adstringenz oder Krautigkeit dieses Jahrgangs. Mit seiner attraktiven, samtigen Art dürfte er über die nächsten 10 bis 12 Jahre hinweg überraschend feinen Genuß gewähren. Letzte Verkostung: 1/97.

1992 • 87   Der üppige, sinnliche 1992er stellt in diesem ungleichmäßigen Jahrgang eine verdienstvolle Leistung dar. Er weist dunkelrubinrote Farbe und entgegenkommenden Duft von *pain grillé*, gerösteten Nüssen und Cassis auf. Seine geschmeidige, seidige, mittelschwere Art mit fülliger Frucht von schwarzen Johannisbeeren dürfte sich in den nächsten 7 bis 8 Jahren ideal trinken. Letzte Verkostung: 11/94.

1991 • 79   Clerc-Milon produziert normalerweise milden, runden, leicht zu ergründenden, süffigen Pauillac. Der 1991er dagegen ist untypisch hart und straff gefügt, rubinrot, mit interessanten würzigen Zimt- und Cassis-Aromen und einem kantigen, kurzen Abgang. Etwas mehr Fleisch auf den Knochen hätte ihn ansprechender gemacht. Man sollte ihn in den nächsten 7 bis 8 Jahren trinken. Letzte Verkostung: 1/94.

1990 • 86   Dieser Jahrgang ist zwar nicht so konzentriert, opulent und samtig ausgefallen wie der 1989er, dennoch ist er ein geschmeidiger, sinnlicher Wein mit schönem Duft von Cassis,

Rauch, Vanillin, gerösteten Nüssen und exotischen Noten. Dieser üppige Wein mit seiner sahnigen Substanz und ausgezeichneten Farbe fällt wie seine Verwandten, d'Armailhac und Mouton-Rothschild, am Gaumen etwas ab. Dennoch dürfte er über die nächsten 8 bis 10 Jahre köstlich zu trinken sein. Letzte Verkostung: 1/93.

1989 • 90 Der 1989er Clerc-Milon ist ein wundervoller Genuß, tief rubinrot mit intensivem, sonnengedörrtem, rauchigem Bukett von Pflaumen und Johannisbeeren, vollem Körper, dicht gepackter Frucht – ein vollmundiger, opulenter, aber auch sehr milder und dabei alkoholstarker Wein. Trotz seiner frühreifen Art hat er ganz ähnlich wie der 1986er hohen Tanningehalt. Erstmals erlebe ich, daß mir der Clerc-Milon tatsächlich besser schmeckt als der Mouton-Rothschild! Ein wertvoller Wein.
Voraussichtliche Genußreife: Jetzt bis 2010. Letzte Verkostung: 4/91.

1988 • 89 Der 1988er hat tiefe Farbe und ein mäßig intensives Bukett von Kräutern, Rauch und schwarzen Johannisbeeren. Die Härte, die er in der Jugend zeigte, hat sich gemildert, und inzwischen bietet sich bei reichhaltiger, geschmeidiger Art eine beträchtliche, sonnengedörrte Fruchtfülle, ergänzt durch verschwenderische Eichenholzwürze. Er ist ein Pauillac, wie er dem breiten Publikum gefällt, und er gewährt über die nächsten 10 Jahre hinweg schönen Genuß.
Voraussichtliche Genußreife: Jetzt bis 2001. Letzte Verkostung: 4/91.

1987 • 76 Ein mildes, aber reifes Aroma von Johannisbeeren, rauchigem Eichenholz und Kräutern entströmt dem Glas. Im Mund fühlt sich der Wein trinkreif an – leicht, aber rund und korrekt.
Voraussichtliche Genußreife: Jetzt. Letzte Verkostung: 12/89.

1986 • 90 Der 1986er gehört in meiner Erinnerung zu den großartigsten Weinen von Clerc-Milon und bildet nach wie vor ein wertvolles Beispiel für den Jahrgang: Dunkel rubinpurpurrot, mit einem herrlichen Bukett von süßem, rauchigem frischem Eichenholz, Pflaumen, schwarzen Johannisbeeren, Süßholz und Zedernholz; auf der Zunge wirkt dieser Wein sehr konzentriert, reichhaltig und kraftvoll und doch für einen 1986er untypisch mild und vollmundig. Er dürfte sich weitere zwei Jahrzehnte lang schön weiterentfalten, ist aber schon viel früher zu genießen als mancher andere 1986er Pauillac. Ein Schlager seines Jahrgangs.
Voraussichtliche Genußreife: Jetzt bis 2006. Letzte Verkostung: 1/91.

1985 • 89 Der 1985er ist ein prachtvoller Wein mit tiefer Farbe und einem komplexen Bukett von schwarzen Johannisbeeren, Mineralen und rauchigem Eichenholz. Im Mund fühlt er sich gehaltvoll, körperreich, wuchtig und für einen 1985er erstaunlich festgefügt und nachhaltig an. Er ist eine der Überraschungen dieses Jahrgangs.
Voraussichtliche Genußreife: Jetzt bis 2000. Letzte Verkostung: 9/89.

1984 • 78 Der eichenholz- und kräuterwürzige Clerc-Milon beginnt bereits einen orange- bis bernsteingelben Schimmer zu zeigen; er besitzt genügend Reife, mittelschweren Körper, kräftige Säure und einen ordentlichen Schuß Tannin. Er sollte bald getrunken werden.
Voraussichtliche Genußreife: Jetzt – vermutlich im Nachlassen. Letzte Verkostung: 11/88.

1983 • 79 Der gefällige, leichte, früh ausentwickelte Wein bietet ein reifes, fruchtiges eichenholzwürziges Bukett, zeigt am Gaumen aber bei mittelschwerem Körper wenig Nachhaltigkeit.
Voraussichtliche Genußreife: Jetzt – wahrscheinlich im Nachlassen. Letzte Verkostung: 1/90.

1982 • 84 Der 1982er Clerc-Milon ist charmant, aufgeschlossen, reif, fruchtig mit locker gefügtem, gefälligem Bukett von reifer Beerenfrucht und eichenholzwürzigem Vanilleduft. Bei mittlerem bis vollem Körper weist er mildes, leichtes Tannin auf und ist voll genußreif.
Voraussichtliche Genußreife: Jetzt. Letzte Verkostung: 1/90.

1981 • 82 Der 1981er zeigt schöne, dunkle Farbe, mittelschweren Körper, ein klassisches, komplexes Bukett von Zedern- und Eichenholz und reifen schwarzen Johannisbeeren, im Abgang schöne Säure und insgesamt kompakte Persönlichkeit.
Voraussichtliche Genußreife: Jetzt. Letzte Verkostung: 3/87.

BORDEAUX

COLOMBIER-MONPELOU
Cru Bourgeois seit 1932

Lage der Weinberge: auf dem Plateau von Pauillac, neben Mouton-Rothschild

Besitzer: Bernard Jugla
Adresse: 33250 Pauillac
Telefon: 33 5 56 59 01 48 – Telefax: 33 5 56 59 12 01

Besuche: nur nach Vereinbarung, montags bis freitags von 8 bis 12 und von 13.30 bis 17 Uhr
Kontaktperson: Patrick Ballion

WEINBERGE (Rotwein)

Rebfläche: 25 ha

Durchschnittliches Rebenalter: 34 Jahre

Rebbestand: 65 % Cabernet Sauvignon, 25 % Merlot, 5 % Cabernet Franc, 5 % Petit Verdot

Pflanzdichte: 8500 Reben/ha

Ertrag (im Durchschnitt der letzten 5 Jahre): 52 hl/ha

Durchschnittliche Jahresproduktion insgesamt: 170 000 Flaschen

GRAND VIN

Name: Château Colombier Monpelou

Appellation: Pauillac

Durchschnittliche Jahresproduktion: 100 000 Flaschen

Verarbeitung und Ausbau: Lese von Hand und maschinell. Vinifikation 3 bis 4 Wochen in temperaturgeregelten Edelstahltanks; 15 bis 18 Monate Ausbau in zu 40 % neuen Eichenfässern. Der Wein wird geschönt und vor dem Abfüllen gefiltert.

ZWEITWEIN

Name: Château Grand Canyon

Durchschnittliche Jahresproduktion: 40 000 Flaschen

Beurteilung des derzeitigen Rangs: Entspricht der Klassifizierung

Genußreife: 3 bis 8 Jahre nach dem Jahrgangsdatum

Das von seinem Besitzer Bernard Jugla 1970 erworbene Gut besteht aus einem zusammenhängenden Weinberg in schöner Lage auf dem Hochplateau oberhalb der Stadt Pauillac. Bei dem hohen Anteil von Cabernet Sauvignon und dem eindrucksvollen Durchschnittsalter der Reben von 34 Jahren möchte man sehr viel mehr Konzentration und Intensität erwarten dürfen. Weinbereitung und -ausbau werden freilich völlig traditionell gehandhabt – der Wein lagert 15 bis 18 Monate in Eichenfässern. Dennoch schmeckten die meisten Colombier-Monpelou-Weine, die ich gekostet habe, leicht, und es fehlte ihnen an Konzentration und Charakter. Nichtsdestoweniger finden sie reichlichen Absatz, denn nicht nur der berühmte Savour Club in Frankreich, sondern auch eine ganze Reihe anderer Länder sind getreuliche Abnehmer.

JAHRGÄNGE

1990 • 81 Der 1990er ist ein unkomplizierter, runder, kommerzieller, milder, fruchtiger Wein mit schöner Konzentration, aber ohne größere Komplexität oder Tiefe bei kurzem Abgang. Die Trinkreife erstreckt sich über die nächsten 4 bis 6 Jahre. Letzte Verkostung: 1/93.

1989 • 78 Im Faß zeigte der 1989er Colombier-Monpelou mageren Geschmack und einen leichten, verwaschenen Charakter. Inzwischen ist der Geschmack besser geworden, die Art aber ist eindeutig fruchtig, mild und weit entwickelt.
Voraussichtliche Genußreife: Jetzt. Letzte Verkostung: 4/91.

1988 • 78 Der 1988er wies ein stark eichenholzwürziges Bukett auf, jedoch nicht genügend Tiefe oder Körper, um größeres Interesse zu wecken.
Voraussichtliche Genußreife: Jetzt. Letzte Verkostung: 4/91.

1986 • 80 Der 1986er Colombier-Monpelou kann zwar mit den Crus Classés von Pauillac nicht konkurrieren, ist aber ein attraktiver, farbkräftiger, reifer, fruchtiger, mittelschwerer bis körperreicher Wein, bei dem sich 7 bis 10 Jahre Aufbewahrung durchaus lohnen dürften.
Voraussichtliche Genußreife: Jetzt. Letzte Verkostung: 11/90.

1985 • 74 Dieser Wein hat mich nie besonders beeindruckt, aber der meist sehr vernünftige Preis spricht für ihn. Der 1985er ist ein anständiger, milder Rotwein ohne großen Ausdruck.
Voraussichtliche Genußreife: Jetzt. Letzte Verkostung: 3/88.

CROIZET-BAGES
5ème Cru seit 1855

Lage der Weinberge: Hameau de Bages, Pauillac

Besitzer: Jean-Michel Quié
Adresse: 33250 Pauillac
Telefon: 33 5 56 59 56 69 – Telefax: 33 5 56 59 23 39

Besuche: nur nach Vereinbarung, montags bis freitags von 9 bis 12 und von 14 bis 17.30 Uhr
Kontaktperson: Jean-Noël Hostein

WEINBERGE (Rotwein)

Rebfläche: 30 ha

Durchschnittliches Rebenalter: 20 Jahre

Rebbestand: 50% Cabernet Sauvignon, 40% Merlot, 10% Cabernet Franc

Pflanzdichte: 6500 bzw. 8000 Reben/ha

Ertrag (im Durchschnitt der letzten 5 Jahre): 50 hl/ha

Durchschnittliche Jahresproduktion insgesamt: 12000 Kisten

GRAND VIN

Name: Château Croizet-Bages

Appellation: Pauillac

Durchschnittliche Jahresproduktion: 10000 Kisten

Verarbeitung und Ausbau: Lese von Hand. Vinifikation 3 Wochen in temperaturgeregelten Edelstahltanks, umfangreiche *saignées* werden durchgeführt. Malolaktische Säureumwandlung im Tank, anschließend zunächst 6 Monate Ausbau in Eichenfässern, nach Rebsorten getrennt. Nach der *assemblage* erneut 8 bis 12 Monate Ausbau je nach Jahrgang. Es werden 20 % neue Eichenfässer verwendet. Der Wein wird geschönt und gefiltert.

Kein ZWEITWEIN

Beurteilung des derzeitigen Rangs: Abstufung zum Cru Grand Bourgeois wäre zu empfehlen

Genußreife: 5 bis 12 Jahre nach dem Jahrgangsdatum

Croizet-Bages befindet sich im Besitz und unter der Leitung der Familie Quié, der auch das bekannte Château Rauzan-Gassies in Margaux und das zuverlässige Cru Bourgeois-Gut Bel-Orme-Tronquoy-de-Lalande gehört. Ich habe stets gefunden, daß der Croizet-Bages zu den leichtesten und am schnellsten genußreifen Weinen von Pauillac zählt. Er ist aus keinem erfindlichen Grund stets hinter seinen Möglichkeiten zurückgeblieben. Die Weinberglage auf dem Bages-Plateau ist ideal, die Reben sind ziemlich alt (20 Jahre), und die Weinbereitung folgt traditionellen Mustern. Die Tatsache, daß vom Ertrag nichts für einen Zweitwein abgezweigt wird, mag die enttäuschenden Ergebnisse zum Teil erklären. Der keinesfalls tiefe oder spektakuläre Croizet-Bages ist vielmehr ein sauberer, sanfter, mild-fruchtiger Wein und meist nach 4 bis 5 Jahren völlig ausgereift. Das positive Bild des 1995ers ist – wie ich hoffe – ein ermutigendes Zeichen.

JAHRGÄNGE

1996 • 84-87 Der 1996er Croizet-Bages, eine sehr gute Leistung aus diesem immer qualitätsbewußter werdenden Weingut, hat ein mäßig intensives Aroma von Vanillin und Cassis, mittleren Körper, exzellente, reife Frucht, mildes Tannin, schöne Reintönigkeit und eine attraktive Substanz. Dieser saubere, mäßig wuchtige Wein dürfte sich über 10 bis 15 Jahre hinweg schön entfalten.
Voraussichtliche Genußreife: 2003 bis 2012. Letzte Verkostung: 3/98.

1995 • 85 Aufgrund des Erscheinungsbilds im Faß hatte ich gehofft, dieser 1995er wäre etwas besser. Immerhin hat er sich als ein guter Bordeaux der leichteren Art herausgemausert. Zu seinem mittleren Rubinrot gesellt sich ein unkompliziertes, sanftes Aroma von Beeren, v.a. Cassis. Im Mund vermittelt der Wein ein ansprechendes, würziges, fleischiges Gefühl, dabei nicht viel Wucht oder Tiefe, aber vordergründigen Charme und Fruchtigkeit. Er läßt sich schon jung schön trinken, dürfte aber 10 bis 12 Jahre überdauern.
Voraussichtliche Genußreife: 2000 bis 2009. Letzte Verkostung: 11/97.

1994 • 78 Der 1994er Croizet-Bages ist ein würziger Wein, jedoch ohne die Tiefe des 1993ers; er hat leichten Körper, aggressives Tannin und breite Struktur, doch es fehlt ihm die als Gegengewicht für das Tannin nötige Frucht und Tiefe.
Voraussichtliche Genußreife: 1999 bis 2005. Letzte Verkostung: 1/97.

1993 • 84 Diesem charmanten, fruchtigen, eleganten Wein mangelt es an Fülle und Intensität, doch er bietet milde Frucht von roten Johannisbeeren mit einer gewissen Tabaknote, weiche Säure und schöne Ausgewogenheit. Er läßt sich in den nächsten 7 bis 8 Jahren schön trinken.
Letzte Verkostung: 1/97.

1989 • 73 Wie man 1989 einen so leichten, überaus krautigen, nichtssagenden Wein zustande bringen konnte, entzieht sich jeder logischen Erwägung; Croizet-Bages aber brachte genau dies fertig.
Voraussichtliche Genußreife: Jetzt. Letzte Verkostung: 4/91.

1988 • 74 Der 1988er ist unkompliziert, gefällig, mild, aber flach. Das Leben ist zu kurz, als daß man es auf ein Getränk solcher Art verschwenden dürfte.
Voraussichtliche Genußreife: Jetzt. Letzte Verkostung: 4/91.

PAUILLAC

1987 • 69 Dieser überaus vegetabile, dünne, kompakte und ausdruckslose Wein sollte ausgetrunken werden.
Voraussichtliche Genußreife: Jetzt. Letzte Verkostung: 11/89.
1986 • 76 Der 1986er ist mild und fruchtig, hat ein gewisses Maß an Tannin, ist aber im wesentlichen eindimensional und ausdruckslos, insbesondere wenn man den offiziellen Rang bedenkt.
Voraussichtliche Genußreife: Jetzt. Letzte Verkostung: 3/89.
1985 • 73 Der 1985er ist mild, eindimensional und keineswegs besser als Bordeaux-Rotweine der einfachsten Art.
Voraussichtliche Genußreife: Jetzt. Letzte Verkostung: 3/88.

DUHART-MILON
4ème Cru

SEHR GUT

Lage der Weinberge: Pauillac

Besitzer: S.C. du Château Duhart-Milon (Hauptanteileigner Rothschild)
Adresse: 33250 Pauillac
Postanschrift: 33, rue de la Baume, 75008 Paris
Telefon: 33 1 53 89 78 00 – Telefax: 33 1 42 56 28 79

Besuche: nur nach Vereinbarung
Kontaktadresse: Domaines Barons de Rothschild (Tel. und Fax siehe oben)

WEINBERGE (Rotwein)

Rebfläche: 66 ha

Durchschnittliches Rebenalter: 20 Jahre

Rebbestand: 65 % Cabernet Sauvignon, 30 % Merlot, 5 % Cabernet Franc

Pflanzdichte: 7500 Reben/ha

Ertrag (im Durchschnitt der letzten 5 Jahre): 55 hl/ha

Durchschnittliche Jahresproduktion insgesamt: 480 000 Flaschen

GRAND VIN

Name: Château Duhart-Milon

Appellation: Pauillac

Durchschnittliche Jahresproduktion: 200 000 Flaschen

Verarbeitung und Ausbau: Lese von Hand. Vinifikation 18 bis 25 Tage in temperaturgeregelten Edelstahltanks. Nach malolaktischer Säureumwandlung (etwa im Dezember) Abstich in Eichenfässer; Ausbauzeit 18 Monate. Die Fässer werden jährlich zu 50 % erneuert; sie stammen aus der *tonnellerie* von Lafite. Abstich alle 3 Monate, Schönung mit Eiweiß und Filtration vor dem Abfüllen.

ZWEITWEIN

Name: Moulin de Duhart

Durchschnittliche Jahresproduktion: 180 000 Flaschen

N.B.: Etwa 50 % des Gesamtertrags gehen in den Grand Vin ein und 35 bis 40 % vom Rest in den Moulin de Duhart. Alles übrige wird als Pauillac verkauft.

Beurteilung des derzeitigen Rangs: Seit 1982 wäre Aufstufung zum 3ème Cru zu empfehlen

Genußreife: 8 bis 25 Jahre nach dem Jahrgangsdatum

Duhart-Milon, ein weiteres Château in Pauillac, das zum Besitz der Rothschilds von Château Lafite gehört, wurde 1962 erworben. Die damals in schlechtem Zustand befindlichen Weinberge wurden Mitte bis Ende der sechziger Jahre völlig neu bestockt. Da die Reben, insbesondere für ein Cru Classé, noch sehr jung sind, konnten die Weine vom Ende der sechziger und aus den siebziger Jahren den Erwartungen jener Liebhaber, die den Namen Rothschild für gleichbedeutend mit höchster Vollendung halten, nicht gerecht werden. Ab 1978 begann sich die Qualität zu verbessern, und seit 1982 sind die Weine von Duhart im allgemeinen sehr gut, manchmal sogar hervorragend. Der Stil neigt zu der Eleganz und Finesse, wie sie vom Schwestergut Lafite-Rothschild beispielhaft vorexerziert wird.

Es ist übrigens eines der wenigen berühmten Weingüter im Médoc, die eigentlich kein Château aufweisen. Sein Wein wird in einer großen, modernen ästhetisch gräßlichen Lagerhalle an einer Seitenstraße in Pauillac bereitet.

JAHRGÄNGE

1997 • 87-88 Die zunehmende Aufmerksamkeit auf Details in diesem Gut wirkt sich bei den jüngeren Jahrgängen aus. Der aufgeschlossene, verführerische 1997er mit seiner milden Säure zeigt dunkel rubinpurpurrote Farbe und viel Kirschen- und Cassis-Frucht, ergänzt durch Noten von *pain grillé* und Mineralen. Dieser mittelschwere, gefällige, leicht zu ergründende Pauillac dürfte in den ersten 10 bis 12 Lebensjahren am besten sein. Letzte Verkostung: 3/98.

1996 • 88-90 Der 1996er aus diesem Gut, dessen gesteigerte Sorgfalt sich bemerkbar macht, dürfte sich als der feinste Duhart-Milon seit 1982 erweisen. Er zeigt dicht rubinpurpurrote Farbe, ein reintöniges Aroma mit Noten von Mineralen, Pflaumen, schwarzen Johannisbeeren und würzigem Eichenholz. Das kräftige Tannin könnte sich störend auswirken, im Augenblick aber erscheint es mild und gut mit Fleisch und Frucht integriert – ein sauberer, verschlossener klassischer Pauillac, dem längere Kellerreife gut tun wird.
Voraussichtliche Genußreife: 2003 bis 2015. Letzte Verkostung: 3/98.

1995 • 87 Der von 80 % Cabernet Sauvignon und 20 % Merlot entstandene 1995er ist etwas milder, geschmeidiger und schlanker als der breitschultrigere 1996er. Das Bukett bietet Aromen von reifer Beerenfrucht, vermischt mit Mineralen, angerauchtem Eichenholz und Gewürzen. Mit mittelschwerem Körper und feinem Extrakt ist dieser Pauillac auf Finesse gestylt (im besten Sinne des Wortes).
Voraussichtliche Genußreife: 2000 bis 2014. Letzte Verkostung: 11/97.

1994 • 86? Die dichte, satte Farbe wirkt beeindruckend, insgesamt aber ist der 1994er adstringierend, karg und streng in der Art. Anders als der große Verwandte Lafite-Rothschild besitzt der Duhart nicht genug Reife, Gewichtigkeit oder Süße im Abgang, was zu der Befürchtung Anlaß gibt, daß er abmagern wird und sich nach weiteren 5 bis 8 Jahren Kellerlagerung ausgelaugt und gebrechlich darstellen wird. Letzte Verkostung: 1/97.

1993 • 85 Dieser dunkelrubinpurpurrote mittelschwere, nette Wein zeigt moderates Tannin, elegante Art und sanfte, gefällige Frucht. Er ist zwar weder gewichtig noch kraftvoll, aber ein sauberer Wein mit schöner Ausgewogenheit und wird sich in den nächsten 8 bis 9 Jahren gut trinken. Letzte Verkostung: 1/97.

1992 • 85 Der milde, nach Johannisbeeren und Eichenholz duftende 1992er zeigt mehr Tiefe und Reife als im Faß. Mittelschwerer Körper, würzige, reife Art und mäßige Fülle kennzeichnen diesen Wein, der über 5 bis 7 Jahre hinweg schönen Genuß gewähren wird. Letzte Verkostung: 11/94.

1991 • 84   Der 1991er von Duhart besitzt mehr Tiefe, Reife und potentielle Komplexität als der sanfte, leichte, eindimensionale 1992er. Bei tiefer Farbe, attraktiven, würzigen Aromen von gerösteten Nüssen, Johannisbeeren und Gras sowie schöner Tiefe zeigt er doch adstringierendes Tannin. Der mittelschwere Wein dürfte in 2 bis 3 Jahren genußreif sein und 10 bis 12 Jahre überdauern. Letzte Verkostung: 1/94.

1990 • 88   Der 1990er mit seinen an Bleistift und Cassis erinnernden Aromen ist fest und unentwickelt, er scheint aber inzwischen mehr am Gaumen zu bieten, und der Abgang ist länger. Der Wein vermittelt starken, von Gras und Cassis geprägten Cabernet-Charakter sowie ein Gefühl von Eleganz, Gleichgewicht, Extrakt und Tannin.
Voraussichtliche Genußreife: Jetzt bis 2007. Letzte Verkostung: 1/96.

1989 • 88   Der 1989er hat ein intensives Bukett von geschmeidiger Frucht schwarzer Johannisbeeren, untermischt mit exotischen Gewürzen. Sogar eine Spur des «Bleistiftgeruchs», für den Pauillac berühmt ist, findet sich in ihm. Der Wein zeigt mittleren Körper, Reichhaltigkeit und Alkoholstärke und verfügt in üppiger Art über alle erforderlichen Komponenten, die ihn auch in den kommenden 8 bis 12 Jahren verlockend machen werden.
Voraussichtliche Geschmacksreife: Jetzt bis 2008. Letzte Verkostung: 1/93.

1988 • 88   Der 1988er Duhart-Milon weist ein Bukett von reifer Frucht, Gewürzen, Zedernholz und Kräutern auf – ein gehaltvoller, körperreicher, bewundernswert konzentrierter und nachhaltiger Wein mit viel Tannin.
Voraussichtliche Geschmacksreife: Jetzt bis 2010. Letzte Verkostung: 1/93.

1987 • 81   Ein erstaunlich reifes, attraktives Bukett von Kräutern, Zedernholz und dunkler Frucht spiegelt einen volleren Wein vor, als er es wirklich ist. Auf der Zunge ist er rund, aber mild und kurz. Er sollte in den nächsten Jahren getrunken werden.
Voraussichtliche Geschmacksreife: Jetzt. Letzte Verkostung: 11/89.

1986 • 87   Dem 1986er muß ich sehr gute Noten erteilen: Er weist ausgezeichnete Tiefe, große Fülle, viel Eichenholzwürze sowie ein hochklassiges Bukett von kräuterwürzigen schwarzen Johannisbeeren, Zedernholz und rauchigem Eichenholz auf; im Abgang findet sich kräftiges Tannin vor, aber ich hätte auch gern mehr Substanz und Komplexität entdeckt.
Voraussichtliche Geschmacksreife: Jetzt bis 2008. Letzte Verkostung: 3/90.

1985 • 86   Der 1985er Duhart ist ein feiner, mittelschwerer Wein, der in der Flasche nicht ganz soviel Intensität vorweisen kann wie aus dem Faß. Mittelrubinrot mit locker gewirktem, eichenholzwürzigem Johannisbeerbukett, elegant und stilvoll in der Art – er könnte zwar mehr Tiefe vertragen, läßt sich aber in den nächsten 10 Jahren sicherlich schön trinken.
Voraussichtliche Geschmacksreife: Jetzt bis 2000. Letzte Verkostung: 2/89.

1984 • 74   Der 1984er mit seiner mittleren Farbe und recht wenig Bukett zeigt kompakten, schmalbrüstigen Geschmack, würzige, festgewirkte Art und mäßiges Tannin im kargen, leicht säuerlichen Abgang. Voraussichtliche Geschmacksreife: Jetzt. Letzte Verkostung: 10/88.

1983 • 86   Der 1983er Duhart weist ausgezeichnete Farbe, eine solide, feste Struktur, dabei ein rasch sich entfaltendes, expansives, reif-fruchtiges, von schwarzen Johannisbeeren beherrschtes Bukett, runden, bewundernswert konzentrierten Geschmack und leichtes Tannin im Abgang auf. Ein sehr guter, gehaltvoller Duhart mit mittlerem bis kräftigem Körper.
Voraussichtliche Geschmacksreife: Jetzt bis 2005. Letzte Verkostung: 6/89.

1982 • 93   Dieser Wein ist nach wie vor das feinste Beispiel aus diesem Gut, das ich je gekostet habe. Er hat mich bei einer Blindverkostung nach der anderen mit seiner Wucht, Komplexität und Konzentration überrascht. Der Geschmack läßt auf volle Reife schließen, es ist aber noch immer viel Biß, Extrakt und Tannin erkennbar. Außerdem zeigt sich in der Farbe nur ein ganz leichter heller Saum – ein klassischer Pauillac mit einer Fülle von Zedernholz und schwarzen Johannisbeeren bei körperreicher, vollmundiger, saftiger Art. Dieser Wein dürfte mindestens weitere 15 Jahre lang schönen Genuß gewähren. Letzte Verkostung: 9/95.

1981 • 84   1981 hatten alle zu Château Lafite gehörenden Domänen guten Erfolg. Dieser tiefrubinrote Wein ist zwar noch verschlossen, hat aber ein attraktives Bukett, das an zerdrückte schwarze Johannisbeeren, neues Leder und frisches Eichenholz erinnert. Der relativ kräftige, ziemlich tanninreiche, konzentrierte, adstringierende, im Abgang trockene, noch unentwickelte und etwas stumpfe Wein verlangt noch Zeit. Hat er aber genug Frucht, die sich länger als das Tannin hält?
Voraussichtliche Geschmacksreife: Jetzt bis 2005. Letzte Verkostung: 1/85.

1979 • 83   Der recht elegante 1979er Duhart-Milon hat schöne, dunkelrubinrote Farbe, ein mäßig intensives, komplexes Zedernholzbukett, mittelschweren Körper, verhaltene Wucht und Fülle, dabei gute Ausgewogenheit und Harmonie. Das früh entwickelte Bukett und ein bernsteingelber Schimmer an den Rändern weisen auf Reife hin.
Voraussichtliche Geschmacksreife: Jetzt. Letzte Verkostung: 7/86.

1978 • 84   Der 1978er Duhart-Milon, ein mittelschwerer Wein mit schön entwickeltem, reiffruchtigem, würzigem Bukett mit Toast- und Eisennote und mit mildem, saftigem, rundem Geschmack, ist der erste aus einer Reihe von Jahrgängen, die den Stil und Charakter des berühmten Lafite-Rothschild-Ablegers gut wiedergeben. Er ist inzwischen voll ausgereift.
Voraussichtliche Geschmacksreife: Jetzt. Letzte Verkostung: 3/88.

1976 • 84   Der rubingranatrote Wein mit voll entwickeltem, mäßig intensivem zedernholz- und vanilleduftigem Bukett ist aufgeschlossen in der Art und zeigt milde, runde, attraktive Geschmacksfülle, leichtes Tannin, geringe Säure und eine flüchtige Ähnlichkeit mit Lafite, insbesondere im Bukett. Sein aufgeschlossener Charme und seine vordergründige Frucht haben lange angehalten, weitere Aufbewahrung aber wäre riskant. Austrinken.
Voraussichtliche Geschmacksreife: Jetzt. Letzte Verkostung: 4/90.

1975 • 75   Der in Anbetracht des Jahrgangs enttäuschende 1975er Duhart-Milon zeigt ein kräftiges, kräuterwürziges, an Minze erinnerndes Aroma, würzige, vegetabile Frucht und einen süßen, karamelartigen Geschmack, der an allzu kräftige Zuckeranreicherung denken läßt. Er ist voll ausgereift, aber gewissermaßen aus den Fugen und eigentümlich in der Art.
Voraussichtliche Geschmacksreife: Jetzt – vermutlich im Nachlassen. Letzte Verkostung: 5/84.

FONBADET
Cru Bourgeois Supérieur seit 1932

Lage der Weinberge: Pauillac

Besitzer: Pierre Peyronie
Adresse: 33250 Pauillac
Telefon: 33 5 56 59 02 11 – Telefax: 33 5 56 59 22 61

Besuche: nur nach Vereinbarung, Kontaktperson: Pascale Peyronie

WEINBERGE (Rotwein)

Rebfläche: 16 ha

Durchschnittliches Rebenalter: 50 bis 60 Jahre

Rebbestand: 60 % Cabernet Sauvignon, 20 % Merlot, 15 % Cabernet Franc,
5 % Petit Verdot und Malbec

Pflanzdichte: 9000 Reben/ha

Ertrag (im Durchschnitt der letzten 5 Jahre): 40 hl/ha

Durchschnittliche Jahresproduktion insgesamt: 600 hl

PAUILLAC

GRAND VIN

Name: Château Fonbadet

Appellation: Pauillac

Durchschnittliche Jahresproduktion: 600 hl

Verarbeitung und Ausbau: Lese von Hand, vollständiges Entrappen. Vinifikation 3 bis 4 Wochen in Zementtanks (ohne Temperaturregelung). Malolaktische Säureumwandlung im Tank. Im Mai Abstich in Fässer. Ausbau zum Teil in zu 25 % neuen Eichenfässern, zum Teil in Tanks. Ausbauzeit insgesamt 2 Jahre. Der Wein wird geschönt, aber nicht gefiltert. Zum Besitz von Pierre Peyronie gehören noch weitere kleine Güter, deren Weine sämtlich in Château Fonbadet vinifiziert werden. Weinbereitung und Ausbau sind ähnlich wie beim Fonbadet. Alle Weine haben Cru-Bourgeois-Status; es handelt sich um Château Haut-Pauillac, Château Montgrand Duroc Milon, Château Padarnac und Tour du Roc Milon.

Beurteilung des derzeitigen Rangs: Aufstufung zum 5ème Cru wäre zu empfehlen

Genußreife: 5 bis 15 Jahre nach dem Jahrgangsdatum

Würde die Klassifizierung der Weine aus dem Médoc geändert, dann sollte Fonbadet in den Rang eines 5ème Cru erhoben werden. Der Wein ist mit großer Sachkunde bereitet und kann in bestimmten Jahren, beispielsweise 1990, 1986, 1982 und 1978, so manches Cru Classé in Pauillac überflügeln. Der Stil ist immer dunkel in der Farbe, mit sehr reichem Bukett von schwarzen Johannisbeeren bei intensiver Geschmackskonzentration und vollem Körper. Ich finde darin Anklänge an die Art der beiden 5èmes Crus von Pauillac, Lynch-Bages und Haut-Bages-Libéral. Dahinter stecken sehr alte (über 50jährige) Reben, sehr kleine Erträge (meist unter 40 hl/ha) und die großartige Lage der Weinberge in der Nähe von Pichon-Longueville Baron und Pichon-Longueville-Comtesse de Lalande.

JAHRGÄNGE

1990 • 87   Der 1990er, der beste Fonbadet seit dem wuchtigen 1982er, zeigt sich dunkelrubinrot mit reintönigem, würzigem Duft von schwarzer Frucht und erdigen, trüffelähnlichen Aromen. Im Mund spürt man exzellente Reife, milde, volle Substanz, viel Tannin und Glyzerin sowie einen langen, kraftvollen Abgang.
Voraussichtliche Genußreife: Jetzt bis 2003. Letzte Verkostung: 1/93.
1989 • 83   Der 1989er ist überraschend leicht, mild, alkoholstark und wahrscheinlich kurzlebig, da er nur wenig Säure aufweist. Er hat zwar reichlich Frucht, aber alles in allem wirkt er flau, ohne Struktur.
Voraussichtliche Genußreife: Jetzt. Letzte Verkostung: 4/91.
1988 • 75   Der 1988er schmeckt herb, mager, uninteressant. Sein Mangel an Frucht ist besorgniserregend.
Voraussichtliche Genußreife: Jetzt. Letzte Verkostung: 4/91.
1986 • 86   Der 1986er Fonbadet ist sicherlich der beste Wein, der seit 1982 aus diesem potentiell ausgezeichneten Weingut gekommen ist. Er hat reichlich Substanz und Frucht, spürbar muskulöse, tanninherbe Art und eindrucksvolle Nachhaltigkeit. Der Wein dürfte seit Anfang der neunziger Jahre ausgereift sein und noch 10 bis 12 Jahre halten. Bei dem oft hohen Extraktgehalt wäre die verstärkte Verwendung neuer Eichenfässer sicher vorteilhaft.
Voraussichtliche Genußreife: Jetzt bis 2003. Letzte Verkostung: 4/89.
1985 • 80   Der 1985er hat schöne tiefrubinrote Farbe und attraktiven Beerenduft, doch sein robuster Geschmack zeigt wenig Komplexität.

Voraussichtliche Genußreife: Jetzt. Letzte Verkostung: 10/88.

1984 • 72   Der überraschend alkoholstarke 1984er mit ordentlicher Frucht, kräftigem Körper und altmodisch-rustikaler Art wirkt derb und ungefüge.
Voraussichtliche Genußreife: Jetzt – vermutlich im Nachlassen. Letzte Verkostung: 3/88.

1983 • 85   Der 1983er macht den Eindruck einer erstklassigen Leistung von Fonbadet. Er ist fast so dunkel wie der undurchdringliche 1982er, aber nicht so konzentriert, dabei mittelschwer, mäßig tanninreich, ein vollmundiger Tropfen mit Zedernholz und Cassis-Frucht.
Voraussichtliche Genußreife: Jetzt. Letzte Verkostung: 3/89.

1982 • 87   Das reife, reichhaltige Brombeeraroma strömt aus dem Glas hervor; ein prachtvoller Wein, sehr tief, konzentriert und klar strukturiert. Auf der Zunge wirkt er körperreich, mäßig tanninhaltig, opulent fruchtig und nachhaltig. Ein Schlager dieses Jahrgangs.
Voraussichtliche Genußreife: Jetzt bis 2000. Letzte Verkostung: 1/89.

1981 • 84   Der 1981er ist reichfruchtig, dunkel in der Farbe, aufgeschlossener und früher ausgereift als der 1982er und der 1983er. Ein charmanter, ausgewogener, zufriedenstellender Wein.
Voraussichtliche Genußreife: Jetzt – vermutlich im Nachlassen. Letzte Verkostung: 2/84.

1978 • 86   Der 1978er Fonbadet ist ein Bilderbuch-Pauillac mit voll entwickeltem Bukett von Zedernholz, reifen Pflaumen und Johannisbeeren sowie schön ausgewogener, zutiefst fruchtiger Geschmacksfülle. Ein recht eindrucksvoller Wein.
Voraussichtliche Genußreife: Jetzt – vermutlich im Nachlassen. Letzte Verkostung: 2/84.

GRAND-PUY-DUCASSE
5ème Cru seit 1855

GUT

Lage der Weinberge: Grand Puy in Pauillac

Besitzer: S.C. du Château Grand-Puy-Ducasse
Leitung: J.-P. Anglivielle de la Beaumelle
Adresse: 33250 Pauillac
Postanschrift: 17, Cours de la Martinique – B.P.40 – 33027 Bordeaux Cedex
Telefon: 33 5 56 01 30 10 – Telefax: 33 5 56 79 23 57

Besuche: nach Vereinbarung nur für Fachbesucher
(montags bis freitags von 9 bis 12 und von 14 bis 17 Uhr)
Kontaktperson: Brigitte Cruse

WEINBERGE (Rotwein)

Rebfläche: 38,5 ha

Durchschnittliches Rebenalter: 25+ Jahre

Rebbestand: 62% Cabernet Sauvignon, 38% Merlot

Pflanzdichte: 8000 bis 10000 Reben/ha

Ertrag (im Durchschnitt der letzten 5 Jahre): 55 hl/ha

Durchschnittliche Jahresproduktion insgesamt: 20000 Kisten

GRAND VIN

Name: Château Grand-Puy-Ducasse

Appellation: Pauillac

Durchschnittliche Jahresproduktion: 18000 Kisten

Verarbeitung und Ausbau: Lese von Hand. Vinifikation 18 bis 21 Tage in temperaturgeregelten Edelstahltanks, täglich zweimaliges Umpumpen. Anschließend 18 Monate Ausbau in zu 30 % neuen Eichenfässern. Abstich im Jahr vor der Abfüllung, Filtrieren unmittelbar vor der Abfüllung.

ZWEITWEIN

Name: Prélude à Grand-Puy-Ducasse

Durchschnittliche Jahresproduktion: 2000 Kisten

Beurteilung des derzeitigen Rangs: Entspricht der Klassifizierung

Genußreife: 4 bis 14 Jahre nach dem Jahrgangsdatum

Das 5ème Cru aus Pauillac ist bisher vom Verbraucher und der Fachpresse weitgehend unbeachtet geblieben. Zugegebenermaßen tritt dieser Wein bei Verkostungsveranstaltungen nur selten in Erscheinung, weil er von dem Handelshaus Mestrezat exklusiv vertrieben wird. Fraglos liegen die gegenwärtigen Preise für den Grand-Puy-Ducasse unter denen der meisten anderen Pauillacs, so daß er in Anbetracht der feinen Qualität, die jetzt regelmäßig aus der zwar nicht mitten in den schönsten Weinbergen, sondern in der Stadt Pauillac gelegenen, modernen Kellerei kommt, als außerordentlich preisgünstig gelten darf.

Umfangreiche Renovierungen und Neubestockungen wurden ab 1971 unternommen und gipfelten 1986 in der Einrichtung einer neuen, mit computergesteuerten Edelstahltankanlagen versehenen *cuverie*. Der Anteil neuer Eichenfässer ist angehoben worden. Infolgedessen sieht die Zukunft für Grand-Puy-Ducasse ermutigend aus. Die günstig gelegenen Weinberge – eine Parzelle unmittelbar neben Mouton-Rothschild und Lafite-Rothschild, eine weitere auf dem Kiesplateau in der Nähe von Batailley – lassen Grand-Puy-Ducasse als ein Château erscheinen, dem der preisbewußte Verbraucher größeres Augenmerk schenken sollte.

Der Weinstil ist eher fruchtig und geschmeidig als tanninstreng, hart und verschlossen. Die meisten Weine von Grand-Puy-Ducasse sind bereits 5 Jahre nach dem Jahrgangsdatum trinkreif, weisen aber doch 10 bis 15 Jahre Lebensdauerpotential auf.

JAHRGÄNGE

1997 • 85-87 Ein sauberer Wein der zarteren, mittelschweren Art. Der 1997er Grand-Puy-Ducasse präsentiert sich in tiefem Rubinrot, mit süßer Cassis-Frucht, milder Säure und subtil eichenwürzigem Charakter. Dieser elegante Pauillac dürfte ab seiner Freigabe 2 Jahre nach der Ernte genußreif sein und sich 7 bis 8 Jahre halten. Letzte Verkostung: 3/98.

1996 • 86-87 Der 1996er nimmt als eleganter, verhaltener, aber sauberer Pauillac Gestalt an. Die Farbe ist tief rubinpurpurrot, der attraktive Duft bietet Noten von grünem Tabak, schwarzen Johannisbeeren, Zedernholz und Gewürz. Dieser ansprechende mittelschwere Pauillac mit überraschend sanftem Tannin, moderater Gewichtigkeit, Vollmundigkeit und Glyzerin im geschmeidigen Abgang wird sich in der Jugend schön trinken lassen, hat aber keine große Zukunft. Voraussichtliche Genußreife: Jetzt bis 2009. Letzte Verkostung: 3/98.

1995 • 87 Der volle, geschmeidige, fruchtige Pauillac zeigt Purpurnuancen im dunklen Rubinrot, daneben mittleren Körper, eine leichte Eichenholznote, sanftes Tannin und milde Säure. Dieser Wein mit seiner sauberen, gefälligen, zugänglichen Art wird viele Freunde finden. Voraussichtliche Genußreife: Jetzt bis 2010. Letzte Verkostung: 3/98.

1994 • 87 Eine verführerische Kombination aus fülligen, reifen schwarzen Johannisbeeren, Rauch, Toast und frischem Eichenholz kennzeichnet diesen exzellenten 1994er. Der geschmeidige Wein bietet große Mengen an Frucht und mildem Tannin. Mit seinem mittelschweren

BORDEAUX

Körper und schönen Gleichgewicht wird sich dieser köstliche, frühreife Wein ab sofort auf 12 bis 14 Jahre hinaus gut trinken lassen. Bemerkenswert ist auch der vernünftige Preis. Letzte Verkostung: 1/97

1993 • 81   Der dunkelrubinrote 1993er zeigt den an Kräuter und Paprika erinnernden Charakter des Jahrgangs. Seine süße, reife Frucht spricht von vornherein an. Auch Tiefe und Körper hat dieser Wein, leider aber stellt er sich vor allem allzu krautig und ungelenk dar.
Voraussichtliche Genußreife: Jetzt bis 2006. Letzte Verkostung: 1/97.

1992 • 86   Das satte, dunkle Rubinrot mit purpurnem Anflug ist beeindruckend, insbesondere für diesen Jahrgang. Aus dem Glas strömt sanftes, reifes Cassis-Aroma hervor, im Geschmack findet sich reichliche, süße Frucht, mildes Tannin und allgemeine Sanftheit – ein mittelschwerer, weicher, für den Jahrgang wahrhaft gelungener Wein. Er läßt sich ab sofort 6 bis 7 Jahre lang schön trinken. Letzte Verkostung: 11/94.

1990 • 84   Der 1990er ist leicht und zart, jedoch auf eine eindimensionale, fruchtige Art gefällig.
Voraussichtliche Genußreife: Jetzt bis 1999. Letzte Verkostung: 1/93.

1989 • 87   Der 1989er ist aufgeschlossen und hat zedernholzduftiges, reifes, mäßig intensives Bukett. Kein Schwergewicht, aber würzig und köstlich, mit reichlich schokoladesüßer und an schwarze Johannisbeeren erinnernder Frucht. Er ist vielleicht der feinste Wein aus diesem Gut seit Jahrzehnten.
Voraussichtliche Genußreife: Jetzt bis 2002. Letzte Verkostung: 4/91.

1988 • 85   Der 1988er Grand-Puy-Ducasse ist eine leichtere Version des 1989ers, nicht so alkoholstark, dafür eher tanninherb und kompakt. Nichtsdestoweniger zeigt er feine Frucht und attraktive Reife.
Voraussichtliche Genußreife: Jetzt bis 2000. Letzte Verkostung: 4/91.

1986 • 85   Gern hätte ich im 1986er ein wenig mehr Tiefe und Faszination gefunden, auf jeden Fall ist er aber ein netter, charmanter, für den Jahrgang untypisch leichter Pauillac mit mittlerem Körper. Er ist inzwischen trinkreif, wird sich wohl aber noch etliche Jahre halten.
Voraussichtliche Genußreife: Jetzt bis 2000. Letzte Verkostung: 11/90.

1985 • 86   Der 1985er Grand-Puy-Ducasse ist ein Bilderbuch-Pauillac, wenn auch in keiner Weise ein Schwergewicht, sondern ein an Zedernholz gemahnender, würziger, duftiger Wein mit schöner Tiefe, geschmeidiger Art, einiger Fülle und Vollmundigkeit und sanftem, anmutigem Abgang.
Voraussichtliche Genußreife: Jetzt. Letzte Verkostung: 11/90.

1982 • 86   Dieser Wein ist nach wie vor ein attraktiver, duftiger, klassischer Pauillac mit Noten von Zedernholz, Gewürz und Beerenfrucht. Er ist zwar nicht der konzentrierteste Wein der Appellation, aber doch ein mittelschweres, elegantes Beispiel seines Jahrgangs und will noch vor der Jahrhundertwende getrunken sein. Letzte Verkostung: 9/95.

1979 • 82   Der 1979er ist mittel- bis tiefrubinrot und hat ein würziges, reifes, fruchtiges Bukett sowie attraktiv seidige, milde Geschmacksfülle, in der sich deutlich ausgereifte Art zu erkennen gibt. Ein charmanter, recht fruchtiger Wein mit mittlerem Körper.
Voraussichtliche Genußreife: Jetzt. Letzte Verkostung: 7/86.

1978 • 82   Gute, solide Farbe, ein reifes Bukett von schwarzen Johannisbeeren mit einiger Kräuterwürze und runder, voller Geschmack kennzeichnen den 1978er Grand-Puy-Ducasse. Er ist für den Jahrgang ziemlich früh reif und hält sich derzeit noch sehr gut, sollte aber in den nächsten 6 bis 7 Jahren getrunken werden.
Voraussichtliche Genußreife: Jetzt – vermutlich im Nachlassen. Letzte Verkostung: 5/84.

1975 • 84   Der 1975er ist dunkelrubinrot und hat im ansonsten attraktiven Bukett eine vegetabile, an Stiele erinnernde Note. Seine reife, runde, tiefe Frucht zeigt eine etwas aggressive, rustikale Art, und trotz großer Konzentration und deftiger Fülle ist der Gesamteindruck ziemlich rauh. Ein guter Wein – fast exzellent.
Voraussichtliche Genußreife: Jetzt. Letzte Verkostung: 6/86.

1971 • 85 Einer meiner Lieblingsweine von Grand-Puy-Ducasse, ein wundervoll runder, charmanter, überströmend fruchtiger 1971er. Er war 1978 voll ausgereift, hat seinen Höhepunkt jedoch ohne Verblassen und ohne Einbuße an Frucht gehalten. Sein zedernholzduftiges, reiffruchtiges Bukett ist verlockend und komplex. Ein großer Erfolg für Grand-Puy-Ducasse. Austrinken.
Voraussichtliche Genußreife: Jetzt. Letzte Verkostung: 3/84.

GRAND-PUY-LACOSTE
5ème Cru seit 1855

AUSGEZEICHNET

Lage der Weinberge: Pauillac

Besitzer: Familie Jean-Eugène Borie
Adresse: 33250 Pauillac
Postanschrift: c/o J.E. Borie S.A., 33250 Pauillac
Telefon: 33 5 56 59 05 20 – Telefax: 33 5 56 59 27 37

Besuche: nur nach Vereinbarung, montags bis freitags von 9 bis 12 und von 14 bis 17 Uhr
Kontaktadresse: J.E. Borie S.A. (siehe oben)

WEINBERGE (Rotwein)

Rebfläche: 49,5 ha

Durchschnittliches Rebenalter: 35 Jahre

Rebbestand: 70 % Cabernet Sauvignon, 25 % Merlot, 5 % Cabernet Franc

Pflanzdichte: 10 000 Reben/ha

Ertrag (im Durchschnitt der letzten 5 Jahre): 45 hl/ha

Durchschnittliche Jahresproduktion insgesamt: 15 000 Kisten

GRAND VIN

Name: Château Grand-Puy-Lacoste

Appellation: Pauillac

Durchschnittliche Jahresproduktion: 180 000 Flaschen

Verarbeitung und Ausbau: Lese von Hand, vollständiges Entrappen. Vinifikation 17 bis 20 Tage in temperaturgeregelten Edelstahltanks. 18 bis 20 Monate Ausbau in zu 35 bis 40 % neuen Eichenfässern. Der Wein wird geschönt und vor dem Abfüllen leicht gefiltert.

ZWEITWEIN

Name: Lacoste-Borie

Beurteilung des derzeitigen Rangs: Aufstufung zum 3ème Cru wäre insbesondere seit 1978 zu empfehlen

Genußreife: 7 bis 20 Jahre nach dem Jahrgangsdatum

Ich hatte nie das Vergnügen, Raymond Dupin, den verstorbenen Besitzer von Grand-Puy-Lacoste, persönlich kennenzulernen. Er hatte eine monumentale Reputation als einer der größten

Gourmets aller Zeiten in Bordeaux. Manche seiner Bekannten behaupten, er sei allerdings auch ein Gourmand gewesen. Vor seinem Tod im Jahr 1980 verkaufte er Grand-Puy-Lacoste im Jahr 1978 an den hochbegabten und hochangesehenen Jean-Eugène Borie, der seinem Sohn Xavier dieses Gut anvertraute. Ein umfangreiches Umbauprogramm an den alten, etwas heruntergekommenen Kellern von Grand-Puy-Lacoste wurde 1982 abgeschlossen – gerade rechtzeitig für den feinsten Wein, den Xavier Borie bislang hervorgebracht hat. Borie wohnt inzwischen mit Frau und Familie in dem modernisierten Château.

Wie die Bordeaux-Kenner es nicht anders erwarteten, hat sich Grand-Puy-Lacoste in die vorderste Reihe von Pauillac geschoben. Es liegt weit ab von der Gironde auf dem «Bages»-Plateau und genießt ähnlich wie sein nur 1 km entfernter Nachbar Lynch-Bages einen soliden Ruf für kräftige, dauerhafte, körperreiche Pauillacs. Die Weine der sechziger und siebziger Jahre zeigten jedoch, ebenfalls ähnlich wie bei Lynch-Bages, eine gewisse Ungleichmäßigkeit in der Qualität, die im Rückblick vielleicht der angegriffenen Gesundheit des Besitzes zuzuschreiben ist. Beispielsweise fielen so hochangesehene Jahrgänge wie der 1966er und 1975er bei Grand-Puy-Lacoste nicht so gut aus, wie man es seiner Reputation nach erwartet hätte. Andere Jahrgänge in dieser Zeit, etwa der 1976er, 1971er, 1969er und 1967er, waren aus ungeklärten Gründen, wahrscheinlich aber wegen mangelnder Sorgfalt im Detail, nahezu völlige Versager.

Seit 1978 bringt Grand-Puy-Lacoste jedoch wieder ausgezeichnete Weine hervor. In den Jahren 1982, 1990, 1995 und 1996 entstanden großartige Gewächse, die mit als die feinsten aus der langen Geschichte des Châteaus in Erinnerung bleiben werden. Im Gegensatz zum Dupin-Stil gehört es zum Borie-Stil von Grand-Puy-Lacoste, die Lese später anzusetzen und dadurch Weine mit einer intensiven Cassis-Fruchtigkeit und mit reichlich Glyzerin, Wucht und Körper zu erzielen. Bis Mitte der neunziger Jahre hat der Preis des Grand-Puy-Lacoste mit der Qualitätsverbesserung nicht Schritt gehalten; er blieb bescheiden und teilweise sogar unter Wert.

JAHRGÄNGE

1997 • 88-90   Der an zwei phänomenal erfolgreiche Jahrgänge anschließende 1997er Grand-Puy-Lacoste besteht aus 70 % Cabernet Sauvignon und 30 % Merlot, während kein Cabernet Franc in den Verschnitt einging. Die Lese fand zwischen dem 11. und 30. September statt; etwa 35 % des Ertrags wurde dem Zweitwein zugewiesen. Der 1997er ist ein hedonistischer, dunkelpurpurroter Wein, bei dem süße Cassis-Frucht alle übrigen potentiellen Nuancen dominiert. Anders ausgedrückt meint man, einen Crème-de-Cassis-Cocktail zu trinken. Bei mittlerem Körper und milder Säure sowie schönem Fett am Gaumen und guter Nachhaltigkeit dürfte sich dieser köstliche, entgegenkommende, klassische Pauillac schon in der Jugend ausnehmend gut trinken, aber auch 12 Jahre halten. Letzte Verkostung: 3/98.

1996 • 95-97   Der 1996er zeigt tiefdunkles Purpurrot sowie süße, wundervoll reintönige und blumige Aromen von fülliger Brombeerfrucht und Mineralen. Mit seiner enormen Fülle, dem kräftigen Körper und massiver Intensität ist er ein Meisterwerk der modernen Kellertechnik. Obwohl der Anteil der im Ausbau verwendeten neuen Eichenfässer recht deftig war, zeigt er doch keinen Eichenholzton, weil der Fruchtcharakter so ausgeprägt ist. Rein rechnerisch muß dieser Wein zwar große Mengen an Tannin besitzen, aber er stellt sich als Gigant aus einem Guß mit außerordentlicher Reichhaltigkeit und Intensität dar. Er könnte sich als noch größer als der ungewöhnliche 1982er erweisen, aber er dürfte länger als dieser brauchen, bis er zugänglich wird. Voraussichtliche Genußreife: 2007 bis 2035. Letzte Verkostung: 3/98.

1995 • 95   Ein unglaublich voller, vieldimensionaler, breitschultriger Wein mit etwas mehr Eleganz und weniger Wucht als der kraftstrotzende 1996er. Der prachtvoll proportionierte, mittelschwere bis körperreiche, fabelhaft reife, reichhaltige 1995er Grand-Puy-Lacoste mit viel Cassis-Frucht in Duft und Geschmack ist ein herrlich gelungener Tropfen. Er dürfte in 4 bis 5 Jahren

genußreif sein und 25 bis 30 Jahre überdauern – ein klassischer Pauillac und würdiger Rivale des überirdischen 1996ers.
Voraussichtliche Genußreife: 2002 bis 2025. Letzte Verkostung: 11/97.

1994 • 90   Der 1994er hat sich als hervorragende Leistung dieses Weinguts erwiesen. Er zeigt jetzt mehr vollmundige Art als vor der Abfüllung, aber auch das kräftige Tannin, das viele Weine des Jahrgangs kennzeichnet. Die Farbe ist ein undurchdringliches Rubinpurpurrot, und im Duft bricht prachtvoll reintönige, süße Cassis-Frucht auf. Dieser klassische, reichhaltige, wuchtige Pauillac mit seinem mittelschweren bis vollen Körper und vielschichtigen Extrakt wird zwischen 2003 und 2020 auf dem Höhepunkt sein. Letzte Verkostung: 1/97.

1993 • 87   Der dunkelrubinpurpurrote Wein bietet grasige, an Cassis und Tabak erinnernde Duftigkeit und eine sinnliche Kombination von reicher Cassis-Frucht und Glyzerin. Dieser köstliche Wein mit mittelschwerem bis vollem Körper, weicher Säure, exzellenter Reife und vollmundiger, hedonistischer Art ist im Lauf der nächsten 7 bis 8 Jahre wundervoll zu trinken.
Letzte Verkostung: 1/97.

1992 • 86   Der 1992er Grand-Puy-Lacoste ist für den Jahrgang großartig gelungen und bietet süße, reife, entgegenkommende Cassis-Frucht sowie Vollmundigkeit und milde Art. Es fehlt ihm zwar die Tiefe, Konturenschärfe und Konzentration des 1991ers und 1993ers, aber er trinkt sich mit seiner charmanten, samtigen Art in den nächsten 5 bis 6 Jahren schön.
Letzte Verkostung: 11/94.

1991 • 87   Mit seiner tief rubinroten Farbe, seinem lieblichen Duft von schwarzer Frucht, Zedernholz und Kräutern, seinem mittelschweren Körper, seinem sanften, reifen, vollmundigen Geschmack und seiner überraschenden Nachhaltigkeit ist der 1991er Grand-Puy-Lacoste fraglos ein Star seines Jahrgangs – eine exzellente Leistung. Letzte Verkostung: 1/94.

1990 • 95   Der überwältigende 1990er hat undurchdringliche rubinpurpurrote Farbe und umwerfenden Duft von fülligen schwarzen Johannisbeeren, Zedernholz, Gewürzen und Rauch. Bei vollem Körper, herrlichem Extrakt, exzellenter Linienführung, hervorragender Reintönigkeit und vielschichtiger Intensität ist dieser massive, dichte, ausgewogene Pauillac der feinste Grand-Puy-Lacoste seit dem 1982er.
Voraussichtliche Genußreife: Jetzt bis 2015. Letzte Verkostung: 11/96.

1989 • 89   Als ich den 1989er Grand-Puy-Lacoste erstmals verkostete, glaubte ich in ihm einen Graves-ähnlichen Tabak/Mineral-Charakter zu entdecken. Im Gegensatz zu den schwergewichtigen, vollen, massiven Weinen, die dieses Gut in den Jahren 1990 und 1982 hervorbrachte, ist der mittelgewichtige 1989er elegant, würzig, weit entwickelt und zeigt bereits reichlich Zedernholz und Cassis-Frucht. Als köstlicher, reich ausgestatteter Wein mit weicher Säure bietet er ab sofort für die nächsten 12 bis 15 Jahre schönen Genuß. Letzte Verkostung: 11/96.

1988 • 85   Der 1988er aus diesem Gut ist tief rubinrot, hat ein verhaltenes Bukett, karge, feste, recht tanninstrenge Art und mittleren Körper. Beachtliche Fülle und Tiefe sowie kräftiges Tannin sind vorhanden.
Voraussichtliche Genußreife: Jetzt bis 2005. Letzte Verkostung: 1/93.

1987 • 76   Der erfreulichste Aspekt dieses Weins ist sein Bukett von schwarzen Johannisbeeren und grasigen Düften. Im Mund fühlt er sich hart und tanninstreng an, es fehlt ihm an Charme und Vollmundigkeit.
Voraussichtliche Genußreife: Jetzt. Letzte Verkostung: 4/90.

1986 • 91   Dieser Wein ist neben dem 1990er der feinste Grand-Puy-Lacoste zwischen 1982 und 1996. Er zeigt beeindruckend tief rubinpurpurrote Farbe sowie klassischen Duft von Zedernholz, schwarzen Johannisbeeren, Rauch und Vanillin. Bei vollem Körper, großer Wucht und reichlicher Frucht bietet der Wein einen soliden Schuß Tannin, das in den nächsten 3 bis 4 Jahren wahrscheinlich noch nicht abschmelzen wird. Er läßt sich jedoch trinken, obwohl er verschlossen und eingezogen ist. Sicherlich einer der besseren Vertreter dieses Jahrgangs aus dem nördlichen Médoc.
Voraussichtliche Genußreife: Jetzt bis 2012. Letzte Verkostung: 6/97.

BORDEAUX

1985 • 89 Der 1985er ist rasch ausgereift und ein exzellentes, ja fast hervorragendes Beispiel eines saftigen Pauillac, der von Zedernholz, Kräuternoten und der süßen Frucht schwarzer Johannisbeeren überströmt. Bei mittelschwerem bis vollem Körper, weicher Säure und geschmeidiger, fast opulenter Substanz ist dieser Wein herrlich charmant und köstlich. Negativ wirkt lediglich der kurze Abgang, der es ratsam erscheinen läßt, diesen Wein in den nächsten 10 Jahren zu verbrauchen.
Voraussichtliche Genußreife: Jetzt bis 2004. Letzte Verkostung: 10/97.

1983 • 86 Der locker gewirkte, reife, dunkelrubinrote, mit reichem, grasigem Aroma von schwarzen Johannisbeeren versehene Wein entfaltet sich rasch und zeigt gute Konzentration, runde, sanfte Art und einen schönen Abgang. Er ist inzwischen voll ausgereift.
Voraussichtliche Genußreife: Jetzt. Letzte Verkostung: 3/89

1982 • 95 Der absolut spektakuläre 1982er Grand-Puy-Lacoste ist wohl einer der am meisten unterbewerteten Weine des Jahrgangs. Seine Farbe ist nach wie vor ein undurchdringlich dunkles Rubinpurpurrot, und schon nach dem ersten Schnuppern und Schluck gibt es keinen Zweifel mehr an der hohen Qualität. Er zeigt das klassische Cassis- und Zedernholzprofil eines großen Pauillac. Dieser noch immer junge, in der Entwicklung befindliche, sensationell konzentrierte, körperreiche Wein bietet vielschichtige, reintönige Frucht schwarzer Johannisbeeren, die sich aufgrund der Intensität und Jugendfrische des Weins als traubig darstellt. Es ist ein Erlebnis, diesen Wein zu trinken, obwohl er noch extrem jung ist und die Möglichkeiten, die sich in weiteren 5 bis 10 Jahren Kellerreife entfalten dürften, gerade erst ahnen läßt. Dieser größte Grand-Puy-Lacoste der letzten drei Jahrzehnte ist außergewöhnlich körperreich, sein Abgang hält mindestens 40 Sekunden an. Zu trinken ist er ab sofort bis 2020. Ein Geniestreich der Kellerkunst!
   P.S.: Bis ich die letzte Flasche geleert hatte, war dieser in meinem Lieblings-Bistro L'Ami Louis in Paris mein «Hauswein». Letzte Verkostung: 9/95.

1981 • 80 Der für einen Grand-Puy in der Art leichte 1981er hat mehr mit dem 1979er gemein als mit dem gewichtigen 1982er oder dem körperreichen, aber eleganten 1978er. Eine feine Mischung aus reifer Beerenfrucht und würzigem Eichenholz unter einem leichten Tanninmantel macht diesen Wein inzwischen zu einem angenehmen Genuß.
Voraussichtliche Genußreife: Jetzt. Letzte Verkostung: 4/90.

1979 • 83 Der recht schön entfaltete mit einem erstaunlich ausgereiften Bukett voller Beerenfrucht, Zedernholz, Eichenwürze und Blüten ausgestattete Wein hat mittleren Körper, milden Geschmack, sanfte, runde Art und einen angenehmen, aber kurzen Abgang – ein sauberer Wein, aber noch leichter in der Art als üblich.
Voraussichtliche Genußreife: Jetzt. Letzte Verkostung: 3/88.

1978 • 88 Der 1978er ist der erste unter der sachkundigen Regie von Jean-Eugène Borie und seinem Sohn Xavier entstandene Jahrgang; er ist ein klassischer Pauillac mit schöner Lebenserwartung. Dunkel rubingranatrot, mit reifem Bukett von schwarzen Johannisbeeren, Frucht, Zedernholz und Eichenvanillin; ein reichhaltiger Wein mit ausgezeichnetem Körper, dessen Tannin sich rasch mildert. Er kann jetzt getrunken, aber auch noch ein Jahrzehnt aufbewahrt werden.
Voraussichtliche Genußreife: Jetzt bis 2002. Letzte Verkostung: 4/91.

1976 • 72 Ein sicherlich akzeptabler Wein, aber erstaunlich dicklich, überreif, mit einem Duft nach frischem Tee und mildem, flauem, locker gewirktem Geschmackseindruck. Er ist inzwischen voll ausgereift. Austrinken!
Voraussichtliche Genußreife: Jetzt. Letzte Verkostung: 7/80.

1975 • 85? Dieser Wein ist typisch für die Probleme mit vielen 1975ern. Die Farbe weist ziemlich viel Rostrot-Orange auf. Im Aroma finden sich in Hülle und Fülle Zedernholz und Gewürz vor dem Hintergrund eines krautigen, erdigen, staubigen Charakters. Der Geschmack ist zwar vollmundig und mäßig konzentriert, wird aber von strengem Tannin dominiert, wodurch der Wein kompakt erscheint und den Eindruck vermittelt, daß volle Reife unmittelbar bevorsteht. Ich befürchte, bei weiterer Lagerung wird nur weitere Einbuße an Frucht eintreten – und das bekommt diesem Wein nicht. Am besten austrinken. Letzte Verkostung: 12/95.

1971 • 62   Dieser Wein war 1977 bereits voll ausgereift und geht nun seinem Ende entgegen. Er ist schon ziemlich braun, sein Bukett oxidiert, schal und verblaßt, der Geschmack flach und diffus fruchtig; Tannin ist keines vorhanden, dafür viel scharfe Säure.
Voraussichtliche Genußreife: Jetzt – wahrscheinlich stark im Nachlassen. Letzte Verkostung: 7/77.

1970 • 91   Dieser tiefe, dunkelrubinrote Wein zeigt in der Farbe schöne Lebendigkeit, außerdem den klassischen Duft von Cassis, Mineralen, grünem Tabak und Gewürz eines Pauillac der Spitzenklasse. Er ist körperreich, konzentriert, fast ausgereift – ein expansiver, vollmundiger Wein mit reichen Geschmacksnuancen. Zwar hatte er sich bei früheren Verkostungen als bedauerlich unstet erwiesen, ich bin aber überzeugt, daß die minderwertigen Flaschen überhitzt worden waren. Bei dieser Verkostung zeigte er sich jedenfalls als köstlicher, vorzüglicher Vertreter des Jahrgangs, der sich noch einmal 10 Jahre lang schön trinken lassen dürfte.
Letzte Verkostung: 6/96.

1967 • 65   Frühzeitige Vergreisung, ein Problem, von dem Grand-Puy-Lacoste in den sechziger und Anfang der siebziger Jahre geplagt worden zu sein scheint, ist auch hier am Werk: ziemlich braun, mit einem Aroma von moderndem Laub und mit flachem, schwächlichem Geschmack.
Letzte Verkostung: 2/83.

1966 • 84   1966 brachte Grand-Puy-Lacoste einen erfolgreichen Wein zustande. Er ist inzwischen voll ausgereift, zeigt ein mäßig intensives, rauchiges, von schwarzen Johannisbeeren beherrschtes Bukett, milden, saftigen Geschmack und einen etwas kurzen Abgang – ein karger Wein, der aber noch einige Jahre Genuß bereiten wird, bevor er verblaßt.
Voraussichtliche Genußreife: Jetzt – vermutlich im Nachlassen. Letzte Verkostung: 11/84.

1964 • 86   Der in diesem sehr ungleichmäßigen, von Regen geplagten Jahrgang sehr gut gelungene Grand-Puy-Lacoste bietet robusten, kräftigen, reich mit schwarzen Johannisbeeren versehenen Geschmack bei substanzreicher, fülliger, rustikaler Art, guter Nachhaltigkeit und beachtlicher Gewichtigkeit. Er ist inzwischen voll ausgereift, hat aber die nötige Tiefe, um noch etliche Jahre zu überdauern. Voraussichtliche Genußreife: Jetzt. Letzte Verkostung: 11/88.

1962 • 82   Der allmählich verblassende 1962er zeigt ein schönes Bukett von reifer Frucht, Karamel und Gewürzen bei milder, saftiger Art. Auf der Zunge ist er fruchtig und üppig, im Glas fällt er jedoch stark ab.
Voraussichtliche Genußreife: Jetzt – vermutlich im Nachlassen. Letzte Verkostung: 9/81.

1961 • 88?   Ich erwarb auf einer Auktion in New York ein halbes Dutzend Flaschen dieses Weins und habe inzwischen drei Flaschen getrunken. Er ist voll ausgereift, wahrscheinlich über seinen Höhepunkt schon etwas hinaus. Die Farbe ist ein dunkles Rubingranatrot mit ziemlich viel Orange und Rostrot am Rand. Das überwältigende Bukett (weit über 90 Punkte) zeigt süße Cassis-Frucht und Zedernholz. Im Mund spürt man viel Glyzerin, die Fülle eines großen Jahrgangs und nahtlose Opulenz in der Substanz. Allerdings beginnt der Wein nach 10 bis 15 Minuten im Glas zu verblassen und erscheint nach nicht einmal 30 Minuten völlig ausgezehrt – ein exzellenter Tropfen, aber er muß sofort getrunken werden. Freilich nehme ich an, daß gut gelagerte Magnumflaschen und größere Formate durchaus noch brillant sein dürften.
Letzte Verkostung: 9/97.

ÄLTERE JAHRGÄNGE

Der 1959er Grand-Puy-Lacoste (92 Punkte) zeigte viel Wucht und Muskulatur sowie hervorragende Konzentration bei stämmiger, straffer Pauillac-Art. 1959 durfte man ihn wohl den «Latour des kleinen Mannes» nennen.

Der 1949er (96 Punkte; 10/94) zeigt schönen Duft von Zedernholz, schwarzen Johannisbeeren neben trüffelähnlichen Waldaromen – ein prachtvoll opulenter, körperreicher, hochkonzentrierter, voll ausgereifter Wein mit samtiger Substanz.

Bei einem Diner in Bordeaux im Jahr 1989 versetzte mich der superbe 1947er (meine Punktnote: 94) in Erstaunen. Beide Weine stammten aus einem Privatkeller in Bordeaux und waren bemerkenswert konzentriert und reichhaltig, besaßen breitgefächerte Geschmacksfülle und veranschaulichten in bewundernswerter Weise, weshalb Grand-Puy-Lacoste in den Jahren nach dem 2. Weltkrieg so hoch angesehen war.

Haut-Bages-Libéral
5ème Cru seit 1855

Lage der Weinberge: Pauillac, neben Château Latour

Besitzer: S.A. du Cabernet Sauvignon Haut-Bages-Libéral
Adresse: 33250 Pauillac
Telefon: 33 5 56 58 02 37 – Telefax: 33 5 56 58 05 70

Besuche: nur nach Vereinbarung, montags bis freitags von 9 bis 16 Uhr
Kontaktperson: Claire Villars

WEINBERGE (Rotwein)

Rebfläche: 27,5 ha

Durchschnittliches Rebenalter: 30 Jahre

Rebbestand: 80 % Cabernet Sauvignon, 17 % Merlot, 3 % Petit Verdot

Pflanzdichte: 10 000 Reben/ha

Ertrag (im Durchschnitt der letzten 5 Jahre): 55 hl/ha

Durchschnittliche Jahresproduktion insgesamt: 170 000 Flaschen

GRAND VIN

Name: Château Haut-Bages-Libéral

Appellation: Pauillac

Verarbeitung und Ausbau: Vinifikation 3 bis 4 Wochen in temperaturgeregelten Edelstahltanks. 16 Monate Ausbau in zu 40 % neuen Eichenfässern. Der Wein wird geschönt, aber nicht gefiltert.

ZWEITWEIN

Name: La Chapelle de Bages

Beurteilung des derzeitigen Rangs: Entspricht der Klassifizierung

Genußreife: 5 bis 15 Jahre nach dem Jahrgangsdatum

Das Château von bescheidener Größe liegt etwas abseits der D2, der großen Weinstraße durch Bordeaux, und bringt seit der Mitte der siebziger Jahre regelmäßig feinen Wein hervor. Die Weinberge bestehen aus drei Parzellen in bester Lage. Der größere Teil (knapp über 50 %) befindet sich unmittelbar neben dem Hauptweinberg von Latour, eine weitere Parzelle neben Pichon-Lalande und eine dritte weiter landeinwärts bei Grand-Puy-Lacoste.

Die berühmte Familie Cruse aus Bordeaux modernisierte Haut-Bages-Libéral gründlich in den siebziger Jahren, beschloß aber 1983 den Verkauf des Guts an ein Syndikat unter der Leitung der Familie Villars, die auch die bekannten Châteaux Chasse-Spleen in Moulis und La Gurgue in Margaux besitzt. Die zu Anfang der sechziger Jahre neu angepflanzten Weinberge sind inzwischen voll ausgewachsen. Zweifellos war die mäßige Weinqualität in den sechziger und Anfang der siebziger Jahre auf das noch jugendliche Alter der Reben zurückzuführen. 1975 aber entstand dann ein exzellenter Wein, und an diesen Erfolg schlossen sich mehrere neuere Jahrgänge in hoher Qualität an, insbesondere 1995, 1990, 1986 und 1985.

Haut-Bages-Libéral pflegt einen kraftvollen, reifen, reichhaltigen Weinstil mit starkem Aroma von schwarzen Johannisbeeren, zweifellos auch aufgrund des hohen Anteils an Cabernet Sauvignon.

JAHRGÄNGE

1997 • 85-86 Eine wackere Leistung von Haut-Bages-Libéral mit soliden, sanft-fülligen Beerenfruchtaromen, vermischt mit Noten von Lehmerde. Zwar wirkt dieser vollmundige Wein monolithisch, er wird aber auf 8 bis 10 Jahre hinaus schlichten Genuß bieten. Letzte Verkostung: 3/98.

1996 • 85-86? Während andere 1996er Médocs inzwischen Fleisch auf die Rippen bekommen haben, ihr Tannin milder und die reife Cabernet-Sauvignon-Frucht noch eindrucksvoller geworden ist, bildet dieser Wein die Ausnahme von der Regel. Das Tannin erschien spürbarer, und der Wein zeigte Hohlheit in der Mitte und einen trockenen, strengen Abgang. Die Farbe ist ein gesundes Dunkelpurpurrot, und eingangs schmeckt man süße Brombeerfrucht, Schokolade und einen Hauch Vanille, am Gaumen aber fällt dieser 1996er dann ab. Es dürfte von Interesse sein, ihn nach der Abfüllung erneut zu verkosten. Letzte Verkostung: 3/98.

1995 • 85 Der 1995er hat etwas mehr Tiefe und Intensität als sein jüngerer Bruder, aber auch er ist schmalbrüstig und karg. Die attraktive, satte, rubinpurpurrote Farbe weist auf Fülle hin, die dann eingangs auch vorhanden ist, aber wiederum fehlt es am Gaumen an Glyzerin, Frucht und Konzentration, und der Abgang ist trocken und tanninreich. Dieser Wein könnte sich nach längerer Flaschenreife mildern und besser werden als meine Punktnote jetzt ausdrückt – wir wollen es hoffen.
Voraussichtliche Genußreife: 2003 bis 2012. Letzte Verkostung: 11/97.

1994 • 86 Der dunkelrubinrote 1994er stellt sich außerordentlich gut dar, zeigt kein hartes Tannin und keine grüne Krautigkeit in Duft oder Geschmack. Er hat wundervoll reichhaltige Dichte, Frucht von schwarzen Kirschen und Cassis mit Schokoladennote, festes, aber mildes Tannin, mittelschweren Körper und würzigen Abgang. Man sollte ihm 2 bis 3 Jahre Kellerreife gönnen und kann ihn dann im Lauf von 15 Jahren trinken. Letzte Verkostung: 1/97.

1993 • 85 Der sanfte, runde, pfeffrige, dunkelrubinrote Wein weist attraktive, vollmundige, geschmeidige Art auf, die ihm in den kommenden 5 bis 7 Jahren viel vordergründigen Reiz verleihen wird. Ideal für Restaurants, die einen jung trinkreifen Pauillac suchen. Letzte Verkostung: 1/97.

1992 • 76 Ein leichter, rauher, tanninherber, nichtssagender, adstringierender und harter Wein. Am besten trinkt man ihn in den nächsten 3 bis 4 Jahren, ehe er noch mehr Frucht einbüßt. Letzte Verkostung: 11/94.

1990 • 87 Der tiefdunkle 1990er mit seinem süßen Pflaumen- und Eichenholzduft stellt gegenüber dem nichtssagenden 1989er einen gewaltigen Fortschritt dar. Dieser opulente, reichhaltige, vollmundige Wein mit seiner weichen Säure hat zu wenig Biß, bietet aber einen ordentlichen, saftigen Schluck Pauillac.
Voraussichtliche Genußreife: Jetzt bis 2005. Letzte Verkostung: 1/93.

1989 • 84 Der 1989er Haut-Bages-Libéral schmeckte erstaunlich leicht. Er hat brillante rubinpurpurrote Farbe, ordentliche Säure und mäßiges Tannin bei kurzem Abgang. Er stellt eine gute Leistung dar, ist aber für einen 1989er Pauillac untypisch verhalten und gedämpft. Sollte das auf Verwässerung durch Rekorderträge zurückzuführen sein?
Voraussichtliche Genußreife: Jetzt bis 1999. Letzte Verkostung: 1/93.

1988 • 81 Der 1988er zeigt einigermaßen grünes Tannin, mittleren Körper, würzige Art mit einer gewissen Johannisbeerfrucht und zeigt im Abgang abrupte Kürze. Er sollte in den nächsten 5 bis 6 Jahren getrunken werden. Letzte Verkostung: 1/93.

1987 • 72   Der 1987er Haut-Bages-Libéral ist weich, dünn, grasig, gefügearm und geht einer ungewissen Zukunft entgegen.
Voraussichtliche Genußreife: Jetzt. Letzte Verkostung: 10/89.

1986 • 90   Der Anteil neuer Eichenholzfässer wurde bei Haut-Bages-Libéral angehoben und die Auslese strenger gehandhabt; das Ergebnis war im Jahr 1986 der feinste Wein seit dem 1975er und gewiß einer der besten, die das Château je hervorgebracht hat: dunkel rubinpurpurrot, mit einem expansiven Bukett von Pflaumen, süß duftendem angerauchtem Eichenholz und schwarzen Johannisbeeren, ein dichter, körper- und substanzreicher Wein mit schöner Geschmeidigkeit, die für Genußreife ab Anfang der neunziger Jahre sorgt. Er hat aber auch genug Ausgewogenheit, Fülle und Tanningehalt für mindestens weitere 20 Jahre Lebensdauer.
Voraussichtliche Genußreife: Jetzt bis 2015. Letzte Verkostung: 3/90.

1985 • 89   Der schwärzlich-rubinrote 1985er ist ein gehaltvoller, dichter, körperreicher Wein mit einer Fülle von Extrakt und einem kraftvollen, nachhaltigen, reifen Abgang. Er ist einer der Stars dieses Jahrgangs.
Voraussichtliche Genußreife: Jetzt bis 2005. Letzte Verkostung: 9/89.

1984 • 72   Ich habe diesen Wein mehrfach verkostet und verfüge über stark widersprüchliche Probiernotizen von fülligen, fruchtigen, eindimensionalen Exemplaren bis zu überreifen, säurearmen und bizarren. Aus einer 1988 in Bordeaux gekauften Flasche schmeckte der Wein hohl, gedämpft, ohne Charme.
Voraussichtliche Genußreife: Jetzt. Letzte Verkostung: 3/88.

1983 • 85   Der 1983er ist ein kraftstrotzender, aggressiver Wein mit intensiver Farbe, kräftigem Bukett von reifen schwarzen Johannisbeeren, mit tiefem, vollem, dickem, fruchtigem Geschmack und einem langen, mäßig tanninherben Abgang. Dieser robuste Wein ist wie viele 1983er schneller ausgereift als ursprünglich angenommen.
Voraussichtliche Genußreife: Jetzt. Letzte Verkostung: 3/89.

1982 • 91   Überraschung, Überraschung! Einer der am wenigsten geschätzten 1982er, der Haut-Bages-Libéral, hat sich wunderschön entwickelt. Er ist vollgepackt mit dicken, saftigen, rauchigen, gerösteten Noten von Süßholz, Oliven und reifer Frucht schwarzer Johannisbeeren. Dieser körperreiche, vollmundige, schmackhafte, superkonzentrierte, füllige Pauillac hat viel Saft und Kraft, aber für die Note «hervorragend» zu wenig Komplexität. Er trinkt sich bereits köstlich, zeigt aber noch keine Anzeichen von Alter – seine Farbe ist vielmehr ein gesundes, undurchdringliches Granatpurpurrot. Er dürfte noch mindestens weitere 15 Jahre überdauern.
Letzte Verkostung: 4/98.

1981 • 84   Der 1981er ist im Stil ein typischer Haut-Bages-Libéral: dunkelrubinrot, mit vollem, würzigem, rauchigem Bukett von schwarzen Johannisbeeren, gehaltvollem, reichlichem Geschmack, mittelschwerem Körper und einem tanninherben, leicht adstringierenden Abgang. Für den Jahrgang ist er ein kräftiger, vollmundiger Wein, der einem breiten Publikum behagt.
Voraussichtliche Genußreife: Jetzt bis 2000. Letzte Verkostung: 9/87.

1980 • 69   Der eindimensionale Wein hat ein zwar würziges, aber wenig intensives stumpfes Bukett, unterernährten Geschmack und kurzen, säuerlichen Abgang. Er muß ausgetrunken werden.
Voraussichtliche Genußreife: Jetzt – vermutlich im Nachlassen. Letzte Verkostung: 11/86.

1979 • 83   Der 1979er ist ein robuster, kräftig schmeckender Haut-Bages-Libéral, ziemlich dunkelrubinrot, mit ansprechendem reifem Cassis-Bukett und körper- und substanzreicher Art, kräftiger Säure und genügend Tannin für längere Aufbewahrung. Er ist weder vornehm noch elegant, eher robust, rustikal und schlicht.
Voraussichtliche Genußreife: Jetzt. Letzte Verkostung: 2/87.

1978 • 70   Ein solider Wein, in Anbetracht des Jahrgangs aber ein wenig eine Enttäuschung. Dunkelrubinrot mit krautigem, rauchigem, etwas verbranntem Bukett, grasig und kräuterhaft auf der Zunge, mit unerfreulich starker Säure im Abgang. Auch das Gleichgewicht ist nicht einwandfrei.

PAUILLAC

Voraussichtliche Genußreife: Jetzt. Letzte Verkostung: 6/86.

1976 • 84   Der 1976er Haut-Bages-Libéral ist in diesem sehr unterschiedlichen Jahrgang beachtlich gut gelungen und inzwischen voll ausgereift, wird sich aber noch 3 bis 4 Jahre halten. Die dunkelrubinrote Farbe zeigt einen bernsteingelben Schimmer am Rand, das Bukett ist kräftig, würzig, voller schwarzer Johannisbeeren und Zedernholz; der Wein zeigt für den Jahrgang überraschende Konzentration sowie saftige, volle, fruchtige Art.

Voraussichtliche Genußreife: Jetzt. Letzte Verkostung: 12/88.

1975 • 88   Die zu mäßigen bis bescheidenen Preisen erhältlichen Weine dieses Guts können sich manchmal als freudige Überraschung erweisen. Der 1975er Haut-Bages-Libéral war stets wuchtig, konzentriert, muskulös. Nach wie vor ist seine Farbe tiefdunkel rubingranatrot; sein mäßig intensiver Duft nach Teer, Kräutern, Zedernholz, Trüffeln und schwarzer Frucht wird bis zu einem gewissen Maß von erdigen, animalischen Noten beherrscht. Dieser körperreiche, rauhe, rustikale Wein mit herrlichem Extraktreichtum wird zwar nie völlige Harmonie erlangen, zeigt aber nichtsdestoweniger viel Fülle, Intensität und Persönlichkeit. Er trinkt sich ab sofort mindestens 15 Jahre lang gut. Letzte Verkostung: 12/95.

1974 • 55   Dünn, hohl und streng auf der Zunge ist dieser Wein, dem es an Frucht und Charme fehlt.

Voraussichtliche Genußreife: Jetzt – wahrscheinlich stark im Nachlassen.
Letzte Verkostung: 3/79.

1970 • 70   Dunkelrubinrot mit einem würzigen, vegetabilen Aroma von Sellerie und Gewürznelken; der Geschmack ist unausgewogen und zeigt eine hintergründige Komponente von grasigem Tee. Austrinken.

Voraussichtliche Genußreife: Jetzt – wahrscheinlich stark im Nachlassen. Letzte Verkostung: 4/77.

HAUT-BATAILLEY
5ème Cru seit 1855

SEHR GUT

Lage der Weinberge: Pauillac

Besitzerin: Madame de Brest-Borie (Schwester von Jean-Eugène Borie)

Leitung: J.-E. und François-Xavier Borie
Adresse: 33250 Pauillac
Postanschrift: c/o J.-E. Borie S.A., 33250 Pauillac
Telefon: 33 5 56 59 05 20 – Telefax: 33 5 56 59 27 37

Besuche: nur nach Vereinbarung
Kontaktadresse: J.-E. Borie S.A. (siehe oben)

WEINBERGE (Rotwein)

Rebfläche: 19,5 ha

Durchschnittliches Rebenalter: 28 Jahre

Rebbestand: 65% Cabernet Sauvignon, 25% Merlot, 10% Cabernet Franc

Pflanzdichte: 10 000 Reben/ha

Ertrag (im Durchschnitt der letzten 5 Jahre): 45 hl/ha

Durchschnittliche Jahresproduktion insgesamt: 900 hl

BORDEAUX

GRAND VIN

Name: Château Haut-Batailley

Appellation: Pauillac

Durchschnittliche Jahresproduktion: 100 000 Flaschen

Verarbeitung und Ausbau: Lese von Hand, vollständiges Entrappen. Vinifikation 16 bis 20 Tage in temperaturgeregelten Edelstahltanks. 16 bis 20 Monate Ausbau in zu 30 bis 40% neuen Eichenfässern. Der Wein wird geschönt und vor dem Abfüllen leicht gefiltert.

ZWEITWEIN

Name: Château La Tour l'Aspic

Beurteilung des derzeitigen Rangs: Entspricht der Klassifizierung

Genußreife: 4 bis 15 Jahre nach dem Jahrgangsdatum

Haut-Batailley zählt nicht zu den bekannteren Weingütern von Pauillac. Es wird von dem hochangesehenen Jean-Eugène Borie geleitet, der im Château Ducru-Beaucaillou in St-Julien wohnt und in dessen Besitz sich auch Grand-Puy-Lacoste befindet. Er führt zusammen mit einem seiner Söhne, Xavier, die Aufsicht über das Gut, das seiner Schwester gehört. Das Erscheinungsbild von Haut-Batailley am Firmament von Pauillac ist nicht gerade strahlend; das ist vielleicht auf die geringfügige Produktion, das Fehlen eines eigenen Châteaus (der Wein wird im Borie-Gut La Couronne bereitet) sowie die einsame Lage an einem Waldrand weitab von der Gironde zurückzuführen.

Neuere Haut-Batailley-Jahrgänge haben das große Potential dieses Weinguts unter dem sachkundigen Weinbereitungsteam Borie Vater und Sohn veranschaulicht. Freilich waren diese Gewächse nicht immer im erwarteten Ausmaß Vorbilder an Gleichmäßigkeit. Die Schwäche liegt oft in einer leichten und übermäßig milden Art. Die meisten Weine von Haut-Batailley sind schon voll ausgereift, ehe sie das erste Jahrzehnt hinter sich haben, und das ist für einen Pauillac nicht normal. Nichtsdestoweniger haben die neueren Jahrgänge, insbesondere der 1996er und der 1995er, doch größere Konzentration und mehr Biß aufzuweisen als zuvor. Ich finde jedoch, daß der Haut-Batailley in der Persönlichkeit mehr von einem St-Julien hat als von einem echten Pauillac. Das ist freilich merkwürdig, wenn man bedenkt, daß Haut-Batailley 1942 durch Abtrennung von Batailley – in Geschmack und Charakter unbestreitbar einem echten Pauillac – entstand.

JAHRGÄNGE

1997 • 86-87 Dieser sanfte, verführerische, dunkelrubinrote Pauillac mit seiner milden Säure zeigt Aromen von gerösteten Kräutern und schwarzen Johannisbeeren, dazu runden, mittelschweren, samtweichen Geschmack, keinerlei Schärfe im Tannin und einen flachen, gefälligen Abgang. Er sollte in den ersten 7 bis 8 Lebensjahren getrunken werden. Letzte Verkostung: 3/98.
1996 • 89-91 Zwar ist dieser Haut-Batailley der eindrucksvollste, den ich je gekostet habe, trotzdem traue ich mich nicht, ihm eine höhere Punktnote zu geben, bevor ich ihn nicht noch einige Male aus Faß und Flasche verkostet habe. Die Farbe ist ein dichtes Purpurrot, der wundervoll süße, klassische Pauillac-Duft erinnert an schwarze Johannisbeeren und Zigarrenkisten. Der 1996er ist für einen Haut-Batailley wuchtig (normalerweise stellt er sich leicht, elegant und geschmeidig dar) und hat intensive Frucht, mittleren bis vollen Körper, reifes Tannin und einen überraschend anhaltenden, vielschichtigen Abgang. Er ist offenbar ein Klassiker und könnte eine hervorragende Note verdienen.
Voraussichtliche Genußreife: 2003 bis 2015. Letzte Verkostung: 3/98.

PAUILLAC

1995 • 89 Seidig, sinnlich, geschmeidig und insgesamt eine prachtvolle Leistung von Haut-Batailley ist der 1995er, ein nahtlos reintöniger, mittelschwerer Pauillac. Er zeigt reichliche Cassis-Frucht, vermischt mit Rauch, Vanille und einer Bleistiftnote. Zugänglich ist er bereits, aber er verspricht im Lauf der nächsten 10 bis 12 Jahre noch besser zu werden – ein Hochgenuß. Letzte Verkostung: 11/97.

1994 • 86 Nachdem die Ergebnisse der Verkostungen aus dem Faß mittelmäßig ausgefallen waren, hat sich der 1994er nun in der Flasche als besser erwiesen. Die dunkelrubinrote Farbe geht einher mit würzigem, moderat tanninherbem Geschmack, schöner Konzentration und Eleganz und reichlichen Mengen an Frucht. Dieser Wein dürfte zwischen 2000 und 2008 trinkreif sein. Letzte Verkostung: 1/97.

1993 • 85 Ein kräuterwürziger, an Tabak, Gras und Cassis erinnernder Duft entströmt dem Glas. Dieser sanfte, runde, mittelschwere, dunkelrubinrote 1993er Haut-Batailley ist ein idealer Picknickwein und dürfte sich in den nächsten 5 bis 6 Jahren schön trinken. Letzte Verkostung: 1/97.

1992 • 81 Zum Glück hat der 1992er Haut-Batailley an Gewichtigkeit gewonnen und zeigt nun auch mehr Frucht in seiner leichten bis mittelschweren, geschmeidigen, vordergründigen Art. Dieser Wein mit seiner schwachen Säure und einem gewissen Eichenton dürfte sich in den nächsten 3 bis 6 Jahren schön trinken. Letzte Verkostung: 11/94.

1991 • 84 Der 1991er Haut-Batailley ist ein weit interessanterer Wein als der leicht geschmeidige, eher dünne 1992er, vielmehr zeigt er schönes Beerenaroma, gute Reife, mittleren Körper und moderates Tannin im Abgang. Die einzige Gefahr besteht darin, daß die Frucht vielleicht abmagert, ehe das Tannin abschmilzt. Er dürfte sich in den nächsten 5 bis 7 Jahren am besten trinken. Letzte Verkostung: 3/95.

1990 • 88 Der 1990er bietet aufgeschlossenen, rauchigen, süß-eichenwürzigen Duft, verflochten mit kräftigen, verschwenderischen Aromen von schwarzen Johannisbeeren. Bei mittlerem Körper, weicher Säure, leichtem Tannin und vielschichtiger reifer Frucht dürfte dieser auf Finesse ausgelegte Wein auf mehr als 10 Jahre hinaus herrlichen Genuß gewähren. Er ist der feinste Haut-Batailley seit 1982. Letzte Verkostung: 1/93.

1989 • 87 Der 1989er Haut-Batailley zeigt prachtvolle Fülle an aufgeschlossener, satinzarter Frucht, er ist üppig und reif, dazu nachhaltig und hinterläßt auf der Zunge aufgrund seiner hochreifen Art fast den Eindruck süßer, dicklicher Frucht.
Voraussichtliche Genußreife: Jetzt bis 2006. Letzte Verkostung: 1/93.

1988 • 83 Der 1988er Haut-Batailley ist ein leichter, magerer, verschlossener, scharfkantiger Wein, dem es an Charme und Finesse gebricht. Der Tanningehalt erscheint für die Fruchtkomponente zu stark.
Voraussichtliche Genußreife: Jetzt. Letzte Verkostung: 1/93.

1987 • 82 Der – verglichen mit dem 1988er – sehr viel einschmeichelndere Geschmack des 1987ers Haut Batailley stellt eine achtbare Leistung dar. Dieser Wein ist rund, angenehm fruchtig, würzig und charmant. Er sollte im Lauf der nächsten 3 bis 4 Jahre getrunken werden.
Voraussichtliche Genußreife: Jetzt. Letzte Verkostung: 4/90.

1986 • 84 Nachdem ich diesen Wein mehrfach aus dem Faß verkostet hatte, gelangte ich zu der Auffassung, daß der 1986er Haut-Batailley einer der feinsten Weine sei, die seit über einem Jahrzehnt aus diesem Château gekommen sind. Drei Verkostungen aus der Flasche allerdings zeigten einen zwar attraktiven, aber nicht mit jener Tiefe und Lebenserwartung versehenen Wein, die ich ihm ursprünglich zugetraut hatte. Er ist für einen 1986er untypisch geschmeidig und seidig, mit einer gefälligen Johannisbeerfruchtigkeit in trautem Verein mit angerauchtem Eichenholz. Der Wein hat mittleren Körper, scheint auf der Zunge aber abzufallen und einen diffusen Charakter preiszugeben.
Voraussichtliche Genußreife: Jetzt. Letzte Verkostung: 6/90.

1985 • 85 Der 1985er ist ein milder, angenehmer, elegant gebauter Wein, fruchtig, mittelschwer und schmackhaft, wahrscheinlich aber kurzlebig.
Voraussichtliche Genußreife: Jetzt. Letzte Verkostung: 3/89.

BORDEAUX

1984 • 74   Ein abgestandenes Teearoma wird begleitet von annehmbar fruchtigem, aber leichtem und flachem Geschmack. Der 1984er Haut-Batailley sollte ausgetrunken werden.
Voraussichtliche Genußreife: Jetzt. Letzte Verkostung: 6/88.

1983 • 82   Für Haut-Batailley kein gerade großartiger Jahrgang; der Wein zeigt jugendlich dunkelrubinrote Farbe, ansprechenden, milden und fülligen Geschmack, mäßiges Tannin und eine ungewöhnlich trockene Art auf der Zunge. Harmonisch hat er nie geschmeckt.
Voraussichtliche Genußreife: Jetzt. Letzte Verkostung: 3/89.

1982 • 89   Vielleicht bewerte ich diesen anmutigen, voll ausgereiften Pauillac zu gering. Ein attraktiver Duft von Zedernholz und Johannisbeeren entströmt diesem verhaltenen, aber wunderbar reintönigen, seidigen, schön ausgewogenen Wein. Er weist keine Schärfen auf, wodurch er nur noch verführerischer wird. Man sollte ihn in den nächsten 7 bis 8 Jahren trinken. Letzte Verkostung: 9/95.

1981 • 85   Dieser rasch ausgereifte Wein ist einer meiner bevorzugten Haut-Batailleys aus der Zeit zwischen 1971 und 1981. Er ist seidig auf der Zunge, schön duftig, mit ausgeprägter Eichenholzwürze, sanft, rund, gefällig und einfach köstlich.
Voraussichtliche Genußreife: Jetzt. Letzte Verkostung: 2/88.

1979 • 76   Der hell- bis mittelrubinrote Wein, dem es an Tiefe und Konzentration mangelt, hat gefällige, runde, geschmeidige Art, mittleren Körper und leichten Abgang.
Voraussichtliche Genußreife: Jetzt. Letzte Verkostung: 3/87.

1978 • 82   Der 1978er Haut-Batailley ist ein sehr charmanter, geschmeidiger Wein, der sich jetzt köstlich trinkt; er zeigt aufgeschlossene, überströmend fruchtige Art mit einer schönen Spur Eichenholzwürze, leichtem Tannin und warmem, rundem Abgang.
Voraussichtliche Genußreife: Jetzt. Letzte Verkostung: 4/84.

1976 • 74   Der voll ausgereifte Wein hat milden, geschmeidigen, etwas bescheidenen Geschmack, wenig Säure, bernsteingelb-rubinrote Farbe und kurzen Abgang. Man sollte ihn unverzüglich trinken!
Voraussichtliche Genußreife: Jetzt – vermutlich im Nachlassen. Letzte Verkostung: 9/80.

1975 • 81   Die adstringierende Art des Jahrgangs 1975 verleiht diesem Wein ein für einen Haut-Batailley untypisch festes Rückgrat. Dunkelrubinrote Farbe mit bernsteingelbem Schimmer wird begleitet von einem reifen, pflaumigen, locker gewirkten Bukett, in dem Düfte von Zedernholz und Kräutern vorherrschen; der Körper ist mittelschwer, das Tannin mäßig stark, Tiefe und Konsistenz sind voll ausreichend. Für einen 1975er ist die Art schlicht.
Voraussichtliche Genußreife: Jetzt. Letzte Verkostung: 10/88.

1973 • 64   Der inzwischen flache, wässerige, weitgehend verblaßte Wein war 1978 auf einem mageren Höhepunkt. Heute ist er kaum noch von Interesse. Letzte Verkostung: 6/86.

1970 • 87   Der 1970er ist eine erstklassige Leistung von Haut-Batailley, ein Wein, der sich in Persönlichkeit und Charakter wie ein echter Pauillac ausnimmt und nicht wie ein St-Julien. Für einen Haut-Batailley ist er reichhaltig und voll, auf einer noch deutlichen, guten und festen Tanningrundlage, dunkelrubinrot, mit komplexem Bukett und schönem, nachhaltigem Abgang.
Voraussichtliche Genußreife: Jetzt. Letzte Verkostung: 10/83.

1966 • 84   Der solide, feste Haut-Batailley, im Stil ein echter 1966er, hat sich langsam entfaltet und befindet sich inzwischen auf seinem Höhepunkt. Sein bescheidenes Bukett von Gewürzen und der Frucht schwarzer Johannisbeeren ist durchaus attraktiv. Bei mittelschwerem Körper zeigt der Wein gute, wenn auch nicht gerade exzellente Konzentration. Der Abgang ist solide und ein wenig rauh.
Voraussichtliche Genußreife: Jetzt. Letzte Verkostung: 4/82.

1962 • 84   Der mäßig fruchtige 1962er zeichnet sich durch milden, runden, süffigen Geschmack, einen guten Abgang und ein schön entwickeltes Bukett aus. Voll ausgereift ist er schon seit über 10 Jahren. Austrinken!
Voraussichtliche Genußreife: Jetzt – vermutlich im Nachlassen. Letzte Verkostung: 3/83.

PAUILLAC

1961 • 84 Im Kontext dieses großartigen Jahrgangs schmeckt der Haut-Batailley untypisch, eher dem Stil des 1962ers vergleichbar. Milde, reife, würzige Frucht im Bukett läßt auf einen voll ausgereiften Wein schließen. Aber es ist nicht jene intensive Reife, die so viele 1961er auszeichnet. Der milde, runde, füllige, fruchtige Geschmack ist bei diesem mittelschweren Wein von Eichenholzwürze überlagert. Austrinken.
Voraussichtliche Genußreife: Jetzt. Letzte Verkostung: 7/83.

LAFITE-ROTHSCHILD
Premier Cru seit 1855

HERVORRAGEND

Lage der Weinberge: Pauillac und St-Estèphe

Besitzer: Domaines Barons de Rothschild
Adresse: 33250 Pauillac
Postanschrift: 33, rue de la Baume, 75008 Paris
Telefon: 33 1 53 89 78 00 – Telefax: 33 1 53 89 78 01

Besuche: nur nach Vereinbarung
Kontaktadresse: Domaines Barons de Rothschild (Tel. und Fax siehe oben)

WEINBERGE (Rotwein)

Rebfläche: 98,8 ha

Durchschnittliches Rebenalter: 38 Jahre

Rebbestand: 70% Cabernet Sauvignon, 25% Merlot, 3% Cabernet Franc, 2% Petit Verdot

Pflanzdichte: 8500 Reben/ha

Ertrag (im Durchschnitt der letzten 5 Jahre): 50 hl/ha

Durchschnittliche Jahresproduktion insgesamt: 40000 Kisten

GRAND VIN

Name: Château Lafite-Rothschild

Appellation: Pauillac

Durchschnittliche Jahresproduktion: 18000 bis 20000 Kisten

Verarbeitung und Ausbau: Lese von Hand. Vinifikation 18 bis 25 Tage in temperaturgeregelten Edelstahltanks und Holzfässern (max. 30°C), zweimal täglich *remontage*. Malolaktische Säureumwandlung im Tank. 20 Monate Ausbau in neuen Eichenfässern; Abstich alle drei Monate. Der Wein wird mit Eiweiß geschönt und vor dem Abfüllen «geringfügig» gefiltert.

ZWEITWEIN

Name: Carruades de Lafite

Durchschnittliche Jahresproduktion: 20000 Kisten

Beurteilung des derzeitigen Rangs: Entspricht der Klassifizierung

Genußreife: 10 bis 35 Jahre nach dem Jahrgangsdatum

N.B.: Ein Drittel des Gesamtertrags geht normalerweise in den Lafite ein, 40% werden für den Carruades verwendet, und der Rest wird durch das eigene Vertriebsnetz als einfacher Pauillac verkauft. Lafite verfügt über einen eigenen Faßbaubetrieb.

SELEKTIONSVERFAHREN: Wie in vielen anderen Châteaux auch werden alle Cuvées zum Zeitpunkt der *assemblage* verkostet, um festzustellen, welche die für den Grand Vin erforderliche Güte besitzen. Die *terroirs* und älteren Rebbestände, die normalerweise für den Lafite herangezogen werden, liegen bereits fest, jedoch wird bei der Blindverkostung nochmals überprüft, ob die betreffenden Cuvées erwartungsgemäß ausgefallen sind. Ergeben sich bei einer bestimmten Cuvée Zweifel, dann wird diese nicht in den Grand Vin übernommen. Manchmal wird dem Grand Vin etwas *vin de presse* (bis zu 8 bis 14%) zugesetzt.

Lafite-Rothschild, das berühmteste Château von Bordeaux, und sein gleichnamiger Wein mit dem eleganten, kleinformatigen und vornehm zurückhaltenden Etikett ist zum Synonym für Reichtum, Prestige, Achtung vor historischer Würde und für Wein von bemerkenswerter Langlebigkeit geworden.

Während seit 1975 alle Jahrgänge Zeugnis für die Entstehung eines superlativen Lafite-Weins nach dem anderen ablegen, waren die Leistungen des Châteaus von 1961 bis 1974 für ein Premier Cru erstaunlich mittelmäßig. Es ist mir stets ein Rätsel geblieben, warum nur so wenige Kritiker ein Protestgeschrei erhoben, wenn sie Lafite-Weine aus jener Zeit prüften. Die offizielle Lesart aus dem Château lautete unentwegt, die Weine würden mit Bedacht in so leichtem, elegantem Stil bereitet und allein aus diesem Grund bei blinden Weinproben von deftigeren, robusteren Weinen ausgestochen. Gewiß, solche Dinge kommen vor, aber die Mittelmäßigkeit des Lafite erwies sich gerade an Weinen aus sehr feinen Jahrgängen – 1966, 1970, 1971 – es mangelte ihnen nämlich in erstaunlichem Maß an Farbe, dagegen waren sie übermäßig trocken und eichenholzgeschwängert, und sie wiesen übertrieben viel Säure auf. Andere Jahrgänge – 1969, 1971, 1974 – waren glatte Versager, und dennoch kamen sie zu hohen Preisen unter dem Namen Lafite auf den Markt.

Es ist kaum wahrscheinlich, daß die Gründe für diese Vorkommnisse je von der Familie Rothschild publik gemacht werden, aber in Anbetracht der großartigen Leistungen seit 1975 scheinen die Probleme in den 60ern und anfangs der 70er Jahre vielmehr damit zusammengehangen zu haben, daß die nur oberflächlich interessierten Besitzer im fernen Paris lebten und nur so nebenbei beaufsichtigten, was auf dem Château Lafite vorging. Seit 1975 steht Lafite dagegen unter der tatkräftigen Leitung des seine Aufgabe unverkennbar ernst und genau nehmenden Eric de Rothschild. Zudem lag früher der Wein im Château Lafite zu lange in Eichenfässern. Die Ausbauzeit betrug oft mindestens 32 bis 36 Monate, während es heute höchstens 24 bis 30 Monate sind. Es liegt zweifellos an dieser Verkürzung, daß der Lafite jetzt fruchtiger und frischer schmeckt. Drittens läßt das heute bei Lafite für die Weinbereitung zuständige Team die Lese später als bislang durchführen, um in den Weinen größere Reife und geringere Säure zu erzielen.* Schließlich wird der Lafite-Rothschild nun auch innerhalb einer kürzeren Zeitspanne abgefüllt. Berichte sagen, daß die Abfüllung früher über 8 bis 12 Monate hinweg schleppend vor sich ging. Wenn das stimmt, mußten natürlich in einem untragbar hohen Maß Unterschiedlichkeiten zwischen den einzelnen Posten auftreten.

Ungeachtet der mehr oder minder guten Leistungen früherer Zeiten bringt Lafite-Rothschild heute großartige Weine hervor, und die Wende in der Qualität kam eindeutig mit dem herrlichen 1975er. Man kann mit gutem Recht behaupten, daß Lafite-Rothschild seit 1981 mit die besten Weine im Médoc produziert, und zwar vor allem 1981, 1982, 1983, 1986, 1987, 1988, 1990, 1995 und 1996.

* Die Auslese wird zweifellos strenger vorgenommen als früher. Bei den überreichlichen Ernten am Ende der achtziger Jahre schied Lafite regelmäßig die Hälfte des Ertrags aus. 1990 wurden sogar ganze 60% des Leseguts entweder en gros verkauft oder an den Zweitwein abgegeben.

PAUILLAC

JAHRGÄNGE

1997 • 90-93 Bei Lafite fand die Lese zwischen dem 8. September (beginnend mit Merlot) und dem 2. Oktober statt. Für manche Cabernet-Sauvignon-Parzellen lag die ungewöhnliche Spanne von 135 Tagen (gegenüber normalerweise 105 bis 110) zwischen Blüte und Ernte. Das Gut, das schon einen profund großartigen 1996er hervorgebracht hatte, übernahm nur 28 % des Ertrags in den Grand Vin von 1997. So dürfte sich der 1997er Lafite-Rothschild als modernes Pendant zum glorreichen 1976er erweisen. Dieser komplexe, mit beträchtlicher Finesse und einer sinnlichen, zugänglichen Art versehene, dunkel rubinpurpurrote, mittelschwere Wein zeigt bereits in reichlichem Maß den typischen Lafite-Duft von Mineralen, Bleistiften und Zedernholz. In diesem vollen, doch anmutigen Wein ist keine Spur von Schärfe oder Härte zu entdecken. Vielmehr wird er sich rasch entfalten und doch 15 bis 20 Jahre überdauern. Letzte Verkostung: 3/98.

1996 • 94-96 Ein außergewöhnlicher Lafite-Rothschild, vermutlich der feinste seit dem 1986er und 1982er, aber er wird mit seiner verschlossenen Art die Geduld seiner Freunde auf eine harte Probe stellen. Nur 38 % des Ernteertrags wurden als gut genug für den Grand Vin befunden, der aus 83 % Cabernet Sauvignon, 8 % Merlot, 8 % Cabernet Franc und 1 % Petit Verdot besteht. Er prunkt mit tiefdunklem Purpurrot sowie mit fabelhaften Aromen von Tabak, Bleistiften, Mineralen sowie roten und schwarzen Johannisbeeren. Am Gaumen erweist sich der Lafite als wuchtig, ohne dabei etwas von der Quintessenz seiner eleganten Persönlichkeit einzubüßen. Bei mittlerem bis vollem Körper, hervorragender Reife, vielschichtiger Frucht, kräftigem (sanftem, nicht adstringierendem) Tannin und einem ausnehmend anhaltenden, ausgewogenen Nachklang braucht dieser Wein mindestens 10 bis 15 Jahre Kellerreife.
Voraussichtliche Genußreife: 2010 bis 2040. Letzte Verkostung: 3/98.

1995 • 95 Der 1995er Lafite-Rothschild (in den nur ein Drittel des Ertrags eingegangen ist) besteht aus 75 % Cabernet Sauvignon, 17 % Merlot und 8 % Cabernet Franc. Er machte bereits, als ich ihn im November 1997 verkostete, einen besonders guten Eindruck. Seine Farbe ist dunkel rubinpurpurrot, sein Duft bietet süße, rauchige, grasige Noten von pulverisierten Mineralen und Cassis. Schöne, süße Frucht trägt diesen mittelschweren, straff gewirkten, glorreich reintönigen, sauber umrissenen Wein, der zwar nicht so wuchtig und massiv ist wie der 1996er Lafite, dafür aber sauber gestaltet mit hervorragender Statur und äußerst vielversprechender Art.
Voraussichtliche Genußreife: 2008 bis 2028. Letzte Verkostung: 11/97.

1994 • 90+? Der fast zu 100 % von Cabernet Sauvignon gewonnene dunkel rubinpurpurrote Wein zeigt sich hartnäckig verschlossen, unzugänglich, am Gaumen streng und adstringierend. Er hat viel Wucht und bewundernswerte Reintönigkeit ohne den geringsten Anflug von Krautigkeit oder unreifer Frucht, aber seine Persönlichkeit gibt er noch nicht preis. Vielleicht erweist sich der 1994er Lafite im Geschmack als karg und enttäuschend, aber ein fabelhaftes Aromaprofil hat er (erinnert das an den 1961er Lafite, der ebenfalls vorwiegend aus Cabernet Sauvignon bestand?). Ich gebe die Hoffnung für diesen Wein noch nicht auf, aber wer ihn kauft, muß 15 bis 20 Jahre Wartezeit mit in Kauf nehmen, bis er eine Flasche entkorken darf.
Voraussichtliche Genußreife: 2010 bis 2030. Letzte Verkostung: 1/97.

1993 • 88 Der wohlgelungene, dunkel rubinpurpurrote 1993er Lafite zeigt sich straff gebaut, mittelschwer, mit einem verschlossenen Aromaprofil, das nur zögernd Spuren von süßer Cassis-Frucht, grünem Tabak und einer Bleistiftnote erkennen läßt. Der fein ausgefeilte, elegante, mit der noblen Verhaltenheit eines Lafite versehene Wein ist ausgezeichnet, hochklassig, aber etwas karg.
Voraussichtliche Genußreife: 2004 bis 2020. Letzte Verkostung: 1/97.

1992 • 89 In diesem Jahr wurden nur 36 % des Ertrags in den Grand Vin aufgenommen, der sich nun tiefdunkel, mit nahezu außergewöhnlichem, von Zedernholz, Schokolade und Cassis bestimmtem Charakter, mittlerem Körper, überraschend konzentriertem Geschmack und dem klassischen Lafite-Aromaprofil präsentiert. Man sollte die Gelegenheit nutzen, in diesem Jahrgang eine mildere, frühreife Ausgabe der Lafite-Finesse kennenzulernen. Der 1992er Lafite dürfte sich in 2 bis 3 Jahren gut trinken lassen und dann 12 bis 20 Jahre überdauern. Letzte Verkostung: 11/94.

1991 • 86?   Der leichte 1991er Lafite hat mittelrubinrote Farbe, einen soliden Kern aus Frucht und für seine Statur und Verfassung eventuell allzu kräftiges Tannin. Die subtile Persönlichkeit eines Lafite zeigt er zusammen mit einem an Laub, Tabak und Bleistifte erinnernden, mit einer süßen Cassis-Note verwobenen Aroma. Der Geschmack ist trocken und karg, es fehlt ihm an Nachhaltigkeit. Der Wein dürfte sich als guter Vertreter von Lafite-Rothschild in diesem etwas mageren Jahrgang erweisen. Letzte Verkostung: 1/94.

1990 • 92+   Der 1990er ist reif, reichhaltig und gehaltvoll, aber pelziges Tannin und ein verschlossenes Wesen machen ihn schwer beurteilbar. Der Wein bietet exzellente Fülle, einen Hauch des unverkennbaren Lafite-Dufts von Mineralen, Zedernholz, Bleistiften und roter Frucht sowie mittleren bis vollen Körper, moderate Gewichtigkeit, insgesamt bewundernswerte Ausgewogenheit und einen straffen Abgang. Man muß ihm noch 10 Jahre Kellerreife gönnen, damit er sein Tannin abwerfen und sich entfalten kann, dann dürfte er ein Lafite mit 40 bis 50 Jahren Lebensdauer sein. So hervorragend er sich vielleicht am Ende auch erweisen wird, so glaube ich doch nicht, daß der 1990er Lafite jemals die schiere Klasse, Qualität und Komplexität erreicht wie der 1988er, 1986er und 1982er.
Voraussichtliche Genußreife: 2006 bis 2035. Letzte Verkostung: 11/96.

1989 • 90+   Der 1989er Lafite ist hervorragend, aber verschlossen; das Tannin tritt stärker hervor, und der Wein zieht sich so hartnäckig in sich zurück, daß eine Beurteilung fast unmöglich ist. Vor ein paar Jahren war er noch weit leichter zu verkosten und zu ergründen, anscheinend hat er sich ganz zur Ruhe gesetzt. Bei mittelrubinroter Farbe zeigt er mittleren Körper und Duftnuancen von frischem Eichenholz sowie einen würzigen Abgang. Im wesentlichen ist er ein eleganter Lafite der verhaltenen und zurückhaltenden Art.
Voraussichtliche Genußreife: 2006 bis 2025. Letzte Verkostung: 11/96.

1988 • 94   Der tief in sich zurückgezogene 1988er braucht noch erhebliche Flaschenreife, ist aber ein klassischer Lafite. Neben tiefdunkler Farbe zeigt er das typische Lafite-Bukett von Zedernholz, subtilen Kräutern, gedörrtem Kernobst, Mineralen und Cassis. Mit seiner extrem konzentrierten Art, seinem brillant konturierten Geschmack und mächtigen Tannin dürfte sich dieser zwar noch verschlossene, aber eindrucksvoll ausgestattete Lafite als der Wein des Jahrgangs erweisen!
Voraussichtliche Genußreife: 2000 bis 2035. Letzte Verkostung: 10/94.

1987 • 87   Ich wäre nicht überrascht, wenn sich der 1987er nach einigen weiteren Jahren in der Flasche noch auffüllt, vor allem, weil ja der Lafite bekanntermaßen in den ersten Jahren nach der Abfüllung nicht gut aussieht. Aus dem Faß probiert, war der 1987er der wohl komplexeste Wein, der mir aus diesem Jahrgang untergekommen ist, inzwischen aber erscheint sein Bukett nur noch als Bruchteil dessen, was es im Faß zu bieten hatte. Es zeigt Düfte von Bleistiften, Vanillin, Laub und Zedernholz, ist aber gerade erst im Aufblühen. Im Mund spürt sich der Wein leicht an und läßt milde, geschmeidige Art, eine gewisse Säure, aber wenig Tannin erkennen. Wahrscheinlich wird er sich jedoch noch entfalten und am Ende eine weit bessere Note verdienen. Voraussichtliche Genußreife: Jetzt bis 1999. Letzte Verkostung: 10/90.

1986 • 100   Der 1986er zeichnet sich durch hervorragende Fülle, tiefe Farbe, mittleren Körper, anmutig harmonische Art und sehr schöne Nachhaltigkeit aus. Der überwältigende Duft von Zedernholz, Kastanien, Mineralen und reicher Frucht gibt diesem Wein das wesentliche Gepräge. Mit seiner kraftvollen, dichten, reichhaltigen, tanninherben Art, seinem mittleren bis vollen Körper und seiner ehrfurchtgebietend konzentrierten Frucht besitzt dieser Lafite immenses Potential, verlangt aber weiterhin Geduld.
Voraussichtliche Genußreife: 2000 bis 2030. Letzte Verkostung: 4/96.

1985 • 87   Der 1985er Lafite dürfte besser sein, aber dem Anhänger der großen Mode bringt er für einen hochglanzvergoldeten Preis ein mäßig intensives Bukett von Zedernholz, Kräutern und Leder und attraktiven, sehr aufgeschlossenen und ausentwickelten Geschmack bei mittle-

rem Körperformat. Der Abgang ist mild tanninherb, und nach einem nachdenklichen Schluck ist man versucht zu fragen, ob das alles war.
Voraussichtliche Genußreife: Jetzt bis 2008. Letzte Verkostung: 3/91.

1984 • 84   Die Lafite-Persönlichkeit kommt im 1984er voll zur Geltung. Das elegante Bukett von kräuterhafter, zedernholzduftiger Frucht ist erstklassig. Auf der Zunge herrscht frisches Eichenholz vor, und das etwas harte Tannin ergibt einen trockenen Abgang – ein leichter, aber ausgewogener Wein.
Voraussichtliche Genußreife: Jetzt. Letzte Verkostung: 1/88.

1983 • 93   Endlich beginnt der 1983er Lafite sein Tannin abzuwerfen. Seine Farbe ist tief rubingranatrot mit nur geringfügig hellem Saum. Das berauschend parfümierte Bukett mit Nuancen von Bleistift, *pain grillé*, roter und schwarzer Frucht, Mineralen und getrockneten Kräutern ist provokativ. Im Mund zeigt sich für einen Lafite beträchtlicher Körper, viel Kraft und vollmundige, süß-gehaltvolle Art. Dieser nachhaltige, elegante, füllige und überraschend fleischige Lafite ist zwar ein hervorragender Vertreter, aber dennoch anscheinend angesichts der großen Zahl hochwertiger Jahrgänge der goldenen achtziger Jahre in Vergessenheit geraten.
Voraussichtliche Genußreife: Jetzt bis 2030. Letzte Verkostung: 3/97.

1982 • 100   Dieser noch immer außerordentlich entfaltungsfähige, jugendfrische, kraftvoll gebaute (für Lafite-Maßstäbe geradezu massive) Wein dürfte sich als der größte Lafite seit dem 1953er und 1959er erweisen. Nach wie vor bietet er ein ausnehmend intensives, überzeugendes Bukett von Kräutern, schwarzen Johannisbeeren, Vanille, Bleistift und Zedernholz. Der Wein hat beträchtlichen Tanningehalt sowie erstaunliche, für einen Lafite untypische Kraft und Konzentration. Dabei ist die charakteristische Eleganz nicht durch die Tendenz des Jahrgangs zu Wucht, öliger Substanz und dicklicher Saftigkeit beeinträchtigt worden. Wie fabelhaft dieser vollmundige, noch immer jugendlich zurückhaltende Lafite-Rothschild einmal sein wird, wird freilich nur erleben, wer seine Ungeduld bis 2003 oder 2005 bezähmen kann. Die ersten drei Jahrzehnte des kommenden Jahrhunderts dürfte dieser Wein glatt überdauern. Letzte Verkostung: 9/95.

1981 • 91   Dieser Wein steht kurz vor der völligen Reife, ist aber doch imstande, noch weitere zwei Jahrzehnte durchzuhalten. Er zeigt das klassische Lafite-Bukett von roter und schwarzer Frucht, Zedernholz, Früchtekuchen und tabakähnlichen Nuancen. Im Mund bietet der mittelrubin-granatrote Wein Delikatesse der Frucht und milden Biß bei subtilen, klar definierten Geschmacksnoten von Tabak, Zigarrenkisten, Zedernholz und Früchtekuchen – ein saftiger, weicher Lafite-Rothschild, der dem Intellekt ebenso zusagt wie dem Gaumen.
Voraussichtliche Genußreife: Jetzt bis 2018. Letzte Verkostung: 3/97.

1980 • 83   Der 1980er, ein leichtgewichtiger, angenehmer Wein aus dem Haus Lafite hat ein mäßig intensives Aroma von schwarzen Johannisbeeren und frischem Tabak sowie milden, charmanten Geschmack. Für den Jahrgang ein großer Erfolg.
Voraussichtliche Genußreife: Jetzt. Letzte Verkostung: 6/87.

1979 • 87   Ich habe diesen Wein in seiner Jugend überbewertet; mit seiner Entwicklung in der Flasche bin ich nicht so zufrieden. Er zeigt nach wie vor eine auf kühles Klima zurückzuführende starke Säure, so daß seine Persönlichkeit gedrückter ausfällt, als ich es mir vorgestellt hatte. Die Farbe ist noch ein dunkles Rubingranatrot, zeigt aber am Rand bereits Bernsteingelb; das Bukett hat eine eher vegetabile, erdige Note angenommen, die sich neben der von neuem Eichenholz und der süßen Frucht von roten und schwarzen Johannisbeeren geprägten Persönlichkeit bemerkbar macht. Aufgrund der frischen Säure wirkt die Tanninstrenge scharf.
Voraussichtliche Genußreife: Jetzt bis 2012. Letzte Verkostung: 10/97.

1978 • 87   Dieser Wein ist ausgeprägt kräuterwürzig und zedernholzduftig mit erstaunlich kräftiger Säure und aggressivem Tannin im Abgang. Mittelgranatrote Farbe und ein rauchiges, an getrocknete Kräuter erinnerndes Bukett gehen einher mit eingangs guter Frucht, aber kantigem, scharfem Abgang. Der 1978er scheint der völligen Reife näher zu sein als sein jüngerer Verwandter von 1979.
Voraussichtliche Genußreife: Jetzt bis 2010. Letzte Verkostung: 10/97.

1976 • 93   Der 1976er Lafite steht in diesem Jahrgang eindeutig über dem allgemeinen Niveau. Sein schönes, verführerisches Bukett von Zedernholz, Gewürzen und reifer Frucht leitet über zu sehr konzentrierter, dunkler Art mit großer Nachhaltigkeit und guter Konsistenz. Am Rand erscheint allmählich ein Bernsteinschimmer. Der 1976er wird sich vielleicht als der beste Lafite aus den 70er Jahren herausschälen. Er trinkt sich derzeit prachtvoll, bleibt aber auch noch eine Zeitlang haltbar.
Voraussichtliche Genußreife: Jetzt. Letzte Verkostung: 9/96.
1975 • 92?   Woher kommt es, daß der Lafite-Rothschild oft von Flasche zu Flasche so ungleichmäßig ist? Viele Uneinheitlichkeiten der 1960er bis Mitte der 1970er Jahre lassen sich durch das locker gehandhabte Abfüllverfahren erklären, bei dem die Weine oft über ungewöhnlich lange Zeiträume hinweg zusammengestellt und abgefüllt wurden (12 Monate und länger, während die moderne Abfüllanlage des Guts höchstens 2 bis 4 Wochen braucht). Ich habe hervorragende Flaschen vom 1975er Lafite gehabt, zumeist in den ersten 15 Lebensjahren dieses Weins. Seither habe ich Weine erlebt, die Überhitzungserscheinungen zeigten, ein Barolo-ähnliches Teeraroma hatten, aber auch andere, die klassische Pauillac-Dimension mit Aromen von Bleistift, Zedernholz, Cassis und Tabak zeigten. Der 1975er Lafite ist ein kraftvoller Wein, bei dem beeinträchtigte Flaschen viel mehr Tannin und übermächtige Wucht aufweisen als andere, die sich durch geröstete Art mit kiesmineralischem Unterton auszeichnen. Mit zunehmendem Alter erscheint dieser Wein immer weniger zuverlässig. In den meisten Fällen stellt er sich wie auch aus der im Dezember 1995 verkosteten Flasche hervorragend dar. Die aromatische Zusammensetzung läßt auf volle Ausgereiftheit schließen, doch der strenge Tanningehalt macht die Schattenseite des Jahrgangs 1975 deutlich. Dieser Wein wird fraglos noch einmal 30 Jahre und länger überdauern, aber ich bin mir nicht sicher, ob die Frucht durchhält – ein verwirrender Wein, der sich dennoch als außergewöhnlicher Lafite herausstellen kann. Der 1976er dagegen ist stets aufgeschlossener und beständiger gewesen. Dennoch möchte ich den 1975er nach wie vor über die allzu hoch bewerteten, mittelmäßigen 1970er, 1966er und 1961er stellen.
Letzte Verkostung: 6/98.
1974 • 56   1974 war es sehr schwer, guten Wein zu produzieren, aber von einem Premier Cru könnte man doch erwarten, daß es strenge Auswahl trifft und nur das Beste auf den Markt bringt. Dieser Wein wird inzwischen ausgesprochen braun, hat müden, schalen, flachen Geschmack und ist unverzeihlich verwässert, im Mund fühlt er sich kurz und dünn an. Ziemlich dürftig.
Letzte Verkostung: 11/82.
1973 • 72   Dieser leichte, etwas wässerige und dünne Wein, einer der charmanten 1973er, hat das klassische, duftige Lafite-Bukett, kurzen, kompakten, angenehmen Geschmack und wenig Tannin. So stellte er sich 1980 dar, als ich ihn zum letzten Mal verkostete.
Voraussichtliche Genußreife: Jetzt – wahrscheinlich stark im Nachlassen.
Letzte Verkostung: 12/80.
1971 • 60   Der 1971er, ebenfalls für einen Lafite eine Enttäuschung, war stets flach im Geschmack, ist inzwischen ziemlich braun und hat ein gesottenes, etwas unreines, rostiges, undefinierbares Bukett, das auf dürftige *élevage* (Ausbau) schließen läßt. Inzwischen steht er kurz vor dem Ende und hat nur noch für Etikettensammler einen Wert.
Letzte Verkostung: 11/82.
1970 • 85   Der 1970er Lafite hat mich eigentlich immer wieder enttäuscht. Jetzt beginnt er endlich ein wenig, das klassische Lafite-Bukett von Zedernholz, Bleistift, gedörrter roter und schwarzer Frucht und Gewürzen zu zeigen; es würde eine hervorragende Note verdienen, wenn es nur etwas intensiver wäre. Am Gaumen erweist sich die unerfreulich scharfe Säure nach wie vor als problematisch, vor allem weil der Wein nicht genug Vollmundigkeit und Extrakt besitzt, um die eckige Struktur zu verbergen. Ich habe etliche ausgesprochen saure Flaschen 1970er Lafite erlebt, die nunmehr verkostete zeigte dagegen besseres Gleichgewicht. Dieser Wein hat auf dem Auktionstisch weit mehr Wert als auf dem Eßtisch. Letzte Verkostung: 6/96.

1969 • 62 Der 1969er Lafite zeigte stets einen ungewöhnlichen Geruch mit einem gekochten, angebrannten Aroma sowie einen kurzen Geschmack, der an Kaffee und Kräuter erinnert, und ein hohles Gefüge. Ein dürftig bereiteter, ungefälliger, wenig schmackhafter Wein.
Letzte Verkostung: 11/78.

1967 • 72 Ein Jahrgang, in dem Lafite sicherlich Besseres hätte leisten können. Der hellrubinrote Wein, der schon starke Bräunung zeigt, hatte um die Mitte der 70er Jahre ein duftiges, würziges, charmantes Bukett, eingängigen, schlicht fruchtigen Geschmack und leichtes Tannin. Inzwischen ist er recht müde geworden und weist im Geschmack alte, verblaßte Frucht auf. Austrinken!
Voraussichtliche Genußreife: Jetzt – wahrscheinlich stark im Nachlassen.
Letzte Verkostung: 12/80.

1966 • 84 Bei heller bis mittlerer rubingranatroter Farbe zeigt dieser Wein ein klassisches, Cabernet-dominiertes Gras- und Kräuterbukett, milde, verwaschene Geschmacksnoten und wenig Körper und Nachhaltigkeit. Auch beginnt er abzumagern. Ich vermute, daß ein 30 Jahre alter Cabernet aus Monterey (Kalifornien) eine ähnliche Charakteristik aufweisen dürfte. Der 1966er Lafite-Rothschild ist seit eh und je eine herbe Enttäuschung aus einem zwar uneinheitlichen, aber sehr guten Jahrgang. Letzte Verkostung: 12/95.

1964 • 80 Angesichts der überzogenen Lobgesänge für den 1961er, 1966er und 1970er Lafite scheint es, daß der offensichtlich nach dem Regen gelesene 1964er mehr Kritik abbekommen hat, als er verdient. Nicht daß er sublim oder profund wäre, aber er hat stets strammen, fruchtigen Charakter bewiesen und auch einen Hauch des fabelhaften Lafite-Buketts gezeigt.
Voraussichtliche Genußreife: Jetzt. Letzte Verkostung: 7/82.

1962 • 88 Der 1962er Lafite-Rothschild zeigte das für dieses Gut typische verhaltene Bukett von Zedernholz und Zigarrenkisten bei leichtem Körper und zarten Geschmacksnuancen. Er ist zwar mild, rund und köstlich wie so mancher andere Wein aus diesem Haus, sein stolzer Preis aber erweckt in mir stets den Eindruck, daß Qualität und Preis bei Lafite nur selten im rechten Verhältnis zueinander stehen. Letzte Verkostung: 12/95.

1961 • 84 Der 1961er hat eine phänomenale Reputation. Ich habe ihn inzwischen allerdings bei acht getrennten Verkostungen für einen 1961er erschreckend leicht, zu säurestark, beunruhigend karg und überraschend kleinlich gefunden. Überdies haben neuere Verkostungen gezeigt, daß er eindeutig im Austrocknen ist. Seine hellrubinrote Farbe weist einen bräunlichen Ton auf. Das Bukett zeigt die durchdringende «Zigarrenkisten-Note», doch auch sie erscheint angesichts des legendären Rufs dieses Weins recht verhalten. Es fehlt ihm an der Wucht, Konzentration und Majestät der großen 1961er – alles in allem ein Wein, von dem nur allzuviele Publizisten beschönigend meinten, er brauche «noch Zeit», sei «elegant» oder es werde ihm «nicht das rechte Verständnis» entgegengebracht, wo doch nur die Worte «überbewertet» und «enttäuschend» angebracht gewesen wären. Im Kontext des Jahrgangs und des Châteaus stellt er lediglich eine unerhebliche Leistung dar. Caveat emptor.
Voraussichtliche Genußreife: Jetzt bis 2000. Letzte Verkostung: 12/89.

ÄLTERE JAHRGÄNGE

Der 1959er (99 Punkte; 10/94) ist fraglos der großartigste jetzt vor der vollen Reife stehende Lafite-Rothschild. Es bleibt abzuwarten, ob die Jahrgänge 1982, 1986 und 1990 eine ähnliche Höhe erklimmen werden. Das superaromatische Bukett von Blumen, schwarzen Trüffeln, Zedernholz, Bleistift und roter Frucht geht einher mit der kraftvollsten, konzentriertesten Art, die ich je bei einem Lafite erlebt habe. Ein mittlerer bis voller Körper, samtige Substanz, Fülle und Reintönigkeit kennzeichnen dieses Zeugnis dessen, was dieses großartige Weingut zustande bringen kann, wenn es ins Schwarze trifft. Der noch jugendliche 1959er wird noch weitere 30 Jahre und mehr überdauern. Dem 1953er habe ich bei zwei Gelegenheiten die Note 100 und bei einer weiteren Verkostung fast ebensoviel gegeben. Einige ältere Herren versichern mir, daß dieser Wein schon seit über 30 Jahren völlig ausgereift ist. Er besitzt den außerordentlichen Lafite-Duft von Mineralen, Bleistift, Zedernholz und Gewürz, samtige Substanz, wundervoll runde, süße Art, alles in klarster Linienführung und schönstem Gleichgewicht. Am besten kauft man ihn heute in Magnumflaschen oder größeren Formaten, außer wenn man sicher sein kann, daß der Wein aus einem kalten Keller kommt und nicht oft den Besitzer gewechselt hat.

Die meisten Lafite-Jahrgänge aus dem 19. Jahrhundert sind oft im Kontrast zu denen aus dem 20. Jahrhundert recht erfreulich; z.B. zeigte der 1832er Lafite-Rothschild (76 Punkte bei der letzten Verkostung 9/95) ein Bukett von Zigarrenkisten-, Eistee- und Kräuternoten, leichten Körper, fragile, runde, verwaschene Geschmacksnuancen und einen raschen, harten Abgang. Bemerkenswert war, daß dieser Wein noch immer etwas Frucht besaß.

Michael Broadbent erklärt schon seit langem, daß der 1848er Lafite-Rothschild einer der feinsten Weine des vorigen Jahrhunderts gewesen sei. Bei seiner letzten Verkostung 1988 gab er ihm fünf Sterne. Sieben Jahre danach erwies er sich erneut als außergewöhnlich! (Im Dezember 1995 gab ich ihm 96 Punkte). Die Farbe war ein helles Rubingranatrot, das ausnehmend durchdringende Bukett von süßem Zedernholz und reifer, fülliger Frucht mit Noten von Erde, Früchtekuchen und Bleistift ging einher mit dichter, bemerkenswert eleganter Art, mit ungewöhnlicher Breite und samtiger Zartheit. Er war wundervoll konzentriert, süß und reif, und weder die Säure noch das Tannin traten durch die Fruchtfülle hervor. Dieser Wein hätte ohne weiteres für 45 bis 50 Jahre alt gelten können. Ein erstaunliches, wahrhaft legendäres Gewächs mit unverkennbarem Lafite-Charakter!

Der bernsteingelb-rubinrote 1864er Lafite-Rothschild (92 Punkte; letzte Verkostung 9/95) besaß ein Mouton-ähnliches Zedernholz- und Cassis-Bukett bei überraschender Intensität und Reife. Im Mund zeigte der Wein bemerkenswerte Frische, dazu süße Frucht, überraschend kräftigen Alkohol und wundervolle exotische Geschmacksnuancen von asiatischen Gewürzen und Tabak nach der Art von Graves. Dieser ganz und gar köstliche, überzeugende Wein besaß im Abgang erstaunliche Kraft und Intensität. Der 1865er Lafite-Rothschild (98 Punkte, letzte Verkostung: 9/95) war nicht von dieser Welt. Das erste Wort, das ich nach dem ersten Schnuppern niederschrieb, hieß «wow!». Die Farbe ist ein mittleres Granatrot mit ziemlich viel Rostrot und Orange am Rand. Der Wein zeichnet sich durch außergewöhnliche Duftfülle, große Dichte und fabelhafte Intensität mit Geschmacksnuancen von Schokolade, Kräutern und Zedernholz und einem wundervoll süßen Kern von opulenter Frucht aus. Der Abgang ist lang und samtig, ohne jede Schärfe. Es ist schwer vorstellbar, daß ein 130 Jahre alter Wein (also aus der Zeit des amerikanischen Bürgerkriegs) noch so unglaublich schmecken konnte, doch ich war dabei – ich habe ihn gesehen, gerochen, gekostet und getrunken! Unwirklich!

Nach zwei enttäuschenden Verkostungen des unsterblichen 1870er Lafite-Rothschild (96 Punkte, letzte Verkostung: 9/95) beggnete ich bei der Hardy-Rodenstock-Weinprobe im September 1995 endlich einer provokativen, überzeugenden, profunden Flasche dieses legendären Weins. Er zeigt gesundes Dunkelgranatrot, und das mächtige Bukett mit Nuancen von frisch geschnittenem Sellerie, Minze, Zedernholz und Cassis entfaltete sich rasch, blieb aber die 30 bis 40 Minuten, die ich brauchte, um den Wein meinen Körpersäften einzuverleiben, im Glas erhalten. Er ging mit süßer Frucht, für einen Lafite überraschend viel Glyzerin und Opulenz und einem milden, fülligen, kraftvollen Nachklang einher – ein außergewöhnlicher Wein!

Bei allen diesen großartigen Weinen verzeichnen meine Notizen über Lafite weit mehr Enttäuschungen als gute Leistungen. Der 1950er, 1952er und 1955er
wirken nicht inspirierend. Der 1957er ist zwar nicht groß, aber doch überraschend gut (zweimal habe ich ihm 86 bis 88 Punkte gegeben). In den vierziger Jahren war der 1947er enttäuschend, der 1949er gut, aber bei weitem nicht profund, und der 1945er übertrieben adstringierend und ungleichgewichtig. Unter den noch älteren Jahrgängen habe ich gute Noten nur für einen einzigen aus den dreißiger Jahren (sowieso kein gutes Jahrzehnt für Bordeaux): Der 1934er (Punktnote 90) war bei der Verkostung 1986 aus einer Magnumflasche wundervoll.

PAUILLAC

Im April 1991 hatte ich Gelegenheit, aus dem Keller eines Freundes in Bordeaux den 1929er, 1928er, 1926er und 1924er kosten zu dürfen. Diese Weine waren in den dreißiger Jahren gekauft und dann in einem kalten Keller in Bordeaux bis zu dieser Weinprobe aufbewahrt worden. Sie waren alle enttäuschend und erzielten Punktnoten von 59 für den 1929er (verblaßt und dicklich), 68 für den 1928er (recht elegant, aber gedämpft und kurz, auch der einzige Lafite, der je pasteurisiert wurde), 67 für den 1926er (hart, ausgetrocknet) und 69 für den 1924er (ein wenig frischer als der 1926er).

Dagegen überwältigte mich der 1921er (93 Punkte, letzte Verkostung: 9/95). Seine granatrote Farbe mit beträchtlichem bernsteingelbem Saum und das süße, überreife Bukett von roter und schwarzer Frucht, Zedernholz, Kräutern und Gewürzen gingen einher mit mittlerem Körper und wohlerhaltener Art mit einer gerösteten Note. Im Abgang begann etwas Säure aufzutreten, nachdem der Wein im Glas gestanden hatte, alles in allem aber ist es ein süßer, duftiger, köstlicher Lafite, der wahrscheinlich schon seit 40 bis 50 Jahren ausgereift ist.

LATOUR
Premier Cru seit 1855

HERVORRAGEND

Lage der Weinberge: Pauillac

Besitzer: François Pinault
Adresse: 33250 Pauillac
Telefon: 33 5 56 73 19 80 – Telefax: 33 5 56 73 19 81

Besuche: nur nach Vereinbarung
Kontaktperson: Severine Camus

WEINBERGE (Rotwein)

Rebfläche: 64 ha (die 46 ha große Lage L'Enclos um das Château liefert Traubengut für den Grand Vin)

Durchschnittliches Rebenalter: 40 Jahre (l'Enclos) und 37 Jahre (die übrigen Bestände)

Rebbestand: 80 % Cabernet Sauvignon, 15 % Merlot, 5 % Cabernet Franc und Petit Verdot

Pflanzdichte: 10 000 Reben/ha

Ertrag (im Durchschnitt der letzten 5 Jahre): 45 bis 50 hl/ha (Grand Vin) und 55 bis 60 hl/ha (sonstige)

Durchschnittliche Jahresproduktion insgesamt: 380 000 Flaschen

GRAND VIN

Name: Château Latour

Appellation: Pauillac

Durchschnittliche Jahresproduktion: 220 000 Kisten

Verarbeitung und Ausbau: Lese von Hand, vollständiges Entrappen. Verarbeitung in temperaturgeregelten 200-hl-Edelstahltanks. Gär- und Maischdauer 3 Wochen; malolaktische Säureumwandlung im Tank. Anschließend 20 bis 26 Monate Ausbau in neuen Eichenfässern, je nach Jahrgang. Abstich alle drei Monate, Schönung (mit Eiweiß) im Winter vor der Abfüllung.

BORDEAUX

ZWEITWEIN

Name: Les Forts de Latour

Durchschnittliche Jahresproduktion: 140 000 Flaschen

(Les Forts de Latour besteht meist aus 70 % Cabernet Sauvignon und 30 % Merlot)

DRITTWEIN

Name: Pauillac

Durchschnittliche Jahresproduktion: 20 000 Flaschen

(Cuvées, deren Qualität als nicht ausreichend für den Grand Vin oder den Forts de Latour angesehen wird)

Beurteilung des derzeitigen Rangs: Entspricht der Klassifizierung

Genußreife: Vor 1983: 15 bis 40 Jahre nach dem Jahrgangsdatum, seit 1983: 10 bis 25 Jahre nach dem Jahrgangsdatum

N.B.: Die 46 ha große Lage L'Enclos um das Château ist mit alten Reben besetzt, die nur bei Bedarf ersetzt werden; aus dieser Parzelle kommt der Hauptbestandteil des Grand Vin. Die Lese erfolgt in zwei Durchgängen: Bei der *passage de nettoyage* werden junge Reben abgeerntet, deren Ertrag in den Forts de Latour oder den einfachen Pauillac eingeht. Die abschließende Ernte wird vorgenommen, wenn die für den Grand Vin bestimmten Trauben volle Reife erlangt haben.

Der Forts de Latour entsteht
   a) von der Frucht junger Reben aus der Lage l'Enclos,
   b) aus Cuvées aus der Lage l'Enclos, die für den Grand Vin nicht die erforderliche Güte besitzen,
   c) aus Weinbergen außerhalb der Lage l'Enclos, d.h. den Lagen Comtesse de Lalande, Petit Batailley, Sainte-Anne, die zum Teil seit über 100 Jahren zum Gut gehören.

Normalerweise setzt sich der Forts de Latour aus 70 % Cabernet Sauvignon und 30 % Merlot zusammen. Das Traubengut stammt zu $^1/_3$ von jungen Reben und zu $^2/_3$ von Reben außerhalb der Lage l'Enclos. Da die letzteren 1964 angesetzt wurden, trifft es also nicht zu, den Forts de Latour als nur von jungen Reben gewonnenen Zweitwein zu betrachten. Mit zunehmendem Alter der Reben außerhalb der Lage l'Enclos steigt die Qualität dieses Weins stetig.

Das Château Latour, in eindrucksvoller Lage an der Grenze zwischen Pauillac und St-Julien, gleich neben dem ummauerten Weinberg von Léoville-Las Cases, ist von der Straße aus leicht an dem cremefarbenen festungsartigen Turm zu erkennen, der auf dem Etikett abgebildet ist. Er überragt die Weinberge und die Gironde als Überbleibsel aus dem 17. Jahrhundert – damals wurde er an der Stelle einer Feste aus dem 15. Jahrhundert, die den Engländern zur Abwehr von Piraten gedient hatte, erbaut.

Latour war lange Zeit eines von einer Handvoll Châteaux in Bordeaux, die von ausländischen Geldgebern abhingen. Zwischen 1963 und 1994 befand sich Latour in englischem Besitz, 1994 kaufte François Pinault das Gut und brachte es damit wieder in französische Hand.

Der hier produzierte Wein ist ein klassisches Muster an stets gleichmäßig hoher Güte, sowohl in großen als auch in mittelmäßigen und schlechten Jahren. Aus diesem Grund gilt der Latour bei vielen schon seit langem als der feinste Wein aus dem Médoc. Nun ist die Reputation des Guts, selbst in mittelmäßigen und schlechten Jahren – z.B. 1960, 1972, 1974 – besten Bordeaux zu bieten, vollauf gerechtfertigt, auch wenn in den letzten schlechteren Bordeaux-Jahrgängen – 1977, 1980 und 1984 – die Weine von Latour überraschend leicht ausfielen und von einer Reihe anderer Châteaux qualitativ in den Schatten gestellt wurden. Überdies hat der Latour den Ruf, sich überaus langsam zu entwickeln, so daß er gut 20 bis 25 Jahre Flaschenreifezeit braucht, um seine beträchtliche Tanninhülle abzulegen und seine überwältigende Kraft, Tiefe und Fülle an den Tag treten zu lassen. Dieser von Kommentatoren gern als stark, maskulin und unverwüstlich bezeichnete Wein erlebte zwischen 1983 und 1989 eine subtile, aber doch sehr merkliche Aufweichung. Das wurde zwar von der Leitung des Châteaus Latour scharf dementiert, doch meine Verkostungen geben einen sanfteren, entgegenkommenderen Stil zu erkennen. Zum Glück wurde dieser wenig noble Trend rasch wieder aufgegeben, und seit 1990 produziert Latour wieder echte Schwergewichte.

Zwar sind der 1982er und in geringerem Maß auch der 1986er zweifellos große Latours, aber alles in allem erlebte das Château kein markantes Jahrzehnt. Es ist kein Geheimnis, daß die *cuverie* zu klein war, um die gewaltigen Ertragsmengen von 1983, 1985 und 1986 zu verkraften, und infolgedessen hätten die Gärtanks zu rasch wieder geräumt werden müssen, um Platz für das eingebrachte Lesegut zu schaffen. Die unterirdischen Keller und die *cuverie* wurden daraufhin erweitert – gerade rechtzeitig für den bisher größten Ertrag, den Bordeaux im Jahr 1989 erlebte. Eine objektive Verkostung und Analyse der Jahrgänge 1983, 1985, 1988 und 1989 vermittelt den Eindruck, daß in diesen Jahren der Latour erheblich leichter, weniger kraftvoll und konzentriert ist als in den voraufgegangenen Dekaden dieses Jahrhunderts. Dieser Vorwurf kann bei den von Latour 1990, 1994, 1995 und 1996 produzierten Weinen nicht mehr aufrechterhalten werden.

Der Latour ist nach wie vor einer der konzentriertesten, gehaltvollsten, tanninstärksten und körperreichsten Weine der Welt. In der Reife zeigt er ein überzeugendes Bukett mit Nuancen von frischen Walnüssen und Leder, schwarzen Johannisbeeren und Kiesmineralen. Der Geschmack weist oft außerordentliche Fülle auf, ist aber nie schwerfällig.

JAHRGÄNGE

1997 • 90-92 Wie so viele andere 1997er, die ich verkostet habe, ist auch der Latour ein äußerst aufgeschlossener, milder, frühreif schmeckender, leicht zu ergründender Wein. Das dynamische Latour-Duo Frédéric Engerer und Christian Le Sommer war der Ansicht, der 1997er Latour werde sich nach dem Muster des brillanten 1967ers entwickeln – das war einer der zwei oder drei feinsten Weine aus diesem Jahrgang, der noch im Alter von 31 Jahren immensen Genuß bereitet. Der 1997er Latour (49% der Produktion sind in ihn eingegangen) besteht aus 49% Cabernet Sauvignon, 19% Merlot, 4% Cabernet Franc und 1% Petit Verdot. Die Lese begann früh (am 8. September), zog sich mit Unterbrechungen über die nachfolgenden zwei Wochen hin und endete am 25. September. Im Gegensatz zu dem kraftstrotzenden 1996er ist der 1997er ein ausdrucksvoller, offen gewirkter Wein, der sich bereits mit Vergnügen trinken läßt. Die Farbe ist tief rubinpurpurrot, das Aroma zeigt sich bereits entfaltet mit Nuancen von Preiselbeerkompott, verflochten mit schwarzen Johannisbeeren und der Latour-typischen intensiven mineralischen Komponente. Nach Latour-Maßstäben ist er weder immens noch massiv, eher elegant mit seinem eingangs milden, reifen Geschmack, seinem samtigen Tannin und mittleren Körper sowie seinem runden, anmutigen, stilvollen Nachklang. Dieser wunderbar gebaute, harmonische Wein ist für seine Jugend schon sehr weit fortgeschritten.
Voraussichtliche Genußreife: 2002 bis 2018. Letzte Verkostung: 3/98.
1996 • 96-98+ Der 1996er ist ein fabelhafter Wein, der dem außerordentlichen 1995er in nichts nachsteht, ihn (in 15 bis 20 Jahren) vielleicht sogar in den Schatten stellt. Der 1996er Latour ist ein mächtiges, massives, kraftstrotzendes Beispiel dieses stets markanten und originären Weins. Die Farbe prangt in tiefdunklem Rubinpurpurrot, am Gaumen spürt man Frucht, Glyzerin und Extrakt in ungeheurer Dichte; hinzu kommt ein über 40 Sekunden anhaltender Nachklang. 56% des Ertrags gingen in den 1996er Latour ein, der sich aus 78% Cabernet Sauvignon, 17% Merlot und 5% Cabernet Franc zusammensetzt. Er ist nicht nur ein klassischer Pauillac, sondern auch ein mustergültiger Latour mit gewaltiger Wucht, hinreißender Reintö-

nigkeit und bemerkenswerter Fülle. Im Aroma beginnt sich der mineralische, an geröstete Kräuter, gegrilltes Fleisch, Cassis und Brombeeren erinnernde Charakter dieses großen Premier Cru gerade erst abzuzeichnen. Voller Körper, Vielschichtigkeit, erstaunliche Kraft und Fülle ohne jede Schwere sind die Merkmale dieses Weins, den es für die kommende Generation hinzulegen gilt.

Voraussichtliche Genußreife: 2015 bis 2050. Letzte Verkostung: 3/98.

1995 • 96+ Dieser Wein hat mich schon mehrfach überwältigt; alle meine Erwartungen, daß er ein herrliches Beispiel für Latour werden würde, haben sich erfüllt. Er ist ein öligerer, milderer, zugänglicherer Wein als der 1996er – und wie fabelhaft profund hat er sich erwiesen! Er ist unbestreitbar einer der großen Weine dieses Jahrgangs und dürfte 10 bis 12 Jahre Kellerreife brauchen, bevor man sich ihm nähern darf. Die Farbe ist ein tiefdunkles Purpurrot, das umwerfende Aroma zeigt Nuancen von Schokolade, Walnüssen, Mineralen, Gewürz, Brombeer- und Cassis-Frucht. Ausnehmend voller Körper mit erfreulich viel Glyzerin sowie schöne Fülle und Persönlichkeit zeichnen diesen Wein aus, der bei milder Säure ungeheuer viel Tannin als Gegengewicht zur gleichermaßen gigantisch proportionierten Frucht aufweist – dieser fabelhafte Latour wird mühelos 40 bis 50 Jahre überdauern.

Letzte Verkostung: 11/97.

1994 • 94 Ein interessanter und ebenfalls großer Latour-Jahrgang. Der 1994er enthält einen untypisch hohen Anteil an Merlot (27%) und erscheint deshalb milder und fleischiger, als es bei einem jungen Latour sonst üblich ist. Man darf aber nicht etwa glauben, dies sei ein kommerziell gestylter, eingängiger Wein. Die Farbe ist tiefdunkel rubinpurpurrot, das Aroma zeigt sich verschlossen, intensiv und mustergültig mit Nuancen von Walnüssen und Cassis versehen und ergänzt durch rauchige *pain-grillé*-Noten, die sich im Glas ansammeln. Dieser körperreiche, wuchtige, vielschichtige Latour weist kräftiges Tannin auf, aber keine Bitterkeit oder Adstringenz; zusammen mit der superben Reintönigkeit, der fabelhaften Konturenklarheit und der bemerkenswerten Nachhaltigkeit läßt dies auf eine Lebensdauer von 35 bis 40 Jahren schließen. Von dem für einen jungen Latour (ausgenommen so große Jahrgänge wie 1982 und 1990) ungewöhnlich hohen Maß an Fett, Fleisch und Glyzerin darf man sich nicht täuschen lassen: Dieser Wein braucht 8 bis 10 Jahre Kellerreife.

Voraussichtliche Genußreife: 2005 bis 2035. Letzte Verkostung: 1/97.

1993 • 90+ Der 1993er Latour, ein großartiger Wein für diesen Jahrgang, zeigt tief dunkelpurpurrote Farbe, ein zurückhaltendes Aroma von Zedernholz, schwarzen Walnüssen, Cassis und Erde, mittleren bis vollen Körper, prachtvoll reichhaltige, konzentrierte Frucht, moderates Tannin (ohne Adstringenz) und einen milden, anhaltenden, kraftvollen Abgang. Er hat nichts von dem vegetabilen, paprikaähnlichen Charakter des Jahrgangs und auch keine Spur von Hohlheit oder Strenge. Vielleicht wird er einmal eine noch höhere Punktnote verdienen. Ist er das Pendant zum 1967er oder 1971er?

Voraussichtliche Genußreife: 2007 bis 2025. Letzte Verkostung: 1/97.

1992 • 88+ Nur 50% des Ertrags von 1992 gingen in den Grand Vin ein. Das Resultat ist ein milder, voller, expansiver, mittelschwerer und überraschend geschmeidiger Latour mit dem typischen Bukett von Walnüssen, schwarzen Johannisbeeren und Mineralen, sehr guter bis ausgezeichneter Geschmackskonzentration, milder Säure und moderatem Tannin im Abgang. Dieser Latour in äußerst sauberem, zugänglichem Stil dürfte 10 bis 15 Jahre gut überdauern und sich dabei möglicherweise weiter entfalten und eine höhere Punktnote rechtfertigen.

Letzte Verkostung: 11/94.

1991 • 89 Nach der exquisiten Leistung von Latour im Jahrgang 1990 ist der 1991er so etwas wie eine Enttäuschung. Dessenungeachtet ist er wegen seiner Konzentration und Klasse ein Kandidat für den Titel «Wein des Jahrgangs». Nach strikter Auslese wurden nur 11500 Kisten produziert. Die Farbe ist ein dichtes, dunkles Rubinrot, und das verhaltene, aber vielversprechende Bukett erinnert an schwarze Kirschen, Cassis, Minerale, geröstete Nüsse, Gewürze und subtile Kräuter. Der reife, muskulöse, stämmige, mittelschwere 1991er mit seiner schönen Fülle

PAUILLAC

und seinem feinen Glyzerin braucht 5 bis 6 Jahre, um sein scharfes Tannin abzuwerfen, und dürfte mindestens 15 Jahre überdauern. Letzte Verkostung: 1/94.

1990 • 98+ Kein Zweifel, der 1990er Latour ist ein Kandidat für den Titel «Wein des Jahrgangs». Er zeigt sich bemerkenswert jugendfrisch mit tief purpurroter Farbe und körperreicher, wuchtiger, massiver Fülle, alles zusammengehalten von kräftigem Tannin. Der 35 bis 40 Sekunden andauernde Nachklang gibt vielschichtigen Geschmack sowie eindrucksvolle Reintönigkeit zu erkennen. Dieser noch in sich zurückgezogene 1990er verlangt weitere 7 bis 10 Jahre Kellerreife. Genußreif wird er zwischen 2005 und 2035 sein. Letzte Verkostung: 11/96.

1989 • 89 Ich bin noch immer enttäuscht vom 1989er und frage mich, wie das Château dazu kam, einen eleganten, mittelschweren Wein zu produzieren, der für einen Latour untypisch verhalten ist. Tief rubinrote Farbe geht einher mit überraschend kräftiger Säure und hartem Tannin, aber es fehlt an der Tiefe, Fülle und Wucht, die man von diesem großartigen Château gewöhnt ist. Dieser noch verschlossene Wein braucht zugegebenermaßen noch 4 bis 5 Jahre Kellerreife, aber die insbesondere im Vergleich mit dem 1990er mangelnde Gewichtigkeit, Reife und Intensität ist doch beunruhigend. Ich nehme an, daß mehr in ihm steckt, als in den jüngeren Verkostungen zum Vorschein gekommen ist, aber dieser Wein scheint mir doch zwar ausgezeichnet, aber nicht herausragend zu sein. Im Kontext des Jahrgangs ist er jedenfalls eine Enttäuschung. Letzte Verkostung: 11/96.

1988 • 89 Der 1988er hat tiefe Farbe, ein komplexes Bukett von Mineralen, Hickoryholz, Laub und schwarzen Johannisbeeren, mittleren Körper, schönen Extrakt und Geschmack, jedoch ungestümes Tannin im Abgang. Geduld ist unbedingt nötig. Er entfaltet mehr Fülle und Charakter, als ich ursprünglich vermutet hatte, und ist jedenfalls klassischer und Latour-typischer als manche anderen der neueren Jahrgänge aus diesem Haus, z. B. 1983, 1985 und 1989. Voraussichtliche Genußreife: 2000 bis 2025. Letzte Verkostung: 1/93.

1987 • 86 Der 1987er Latour wurde von 75 % Cabernet Sauvignon und 25% Merlot bereitet; im Mischungsrezept ist weder Cabernet Franc noch Petit Verdot enthalten. Die Farbe ist tiefrubinrot, das Bukett von schwarzen Johannisbeeren, würzigem Eichenholz und Kräutern überraschend unentfaltet, aber vielversprechend. Im Mund zeigt der Wein mittleren Körper, aber mehr Wucht und Tannin als mancher andere aus diesem Jahrgang, und der Abgang verrät erstaunliche Ausdruckskraft. Dieser Wein ist einer von den wenigen 1987ern, die meiner Meinung nach noch nicht trinkreif sind. Er und der Mouton-Rothschild sind die einzigen, die tatsächlich länger als 15 Jahre am Leben bleiben werden. Im übrigen ist der 1987er von Latour ein beachtlicher Erfolg und dem 1983er und 1985er vergleichbar.
Voraussichtliche Genußreife: Jetzt bis 2010. Letzte Verkostung: 4/91.

1986 • 90 Dieser Wein hat sich auf verblüffende Weise entwickelt, wird aber wohl noch 5 bis 10 Jahre Flaschenreife brauchen, bis er jenen magischen Höhepunkt erreicht. Die Farbe ist ein dunkles, undurchdringliches Granatrot mit etwas Purpurrot am Rand. Im Duft zeigen sich die klassischen Latour-Aromen von schwarzen Johannisbeeren und Walnüssen sowie Noten von Teer, Erde und ein Anflug von pfefferigen Kräutern. Bei mittelschwerem bis vollem Körper besitzt dieser Wein kräftiges Tannin und exzellente, ja hervorragende Konzentration. Angesichts der von vielen anderen 1986ern aus dem nördlichen Médoc erreichten überaus hohen Qualität wird dieser Latour, wie ich fürchte, stets als eine gewisse Enttäuschung für diesen Jahrgang angesehen werden. Hinter seinen Rivalen – Château Margaux, Lafite-Rothschild und Mouton-Rothschild – steht er weit zurück.
Voraussichtliche Genußreife: 2000 bis 2015. Letzte Verkostung: 1/97.

1985 • 87 Dieser Latour war stets etwas schwächlich, locker gefügt, fruchtig und leicht in der Art. Die Farbe ist tief rubinrot mit einem etwas aufgehellten Saum. Im Duft zeigt sich füllige Beerenfrucht, verwoben mit Kräutern und Erde. Der Geschmack ist überraschend leicht und seit eh und je zugänglich. Im rasch verklingenden Abgang ist wenig Biß, Tannin oder Extrakt festzustellen.
Voraussichtliche Genußreife: Jetzt bis 2008. Letzte Verkostung: 1/97.

BORDEAUX

1984 • 84 Der 1984er schmeckt eigentümlicherweise fast ebenso fein wie der etwas leichte 1985er. Düfte von Gewürz, Wald, Mineralen, Kräutern und reifer Frucht entströmen dem Glas. Nachhaltigkeit und Biß sind gut, hinzu kommt ausreichendes Tannin für weitere 5 bis 9 Jahre Aufbewahrung. Voraussichtliche Genußreife: Jetzt. Letzte Verkostung: 3/89.

1983 • 87 Wiederum ein enttäuschender Latour, obwohl ansonsten ein sehr guter Wein. Ein suppiger, dicklicher Charakter ist für einen Latour selbst in den schwierigsten Jahrgängen untypisch. Die mittelgranatrote Farbe mit Bernsteingelb am Rand geht einher mit Aromen von gerösteten Walnüssen und Beerenfrucht sowie mit einem Hauch von Teer und Gewürz. Im Mund fühlt sich dieser runde Wein überraschend leicht an (eigentlich mittelschwer) und zeigt weiches Tannin ohne größeren Nachklang. Auch der 1983er Latour reicht nicht an die Leistungen der anderen Premiers Crus – Château Margaux, Lafite-Rothschild und Mouton-Rothschild – heran.
Voraussichtliche Genußreife: Jetzt bis 2005. Letzte Verkostung: 1/97.

1982 • 100 Welcher von den 1982ern der sogenannten «Großen Acht von Bordeaux» (die fünf Premiers Crus plus Ausone, Cheval Blanc und Pétrus) hatte 1995 wohl den profundesten Geschmack? In den letzten drei bis vier Jahren ist der 1982er Latour immer mehr zum vollkommenen Spiegelbild des herrlich opulenten, kraftvollen 1961ers geworden. Nun aber steigt seine Qualität immer weiter an und schreitet von einem Gipfel zum anderen. Sollte ich mich für den reinsten Genuß unter den Großen Acht entscheiden, dann fiele meine Wahl auf diesen Wein. In seiner Entfaltung steckt er noch immer in den Kinderschuhen, zeigt außerordentliche Reife und Fülle und Ansätze des hinreißenden Latour-Dufts mit Nuancen von Cassis, Zedernholz, Walnüssen und Mineralen. Bei außergewöhnlich körperreicher, konzentrierter, substanzreicher Art ist dieser vollmundige, wuchtige Wein doch erstaunlich mild. Unter der vielschichtigen Frucht verbirgt sich mächtiges Tannin. Immer mehr komme ich zu der Überzeugung, daß hier eine Legende dieses Jahrgangs heranwächst. Schon heute übertrifft er an reinem hedonistischem Reiz den Cheval Blanc und dergleichen. Es ist nicht ausgeschlossen, daß sich dieser Wein in sich selbst zurückzieht, eindeutige Anzeichen dafür gibt es aber nicht, obschon seine Farbe an eine 18 Monate alte Faßprobe erinnert. Wer nur eine oder zwei Flaschen im Vorrat hat, dem rate ich, sich nicht vor 2002 bis 2003 daran zu vergreifen und die zweite bis 2020 aufzusparen. Dieser Wein dürfte für 50 bis 60 Jahre Lebensdauer gut sein. Ein Geniestreich!
Letzte Verkostung: 3/98.

1981 • 88 Der 1981er schmeckt bemerkenswert samtig und geschmeidig für einen so jungen Latour – nicht daß dies etwas Schlimmes zu bedeuten hätte – denn die hervorragende Güte, Komplexität und Fülle dieses Weins sind weiter vorhanden. Seine Farbe ist dunkelrubinrot, das Bukett bietet reichlich reife Cassis-Frucht und würziges Eichenholz, der Geschmack ist reichhaltig, seidig, mäßig tanninherb und im Abgang nachhaltig. Dieser Latour dürfte eine gewisse Ähnlichkeit mit dem 1971er aufweisen.
Voraussichtliche Genußreife: Jetzt bis 2005. Letzte Verkostung: 9/90.

1980 • 83 In den mittelmäßigen Jahrgängen der fünfziger, sechziger und Anfang der siebziger Jahre produzierte Latour oft den besten Wein im Médoc. 1980 war dem nicht so. Zwar liegt dieser Wein weit über dem Durchschnitt des Jahrgangs, doch es fehlt ihm an Wucht und Fülle. Dennoch ist er fruchtig, charmant, geschmeidig und angenehm, wenn auch etwas kurz auf der Zunge. Voraussichtliche Genußreife: Jetzt. Letzte Verkostung: 11/84.

1979 • 88? Dieser Wein ist schwer zu beurteilen gewesen, wie viele stark voneinander abweichende Probiernotizen über seine Art und Qualität beweisen. In den meisten Fällen zeigte sich der 1979er Latour verschlossen und adstringierend und wies mittelschweren Körper bei angemessener Frucht auf. In zwei Fällen präsentierte er sich durchaus reichhaltig mit spürbarer Säure, mittlerem Körper und dem klassischen Latour-Charakter mit Nuancen von Mineralen, Walnüssen und schwarzer Frucht. Wie ich schon früher bemerkte, ist er eine leichtere Version des herausragenden Latour-Jahrgangs 1971.
Voraussichtliche Genußreife: Jetzt bis 2005. Letzte Verkostung: 1/97.

PAUILLAC

1978 • 94   Der 1978er Latour, einer der großen Weine dieses Jahrgangs, hat seine volle Reife erreicht. Er besitzt zwar nicht die außerordentliche Konzentration des massiven 1970ers oder die Wucht des 1975ers, aber er hat ein überwältigendes Bukett von getrockneten Kräutern, süßer, fülliger schwarzer Frucht, Nüssen und Mineralen. Er schmeckt ein wenig nach Eisen, fast wie bei einem Vitamintrank. Ansonsten weist der Wein bei mittlerem bis vollem Körper vollmundigen, konzentrierten Geschmack mit Nuancen von schwarzer Frucht, Erde und Rauch auf. Er trinkt sich schon seit einiger Zeit ganz köstlich, zeigt aber noch keine Anzeichen einer Abschwächung.
Voraussichtliche Genußreife: Jetzt bis 2010. Letzte Verkostung: 1/97.

1976 • 83   Ich habe mit den Mitarbeitern von Latour viel über die relativen Vorzüge dieses Weins diskutiert, der mir als etwas flach, von ungenügender Tiefe und für einen Latour einigermaßen hohl und kantig im Geschmack erscheint. Natürlich ist das Château anderer Meinung, der Beweis aber liegt wie immer in der Flasche. Der Wein ist für den Jahrgang ein Erfolg, aber er wird kaum noch besser werden, im Gegenteil – höchstens schlechter, wenn die Frucht zu verblassen beginnt und das strenge Tannin die Oberhand gewinnt.
Voraussichtliche Genußreife: Jetzt. Letzte Verkostung: 2/87.

1975 • 93+   Crème bleibt Crème, das erweist sich am Latour. Läßt man ihm genug Zeit, dann setzt er sich bei den Premiers Crus aus Pauillac immer wieder an die Spitze. Der 1975er erscheint als einer der wenigen Zuverlässigen unter den relativ harten, enttäuschenden Pauillacs dieses Jahrgangs. Seine Farbe ist ein gesundes, tiefdunkles Rubingranatrot. Das Bukett bietet klassische Aromen von Walnüssen, Zedernholz, Mineralen, Tabak und Cassis. Obwohl dieser körperreiche Wein noch ungeheuer tanninstreng ist, habe ich in ihm reichlich Glyzerin, Extrakt und Fülle entdeckt, was mich zu Optimismus veranlaßt. Allerdings wird die Tanninherbheit wohl immer erhalten bleiben. Trinkbar ist er zwar, wenn er einige Stunden im voraus dekantiert wird, er sollte aber bis zur Jahrhundertwende noch im Keller ruhen, und dann wird er in den darauffolgenden drei Jahrzehnten schönen Genuß bereiten.
Letzte Verkostung: 12/95.

1974 • 86   In diesem mittelmäßigen Jahr mit eher grünen, nach Stielen schmeckenden, hohlen Weinen brachte Latour einen der besten Tropfen des Jahrgangs zustande. Er ist noch nicht voll ausgereift, zeigt dunkelrubinrote Farbe, gute Frucht, mittleren Körper, für den Jahrgang überraschende Tiefe und Reife und einen sehnigen, tanninherben Abgang. Die für so viele 1974er charakteristische harte, fruchtarme Art ist ihm fremd.
Voraussichtliche Genußreife: Jetzt bis 2000. Letzte Verkostung: 10/90.

1973 • 78   Für Latour ein Federgewicht, selbst wenn man den wässerigen, dünnen Charakter der meisten Weine aus diesem Jahrgang bedenkt; dennoch bietet der 1973er Latour nach wie vor leichten, charmanten, auch etwas komplexen Genuß, denn er hat sich weit besser gehalten, als ich befürchtete. Der milde, reife, mäßig intensive Geschmack scheint von Merlot beherrscht und zeigt keinerlei Tannin. Dieser untypische Latour will unverzüglich getrunken werden.
Voraussichtliche Genußreife: Jetzt. Letzte Verkostung: 2/87.

1972 • 75   Ein katastrophales Jahr für Bordeaux, doch Latour brachte einen ziemlich kräftigen, dunklen, zwar etwas diffusen und ungefügen Wein hervor, der aber dennoch gute Frucht, ein kräuterwürziges, zedernholzduftiges Bukett und gute Geschmackskonzentration aufweist. Austrinken!
Voraussichtliche Genußreife: Jetzt – vermutlich im Nachlassen. Letzte Verkostung: 12/83.

1971 • 93   Ich hatte das Glück, mehrere Kisten dieses Weins zu einem günstigen Preis zu bekommen. Er war Flasche für Flasche gleichmäßig hervorragend, ja er schien bei jeder Verkostung besser zu werden. Vielleicht hat der 1971er Latour seinen Höhepunkt noch nicht erreicht (allerdings habe ich den größten Teil meines Vorrats schon geleert). Die Farbe ist dunkelgranatrot, schön satt mit einem etwas helleren Rand. Im Bukett findet sich eine Fülle von Nuancen wie Eisen, Minerale, schwarze Frucht, Rauch und getrocknete Kräuter. Der Körper ist mittelschwer, die Substanz vollmundig, der Geschmack am Gaumen mild und der Abgang großartig lang.

Mehr und mehr nimmt sich dieser Wein als der mustergültige Médoc dieses Jahrgangs aus. Voraussichtliche Genußreife: Jetzt bis 2010. Letzte Verkostung: 1/97.

1970 • 98+   Dieser noch jugendliche, prachtvolle Latour, einer der zwei oder drei Spitzenweine des Jahrgangs (Pétrus und Trotanoy sind nennenswerte Rivalen) hat noch 5 bis 10 Jahre vor sich, bis er voll ausgereift ist. Seine tiefdunkle granatrote Farbe geht einher mit einem mächtig hervorströmenden Bukett von schwarzer Frucht, Trüffeln, Walnüssen sowie subtilen Tabaknoten nach der Art von Graves – ein körperreicher, fabelhaft konzentrierter und intensiver, enorm ausgestatteter, massiver Latour mit süßem Kern aus Frucht (bei den 1970er Médocs sonst selten) und kräftigem, aber schön integriertem Tannin; er dürfte um die Jahrhundertwende seinen Höhepunkt erreichen und danach noch 2 bis 3 Jahrzehnte durchhalten. Er ist der langlebigste und potentiell klassischste Wein seines Jahrgangs. Letzte Verkostung: 6/96.

1969 • 74   In diesem unerfreulichen Jahr brachte Latour einen annehmbaren Wein mit durchschnittlicher Farbintensität und Konzentration, bei allerdings magerer, kantiger, uncharmanter Art zustande.
Voraussichtliche Genußreife: Jetzt – vermutlich im Nachlassen. Letzte Verkostung: 6/76.

1967 • 88   Der Latour, fraglos der beste Wein dieses Jahrgangs im Médoc, hat dunkelrubinrote Farbe mit leichter Bräunung am Rand, mittleren bis vollen Körper, reichlich Frucht von schwarzen Johannisbeeren und noch immer spürbares, leichtes, mildes Tannin. Er überragt die anderen Premiers Crus um Haupteslänge und zeigt das klassische Latour-Bukett von Walnüssen, schwarzen Johannisbeeren, Mineraldüften und Zedernholz.
Voraussichtliche Genußreife: Jetzt. Letzte Verkostung: 1/85.

1966 • 96   Der 1966er Latour ist *der* Wein des Jahrgangs. Sehr dunkle rubinrote Farbe mit Bernsteinschimmer am Rand zeichnet diesen konzentrierten, gehaltvollen, wuchtigen Wein mit seinem erstklassigen Bukett von Leder, Gewürzen, Tabak und reifer Frucht aus; einen großen Teil seines gewaltigen Tannins hat dieser körperreiche Wein inzwischen abgelegt, und er darf nach dem monumentalen 1961er ohne weiteres als der beste Latour aus den sechziger Jahren gelten.
Voraussichtliche Genußreife: Jetzt bis 2008. Letzte Verkostung: 1/97.

1964 • 90   Wie 1966 und 1967 war der Latour auch 1964 der beste Wein im Médoc. Er trinkt sich jetzt wundervoll, hält aber wohl mindestens noch einmal ein Jahrzehnt gut aus. Das Bukett ist kraftvoll, würzig und erfüllt vom Aroma von Mineralen, schwarzer Frucht und Süßholz. Der reichhaltige, runde, geschmeidige, generöse Geschmack zeigt ausgezeichnete Konzentration. Mildes Tannin und ein seidiger, voller, sehr nachhaltiger Abgang machen den 1964er zu einem üppigen, ja opulenten Latour.
Voraussichtliche Genußreife: Jetzt bis 2005. Letzte Verkostung: 5/91.

1962 • 94   Wieder brachte Latour einen der großartigsten Weine des Jahrgangs hervor. Er hat mit wachsendem Alter anscheinend an Kraft, Wucht, Fülle und Komplexität noch zugelegt. Die Farbe ist ein tiefdunkles Granatrot mit nur wenig hellerem Rand. Das fabelhafte Bukett ist vielleicht nicht so exotisch wie beim 1962er Mouton-Rothschild oder so hinreißend duftig wie beim 1962er Lafite-Rothschild, aber es zeigt in Hülle und Fülle intensive süße Frucht, eine geröstete Note und einen attraktiven Hauch von Trüffeln im Hintergrund. Es ist ein gehaltvoller, schwergewichtiger, körperreicher Latour mit außergewöhnlichem Extrakt, reichhaltiger, mit Glyzerin gut versehener Substanz und einem langen Abgang. Mit seiner noch immer außerordentlich lebendigen Art dürfte er mit Leichtigkeit weitere 20 Jahre und mehr überdauern.
Voraussichtliche Genußreife: Jetzt bis 2015. Letzte Verkostung: 1/97.

1961 • 100   Ich hatte das Glück, diesen Wein, vor allem in den letzten Jahren, bei elf verschiedenen Gelegenheiten probieren zu können, und zwar sowohl aus Normalformat- als auch aus Magnumflaschen. Bei jeder dieser Verkostungen, ob auf der einen Seite des Atlantiks oder auf der anderen, hat er stets und ständig 100 Punkte bekommen. Er ist ein körperreicher, monumentaler Pauillac, der fast wie Cabernet-Sirup schmeckt. Für seine an Portwein erinnernde, ölige, vollmundige Substanz kann man nur schwärmen. Seine Farbe ist nach wie vor tiefdunkel purpurgranatrot. Das Bukett bietet schwarze Frucht, Trüffel, Leder, Zedernholz und Minerale in himmlischer Fülle. Gelegentlich habe ich ihn wegen der prallen Süße seines Aromas mit einem Pétrus verwechselt (peinlich, wenn man die ganz unterschiedliche Art dieser Weine bedenkt). Der 1961er Latour ist unverändert in seiner prachtvollen Süße und Fülle und zeigt kein bißchen Bernsteingelb oder andere Alterserscheinungen – ein massiver, außergewöhnlich vollmundiger Bordeaux, gewiß einer der großartigsten Weine, die ich je gekostet habe. Voraussichtliche Genußreife: Jetzt bis 2040. Letzte Verkostung: 6/97.

ÄLTERE JAHRGÄNGE

Der 1959er Latour (98+ Punkte, letzte Verkostung: 9/96) präsentierte sich aus einer Imperialflasche so jung und vollmundig, daß er ein 1993er Cabernet Sauvignon aus Kalifornien hätte sein können. Neben milder Art mit wunderschön integriertem Tannin besaß er tiefdunkel purpurrote Farbe, mächtigen Körper, massive Fülle und Intensität.

Der 1949er Latour (100 Punkte, letzte Verkostung 10/94) ist mit seiner außergewöhnlichen Fülle, seinem vollendeten Gleichgewicht, seinem vielschichtigen, inhaltsreichen Geschmack und einem zugleich geschmeidigen und ausdrucksstarken Abgang einer jener geradezu atemberaubenden Weine. Genießen kann man ihn im Lauf der nächsten 25 Jahre. Der 1948er (94 Punkte, letzte Verkostung 10/94) bietet ein überströmendes, kraftvolles, exotisches Bukett mit Nuancen von Minze, Cassis, Walnüssen und Leder. Eindrucksvolle Reichhaltigkeit, Dichte und Körperfülle sowie ein langer, sanfter Abgang kennzeichnen diesen Wein. Er ist voll ausgereift, aber durchaus imstande, noch weitere 15 bis 25 Jahre zu überdauern. Zwei andere Flaschen präsentierten sich in noch tintendunklerer Farbe und mit noch größerer Tiefe und Fülle.

Beim 1945er Latour habe ich außerordentlich große Diskrepanzen erlebt. Bei einer Verkostung im Jahr 1995 (89 Punkte) zeigte er gesunde granatrote Farbe mit leichtem Bernsteingelb-Orange am Rand. Das Latour-Bilderbuchbukett von Cassis und schwarzen Walnüssen war eindeutig vorhanden, aber im Mund erwies sich die Frucht als im Abmagern begriffen, und das Tannin dominierte in der körperreichen und doch kargen Art. Dieses tanninreiche, etwas rustikale Beispiel des kraftvollen Weins war eher exzellent als sublim zu nennen. Eine superbe Flasche, die ich im Dezember 1995 gemeinsam mit Freunden in dem ausgezeichneten Restaurant Gérard Pangauds in Washington genoß, war bedeutend vollmundiger und verdiente 96 bis 97 Punkte.

Eine aus den Kellern von Nicolas stammende Flasche 1928er Latour (100 Punkte; 10/94) war reinste Vollkommenheit. Der Wein verströmte ein erstaunliches Bukett von Hickoryholz, Rauch, Walnüssen, mit Nuancen von süßer schwarzer Frucht, Trüffeln und Himbeeren. Der nach wie vor phänomenal konzentrierte Geschmack mit vielschichtiger, expansiver Frucht ohne jede Schärfe trägt zu den herrlichen aromatischen Dimensionen dieses körperreichen, gewichtigen Weins bei. Diese geniale Leistung der Kellerkunst ist einer der großen Weine dieses Jahrhunderts. In ihm war wenig Tannin spürbar, und er erschien völlig ausgereift. Da ich ihn im Alter von 65 Jahren in superber Verfassung angetroffen habe, besteht kein Anlaß zu bezweifeln, daß er noch weitere 20 bis 25 Jahre durchhalten wird. Der im Oktober 1994 verkostete 1926er Latour (93 Punkte) lieferte den eindeutigen Beweis, daß es keine großen Weine, sondern nur große Flaschen eines Weins gibt; er war weit besser als eine andere Flasche 1926er Latour, den ich im März 1991 in Bordeaux verkostete. Zunächst war das Aroma verdeckt, aber nach einigem Atmen stellte sich das klassische Latour-Bukett von Walnüssen, schwarzer Frucht, Kräutern und Eiche ein. Im Mund erwies sich der Wein überraschenderweise als muskulös und rustikal mit reichlich Tannin, schöner Fülle und erstaunlicher Frische. Da er voll ausgereift ist und bernsteingelbe und braune Farbtöne sowie Säure im Abgang aufweist, würde ich raten, diesen Wein auf kurze Sicht auszutrinken. Meine ersten Erfahrungen mit dem 1924er Latour machte ich vor einigen Jahren bei einer Blindverkostung in Bordeaux. Der Vater meines Gastgebers hatte ihn gekauft, und obwohl er ihn einwandfrei gelagert hatte, war dieser Wein doch adstringierend und enttäuschend. Der im Oktober 1994 verkostete war dagegen profund, zeigte sensationelle Duftnuancen von grünem Tabak, feuchter Erde, Zedernholz und Frucht. Der für einen Latour intensiv würzige Wein zeigte bei mittlerem bis vollem Körper frische Säure, aber wenig Tannin. Zum größten Teil kamen Komplexität und Charakter durch das volle Bukett zustande, das auch an der Luft nicht verblaßte. Sehr eindrucksvoll!

Der 1921er Latour (90 Punkte; 9/95) präsentierte sich in dichtem, mitteldunklem Rubingranatrot mit Bernsteingelb und Orange am Rand. Der alkoholkräftige Wein war von Tannin dominiert und hatte portweinähnliche Substanz, darin Noten von Früchtekuchen, Kaffee, Tabak und überreifer Frucht. Obwohl das Tannin die Frucht verdrängt und das Gleichgewicht darunter leidet, ist dieser vollmundige, körperreiche Latour doch faszinierend und herausragend geblieben.

ZWEITWEIN

LES FORTS DE LATOUR*
(Ohne Offiziellen Rang)
Beurteilung: Entspricht qualitativ einem 4ème Cru.

SEHR GUT

Die Kellertechniker von Latour behaupten seit eh und je, daß der «Zweitwein» ihres Hauses einem 2ème Cru aus der Klassifizierung von 1855 gleichkomme. Sie weisen auch darauf hin, daß im Château Latour stets blinde Vergleichsproben zwischen dem Forts de Latour und 2ème-Cru-Weinen vorgenommen werden. Schneidet der Forts de Latour dabei nicht außerordentlich gut ab, dann wird geprüft, ob er nicht besser zum «Pauillac» abgestuft werden soll. In bestimmten Jahrgängen, z. B. beim 1978er und 1982er, würde ich dieser Beurteilung zustimmen, objektiv gesehen ist dieser Wein jedoch in der Qualität einem 4ème Cru vergleichbar, wodurch ihm der Rang des feinsten Zweitweins aus Bordeaux durchaus nicht abgesprochen wird.

Der Wein, der übrigens auf genau dieselbe Weise bereitet wird wie der Latour, stammt aus drei Lagen namens Petit Batailley, Comtesse de Lalande und Les Forts de Latour. Außerdem werden noch bestimmte Posten von Latour (oft von jungen Rebbeständen), die nicht als *grand* genug für den Grand Vin gelten, mit dem Wein aus diesen drei Lagen gemischt. Der Forts de Latour ist im Charakter dem eigentlichen Latour erstaunlich ähnlich, er ist lediglich leichter und reift schneller aus. Er zählt ganz gewiß zu den feinsten aller Zweitweine der berühmten Châteaux von Bordeaux.

* Les Forts de Latour gilt weithin als der feinste aller «Zweitweine» und rangiert in Weinverkostungen oft höher als weit berühmtere Weine aus Pauillac; sein besonderes Format verdient besondere Erörterung.

JAHRGÄNGE

1997 • 87-88 Der 1997er zeigt ein reichhaltiges, fülliges *(confituré)* Brombeeraroma, schön verflochten mit Gewürz und Erde. Dieser Les Forts de Latour präsentiert sich sanft, vollmundig, frühreif im Geschmack, mit milder Säure, mittlerem Körper und guter Nachhaltigkeit und dürfte sich in den ersten 10 Lebensjahren schön trinken lassen. Letzte Verkostung: 3/98.

1996 • 91-93 Der 1996er Forts de Latour (bestehend aus 73% Cabernet Sauvignon und 27% Merlot) ist eine sehr schöne Leistung. Er zeigt feine Süße, frische Säure und tiefe schwarzpurpurrote Farbe. Er wirkt viel aufgeschlossener als der Grand Vin, braucht aber noch 7 bis 8 Jahre Kellerreife; seine Lebenserwartung beträgt 25 Jahre und mehr. Letzte Verkostung: 3/98.

1995 • 88   Ein reifes Aroma mit Noten von Mineralen, gemahlenem Stein und schwarzen Johannisbeeren geht einher mit dichtem, mittlerem bis vollem Körper, grobem Tannin und einem guten Maß Frucht, Glyzerin und Reife. 6 bis 8 Jahre Kellerreife werden diesem Wein gut tun, und er wird 20 Jahre überdauern. Letzte Verkostung: 1/97.

1994 • 87   Dunkles Purpurrot und ein mäßig intensives Aroma von Walnüssen, schwarzen Johannisbeeren und Mineralen zeichnen diesen überaus tanninreichen, verschlossenen Wein mit schöner Dichte aus. Er verlangt noch weitere 7 bis 10 Jahre Kellerreife und wird dann wohl eine höhere Punktnote verdienen. Letzte Verkostung: 1/97.

1993 • ?   Dieser Wein zeigte ein gesundes, tiefdunkles Purpurrot, dichte, konzentrierte Frucht und moderates Tannin, doch leider war der Geschmack durch eine von den Filtern stammende muffige Note beeinträchtigt. Vielleicht hatte ich auch eine fehlerhafte Flasche. Letzte Verkostung: 1/97.

1992 • 85   Der 1992er ist geschmeidig und fruchtig, hat schöne Farbe und milde Säure. Er ist zwar überraschend leicht und gefällig, wird aber doch 5 bis 9 Jahre lang schönen Genuß bereiten. Letzte Verkostung: 11/94.

1991 • 86   In Übereinstimmung mit der feinen Qualität des 1991er Latour ist auch der Zweitwein ein anmutiger, eleganter, mittelschwerer Wein mit würzigem Beerenduft und ausreichend Tannin für Biß und Struktur. Er sollte in den nächsten 7 bis 8 Jahren getrunken werden. Letzte Verkostung: 1/94.

1990 • 90   Der volle, reichlich ausgestattete 1990er bietet runden, generösen, überraschend konzentrierten Geschmack und wird sich in den nächsten 10 bis 15 Jahren ideal trinken lassen. Er ist der vollendetste Zweitwein von Latour seit dem glorreichen 1982er; über die Hälfte des Ertrags ist in ihn eingegangen.
Voraussichtliche Genußreife: Jetzt bis 2005. Letzte Verkostung: 1/93.

1989 • 87   Neben dem Bukett von schwarzer Frucht, Zedern- und Eichenholz zeigt sich der 1989er rund, generös ausgestattet, überraschend geschmeidig (selbst für den Zweitwein von Latour) bei weicher Säure und kräftigem, ausdrucksstarkem Nachklang.
Voraussichtliche Genußreife: Jetzt bis 2004. Letzte Verkostung: 1/93.

1988 • 84   Der mittelschwere, etwas karge, deutlich eichenholz- und tanninbetonte Forts de Latour verfügt über eine gute Lebenserwartung, doch fehlt es ihm an Charme, Komplexität und ein wenig auch an Konzentration. Nichtsdestoweniger ist er ein eleganter, recht verhaltener Wein.
Voraussichtliche Genußreife: Jetzt bis 2002. Letzte Verkostung: 1/93.

1987 • 86   Der hocherfreuliche 1987er Forts de Latour ist für meinen Geschmack besser als der 1988er. Das aufgeschlossene und doch faszinierende Bukett von Walnüssen, würzigem Eichen- und Zedernholz und Kräutern wird begleitet von überraschend konzentrierter, vollfruchtiger, mittelschwerer bis körperreicher Art mit exzellenter Ausgewogenheit und Tiefe. Dieser Wein ist ein erstklassiger Erfolg für den Jahrgang.
Voraussichtliche Genußreife: Jetzt. Letzte Verkostung: 4/90.

1986 • 86   Dieser Wein zeigt beständig reichlich Eichenholz und pfefferige, mineralisch duftige Frucht schwarzer Johannisbeeren im vollen Bukett. Auf der Zunge spürt man das für viele 1986er charakteristische tanninstrenge Ungestüm, dennoch ist er erstaunlich viel leichter, als ich erwartet hätte. Eine gute Leistung, doch könnte er mehr Tiefe und Konzentration vertragen, insbesondere wenn man ihn mit dem 1982er und 1989er vergleicht.
Voraussichtliche Genußreife: Jetzt bis 2005. Letzte Verkostung: 4/90.

1985 • 84   In diesem sehr guten Jahrgang brachte Latour den leichtesten Wein hervor, den ich je von diesem Château gekostet habe. Und so ist es nicht verwunderlich, daß auch der Zweitwein aufgeschlossene, milde Art bei nur mittelschwerem Körper und einem erstaunlich kurzen, unmarkanten Abgang zeigt; dieser sanfte, leichte Forts de Latour sollte im Lauf der nächsten 5 bis 6 Jahre getrunken werden.
Voraussichtliche Genußreife: Jetzt. Letzte Verkostung: 4/91.

BORDEAUX

1984 • 80 Ein grasiges Bukett mit Zedernholzduft; es fehlt an der Frucht. Auf der Zunge wirkt der Wein leicht und zeigt unerfreulich starke Säure sowie eine unbestimmte, an Johannisbeeren und Zedernholz erinnernde Fruchtigkeit. Die relativ kräftige Säure wird diesen Wein am Leben erhalten, aber ich bezweifle, daß er je großen Genuß bereiten wird.
Voraussichtliche Genußreife: Jetzt. Letzte Verkostung: 12/89.

1983 • 84 Der recht milde, voll ausgereifte Wein mit einem Anflug des berühmten Latour-Buketts von Mineralen, Walnüssen und schwarzen Johannisbeeren bei mittlerem Körper und runder, mäßig konzentrierter Art sollte in den nächsten 5 bis 7 Jahren getrunken werden. Er bildet einen interessanten Kontrast zum enorm konzentrierten, verschlosseneren 1982er.
Voraussichtliche Genußreife: Jetzt. Letzte Verkostung: 7/90.

1982 • 92 Der 1982er ist der feinste Forts de Latour, den ich je gekostet habe. Er bietet einen schönen Abglanz dessen, was in seinem saft- und kraftvolleren Verwandten, dem großen Latour, an Magie steckt, trinkt sich schon seit seiner Freigabe köstlich und zeigt gesunde, satte rubinpurpurrote Farbe ohne Altersanzeichen. Sein klassisches Bukett von Walnüssen, Cassis und Gewürzen leitet über zu vollem, körperreichem, schön konzentriertem, samtigem Geschmack, in dem sich die große Reife und opulente Art des Jahrgangs manifestiert. Dieser Wein wird mindestens noch einmal 10 Jahre lang vollmundigen, hochklassigen Genuß gewähren. Letzte Verkostung: 9/95.

1981 • 85 Zwar fehlt es dem 1981er an der muskulösen, wuchtigen Art und der überzeugenden Konzentration des 1982ers, aber ein elegant geschliffener, stilvoller Wein, der dem Grand Vin stark ähnelt, ist er dennoch. Mit seiner mittel- bis tiefrubinroten Farbe und seinem Bukett von nassen Steinen, schwarzen Johannisbeeren und Eichenholz schickt sich dieser anmutig bereitete, mittelschwere Les Forts de Latour gerade zur vollen Genußreife an, dürfte aber noch etliche Jahre überdauern. Er ist verhalten, aber attraktiv und ausgewogen.
Voraussichtliche Genußreife: Jetzt. Letzte Verkostung: 4/88.

1978 • 87 Der noch immer recht dunkle Wein mit reichem, intensivem Cassis- und Eichenholzbukett, reifer, mäßig tanninherber Art und geschmeidiger Geschmacksfülle bei exzellenter Nachhaltigkeit ist voll ausgereift, wird sich aber noch einmal 10 Jahre halten. Nach dem 1982er ist er mein bevorzugter Jahrgang.
Voraussichtliche Genußreife: Jetzt bis 2000. Letzte Verkostung: 10/89.

1976 • 76 Aufgeschlossen, sanft, mit reifer Frucht und weniger Tannin als beim großen Bruder, läßt sich dieser Wein jetzt schön trinken, aber er nimmt sich im Gesamtrahmen von Bordeaux doch nur recht gewöhnlich aus.
Voraussichtliche Genußreife: Jetzt. Letzte Verkostung: 10/89.

1975 • 85 Als echter Vertreter dieses Jahrgangs und der Art von Latour hat dieser tanninherbe, karge, aggressive Wein noch weitere Flaschenreife nötig. Die Farbe ist nach wie vor eindrucksvoll, Fülle und Tiefe scheinen vorhanden, aber das Tannin will sich nicht mildern.
Voraussichtliche Genußreife: Jetzt bis 2000. Letzte Verkostung: 10/89.

1974 • 74 In diesem Jahrgang brachte Latour einen der Spitzenweine hervor, also ist es nicht erstaunlich, daß auch der Forts de Latour besser ist als manches berühmte Cru Classé. Ein wenig karg und mager ist er zwar, aber würzig und mit schöner Frucht und einer harten, strengen Persönlichkeit bei kurzem, mildem Abgang versehen; er scheint zwar noch Potential für künftige Entfaltung zu besitzen, ist aber für den Jahrgang, der mir freilich insgesamt mißfällt, durchaus achtbar. Austrinken.
Voraussichtliche Genußreife: Jetzt – vermutlich im Nachlassen.
Letzte Verkostung: 1/83.

1972 • 74 Der erstaunlich dunkle, aber schon einen bernstein-bräunlichen Schimmer aufweisende milde, robuste, ja sogar etwas rauhe Wein zeigt gute, schokoladenhafte, kräuterwürzige Frucht, einen schönen Eindruck auf der Zunge und einen nachhaltigen Abgang. Austrinken.
Voraussichtliche Genußreife: Jetzt – wahrscheinlich stark im Nachlassen.
Letzte Verkostung: 4/80.

PAUILLAC

1970 • 84 Dieser sehr feine Wein ist voll ausgereift und sollte eigentlich bald getrunken werden. Er zeichnet sich aus durch sehr dunkles Rubinrot, ein sanftes, rundes, reifes Bukett von schwarzen Johannisbeeren und Zedernholz, saftigen, vollen, großzügig bemessenen Geschmack und etwas herben, säuerlichen Abgang, der diese ansonsten gute Leistung des Jahrgangs 1970 etwas schmälert. Jetzt austrinken. Voraussichtliche Genußreife: Jetzt. Letzte Verkostung: 1/85.

1967 • 84 Der 1967er begann schon in den achtziger Jahren zu verblassen. Lange Zeit konnte dieser Wein für sich in Anspruch nehmen, kostenbewußten Liebhabern einen guten Einstieg in den Stil von Latour zu bieten. Austrinken.
Voraussichtliche Genußreife: Jetzt – vermutlich im Nachlassen. Letzte Verkostung: 3/82.

1966 • 85 Der 1966er Forts de Latour ist ein Bilderbuch-Pauillac, der in fast vollendeter Proportion den Duft schwarzer Johannisbeeren, untermischt mit Gewürzen, Leder und Zedernholz bei reifer, jedoch geschmeidiger Geschmacksfülle, nachhaltiger, fruchtiger Art und leichtem Tannin bietet. Er steht jetzt im Zenit. Austrinken!
Voraussichtliche Genußreife: Jetzt – vermutlich im Nachlassen. Letzte Verkostung: 12/88.

LYNCH-BAGES
5ème Cru seit 1855

AUSGEZEICHNET

Lage der Weinberge: Pauillac

Besitzer: Familie Cazes
Adresse: 33250 Pauillac
Telefon: 33 5 56 73 24 00 – Telefax: 33 5 56 59 26 42

Besuche: vom 1. April bis 13. Oktober an allen Wochentagen, im übrigen Jahr montags bis freitags, von 9 bis 12.30 und von 14 bis 18.30 Uhr
Kontaktperson: Isabelle Faurie (Tel. und Fax siehe oben)

WEINBERGE (Rotwein)

Rebfläche: 89 ha

Durchschnittliches Rebenalter: 35 Jahre

Rebbestand: 73 % Cabernet Sauvignon, 15 % Merlot, 10 % Cabernet Franc, 2 % Petit Verdot

Pflanzdichte: 9000 Reben/ha

Ertrag (im Durchschnitt der letzten 5 Jahre): 45 hl/ha

Durchschnittliche Jahresproduktion insgesamt: 30 000 bis 35 000 Kisten

GRAND VIN

Name: Château Lynch-Bages

Appellation: Pauillac

Durchschnittliche Jahresproduktion: 25 000 Kisten

Verarbeitung und Ausbau: Lese von Hand, vollständiges Entrappen. Vinifikation normalerweise 15 bis 17 Tage (1996 jedoch 20 Tage) in temperaturgeregelten Edelstahltanks. Malolaktische Säureumwandlung im Tank, bei einem kleinen Teil des Ertrags im Faß.
Anschließend 12 bis 15 Monate Ausbau in zu 60 % neuen Eichenfässern. Abstich alle drei Monate, Schönung und Filtration lediglich einmal vor der Abfüllung.

ZWEITWEIN

Name: Château Haut-Bages Averous

Durchschnittliche Jahresproduktion: 10 000 Kisten

WEINBERGE (Weißwein)

Rebfläche: 4,5 ha

Durchschnittliches Rebenalter: 10 Jahre

Rebbestand: 40 % Sémillon, 40 % Sauvignon Blanc, 20 % Muscadelle

Pflanzdichte: 7500 Reben/ha

Ertrag (im Durchschnitt der letzten 5 Jahre): 55 hl/ha

Durchschnittliche Jahresproduktion insgesamt: 2500 bis 3000 Kisten

Name: Blanc de Lynch-Bages

Appellation: Bordeaux

Verarbeitung und Ausbau:
13 bis 15 Stunden *macération pelliculaire*, Ausbau in neuen Eichenfässern.
Schönung und Filtration vor der Abfüllung.

Beurteilung des derzeitigen Rangs: Aufstufung zum 2ème Cru wäre zu empfehlen

Genußreife: 6 bis 25 Jahre nach dem Jahrgangsdatum

Das Château liegt, wenn man sich von Süden her dem verschlafenen Städtchen Pauillac nähert, unmittelbar westlich der Route du Vin durch Bordeaux (D2) auf einem flachen Hügelrücken über der Stadt und der Gironde, der logischerweise Bages-Plateau heißt. Das Luxushotel/Restaurant Château Cordeillan-Bages steht direkt vor Lynch-Bages. Bis noch vor nicht allzu langer Zeit war das freundlichste, was man über seine Gebäude sagen konnte, daß sie zweckmäßig waren. Inzwischen hat Lynch-Bages durch eine umfangreiche Verschönerung und Renovierung ungemein gewonnen. Das Château hat eine neue Fassade, neue Keller mit großen Edelstahltanks und einen hochmodernen Probierraum erhalten.

Bis auf diese Neuerungen ist das Weingut seit dem 16. Jahrhundert im wesentlichen unverändert geblieben. Die eine Hälfte des Namens stammt von dem Plateau, auf dem Château und Kellerei stehen, und die andere Hälfte von Thomas Lynch, dem Sohn eines irischen Emigranten, dessen Familie das Gut im 17. und 18. Jahrhundert 75 Jahre lang besaß. Nachdem Thomas Lynch das Château verkauft hatte, ging es durch die Hände mehrerer Handelshäuser, bis es 1937 von Jean Charles Cazes, dem Großvater des heutigen Besitzers, Jean-Michel Cazes, erworben wurde. Jean Charles Cazes war damals schon ein bekannter Weingutsbesitzer und Kellermeister, weil er bereits die Geschicke eines der bedeutendsten Weingüter in St-Estèphe, Château Les-Ormes-de-Pez, geleitet hatte. Er führte beide Châteaux bis 1966, dann fiel der Besitz an seinen Sohn André, einen prominenten Politiker und zwei Jahrzehnte lang Bürgermeister von Pauillac. Andrés Herrschaft dauerte bis 1973, als Jean-Michel Cazes Lynch-Bages und Les-Ormes-de-Pez übernahm. Jean-Michel hatte mehrere Jahre in Amerika verbracht und vom Wein wie von geschäftlichen Dingen eine internationale Perspektive gewonnen. Er traf 1976 die wohl klügste Entscheidung in seiner Karriere, als er den brillanten Daniel Llose als Leiter für Lynch-Bages und Les-Ormes-de-Pez gewann.

Nach den großen Erfolgen, die Lynch-Bages unter Jean-Michels Vater André mit den fünfziger Jahrgängen (der 1952er, 1953er, 1955er, 1957er und 1959er zählten alle zu den Spitzenweinen des Jahrzehnts) und mit den Sechzigern (1961, 1962 und 1966) feierte, bestand Jean-Michels

Erbe in einem enttäuschenden 1972er, der noch im Faß lag. Auch sein erster Jahrgang, der 1973er, war weitgehend ein Fehlschlag. Darauf folgte 1974 wieder ein für Lynch-Bages enttäuschendes Jahr und dann im uneinheitlichen Jahrgang 1975 erneut ein kaum erfreulich zu nennender Wein. Jean-Michel Cazes erkannte, daß die großen alten Holzfässer Hygieneprobleme brachten und auch die richtige Einhaltung der Gärtemperatur in kühlen wie in warmen Jahren erschwerten. Gleichzeitig (gegen Ende der siebziger Jahre) liebäugelte Cazes auch mit einem neuen Stil, indem er mehrere Lynch-Bages-Jahrgänge von leichterer, eleganterer Art hervorbrachte. Alte Fans und Anhänger von Lynch-Bages waren entsetzt. Nachdem Jean-Michel Cazes 1980 insgesamt 25 große Edelstahltanks installiert hatte, war zum Glück der Qualitätsniedergang der Zeit zwischen 1971 und 1979 sofort beendet. Lynch-Bages brachte einen sehr guten 1981er hervor und ließ dieser erfreulichen Leistung seither in fast jedem Jahrgang höchst gelungene Weine folgen.

Die zum Château gehörigen Weinberge liegen mitten zwischen Mouton-Rothschild und Lafite-Rothschild im Norden sowie Latour, Pichon-Longueville-Comtesse de Lalande und Pichon-Longueville Baron im Süden. Trotz des enormen Modernisierungs- und Umbauaufwands in Lynch-Bages ist die Weinbereitungsphilosophie doch ganz in der Tradition verhaftet geblieben. Seit 1980 findet die Gärung in den neuen Edelstahltanks statt. Anschließend wird der Wein direkt in kleine Fässer aus französischer Eiche abgezogen. Dabei ist der Anteil an neuen Fässern von 25% für den Jahrgang 1982 auf 60% für die neueren Jahrgänge, z.B. 1988 und 1989, angehoben worden. In diesen Eichenfässern verbringt der Wein 18 bis 20 Monate, dann wird er mit Eiweiß geschönt und vor dem Abfüllen leicht gefiltert. Nachdem die Weinberge nun voll bestockt sind, ist die Produktion von durchschnittlich 20 000 bis 25 000 Kisten in den siebziger Jahren auf fast 45.000 Kisten in ertragsstarken Jahren in die Höhe geschnellt. 20 bis 30% der Ernte werden darüber hinaus dem Zweitwein von Lynch-Bages, Haut-Bages-Averous, zugewiesen.

1990 begann Cazes mit der Erzeugung eines vollen, trockenen weißen Bordeaux aus einer Lage im nördlichen Médoc. Dieser Wein, ein Verschnitt von 40% Sémillon, 40% Sauvignon und 20% Muscadelle, wurde in frischem Eichenholz vergoren und vor der Abfüllung knapp 12 Monate im Faß ausgebaut. Der Debut-Jahrgang war überaus eindrucksvoll, sein Qualitätsstand erinnerte durchaus an einen Spitzenweißwein aus Graves.

In der berühmten Klassifizierung der Weine von der Gironde aus dem Jahr 1855 fand Lynch-Bages seinen Platz in der untersten Stufe als ein 5ème Cru. Ich kenne aber keinen Profi aus der Branche, der heute bestreiten würde, daß das Château seiner Leistung nach eher einem 2ème Cru entspricht. Der Engländer Oz Clarke argumentiert unbekümmert, daß diejenigen, die für die Klassifizierung von 1855 verantwortlich waren, Puritaner gewesen sein müssen, weil sie «einfach nicht zugeben konnten, daß ein so offenherzig freundlicher Wein wie der Lynch-Bages tatsächlich ebenso bedeutend sein könnte wie andere, steifere Gewächse».

So wie es wahrhaftig schwer ist, an einer Flasche Lynch-Bages nicht seine Freude zu haben, so schwer ist es auch, den liebenswürdigen, stets freimütigen und gemütlichen Jean-Michel Cazes – den Architekten des raketenhaften Aufstiegs von Lynch Bages zu internationaler Bedeutung – nicht zu mögen. Der selbstbewußte Mann, der in Amerika zur Schule gegangen ist und deshalb fließend englisch spricht, hat eine globale Sicht der Dinge, und wenn man mit ihm gesprochen hat, weiß man, daß er genußbetonten, offenen, direkten Wein produzieren will, der zugleich den Charakter und die Klasse eines Spitzenweins von Pauillac besitzen soll. Deshalb sind ihm Jahrgänge wie der 1985er und 1982er lieber als die tanninreicheren, strengeren Jahrgänge wie 1988 und 1986. Er ist ein unermüdlicher Botschafter nicht nur für seine eigenen Weine, sondern für alle Weine aus der Region Bordeaux. Es dürfte kaum eine Konferenz, ein Symposium oder eine internationale Bordaux-Weinprobe geben, auf der man Monsieur Cazes nicht antrifft. Es gibt keinen zweiten Erzeuger in Pauillac (vielleicht lediglich mit Ausnahme von Madame Lencquesaing von Pichon Lalande), der so ausgiebige Reisen unternimmt und die Interessen dieser Weine so beredt vertritt.

JAHRGÄNGE

1997 • 87-90 Dieser hedonistisch gestylte Lynch-Bages, eine höchst gelungene Leistung in diesem Jahrgang, bietet reichliche Mengen an reifer, voller Cassis-Frucht, verflochten mit einer süßen Eichennote. Milde Säure und ein hoher pH-Wert vermitteln einen kräftigen, vollmundigen und aufgeschlossenen Eindruck; dieser Wein wird nach der Freigabe in eineinhalb Jahren viele Freunde finden. Die Farbe ist ein gesundes, dunkles Purpurrot, der Wein präsentiert sich duftig, expansiv, rund und vollgepackt mit schwarzer Frucht. Der Glyzeringehalt ist hoch, das Tannin mild und ohne Schärfe, und alles in allem gewährt die Art höchste Befriedigung und Faszination. Wenn dieser Wein noch an Gewichtigkeit zulegt und in der Komplexität noch eine oder zwei Nuance gewinnt, dann dürfte er bei der Freigabe eine herausragende Benotung verdienen.
Voraussichtliche Genußreife: 2000 bis 2012. Letzte Verkostung: 3/98.

1996 • 90-93 Dieser Wein hat milde Säure, dabei tiefdunkle schwarzpurpurrote Farbe sowie außerordentlich süße, körperreiche Cassis-Frucht in dem bei allen Verkostungen aus dem Glas hervorquellenden Aroma, verwoben mit Noten von Zedernholz, Früchtekuchen und Süßholz. Dieser Lynch-Bages mit seiner prächtigen Struktur, einer Schiffsladung an reifem Tannin, massivem Körper und blendender Intensität und Wucht ist wohl der großartigste Lynch-Bages seit 1989 und 1990.
Voraussichtliche Genußreife: 2001 bis 2025. Letzte Verkostung: 3/98.

1995 • 90 Bei drei Verkostungen des 1995ers aus der Flasche präsentierte er sich in einer eleganten, verhaltenen Art wie der 1985er und 1953er Lynch-Bages. Dabei ist er attraktiv und sanft mit deutlichem Tannin im Hintergrund, durchaus nicht im schwergewichtigen Stil von 1996, 1990, 1989 oder 1986. Dieser mit tief rubinroter Farbe und einem fortgeschrittenen Aroma von süßer, rauchiger, erdiger Cassisfrucht versehene vollmundige, runde, verführerische, fruchtige Lynch-Bages dürfte sich schon in der Jugend schön trinken, aber auch zwei Jahrzehnte überdauern.
Voraussichtliche Genußreife: 2000 bis 2015. Letzte Verkostung: 11/97.

1994 • 88 Tief rubinrot mit Purpurschimmer zeigt sich dieser mit reifer Cassis-Frucht ohne vegetabile oder grasige Noten versehene Wein. Der für seinen Jahrgang überraschend sanfte, fette und frühreife 1994er Lynch-Bages besitzt neben mittlerem bis vollem Körper eine schön integrierte toastwürzige Eichennote sowie attraktive, hedonistische Art, die den Anhängern dieses korpulenten Pauillac gefallen dürfte. Er trinkt sich schon jetzt und im Lauf der nächsten 12 bis 15 Jahre gut. Letzte Verkostung: 1/97.

1993 • 86 Abgesehen von dem krautigen Aroma mit Noten von Dillgurken und Paprika, bietet dieser dicht rubinpurpurrote Wein gute Struktur, mittleren Körper und sanften, reifen, verlockenden Geschmack mit Fett, Glyzerin und Frucht. Möglicherweise wird sich der krautige Charakter in noch 1 bis 2 Jahren Flaschenreife zu Zedernholz wandeln. Das Geschmacksprofil weist reichlich füllige Frucht von schwarzen Johannisbeeren auf.
Voraussichtliche Genußreife: Jetzt bis 2008.
Letzte Verkostung: 1/97.

1992 • 86 Lynch-Bages hat einen eindrucksvoll dunklen 1992er hervorgebracht. Er zeigt in seinem Aromaprofil von Cassis, feuchter Erde und Gewürzen bisher nicht viel Komplexität, ansonsten aber schöne Vollmundigkeit, Reife, mittleren Körper und im Abgang leichtes Tannin. Dieser sehr gute, würzige Lynch-Bages mit Zedernholznote wird sich in den folgenden 6 bis 8 Jahren gut trinken lassen.
Letzte Verkostung: 11/94.

1991 • 86 In diesem Jahrgang hat Lynch-Bages einen attraktiven, mittelschweren, sanften Wein gestaltet. Bei einem Preis von unter 18$ die Flasche könnte man von einem günstigen Kauf sprechen. Die Farbe ist dicht, das Aroma bietet kräftigen Cassis-Duft, verflochten mit einer Erd- und Eichennote. Der Wein hat moderate Tiefe, zeigt ein gewisses Maß an Tannin, ist aber im

PAUILLAC

Abgang kurz – ein guter, reifer, leichter bis mittelschwerer Lynch-Bages, der am besten im Lauf der nächsten 7 bis 8 Jahre getrunken werden sollte. Letzte Verkostung: 1/94.

1990 • 93 Der 1990er ist im Gegensatz zu dem massiveren, verschlosseneren, tanninreicheren und potentiell besseren 1989er ein entgegenkommender, einschmeichelnder, köstlich zu trinkender Wein. Er bietet ein süßes Cassis-Aroma mit Noten von Rindfleisch, Leder, rauchigem, toastwürzigem Eichenholz und gerösteten Kräutern. Schwelgerische Frucht, Extrakt und viel Glyzerin sind in diesem geschmeidigen, vollmundigen Lynch-Bages zu einem körperreichen, wuchtigen Ganzen zusammengepackt, das keine Schärfe aufweist. Dieser Wein ist jetzt schon genußreif und wird es über die nächsten 20 bis 25 Jahre hinweg bleiben.
Letzte Verkostung: 11/96.

1989 • 95+ Der tiefdunkel purpurrote 1989er ist noch nicht soweit entwickelt und aufgeschlossen wie der 1990er. Er sieht aber ganz nach einem phänomenalen Lynch-Bages aus, vielleicht der feinste Jahrgang in den letzten 30 Jahren. Der vor Extrakt überströmende, muskulöse, dichte Wein zeigt große Reintönigkeit, mächtigen Körper und bulldozerähnliche Kraft, die sich am Gaumen breitmacht. Ein enormer Wein mit ungezähmter Wucht und Fülle. Der 1989er braucht noch 5 bis 8 Jahre Kellerreife und dürfte sich dann noch 3 Jahrzehnte halten.
Letzte Verkostung: 11/96.

1988 • 90 Unbezweifelbar ist der 1988er Lynch-Bages der kräftigste Wein, der im nördlichen Médoc in diesem Jahrgang entstanden ist. Die satte schwarz-rubinpurpurrote Farbe läßt auf exzellente Reife und tiefe Konzentration schließen. Das eichenwürzige Bukett zeigt überreife schwarze Himbeeren und Johannisbeeren sowie erdige, robuste Art. Der Wein ist körperreich und gehaltvoll mit attraktiver, kräuterwürziger dunkler Frucht und Zedernholzcharakter – ein vollmundiger, breitschultriger Wein, der den Stil des Châteaus schön wiedergibt.
Voraussichtliche Genußreife: Jetzt bis 2010. Letzte Verkostung: 1/93.

1987 • 82 Der 1987er Lynch-Bages ist ein tiefdunkler, kräuterwürziger, voller, mittelschwerer, milder und geschmeidiger Wein, der sich bereits gut trinkt.
Voraussichtliche Genußreife: Jetzt. Letzte Verkostung: 11/89.

1986 • 90 Welch ein großartiger Wettstreit dürfte sich im 21. Jahrhundert zwischen den opulenten, verführerischen 1982ern und 1985ern sowie den wuchtigen, strammen, tanninherben, dichten und muskulösen 1986ern und 1989ern von Lynch-Bages erheben! Die Verkostungsergebnisse werden auf Jahrzehnte hinaus interessante Lektüre bringen. Im Augenblick habe ich eine starke Vorliebe für den 1982er und 1989er, aber es wäre mir auch nicht recht, wenn irgend jemand den immensen, mächtigen, gigantischen 1986er oder den verführerischen, prachtvollen 1985er nicht würdigte. Der 1986er ist schwarzpurpurrot, außerordentlich voll und tanninherb. Aber ist das Tannin nicht etwa zu aufdringlich und adstringierend? Ich glaube kaum, daß diese Frage in den nächsten 10 Jahren schlüssig beantwortet werden kann. Im Augenblick ist an diesem Wein eher die beträchtliche Größe und Wucht zu bewundern als etwa Charme und Entgegenkommen.
Voraussichtliche Genußreife: Jetzt bis 2020. Letzte Verkostung: 5/94.

1985 • 91 Dieser Wein ist seit seiner Entstehung köstlich charmant und verlockend. Bei voller Reife bietet er ein reichduftiges Bukett von süßer Cassis-Frucht, verflochten mit einer rauchigen, toastwürzigen Eichennote und getrockneten Kräutern. Bei mittelschwerem Körper (weit weniger Fülle, Wucht und Gehalt als 1989, 1986 und 1982) ist der 1985er Lynch-Bages ein prächtig vollmundiger, wohlproportionierter Wein, der sich weitere 10 Jahre lang schön trinken lassen dürfte. Seine weiche Säure, seine Korpulenz und sein mildes Tannin machen ihn zu einem wahren Genuß.
Voraussichtliche Genußreife: Jetzt bis 2007. Letzte Verkostung: 10/97.

1984 • 82 Der 1984er Lynch-Bages, eine der schönsten Leistungen dieses Jahrgangs, besteht fast rein aus Cabernet Sauvignon und ist ein kräftiger, vollmundiger, geschmeidiger Wein mit reichlich kräuterduftiger Frucht, runder, fülliger Art und schöner Nachhaltigkeit.
Voraussichtliche Genußreife: Jetzt. Letzte Verkostung: 10/89.

1983 • 88   Der 1983er Lynch-Bages, ein wohlgelungener Wein aus diesem zwar sehr guten, aber erstaunlich unterschiedlichen Jahrgang, ist ein ausgewachsener, reifer, kräftiger, stämmiger Pauillac, in dessen intensivem Bukett sich Düfte von Hackfleisch und die Frucht schwarzer Johannisbeeren vermischen und dessen Geschmack tief, voll und deftig erscheint. Dieser substanz- und körperreiche, starke und nachhaltige Wein hat einen alkoholschweren Abgang, in dem sich das Tannin rasch mildert.
Voraussichtliche Genußreife: Jetzt bis 2002. Letzte Verkostung: 3/89.

1982 • 93   Der 1982er Lynch-Bages hat sich schön weiterentwickelt. Er trinkt sich schon seit dem 5. bis 6. Jahr köstlich und ist nach wie vor stämmig, kraftvoll, traubig, lebendig mit einem kräftigem Schuß Cassis-Frucht, eingebettet in ölige, saftige Art. Zwar hat er nicht viel aromatische Komplexität entfaltet, aber dafür ist er ein wuchtiges Musterbeispiel für den Stil dieses populären Weinguts. Bei vollem Körper, schöner Milde und Geschmeidigkeit wird er sich weitere 15 bis 20 Jahre gut trinken.
Letzte Verkostung: 9/95.

1981 • 85   Nach einer gewissen Zeit gegen Ende der siebziger Jahre, in der Lynch-Bages es mit der Geschmeidigkeit seiner Weine zu weit zu treiben schien, stellte ich mit dem Jahrgang 1981 eine teilweise Rückkehr zu dem sehr reichhaltigen, robusten, reifen, mit wuchtigem Extrakt versehenen Stil der großen Lynch-Bages-Weine von 1970, 1962 und 1961 fest. Sicherlich werden der monumentale 1982er und der exzellente 1983er das Format des 1981ers in den Schatten stellen, aber auch er ist durchaus gut und der beste Lynch-Bages seit 1975. Seine Farbe ist ein sehr dunkles Rubinrot, das eindrucksvolle Bukett bietet schwarze Johannisbeeren, Zedernholz und frische Eiche – ein reifer Wein mit erstaunlich dichter Geschmacksfülle, reichlich Tannin und robustem Charakter.
Voraussichtliche Genußreife: Jetzt. Letzte Verkostung: 12/88.

1980 • 78   Der von einer Flasche zur anderen etwas unterschiedliche, leichte 1980er Lynch-Bages hat ein an Zedernholz, Stiele und Kräuter erinnerndes fruchtiges Aroma, nicht allzu intensiven Geschmack und einen kurzen, grünen, unreifen Abgang.
Voraussichtliche Genußreife: Jetzt – vermutlich im Nachlassen. Letzte Verkostung: 4/87.

1979 • 79   Dieser Wein, der in einer Zeit entstand, als Lynch-Bages mit einem leichteren, frühreiferen, geschmeidigeren Stil liebäugelte, ist attraktiv, aber untypisch für das, was die Liebhaber vom Lynch-Bages erwarten. Diesen jetzt schön genußreifen Wein zeichnet ein mittelschwerer Körper mit mildem, frischem, beerenfruchtigem Geschmack, leichtem Tannin und ansprechenden, würzigen, eichenholzduftigen Tönen aus.
Voraussichtliche Genußreife: Jetzt. Letzte Verkostung: 6/88.

1978 • 82   Der 1978er ist dem 1979er sehr ähnlich: rund, fruchtig und schlicht in der Art, zeigt er milden, würzigen Geschmack von schwarzen Johannisbeeren in mäßiger Intensität. Dieser Wein ist inzwischen genußreif und dürfte sich noch 5 bis 6 Jahre angenehm trinken. Eine gute, aber nicht allzu beachtliche Leistung von Lynch-Bages.
Voraussichtliche Genußreife: Jetzt. Letzte Verkostung: 1/88.

1976 • 72   Der 1976er Lynch-Bages ist voll ausgereift, beginnt sogar schon seine Frucht einzubüßen; er ist diffus, hat keinen Biß und «Zugriff» und zeigt an den Rändern beunruhigende Brauntönung. Besitzer dieses Lynch-Bages-Jahrgangs sollten sich stehenden Fußes, nicht etwa gemächlich, in den Keller begeben und ihm den Garaus machen.
Voraussichtliche Genußreife: Jetzt – vermutlich im Nachlassen. Letzte Verkostung: 3/86.

1975 • 86   Der 1975er Lynch-Bages zeigt einen beträchtlichen bernsteingelb-orangefarbenen Saum bei staubigem Kräuter- und Zedernholzbukett und einem gewissen Maß an reifer Frucht. Dieser körperreiche, etwas hohle Wein hat mehr Süße und Breite zu bieten als ich dachte. Er darf als überdurchschnittlich gelten und beginnt inzwischen volle Reife zu erlangen. Während ich früher zahlreichen verwaschenen, überzogen tanninstrengen Exemplaren des 1975er Lynch-Bages begegnet bin, kann ich jetzt diesem Wein mehr Optimismus entgegenbringen.
Genußreif ist er von 2000 bis 2010. Letzte Verkostung: 12/95.

PAUILLAC

1974 • 60 Der wässerige, hohle 1974er, eine überraschend schwache Leistung von Lynch-Bages, verblaßt bemerkenswert schnell im Glas, und die flache, dünne Farbe deutet auf einen Wein hin, der durch Regen und vielleicht durch Übererträge aufgeschwemmt wurde.
Voraussichtliche Genußreife: Jetzt – vermutlich im Nachlassen. Letzte Verkostung: 2/80.

1973 • 55 Der für Lynch-Bages enttäuschende, leichte und schwächliche Wein hat verblichene Farbe, ein überzuckertes Bukett von karamelisierter Frucht und dünnen, undefinierbaren Geschmack. Er war 1978 auf dem Höhepunkt. Letzte Verkostung: 2/78.

1971 • 58 In dieser Zeit hatte Lynch-Bages eindeutig ein Tief. 1971 entstand zwar eine ganze Reihe von sehr feinen, anmutigen, fruchtigen Pauillacs, in diesem Château aber nicht. Der 1971er Lynch-Bages ist schon ziemlich am Ende, sehr braun, mit einem dumpfigen, toten, vegetabilen Bukett und kurzem, scharfem, säuerlichem Geschmack. Ein Versager in diesem Jahrgang. Letzte Verkostung: 10/79.

1970 • 93 Von diesem Wein besaß ich zwei Kisten, und ich habe ihn stets etwa zwischen 90 und 95 Punkten eingestuft. Er ist ein klassischer Pauillac, eher ein etwas zurückgestutzter Latour als der vielzitierte «Mouton des kleinen Mannes». Seine Farbe ist fabelhaft satt und tief (nur der Latour kommt dem Lynch-Bages im Jahrgang 1970 an Sattheit der Farbe gleich) ohne einen bernsteingelben Saum. Im Bukett finden sich Nuancen von Zedernholz, Sattelleder, Rauchfleisch, Früchtekuchen, Tabak und Gewürzen. Obwohl er noch jugendlich voll und tanninreich erscheint, besitzt dieser massive, ölige Wein doch seit eh und je genug Geschmeidigkeit, um als kurz vor der vollen Reife stehend gelten zu dürfen. Sein Nachklang scheint nicht aufzuhören. Trinken läßt sich der 1970er Lynch-Bages schon jetzt, aber auch noch im Lauf der nächsten 20 Jahre. Er ist einer der großartigsten Weine aus diesem Gut seit 30 bis 40 Jahren. Es bleibt abzuwarten, ob der 1982er, 1986er, 1989er oder der 1990er ihn übertreffen können. Letzte Verkostung: 6/96.

1966 • 84 Der dunkelrubinrote Wein mit Bernsteinschimmer am Rand scheint über die erforderliche Konzentration und Struktur zu verfügen, aber aus unerfindlichen Gründen schmeckt er stumpf, es mangelt ihm an Komplexität und Charakter, und der Abgang ist tanninherb und eindimensional. Er ist noch lagerfähig, aber seltsamerweise sagt er einem nichts.
Voraussichtliche Genußreife: Jetzt bis 2000. Letzte Verkostung: 9/90.

1964 • 55 Der 1964er Lynch-Bages ist ein Versager, nicht so sehr weil er schlecht bereitet worden wäre, sondern infolge der Entscheidung des Châteaus, eine späte Lese durchzuführen, um einen maximalen Reifegrad der Trauben zu erzielen. Bei solchen Entscheidungen riskiert man natürlich schlechtes Wetter, und 1964 war Lynch-Bages eines der Weingüter, denen in der damaligen Sintflut die Felle davonschwammen. Der Wein fiel dünn, alt, wässerig und uninteressant aus. Letzte Verkostung: 1/91.

1962 • 89 Dieser Wein, einer der populärsten aus diesem Château, trinkt sich schon seit 1970 wunderschön und ist auch weiterhin köstlich. Er ist ein Beispiel dafür, wie lange ein erstklassiger Bordeaux auf seinem Höhepunkt bleiben kann. Allerdings scheint er in der normalen Flaschengröße seine überströmende, ungedämpfte, kraftvolle Fruchtigkeit einzubüßen. Noch herrscht das Aroma von Zedernholz und schwarzen Johannisbeeren vor, und die wundervolle, seidige Fülle, die diesen Wein so sehr zu einem Genuß macht, ist noch immer da. Seinen Besitzern ist zu raten, dieses Wunder jetzt zu genießen, sonst riskieren sie den Verlust der ganzen Freude.
Voraussichtliche Genußreife: Jetzt. Letzte Verkostung: 11/89.

1961 • 94 Der 1961er, der beste Lynch-Bages aus den sechziger Jahren, hat noch immer in großer Fülle das reichhaltige, massive Aroma von Zedernholz, schwarzen Johannisbeeren und Leder. Er ist zwar nicht übermäßig verfeinert, aber tief, kraftvoll, konzentriert, alkoholstark und außerordentlich nachhaltig im Geschmack; ein mächtiger Wein, der schon seit dem Ende der siebziger Jahre auf seinem Höhepunkt steht, aber noch weitere 10 Jahre überdauern wird.
Voraussichtliche Genußreife: Jetzt bis 2000. Letzte Verkostung: 12/89.

ÄLTERE JAHRGÄNGE

Bei einer Verkostung im Dezember 1995 ergab sich für den 1945er Lynch-Bages ein relativ starkes Erscheinungsbild (92 Punkte). Er zeigte ein Bukett mit Minze- und Cassis-Noten, das offensichtlich an einen «Mouton des kleinen Mannes» erinnerte. Ein dichtes, tiefdunkles Rubingranatrot ging einher mit einem körperreichen, kraftvollen, aber fest strukturierten, harten, adstringierend tanninstrengen Geschmack – dieser Wein büßt die Frucht wohl früher ein, als das Tannin sich mildert. Bei aller eindrucksvollen Wucht und Intensität wird er niemals einen Preis für Anmut und Harmonie erringen, dürfte aber weitere 15 bis 20 Jahre überdauern.

Lynch-Bages erlebte in den fünfziger Jahren ein glorreiches Jahrzehnt; superlative Weine entstanden 1959 (94 Punkte), 1957 (88 Punkte), 1955 (92 Punkte), 1953 (90 Punkte) und 1952 (91 Punkte). Eine so gleichmäßig brillante Leistung wurde erst wieder durch die Folge großartiger Jahrgänge erreicht, die mit dem 1982er einsetzte.

LYNCH-MOUSSAS
5ème Cru seit 1855

Lage der Weinberge: Pauillac

Besitzer: Héritiers Castéja
Adresse: 33250 Pauillac
Postanschrift: Domaines Borie-Manoux, 86, Cours Balguerie-Stuttenberg, 33082 Bordeaux Cedex
Telefon: 33 5 56 00 00 70 – Telefax: 33 5 57 87 60 30

Besuche: nur nach Vereinbarung, außer samstags
Kontaktperson: Domaines Borie-Manoux

WEINBERGE (Rotwein)

Rebfläche: 34,5 ha

Durchschnittliches Rebenalter: 25 Jahre

Rebbestand: 65 % Cabernet Sauvignon, 30 % Merlot, 5 % Cabernet Franc

Pflanzdichte: 7000 Reben/ha

Ertrag (im Durchschnitt der letzten 5 Jahre): 55 hl/ha

Durchschnittliche Jahresproduktion insgesamt: 20 000 Kisten

GRAND VIN

Name: Château Lynch-Moussas

Appellation: Pauillac

Durchschnittliche Jahresproduktion: 20 000 Kisten

Verarbeitung und Ausbau: Lese von Hand, vollständiges Entrappen. Vinifikation 4 Wochen in temperaturgeregelten Edelstahltanks. Malolaktische Säureumwandlung im Tank; ab Dezember 12 bis 16 Monate Ausbau in zu 60 % neuen Eichenfässern. Der Wein wird mit Eiweiß geschönt, aber nicht gefiltert.

Kein ZWEITWEIN

Beurteilung des derzeitigen Rangs: Abstufung zum Cru Bourgeois wäre zu empfehlen

Genußreife: 4 bis 10 Jahre nach dem Jahrgangsdatum

PAUILLAC

Lynch-Moussas befindet sich im Besitz und unter der Leitung der Familie Castéja, die auch das bekannte Bordeaux-Handelshaus Borie-Manoux betreibt. Zwar haben die Weine des Hauses Borie-Manoux in den Jahrgängen seit Anfang der achtziger Jahre bedeutende Verbesserungen erfahren, insbesondere die aus den berühmten firmeneigenen Weingütern in Pauillac (Château Batailley), in St-Emilion (Château Trottevieille) und in Pomerol (Domaine d'Eglise), aber aus dem Château Lynch-Moussas kamen lange Zeit leichte, oft verwässerte, einfache Weine, denen es an Charakter und Format fehlte. Seit 1994 ist jedoch bei der Qualität eine Wende eingetreten. Der 1995er war gut bereitet, und der 1996er ist der feinste Lynch-Moussas, den ich je gekostet habe.

JAHRGÄNGE

1997 • 85-86 Mir ist dieser Wein interessanterweise lieber als sein größerer, renommierterer Stallgefährte Batailley. Der sauber bereitete 1997er Lynch-Moussas zeigt dunkel rubinpurpurrote Farbe und reife Cassis-Noten. Im Mund spürt man mäßige Intensität, feine Süße (von Glyzerin und Reife, nicht Zucker) und einen kurzen, aber ordentlichen Abgang. Dieser Wein dürfte bei der Abfüllung genußreif sein und sich 7 bis 8 Jahre halten. Letzte Verkostung: 3/98.

1996 • 87-88+ Ist dieser der vielversprechendste Lynch-Moussas aller Zeiten? Dichtes, dunkles Rubinpurpurrot, ein mustergültiges Cassis-Aroma, Duftnoten von rauchiger frischer Eiche und Mineralen, vielschichtige, reichhaltige Frucht, voller Körper und exzellente, kernige Substanz ohne zuviel Säure oder hartes Tannin zeichnen diesen Wein aus, der mit seiner schönen Nachhaltigkeit und eindrucksvollen Ausstattung eine nahezu herausragende Punktnote verdienen könnte. Wow!
Voraussichtliche Genußreife: 2003 bis 2016. Letzte Verkostung: 3/98.

1995 • 86 Nach der Abfüllung präsentiert sich der 1995er Lynch-Moussas als ein sehr guter Wein mit dunkelrubinroter Farbe, würzigem, moderat ausgestattetem Aroma von Zedernholz und Cassis-Frucht, eingangs guter Reife und Vollmundigkeit und einem trockenen, sauberen, mäßig tanninherben Abgang mit Biß und klarer Linie.
Voraussichtliche Genußreife: 2002 bis 2016. Letzte Verkostung: 11/97.

1994 • 82 Der tief rubinrote, schmackhafte Wein hat ein süßes Bukett mit Noten von reifen Johannisbeeren, Zedernholz, Kräutern und Gewürzen. Bei mittlerem Körper und sanfter, fruchtiger Art ist er ein sauberer, unkomplizierter Pauillac, der in den nächsten 7 Jahren schön zu trinken sein wird. Letzte Verkostung: 1/97.

1993 • 76 Der grüne, krautige, vegetabile 1993er Lynch-Moussas ist schmalbrüstig und streng und wird im Lauf der nächsten 10 Jahre austrocknen. Letzte Verkostung: 1/97.

1989 • 79 Der 1989er ist gefällig und sauber bereitet, aber ungewöhnlich leicht und mild für eine so gute Lage. Er sollte in den nächsten 4 bis 5 Jahren getrunken werden.
Letzte Verkostung: 1/93.

1988 • 80 Der leichte, aber fruchtige und mittelschwere 1988er mit seiner guten Konzentration und milden, etwas eindimensionalen Art will in den nächsten 4 bis 6 Jahren getrunken sein.
Letzte Verkostung: 1/93.

1986 • 77 Der 1986er ist ein ernsthafter und doch leichter Wein ohne genügend Fülle und Frucht, um sich gegen das Tannin zu halten. Wer jedoch einen Bordeaux der schmaleren, strengeren Art mag, dem wird der 1986er besser zusagen als mir.
Voraussichtliche Genußreife: Jetzt. Letzte Verkostung: 11/89.

1985 • 78 Die Weine von Lynch-Moussas sind oft leicht und früh reif; auch der 1985er zeigt diese Charakteristiken und ist überdies mild, fruchtig und eindimensional.
Voraussichtliche Genußreife: Jetzt. Letzte Verkostung: 4/89.

BORDEAUX

MOUTON-ROTHSCHILD
Premier Cru seit 21. Juni 1973

HERVORRAGEND

Lage der Weinberge: Pauillac

Besitzer: Baronne Philippine de Rothschild G.F.A.
Adresse: 33250 Pauillac
Postanschrift: Baron Philippe de Rothschild S.A., B.P.117, 33250 Pauillac
Telefon: 33 5 56 73 20 20 – Telefax: 33 5 56 73 20 44

Besuche: nur nach Vereinbarung
Kontaktperson: Marie Françoise Parinet; Tel. 33 5 56 73 21 29, Fax: 33 5 56 73 21 28

WEINBERGE (Rotwein)

Rebfläche: 74 ha

Durchschnittliches Rebenalter: 42 Jahre

Rebbestand: 80% Cabernet Sauvignon, 10% Cabernet Franc, 8% Merlot, 2% Petit Verdot

Pflanzdichte: 8500 Reben/ha

Ertrag (im Durchschnitt der letzten 5 Jahre): 55 hl/ha

Durchschnittliche Jahresproduktion insgesamt: 25 000 bis 30 000 Kisten

GRAND VIN

Name: Château Mouton-Rothschild

Appellation: Pauillac

Durchschnittliche Jahresproduktion: 25 000 Kisten

Verarbeitung und Ausbau: Lese von Hand. Gärung in Holzfässern. 19 bis 22 Monate Ausbau in zu 100% neuen Eichenfässern. Der Wein wird geschönt.

ZWEITWEIN

Name: Le Petit Mouton de Mouton-Rothschild

Durchschnittliche Jahresproduktion: sehr unterschiedlich, je nach Jahrgang, aber meist weit weniger als 10% der Gesamtproduktion

WEINBERGE (Weißwein)

Rebfläche: 6 ha

Durchschnittliches Rebenalter: 9 Jahre

Rebbestand: 48% Sémillon, 38% Sauvignon Blanc, 14% Muscadelle

Pflanzdichte: 9000 Reben/ha

Ertrag (im Durchschnitt der letzten 5 Jahre): 45 hl/ha

Name: Aile d'Argent

Appellation: Bordeaux

Durchschnittliche Jahresproduktion: 1500 bis 2000 Kisten

PAUILLAC

Verarbeitung und Ausbau: *Pressurage direct* oder *macération pelliculaire;* Gärung in Eichenfässern, davon 50% neu, 50% einmal gebraucht. Lagerung auf dem Hefesatz, wöchentlich einmal *bâtonnage;* Abstich in große Fässer kurz vor der Abfüllung. Der gesamte Vorgang nimmt 12 bis 14 Monate in Anspruch. Schönung und Filtration vor der Abfüllung.

Beurteilung des derzeitigen Rangs: Entspricht der Klassifizierung

Genußreife: 12 bis 40 Jahre nach dem Jahrgangsdatum

Mouton-Rothschild ist als Weingut und Wein eine ganz eigene Schöpfung des verstorbenen Barons Philippe Rothschild. Unbestreitbar waren seine Absichten mit Mouton, das er im Alter von 21 Jahren erwarb, hochgesteckt. Durch die Schaffung eines Pauillac in opulent reichhaltigem und bemerkenswert tiefem, exotischem Stil war er der einzige, der je eine Änderung in der Médoc-Klassifizierung von 1855 herbeiführen konnte. Der Baron starb im Januar 1988, und heute ist seine Tochter Philippine das geistige Oberhaupt seines Weinimperiums. Ihr ist auch weiterhin die wertvolle Unterstützung des talentierten Mouton-Teams unter der Leitung von Patrick Léon sicher.

1973 wurde Mouton-Rothschild offiziell als Premier Cru anerkannt, und damit hatte der tatkräftige Baron die Genugtuung, die stolze Aufschrift auf seinem Etikett von «*Premier ne puis, second ne daigne, Mouton suis*» (Erster darf ich nicht sein, Zweiter mag ich mich nicht nennen, ich bin Mouton) in «*Premier je suis, second je fus, Mouton ne change*» (Erster bin ich, Zweiter war ich, Mouton bleibt sich treu) ändern zu können.

Fraglos trugen mehrere der großartigsten Flaschen Bordeaux-Wein, die ich je genießen durfte, dieses Etikett. Der 1929er, 1945, 1947er, 1953er, 1955er, 1959er, 1982er, 1986er und 1995er sind überwältigende Beispiele für Mouton in Bestform. Allerdings habe ich auch allzu viele mittelmäßige Jahrgänge kennengelernt, die für ein Premier Cru eigentlich peinlich sein müßten, für den Liebhaber jedoch, der so etwas kauft und schmeckt, nur Irritation bedeuten können. Der 1980er, 1979er, 1978er, 1977er, 1976er, 1974er, 1973er, 1967er und 1964er fielen weit unter das Niveau eines Premier Cru ab. Selbst in den beiden hochgepriesenen Jahrgängen 1989 und 1990 entstanden überraschend karge Weine, denen die Konzentration fehlte, die man von einem Premier Cru in einem superben Jahrgang erwarten darf.

Die Gründe für den kommerziellen Erfolg dieses Weins sind zahlreich. Von vornherein sind die Mouton-Etiketten Sammlerstücke. Seit 1945 hat der Baron Philippe de Rothschild jedes Jahr einen Künstler beauftragt, ein Bild zu schaffen, das dann im Oberteil des Etiketts abgedruckt wurde. Nicht wenige Meisterwerke sind auf Mouton-Rothschild-Etiketten erschienen, von europäischen Künstlern wie Miró, Picasso, Chagall und Cocteau und auch von Amerikanern wie Warhol, Motherwell und 1982 John Huston. Zweitens unterscheidet sich die Opulenz des Mouton in großen Jahrgängen im Stil deutlich von der kargen Eleganz des Lafite-Rothschild und der wuchtigen, dichten und muskulösen Art des Latour. Drittens ist das untadelig gepflegte Château mit seinem großartigen Weinmuseum die bedeutendste Touristenattraktion im Médoc, ja vielleicht in der ganzen Region Bordeaux. Und schließlich hat der Baron viel zur Förderung nicht nur seines eigenen Weins, sondern aller Weine von Bordeaux getan. Seine Tochter Philippine erweist sich als höchst tüchtig in der Wahrung seines Erbes.

JAHRGÄNGE

1997 • 90-92   Mouton hat mit der malolaktischen Säureumwandlung im Faß experimentiert (20% des 1997ers wurden auf diese Weise verarbeitet). Dieser Jahrgang, der eine gewisse Ähnlichkeit mit dem 1985er hat, aber doch ganz eigenständig ist, setzt sich aus 81% Cabernet Sauvignon, 13% Merlot, 3% Cabernet Franc und 3% Petit Verdot zusammen. Nur 60% des Ertrags sind in den Grand Vin eingegangen, der sich als hedonistischer, aufgeschlossener Mouton (daher der Vergleich mit dem 1985er) mit tief rubinpurpurroter Farbe, reifem Tannin und dem Mouton-typischen Cassis-Ton in Aromaprofil und Geschmack präsentiert. Die Lese begann bei Mouton am 11. September mit Merlot, wurde dann bis zum 16. September unterbrochen und endete schließlich am 5. Oktober mit dem sehr spät gelesenen Cabernet Sauvignon. Der zugängliche, nicht mit der massiven Art der beiden voraufgegangenen Jahrgänge belastete 1997er Mouton vermittelt am Gaumen ein sanftes Gefühl, Wagenladungen von reintöniger Frucht, eine schön integrierte Note von rauchigem frischem Eichenholz und schließlich eine im Vergleich mit dem anfänglichen Eindruck überraschende Nachhaltigkeit. Alles in allem weist er moderates Tannin auf und gehört zu den wenigen 1997ern, die eine kurze Kellerreife von 3 bis 4 Jahren vor der Genußreife verlangen. Es würde mich nicht überraschen, wenn dieser Wein mindestens zwei Jahrzehnte überdauern und sich damit als einer der langlebigeren 1997er erweisen sollte. Letzte Verkostung: 3/98.

1996 • 94-96   Der 1996er, der sich praktisch in gleicher Weise zusammensetzt wie der 1995er (72% Cabernet Sauvignon, 20% Merlot und 8% Cabernet Franc), hat Gewichtigkeit und Fülle angenommen, seit ich ihn im Frühjahr 1997 verkostete. Ein tiefdunkles Purpurrot geht einher mit einem eindrucksvollen, noch etwas unentwickelten, aber prachtvoll reintönigen Crème-de-Cassis-Aroma mit asiatischen Gewürzen, Süßholz und rauchigem Eichenholz im Hintergrund. Dieser Wein stellt sich mild, körperreich, wuchtig und vollmundig mit gewaltigem Extrakt, reifem Tannin und einem vielschichtigen Eindruck und schließlich einem kraftstrotzenden Abgang dar. Ich bin von der Entwicklung dieses Weins im Lauf des Jahres 1997 äußerst beeindruckt, denn jetzt nimmt er sich aus wie ein großer Mouton – bei der ersten Verkostung habe ich ihn unterschätzt.
Voraussichtliche Genußreife: 2006 bis 2030. Letzte Verkostung: 3/98.

1995 • 95+   Dieser im Juni 1997 abgefüllte profunde Mouton (72% Cabernet Sauvignon, 19% Merlot und 9% Cabernet Franc) ist zugänglicher als der muskulösere 1996er, zeigt ein tiefdunkles Purpurrot und verhaltene Aromen von Cassis, Trüffeln, Kaffee, Süßholz und Gewürz. Im Mund präsentiert er sich mit großen «Stoff», superber Dichte, körperreicher Persönlichkeit, schöner Fülle am Gaumen und einem vielschichtigen, profunden Abgang, der 40 Sekunden und länger anhält. Hervorzuheben sind ferner herausragende Reintönigkeit und kräftiges Tannin, doch sagt mir mein Instinkt, daß dieser Wein etwas säureärmer und fleischiger ist als der stämmigere, kraftvollere 1996er. Beide sind große Leistungen von Mouton-Rothschild.
Voraussichtliche Genußreife: 2004 bis 2030. Letzte Verkostung: 11/97.

1994 • 91+   Der 1994er scheint der feinste Mouton-Rothschild seit dem 1986er und bis zum 1995er zu sein. Er zeigt dichtes, sattes Purpurrot, dazu klassische Mouton-Aromen von süßer schwarzer Frucht, vermischt mit Rauch, *pain grillé*, Gewürz und Zedernholz. Mittlerer bis voller Körper, hervorragende Konzentration, vielschichtige Art, reichliches Tannin und volle, konzentrierte Frucht kennzeichnen diesen Wein, der viel Ähnlichkeit mit dem feinen 1988er aufweist. Übrigens hat der holländische Künstler Appel ein prachtvolles Etikett für den 1994er geschaffen.
Voraussichtliche Genußreife: 2005 bis 2025. Letzte Verkostung: 1/97.

1993 • 90   Dieser wunderschön ausgefeilte Wein dürfte als Schlager seines Jahrgangs gelten. Er präsentiert sich in dunklem Purpurrot, hinzu kommt ein süßes Bukett von *pain grillé*, gerösteten Nüssen und Cassis, das sich gerade erst zu erschließen beginnt. Im Mund hat dieser Wein vielleicht nicht ganz soviel Volumen und Körper vorzuweisen wie der 1990er oder 1989er, aber die Frucht hat mehr Fülle, der Wein selbst mehr Süße, Reife und Reintönigkeit, dazu mittleren Körper und hervorragendes Gleichgewicht. Der moderat tanninherbe, konturenscharfe, überraschend reichhaltige 1993er ist imstande, sich noch 15 bis 20 Jahre weiterzuentfalten.

Zu beachten ist noch, daß dieser Wein unter zwei Etiketten auftritt. Das Originaletikett mit einem zarten, unprovokativen jugendlichen Akt von Balthus wurde auf Proteste amerikanischer Neopuritaner hin fallengelassen. Was dabei herausgekommen ist, sind natürlich Spekulationen mit dem Originaletikett: Es bringt einen Preisunterschied von 50$ gegenüber dem leeren

PAUILLAC

crèmeweißen Etikett, das «offiziell» auf allen nach Amerika exportierten Flaschen mit 1993er Mouton-Rothschild prangt.
Voraussichtliche Genußreife: 2004 bis 2015. Letzte Verkostung: 1/97.

1992 • 88   1992 hat Mouton einen einschmeichelnden, sanften, opulenten Wein geschaffen, der sich durch mittleren Körper, gesunde, dunkle rubinpurpurrote Farbe und ein kräftiges, duftiges Bukett von fülliger Cassis-Frucht, rauchigem Eichenholz, gerösteten Nüssen und Kräutern auszeichnet. Am Gaumen zeigt sich der Wein mild und expansiv, und der Abgang ist weich und samtig – ein auffallend schöner Mouton, der über die nächsten 10 bis 12 Jahre hinweg gut zu trinken sein wird. Letzte Verkostung: 11/94.

1991 • 86+   Der 1991er zeigt mäßig dunkles Rubinpurpurrot, dazu ein vielversprechendes, komplexes Bukett mit Noten von Bleistiften, gerösteten Nüssen und reifen schwarzen Johannisbeeren. Die anfängliche Fülle erstickt sofort unter ungeheuren Mengen Tannin, und es schließt sich ein strenger, harter Abgang an. Zwar hat dieser Wein eine interessante, verlockende Dimension, aber das Tannin ist einfach übermächtig, und deshalb wird er vermutlich nach 10 bis 15 Jahren Aufbewahrung ausgezehrt sein. Wer kargen Wein ohne Frucht liebt, wird ihn höher einschätzen. Letzte Verkostung: 1/94.

1990 • 87   Der 1990er ist ein harter, schmalbrüstiger, karger, strenger Mouton, der meiner Meinung nach niemals so viel Tannin abwerfen wird, daß er vollkommene Harmonie und Ausgewogenheit erlangt. Tief rubinrote Farbe, eine nicht mehr so deutlich wie vor 2 bis 3 Jahren spürbare Eichenholznote, eine Spur reife Frucht schwarzer Johannisbeeren und ein gedämpfter, kantiger, strenger Stil, der untypisch für das Château wie für den Jahrgang 1990 ist, kennzeichnen diesen Wein. Er braucht mindestens noch 10 bis 15 Jahre Kellerreife, doch ein ausgewogener Mouton ist nicht zu erwarten, wenn sich das Tannin einmal mildert – die nötige Konzentration fehlt. Im Kontext eines großartigen Jahrgangs ist der 1990er Mouton eine Enttäuschung, das mußte auch die Baronesse zugeben, als wir ihn in Bordeaux zum Diner tranken.
Voraussichtliche Genußreife: 2006 bis 2020. Letzte Verkostung: 3/98.

1989 • 90   Der 1989er Mouton-Rothschild ist ein hochwertiger Wein, aber verglichen mit dem 1995er, 1986er und 1982er keineswegs hinreißend. Er zeigt dunkelrubinrote Farbe, die sich am Rand schon stark aufzuhellen beginnt. Das Bukett ist überraschend weit entwickelt und bietet Nuancen von Zedernholz, süßer dunkler Frucht, Bleistift und toastwürziger Eiche. Der elegante, mittelschwere, verhaltene Wein ist sehr gut bereitet, stilvoll und dem 1985er nicht unähnlich – ein exzellenter bis herausragender Mouton, der in 4 bis 5 Jahren seinen Gipfel erreichen und sich 15 bis 20 Jahre lang schön trinken wird. Letzte Verkostung: 11/96.

1988 • 89   Der 1988er hat ein attraktives Aroma von exotischen Gewürzen, Mineralen, Kaffee, schwarzen Johannisbeeren und Eichenholzsüße. Weitgehend wie beim 1989er ist das Bukett umwerfend, der Geschmack aber eindeutig weniger profund. Im Mund fühlt er sich bei mittelschwerem Körper und hervorragender Reife viel fester, kerniger und eindeutig tanninreicher an als der 1989er. Er ist ein herrlicher 1988er mit einer Lebenserwartung von 20 bis 25 Jahren, nur der kurze Abgang stört, sonst wäre er sublim. In gewisser Weise erinnert der 1988er an den 1985er, aber er hat mehr Tannin.
Voraussichtliche Genußreife: Jetzt bis 2020. Letzte Verkostung: 1/93.

1987 • 88   Mit dem 1987er dürfte man jede Wette um den Wein des Jahrgangs gewinnen. Sicher ist er der vollendetste, aber auch verschlossenste seines Jahrgangs und braucht eine Entfaltungszeit von mindestens 10 bis 15 Jahren. Die von der Tochter des verstorbenen Barons Philippe de Rothschild auf dem Etikett angebrachte rührende Widmung ist allein schon den Preis der Flasche wert. Überdies war der 1987er der letzte Jahrgang des Barons und dürfte schon deshalb in 40 oder 50 Jahren ein Vermögen wert sein. Jedenfalls ist er einer der tiefsten und dunkelsten Weine des Jahres mit einem straffen, aber vielversprechenden Bukett von Zedernholz und schwarzen Johannisbeeren, überraschender Tiefe, mittlerem bis kräftigem Körper und reichlich Tannin im Abgang.
Voraussichtliche Genußreife: Jetzt bis 2010. Letzte Verkostung: 11/90.

1986 • 100   Ein enorm konzentrierter, massiver Mouton-Rothschild, in der Qualität, wenn auch nicht in der Art vergleichbar mit den Jahrgängen 1982, 1959 und 1945; dieser untadelig bereitete Wein steckt noch in den Kinderschuhen. Interessanterweise bekam ich ihn in Bordeaux vor ein paar Jahren aus einer Magnumflasche, die 48 Stunden zuvor geöffnet und dekantiert worden war, zur Blindverkostung serviert. Er schmeckte noch immer wie eine Probe aus dem Faß! Ich nehme an, der 1986er Mouton-Rothschild braucht noch mindestens 15 bis 20 Jahre Kellerreife; er hat das Potential für 50 bis 100 Jahre Lebensdauer! Angesichts der unverschämt hohen Preise, die für so viele der großen 1982er und 1990er gezahlt werden (fast hätte ich die 1995er Bordeaux-Futures vergessen), erscheint er auf dem Markt für feinen Wein noch als «relativ preiswert». Wie viele meiner Leser werden wohl noch in der Verfassung sein, ihn zu genießen, wenn er endlich seine volle Reife erlangt? Letzte Verkostung: 3/98.

1985 • 90+   Das Château setzt den 1985er auf dieselbe Stufe wie den 1959er, mir scheint er aber eher mit dem 1962er oder 1953er vergleichbar. Das reiche, komplexe, voll entwickelte Bukett von orientalischen Gewürzen, angeräuchertem Eichenholz, Kräutern und reifer Frucht ist ganz wundervoll. Auf der Zunge fühlt sich der Wein ebenfalls sehr reichhaltig, aufgeschlossen, nachhaltig und sinnlich an. Er rangiert hinter den 1985ern von Haut-Brion und Château Margaux. Ich bin überrascht, wie weit entfaltet und genußreif dieser Wein ist. Wer einen wuchtigen, kraftvoll gebauten Mouton sucht, sollte sich in anderen Jahrgängen umsehen, denn dieser hier ist ein zahmer, aufgeschlossener, mittelschwerer Wein, der kurz vor der vollen Reife steht und noch weitere 15 Jahre und mehr überdauern dürfte.
Voraussichtliche Genußreife: Jetzt bis 2012. Letzte Verkostung: 3/98.

1984 • 80   In den achtziger Jahren war Mouton das erfolgreichste Premier Cru in Pauillac. Der 1984er, fast rein von Cabernet Sauvignon, wird einer der langlebigsten Weine dieses Jahrgangs sein. Er ist körper- und tanninreich, konzentriert und mit vollem Extrakt ausgestattet und dürfte deshalb ein unglaubliches Alter erreichen. In einem allgemein dürftigen Jahrgang ist er eine große Überraschung.
Voraussichtliche Genußreife: Jetzt bis 2005. Letzte Verkostung: 3/90.

1983 • 90   Das klassische Mouton-Bukett von Bleistiften und Zedernholz stellt sich bereits ein. Der mittel- bis dunkelrubinrote 1983er ist mit seinem mittelschweren Körper ein eleganter Wein, wird aber nie ein großer oder gar legendärer Mouton werden. Der Geschmack ist reif und zeigt mäßige Fülle. Bei guter Tiefe und festem, noch der Auflösung harrendem Tannin nimmt sich diese Leistung von Mouton kräftiger und gehaltvoller aus als der 1981er, 1979er und 1978er. Nach den Maßstäben des Châteaus und des Jahrgangs ist der 1983er eigentlich karg und ähnelt dem feinen 1966er von Mouton.
Voraussichtliche Genußreife: Jetzt bis 2015. Letzte Verkostung: 10/90.

1982 • 100   Ich finde, daß der satt purpurrote Mouton-Rothschild der verschlossenste, in der Entwicklung noch rückständigste Wein dieses Jahrgangs ist. In den ersten 5 bis 6 Jahren nach der Abfüllung präsentierte er sich mit umwerfender, fabelhaft reichhaltiger und nach außen gewandter Persönlichkeit. Aber seit dem Ende der 1980er Jahre hat er sich in sich zurückgezogen, und es ist schwer zu sagen, wann er sich wieder erschließt. Die volle, ölige, reiche Frucht und die enorme Geschmackskonzentration, die diesen Jahrgang prägen, sind zwar vorhanden, aber die Entfaltung ist noch nicht weit fortgeschritten, und der Wein gibt sich wie eine junge Probe aus dem Faß. Mächtiges Tannin und immensen Körper kann dieser massive, kraftstrotzende Mouton allerdings vorweisen. Da er bedeutend reichhaltiger ist als der 1970er oder 1961er, erscheint es nicht weit hergeholt, ihn mit dem 1959er oder dem 1945 zu vergleichen! Wer Kindermord scheut, sollte ihn noch 5 bis 10 Jahre im Keller ruhen lassen. Wie der Latour hat auch der 1982er Mouton-Rothschild das Potential für 50 bis 60 Jahre Lebensdauer.

Die letzten beiden Male habe ich diesen Wein einen Tag bevor ich ihn trinken wollte, schon morgens dekantiert. Sein außerordentliches Potential gibt er erst nach 30 Stunden Atmen in einem geschlossenen Dekanter zu erkennen. Bemerkenswert, wie sehr er noch wie eine Probe aus dem Faß und kaum wie ein fertiger Wein wirkt. Eine Legende! Letzte Verkostung: 4/98.

PAUILLAC

1981 • 79 Dieser Mouton ist noch nie eine Inspiration gewesen, inzwischen aber erscheint er zunehmend gedämpft mit erschreckend karger Persönlichkeit. Im mitteldunklen Rubinrot zeigt sich ein bernsteingelber Saum. Das Bukett besteht weitgehend aus Aromen von Erde, Holz und staubtrockener roter Frucht. Im Mund fühlt sich dieser kompakte Wein mittelschwer an und weist ausgesprochen strenges Tannin bei wenig Frucht auf. Meiner Meinung nach leidet er an Auszehrung – weitgehend eine Enttäuschung.
Voraussichtliche Genußreife: Jetzt. Letzte Verkostung: 10/97.

1980 • 74 Eine wenig inspirierende Leistung von Mouton, auch wenn man die ungünstigen Voraussetzungen für diesen Jahrgang berücksichtigt. Die Farbe ist mittelrubinrot, das unreife Aroma erinnert an Laub und Stiele, der Geschmack ist mager, karg, übermäßig tanninherb und der Abgang adstringierend. Mit der Zeit mag sich einiges bessern, aber ich habe meine Zweifel.
Voraussichtliche Genußreife: Jetzt. Letzte Verkostung: 10/83.

1979 • 76 Ebenfalls ein Wein, der sich nie recht entfaltet hat, und leider wird ihm auch weitere Flaschenreife nichts nützen – ein Mouton mit viel Säure, der schon immer karg war; was er in der Jugend an Cassis-Frucht besaß, hat sich inzwischen offenbar verflüchtigt. Der nichtssagende Duft und Geschmack besteht weitgehend nur noch aus Tannin, Säure, Alkohol und Holz. Dieser uninteressante 1979er Mouton hat keine Zukunft.
Voraussichtliche Genußreife: Jetzt. Letzte Verkostung: 10/97.

1978 • 85 Ein Mouton mit vegetabilem Duft und Noten von Zedernholz, Kaffee und Beeren. Der 1978er ist gefällig, aber es fehlt ihm die Tiefe und Konzentration, die man von einem Premier Cru erwarten darf. Er hat mittleren Körper, einen etwas grünen Anflug in den Geschmacksnuancen von Johannisbeeren und Erde und moderat bitteres adstringierendes Tannin im Abgang. Komplexität oder Fülle wird er kaum noch entfalten.
Voraussichtliche Genußreife: Jetzt. Letzte Verkostung: 10/97.

1977 • 66 Der mittelrubinrote, dünne, vegetabile, nach Stielen schmeckende und uncharmante 1977er hätte eigentlich komplett heruntergestuft, nicht aber als «Premier Cru» an vertrauensselige Liebhaber verkauft werden sollen. Letzte Verkostung: 4/81.

1976 • 85 Der mittel- bis dunkelrubinrote 1976er zeigt an den Rändern einen braunen Anflug und nähert sich rasch seinem Höhepunkt. Er weist ein interessantes, mäßig intensives Bukett von reifen Pflaumen, würzigem Eichenholz und Leder auf; das Tannin ist noch deutlich spürbar und wird die Frucht zweifellos überdauern. Bei seinem Mangel an Tiefe und Konzentration bleibt diesem Wein Größe versagt, aber für den Jahrgang ist er ein achtbarer Mouton. Er wird sich in den nächsten 10 Jahren gut trinken. Ich muß zugeben, daß die Entwicklung dieses Weins viel langsamer vor sich gegangen ist, als ich vermutet hätte.
Voraussichtliche Genußreife: Jetzt bis 2000. Letzte Verkostung: 3/98.

1975 • 90? Dieser Wein beginnt endlich einiges Potential zu zeigen. Er war 10 Jahre lang verschlossen und schrecklich tanninstreng. Die Farbe ist ein gutes dunkles Rubingranatrot, hinzu kommen ein süßer Duft von Zedernholz, Schokolade, Cassis und Gewürzen, gute reife Frucht, Extrakt und ein gewichtiger, breitgefächerter, tanninherber Abgang. Er ist in der Entwicklung noch zurückgeblieben, beginnt jetzt aber die Tanninhülle abzustreifen und mehr Komplexität und Gleichgewicht an den Tag zu legen. Ich habe noch Bedenken, wie gut sich die Frucht wohl hält, sicherlich aber wird dieser Wein um die Jahrhundertwende seinen Gipfel erreichen. Im Kontext mit einer weitgehend enttäuschenden Reihe von Mouton-Rothschilds in den siebziger Jahren gesehen, sind besonders gute Flaschen des 1970ers besser als der 1975er, ansonsten aber ist dieser eindeutig der zweitbeste Mouton dieses Jahrzehnts. Letzte Verkostung: 12/95.

1974 • 69 Dieser Wein, eine unterdurchschnittliche Leistung von Mouton, hat die charakteristische Hohlheit des Jahrgangs, ein schales, flaches Bukett und Mangel an reicher Fruchtigkeit.
Voraussichtliche Genußreife: Jetzt – wahrscheinlich stark im Nachlassen.
Letzte Verkostung: 5/81.

1973 • 65 Das Jahr, als Mouton offiziell den Rang eines «Premier Cru» erhielt, wurde mit einem schönen Etikett von Pablo Picasso gefeiert. Im Urteil der Weinkritik und der Weinkenner ist

das Etikett eindeutig dem Inhalt überlegen. Der stark von Eiche und sonstigem Holz geprägte Wein mit seiner rasch verblassenden Frucht ist nur wegen der historischen Bedeutung des Flaschenetiketts aufhebenswert.
Voraussichtliche Genußreife: Jetzt – wahrscheinlich stark im Nachlassen.
Letzte Verkostung: 2/82.

1971 • 88   Dieser Wein, in seiner Jugend ein mittelschweres, charmantes Gewächs, entwickelt sich auch weiter gut. Die Flaschen, die ich vor kurzem verkostet habe, waren die feinsten des 1971ers Mouton-Rothschild. Die Farbe ist tiefdunkel granatrot mit etwas Bernsteingelb am Rand. Das klassische Pauillac-Bukett bietet Nuancen von Zedernholz, schwarzen Johannisbeeren und Bleistift. Am Gaumen zeigt sich saftig süßes, an Zedernholz und Johannisbeeren erinnerndes Geschmacksprofil mit guter Frische, angemessener Säure und reifem Tannin. Der Wein hat bereits seine volle Reife, ist aber imstande, noch 5 bis 10 Jahre durchzuhalten.
Voraussichtliche Genußreife: Jetzt bis 2006. Letzte Verkostung: 10/97.

1970 • 93?   Ich habe bemerkenswert oft Gelegenheit gehabt, den 1970er Mouton zu verkosten. Er ist einer der ungleichmäßigsten Weine, die ich kenne. Einerseits kann er reinster Nektar, andererseits aber kantig, karg und erschreckend hart und tanninstreng sein. Die jetzt verkostete Flasche (eine aus der Réserve du Château, die versehentlich herausgegeben wurde und mit «R.C.» anstatt mit einer Nummer gekennzeichnet war) war kurz nach dem Dekantieren einfach nicht zu beurteilen, so hart, streng und unnahbar erwies sich dieser Wein. Etwa acht Stunden später hatte er sich dann prachtvoll entfaltet und zeigte das klassische Bukett mit Aromen von süßer Cassis-Frucht, Tabak, Mineralen und exotischem Gewürz. Dieser opulente, körperreiche, vollmundige und saftige Wein könnte angesichts einer so außergewöhnlichen Entfaltung das überzeugendste Argument für lange Dekantierzeiten abgeben. Nachdem ich oft genug während der Entwicklungszeit dieses Weins verunsichert war, hat mich diese Flasche mit ihm versöhnt. Zweifellos hat der bei Mouton übliche hohe Cabernet-Sauvignon-Anteil dazu geführt, daß dieser Wein ein strenges, hartes, unerfreuliches Stadium durchmacht; so braucht der 1970er wohl noch 5 bis 7 Jahre Kellerreife. Letzte Verkostung: 6/96.

1967 • 70   Ich habe 1974 einen angenehm fruchtigen, recht schlichten, mittelschweren und voll ausgereiften 1967er Mouton gekostet. In letzter Zeit hat sich dieser Wein als flach, hohl und im Nachlassen gezeigt. Gegen Ende der achtziger Jahre stellte sich eine dumpfige, pilzähnliche Note ein. Austrinken!
Voraussichtliche Genußreife: Jetzt – wahrscheinlich stark im Nachlassen.
Letzte Verkostung: 1/91.

1966 • 90   Meine Beurteilung ist vielleicht etwas großzügig, aber ich habe seit jeher eine Vorliebe für diesen Wein, obschon er fast ein wenig zu trocken, karg und verhalten ist. Dessenungeachtet sind die dunkelgranatrote Farbe und das klassische süße Bukett von Gewürzen, Tabak, Kaffee und schwarzen Johannisbeeren bezaubernd. Im Abgang macht sich nach wie vor kräftiges Tannin bemerkbar und trägt zum trockenen, kargen Charakter bei, den dieser Wein seit jeher aufweist. Der 1966er Mouton hat eher intellektuelle Art und ist ein klassisches Beispiel für den Jahrgang und für den Cabernet-Sauvignon-betonten Stil des Châteaus.
Voraussichtliche Genußreife: Jetzt bis 2008. Letzte Verkostung: 3/98.

1964 • 55   Der 1964er Mouton ist ein deutlicher Versager, weil die Lese erst spät bei sintflutartigem Regen stattfand, in dem die Hoffnungen derjenigen Châteaux, die auf zusätzliche Reife gesetzt hatten, untergingen. Ein süßes, aufgekochtes Bukett wird begleitet von ebenso süßlichem, diffusem, flauem Geschmack. Man fragt sich nur, warum die führenden Châteaux in Bordeaux, wenn nun einmal nur ein so miserabler Wein zustande kommen kann, nicht ihren gesamten Ertrag auf eine niedrigere Stufe setzen. Letzte Verkostung: 1/91.

1962 • 92   Ich habe mich früher an dieser Stelle über variable Qualität von Flasche zu Flasche beklagt, doch bei drei Verkostungen in den letzten Jahren aus Flaschen, die einwandfrei gelagert worden waren, hat sich der Wein als herrlich herausgestellt. Der 1962er ist außerordentlich duftig und hat dunkelgranatrote Farbe mit einem hellen Saum. Zum süßen Bukett von fülliger

schwarzer Frucht, Zedernholz und Rauch gesellt sich samtige, mittelschwere bis volle Substanz ohne jede Schärfe – ein hinreißend reichhaltiger, opulenter Mouton, der mit zunehmendem Alter an Charakter und Komplexität gewonnen zu haben scheint.
Voraussichtliche Genußreife: Jetzt bis 2008. Letzte Verkostung: 10/97.
1961 • 98? Ich habe den 1961er Mouton-Rothschild ganz ähnlich wie den beständig unbeständigen 1970er bedauerlich variabel gefunden. In Bestform ist er ein großartiger Mouton. Dem Glas entströmt ein mächtiges Bukett mit Noten von Zedernholz, Cassis, Bleistift und Menthol. In der schwarz-purpurroten Farbe zeigt sich kein Anzeichen von Aufhellung oder gar Bernsteingelb. Diese Flasche mit körperreichem, gehaltvollem und überaus intensivem, profundem 1961er Mouton hätte selbst neben dem hinreißenden 1959er bestehen können. Letzte Verkostung: 3/98.

ÄLTERE JAHRGÄNGE

Der 1959er Mouton (100 Punkte; 3/98) begeistert mich jedesmal; er ist einer der größten Moutons aller Zeiten. Immer wieder empfinde ich eindeutig, daß Mouton im Jahrgang 1959 einen reichhaltigeren, überzeugenderen Wein produziert hat als 1961. Er ist noch erstaunlich jung und wenig ausentwickelt, hat schwarz-purpurrote Farbe und ein jugendliches Bukett von Cassis, Mineralen und frischer Eiche. Mit seiner außergewöhnlichen Wucht und Extraktfülle – die Frucht gestützt auf reichlich Tannin und lustvolle Alkoholstärke – dürfte sich dieses Mammut von einem Mouton-Rothschild noch 20 bis 30 Jahre lang weiter entfalten und könnte sich durchaus als ein Wein für 100 Jahre erweisen! Den 1955er (97 Punkte; 3/98) empfehle ich auf Auktionen zu kaufen, denn meiner Meinung nach ist sein Preis vernünftiger als das, was für so hochgepriesene Jahrgänge wie 1959 und 1961 gezahlt wird. Die Farbe zeigt weder Bernsteingelb noch Rostrot, sondern lediglich eine leichte Aufhellung am Rand. Das Bukett bietet den explosiven Mouton-Duft von Minze, Leder, Cassis, schwarzen Oliven und Bleistift. Im Mund beweist er unerhörte Konzentration, prachtvolle Frucht und im Abgang reichlich Tannin. Dieser Wein schmeckt noch immer bemerkenswert jung und dürfte ohne weiteres noch 20 bis 30 Jahre vor sich haben. Erstaunlich! Ich erinnere mich, wie ein Freund einmal eine Flasche 1953er (95 Punkte; 10/94) dekantierte und mir unter die Nase hielt, um mit mir gemeinsam das unglaubliche Bukett zu genießen. Neben so exotischen Aromen wie Sojasauce, neuem Sattelleder, Cassis, Kräutern und Gewürzen hat der 1953er tief rubinrote Farbe mit leicht bernsteingelbem Saum zu bieten. Dieser Wein mit seiner weichen Säure und mit der Süße und Fülle üppig strukturierter Frucht besitzt kein spürbares Tannin. Er mag zwar bald am Ende sein, aber noch ist er, unmittelbar nach dem Dekantieren getrunken, ein übervoller Genuß.

Der 1949er (94 Punkte; 10/94) soll der Lieblingsjahrgang des verstorbenen Barons Rothschild gewesen sein. Ich finde zwar auch, daß er ein gewaltiger Mouton ist, aber der 1945er, 1947er, 1959er, 1982er, 1986er, 1995er und 1996er sind mir lieber. Im Bukett zeigt der 1949er reichliche Mengen an süßer, reifer Cassis-Frucht sowie Kräuter, eine würzige Eichennote und Nuancen von Kaffee und Zimt. Bei mittelschwerem Körper und noch spürbarem moderatem Tannin hat dieser kompakte, tiefdunkel granatrote Wein superbe Konzentration und einen bemerkenswert nachhaltigen Abgang. Er ist wohl voll ausgereift, doch sein Gleichgewicht, seine Nachhaltigkeit und sein Tanningehalt lassen darauf schließen, daß er noch weitere 20 Jahre überdauern wird.

Vom 1947er Mouton-Rothschild habe ich nie etwas anderes erlebt als außergewöhnliche, vollreife, fabelhaft reichhaltige, konzentrierte Flaschen (98 Punkte; 3/98). Das exotische, überströmende Bukett von Ingwer, Minze, Kaffee, Zedernholz und reichlicher Cassis-Frucht geht einher mit einem sirupartigen, ölig-substanzreichen, vollmundigen, saftigen Geschmack mit explosiver Frucht. Dieser Wein war zwar schon genußreif, als ich ihn vor über 10 Jahren zum ersten Mal verkostete, zeigt aber immer noch keine Anzeichen von Fruchtverlust oder Farbabschwächung – einer der exotischsten, opulentesten Mouton-Rothschilds, die ich kennengelernt habe, aber er muß nun getrunken werden.

Mit beständig 100 Punkten (nur weil meine Punkteskala nicht weiter geht) ist der 1945er Mouton-Rothschild (letzte Verkostung 8/97) wahrhaftig einer der unsterblichen Weine des Jahrhunderts. Er ist leicht erkennbar an seinem bemerkenswert exotischen, überreifen, süßen Bukett mit Noten von schwarzer Frucht, Tabak, Mokka und asiatischen Gewürzen – ein außerordentlich dichter, opulenter, voller Wein mit vielschichtiger, fülliger Frucht, alles in allem eher ein 1947er Pomerol als ein festgefügter, wuchtiger, tanninherber 1945er Pauillac. Der Nachklang bietet über 60 Sekunden lang reife Frucht, Extrakt und mildes Tannin. Dieser noch bemerkenswert jugendfrische Wein (nur ein geringfügiger bernsteingelber Saum) ist einfach überwältigend! Wird er noch einmal 50 Jahre überdauern?

Ich kenne keine großen Moutons aus den 1930er Jahren, aber der 1929er (86 Punkte im April 1991) ist noch immer genießbar, wenn er auch nur noch ein Schatten seiner selbst ist. Der 1928er, 1926er und 1924er, alle im April 1991 verkostet, waren stark im Nachlassen. Keiner von ihnen verdiente eine Punktnote über 75. Der 1921er Mouton-Rothschild (72 Punkte) bot rubingranatrote Farbe und ein ältliches, stickiges Bukett mit Zoten von Zedernholz, Ingwer und dicklicher Frucht. Im Mund erwies er sich als säuerlich, sehnig, kompakt und kantig, ohne Charme, Vollmundigkeit oder Frucht; im Abgang hatte er außerdem zuviel Tannin. Interessanterweise war im Aroma des Weins die Mouton'sche Minzenuance noch spürbar.

PIBRAN
Cru Bourgeois

Lage der Weinberge: Pauillac

Besitzer: AXA Millésimes
Leitung: Jean-Michel Cazes
Adresse: 33250 Pauillac
Telefon: 33 5 56 73 17 17 – Telefax: 33 5 56 59 64 62

Besuche: nur nach Vereinbarung
Kontaktperson: Suzanne Calvez (Tel. und Fax siehe oben)

WEINBERGE (Rotwein)

Rebfläche: 10 ha

Durchschnittliches Rebenalter: 30 Jahre

Rebbestand: 60 % Cabernet Sauvignon, 30 % Merlot, 10 % Cabernet Franc

Pflanzdichte: 9000 Reben/ha

Ertrag (im Durchschnitt der letzten 5 Jahre): 45 hl/ha

Durchschnittliche Jahresproduktion insgesamt: 4500 Kisten

GRAND VIN

Name: Château Pibran

Appellation: Pauillac

Durchschnittliche Jahresproduktion: 4500 Kisten

Verarbeitung und Ausbau: Lese von Hand, vollständiges Entrappen. Vinifikation normalerweise 15 bis 17 Tage (1996 jedoch 20 Tage) in temperaturgeregelten Edelstahltanks. Malolaktische Säureumwandlung im Tank; anschließend 15 bis 18 Monate Ausbau in zu $1/3$ neuen Eichenfässern. Abstich alle 3 Monate von Faß zu Faß, Schönung und Filtrierung vor dem Abfüllen.

PAUILLAC

Kein ZWEITWEIN

Beurteilung des derzeitigen Rangs: Entspricht qualitativ einem Cru Bourgeois Exceptionnel

Genußreife: 4 bis 12 Jahre nach dem Jahrgangsdatum

Der meist mit kräftiger Farbe versehene Pibran wird in Eichenfässern ausgebaut und hat dichte, konzentrierte und mäßig tanninreiche Art. Einen gewissen Mangel an Komplexität und Finesse gleicht dieser Wein mehr als reichlich durch Wucht und muskulöse Persönlichkeit aus. Bei seinem mäßigen Preis ermöglicht er einen guten Einstieg in die Weine von Pauillac.

Seit Jean-Michel Cazes und sein Kellermeister Daniel Llose die Bereitung des Pibran in die Hand genommen haben, ist der Stil merklich fruchtiger, fülliger und schmackhafter geworden. Sowohl der 1988er als auch der 1989er zeigen modernere Art als die früheren Jahrgänge, und durch ihre Fülle und Fruchtigkeit werden sie auch bei einem breiteren Publikum sicherlich Gegenliebe finden.

JAHRGÄNGE

1996 • 85-87?   Dieser Wein, der sich überraschend gut ausnimmt, könnte einer der besseren Pibrans sein, die mir auf die Zunge gekommen sind. Seine Farbe ist ein sattes Purpurrot, das Aroma bietet überzeugend reichhaltigen Cassis-Duft, verwoben mit würzigem Vanillin aus neuen Eichenfässern. Der Wein zeichnet sich durch mittleren Körper und guten Eingang aus, doch dann setzt das Tannin ein, und der Geschmack wird schmalbrüstig und etwas adstringierend. Wenn er an Fülle zulegt, wird er 87 Punkte verdienen, es ist aber noch zu früh, um abzuschätzen, ob dies geschieht. Letzte Verkostung: 3/97.

1995 • 85   Der 1995er zeigt gute Farbe, Reife, Würze, Fülle und süße Frucht. Er ist ein gefälliger, sanfter Wein, der sich früh trinken lassen und 7 bis 8 Jahre gut halten wird. Letzte Verkostung: 3/96.

1994 • 80   Der 1994er Pibran ist ein straffer, tanninreicher Wein mit durchschnittlicher Konzentration und einem gedrückten, kurzen Abgang. Letzte Verkostung: 3/96.

1992 • 74   Der 1992er Pibran bietet eindrucksvoll satte Farbe, aber sonst kaum etwas. Die Säure ist zu kräftig, das Tannin zu spürbar und der Mangel an Frucht zu auffallend. Das Resultat ist ein hohler, straffer Wein ohne Charme. Letzte Verkostung: 11/94.

1991 • 76   Der unkomplizierte rubinrote 1991er bietet kaum ein Bukett und bei mittlerem Körper straffes Tannin im Abgang. Er wird vermutlich abmagern, ehe er echten Charme entfalten kann. Letzte Verkostung: 1/94.

1990 • 88   Der 1990er Pibran ist ein Klon des 1989ers, nur etwas fetter und voller. Er sollte in den kommenden 6 bis 9 Jahren getrunken werden. Letzte Verkostung: 1/93.

1989 • 87   Das Cru-Bourgeois-Gut hat 1989 eine schöne Leistung vollbracht. Der Wein zeigt sich tief rubinpurpurrot und hat ein feines Bukett mit einer rauchigen Eichenholznote und viel Cassis-Frucht. Der Abgang ist fett und vollmundig mit milder Säure. Dieser Wein will in den nächsten 5 bis 7 Jahren getrunken werden. Letzte Verkostung: 1/93.

1988 • 86   Dem 1988er, einem behäbigen, schmackhaften, reifen, reichlich ausgestatteten Pauillac, fehlt es zwar an Komplexität, aber er hat süße Frucht in Hülle und Fülle und spricht unmittelbar an.
Voraussichtliche Genußreife: Jetzt. Letzte Verkostung: 1/93.

BORDEAUX

Pichon-Longueville Baron
2ème Cru seit 1855

AUSGEZEICHNET

Lage der Weinberge: Pauillac

Besitzer: AXA Millésimes
Leitung. Jean-Michel Cazes
Adresse: St-Lambert, 33250 Pauillac
Telefon: 33 5 56 73 17 17 – Telefax: 33 5 56 73 17 28

Besuche: täglich von 9 bis 12.30 und von 14 bis 18 Uhr (freitags nur bis 17 Uhr)
Kontaktperson: Suzanne Calvez

WEINBERGE (Rotwein)

Rebfläche: 67 ha

Durchschnittliches Rebenalter: 35 Jahre

Rebbestand: 70 % Cabernet Sauvignon, 25 % Merlot, 5 % Cabernet Franc

Pflanzdichte: 9000 Reben/ha

Ertrag (im Durchschnitt der letzten 5 Jahre): 45 hl/ha

Durchschnittliche Jahresproduktion insgesamt: 35 000 Kisten

GRAND VIN

Name: Château Pichon-Longueville

Appellation: Pauillac

Durchschnittliche Jahresproduktion: 24 000 Kisten

Verarbeitung und Ausbau: Lese von Hand, vollständiges Entrappen. Vinifikation normalerweise 15 bis 17 Tage (1996 jedoch 20 Tage) in temperaturgeregelten Edelstahltanks. Malolaktische Säureumwandlung im Tank, jedoch bei einem sehr geringen Teil des Ertrags im Eichenfaß. Ab Dezember 12 bis 15 Monate Ausbau in zu 70 % neuen Eichenfässern. Faßabstich alle 3 Monate; der Wein wird geschönt und gefiltert; die Abfüllung erfolgt im Frühjahr.

ZWEITWEIN

Name: Les Tourelles de Longueville

Durchschnittliche Jahresproduktion: 12 000 Kisten

Beurteilung des derzeitigen Rangs: Entspricht insbesondere seit 1986 der Klassifizierung

Genußreife: 8 bis 25 Jahre nach dem Jahrgangsdatum

Das Château, eine noble Erscheinung direkt gegenüber Pichon-Longueville-Comtesse de Lalande und Latour, erlebte zu Anfang der 1980er Jahre in der Weinqualität ein bescheidenes Comeback und wurde dann gegen Ende der achtziger Jahre von seinen damaligen Besitzern, der Familie Bouteiller, an den Versicherungskonzern AXA verkauft. Diese große Gesellschaft kam auf den glücklichen Gedanken, Jean-Michel Cazes von Château Lynch-Bages mit der Leitung des Weinguts zu betrauen. Seine besonderen Methoden, zu denen spätere Lese, strengere Auslese, die Einführung eines Zweitweins und die Verwendung eines höheren Anteils von Eichenfässern beim Ausbau gehören, haben einen dramatischen Qualitätswandel gebracht. Infolgedessen verdient Pichon-Longueville inzwischen seinen prestigeträchtigen Status als 2ème Cru voll und ganz.

Die Weinberge befinden sich in bester Südlage auf kieshaltigem Boden, zum großen Teil direkt neben denen von Château Latour. Es hat Spekulationen gegeben, daß der Mangel an Brillanz in vielen Pichon-Longueville-Weinen der sechziger und siebziger Jahre eine Folge ungenügender Sorgfalt in Weinberg und Keller gewesen sei. Ich erinnere mich, daß ich einmal an einem brütend heißen Julinachmittag vorüberkam und die Flaschen mit dem frisch abgefüllten Jahrgang in der prallen Sonne vor der Kellerei aufgestapelt vorfand. Unter der Regie von Cazes kommen solche Ungeheuerlichkeiten sicherlich nicht mehr vor.

Aber abgesehen von aller Rhetorik und Image-Pflege – den besten Beweis dafür, daß Pauillac jetzt wieder zwei großartige Pichons in seiner Appellation hat, liefern die Weine, die seit 1986 aus dem Château Pichon Longueville kommen. Das Château dürfte sich sogar zu einem der großen Superstars der neunziger Jahre entwickeln. 1988, 1989 und 1990 kamen aus diesem Haus großartige Weine. Wenn sie beispielhaft für den von Jean-Michel Cazes für Pichon Longueville beabsichtigten Stil stehen, dann darf man mit kraft- und ausdrucksvollem, intensiv konzentriertem Wein rechnen.

JAHRGÄNGE

1997 • 87-90 Dieser Verschnitt von 80 % Cabernet Sauvignon und 20 % Merlot wurde in zu 70 % neuen Eichenfässern ausgebaut. So entstand kein Schwergewicht, sondern ein dichter, purpurroter Wein mit milder Säure und moderatem Tannin. Er bietet für einen 1997er gute Konturenschärfe und Linienklarheit (die meisten Vertreter dieses Jahrgangs sind offen gewirkt und rund) und zeichnet sich durch reichliche süße Frucht schwarzer Johannisbeeren, verwoben mit würzigem *pain-grillé*-Duft, aus. Im Mund zeigt sich ein wohlkonturierter, tanninreicher Eindruck, und der Abgang ist mäßig lang. Dieser Wein ist unter den 1997ern, die ich verkostet habe, einer der noch am wenigsten fortgeschrittenen. Er wird also vermutlich nach der Freigabe noch 2 bis 3 Jahre Kellerreife brauchen und sich dann 15 Jahre lang halten. Letzte Verkostung: 3/98.

1996 • 88-90+ Der eindrucksvolle und mit ausreichend Potential für eine hohe Punktnote ausgestattete 1996er Pichon Baron ist tanninreicher und karger als der 1995er, zeigt aber dichte rubinpurpurrote Farbe sowie Aromen von süßer Cassis-Frucht und toastwürziger frischer Eiche. Im Abgang machen sich attraktive Noten von Schokolade, Cassis und Brombeerfrucht bemerkbar, und der Geschmack scheint beim Heranreifen im Faß an Fülle zuzunehmen. Ich rechne damit, daß dieser Wein ganz genauso gut werden wird wie der 1995er, aber er wird länger leben. Voraussichtliche Genußreife: 2004 bis 2018. Letzte Verkostung: 3/98.

1995 • ? Der tief rubinpurpurrote Pichon Baron mit seiner stilvollen, eleganten, eher verhaltenen Art zeigt nicht so auffallend starkes Aroma von frischem Eichenholz wie üblich, dafür reintönigen Duft schwarzer Johannisbeeren mit subtilen Nuancen von Kaffee und rauchigem Eichenholztoast. Im Mund bietet er nicht soviel Wucht und Muskelkraft wie der 1996er, sondern weiche, elegante, reiche Frucht bei mittlerem bis vollem Körper und überraschend üppiger Statur.
Voraussichtliche Genußreife: 2001 bis 2016. Letzte Verkostung: 11/97.

1994 • 88 Der exzellente, dunkel rubinpurpurrote Wein mit seinem reintönigen Aroma von zerdrückten schwarzen Johannisbeeren und seinem mittelschweren bis vollen Körper zeigt eingangs süße Frucht und reichlich Tannin, jedoch nicht den Kern aus Fülle und Dichte, den andere 1994er Pauillacs wie Pichon Lalande, Grand-Puy-Lacoste und Pontet-Canet vermitteln. Für den 1994er Pichon-Longueville spricht, daß er keine vegetabilen Noten aufweist. Er dürfte sich über 10 bis 15 Jahre hinweg schön entfalten und einen attraktiven, sauberen, klassisch gestalteten Bordeaux darstellen.
Voraussichtliche Genußreife: 1999 bis 2014. Letzte Verkostung: 1/97.

1993 • 84 Schon weit entwickelte dunkelgranatrote Farbe geht einher mit vegetabilen, paprikaähnlichen Aromen und einem gewissen Maß an süßer Frucht roter Johannisbeeren. Angesichts der lobenswert beständigen Leistungen von Pichon-Longueville seit dem Ende der achtziger Jahre wirkt der 1993er mittelmäßig. Er ist sanft, vegetabil, gefällig, aber uninteressant. Voraussichtliche Genußreife: Jetzt bis 2006. Letzte Verkostung: 1/97.

1992 • 89 Dieser Wein ist einer der echten Stars seines Jahrgangs. Bei allen Verkostungen während meines 10tägigen Aufenthalts zum Degustieren der 1992er und 1993er Bordeaux-Weine im November 1994 erwies er sich jedesmal als herausragend. Seine Farbe ist ein sattes, dunkles Rubinpurpurrot, der kräftige, auffallende Duft bietet füllige schwarze Johannisbeeren, Zedernholz und rauchiges Eichenholz. Mittlerer bis voller Körper, wundervolle, süße, reiche, konzentrierte Frucht und moderates Tannin zeichnen diesen mit viel Extrakt ausgestatteten, prachtvoll bereiteten Wein aus, dessen milde Säure ihn jetzt schon genußreif macht und der doch über 12 bis 15 Jahre hinweg anmutige Entfaltung verspricht – eine für diesen Jahrgang großartige Leistung! Letzte Verkostung: 11/94.

1991 • 86+ Der 1991er zeigt gewaltig tiefdunkles Schwarzpurpurrot und straffes, aber vielversprechendes Aroma von Süßholz, Mineralen und schwarzen Johannisbeeren. Eingangs spürt man wundervoll reife Frucht bei mittelschwerer Statur, doch der Abgang wird von hartem, strengem Tannin beherrscht. Ob die Frucht ausreicht? Ich denke, ja. Dieser Wein ist einer der vielversprechendsten des Jahrgangs, aber noch sehr unentwickelt. Er braucht noch gut 2 bis 3 Jahre Kellerreife, dürfte sich dann aber 15 Jahre und länger halten. Letzte Verkostung: 1/94.

1990 • 96 Der 1990er Pichon-Longueville zeigt die geröstete Überreife des Jahrgangs, aber alles verbleibt in der richtigen Perspektive. Der Wein ist opulent, lebensprühend und hat mildere Säure sowie deutlich weniger Tannin als der 1989er, dabei ist er aber gleichermaßen konzentriert, und sein Bukett von Zedernholz, schwarzer Frucht, Erde, Mineralen und Gewürzen ist schon stärker entfaltet. Am Gaumen bieten sich sensationelle Mengen an fülliger Frucht, Glyzerin, Holz und mildem Tannin dar. Es macht weit mehr Vergnügen, diesen (hedonistischeren?) Wein zu kosten und zu trinken als den kräftiger strukturierten, noch in sich zurückgezogenen, aber doch außergewöhnlichen 1989er. Ideal wäre es, beide Jahrgänge im Keller zu haben. Der 1990er läßt sich schon jetzt, aber auch über die kommenden 25 Jahre und länger gut trinken. Letzte Verkostung: 11/96.

1989 • 95+ Der 1989er Pichon-Longueville präsentiert sich in tiefdunklem, dichtem Purpurrot, das auf einen massiven Wein mit reichlich Extrakt und Fülle hinweist. Der körperreiche 1989er mit seinen mächtigen Aromen von Rauch, Schokolade und Cassis und einer darin verwobenen toastwürzigen Eichennote ist brillant bereitet. Der vielschichtige, verschlossene, tanninstrenge, reichhaltige Wein mit süßem Kern aus Frucht und ehrfurchtgebietender Substanz braucht noch 5 bis 6 Jahre Kellerreife und dürfte wenigstens drei Jahrzehnte vor sich haben. Er ist unbestreitbar ein großer Pichon-Longueville. Letzte Verkostung: 11/96.

1988 • 90 Der 1988er Pichon-Longueville verspricht zu dem halben Dutzend Superstars aus diesem Jahrgang zu zählen. Er ist für einen 1988er überraschend kräftig gebaut, hat ein eichenwürziges Bukett mit Noten von Cassis und Süßholz, tiefe Farbe, reichen, milden Tanningehalt, mittelschweren bis vollen Körper und dürfte demnächst ausreifen, sich dann aber noch 15 bis 20 Jahre halten. Voraussichtliche Genußreife: Jetzt bis 2010. Letzte Verkostung: 1/93.

1987 • 84 Der 1987er ist für seinen Jahrgang ein feiner Wein, ein gehaltvoller, nachhaltiger, geschmeidiger und fülliger Pauillac mit schönem Geschmack und generösem Körperbau, der sich nochmals 5 bis 7 Jahre gut trinken wird.
Voraussichtliche Genußreife: Jetzt. Letzte Verkostung: 11/90.

1986 • 88 Bei tiefer schwarzrubinroter Farbe, duftigem, expansivem Bukett von Eichenholz und schwarzen Johannisbeeren und robuster, körperreicher, gehaltvoller Art zeigt dieser Wein viel Tannin und dennoch eine für den Jahrgang untypische, eingängige Geschmeidigkeit, die ihn schon ab Anfang der neunziger Jahre zu einem Genuß macht.
Voraussichtliche Genußreife: Jetzt bis 2005. Letzte Verkostung: 10/90.

PAUILLAC

1985 • 83 Der 1985er Pichon-Longueville ist fruchtig und angenehm, aber diffus, etwas flau und strukturarm – ein schmackhafter, jedoch im wesentlichen eindimensionaler Wein.
Voraussichtliche Genußreife: Jetzt. Letzte Verkostung: 10/90.

1983 • 85 Der 1983er hat gewiß bessere Struktur als der 1982er, aber beim Altern ist er auf eigentümliche Weise uninteressant geworden. Bei dunkelrubinroter Farbe, würzigem, cassis- und kräuterduftigem Bukett sowie mittelschwerem Körper zeigt er noch viel Tannin, reift aber rasch aus.
Voraussichtliche Genußreife: Jetzt bis 2005. Letzte Verkostung: 3/89.

1982 • 92 Mit meinen früheren Besprechungen dieses Weins habe ich ziemlich daneben gelegen! Im Faß und anfänglich auch in der Flasche präsentierte er sich als großer, reifer Früchtecocktail, praktisch ohne merkliche Säure oder Struktur. Allerdings geht man nie fehl mit der Bemerkung, daß es eine Komponente gibt, an der es einem Bordeaux selbst in den reifsten und fettesten Jahren nicht mangelt: Tannin. Mit fortschreitender Entwicklung hat dieser Wein an Klarheit der Linie und klassischer Proportion stark gewonnen. Er ist wahrhaftig ein großartiger Pichon-Longueville aus einer Zeit, als dieses Gut eigentlich für Mittelmaß bekannt war. Der 1982er zeigt dichtes, tiefdunkles Rubinpurpurgranatrot und ein mächtiges Bukett mit Nuancen von Zedernholz, süßer Cassis-Frucht und Gewürz. Voller Körper, wunderbare Konzentration, die für den Jahrgang charakteristische Opulenz und Öligkeit und ein fülliger, mäßig tanninherber, superber Abgang vereinen sich zu einem herrlichen Genußerlebnis. Aufgrund seiner milden, sahnigen Art läßt sich dieser Wein bereits jetzt schön trinken, aber auch noch weitere 20 Jahre aufbewahren. Letzte Verkostung: 9/95.

1981 • 83 Der 1981er ist übermäßig eichenholzgeprägt ohne große Tiefe und Intensität. Bei durchschnittlich konzentrierter Frucht und etwas kurzem Abgang ist dieser Pichon Longueville ein charmanter, angenehmer Wein der frühreifenden Art, der sich in den nächsten Jahren hervorragend trinken lassen wird.
Voraussichtliche Genußreife: Jetzt. Letzte Verkostung: 2/87.

1980 • 60 Dünner, vegetabiler Geschmack mit unreifer Frucht läßt Mängel auch im Aroma und im Abgang deutlich werden. Letzte Verkostung: 2/83.

1979 • 84 Aus unerfindlichen Gründen ist der 1979er Pichon-Longueville herrlich geschmeidig und genußreif. Er hat reichliche, samtige Frucht von schwarzen Johannisbeeren, ein würziges Bukett mit Noten von Teer und Eichenholz sowie einen milden, früh ausgereiften Geschmack.
Voraussichtliche Genußreife: Jetzt. Letzte Verkostung: 3/88.

1978 • 82 Der 1978er Pichon-Longueville ist füllig, schwerfällig, dicklich und eindimensional; es fehlt ihm an Biß und Rückgrat. Seine Struktur ist locker gewirkt, der Abgang süßlich und kurz. Inzwischen ist der Wein voll ausgereift.
Voraussichtliche Genußreife: Jetzt. Letzte Verkostung: 7/88.

1975 • 64 Das stark arzneihafte ungewöhnliche Bukett, in dem sich scharf gerösteter Kaffee vorfindet, wirkt abschreckend. Der überzuckerte, süßliche, strukturarme Geschmack verliert sich im Glas und verblaßt rasch. Ein weicher, untypischer, gefügeschwacher 1975er.
Voraussichtliche Genußreife: Jetzt – wahrscheinlich stark im Nachlassen.
Letzte Verkostung: 8/90.

1971 • 65 Diese schwache Leistung von Pichon-Longueville wirkt ausgetrocknet, hohl, zeigt verwaschene, bräunliche Farbe, eine künstliche, überzuckerte Reife der Frucht und einen dürftigen, adstringierenden, tanninstrengen Abgang. Recht enttäuschend.
Voraussichtliche Genußreife: Jetzt – wahrscheinlich stark im Nachlassen.
Letzte Verkostung: 9/78.

1970 • 73 Dieser Wein mit seiner anständigen Farbe, aber eher leichten Art bei mittlerem Körper hinterläßt einen adstringierenden, sehr tanninherben Eindruck auf der Zunge und scheint nicht über die nötige Frucht zu verfügen, um dem Tannin die Stirn zu bieten. Nur ein Tollkühner würde noch auf ihn setzen.
Voraussichtliche Genußreife: Jetzt. Letzte Verkostung: 3/86.

BORDEAUX

1966 • 82 Der ziemlich ungleichgewichtige, im Geschmack verwirrende 1966er Pichon Longueville hat gute dunkelrubinrote Farbe mit einem leichten Bernsteinschimmer am Rand und ein würziges, aggressives, zedernholzduftiges Bukett von schwarzen Johannisbeeren, untermischt mit dem Duft modriger Vegetation. Auf der Zunge erscheint er kräftig, vollmundig, aber gefügeschwach mit einem Übermaß an Tannin – jedenfalls ist er trinkreif. Sicherlich wird sich der 1966er mindestens noch ein Jahrzehnt halten, aber er ist derb und rustikal.
Voraussichtliche Genußreife: Jetzt bis 2000. Letzte Verkostung: 2/87.

1961 • 86 Zunächst geriet ich an einige mittelmäßige Flaschen dieses Weins, aber bei mehreren der letzten Verkostungen schnitt er gut ab. Er ist noch immer dunkelrubinrot, zeigt bereits einen Orangeschimmer am Rand, aber ein kräftiges, würziges Bukett mit Düften von feuchter Erde und Zedernholz sowie reichhaltigen, füllig, substanzkräftigen Geschmack, dem es allerdings an den vielfältigen Dimensionen der feinsten 1961er mangelt.
Voraussichtliche Genußreife: Jetzt bis 2000. Letzte Verkostung: 2/88.

ÄLTERE JAHRGÄNGE

Die feinsten alten Jahrgänge von Pichon-Longueville, die ich gekostet habe, waren der 1959er (besser und weniger stark ausentwickelt als der 1961er, von mir mit 87 bis 90 bewertet), ein feiner, dichter 1955er (87 Punkte) und der robuste, duftige, vollreife 1953er (89 Punkte). Die Jahrgänge 1949, 1947 und 1945 habe ich nur einmal probiert, aber ich war enttäuscht.

PICHON-LONGUEVILLE COMTESSE DE LALANDE
2ème Cru seit 1855

HERVORRAGEND

Lage der Weinberge: Pauillac und St-Julien (11 ha)

Besitzerin: Madame May-Elaine de Lencquesaing
Adresse: 33250 Pauillac
Telefon: 33 5 56 59 19 40 – Telefax: 33 5 56 59 29 78

Besuche: nur nach Vereinbarung
Kontaktperson: Sophie Ferrère (Tel. und Fax siehe oben)

WEINBERGE (Rotwein)

Rebfläche: 74 ha

Durchschnittliches Rebenalter: 35 Jahre

Rebbestand: 45 % Cabernet Sauvignon, 35 % Merlot, 12 % Cabernet Franc, 8 % Petit Verdot

Pflanzdichte: 9000 Reben/ha

Ertrag (im Durchschnitt der letzten 5 Jahre): 50 hl/ha

Durchschnittliche Jahresproduktion insgesamt: 450 000 bis 500 000 Flaschen

GRAND VIN

Name: Château Pichon-Longueville-Comtesse de Lalande

Appellation: Pauillac

Durchschnittliche Jahresproduktion: 35 000 Kisten

PAUILLAC

Verarbeitung und Ausbau: Lese von Hand; nach vollständigem Entrappen und leichtem Anpressen wird das Traubengut in 33 temperaturgeregelte Edelstahltanks gebracht. Vinifikation 18 bis 24 Tage; malolaktische Säureumwandlung im Tank. Nach *assemblage* im Dezember 18 Monate Ausbau in zur Hälfte neuen, zur Hälfte einmal gebrauchten Eichenfässern. Abstich alle 3 Monate; der Wein wird mit Eiweiß geschönt und bei der Abfüllung leicht gefiltert.

ZWEITWEIN

Name: Réserve de la Comtesse

Durchschnittliche Jahresproduktion: 6000 Kisten

DRITTWEIN

Name: Domaine des Gartieu

Durchschnittliche Jahresproduktion: 6000 Kisten

Lesegut von jüngeren Reben, das sich weder für den Grand Vin noch für die Réserve de la Comtesse eignet, wird unter diesem Namen verarbeitet.

N.B.: Selektionsverfahren: Jedes Jahr werden zum Zeitpunkt der *assemblage* alle Cuvées ohne Ausnahme von Madame de Lencquesaing, ihren Mitarbeitern und Kellertechnikern verkostet, um diejenigen auszuwählen, die den Stil des Pichon-Comtesse für den betreffenden Jahrgang am besten zum Ausdruck bringen. Dabei werden die Weine junger Reben wegen ihres krautigeren Charakters meist ausgeschieden.

Beurteilung des derzeitigen Rangs: qualitativ einem Premier Cru gleichwertig

Genußreife: 5 bis 25 Jahre nach dem Jahrgangsdatum

Gegenwärtig ist der Wein aus dem Château Pichon-Longueville-Comtesse de Lalande (Pichon Lalande) fraglos der populärste und seit 1978 einer der am regelmäßigsten brillante Pauillac. In vielen Jahrgängen kann er sich mit den drei berühmten Premiers Crus der Appellation ohne weiteres messen, und manchmal übertrifft er sie sogar. Bereits seit 1961 sind die Weine von Pichon Lalande überaus erfolgreich, aber es gibt keinen Zweifel, daß die Qualität am Ende der siebziger und Anfang der achtziger Jahre unter der energischen Hand von Madame de Lencquesaing auf einen außerordentlich hohen Stand gelangt ist.

Intelligente Bereitungsmethoden erbringen dunklen, geschmeidigen, fruchtigen Wein, der genügend Milde hat, um auch in der Jugend schon Genuß zu bereiten. Neben Château Palmer in Margaux ist Pichon Lalande eines der wenigen berühmteren Weingüter im Médoc, die einen größeren Anteil Merlot im Verschnittrezept verwenden. Dennoch besitzt der Wein genügend Tannin, Tiefe und Fülle für schöne Entfaltung über 10 bis 20 Jahre. Allerdings sorgt der hohe Merlot-Anteil (35 %) unbestreitbar wenigstens zum Teil für die milde und vollmundige Art dieses Weins.

Früher gehörte das Weingut zu einem einzigen großen Besitz namens Pichon-Longueville, der jedoch 1850 geteilt wurde. Edouard Miailhe, der Vater von Madame de Lencquesaing, kaufte das Château 1924, seine Tochter jedoch hat es zum heutigen Ruhm geführt. In den achtziger Jahren wurde stark investiert: 1980 wurde ein neuer *cuvier* gebaut, 1988 entstanden ein neuer Faßkeller und ein Probierraum (mit spektakulärer Aussicht auf das Nachbar-Château Latour), 1990 wurde die Renovierung des Châteaus, das Pichon-Longueville Baron auf der anderen Straßenseite gegenüberliegt, beendet, und es dient jetzt Madame de Lencquesaing als Wohnung. Die Weinberge befinden sich zum Teil in Pauillac, zum anderen Teil aber in St-Julien, was oft als Grund für den geschmeidigen Stil von Pichon-Lalande genannt wird.

JAHRGÄNGE

1997 • 87-88 Mir scheint, daß Pichon-Lalande 1997 einen eleganten Stil angestrebt und jede Überextration vermieden hat. So ist ein Wein mit größerer Tiefe, aber auch adstringierendem Tannin entstanden, ein eleganter, mittelschwerer Pichon-Lalande, der sich bereits jung schön trinken wird. Wenn er noch an Gewichtigkeit und Intensität zulegt, wird er eine etwas höhere Punktnote verdienen. Die Lese fand zwischen dem 19. September und Anfang Oktober statt. Nur 40 % des Ertrags wurden als geeignet für den Grand Vin befunden. Der aus 55 % Cabernet Sauvignon, 30 % Merlot, 5 % Cabernet Franc und erklecklichen 10 % Petit Verdot zusammengesetzte Wein zeigt dunkelrubinrote Farbe, dazu ein aufgeschlossenes süßes Aroma von schwarzen Kirschen und Cassis sowie vollmundigen, mittelschweren, offen gewirkten Geschmack und milde Säure. Der Abgang ist zwar kurz, der Wein insgesamt aber stilvoll, anmutig, gefällig und leicht zu ergründen. Er dürfte sich über 10 bis 12 Jahre hinweg schön entfalten. Der im Aromaprofil ausdrucksvolle mit leichtem Tannin im Abgang versehene 1997er Pichon-Lalande ist ein einnehmender, entgegenkommender Wein, um ihn aber in die rechte Perspektive zu rücken, läßt er sich mit dem fabelhaften 1996er und 1995er oder auch dem unterbewerteten, aber eindrucksvollen 1994er durchaus nicht vergleichen. Letzte Verkostung: 3/98.

1996 • 94-96+ Der 1996er Pichon-Lalande zeigt ausgeprägte *sur-maturité*, weil in diesem Jahr der Cabernet Sauvignon im Médoc zu außerordentlicher Reife gelangte. Der Wein hat sich, seit ich ihn im Frühjahr verkostete, in sich zurückgezogen, doch zeigt er nach wie vor tiefdunkles Purpurrot und ein hinreißendes rauchiges Aroma von Heidelbeeren, Brombeeren und schwarzen Johannisbeeren. Bei mittlerem bis vollem Körper, mächtigem Extrakt, außerordentlicher Eleganz und vollendet mit Frucht und Tannin verschmolzener Eichenholznote zählt dieser Pichon-Lalande zu den in Struktur und Herbheit ausgeprägteren, die ich kenne, sein Triumph aber beruht auf Süße und Tannin. Dabei besitzt er einen ungewöhnlich hohen Cabernet-Sauvignon-Anteil (75 %) bei einem ungewöhnlich geringen Merlot-Anteil (5 %). In den meisten Jahren enthält der Pichon-Lalande 30 bis 40 % Merlot, daher dürfte der 1996er der Wein mit der stärksten Cabernet-Sauvignon-Basis sein, der je in diesem Gut entstanden ist. Auf jeden Fall ist er ein profunder Erfolg und einer der feinsten unter dem Regime von Madame de Lencquesaing produzierten Weine.
Voraussichtliche Genußreife: 2002 bis 2025. Letzte Verkostung: 3/98.

1995 • 96 Welch wonniger Genuß erwartet den, der einen 1996er oder 1995er Pichon-Lalande erwirbt! Es ist schwer, sich für den einen oder anderen zu entscheiden – dabei ist der 1995er ist ein geschmeidigerer, sinnlicherer, zugänglicherer Wein, ein exquisites Beispiel für Pichon-Lalande. Die Merlot-Komponente verleiht ihm Noten von Kaffee, Schokolade und Kirschen, die sich mit der von Cabernet Sauvignon und Cabernet Franc stammenden Brombeer- und Cassis-Frucht vereinen. Die Farbe ist ein tiefdunkles Schwarzpurpurrot; hinzu kommen sinnliche, lebendige Aromen von *pain grillé*, schwarzer Frucht und Zedernholz. Mit seinem exquisiten Geschmack, seinem vollen Körper und seiner vielschichtigen, vielfach dimensionierten Art dürfte er sich in diesem Jahrgang als ganz besonderer Erfolg bewähren.
Voraussichtliche Genußreife: 2001 bis 2020. Letzte Verkostung: 3/98.

1994 • 91 Dieser tiefdunkel purpurrote Wein, einer der Stars seines Jahrgangs, besitzt ein prachtvoll duftiges, exotisches Bukett von Rauch, schwarzen Johannisbeeren, asiatischen Gewürzen und süßem Vanillin. Es schließt sich voller, reichhaltiger, moderat tanninherber Geschmack an, hinzu kommen mittlerer bis voller Körper, gute Struktur, hervorragende Reintönigkeit und ein klassisch vielschichtiger, langer, sauberer Abgang. Dieser großartige Pichon-Lalande dürfte mühelos 18 bis 20 Jahre überdauern.
Voraussichtliche Genußreife: 2001 bis 2020. Letzte Verkostung: 1/97.

1993 • 85 Der 1993er Pichon-Lalande ist nicht so fruchtig und sanft, wie ich erwartet hatte. Er hat leichten bis mittleren Körper, ein kräuterwürziges, süßes Johannisbeeraroma, zusammenhaltlose, ungefüge Geschmacksnoten und eine schon weit entwickelte, in Duft und Ge-

PAUILLAC

schmack ganz und gar grün durchwirkte Persönlichkeit. Man sollte diesen Wein am besten in den nächsten 5 bis 6 Jahren trinken. Letzte Verkostung: 1/97.

1992 • 79 Der 1992er ist die größte Enttäuschung aus diesem Gut seit rund 10 Jahren. Er zeigt mittelrubinrote Farbe, eine zusammenhaltlose, ungefüge Persönlichkeit, kompakten, gedämpften Geschmack, einen eingedickten, herben Charakter und strenges Tannin im kurzen Abgang. Die Farbe wirkt gesund, aber es findet sich weder Charme noch reife Frucht in diesem nur aus Struktur, Tannin und Alkohol zusammengesetzten Wein. Drei Verkostungen nach der Abfüllung, wobei die Probiernotizen fast gleich wie die aus der Faßprobe lauten, bestätigen dieses Urteil. Letzte Verkostung: 11/94.

1991 • 89 Dieser Pichon-Lalande gehört zu einer knappen Handvoll 1991er, die Anspruch auf den Titel «Wein des Jahrgangs» erheben können. Nur 30 % des Ertrags sind in ihn eingegangen, so daß ein dunklerer, reicherer, konzentrierterer und komplexerer Wein entstand als der – selbst für den eleganten Pichon-Lalande-Stil untypisch leichte 1990er. Der mit kräftigem Tannin ausgestattete 1991er zeigt ein tiefdunkles Rubinpurpurrot und ein süßes Bukett mit Noten von Schokolade, Zedernholz und reifer, pflaumenwürziger Frucht schwarzer Johannisbeeren. Der runde und für einen 1991er untypisch opulente Wein mit seinem mittleren bis vollen Körper weist im Nachklang beträchtliche Nachhaltigkeit und Ausdruckskraft auf und dürfte in den kommenden 10 bis 15 Jahren schön zu trinken sein. Letzte Verkostung: 1/94.

1990 • 79 Bei meinen Degustationen war ich vom 1990er Pichon-Lalande immer wieder enttäuscht, doch nie zuvor habe ich ihm eine so geringe Punktnote gegeben wie bei dieser Blindverkostung. Er ist unverkennbar vegetabil und karg, es fehlt ihm die verführerische, süße, reife Frucht, die in guten Jahren in diesem Château zustande kommt. Irgend etwas ist in diesem so großartigen Jahrgang mit dem Pichon-Lalande schiefgegangen. Diesmal präsentierte sich der Wein schmalbrüstig, dünn, intensiv krautig; es fehlte ihm an Süße, Tiefe, Reife und Charme. Kommentatoren, die ihn bisher überbewertet haben, werden sicherlich den Ratschlag geben, dem Wein noch Kellerreife zu gönnen, aber mit zunehmendem Alter wird der Mangel an Gleichgewicht nur noch schlimmer. Wie der Mouton-Rothschild vom nördlichen Nachbargut in Pauillac ist und bleibt dieser Wein eine große Enttäuschung. Wie ich schon sagte, ist ihm der 1991er Pichon-Lalande aus einem entschieden schwächeren Jahrgang überlegen! Letzte Verkostung: 4/98.

1989 • 92 Der 1989er Pichon-Lalande ist zwar nicht so profund wie der 1995er, 1994er, 1986er, 1983er oder 1982er, aber ein wunderbar gebauter Wein. Er zeigt tief rubinpurpurrote Farbe und ein süßes, geröstetes Bukett von reicher Cassis-Frucht, Kräutern und Vanille. Der üppig runde, vielschichtige Pichon-Lalande mit seinem mittleren bis vollen Körper und seiner schönen Substanz hat milde Säure, hervorragende Reife, Reintönigkeit und Ausgewogenheit vorzuweisen. Er trinkt sich bereits überraschend gut, man kann daher bedenkenlos den Korken ziehen, allerdings dürften noch mindestens 15 Jahre verführerischer Trinkgenuß bevorstehen. Letzte Verkostung: 11/96.

1988 • 90 Dieser seidig zarte, körperreiche 1988er hat dunkelrubinrote Farbe, ein hochintensives Bukett von frischem Eichenholz, schwarzer Frucht, Vanillin und Frühlingsblumen, ausgezeichnete Fruchtfülle, viel Glyzerin und eine gewisse Eleganz. Er ist verlockend frühreif und dürfte sich in den nächsten 10 bis 15 Jahren schön trinken.
Voraussichtliche Genußreife: Jetzt bis 2008. Letzte Verkostung: 4/98.

1987 • 86 Der 1987er ist mit seiner anmutigen, samtigen Art, seiner reichen Cassis-Frucht in Duft und Geschmack, seinem mittelschweren Körper und der satinzarten Nachhaltigkeit typisch für Pichon-Lalande, getreu dem Stil, den dieses Château pflegt. Dieser herrlich duftig-sanfte, vollmundige Wein sollte unverzüglich ausgetrunken werden. Er war einer meiner Lieblingsweine aus diesem Jahrgang; zwar ist er noch köstlich, wird aber immer gebrechlicher.
Voraussichtliche Genußreife: Jetzt bis 2000. Letzte Verkostung: 4/98.

1986 • 94 Der 1986er ist der am kräftigsten gebaute und tanninreichste Pichon-Lalande zwischen 1975 und 1996. Ob er am Ende den 1982er in den Schatten stellt, ist zweifelhaft, aber langlebiger wird er sein. Der Wein hat dunkel rubinpurpurrote Farbe, ein straffes und doch profundes Bukett von Zedernholz, schwarzen Johannisbeeren, würzigem Eichenholz und Mineralen und ist mit seiner körperreichen, tief konzentrierten, außerordentlich schön ausgewogenen Art auf untypische Weise zu stramm und wuchtig, als daß er schon jung gut zu trinken gewesen wäre. Voraussichtliche Genußreife: Jetzt bis 2015. Letzte Verkostung: 4/98.

1985 • 90 Der 1985er Pichon-Lalande ist ein hervorragender Wein, aber ich glaube nicht, daß er dieselbe Qualität erreicht wie der 1996er, 1995er, 1994er, 1989er, 1986er, 1983er oder 1982er. Er hat tief rubinrote Farbe und ein reifes Bukett von Eichenholz und Johannisbeerfrucht, dazu eine Spur Kräuterduft. Auf der Zunge nimmt er sich gehaltvoll, elegant, geschmeidig und dem Stil des 1979ers oder 1981ers nicht unähnlich, jedoch fetter aus – ein wundervoller Wein. Voraussichtliche Genußreife: Jetzt bis 2002 Letzte Verkostung: 4/98.

1983 • 94 Der überwältigende 1983er Pichon-Lalande läßt sich schon seit einer Reihe von Jahren herrlich trinken. Er ist insbesondere im nördlichen Médoc einer der feinsten 1983er. In der dunkel rubinpurpurroten Farbe zeigt sich eine geringfügige Aufhellung am Rand. Das umwerfende Bukett von getrockneten Kräutern, süßer, fülliger Cassis-Frucht und *pain grillé* geht einher mit körperreicher, prachtvoll konzentrierter und schön proportionierter Art bei milder Säure, reichlich Glyzerin und saftiger, vollmundiger Extraktfülle. Dieser Wein war von Anfang an einer der Stars dieses Jahrgangs. Voraussichtliche Genußreife: Jetzt bis 2008. Letzte Verkostung: 4/98.

1982 • 99 Dieser Wein ist einer der üppigsten, profundesten und seit 5 bis 6 Jahren am köstlichsten zu trinkenden 1982er. Er hat nie ein zurückgezogenes Stadium durchgemacht, und er kommt bei Blindverkostungen der 1982er Spitzenweine stets mit großer Wahrscheinlichkeit auf den ersten Platz. Er zeigt ein klassisches Pauillac-Aromaprofil von süßer Cassis-Frucht, verwoben mit Nuancen von Kräutern, Zedernholz und Toast. Am Gaumen ähnelt er dann allerdings eher einem großen Pomerol. Mit seiner öligen Substanz und mit Frucht, Glyzerin und Alkohol in verschwenderischer Fülle ist er ein wahrhaft vollmundiger, geschmeidiger, samtiger Pichon-Lalande, ein glorreich vollreifer Genuß, der noch weitere 10 bis 12 Jahre anhalten wird. Wer einen Wein braucht, um einen großen Eindruck zu machen, ein Geschäft abzuschließen oder einfach nur die Freuden des Weins zu erleben, ist mit dem 1982er Pichon-Lalande gut beraten. Letzte Verkostung: 4/98.

1981 • 89 Dieser Wein war seit Anbeginn einer der köstlichsten, sinnlichsten 1981er. Noch immer ist seine Farbe dunkel rubinpurpurot. Zwar ist der 1981er nicht so wuchtig wie der 1982er und der 1983er, hat aber doch in Hülle und Fülle süße Cassis-Frucht, für seinen Jahrgang gute Substanz, reintönige, schön strukturierte und ausgewogene Art und ist nach wie vor lebendig und jugendfrisch. Voraussichtliche Genußreife: Jetzt bis 2002. Letzte Verkostung: 6/97.

1980 • 84 Der 1980er Pichon Lalande, ein wundervoller, mittelschwerer, sauber bereiteter Wein, ist jetzt ein großer Genuß. Sein Bukett bietet würzige Zedernholzdüfte, untermischt mit reichlich reifem Aroma von schwarzen Johannisbeeren – ein milder, samtiger, sehr schön konzentrierter Wein aus einem Jahrgang, der sonst als dürftig bis mittelmäßig gilt. Voraussichtliche Genußreife: Jetzt. Letzte Verkostung: 12/88.

1979 • 90 Der 1979er Pichon-Lalande, zweifellos eine Spitzenleistung dieses Jahrgangs, zeigt dunkelgranatrote Farbe mit leichtem Bernsteingelb im Saum. Sein Bukett bietet Noten von Zedernholz, getrockneten Kräutern und schwarzen Johannisbeeren. Mit Reichhaltigkeit, mittlerem Körper, schön integriertem Tannin und leichter Säure stellt er die Quintessenz des eleganten Bordeaux-Stils dar, wie er nirgendwo sonst auf der Welt zu finden ist. Voraussichtliche Genußreife: Jetzt bis 2004. Letzte Verkostung: 6/97.

1978 • 92 Ein exzellenter 1978er (einer der Spitzenweine des Jahrgangs) mit einem Aromaprofil bestehend aus getrockneten Kräutern, Schokolade, Zedernholz, Tabak und reifer Johannisbeerfrucht, mit mittlerem Körper, milder Säure, etwas Tannin und einer runden, attraktiven Persönlichkeit. Er hat seinen Gipfel erreicht und dürfte sich ein weiteres Jahrzehnt auf ihm halten. Voraussichtliche Genußreife: Jetzt bis 2007. Letzte Verkostung: 6/97.

1976 • 84 Diesem Wein fehlen zwar die Konzentration und der Charakter der besten Jahrgänge, er ist aber für einen 1976er dennoch gut gelungen. Die mittelrubinrote Farbe zeigt an den

Rändern einen braunen und bernsteinfarbenen Anflug. Das Bukett ist sanft, weich, interessant und reif; der milde, runde, johannisbeerfruchtige Geschmack bietet schon seit dem Ende der siebziger Jahre großen Genuß, und doch verblaßt dieser Wein durchaus noch nicht, sondern hat sich auf seinem Höhepunkt gehalten.
Voraussichtliche Genußreife: Jetzt. Letzte Verkostung: 2/88.

1975 • 90   Dieser Wein hat früh seine volle Reife erreicht und in der Farbe zunehmend Bernsteingelb-Orange angenommen. Dem Glas entströmt ein Duft der eher staubtrockenen, kräuterwürzigen Art. Dieser Wein beginnt zwar schon abzumagern, ist aber doch noch ein exzellenter Bordeaux mit klassischen Noten von Zedernholz und Johannisbeeren, vereint mit Kräutern und Gewürzen. Bei mittlerem Körper und einer anfänglichen Süße nimmt dieser Wein schmaleren, komprimierteren, kompakteren Geschmack an, wenn er 5 bis 10 Minuten im Glas gestanden hat. ich möchte empfehlen, ihn in den nächsten 5 bis 6 Jahren zu trinken. Bei einer Verkostung im Frühjahr 1998 nahm sich der Wein exquisit aus und brachte mich auf den Gedanken, daß gut gelagerte Flaschen dieses Jahrgangs wohl höher bewertet werden müßten.
Letzte Verkostung: 4/98.

1974 • 67   Der 1974er Pichon-Lalande ist inzwischen ein gutes Jahrzehnt über seinen Höhepunkt hinaus und zeigt nun hell rubinrote Farbe mit Bernsteinschimmer und ein brüchiges, zerstreutes Bukett sowie weichen, stark abgeblaßten Geschmack. Letzte Verkostung: 9/80.

1973 • 62   Auch dieser Wein ist jetzt völlig hinüber, er war 1978 auf seinem Höhepunkt und weist inzwischen hellrubinrote, braun überhauchte Farbe auf; wie so viele der leichten, verwässerten 1973er ist er nun dünn und leer. Letzte Verkostung: 10/80.

1971 • 81   Der 1971er ist ein attraktiver Wein, allerdings habe ich ihn lange nicht mehr probiert. Die letzte Notiz, die mir über ihn vorliegt (aus einer Magnumflasche) spricht von einem reifen, würzigen, karamelduftigen, komplexen Bukett, einem milden, sanften, würzigen Geschmack und guter Konzentration. Ein recht angenehmer Wein, aber ich glaube, er hätte schon Mitte der 80er Jahre getrunken werden sollen. Letzte Verkostung: 2/83.

1970 • 87   Der 1970er Pichon-Lalande ist offenbar dabei, seine Frucht einzubüßen, und befindet sich im Nachlassen. In der Farbe zeigt sich ein beträchtliches Maß an Rostrot und Bernsteingelb. Im Duft waren neben vegetabilen Noten noch Nuancen von Tabak, Zedernholz und schwarzen Johannisbeeren zu bemerken, doch am Gaumen verlor sich die anfängliche süße Frucht bald und machte Platz für Säure, Tannin und Alkohol sowie einen strengen Abgang. Ich habe schon bessere Exemplare erlebt, doch jedenfalls ist dieser Wein schon seit Jahren voll ausgereift. Gut gelagerte Flaschen dürften in der Regel Punktnoten im oberen 80er-Bereich verdienen. Letzte Verkostung: 4/98.

1967 • 75   Der 1967er war 1975 am besten, damals hatte er Charme und gerade genug Frucht als Gegengewicht zur Säure und zum Tannin. In letzter Zeit habe ich ihn nicht mehr verkostet, aber seinem leichten, brüchigen Charakter nach zu schließen, wird dieser Wein höchstwahrscheinlich völlig verblaßt sein. Letzte Verkostung: 7/78.

1966 • 88   Der mäßig dunkle, rubinrote Wein ist jetzt genußreif und zeigt ein reiches, rauchiges, pfeffriges, an Minze erinnerndes Bukett und festen, vollmundigen, tanninherben Geschmack bei mittlerem Körper, guter Konzentration und der für den Jahrgang typischen Kargheit. Der 1966er Pichon Lalande sollte in den nächsten 10 Jahren getrunken werden.
Voraussichtliche Genußreife: Jetzt bis 2000. Letzte Verkostung: 3/88.

1964 • 85   Der 1964er Pichon-Lalande, ein köstlicher, aber strammer, vierschrötiger Wein, entwickelt sich in der Flasche noch weiter. Er zeigt ein ansprechendes, erdiges, würziges, fast Graves-ähnliches Bukett von schwarzen Johannisbeeren und Kräuterduft. Auf der Zunge entfaltet er einen milden, schön ausgestatteten, reifen Geschmack, der voll ausentwickelt erscheint.
Voraussichtliche Genußreife: Jetzt. Letzte Verkostung: 3/88.

1962 • 85   Recht nuanciert im Geschmack, elegant und köstlich charmant, wie so viele andere 1962er auch, zeigt sich dieser voll ausgereifte Wein mit seinem mäßig bis kräftig intensiven Bukett von reifen schwarzen Johannisbeeren, Zedernholz und Mineraldüften. Auf der Zunge

entfaltet er mittleres Gewicht mit einem deutlichen Maß an Frucht und Charme. Auf kurze Sicht dürfte er noch schönen Genuß gewähren.
Voraussichtliche Genußreife: Jetzt. Letzte Verkostung: 3/88.

1961 • 95   1978 kostete ich den 1961er Pichon-Lalande aus einer Magnumflasche, und er kam mir recht unfertig vor. Seither habe ich diesen Wein mehrfach aus Flaschen in Normalgröße probiert (das letzte Mal bei einer Degustation im Frühjahr 1998 in Baltimore) – er war stets eindrucksvoll und kurz vor dem Höhepunkt. Die Farbe ist dunkel, fast undurchdringlich, das Bukett mächtig, reif und pflaumenfruchtig mit saftigen Tönen von Zedernholz, Toffee und Schokolade, der Geschmack voll, tief, gehalt- und körperreich und der Abgang üppig und seidig. Im Stil erinnert er an den 1982er, und er wird sich weitere 4 bis 6 Jahre angenehm trinken.
Voraussichtliche Genußreife: Jetzt bis 2004. Letzte Verkostung: 4/98.

ÄLTERE JAHRGÄNGE

In Verkostungen älterer Weine ist Pichon-Lalande nur selten mit besonderen Leistungen aufgefallen, was die manchmal gehörte Meinung stützt, daß wirklich großartige Weine in diesem Château erst jetzt produziert werden. Am feinsten finde ich die herrlich vollreifen Jahrgänge 1952 und 1953 (beide 1988 verkostet und mit Punktnoten hoch in den 80 bewertet). Allerdings ließen beide Weine im Glas rasch nach und zeigten damit an, daß ihr Abbau schon begonnen hatte. Der 1959er, 1955er, 1949er und 1947er haben mir entschieden nichts gesagt, doch der 1945er (verkostet im Januar 1989, Punktnote 96) war ein würdiger Vertreter dieses berühmten Jahrgangs. Die Flasche, die ich damals trank, hätte in einem kühlen Keller noch einmal 10 Jahre überdauert. Im Frühjahr 1998 war ein 1926er (76 Punkte) müde, hatte aber noch Noten von Zedernholz, Kaffee und Johannisbeeren zu bieten.

PONTET-CANET (SEIT 1994)
5ème Cru seit 1855

AUSGEZEICHNET

Lage der Weinberge: Pauillac

Besitzer: Familie Guy Tesseron
Adresse: 33250 Pauillac
Telefon: 33 5 56 59 04 04 – Telefax: 33 5 56 59 26 63

Besuche: nur nach Vereinbarung
Kontaktpersonen: Alfred und Michel Tesseron (Tel. und Fax siehe oben)

WEINBERGE (Rotwein)

Rebfläche: insgesamt 118,5 ha, jedoch nur 77 ha sind bestockt

Durchschnittliches Rebenalter: 37 Jahre (für den Grand Vin)

Rebbestand: 63 % Cabernet Sauvignon, 32 % Merlot, 5 % Cabernet Franc

Pflanzdichte: 9800 Reben/ha

Ertrag (im Durchschnitt der letzten 5 Jahre): 55 hl/ha

Durchschnittliche Jahresproduktion insgesamt: 35 000 bis 42 000 Kisten

PAUILLAC

GRAND VIN

Name: Château Pontet-Canet

Appellation: Pauillac

Durchschnittliche Jahresproduktion: 21 000 Kisten

Verarbeitung und Ausbau: Lese von Hand. Traditionelle Verarbeitung; Vinifikation 3 Wochen. Nur der Wein alter Merlot-Reben durchläuft die malolaktische Säureumwandlung in kleinen Fässern, alle übrigen im Tank. 16 bis 18 Monate Ausbau in zu 40 bis 45 % neuen Eichenfässern. Die Weine werden geschönt und gefiltert.

ZWEITWEIN

Name: Les Hauts de Pontet

Durchschnittliche Jahresproduktion: 20 000 Kisten

Beurteilung des derzeitigen Rangs: Seit 1994 wäre Aufstufung zum 3ème Cru zu empfehlen

Genußreife: 8 bis 30 Jahre nach dem Jahrgangsdatum

N.B.: Die Lese erfolgt stets von Hand. In für den Grand Vin bestimmten Parzellen werden eventuelle junge Reben zuerst für sich abgeerntet, die älteren erst später, wenn volle Reife erreicht ist. Die Sortierung erfolgt auf einem speziell für das Château konstruierten Tisch.

Bei der größten Produktion aller Crus Classés im Médoc und der beneidenswerten Lage der Weinberge genau gegenüber von Mouton-Rothschild sollte man annehmen, daß die Weine von Pontet-Canet außergewöhnlich hohe Qualität und großes Format haben müßten. Sehen wir uns also die Geschichte der Leistungen dieses Châteaus von 1962 bis 1983 näher an. In dieser Zeit entstanden saubere, sachgerechte Weine, aber es fehlte ihnen an einer besonderen Komponente – an Faszination. In den letzten Jahren hat dann unter neuen Besitzern auch neue Tatkraft und Einsatzfreudigkeit Platz gegriffen. Es wurde ein moderner Gärkeller gebaut, ein Zweitetikett für schwächere Leistungen eingeführt und beim Ausbau ein höherer Anteil an neuen Eichenfässern vorgegeben. Die Erntemaschinen werden nicht mehr benutzt.

Bis 1975 gehörte Pontet-Canet der weitverzweigten Firma Cruse; aber sie benutzte diesen Namen seiner Werbewirksamkeit wegen eher als Marke, die nicht unbedingt für einen eigenständigen, individuellen, im Château abgefüllten Pauillac stand. Die Château-Abfüllung wurde erst 1972 eingeführt, und jahrelang wurden große Posten dieses Weins an die französischen Staatsbahnen ohne Jahrgangsdatum, aber stets unter dem Namen Pontet-Canet, verkauft. 1975 mußte die Firma Cruse dann Pontet-Canet verkaufen, nachdem ihr in einem Prozeß Unregelmäßigkeiten beim Verschneiden und Etikettieren nachgewiesen wurden. Guy Tesseron, ein im Cognac-Handel bekannter Geschäftsmann, kaufte Pontet-Canet und übertrug die Leitung dieses Guts seinem Sohn Alfred. Ich glaube, ganz Bordeaux ist sich darin einig, daß die Weinberglagen von Pontet-Canet ein großartiges Potential darstellen, vorausgesetzt, daß das Château mit Sorgfalt geleitet und betrieben wird. Wenn nun auch die ersten Weine von Guy und Alfred Tesseron den erhofften Charakter vermissen ließen, so geben doch neuere Jahrgänge, vor allem die seit dem Ende der 1980er Jahre, deutliche Zeichen, daß Pontet-Canet ernstlich darangeht, die Elite von Pauillac in die Schranken zu fordern. Insbesondere stellen der 1994er, 1995er und 1996er phantastische Leistungen dar.

JAHRGÄNGE

1997 • 87-89+ Nur 36% des Ertrags sind in diesen überraschend festgefügten, wuchtigen 1997er eingegangen. Wenn der Wein noch etwas an Fett und Nachhaltigkeit zulegt, wird er auf eine hervorragende Punktnote Anspruch erheben können. Allerdings sehe ich nicht, daß er jemals an die Qualitäten der brillanten Pontet-Canet-Trilogie aus den Jahren 1996, 1995 und 1994 heranreichen wird. Der 1997er zeigt eindrucksvoll sattes Rubinpurpurrot, dazu Aromen von süßer Cassis-Frucht und Mineralen neben einem Hauch von toastwürzigem Eichenholz. Im Mund läßt der Wein mittleren bis vollen Körper, eine wuchtige Persönlichkeit und überraschend intensives Tannin im Abgang erkennen. Er ist einer der 1997er *vins de garde* mit einer Lebenserwartung von mindestens 15 Jahren.
Voraussichtliche Genußreife: 2003 bis 2015. Letzte Verkostung: 3/98.

1996 • 91-95 Der 1996er, ein klassischer Pauillac, legt ständig weiter zu und zeigt tiefdunkel purpurrote Farbe und prächtiges Crème-de-Cassis-Aroma, das an superbe Jahrgänge von Mouton-Rothschild (das Nachbargut von Pontet-Canet) erinnert. Des weiteren ist er körperreich sowie außerordentlich voll, reif und wuchtig, ausgestattet mit vielschichtiger Frucht mit Nuancen von Erde, Mineralen und Eichenwürze. Dieser am Gaumen massive, mit hohem Tanningehalt und gleichermaßen viel Extrakt versehene, profunde Pontet-Canet könnte sich als klassischer und langlebiger als der 1995er und 1994er erweisen. Ein großartiger Tropfen!
Voraussichtliche Genußreife: 2006 bis 2035. Letzte Verkostung: 3/98.

1995 • 92 Ein Pauillac im alten Stil, jedoch weit reintöniger und voller als die alten Pontet-Canet-Jahrgänge, vielmehr ein breitschultriger, muskulöser, klassischer Wein, der neben satter purpurroter Farbe sensationell dichte, reiche, konzentrierte, mit Cassis-Noten versehene Geschmacksfülle zeigt, die den Gaumen mit eindrucksvoller Reintönigkeit und Tiefe umspült. Der Wein ist zwar tanninstreng und verschlossen, aber wuchtig und reichhaltig, und scheint ähnliche Nachhaltigkeit und Intensität zu besitzen wie der 1996er – ein großartiger junger Pauillac.
Voraussichtliche Genußreife: 2005 bis 2025. Letzte Verkostung: 3/98.

1994 • 93 Dieser tiefdunkel purpurrote 1994er, einer der feinsten und langlebigsten Weine des Jahrgangs, verlangt 7 bis 10 Jahre Kellerreife. Er ist ein reichhaltiger, beeindruckender Wein mit vollem Körper – wohl der feinste Pontet-Canet seit dem 1961er –, sauber bereitet, vollgepackt mit der Frucht schwarzer Johannisbeeren, jedoch abweisend tanninstreng und verschlossen.
Voraussichtliche Genußreife: 2005 bis 2025. Letzte Verkostung: 1/97.

1993 • 86+ Der Pontet-Canet gehört zu den am wenigsten krautig ausgefallenen Pauillacs unterhalb der Premier-Cru-Klasse, vielmehr zeigt er eine subtile, an Tabak und Laub erinnernde Komponente in der ansonsten attraktiven, reifen, reichen Cassis-Frucht. Der Wein hat dunkle rubinpurpurrote Farbe, mittleren bis vollen Körper und ist dicht, tanninreich und potentiell ein langlebiger Vertreter der Jahrgangs 1993. Trotz seiner Verschlossenheit präsentiert er sich sauber, reintönig, muskulös und für den Jahrgang großzügig ausgestattet.
Voraussichtliche Genußreife: 2001 bis 2017. Letzte Verkostung: 1/97.

1992 • 85? Dieser Wein beeindruckte im Faß wenig. Bei vier Verkostungen im November aus der Flasche zeigte er zweimal sehr gute, reife Cassis-Frucht und eine runde, mittelschwere, sanfte, saftige Persönlichkeit, die beiden anderen Male leichteren Körper und schlichteren, tanninherben Charakter. Bei einem so großen Gut mag es unerwartete Unterschiede von Flasche zu Flasche geben, also kann dieser Wein als attraktiver 1992er zu einem vernünftigen Preis in den nächsten 5 bis 6 Jahren recht schönen Genuß gewähren. Das Fragezeichen ist Ausdruck der verwirrend unterschiedlichen Beurteilungen, zu denen ich gelangt bin.
Letzte Verkostung: 11/94.

1991 • 84 Der leichte, fruchtige, milde, recht dunkle 1991er Pontet-Canet bietet sanfte Nuancen von Zedernholz und Cassisfrucht, eine gewisse Eleganz und einen samtigen Abgang. Man sollte ihn in den nächsten 5 bis 6 Jahren trinken.
Letzte Verkostung: 1/94.

PAUILLAC

1990 • 89   Der 1990er ist ebenso eindrucksvoll wie der ähnlich gestaltete 1989er. Dichtes Purpurrot, ein mächtiges Bukett von Rauch und Cassis und hoher Tanningehalt zeichnen diesen kräftig gebauten, bewunderswert tiefen Wein aus, der noch 5 bis 8 Jahre Kellerlagerung braucht. Voraussichtliche Genußreife: 2000 bis 2015. Letzte Verkostung: 1/93.

1989 • 89   Der 1989er zeigt eindrucksvolle tief rubinpurpurrote, starkduftige Noten von reifen schwarzen Johannisbeeren und Süßholz, vollen Körper, ausgezeichneten Geschmack und reichen, intensiven, relativ tanninhaltigen Abgang. Voraussichtliche Genußreife: 2000 bis 2015. Letzte Verkostung: 1/93.

1988 • 83   Der 1988er Pontet-Canet, ein typischer Vertreter dieses Jahrgangs im Médoc, zeigt sehr schöne Farbe, aber schmalbrüstige Persönlichkeit und grünes Tannin. Er ist relativ schlank und karg und wird sich lange halten, aber an Charme und Vollmundigkeit wird es ihm immer fehlen. Letzte Verkostung: 1/93.

1987 • 84   Der 1987er Pontet-Canet ist in diesem schwierigen Jahrgang gut gelungen. Sein attraktives, würziges, vanillinduftiges, von schwarzen Johannisbeeren beherrschtes Bukett wird begleitet von mildem, sanftem, eingängigem Geschmack bei mittelschwerem Körper. Dieser Wein sollte in nächster Zeit genossen werden. Voraussichtliche Genußreife: Jetzt. Letzte Verkostung: 4/90.

1986 • 88   Der 1986er hat dunkelrubinrote Farbe, ein intensives Bukett von süßer Eichenholzwürze, Zedernholz und schwarzen Johannisbeeren – ein Wein von exzellenter Tiefe und Fülle, mit kräftigem Körper und überaus voller Frucht. Auf der Zunge zeigt er große Nachhaltigkeit und schließlich einen tanninherben Abgang. Dieser Wein dürfte, nachdem er seit der Mitte der neunziger Jahre genußreif ist, noch weitere 15 bis 20 Jahre überdauern. Beim Ausbau wurden zu 30 % neue Eichenfässer verwendet. Neben dem 1989er ist dieser 1986er der feinste Pontet-Canet seit 1961. Voraussichtliche Genußreife: Jetzt bis 2012. Letzte Verkostung: 4/90.

1985 • 86   Der 1985er Pontet-Canet ist ein eleganter, schmackhafter, stilvoller Wein mit schöner Farbe und mit mäßig intensivem Bukett von schwarzen Johannisbeeren und angerauchtem Eichenholz. Er ist zwar bei weitem nicht so konzentriert wie der 1986er, dürfte sich aber doch schön entwickeln. Voraussichtliche Genußreife: Jetzt bis 2001. Letzte Verkostung: 4/90.

1984 • 74   Die Frucht des harten und kargen 1984ers liegt unter überreichlichem Tannin verschüttet. Ein dubioser 1984er. Voraussichtliche Genußreife: Jetzt – vermutlich im Nachlassen. Letzte Verkostung: 4/90.

1983 • 86   Der 1983er, ein guter Pontet-Canet-Jahrgang, hat mäßig dunkelrubinrote Farbe, süße, reife Frucht von schwarzen Johannisbeeren und deftigen, konzentrierten Geschmack, der auf der Zunge lange anhält. Das Tannin ist schneller abgeschmolzen, als ich gedacht hätte. Voraussichtliche Genußreife: Jetzt bis 2003. Letzte Verkostung: 4/90.

1982 • 86+?   Ein strammer, stämmiger Wein, dessen Tannin adstringierende Art aufweist. Er ist robust und hat viel Tiefe, aber auch eine unerfreuliche Rauheit. Trotz einer gewissen Aufhellung der Farbe ist er ein noch junger, würziger Pauillac der monolithischen Art, der sich vielleicht noch entfaltet und größere Komplexität und Klasse erlangt, genausogut aber auch vierschrötig und kompakt bleiben kann. Man sollte ihm weitere 2 bis 4 Jahre Kellerreife gönnen. Letzte Verkostung: 9/95.

1979 • 80   Der 1979er ist ein wenig markanter Pauillac mit flachem, mäßig intensivem Aroma von schwarzen Johannisbeeren, mildem, charmantem, rundem Geschmack, mittelschwerem Körper und leichtem Tannin im Abgang. Voraussichtliche Genußreife: Jetzt. Letzte Verkostung: 4/90.

1978 • 82   Im Gegensatz zum 1979er ist der 1978er Pontet-Canet ein tanninreicherer und zugeknöpfterer Wein für lange Kellerreife. Seine Farbe ist dunkelrubinrot, sein Bukett würzig, reif, aber insgesamt straff und verschlossen. Dieser Wein ist bestimmt gut, es scheint ihm aber an Nachhaltigkeit und Komplexität zu mangeln. Voraussichtliche Genußreife: Jetzt bis 2000. Letzte Verkostung: 4/90.

BORDEAUX

1976 • 75   Der nicht besonders hervorragende 1976er Pontet-Canet ist wie viele andere Bordeaux-Weine dieses Jahrgangs inzwischen ziemlich durchgereift und zeigt einen bräunlich-bernsteinfarbenen Ton. Er hat mittleren Körper und guten, milden, runden, fruchtigen Geschmack, es mangelt ihm zwar an Säure und Nachhaltigkeit, aber ansonsten ist er sehr angenehm.
Voraussichtliche Genußreife: Jetzt – vermutlich im Nachlassen. Letzte Verkostung: 10/84.

1975 • 85   Der Pontet-Canet, ein guter, solider, etwas rustikaler 1975er mit schön entwickeltem rauchigem Bukett von Zedernholz, Karamel und Tabak, besitzt nicht den kräftigen Biß und das Format der besten Pauillacs seines Jahrgangs, aber er hat gute Frucht und einen festen, langen, alkoholstarken Abgang.
Voraussichtliche Genußreife: Jetzt bis 2000. Letzte Verkostung: 4/90.

1971 • 81   Ein zwiespältiger Wein, voll positiver und negativer Attribute; er ist gut ausgereift, zeigt etwas bräunliche Farbe, ein interessantes, würziges, fruchtiges und komplexes Bukett und macht auf der Zunge einen saftigen, erfreulichen, süßen Eindruck. Allerdings ist die scharfe Säure im Abgang dem allgemeinen Eindruck stark abträglich. Austrinken.
Voraussichtliche Genußreife: Jetzt – wahrscheinlich stark im Nachlassen.
Letzte Verkostung: 7/82.

1970 • 82   Eine schöne, dunkelrubinrote Farbe ist noch vorhanden. Das Bukett mit Tönen von Holz und reifen Pflaumen wirkt erfreulich, aber es fehlt ihm an Komplexität. Auf der Zunge zeigt der Wein füllige, extraktreiche, fruchtige Art und gute Intensität, aber in Ausdruck und Nachhaltigkeit trifft er nicht ins Schwarze. Es ist zu hoffen, daß er noch besser wird, ich bin mir aber nicht sicher.
Voraussichtliche Genußreife: Jetzt. Letzte Verkostung: 4/90.

1966 • 77   Der 1966er Pontet-Canet ist ein straffer, harter Wein von magerer Art und bis heute fest verschlossen geblieben. Auch beginnt er seine Frucht einzubüßen. Die Farbe ist mäßig rubinrot mit leichtem Bernsteinschimmer, das Bukett zeigt verhaltenen Duft von Zedernholz und schwarzen Johannisbeeren, und der Abgang ist karg und adstringierend.
Voraussichtliche Genußreife: Jetzt. Letzte Verkostung: 4/90.

1964 • 84   Der 1964er Pontet-Canet ist mir lieber als der 1966er, einfach weil er geschmeidige, üppige Frucht und schlichten Wohlgeschmack bietet. Der Braunton am Rand und das praktisch völlige Verschwinden des Tannins zeigen an, daß dieser Wein getrunken werden muß.
Voraussichtliche Genußreife: Jetzt – wahrscheinlich stark im Nachlassen. Letzte Verkostung: 5/83.

1961 • 94?   Der 1961er von Pontet-Canet ist großartig, obwohl eine beunruhigend hohe Schwankungshäufigkeit infolge zahlreicher in England erfolgter Abfüllungen eindeutig Probleme bereitet. Die besten Flaschen zeigen volle, tiefe Farbe, ein kräftig entfaltetes, reifes, tiefes Bukett von Gewürzen und Pflaumen, öligen, runden, geschmeidigen Geschmack und die für diesen großen Jahrgang typische üppige Nachhaltigkeit. Gute Exemplare dieses nunmehr voll ausgereiften Weins werden noch ein Jahrzehnt überdauern. Auf jeden Fall ist dies der beste Pontet-Canet, den ich je gekostet habe. Bei einer Probe quer durch die Jahrgänge im Château Pontet-Canet schnitt dieser Wein 1990 ganz hervorragend ab.
Voraussichtliche Genußreife: Jetzt bis 2005 Letzte Verkostung: 4/90.

ÄLTERE JAHRGÄNGE

Meine Notizen sprechen von einem zufriedenstellenden 1959er (85 Punkte), einem stumpfen, strengen, noch immer dichten, uncharmanten 1955er (76 Punkte) sowie einem prachtvollen 1945er (93 Punkte im April 1990) mit einem überwältigenden Bukett von orientalischen Gewürzen und mit gewaltiger Konzentration. Der 1929er (90 Punkte bei derselben Weinprobe) zeigte orangebraune Färbung, schmeckte aber süß, opulent und bemerkenswert tief. Nur wenige Weine aus den Jahrgängen vor 1975 waren im Château abgefüllt, deshalb ist beim Kauf Vorsicht angebracht.

PAUILLAC

Sonstige Weingüter in Pauillac

La Bécasse
Ohne offiziellen Rang

Lage der Weinberge: Pauillac

Besitzer: Georges und Roland Fonteneau
Adresse: 2, rue Edouard de Pontet, 33250 Pauillac
Telefon: 33 5 56 59 07 14 – Telefax: 33 5 56 59 18 44

Besuche: nur nach 2 Tage im voraus getroffener Vereinbarung
Kontaktpersonen: Roland Fonteneau (Anschrift, Tel. und Fax siehe oben)

WEINBERGE (Rotwein)

Rebfläche: 4 ha

Durchschnittliches Rebenalter: 35 Jahre

Rebbestand: 55 % Cabernet Sauvignon, 36 % Merlot, 9 % Cabernet Franc

Pflanzdichte: 8000 Reben/ha

Ertrag (im Durchschnitt der letzten 5 Jahre): 56 hl/ha

Durchschnittliche Jahresproduktion insgesamt: 28 000 Flaschen

GRAND VIN

Name: Château La Bécasse

Appellation: Pauillac

Durchschnittliche Jahresproduktion: 28 000 Kisten

Verarbeitung und Ausbau: Lese von Hand. Vinifikation 3 Wochen. 18 Monate Ausbau in jährlich jeweils zu $1/3$ erneuerten Eichenfässern. Der Wein wird mit Eiweiß geschönt, aber nicht gefiltert.

Kein ZWEITWEIN

Beurteilung des derzeitigen Rangs: keine Änderung angezeigt

Genußreife: 5 bis 15 Jahre nach dem Jahrgangsdatum

Ich bin Bernard Ginestet zu größtem Dank dafür verpflichtet, daß er mir dieses Juwel in Pauillac verraten hat, das zuvor nur einer kleinen Gruppe verschworener Liebhaber bekannt war, die seine ganze Erzeugung aufkauft. Nach der Handvoll Jahrgänge zu urteilen, die ich gekostet habe, hat dieser Wein offenkundig großartige Konzentration und Entfaltungsfähigkeit.

Bellegrave
Cru Bourgeois Supérieur

Produktion: 1.500 Kisten

Rebbestand: 80 % Cabernet Sauvignon, 15 % Merlot, 5 % Petit Verdot

BORDEAUX

Kein ZWEITWEIN

Rebfläche: 3 ha

Besitzer: Henry J. Van der Voort

Faßreifezeit: 14 bis 18 Monate

Durchschnittsalter der Reben: 18 Jahre

Beurteilung des derzeitigen Rangs: Entspricht qualitativ einem Cru Bourgeois

Genußreife: 3 bis 10 Jahre nach dem Jahrgangsdatum

Von der geringfügigen Produktion dieses Weinguts im Besitz der Familie Van der Voort aus San Franscisco, die auch Wein aus Frankreich unter dem Namen Bercut-Vandervoort importiert, ist selten etwas aufzufinden. Die Weinberge und die Kellertechnik sind unter der Leitung von Pierre Peyronie, dem Besitzer des nahe gelegenen Château Fonbadet, in guten Händen. Die wenigen Bellegrave-Jahrgänge, die ich bisher gekostet habe, waren kompetente, einfache Beispiele für guten Pauillac.

BERNADOTTE
Cru Bourgeois Supérieur

Beurteilung des derzeitigen Rangs: Entspricht der Klassifizierung

Genußreife: 2 bis 7 Jahre nach dem Jahrgangsdatum

N.B.: Das Château wurde 1997 von Pichon-Longueville-Comtesse de Lalande erworben.

Der erste im Château selbst abgefüllte Bernadotte-Jahrgang war der 1983er. Ich bin wenig beeindruckt von der leichten, einigermaßen verwässerten, eindimensionalen, nichtssagenden Art dieser Weine.

LA COURONNE
Cru Bourgeois Exceptionnel

Lage der Weinberge: Pauillac

Besitzerin: Madame de Brest-Borie (Schwester von Jean-Eugène Borie)
Adresse: 33250 Pauillac
Postanschrift: c/o J.-E. Borie S.A., 33250 Pauillac
Telefon: 33 5 56 59 05 20 – Telefax: 33 5 56 59 27 37

Keine Besuche möglich

WEINBERGE (Rotwein)

Rebfläche: 4 ha

Durchschnittliches Rebenalter: 25 Jahre

Rebbestand: 70 % Cabernet Sauvignon und 30 % Merlot

Pflanzdichte: 10 000 Reben/ha

Ertrag (im Durchschnitt der letzten 5 Jahre): 46 hl/ha

Durchschnittliche Jahresproduktion insgesamt: 20 000 Flaschen

PAUILLAC

GRAND VIN

Name: Château La Couronne

Appellation: Pauillac

Durchschnittliche Jahresproduktion: 20 000 Flaschen

Verarbeitung und Ausbau: Lese von Hand; vollständiges Entrappen. Vinifikation 15 bis 18 Tage in temperaturgeregelten Edelstahltanks. 12 bis 14 Monate Ausbau in zu 20 % neuen Eichenfässern. Der Wein wird geschönt und vor der Abfüllung einer leichten Filtration unterzogen.

Kein ZWEITWEIN

Beurteilung des derzeitigen Rangs: Entspricht qualitativ einem Cru Bourgeois

Genußreife: 4 bis 10 Jahre nach dem Jahrgangsdatum

Das kleine, 1879 gegründete Weingut liegt weit landeinwärts und wird geleitet von Xavier Borie, dem Sohn von Jean-Eugène Borie, dem auch Grand-Puy-Lacoste gehört. Aus unerfindlichen Gründen hat sich die aus den anderen Gütern der Familie bekannte magische Weinbereitungskunst der Bories in La Couronne nicht bewährt. Der hiesige Wein ist meist eindimensional und schlicht. Ich habe praktisch alle Jahrgänge aus den achtziger Jahren gekostet, und es war nicht ein einziger dabei, den ich meinen Freunden mit großer Begeisterung vorsetzen würde.

LA FLEUR MILON
Cru Bourgeois seit 1932

Lage der Weinberge: Pauillac

Besitzer: Héritiers Gimenez
Adresse: 33250 Pauillac
Telefon: 33 5 56 59 29 01 – Telefax: 33 5 56 59 23 22

Besuche: montags bis freitags von 8 bis 12 und von 13.30 bis 17.30 Uhr
Kontaktpersonen: M. oder Mme. Claude Mirande (Tel. und Fax siehe oben)

WEINBERGE (Rotwein)

Rebfläche: 13 ha

Durchschnittliches Rebenalter: 45 Jahre

Rebbestand: 65 % Château, 25 % Merlot, 10 % Petit Verdot und Cabernet Franc

Pflanzdichte: 8000 Reben/ha

Ertrag (im Durchschnitt der letzten 5 Jahre): 54 hl/ha

Durchschnittliche Jahresproduktion insgesamt: 6000 bis 8000 Flaschen

GRAND VIN

Name: Château La Fleur Milon

Appellation: Pauillac

Durchschnittliche Jahresproduktion: 6000 Kisten

BORDEAUX

Verarbeitung und Ausbau: Lese von Hand; vollständiges Entrappen. Vinifikation 3 bis 4 Wochen in temperaturgeregelten Zementtanks. Malolaktische Säureumwandlung im Tank, anschließend 18 Monate Ausbau in zu $1/3$ neuen Eichenfässern. Der Wein wird mit Eiweiß geschönt, bei der Abfüllung aber nicht gefiltert.

ZWEITWEIN

Name: Chantecler Milon

Durchschnittliche Jahresproduktion: 1000 bis 2000 Kisten

Beurteilung des derzeitigen Rangs: Entspricht qualitativ einem Cru Bourgeois

Genußreife: 5 bis 12 Jahre nach dem Jahrgangsdatum

Ich bekomme die Weine dieses Erzeugers zwar selten zu Gesicht, aber die aus kleinen Parzellen bestehenden Weinberge befinden sich in guter Lage auf dem Hochplateau nördlich der Stadt Pauillac, sowohl in der Nähe von Mouton-Rothschild als auch von Lafite-Rothschild.

GAUDIN
Ohne offiziellen Rang

Lage der Weinberge: St-Lambert, Pauillac

Besitzerin: Madame Capdeville
Adresse: 2 bis 8, route des Châteaux, B.P.12, 33250 Pauillac
Telefon: 33 5 56 59 24 39 – Telefax: 33 5 56 59 25 26

Besuche: nur nach Vereinbarung
Kontaktpersonen: Mme. Capdeville oder M. Bibian; Tel. 33 5 56 59 06 15
sowie Tel. und Fax wie oben

WEINBERGE (Rotwein)

Rebfläche: 10 ha

Durchschnittliches Rebenalter: 40 und 90 Jahre

Rebbestand: 85 % Cabernet Sauvignon, 10 % Merlot, 5 % Petit Verdot

Ertrag (im Durchschnitt der letzten 5 Jahre): 54 hl/ha

Durchschnittliche Jahresproduktion insgesamt: 6000 Kisten

GRAND VIN

Name: Château Gaudin

Appellation: Pauillac

Durchschnittliche Jahresproduktion: 6000 Kisten

Verarbeitung und Ausbau: Vinifikation 30 Tage; 18 Monate Ausbau in Zementtanks und zweimal gebrauchten Fässern. Der Wein wird geschönt und gefiltert.

Kein ZWEITWEIN

Beurteilung des derzeitigen Rangs: Entspricht qualitativ einem Cru Bourgeois Exceptionnel

Genußreife: 5 bis 12 Jahre nach dem Jahrgangsdatum

Ein seriöses Weingut mit Weinbergen in ausgezeichneter Lage in der Nähe des Orts St-Lambert, zwischen den berühmteren Weinbergen von Pichon Lalande und Lynch-Bages. Der Besitzer ließ bis 1968 seinen Wein bei der Winzergenossenschaft in Pauillac bereiten, produziert jetzt aber einen relativ altmodisch-traditionellen Pauillac. Die drei Jahrgänge, die ich verkostet habe (1982, 1985 und 1986), zeichneten sich sämtlich durch reichliche Substanz, Konzentration und Fülle aus, was auf eine Lebenserwartung von weiteren 10 bis 15 Jahren hindeutete. Das relativ unbekannte Weingut verdient größere Beachtung.

HAUT-BAGES-MONPELOU
Cru Bourgeois seit 1932

Lage der Weinberge: Pauillac

Besitzer: Héritiers Castéja
Adresse: 33250 Pauillac
Postanschrift: Domaines Borie-Manoux, 86, Cours Balguerie-Stuttenberg,
33082 Bordeaux-Cedex
Telefon: 33 5 56 00 00 70 – Telefax: 33 5 57 87 60 30

Besuche: nur nach Vereinbarung
Kontaktadresse: Domaines Borie-Manoux

WEINBERG (Rotwein)

Rebfläche: 15 ha

Durchschnittliches Rebenalter: 25 Jahre

Rebbestand: je 1/3 Cabernet Franc, Cabernet Sauvignon und Merlot

Pflanzdichte: 8000 Reben/ha

Ertrag (im Durchschnitt der letzten 5 Jahre): 55 hl/ha

Durchschnittliche Jahresproduktion insgesamt: 5000 Kisten

GRAND VIN

Name: Château Haut-Bages Monpelou

Appellation: Pauillac

Durchschnittliche Jahresproduktion: 5000 Flaschen

Verarbeitung und Ausbau: Maschinelle Lese; vollständiges Entrappen. Vinifikation 3 Wochen in temperaturgeregelten Edelstahltanks. Malolaktische Säureumwandlung im Tank. 12 Monate Ausbau in zu 40% neuen Eichenfässern. Der Wein wird geschönt, aber nicht gefiltert.

Kein ZWEITWEIN

Beurteilung des derzeitigen Rangs: Entspricht der Klassifizierung

Genußreife: 2 bis 8 Jahre nach dem Jahrgangsdatum

Das landeinwärts in der Nähe von Grand-Puy-Lacoste gelegene Weingut befindet sich seit 1947 im Besitz der Familie Castéja. Die Weine – leicht, fruchtig und zumeist ohne besonderen Charakter – werden exklusiv durch Borie-Manoux, das Handelshaus von M. Castéja, vertrieben.

PEDESCLAUX
5ème Cru seit 1855

Lage der Weinberge: In der Nähe der Rebfläche von Mouton, auf dem Plateau von Pauillac

Besitzer: Familie Jugla
Adresse: Padarnac, 33250 Pauillac
Telefon: 33 5 56 59 22 59 – Telefax: 33 5 56 59 22 59

Besuche: nicht möglich

WEINBERG (Rotwein)

Rebfläche: 24 ha

Durchschnittliches Rebenalter: 38 Jahre

Rebbestand: 50 % Cabernet Sauvignon, 40 % Merlot, 10 % Cabernet Franc

Pflanzdichte: 8400 Reben/ha

Ertrag (im Durchschnitt der letzten 5 Jahre): 60 hl/ha

Durchschnittliche Jahresproduktion insgesamt: 12 000 bis 13 000 Kisten

GRAND VIN

Name: Château Pédesclaux

Appellation: Pauillac

Durchschnittliche Jahresproduktion: 7000 Kisten

Verarbeitung und Ausbau: Maschinelle Lese; vollständiges Entrappen. Vinifikation 3 Wochen in temperaturgeregelten Edelstahltanks. Malolaktische Säureumwandlung im Tank. 12 bis 14 Monate Ausbau in zu 80 % neuen Eichenfässern (künftig 100 %). Die Weine werden geschönt und gefiltert.

ZWEITWEINE

Château Bellerose, Grand Duroc Milon und Haut Padarnac

Diese drei Weine werden als Crus Bourgeois angeboten. Sie stammen aus verschiedenen Lagen

Beurteilung des derzeitigen Rangs: Abstufung zum Cru Bourgeois wäre zu empfehlen

Genußreife: 3 bis 10 Jahre nach dem Jahrgangsdatum

Pedesclaux bekommt meine Stimme, wenn es um das obskurste Mitglied der Klassifizierung der Weine von der Gironde aus dem Jahr 1855 geht. Ein großer Teil des Weins wird in Europa, insbesondere in Belgien, abgesetzt. Er hat mir nie großen Eindruck gemacht, ich finde ihn lediglich robust und schlicht; an Tiefe fehlt es ihm, dagegen hat er für meinen Geschmack zuviel Tannin.

PAUILLAC

Plantey
Cru Bourgeois seit 1932

Lage der Weinberge: Pauillac

Besitzerin: Madame Gabriel Meffre
Adresse: 33250 Pauillac
Telefon: 33 5 56 59 06 47 – Telefax: 33 5 56 59 07 47 oder 33 4 90 65 03 73

Besuche: nur nach Vereinbarung
Kontaktperson: Claude Meffre

WEINBERG (Rotwein)

Rebfläche: 25,5 ha

Durchschnittliches Rebenalter: 25 Jahre

Rebbestand: 50% Cabernet Sauvignon, 45% Merlot, 5% Cabernet Franc

Pflanzdichte: 6600 Reben/ha

Ertrag (im Durchschnitt der letzten 5 Jahre): 47 hl/ha

Durchschnittliche Jahresproduktion insgesamt: 12 000 bis 14 000 Kisten

GRAND VIN

Name: Château Plantey

Appellation: Pauillac

Durchschnittliche Jahresproduktion: 10 000 Kisten

Verarbeitung und Ausbau: Lese von Hand und maschinell. Vinifikation 21 Tage in Zementtanks ohne Temperaturregelung. Malolaktische Säureumwandlung im Tank. 12 Monate Ausbau in (nicht neuen) Eichenfässern oder Tanks. Die Weine werden geschönt und gefiltert.

ZWEITWEIN

Name: Château Artigues

Durchschnittliche Jahresproduktion: 4000 Kisten

Beurteilung des derzeitigen Rangs: Entspricht der Klassifizierung

Genußreife: 3 bis 8 Jahre nach dem Jahrgangsdatum

Dieser Wein ist mir stets als fruchtiger, geschmeidiger, eingängiger Pauillac in Standard-Qualität ohne großen Eigencharakter und ohne besondere Entwicklungsfähigkeit erschienen. Die erfolgreichsten neueren Jahrgänge waren 1982 und 1989.

La Rose Pauillac

Die Genossenschaft mit 125 Mitgliedern und insgesamt 109 ha in Pauillac wurde 1932 gegründet. Gegenwärtig ist sie mit 6000 Privatkunden und einem beträchtlichen Absatz an viele hochrenommierte Handelshäuser die erfolgreichste Genossenschaft in Bordeaux. Sie produziert drei *cuvées*, größtenteils unter der Marke La Rose Pauillac. Außerdem lassen die Châteaux Haut-Milon und Haut St-Lambert ihren Wein in der Genossenschaftskellerei bereiten und abfüllen, vertreiben ihn aber unter eigenem Namen. Die Kellerei benutzt zunehmend kleine Eichenfässer, die aber nur zum geringen Teil neu sind. Die Weine zeigen milden, angenehmen, sauberen Stil, aber keine besonders eigenständige Art. Diese Weine wollen in den ersten 5 bis 7 Jahren getrunken sein.

S<small>AINT</small>-M<small>AMBERT</small>
Ohne offiziellen Rang

Lage der Weinberge: Pauillac

Besitzer: Domingo Reyes
Adresse: Bellevue, St-Lambert, 33250 Pauillac
Telefon: 33 5 56 59 22 72 bis Telefax: 33 5 56 59 22 72

Besuche: täglich
Kontaktperson: Domingo Reyes (Tel. und Fax siehe oben)

WEINBERG (Rotwein)

Rebfläche: 0,5 ha

Durchschnittliches Rebenalter: 50 Jahre

Rebbestand: 65% Cabernet Sauvignon, 20% Cabernet Franc, 15% Merlot

Pflanzdichte: 10 000 Reben/ha

Ertrag (im Durchschnitt der letzten 5 Jahre): 58 hl/ha

Durchschnittliche Jahresproduktion insgesamt: 3800 Flaschen

GRAND VIN

Name: Château Saint-Mambert

Appellation: Pauillac

Verarbeitung und Ausbau: Lese von Hand; vollständiges Entrappen. Vinifikation aller drei Rebsorten 3 Wochen im Tank (mit Temperaturregelung). 18 Monate Ausbau in Eichenfässern, davon 15% neue; die übrigen sind einmal gebraucht. Malolaktische Säureumwandlung im Faß, Schönung mit Eiweiß, keine Filtration.

Kein ZWEITWEIN

St-Julien

Während der Ruhm von Pauillac darauf beruht, daß es die meisten Premiers Crus im Médoc in seinen Grenzen beherbergt und Margaux als die bekannteste Appellation im Médoc gelten darf, kann St-Julien nur als die am stärksten unterbewertete Weinbaugemeinde im Médoc bezeichnet werden. Dabei ist der Weinbau in St-Julien – von den kaum bekannten Cru-Bourgeois-Châteaux wie Terrey-Gros-Cailloux und Lalande Borie bis hin zu den drei Flaggschiffen der Appellation, Léoville-Las Cases, Ducru-Beaucaillou und Léoville-Barton – durch stets gleichmäßige, brillante Leistungen gekennzeichnet.

St-Julien beginnt dort, wo die Appellation Pauillac endet, was vor allem an der Nahtstelle zwischen Latour und Léoville-Las Cases kaum überbietbaren Ausdruck findet. Fährt man von Pauillac aus auf der D2 südwärts, dann liegt rechts Léoville-Las Cases; es folgt Léoville-Poyferré auf der linken und rechten Seite, dann Langoa und Léoville-Barton rechts, Ducru-Beaucaillou links, Branaire-Ducru rechts und schließlich Beychevelle wieder links. Bei normalem Tempo braucht man kaum mehr als fünf Minuten, um an all diesen illustren Weingütern vorüberzufahren. Weiter im Inland liegen nicht mehr in Sichtweite der Gironde die großen Güter Gruaud-Larose, Talbot, Lagrange und St-Pierre.

Im Médoc oder vielmehr in ganz Bordeaux gibt es kaum eine zweite Gemeinde, wo die Kunst der Weinbereitung so großartig geübt wird wie in St-Julien. Deshalb hat der Weinliebhaber, wenn er sich hier umsieht, überall beste Aussicht auf einen guten Kauf. Nicht nur aus den Cru-Bourgeois-Châteaux von St-Julien kommen in Hülle und Fülle feine Weine, auch die 11 Crus Classés bringen sämtlich wundervoll ausgebaute Gewächse hervor, und doch unterscheiden sie sich alle weitgehend im Stil.

Der Léoville-Las Cases ist vor allem aus zwei Gründen noch am Pauillac-ähnlichsten von allen St-Julien-Weinen: Einerseits liegen die Weinberge unmittelbar neben denen des berühmten Premier Cru Latour, und andererseits produziert der Besitzer Michel Delon einen zutiefst konzentrierten, tanninreichen, vom Vanillin-Duft der Eichenholzfässer geprägten Wein, der in den meisten Jahrgängen ein Jahrzehnt Ruhe braucht, ehe er seine Tanninhülle abwirft. Kein anderer St-Julien ist anfänglich so hartnäckig verschlossen; die übrigen Weingüter der Appellation bringen Weine hervor, die dem Liebhaber nicht soviel Geduld abverlangen.

Léoville-Las Cases ist eines von drei Châteaux in St-Julien, die sich in den Namen Léoville teilen. Alle drei produzieren derzeit superbe Weine, Las Cases aber ist das beste, vor allem deshalb, weil sein Besitzer ein Perfektionist ist. Von den beiden anderen verfügt Léoville-Poyferré über immenses Potential und nutzt es zum Glück nun auch. Wie bei Léoville-Las Cases befinden sich Verwaltung und *chai* in dem verschlafenen Städtchen St-Julien-Beychevelle. Die Leistungen von Poyferré waren in den sechziger und siebziger Jahren nicht besonders brillant, in den achtziger Jahren uneinheitlich (der 1982er und 1983er waren superb) und in den neunziger Jahren schließlich verheißungsvoll. Heute zeigen die Weine weit mehr Kraft und Fülle sowie eine merklich dunklere Farbe.

Das dritte Léoville-Gut führt den Beinamen Barton. Sein Wein ist im allgemeinen hervorragend und zunehmend beständig, vor allem in Jahrgängen mit leichteren, eleganteren Gewächsen. Seit der Mitte der 1980er Jahre hat der tüchtige Anthony Barton, ein echter Gentleman und höchst charmanter Botschafter für den Bordeaux, hier die Zügel in der Hand, und nun herrscht größere Gleichmäßigkeit. Der Léoville-Barton duftet, wenn er ausgereift ist, nach Zedernholz und ist ein klassischer, sehr traditionell bereiteter St-Julien.

Anthony Barton hat in St-Julien noch ein zweites Weingut, das Château Langoa-Barton. Der eindrucksvolle Bau ragt hoch über die verkehrsreiche Route du Vin (D2) auf und beherbergt die Kellereianlagen sowohl für Léoville-Barton als auch für Langoa-Barton. Da ist es nicht verwunderlich, daß der Langoa im Stil dem Léoville-Barton stark ähnelt – zedernholzduftig, reichhaltig, mit großer Geschmacksfülle, aber selten so konzentriert wie der Wein aus dem Schwestergut.

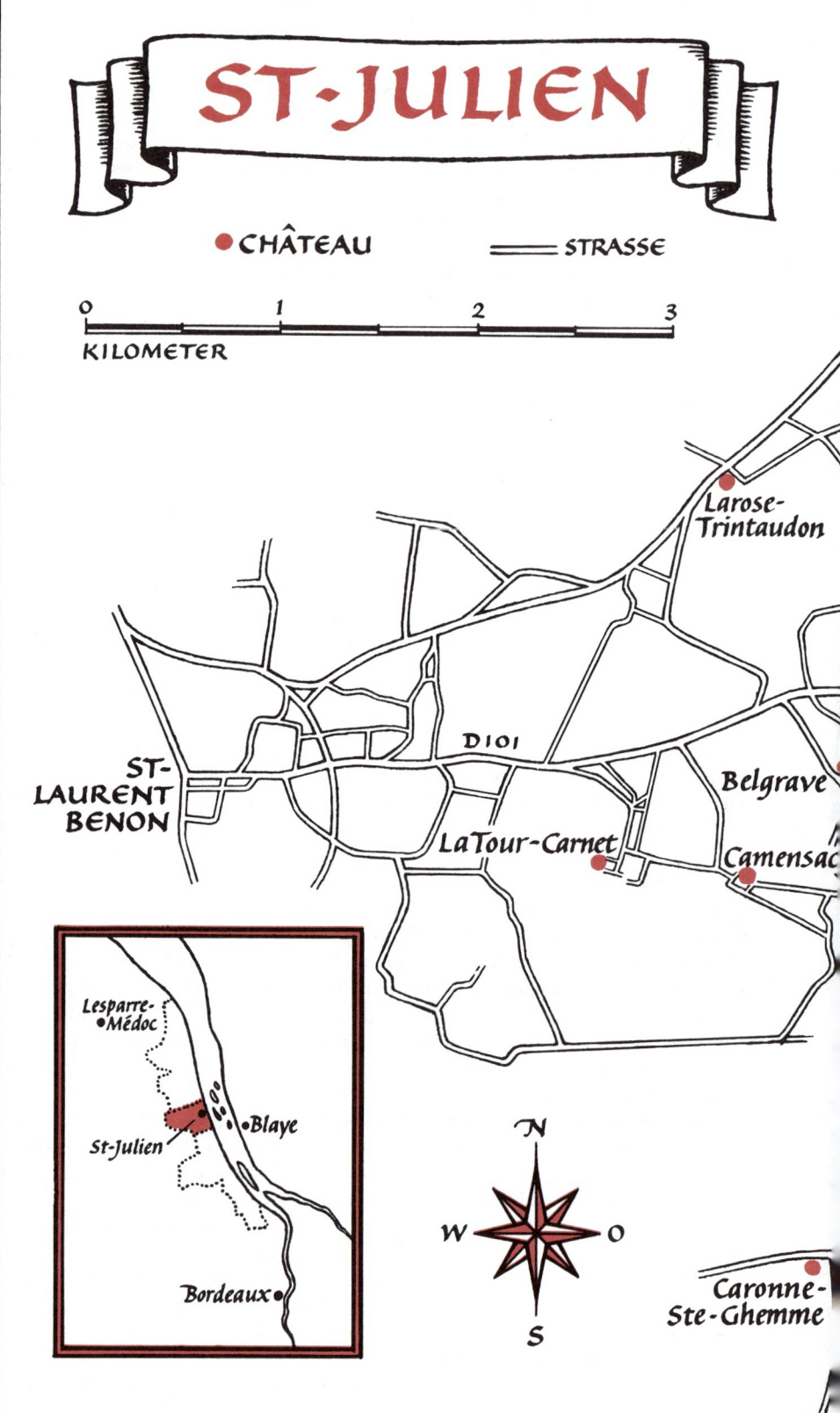

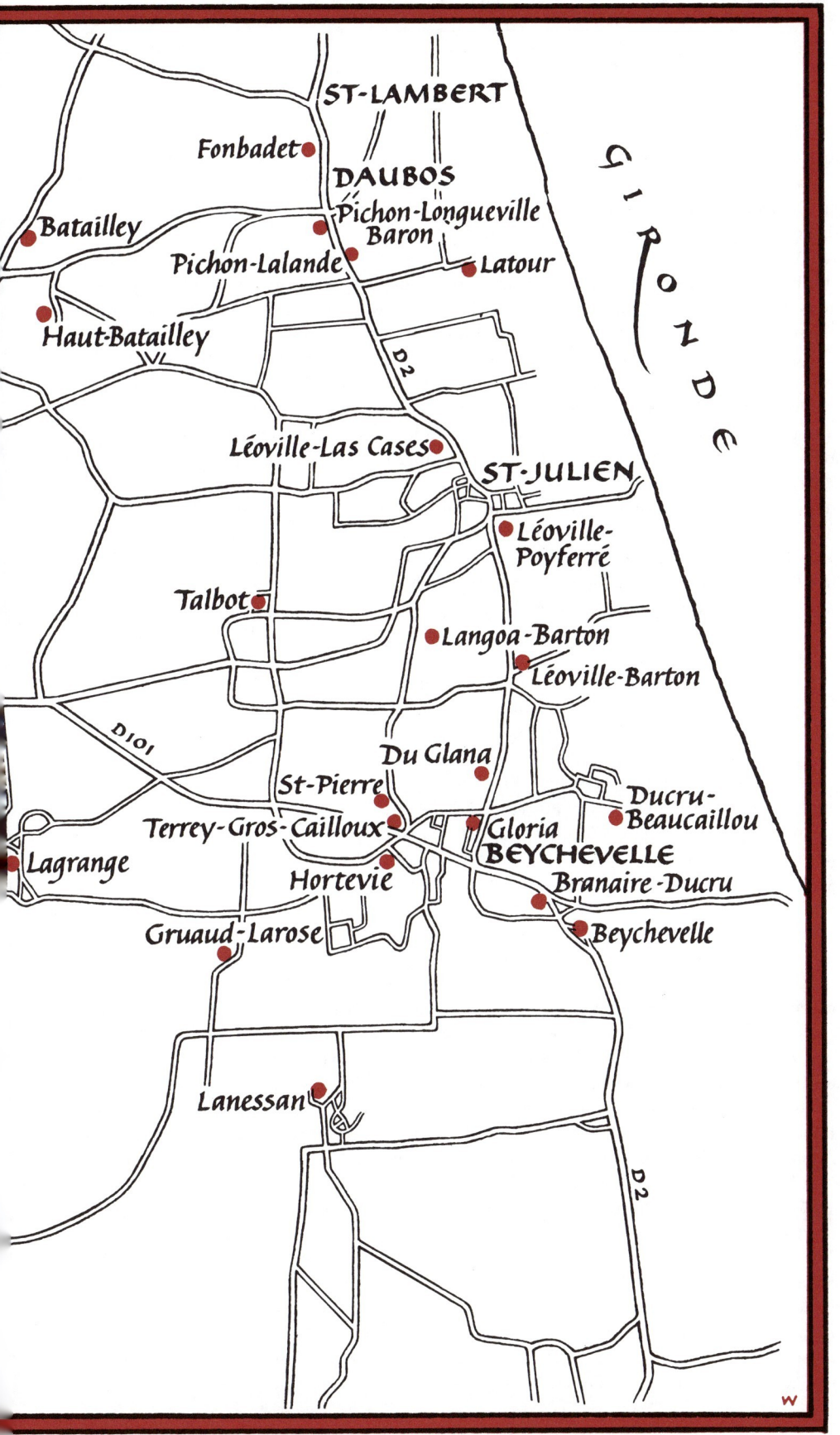

Das großartige Château Ducru-Beaucaillou ist meist dasjenige Weingut in St-Julien, das Jahr für Jahr nicht nur mit Léoville-Las Cases, sondern auch mit den Premiers Crus im Médoc in Qualitätswettstreit tritt. Ich erinnere mich noch deutlich, wie ich bei meinem ersten Besuch im Château Ducru-Beaucaillou im Jahr 1970 den alten Kellermeister, M. Prévost, nach dem Geheimnis der bemerkenswerten Gleichmäßigkeit des Ducru fragte. Seine Anwort lautete ganz einfach: «Auslese, Auslese und noch nochmals Auslese.» In diesem höchst sachgerecht geleiteten Gut führen die Besitzer, die vornehme Familie Borie, bei jedem Schritt des Weinbereitungsverfahrens die Aufsicht. Das Château befindet sich in prachtvoller Lage über der Gironde, und der hier gepflegte Weinstil – nicht so massiv und tanninreich wie bei Léoville-Las Cases und nicht so ungeheuer wuchtig wie bei Gruaud-Larose – entspricht einem klassischen St-Julien, der 8 bis 10 Jahre braucht, bis er seinen vollen, fruchtigen, eleganten, zarten Geschmack zur Geltung bringt. Wenn der Léoville-Las Cases der Latour von St-Julien ist, dann darf der Ducru-Beaucaillou als der Lafite-Rothschild von St-Julien gelten. Am Ende der achtziger Jahre durchlief das Gut eine unerwartete Schwächeperiode, fand seine Form aber rasch wieder und produzierte 1995 und 1996 spektakuläre Weine.

Nur einen Katzensprung von Ducru-Beaucaillou entfernt liegen Branaire-Ducru und Beychevelle, die südlichsten Châteaux von St-Julien. Beychevelle ist weithin bekannt, vielleicht am meisten, weil sein Park – der fotogenste im Médoc – bei Touristen große Beliebtheit genießt; der Wein aus diesem Château ist geschmeidig, fruchtig, leicht und früh genußreif. 1982, 1986 und 1989 war er wirklich gut, ja sogar hervorragend, aber im allgemeinen hat der Beychevelle ein besseres Renommee, als seine Leistungen eigentlich rechtfertigen. Meinen Punktbewertungen nach sollte es Château Unbeständig heißen.

Genau das Gegenteil gilt für Branaire-Ducru, das ziemlich trüb und abweisend wirkende Château auf der anderen Straßenseite, Beychevelle gegenüber. Obwohl seine Qualität nach 1982 abgesunken war, tat sich Branaire 1989 wieder mit einer schönen Leistung hervor, und 1994, 1995 und 1996 folgten sehr gute Gewächse. Überdies ist der Preis des Branaire mit einer der günstigsten für einen Wein dieser Qualität. Er ist etwas kräftiger als der Wein des Nachbarguts Beychevelle, stammt aber unverändert aus einer Schule, in der Finesse großgeschrieben wird, und hat ein unverkennbares, reichduftiges, exotisches Bukett von Zedernholz und Schokolade. Zwar hat der Branaire keineswegs die Entfaltungsfähigkeit der drei Léovilles oder des Ducru-Beaucaillou, doch er ist im Alter von 8 bis 20 Jahren oft opulent reichhaltig und markant.

Ebenfalls potentiell exzellente Weine kommen aus den Châteaux Gruaud-Larose und Talbot, beides jahrelang Besitzungen der Familie Cordier. Inzwischen wurden sie verkauft, und das macht sich in dem vom jeweiligen neuen Besitzer geprägten etwas andersartigen Weinstil bemerkbar. Gruaud-Larose liegt weit weg vom Fluß hinter Beychevelle und Branaire-Ducru. Bis zum Besitzerwechsel brachte es wie der Stallgefährte und Nachbar Talbot dunkle, volle, fruchtige Weine hervor. Meist ist der Gruaud besser als der Talbot, der eine Neigung zu gelegentlicher Magerkeit zeigt – für beide Weine gilt jedoch, daß ihre Qualität zwar schon immer gut, aber zwischen 1978 und 1990 sogar brillant zu nennen war. Da nun beide Güter jeweils über 35 000 Kisten Wein produzierten und diesen zu einem stets bescheidenen Preis anboten, bedeuteten Gruaud-Larose und Talbot eine Wohltat nicht nur für den Gaumen, sondern auch für die Brieftasche. Insbesondere der Gruaud-Larose stand zwischen 1961 und 1982 oft auf Premier-Cru-Niveau. Zwar hört man gelegentlich Kritiker behaupten, daß es ihm an der Komplexität und dem Stehvermögen eines echten Premier Cru mangeln könne, aber das hat sich bei blinden Vergleichen mit den Premiers Crus schon oft als unhaltbar erwiesen. Unter dem neuen Regime wird dieser Wein offenbar in einem geschmeidigeren, fruchtigeren, zugänglicheren, aber dennoch sehr kraftvollen Stil bereitet. Auch Talbot scheint unter seinem neuen Besitzer einen entgegenkommenderen, fruchtigeren Wein hervorzubringen, als es der frühere Cordier-Stil war.

In den beiden übrigen Crus Classés von St-Julien, Lagrange und St-Pierre, haben sich bedeutende Personalveränderungen abgespielt. Das seit Jahrzehnten nicht so recht hoch angesehene Château Lagrange hat sich neue Besitzer aus Japan zugelegt und mit anfänglicher Beratung durch Michel Delon von Léoville-Las Cases bemerkenswerte Verbesserungen erzielt. Sein Wein gehört nun zu den großen St-Juliens – kraftvoll, körperreich, sehr konzentriert und offensichtlich entfaltungsfähig. Dabei ist sein Preis nach wie vor vernünftig.

Château St-Pierre wird schon seit eh und je stark unterbewertet. Früher produzierte es extrakt- und körperreichen Wein von kräftiger Farbe, der gelegentlich etwas rustikal, aber immer erfreulich füllig, robust und fruchtig wirkte. Heute steht das Château und sein Wein unter dem wachsamen Blick von Jean-Louis Triaud, dem Schwiegersohn des inzwischen verstorbenen Henri Martin, der auch das berühmteste Cru Bourgeois von St-Julien, Château Gloria, leitet. Der Übergang zum «martinisierten» Stil wurde gleich mit dem ersten Jahrgang vollzogen – der 1983er mit seiner reichfruchtigen, fast süßen, eingängigen, geschmeidigen Art erfreut sich größter Beliebtheit. Der St-Pierre ist wahrscheinlich der am verschwenderischsten mit Eichenholzwürze versehene, exotischste und ausdrucksvollste St-Julien, hat eine qualitative Glückssträhne und verdient größtes Interesse.

St-Julien hat keinen Mangel an wunderbaren Cru-Bourgeois-Weinen. Neben dem exzellenten Château Gloria stehen der Terrey-Gros-Cailloux und der Hortevie – beides sehr gute Weine –, dann der stilvoll elegante Lalande Borie, der recht kommerzielle, manchmal nichtssagende, manchmal gute du Glana und eine ganze Reihe von Zweitweinen aus den bedeutenderen Gütern, als deren bester der Clos du Marquis aus dem Château Léoville-Las Cases zu erwähnen ist.

Wenn Bordeaux allgemein einen schlechten oder mittelmäßigen Jahrgang erlebt, ist St-Julien immer eine Fundgrube. Sein Boden ähnelt stark der leichten, kieshaltigen Erde von Margaux, enthält aber mehr Lehm. Dadurch erlangen die Weine mehr Körper und Viskosität. Da sich die meisten besseren Lagen in der Nähe der Gironde befinden, verfügen sie über ein exzellentes, tiefgründiges Kiesbett im Unterboden. In den schwierigen Jahren 1992, 1987, 1984 und 1980 kamen in St-Julien mehr annehmbare Weine zustande als in anderen Gegenden von Bordeaux.

In exzellenten bis großartigen Jahrgängen sind die St-Juliens stets mustergültige Médoc-Weine. Wirklich großartige Jahre waren für St-Julien 1996, 1995, 1990, 1989, 1986, 1985, 1982, 1978, 1970, 1961 und 1959, gefolgt von 1988, 1983, 1979, 1976, 1966 und 1962.

St-Julien
(aus Insider-Sicht)

Potential allgemein: exzellent bis superb (auf allen Ebenen die beständigste Appellation von Bordeaux)

Am langlebigsten: Ducru-Beaucaillou, Gruaud-Larose, Lagrange, Léoville-Barton, Léoville-Las Cases, Léoville-Poyferré

Am elegantesten: Ducru-Beaucaillou

Am konzentriertesten: Ducru-Beaucaillou, Gruaud-Larose, Lagrange, Léoville-Barton, Léoville-Las Cases

Bestes Preis/Leistungs-Verhältnis: Branaire, Gloria, St-Pierre, Talbot

Am exotischsten: Branaire, St-Pierre

Am schwersten zu ergründen (in der Jugend): Ducru-Beaucaillou

Am meisten unterbewertet: Lagrange, St-Pierre, Talbot

Jung am besten zu trinken: Gloria, Talbot

Aufstrebende Weingüter: Lagrange, St-Pierre

Die großartigsten neueren Jahrgänge: 1996, 1995, 1990, 1989, 1986, 1985, 1982, 1961

St-Julien im Überblick

Lage: In mehrfacher Hinsicht der Mittelpunkt des Médoc, etwa 30 km von der Stadt Bordeaux entfernt; nördlich von Margaux; die Südgrenze bildet Cussac-Fort-Médoc, im Norden schließt Pauillac an.

Rebfläche: 870 ha

Gemeinden: Hauptsächlich St-Julien, hinzu kommen Gemarkungsteile von Cussac und St-Laurent; ein Teil der Gemarkung St-Julien befindet sich in Pauillac

Durchschnittliche Jahresproduktion: 490 000 Kisten

Crus Classés: Insgesamt 11: 5 Deuxièmes Crus, 2 Troisièmes Crus, 4 Quatrièmes Crus. 16 Crus Bourgeois

Hauptrebsorten: Cabernet Sauvignon, gefolgt von Merlot und Cabernet Franc

Hauptbodenarten: Extrem feiner Kies, insbesondere in den großartigen Lagen am Flußufer. Weiter landeinwärts ist der Kies mit Lehm untermischt.

Verbrauchergerechte Klassifizierung der Châteaux von St-Julien

HERVORRAGEND
Ducru-Beaucaillou
Léoville-Barton
Léoville-Las Cases

AUSGEZEICHNET
Branaire
Gruaud-Larose
Lagrange
Léoville-Poyferré
St-Pierre
Talbot

SEHR GUT
Beychevelle
Gloria
Hortevie
Langoa-Barton

GUT
Lalande Borie
Terrey-Gros-Cailloux

WEITERE BEACHTENSWERTE WEINGÜTER IN ST-JULIEN

La Bridane, Domaine Castaing, du Glana, Domaine de Jaugaret, Lalande, Moulin de la Rose, Teynac

ST-JULIEN

BEYCHEVELLE
4ème Cru seit 1855

SEHR GUT

Lage der Weinberge: St-Julien und Cussac Fort Médoc

Besitzer: Grands Millésimes de France (GMF/Suntory) 90 % und Scribe 2010 (10 %)
Adresse: Beychevelle, 33250 St-Julien Beychevelle
Postanschrift: wie oben
Telefon: 33 5 56 73 20 70 – Telefax: 33 5 56 73 20 71

Besuche: von November bis März nur nach Vereinbarung; von April bis Oktober montags bis freitags zwischen 9.30 und 12 sowie 14 und 17 Uhr; im Juli und August auch an Samstagen geöffnet

WEINBERGE (Rotwein)

Rebfläche: insgesamt 90 ha, davon fallen jedoch nur 77 ha unter die Appellation St-Julien

Durchschnittliches Rebenalter: 25 Jahre

Rebbestand: 60 % Cabernet Sauvignon, 28 % Merlot, 8 % Cabernet Franc, 4 % Petit Verdot

Pflanzdichte: 8300 – 10000 Reben/ha

Ertrag (im Durchschnitt der letzten 5 Jahre): 55 hl/ha

Durchschnittliche Jahresproduktion insgesamt: 500000 Flaschen

GRAND VIN

Name: Château Beychevelle – Grand Vin

Appellation: St-Julien

Durchschnittliche Jahresproduktion: 300000 Flaschen

Verarbeitung und Ausbau: Lese von Hand, vollständiges Entrappen nach strenger Sortierung. Vinifikation 21 bis 24 Tage in 165-hl-Edelstahl- und Zementtanks bis 28 bis 30°C. Der *vin de* presse wird getrennt gehalten. Nach der *assemblage* im Dezember folgen 16 bis 18 Monate Ausbau in zu 55 bis 60 % neuen Eichenfässern. Die Weine werden geschönt, aber bei der Abfüllung nicht gefiltert.

ZWEITWEIN

Name: Amiral de Beychevelle

Durchschnittliche Jahresproduktion: 150000 Flaschen

Beurteilung des derzeitigen Rangs: Entspricht der Klassifizierung

Genußreife: 7 bis 20 Jahre nach dem Jahrgangsdatum

Wer als Tourist nach Bordeaux kommt, dürfte Beychevelle kaum verfehlen, denn es ist das erste größere Château, wenn man auf der D2 nordwärts in die Appellation St-Julien einfährt. Die wunderschönen blühenden Gärten an der Straße haben schon manchen Vorüberfahrenden dazu gebracht, anzuhalten und den Fotoapparat zu zücken.

Aber trotz beständiger Unbeständigkeit können auch die Weine von Beychevelle wunderschöne Art vorweisen. In den sechziger und siebziger Jahren gab es Probleme mit der Qualität von einem Jahrgang zum anderen. Außerdem fiel der Wein in mittelmäßigen Jahren wie 1974, 1987, 1992 und 1993 enttäuschend und in großen Jahren (1990) wenig inspirierend aus. In Spitzenjahren schmeckt der Beychevelle schon früh überaus mild, geschmeidig und genußreif, und das gibt Puristen und Traditionalisten Anlaß zu – übrigens unnötiger – Besorgnis. Die meisten neueren Jahrgänge der besseren Art von Beychevelle sind zwar schon nach 10 Jahren voll ausgereift, haben dann aber immer noch genug in sich für schöne Haltbarkeit über nochmals 15 oder mehr Jahre. Dagegen brauchen die Weine aus diesem Gut nicht unbedingt jahrzehntelang hingelegt zu werden.

Zu Anfang der 1980er Jahre erkannten die Besitzer jedoch, daß die überaus milde Art des Beychevelle nicht geeignet war, für große Langlebigkeit zu bürgen. Daher wird seit 1982 der festere, muskulösere Cabernet Sauvignon im Verschnittrezept stärker betont, die so entscheidende Maischzeit verlängert, vermehrt frisches Eichenholz im Ausbau verwendet und für leichtere Weine ein Zweitetikett benutzt. Auf diese Weise wurde die Qualität des Beychevelle bedeutend gefestigt, und 1982, 1986 und 1989 entstanden großartige Weine. Die leichte, geschmeidige, elegante, früh reifende Art der sechziger und siebziger Jahre hat sich seit 1982 zu einem fester gebauten, konzentrierteren Stil gewandelt, ohne dadurch jedoch irgend etwas von dem einschmeichelnden, offenherzigen Charme dieses St-Julien zu opfern.

Beychevelle ist keiner der teuersten Weine von St-Julien, sein Preis liegt deutlich unter dem von Léoville-Las Cases und Ducru-Beaucaillou.

JAHRGÄNGE

1997 • 83-85   Paprika, Tabakblätter und die Frucht roter Johannisbeeren mit einem Hauch Kräuterduft dominieren im Aromaprofil dieses schlanken, mittelschweren und recht milden Weins. Er hat zwar etwas Würze, ist aber gegenüber vielen anderen seiner Klasse eher kompakt und eindimensional.
Voraussichtliche Genußreife: 2002 bis 2008. Letzte Verkostung: 3/98.

1996 • 85-86   Der Unterschied zwischen dem 1996er und dem 1995er liegt in der etwas süßeren Cabernet-Sauvignon-Frucht. Ansonsten zeigt dieser Wein mittleren Körper, gute, aber nicht herausragende Reife, saubere Verarbeitung und eine toastwürzige Eichennote. Er bietet schmalspurigen, eleganten, aber nicht gerade umwerfenden Trinkgenuß. Im Abgang findet sich festes Tannin, daher könnte Flaschenreife ein wenig nützen.
Voraussichtliche Genußreife: 2001 bis 2005. Letzte Verkostung: 3/98.

1995 • 85   Dieser Wein nahm sich im Faß besser aus. Aus der Flasche zeigt er mittleres Rubinrot und ein markantes Aroma von Unterholz, feuchter Erde und der Frucht schwarzer Johannisbeeren mit einer Spur Lehm. Bei moderatem Tannin, mittlerem Körper und einer gewissen kantigen Art besitzt der 1995er guten Extrakt, aber nicht viel Seele oder Charakter.
Voraussichtliche Genußreife: 2001 bis 2012. Letzte Verkostung: 11/97.

1994 • 85   Dieser leichte bis mittelschwere Wein zeigt dunkelrubinrote Farbe und ein unkompliziertes Aroma von roten Johannisbeeren mit Toast und Erde im Hintergrund. Milde Säure, kräftiges Tannin und süße Frucht ergeben zusammen einen guten, aber nicht gerade inspirierenden Eindruck. Der 1994er Beychevelle dürfte sich ein Jahrzehnt lang schön trinken. Letzte Verkostung: 1/97.

1993 • 82   Dunkles Rubinrot zeigt dieser Wein, der sich durch eine kräftige Eichennote, einen Hauch Pfeffer, aber nur wenig von der sonst in vielen 1993ern aus dem Médoc vorzufindenden vegetabilen Art auszeichnet. Würzige Frucht ist vorhanden, und der Wein ist karg und tanninherb, aber zugleich auch elegant und subtil.
Voraussichtliche Genußreife: Jetzt bis 2006. Letzte Verkostung: 1/97.

1992 • 81   Der mit einem Hauch Kräuterwürze versehene 1992er Beychevelle ist ein unkomplizierter, kompakter Wein, dessen Tannin die Frucht beherrscht. Er hat leichten Körper und kantige Art, zugleich aber auch attraktive Geschmeidigkeit und milde Säure. Man sollte ihn in den nächsten 3 bis 4 Jahren trinken. Letzte Verkostung: 11/94.

ST-JULIEN

1991 • 85 In diesem Gut ist der 1991er besser ausgefallen als der 1992er und zeigt ein attraktives, süßes und eichenwürziges Bukett mit Johannisbeerfrucht, dazu sanften, runden, eleganten Geschmack, bewundernswerte Reife, milde Säure und einen samtweichen Abgang. Er ist zwar kein großer Wein, aber anmutig, fruchtig und wohlschmeckend. Getrunken werden will er in den nächsten 5 bis 6 Jahren. Letzte Verkostung: 1/94.

1990 • 81 Der dunkelrubinrote 1990er, von Anfang an eine wenig inspirierende Leistung, zeigt nach wie vor grünes Tannin, hohlen Geschmack und rauhen, strengen Abgang – nichts Weltbewegendes. Letzte Verkostung: 11/96.

1989 • 89 Der 1989er, der sich im allgemeinen besser ausnimmt als bei der früheren Verkostung, ist ein eleganter, mittelschwerer Wein mit mildem Tannin, reichlicher reifer Frucht von schwarzen Johannisbeeren mit einem Anflug von Kräutern, einer gewissen toastwürzigen Eichennote und einem generösen, samtigen Nachklang. Er scheint sich rasch zu entwickeln und ist ab sofort für die Dauer der nächsten 15 Jahre genußreif. Letzte Verkostung: 11/96.

1988 • 84 Der relativ leichte, in der Konzentration etwas schwache und mit einer grünen Note behaftete 1988er Beychevelle wird sich schön entfalten, doch fehlt es ihm an der nötigen Tiefe und Reife, um ihn wirklich interessant zu machen.
Voraussichtliche Genußreife: Jetzt bis 2002 Letzte Verkostung: 1/93.

1987 • 78 Ein mittelschwerer, heller Wein mit einem zweidimensionalen Bukett von Vanillin und Kräutern und milder, etwas verwässerter Art, aber ideal für baldigen Genuß.
Voraussichtliche Genußreife: Jetzt. Letzte Verkostung: 11/90.

1986 • 92 Der 1986er ist zwar hervorragend und verdient Aufnahme in jedem gewissenhaft sortierten Weinkeller, hat aber nicht die außerordentliche Konzentration und das große Potential für Langlebigkeit, das ich ihm zugetraut hatte. Nichtsdestoweniger ist er einer der besten Beychevelles der letzten 30 Jahre. Dieser körperreiche, konzentrierte, volle Wein mit seiner schwarz-rubinroten Farbe und seinem mächtigen Bukett von sonnengedörrter Frucht dürfte jetzt genußreif sein.
Voraussichtliche Genußreife: Jetzt bis 2010. Letzte Verkostung: 4/98.

1985 • 87 Der 1985er gibt dem Charakter dieses charmanten Jahrgangs bewundernswert schönen Ausdruck. Der mittelschwere, geschmeidige Wein mit tief rubinroter Farbe, geringer Säure, reifer, runder, fruchtiger, früh genußfertiger Art ist überaus schmackhaft und zeigt zedernholzduftige Frucht von schwarzen Johannisbeeren, wie sie in den Weinen von St-Julien so oft anzutreffen ist.
Voraussichtliche Genußreife: Jetzt bis 2000. Letzte Verkostung: 3/90.

1984 • 79 Der 1984er ist für den Jahrgang gut ausgefallen. Sein himbeerduftiges, würziges Bukett wird begleitet von mittelschwerer Art bei kräftiger Säure und einer gewissen grünen Grundnote.
Voraussichtliche Genußreife: Jetzt. Letzte Verkostung: 10/89.

1983 • 85 Der Wein zeigt dunkelrubinrote Farbe mit Bernsteinschimmer am Rand und hat reifen, intensiven Cassis-Duft. Auf der Zunge fühlt sich der 1983er bei guter Tiefe mäßig voll und tanninreich an und weist aggressive Art sowie einen nachhaltigen, rauhen Abgang auf – ein guter, aber nicht gerader profunder Beychevelle.
Voraussichtliche Genußreife: Jetzt bis 2002. Letzte Verkostung: 1/89.

1982 • 91 Der 1982er Beychevelle hat sich nicht so rasch entwickelt, wie ich gedacht hatte. Er ist untypisch für dieses durch die Delikatesse und Eleganz seiner Weine, leider aber auch durch seine Unbeständigkeit berühmt gewordene Gut. Dieser 1982er ist ein wuchtiger, körperreicher, intensiv konzentrierter Wein und hat weit mehr Potential für längere Lagerung an den Tag gelegt, als ich erwartete. Den Babyspeck hat er inzwischen zum Teil abgelegt, die ölig dicken, offenherzigen Geschmacksnoten haben sich gemildert, und es ist ein eher klassisches Bukett mit Düften von Zedernholz, Kräutern und schwarzen Johannisbeeren neben Aromen von neuem Sattelleder und Trüffeln zutage getreten. Dieser monolithische, wuchtige, volle und überraschend unentwickelte Beychevelle zeigt breitschultrige, stämmige Art und wird kaum soviel

Finesse entfalten wie der 1989er, sondern stets eher zu Fülle und Kraft neigen. Er ist zwar nicht mehr gerade unnahbar, ich würde ihn aber noch weitere 2 bis 3 Jahre ruhen lassen, dann dürfte er in den folgenden 15 bis 20 Jahren schön zu trinken sein. Neben dem entgegenkommenden, einschmeichelnden 1989er und dem tanninherben, zurückgezogenen 1986er ist der 1982er einer der eindrucksvollsten Beychevelles der letzten Jahrzehnte. Letzte Verkostung: 9/95.

1981 • 83 Der 1981er ist bedeutend leichter als der 1982er und 1983er. Der ansprechende, recht fruchtige, Wein mit schlichtem, eichenholzduftigem und fruchtigem Bukett, mittelschwerem Körper und gesunder Farbe zeigt sich geschmeidig, mild und charmant und gewährt bereits angenehmen Genuß.
Voraussichtliche Genußreife: Jetzt. Letzte Verkostung: 1/88.

1979 • 81 Der mittelschwere, mäßig rubinrote Wein mit diffuser, milder Art ist schon seit mindestens 5 bis 6 Jahren genußreif. Die Frucht hält sich gut, aber es fehlt dem Wein an Faszination.
Voraussichtliche Genußreife: Jetzt – vermutlich im Nachlassen. Letzte Verkostung: 10/83.

1978 • 85 Der 1978er Beychevelle zeigt dunkel rubingranatrote Farbe mit Bernsteinschimmer am Rand und steht kurz vor dem Ende seines Höhepunkts. Sein schönes Bukett von reifer Beerenfrucht, Eichenholz und Gewürzen wird begleitet von lieblichem, mildem und saftigem Geschmack mit unaufgelöstem Tannin. Der Wein ist etwas robust, aber noch erfreulich und wohlschmeckend.
Voraussichtliche Genußreife: Jetzt. Letzte Verkostung: 1/89.

1976 • 85 Formal gesehen, ist der 1976er Beychevelle nicht gerade der vollkommenste Wein. Sein Säuregehalt ist niedrig, der pH-Wert hoch, aber allen Meßwerten zum Trotz hat sich dieser Wein seinen ungeheuer erfreulichen, pflaumenduftigen, fülligen, fruchtigen Charakter bewahrt. Ich hätte ihn inzwischen im Niedergang vermutet, doch dieses verführerische Gewächs von Beychevelle bietet weiterhin überraschend schönen Genuß.
Voraussichtliche Genußreife: Jetzt. Letzte Verkostung: 11/90.

1975 • 86 Der 1975er schmeckte anfänglich im Vergleich mit den sonst tanninreichen, harten Vertretern dieses Jahrgangs frühreif und entgegenkommend. Inzwischen aber hat er sich gefestigt und dürfte sich am Ende als der langlebigste Beychevelle der siebziger Jahre erweisen. Er ist dunkel rubinrot, hat ein reifes, würziges Bukett mit dem Duft von Leder und schwarzen Johannisbeeren – ein körperreicher, wuchtiger, muskulöser, untypisch kraftvoller Beychevelle. Ob er je das Tannin ganz abbauen wird, bleibt fraglich.
Voraussichtliche Genußreife: Jetzt bis 2005. Letzte Verkostung: 10/89.

1974 • 77 Beychevelle brachte 1974 mit diesem geschmeidigen, eingängigen, fruchtigen und sanften, inzwischen voll durchgereiften Wein eine gute Leistung zuwege.
Voraussichtliche Genußreife: Jetzt – wahrscheinlich stark im Nachlassen. Letzte Verkostung: 3/79.

1973 • 65 Der inzwischen total verblaßte und aus den Fugen gegangene, leichte 1973er hätte schon 1980 getrunken sein sollen. Letzte Verkostung: 2/81.

1971 • 83 Der recht ansprechende, voll ausgereifte 1971er Beychevelle verfügt zwar nicht über eine klassische Struktur, sondern ist eher locker gewirkt und zu mild, hat nichtsdestoweniger aber einen saftigen, würzigen, fruchtigen Einschlag bei mäßig intensivem Geschmack und leichtem Tannin.
Voraussichtliche Genußreife: Jetzt – vermutlich im Nachlassen. Letzte Verkostung: 2/83.

1970 • 85 Voll ausgereift, mit würzigem, pflaumenartigem Bukett und Karamel-Aroma, zeigt sich der 1970er Beychevelle rund, fruchtig, recht seidig und mild sowie schön konzentriert. Es fehlt ihm die Komplexität und Tiefe der besten 1970er, aber er ist dennoch ziemlich attraktiv.
Voraussichtliche Genußreife: Jetzt. Letzte Verkostung: 4/88.

1967 • 70 Zu Anfang und in der Mitte der siebziger Jahre war der 1967er attraktiv, wohlschmekkend, würzig, bei für den Jahrgang überdurchschnittlicher fruchtiger Intensität. Inzwischen hat er die überschäumende Fruchtigkeit eingebüßt und befindet sich sehr im Niedergang. Etwas von der Frucht ist noch übrig, aber eigentlich hätte dieser Wein schon vor 1980 ausgetrunken werden müssen. Letzte Verkostung: 3/81.

ST-JULIEN

1966 • 86 Dieser Wein ist einer meiner Favoriten unter den Beychevelles; bei Verkostungen der 1966er hat er stets gut abgeschnitten. Ziemlich durchgereift, mit expansivem, komplexem, reifem Bukett von Zedernholz, Frucht und Gewürzen sowie mit geschmeidigem, mildem, samtigem Geschmack stellt er sich stets in guter Konzentration und mit der strengen, tanninreichen Festigkeit seines Jahrgangs dar. Ausgereift ist er schon seit über 10 Jahren, aber er zeigt noch keinerlei Abbauerscheinungen.
Voraussichtliche Genußreife: Jetzt. Letzte Verkostung: 1/88.

1964 • 83 Der 1964er Beychevelle beginnt allmählich abzubauen, hat aber noch ein schönes Maß an robuster Fruchtigkeit, ein rustikales, mittelschweres bis kräftiges Gefühl auf der Zunge und einen leichten braunen Anflug in der Farbe aufzuweisen. Sein Bukett ist für einen Beychevelle ausgesprochen würzig.
Voraussichtliche Genußreife: Jetzt – vermutlich im Nachlassen. Letzte Verkostung: 1/81.

1962 • 74 Der 1962er ist ein weiteres Beispiel für einen Beychevelle, der dem Zahn der Zeit nicht gewachsen war. Aus meinen Notizen geht hervor, daß ich 1970 in einem Restaurant in Bordeaux eine gute Flasche bekommen habe, aber bei neueren Verkostungen hat dieser Wein sich als müde und schlapp erwiesen, obwohl er noch etwas Frucht und Charakter besaß; er befand sich ausgesprochen auf dem Weg bergab.
Voraussichtliche Genußreife: Jetzt – wahrscheinlich stark im Nachlassen.
Letzte Verkostung: 7/79.

1961 • 88 Der 1961er Beychevelle entfaltet sich anmutig weiter, aber zur Spitzenliga seines Jahrgangs zählt er nicht. Mir ist er stets als ein fruchtiger, konzentrierter Wein mit üppigem, expansivem, ja süßem Geschmack vorgekommen. Er ist seit über 10 Jahren voll ausgereift.
Voraussichtliche Genußreife: Jetzt. Letzte Verkostung: 1/88.

ÄLTERE JAHRGÄNGE

Aus unerklärlichen Gründen kommt Beychevelle in meinen Probiernotizen älterer Jahrgänge nicht häufig vor. Den 1959er und 1952er habe ich jeweils einmal verkostet, beide waren solide, aber kaum begeisternd. Der 1953er (Punktnote 92 im Jahr 1987) war prachtvoll, der zweitbeste Beychevelle, den ich je gekostet habe. Der feinste vollreife Beychevelle (ich setze auch auf den 1982er, 1986er und 1989er große Hoffnungen) war der 1928er, den ich im März 1988 probieren durfte. Damals gab ich ihm eine Note hoch in den 90 und war überzeugt, daß er noch mindestens zehn Jahre vor sich hatte.

BRANAIRE
4ème Cru seit 1855

AUSGEZEICHNET

Lage der Weinberge: Beychevelle

Besitzer: Familie Maroteaux (Leitung: Patrick Maroteaux)
Adresse: 33250 St-Julien Beychevelle
Postanschrift: wie oben
Telefon: 33 5 56 59 25 86 – Telefax: 33 5 56 59 16 26

Besuche: nur nach Vereinbarung, montags bis freitags von 9 bis 11 und von 14 bis 17 Uhr
Kontaktperson: Philippe Dhalluin

BORDEAUX

WEINBERGE (Rotwein)

Rebfläche: 50 ha

Durchschnittliches Rebenalter: 30 Jahre

Rebbestand: 70 % Cabernet Sauvignon, 22 % Merlot, 5 % Cabernet Franc, 3 % Petit Verdot

Pflanzdichte: 10 000 Reben/ha

Ertrag (im Durchschnitt der letzten 5 Jahre): 47 hl/ha

Durchschnittliche Jahresproduktion insgesamt: 22 000 Kisten

GRAND VIN

Name: Château Branaire (Duluc-Ducru)

Appellation: St-Julien

Durchschnittliche Jahresproduktion: 15 000 Kisten

Verarbeitung und Ausbau: Lese von Hand, Entrappen. Vinifikation 3 Wochen. Bei $1/3$ des Ertrags vollzieht sich die malolaktische Säureumwandlung in neuen Eichenfässern, ansonsten im Tank. Anschließend gemeinsamer Ausbau in zu 50 % neuen Eichenfässern (18 bis 24 Monate). Die Weine werden mit Eiweiß geschönt, jedoch nicht gefiltert.

ZWEITWEIN

Name: Château Duluc

Durchschnittliche Jahresproduktion: 7000 Kisten

Beurteilung des derzeitigen Rangs: Aufstufung zum 3ème Cru wäre zu empfehlen

Genußreife: 5 bis 15 Jahre nach dem Jahrgangsdatum

Ich habe immer gefunden, daß Branaire-Ducru – wann immer Bordeaux-Enthusiasten über ihre Lieblingsweine reden – im Ansehen wie im Preis merkwürdig unterbewertet, ja sogar einigermaßen vergessen wird. Sicherlich haben viele Reisende, die durch St-Julien gekommen sind, das etwas eintönige beige Gebäude direkt gegenüber Beychevelle an der großen Weinstraße durch das Médoc kaum bemerkt. Dabei kommen seit längerer Zeit aus diesem Château prachtvoll duftige, tiefe, reichhaltige Weine, vor allem der 1975er, 1976er, 1982er und der 1989er, die ebenso gut sind wie die anderen Spitzenweine von St-Julien. Allerdings ist das Gut kein Muster an Beständigkeit, denn in den 1980er und 1990er Jahren brachte es eine Reihe nichtssagender Weine hervor. Sollte dies auf übermäßig hohe Erträge und nicht genügend strenge Auslese zurückzuführen gewesen sein? Der Bau einer neuen Kellerei, ein neues Weinbereitungsteam und die Einführung eines Zweitetiketts brachten Branaire dann offenbar wieder auf den rechten Weg, wie die besonders guten Leistungen von 1994 und 1995 beweisen.

Die Weinberge von Branaire sind wie die vieler anderer Châteaux von Bordeaux in kleine Parzellen zerstückelt. Der aus ihnen entstehende Wein zeichnet sich durch eigenständigen Charakter aus. Für einen St-Julien ist er ausgesprochen würzig und weist ein fast exotisches Aroma mit eichenholzduftigem Vanillin auf. Auf der Zunge zeigt er oft eine markant schokoladenhafte Komponente, und dadurch ist der Branaire bei blinden Verkostungen relativ leicht herauszufinden. Dieser Wesenszug seiner Persönlichkeit ist vor allem in den großartigen Jahrgängen 1975, 1976, 1982 und 1989 deutlich erkennbar.

ST-JULIEN

JAHRGÄNGE

1997 • 87-89 Dieser elegante, gefällig sanfte Branaire zeigt dunkel rubinpurpurrote Farbe und die charakteristischen Aromen von Vanillin, Bleistift, Mineralen, schwarzen Himbeeren und Kirschen. Süße Frucht, milde Säure, eine an Kirschlikör und Cassis erinnernde Geschmacksfülle, keinerlei Schärfe und exzellente, ja hervorragende Reintönigkeit zeichnen diesen Wein aus, der sich schon in der Jugend köstlich trinken, aber auch 10 bis 15 Jahre aufbewahren lassen wird. Letzte Verkostung: 3/98.

1996 • 90-92? Meine Notizen über diesen Wein sind einander erstaunlich ähnlich, fast Wort für Wort gleich, obwohl ich den 1996er bei einem halben Dutzend verschiedener Gelegenheiten verkostet habe. Ich bin natürlich stolz darauf, wie beständig mein Gaumen ist, dennoch fällt mir die Ähnlichkeit der Beschreibungen aus mehreren Degustationen auf. Der 1996er Branaire erhält darin sehr positive Attribute, von der dunkelpurpurroten Farbe bis zu dem an Schokolade, Kirschen, Bleistifte und Toast erinnernden Duft und Geschmack. Allerdings ist der Wein außerordentlich tanninreich, etwas karg, und trotz exzellenter Reintönigkeit im Geschmackseindruck bei mittlerem Körper, schöner Fülle und Reife wirkt er doch noch immer zusammenhaltlos und ungefüge. Ich möchte angesichts so vieler positiver Eigenschaften diesen St-Julien nicht anzweifeln, aber er ist doch nicht ein so sicherer Tip wie viele andere 1996er aus dem Médoc es zu sein scheinen.
Voraussichtliche Genußreife: 2005 bis 2015. Letzte Verkostung: 3/98.

1995 • 90 Eine Schönheit aus der auf Eleganz, Verhaltenheit und Finesse ausgerichteten Schule stellt der dunkel rubinpurpurrote 1995er Branaire dar; er zeigt blumigen Duft von Preiselbeeren, Kirschen und schwarzen Johannisbeeren, vermischt mit einer hochklassigen toastwürzigen Eichennote. Dieser gefällige, gemessene, aber doch komplexe Wein mit seinem mittleren Körper, seiner klaren Gliederung, seinem geschmeidigen Tannin und einer attraktiven, verlockenden Persönlichkeit dürfte sich schon in der Jugend schön trinken, aber auch zwei Jahrzehnte Aufbewahrung vertragen. Letzte Verkostung: 11/97.

1994 • 89 Dieser charmante Wein, einer der stilvollsten, komplexesten und köstlichsten des Jahrgangs, zeigt dunkel rubinpurpurrote Farbe und ein exzellentes, süßes Aroma von Cassis und Gewürz mit einer fesselnden blumigen Komponente. Dieser üppige, sanfte, saftige Branaire mit milder Säure und sauberem Geschmack von Toast und schwarzer Frucht ist um das strenge Tannin des Jahrgangs herumgekommen. Ich bin nicht sicher, ob er das Potential für herausragende Art besitzt, er kommt ihr aber sehr nahe – eine der attraktiveren Leistungen dieses Jahrgangs unter den Crus Classés der Spitzenklasse. Er dürfte sich 12 bis 16 Jahre lang schön trinken. Letzte Verkostung: 1/97.

1993 • 84? Dieser mittelschwere Wein bietet würziges, teeähnliches Aroma, dünnen, kargen Geschmack und im Abgang so viel Tannin, daß man um sein Gleichgewicht fürchten muß.
Voraussichtliche Genußreife: Jetzt bis 2006. Letzte Verkostung: 1/97.

1992 • 82 Ein würziger, leichter, vage fruchtiger Duft geht einher mit einem gewissen Maß an reifer Frucht, mittlerem Körper und mildem Tannin. Bei gefälliger, sanfter Art ist die reife Beerenfrucht (u. a. Johannisbeeren) von einem Hauch Eichenholzwürze begleitet. Am besten trinkt man diesen Wein in den ersten 4 bis 6 Lebensjahren zum Picknick oder Lunch. Letzte Verkostung: 11/94.

1991 • 85 Ich bewundere den Charme, die Eleganz und die süße, reiche Frucht des stilvollen 1991er Branaire. Er besitzt schöne Reife, mittleren Körper, sanfte, samtige Substanz und feine Ausgewogenheit. Er ist bereits köstlich zu trinken und wird es für die nächsten 4 bis 5 Jahre bleiben. Letzte Verkostung: 1/94.

1990 • 88 Der 1990er mit seinem attraktiven, prallen Aroma- und Geschmacksprofil von Schokolade, Rauch, schwarzen Kirschen und Cassis hat sich als ein sehr guter Wein erwiesen. Er besitzt zwar köstliche Frucht, mittleren bis vollen Körper, Reife und Glyzerin, aber nicht die Komplexität und Konturenschärfe des 1989ers. Vielleicht kommt hier bei weiterer Kellerreife noch etwas zum Vorschein, denn viele 1990er entwickeln sich sogar noch besser, als ich prophezeit hatte. Man sollte diesem Wein weitere 2 bis 3 Jahre Ruhe gönnen und ihn dann im Lauf von 15 Jahren genießen. Letzte Verkostung: 11/96.

1989 • 92   Der 1989er hat weit mehr Kraft und Intensität entwickelt, als ich erwartet hatte. Zwar war er stets ein eindrucksvoll gebauter, eleganter, nahtloser Wein mit Cassisfrucht und einer angemessenen Dosis von feinem Eichenholz, inzwischen aber legt er mehr Expansivität, volleren Körper und reichliche sinnenbetörende Fülle an den Tag – ein sicheres Rezept für einen allseits gefälligen Wein. Auf jeden Fall hat er keinerlei Schärfe, sondern opulente Substanz und volle, reife, komplexe und saftige Art. Schön zu trinken ist er in den nächsten 12 bis 15 Jahren. Letzte Verkostung: 11/96.

1988 • 81   Der 1988er ist leicht, unrund, zwar gefällig, aber eindimensional. Trinkreif ist dieser annehmbare Bordeaux ab sofort. Letzte Verkostung: 1/93.

1986 • 84   Branaire steckte mitten in einem Tief, als der 1986er entstand. Überertrag ohne die nötige strenge Auslese dürfte sich auf ihn ungünstig ausgewirkt haben. Allerdings nehmen Restaurants den 1986er gern ab, denn er bietet überraschend reife, aufgeschlossene, kräuterwürzige, zedernholzduftige Frucht von schwarzen Johannisbeeren in schöner Verbindung mit reichlich süßem, vanilleduftigem, rauchigem Eichenholzaroma. Der Wein hat mittleren Körper und ist in Anbetracht seiner geschmeidigen, frühreifen, ansprechenden Art etwas untypisch für den Jahrgang, aber attraktiv, süffig und eingängig.
Voraussichtliche Genußreife: Jetzt bis 2000. Letzte Verkostung: 3/90.

1985 • 85   Der 1985er ist ein würziger, pflaumenduftiger und schmackhafter Wein, dem seine frühreife Fruchtigkeit unbestreitbar ansprechende Art verleiht. Wenn der vordergründige Charme und das Make-up ausgekostet sind, bleibt allerdings nicht viel Tiefe und Tannin.
Voraussichtliche Genußreife: Jetzt. Letzte Verkostung: 3/81.

1984 • 74   Der 1984er Branaire hat gute Farbe, aber im Gefüge und Geschmack ist er nicht generös. Der Säuregehalt ist hoch, der Abgang kurz und tanninreich. Ich bezweifle, daß eine Kellerreife ihm mehr Charme verleihen kann.
Voraussichtliche Genußreife: Jetzt. Letzte Verkostung: 3/88.

1983 • 84   Der 1983er ist mit seinem mittelschweren Körper und seiner relativ üppigen Frucht für einen Branaire etwas weich – dabei ein kompakter, mäßig tanninherber Wein, der dem 1981er ähnlich, aber nicht ganz so elegant und charmant wie dieser ist.
Voraussichtliche Genußreife: Jetzt. Letzte Verkostung: 6/84.

1982 • 90   Uneinheitliche Verkostungsnotizen sprechen einerseits von kargen Weinen ohne Frucht, andererseits von prachtvoll eleganten, expansiven, komplexen, hocherfreulichen Gewächsen. Aus meinem eigenen Keller kenne ich diesen Wein als reichhaltigen, dunklen, mustergültigen St-Julien mit nicht soviel Körper und Üppigkeit wie die feinsten Vertreter des Jahrgangs sie aufweisen. Der von Anfang an verführerisch geschmeidige und frühreife Wein hat sich wunderschön aufgefaltet und zeigt die klassischen Aromen von Zedernholz, Mineralen und Cassis bei mittlerem bis vollem Körper und kräftiger Statur. Er hat seinen Gipfel inzwischen erklommen und dürfte sich weitere 12 bis 15 Jahre schön trinken – sofern er gut gelagert ist. Letzte Verkostung: 12/95.

1981 • 85   Der 1981er Branaire mit seiner recht verhaltenen Persönlichkeit ist gut gelungen, dabei vordergründig, frühreif-mild und fruchtig. Das Bukett zeigt bereits expansive, komplexe, schokoladige und zedernholzduftige Komponenten.
Voraussichtliche Genußreife: Jetzt. Letzte Verkostung: 11/84.

1980 • 78   Der 1980er Branaire-Ducru, ein gefälliger, fruchtiger, milder, runder Wein ohne die unreife, vegetabile grüne Art des Jahrgangs ist voll durchgereift.
Voraussichtliche Genußreife: Jetzt – vermutlich im Nachlassen. Letzte Verkostung: 2/83.

1979 • 84   Der genußreife, anscheinend vor dem Ende seines Höhepunkts stehende 1979er Branaire zeigt ein voll intensives, würziges Bukett von Zedernholz und schwarzen Johannisbeeren. Auf der Zunge nimmt er sich mild, geschmeidig, mit generöser, seidiger Fruchtigkeit aus,

ST-JULIEN

und er zeigt leichtes bis mäßiges Tannin bei guter Nachhaltigkeit und Gewichtigkeit. Ein sehr stilvoller, runder, eleganter Wein.
Voraussichtliche Genußreife: Jetzt. Letzte Verkostung: 9/90.

1978 • 80 Der 1978er reicht an das Qualitätsniveau des 1979ers nicht heran. Er hat gute Farbe, ein attraktives, würziges, reifes Bukett, aber auf der Zunge eine scharfe, unrunde Art, die ihn abgespannt erscheinen läßt.
Voraussichtliche Genußreife: Jetzt. Letzte Verkostung: 11/88.

1976 • 87 Der 1976er Branaire ist seit seiner Freigabe im Jahr 1979 köstlich und trinkreif. Inzwischen ist er mittelrubinrot mit einem braunen Anflug am Rand, zeigt ein voll ausgebildetes, einnehmendes Bukett von würzigem Eichenholz, reifer Frucht, Karamel- und Toffee-Düften. Im Mund fühlt er sich mild, seidig und für einen 1976er wunderbar konzentriert an; der Abgang ist rund und großzügig. Trotz geringer Säure und allgemeiner Fragilität trinkt sich dieser Wein doch immer noch sehr schön. Man sollte jedoch nichts riskieren und ihn lieber austrinken.
Voraussichtliche Genußreife: Jetzt. Letzte Verkostung: 12/89.

1975 • 91 Der Branaire-Ducru ist nach wie vor einer der feinsten 1975er. Ich bin zu dem Schluß gekommen, daß er zwar nie sein ganzes Tannin auflösen wird, aber er hat eine so vielseitige, muskulöse, volle, konzentrierte Art, daß der Tanningehalt annehmbar ist. Dieser wuchtige Wein besitzt in Hülle und Fülle Noten von Zedernholz, süßer Cassisfrucht, Vanille und Bleistift. In der tief rubinroten Farbe zeigt sich ein leichter bernsteingelber Saum. Mir hat dieser Wein schon in seiner Jugend gut geschmeckt, er ist in seiner Entwicklung auch noch nicht vorangekommen, sondern zeigt unverändert Frische, Fülle und das typische Tannin des Jahrgangs. Er wird sich weiter entfalten und mindestens noch einmal 10 bis 15 Jahre überdauern. Letzte Verkostung: 12/95.

1974 • 82 Der 1974er Branaire, einer der allerbesten St-Juliens aus diesem dürftigen Jahrgang, ist inzwischen voll ausgereift und recht gut. Das komplexe Bukett von würzigem Eichenholz, Blumen und reifer Frucht von schwarzen Johannisbeeren zeigt die Tiefe eines viel besseren Jahrgangs. Der mittelschwere Wein mit seiner schönen Frucht und nur einer Spur Braunfärbung am Rand ist für den Jahrgang großartig gelungen, muß jetzt aber ausgetrunken werden.
Voraussichtliche Genußreife: Jetzt – vermutlich im Nachlassen. Letzte Verkostung: 3/80.

1971 • 71 Für einen Branaire ein mittelmäßiger Wein mit diffusem, etwas wässerigem Charakter, rostrot-brauner Färbung am Rand und leichtem Körper und Extrakt. Er hätte 1980 schon ausgetrunken sein sollen. Letzte Verkostung: 10/79.

1970 • 84 Der dunkel rubinrote 1970er nähert sich dem Ende seiner Glanzzeit. Er ist ein fülliger, etwas öliger Wein mit guter, extraktreicher Frucht, etwas rauhem, staubigem Tannin und viel Eichenholzaroma. Der volle und kräftige, nicht besonders elegante 1970er ist ein guter, aber nicht wirklich ausgezeichneter Wein aus diesem Château.
Voraussichtliche Genußreife: Jetzt. Letzte Verkostung: 2/83.

1966 • 88 Der 1966er war stets ein schöner Branaire. Inzwischen ist er voll ausgereift, aber noch auf etliche Jahre hinaus nicht in Gefahr, abzubauen. Er zeigt dunkel rubinrote Farbe mit leichtem Bernsteinschimmer am Rand. Das typische kräftige, intensive, würzige Bukett mit Düften von schwarzen Johannisbeeren, Teer und Trüffeln wird begleitet von mildem, seidigem, reifem, vollem, tiefem, saftigem Geschmack und einem langen Abgang. Gegen Ende der achtziger Jahre scheint der Geschmack süßer und expansiver geworden zu sein – ein großartiger St-Julien für den Jahrgang 1966.
Voraussichtliche Genußreife: Jetzt. Letzte Verkostung: 2/89.

1964 • 70 Den 1964er habe ich nur einmal verkostet, und zwar zu Anfang der siebziger Jahre. Damals war er robust und fruchtig ohne erkennbare Richtung oder Persönlichkeit; dabei zeigte er frühe Braunfärbung. Wahrscheinlich ist er weit über seinen Höhepunkt hinaus. Letzte Verkostung: 4/72.

1962 • 58   Man kann sich gewöhnlich darauf verlassen, daß der Branaire sich außerordentlich gut hält, dieser Jahrgang allerdings zeigte bei der letzten Verkostung 1986 starke Braunfärbung, Abbauerscheinungen und sehr süße, überzuckerte Art. Viel Interesse konnte ich ihm nicht abgewinnen, und ich nehme an, daß er inzwischen völlig zusammengeklappt ist.
Letzte Verkostung: 5/86.

1961 • 83   Der 1961er ist ein sehr guter Branaire, aber meiner Auffassung nach nicht so gut wie der 1966er oder auch nur annähernd so gut gelungen wie die hervorragenden Weine von 1975, 1982 und 1989. Die schöne dunkel rubinrote Farbe mit Bernsteinschimmer am Rand zeigt volle Reife an. Auf der Zunge erweist sich der Wein als körperreich, schmackhaft und tief, aber das Tannin ist rauh, und die staubige Art läßt Charakter und Finesse vermissen.
Voraussichtliche Genußreife: Jetzt. Letzte Verkostung: 2/83.

ÄLTERE JAHRGÄNGE

Es ist merkwürdig, aber ich habe nur noch einen älteren Branaire-Ducru-Jahrgang als den 1961er verkostet. Der 1959er zeichnete sich, als ich ihn 1988 probierte, durch nichts weiter aus. Es fehlte ihm an Frucht, und er war zu alkoholisch; er schien in Auflösung begriffen.

Ducru-Beaucaillou
2ème Cru seit 1855

HERVORRAGEND

Lage der Weinberge: St-Julien-Beychevelle

Besitzer: Familie Jean-Eugène Borie
Adresse: 33250 St-Julien Beychevelle
Postanschrift: wie oben
Telefon: 33 5 56 59 05 20 – Telefax: 33 5 56 59 27 37

Besuche: nur nach Vereinbarung, montags bis freitags von 9 bis 12 und von 14 bis 17 Uhr
(im August und während der Lese bleibt das Château jedoch geschlossen)
Kontaktperson: François-Xavier Borie

WEINBERGE (Rotwein)

Rebfläche: 50 ha

Durchschnittliches Rebenalter: 38 Jahre

Rebbestand: 65% Cabernet Sauvignon, 25% Merlot, 5% Cabernet Franc, 5% Petit Verdot

Pflanzdichte: 10 000 Reben/ha

Ertrag (im Durchschnitt der letzten 5 Jahre): 42 hl/ha

Durchschnittliche Jahresproduktion insgesamt: 22 000 bis 25 000 Kisten

GRAND VIN

Name: Château Ducru-Beaucaillou

Appellation: St-Julien

Durchschnittliche Jahresproduktion: 210 000 Flaschen

ST-JULIEN

Verarbeitung und Ausbau: Lese von Hand. Vinifikation 17 bis 21 Tage, je nach dem Jahrgang, zur Hälfte in Edelstahl- und zur Hälfte in Zementtanks mit Temperaturregelung. Nach der malolaktischen Säureumwandlung 18 bis 20 Monate Ausbau in zu 45 bis 65 % neuen Eichenfässern. Die Weine werden mit Eiweiß geschönt und vor dem Abfüllen leicht gefiltert.

ZWEITWEIN

Name: La Croix de Beaucaillou

Durchschnittliche Jahresproduktion: variabel, 1995 und 1996 rund 60 000 Flaschen

Beurteilung des derzeitigen Rangs: Aufstufung zum Premier Cru wäre zu empfehlen

Genußreife: 10 bis 30 Jahre nach dem Jahrgangsdatum

Das Château unter Bäumen, mit herrlicher Aussicht auf die Gironde, bietet einen malerischen Anblick. Es gehört Jean-Eugène Borie; er hat es von seinem Vater geerbt, der es 1941 kaufte. Borie zählt zu den wenigen Weingutsbesitzern, die auf ihrem Gut auch wohnen. In den letzten 30 Jahren hat er die Qualität des Ducru-Beaucaillou auf ein so hohes Niveau gehoben, daß seine Jahrgänge 1961, 1966, 1970, 1973, 1976, 1978, 1981, 1982, 1985, 1989, 1995 und 1996 es mit allen Premiers Crus im Médoc aufnehmen können. Die Passion für seinen Wein, sein unbeirrbarer Einsatz für Qualität, seine bemerkenswerte Bescheidenheit und zahlreiche Auslandsreisen als Botschafter für Bordeaux haben ihn zu einer der höchstgeachteten Persönlichkeiten der Region gemacht.

Der Wein von Ducru-Beaucaillou ist die Quintessenz von Eleganz, Symmetrie, Gleichgewicht, Rasse, Klasse und Distinktion. Er gehört nicht zu den robusteren, volleren oder fruchtigeren Weinen von St-Julien und entwickelt sich von Natur aus sehr langsam. Die feinsten Ducru-Beaucaillou-Gewächse brauchen oft mindestens 10 Jahre, um ihre erstaunliche Harmonie an Frucht und Kraft zu entfalten. Der Ducru-Beaucaillou ist aus vielen Gründen ein großer Wein. Sorgfältige Beachtung aller Details, strengste Auslese – die nur das feinste Lesegut und die feinsten Weine bis in die Flasche gelangen läßt – und konservative Weinbaumethoden leisten bedeutende Beiträge zum Erfolg dieses Weins.

Allerdings hatte Ducru-Beaucaillou Probleme mit einigen Flaschen der Jahrgänge 1988, 1989 und 1990. Die Fragezeichen in meinen Verkostungsnotizen weisen darauf hin, daß sich in diesen Jahrgängen oft eine dumpfige Komponente im Aromaprofil vorfand, die wahrscheinlich aus Schadstoffen stammte, die von den im alten *chai* verwendeten Isoliermaterial abgegeben wurden. Inzwischen wurde der *chai* völlig umgebaut, und die Quelle des unangenehmen Geruchs beseitigt. Das Problem, das übrigens nicht alle Flaschen der Jahrgänge 1988, 1989 und 1990 betraf, hat sich inzwischen erledigt.

In der Tatsache, daß Ducru-Beaucaillou eines der teuersten Deuxièmes Crus von Bordeaux ist, spiegelt sich die Nachfrage in aller Welt und die beständig hohe Qualität.

JAHRGÄNGE

1997 • 87-89 Nach den phänomenal gelungenen, herrlichen Ducrus von 1995 und 1996 verfällt man über den 1997er nicht ohne weiteres in Begeisterung. Er steht offensichtlich unter dem Qualitätsniveau seiner Vorgänger, ist aber dennoch ein sauberer, eleganter Wein. In Aromaprofil, Gewichtigkeit und Substanz erinnert er an den schönen 1981er, ist aber reifer und früher entwickelt. Der 1997er hat tief rubinrote Farbe und zeigt süße, reife Frucht von schwarzen Himbeeren und Heidelbeeren, dazu mittleren Körper und im Abgang trockenes Tannin. Hinzu kommt eine feste, in sich geschlossene Persönlichkeit, die sich in diesem Jahrgang etwas widersprüchlich ausnimmt. Ich habe diesen Wein bei drei verschiedenen Gelegenheiten verkostet

und besitze davon übereinstimmende Notizen; ich halte ihn für sehr gut bis exzellent, aber ich glaube nicht, daß er herausragende Art erlangen wird. Außerdem zählt er zu den wenigen 1997ern, die auch nach der Freigabe noch 2 bis 3 Jahre Kellerreife verlangen.
Voraussichtliche Genußreife: 2001 bis 2014. Letzte Verkostung: 3/98.

1996 • 95-96   Dieser außerordentliche Ducru-Beaucaillou ist der vielleicht vollendetste, den ich kenne. Für den Augenblick darf er als der feinste Wein aus diesem Gut seit dem hochrenommierten 1982er gelten, den er jedoch, wenn er sich in der bisherigen Weise weiterentwickelt, möglicherweise in den Schatten stellen wird. Der 1996er prunkt mit undurchdringlich dunkler schwärzlich rubinpurpurroter Farbe und glorreichen, komplexen Duftnuancen von Bleistift, Süßholz, grasiger Cassis-Frucht und subtilen *pain-grillé*-Noten. Die exquisite, reiche, volle Frucht präsentiert sich in mittelschwerem, unbestreitbar elegantem, jedoch glorreich intensivem, reintönigem Format. Dieser Wein, der den Gaumen mit Glyzerin und intensiver Frucht umschmeichelt, zeigt eine blumige Note und erinnert im Geschmacksprofil an Heidelbeeren und Brombeeren. Das Tannin ist sehr kräftig, es wird aber weitgehend durch das Glyzerin, die Frucht und die Fülle des Weins ausgewogen. Der 1996er Ducru-Beaucaillou ist eine überirdische Schönheit, die sich mühelos noch weiter entfalten dürfte.
Voraussichtliche Genußreife: 2005 bis 2030. Letzte Verkostung: 3/98.

1995 • 94   Auch dieser Wein hat Premier-Cru-Qualität, nicht nur aus der intellektuellen Perspektive, sondern auch in seiner hedonistischen Charakteristik. Er ist lockerer gewirkt und zugänglicher als der 1996er, hat satte, rubinpurpurrote Farbe und ein umwerfendes Bukett von Heidelbeeren, schwarzen Himbeeren und Cassis, verwoben mit Mineralen, Blumen und subtiler Eichentoastwürze. Wie sein jüngerer Verwandter zeigt der Wein am Gaumen Fülle und Süße (von Extrakt und Reife, nicht Zucker), vielschichtigen Geschmack, gute Linie, kräftigen Biß und unaufdringliche Tanninherbheit und Säure. Er ist ein klassisches, hinreißendes Beispiel für Ducru-Beaucaillou, das man sich nicht entgehen lassen sollte.
Voraussichtliche Genußreife: 2003 bis 2025. Letzte Verkostung: 11/97.

1994 • 90   Der 1994er Ducru-Beaucaillou, eine erstklassige Leistung in diesem Jahrgang, zeigt dunkel purpurrote Farbe, ein mustergültiges Aromaprofil von Cassis, Mineralen, Süßholz und blumigen Noten, dazu mittelschweren Körper, hervorragenden Extrakt, schönste Reintönigkeit, moderates Tannin und einen überzeugend vollen, milden, würzigen Abgang. Alles ist wunderbar integriert (auch das Tannin). Dieser Wein dürfte sich als klassischer St-Julien erweisen.
Voraussichtliche Genußreife: 2004 bis 2022. Letzte Verkostung: 1/97.

1993 • 87   Würzige Aromen von roten und schwarzen Johannisbeeren konkurrieren mit Noten von Pfeffer und Zedernholz. Süße, volle, reife Frucht umspült auf sanfte, nette Art den Gaumen. Der tanninreiche Abgang bedeutet keine Beeinträchtigung der frühreifen, einschmeichelnden Persönlichkeit dieses eleganten, kräuterwürzigen, köstlichen, mittelschweren, geschmeidigen Ducru-Beaucaillou. Er stellt für den Jahrgang eine sehr gute Leistung dar und dürfte sich über die kommenden 7 bis 10 Jahre schön trinken. Letzte Verkostung: 1/97.

1992 • 87+   Der exzellente 1992er zeigt eindrucksvolle Konzentration; er kann feine Struktur und ein attraktives, blumiges Beerenaroma vorweisen. Der mit vollem, ausdrucksstarkem Geschmack, festem Tannin, mittlerem Körper und würzigem, langem Abgang ausgestattete Wein verlangt 2 bis 3 Jahre Kellerreife. Alles in allem dürfte er sich über 10 bis 15 Jahre hinweg positiv entwickeln – einer der vollkommensten Weine des Jahrgangs. Letzte Verkostung: 11/94.

1991 • 86+   Derzeit ist der konzentrierte, vielversprechende 1991er noch ein in sich zurückgezogener, tanninstrenger Jungwein und in diesem Sinn ein mustergültiger Ducru. 4 bis 5 Jahre Kellerreife werden ihm guttun, und er wird 15 Jahre überdauern. Er besitzt schöne Tiefe, und die bei Ducru mit Sicherheit zu erwartende Eleganz und Komplexität wird sich mit der Zeit einstellen. Letzte Verkostung: 1/94.

1990 • ?   Viele Flaschen des 1990er Ducru-Beaucaillou weisen eine dumpfige, muffige Geruchsnote von feuchtem Karton auf, die der Frucht des Weins Abtrag tut. Die Farbe war ein gesundes tiefes Rubinpurpurrot, und im Geschmack zeigte sich moderate Gewichtigkeit und Nachhaltigkeit, doch wie ich schon früher festgehalten habe, sind allzu viele Flaschen mit dem muffigen Geruch behaftet, der an einen schlechten Korken denken läßt. Interessant ist nur, daß eine Flasche, die an Neujahr 1996 bei einem Freund auf den Tisch kam, kein übles Aroma aufwies und ganz unbestreitbar 90 Punkte verdiente. Zum Glück war dies das letzte Jahr, in dem es mit den Weinen von Ducru derartige Probleme gab. Letzte Verkostung: 1/96.

1989 • 89+? Der tanninherbe, verschlossene 1989er Ducru ist sauber bereitet und schön gebaut, besitzt reichliche Frucht von schwarzen Himbeeren und Johannisbeeren, mit schönem Anflug von Mineralen und einer duftig-blumigen Komponente. Der mittelschwere, elegante, voll ausgestattete Wein hat das Potential für herausragende Art, falls das Tannin in den nächsten 5 bis 6 Jahren abschmilzt. Er ist gegenwärtig noch einer der am wenigsten einschmeichelnden 1989er und braucht noch 4 bis 5 Jahre Kellerreife.
Voraussichtliche Genußreife: 2001 bis 2020. Letzte Verkostung: 11/96.

1988 • 88? Der 1988er ist ein mittelschwerer Wein ohne die schiere Fruchtintensität und die große Tiefe des 1989ers. Er besitzt kräftiges Tannin und schöne Reife mit einer alles in allem kompakten und straffen Art und erinnert im Stil an die besten 1966er aus dem Médoc.
Voraussichtliche Genußreife: Jetzt. Letzte Verkostung: 1/93.

1987 • 83 Attraktive, reife Frucht kennzeichnet diesen gelungenen, eleganten, jedoch überraschend tanninreichen und verschlossenen Ducru. Er dürfte sich als einer der langlebigeren 1987er erweisen.
Voraussichtliche Genußreife: Jetzt bis 2000. Letzte Verkostung: 4/91.

1986 • 92 Dieser Wein ist noch in sich eingezogen, tanninstreng und braucht mindestens weitere 5 Jahre Flaschenreife. Er hat dunkel rubinrote Farbe mit purpurrotem Anflug. Anfänglich ist das Bukett verhalten, zeigt aber bei einiger Nachhilfe Nuancen von Bleistift, süßer Preiselbeer- und Cassisfrucht, schön verflochten mit Aromen von Stahl, Mineralen und Erde. Der reichhaltige, mittelschwere bis körperreiche, aber unerbittlich tanninstrenge 1986er Ducru-Beaucaillou ist ein intensiv konzentrierter Wein mit gewaltigem Entfaltungspotential. Zu beachten ist, daß der 1986er der erste Jahrgang war, in dem einige Flaschen durch einen Geruch von feuchtem Karton beeinträchtigt waren. Bei meinen drei letzten Verkostungen erwies sich dieser Wein als vollkommen reintönig ohne jedes Anzeichen dieses störenden Geruchs.
Voraussichtliche Genußreife: 2002 bis 2030. Letzte Verkostung: 3/97.

1985 • 92 Was Eleganz, Charme und Finesse angeht, der 1985er Ducru-Beaucaillou hat alles. Er steht kurz vor der vollen Reife, hat aber nach wie vor eine Lebendigkeit und Jugendfrische, wie sie für einen 1985er ganz ungewöhnlich ist. Die generöse Geschmacksfülle ist sanft, aber keineswegs flau, und bei hervorragender Konzentration ist der Wein doch elegant und erfrischend – ein schön gebauter, harmonischer Ducru.
Voraussichtliche Genußreife: Jetzt bis 2010. Letzte Verkostung: 3/97.

1984 • 79 Der 1984er ist mild und hat attraktiv grasige Cabernet Sauvignon-Frucht, fällt aber auf der Zunge ab. Er ist leicht und gewiß elegant.
Voraussichtliche Genußreife: Jetzt. Letzte Verkostung: 4/91.

1983 • 87 Dieser Ducru-Beaucaillou ist überaus streng und aggressiv im Tannin – aber doch ein sehr guter, ja exzellenter Wein – und hat ein erdiges, pfeffriges Bukett mit Nuancen von schwarzer Frucht und Mineralen. Auf der Zunge und am Gaumen wirkt er reif, rauchig, voll Frucht von schwarzen Johannisbeeren. Ich bezweifle, daß der 1983er seine Tanninstrenge jemals ganz ablegen wird, aber der mittelschwere bis schwere Wein hat Saft und Kraft und inzwischen seinen Gipfel erreicht.
Voraussichtliche Genußreife: Jetzt bis 2006. Letzte Verkostung: 3/97.

1982 • 94 Der im Faß makellose Wein ist jetzt in der Flasche nach langem Schlaf aus tiefster Verschlossenheit und Unnahbarkeit endlich erwacht. Ich glaube, daß aus diesem Weingut seither nichts mehr so Konzentriertes und Vollendetes wie der 1982er gekommen ist. Er zeigt zwar eine gewisse Aufhellung am Rand, doch seine Farbe ist nach wie vor ein eindrucksvoll sattes Rubinpurpurrot. Sein Aromaprofil ist klassisch St-Julien/Pauillac – intensive Zedernholznote, etwas Frucht von schwarzen Johannisbeeren, eine Spur Eichenholz und gutes Gewürz. Dieser reichhaltige, mit unüblich vollem Körper und moderatem Tannin versehene, vollmundige, konzentrierte Ducru gewährt zwar schon beträchtlichen Genuß, ideal aber wären für ihn noch weitere 3 bis 4 Jahre Kellerreife; er dürfte die beiden ersten Jahrzehnte des kommenden Jahrhunderts überdauern. Letzte Verkostung: 9/95.

1981 • 88   Der 1981er, einer der erfolgreicheren Weine aus dem Médoc, hat seine volle Reife erreicht, zeigt dunkel rubinpurpurrote Farbe und ein mäßig attraktives Bukett von Mineralen und fülliger Frucht von Preiselbeeren, verwoben mit schwarzen Johannisbeeren. Im Geschmack ist der Babyspeck vergangen und dafür ein mittelschwerer Körper und eine elegante, gemessene Persönlichkeit zum Vorschein gekommen. Dieser reintönige Ducru-Beaucaillou mit schön integriertem Tannin wirkt stilvoll und graziös.
Voraussichtliche Genußreife: Jetzt bis 2007. Letzte Verkostung: 3/97.

1980 • 74   Auf den Ducru kann man sich in weniger guten Jahrgängen eigentlich immer verlassen, aber dem 1980er fehlt es an Charme und Frucht, dabei hat er gute Struktur, ist jedoch kurz und etwas streng im Abgang.
Voraussichtliche Genußreife: Jetzt. Letzte Verkostung: 4/91.

1979 • 84   Ducru hat in den letzten Jahrzehnten so viele außergewöhnlich gute Weine hervorgebracht, daß es mich baß erstaunt, wenn einmal einer aus diesem Château nicht zum runden Dutzend der Besten im Médoc zählt. Dieser Jahrgang ist ein guter, aber nicht großartiger Ducru. Mit seiner mittelrubinroten Farbe und deutlich leichteren Art als in früheren Beispielen dürfte sich dieser mäßig intensive, milde und gefällige Wein rasch entfalten.
Voraussichtliche Genußreife: Jetzt. Letzte Verkostung: 4/91.

1978 • 90   Der hervorragende 1978er von Ducru-Beaucaillou zeigt ein duftiges, schön entfaltetes Bukett mit Noten von Süßholz, Erde, schwarzen Johannisbeeren und Unterholz. Er ist für einen 1978er reichhaltig, hat nichts von dem vegetabilen Charakter vieler Weine dieses Jahrgangs, ist voll ausgereift, mittelschwer und mit sanftem Tannin, exzellenter Konzentration und Reintönigkeit versehen und klingt mild und elegant aus.
Voraussichtliche Genußreife: Jetzt bis 2010. Letzte Verkostung: 3/97.

1977 • 78   Ducru hatte einen der attraktiveren 1977er mit überraschend reifem Charakter ohne allzu starke Säure oder störendes vegetabiles Aroma vorzuweisen, der sich noch immer schön entwickelt. Bei guter solider, aber nicht komplexer Frucht zeigt der mittelschwere Wein recht charmante Art.
Voraussichtliche Genußreife: Jetzt – vermutlich im Nachlassen. Letzte Verkostung: 2/84.

1976 • 85   Ein wunderschöner Ducru, reich an der seidigen Persönlichkeit eines St-Julien der Spitzenklasse. Allerdings besitzt er nicht die Konzentration und Fülle eines 1982ers, 1978ers, 1970ers oder 1961ers. Der jetzt voll ausgereifte, mittelschwere, feste, aber reichhaltige, schmackhafte und gut gebaute 1976er hat viel Charakter und Eleganz.
Voraussichtliche Genußreife: Jetzt. Letzte Verkostung: 2/89.

1975 • 87+   Ich war nie ein Fan dieses Weins. Das Zutrauen zu ihm habe ich wegen seiner harten, kantigen, tanninherben, kargen Art schon verloren, als er etwa 10 Jahre alt war. Bei der letzten Verkostung zeigte er dann mehr reife Frucht, als ich vorher in ihm gefunden hatte. Er hat noch immer viel adstringierendes, aggressives Tannin, aber das Gleichgewicht ist besser geworden, das komplexe, erdige Bukett weist Komponenten von Zedernholz, Johannisbeeren, gedörrten Früchten und Kräutern auf; hinzu kommen voller Körper und eine klassische Persönlichkeit im alten Stil. Heute zeigt der Wein mehr Finesse und Charakter als früher. Wie viele andere 1975er auch wird er mindestens 20 Jahre überdauern ... ob aber die Frucht durchhält?
Letzte Verkostung: 12/95.

1974 • 70   Ein wenig hohl, merklich vegetabil, aber würzig und doch immerhin noch schmackhaft – ein Wein, der schleunigst ausgetrunken werden muß.
Voraussichtliche Genußreife: Jetzt – vermutlich im Nachlassen. Letzte Verkostung: 3/88.

1973 • 79   Der 1973er Ducru ist zweifellos einer der besten Weine aus diesem verwässerten

Jahrgang. Er hat sich 15 Jahre lang schön getrunken, bevor er zu verblassen begann. Ihn noch länger aufbewahren zu wollen, hat keinen Sinn. Immerhin war er schon 1978 voll ausgereift, hat aber seine Frucht auf wundersame Art bis 1988 bewahrt. Inzwischen verblaßt er nun aber doch und sollte ausgetrunken werden.

Voraussichtliche Genußreife: Jetzt – vermutlich stark im Nachlassen. Letzte Verkostung: 12/88.

1971 • 78   Aus unerfindlichen Gründen fiel der 1971er Ducru-Beaucaillou unter den Händen von Jean-Eugène Borie nicht so gut aus, wie es hätte sein sollen. Der jetzt voll ausgereifte Wein zeigt ein Bukett von leichterer Intensität mit einem Aroma von Zedernholz und Vanillin. Der Geschmack ist zufriedenstellend, aber die rauhe Art und das adstringierende Tannin geben Anlaß zu Besorgnis.

Voraussichtliche Genußreife: Jetzt – vermutlich im Nachlassen. Letzte Verkostung: 10/87.

1970 • 92   Dieser Wein ist schon seit Jahren voll ausgereift und köstlich. Stets war er für seinen Jahrgang hervorragend – komplex, reichhaltig, saftig, die Quintessenz eines eleganten Bordeaux. Dieser schöne Wein weist nach wie vor die Duftigkeit und Finesse auf, die man bei einem Lafite-Rothschild erwartet und doch so selten findet. Das nuancenreiche Bukett von Zedernholz, Kräutern, Vanillin, Früchtekuchen und Kaffee wird begleitet von milder, sanfter, graziös gebauter Art und vielschichtiger süßer Frucht. Ich bin mir nicht sicher, wie lange der 1970er Ducru sich noch halten wird, aber aus Normalflaschen ist er jetzt köstlich und will getrunken sein. Letzte Verkostung: 6/96.

1967 • 74   Für einen Ducru ist der 1967er ziemlich derb, neutral, offenbar überzuckert, ohne die anmutige Frucht und überströmende Würze, die den Weinen aus diesem Château sonst eigen sind. Austrinken.

Voraussichtliche Genußreife: Jetzt – wahrscheinlich stark im Nachlassen.
Letzte Verkostung: 10/78.

1966 • 87   Der jetzt voll ausgereifte Wein mit seiner großen Geschmacksfülle verdient die schmückenden Adjektive elegant, anmutig, wohlerzogen. Die Farbe ist mäßig dunkelrubinrot mit Bernsteinschimmer am Rand, das Bukett würzig, zedernholzduftig und schwach kräuteraromatisch. Der samtige, runde Geschmack bei mittlerem Körper zeigt schöne Konzentration. Dieser Wein sollte in den nächsten 5 Jahren getrunken werden.

Voraussichtliche Genußreife: Jetzt. Letzte Verkostung: 11/87.

1964 • 78   Dem soliden, rustikalen, freundlichen und angenehm fülligen und festen 1964er fehlt es an Komplexität und Charakter, doch er ist ein robuster, runder Bordeaux mit feinem Duft von frischen Pilzen. Die Frucht verblaßt allmählich. Alles in allem war der Ducru für einen 1964er aus dem nördlichen Médoc gut gelungen.

Voraussichtliche Genußreife: Jetzt. Letzte Verkostung: 2/87.

1962 • 85?   Für den 1962er Ducru-Beaucaillou liegen mir uneinheitliche Notizen vor. Anfangs heißt es, der Wein beginne seine Frucht einzubüßen. Bei zwei Verkostungen zu Beginn der achtziger Jahre erwies er sich als mittelrubinrot mit reifem, fruchtigem Bukett mit Gerüchen von feuchtem Holz und Keller und einem milden Geschmack, der anscheinend schon nachzulassen begann. Zwei Verkostungen gegen Ende der achtziger Jahre erbrachten dann ein viel günstigeres Bild: Die Farbe war tiefer, der Wein voller, das Aroma attraktiv, zedernholzduftig und der Geschmack nachhaltig und samtig. Würde sich nun bitte der wirklich echte 1962er Ducru-Beaucaillou bei mir melden?

Voraussichtliche Genußreife: Jetzt. Letzte Verkostung: 11/89.

1961 • 96   Der voll ausgereifte und doch weiterhin mit reichlicher, üppiger, expansiver Frucht gesegnete Wein ist dunkelrubinrot mit orange überhauchtem Bernsteinschimmer am Rand und hat ein exotisches Bukett von reifer Frucht, Vanillin, Karamel, Minze und Zedernholz. Der Geschmack ist füllig, reichhaltig und mit süßer Frucht und Extrakt vollgepackt – ein samtiger, wunderschön gebauter Wein mit einem Abgang, der weit über eine Minute anhält. Seiner brillanten Art nach zu schließen, hält sich der Wein bestimmt noch über ein Jahrzehnt sehr gut.

Voraussichtliche Genußreife: Jetzt bis 2005. Letzte Verkostung: 5/91.

ÄLTERE JAHRGÄNGE

Unter den großartigsten alten Jahrgängen von Ducru-Beaucaillou, die ich gekostet habe, befindet sich ein prachtvoll opulenter 1947er (verkostet 1987, Punktnote 93 trotz etwas flüchtiger Art), ein herrlich eleganter und duftiger 1953er (zuletzt 1988 verkostet, Punktnote 93) und ein solider, schön ausgestatteter, untypisch muskulöser 1959er (Punktnote 90). Ob es am Zustand der Flasche oder am Jahrgang lag, weiß ich nicht zu sagen, aber meine Probiernotizen über den 1957er, 1955er und 1945er zeugen nicht gerade von Begeisterung.

GLANA
Cru Bourgeois seit 1932

Lage der Weinberge: St-Julien-Beychevelle

Besitzer: G.F.A. Vignobles Meffre
Adresse: 33250 St-Julien Beychevelle
Postanschrift: J.-P. Meffre, c/o Vignobles Meffre, 84810 Aubignan
Telefon: 33 5 56 59 06 47 – Telefax: 33 4 90 65 03 73

Besuche: vorzugsweise nach Vereinbarung
Kontaktperson: Jean-Paul Meffre (Tel. und Fax siehe oben)

WEINBERGE (Rotwein)

Rebfläche: 45 ha

Durchschnittliches Rebenalter: 25 Jahre

Rebbestand: 65 % Cabernet Sauvignon, 30 % Merlot, 5 % Cabernet Franc

Pflanzdichte: 7000 Reben/ha

Durchschnittliche Jahresproduktion insgesamt: 20 000 Kisten

GRAND VIN

Name: Château du Glana und Château du Glana Vieilles Vignes

Appellation: St-Julien

Durchschnittliche Jahresproduktion: 150 000 und 50 000 Flaschen

Verarbeitung und Ausbau: Lese von Hand und maschinell. Vinifikation 18 bis 21 Tage in temperaturgeregelten Tanks (internes System). 15 bis 18 Monate Ausbau in zu 20 % neuen Eichenfässern. Die Weine werden mit frischem Eiweiß geschönt, aber bei der Abfüllung nicht gefiltert.

ZWEITWEIN

Name: Château Sirène

Durchschnittliche Jahresproduktion: 30 000 Flaschen

Beurteilung des derzeitigen Rangs: entspricht der Klassifizierung

Genußreife: 2 bis 8 Jahre nach dem Jahrgangsdatum

Wie es heißt, bringt das Château Glana ausgesprochen kommerziellen Wein hervor – mild, überaus fruchtig und nur allzu gefällig. Immerhin sind die Preise gemäßigt, der Wein ist reif,

ST-JULIEN

sauber bereitet und als Einstieg für Bordeaux-Neulinge ideal. Manche Jahrgänge sind etwas dicklich – beispielsweise 1982, 1985, 1989 und 1990 –, aber bei Weinproben wird dieser füllige St-Julien stets gern genossen. Er soll innerhalb der ersten 10 Jahre getrunken werden, vorzugsweise ehe er 8 Jahre alt wird.

JAHRGÄNGE

1996 • (85-87) Vieilles Vignes: Ein schmackhafter, üppiger Früchte-Cocktail; dieser dunkel rubinpurpurrote St-Julien hat in Hülle und Fülle lustvolle Frucht von schwarzen Kirschen und Johannisbeeren, erstaunlich milde Säure und moderates Tannin, das dem Wein im Abgang ein straffes, strukturiertes Gefühl verleiht. Er wird sich in der Jugend schön trinken lassen, aber auch 10 bis 12 Jahre Aufbewahrung vertragen. Letzte Verkostung: 3/97.

GLORIA
Ohne offiziellen Rang

SEHR GUT

Lage der Weinberge: St-Julien-Beychevelle

Besitzerin: Françoise Triaud
Adresse: Domaines Martin, 33250 St-Julien Beychevelle
Postanschrift: 33250 St-Julien Beychevelle
Telefon: 33 5 56 59 08 18 – Telefax: 33 5 56 59 16 18

Besuche: nur nach Vereinbarung, montags bis freitags von 8 bis 12.30 und von 14 bis 18 Uhr
Kontaktperson: Jean-Louis Triaud

WEINBERGE (Rotwein)

Rebfläche: 50 ha

Durchschnittliches Rebenalter: 41 Jahre

Rebbestand: 65% Cabernet Sauvignon, 25% Merlot, 5% Cabernet Franc, 5% Petit Verdot

Pflanzdichte: 10 000 Reben/ha

Ertrag (im Durchschnitt der letzten 5 Jahre): 50 hl/ha

Durchschnittliche Jahresproduktion insgesamt: 2500 hl

GRAND VIN

Name: Château Gloria

Appellation: St-Julien

Durchschnittliche Jahresproduktion: 240 000 Flaschen

Verarbeitung und Ausbau: Lese von Hand. *Cuvaison* nach der Gärung 15 bis 30 Tage, je nach dem Jahrgang. Der gesamte Prozeß läuft in temperaturgeregelten Edelstahltanks mit anfangs 28 °C und am Ende 32 °C ab. Täglich viermaliges Umpumpen mit Belüften. Anschließend 18 Monate Ausbau in Eichenfässern (jährlich jeweils zur Hälfte erneuert). Die Weine werden geschönt und vor dem Abfüllen gefiltert.

BORDEAUX

ZWEITWEIN

Name: Château Peymartin

Durchschnittliche Jahresproduktion: 50 000 Flaschen

Beurteilung des derzeitigen Rangs: Aufstufung zum 4ème Cru wäre zu empfehlen

Genußreife: Seit 1978: 5 bis 10 Jahre nach dem Jahrgangsdatum; vor 1978: 5 bis 18 Jahre nach dem Jahrgangsdatum

Château Gloria ist, obwohl es in die Klassifizierung der Médoc-Weine aus dem Jahr 1855 überhaupt nicht aufgenommen wurde, doch ein schlagendes Beispiel dafür, wie veraltet diese ist. Es produziert nämlich (aus Weinbergen, die früher benachbarten Cru-Classé-Gütern gehörten) Weine, die seit 25 Jahren in vielen Jahrgängen, z.B. 1961, 1966, 1970, 1971, 1975, 1976, 1982, 1985, 1986, 1989, 1994, 1995 und 1996, gewiß ebenso gut sind wie die Erzeugnisse mancher Crus Classés. Findige Handelshäuser und Weinliebhaber sind längst auf Château Gloria aufmerksam geworden, und dank hoher Qualität hat sein Wein in Amerika und anderswo große Verbreitung gefunden.

Henri Martin, der frühere Besitzer von Gloria und eine legendäre Gestalt im Médoc, starb im Februar 1991. Seine Weine waren zweifellos für ein breites Publikum bestimmt – rund, generös, lieblich, mit wundervollem zedernholzduftigem, würzigem, fast übertriebenem Bukett. Unter der Leitung seines Schwiegersohns, Jean-Louis Triaud, wird sich daran sicherlich nichts ändern. Interessant zu bemerken ist, daß er den Ausbau des Weins in großen eichenen Fuderfässern und nicht in den konventionelleren kleinen 225-l-*barriques* vornimmt. Schon in der Jugend sind die Gloria-Weine überraschend angenehm, aber sie halten sich auch ohne weiteres 12 bis 15 Jahre. Der Stil der sechziger und ersten siebziger Jahre erfuhr dann bald einen Wandel. Die Gloria-Jahrgänge von 1978 bis 1993 zeigen eindeutig leichtere, fruchtigere und an Tannin ärmere Art als die vorherigen. Dagegen waren der 1995er und der 1996er deutlich stämmiger und voller, was vielleicht eine Rückkehr zum Stil vor 1978 signalisiert. Auf beide Arten ist der Gloria ein glorreich lebendiger, köstlicher St-Julien zu einem Preis, der auch heute noch weit unter seinem wirklichen Qualitätsniveau liegt.

JAHRGÄNGE

1997 • 87-88 In den letzten Jahrgängen hat Gloria das Qualitätsniveau noch höher gesetzt. An diesem gründlich ausgefeilten Wein mit seiner vollmundigen Kirschen- und Cassis-Frucht und einem Hauch Kräuterwürze sind keine Zweifel angebracht. Dieser mittelschwere, samtige Gloria hat reichlich Glyzerin vorzuweisen und ist mit seiner reintönigen, füllligen, saftigen Art alles, was ein junger, temperamentvoller Bordeaux sein soll. Lange Lebensdauer darf man ihm jedoch nicht zutrauen: Er will in den ersten 10 Jahren getrunken werden. Ein Schlager seines Jahrgangs. Letzte Verkostung: 3/98.

1996 • 87-89 Der 1996er Gloria, ein Spitzenreiter in der Bordeaux-Preisklasse unter 30 $, nimmt sich aus wie der feinste Wein aus diesem Gut seit dem 1990er und 1982er. Mit seiner hedonistischen, milden, üppigen, saftigen Art (reichliche Frucht) ist ihm kaum zu widerstehen. Die Farbe ist satter als gewöhnlich, die Frucht fett und reif – erstaunlich in einem Jahrgang, der eher für Struktur als für Opulenz bekannt ist. Dieser ausnehmend saubere St-Julien dürfte sich in den kommenden 10 bis 15 Jahren und länger schön trinken. Letzte Verkostung: 3/97.

1995 • 88 Der 1995er baut auf dem Erfolg des 1994ers auf; er bietet mehr Fett, Glyzerin und Extraktgehalt, eine tiefere Farbe, kräftigeren Alkohol und mildere Säure, so daß der Charme, die Opulenz und der entgegenkommende Charakter dieses Weins recht zur Geltung kommen.

ST-JULIEN

Angesichts der Preispolitik des Erzeugers ist der 1995er fraglos ein Schlager seines Jahrgangs. Letzte Verkostung: 3/96.

1994 • 87   Das bekannte Weingut scheint größere Fülle und Reife anzustreben, ohne von der entgegenkommenden, einschmeichelnden, frühreifen Art oder der Opulenz etwas zu opfern. Der 1994er zeigt tief rubinrote Farbe mit einem Purpurschimmer und besitzt für den Jahrgang schöne Reife, mittleren Körper, Eichenholzwürze und sanfte, üppige, füllige, offen gewirkte Substanz. Die milde Säure läßt es ratsam erscheinen, ihn in den nächsten 7 bis 8 Jahren zu trinken. Letzte Verkostung: 3/96.

1990 • 84   Der überraschend leichte 1990er Gloria, dem es am Gaumen und am Extrakt mangelt, ist noch ein gefälliger, gängiger, kommerzieller Wein und sollte in den nächsten 5 bis 7 Jahren getrunken werden. Letzte Verkostung: 1/93.

1989 • 86   Der 1989er Gloria ist ein fülliger, behäbiger, köstlich angenehmer Wein mit einem erheblichen Schuß Alkohol im Abgang. Er ist fruchtig und hat mildes Tannin – ein feiner Wein, der über mindestens 7 bis 10 Jahre schönen Genuß bereiten wird.
Voraussichtliche Genußreife: Jetzt bis 2000. Letzte Verkostung: 1/93.

1988 • 85   Der 1988er ist unbekümmert fruchtig, lebendig, mit Kräuter- und Cassis-Duft, sanfter Art sowie eingängigem, gefälligem Geschmack. Kein Wunder, daß der Gloria auch als Bordeaux für Anfänger bezeichnet wird.
Voraussichtliche Genußreife: Jetzt. Letzte Verkostung: 1/93.

1987 • 78   Der 1987er, ein leichter, milder, intensiv kräuterwürziger Wein mit mittlerem Körper dürfte auf kurze Sicht ein schöner Genuß sein.
Voraussichtliche Genußreife: Jetzt. Letzte Verkostung: 10/89.

1986 • 86   Château Gloria schmückt in Amerika so manche Tafel, und natürlich entspricht die De-facto-Anerkennung des Cru-Classé-Rangs für dieses Gut einem lebenslangen Traum des früheren Besitzers Henri Martin. Der 1986er hat ein so festes Gefüge wie kaum ein anderer Gloria in den letzten 15 Jahren, tief rubinrote Farbe und reichliches Tannin, doch bin ich mit mir selbst nicht einig, ob er wirklich und tatsächlich genug Frucht hat, um für die harten Tannine ein Gegengewicht zu schaffen. Dieser Wein ist gewiß sehr fein geraten, aber er braucht für einen Gloria ungewöhnlich viel Zeit, um sich zu mildern.
Voraussichtliche Genußreife: Jetzt bis 2002. Letzte Verkostung: 10/90.

1985 • 86   Der 1985er zeigt schöne Tiefe und Fülle. Seine Farbe ist dunkel, das Bukett grasig-kräuterhaft mit Noten von Zedernholz und schwarzen Johannisbeeren – alles in allem ein vollmundiger, saftiger Bordeaux, der sich etliche Jahre lang gut trinken lassen wird.
Voraussichtliche Genußreife: Jetzt. Letzte Verkostung: 10/90.

1984 • 72   Dieser Wein mit seinem sehr leichten vegetabilen Duft und ebenfalls leichtem bis mittlerem Körper ist diffus und wässerig.
Voraussichtliche Genußreife: Jetzt – vermutlich im Nachlassen. Letzte Verkostung: 9/89.

1983 • 82   Der 1983er Gloria ist ein aufgeschlossener, typisch würziger Wein mit kräuterhaftem Duft und spürbarerem Tannin als der 1982er, allerdings mit nicht so reichhaltiger und schimmernder, fülliger Frucht.
Voraussichtliche Genußreife: Jetzt. Letzte Verkostung: 1/89.

1982 • 88   Der 1982er Gloria beginnt sich als eine der erfreulichsten Überraschungen des Jahrgangs herauszustellen. Die zuletzt verkosteten Flaschen waren herrlich vollmundig und zeigten klassische Frucht von schwarzen Johannisbeeren, verflochten mit Düften von Gewürz, Kräutern und Zedernholz. Dieser mittelschwere, im Mund ein wundervoll konzentriertes Gefühl vermittelnde Wein ist der reichhaltigste Gloria seit dem tanninherben 1975er und dem (jetzt im Nachlassen befindlichen) glorreichen 1970er. Bei seiner Freigabe war der 1982er für ein Butterbrot zu haben (ich zahlte 7,29 $ die Flasche). In seiner Jugend war er nichts als saftige Frucht, doch er hat sich schön entfaltet. Er ist zwar jetzt offenbar voll ausgereift, wird sich aber ohne weiteres noch 7 bis 10 Jahre halten. Letzte Verkostung: 9/95.

1981 • 80   Der im Stil dem 1979er Gloria sehr ähnliche Wein bietet geschmeidigen, an Zedern-

holz und Oliven erinnernden Geschmack, mittleren Körper und kargere Art als der 1979er. Die für Gloria typische Lieblichkeit auf der Zunge ist unverkennbar.
Voraussichtliche Genußreife: Jetzt. Letzte Verkostung: 1/88.

1980 • 73   Leicht, etwas vegetabil, ohne die Rundheit und den fruchtigen Charakter, wie man sie von einem Château Gloria erwartet, stellt sich der 1980er nur als ein mittelmäßiger Wein dar.
Voraussichtliche Genußreife: Jetzt – vermutlich stark im Nachlassen. Letzte Verkostung: 3/84.

1979 • 82   Der sehr aufgeschlossene, völlig genußreife Wein hat attraktiven, fruchtigen Charakter, mittelschwere, schön reife, saftige, liebliche, üppige Art sowie wenig oder gar kein Tannin. Der Wein wird noch einige Jahre ausdauern, aber bis auf die Entwicklung eines noch kräftigeren Buketts in der Flasche ist er doch wohl durchgereift.
Voraussichtliche Genußreife: Jetzt. Letzte Verkostung: 4/87.

1978 • 83   Der runde, schmackhafte, fruchtige Wein mit seinem an Kräuter und Zimt erinnernden Bukett ist köstlich genußreif. Die Lieblichkeit und Fruchtigkeit auf der Zunge ist fast burgunderähnlich. Er sollte allerdings jetzt ausgetrunken werden.
Voraussichtliche Genußreife: Jetzt. Letzte Verkostung: 1/88.

1976 • 84   Das mächtige, pflaumenhafte, würzige Bukett des 1976ers ist verlockend, die Farbe dunkel rubingranatrot und die vordergründige süße, reife Frucht reichlich – ein körperreicher, tiefer Wein, der schon seit dem Ende der siebziger Jahre volle Genußreife besitzt, offenbar aber noch nicht in Gefahr ist, seine Frucht einzubüßen.
Voraussichtliche Genußreife: Jetzt. Letzte Verkostung: 1/88.

1975 • 87   Dieser 1975er war stets sehr gut, für einen Gloria untypisch wuchtig und muskulös mit ebensoviel Frucht wie mancher Spitzenwein. Seine tiefdunkle granatrote Farbe zeigt einen leichten bernsteingelben Saum, das Aromaprofil ist klassisch St-Julien/Pauillac (Tabak, Zedernholz, Johannisbeeren), dazu mehr erdig-staubige Noten als sonst (daran ist der Jahrgang 1975 schuld). Der anfänglich milde, reiche, vollmundige Geschmack geht über in dichte, konzentrierte Art, der es vielleicht ein wenig an Komplexität und Finesse fehlt. Dieser Mangel aber wird durch reichlich Muskulatur, Extrakt, Reife und Körper mehr als ausgeglichen. Genußreif ist dieser Wein in den nächsten 5 bis 7 Jahren. Letzte Verkostung: 12/95.

1973 • 72   Mitte der 1970er Jahre war der leichte, fruchtige, einfache Charme dieses Weins ein Genuß. Inzwischen ist er stark verblaßt.
Voraussichtliche Genußreife: Jetzt – wahrscheinlich stark im Nachlassen.
Letzte Verkostung: 4/81.

1971 • 86   Der 1971er Gloria, ein wundervoller Wein, ist seit 1979 voll ausgereift, hat aber noch nichts eingebüßt, obwohl sich eine bernsteinbräunliche Färbung einstellt. Das Bukett ist stark duftig mit Tönen von Zedernholz, Pflaumen, Vanillinwürze und süßem Eichenholz. Auf der Zunge spürt sich der Wein seidig, sanft, sehr fruchtig und lieblich an – ein unbestrittener Erfolg. Ich habe diesen Wein seit 1984 nicht mehr gekostet.
Voraussichtliche Genußreife: Jetzt – vermutlich im Nachlassen. Letzte Verkostung: 10/84.

1970 • 87   Der 1970er, ebenfalls ein triumphaler Erfolg für Gloria, ist reichhaltiger und voller als der wunderbare 1971er und besitzt auch ein größeres Lebensdauerpotential. Die Farbe ist dunkelrubinrot mit leichtem Bernsteinschimmer am Rand, das vollreife Bukett zeigt süße Frucht, Zedernholz und vanillinduftige Eichenholzwürze – ein wundervoll fruchtiger Wein mit mittelschwerem Körper und nach wie vor eindrucksvoller Art. Der Abgang dieses üppigen, überaus fruchtigen Gloria ist sanft und mild.
Voraussichtliche Genußreife: Jetzt. Letzte Verkostung: 1/88.

ST-JULIEN

Gruaud-Larose
2ème Cru seit 1855

AUSGEZEICHNET

Lage der Weinberge: St-Julien-Beychevelle

Besitzer: Jacques Merlaut
Adresse: 33250 St-Julien Beychevelle
Postanschrift: B.P.6, 33250 St-Julien Beychevelle
Telefon: 33 5 56 73 15 20 – Telefax: 33 5 56 59 64 72

Besuche: nur nach Vereinbarung, montags bis freitags von 9 bis 12 und von 14 bis 17 Uhr
Kontaktperson: François Peyran

WEINBERGE (Rotwein)

Rebfläche: Insgesamt 130 ha; derzeit sind jedoch nur 80 ha bestockt

Durchschnittliches Rebenalter: 45 Jahre

Rebbestand: 57% Cabernet Sauvignon, 30% Merlot, 7% Cabernet Franc, 4% Petit Verdot, 2% Malbec

Pflanzdichte: 10 000 Reben/ha

Ertrag (im Durchschnitt der letzten 5 Jahre): 54 hl/ha

Durchschnittliche Jahresproduktion insgesamt: 500 000 Flaschen

GRAND VIN

Name: Château Gruaud-Larose

Appellation: St-Julien

Durchschnittliche Jahresproduktion: 300 000 Flaschen

Verarbeitung und Ausbau: Lese von Hand. Vinifikation 18 bis 35 Tage (je nach dem Jahrgang) in temperaturgeregelten Holzfässern und Zementtanks. Malolaktische Säureumwandlung bei 25% des Ertrags in kleinen Eichenfässern. Anschließend 18 Monate Ausbau in zu 30% neuen Eichenfässern. Die Weine werden mit Eiweiß geschönt und vor dem Abfüllen sehr schonend gefiltert.

ZWEITWEIN

Name: Sarget de Gruaud-Larose

Durchschnittliche Jahresproduktion: 200 000 Flaschen

Beurteilung des derzeitigen Rangs: Entspricht der Klassifizierung

Genußreife: 10 bis 35 Jahre nach dem Jahrgangsdatum

ZUSATZANGABEN

In den Weinbergen:
Eingeschränkte Verwendung von chemischen Pflanzenschutzmitteln. Bei Spritzungen werden die Wetterverhältnisse berücksichtigt – das Gut hat eine eigene Wetterstation. Es werden Maßnahmen zur Bekämpfung des Sauerwurms erprobt.

Ertragsbeschränkung durch kräftige Behangausdünnung

Speicherung aller Daten über die 66 Parzellen des Guts im Computer ermöglicht bessere Einteilung der Spritzungen sowie der Lesearbeiten

Ein leistungsfähiges Drainagesystem wurde installiert

Im Keller:
Das Lesegut wird auf Förderbändern zweimal sortiert (im Weinberg und in der Kellerei). Eine *saignée* wird beim Eintreffen in der Kellerei durchgeführt. Anschließend gelangt das Lesegut zum Vergären in Edelstahl- oder Zementtanks.

Ein neugebauter Keller enthält 14 Eichenfässer (*foudres*) mit je 200 hl Fassungsvermögen. In einem weiteren neugebauten Keller mit Klimaanlage lagern die Weine in kleinen Fässern (1. und 2. Ausbaujahr).

Gruaud-Larose brachte jahrzehntelang den massivsten, verschlossensten Wein von St-Julien hervor. Unter dem neuen Besitzer, Jacques Merlaut, herrscht nun ein deutlicher Trend zu einem feineren, nicht mehr so rustikalen und tanninherben Stil. Ich nehme an, daß die neue Richtung beibehalten wird. Die Produktion ist groß, die Qualität beständig hoch. In vielen Jahrgängen, so 1979, 1982, 1983, 1985, 1986 und 1990 brachte Gruaud-Larose Weine mit eindeutigem Premier-Cru-Standard hervor. Das schöne Château liegt auf dem Plateau von St-Julien und nicht am Fluß. Der Besucher im Médoc sieht es erst, wenn er in St-Julien-Beychevelle von der Route du Vin (D2) abbiegt und auf der D101 nach Westen fährt.

Alle Kritiker von Gruaud-Larose, die behaupten, dieser Wein sei zu stämmig, zu solide und massiv, sollten ihn nun, nachdem er mehr Finesse und Eleganz angenommen hat, erneut prüfen.

JAHRGÄNGE

1997 • 90-92 Der 1997er ist der eindrucksvollste Gruaud-Larose seit dem 1990er. Unter dem neuen Besitzer Jacques Merlaut scheint das Gut auf dem besten Weg, sein glorreiches Niveau der 1970er und 80er Jahre wiederzufinden. Der Wein hat satte Purpurfarbe und ein umwerfendes Aroma von fülligen Brombeeren, Cassis, Erde und Vanillin. Vollmundig mit hervorragender Reintönigkeit, mächtigem Extrakt und schön integriertem Tannin präsentiert er sich mit milder Säure und doch kräftigerer Linienführung als mancher Wein größeren Stils aus diesem Jahrgang. Geschmacksnuancen von Schokolade und Cassis schweben über 30 Sekunden lang auf der Zunge. Dieser eindrucksvoll ausgestattete, hervorragende 1997er mit seinem mittleren bis vollen Körper wird sich anders als so mancher Gruaud-Larose-Jahrgang schon in der Jugend superb trinken.
Voraussichtliche Genußreife: 2001 bis 2013. Letzte Verkostung: 3/98.
1996 • 88-91 Der 1996er scheint ein potentieller Schlager des Jahrgangs zu sein und verdient vielleicht einmal eine hervorragende Punktnote. Seine Art ist wuchtig und stämmig, die Farbe dunkel rubinpurpurrot, das füllige Aroma enthält reichlich Cassis, Eichenwürze und gedörrte Kräuter. Am Gaumen hat der Wein viel von der frühreifen Aufgeschlossenheit eingebüßt, die er im letzten Frühjahr zeigte, vielmehr weist er nun ganze Ladungen Tannin im wuchtigen, muskulösen Geschmack auf. Als ich ihn zum ersten Mal verkostete, kam er mir viel sanfter vor, aber er hat inzwischen an Gewichtigkeit zugelegt und beträchtliche Struktur gewonnen. Nun scheint es, daß dieser stramme Wein über das Potential für lange Kellerreife verfügt.
Voraussichtliche Genußreife: 2005 bis 2020. Letzte Verkostung: 2/98.
1995 • 89 Der 1995er Gruaud-Larose hat seit der Abfüllung an Biß und Tannin zugelegt; die Farbe ist dunkel rubinrot, das Bukett bietet süße Frucht von schwarzen Kirschen, Süßholz, Erde und Gewürz. Der reichhaltige Wein mit seinem mittleren bis vollen Körper, mit kräftigem Tan-

ST-JULIEN

nin und subtiler Eichennote im Hintergrund ist fast so fest gefügt und tanninstreng wie der 1996er. Die beiden Jahrgänge haben mehr Ähnlichkeiten als Unterschiede aufzuweisen.
Voraussichtliche Genußreife: 2005 bis 2020. Letzte Verkostung: 11/97.

1994 • 82? Der 1994er nahm sich vor der Abfüllung besser aus. Nun scheint er viel von der Milde und Fülle am Gaumen eingebüßt zu haben, er schmeckt grüner als aus meinen Faßprobennotizen hervorgeht und zeigt im Abgang pelziges, strenges, bitteres Tannin. Vielleicht bin ich ihm ja in einem wenig schmeichelhaften Schlummerzustand begegnet, aber es fehlt ihm derzeit einfach an Reife, Frucht und Substanz. Bei solchem Mangel an Harmonie scheint seine Zukunft bedenklich. Letzte Verkostung: 1/97.

1993 • 86 Ein attraktiver Wein für den Jahrgang. Der provokative Duft von gegrilltem Fleisch, geräucherten Kräutern, Oliven, Erde, Trüffeln und schwarzer Frucht ist stark (für manchen vielleicht zu intensiv). Der Wein präsentiert sich sanft, reif, mittelschwer, mit erstaunlich viel süßer Frucht und Glyzerin sowie milder Säure. Diesen Gruaud-Larose trinkt man am besten in den ersten 10 Lebensjahren. Letzte Verkostung: 1/97.

1992 • 86 Der schwarzpurpurrote 1992er ist ein deutliches Zeichen dafür, daß Gruaud-Larose wieder zu dem kraftvollen, robusten, muskulösen Stil zurückgefunden hat, durch den das Gut berühmt wurde. Im allgemeinen entstanden im Jahrgang 1992 keine kräftigen, vollen Weine, doch diese Leistung von Gruaud-Larose präsentiert sich beruhigend breit, dicht, wuchtig, reichhaltig und schwer. Dabei ist der 1992er sauberer bereitet als der lederige 1991er mit seinem Brettanomyces-Ton; er zeigt reichliche erdige, pfefferige, volle Geschmacksnoten mit Kräuterwürze und der Frucht schwarzer Johannisbeeren, dazu milde Säure und einen öligen, kernigen, üppigen Abgang. Das Tannin ist spürbar, aber schön integriert, so daß dieser Wein bereits jetzt ansprechend, aber auch noch zu 8 bis 10 Jahren Entwicklung imstande ist.
Letzte Verkostung: 3/95.

1991 • 85 Der 1991er mit seiner dunklen Farbe und seinem Aroma von Leder, Rauchfleisch, Teer und Süßholz stellt eine Rückkehr zum kräftigen, intensiven Stil dar. Er ist würzig, hat süße Frucht, milde Säure und sanfte, füllige Substanz und wird sich noch 8 bis 10 Jahre gut halten. Letzte Verkostung: 1/94.

1990 • 93 Dieser superbe Wein hat dichte, pflaumenähnlich purpurgranatrote Farbe. Das sensationelle Bukett von fülligen schwarzen Kirschen, Erde, Zedernholz und Kräutern ist noch viel intensiver und auffallender geworden. Der Wein zeigt sensationelle Fülle und Kraft, jedoch nicht ganz das stämmige, monströse Format und die gewaltige Wucht des 1986ers und 1982ers. Dessen ungeachtet hat auch er beträchtliche Substanz und Statur. Die milde Säure betont noch die dicke, saftige Frucht in diesem noch unentwickelten, aber bereits vollen und kernigen Wein. Bei dieser Gelegenheit hat der 1990er Gruaud-Larose den bisher besten Eindruck gemacht.
Voraussichtliche Genußreife: 1999 bis 2020. Letzte Verkostung: 11/96.

1989 • 89 Der 1989er war exzellent, fast herausragend. Er ließ zwar die kräuterhafte Seite des Gruaud-Larose ausgeprägter erkennen, die Farbe war ein tiefes Rubinpurpurrot (nicht so undurchdringlich dunkel wie beim 1990er) und das Tannin deutlicher, aber es fehlte der süße Kern an Frucht und die Gaumenfülle des 1990ers – ein kräftiger, tanninherber, würziger Wein mit reichlichem Potential, jedoch ohne die Milde und Vollmundigkeit des 1990ers. Der 1989er braucht noch Zeit, um seine Tanninhülle abzuwerfen; man sollte ihm weitere 5 bis 8 Jahre Kellerreife gönnen, dann dürfte er sich mindestens 20 Jahre lang schön trinken lassen.
Letzte Verkostung: 11/96.

1988 • 88 Der 1988er ist wahrscheinlich ein Wein für 30 Jahre: dunkel pflaumen-granatrot, überraschend kraftvoll, reichhaltig, konzentriert, nachhaltig und körperreich für einen 1988er, eher an den 1975er erinnernd, allerdings nicht so ungestüm. Im Geschmack hat er in Hülle und Fülle Fleisch, Schokolade und Beerenfrucht, dazu moderates Tannin.
Voraussichtliche Genußreife: 2000 bis 2025. Letzte Verkostung: 4/98.

1987 • 84 Dieser für die meisten Cordier-Weine des Jahrgangs 1987 typische Gruaud-Larose ist überraschend robust, muskulös und stämmig; seine reichliche, konzentrierte, grasige Cassis-

BORDEAUX

Frucht verbirgt sich unter einer dicken Tanninhülle. Der mittelschwere bis körperreiche, intensive und kraftvolle Wein empfiehlt sich für Eltern mit Kindern, die 1987 geboren sind.
Voraussichtliche Genußreife: Jetzt bis 2005. Letzte Verkostung: 10/90.

1986 • 94+ Es kann kaum einen Zweifel an der Qualität des 1986er Gruaud-Larose geben, der in 20 Jahren wohl ebenbürtig neben dem 1990er, 1982er, 1961er, 1949er und 1928er aus dem großen Gut treten wird. Gleich zum ersten Mal, als ich diesen Wein aus dem Faß probierte, kam er mir als eines der Schwergewichte des Jahrgangs vor. Er hat schwarzpurpurrote Farbe, den Körperbau eines Mammuts, einen fabelhaften Reichtum an Frucht und einen Abgang, der minutenlang anzuhalten scheint. Das ist wahrhaftig Premier-Cru-Qualität, aber wann in den letzten 10 Jahren hätte der Gruaud-Larose einmal hinter der Qualität der Spitzengewächse zurückgestanden? Angesichts der enormen Struktur, eindrucksvollen Konzentration und massiven Tanninstrenge fragt man sich lediglich, wann dieser Wein wohl genußreif sein wird. Eine solche Überlegung könnte allerdings manchen Liebhaber davon abhalten, ihn zu kaufen. Für viele meiner Leser käme dieser Wein wohl eher als realistische Zukunftsanlage zugunsten ihrer Kinder in Frage.
Voraussichtliche Genußreife: 2000 bis 2030. Letzte Verkostung: 7/97.

1985 • 90 Der dunkel rubingranatrote 1985er Gruaud-Larose hat sich schön entfaltet und zeigt ein wundervolles, süß duftiges Bukett von Beerenfrucht, Trüffeln, Erde und rauchigem Eichenholz. Auf der Zunge ist er füllig, nachhaltig, für einen Gruaud aufgeschlossen, bei mittlerem bis schwerem Körper und großer Tiefe. Einer von den wenigen Gruauds, die sich schon jung schön trinken lassen.
Voraussichtliche Genußreife: Jetzt bis 2005. Letzte Verkostung: 6/97.

1984 • 83 Alle Cordier-Weine waren 1984 erfolgreich, aber das ist ja nichts Neues. Der 1984er Gruaud besteht fast ganz aus Cabernet und ist daher ein kräftiger, viriler, voller, tanninreicher, würziger, dunkler, wuchtiger Wein mit recht harten Konturen, der 10 Jahre Entwicklungszeit braucht.
Voraussichtliche Genußreife: Jetzt bis 2000. Letzte Verkostung: 10/89.

1983 • 90 Dieser dunkel granatrote ölige, ja fast dickliche, tiefe Wein ist voll ausgereift. Der 1983er Gruaud-Larose bietet ein provokatives Bukett mit Noten von getrockneten Kräutern, Schmalz, fülligen Brombeeren, Süßholz- und Zedernaroma – ein mächtiger, vollmundiger, saftiger Wein mit mildem Tannin im Abgang.
Voraussichtliche Genußreife: Jetzt bis 2010. Letzte Verkostung: 9/97.

1982 • 96 Als ich diesen Wein das letzte Mal verkostete, hielt ich ihn für ein Premier Cru aus Pauillac. Er hat meine Stimme als der größte Gruaud-Larose aus dem letzten halben Jahrhundert. Nach einstündigem Dekantieren (das starke Sediment macht das unumgänglich) bietet dieser tiefdunkle schwarz-granatrote Wein umwerfend intensive Aromen von Süßholz, Teer, überreifen schwarzen Johannisbeeren, Oliven und neuem Sattelleder. Er ist extrem körperreich mit öliger Substanz und vielschichtiger, aus dem Glas hervorströmender Frucht – ein spektakulär reichhaltiger, hinreißender Gruaud-Larose. Nach wie vor zeigt er sich jugendfrisch ohne Anzeichen von Alter, nur hat er sein Tannin schon in beträchtlichem Umfang abgeworfen. Dieser breitgefächerte, massive Gruaud dürfte in ein paar Jahren auf den Gipfel gelangen und sich dann die beiden ersten Jahrzehnte des nächsten Jahrhunderts hindurch schön trinken. Ein echter Schlager! Letzte Verkostung: 4/98.

1981 • 88 Der 1981er Gruaud-Larose, ein Spitzenerfolg für den Jahrgang, ist dunkel rubinrot und zeigt ein vollintensives Bukett von reifen schwarzen Johannisbeeren, würzigem Eichenholz, Pflaumen, Leder, Räucherfleisch und Veilchen. Auf der Zunge ist dieser Wein hochkonzentriert und hat reichhaltigen, tanninherben, nachhaltigen Geschmack.
Voraussichtliche Genußreife: Jetzt bis 2005. Letzte Verkostung: 10/89.

1980 • 72? Der 1980er Gruaud-Larose ist bei großen Schwankungen von Flasche zu Flasche oft mild, fruchtig, würzig und attraktiv. Sein Abgang ist kurz, dazu mager und überaus kräuterhaft, hart und säuerlich. Er sollte ausgetrunken werden.
Voraussichtliche Genußreife: Jetzt. Letzte Verkostung: 6/87.

ST-JULIEN

1979 • 88 Dieser Wein ist ein typischer Gruaud-Larose: dunkel, reif, mit fülligem, fruchtigem, fleischigem Geschmack, mit Anklängen an Kräuter, Pflaumen und schwarze Kirschen. Im Mund fühlt er sich körperreich an, das Tannin ist nicht zu streng und der Abgang geschmeidig. Sein aufgeschlossener Charme macht ihn inzwischen unbestreitbar ansprechend.
Voraussichtliche Genußreife: Jetzt bis 2000. Letzte Verkostung: 1/91.

1978 • 87 1978 brachte Gruaud-Larose einen dunklen Wein mit ungeheuer viel aggressivem Tannin hervor. Er ist für lange Kellerreife bestimmt und hat ein kräftiges, rauhes Bukett mit Düften von Teer und Kräutern, tiefen, intensiven, reifen, relativ harten Geschmack und körperreichen, langen Abgang. Der 1978er braucht zum Ausreifen länger als der 1979er, ist ihm aber in der Qualität knapp unterlegen.
Voraussichtliche Genußreife: Jetzt bis 2005. Letzte Verkostung: 10/90.

1976 • 73 Der 1976er ist nicht gerade eine der besseren Leistungen von Gruaud-Larose; ihm fehlt es an der reichen, milden, seidigen Fruchtigkeit, die für die Spitzenweine dieses ungleichmäßigen Jahrgangs charakteristisch ist. Er scheint überdies im Tannin ein gewisses Ungleichgewicht und im Abgang unerfreuliche Säure aufzuweisen. Austrinken.
Voraussichtliche Genußreife: Jetzt. Letzte Verkostung: 2/83.

1975 • 89+? Dieser massive, verschlossene Wein scheint sich dem Reifeprozeß entgegenzustellen. Er ist unverändert tanninbitter, eindrucksvoll dunkel (tief granatrot ohne jedes Bernsteingelb) und am Gaumen monströs – entweder entwickelt er sich wie der hervorragende 1928er und wird im Alter von 40 Jahren endlich Charme und Charakter zeigen, oder er magert ähnlich wie der 1948er ab. Jedenfalls braucht er noch immer 5 bis 10 Jahre Kellerreife. Die geradezu schmerzhafte Tanninstrenge macht diesen Wein undurchschaubar. Wahrscheinlich werden ihn nur die allergeduldigsten Bordeaux-Enthusiasten würdigen können. Es würde mich nicht überraschen, wenn um 2025 ein anderer Weinautor das Lob seiner Größe singen könnte, lange nachdem er zum größten Teil ausgetrunken und als schwacher Genuß befunden wurde. Wer ihn besitzt, sollte ihn nicht vor 2005 anrühren. Letzte Verkostung: 12/95.

1974 • 76 Der 1974er Gruaud-Larose, ein Wein aus einem ungünstigen Jahrgang, ist jetzt voll durchgereift und wird kaum noch viele Jahre ausdauern; er hat überraschend gute Farbe, ein angenehm reifes, mäßig intensives Bukett von Cassis und Gewürzen, mittelschweren Körper, herbe Säure und einen vegetabilen Aspekt in der Frucht; allmählich schwächt er sich ab.
Voraussichtliche Genußreife: Jetzt – vermutlich im Nachlassen. Letzte Verkostung: 7/87.

1973 • 67 Dieser milde, fruchtige, nun aber stark verblassende Wein hat sich länger gehalten, als ich je vermutet hätte. Er muß inzwischen unverzüglich getrunken werden, hat aber noch einfachen, schlichten, eindimensionalen, verwaschenen Geschmack zu bieten.
Voraussichtliche Genußreife: Jetzt – vermutlich stark im Nachlassen. Letzte Verkostung: 7/86.

1971 • 81 Der 1971er Gruaud-Larose stellte ein gutes Beispiel für diesen Jahrgang dar. Er ist seit über einem Jahrzehnt voll ausgereift und zeigt jetzt die für nahenden Niedergang typische Braunfärbung. Er war einmal fruchtig, pflaumenduftig, würzig, mild und angenehm, jetzt aber trocknet er aus. Voraussichtliche Genußreife: Jetzt. Letzte Verkostung: 12/88.

1970 • 86? Ein typischer, strenger, muskulöser, verschlossener, säurereicher 1970er, anscheinend ohne genug Extrakt und Konzentration als Gegengewicht für das Tannin. Der 1970er Gruaud-Larose wirkt staubig und rauh mit reichlich Brettanomyces (einer bei Kellertechnikern gefürchteten, oft einen unerwünschten Beigeschmack verursachenden Hefe). Ich bin nicht sicher, ob dieser Wein jemals volle Reife erlangt. Zwar bietet er ein attraktives an Leder, Rauch und Erde erinnerndes Bukett, aber sein Geschmack bleibt hart und rauh. Letzte Verkostung: 6/96.

1967 • 74 Dieser Wein hatte seinen Höhepunkt um die Mitte der siebziger Jahre; er war damals überströmend fruchtig, reif, rund und süß. Inzwischen hat die Farbe einen braunen Anflug bekommen, die Geschmacksbestandteile scheinen miteinander im Widerstreit zu liegen, und der Wein nimmt sich aus, als wolle er auseinanderfallen. Manche meiner Freunde behaupten, sie hätten viel bessere Exemplare getrunken – vielleicht habe ich nur Pech gehabt.
Voraussichtliche Genußreife: Jetzt – vermutlich im Nachlassen. Letzte Verkostung: 3/89.

BORDEAUX

1966 • 88   Der 1966er aus einem klassischen Gruaud-Larose-Jahrgang ist nach wie vor überraschend jung, relativ unentfaltet, dabei karg, mit der Frucht von schwarzen Johannisbeeren, Zedernholz- und Erddüften sowie mit festem Tannin ausgestattet; der Abgang ist trocken, aber nachhaltig und noch immer jugendfrisch. In Stil und Gefüge erinnert der 1966er Gruaud-Larose an einen großen Pauillac. Wird er je seine Tanninstrenge ablegen?
Voraussichtliche Genußreife: Jetzt bis 2015. Letzte Verkostung: 1/89.

1964 • 87   Der 1964er Gruaud-Larose, einer der wenigen gut gelungenen Médocs dieses Jahrgangs, schmeckt nach wie vor ungewöhnlich fruchtig, tief und rund. Er zeigt keine Anzeichen der starken Regenfälle, die so manchen anderen Wein verwässert haben. Vielmehr weist er saftige Art, generösen Duft und mittleren bis kräftigen Körper auf. Er ist seit über einem Jahrzehnt schön ausgereift, trocknet aber nicht aus. Ein Dauerbrenner.
Voraussichtliche Genußreife: Jetzt. Letzte Verkostung: 12/88.

1962 • 87   Der erstaunlich kräftige, dunkle 1961er Gruaud-Larose ist nach wie vor für den Jahrgang hochkonzentriert und zeigt tiefe Geschmacksfülle mit Noten von schwarzen Johannisbeeren, Zedernholz und Kräutern, vollen Körper und einen satinzarten Abgang. Dieser intensiv fruchtige Wein ist seit über zwei Jahrzehnten voll ausgereift und ein schöner Genuß. Anzeichen für Verfall gibt er noch keine von sich – ein beredtes Zeugnis dafür, wie lange ein gut ausgewogener Bordeaux auf seinem Höhepunkt verweilen kann.
Voraussichtliche Genußreife: Jetzt bis 2000. Letzte Verkostung: 11/89.

1961 • 96   Der 1961er gehört zu den größten ausgereiften Weinen von Gruaud-Larose, die ich je getrunken habe. Er ist kraftvoll, reichhaltig, hochkonzentriert und immer noch jung, frisch und lebendig – vor ihm liegt noch ein volles Jahrzehnt. Er zeigt nach wie vor dunkles Granatrot mit etwas Bernsteingelb, wundervoll duftige Art (Pflaumen, Minerale, Teer, Zedernholz, Sojasauce und Süßholz), ein viskoses Gefüge, sensationell tiefe Frucht und einen fabelhaften, allerdings alkoholstarken Abgang. Ein Bordeaux der raffiniertesten Art.
Voraussichtliche Genußreife: Jetzt bis 2015. Letzte Verkostung: 10/94.

ÄLTERE JAHRGÄNGE

Der 1945 (96+ Punkte; letzte Verkostung 10/94) ist ein bemerkenswert junger, zurückgezogener, massiver Gruaud-Larose, ähnlich in der Art wie der 1961er, 1975er, 1982er und 1986er. Noch immer tiefdunkel schwärzlich granatrot mit straffem, aber verheißungsvollem Bukett von Süßholz, schwarzer Frucht und Kräutern zeigt dieser körperreiche, vollmundige Wein gewaltige Reserven an Frucht und einen würzigen, tanninherben, kraftvollen Abgang. Man kann ihn zwar jetzt trinken (ich möchte raten, ihn mindestens eine Stunde im voraus zu dekantieren), er ist aber einer von den unsterblichen 1945ern, die noch einmal 20 bis 30 Jahre überdauern. Der 1953er (93 Punkte; 3/98) ist ein ebensolches Juwel.

Der 1928er Gruaud-Larose (97 Punkte; 10/94) ist, obwohl er fast 70 Jahre hinter sich hat, ein erstaunlich intakter Wein mit einem mächtigen, erdigen, süßen und würzigen Bukett von Trüffeln und Zedernholz, mit gewaltigem Körper, spürbar kräftigem Tannin und überwältigender Konzentration. In den Abgang schleicht sich eine gewisse Kargheit ein. Sein dunkles Granatrot mit nur ganz wenig Bernsteingelb ist für das Alter dieses Weins bemerkenswert. Der 1921er Gruaud-Larose (70? Punkte; 12/95) war ein unharmonischer, schwerfälliger, verschlossener, adstringierend tanninreicher Wein mit nur noch wenig Frucht.

ST-JULIEN

HORTEVIE
Cru Bourgeois

SEHR GUT

Lage der Weinberge: St-Julien-Beychevelle

Besitzer: Henri Pradère
Adresse: 33250 Beychevelle
Postanschrift: c/o Château Terrey-Gros-Cailloux, 33250 St-Julien-Beychevelle
Telefon: 33 5 56 59 06 27 – Telefax: 33 5 56 59 29 32

Keine Besuche möglich

WEINBERGE (Rotwein)

Rebfläche: 3,5 ha

Durchschnittliches Rebenalter: 40 Jahre

Rebbestand: 70 % Cabernet Sauvignon, 25 % Merlot, 5 % Petit Verdot

Pflanzdichte: 10 000 Reben/ha

Ertrag (im Durchschnitt der letzten 5 Jahre): 50 hl/ha

GRAND VIN

Name: Château Hortevie

Appellation: St-Julien

Verarbeitung und Ausbau: Lese von Hand. Vinifikation 3 Wochen. Ausbau in Tanks sowie großen und kleinen Eichenfässern (davon 20 % neu). Der Wein wird geschönt, aber nicht gefiltert.

Kein ZWEITWEIN

Beurteilung des derzeitigen Rangs: Entspricht qualitativ einem Cru Grand Bourgeois Exceptionnel

Genußreife: 3 bis 10 Jahre nach dem Jahrgangsdatum

Die kleine Produktion von Hortevie kommt aus demselben Château wie der Terrey-Gros-Cailloux, denn beide Weingüter gehören Henri Pradère. Überdies werden beide Weine nach gleichen Methoden und aus denselben Lagen bereitet, aber der Hortevie stammt von älteren Weinstöcken und wird als *tête de cuvée* von Terrey-Gros-Cailloux behandelt. Pradères Vorliebe für späte Lese hat seit jeher volle, konzentrierte, säurearme Weine erbracht, die förmlich nach Strukturverbesserung durch Ausbau in frischen Eichenfässern verlangten. Im Château Hortevie wurden solche denn auch gegen Ende der 1980er Jahre eingeführt, aber immer noch reift ein großer Teil der Produktion von Hortevie und Terrey-Gros-Cailloux im Tank, bis der Besitzer die Zeit zum Abfüllen für gekommen hält. Der Hortevie ist ein beständig guter St-Julien und darf seit langem für seinen Preis als sehr wertvoll gelten. Zwar ist er nicht gerade langlebig, aber seine besten Jahrgänge, z. B. 1982, 1986, 1989, 1995 und 1996, halten sich 10 bis 15 Jahre lang durchaus gut.

BORDEAUX

JAHRGÄNGE

1997 • 86-87   Der Hortevie ist stets attraktiv, saftig und sehr zugänglich, und der Jahrgang 1997 eignet sich besonders für diesen vollen, frühreifen Stil. Der tief rubinpurpurrote 1997er bietet reichliche, saftige Frucht schwarzer Johannisbeeren, verwoben mit Noten von Kräutern und Erde. Sein weicher, milder Geschmack vermittelt feine Reife und ein vielschichtiges Gefühl am Gaumen. Keine Komponente in der geschmeidigen Persönlichkeit hat Aggressivität, Strenge oder Schärfe. Dieser Wein will in den nächsten 5 bis 6 Jahren getrunken werden.
Letzte Verkostung: 3/98.

1996 • 87-89   Der tief dunkel purpurrote 1996er entwickelt sich gut und bietet süße, reife, füllige Cassis- und Kirschfrucht sowie fleischigen, körperreichen Geschmack und im Abgang moderates, jedoch mildes und reifes Tannin, so daß dieser Wein nicht übermäßig viel Geduld verlangt – eventuell ein Schlager des Jahrgangs.
Voraussichtliche Genußreife: 2001 bis 2012. Letzte Verkostung: 3/98.

1995 • 87   Dieser dichte, purpurrote Weine zeigt eine köstliche Persönlichkeit – von seinem schlichten, unkomplizierten, aber intensiven, sahnigen Aroma von schwarzen Johannisbeeren, Zedernholz und Rauch bis zu seinem tiefen, kernigen, würzigen, vollmundigen Geschmack. Frucht, Glyzerin, Körper und Tannin sind die Hauptkomponenten dieses St-Julien, der jung getrunken oder noch eine Weile in den Keller gelegt werden kann.
Voraussichtliche Genußreife: 2000 bis 2012. Letzte Verkostung: 11/97.

1994 • 87   Der 1994er hat einen tieferen Farbton in seinem dunklen Rubinrot, dazu ein würziges Zedernholzaroma mit darin verwobenen Vanilledüften (vermutlich aus neuen Eichenfässern). Der Wein zeigt sich sanft, mittelschwer, mit schöner Konzentration und Nachhaltigkeit sowie spürbarerem Tannin, als es der 1993er hat, und will in den ersten 7 bis 8 Lebensjahren getrunken werden. Letzte Verkostung: 1/97.

1993 • 87   Der 1993er Hortevie – zweifellos ein Schlager seines Jahrgangs – dürfte sich als ebenso gut erweisen wie die beiden Folgejahrgänge. Er hat schöne, tief rubinpurpurrote Farbe, das für Hortevie charakteristische süße Aroma von Teer und fülligen schwarzen Johannisbeeren sowie überraschend sanften, runden Geschmack ohne hartes Tannin oder die bei weniger gut gelungenen 1993ern oft anzutreffende Krautigkeit. Dieser Wein mit seiner milden Säure bietet bereits jetzt und im Lauf der nächsten 5 bis 7 Jahre köstlichen Genuß.
Letzte Verkostung: 1/97.

1990 • 86   Der 1990er, ein reichhaltiger, samtiger, köstlich fülliger Wein, läßt sich in den nächsten 7 bis 8 Jahren wunderbar trinken. Es fehlt ihm zwar an Komplexität und Biß, aber er ist vollmundig und schmackhaft.
Voraussichtliche Genußreife: Jetzt bis 1999. Letzte Verkostung: 1/93.

1989 • 87   Der 1989er ist ein ausgezeichneter Wein, voll, kräftig, konzentriert und alkoholstark, mit einem nachhaltigen, ausdrucksvollen Abgang. Dieser Wein dürfte sich als der feinste aus diesem Gut seit dem 1982er erweisen.
Voraussichtliche Genußreife: Jetzt bis 2000. Letzte Verkostung: 1/93.

1988 • 85   Der 1988er ist jahrgangstypisch: tanninherb, mager, karg – er verlangt nach 2 bis 3 Jahren Kellerreife – ein sauber bereiteter, aber leichterer, unausgeglichenerer Wein als der 1989er oder 1990er. Er dürfte sich ab sofort bis zum Ende des Jahrzehnts gut trinken.
Letzte Verkostung: 1/93.

1986 • 87   Es sind nur 1500 bis 1800 Kisten von diesem sehr zuverlässigen, gehaltvollen, körperreichen, stämmigen, vollmundigen Wein entstanden, der zwar schönsten Genuß gewährt, aber keine große Finesse und Komplexität zu bieten hat. Die Farbe ist tief rubinpurpurrot, das Bukett zeigt Düfte von Pflaumen und Süßholz, der Geschmack ist füllig und vollmundig, und der Abgang weist viel solides Tannin auf. Ein Geheimtip.
Voraussichtliche Genußreife: Jetzt bis 2001. Letzte Verkostung: 9/89.

1985 • 85   Der 1985er Hortevie hat tiefe Farbe, bei␣fülliger, geschmeidiger, kräftiger und stämmiger Art und einem vollintensiven Bukett mit Noten von Asphalt und Brombeeren. Ein vollmundiger, deftiger Wein mit großer Geschmacksfülle, dafür weniger Finesse. Voraussichtliche Genußreife: Jetzt. Letzte Verkostung: 4/89.

1984 • 73 Der dünne, harte, sehr tanninreiche 1984er Hortevie hat einfach nicht genug Frucht auf den Knochen. Letzte Verkostung: 4/86.

LAGRANGE
3ème Cru seit 1855

AUSGEZEICHNET

Lage der Weinberge: St-Julien-Beychevelle

Besitzer: Château Lagrange S.A. (Suntory Ltd.)
Adresse: 33250 St-Julien Beychevelle
Postanschrift: wie oben
Telefon: 33 5 56 73 38 38 – Telefax: 33 5 56 59 26 09

Besuche: nur nach Vereinbarung, montags bis freitags von 9 bis 11 und von 14 bis 16.30 Uhr
Kontaktperson: Catherine Munck

WEINBERGE (Rotwein)

Rebfläche: 108 ha

Durchschnittliches Rebenalter: 27 Jahre

Rebbestand: 64,8 % Cabernet Sauvignon, 27,9 % Merlot, 7,3 % Petit Verdot

Pflanzdichte: 8500 Reben/ha

Ertrag (im Durchschnitt der letzten 5 Jahre): 53,35 hl/ha

Durchschnittliche Jahresproduktion insgesamt: 50 000 bis 55 000 Flaschen

GRAND VIN

Name: Château Lagrange

Appellation: St-Julien

Durchschnittliche Jahresproduktion: 23 500 Kisten

Verarbeitung und Ausbau: Lese von Hand. Vinifikation 15 bis 25 Tage bei 28 °C in temperaturgeregelten Edelstahltanks mit 220 hl Fassungsvermögen. Es kommen nur Naturhefen zur Anwendung. Zweimal täglich 20minütiges Umpumpen. 20 Monate Ausbau in jährlich zur Hälfte erneuerten Eichenfässern. Die Weine werden geschönt und vor dem Abfüllen gefiltert.

ZWEITWEIN

Name: Les Fiefs de Lagrange

Durchschnittliche Jahresproduktion: 31 000 Kisten

WEINBERG (Weißwein)

Rebfläche: 4 ha

Durchschnittliches Rebenalter: 3 Jahre (aufgepfropft auf 10 Jahre alte Wurzelstöcke)

Rebsorten: 53 % Sauvignon, 36 % Sémillon, 11 % Muscadelle

Pflanzdichte: 8500 Reben/ha

Durchschnittsertrag (in den letzten 5 Jahren): Debut 1997

Jahresproduktion: (Debut 1997)

Name: Les Armes de Lagrange

Appellation: Bordeaux

Verarbeitung und Ausbau: Pressen und Abziehen des Mosts. Gärung in zu 50 % neuen Eichenfässern. 12 Monate Hefesatzlagerung mit regelmäßiger *bâtonnage*. Der Wein wird geschönt und gefiltert.

Beurteilung des derzeitigen Rangs: Seit 1983 wäre Aufstufung zum 2ème Cru zu empfehlen

Genußreife: 7 bis 20 Jahre nach dem Jahrgangsdatum

Bis 1983 hatte das Renommee des 3ème Cru Lagrange einige Kratzer bekommen, weil die Qualitätsleistungen in den sechziger und siebziger Jahren nicht gerade hervorragend gewesen waren. Der Weinberg besteht aus einem einzigen Stück – ein seltener Fall – in bester Lage unmittelbar neben Gruaud-Larose, es gab also keinen Grund, weshalb nicht auch guter Wein entstehen sollte.

1983 erwarb die große japanische Firma Suntory das Gut und nahm umfangreiche Renovierungsarbeiten nicht nur Château und *chais*, sondern auch im Weinberg in Angriff. Es wurden keine Kosten gespart, und in erstaunlich kurzer Zeit begannen die großen Talente des Leiters Marcel Ducasse und des begeisterten jungen Önologen Kenji Suzuta, zu wirken und überwältigende Weine hervorzubringen.

Aber nicht nur die Qualität des Weins hat sich stark verbessert, auch das Château und sein stiller Park mit See und vielen Tieren ist wieder in schönstem Stand.

Wenn die Jahrgänge nach 1985 einen bestimmten Stil erkennen lassen, dann ist es eine Hinwendung zu eindrucksvoller Geschmackstiefe, im Verein mit viel Tannin, angerauchtem frischem Eichenholz und einer untergründigen Saftigkeit und Füllligkeit, die zweifellos auf strenge Auslese und die Einbringung sehr reifer Frucht mit einem gewissen Element von *sur-maturité* zurückzuführen ist. Die neuen Besitzer sind eindeutig darauf aus, einen Wein zu produzieren, der 20 Jahre und länger haltbar bleibt, aber doch in der Jugend schon ansprechend ist.

Während nun die Weltpresse die von der Familie Mentzelopoulos im Château Margaux durchgeführte außerordentliche Kehrtwendung mit viel Beifall bedacht hat, wurde über den Wandel der Dinge im Château Lagrange weit weniger geschrieben – nur das *Wall Street Journal* brachte erstaunlicherweise 1990 auf der Titelseite einen Bericht über dieses Musterweingut. Dessenungeachtet wird sein Wein, wenn man den sich inzwischen abzeichnenden Qualitätsstand berücksichtigt, noch immer erheblich unter Wert gehandelt.

JAHRGÄNGE

1997 • 86-88 Der dreimal mit übereinstimmenden Notizen verkostete 1997er Lagrange zeigt dunkel rubinpurpurrote Farbe, reichliche Mengen an Eichentoastwürze im Aroma, mittleren Körper, mehr Struktur und Tannin als viele seinesgleichen und ein reintöniges Eichenholz- und Cassis-betontes Geschmacksprofil. Dieser Wein hat vielleicht nicht soviel Fett und nicht so milde Säure wie andere, aber er ist voll und sanft. Er dürfte sich als ein sehr guter bis exzellenter Lagrange erweisen und zwischen 2000 und 2012 auf dem Gipfel sein. Letzte Verkostung: 3/98.

1996 • 90-91 Der dichte, wuchtige und doch elegante 1996er, ein klassischer Bordeaux und vorbildlicher St-Julien, ist noch zutiefst in sich zurückgezogen, wirkt aber recht verheißungsvoll.

ST-JULIEN

Sein dunkles Purpurrot geht einher mit zurückhaltenden Aromen von süßem Eichentoast, Cassis, Zedernholz und Mineralen. Der Wein zeigt vollen Körper und hervorragende Konzentration und vermittelt alles in allem ein Gefühl der Eleganz und Ausgewogenheit. Da er bei aller Verschlossenheit kein aggressives Tannin besitzt, dürfte der 1996er Lagrange an Fülle zulegen und schließlich eine herausragende Benotung verdienen.
Voraussichtliche Genußreife: 2005 bis 2025. Letzte Verkostung: 3/98.

1995   Der 1995er Lagrange ist ähnlich wie der 1996er, aber die Frucht ist süßer, die Säure milder und der Wein insgesamt weniger stark von Cabernet Sauvignon geprägt. Neben tief rubinpurpurroter Farbe bietet er Duftnoten von gerösteten Kräutern, Holzkohle, schwarzen Johannisbeeren, Mineralen und frischem Eichenholz. Im Geschmack hat der mittelschwere bis körperreiche, reife, voll ausgestattete und reintönige 1995er reichliche, füllige Frucht von schwarzen Kirschen und Cassis sowie milde Säure und moderates Tannin. Er verlangt noch einige Kellerreife.
Voraussichtliche Genußreife: 2003 bis 2020. Letzte Verkostung: 11/97.

1994 • 88   Im Gegensatz zur lockerer gewirkten, einschmeichelnderen Art des 1993ers ist der 1994er ein eher verschlossener, nicht so frühreifer, tannineicherer Wein. Er erinnert an die strengeren Gewächse der 1960er und 70er Jahre. Seine gesunde, dunkel rubinpurpurrote Farbe geht einher mit einer reichlichen rauchigen Eichentoastnote. Ein gewisser Eindruck von reifer Frucht ist vorhanden, im Augenblick aber wird die Persönlichkeit von unerbittlich strengem Tannin beherrscht. Man sollte diesem Wein 5 bis 6 Jahre Kellerreife gönnen, denn Geduld ist unbedingt erforderlich, wenn man sich den 1994er Lagrange zulegt, der im übrigen 15 bis 20 Jahre überdauern wird. Letzte Verkostung: 1/97.

1993 • 87   Der 1993er, eine sehr gute Leistung für diesen Jahrgang (in dem trotz der schwierigen Verhältnisse eine überraschend große Zahl guter Weine entstanden ist), zeigt dunkel rubinpurpurrote Farbe und den für Lagrange charakteristischen, mit einer verschwenderischen Holznote versehenen, würzigen Duft und Geschmack von süßer, fülliger Frucht schwarzer Johannisbeeren. Der überraschend dichte, konzentrierte, mittelschwere, extraktreiche Wein hat im Abgang ein gewisses Maß an Tannin, das aber dank der guten Kellertechnik unauffällig wirkt und zwar seinen strukturellen Zweck erfüllt, aber keine Adstringenz oder Bitterkeit zeigt. Der 1993er Lagrange läßt sich bereits trinken, aber auch noch 10 Jahre und länger aufbewahren.
Letzte Verkostung: 1/97.

1992   Dieses Weingut gestaltet volle, konzentrierte, mit verschwenderischer Eichenholznote ausgestattete Weine in einem erschwinglichen Preisrahmen. Der 1992er zählt zu den Erfolgsschlagern dieses Jahrgangs. Seine Farbe ist ein eindrucksvolles Dunkelrubinrot, das Bukett bietet neben rauchigem Eichentoast erstaunlich reiche Frucht schwarzer Johannisbeeren. Dieser süße, sinnliche, konzentrierte und sanfte Vertreter seines Jahrgangs zeigt mittleren Körper, am Gaumen reife Frucht und dürfte sich über 7 bis 10 Jahre hinweg schön trinken.
Letzte Verkostung: 11/94.

1990 • 93   Der 1990er ist ein massiver, extraktreicher, mit kräftiger Eichenholznote versehener, würziger, dunkelpurpurroter Wein mit viel Tannin, milder Säure und vielschichtiger, fülliger Frucht. Das mächtige Glyzerin und die massive Vollmundigkeit dieses öligen Weins sind nicht zu übersehen. Ich nehme an, daß sich klarere Linien zeigen werden, wenn der Babyspeck abgelegt ist. Der Wein trinkt sich zwar schon genußvoll, braucht aber doch noch 3 bis 4 Jahre Kellerreife. Letzte Verkostung: 1/97.

1989 • 90   Der 1989er zeichnet sich durch rauchige, füllige Art mit Anklängen an Teer, Cassis und getrocknete Kräuter aus. Hinzu kommen dichte purpurrote Farbe, mildes Tannin und weiche Säure. Er ist sehr eingängig, allerdings hat sich das Bukett, seit ich ihn vor einigen Jahren verkostete, nicht mehr verändert. Der Wein ist sanft und vollmundig, jedoch nicht flau. Er wird sich mindestens 15 Jahre lang gut halten und dabei wahrscheinlich mehr Konturenschärfe und ein klassischeres Profil entwickeln. Alles in allem ist der 1989er Lagrange ein kraftvoller, reichhaltiger, ausdrucksstarker Wein in nahezu kalifornischem Stil. Letzte Verkostung: 1/97.

BORDEAUX

1988 • 86 Der mittelschwere, überraschend harte und tanninstrenge 1988er mit dunkel rubinpurpurroter Farbe und verschlossenem, aber würzigem, verhaltenem Bukett mit vagen Tönen von Zedernholz, Pflaumen und grünen Oliven braucht 4 bis 6 Jahre Flaschenreife zur Milderung. Letzte Verkostung: 1/97.

1986 • 92 Hier ist ein klassisches Beispiel eines Weins, der in der Flasche erheblich mehr Komplexität und Fülle entwickelt, als er im Faß erkennen ließ, obwohl er schon damals gewiß ein potentiell hervorragender Wein war. In diesem Jahrgang, in dem eine ganze Reihe von Weinen mit enormer Struktur, Fülle und Konzentration entstand, ist auch der Lagrange ein Schwergewichtler mit einer voraussichtlichen Lebenserwartung von 30 bis 35 Jahren. Der schwarzrubinrote, mit einem verschlossenen und doch überströmenden Bukett von würzigem frischem Eichenholz, schwarzer Frucht und Blüten versehene, muskulöse, körperreiche, tanninherbe Wein ist mit Frucht vollgepackt – eindeutig einer der Langstreckenläufer des Jahrgangs. Ich sehe mit Bewunderung, wie sehr die beträchtlichen Investitionen der japanischen Besitzer in diesem Weingut ihren Lohn in einem hochinteressanten, wenn auch erstaunlich verschlossenen Wein finden. Der feinste Lagrange, den es je gegeben hat!
Voraussichtliche Genußreife: 2000 bis 2025. Letzte Verkostung: 1/97.

1985 • 89 Die neueren Lagrange-Jahrgänge sind kraftvoll gebaute Weine, die dazu ausgelegt sind, mehrere Jahrzehnte mit Anmut und Komplexität zu überdauern. Der dunkle rubinrote 1985er ist tief, voll, nachhaltig und für seinen Jahrgang verschlossen und tanninstreng. Mit mittelschwerem Körper, eleganter Art und reicher Frucht ist auch er ein Langstreckenläufer.
Voraussichtliche Genußreife: Jetzt bis 2010. Letzte Verkostung: 1/97.

1984 • 92 Mit vielen Yen (ein japanischer Konzern ist ja Besitzer des Weinguts) und einem Perfektionisten wie Michel Delon von Léoville-Las Cases als Berater hat man bald die Zutaten für einen Wein erster Klasse beisammen. Der 1984er ist mittelrubinrot und tanninherb, zeigt reichlich rauchiges frisches Eichenholz und schöne Frucht und ist für diesen nicht gerade besonders guten Jahrgang ein großer Erfolg.
Voraussichtliche Genußreife: Jetzt. Letzte Verkostung: 3/89.

1983 • 86 Der 1983er Lagrange – ein Geheimtip dieses Jahrgangs – hat tiefe Farbe, und zeigt würzige, volle Art bei kräftigem Körper und etwas rauhem Geschmack von schwarzen Johannisbeeren, gutem, festem Tannin und einem langen Abgang. Wenn er dem Stil von Léoville-Las Cases ähnelt, dann ist das nicht verwunderlich, denn schließlich führte der hochtalentierte Michel Delon von Las Cases 1983 bei der Weinbereitung die Aufsicht.
Voraussichtliche Genußreife: Jetzt bis 2000. Letzte Verkostung: 3/89.

1982 • 85 Ein erfolgreicher Jahrgang für Lagrange und der letzte unter dem alten Regime entstandene Wein. Vielleicht kommt der 1982er an den exzellenten 1983er nicht heran, aber dennoch stellt er eine Verbesserung gegenüber früheren Leistungen von Lagrange dar. Der dunkel rubinrote Wein mit einem schön entwickelten Bukett von reifer Beerenfrucht und vanillinwürzigem Eichenholz zeigt auf der Zunge frühe Reife und vollen, üppigen, schön konzentrierten Geschmack sowie kräftigen Körper.
Voraussichtliche Genußreife: Jetzt bis 2000. Letzte Verkostung: 1/85.

1979 • 78 Der 1979er hat ein wenig zuviel Kraut und Stiele abbekommen, aber außer dem recht wenig eindrucksvollen Bukett kann er doch gute, reife Frucht, geschmeidige, milde Art und einen würzigen Abgang bei früher Genußreife bieten.
Voraussichtliche Genußreife: Jetzt – vermutlich im Nachlassen. Letzte Verkostung: 3/83.

1978 • 80 Der 1978er mit seiner dunkel rubinroten Farbe und einem reifen, von Merlot geprägten Beerenbukett, hat generösen, schlichten, fruchtigen Geschmack bei leichtem bis mäßigem Tannin, mittlerem Körper und einem angenehmen Abgang. Ein guter, wenn auch nicht gerade hochinteressanter Wein.
Voraussichtliche Genußreife: Jetzt – vermutlich im Nachlassen. Letzte Verkostung: 3/83.

1975 • 70 Die Farbe ist dunkel rubinrot, aber hinter einer Mauer von rauhem Tannin sucht man mühevoll nach Frucht. Dieser Wein mit seinem überaus tanninstrengen, ja bitteren Ge-

ST-JULIEN

schmack braucht einen langen Kelleraufenthalt zur Milderung. Allerdings vermute ich, daß die Frucht nie kräftig genug hervortreten wird, um der Strenge dieses Weins ein Gegengewicht zu bieten.
Voraussichtliche Genußreife: Jetzt. Letzte Verkostung: 4/84.

1973 • 50   Ein kompletter Versager – keine Frucht, kein Charme, nur wässeriger, dünner Geschmack mit viel zuviel Säure und Tannin. Letzte Verkostung: 10/79.

1971 • 65   Der 1971er Lagrange ist ein kleiner Wein, kompakt, ein wenig tanninherb, mager und kurz im Abgang; eine Peinlichkeit für St-Julien und ganz Bordeaux. Uncharmant, derb. Letzte Verkostung: 10/78.

1970 • 84   Der 1970er ist der beste Lagrange der siebziger Jahre, denn bis 1982 und 1983 kam nichts mehr mit seinem Qualitätsniveau zustande. Er ist dunkel rubinrot, zeigt stämmigen Geschmack, gute, reife Frucht von schwarzen Johannisbeeren, einen soliden, mäßig langen Abgang sowie das Potential für weitere Entfaltung – eine achtbare Leistung von Lagrange.
Voraussichtliche Genußreife: Jetzt. Letzte Verkostung: 4/81.

1966 • 72   Der leichte, fruchtige, einfache und eindimensionale 1966er Lagrange ist seit Jahren voll ausgereift, es fehlt ihm aber durchaus an der Komplexität, dem Charakter und der Nachhaltigkeit, die man von einem 3ème Cru aus St-Julien erwarten darf. Austrinken.
Voraussichtliche Genußreife: Jetzt. Letzte Verkostung: 4/80.

1964 • 60   Der 1964er Lagrange war 1980, als ich ihn zum ersten Mal verkostete, hell in der Farbe und sehr dünn und dürftig auf der Zunge. Er ist gewiß eine dubiose Leistung aus einem unterschiedlichen, verregneten Jahrgang. Letzte Verkostung: 3/84.

1962 • 70   Angeblich war der 1962er für seinen Jahrgang gut gelungen, doch zeigen meine Erfahrungen aus zwei Verkostungen, daß der Wein zwar ordentliche Farbe, aber zuviel Säure, einen strengen, scharfen Abgang und wenig von dem reichen, fruchtigen Charme aufzuweisen hatte, den man von einem St-Julien erwartet. Austrinken.
Voraussichtliche Genußreife: Jetzt – wahrscheinlich stark im Nachlassen.
Letzte Verkostung: 2/81.

1961 • 85   Der 1961er – entstanden in einer Zeit, als Lagrange nur mittelmäßige Weine hervorbrachte – stellt eine überraschend gute Leistung dar. Die Farbe ist dunkel rubinrot mit Bernsteinschimmer am Rand, der Geschmack füllig und stämmig mit köstlicher Frucht von schwarzen Johannisbeeren, einer gefälligen Eichenholzwürze und sehr schöner Geschmeidigkeit und Nachhaltigkeit.
Voraussichtliche Genußreife: Jetzt. Letzte Verkostung: 2/84.

LALANDE BORIE
Cru Bourgeois

GUT

Lage der Weinberge: St-Julien

Besitzer: Familie Borie
Adresse: 33250 St-Julien-Beychevelle
Postanschrift: wie oben
Telefon: 33 5 56 59 05 20 – Telefax: 33 5 56 59 27 37

Keine Besuche möglich

WEINBERGE (Rotwein)

Rebfläche: 17,5 ha

Durchschnittliches Rebenalter: 25 Jahre

BORDEAUX

Rebbestand: 65 % Cabernet Sauvignon, 25 % Merlot, 10 % Cabernet Franc

Pflanzdichte: 10 000 Reben/ha

Ertrag (im Durchschnitt der letzten 5 Jahre): 45 hl/ha

Durchschnittliche Jahresproduktion insgesamt: 8000 Kisten

GRAND VIN

Name: Château Lalande Borie

Appellation: St-Julien

Verarbeitung und Ausbau: Lese von Hand. Vinifikation 15 bis 18 Tage in Edelstahltanks. Nach malolaktischer Säureumwandlung 14 bis 16 Monate Ausbau in zu 25 bis 35 % neuen Eichenfässern. Der Wein wird geschönt und vor der Abfüllung leicht gefiltert.

Kein ZWEITWEIN

Der nicht für den Grand Vin als geeignet befundene Teil der Produktion wird im Faß verkauft

Beurteilung des derzeitigen Rangs: Entspricht der Klassifizierung

Genußreife: 5 bis 10 Jahre nach dem Jahrgangsdatum

Diese Domaine ist noch relativ jung. 1970 kaufte Jean-Eugène Borie, der Besitzer von Ducru-Beaucaillou, eine 30-ha-Parzelle, die früher Teil von Château Lagrange war. Noch im gleichen Jahr bestockte Borie 18 ha, und das ist bis heute die Rebfläche geblieben.

JAHRGÄNGE

1993 • 86 Dieser dunkel rubinrote Wein zeigt attraktive Nuancen von Schokolade und süßer Johannisbeerfrucht, feine Reife, mittleren Körper und einen Anflug von Eleganz und Anmut – ein 1993er, bei dem es gelungen ist, das Tannin schön integriert und unaufdringlich zu halten. Er will in den nächsten 10 Jahren getrunken werden. Letzte Verkostung: 11/94.

1989 • 86 Der 1989er ist ein aufgeschlossener Wein mit köstlichem Duft von schwarzen Johannisbeeren und mittlerem bis kräftigem Körper bei ausgezeichneter Konzentration und einem langen, kräftigen, aber milden Abgang.
Voraussichtliche Genußreife: Jetzt bis 2004. Letzte Verkostung: 4/91.

1988 • 81 Ein guter Wein, etwas streng in der Art, aber würzig, mit attraktiver, kräuterduftiger Fruchtigkeit. Wenn sich das Tannin im Abgang einmal mildert, könnte der 1988er eine höhere Note verdienen.
Voraussichtliche Genußreife: Jetzt bis 2000. Letzte Verkostung: 4/91.

1986 • 85 Bei vielen 1986ern ist die große Frage, wann sich das Tannin ganz aufgelöst haben wird und ob die Frucht als Gegengewicht ausreicht. Der tief rubinpurpurrote Wein nimmt sich auf der Zunge dicht, mächtig und unentwickelt aus und zeigt außerdem sehr aggressives Tannin; von der Genußreife ist er noch gute 10 Jahre entfernt. Er könnte sich als einer der Schlager des Jahrgangs erweisen, aber der hohe Tanningehalt erscheint mir doch bedenklich.
Voraussichtliche Genußreife: Jetzt bis 2005. Letzte Verkostung: 4/89.

1985 • 84 Der 1985er Lalande Borie ist sehr zugänglich, mild, fruchtig, gefällig und charmant bei mittlerem Körper.
Voraussichtliche Genußreife: Jetzt. Letzte Verkostung: 4/89.

ST-JULIEN

LANGOA-BARTON
3ème Cru

SEHR GUT

Lage der Weinberge: St-Julien-Beychevelle

Besitzer: G.F.A. des Châteaux Langoa et Léoville-Barton – Anthony Barton
Adresse: 33250 St-Julien-Beychevelle
Postanschrift: wie oben
Telefon: 33 5 56 59 06 05 – Telefax: 33 5 56 59 14 29

Besuche: nur nach Vereinbarung, montags bis freitags von 9 bis 11 und von 14 bis 16.30 Uhr
Kontaktperson: Mlle Maud Frénoy

WEINBERGE (Rotwein)

Rebfläche: 15 ha

Durchschnittliches Rebenalter: 28 Jahre

Rebbestand: 70 % Cabernet Sauvignon, 20 % Merlot, 10 % Cabernet Franc

Pflanzdichte: 9000 Reben/ha

Ertrag (im Durchschnitt der letzten 5 Jahre): 54 hl/ha

Durchschnittliche Jahresproduktion insgesamt: 103 000 Flaschen

GRAND VIN

Name: Château Langoa-Barton

Appellation: St-Julien

Durchschnittliche Jahresproduktion: 85 000 Flaschen

Verarbeitung und Ausbau: Lese von Hand. Vinifikation 2 bis 3 Wochen in temperaturgeregelten 200-hl-Holzfässern. 18 Monate Ausbau in zu 50 % neuen Eichenfässern. Die Weine werden geschönt und vor der Abfüllung gefiltert.

ZWEITWEIN

Name: Lady Langoa

Durchschnittliche Jahresproduktion: 18 000 Flaschen

Beurteilung des derzeitigen Rangs: Abstufung zum 5ème Cru wäre zu empfehlen

Genußreife: 8 bis 22 Jahre nach dem Jahrgangsdatum

Langoa-Barton ist ein beeindruckend großes Château unmittelbar an der verkehrsreichen D2, der Route du Vin durch das Médoc. Auch der Wein des bekannten 2ème Cru Léoville-Barton wird in seinen Kellern bereitet. Sowohl Langoa als auch Léoville-Barton gehören dem Iren Anthony Barton, dessen Familie schon seit 1821 Besitzungen in Bordeaux hatte.

Der inzwischen verstorbene frühere Besitzer Ronald Barton und nun auch sein tüchtiger Neffe Anthony produzieren schon seit langem erstklassigen Wein, der von der Kritik als kompromißlos traditionell und klassisch bezeichnet wird. Wie der Léoville-Barton ist auch der Langoa ein St-Julien mit ausgeprägtem Pauillac-Charakter. Da beide in demselben Keller von demselben Team bereitet werden, lautet natürlich die erste Frage stets, inwiefern sie sich denn voneinander unterscheiden. In den meisten Jahren liegt der Léoville-Barton in der Qualität höher als der Langoa. Beide Weine sind kräftig, reif, konzentriert und würzig, und es fehlt ihnen meist in jungen Jahren die kommerzielle vordergründige Geschmeidigkeit und Frucht mancher Nachbargewächse. Nichtsdestoweniger halten sie sich außerordentlich gut, und wenn sie genußreif sind, vereinen sie die schmackhafte, komplexe und anmutige Fruchtigkeit von St-Julien mit dem Zedernholzduft und der strammen, virilen Art von Pauillac.

Weder der Léoville-Barton noch der Langoa-Barton hat je das Renommee des Léoville-Las Cases oder Ducru-Beaucaillou erlangt, aber das kann jetzt anders werden, seit Anthony Barton die Leitung des Guts voll übernommen hat, nachdem sein Onkel Ronald 1986 gestorben war. Mit dem neuen *régisseur* Michel Raoul kamen strengere Auslese und die Einführung eines höheren Anteils von Eichenfässern. Diese Maßnahmen und dazu die erfrischend unbeirrbare und realistische Einstellung, daß ein Wein erst dann wirklich verkauft ist, wenn dem Verbraucher die erste Flasche auch geschmeckt hat, haben gemeinsam dazu beigetragen, daß der Langoa-Barton und der Léoville-Barton zu außerordentlich günstigen Preisen zu haben sind, insbesondere nachdem sich ihre Qualität dem Niveau der Super-Seconds angenähert hat.

Das einzige, was ich am Langoa- und Léoville-Barton zu kritisieren habe, ist lediglich, daß in manchen leichteren Bordeaux-Jahrgängen, z.B. 1979, 1971, 1974 und 1973, die Weine nicht so gut gelungen erscheinen wie vergleichbare Gewächse. Wie dem auch sein mag, in Spitzenjahrgängen wie 1996, 1995, 1990, 1986, 1985, 1982, 1975, 1970, 1961, 1959 und 1953 haben beide Châteaux ausgezeichnete Leistungen erbracht. Auf jeden Fall produzieren Langoa-Barton und sein Schwester-Château stets Wein für echte Bordeaux-Kenner.

JAHRGÄNGE

1997 • 85-86   Der 1997er Langoa-Barton hat im Duft eine Nuance von *poivre vert*, die auf eine gewisse Unreife des Cabernet Sauvignon hindeutet. Er zeigt tief rubinpurpurrote Farbe und etwas von dem entgegenkommenden Charme und der Sanftheit des Jahrgangs, gute Reintönigkeit, mittleren Körper und einen reifen, rustikalen Abgang. Er dürfte sich ziemlich bald – in 3 bis 4 Jahren – trinken und 10 bis 15 Jahre aufbewahren lassen. Letzte Verkostung: 3/98.

1996 • 85-87   Mein Instinkt sagt mir, daß dieser Wein sich als ein wenig besser als der eher monolithische 1995er herausstellen wird. Der 1996er zeigt dunkel rubinpurpurrote Farbe und in reichem Maß reife Cabernet-typische Aromen von Cassis und getrockneten Kräutern, dazu eingangs süße Frucht, mittleren Körper und deftiges Tannin im linearen, gedrückten Abgang. Wenn Geschmack und Statur breitere Form annehmen, wird dieser Wein eine Note im oberen 80er-Bereich verdienen. Voraussichtliche Genußreife: 2006 bis 2020. Letzte Verkostung: 3/98.

1995 • 86+?   Der 1995er Langoa-Barton ist nur schwer zu beurteilen. Er hat eine starke Holznote und erscheint monolithisch und überaus tanninreich ohne genug Frucht und Fleisch für gutes Gleichgewicht. Er weist aber auch positive Komponenten auf – satte, dunkle rubinpurpurrote Farbe, einen Anflug von reifer Frucht und reintönigen, sauberen Geschmack –, doch die kantige, karge Art bereitet Sorgen. Dieser Wein wird vermutlich einmal ein guter Bordeaux im alten Stil sein, der den herben Biß nie ganz los wird.
Voraussichtliche Genußreife: 2003 bis 2016. Letzte Verkostung: 11/97.

1994 • 86+?   Der dunkel rubinrote Wein mit ausdrucksschwachem Aroma wird sich vielleicht als zu karg und streng erweisen. Er zeigt zwar schöne Kraft und fruchtigen Extrakt, doch das Tannin ist so adstringierend, daß die Frucht wohl abgemagert sein wird, ehe der Wein seine Bitterkeit verliert. Jedenfalls sollte man in den nächsten 5 bis 7 Jahren keine Flasche öffnen und nicht vergessen, die Daumen zu drücken. Letzte Verkostung: 1/97.

1993 • 86   Es zeigt sich keine Krautigkeit in diesem schlichten, mittelschweren Wein mit seinem Aroma von schwarzen Johannisbeeren und Gewürzen. Er hat solide Frucht, etwas Tannin und gefällige Substanz, dabei milderes Tannin und frühere Reife als der Cousin von Léoville-Barton. Getrunken werden sollte er im Lauf der nächsten 10 Jahre. Letzte Verkostung: 1/97.

ST-JULIEN

1992 • 83 1992 brachten beide Barton-Güter gefällige Weine zustande, freilich weist der Langoa nicht die Intensität seines Cousins Léoville-Barton auf. Dessenungeachtet ist er ein attraktiv fruchtiger, sanfter, charmanter Wein im traditionellen Stil mit schmerzhaft hartem Tannin im Abgang. Genug Frucht oder Tiefe als Gegengewicht besitzt er nicht, aber immerhin zeigt er im Geschmack Noten von Zedernholz, Kräutern und Johannisbeeren. Es ist angezeigt, diesen Wein in den nächsten 5 bis 7 Jahren zu trinken. Letzte Verkostung: 11/94.

1991 • 86 Der gut gelungene 1991er Langoa-Barton präsentiert sich als tiefdunkler Wein mit attraktivem Bukett von Zedernholz, Cassis und Leder sowie mittlerem Körper, festem Geschmack, bewunderungswürdiger Fülle und Tiefe und einem würzigen, maskulinen Abgang. Er ist zwar bereits genußreif, hält sich aber auch noch 10 Jahre. Letzte Verkostung: 1/94.

1990 • 87 Der elegante, mittelschwere, tanninreiche 1990er zeigt attraktive, reife Frucht sowie moderate Tiefe und Intensität.
Voraussichtliche Genußreife: Jetzt bis 2005. Letzte Verkostung: 1/93.

1989 • 86 Der 1989er ist ein mittelschwerer, gefälliger Wein, nicht so tanninherb, kraftvoll und konzentriert wie andere St-Juliens. Das Bukett bietet eine angenehme Melange aus Tabak, Gewürzen und Johannisbeerfrucht. Bei schönem Gleichgewicht und gut mit der roten Frucht integrierter Eichenholzwürze zeigt dieser Wein überraschend kräftige Säure.
Voraussichtliche Genußreife: Jetzt bis 2005. Letzte Verkostung: 1/93.

1988 • 85 Der 1988er Langoa-Barton hat im Aroma eine gewisse Reife, ist aber bei mittlerem Körper karg und kompakt. Er dürfte sich bei seinem reichlichen Tanningehalt und festen Bau noch recht gut halten.
Genußreife: Jetzt bis 2000. Letzte Verkostung: 1/93.

1987 • 84 Der 1987er hat alles in allem kleinere Maßstäbe, ist aber würzig und zeigt einige Eleganz und Rasse, mittelschweren Körper, etwas untergründige grüne Art, jedoch gesunde, reife Frucht – ein attraktiver, köstlicher Wein, der dem 1988er nicht viel nachsteht.
Voraussichtliche Genußreife: Jetzt. Letzte Verkostung: 11/90.

1986 • 87 Der 1986er Langoa-Barton beginnt nach hartnäckigem Sträuben endlich seine enorm harte Tanninhülle etwas zu lüften, und darunter kommt ein Wein mit großer Tiefe, vollem Körper, strammer, würziger Art und einer Lebenserwartung von 20 bis 25 Jahren zum Vorschein. Die Frucht erscheint kräftig genug, um sich gegen das Tannin durchzusetzen, aber auch hier ist, wenn man diesem Wein voll gerecht werden will, Geduld eine unerläßliche Tugend.
Voraussichtliche Genußreife: 2000 bis 2010. Letzte Verkostung: 11/90.

1985 • 88 Der 1985er Langoa-Barton ist ein stilvoller Wein mit tiefer Farbe, mittlerem Körper und einem eleganten Bukett voll von der Frucht schwarzer Johannisbeeren und würzigem Eichenholz – kein großer, schwerer Kraftprotz von einem Wein, sondern vielmehr ein reichfruchtiger, zarter, anmutiger St-Julien.
Voraussichtliche Genußreife: Jetzt bis 2003. Letzte Verkostung: 11/90.

1984 • 72 Zwar hat der 1984er Langoa schöne Farbe, ein würziges, etwas verschlossenes Bukett und festen, wenn auch etwas unterernährten Geschmack, aber er hat adstringierende Art angenommen. Hoffnung auf positive Weiterentwicklung besteht nicht.
Voraussichtliche Genußreife: Jetzt. Letzte Verkostung: 2/90.

1983 • 84 Aus dem Faß kam der 1983er Langoa-Barton mit eindrucksvoll tiefer Farbe, vollem Körper, herrlicher Konzentration, aber mit extremer Tanninstrenge. Er scheint zwar genug Frucht zu besitzen, um gegen dieses aggressive Tannin anzukommen, trotzdem ist er meiner Meinung nach ein rustikaler, etwas altmodischer, gedämpfter und recht schwerfällig wirkender Wein.
Voraussichtliche Genußreife: Jetzt bis 2005. Letzte Verkostung: 3/89.

1982 • 89 Der 1982er ist ein erstklassiger Langoa-Barton; er macht sich besser als der exzellente 1975er und ist ähnlich fein wie der 1970er, 1959er und 1948er, aber fruchtiger. Schöne, tief rubinrote Farbe, ein intensives Bukett von reifen schwarzen Johannisbeeren, ein kräftiger, stäm-

miger, voller Körper und eine außergewöhnlich große Lebenserwartung zeichnen ihn aus. Bei seiner reichhaltigen, tanninherben, kraftvollen und vielversprechenden Art braucht er noch viel Zeit.
Voraussichtliche Genußreife: Jetzt bis 2010. Letzte Verkostung: 6/90.

1981 • 82   Wie bei vielen Jahrgängen des Léoville und Langoa aus dem Barton-Besitz ist es auch bei diesem schwierig herauszufinden, welcher Wein der bessere ist, denn sie werden schließlich gleich bereitet und behandelt. Der 1981er Langoa hat mittleren Körper, gute Farbe, ein würziges, mäßig fruchtiges Bukett und solides Tannin, das sich allmählich mildert. Bei alledem ist er ein klein wenig karg.
Voraussichtliche Genußreife: Jetzt. Letzte Verkostung: 10/90.

1980 • 81   Der 1980er Langoa, ein köstlicher Vertreter dieses Jahrgangs, sollte ausgetrunken werden. Er ist saftig und würzig, hat milden, runden, attraktiv reifen und fruchtigen, aber monolithischen Geschmack.
Voraussichtliche Genußreife: Jetzt. Letzte Verkostung: 2/88.

1979 • 78   Der 1979er ist zwar ein ansprechender Wein, es fehlt ihm aber an Konzentration, und sein Geschmack ist für einen Langoa-Barton geschmeidig und leicht. Seine Farbe ist mittelrubingranatrot, sein Bukett aufgeschlossen, mild und würzig, sein Geschmack weich und mäßig intensiv und der Abgang kurz.
Voraussichtliche Genußreife: Jetzt. Letzte Verkostung: 2/88.

1976 • 79   Der süffige, milde und leicht liebliche Langoa zeigt kein rauhes Tannin und ist seit mindestens einem Jahrzehnt voll ausgereift. Inzwischen färbt er sich am Rand braun und sollte ausgetrunken werden.
Voraussichtliche Genußreife: Jetzt. Letzte Verkostung: 2/88.

1975 • 87   Der 1975er Langoa-Barton schmeckt überraschend offen gewirkt, hat ein süßduftendes Bukett von Schokolade, Zedernholz und Gewürzen, mittelschweren Körper, für den Jahrgang unauffälliges Tannin sowie einen runden, sanften, eleganten Abgang. Dieser voll ausgereifte Wein sollte in den nächsten 5 bis 7 Jahren getrunken werden. Letzte Verkostung: 12/95.

1970 • 88   Der 1970er Langoa, ein wundervoll gelungener Wein, läßt sich in Duft und Geschmack mit einem Spitzen-Pauillac vergleichen. Sein noch kräftiges Bukett von Zedernholz und schwarzen Johannisbeeren ist erstklassig. Auf der Zunge zeigt sich dieser Wein reif, wuchtig, gehaltvoll, tannin- und körperreich; von seinem Zenit ist er noch Jahre entfernt. Ein Langoa in Bestform.
Voraussichtliche Genußreife: Jetzt bis 2000. Letzte Verkostung: 2/88.

1966 • 87   Der 1966er, ebenfalls ein unbestreitbarer Erfolg für Langoa, ist zwar sehr gut, reicht aber an die Qualität des 1975ers oder 1982ers nicht heran. Seine solide rubinrote Farbe zeigt am Rand einen Bernsteinschimmer, das Bukett ist vollintensiv, würzig, zedernholzduftig und reichhaltig, der Geschmack dagegen schmal und ziemlich karg, aber der Abgang schön, rund und generös.
Voraussichtliche Genußreife: Jetzt. Letzte Verkostung: 4/85.

1964 • 72   Beim 1964er Langoa scheinen Tannin und Säure die Frucht eindeutig zu überwiegen. Der straffe, aber etwas dünne und magere Geschmack ist nach dem attraktiv würzigen, komplexen Bukett eine Enttäuschung. Es ist mir jedoch versichert worden, daß von diesem Wein gute Exemplare existieren.
Voraussichtliche Genußreife: Jetzt – vermutlich im Nachlassen. Letzte Verkostung: 4/83.

1961 • 89   Bei Anthony Bartons extravaganter Jahrgangsverkostung im International Wine Center in New York fiel die Entscheidung schwer, ob der 1959er oder der 1961er der bessere Wein war. Vielleicht hatte der 1959er mehr Alkoholstärke, aber der 1961er strotzte geradezu von Düften von Zedern- und Eichenholz, Vanillin und reifer Frucht, und auf der Zunge stellte sich die reiche, runde, süße Fruchtigkeit des Jahrgangs wundervoll dar. Voll auf dem Höhepunkt.
Voraussichtliche Genußreife: Jetzt – vermutlich im Nachlassen. Letzte Verkostung: 10/82.

ST-JULIEN

ÄLTERE JAHRGÄNGE

Der 1959er Langoa-Barton (Punktnote 90) war bei den zwei Gelegenheiten, bei denen ich ihn zu kosten bekam, ganz herrlich. Dasselbe gilt auch für den 1953er (90 Punkte im Jahr 1988), den 1952er (88 Punkte, ausgezeichnet, aber streng) und den glorreichen 1948er (93 Punkte). Vom 1945er oder noch älteren Jahrgängen habe ich nie etwas zu Gesicht bekommen.

LÉOVILLE-BARTON
2ème Cru

HERVORRAGEND

Lage der Weinberge: St-Julien-Beychevelle

Besitzer: G.F.A. des Châteaux Langoa et Léoville-Barton – Anthony Barton
Adresse: 33250 St-Julien-Beychevelle
Postanschrift: wie oben
Telefon: 33 5 56 59 06 05 – Telefax: 33 5 56 59 14 29

Besuche: nur nach Vereinbarung, montags bis freitags von 9 bis 11 und von 14 bis 16.30 Uhr
Kontaktperson: Mlle Maud Frénoy

WEINBERGE (Rotwein)

Rebfläche: 46,5 ha

Durchschnittliches Rebenalter: 30 Jahre

Rebbestand: 72 % Cabernet Sauvignon, 20 % Merlot, 8 % Cabernet Franc

Pflanzdichte: 9000 Reben/ha

Ertrag (im Durchschnitt der letzten 5 Jahre): 54 hl/ha

Durchschnittliche Jahresproduktion insgesamt: 305 000 Flaschen

GRAND VIN

Name: Château Léoville-Barton

Appellation: St-Julien

Durchschnittliche Jahresproduktion: 20 000 bis 22 000 Kisten

Verarbeitung und Ausbau: Lese von Hand. Vinifikation 2 bis 3 Wochen in temperaturgeregelten 200-hl-Holzfässern.
18 Monate Ausbau in zu 50 % neuen Eichenfässern.
Die Weine werden geschönt und vor der Abfüllung gefiltert.

ZWEITWEIN

Name: La Réserve de Léoville-Barton

Durchschnittliche Jahresproduktion: 5000 Kisten

Beurteilung des derzeitigen Rangs: Entspricht der Klassifizierung

Genußreife: 8 bis 25 Jahre nach dem Jahrgangsdatum

BORDEAUX

Es heißt allgemein, Léoville-Barton habe einen gewissen Vorsprung vor seinem Schwester-Château Langoa-Barton. Beide Weingüter befinden sich im Besitz von Anthony Barton, und er verwendet, anders als sonst üblich, in seinen Verschnittrezepten den milden, vollmundigen Merlot nur in geringem Umfang (allerdings wurde der Anteil im Rebbestand bei Neuanpflanzungen Mitte der achtziger Jahre auf 20 % heraufgesetzt). Dagegen ist der Cabernet-Sauvignon-Anteil nicht nur für die Verhältnisse in St-Julien, sondern auch für das Médoc ganz allgemein, sehr hoch.

Bereitet wird der Léoville-Barton – weil er über kein eigenes Gutsgebäude verfügt – im Château Langoa-Barton. Die Hauptlage für den Léoville-Barton verläuft vom Ortsrand von St-Julien-Beychevelle westwärts, bis sie auf den großen Weinberg von Château Talbot stößt.

Die in den siebziger Jahren aufgetretenen Ungleichmäßigkeiten wurden in den 1980er und 1990er Jahren durch eine Reihe erfolgreicher Jahrgänge abgelöst. Seit 1985 hat Anthony Barton den traditionellen Stil dieses Weins eher verfeinert, aber nicht grundsätzlich verändert. Von allen Spitzenweinen aus St-Julien bietet der Léoville-Barton das allerbeste Preis/Leistungs-Verhältnis.

JAHRGÄNGE

1997 • 87-89   Der 1997er Léoville-Barton wurde zwischen dem 16. und 28. September gelesen (Anthony Barton erklärte, es hätte keinen Zweck gehabt, über den 28. hinaus zu warten, weil die Trauben nichts mehr zu gewinnen hatten) und präsentiert sich nun in dichtem, dunklem Rubinpurpurrot mit mehr Tannin und Struktur als viele seiner Artgenossen, fest gefügt in seiner virilen Verschlossenheit und mit dem verlockenden, süßen Aroma pfefferiger Frucht von schwarzer Kirschen und Cassis, verwoben mit einer Toastnote. Der Geschmack hat eine sanfte Mitte, in der doch die tanninreiche Wucht deutlich spürbar ist. Es handelt sich zwar nicht wirklich um einen *vin de garde*, aber für seinen Jahrgang wird er sich als langlebig erweisen. Außerdem wird dieser 1997er nicht sofort nach der Abfüllung genußreif sein.
Voraussichtliche Genußreife: 2002 bis 2016. Letzte Verkostung: 3/98.

1996 • 91-94+   Der enorme, maskuline, verschlossene 1996er Léoville-Barton zeigt tiefdunkle schwarzpurpurrote Farbe und süße, erdige Aromen von Pflaumen und schwarzen Johannisbeeren, verflochten mit Düften von Süßholz und asiatischen Gewürzen. Voller Körper, milder Geschmack am Gaumen und pelziges Tannin im Abgang kennzeichnen diesen ausnehmend dichten, wuchtigen, vielschichtigen Wein, der lange Geduld erfordert. Seine explosive Kraft und Fülle könnte die Punktnote schließlich bis in den mittleren 90er-Bereich hinauftreiben.
Voraussichtliche Genußreife: 2007 bis 2040. Letzte Verkostung: 3/98.

1995 • 91   Der nach der Abfüllung etwas verschlossene und zurückhaltende, aber nach wie vor eindrucksvolle 1995er hat dunkel rubinpurpurrote Farbe sowie ein eichenwürziges Aromaprofil mit klassischen Nuancen von Cassis, Vanillin, Zedernholz und Gewürz. Der dichte, mittelschwere bis körperreiche Wein, der gegenüber dem 1996er sanfteres Tannin und zugänglichere Art aufweist und am Gaumen nicht ganz so vollgepackt wirkt, ist ein hervorragender, mustergültiger St-Julien, der längere Kellerreife reich lohnen wird.
Voraussichtliche Genußreife: 2004 bis 2025. Letzte Verkostung: 11/97.

1994 • 90+   Ein eindrucksvoller, seriöser, klassischer Bordeaux für Sammler, die bereit sind, ihn auf wenigstens 10 Jahre im Keller zu vergessen. Dieser reich ausgestattete Wein hat gute 30 Jahre Lebenserwartung. Das dichte, schwärzliche Purpurrot, das verschlossene Aroma, die massive Geschmacksfülle und das kraftvolle Tannin erinnern an die alten, kompromißlos strammen Schwergewichte aus dem Médoc von vor 30 Jahren. Allerdings ist bei ihm das Tannin milder, und er entstand unter hygienischeren Bedingungen. Aber ein Klassiker ist er, und er verlangt eindeutig Geduld.
Voraussichtliche Genußreife: 2007 bis 2030. Letzte Verkostung: 1/97.

ST-JULIEN

1993 • 88+ Der 1993er Léoville-Barton, einer der kraftvollsten, reichhaltigsten, eindrucksvollsten Weine des Jahrgangs, zeigt satte, schwarzpurpurrote Farbe, dichte, an Wald, schwarze Johannisbeeren und Schokolade erinnernde Duft- und Geschmacksnoten, exzellente Reife und Tiefe, gutes Glyzerin und im Abgang hartes Tannin. Dieser noch unentwickelte, ausnehmend reich ausgestattete Wein verlangt weitere 5 bis 7 Jahre Kellerreife und dürfte sich 20 Jahre halten. Letzte Verkostung: 1/97.

1992 • 87 Dieser schon im Faß eindrucksvolle Wein beweist auch weiterhin, daß er einer der feinsten seines Jahrgangs ist. Seine Farbe ist dunkelrubinrot, sein Bukett bietet Nuancen von Gewürz, Zedernholz, schwarzen Kirschen und Johannisbeeren; hinzu kommen voller, mittelschwerer Geschmack, exzellente Reife, eine gewisse Eleganz und eine saftige Persönlichkeit. Anzeichen von Verwässerung sind nicht festzustellen, und das Tannin ist mild, nicht hart und adstringierend. Dieser beachtenswerte 1992er läßt sich im Lauf der nächsten 10 bis 12 Jahre gut trinken. Letzte Verkostung: 11/94.

1991 • 87 Wer etwas Besonderes aus einem sogenannten schlechten Jahr sucht, der sollte sich den 1991er Léoville-Barton genauer ansehen. Er hat tief rubinrote Farbe, ein kräftiges Bukett mit Noten von Zedernholz, schwarzen Johannisbeeren und Kräutern, dazu reifen, vollen, mittelschweren Geschmack mit beeindruckender Konzentration, moderatem Tannin und bewundernswerter Nachhaltigkeit. Dieser großartige 1991er ist eindeutig besser als der 1981er und der 1979er und dürfte sich 10 bis 15 Jahre lang schön trinken. Letzte Verkostung: 1/94.

1990 • 92+ Der 1990er präsentiert sich dicht, tanninreich, muskulös und viril. Seine Farbe ist tief purpurrot, aber an Charme und Entgegenkommen hat er nicht viel zu bieten. Das Bukett läßt nur zögerlich Nuancen von Erde, würziger Frucht und Holz erkennen. Der Wein ist körperreich, wuchtig und mit Extrakt und Glyzerin vollgepackt. Allerdings zeigt er auch ungeheure Mengen an Tannin und verschlossene, in sich eingezogene Art. Das wirkt angesichts früherer Verkostungsergebnisse verwirrend; ich halte den 1990er Léoville-Barton jedoch nach wie vor für außergewöhnlich und gewiß für den besten Wein seit dem 1982er, sogar für noch etwas besser als den köstlichen 1985er und den tanninreichen 1986er. Allerdings braucht er weitere 7 bis 10 Jahre Kellerreife. In der Jugend ist er einer der am wenigsten zugänglichen 1990er. Voraussichtliche Genußreife: 2004 bis 2025. Letzte Verkostung: 11/96.

1989 • 90 Der 1989er bietet mit seiner milden, üppigen Substanz, seinem mächtigen, würzigen Zedernholzbukett, seiner süßen, expansiven Frucht bei mittelschwerem Körper und exzellenter Fülle und Reintönigkeit charmanten Genuß. In der Farbe zeigt sich kein bernsteingelber Saum, dennoch schmeckt der Wein überraschend ausentwickelt und köstlich. Ich würde nicht zögern, ihn in den nächsten 12 bis 15 Jahren zu trinken. Letzte Verkostung: 11/96.

1988 • 88 Der 1988er Léoville-Barton ist ein klassischer Vertreter seines Jahrgangs. Das Tannin ist hart, im Wein aber zeigt sich große Tiefe und saftige Cassis-Frucht, fester Bau und sehr schöne Nachhaltigkeit – ein exzellenter Wein, dessen reichliche, volle, tiefe Johannisbeerfrucht ein gutes Gegengewicht zum Tannin bildet.
Voraussichtliche Genußreife: Jetzt bis 2012. Letzte Verkostung: 1/93.

1987 • 85 Der 1987er reift schön heran; er zeigt ein mäßig süßes Bukett von Johannisbeeren und Eichenholz, runden, sanften Geschmack, schöne Säure und einen überraschend langen Abgang – ein erstaunlicher Erfolg für diesen Jahrgang.
Voraussichtliche Genußreife: Jetzt. Letzte Verkostung: 11/90.

1986 • 92 Im Gegensatz zu dem eleganten, anmutigen, mit viel Finesse ausgestatteten 1985er (der in 15 Jahren vielleicht einmal dem klassischen 1953er ähneln wird) ist der 1986er ein großer Wein, aber ungeheuer verschlossen und streng – mächtig, dicht, mit mittlerem bis vollem Körper und – nach einigem Ablüften – mit einer gewaltig reichhaltigen, klassischen, grasigen Frucht von schwarzen Johannisbeeren und sinnvoll eingesetzten frischen Eichenholzfässern. Der Tanningehalt ist beträchtlich, aber das gehört sich schließlich so für einen für lange Kellerlagerung ausgelegten konzentrierten, intensiven, altmodischen Wein. Je öfter ich den 1986er Léoville-Barton verkoste, desto mehr beeindruckt mich seine außerordentliche Wucht, Dichte und Fülle.

Allerdings ist er kein Wein für den, der alsbaldigen Genuß wünscht. Bei aller spektakulären Art braucht er noch weitere 5 bis 6 Jahre Kellerreife und wird ohne weiteres ein halbes Jahrhundert überdauern.
Voraussichtliche Genußreife: 2005 bis 2030. Letzte Verkostung: 3/97.

1985 • 92   Anthony Bartons 1985er wird sich vielleicht als Neuauflage des wundervollen 1953ers erweisen. Die Farbe ist tief rubingranatrot, das Bukett komplex, ausgeglichen und intensiv, voll von süßer, hochreifer Johannisbeerfrucht, Mineralen, Zedernholz, Gewürzen und getrockneten Kräutern – ein mittelschwerer Wein mit ungewöhnlicher Ausgewogenheit, schöner Nachhaltigkeit, viel Frucht und mildem Tannin im samtigen Abgang. Dieser klassische Bordeaux ist ein Hochgenuß.
Voraussichtliche Genußreife: Jetzt bis 2007. Letzte Verkostung: 9/97.

1984 • 84   Der 1984er Léoville-Barton hat mehr Geschmackstiefe als der Langoa-Barton, ein würziges, reichfruchtiges Bukett, guten Körper, schöne Nachhaltigkeit und kräftiges Tannin sowie reichlichen Duft von angerauchtem frischem Eichenholz.
Voraussichtliche Genußreife: Jetzt. Letzte Verkostung: 3/88.

1983 • 86   Der anfänglich sehr tanninstrenge und harte 1983er mit tiefer Farbe, kräftigem Alkohol und einer reichhaltigen, reifen, gewichtigen Fruchtigkeit ist viel rascher herangereift, als ich erwartet hätte. Er ist ein guter, aber kein großer Wein und bedarf sorgfältiger Überwachung.
Voraussichtliche Genußreife: Jetzt bis 2002. Letzte Verkostung: 3/89.

1982 • 93+   Dieser Wein, einer der traditionsverhaftetsten aus diesem Jahrgang, bildet einen Rückfall in den alten, rauhen, strengen Bordeaux-Stil mit kräftigem Tannin, mächtigem Extrakt und undurchdringlicher Persönlichkeit. Er hat seit seiner Abfüllung keine Entwicklungsfortschritte gemacht. Die Farbe ist nach wie vor ein tiefdunkles Purpurgranatrot, das Bukett bietet Nuancen von Zedernholz, Süßholz, Gewürzen, schwarzen Trüffeln und süßer, reifer Frucht – ein noch unformierter, unentwickelter Wein mit vollem Körper, intensiver Konzentration und Tanninstrenge, gehaltvoll und reichhaltig, aber ungeheuer verschlossen. Dieser in mancher Hinsicht klassische St-Julien verlangt noch 10 bis 20 Jahre Ruhe bis zur Trinkreife. Er dürfte sich als einer der großen Léoville-Bartons herausstellen, hat aber im Hinblick auf das Schneckentempo seiner Entwicklung mehr mit einem 1975er gemein als mit den meisten 1982ern.
Voraussichtliche Genußreife: 2005 bis 2030. Letzte Verkostung: 9/97.

1981 • 84   Der mittelschwere 1981er hat attraktive, würzige Frucht von schwarzen Johannisbeeren, mildes Tannin und einen schönen Abgang – ein guter Wein, aber es fehlt ihm an mitreißender Art, und er wird von mehreren anderen St-Juliens aus diesem Jahrgang in den Schatten gestellt.
Voraussichtliche Genußreife: Jetzt. Letzte Verkostung: 2/89.

1980 • 83   Der 1980er Léoville-Barton, ein schöner Erfolg für den Jahrgang, hat überraschend gute Farbe, ein würziges, karamelduftiges, tiefes Bukett, milden, reifen, fruchtigen Geschmack, mäßiges Tannin und einen guten Abgang – ein wundervoller Wein, aber er sollte ausgetrunken werden.
Voraussichtliche Genußreife: Jetzt – vermutlich im Nachlassen. Letzte Verkostung: 10/83.

1979 • 75   Der mittelschwere, mäßig fruchtige 1979er ist überraschend leicht und frühreif in der Art, dazu hat er Charme und schmackhaften, eingängigen Charakter, nur schmeckt er ein wenig wässerig. Er sollte bald getrunken werden.
Voraussichtliche Genußreife: Jetzt. Letzte Verkostung: 1/88.

1978 • 86   Dieser sehr attraktive Léoville-Barton scheint sich in schnellerem Tempo zu entwickeln, als ich ursprünglich dachte. Sein wunderbares, ziemlich volles und kräftiges Bukett von rauchiger, reifer Beerenfrucht ist erstklassig. Auf der Zunge zeigt der Wein eine gute, würzige, tief fruchtige Konstitution, mäßiges Tannin und langen Abgang; er ist voll genußreif.
Voraussichtliche Genußreife: Jetzt. Letzte Verkostung: 1/88.

1977 • 78   Der 1977er Léoville-Barton hat zwar einen grasigen, kräuterhaften Duft, ist aber mit seinem milden, vollen Geschmack für den Jahrgang weit überdurchschnittlich.
Voraussichtliche Genußreife: Jetzt – vermutlich im Nachlassen. Letzte Verkostung: 10/82.

1976 • 85   Léoville-Barton brachte in seinem sehr erfolgreichen 1976er mehr Frucht und Körper zuwege als Langoa-Barton. Dieser reichhaltige, vollreife Wein mit seiner Pflaumenfrucht und einem fülligen Abgang hat ein Bukett, das einem förmlich aus dem Glas entgegenspringt. Die süße, reife, samtige Frucht schmeichelt dem Gaumen. Die Säure ist ein wenig schwach, aber alles in allem ist dieser Wein jetzt ein köstlicher Genuß.
Voraussichtliche Genußreife: Jetzt. Letzte Verkostung: 7/87.

1975 • 90   Für einen 1975er Médoc hat dieser Wein erstaunlich gleichmäßige Bewertungen aufzuweisen. Zwar zeigt er von Anfang an etwas von der Strenge und Kargheit des Jahrgangs, er besitzt aber auch mehr Tiefe, süße Frucht und expansivere Substanz. Bei festem, tanninherbem Rahmenbau ist dieser Wein bewundernswert konzentriert und hat ein klassisches Bukett von Kräutern, Cassis, Zedernholz, Tabak und Gewürzen, vollen Körper, eindrucksvollen Geschmack, jugendfrische Persönlichkeit und einen langen Abgang aufzuweisen. Anzeichen eines Nachlassens gibt es weder in der Farbe noch bei der Frucht. Wenn er 1 bis 2 Stunden im voraus dekantiert wird, läßt er sich schon jetzt trinken, aber er bietet Aussicht auf mindestens weitere 15 Jahre Entfaltung. Letzte Verkostung: 12/95.

1971 • 70   Der inzwischen stark verblassende 1971er Léoville-Barton sollte am besten unverzüglich ausgetrunken werden; er hat ein süßes, an Karamel und Pralinen erinnerndes Bukett, milden, sanften Geschmack ohne jedes Tannin und einen wässerigen, schwächlichen Abgang. Er wird höchstens noch herber werden.
Voraussichtliche Genußreife: Jetzt – vermutlich im Nachlassen. Letzte Verkostung: 3/85.

1970 • 87   Wie es scheint, bekommen dem Léoville-Barton trockene, heiße Jahre wie 1970 besonders gut. Der tief rubinrote Wein mit Bernsteinschimmer am Rand ist reichhaltig und voll auf der Zunge, zeigt ausgezeichnete Konzentration, ein voll intensives Bukett von schwarzen Johannisbeeren und Zedernholz sowie mäßiges Tannin. Dieser bereits reife, muskulöse, kräftig gebaute Wein wird sich auch noch weiter gut halten.
Voraussichtliche Genußreife: Jetzt bis 2000. Letzte Verkostung: 6/88.

1966 • 84   Der 1966er ist ein guter, zuverlässiger Wein, der aber in Anbetracht des Jahrgangs eigentlich vielleicht noch besser sein sollte. Sein mäßig intensives, würzig-fruchtiges Bukett, das viel Eichenholzwürze zu erkennen gibt, ist durchaus verführerisch. Auf der Zunge aber hat man den Eindruck, daß in der Frucht Kargheit vorherrscht. Dieser vollreife, aber noch haltbare 1966er ist zwar gut, aber sicherlich keine Spitzenklasse.
Voraussichtliche Genußreife: Jetzt. Letzte Verkostung: 2/87.

1964 • 86   Der stämmige, vollmundige 1964er hat dunklere Farbe, volleren Geschmack und längeren Abgang als der 1966er und zeigt eindrucksvolle Frucht, mildes, aber spürbares Tannin und ein reifes, fruchtiges Bukett.
Voraussichtliche Genußreife: Jetzt. Letzte Verkostung: 9/87.

1961 • 92   Bei mehreren Verkostungen Anfang der achtziger Jahre müssen nicht ganz einwandfreie Flaschen im Spiel gewesen sein, denn der 1961er hat mich damals nie besonders fasziniert. Bei Verkostungen in den späten 1980er und in den 90er Jahren stellte er sich dann als herrlich und voll ausgereift, schön duftig, mit Zedernholz, Kräutern und süßer, dunkler Frucht, sowie als vollmundig, körperreich und nachhaltig heraus. Mindestens die besten Flaschen zeigten volle Reife, doch der Wein kann durchaus noch ein weiteres Jahrzehnt überdauern.
Voraussichtliche Genußreife: Jetzt bis 2000. Letzte Verkostung: 9/97.

ÄLTERE JAHRGÄNGE

Léoville-Barton hatte von den späten 1940ern und die ganzen 1950er Jahre hindurch eine starke Dekade. Der kraftstrotzende 1959er (94 Punkte; letzte Verkostung 10/94) ist voll ausgereift, gibt aber noch keine Anzeichen für ein Nachlassen von sich. Der breitgefächerte, muskulöse Wein bietet ein mächtiges Bukett von Zedernholz, Erde und schwarzer Frucht, reichlich Glyzerin und

Alkohol und kräftigen, würzigen Abgang mit spürbarem Tannin. Wird der 1982er sein jüngeres Pendant? Der 1953er (95 Punkte; 10/94) ist ein verführerischer, üppig gebauter, glorreich duftiger und fruchtiger Bordeaux, der dem Zahn der Zeit bewundernswert gut widerstanden hat. In Normalformatflaschen dürfte er (wie die meisten 1953er) etwas fragil sein, wer daher jetzt an Kauf denkt, sollte größere Formate bevorzugen, denn ich bin sicher, dann ist er superb.

Der 1949er, 1948er und 1945er von Léoville-Barton sind allesamt große Leistungen. Der 1949er (95 Punkte; 10/94) folgt dem Muster des 1953ers, ist aber kraftvoller, muskulöser, tannin- und körperreicher. Der 1948er (96 Punkte; 10/94) ist ein außerordentlicher Wein aus einem unterbewerteten Jahrgang, noch immer überaus kraftvoll und jung mit klassischer Fülle und Noten von Zedernholz, Tabak und schwarzen Johannisbeeren, was extrem niedrige Erträge und reife Frucht vermuten läßt. Der schwergewichtige 1945er (98 Punkte; 10/94) ist einer der großen Weine seines Jahrgangs, außerordentlich voll und massiv in Frucht und Körper als Gegengewicht zum mächtigen Tanningehalt. Diese drei Weine werden noch weitere 20 Jahre überdauern.

LÉOVILLE-LAS CASES
2ème Cru seit 1855

HERVORRAGEND

Lage der Weinberge: St-Julien

Besitzer: Jean-Hubert Delon und seine Schwester, Geneviève d'Alton
Leitung: Jean-Michel und Jean-Hubert Delon
Adresse: 33250 St-Julien-Beychevelle
Postanschrift: wie oben
Telefon: 33 5 56 73 25 26 – Telefax: 33 5 56 59 18 33

Besuche: nur nach Vereinbarung, montags bis donnerstags von 9 bis 11 und von 14 bis 16.30 Uhr; freitags nur von 9 bis 11; an Wochenenden und Feiertagen sind keine Besuche möglich

WEINBERGE (Rotwein)

Rebfläche: 96 ha

Durchschnittliches Rebenalter: 30 Jahre

Rebbestand: 65 % Cabernet Sauvignon, 19 % Merlot, 13 % Cabernet Franc, 3 % Petit Verdot

Pflanzdichte: 8000 Reben/ha

Ertrag (im Durchschnitt der letzten 5 Jahre): keine Angabe

Durchschnittliche Jahresproduktion insgesamt: keine Angabe

GRAND VIN

Name: Grand Vin de Léoville du Marquis de Las Cases

Appellation: St-Julien

Durchschnittliche Jahresproduktion: keine Angabe

Verarbeitung und Ausbau: Vinifikation 12 bis 20 Tage, je nach dem Jahrgang, bei Temperaturen von 24 bis 28 °C in verschiedenen Behältern (Fässern, Zement- und Edelstahltanks). 18 bis 20 Monate Ausbau in zu 50 bis 80 % neuen Eichenfässern (je nach dem Jahrgang). Die Weine werden vor der Abfüllung mit Eiweiß geschönt; zur Filtrierung besteht keine feste Regel.

ST-JULIEN

ZWEITWEIN

Name: Clos du Marquis

Durchschnittliche Jahresproduktion: keine Angabe

N.B.: Auch ein Drittwein wird produziert.

Beurteilung des derzeitigen Rangs: Aufstufung zum Premier Cru wäre zu empfehlen

Genußreife: 8 bis 30 Jahre nach dem Jahrgangsdatum

Léoville-Las Cases ist fraglos einer der großen Namen und Weine von Bordeaux. Der mit 40 ha größte Weinberg von Léoville-Las Cases liegt unmittelbar neben Latour – es ist die auf dem Etikett abgebildete ummauerte Lage. Das Weingut ist überhaupt eines der größten in Bordeaux, und seine Bemühungen um Qualität zeugen von einem Eifer und einer Hingabe, wie sie von anderen Châteaux vielleicht auch erreicht, nicht aber übertroffen werden. Der hier Hauptverantwortliche ist Michel Delon als Nachfolger seines Vaters Paul. Seit Jahren leistet ihm sein tatkräftiger Sohn Jean-Hubert wertvolle Dienste. Der vielbewunderte und vielgeschmähte Michel Delon, ist der stets auf Perfektion bedachte Architekt des Aufstiegs von Château Léoville-Las Cases. Seine Kritiker, und es gibt deren viele, behaupten, er spiele beim Weinverkauf kein faires Spiel, indem er in besonders guten Jahrgängen nur kleine Mengen herausgebe und die Preise künstlich in die Höhe treibe. Niemand aber kann die herrliche Qualität seiner Weine bestreiten – sie sind stets Ausdruck eines fast besessenen Strebens nach der Spitze, nicht nur in St-Julien, sondern im ganzen Médoc! Wer sonst würde auch in einem reichlichen Jahrgang wie 1986 über die Hälfte des Ertrags oder wie 1990 sogar 67 % einfach auf eine niedrigere Stufe setzen? Wer außer ihm würde nicht nur einen Zweitwein, sondern auch noch einen Drittwein (Bignarnon) einführen? Wer sonst würde die mit Klimaanlagen versehenen *chais* auch noch mit einem Marmorfußboden ausstatten? Ob man ihn nun mag oder nicht, Michel Delon produziert mit tüchtiger Unterstützung von Michel Rolland (nicht der Önologe aus Libourne) und Jacques Depoizier einen den größten Weine im Médoc.

Die Weine von Léoville-Las Cases sind schon unmittelbar nach dem 2. Weltkrieg ganz exzellent ausgefallen, doch nach 1975 entstand eine ganze Reihe von großen Erfolgen, die in den Jahrgängen 1975, 1978, 1982, 1985, 1986, 1990, 1994, 1995 und 1996 nahezu Vollkommenheit erreichten. Diese Weine haben eine Tiefe, wie sie im Médoc in diesen Jahrgängen nur Premiers Crus aufweisen.

Im Vergleich mit Ducru-Beaucaillou, dem Hauptrivalen in St-Julien, sind die Weine von Léoville-Las Cases meist ein wenig dunkler, tanninreicher, kräftiger gebaut, konzentrierter und auf jeden Fall für lange Lebensdauer ausgelegt – traditionelle Weine für Kenner, die soviel Geduld haben, daß sie 10 bis 15 Jahre auf die volle Entfaltung zu warten imstande sind. Sollte je eine Neufassung der Bordeaux-Klassifizierung von 1855 vorgenommen werden, dann würde Léoville-Las Cases wie Ducru-Beaucaillou und vielleicht auch Léoville-Barton eindeutige Unterstützung für die Erhebung zum Premier-Cru-Rang verdienen und auch bekommen.

JAHRGÄNGE

1997 • 91-93   Das großartige Weingut bringt nach wie vor Weine in Premier-Cru-Qualität, allerdings immer mehr auch zu Premier-Cru-Preisen hervor. Die Lese fand vom 18. September bis 4. Oktober statt; nur 40 % des Ertrags gingen in den Grand Vin ein, der sich aus 74 % Cabernet Sauvignon, 13,5 % Cabernet Franc, 9 % Merlot und 3,5 % Petit Verdot zusammensetzt. Er ist einer der konzentriertesten, vollendetsten, am klarsten konturierten 1997er, die ich kennengelernt habe. Er zeigt tiefdunkel purpurrote Farbe und das klassische Las-Cases-Aromaprofil (süße

schwarze Frucht, Kirschen, Kirschwasser, Vanillin, Bleistift und Minerale). Der Wein präsentiert sich mittelschwer bis körperreich, mit seidigem Tannin, milder Säure und vielschichtiger Konzentration bei beträchtlicher Intensität am Gaumen und im Abgang. Im Gegensatz zu dem nahezu perfekten, herrlich vollen, massiven und doch phänomenal ausgewogenen 1996er hat der 1997er nicht soviel Wucht und Geschmacksdimension. Dessenungeachtet ist er ein hinreißender St-Julien, der sich von 2000 bis 2020 schön trinken lassen dürfte. Er könnte sich als einer der konzentriertesten und langlebigsten Weine seines Jahrgangs erweisen.
Letzte Verkostung: 3/98.

1996 • 98-100   Am Anfang meiner Degustationsnotizen für diesen Wein steht: «Wow, wow, wow!» Ich hatte mich auf eine erneute Verkostung des 1996ers gefreut, seit ich ihn im Frühjahr 1997 kennengelernt hatte, und seine Entwicklung hat mich nicht enttäuscht. Der Wein zeigt tiefdunkle purpurrote Farbe und ein auffallendes, umwerfendes, süßes Aroma, das Nuancen von der Frucht schwarzer Johannisbeeren, Kirschwasser und Mineralen mit der Essenz der Las-Cases-Persönlichkeit vereint. Er ist fabelhaft konzentriert und weist als eines seiner unverkennbarsten Merkmale eine gewisse *sur-maturité* (Überreife) der Cabernet-Sauvignon-Frucht auf. Der Tanningehalt ist extrem hoch, man bemerkt ihn aber im Geschmack kaum, weil ihm massive Mengen an Extrakt sowie Reintönigkeit und ein nahezu vollkommenes Gleichgewicht entgegenstehen. Trotz der so nur selten anzutreffenden Kombination von ungezähmter Wucht und Komplexität hat dieser Wein auch *beaucoup de finesse* und einen Nachklang, der fast 45 Sekunden anhält. Dieser Kandidat für die höchste Punktnote stellt eine werdende Legende dar. Ob er den 1986er und 1982er übertreffen wird? Die Zeit wird es erweisen. Nur 40% des Gesamtertrags fanden Eingang in den Grand Vin, der einen etwas höheren Cabernet-Sauvignon-Anteil aufweist als üblich. Voraussichtliche Genußreife: 2008 bis 2030. Letzte Verkostung: 3/98.

1995 • 95   Wäre da nicht der ganz herrliche 1996er, würden sich gewiß alle auf den fabelhaften 1995er Léoville-Las Cases stürzen, um ein paar Flaschen zu ergattern – er ist einer der großen Erfolgsschlager dieses Jahrgangs. Er prangt in tiefdunklem Rubinpurpurrot und bietet ausnehmend reintönige, schön gewirkte Aromen von schwarzer Frucht, Mineralen, Vanillin und Gewürz. Der Geschmack ist eingangs umwerfend voll, hat aber doch wohl ebensoviel, wenn auch spürbareres, nicht so vollendet mildes Tannin wie der jüngere Bruder. Die außergewöhnlich reife Kirschen- und Cassis-Frucht in hoher Qualität, wie man sie von Las Cases gewöhnt ist, verflochten mit behutsam eingesetztem toastwürzigem, frischem Eichenholz und faszinierendem mineralischem Charakter machen diesen Wein zu einer hinreißenden Leistung. Der Nachklang dieses Klassikers ist unglaublich anhaltend. Nur 35% des Ernteertrags hatten genügend Qualität für den 1995er Léoville-Las Cases.
Voraussichtliche Genußreife: 2005 bis 2025. Letzte Verkostung: 11/97.

1994 • 93   Dieser tiefdunkel purpurrote Wein, einer der massivsten Médocs aus diesem Jahrgang, weist im Geschmack fabelhafte Fülle und Statur auf. Vielschichtige, reintönige Frucht von schwarzen Kirschen und Cassis ist verflochten mit steinigen, mineralischen Tönen und einer feinen, toastwürzigen Eichennote. Der mittelschwere bis körperreiche Wein hat einen süßen, vollen Eingang, reichlich Tannin, fabelhaften Extrakt und nachhaltigen Abgang. Der Léoville-Las Cases ist einer aus einem halben Dutzend großer 1994er aus dem Médoc.
Voraussichtliche Genußreife: 2002 bis 2025. Letzte Verkostung: 1/97.

1993 • 90   Dieser Wein mit seinem satten Purpurrot hat erstaunliche Süße im kraftvollen Aroma von Schokolade und Cassis sowie dichten, mittelschweren bis vollen Geschmack mit einem superben Kern von Frucht. Reintönigkeit, Gleichgewicht, hochkonzentrierte Art und Intensität sind die Merkmale dieses beachtlichen Weins. Wer etwa nicht glauben kann, daß im Jahrgang 1993 ein solcher Wein zustande gekommen ist, braucht nur eine Flasche dieses Léoville-Las Cases zu entkorken.
Voraussichtliche Genußreife: Jetzt bis 2012. Letzte Verkostung: 1/97.

1992 • 89/90   Der 1992er Léoville-Las Cases ist einer der Stars aus diesem alles in allem verwässerten Jahrgang. Mittelschwerer Körper und ein attraktives Bukett (rote und schwarze Frucht,

ST-JULIEN

Minerale und würziges Eichenholz) zeichnen diesen aufgeschlossenen, frühreifen Wein voll Biß und Tannin aus. Er läßt sich bereits schön trinken, aber auch noch 15 Jahre und länger aufbewahren. Letzte Verkostung: 3/95.

1991 • 89   Der aufgeschlossene 1991er Las Cases, ein großartiger Erfolg in diesem schwierigen Jahr, steht kurz vor der vollen Entfaltung und zeigt einschmeichelnde Nuancen von Tabak, Cassis und Eichentoast. Bei mittlerem Körper besitzt er so viel exzellente Konzentration und Reife, daß man kaum glauben kann, daß er aus einem Jahrgang wie 1991 stammt. Er ist bereits genußreif, wird sich aber auch noch 12 bis 15 Jahre halten. Letzte Verkostung: 5/95.

1990 • 96   Der 1990er legt immer mehr an Gewichtigkeit und Fülle zu und erweist sich inzwischen eindeutig als großer Léoville-Las-Cases-Jahrgang. Er zeigt dichtes, dunkles Purpurrot, ein süßes, reintöniges Bukett von schwarzer Frucht, Mineralen, Bleistift und Vanillin. Der breite, expansive Geschmack präsentiert sich voll, rein und konzentriert, nie aber schwer oder rauh. Tannin und Säure sind schön integriert und kaum spürbar in diesem klassischen, körperreichen, samtigen, jugendfrischen und außergewöhnlichen St-Julien. Der 1990er macht beim Verkosten mehr Vergnügen als der 1989er, doch das soll nicht etwa heißen, daß er schon genußreif sei, vielmehr braucht er noch 5 bis 6 Jahre Kellerreife, danach aber dürfte er sich 20 bis 25 Jahre lang schön trinken. Letzte Verkostung: 11/96.

1989 • 91   Der 1989er schmeckte geradezu kalifornisch mit seiner reifen, süßen Frucht von schwarzen Kirschen, seiner schön integrierten toastwürzigen Eichenholznote und seiner sauberen, reintönigen Art. Der straffere, kompaktere Abgang ist auf das kräftige Tannin zurückzuführen, alles in allem aber ist dieser hervorragende, vollmundige, mittelschwere Las Cases nicht so reichlich ausgestattet, wie ich es ursprünglich voraussagte. Vielmehr ist er eher nach dem Muster des hochklassigen, eleganten 1985ers gebaut als an den Schwergewichten von 1982 und 1986 orientiert. Nach wie vor ist er jugendfrisch ohne Bernsteingelb am Rand seiner gesunden tief rubinpurpurroten Farbe. Er wird sich noch 8 bis 12 Jahre lang weiterentfalten und dann zwei Jahrzehnte lang auf seinem Gipfel verharren und schönsten Genuß gewähren. Anhand der Faßprobe habe ich diesen Wein überbewertet. So ansprechend ich ihn auch jetzt noch finde, fehlt ihm doch die Konzentration und Intensität, die ich ihm anfänglich zutraute.
Letzte Verkostung: 11/96.

1988 • 92   Bemerkenswerterweise ist der 1988er Léoville-Las Cases stets einer der gelungensten Weine seines Jahrgangs gewesen. Mit seinem reichen, würzigen Bukett mit Noten von Früchtekuchen, Zedernholz und Cassis bietet dieser mittelschwere, moderat tanninherbe Wein attraktive Süße und Geschmeidigkeit am Gaumen, eine klar umrissene, konturenscharfe Persönlichkeit und einen mäßig tanninherben Abgang. Seine aromatische Entfaltung beginnt gerade erst. Diesem Wein werden weitere 2 bis 5 Jahre Kellerreife guttun, und er wird sich mindestens 20 Jahre halten. Letzte Verkostung: 3/95.

1987 • 87   Der 1987er hat tief rubinrote Farbe und ein mäßig intensives Bukett von Cassis und würzigem frischem Eichenholz – ein Wein ohne eine Spur Unreife oder Verwässerung, reichhaltig, mit mittlerem bis vollem Körper und wahrscheinlich besser als der 1981er – in jeder Hinsicht genauso gut wie der exzellente 1976er aus diesem Château. Einer der Besten dieses Jahrgangs! Voraussichtliche Genußreife: Jetzt bis 2000. Letzte Verkostung: 4/91.

1986 • 98+   Der 1986er Léoville-Las Cases, nach Delons Meinung sein bester Wein der 1980er Jahre (besser noch als der 1982er), zeigt noch immer schwarz-purpurrote Farbe ohne Altersanzeichen. Das Bukett bietet überaus reife Cassisfrucht, verwoben mit Noten von Vanillin, Mineralen und Gewürzen. Der Wein ist körperreich, ausnehmend klar umrissen und phänomenal konzentriert. Bei noch immer unentwickelter jugendlicher Frische ist er einer der profundesten Léoville-Las Cases, nach meinem Geschmack aber steht er eine Sprosse unter dem 1982er und 1996er.
Voraussichtliche Genußreife: 2003 bis 2030. Letzte Verkostung: 3/97.

1985 • 93   Dieser Jahrgang ist unter den Las Cases einer meiner Favoriten für den gegenwärtigen Genuß. Er zeichnet sich durch jugendliche, tief rubinpurpurrote Farbe aus, der ein klassi-

sches Las-Cases-Bukett von *pain grillé*, Bleistift, Mineralen und reifen schwarzen Johannisbeeren beigesellt ist. Mittelschwerer bis voller Körper, hervorragende Konzentration und mildes Tannin sind die Merkmale des vollmundigen 1985ers, der nichts von der in vielen Weinen dieses Jahrgangs spürbaren Wässerigkeit aufweist. Manchmal kam es mir so vor, als entfalte er sich zu einem modernen Pendant des 1953ers, doch er hat weit mehr Fülle und Intensität.
Voraussichtliche Genußreife: Jetzt bis 2015. Letzte Verkostung: 3/97.

1984 • 84   Der 1984er ist dem 1981er Las Cases sehr ähnlich: würzig mit einem Anflug von Vanillin und angerauchtem Eichenholz, sehr guter Frucht und mittlerem bis vollem Körper – für den Jahrgang sehr gut gelungen.
Voraussichtliche Genußreife: Jetzt. Letzte Verkostung: 1/90.

1983 • 91   Der voll ausgereifte 1983er Léoville-Las Cases zeigte tief rubinrote Farbe ohne Anzeichen einer Aufhellung. Das offen gewirkte, rauchige Bukett von Cassis und Zedernholz ging einher mit einem geschmeidigen, vollmundigen, mittelschweren bis körperreichen Geschmack mit klaren Konturen, hervorragender Reife und Konzentration und einem würzigen, sanften, samtigen Abgang. Dieser Wein läßt sich in den nächsten 12 bis 15 Jahren und länger schön trinken. Letzte Verkostung: 3/95.

1982 • 100   Der 1982er Léoville-Las Cases ist nach wie vor einer der ehrfurchtgebietenden Vertreter dieses Jahrgangs. Der volle, körperreiche und noch verschlossene, undurchdringlich rubinpurpurrote Wein zeigt erst Ansätze einer aromatischen Entfaltung. Füllige Cassis-Nuancen, verflochten mit Düften von Vanille, Bleistift, Zedernholz, Karamel und Toast, entströmen diesem massiv gebauten Las Cases, dem weitere 7 bis 10 Jahre Kellerreife guttun werden. Er ist mit seiner milden Säure ungeheuer eindrucksvoll, überfrachtet mit reifer Frucht – der genußreichste und konzentrierteste Las Cases, der mir je vorgekommen ist, selbst den überirdischen 1986er stellt er in den Schatten. Zwar ist er schon zugänglich, doch rät mir eine innere Stimme weitere Geduld. Am besten wird er sich zwischen 2000 und 2030 trinken. Ein monumentaler Wein! Letzte Verkostung: 9/97.

1981 • 89   Der 1981er Léoville-Las Cases scheint kurz vor der vollen Reife zu stehen. Exzellente, tief rubinrote Farbe, ein würziges Bukett mit Noten von Zedernholz, Tabak und Johannisbeeren sowie gute Tiefe und Reife zeichnen diesen klassischen, elegant gebauten Wein aus. In diesem Jahrgang fiel die Mischung komplexer, aber nicht besser aus als die reine Cabernet-Sauvignon-Cuvée.
Voraussichtliche Genußreife: Jetzt bis 2005. Letzte Verkostung: 3/95.

1980 • 75   Eine solide, achtbare Leistung für diesen Jahrgang, aber wie bei so vielen 1980ern reicht auch bei ihm die Frucht nicht ganz, um die Knochen darunter zu verstecken.
Voraussichtliche Genußreife: Jetzt – vermutlich im Nachlassen. Letzte Verkostung: 10/84.

1979 • 86   Der 1979er Léoville-Las Cases ist ein schlankerer Vertreter seiner Art, in dessen Abgang noch etwas hartes Tannin zu finden ist. Daneben aber zeigt er gute Frucht, ein stilvolles Bukett mit Düften von Johannisbeerfrucht, Mineralen und Vanillin sowie mittleren Körper, recht kompakte Art und einen säuerlichen kurzen Abgang. Weitere Entfaltung ist unwahrscheinlich, daher sollte man ihn in den nächsten 5 bis 8 Jahren trinken. Letzte Verkostung: 3/95.

1978 • 90   Der 1978er Las Cases hat granatrote Färbung mit dunkel rubinrotem Anflug angenommen. Das Bukett ist komplexer und durchdringender als der Geschmack und bietet klassische, rauchige Düfte mit Noten von Mineralen, Bleistift und Erde sowie viel reife Frucht und nichts von der vegetabilen Art, wie manche 1978er sie inzwischen aufweisen. Im Geschmack herrscht anfänglich gute Reife bei mittlerem bis vollem Körper und kräftigere Säure als in neueren Jahrgängen sowie im harten Abgang beträchtliches Tannin vor. Zwar besitzt dieser Wein hervorragende Komplexität, doch wird er das strenge Tannin vielleicht nie los. Er wird noch weitere 15 bis 20 Jahre überdauern, hat aber seinen Gipfelpunkt erreicht und magert in den nächsten zwei Jahrzehnten allmählich ab. Letzte Verkostung: 5/95.

1976 • 86?   Dieser Wein, einer der erfolgreichsten eines Jahrgangs, war schon trinkreif, als er 1979 herauskam. Noch immer zeigt er sich in attraktivem Rubingranatrot und hat ein würziges

Bukett mit gerösteten Noten, fülliger Frucht und Mineralen. Der Geschmack hat etwas seinen Zusammenhalt verloren, so daß Alkohol, Säure und Tannin sich durch die Frucht zu drängen beginnen. Zwar ist der 1976er noch gesund, aber er wird sich nicht weiter entfalten und sollte getrunken werden. Aus Flaschen mit größerem Format, etwa Magnum, könnte dieser Wein noch eine bessere Bewertung erfahren.
Letzte Verkostung: 5/95.

1975 • 92+ Dieser Wein zählt zu den großen Erfolgsschlagern seines Jahrgangs. Wer allerdings dem modernen Geschmack der Milde, Eingängigkeit und Geschmeidigkeit huldigt, wird am 1975er Léoville-Las Cases kaum Gefallen finden. Warum? Er ist tanninstreng, verschlossen, im alten Stil nach dem Vorbild von Jahrgängen wie 1948 und 1928 geschaffen. In seiner dunkel rubingranatroten Farbe zeigt sich ein leichter bernsteingelber Saum. Das Bukett enthält eindeutige Nuancen von Mineralen, Bleistift und süßer Cassisfrucht mit Feuersteinnote. Bei körperreicher, konzentrierter, untypisch muskulöser und wuchtiger Art dürfte sich dieser Wein als einer der langlebigsten seines Jahrgangs erweisen. Seine Fülle und Intensität ist jedenfalls sensationell. Das kräftige Tannin sichert ihm noch 20 bis 35 Jahre Lebensdauer, nur wird er bis dahin doch abmagern. Ich hatte geglaubt, er würde um die Mitte der 1990er Jahre seinen Höhepunkt erreichen, aber er braucht noch einmal 5 bis 8 Jahre Kellerreife – ein sehr eindrucksvoller, wenn auch eingezogener, harter Wein. Letzte Verkostung: 12/95.

1974 • 70 Die Farbe ist gesund und sieht noch immer jugendfrisch aus, aber das Problem mit diesem Wein ist sein Mangel an Frucht, woraus sich ein kurzer Abgang sowie eine Geschmacksleere auf der Zunge ergibt. Die adstringierende Art hat sich mit der Zeit gemildert, aber die Frucht verblaßt immer mehr.
Voraussichtliche Genußreife: Jetzt – vermutlich im Nachlassen. Letzte Verkostung: 7/85.

1973 • 70 Der leichte, geschmeidige, gefällige 1973er Las Cases ist zwar noch genießbar, büßt aber seine Frische und den lebendig fruchtigen Charakter ein, so daß er eindimensional erscheint und unbezweifelbar abbaut. Austrinken!
Voraussichtliche Genußreife: Jetzt – wahrscheinlich stark im Nachlassen. Letzte Verkostung: 5/80.

1971 • 73 Der 1971er ist ein unausgewogener Léoville-Las Cases mit zuviel Tannin, einem locker gewirkten Gefüge und fruchtigem Geschmack, der sich im Glas schnell verliert – ein karger, unnachgiebiger Wein, in dem das Tannin die Frucht eindeutig überwiegt. Nichtsdestoweniger ist das Bukett interessant und die Farbe gesund.
Voraussichtliche Genußreife: Jetzt. Letzte Verkostung: 10/90.

1970 • 79 Für diesen Wein habe ich nie sehr viel übrig gehabt, und auch jetzt finde ich ihn äußerst karg, kompakt und unterernährt. Zweifellos wird er sich noch einmal 15 bis 20 Jahre halten, aber er bietet nicht viel an Reife, Intensität oder Charme. Mit den heutigen Leistungen von Léoville-Las Cases hat der 1970er wenig Ähnlichkeit. Er wird weiter abmagern, doch immerhin zu trinken sein. Letzte Verkostung: 6/96.

1967 • 74 Ich habe diesen Wein noch selten angetroffen. Die einzige Flasche aus meinem Keller zeigte ein schwächliches Rubingranatrot und ein erdiges, rustikales Bukett mit Noten von Gewürz, Wetzstein und krautiger Johannisbeerfrucht. Dieser mittelschwere Wein ist im Nachlassen.
Letzte Verkostung: 5/95.

1966 • 89 Dieser Wein war möglicherweise der am besten gelungene dieses Guts in den 1960er Jahren, nur einige Flaschen 1962er bieten annähernd ebensoviel Genuß wie der 1966er. Er ist vielleicht schon über den Gipfel hinaus und auf dem Weg bergab. Aus größeren Flaschenformaten habe ich ihn noch nie verkostet, ich nehme aber an, daß Magnumflaschen eine hervorragende Bewertung verdienen können. Auf jeden Fall ist dieser Wein seit jeher ein klassischer Bordeaux mit mehr Frucht und Körper als so mancher andere 1966er. Eine gewisse Kargheit weist er zwar auf, aber seine dominanten Merkmale sind ein komplexes Bukett von Tabak, Zedernholz und roten Johannisbeeren, mittelschwerer Körper, exzellente Konzentration und Reife sowie ein würziger, langer, mäßig tanninherber Abgang. Weiter entfalten wird er sich kaum noch, vielmehr will er getrunken sein. Letzte Verkostung: 5/95.

1964 • 71 Ich hatte nie Gelegenheit, diesen Wein am Anfang der siebziger Jahre zu verkosten, als er angeblich auf seinem Höhepunkt war. In späterer Zeit erwies er sich als trocken, adstringierend, säuerlich und ausgesprochen arm an Frucht.
Voraussichtliche Genußreife: Jetzt – wahrscheinlich stark im Nachlassen.
Letzte Verkostung: 5/86.

1962 • 88 Ein für diesen Wein gutes Erscheinungsbild: hell bis mittel rubingranatrot, verführerische, intensive Duftigkeit, wie sie oft ein Merkmal der feinsten 1962er ist. Der Las Cases ist mild bei mittlerem bis schwerem Körper, exzellenter Reife, prachtvollem Gleichgewicht, ohne jede Schärfe. Man sollte sich bei diesem Jahrgang nicht auf künftiges Glück verlassen, sondern ihn lieber austrinken. Letzte Verkostung: 5/95.

1961 • 85 Ich verkostete diesen Wein zusammen mit Michel Delon, nachdem ich ihm gesagt hatte, daß mir noch nie eine überzeugende Flasche vom 1961er vorgekommen sei. Auch danach bleibt meine ursprüngliche Beurteilung kaum verändert. Der Wein erinnert in seiner Kargheit und Unreife an den 1970er. Dieser voll ausentwickelte Las Cases weist in der granatroten Farbe beträchtlich viel Bernsteingelb am Rand auf und hat ein würziges, erdiges Bukett von Tabak und Kräutern. Eine gewisse anfängliche Süße schwindet rasch, und übrig bleibt ein mittelschwerer, tanninherber, kompakter Wein, der zwar gut ist, aber nicht inspiriert. Er hält sich wohl noch weitere 10 Jahre, aber Wunder darf man von ihm nicht erwarten.
Letzte Verkostung: 3/95.

ÄLTERE JAHRGÄNGE

Der im Vergleich mit dem 1961er etwas süßere, reifere und vollere 1959er (86 Punkte; 3/95) hat rubingranatrote Farbe, im Bukett eine geröstete Note sowie mehr Frucht und einen würzigen, vollmundigen Abgang. Bei mittlerem Körper und geschmeidigem, johannisbeerfruchtigem Geschmack mit Kräuternuance und weicher Säure steht diesem Wein keine Entfaltung mehr bevor. Wer den 1959er besitzt, sollte sich beeilen, ihn auszutrinken.

ZWEITWEIN
Name: Clos du Marquis

JAHRGÄNGE

1996 • (90-91) Das Qualitätsniveau des Zweitweins von Léoville-Las Cases ist fraglos höher als bei manchem 2ème und 3ème Cru der Klassifizierung von 1855. Der 1996er Clos du Marquis prunkt mit dicht schwärzlich purpurroter Farbe und einem mächtigen, emporquellenden Aromaprofil mit Noten von Kirschlikör und schwarzen Johannisbeeren. Der Wein ist ölig, voll und tanninreich, dabei wunderbar ausgewogen und nachhaltig im Geschmack. Er braucht 4 bis 6 Jahre Kellerreife und wird sich dann zwei Jahrzehnte halten. Meine Leser werden sich entsinnen, daß ich vom 1995er Clos du Marquis genauso überrascht war – Michel Delon hat es also erneut geschafft! Letzte Verkostung: 3/97.

1995 • 90 Eine seriöse, wohl ausgestattete Leistung, dicht purpurrot, mit beträchtlicher Intensität versehen – dieser volle, hochwertige Wein mit seinem herrlichen Extraktgehalt könnte ohne weiteres als ein Cru Classé der Spitzenklasse gelten. Tatsächlich ähnelt der 1995er Clos du Marquis dem Grand Vin von Léoville-Las Cases.
Voraussichtliche Genußreife: 2000 bis 2012. Letzte Verkostung: 1/97.

ST-JULIEN

1994 • 88 Dieser tief rubinpurpurrote Wein bietet die süße, reintönige Cassis-Frucht von Léoville-Las Cases, gute Fülle, mittleren Körper, milde Säure und keinerlei Adstringenz oder Strenge im weichen Abgang. Er dürfte sich 10 bis 12 Jahre lang schön trinken. Letzte Verkostung: 1/97.

1993 • 87 Ein Bukett von Zedernholz, Gewürzen, Tabak und schwarzen Johannisbeeren verleiht diesem dunkel rubinroten Wein schöne Attraktivität. Mittlerer Körper, exzellente Fülle und ein milder, runder Eindruck am Gaumen zeichnen diesen köstlichen St-Julien aus, der in den nächsten 7 bis 8 Jahren viel Genuß bereiten dürfte. Letzte Verkostung: 1/97.

1992 • 86+ Der eindrucksvolle 1992er Clos du Marquis zeigt exzellente Reife, mittleren Körper und reiche Fülle bei aufgeschlossener, sanfter Art. Im Abgang tritt große Tiefe und Nachhaltigkeit ohne jede Strenge in Erscheinung – ein beachtliches Gewächs, das sich 7 bis 10 Jahre lang schön trinken wird. Mit einiger Sicherheit kann man in ihm den besten Zweitwein des Jahrgangs sehen. Letzte Verkostung: 11/94.

1991 • 85 Restaurants, die auf der Suche nach einem preisgünstigen, hochklassigen 1991er St-Julien sind, sollten dem Clos du Marquis Beachtung schenken. Er zeigt schöne Reife, sanften, runden, komplex fruchtigen Geschmack, mittleren Körper und einen überraschend milden, anhaltenden Nachklang. Er will in den nächsten 7 bis 8 Jahren getrunken sein. Letzte Verkostung: 1/94.

1990 • 88 Der 1990er gleicht dem 1989er. Satte Farbe, ein eichenwürziges Bukett von schwarzen Kirschen und dichter, voller, mittelschwerer bis körperreicher Geschmack vereinen sich mit schöner Konzentration und Ausgewogenheit. Zu trinken ist dieser Wein in den kommenden 5 bis 12 Jahren. Letzte Verkostung: 1/93.

1989 • 88 Das Bukett des 1989ers mit Noten von toastwürziger Eiche und Cassis-Frucht geht einher mit einem überraschend vollen, wohlgebauten Wein, der dem großen Léoville-Las Cases ähnelt. Mit seiner schönen Art wird er längere Aufbewahrung durchaus vertragen. Wer den Léoville-Las Cases nicht erschwingen oder auch die Milderung seines Tannins nicht abwarten kann, findet in diesem Clos du Marquis ein gutes Angebot.
Voraussichtliche Genußreife: Jetzt bis 2005. Letzte Verkostung: 1/93.

1988 • 85 Dieser Jahrgang des Clos du Marquis hat gute Frucht, würzige, eichenholzduftige Art, mittleren Körper und einen schönen Kern aus schwarzer Kirschfrucht. Er verträgt 8 bis 10 Jahre Kellerreife und stellt eine gute Leistung dar, allerdings sind der 1989er und der 1990er ihm überlegen. Letzte Verkostung: 1/93.

1982 • 87 Obschon mir dieser Wein vor 3 oder 4 Jahren besser geschmeckt hat, ist er doch immer noch ein springlebendiger, würziger Bordeaux mit Zedernholz und Johannisbeerfrucht bei mittlerem Körper, guter Tiefe und echter Klasse. Als Zweitwein von Léoville-Las Cases erreicht er oft das Niveau eines Cru Classé. Wer ihn besitzt, sollte nicht vergessen, ihn bis zur Jahrhundertwende zu trinken. Letzte Verkostung: 9/95.

LÉOVILLE-POYFERRÉ
2ème Cru

AUSGEZEICHNET

Lage der Weinberge: St-Julien

Besitzer: G.F.A. des Domaines de St-Julien – Familie Cuvelier
Adresse: 33250 St-Julien-Beychevelle
Postanschrift: wie oben
Telefon: 33 5 56 59 08 30 – Telefax: 33 5 56 59 60 09

Besuche: montags bis freitags von 8 bis 12 und von 14 bis 17 Uhr
Kontaktadresse: M.-F. Dourthe für Vereinbarungen

BORDEAUX

WEINBERGE (Rotwein)

Rebfläche: 79 ha

Durchschnittliches Rebenalter: 25 Jahre

Rebbestand: 52 % Cabernet Sauvignon, 28 % Merlot, 12 % Cabernet Franc, 8 % Petit Verdot

Pflanzdichte: 8500 Reben/ha

Ertrag (im Durchschnitt der letzten 5 Jahre): 49 hl/ha

Durchschnittliche Jahresproduktion insgesamt: 420 000 Flaschen

GRAND VIN

Name: Léoville-Poyferré

Appellation: St-Julien

Durchschnittliche Jahresproduktion: 250 000 Flaschen

Verarbeitung und Ausbau: Lese von Hand. Gärdauer 7 Tage, Maischdauer 15 bis 21 Tage. Malolaktische Säureumwandlung bei 30 % des Ertrags in neuen Eichenfässern. Anschließend 18 Monate Ausbau in Eichenfässern. Die Weine werden mit Eiweiß geschönt, aber bei der Abfüllung nicht gefiltert.

ZWEITWEIN

Name: Château Moulin Riche

Durchschnittliche Jahresproduktion: 170 000 Flaschen

Beurteilung des derzeitigen Rangs: Entspricht der Klassifizierung

Genußreife: 8 bis 20 Jahre nach dem Jahrgangsdatum

Man kann in Bordeaux jeden beliebigen Sachkenner nach dem Potential der Weinberglagen von Léoville-Poyferré fragen, man wird die einhellige Meinung hören, daß es der Boden und die Möglichkeiten des Guts erlauben, einen der profundesten Rotweine im Médoc zu produzieren. Manche behaupten sogar, der Boden von Léoville-Poyferré sei besser als das, was den anderen 2èmes Crus in St-Julien zur Verfügung steht. Allerdings waren die Leistungen von Léoville-Poyferré seit 1961 weitgehend von Enttäuschungen geprägt, inzwischen aber stellen sich alle Anzeichen für ein Happy-End ein. Modernisierungsmaßnahmen in den Kellern, Einführung eines Zweitweins, vermehrte Benutzung frischer Eichenholzfässer und immer sorgfältigere Aufmerksamkeit von Didier Cuvelier im Verein mit dem Genie des Önologen Michel Rolland aus Libourne haben Léoville-Poyferré endlich wieder in die Elite von St-Julien eingereiht. Die beiden feinsten Jahrgänge der achtziger Jahre sind nach wie vor der reichhaltige 1982er und der glorreich fruchtige 1983er. Beide weisen die Tiefe und Fülle auf, die das Gut erreichen kann. In den neunziger Jahren beweisen der erstklassige 1990er sowie die sehr guten Leistungen der Jahre 1995 und 1996, daß dieses Château nun sein beträchtliches Potential wieder zu nutzen begonnen hat.

JAHRGÄNGE

1997 • 89-91   Der Besitzer, Didier Cuvelier, erzählte mir, daß die Lese bei Léoville-Poyferré mit der Petit-Verdot-Traube begann und endete. Ab dem 15. September zog sich die Ernte fast 3 Wochen lang bis zum 5. Oktober hin. Den 1997er habe ich viermal verkostet; er ist ein schöner, sauberer Wein und, wenn auch nicht so sensationell voll und substanzreich wie der 1996er, doch eine der gelungensten Leistungen dieses Jahrgangs. Poyferré, dessen Wein früher in einem so frühen Stadium nur schwer zu beurteilen war, arbeitet seit etlichen Jahren mit malolaktischer Säureumwandlung in *barriques*. So entstehen nun besser entwickelte Weine mit stärker integrierter Holznote, die sich in der Jugend leichter einschätzen lassen. Der 1997er ist ein sinnlicher, offen gewirkter, lebendiger Wein mit dunkel rubinroter Farbe und köstlichen Noten von *crème brûlée*, Kaffee, schwarzen Johannisbeeren und Rauch im fortgeschrittenen Aromaprofil. Expansiv, vollmundig, am Gaumen recht fett, präsentiert sich dieser auffallende Léoville-Poyferré, der sich schon in der Jugend ausnehmend gut trinken lassen dürfte, aber auch noch 15 Jahre und länger halten wird. Letzte Verkostung: 3/98.

1996 • 91-93+   Der 1996er (wie der 1995er) ist extrem verschlossen und in sich zurückgezogen, aber ungeheuer eindrucksvoll – ein Wein, den sich nur geduldige Bordeaux-Kenner hinlegen sollten. Er hat dunkle, dichte rubinpurpurrote Farbe und ein verhaltenes, aber verheißungsvolles Aroma von Cassis, Süßholz, Eichenwürze und Mineralen. Wuchtig, mittelschwer bis körperreich, mit kräftigem Tannin und sensationellem Abgang (über 35 Sekunden) bietet sich dieser tiefe, seriöse, kompromißlose Bordeaux dar, der noch ein Jahrzehnt Kellerreife braucht. Ein brillanter Wein, aber ohne lange Lagerung kommt man nicht aus.
Voraussichtliche Genußreife: 2008 bis 2040. Letzte Verkostung: 3/98.

1995 • 90+   Der tiefdunkle purpurrote 1995er ist zwar nicht so in sich zurückgezogen wie der 1996er, aber doch ein tanninreicher, noch unentwickelter, dichter, konzentrierter Wein, der noch 8 bis 10 Jahre Kellerreife verlangt. Im komplexen, jugendfrischen Aromaprofil bietet er *pain grillé*, schwarze Johannisbeeren, Minerale und subtile Tabaknuancen. Der kraftvolle Geschmack von Cassis und Heidelbeeren ist vielleicht ein wenig milder als beim 1996er, aber dennoch hat dieser volle Wein viel Biß und Struktur.
Voraussichtliche Genußreife: 2005 bis 2030. Letzte Verkostung: 11/97.

1994 • 87+   Der dunkel rubinpurpurrote 1994er weist Düfte von Toast, Vanille und süßer Frucht schwarzer Johannisbeeren auf. Bei mittlerem Körper zeigt er gute Vollmundigkeit, moderates Tannin und macht einen traditionellen, zurückhaltenden Eindruck. Der noch jugendliche Wein hat genug Frucht als Gegengewicht zum Tannin und dürfte sich in 2 bis 3 weiteren Jahren Kellerreife exzellent entwickeln.
Voraussichtliche Genußreife: 2000 bis 2015. Letzte Verkostung: 1/97.

1993 • 87   Dunkle rubinpurpurrote Farbe und süße, duftige Frucht schwarzer Johannisbeeren kennzeichnen diesen Wein mit rundem, geschmeidigem Eingang, mittlerem Körper, reifer Frucht, nicht gerade gewaltiger Kraft oder Fülle, aber schöner Reintönigkeit, fesselnden Noten von Schokolade und Rauch und einem samtigen, vollen Abgang. Die schmackhafte, elegante Art läßt erkennen, daß der Merlot-Anteil sehr hoch ist. Letzte Verkostung: 1/97.

1992 • 79   Dieser Wein ist mittelrubinrot und hat eine auffallende Eichennote, aber es fehlt ihm an Frucht, und er schmeckt monolithisch, tanninstreng, kantig und kompakt. Vielleicht tun ihm 2 bis 3 Jahre Kellerreife gut, doch mein Instinkt sagt mir, daß er abmagern wird, lange bevor das Tannin schwindet. Letzte Verkostung: 11/94.

1991 • 84   Léoville-Poyferré hat einen soliden, muskulösen 1991er mit guter Farbe, reifer Frucht, viel Tannin und spürbarer Eichennote hervorgebracht. Dem Wein fehlt es zwar an Charme und Finesse, er dürfte sich aber 12 Jahre und länger halten. 2 bis 3 Jahre Kellerreife werden ihm guttun. Letzte Verkostung: 1/94.

1990 • 96   Die beiden besten Poyferrés des letzten Jahrzehnts waren der 1982er und der 1983er, doch der 1990er ist noch besser. Er zeigt tiefdunkle rubinpurpurrote Farbe und ein fabelhaftes Bukett von süßer, fülliger Cassis-Frucht, verflochten mit Noten von Mineralen und Eichentoast. Dieser ehrfurchtgebietend ausgestattete, noch jugendfrische, körperreiche Léoville-Poyferré mit seiner milden Säure, seinem kräftigen Tannin und seinem fabelhaften Extrakt bei großer Reintönigkeit beginnt sich gerade zu entfalten. Er braucht noch ein Jahrzehnt Kellerreife und dürfte 30 Jahre und mehr überdauern. Letzte Verkostung: 11/96.

BORDEAUX

1989 • 89+? Dieser von Anfang an sehr gute Wein hatte etwas rauhes Tannin bei grober Struktur und eine gewisse Strenge, die sich nur langsam mildert. Er zeigt jugendliche Farbe sowie ein Bukett mit attraktiven Noten von süßen Kirschen und schwarzen Johannisbeeren, verflochten mit einem Anflug von Erde und Gewürz. Der 1989er hat nicht den Körper, das Gewicht und die Fülle des 1990ers, sondern präsentiert sich eher mittelschwer und schlank in der Art. Auch ist er karger, und das strenge Tannin, das von Anfang an Sorge bereitete, ist noch immer vorhanden. Dennoch könnte dieser Wein die Wende schaffen und ein hervorragendes Beispiel abgeben, ich fürchte aber, daß die Frucht nur schwer mit dem Tannin fertig wird.
Voraussichtliche Genußreife: 2004 bis 2018. Letzte Verkostung: 11/96.

1988 • 82 Der 1988er Léoville-Poyferré ist karg, mit Tannin überfrachtet, mager und arm an Frucht und Charme. Sicher wird er sich gut halten, ob er aber jemals viel Genuß bereitet?
Voraussichtliche Genußreife: Jetzt bis 2006. Letzte Verkostung: 1/93.

1987 • 73 Der dünne, grasige, unrunde, hart gewirkte 1987er ist kein großer Erfolg.
Voraussichtliche Genußreife: Jetzt. Letzte Verkostung: 11/90.

1986 • 87 Dieser 1986er ist gut, wenn auch nicht überwältigend. Eine genauere Prüfung ergibt übermäßig starkes Tannin ohne genügend Frucht zur Milderung oder als Kompensation für die adstringierende Art. Darüber hinaus ist der Geschmack in der Mitte etwas kurz, zweifellos infolge des enormen Ertrags in diesem Jahrgang. Abgesehen von diesen kritischen Anmerkungen bleibt er ein Wein mit großartiger Farbe, einem pflaumenwürzigen Bukett, mittlerem bis kräftigem Körper und sehr guter Nachhaltigkeit bei starkem, tanninherbem Einschlag.
Voraussichtliche Genußreife: Jetzt bis 2010. Letzte Verkostung: 10/89.

1985 • 85 Der 1985er Léoville-Poyferré hat gute Farbe, spürt sich auf der Zunge mild, rund, fruchtig und mittelschwer an, das Bukett enthält eine Note von rauchigem frischem Eichenholz, das Tannin ist reif und gemildert, der Abgang mäßig lang.
Voraussichtliche Genußreife: Jetzt. Letzte Verkostung: 4/90.

1984 • 75 Dem sehr tanninherben und harten 1984er Léoville-Poyferré scheint die als Gegengewicht zum Tannin erforderliche Frucht zu fehlen. Dieser Wein ist einfach zu streng, vielleicht wird er sich in 2 bis 3 Jahren entfalten.
Voraussichtliche Genußreife: Jetzt. Letzte Verkostung: 6/88.

1983 • 90 Dieser Wein ist schön bereitet und sicher einer der beiden feinsten aus diesem Gut in den 1980er Jahren. Seine Farbe ist ein gesundes dunkles Rubinpurpurrot. Das klassische Bukett von überreifer Cassisfrucht, Pflaumen und süßem Vanillin geht einher mit beträchtlicher Opulenz und einem verführerischen, vollmundigen Gefühl. Die milde Säure und prachtvoll reintönige, reichliche Frucht sowie die Fülle an Glyzerin machen diesen Wein zu einem schönen Genußerlebnis. Obwohl der 1983er inzwischen voll ausgereift ist, gibt er keine Anzeichen von Auszehrung zu erkennen.
Voraussichtliche Genußreife: Jetzt bis 2010. Letzte Verkostung: 3/97.

1982 • 93+ Ein klassischer Léoville-Poyferré und ein unentwickelter 1982er. Er ist dem 1982er Léoville-Barton nicht unähnlich – überaus konzentriert, extrem tanninreich und noch ein Jahrzehnt von seinem Gipfel entfernt. Er zeigt enorm konzentriertes, tiefdunkles Rubinpurpurrot, und trotz seiner vielschichtigen süßen, fülligen Frucht gibt er sich verschlossen, wenn auch nicht unausgeglichen. Dieser Wein besitzt immensen Körper, reichliche Mengen an Glyzerin und mildem Tannin und einen langen Abgang. Ein massives Beispiel eines Léoville-Poyferré, das noch weitere 8 bis 10 Jahre Kellerreife verlangt und die ersten drei Jahrzehnte des nächsten Jahrhunderts überdauern wird. Gut beraten ist, wer ihn bei Auktionen ersteht, wo er kann (bei diesem Wein, obwohl er aus einem großen Jahrgang wie 1982 stammt, besteht die Tendenz, daß er übersehen wird), denn die meisten Investoren haben noch immer kein rechtes Zutrauen zu Léoville-Poyferré. Letzte Verkostung: 9/95.

1981 • 83 Der 1981er Poyferré sorgt immer wieder für Verwirrung; er verfügt über ausreichend Tannin und Säure, einen milden, dicklichen Geschmack und einen kurzen Abgang. Sicherlich

ST-JULIEN

ein guter Wein mit noch einiger Entfaltungsmöglichkeit, aber kein St-Julien der Spitzengruppe dieses Jahrgangs.
Voraussichtliche Genußreife: Jetzt. Letzte Verkostung: 12/86.

1979 • 78   Der mittel- bis dunkelrubinrote 1979er zeigt einen Bernsteinschimmer am Rand, ein offen gewirktes, reifes, portweinähnliches Bukett, milden, etwas unscharfen, mäßig ansprechenden Geschmack und diffusen Abgang.
Voraussichtliche Genußreife: Jetzt. Letzte Verkostung: 5/84.

1978 • 80   Ein eingängiger Wein mit mildem, charmantem, überdurchschnittlich intensivem Geschmack, mittlerem Körper und sehr leichtem Tannin – offensichtlich von vornherein für baldigen Verbrauch ausgelegt.
Voraussichtliche Genußreife: Jetzt. Letzte Verkostung: 4/82.

1976 • 75   Der sehr milde, unscharfe, fast flaue, fruchtige Geschmack zeigt gute Reife, aber wenig Struktur, Biß und Ausgewogenheit – ein lieblicher, einfacher, fruchtiger, recht süffiger Wein, aber Cru-Classé-Rasse oder -Charakter hat er nicht zu bieten. Man sollte ihn austrinken.
Voraussichtliche Genußreife: Jetzt – wahrscheinlich stark im Nachlassen. Letzte Verkostung: 6/83.

1975 • 82?   Dieser Wein stellte sich sogar als noch uneinheitlicher als der Lafite-Rothschild heraus. Bei der letzten Verkostung präsentierte er sich als würziger, zedernholzduftiger, guter, aber wenig inspirierender, tanninherber Médoc. Frühere Flaschen zeigten eindrucksvollen Extraktgehalt, doch andere Flaschen erwiesen sich bei Verkostungen im Lauf der letzten 7 bis 10 Jahre als streng und hart und mit den negativeren Wesenszügen des Jahrgangs 1975 behaftet. Letzte Verkostung: 12/95.

1971 • 75   Der voll ausgereifte, einfache, schlichte 1971er mit einem an Preiselbeersaft erinnernden Bukett zeigt mittleren Körper und etwas kompakte, magere Art – ein angenehmer, aber kaum begeisternder Wein.
Voraussichtliche Genußreife: Jetzt – wahrscheinlich stark im Nachlassen. Letzte Verkostung: 6/79.

1970 • 65   Ein fauler Bauernhofgeruch beeinträchtigt seit langem diesen Wein, der ansonsten gute, dunkelrubinrote Farbe, reife, saftige Frucht, mäßiges Tannin und einen anständigen Abgang aufweist. Ich hatte gehofft, der lästige Geruch würde mit der Zeit verschwinden, aber er ist eher noch schlimmer geworden. Letzte Verkostung: 10/83.

1966 • 83   Bedenkt man die lustlose Leitung, welcher Léoville-Poyferré in dieser Zeit unterstand, dann kann man sich nur wundern, daß der 1966er so gut ausgefallen ist. Er ist nun voll ausgereift, hat mittleren Körper und stilvolle Art, gute Frucht von schwarzen Johannisbeeren, ein komplexes, aber verhaltenes Bukett von Zedernholz und Gewürzen sowie einen schön frischen, sauberen Abgang.
Voraussichtliche Genußreife: Jetzt. Letzte Verkostung: 9/84.

1964 • 55   Es ist zwar eine gewisse Frucht herauszuspüren, aber zunächst muß sich die Zunge mit übermäßig kräftiger Säure und strengem Tannin herumschlagen. Dieser Wein ist vor allem wegen seiner offenkundigen Mängel denkwürdig. Letzte Verkostung: 11/75.

1962 • 67   Ein großer Teil der Weinberge von Léoville-Poyferré wurde 1962 neu angepflanzt, und wenn nun auch die jungen Reben vielleicht zum Teil für die glanzlosen Weine am Ende der sechziger und Anfang der siebziger Jahre verantwortlich gemacht werden können, mit dem mittelmäßigen 1962er hatten sie nichts zu tun. Der leichte, übermäßig säurereiche Wein mit einiger erholsamer Frucht im Geschmack und schwachem bis mittlerem Körper sollte ausgetrunken werden.
Voraussichtliche Genußreife: Jetzt – vermutlich stark im Nachlassen. Letzte Verkostung: 9/77.

1961 • 87   Der 1961er ist sehr gut, gehört aber nicht zur Spitzengruppe dieses Jahrgangs. Er ist reichhaltig, besitzt schöne Geschmacksfülle, konzentrierte Frucht und stellt eine seltene Erscheinung in dieser mittelmäßigen Periode von Poyferré dar. Die Farbe ist dunkelrubinrot, das Bukett würzig, reif und attraktiv mit Zedernholzduft, der Geschmack tief, geschmeidig, nachhaltig und vollständig ausgereift.
Voraussichtliche Genußreife: Jetzt. Letzte Verkostung: 3/80.

ÄLTERE JAHRGÄNGE

Leider habe ich den legendären 1928er und 1929er nie zu kosten bekommen, aber der 1945er, 1953er, 1955er und 1959er erwiesen sich gegen Ende der achtziger Jahre als nicht gerade aufregend, sondern durchweg derb und rustikal.

St-Pierre
4ème Cru seit 1855

AUSGEZEICHNET

Lage der Weinberge: St-Julien-Beychevelle

Besitzerin: Françoise Triaud
Adresse: Domaines Martin, 33250 St-Julien-Beychevelle
Postanschrift: 33250 St-Julien-Beychevelle
Telefon: 33 5 56 59 08 18 – Telefax: 33 5 56 59 16 18

Besuche: nur nach Vereinbarung, montags bis freitags von 8 bis 12.30 und von 14 bis 18 Uhr
Kontaktperson: Jean-Louis Triaud

WEINBERGE (Rotwein)

Rebfläche: 17 ha

Durchschnittliches Rebenalter: 41 Jahre

Rebbestand: 70% Cabernet Sauvignon, 20% Merlot, 10% Cabernet Franc

Pflanzdichte: 10000 Reben/ha

Ertrag (im Durchschnitt der letzten 5 Jahre): 48 hl/ha

Durchschnittliche Jahresproduktion insgesamt: 8000 Kisten

GRAND VIN

Name: Château St-Pierre

Appellation: St-Julien

Durchschnittliche Jahresproduktion: 5000 Kisten

Verarbeitung und Ausbau: Lese von Hand. *Cuvaison* nach der Gärung 15 bis 20 Tage je nach Jahrgang. Der Gärprozeß läuft in temperaturgeregelten Edelstahltanks ab, beginnend mit 28°C und endend mit 32°C. Viermal täglich Umpumpen mit Belüften. 18 Monate Ausbau in jährlich zur Hälfte erneuerten Eichenfässern. Der Wein wird geschönt und vor dem Abfüllen gefiltert.

ZWEITWEIN

wird im Faß verkauft

Durchschnittliche Jahresproduktion: 3000 Kisten

Beurteilung des derzeitigen Rangs: Entspricht der Klassifizierung

Genußreife: 7 bis 20 Jahre nach dem Jahrgangsdatum

St-Pierre ist das am wenigsten bekannte Château unter den Crus Classés von St-Julien. Ein großer Teil seiner Produktion ging bisher an Weinliebhaber in Belgien, sicherlich weil die früheren

ST-JULIEN

Besitzer, Monsieur Castelein und Madame Castelein-Van den Bussche, von dort stammten. 1982 erwarb Henri Martin, einer der großen Persönlichkeiten von Bordeaux, das Weingut.

Die Weinberge von St-Pierre befinden sich in guter Lage unmittelbar am Ortsrand von St-Julien-Beychevelle, und wenn man daran entlang fährt, entdeckt man einen hohen Anteil an alten, knorrigen Weinstöcken – stets ein sicheres Anzeichen für Qualität.

Der Weinstil von St-Pierre tendiert zur vollen, körperreichen Art, in manchen Jahrgängen fällt er auch dick und derb aus. Die Farbe ist stets tief, manchmal undurchdringlich, das Gefüge kräftig, rustikal, staubig-trocken. Es fehlt ihm zwar die Finesse und der Charme mancher St-Juliens, aber das gleicht er durch offen (mancher sagt auch protzig) zur Schau gestellte Wucht und Muskelkraft aus.

Bei den neueren Jahrgängen, insbesondere seit 1985, hat der Wein nichts von seinem Format eingebüßt, aber doch einen aufgeschlossenen, saftigen Charakter und – wie ich glaube – auch größere Komplexität hinzugewonnen. Alles in allem werden die Weine von St-Pierre im Vergleich mit denen der Spitzen-Châteaux von St-Julien stark unterbewertet, jedenfalls steht das Gut immer im Schatten der glanzvollen Superstars aus der Appellation St-Julien. Angesichts der meist realistischen Preise sollte sich der Liebhaber von St-Julien-Weinen diese geringe Anerkennung zunutze machen.

JAHRGÄNGE

1997 • 87-89   Das unterbewertete Château St-Pierre verdient mehr Aufmerksamkeit. Seine Weine erklimmen zwar nicht dieselben Höhen wie der Léoville-Las Cases, Léoville-Barton oder Léoville-Poyferré, sie sind aber bemerkenswert beständig, kräftig, stämmig und haben beträchtlichen Charakter. Der 1997er zeigt schönes, sattes Purpurrot und ein erdiges, würziges, fruchtbetontes Bukett (vor allem füllige schwarze Johannisbeeren) mit subtiler Eichennote im Hintergrund. Mit dichtem Geschmack und noch etwas unentwickelter Art wird dieser vollmundige, expansive, moderat tanninreiche Wein einer der wenigen 1997er sein, die bei der Freigabe noch nicht genußreif sind, aber zugänglich ist er doch.
Voraussichtliche Genußreife: 2002 bis 2013. Letzte Verkostung: 3/98.

1996 • (86-?)   Aus welchem Grund auch immer zeigt dieses Cru Classé nicht so eindrucksvollen Geschmack wie der mit ihm verwandte Gloria, der doch meist ein bescheidenerer, preiswerterer Wein ist. Bei meinen zwei Verkostungen zeigte er tiefes Purpurrot, eine für einen 1996er Médoc überraschende Sanftheit und eine ungefüge Art mit allen Bestandteilen in einem zusammenhaltlosen Zustand. Ich glaube, daß dieser Wein durchaus hat, was er braucht, nur muß er sich noch mausern und seine Identität finden.
Voraussichtliche Genußreife: 2002 bis 2020. Letzte Verkostung: 3/97.

1995 • 88   Der 1995er zeigt tiefdunkles Purpurrot sowie gute Vollmundigkeit, milde Säure und eine gewisse Zusammenhaltlosigkeit. Er kann jedoch mit seiner reichhaltigen und vollen Art und dem bei 1995er Spitzenweinen so oft anzutreffenden milden, reifen Abgang nicht ohne weiters außer acht gelassen werden. Wenn er mehr Persönlichkeit entwickelt und seine Mitte sich auffüllt, dann könnte er eine höhere Punktnote verdienen. Er ist zwar schon in der Jugend gefällig, hat aber doch genug Kraft und Tiefe, um 12 bis 16 Jahre zu überdauern.
Letzte Verkostung: 3/96.

1994 • 89   Der 1994er St-Pierre überstrahlt den reiferen, etwas säureärmeren 1995er, denn er präsentiert sich als dichter, voller, körperreicher, opulent ausgestatteter, auffallender St-Julien mit hervorragender Konzentration, reichlich Eichentoast und viel vollmundigem Geschmack. Im Hintergrund liegt allerdings Tannin verborgen, daher nehme ich an, daß der Wein bald mehr Struktur erkennen läßt. Nach 3 bis 4 Jahren Kellerreife dürfte er 15 Jahre lang schön zu trinken sein.
Letzte Verkostung: 3/96.

BORDEAUX

1990 • 90   Der lustvolle, tiefe, würzige 1990er mit reicher Eichenholznote scheint wie geschaffen, sowohl die Kommentatoren als auch das Publikum unmittelbar zu beeindrucken. Seine Farbe ist dunkel, die kräftigen Vanillin- und Raucharomen sind verwoben mit überreichlichen Noten von schwarzer Frucht, und der Abgang ist üppig, vollmundig und sanft.
Voraussichtliche Genußreife: Jetzt bis 2007. Letzte Verkostung: 1/93.

1989 • 89   Der 1989er ist dunkel rubinpurpurrot und verströmt ein überwältigendes Aroma von hochreifen schwarzen Johannisbeeren und frischem Eichenholz. Dieser körperreiche, opulente Wein bietet üppige, kräftige Vollmundigkeit. Bei hohem Alkoholgehalt und fragilem Gleichgewicht bedarf er sorgsamer Beobachtung.
Voraussichtliche Genußreife: Jetzt bis 2010. Letzte Verkostung: 1/93.

1988 • 87   Der 1988er St-Pierre ist ein reichfruchtiger, gehaltvoller Wein, ein Charakterzug, der so vielen kompakteren, kargeren 1988ern aus dem Médoc fehlt. Die Farbe ist tief rubinrot, der Körper mittelschwer, der Abgang attraktiv nachhaltig und ausgewogen – ein klassischer Vertreter seines Jahrgangs.
Voraussichtliche Genußreife: Jetzt bis 1999. Letzte Verkostung: 1/93.

1986 • 90   Der 1986er hat sich als hervorragend erwiesen. Er ist ein kraftvoll gebauter, dunkelrubinroter Wein mit viel Muskelkraft und Fülle sowie einem hinreißenden Bukett von exotischen Gewürzen, süßem rauchigem Eichenholz und Pflaumenfrucht. Das Gefühl auf der Zunge ist hochkonzentriert und tanninreich. Dieser stämmige, breit gebaute Wein besitzt eine untergründige Geschmeidigkeit, die darauf schließen läßt, daß er schon früher genußreif sein wird als mancher andere feine 1986er aus dem Médoc.
Voraussichtliche Genußreife: Jetzt bis 2012. Letzte Verkostung: 11/90.

1985 • 87   Der 1985er St-Pierre ist reichhaltig, vollmundig, füllig und tief und hat gerade den richtigen Schuß frisches Eichenholz. Er erinnert mich an den feinen 1981er aus diesem Château. Voraussichtliche Genußreife: Jetzt. Letzte Verkostung: 11/90.

1984 • 82   Der 1984er, ein recht heller, milder, fruchtiger Wein mit mittlerem Körper sollte in den nächsten Jahren getrunken werden, bevor seine unkomplizierte, gefällige Lebendigkeit vergeht.
Voraussichtliche Genußreife: Jetzt. Letzte Verkostung: 10/87.

1983 • 87   Der dem 1982er im Stil verblüffend ähnliche, füllige, saftige, hochkonzentrierte 1983er mit seiner milden, reichhaltigen, fast dicklichen Art hat vollen Körper und verführerische Üppigkeit – ein schöner Genuß.
Voraussichtliche Genußreife: Jetzt. Letzte Verkostung: 3/89.

1982 • 88   Ein wunderbarer, geschmeidiger, reifer, saftiger, reichfruchtiger Wein mit mittlerem bis kräftigem Körper, einem mäßig intensiven Bukett von vanillinwürzigem Eichenholz und reifer Frucht, aufgeschlossen und üppig, jedoch mit genügend untergründigem Tannin für gute Entfaltung.
Voraussichtliche Genußreife: Jetzt bis 2000. Letzte Verkostung: 3/89.

1981 • 88   Der 1981er St-Pierre, ein erstklassiger Wein – gewiß einer der erfolgreichsten des Jahrgangs – ist eindrucksvoll dunkel rubinrot und sehr aromatisch mit dem Duft von reifer Beerenfrucht, Zedernholz und Karamel. Auf der Zunge fühlt er sich recht gehaltvoll, mittelschwer bis körperreich, nachhaltig, üppig und mäßig tanninherb an – ein großer, ausdrucksstarker St-Julien mit beträchtlicher Persönlichkeit.
Voraussichtliche Genußreife: Jetzt bis 2000. Letzte Verkostung: 11/88.

1979 • 85   Der für einen 1979er robuste und virile Wein zeigt eindrucksvolle Farbe, einen strammen, schön fruchtigen Charakter, Düfte von Zedernholz und einen soliden, mäßig tanninherben Abgang – kein eleganter Wein, aber gehaltvoll und schmackhaft.
Voraussichtliche Genußreife: Jetzt. Letzte Verkostung: 11/88.

1975 • 86   Eindrucksvoll ist er schon, aber wie bei so vielen 1975ern fragt man sich, ob er seinem Potential gerecht werden wird. Der noch immer bis auf einen leichten Bernsteinschimmer am Rand dunkle, körperreiche Wein hat reife, schokoladige Frucht, aber auch scharfes, strenges

ST-JULIEN

Tannin der trockenen, adstringierenden Art. Der 1975er St-Pierre ist ein robuster, muskulöser Wein, dem noch weitere Flaschenreife gut tut.
Voraussichtliche Genußreife: Jetzt bis 2005. Letzte Verkostung: 11/89.

1971 • 83   Der voll ausgereifte, recht würzige Wein mit einem pflaumen- und zedernholzduftigen Bukett, das hohe Geschmackserwartungen weckt, ist zwar gut, aber doch nicht ganz so, wie dieses feine Bukett verspricht. Der Geschmack erweist sich nämlich als etwas derb, rauh, zu schwerfällig und scharf.
Voraussichtliche Genußreife: Jetzt. Letzte Verkostung: 6/82.

1970 • 87   Der 1970er St-Pierre – ein Star seines Jahrgangs – ist dunkelrubinrot und vollgepackt mit würziger Frucht von schwarzen Johannisbeeren; ein voller Körper, viel rundes, reifes Tannin und ziemlich nachhaltiger Abgang zeichnen diesen ausgereiften, aber noch gut haltbaren Wein aus, der es mit vielen der besten Bordeaux-Weine aus diesem Jahrgang sehr wohl aufnehmen kann.
Voraussichtliche Genußreife: Jetzt bis 2005. Letzte Verkostung: 6/87.

1961 • 87   Ein feiner 1961er mit voll ausgereifter, süß-saftiger Pflaumenwürze, mittlerem bis kräftigem Körper, expansiv dunkel granatroter Farbe und langem, alkoholstarkem Abgang.
Voraussichtliche Genußreife: Jetzt. Letzte Verkostung: 7/85.

TALBOT
4ème Cru seit 1855

AUSGEZEICHNET

Lage der Weinberge: St-Julien

Besitzerinnen: Mme Rustmann und Mme Bignon
Adresse: 33250 St-Julien-Beychevelle
Postanschrift: wie oben
Telefon: 33 5 56 73 21 50 – Telefax: 33 5 56 73 21 51

Besuche: nur nach Vereinbarung, montags bis freitags von 9 bis 12 und von 14 bis 17 Uhr
Kontaktperson: M. Rustmann

WEINBERGE (Rotwein)

Rebfläche: 100 ha

Durchschnittliches Rebenalter: 30 Jahre

Rebbestand: 66 % Cabernet Sauvignon, 26 % Merlot, 3 % Cabernet Franc, 5 % Petit Verdot

Pflanzdichte: 7700 Reben/ha

Ertrag (im Durchschnitt der letzten 5 Jahre): 52 hl/ha

Durchschnittliche Jahresproduktion insgesamt: 52 000 Kisten

GRAND VIN (rot)

Name: Château Talbot

Appellation: St-Julien

Durchschnittliche Jahresproduktion: 30 000 bis 32 000 Kisten

Verarbeitung und Ausbau: Lese von Hand, zweimalige Sortierung – im Weinberg und im Keller –, vollständiges Entrappen. Vinifikation 15 bis 21 Tage in temperaturgeregelten Edelstahltanks und Holzfässern mit insgesamt 9200 hl Fassungsvermögen. Nach *assemblage* im Dezember 18 Monate Ausbau in zu 40 % neuen Eichenfässern. Keine Schönung, nur sehr schonende Filtration.

BORDEAUX

ZWEITWEIN

Name: Connetable de Talbot

Durchschnittliche Jahresproduktion: 20 000 Kisten

WEINBERGE (Weißwein)

Rebfläche 6 ha

Durchschnittliches Rebenalter: 25 Jahre

Rebbestand: 84% Sauvignon, 16% Sémillon

Ertrag (im Durchschnitt der letzten 5 Jahre): 55 hl/ha

Name: Caillou Blanc du Château Talbot

Appellation: Bordeaux

Durchschnittliche Jahresproduktion: 3000 Kisten

Verarbeitung und Ausbau: Gärprozeß und Ausbau insgesamt 9 Monate. Die Hälfte des Ertrags wird in neuen, die andere Hälfte in einmal gebrauchten Eichenfässern verarbeitet. Hefesatzlagerung mit häufigem Aufrühren (*bâtonnage*) während der gesamten Ausbauzeit. Keine Schönung, nur sehr schonende Filtration bei der Abfüllung.

Beurteilung des derzeitigen Rangs: Aufstufung zum 3ème Cru wäre zu empfehlen

Genußreife: 7 bis 25 Jahre nach dem Jahrgangsdatum

Die große ungeteilte Weinberglage von Talbot zieht sich von der Gironde aus landeinwärts bis hinter den Ort St-Julien-Beychevelle, unmittelbar nördlich von Gruaud-Larose.

Seinen Namen hat das Gut von John Talbot, Earl of Shrewsbury, dem englischen Feldherrn, der 1453 die Schlacht von Castillon verlor. Das Château brachte unter dem Cordier-Regime beständig feine, aber robuste, fruchtige, körperreiche Weine hervor, die in einen höheren Rang befördert werden müßten, wenn es zu einer Neufassung der Klassifizierung für die Weine des Médoc käme. Die neuen Besitzer scheinen nun einen sanfteren, eleganteren Stil anzustreben.

In kleinen Mengen wird bei Talbot auch ein köstlicher trockener Weißwein produziert. Er trägt den Namen Caillou Blanc du Château Talbot und ist mit seiner frischen, duftigen Art einer der feinsten aus dem Médoc. Allerdings muß er innerhalb von 2 bis 4 Jahren nach der Lese getrunken werden.

JAHRGÄNGE

1997 • 87-89   50% des Ertrags von Talbot sind in den Grand Vin eingegangen. Er ist mit seinem satten Purpurrot und seinem süßen, erdigen Aroma von Leder und Cassis potentiell ein Schlager des Jahrgangs. Im Mund spürt sich der Wein fett und opulent an und zeigt milde Säure. Der Abgang ist vollgepackt mit Glyzerin, Alkohol und saftiger Frucht. Dieser Wein ist vielleicht säurearm, trinkt sich aber gut, und das wird wohl 10 weitere Jahre lang so bleiben – etwas Gutes für alle, die baldigen Genuß wünschen. Letzte Verkostung: 3/98.

1996 • 87-89   Der 1996er Talbot ist eine exzellente Leistung aus dem großen Gut in St-Julien. Er präsentiert sich schwärzlich rubinpurpurrot und mit ausgeprägtem Aroma von provençalischen Oliven, schwarzen Johannisbeeren, Süßholz und asiatischen Gewürzen als kraftvoller, dichter, reichfruchtiger Wein mit schöner Intensität, moderatem Tannin und mittlerem Körper.

Dieser attraktive St-Julien ist einer aus einer Handvoll 1996er, die ein paar Jahre nach der Abfüllung trinkreif sein werden.
Voraussichtliche Genußreife: 2002 bis 2015. Letzte Verkostung: 3/98.

1995 • 88   Dieser Wein zeigt sich in der Flasche eindrucksvoller als aus dem Faß. Er ist ein charmanter, intensiv duftiger Wein, dessen charakteristisches Bukett von Oliven, Erde, gegrilltem Rindfleisch und schwarzen Johannisbeeren aus dem Glas nur so hervorquillt. Mittlerer bis voller Körper, milde Säure und runder, üppiger, reichfruchtiger Geschmack zeichnen diesen vollmundigen, köstlichen, bereits trinkreifen Talbot aus.
Voraussichtliche Genußreife: Jetzt bis 2012. Letzte Verkostung: 11/97.

1994 • 85   Der 1994er, ein milder, sanfter, kommerziell gestylter Wein, zeigt mäßig tiefes Rubinrot, rauchiges Beerenaroma, geschmeidigen, fruchtigen Geschmack, mittleren Körper, kein hartes Tannin (im Jahrgang 94 eine Seltenheit) und einen leicht ergründbaren Abgang. Dieser Wein will in den nächsten 4 bis 8 Jahren getrunken sein. Letzte Verkostung: 1/97.

1993 • 84   Der 1993er Talbot präsentiert sich in mittlerem Rubinrot mit duftigem Aroma von Rauch, Kräutern und Paprika, dazu leichtem bis mittlerem Körper, aber ohne jede Adstringenz oder Schärfe. Die Geschmackspalette ist dagegen betrüblich ausdrucksschwach. Dieser Wein ist genußreif und sollte in den nächsten 4 bis 5 Jahren getrunken werden. Letzte Verkostung: 1/97.

1992 • 86   Bei der Faßprobe habe ich gefunden, daß es diesem Wein an Frucht fehlt und daß er sehnig und tanninstreng schmeckt, nun darf ich zu meiner Freude berichten, daß er sich aus der Flasche gut präsentiert. Es ist empfehlenswert, ihn zu kaufen, wenn er – wie ich es erwarte – zu einem recht günstigen Preis angeboten wird. Der 1992er Talbot zeigt ein exotisches Aroma von fülligen schwarzen Kirschen, Trüffeln, Süßholz sowie Rauch- und Kräuternoten. Begleitet wird dieses aufgeschlossene Bukett von mittlerem Körper und geschmeidiger, saftiger Art mit milder Säure und viel reifer Frucht. Ein köstlicher Wein, der sich 6 bis 7 Jahre lang schön trinken dürfte. Letzte Verkostung: 11/94.

1991 • 72   Der enttäuschende 1991er Talbot ist eine überaus schwache Leistung. Die verwässerte, mittelrubinrote Farbe macht mißtrauisch, und der grasige, vegetabile, verwaschene, krautige Duft und Geschmack wirkt betrüblich. Im Mund fühlt sich dieser Wein eigenartig zusammenhaltlos und weich an.
Letzte Verkostung: 1/94.

1990 • 85   Der mitteldunkle 1990er ist ein eleganter, gut strukturierter, ungewöhnlich verhaltener Wein. Er verfügt über bewundernswerte Reife und Nachhaltigkeit, aber es fehlt ihm die Tiefe und Geschmacksdimension anderer guter Talbot-Jahrgänge. Liegt ein Stilwandel vor?
Voraussichtliche Genußreife: Jetzt bis 2008. Letzte Verkostung: 1/93.

1989 • 88   Der 1989er ist eleganter und hat nichts von den Kräuter-, Fleisch- und Lederaromen des 1988ers. Der extraktreiche, mittelschwere bis schwere Wein zeigt tiefdunkles Schwarz-Rubinrot, ein ausgeprägtes Bukett von schwarzer Frucht und Gewürz, üppigen Geschmack und einen schönen Abgang. Er bietet Aussicht auf schönen Genuß schon im ersten Lebensjahrzehnt und dürfte sich bis zu 20 Jahre halten.
Voraussichtliche Genußreife: Jetzt bis 2015. Letzte Verkostung: 1/93.

1988 • 89   Der 1988er ist dunkel rubinrot, hat eine scharf umrissene Persönlichkeit, verbrämt mit würziger Frucht von schwarzen Johannisbeeren mit Noten von Schokolade, Leder und Kräutern und untermauert durch kräftige Säure und gutes Tannin. Im Mund zeigt er urwüchsigen, rauchigen, fleischigen Charakter. Wenn das Tannin sich ein wenig mildert und die Frucht in den Vordergrund treten läßt, dann wird der 1988er ein hervorragender Wein sein.
Voraussichtliche Genußreife: Jetzt bis 2015. Letzte Verkostung: 1/93.

1987 • 85   Der 1987er Talbot ist überraschend tanninreich und straff in der Art, aber er verfügt auch über ein prachtvolles Bukett von Zedernholz, schwarzen Johannisbeeren und grasig-erdigen Düften. Bei tiefer Farbe und reichlich Tannin und mittlerem Körper wird sich dieser Jahrgang über lange Zeit gut halten.
Voraussichtliche Genußreife: Jetzt bis 2000. Letzte Verkostung: 11/90.

1986 • 96   Ich habe das eindeutige Gefühl, daß der 1986er Talbot neben dem 1982er der feinste Wein aus dem großen 100 bis ha-Gut seit dem legendären 1945er ist. Die Nachricht, daß es von diesem Wein 40.000 Kisten gibt, freut den Verbraucher ungemein, denn das bedeutet, daß reichliche Mengen davon auf dem Markt sind. Dieser schon seit der ersten Faßprobe so besondere Wein hat klassische Struktur, einen überaus kräftigen pfefferig-würzigen, grasigen Duft mit einer Note von schwarzen Johannisbeeren und Teer, eine enorme Geschmackskonzentration und überwältigende Länge. Das Tannin ist deutlich spürbar, aber reif und viel milder als bei vielen anderen 1986ern aus dem Médoc. Im Vergleich mit dem Stallgefährten Gruaud-Larose ist der Talbot bereits weiter entwickelt und einschmeichelnder im Geschmack. Er dürfte sich als ein außerordentlich langlebiger und – wie praktisch alle Cordier-Weine – auch als ein durchaus preiswerter Wein erweisen.
Voraussichtliche Genußreife: Jetzt bis 2020. Letzte Verkostung: 9/97.

1985 • 89   Der 1985er Talbot ist eine verkleinerte Version des 1982ers und inzwischen genußreif. Er ist ein geschmeidiger, vollmundiger, mittelschwerer Wein mit sehr tiefer Farbe, reifem, vollem Beerenbukett, reichlicher Frucht, einem glatten, anmutigen Abgang und exzellenter Ausgewogenheit.
Voraussichtliche Genußreife: Jetzt bis 2000. Letzte Verkostung: 4/90.

1984 • 82   Das Haus Cordier scheint in ungünstigeren Jahren eine glückliche Hand zu haben (z. B. mit dem 1968er Talbot und dem 1974er Gruaud-Larose), daher ist es keine Überraschung, wie gut die 1984er sind: Der Talbot besteht zu 94 % aus Cabernet Sauvignon und zu 6 % aus Merlot, ist schön elegant und stilvoll mit einem wunderbaren Frühlingsblumen-Bukett mit reifer Johannisbeerfrucht bei mittlerem bis vollem Körper und kräftigem Tannin.
Voraussichtliche Genußreife: Jetzt. Letzte Verkostung: 3/88.

1983 • 91   Der 1983er Talbot ist körperreich mit tiefer, fast undurchdringlich dunkler rubinpurpurroter Farbe. Der kräftig gebaute Wein trinkt sich erstaunlich gut – einer der großen Erfolge dieses Jahrgangs.
Voraussichtliche Genußreife: Jetzt bis 2008. Letzte Verkostung: 3/89.

1982 • 96   Es hat schon viele große Talbots gegeben – 1945, 1953 und 1986 –, aber kaum je einen befriedigenderen oder komplexeren als den 1982er. Er schmeckt vollreif, gibt aber keine Anzeichen einer Farbveränderung zu erkennen. Ich nehme an, daß er sich noch mindestens weitere 10 bis 15 Jahre halten wird. Schon seit dem Ende der 1980er Jahre ist er köstlich und zeigt ein sattes, fast undurchdringlich dunkles Purpurgranatrot, ein mächtiges Bukett von schwarzen Trüffeln, Süßholz, Kräutern, Fleisch, neuem Sattelleder und glorreich süßer schwarzer Frucht. Er ist körperreich, dabei überraschend geschmeidig und vollmundig, mit Frucht in Hülle und Fülle – ein korpulenter Wein. Der Abgang ist voll von Glyzerin, Frucht und Alkohol, doch hinter diesen Komponenten muß auch noch einiges Tannin stecken. Dieser 1982er, einer der verführerischsten, komplexesten und genußreichsten, trinkt sich jetzt bis 2010 wundervoll.
Letzte Verkostung: 10/97.

1981 • 85   Der attraktive, sauber bereitete 1981er Talbot zeigt für dieses Château überraschende Eleganz und Geschmeidigkeit. Dunkel rubinrote Farbe, ein mäßig intensives Bukett von Cassis und Fleisch-, Leder- und Teerdüften bei mittelschwerem Körper, guter Konzentration und leichtem Tannin zeichnen diesen Wein aus. Er ist inzwischen genußreif. Der 1981er ist im Stil dem 1979er ähnlich, aber eine Spur fruchtiger und tiefer.
Voraussichtliche Genußreife: Jetzt bis 2000. Letzte Verkostung: 4/89.

1980 • 82   Dieser Wein bietet soliden, schlichten, fruchtigen Geschmack, dabei nichts von dem vegetabilen Charakter weniger guter 1980er, vielmehr einen soliden, runden, schmackhaften Abgang.
Voraussichtliche Genußreife: Jetzt – vermutlich im Nachlassen. Letzte Verkostung: 6/83.

1979 • 84   Der mittelschwere, reichfruchtige 1979er Talbot hat frühreife, aufgeschlossene, ansprechende Art, samtige Konsistenz und einen milden, runden Abgang.
Voraussichtliche Genußreife: Jetzt. Letzte Verkostung: 2/84.

ST-JULIEN

1978 • 87 Der 1978er Talbot entwickelt sich sehr schön in der Flasche und zeigt konzentrierte, reife, runde, reiche Fruchtigkeit mit dem Duft von Kräutern und schwarzen Johannisbeeren in einem Bukett, das an Pflaumen, Zedern- und Eichenholz erinnert, dazu generöse Art und im Abgang leichtes Tannin. Den Gipfel seiner Reife hat er inzwischen erreicht.
Voraussichtliche Genußreife: Jetzt bis 2000. Letzte Verkostung: 10/90.

1976 • 86 Der unterschiedliche Jahrgang 1976 erlebte seine höchsten Höhen in der Appellation St-Julien, wo eine Reihe feiner Weine entstand, und der Talbot ist einer von ihnen. Er ist inzwischen voll ausgereift, hält aber noch etliche Jahre gut durch – ein Hochgenuß mit wundervoll zedernholzduftigem, würzigem Bukett von reifen Pflaumen, mit mildem, rundem, schön konzentriertem Geschmack und einem samtigen, höchst erfreulichen Abgang.
Voraussichtliche Genußreife: Jetzt. Letzte Verkostung: 11/87.

1975 • 84 Der mittelschwere, harte, schmalbrüstige, karge 1975er Talbot zeigte mehr Frucht als früher, ein erdiges, kräutergrasiges, schokoladiges Bukett, guten Extrakt und im Abgang die Strenge und Straffheit des Jahrgangs. Er wird zwar noch mindestens weitere 10 bis 15 Jahre überdauern, es besteht jedoch kein Grund, ihn so lange aufzubewahren.
Letzte Verkostung: 12/95.

1971 • 86 Der 1971er Talbot, einer der stilvollsten und ausgeglichensten Weine des Jahrgangs, ist inzwischen völlig ausgereift, gibt aber noch keine Anzeichen für Abbau von sich. Er hat gute Konzentration, lebendige, beerenfruchtige Art, einen schönen Anflug von Eichenholz-Vanillin und mittleren bis vollen Körper. Für einen 1971er ist er sehr gut strukturiert und zeigt auch nicht die übliche Braunfärbung oder flaue Weichheit. Der Talbot ist auf jeden Fall ein gut gelungener Vertreter dieses Jahrgangs.
Voraussichtliche Genußreife: Jetzt. Letzte Verkostung: 3/89.

1970 • 76 Meine letzte Flasche 1970er Talbot aus einem unbedachten Kauf zu Beginn der siebziger Jahre erwies sich als keineswegs besser als die anderen elf: tanninstreng, kantig, dünn, säurereich, ohne Frucht – er war jung adstringierend, zwischendurch adstringierend und ist im Alter adstringierend geblieben. Letzte Verkostung: 6/96.

1967 • 75 Der 1967er Talbot, einer der attraktiveren Weine dieses Jahrgangs, beginnt nun auseinanderzubrechen. Sein kurzer, kompakter Geschmack läßt nur noch wenig von der reichen, fruchtigen Robustheit erkennen, die er in der Mitte der siebziger Jahre aufwies.
Voraussichtliche Genußreife: Jetzt. Letzte Verkostung: 1/83.

1966 • 77 Im Alter hat das Bukett dieses Weins in der Flasche einiges an Komplexität gewonnen. Aber einen wirklich profunden Talbot hat dieser Jahrgang nicht hervorgebracht. Der harte, karge, magere Geschmack läßt kaum darauf schließen, daß eine reiche, reife Frucht hinter einem Schild von Tannin und Säure verborgen wäre. Die Farbe ist hell, die Frucht knapp ausreichend, der Abgang kurz. Voraussichtliche Genußreife: Jetzt. Letzte Verkostung: 9/84.

1964 • 82 Der 1964er Talbot ist attraktiv, wenn auch nicht gerade komplex, dabei schön fruchtig, stämmig, ein wenig hart und derb im Abgang, aber alles in allem ein guter, vollmundiger Bordeaux.
Voraussichtliche Genußreife: Jetzt – vermutlich im Nachlassen. Letzte Verkostung: 3/79.

1962 • 84 Ein eleganter, feinziselierter Talbot, der im Stil an den 1971er erinnert, mittelschwer, schmackhaft, voll ausgereift, hält sich aber gut in der Flasche; das duftige, würzige Zedernholzbukett ist interessant und fruchtig, der Geschmack recht verhalten und ausgefeilt, und bei überdurchschnittlicher Nachhaltigkeit ist noch ein gewisses Maß an unaufgelöstem Tannin vorhanden – ein zwar nicht großer, aber guter Talbot.
Voraussichtliche Genußreife: Jetzt – vermutlich im Nachlassen. Letzte Verkostung: 2/83.

1961 • 85 Man möchte eigentlich annehmen, daß der 1961er Talbot den 1962er völlig in den Schatten stellt, bei Vergleichsproben aber erweisen sie sich eher als recht ähnlich – ein in Anbetracht der Stilunterschiede zwischen diesen zwei Jahrgängen unnormaler Zug. Der 1961er ist wie der 1962er etwas karg und mager, hat mittleren bis vollen Körper, recht feste, unnachgiebige Art, und zwar gute, aber nicht ausgezeichnete Konzentration. An der Farbe und Fülle der besten

1961er fehlt es diesem Wein, aber dennoch ist er nicht schlecht. Im Kontext des Jahrgangs muß der 1961er Talbot freilich als enttäuschend gewertet werden.
Voraussichtliche Genußreife: Jetzt – vermutlich im Nachlassen. Letzte Verkostung: 1/85.

ÄLTERE JAHRGÄNGE

Der köstliche 1953er Talbot (90 Punkte; 12/95) mit Süßholz und Cassis in Duft und Geschmack war ein wundervoll komplexer und ausgewogener St-Julien ohne Schärfen und mit viel Frucht. Der profunde 1945er (94 Punkte in 1988) ist der feinste ältere Talbot-Jahrgang, den ich gekostet habe.

Sonstige Weingüter in St-Julien

La Bridane
Cru Bourgeois seit 1932

Lage der Weinberge: St-Julien-Beychevelle

Besitzer: Bruno Saintout
Adresse: 33250 St-Julien-Beychevelle
Postanschrift: Bruno Saintout, Cartujac, 33112 St-Laurent-du-Médoc
Telefon: 33 5 56 59 91 70 – Telefax: 33 5 56 59 46 13

Besuche: Vom 8. Juli bis 31. August: montags bis freitags zwischen 10 und 12 sowie zwischen 14 und 19.30 Uhr
Kontaktperson: Bruno Saintout

WEINBERGE (Rotwein)

Rebfläche: 15 ha

Durchschnittliches Rebenalter: 25 Jahre

Rebbestand: 38 % Merlot, 30 % Cabernet Sauvignon, 30 % Cabernet Franc, 2 % Petit Verdot

Pflanzdichte: 6500 Reben/ha

Ertrag (im Durchschnitt der letzten 5 Jahre): 48 hl/ha

Durchschnittliche Jahresproduktion insgesamt: 50 000 Kisten

GRAND VIN

Name: Château La Bridane

Appellation: St-Julien

Durchschnittliche Jahresproduktion: 50 000 Kisten

Verarbeitung und Ausbau: Maschinelle Lese. Vinifikation 4 bis 5 Wochen in temperaturgeregelten Edelstahltanks. Nach malolaktischer Säureumwandlung
12 Monate Ausbau in zu 1/3 neuen Eichenfässern. Der Wein wird geschönt, aber bei der Abfüllung nicht gefiltert.

Kein ZWEITWEIN

Beurteilung des derzeitigen Rangs: entspricht der Klassifizierung

Genußreife: 5 bis 14 Jahre nach dem Jahrgangsdatum

ST-JULIEN

Dieser solid gebaute Wein hat gewöhnlich beträchtliche Kraft, Wucht und eine stämmige Fruchtigkeit. Woran es ihm häufig fehlt, sind die zarteren Qualitäten Charme und Finesse. Nichtsdestoweniger ist dieser Wein gut haltbar und meist zu vernünftigen Preisen zu haben.

Domaine Castaing
Kein Klassifizierungsrang

Lage der Weinberge: St-Julien-Beychevelle

Besitzer: Jean-Jacques Cazeau
Adresse: 39, Grand'Rue, 33250 St-Julien-Beychevelle
Postanschrift: wie oben
Telefon: 33 5 56 59 25 60

Besuche: nur nach Vereinbarung, montags bis donnerstags
Kontaktperson: Jean-Jacques Cazeau

WEINBERGE (Rotwein)

Rebfläche: 1,25 ha

Durchschnittliches Rebenalter: 50 Jahre

Rebbestand: 65 % Cabernet Sauvignon, 25 % Merlot, 10 % Cabernet Franc und Petit Verdot

Pflanzdichte: 10 000 Reben/ha

Ertrag (im Durchschnitt der letzten 5 Jahre): 50 hl/ha

Durchschnittliche Jahresproduktion insgesamt: 6200 Kisten

GRAND VIN

Name: Domaine Castaing

Appellation: St-Julien

Durchschnittliche Jahresproduktion: 6200 Kisten

Verarbeitung und Ausbau: Vinifikation mindestens 20 Tage. Nach malolaktischer Säureumwandlung min. 20 Monate Ausbau in zu $1/3$ neuen Eichenfässern. Der Wein wird geschönt, aber bei der Abfüllung nicht gefiltert.

Kein ZWEITWEIN

Domaine Jaugaret
Kein Klassifizierungsrang

Lage der Weinberge: St-Julien

Besitzer: Familie Fillastre
Adresse: 33250 St-Julien-Beychevelle
Postanschrift: wie oben
Telefon: 33 5 56 59 09 71 – Telefax: 33 5 56 59 09 71

Besuche: nur nach Vereinbarung
Kontaktperson: Jean-François Fillastre

BORDEAUX

WEINBERGE (Rotwein)

Rebfläche: 1,25 ha

Durchschnittliches Rebenalter: 50 Jahre

Rebbestand: 70 % Cabernet Sauvignon, 25 % Merlot, 5 % Malbec und Cabernet Franc

Pflanzdichte: 10 000 Reben/ha

Ertrag (im Durchschnitt der letzten 5 Jahre): 40 hl/ha

GRAND VIN

Name: Domaine de Jaugaret

Appellation: St-Julien

Durchschnittliche Jahresproduktion: 5200 Kisten

Verarbeitung und Ausbau: Gärdauer 8 Tage, Maischdauer 21 Tage. 30 bis 36 Monate Ausbau in (höchstens zu einem geringen Teil neuen) Eichenfässern. Der Wein wird geschönt, aber bei der Abfüllung nicht gefiltert.

Kein ZWEITWEIN

LALANDE
Kein Klassifizierungsrang

Lage der Weinberge: St-Julien-Beychevelle

Besitzerin: Madame Gabriel Meffre
Adresse: 33250 St-Julien-Beychevelle
Postanschrift: Vignobles Meffre
Telefon: 33 5 56 59 06 47 – Telefax: 33 5 56 59 06 47 – 33 4 90 65 03 73

Besuche: nur nach Vereinbarung
Kontaktperson: Claude Meffre

WEINBERGE (Rotwein)

Rebfläche: 31,5 ha

Durchschnittliches Rebenalter: 26 Jahre

Rebbestand: 55 % Cabernet Sauvignon, 40 % Merlot, 5 % Cabernet Franc

Pflanzdichte: 7000 Reben/ha

Ertrag (im Durchschnitt der letzten 5 Jahre): 45 hl/ha

Durchschnittliche Jahresproduktion insgesamt: 14 000 Kisten

GRAND VIN

Name: Château Lalande

Appellation: St-Julien

Durchschnittliche Jahresproduktion: 11 500 Kisten

ST-JULIEN

Verarbeitung und Ausbau: Lese maschinell und von Hand. Vinifikation 25 Tage; 12 Monate Ausbau im Tank. Der Wein wird geschönt und manchmal leicht gefiltert (nur bei Trübungen bzw. auf Wunsch des Kunden). Ab 1997 soll der Ausbau z. T. in Fässern erfolgen (Anteil nicht angegeben).

ZWEITWEIN

Name: Marquis de Lalande

Durchschnittliche Jahresproduktion: 2500 Kisten

MOULIN DE LA ROSE
Cru Bourgeois seit 1932

Lage der Weinberge: St-Julien-Beychevelle

Besitzer: Guy Delon
Adresse: 33250 St-Julien-Beychevelle
Postanschrift: wie oben
Telefon: 33 5 56 59 08 45 – Telefax: 33 5 56 59 73 94

Besuche: nur nach Vereinbarung
Kontaktperson: Guy Delon

WEINBERGE (Rotwein)

Rebfläche: 4,5 ha

Durchschnittliches Rebenalter: 30 Jahre

Rebbestand: 62% Cabernet Sauvignon, 28% Merlot, 5% Cabernet Franc, 5% Petit Verdot

Pflanzdichte: 8500 Reben/ha

Ertrag (im Durchschnitt der letzten 5 Jahre): 50 hl/ha

Durchschnittliche Jahresproduktion insgesamt: 30 000 Flaschen

GRAND VIN

Name: Château Moulin de la Rose

Appellation: St-Julien

Durchschnittliche Jahresproduktion: 30 000 Kisten

Verarbeitung und Ausbau: Lese von Hand. Vinifikation rund 3 Wochen, je nach Jahrgang, in temperaturgeregelten Tanks; täglich mehrmaliges Umpumpen. Rund 20 Monate Ausbau des gesamten Ertrags in jährlich zu $1/3$ erneuerten Eichenfässern. Siebenfacher Abstich, Schönung mit Eiweiß, Abfüllung ohne Filtrieren.

Kein ZWEITWEIN

BORDEAUX

Terrey-Gros-Cailloux
Cru Bourgeois

GUT

Lage der Weinberge: St-Julien-Beychevelle

Besitzer: Annie Fort und Henri Pradère
Adresse: 33250 St-Julien-Beychevelle
Postanschrift: wie oben
Telefon: 33 5 56 59 06 27 – Telefax: 33 5 56 59 29 32

Besuche: montags bis freitags von 9 bis 12 und von 14 bis 17 Uhr

Kontaktpersonen: Mme Bergey oder M. Henri Pradère

WEINBERGE (Rotwein)

Rebfläche: 13,5 ha

Durchschnittliches Rebenalter: 35 Jahre

Rebbestand: 70 % Cabernet Sauvignon, 25 % Merlot, 5 % Petit Verdot

Pflanzdichte: 10 000 Reben/ha

Ertrag (im Durchschnitt der letzten 5 Jahre): 50 hl/ha

GRAND VIN

Name: Château Terrey-Gros-Cailloux

Appellation: St-Julien

Verarbeitung und Ausbau: Lese von Hand. Vinifikation 3 Wochen. Ausbau in Tanks sowie in großen und (zu 20 % neuen) kleinen Fässern. Der Wein wird geschönt, aber bei der Abfüllung nicht gefiltert.

Kein ZWEITWEIN

Beurteilung des derzeitigen Rangs: Entspricht qualitativ einem Cru Grand Bourgeois Exceptionnel

Genußreife: 3 bis 7 Jahre nach dem Jahrgangsdatum

Die Kellerei dieses gut geführten Cru Bourgeois befindet sich nicht weit von der berühmten D2 in der Richtung der Châteaux Gruaud-Larose und Talbot. Hier wird nicht nur der Wein von Terrey-Gros-Cailloux, sondern auch der Hortevie bereitet. Der Terrey-Gros-Cailloux ist gewöhnlich ein reichfruchtiger, runder, gelegentlich körperreicher Wein, der sich in den ersten 7 bis 8 Jahren köstlich trinkt. Langlebig ist er nicht, aber der Ende der achtziger Jahre von den Besitzern gefaßte Beschluß, in einem gewissen Umfang neue Eichenfässer für den Ausbau zu benutzen, um dem Wein mehr Konturenschärfe und Struktur zu verleihen, dürfte sich auch auf seine Lebensdauer günstig auswirken.

ST-JULIEN

Teynac
Kein Klassifizierungsrang

Lage der Weinberge: St-Julien-Beychevelle

Besitzer: Fabienne und Philippe Pairault
Adresse: Grand'Rue, 33250 St-Julien-Beychevelle (nicht weit von Gruaud-Larose)
Postanschrift: wie oben
Telefon: 33 5 56 59 93 04; 33 5 56 59 12 91 oder 33 1 43 80 60 70
Telefax: 33 5 56 59 46 12 oder 33 1 46 22 38 00

Besuche: nur nach Vereinbarung
Kontaktperson: Philippe Pairault oder Patrick Bussier

WEINBERGE (Rotwein)

Rebfläche: 11,5 ha

Durchschnittliches Rebenalter: 45 Jahre

Rebbestand: 78 % Cabernet Sauvignon, 20 % Merlot, 2 % Petit Verdot

Pflanzdichte: 8000 Reben/ha

Ertrag (im Durchschnitt der letzten 5 Jahre): 39 hl/ha

Durchschnittliche Jahresproduktion insgesamt: unterschiedlich, normalerweise etwa 50 000 Flaschen

GRAND VIN

Name: Château Teynac

Appellation: St-Julien

Durchschnittliche Jahresproduktion: 45 000 Flaschen

Verarbeitung und Ausbau: Lese von Hand; Transport in *cagettes*, nicht in Wannen. Vinifikation rund 3 Wochen in temperaturgeregelten Edelstahl- und Zementtanks; häufiges Umpumpen, Aufbrechen des Huts durch Kohlensäuredruck. 12 bis 14 Monate Ausbau in zu 36 % neuen Eichenfässern. Der Wein wird geschönt (mit Albumin) und bei der Abfüllung gefiltert.

ZWEITWEIN

Name: Château Les Ormes

Durchschnittliche Jahresproduktion: 15 000 Flaschen

Margaux und das südliche Médoc

Margaux ist bei weitem die größte und ausgedehnteste der bedeutenderen Appellationen im Médoc. Seine Rebfläche von 1340 ha übertrifft inzwischen die von St-Estèphe. Der Tourist, der zum ersten Mal nach Margaux kommt, bemerkt sofort, wie umfangreich die Weingüter hier sind. Unmittelbar an der Route du Vin (D2) durch Bordeaux befinden sich nur wenige Châteaux, und zwar Dauzac, Prieuré-Lichine, Palmer und Malescot St-Exupéry. Château Margaux liegt etwas abseits der Hauptstraße im Ort Margaux, und die übrigen bedeutenderen Weingüter sind über die fünf Hauptorte – Arsac, Labarde, Cantenac, Margaux und Soussans – verteilt.

Die Appellation Margaux umfaßt die größte Anzahl an Cru-Classé-Châteaux aus der Klassifizierung von 1855: Es sind insgesamt 21 gegenüber 17 in Pauillac, 11 in St-Julien und 5 in St-Estèphe.

Von außen sieht es also so aus, als ob es in Margaux die meisten Erzeuger von qualitativ hochwertigem Wein gäbe; einem größeren Trugschluß könnte man allerdings kaum anheimfallen. In weiten Teilen der 1960er, 70er und 80er Jahre hatte mindestens ein halbes Dutzend der Châteaux von Margaux erbärmliche Leistungen vorzuweisen, und wenigstens weitere vier oder fünf Weingüter müßten degradiert werden, wenn es je eine neue Klassifizierung der Weine aus dem Médoc unter Beibehaltung der bisherigen fünfstufigen Hierarchie geben sollte. Seit den späten 1980er Jahren hat ein Teil dieser Châteaux die Qualität seiner Weine wieder verbessert, aber nach wie vor bleibt die Appellation Margaux führend in der Zahl der Weingüter, die unter ihrem Rang arbeiten. Sogar Château Margaux, die ungekrönte Königin der Appellation, hat eine Zeit der Mittelmäßigkeit durchgemacht. Eine dramatische Umkehr trat erst ein, als die Familie Mentzelopoulos das Weingut 1977 den Ginestets abkaufte, die es aus Unachtsamkeit hatten geschehen lassen, daß das hochherrschaftliche Château in der Qualität beträchtlich unter den Premier-Cru-Standard absackte (allerdings nicht im Preis).

Trotz der Ungleichmäßigkeiten und glanzlosen Leistungen vieler Châteaux in Margaux im Lauf der letzten zweieinhalb Jahrzehnte lassen einige große Weine mit ihrem duftigen Bukett und verführerischen Charme erkennen, was den Unterschied zwischen Margaux, St-Julien oder Pauillac ausmacht. Das Bukett eines feinen Margaux ist unbestreitbar intensiver und überzeugender als das eines St-Julien, Pauillac und St-Estèphe. In allem, was über die Weine von Bordeaux geschrieben worden ist, wurde diese Besonderheit stets gewürdigt, was aber nicht gesagt wird, ist, daß es wirklich große Weine von Margaux praktisch nur von den Châteaux Margaux, Palmer und seit 1983 Rauzan-Ségla gibt.

Niemand wird leugnen, daß die 2èmes Crus Rauzan-Gassies, Brane-Cantenac, Durfort-Vivens, aber auch die 3èmes Crus Cantenac-Brown und Malescot St-Exupéry über vielversprechende Terroirs, superbe Weinberglagen und immenses Potential verfügen, aber mit Ausnahme der bei manchen dieser Güter in letzter Zeit eingetretenen Qualitätsverbesserungen zeigen ihre Weine oft große Unbeständigkeit und in nur allzuvielen Jahrgängen auch Mittelmäßigkeit.

Die großen Unterschiede der Bodenarten und der Weinqualitäten in Margaux stellen selbst die erfahrensten Bordeaux-Weinkenner vor große Aufgaben. Ganz allgemein sind die weißlichhellen Böden von Margaux die leichtesten und am stärksten kieshaltigen im Médoc. Wenn man nach Ludon kommt, dem Sitz von La Lagune, stellt sich im Unterboden noch zudem ein hoher Anteil von Sand ein. Auf diesen Böden macht Cabernet-Sauvignon einen hohen Anteil am Rebbestand aus. Beispielsweise wird in Margaux (mit Ausnahme von Château Palmer) weit weniger Merlot angebaut als in Pauillac oder St-Estèphe.

Seit 1977 produziert ohne jede Frage das Château Margaux den großartigsten und kraftvollsten Wein dieser Appellation – ein viriles, hochkonzentriertes, tiefdunkles Gewächs.

Der Hauptkonkurrent von Château Margaux ist seit eh und je das Château Palmer, das aber einen ganz anderen Weinstil pflegt. Die tiefe Farbe und große Geschmackskonzentration ist zwar dieselbe, aber aufgrund des hohen Merlot-Anteils im Verschnittrezept ist die Art geschmeidiger, runder, weniger tanninstreng. Der Palmer hat ein fabelhaft komplexes Bukett, das in manchen

MARGAUX UND DAS SÜDLICHE MEDOC

Jahren – 1961, 1966, 1970, 1983 und 1989 fallen mir spontan ein – allerhöchste Vollendung erreicht. Als neuester Bewerber um die Krone in Margaux ist Rauzan-Ségla aufgetreten, ein herrliches Weingut, das bis 1983 die zweifelhafte Ehre hatte, die am gleichmäßigsten unterdurchschnittlichen Leistungen des 20. Jahrhunderts in der Appellation zu vollbringen. Heute produziert Rauzan-Ségla kraftvolle, auf Cabernet Sauvignon beruhende Weine mit auffallender Geschmacksfülle, Tiefe, Komplexität und atemberaubender Reinheit.

Ein weiterer eigenständiger Stil von Margaux wird durch Weine von intensiver Duftigkeit, jedoch leichterer, nicht so konzentrierter und tanninherber Art, vertreten. Hierzu gehören sicherlich die Weine von Prieuré-Lichine, Lascombes, d'Issan und Malescot St-Exupéry.

Prieuré-Lichine, Heimat des verstorbenen Alexis Lichine, produziert sehr stilvolle, elegante, duftige Weine. Dieses Weingut zeigt allgemein weit mehr Beständigkeit als seine berühmteren Nachbarn. Beispielsweise benimmt sich der Lascombes – ein Wein, für den ich schwärme, wenn er gut bereitet ist – in Sachen Qualität wie ein Jo-Jo. Berichte über verstärkte Bemühungen der Besitzer um höhere Qualität haben in den Weinen selbst nicht immer Bestätigung gefunden.

Malescot St-Exupéry genießt einen großen Ruf, und ich habe schon einige superbe ältere Jahrgänge kennengelernt, aber es ist doch überbewertet worden. Allerdings sind die Jahrgänge seit 1990 beeindruckend und geben Anlaß zu erneutem Interesse an diesem Gut.

Obwohl so beachtenswerte Châteaux wie d'Issan, Brane-Cantenac, Durfort-Vivens, Dauzac und Kirwan in den 1960er, 70er und 80er Jahren viele mittelmäßige Weine produzierten, darf es doch als Ermutigung empfunden werden, daß alle diese Weingüter nun ihren Sturzflug gebremst und Ende der 1980er und Mitte der 90er Jahre wieder bessere Leistungen gezeigt haben. Trotz dieser Verbesserungen läßt es sich aber nicht leugnen, daß diese Châteaux in einer neuen Klassifizierung degradiert werden müßten.

Sowohl Brane-Cantenac als auch Durfort-Vivens haben einfach zu viele nichtssagende, oft sogar mangelhafte Weine hevorgebracht. So angenehm mir auch die Gesellschaft des Besitzers Lucien Lurton ist, die Weine aus diesen seinen beiden Châteaux waren in den sechziger und siebziger Jahren schrecklich unbeständig. Dank strengerer Auslese haben sich die achtziger Jahre sowohl gegenüber Brane-Cantenac als auch Durfort-Vivens freundlicher gezeigt, aber beide Châteaux hätten bei einer auf Qualität beruhenden Klassifizierung größte Mühe, ihren Rang als 2èmes Crus zu halten.

Seit dem Ende der siebziger Jahre haben auch die Weine von Dauzac und Kirwan Fortschritte gemacht. Doch beide Güter bringen, auch unter Berücksichtigung dieser Fortschritte, kaum Weine hervor, die aufregenden Genuß gewähren. Es steht zu hoffen, daß die erfreulichen Leistungen der beiden Güter um die Mitte der 1990er Jahre ihren Geschicken eine günstige Wendung geben.

Aber es gibt in Margaux noch eine Handvoll weiterer Crus Classés zu erwähnen. Am vielversprechendsten ist du Tertre, ein Weingut, das unter der tüchtigen Hand von Madame Denise Capbern-Gasqueton seit 1978 exzellente Weine hervorbringt. Château Cantenac-Brown, bekannt für rustikale, tanninstrenge, harte Weine im Geschmack des 19. Jahrhunderts, dürfte nun, seit Jean-Michel Cazes von Lynch-Bages im Auftrag der neuen Eigentümer (AXA) die Produktion beaufsichtigt, mit seinem Weinstil in das 20. Jahrhundert aufrücken. Bislang sind die Ergebnisse uneinheitlich. Der Rauzan-Gassies kann gut sein, entspricht im Stil aber eher einem stämmigen, körperreichen St-Estèphe als einem echten Margaux. Außerdem herrscht auf diesem Gut viel Unbeständigkeit. Das weniger bekannte Château Marquis d'Alesme-Becker produziert einen leichteren, aber nur selten anzutreffenden Wein.

Zwei weitere Crus Classés, Giscours und Marquis-de-Terme, können mit die vollsten und langlebigsten Weine der Appellation hervorbringen. In den sechziger und siebziger Jahren war Giscours ein bewährt gutes Château, aber zu Anfang der achtziger Jahre mußte es schwere Rückschläge hinnehmen. Neuere Giscours-Jahrgänge kündigten inzwischen einen Wandel zum Besseren an, doch nun könnte ein Skandal im Juni 1998 ernsthafte Auswirkungen auf Giscours haben. Demgegenüber begann das in den sechziger und siebziger Jahren völlig unter Form

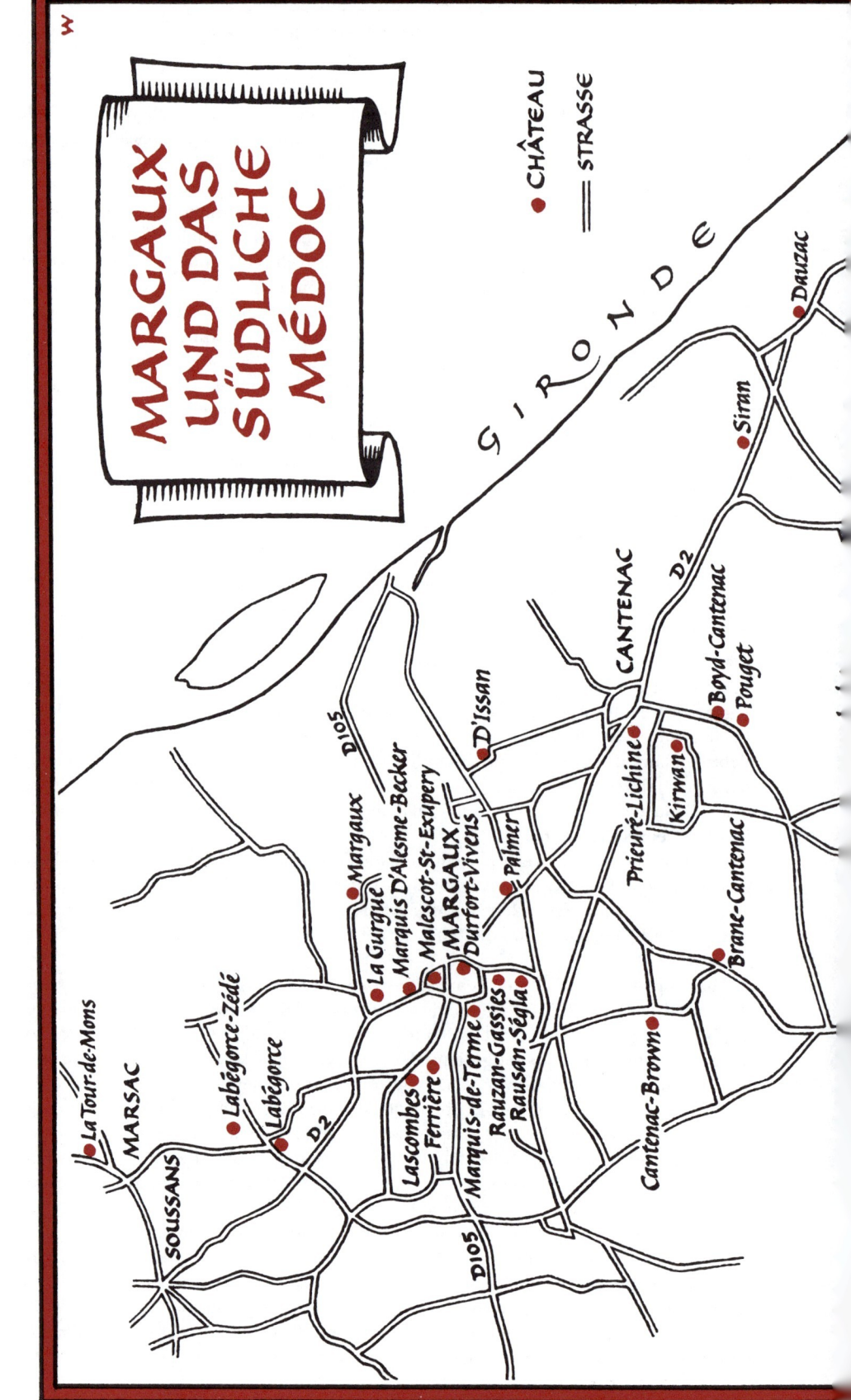

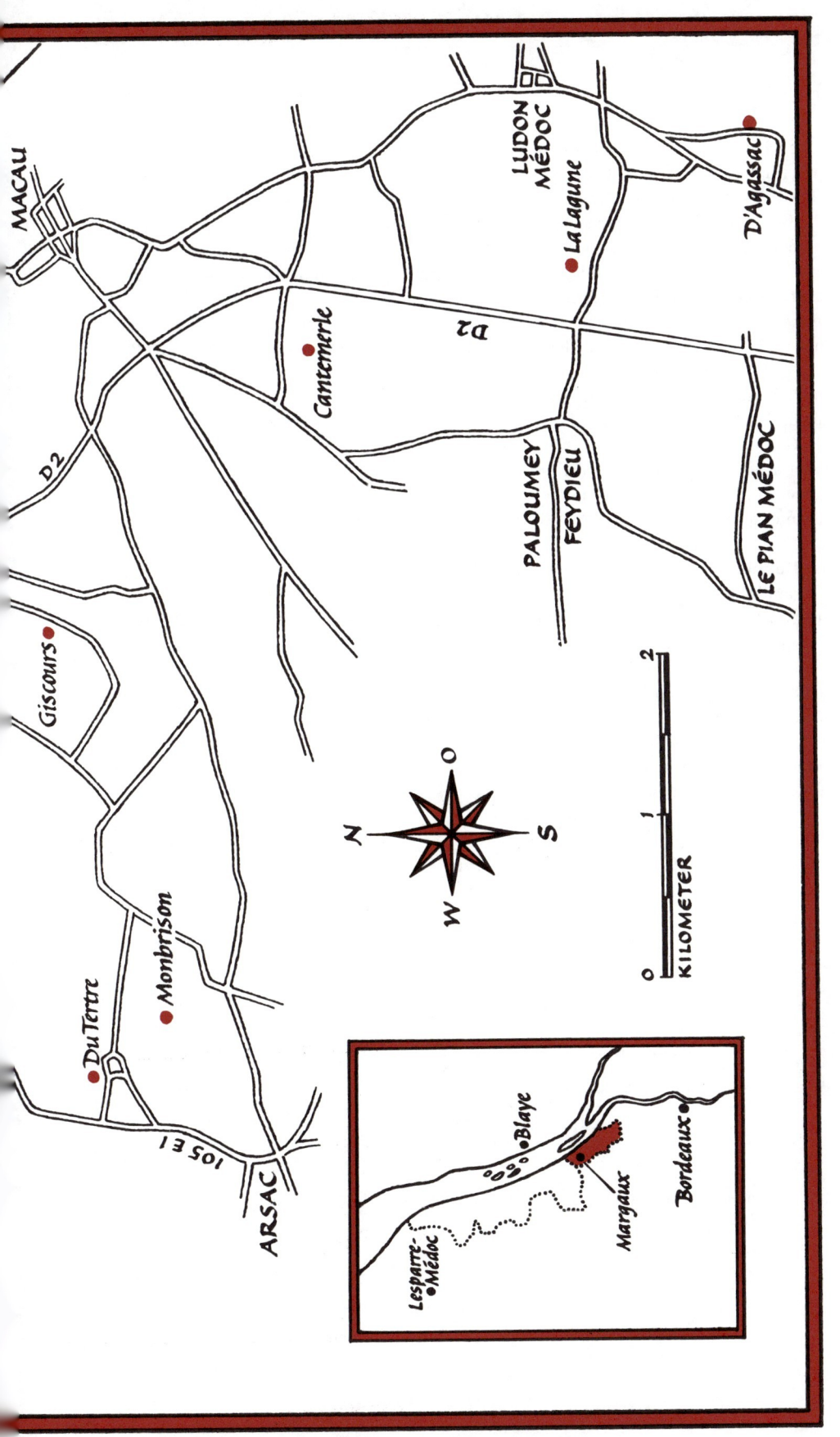

befindliche Château Marquis-de-Terme mit dem Jahrgang 1983 wieder interessantere Weine – mit die reichhaltigsten der Appellation – hervorzubringen.

Von den Crus Bourgeois in Margaux sind es nach Meinung der meisten Beobachter drei Güter, die beständig feinen, typisch eleganten, duftigen, aromatischen Wein produzieren: Angludet, Labégorce-Zédé und Siran. Den robustesten und vollsten Wein von diesen dreien bringt Labégorce-Zédé hervor, den maskulinsten und tanninreichsten Siran und den geschmeidigsten und charmantesten Angludet.

Schließlich befinden sich südlich der Appellationsgrenzen von Margaux noch zwei größere Weingüter und Crus Classés mit exzellenten Weinen: Der La Lagune – einer meiner Lieblingsweine – ist stets brillant bereitet und erinnert oft an einen Pomerol oder auch an einen Burgunder, jedenfalls ist er immer köstlich voll, rund, fruchtig und komplex; seine Qualität ist sehr beständig und der Preis überraschend vernünftig. Das zweite bedeutende Château im südlichen Médoc ist Cantemerle, das nach einer Zeit der Ungleichmäßigkeit am Ende der siebziger Jahre nun wieder superben Wein bieten kann, wobei der 1983er und der 1989er seine Leistungen krönen. Sowohl der La Lagune als auch der Cantemerle werden – zweifellos weil sie nicht in die berühmte Appellation Margaux fallen – im Preisgefüge von Bordeaux beträchtlich unterbewertet.

In Margaux und im südlichen Médoc fallen die Jahrgänge oft ganz anders aus als etwa in St-Julien, Pauillac und St-Estèphe, die ja ein gutes Stück weiter nördlich liegen. Jedenfalls sollte man in ungünstigen Jahrgängen hier nicht nach guten Weinen suchen. Der leichte Boden bringt in regnerischen Jahren meist dünnen Wein hervor, jedoch gibt es immer Ausnahmen. Aber auch in extrem trockenen, ja dürren Sommern werden durch den Regenmangel diejenigen Weinberge beeinträchtigt, die einen hohen Rebbestandsanteil an Cabernet Sauvignon auf stark durchlässigen Kiesbetten tragen, so daß sich der Reifevorgang verzögert und die Trauben zugleich ausdörren. Hieraus erklärt sich auch, warum die Jahre 1982, 1989 und 1990 in Margaux weniger Erfolg brachten als im nördlichen Médoc. Die feinsten Margaux-Jahrgänge sind 1996, 1995, 1986, 1983, 1979, 1978, 1970, 1966 und 1961.

Margaux und das südliche Médoc
(aus Insider-Sicht)

Potential allgemein: mittel bis hervorragend

Am langlebigsten: Château Margaux, Palmer, Rauzan-Ségla

Am elegantesten: Cantemerle, Malescot St-Exupéry, Château Margaux, Palmer

Am konzentriertesten: Château Margaux, Rauzan-Ségla

Bestes Preis/Leistungs-Verhältnis: Angludet, Cantemerle, Dauzac, La Lagune, du Tertre

Am exotischsten: Palmer

Am schwersten zu ergründen (in der Jugend): Rauzan-Ségla

Am meisten unterbewertet: La Lagune, Malescot St-Exupéry, du Tertre

Jung am besten zu trinken: La Lagune, Palmer

Aufstrebende Weingüter: Dauzac, Kirwan, Malescot St-Exupéry

Die großartigsten neueren Jahrgänge: 1996, 1990, 1983, 1961

Margaux im Überblick

Lage: Margaux ist die südlichste der 4 wichtigsten Appellationen im Médoc; es liegt links der Gironde, etwa 20 km nördlich der Stadt Bordeaux

Rebfläche: 1340 ha

Gemeinden: Arsac, Cantenac, Labarde, Margaux, Soussans

Durchschnittliche Jahresproduktion: 640 000 Kisten

Crus Classés: Insgesamt 21: 10 in der Gemarkung Margaux, 8 in der Gemarkung Cantenac, 2 in der Gemarkung Labarde und 1 in der Gemarkung Arsac; die Appellation verfügt über 1 Premier Cru, 5 Deuxièmes Crus, 10 Troisièmes Crus, 4 Quatrièmes Crus und 2 Cinquièmes Crus. 25 Crus Bourgeois

Hauptrebsorten: Cabernet Sauvignon, gefolgt von Merlot, Petit Verdot und in geringen Mengen Cabernet Franc

Hauptbodenarten: Allgemein hat die große, unterschiedliche Appellation eine dünne Bodenauflage; die besten Weinberge in Ufernähe sind mit feinem Kiesboden, ähnlich wie in Pessac-Léognan ausgestattet. Weiter landeinwärts kommen verstärkt Lehm und Sand vor.

Verbrauchergerechte Klassifizierung der Châteaux von Margaux und im südlichen Médoc

HERVORRAGEND
Margaux
Palmer
Rauzan-Ségla (seit 1983)

AUSGEZEICHNET
La Lagune
Malescot St-Exupéry (seit 1990)

SEHR GUT
Angludet, Cantemerle, Marquis-de-Terme, Prieuré-Lichine, du Tertre

GUT
Brane-Cantenac, Cantenac-Brown, Charmant, Dauzac, Durfort-Vivens, Giscours, La Gurgue, Kirwan, Labégorce-Zédé, Larruau, Lascombes, Marsac-Séguineau, Monbrison, Siran

Weitere beachtenswerte Weingüter in Margaux und im südlichen Médoc

Château d'Arsac, Bel-Air-Marquis d'Aligre, Boyd-Cantenac, Desmirail, Deyrem-Valentin, Ferrière, La Galiane, Haut Breton-Larigaudière, d'Issan, Labégorce, Marquis d'Alesme-Becker, Martinens, Montgravey, Paveil-de-Luze, Pontac-Lynch, Pontet-Chappaz, Pouget, Rauzan-Gassies, Tayac, La Tour de Bessan, La Tour-de-Mons, Trois Chardons, Les Vimières-Le Tronquera

ANGLUDET
Cru Bourgeois seit 1932

SEHR GUT

Lage der Weinberge: Cantenac und Arsac

Besitzer: Peter Sichel
Adresse: 33460 Cantenac
Postanschrift: wie oben
Telefon: 33 5 57 88 71 41 – Telefax: 33 5 57 88 72 52

Besuche: nur nach Vereinbarung
Kontaktperson: Marie Pierre oder Benjamin Sichel

WEINBERGE (Rotwein)

Rebfläche: 32 ha

Durchschnittliches Rebenalter: 25 Jahre

Rebbestand: 55 % Cabernet Sauvignon, 35 % Merlot, 10 % Petit Verdot

Pflanzdichte: 6666 Reben/ha

Ertrag (im Durchschnitt der letzten 5 Jahre): 46 hl/ha

Durchschnittliche Jahresproduktion insgesamt: 14 000 – 15 000 Kisten

GRAND VIN

Name: Château Angludet

Appellation: Margaux

Durchschnittliche Jahresproduktion: 120 000 Flaschen

Verarbeitung und Ausbau: Maschinelle Lese. Vinifikation 21 bis 40 Tage, je nach Jahrgang, in Zementtanks bei 28 bis 32 °C. Abstich im Dezember, dann 12 Monate Ausbau in zu 20 % neuen Eichenfässern, anschließend weitere 5 Monate im Tank bis zur Abfüllung. Der Wein wird geschönt, aber nicht gefiltert.

ZWEITWEIN

Name: La Ferme d'Angludet

Durchschnittliche Jahresproduktion: 20 000 bis 30 000 Flaschen

Beurteilung des derzeitigen Rangs: Entspricht qualitativ einem 5ème Cru

Genußreife: 6 bis 18 Jahre nach dem Jahrgangsdatum

Peter A. Sichel (verstorben Anfang 1998) war eine facettenreiche Persönlichkeit – nicht nur ein hochangesehener Weinmakler in Bordeaux, sondern auch Vorsitzender der Union des Grands Crus, die sich die Förderung des Weinbaus in Bordeaux zur Aufgabe macht, des weiteren Mitbesitzer des berühmten Château Palmer in Margaux und der Besitzer von Château Angludet, das ihm auch als Wohnsitz diente.

Er erwarb dieses Gut 1961 in kläglichem Zustand und führte es aus völliger Vergessenheit, in die es nach dem 2. Weltkrieg geraten war, zu internationalem Ruhm. Das Château liegt in der Südwestecke der Appellation Margaux auf einem Plateau namens Le Grand Poujeau, in das es

MARGAUX UND DAS SÜDLICHE MEDOC

sich mit den Châteaux Giscours und de Tertre teilt. Unbestreitbar ist der Wein von Angludet oft besser als manche der illustreren Nachbarn in der Appellation Margaux.

Das Gut hat selbst für in Bordeaux gültige Maßstäbe eine lange Geschichte, die sich bis zum Anfang des 14. Jahrhunderts zurückverfolgen läßt. Sein Wein hatte immer einen guten Ruf; der Name erscheint mehrfach in Berichten aus dem 16. bis ins 18. Jahrhundert, doch als die berühmte Klassifizierung von 1855 aufgestellt wurde, befand es sich in schlechtem Zustand – oft wird gesagt, daß es deshalb nicht in die Klassifizierung aufgenommen wurde.

Seit dem Anfang der achtziger Jahre schwingen sich die Weine von Angludet von einem Höhepunkt zum anderen. Das stimmt mit der Tatsache überein, daß ein großer Teil des Rebbestands am Anfang der sechziger Jahre neu angepflanzt worden war. Heute zeichnet sich dieser Wein eindeutig durch Cru-Classé-Qualität aus, doch sein Preis ist bescheiden geblieben. Die Jahrgänge vor 1978 sind meist nicht besonders markant, seither aber hat es wunderbare, ja ganz ausgezeichnete Weine gegeben, darunter den superben 1983er und den exzellenten 1986er und 1989er.

JAHRGÄNGE

1997 • 87-89+   Der 1997er, Sichels letzter Jahrgang, verspricht Aufregendes, denn er gestaltete ihn zu einem der feinsten Weine aus diesem Jahr. Eindrucksvoll sattes Schwarzpurpurrot geht einher mit einem exzellenten, blumigen Aroma, das Düfte von Brombeeren, Cassis-Likör und Toast aufweist. Im Mund präsentiert sich der mittelschwere Wein im wesentlichen elegant mit schöner Milde, gutem Extrakt, Nachhaltigkeit und vor allem makelloser Harmonie. Er wird sich eine höhere Punktnote verdienen, wenn er sich im Faß positiv entwickelt – ein eindrucksvoll bereiteter Bordeaux, der einen beachtlichen Nachruf für seinen verstorbenen Herrn darstellt. Voraussichtliche Genußreife: 2002 bis 2012. Letzte Verkostung: 3/98.

1996 • 88-90   Der 1996er Angludet, ein Schlager seines Jahrgangs, zeigt tiefdunkles Purpurrot sowie ein kraftvolles, reiches Aroma von schwarzen Johannisbeeren mit Zedernholz, grünem Tabak, Süßholz und Erde im Hintergrund. Der dichte, in sich zurückgezogene, für das Château untypisch wuchtige und unentwickelte, tanninreiche, dabei eindrucksvoll ausgestattete Wein weist eine lange Lebenslinie auf.
Voraussichtliche Genußreife: 2001 bis 2015. Letzte Verkostung: 3/98.

1995 • 88   Im Gegensatz zum wuchtigen, tanninreichen 1996er ist der 1995er ein seidiger, geschmeidiger, charmanter, entgegenkommender Wein, der weit über seinem Rang als Cru Bourgeois steht. Die Farbe ist ein gesundes, sattes, tiefes Rubinpurpurrot. Das Aroma bietet reichliche, füllige, schwarze Frucht, verwoben mit subtilen Nuancen von Kräutern, Gewürzen und Toast. Im Mund zeigt der Wein exzellente Fülle, eine vielschichtige, mittelschwere Persönlichkeit, schön verdecktes Tannin sowie feine Säure und hedonistische Art – ein Schlager seines Jahrgangs.
Voraussichtliche Genußreife: Jetzt bis 2010. Letzte Verkostung: 11/97.

1994 • 84?   Der 1994er Angludet besitzt attraktive Brombeerfrucht, aber seit der Abfüllung scheint er sich in ein Gehäuse zurückgezogen zu haben; er zeigt strenges, adstringierendes Tannin, das die fragil konzentrierte Fülle und Reife dieses Weins überdeckt, so daß er bei mittlerem Körper zwar würzig, aber sehr karg wirkt. Ob er seine Form von vor der Abfüllung wiedergewinnen wird? Letzte Verkostung: 1/97.

1993 • 76   Dieser mittelrubinrote Wein präsentiert sich mit leichtem Körper, deutlicher Wässerigkeit und hartem Tannin – eine enttäuschende Leistung aus diesem sonst so fähigen Weingut.
Letzte Verkostung: 1/97.

1992 • 73   Ein großer Teil der kräuterwürzigen Frucht hat das Schönen, Filtern und Abfüllen nicht überlebt. Helles Rubinrot und verwaschene Hohlheit kennzeichnen diese überraschend schwache Leistung. Der 1992er will in den nächsten 3 bis 4 Jahren getrunken sein.
Letzte Verkostung: 11/94.

1991 • 74   Der überaus grasige, leichte, flache 1991er hätte mehr Substanz und Charakter nötig.
Letzte Verkostung: 1/94.

1990 • 85   Der 1990er von Angludet reicht an den 1989er heran, nur hat er nicht die süße Frucht und Opulenz des Vorgängers. Dessenungeachtet ist der 1990er ein feiner Wein. Er zeigt tiefe Farbe, reiche, kräuterwürzige Frucht, mittleren Körper und im Abgang kräftige Substanz.
Voraussichtliche Genußreife: Jetzt bis 2005. Letzte Verkostung: 1/93.

1989 • 87   Der 1989er Angludet ist einer der besten Weine dieses Guts seit dem exzellenten 1983er, jedoch scheint er nicht die erforderliche Substanz zu haben, die ihn über diesen hinausheben könnte. Er ist füllig, behäbig, intensiv fruchtig, hat schöne rubinrote Farbe, geschmeidige Art, kräftigen Alkohol und mildes Tannin.
Voraussichtliche Genußreife: Jetzt bis 2002. Letzte Verkostung: 4/91.

1988 • 81   Der 1988er ist ein sehniger, überraschend leichter Wein mit mittlerem Körper, geringem Extrakt und Tannin bei schlichtem, solidem, aber nicht gerade aufregendem Geschmack.
Voraussichtliche Genußreife: Jetzt. Letzte Verkostung: 4/91.

1987 • 84   Ein köstlicher Wein, der aber um 1993 getrunken werden sollte. Er zeigt schöne Reife, leichten bis mittleren Körper, sehr mildes Tannin und einen angenehmen, glatten Abgang. Man erkennt sofort, daß dieser Angludet-Jahrgang dem Merlot die attraktive, charmante Geschmeidigkeit und eingängige Art verdankt.
Voraussichtliche Genußreife: Jetzt. Letzte Verkostung: 11/90.

1986 • 86   Der dunkelrubinrote 1986er mit seinem attraktiven, eichenholzwürzigen Pflaumenaroma und mittelschwerem Körper zeigt aggressives Tannin und gute Geschmackstiefe, er wird sich über längere Zeit schön trinken.
Voraussichtliche Genußreife: Jetzt bis 2000. Letzte Verkostung: 11/90.

1985 • 83   Dem 1985er Angludet fehlt es an Tiefe, vielmehr weist der Geschmack in der Mitte eine gewisse Leere auf. Ansonsten aber zeigt er gute Farbe, ein aufgeschlossenes, würziges Pflaumenbukett, milden Geschmack bei mittlerem Körper, feine, reife Beerenfrucht sowie leichtes Tannin im Abgang.
Voraussichtliche Genußreife: Jetzt. Letzte Verkostung: 11/90.

1983 • 88   Der 1983er hat sich wunderschön entfaltet und ist inzwischen voll ausgereift. Seine tief dunkel granatrote Farbe zeigt leichte Aufhellung am Rand. Dieser für einen Angludet untypisch kraftvolle Wein weist ein reichhaltiges Bukett mit Noten von Süßholz, Fenchel, Brombeeren und Cassis mit erdigen Untertönen auf – ein körperreicher, fleischiger, vollmundiger 1988er, der durch Wucht, Reife und Extraktfülle beeindruckt.
Voraussichtliche Genußreife: Jetzt bis 2006. Letzte Verkostung: 8/97.

1982 • 83   Dieser Angludet-Jahrgang war schon bei seiner Freigabe genießbar und hat es fertiggebracht, seine Frucht zum großen Teil zu bewahren. Besser wird er freilich nicht mehr, deshalb will er in den nächsten Jahren getrunken sein. Bei runder, geschmeidiger Art und leicht bernsteingelbem Saum zeigt der locker gewirkte Wein einiges von der Reife seines Jahrgangs, dazu etwas überdurchschnittliche Tiefe und eingängigen, schlichten Geschmack und Nachklang. Eindrucksvoll war er nie (der 1983er ist bedeutend besser), aber schön trinken läßt sich der 1982er Angludet jetzt.
Letzte Verkostung: 9/95.

1981 • 81   Der mittelrubinrote 1981er mit Bernsteinsaum hat ein relativ straff gewirktes Bukett, das nur zögernd ein Aroma von staubiger Erde, alten Fässern und recht frischer Johannisbeerfrucht freigibt. Auf der Zunge fühlt man die typische Magerkeit und Kompaktheit des Jahrgangs. Dieser sauber bereitete, gefällige Angludet der leichteren Art steht kurz vor seinem Höhepunkt.
Voraussichtliche Genußreife: Jetzt. Letzte Verkostung: 11/90.

1978 • 85   Der voll ausgereifte 1978er mit seinem kräftigen, würzigen, reichhaltigen Pflaumenbukett ist solid gebaut und hat relativ füllige, intensive Art; er hat sein Tannin abgelegt und sollte nun getrunken werden.
Voraussichtliche Genußreife: Jetzt. Letzte Verkostung: 11/90.

1975 • 70 Ich habe mich endlich durch alle Flaschen dieses Weins, die ich gekauft habe, durchgearbeitet, aber keine hat mir Genuß bereitet. Die letzte Flasche bestätigte, was alle anderen schon aussagten – ein Wein mit zuviel Tannin zuwenig Frucht und hohle, ausgemergelte Art. Die dunkel granatrote Farbe zeigt etwas Rostrot am Rand, das Bukett mit erdigen Noten von Weihrauch und getrockneten Kräutern verspricht einiges, aber im Mund übertäubt das scharfe Tannin die spärliche Frucht. Dieser Wein wird in den nächsten Jahren nur noch weiter abmagern. Voraussichtliche Genußreife: Jetzt. Letzte Verkostung: 10/97.

BOYD-CANTENAC
3ème Cru seit 1855

Lage der Weinberge: Cantenac

Besitzer: G.F.A. du Château Boyd-Cantenac
Adresse: 33460 Cantenac
Postanschrift: wie oben
Telefon: 33 5 57 88 90 82 oder 33 5 57 88 30 58 – Telefax: 33 5 57 88 33 27

Besuche: nur nach Vereinbarung
Kontaktperson: L. Guillemet

WEINBERGE (Rotwein)

Rebfläche: 17 ha

Durchschnittliches Rebenalter: 35 Jahre

Rebbestand: 66% Cabernet Sauvignon, 22% Merlot, 8% Petit Verdot, 4% Cabernet Franc

Pflanzdichte: 10 000 Reben/ha

Ertrag (im Durchschnitt der letzten 5 Jahre): 42 hl/ha

GRAND VIN

Name: Château Boyd-Cantenac

Appellation: Margaux

Durchschnittliche Jahresproduktion: 5000 bis 6000 Kisten

Verarbeitung und Ausbau: Lese von Hand und maschinell. Gärung und Maischung sind ausgedehnt und finden in kunstharzbeschichteten Zementtanks statt. Ausbau in zu 50% neuen Eichenfässern. Der Wein wird geschönt und bei der Abfüllung gefiltert.

ZWEITWEIN

Name: La Tour Hassac

Jahresproduktion: 1000 bis 2500 Kisten je nach Jahrgang

Beurteilung des derzeitigen Rangs: Abstufung zum Cru Bourgeois wäre zu empfehlen

Genußreife: 8 bis 20 Jahre nach dem Jahrgangsdatum

Dieses Château ist betrüblich unbeständig und verdient seinen Rang als 3ème Cru leider nicht mehr. Es gehört wie das Nachbar-Château Pouget seit Anfang der dreißiger Jahre der Familie Guillemet. Der heutige Besitzer wohnt im Château Pouget, denn Boyd-Cantenac hat kein eigenes Château, und die Weine werden in einer Lagerhalle neben Pouget bereitet und ausgebaut.

voll, duftig, an reife schwarze Kirschen erinnernd, der Geschmack ölig, füllig, vollmundig, der Körper kräftig und das Tannin gemäßigt.
Voraussichtliche Genußreife: Jetzt bis 2005. Letzte Verkostung: 1/90.

BRANE-CANTENAC
2ème Cru

GUT

Besitzer: Lucien Lurton

WEINBERGE (Rotwein)

Rebfläche: 84 ha

Durchschnittliches Rebenalter: 25 Jahre

Rebbestand: 70% Cabernet Sauvignon, 15% Merlot, 13% Cabernet Franc, 2% Petit Verdot

GRAND VIN

Name: Château Brane-Cantenac

Appellation: Margaux

Durchschnittliche Jahresproduktion: 30000 bis 35000 Kisten

Verarbeitung und Ausbau: 18 bis 20 Monate Faßausbau

ZWEITWEINE

Name: Château Notton und Domaine de Fontarney

Beurteilung des derzeitigen Rangs: Abstufung zum 5ème Cru wäre zu empfehlen, obwohl sich die Qualität seit 1982 gebessert hat

Genußreife: 5 bis 15 Jahre nach dem Jahrgangsdatum

Brane-Cantenac befindet sich im Besitz einer der bekanntesten Weinerzeugerfamilien von Bordeaux. Lucien Lurton und seine Frau bewohnen das bescheidene Château, dessen Geschichte im Weinbau auf den Anfang des 18. Jh. zurückgeht. Das Weingut genoß am Anfang des 19. Jh. einen guten Ruf – damals war es im Besitz des Barons de Branne, nach dem es benannt ist und dem auch das heute als Mouton-Rothschild bekannte und berühmte Château in Pauillac gehörte. Er war ein hochangesehener Weinbaufachmann mit so guten politischen Beziehungen, daß Brane-Cantenac in der Klassifizierung von 1855 als 2ème Cru eingestuft wurde, obwohl Skeptiker schon damals behaupteten, die Weine dieses Guts verdienten keinen so hohen Rang. Die überaus verzweigte Winzerfamilie Lurton, zu der auch Luciens Bruder André mit seinen großen Besitzungen in Graves und Entre-Deux-Mers gehört, dürfte mit zehn Kindern wohl als die größte der Region gelten.

Die umfangreichen Weinberge von Brane-Cantenac – einem der größten Weingüter im Médoc – liegen westlich des Dorfs Cantenac, ziemlich weit entfernt von der Gironde. Die umfangreiche Produktion und die liebenswürdige, charmante Art des Besitzers Lucien Lurton haben dem Wein in der ganzen Welt ein hohes Maß an kommerziellem Erfolg beschert, und zwar trotz einer längeren Periode der Mittelmäßigkeit, die zwischen 1967 und 1981 am stärksten ausgeprägt war. Merkwürdigerweise schauten die meisten Weinpublizisten in dieser Zeit einfach weg, anstatt die offenkundigen Mängel der Brane-Cantenac-Weine kritisch zu beleuchten. Die augenfälligsten Probleme in dieser Zeit des Niedergangs bestanden in allzu leichter Art und störendem Bauernhofaroma. Es läßt sich nur spekulieren, daß an diesen Mängeln ungenügende Auslese sowie nachlässige, unsaubere Kellermethoden schuld gewesen sein dürften.

In den achtziger Jahren hat sich die unbeständige Art von Brane-Cantenac gebessert. Auch auf dem erneuerten Qualitätsniveau stellen sich die Weine des Guts in aufgeschlossenem, mildem, fruchtigem Stil dar und sind deshalb schon in jungen Jahren genußreif. Die neueren Jahrgänge waren schon 5 bis 6 Jahre nach der Abfüllung ausgereift.

JAHRGÄNGE

1995 • 86   Der 1995er zeigt dunkles Rubinpurpurrot, milde Säure, gute Reife, mittleren Körper und attraktive, erdige rote Frucht in Duft und Geschmack. Der kurze, deutlich tanninherbe Abgang läßt darauf schließen, daß dieser Wein 10 bis 12 Jahre vor sich hat – eine eher ordentliche als begeisternde Leistung für diesen Jahrgang. Letzte Verkostung: 3/96.

1994 • 82?   Dieser mäßig tief rubinrote Wein hat im Aroma verbrannte Erde, geröstete Kräuter, Gewürze und rote Johannisbeeren. Im Mund erkennt man einige negative Merkmale des Jahrgangs 1994, z. B. adstringierendes Tannin und Mangel an Fett und Reife. Dessenungeachtet zeigt der Wein eingangs gute Frucht, mäßige Säure und einen trockenen, kargen Abgang. Voraussichtliche Genußreife: 2000 bis 2008. Letzte Verkostung: 3/97.

1993 • 72   Ich habe nur selten Gelegenheit, den Brane-Cantenac vor der Abfüllung zu kosten. Beim 1993er ergab die Faßprobe einen hohlen, verwässerten Wein mit starker Säure, kräuterhafter, verwaschener Frucht, dazu mittelschwere, äußerst tanninstrenge Art.
Letzte Verkostung: 11/94.

1990 • 88   Dieser dunkel rubinrote Wein – eine starke Leistung für Brane-Cantenac – zeigt ein süßes Bukett von fülligen schwarzen Kirschen und Johannisbeeren, verwoben mit Kräuter- und Erdenuancen. Der mittelschwere Wein bringt die Reife, die milde Säure und die Vollmundigkeit aus der trockenen heißen Wachstumssaison, die den 1990er geformt hat, schön zur Geltung. Er ist bereits zugänglich und gewährt einigen Genuß.
Voraussichtliche Genußreife: Jetzt bis 2008. Letzte Verkostung: 3/97.

1989 • 88   Ich finde den 1989er Brane-Cantenac dem 1982er ähnlich, nur alkoholstärker und säureärmer mit locker strukturiertem, doch kraftvollem, konzentriertem, fruchtigem Geschmack. Reichlich frisches Eichenholz hat diesem Wein die dringend benötigte Form und Kontur verliehen. Es fehlt ihm zwar an Finesse, dafür aber bietet er kräftige, schmackhafte, vollmundige und saftige Frucht bei alkoholstarkem Abgang.
Voraussichtliche Genußreife: Jetzt bis 2004. Letzte Verkostung: 1/93.

1988 • 77   Der dunkel rubinrote 1988er ist intensiv kräuterhaft, was darauf schließen läßt, daß der Cabernet Sauvignon zu früh geerntet wurde. Der mittelschwere Wein, dem es an Konzentration und Klasse mangelt, stellt wiederum eine nichtssagende Leistung dieses immer wieder unter seiner Form bleibenden Guts dar. Er sollte in den nächsten 3 bis 4 Jahren getrunken werden. Letzte Verkostung: 1/93.

1986 • 88   Der 1986er Brane-Cantenac hat wundervolle Opulenz und Fülle, eine Überraschung angesichts der tanninstrengen Art, die viele 1986er aus dem Médoc an den Tag legen. Es besteht jedoch kein Zweifel an seiner Entfaltungsfähigkeit – dafür hat er reichlich Tannin. Der körperreiche, eindrucksvolle Wein zeigt schöne Reife sowie im Geschmack Tiefe, Nachhaltigkeit und exzellente Ausgewogenheit. Neben dem 1983er ist er der beste Wein aus diesem Château seit 1961.
Voraussichtliche Genußreife: Jetzt bis 2008. Letzte Verkostung: 10/90.

1985 • 87   Der 1985er Brane-Cantenac mit seiner saftigen, aufgeschlossenen, süß verführerischen Art strömt über von Düften von Eichenholz und samtiger, hochreifer Frucht. Man könnte

zwar behaupten, man hätte von ihm mehr Biß und Tannin erwarten dürfen, aber der Stil des Jahrgangs ist in diesem attraktiven, frühreifen, schmackhaften Wein schön umrissen.
Voraussichtliche Genußreife: Jetzt. Letzte Verkostung: 10/90.

1984 • 73 Der 1984er ist hell- bis mittelrubinrot, sehr würzig und kräuterduftig, aber auch fruchtig und mild – ideal für baldigen Genuß.
Voraussichtliche Genußreife: Jetzt. Letzte Verkostung: 11/89.

1983 • 89 Der aufgeschlossene, verführerische, wohlschmeckende 1983er Brane-Cantenac hat ein duftiges Bukett mit Noten von Pflaumen, Kaffee und Schokolade, dazu liebliche, saftige, runde Art, leichtes bis mäßiges Tannin und einen langen, ausdruckskräftigen Abgang. Mit seiner köstlichen, generösen Geschmacksfülle hat sich dieser Wein rasch entwickelt, dürfte sich aber noch über ein weiteres Jahrzehnt hinweg entfalten.
Voraussichtliche Genußreife: Jetzt bis 1999. Letzte Verkostung: 2/91.

1982 • 76 Abgesehen von einem fäkalischen, an Mist erinnernden Geruch bietet dieser Wein voll ausgereifte, süße, füllige Frucht mit Kräuternuance bei mittlerem Körper und geschmeidiger Art. Nach Ablüften wird der Geruch erträglicher, aber ein sauberer Wein ist das nicht, denn trotz seiner sanften, plüschweichen Persönlichkeit wirkt er zu faulig und abstoßend, als daß er wirklich ein Genuß wäre. Letzte Verkostung: 9/95.

1981 • 82 Ein charmanter, milder, fruchtiger, schlichter Wein mit mittlerem Körper und einem sauberen, nicht weiter markanten Abgang.
Voraussichtliche Genußreife: Jetzt – vermutlich im Nachlassen. Letzte Verkostung: 6/87.

1980 • 74 Der helle, mit einem wenig aussagekräftigen, schwach fruchtigen Aroma versehene, leichte Wein zeigt einen flachen, aber sauberen, fruchtigen Geschmack und einen kurzen Abgang. Er muß baldigst ausgetrunken werden.
Voraussichtliche Genußreife: Jetzt – wahrscheinlich stark im Nachlassen.
Letzte Verkostung: 10/84.

1979 • 75 Der 1979er ist mittelrubinrot und zeigt ein kräuterwürziges, etwas stumpfes, inzwischen verwaschenes Bukett, mittleren Körper und milde Art; inzwischen beginnt dieser Wein auszutrocknen.
Voraussichtliche Genußreife: Jetzt – vermutlich im Nachlassen. Letzte Verkostung: 6/87.

1978 • 82 Der 1978er ist ein bescheidener Erfolg aus einer Zeit, als die Weine von Brane-Cantenac oft enttäuschten. Mittelrubinrote Farbe, ein mäßig intensives erdiges Beerenbukett, sehr milder, runder, voller Geschmack bei wenig Säure und Tannin kennzeichnen diesen voll ausgereiften Brane-Cantenac.
Voraussichtliche Genußreife: Jetzt – vermutlich im Nachlassen. Letzte Verkostung: 11/87.

1977 • 67 Der leichte, schwach fruchtige Wein mit flachem, etwas kräuterwürzigem Geschmack und mittlerem Körper ist mittelrubinrot und hat im Abgang ein gewisses Maß an Tannin. Er muß ausgetrunken werden.
Voraussichtliche Genußreife: Jetzt – wahrscheinlich stark im Nachlassen. Letzte Verkostung: 4/81.

1976 • 65 Der inzwischen verblassende, mit erheblicher Braunfärbung am Rand aufwartende, locker gewirkte Wein hat Mangel an Festigkeit, Konzentration und Struktur. Sein runder, angenehmer, milder, etwas flauer, fruchtiger Geschmack ist mit der Zeit immer konturenärmer geworden, dafür tritt der unsaubere Bauernhofcharakter deutlicher in Erscheinung. Austrinken.
Voraussichtliche Genußreife: Jetzt – wahrscheinlich stark im Nachlassen.
Letzte Verkostung: 11/87.

1975 • 83 Der vollreife 1975er Brane-Cantenac zeigt ein generöses, erdiges, würziges Bukett mit Düften von Leder und Waldpilzen, lieblichen, relativ mild-fruchtigen Geschmack, mittleren Körper und angemessene Nachhaltigkeit.
Voraussichtliche Genußreife: Jetzt – vermutlich stark im Nachlassen. Letzte Verkostung: 11/87.

1971 • 62 Unreine Bauernhofgerüche herrschen vor. Auf der Zunge zeigt sich der 1971er diffus, dürftig, sehr tanninherb und mager bei schwächlicher Konstitution – ein kaum schmackhaft zu nennender Wein, den man am besten meiden sollte. Letzte Verkostung: 3/84.

1970 • 85? Nachdem die erste Ausgabe meines Buchs *Bordeaux* erschienen war, gingen mir mehrere Briefe von Lesern zu, die meine unfreundliche Beurteilung des 1970er Brane-Cantenac (ich gab ihm 65 Punkte und nannte ihn betrüblich dürftig) nicht übereinstimmend mit ihrer eigenen Erfahrung fanden. Inzwischen habe ich an einer Weinprobe in Bordeaux teilgenommen, bei der dieser Wein im Rahmen einer Verkostung des Jahrgangs 1970 präsentiert wurde. Zwei der drei Flaschen zeigten tief rubinrote Farbe, einen würzigen, kräuterhaft erdigen Duft (und nicht den von mir beschriebenen unreinen Bauernhofgeruch) sowie mittleren Körper bei mildem, relativ konzentriertem Abgang. Die dritte Flasche war bei weitem nicht so gut wie die beiden anderen, aber auch bei weitem nicht so schlecht wie der 1970er Brane-Cantenac, den ich in der Ausgabe 1985 meines Buchs beschrieben hatte. Aus unerfindlichen Gründen scheint in diesem Jahrgang große Unterschiedlichkeit von einer Flasche zur anderen zu herrschen; die besseren Exemplare verdienen ohne weiteres eine Note um 85, die schlechten Exemplare dagegen sind höchst beklagenswert.
Voraussichtliche Genußreife: Jetzt. Letzte Verkostung: 3/89.

CANTEMERLE
5ème Cru seit 1855

SEHR GUT

Lage der Weinberge: Macau-Ludon

Besitzer: S.M.A.B.T.P.
Adresse: 1, Chemin Guittot, 33460 Macau
Postanschrift: c/o Château Cantemerle, 33460 Macau
Telefon: 33 5 57 97 02 82 – Telefax: 33 5 57 97 02 84

Besuche: nur nach Vereinbarung
Kontaktperson: Ph. Dambrine

WEINBERGE (Rotwein)

Rebfläche: 66 ha

Durchschnittliches Rebenalter: 20 Jahre

Rebbestand: 40% Cabernet Sauvignon, 40% Merlot, 10% Cabernet Franc, 10% Petit Verdot

Pflanzdichte: 9600 Reben/ha

Ertrag (im Durchschnitt der letzten 5 Jahre): 55 hl/ha

Durchschnittliche Jahresproduktion insgesamt: 490 000 Flaschen

GRAND VIN

Name: Château Cantemerle

Appellation: Haut-Médoc

Durchschnittliche Jahresproduktion: 280 000 Flaschen

Verarbeitung und Ausbau: Gärdauer 4 bis 5 Tage (28 bis 32°C), Maischdauer rund 30 Tage (25 bis 27°C) in 125-hl-Holzfässern. Täglich zweimaliges Umpumpen. Malolaktische Säureumwandlung bei 20% des Ertrags (Merlot) in Eichenfässern. 12 Monate Ausbau in zu 30% neuen Eichenfässern in einem klimatisierten Keller bei 13 bis 17°C. Abstich alle 4 Monate, leichte Schönung mit Eiweiß, anschließend *assemblage* und 2 weitere Monate Ruhezeit.
Kein Filtrieren.

MARGAUX UND DAS SÜDLICHE MEDOC

ZWEITWEIN

Name: Le Baron de Cantemerle

Durchschnittliche Jahresproduktion: 200 000 Flaschen

Beurteilung des derzeitigen Rangs: Aufstufung zum 3ème Cru wäre zu empfehlen

Genußreife: 5 bis 18 Jahre nach dem Jahrgangsdatum

Das schöne Château Cantemerle steht in einem dicht bewaldeten Park direkt an der berühmten D2 (der Hauptverkehrsstraße von Bordeaux in das Médoc). Seine Weinbaugeschichte geht bis ins 16. Jahrhundert zurück. Im größten Teil unseres Jahrhunderts gehörte es der Familie Dubos, die mit herrlich duftigen, elegant gestalteten Weinen die Reputation dieses Weinguts aufgerichtet hat. Finanzielle Probleme und Familienstreitigkeiten führten schließlich 1980 zum Verkauf von Cantemerle an ein Syndikat. In den siebziger Jahren wurde das Gut einigermaßen vernachlässigt, und darunter litt in den Jahrgängen nach 1975 die Weinqualität. Seit der Erwerbung durch das Syndikat wurde Cantemerle vollständig renoviert und kam in den Genuß einer neuen Kellerei, einer neuen Weinbereitungsanlage, eines hochmodernen Probierraums und – was das Wichtigste sein dürfte – verstärkten Qualitätsstrebens.

Vor 1980 gab es überdies viel Unterschiedlichkeit von Flasche zu Flasche, und in manchen Jahrgängen wurden die Weine durch einen moderigen Faßgeruch und Mangel an Frucht beeinträchtigt. Der 1983er und der 1989er sind die besten Weine, die bisher unter der neuen Leitung entstanden, und die Qualität kann nur noch besser werden, wenn der weitgehend erneuerte Rebbestand ein höheres Alter erreicht. Der Stil von Cantemerle zeichnet sich durch volle, geschmeidige Fruchtigkeit und intensives, duftiges Bukett aus. Angesichts des leichteren Bodens in den Weinbergen sowie des hohen Merlot-Anteils wird dieser Wein auch nie ein Schwergewicht werden. In Bestform besitzt der Cantemerle stets ein hohes Maß an Duftigkeit, das ihn schon frühzeitig zu einem unbestreitbaren Genuß macht. Dank der in den achtziger Jahren erzielten Fortschritte verdient das Château heute einen höheren Rang, als es ihm die Klassifizierung von 1855 zugesteht.

JAHRGÄNGE

1996 • 87-90   Eine schöne Leistung von Cantemerle: Der tief rubinpurpurrote 1996er zeigt ein exzellentes Aroma von Maulbeeren, Preiselbeerkompott und Johannisbeeren mit blumigen Nuancen und feinem Vanillin. Im Mund läßt der Wein eingangs volle, süße, reife Frucht, schöne Dichte, moderates Tannin und deutliches Gleichgewicht erkennen. Er verlangt 5 bis 6 Jahre Kellerreife.
Voraussichtliche Genußreife: 2004 bis 2018. Letzte Verkostung: 3/98.
1995 • 86   Der 1995er, der nicht die Tiefe des 1996ers vorweisen kann, zeigt fortgeschrittene mittelrubinrote Farbe bereits mit leichter Aufhellung am Rand. Das pfefferige, kräuterhafte Aroma mit der Frucht roter Johannisbeeren ist zwar gefällig, aber nicht gerade inspirierend. Dem mittelschweren, unkomplizierten Wein fehlt es an der Dimension und Wucht eines Cru Classé der Spitzengruppe. Am besten zu trinken sein wird er zwischen 2001 und 2010.
Letzte Verkostung: 11/97.
1994 • 86   Der tief rubinrote, mit Purpurschimmer versehene 1994er Cantemerle bietet im Aroma süße Beerenfrucht, dazu Noten von frischem Eichenholz und Gras. Im Mund wird mäßige Konzentration und für den Jahrgang guter Körper spürbar, aber auch eine trockene, kantige Persönlichkeit und im Abgang adstringierendes Tannin. Es ist nicht sicher, ob dieser Wein sein Tannin ausreichend abwerfen und völlige Harmonie erlangen kann, aber er ist sauber bereitet und könnte sich als erstaunlich attraktiv erweisen.
Voraussichtliche Genußreife: 2000 bis 2008. Letzte Verkostung: 3/97.

1993 • 87 Ich habe diesen Wein nur einmal verkostet. Er zeigte tiefes Rubinpurpurrot, mehr frisches Eichenholz als bei Cantemerle sonst üblich, bewundernswerte Mengen an voller Cassis-Frucht als Gegengewicht für das beträchtliche Tannin und die feste Struktur sowie einen Kern von Süße und Reife. Dieser elegante, ein wenig karge 1993er wird sich zwischen 2000 und 2010 schön trinken. Letzte Verkostung: 11/94.

1992 • 86 Der tiefdunkle 1992er bietet Aromen von würziger reifer Frucht und Oliven, geschmeidigen, dazu reifen, seidig zarten Geschmack und viel sanfte, unkomplizierte Frucht im Abgang. Dieser elegante Wein sollte in den nächsten 4 bis 6 Jahren getrunken werden.
Letzte Verkostung: 11/94.

1991 • 76 Der ausdrucksschwache 1991er Cantemerle ist enttäuschend, grasig, leicht und im Abgang kurz. Er zeigt zwar Frucht im Geschmack, aber es fehlt ihm an Substanz.
Letzte Verkostung: 1/94.

1990 • 86 Der 1990er bietet sanfte, verführerische, duftige Aromen der entgegenkommenden, gefälligen Art. Mittlerer Körper, üppige Frucht, sanftes Tannin, milde Säure und ein charmanter Abgang zeichnen diesen bereits schön trinkreifen Wein aus.
Voraussichtliche Genußreife: Jetzt bis 1999. Letzte Verkostung: 1/93.

1989 • 91 Ich glaube, der 1989er Cantemerle ist der feinste Wein aus diesem Gut seit den monumentalen Jahrgängen 1983, 1961 und 1953. Der rubinpurpurrote Wein hat ein explosives Bukett von zerdrückten Brombeeren und Veilchen, ein opulentes, luxuriöses Gefüge mit einem Polster von deftigem Alkohol und mildem Tannin.
Voraussichtliche Genußreife: Jetzt bis 2010. Letzte Verkostung: 1/93.

1988 • 86 Der 1988er Cantemerle besitzt hinlänglich hartes, trockenes Tannin, aber anders als mancher andere Médoc auch genug Frucht. Dem hochklassigen Bukett von schwarzer Frucht, Mineralen und Gewürzen ist kaum zu widerstehen. Der mittelschwere, elegante, stilvolle Wein mit Geschmacksnoten von Pflaumen, Mineralen und Kräutern dürfte jetzt bis zum Ende des Jahrhunderts am besten sein. Letzte Verkostung: 1/93.

1986 • 82 Aus unerfindlichen Gründen ist der 1986er ungemein tanninreich, ziemlich karg und kantig – ein nicht gerade straff gebauter Wein, der in innerem Widerstreit mit seiner Frucht zu liegen scheint. Vielleicht entwickelt er sich ja besser, als ich befürchte, aber das Tannin erscheint überwältigend stark.
Voraussichtliche Genußreife: Jetzt. Letzte Verkostung: 4/90.

1985 • 85 Der 1985er ist ein überaus geschliffener, stilvoller und verhaltener Cantemerle – geschmeidig, mittelrubinrot, mit locker gewirktem Bukett von Himbeeren und Eichenholz und mit einem Geschmack, der eher an einen Volnay als an einen Médoc erinnert.
Voraussichtliche Genußreife: Jetzt. Letzte Verkostung: 11/90.

1984 • 79 Der 1984er ist für den Jahrgang ein Erfolg – ein fruchtiger, mittelschwerer, anmutig gebauter Wein, der inzwischen aber getrunken werden sollte.
Voraussichtliche Genußreife: Jetzt. Letzte Verkostung: 3/89.

1983 • 91 Der 1983er – der erste Cantemerle, der in den neuen Kellern bereitet wurde – ist etwas Besonderes und einer der feinsten Weine dieses Jahrgangs. Die Farbe ist dunkel rubinpurpurrot, das Bukett bricht mit Düften von reifen Pflaumen, Blumen und Eichenholz aus dem Glas hervor. Auf der Zunge nimmt sich der Wein geschmeidig und konzentriert aus, der Abgang weist außerordentliche Nachhaltigkeit und mildes Tannin auf – ein Musterbeispiel für den üppigsten und reifsten Stil von Cantemerle. Er hat sich wie die beiden anderen Stars dieses Jahrgangs, Château Margaux und Château Palmer, geradezu im Schneckentempo entwickelt.
Voraussichtliche Genußreife: Jetzt bis 2005. Letzte Verkostung: 9/97.

1982 • 86 Dieser Wein hat sich besser entwickelt, als ich gedacht hätte. Er ist locker gewirkt, mild und eingängig, aber es fehlt ihm an der Konzentration und Opulenz, die für die feinsten Weine dieses Jahrgangs charakteristisch sind. Inzwischen zeigt er etwas Bernsteingelb am Rand, sonst aber weder in der Farbe noch im Aromaprofil die geringsten Anzeichen eines Nachlassens. Das süße Bukett mit Noten von Kräutern, Pfeffer und Beeren geht einher mit gefälliger, mittel-

MARGAUX UND DAS SÜDLICHE MEDOC

schwerer Art, runder, generöser Geschmacksfülle ohne jede Schärfe. Dieser Wein wird zwar nicht mehr besser, trinkt sich aber noch weitere 10 Jahre lang schön. Dem spektakulären, prachtvoll reichhaltigen, jugendfrischen und superkonzentrierten 1983er kann er freilich das Wasser nicht reichen. Letzte Verkostung: 9/95.

1981 • 82   Der 1981er hat rubinrote Farbe, eine ausgeprägte vanillinduftige Eichenholzkomponente im Bukett, reifen cassisfruchtigen Geschmack, mäßiges Tannin und einen ordentlichen Abgang – ein guter, aber relativ magerer, kompakter Wein.
Voraussichtliche Genußreife: Jetzt. Letzte Verkostung: 1/89.

1979 • 82   Der überraschend genußreife 1979er Cantemerle ist charmant fruchtig, mild, angenehm und rund, es scheint ihm aber an Biß und Nachhaltigkeit zu mangeln.
Voraussichtliche Genußreife: Jetzt – vermutlich im Nachlassen. Letzte Verkostung: 2/83.

1978 • 81   Der ziemlich dunkle rubinrote 1978er mit leichtem Bernsteinschimmer am Rand hat inzwischen ein dumpfiges Aroma von alten Fässern angenommen, das den ansonsten würzigen Duft von Zedernholz und schwarzer Frucht beeinträchtigt. Auf der Zunge macht er einen fülligen Eindruck. Die adstringierende Art im Abgang läßt vermuten, daß vielleicht nicht genug Frucht als Gegengewicht zum Tannin vorhanden ist.
Voraussichtliche Genußreife: Jetzt. Letzte Verkostung: 8/88.

1976 • 60   Leider ist er 1976er Cantemerle im Nachlassen und zeigt Braunfärbung sowie blassen, schwachen, verwaschenen Geschmack, der sich gesotten und überzuckert ausnimmt. Dieser Wein geht aus den Fugen und muß deshalb schleunigst ausgetrunken werden.
Letzte Verkostung: 4/84.

1975 • 84   Der 1975er ist noch immer bemerkenswert hart, tanninherb und streng, auf der Zunge rustikal, körperreich und muskulös mit schöner Konzentration, aber das adstringierende, ja schwer lastende Tannin des Jahrgangs 1975 gibt weiterhin Anlaß zu Besorgnissen, wie sich dieser Wein wohl entwickeln wird.
Voraussichtliche Genußreife: Jetzt bis 2005. Letzte Verkostung: 1/88.

1971 • 83   Der 1971er ist seit über 10 Jahren voll ausgereift. Er ist mittelrubinrot mit leichtem Bernsteinorange am Rand und hat ein nicht sehr intensives, duftiges Bukett, das an Beerenfrucht und Eichenholz erinnert. Auf der Zunge wird ausreichende Frucht und Konzentration spürbar, doch die Säure ist etwas scharf im Abgang – dieser Wein sollte ausgetrunken werden.
Voraussichtliche Genußreife: Jetzt – wahrscheinlich stark im Nachlassen.
Letzte Verkostung: 10/83.

1970 • 87   Dieser Wein entfaltet sich sehr schön und erweist sich als einer der Schlager dieses Jahrgangs. Das duftige Bukett von Pflaumen, Früchtebrot, Zedern- und würzigem Eichenholz wird begleitet von mittelschwerer, konzentrierter Art, viel Frucht, exzellenter Nachhaltigkeit und schönem Gleichgewicht. Offenbar ist der Höhepunkt bei weitem noch nicht überschritten. Jedenfalls dürfte dieser der beste Cantemerle aus den siebziger Jahren sein.
Voraussichtliche Genußreife: Jetzt. Letzte Verkostung: 2/89.

1961 • 92   Der 1961er ist nach wie vor superb, eigentlich noch besser als bei der Verkostung 1984, zeigt eindrucksvoll undurchdringliches Rubinrot mit nur leichtem, bernstein-orangefarbenem Saum und ein mächtiges Bukett von Rauch, Erde, schwarzen Johannisbeeren, Frühlingsblumen, Leder und Pflaumen, begleitet von üppigem, körperreichem, konzentriertem Geschmack mit einer gewissen *sur-maturité* (Überreife), die sooft große Bordeaux-Jahrgänge kennzeichnet. Der nach wie vor üppig bepackte, in fabelhaftem Zustand befindliche, ölige Wein mit seiner opulenten Art dürfte auch weiterhin schönen Genuß gewähren.
Voraussichtliche Genußreife: Jetzt bis 2000. Letzte Verkostung: 1/88.

ÄLTERE JAHRGÄNGE

Der 1959er (89 Punkte) steht dem glorreichen 1961er nicht viel nach. Er war bei der Verkostung 1987 in Bordeaux zwar etwas leichter, aber hochreif fruchtig, expansiv, ja sogar lieblich im Geschmack, trank sich wunderschön und zeigte keine Anzeichen von Abbau. Der feinste Cantemerle, den ich je gekostet habe, ist allerdings der 1953er (94 Punkte; 11/1996). Er zeigte allen verführerischen Charme, den man von einem Jahrgang erwarten kann, der offensichtlich schon bei seiner Freigabe Mitte der fünfziger Jahre ein Genuß war und bei guter Lagerung den Bordeaux-Liebhabern stets viel Freude bereitet hat. Er ist zwar in der Farbe nicht so tief wie der 1959er oder 1961er, aber im Geschmack wunderbar lieblich und generös; dieser herrlich duftige, klassische Cantemerle ist bestimmt der beste, den das Château in den letzten 40 Jahren hervorgebracht hat, wobei ich jedoch die Hoffnung habe, daß sich der 1983er und 1989er am Ende als fast ebenso gut erweisen. Den 1949er kenne ich sehr gut (89 Punkte; 6/97), da ich 1990 eine Kiste auf einer Auktion erstanden habe. Er ist ein voll ausgereifter, milder, sehr duftiger Wein mit leichtem bis mittlerem Körper, elegant und zart, und will nun getrunken sein.

CANTENAC-BROWN
3ème Cru seit 1855

GUT

Lage der Weinberge: Cantenac

Besitzer: AXA Millésimes
Adresse: 33460 Margaux
Postanschrift: wie oben
Telefon: 33 5 57 88 81 81 – Telefax: 33 5 57 88 81 90

Besuche: nur nach Vereinbarung, an Werktagen und Wochenenden
Kontaktperson: José Sanfins

WEINBERGE (Rotwein)

Rebfläche: 42 ha

Durchschnittliches Rebenalter: 30 Jahre

Rebbestand: 65 % Cabernet Sauvignon, 25 % Merlot, 10 % Cabernet Franc

Pflanzdichte: 8500 Reben/ha

Ertrag (im Durchschnitt der letzten 5 Jahre): 45 hl/ha

Durchschnittliche Jahresproduktion insgesamt: 20 000 Kisten

GRAND VIN

Name: Château Cantenac-Brown

Appellation: Margaux

Durchschnittliche Jahresproduktion: 15 000 Kisten

Verarbeitung und Ausbau: Lese von Hand. Vinifikation 15 Tage in temperaturgeregelten Edelstahltanks. 12 bis 15 Monate Ausbau in zu 50 % neuen Eichenfässern. Der Wein wird geschönt und bei der Abfüllung gefiltert.

MARGAUX UND DAS SÜDLICHE MEDOC

ZWEITWEIN

Name: Château Canuet

Durchschnittliche Jahresproduktion: 5000 Kisten

Beurteilung des derzeitigen Rangs: Abstufung zum 5ème Cru wäre zu empfehlen

Genußreife: Vor 1980: 10 bis 20 Jahre nach dem Jahrgangsdatum; seit 1980:
5 bis 15 Jahre nach dem Jahrgangsdatum

Cantenac-Brown hat in den letzten Jahren bewegte Zeiten durchlebt. 1968 wurde das Château von dem berühmten Jean Lawton aus Bordeaux an die Familie Du Vivier und dann von dieser 1980 an das große Cognac-Haus Rémy-Martin verkauft. Vor kurzem ging das Gut schließlich an den Versicherungskonzern AXA über, der eine glückliche Hand bewies, indem er Jean-Michel Cazes und sein brillantes Weinbereitungsteam unter der Führung von Daniel Llose mit der Leitung beauftragte.

Die Weinberglage ist nicht gerade die günstigste in der Gemeinde Cantenac und bringt seit jeher relativ harte, tanninreiche Weine hervor, die allzu oft übertrieben stämmig und muskulös ausfallen. Unter der neuen Leitung werden nun mildere, weniger robuste Weine angestrebt – trotz uneinheitlicher Resultate eine positive Entwicklung –, aber dennoch weisen nur allzuviele jüngere Cantenac-Brown-Jahrgänge außer überreichlichem Tannin auch einen trockenen, wenig charmanten Charakter auf. Es ist traurig, aber wahr, daß viele neue Jahrgänge aus diesem Château ihre Frucht lange vor dem Tannin einbüßen werden. Besonders skeptische Beobachter behaupten, der Weinberg mit seinem tiefen, kieshaltigen Boden könne gar keine großen Weine hervorbringen.

Der Tourist tut gut daran, auch wenn es nur zum Fotografieren wäre, der durch Wegweiser (kurz vor dem Dorf Issan) bezeichneten Straße zu folgen, die an dem ungewöhnlichen viktorianisch-neugotischen Bau aus rotem Backstein vorüberführt. Er gehört zu den eindrucksvolleren Gebäuden im Médoc, doch ist seine Erscheinung eigentlich ausgesprochen unfranzösisch, denn es sieht viel eher einem überdimensionalen englischen Landhaus ähnlich als einem Château.

JAHRGÄNGE

1997 • 85-87   Mir gefällt der 1997er Cantenac-Brown, der aus 65 % Cabernet Sauvignon, 25 % Merlot und 10 % Cabernet Franc besteht. Ob es nun am *terroir* oder am kellertechnischen Stil liegt, der Cantenac-Brown ist meist ein gediegener, tanninreicher Wein. Dagegen verleiht Sanftheit dem 1997er viel Charme und frühreife Art. Seine Farbe ist ein dunkles Rubinpurpurrot. Er bietet süße Frucht von schwarzen Himbeeren und Cassis, verwoben mit Süßholz, Waldboden und einer Eichennote. Mittlerer Körper, geschmeidige Art, schöne Reintönigkeit und ein voller Abgang mit milder Säure sind die Merkmale dieses Weins, der sich als einer der besseren unter den neueren Jahrgängen von Cantenac-Brown herausstellen und durchaus eine Benotung im oberen 80er-Bereich verdienen wird, wenn er sich weiter schön entwickelt.
Voraussichtliche Genußreife: 2000 bis 2014. Letzte Verkostung: 3/98.
1996 • 85-87   Ich weiß, daß der große AXA-Konzern, dem viele Châteaux in Bordeaux gehören, und Jean-Michel Cazes nicht zufrieden mit meinen Kommentaren zum Cantenac-Brown sind, aber ich finde ihn nun einmal zu straff, tanninstreng und trocken. Ich freue mich deshalb, sagen zu können, daß der 1996er sich zwar auch tanninherb, aber doch als eine der ausgewogeneren Leistungen unter dem AXA-Regime ausnimmt. Die Farbe ist ein tiefes Rubinpurpurrot, das Aroma von schwarzen Johannisbeeren, Süßholz und Vanillin ist schlicht, aber gefällig. Im Mund spürt man mittleren bis vollen Körper, wuchtige, muskulöse, fast vierschrötige Art, dabei aber

schöne Vollmundigkeit und genug Potential für eine höhere Punktnote, wenn sich mehr Komplexität entfaltet.
Voraussichtliche Genußreife: 2004 bis 2015. Letzte Verkostung: 3/98.

1995 • 78   Der 1995er zeigt zwar schöne Farbe, aber er ist einfach kantig, karg und zu tanninstreng – ein schmalbrüstiger, spartanischer Bordeaux, der vermutlich austrocknen wird, bevor genug Tannin abschmilzt, um Gleichgewicht mit der Frucht des Weins zu ermöglichen.
Voraussichtliche Genußreife: 2000 bis 2010. Letzte Verkostung: 11/97.

1994 • 79   Der extrem tanninstrenge, mittelschwere 1994er ist in seinem Verhältnis von Frucht zu Tannin ganz und gar aus dem Gleichgewicht. Die Farbe ist ein gesundes Dunkelrubinrot mit Purpurschimmer, ich glaube aber nicht, daß sich das Tannin genügend mildern wird, damit dieser Wein Charme oder ansprechende Art erlangen kann. Masochisten haben vielleicht mehr Vergnügen an ihm als ich. Letzte Verkostung: 1/97.

1993 • 74   Der dunkelrubinrote Wein mit an Kräuter und Pilze erinnerndem Aroma ist schmalbrüstig, karg und fruchtarm. Kellerlagerung wird ihn nur noch mehr schwächen. Nicht zu empfehlen. Letzte Verkostung: 1/97.

1992 • 78   Der dunkel rubinrote schlanke 1992er zeigt schöne Konzentration und Nachhaltigkeit, doch seine karge, überaus tanninherbe und adstringierende Art kränkt den Gaumen. Ich kann mir nicht vorstellen, daß dieser Wein jemals Gleichgewicht zwischen Frucht und Struktur erlangt. Er sollte in den nächsten 4 bis 5 Jahren getrunken werden. Letzte Verkostung: 11/94.

1991 • 74   Der 1991er Cantenac-Brown ist typisch für dieses Château – ein harter, karger, straffer, rauher Wein, der früher abmagern wird, als sich das Tannin mildert. Trotz seiner eindrucksvollen Farbe ist er doch hohl, und es fehlt ihm an Charme und Finesse. Letzte Verkostung: 1/94.

1990 • 87   Der opulente 1990er ist etwas fester gebaut und voller als der 1989er, es mangelt ihm aber vielleicht an Komplexität; dennoch bietet er reiche, expansive, konzentrierte Frucht und kräftigen Körper. Vor allem bewundere ich das kraftvolle, dramatische Bukett von Rauch und Cassis.
Voraussichtliche Genußreife: Jetzt bis 2003. Letzte Verkostung: 1/93.

1989 • 85?   Wer einen gefälligen, eingängigen Wein liebt, dem bietet der 1989er in Hülle und Fülle sanfte, angenehme Cassisfrucht, mittleren Körper, eine etwas hohle Art und einen glatten Abgang. Dieser Wein ist trügerisch süffig, ansonsten aber wenig aufregend.
Voraussichtliche Genußreife: Jetzt bis 2001. Letzte Verkostung: 1/93.

1988 • 82   Der 1988er Cantenac-Brown wirkt bei hohem Tanningehalt gedämpft. Er ist sauber bereitet, würzig und mittelschwer, aber nicht so eindrucksvoll, wie ich ursprünglich glaubte.
Voraussichtliche Genußreife: Jetzt bis 2000. Letzte Verkostung: 1/93.

1986 • 85   Der 1986er zeigt bei mittlerem bis vollem Körper sowohl Kraft als auch Eleganz. Seine Farbe ist tief rubinrot, und auf der Zunge läßt er klassische Frucht von schwarzen Johannisbeeren mit einer würzigen, rauchigen Eichenholzkomponente erkennen. Der untersetzte, recht monolithische Wein hat keinen Mangel an Tannin.
Voraussichtliche Genußreife: Jetzt bis 2010. Letzte Verkostung: 9/89.

1983 • 85   Der 1983er, eine typische Leistung von Cantenac-Brown, ist dunkel, reif, robust, voll, körperreich, derb gebaut, mit guter Konzentration und beträchtlicher Wucht, aber – wie sooft bei den Weinen aus diesem Château – fehlt es auch bei ihm an Charme und Finesse.
Voraussichtliche Genußreife: Jetzt bis 2005. Letzte Verkostung: 1/89.

1982 • 77   13 Jahre Kellerreife haben diesem Wein nicht gutgetan, vielmehr hat er die wenige Frucht, die er einst besaß, eingebüßt. Die Farbe ist dunkel rubingranatrot, das Aromaprofil setzt sich aus erdigen Noten, alten Kellergerüchen und feuchtem Karton zusammen. Der Geschmack läßt anfänglich etwas Frucht bemerken, dann aber magert alles rasch ab, und übrig bleibt nur hartes Tannin und eine unangenehme Adstringenz. Der einzige Weg, der ihm offensteht, ist abwärts. Trotz der in diesem Château in letzter Zeit getätigten enormen Investitionen bin ich nicht sicher, ob neuere Jahrgänge seines Weins wirklich besser sind. Was hat da das Terroir zu sagen? Letzte Verkostung: 9/95.

1970 • 86 Dichte, rubinrote Farbe, ein kräftiges Bukett von schwarzen Johannisbeeren, Zimt, Kräutern, Leder und Mineralen zeichnet diesen massiven Wein aus, dessen mächtiges Tannin nicht schmelzen will. Auch im Alter von 20 Jahren war der 1970er ein muskulöser Wein, der rein durch Wucht und Strenge imponierte.
Voraussichtliche Genußreife: Jetzt bis 2010. Letzte Verkostung: 3/88.

1966 • 83 Ein kompakter, muskulöser, fester Wein mit staubiger, ziemlich derber Art, würzig-lederigem Aroma, mittlerem bis vollem Körper, nur fehlt es ihm an Gehalt, und er ist etwas zu säuerlich und karg.
Voraussichtliche Genußreife: Jetzt – vermutlich im Nachlassen. Letzte Verkostung: 4/80.

DAUZAC
5ème Cru seit 1855

GUT

Lage der Weinberge: Labarde

Besitzer: André Lurton
Adresse: 33460 Labarde
Postanschrift: c/o Les Vignobles André Lurton, Château Bonnet, 33420 Grezillac
Telefon: 33 5 57 25 58 58 – Telefax: 33 5 57 74 98 59

Keine Besuche möglich

WEINBERGE (Rotwein)

Rebfläche: 44 ha

Durchschnittliches Rebenalter: 18 bis 20 Jahre

Rebbestand: 58 % Cabernet Sauvignon, 37 % Merlot, 5 % Cabernet Franc

Pflanzdichte: 10 000 Reben/ha

Durchschnittliche Jahresproduktion: 23 000 Kisten

GRAND VIN

Name: Château Dauzac

Appellation: Margaux

Verarbeitung und Ausbau: Lese von Hand. Vinifikation 3 Wochen in temperaturgeregelten Edelstahltanks. 12 Monate Ausbau in zu 50 bis 80 % neuen Eichenfässern (je nach Jahrgang). Abstich alle 3 Monate. Der Wein wird geschönt und bei der Abfüllung gefiltert.

ZWEITWEIN

Name: La Bastide Dauzac

Das eindrucksvolle neue Gebäude von Dauzac ist das erste Cru-Classé-Château, das der Besucher im Médoc zu Gesicht bekommt, wenn er auf der berühmten D2 Macau in Richtung Norden durchfahren hat. Zu den seit 1978 vorgenommenen bedeutenden Verbesserungen gehören Edelstahlgärtanks, ein umfangreiches Neuanpflanzungsprogramm und die vermehrte Benutzung neuer Eichenfässer. Auch eine spürbare Verbesserung des Weins ist vor allem seit 1993 eingetreten. Inzwischen hat hier André Lurton, der bekannte Eigentümer zahlreicher Châteaux in Bordeaux, insbesondere in Pessac-Léognan, die Sache voll in die Hand genommen, und die Zukunft sieht vielversprechend aus.

BORDEAUX

JAHRGÄNGE

1997 • 84-85+? Trotz der attraktiven dunklen rubinpurpurroten Farbe präsentierte sich dieser Wein extrem herb mit einer süßsauren Kombination von milder Säure, kräftigem Tannin, reifer Frucht und einer gewissen Rauheit. Es ist schwer zu sagen, welche dieser Komponenten die Oberhand behält, aber gewöhnlich ist es das Tannin, so daß hier schließlich mit einem kompakten, kargen, für das Gesamtbild des Jahrgangs untypischen 1997er zu rechnen ist. Bin ich zu großzügig? Voraussichtliche Genußreife: 2002 bis 2011. Letzte Verkostung: 3/98.

1996 • 85-87 Ein eindrucksvoll sattes Schwarzpurpurrot kennzeichnet diesen klassischen Médoc (er ist etwas kantig und karg) mit seiner vollen, grasigen Cassis-Frucht sowie Nuancen von Gewürzen, Erde und frischem Eichenholz. Dieser mittelschwere, gut ausgestattete, etwas gedrückte Wein dürfte sich als sehr gut, womöglich sogar exzellent erweisen.
Voraussichtliche Genußreife: 2004 bis 2016.

1995 • 86+ Ein zutiefst eingezogener, tanninstrenger, dunkel rubinroter Wein – der 1995er Dauzac ist fast zu karg, doch er hat genug süße Frucht schwarzer Johannisbeeren sowie mittleren Körper und vollmundigen Geschmack, um Begeisterung zu wecken. Ein großartiger Bordeaux wird er zwar nie werden, aber er ist ein sauberer, ordentlicher Margaux, der sich schön halten wird.
Voraussichtliche Genußreife: 2003 bis 2015. Letzte Verkostung: 11/97.

1994 • 87 Der exzellente 1994er Dauzac ist einer der feinsten Weine aus diesem Gut seit vielen Jahren. Er zeigt gesundes, dunkles Rubinpurpurrot, das Aroma erinnert an geräucherte Kräuter, Toast, schwarze Kirschen, Oliven und Gewürze. Bei mittlerem Körper, exzellenter Konzentration und moderatem Tannin präsentiert er sich reintönig und gut gebaut und dürfte sich in weiteren 5 bis 7 Jahren Kellerreife schön entfalten. Seine Lebensdauer wird 20 Jahre betragen.
Letzte Verkostung: 3/96.

1993 • 88 Der 1993er markiert die qualitative Wende beim Dauzac. Der rubinpurpurrote Wein zeigt ein süßes, volles Bukett von Cassis, Süßholz und Eichentoast; bei reintöniger Art, eindrucksvollem Extrakt, mittlerem Körper und moderatem Tannin besitzt er ausgezeichnetes Gleichgewicht. Dieser 1993er dürfte sich 20 Jahre lang gut halten und hat die nötige Tiefe und Reife der Frucht als Gegengewicht zur Struktur. Mein Instinkt sagt mir, daß er zwischen 2002 und 2020 auf dem Gipfel sein wird. Letzte Verkostung: 11/94.

1992 • 73 Der dünne, aus den Fugen geratene 1992er ist gelinde gesagt uninteressant.
Letzte Verkostung: 1/94.

1991 • 72 Der 1991er zeigt sich leer und hohl mit eindimensionaler Frucht im Geschmack, aber ohne Nachklang. Zu trinken ist er in den nächsten 3 bis 4 Jahren. Letzte Verkostung: 1/94.

1990 • 74 Der harte, karge, unterernährte 1990er ist insbesondere im Kontext eines großartigen Jahrgangs eine Enttäuschung. Letzte Verkostung: 1/93.

1989 • 76 Der strukturschwache, diffuse, verblüffend leichte 1989er hat ein gewisses Maß an gefälliger, dicklicher Beerenfrucht, aber sonst kaum etwas. Er ist mild und säurearm und sollte in den nächsten 4 bis 7 Jahren getrunken werden. Letzte Verkostung: 1/93.

1988 • 83 Der 1988er Dauzac hat tiefe Farbe, mittelschweren Körper, ein attraktives Bukett von würziger, kräuterduftiger Johannisbeerfrucht und in Duft und Geschmack ein schönes Polster von frischem Eichenholz. Wird sich das harte Tannin im Abgang mildern, ehe die Frucht sich verflüchtigt?
Voraussichtliche Genußreife: Jetzt bis 2000. Letzte Verkostung: 1/93.

1986 • 76 Dieser Wein schmeckt verschlossen und hart und hat es schwer, die für sein Gleichgewicht nötige Frucht aufzubringen. Der Abgang ist kurz und etwas mager.
Voraussichtliche Genußreife: Jetzt. Letzte Verkostung: 3/90.

1985 • 77 Der 1985er Dauzac ist ein kompakter, rubinroter Wein mit festgewirkter, konzentrierter Art. Ich habe nicht viel Charme, Komplexität oder Substanz in ihm entdecken können. Cru-Classé-Qualität ist das jedenfalls nicht.
Voraussichtliche Genußreife: Jetzt. Letzte Verkostung: 3/89.

MARGAUX UND DAS SÜDLICHE MEDOC

DURFORT-VIVENS
2ème Cru

GUT

Produktion: 8000 Kisten

Rebbestand: 82 % Cabernet Sauvignon, 10 % Cabernet Franc, 8 % Merlot

Zweitwein: Domaine de Curé-Bourse

Rebfläche: 20 ha

Besitzer: Lucien Lurton

Faßreifezeit: 20 Monate

Durchschnittsalter der Reben: 23 Jahre

Beurteilung des derzeitigen Rangs: Abstufung zum 5ème Cru wäre zu empfehlen

Genußreife: 6 bis 18 Jahre nach dem Jahrgangsdatum

Das berühmte 2ème Cru gehört Lucien Lurton, dem Besitzer des nicht weniger renommierten 2ème Cru Château Brane-Cantenac, ebenfalls in Margaux. Aus den Weinbergen von Durfort-Vivens sollte eigentlich besserer Wein kommen. Vielleicht ist es ja unfair, Lucien Lurton die Schuld an den miserablen Leistungen von Durfort-Vivens in der Zeit von 1961 bis 1981 in die Schuhe zu schieben, aber inzwischen haben die Reben ein respektables Alter, und die Lage in der Appellation ist gewiß günstig. Man fragt sich, ob der hohe Cabernet-Sauvignon-Anteil (der höchste im südlichen Médoc) dem Wein vielleicht den Charme nimmt und ihm zuviel Strenge verleiht.

Die Jahrgänge seit 1982 lassen Verbesserungen erkennen, aber den Besitzer und den Kellermeister sollte doch vielleicht einmal jemand wachrütteln.

JAHRGÄNGE

1995 • 86   Der 1995er hat dunkelrubinrote Farbe mit Purpurschimmer und zeigt moderate Reife und den Duft schwarzer Kirschen, verflochten mit Noten von Erde, Oliven und Eichenholz. Bei mäßigem Tanningehalt und mittlerem Körper dürfte sich dieser Wein zu einem unauffälligen Mittelgewichtler entwickeln, der sich 10 bis 12 Jahre lang gut trinken lassen wird. Letzte Verkostung: 3/96.
1989 • 86   Der 1989er Durfort-Vivens erweist sich als sehr schön konzentriert, tanninherb, fleischig und potentiell sehr gut bei milder Säure.
Voraussichtliche Genußreife: Jetzt bis 2005. Letzte Verkostung: 1/93.
1988 • 76   Mittelrubinrot in der Farbe, mit staubig-würzigem, sehr kräuterhaftem Bukett, erweist sich der 1988er Durfort-Vivens als adstringierend und stark vegetabil im Charakter, was darauf schließen läßt, daß der Cabernet Sauvignon unreif gelesen wurde. Der Wein ist kurz, kompakt und gedämpft. Voraussichtliche Genußreife: Jetzt. Letzte Verkostung: 1/93.
1986 • 84   Der 1986er zeichnet sich durch beträchtlich viel Tannin sowie durch eindrucksvoll tief rubinrote Farbe aus, doch verfügt er nicht über die Reife, Süße oder Tiefe der Frucht, um das Tannin auszugleichen. Er ist ein guter Wein, aber kleinere Hektarerträge hätten ihn zu etwas Besonderem machen können.
Voraussichtliche Genußreife: Jetzt bis 2000. Letzte Verkostung: 4/90.
1985 • 87   Der 1985er Durfort-Vivens hat tief rubinrote Farbe und ein duftiges, würziges, reiches und intensives Bukett von Frucht, Oliven und Eichenholz. Auf der Zunge zeigt sich angenehme

Reichhaltigkeit, mittlerer bis voller Körper, leichtes Tannin und feine Nachhaltigkeit – einer der besten Durfort-Jahrgänge, die ich kenne.
Voraussichtliche Genußreife: Jetzt. Letzte Verkostung: 4/89.

1983 • 86   Der 1983er Durfort, ein wohlausgewogener, bewundernswert gebauter, muskulöser Wein, ist magerer und karger als die meisten seiner Jahrgangsgenossen aus Margaux. Er verfügt über konzentrierte, reife, volle Fruchtigkeit, viel aggressives Tannin und gute Nachhaltigkeit.
Voraussichtliche Genußreife: Jetzt bis 2005. Letzte Verkostung: 2/91.

1982 • 87   Der 1982er gehört wohl zu den verführerischsten neueren Weinen aus diesem Château. Er prangt mit einem kräftigen, wundervollen, reifen, reichen Bukett von schwarzen Johannisbeeren, tiefem, geschmeidigem, konzentriertem Geschmack, einem langen Abgang und genügend Tannin für weitere 5 bis 8 Jahre Kellerreife. Der 1982er markiert eine dramatische Wende in der Weinqualität des Châteaus.
Voraussichtliche Genußreife: Jetzt bis 2000. Letzte Verkostung: 1/90.

GISCOURS
3ème Cru seit 1855

GUT

Lage der Weinberge: Labarde und Arsac

Besitzer: G.F.A. du Château Giscours (Grundbesitz); Hauptanteilseigner: Nicolas Tari. Eric Albada ist Hauptanteilseigner der S.A.E.C.G., die von der G.F.A. die Weinberge gepachtet hat.
Adresse: 10 route de Giscours, 33460 Margaux
Postanschrift: wie oben
Telefon: 33 5 57 97 09 09 – Telefax: 33 5 57 97 09 00

Besuche: täglich von 9 bis 12 und von 14 bis 17 Uhr
Kontaktperson: Vincent Rex

WEINBERGE (Rotwein)

Rebfläche: 79 ha

Durchschnittliches Rebenalter: 25 Jahre

Rebbestand: 65 % Cabernet Sauvignon, 30 % Merlot, 5 % Cabernet Franc

Pflanzdichte: 8300 Reben/ha

Ertrag (im Durchschnitt der letzten 5 Jahre): 49 hl/ha

Durchschnittliche Jahresproduktion insgesamt: 3900 hl

GRAND VIN

Name: Château Giscours

Appellation: Margaux

Durchschnittliche Jahresproduktion: 300 000 Flaschen

Verarbeitung und Ausbau: Lese von Hand; Sortierung beim Eintreffen in der Kellerei (auf einem Förderband). Vinifikation 2 bis 3 Wochen in temperaturgeregelten Edelstahltanks; täglich zwei- bis dreimaliges Umpumpen; die Gärtemperatur wird auf 25 °C gehalten; zur Unterstützung der Gärung wird Hefe zugesetzt. Malolaktische Säureumwandlung im Tank. Abstich im Dezember in Eichenfässer, anschließend ca. 17 Monate Ausbau; der Anteil an neuen Eichenfässern liegt meist bei 30 bis 40 %. Abstich alle 3 Monate; Schönung mit Eiweiß und Filterung bei der Abfüllung.

MARGAUX UND DAS SÜDLICHE MEDOC

ZWEITWEIN

Name: La Sirène de Giscours

Durchschnittliche Jahresproduktion: 120 000 Flaschen

Beurteilung des derzeitigen Rangs: Entspricht der Klassifizierung

Genußreife: 6 bis 20 Jahre nach dem Jahrgangsdatum

Giscours ist ein sehr großes Gut, dessen 240 ha nur zu knapp einem Drittel mit Reben besetzt sind; es liegt im südlichsten, Labarde genannten Teil von Margaux. Der Besitz war früher in beklagenswertem Zustand und wurde 1952 von der Familie Tari gerettet. Seither hat es in Qualität und Prestige einen Wiederaufstieg erlebt. Pierre Tari setzt sich seit 1970 verstärkt für den Weinbau ein und ist inzwischen zu einem bedeutenden Sprecher für Bordeaux geworden. Bis gegen Ende der achtziger Jahre war er Präsident der Union des Grands Crus, eines Verbands von Weingütern, der sich die Förderung des Weins von Bordeaux zur Aufgabe gemacht hat.

Das imposante Château Giscours ist eines der größten im Médoc und durchaus einen Besuch wert. Es liegt in einem wundervollen Park mit vielen alten Bäumen. Der hier gepflegte Weinstil war in den letzten zwei Jahrzehnten exzellent. Mit Ausnahme des Qualitätsverlusts in einem großen Teil der achtziger Jahre (der Wein schmeckte übermäßig kommerziell, flau und weich), war der Giscours stets durch tiefe, oft undurchdringlich dunkle Farbe, große Konzentration und muskulösen, vollen Körperbau mit viel Tannin gekennzeichnet. Überdies waren die Leistungen von Giscours in ungünstigen Jahren weit besser als die der meisten hochrenommierten Châteaux in Bordeaux. Zu verdanken ist dies zum Teil einer bei Giscours verwendeten technischen Einrichtung, wobei das in ungünstigen Jahren unreif eingebrachte Lesegut 30 bis 60 Sekunden lang auf 60 °C erhitzt wird, um Farbe und Frucht zu extrahieren. Dieses Verfahren wurden von anderen Weingutsbesitzern mit Verachtung gestraft, aber es hat die Leistungen von Giscours in nicht so großartigen Jahren günstig beeinflußt. 1990 führte Giscours dann als eines der ersten Weingüter eine High-Tech-Anlage ein, die durch ein Umkehrosmoseverfahren dem Lesegut überschüssiges Wasser entzieht.

Kurz vor Beendigung des Manuskripts wurde Château Giscours von einer Behörde in Bordeaux betrügerischer kellertechnischer Manipulationen beschuldigt. Im wesentlichen handelt es sich um folgendes: 1) Dem Château Giscours soll Wein von außerhalb der AC Margaux beigemischt worden sein. 2) Mehrere Jahrgänge sollen miteinander gemischt worden sein. 3) Beim Gärprozeß soll zuviel Zucker zugesetzt worden sein. 4) Ein Teil des Weins soll mit Eichenholzspänen versetzt worden sein, um eine Holznote hervorzurufen (auf diese Weise sollten die Kosten für neue Eichenfässer für den Ausbau des Weins gespart werden). Zur Zeit der Drucklegung wurden diese Vorwürfe vom Service des Fraudes untersucht. Das Château hat eine Erklärung abgegeben, in der es heißt, daß derartige Praktiken vielleicht beim Zweitwein, nicht aber beim Grand Vin Château Giscours angewendet worden seien. Alles dies wird vor Gericht geklärt werden, aber natürlich ist die Sache sehr unerfreulich für den neuen Leiter Eric Albáda Jelgersma, der sich bemüht, die Qualität des Giscours wieder auf das Niveau zu bringen, das er in den 1970er Jahren unter dem früheren Besitzer Pierre Tari hatte.

In der zweiten Hälfte der 1970er Jahre hatte Giscours relativ gute, in den 80er Jahren gemischte Erfolge und strebte in den 90er Jahren einen Wiederaufstieg an. Zweifellos wird die Reputation des Guts, unabhängig davon, was am Ende herauskommt, infolge dieser Anschuldigungen leiden.

JAHRGÄNGE

1997 • 87-88   Der 1997er Giscours präsentiert sich aufgeschlossen, voll und ansprechend mit viel Blumigkeit sowie Frucht von Brombeeren und Cassis in Duft und Geschmack. Bei mittlerem Körper, mit leichtem Tannin im Abgang wirkt dieser Wein wie eine jüngere Version des exzellenten 1979ers, nur sanfter und mit viel milderer Säure – ein attraktiver, einschmeichelnder Giscours, der in den ersten 8 bis 9 Lebensjahren getrunken sein will. Letzte Verkostung: 3/98.

1996 • 84-86   Der 1996er zeigt tief rubinrote Farbe mit Purpurschimmer, dazu attraktive Dichte, mittleren Körper sowie würzige schwarze Frucht und Düfte von grünem Tabak. Alles in allem ist er ein mittelschwerer, schlichter, aber gefälliger Wein, der sich schon in der Jugend gut trinken, aber auch 8 bis 10 Jahre aufbewahren lassen wird. Letzte Verkostung: 3/98.

1995 • 85   Der eingängige, höchst ansprechende dunkel rubinrote 1995er zeigt Aromen von gerösteten Kräutern, Fleisch, schwarzen Johannisbeeren und Kirschen. Am Gaumen verbinden sich Wald- und Kräuternoten mit reifer Frucht, mittlerem Körper und würziger, gefälliger, sanfter Art. Im Abgang macht sich einiges Tannin bemerkbar. Nach weiteren 1 bis 3 Jahren Flaschenreife wird sich dieser Wein schön trinken.
Voraussichtliche Genußreife: 2000 bis 2010. Letzte Verkostung: 11/97.

1994 • 86   Der 1994er stellte sich offen gewirkt, im Charakter zusammenhanglos, aber sanft und vollmundig dar, wenn auch ohne die Tiefe, die ich erwartet hatte. Dieser würzige, kommerzielle Wein wird über die nächsten 10 bis 12 Jahre schlichten, unkomplizierten Genuß bereiten.
Letzte Verkostung: 3/96.

1993 • 85   Die behäbige korpulente Art des 1993ers ist typisch für Giscours. Er hat mehr Fett als die meisten Weine dieses Jahrgangs und zeigt sich kernig, geradlinig, vollmundig, mit moderatem Tannin, feiner Reife, Körper und Frucht. Er dürfte sich im Lauf der nächsten 7 bis 10 Jahre schön trinken. Letzte Verkostung: 11/94.

1992 • 86   Bemerkenswert am 1992er Giscours sind das satte, dunkle Rubinpurpurrot, das kräftige, pflaumenwürzige Bukett mit Nuancen von Süßholz und asiatischen Gewürzen, dazu der runde, konzentrierte, kernige Geschmack, mittlerer Körper und ein kräftiger, alkoholischer Abgang – für einen 1992er ein vollmundiger, konzentrierter Wein, der in den nächsten 7 bis 8 Jahren getrunken sein will. Letzte Verkostung: 11/94.

1991 • 86   Der tiefdunkle 1991er bietet exotische Aromen von schwarzen Kirschen, Kaffee, Schokolade und Zimt, dazu feine Tiefe und vollmundige Cassis-Frucht. Geschmeidigkeit, milde Säure und behäbige Fülle kennzeichnen diesen mittelschweren, attraktiven, gut ausgestatteten Wein, der sich im Lauf von 7 bis 8 Jahren schön trinken lassen wird. Letzte Verkostung: 1/94.

1990 • 86   Der robuste, exotische, körperreiche 1990er bietet milde Säure und reichlich Tannin bei exzellenter Fülle und Frucht.
Voraussichtliche Genußreife: Jetzt bis 2005. Letzte Verkostung: 1/93.

1989 • 87   Der 1989er Giscours ist der erste wieder beruhigend feine Wein aus diesem Gut seit dem 1981er. Er zeigt schwarz-rubinrote Farbe und ein breites, kräftiges Bukett von überreifen Pflaumen und Süßholz. Auf der Zunge spürt man den saftigen Jahrgangscharakter, kernige Konsistenz, exzellente Konzentration, hohen Alkoholgehalt, geringe Säure und einen sehr langen, opulenten Abgang. Dieser Wein dürfte jedem Geschmack höchlichst zusagen.
Voraussichtliche Genußreife: Jetzt bis 2008. Letzte Verkostung: 1/93.

1988 • 78   Der 1988er ist ein extrem überreifer Wein mit einem Aroma von Pflaumen, Pfirsichen und Aprikosen. Er ist locker strukturiert, mild und flau – ein dicklicher Wein ohne genug Tannin, das für Biß sorgen könnte. Er sollte in den nächsten 4 bis 5 Jahren getrunken werden.
Letzte Verkostung: 1/93.

1986 • 74   Faßproben des 1987er Giscours schmeckten stets gestaltlos und ungefüge, und auch nach drei Proben aus der Flasche bin ich über das Potential dieses Weins besorgt. Er besitzt reichlich reife Frucht, aber der vorherrschende Eindruck ist einer von rosinierter, überreifer Art ohne Gleichgewicht. Das Aroma von Pfirsichen, Aprikosen und Pflaumen wird begleitet von

MARGAUX UND DAS SÜDLICHE MEDOC

einem Geschmack, der von würzigem frischem Eichenholz, extrem geringer Säure und einer locker gefügten kommerziellen Art beherrscht wird. Bei der umfangreichen Produktion von Giscours erhebt sich die Frage, ob nicht strengere Auslese angebracht gewesen wäre. Eine Enttäuschung. Voraussichtliche Genußreife: Jetzt. Letzte Verkostung: 1/91.

1985 • 84   In einem großen Teil der achtziger Jahre wurde viel von der Struktur des Giscours zugunsten einer leichteren, fruchtigeren, früher genußreifen Art geopfert. Das zeigt sich besonders deutlich an den Jahrgängen 1985 und 1986. Der 1985er ist leicht, fruchtig, angenehm und charmant, aber es fehlt ihm an Biß und Nachhaltigkeit. Lange Lebensdauer wird er nicht erreichen. Voraussichtliche Genußreife: Jetzt. Letzte Verkostung: 1/90.

1984 • 83   In ungünstigen Jahren bringt es Giscours immer zuwege, obenauf zu sein – man braucht nur daran zu denken, wie gut der 1980er ausfiel. Der 1984er ist rund, sehr fruchtig, füllig und – besser läßt es sich nicht sagen – einfach schmackhaft.
Voraussichtliche Genußreife: Jetzt. Letzte Verkostung: 11/88.

1983 • 86   In diesem Jahrgang hatte Giscours nicht so viel Erfolg wie andere Châteaux in Margaux. Der 1983er Giscours fiel mittelrubinrot mit sanfter, fruchtiger, seidiger Art, leichtem Tannin und mittlerem Körper aus und wird sich bei geringer Säure, hohem pH-Wert und Mangel an Tannin und größerer Tiefe rasch ausentwickeln.
Voraussichtliche Genußreife: Jetzt. Letzte Verkostung: 11/88.

1982 • 86   Dieser voll ausgereifte Wein bietet nach wie vor einen vollmundigen Zusammenklang von Glyzerin, überreifen schwarzen Kirschen und Cassis-Frucht bei vollem Körper und deftigem Alkohol. Komplexität und Biß hat dieser gehaltvolle Giscours jedoch wenig. Er sollte in den nächsten 5 bis 6 Jahren getrunken werden. Letzte Verkostung: 9/95.

1981 • 86   Dieser Wein ist schon seit einer Reihe von Jahren voll ausgereift, gibt aber keine Anzeichen von Abmagern zu erkennen. Die Farbe ist tief granatrot mit etwas Bernsteingelb am Rand. Im Bukett finden sich getrocknete Kräuter, süße Brombeer- und Johannisbeerfrucht und erdige Noten – ein Wein mit mittlerem Körper, am Gaumen etwas komprimiert, aber der eleganten, schlank gebauten Art der meisten 1981er durchaus getreu. Sein Tannin wird er nie ganz loswerden, daher halte ich es für ratsam, ihn auszutrinken. Alles in allem hat er mehr Duftigkeit als Frucht und erscheint zunehmend gewürz- und strukturbetont anstatt fruchtbetont.
Voraussichtliche Genußreife: Jetzt. Letzte Verkostung: 5/97.

1980 • 79   Ein hervorragender Erfolg für einen so mittelmäßigen Jahrgang. Der Wein hatte süße, reife Frucht, beginnt aber auszutrocknen. Ursprünglich war er einer der Besten, aber er hätte in den ersten 10 Lebensjahren ausgetrunken werden sollen. Letzte Verkostung: 12/88.

1979 • 89   Viele Bordeaux-Liebhaber sehen den Jahrgang 1979er über die Schulter an. Das Jahr war kühl, und die Weine fielen uneinheitlich aus, es gab aber eine ganze Reihe überraschender Erfolge, u. a. den Giscours. Dieser Wein hat mir immer wieder viel Genuß bereitet und erstaunliche Vitalität und Jugendfrische bewahrt. Die Farbe ist tiefdunkel rubinrot mit geringer Aufhellung am Rand. Im Bukett bietet er blumige Noten, verwoben mit Aromen von Süßholz, Trüffeln, Zedernholz und pfefferiger schwarzer Frucht – ein mittelschwerer Wein mit exzellenter, fast hervorragender Konzentration. Er hat lange gebraucht, um den Tanninbiß wenigstens teilweise loszuwerden. Zwar wird dieser Wein nie zu außerordentlicher Statur auflaufen, aber er hat sich als beständig exzellent erwiesen und entfaltet sich noch weiter.
Voraussichtliche Genußreife: Jetzt bis 2005. Letzte Verkostung: 10/97.

1978 • 90   Der 1978er Giscours, einer der Überraschungserfolge des Jahrgangs und wahrscheinlich einer der zwei bis drei feinsten Weine aus der Appellation Margaux, ist nach wie vor ein köstlicher Genuß. Sein gesundes, tiefdunkles Granatrot geht einher mit einem duftigen Bukett mit Noten von Zedernholz, getrockneten Kräutern, schwarzer Frucht, Erde und Gewürzen. Mittlerer Körper, hervorragende Konzentration, milder Geschmack und hinlänglich Säure für gute Konturenschärfe verhelfen diesem reichhaltigen 1978er weiterhin zu schöner Entfaltung in der Flasche. Er ist zwar ausgereift, dürfte aber noch eine Weile halten.
Voraussichtliche Genußreife: Jetzt bis 2008. Letzte Verkostung: 10/97.

1976 • 81   Der Giscours gehört zu meinen Favoriten aus dem Jahrgang 1976: ein tiefdunkler, fülliger, schön runder und vollfruchtiger Wein mit mittlerem bis kräftigem Körper und üppiger Art; er ist seit über 10 Jahren voll ausgereift, war aber bei der letzten Verkostung aus einer Magnumflasche nach wie vor köstlich und füllig – dennoch sollte man ihn austrinken. Voraussichtliche Genußreife: Jetzt. Letzte Verkostung: 5/87.

1975 • 92   In seinem Jahrgang ist der 1975er Giscours ein großer Erfolg. Er steht kurz vor der vollen Reife und zeigt wuchtige, schön ausgewogene Art, gesunde, dunkelgranatrote Farbe, reiche, konzentrierte Frucht, vollen Körper und herrliches Gleichgewicht trotz kräftigem Tannin im Abgang. Dieser vollmundige, reichhaltige Wein ist wohl der feinste Giscours zwischen 1970 und 1994 und wird sich mindestens noch 15 Jahre lang schön trinken. Auf Auktionen ist er vermutlich zu einem günstigen Preis zu haben. Ein klassischer, erstklassiger 1975er. Letzte Verkostung: 12/95.

1971 • 84   Der 1971er, ein für seinen Jahrgang eindrucksvoll dunkler Wein, ist ziemlich robust und stämmig, doch fehlt es ihm an Schliff und Finesse. Auf der Zunge macht er mit seiner staubigen, reifen, kraftvollen Frucht und Wucht großen Eindruck, im Abgang aber ist er derb. Ein kraftstrotzender, ungefüger Giscours, der es wohl kaum je zu Harmonie bringen wird. Voraussichtliche Genußreife: Jetzt. Letzte Verkostung: 1/87.

1970 • 88   Beim 1970er Giscours geht ein breitgefächertes, würzig-erdiges, an Süßholz, Zedernholz, Johannisbeeren und Leder erinnerndes Bukett mit muskulösem, körper- und tanninreichem Geschmack einher. Dieser ausgereifte, vollmundige, ausdruckskräftige Wein wird sein Tannin nie ganz ablegen, er hat aber gute Statur, schöne Reife und alles übergreifendes Gleichgewicht – eine der besseren Leistungen von Giscours. Letzte Verkostung: 6/96.

1966 • 74   Seit 1984, als ich diesen Wein das vorletzte Mal verkostete, ist er fast ganz zusammengeklappt. Das Dunkelrubinrot mit Bernsteinschimmer ist zu Mittelrubinrot mit viel Rostrot geworden. Die Blume ist ausgetrocknet und Gerüchen von alten Fässern und grasig-moderiger Frucht gewichen. Im Mund zeigt sich viel Säure und Tannin und fast keine Frucht mehr. Dieser Wein war einmal wundervoll geschmeidig, kräftig, schmackhaft und korpulent, doch inzwischen verfällt er immer mehr. Letzte Verkostung: 1/91.

1962 • 80   Wie der 1966er und der 1967er ist auch dieser Wein über seinen Höhepunkt hinaus. Allerdings zeigt das Bukett noch immer würzige, blumige, reife Frucht. Auf der Zunge vermißt man die füllige, reichhaltige, fruchtige Art anderer Giscours, und der Abgang fällt kurz aus. Voraussichtliche Genußreife: Jetzt – wahrscheinlich stark im Nachlassen. Letzte Verkostung: 1/81.

1961 • 87   Der 1961er hält sich schön, obwohl er schon seit über 15 Jahren voll ausgereift ist. Die Farbe hat sich zu staubigem Mittelrubinrot aufgehellt, doch das reichhaltige, volle, erdige Bukett von hochreifen schwarzen Johannisbeeren ist noch immer lebendig und frisch. Im Mund zeigt dieser Wein die für Giscours oft kennzeichnende vierschrötige, breite, stämmige Art und einen gewissen leicht oxidierten Teercharakter, doch der Abgang weist schöne Fülle und kräftigen Alkoholgehalt auf. Allerdings muß er jetzt ausgetrunken werden. Letzte Verkostung: 1/91.

D'Issan
3ème Cru seit 1855

Lage der Weinberge: Cantenac

Besitzerin: Mme Emmanuel Cruse
Adresse: 33460 Cantenac
Postanschrift: wie oben
Telefon: 33 5 57 88 35 91 – Telefax: 33 5 57 88 74 24

Besuche: nur nach Vereinbarung, vom 15. September bis 15. Juni zwischen
10.30 und 12.30 Uhr sowie zwischen 14 und 18 Uhr
Kontaktperson: Lionel Cruse

MARGAUX UND DAS SÜDLICHE MEDOC

WEINBERGE (Rotwein)

Rebfläche: 30 ha

Durchschnittliches Rebenalter: 25 Jahre

Rebbestand: 70 % Cabernet Sauvignon, 30 % Merlot

Pflanzdichte: 8500 Reben/ha

Ertrag (im Durchschnitt der letzten 5 Jahre): 45 hl/ha

Durchschnittliche Jahresproduktion insgesamt: 150 000 Flaschen

GRAND VIN

Name: Château d'Issan

Appellation: Margaux

Durchschnittliche Jahresproduktion: 125 000 Flaschen

Verarbeitung und Ausbau: Gärdauer 6 Tage, Maischdauer 18 bis 21 Tage, je nach Jahrgang. Nach malolaktischer Säureumwandlung 16 Monate Ausbau in zu 35 % neuen Eichenfässern. Der Wein wird geschönt, aber nicht gefiltert.

ZWEITWEIN

Name: Blason d'Issan

Durchschnittliche Jahresproduktion: 25 000 bis 40 000 Flaschen je nach Jahrgang

Beurteilung des derzeitigen Rangs: Abstufung mindestens zum 5ème Cru wäre zu empfehlen

Genußreife: 5 bis 15 Jahre nach dem Jahrgangsdatum

Château d'Issan produziert ferner:

70 000 Flaschen Château de Candale (Haut-Médoc) von 11 ha Rebfläche

70 000 Flaschen Moulin d'Issan (Bordeaux Supérieur) von 11 ha Rebfläche

Das aus dem 17. Jahrhundert stammende Château d'Issan ist eines der schönsten Weingüter im Médoc. Es ist mit Wall und Graben umgeben und gleicht einem Dornröschenschloß. Seit 1945 gehört d'Issan der berühmten Familie Cruse aus Bordeaux, die bisher den Vertrieb dieses Weins exklusiv über ihr Handelshaus durchführte. Inzwischen aber wird er an alle *négociants* in Bordeaux abgegeben. Zweifellos hat sich die Qualität gebessert, doch ich habe nur allzu viele gleichgültige Erfahrungen damit gemacht.

Ein guter d'Issan (der 1900er soll einer der größten je in Bordeaux entstandenen Weine gewesen sein) wird wegen seines milden, vollmundigen und doch zarten Charakters und seiner provokativen Duftfülle geschätzt, aber heute einen d'Issan zu finden, der diesen Charakteristiken entspricht, ist keine leichte Aufgabe. Die besten neueren Jahrgänge sind der 1996er, 1995er und 1983er.

Die meisten d'Issan-Weine sind schon in sehr jungen Jahren genußreif, verfügen aber doch über gute Haltbarkeit. Derzeit verdient das Weingut seinen Rang als 3ème Cru nicht und müßte nach objektiven Maßstäben heruntergestuft werden.

JAHRGÄNGE

1996 • 87-89 Der 1996er stellt vielleicht den Durchbruch für das schöne, altehrwürdige Château dar. Er hat an Fülle und Gewichtigkeit zugelegt, ohne etwas von seinem durch Eleganz und Finesse gekennzeichneten Charakter einzubüßen, zeigt tiefes Purpurrot und ein blumiges Aroma von Kirschen und Cassis mit einer subtilen Eichennote im Hintergrund. Im Mund spürt man einen Hauch von Leichtigkeit bei dennoch wundervoll kräftiger Frucht, exzellenter Reintönigkeit und graziöser, stilvoller Persönlichkeit – ein zugleich intensiver und zarter Wein.
Voraussichtliche Genußreife: 2002 bis 2015. Letzte Verkostung: 3/98.

1995 • 87 Dieser exzellente d'Issan mit spürbarerem Tannin, als es der 1996er hat, zeigt tief rubinrote Farbe, schöne, würzige Duftnoten von Gras, Süßholz und schwarzen Johannisbeeren, im Mund eingangs süße Frucht und sehr gute Reintönigkeit, Reife und Ausgewogenheit. Der sauber bereitete 1995er ist noch nicht so weit entwickelt wie der 1996er.
Voraussichtliche Genußreife: 2003 bis 2014. Letzte Verkostung: 11/97.

1994 • 84 Der 1994er d'Issan ist ein recht schön ausgestatteter Wein mit Eleganz, Charme, frischer Säure und einer gewissen Kompaktheit oder Komprimiertheit bei leichtem bis mittlerem Körper. Das etwas auffällige Tannin im Abgang könnte in 7 bis 8 Jahren ein Problem darstellen, da es diesem Wein an der nötigen Fülle als Gegengewicht zu den Strukturkomponenten fehlt. Getrunken sein will er in der nächsten 10 bis 12 Jahren.
Letzte Verkostung: 3/96.

1993 • 73 Diesem leichten, vegetabilen eindimensionalen Wein fehlt es nicht nur an Konzentration, sondern bis zum Abgang auch an Frucht und Charme. Letzte Verkostung: 11/94.

1990 • 85 Der duftige 1990er d'Issan zeigt mittelrubinrote Farbe, würzigen, süßen Beerenduft, mittleren Körper, moderates Tannin und gehörige Konzentration. Dieser schmackhafte, geschmeidige Wein der leichteren, zarteren Art dürfte sich über 10 bis 15 Jahre hinweg in der Flasche positiv entwickeln. Letzte Verkostung: 3/95.

1989 • 83 Der d'Issan ist üblicherweise ein leichter, zarter Wein, also wäre es verfehlt, ein kraftstrotzendes Schwergewicht zu erwarten. Dennoch, auch Leichtigkeit hat ihre Grenzen. Der 1989er ist ein fruchtiger, schlichter, sanfter und angenehmer Tropfen, aber dieselben Wesenszüge bietet auch so mancher Bordeaux Supérieur. Er ist reif, aber säurearm.
Voraussichtliche Genußreife: Jetzt bis 2002. Letzte Verkostung: 3/95.

1988 • 75 Der 1988er ist unannehmbar leicht, sehnig und läßt Frucht vermissen. Zudem hat er bei mittlerem Körper zuviel Säure und Tannin – alles in allem eine Enttäuschung.
Letzte Verkostung 3/95.

1986 • 77 Dieser Wein zeigt beträchtlich viel Bernsteingelb und Orange am Saum seiner wenig inspirierenden mittel-rubingranatroten Farbe. Das erdig-würzige Bukett hat einen Anklang an alten Kellergeruch. Im Geschmack zeigt sich anfänglich etwas süße Cabernet-Sauvignon-Frucht, diese aber fällt rasch ab und macht dünner, wässeriger Art Platz. Im Abgang findet sich astringierendes Tannin vor. Bei weiterer Aufbewahrung wird dieser Wein nur noch magerer.
Voraussichtliche Genußreife: Jetzt bis 2005. Letzte Verkostung: 3/95.

1985 • 86 Neben dem 1983er ist der 1985er der feinste d'Issan aus den 1980er Jahren. Er zeigt sattere Farbe als der 1986er, obschon am Rand eine gewisse Aufhellung erkennbar wird. Das Bukett ist erfüllt von Beerenfrucht sowie blumigen und erdigen Tönen. Wer einen Bordeaux mit volleren Geschmacksnoten bevorzugt, wird an diesem zart gebauten, mittelschweren, fruchtigen, weichen, gemessenen Wein nicht viel Gefallen finden, er ist aber sauber bereitet, stilvoll und mit reiferer Frucht begabt als die meisten d'Issan-Jahrgänge.
Voraussichtliche Genußreife: Jetzt bis 2003. Letzte Verkostung: 3/95.

1983 • 87 Dieser Wein hat, wie der bernsteingelbe Saum in der mitteldunklen rubingranatroten Farbe beweist, seine volle Reife erreicht. Das Bukett bietet in Hülle und Fülle erdige und süße Noten von schwarzen und roten Johannisbeeren, Zedernholz und Kräutern. Dieser füllige, untypisch vollmundige 1983er d'Issan weist schöne Konzentration und attraktive, runde Art auf

MARGAUX UND DAS SÜDLICHE MEDOC

und trinkt sich jetzt ideal. Interessant ist ein Vergleich mit dem noch unentwickelten, wuchtigen, hochkonzentrierten 1983er Château Margaux und dem 1983er Château Palmer.
Voraussichtliche Genußreife: Jetzt bis 2005. Letzte Verkostung: 3/95.

1982 • 84 Der hell- bis mittelrubinrote, am Rand leicht aufgehellte 1982er d'Issan ist ausgereift und bietet in seinem bescheidenen Aromaprofil rauchige Beerenfrucht. Bei leichtem bis mittlerem Körper, milder Art und etwas Tannin und Säure, jedoch ohne viel Tiefe, ist dieser Wein gefällig, im wesentlichen aber eindimensional. Er sollte in den nächsten 5 bis 7 Jahren getrunken werden. Letzte Verkostung: 9/95.

1981 • 82 Dieser Wein ist in Gefahr, noch weiter abzumagern und soviel Frucht einzubüßen, daß der Charme und die leichte, ansprechende Art verlorengehen. Es ist zwar immer noch genug reife Beeren- und Pflaumenfrucht vorhanden, aber der Abgang trocknet doch allmählich immer weiter aus.
Voraussichtliche Genußreife: Jetzt. Letzte Verkostung: 3/89.

1979 • 78 Der Wein hat sich in den letzten vier bis fünf Jahren beträchtlich ausentwickelt und zeigt jetzt einen Bernsteinschimmer in der mittelrubinroten Farbe. Das leicht kräuterhafte, mäßig intensive Eichenholz- und Beerenbukett wirkt angenehm, aber nicht komplex. Im Mund zeigt der Wein leichten bis mittleren Körper und schöne Eleganz, aber der Abgang ist kurz und etwas hart.
Voraussichtliche Genußreife: Jetzt. Letzte Verkostung: 3/89.

1978 • 96 Neben dem 1983er ist wohl dieser mein bevorzugter d'Issan der letzten 20 Jahre. Er zeigt mittel- bis dunkelrubinrote Farbe mit einem nur leichten Bernsteinschimmer. Das blumige, intensiv reife, würzige Aroma wird begleitet von ziemlich voller, konzentrierter Art und mittlerem bis kräftigem Körper, exzellenter Tiefe und soviel Nachhaltigkeit, wie man in einem d'Issan nur zu finden erwarten kann. Das Tannin ist fast ganz abgeschmolzen, und der Wein steht kurz vor seiner vollen Reife.
Voraussichtliche Genußreife: Jetzt bis 1999. Letzte Verkostung: 3/89.

1976 • 76 Ich bin mehreren ganz ausgereiften, schon verblassenden Exemplaren dieses Weins Anfang der achtziger Jahre begegnet; als ich ihn dann 1988 in einem Restaurant in Bordeaux erneut probierte, kam er mir viel besser vor. Er war zwar sehr ausentwickelt und schon etwas braun, aber er hatte die hochreife, kraftvolle Fruchtigkeit der besten Weine des Jahrgangs 1976, reichlich Alkohol und einen milden, üppigen Abgang. Vielleicht gibt es größere Schwankungen von einer Flasche zur anderen, jedenfalls war mein letztes Erlebnis mit diesem Wein einfach erfreulich.
Voraussichtliche Genußreife: Jetzt. Letzte Verkostung: 3/88.

1975 • 82 Der 1975er d'Issan ist eines der wenigen jetzt schon genußreifen Crus Classés aus diesem Jahrgang, er zeigt gute, dunkel rubinrote Farbe, würzige, kernige, muskulöse Art, Reife der Frucht und mittleren Körper, schmeckt aber etwas stumpf.
Voraussichtliche Genußreife: Jetzt – wahrscheinlich stark im Nachlassen.
Letzte Verkostung: 5/84.

1970 • 79 Dieser Wein war schon immer relativ straff und unzugänglich, er zeigt aber auch weiterhin keine Anzeichen des Austrocknens oder Verblassens – ein solid gebauter, fest gewirkter d'Issan mit guter Farbe, staubiger, fast derber Fruchtigkeit und etwas rauhem Tannin im Abgang. Ich hatte erwartet, daß sich dieser Wein inzwischen stärker ausentwickelt, aber er scheint sich zeitlich in der Schwebe zu befinden. Ich habe mich schon stets gefragt, ob die Frucht wohl das Tannin überdauern wird, und nun komme ich langsam zu der Auffassung, daß sie es nicht schafft.
Voraussichtliche Genußreife: Jetzt bis 2000. Letzte Verkostung: 3/89.

KIRWAN
3ème Cru seit 1855

Lage der Weinberge: Cantenac

Besitzer: Schröder und Schyler S.A.

Präsident: Jean Henri Schyler
Adresse: 33460 Cantenac-Margaux
Postanschrift: wie oben
Telefon: 33 5 56 57 88 71 42 – Telefax: 33 5 57 88 77 62

Besuche: an Werktagen von 9.30 bis 17.30 Uhr, an Wochenenden nur nach Vereinbarung
Kontaktperson: Nathalie Schyler (Tel. 33 5 57 88 71 00)

WEINBERGE (Rotwein)

Rebfläche: 35 ha

Durchschnittliches Rebenalter: 23 Jahre

Rebbestand: 40 % Cabernet Sauvignon, 30 % Merlot, 20 % Cabernet Franc, 10 % Petit Verdot

Pflanzdichte: 10 000 Reben/ha (die Hälfte der Rebfläche), 7000 Reben/ha (die andere Hälfte)

Ertrag (im Durchschnitt der letzten 5 Jahre): 46 hl/ha

Durchschnittliche Jahresproduktion insgesamt: 20 000 Kisten

GRAND VIN

Name: Château Kirwan

Appellation: Margaux

Durchschnittliche Jahresproduktion: 16 000 Kisten

Verarbeitung und Ausbau: Lese von Hand. Vinifikation in 29 temperaturgeregelten Edelstahltanks mit 110 bis 140 hl Fassungsvermögen. Malolaktische Säureumwandlung bei $1/3$ des Ertrags in kleinen bzw. großen Fässern, ansonsten im Tank. Anschließend *assemblage* und rund 18 Monate Ausbau in jährlich zu $1/3$ erneuerten Eichenfässern. Der Wein wird geschönt und bei der Abfüllung leicht gefiltert.

ZWEITWEIN

Name: Les Charmes de Kirwan

Durchschnittliche Jahresproduktion: 4000 Kisten

Beurteilung des derzeitigen Rangs: Abstufung wäre zu empfehlen

Genußreife: 5 bis 14 Jahre nach dem Jahrgangsdatum

N.B.: Die Lese erfolgt ausschließlich von Hand. Behangausdünnung Ende Juni dient der Ertragsbeschränkung. Ein Drittel der Weinberge befindet sich auf Lehmboden mit Kiesunterschicht, alles übrige liegt auf dem Plateau de Cantenac mit Kiesauflage und Lehmunterschicht. Insgesamt ist die Rebfläche seit der Klassifikation von 1855 praktisch unverändert geblieben.

Auch Kirwan zählt zu den Weingütern in Margaux, die ihren Rang in der Klassifizierung von 1855 nur mit Mühe behaupten könnten, wenn es zu einer Neuordnung käme. Wie so manches andere Cru Classé in Margaux kann Kirwan nicht auf eine lange Reihe von guten Leistungen zurückblicken. Ich habe mich seit langem zu den Weinen dieses Guts kritisch geäußert, weil ich sie immer wieder als zu leicht, stumpf und neutral empfunden habe, als daß der hohe Rang gerechtfertigt wäre. Nun aber, in den 1990er Jahren, hat ein Qualitätsaufschwung eingesetzt.

Früher war der Kirwan ein leichter, kompakter, säuerlicher Bordeaux, doch die eindrucksvollen Leistungen der neunziger Jahre haben oft auch unter schwierigen Voraussetzungen zu Weinen mit mehr Farbe, Vollmundigkeit, Körper und Intensität geführt. Die Preise haben sich dem neuen Niveau des Kirwan noch nicht angepaßt. Wer sich also über die extravaganten Preise der meisten Crus Classés von Bordeaux ärgert, sollte bei Château Kirwan einmal genauer hinschauen.

JAHRGÄNGE

1997 • 86-87+ Die jüngere Generation hat bei diesem Wein große Verbesserungen erreicht. Der 1997er zeigt eindrucksvolles, sattes Dunkelpurpurrot, dazu ein elegantes, süßes, recht intensives Bukett von Brombeer- und Gewürzdüften. Hinzu kommen mittlerer Körper, moderates Tannin und sehr gute Nachhaltigkeit. Dieser Wein ist noch jugendlicher und unentwickelter als die meisten seiner Jahrgangsgenossen und dürfte sich zwischen 2003 und 2014 schön trinken.
Letzte Verkostung: 3/98.

1996 • 86-88 Der 1996er Kirwan ist offenbar sehr gut gelungen, und bei der nur geringen Anerkennung für dieses Château auf dem internationalen Markt für feinen Wein dürfte er äußerst günstig zu haben sein. Man bemerkt eine gewisse *sur-maturité* (das französische Wort klingt nun einmal positiver als «Überreife») der Cabernet-Sauvignon-Frucht in diesem körperreichen, tanninherben, unentwickelten, wuchtigen und intensiven Wein, der über gute Dichte und Fülle sowie eine kräftige Eichenholznote verfügt. Vereint sich dies alles zu einem schönen Ganzen (und es besteht kein Grund zur Annahme, daß das nicht geschehen wird), dann wird er eine noch höhere Punktnote verdienen. Allerdings ist er weder sanft und kommerziell noch jung zu trinken, denn er verlangt 10 Jahre Kellerreife.
Voraussichtliche Genußreife: 2006 bis 2025. Letzte Verkostung: 3/98.

1995 • 85 Ich habe diesen Wein abgestuft, weil in seiner Persönlichkeit eine aggressive Note von frischem Eichenholz und Vanillin dominiert. Er zeigt dunkel rubinpurpurrote Farbe und im Geschmack eingangs süße Preiselbeer- und füllige Cassis-Frucht, die sich dann aber zu einer gedrückten Art verengt. Immerhin ist schöne Reintönigkeit, mittlerer Körper und reichliches Tannin vorhanden. Dieser 1995er wird eine bessere Punktnote verdienen, wenn es sich herausstellt, daß die Frucht genug Tiefe besitzt, um die Holznote zu verkraften.
Voraussichtliche Genußreife: 2002 bis 2018. Letzte Verkostung: 11/97.

1994 • 86 Der eindrucksvoll dunkle rubinpupurrote 1994er besitzt mittleren Körper, schöne Fülle, kräftige Struktur, mittlere Gewichtigkeit und alles in allem reife, konzentrierte, ausgewogene Vollmundigkeit. Diese beachtenswerte Leistung von Kirwan vereint Kraft und Eleganz in reintöniger Art.
Letzte Verkostung: 3/96.

1993 • 86 Château Kirwan macht große Anstrengungen um Verbesserung. Der 1993er präsentiert sich in dichtem Rubinpurpurrot und mit unkompliziertem, sauberem, reifem Aroma von schwarzer Frucht, Kräutern und frischem Eichenholz. Mittlerer Körper und überdurchschnittliche Reife und Konzentration bei moderatem Tannin zeichnen diesen mit Sorgfalt bereiteten Wein aus, der 5 bis 6 Jahre Kellerreife verlangt und sich dann mindestens 15 Jahre halten wird.
Letzte Verkostung: 11/94.

1992 • 85 Der 1992er Kirwan ist eine gute Leistung aus dem lange Zeit unter seiner Form gebliebenen Gut. Seine Farbe ist ein dunkles Rubinpurpurrot, das Bukett bietet kräftigen Eichentoast und schwarze Kirschen. Mit schöner Fülle, milder Säure und reifer Frucht präsentiert sich dieser mittelschwere Wein als wohl der beste Kirwan seit langem. Getrunken sein will er in den nächsten 7 bis 8 Jahren. Letzte Verkostung: 11/94.

1991 • 77 Der leichte, mittelrubinrote 1991er hat ein Bukett, das an Kräutertee erinnert. Die fragile Verfassung, die weiche Säure und das zusammenhaltlose Gefühl lassen es geraten erscheinen, diesen Wein in den nächsten 3 bis 4 Jahren zu trinken. Letzte Verkostung: 1/94.

1990 • 78 Der 1990er ist ein tanninreicher, auf Finesse ausgelegter Wein mit leichtem Körper und mittelsatter Farbe. Er ist zwar im Abgang kurz, dürfte sich aber im Lauf der nächsten 7 bis 8 Jahre entfalten und vielleicht dabei gewinnen. Letzte Verkostung: 1/93.

1989 • 83 Ich war enttäuscht, daß mir der 1989er keinen besseren Eindruck gemacht hat. Er ist zwar elegant, charmant und mild, läßt es aber an Intensität und Charakter fehlen und stellt so nur einen guten Rotwein der kurzlebigen Art dar.
Voraussichtliche Genußreife: Jetzt bis 1999. Letzte Verkostung: 4/91.

1988 • 79 Der 1988er ist flach, aber sauber bereitet und vage fruchtig und zeigt etwas hartes Tannin im Abgang.
Voraussichtliche Genußreife: Jetzt. Letzte Verkostung: 4/91.

1986 • 85 In diesem Jahr hätte man von Kirwan keine besonderen Leistungen erwartet, aber gerade der 1986er ist kraftvoller, intensiver und tanninreicher als der eher stilvolle, elegante 1985er aus diesem Château ausgefallen – ein voller und körperreicher Wein, der sich als der langlebigste Kirwan seit Jahrzehnten erweisen dürfte.
Voraussichtliche Genußreife: Jetzt. Letzte Verkostung: 3/89.

1985 • 85 Der 1985er, entstanden in einer Zeit, als Kirwan widersprüchliche Zeichen seiner qualitativen Intentionen setzte, hat sich als korrekter, kompetent bereiteter Wein erwiesen. Die Farbe ist ein mittleres Rubinrot mit leichter Aufhellung am Rand. Das Bukett gibt reife Noten von Erde, Gewürz, Johannisbeeren und Kirschen zu erkennen. Im Geschmack zeigt dieser mittelschwere, milde, unkomplizierte, aber gefällige Bordeaux einen leichten Eichenholzton.
Voraussichtliche Genußreife: Jetzt bis 2000. Letzte Verkostung: 3/97.

1983 • 87 Der zweifellos feinste Kirwan aus den 1980er Jahren präsentiert sich in dunklem Rubingranatrot mit leichtem bernsteingelbem Saum. Das interessante Bukett erinnert an Kräuter, Holzkohle, schwarze Johannisbeeren und grünen Tabak. Bei mittlerem Körper und rustikaler, korpulenter Art zeigt der 1983er Kirwan schöne Vollmundigkeit. Das rauhe Tannin im Abgang dürfte sich nach ein bis zwei weiteren Jahren Flaschenreife verflüchtigen. Zum Glück hat dieser Wein genug Frucht und Lebenskraft.
Voraussichtliche Genußreife: Jetzt bis 2005. Letzte Verkostung: 9/97.

1982 • 84 Ein ziemlich lose gewirkter Wein mit sehr schöner Farbe, dicklich-traubiger Frucht, wenig Säure und üppiger, geschmeidiger Art; bei mittlerem bis vollem Körper besitzt er frühreifen Charakter und charmante Fruchtigkeit und wird sich rasch ausentwickeln.
Voraussichtliche Genußreife: Jetzt. Letzte Verkostung: 3/89.

ÄLTERE JAHRGÄNGE

Die 1960er und 70er Jahre (ich habe so gut wie alle besseren Kirwan-Jahrgänge verkostet) brachten mittelmäßige Ergebnisse. Der einzige wirklich alte Jahrgang, den ich genauer kenne, ist der 1865er, dem ich im Dezember 1995 86 Punkte zuerkannt habe. Er zeigte «jugendfrische» dunkelgranatrote Farbe mit Orangeschimmer und ein eindrucksvolles Bukett mit süßen Noten von Zedernholz, Rauch und Erde. Er hatte bemerkenswert reife Frucht und überraschende Dichte, jedoch strenges Tannin im Abgang – ein etwas monolithischer Wein, doch bei seinem Alter und der offensichtlich echten Flasche befand er sich in bemerkenswerter Verfassung.

MARGAUX UND DAS SÜDLICHE MEDOC

LABÉGORCE-ZÉDÉ
Cru Bourgeois

GUT

Lage der Weinberge: Margaux, Soussans, auf dem Plateau von Marsac

Besitzer: G.F.A. du Château Labégorce-Zédé
Leitung: Luc Thienpont
Adresse: 33460 Margaux
Postanschrift: B.P. 33, 33460 Margaux
Telefon: 33 5 57 88 71 31 – Telefax: 33 5 57 88 72 54

Besuche: werktags von 8 bis 12 und von 14 bis 18 Uhr
Kontaktperson: Luc Thienpont

WEINBERGE (Rotwein)

Rebfläche: 28 ha

Durchschnittliches Rebenalter: 40 Jahre

Rebbestand: 50% Château, 35% Merlot, 10% Cabernet Franc, 5% Petit Verdot

Pflanzdichte: 10000 Reben/ha und 6600 Reben/ha (auf $\frac{1}{4}$ der Rebfläche)

Ertrag (im Durchschnitt der letzten 5 Jahre): 50 hl/ha

Durchschnittliche Jahresproduktion insgesamt: 1400 hl

GRAND VIN

Name: Château Labégorce-Zédé

Appellation: Margaux

Durchschnittliche Jahresproduktion: 80000 bis 90000 Flaschen

Verarbeitung und Ausbau: Gärdauer etwa 10 Tage und Maischdauer 10 bis 15 Tage
in temperaturgeregelten Betontanks; täglich zweimaliges Umpumpen.
Malolaktische Säureumwandlung in Eichenfässern;
18 Monate Ausbau in zu 50% neuen Eichenfässern.
Der Wein wird geschönt; zur Filtration besteht keine feste Regel.

ZWEITWEIN

Name: Domaine Zédé

Durchschnittliche Jahresproduktion: 80000 Flaschen

Beurteilung des derzeitigen Rangs: entspricht der Klassifizierung

Das Gut gehört der Familie Thienpont aus Belgien, die es auch leitet, und wie in ihrem berühmten Pomerol-Weingut Vieux-Château-Certan wird auch hier traditioneller Wein gebaut. Seit 1974, als der junge Luc Thienpont die Sache in die Hand nahm, hat sich die Weinqualität verbessert. Der Labégorce-Zédé aus einem einfachen, schmucklosen Bauernhaus und Weinbergen in den Gemarkungen Soussans und Margaux braucht im allgemein 5 bis 6 Jahre Reifezeit, hält aber dann in guten Jahrgängen seine Frucht und Harmonie noch weitere 5 bis 10 Jahre. Mir persönlich schmecken die Weine von Labégorce-Zédé besser als die von Labégorce, weil sich in ihnen oft mehr Duftigkeit und Fülle vorfindet.

JAHRGÄNGE

1997 • 86-87 Der 1997er Labégorce-Zédé, ein wundervoller, sauber bereiteter Cru Bourgeois, besitzt gute Reife und Nuancen von Süßholz, asiatischen Gewürzen und schwarzen Johannisbeeren, dazu mittleren Körper und im geschmeidigen Abgang leichtes Tannin. Zu trinken ist er in den nächsten 7 bis 8 Jahren.
Letzte Verkostung: 3/98.

1996 • 86-87 Das Cru-Bourgeois-Weingut hat einen überraschend kraftvollen, mittelschweren bis körperreichen, würzigen, erdigen, tief extrakthaltigen Wein hervorgebracht. Er wird wohl eine gewisse karge Art behalten, aber an der auf süßem, vollem Cabernet beruhenden Persönlichkeit des Weins gibt es nichts zu zweifeln. Man sollte ihm 2 bis 3 Jahre Kellerreife gönnen, dann wird er über die nächsten 12 bis 15 Jahre hinweg schön zu trinken sein; es würde mich nicht wundern, wenn er sich sogar noch länger halten würde.
Letzte Verkostung: 3/97.

1992 • 73 Dieser 1992er zeigt viel zu wenig Reife und Frucht als Gegengewicht zur ungeheuer tanninstrengen Art. Er wird in 4 bis 5 Jahren abgemagert sein. Letzte Verkostung: 11/94.

1991 • 70 Die hell rostrote Farbe des 1991er Labégorce-Zédé läßt sofort Mißtrauen hinsichtlich seiner Qualität aufkommen. Das grasige, vegetabile, teeähnliche Aroma bestätigt die Glanzlosigkeit dieses dünnen, kurzen, unterernährten Weins.
Letzte Verkostung: 1/94.

1990 • 88 Der tiefdunkle, verschwenderisch volle, eichenwürzige 1990er ähnelt dem 1989er, ist aber noch reichhaltiger und dichter und zeigt exzellente Frucht und Nachhaltigkeit – ein ausdrucksstarker, geschmacksintensiver Wein, der sich in den nächsten 10 bis 15 Jahren schön trinken wird.
Letzte Verkostung: 1/93.

1989 • 87 Der dunkle 1989er bietet ein intensives Aroma von Pflaumen und Süßholz – ein körperreicher Wein mit breiter Statur und vielschichtiger Frucht, mildem, reifem, reichlichem Tannin sowie einem eindrucksvoll langen Abgang.
Voraussichtliche Genußreife: Jetzt bis 2005. Letzte Verkostung: 1/93.

1988 • 78 Dem 1988er fehlt es an Substanz und Nachhaltigkeit, und er hat einen etwas hohlen, unausgereiften Charakter sowie überaus kräuterhaften, fast vegetabilen Geschmack.
Letzte Verkostung: 1/93.

1986 • 84 Dieser Wein zeigt ein mäßig intensives, blumiges, nach Johannisbeeren duftendes Bukett, mittleren Körper, attraktive Fruchtigkeit und mäßiges Tannin im Abgang. Er hat nicht die Qualität des 1985ers oder 1983ers, aber als mittelschwerer 1986er ist er durchaus stilvoll.
Voraussichtliche Genußreife: Jetzt. Letzte Verkostung: 4/91.

LA LAGUNE
3ème Cru seit 1855

AUSGEZEICHNET

Lage der Weinberge: Ludon-Médoc

Besitzer: Jean-Michel und Alain Ducellier
Adresse: 81, Avenue de l'Europe, 33290 Ludon-Médoc
Postanschrift: wie oben
Telefon: 33 5 57 88 82 77 – Telefax: 33 5 57 88 82 70

Besuche: Nach Vereinbarung nur für Fachbesucher

MARGAUX UND DAS SÜDLICHE MEDOC

WEINBERGE (Rotwein)

Rebfläche: 69,5 ha

Durchschnittliches Rebenalter: 30 Jahre

Rebbestand: 50 % Cabernet Sauvignon, 20 % Merlot, 20 % Cabernet Franc, 10 % Petit Verdot

Pflanzdichte: 6500 Reben/ha

Ertrag (im Durchschnitt der letzten 5 Jahre): 43 hl/ha

Durchschnittliche Jahresproduktion insgesamt: 400 000 Flaschen

GRAND VIN

Name: Château La Lagune

Appellation: Haut-Médoc

Durchschnittliche Jahresproduktion: 300 000 Flaschen

Verarbeitung und Ausbau: Traditionelle Vinifikation (Schalenmaischung)
in temperaturgeregelten Tanks. 15 Monate Ausbau in zu 75 % neuen Eichenfässern.
Der Wein wird geschönt und bei der Abfüllung gefiltert.

ZWEITWEIN

Name: Château Ludon Pomies Agassac

Durchschnittliche Jahresproduktion: 100 000 Flaschen

Beurteilung des derzeitigen Rangs: Entspricht der Klassifizierung

Genußreife: 5 bis 20 Jahre

La Lagune ist ein glänzendes Beispiel für den Aufstieg eines Châteaus von Bordeaux. In den fünfziger Jahren war das Gut so heruntergekommen, daß eine ganze Anzahl von Kaufinteressenten, darunter auch Alexis Lichine, vor der herkulischen Aufgabe zurückschreckten, die sich ihnen mit der Neuanpflanzung der Weinberge und dem Wiederaufbau von La Lagune als repräsentatives Mitglied der Elitegruppe von Crus Classés aus der Klassifizierung von 1855 darbot. 1958 kaufte der Unternehmer Georges Brunet das Château, pflanzte die Weinberge vollkommen neu an und baute eine Kellerei, die bis heute zu den technisch raffiniertesten im Médoc gehört. Er blieb aber nicht lange genug in Bordeaux, um den Beifall selbst entgegenzunehmen, der seinen massiven Investitionen in dieses Château schließlich zuteil wurde; er zog um in die Provence, wo er Château Vignelaure, eines der großartigsten Weingüter in dieser Gegend, aufbaute – und dann wieder verkaufte. La Lagune verkaufte er 1962 an das Champagner-Haus Ayala, das dort mit gleicher Energie die Renovierung weiterbetrieb. Die bisher nicht nachgeahmte revolutionärste Neuerung bildet eine Reihe von Rohrleitungen, die von den Gärbehältern in den Faßkeller führen, so daß der Wein ohne Berührung mit der Luft dorthin gelangt.

La Lagune ist das erste Cru Classé, das man auf der Fahrt von Bordeaux in das Médoc auf der berühmten D2 erreicht. Es liegt nur knapp 15 km von der Stadt entfernt, und seine Weinberge erstrecken sich auf sehr leichtem, kieshaltigem Sandboden, ähnlich dem, wie man ihn in der Appellation Graves weiter südlich antrifft. La Lagune war auch das erste Château, das bereits 1964 eine Frau, die inzwischen verstorbene Jeanne Boyrie, als Leiterin berief. In der chauvinistischen Welt von Bordeaux war das eine revolutionäre Tat. Es gelang ihr zwar nie, in den inneren Kreis der von Männern beherrschten Weinbaugesellschaft einzudringen, niemand aber konnte ihre ernsthafte, starke, untadelige Persönlichkeit auf die leichte Schulter nehmen, denn sie zählte bestimmt zu den gewissenhaftesten und fähigsten Charakteren, die sich je in der

BORDEAUX

Leitung eines Bordeaux-Weinguts bewährten. Nach ihrem Tod im November 1986 übernahm ihre Tochter, Caroline Desvergnes, die Verantwortung für das Château.

Der Weinstil von La Lagune wird oft als Pomerol – ähnlich, aber auch als Graves-ähnlich beschrieben; ein angesehener Kenner nannte ihn «höchst burgunderhaft». Alle drei Beschreibungen haben ihre Berechtigung. Dieser Wein kann reichhaltig, vollmundig, solide sein, manchmal mit einem überwältigenden Bukett von vanillinwürzigem Eichenholz und schwarzen Kirschen. Meistens ist der Wein von La Lagune nach 10 Jahren ausgereift, bleibt aber sicherlich 15 bis 20 Jahre haltbar. Qualität und Stärke des La Lagune haben sich seit 1966 beträchtlich verbessert. Mit dem Heranwachsen des Rebbestands hat sich La Lagune bei überraschend vernünftigen Preisen immer mehr unter die ganz großen Weingüter im Médoc eingereiht. Ganz besonders gut ist dieser Wein seit 1976, und deshalb sollte der Verbraucher diesem untadelig bereiteten Gewächs, das unter allen Crus Classés der Spitzengruppe von Bordeaux gewiß den besten Gegenwert für seinen Preis darstellt, die gebührende Aufmerksamkeit schenken.

JAHRGÄNGE

1997 • 82-84   La Lagune, eines meiner Lieblingsweingüter unter den Crus Classés, hat 1997 einen grasigen, kräuterhaften, schlanken, würzigen Wein mit leichtem Körper hervorgebracht, der sich bei beiden Verkostungen als wenig eindrucksvoll erwies. Letzte Verkostung: 3/98.

1996 • 87-89+   Der tanninreiche, karge, aber reichlich ausgestattete 1996er La Lagune zeigt eine würzige Eichennote, attraktive Beeren- und Pflaumenfrucht und am Gaumen eine gewisse Strenge. Ich war beeindruckt davon, wie sich der Wein im Glas entfaltete. Er besitzt süße Frucht und Breite im Geschmack und könnte einmal eine noch höhere Punktnote verdienen.
Genußreife: 2004 bis 2020. Letzte Verkostung: 3/98.

1995 • 88   Der verführerisch gestaltete 1995er zeigt dunkles Rubinrot sowie reichliche Mengen an Schwarzkirschen- und Pflaumenfrucht sowie Kirschwasseraroma, fein durchsetzt mit rauchigem Eichentoast. Dieser mittelschwere, elegante, runde, generöse, charmante Wein läßt sich jung trinken, aber auch ein Jahrzehnt und länger aufbewahren.
Voraussichtliche Genußreife: 2000 bis 2012. Letzte Verkostung: 11/97.

1994 • 85   Château La Lagune hat mir zwar schon viele köstliche Weine zu vernünftigen Preisen geliefert, aber der 1994er und der 1995er waren etwas dünn, was darauf schließen läßt, daß es besser gewesen wäre, die Auslese strenger zu handhaben. Der 1994er hat die für das Château typische Eichenwürze im Duft, aber die volle, reife, fast burgunderähnliche Kirschfrucht erscheint nicht ausreichend, um gegen die Holznote anzukommen. Am Gaumen zeigt sich eine gewisse Eleganz, ordentliche Säure und eine grüne, pfefferige Nuance in der Frucht. Der Geschmack verengt sich zu einem kurzen Abgang. Dieser Wein sollte in den nächsten 7 bis 8 Jahren getrunken werden. Letzte Verkostung: 3/96.

1993 • 87   Der La Lagune besitzt eine Süße und Geschmeidigkeit der Frucht, wie sie bei 1993ern aus dem Médoc sonst kaum anzutreffen ist. Eine vielschichtige Dichte und Reife, ein attraktives Bukett von Pflaumen, Kirschen und Eichenholz und ein milder, voller, tanninherber Abgang zeichnen diesen mittelschweren Wein aus, der sich als charmant, generös und elegant erweisen und in den nächsten 10 bis 15 Jahren schön trinken lassen wird. Letzte Verkostung: 11/94.

1992 • 85   Aus dem Faß wie aus der Flasche präsentiert sich der 1992er La Lagune mit charmanter, milder, runder, mittelschwerer Persönlichkeit, attraktiver kräuter-, vanillin- und beerenduftiger Frucht sowie ohne hartes Tannin. Ein kurzer Abgang ist die Schwäche dieses fruchtigen, gefälligen Weins, der sich in den nächsten 6 bis 7 Jahren schön trinken lassen wird.
Letzte Verkostung: 11/94.

1991 • 81   Der 1991er La Lagune ist ein fester, kompakter Wein mit tiefer rubinpurpurroter Farbe, toastwürzigem Aroma von schwarzen Kirschen und kargem, kompaktem Geschmacksprofil. Er dürfte sich zwar 12 bis 15 Jahre halten, aber kaum viel Charme entwickeln.
Letzte Verkostung: 1/94.

Dabei ist es seit jeher ein Rätsel, weshalb diese Weine nicht besser sind. Für jeden guten Boyd-Cantenac-Jahrgang scheint es immer gleich mehrere zu geben, in denen der Wein den Erwartungen nicht gerecht wird. Vielleicht könnten strengere Auslese, die Verwendung eines höheren Anteils für den Zweitwein und mehr neue Eichenfässer die erforderliche Beständigkeit im Keller bringen. Oft habe ich diesen Wein vor dem Abfüllen als beeindruckend empfunden, in späteren Verkostungen dagegen kam er mir ein wenig derb und abgeschlafft vor. Infolgedessen führe ich diesen Wein nicht auf meiner Einkaufsliste, und ich vermute, daß manche Bordeaux-Neulinge ihn auch nur mit den beiden bekannteren und inzwischen wieder stark verbesserten Weinen verwechseln, die ebenfalls den Bestandteil Cantenac im Namen haben: Brane-Cantenac und Cantenac-Brown.

JAHRGÄNGE

1997 • 82-85   Zwar hat dieser Wein eine gewisse Dichte, aber er stellt sich mit viel zuviel Tannin für die zarte Frucht etwas grobschlächtig und rustikal dar. Die Farbe ist ein gesundes dunkles Rubinrot, und das Aromaprofil wirkt attraktiv, doch das Tannin übertönt alles, und vom Charme und der Opulenz der 1997er-Spitzenweine ist nichts zu entdecken. Letzte Verkostung: 3/98.

1990 • 86   Der gut gelungene 1990er zeigt tief schwarzrubinrote Farbe, würzigen, fülligen, reichhaltigen Duft, reifen, reichen Geschmack, mittleren bis vollen Körper und reichlich Tannin im säurearmen Abgang.
Voraussichtliche Genußreife: Jetzt bis 2008. Letzte Verkostung: 1/93.

1989 • 86   Der 1989er ist ein breiter, dicker, schwerer Wein mit wenig Säure, aber enorm reichhaltiger, fruchtiger, voller Art. Alkohol und Tannin sind reichlich vorhanden, deshalb dürfte er sich auch gut halten und doch schon früh genußreif sein.
Voraussichtliche Genußreife: Jetzt bis 2003. Letzte Verkostung: 4/91.

1988 • ?   Der 1988er ist problematisch, mindestens waren das die Proben, die ich von ihm zu kosten bekam: Ein störender Geruch von Nagellack zeigte an, daß etwas nicht stimmte. Ansonsten handelt es sich bei ihm um einen ungewöhnlich kräftigen, robusten, rustikalen Wein dieses Jahrgangs. Eine genauere Beurteilung bleibt vorbehalten. Letzte Verkostung: 4/91.

1986 • 78   Aus unerfindlichen Gründen neigt der Boyd-Cantenac öfters zu harter, manchmal stumpfer Art; auch der 1986er zeigt diese Wesenszüge und dazu noch verwässerten Geschmack, zweifellos infolge allzu hoher Erträge und zu nachlässig gehandhabter Auslese im Château. Dieser mittelschwere, ziemlich tanninherbe Wein sollte seines Mangels an Extrakt wegen in jungen Jahren getrunken werden. Voraussichtliche Genußreife: Jetzt. Letzte Verkostung: 3/90.

1985 • 83   Der 1985er Boyd-Cantenac zeigt gute rubinrote Farbe und hat eine süße, schmackhafte, pflaumenwürzige Fruchtigkeit, mittleren Körper, schwache Säure und einen stumpfen Abgang. Er ist gut, aber nichts Besonderes.
Voraussichtliche Genußreife: Jetzt. Letzte Verkostung: 3/89.

1984 • 70   Der ziemlich leichte, dünne, substanzarme 1984er ist gerade nur akzeptabel und sollte ausgetrunken werden.
Voraussichtliche Genußreife: Jetzt – wahrscheinlich stark im Nachlassen.
Letzte Verkostung: 6/87.

1983 • 87   In diesem sehr guten Jahrgang hat Boyd-Cantenac eine seiner besseren Leistungen erbracht. Der 1983er hat dunkel rubinrote Farbe, ein voll entwickeltes, würziges Aroma von reifen Pflaumen, reichhaltigen, kräftigen, konzentrierten Geschmack und reichlich Tannin – ein Wein von starker, robuster Art, dessen Tannin sich zu mildern beginnt, der aber doch noch etliche Jahre bis zu seinem Höhepunkt braucht.
Voraussichtliche Genußreife: Jetzt bis 2010. Letzte Verkostung: 11/89.

1982 • 86   Der 1982er Boyd-Cantenac ist dem 1983er in der Qualität praktisch gleich, aber im Stil anders als dieser. Seine Farbe ist dunkel rubinrot mit einer Spur Bernsteingelb, sein Bukett

MARGAUX UND DAS SÜDLICHE MEDOC

1990 • 90   Wie so viele 1990er scheint auch dieser Wein an Gewichtigkeit zugelegt und in der Persönlichkeit ein paar Dimensionen gewonnen zu haben. Seine Farbe ist ein dichtes Rubinrot ohne Aufhellung am Rand. Das süße Bukett von gerösteten Nüssen, geräucherten Kräutern, verschwenderisch reifer Cassis-Frucht und Schokolade geht einher mit kräftiger, mittelschwerer Art und soviel Vollmundigkeit wie der La Lagune sie nur aufbringen kann. Der Wein hat zwar nicht die Intensität, Fülle und Kraft des 1982ers (des größten La Lagune, den ich kenne), aber er ist prachtvoll in den Proportionen, samtig, mild und expansiv und trinkt sich bereits schön. Voraussichtliche Genußreife: Jetzt bis 2010. Letzte Verkostung: 9/97.

1989 • 90   Der 1989er La Lagune hat mir schon immer gut geschmeckt. Zunächst glaubte ich, er sei etwas besser als der 1990er, aber beide sind im wesentlichen gleichwertig, nur hat der 1989er weniger Fett und eine rauhere Tanninstruktur. Die Farbe ist ein gesundes Dunkelrubinrot. Das Aromaprofil bietet rauchige vanillinsüße Noten, aber auch füllige Beerenfrucht und grünen Tabak – ein mittelschwerer Wein mit exzellenter Reintönigkeit und Fülle sowie reichlicher Frucht von roten und schwarzen Johannisbeeren, schön verwoben mit frischem Eichenholz. Der Biß ist deutlicher als beim 1990er und der Abgang gedämpfter, aber doch beeindruckend lang. Interessanterweise erscheint der 1990er stärker entwickelt (oder doch ansprechender) als der tanninstrengere 1989er.
Voraussichtliche Genußreife: Jetzt bis 2012. Letzte Verkostung: 9/97.

1988 • 85   1988er Lagune hat einen Anstrich von Krautigkeit sowie herbes, aggressives Tannin, das in der Gewichtsverteilung dieses Weins die Oberhand zu besitzen scheint. Bei mittlerem Körper, würziger und schlichter Art fehlt es dem 1988er an der Vollmundigkeit und kernigen Opulenz der Spitzenjahrgänge von La Lagune, aber er dürfte sich als langlebig erweisen. Bleibt die Frage, ob er wohl über genug Frucht verfügt.
Voraussichtliche Genußreife: Jetzt bis 2005. Letzte Verkostung: 1/93.

1987 • 82   Der voll ausentwickelte, reife, überraschend runde und charmante Wein mit mittlerem Körper will ausgetrunken werden.
Voraussichtliche Genußreife: Jetzt. Letzte Verkostung: 12/89.

1986 • 88   Dieser Wein hat sich nicht so schön entwickelt, wie ich es ursprünglich voraussagte. Er zeigt tief rubinrote Farbe und ein Aromaprofil von getrockneten Kräutern, süßem Vanillin, Erde und schwarzen Kirschen. Im Mund fühlt er sich kräftig gebaut an, ich bin aber nicht sicher, ob er die erforderliche Süße und Reife der Frucht als Gegengewicht zum massiven Tannin und der schweren Struktur besitzt. Nichtsdestoweniger ist er ein jugendfrischer, vielversprechender La Lagune, allerdings etwas verhaltener, als ich gemeint hatte. Der saubere, aber tanninherbe Abgang läßt auf weitere zwei Jahrzehnte Lebensdauer schließen. Es ist nur die Frage, ob sich ein vollendetes Gleichgewicht zwischen den verschiedenen Komponenten einstellen wird.
Voraussichtliche Genußreife: 2000 bis 2015. Letzte Verkostung: 9/97.

1985 • 86   Aus welchem Grund auch immer, dieser Wein ist seit eh und je locker gewirkt und zeigt keine himmelhohe Konzentration, sondern schlichte, kommerzielle Art. Das Bukett ist mäßig intensiv mit süßen Johannisbeernoten und Nuancen von Erde, Kräutern und Gewürzen. Im Geschmack läßt sich der Wein schön an, dann aber mangelt es ihm an der Konzentration und Reife, die man in einem sehr guten Jahrgang aus einem Spitzengut erwarten darf. Im Abgang machen sich zwar Tannin und Säure bemerkbar, dennoch ist der Wein voll ausgereift – gut, aber nicht aufregend.
Voraussichtliche Genußreife: Jetzt bis 2004. Letzte Verkostung: 9/97.

1984 • 74   Der 1984er ist inzwischen nicht mehr so attraktiv wie im Faß, hat mittelrubinrote Farbe, zeigt viel Eichenholz (vielleicht zuviel Holz?), Strenge und Schwere im Geschmack mit mehr Tannin als Frucht. Auf diesen Wein möchte ich keine hohe Wette abschließen.
Letzte Verkostung: 12/89.

1983 • 87   Nach dem monumentalen 1982er La Lagune übersieht man den zwar guten, nicht aber großen 1983er nur zu leicht. Die verstorbene Madame Boyrie verglich ihn gern mit dem 1981er, doch billigte sie ihm mehr Substanz und Lebenskraft zu. Ich bin derselben Meinung. Er

ist dunkelrubinrot, hat vollen Körper, reiche Pflaumenfrucht, mäßiges Tannin und beginnt sich schön zu entfalten.
Voraussichtliche Genußreife: Jetzt bis 2000. Letzte Verkostung: 12/89.

1982 • 92 Der schön gebaute 1982er ist mir der liebste La Lagune aus den letzten 20 Jahren. Auch bei ihm beurteilte ich das Entfaltungspotential falsch; ich meinte, er wäre zu Beginn der 1990er Jahre ausgereift. Er ist nun zwar bei seiner süßen Duftigkeit mit Noten von toastwürziger Eiche, reifen schwarzen Kirschen und Johannisbeeren durchaus schon genießbar, aber er besitzt doch mehr Tannin und schwerere Struktur, als ich gedacht hatte. Vielmehr ist er ein fruchtiger, körperreicher La Lagune mit Superkonzentration und vollsaftiger Art. Anzeichen einer Farbabschwächung sind nicht zu erkennen. Es bleibt noch einiges Tannin abzuwerfen, daher dürften sich weitere ein bis zwei Jahre Kellerreife vor allem dann günstig auswirken, wenn die Lagerbedingungen ideal sind. Ein klassischer 1982er, in der Art so etwas wie eine Synthese zwischen einem Pomerol und einem Médoc. Seine volle Reife dürfte der komplexe, reichhaltige und in der Struktur unerwartet kräftige Wein gegen Ende des Jahrhunderts erreichen und in den darauffolgenden beiden ersten Jahrzehnten behalten. Letzte Verkostung: 9/95.

1981 • 83 Zunächst schien es Probleme mit Unterschieden in der Flasche zu geben, doch bei neueren Verkostungen hat sich dieser Wein als beständig erwiesen. Er hat mittleren Körper, würzigen, an Pflaumen und Kirschen erinnernden Geschmack mit gutem Extrakt, ansprechender Art und gefälligem Abgang. Bei seiner Kompaktheit könnte er mehr Tiefe und Dimension im Geschmack vertragen.
Voraussichtliche Genußreife: Jetzt. Letzte Verkostung: 12/89.

1979 • 84 Der 1979er La Lagune ist noch immer jugendfrisch, entfaltet sich nun jedoch und zeigt dabei Eichenholzduft und die Fruchtigkeit reifer Pflaumen, ein mäßig intensives, würziges Vanillinaroma und einen sauberen, etwas mageren, trockenen Abgang – ein schmackhafter, aber nicht gerade aufregender La Lagune.
Voraussichtliche Genußreife: Jetzt. Letzte Verkostung: 12/89.

1978 • 88 Der 1978er La Lagune ist tief dunkel und gibt keine Anzeichen für Reife von sich. Sein expansives Bukett erinnert an geröstete Nüsse, Pflaumen und frisches Eichenholz. Auf der Zunge nimmt sich der Wein tanninherb, aber üppig und seidig aus und zeigt Frucht in Hülle und Fülle. Seine Entwicklung verläuft sehr langsam, und er schmeckt noch immer jung und lebenskräftig. Voraussichtliche Genußreife: Jetzt bis 2005. Letzte Verkostung: 12/89.

1976 • 88 In einem Jahrgang, in dem viele schwächliche, dünne und fragile Weine entstanden, ist der La Lagune ein fester,. konzentrierter, gut gelungener Tropfen. Er ist nunmehr voll ausgereift, hat mittel- bis dunkelrubinrote Farbe mit nur wenig Bernstein am Rand und ein schön entfaltetes Bukett von vanillinduftigem Eichenholz, gerösteten Nüssen und reifen Pflaumen; auf der Zunge zeigt er elegante, stilvolle Art, mittleren bis vollen Körper, expansive, süße, üppige Frucht und einen kräftigen, aber seidigen Abgang. Hätte ich von diesem Wein doch mehr gekauft! Voraussichtliche Genußreife: Jetzt. Letzte Verkostung: 12/89.

1975 • 86 Wird die Frucht das Tannin überdauern? Dieser feste, karge, tanninreiche Wein zeigt eine würzige Eichenholznote mit einem Hauch Vanille sowie reife Frucht, kräftigen Geschmack und mittelschwere, elegante Persönlichkeit. Der Wein nähert sich seinem Höhepunkt und wird sich noch weitere 10 bis 15 Jahre halten. Letzte Verkostung: 12/95.

1971 • 85 Der voll ausgereifte Wein mit offen gewirktem, aromatischem, komplexem Bukett von Zedernholz und reifer Frucht hat mittleren Körper sowie seidige, üppige, verführerische, runde und fruchtige Art.
Voraussichtliche Genußreife: Jetzt – vermutlich im Nachlassen. Letzte Verkostung: 3/82.

1970 • 87 Der immer noch überraschend feste, doch wie ich glaube ausgereifte 1970er La Lagune hat dunkel rubinrote Farbe, ein kräftiges, pflaumenwürziges, an Wald und Pilze erinnerndes Bukett, körperreichen, tiefen, konzentrierten beerenfruchtigen Geschmack, gutes Tannin und einen langen Abgang. Ein feiner La Lagune; es fehlt ihm nicht viel, und er wäre hervorragend.

MARGAUX UND DAS SÜDLICHE MEDOC

Voraussichtliche Genußreife: Jetzt bis 2000. Letzte Verkostung: 1/91 (aus einer Magnumflasche).
1967 • 83 Dieser Wein, einer der besten 1967er, hatte seinen Höhepunkt um 1976 und dabei milden, runden, burgunderhaften Charakter, ein ziemlich komplexes Bukett von Trüffeln, Karamel und Himbeerfrucht bei wenig Tannin.
Voraussichtliche Genußreife: Jetzt – wahrscheinlich stark im Nachlassen.
Letzte Verkostung: 1/80.
1966 • 84 Der voll ausgereifte 1966er ist geschmeidig und vollmundig mit attraktiver Pflaumenfruchtigkeit, mittlerem Körper und mildem, angenehmem Abgang,
Voraussichtliche Genußreife: Jetzt – wahrscheinlich stark im Nachlassen.
Letzte Verkostung: 4/78.
1962 • 55 Den 1962er La Lagune habe ich nur einmal verkostet; damals zeigte er schon Braunfärbung bei sehr weichem, verschwommenem und verwaschenem fruchtigem Geschmack. Er ging eindeutig aus den Fugen. Man sollte ihn meiden. Letzte Verkostung: 8/78.
1961 • 60 Ein ungewöhnlicher Wein mit pfefferiger, Rhône-ähnlicher Art und eigentümlichem arzneihaftem Bukett, ungefügem Geschmack und heißem, alkoholstarkem Abgang. Ein recht seltsamer La Lagune, offenbar von sehr jungen Reben. Letzte Verkostung: 10/77.

LASCOMBES
2ème Cru seit 1855

GUT

Lage der Weinberge: Margaux und Soussans

Besitzer: Société BASS
Adresse: 33460 Margaux
Postanschrift: B.P.4, 33460 Margaux
Telefon: 33 5 57 88 70 66 – Telefax: 33 5 57 88 72 17

Besuche: nur nach Vereinbarung, täglich von 9 bis 12 und von 14 bis 16.30 Uhr, außer am ersten Wochenende eines Monats
Kontaktperson: Géraldine Platon

WEINBERGE (Rotwein)

Rebfläche: 50 ha für Château Lascombes und 33 ha für Château Segonnes

Durchschnittliches Rebenalter: 25 Jahre

Rebbestand: 50 % Cabernet Sauvignon, 40 % Merlot, 5 % Cabernet Franc, 5 % Petit Verdot

Pflanzdichte: 8000 bis 10 000 Reben/ha

Ertrag (im Durchschnitt der letzten 5 Jahre): 48 hl/ha für Château Lascombes und 57 hl/ha für Château Segonnes

Durchschnittliche Jahresproduktion insgesamt: 4275 hl

GRAND VIN

Name: Château Lascombes

Appellation: Margaux

Durchschnittliche Jahresproduktion: 240 000 Flaschen

BORDEAUX

Verarbeitung und Ausbau: Lese von Hand. Gärdauer 8 bis 10 Tage in temperaturgeregelten Edelstahltanks, Maischdauer 10 bis 20 Tage, je nach Jahrgang. Früher Abstich in zu 30 bis 60 % neue Eichenfässer; Ausbauzeit 16 bis 18 Monate. Der Wein wird geschönt, aber nicht gefiltert.

ZWEITWEIN

Name: Château Segonnes

Durchschnittliche Jahresproduktion: 240 000 Flaschen

Beurteilung des derzeitigen Rangs: Abstufung zum 4ème Cru wäre zu empfehlen

Genußreife: 6 bis 20 Jahre nach dem Jahrgangsdatum

N.B. zu Château Lascombes und Château Segonnes: Als Eigentümer von Château Lascombes nutzte Alexis Lichine jede sich bietende Gelegenheit für den Ankauf von Nachbargrundstücken. In den 1970er Jahren übernahm die Société BASS das Gut und befolgte das gleiche Verfahren, bis der Gesamtbesitz 82 ha betrug. 1982 wurde durch strenge Auslese und eine eingehende Verkostung der Weine aus den verschiedenen Lagen festgestellt, daß der Grand Vin meist von den 50 ha von Château Lascombes und der Zweitwein von den Neuerwerbungen stammte. Ab diesem Zeitpunkt galt der Besitz als aufgeteilt in zwei getrennte Güter, nämlich Château Lascombes und Château Segonnes. Die dem Château Segonnes zugeordneten Rebbestände (33 ha) sind etwas jünger als die von Château Lascombes (Durchschnittsalter 20 bis 25 Jahre), der Anteil der Rebsorten ist aber in beiden Fällen fast gleich.

Lascombes ist eines der größten Weingüter im Médoc. Seine Weinberge bestehen nicht aus einem Stück, sondern vielmehr aus über 40 verschiedenen Lagen, die über die ganze Appellation Margaux verstreut sind. Deshalb ist auch die Weinlese für Château Lascombes eine nur mit Schwierigkeiten zu bewältigende Aufgabe, und das mag zum Teil die Erklärung dafür sein, daß die Weine ungleichmäßig ausfallen.

Die einstige Beliebtheit des Lascombes war gewiß auf die herkulischen Anstrengungen des inzwischen verstorbenen Alexis Lichine zurückzuführen, dem das Gut von 1951 bis 1971 gehörte. Er veranlaßte eine gründliche Renovierung der Keller und die planmäßige Erwerbung von Weinbergen der Nachbargüter. Mit seinem tatkräftigen Einsatz für hohe Weinqualität brachte Lichine eine ganze Reihe sehr guter Lascombes-Jahrgänge zustande.

Seit er jedoch Château Lascombes 1971 an den englischen Konzern Bass Charrington verkaufte, ging es mit der Qualität und der Gleichmäßigkeit des Weins merklich abwärts. Allerdings lassen die meisten Jahrgänge ab 1982 nun wieder stärkere Bemühungen um hohe Weinqualität erkennen. Dessenungeachtet bleibt noch viel zu tun. In den 1990er Jahren wurde dann eine weit strengere Auslese und in gewissem Umfang malolaktische Säureumwandlung in kleinen Fässern eingeführt – alles das ist dazu gedacht, die Fülle und Qualität des Lascombes zu steigern. 1998 befindet sich Lascombes im Aufschwung, dennoch haben die Weine, obschon sie gut sind, noch einen weiten Weg vor sich, bis sie zur Spitze von Bordeaux gezählt werden dürfen.

JAHRGÄNGE

1997 • 79-84   Dem mittelrubinroten Wein fehlt es an der Sattheit der Farbe, und er erscheint auch kantiger und säurereicher als seine Jahrgangsgenossen. Er besitzt jedoch attraktive, süße Frucht von Kirschen und Johannisbeeren mit einem Anflug von Kräuterwürze, alles bei leichtem bis mittlerem Körper und in gemessener Art.
Voraussichtliche Genußreife: 2000 bis 2007. Letzte Verkostung: 3/98.
1996 • 80-83   Dieser dunkel rubinrote Wein weist eingangs schöne Frucht sowie mittleren Körper, moderates Tannin, eine komprimierte, monolithische Art und einen kurzen Abgang auf.

MARGAUX UND DAS SÜDLICHE MEDOC

Ich möchte nicht zu hart urteilen, es ist aber nicht viel an ihm. Voraussichtliche Genußreife: 2000 bis 2010. Letzte Verkostung: 3/98.

1995 • 79? Dieser Wein ist nach der Abfüllung weit weniger eindrucksvoll als im Faß und befindet sich angesichts seiner hohlen Mitte und seines harten, kargen, kantigen Abgangs auf dem Weg zur Auszehrung. Die Farbe ist ein mittleres Rubinrot, der Wein zeigt moderate Gewichtigkeit, jedoch süße Frucht in Duft und anfänglichem Geschmack, verengt sich dann aber zu einer herben, spartanischen Persönlichkeit.
Voraussichtliche Genußreife: 2000 bis 2008. Letzte Verkostung: 11/97.

1994 • ? Ich entsinne mich, daß ich beim Verkosten dieses Weins im Château und bei mehreren späteren Degustationen sehr beeindruckt war. Betrüblicherweise haben dann alle nach der Abfüllung verkosteten 1994er Lascombes einen ungewöhnlichen, muffigen Holzcharakter gezeigt, den ich zunächst für Korkengeschmack hielt. So schön das Potential dieses Weins sich im Faß auch ausnahm, inzwischen scheint er aus den Fugen gegangen zu sein und ist mindestens derzeit mit fruchtfremden Aromen behaftet, die nicht nur an fehlerhafte Korken, sondern auch an schlecht gepflegte Fässer denken lassen. Ein endgültiges Urteil behalte ich mir vor.
Letzte Verkostung: 1/97.

1993 • 85 Der 1993er, ein sanfter, eleganter, leichter bis mittelschwerer Wein, bietet saubere, frische Noten von roten Johannisbeeren und Preiselbeeren in Duft und Geschmack. Frische Säure verleiht ihm Lebendigkeit, und so wird er sich in den ersten 5 bis 6 Lebensjahren am besten trinken.
Letzte Verkostung: 1/97.

1992 • 82 Die mittelrubinrote Farbe und der reife, mit Zedernholznuancen verwobene Johannisbeerduft wirken zunächst ansprechend, dann aber macht sich im Mund, wo Tannin und Holz die magere Frucht übertäuben, Wässerigkeit bemerkbar. Vielleicht kommt im Lauf der Zeit mehr Tiefe zum Vorschein, es sieht aber so aus, als sei es am besten, diesen Wein in den nächsten 4 bis 5 Jahren zu trinken. Letzte Verkostung: 11/94.

1991 • 82 In Anbetracht der jahrgangsbedingten Beschränkungen ist der 1991er gut bereitet. Die Farbe präsentiert sich als gesundes mittleres Rubinrot, das Bukett bietet attraktive Aromen von Gewürz, Vanillin und Beeren. Der Wein selbst besitzt guten Körper und attraktive, reife Fruchtigkeit und Geschmeidigkeit. In den nächsten 5 Jahren trinkt er sich am besten.
Letzte Verkostung: 1/94.

1990 • 86 Der mit gutem Tannin ausgestattete exotische, orangenduftige 1990er hat im Aroma tropische Frucht, Cassis und frisches Eichenholz. Reicher, mittlerer bis voller Körper, exzellente Konzentration, milde Säure und samtige, ja üppige Vollmundigkeit zeichnen diesen Wein aus, der sich in den nächsten 8 bis 10 Jahren schön trinken lassen wird.
Letzte Verkostung: 1/93.

1989 • 85 Der 1989er Lascombes weist ein Aroma von gerösteten Erdnüssen auf – eine Nuance, die ich sonst häufig im vorwiegend von der Grenache-Traube gekelterten Châteauneuf du Pape angetroffen habe. Der muskulöse, tanninreiche Wein hat einen schweren, alkoholstarken Abgang. Es würde mich nicht überraschen, wenn dieser Wein mit seiner überaus lebhaften Art einmal eine viel bessere Note verdienen sollte, als ich sie hier vorläufig abgebe.
Voraussichtliche Genußreife: Jetzt bis 2002. Letzte Verkostung: 4/91.

1988 • 85 Tief rubinpurpurrot mit mäßig intensivem Bukett von Zedernholz, Pflaumen und Johannisbeeren präsentiert sich der 1988er Lascombes als würziger, robust gebauter Margaux. Bei mittlerem bis vollem Körper und gutem Gleichgewicht ist er nicht so übermäßig tanninstreng wie manche anderen 1988er Médocs.
Voraussichtliche Genußreife: Jetzt bis 2002. Letzte Verkostung: 1/93.

1986 • 78 Der 1986er befindet sich, seit ich ihn erstmals verkostete und mit 83 Punkten bewertete, im Abstieg. Er ist dünn und grasig und hat keine Intensität oder Konzentration. Gegenwärtig zeigt er ein flaches Granatrot mit beträchtlicher Aufhellung am Rand. Das Aromaprofil ist angefüllt mit Düften von Dörrgemüse und verwaschener Frucht von roten Johannisbeeren und

Kirschen. Erde, Tannin und Säure dominieren diesen spärlich ausgestatteten Wein. Für ihn gibt es nur einen Weg – abwärts.
Voraussichtliche Genußreife: Jetzt. Letzte Verkostung: 3/97.

1985 • 85   Dieser Wein will getrunken werden, denn er war schon 5 bis 6 Jahre nach der Lese ausgereift. Im mitteldunklen Granatrot zeigt sich schon beträchtlich viel Rost. Duft und Geschmack zeigen süße Beerenfrucht, verflochten mit Nuancen von getrockneten Kräutern, Schokolade, Rauch und Süßholz. Bei mittlerem Körper und milder, runder Art ist dieser Wein nicht besonders konzentriert, aber attraktiv und recht elegant und will getrunken sein. Das robuste Tannin im Abgang bringt mich auf den Gedanken, daß bereits Auszehrung eingesetzt hat.
Voraussichtliche Genußreife: Jetzt. Letzte Verkostung: 3/97.

1983 • 87   Der 1983er ist mittel- bis dunkelrubinrot, hat ein volles, würziges Beerenaroma von einiger Intensität, füllige, konzentrierte, sanfte Art und ist voll genußreif. Er dürfte wohl einer der besten Weine aus diesem Gut seit über einem Jahrzehnt sein.
Voraussichtliche Genußreife: Jetzt bis 2000. Letzte Verkostung: 3/89.

1982 • 87   Offen gewirkt und diffus, aber köstlich und duftig ist der 1982er Lascombes; mit weichen Säure und zur überreifen Seite hin am Rand der Disharmonie bietet er doch expansive, geschmacklich reichhaltige Vollmundigkeit und Beerenfrucht mit Anklängen an Kräuter, kombiniert mit Düften von Kaffee, Erde und Vanille. Er sollte in den nächsten 4 bis 5 Jahren getrunken werden. Letzte Verkostung: 9/95.

1981 • 72   Der 1981er hat hell- bis mittelrubinrote, orange überhauchte Farbe, ein einfaches, leicht kräuterwürziges Aroma, bescheidenen, mager ausgestatteten Geschmack und einen kurzen Abgang. Inzwischen verliert er seine Frucht und schwächt sich weiter ab.
Voraussichtliche Genußreife: Jetzt – vermutlich im Nachlassen. Letzte Verkostung: 3/89.

1980 • 60   Dieser Wein ist grün und vegetabil mit unangenehm starker Säure und flachem, diffusem, verwaschenem Geschmack. Man sollte ihn meiden. Letzte Verkostung: 8/83.

1979 • 76   Während es in diesem Jahr in der Appellation Margaux gute Weine gegeben hat (z. B. Château Margaux, Palmer und Giscours), schmeckt der 1979er Lascombes stets leicht und dünn. Mäßig konzentrierte Frucht, starkes Eichenholzaroma und zunehmend auffälliger Tannin- und Säuregehalt deuten auf baldiges Nachlassen.
Voraussichtliche Genußreife: Jetzt. Letzte Verkostung: 3/89.

1978 • 76   Der überraschend grüne, ja vegetabile, magere und säuerliche 1978er Lascombes besitzt nichts von der vollen, runden, generösen, reifen und reichhaltigen Frucht, Tiefe und Fülle, die diesen Jahrgang von hoher Qualität sonst kennzeichnen, und wirkt durchaus mittelmäßig.
Voraussichtliche Genußreife: Jetzt – vermutlich im Nachlassen. Letzte Verkostung: 3/89.

1975 • 87   Dieser Wein besitzt mit das überzogenste Aromaprofil des Jahrgangs. Sein Bukett umfaßt Noten von Kräutern, Ingwer, Minze und teeähnlichem Gewürz, die man entweder verabscheut oder interessant findet. Er ist tanninreich, lose gefügt und voll ausgereift (mit ziemlich viel Bernsteingelb/Orange am Rand) mit milder, süßer Frucht. Getrunken werden will er in den nächsten 5 bis 7 Jahren, ehe die Frucht verblaßt. In einem offenen Dekanter hält sich dieser Wein erstaunlich gut – 2 Tage. Letzte Verkostung: 12/95.

1971 • 80   Um die Mitte und das Ende der 1970er Jahre war dieser mein Favorit unter den Lascombes-Weinen. Inzwischen hat er angefangen, sehr müde zu werden; seine Farbe ist rostbraun geworden, und die geschmeidige, intensive Fruchtigkeit ist zum Teil verlorengegangen. Der elegant gebaute Wein zeigt aber noch Spuren seines komplexen, würzigen, erdigen Buketts mit dem Duft reifer Pflaumen sowie seines milden, reichhaltigen, jedoch verblassenden Geschmacks.
Voraussichtliche Genußreife: Jetzt. Letzte Verkostung: 3/89.

1970 • 87   Der 1970er – ein Musterbeispiel für einen feinen Lascombes – zeigt dunkle Farbe, reife, körperreiche, fruchtige und vollmundige Art; er ist jetzt zwar voll ausgereift, besitzt aber genug Konzentration in Frucht und Struktur, um noch etliche Jahre durchzuhalten – ein würziges, duftiges, rundum erfreuliches und reichlich ausgestattetes Gewächs.
Voraussichtliche Genußreife: Jetzt. Letzte Verkostung: 6/88.

1966 • 88 Der 1966er Lascombes stellt eine erstklassige Leistung dar – er ist besser als der 1970er, gewiß ausgeglichener und charmanter als der 1975er und langlebiger, als der 1982er und 1983er nach meiner Ansicht sein werden. Die Farbe ist dunkelrubinrot mit Bernsteinsaum, schöne Fülle und Nachhaltigkeit verbinden sich mit üppigem, verführerischem Bukett. Der Wein ist seit über einem Jahrzehnt voll ausgereift, zeigt aber immer noch hohe Klasse – einer meiner Favoriten aus dem Jahrgang 1966. Voraussichtliche Genußreife: Jetzt. Letzte Verkostung: 3/89.

1962 • 87 Ein wunderschöner Wein, duftig, würzig, mit einer gewissen fülligen Süße im Geschmack, ein Bilderbuch-Margaux mit kräftigem, intensivem Bukett und wunderbar seidigem, üppigem Geschmack. Er ist seit 1976 voll ausgereift.
Voraussichtliche Genußreife: Jetzt – vermutlich im Nachlassen. Letzte Verkostung: 11/81.

1961 • 85 Der 1961er Lascombes, ein substanzreicher Wein, dem es allerdings an der Tiefe und Komplexität des Jahrgangs mangelt, zeigt dunkle Farbe mit einem Bernsteinschimmer. Er hat ein rauchiges, erdiges, reifes Bukett, eine Spur rauhe Säure und einen guten, unauffälligen Abgang. Dieser Wein ist voll durchgereift und muß ausgetrunken werden.
Voraussichtliche Genußreife: Jetzt – vermutlich im Nachlassen. Letzte Verkostung: 10/79.

ÄLTERE JAHRGÄNGE

Ich besitze keine Probiernotizen über den Lascombes aus den dreißiger, vierziger und frühen fünfziger Jahren, aber es liegen mir zwei Notizen über den 1959er vor, den ich höher benotet habe (90 Punkte) als alle oben besprochenen Jahrgänge. Dieser Wein zeigte 1988 in einer Magnumflasche ein mächtiges Bukett mit Nuancen von Mokka, Zedernholz und Pflaumen sowie körperreichen, bemerkenswert intensiven und konzentrierten Geschmack (der viel jünger und noch unentwickelter erschien als beim 1961er) sowie einen kräftigen, würzigen Abgang mit Zedernholznote. Alles in allem war er ein großzügig gebauter, klassischer Margaux und der feinste Lascombes, der mir je auf die Zunge gekommen ist.

Malescot St-Exupéry
3ème Cru seit 1855

AUSGEZEICHNET

Lage der Weinberge: 90 % in Margaux und 10 % in Soussans

Besitzer: G.F.A. Zuger Malescot – Roger Zuger
Adresse: 33460 Margaux
Telefon: 33 5 57 88 70 68 – Telefax: 33 5 57 88 35 80

Besuche: werktags von 10 bis 12 und von 14 bis 18 Uhr (außer an Feiertagen), an den Wochenenden nur nach Vereinbarung

WEINBERGE (Rotwein)

Rebfläche: 23 ha

Durchschnittliches Rebenalter: 35 Jahre

Rebbestand: 50 % Cabernet Sauvignon, 35 % Merlot, 10 % Cabernet Franc, 5 % Petit Verdot

Pflanzdichte: 6600 bis 10 000 Reben/ha

Ertrag (im Durchschnitt der letzten 5 Jahre): 52 hl/ha

Durchschnittliche Jahresproduktion insgesamt: 13 500 Kisten

BORDEAUX

GRAND VIN

Name: Château Malescot Saint-Exupéry

Appellation: Margaux

Durchschnittliche Jahresproduktion: 10 000 Kisten

Verarbeitung und Ausbau: Lese von Hand. Vinifikation 2 bis 5 Wochen in temperaturgeregelten Edelstahltanks bei ziemlich hohen Temperaturen (einheimische Naturhefen finden Verwendung). Nach malolaktischer Säureumwandlung 12 bis 14 Monate Ausbau in zu 50% neuen Eichenfässern. Der Wein wird mit frischem Eiweiß geschönt, aber nicht gefiltert.

ZWEITWEIN

Name: La Dame de Malescot

Durchschnittliche Jahresproduktion: 3500 Kisten

Beurteilung des derzeitigen Rangs: Entspricht (vor allem seit 1990) der Klassifizierung.

Genußreife: 5 bis 15 Jahre nach dem Jahrgangsdatum

Veränderungen bei Malescot Saint-Expupéry:

Als Jean-Luc Zuger das Weingut übernahm, berief er Michel Rolland als technischen Berater und Önologen
Veränderungen der Rebfläche: 1994 belief sich die Rebfläche auf 30 ha. 7 ha früheres Pachtland sind wieder an Château Marquis d'Alesme Becker zurückgegangen.

Roger Zuger hat die Anteile seiner Schwester und seines Bruders zurückgekauft und ist nun Alleineigentümer von Malescot

Das Château Malescot St-Exupéry liegt in der Stadt Margaux, einige Straßenzüge nördlich vom großen Château Palmer an der D2, der Route du Vin von Bordeaux. Seit langem genießt es einen sehr guten Ruf, insbesondere für langlebige, traditionell bereitete, fest gebaute Weine.

Die Familie Zuger, der das Gut seit 1955 gehört, dementiert entschieden jede Stiländerung hin zu größerer Geschmeidigkeit und früherer Trinkreife. Dennoch kommt es mir so vor, als ob die Jahrgänge der siebziger und achtziger Jahre bei weitem nicht mehr so tanninreich und hart seien wie die sechziger. Die Weinberge in bester Lage (zum Teil unmittelbar neben denen von Château Margaux) bringen mittelschweren Wein hervor, der durch Eleganz im Verein mit geschmacklicher Ausdruckskraft überzeugend wirkt. Seit 1990 hat der einst unterernährte, karge Stil von Malescot sehr viel größere Fülle und Intensität angenommen. Auch dieses Weingut hat also nach einer Flaute in den 1960er, 70er und 80er Jahren wieder zu guter Form zurückgefunden.

JAHRGÄNGE

1997 • 85-87 Das Weingut bringt neuerdings feine Weine zustande, und daher ist es keine Überraschung, daß sich der 1997er als gute Leistung erwies. Je nachdem, wie er sich entwickelt, kann er sogar noch eine höhere Punktnote verdienen. Derzeit präsentiert er sich in dunklem Rubinpurpurrot mit aufgeschlossenem, fortgeschrittenem, süßem, blumigem Aroma von schwarzen Himbeeren, Kirschen und Kräutern. Im Mund fehlt es ihm an Tiefe und Länge, doch wirkt er bei mittlerem Körper elegant, charmant, verführerisch und eingängig.
Voraussichtliche Genußreife: 2001 bis 2010. Letzte Verkostung: 3/98.
1996 • 89-91 Es ist erfreulich zu sehen, wie bei Malescot St-Exupéry ständig weitere Weine in bester Qualität zustande kommen, denn sie zählen zu den eleganteren, mehr auf Finesse ausgelegten im Médoc. Der dichte rubinpurpurrote 1996er zeigt volles, klassisches, blumiges, grasiges

Cassis-Aroma in Duft und Geschmack, volleren Körper und mehr Kraft, als für dieses Weingut typisch ist, dazu moderates Tannin im kernigen, intensiven Abgang. Dieser Wein wirkt viel kräftiger, machohafter als üblich, doch ich nehme an, daß er nach weiterer Faßreife zahmer wird. Da er beste Aussichten auf eine hervorragende Benotung hat, wird er bei seinem vernünftigen Preis auf dem überhitzten Bordeaux-Markt offenbar etwas unter Wert gehandelt.
Voraussichtliche Genußreife: 2006 bis 2025. Letzte Verkostung: 3/98.
1995 • 90 Dieser Wein verdient eine hervorragende Note, denn er bietet die klassische Margaux-Kombination von Eleganz und Fülle. Mittlerer Körper und ein zartes, schön reifes, blumiges Aroma von schwarzen Johannisbeeren, das mit einer subtilen Eichennote konkurriert, zeichnen den 1995er Malescot aus, der am Gaumen Frucht, fein integriertes Tannin und Säure mit stilvoller, anmutiger Art vereint. Dieser zutiefst elegante Bordeaux dürfte sich in der Flasche noch weiter entfalten. Eine echte Schönheit!
Voraussichtliche Genußreife: 2002 bis 2018. Letzte Verkostung: 11/97.
1994 • 87+ Das dunkle Rubinrot und das kräuterwürzige Johannisbeer- und Vanillinaroma wirken attraktiv, was mich aber am 1994er Malescot St-Exupéry besonders anspricht, ist seine vielschichtige, reichfruchtige, wunderbar reintönige Art. Er ist kein kraftvoller Wein, aber er besitzt schöne Intensität, Anmut und Ausgewogenheit und die eindrucksvolle Fähigkeit, sich nach 5 bis 10 Minuten an der Luft zu erschließen und zu entfalten. Er dürfte sich als stilvolle Leistung erweisen, die eine bessere Benotung verdient, wenn sich nach 3 bis 4 Jahren Flaschenreife die kräuterhafte Art zu einer Zedernholznote wandelt.
Voraussichtliche Genußreife: 2001 bis 2016. Letzte Verkostung: 1/97.
1993 • 85 In diesem dunkelrubinroten, mittelschweren Wein macht sich zwar ein gewisses Paprikaaroma breit, aber er ist dennoch ein attraktiver, eleganter Bordeaux mit bescheidener Statur, aber schönem Gleichgewicht, der durch unmittelbaren Charme besticht. Er sollte in den nächsten 7 bis 8 Jahren getrunken werden.
Letzte Verkostung: 1/97.
1992 • 82 Der leichte bis mittelschwere 1992er Malescot zeigt kräuterwürzige Johannisbeerfrucht und eine Eichennote im Bukett sowie rauhes Tannin im Abgang. Dieser Wein mit seinem anmutigen, fruchtigen Charakter sollte in den nächsten 4 bis 5 Jahren getrunken werden.
Letzte Verkostung: 11/94.
1991 • 84 Der 1991er ist ein stilvoller, kräuterwürziger, moderat ausgestatteter Wein mit rundem, fruchtigem Geschmack, einer gewissen Eleganz und unmittelbar ansprechender Art. Getrunken werden sollte er in den nächsten 5 bis 6 Jahren. Was ihm an Gewichtigkeit, Kraft und Konzentration fehlt, macht er durch Finesse wett.
Letzte Verkostung: 1/94.
1990 • 90 Dieser Wein entwickelt sich in der Flasche eindrucksvoll weiter. Er ist zwar keiner von den Schwergewichtlern dieses Jahrgangs, besitzt aber die ganze klassische Eleganz, Duftigkeit und Harmonie, die man von einem erstklassigen Margaux erwartet. Die Farbe ist ein gesundes, dunkles Rubinrot mit Purpurschimmer. Das Bukett bietet üppige, süße, füllige Frucht schwarzer Johannisbeeren, verflochten mit Aromen von weißen Blumen, Gewürzen und einer rauchigen Eichennote. Mittlerer Körper und saftige, expansive Vollmundigkeit machen diesen reichhaltigen, vielschichtigen Wein mit seiner milden Säure höchst zugänglich, doch er kann sich auch noch anmutig weiterentwickeln.
Voraussichtliche Genußreife: Jetzt bis 2010.
Letzte Verkostung: 3/97.
1989 • 87 Ich glaube, der 1989er ist der Jahrgang, der bei Malescot St-Exupéry die Qualitätswende anzeigt. Er wird zwar vom 1990er und den Jahrgängen aus der Mitte der neunziger Jahre in den Schatten gestellt, ist aber ein gutes Beispiel und weit besser als vieles, was in den 1960er, 70er und 80er Jahren hier produziert wurde. Die Farbe ist dunkelrubinrot, das Bukett zeigt süße Frucht von Brombeeren und roten Johannisbeeren, sowie Noten von getrockneten Kräutern, Erde und Gewürzen. Mäßiges Tannin und eine gewisse Kargheit kennzeichnen diesen Wein, der

aber auch im Geschmack eine Süße aufweist, die von reifer Frucht und reichlichem Glyzerin stammt – ein eleganter, milder und bereits genußreifer Malescot St-Exupéry.
Voraussichtliche Genußreife: Jetzt bis 2007. Letzte Verkostung: 3/97.

1988 • 84   Der 1988er wirkt mit seiner stilvollen Mischung von Eichenholz und schwarzen Johannisbeeren im Bukett klassischer. Er ist elegant gebaut, hat mittleren Körper, karge Art, verfügt jedoch über genügend Frucht im Hintergrund, um sich gut zu entwickeln.
Voraussichtliche Genußreife: Jetzt bis 2005. Letzte Verkostung: 4/91.

1986 • 82   Den 1986er Malescot habe ich kräuterwürzig und zedernholzduftig gefunden, doch er ist zu leicht und zeigt starke Verdünnung durch den enormen Ertrag. Vielleicht hätte strengere Auslese einen Wein mit Finesse und Geschmacksfülle erbracht.
Voraussichtliche Genußreife: Jetzt bis 2001. Letzte Verkostung: 3/89.

1985 • 74   Ein vorherrschender Geruch von Laub, Kraut und frischem Eichenholz überdeckt alle Anzeichen von reifer Frucht, die in diesem mittelschweren, kompakten Wein etwa vorhanden sein könnte. Einige meiner sachkundigen Freunde in Bordeaux halten viel von diesem Malescot-Jahrgang, mir aber müßte erst noch ein überzeugendes Beispiel auf die Zunge kommen.
Voraussichtliche Genußreife: Jetzt. Letzte Verkostung: 3/89.

1984 • 76   Sehr leichter, milder, fruchtiger Geschmack charakterisiert diesen eleganten, aber fragilen Wein. Sein magerer Charme dürfte flüchtig sein.
Voraussichtliche Genußreife: Jetzt. Letzte Verkostung: 11/89.

1983 • 83   Der 1983er Malescot hat mäßig dunkelrubinrote Farbe, ein Bukett voll reifer Beerenfrucht, hartes, sehr adstringierendes Tannin, mittleren Körper und einen schwerfälligen, kompakten Abgang. Bei seiner strengen Art ist dieser Wein undurchdringlich und alkoholstark. Es bleibt die Frage, ob die Frucht das Tannin überdauern wird.
Voraussichtliche Genußreife: Jetzt bis 2003. Letzte Verkostung: 3/89.

1982 • 85   Diesen Wein habe ich seit der Abfüllung kaum noch verkostet. Er zeigt eine mildfruchtige Persönlichkeit mit gefälliger, aber nicht sehr ausdrucksstarker Konzentration. Zu trinken ist dieser runde, geschmeidige, voll ausgereifte 1982er in den nächsten 4 bis 5 Jahren.
Letzte Verkostung: 9/95.

1981 • 78   Der 1981er ist ein magerer, straffer, unzugänglicher Wein, der sich vielleicht besser entwickeln wird, als ich befürchte. Allerdings scheint es ihm an Frucht zu mangeln, dagegen ist die Farbe gesund, und das Bukett scheint auf untergründige Reife hinzudeuten.
Voraussichtliche Genußreife: Jetzt bis 2000. Letzte Verkostung: 11/84.

1979 • 83   Das milde Aroma von Eichenholz und reifer Frucht ist charmant und ansprechend; ein Wein mit mittlerem Körper und überraschend sanfter, zugänglicher, leichter Art bei schönem Gleichgewicht.
Voraussichtliche Genußreife: Jetzt. Letzte Verkostung: 10/89.

1978 • 78   Reife Frucht von schwarzen Johannisbeeren und reichlich vanillinduftiges Eichenholz beherrschen das Bukett dieses bei mittlerem Körper und harter Art zunehmend schwächer werdenden Weins, dessen Frucht immer mehr verblaßt. Inzwischen schmeckt er ungefüge und unausgewogen.
Voraussichtliche Genußreife: Jetzt. Letzte Verkostung: 6/88.

1976 • 78   Der saubere, fruchtige, schlichte 1976er Malescot mit reifem Beerenaroma, mittlerem Körper, milder, runder Art und einem kurzen, aber ausreichenden Abgang ist schon seit rund 10 Jahren genußreif und sollte ausgetrunken werden.
Voraussichtliche Genußreife: Jetzt – vermutlich im Nachlassen. Letzte Verkostung: 11/87.

1975 • 72   Wenn der Malescot St-Exupéry schlecht ist, dann aber auch durch und durch. Beim 1975er geht das vegetabile, teeähnliche Aroma einer mit verwaschenem, abgezehrtem, dünnem Geschmack; außer Tannin, Säure und Alkohol ist kaum etwas übrig. Mir hat dieser Wein schon vor 10 Jahren nicht geschmeckt, und ich mag ihn jetzt noch weniger.
Letzte Verkostung: 12/95.

MARGAUX UND DAS SÜDLICHE MEDOC

1970 • 82   Der 1970er ist ein derber Wein im alten Stil mit viel Durchschlagskraft und Wucht, staubig rauher Art und einem Bukett, das an Minerale, Zedernholz und Lakritze erinnert. Er schmeckt nach wie vor karg und streng, doch die Farbe ist tiefdunkel. Mehr Fülle und Vollmundigkeit würden ihm gut tun.
Voraussichtliche Genußreife: Jetzt bis 2000. Letzte Verkostung: 1/88.

1966 • 67   Der 1966er zeigte sich 1984 leicht und substanzarm, seither ist er weiter ausgetrocknet und riecht und schmeckt nach Tee, alten Fässern und Bauernhof. Im Abgang stört übermäßige Säure. Es geht endgültig abwärts mit ihm. Letzte Verkostung: 4/88.

1964 • 82   Der 1964er Malescot zeigt unkomplizierte Art, bedenkt man aber, wie viele Versager es 1964 im Médoc gegeben hat, dann kann man mit ihm zufrieden sein. Er ist stämmig, dunkel, hat ein herbwürziges Zedernholzbukett, strengen, aber kräftigen Geschmack und derben Abgang – ein Rauhbein von einem Wein.
Voraussichtliche Genußreife: Jetzt – wahrscheinlich stark im Nachlassen.
Letzte Verkostung: 10/78.

1961 • 92   Den 1961er habe ich seit 1983 zweimal verkostet, und er ist der beste Malescot, der mir je auf die Zunge gekommen ist. Sein reiches, tiefes, würziges Bukett von schwarzen Johannisbeeren und Zedernholz und sein nachhaltiger, fülliger, tanninreicher und konzentrierter Geschmack nehmen sich explosiv aus. Es ist erstaunlich, wie bemerkenswert jung dieser breitgebaute Wein schmeckt – er kann sich durchaus noch 10 bis 15 Jahre weiter entfalten. Selbst nach den allgemeinen Maßstäben dieses Jahrgangs hat Malescot mit ihm eine hervorragende Leistung erbracht. Bemerkenswert ist außerdem, daß kein neuerer Malescot-Jahrgang diesem Wein auch nur im entferntesten ähnelt, erst der 1990er, 1995er und 1996er schließen die Lücke.
Voraussichtliche Genußreife: Jetzt bis 2005. Letzte Verkostung: 1/91.

ÄLTERE JAHRGÄNGE

Der ausgereifte, prachtvolle 1959er Malescot St-Exupéry (93 Punkte bei der Verkostung aus einer Imperialflasche im Dezember 1995) zeigt sich als eindrucksvoller, komplexer, hochklassiger, zedernholzduftiger Wein mit wundervoller Milde und Harmonie. Der 1953er (85 Punkte) war 1988, als ich ihn verkostete, schon etwas müde, aber man konnte noch deutlich erkennen, daß er einst ein exzellenter Wein war. Der 1959er (90 Punkte) steht dem superben 1961er nicht viel nach. Er hat die mächtige, körperreiche, muskulöse Art des Jahrgangs, ein Bukett von gerösteten Nüssen und Johannisbeeren sowie ein reichliches Maß an Konzentration in einer fast überwältigenden Weise. Bei der Verkostung 1988 erwies er sich als erstaunlich jung und lebenskräftig.

MARGAUX
Premier Cru seit 1855

HERVORRAGEND

Lage der Weinberge: Margaux

Besitzer: S.C.A. du Château Margaux (Hauptanteilseigner Mentzelopoulos/Agnelli)
Adresse: 33460 Margaux
Postanschrift: wie oben
Telefon: 33 5 57 88 83 83 – Telefax: 33 5 57 88 31 32

Besuche: nur nach Vereinbarung
Kontaktperson: Tel. und Fax siehe oben

BORDEAUX

WEINBERGE (Rotwein)

Rebfläche: 86 ha mit Anspruch auf die Appellation, davon derzeit jedoch nur 77 ha bestockt

Durchschnittliches Rebenalter: 35 Jahre

Rebbestand: 75 % Cabernet Sauvignon, 20 % Merlot, 5 % Cabernet Franc und Petit Verdot

Pflanzdichte: 10 000 Reben/ha

Ertrag (im Durchschnitt der letzten 5 Jahre): 40 hl/ha

Durchschnittliche Jahresproduktion insgesamt: 400 000 Flaschen

GRAND VIN

Name: Château Margaux

Appellation: Margaux

Durchschnittliche Jahresproduktion: 200 000 Flaschen

Verarbeitung und Ausbau: Lese von Hand, strenge Sortierung im Weinberg und beim Eintreffen in der Kellerei. Vinifikation 3 Wochen in Eichenfässern mit automatischer Temperaturüberwachung. Malolaktische Säureumwandlung in der Regel im Tank. Im November Abstich in zu 100 % neue Eichenfässer, *assemblage* im Februar. Ausbauzeit 18 Monate bis 2 Jahre (je nach Jahrgang). Schönung mit Eiweiß, Abstich alle 3 Monate, keine Filterung.

ZWEITWEIN

Name: Pavillon Rouge du Château Margaux

Durchschnittliche Jahresproduktion: 200 000 Flaschen

WEINBERGE (Weißwein)

Rebfläche: 12 ha

Durchschnittliches Rebenalter: 25 Jahre

Rebbestand: 100 % Sauvignon Blanc

Pflanzdichte: 6600 Reben/ha

Ertrag (im Durchschnitt der letzten 5 Jahre): 25 hl/ha

Name: Pavillon Blanc du Château Margaux

Appellation Bordeaux Blanc

Durchschnittliche Jahresproduktion: 40 000 Flaschen

Verarbeitung und Ausbau: Gärung in jährlich zu $1/3$ erneuerten Eichenfässern. 10 Monate Ausbau in Eichenfässern. Keine Hefesatzlagerung, keine *bâtonnage*. Schönung mit Bentonit, bei der Abfüllung Behandlung mit Kasein und Filtration.

Beurteilung des derzeitigen Rangs: Entspricht der Klassifizierung

Genußreife: 9 bis 30 Jahre nach dem Jahrgangsdatum

Nach einer betrüblichen Periode der Mittelmäßigkeit in den sechziger und siebziger Jahren, als unter der durch finanzielle Probleme geschwächten Leitung von Pierre und Bernard Ginestet (die Ölkrise und der Zusammenbruch des Weinmarkts 1973/1974 waren ihnen zum Verhängnis geworden) hier allzuviele Weine mit unzulänglicher Fülle, Konzentration und mangelhaftem

Charakter entstanden, wurde Château Margaux 1977 an André und Laura Mentzelopoulos verkauft. Sofort flossen reichliche Mittel in die Weinberge und die Kellereinrichtungen. Emile Peynaud wurde als Berater herangezogen und beaufsichtigte die Weinbereitung. Mißtrauische Beobachter warteten zunächst ab, bis einige Jahrgänge vorüber waren und der neue finanzielle und geistige Einsatz für verbesserte Qualität in den Weinen von Margaux zum Ausdruck kam.

André Mentzelopoulos starb leider, noch ehe er die Umwandlung dieses schwer um seine Existenz ringenden Premier-Cru-Châteaus in eine Quelle brillant beständiger Weine von erstaunlicher Anmut, Fülle und Komplexität erleben konnte. Seine elegante Frau Laura und in letzter Zeit auch seine geschäftstüchtige Tochter Corinne führen den Betrieb weiter, unterstützt von vielseitigen Talenten, an ihrer Spitze Paul Pontallier. Für den 1978er Margaux erhob sich unmittelbarer Beifall, und der setzte sich sodann fort für eine Folge weiterer brillant gestalteter Weine von so umwerfender Fülle und Ausgewogenheit, daß man wohl mit Recht sagen darf, in den achtziger Jahren habe es in ganz Bordeaux keinen besser bereiteten Wein gegeben als den Château Margaux.

Der Stil des verjüngten Margaux ist gekennzeichnet durch opulente Reichhaltigkeit, tiefes, vielschichtiges Bukett mit den Düften von schwarzen Johannisbeeren, würzigem Eichenholzvanillin und Veilchen. Inzwischen ist der Wein wieder beträchtlich voller in Farbe, Vielfalt, Körper und Tannin als die Jahrgänge, die vor 1977 unter dem Ginestet-Regime entstanden.

Außerdem produziert das Château einen trockenen Weißwein. Er heißt Pavillon Blanc du Château Margaux und wächst in einem ausschließlich mit Sauvignon-Blanc-Reben besetzten 12-ha-Weinberg. Nach dem Vergären in neuen Eichenfässern folgt ein 10monatiger Ausbau im Faß und dann die Abfüllung. Es wird den Liebhaber interessieren zu erfahren, daß er in einem kleinen Gebäude namens Château Abel-Laurent, ein paar hundert Meter von dem prächtigen Château Margaux entfernt, gekeltert wird. Der Pavillon Blanc ist der feinste Weißwein aus dem Médoc, frisch, fruchtig, subtil kräuterwürzig und eichenholzduftig.

JAHRGÄNGE

1997 • 90-93   Das Château Margaux brachte nicht nur einen herausragenden 1995er und einen herrlich monumentalen 1996er hervor, sondern nun auch einen verlockenden, sanften, köstlichen 1997er, der unmittelbar ansprechend wirkt. Die Lese fand zwischen dem 15. September und dem 2. Oktober statt, und 50 % gingen in den Grand Vin ein, der sich aus 80 % Cabernet Sauvignon, 15 % Merlot und 5 % Petit Verdot zusammensetzt. Der Leiter, Paul Pontallier, sagte mir, daß der 1997er ebensoviel Tannin enthält wie der 1985er, doch in Substanz und Art sind diese beiden Weine zwar nicht vollkommen unterschiedlich, aber auch nicht gleich. Der 1997er zeigt dichtes Purpurrot; hinzu kommt ein charmantes, offen gewirktes Aroma von Crème de Cassis, *pain grillé* und Mineralen. Im Mund spürt man reife Frucht, milde Säure, weiche, seidige Substanz, für einen so jungen Wein beachtliche Geschmeidigkeit und Komplexität sowie einen runden, generösen, mäßig anhaltenden Nachklang. Dieser Wein wird bei seiner Freigabe trinkreif sein, sich aber auch 15 bis 20 Jahre halten. Man kann ihn sich als mildere, fruchtigere Version des 1985ers vorstellen. Letzte Verkostung: 3/98.

1996 • 98-100   1995 und 1996 entstanden im Château Margaux große Weine. Der 1996er ist eine moderne Legende. Er setzt sich zusammen aus 85 % Cabernet Sauvignon, 10 % Merlot und 5 % Petit Verdot und erreicht eine natürliche Alkoholstärke von fast 13 %. Die Säure ist mild, vor allem weil der Cabernet Sauvignon extrem spät, bis etwa Mitte Oktober, gelesen wurde. Der Wein – der allergrößte von allen 1996ern, die ich im Frühjahr 1997 verkostete – gibt nach wie vor alle Anzeichen dafür zu erkennen, daß er einer der großartigsten Bordeaux-Weine aller Zeiten sein wird. Dichtes, undurchdringliches, ölig dick wirkendes Purpurrot und blumiger Duft voll himmlischer Aromen von Cassis, Vanillin und fesselnden Brombeernoten zeichnen diesen Wein aus, in dem trotz Ausbau in zu 100 % neuen Eichenfässern die Frucht dominiert, während das Eichenholz eine Nuance im Hintergrund bildet. Im Mund spürt man massive, jedoch nicht schwerfällige Art, außerordentliche Fülle, vollkommene Linienklarheit und Ausgewogenheit, opulente Substanz, dazu Tannin, Säure und Alkohol in schön integrierter Form. Derzeit zeigt dieser 1996er hinreißende zarte Süße – er ist wohl der feinste Château Margaux, den ich in den zwei Jahrzehnten, seit ich dieses Gut besuche, verkostet habe. Ob er die Qualität der Jahrgänge 1990, 1986, 1983 und 1982, ganz zu schweigen vom fabelhaften 1995er, noch übertreffen kann? Voraussichtliche Genußreife: 2006 bis 2040. Letzte Verkostung: 3/98.

1995 • 95   Der sehr spät (im November 1997) in die Flasche gekommene 1995er hat weiter an Fülle zugelegt und sich zu einem der Klassiker aus der Mentzelopoulos-Ära entwickelt. Seine Farbe ist ein tiefdunkles Rubinpurpurrot, im Duft zeigen sich Aromen von Süßholz und rauchigem Eichenholz, verflochten mit fülliger schwarzer Frucht und Mineralen. Der Wein hat mittleren bis vollen Körper, außerordentliche Fülle, fabelhaftes Gleichgewicht und im Abgang deftiges Tannin. Trotz seiner Jugendlichkeit und mächtigen Statur ist dieser Wein entgegenkommend und zugänglich – ein überwältigender Margaux, der stets milder und in der Entfaltung fortgeschrittener sein wird als sein breitschultriger Bruder von 1996. Welche faszinierende Erfahrung, die Entwicklung dieser beiden Jahrgänge über das nächste halbe Jahrhundert hinweg zu verfolgen!
Voraussichtliche Genußreife: 2005 bis 2040. Letzte Verkostung: 11/97.

1994 • 92   Château Margaux füllte als eines der letzten Weingüter seinen 1994er ab (im September 1996), und zwar in der Hoffnung, daß sich das kräftige, harte Tannin des Jahrgangs mildern würde. Der Wein hat sich als klassischer Margaux mit langer Lebenserwartung erwiesen. Sein tiefdunkles Purpurrot geht einher mit dem charakteristischen Aromaprofil von Blumen, schwarzen Johannisbeeren, Süßholz und rauchiger Eiche. Der dichte, kraftvolle, verschlossene 1994er ist ein echter *vin de garde*. Er braucht ein Jahrzehnt Kellerreife und dürfte 25 bis 35 Jahre überdauern. Meine Leser wird er an den 1988er erinnern, nur ist er noch reifer und kraftvoller. Voraussichtliche Genußreife: 2005 bis 2030. Letzte Verkostung: 1/97.

1993 • 89   Exzellentes dunkles Rubinpurpurrot geht einher mit sanftem, rauchigem Duft von schwarzen Johannisbeeren. Der runde, generöse, sinnliche und verlockende 1993er hat zwar nicht genug Nachhaltigkeit, um eine höhere Punktnote zu rechtfertigen, es würde mich aber nicht wundern, wenn diese sich nach 2 bis 3 weiteren Jahren Flaschenreife einstellen sollte. Dieser saubere, elegante, volle Margaux trinkt sich bereits gut, läßt sich aber auch noch mindestens 15 Jahre aufbewahren. Letzte Verkostung: 1/97.

1992 • 89   Der 1992er Margaux zeigt eindrucksvoll sattes, dunkles Rubinpurpurrot und ein duftiges Bukett von Cassis, Vanillin und blumigen Noten. Er ist sanft, geschmeidig, wundervoll reif und verführerisch mit milder Säure und leichtem Tannin im Abgang. Er trinkt sich außerordentlich gut, und mancher Kenner wird ihn in Anbetracht seiner Eleganz und vielschichtigen, reifen, generösen Frucht bei mittelschwerem Format sicherlich noch höher einstufen als ich. Dieser eindrucksvolle Wein dürfte ohne weiteres noch 10 bis 15 Jahre überdauern.
Letzte Verkostung: 11/94.

1991 • 88   Der 1991er Margaux kann Anspruch auf den Titel «Wein des Jahrgangs» erheben. Er präsentiert sich in tiefem Rubinrot und mit straffem, aber verheißungsvollem Duft von reicher Cassis-Frucht, Süßholz und Eichentoast. Der dichte Wein mit seinem mittleren bis vollen Körper und schöner Tiefe besitzt moderates Tannin und einen langen, reichhaltigen Nachklang. Voraussichtliche Genußreife: Jetzt bis 2007. Letzte Verkostung: 1/94.

1990 • 100   Der 1990er Margaux ist nach wie vor beispielhaft für dieses Château. Nicht nur zeigt er profunde Konzentration, auch sein ätherisches Bukett von süßer schwarzer Frucht, Zedernholz, Gewürzen, Blumen, Rauch und Vanille ist bemerkenswert schön ausgebildet und intensiv. Im Mund zeigt dieser klassische Wein keinerlei Schärfe, sondern höchste Dichte, sanfte, seidige Art und Opulenz. Die Farbe ist ein tiefdunkles Rubinpurpurrot, das Bukett wirkt hinreißend, der exquisit vielschichtige Geschmack umspült den Gaumen ohne die geringste Strenge oder Rauheit. Die Säure ist zwar mild, aber doch kräftig genug, um für Lebendigkeit und Konturenschärfe zu sorgen. Der beträchtlich hohe Tanningehalt verbirgt sich unter einer Fülle von Frucht. Dieser fabelhafte Margaux steckt eigentlich noch in den Kinderschuhen, ist aber trotzdem bereits ein Genuß. Es hat unter dem Mentzelopoulos-Regime schon so viele großartige Jahrgänge gegeben, daß es fast unvorstellbar ist, der 1990er könne etwa dem 1982er, 1983er, 1985er, 1986er und 1995er den Rang ablaufen, dennoch glaube ich, daß er eine ganz besondere Dimension besitzt. Bei aller frühen Zugänglichkeit wird er 25 bis 30 Jahre überdauern. Letzte Verkostung: 4/98.

1989 • 89 Der 1989er erscheint typisch für viele Médoc-Premiers-Crus aus diesem Jahrgang – exzellent, aber für den Rang nicht ausdrucksstark genug. Das Bukett erinnert an Leder und Eichenholz, hinzu kommen mittelschwerer Körper und gute Reife, aber neben der Fülle, Intensität und Nachhaltigkeit des 1990ers erscheint der 1989er als Zwerg. Das Tannin präsentiert sich hervorgehobener, aber etwas grüner und strenger. Vielleicht legt der 1989er ja an Gewicht und Zusammenhalt noch zu – ähnlich wie es beim 1985er nach 4 bis 6 Jahren Flaschenreife geschah –, gegenwärtig aber verhält er sich nach dem Muster anderer 1ers Crus aus dem Médoc und zeigt ein nicht sehr aufregendes Qualitätsniveau. Man sollte ihm weitere 5 bis 6 Jahre Kellerreife gönnen, dann dürfte er sich in den darauffolgenden 20 Jahren gut trinken lassen. Letzte Verkostung: 4/98.

1988 • 88 Der 1988er hat das klassische Bukett von Veilchen und schwarzen Johannisbeeren, verflochten mit dem Vanillinduft von frischem Eichenholz. Er ist bei mittlerem Körper elegant gebaut, jedoch erstaunlich straff in der Art, konzentriert, aber äußerst hart und tanninreich, und er dürfte den 1989er überleben. Wird er aber auch ebensoviel Genuß bereiten?
Voraussichtliche Genußreife: 2000 bis 2015. Letzte Verkostung: 4/91.

1987 • 86 Zwar ist der 1987er für seinen Jahrgang sicher schön gelungen, von den Premiers Crus sind mir aber der Mouton-Rothschild, Lafite-Rothschild und Haut-Brion lieber. Der 1987er Margaux zeigt eine viel stärker kräuterwürzige Note als üblich, aber auch schöne Fülle und solide Art, die auf Konzentration und Tiefe schließen läßt. Im Abgang ist der Wein etwas schmal und kompakt, deshalb glaube ich, daß er sich noch entwickeln und entfalten und dann als nahezu genauso gut erweisen wird wie die übrigen sogenannten «schlechten» Margaux-Jahrgänge in diesem Jahrzehnt, nämlich 1984 und 1980.
Voraussichtliche Genußreife: Jetzt bis 2000. Letzte Verkostung: 1/91.

1986 • 96+ Der 1986er Château Margaux ist nach wie vor der wuchtigste, tanninreichste, muskulöseste Wein aus diesem Hause seit Jahrzehnten, ja vielleicht in diesem ganzen Jahrhundert. Man fragt sich, ob der 1928er oder 1945er soviel Kraft und Tiefe besitzen wie der 1986er. Schon die schwärzlich rubinpurpurrote Farbe gibt keine Anzeichen von Alter zu erkennen. Das verhaltene Bukett zeigt das Aroma von rauchigem, frischem Eichenholz, schwarzen Johannisbeeren und Blumen. Dieser Wein ist ein Mammut mit außerordentlich viel Extrakt, superbem Gleichgewicht und ungeheuer tanninreichem Abgang – ein Margaux mit immenser Statur. Er repräsentiert einen maskulinen, körperreichen Stil, der einen scharfen Kontrast zum 1990er bildet. Seinem Entfaltungsvermögen nach erscheint er nahezu unsterblich – aber hat er das ehrfurchtgebietende Potential, das ich ihm zunächst zuerkannte, auch wirklich?
Voraussichtliche Genußreife: 2000 bis 2050. Letzte Verkostung: 4/98.

1985 • 94 Ich habe diesen Wein, als er noch jung war, ständig unterschätzt. Er schmeckt immer besser, jedesmal wenn ich ihn erneut probiere, was übrigens immer öfter geschieht. Zwar ist er nicht so wuchtig und konzentriert wie der 1986er, 1983er oder 1982er, aber dafür charmanter und derzeit komplexer als diese noch unentwickelteren Jahrgänge. Die Farbe des 1985ers ist ein gesundes, dunkles Rubinpurpurrot. Das verführerische Bukett bietet in Hülle und Fülle üppig reife Brombeer- und Cassisfrucht, verwoben mit toastwürzigem Eichenholz und blumigen Düften – ein voller, expansiver, samtiger Wein, der in den letzten Jahren mehr Nachhaltigkeit und weitere Geschmacksdimensionen entwickelt hat. Er ist schon immer bemerkenswert zugänglich und erfreulich gewesen, doch nun scheint er mehr Charakter und Qualität anzunehmen, als ich je gedacht hätte. So ist er einer der köstlichsten und verlockendsten, opulentesten Margaux der letzten zwei Jahrzehnte.
Voraussichtliche Genußreife: Jetzt bis 2010. Letzte Verkostung: 4/98.

1984 • 87 Der 1984er Château Margaux, einer der besten Weine dieses Jahrgangs, ist voll in Farbe und Extrakt und hat attraktiven Duft von Veilchen, schwarzen Johannisbeeren, rauchigem Eichenholz, Kräutern und Süßholz. Für den Jahrgang ist er nachhaltig, tief und konzentriert, eher mit dem 1980er vergleichbar.
Voraussichtliche Genußreife: Jetzt bis 2000. Letzte Verkostung: 1/91.

1983 • 96 Der 1983er Château Margaux ist ein atemberaubender Wein. Die Cabernet-Sauvignon-Trauben reiften in diesem Jahr vollkommen aus, und so entstand ein erstaunlich voller, konzentrierter, untypisch wuchtiger und tanninreicher Margaux. Seine Farbe ist dunkelrubinrot, seinem Aroma entströmen reife Cassisfrucht, Veilchen und eichenholzwürziges Vanillin, der Geschmack ist außerordentlich tief und nachhaltig und der Abgang sauber und unglaublich lang. Dieser körperreiche, wuchtige Wein bleibt hartnäckig unentwickelt und ist noch mindestens 5 bis 6 Jahre von seinem Höhepunkt entfernt.
Voraussichtliche Genußreife: 2002 bis 2030. Letzte Verkostung: 4/98.

1982 • 98+ Dieser Wein ist ein untypisch wuchtiger, schwerer, robust gebauter Margaux, dem ich eine kleine Abwertung zukommen lassen mußte, weil ich im Lauf der Entwicklung eine gewisse Rauheit im Tannin bemerkt habe. Nichtsdestoweniger würde ich diesen Wein jederzeit und an jedem Ort mit Begeisterung trinken. Vielleicht sind Tannin und Struktur nur stärker spürbar als früher. Die undurchdringlich purpurgranatrote Farbe wird begleitet von einem intensiv süßen Bukett mit Nuancen von Trüffeln, Cassis, Rauch, Blumen und toastwürzigem Eichenholz. Bei vollem Körper und eindrucksvollem Gehalt an Glyzerin, Extrakt und Tannin fehlt diesem breiten, robusten Margaux vielleicht nur die schiere Klasse und Rasse anderer großer Margaux-Jahrgänge wie 1983, 1986 und 1990, dafür aber bietet er mächtige, massive, saftige Vollmundigkeit. Der erkleckliche Tanningehalt im Abgang läßt es ratsam erscheinen, diesem Wein weitere 5 bis 7 Jahre Kellerreife zu gönnen, doch seiner kernigen Saftigkeit, wie auch andere 1982er der Spitzenklasse sie aufweisen, ist schwer zu widerstehen.
Voraussichtliche Genußreife: 2002 bis 2035. Letzte Verkostung: 4/98.

1981 • 91 In Wucht und Art ist der 1981er dem 1979er Margaux am ähnlichsten. Er hält sich selbst in der Gesellschaft der monumentalen Jahrgänge 1982, 1983 und 1986 hervorragend, auch wenn er deren Kraft und Wucht nicht aufzuweisen hat. Das Bukett des noch immer sehr dunkel rubinpurpurroten 1981er Margaux zeigt reife Cassisfrucht, vanillinwürziges Eichenholz und Veilchen. Auf der Zunge fühlt er sich bei mittlerem Körper tanninreich, konzentriert und äußerst nachhaltig an; er beginnt gerade erst sich aufzufalten und zu entwickeln.
Voraussichtliche Genußreife: Jetzt bis 2015. Letzte Verkostung: 12/96.

1980 • 88 Neben dem Pétrus ist fraglos der Château Margaux der beste Wein aus dem Jahrgang 1980. Er hat ungewöhnliche Wucht, Konzentration, Fülle und Schönheit, rubinrote Farbe, feinen Extrakt und überraschend nachhaltigen, geschmeidigen Geschmack aufzuweisen. Bei mittlerem Körper und noch immer mäßig starkem Tanningehalt dürfte er sich noch weitere 10 Jahre gut trinken.
Voraussichtliche Genußreife: Jetzt bis 2000. Letzte Verkostung: 1/91.

1979 • 93 Dieser Wein erreicht gerade erst seinen Höhepunkt, viel später als ich ursprünglich erwartete. Als erstklassiger, eleganter Margaux hat er sich dunkel rubinpurpurrote Farbe und ein mäßig intensives Bukett mit Nuancen von süßer Cassisfrucht, verwoben mit Mineralen, Vanillin und blumigen Düften, bewahrt. Bei mittlerem Körper und wundervoll süßer Frucht zeigt dieser lineare, eher komprimiert wirkende Wein eine charmante, harmonische Persönlichkeit. Er ist zwar kein Kraftprotz, hält sich aber mühelos und scheint mit jedem Jahr mehr Charakter anzunehmen.
Voraussichtliche Genußreife: Jetzt bis 2010. Letzte Verkostung: 12/96.

1978 • 92 Jahrelang habe ich geschwankt, ob mir der 1978er oder der 1979er lieber ist. Im Augenblick gebe ich dem 1979er ein wenig den Vorzug. Zwar hat der 1978er kraftvollere, körperreichere Art, er ist aber nicht so charmant und fruchtig wie der 1979er. Das Bukett des 1978ers hat sich von reifer Frucht und würzigem Eichenholz zu Nuancen von Teer, Trüffeln und

Erde gewandelt, die vielleicht etwas zu maskulin und fleischig erscheinen. Dessenungeachtet ist er ein reichhaltiger, konzentrierter Margaux, der nur im Vergleich mit den großen Jahrgängen aus der Mentzelopoulos-Ära ein wenig zurückstehen muß. Zum Teil ist seine rustikale Art vielleicht darauf zurückzuführen, daß gewisse Tannine zur Lesezeit noch nicht völlig reif waren. Auf jeden Fall ist er einer der wenigen großen Weine des Jahrgangs 1978. Obwohl ich ursprünglich dachte, daß er innerhalb von zwei Dekaden nach der Lese voll ausreifen würde, können ihm nochmals 3 bis 4 Jahre Kellerreife nur gut tun.
Voraussichtliche Genußreife: 2000 bis 2020. Letzte Verkostung: 12/96.

1977 • 78 Der voll ausgereifte 1977er Château Margaux ist mild und zeigt kräuterwürzige, fruchtige Art von schwarzen Johannisbeeren ohne hohle oder bittere Note bei mildem, geschmeidigem, angenehmem, allerdings wenig markantem Abgang.
Voraussichtliche Genußreife: Jetzt – vermutlich im Nachlassen. Letzte Verkostung: 4/81.

1976 • 70 Dieser unverkennbar aus der Zeit vor dem Mentzelopoulos-Regime stammende Wein ist leicht, etwas dicklich und fruchtig, aber schlicht in der Art und schrecklich wenig komplex.
Voraussichtliche Genußreife: Jetzt – wahrscheinlich stark im Nachlassen.
Letzte Verkostung: 2/82.

1975 • 74 Mit einem beträchtlichen bernsteingelben Saum und altem Sattelleder, Erde und Staub im Bukett ist der 1975er Margaux nach wie vor eine Enttäuschung. Starke Säure, karger Geschmack, Mangel an Reife und Charme sowie strenges Tannin vervollständigen das ungünstige Erscheinungsbild dieses mittelmäßigen Weins. Ich habe sogar noch schlimmere Flaschen erlebt – das sei zur Warnung gesagt. Letzte Verkostung: 12/95.

1973 • 55 Der jetzt völlig im Niedergang befindliche, hell bräunlich-rubinrote Wein hatte 1978 noch etwas leichte Frucht und charmante Art, aber bei der letzten Verkostung zeigte er sich flau und schal. Letzte Verkostung: 3/80.

1971 • 70 Der ebenfalls mittelmäßige 1971er aus der Ginestet-Periode sollte am besten unverzüglich getrunken werden, solange er noch ein wenig von seiner Frucht besitzt. Er ist hell rubinrot mit starker Braunfärbung am Rand; sein einfaches, leicht fruchtiges Bukett und sein dünner Geschmack geben kaum noch etwas her, jedenfalls bestimmt nicht das, was man von einem der sagenhaft teuren Premiers Crus aus Bordeaux erwarten darf. Letzte Verkostung: 1/91.

1970 • 76 Der 1970er ist zwar besser als der 1971er oder 1975er, dennoch sind ihm die meisten Crus Classés aus dem Médoc, ja sogar eine ganze Reihe von Crus Bourgeois überlegen. In Anbetracht des großartigen Jahrgangs ist er genau die Art von Wein, die nur das Ressentiment des Verbrauchers gegenüber den teuren, angeblich so «großen» Premiers Crus von Bordeaux schürt. Kompakt, karg, ohne ausreichende Frucht und Fülle – bei hinlänglicher Farbe und ordentlichem Tannin fehlt es doch am Fleisch auf den Knochen. Mit der Zeit wird er vielleicht besser, vielleicht aber auch nicht.
Voraussichtliche Genußreife: Jetzt – vermutlich im Nachlassen. Letzte Verkostung: 9/83.

1967 • 67 Der 1967er Château Margaux war 1974 leicht, charmant und fruchtig, 1978 begann er auszutrocknen und seine Frucht einzubüßen, und 1991 war er in völliger Auflösung begriffen – er ist inzwischen weit über seinen Höhepunkt hinaus. Letzte Verkostung: 1/91.

1966 • 83 Der 1966er war während der Periode der Mittelmäßigkeit noch einer der besten Jahrgänge von Château Margaux. Er ist zwar zu leicht für einen Wein mit Premier-Cru-Rang, hat aber etwas von der fabelhaften Duftigkeit vorzuweisen, für die Margaux berühmt ist. Der milde, runde, fruchtige Geschmack erinnert an Kräuter, Zedernholz, Waldpilze, Pflaumen und Karamel. Er ist voll genußreif und sollte ausgetrunken werden.
Voraussichtliche Genußreife: Jetzt. Letzte Verkostung: 1/91.

1964 • 78 Der 1964er Château Margaux ist ein stämmiger Wein mit schöner Farbe, aber einem recht stumpfen, dumpf traubigen Aroma mit voller, tanninreicher Art, doch seltsamerweise fehlt ihm jede Ähnlichkeit mit einem Margaux – ein verblüffender, aber trinkbarer Wein.
Voraussichtliche Genußreife: Jetzt – wahrscheinlich stark im Nachlassen.
Letzte Verkostung: 9/77.

1962 · 85 Man sollte diesen Wein jetzt genießen, solange er sein prächtiges, vollreifes, aber rasch sich verflüchtigendes Bukett noch hat. Er ist zwar schon stark im Nachlassen, aber das volle, intensive, fruchtige Zedernholzbukett hat noch schöne Art. Der Geschmack ist mild, aber ich bemerke doch, daß sich allmählich eine häßliche Säure in den Vordergrund schiebt. Austrinken!
Voraussichtliche Genußreife: Jetzt. Letzte Verkostung: 1/91.

1961 · 93 Der 1961er ist ein erstklassiger Wein und fraglos der letzte große Château Margaux, bis schließlich mit dem 1978er die Ära Mentzelopoulos und eine bemerkenswerte Reihe großer Weine aus diesem Gut begann. Das intensive, mit Düften von reifen Pflaumen, Blumen, gerösteten Walnüssen und Eichenholz erfüllte Bukett ist geradezu göttlich – ein expansiver Wein mit seidigem, vollem, sehr reichhaltigem Geschmack bei nachhaltiger, körperreicher Art; er ist voll ausgereift, aber es besteht mindestens in den nächsten 10 Jahren keine Gefahr, daß er aus den Fugen geht. Ich habe jedoch die Hoffnung, daß der 1982er, 1983er, 1986er, 1990er, 1995er und 1996er einmal diesen Jahrgang ablösen werden.
Voraussichtliche Genußreife: Jetzt. Letzte Verkostung: 1/98.

ÄLTERE JAHRGÄNGE

Der 1953er Margaux (98 Punkte; 10/97) ist fast sein ganzes Leben lang schon köstlich. Flaschen aus den kalten, feuchten Kellern der Weinhandlung Nicolas in Paris zeigen eindrucksvoll dunkel rubinpurpurrote Farbe mit nur ganz geringer Aufhellung am Rand. Das mächtige Bukett weist volle Düfte von Veilchen, süßer Cassisfrucht und Gewürzen auf. Rund und opulent, mit reichlicher, süßer, fülliger Frucht, verkörpert dieser Wein die verführerischste Art von Château Margaux.

1989 hatte ich Gelegenheit, den 1947er zweimal und den 1949er einmal zu verkosten. Ich war überrascht, wie gut der 1947er war (92 Punkte), weil mir dieser Médoc-Jahrgang eigentlich nie besonderen Eindruck gemacht hat. Verglichen mit den anderen Premiers Crus von 1947 steht er vor dem Lafite und Latour und nur knapp hinter dem großen Mouton. Der duftige, volle und körperreiche 1947er Château Margaux kann sich noch ein Jahrzehnt lang weiter entfalten. Er hat auch nichts von der flüchtigen Säure und Herbheit, die sich oft in die Médoc-Weine dieses Jahrgangs einschleichen. Der 1949er war enttäuschend, vielleicht lag es aber an der Flasche.

Der für einen Wein aus diesem Gut untypisch wuchtige und maskuline 1928er (98 Punkte; 10/94) bietet ein blumiges, duftiges Bukett, übervollen, muskulösen, tanninherben Geschmack sowie große Ausdruckskraft und Nachhaltigkeit. Erstaunlich, wieviel Tannin nach 66 Jahren noch vorhanden ist – der 1928er Margaux wird ein Jahrhundert überdauern. Der 1921er Château Margaux (79 Punkte; 12/95) wies helle Farbe mit viel Rostrot und Orange auf und verströmte maderisierte Noten und Nuancen von heißem Asphalt bei stark duftiger, sonst aber ausgemergelter Art. Hinzu kamen recht leichter Körper (heutige Jahrgänge sind weit muskulöser und konzentrierter), ein Mangel an Gleichgewicht und Zusammenhalt sowie ein Verfall der Frucht.

Der 1900er Margaux (100 Punkte; 12/96) ist einer der höchstrenommierten Weine des Jahrhunderts – vorausgesetzt es handelt sich um eine echte Flasche! Interessanterweise wurde ihm anfänglich geringe Lebensdauer vorausgesagt, weil er schon im Alter von 10 bis 12 Jahren so süffig war. Die Produktion des 1900er Margaux belief sich auf über 30 000 Kisten, fast genauso viel wie 1982, als ein Wein mit erstaunlicher Ähnlichkeit in Säure-, Alkohol- und Extraktgehalt entstand. Ob der 1982er auch 100 Jahre überdauern wird? Der 1900er Margaux ist jedenfalls so unsterblich, weil er sich bisher jung und frisch gehalten hat und mit allen Nuancen und Komplexitäten versehen ist, die sich Weinenthusiasten erhoffen. Prachtvoll reichhaltig, mit einem Duft, der einen ganzen Raum füllt, unglaublich ölig, opulent und konturenscharf – ein Meisterwerk der Kellerkunst. Daß in ihm Kraft und Geschmacksfülle mit Finesse und Eleganz das

Gleichgewicht halten, macht ihn zu einem der einzigartigsten Weine, die ich je gekostet habe. Er wird sich nicht nur ein weiteres Jahrzehnt halten, sondern ich glaube, er hat sogar das Potential, die ersten 20 bis 30 Jahre des nächsten Jahrhunderts zu überdauern. Ein atemberaubender Wein!

Im April 1991 durfte ich den 1926er, 1928er und 1929er Château Margaux aus einer Privatsammlung in Bordeaux probieren. Der 1929er war stark im Verblassen, der 1926er würzig, aber derb und wenig ansprechend, doch der 1928er war prachtvoll wie zuvor. Er ist ein unsterblicher Bordeaux.

Marquis d'Alesme-Becker
3ème Cru seit 1855

Lage der Weinberge: Margaux und Soussans

Besitzer: Jean-Claude Zuger
Adresse: 33460 Margaux
Postanschrift: wie oben
Telefon: 33 5 57 88 70 72 – Telefax: 33 5 57 88 73 78

Besuche: montags bis freitags von 8 bis 12 und von 14 bis 18 Uhr
Kontaktperson: Jean-Claude Zuger

WEINBERGE (Rotwein)

Rebfläche: 15 ha

Durchschnittliches Rebenalter: 30 Jahre

Rebbestand: 45 % Merlot, 30 % Cabernet Sauvignon, 15 % Cabernet Franc, 10 % Petit Verdot

Pflanzdichte: 10 000 Reben/ha

Ertrag (im Durchschnitt der letzten 5 Jahre): 45 hl/ha

Durchschnittliche Jahresproduktion insgesamt: 8000 Kisten

GRAND VIN

Name: Château Marquis d'Alesme

Appellation: Margaux

Durchschnittliche Jahresproduktion: 6500 Kisten

Verarbeitung und Ausbau: Lese von Hand. Selektierte Hefen werden zur Unterstützung der Gärung (8 bis 10 Tage) zugesetzt; Maischdauer 8 bis 15 Tage (je nach Jahrgang) in temperaturgeregelten Edelstahltanks, Gärtemperatur max. 30 °C. Nach malolaktischer Säureumwandlung 12 bis 14 Monate Ausbau in zu 20 % neuen Eichenfässern. Der Wein wird geschönt und bei der Abfüllung nur dann filtert, wenn er Trübungen aufweist.

ZWEITWEIN

Name: Marquise d'Alesme

Durchschnittliche Jahresproduktion: 1500 Kisten

Beurteilung des derzeitigen Rangs: Abstufung wäre zu empfehlen

Genußreife: 4 bis 10 Jahre nach dem Jahrgangsdatum

BORDEAUX

Das kleine Gut bringt einen der obskursten Weine aus der berühmten Klassifikation von 1855 hervor. Das Château selbst ist ein schönes viktorianisches Landhaus gegenüber dem Bürgermeisteramt in Margaux. Seit 1979 steht es unter der Leitung von Jean-Claude Zuger, dem Bruder von Roger Zuger, dem das bekanntere Château Malescot St-Exupéry ganz in der Nähe gehört. Auf dem Exportmarkt kennt man diesen Wein deshalb so wenig, weil er praktisch nur an Privatkunden in Frankreich, der Schweiz und Belgien verkauft wird. Als ich Gelegenheit hatte, diesen Wein zu probieren, war ich in Anbetracht des hohen Merlot-Anteils im Rebbestand überrascht, daß er nicht fülliger und milder ist. Sieht man sich die Weinbereitungstechnik an, dann fällt auf, daß die Maischzeit relativ lang ist; außerdem erklärt Zuger, daß der Wein vor dem Abfüllen selten gefiltert wird. Warum er dann aber nicht über mehr Extrakt und Geschmacksfülle verfügt, bleibt ein Rätsel. Dessenungeachtet hat der Marquis d'Alesme-Becker seine Anhängerschaft.

JAHRGÄNGE

1990 • 79   Tiefe Farbe und wenig ausdrucksvolles, an Holz erinnerndes Aroma zeichnen den mittelschweren, würzigen, harten 1990er aus, der mehr Tannin als reife Frucht aufweist. Für meinen Geschmack hat er zuviel Struktur und zuwenig Frucht. Er sollte in den ersten 7 bis 8 Lebensjahren ausgetrunken werden. Letzte Verkostung: 1/93.

1988 • 80   Der mittelrubinrote 1988er mit seinem eindimensionalen Bukett von Johannisbeeren und Pflaumen und seinem mittleren Körper ist relativ leicht und monolithisch. Wo aber ist die zarte Margaux-Duftigkeit und die samtige, verlockende Art?
Voraussichtliche Genußreife: Jetzt. Letzte Verkostung: 1/91.

1986 • 78   Dem mittelrubinroten, mit einem würzigen, leicht kräuterduftigen, relativ schwer beschreibbaren Bukett und mittleren Körper versehenen Wein fehlt es an Charme wie an Fülle und Konzentration. Er scheint auf nachlässige Weinbereitung schließen zu lassen.
Voraussichtliche Genußreife: Jetzt. Letzte Verkostung: 1/91.

1985 • 83   Der 1985er ist mittelrubinrot, hat ein attraktives, aber nur wenig intensives Bukett von schwarzen Johannisbeeren, Frühlingsblumen und würzigem Eichenholz; auf der Zunge zeigt er mittleren Körper und milde, charmante Art. Der relativ kurze Abgang läßt baldigen Verbrauch angeraten erscheinen.
Voraussichtliche Genußreife: Jetzt. Letzte Verkostung: 1/91.

1983 • 83   Der 1983er ist mittelrubinrot mit leichtem Bernsteinsaum, hat mittleren Körper und würzige Art sowie ein etwas grasiges Johannisbeerenbukett und soliden, aber nicht mitreißenden Geschmack und einen von Säure und Tannin beherrschten Abgang.
Voraussichtliche Genußreife: Jetzt. Letzte Verkostung: 1/91.

1982 • 81   Der 1982er ist solide und zuverlässig, hat auf Reife hindeutende mittelrubinrote Farbe, ein mäßig intensives Bukett von Brombeeren und Eichenholz und milden, locker gewirkten Geschmack. Er muß bald ausgetrunken werden.
Voraussichtliche Genußreife: Jetzt. Letzte Verkostung: 4/91.

1979 • 78   Der rubinrote 1979er mit leichtem Bernsteinsaum hat ein reifes Johannisbeerenbukett, vermischt mit Düften von Teer, Eichenholz und Kräutern. Bei mittlerem Körper zeigt er im Abgang die ersten Anzeichen von adstringierendem Tannin – es kann sein, daß er im Austrocknen begriffen ist. Man sollte ihn austrinken.
Voraussichtliche Genußreife: Jetzt – vermutlich im Nachlassen. Letzte Verkostung: 1/91.

1978 • 80   Der 1978er, eine solide Leistung, hat ein Aroma von Walddüften, schwache Beerenfrucht im Bukett und im runden, charmanten, aufgeschlossenen Geschmack sowie einen etwas kurzen Abgang.
Voraussichtliche Genußreife: Jetzt – vermutlich im Nachlassen. Letzte Verkostung: 6/84.

1975 • 77   Der 1975er ist ein Wein in Durchschnittsqualität, aber etwas neutral und einfach.

MARGAUX UND DAS SÜDLICHE MEDOC

Schlichte Frucht im Geschmack, ein würziges Eichenholzaroma und ein ziemlich harter, scharfer Abgang bieten wenig Grund für Begeisterung.
Voraussichtliche Genußreife: Jetzt – vermutlich im Nachlassen. Letzte Verkostung: 5/84.

MARQUIS-DE-TERME
4ème Cru seit 1855

SEHR GUT

Lage der Weinberge: Margaux und Cantenac

Besitzer: S.C.A. Château Marquis-de-Terme
Adresse: 3, route de Rauzan, 33460 Margaux
Postanschrift: wie oben
Telefon: 33 5 57 88 30 01 – Telefax: 33 5 57 88 32 51

Besuche: nur nach Vereinbarung, montags bis freitags von 9 bis 12 und von 14 bis 17 Uhr

WEINBERGE (Rotwein)

Rebfläche: 38 ha

Durchschnittliches Rebenalter: 35 Jahre

Rebbestand: 55% Cabernet Sauvignon, 35% Merlot, 3% Cabernet Franc, 7% Petit Verdot

Pflanzdichte: 10 000 Reben/ha

Ertrag (im Durchschnitt der letzten 5 Jahre): 45 hl/ha

Durchschnittliche Jahresproduktion insgesamt: 200 000 Flaschen

GRAND VIN

Name: Château Marquis-de-Terme

Appellation: Margaux

Durchschnittliche Jahresproduktion: 150 000 Flaschen

Verarbeitung und Ausbau: Lese von Hand. Gärdauer ca. 1 Woche bei 31 bis 32°C; Maischdauer 3 bis 4 Wochen. 18 Monate Ausbau in zu 30 bis 50% neuen Eichenfässern (je nach Jahrgang). Der Wein wird mit Eiweiß geschönt und bei der Abfüllung gefiltert.

ZWEITWEIN

Name: Terme des Gondats

Durchschnittliche Jahresproduktion: 25 000 Flaschen

Beurteilung des derzeitigen Rangs: Entspricht der Klassifizierung oder sollte aufgrund der Qualität seit 1983 aufgestuft werden

Genußreife: 7 bis 20 Jahre nach dem Jahrgangsdatum

Château Marquis-de-Terme, eines der am wenigsten bekannten und bis vor kurzem auch eines der enttäuschendsten Crus Classés in Margaux, bekam gerade rechtzeitig die lang benötigte Finanzspritze zur Modernisierung der Keller und zur Anschaffung von mindestens 33 bis 50% neuen Eichenfässern für jeden Jahrgang. Die Besitzer führten außerdem mit einem Zweitwein zugleich auch strengere Auslese ein.

Dadurch ist seit 1983 die Qualität bedeutend besser geworden. Wenn die seither entstandenen neueren Jahrgänge für den neuen Stil repräsentativ sind, dann dürfen sich die Bordeaux-Liebhaber auf einen dunklen, kraftvolleren und muskulöseren Margaux freuen, der mehr Wert auf Fülle und Farbe als auf Eleganz und Finesse legt.

JAHRGÄNGE

1996 • (89-90)   In drei getrennten Verkostungen gab sich ein ausnehmend kraftvoller, tanninreicher, St-Estèphe-ähnlicher Margaux zu erkennen, der schwärzlich purpurrote Farbe, Massen von Cabernet-Sauvignon-dominierter Frucht und pelziges Tannin aufweist. Enorme Wucht, Struktur und Reife machen diesen Wein zweifellos zu einem Schlager des Jahrgangs, der allerdings erkleckliche Kellerreife verlangt.
Voraussichtliche Genußreife: 2006 bis 2025. Letzte Verkostung: 3/97.

1995 • 85+   Der tiefdunkle 1995er zeigt Saft und Kraft bei milder Säure und reifer Frucht. Er besitzt zwar bewundernswert viel Extrakt und schöne Reintönigkeit, doch das harte, strenge Tannin im Abgang nährt Besorgnisse. Man sollte ihm 4 bis 5 Jahre Zeit zum Mildern gönnen und ihn dann in den folgenden 12 bis 15 Jahren trinken. Letzte Verkostung: 3/96.

1994 • 83   Die Sanftheit des 1994ers und die Süße seiner Frucht verleihen ihm unmittelbar ansprechende Art. Außerdem hat er ein würziges, attraktives Aroma von schwarzen Kirschen und Trüffeln, mittleren Körper und kurzen Abgang. Dieser Wein wird sich 10 Jahre lang gut trinken, aber kaum aufregenden Genuß bieten. Letzte Verkostung: 3/96.

1993 • 81   Der 1993er Marquis-de-Terme ist ein dunkler, mittelschwerer, konzentrierter Wein. Allerdings ist auch ihm die Kehrseite des Jahrgangs 1993 – kompakter Geschmack und ein Übermaß an Tannin – nicht erspart geblieben. Reife, Extrakt und Reintönigkeit lassen als positive Komponenten auf eine Lebenserwartung von mindestens 10 Jahren schließen.
Letzte Verkostung: 11/94.

1992 • 76   Mittelrubinrot, mit einem Bukett von Holz, Staub, Erde und Kräutern präsentiert sich dieser leichte, weiche, substanzarme Wein, der in den nächsten 4 bis 5 Jahren getrunken werden sollte. Letzte Verkostung: 11/94.

1991 • 74   Der leichte, kurze, kompakte, nichtssagende 1991er wirkt ausgesprochen verwässert.
Letzte Verkostung: 1/94.

1990 • 87   Eichenholzwürze und reichliche Mengen an schwarzer Frucht beherrschen das Bukett des 1990ers. Der Wein zeigt mittleren Körper, expansive, üppige Fülle, viel Extrakt und Glyzerin, feines Tannin und einen glatten Abgang.
Voraussichtliche Genußreife: Jetzt bis 2002. Letzte Verkostung: 1/93.

1989 • 89   Der 1989er ist ein exzellenter, dunkel rubinroter Wein mit mittlerem bis vollem Körper, vollmundiger, kerniger Art mit wenig Säure und kräftigem Alkohol. Der expansive, hochreife, fast süße Geschmack verleiht diesem Wein immens ansprechende Art. Er dürfte sich rasch entwickeln.
Voraussichtliche Genußreife: Jetzt bis 2004. Letzte Verkostung: 3/91.

1988 • 86   Der tief rubinpurpurrote, mit einem würzigen, eichenduftigen, relativ intensiven Bukett versehene 1988er Marquis-de-Terme hat guten Körper, schönen Extraktgehalt, mäßig starkes Tannin und gutes Entfaltungspotential.
Voraussichtliche Genußreife: Jetzt bis 2005. Letzte Verkostung: 1/93.

1986 • 90?   Der von Anfang an beständig eindrucksvolle 1986er zeigt fast schwarze Farbe, enorme Fülle und Tiefe, sensationellen Extrakt und einen äußerst langen Abgang. Kaufinteressenten sollten jedoch wissen, daß ich bei vier Gelegenheiten mangelhafte Flaschen mit einem Geruch von moderigem Karton angetroffen habe, was meiner Meinung nach auf schlechte Korken hinweist. Der Wein selbst ist außergewöhnlich und ohne Frage der feinste, der seit Jahrzehnten in diesem Château entstanden ist, nur frage ich mich, wieviel von der Gesamtproduktion durch

diesen unangenehmen Geruch und Geschmack, woher er auch kommen mag, beeinträchtigt ist.
Voraussichtliche Genußreife: Jetzt bis 2015. Letzte Verkostung: 1/91.
1985 • 88   Der 1985er zeigt große Konzentration an Frucht, vollen Körper, einen herrlichen Abgang und beträchtliche Entwicklungsfähigkeit. Er hat sich als einer der besten Margaux-Weine des Jahrgangs 1985 erwiesen.
Voraussichtliche Genußreife: Jetzt bis 2003. Letzte Verkostung: 3/89.
1984 • 79   Der für einen 1984er ziemlich harte und tanninreiche Wein braucht gut 2 bis 3 Jahre Flaschenreife, um sich zu entfalten. Er ist mittel- bis dunkelrubinrot, würzig, aber knapp und im Geschmackseindruck schmal.
Voraussichtliche Genußreife: Jetzt. Letzte Verkostung: 10/88.
1983 • 88   Ein klassischer Bordeaux mit tief rubinroter Farbe, einem sich auffaltenden Bukett von Vanille, Kaffee und schwarzen Johannisbeeren, mit voller, extraktreicher Frucht, mittlerem Körper und einem langen, mäßig tanninherben Abgang.
Voraussichtliche Genußreife: Jetzt bis 2007. Letzte Verkostung: 1/91.
1979 • 82   Angesichts der Reputation des Châteaus für ziemlich strenge, stramme Weine hätte ich erwartet, daß dieser Wein unentwickelter und tanninreicher wäre. Dem ist aber nicht so. Dem Glas entströmt ein duftiges, erdiges, beerenfruchtiges Aroma, und die frühreife, fruchtige und milde Art bei mittlerem Körper läßt darauf schließen, daß dieser Wein bald getrunken werden sollte.
Voraussichtliche Genußreife: Jetzt. Letzte Verkostung: 4/84.
1978 • 50   Der 1978er ist ein wenig beeindruckender Wein aus einem Jahrgang, der im Médoc allgemein ausgezeichnete Ergebnisse brachte. Ein dumpfiges, unsauberes Aroma läßt auf schlechte Verhältnisse im Keller schließen. Auf der Zunge ist der Wein dünn, schmeckt nach Schimmel und wirkt sehr wenig anziehend. Eine mangelhafte Leistung. Letzte Verkostung: 6/83.
1971 • 80   Ein pikantes, erdiges, rauchiges Aroma, vermischt mit dem Duft reifer schwarzer Johannisbeeren, bildet ein recht exotisches Bukett. Auf der Zunge zeigt sich der Wein durchgereift, mild, viel leichter, als man nach dem Bukett schließen würde, und er will getrunken werden.
Voraussichtliche Genußreife: Jetzt – vermutlich stark im Nachlassen. Letzte Verkostung: 2/80.
1970 • 84   Der sehr unentwickelte, fast undurchdringlich dunkel rubinrote Wein mit einem reichen, tiefen, intensiven Bukett von rauchigem Eichenholz, würziger Frucht und erdigen Düften bei dichter, wuchtiger, tanninreicher Art und vollem Körper ist vielleicht allzu robust und hat inzwischen wohl seine beste Zeit hinter sich.
Voraussichtliche Genußreife: Jetzt – vermutlich im Nachlassen. Letzte Verkostung: 4/82.

MONBRISON
Cru Bourgeois

GUT

Lage der Weinberge: Margaux

Besitzer: Mme E.M. Davis und Söhne
Adresse: 1, Allée de Monbrison, 33460 Arsac
Postanschrift: wie oben
Telefon: 33 5 56 58 80 04 – Telefax: 33 5 56 58 85 33

Besuche: nur nach Vereinbarung
Kontaktperson: Laurent Vonderheyden

BORDEAUX

WEINBERGE (Rotwein)

Rebfläche: 13 ha

Durchschnittliches Rebenalter: 30 Jahre

Rebbestand: 50 % Cabernet Sauvignon, 30 % Merlot, 15 % Cabernet Franc, 5 % Petit Verdot

Pflanzdichte: 6500 bis 10 000 Reben/ha

Ertrag (im Durchschnitt der letzten 5 Jahre): 45 hl/ha

Durchschnittliche Jahresproduktion insgesamt: 600 hl

GRAND VIN

Name: Château Monbrison

Appellation: Margaux

Durchschnittliche Jahresproduktion: 45 000 bis 55 000 Flaschen

Verarbeitung und Ausbau: Vinifikation 3 bis 4 Wochen, je nach Jahrgang, in temperaturgeregelten Edelstahltanks. Es wird keine Hefe zugesetzt. 14 bis 18 Monate Ausbau in zu 35 bis 40 % neuen Eichenfässern. Abstich von Faß zu Faß, Schönung mit Eiweiß, keine Filterung bei der Abfüllung.

ZWEITWEIN

Name: Bouquet de Monbrison

Durchschnittliche Jahresproduktion: 15 000 bis 20 000 Flaschen

Vor einem runden Jahrzehnt war Monbrison einer der aufgehenden Sterne unter den Cru-Bourgeois-Weingütern im Médoc. Leider hat sich vieles verändert, wenn der Wein auch nach wie vor ein gutes Beispiel für die Appellation Margaux darstellt. Der Architekt des außerordentlichen Wiederaufbaus von Monbrison war der inzwischen verstorbene Jean-Luc Vonderheyden. Seine strenge Disziplin bei der Ertragsbeschränkung und der stetigen Bemühung um hohe Weinqualität trug ihm von allen Seiten Lob ein – von dem hochgeschätzten französischen Weinkritiker Michel Bettane bis zu meiner Wenigkeit. Leider setzte ein Krebsleiden Jean-Lucs Leben ein jähes Ende, und nun hat sein Bruder Laurent die Dinge in der Hand, der einen leichteren, zarteren Weinstil anstrebt, was zu Beginn der 1990er Jahre zu einiger Unbeständigkeit Anlaß gab. Die neueren Jahrgänge, z. B. 1995 und 1996, machen einen besseren Eindruck. Auf jeden Fall ist der Monbrison probierenswert, und wer einem der prächtigen Weine Jean-Lucs aus der Zeit zwischen 1986 und 1990 begegnet, sollte ihn sich nicht entgehen lassen.

JAHRGÄNGE

1996 • (85-86+?) Der 1996er scheint eine der feineren Leistungen von Monbrison aus neuerer Zeit zu sein, auch wenn sich bei einigen Proben ein leichter Kartongeruch zeigte, der von mangelhaften Korken stammen mochte. Vorausgesetzt, daß es sich nicht doch um ein tiefergehendes Problem handelt, ist an diesem Wein tief rubinpurpurrote Farbe, mittlerer Körper, attraktiv reife Frucht und eine elegante, verhaltene, beachtliche Statur zu bemerken. Man sollte ihm 4 bis 5 Jahre Kellerreife gönnen und ihn dann in den folgenden 12 bis 15 Jahren trinken. Letzte Verkostung: 3/97.

1995 • 86 Der 1995er Monbrison ist ein korrekter, mittelschwerer, eleganter, dunkelrubinroter Wein mit süßer Frucht und gemessener, entgegenkommender Art.
Voraussichtliche Genußreife: 2000 bis 2006. Letzte Verkostung: 1/97.

MARGAUX UND DAS SÜDLICHE MEDOC

1994 • 76   Ein strenger, uncharmanter, schmaler, tanninherber Wein – es besteht wenig Hoffnung, daß seine Frucht das Tannin überdauert. Letzte Verkostung: 1/97.

1993 • 79   Der zwar etwas kräuterhafte, aber doch milde und würzige, mittelschwere Wein zeigt Finesse und Eleganz in seinem gemessenen, wenig ausgeprägten Duft und Geschmack und dürfte auf 3 bis 4 Jahre hinaus schlichten Genuß gewähren. Letzte Verkostung: 1/97.

1992 • 74   Der 1992er ist die größte Enttäuschung aus diesem Gut in über 10 Jahren. Schmalbrüstig, kurz, hölzern, mit übermäßig viel Tannin und Eichenton bei zu wenig Konzentration zeigt sich dieser Wein, der nur noch mehr abfallen wird und deshalb in den nächsten Jahren getrunken werden sollte. Letzte Verkostung: 11/94.

1991 • 85   Der 1991er Monbrison, für den Jahrgang ein Erfolg, zeigt würzige Eichentoastnote, solide Farbe, reife Frucht, mittleren Körper und einen kompakten Abgang mit kräftigem Geschmack. Dieser Wein dürfte sich 4 bis 5 Jahre lang schön trinken. Letzte Verkostung: 1/94.

1990 • 88   Der mildere 1990er ist ein wunderbar voller, komplexer Wein mit beeindruckend dunkler rubinpurpurroter Farbe, einem rauchigen, blumigen Cassis-Aroma, mittlerem bis vollem Geschmack und einem fein mit Extrakt versehenen, eleganten Abgang.
Voraussichtliche Genußreife: Jetzt bis 2007. Letzte Verkostung: 1/93.

1989 • 89   Der schwarz-purpurrote 1989er ist einfach fabelhaft. Er zeigt keines der Probleme, die so manchen Margaux-Wein in diesem Jahr befallen haben. Zwar ist der Wein noch äußerst tanninstreng und unentwickelt, hat aber schöne Säure, ungeheure Konzentration und Nachhaltigkeit und das Potential für mindestens 20 Jahre Lebenserwartung.
Voraussichtliche Genußreife: Jetzt bis 2010. Letzte Verkostung: 4/91.

1988 • 90   Der 1988er mit seiner schwarz-rubinroten, aber nicht so dichten Farbe wie beim 1989er ist wahrhaftig etwas Besonderes, denn mit seinem hohen Extraktgehalt, seiner Fülle und Konzentration stellt er die meisten Crus Classés von Margaux in den Schatten. Durch Verwendung von zu 60 % neuen Eichenfässern wurde die Fülle und das Format dieses Weins auf löbliche Weise unterstrichen. Der 1989er ist zwar kraftvoller, alkohol- und tanninreicher und auch konzentrierter, aber ich halte den 1988er doch für gleichwertig, nur anders in der Art.
Voraussichtliche Genußreife: Jetzt bis 2005. Letzte Verkostung: 4/91.

1986 • 87   Der 1986er ist ein wuchtiger, voller Wein mit viel Würze von frischem Eichenholz und dem Aroma von Pflaumen und Süßholz, vollem Körper und viel Extrakt und Geschmackstiefe, dazu tief rubinpurpurroter Farbe. Das reichlich vorhandene Tannin ermöglicht lange Kellerreife.
Voraussichtliche Genußreife: Jetzt bis 2003. Letzte Verkostung: 4/91.

1985 • 86   Der 1985er ist reichhaltig und voll, zeigt aber schönes Gleichgewicht zwischen tiefer Frucht und einem eleganten Bukett von würzigem Eichenholz und Beeren. Auf der Zunge erweist sich der Wein als mild, sanft und schmackhaft.
Voraussichtliche Genußreife: Jetzt. Letzte Verkostung: 11/89.

1984 • 86   Ein Schlager des Jahrgangs, für den er erstaunlich gute Farbe zeigt; sein intensives, reifes, kräuterwürziges Bukett von schwarzen Johannisbeeren wird begleitet von sanftem, samtigem, konzentriertem Geschmack mit viel Frucht, mittlerem Körper und nachhaltigem Abgang.
Voraussichtliche Genußreife: Jetzt. Letzte Verkostung: 3/88.

1983 • 86   Der 1983er Monbrison ist der erste aus einer Reihe sehr guter bis hervorragender Weine dieses Châteaus. Er hat einen großen Teil seines Tannins abgestreift und zeigt nun ein offen gewirktes, würziges, rauchiges Johannisbeerenbukett, milden, fast fülligen, runden Geschmack und vollen Körper und reichlichen Alkohol bei mäßiger Nachhaltigkeit.
Voraussichtliche Genußreife: Jetzt. Letzte Verkostung: 3/90.

BORDEAUX

Palmer
3ème Cru seit 1855

HERVORRAGEND

Lage der Weinberge: Margaux und Cantenac

Besitzer: S.C. du Château Palmer
Leitung: Bertrand Bouteiller
Adresse: 33460 Margaux
Postanschrift: wie oben
Telefon: 33 5 57 88 72 72 – Telefax: 33 5 57 88 37 16

Besuche: nur nach Vereinbarung. Oktober bis März: montags bis freitags zwischen 9 und 11.30 sowie zwischen 14 und 17.30 Uhr. Von April bis Oktober auch an Wochenenden und Feiertagen.

WEINBERGE (Rotwein)

Rebfläche: 44,5 ha

Durchschnittliches Rebenalter: 35 Jahre

Rebbestand: 55 % Cabernet Sauvignon, 40 % Merlot, 3 % Petit Verdot, 2 % sonstige

Pflanzdichte: 10 000 Reben/ha

Ertrag (im Durchschnitt der letzten 5 Jahre): 46 hl/ha

Durchschnittliche Jahresproduktion insgesamt: 16 000 bis 18 000 Kisten

GRAND VIN

Name: Château Palmer

Appellation: Margaux

Durchschnittliche Jahresproduktion: 12 000 bis 13 500 Kisten

Verarbeitung und Ausbau: Lese von Hand. Vinifikation 21 Tage. Anschließend 18 bis 24 Monate Ausbau in zu 35 % neuen Eichenfässern. Der Wein wird geschönt, aber nicht gefiltert.

ZWEITWEIN

Name: Réserve du Général

Durchschnittliche Jahresproduktion: 4000 Kisten

Beurteilung des derzeitigen Rangs: Aufstufung zum Premier Cru wäre zu empfehlen

Genußreife: 5 bis 25 Jahre nach dem Jahrgangsdatum

Das eindrucksvolle Château Palmer erhebt sich mit seinen Ecktürmen majestätisch am Rand der Route du Vin (D2) mitten in dem Dörfchen d'Issan. Es gibt wahrhaftig ein würdiges Bild zum Fotografieren ab. Für den Weinenthusiasten bedeutet es allerdings mehr, daß dieses Château einen der größten Weine von Bordeaux produziert.

Den Namen hat es von einem englischen General, der unter Wellington Dienst tat und mit dessen Armee 1814 nach Bordeaux kam. Später kaufte er ein Gut, das damals Château de Gascq hieß, und begann in großem Maßstab Land zu erwerben und Weinberge anzulegen. Kaum zwei Jahrzehnte später hieß sein Gut bereits Château Palmer. Tragischerweise mußte es Charles Palmer, der so viel für die Schaffung dieses Guts getan hat, schließlich erleben, daß sein Vermögen dahinschwand; er machte bankrott und wurde kurz vor seinem Tod im Jahr 1836 durch die Kündigung von Bankhypotheken aus seinem Besitz verdrängt. Seit 1939 befindet sich das Château in der Hand eines Syndikats, dem die Familie des kürzlich verstorbenen Peter A. Sichel, die Familie Mähler-Besse und vier weitere Mitglieder angehören – das bekannteste davon ist Bertrand Bouteiller, der die Geschäfte von Palmer führt.

Der Wein dieses Guts ist oft ebenso fein wie ein Premier Cru und in manchen Jahrgängen, z. B. 1961, 1966, 1967, 1970, 1975, 1983 und 1989 sogar noch feiner. Obwohl er offiziell nur ein 3ème Cru ist, liegt sein Preis meist zwischen einem Premier und Deuxième Cru, zweifellos als Ausdruck der Hochachtung, die sowohl die Handelshäuser von Bordeaux als auch die ausländischen Importeure und die Verbraucher in aller Welt diesem Wein entgegenbringen.

Der Palmer wird nach wie vor in traditioneller Weise bereitet; die beneidenswert lange Liste großartiger Leistungen ist zweifellos einer ganzen Reihe von Faktoren zuzuschreiben. Zunächst ist der Fleiß und die Tüchtigkeit der Familie Chardon zu nennen, die seit über einem Jahrhundert diesen Wein bereitet und die Weinberge pflegt. Darüber hinaus ist der Rebbestand von Château Palmer insofern außergewöhnlich, als der Merlot-Anteil sehr hoch liegt (40 %). Fraglos ist die Pomerol-ähnliche Fülle, die Geschmeidigkeit und vollmundige Art des Palmer auf diesen hohen Merlot-Anteil zurückzuführen. Die überzeugende Duftigkeit dagegen ist charakteristisch für Margaux. Drittens arbeitet Château Palmer mit einer unüblich langen Maischzeit (20 bis 28 Tage), während der die Traubenschalen mit dem Most in enger Berührung stehen. Darin ist wohl der Grund für die in den meisten Palmer-Jahrgängen anzutreffende kräftige Farbe, den ausgezeichneten Extraktgehalt und die Fülle an Tannin zu suchen. Und schließlich ist Château Palmer eines der wenigen Weingüter im Médoc, die noch immer standhaft die Filtrierung ihres Weins ablehnen.

Zwischen 1961 und 1977 produzierte Palmer beständig den besten Wein der Appellation Margaux, und nur durch den Wiederaufstieg von Château Margaux, das seit 1978 seinen Platz an der Spitze der Hierarchie von Margaux zurückerobert hat, wurde es – für den Augenblick – auf die zweite Stelle verwiesen, obgleich der 1989er Palmer dem Wein von Château aus diesem Jahrgang eindeutig überlegen ist.

Der Palmer-Stil ist von sensationeller Duftigkeit des Buketts geprägt. Ich habe immer wieder erlebt, daß die großen Palmer-Jahrgänge (1961, 1966, 1970, 1983, 1989 und 1995) bei blinden Verkostungen allein am Duft erkennbar waren. Das Bukett hat die aufgeschlossene Fülle eines großen Pomerol, dabei aber die Komplexität und den Charakter eines Margaux. Der Wein selbst zeigt sich voll, oft geschmeidig, ja üppig, jedoch stets tief fruchtig und konzentriert.

JAHRGÄNGE

1997 • 82-85? Der 1997er Palmer, den ich bisher nur einmal verkostet habe, zeigte sich nicht eindrucksvoll. Die Farbe ist ein mitteldunkles Rubinrot. Das Aroma war verschlossen; erst mit einiger Nachhilfe kamen Noten von Erde, Staub, Kirschen und Beeren zum Vorschein. Im Mund fehlt es dem Wein an Substanz, am Gaumen erscheint er kurz und hohl mit einem Anflug von frischem Eichenholz, reifen Pflaumen und Kirschen. Der Abgang ist schmal und gedämpft und weist trockenes Tannin auf. Kann dieser Wein wirklich so wenig inspirierend ausgefallen sein?
Voraussichtliche Genußreife: 2000 bis 2010. Letzte Verkostung: 3/98.
1996 • 88-91 Endlich hat sich Château Palmer eine moderne Kellerausstattung mit temperaturgeregelten Edelstahltanks und eine eindrucksvolle neue *cuverie* zugelegt. Der aus 55 % Cabernet Sauvignon, 40 % Merlot und 5 % Petit Verdot zusammengesetzte 1996er ist ein kraftvoller, dichter, in sich zurückgezogener Wein, der an den 1986er erinnert. Er ist allerdings schwieriger einzuschätzen, weil der Merlot-Anteil so hoch ist und er noch nicht seine volle Statur gewonnen hat, doch ein eindrucksvoll gebauter, mittelschwerer bis körperreicher, muskulöser, voller Bor-

deaux ist er. Wenn er mehr Komplexität entwickelt und größere Gewichtigkeit annimmt, dann wird er zu einem hervorragenden Palmer, zwar nicht mit so frühzeitigem Charme wie in Spitzenjahren, eher für die Dauer gebaut.
Voraussichtliche Genußreife: 2005 bis 2025. Letzte Verkostung: 3/98.

1995 • 90   Der im Juli 1997 abgefüllte Wein enthält einen extrem hohen Merlot-Anteil von 43%. Er präsentiert sich als glorreich opulenter, vollmundiger, milder Palmer, der schon früh attraktiv sein und sich lange halten wird. Die dunkle rubinpurpurrote Farbe, das rauchige, mit viel fülliger Kirschenfrucht und Nuancen von Blumen und Schokolade verwobene Eichentoastaroma machen diesen mittelschweren bis körperreichen, behäbigen und doch eleganten Wein eindrucksvoll.
Voraussichtliche Genußreife: 2002 bis 2020. Letzte Verkostung: 11/97.

1994 • 86   Ich hatte gehofft, dieser Wein wäre besser, aber er erweist sich als ein zwar guter, aber kaum inspirierender Palmer. Mitteldunkles Rubinrot geht einher mit schlichtem, süßem Beerenduft. Im Mund zeigt der Wein mittleren Körper, ordentliche Konzentration, spürbares Tannin und einen würzigen, kurzen Abgang – wie gesagt, ein guter Wein, aber für einen Palmer enttäuschend.
Voraussichtliche Genußreife: 1999 bis 2010. Letzte Verkostung: 1/97.

1993 • 78   Trotz gesunder, dunkelrubinroter Farbe fehlt es diesem dünnen, verwässerten, ausgemergelten Wein an Tiefe und Körper. Das starke Tannin im Abgang wird ihn immer kantiger machen und aller Wahrscheinlichkeit nach austrocknen. Letzte Verkostung: 1/97.

1992 • 84?   Der 1992er Palmer zeigte aus dem Faß gute Reife und Konzentration. Nach der Abfüllung wird nun klar, daß durch Schönen und Filtern ein Teil der zartgebauten Frucht und Finesse verlorengegangen ist. Die Farbe ist ein mittleres Rubinrot, und im Duft zeigen sich deutliche Aromen von Eichentoast, schwarzen Kirschen und schwarzen Johannisbeeren. So weit so gut, aber nach dem charmanten, leicht bis mäßig intensiven Bukett kommen als die eindeutigsten Merkmale des Weins leichte Art, wässerige Frucht und Mangel an Konzentration zum Vorschein. Bei mittlerem Körper hat der Wein einen extrem kurzen Abgang. Er sollte im Lauf der nächsten 4 bis 5 Jahre getrunken werden. Letzte Verkostung: 11/94.

1991 • 87   Eine beachtliche Leistung stellt der 1991er Palmer dar. Seine tief rubinpurpurrote Farbe geht einher mit Aromen von reifer, schwarzer Frucht und frischem Eichenholz. Der Wein besitzt klare Linien, milde, sahnige Art, mittleren bis vollen Körper, spürbaren Extrakt und einen üppigen, konzentrierten, vollen Abgang. Dieser verführerische, sinnenbetörende 1991er dürfte sich 7 bis 10 Jahre lang schön trinken lassen. Letzte Verkostung: 1/94.

1990 • 88   Der 1990er hat, seit ich ihn zum ersten Mal verkostet habe, an Gewichtigkeit zugelegt. Er ist – für Palmer in heißen, trockenen Jahren typisch – zusammenhaltlos und expansiv. Er besitzt süße Frucht, aber es fehlt ihm die Konturenschärfe und der Kern an Extrakt, wie sie in großen Jahrgängen aus diesem Weingut anzutreffen sind. Der 1990er bietet milde Säure und samtiges Tannin, jedoch nicht die Tiefe oder Nachhaltigkeit des 1989ers, und ist bereits trinkreif, hält sich aber auch noch 15 Jahre lang. Übrigens war von drei Flaschen 1990er Palmer nur eine frei von Korkengeschmack. Letzte Verkostung: 11/96.

1989 • 95   Der 1989er Palmer ist einer der großen Erfolge des Jahrgangs. Die Farbe ist dunkel rubinpurpurrot, das Bukett von süßer, fülliger schwarzer Frucht zeigt blumigen Duft und einen Anflug von Süßholz und Trüffeln. Ein prachtvoller, körperreicher, geschmeidiger Palmer mit milder Säure, reifer Frucht und Glyzerin in Hülle und Fülle und konzentrierter, harmonischer, nahtloser Art – er dürfte sich als dem brillanten 1962er und 1953er aus diesem Gut ähnlich erweisen. Er ist zwar schon ansprechend, wird sich aber noch ein Jahrzehnt lang entfalten und 20 bis 25 Jahre überdauern. Letzte Verkostung: 11/96.

1988 • 87   Der 1988er Palmer zeigt ein vielversprechendes süßes Bukett von reifen Pflaumen, dichte, reiche, konzentrierte Frucht, mittleren Körper und einen expansiven, üppigen, kräftigen Abgang – einer der besten, köstlichsten 1988er aus der Appellation Margaux.
Voraussichtliche Genußreife: Jetzt bis 2006. Letzte Verkostung: 1/93.

MARGAUX UND DAS SÜDLICHE MEDOC

1987 • 86 Der 1987er Palmer ist der Star des Jahrgangs in der Appellation Margaux. Er ist ein herrlich reifer, nahezu opulenter Wein mit viel rauchigem frischem Eichenholz, wenig Säure, ausgezeichneter Farbe und mittlerem Körper. Zweifellos hat sich der hohe Merlot-Anteil im Rebbestand von Palmer vorteilhaft auf diesen charmanten, köstlich fruchtigen Wein ausgewirkt.
Voraussichtliche Genußreife: Jetzt bis 1999. Letzte Verkostung: 11/90.

1986 • 88+? Wie so viele 1986er aus dem Médoc vermag auch der von Palmer die Geduld seines Besitzers auf die Probe zu stellen. Ein großer Palmer wird daraus nicht werden, aber ich habe doch die Hoffnung, daß er die ihm zuerkannte Punktnote verdienen, ja sich vielleicht als hervorragend erweisen wird. Nach Palmer-Maßstäben zeigt er sich eng gewirkt und verschlossen. Seine Farbe ist ein eindrucksvolles, dunkles Rubinpurpurrot mit leichter Aufhellung am Rand. Das Aromaprofil ist straff und gibt nach längerem Ablüften blumige Noten sowie schwarze Frucht, Trüffeln und Zigarrenkistenduft zu erkennen. Am Gaumen bietet er exzellente Reife und Fülle, aber alles verbirgt sich unter einer dicken Tanninschicht. Der Wein macht ein gedrücktes, ungraziöses Stadium durch, und seine Lebenserwartung erscheint weit kürzer, als ich ursprünglich voraussagte.
Voraussichtliche Genußreife: 2000 bis 2015. Letzte Verkostung: 9/97.

1985 • 87 Dieser Wein ist seit eh und je attraktiv, elegant und fruchtig; seine tief rubinrote Farbe läßt inzwischen am Rand etwas Bernsteingelb und Orange erkennen. Die weiche Säure verleiht ihm vordergründige Aufgeschlossenheit, doch es fehlt die Tiefe und der Extrakt, wie man sie von einem Palmer-Spitzenjahrgang erwartet. Dessenungeachtet ist er ein sauberer, reichfruchtiger, duftiger Wein ohne jede Schärfe und bietet gegenwärtig schönen Genuß.
Voraussichtliche Genußreife: Jetzt bis 2004. Letzte Verkostung: 9/97.

1984 • 82 Ein guter, solider Wein mit schöner Farbe und Pflaumenbukett. Auf der Zunge fehlt es ihm an Gewicht, und der Abgang ist kurz, aber reife Frucht, verlockender Charme und frühreife, ansprechende Art sind vorhanden.
Voraussichtliche Genußreife: Jetzt. Letzte Verkostung: 4/90.

1983 • 97 Als einer der superben Weine des Jahrgangs zeigt der 1983er Palmer nach wie vor satte purpurgranatrote Farbe und intensiven Duft von fülliger dunkler Frucht, Rauchfleisch, Blumen, Zedernholz und asiatischen Gewürzen. Der superkonzentrierte, wuchtige, körperreiche Wein mit seiner mächtigen, öligen Substanz nähert sich seinem Höhepunkt. Der hohe Merlot-Anteil macht ihn jetzt schon genußreif, dennoch verspricht er 20 bis 25 Jahre zu überdauern. Ich bin überzeugt, daß der 1983er der wuchtigste Palmer seit dem hinreißenden 1961er ist. Letzte Verkostung: 9/97.

1982 • 88 Der 1982er Palmer hat sich besser entwickelt, als ich ihm zugebilligt hatte. Er war stets locker gewirkt, diffus, aber geschmacksintensiv mit schwacher Säure und viel milder, reifer schwarzer Frucht, verwoben mit blumigen und Kräuternoten. Dieser milde, generöse, vollmundige, mittelschwere Wein ohne viel Biß ist ausgereift und dürfte sich noch 10 Jahre lang schön trinken. Sehr charmant und köstlich! Letzte Verkostung: 9/95.

1981 • 81 Der 1981er ist ein relativ leichter, eher ausdrucksschwacher Palmer; es fehlt ihm an Tiefe, vielmehr zeigt er bei mittlerem Körper schlichte Art mit einfacher Pflaumenfruchtigkeit, untermischt mit dem Duft und Geschmack von Kräutern, Eichen- und Zedernholz. Für einen Palmer nimmt er sich karg aus.
Voraussichtliche Genußreife: Jetzt. Letzte Verkostung: 6/90.

1980 • 72 Der leichte, fruchtige, schlichte 1980er Palmer ist trinkreif und sollte genossen werden, solange sein einfacher Charme noch anhält. Man könnte ihn einen Picknick-Palmer nennen.
Voraussichtliche Genußreife: Jetzt – vermutlich stark im Nachlassen. Letzte Verkostung: 2/84.

1979 • 89 Dieser Palmer hat sich als einer der besseren Weine seines Jahrgangs erwiesen, aber so profund, wie ich gemeint hatte, ist er nicht. Er hat sich langsam entfaltet und nähert sich nun seinem Höhepunkt. Die Farbe ist nach wie vor tief rubinrot mit nur geringer Aufhellung am

Rand. Das mäßig intensive Bukett von schwarzer Frucht, Erde, Zedernholz und Kräutern wird begleitet von exzellenter Fülle, für den Jahrgang mildem Tannin, frischer Säure und mittelschwerer, stilvoller Persönlichkeit. Im Abgang liegt noch immer Tannin vor, aber am Gaumen und im Nachgeschmack zeigt sich der Wein seidig und expansiv.
Voraussichtliche Genußreife: Jetzt bis 2008. Letzte Verkostung: 6/97.

1978 • 90   Der 1978er Palmer, einer der am besten gelungenen Médocs des Jahrgangs, hat seine volle Reife erreicht, zeigt aber keine Anzeichen eines baldigen Niedergangs. Die Farbe ist dunkel rubingranatrot mit nur einem leichten Bernsteinsaum. Im Bukett finden sich Noten von schwarzen Trüffeln, Cassis, gedörrten Kräutern und Fleisch. Im Mund weist die volle, süße Frucht einen Hauch Paprika auf. Dieser mittelschwere, seidige Wein ist stärker würzebetont als bei Palmer sonst üblich, dabei aber attraktiv und vollmundig.
Voraussichtliche Genußreife: Jetzt bis 2006. Letzte Verkostung: 10/97.

1977 • 70   Der ziemlich dünne, wenig generöse, zu vegetabile, krautige 1977er Palmer zeigt mittleren Körper, etwas Frucht und leichtes Tannin ohne jede bittere oder strenge Note.
Voraussichtliche Genußreife: Jetzt – vermutlich stark im Nachlassen. Letzte Verkostung: 4/81.

1976 • 83   Der köstlich geschmeidige, fruchtige und füllige 1976er Palmer mit seiner sanften, milden Art und geringem Tannin ist voll ausgereift und besitzt – anders als so mancher schwächliche, etwas dünne Wein aus diesem Jahrgang – genügend Frucht.
Voraussichtliche Genußreife: Jetzt – vermutlich im Nachlassen. Letzte Verkostung: 8/84.

1975 • 90   Der 1975er Palmer ist beständig einer der Spitzenweine seines Jahrgangs. Die Farbe ist ein dunkles Rubinrot ohne Bernsteinschimmer. Das duftige Bukett zeigt viel süße Frucht, und obwohl dieser Wein tanninherber ist als die meisten Spitzenjahrgänge von Palmer, so bietet er doch vollen Körper, Reichhaltigkeit und Konzentration, in der sich die Straffheit und der hohe Tanningehalt des Jahrgangs deutlich abbilden. Erstaunlicherweise stammte der am stärksten ausentwickelte 1975er Palmer, den ich vor einigen Jahren gekostet habe, aus einer Imperialflasche. Der Wein aus meinem Keller ist noch sehr jung, braucht weitere 5 bis 7 Jahre Kellerreife und hat mindestens noch einmal 20 Jahre vor sich. Letzte Verkostung: 12/95.

1974 • 64   In diesem schlechten Jahr brachte Palmer einen sehr mittelmäßigen Wein hervor, der inzwischen bräunliche Farbe, strähnige, magere, schwächliche, nichtssagende Art und wenig Frucht zeigt. Letzte Verkostung: 2/78.

1971 • 86   Der 1971er gehört zwar nicht in dieselbe Klasse wie der 1979er, 1975er, 1970er und 1966er, aber er bedeutet gewiß auch keine Gefährdung der Reputation von Château Palmer für Qualität und Finesse. Er ist voll ausgereift, hat schöne, dunkel rubinrote Farbe und das deutlich wahrnehmbare, hochgespannte Palmer-Bukett von Beerenfrucht und Blumen – ein seidiger, üppiger Wein, der schon über ein Jahrzehnt höchste Reife besitzt.
Voraussichtliche Genußreife: Jetzt. Letzte Verkostung: 12/88.

1970 • 95+   Der noch nicht voll ausgereifte 1970er Palmer ist einer der großen Weine seines Jahrgangs. Er zeigt tiefdunkles Granatrot und ein überquellendes, fabelhaft komplexes, exotisches Bukett von Süßholz, überreifen Pflaumen und schwarzen Johannisbeeren, Soja, Zedernholz und Mineralen. Dieser reichhaltige, konzentrierte Wein mit mittlerem bis vollem Körper, süßem Kern von Frucht, festem, aber seidigem Tannin und langem, nuancenreichem Abgang ist ein wahrhaft jugendfrischer, superber Palmer. Er ist bereits ansprechend, doch tun ihm weitere 3 bis 5 Jahre Kellerreife noch gut, und er wird die ersten 10 bis 15 Jahre des nächsten Jahrhunderts überdauern. Letzte Verkostung: 6/96.

1967 • 87   Dieser Wein ist ein Schlager seines Jahrgangs – stets bot er überraschend köstlichen Genuß. Bei der letzten Verkostung (aus einer Magnumflasche) zeigte er sich nicht gerade als Kraftprotz, sondern eher als ein Bordeaux in ausgesprochen elegantem Stil, wie er sich in der Neuen Welt offenbar nicht nachahmen läßt. In der reifen granatroten Farbe zeigt sich am Rand beträchtliches Rostrot. Hinzu kommt ein süßes Bukett von Zedernholz, Früchtekuchen, Beeren und Tabak, begleitet von mittlerem Körper und leichter Art, die ihre frische, reife Frucht und eine für den Jahrgang unwahrscheinliche Lebendigkeit bewahrt. Ich besitze ein halbes Dutzend

MARGAUX UND DAS SÜDLICHE MEDOC

Verkostungsnotizen über den 1967er, und aus ihnen geht hervor, daß ich ihn stets als charmant, leicht und köstlich befunden habe.
Voraussichtliche Genußreife: Jetzt. Letzte Verkostung: 12/96.
1966 • 96   Der 1966er ist und bleibt eines der großartigsten Beispiele von Château Palmer, die ich kenne. Für einen Jahrgang, in dem so viele karge, unrunde Weine zustande kamen, wirkt er fast untypisch, denn er ist nicht nur reichhaltig und voll, sondern auch zart und mit Komplexität und Finesse reichlich versehen. Wenn es um den besten Wein dieses Jahrgangs geht, stimme ich für ihn, sogar gegen die Rivalen Latour und Lafleur. Sein unbeschreibliches Bukett ist dem des 1961ers ähnlich. Es finden sich darin pflaumen- und maulbeerenähnliche Fruchtigkeit, exotische Gewürze, Süßholz und eine Spur Trüffeln. Zu mittlerem Körper und samtiger Fülle gesellt sich ein langer, reifer, üppiger Abgang mit genug Biß und Konturenschärfe für weitere 10 Jahre Hochgenuß.
Voraussichtliche Genußreife: Jetzt bis 2007. Letzte Verkostung: 5/96.
1964 • 75   Ein schlichter, etwas schwerfälliger Wein ohne die besten Palmer-Qualitäten wie großes Bukett, vollmundige Art und reiche Pflaumenfrucht – vielmehr nichts als ein derbes Gewächs mit mittlerem Körper.
Voraussichtliche Genußreife: Jetzt – vermutlich stark im Nachlassen. Letzte Verkostung: 2/78.
1962 • 91   Dieser Wein ist wie so viele der feinsten 1962er offenbar von allen – den Autor nicht ausgenommen – unterbewertet worden. Bei meiner letzten Verkostung aus einer schulterhoch gefüllten Magnumflasche erwies er sich als brillant. Das dunkle Granatrot zeigte am Rand leichte Aufhellung. Der explosive Duft roter und schwarzer Frucht, von Rauch, Erde und Frühlingsblumen lag beharrlich im Glas und gab zudem Nuancen von Weihrauch und Bratenfleisch zu erkennen. Der milde, runde, samtige, mittelschwere, seidenzarte Wein besitzt einen prächtigen Kern von reifer Frucht sowie einen opulenten, runden, generösen Nachklang. Wie so oft bei schön ausgewogenem Bordeaux scheint auch seine Lebenslinie unendlich.
Genußreife: Jetzt (aber das behaupte ich schon seit Jahren). Letzte Verkostung: 12/96.
1961 • 99   Seit langem gilt der 1961er Palmer als legendär in seinem Jahrgang, und dieses Renommee ist wohlverdient. Er befindet sich jetzt auf dem Gipfel und zeigt ein außerordentliches, süßes, komplexes Bukett mit Aromen von Blumen, Cassis, Toast und Mineralen. Der Geschmack ist überaus konzentriert und bietet eine Kaskade von überströmend reifer, körperreicher, opulenter Frucht, mildem Tannin und üppigem Nachgeschmack – ein hochreifer Palmer, der in der Qualität seither außer im 1983er und 1989er nicht seinesgleichen gefunden hat. Letzte Verkostung: 10/94.

ÄLTERE JAHRGÄNGE

Der 1945er Palmer (97 Punkte; 10/94; in den USA nie verkostet) ist einer der wenigen seines Jahrgangs, die man ausnehmend opulent, äußerst reichhaltig und vollmundig in der geradezu überreifen Frucht nennen kann – ein voller, saftiger, hochreif fruchtiger, alkoholstarker Wein in bester Verfassung. Der 1928er (96 Punkte; 10/94) ist einer der außergewöhnlichen Weine seines Jahrgangs, der seinen Reifegipfel erst nach über 50 Jahren erreicht hat. Wer ihn in den 1930er Jahren in dem Glauben kaufte, er könne ihn noch zu Lebzeiten richtig genießen, hat volles Mitleid verdient! Inzwischen zeigt dieser Wein am Rand viel Rostrot und Bernsteingelb, dazu ein intensiv duftiges Bukett von Früchtekuchen, Zedernholz und Ingwer, bemerkenswert vollmundigen, reifen Geschmack, aber auch die karge Art und den Tanninbiß des Jahrgangs. Gut gelagert ist er noch immer ein herrliches Beispiel für seinen Jahrgang.

Auch der 1900er Palmer (96 Punkte; 12/1995) ist noch immer bemerkenswert – lebendig und kräftig in der trotz Bernsteinsaum gesunden dunkelgranatroten Farbe. Das mächtige Bukett von süßer, fülliger Frucht, Blumen und Gewürzen hätte ohne weiteres von einem 25 bis 30jährigen Wein stammen können. Durch den offenbar hohen Merlot-Anteil süß und saftig am Gaumen, beweist dieser verführerische, breitgefächerte Wein, wie lange ein großer Bordeaux nicht nur überleben, sondern auch sich entfalten kann – eine erstaunliche Flasche 1900er Palmer!

POUGET
4ème Cru seit 1855

Lage der Weinberge: Cantenac

Besitzer: G.F.A. du Château Boyd-Cantenac et Pouget
Adresse: 33460 Margaux
Postanschrift: wie oben
Telefon: 33 5 57 88 90 82 oder 33 5 57 88 30 58 – Telefax: 33 5 57 88 33 27

Besuche: nur nach Vereinbarung
Kontaktperson: L. Guillemet

WEINBERGE (Rotwein)

Rebfläche: 10 ha

Durchschnittliches Rebenalter: 30 Jahre

Rebbestand: 60% Cabernet Sauvignon, 32% Merlot, 8% Cabernet Franc

Pflanzdichte: 10 000 Reben/ha

Ertrag (im Durchschnitt der letzten 5 Jahre): 38 hl/ha

GRAND VIN

Name: Château Pouget

Appellation: Margaux

Durchschnittliche Jahresproduktion: 3000 Kisten

Verarbeitung und Ausbau: Vinifikation rund 3 Wochen in temperaturgeregelten Edelstahltanks. Anschließend 12 bis 18 Monate Ausbau in zu 50% neuen Eichenfässern. Der Wein wird geschönt und (größerer Sicherheit halber) bei der Abfüllung leicht gefiltert.

ZWEITWEIN

Name: La Tour Hassac

Durchschnittliche Jahresproduktion: 1000 bis 2500 Kisten, je nach Jahrgang

Beurteilung des derzeitigen Rangs: Abstufung zum 5ème Cru wäre zu empfehlen

Genußreife: 5 bis 15 Jahre nach dem Jahrgangsdatum

Château Pouget befindet sich im Besitz und unter der Leitung von Piere Guillemet, dem auch das viel größere und bekanntere Château Boyd-Cantenac in der Appellation Margaux gehört. Die Weine von Pouget werden genauso bereitet wie die von Boyd-Cantenac. Es ist daher nicht weiter verwunderlich, daß der Pouget-Stil stämmig und robust, tiefdunkel, etwas derb, aber konzentriert ausfällt.

JAHRGÄNGE

1990 • 82 Der 1990er hat zwar beträchtliche Muskulatur, Tiefe und Kraft, aber infolge hohen Gehalts an adstringierendem Tannin auch straffe Art – dadurch wirkt der Wein relativ hart und uncharmant.
Voraussichtliche Genußreife: 2000 bis 2006. Letzte Verkostung: 1/93.

1989 • 85 Der 1989er ist füllig, stämmig und stramm; es fehlt ihm an Komplexität, doch jedenfalls ist er ein vollmundiger Tropfen. Geringe Säure, mildes Tannin und hoher Alkoholgehalt deuten darauf hin, daß dieser Wein bald getrunken werden will.
Voraussichtliche Genußreife: Jetzt. Letzte Verkostung: 11/90.

1988 • 79 Der 1988er Pouget ist kompakt und eindimensional.
Voraussichtliche Genußreife: Jetzt. Letzte Verkostung: 1/93.

1986 • 75 Dieser tiefdunkle Wein mit einem stumpfen, ausdrucksschwachen Bukett und mittlerem Körper hat viel Tannin, ordentliche Tiefe, jedoch wenig Charme und Komplexität.
Voraussichtliche Genußreife: Jetzt. Letzte Verkostung: 3/90.

1978 • 74 Der 1978er Pouget ist ein verblüffender Wein: Seine Farbe ist sehr satt und dunkel, aber auf der Zunge spürt man wenig von der tiefen, vollen Frucht, die man aufgrund dieser Farbe erwartet, vielmehr ist der Geschmack eher holzig, hart, herb, ungewöhnlich streng und unentwickelt. Ich fürchte, die Frucht wird vor dem Tannin dahin sein.
Voraussichtliche Genußreife: Jetzt. Letzte Verkostung: 3/88.

1975 • 84 Das hochinteressante Bukett von reifen schwarzen Johannisbeeren, würzigem Eichenholz und mineralischen Düften ist erstklassig. Auf der Zunge erweist sich der Wein dagegen als typischer 1975er: sehr tanninreich, streng, hart und bemerkenswert unentwickelt. Die Farbe ist dunkel und die Frucht schön konzentriert, aber man wird sehr lange darauf warten müssen, daß dieser Wein ganz ausgereift ist.
Voraussichtliche Genußreife: Jetzt bis 2000. Letzte Verkostung: 5/84.

1974 • 79 Der 1974er ist für seinen Jahrgang überraschend gut, er hat schöne Frucht, stämmige Art und hartes Tannin, das sich noch mildern muß, dabei gesunde, rubinrote Farbe, ein gutes, würziges Johannisbeerenbukett und einen ordentlichen, festen Abgang. Man sollte ihn austrinken.
Voraussichtliche Genußreife: Jetzt – vermutlich stark im Nachlassen. Letzte Verkostung: 1/81.

1971 • 84 Der 1971er, eine leichtere, nicht so tanninreiche und intensive Version des 1970er Pouget ist reif, samtig, sehr attraktiv, sauber bereitet und bewahrt noch seine Frucht.
Voraussichtliche Genußreife: Jetzt – vermutlich stark im Nachlassen. Letzte Verkostung: 2/81.

1970 • 83 Der 1970er Pouget ist ein tiefer, reichhaltiger, solid gebauter, recht kraftvoller Wein, der seine Höchstreife noch nicht erreicht hat. Es fehlt ihm zwar an Finesse, dafür aber besitzt er Wucht und Robustheit – ein Margaux der strammen, rustikalen Art.
Voraussichtliche Genußreife: Jetzt. Letzte Verkostung: 3/83.

Prieuré-Lichine
4ème Cru seit 1855

SEHR GUT

Lage der Weinberge: Arsac, Cantenac, Margaux, Soussans, Labarde

Besitzer: Sacha Lichine
Adresse: 34, Avenue de la Vème. République, Cantenac, 33460 Margaux
Postanschrift: B.P.22, 33460 Margaux
Telefon: 33 5 57 88 36 28 – Telefax: 33 5 57 88 78 93

Besuche: das ganze Jahr über, ausgenommen an Weihnachten und Neujahr, von 9 bis 18 Uhr

BORDEAUX

WEINBERGE (Rotwein)

Rebfläche: 65 ha

Durchschnittliches Rebenalter: 25 Jahre

Rebbestand: 54 % Cabernet Sauvignon, 39 % Merlot, 5 % Petit Verdot, 2 % Cabernet Franc

Pflanzdichte: 8500 Reben/ha

Ertrag (im Durchschnitt der letzten 5 Jahre): 48 hl/ha

Durchschnittliche Jahresproduktion insgesamt: 31 000 Kisten

GRAND VIN

Name: Château Prieuré-Lichine

Appellation: Margaux

Durchschnittliche Jahresproduktion: 23 000 Kisten

Verarbeitung und Ausbau: Lese von Hand. Gärdauer 5 bis 8 Tage, Maischdauer 21 bis 30 Tage bei Temperaturen bis 31 °C. Täglich zweimaliges Umpumpen, anschließend ruhende Maischung. 18 Monate Ausbau in zu 40 % neuen Eichenfässern. Abstich alle 3 Monate, Schönung mit Eiweiß; leichte Filterung bei der Abfüllung.

ZWEITWEIN

Name: Château de Clairefont

Appellation Margaux Cru Bourgeois

Durchschnittliche Jahresproduktion: 7000 bis 8000 Kisten

Weiterer Rotwein: Haut Médoc du Prieuré – 12 000 Flaschen jährlich

WEINBERGE (Weißwein)

Rebfläche: 1,5 ha

Rebbestand: 80 % Sauvignon, 20 % Sémillon

Produktion: 10 000 Flaschen

Name: Blanc du Château Prieuré Lichine

Ausbau: mit Hefesatzlagerung

Der Weißwein wurde erstmals 1990 produziert

Beurteilung des derzeitigen Rangs: Entspricht der Klassifizierung

Genußreife: 5 bis 15 Jahre nach dem Jahrgangsdatum

Prieuré-Lichine, das einzige bedeutende Château im Médoc, das für Touristen jahraus, jahrein an allen Wochentagen offenstand, war das Heim des im Juni 1989 verstorbenen weltberühmten Weinpublizisten, Weinexperten und großen Förderers des Weins von Bordeaux, Alexis Lichine. Er kaufte Prieuré im Jahr 1951 und begann sofort mit einer umfangreichen Verbesserungskampagne, die unter anderem in der Verdreifachung der Rebfläche bestand. Ich stelle mir die Weinlese hier außerordentlich kompliziert vor, denn die Weinberge von Prieuré-Lichine sind so sehr zerstückelt wie kaum sonstwo im Médoc; sie bestehen aus mehreren Dutzend Parzellen, die über die ganze weite Appellation Margaux verstreut sind.

MARGAUX UND DAS SÜDLICHE MEDOC

Der Wein von Prieuré wird in moderner, höchst intelligenter Art bereitet. Er ist geschmeidig, reift früh, hat aber doch genug Tannin und in guten Jahren auch die Substanz für eine Lebenserwartung von 8 bis 12 Jahren. Der Preis ist stets vernünftig.

Seit dem Tod seines Vaters führt Sacha Lichine das schöne, efeuüberwucherte Château, ein ehemaliges Benediktiner-Priorat. Der junge Lichine hat angekündigt, daß er einen Wein mit mehr Konzentration, Körper und potentieller Langlebigkeit produzieren will, und der Jahrgang 1989 scheint seine Absichten zu bestätigen. Diese Veränderung ist wahrscheinlich auf die Kritik hin geschehen, manche Jahrgänge von Prieuré-Lichine seien etwas leicht für die Reputation dieses Cru Classé. Um sein Ziel zu erreichen, vergrößerte Lichine den Merlot-Anteil im Rebbestand und stellte 1990 den berühmten Önologen Michel Rolland ein.

JAHRGÄNGE

1997 • 86-87   Dieser Wein erweist sich als sehr gute Leistung für den Jahrgang. Sattes, dunkles Rubinpurpurrot geht einher mit Aromen von Zigarrenkisten, Früchtekuchen, süßer Beerenfrucht und Lehmboden. Im Mund zeigt sich der 1997er ausnehmend elegant, reintönig, mittelschwer, mit leichtem Tannin im kompakten, aber attraktiven Abgang.
Voraussichtliche Genußreife: 2002 bis 2011. Letzte Verkostung: 3/98.

1996 • 86-87   Der 1996er ist ein sehr guter Prieuré-Lichine, mit dem kräftigen Tannin des Jahrgangs, dabei aber mit viel Beeren- und Cassis-Frucht, asiatischen Gewürzen und blumigen Nuancen. Dunkelrubinrot mit Purpurschimmer präsentiert sich der mittelschwere, attraktive, würzige, mäßig tanninreiche Margaux, der – untypisch für Prieuré-Lichine – noch einige Jahre Flaschenreife braucht. Voraussichtliche Genußreife: 2003 bis 2012. Letzte Verkostung: 3/98.

1995 • 85   Ich hatte erwartet, daß sich dieser Wein als besser herausstellen würde. Hartes Tannin im Abgang und eine gewisse Hohlheit in der Mitte haben ihm eine niedrigere Punktnote eingetragen. Die Farbe ist ein dunkles Rubinrot, der Körper leicht bis mittel, das Aromaprofil gut (Erde, Unterholz, Süßkirschen und Vanillin), und im Geschmack zeigt sich eingangs reife Frucht. Der strenge Abgang folgt dann trocken und karg.
Voraussichtliche Genußreife: 2000 bis 2008. Letzte Verkostung: 11/97.

1994 • ?   Dieser Wein hat nachgelassen, seit ich ihn im März 1995 zum ersten Mal verkostete. Spätere Degustationen in demselben Jahr und 1996 gaben dann schon zu erkennen, daß er rasch seine Frucht einbüßte. Jetzt, in der Flasche, schmeckt der 1994er Prieuré-Lichine hart und schmalbrüstig und zeigt einen ungewöhnlich säuerlichen Geruch von schlecht gepflegten Eichenfässern, der die magere Frucht übertäubt. Tannin und Säure, die primären Strukturelemente, beherrschen den Rest. Eine dubiose Leistung.
Voraussichtliche Genußreife: 2000 bis 2006. Letzte Verkostung: 1/97.

1993 • 83   Attraktives Dunkelrubinrot geht einher mit einem kräuterwürzigen, aggressiv tanninstrengen Wein mit leichtem Körper, guter Reife und süßer Frucht. Nach 5 bis 6 Jahren Aufbewahrung dürfte dieses fragile Gewächs schwächlich und karg werden. Man sollte ihn möglichst bald trinken. Letzte Verkostung: 1/97.

1992 • 87   Der für den Jahrgang ausgesprochen gut geratene 1992er Prieuré-Lichine zeigt sattes Dunkelrubinrot und ein verführerisches Bukett von sahniger Frucht schwarzer Johannisbeeren, verflochten mit Aromen von rauchigem, vanillinduftigem Eichenholz. Der Wein ist geschmeidig, samtig, überraschend konzentriert und hat mittleren Körper sowie einen prachtvoll nachhaltigen, extraktreichen Abgang. Der Besitzer, Sacha Lichine, hat den allgegenwärtigen brillanten Önologen Michel Rolland aus Libourne als Berater gewonnen, und die Entscheidung, striktere Auslese vorzunehmen und später zu ernten, hat zu einem reiferen, opulenteren Weinstil geführt. Der 1992er dürfte sich 7 bis 8 Jahre schön trinken lassen. Letzte Verkostung: 11/94.

1991 • 84   Der 1991er bietet solide Farbe, mittleren Körper, milden, reifen, cassisfruchtigen Duft und Geschmack mit einem Hauch Zedernholz und einen würzigen, geschmeidigen Abgang. Er

dürfte sich mindestens 5 bis 6 Jahre lang gut trinken lassen. Dieser Wein ist besser als die vielen leichtgewichtigen Leistungen von Prieuré-Lichine zwischen 1979 und 1985.
Letzte Verkostung: 1/94.

1990 • 89   Der tiefdunkle 1990er mit seinem vollen, herrlich reifen, milden, expansiven Geschmack bietet ein würziges Bukett mit Noten von Zedernholz und Früchtekuchen, exzellente Tiefe und Länge und einen körperreichen, üppigen Abgang.
Voraussichtliche Genußreife: Jetzt bis 2005. Letzte Verkostung: 1/93.

1989 • 88   Der 1989er Prieuré-Lichine ist einer der reichhaltigsten und gehaltvollsten Weine, die in den drei letzten Jahrzehnten aus diesem Château gekommen sind. Beträchtliches Format, viel reife Johannisbeerfrucht, voller Körper, mildes, reichliches Tannin und kräftiger Alkoholgehalt kennzeichnen diesen samtigen Wein, der schon in jungen Jahren genußreif sein dürfte, dabei aber ohne weiteres mindestens 15 Jahre überdauern wird. Sacha Lichine verwendete 1989 über 60 % neue Eichenfässer, weil er glaubt, dies sei wichtig als Grundlage für die reiche Frucht.
Voraussichtliche Genußreife: Jetzt bis 2005. Letzte Verkostung: 4/91.

1988 • 86   Der 1988er ist ein Wein mit leichtem bis mittlerem Körper, schönem Duft und gutem Gleichgewicht. Die übermäßig tanninreiche Art vieler Médoc-Weine dieses Jahrgangs weist er nicht auf. Die Farbe ist mittel- bis dunkelrubinrot, das Bukett attraktiv mit Noten von Holz, Johannisbeeren, Kräutern und Mineralen.
Voraussichtliche Genußreife: Jetzt bis 2003. Letzte Verkostung: 4/91.

1988 • 86   Der 35. Jahrgang aus Alexis Lichines vielgeliebtem Château dürfte sich am Ende als einer der besten Weine herausstellen, die er in seinem Leben hervorgebracht hat. In 5 bis 6 Jahren darf dieser Wein aufgrund seiner Duftigkeit und Eleganz möglicherweise mit einer besseren Note rechnen. Mit Ausnahme des 1989ers ist er der konzentrierteste Prieuré der achtziger Jahre, und man muß schon bis zu dem wunderbaren 1978er oder 1971er zurückgehen, wenn man einen Prieuré mit solcher Klasse und Grazie finden will. Die Farbe ist mittel- bis dunkelrubinrot, das Bukett verführerisch und mäßig intensiv mit Noten von Pflaumenfrucht und angerauchtem, süßwürzigem Eichenholz; der überraschend geschmeidige und doch fest strukturierte Wein zeigt gute Nachhaltigkeit und lange Lebenserwartung.
Voraussichtliche Genußreife: Jetzt bis 2005. Letzte Verkostung: 11/90.

1985 • 84   Dem recht leichten, etwas flachen 1985er fehlt es bei charmanter, fruchtiger Art doch an Biß und Tiefe, insbesondere für ein Cru Classé.
Voraussichtliche Genußreife: Jetzt. Letzte Verkostung: 11/90.

1984 • 67   Der 1984er ist übermäßig leicht und hat ein Aroma von abgestandenen Teebeuteln – ein weicher, flacher Wein, der jetzt vollständig abbaut. Letzte Verkostung: 2/89.

1983 • 87   Der dunkel rubinrote 1983er mit seinem mäßig intensiven Aroma von reifen schwarzen Johannisbeeren, Kräutern, Zedern- und Eichenholz ist ein körperreicher, vollmundiger und geschmeidiger Prieuré mit langem, vollem, mild tanninherbem Abgang.
Voraussichtliche Genußreife: Jetzt bis 2005. Letzte Verkostung: 4/90.

1982 • 74   Bei den letzten paar Degustationen dieses Weins zeigte er beträchtliche Verwässerung, schien den Zusammenhalt verloren zu haben und war vielleicht hitzegeschädigt. Aus meinem Keller stammte keine dieser Flaschen. Bei der letzten Verkostung schien er sogar am Ende zu sein. Die Farbe wies viel Bernsteingelb auf, das Bukett zwar Noten von gedörrten Kräutern, aber sehr wenig Frucht. Vielleicht war es nicht das beste Exemplar, aber auch bei den früheren Verkostungen erwies sich der Wein bereits als leicht und nichtssagend. Am besten austrinken. Letzte Verkostung: 9/95.

1981 • 75   Der leichte, in der Jugend attraktiv fruchtige und angenehme 1981er verliert inzwischen seine Frucht und nimmt bei recht leichtem Körper eine magere, dürftig ausgestattete Art an. Auch seinen Charme büßt er ein, und der flache Geschmack deutet darauf hin, daß es an der Zeit ist, ihn unverzüglich auszutrinken.
Voraussichtliche Genußreife: Jetzt – vermutlich im Nachlassen. Letzte Verkostung: 3/89.

MARGAUX UND DAS SÜDLICHE MEDOC

1980 • 70   Der hell rubinrote 1980er Prieuré mit seinem sehr flachen, wenig intensiven Geschmack, der an Erdbeeren erinnert, ist weich und eindimensional.
Voraussichtliche Genußreife: Jetzt – vermutlich stark im Nachlassen. Letzte Verkostung: 6/84.

1979 • 80   In diesem Jahrgang schmeckt der Prieuré besonders leicht. Nichtsdestoweniger zeigt der Wein mittleren Körper bei mildem, angenehmem Geschmack, jedoch kurzem Abgang.
Voraussichtliche Genußreife: Jetzt – vermutlich stark im Nachlassen. Letzte Verkostung: 6/84.

1978 • 86   Der voll ausgereifte 1978er ist eine der besten Leistungen von Prieuré-Lichine; er zeigt ein reifes, recht reichhaltiges, fruchtiges und eichenholzduftiges Bukett bei fleischigem, ledrigem Geschmack, guter Konzentration, gemildertem Tannin und einem langen, erfreulichen Abgang.
Voraussichtliche Genußreife: Jetzt. Letzte Verkostung: 6/91.

1976 • 82   Dieser Wein wirkte in der Jugend recht ungefüge, aber im Alter hat er sich zusammengenommen (anders als mancher andere 1976er) und zeigt nun ein gutes, reifes zedernholzduftiges, fruchtiges und würziges Bukett und milden, fülligen, schön konzentrierten Geschmack.
Voraussichtliche Genußreife: Jetzt – vermutlich im Nachlassen. Letzte Verkostung: 11/84.

1975 • 83   Der Prieuré hat als typischer starrer, harter, verschlossener 1975er ein ledrig reifes Bukett, körperreiche, adstringierende Art bei hartem Tannin im Geschmack und beginnt nun gerade, Anzeichen für Milderung seines Tannins von sich zu geben, wobei ein gewisses Maß an reifer, vollmundiger Frucht zum Vorschein kommt.
Voraussichtliche Genußreife: Jetzt. Letzte Verkostung: 11/84.

1971 • 86   Der 1971er – einer der erfreulichsten Jahrgänge von Prieuré-Lichine – hat in den letzten Jahren immensen Genuß bereitet. Er ist voll durchgereift und steht möglicherweise am Beginn seines Niedergangs. Der 1971er ist sehr duftig und aromatisch, sein Bukett erinnert an Gewürze, Beerenfrucht und Eichenholz. Der Geschmack ist mild, geschmeidig und überaus samtig.
Voraussichtliche Genußreife: Jetzt – vermutlich im Nachlassen. Letzte Verkostung: 10/89.

1970 • 86   Ein herrlich fülliger, fruchtiger, konzentrierter, samtiger Margaux mit mildem, üppig beerenfruchtigem, pflaumenwürzigem Geschmack, schöner Eichenholzwürze und leichtem Tannin – dieser saubere, elegante Wein ist recht attraktiv, voll ausgereift, aber dennoch imstande, weitere 4 bis 5 Jahre Kellerreife zu vertragen.
Voraussichtliche Genußreife: Jetzt – vermutlich im Nachlassen. Letzte Verkostung: 10/89.

RAUZAN-GASSIES
2ème Cru seit 1855

Lage der Weinberge: Margaux

Besitzer: S.C.I. du Château Rauzan-Gassies – Jean-Michel Quié
Adresse: 33460 Margaux
Postanschrift: wie oben
Telefon: 33 5 57 88 71 88 – Telefax: 33 5 57 88 37 49

Besuche: nur nach Vereinbarung, montags bis freitags von 9 bis 12 und von 14 bis 17.30 Uhr
Kontaktperson: Jean-Marc Espagnet

WEINBERGE (Rotwein)

Rebfläche: 30 ha

Durchschnittliches Rebenalter: 25 Jahre

BORDEAUX

Rebbestand: 65 % Cabernet Sauvignon, 25 % Merlot, 10 % Cabernet Franc,

Pflanzdichte: 10 000 Reben/ha

Ertrag (im Durchschnitt der letzten 5 Jahre): 40 hl/ha

Durchschnittliche Jahresproduktion insgesamt: 12 500 Kisten

GRAND VIN

Name: Château Rauzan Gassies

Appellation: Margaux

Durchschnittliche Jahresproduktion: 12 500 Kisten

Verarbeitung und Ausbau: Lese von Hand. Vinifikation rund 3 Wochen in temperaturgeregelten Edelstahltanks mit häufigem Umpumpen und Hefezusatz. Anschließend 14 bis 18 Monate Ausbau in zu 25 % neuen Eichenfässern. Der Wein wird geschönt und gefiltert. Dem Grand Vin wird kein Preßwein zugesetzt.

Kein ZWEITWEIN

Beurteilung des derzeitigen Rangs: Abstufung wäre zu empfehlen

Genußreife: 8 bis 20 Jahre nach dem Jahrgangsdatum

Die Weinberge von Rauzan-Gassies liegen auf Schwemmlandterrassen, und zwar zu 60 % um das Château selbst, der Rest (Kiesboden) grenzt an die Châteaux Margaux, Palmer und Lascombes.

Früher – bis zur französischen Revolution – war Rauzan-Gassies ein Teil von Rauzan-Ségla. Seit 1943 gehört es der Familie Quié. Der Stil seines Weins neigt für einen Margaux zu sehr zu Schwere und Korpulenz, ohne die mit den besseren Weinen dieser Appellation verbundene Duftigkeit und Finesse, vielmehr fällt er eher recht konzentriert und wuchtig aus. Für ein Cru Classé erreichen die Weine von Rauzan-Gassies oft überraschend früh ihre Genußreife, gewöhnlich innerhalb von 7 bis 8 Jahren nach der Lese. Inzwischen kommen immer wieder Nachrichten aus Bordeaux, daß die Qualität bei Rauzan-Gassies im Aufschwung sei. Meine Probiernotizen belegen jedoch, daß solche Einschätzungen überaus optimistisch sind.

JAHRGÄNGE

1997 • 86-87? Das meist unter seiner Form befindliche Château erbrachte 1997 eine kompetente Leistung. Der Wein präsentiert sich in tiefem Rubinpurpurrot und mit reifer Frucht schwarzer Johannisbeeren, verwoben mit Noten von Erde, Mineralen und Süßholz. Im Mund verengt sich der Eindruck etwas, es bleibt jedoch extraktreiche, muskulöse, tanninherbe Art. Wenn alles ins Gleichgewicht kommt, dann dürfte dieser Wein eine Note um 87 bis 88 verdienen, wenn nicht, dann werden wenigstens diejenigen meiner Leser, die ein gutes Maß Tannin im Wein lieben, auf ihre Kosten kommen.
Voraussichtliche Genußreife: 2002 bis 2010. Letzte Verkostung: 3/98.
1995 • 86 Der dunkelpurpurrote 1995er ist einer der feinsten Weine seit Jahrzehnten aus diesem Gut. Er zeigt viel reintönige, reife Frucht schwarzer Johannisbeeren und schönen Eichentoast, dazu mittleren Körper, eingangs feine Süße, gute Reife und vielschichtige, elegante Art – eine gewaltige Verbesserung gegenüber früheren Leistungen. Dieser Wein wird sich jung bereits schön trinken, aber auch wenigstens 15 Jahre halten.
Voraussichtliche Genußreife: 2002 bis 2012. Letzte Verkostung: 1/97.

MARGAUX UND DAS SÜDLICHE MEDOC

1994 • 74   Ein dünner, straffer, kantiger Wein mit wenig Frucht, aber viel Tannin und Säure.
Voraussichtliche Genußreife: 2002 bis 2008. Letzte Verkostung: 1/97.
1993 • 78   Dieser dunkel rubinrote Wein bietet ein rauchiges Kräuterbukett und wässerigen
Geschmack, mittleren Körper, einen gewissen Charme, jedoch nicht genug Frucht als Gegengewicht zu Tannin und Säure. Am besten wird er in den nächsten 3 bis 4 Jahren getrunken.
Letzte Verkostung: 1/97.
1992 • 71   Der strenge, vegetabile, leichte Geschmack und das schrecklich harte Tannin wirken
wenig ansprechend.
Letzte Verkostung: 11/94.
1990 • 73   Der weiche, leichte, fruchtige 1990er zeigt im Abgang einiges Tannin, aber es fehlt
ihm an Tiefe und Komplexität. Er sollte in den nächsten 10 bis 12 Jahren getrunken werden.
Letzte Verkostung: 1/93.
1989 • 72   Staubig harte, ja strenge Geschmacksnoten verbergen sich unter dem rauhen Tannin,
das auch der 1988er aufweist. So entsteht ein hohler Eindruck mit lediglich einem Skelett aus
Säure, Holzton und Tannin. Eine große Enttäuschung.
Voraussichtliche Genußreife: Jetzt bis 1999. Letzte Verkostung: 1/93.
1988 • 66   Der 1988er ist enttäuschend. Strenges Tannin verdeckt die Frucht, und als Gesamteindruck erscheint Hohlheit mit nur einem Skelett von Säure, Holz und Tannin. Caveat emptor!
Letzte Verkostung: 4/91.
1984 • 67   Der ziemlich enttäuschende 1984er ist ein flacher, leichter, nichtssagender Wein ohne
Zukunft. Letzte Verkostung: 3/89.
1983 • 86   Komplex ist er nicht, aber füllig, traubig, tanninreich und adstringierend und vor
allem überraschend wuchtig und eindrucksvoll auf der Zunge. Der 1983er ist ein typischer
Rauzan-Gassies: vierschrötig und stämmig, im Geschmack eher wie ein altmodischer, robuster
St-Estèphe.
Voraussichtliche Genußreife: Jetzt bis 2000. Letzte Verkostung: 11/88.
1982 • 85   Der füllige, pflaumenwürzige, samtige und frühreife 1982er hat geringe Säure,
aufgeschlossene, schmackhafte, aber locker gefügte Art bei charmanter Frucht und Schlichtheit.
Voraussichtliche Genußreife: Jetzt. Letzte Verkostung: 11/88.
1981 • 74   Der erstaunlich diffuse, flaue, mit Fülle und Struktur schwach gesegnete 1981er ist
eine Enttäuschung.
Voraussichtliche Genußreife: Jetzt – vermutlich im Nachlassen. Letzte Verkostung: 6/84.
1979 • 82   Ein korpulenter, schlichter, eingängiger Wein mit guter dunkel rubinroter Farbe,
reifem, mäßig intensivem Bukett von schwarzen Kirschen und Eichenholz und mildem, rundem,
etwas dicklichem Geschmack.
Voraussichtliche Genußreife: Jetzt. Letzte Verkostung: 4/83.
1978 • 72   Anfang der achtziger Jahre hatte ich einige recht ordentliche Probiernotizen über
diesen Wein, aber als ich ihn wieder verkostete, schien er bei hell- bis mittelrubinroter Farbe,
staubigem Aroma von roter Frucht, aber kräftiger Säure und Mangel an Körper und Tiefe außer
Gleichgewicht. Alles das verursacht mir Besorgnis über die Zukunft dieses Wein.
Voraussichtliche Genußreife: Jetzt. Letzte Verkostung: 5/89.
1976 • 72   Verwässerter Geschmack und ein Mangel an Struktur und Biß ergeben einen Wein,
der sich flach, einfach und uninteressant ausnimmt. Er zeigt starke Braunfärbung am Rand.
Voraussichtliche Genußreife: Jetzt – vermutlich stark im Nachlassen. Letzte Verkostung: 4/83.
1975 • 86   Der 1975er Rauzan-Gassies ist ein Schlager und könnte sich durchaus noch als der
beste Wein dieses Jahrgangs in der Appellation Margaux nach dem Palmer und dem Giscours
herausstellen. Seine dunkelrubinrote Farbe ist sehr schön, sein tiefes, volles Bukett zeigt den
Duft von Eichenholz und schwarzen Johannisbeeren; das Gefühl auf der Zunge ist kernig, körperreich und sehr konzentriert und der Abgang lang und tanninreich.
Voraussichtliche Genußreife: Jetzt bis 2000. Letzte Verkostung: 5/84.

1970 • 78   Der 1970er ist ein einfacher, eindimensionaler, etwas ausdrucksschwacher Wein mit ordentlicher Farbe, einem kompakten Bukett von Frucht und Holz und mildem, durchschnittlichem, konzentriertem Geschmack.
Voraussichtliche Genußreife: Jetzt – vermutlich stark im Nachlassen. Letzte Verkostung: 4/83.
1966 • 81   Der noch immer recht lebendige, frische, reichfruchtige 1966er hat vollen Körper, ein würziges, an Waldpilze erinnerndes Aroma, robusten, recht scharfen Geschmack und einen ziemlich harten, derben Abgang – ein interessanter, recht rustikaler Wein.
Voraussichtliche Genußreife: Jetzt – vermutlich stark im Nachlassen. Letzte Verkostung: 4/83.
1961 • 85   Der Rauzan-Gassies ist in diesem Jahrgang nicht so gut gelungen wie viele seiner Klassengenossen. Er ist dunkelrubinrot mit beträchtlicher Braunfärbung am Rand und hat ein locker gewirktes, voll ausgereiftes, würziges Bukett von Eichenholz, Pflaumen und Toffee, mäßig vollen, milden, fruchtigen Geschmack und einen geschmeidigen, samtigen Abgang. Er ist sehr attraktiv, wenn auch leichter als die meisten 1961er.
Voraussichtliche Genußreife: Jetzt. Letzte Verkostung: 4/83.

Rauzan-Ségla
2ème Cru seit 1855

HERVORRAGEND

Lage der Weinberge: Margaux und Cantenac

Besitzer: Chanel
Adresse: 33460 Margaux
Postanschrift: wie oben
Telefon: 33 5 57 88 82 10 – Telefax: 33 5 57 88 34 54

Besuche: nur nach Vereinbarung, montags bis freitags von 9 bis 12 und von 14 bis 17 Uhr
Kontaktperson: Hélène Affatato (Tel. 33 5 57 88 82 15 – Fax: 33 5 57 88 34 54)

WEINBERGE (Rotwein)

Rebfläche: 48 ha

Durchschnittliches Rebenalter: 20 Jahre

Rebbestand: 61 % Cabernet Sauvignon, 35 % Merlot, 2 % Cabernet Franc, 2 % Petit Verdot

Ertrag (im Durchschnitt der letzten 5 Jahre): 46 hl/ha

Durchschnittliche Jahresproduktion insgesamt: 186 000 Flaschen

GRAND VIN

Name: Château Rauzan-Ségla

Appellation: Margaux

Durchschnittliche Jahresproduktion: 96 000 Flaschen

Verarbeitung und Ausbau: Lese von Hand. Vinifikation 18 bis 24 Tage in temperaturgeregelten Edelstahltanks (der Most wird je nach Bedarf automatisch gekühlt oder erwärmt). Nach malolaktischer Säureumwandlung rund 20 Monate Ausbau in zu 60 % neuen Eichenfässern Der Wein wird geschönt, aber nicht gefiltert.

MARGAUX UND DAS SÜDLICHE MEDOC

ZWEITWEIN

Name: Ségla

Durchschnittliche Jahresproduktion: 90 000 Flaschen

Beurteilung des derzeitigen Rangs: Entspricht der Klassifizierung

Genußreife: 7 bis 22 Jahre nach dem Jahrgangsdatum

Die Geschichte von Rauzan-Ségla geht zurück auf das Jahr 1661, als dieses Weingut von Pierre des Mesures de Rauzan geschaffen wurde. Ihm gehörten damals auch die Ländereien, die heute die Güter Pichon-Longueville-Comtesse de Lalande und Pichon-Longueville Baron bilden. 1855 galt der Rauzan-Ségla als der beste Wein von Bordeaux nach den vier Premiers Crus Lafite-Rothschild, Latour, Margaux, Haut-Brion und dem damals an erster Stelle der 2èmes Crus rangierenden, 1973 zum Premier Cru beförderten Mouton-Rothschild. Heute steht Rauzan-Ségla nun an der Spitze der jetzt noch 14 Deuxièmes Crus. Dieser Rang schien allerdings durch die in den sechziger und siebziger Jahren produzierten Weine nicht mehr gerechtfertigt, aber mit dem Jahrgang 1983 trat ein radikaler Wandel in der bis dahin nachlässigen Qualität ein.

Es scheint eine Reihe von guten Gründen für die enttäuschenden Leistungen vor 1983 zu geben. Zunächst waren viele Jahrgänge durch ein dumpfiges, moderiges, fast bauernhofähnliches Aroma beeinträchtigt, das durch eine bakterielle Infektion im Holz der alten Gärfässer verursacht worden sein soll. In den achtziger Jahren wurden Edelstahltanks als Gärbehälter eingeführt. Zweitens mußte der damalige Besitzer, Monsieur de Meslon, nach den schweren Frostschäden von 1956 große Teile des Bestands nachpflanzen; dabei wurden besonders ertragreiche Merlot-Klone verwendet. In vielen Weinen der sechziger und siebziger Jahre schlug sich zweifellos nicht nur die Jugend dieser Reben, sondern auch die falsche Klonwahl nieder. Die Nachpflanzungen wurden dann weitgehend durch Cabernet Sauvignon sowie durch Merlot einer besseren Qualität ersetzt. Schließlich führte der Alleinvertrieb des Rauzan-Ségla durch Eschenauer – eines der berühmten Handelshäuser von Bordeaux – dazu, daß dieser Wein von den Vergleichsproben ausgeschlossen blieb, die für auf dem offenen Markt erhältliche Weine üblich sind. Offensichtlich ist der Anreiz zur Qualitätsverbesserung bei Weinen, die auf dem offenen Markt konkurrieren, doch weit größer als bei solchen, die durch exklusiven Vertrieb abgeschirmt sind.

Seit 1983 sind nun bemerkenswerte Verbesserungen eingetreten. In diesem Jahr übernahm Jacques Théo, der frühere Leiter von Alexis Lichine & Co., die Leitung von Rauzan-Ségla. Außerdem löste Monsieur Pruzeau den kränkelnden Monsieur Joyeaux als *maître de chai* ab. Durch den Bau eines neuen *chai*, Verbesserungen in den kellertechnischen Anlagen – darunter auch die Installation der Edelstahltanks –, der vermehrte Einsatz neuer Eichenfässer und die von Théo eingeführte strengere Auslese, durch die gewährleistet wird, daß nur der beste Teil des Leseguts in den Wein gelangt, stehen hinter einer Folge von brillanten Weinen aus dem Château Rauzan-Ségla. Die nun wiedererlangte Qualität erhebt den Rauzan-Ségla nunmehr in die Elite-Gruppe der Super-Seconds von Bordeaux. Seit 1983 hat sich Rauzan-Ségla in einem Punkt unüblich verhalten: Jacques Théo irritierte seine Kollegen durch die Erklärung, der 1987er Bordeaux-Jahrgang sei enttäuschend, und daraufhin tat Rauzan-Ségla etwas, was bei den bedeutenderen Crus Classés seit Jahrzehnten nicht mehr vorgekommen war – es brachte im Jahrgang 1987 keinen Wein heraus.

Es lohnt sich sehr, den prachtvollen Rauzan-Ségla in den Keller zu legen, denn sein Preis hat sich noch nicht dem neuen Qualitätsniveau des berühmten alten Weinguts angeglichen. Der neuerliche Besitzerwechsel (das Gut wurde von Chanel erworben) dürfte lediglich den bestehenden Eindruck, daß Rauzan-Ségla auch weiterhin sehr schöne Weine hervorbringen wird, bestärken.

JAHRGÄNGE

1997 • 87-88   Nur 36% des Ertrags gingen in den Grand Vin von Rauzan-Ségla ein. 1997 produzierte das Gut, das sonst meist verschlossene, tanninstrenge Gewächse hervorbringt, einen charmanten, eleganten Wein mit tief rubinroter Farbe und süßer Beeren- und Cassis-Frucht, verwoben mit Nuancen von Blumen, Kräutern und Gewürzen. Er zeigt sich rund und weich, mit milder Säure, reifem Tannin und ausgezeichneter Reintönigkeit und dürfte sich bald festigen, also bereits bei der Freigabe schön zu genießen sein. Für Freunde der Statistik sei gesagt, daß die Merlot-Lese zwischen dem 17. und 20. September und die Cabernet-Sauvignon-Lese zwischen dem 24. und 30. September stattfand; der Ertrag belief sich auf bescheidene 43 hl/ha. Letzte Verkostung: 3/98.

1996 • 88-90+   Der dichte, purpurrote 1996er Rauzan-Ségla zeigt Cabernet-Sauvignon-dominierten Duft von Zigarrenkisten, Cassis und Vanillin mit blumigen Nuancen. Nachhaltigkeit, feste Struktur, Tanninstrenge und Verschlossenheit bei gewaltiger Wucht, Muskelkraft und potentiell hervorragender Reintönigkeit und Reichhaltigkeit sind die Merkmale dieses Weins, der 10 bis 12 Jahre Kellerreife braucht. Legt er noch an Fülle zu und erreicht besseres Gleichgewicht zwischen Tannin und Frucht, dann wird er sich als hervorragende Leistung erweisen. Wer ihn kauft, muß sich jedoch mindestens ein Jahrzehnt im Zaum halten, bis der Gipfelpunkt erreicht ist.
Voraussichtliche Genußreife: 2007 bis 2027. Letzte Verkostung: 3/98.

1995 • 90   Dieser Wein war im Faß immer hervorragend, und ich nehme an, daß er schließlich eine noch höhere Punktnote verdienen wird. Leider ist er einer von wenigen, die ich seit der Abfüllung nur einmal verkosten konnte. Jedenfalls zeigte er sich als klassischer *vin de garde* in sattem Rubinpurpurrot und mit straffem, aber verheißungsvollem Duft von süßer Pflaumen- und Cassis-Frucht, verflochten mit Waldboden-, Vanillin- und Süßholznoten. Der Wein ist reif und reichhaltig, hat mittleren bis vollen Körper, Reintönigkeit und Vielschichtigkeit bei unerbittlich strengem Tannin. Der Abgang ist extrem trocken (*sec* sagen die Franzosen), zutiefst kantig und stramm. Dessenungeachtet sagt mir mein Instinkt, daß die erforderliche Tiefe als Gegengewicht zur Struktur vorhanden ist. Auch hier wird ein Jahrzehnt Kellerreife unumgänglich sein.
Voraussichtliche Genußreife: 2007 bis 2025. Letzte Verkostung: 11/97.

1994 • 87?   Satte, dunkel purpurrote Farbe geht einher mit süßen, erdigen Aromen von Kräutern und schwarzen Johannisbeeren; dominant in diesem Wein sind Tannin und Struktur. Mittlerer Körper, gute Gewichtigkeit und ein Eindruck von Reife und süßer Frucht sind vorhanden, aber auf jeden Fall ist Geduld nötig. Der muskulöse, virile 1994er Rauzan-Ségla erschien vor der Abfüllung tiefer und voller, ich nehme deshalb an, daß er eine unergiebige Zeit der Zurückgezogenheit durchmacht. Seinen Gipfelpunkt dürfte er zwischen 2006 und 2020 erreichen.
Letzte Verkostung: 1/97.

1993 • 87?   Dieser Jahrgang war der letzte, in dem Rauzan noch mit «s» geschrieben wurde. Der tiefdunkel rubinpurpurrote 1993er ist fraglos ein *vin de garde*. Allerdings ist er auch ungeheuer tanninstreng, karg und schlank, so daß sich die Frage stellt, ob er jemals zu völliger Harmonie gelangen wird. Reichliche Mengen an süßer Cassis-Frucht sind im Aromaprofil zwar zu spüren, und auch im Geschmack finden sich eingangs Frucht und Extrakt, doch dann verengt sich die Persönlichkeit sehr rasch, und das gewaltige Tannin attackiert den Gaumen. Um das wie immer entscheidende Gleichgewicht zwischen Frucht und Tannin steht es in diesem Jahrgang freilich besonders kritisch.
Voraussichtliche Genußreife: 2005 bis 2015. Letzte Verkostung: 1/97.

1992 • 87   Der 1992er Rausan-Ségla, einer der Stars des Jahrgangs, ist überaus voll und opulent mit eindrucksvoll satter, dunkel rubinpurpurroter Farbe und kraftvoll hervorquellendem Duft von schwarzen Kirschen, Johannisbeeren, Eichenholzwürze, Rauch und Blumen. Hinzu kommen mittlerer bis voller Körper, herrlich süße, vielschichtige Frucht, reifes Tannin und ein langer, kräftiger, üppig sanfter Nachklang. Nur 50% des Ertrags gingen in den Rausan-Ségla ein, so daß in diesem schwierigen Jahrgang ein brillanter Wein zustande kam, der im Lauf der nächsten zehn Jahre schön zu trinken sein wird. Letzte Verkostung: 11/94.

1991 • 87   Seit dem Jahrgang 1983 befindet sich Rausan-Ségla in Höchstform und produziert beständig einen der drei oder vier besten Weine von Margaux. Der 1991er ist einer der Stars seines Jahrgangs. Satte dunkel rubinrote Farbe geht einher mit einem Bukett von würzigem Früchtekuchen, Zedernholz und Cassis mit blumigen Düften. Der milde und runde, klar umrissene, schön ausgestattete Wein mit seiner vielschichtigen Fülle, seiner Konzentration und Ausgewogenheit sowie einem langen, geschmeidigen Abgang dürfte sich 10 bis 15 Jahre lang schön trinken. Letzte Verkostung: 1/94.

1990 • 93+   Ich hoffe, ich bin nicht zu optimistisch über das Potential des 1990er Rausan-Ségla, denn er verlangt noch beträchtliche Geduld. Seine Farbe ist tief dunkel purpurrot, aber im übrigen hat sich der Wein zutiefst unter das gewaltige Tannin zurückgezogen. Erst bei genauerem Hinsehen zeigen sich reichliche Mengen an süßer, erdiger Cassis-Frucht, voller Körper und eine lederige Festigkeit. Dabei ist er reintönig und überaus reich an Extrakt und pelzigem Tannin. Bei früheren Degustationen präsentierte er sich offener, nicht so aggressiv. Alle Komponenten sind offenbar vorhanden, doch dieser massive Wein hat sich zur Ruhe begeben. Man sollte ihm noch 7 bis 8 Jahre Flaschenreife gönnen, dann könnte er sich als 30 bis Jahre-Wein erweisen. Letzte Verkostung: 11/96.

1989 • 89+?   Der Geschmack des 1989er Rausan-Ségla war leicht aus der Form geraten. Ich hatte den Eindruck, daß er auf der langen Reise von Bordeaux nach den USA vielleicht etwas überhitzt wurde. Im Vergleich mit früheren Verkostungen schien die Farbe mehr Bernsteingelb angenommen zu haben, als ich erwartet hätte. Das Bukett zeichnete sich durch süße Noten von schwarzen Himbeeren, Kräutern und Erde aus, daneben zeigten sich straffes Tannin, seidige Art, mittlerer Körper, reife Frucht und ein kurzer Abgang. Ich hatte diesen Wein eigentlich stets im Punktebereich 89 bis 92 angesetzt, daher das Fragezeichen.
Voraussichtliche Genußreife: 2004 bis 2020. Letzte Verkostung: 11/96.

1988 • 91   Einer der eindrucksvollsten und am wenigsten entwickelten Weine des Jahrgangs; der 1988er Rausan-Ségla zeigt noch immer jugendfrische, dunkel rubinpurpurrote Farbe, ein straffes, aber vielversprechendes Bukett von schwarzer Frucht, Mineralen und Rauch, dazu körperreiche, kraftvolle, tanninherbe, reichhaltige Art – ein intensiv konzentrierter, muskulöser, stämmiger, für langes Durchhalten gebauter Wein.
Voraussichtliche Genußreife: 2000 bis 2015. Letzte Verkostung: 10/97.

1986 • 96   Ein außerordentlicher Erfolg für dieses Gut (und außerdem der feinste Wein des Hauses aus den 1980er Jahren), noch völlig unentwickelt und mit satter, dunkelpurpurroter Farbe versehen; dazu zeigt der 1986er eine straffes, aber vielversprechendes Bukett von süßen Brombeeren, Cassis, Süßholz, Erde und Rauch. Dieser körperreiche, ungeheuer tanninstrenge, mit vielschichtiger Konzentration und auch ansonsten überaus reich ausgestattete Wein steckt, gemessen an seinem Lebensdauerpotential, noch in den Kinderschuhen.
Voraussichtliche Genußreife: 2002 bis 2030. Letzte Verkostung: 10/97.

1985 • 87   Der 1985er ist reichfruchtig, geschmeidig und frühreif. Wenn es ihm auch an Struktur und Langlebigkeit fehlt, so besteht doch kaum Zweifel, daß er mit seinem mittleren Körper und seiner eleganten, seidenzarten Art auf kurze Sicht köstlichen Genuß gewähren wird.
Voraussichtliche Genußreife: Jetzt. Letzte Verkostung: 11/90.

1984 • 75   Mit seiner schönen Farbe und seinem frischen, würzigen, kräuterduftigen Bukett läßt sich der 1984er Rausan-Ségla gut an, aber auf der Zunge scheint er abzufallen. Eine von den verkosteten Flaschen schien viel reichhaltiger als die anderen.
Voraussichtliche Genußreife: Jetzt. Letzte Verkostung: 3/90.

1983 • 90   Dieser nun voll ausgereifte, verführerische Wein bietet ein umwerfendes Bukett von Frühlingsblumen, schwarzer Frucht, Rauch und getrockneten Kräutern, dazu expansive, runde, samtige Art, echte Opulenz und milde Säure – ein konzentrierter, köstlich vielschichtiger, inten-

siver Wein ohne jede Schärfe. Er repräsentiert den Anfang des qualitativen Wiederaufschwungs von Rausan-Ségla.
Voraussichtliche Genußreife: Jetzt bis 2008. Letzte Verkostung: 12/96.

1982 • 86   Dieser milde, runde und voll ausgereifte Wein sollte in den nächsten 2 bis 3 Jahren getrunken werden. Er zeigt in Duft und Geschmack kräuterwürzige Aromen von schwarzen Johannisbeeren, zudem weist er mittleren Körper und einen weichen, formlosen Abgang auf, in dem sich kein echter Biß und kein Tannin zeigt. Letzte Verkostung: 9/95.

1981 • 65   Ein mittelmäßiger, leichter, fruchtiger und eindimensionaler Wein – ein magerer Rausan-Ségla, der für seine hohe Abstammung kaum repräsentativ genannt werden darf. Er sollte ausgetrunken werden.
Voraussichtliche Genußreife: Jetzt – vermutlich stark im Nachlassen. Letzte Verkostung: 6/84.

1980 • 60   Der sehr dünne, wässerige Geschmack, das vegetabile Aroma sowie Mangel an Tiefe und Nachhaltigkeit ergeben zusammen eine sehr unwürdige Leistung. Letzte Verkostung: 3/83.

1979 • 72   Der ziemlich leichte, runde und fruchtige 1979er Rauzan-Ségla ähnelt eher einem einfachen Bordeaux Supérieur. Er sollte ausgetrunken werden.
Voraussichtliche Genußreife: Jetzt – vermutlich stark im Nachlassen. Letzte Verkostung: 4/84.

1978 • 74   Der 1978er ist ein typisches Beispiel für viele Weine, die Rausan-Ségla in den siebziger Jahren hervorbrachte: Er ist fruchtig, rund, recht charmant, aber es fehlt ihm an interessantem Geschmack und Komplexität.
Voraussichtliche Genußreife: Jetzt – vermutlich stark im Nachlassen. Letzte Verkostung: 10/82.

1977 • 50   Der intensiv vegetabile, dünne 1977er Rausan-Ségla ist ein Fehlschlag.
Letzte Verkostung: 11/81.

1976 • 60   Ein nach Kraut und Gras riechender Wein mit wenig intensivem Geschmack, hell- bis mittelrubingranatroter Farbe und einem ungefügen, unausgewogenen Eindruck auf der Zunge – es fehlt ihm an Fülle, und er scheint nachlässig bereitet worden zu sein. Letzte Verkostung: 4/80.

1975 • 55   Der 1975er Rausan-Ségla ist ziemlich hell und zeigt einen verdächtigen braunen Hauch; sein Aroma erinnert an übermäßig ausgekochte Frucht, der Geschmack ist flach und sehr adstringierend und der Abgang kurz und unerfreulich – eine jämmerliche Leistung in einem so schönen Jahrgang. Letzte Verkostung: 5/84.

1972 • 75   Erstaunlicherweise gelang Rausan-Ségla in diesem katastrophalen Jahrgang ein recht guter Wein. Die Farbe ist überraschend dunkel, zeigt aber inzwischen einen bräunlichen Oranschimmer. Bei stämmiger Art und mittlerem Körper ist der 1972er eindimensional, hat aber schöne Frucht.
Voraussichtliche Genußreife: Jetzt – vermutlich stark im Nachlassen. Letzte Verkostung: 7/82.

1971 • 76   Der in einer für Rausan-Ségla schrecklichen Zeit entstandene 1971er ist mittel- bis hellrubinrot mit einem merklichen braunen Anflug, hat aber noch Leben in sich. Sein kräuterwürziges Zedernholzbukett verfliegt rasch im Glas, doch der Wein hat noch soviel Frucht und Reife, daß er ein gewisses Maß an Charme und Genuß bieten kann. Man sollte allerdings nichts riskieren, denn dieser Wein ist ziemlich fragil und dem Kollaps nahe. Letzte Verkostung: 1/88.

1970 • 82   Ich bin nicht sicher, ob sich dieser Wein je zu schöner Blüte entfalten wird. Nach 21 Jahren war er noch immer dunkel und undurchdringlich, zeigte nur einen schwachen Bernsteinschimmer am Rand, dazu bewundernswert kräftige, körperreiche, aber derbe und rustikale Art und im Abgang ausgesprochen zuviel Tannin. Vielleicht habe ich ihn immer falsch aufgefaßt, aber ich kann nur sagen, daß ich, nachdem drei Viertel der Kiste, die ich kaufte, leer sind, nie den erwarteten Genuß in diesem Wein gefunden habe. Ich glaube daraus die Lehre ziehen zu müssen, daß man sich vor Weinen, die in der Jugend hart und tanninstreng schmecken, hüten muß. Vielleicht kommt bei diesem ja noch etwas zum Vorschein, aber ich bezweifle es.
Voraussichtliche Genußreife: Jetzt bis 2000. Letzte Verkostung: 1/91.

1966 • 84   Der 1966er ist ähnlich in der Art wie der 1970er, nur karger und nicht ganz so konzentriert; er hat reifen Pflaumen- und Eichenholzduft von mäßiger Intensität, dazu anmuti-

gen, aber dennoch straffen und festen Geschmack. Der inzwischen voll ausgereifte Wein wird sich noch ein bis zwei Jahre halten.
Voraussichtliche Genußreife: Jetzt. Letzte Verkostung: 4/79.

1962 • 75   Der 1962er ist für seinen Jahrgang, in dem so viele elegante, charmante, runde, fruchtige Weine zustande kamen, recht untypisch. Er ist nämlich hart, mager und karg ohne viel Fülle oder Charme, und seine Frucht hat nicht die geringste Chance, über das noch immer starke Tannin die Oberhand zu gewinnen.
Voraussichtliche Genußreife: Jetzt – vermutlich stark im Nachlassen. Letzte Verkostung: 2/78.

1961 • 81   Der Rausan-Ségla ist kein denkwürdiger 1961er, zwar reif und fruchtig, aber etwas ungefüge und unelegant. Er schmeckt dicklich, diffus und im Abgang flach, ist aber trotzdem ansprechend und hat viel Konzentration und Wucht.
Voraussichtliche Genußreife: Jetzt – vermutlich im Nachlassen. Letzte Verkostung: 9/79.

ÄLTERE JAHRGÄNGE

Trotz starker Farbveränderung (rostrot, bernsteingelb und orange am Rand) besaß der 1900er Rausan-Ségla (88 Punkte im Dezember 1995) noch immer ein verlockendes, verführerisches Bukett von Süßholz, Kräutern und altem Zedernholz mit einem Anflug von reifer Frucht. Das Tannin wirkte trocken, daneben aber stand ein überraschend fester Körper, ja sogar etwas süße Frucht – ein intakter, stilvoller Wein, der dem Zahn der Zeit widerstanden hat, ein weiterer Beweis für die Langlebigkeit des Bordeaux-Weins.

Der 1847er Rausan-Ségla (70? Punkte; 9/95) – entstanden 100 Jahre bevor ich geboren wurde – hatte ein durchdringendes fäkalisches Bauernhofaroma, aber auch leichte Süße; er war jedoch mit seinem schalen, an Weihrauch erinnernden Duft, hartem Tannin und wenig Frucht nicht recht attraktiv. Für meinen Geschmack war der 1852er Rausan-Ségla (51 Punkte; 9/95) durch einen ausgeprägten Essigstich und starkes Tannin verdorben. Dagegen waren die Rausan-Séglas von 1858 und 1868 erstaunliche Weine. Der 1858er (92 Punkte; 9/95) war bernstein-orangefarben und wies ein duftiges Bukett mit Noten von Orangenmarmelade, Karamel und Johannisbeerfrucht auf. Dieser mittelschwere, milde, runde Wein mit seiner Süße und erstaunlichen Reife ist quicklebendig und köstlich! Der 1868er Rauzan-Ségla (96 Punkte; 9/95) mit seinem mächtigen Bukett von Zedernholz, Schokolade, frisch geröstetem Kaffee und gedörrten Kräutern zeigt sich erstaunlich konzentriert, mild und körperreich mit kräftigem Alkohol, vielschichtiger Fülle und schön integriertem Tannin im Nachklang. Man hätte ihn ohne weiteres für einen 50jährigen Wein halten können. Wer ihn nicht gekostet hat, kann nicht ermessen, wieviel Frucht er noch hatte.

Ob man es glaubt oder nicht, der 1865er Rausan-Ségla (99+ Punkte im Dezember 1995) zeigte undurchdringlich dunkles Granatrot von überraschender Intensität. Dazu kam ein umwerfendes Bukett von Schokolade und cassisähnlicher Frucht mit einem Hauch Zedernholz. Dieser überaus konzentrierte, kraftvolle und bemerkenswert jugendfrische (ich hätte ihn auf 40 bis 50 Jahre geschätzt), körperreiche, überaus volle Wein läßt keine Anzeichen eines Nachlassens erkennen. Ob er noch einmal 30 bis 50 Jahre überdauert?

BORDEAUX

Siran
Ohne offiziellen Rang

GUT

Lage der Weinberge: Labarde

Besitzer: William Alain B. Miailhe
Adresse: 33460 Labarde – Margaux
Postanschrift: wie oben
Telefon: 33 5 57 88 34 04 – Telefax: 33 5 57 88 70 05

Besuche: täglich von 10.15 bis 12.30 und von 14 bis 18 Uhr
Kontaktperson: Mme Bourgine

WEINBERGE (Rotwein)

Rebfläche: 40 ha

Durchschnittliches Rebenalter: 30 Jahre

Rebbestand: 55 % Cabernet Sauvignon, 30 % Merlot, 13 % Petit Verdot, 7 % Cabernet Franc

Pflanzdichte: 10 000 Reben/ha (Kiesboden), 5000 Reben/ha (auf anderen Böden)

Ertrag (im Durchschnitt der letzten 5 Jahre): 50 hl/ha

Durchschnittliche Jahresproduktion insgesamt: 200 000 Flaschen

GRAND VIN

Name: Château Siran

Appellation: Margaux

Durchschnittliche Jahresproduktion: 100 000 Flaschen

Verarbeitung und Ausbau: Lese von Hand. Gär- und Maischdauer insgesamt etwa 25 Tage. Nach malolaktischer Säureumwandlung 15 Monate Ausbau in Eichenfässern, davon 60 % neu, der Rest einmal gebraucht. Abstich alle 3 Monate (von Faß zu Faß). Der Wein wird geschönt und bei der Abfüllung gefiltert.

ZWEITWEIN

Name: Château Bellegarde

Durchschnittliche Jahresproduktion: 20 000 Flaschen

Beurteilung des derzeitigen Rangs: Entspricht qualitativ einem 5ème Cru

Genußreife: 5 bis 15 Jahre nach dem Jahrgangsdatum

Das beachtenswerte Weingut in Labarde im südlichen Teil der Appellation Margaux bringt beständig köstliche, duftige, tiefdunkle Weine hervor, die häufig auf dem Qualitätsniveau eines 5ème Cru stehen.

Es befindet sich im Besitz und unter der Leitung von William Alain B. Miailhe, einem untadeligen Erzeuger, der in einem durchschnittlichen Jahr 12.000 Kisten an vollem, schmackhaftem, geschliffenem, die Eigenheiten der Appellation Margaux bewundernswert zum Ausdruck bringenden Wein produziert. Ein besonderes Merkmal ist auch das Etikett, das ähnlich wie beim Mouton-Rothschild jedes Jahr von einem anderen Künstler gestaltet wird.

Der Château Siran braucht gewöhnlich 5 bis 6 Jahre Flaschenlagerung, um richtig auszureifen. Die neueren Jahrgänge sind alle gut gelungen, selbst der sonst fast überall nur leicht und mittelmäßig ausgefallene 1980er, mit dem Siran praktisch alle Weine von Margaux – außer Château Margaux und Giscours – in den Schatten stellte. Auf jeden Fall ist es der geduldige Liebhaber, der von dem lange lagerfähigen Siran reichen Lohn erwarten darf. In Spitzenjahren verleiht ihm die lange Maischzeit (15 bis 25 Tage) im Verein mit dem hohen Verschnittanteil an tanninreichem Petit Verdot eine Lebenserwartung von mindestens 15 Jahren.

Wenn je eine Neuklassifizierung der Weine aus dem Médoc vorgenommen werden sollte, dann müßte der Siran als 5ème Cru in Betracht gezogen werden.

JAHRGÄNGE

1997 • 86-87+ Bei meinen Verkostungen habe ich diesen Wein besonders gut gefunden. Die Farbe ist ein sattes, dunkles Rubinpurpurrot, im Duft zeigen sich mäßig intensive Aromen von Süßholz, Cassis, Veilchen und Erde. Im klassischen Eingang ist die Frucht schwarzer Johannisbeeren erkennbar, schön ergänzt durch Noten von Zedernholz, *pain grillé* und Gewürz. Mittlerer Körper und milderes Tannin, als beim Siran sonst üblich, kennzeichnen diesen charmanten, komplexen Wein mit großer Geschmacksfülle. Er wird bei der Freigabe trinkreif sein und sich wenigstens ein Jahrzehnt gut halten. Letzte Verkostung: 3/98.

1996 • 86-87 Dieser noch unentwickelte Wein zeigt attraktive rubinpurpurrote Farbe mit tiefdunklem Kern und ein außerordentlich zurückhaltendes Aromaprofil, in dem jedoch reife Cabernet-typische Cassis-Frucht erkennbar ist. Der muskulöse, würzige 1996er Siran ist nicht so einschmeichelnd wie der 1995er, auch weder opulent noch geschmeidig, scheint aber ein sauberer, gut gebauter, für lange Dauer bestimmter Wein zu sein.
Voraussichtliche Genußreife: 2005 bis 2016. Letzte Verkostung: 3/98.

1995 • 87 Dieser dunkelrubinrote Wein ist eine sehr schöne Leistung von Siran und bietet attraktive Aromen von Vanillin, Eichenholzwürze und süßer, sahniger Cassis-Frucht, untermischt mit Noten von Fenchel und Gewürzschublade, dazu mittleren Körper, schöne Reife, saftige Fülle, sanftes Tannin und milde Säure – ein exzellenter, eleganter, bereits zugänglicher Margaux.
Voraussichtliche Genußreife: 2000 bis 2014. Letzte Verkostung: 11/97.

1994 • 85+ Der 1994er Siran ist ein überraschend extraktreicher Wein mit mittlerem Körper, tiefer Farbe und guter Reintönigkeit und Reife. Adstringierendes Tannin im Abgang läßt die Frage aufkommen, wieviel davon sich mildern wird, bevor die Frucht zu verblassen beginnt. Gewiß ist dieser Wein gut ausgestattet und mit Sorgfalt bereitet, er dürfte sich daher als ein guter Margaux aus diesem etwas festen Jahrgang erweisen. Man sollte ihm 3 bis 4 Jahre Kellerreife gönnen und ihn dann in den folgenden 8 bis 10 Jahren trinken. Letzte Verkostung: 3/96.

1993 • 85 Das stets in guter Form befindliche Weingut kann auf viele langlebige, volle, festgefügte Leistungen zurückblicken. Mit seiner extrakt- und tanninreichen Art erweist sich der 1993er sicherlich als ein Wein für lange Dauer. Seine Farbe ist ein eindrucksvolles Rubinpurpurrot. Er ist zwar nicht gerade komplex, hat aber mittleren Körper, ausgezeichnete Konzentration, viel Extrakt und eine stämmige, kernige, muskulöse Persönlichkeit. Er verlangt 5 bis 7 Jahre Kellerreife und wird sich dann 15 bis 20 Jahre schön trinken. Letzte Verkostung: 11/94.

1990 • 87 Der tiefdunkle 1990er zeigt straff gewirkten Duft mit Aromen von schwarzer Frucht, rauchigem Eichenholz und Erde. Im Mund fühlt man mittleren Körper, exzellente Reife, gute Säure und reichliche Nachhaltigkeit im moderat tanninherben Abgang. Dieser Wein dürfte sich 10 bis 15 Jahre und länger gut halten. Letzte Verkostung: 1/93.

1989 • 86 Der 1989er ist ein graziöser, mittelschwerer Wein mit der sanften, seidigen Art des Jahrgangs, kräftigem Alkohol, milder Säure und 4 bis 8 Jahren Lebenserwartung. Seiner milden, runden, sanften Art kann man nur schwer die Bewunderung versagen.
Voraussichtliche Genußreife: Jetzt bis 2000. Letzte Verkostung: 1/93.

1988 • 85   Tiefes Rubinrot und ein würziges Bukett mit dem Duft von schwarzen Johannisbeeren zeichnen den körperreichen 1988er ebenso aus wie schöne Tiefe und Struktur, aber er braucht noch 4 bis 5 Jahre Flaschenreife, um seine Strenge abzulegen.
Voraussichtliche Genußreife: Jetzt bis 2005. Letzte Verkostung: 1/93.

1986 • 88   Mit tief dunkel rubinpurpurroter Farbe, kräftigem Körper und pelzigem Tannin im Abgang zeigt der 1986er Siran eindeutig die typischen Merkmale des Jahrgangs. Zwischen dem duftigen, würzigen Bukett mit Noten von Teer und Johannisbeeren und dem harten Abgang liegen viel Tiefe und Frucht. Auf den Genuß am 1986er Siran muß man allerdings noch etliche Jahre warten. Voraussichtliche Genußreife: Jetzt bis 2010. Letzte Verkostung: 11/90.

1985 • 86   Der 1985er Siran ist für den Jahrgang überraschend kraftvoll, reich an Frucht, elegant, nachhaltig und aromatisch; er wird sich lange halten.
Voraussichtliche Genußreife: Jetzt bis 2000. Letzte Verkostung: 3/90.

1983 • 86   Der seiner vollen Reife entgegengehende 1983er Siran hat ein rauchiges Bukett mit Tönen von Süßholz und schwarzen Johannisbeeren, vollen, expansiven Geschmack mit mehr Kraft und Wucht als Finesse sowie einen guten Abgang.
Voraussichtliche Genußreife: Jetzt. Letzte Verkostung: 3/88.

Du Tertre
5ème Cru seit 1855

SEHR GUT

Lage der Weinberge: Arsac

Besitzer: Eric Albada; Leitung: Madame Capbern-Gasqueton
Adresse: 33460 Arsac
Postanschrift: c/o Château Calon-Ségur, 33180 St-Estèphe
Telefon: 33 5 56 59 30 08 – Telefax: 33 5 56 59 71 51

Besuche: nur nach Vereinbarung
Kontaktperson: Mme Denise Capbern-Gasqueton (Tel. und Fax siehe oben)

WEINBERGE (Rotwein)

Rebfläche: 48,5 ha

Durchschnittliches Rebenalter: 30 Jahre

Rebbestand: 65 % Cabernet Sauvignon, 20 % Merlot, 15 % Cabernet Franc

Ertrag (im Durchschnitt der letzten 5 Jahre): 40 hl/ha

Durchschnittliche Jahresproduktion insgesamt: 225 000 Flaschen

GRAND VIN

Name: Château du Tertre

Appellation: Margaux

Durchschnittliche Jahresproduktion: 180 000 Flaschen

Verarbeitung und Ausbau: Lese von Hand. Vinifikation etwa 24 Tage in temperaturgeregelten Edelstahltanks. Nach malolaktischer Säureumwandlung 18 Monate Ausbau in zu 30 % neuen Eichenfässern. Der Wein wird mit Eiweiß geschönt, aber nicht gefiltert.

MARGAUX UND DAS SÜDLICHE MEDOC

ZWEITWEIN

Name: Les Hauts du Tertre

Durchschnittliche Jahresproduktion: 45 000 Flaschen

Beurteilung des derzeitigen Rangs: Entspricht der Klassifizierung, obwohl die Qualität seit 1978 die Erhebung zum 4ème Cru rechtfertigen würde

Genußreife: 6 bis 15 Jahre nach dem Jahrgangsdatum

Château du Tertre, dessen Weine man früher einfach vergessen konnte, liegt auf einer der höchsten Erhebungen in der Appellation Margaux und befand sich seit 1961 im Besitz des inzwischen verstorbenen Philippe Capbern-Gasqueton, dem auch das berühmte Château Calon-Ségur in St-Estèphe gehörte. Damals war das Gut in beklagenswertem Zustand, und Gasqueton und seine Geldgeber mußten eine umfangreiche Sanierung der Gebäude und Weinberge durchführen. Das sandfarbene, schlichte, aber elegante zweigeschossige Château steht in einer der obskursten Gegenden des Médoc (knapp 1 km von Arsac entfernt, in der Nähe von Château Monbrison, einem der Spitzengüter von Margaux). 1998 verkaufte Madame Gasqueton das Gut.

Die Weinberge bestehen aus einem zusammenhängenden Stück und sind nicht, wie sonst im Médoc üblich, auf weit verstreuten Parzellen. Auf den ersten Blick erinnert das Gut an die Domaine de Chevalier in Graves. Im Gegensatz zu dem relativ hohen Merlot-Anteil im Rebbestand von Calon-Ségur in St-Estèphe hat sich Gasqueton hier dazu entschlossen, vorwiegend auf Cabernet Sauvignon zurückzugreifen, um aus dem kies- und sandsteinhaltigen Boden der Weinberge von du Tertre das Beste zu machen. Seit 1978 ist der hier gewonnene Wein durch relativ dunkle Farbe, in besseren Jahrgängen durch viel Kraft und Fülle, aber auch eventuell durch einen Mangel an Finesse und Duftigkeit, die den Margaux so verlockend machen können, gekennzeichnet. Bei alledem ist der Preis für diesen Wein bescheiden, so daß er als eines der am stärksten unterbewerteten Crus Classés von Bordeaux gelten darf.

So gut dieser Wein inzwischen auch ist, würde es mich doch interessieren, ob er nicht durch Verwendung eines um ein weniges höheren Anteils an neuen Eichenfässern und an Merlot noch besser werden könnte.

JAHRGÄNGE

1997 • 86-88   Dieser Wein nahm sich bei mehreren Degustationen sehr gut aus. Der dunkel rubinpurpurrote 1997er bietet reichliche Mengen an süßer Brombeer- und Johannisbeerfrucht im schön entwickelten Duft. Der sanfte, üppige Geschmack vermittelt bei milder Säure und mittlerem Körper den Eindruck eines saftigen Früchtecocktails.
Voraussichtliche Genußreife: 2000 bis 2007. Letzte Verkostung: 3/98.

1996 • 88-90   Der 1996er du Tertre, ein echter Schlager, zeigt schwärzlich rubinpurpurrote Farbe, süßen Duft von schwarzer Frucht, mittleren bis vollen Körper, gut integriertes Tannin und feine Reintönigkeit und Tiefe. Dieser Wein dürfte sich schön halten, aber auch jung schon recht zugänglich sein.
Voraussichtliche Genußreife: 2004 bis 2018. Letzte Verkostung: 3/98.

1995 • 86   Schokolade, Beeren, grasige Cassis-Frucht, Süßholz und Erde machen das Aromaprofil aus, das mit diesem mittelschweren, schön konzentrierten Wein einhergeht. Der 1995er wirkt zwar monolithisch, ist aber sauber bereitet, vollmundig und moderat tanninherb.
Voraussichtliche Genußreife: 2003 bis 2015. Letzte Verkostung: 11/97.

1990 • 87   Der 1990er stellt für dieses Gut eine starke Leistung dar. Er ist erstaunlich dunkel, hat mittleren Körper, feine Struktur, reichlich Tiefe und Fülle und ein interessantes Bukett von

Oliven, rauchigem Eichenholz und überreifer schwarzer Frucht. Dieser Wein kommt mir wie eine leichtere Version des 1979ers vor.
Voraussichtliche Genußreife: Jetzt bis 2008. Letzte Verkostung:: 1/93.

1989 • 86   Der 1989er du Tertre ist ein charmanter, milder Wein mit mittlerem Körper, dem es jedoch an Konzentration und Struktur mangelt. Er ist bereits schön entwickelt, sehr duftig (Frucht schwarzer Johannisbeeren), hat schwache Säure und dürfte in den ersten 6 bis 8 Jahren ideal zu genießen sein.
Voraussichtliche Genußreife: Jetzt. Letzte Verkostung: 4/91.

1988 • 86   Der 1988er du Tertre ist ein guter Vertreter seines Jahrgangs: Er hat mittelrubinrote Farbe, im dem von Eichenholz beherrschten Bukett finden sich Rauch- und Johannisbeernuancen, und die Ähnlichkeit mit dem 1979er aus diesem Château ist nach wie vor groß. Er trinkt sich schon seit jungen Jahren schön, wird sich aber auch noch halten.
Voraussichtliche Genußreife: Jetzt bis 2003. Letzte Verkostung: 1/93.

1987 • 93   Der 1987er du Tertre ist ein Beispiel dafür, wie charmant dieser Jahrgang sein kann. Er hat mittelrubinrote Farbe, ein attraktiv hervorströmendes Bukett von Johannisbeeren, würzigem frischem Eichenholz und sogar einem Duft von Frühlingsblumen, dazu runden, milden Geschmack bei überraschend großer Fülle, wenig Säure und einen sanften Abgang.
Voraussichtliche Genußreife: Jetzt – vermutlich im Nachlassen. Letzte Verkostung: 11/90.

1986 • 86   Das würzige, reife, mineralische und johannisbeerfruchtige Bukett wird begleitet von mittlerem Körper und gutem Biß. Der elegant gebaute Wein ist inzwischen zugänglich und hat sich viel rascher entfaltet, als ich noch vor einigen Jahren dachte, vor allem aber ist der Preis in Anbetracht des Jahrgangs außerordentlich günstig.
Voraussichtliche Genußreife: Jetzt bis 2005. Letzte Verkostung: 3/90.

1985 • 87   Ich habe den 1985er du Tertre insgesamt neunmal verkostet, fünfmal aus dem Faß und viermal aus der Flasche. Einen derart unterschiedlichen Wein habe ich noch nie erlebt, aber schließlich brachten die beiden letzten Verkostungen doch positive Ergebnisse. Es handelte sich dabei um zwei Exemplare, die ich in Frankreich probierte; sie zeigten schöne tief rubinpurpurrote Farbe ohne Alterserscheinungen und ein aufgeschlossenes, erdiges (Trüffeln?), johannisbeerfruchtiges, höchst verlockendes Bukett. Auf der Zunge war große Fülle, reifer, geschmeidiger Geschmack von Brombeeren und Johannisbeeren und gerade soviel mildes Tannin und Säure zu spüren, daß der Wein Biß und Konturenschärfe erhielt – ein du Tertre in üppigem, sehr aufgeschlossenem Stil.
Voraussichtliche Genußreife: Jetzt. Letzte Verkostung: 11/90.

1983 • 86   Mittel- bis tief rubinrote Farbe, ein intensiv würziges, leicht kräuterduftiges Bukett und mittlerer Körper kennzeichnen den vollen und reifen 1983er du Tertre, einen sehr guten, wenn auch nicht außergewöhnlichen Wein mit schöner Konzentration und mäßigem Tannin, das inzwischen im Abschmelzen ist.
Voraussichtliche Genußreife: Jetzt bis 2001. Letzte Verkostung: 11/90.

1982 • 87   Ein wundervolles, duftiges Bukett von Veilchen, feuchter Erde, Zedernholz, schwarzen Johannisbeeren und weißer Schokolade entströmt dem Glas. Auf der Zunge fühlt sich der Wein bei reifem, fruchtigem Geschmack üppig, mittelschwer und konzentriert an. Wie die meisten Margaux-Weine aus diesem Jahrgang hat er seine höchste Reife erreicht.
Voraussichtliche Genußreife: Jetzt. Letzte Verkostung: 1/90.

1981 • 83   Der mittelrubinrote 1981er du Tertre mit seinem mäßig intensiven, würzig duftigen Bukett ist viel magerer als der füllige, generöse 1982er oder der ausgezeichnete 1979er. Er besitzt noch ein gewisses Maß an Tannin, aber bei gefälliger Art mangelt es ihm an Wucht, und der Abgang ist kurz.
Voraussichtliche Genußreife: Jetzt. Letzte Verkostung: 7/88.

1979 • 89   Der 1979er du Tertre war stets ein Schlager; nach wie vor zeigt er ein herrlich reiches, tiefes Bukett mit Teer- und Beerenduft, üppigen, geschmeidigen, sehr konzentrierten, fruchtigen Geschmack, mittleren Körper und schöne Nachhaltigkeit. Es bleibt ihm noch genug Tannin

für 5 bis 7 Jahre weitere Entfaltung. Ein im Preis günstiger Wein, auf den man bei Auktionen achten sollte.
Voraussichtliche Genußreife: Jetzt. Letzte Verkostung: 1/91.

1978 • 85   Dieser Wein hat volle Reife erreicht und zeigt ein überraschend erdiges, fast rustikales Bukett von Kastanien, Pflaumenfrucht und Gerüchen nach alten, aber sauberen Fässern; im Mund erweist er sich als rund, leicht kräuterwürzig, aber großzügig ausgestattet und mild mit glattem, kräftigem Abgang. Eine gewisse Erdigkeit in Duft und Geschmack beeinträchtigt die Note.
Voraussichtliche Genußreife: Jetzt. Letzte Verkostung: 1/91.

Sonstige Weingüter in Margaux

D'Arsac
Cru Bourgeois seit 1932

Lage der Weinberge: Arsac

Besitzer: Philippe Raoux
Adresse: 33460 Arsac
Postanschrift: wie oben
Telefon: 33 5 56 58 83 90 – Telefax: 33 5 56 58 83 08

Besuche: an Werktagen von 10 bis 18 Uhr; an Wochenenden nur nach Vereinbarung
Kontaktperson: Hélène Schönbeck

WEINBERGE (Rotwein)

Rebfläche: insgesamt 74 ha, davon 13 ha in der AC Margaux, der Rest in der AC Haut-Médoc

Durchschnittliches Rebenalter: 15 Jahre

Rebbestand: 60 % Cabernet Sauvignon, 40 % Merlot

Pflanzdichte: 6600 Reben/ha

Ertrag (im Durchschnitt der letzten 5 Jahre): 55 hl/ha

Durchschnittliche Jahresproduktion insgesamt: 550 000 Flaschen
(davon 130 000 Flaschen AC Margaux)

GRAND VIN

Name: Château d'Arsac

Appellation: Margaux

Durchschnittliche Jahresproduktion: 130 000 Flaschen

Verarbeitung und Ausbau: Maschinelle Lese, Sortierung beim Eintreffen in der Kellerei. Vinifikation etwa 3 Wochen in temperaturgeregelten Edelstahltanks. Nach malolaktischer Säureumwandlung Ausbau in jährlich zu $1/4$ erneuerten Eichenfässern. Der Wein wird geschönt und bei der Abfüllung gefiltert.

Kein ZWEITWEIN

BORDEAUX

Bel-Air-Marquis d'Aligre
Cru Bourgeois Exceptionnel

Lage der Weinberge: Soussans

Besitzer: Pierre Boyer
Adresse: 33460 Soussans – Margaux
Postanschrift: wie oben
Telefon: 33 5 55 88 70 70

Keine Besuche möglich

WEINBERGE (Rotwein)

Rebfläche: 17 ha

Durchschnittliches Rebenalter: 35 bis 40 Jahre

Rebbestand: 35 % Merlot, 30 % Cabernet Sauvignon, 20 % Cabernet Franc, 15 % Petit Verdot und Malbec

Pflanzdichte: 10 000 Reben/ha

Durchschnittliche Jahresproduktion insgesamt: 30 000 bis 35 000 Flaschen

GRAND VIN

Name: Château Bel-Air-Marquis d'Aligre

Appellation: Margaux

Verarbeitung und Ausbau: Gär- und Maischdauer 15 bis 30 Tage in Betontanks (Temperaturregelung von Hand). Malolaktische Säureumwandlung im Tank, anschließend 12 bis 15 Monate Ausbau in Eichenfässern (neue werden nicht verwendet). Der Wein wird einmal mit Eiweiß geschönt, aber nicht gefiltert.

Überschüsse werden im Faß als AC Margaux verkauft

Beurteilung des derzeitigen Rangs: Entspricht der Klassifizierung

Genußreife: 4 bis 12 Jahre nach dem Jahrgangsdatum

Charmant
Ohne offiziellen Rang

GUT

Lage der Weinberge: Margaux und Soussans

Besitzerin: Christiane Renon
Adresse: 33460 Margaux
Postanschrift: wie oben
Telefon: 33 5 57 88 35 27 – Telefax: 33 5 57 88 70 59

Besuche: nur nach Vereinbarung
Kontaktperson: Christiane Renon

MARGAUX UND DAS SÜDLICHE MEDOC

WEINBERGE (Rotwein)

Rebfläche: 5 ha

Durchschnittliches Rebenalter: 60 Jahre

Rebbestand: 50 % Merlot, 45 % Cabernet Sauvignon und Cabernet Franc, 5 % Petit Verdot

Pflanzdichte: 8300 Reben/ha

Ertrag (im Durchschnitt der letzten 5 Jahre): 52 hl/ha

Durchschnittliche Jahresproduktion insgesamt: 30 000 Flaschen

GRAND VIN

Name: Château Charmant

Appellation: Margaux

Durchschnittliche Jahresproduktion: 30 000 Flaschen

Verarbeitung und Ausbau: Vinifikation 20 bis 25 Tage bei 28 bis 30 °C mit häufigem Umpumpen. Anschließend 15 bis 18 Monate Ausbau in zu 5 % neuen Eichenfässern. Der Wein wird geschönt, aber nicht gefiltert.

Beurteilung des derzeitigen Rangs: Keine Änderung angebracht

Genußreife: Nicht bekannt

Kein Geringerer als Bernard Ginestet, der die Appellation Margaux besser kennt als sonst irgend jemand, schätzt diesen Wein hoch. Die Besitzerin schwört auf ihre sehr alten Weinstöcke (die Hälfte des Rebbestands hat ein Alter von über 100 Jahren, und damit sind die Reben im Durchschnitt die ältesten in Margaux). Ginestet hat mir erklärt, Château Charmant sei das beste Weingut seiner Art im Médoc – und das ist wahrhaftig ein großes Lob.

DESMIRAIL
3ème Cru

Produktion: 4500 Kisten

Rebbestand: 80 % Cabernet Sauvignon, 10 % Merlot, 5 % Cabernet Franc, 5 % Petit Verdot

Zweitwein: Château Baudry

Rebfläche: 18 ha

Besitzer: Lucien Lurton

Faßreifezeit: 20 Monate

Durchschnittsalter der Reben: 20 Jahre

Beurteilung des derzeitigen Rangs: Abstufung zum Cru Bourgeois wäre zu empfehlen

Genußreife: 3 bis 12 Jahre nach dem Jahrgangsdatum

Das Weingut, das gegenwärtig über kein eigenes Château verfügt, wurde in der Klassifikation von 1855 als 3ème Cru eingestuft. Nach dem 1. Weltkrieg wurde der Besitz zum größten Teil stückweise verkauft, bis kaum noch etwas davon übrig war. Das ursprüngliche Château Desmirail gehört inzwischen der Familie Zuger, die ihm den Namen Marquis d'Alesme gegeben hat. Lucien Lurton, der Besitzer von Brane-Cantenac, hat im Lauf der letzten Jahrzehnte Weinbergparzellen zusammengekauft, die ursprünglich zu Desmirail gehörten. 1980 wurde die letzte Parzelle, ein 2 bis ha-Stück des ursprünglichen Weinberglands, von Château Palmer zurückgekauft und damit der Name wiederbelebt, so daß heute ein Gebäude mit *chai*, das Lucien Lurton in dem Dorf Cantenac erworben hat, als Château Desmirail gilt.

Nach den bisherigen Jahrgängen in den 1980er und frühen 1990er Jahren zu schließen, verdient der Wein kaum seinen Rang als 3ème Cru; qualitativ entspricht er einem guten Cru Bourgeois.

DEYREM-VALENTIN
Cru Bourgeois seit 1932

Lage der Weinberge: Soussans

Besitzer: Jean Sorge
Adresse: 33460 Soussans
Postanschrift: wie oben
Telefon: 33 5 57 88 35 70 – Telefax: 33 5 57 88 36 84

Besuche: nur nach Vereinbarung, montags bis freitags von 9 bis 12 und von 14 bis 18 Uhr
Kontaktperson: Jean Sorge

WEINBERGE (Rotwein)

Rebfläche: 12 ha

Durchschnittliches Rebenalter: 30 Jahre

Rebbestand: 50 % Cabernet Sauvignon, 45 % Merlot, 5 % Petit Verdot

Pflanzdichte: 9000 Reben/ha

Ertrag (im Durchschnitt der letzten 5 Jahre): 54 hl/ha

Durchschnittliche Jahresproduktion insgesamt: 80 000 Flaschen

GRAND VIN

Name: Château Deyrem-Valentin

Appellation: Margaux

Durchschnittliche Jahresproduktion: 40 000 Flaschen

Verarbeitung und Ausbau: Lese von Hand, Sortierung beim Eintreffen in der Kellerei. Gärdauer 1 Woche, Maischdauer 3 Wochen in temperaturgeregelten Edelstahltanks. Anschließend 18 Monate Ausbau in zu 35 % neuen Eichenfässern. Der Wein wird geschönt, aber nicht gefiltert.

ZWEITWEIN

Name: Château Valentin oder Château Soussans

Durchschnittliche Jahresproduktion: Valentin 30 000 Flaschen, Soussans 10 000 Flaschen

Beurteilung des derzeitigen Rangs: Entspricht der Klassifizierung

Genußreife: 4 bis 10 Jahre nach dem Jahrgangsdatum

MARGAUX UND DAS SÜDLICHE MEDOC

Ich habe bisher nur eine Handvoll Weine von Deyrem-Valentin kennengelernt. Die Jahrgänge, die ich verkostet habe, hatten schöne Farbe, waren aber offenbar relativ schlicht, kompakt, zwar korrekt und kompetent bereitet, aber nichts weiter Aufregendes. Berechtigte Kritik wäre lediglich an der scharfen Tanninherbheit und strengen Art zu üben. Diese Weine sollten in den ersten 5 bis 7 Jahren getrunken werden.

Ferrière
3ème Cru seit 1855

Lage der Weinberge: Margaux

Besitzer: S.A. du Château Ferrière
Adresse: 33460 Margaux
Postanschrift: c/o Château Chasse-Spleen, 34480 Moulis
Telefon: 33 5 56 58 02 37 – Telefax: 33 5 56 58 05 70

Besuche: nur nach Vereinbarung, montags bis freitags von 9 bis 16 Uhr
Kontaktperson: Claire Villars

WEINBERGE (Rotwein)

Rebfläche: 8 ha

Durchschnittliches Rebenalter: 35 Jahre

Rebbestand: 75 % Cabernet Sauvignon, 20 % Merlot, 5 % Petit Verdot

Pflanzdichte: 10 000 Reben/ha

Ertrag (im Durchschnitt der letzten 5 Jahre): 50 hl/ha

Durchschnittliche Jahresproduktion insgesamt: 50 000 Flaschen

GRAND VIN

Name: Château Ferrière

Appellation: Margaux

Verarbeitung und Ausbau: Lese von Hand Gär- und Maischdauer 15 bis 20 Tage in temperaturgeregelten Edelstahltanks. Malolaktische Säureumwandlung in jährlich zur Hälfte erneuerten Eichenfässern. 16 bis 18 Monate Ausbau in Eichenfässern. Der Wein wird mit Eiweiß geschönt, aber nie gefiltert.

ZWEITWEIN

Name: Les Remparts de Ferrière

Beurteilung des derzeitigen Rangs: Entspricht qualitativ einem Cru Bourgeois

Genußreife: 5 bis 10 Jahre nach dem Jahrgangsdatum

BORDEAUX

LA GALIANE
Kein offizieller Rang

Lage der Weinberge: Soussans

Besitzerin: Christiane Renon
Adresse: 33460 Soussans
Postanschrift: wie oben
Telefon: 33 5 57 88 35 27 – Telefax: 33 5 57 88 70 59

Besuche: montags bis freitags von 9 bis 12 und von 14 bis 18 Uhr
Kontaktperson: Christiane Renon

WEINBERGE (Rotwein)

Rebfläche: 5 ha

Durchschnittliches Rebenalter: 50 Jahre

Rebbestand: 50 % Merlot, 45 % Cabernet Sauvignon und Cabernet Franc, 5 % Petit Verdot

Pflanzdichte: 9300 Reben/ha

Ertrag (im Durchschnitt der letzten 5 Jahre): 53 hl/ha

Durchschnittliche Jahresproduktion insgesamt: 34 000 Flaschen

GRAND VIN

Name: Château La Galiane

Appellation: Margaux

Durchschnittliche Jahresproduktion: 34 000 Flaschen

Verarbeitung und Ausbau: Vinifikation rund 3 Wochen bei 28 bis 30 °C in beschichteten Zementtanks; häufiges Umpumpen. Anschließend 15 bis 18 Monate Ausbau in zu 10 % neuen Eichenfässern. Der Wein wird mit Eiweiß geschönt und regelmäßig abgestochen, aber nicht gefiltert.

Kein ZWEITWEIN

LA GURGUE
Cru Bourgeois seit 1932

GUT

Lage der Weinberge: Margaux und Cantenac

Besitzer: S.C. du Château La Gurgue
Adresse: 33460 Margaux
Postanschrift: wie oben
Telefon: 33 5 56 58 02 37 – Telefax: 33 5 56 58 05 70

Besuche: nur nach Vereinbarung, montags bis freitags von 9 bis 16 Uhr
Kontaktperson: Claire Villars

MARGAUX UND DAS SÜDLICHE MEDOC

WEINBERGE (Rotwein)

Rebfläche: 10 ha

Durchschnittliches Rebenalter: 25 Jahre

Rebbestand: 70 % Cabernet Sauvignon, 30 % Merlot

Pflanzdichte: 10 000 Reben/ha

Ertrag (im Durchschnitt der letzten 5 Jahre): 50 hl/ha

Durchschnittliche Jahresproduktion insgesamt: 60 000 Flaschen

GRAND VIN

Name: Château La Gurgue

Appellation: Margaux

Durchschnittliche Jahresproduktion: 60 000 Flaschen

Verarbeitung und Ausbau: Lese von Hand. Vinifikation rund 15 Tage in temperaturgeregelten Edelstahltanks. 12 bis 16 Monate Ausbau in jährlich zu $1/4$ erneuerten Eichenfässern. Der Wein wird geschönt, aber nicht gefiltert.

Kein ZWEITWEIN

Beurteilung des derzeitigen Rangs: Entspricht der Klassifizierung

Genußreife: 5 bis 12 Jahre nach dem Jahrgangsdatum

Das Cru Bourgeois mit Weinbergen in guter Lage unmittelbar westlich von Château Margaux hat seit dem Besitzerwechsel im Jahr 1978, als es an Bernard Taillan und Chantovent verkauft wurde, große Qualitätsfortschritte gemacht.

In guten Jahrgängen ist der La Gurgue ein wunderbar geschmeidiger, tiefdunkler, voller Wein von sanfter Art ohne Anspruch auf Langlebigkeit; in den ersten 10 bis 12 Jahren gewährt er jedoch schönsten Genuß. Auch sein Preis ist attraktiv. Die besten neueren Jahrgänge waren 1996, 1989, 1988 und 1986.

Haut Breton-Larigaudière
Cru Bourgeois seit 1932

Lage der Weinberge: Soussans und Arsac

Besitzer: SCEA du Château Haut Breton-Larigaudière – Jacques de Schepper
Adresse: 33460 Soussans
Postanschrift: wie oben
Telefon: 33 5 57 88 94 17 – Telefax: 33 5 57 88 39 14

Besuche: nur nach Vereinbarung
Kontaktperson: Jean-Michel Garcion

WEINBERGE (Rotwein)

Rebfläche: 13 ha

Durchschnittliches Rebenalter: 22 Jahre

Rebbestand: 63 % Cabernet Sauvignon, 31 % Merlot, 4 % Petit Verdot, 2 % Cabernet Franc

BORDEAUX

Pflanzdichte: 10 000 Reben/ha

Ertrag (im Durchschnitt der letzten 5 Jahre): 50 hl/ha

Durchschnittliche Jahresproduktion insgesamt: 6500 Kisten

GRAND VIN

Name: Château Haut Breton Larigaudière

Appellation: Margaux

Durchschnittliche Jahresproduktion: 3500 Kisten

Verarbeitung und Ausbau: Lese ausschließlich von Hand. Vinifikation 3 bis 5 Wochen in temperaturgeregelten Tanks. 4 bis 8 Monate Ausbau im Tank, anschließend weitere 10 bis 15 Monate Ausbau in (je nach dem Jahrgang) zu 70 bis 95 % neuen Eichenfässern. Der Wein wird mit Eiweiß geschönt, aber nicht gefiltert.

ZWEITWEIN

Name: Château du Courneau

Durchschnittliche Jahresproduktion: 1500 Kisten

LABÉGORCE
Cru Bourgeois

Lage der Weinberge: Margaux

Besitzer: Hubert Perrodo
Adresse: 33460 Margaux
Postanschrift: wie oben
Telefon: 33 5 57 88 71 32 – Telefax: 33 5 57 88 35 01

Besuche: täglich von 8.30 bis 18 Uhr
Kontaktperson: Maïté Augerot

WEINBERGE (Rotwein)

Rebfläche: 37,5 ha

Durchschnittliches Rebenalter: 25 Jahre

Rebbestand: 60 % Cabernet Sauvignon, 35 % Merlot, 5 % Cabernet Franc

Pflanzdichte: 8000 Reben/ha

Ertrag (im Durchschnitt der letzten 5 Jahre): 45 hl/ha

Durchschnittliche Jahresproduktion insgesamt: 190 000 Flaschen

GRAND VIN

Name: Château Labégorce

Appellation: Margaux

Durchschnittliche Jahresproduktion: 150 000 Flaschen

Verarbeitung und Ausbau: Lese von Hand. Vinifikation 3 bis 4 Wochen in temperaturgeregelten Tanks. Malolaktische Säureumwandlung bei 40 % des Ertrags in neuen Eichenfässern. Anschließend 12 bis 15 Monate Ausbau des gesamten Ertrags in zu 30 % neuen Eichenfässern. Der Wein wird geschönt, aber nicht gefiltert.

ZWEITWEIN

Name: La Mouline de Labégorce

Durchschnittliche Jahresproduktion: 25 000 Flaschen

Beurteilung des derzeitigen Rangs: Entspricht der Klassifizierung

Genußreife: 3 bis 8 Jahre nach dem Jahrgangsdatum

Jean-Robert Condom übernahm 1978 die Leitung dieses Guts. Nach bedeutenden Investitionen, die von dem (den Vertrieb von Labégorce größtenteils beherrschenden) großen Handelshaus Dourthe gefördert wurden, ist dieser Wein zu einem beständig guten Cru Bourgeois, wenn auch nicht der allerersten Garnitur, in Margaux geworden. Vielleicht fehlt es ihm hierzu an der Duftigkeit und Geschmeidigkeit eines La Gurgue oder an der schieren Kraft und Langlebigkeit eines Monbrison, doch der Wein hat Charakter und angemessenen Preis. Gegen Ende 1989 wurde das Gut an Hubert Perrodo verkauft.

Obwohl sich viele Kenner durch den Stil von Labégorce beeindruckt zeigen, erinnert er mich doch eher an einen St-Estèphe ohne die für Margaux charakteristische Duftigkeit. Oft ist er so gut wie ein Cru Classé von Margaux, dabei beträchtlich preisgünstiger. Der beste neuere Jahrgang ist der 1983er, gefolgt vom 1989er und 1986er. Gute Labégorce-Jahrgänge sollten innerhalb von 8 Jahren nach der Lese getrunken werden.

LARRUAU
Cru Bourgeois

GUT

Produktion: 1000 Kisten

Rebbestand: 66 % Cabernet Sauvignon, 34 % Merlot

Kein ZWEITWEIN

Rebfläche: 3 ha

Besitzer: Bernard Château

Faßreifezeit: 18 Monate

Durchschnittsalter der Reben: 15 Jahre

Beurteilung des derzeitigen Rangs: Aufstufung zum 5ème Cru wäre zu empfehlen

Genußreife: 5 bis 12 Jahre nach dem Jahrgangsdatum

Ich bin persönlich sehr darauf aus, mehr Weine von Bernard Château, dem jungen Besitzer und Kellermeister von Château Larruau, zu probieren. Er produziert, wenn man den 1983er und 1986er als typisch für das kleine Weingut nehmen darf, intensiv konzentrierten Wein. Das Château genießt auch bei dem kenntnisreichsten Beobachter von Margaux, Bernard Ginestet, hohes Ansehen; er gesteht Larruau ebenso hohen Rang zu wie den Crus Classés Lascombes, Giscours und Durfort-Vivens.

BORDEAUX

Marsac Séguineau
Cru Bourgeois seit 1932

GUT

Lage der Weinberge: Soussans

Besitzer: S.C. du Château Marsac Séguineau
Adresse: 33460 Soussans
Postanschrift: wie oben
Telefon: 33 5 56 01 30 10 – Telefax: 33 5 56 79 23 57

Besuche: nur nach Vereinbarung und ausschließlich für Fachbesucher, montags bis freitags von 9 bis 12 und von 14 bis 17 Uhr
Kontaktperson: M. Cruse

WEINBERGE (Rotwein)

Rebfläche: 10 ha

Durchschnittliches Rebenalter: 29 Jahre

Rebbestand: 60 % Merlot, 28 % Cabernet Sauvignon, 12 % Cabernet Franc

Pflanzdichte: 10 000 Reben/ha

Ertrag (im Durchschnitt der letzten 5 Jahre): 56 hl/ha

Durchschnittliche Jahresproduktion insgesamt: 5500 Flaschen

GRAND VIN

Name: Château Marsac-Séguineau

Appellation: Margaux

Durchschnittliche Jahresproduktion: 3800 Flaschen

Verarbeitung und Ausbau: Lese von Hand und maschinell. Vinifikation 21 Tage. Anschließend 18 bis 21 Monate Ausbau in zu 30 % neuen Eichenfässern. Der Wein wird geschönt und bei der Abfüllung (sicherheitshalber) gefiltert.

ZWEITWEIN

Name: Château Gravières de Marsac

Durchschnittliche Jahresproduktion: 1700 Flaschen

Beurteilung des derzeitigen Rangs: Ein aufstrebendes Weingut, heute eines der besten Crus Bourgeois in Margaux

Genußreife: 5 bis 15 Jahre nach dem Jahrgangsdatum

Ich hatte Gelegenheit, ein halbes Dutzend Jahrgänge aus dem Château Marsac-Séguineau, das sich mehrheitlich im Besitz des Handelshauses Mestrezat befindet, zu verkosten. Bei einem relativ hohen Verschnittanteil von Merlot ist dieser Wein dunkel in der Farbe, tanninreich, überraschend intensiv und gehaltvoll. Die beiden jüngsten Jahrgänge bilden mit einem erstklassigen 1990er und einem sehr sanften, breit gebauten 1989er die Spitze. Der Verbraucher, der nach ausgezeichneten Weinen aus der oft durch schwache Leistungen gekennzeichneten Appellation Margaux sucht, sollte diesem Gut genauere Beachtung schenken. Der gesamte Weinbergbesitz von 10 ha liegt in der Gemarkung Soussans.

MARGAUX UND DAS SÜDLICHE MEDOC

MARTINENS
Cru Bourgeois seit 1932

Lage der Weinberge: Cantenac

Besitzer: Mme Simone Dulos und ihr Sohn, Jean-Pierre Seynat-Dulos
Adresse: 33460 Cantenac, Margaux
Postanschrift: wie oben
Telefon: 33 5 57 88 71 37 – Telefax: 33 5 57 88 38 35

Besuche: vorzugsweise nach Vereinbarung, montags bis samstags von 9 bis 12 und von 14 bis 18 Uhr
Kontaktperson: Jean-Pierre Seynat-Dulos

WEINBERGE (Rotwein)

Rebfläche: insgesamt 30 ha, davon 23 ha AC Margaux und 7 ha AC Haut-Médoc

Durchschnittliches Rebenalter: 35 Jahre

Rebbestand: 54 % Merlot, 31 % Cabernet Sauvignon, 11 % Petit Verdot, 4 % Cabernet Franc

Ertrag (im Durchschnitt der letzten 5 Jahre): 55 hl/ha

Durchschnittliche Jahresproduktion insgesamt: 12 500 Kisten

GRAND VIN

Name: Château Martinens

Appellation: Margaux

Durchschnittliche Jahresproduktion: 100 000 Flaschen

Verarbeitung und Ausbau: Lese ausschließlich von Hand. Vinifikation 3 Wochen in temperaturgeregelten Zementtanks. Malolaktische Säureumwandlung durch Erwärmung. Anschließend *assemblage* und 18 Monate Ausbau in jährlich zu ¼ erneuerten Eichenfässern. Abstich alle 3 Monate; der Wein wird mit Eiweiß (Pulver) geschönt und bei der Abfüllung gefiltert.

ZWEITWEIN

Name: Château Bois du Monteil

Appellation: Haut-Médoc

Beurteilung des derzeitigen Rangs: Entspricht der Klassifizierung

Genußreife: 3 bis 10 Jahre nach dem Jahrgangsdatum

Ich habe diesen Wein nicht oft verkostet und einen alten Jahrgang überhaupt noch nicht probiert. Bei den Jahrgängen 1989, 1988, 1986 und 1985 handelt es sich stets um rauhe, harte und straffe Weine, denen es an Charme, Frucht und Tiefe mangelt. Der ungewöhnlich hohe Anteil an Petit Verdot (eine Sorte, die außer in Jahren wie 1982 und 1989 nur selten zur Reife gelangt) ist vielleicht an der strengen Eigenart dieses Weins schuld.

BORDEAUX

MONGRAVEY
Kein offizieller Rang

Lage der Weinberge: Arsac

Besitzer: Régis Bernaleau
Adresse: 15, Avenue de Ligondras, 33460 Arsac
Telefon: 33 5 56 58 83 51 – Telefax: 33 5 56 58 83 39

Besuche: nur nach Vereinbarung · Kontaktperson: Régis Bernaleau

WEINBERGE (Rotwein)

Rebfläche: 9 ha

Durchschnittliches Rebenalter: 18 Jahre

Rebbestand: 55 % Cabernet Sauvignon, 45 % Merlot

Pflanzdichte: 10 000 bzw. 8300 bzw. 6500 Reben/ha

Ertrag (im Durchschnitt der letzten 5 Jahre): 54 hl/ha

Durchschnittliche Jahresproduktion insgesamt: 5000 Kisten

GRAND VIN

Name: Château Mongravey

Appellation: Margaux

Durchschnittliche Jahresproduktion: 40 000 Flaschen

Verarbeitung und Ausbau: Gär- und Maischdauer 4 bis 6 Wochen, je nach Jahrgang. Anschließend 12 bis 18 Monate Ausbau in Eichenfässern, davon $1/3$ neu, $1/3$ ein Jahr alt, $1/3$ zwei Jahre alt. Der Wein wird geschönt und bei der Abfüllung gefiltert.

ZWEITWEIN

Name: Château Cazauviel

Durchschnittliche Jahresproduktion: 24 000 Flaschen

PAVEIL-DE-LUZE
Cru Bourgeois

Produktion: 10 000 Kisten

Rebbestand: 70 % Cabernet Sauvignon, 30 % Merlot

Zweitwein: De la Coste

Rebfläche: 24 ha

Besitzer: G.F.A. du Château

Faßreifezeit: 12 bis 15 Monate

Durchschnittsalter der Reben: 20 Jahre

Beurteilung des derzeitigen Rangs: Entspricht der Klassifizierung

Genußreife: 3 bis 9 Jahre nach dem Jahrgangsdatum

Ich habe den Wein aus diesem Château stets als nichtssagend und ausdruckslos empfunden. Verkostungen von Jahrgängen der letzten achtziger Jahre haben gezeigt, daß sich hieran nichts geändert hat. Der Baron Geoffroy de Luze und seine drei Kinder verwalten das charmante Weingut, das sich seit über 100 Jahren im Besitz der Familie de Luze befindet.

Pontac-Lynch
Cru Bourgeois seit 1932

Lage der Weinberge: Cantenac und Margaux; z. T. angrenzend an die Châteaux Margaux, Palmer und d'Issan, z. T. zwischen den Châteaux Margaux und Rauzan-Ségla

Besitzer: Familie Bondon
Adresse: Issan-Cantenac, 33460 Margaux
Postanschrift: B.P. 7, 33460 Margaux
Telefon: 33 5 57 88 30 04 – Telefax: 33 5 57 88 32 63

Besuche: vorzugsweise nach Vereinbarung, montags bis freitags von 9 bis 12 und von 14 bis 17 Uhr
Kontaktperson: Marie-Christine Bondon

WEINBERGE (Rotwein)

Rebfläche: 10 ha

Durchschnittliches Rebenalter: 20 Jahre

Rebbestand: 45 % Merlot, 25 % Cabernet Sauvignon, 20 % Cabernet Franc, 10 % Petit Verdot

Pflanzdichte: 10 000 Reben/ha

Ertrag (im Durchschnitt der letzten 5 Jahre): 48 hl/ha

Durchschnittliche Jahresproduktion insgesamt: 60 000 Flaschen

GRAND VIN

Name: Château Pontac-Lynch

Appellation: Margaux

Durchschnittliche Jahresproduktion: 48 000 Flaschen

Verarbeitung und Ausbau: Lese von Hand, Sortierung auf zur Lesezeit in den Weinbergen installierten Förderbändern. Gärdauer 10 bis 14 Tage in temperaturgeregelten Tanks, Maischdauer etwa ebenso lange, je nach Jahrgang. 12 Monate Ausbau in zu $1/3$ neuen Eichenfässern. Abstich alle 4 Monate; der Wein wird mit Eiweiß geschönt, aber nicht gefiltert.

ZWEITWEIN

Name: Château Pontac-Phénix

Durchschnittliche Jahresproduktion: 12 000 Flaschen

BORDEAUX

PONTET-CHAPPAZ
Kein offizieller Rang

Lage der Weinberge: Arsac

Besitzer: Vignobles Rocher Cap de Rive S.A. – Roger Geens
Adresse: 33460 Margaux
Postanschrift: c/o Château Rocher Bellevue, B.P. 89, 33350 St-Magne de Castillon
Telefon: 33 5 57 40 08 88 – Telefax: 33 5 57 40 19 93

Besuche: nur nach Vereinbarung
Kontaktperson: Isabel Teles Pinto

WEINBERGE (Rotwein)

Rebfläche: 7 ha

Durchschnittliches Rebenalter: 20 Jahre

Rebbestand: 70 % Cabernet Sauvignon, 25 % Merlot, 5 % Petit Verdot

Pflanzdichte: 7500 Reben/ha

Ertrag (im Durchschnitt der letzten 5 Jahre): 55 hl/ha

Durchschnittliche Jahresproduktion insgesamt: 4000 Kisten

GRAND VIN

Name: Château Pontet-Chappaz

Appellation: Margaux

Durchschnittliche Jahresproduktion: 2300 Kisten

Verarbeitung und Ausbau: Vinifikation 28 Tage in temperaturgeregelten Tanks, anschließend 18 Monate Ausbau in Tanks bzw. in zu 20 % neuen Eichenfässern. Der Wein wird geschönt und bei der Abfüllung gefiltert.

ZWEITWEIN

Name: Château Tricot d'Arsac

Durchschnittliche Jahresproduktion: 180 hl

TAYAC
Cru Bourgeois

Lage der Weinberge: Margaux

Besitzer: S.C. du Château Tayac
Adresse: 33460 Soussans
Postanschrift: B.P. 10, 33460 Soussans
Telefon: 33 5 57 88 33 06 – Telefax: 33 5 57 88 36 06

Besuche: montags bis freitags von 10 bis 12 und von 14 bis 18 Uhr
Kontaktperson: Nadine Portet (Leiterin) oder Yvette Favin

MARGAUX UND DAS SÜDLICHE MEDOC

WEINBERGE (Rotwein)

Rebfläche: 36,5 ha

Durchschnittliches Rebenalter: 20 Jahre

Rebbestand: 65 % Cabernet Sauvignon, 33 % Merlot, 2 % Petit Verdot

Pflanzdichte: 9000 Reben/ha

Ertrag (im Durchschnitt der letzten 5 Jahre): 60 hl/ha

GRAND VIN

Name: Château Tayac

Appellation: Margaux

Durchschnittliche Jahresproduktion: 900 hl

Verarbeitung und Ausbau: Vinifikation etwa 21 Tage in temperaturgeregelten Edelstahl- und (kunststoffbeschichteten) Betontanks. Malolaktische Säureumwandlung im Tank, anschließend 12 Monate Ausbau in zu 30 % neuen Eichenfässern. Der Wein wird geschönt, aber nicht gefiltert.

Kein ZWEITWEIN

Der Weinbergbesitz des großen Cru Bourgeois liegt hauptsächlich in der Gemarkung von Soussans. Nach dem halben Dutzend Jahrgänge, das ich gekostet habe, zu schließen, ist der Wein korrekt bereitet, aber einfach in der Art, und er läßt in der Duftigkeit und Nachhaltigkeit, die den besten Weinen der Appellation Margaux eigen sind, zu wünschen übrig. Vielleicht könnte eine strengere Auslese und eine verstärkte Verwendung von neuen Eichenfässern zu mehr Charakter und Komplexität beitragen.

LA TOUR DE BESSAN
Kein offizieller Rang

Lage der Weinberge: Soussans und Arsac

Besitzerin: Marie-Laure Lurton-Roux
Adresse: 33460 Cantenac
Postanschrift: S.C. Les Grands Crus Réunis – 33480 Moulis
Telefon: 33 5 57 88 83 33 – Telefax: 33 5 57 88 72 51

Keine Besuche möglich
Kontaktperson: Marie-Laure Lurton-Roux

WEINBERGE (Rotwein)

Rebfläche: 17 ha

Durchschnittliches Rebenalter: 25 Jahre

Rebbestand: 58 % Cabernet Franc, 28 % Cabernet Sauvignon, 14 % Merlot

Pflanzdichte: 6000 Reben/ha

Ertrag (im Durchschnitt der letzten 5 Jahre): 45 hl/ha

Durchschnittliche Jahresproduktion insgesamt: 7650 Kisten

BORDEAUX

GRAND VIN

Name: Château La Tour de Bessan

Appellation: Margaux

Durchschnittliche Jahresproduktion: 100 000 Flaschen

Verarbeitung und Ausbau: Vinifikation in temperaturgeregelten Edelstahltanks. Anschließend 6 Monate Ausbau in zwei bis vier Jahre alten Eichenfässern. Der Wein wird geschönt und gefiltert.

Kein ZWEITWEIN

Vom Grand Vin ausgeschlossene Weine werden im Faß an den Handel verkauft

LA TOUR-DE-MONS
Cru Bourgeois Supérieur

Lage der Weinberge: Soussans

Besitzer: S.C.E.A. La Tour de Mons
Adresse: 33460 Soussans
Telefon: 33 5 57 88 33 03 – Telefax: 33 5 57 88 32 46

Besuche: nur nach Vereinbarung · Kontaktperson: Dominique Laux

WEINBERGE (Rotwein)

Rebfläche: 35 ha · Durchschnittliches Rebenalter: 30 Jahre

Rebbestand: 48 % Merlot, 38 % Cabernet Sauvignon, 8 % Petit Verdot, 6 % Cabernet Franc

Pflanzdichte: 8000 Reben/ha

Ertrag (im Durchschnitt der letzten 5 Jahre): 55 hl/ha

Durchschnittliche Jahresproduktion insgesamt: 18 000 Kisten

GRAND VIN

Name: Château La-Tour-de-Mons

Appellation: Margaux

Durchschnittliche Jahresproduktion: 18 000 Kisten

Verarbeitung und Ausbau: Vinifikation ca. 20 Tage in temperaturgeregelten Edelstahltanks. Häufiges Umpumpen für bessere Extraktion. Nach malolaktischer Säureumwandlung 12 Monate Ausbau in zu 30 % neuen Eichenfässern. Der Wein wird mit Eiweiß geschönt, aber nicht gefiltert.

ZWEITWEIN

Name: Marquis de Mons

Durchschnittliche Jahresproduktion: 600 hl

Beurteilung des derzeitigen Rangs: Entspricht der Klassifizierung

Genußreife: 5 bis 14 Jahre nach dem Jahrgangsdatum

MARGAUX UND DAS SÜDLICHE MEDOC

Das berühmte historische Château, dessen Ursprünge auf das späte 13. Jahrhundert zurückgehen, befindet sich noch immer im Besitz der Familie Clauzel-Binaud (der früher auch Château Cantemerle zum großen Teil gehörte); es ist nur ein Cru Bourgeois, aber manche seiner Weine, beispielsweise der 1949er und 1953er, sind legendär und zählten zu den besten dieser Jahrgänge. Wie Cantemerle wurde aber auch das in der Gemarkung Soussans gelegenen La Tour-de-Mons gegen Ende der siebziger Jahre stark vernachlässigt und beginnt erst jetzt seine Form wiederzuerlangen. Die vielen optimistischen Ankündigungen des Wiederaufstiegs von La Tour-de-Mons haben sich allerdings in meinen Probiernotizen noch nicht niedergeschlagen. Gewiß sind die Weine gut, aber in den achtziger Jahren hat sich nichts getan, was die von manchen Beobachtern angeregte Aufstufung des Weinguts zum Cru Classé rechtfertigen würde.

TROIS CHARDONS
Kein offizieller Rang

Lage der Weinberge: Cantenac

Besitzer: Claude und Yves Chardon
Adresse: 33460 Cantenac, Margaux
Postanschrift: c/o Yves et Claude Chardon, 2, route d'Issan, 33460 Cantenac
Telefon: 33 5 57 88 39 13 – Telefax: 33 5 57 88 33 94

Besuche: nur nach Vereinbarung

Kontaktpersonen: Claude und Yves Chardon

WEINBERGE (Rotwein)

Rebfläche: 3 ha

Durchschnittliches Rebenalter: 30 Jahre

Rebbestand: 50 % Cabernet Sauvignon, 45 % Merlot, 5 % Petit Verdot

Pflanzdichte: 10 000 Reben/ha

Ertrag (im Durchschnitt der letzten 5 Jahre): 52 hl/ha

Durchschnittliche Jahresproduktion insgesamt: 1400 Kisten

GRAND VIN

Name: Château des Trois Chardons

Appellation: Margaux

Durchschnittliche Jahresproduktion: 12 000 Flaschen

Verarbeitung und Ausbau: Gär- und Maischdauer rund 25 Tage. Anschließend 20 Monate Ausbau in Eichenfässern. Der Wein wird geschönt, aber nicht gefiltert.

Für den Grand Vin ungeeignete Weine werden im Faß verkauft

BORDEAUX

LES VIMIÈRES – LE TRONQUERA
Cru Artisan

Lage der Weinberge: Soussans

Besitzer: A.M. und J. Boissenot
Adresse: 47, rue Principale, 33460 Lamarque
Postanschrift: wie oben
Telefon: 33 5 56 58 91 74 – Telefax: 33 5 56 58 98 36

Besuche: nur nach Vereinbarung, täglich von 9 bis 12 und von 14 bis 18 Uhr
Kontaktperson: J. Boissenot

WEINBERGE (Rotwein)

Rebfläche: 0,5 ha

Durchschnittliches Rebenalter: 50 Jahre

Rebbestand: 100 % Merlot

Pflanzdichte: 10 000 Reben/ha

Ertrag (im Durchschnitt der letzten 5 Jahre): 39 hl/ha

Durchschnittliche Jahresproduktion insgesamt: 3000 Flaschen

GRAND VIN

Name: Château Les Vimières – Le Tronquera

Appellation: Margaux

Durchschnittliche Jahresproduktion: 3000 Flaschen

Verarbeitung und Ausbau: Vinifikation: 18 bis 20 Tage bei ca. 28 °C. 20 Monate Ausbau in Eichenfässern (davon 60 % neu und 40 % ein Jahr alt). Der Wein wird geschönt, aber nicht gefiltert.

Kein ZWEITWEIN

Die übrigen Médoc-Appellationen: Médoc, Haut-Médoc, Listrac und Moulis

Im Médoc gibt es außerdem noch Hunderte von Châteaux, deren Weine in Qualität und Charakter durchaus Aufmerksamkeit verdienen. In guten Jahren bieten sie häufig erstaunlich hohen, in exzellenten Jahren sogar sensationellen Gegenwert für ihren Preis. Manche dieser Güter bringen ebenso gute Weine hervor wie manches berühmte Cru Classé (und in einigen Fällen sogar bessere). Aus den meisten kommt allerdings nichts weiter als solide, zuverlässige Weine, die zwar nicht aufregend, dafür aber sauber und ordentlich genannt werden dürfen. In den sehr guten bis großartigen Bordeaux-Jahrgängen – 1961, 1970, 1975, 1982, 1985, 1986, 1989, 1990, 1995 und 1996 – lohnt es sich schon, Ausschau nach den Erzeugnissen der besseren Châteaux aus diesen Appellationen zu halten.

In keiner anderen Gegend von Bordeaux trifft man auf größere Fortschritte, als sie bei den Crus Bourgeois in den Appellationen Médoc, Haut-Médoc, Listrac und Moulis in den letzten 20 Jahren gemacht wurden. Wer regelmäßig guten Bordeaux trinken möchte, der sollte sich an die besten Weingüter aus diesen Gegenden halten. Die Appellation Médoc erstreckt sich auf einen ziemlich großen Bereich, der inzwischen eine Rebfläche von rund 4650 ha umfaßt. Dieser Name ist etwas mißverständlich, denn schließlich trägt der ganze Landstrich nördlich der Stadt Bordeaux, der im Westen vom Atlantik und im Osten von der Gironde begrenzt wird, die geographische Bezeichnung «das Médoc». Als Appellation bezieht sich «Médoc» jedoch nur auf den nördlichen Zipfel des Weinbaugebiets Bordeaux, das früher den Namen Bas-Médoc führte. Zum größten Teil kommen die Weine der AC Médoc aus den sieben Gemeinden Bégadan, St-Yzans, Prignac, Ordonnac, St-Christoly, Blaignan und St-Germain d'Esteuil.

Eine allgemeine Charakterisierung ist schon wegen der großen Qualitätsunterschiede nicht möglich. Aber auch in diesen abgelegeneren Gegenden der Region Bordeaux hat sich in den letzten Jahrzehnten ein Trend zur vermehrten Anpflanzung von Merlot auf den hier vorkommenden schwereren, gehaltvolleren, nicht so durchlässigen Böden durchgesetzt. Daher kommt es, daß die Weine inzwischen mehr vordergründigen Charme, mehr Frucht und ansprechendere Art als früher aufweisen. Es sind auch hier verschiedene Klassifizierungsstufen eingeführt worden, ich aber verwende in diesem Kapitel allein die Bezeichnung «Cru Bourgeois», weil alle anderen Stufen mir bei objektiver Betrachtung eher aus politischen Gründen als in dem ernsthaften Bestreben nach Qualitätsdifferenzierung zwischen den Châteaux entstanden zu sein scheinen.

Auch die Appellation Haut-Médoc umfaßt über 4000 ha Rebfläche in einem großen Gebiet, das sich von Blanquefort, dem nördlichen Industrievorort von Bordeaux, nordwärts bis zur Grenze des Bas-Médoc erstreckt und sich um die Appellation Médoc herumzieht. Seine Weine kommen aus 15 Gemeinden, von denen St-Seurin, St-Laurent, Cussac, St-Sauveur, Cissac und Vertheuil am berühmtesten geworden sind. Viele Erzeuger im Haut-Médoc warten mit Weinen auf, die es mit manchen Crus Classés aufnehmen können, und wie in der Appellation Médoc hat sich auch hier die Qualität vieler Crus Bourgeois in den achtziger Jahren beträchtlich verbessert.

Eine weitere recht unbekannte Appellation im Weinbaugebiet Bordeaux ist Listrac. Wie die Nachbar-AC Moulis liegt sie mit ihrer Rebfläche von knapp 600 ha im Landesinneren. Ihren Weinen haftet nicht zu Unrecht der Ruf an, sie seien überaus fest, trocken und adstringierend, ohne viel Charme und Frucht. Dem Erfolg der Listrac-Weine auf den Exportmärkten waren diese Merkmale natürlich nicht zuträglich, und deshalb sind die Weinerzeuger in den achtziger Jahren dagegen angegangen. Heute sind nun ihre Weine nicht mehr so robust und rauh wie früher, aber doch noch relativ tanninreich, und etwas mehr Charme käme ihnen gut zustatten.

Für meinen Geschmack ist Moulis die beste der weniger bekannteren Appellationen von Bordeaux. Das kommt vielleicht daher, daß so viele hochtalentierte Weinerzeuger sich auf der

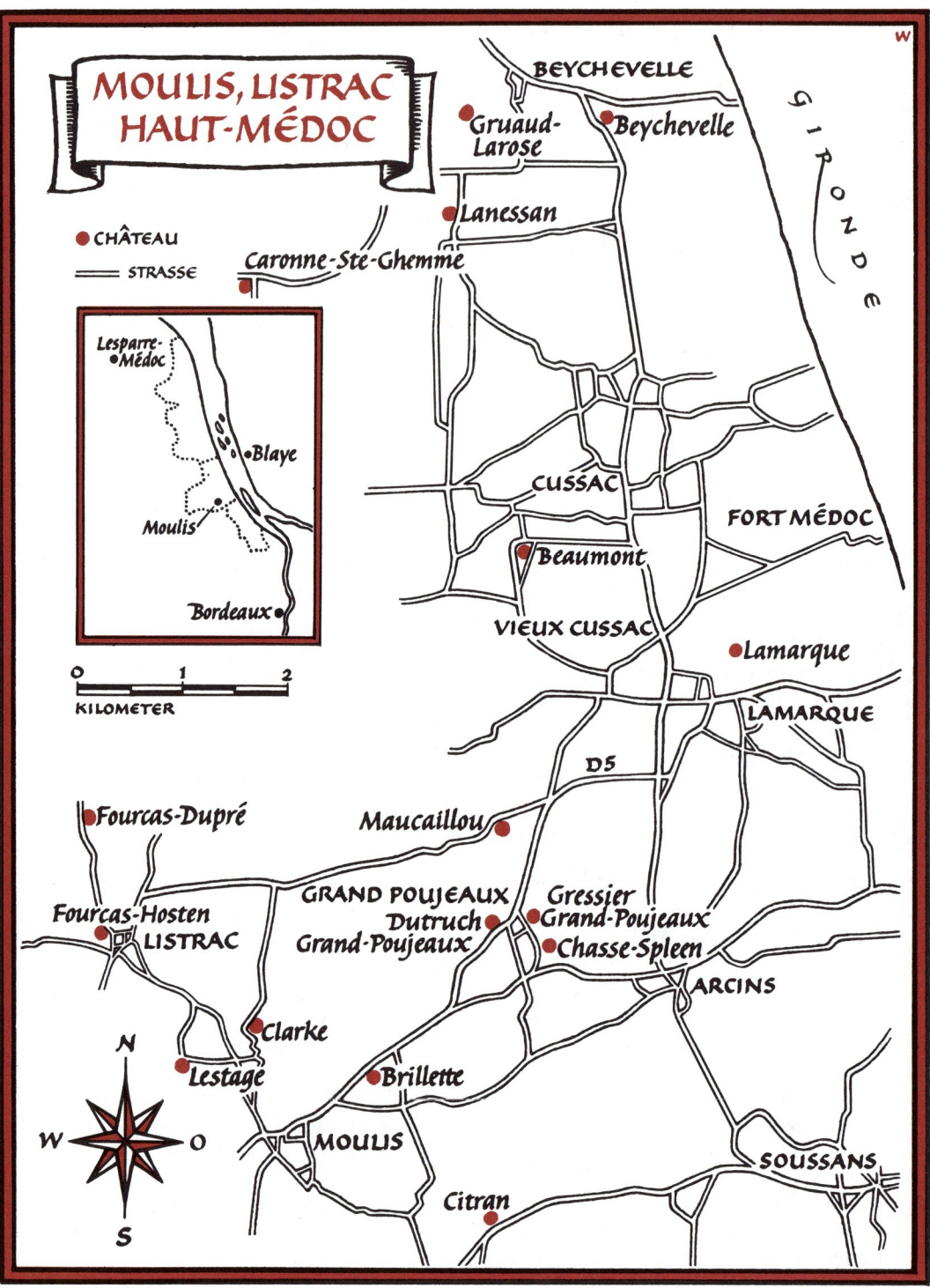

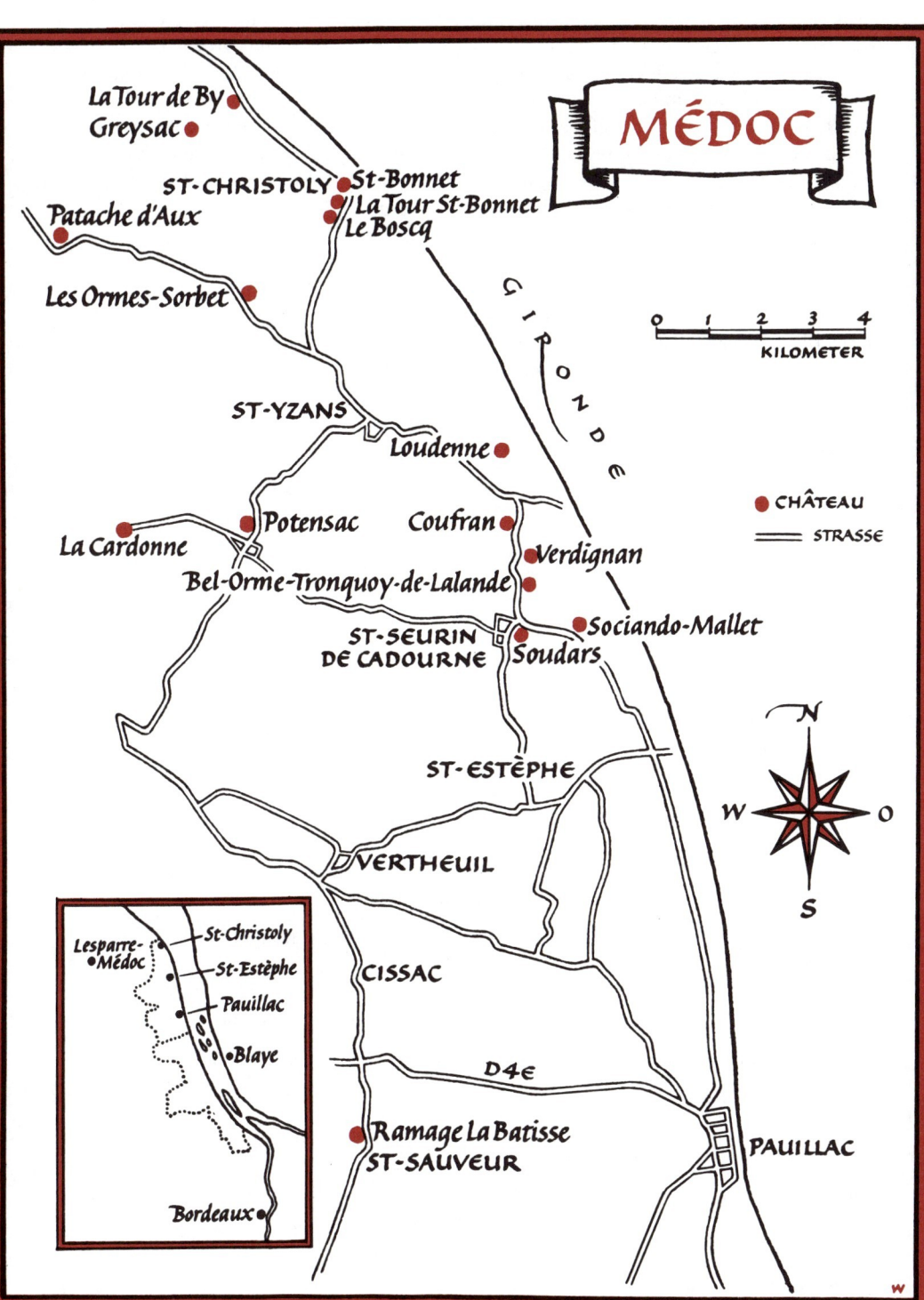

Rebfläche von rund 570 ha um höchstmögliche Qualität bemühen. Die Weine von Moulis gehören zu den langlebigsten in ganz Bordeaux und zeigen sich in Spitzenjahrgängen erstaunlich gehaltvoll, körperreich und wuchtig. Es gibt in Moulis eine ganze Menge großartiger Châteaux, u. a. Chasse-Spleen, Gressier Grand-Poujeaux, Maucaillou und Poujeaux. Viele Weine aus Moulis können es mindestens in der Lebensdauer mit den feinsten Crus Classés aufnehmen.

Ich habe diesen Abschnitt so eingerichtet, daß er die Châteaux in alphabetischer Reihenfolge enthält. Bei Weingütern, deren Erzeugnisse meiner Meinung nach Cru-Classé-Qualität aufweisen, füge ich jeweils Probiernotizen hinzu. Bei den anderen Weingütern sind zwar die besten Jahrgänge genannt, jedoch ohne spezielle Anmerkungen.

LISTRAC IM ÜBERBLICK

Lage: Die Appellation befindet sich südwestlich von St-Julien, rund 30 km vom Zentrum der Stadt Bordeaux entfernt

Rebfläche: 692 ha

Gemeinden: Hauptgemeinde Listrac; hinzu kommen genau definierte Teile anderer Gemarkungen

Durchschnittliche Jahresproduktion: 300 000 Kisten

Crus Classés: Keine, jedoch 29 Crus Bourgeois und 12 sonstige Weingüter sowie eine Genossenschaft mit 60 Mitgliedern

Hauptrebsorten: Cabernet Sauvignon, gefolgt von Merlot sowie in geringeren Mengen Cabernet Franc und Petit Verdot

Wichtigste Bodenarten: Lehm, Kalkstein, Kies

MOULIS IM ÜBERBLICK

Lage: Rund 30 km nordwestlich von Bordeaux, an der Nordwestgrenze der Appellation Margaux

Rebfläche: 568 ha

Gemeinden: Moulis-en-Médoc sowie eine Handvoll Weingüter in bestimmten Teilen von Arcins, Castelnau, Lamarque und Listrac-Médoc

Durchschnittliche Jahresproduktion: 285 000 Kisten

Crus Classés: Keine, jedoch 31 Crus Bourgeois und 13 sonstige Weingüter

Hauptrebsorten: Cabernet Sauvignon, gefolgt von Merlot

Wichtigste Bodenarten: Kalkstein sowie sandige, kieshaltige, lehmartige Böden

HAUT-MÉDOC IM ÜBERBLICK

Lage: Unmittelbar nördlich der Stadt Bordeaux liegt in den südlichen zwei Dritteln der Halbinsel Médoc die Appellation Haut-Médoc

Rebfläche: 4150 ha

DIE ÜBRIGEN MÉDOC-APPELLATIONEN

Gemeinden: St-Seurin-de-Cadourne, Vertheuil, Cissac, St-Sauveur, St-Laurent, Cussac-Fort-Médoc, Lamarque, Arcins, Avensan, Castelnau-de-Médoc, Arsac, Macau, Le Pian-Médoc, Ludon, Parenpuyre, Le Taillan, Blanquefort

Durchschnittliche Jahresproduktion: über 2 Millionen Kisten

Crus Classés: insgesamt 5: 3ème Cru Château La Lagune, 4ème Cru Château La Tour-Carnet und die drei 5èmes Crus Châteaux Bellegrave, Camensac und Cantemerle. Ferner 140 Crus Bourgeois und 116 sonstige Weingüter sowie 5 Genossenschaften

Hauptrebsorten: Cabernet Sauvignon, gefolgt von Merlot und Cabernet Franc

Wichtigste Bodenarten: Sand und Kies

MÉDOC IM ÜBERBLICK

Lage: Das nördliche Drittel der sich von Bordeaux aus nordwärts erstreckenden Halbinsel fällt unter die AC Médoc. Deren Südgrenze befindet sich rund 45 km von der Stadt Bordeaux entfernt.

Rebfläche: 4644 ha

Gemeinden: (von Norden nach Süden) Ste-Vivien-de-Médoc, Jau-Dignac-et-Loirac, Vensac, Valeyrac, Queyrac, Bégadan, St-Christoly-Médoc, Civrac-en-Médoc, Couqueques, Prignac, Gaillanen, Lesparre, Blaignan, St-Yzans-de-Médoc, Ordonnac, St-Germain-d'Esteuil

Durchschnittliche Jahresproduktion: 2 550 000 Kisten

Crus Classés: keine, jedoch 127 Crus Bourgeois und 113 sonstige Weingüter sowie 5 Genossenschaften mit über 400 Mitgliedern

Hauptrebsorten: vorherrschend Cabernet Sauvignon, gefolgt von Merlot und in geringerem Umfang Cabernet Franc , Malbec und Petit Verdot

Wichtigste Bodenarten: Die AC Médoc weist größere Vielfalt auf als die AC Haut-Médoc, wobei Kies-, Kalkstein- und Sandböden vorherrschen.

VERBRAUCHERGERECHTE KLASSIFIZIERUNG DER CHÂTEAUX IN DEN APPELLATIONEN MÉDOC, HAUT-MÉDOC, LISTRAC UND MOULIS

AUSGEZEICHNET
Charmail, Chasse-Spleen, Citran, Fourcas-Loubaney, Lanessan, Maucaillou, Potensac, Poujeaux, Sociando-Mallet, Tour Haut-Caussan, Tour du Haut-Moulin

SEHR GUT
Ducluzeau, Moulin-Rouge, Les Ormes-Sorbet, Peyredon-Lagravette, La Tour St-Bonnet

GUT
Anthonic, Arnauld, Beaumont, Belgrave, Le Boscq, Branas-Grand Poujeaux, Brillette, Camensac, Cissac, Clarke, Clément-Pichon, Coufran, Dutruch-Grand-Poujeaux, Fonréaud, Fourcas Dupré, Fourcas Hosten, Gressier Grand-Poujeaux, Greysac, Lamarque, Lestage, Liversan, Magnol, Malescasse, Mayne-Lalande, Moulin à Vent, Patache d'Aux, Plagnac, Saransot-Dupré, Ségur, Semeillan-Mazeau, Sénéjac, Soudars, La Tour de By, Verdignan

BORDEAUX

SONSTIGE BEACHTENSWERTE WEINGÜTER

d'Agassac, Bel-Orme-Tronquoy-de-Lalande, La Cardonne, Caronne-Ste-Gemme, Clos des Demoiselles, Duplessis, Duplessis-Fabre, Hanteillan, Larose-Trintaudon, Loudenne, Moulis, Peyrabon, Ramage La Batisse, La Tour-Carnet, Villegeorge

D'Agassac
Cru Bourgeois

Lage der Weinberge: Ludon-Médoc

Besitzer: Groupama
Adresse: 15, rue du Château d'Agassac, 33290 Ludon-Médoc
Postanschrift: wie oben
Telefon: 33 5 57 88 15 47 – Telefax: 33 5 57 88 17 61

Besuche: werktags von 8.30 bis 12.30 und von 14 bis 17 Uhr
Kontaktperson: Jean-Luc Zell

WEINBERGE (Rotwein)

Rebfläche: 36 ha

Durchschnittliches Rebenalter: 20 Jahre

Rebbestand: 50 % Merlot, 47 % Cabernet Sauvignon, 3 % Cabernet Franc

Pflanzdichte: 6700 Reben/ha

Ertrag (im Durchschnitt der letzten 5 Jahre): 36 hl/ha

Durchschnittliche Jahresproduktion insgesamt: 175 000 Flaschen

GRAND VIN

Name: Château d'Agassac

Appellation: Haut-Médoc

Durchschnittliche Jahresproduktion: 120 000 Flaschen

Verarbeitung und Ausbau: Gär- und Maischdauer 23 bzw. 30 Tage in temperaturgeregelten Edelstahltanks. Nach malolaktischer Säureumwandlung im Tank 18 Monate Ausbau, davon 75 % des Ertrags in jährlich zu $1/3$ erneuerten Eichenfässern, der Rest im Tank. Der Wein wird geschönt, jedoch nur der Preßwein vor dem Abstich in Eichenfässer auch gefiltert.

ZWEITWEIN

Name: Château Pomiès d'Agassac

Durchschnittliche Jahresproduktion: 55 000 Flaschen

Beurteilung des derzeitigen Rangs: Entspricht der Klassifikation

Genußreife: 4 bis 9 Jahre nach dem Jahrgangsdatum

Dieses Château ist eines der beiden (das andere ist La Lagune), die auf dem Sandboden von Ludon im südlichsten Teil des Médoc liegen.
Trotz ziemlich geringer Hektarerträge und traditioneller, konservativer Weinbereitung zeichnen sich die Weine von d'Agassac eher durch Ungleichmäßigkeit und robuste Art, der es häufig

DIE ÜBRIGEN MÉDOC-APPELLATIONEN

an Charme und Frucht fehlt, aus. Auf jeden Fall wollen sie in den ersten 10 Jahren getrunken werden. Als die besten neueren Jahrgänge wären zu nennen: der 1990er, 1989er und der jetzt müde werdende 1982er. Dagegen finde ich, daß der 1983er, 1986er und 1988er keine besonderen Leistungen darstellen.

Besuchern der Region kann ein Abstecher von der D 2 landeinwärts zum Château d'Agassac nur empfohlen werden; es ist eine schöne mittelalterliche Burg und mit seinen Tortürmen einer der eindrucksvollsten Bauten in der Region Bordeaux.

ANTHONIC
Cru Bourgeois

GUT

Lage der Weinberge: Moulis

Besitzer: Pierre Cordonnier
Adresse: 33480 Moulis
Postanschrift: wie oben
Telefon: 33 5 56 58 34 60 – Telefax: 33 5 56 58 06 22

Besuche: werktags von 9 bis 12 und von 14 bis 17.30 Uhr; an Wochenenden nur nach Vereinbarung
Kontaktperson: Jean-Baptiste Cordonnier

WEINBERGE (Rotwein)

Rebfläche: 22 ha

Durchschnittliches Rebenalter: 20 Jahre

Rebbestand: rund 55 % Merlot, 45 % Cabernet Sauvignon (sowie Petit Verdot in vernachlässigbaren Mengen)

Pflanzdichte: 6700 Reben/ha

Ertrag (im Durchschnitt der letzten 5 Jahre): 53 hl/ha

Durchschnittliche Jahresproduktion insgesamt: 150 000 Flaschen

GRAND VIN

Name: Château Anthonic

Appellation: Moulis

Durchschnittliche Jahresproduktion: 130 000 Flaschen

Verarbeitung und Ausbau: Gär- und Maischdauer ca. 21 Tage in Edelstahltanks (Temperatur am Ende des Gärprozesses 33 bis 35 °C). Nach malolaktischer Säureumwandlung 12 bis 15 Monate Ausbau in jährlich zu $1/3$ erneuerten Eichenfässern. Der Wein wird geschönt und gefiltert.

ZWEITWEIN

Name: Château Le Malinay/Château La Grave de Guitignan

Durchschnittliche Jahresproduktion: 20 000 Flaschen

Beurteilung des derzeitigen Rangs: Ein aufstrebendes Weingut, das Aufmerksamkeit verdient

Genußreife: 3 bis 10 Jahre nach dem Jahrgangsdatum

BORDEAUX

Ich hatte Gelegenheit, mehrere Jahrgänge von Château Anthonic zu verkosten, und bin vom stilvollen, eleganten Charakter dieser Weine stark beeindruckt. Der Weinberg ist zwar noch jung, befindet sich aber in guter Lage in der Nähe von Château Clarke. Der Besitzer Cordonnier arbeitet mit Edelstahltanks und setzt jährlich zu 30 % neue Eichenfässer ein.

ARNAULD
Cru Bourgeois

GUT

Lage der Weinberge: Arcins

Besitzer: S.C.E.A. Theil-Roggy
Adresse: 33460 Margaux
Postanschrift: wie oben
Telefon: 33 5 57 88 50 34 – Telefax: 33 5 57 88 50 35

Besuche: montags bis samstags von 9 bis 12 und von 14 bis 18 Uhr
Kontaktperson: François Theil

WEINBERGE (Rotwein)

Rebfläche: 24 ha

Durchschnittliches Rebenalter: 25 Jahre

Rebbestand: 50 % Cabernet Sauvignon, 50 % Merlot

Pflanzdichte: 6666 Reben/ha

Ertrag (im Durchschnitt der letzten 5 Jahre): 56 hl/ha

Durchschnittliche Jahresproduktion insgesamt: 180 000 Flaschen

GRAND VIN

Name: Château Arnauld

Appellation: Haut-Médoc

Durchschnittliche Jahresproduktion: 120 000 Flaschen

Verarbeitung und Ausbau: Gär- und Maischdauer rund 4 Wochen in Beton- und Edelstahltanks. Nach malolaktischer Säureumwandlung im Tank 12 Monate Ausbau in jährlich zu 40 % erneuerten Eichenfässern. Der Wein wird geschönt und gefiltert.

ZWEITWEIN

Name: Le Comte d'Arnauld

Durchschnittliche Jahresproduktion: 60 000 Flaschen

Beurteilung des derzeitigen Rangs: Entspricht der Klassifizierung

Genußreife: 3 bis 8 Jahre nach dem Jahrgangsdatum

Ist man auf der D 2 nordwärts durch das Dorf Arcins gefahren, dann trifft man auf das Château Arnauld. Es gehört der Familie Theil-Roggy, die schon vor langer Zeit dem Château Poujeaux im nahe gelegenen Moulis einen guten Ruf als Quelle eines der ausdrucksvollsten Weine aus dem Médoc geschaffen hat.

DIE ÜBRIGEN MÉDOC-APPELLATIONEN

Der im Château Arnauld produzierte Wein hat keine so ausgeprägte Struktur, was ohne Zweifel auf den höheren Merlot-Anteil (50 %) im Verschnitt zurückzuführen ist. Infolgedessen will der Arnauld bei all seiner attraktiven, reichhaltigen Frucht nach spätestens 7 bis 8 Jahren getrunken sein. Seit Beginn der achtziger Jahre stellt er sich als sauberer, schmackhafter Wein dar, der in den besseren Bordeaux-Jahrgängen geschmeidige, ausnehmend fruchtige Art und schöne Farbe, aber auch begrenzte Lebensdauer aufweist und dessen Preis stets im Rahmen bleibt.

BEAUMONT
Cru Bourgeois

GUT

Appellation: Haut-Médoc

Adresse: 33460 Cussac-Fort-Médoc
Telefon: 5 56 58 92 29 – Telefax: 5 56 58 90 94

Produktion: 45 000 Kisten

Rebbestand: 62 % Cabernet Sauvignon, 30 % Merlot, 5 % Cabernet Franc, 3 % Petit Verdot

ZWEITWEIN

Name: Moulin-d'Arvigny

Rebfläche: 103 ha

Besitzer: Grands Millésimes de France
Leitung: M. Paradivin

Faßreifezeit: 12 bis 16 Monate

Durchschnittsalter der Reben: 17 Jahre

Beurteilung des derzeitigen Rangs: Entspricht der Klassifizierung

Genußreife: 5 bis 9 Jahre nach dem Jahrgangsdatum

Das große Weingut hatte eine bewegte Geschichte, bis es 1986 von zwei Versicherungsgesellschaften erworben wurde. Seither hat die Qualität des Weins bedeutende Fortschritte gemacht, und heute zählt er zu den interessanteren, am besten bereiteten und preiswertesten Crus Bourgeois im Médoc. Angestrebt wird ein geschmeidiger, reichlich ausgestatteter Wein mit viel vordergründiger Frucht in schöner Verbindung mit rauchigem Vanillinaroma aus neuen Eichenfässern, die in geringem Umfang verwendet werden. Im Geschmack der neueren Jahrgänge glaubt man einen beträchtlich höheren Merlot-Anteil zu entdecken, als es den vom Weingut angegebenen 30 % entspricht. Dieser Wein überzeugt durch seine sachkundig bereitete, dabei überaus ansprechende und gefällige Art. Auch das Château selbst ist beachtens- und besuchenswert. Mit seinem alten Wehrturm und der eindrucksvollen zweitürmigen Fassade beherrscht es die Landschaft um den Ort Cussac-Fort-Médoc.

BORDEAUX

BEL-ORME-TRONQUOY-DE-LALANDE
Cru Bourgeois seit 1932

Lage der Weinberge: St-Seurin-de-Cadourne

Besitzer: Jean-Michel Quié
Adresse: 33180 St-Seurin-de-Cadourne
Postanschrift: wie oben
Telefon: 33 5 56 59 31 29 – Telefax: 33 5 56 59 72 83

Besuche: vorzugsweise nach Vereinbarung
Kontaktperson: Jean-Philippe Caudouin

WEINBERGE (Rotwein)

Rebfläche: 30 ha

Durchschnittliches Rebenalter: 30 Jahre

Rebbestand: 60% Merlot, 30% Cabernet Sauvignon, 10% Cabernet Franc

Pflanzdichte: 6500 Reben/ha

Ertrag (im Durchschnitt der letzten 5 Jahre): 50 bis 60 hl/ha

Durchschnittliche Jahresproduktion insgesamt: 1400 bis 1500 hl

GRAND VIN

Name: Château Bel-Orme-Tronquoy-de-Lalande

Appellation: Haut-Médoc

Durchschnittliche Jahresproduktion: 130 000 Flaschen

Verarbeitung und Ausbau: Gär- und Maischdauer 3 Wochen in Betontanks mit Temperaturregelung (nicht automatisch). Malolaktische Säureumwandlung im Tank, 12 bis 14 Monate Ausbau in zu 10% neuen Eichenfässern. Der Wein wird mit Albumin geschönt und bei der Abfüllung gefiltert (dem Grand Vin wird kein Preßwein zugesetzt).

Kein ZWEITWEIN

200 bis 300 hl werden im Faß verkauft

Beurteilung des derzeitigen Rangs: Entspricht der Klassifizierung

Genußreife: 5 bis 10 Jahre nach dem Jahrgangsdatum

Ich erinnere mich an einen profunden 1945er Bel-Orme-Tronquoy-de-Lalande, den ich am Neujahrstag 1985 genießen durfte. Auch über den 1982er sagen meine Notizen Gutes aus, ebenso über den opulenten, kernigen, körperreichen 1989er und 1990er. Dagegen sind meine sonstigen Erfahrungen mit dem Wein aus diesem Château, das ganz im Norden des Médoc in der Nähe des Orts St-Seurin-de-Cadourne liegt, nicht besonders inspirierend.

In den achtziger Jahren wurde der alte Weinstil, in dem sich gewaltige Wucht mit geradezu überwältigendem Tanningehalt verband, durch eine geschmeidigere Art verdrängt, die aber oft Weine erbrachte, denen es an Konzentration und Charakter fehlte.

DIE ÜBRIGEN MÉDOC-APPELLATIONEN

BELGRAVE
5ème Cru seit 1855

GUT

Lage der Weinberge: St-Laurent-du-Médoc

Besitzer: S.C. du Château Belgrave (bewirtschaftet von Dourthe C.V.B.G.)
Adresse: 33112 St-Laurent-du-Médoc
Postanschrift: c/o C.V.B.G., B.P.49, 35, rue de Bordeaux, 33290 Parempuyre
Telefon: 33 5 56 35 53 00 – Telefax: 33 5 56 35 53 29

Besuche: nur nach Vereinbarung
Kontaktadresse: C.V.B.G. (Tel. und Fax. siehe oben)

WEINBERGE (Rotwein)

Rebfläche: 53 ha

Durchschnittliches Rebenalter: 22 Jahre

Rebbestand: 40 % Cabernet Sauvignon, 35 % Merlot, 20 % Cabernet Franc, 5 % Petit Verdot

Pflanzdichte: 8500 Reben/ha

Ertrag (im Durchschnitt der letzten 5 Jahre): 55 hl/ha

Durchschnittliche Jahresproduktion insgesamt: 3000 hl

GRAND VIN

Name: Château Belgrave

Appellation: Haut-Médoc

Durchschnittliche Jahresproduktion: 250 000 Flaschen

Verarbeitung und Ausbau: Gär- und Maischdauer 3 Wochen in temperaturgeregelten Tanks. Täglich meist 3 bis 5maliges Umpumpen. Malolaktische Säureumwandlung teils im Tank, teils im Faß. 15 bis 18 Monate Ausbau (je nach Jahrgang) in zu 50 % neuen Eichenfässern. Der Wein wird mit frischem Eiweiß geschönt, aber nicht gefiltert.

ZWEITWEIN

Name: Diane de Belgrave

Durchschnittliche Jahresproduktion: 120 000 Flaschen

Beurteilung des derzeitigen Rangs: Abstufung zum Cru Bourgeois wäre zu empfehlen, obwohl sich die Qualität seit 1985 verbessert hat

Genußreife: 5 bis 12 Jahre nach dem Jahrgangsdatum

Als das große Handelshaus Dourthe (in Bordeaux als C.V.B.G. bekannt) im Jahr 1980 dieses Château erwarb, war es eines der am stärksten vernachlässigten Weingüter im Médoc. Inzwischen wurden beträchtliche Investitionen getätigt, und heute ist das Château ein Mustergut, das zugleich als Gästehaus für die besten Kunden der Firma Dourthe dient. In den Weinbergen wurden umfangreiche Neuanpflanzungen vorgenommen, um den außergewöhnlich hohen Merlot-Anteil zu verringern und dafür den Anteil an Cabernet Sauvignon zu erhöhen.

Es gab jedoch in der Qualität der Weine kaum erkennbare Fortschritte, bis um die Mitte der achtziger Jahre Patrick Atteret, dem Schwiegersohn von Dourthe-Chef Jean-Paul Jauffret, die Leitung des Weinguts übertragen wurde. Um dieselbe Zeit wurde der berühmte Önologe Michel Rolland aus Libourne als Weinbauberater gewonnen. Seit jener Zeit hat der Belgrave mehr Farbe, Tiefe und Reife angenommen. Der 1986er war ein Wein nach klassischer Art mit exzellenter Fülle, mittlerem bis kräftigem Körper und guter mittellanger Lebenserwartung. Der 1988er war gut gelungen, jedoch wie so viele Médoc-Weine aggressiv tanninstreng. Der 1989er nimmt sich großzügig ausgestattet, hochreif und mild aus – ein aufgeschlossener Wein, der innerhalb von 10 Jahren getrunken sein will.

Ich bin gespannt, ob es Belgrave gelingt, seine Qualität so weit zu verbessern, daß es wieder als 5ème Cru gelten darf.

LE BOSCQ
Cru Bourgeois

GUT

Lage der Weinberge: St-Christoly

Adresse: 1, route du 19 mars, 33340 Bégadan
Postanschrift: Les Trois Châteaux (wie oben)
Telefon: 33 5 56 41 50 18 – Telefax: 33 5 56 41 54 65

Besuche: montags bis freitags von 9 bis 12.30 und von 14 bis 17.30 Uhr
Kontaktperson: Patrice Ricard

WEINBERGE (Rotwein)

Rebfläche: 26 ha

Durchschnittliches Rebenalter: 20 Jahre

Rebbestand: 70% Cabernet Sauvignon, 20% Merlot, 10% Cabernet Franc

Pflanzdichte: 5500 Reben/ha

Ertrag (im Durchschnitt der letzten 5 Jahre): 59 hl/ha

Durchschnittliche Jahresproduktion insgesamt: 200 000 Flaschen

GRAND VIN

Name: Château Le Bosq Vieilles Vignes

Appellation: Médoc

Durchschnittliche Jahresproduktion: 70 000 Flaschen

Verarbeitung und Ausbau: Vinifikation 20 bis 25 Tage in Beton- und Edelstahltanks bzw. Holzfässern. Nach malolaktischer Säureumwandlung im Tank 12 Monate Ausbau in zu 20% neuen Eichenfässern. Der Wein wird geschönt, aber nicht gefiltert.

ZWEITWEIN

Name: Château Le Boscq

Durchschnittliche Jahresproduktion: 130 000 Flaschen

Beurteilung des derzeitigen Rangs: Entspricht der Klassifizierung

Genußreife: 3 bis 7 Jahre nach dem Jahrgangsdatum

DIE ÜBRIGEN MÉDOC-APPELLATIONEN

Ein zuverlässiges Cru Bourgeois, dessen Weinberg zwischen La Tour de By und La Tour St-Bonnet, zwei weiteren ausgezeichneten Crus Bourgeois, bei St-Christoly liegt. Geleitet wird es von Jean-Michel Lapalu, dem auch das berühmtere Gut Patache d'Aux gehört. Mit dem Le Boscq strebt er einen vordergründigen, ungezügelten, auffällig fruchtigen und geschmeidigen Stil an. Infolgedessen will dieser Wein innerhalb von 3 bis 7 Jahren getrunken werden. Die Weinlese wird maschinell durchgeführt; Bereitung und Ausbau sind so angelegt, daß der Wein nach dem Abfüllen sofort genußreif ist.

Eine Cuvée Vieilles Vignes wurde 1989 eingeführt.

BRANAS-GRAND POUJEAUX
Cru Bourgeois

GUT

Lage der Weinberge: Moulis

Besitzer: Jacques de Pourquéry
Adresse: 33480 Moulis
Postanschrift: wie oben
Telefon: 33 5 56 58 03 07 – Telefax: 33 5 56 58 02 04

Besuche: nur nach Vereinbarung
Kontaktperson: Jacques de Pourquéry

WEINBERGE (Rotwein)

Rebfläche: 6 ha

Durchschnittliches Rebenalter: 30 Jahre

Rebbestand: 50 % Cabernet Sauvignon, 45 % Merlot, 5 % Petit Verdot

Pflanzdichte: 6600 Reben/ha

Ertrag (im Durchschnitt der letzten 5 Jahre): 60 hl/ha

Durchschnittliche Jahresproduktion insgesamt: 570 hl

GRAND VIN

Name: Château Branas-Grand Poujeaux

Appellation: Moulis

Durchschnittliche Jahresproduktion: 350 hl

Verarbeitung und Ausbau: Vinifikation 3 Wochen in Holzfässern und Fiberglastanks. Malolaktische Säureumwandlung im Tank; 24 Monate Ausbau zur Hälfte in großen, zur Hälfte in kleinen Eichenfässern. Der Wein wird geschönt und bei der Abfüllung gefiltert.

ZWEITWEIN

Name: Clos des Demoiselles

Durchschnittliche Jahresproduktion: 220 hl

Beurteilung des derzeitigen Rangs: Entspricht der Klassifizierung

Genußreife: 6 bis 15 Jahre nach dem Jahrgangsdatum

Das Château ist eines der kleinsten und am wenigsten bekannten in Moulis. Aber die Weine aus den Jahrgängen, die ich verkostet habe, zeigten viel körperreiche Geschmackskonzentration und das Potential für eine Lebensdauer von 10 bis 20 Jahren. Ich wollte nur, ich hätte auch ältere Jahrgänge besser gekannt, denn zweifellos nahmen sich der 1985er, 1986er und 1989er in ihrer Jugend enorm vielversprechend aus.

BRILLETTE
Cru Bourgeois

GUT

Lage der Weinberge: Moulis en Médoc

Besitzer: Jean-Louis Flageul
Adresse: 33480 Moulis en Médoc
Postanschrift: wie oben
Telefon: 33 5 56 58 22 09 – Telefax: 33 5 56 58 12 26

Besuche: nur an Werktagen nach Vereinbarung

Kontaktpersonen: Sandrine Delmas oder Laurent Crouzet

WEINBERGE (Rotwein)

Rebfläche: 36 ha

Durchschnittliches Rebenalter: 25 Jahre

Rebbestand: 50% Cabernet Sauvignon, 40% Merlot, 5% Cabernet Franc 5% Petit Verdot

Pflanzdichte: 7142 Reben/ha

Ertrag (im Durchschnitt der letzten 5 Jahre): 45 hl/ha

Durchschnittliche Jahresproduktion insgesamt: 220000 Flaschen

GRAND VIN

Name: Château Brillette

Appellation: Moulis en Médoc

Durchschnittliche Jahresproduktion: 110000 Flaschen

Verarbeitung und Ausbau: Gärung (bei 28 bis 30 °C) und Maischung 3 bis 4 Wochen in temperaturgeregelten Tanks. Nach malolaktischer Säureumwandlung 16 bis 18 Monate Ausbau in zu 30% neuen Eichenfässern. Der Wein wird geschönt, aber nicht gefiltert.

ZWEITWEIN

Name: Château Haut-Brillette

Durchschnittliche Jahresproduktion: 110000 Flaschen

Beurteilung des derzeitigen Rangs: Entspricht der Klassifizierung

Genußreife: 7 bis 10 Jahre nach dem Jahrgangsdatum

Etwa 1 km nördlich des Orts Moulis-en-Médoc liegt das große 150-ha-Gut Brillette mit einer Rebfläche von nur 36 ha und einer Erzeugung von rund 19000 Kisten. Die Weine von Brillette

DIE ÜBRIGEN MÉDOC-APPELLATIONEN

sind noch nicht besonders bekannt, doch die hohe Qualität der Weinbereitung zeigt sich in würziger, eichenholzduftiger, reichfruchtiger, weithin ansprechender Art.

Der Weinberg von Brillette ist noch relativ jung – der größte Teil wurde in den sechziger und siebziger Jahren angepflanzt – und besteht aus einem einzigen Stück auf sandigem Kiesboden. Seit Anfang der achtziger Jahre findet die Ernte maschinell statt, und Jahr für Jahr werden zu einem Drittel neue Eichenfässer verwendet, wodurch der Wein einen charakteristisch rauchigen, toastartigen Charakter bekommt.

Dieser Wein ist etwas für Liebhaber einer deftigen Dosis Eichenholzwürze und wird am besten innerhalb von 10 Jahren nach der Lese getrunken.

CAMENSAC
5ème Cru seit 1855

GUT

Lage der Weinberge: St-Laurent du Médoc

Besitzer: G.F.A. du Château Camensac (Familie Forner)
Adresse: Route de St-Julien, 33112 St-Laurent du Médoc
Postanschrift: wie oben
Telefon: 33 5 56 59 41 69 – Telefax: 33 5 56 59 41 73

Besuche: nur an Werktagen nach Vereinbarung

WEINBERGE (Rotwein)

Rebfläche: 74 ha

Durchschnittliches Rebenalter: 35 Jahre

Rebbestand: 60% Cabernet Sauvignon, 40% Merlot

Pflanzdichte: 10 000 Reben/ha

Durchschnittliche Jahresproduktion insgesamt: 28 000 bis 30 000 Kisten

GRAND VIN

Name: Château Camensac

Appellation: Haut-Médoc

Durchschnittliche Jahresproduktion: 20 000 Kisten

Verarbeitung und Ausbau: Vinifikation 15 bis 21 Tage in temperaturgeregelten Edelstahltanks. Malolaktische Säureumwandlung beim größten Teil des Ertrags im Tank (nur bei einem sehr kleinen Teil in Eichenfässern). 18 Monate Ausbau in, je nach Jahrgang, zu 35 bis 75% neuen Eichenfässern. Der Wein wird geschönt und bei der Abfüllung gefiltert.

ZWEITWEIN

Name: La Closerie de Camensac

Durchschnittliche Jahresproduktion: 8 000 bis 10 000 Kisten

Beurteilung des derzeitigen Rangs: Abstufung zum Cru Bourgeois wäre zu empfehlen

Genußreife: 5 bis 14 Jahre nach dem Jahrgangsdatum

Camensac gehört zu den weniger bekannten Crus Classés aus der Klassifizierung von 1855. Sicherlich erklärt sich das zum Teil aus der Lage weit landeinwärts, westlich von St-Julien, in der Gemeinde St-Laurent. Außerdem trug die bis Mitte der siebziger Jahre unveränderte Mittelmäßigkeit der Weine zum allgemeinen Desinteresse bei. Inzwischen aber hat sich in Camensac ein Wandel zum Besseren vollzogen.

Das Verdienst am Wiederaufstieg von Camensac ist den Gebrüdern Forner zuzuschreiben, die 1965 das Gut kauften und sich an die kostspielige Aufgabe der Neuanpflanzung sowie der Renovierung von *chai* und Kellern machten. Bekannt geworden sind die Forners durch die modern gestalteten Weine, die sie in ihrer Kellerei Marqués de Caceres im spanischen Rioja erzeugen.

Mit der Unterstützung des Önologen Emile Peynaud aus Bordeaux wurde der Wein von Camensac leichter sowie betont geschmeidiger und fruchtiger in der Art. Obwohl die Qualität des Camensac nun also besser geworden ist, entspricht sie noch immer nicht dem Rang eines 5ème Cru. Eine gewisse St-Julien-ähnliche Persönlichkeit mit guter Frucht, mittlerem Körper und ausreichendem Tanningehalt für ein Jahrzehnt Kellerlagerung ist bei guten Jahrgängen jedenfalls vorhanden. Bei Verkostungen gegen Ende der achtziger Jahre mußte ich zwar feststellen, daß viele Flaschen einen Geruch von feuchtem Karton an sich haben, aber dieses Problem wurde in den 1990er Jahren beseitigt. Die Weine weisen gute Konzentration und schlichte, stämmige Art auf.

LA CARDONNE
Cru Bourgeois

Lage der Weinberge: Blaignan und Ordonnac

Besitzer: S.N.C. Domaines C.G.R.
Adresse: Route de la Cardonne, 33340 Blaignan
Postanschrift: 40, rue Notre Dame des Victoires, 75002 Paris
Telefon: 33 1 42 21 11 80 – Telefax: 33 1 42 21 11 85

Besuche: montags bis freitags von 9 bis 12 und von 13.30 bis 16.30 Uhr
Kontaktperson: Nathalie Figula (Tel.: 33 5 56 73 31 51 – Fax: 33 5 56 73 31 52)

WEINBERGE (Rotwein)

Rebfläche: 69 ha

Durchschnittliches Rebenalter: 35 Jahre

Rebbestand: 50 % Merlot, 45 % Cabernet Sauvignon, 5 % Cabernet Franc

Pflanzdichte: 7500 Reben/ha

Ertrag (im Durchschnitt der letzten 5 Jahre): 55 hl/ha

Durchschnittliche Jahresproduktion insgesamt: 3800 hl

GRAND VIN

Name: Château La Cardonne

Appellation: Médoc

Durchschnittliche Jahresproduktion: 350 000 Flaschen

Verarbeitung und Ausbau: Gär- und Maischdauer 20 bis 30 Tage in temperaturgeregelten Edelstahltanks. 12 Monate Ausbau in jährlich zu $1/3$ erneuerten Eichenfässern. Der Wein wird geschönt und gefiltert.

ZWEITWEIN

Name: Cardus

Durchschnittliche Jahresproduktion: etwa 30 % der Gesamtproduktion

Beurteilung des derzeitigen Rangs: Entspricht der Klassifizierung

Genußreife: 3 bis 6 Jahre nach dem Jahrgangsdatum

1973 machte sich größter Optimismus breit, als die Familie Rothschild (zu ihrem Besitz gehören so weltberühmte Pauillac-Châteaux wie Lafite-Rothschild und Duhart-Milon) dieses Weingut in Blaignan erwarb. Es stellt ein sehr großes Unternehmen dar, und sein Wein wird in einer relativ leichten, ausdrucksschwachen, jedoch kommerziell korrekten Art produziert. Ich bin überzeugt, daß ihm große Hektarerträge und übermäßige Filtrierung einen großen Teil seiner Konzentration und seines Charakters rauben. Er muß infolgedessen nach 5 bis 6 Jahren getrunken sein. Für den Qualitätsstand ist der Preis zu hoch, doch ist mir der 1990er als der beste Wein aus diesem Château erschienen. Die Rothschilds haben das Gut in den neunziger Jahren verkauft, und wie mir scheint, ist seither die Qualität besser geworden.

CARONNE-STE-GEMME
Cru Bourgeois Supérieur seit 1932; Cru Bourgeois Exceptionnel seit 1966

Lage der Weinberge: St-Laurent du Médoc

Besitzer: Jean und François Nony
Adresse: 33112 St-Laurent du Médoc
Postanschrift: c/o S.C.E. des Vignobles Nony-Borie, 73, Quai des Chartrons, 33000 Bordeaux
Telefon: 33 5 57 87 56 81 – Telefax: 33 5 56 51 71 51

Besuche: nur nach Vereinbarung
Kontaktperson: Vignobles Nony-Borie (Tel. und Fax. siehe oben)

WEINBERGE (Rotwein)

Rebfläche: 42,5 ha

Durchschnittliches Rebenalter: 30 Jahre

Rebbestand: 55 % Cabernet Sauvignon, 43 % Merlot, 2 % Petit Verdot

Pflanzdichte: 10 000 Reben/ha

Ertrag (im Durchschnitt der letzten 5 Jahre): 50 hl/ha

Durchschnittliche Jahresproduktion insgesamt: 280 000 Flaschen

GRAND VIN

Name: Château Caronne Ste-Gemme

Appellation: Haut-Médoc

Durchschnittliche Jahresproduktion: 220 000 Flaschen

Verarbeitung und Ausbau: Gärung (28 bis 32 °C) und Maischung 20 bis 25 Tage. Nach malolaktischer Säureumwandlung 16 Monate Ausbau in jährlich zu $1/4$ erneuerten Eichenfässern. Der Wein wird geschönt und gefiltert.

BORDEAUX

ZWEITWEIN

Name: Château Lagrave Genesta

Durchschnittliche Jahresproduktion: 60 000 Flaschen

Beurteilung des derzeitigen Rangs: Entspricht der Klassifizierung

Genußreife: 4 bis 8 Jahre nach dem Jahrgangsdatum

Dieses Château in St-Laurent hat nicht viel Aufmerksamkeit gefunden. Sowohl der Tourist als auch der Publizist, der es besuchen möchte, findet es auf den schmalen Landstraßen im Médoc nur mit Mühe. Zudem bietet sein Wein kaum ein inspirierendes Geschmackserlebnis. Meine begrenzte Erfahrung mit ihm spricht von allgemein dunkler Farbe bei überraschend wenig Bukett, solidem, recht rustikalem, fast derbem Geschmack und überaus viel Tannin – alles in allem karg und herb.

CHARMAIL
Cru Bourgeois seit 1932

AUSGEZEICHNET

Lage der Weinberge: St-Seurin-de-Cadourne

Besitzer: Olivier Sèze
Adresse: 33180 St-Seurin-de-Cadourne
Postanschrift: wie oben
Telefon: 33 5 56 59 70 63 – Telefax: 33 5 56 59 39 20

Besuche: montags bis freitags von 9 bis 12 und von 14 bis 18 Uhr
Kontaktperson: Olivier Sèze

WEINBERGE (Rotwein)

Rebfläche: 22 ha

Durchschnittliches Rebenalter: 22 Jahre

Rebbestand: 50 % Merlot, 30 % Cabernet Sauvignon, 18 % Cabernet Franc, 2 % Petit Verdot

Pflanzdichte: 6666 bis 6700 Reben/ha

Ertrag (im Durchschnitt der letzten 5 Jahre): 57 hl/ha

Durchschnittliche Jahresproduktion insgesamt: 170 000 Flaschen

GRAND VIN

Name: Château La Charmail

Appellation: Haut-Médoc

Durchschnittliche Jahresproduktion: 110 000 Flaschen

Verarbeitung und Ausbau: Kaltmaischung, sodann Gärung bei hohen Temperaturen und lange Maischung (3½ Wochen bis 1 Monat), Abzug bei 30 bis 31 °C. 12 Monate Ausbau in zu 25 bis 30 % neuen Eichenfässern. Kein Schönen, kein Filtern.

DIE ÜBRIGEN MÉDOC-APPELLATIONEN

Kein ZWEITWEIN

Beurteilung des derzeitigen Rangs: Qualitativ mit einem 5ème Cru gleichwertig

Genußreife: 2 bis 10 Jahre

Dieser unter einer kalten Schutzgasdecke (Stickstoff, 5 °C) 15 Tage lang vergorene Wein wirkt mit seiner fruchtigen Intensität und Fülle für einen Haut-Médoc revolutionär. Er entsteht von 50 % Merlot, 30 % Cabernet Sauvignon, 18 % Cabernet Franc und 2 % Petit Verdot in einem Gut, das durchaus nicht über die feinsten *terroirs* verfügt. Die tintendunkle Intensität, Reintönigkeit und Fülle dieses Weins versetzt mich immer wieder in Erstaunen. In Anbetracht der hohen Qualität seiner neueren Leistungen ist dieses Gut dabei, sich einen Platz neben Sociando-Mallet und dgl. zu verdienen.

JAHRGÄNGE

1997 • 87-89 Dieser nach einer interessanten Methode (sehr lange Kaltmaischung der Frucht vor dem eigentlichen Gärprozeß) produzierte Wein, ein Schlager seines Jahrgangs, zeigt tiefdunkles Schwarzpurpurrot und prachtvoll süße Frucht schwarzer Himbeeren, verwoben mit Süßholz und Gewürz. Süße (von Glyzerin, nicht Zucker), Reife, milde Säure und ein vollmundiger Abgang kennzeichnen diesen Hochgenuß, der sich 5 bis 7 Jahre schön halten dürfte. Letzte Verkostung: 3/98.

1996 • 88-90 Der 1996er hat tintendunkle purpurrote Farbe und ein hinreißend süßes Aromaprofil von Crème de Cassis, schwarzen Himbeeren und Süßholz. Dichte Art, voller Körper, erstaunliche Fülle und Reintönigkeit – man muß es geschmeckt haben, um es zu glauben. Dieser Wein könnte nach der Abfüllung ohne weiteres eine höhere Punktnote verdienen.
Voraussichtliche Genußreife: 2000 bis 2010.

1995 • 88 Der tiefdunkel purpurrote 1995er bietet moderat intensiven Duft von fülligen Brombeeren und Johannisbeeren, dazu eingangs kräftige Frucht, mittleren bis vollen Körper, schönste Reintönigkeit, milde Säure und vollmundige Art. Trinkreif ist er ab sofort für die nächsten 10 Jahre. Letzte Verkostung: 11/97.

CHASSE-SPLEEN
Cru Bourgeois

AUSGEZEICHNET

Lage der Weinberge: Moulis

Besitzer: S.A. du Château Chasse-Spleen
Adresse: 33480 Moulis-en-Médoc
Postanschrift: wie oben
Telefon: 33 5 56 58 02 37 – Telefax: 33 5 56 58 05 70

Besuche: nur nach Vereinbarung montags bis freitags von 9 bis 16 Uhr
Kontaktperson: Claire Villars

WEINBERGE (Rotwein)

Rebfläche: 79 ha

Durchschnittliches Rebenalter: 30 Jahre

BORDEAUX

Rebbestand: 70 % Cabernet Sauvignon, 25 % Merlot, 5 % Petit Verdot

Pflanzdichte: 10 000 Reben/ha

Ertrag (im Durchschnitt der letzten 5 Jahre): 50 hl/ha

Durchschnittliche Jahresproduktion insgesamt: 500 000 Flaschen

GRAND VIN

Name: Château Chasse-Spleen

Appellation: Moulis

Durchschnittliche Jahresproduktion: 220 000 Flaschen

Verarbeitung und Ausbau: Gär- und Maischdauer 3 bis 4 Wochen in temperaturgeregelten Edelstahl- und (kunstharzbeschichteten) Betontanks. 14 bis 18 Monate Ausbau in zu 40 % neuen Eichenfässern. Der Wein wird geschönt, aber nicht gefiltert.

ZWEITWEIN

Name: L'Hermitage de Chasse-Spleen und L'Oratoire de Chasse-Spleen

Beurteilung des derzeitigen Rangs: Aufstufung zum 3ème Cru wäre zu empfehlen

Genußreife: 5 bis 18 Jahre nach dem Jahrgangsdatum

Das eindrucksvolle Château Chasse-Spleen produziert beständig feinen Wein, der in den vergangenen drei Jahrzehnten oft ebenso gut war wie ein 3ème Cru. Auch in schlechten und mittelmäßigen Jahren zeichnet er sich durch ausgeprägt tief rubinrote Farbe, ein reifes Pflaumenbukett und reichhaltigen, runden, kräftigen Geschmack aus.

Große Chasse-Spleen-Jahrgänge, die es sogar mit Crus Classés der Spitzengruppe aufnehmen können, sind 1966, 1970, 1975, 1978, 1985, 1986, 1989 und 1990.

Chasse-Spleen gehörte bis 1976 der Familie Lahary und ging dann an ein Syndikat über, das sich mehrheitlich im Besitz der Société Bernard Taillan befindet. Der Direktor dieser Société, Jacques Merlaut, traf für die Leitung dieses Guts manche intelligente Entscheidung. Das Ergebnis zeigte sich in Gestalt zunehmend erfreulicher Weine, die sich gegen Ende der achtziger Jahre zu absoluter Spitzenqualität steigerten. Die aus 4 Parzellen bestehenden Weinberge liegen vorwiegend auf tiefgründigem, kieshaltigem Boden und enthalten viele alte Weinstöcke; ihr Durchschnittsalter ist mit 35 Jahren recht beeindruckend. In den Kellern herrschen traditionelle Praktiken; Chasse-Spleen gehört zu den wenigen Weingütern im Médoc, in denen weder nach der malolaktischen Gärung noch vor dem Abfüllen gefiltert wird. Das einzige Zugeständnis an die moderne Technik ist die Verwendung von Vollerntemaschinen für einen Teil der Weinlese. Zu den auffallendsten Verbesserungen unter der Regie von Bernadette Villars gehört die Einführung eines Zweitweins sowie die auf 50 % vermehrte Verwendung neuer Eichenfässer für den Ausbau und die peinliche Beachtung aller Details. Die Preise sind sprunghaft in die Höhe gegangen, seit die Welt bemerkt hat, wie sehr der Chasse-Spleen einmal unterbewertet wurde.

JAHRGÄNGE

1997 • 86-87+ Der dunkel rubinpurpurrote, mit Aromen von Gewürzen, Beeren (schwarzen Johannisbeeren) und Vanillin versehene mittelschwere Wein hat sehr gute, ja ausgezeichnete Tiefe, schönes Gleichgewicht, reifes Tannin und nicht sehr viel Säure. Er dürfte sich im Lauf der nächsten 8 bis 10 Jahre schön trinken. Letzte Verkostung: 3/98.

1996 • 86-87? Ich habe diesen Wein bei drei verschiedenen Gelegenheiten verkostet, und ob-

DIE ÜBRIGEN MÉDOC-APPELLATIONEN

schon er eindrucksvolle Struktur und genug Tiefe der Frucht aufweist, wirkt er doch zusammenhaltlos und hat – vor allem wegen des hohen Tanningehalts – einen adstringierenden Abgang. Wenn er an Fülle gewinnt und das Tannin sich mildert, dürfte er eine Punktnote im oberen 80er-Bereich verdienen. Seiner ganzen Art nach wird er in den ersten 7 bis 8 Jahren nicht viel Genuß bereiten, dann aber zwei Jahrzehnte überdauern. Letzte Verkostung: 11/97.

1995 • 86 Dieser Wein bietet im Aromaprofil und vorn auf der Zunge alles, am Gaumen jedoch sehr wenig – kein gutes Zeichen für lange Lebenserwartung. Er hat dunkel rubinpurpurrote Farbe und Cassis-Frucht mit Noten von Rauch und Gras. Man sollte ihn in den nächsten 5 bis 7 Jahren trinken. Letzte Verkostung: 11/97.

1993 • 86 Chasse-Spleen hat einen guten, eindrucksvoll dunklen, mittelschweren 1993er mit der festen, tanninreichen Struktur des Jahrgangs sowie mit genug Frucht und Fülle als Gegengewicht hervorgebracht. Der Wein zeigt schöne Reife, guten Extrakt und Reintönigkeit, zusammen mit der für dieses Weingut charakteristischen schwarzen Frucht, und er dürfte sich ab sofort bis 2010 schön trinken.
Letzte Verkostung: 11/94.

1992 • 85 Dieser Wein erweist sich als besser als die Faßproben vermuten ließen. Er ist leicht, hat untypisch kräuterhaften Charakter und bietet schöne Reife, eine kernige Persönlichkeit mit mittlerem Körper, exzellente Farbsättigung sowie leichtes Tannin im attraktiven, fest gefügten Abgang. Dieser Wein dürfte sich in den nächsten 7 bis 8 Jahren schön trinken.
Letzte Verkostung: 11/94.

1990 • 88 Der 1990er hat sich schön entwickelt und zeigt nun weit mehr Intensität, mittleren bis vollen Körper, Geschmacksnoten von Kräutern und schwarzen Kirschen, sanftes Tannin und schöne Reife und Fülle. So hochkonzentriert wie der brillante 1989er ist er zwar nicht, aber ein immens attraktiver, runder, milder, sauberer Wein, der sich über die nächsten 10 Jahre hinweg schön trinken lassen wird. Letzte Verkostung: 11/97.

1989 • 91 Der 1989er Chasse-Spleen ist der beste Wein, den das Château seit dem großartigen 1949er hervorgebracht hat. Dieser Wein ist ein spektakulär reichhaltiger, wuchtiger, ausdrucksstarker Vertreter seines Jahrgangs und kann es mit vielen der berühmtesten Namen ohne weiteres aufnehmen, ja sie sogar in den Schatten stellen. Vielschichtige konzentrierte, süße, expansive Frucht von schwarzen Johannisbeeren ist eingefaßt in einen Rahmen aus würzigem frischem Eichenholz und schöner Säure. Ein ehrfurchtgebietender Wein!
Voraussichtliche Genußreife: Jetzt bis 2015. Letzte Verkostung: 11/97.

1988 • 86 Chasse-Spleen brachte einen exzellenten 1988er hervor. Er zeigt ein generöses, intensives, rauchiges Bukett von schwarzen Johannisbeeren, kernige, mittelschwere Art und einen überraschend langen, würzigen, sanften Abgang.
Voraussichtliche Genußreife: Jetzt bis 2001. Letzte Verkostung: 1/93.

1986 • 90 Die schwärzlich rubinpurpurrote Farbe des 1986ers deutet auf einen Wein von bemerkenswerter Fülle und Tiefe hin, und das ist es denn auch, was er zu bieten hat. Sein mächtiges Bukett von Cassisfrucht wird schön durch einen Hauch rauchiger Eichenholzwürze gestützt. Auf der Zunge zeigt der Wein sensationellen Extrakt, vollen Körper und massive Art; er dürfte sich mindestens 15 bis 20 Jahre halten. Mich hat noch selten ein junger Chasse-Spleen-Jahrgang so beeindruckt wie der 1986er.
Voraussichtliche Genußreife: Jetzt bis 2010. Letzte Verkostung: 11/90.

1985 • 90 Der 1985er Chasse-Spleen hat fabelhaft tiefe Farbe, ein hochintensives, duftiges Bukett von würzigem frischem Eichenholz, reicher Johannisbeerfrucht und Pflaumen. Im Mund fühlt sich der Wein sehr konzentriert, nachhaltig, kräftig gebaut, jedoch tadellos ausgewogen an und zeigt einen markanten Abgang.
Voraussichtliche Genußreife: Jetzt bis 2005. Letzte Verkostung: 11/90.

1984 • 81 Der 1984er Chasse-Spleen – einer der besseren Weine dieses Jahrgangs – hat gute Farbe, attraktive, reife Süße in der Frucht, mittleren Körper und samtige Art.
Voraussichtliche Genußreife: Jetzt. Letzte Verkostung: 3/88.

1983 • 86 Der aufgeschlossene, runde, generös ausgestattete 1983er Chasse-Spleen ist noch immer tief rubinrot, obwohl sich an den Rändern allmählich ein wenig Bernsteingelb einschleicht; er hat sein Tannin zum größten Teil abgeworfen und zeigt sich als köstlich fülliger, vollmundiger Tropfen. Es überrascht mich, wie schnell er ausgereift ist, doch er hat noch gute Tiefe, Charme und Komplexität.
Voraussichtliche Genußreife: Jetzt. Letzte Verkostung: 12/89.

1982 • 86 Der 1982er Chasse-Spleen ist nie so ausdrucksvoll gewesen wie die glorreiche Reihe von Weinen aus der Zeit der inzwischen verstorbenen Bernadette Villars zwischen 1985 und 1990. Immerhin hält er sich trotzdem gut und zeigt in Hülle und Fülle reife, würzige Johannisbeerfrucht im mäßig intensiven Duft, dazu mittleren Körper, süße, expansive Frucht im Geschmack und einen gefälligen Abgang. Dieser Wein ist voll ausgereift, weshalb also noch warten? Er dürfte sich mindestens die nächsten 4 bis 6 Jahre lang schön trinken. Letzte Verkostung: 9/95.

1981 • 79 Der mittelrubinrote 1981er mit seinem fast staubigen, würzigen, zedernholzduftigen Bukett und seiner kargen Art hat nicht so viel Reichhaltigkeit und Konzentration, wie er sie nötig hätte, um profunde Art zu erlangen. Er hat mittleren Körper und einen etwas trockenen, tanninherben Abgang, ist aber auf schlichte, kräftige Art ansprechend.
Voraussichtliche Genußreife: Jetzt. Letzte Verkostung: 11/88.

1979 • 83 Der voll ausgereifte, schön zu trinkende 1979er zeigt ein kräuterwürziges, cassisduftiges Bukett, mittelkräftigen Geschmack, gute Konzentration und milden Abgang mit leichter Säure. Voraussichtliche Genußreife: Jetzt. Letzte Verkostung: 2/88.

1978 • 85 Ein erfolgreicher Jahrgang für Chasse-Spleen – der 1978er hat jetzt seine höchste Reife erlangt. Seine Farbe ist viel dichter und tiefer als beim 1979er, sein Bukett erinnert an Pilze, Fleisch und Johannisbeeren; zudem hat er vollen Körper, wuchtige, muskulöse Art und noch einiges Tannin, das sich mildern muß, dennoch ist er ein echter Hochgenuß.
Voraussichtliche Genußreife: Jetzt bis 2000. Letzte Verkostung: 3/89.

1976 • 76 Der voll durchgereifte, allmählich einen beträchtlichen Bernsteinsaum zeigende 1976er Chasse-Spleen mit seiner würzigen, etwas dicklichen Art sollte in allernächster Zeit getrunken werden. Ich stelle fest, daß die Frucht zu verblassen und der Alkohol stärker spürbar zu werden beginnt. Der recht milde, schön duftige Wein ist meiner Meinung nach über den Höhepunkt hinaus.
Voraussichtliche Genußreife: Jetzt – vermutlich im Nachlassen. Letzte Verkostung: 3/88.

1975 • 90 Der 1975er Chasse-Spleen war stets einer der besten Weine dieses unterschiedlichen Jahrgangs. Die Farbe ist noch immer dicht, ja undurchdringlich dunkel rubinrot mit nur geringfügigem Bernsteinsaum, und das Bukett blüht im Glas nur langsam mit Nuancen von gerösteten Nüssen, Mineralen, Süßholz und hochreifen schwarzen Johannisbeeren auf. Im Mund zeigt sich der Wein körperreich und kraftvoll, und das Tannin ist – anders als bei vielen 1975ern – zwar spürbar, aber nicht adstringierend oder gar grün. Der 1975er Chasse-Spleen ist zwar genußreif, aber er hält sich auch ohne weiteres sich noch 10 bis 20 Jahre.
Voraussichtliche Genußreife: Jetzt bis 2010. Letzte Verkostung: 6/88.

ÄLTERE JAHRGÄNGE

Wer das Glück hat, einer Flasche 1970er Chasse-Spleen (90 Punkte in 1990) zu begegnen, sollte sie festhalten. Er ist ein superber Wein, nach 20 Jahren noch immer jugendfrisch und imstande, weitere 10 bis 15 Jahre durchzuhalten. Körperreich, reif, in der Art dem 1975er ähnlicher als irgendeiner der jüngeren Jahrgänge, zeigt er echte Cru-Classé-Qualität. Auch dürfte der Preis vernünftig sein.

Von den Jahrgängen der sechziger Jahre verfüge ich über gute Notizen zum 1966er (86 Punkte), aber ich habe ihn vor über 10 Jahren das letzte Mal verkostet. Weine aus den fünfziger Jahren habe ich selten zu Gesicht bekommen, doch der 1953er wird sehr geschätzt. Ich hatte das Glück,

DIE ÜBRIGEN MÉDOC-APPELLATIONEN

eine Kiste in England abgefüllten 1949er Chasse-Spleen erwerben zu können. Er war Flasche für Flasche superb – eine von wenigen Gelegenheiten, bei denen sich der Kauf eines älteren Jahrgangs zu einem mäßigen Preis vielfach auszahlte. Ich hoffe sehr, daß der 1989er, 1986er und 1975er einmal auf ähnliche Höhen gelangen wie der 1949er, der für meinen Geschmack der monumentalste Chasse-Spleen ist – er wäre ohne weiteres mit einem Premier Cru aus diesem Jahrgang zu verwechseln gewesen. Meine Punktnote für ihn lag beständig zwischen 92 und 95.

CISSAC
Cru Bourgeois Exceptionnel

GUT

Lage der Weinberge: Cissac (Médoc)

Besitzer: Familie Vialard
Adresse: 33250 Cissac
Postanschrift: wie oben
Telefon: 33 5 56 59 58 13 – Telefax: 33 5 56 59 55 67

Besuche: montags bis freitags von 9 bis 12 und von 14 bis 17 Uhr

WEINBERGE (Rotwein)

Rebfläche: 50 ha

Durchschnittliches Rebenalter: 30 Jahre

Rebbestand: 75 % Cabernet Sauvignon, 20 % Merlot, 5 % Petit Verdot

Pflanzdichte: 7500 Reben/ha

Ertrag (im Durchschnitt der letzten 5 Jahre): 54 hl/ha

Durchschnittliche Jahresproduktion insgesamt: 30 000 Kisten

GRAND VIN

Name: Château Cissac

Appellation: Haut-Médoc

Durchschnittliche Jahresproduktion: 18 000 Kisten

Verarbeitung und Ausbau: Gär- und Maischdauer 21 bis 30 Tage in temperaturgeregelten Holzfässern. Anschließend 18 Monate Ausbau in zu 30 % neuen Eichenfässern. Der Wein wird geschönt, aber bei der Abfüllung nicht gefiltert.

ZWEITWEIN

Name: Reflets du Château Cissac

Durchschnittliche Jahresproduktion: 12 000 Kisten

Beurteilung des derzeitigen Rangs: Entspricht der Klassifizierung

Genußreife: 7 bis 10 Jahre nach dem Jahrgangsdatum

Louis Vialard, der Eigentümer von Château Cissac, ist einer der tüchtigsten Weinerzeuger von Bordeaux, und deshalb bringt er auch einen der besten Cru Bourgeois im mittleren Médoc hervor.

Das Weingut liegt unmittelbar nördlich des Orts Cissac und produziert rund 18 000 Kisten sehr traditionellen, körperreichen, tanninherben, interessanten und dunklen Wein, der in der Jugend meist verschlossen und unzugänglich ist, aber nach etwa 6 Jahren seinen wahren Charakter schön zur Geltung zu bringen beginnt. Gute Jahrgänge wie der 1975er, 1985er und 1986er reifen dann über 10 bis 15 Jahre hinweg auch in der Flasche noch schön heran.

Der Wein aus dem Château Cissac hat in England viele Freunde, und seine Anhängerschaft wächst auch unter amerikanischen Kennern, die genügend Geduld aufbringen, um auf die für ein Cru Bourgeois langsame, aber sichere Entfaltung zu warten.

CITRAN
Cru Bourgeois seit 1932

AUSGEZEICHNET

Lage der Weinberge: Avensan

Besitzer: S.A. du Château Citran
Adresse: 33480 Avensan
Postanschrift: wie oben
Telefon: 33 5 56 58 21 01 – Telefax: 33 5 56 58 12 19

Besuche: nur nach Vereinbarung
Kontaktperson: Claire Villars (Tel. 33 5 56 58 02 37, Fax: 33 5 56 58 05 70)

WEINBERGE (Rotwein)

Rebfläche: 89 ha

Durchschnittliches Rebenalter: 20 Jahre

Rebbestand: 58 % Cabernet Sauvignon, 42 % Merlot

Pflanzdichte: 6666 Reben/ha

Ertrag (im Durchschnitt der letzten 5 Jahre): 50 hl/ha

Durchschnittliche Jahresproduktion insgesamt: 500 000 Flaschen

GRAND VIN

Name: Château Citran

Appellation: Haut-Médoc

Verarbeitung und Ausbau: Gär- und Maischdauer 2 bis 4 Wochen in temperaturgeregelten Edelstahltanks. Nach malolaktischer Säureumwandlung Ausbau in zu 40 % neuen Eichenfässern. Der Wein wird geschönt, aber nicht gefiltert.

ZWEITWEIN

Name: Moulins de Citran

Beurteilung des derzeitigen Rangs: Seit 1987 entspricht dieser Wein einem 5ème Cru; den Jahrgängen vor 1986 ist dagegen mit Vorsicht zu begegnen

Genußreife: 6 bis 10 Jahre nach dem Jahrgangsdatum

In den zehn Jahren (1987 bis 1997), die seit der Erwerbung von Château Citran durch ein japanisches Syndikat vergangen sind, ist die Qualität der Weine in die Höhe geschnellt. Trotz

DIE ÜBRIGEN MÉDOC-APPELLATIONEN

dieses Erfolgs wurde Citran an die von dem dynamischen Jacques Merlaut geleitete Gruppe Bernard Taillan verkauft. Nach Renovierung der Keller führte die Tüchtigkeit der neuen Besitzer, die vermehrte Verwendung von neuen Eichenfässern, eine strengere Auslese (und daraus folgend die Einführung eines Zweitweins) sowie die insgesamt hervorragende Betriebsführung in letzter Zeit zu glorreichen Weinen. Wenn überhaupt Kritik angebracht ist, dann die, daß die verstärkte Verwendung von neuen Eichenfässern den Weinen einen allzu auffällig dramatisch rauchigen, ja fast angekohlten Charakter verleiht, so daß alle, die am Bordeaux Delikatesse und Subtilität lieben, durch solche Übertreibung abgestoßen werden müssen.

Dessenungeachtet dürften die neueren Jahrgänge ein gutes Jahrzehnt lang schön haltbar sein und erheblich mehr an Ausdruckskraft und Genuß bieten als alles, was früher aus dem Château Citran kam. Es ist auch darauf hinzuweisen, daß der Preis etwas angehoben wurde, um die neue Designerflasche mit dem auffallenden Etikett zu finanzieren, durch die die düstere alte Château-Citran-Verpackung ersetzt worden ist.

JAHRGÄNGE

1996 • 86-87   Tiefdunkel rubinpurpurrot, mit großer Intensität, viel Frucht, Körper, Glyzrin und Tannin präsentiert sich der 1996er Citran kraftvoll, muskulös und breitschultrig. Er dürfte sich zwischen 2003 und 2915 schön trinken lassen. Letzte Verkostung: 11/97.

1995 • 86   Der tief rubinpurpurrote 1995er ist sanfter als der 1996er und zeigt Süßholz, Vanillin und reife Frucht schwarzer Johannisbeeren, alles in einem schlichten, aber saftigen, vollmundigen Stil. Dieser Wein will in den nächsten 7 bis 8 Jahren getrunken sein.
Letzte Verkostung: 11/97.

1993 • 85?   Diesen Wein habe ich bei vier verschiedenen Gelegenheiten verkostet. Zwar lauten meine Notizen unterschiedlich, jedoch ist er ohne Frage tiefdunkel purpurschwarz und hat reichlich Eichentoastwürze zu bieten. Mein einziger Vorbehalt ist, ob er an Fülle gewinnen oder das Tannin die Oberhand bekommen und die Persönlichkeit des Weins beherrschen wird. Ein gewisses Maß an guter roter Frucht ist vorhanden, wird sie aber gegen den herben Biß ankommen? Letzte Verkostung: 11/94.

1992 • 82   Der eindrucksvolle, schwärzlich purpurrote 1992er hat ein straffes, übertrieben holzbetontes Aromaprofil. Alles in allem ist dies ein würziger, mittelschwerer Wein mit moderatem Tannin und einer gewissen Nachhaltigkeit, aber in Farbe, Tannin und Holzton für einen 1992er untypisch. Kommt mehr Frucht in den Vordergrund, dann verdient er eine bessere Note. Er wird sich ein Jahrzehnt lang gut halten. Letzte Verkostung: 11/94.

1991 • 86   Der 1991er bietet ein Bukett von gerösteten Nüssen, frischem Eichenholz und schwarzen Johannisbeeren. Dieser würzige, reife, mittelschwere, sanfte, konzentrierte Wein ist ein beachtlicher Erfolg und wird für mindestens 4 bis 5 Jahre schönen Genuß bereiten.
Letzte Verkostung: 1/94.

1989 • 88   Der 1989er ist großartig. Purpurrot, mit mächtigem Duft von Cassis, Süßholz und rauchigem Eichenholz, ist dieser volle, wuchtige Wein mit Frucht, Glyzerin und Tannin stark befrachtet. Er dürfte sich 10 bis 12 Jahre lang wunderschön trinken. Letzte Verkostung: 1/93.

1988 • 86   Beginnend mit dem Jahrgang 1988 hat sich Citran als Star unter den Crus Bourgeois etabliert. Der dunkel rubinpurpurrote Wein mit rauchigem, gedörrtem Cassis-Bukett und frischem Eichenholz in verschwenderischer Fülle ist sachkundig bereitet, reif, sehr kommerziell und wird sich dank seines einfachen, aufgeschlossenen Pflaumencharakters als publikumswirksam erweisen.
Voraussichtliche Genußreife: Jetzt. Letzte Verkostung: 1/93.

BORDEAUX

CLARKE
Cru Bourgeois

GUT

Lage der Weinberge: Listrac

Besitzer: Compagnie Viticole des Barons Edmond et Benjamin de Rothschild
Adresse: 33480 Listrac Médoc
Postanschrift: wie oben
Telefon: 33 5 56 58 38 00 – Telefax: 33 5 56 58 26 46

Besuche: nur nach Vereinbarung
Kontaktperson: Hélène Cambabessouse

WEINBERGE (Rotwein)

Rebfläche: 55 ha

Durchschnittliches Rebenalter: 23 Jahre

Rebbestand: 45 % Cabernet Sauvignon, 45 % Merlot, 10 % Cabernet Franc

Pflanzdichte: 6600 Reben/ha

Ertrag (im Durchschnitt der letzten 5 Jahre): 55 bis 60 hl/ha

Durchschnittliche Jahresproduktion insgesamt: 350000 Flaschen

GRAND VIN

Name: Château Clarke Baron Edmond de Rothschild

Appellation: Listrac Médoc

Durchschnittliche Jahresproduktion: 200000 bis 250000 Flaschen

Verarbeitung und Ausbau: Vinifikation rund 2 Wochen in temperaturgeregelten Edelstahltanks bei 30 bis 31 °C; je nach Jahrgang 4- bis 8maliges Umpumpen. 12 Monate Ausbau in jährlich zur Hälfte erneuerten Eichenfässern. Der Wein wird geschönt und bei der Abfüllung gefiltert.

ZWEITWEIN

Name: Les Granges des Domaines Edmond de Rothschild

Durchschnittliche Jahresproduktion: 100000 Flaschen

Beurteilung des derzeitigen Rangs: Entspricht der Klassifizierung

Genußreife: 3 bis 7 Jahre nach dem Jahrgangsdatum

Eine der bemerkenswertesten Entwicklungen im Médoc war die vollständige Restaurierung und Renovierung des alten Weinguts Château Clarke, dessen Geschichte auf das Jahr 1750 zurückgeht. Ein begütertes Mitglied der berühmten Familie Rothschild, nämlich der inzwischen verstorbene Baron Edmond de Rothschild, mußte tief in die Tasche greifen, um die Wiederbelebung zu vollbringen. 1973 wurde das Werk in Angriff genommen, und in den darauffolgenden 5 Jahren erweiterte sich die Rebfläche kräftig auf 54 ha – genug für eine Produktion von über 20000 Kisten Wein. Die ersten Jahrgänge, die herauskamen, der 1978er und der 1979er, wurden von der Fachpresse mit viel Aufmerksamkeit bedacht, in Wahrheit aber waren es recht helle Exemplare von mittelschwerer Art, die im Geschmack eindeutig die noch jungen Reben erkennen ließen. Nichtsdestoweniger sind die Bemühungen um Qualität, die finanziellen Mittel und

DIE ÜBRIGEN MÉDOC-APPELLATIONEN

eine geschickte Leitung unbestreitbar vorhanden, und so wird mit dem Heranwachsen der Weinberge der Château Clarke zu einem der zuverlässigeren Weine aus Listrac werden.

Château Clarke produziert außerdem einen köstlichen trockenen Rosé und eine koschere Ausführung des Rotweins (nach strengen jüdischen Religionsvorschriften).

Clément-Pichon
Cru Bourgeois

GUT

Lage der Weinberge: Parempuyre

Besitzer: Clément Fayat
Adresse: 33290 Parempuyre
Postanschrift: wie oben
Telefon: 33 5 56 35 23 79 – Telefax: 33 5 56 35 85 23

Besuche: montags bis freitags von 8 bis 12 und von 14 bis 17.30 Uhr

WEINBERGE (Rotwein)

Rebfläche: 25 ha

Durchschnittliches Rebenalter: 20 Jahre

Rebbestand: 50 % Cabernet Sauvignon, 40 % Merlot, 10 % Cabernet Franc

Pflanzdichte: 6500 Reben/ha

Ertrag (im Durchschnitt der letzten 5 Jahre): 48 hl/ha

Durchschnittliche Jahresproduktion insgesamt: 160 000 Flaschen

GRAND VIN

Name: Château Clément-Pichon

Appellation: Haut-Médoc

Durchschnittliche Jahresproduktion: 135 000 Flaschen

Verarbeitung und Ausbau: Vinifikation in temperaturgeregelten Edelstahltanks (bei max. 30 °C). Malolaktische Säureumwandlung bei 30 % der Ertrags in Eichenfässern. 12 bis 18 Monate Ausbau in jährlich zu $1/3$ erneuerten Eichenfässern. Der Wein wird mit frischem Eiweiß geschönt und bei der Abfüllung gefiltert.

ZWEITWEIN

Name: La Motte de Clément Pichon

Durchschnittliche Jahresproduktion: 25 000 Flaschen

Beurteilung des derzeitigen Rangs: Entspricht der Klassifizierung

Genußreife: 3 bis 7 Jahre nach dem Jahrgangsdatum

Das schöne Château unmittelbar nördlich von Bordeaux in der Nähe der Industrievorstadt Parempuyre gehört dem Industriellen Clément Fayat, einem der betriebsamsten Weingutsbesitzer in der Region, dem auch die Renaissance des bekannten Weinguts La Dominique in St-Emilion zu verdanken ist. Er renovierte das früher unter dem Namen Château de Parempuyre bekannte Weingut und nannte es zunächst Château Pichon. Da aber bekam er gerichtlichen Ärger mit Madame de Lencquesaing, weil sie meinte, es könne Verwechslungen mit ihrem Château Pichon-Longueville-Comtesse de Lalande geben. Also mußte der Name in Château Clément-Pichon geändert werden.

Das mächtige neubarock-neugotische Château entstand am Ende des 19. Jahrhunderts und dient heute der Familie Fayat, die 1976 die Domäne erwarb, als Wohnsitz. Die Weinberge wurden völlig neu angepflanzt und sind demzufolge noch ziemlich jung. Die Fayats waren so vernünftig, ihrem Önologen von La Dominique, dem berühmten Michel Rolland aus Libourne, auch die Aufsicht über die Weinbereitung im Château Clément-Pichon zu übertragen – er vollbrachte mit dem Lesegut so junger Reben wahre Wunder. Natürlich erkannte Rolland, daß es kaum möglich war, hier einen *vin de garde* zu produzieren, und legt bisher den Nachdruck auf einen vordergründigen, ausgesprochen fruchtigen, geschmeidigen Stil für baldige Genußreife.

CLOS DES DEMOISELLES
Cru Bourgeois

Appellation: Listrac

Adresse: 33480 Listrac-Médoc
Telefon: 5 56 58 05 12 – Telefax: 5 56 58 02 44

Produktion: 2 000 Kisten

Rebbestand: 60 % Cabernet Sauvignon, 40 % Merlot

Rebfläche: 3,5 ha

Besitzer: Jacques de Pourquéry

Faßreifezeit: 16 bis 20 Monate

Durchschnittsalter der Reben: 16 Jahre

Kein ZWEITWEIN

Beurteilung des derzeitigen Rangs: Entspricht der Klassifizierung

Genußreife: 3 bis 8 Jahre nach dem Jahrgangsdatum

Was ich an Weinen dieses Guts zu kosten bekam, war außerordentlich tanninstreng und hart, ohne genügend Frucht, Charme oder Gleichgewicht. Die Reben sind zwar noch relativ jung, aber unbestreitbar müßten aus der guten Weinberglage doch interessantere Weine kommen können.

DIE ÜBRIGEN MÉDOC-APPELLATIONEN

COUFRAN
Cru Bourgeois

GUT

Lage der Weinberge: St-Seurin-de-Cadourne

Besitzer: Jean-Miailhe-Gruppe
Adresse: 33180 St-Seurin-de-Cadourne
Telefon: 33 5 56 59 31 02 – Telefax: 33 5 56 59 72 39

Besuche: nur nach Vereinbarung · Kontaktperson: Eric Miailhe

WEINBERGE (Rotwein)

Rebfläche: 75 ha · Durchschnittliches Rebenalter: 35 Jahre

Rebbestand: 85 % Merlot, 15 % Cabernet Sauvignon

Pflanzdichte: 8000 Reben/ha

Ertrag (im Durchschnitt der letzten 5 Jahre): 58 hl/ha

Durchschnittliche Jahresproduktion insgesamt: 48 000 Kisten

GRAND VIN

Name: Château Coufran

Appellation: Haut-Médoc

Durchschnittliche Jahresproduktion: 45 000 Kisten

Verarbeitung und Ausbau: Vinifikation 1 Monat in temperaturgeregelten Edelstahltanks. Malolaktische Säureumwandlung im Tank. Mindestens 12 Monate Ausbau in jährlich zu $1/3$ erneuerten Eichenfässern. Der Wein wird geschönt und bei der Abfüllung gefiltert.

Kein ZWEITWEIN

Beurteilung des derzeitigen Rangs: Entspricht der Klassifizierung

Genußreife: 3 bis 12 Jahre nach dem Jahrgangsdatum

Das große Weingut Château Coufran liegt 5 km nördlich der Grenze von St-Estèphe an der D 2 hinter dem Ort St-Seurin-de-Cadourne. Es befindet sich seit 1924 im Besitz und unter der Leitung der Familie Miailhe, die sich durch Förderung der Crus Bourgeois von Bordeaux einen Namen gemacht hat.

Der markanteste Aspekt des Weins von Coufran ist der hohe Anteil von Merlot im Verschnittrezept, denn die Besitzer haben erkannt, daß diese Sorte im schwereren, kräftigeren Boden hier sehr gut gedeiht. Das hat manche Kenner zu der vorschnellen Ansicht verleitet, der Wein müsse unmittelbar nach der Freigabe fertig und reif sein. Ich finde nicht, daß dies der Fall ist. In besonders guten Jahrgängen ist der Coufran zwar oft schon im Faß geschmeidig und fruchtig, er kann aber in der Flasche in ein dumpfes, herbes Stadium verfallen. Alles in allem ist er ein guter Médoc, doch auch hier fragt man sich, ob nicht doch der Einsatz von Vollerntemaschinen einen Einfluß auf die Qualität des Endresultats hat.

Die Leistungen von Château Coufran waren in den achtziger Jahren ungleichmäßig, aber die besten Jahrgänge, 1982, 1986 und 1989, besaßen genügend Potential für 10 Jahre Entwicklungszeit. Der magere 1988er und der schlichte 1985er machten mir keinen besonderen Eindruck. In den neunziger Jahren zeichnen sich die Jahrgänge 1990, 1995 und 1996 durch besondere Qualität aus.

BORDEAUX

DUCLUZEAU
Cru Bourgeois seit 1932

SEHR GUT

Lage der Weinberge: Listrac

Besitzerin: Madame Jean-Eugène Borie
Adresse: 33480 Listrac-Médoc
Postanschrift: wie oben
Telefon: 33 5 56 59 05 20 – Telefax: 33 5 56 59 27 37

Keine Besuche möglich

WEINBERGE (Rotwein)

Rebfläche: 5 ha

Durchschnittliches Rebenalter: 34 Jahre

Rebbestand: 90 % Merlot, 10 % Cabernet Sauvignon

Pflanzdichte: 10 000 Reben/ha

Ertrag (im Durchschnitt der letzten 5 Jahre): 48 hl/ha

Durchschnittliche Jahresproduktion insgesamt: 230 hl

GRAND VIN

Name: Château Ducluzeau

Appellation: Listrac

Durchschnittliche Jahresproduktion: 25 000 Flaschen

Verarbeitung und Ausbau: Gär- und Maischdauer 15 bis 18 Monate in Edelstahltanks. Malolaktische Säureumwandlung im Tank. 12 bis 14 Monate Ausbau in zu 20 % neuen Eichenfässern. Der Wein wird geschönt und leicht gefiltert.

Kein ZWEITWEIN

Beurteilung des derzeitigen Rangs: Ein Listrac hoher Güte, der es in bestimmten Jahren mit manchem Cru Classé sehr wohl aufnehmen kann

Genußreife: 3 bis 10 Jahre nach dem Jahrgangsdatum

Das Weingut, das Monique Borie, der Frau des Besitzers von Ducru-Beaucaillou, Haut-Batailley und Grand-Puy-Lacoste, gehört, hat im Rebbestand den meines Wissens höchsten Merlot-Anteil im Médoc. Das Resultat ist ein außerordentlich geschmeidiger, köstlich runder und überaus verführerischer Wein mit viel Charme und Eleganz, der seit 1976 im Château selbst abgefüllt wird.

DIE ÜBRIGEN MÉDOC-APPELLATIONEN

DUPLESSIS
Cru Bourgeois seit 1932

Lage der Weinberge: Moulis

Besitzerin: Marie-Laure Lurton-Roux
Adresse: 33480 Moulis
Postanschrift: wie oben
Telefon: 33 5 56 58 22 01 – Telefax: 33 5 56 88 72 51

Besuche: nur nach Vereinbarung
Kontaktperson: Marie-Laure Lurton-Roux

WEINBERGE (Rotwein)

Rebfläche: 18 ha

Durchschnittliches Rebenalter: 20 Jahre

Rebbestand: 60 % Merlot, 26 % Cabernet Sauvignon, 12 % Cabernet Franc, 2 % Petit Verdot

Pflanzdichte: 10 000 bzw. 6600 Reben/ha

Ertrag (im Durchschnitt der letzten 5 Jahre): 46 hl/ha

Durchschnittliche Jahresproduktion insgesamt: 850 hl

GRAND VIN

Name: Château Duplessis

Appellation: Moulis

Durchschnittliche Jahresproduktion: 50 000 bis 80 000 Flaschen

Verarbeitung und Ausbau: Vinifikation in Edelstahl- und kunstharzbeschichteten Betontanks. 12 Monate Ausbau in zu 10 bis 20 % neuen Eichenfässern. Der Wein wird geschönt und bei der Abfüllung gefiltert.

ZWEITWEIN

Name: La Licorne de Duplessis

Durchschnittliche Jahresproduktion: 20 000 bis 30 000 Flaschen

Beurteilung des derzeitigen Rangs: Entspricht der Klassifizierung

Genußreife: 4 bis 10 Jahre nach dem Jahrgangsdatum

Das Weingut, das nach einem früheren Besitzer auch manchmal den Namen Duplessis-Hauchecorne führt, gehört heute der allgegenwärtigen Familie Lucien Lurton. Der Wein ist ein typischer Moulis der alten Art – derb, robust, ohne viel Charme und Frucht.

BORDEAUX

DUPLESSIS-FABRE
Cru Bourgeois

Lage der Weinberge: Moulis

Besitzer: S.A.R.L. du Château Maucaillou
Adresse: 33480 Moulis en Médoc
Telefon: 33 5 56 58 02 58 – Telefax: 33 5 56 58 00 88

Keine Besuche möglich

WEINBERGE (Rotwein)

Rebfläche: 16 ha

Durchschnittliches Rebenalter: 19 Jahre

Rebbestand: 56 % Merlot, 44 % Cabernet Sauvignon

Pflanzdichte: 10 000 Reben/ha

Ertrag (im Durchschnitt der letzten 5 Jahre): 52 hl/ha

Durchschnittliche Jahresproduktion insgesamt: 9000 Kisten

GRAND VIN

Name: Château Duplessis-Fabre

Appellation: Moulis

Durchschnittliche Jahresproduktion: 9000 Kisten

Verarbeitung und Ausbau: Der Gärprozeß dauert insgesamt 8 Tage, die ersten 4 Tage bei 22 °C, dann Temperaturanstieg bis auf 30 °C. Anschließend Maischung, bis der Tanninindex 55 bis 65 erreicht. 18 Monate Ausbau in zu 33 bis 65 % neuen Eichenfässern, je nach Jahrgang. Der Wein wird geschönt und bei der Abfüllung leicht gefiltert.

Kein ZWEITWEIN

Beurteilung des derzeitigen Rangs: Entspricht der Klassifizierung

Genußreife: 5 bis 10 Jahre nach dem Jahrgangsdatum

1989 verkaufte die Familie Pagés das Gut an Philippe Dourthe von Château Maucaillou. Das Potential für interessanteren Wein ist vorhanden und dürfte angesichts der Weinqualität des größeren Schwesterguts auch realisiert werden.

DUTRUCH-GRAND-POUJEAUX
Cru Bourgeois Exceptionnel

GUT

Lage der Weinberge: Moulis

Besitzer: François Cordonnier
Adresse: 33480 Moulis en Médoc
Telefon: 33 5 56 58 02 55 – Telefax: 33 5 56 58 06 22

Besuche: nur nach Vereinbarung
Kontaktperson: François oder Jean-Baptiste Cordonnier

DIE ÜBRIGEN MÉDOC-APPELLATIONEN

WEINBERGE (Rotwein)

Rebfläche: 25 ha

Durchschnittliches Rebenalter: 30 Jahre

Rebbestand: rund 50% Merlot und 50% Cabernet Sauvignon (sowie ein wenig Petit Verdot)

Pflanzdichte: 8500 bis 10 000 Reben/ha

Ertrag (im Durchschnitt der letzten 5 Jahre): 50 hl/ha

Durchschnittliche Jahresproduktion insgesamt: 155 000 Flaschen

GRAND VIN

Name: Château Dutruch Grand-Poujeaux

Appellation: Moulis

Durchschnittliche Jahresproduktion: 140 000 Flaschen

Verarbeitung und Ausbau: Vinifikation 21 Tage in Beton- und Edelstahltanks mit Kühleinrichtung; am Ende des Gärprozesses erreicht die Temperatur 31 bis 34 °C. Nach malolaktischer Säureumwandlung 15 Monate Ausbau in zu 25 bis 33% neuen Eichenfässern. Der Wein wird geschönt und bei der Abfüllung gefiltert.

ZWEITWEIN

Name: Château La Bernède Grand-Poujeaux

Durchschnittliche Jahresproduktion: 15 000 Flaschen

Beurteilung des derzeitigen Rangs: entspricht der Klassifizierung, allerdings können es manche Jahrgänge sehr wohl mit einem 5ème Cru aufnehmen

Genußreife: 6 bis 12 Jahre nach dem Jahrgangsdatum

Wie vielen anderen Weinen aus Moulis mangelt es auch dem Dutruch-Grand-Poujeaux in der Jugend an Charme, aber anders als manche seiner Nachbarn hat er oft die nötige Konzentration und Tiefe, um sich gegen das Tannin durchzusetzen. Vielfach habe ich erfreut feststellen können, wie gut dieser Wein nach 5 bis 7 Jahren geworden ist. Der Grund für die ausgezeichnete Konzentration liegt nicht nur im Alter der Weinstöcke, sondern auch zum Teil darin, daß die Weinberge in weiten Bereichen noch die alte Pflanzdichte von 10 000 Reben pro Hektar entgegen der heute üblicheren Zahl von 6 600 aufweisen. Es wird angenommen, daß die Weinstöcke dadurch mehr Streß unterworfen werden, so daß im Most höhere Konzentration zustande kommt.

Dieses beeindruckend gut geführte Château wird unter seinem Wert eingeschätzt und verdient mehr Aufmerksamkeit.

BORDEAUX

Fonréaud
Cru Bourgeois Supérieur

GUT

Lage der Weinberge: Listrac und Moulis

Besitzer: Jean, Elza, Katherine und Caroline Chanfreau
Adresse: 33480 Listrac Médoc
Postanschrift: wie oben
Telefon: 33 5 56 58 02 43 – Telefax: 33 5 56 58 04 33

Besuche: montags bis freitags von 9 bis 12 und von 14 bis 17.30 Uhr
Kontaktperson: Jean oder Marie-Hélène Chanfreau

WEINBERGE (Rotwein)

Rebfläche: 32 ha in Listrac und 10 ha in Moulis

Durchschnittliches Rebenalter: 25 Jahre

Rebbestand: 58 % Cabernet Sauvignon, 37 % Merlot, 3 % Cabernet Franc, 2 % Petit Verdot

Pflanzdichte: 6600 Reben/ha

Ertrag (im Durchschnitt der letzten 5 Jahre): 55 hl/ha

Durchschnittliche Jahresproduktion insgesamt: 290 000 Flaschen

GRAND VIN

Name: Château Fonréaud

Appellation: Listrac

Durchschnittliche Jahresproduktion: 130 000 Flaschen

Verarbeitung und Ausbau: Vinifikation 25 bis 30 Tage (je nach Jahrgang) in temperaturgeregelten Tanks. Sanftes Umpumpen, Maischdauer mindestens 10 Tage nach dem Gärprozeß. 90 % des Ertrags werden 12 Monate in zu 20 bis 25 % neuen Eichenfässern ausgebaut. Es wird nicht systematisch geschönt und gefiltert.

ZWEITWEIN

Name: Les Tourelles de Fonréaud

Durchschnittliche Jahresproduktion: 50 000 bis 90 000 Flaschen

N.B.: Das Gut produziert ferner 50 000 Flaschen Château Chemin Royal aus Weinbergen in Moulis. Die Vinifikation geschieht ähnlich wie beim Listrac

Seit 1989 wird auch ein Weißwein namens «Le Cygne de Fonréaud» erzeugt (alle in Listrac zu Beginn der Jahrhunderts produzierten Weißweine waren nach Vögeln benannt, z.B. Le Merle Blanc von Château Clarke und La Mouette von Château Lestage)

Der trockene weiße Bordeaux entsteht von 2 ha (60 % Sauvignon, 20 % Muscadelle und 20 % Sémillon). Er wird in zu 40 % neuen Eichenfässern vergoren und ausgebaut und lagert 8 bis 10 Monate bei häufiger *bâtonnage* auf dem Hefesatz.

Beurteilung des derzeitigen Rangs: Entspricht der Klassifizierung

Genußreife: 5 bis 7 Jahre nach dem Jahrgangsdatum

Das beeindruckend symmetrisch gebaute weiße Château mit seinem beherrschenden spitzen Mittelturm liegt auf der linken Seite der Route D1 gleich hinter dem Dörfchen Bouqueyran in Richtung Lesparre. Seit 1982 befindet sich das Gut im Besitz der Familie Chanfreau, der auch das nahe gelegene Château Lestage gehört.

Der hier betonte Weinstil ist mild, rund, fruchtig und unmittelbar ansprechend und trinkreif bei einer Lebensdauer von 6 bis 7 Jahren. Die besten neueren Jahrgänge sind 1989, 1990, 1995 und 1996.

FOURCAS DUPRÉ
Cru Bourgeois seit 1932

GUT

Lage der Weinberge: Listrac-Médoc

Besitzer: S.C.E. du Château Fourcas Dupré
Leitung: Patrice Pagés
Adresse: 33480 Listrac
Telefon: 33 5 56 58 01 07 – Telefax: 33 5 56 58 02 27

Besuche: montags bis freitags von 8 bis 12 und von 14 bis 17 Uhr · Kontaktperson: Patrice Pagés

WEINBERGE (Rotwein)

Rebfläche: 43,5 ha · Durchschnittliches Rebenalter: 25 Jahre

Rebbestand: 44 % Cabernet Sauvignon, 44 % Merlot, 10 % Cabernet Franc, 2 % Petit Verdot

Pflanzdichte: 8500 Reben/ha

Ertrag (im Durchschnitt der letzten 5 Jahre): 55 hl/ha

Durchschnittliche Jahresproduktion insgesamt: 2400 hl

GRAND VIN

Name: Château Fourcas Dupré

Appellation: Listrac-Médoc

Durchschnittliche Jahresproduktion: 240 000 bis 250 000 Flaschen

Verarbeitung und Ausbau: Gärung bei ca. 30 °C in temperaturgeregelten Edelstahltanks oder kunststoffbeschichteten Betontanks mit regelmäßigem Umpumpen, Maischdauer 15 bis 21 Tage. Nach malolaktischer Säureumwandlung 12 Monate Ausbau in jährlich zu $1/3$ erneuerten Eichenfässern (vor 1996 wurden nur 25 % neue Eichenfässer eingesetzt). Der Wein wird normalerweise geschönt, aber nur bei Bedarf gefiltert.

ZWEITWEIN

Name: Château Bellevue Laffont

Durchschnittliche Jahresproduktion: 60 000 bis 65 000 Flaschen

Beurteilung des derzeitigen Rangs: Eines der besten Cru-Bourgeois-Güter; entspricht der Klassifizierung

Genußreife: 5 bis 10 Jahre nach dem Jahrgangsdatum

BORDEAUX

Bis zu seinem Tod im Jahr 1985 war Guy Pagés für die Weinqualität im Château Fourcas-Dupré zuständig. Ich habe den 1975er und 1978er gekauft und eingelagert und war sehr zufrieden damit; beeindruckt war ich auch vom 1982er, 1983er und 1986er. Einige um die Mitte der 1990er Jahre entstandene fruchtigere und geschmeidigere Weine setzen ermutigende Zeichen.

FOURCAS HOSTEN
Cru Bourgeois seit 1932

GUT

Lage der Weinberge: Listrac

Besitzer: S.C. du Château Fourcas Hosten
Adresse: 2, rue de l'Eglise, 33480 Listrac
Postanschrift: wie oben
Telefon: 33 5 56 58 01 15 – Telefax: 33 5 56 58 06 73

Besuche: montags bis freitags von 9.30 bis 12 und von 14 bis 16.30 Uhr
Kontaktperson: Annette Monge

WEINBERGE (Rotwein)

Rebfläche: 45,5 ha

Durchschnittliches Rebenalter: 20 Jahre

Rebbestand: 45 % Cabernet Sauvignon, 45 % Merlot, 10 % Cabernet Franc,

Pflanzdichte: 8500 Reben/ha

Ertrag (im Durchschnitt der letzten 5 Jahre): 57 hl/ha

Durchschnittliche Jahresproduktion insgesamt: 2500 hl

GRAND VIN

Name: Château Fourcas Hosten

Appellation: Listrac-Médoc

Durchschnittliche Jahresproduktion: 250 000 bis 260 000 Flaschen

Verarbeitung und Ausbau: Gärung bei ca. 30 °C, Maischdauer 15 bis 21 Tage in temperaturgeregelten Edelstahltanks mit regelmäßigem Umpumpen während des Gärprozesses. Nach malolaktischer Säureumwandlung 12 Monate Ausbau in jährlich zu $1/4$ erneuerten Eichenfässern (ab 1997 werden sie zu $1/3$ erneuert). Der Wein wird normalerweise geschönt, aber nur bei Bedarf gefiltert.

ZWEITWEIN

Name: La Chartreuse d'Hosten

Durchschnittliche Jahresproduktion: 65 000 bis 70 000 Flaschen

Beurteilung des derzeitigen Rangs: Ein feiner Cru Bourgeois, der in Spitzenjahrgängen einem 5ème Cru nahekommt

Genußreife: 5 bis 9 Jahre nach dem Jahrgangsdatum

DIE ÜBRIGEN MÉDOC-APPELLATIONEN

Der Weinstil von Fourcas-Hosten hat sich verändert. Früher war er eher hart, streng, robust und derb, eindrucksvoll in Farbe und Körper, aber oft allzu tanninstreng. Der beste Fourcas-Hosten der alten Art ist der 1970er, ein kräftiger, voller Wein mit reichhaltigem Geschmack, der inzwischen durchgereift sein dürfte. Ab dem leichten Jahrgang 1973 nahmen die Weine dann ausgeprägte Geschmeidigkeit und Fruchtigkeit an und zeigten nicht mehr soviel rauhes Tannin. Der 1975er war ein feines Beispiel des neuen Stils von Fourcas-Hosten; er besaß volle, tiefe Frucht von schwarzen Johannisbeeren und eine Lebenserwartung von 10 bis 20 Jahren. Der 1978er ist inzwischen sehr schön zu trinken, mild und mit großer Geschmacksfülle, ebenso der leichtere, zartere 1979er. Unter den neueren Jahrgängen sind der 1982er, 1985er, 1986er, 1989er und 1990er die besten.

FOURCAS LOUBANEY
Cru Bourgeois seit 1932

AUSGEZEICHNET

Lage der Weinberge: Listrac-Médoc

Besitzer: Consortium de Réalisation
Adresse: Moulin de Laborde, 33480 Listrac
Postanschrift: wie oben
Telefon: 33 5 56 58 03 83 – Telefax: 33 5 56 58 06 30

Besuche: täglich von 14 bis 18 Uhr
Kontaktperson: Yann Olivier

WEINBERGE (Rotwein)

Rebfläche: 12,5 ha

Durchschnittliches Rebenalter: 35 Jahre

Rebbestand: 55 % Cabernet Sauvignon, 35 % Merlot, 10 % Petit Verdot

Pflanzdichte: 6700 und 10 000 Reben/ha

Ertrag (im Durchschnitt der letzten 5 Jahre): 45 hl/ha

Durchschnittliche Jahresproduktion insgesamt: 80 000 Flaschen

GRAND VIN

Name: Château Fourcas Loubaney

Appellation: Listrac-Médoc

Durchschnittliche Jahresproduktion 80 000 Flaschen

Verarbeitung und Ausbau: Vinifikation 4 Wochen in Edelstahltanks mit Kühlsystem. Nach malolaktischer Säureumwandlung 15 bis 18 Monate Ausbau in jährlich zu $1/3$ erneuerten Eichenfässern. Der Wein wird geschönt und gefiltert.

Beurteilung des derzeitigen Rangs: Entspricht qualitativ einem 5ème Cru

Genußreife: 5 bis 12 Jahre nach dem Jahrgangsdatum

Dies ist einer der besten, wenn nicht gar überhaupt der feinste unter den Weinen der Appellation Listrac. Leider kommt bei der winzigen Produktion niemand außer einer kleinen Gruppe von höchst eigensüchtigen Bordeaux-Fans in den Genuß dieses feinen Tropfens. Das Weingut gehört zu den ältesten in Listrac. Bei zu mindestens ⅓ neuen Eichenfässern und schonender Klärung entsteht hier meist ein überraschend konzentrierter, reichhaltiger Wein, dem das harte Tannin und die rustikale Art so vieler Listracs fremd ist.

Einen vollreifen Wein von Fourcas-Loubaney habe ich zwar noch nicht gekostet, aber die sieben Jahrgänge, die ich kennengelernt habe, waren so eindrucksvoll, daß sie bei einer Neufassung der Klassifizierung der Weine von Bordeaux die Einreihung als 5ème Cru ohne weiteres verdienen würden.

Bereitet wird der Fourcas-Loubaney eigentlich im Château Moulin de Laborde, wobei der unter diesem Namen laufende Wein aber nicht an das Qualitätsniveau des Fourcas-Loubaney heranreicht.

JAHRGÄNGE

1995 • 87 Dieser Wein zeigt sattes Rubinpurpurrot, reife Frucht, gute Konzentration und erweist sich am Gaumen sanft, mittelschwer und rund. Auch dieser 1995er erinnert an den Jahrgang 1985, hat aber mehr Tiefe und klarere Linie. Er dürfte sich bereits gut trinken, aber auch noch 7 bis 8 Jahre überdauern. Letzte Verkostung: 11/97.

1994 • 86 Der 1994er zeigt mitteldunkles Rubinrot, reichliches Aroma von Eichentoast (nicht unähnlich Haut-Marbuzet), mittleren Körper, sanftes Tannin und einen eleganten, geschmeidigen Abgang. Er dürfte zugänglich sein und sich 5 bis 6 Jahre lang gut trinken.
Letzte Verkostung: 3/96.

1990 • 88 Der 1990er ist dunkel und hat ein volles Bukett von Cassis und Eichenholz. Er ist mit seiner Dichte, Konzentration, mittlerem bis vollem Körper und viel Tannin ein überaus eindrucksvoller Wein.
Voraussichtliche Genußreife: Jetzt bis 2008. Letzte Verkostung: 3/96.

1989 • 85 Diesem Wein fehlt bei aller milden und aufgeschlossenen Art, ausgezeichneten Farbe und kräftigem, von Pflaumen und Eichenholz bestimmtem Bukett doch die Konzentration und der Biß des 1990ers und 1988ers, aber auch er ist ein generöser, reichlich ausgestatteter Tropfen; er sollte in den nächsten 4 bis 6 Jahren getrunken werden. Letzte Verkostung: 1/93.

1988 • 88 Der schwarzrubinrote Wein mit vollintensivem Bukett von hochreintönigen schwarzen Johannisbeeren und toastwürzigem Eichenholz ist für einen 1988er großartig konzentriert und besitzt ausgezeichnetes Gleichgewicht sowie einen langen Abgang.
Voraussichtliche Genußreife: Jetzt bis 2005. Letzte Verkostung: 1/93.

1986 • 89 Der 1986er ist einer der großen Schlager seines Jahrgangs. Er ist noch immer glänzend dunkel rubinpurpurrot und hat ein aufblühendes Bukett von angerauchtem frischem Eichenholz, Cassis, Süßholz und blumigem Aroma – ein körperreicher, untadelig ausgewogener, bewundernswert konzentrierter Wein mit ungeheuer viel Extrakt (zweifellos von alten Reben mit geringem Ertrag) und einem langen, intensiven Abgang. Oh, hätte ich doch mehr von diesem Wein gekauft!
Voraussichtliche Genußreife: Jetzt bis 2006. Letzte Verkostung: 1/91.

1985 • 87 Der gerade auf seinem Höhepunkt angelangte 1985er Fourcas-Loubaney hat ein sehr intensives Bukett von schwarzen Johannisbeeren, subtilen Kräutern und frischem Eichenholz. Im Mund wirkt er geschmeidig und expansiv, dabei zeigt er schöne Tiefe und Nachhaltigkeit. Er sollte in den nächsten Jahren getrunken werden.
Voraussichtliche Genußreife: Jetzt. Letzte Verkostung: 1/91.

DIE ÜBRIGEN MÉDOC-APPELLATIONEN

GRESSIER GRAND-POUJEAUX
Cru Bourgeois

GUT

Besitzer: Bertrand de Marcellas
Adresse: 33480 Moulis-en-Médoc
Telefon: 33 5 56 58 02 51

Rebfläche: 21,5 ha

Durchschnittliches Rebenalter: 27 Jahre

Rebbestand: 60 % Cabernet Sauvignon, 30 % Merlot, 10 % Cabernet Franc

Durchschnittliche Jahresproduktion insgesamt: 11 000 Kisten

GRAND VIN

Name: Château Gressier Grand-Poujeaux

Appellation: Moulis

Verarbeitung und Ausbau: 20 bis 24 Monate Faßausbau

Beurteilung des derzeitigen Rangs: Entspricht qualitativ einem 5ème Cru

Genußreife: 7 bis 20 Jahre nach dem Jahrgangsdatum

Ein faszinierendes Weingut. Es befindet sich im Besitz der Familie, seit ein Monsieur Gressier es 1724 kaufte. In seiner langen Geschichte ist es für Weine bekannt geworden, die 20 bis 30 Jahre und noch länger leben, und in neuerer Zeit hat es bestimmte Jahrgänge wie den 1963er, 1965er und 1977er, die dem gewünschten Qualitätsstand nicht entsprachen, einfach degradiert. Die Weinberge in besten kieshaltigen Lagen von Moulis enthalten Parzellen mit überaus alten Rebstöcken, deren Erträge selten über 15 hl/ha hinausgehen. Hinzu kommt eine sehr konservative Einstellung zum Rebschnitt, die zu mäßigen Erträgen führt. Der in alten Gärfässern aus Eichenholz vergorene und in kleinen Fässern ausgebaute Wein ist in jungen Jahren fast ungenießbar, aber ich habe mich davon überzeugt, wie wunderbar sich dieser Wein hält, und zwar durch eine Verkostung der Jahrgänge 1966, 1970 (ein superber Wein mit 90 Punkten) und 1975. In neuerer Zeit entstanden 1982, 1985, 1986, 1989 und 1990 ganz großartige Weine.

JAHRGÄNGE

1989 • 88   Eine dunkle, undurchdringliche rubinpurpurrote Farbe läßt auf kräftigen Extrakt und große Intensität schließen. Das Bukett ist noch straff, doch wenn man das Glas schwenkt, gibt es das Aroma von Teer, Gewürzen, Kaffee und schwarzen Johannisbeeren frei. Auf der Zunge zeigt sich der Wein vollgepackt mit Frucht und viel Glyzerin bei hervorragender Konzentration und kräftigem Tannin im Abgang. Der Säuregehalt ist gering, der Tanningehalt dafür hoch. Ich vermute, daß dieser rustikale, altmodische 1989er noch 8 bis 10 Jahre im Keller ruhen muß.
Voraussichtliche Genußreife: 1999 bis 2015. Letzte Verkostung: 1/93.

1988 • 87   Tiefdunkles Rubinpurpurrot und ein verhaltenes, aber im Entfalten begriffenes Bukett von Schokolade, Cassis und Zedernholz kennzeichnen den mittelschweren bis körperreichen, typisch zurückgebliebenen und rustikalen, aber charaktervollen 1988er.
Voraussichtliche Genußreife: Jetzt bis 2008. Letzte Verkostung: 1/93.

BORDEAUX

1986 • 89 Der 1986er Gressier Grand-Poujeaux ist schwarzrubinpurpurrot, hat ein verhaltenes, aber aufblühendes Bukett von Mineralen, Süßholz und schwarzen Johannisbeeren. Auf der Zunge zeigt der Wein bedachtsame Verwendung von frischem Eichenholz, hervorragende Fülle und Nachhaltigkeit sowie einen langen, kraftvollen, tanninherben Abgang. Er muß bestimmt noch mindestens 7 bis 8 Jahre im Keller liegen, und er könnte sich als ein Schlager dieses Jahrgangs erweisen.
Voraussichtliche Genußreife: Jetzt bis 2020. Letzte Verkostung: 4/90.

1985 • 87 Der 1985er, ein Schlager seines Jahrgangs, ist ein schwarzrubinroter, mit Extrakt vollgepackter Wein mit einem ungeheuer starken Einschlag von Tannin und langem, vollem Abgang bei kräftigem Körper und 10 bis 15 Jahren weiterer Entfaltungszeit vor sich. Ein brillanter Wein im alten Stil, den sich nur Liebhaber mit viel Geduld und einem schönen, kühlen Keller leisten sollten.
Voraussichtliche Genußreife: Jetzt bis 2010. Letzte Verkostung: 3/89.

1984 • 84 Für einen 1984er ist er ein überaus seriöser Wein, dunkel, reif, voll, tanninherb, mit mittlerem bis kräftigem Körper, viel Extrakt – wer ihn probiert, wird es nicht bereuen.
Voraussichtliche Genußreife: Jetzt. Letzte Verkostung: 3/87.

1982 • 89 Im Bukett zeigen sich Anzeichen für Hochreife. Mit kräftigen Tönen von gerösteten Kastanien, Leder, Mineralen und schwarzen Johannisbeeren geht es einem kräftigen, muskulösen, ungewöhnlich konzentrierten Geschmack voraus, der die Zunge fast überwältigt, jedoch durch sein Format, seine Kraft und seine Tiefe beeindruckt. Dieser Wein ist nichts für zarte Gaumen.
Voraussichtliche Genußreife: Jetzt bis 2010. Letzte Verkostung: 3/88.

1979 • 86 Der noch immer bemerkenswert junge und unentwickelte, dunkelrubinrote 1979er mit seinem kräuterwürzigen, pfefferigen Johannisbeerenbukett hat mittleren Körper bei überraschend kräftiger Säure und mäßigem Tannin. Es fehlt ihm an der großen Tiefe, die er in Spitzenjahren erreichen kann, und er stellt eher eine elegante und zivilisierte Version von Gressier Grand-Poujeaux dar.
Voraussichtliche Genußreife: Jetzt bis 2001. Letzte Verkostung: 3/88.

1970 • 90 Das spektakuläre Bukett von gerösteten Nüssen, Mineralen, Teer, Süßholz und schwarzer Frucht hat eindeutig Cru-Classé-Niveau. Auf der Zunge zeigt der Wein fast üppige Fülle und im Abgang mäßiges Tannin sowie große Konzentration und Nachhaltigkeit. Er hat viel von seiner Härte eingebüßt und ist ein köstlicher Genuß. Dabei zeigen sich keine Anzeichen dafür, daß die Frucht sich abschwächt. In Stil und Charakter erinnert dieser Wein an den 1970er Lynch-Bages!
Voraussichtliche Genußreife: Jetzt bis 2005. Letzte Verkostung: 3/88.

GREYSAC
Cru Bourgeois seit 1932

GUT

Lage der Weinberge: Bégadan (By)

Besitzer: EXOR-Gruppe
Adresse: By, 33340 Bégadan
Postanschrift: wie oben
Telefon: 33 5 56 73 25 56 – Telefax: 33 5 56 73 26 58

Besuche: nur nach Vereinbarung

DIE ÜBRIGEN MÉDOC-APPELLATIONEN

WEINBERGE (Rotwein)

Rebfläche: 69 ha

Durchschnittliches Rebenalter: 25 Jahre

Rebbestand: 45% Merlot, 40% Cabernet Sauvignon, 10% Cabernet Franc, 5% Petit Verdot

Pflanzdichte: 7600 Reben/ha

Ertrag (im Durchschnitt der letzten 5 Jahre): 55 hl/ha

Durchschnittliche Jahresproduktion insgesamt: 40 000 Kisten

GRAND VIN

Name: Château Greysac

Appellation: Médoc

Durchschnittliche Jahresproduktion 30 000 Kisten

Verarbeitung und Ausbau: Gärdauer 4 bis 5 Tage bei 27 bis 32°C, Maischdauer 25 bis 30 Tage in temperaturgeregelten Edelstahltanks. Malolaktische Säureumwandlung im Tank. 12 Monate Ausbau in zu 20% neuen Eichenfässern. Abstich alle 4 Monate, *assemblage* in Tanks vor dem Schönen, 2 Monate Ruhe bis zum Abfüllen; kein Filtern.

ZWEITWEIN

Name: Domaine de By

Beurteilung des derzeitigen Rangs: Entspricht der Klassifizierung

Genußreife: 5 bis 12 Jahre nach dem Jahrgangsdatum

Der Greysac ist in den USA zu einem der populärsten Crus Bourgeois geworden. Hohe Qualität sowie die dynamische Persönlichkeit und das Marketinggenie des inzwischen verstorbenen liebenswürdigen Besitzers, Baron François de Gunzburg, waren für die hohe Akzeptanz bei den Amerikanern (die sich ansonsten beim Bordeaux-Wein sehr klassifizierungsbewußt verhalten) verantwortlich.

Den Stil des Weins von Greysac habe ich stets als elegant, sanft mit mittlerem Körper und einem komplexen, mit Johannisbeerfrucht und einem echten mineralischen Bodenaroma erfüllten Bukett gefunden. Er ist nie aggressiv oder übermäßig tanninherb und meist nach 6 oder 7 Jahren ausgereift, hält sich aber bis zu 12 Jahre gut.

HANTEILLAN
Cru Bourgeois

Lage der Weinberge: Cissac

Besitzerin: Catherine Blasco
Adresse: 12, route d'Hanteillan, 33250 Cissac
Postanschrift: wie oben
Telefon: 33 5 56 59 35 31 – Telefax: 33 5 56 59 31 51

Besuche: montags bis freitags von 9 bis 12 und von 14 bis 18 Uhr
Kontaktperson: Mlle Brossard

BORDEAUX

WEINBERGE (Rotwein)

Rebfläche: 81 ha

Durchschnittliches Rebenalter: 20 Jahre

Rebbestand: 51 % Cabernet Sauvignon, 40 % Merlot, 5 % Cabernet Franc, 4 % Petit Verdot

Pflanzdichte: 6500 bis 8500 Reben/ha

Ertrag (im Durchschnitt der letzten 5 Jahre): 62 hl/ha

Durchschnittliche Jahresproduktion insgesamt: 5000 hl

GRAND VIN

Name: Château Hanteillan

Appellation: Haut-Médoc

Durchschnittliche Jahresproduktion: 450 000 Flaschen

Verarbeitung und Ausbau: Vinifikation in temperaturgeregelten Edelstahltanks (nach Rebsorten getrennt), anstatt durch das übliche Umpumpen wird der Hut durch Druck aufgebrochen. 6 Monate Ausbau, wechselweise zur Hälfte in Betontanks und zur Hälfte in einmal gebrauchten Fässern (keine neuen Eichenfässer). Kein Schönen und Filtern.

ZWEITWEIN

Name: Château Laborde/Château Blagnac

Durchschnittliche Jahresproduktion: 120 000/ 60 000 Flaschen

Beurteilung des derzeitigen Rangs: Entspricht der Klassifizierung

Genußreife: 4 bis 8 Jahre nach dem Jahrgangsdatum

Diesem hoch gepriesenen Cru Bourgeois fehlt es, wie ich stets gefunden habe, an Frucht und Charme. Er wird in einer für die Produktion von qualitativ hochwertigem Wein gut ausgestatteten High-Tech-*cuverie* klassisch bereitet. Nichtsdestoweniger stellt er sich relativ tanninherb, karg und kompakt dar. Ich glaube im 1989er und 1990er mehr Charme und Finesse entdeckt zu haben. Alle *cuvées*, die für den Hanteillan nicht gut genug sind, gehen in den Zweitwein ein.

Lamarque
Cru Bourgeois

GUT

Lage der Weinberge: Lamarque

Besitzer: S.C. Gromand d'Evry
Adresse: 33460 Lamarque
Postanschrift: wie oben
Telefon: 33 5 56 58 90 03 – Telefax: 33 5 56 58 97 55

Besuche: nur nach Vereinbarung, montags bis freitags von 9.30 bis 11.30 und von 14 bis 17 Uhr
Kontaktperson: Francine Prévot

DIE ÜBRIGEN MÉDOC-APPELLATIONEN

WEINBERGE (Rotwein)

Rebfläche: 42,5 ha

Durchschnittliches Rebenalter: 30 Jahre

Rebbestand: 46 % Cabernet Sauvignon, 25 % Merlot, 24 % Cabernet Franc, 5 % Petit Verdot

Pflanzdichte: 6500 Reben/ha

Ertrag (im Durchschnitt der letzten 5 Jahre): 52,83 hl/ha

Durchschnittliche Jahresproduktion insgesamt: 245 000 Flaschen

GRAND VIN

Name: Château de Lamarque

Appellation: Haut-Médoc

Durchschnittliche Jahresproduktion: 150 000 Flaschen

Verarbeitung und Ausbau: *Saignée* mit 15 bis 20 % Volumenminderung vor dem Gärprozeß. Vinifikation 15 bis 20 Tage in kunstharzbeschichteten Betontanks; Temperaturregelung von Hand. Malolaktische Säureumwandlung beim Vorlaufwein im Tank, beim Preßwein im Faß.
12 bis 14 Monate Ausbau in zu $1/3$ neuen Eichenfässern. *Assemblage* geschieht frühestens im Juni nach der Lese, zum Zeitpunkt des 2. Abstichs (alle Abstiche von Faß zu Faß).
Der Wein wird geschönt und leicht gefiltert.

ZWEITWEIN

Name: Donjon de Lamarque

Durchschnittliche Jahresproduktion: 90 000 Flaschen

Beurteilung des derzeitigen Rangs: Entspricht der Klassifizierung

Genußreife: 4 bis 7 Jahre nach dem Jahrgangsdatum

Die herrliche, nach der gleichnamigen Stadt benannte mittelalterliche Burg liegt etwas abseits von der großen Route du Vin (D 2) durch das Médoc, direkt an der Straße zum Landeplatz der Fähre, die über die Gironde nach Blaye fährt.

Der Lamarque ist ein typisch guter, mittelschwerer Wein aus dem mittleren Médoc. Er hat bei runder, geschmeidiger, milder reiffruchtiger Geschmacksfülle einen Hauch von der Eleganz eines St-Julien. Die Familie Gromand widmet sich mit großer Sorgfalt der Bereitung ihres Weins, der aber innerhalb von 7 bis 8 Jahren getrunken werden will. Für ein Cru Bourgeois ist dieser Wein recht erschwinglich.

LANESSAN
Cru Bourgeois Supérieur seit 1932

AUSGEZEICHNET

Lage der Weinberge: Cussac-Fort-Médoc

Besitzer: GFA des Domaines Bouteiller
Adresse: 33460 Cussac-Fort-Médoc
Postanschrift: wie oben
Telefon: 33 5 56 58 94 80 – Telefax: 33 5 56 58 93 10

Besuche: täglich von 9 bis 12 und von 14 bis 18 Uhr

BORDEAUX

WEINBERGE (Rotwein)

Rebfläche: 40 ha

Durchschnittliches Rebenalter: 25 Jahre

Rebbestand: 75% Cabernet Sauvignon, 20% Merlot, 5% Cabernet Franc und Petit Verdot

Pflanzdichte: 10 000 Reben/ha

Ertrag (im Durchschnitt der letzten 5 Jahre): 55 hl/ha

Durchschnittliche Jahresproduktion insgesamt: 20 000 Kisten

GRAND VIN

Name: Château Lanessan

Appellation: Haut-Médoc

Durchschnittliche Jahresproduktion: 20 000 Kisten

Verarbeitung und Ausbau: Vinifikation 12 bis 18 Tage in temperaturgeregelten Betontanks. Malolaktische Säureumwandlung im Tank; anschließend 18 bis 30 Monate Ausbau (je nach Jahrgang) in zu 5% neuen Eichenfässern. Der Wein wird geschönt und gefiltert.

Kein ZWEITWEIN

Beurteilung des derzeitigen Rangs: Lanessan in Hochform kann qualitativ einem 5ème Cru entsprechen

Genußreife: 7 bis 18 Jahre nach dem Jahrgangsdatum

Der Lanessan ist oft einer der besseren Weine aus der Appellation Haut-Médoc und könnte ernstlich für den Rang eines 5ème Cru in Erwägung gezogen werden, wenn die Klassifizierung der Weine aus dem Médoc jemals neu gefaßt werden sollte.

Das Château Lanessan liegt in Cussac, unmittelbar südlich der Gemarkung von St-Julien gegenüber dem großen Weinberg von Gruaud-Larose; es bringt Weine von intensiver Geschmacksfülle mit tiefer Farbe, robustem, breit gebautem Körper und kerniger Art hervor. Die Kritik, daß es ihnen an Finesse fehlt, wird durch den vollen, kräftigen Geschmack von schwarzen Johannisbeeren mehr als wettgemacht.

Die Rebfläche von 40 ha, die Jahr für Jahr durch Neuanpflanzungen erweitert wird, bringt über 20 000 Kisten Wein hervor. Das Gut befindet sich im Besitz und unter der Leitung der Familie Bouteiller.

Der Lanessan hält sich außerordentlich gut, wie ein köstlicher, wenn auch freilich müder 1920er bewies, den ich 1983 gemeinsam mit einem Freund genoß. Unter den jüngeren Jahrgängen gab es besondere Erfolge in den Jahren 1970, 1975, 1978, 1982, 1986, 1988, 1989, 1990, 1995 und 1996. Alle diese Weine sind kraftvoll und individuell und in Stil und Charakter dem 5ème Cru Lynch-Bages aus Pauillac nicht unähnlich.

Wie ich schon erwähnte, kann der Lanessan unbeständig sein. Zum Teil läßt sich die Ungleichmäßigkeit seiner Leistungen (die einzige Kritik, die man möglicherweise erheben kann) wahrscheinlich darauf zurückführen, daß man dort nicht so recht von der Verwendung alter Fässer für den Weinausbau abgehen will. Vielleicht würde sich schon ein etwas größerer Anteil neuer Fässer in jedem Jahr für einen derart robusten Wein als wohltätig erweisen. Für Besucher bietet das schöne, seit 1890 im Besitz derselben Familie befindliche Château ein Museum, in dem es zahlreiche Kutschen und Pferdegeschirre zu sehen gibt.

DIE ÜBRIGEN MÉDOC-APPELLATIONEN

JAHRGÄNGE

1997 • 85-87   Ein süßes Bukett von schwarzen Johannisbeeren und Kirschen zeigt schöne Reintönigkeit und Reife. Dieser saftige, mittelschwere, vollmundige, hocherfreuliche Wein dürfte sich 7 bis 8 Jahre lang schön trinken lassen. Letzte Verkostung: 3/98.

1996 • 86-88   Der 1996er ist ein eindrucksvoll gebauter, mittelschwerer, tief rubinpurpurroter Wein mit Noten von schwarzen Johannisbeeren, Gewürzschublade und Zedernholz. Hinzu kommen Nachhaltigkeit und moderates, mildes Tannin.
Voraussichtliche Genußreife: 2000 bis 2015. Letzte Verkostung: 3/98.

1995 • 87   Der 1995er ist nicht so wuchtig und muskulös, dafür elegant und reich an vollmundiger Frucht von roten und schwarzen Johannisbeeren mit Nuancen von Gras und Tabak, dargeboten in sanfter, geschmeidiger, verlockender, mittelschwerer Art.
Voraussichtliche Genußreife: Jetzt bis 2008. Letzte Verkostung: 11/97.

1993 • 86   Auch diesem gut geführten Cru Bourgeois ist es gelungen, das unbändige Tannin des Jahrgangs 1993 zu zähmen. Lanessan hat einen behäbigen, schmackhaften, geschmeidigen Wein zustande gebracht, der ein aufgeschlossenes Bukett von Cassis, Zedernholz und Kräutern, exzellente Reife, mittleren Körper und einen runden, generösen Abgang aufweist. Er dürfte sich 10 bis 12 Jahre lang schön trinken lassen. Letzte Verkostung: 11/94.

1992 • 83   Dieser mittelrubinrote, sanfte Wein mit attraktivem Bukett von Kräutern, roter und schwarzer Frucht, Staub, Erde und Holz, mittlerem Körper und milder Säure zeigt im Abgang einiges Tannin. Man sollte ihn in den nächsten 4 bis 5 Jahren trinken, bevor er abmagert. Letzte Verkostung: 11/94.

1990 • 88   Der tiefdunkle 1990er mit seinem mächtigen, pfefferigen, würzigen Bukett von schwarzen Kirschen und provençalischen Kräutern zeigt im Mund große Reichhaltigkeit, dazu dichte, volle Substanz und im langen Abgang feines Gewürz, Tannin und Glyzerin. Er dürfte sich 10 bis 12 Jahre und länger schön trinken lassen. Letzte Verkostung: 1/93.

1989 • 87   Der 1989er Lanessan ist kräuterwürzig, aber füllig, reichfruchtig und mild. Der gewichtige, körperreiche Wein bietet in Hülle und Fülle Frucht, Glyzerin und Tannin.
Voraussichtliche Genußreife: Jetzt bis 2004. Letzte Verkostung: 1/93.

1988 • 86   Der 1988er Lanessan ist ein voller, reichhaltiger, konzentrierter Wein. Tiefe und Reife, ein komplexes Bukett von Menthol, Zedernholz und schwarzen Johannisbeeren, verwoben mit einer subtilen Eichennote, kennzeichnen diesen fülligen, gehaltvollen, körperreichen Wein, der sich 10 bis 15 Jahre lang schön trinken lassen dürfte. Letzte Verkostung: 1/93.

1987 • 74   Der ziemlich grasige, magere 1987er Lanessan hat ein lose gewirktes Bukett und milden, runden Geschmack, in dem sich eine grüne Art zeigt, die auf unreifen Cabernet Sauvignon schließen läßt.
Voraussichtliche Genußreife: Jetzt. Letzte Verkostung: 1/90.

1986 • 88   Der 1986er ist wahrscheinlich der beste Lanessan seit zwei Jahrzehnten. Er hat noch immer tief rubinpurpurrote Farbe, ein sich auffaltendes, aber verhaltenes Bukett von Kräutern, Leder, gegrilltem Fleisch und schwarzen Johannisbeeren – ein körperreicher, wuchtiger Wein für Liebhaber sauber definierter, tanninreicher und eindrucksvoll strukturierter Rotweine.
Voraussichtliche Genußreife: Jetzt bis 2010. Letzte Verkostung: 3/90.

1985 • 87   Rauchige, erdige Düfte und eine Note von reifen Brombeeren entströmen dem Glas. Auf der Zunge zeigt der 1985er Lanessan viel Tiefe, unüblich wenig Säure und mildes Tannin, immer aber mit kraftvoll fleischiger Art, wobei es nur ein wenig an Finesse und Charme fehlt. Diesen Mangel gleichen Robustheit und Reife aus.
Voraussichtliche Genußreife: Jetzt bis 2003. Letzte Verkostung: 3/89.

1984 • 76   Ein würziges, leicht vegetabiles Bukett wird begleitet von leicht lieblichem, recht unkonzentriertem Geschmack, doch der Wein trinkt sich in allernächster Zeit noch recht schön.
Voraussichtliche Genußreife: Jetzt. Letzte Verkostung: 4/89.

1982 • 86   Angesichts der geringen Säure und der fülligen, locker gewirkten Struktur kann man

nicht von einem typischen Lanessan sprechen. Allerdings sind die aufgeschlossene, großzügig ausgestattete Art, die reiche, erdige Frucht von schwarzen Johannisbeeren und der milde, sanfte Abgang auch nicht zu verachten.
Voraussichtliche Genußreife: Jetzt. Letzte Verkostung: 1/90.

ÄLTERE JAHRGÄNGE

Der 1906er (69 Punkte; Verkostung 12/95) zeigte Bernsteingelb und Orange in der hellen Farbe und vage Zedernholznoten im Bukett, das rasch in Essig- und dumpfige Kellergerüche umschlug. Scharfe Säure und das Fehlen von Frucht ließen diesen Wein als für Jahrgangsessig geeignet erscheinen. Dennoch – das Bukett war zumindest für kurze Zeit komplex, doch die Frucht ist ausgezehrt und der Wein selbst kaum noch am Leben. Der zur gleichen Zeit verkostete 1914er Lanessan (76 Punkte) befand sich in etwas besserer Verfassung mit einem attraktiven, süßen, an Zedernholz erinnernden Bukett, kräftigem Tannin am Gaumen, etwas Frucht und einem mittelschweren, herben, säuerlichen Abgang. In der Mitte erschien er etwas leer, insgesamt war aber durchaus noch Leben in diesem Wein.

LAROSE-TRINTAUDON
Cru Bourgeois

Lage der Weinberge: St-Laurent-du-Médoc und Pauillac

Besitzer: A.G.F. (seit 1986)
Adresse: Route de Pauillac, 33112 St-Laurent-du-Médoc
Postanschrift: wie oben
Telefon: 33 5 56 59 41 72 – Telefax: 33 5 56 59 93 22

Besuche: nur nach Vereinbarung
Kontaktperson: Matthias von Campe oder F. Bijon

WEINBERGE (Rotwein)

Rebfläche: 170 ha

Durchschnittliches Rebenalter: 25 Jahre

Rebbestand: 65 % Cabernet Sauvignon, 30 % Merlot, 5 % Cabernet Franc

Pflanzdichte: 6600 Reben/ha

Ertrag (im Durchschnitt der letzten 5 Jahre): 55 hl/ha

Durchschnittliche Jahresproduktion insgesamt: 1 150 000 Flaschen

GRAND VIN

Name: Château Larose-Trintaudon

Appellation: Haut-Médoc

Durchschnittliche Jahresproduktion: 1 000 000 Flaschen

Verarbeitung und Ausbau: Vinifikation 3 bis 4 Wochen in temperaturgeregelten Edelstahltanks. Anschließend 12 Monate Ausbau in jährlich zu ¼ erneuerten Eichenfässern.

DIE ÜBRIGEN MÉDOC-APPELLATIONEN

ZWEITWEIN

Name: Larose St-Laurent

Durchschnittliche Jahresproduktion: 130 000 Flaschen

Beurteilung des derzeitigen Rangs: Entspricht der Klassifizierung

Genußreife: 4 bis 7 Jahre nach dem Jahrgangsdatum

Das größte Weingut im Médoc produziert seit langem einen schlichten, geschmeidigen, korrekten Wein ohne große Eigenständigkeit.

LESTAGE
Cru Bourgeois Supérieur

GUT

Lage der Weinberge: Listrac-Médoc und Moulis

Besitzer: Jean, Elza, Katherine und Caroline Chanfreau
Adresse: 33480 Listrac-Médoc
Postanschrift: wie oben
Telefon: 33 5 56 58 02 43 – Telefax: 33 5 56 58 04 33

Besuche: montags bis freitags von 9 bis 12 und von 14 bis 17.30 Uhr
Kontaktperson: Jean oder Marie-Hélène Chanfreau

WEINBERGE (Rotwein)

Rebfläche: 46,5 ha in Listrac und 6,5 ha in Moulis

Durchschnittliches Rebenalter: 28 Jahre

Rebbestand: 58 % Merlot, 38 % Cabernet Sauvignon, 2 % Cabernet Franc, 2 % Petit Verdot

Pflanzdichte: 6660 Reben/ha

Ertrag (im Durchschnitt der letzten 5 Jahre): 56 hl/ha

Durchschnittliche Jahresproduktion insgesamt: 350 000 Flaschen

GRAND VIN

Name: Château Lestage

Appellation: Listrac-Médoc

Durchschnittliche Jahresproduktion: 210 000 Flaschen

Verarbeitung und Ausbau: Vinifikation 20 bis 31 Tage in temperaturgeregelten Tanks; der Gärprozeß findet bei 28 bis 30 °C, die Maischung bei max. 30 bis 32 °C statt. 70 % des Ertrags werden in Eichenfässern und 30 % im Tank (wechselweise) ausgebaut; Ausbauzeit 12 Monate. Der Wein wird geschönt, jedoch nicht systematisch gefiltert.

ZWEITWEIN

Name: La Dame de Cœur du Château Lestage

Durchschnittliche Jahresproduktion: 32 000 bis 50 000 Flaschen

BORDEAUX

N.B.: Von 6,5 ha in Moulis kommt ein Grand Vin namens Château Caroline; der zugehörige Zweitwein heißt La Dame de Cœur du Château Caroline (35 000 Flaschen/Jahr)

Beurteilung des derzeitigen Rangs: Entspricht der Klassifizierung

Genußreife: 3 bis 8 Jahre nach dem Jahrgangsdatum

Ich habe freundliche Erinnerung an viele Lestage-Jahrgänge. Es handelt sich um geschmeidige, schlichte, reichfruchtige, sauber bereitete, schmackhafte Gewächse. Bis 1985 wurde die gesamte Produktion in Großbehältern ausgebaut, dann aber begann der Besitzer kleine Eichenfässer zu verwenden und verlieh den Weinen damit mehr Struktur und Charakter. Profund ist der Lestage keinesfalls zu nennen, aber das große Weingut in Listrac mit seinem charmanten dreigeschossigen Château aus dem 19. Jahrhundert erfüllt den Liebhabern unmittelbar trinkbarer Weine alle Wünsche zu erschwinglichen Preisen.

LIVERSAN
Cru Bourgeois

GUT

Lage der Weinberge: St-Sauveur

Besitzer: S.C.E.A. du Château Liversan (gehört zu Château Patache d'Aux)
Adresse: Route de Farpiqueyre, 33250 St-Sauveur
Postanschrift: Les Trois Châteaux, 1 route du 19 mars, 33340 Bégadan
Telefon: 33 5 56 41 50 18 – Telefax: 33 5 56 41 54 65

Besuche: montags bis freitags von 9 bis 12.30 und von 14 bis 17.30 Uhr
Kontaktperson: Bruno Blanc (33 5 56 73 94 65)

WEINBERGE (Rotwein)

Rebfläche: 40 ha

Durchschnittliches Rebenalter: 25 Jahre

Rebbestand: 49 % Cabernet Sauvignon, 38 % Merlot, 10 % Cabernet Franc, 3 % Petit Verdot

Pflanzdichte: 8500 Reben/ha

Ertrag (im Durchschnitt der letzten 5 Jahre): 56 hl/ha

Durchschnittliche Jahresproduktion insgesamt: 290 000 Flaschen

GRAND VIN

Name: Château Liversan

Appellation: Haut-Médoc

Durchschnittliche Jahresproduktion: 150 000 Flaschen

Verarbeitung und Ausbau: Vinifikation 20 bis 25 Tage in Beton- und Edelstahltanks. Anschließend 12 Monate Ausbau in zu ca. 20 % neuen Eichenfässern. Der Wein wird geschönt, jedoch bei der Abfüllung nicht gefiltert.

DIE ÜBRIGEN MÉDOC-APPELLATIONEN

ZWEITWEIN

Name: Les Charmes de Liversan

Durchschnittliche Jahresproduktion: 140 000 Flaschen

Beurteilung des derzeitigen Rangs: Entspricht der Klassifizierung, jedoch kommen die Weine seit Mitte der 1980er Jahre einem 5ème Cru sehr nahe

Genußreife: 4 bis 10 Jahre nach dem Jahrgangsdatum

Bordeaux-Beobachter sind schon seit langem der Meinung, daß die Weinberge von Château Liversan aufgrund ihrer ausgezeichneten Lage zwischen der Stadt Pauillac und dem Dörfchen St-Sauveur das Potential für Weine in Cru-Classé-Qualität besitzen. Der Bau einer neuen Kellerei, vermehrter Einsatz neuer Eichenfässer und konservative Erträge haben eine Reihe guter bis sehr guter Weine zuwege gebracht.

Der Stil von Liversan zielt ab auf Weine mit tiefer Farbe, schönem Extrakt, mildem Tannin sowie mit Biß, Konzentration und Nachhaltigkeit. Die Besitzer führen die Qualität ihres Weins auf die hohe Pflanzdichte von 8500 Reben pro Hektar, also 2000 mehr als in Bordeaux üblich, zurück. Bei dichterer Pflanzung werden die Wurzeln der Weinstöcke dazu gezwungen, auf der Suche nach Nährstoffen weiter in das Erdreich vorzudringen, so daß die Weine größeren Charakter und mehr Tiefe erlangen.

LOUDENNE
Cru Bourgeois

Lage der Weinberge: St-Yzans de Médoc

Besitzer: W. und A. Gilbey
Adresse: 33340 St-Yzans de Médoc
Postanschrift: wie oben
Telefon: 33 5 56 73 17 80 – Telefax: 33 5 56 09 02 87

Besuche: werktags von 9.30 bis 12.30 und von 14 bis 17.30 Uhr. An Feiertagen und an Wochenenden nur nach Vereinbarung
Kontaktperson: Claude-Marie Toustou

ROTWEIN

WEINBERGE

Rebfläche: 47,5 ha

Durchschnittliches Rebenalter: 28 Jahre

Rebbestand: 45 % Cabernet Sauvignon, 45 % Merlot, 7 % Cabernet Franc, 2 % Malbec, 1 % Petit Verdot

Pflanzdichte: 5000 bis 6500 Reben/ha

Ertrag (im Durchschnitt der letzten 5 Jahre): 60 hl/ha

Durchschnittliche Jahresproduktion insgesamt: 300 000 Flaschen

BORDEAUX

GRAND VIN

Name: Château Loudenne

Appellation: Médoc

Durchschnittliche Jahresproduktion: 250 000 Flaschen

Verarbeitung und Ausbau: Vinifikation 3 Wochen in Beton- und Edelstahltanks. Anschließend 15 Monate Ausbau in zu jährlich ¼ erneuerten Eichenfässern. Der Wein wird geschönt und gefiltert.

ZWEITWEIN

Name: Château Lestagne

Durchschnittliche Jahresproduktion: 40 000 bis 60 000 Flaschen

WEISSWEIN

WEINBERGE

Rebfläche: 14 ha

Durchschnittliches Rebenalter: 19 Jahre

Rebbestand: 62 % Sauvignon, 38 % Sémillon

Pflanzdichte: 5000 Reben/ha

Ertrag (im Durchschnitt der letzten 5 Jahre): 48 hl/ha

Durchschnittliche Jahresproduktion insgesamt: 89 000 Flaschen

GRAND VIN

Name: Château Loudenne

Appellation: Bordeaux Blanc Sec

Durchschnittliche Jahresproduktion: 40 000 Flaschen

Verarbeitung und Ausbau: Nach kurzer *macération pelliculaire* und Kaltabsetzen des Mosts wird dieser kühl (15 bis 16 °C) bzw. im Eichenfaß (21 bis 22°) vergoren; 8 Monate Hefesatzlagerung mit wöchentlichem Aufrühren. Anschließend erfolgt *assemblage* und Kaltstabilisierung. 10 Monate nach der Lese wird der Wein geschönt und unter Filtrieren abgefüllt. (Seit dem Jahrgang 1995 geschieht die Vinifikation zunehmend im Eichenfaß. 1997 wurde der gesamte Ertrag in Eichenfässern vergoren, die jährlich zu ¼ erneuert werden sollen.)

Beurteilung des derzeitigen Rangs: Entspricht der Klassifizierung

Genußreife: 3 bis 6 Jahre nach dem Jahrgangsdatum

Das schöne rosafarbene Château Loudenne gehört seit 1875 der Firma W. & A. Gilbey. Der Weinberg liegt auf steinigem Sandboden am äußersten Nordende des Médoc bei St-Yzans. Der schlichte, fruchtige Weißwein von Sauvignon und Sémillon schmeckt mir gut. Dagegen finde ich den Rotwein äußerst leicht. Er ist zwar korrekt bereitet, es fehlt ihm aber an Komplexität, Fülle und Stehvermögen.

Berücksichtigt man, wieviel Aufmerksamkeit in Loudenne auf die Details verwendet wird, dann kommen einem Zweifel, ob in dieser Gegend des Médoc überhaupt Weine mit großem Durchhaltevermögen entstehen können. Qualitätsverbesserungen um die Mitte der 1990er Jahre bilden gute Vorzeichen für gehaltvollere und interessantere Rotweine.

DIE ÜBRIGEN MÉDOC-APPELLATIONEN

MAGNOL
Cru Bourgeois seit 1932

GUT

Lage der Weinberge: Blanquefort

Besitzer: Barton & Guestier
Adresse: Domaine de Magnol, 33290 Blanquefort
Postanschrift: c/o Barton & Guestier, B.P.30, 33292 Blanquefort Cedex
Telefon: 33 5 56 95 48 00 – Telefax: 33 5 56 95 48 01

Keine Besuche möglich

WEINBERGE (Rotwein)

Rebfläche: 16 ha

Durchschnittliches Rebenalter: 20 Jahre

Rebbestand: 50% Merlot, 45% Cabernet Sauvignon, 5% Cabernet Franc

Pflanzdichte: 6600 Reben/ha

Ertrag (im Durchschnitt der letzten 5 Jahre): 50 hl/ha

Durchschnittliche Jahresproduktion insgesamt: 825 hl

GRAND VIN

Name: Château Magnol

Appellation: Haut-Médoc

Durchschnittliche Jahresproduktion: 100 000 Flaschen

Verarbeitung und Ausbau: Vinifikation 4 bis 5 Wochen bei 28 bis 32 °C in temperaturgeregelten Edelstahltanks. Anschließend 12 Monate Ausbau in zu 25% neuen Eichenfässern. Der Wein wird geschönt und bei der Abfüllung gefiltert.

Kein ZWEITWEIN

Beurteilung des derzeitigen Rangs: Entspricht der Klassifizierung

Genußreife: 3 bis 5 Jahre nach dem Jahrgangsdatum

Die milden, fruchtigen, gefälligen und süffigen Weine vom Château Magnol, einem Weingut im Besitz der großen Firma Barton & Guestier, haben mich sehr beeindruckt. Das Weingut liegt unmittelbar nördlich der Stadt Bordeaux und östlich der großen Vorstadt Blanquefort. Der Wein ist außerordentlich sauber in modernem kommerziellem Stil bereitet, und sein verführerischer, aufgeschlossener Charme ist nicht zu übersehen. Der Magnol ist kein Wein, den man sich in den Keller legt; er will vielmehr bald getrunken sein.

BORDEAUX

Malescasse
Cru Bourgeois seit 1932

GUT

Lage der Weinberge: Lamarque

Besitzer: Alcatel Alsthom
Adresse: 6, route du Moulin Rose, 33460 Lamarque
Postanschrift: 6, route du Moulin Rose, B.P.46, 33460 Lamarque
Telefon: 33 5 56 73 15 20 – Telefax: 33 5 56 59 64 72

Besuche: montags bis freitags von 9 bis 12 und von 14 bis 17 Uhr
Kontaktperson: François Peyran

WEINBERGE (Rotwein)

Rebfläche: 36,5 ha

Durchschnittliches Rebenalter: 20 Jahre

Rebbestand: 55 % Cabernet Sauvignon, 35 % Merlot, 10 % Cabernet Franc,

Pflanzdichte: 8500 Reben/ha

Ertrag (im Durchschnitt der letzten 5 Jahre): 55 hl/ha

Durchschnittliche Jahresproduktion insgesamt: 250 000 Flaschen

GRAND VIN

Name: Château Malescasse

Appellation: Haut-Médoc

Durchschnittliche Jahresproduktion: 170 000 Flaschen

Verarbeitung und Ausbau: Vinifikation 24 bis 30 Tage in temperaturgeregelten Edelstahltanks bei ziemlich hohen Temperaturen. Malolaktische Säureumwandlung bei 25 % des Ertrags im Tank. 16 Monate Ausbau in jährlich zu $\frac{1}{4}$ erneuerten Eichenfässern. Abstich alle 3 Monate, Schönung mit Albumin und leichtes Filtrieren.

ZWEITWEIN

Name: La Closerie de Malescasse

Durchschnittliche Jahresproduktion: 83 000 Flaschen

Beurteilung des derzeitigen Rangs: Entspricht der Klassifizierung

Genußreife: 4 bis 8 Jahre nach dem Jahrgangsdatum

Malescasse befindet sich in guter Lage unmittelbar nördlich von Arcins und südlich von Lamarque. Die Weinberge wurden zu Anfang der siebziger Jahre weitgehend neu angepflanzt, und inzwischen sind die Weinstöcke ausgewachsen.

Malescasse ist ein gut geführtes Cru Bourgeois, und seit Anfang der achtziger Jahre sind die Weine reichfruchtig, mittelschwer und im Alter von 4 bis 8 Jahren ideal zu trinken.

DIE ÜBRIGEN MÉDOC-APPELLATIONEN

MAUCAILLOU
Cru Bourgeois seit 1932

AUSGEZEICHNET

Lage der Weinberge: Moulis und Listrac

Besitzer: S.A.R.L. du Château Maucaillou – Philippe Dourthe
Adresse: 33480 Moulis en Médoc
Postanschrift: wie oben
Telefon: 33 5 56 58 01 23 – Telefax: 33 5 56 58 00 88

Besuche: täglich von 10 bis 12 und von 14 bis 18 Uhr
Kontaktperson: Magali Dourthe

WEINBERGE (Rotwein)

Rebfläche: 79 ha

Durchschnittliches Rebenalter: 28 Jahre

Rebbestand: 56 % Cabernet Sauvignon, 35 % Merlot, 7 % Petit Verdot , 2 % Cabernet Franc

Pflanzdichte: 8000 Reben/ha

Ertrag (im Durchschnitt der letzten 5 Jahre): 52 hl/ha

Durchschnittliche Jahresproduktion insgesamt: 4200 hl

GRAND VIN

Name: Château Maucaillou

Appellation: Moulis en Médoc

Durchschnittliche Jahresproduktion: 33 000 Kisten

Verarbeitung und Ausbau: Bei der Gärung (insgesamt 8 Tage) wird die Temperatur 4 Tage lang auf 22 °C gehalten und steigt dann bis zum Ende des Gärprozesses auf 30 °C an. Die Maischung wird durchgeführt, bis der Tanninindex 55 bis 65 erreicht. 18 Monate Ausbau in zu 33 bis 65 % neuen Eichenfässern (je nach Jahrgang). Der Wein wird geschönt und leicht gefiltert.

ZWEITWEIN

Name: Château Cap de Haut Maucaillou (Haut-Médoc)

Durchschnittliche Jahresproduktion: 8000 Kisten

Beurteilung des derzeitigen Rangs: Entspricht ohne weiteres einem 4ème oder 5ème Cru

Genußreife: 4 bis 12 Jahre nach dem Jahrgangsdatum

Der Maucaillou ist mit großer Beständigkeit einer der wertvollsten Weine aus dem Médoc. Er wird von dem robusten, lebensprühenden Philippe Dourthe untadelig bereitet, und es gibt an ihm nichts zu kritisieren. Der Maucaillou hat tiefe Farbe, herrlich reife, konzentrierte Frucht, guten Körper, mildes Tannin und ausreichend Biß und Extrakt für schöne Entfaltung über 10 bis 12 Jahre hinweg. Seit Anfang der achtziger Jahre reifen die Weine zum Teil in neuen, zum Teil in zweimal gebrauchten Eichenfässern, die aus prominenten Cru-Classé-Gütern stammen.

Es ist nicht einfach, Weine mit genug Fülle und Reichhaltigkeit zu bereiten, daß sie schon in jungen Jahren mit Genuß getrunken werden können und doch zugleich auch ein Jahrzehnt lang gut haltbar sind. Dem Château Maucaillou ist es eindeutig gelungen, den Boden von Moulis, der

BORDEAUX

doch so harte, tanninreiche Weine hervorbringen kann, zu zähmen. Vielmehr kommen hier außergewöhnlich elegante, überaus erfreuliche Weine zustande, die zu den wenigen in Bordeaux gehören, deren Preis unter ihrem Wert liegen.

Abenteuerfreudigen Reisenden, die auch die schmalen Landstraßen im Médoc nicht scheuen, kann ich einen Besuch im Château Maucaillou, wo es ein interessantes Weinbau-Museum gibt, nur empfehlen. Außerdem erhält der Besucher Gelegenheit, den neuen Wein zu kosten.

JAHRGÄNGE

1997 • 86-87 Der 1997er Maucaillou, eine feine Leistung, zeigt sattes Rubinpurpurrot, intensive Cassis- und füllige Preiselbeerfrucht, vollmundigen, üppig-sanften Geschmack und exzellente Reintönigkeit – ein potentieller Schlager des Jahrgangs. Letzte Verkostung: 3/98.

1996 • 84-85? Dieser Wein ist konzentrierter als der schlanke, kantige 1995er, liegt mit dem Tannin aber auch sehr hoch. Satte rubinrote Farbe geht einher mit Beeren- und Cassis-Frucht, gutem Gewürz, mittlerem Körper und einer Lebenserwartung von 10 Jahren.
Letzte Verkostung: 3/98.

1989 • 87 Der 1989er hat viel üppige Frucht von schwarzen Himbeeren im Bukett, begleitet von wunderbar reichhaltigem, vollmundigem Geschmack, reichlichem Extrakt und samtiger Art, und sein Abgang ist voller Verlockung und Finesse.
Voraussichtliche Genußreife: Jetzt bis 2001. Letzte Verkostung: 1/93.

1988 • 86 Der 1988er ist ein überaus attraktiver, fülliger, eleganter, reichfruchtiger mittelschwerer Wein mit Eichenholznote, der sich in den nächsten 4 bis 6 Jahren schön trinken lassen dürfte.
Letzte Verkostung: 1/93.

1986 • 86 Der 1986er dürfte sich als etwas besser erweisen als der 1985er, denn er ist tiefer, reichhaltiger und voller und hat auch mehr Tannin. Seine Frucht von schwarzen Kirschen wird durch rauchige Eichenholzwürze schön ergänzt.
Voraussichtliche Genußreife: Jetzt. Letzte Verkostung: 11/90.

1985 • 85 Von allen Weinen aus Moulis zeigt dieser am meisten Eleganz und Stil, obwohl er niemals an die Kraft und Tiefe eines Chasse-Spleen oder Poujeaux heranreichen wird. Der 1985er ist ein stilvoller, reichhaltiger, anmutiger Wein mit mittlerem bis kräftigem Körper, duftiger, aromatischer Art und einem langen Abgang.
Voraussichtliche Genußreife: Jetzt. Letzte Verkostung: 4/91.

MAYNE-LALANDE
Cru Bourgeois

GUT

Lage der Weinberge: Listrac

Besitzer: Bernard Lartigue
Adresse: 33480 Listrac
Postanschrift: wie oben
Telefon: 33 5 56 58 27 63 – Telefax: 33 5 56 58 22 41

Besuche: montags bis freitags von 8 bis 12 und von 14 bis 18 Uhr
Kontaktperson: Bernard Lartigue

DIE ÜBRIGEN MÉDOC-APPELLATIONEN

WEINBERGE (Rotwein)

Rebfläche: 16 ha

Durchschnittliches Rebenalter: 25 Jahre

Rebbestand: 45 % Cabernet Sauvignon, 45 % Merlot, 5 % Cabernet Franc, 5 % Petit Verdot

Pflanzdichte: 9000 bzw. 6000 Reben/ha

Ertrag (im Durchschnitt der letzten 5 Jahre): 40 hl/ha für den Grand Vin und 55 hl/ha für den Zweitwein

Durchschnittliche Jahresproduktion insgesamt: 95 000 Flaschen

GRAND VIN

Name: Château Mayne Lalande

Appellation: Listrac-Médoc

Durchschnittliche Jahresproduktion: 40 000 bis 50 000 Flaschen

Verarbeitung und Ausbau: Gärdauer (bei 28 bis 32 °C) und Maischdauer rund 30 Tage in Tanks mit Kühlsystem. 12 bis 15 Monate Ausbau in zu 30 bis 40 % neuen Eichenfässern. Der Wein wird mit frischem Eiweiß geschönt, aber nicht gefiltert.

ZWEITWEIN

Name: Château Malbec Lartigue

Durchschnittliche Jahresproduktion: 40 000 Flaschen

N.B.: Das Gut produziert ferner eine Spezial-Cuvée namens Grande Réserve du Château Mayne-Lalande. Die Bereitung geschieht ähnlich wie beim Grand Vin, jedoch erfolgt der Ausbau 24 bis 30 Monate lang ausschließlich in neuen Eichenfässern. Jahresproduktion: 400 Kisten.

Beurteilung des derzeitigen Rangs: Eines der am wenigsten bekannten, aber besten Châteaux in Listrac; in manchen Jahrgängen ist es einem 5ème Cru ebenbürtig

Genußreife: 5 bis 15 Jahre nach dem Jahrgangsdatum

Das wenig bekannte Gut in Listrac könnte zu einem der Stars der Appellation aufsteigen. Ich hatte Gelegenheit, die meisten Jahrgänge der achtziger Jahre zu verkosten, und war besonders beeindruckt von der Fülle und Intensität des 1982ers, der Finesse des 1983ers, der Kraft und erstaunlichen Konzentration des 1985ers sowie von dem 15 bis 20 Jahre betragenden Lebensdauerpotential des 1986ers. Der 1988er war zwar etwas mager, aber der 1989er und der 1990er scheinen mir zu den besten Weinen zu gehören, die in diesem Gut je entstanden sind.

Der Schlüssel zum Erfolg dieses Châteaus liegt in den niedrigen Erträgen und in der Tüchtigkeit des Besitzers Bernard Lartigue. Im Augenblick ist sein Wein nur Eingeweihten und einigen innovativen Restaurantbesitzern in Bordeaux bekannt, beispielsweise Jean-Pierre Xiradakis, der diesen Wein in seinem bekannten Restaurant La Tupina anbietet. Der Preis ist noch nicht recht in Schwung gekommen, und deshalb darf der Mayne-Lalande zur Zeit als unterbewertet gelten.

BORDEAUX

MOULIN-ROUGE
Cru Bourgeois seit 1932

SEHR GUT

Lage der Weinberge: am Rand von Cussac-Fort-Médoc in Richtung Beychevelle

Besitzer: Familien Pelon und Ribero
Adresse: 18, rue de Costes, 33460 Cussac-Fort-Médoc
Postanschrift: wie oben
Telefon: 33 5 56 58 91 13 – Telefax: 33 5 56 58 93 68

Besuche: täglich 9 bis 12 und von 14 bis 18 Uhr
Kontaktperson: Laurence Ribero

WEINBERGE (Rotwein)

Rebfläche: 16 ha

Durchschnittliches Rebenalter: 25 bis 30 Jahre

Rebbestand: 50% Merlot, 40% Cabernet Sauvignon, 10% Cabernet Franc

Pflanzdichte: 6000 Reben/ha

Ertrag (im Durchschnitt der letzten 5 Jahre): 50 hl/ha

Durchschnittliche Jahresproduktion insgesamt: 90 000 Flaschen

GRAND VIN

Name: Château du Moulin Rouge

Appellation: Haut-Médoc

Durchschnittliche Jahresproduktion: 90 000 Flaschen

Verarbeitung und Ausbau: Vinifikation etwa 3 Wochen in Edelstahl- und Betontanks mit Temperaturregelung. Malolaktische Säureumwandlung im Tank. 12 Monate Ausbau in zu 30% neuen Eichenfässern. Der Wein wird mit frischem Eiweiß geschönt, aber nicht systematisch gefiltert.

Kein ZWEITWEIN

Beurteilung des derzeitigen Rangs: Entspricht der Klassifizierung, das Gut gehört jedoch zu den besseren Crus Bourgeois

Genußreife: 5 bis 10 Jahre nach dem Jahrgangsdatum

Moulin-Rouge ist einer meiner Favoriten unter den Crus Bourgeois. Der stark zerstückelte Weinbergbesitz (es müssen mindestens 6 gesonderte Parzellen sein) liegt nördlich von Cussac-Fort-Médoc und unmittelbar südlich der Appellation St-Julien, und es überrascht daher nicht, daß der Wein oft auch den Charakter eines guten St-Julien hat. Er ist stets tief dunkel, in den achtziger Jahren reichhaltig, vollmundig, körperreich, und er erinnert an die Weine von Hortevie und Terrey-Gros-Cailloux. Freilich ist der Moulin Rouge jedoch bedeutend billiger, da er nur Anspruch auf die Appellation Haut-Médoc hat. Er gehört zu den solideren, stämmigeren, vollmundigeren Crus Bourgeois. Vielleicht hat er zwar keine große Finesse, dafür aber bietet er beträchtliche Fülle, Kraft und viel Charakter.

DIE ÜBRIGEN MÉDOC-APPELLATIONEN

Moulin à Vent
Cru Bourgeois seit 1932

GUT

Lage der Weinberge: Moulis und Listrac

Besitzer: Dominique und Marie-Hélène Hessel
Adresse: Bouqueyran, 33480 Moulis en Médoc
Postanschrift: wie oben
Telefon: 33 5 56 58 15 79 – Telefax: 33 5 56 58 12 05

Besuche: montags bis freitags von 9 bis 12 und von 14 bis 18 Uhr;
an Wochenenden nach Vereinbarung
Kontaktperson: Dominique Hessel

WEINBERGE (Rotwein)

Rebfläche: 25 ha

Durchschnittliches Rebenalter: 25 Jahre

Rebbestand: 65 % Cabernet Sauvignon, 30 % Merlot, 5 % Petit Verdot

Pflanzdichte: 6666 Reben/ha

Ertrag (im Durchschnitt der letzten 5 Jahre): 49 hl/ha

Durchschnittliche Jahresproduktion insgesamt: 150 000 Flaschen

GRAND VIN

Name: Château Moulin à Vent

Appellation: Moulis

Durchschnittliche Jahresproduktion: 120 000 Flaschen

Verarbeitung und Ausbau: Vinifikation 3 Wochen in Beton- und Edelstahltanks. Tägliches Umpumpen. Nach malolaktischer Säureumwandlung 20 Monate Ausbau halb in (zu 20 bis 25 % neuen) Eichenfässern, halb im Tank (wechselweise). Der Wein wird nicht geschönt, aber bei der Abfüllung leicht gefiltert.

ZWEITWEIN

Name: Château Moulin de St-Vincent

Durchschnittliche Jahresproduktion: 30 000 bis 40 000 Flaschen

Beurteilung des derzeitigen Rangs: Entspricht der Klassifizierung

Genußreife: 5 bis 10 Jahre nach dem Jahrgangsdatum

Dieses Gut bringt nach wie vor einen Moulis des älteren Stils hervor, dicht und tanninherb; er braucht mehrere Jahre Flaschenlagerung, um sich zu mildern und zu entfalten. Da in beträchtlichem Umfang Preßwein mit verwendet wird, entsteht ein besonders dunkler, kräftiger, wuchtiger Moulis, der am besten ausfällt, wenn die Trauben voll ausgereift sind.

Alles in allem hat dieses Weingut, seit Dominique Hessel die Weinbereitung in die Hand nahm, beträchtliche Qualitätsverbesserungen erzielt.

BORDEAUX

MOULIS
Cru Bourgeois seit 1932

Lage der Weinberge: Moulis

Besitzer: Alain Daricarrère
Adresse: 33480 Moulis
Postanschrift: wie oben
Telefon: 33 5 57 68 40 66

Besuche: nur nach Vereinbarung
Kontaktperson: Alain Daricarrère

WEINBERGE (Rotwein)

Rebfläche: 17 ha

Durchschnittliches Rebenalter: 25 Jahre

Rebbestand: 50% Cabernet Sauvignon, 50% Merlot

Pflanzdichte: 6660 Reben/ha

Ertrag (im Durchschnitt der letzten 5 Jahre): 50 hl/ha

Durchschnittliche Jahresproduktion insgesamt: max. 1000 hl

GRAND VIN

Name: Château Moulis

Appellation: Moulis

Durchschnittliche Jahresproduktion: 900 hl

Verarbeitung und Ausbau: Vinifikation 3 Wochen in Edelstahltanks; Temperaturregelung von Hand. Malolaktische Säureumwandlung im Tank. Anschließend 12 Monate Ausbau wechselweise im Tank (75% des Ertrags) und in Eichenfässern (25% des Ertrags). Neue Eichenfässer werden nur in sehr geringem Umfang verwendet. Der Wein wird geschönt und gefiltert.

ZWEITWEIN

Name: Château d'Anglas

Durchschnittliche Jahresproduktion: unterschiedlich

Beurteilung des derzeitigen Rangs: Entspricht der Klassifizierung

Genußreife: 4 bis 7 Jahre nach dem Jahrgangsdatum

Die meisten Moulis-Jahrgänge sind tief dunkel, aber kompakt, relativ karg und schlicht, ohne die eigentlich erwartete Komplexität und charmante Art, denn immerhin ist die Weinberglage sehr gut und die Bereitungsmethode traditionell.

LES ORMES-SORBET
Cru Bourgeois seit 1932

SEHR GUT

Lage der Weinberge: Couquèques

Besitzer: Jean Boivert
Adresse: 33340 Couquèques
Postanschrift: wie oben
Telefon: 33 5 56 73 30 30 – Telefax: 33 5 57 73 30 31

Besuche: vorzugsweise nach Vereinbarung, montags bis freitags
von 9 bis 12 und von 14 bis 18 Uhr
Kontaktperson: Jean Boivert

WEINBERGE (Rotwein)

Rebfläche: 21 ha

Durchschnittliches Rebenalter: 30 Jahre

Rebbestand: 60 % Cabernet Sauvignon, 35 % Merlot, 5 % Carmenère und Petit Verdot

Pflanzdichte: 8330 Reben/ha

Ertrag (im Durchschnitt der letzten 5 Jahre): 50 hl/ha

Durchschnittliche Jahresproduktion insgesamt: 140 000 Flaschen

GRAND VIN

Name: Château Les Ormes-Sorbet

Appellation: Médoc

Durchschnittliche Jahresproduktion: 120 000 Flaschen

Verarbeitung und Ausbau: Vinifikation ca. 21 Tage in temperaturgeregelten Edelstahltanks. 22 Monate Ausbau in jährlich zu ⅓ erneuerten Eichenfässern. Der Wein wird geschönt, aber nicht gefiltert.

ZWEITWEIN

Name: Château de Conques

Durchschnittliche Jahresproduktion: 20 000 Flaschen

Beurteilung des derzeitigen Rangs: Entspricht der Klassifizierung, gehört seit 1982 aber zu den besten Crus Bourgeois

Genußreife: 6 bis 12 Jahre nach dem Jahrgangsdatum

Der gegenwärtige Besitzer, Jean Boivert, der dieses Gut in den 1970er Jahren übernommen hat, bringt seit der Mitte der 1980er Jahre einen der besten Weine im nördlichen Médoc hervor. Er bildet die 8. Generation seiner Familie, die dieses Gut in der Nähe des verschlafenen Dörfchens Couquèques seit 1730 betreibt. Die hohe Pflanzdichte und die von Jean Boivert in den siebziger Jahren getroffene Entscheidung, den Anteil von Cabernet Sauvignon im Bestand zu vergrößern, haben sich seit 1982 mit einer Reihe exzellenter Jahrgänge bezahlt gemacht. So hat sich in Les Ormes-Sorbet ein Stil entwickelt, der sich in tief dunkler Farbe und einem ausgeprägt an Toast erinnernden Eichenholz-Vanillin von besten Fässern aus dem Tronçais ausdrückt. Die Weine haben das Potential für ein Jahrzehnt Lebensdauer.

Zu den besten neueren Jahrgängen gehörten der üppige, jetzt voll ausgereifte 1982er, der leichtere, aber noch immer schmackhafte 1983er, der köstliche, intensiv konzentrierte 1985er mit Cru-Classé-Qualität, der ebenfalls untadelige 1986er sowie der eichenholzwürzige, rauchige, füllige und konzentrierte 1989er. Die Jahrgänge 1990, 1994, 1995 und 1996 sind allesamt gut ausgefallen. Dieses Weingut im nördlichen Médoc strebt eindeutig zur Spitze.

Patache d'Aux
Cru Bourgeois

GUT

Lage der Weinberge: Bégadan

Adresse: 1 route du 19 mars, 33340 Bégadan
Postanschrift: Les Trois Châteaux, 1 route du 19 mars, 33340 Bégadan
Telefon: 33 5 56 41 50 18 – Telefax: 33 5 56 41 54 65

Besuche: montags bis freitags von 9 bis 12.30 und von 14 bis 17.30 Uhr
Kontaktperson: Patrice Ricard

WEINBERGE (Rotwein)

Rebfläche: 42,5 ha

Durchschnittliches Rebenalter: 25 Jahre

Rebbestand: 70% Cabernet Sauvignon, 20% Merlot, 7% Cabernet Franc, 3% Petit Verdot

Pflanzdichte: 8300 Reben/ha

Ertrag (im Durchschnitt der letzten 5 Jahre): 59 hl/ha

Durchschnittliche Jahresproduktion insgesamt: 330 000 Flaschen

GRAND VIN

Name: Château Patache d'Aux

Appellation: Médoc

Durchschnittliche Jahresproduktion: 260 000 Flaschen

Verarbeitung und Ausbau: Vinifikation 20 bis 25 Tage in Beton- und Edelstahltank sowie in Holzfässern. Malolaktische Säureumwandlung im Tank. Anschließend 12 Monate Ausbau in zu 30% neuen Eichenfässern. Der Wein wird geschönt, aber nicht gefiltert.

ZWEITWEIN

Name: Le Relais de Liversan

Durchschnittliche Jahresproduktion: 70 000 Flaschen

Beurteilung des derzeitigen Rangs: Entspricht der Klassifizierung

Genußreife: 5 bis 8 Jahre nach dem Jahrgangsdatum

Patache d'Aux bringt Weine mit fast kalifornisch anmutender kräuterwürziger, saftiger Fruchtigkeit von schwarzen Johannisbeeren und geschmeidiger, süffiger Art hervor. In Jahren, in denen der Cabernet nicht voll ausreift, neigt der Wein zu stark vegetabiler Art. In reifen Jahrgängen dagegen, z. B. 1982, 1986, 1989, 1990 und 1995, kann er überaus eindrucksvoll ausfallen und will dann innerhalb von 5 bis 8 Jahren getrunken werden. Oft macht der Wein einen dicklichen und opulenten, kaum eleganten Eindruck, wer aber ein sauber bereitetes, preiswertes Cru-Bourgeois-Gewächs sucht, das keine lange Kellerreife braucht, für den bildet er die richtige Wahl.

PEYRABON
Cru Bourgeois

Appellation: Haut-Médoc

Produktion: 25 000 Kisten

Rebbestand: 50 % Cabernet Sauvignon, 27 % Merlot, 23 % Cabernet Franc

ZWEITWEIN

Name: Lapiey

Rebfläche: 52 ha

Besitzer: Jacques Babeau

Faßreifezeit: 18 bis 24 Monate

Durchschnittsalter der Reben: 20 Jahre

Beurteilung des derzeitigen Rangs: Entspricht der Klassifizierung; ein Cru Bourgeois mittlerer Qualität

Genußreife: 3 bis 5 Jahre nach dem Jahrgangsdatum

Angesichts der großen Verbreitung dieses Weins wäre es mir recht, wenn ich mehr Positives darüber sagen könnte. Er stammt aus einem großen Weinberg bei St-Sauveur, der zwischen Ramage la Batisse und Liversan liegt, und ist schlicht, einfach bereitet, mild, aber ohne großen Charakter. Trotz seines mäßigen Preises kann ich ihn nicht wirklich als preiswert bezeichnen.

PEYREDON-LAGRAVETTE
Cru Bourgeois seit 1932

SEHR GUT

Lage der Weinberge: Listrac und Moulis (Médrac und Grand-Poujeaux)

Besitzer: Paul Hostein
Adresse: 2062 Médrac Est, 33480 Listrac-Médoc
Postanschrift: wie oben
Telefon: 33 5 56 58 05 55 – Telefax: 33 5 56 58 05 50

Besuche: nur nach Vereinbarung. Von März bis 15. September: montags bis samstags zwischen 9 und 12.30 Uhr sowie zwischen 14 und 19 Uhr. Vom 15. September bis Ende Februar: zwischen 9 und 18 Uhr
Kontaktperson: Paul Hostein

BORDEAUX

WEINBERGE (Rotwein)

Rebfläche: 7 ha

Durchschnittliches Rebenalter: 25 Jahre

Rebbestand: 65 % Cabernet Sauvignon, 35 % Merlot

Pflanzdichte: 9091 Reben/ha

Ertrag (im Durchschnitt der letzten 5 Jahre): 42 hl/ha

Durchschnittliche Jahresproduktion insgesamt: 300 hl

GRAND VIN

Name: Château Peyredon-Lagravette

Appellation: Listrac-Médoc

Verarbeitung und Ausbau: Gärdauer 5 bis 8 Tage (28 bis 30 °C), Maischdauer 21 Tagen in temperaturgeregelten Edelstahltanks. Täglich zweimaliges Umpumpen. Malolaktische Säureumwandlung im Tank. Anschließend 18 Monate Ausbau in zu 25 bis 30 % neuen Eichenfässern. Abstich alle 4 Monate, Schönung mit Albumin und leichtes Filtern

Kein ZWEITWEIN

Beurteilung des derzeitigen Rangs: Einer der besseren Weine aus Listrac, in der Qualität einem 5ème Cru nahe

Genußreife: 6 bis 15 Jahre nach dem Jahrgangsdatum

Dieser Wein ist nicht sehr bekannt, wenn aber beispielsweise die Jahrgänge 1982, 1983, 1986, 1989, 1990 und 1995 einen Rückschluß zulassen, dann den, daß es sich hier um einen der Geheimtips von Listrac handeln muß. Das sehr kleine Gut ist das östlichste aller Châteaux in Listrac und grenzt an die Appellation Moulis an. Zwei der besten Weingüter von Moulis, Chasse-Spleen und Maucaillou, liegen näher bei Peyredon-Lagravette als bei den anderen Weingütern von Listrac. Der Wein wird traditionell mit einer außerordentlich langen *cuvaison* hergestellt. So entsteht ein intensiv konzentrierter, körperreicher, reifer, eindrucksvoll gebauter Wein, der sich 10 bis 15 Jahre hält.

Das Château ist ziemlich alt; sein Ursprung geht auf das Jahr 1546 zurück. Der gegenwärtige Besitzer, Paul Hostein, hält nichts von den in dieser Gegend des Médoc häufig eingesetzten Erntemaschinen und auch nichts von der hier in Mode gekommenen Pflanzenschutzbehandlung gegen Schimmel und Fäule. Er setzt vielmehr auf organische Methoden im Weinbau. Außerdem hat er bei der hohen Pflanzdichte von 9 000 Reben pro Hektar größere Bestände, als es in den Weinbergen von Bordeaux meist üblich ist.

Bisher war noch keiner der Weine von Peyredon-Lagravette, die ich gekostet habe, voll ausgereift, was nur bedeuten kann, daß sie zu den langlebigeren Listracs gehören und im Charakter eher mit Moulis als mit Listrac in Verbindung gebracht werden können. Jedenfalls verdient das Château Peyredon-Lagravette größere Aufmerksamkeit.

DIE ÜBRIGEN MÉDOC-APPELLATIONEN

Plagnac
Cru Bourgeois

GUT

Lage der Weinberge: Bégadan

Besitzer: Domaines Cordier
Adresse: 33340 Bégadan
Postanschrift: c/o Domaines Cordier, 53, rue du Dehez, 33290 Blanquefort
Telefon: 33 5 56 95 53 00 – Telefax: 33 5 56 95 53 08

Besuche: nur nach Vereinbarung
Kontaktadresse: Domaines Cordier

WEINBERGE (Rotwein)

Rebfläche: 30 ha

Durchschnittliches Rebenalter: 25 Jahre

Rebbestand: 70 % Cabernet Sauvignon, 30 % Merlot

Pflanzdichte: 5000 Reben/ha

Ertrag (im Durchschnitt der letzten 5 Jahre): 55 hl/ha

Durchschnittliche Jahresproduktion insgesamt: 1650 hl

GRAND VIN

Name: Château Plagnac

Appellation: Médoc

Durchschnittliche Jahresproduktion: 1650 hl

Verarbeitung und Ausbau: Vinifikation 18 bis 20 Tage in temperaturgeregelten Edelstahltanks. Mehrfaches Umpumpen während des Gärprozesses, weniger häufig während der Maischung. 12 Monate Ausbau in zu 20 % neuen Eichenfässern. Der Wein wird geschönt und leicht gefiltert.

Kein ZWEITWEIN

Beurteilung des derzeitigen Rangs: Sauber bereiteter, preisgünstiger Cru-Bourgeois-Wein

Genußreife: 2 bis 6 Jahre nach dem Jahrgangsdatum

Wer einen preisgünstigen, milden, fruchtigen, süffigen Bordeaux von schlichter Art sucht, ist bei diesem von dem hochbegabten Cordier-Team betreuten und beaufsichtigten Wein an der richtigen Adresse, denn er ist gefällig und wohltätig für Gaumen und Brieftasche. Für lange Lebensdauer ist er nicht ausgelegt, dafür aber bietet er Charme und frühe Genußreife. Er will innerhalb von 5 bis 6 Jahren getrunken sein.

POTENSAC
Cru Grand Bourgeois

AUSGEZEICHNET

Lage der Weinberge: Ordonnac

Besitzer: Jean-Hubert Delon und Geneviève Dalton
Adresse: 33340 Ordonnac
Postanschrift: wie oben
Telefon: 33 5 56 73 25 26 – Telefax: 33 5 56 59 18 33

Keine Besuche möglich

WEINBERGE (Rotwein)

Rebfläche: 50 ha

Durchschnittliches Rebenalter: 35 Jahre

Rebbestand: 60% Cabernet Sauvignon, 15% Merlot, 15% Cabernet Franc

Pflanzdichte: 8000 Reben/ha

GRAND VIN

Name: Château Potensac

Appellation: Médoc

Verarbeitung und Ausbau: Gär- und Maischdauer 15 bis 18 Tage in Beton- und Edelstahltanks bei ca. 28 °C. Anschließend 12 bis 16 Monate Ausbau in neuen bzw. bis zu zweimal gebrauchten Eichenfässern. Der Wein wird mit frischem Eiweiß geschönt, aber nicht gefiltert.

ZWEITWEIN

Name: Château Lassalle

Beurteilung des derzeitigen Rangs: Aufstufung zum 5ème Cru wäre zu empfehlen

Genußreife: 4 bis 12 Jahre nach dem Jahrgangsdatum

Seit der Mitte der siebziger Jahre bietet Potensac unter der inspirierten und tüchtigen Leitung von Michel Delon und seines Sohnes Jean-Hubert (auch Besitzer des berühmten Château Léoville-Las Cases in St-Julien sowie von Château Nenin in Pomerol) Weine in eindeutiger Cru-Classé-Qualität. Die Gewächse aus diesem großen Weingut bei St-Yzans liegen so weit über dem in dieser Gegend üblichen Niveau, daß sie für die Delons und ihren *maître de chai* Michel Rolland nur das allerbeste Zeugnis ausstellen.

Der Wein zeigt reichhaltigen Charakter von Johannis- und anderen Beeren, ausgezeichnete Struktur, wundervolle Reinheit und Ausgewogenheit, wie es für die Weine der Delons typisch ist, und er besitzt ein überraschendes Lebensdauerpotential. Aus dieser Gegend im nördlichen Médoc kommen selten Weine von solcher Qualität, die Delons aber bringen sie in Potensac beständig hervor.

Die Delons verfügen über noch weitere Besitzungen, die als Zweitweine für Potensac gelten. Noch vor wenigen Jahren war der Potensac fast nur Eingeweihten bekannt, das ist aber inzwischen nicht mehr so. Die Qualität dieses Weins ist so ausgezeichnet, daß jeder Bordeaux-Liebhaber ihn einmal probiert haben muß.

JAHRGÄNGE

1997 • 86-88   Dank der brillanten Leitung durch Michel und Jean-Hubert Delon befindet sich das Cru-Bourgeois-Gut beständig in Höchstform, und seine Weine bieten das denkbar beste Preis/Leistungs-Verhältnis. Der 1997er Potensac setzt sich zusammen aus 58 % Cabernet Sauvignon, 24 % Merlot und 18 % Cabernet Franc und zeigt tiefes, fast undurchdringliches Purpurrot, süße Brombeer- und Kirschenfrucht mit mineralischen Noten in Aromaprofil und Geschmack, mittleren Körper, milde Säure und einen vollen, geschmeidigen Abgang mit reichlich Glyzerin und Alkohol. Dieser Wein will in den nächsten 7 bis 8 Jahren getrunken werden. Letzte Verkostung: 3/98.

1996 • 87-89+   Der feinste Potensac der letzten zwei Jahrzehnte, vielleicht sogar aller Zeiten. Sein dichtes, tiefdunkles Rubinpurpurrot geht einher mit Aromen von süßer Frucht schwarzer Johannisbeeren, verwoben mit Erde- und Mineralnoten. Dieser volle Wein mit sanftem Tannin und guter, aber milder Säure und einer entgegenkommenden, geschmeidigen Persönlichkeit wirkt überraschend intensiv und dürfte sich gut halten – ein Schlager seines Jahrgangs. Voraussichtliche Genußreife: 1999 bis 2012. Letzte Verkostung: 3/98.

1995 • 87   Der elegante, komplexe, schon weit entwickelte 1995er zeigt sattes Dunkelrubinrot, kräuterwürzigen, grasigen Duft und Geschmack von schwarzen Johannisbeeren, dazu geschmeidige, runde, generöse, ansprechende Art. Er hat nicht so kraftvolle, dichte Frucht wie der 1996er, aber er ist ein köstlicher Bordeaux zu einem vernünftigen Preis und dürfte ein Jahrzehnt und länger größten Anklang finden. Ein Geheimtip. Letzte Verkostung: 11/97.

1994 • 86   Der 1994er Potensac ist wohl eine der besseren Leistungen unter den Crus Bourgeois dieses Jahrgangs. Er zeigt schönstes, tiefes Rubinrot, dazu ein süßes, reifes Bukett von roter und schwarzer Frucht, Erde, Gewürzen und Kräutern. Mittlerer Körper und attraktive Fülle sowie Glyzerin und leichtes Tannin zeichnen diesen Wein aus, der in den ersten 7 bis 8 Lebensjahren getrunken werden möchte. Letzte Verkostung: 3/96.

1992 • 75   Ein schmaler, vegetabiler, mittelschwerer Wein mit hartem Tannin, aber auch reifer Frucht unter der Struktur – der 1992er Potensac ist einer der dürftigsten Weine aus diesem Gut in den letzten 10 Jahren. Er sollte in den nächsten 3 bis 4 Jahren getrunken werden. Letzte Verkostung: 11/94.

1991 • 74   Der 1991er Potensac ist ein schmaler, hohler, harter Wein mit wenig Frucht. Die Adstringenz hat die Oberhand, man muß sich also darauf gefaßt machen, daß er mit zunehmendem Alter noch mehr aus den Fugen gerät. Letzte Verkostung: 1/94.

1990 • 86   Der 1990er Potensac ist fast so gut wie der 1989er. Tief dunkel mit kräftigem Körper, einem attraktiven, reintönigen Bukett von Johannisbeeren und Erde, einer klassischen Struktur und einem langen Abgang – dieser eindrucksvolle Wein wird die nächsten 10 Jahre hindurch Genuß bereiten. Letzte Verkostung: 1/93.

1989 • 87   Der 1989er Potensac ist kräftig, intensiv, alkoholstark, hat außergewöhnliche Reife, vollen Körper und einen langen, kernigen, vollmundigen Abgang. Voraussichtliche Genußreife: Jetzt bis 1999. Letzte Verkostung: 1/93.

1988 • 85   Der 1988er zeigt attraktive Reife im Bukett und milden, eleganten, sauberen Geschmack. Frisches Eichenholz kommt angenehm zum Vorschein, doch die runde, frühreife Art läßt es ratsam erscheinen, den Wein recht bald zu trinken. Letzte Verkostung: 1/93.

1986 • 87   Im Jahr 1986 brachte Potensac einen ausgezeichneten Wein zustande. Bei einer blinden Verkostung könnte man ihn ohne weiteres mit einem Cru Classé verwechseln. Er ist tief rubinpurpurrot, hat ein elegantes, komplexes Bukett von Kräutern, Mineralen, würzigem Eichenholz und schwarzen Johannisbeeren, ist körperreich und zeigt volle, klar umrissene Frucht, im Abgang reichliches Tannin sowie eine Harmonie und Komplexität, wie sie in einem Cru Bourgeois nur selten anzutreffen sind. Voraussichtliche Genußreife: Jetzt bis 2000. Letzte Verkostung: 11/90.

1985 • 85   Der 1985er ist ein wundervoller, eleganter, geschmeidiger Wein mit einem reichlichen Maß an Frucht schwarzer Johannisbeeren, einem feinen Hauch Eichenholzwürze, mittlerem Körper und schöner Nachhaltigkeit.
Voraussichtliche Genußreife: Jetzt. Letzte Verkostung: 3/90.

1984 • 77   Dem zwar sauberen und korrekten 1984er Potensac fehlt es für eine bessere Benotung an Frucht und Tiefe. Mehrere Jahre Kellerreife bringen vielleicht noch mehr Charakter zum Vorschein.
Voraussichtliche Genußreife: Jetzt. Letzte Verkostung: 3/88.

1983 • 84   Der würzige, zedernholzduftige, erstaunlich kräftig nach Kräutern riechende 1983er Potensac beginnt an den Rändern einen leichten Bernsteinschimmer zu zeigen. Er besitzt kräftigen Körper und attraktive Reife, hat aber seinen Höhepunkt inzwischen erreicht. Er ist zwar ein guter, doch kein begeisternder Potensac.
Voraussichtliche Genußreife: Jetzt. Letzte Verkostung: 3/88.

1982 • 87   Dieser Wein ist schon seit über 5 Jahren ausgereift, bietet aber unentwegt in Hülle und Fülle gute, würzige, reife Frucht von schwarzen Kirschen bei erdiger, gefälliger Art – ein fülliger, schmackhafter Genuß, der in den nächsten 5 bis 6 Jahren getrunken sein will.
Letzte Verkostung: 9/95.

Poujeaux
Cru Bourgeois Exceptionnel

AUSGEZEICHNET

Lage der Weinberge: Grand Poujeaux in Moulis

Besitzer: Jean Theil S.A.
Adresse: 33480 Moulis-en-Médoc
Postanschrift: wie oben
Telefon: 33 5 56 58 02 96 – Telefax: 33 5 56 58 01 25

Besuche: montags bis samstags von 9 bis 12 und von 14 bis 18 Uhr
Kontaktperson: Philippe oder François Theil

WEINBERGE (Rotwein)

Rebfläche: 51 ha

Durchschnittliches Rebenalter: 30 Jahre

Rebbestand: 50 % Cabernet Sauvignon, 40 % Merlot, 5 % Cabernet Franc, 5 % Petit Verdot

Pflanzdichte: 10 000 Reben/ha

Ertrag (im Durchschnitt der letzten 5 Jahre): 54 hl/ha

Durchschnittliche Jahresproduktion insgesamt: 370 000 Flaschen

GRAND VIN

Name: Château Poujeaux

Appellation: Moulis-en-Médoc

Durchschnittliche Jahresproduktion: 270 000 Flaschen

Verarbeitung und Ausbau: Gär- und Maischdauer 4 Wochen in Beton- und Edelstahltanks bzw. Holzfässern. Malolaktische Säureumwandlung im Tank. 12 Monate Ausbau in jährlich zur Hälfte erneuerten Eichenfässern. Der Wein wird geschönt und gefiltert.

DIE ÜBRIGEN MÉDOC-APPELLATIONEN

ZWEITWEIN

Name: Château La Salle de Poujeaux oder Le Charme de Poujeaux

Durchschnittliche Jahresproduktion: 100 000 Flaschen

Beurteilung des derzeitigen Rangs: Aufstufung zum 5ème Cru wäre zu empfehlen

Genußreife: 6 bis 20 Jahre nach dem Jahrgangsdatum

Zwischen Poujeaux, Chasse-Spleen und Maucaillou besteht große Rivalität, aber die meisten Beobachter sind sich darin einig, daß diese drei jahrein jahraus die besten Weine von Moulis hervorbringen. Poujeaux ist eines der ältesten Weingüter, es geht zurück auf das Jahr 1544, als seine Weinberge und das umgebende Land den Namen La Salle de Poujeaux trugen. Heute wird das Gut von den Gebrüdern Theil geleitet, deren Familie es 1920 erwarb.

Der Stil von Poujeaux ist typisch für die Weine von Moulis: dunkel rubinrot, tanninreich, in der Jugend manchmal adstringierend und hart, und es sind deshalb meist mindestens 6 bis 8 Jahre Reifezeit nötig. Dieser Wein entwickelt sich langsamer als der des Nachbarguts Chasse-Spleen und zeigt Potential für große Langlebigkeit. Ein herrlicher 1928er, der mir 1985 und dann wieder 1988 vorgesetzt worden ist, beweist, wie großartig und aufbewahrenswert der Poujeaux sein kann. Er ist eindeutig ein Wein, der den Rang eines 5ème Cru in einer Neuordnung der Klassifizierung von Bordeaux verdient hätte.

JAHRGÄNGE

1997 • 89-91   Der 1997er, einer der großen Schlager des Jahrgangs, ist mit der feinste Poujeaux, die ich kenne. Vor seinen Jahrgangsgenossen zeichnet er sich durch Opulenz, wundervoll süße, reife, füllige Frucht von schwarzen Johannisbeeren und Kirschen, dazu reichlich Glyzerin, Extrakt, Korpulenz, ja Üppigkeit aus. Ölige Substanz, volle Saftigkeit, milde Säure, außerordentliche Reintönigkeit und viel Frucht machen diesen umwerfenden Poujeaux zu einem nach der Freigabe trinkreifen Genuß. Er wird sich aber auch 12 bis 15 Jahre lang gut halten. Der Familie Theil höchstes Lob! Letzte Verkostung: 3/98.

1996 • 86-87+   Der tiefdunkel purpurrote 1996er Poujeaux mit seinem moderaten Tannin und seiner exzellenten, süßen Frucht schwarzer Johannisbeeren bei mittlerem Körper und guter, muskulöser, dicht gepackter Struktur verlangt 7 bis 8 Jahre Kellerreife.
Voraussichtliche Genußreife: 2006 bis 2015. Letzte Verkostung: 3/98.

1993 • 87   Dieser noch unentwickelte, verschlossene, aber vielversprechende Poujeaux ist ein sehr guter Wein mit Biß, Tannin, mittlerem bis vollem Körper und exzellenter Reife, aber er muß noch eine Zeitlang ruhen. Süße Frucht schwarzer Johannisbeeren mit einem mineralischen Hauch findet sich in Aromaprofil und Geschmack vor.
Voraussichtliche Genußreife: 2003 bis 2015. Letzte Verkostung: 11/97.

1990 • 86   Eichenholzwürze und gute Frucht zeichnen den sauberen, attraktiven, mittelschweren, moderat tanninherben 1990er aus, der über die nächsten 10 bis 12 Jahre schönen Genuß gewähren wird. Letzte Verkostung: 1/93.

1989 • 86   Der 1989er ist ein ausgezeichneter Wein; er zeigt ein mäßig intensives Bukett mit rauchigem, frischem Eichenholz, würziger Frucht von schwarzen Johannisbeeren, dazu mittleren bis vollen Körper und attraktive Reife sowie im Abgang kräftigen Alkohol.
Voraussichtliche Genußreife: Jetzt bis 2003. Letzte Verkostung: 1/93.

1988 • 86   Der 1988er Poujeaux ist ein schöner Wein, meiner Meinung nach sowohl dem 1989er als auch dem 1990er überlegen. Das eichenholzduftige, hochklassige, johannisbeerfruchtige Bukett zeigt Intensität und Reife. Eine kräftige toastwürzige Eichennote, mittelschwerer Körper,

gute Säure, ausgezeichnete Tiefe und Konturenschärfe sowie festes Tannin im Abgang sind die Kennzeichen dieses Weins.
Voraussichtliche Genußreife: Jetzt bis 2005. Letzte Verkostung: 1/93.
1987 • 84   Der 1987er ist eine überraschend gute Leistung, vor allem für dieses bekannt «schwache» Jahr. Er ist inzwischen voll ausgereift, mild, rund, charmant und so zart wie Seide.
Voraussichtliche Genußreife: Jetzt. Letzte Verkostung: 4/91.
1986 • 89   Nur die Zeit kann es erweisen, ob der 1986er Poujeaux besser ist als der exzellente 1982er. Mit tief dunkelrubinroter Farbe, einem mäßig intensiven Bukett von Gras, schwarzen Johannisbeeren, Tabak und rauchigem Eichenholz ist er überaus verlockend. Auf der Zunge zeigt sich der Wein sehr wuchtig, gehaltvoll, körperreich und für eine Lebensdauer von 15 bis 20 Jahren ausgestattet.
Voraussichtliche Genußreife: Jetzt bis 2008. Letzte Verkostung: 4/91.
1985 • 86   Der 1985er ist ein üppiger, gehaltvoller, körperreicher Wein mit mildem Tannin im Abgang. Für einen Poujeaux ist er früh ausgereift und läßt sich alsbald mit viel Genuß trinken.
Voraussichtliche Genußreife: Jetzt. Letzte Verkostung: 4/91.
1984 • 76   Der 1984er Poujeaux zeigt schöne Reife, ein mäßig intensives, kräuter- und eichenholzwürziges Bukett, gute Frucht und Tiefe sowie einen ordentlichen Abgang.
Voraussichtliche Genußreife: Jetzt. Letzte Verkostung: 4/91.
1983 • 86   Der inzwischen voll ausgereifte 1983er zeigt noch immer tief rubinrote Farbe, ein intensives, blumiges Bukett von reinen schwarzen Johannisbeeren, milden, mittelschweren Geschmack und im kräftigen Abgang leichtes Tannin.
Voraussichtliche Genußreife: Jetzt bis 2000. Letzte Verkostung: 4/91.
1982 • 88   Mit einem köstlichen, an schwarze Himbeeren und Johannisbeeren erinnernden Bukett besitzt der 1982er Poujeaux bei mittlerem bis vollem Körper intensiven, milden, runden, generösen Geschmack sowie einen korpulenten, mit Glyzerin reich ausgestatteten rustikalen Abgang. Er ist zwar schon voll ausgereift, gibt aber noch keine Anzeichen für eine Einbuße an Frucht zu erkennen und wird sich in den nächsten 5 bis 7 Jahren schön trinken. Letzte Verkostung: 9/95.

RAMAGE LA BATISSE
Cru Bourgeois

Lage der Weinberge: St-Sauveur

Besitzer: MACIF
Adresse: 33250 St-Sauveur
Postanschrift: wie oben
Telefon: 33 5 56 59 27 24 – Telefax: 33 5 56 59 54 14

Besuche: nach Vereinbarung, zwischen 8 und 12 und zwischen 14 und 17 Uhr
Kontaktperson: M. Mechin

WEINBERGE (Rotwein)

Rebfläche: 60 ha

Durchschnittliches Rebenalter: 20 Jahre

Rebbestand: 50 % Cabernet Sauvignon, 40 % Merlot, 10 % Cabernet Franc

Pflanzdichte: 7550 Reben/ha

Ertrag (im Durchschnitt der letzten 5 Jahre): 60 hl/ha

Durchschnittliche Jahresproduktion insgesamt: 3700 hl

DIE ÜBRIGEN MÉDOC-APPELLATIONEN

GRAND VIN

Name: Château Ramage La Batisse

Appellation: Haut-Médoc

Durchschnittliche Jahresproduktion: 2000 hl

Verarbeitung und Ausbau: Gärdauer 8 bis 10 Tage, Maischdauer 3 Wochen. Malolaktische Säureumwandlung bei 15 % des Ertrags in neuen Eichenfässern. *Assemblage* bereits 2 Monate nach der Lese. 18 Monate Ausbau, davon 6 im Tank und 12 in Eichenfässern. Abstich alle 3 Monate; der Wein wird geschönt und bei der Abfüllung gefiltert.

ZWEITWEIN

Name: Château Tourteran

Durchschnittliche Jahresproduktion: 1000 hl

Beurteilung des derzeitigen Rangs: Entspricht der Klassifizierung; ein Cru Bourgeois mittlerer Qualität

Genußreife: 5 bis 8 Jahre nach dem Jahrgangsdatum

Das Weingut Ramage La Batisse liegt in St-Sauveur einem Weinbauort westlich der kleinen Stadt Pauillac. Der Rebbestand wurde seit 1961 völlig neu angepflanzt. Die Weine vom Ende der siebziger Jahre, vor allem der 1978er und der 1979er, waren überaus eindrucksvoll – geschmeidig, eichenholzwürzig, reichfruchtig, voll Stil und Charakter. Auch der 1980er war für diesen mittelmäßigen Jahrgang ein bemerkenswerter Erfolg. Seitdem aber sind die Weine von Ramage La Batisse aus unerklärlichen Gründen nicht mehr so eindrucksvoll. Selbst in Spitzenjahren wie 1982, 1983, 1985 und 1986 fielen sie übermäßig tanninherb, mager und karg aus, und das Eichenholz überlagerte oft alle Frucht und jeden Charme.

Das Gut befindet sich in schöner Lage und hat das Potential, erstklassige Weine hervorzubringen, wie es in den siebziger Jahren ja auch geschah. Die meisten Weine von Ramage La Batisse wollen im Alter von 5 bis 10 Jahren getrunken sein.

SARANSOT-DUPRÉ
Cru Bourgeois seit 1932

GUT

Lage der Weinberge: Listrac

Besitzer: Yves Raymond
Adresse: 33480 Listrac-Médoc
Telefon: 33 5 56 58 03 02 – Telefax: 33 5 56 58 07 64

Besuche: an Werktagen von 9 bis 12.30 und von 14 bis 18 Uhr. An Wochenenden nach Vereinbarung

ROTWEIN

WEINBERGE

Rebfläche: 13 ha

Durchschnittliches Rebenalter: 25 Jahre

Rebbestand: 60 % Merlot, 30 % Cabernet Sauvignon, 10 % Cabernet Franc

Pflanzdichte: 6666 Reben/ha

BORDEAUX

Ertrag (im Durchschnitt der letzten 5 Jahre): 48 hl/ha

Durchschnittliche Jahresproduktion insgesamt: 75 000 Flaschen

GRAND VIN

Name: Château Saransot-Dupré

Appellation: Listrac

Durchschnittliche Jahresproduktion: 60 000 Flaschen

Verarbeitung und Ausbau: Gärdauer 10 Tage, Maischdauer 1 Monat in Edelstahltanks. Nach malolaktischer Säureumwandlung 12 Monate Ausbau in zu 15 bis 40 % neuen Eichenfässern, je nach Jahrgang. Der Wein wird geschönt und leicht gefiltert.

ZWEITWEIN

Name: Bouton Rouge de Saransot-Dupré

Durchschnittliche Jahresproduktion: 15 000 Flaschen

WEISSWEIN

WEINBERGE

Rebfläche: 1,7 ha

Durchschnittliches Rebenalter: 35 Jahre

Rebbestand: 50 % Sémillon, 40 % Sauvignon, 10 % Muscadelle

Pflanzdichte: 6666 Reben/ha

Ertrag (im Durchschnitt der letzten 5 Jahre): 50 hl/ha

Durchschnittliche Jahresproduktion insgesamt: 10 000 Flaschen

GRAND VIN

Name: Château Saransot-Dupré

Appellation: Bordeaux Blanc Sec

Durchschnittliche Jahresproduktion: 8000 Flaschen

Verarbeitung und Ausbau: Faßgärung, 1 Jahr Hefesatzlagerung mit regelmäßigem Aufrühren. Der Wein wird geschönt und leicht gefiltert.

Kein ZWEITWEIN

Beurteilung des derzeitigen Rangs: Ein überaus sauberer Listrac; gelegentlich kommt er einem 5ème Cru sehr nahe

Genußreife: 6 bis 15 Jahre nach dem Jahrgangsdatum

Der hohe Merlot-Anteil verleiht diesem Wein in reifen Jahrgängen wie 1982, 1985, 1989, 1990 und 1995 ein Maß an Opulenz und Fülle, wie es in Listrac nicht oft vorkommt. Die Farbe ist meist dunkel rubinrot, das Bukett erinnert an dunkle Frucht, beispielsweise Pflaumen, sowie an Süßholz und Blumen.

Bei der großen Extraktfülle, Reife und Intensität der Weine von Saransot-Dupré könnte sich verstärkte Anwendung von frischem Eichenholz als vorteilhaft erweisen. Auf den Höhepunkt seiner Reife gelangt dieser Wein nach 4 bis 5 Jahren, er hält sich aber 12 bis 15 Jahre. Bislang ist das Château für den Exportmarkt noch weitgehend unentdeckt.

DIE ÜBRIGEN MÉDOC-APPELLATIONEN

Ein köstlicher, trockener Weißwein entsteht von 1,7 ha Sémillon, Sauvignon und Muscadelle und ergänzt die Erzeugung von Saransot-Dupré. Von diesem sehr guten Bordeaux Blanc habe ich außerhalb Frankreichs allerdings noch nie etwas gesehen.

Ségur
Cru Bourgeois seit 1932

GUT

Lage der Weinberge: Parempuyre

Besitzer: S.C.A. Château Ségur
Leitung: Jean-Pierre Grazioli
Adresse: 33290 Parempuyre
Telefon: 33 5 56 35 28 25 – Telefax: 33 5 56 35 82 32

Besuche: montags bis freitags von 8 bis 12 und von 13.30 bis 17 Uhr; samstags nach Vereinbarung
Kontaktperson: Jean-Pierre Grazioli

WEINBERGE (Rotwein)

Rebfläche: 37,5 ha

Durchschnittliches Rebenalter: 26 Jahre

Rebbestand: 42 % Merlot, 35 % Cabernet Sauvignon, 17 % Cabernet Franc, 6 % Petit Verdot

Pflanzdichte: 6666 Reben/ha

Ertrag (im Durchschnitt der letzten 5 Jahre): 52 hl/ha

Durchschnittliche Jahresproduktion insgesamt: 1980 hl

GRAND VIN

Name: Château Ségur

Appellation: Haut-Médoc

Durchschnittliche Jahresproduktion: 95 000 Flaschen

Verarbeitung und Ausbau: Traditionelle Vinifikation in temperaturgeregelten Edelstahltanks. Zunächst 6 Monate Ausbau im Tank, anschließend weitere 12 Monate in jährlich zu $^1/_3$ erneuerten Eichenfässern. Der Wein wird mit Albumin geschönt und bei der Abfüllung gefiltert.

ZWEITWEIN

Name: Château Ségur-Fillon

Durchschnittliche Jahresproduktion: 145 000 Flaschen

Beurteilung des derzeitigen Rangs: Ein solide zuverlässiger, gelegentlich recht guter Cru-Bourgeois-Wein

Genußreife: 4 bis 5 Jahre nach dem Jahrgangsdatum

Seit Mitte der achtziger Jahre gehört der Ségur zu den zuverlässigeren Cru-Bourgeois-Weinen. Er ist oft mild, köstlich fruchtig, attraktiv, früh zu trinken – ein Wein, der in reifen Jahren wie 1985 und 1990 am besten ausfällt.

BORDEAUX

SEMEILLAN-MAZEAU
Cru Bourgeois

GUT

Lage der Weinberge: Listrac

Adresse: 33480 Listrac-Médoc
Postanschrift: wie oben
Telefon: 33 5 56 58 01 12 – Telefax: 33 5 56 58 01 57

Besuche: montags bis freitags von 8 bis 12 und von 14 bis 18 Uhr
Kontaktperson: Alain Bistodeau

WEINBERGE (Rotwein)

Rebfläche: 18 ha

Durchschnittliches Rebenalter: 20 Jahre

Rebbestand: 50 % Merlot, 50 % Cabernet Sauvignon

Pflanzdichte: 10 000 Reben/ha bzw. in jüngeren Beständen 6666 Reben/ha

Ertrag (im Durchschnitt der letzten 5 Jahre): 53 hl/ha

Durchschnittliche Jahresproduktion insgesamt: 1000 hl

GRAND VIN

Name: Château Semeillan-Mazeau

Appellation: Listrac

Durchschnittliche Jahresproduktion: 60 000 Flaschen

Verarbeitung und Ausbau: Vinifikation 3 bis 4 Wochen in temperaturgeregelten Edelstahltanks.
Anschließend 18 Monate in zu 30 % neuen Eichenfässern.
Der Wein wird geschönt und gefiltert.

ZWEITWEIN

Name: Château Decorde

Durchschnittliche Jahresproduktion: 60 000 Flaschen

Beurteilung des derzeitigen Rangs: Entspricht der Klassifizierung; gehört jedoch zu den besseren Listrac-Weinen

Genußreife: 5 bis 15 Jahre nach dem Jahrgangsdatum

Ich habe nur begrenzte Erfahrung mit den Weinen von Semeillan-Mazeau, doch die Jahrgänge seit 1985 stellen sich als volle, extraktreiche Vertreter des alten Stils mit bewunderungswürdiger Wucht und Tanninherbheit dar. Ich vermute, daß die meisten Weine aus Spitzenjahren 10 bis 15 Jahre überdauern. Dieses Château ist eines der aufstrebenden Weingüter von Listrac, und man sollte es gut im Auge behalten. Interessant ist in diesem Zusammenhang, daß das für hohe Qualität bekannte Handelshaus Nathaniel Johnston sich vor einigen Jahren den Alleinvertrieb dieses Weins sicherte. Allein das läßt schon den Schluß zu, daß man von diesem Namen künftig mehr hören wird.

SÉNÉJAC
Cru Bourgeois

GUT

Lage der Weinberge: Le Pian-Médoc

Besitzer: Charles de Guigne
Adresse: 33290 Le Pian-Médoc
Postanschrift: wie oben
Telefon: 33 5 56 70 20 11 – Telefax: 33 5 56 70 23 91

Besuche: nur nach Vereinbarung
Kontaktperson: Bruno Vonderheyden

WEINBERGE (Rotwein)

Rebfläche: 25 ha

Durchschnittliches Rebenalter: 18 Jahre

Rebbestand: 60 % Cabernet Sauvignon, 25 % Merlot, 14 % Cabernet Franc, 1 % Petit Verdot

Pflanzdichte: 6600 Reben/ha

Ertrag (im Durchschnitt der letzten 5 Jahre): 48 bis 52 hl/ha

Durchschnittliche Jahresproduktion insgesamt: 1500 hl

GRAND VIN

Name: Château Sénéjac

Appellation: Haut-Médoc

Durchschnittliche Jahresproduktion: 1000 hl

Verarbeitung und Ausbau: Gär- und Maischdauer rund 15 Tage. Malolaktische Säureumwandlung bei 15 % des Ertrags in Fässern; Ausbau in Eichenfässern, davon 30 % neu und 70 % einmal gebraucht. Der Wein wird geschönt, jedoch nicht systematisch gefiltert.

ZWEITWEIN

Name: Artigue de Sénéjac bzw. Bergerie de Sénéjac

Durchschnittliche Jahresproduktion: 500 hl

Beurteilung des derzeitigen Rangs: Entspricht der Klassifizierung

Genußreife: 4 bis 6 Jahre nach dem Jahrgangsdatum

Sénéjac liegt ganz im Süden des Médoc, westlich von Parempuyre und südlich von Arsac. Der sehr leichte sandige, kieshaltige Boden hier bringt einen milden, fruchtigen Rotwein hervor, der jung getrunken werden will.

BORDEAUX

Sociando-Mallet
Cru Bourgeois seit 1932

AUSGEZEICHNET

Lage der Weinberge: St-Seurin-de-Cadourne

Besitzer: Jean Gautreau
Adresse: 33180 St-Estèphe
Postanschrift: wie oben
Telefon: 33 5 56 73 38 80 – Telefax: 33 5 56 73 38 88

Besuche: montags bis freitags von 9 bis 12 und von 14 bis 17 Uhr

WEINBERGE (Rotwein)

Rebfläche: 57 ha

Durchschnittliches Rebenalter: 20 bis 25 Jahre

Rebbestand: 55% Cabernet Sauvignon, 40% Merlot, 5% Cabernet Franc und Petit Verdot

Pflanzdichte: 8000 Reben/ha

Ertrag (im Durchschnitt der letzten 5 Jahre): 48 hl/ha

Durchschnittliche Jahresproduktion insgesamt: 380 000 Flaschen

GRAND VIN

Name: Château Sociando-Mallet

Appellation: Haut-Médoc

Durchschnittliche Jahresproduktion: 230 000 Flaschen

Verarbeitung und Ausbau: Traditionelle Vinifikation; 25 bis 30 Tage, täglich 2- bis 3maliges Umpumpen. 11 bis 13 Monate Ausbau in zu 80 bis 100% neuen Eichenfässern, je nach Jahrgang. Der Wein wird weder geschönt, noch gefiltert.

ZWEITWEIN

Name: La Demoiselle de Sociando-Mallet

Durchschnittliche Jahresproduktion: 130 000 bis 160 000 Flaschen

Beurteilung des derzeitigen Rangs: Entspricht qualitativ einem 3ème Cru

Genußreife: 8 bis 25 Jahre nach dem Jahrgangsdatum

Das in St-Seurin-de-Cadourne gelegene Château Sociando-Mallet bringt Weine in kompromißlos hoher Qualität hervor, die für eine Entfaltungszeit von 10 bis 25 Jahren ausgelegt sind. Die Weinberge befinden sich in bester Lage an der Gironde, und der Weinstil des auf Perfektion bedachten Eigentümers Jean Gautreau, der 1969 den vernachlässigten Besitz erwarb, zeichnet sich durch tintenschwarz-rubinrote Farbe, außerordentlich konzentriertes, volles Bukett und viel pelziges Tannin aus. Manche Beobachter behaupten, der Sociando-Mallet verfüge über das größte Lebensdauerpotential aller Weine im Médoc. Es gibt mehrere Schlüssel zur Qualität des Sociando-Mallet. An erster Stelle steht die ausgezeichnete Lage des Weinbergs mit seinem gut durchlässigen kieshaltigen Boden, dann eine hohe Pflanzdichte (8000 Reben pro Hektar) sowie die manuelle Weinlese. Die Gärtemperatur von 32 bis 33°C, eine mindestens dreiwöchige

DIE ÜBRIGEN MÉDOC-APPELLATIONEN

Maischzeit, der Ausbau in zu 80 bis 100% neuen Eichenfässern und der Verzicht auf Schönen und Filtern tragen weiter zum hohen Qualitätsstand bei. Der Erfolg all dieser Maßnahmen ist unverkennbar. Der Sociando-Mallet kann sich ohne weiteres neben manchem Cru Classé sehen lassen, und seine sprunghaft steigende Reputation bei den Weinkennern Frankreichs sorgt dafür, daß er zum großen Teil im Land verkauft wird.

JAHRGÄNGE

1997 • 89-91   Ich glaube, ich mag diesen Wein noch mehr als den 1996er. Vor allem gehört er zu den aufgeschlossensten, entgegenkommensten Sociando-Mallets der letzten 10 Jahre. Die Farbe ist ein sattes, tiefdunkles Purpurrot, der Wein hat außerordentlich milde Säure, aber eine ungeheuer fesselnde Art. Das Aroma zeigt vielschichtige, süße Cassislikör-ähnliche Frucht, verwoben mit Nuancen von Vanillin, Bleistift und Mineralen. Bei mittlerem Körper, hervorragender Konzentration und einer so sanften, zarten Substanz, wie man sie von einem so jungen Sociando-Mallet kaum erwarten kann, wird sich dieser Wein schon in der Jugend schön trinken, aber auch 12 bis 15 Jahre gut halten. Sehr eindrucksvoll.
Voraussichtliche Genußreife: 2000 bis 2014. Letzte Verkostung: 3/98.

1996 • 89-90+   Der tiefdunkel purpurrote 1996er Sociando-Mallet, ein beeindruckender Cru Bourgeois, zeigt ein straffes, aber angenehm duftiges Aroma von Mineralen, Süßholz, Cassis und feinstem Vanillin aus neuen Eichenfässern. Im Mund erscheint der Wein dicht und körperreich, er enthält eine Schiffsladung Tannin und reichlich Extrakt und Glyzerin. Heranreifen wird er im Schneckentempo, aber seine hohe Qualität ist unbezweifelbar, und er hat die nötige Frucht und Tiefe als Gegengewicht zu den Strukturkomponenten.
Voraussichtliche Genußreife: 2007 bis 2022. Letzte Verkostung: 3/98.

1995 • 90   Dieser zugängliche, aber tanninreiche Sociando-Mallet hat tief rubinpurpurrote Farbe und ein exzellentes Aromaprofil von fülligen schwarzen Kirschen, Brombeeren und Cassis mit subtilen Noten von Mineralen, Erde und frischem Eichenholz. Er ist ein tiefer muskulöser, nachhaltiger, hochklassiger Wein mit ähnlicher Struktur wie beim 1996er. Wer ihn sich hinlegt, wird Geduld aufbringen müssen.
Voraussichtliche Genußreife: 2006 bis 2025. Letzte Verkostung: 11/97.

1994 • 89   Der 1994er erinnert an den 1995er, aber er hat kräftigere Struktur und mehr Tannin. Die Farbe ist ein tiefes Purpurrot, das straffe, aber sich entfaltende Bukett zeigt schwarze Frucht, Bleistift und schön integrierte Eichenwürze. Bei vollem Geschmack und moderatem Tannin dürfte dieser mittelschwere, klassisch gebaute Bordeaux zwischen 2000 und 2010 auf dem Höhepunkt sein. Letzte Verkostung: 1/97.

1993 • 87   1993 hat Sociando-Mallet eine mehr als nur kompetente Leistung vollbracht. Der Wein zeigt dichte, rubinpurpurrote Farbe, ein überraschend weit entwickeltes Aroma von Zedernholz, schwarzen Kirschen, Johannisbeeren und Mineralen, würzigen, vollmundigen Geschmack, ausgezeichnete Substanz und eine für dieses Château erstaunliche Geschmeidigkeit bei solcher Jugend. Jean Gautreau ist offenbar mit den Schwierigkeiten des Jahrgangs fertig geworden. Dieser Wein dürfte sich über 5 bis 10 Jahre schön trinken. Letzte Verkostung: 1/97.

1992 • 87   Das außerordentlich tüchtig geführte Weingut hat einen für dieses Jahrgang besonders feinen Wein zustande gebracht. Die Farbe ist tiefdunkel rubinpurpurrot, der Duft bietet süße, reife schwarze Johannisbeeren, verwoben mit Nuancen von Mineralen und Holz. Dieser feste, wohlgebaute Wein hat mittleren Körper und moderates Tannin bei schöner Reintönigkeit und Milde. Er sollte noch 3 bis 4 Jahre Kellerreife erhalten und wird sich dann über 10 bis 15 Jahre schön trinken. Letzte Verkostung: 11/94.

1990 • 92   Der 1990er scheint mir der feinste Sociando-Mallet seit dem sensationellen 1982er zu sein. Er ist tiefdunkel purpurrot, und sein straffes, aber vielversprechendes Bukett zeigt kräftige Cassisfrucht, subtile Nuancen von gerösteten Kräutern, Rauch, Süßholz und Mineralen.

Dieser kraftvolle, hoch konzentrierte, verschlossene, überwältigende Wein mit seinem vielschichtigen, starken Tannin dürfte sich über 2 bis 3 Jahrzehnte hinweg schön entfalten.
Letzte Verkostung: 11/96.

1989 • 90   Der 1989er zeigt jugendliche, unentwickelte purpurrote Farbe, dazu ein süßes Bukett von schwarzer Frucht, Mineralen und Vanillin. Dieser Wein ist außerordentlich jugendfrisch (viel mehr als die meisten 1989er), hat mittleren bis vollen Körper, gutes Tannin und kaum etwas von der milden, aufgeschlossenen Art des Jahrgangs. Er ist so dicht, voll und konzentriert, daß er noch weitere 4 bis 5 Jahre Kellerreife braucht, und dürfte 20 Jahre und mehr überdauern.
Letzte Verkostung: 11/96.

1988 • 87   Der 1988er ist mittelschwer, etwas leichter, als man es von diesem Château erwartet hätte, aber dennoch konzentriert und würzig, mit echtem Gleichgewicht und langem Abgang. Es fehlt ihm die Kraft und der extraktreiche Geschmack der Spitzenjahrgänge, aber auch er dürfte sich 12 bis 15 Jahre halten. Letzte Verkostung: 1/93.

1986 • 90   Jean Gautreaus 1986er ist ein echtes Schwergewicht, enorm voll und körperreich, mit ehrfurchtgebietender Wucht – ein klassischer Médoc mit außergewöhnlicher Tiefe und scharf konturiertem Bukett von Mineralen, schwarzen Johannisbeeren, Veilchen und würzigem Eichenholz. Er ist ein exquisiter Wein, jedoch nicht für jedermann. Man darf ihn erst nach dem Jahr 2000 aus dem Keller holen.
Voraussichtliche Genußreife: 2005 bis 2040. Letzte Verkostung: 1/91.

1985 • 90   Der 1985er Sociando-Mallet ist typisch satt rubinpurpurrot und hat ein volles, klassisches Médoc-Bukett von schwarzen Johannisbeeren sowie kräftigen Körper, sensationelle Konzentration und Ausgewogenheit.
Voraussichtliche Genußreife: Jetzt bis 2015. Letzte Verkostung: 4/91.

1984 • 84   Der Sociando-Mallet, einer der dunkelsten 1984er, hat ungeheuer viel Frucht, Körper und Tannin sowie eine Lebenserwartung von 10 bis 12 Jahren. Für einen 1984er zeigt er erstaunliche Fülle und Wucht. Voraussichtliche Genußreife: Jetzt. Letzte Verkostung: 11/88.

1983 • 85   Ich setzte einmal große Hoffnungen in diesen Wein, aber inzwischen kommt mir die Frucht bei weitem nicht mehr so reif und konzentriert vor wie früher. Der Wein hat noch immer mittel- bis dunkelrubinrote Farbe und ein würziges, mineralisches Bukett, dem es jedoch an Intensität und Reife fehlt; auf der Zunge zeigt sich mittlerer bis voller Körper, gute, jedoch nicht große Konzentration und recht sehnige und muskulöse Art. Der Abgang ist gut und lang bei mäßigem Tannin. Voraussichtliche Genußreife: Jetzt bis 2001. Letzte Verkostung: 1/90.

1982 • 92   Dieses erstaunliche Cru-Bourgeois-Gut brachte einen 1982er hervor, der noch immer jung und lebendig ist und wenig Anzeichen für eine Fortentwicklung zeigt. Selbst in halben Flaschen hat er sich sattes Dunkelpurpurrot ohne Aufhellung am Rand bewahrt. Das Bukett könnte ähnlich sein wie beim 1990er, es quillt über von reintönigem, reifem Aroma von schwarzen Johannisbeeren, verwoben mit Mineral- und Gewürzdüften. Mit vollem Körper, hohem Extrakt- und Glyzeringehalt und mächtigem Tannin ist dieser Sociando-Mallet eindrucksvoll ausgestattet und noch so unaufgeschlossen, daß er sich als einer der am langsamsten heranreifenden Weine des Jahrgangs erweisen dürfte. Am besten gönnt man diesem Klassiker weitere 5 bis 6 Jahre Kellerreife und trinkt ihn dann im Lauf der ersten beiden Jahrzehnte des nächsten Jahrhunderts. Letzte Verkostung: 9/95.

1981 • 83   Der 1981er ist ein relativ kompakter, kleinformatiger Sociando-Mallet mit mittlerem Körper, guter Konzentration, aber weniger Tannin und Säure, dafür mit geschmeidigerer Art, als man es von diesem Château normalerweise erwartet. Er hat inzwischen den höchsten Punkt seiner Reife erreicht und wird sich eine Zeitlang dort halten.
Voraussichtliche Genußreife: Jetzt bis 2000. Letzte Verkostung: 3/89.

1979 • 80   Der seinem Höhepunkt entgegengehende 1979er ist in Art, Wucht und Extrakt dem 1981er recht ähnlich, aber wohl etwas stärker durch Eichenholz geprägt und hat einen aggressiveren, jedoch nicht so eindrucksvolleren Abgang.
Voraussichtliche Genußreife: Jetzt. Letzte Verkostung: 3/89.

DIE ÜBRIGEN MÉDOC-APPELLATIONEN

1978 • 87   Dieser wunderschöne Wein ist viel langsamer herangereift als viele andere 1978er aus dem Médoc. Er hat dunkelrubinrote Farbe ohne die geringsten Alterserscheinungen sowie ein intensives, verlockendes, kräftiges Bukett mit Zedernholz-, Mineral- und Cassis-Düften. Bei mittlerem Körper und guter Konzentration zeigt dieser Wein ausgezeichnete Reife ohne das kräuterhafte Aroma, das oft weniger reifen Weinen dieses Jahrgangs anhaftet; der Abgang ist harmonisch und mäßig tanninherb.
Voraussichtliche Genußreife: Jetzt bis 2003. Letzte Verkostung: 3/90.

1976 • 88   Der 1976er Sociando-Mallet könnte sich durchaus als einer der drei oder vier besten Weine des Jahrgangs herausschälen; zwar halten die beiden ersten Plätze mit großer Beständigkeit Lafite-Rothschild und Ausone besetzt, aber keiner von ihnen ist noch so unentwickelt oder auch so konzentriert wie der 1976er Sociando-Mallet, der sich nach wie vor dunkel rubinrot mit einem immensen, fast explosiven Bukett von dunkler Frucht und Gewürzen darstellt – dieser gehaltvolle, körperreiche Wein mit seiner opulenten Art kommt in Konsistenz, Reife und Ausdruckskraft dem 1982er am nächsten, nur hat er nicht ganz dessen Tiefe und Tannin. Ein superber Erfolg, der nichts von der frühreifen, aufgeschlossenen, ausentwickelten Art der meisten Médoc-Weine dieses Jahrgangs und auch nichts von der Verwässerung durch die Regenfälle vor der Lese erkennen läßt. Bravo!
Voraussichtliche Genußreife: Jetzt bis 2002. Letzte Verkostung: 3/88.

1975 • 88+   Der noch immer (nach 20 Lebensjahren) unaufgeschlossene und tanninstrenge, aber vielversprechende, jugendfrische Wein mit seinem dunklen Rubinpurpurrot und erdiger, körperreicher, wuchtiger Art besitzt intensive Fruchtkonzentration und eine Gewichtigkeit, die damit rechnen läßt, daß die Bestandteile schließlich schönes Gleichgewicht erlangen. Ob man es glaubt oder nicht, dieser Wein verlangt noch weitere 5 bis 6 Jahre Kellerreife und wird danach 20 Jahre und mehr überdauern. Letzte Verkostung: 12/95.

1973 • 86   Die meisten 1973er Bordeaux-Rotweine standen schon am Ende der siebziger Jahre mit einem Fuß im Grab und waren um die Mitte der achtziger Jahre senil. Nicht so der 1973er Sociando-Mallet. Er ist jedoch zweifellos der konzentrierteste, am besten strukturierte und inzwischen interessanteste Wein dieses Jahrgangs. Er war zwar schon in relativ jungen Jahren trinkreif, ist aber jetzt noch erstaunlich satt und tief in der Farbe, dabei reif und geschmeidig – ein weiteres Beispiel für die Tüchtigkeit des Besitzers Jean Gautreau.
Voraussichtliche Genußreife: Jetzt. Letzte Verkostung: 3/88.

1970 • 87   Der gerade erst auf den Höhepunkt seiner Reife gelangte 1970er Sociando-Mallet hat ein mäßig intensives Bukett von Mineralen, Süßholz, Zedernholz, Kräutern und schwarzen Johannisbeeren sowie mittleren Körper und konzentrierte Art bei inzwischen abgeschmolzenem Tannin – ein üppiger komplexer Wein mit langem Abgang. Ein Hochgenuß.
Voraussichtliche Genußreife: Jetzt. Letzte Verkostung: 3/88.

SOUDARS
Cru Bourgeois

GUT

Lage der Weinberge: St-Seurin-de-Cadourne

Besitzer: Eric Miailhe
Adresse: 33180 St-Seurin-de-Cadourne
Postanschrift: wie oben
Telefon: 33 5 56 59 31 02 – Telefax: 33 5 56 59 72 39

Besuche: nur nach Vereinbarung
Kontaktperson: Eric Miailhe

BORDEAUX

WEINBERGE (Rotwein)

Rebfläche: 22 ha

Durchschnittliches Rebenalter: 18 Jahre

Rebbestand: 55 % Merlot, 44 % Cabernet Sauvignon, 1 % Cabernet Franc

Pflanzdichte: 6500 Reben/ha

Ertrag (im Durchschnitt der letzten 5 Jahre): 60 hl/ha

Durchschnittliche Jahresproduktion insgesamt: 14 000 Kisten

GRAND VIN

Name: Château Soudars

Appellation: Haut-Médoc

Durchschnittliche Jahresproduktion: 14 000 Kisten

Verarbeitung und Ausbau: Gär- und Maischdauer 1 Monat in temperaturgeregelten Edelstahltanks. Malolaktische Säureumwandlung im Tank, anschließend 12 Monate Ausbau in zu 40 % neuen Eichenfässern. Der Wein wird geschönt und bei der Abfüllung gefiltert.

Kein ZWEITWEIN

Beurteilung des derzeitigen Rangs: Ein zunehmend sauberer, schmackhafter, geschmeidiger Cru Bourgeois

Genußreife: 3 bis 6 Jahre nach dem Jahrgangsdatum

Der hohe Anteil von Merlot im Rebbestand von Soudars erbringt einen relativ fülligen, runden, fruchtigen und süffigen Wein. Die Jahrgänge seit Anfang der achtziger Jahre sind von dem jungen Eric Miailhe untadelig bereitet. Der Soudars ist kein Wein, den man sich länger als 5 bis 6 Jahre in den Keller legen soll, vielmehr will er in der Jugend getrunken werden, dann hat er bei erschwinglichem Preis viel zu bieten.

LA TOUR DE BY
Cru Bourgeois

GUT

Lage der Weinberge: Bégadan und St-Christoly

Besitzer: MM. Pagés, Cailloux und Lapalu
Adresse: 33340 Bégadan
Postanschrift: wie oben
Telefon: 33 5 56 41 50 03 – Telefax: 33 5 56 41 36 10

Besuche: montags bis freitags von 8 bis 12 und von 13.30 bis 17.30 Uhr
(freitags wird schon um 16.30 Uhr geschlossen).
Im Juli und August an Wochenenden von 11 bis 17 Uhr geöffnet

WEINBERGE (Rotwein)

Rebfläche: 73 ha

Durchschnittliches Rebenalter: 35 Jahre

DIE ÜBRIGEN MÉDOC-APPELLATIONEN

Rebbestand: 65 % Cabernet Sauvignon, 30 % Merlot, 3 % Cabernet Franc, 2 % Petit Verdot

Pflanzdichte: 6600 Reben/ha

Ertrag (im Durchschnitt der letzten 5 Jahre): 55 hl/ha

Durchschnittliche Jahresproduktion insgesamt: 530 000 Flaschen

GRAND VIN

Name: Château La Tour de By

Appellation: Médoc

Durchschnittliche Jahresproduktion: 450 000 bis 480 000 Flaschen

Verarbeitung und Ausbau: Gärdauer 6 bis 8 Tage (29 bis 30 °C), Maischdauer 1 Monat (18 bis 20 °C). Nach malolaktischer Säureumwandlung 14 Monate Ausbau in zu 20 % neuen Eichenfässern. Der Wein wird im Januar nach der Lese mit Eiweiß geschönt und gefiltert.

ZWEITWEIN

Name: Cailloux de By und La Roque de By

Durchschnittliche Jahresproduktion: 50 000 Flaschen

Beurteilung des derzeitigen Rangs: Ein bekannter, gleichmäßig guter Cru-Bourgeois-Wein

Genußreife: 5 bis 10 Jahre nach dem Jahrgangsdatum

Dieses Crus-Bourgeois-Gut ist aus mehreren Gründen weithin bekannt, u. a. deshalb, weil es von seiner rund 70 ha großen Rebfläche über 40 000 Kisten Wein produziert. 1965 wurde es von den Weingutsbesitzern Cailloux, Lapalu und Pagés erworben, die es mit neuen Kellern und fast 1400 Fässern ausstatteten. Bei der großen Produktion und den Erträgen von 55 hl/ha ist man versucht anzunehmen, dem Wein müsse es an Substanz fehlen, aber das Ausleseverfahren ist relativ streng, und schwächere Moste sowie der Wein jüngerer Reben kommen in den beiden Zweiweinen unter.

La Tour de By produziert reichfruchtige, solide Weine mit guter Farbe, denen es lediglich an Komplexität und Intensität im Bukett fehlt. Der hohe Anteil an Cabernet Sauvignon verleiht ihnen tiefe Farbe und festen, tanninherben Hintergrund. Ich kann mich nicht erinnern, aus guten Jahrgängen jemals einen unsauber bereiteten La Tour de By gekostet zu haben.

LA TOUR-CARNET
4ème Cru seit 1855

Lage der Weinberge: St-Laurent du Médoc

Besitzer: Marie-Claire Pelegrin
Adresse: 33112 St-Laurent du Médoc
Postanschrift: 14, rue Labenne, 33110 Le Bouscat
Telefon: 33 5 57 22 28 00 – Telefax: 33 5 57 22 28 05

Besuche: nur nach Vereinbarung
Kontaktperson: Marie-Claire Pelegrin oder Olivier Dauga

BORDEAUX

WEINBERGE (Rotwein)

Rebfläche: 42,5 ha

Durchschnittliches Rebenalter: 25 ha

Rebbestand: 53 % Cabernet Sauvignon, 33 % Merlot, 10 % Cabernet Franc, 4 % Petit Verdot

Pflanzdichte: 8000 Reben/ha

Ertrag (im Durchschnitt der letzten 5 Jahre): 50 bis 55 hl/ha

Durchschnittliche Jahresproduktion insgesamt: 200 000 bis 230 000 Flaschen

GRAND VIN

Name: Château La Tour Carnet

Appellation: Haut-Médoc

Durchschnittliche Jahresproduktion: 160 000 bis 200 000 Flaschen

Verarbeitung und Ausbau: Gär- und Maischdauer 25 bis 30 Tage, je nach Jahrgang, in Edelstahl- und Betontanks; Temperaturregelung von Hand. Malolaktische Säureumwandlung im Tank, anschließend 12 bis 16 Monate Ausbau in zu 50 % neuen Eichenfässern. Der Wein wird mit Albumin geschönt, aber nicht gefiltert.

ZWEITWEIN

Name: Le Second de Carnet

Durchschnittliche Jahresproduktion: 60 000 bis 80 000 Flaschen

Beurteilung des derzeitigen Rangs: Abstufung wäre zu empfehlen

Genußreife: 5 bis 12 Jahre nach dem Jahrgangsdatum

La Tour-Carnet in St-Laurent ist trotz seines Rangs in der Klassifizierung von 1855 weitgehend anonym geblieben. Das schöne Gut mit seiner mittelalterlichen Burg ist inzwischen restauriert worden, aber der Wein hat – wie ich vermute – erheblich unter umfangreichen Neuanpflanzungen in den sechziger Jahren gelitten. Die jüngeren Jahrgänge, insbesondere der 1982er, 1983er, 1989er und 1990er, eröffnen zwar bessere Aussichten, dennoch verdient das Weingut aufgrund seiner bisherigen Leistungen nicht den Rang eines 4ème Cru, denn die Qualität seines Weins ist nicht besser als bei einem Cru Bourgeois.

Tour Haut-Caussan
Cru Bourgeois seit 1932

AUSGEZEICHNET

Lage der Weinberge: Blaignan

Besitzer: Philippe Courrian
Adresse: 33340 Blaignan-Médoc
Postanschrift: wie oben
Telefon: 33 5 56 09 00 77 – Telefax: 33 5 56 09 06 24

Besuche: nur nach Vereinbarung
Kontaktperson: Véronique Courrian

DIE ÜBRIGEN MÉDOC-APPELLATIONEN

WEINBERGE (Rotwein)

Rebfläche: 16 ha

Durchschnittliches Rebenalter: 21 Jahre

Rebbestand: 50% Cabernet Sauvignon, 50% Merlot

Pflanzdichte: 6600 Reben/ha

Ertrag (im Durchschnitt der letzten 5 Jahre): 62 hl/ha

GRAND VIN

Name: Château Tour Haut-Caussan

Appellation: Médoc

Durchschnittliche Jahresproduktion: 120 000 Flaschen

Verarbeitung und Ausbau: Gär- und Maischdauer 3 Wochen in Betontanks. Nach malolaktischer Säureumwandlung Ausbau bei 25 bis 30% des Ertrags in neuen, der Rest in ein- bis zweimal gebrauchten Eichenfässern. In den neuen Fässern beträgt die Ausbauzeit 15 Monate, in älteren Fässern lediglich 12 Monate. Der Wein wird geschönt, aber nicht gefiltert.

ZWEITWEIN

Name: Château La Landotte

Durchschnittliche Jahresproduktion: 15 000 Flaschen

Beurteilung des derzeitigen Rangs: Sehr gutes, oft ausgezeichnetes Cru Bourgeois, das es in bestimmten Jahren (1982, 1988, 1989 und 9910) sehr wohl mit einem 5ème Cru aufnehmen kann

Genußreife: 6 bis 15 Jahre nach dem Jahrgangsdatum

Der heutige Besitzer Philippe Courrian stammt aus einer Familie, die das ausgezeichnete Cru-Bourgeois-Gut seit 1877 betreibt. Seinen Namen leitet es einerseits von einer schönen Windmühle her, die mitten im Weinberg steht, und andererseits von dem nahe gelegenen Ort Caussan. Es liegt in der Nähe der berühmteren Weingüter Potensac und La Cardonne. Alle Aspekte der Weinbereitung sind höchst traditionsverhaftet. Die nicht sehr hohen Erträge, die manuelle Lese in einer Gegend, wo die meisten Weinberge maschinell abgeerntet werden, die Verwendung von qualitativ nicht erstklassigen Lesegutpartien für einen Zweitwein und die Ablehnung allen Filtrierens sind typisch für dieses Weingut, das sich ganz auf hohe Qualität eingestellt hat. Hierzu bemerkt M. Courrian immer wieder: «Wozu filtern? In meinem Wein ist nichts Schlechtes.»

JAHRGÄNGE

1996 • 84-86   Der 1996er ist nicht so eindrucksvoll und charmant wie der 1995er, eher verschlossen und kantig, dabei aber muskulös und fest gefügt, mit Tannin und tiefer Frucht im Eingang. Halten wird er sich ein Jahrzehnt. Letzte Verkostung: 11/97.

1995 • 86   Hier ist der 1995er wohl ausgewogener und am Ende interessanter als der 1996er. Die Farbe ist tief rubinrot, das Aromaprofil ausgezeichnet mit seinen Nuancen von Erde, Beerenfrucht, Kräutern und Gewürzen. Hinzu kommen attraktive Reife, mittlerer Körper und moderates Tannin – ein seriöser Wein, der Respekt verdient und sich 7 bis 8 Jahre lang schön trinken lassen dürfte. Letzte Verkostung: 11/97.

1990 • 88 Kraftvolle Aromen von reifer Frucht und Mineralen gehen einher mit tiefer, fast massiver Art, beträchtlichem Glyzerin und Tannin sowie Körper, Tiefe und undurchdringlich dunkler Farbe. Dieser Gigant von einem Cru Bourgeois dürfte sich mindestens 10 bis 15 Jahre lang schön trinken und sich als ebenso eindrucksvoll erweisen wie der 1989er.
Letzte Verkostung: 1/93.
1989 • 88 Der 1989er ist ein dramatischerer, alkoholstärkerer Wein als der 1988er und läßt im Bukett eine reichliche Portion Würze von frischem Eichenholz erkennen, dazu robusten Geschmack mit wenig Säure und genug Tannin für ein Jahrzehnt Entwicklung – ein überraschend breiter, kräftiger Wein, der seinem Käufer schönen Gegenwert bietet.
Voraussichtliche Genußreife: Jetzt bis 2000. Letzte Verkostung: 4/91.
1988 • 86 Der 1988er ist mit seinem eleganten, zedernholzduftigen, würzigen Johannisbeerbukett, mittlerem Körper, stilvollem, ausgewogenem Geschmack und mildem Tannin viel weiter entwickelt. Nichtsdestoweniger hat er auf etliche Jahre hinaus genügend Tiefe und Gleichgewicht. Voraussichtliche Genußreife: Jetzt. Letzte Verkostung: 4/91.
1986 • 86 Der noch immer straff gewirkte, aber vielversprechend tiefdunkle 1986er mit seinem würzigen, zedernholzduftigen, mineralischen Bukett, vollem Körper und konzentrierter, untadelig sauberer Art braucht noch ein Weilchen, bis er sein Tannin abgestreift hat, dürfte dann aber schönen Genuß bereiten.
Voraussichtliche Genußreife: Jetzt bis 2002. Letzte Verkostung: 11/90.
1985 • 85 Der 1985er ist milder und nicht so undurchdringlich wie der 1986er. Sein generöses Bukett bietet das Aroma von Blumen, dunkler Frucht, würzigem Eichen- und Zedernholz, dazu samtige Art, vollen Körper und bewundernswerte Konzentration – er ist schön genußreif.
Voraussichtliche Genußreife: Jetzt. Letzte Verkostung: 3/90.
1982 • 88 Der inzwischen voll ausgereifte 1982er ist der beste Wein, den ich von Tour Haut-Caussan kennengelernt habe. Das kräftige, reife, robuste Bukett spiegelt getreulich die 1982 erreichte Hochreife. Der kräftige, samtige, ausdrucksvolle Geschmack bei körperreichem Format ist ansprechend und nachhaltig. Das Tannin ist offenbar zum größten Teil abgestreift und läßt einen saft- und kraftvollen, schmackhaften Cru Bourgeois zum Vorschein kommen.
Voraussichtliche Genußreife: Jetzt. Letzte Verkostung: 3/90.

Tour du Haut-Moulin
Cru Bourgeois

AUSGEZEICHNET

Lage der Weinberge: Cussac-Fort-Médoc

Besitzer: Lionel Poitou
Adresse: 7, rue des Aubarèdes, 33460 Cussac-Fort-Médoc
Telefon: 33 5 56 58 91 10 – Telefax: 33 5 56 58 99 30

Besuche: nur nach Vereinbarung montags bis freitags von 9 bis 11.30 und von 14 bis 17 Uhr

WEINBERGE (Rotwein)

Rebfläche: 30 ha

Durchschnittliches Rebenalter: 25 Jahre

Rebbestand: 50 % Cabernet Sauvignon, 45 % Merlot, 5 % Petit Verdot

Pflanzdichte: 10 000 Reben/ha

Ertrag (im Durchschnitt der letzten 5 Jahre): 55 hl/ha

Durchschnittliche Jahresproduktion insgesamt: 200 000 Flaschen

DIE ÜBRIGEN MÉDOC-APPELLATIONEN

GRAND VIN

Name: Château Tour du Haut-Moulin

Appellation: Haut-Médoc

Durchschnittliche Jahresproduktion: 200 000 Flaschen

Verarbeitung und Ausbau: Gär- und Maischdauer 3 bis 4 Wochen in Betontanks (Temperaturregelung von Hand). Anschließend 15 bis 18 Monate Ausbau in zu 25 % neuen Eichenfässern. Der Wein wird geschönt, aber nicht gefiltert.

Kein ZWEITWEIN

Beurteilung des derzeitigen Rangs: Ein ausgezeichnetes Cru Bourgeois, das sich mit seinen Jahrgängen 1990, 1989, 1988, 1986 und 1985 neben einem 5ème Cru sehen lassen kann

Genußreife: 5 bis 14 Jahre nach dem Jahrgangsdatum

Die Weinberge des ausgezeichneten Cru-Bourgeois-Guts bei Cussac liegen unmittelbar nördlich von Château Lamarque. Es kann kein Zweifel bestehen, daß der Lionel Poitou einen der konzentriertesten und mit intensivster Geschmacksfülle ausgestatteten Crus-Bourgeois-Weine hervorbringt. Er hat nichts dagegen, die Gärtemperatur auf gefährliche 34 bis 35 °C ansteigen zu lassen, und er ist auch für eine lange *cuvaison* von fast einem Monat. Darüber hinaus tragen die niedrigen Erträge von 45 hl/ha und die hohe Pflanzdichte von 10 000 Reben pro Hektar zweifellos zur eindrucksvoll dunklen rubinpurpurroten Farbe bei, die dieser Wein in Spitzenjahren hat, aber auch zu der bewundernswerten Tiefe und Konzentration. Dieser Wein ist eindeutig eines der besten Crus Bourgeois und würde bei blinder Verkostung sogar so manches Cru Classé übertreffen.

JAHRGÄNGE

1996 • 84-85 Der karge 1996er zeigt füllige Frucht, hartes Tannin und recht kantige Art. Er braucht 2 bis 3 Jahre Kellerreife und wird sich dann ein Jahrzehnt lang halten.
Letzte Verkostung: 11/97.
1995 • 86 Der sehr gute 1995er ist milder als der 1996er und hat tief rubinpurpurrote Farbe und exzellente reife Frucht schwarzer Johannisbeeren, verflochten mit Noten von Gras, Erde und Eichenholz. Dieser volle, bewundernswert reintönige Wein mit seinem vielschichtigen, milden Abgang dürfte sich 5 bis 7 Jahre lang gut trinken. Letzte Verkostung: 11/97.
1990 • 87 Traditionelle Kellertechnik wird im dichten, kraftvollen, verschlossenen, aber gut gefügten und konzentrierten 1990er erkennbar. Die Farbe ist eindrucksvoll, das Aroma gibt zögernd Düfte von Frucht, Erde und Mineralen frei. Der Wein hat so viel Kraft und Intensität, daß man annehmen darf, er werde in 10 Jahren noch auf der Höhe sein. Letzte Verkostung: 1/93.
1989 • 88 Der 1989er hat zwar geringe Säure, aber opulente, alkoholstarke Art bei hohem Extrakt und dramatischer Ausdruckskraft. Der reiche, volle Geschmack verbindet sich schön mit dem frischen Eichenholz.
Voraussichtliche Genußreife: Jetzt. Letzte Verkostung: 4/91.
1988 • 87 Der 1988er hat kräftiges Format, klare Kontur und aggressives Tannin, außerdem reichliche Frucht von schwarzen Johannisbeeren und einen langen, eindrucksvollen Abgang.
Voraussichtliche Genußreife: Jetzt. Letzte Verkostung: 4/91.
1986 • 87 Der Besitzer hält seinen 1986er für einen der feinsten Weine, die er je hervorgebracht hat. Die Farbe ist dunkel rubinpurpurrot, das straffe, sich entfaltende Bukett würzig und kräuterduftig mit der Frucht von schwarzen Johannisbeeren, der Körper mittel bis kräftig und bis

zum Rand mit Frucht angefüllt; das staubige Tannin muß sich erst mildern, und deshalb sind noch einige Jahre Kellerlagerung erforderlich.
Voraussichtliche Genußreife: Jetzt bis 2001. Letzte Verkostung: 3/90.

1985 • 86   Der 1985er ist leicht zu ergründen und trinkt sich sehr schön. Noch zeigt er keine Anzeichen von Hochreife. Die Farbe ist nach wie vor tief rubinrot, die Art rund, sanft und samtig – ein überaus fruchtiger, schlichter Tour du Haut-Moulin, der nach 1 bis 2 Jahren weiterer Kellerlagerung größere Komplexität an den Tag legen wird.
Voraussichtliche Genußreife: Jetzt bis 2000. Letzte Verkostung: 3/90.

LA TOUR ST-BONNET
Cru Bourgeois

SEHR GUT

Lage der Weinberge: St-Christoly-de-Médoc

Besitzer: G.F.A. Tour St-Bonnet
Leitung: Jacques Merlet
Adresse: 33340 St-Christoly-de-Médoc
Telefon: 33 5 56 41 53 03 – Telefax: 33 5 56 41 53 03

Besuche: nur nach Vereinbarung, an Werktagen von 9 bis 11 und von 15 bis 18 Uhr
Kontaktperson: Nicole Merlet

WEINBERGE (Rotwein)

Rebfläche: 39,5 ha

Durchschnittliches Rebenalter: 30 bis 35 Jahre

Rebbestand: 45% Cabernet Sauvignon, 45% Merlot, 5% Petit Verdot, 5% Malbec

Pflanzdichte: 9000 Reben/ha

Ertrag (im Durchschnitt der letzten 5 Jahre): 40 bis 50 hl/ha

Durchschnittliche Jahresproduktion insgesamt: 220 000 Flaschen

GRAND VIN

Name: Château La Tour St-Bonnet

Appellation: Médoc

Durchschnittliche Jahresproduktion: 200 000 Flaschen

Verarbeitung und Ausbau: Gär- und Maischdauer etwa 3 Wochen. 18 Monate Ausbau in großen Fässern. Der Wein wird geschönt, aber nicht systematisch gefiltert.

ZWEITWEIN

Name: La Fuie St-Bonnet

Durchschnittliche Jahresproduktion: 20 000 Flaschen

Beurteilung des derzeitigen Rangs: Ein sehr gutes, oft mit einem 5ème Cru vergleichbares Cru Bourgeois

Genußreife: 6 bis 14 Jahre nach dem Jahrgangsdatum

DIE ÜBRIGEN MÉDOC-APPELLATIONEN

La Tour St-Bonnet ist schon lange einer meiner Favoriten unter den Cru-Bourgeois-Weinen. Als ersten Jahrgang kostete ich den 1975er und kaufte ihn sofort. Der rund 40 ha große Weinberg befindet sich in guter Lage auf einer Kiesanhöhe am Gironde-Ufer in der Nähe von St-Christoly.

Dieser Wein ist kein kommerziell bereiteter, geschmeidiger, trinkfertiger Cru Bourgeois, sondern vielmehr ein tiefdunkler, fester, tannin- und körperreicher Wein mit überraschender Konzentration. Die meisten Jahrgänge müssen mindestens 3 bis 4 Jahre liegen, bis sie das Tannin abwerfen, und in Spitzenjahrgängen wie 1975, 1982 (der feinste La Tour St-Bonnet, den ich je gekostet habe), 1985, 1986, 1988, 1989, 1990 und 1995 dauert es sogar 10 Jahre oder noch länger. Die Lese geschieht maschinell, die Erträge von 40 bis 50 hl/ha dürfen nach heutigen Maßstäben als niedrig gelten. Interessanterweise wird der Wein nicht in kleinen Eichenfässern, sondern in größeren *foudres*, jedoch ebenfalls aus Eichenholz, ausgebaut. Nach Meinung der Besitzer wird dadurch die Intensität und der volle, konzentrierte Fruchtextrakt am besten geschont.

VERDIGNAN
Cru Bourgeois

GUT

Lage der Weinberge: St-Seurin-de-Cadourne

Besitzer: Jean-Miailhe-Gruppe
Adresse: 33180 St-Seurin-de-Cadourne
Postanschrift: wie oben
Telefon: 33 5 56 59 31 02 – Telefax: 33 5 56 59 72 39

Besuche: nur nach Vereinbarung
Kontaktperson: Eric Miailhe

WEINBERGE (Rotwein)

Rebfläche: 59 ha

Durchschnittliches Rebenalter: 20 Jahre

Rebbestand: 48 % Cabernet Sauvignon, 45 % Merlot, 7 % Cabernet Franc

Pflanzdichte: 7500 Reben/ha

Ertrag (im Durchschnitt der letzten 5 Jahre): 58 hl/ha

Durchschnittliche Jahresproduktion insgesamt: 38 000 Kisten

GRAND VIN

Name: Château Verdignan

Appellation: Haut-Médoc

Durchschnittliche Jahresproduktion: 29 000 Kisten

Verarbeitung und Ausbau: Gär- und Maischdauer 1 Monat in temperaturgeregelten Edelstahltanks. Malolaktische Säureumwandlung im Tank, anschließend 12 Monate Ausbau in jährlich zu $1/3$ erneuerten Eichenfässern. Der Wein wird geschönt und gefiltert.

BORDEAUX

ZWEITWEIN

Name: Château Plantey de la Croix

Durchschnittliche Jahresproduktion: 9000 Kisten

Beurteilung des derzeitigen Rangs: Der eingängige, reich ausgestattete, fruchtige Cru-Bourgeois-Wein verdient seinen Rang vollauf

Genußreife: 4 bis 8 Jahre nach dem Jahrgangsdatum

Verdignan, eines von mehreren solide geführten Cru-Bourgeois-Weingütern der Familie Miailhe, verfügt über Château und Weinberge in der Nähe von St-Seurin-de-Cadourne im nördlichen Médoc. Mir schmeckt dieser Wein stets gut; er ist reif, geschmeidig, reichfruchtig und hat ein schlichtes, aber kräftiges Aroma von schwarzen Johannisbeeren. Er ist für frühe Genußreife ausgelegt und will im Alter von 4 bis 8 Jahren getrunken werden. Seit Anfang der achtziger Jahre hat dieser Wein mehr Konzentration und Charakter angenommen. Die Lese erfolgt maschinell, der Ertrag schwankt zwischen 50 und 65 hl/ha. Dabei ist der Verdignan sicherlich auch wegen der reichlichen Produktion recht preiswert.

VILLEGEORGE
Cru Bourgeois Exceptionnel

Lage der Weinberge: Avensan und Soussans

Besitzerin: Marie-Laure Lurton-Roux
Adresse: Lieu-dit La Tuilerie, 33480 Soussans
Postanschrift: S.C. Les Grands Crus Réunis, 33480 Moulis
Telefon: 33 5 57 88 83 83 – Telefax: 33 5 57 88 72 51

Besuche: nur nach Vereinbarung
Kontaktperson: Marie-Laure Lurton-Roux

WEINBERGE (Rotwein)

Rebfläche: 15 ha

Durchschnittliches Rebenalter: 20 Jahre

Rebbestand: 60 % Merlot, 30 % Cabernet Sauvignon, 10 % Cabernet Franc

Pflanzdichte: 10 000 und 6600 Reben/ha

Ertrag (im Durchschnitt der letzten 5 Jahre): 36 hl/ha

GRAND VIN

Name: Château Villegeorge

Appellation: Haut-Médoc

Durchschnittliche Jahresproduktion: 30 000 bis 50 000 Flaschen

Verarbeitung und Ausbau: Vinifikation in kleinen Edelstahltanks. 6 bis 18 Monate Ausbau (je nach Jahrgang) in zu 10 bis 20 % neuen Eichenfässern (1987 – 6 Monate, 1986 – 18 Monate). Der Wein wird geschönt und gefiltert.

DIE ÜBRIGEN MÉDOC-APPELLATIONEN

Der ZWEITWEIN wurde bis zum Jahrgang 1996 im Faß verkauft

Beurteilung des derzeitigen Rangs: Entspricht der Klassifizierung;
ein Cru Bourgeois mittlerer Qualität

Genußreife: 3 bis 6 Jahre nach dem Jahrgangsdatum

1973 verleibte der allgegenwärtige Lucien Lurton dieses kleine Château seiner Sammlung von Bordeaux-Weingütern ein. Der Wein ist locker gewirkt, mild, angenehm fruchtig, schlicht und nicht besonders ausdrucksstark. Vielleicht ist der große Merlot-Anteil auf dem kieshaltigen Boden daran schuld, daß dieser Wein relativ leicht und eindimensional ausfällt.

Sonstige Weingüter im Médoc

D'Arche
Cru Bourgeois seit 1932

Lage der Weinberge: Ludon-Médoc, in der Ortsmitte, gegenüber der Kirche

Besitzer: Grands Vignobles de la Gironde
Adresse: Ludon-Médoc
Postanschrift: c/o Mähler-Besse, 49, rue Camille Godard, 33026 Bordeaux Cedex
Telefon: 33 5 56 56 04 30 – Telefax: 33 5 56 56 04 59

Besuche: nur nach Vereinbarung

Kontaktadresse: Mähler-Besse

WEINBERGE (Rotwein)

Rebfläche: 9 ha

Durchschnittliches Rebenalter: 30 Jahre

Rebbestand: 45 % Cabernet Sauvignon, 40 % Merlot, 15 % Cabernet Franc, ansonsten Petit Verdot und andere Rebsorten

Pflanzdichte: 9000 Reben/ha

Ertrag (im Durchschnitt der letzten 5 Jahre): 52 hl/ha

Durchschnittliche Jahresproduktion insgesamt: 5000 Kisten

GRAND VIN

Name: Château d'Arche

Appellation: Haut-Médoc

Durchschnittliche Jahresproduktion: 4000 Kisten

Verarbeitung und Ausbau: Gär- und Maischdauer 3 bis 4 Wochen in temperaturgeregelten Edelstahltanks. Malolaktische Säureumwandlung im Tank, anschließend 16 Monate Ausbau in zu 30 % neuen Eichenfässern. Der Wein wird geschönt, aber nicht gefiltert.

ZWEITWEIN

Name: Château Egmont

Durchschnittliche Jahresproduktion: 500 bis 1000 Kisten

BORDEAUX

BEAUMONT
Cru Bourgeois seit 1932

Lage der Weinberge: Cussac-Fort-Médoc

Besitzer: Grands Millésimes de France
Adresse: 33460 Cussac-Fort-Médoc
Postanschrift: wie oben
Telefon: 33 5 56 58 92 29 – Telefax: 33 5 56 58 90 94

Besuche: vorzugsweise nach Vereinbarung, montags bis freitags von 8 bis 12 und von 14 bis 17 Uhr

WEINBERGE (Rotwein)

Rebfläche: 104 ha

Durchschnittliches Rebenalter: 15 bis 20 Jahre

Rebbestand: 62 % Cabernet Sauvignon, 30 % Merlot, 5 % Cabernet Franc, 3 % Petit Verdot

Pflanzdichte: 6600 Reben/ha

Ertrag (im Durchschnitt der letzten 5 Jahre): 50 hl/ha

Durchschnittliche Jahresproduktion insgesamt: 55 000 Kisten

GRAND VIN

Name: Château Beaumont

Appellation: Haut-Médoc

Durchschnittliche Jahresproduktion: 40 000 Kisten

Verarbeitung und Ausbau: Gär- und Maischdauer 3 bis 4 Wochen in temperaturgeregelten Edelstahltanks mit regelmäßigem Umpumpen. Anschließend 12 bis 16 Monate Ausbau in zu 30 % neuen Eichenfässern. Der Wein wird geschönt und gefiltert.

ZWEITWEIN

Name: Château d'Arvigny

Durchschnittliche Jahresproduktion: 15 000 Flaschen

BOUQUEYRAN
Cru Bourgeois

Lage der Weinberge: Moulis-en-Médoc

Besitzer: Philippe Porcheron
Adresse: 33480 Moulis-en-Médoc
Postanschrift: S.A.R.L. des Grands Crus, 33480 Moulis-en-Médoc
Telefon: 33 5 56 70 15 40 – Telefax: 33 5 56 70 15 49

Besuche: nur nach Vereinbarung
Kontaktperson: Philippe Porcheron

DIE ÜBRIGEN MÉDOC-APPELLATIONEN

WEINBERGE (Rotwein)

Rebfläche: 13 ha

Durchschnittliches Rebenalter: 26 Jahre (die ältesten wurden 1949 gepflanzt)

Rebbestand: 57 % Merlot, 41 % Cabernets, 2 % Petit Verdot

Pflanzdichte: 6600 und 9000 Reben/ha

Ertrag (im Durchschnitt der letzten 5 Jahre): 48 hl/ha

Durchschnittliche Jahresproduktion insgesamt: 8000 Kisten

GRAND VIN

Name: Château Bouqueyran

Appellation: Moulis-en-Médoc

Durchschnittliche Jahresproduktion: 4000 Kisten

Verarbeitung und Ausbau: Gär- und Maischdauer 18 bis 25 Tage in temperaturgeregelten Edelstahltanks mit häufigem Umpumpen. Nach *assemblage* Ausbau in jährlich zur Hälfte erneuerten Eichenfässern. Der Wein wird geschönt, aber nicht gefiltert.

ZWEITWEIN

Name: Château Rose Cantegrit

Durchschnittliche Jahresproduktion: 3000 Kisten

CHANTELYS
Cru Bourgeois seit 1932

Lage der Weinberge: Prignac-Médoc

Besitzerin: Christine Courrian
Adresse: Lafon, 33340 Prignac
Postanschrift: wie oben
Telefon: 33 5 56 09 00 16 oder 33 5 56 58 70 58 – Telefax: 33 5 56 58 17 20

Besuche: nur nach Vereinbarung
Kontaktperson: Christine Courrian

WEINBERGE (Rotwein)

Rebfläche: 11 ha

Durchschnittliches Rebenalter: 30 Jahre

Rebbestand: 55 % Cabernet Sauvignon, 40 % Merlot, 5 % Petit Verdot

Pflanzdichte: 8500 bis 10 000 Reben/ha

Ertrag (im Durchschnitt der letzten 5 Jahre): 60 hl/ha

Durchschnittliche Jahresproduktion insgesamt: 650 hl

BORDEAUX

GRAND VIN

Name: Château Chantelys

Appellation: Médoc

Durchschnittliche Jahresproduktion: 24 000 Flaschen

Verarbeitung und Ausbau: Gär- und Maischdauer 5 Wochen in kunststoffbeschichteten Betontanks. Der Hut wird ständig untergetaucht gehalten. 13 bis 18 Monate Ausbau, je nach Jahrgang, in Eichenfässern, davon 10 % neu, ansonsten ein- bis zweimal gebraucht.
Der Wein wird geschönt und gefiltert.

ZWEITWEIN

Name: Château Gauthier

Durchschnittliche Jahresproduktion: 30 000 Flaschen

CLOS DU JAUGUEYRON
Kein offizieller Rang

Lage der Weinberge: Cantenac

Besitzer: bewirtschaftet von Michel Théron
Adresse: 4, rue de la Haille, 33460 Arsac
Postanschrift: wie oben
Telefon: 33 5 56 58 89 43

Besuche: nur nach Vereinbarung
Kontaktperson: Michel Théron oder Stéphanie Destruhaut

WEINBERGE (Rotwein)

Rebfläche: 0,5 ha

Durchschnittliches Rebenalter: 50 Jahre

Rebbestand: 60 % Cabernet Sauvignon, 25 % Merlot, 10 % Petit Verdot, 5 % Cabernet Franc

Pflanzdichte: 6500 Reben/ha

Ertrag (im Durchschnitt der letzten 5 Jahre): 45 hl/ha

Durchschnittliche Jahresproduktion insgesamt: 2500 Flaschen

GRAND VIN

Name: Clos du Jaugueyron

Appellation: Haut-Médoc

Durchschnittliche Jahresproduktion: 2500 Flaschen

Verarbeitung und Ausbau: Gär- und Maischdauer 3 bis 6 Wochen.
Malolaktische Säureumwandlung im Faß. 20 Monate Ausbau in zu 25 bis 30 % neuen Eichenfässern.
Der Wein wird geschönt und gefiltert.

Kein ZWEITWEIN

DIE ÜBRIGEN MÉDOC-APPELLATIONEN

FONTIS
Cru Bourgeois seit 1932

Lage der Weinberge: Ordonnac und Blaignan, auf dem Plateau von Potensac – früherer Name: Château Hontemieux

Besitzer: Vincent Boivert
Adresse: 33340 Ordonnac
Postanschrift: wie oben
Telefon: 33 5 56 73 30 30 – Telefax: 33 5 56 73 30 31

Besuche: vorzugsweise nach Vereinbarung, an Werktagen
Kontaktperson: Vincent Boivert

WEINBERGE (Rotwein)

Rebfläche: 10 ha

Durchschnittliches Rebenalter: 20 Jahre

Rebbestand: 50 % Cabernet Sauvignon, 50 % Merlot

Pflanzdichte: 8330 Reben/ha

Ertrag (im Durchschnitt der letzten 5 Jahre): 55 hl/ha

Durchschnittliche Jahresproduktion insgesamt: 72 000 Flaschen

GRAND VIN

Name: Château Fontis

Appellation: Médoc

Durchschnittliche Jahresproduktion: 50 000 Flaschen

Verarbeitung und Ausbau: Gär- und Maischdauer 15 bis 20 Tag in temperaturgeregelten Edelstahltanks. 22 Monate Ausbau in jährlich zu $1/3$ erneuerten Eichenfässern. Der Wein wird geschönt, aber nicht gefiltert.

Kein ZWEITWEIN

GRIVIÈRE
Cru Bourgeois

Lage der Weinberge: Prignac

Besitzer: S.N.C. Domaines C.G.R.
Adresse: Route de la Cardonne, 33340 Blaignan
Postanschrift: 40, rue Notre Dames des Victoires, 75002 Paris
Telefon: 33 1 42 21 11 80 – Telefax: 33 1 42 21 11 85

Besuche: montags bis freitags von 9 bis 12 und von 13.30 bis 16.30 Uhr
Kontaktperson: Nathalie Figula (Tel. 33 5 56 73 31 51, Fax: 33 5 56 73 31 52)

BORDEAUX

WEINBERGE (Rotwein)

Rebfläche: 25 ha

Durchschnittliches Rebenalter: 25 Jahre

Rebbestand: 55 % Merlot, 40 % Cabernet Sauvignon, 5 % Cabernet Franc

Pflanzdichte: 7000 Reben/ha

Ertrag (im Durchschnitt der letzten 5 Jahre): 55 hl/ha

Durchschnittliche Jahresproduktion insgesamt: 1400 hl

GRAND VIN

Name: Château Grivière

Appellation: Médoc

Durchschnittliche Jahresproduktion: 120 000 Flaschen

Verarbeitung und Ausbau: Gär- und Maischdauer 20 bis 30 Tage in temperaturgeregelten Edelstahltanks. 12 Monate Ausbau in jährlich zu $1/3$ erneuerten Eichenfässern. Der Wein wird geschönt und gefiltert.

ZWEITWEIN

Name: Malaire

Durchschnittliche Jahresproduktion: ca. 30 % der Gesamtproduktion

LACHESNAYE
Cru Bourgeois Supérieur seit 1932

Lage der Weinberge: Cussac-Fort-Médoc

Besitzer: G.F.A. des Domaines Bouteiller
Adresse: 33460 Cussac-Fort-Médoc
Telefon: 33 5 56 58 94 80 – Telefax: 33 5 56 58 93 10

Besuche: nur nach Vereinbarung, von 9 bis 12 und von 14 bis 18 Uhr

WEINBERGE (Rotwein)

Rebfläche: 20 ha

Durchschnittliches Rebenalter: 20 Jahre

Rebbestand: 50 % Cabernet Sauvignon, 50 % Merlot

Pflanzdichte: 7500 Reben/ha

Ertrag (im Durchschnitt der letzten 5 Jahre): 57 hl/ha

Durchschnittliche Jahresproduktion insgesamt: 1400 Kisten

GRAND VIN

Name: Château Lachesnaye

Appellation: Haut-Médoc

Durchschnittliche Jahresproduktion: 1400 Kisten

DIE ÜBRIGEN MÉDOC-APPELLATIONEN

Verarbeitung und Ausbau: Gär- und Maischdauer 12 Tage in temperaturgeregelten Betontanks. Malolaktische Säureumwandlung im Tank, anschließend 12 Monate Ausbau in Eichenfässern (neue werden nicht verwendet). Der Wein wird geschönt und gefiltert.

Kein ZWEITWEIN

LAMOTHE BERGERON
Cru Bourgeois seit 1932

Lage der Weinberge: Cussac-Fort-Médoc

Besitzer: S.C. du Château Grand-Puy-Ducasse
Adresse: 33460 Cussac-Fort-Médoc
Postanschrift: 17, Cours de la Martinique, B.P.90, 33027 Bordeaux Cedex
Telefon: 33 5 56 01 30 10 – Telefax: 33 5 56 79 23 57

Besuche: nach Vereinbarung nur für Fachbesucher

WEINBERGE (Rotwein)

Rebfläche: 65 ha

Durchschnittliches Rebenalter: 25 Jahre

Rebbestand: 50 % Cabernet Sauvignon, 37 % Merlot, 13 % Cabernet Franc

Pflanzdichte: 6600 Reben/ha

Ertrag (im Durchschnitt der letzten 5 Jahre): 55 hl/ha

Durchschnittliche Jahresproduktion insgesamt: 3460 hl

GRAND VIN

Name: Château Lamothe Bergeron

Appellation: Haut-Médoc

Durchschnittliche Jahresproduktion: 1944 hl

Verarbeitung und Ausbau: Gär- und Maischdauer 3 Wochen in temperaturgeregelten Edelstahltanks. Anschließend 16 bis 18 Monate Ausbau in zu 25 % neuen Eichenfässern. Der Wein wird geschönt und gefiltert.

ZWEITWEIN

Name: Château Romefort

Durchschnittliche Jahresproduktion: 1420 hl

La Lauzette Declercq
(früher Château Bellegrave)
Cru Bourgeois seit 1932

Lage der Weinberge: in der Gemarkung Couhenne, nördlich von Listrac

Besitzer: S.C. Vignobles Declercq
Leitung: Jean-Louis Declercq
Adresse: B.P. 4, 33480 Listrac-Médoc
Postanschrift: Gravenstafel, 32 Sneppestraat, 8860 Lendelede, Belgien
Telefon: 33 5 56 02 40 oder 32 51 30 40 81 – Telefax: 32 51 31 90 54

Besuche: nur nach Vereinbarung
Kontaktperson: Jean-Louis Declercq

WEINBERGE (Rotwein)

Rebfläche: 15 ha

Durchschnittliches Rebenalter: 8 ha – 35 Jahre, 7 ha – 15 Jahre

Rebbestand: 47% Cabernet Sauvignon, 46% Merlot, 5% Petit Verdot, 2% Cabernet Franc

Pflanzdichte: 12 ha mit 6666 Reben/ha, 3 ha mit 10 000 Reben/ha

Ertrag: 52 hl/ha

Durchschnittliche Jahresproduktion insgesamt: 775 hl

GRAND VIN

Name: Château La Lauzette Declercq

Appellation: Listrac Médoc

Durchschnittliche Jahresproduktion: 500 hl

Verarbeitung und Ausbau: Vinifikation in temperaturgeregelten Edelstahltanks; Maischzeit max. 21 Tage. Malolaktische Säureumwandlung in Betontanks (bei 20°C), anschließend 18 Monate Ausbau in zu 25 bis 30% neuen Eichenfässern. Der Wein wird geschönt und leicht gefiltert.

ZWEITWEIN

Name: Les Galets de La Lauzette

Durchschnittliche Jahresproduktion: 275 hl (etwa $1/3$ des Ertrags)

De Malleret
Cru Bourgeois

Lage der Weinberge: Le Pian Médoc

Besitzer: bewirtschaftet von G.V.G.
Adresse: S.C.E.A. du Château de Malleret, Domaine du Ribet, 33450 St-Loubès
Postanschrift: S.C.E.A. du Château de Malleret, Domaine du Ribet, B.P. 59, 33450 St-Loubès
Telefon: 33 5 57 97 07 20 – Telefax: 33 5 57 97 07 27

Besuche: nur nach Vereinbarung
Kontaktperson: Eric Sirac (Tel. 33 5 56 35 05 36)

DIE ÜBRIGEN MÉDOC-APPELLATIONEN

WEINBERGE (Rotwein)

Rebfläche: 32 ha · Durchschnittliches Rebenalter: 30 Jahre

Rebbestand: 55 % Cabernet Sauvignon, 35 % Merlot, 5 % Cabernet Franc, 5 % Petit Verdot

Pflanzdichte: 24 ha mit 10 000 Reben/ha, 8 ha mit 6700 Reben/ha

Ertrag (im Durchschnitt der letzten 5 Jahre): 55 hl/ha

Durchschnittliche Jahresproduktion insgesamt: 1760 hl

GRAND VIN

Name: Château de Malleret

Appellation: Haut-Médoc

Verarbeitung und Ausbau: 6 Monate im Tank und 12 Monate in zu 20 bis 50 % neuen Eichenfässern. Der Wein wird geschönt, aber nicht gefiltert.

ZWEITWEIN

Name: Château Barthez

MALMAISON BARONNE NADINE DE ROTHSCHILD
Cru Bourgeois

Lage der Weinberge: Moulis

Besitzer: Compagnie Viticole des Barons Edmond et Benjamin de Rothschild
Adresse: 33480 Listrac-Médoc
Telefon: 33 5 56 58 38 00 – Telefax: 33 5 56 58 26 46

Besuche: nur nach Vereinbarung
Kontaktperson: Hélène Cambabessouse

WEINBERGE (Rotwein)

Rebfläche: 24 ha · Durchschnittliches Rebenalter: 23 Jahre

Rebbestand: 55 % Merlot, 45 % Cabernet Sauvignon

Pflanzdichte: 6600 Reben/ha

Ertrag (im Durchschnitt der letzten 5 Jahre): 55 bis 60 hl/ha

Durchschnittliche Jahresproduktion insgesamt: 150 000 Flaschen

GRAND VIN

Name: Château Malmaison Baronne Nadine de Rothschild

Appellation: Moulis

Durchschnittliche Jahresproduktion: 110 000 bis 120 000 Flaschen

Verarbeitung und Ausbau: Vinifikation ca. 2 Wochen in temperaturgeregelten Edelstahltanks bei 30 bis 31 °C. 4- bis 8maliges Umpumpen, je nach Jahrgang. 12 Monate Ausbau in Eichenfässern, davon 20 % neu, 50 % einmal und 30 % zweimal gebraucht. Der Wein wird geschönt und gefiltert.

BORDEAUX

ZWEITWEIN

Name: Les Granges des Domaines Edmond de Rothschild

Durchschnittliche Jahresproduktion: 50 000 Flaschen

MOULIN DE LABORDE
Cru Bourgeois seit 1932

Lage der Weinberge: Listrac-Médoc

Besitzer: Consortium de Réalisation
Adresse: Moulin de Laborde, 33480 Listrac-Médoc
Postanschrift: wie oben
Telefon: 33 5 56 58 03 83 – Telefax: 33 5 56 58 06 30

Besuche: täglich zwischen 14 und 18 Uhr
Kontaktperson: Yann Olivier

WEINBERGE (Rotwein)

Rebfläche: 12 ha

Durchschnittliches Rebenalter: 25 bis 30 Jahre

Rebbestand: 50 % Cabernet Sauvignon, 50 % Merlot

Pflanzdichte: 6700 Reben/ha

Ertrag (im Durchschnitt der letzten 5 Jahre): 55 hl/ha

Durchschnittliche Jahresproduktion insgesamt: 75 000 Flaschen

GRAND VIN

Name: Château Moulin de Laborde

Appellation: Listrac-Médoc

Durchschnittliche Jahresproduktion: 75 000 Flaschen

Verarbeitung und Ausbau: Gär- und Maischdauer 4 Wochen in Edelstahltanks mit Sprühkühlsystem; täglich zweimaliges Umpumpen. Anschließend 6 bis 8 Monate Ausbau von $^2/_3$ des Ertrags in zwei- bis dreimal gebrauchten Eichenfässern (wechselweise). Der Wein wird geschönt und gefiltert.

Kein ZWEITWEIN

NOAILLAC
Cru Bourgeois

Lage der Weinberge: Médoc

Besitzer: Xavier und Marc Pagès
Adresse: 33590 Jau Dignac Loirac
Postanschrift: wie oben
Telefon: 33 5 56 09 52 20 – Telefax: 33 5 56 09 58 75

Besuche: montags bis freitags von 8 bis 12 und von 13.30 bis 17.30 Uhr
Kontaktperson: Xavier Pagès

DIE ÜBRIGEN MÉDOC-APPELLATIONEN

WEINBERGE (Rotwein)

Rebfläche: 40,5 ha

Durchschnittliches Rebenalter: 15 Jahre

Rebbestand: 55 % Cabernet Sauvignon, 40 % Merlot, 5 % Petit Verdot

Pflanzdichte: 5500 Reben/ha

Ertrag (im Durchschnitt der letzten 5 Jahre): 68 hl/ha

Durchschnittliche Jahresproduktion insgesamt: 2500 hl

GRAND VIN

Name: Château Noaillac

Appellation: Médoc

Durchschnittliche Jahresproduktion: 150 000 Flaschen

Verarbeitung und Ausbau: Traditionelle Vinifikation (ca. 3 Wochen), 1 Jahr Ausbau in zu 10 % neuen Eichenfässern. Der Wein wird geschönt und gefiltert.

ZWEITWEIN

Name: Château La Rose Noaillac

Durchschnittliche Jahresproduktion: 60 000 Flaschen

RAMAFORT
Cru Bourgeois

Lage der Weinberge: Blaignan

Besitzer: S.N.C. Domaines C.G.R.
Adresse: Route de la Cardonne, 33340 Blaignan
Postanschrift: 40, rue Notre Dame des Victoires, 75002 Paris
Telefon: 33 1 42 21 11 80 – Telefax: 33 1 42 21 11 85

Besuche: montags bis freitags von 9 bis 12 und von 14.30 bis 16.30 Uhr
Kontaktperson: Nathalie Figula (Tel. 33 5 56 73 31 51, Fax. 33 5 56 73 31 52)

WEINBERGE (Rotwein)

Rebfläche: 23,5 ha

Durchschnittliches Rebenalter: 30 Jahre

Rebbestand: 50 % Cabernet Sauvignon, 50 % Merlot

Pflanzdichte: 6000 Reben/ha

Ertrag (im Durchschnitt der letzten 5 Jahre): 55 hl/ha

Durchschnittliche Jahresproduktion insgesamt: 1300 hl

BORDEAUX

GRAND VIN

Name: Château Ramafort

Appellation: Médoc

Durchschnittliche Jahresproduktion: 110 000 Flaschen

Verarbeitung und Ausbau: Gär- und Maischdauer 20 bis 30 Tage in temperaturgeregelten Edelstahltanks. 12 Monate Ausbau in jährlich zu $^1/_3$ erneuerten Eichenfässern. Der Wein wird geschönt und gefiltert.

ZWEITWEIN

Name: Le Vivier

Durchschnittliche Jahresproduktion: etwa 30 % der Gesamtproduktion

ROSE SAINTE-CROIX
Cru Bourgeois

Lage der Weinberge: Listrac

Besitzer: Philippe Porcheron
Adresse: Route de Soulac, 33480 Listrac
Postanschrift: c/o S.A.R.L. des Grands Crus, 33480 Moulis en Médoc
Telefon: 33 5 56 70 15 40 – Telefax: 33 5 56 70 15 49

Besuche: nur nach Vereinbarung
Kontaktperson: Philippe Porcheron (Tel. 33 5 56 58 35 77)

WEINBERGE (Rotwein)

Rebfläche: 10 ha

Durchschnittliches Rebenalter: 20 Jahre

Rebbestand: 55 % Merlot, 44 % Cabernet Sauvignon, 1 % Petit Verdot

Pflanzdichte: 6600 und 9000 Reben/ha

Ertrag (im Durchschnitt der letzten 5 Jahre): 50 hl/ha

Durchschnittliche Jahresproduktion insgesamt: 5000 Kisten

GRAND VIN

Name: Château Rose Sainte-Croix

Appellation: Listrac-Médoc

Durchschnittliche Jahresproduktion: 3000 Kisten

Verarbeitung und Ausbau: Gär- und Maischdauer 18 bis 25 Tage in temperaturgeregelten Edelstahltanks mit häufigem Umpumpen. Nach malolaktischer Säureumwandlung und *assemblage* Ausbau in zu 50 % neuen Eichenfässern. Der Wein wird geschönt, aber nicht gefiltert.

DIE ÜBRIGEN MÉDOC-APPELLATIONEN

ZWEITWEIN

Name: Pontet Salanon

Durchschnittliche Jahresproduktion: 2000 Kisten

SAINTE-GEMME
Cru Bourgeois seit 1932

Lage der Weinberge: Cussac-Fort-Médoc

Besitzer: G.F.A. des Domaines Bouteiller
Adresse: 33460 Cussac-Fort-Médoc
Postanschrift: wie oben
Telefon: 33 5 56 58 94 80 – Telefax: 33 5 56 58 93 10

Besuche: nur nach Vereinbarung, von 9 bis 12 und von 14 bis 18 Uhr

WEINBERGE (Rotwein)

Rebfläche: 10 ha

Durchschnittliches Rebenalter: 15 Jahre

Rebbestand: 50% Cabernet Sauvignon, 50% Merlot

Pflanzdichte: 6800 Reben/ha

Ertrag (im Durchschnitt der letzten 5 Jahre): 59 hl/ha

Durchschnittliche Jahresproduktion insgesamt: 750 Kisten

GRAND VIN

Name: Château Sainte-Gemme

Appellation: Haut-Médoc

Durchschnittliche Jahresproduktion: 750 Kisten

Verarbeitung und Ausbau: Gär- und Maischdauer 12 Tage in temperaturgeregelten Betontanks. Malolaktische Säureumwandlung im Tank, anschließend 12 Monate Ausbau in Eichenfässern (neue werden nicht verwendet). Der Wein wird geschönt und gefiltert.

Kein ZWEITWEIN

Die Rot- und Weissweine von Pessac-Léognan und Graves

Es waren die Weine aus Graves, die in Bordeaux als erste erzeugt und exportiert wurden. Fässer mit Graves-Wein wurden während der englischen Herrschaft über die Region zwischen 1152 und 1453 nach England verschifft. Und auch die Amerikaner, allen voran der vielbegabte Thomas Jefferson im Jahr 1785, glaubten offenbar, daß die Weine von Graves die besten aus Bordeaux waren.

Die Zeiten haben sich gewandelt, und keine Weinbauregion in Bordeaux hat im buchstäblichen wie im übertragenen Sinne inzwischen so viel Boden verloren wie Graves.

Den Namen hat Graves, wozu auch die 1987 für die am meisten geschätzten *terroirs* dieses großen Bereichs geschaffene Appellation Pessac-Léognan gehört, von seinem kieshaltigen Boden – den Spuren der Eiszeitgletscher – und es unterscheidet sich als Region grundsätzlich von den übrigen Weinbaubereichen in Bordeaux. Dem Touristen scheint es, als liege der Anfang noch mitten in der Großstadt, freilich sind es die dichtbesiedelten südlichen Vororte Talence und Pessac mit ihren modernen Hochhäusern – eine vorwiegend von einfachen Bürgern und Studenten der Universität Bordeaux bewohnte Gegend. Die bedeutendsten und renommiertesten Weingüter hier, Haut-Brion, La Mission-Haut-Brion und Pape-Clément, sind zugleich die besten der Region, doch seit dem vorigen Jahrhundert haben sie ihren Kampf sowohl mit der wachsenden Stadt als auch mit anderen Plagen. Dem Besucher dieser Weingüter bietet sich ein geräuschvoller Kontrast zu der stillen, ländlichen Umgebung im Médoc, in Pomerol und St-Emilion. Der nördliche Teil von Graves führt heute die Appellation Pessac-Léognan.

Fährt man von Talence und Pessac südwärts, durchquert man auf einer Strecke von etwa 20 km die weit verstreuten Weinberge von Pessac-Léognan. Hat man einmal die Vorstadt Gradignan hinter sich, dann wird es ländlich; zwischen die Weinberge sind Kiefernwälder, sind kleine Bauernhöfe eingeschoben. Mittelpunkte der Gegend weiter südlich in Graves, wo bessere Weine wachsen, sind die Landstädtchen Léognan und Martillac, die viel weiter von der lärmenden Großstadt Bordeaux entfernt scheinen, als sie es wirklich sind. Auch hier gilt der Appellationsname Pessac-Léognan.

Ganz Graves ist durch Rot- und Weißwein bekannt und berühmt geworden. Die Spitzenweißweine aus dieser Gegend sind selten und teuer, und manche von ihnen können es mit den besten Weißweinen Frankreichs aufnehmen. Gekeltert werden sie im allgemeinen von zwei Traubensorten: Sauvignon Blanc und Sémillon. Größer und berühmter sind jedoch die Rotweine von Graves. Den höchsten Ruhm darf das in amerikanischem Besitz befindliche Château Haut-Brion in der Vorstadt Pessac im Norden beanspruchen; sein Wein war der erste Bordeaux, der internationale Anerkennung fand. Der englische Autor Samuel Pepys erwähnte ihn bereits 1663, und zwischen 1785 und 1789 berichtete der frankophile Thomas Jefferson über ihn. Der große internationale Ruf der charaktervollen Weine von Haut-Brion war zweifellos auch der Grund dafür, daß dieses Gut als einziges außerhalb des Médoc in die Klassifizierung von 1855 einbezogen wurde. An Erzeugern von außergewöhnlichem Rotwein gibt es in Graves außer Haut-Brion das Schwester-Château La Mission-Haut-Brion auf der anderen Straßenseite und das nahe gelegene Gut Pape-Clément.

Als weitere bewährte Weingüter in Pessac-Léognan sind vor allem Les Carmes-Haut-Brion in Pessac, La Tour-Haut-Brion in Talence sowie Haut-Bailly, La Louvière, Smith-Haut-Lafitte, Domaine de Chevalier und de Fieuzal bei Léognan zu nennen, insgesamt aber ist das Qualitätsniveau vom Standpunkt des Verbrauchers aus gesehen hier nicht so hoch wie beispielsweise in den Médoc-Appellationen St-Julien, Pauillac und St-Estèphe.

Die Weine von Pessac-Léognan sind nach dem Vorbild des Médoc in eine eigene Klassifizierung eingeteilt. Auch sie wird fälschlich als Qualitätsleitfaden für harmlose Weinfreunde gebraucht. Die erste Klassifizierung wurde 1953 und die jüngste im Jahr 1959 aufgestellt. In der

DIE ROT- UND WEISSWEINE VON PESSAC-LÉOGNAN UND GRAVES

Klassifizierung von 1959 sind 13 rotweinerzeugende Châteaux mit Haut-Brion an der Spitze und den übrigen zwölf in alphabetischer Reihenfolge aufgeführt. Als Weißweinerzeuger (oft sind es dieselben Châteaux) wurden neun Namen in alphabetischer Reihenfolge aufgenommen, wobei die winzige Produktion von Haut-Brion auf eigenen Wunsch des Châteaus unberücksichtigt blieb.

Die Wesenszüge der großen Rotweine aus dem nördlichen Graves sind individualistisch und einzigartig, bei blinden Vergleichsproben mit Médoc-Weinen jedoch meist nicht schwer zu entziffern. Während die Spitzenweine wie Haut-Brion und La Mission-Haut-Brion im Stil erheblich voneinander abweichen, haben sie doch einen vollen, erdigen, fast tabakduftigen (Zigarrenkisten), gedörrten Charakter gemeinsam. Mit der Ausnahme von La Mission-Haut-Brion erscheinen die meisten dieser Rotweine duftiger, aber auch leichter und geschmeidiger als ihre Pendants aus dem Médoc. Alle feineren Weine der Region weisen diese hinreißende Duftigkeit auf. Für mein Geruchsempfinden gibt es in ganz Bordeaux kein provokativeres und profunderes Bukett als das eines Haut-Brion aus einem Spitzenjahrgang.

Ihren intensivsten Ausdruck erreicht diese Charakteristik in den Pessac-Weingütern Haut-Brion, La Mission-Haut-Brion und Pape-Clément und in geringerem Ausmaß auch bei Haut-Bailly, Domaine de Chevalier, Smith-Haut-Lafitte und La Louvière.

Wie zwei Weltmeisterschaftskonkurrenten im Ring stehen sich La Mission-Haut-Brion und Haut-Brion an der Route NP 650 gegenüber. Weder die Besitzer noch die Kellermeister der beiden Weingüter haben je viel Liebenswürdiges über die jeweilige Gegenseite geäußert: Das Team von La Mission nannte die Weine von Haut-Brion zu leicht, zu teuer und übermanipuliert; bei Haut-Brion warf man La Mission übermäßig kräftige, alkoholstarke, ungebändigte, manchmal volatile Art vor, der es an Finesse fehle. Dieser lang anstehende Streit wurde 1983 beendet, als nämlich Haut-Brion kurzerhand La Mission kaufte. In Wahrheit aber produzieren beide Weingüter seit eh und je großartige, nur eben grundverschiedene Weine.

Der La Mission-Haut-Brion ist eher kräftiger, voller, tiefer in der Farbe als der Haut-Brion. Außerdem ist er in mittelmäßigen bis schlechten Jahrgängen einer der erfolgreichsten Weine in Bordeaux. Beredtes Zeugnis hierfür legen der 1957er, 1958er, 1960er, 1967er, 1972er, 1974er, 1987er und 1993er ab. In der Reife zeigt er das klassische Graves-Bukett mit Tabak-, Boden- und Mineraldüften. Der Haut-Brion kann dagegen deutlich leichter ausfallen, was vor allem in der Zeit zwischen 1966 und 1976 erkennbar war, doch vor und nach dieser Zeit zeigt sich der Haut-Brion als hinreißender, herrlicher Wein und als einer von denen, die vollsten Anspruch auf den Rang Premier Cru besitzen. Insbesondere erweisen sich die Jahrgänge seit der Mitte der 1980er Jahre als höchst beständig.

Der Pape-Clément liegt seit 1986 im Stil näher beim Haut-Brion als beim La Mission-Haut-Brion. Wegen des hohen Merlot-Anteils im Verschnitt und des dünnen, kieshaltigen Bodens, zeigt der Pape-Clément in Spitzenjahrgängen das gedörrte, mineralische, tabakduftige Bukett und eine sanfte, geschmeidige, ja sogar opulente, pflaumenhafte Fruchtigkeit, die an einen großen Pomerol erinnert. Er wird auf geschickte Art so bereitet, daß er schon in jungen Jahren köstlich ist, die besten Jahrgänge aber können sich bis zu zwei Jahrzehnte halten.

Hat man die lärmenden, vom Verkehr durchfluteten Straßen von Pessac und Talence einmal hinter sich, dann zeigt die Landschaft bald mehr Charme. Hier weiter im Süden sind die Weine nicht mehr so erdig, rauchig und tabakduftig wie in Pessac und Talence; auch sind sie leichter. Léognan ist das Zentrum dieser Gegend. Die sehr kleine Domaine de Chevalier, ein hinter dichten Wäldern verstecktes, recht wenig bekanntes Weingut, bringt großartige Leistungen mit kleinen Mengen an hervorragendem weißem Graves und mäßigen Mengen an dem schon erwähnten sanften, zarten, reichhaltigen und komplexen Rotwein von großer Geschmacksfülle zuwege, wobei sich allerdings in den letzten Jahrgängen betrüblicherweise ein überzogener Holzton im Geschmack vorfindet.

Das nahe gelegene Haut-Bailly produziert einen intensiv fruchtigen Graves, der meist nach 5 bis 7 Jahren genußreif ist. Manche Weine aus diesem Château können auch langlebig sein,

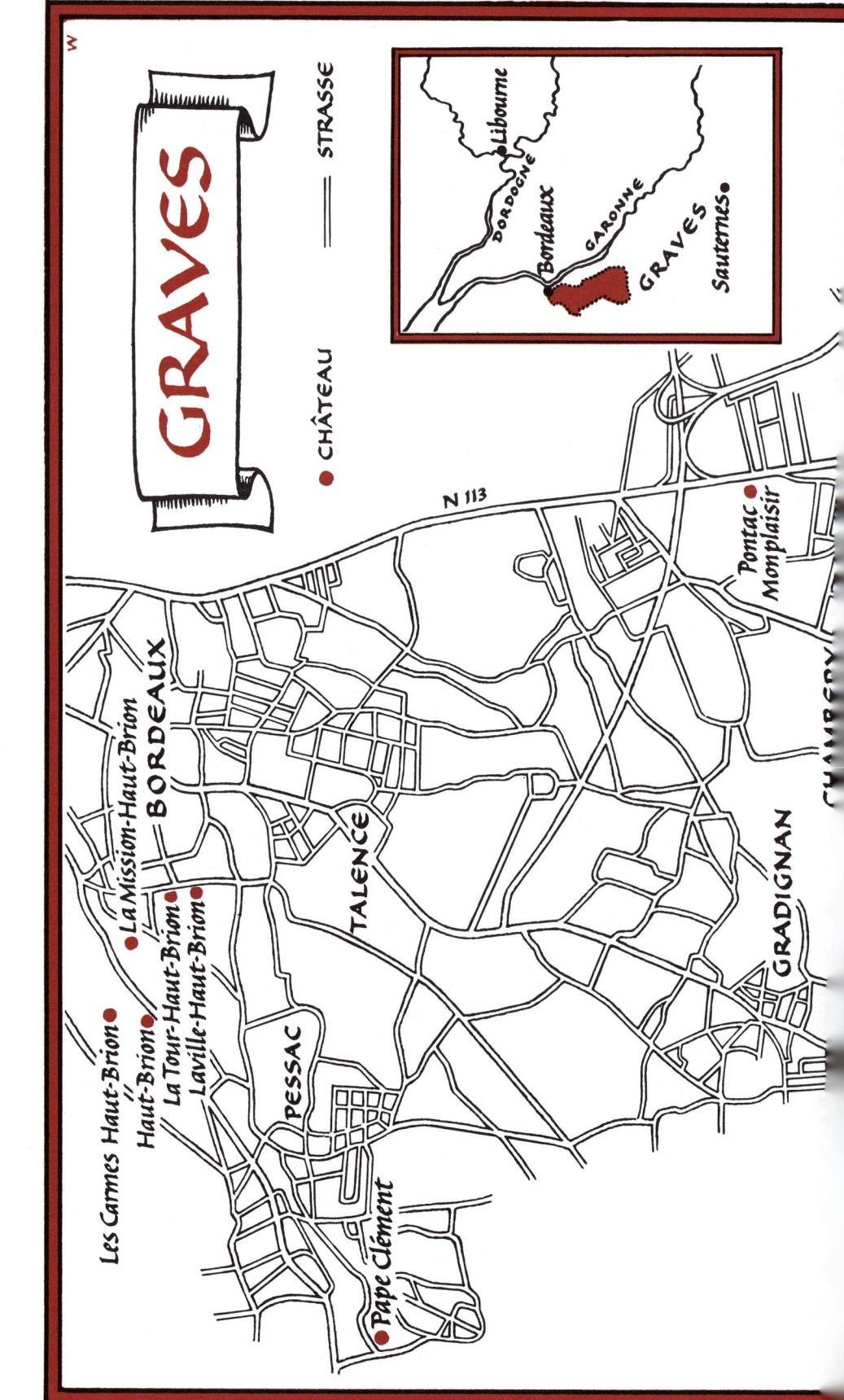

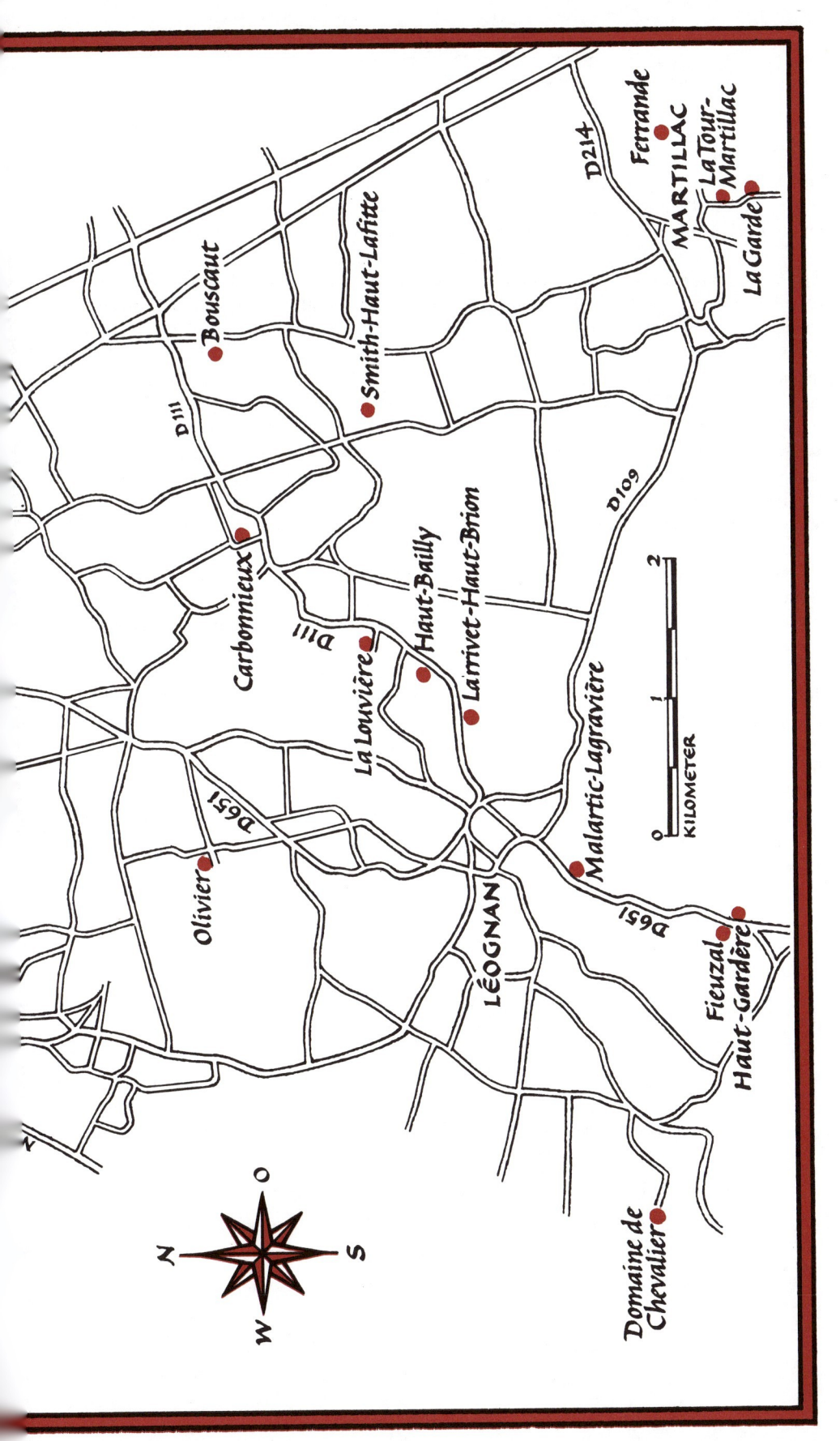

aber Geduld braucht man für diese Gewächse nicht unbedingt. De Fieuzal, ebenfalls in der Nähe gelegen, hat in den achtziger Jahren bedeutende Fortschritte in der Qualität gemacht. Sein Weißwein gehört seit 1985 zu den großartigsten Beispielen der Appellation, und auch sein Rotwein hat an Tiefe, Format und Komplexität gewonnen. Derzeit dürfte der de Fieuzal der am stärksten unterbewertete Wein der ganzen Appellation sein.

In den 1990er Jahren konnte Smith-Haut-Lafitte besondere Erfolge feiern. Das schöne, aber lange Zeit nicht in Form befindliche Weingut wurde an die Familie Cathiard verkauft, die alsbald diesen Absteiger in einen strahlenden Stern verwandelte.

Natürlich gibt es zahlreiche weitere Weine, aber die meisten übrigen Crus Classés bringen bei Rotwein leichte, ziemlich eindimensionale Gewächse hervor, die zwar gut sein können, aber nur selten große Faszination bieten. So paßt diese Beschreibung beispielsweise auf Malartic-Lagravière. Der Carbonnieux ist interessanter und hat für meinen Geschmack das Potential für höhere Qualität, wenn sich die Besitzer nur zu ehrgeizigeren Bestrebungen durchringen könnten. Eigentümlicherweise ist der Weißwein stets köstlich, der Rotwein aber weit weniger.

Es empfiehlt sich immer, in Pessac-Léognan oder im weiteren Sinne in Graves auf die Suche zu gehen, wenn in Bordeaux ein mittelmäßiger oder schlechter Jahrgang vorkommt. Der Wasserabzug im Boden hier ist ausgezeichnet, und in Jahren wie 1994, 1993, 1987, 1974, 1964 und 1958, als im Médoc dünne und enttäuschende Weine entstanden, brachten beispielsweise La Mission-Haut-Brion, Domaine de Chevalier und Haut-Brion von gesundem, relativ ausgereiftem Lesegut exzellente Weine zuwege. Andererseits sind in ausnehmend heißen und trockenen Jahren, wenn im nördlichen Médoc, in St-Emilion und Pomerol superbe Weine entstehen, die Weinberge in Graves oft schwerem Streß ausgesetzt, so daß der Reifeprozeß der Trauben blockiert wird. Aus diesem Grund brachten in jüngerer Zeit die besonders heißen Jahre 1982, 1989 und 1990 in Graves weniger Erfolg als anderswo. Hervorragende neuere Jahrgänge waren in Graves der 1996er, 1995er, 1990er, 1988er (in den meisten Weingütern besser als der 1990er und 1989er), der 1987er (mit vielen Schlagern), der 1985er, 1983er (besser als der 1982er), der 1978er, 1971er, 1970er, 1964er und 1961er.

In Graves haben viele Weingüter, manche davon nicht einmal Crus Classés, inzwischen bedeutende Fortschritte in der Qualität gemacht, werden aber noch immer stark unterbewertet. Die Namen ausgezeichneter Erzeugerbetriebe wie La Louvière, Picque-Caillou, Larrivet-Haut-Brion, Clos Floridène und Haut-Gardère dürften künftig guten Klang bekommen.

GRAVES/PESSAC-LÉOGNAN
aus Insider-Sicht

– Rotwein –

Potential allgemein: mittel bis superb

Am langlebigsten: Haut-Bailly, Haut-Brion, La Mission-Haut-Brion, Pape-Clément, Smith-Haut-Lafitte

Am elegantesten: Haut-Bailly, Haut-Brion, Pape-Clément, Smith-Haut-Lafitte

Am konzentriertesten: de Fieuzal, Haut-Brion, La Louvière, La Mission-Haut-Brion, Pape-Clément, Smith-Haut-Lafitte

Bestes Preis/Leistungs-Verhältnis: Chantegrive, Les Carmes-Haut-Brion, Clos Floridène, La Garde, La Louvière

Am schwersten zu ergründen (in der Jugend): Domaine de Chevalier

Am meisten unterbewertet: La Garde, La Louvière

DIE ROT- UND WEISSWEINE VON PESSAC-LÉOGNAN UND GRAVES

Jung am besten zu trinken: Les Carmes-Haut-Brion, Chantegrive, Clos Floridène, La Garde, La Louvière

Aufstrebende Weingüter: La Garde, La Louvière, Smith-Haut-Lafitte

Die großartigsten neueren Jahrgänge: 1995, 1994, 1990, 1988, 1983, 1979, 1978

GRAVES/PESSAC-LÉOGNAN
aus Insider-Sicht

– Weißwein –

Potential allgemein: mittel bis superb

Am langlebigsten: Domaine de Chevalier, Haut-Brion, Laville-Haut-Brion, Smith-Haut-Lafitte

Am elegantesten: Carbonnieux, Couhins-Lurton, Pape-Clément, Smith-Haut-Lafitte, La Tour-Martillac

Am konzentriertesten: de Fieuzal, Haut-Brion, Laville-Haut-Brion, La Louvière, Smith-Haut-Lafitte

Bestes Preis/Leistungs-Verhältnis: Chantegrive, La Garde, La Louvière, Magneau, Rahoul, Rochemorin, La Vieille-France, Vieux-Château-Gaubert

Am exotischsten: Clos Floridène La Tour-Martillac, La Vieille-France

Am schwersten zu ergründen (in der Jugend): Domaine de Chevalier

Am meisten unterbewertet: Clos Floridène, La Garde, Magneau, Rochemorin, Smith-Haut-Lafitte, La Vieille-France

Aufstrebende Weingüter: La Louvière, Smith-Haut-Lafitte

Die großartigsten neueren Jahrgänge: 1994, 1989, 1985

PESSAC-LÉOGNAN IM ÜBERBLICK

Lage: Die links der Garonne gelegene nördliche Subregion von Graves besteht im wesentlichen aus 10 Gemeinden

Rebfläche: 1185 ha

Gemeinden: Cadaujac, Canejan, Graignan, Léognan, Martillac, Mérignac, Pessac, St-Médard-d'Eyrans, Talence, Villenave-d'Ornon

Durchschnittliche Jahresproduktion: 560 000 Kisten, davon entfallen 80 % auf Rotwein und 20 % auf Weißwein

Crus Classés: Insgesamt 16, davon 6 für Rot- und Weißwein, 7 für Rotwein und 3 für Weißwein.

Hauptrebsorten: rot – vorherrschend Cabernet Sauvignon und Merlot, als Ergänzung Cabernet Franc; weiß – Sauvignon Blanc und Sémillon, in geringem Umfang Muscadelle

GRAVES IM ÜBERBLICK

Lage: Ein relativ großes Gebiet links der Garonne, in der Hauptsache südlich der Stadt Bordeaux.

Rebfläche: 3063 ha

Gemeinden: Die bedeutendsten der rund 30 Gemeinden sind Cerons, Illats, Landiras, Langon, Podensac, Portets und Saucats

Durchschnittliche Jahresproduktion: 1950000 Kisten, davon entfallen 70 % auf Rotwein und 30 % auf Weißwein

Crus Classés: keine

Hauptrebsorten: rot – Merlot und Cabernet Sauvignon; weiß – Sémillon und Sauvignon Blanc, in geringem Umfang Muscadelle

VERBRAUCHERGERECHTE KLASSIFIZIERUNG DER CHÂTEAUX VON GRAVES/PESSAC-LÉOGNAN (ROT- UND WEISSWEIN)

HERVORRAGEND
Domaine de Chevalier (nur Weißwein)
Haut-Brion (Rot- und Weißwein)
Laville-Haut-Brion (nur Weißwein)
La Mission-Haut-Brion

AUSGEZEICHNET
Les Carmes-Haut-Brion
de Fieuzal
Haut-Bailly
La Louvière
Pape-Clément (seit 1985)
Smith-Haut-Lafitte (seit 1991)

SEHR GUT
Bahans-Haut-Brion
Clos Floridène (nur Weißwein)
Couhins-Lurton (nur Weißwein)
La Garde (Réserve du Château)
La Tour-Haut-Brion

GUT
Archambeau, Baret, Carbonnieux, Chantegrive, Cheret-Pitres, Domaine de Chevalier, Coucheroy, Cruzeau, Ferrande, Gazin Rocquencourt, Graville Lacoste, Haut-Gardère, Olivier, Picque-Caillou, Pontac-Monplaisir, Rahoul, Rochemorin, Le Thil Comte Clary, La Tour-Martillac, La Vieille France

DIE ROT- UND WEISSWEINE VON PESSAC-LÉOGNAN UND GRAVES

SONSTIGE BEACHTENSWERTE WEINGÜTER IN GRAVES

Bardins, Bouscaut, Boyrein, Brondelle, Cabannieux, Cailloux Cantelys, Chicane, Courrèges-Sègues du Château de Gaillat, La Fleur Jonquet, de France, Gaillat, Jean Gervais, du Grand-Abord, Grand-Bos La Grave, Haut-Bergey, Haut-Calens, Haut-Lagrange, Haut-Nouchet, l'Hospital, Lafargue, Lamouroux, de Landiras, Larrivet-Haut-Brion, Lespault, Magence, Malartic-Lagravière, de Mauves, Perin de Naudine, Pessan, Peyre Blanque, Piron, St-Jean des Graves, St-Robert, Le Sartre, Seuil Domaine de la Solitude, La Tour de Boyrin, Tourte, Tuquet, Villa Bel Air

BOUSCAUT
Cru Classé (für Rot- und Weißwein)

Lage der Weinberge: Cadaujac

Besitzer: S.A. Château Bouscaut (Leitung: Sophie Lurton-Cogombles)
Adresse: 33140 Cadaujac
Postanschrift: wie oben
Telefon: 33 5 57 83 10 16 – Telefax: 33 5 57 83 10 17

Besuche: nur nach Vereinbarung
Kontaktperson: Sophie Lurton-Cogombles

ROTWEIN

Rebfläche: 36,5 ha

Durchschnittliches Rebenalter: 35 Jahre

Rebbestand: 50 % Merlot, 35 % Cabernet Sauvignon, 15 % Cabernet Franc und Malbec

Pflanzdichte: 6600 Reben/ha

Ertrag (im Durchschnitt der letzten 5 Jahre): 50 hl/ha

Durchschnittliche Jahresproduktion insgesamt: 1800 hl

GRAND VIN

Name: Château Bouscaut

Appellation: Pessac-Léognan

Durchschnittliche Jahresproduktion: 700 hl

Verarbeitung und Ausbau: Vinifikation 2 bis 3 Wochen. Anschließend 18 Monate Ausbau in jährlich zu $1/3$ erneuerten Eichenfässern. Der Wein wird geschönt und gefiltert.

ZWEITWEIN

Name: Château Valoux

Durchschnittliche Jahresproduktion: 1000 hl

BORDEAUX

WEISSWEIN

Rebfläche: 8 ha

Durchschnittliches Rebenalter: 35 Jahre

Rebbestand: 65 % Sémillon, 35 % Sauvignon

Pflanzdichte: 6600 Reben/ha

Ertrag (im Durchschnitt der letzten 5 Jahre): 40 hl/ha

Durchschnittliche Jahresproduktion insgesamt: 300 hl

GRAND VIN

Name: Château Bouscaut

Appellation: Pessac-Léognan

Durchschnittliche Jahresproduktion: 100 hl

Verarbeitung und Ausbau: Gärung in zu 60 % neuen Eichenfässern. 12 Monate Hefesatzlagerung mit häufigem Aufrühren. Der Wein wird geschönt, aber nicht gefiltert.

ZWEITWEIN

Name: Château Valoux

Durchschnittliche Jahresproduktion: 200 hl

Beurteilung des derzeitigen Rangs: Eines der Weingüter, deren Leistungen ständig unter ihrem Rang als Cru Classé liegen

Genußreife: Rotwein: 4 bis 12 Jahre nach dem Jahrgangsdatum; Weißwein: 2 bis 6 Jahre nach dem Jahrgangsdatum

Weithin herrschte die Ansicht, daß – nachdem ein amerikanisches Syndikat Bouscaut 1979 an den bekannten Weingutsbesitzer Lucien Lurton aus Bordeaux verkauft hatte – es nunmehr mit der Qualität des Weins aufwärts- gehen würde. Dem war nicht so. Dieses Weingut, eines der Crus Classés von Graves, gibt sich damit zufrieden, wenig interessante Weiß- und Rotweine hervorzubringen. Das Château aus dem 18. Jahrhundert mit seinem schönen See ist in den sechziger Jahren vollständig restauriert worden und gehört nun zu den attraktivsten der ganzen Region. Probiert man den Wein, dann bekommt man den Eindruck, daß wohl das Ausleseverfahren mangelhaft sein muß. Manchmal heißt es, der hohe Anteil an Merlot (von jungen Reben) im Rotwein sei seiner Qualität abträglich. Ich glaube das nicht; ich meine vielmehr, Bouscaut produziert einfach zu große Mengen, ohne durch strenge Auslese dafür zu sorgen, daß nur das beste Lesegut in den Wein gelangt, der den Namen des Châteaus trägt. Beobachter hoffen, daß Sophie Lurton (die den Besitz 1992 von ihrem Vater, Lucien Lurton, erhielt, den Qualitätsstand heben wird.

JAHRGÄNGE

ROTWEIN

1990 • 78 Tiefe Farbe und ansprechendes rauchig-eichenholzwürziges Bukett mit reifen Beerennuancen kennzeichnen den 1990er Bouscaut, der weniger Substanz und Lebenserwartung hat als der 1989er und 1988er. Letzte Verkostung: 1/93.

1989 • 82 Der 1989er ist bei mittlerem Körper leicht und korrekt, hat aber doch Alkohol und eher zuviel Tannin für die schlichte, fruchtige Persönlichkeit sowie reichliche Eichenholzwürze.

DIE ROT- UND WEISSWEINE VON PESSAC-LÉOGNAN UND GRAVES

Wenn er an Fülle zulegt und kräftigeren Geschmack am Gaumen entwickelt (unwahrscheinlich), dann wird er eine bessere Note verdienen.
Voraussichtliche Genußreife: Jetzt. Letzte Verkostung: 1/93.

1988 • 83   Der 1988er ist ein würziger, sauberer Wein mit mittlerem Körper und wird sich in den nächsten 5 bis 6 Jahren schön trinken lassen. Letzte Verkostung: 1/93.

1986 • 75   Dieser Wein zeigt nicht viel Tiefe oder Komplexität. Er scheint das Ergebnis eines enormen Ernteertrags zu sein, da der milde, dünne Geschmack auf der Zunge rasch dahinschwindet.
Voraussichtliche Genußreife: Jetzt. Letzte Verkostung: 3/90.

1983 • 84   Ein äußerst geschmeidiger, vollmundiger, mittelschwerer Pessac-Léognan mit schönem Stil und Charme. Zum Glück fehlt ihm das rauhe Tannin, das sich in so vielen Weinen dieses Jahrgangs bemerkbar macht. Dieser Wein mit seinem recht würzigen Bukett und seiner schönen Farbe wird für einen 1983er ziemlich rasch ausreifen.
Voraussichtliche Genußreife: Jetzt. Letzte Verkostung: 3/88.

1982 • 85   Der 1982er ist der beste Bouscaut seit zwei Jahrzehnten: mitteldunkel, mit lebhaft reichhaltigem, reifem Beerenaroma, fülligem, üppigem, konzentriertem Geschmack, viel Tannin im langen Abgang und mit gutem Lebensdauerpotential von 10 bis 12 Jahren – ein kräftiger, eindrucksvoller Bouscaut.
Voraussichtliche Genußreife: Jetzt bis 2000. Letzte Verkostung: 1/85.

1981 • 74   Der 1981er hat ein nicht besonders intensives, würziges, ziemlich verhaltenes Bukett, begleitet von recht unnachgiebigem, hartem und kargem Geschmack. Wird die Frucht ausreichen, um das rauhe Tannin zu überdauern? Wahrscheinlich nicht.
Voraussichtliche Genußreife: Jetzt. Letzte Verkostung: 6/84.

1980 • 72   Der 1980er Bouscaut unterscheidet sich nicht übermäßig vom 1981er, nur hat er hellere Farbe und leichteren Körper und ist alles in allem ein akzeptabler, jedoch recht eindimensionaler Wein.
Voraussichtliche Genußreife: Jetzt – wahrscheinlich stark im Nachlassen.
Letzte Verkostung: 2/83.

1978 • 78   Ein Bouscaut in durchschnittlicher Qualität mit nicht sehr intensivem würzigem Eichenholzaroma und bescheidenem beerenfruchtigem Geschmack sowie einem mäßig tanninherben, festen Abgang.
Voraussichtliche Genußreife: Jetzt – wahrscheinlich stark im Nachlassen.
Letzte Verkostung: 12/82.

1975 • 75   Der 1975er Bouscaut ist sehr verschlossen, unzugänglich, rauh, tanninherb und streng auf der Zunge, dafür aber hat er überdurchschnittlich schöne Farbe und gute Gewichtigkeit; trotzdem sehe ich keine Möglichkeit, daß die Frucht das Tannin überdauern könnte.
Voraussichtliche Genußreife: Jetzt. Letzte Verkostung: 5/84.

1970 • 72   Dieser in der Jugend harte und strenge Wein hat keine Fülle und keinen Charakter entwickelt, sondern ist tanninreich, holzig und unzugänglich geblieben und zeigt wenig Charme oder Frucht. Letzte Verkostung: 2/80.

WEISSWEIN

1989 • 71   Das stumpfe, sterile, fast nicht vorhandene Bukett wird begleitet von dünnem, leerem, eher scharfem Geschmack, dem es an Charme, Vollmundigkeit und Charakter fehlt.
Voraussichtliche Genußreife: Jetzt. Letzte Verkostung: 4/91.

1988 • 72   Ein wenig begeisternder Versuch in hoher Weißweinqualität – ein nichtssagender, leichter, gleichgültiger Wein. Der 1988er Bouscaut sollte baldigst ausgetrunken werden.
Letzte Verkostung: 11/90.

BORDEAUX

CARBONNIEUX
Cru Classé (Rot- und Weißwein)

GUT

Lage der Weinberge: Léognan, Villenave d'Ornon und Cadaujac

Besitzer: S.C. des Grands Graves
Adresse: 33850 Léognan
Postanschrift: wie oben
Telefon: 33 5 57 96 56 20 – Telefax: 33 5 57 96 59 19

Besuche: nur nach Vereinbarung, montags bis freitags von 8 bis 11.30 und von 14 bis 17.30 Uhr
Kontaktperson: Anthony Perrin

ROTWEIN

Rebfläche: 44,5 ha

Durchschnittliches Rebenalter: 30 Jahre

Rebbestand: 60% Cabernet Sauvignon, 30% Merlot, 7% Cabernet Franc, 2% Malbec, 1% Petit Verdot

Pflanzdichte: 7200 Reben/ha

Ertrag (im Durchschnitt der letzten 5 Jahre): 55 hl/ha

Durchschnittliche Jahresproduktion insgesamt: 300 000 Flaschen

GRAND VIN

Name: Château Carbonnieux

Appellation: Pessac-Léognan

Durchschnittliche Jahresproduktion: unterschiedlich

Verarbeitung und Ausbau: Vinifikation in temperaturgeregelten Edelstahltanks. Malolaktische Säureumwandlung bei $2/3$ des Ertrags im Tank, bei $1/3$ in Eichenfässern. 18 Monate Ausbau in jährlich zu $1/3$ erneuerten Eichenfässern. Der Wein wird geschönt und gefiltert.

ZWEITWEIN

Name: Château La Tour-Léognan

Durchschnittliche Jahresproduktion: unterschiedlich

WEISSWEIN

Rebfläche: 41,5 ha

Durchschnittliches Rebenalter: 32 Jahre

Rebbestand: 65% Sauvignon Blanc, 34% Sémillon, 1% Muscadelle

Pflanzdichte: 7200 Reben/ha

Ertrag (im Durchschnitt der letzten 5 Jahre): 45 hl/ha

Durchschnittliche Jahresproduktion insgesamt: 240 000 Flaschen

DIE ROT- UND WEISSWEINE VON PESSAC-LÉOGNAN UND GRAVES

GRAND VIN

Name: Château Carbonnieux

Appellation: Pessac-Léognan

Durchschnittliche Jahresproduktion: unterschiedlich

Verarbeitung und Ausbau: Gärung in jährlich zu ⅓ erneuerten Eichenfässern. Malolaktische Säureumwandlung wird durch Schwefeln unterbunden. 10 bis 11 Monate Hefesatzlagerung; kein Abstechen, aber häufiges Aufrühren (einmal wöchentlich). Der Wein wird geschönt und gefiltert.

ZWEITWEIN

Name: La Tour Léognan

Durchschnittliche Jahresproduktion: unterschiedlich

Beurteilung des derzeitigen Rangs: Seit 1985 hat es bei den Rot- und Weißweinen bedeutende Fortschritte gegeben, und das Gut verdient inzwischen seinen Rang vollauf

Genußreife: Rotwein: 3 bis 10 Jahre nach dem Jahrgangsdatum; Weißwein: 3 bis 12 Jahre nach dem Jahrgangsdatum

Carbonnieux, eines der größten Weingüter in Graves, paßte bis zur Mitte der achtziger Jahre genau in das allgemeine Bild der Gegend um Pessac und Léognan. Seine Weißweine waren oft köstlich, aber die Rotweine nichtssagend leicht und neutral. Inzwischen ist ein Wandel zum Besseren eingetreten. Der Weißwein zeigt noch höhere Qualitätsbestrebungen, und der Rotwein ist schmackhaft, elegant, geschmeidig und sauber geworden.

Das Château ist nicht nur historisch bedeutend, sondern auch eines der malerischsten in der Region. Seine Geschichte geht zurück auf das 13. Jahrhundert, doch die moderne Ära hielt 1956 in Carbonnieux Einzug, als Marc Perrin das Gut erwarb. Sein Sohn Tony leitet heute die Weinbereitung. Um die Mitte der achtziger Jahre zog er Denis Dubourdieu hinzu, der dafür sorgte, daß der Weißwein noch mehr Duftigkeit und Konzentration erhielt. Zugleich haben die Rotweine an Tiefe und Intensität gewonnen.

Die meisten Carbonnieux-Rot- und Weißweine sollten innerhalb von 7 bis 10 Jahren getrunken werden, jedoch weisen manche Weißweinjahrgänge ein beträchtliches Lebensdauerpotential auf und können bis zu zwei Jahrzehnte überdauern.

JAHRGÄNGE

ROTWEIN

1996 • 86-87   Der 1996er Carbonnieux ist nicht so charmant wie der feine, köstliche, verführerische 1995er, sondern eher auf Struktur und Tannin gegründet, aber doch sauber und mit einer würzigen Komponente, süßer Erdbeer-, Kirschen- und Johannisbeerfrucht, moderatem Tannin und einem kräftigen Rückgrat versehen. Eine gewisse Kellerreife verlangt er, doch er wird schon früh zu trinken sein.
Voraussichtliche Genußreife: 2003 bis 2013. Letzte Verkostung: 3/98.
1995 • 87   Dieser mittelschwere, tief rubinrote Carbonnieux, eine attraktive, sinnliche Leistung, zeigt subtiles rauchiges Eichenholzaroma, verwoben mit Tabak, Kirschwasser und der Frucht schwarzer Johannisbeeren. Im Mund kennzeichnen Eleganz, Gleichgewicht, Geschmeidigkeit, Finesse und allgemein verlockende Art diesen runden, leicht tanninherben, üppigen, fesselnden Bordeaux.
Voraussichtliche Genußreife: jetzt bis 2011. Letzte Verkostung: 11/97.

BORDEAUX

1994 • 79 Der 1994er Carbonnieux zeigt mitteldunkles Rubinrot, süßen, reifen Duft von Johannisbeeren und Kirschen, Eichenholzwürze, kargen, schmalen Geschmack und kräftiges Tannin. Es mangelt diesem trockenen, harten, holzbetonten Wein an Komplexität, Frucht und Vollmundigkeit. Letzte Verkostung: 1/97.

1993 • 85 Dunkles Granatrot geht einher mit Aromen von Gras, Tomaten, Zedernholz und neuem Sattelleder, vereint mit einem starken Paprikaduft. Auch Frucht hat dieser milde, schlanke, reintönige, verhaltene, leicht tanninherbe, schlichte Wein, der in den nächsten 3 bis 4 Jahren getrunken sein will. Letzte Verkostung: 1/97.

1992 • 96 Der tiefdunkle 1992er zeigt ein attraktives Bukett von Tabak, Toast und schwarzer Frucht. Außerdem hat er feine Reife, soliden Körper, leichtes Tannin und eine expansive, üppige, seidige Persönlichkeit – ein köstlicher, reintöniger, eleganter Wein, der im Lauf der nächsten 10 Jahre viel Freude machen wird.
Letzte Verkostung: 11/94.

1991 • 86 Der 1991er ist einer der verführerischsten und anmutigsten Weine seines Jahrgangs. Mittelrubinrote Farbe geht einher mit einem aus dem Glas reichlich hervorquellenden Bukett von Tabak, Kräutern, schwarzer Frucht und süßem Eichenholzduft. Der elegante, ausgewogene, abgerundete Wein zeigt mittleren Körper, volle, sahnige Frucht, sanftes Tannin und einen üppigen Abgang. Er wird in den nächsten 7 bis 8 Jahren schön zu trinken sein.

1990 • 85 Hinter dem intensiven Eichenholzduft des 1990ers verbirgt sich guter Extrakt, eine aufgeschlossene, ja einschmeichelnde Persönlichkeit und ein charmanter, moderat ausgestatteter Nachklang.
Voraussichtliche Genußreife: Jetzt bis 2008. Letzte Verkostung: 1/93.

1989 • 83 Der 1989er ist schlicht, gefällig, eichenholzwürzig und tanninreich bei mittlerem Körper – ein erfreulicher, ansprechend fruchtiger, mittelschwerer Wein ohne besondere Art.
Voraussichtliche Genußreife: Jetzt bis 2000. Letzte Verkostung: 1/93.

1988 • 83 Der 1988er Carbonnieux ist ein eleganter Wein mit leichterer Art, Charme, mittlerem Körper, süßer Erdbeerfrucht und reichlicher Eichenwürze – kein großer Wein, aber stilvoll, wohlschmeckend und graziös. Am besten trinkt er sich in den nächsten 6 bis 7 Jahren.
Letzte Verkostung: 1/93.

1986 • 85 Der 1986er beeindruckt durch seine sanfte, anmutige, kirschenfruchtige Art, durch ein großzügiges Maß an rauchigem, frischem Eichenholzduft und durch seinen milden Geschmack mit reifem Tannin im Abgang.
Voraussichtliche Genußreife: Jetzt. Letzte Verkostung: 3/90.

1985 • 85 Der 1985er zeigt süße, milde, expansive Geschmacksnuancen von Kirschen und angerauchtem Eichenholz, so daß ich eher an ein Premier Cru aus Beaune als an einen Graves erinnert wurde.
Voraussichtliche Genußreife: Jetzt. Letzte Verkostung: 3/89.

1983 • 85 Der 1983er ist ein attraktiver, fülliger, würziger, saftiger Wein mit eleganter Kirschenfruchtigkeit, milder, schmackhafter Art, leichtem Tannin und einem geschmeidigen Abgang.
Voraussichtliche Genußreife: Jetzt – vermutlich im Nachlassen. Letzte Verkostung: 1/88.

1982 • 86 Ich habe diesen Wein nur einmal in den letzten 10 Jahren probiert. Bei der Verkostung im Château zeigte er überraschend köstliche, reife Kirschenfrucht, ein mustergültiges Graves-Bukett (Tabak, Minerale, Kräuter), feine Süße und geschmeidige, mittelschwere, verführerische Art. Er ist zwar schon seit seiner frühen Jugend genußreif, gibt aber keine Anzeichen eines Niedergangs zu erkennen. Die Farbe beginnt gerade erst, sich am Rand etwas aufzuhellen. Der 1982er Carbonnieux dürfte sich ein weiteres Jahrzehnt lang schön trinken lassen. Letzte Verkostung: 9/95.

1981 • 73 Der hellrubinrote 1981er Carbonnieux ist ziemlich eindimensional, hat würzige, milde, dickliche Frucht, ein nicht sehr intensives Bukett und einen schwachen Abgang.
Voraussichtliche Genußreife: Jetzt – vermutlich stark im Nachlassen. Letzte Verkostung: 11/84.

DIE ROT- UND WEISSWEINE VON PESSAC-LÉOGNAN UND GRAVES

1978 • 79   Der 1978er entstand in einer Zeit, als die Rotweine von Carbonnieux kein besonderes Renommee besaßen; er fiel leicht, zart, fruchtig aus mit kräuterduftigen, erdigen Noten im Bukett sowie mit mildem, rundem Geschmack und mittlerem Körper.
Voraussichtliche Genußreife: Jetzt Letzte Verkostung: 3/86.

WEISSWEIN

1993 • 89   Als einer der mustergültigen Erzeuger von frischem, elegantem, trockenem weißem Graves sind Carbonnieux in letzter Zeit Gewächse gelungen, die noch mehr Fülle und Gewichtigkeit aufweisen, ohne etwas von der ätherischen Eleganz und feinen Art zu opfern. Der 1993er ist ein reichhaltiger Wein mit feiner Honigsüße, schöner Reintönigkeit und attraktiver Eichenwürze, die zur Komplexität des ansonsten an Wachs, Kräuter, Rauch und Melonenfrucht erinnernden Charakters beitragen. Dieser Wein wird sich in den nächsten 10 bis 15 Jahren schön trinken. Letzte Verkostung: 11/94.

1992 • 88   Carbonnieux strebt in seinem Programm an trockenen Weißweinen mehr Fülle und Reichhaltigkeit an. Der 1992er zeigt würzigen, vollen, honigsüßen Duft und im Geschmack mittleren Körper bei exzellenter Reife und genug frischer Säure und Eichenholztoast als Grundlage für die Fülle dieses reintönigen Weins. Durch seinen lebendigen, frischen Stil ist der Carbonnieux zu einem der beliebtesten trockenen weißen Bordeaux geworden. Dieser Jahrgang dürfte sich 10 Jahre und länger schön trinken. Letzte Verkostung: 1/94.

LES CARMES-HAUT-BRION
Ohne Klassifizierungsrang

AUSGEZEICHNET

Lage der Weinberge: Pessac

Besitzer: Familie Chantecaille
Adresse: 197, Avenue Jean Jaurès, 33600 Pessac
Telefon: 33 5 56 51 49 43 – Telefax: 33 5 56 93 10 71

Besuche: nur nach Vereinbarung
Kontaktperson: Mme oder M. Didier Furt

ROTWEIN

Rebfläche: 4,5 ha

Durchschnittliches Rebenalter: 30 Jahre

Rebbestand: 50 % Merlot, 40 % Cabernet Franc, 10 % Cabernet Sauvignon

Pflanzdichte: 8000 Reben/ha

Ertrag (im Durchschnitt der letzten 5 Jahre): 49 hl/ha

Durchschnittliche Jahresproduktion insgesamt: 2000 Kisten

GRAND VIN

Name: Château Les Carmes-Haut-Brion

Appellation: Pessac-Léognan

Durchschnittliche Jahresproduktion: 1800 Kisten

Verarbeitung und Ausbau: Malolaktische Säureumwandlung bei 80 % des Ertrags in Fässern, bei 20 % im Tank. 18 Monate Ausbau in zu 35 % neuen Eichenfässern. Der Wein wird je nach Jahrgang manchmal gefiltert.

BORDEAUX

ZWEITWEIN

Name: Les Clos des Carmes

Durchschnittliche Jahresproduktion: 200 Kisten

Beurteilung des derzeitigen Rangs: Sollte unter die Crus Classés aufgenommen werden

Genußreife: 6 bis 20 Jahre nach dem Jahrgangsdatum

Am Anfang der siebziger Jahre hatte ich das Glück, zufällig in einen Weinladen zu kommen, der Magnum-Flaschen mit 1959er Les Carmes-Haut-Brion im Angebot hatte. Ich wußte nichts über den Wein, nahm aber auf gut Glück zwei Magnum-Flaschen mit. Beide stellten sich als spektakulär heraus, aber alle Bemühungen, diesen Wein später noch einmal aufzutreiben, blieben vergeblich. Ich wußte ja damals nicht, daß der Rotwein aus diesem winzigen Juwel von einem Weingut, das auf einer Kiesanhöhe in der Bordeaux-Vorstadt Pessac, ganz in der Nähe der berühmten Châteaux Haut-Brion und La Mission-Haut-Brion liegt, das obskurste, am wenigsten bekannte Spitzenqualitätsgewächs von Pessac-Léognan ist.

Der Name kommt von einem Mönchsorden, der sich Les Carmes nannte und dem der Weinberg von 1584 bis zur Enteignung in der Französischen Revolution 1789 gehörte.

Der Les Carmes-Haut-Brion ist ein reichhaltiger, voller Wein, zweifellos weil die alten Merlot-Reben auf dem kieshaltigen Lehmboden außerordentlich gut gedeihen. Traditionelle Weinbereitungsmethoden erbringen klassische Graves-Weine mit tiefer Farbe und intensiver, komplexer Art. Der größte Teil des Weins von Les Carmes-Haut-Brion wird durch das eigene Bordeaux-Handelshaus des Besitzers Monsieur Chantecaille in ganz Europa vertrieben. Da die Erzeugung sehr gering ist, besteht wenig Aussicht, etwas davon zu erwischen.

Dieser Wein kommt in der Qualität des Ausdrucks dem Haut-Brion und La Mission-Haut-Brion am nächsten, was nicht weiter verwundern kann, denn Weinberg und *terroir* sind fast die gleichen. Der kleine, beständig erstklassige Erzeugerbetrieb in Pessac ist selbst eine längere Suche durchaus wert.

JAHRGÄNGE

1997 • 87-88 Ich freue mich immer wieder an dem, was dieser verborgene Schatz in den südlichen Vororten von Bordeaux an Leistungen hervorbringt. Dieser mustergültige Graves bietet das charakteristische Aromaprofil von Kies, Tabak, süßer, fülliger Kirschenfrucht und Spuren von Eisen. Der sanfte, volle 1997er mit milder Säure, reichlich Frucht und Glyzerin und mit vielschichtiger, eleganter, seidiger Art sollte in den ersten 5 bis 7 Lebensjahren getrunken werden. Ein fesselnder Wein.
Letzte Verkostung: 3/98.

1996 • 87-88 Dieser Wein hält sich gut. Er zeigt tiefdunkles Rubinpurpurrot und eindrucksvolle süße Duftnoten von Tabak, schwarzen Johannisbeeren, Kirschen und Rauch. Dieser vorbildliche Graves bietet eingangs Süße im Geschmack, dazu mittleren Körper, seidiges Tannin und einen runden, anmutigen Abgang – ein zugänglicher, üppiger 1996er mit milder Säure, der bereits schönen Genuß gewährt.
Voraussichtliche Genußreife: Jetzt bis 2009. Letzte Verkostung: 3/98.

1995 • 87 Das kleine Juwel von einem Weingut in der Nähe von Haut-Brion und Pape-Clément hat mit diesem mittelschweren, milden, runden, komplexen, eleganten und saftigen 1995er ein klassisches Beispiel für die rauchige, tabakwürzige Beerenfrucht von Graves hervorgebracht. Sanfte Säure und eine üppige, reife Merlot-Komponente beherrschen diesen Wein und verleihen ihm unmittelbar ansprechende Art – ein vollmundiger, köstlicher Genuß für die nächsten 10 Jahre. Letzte Verkostung: 11/97.

DIE ROT- UND WEISSWEINE VON PESSAC-LÉOGNAN UND GRAVES

1994 • 87   Der 1994er zeigt mittleres bis dunkles Rubinrot, süßen, an Tabak und rote Frucht erinnernden, rauchigen Duft, mittleren Körper, sanftes Tannin, milde Säure und eine reife, runde Persönlichkeit – alles mit der eingängigsten Art. Dieser charmante Wein dürfte sich 7 bis 8 Jahre lang schön trinken. Letzte Verkostung: 3/96.

1993 • 86   Der 1993er Les Carmes-Haut-Brion bietet mitteldunkel rubinrote Farbe, ein würziges, erdiges, beerenduftiges Aroma, sanften, reifen Geschmack, schöne Konzentration, mittleren Körper und einen runden Abgang. Wie bei vielen 1993er Graves ist das Tannin weniger streng als bei vielen Médocs. Die milde Frucht und die frühreife Persönlichkeit dieses Weins haben mir Bewunderung abgenötigt. Er wird sich in den nächsten 5 bis 7 Jahren gut trinken. Letzte Verkostung: 11/94.

1990 • 86   Der 1990er hat das klassische Graves-Bukett von Gras, Tabak, gedörrter schwarzer Frucht und Mineralen. Im Mund zeigt er mittleren Körper, würzige, volle Art, kräftige Struktur und einen glatten, üppig sanften Abgang. Dieser Wein ist in den nächsten 10 bis 12 Jahren schön zu trinken. Letzte Verkostung: 1/93.

1989 • 86   Das rauchige, tabak- und mineralduftige Bukett des 1989ers ist bezaubernd. Auf der Zunge zeigt sich eine reife, sonnengedörrte, offen gewirkte Fruchtigkeit bei alkoholstarkem und mildem Abgang.
Voraussichtliche Genußreife: Jetzt. Letzte Verkostung: 1/93.

1988 • 87   Der 1988er Les Carmes-Haut-Brion hat ein großes, rauchiges, an Pflaumen und Hickory erinnerndes Bukett, konzentrierten, milden, aber fest gefügten Geschmack – ein attraktiver Wein mit allem, was ein mustergültiger Graves braucht, von Mineralen bis zur Zigarrenkiste. Er will in den nächsten 4 bis 6 Jahren getrunken werden. Letzte Verkostung: 1/93.

1987 • 86   Bei einer blinden Verkostung von Graves-Weinen, an der ich in Bordeaux teilnahm, hielt ich den 1987er Les Carmes-Haut-Brion für einen Haut-Brion. Sein intensives, rauchiges Bukett von reifen Johannisbeeren dringt kraftvoll aus dem Glas hervor. Auf der Zunge zeigt sich der Wein reichhaltig und sehr mild mit opulentem Abgang.
Voraussichtliche Genußreife: Jetzt. Letzte Verkostung: 3/90.

1986 • 88   Der 1986er ist ein vollmundiger, körperreicher Wein mit eindrucksvoller, tief rubinroter Farbe. Der hohe Tanningehalt dürfte dem Wein eine Lebensdauer von mindestens 12 bis 15 Jahren verleihen. Das Bukett zeigt süße, pflaumenhafte Fruchtigkeit mit einer sehr ausgeprägten mineralischen Tabaknote. Bei mittlerem Körper und guter Fülle kann dieser Wein sehr wohl eine höhere Punktnote verdienen, wenn das Tannin sich erst gemildert hat.
Voraussichtliche Genußreife: Jetzt bis 2005. Letzte Verkostung: 3/90.

1985 • 87   Der 1985er ist ein bewundernswert gebauter Wein mit tiefer Farbe, sein Bukett zeigt unverkennbare Mineral- und Tabakdüfte, wie sie für Spitzenweine dieser Appellation typisch sind. Er ist geschmeidig, sanft und durch seine köstliche, intensive Frucht und schöne Nachhaltigkeit höchst eingängig.
Voraussichtliche Genußreife: Jetzt bis 2000. Letzte Verkostung: 3/89.

ÄLTERE JAHRGÄNGE

Eine Magnumflasche 1959er Les Carmes-Haut-Brion (93 Punkte) zeigte bei der Verkostung im Dezember 1995 einen angesengten, süß-filligen, portweinähnlichen Duft, verwoben mit Noten von Tabak und Rauch. Schade, daß man diesen Wein so selten auf die Zunge bekommt. Mit seiner vollmundigen, opulenten, reifen Art dürfte er sich ein weiteres Jahrzehnt lang schön trinken lassen.

BORDEAUX

CHANTEGRIVE
Ohne Klassifizierungsrang

GUT

Lage der Weinberge: Podensac, Illats, Virelade

Besitzer: Henri und Françoise Lévêque
Adresse: B.P. 14, 33720 Podensac
Telefon: 33 5 56 27 17 38 – Telefax: 33 5 56 27 29 42

Besuche: montags bis freitags von 8 bis 12 und von 14 bis 18 Uhr; samstags nur am Vormittag
Kontaktperson: Mme Soum-Lévêque

ROTWEIN

Rebfläche: 41,5 ha

Durchschnittliches Rebenalter: 20 Jahre

Rebbestand: 50 % Cabernet Sauvignon, 40 % Merlot, 10 % Cabernet Franc

Pflanzdichte: 6200 Reben/ha

Ertrag (im Durchschnitt der letzten 5 Jahre): 50 hl/ha

GRAND VIN

Name: Château de Chantegrive

Appellation: Graves

Durchschnittliche Jahresproduktion: 2174 hl

Verarbeitung und Ausbau: Vinifikation mit elektronischer Temperaturregelung. 18 Monate Ausbau in neuen Eichenfässern. Der Wein wird geschönt und leicht gefiltert.

ZWEITWEIN

Name: Mayne Lévêque

Durchschnittliche Jahresproduktion: unterschiedlich – je nach Jahrgang

WEISSWEIN

Rebfläche: 50 ha · Durchschnittliches Rebenalter: 40 Jahre

Rebbestand: 50 % Sémillon, 40 % Sauvignon, 10 % Muscadelle

Pflanzdichte: 6200 Reben/ha

Ertrag (im Durchschnitt der letzten 5 Jahre): 50 hl/ha

GRAND VIN

Name: Château de Chantegrive

Appellation: Graves

Durchschnittliche Jahresproduktion: 2700 hl

Verarbeitung und Ausbau: Vinifikation in temperaturgeregelten Edelstahltanks. Abfüllung nach 9 Monaten. Der Wein wird geschönt und leicht gefiltert.

DIE ROT- UND WEISSWEINE VON PESSAC-LÉOGNAN UND GRAVES

CUVÉE CAROLINE (Luxus-Cuvée)

Auslese von 14 ha Reben

Produktion: 50 000 bis 60 000 Flaschen

Rebbestand: 50 % Sémillon, 50 % Sauvignon

Durchschnittliches Rebenalter: über 30 Jahre

Verarbeitung und Ausbau: 15 Stunden *macération pelliculaire*, Gärung in neuen Eichenfässern. Etwa 1 Jahr Hefesatzlagerung mit Aufrühren alle 10 Tage. Der Wein wird geschönt und bei der Abfüllung 10 bis 12 Monate nach der Lese gefiltert.

ZWEITWEIN

Name: Mayne Lévêque

Durchschnittliche Jahresproduktion: unterschiedlich, je nach Jahrgang

Beurteilung des derzeitigen Rangs: Entspricht qualitativ einem guten Cru Bourgeois aus dem Médoc

Genußreife: Rotwein: 5 bis 7 Jahre nach dem Jahrgangsdatum; Weißwein: 5 bis 7 Jahre nach dem Jahrgangsdatum

Wenn ich in einem Restaurant in Bordeaux esse, suche ich oft die guten und preiswerten Rot- und Weißweine aus dem schönen Château Chantegrive aus, das nördlich von Podensac unmittelbar an der Route Nationale 113 liegt. Sein Eigentümer, Henri Lévêque, kann diesen Familienbesitz bis in das Jahr 1753 zurückverfolgen, aber er war es ganz allein, der das Gut seit 1962 aus völliger Vergessenheit geholt und zu einem für Rot- und Weißwein hoher Qualität und mit einem ausgezeichneten Preis/Leistungsverhältnis anerkannten Erzeugerbetrieb gemacht hat.

In diesem Betrieb sind Temperatur und Luftfeuchtigkeit überall, vom Faßkeller bis zu den Gärräumen, geregelt – das ist in Bordeaux eine Seltenheit. In der Mitte der 1980er Jahre führte Lévêque einen Luxusweißwein namens Chantegrive-Cuvée Caroline ein, der so gut ist wie manche der renommierteren Crus Classés. Weder der Weißwein noch der Rotwein sind für lange Lebensdauer gedacht, vielmehr wollen sie in den ersten 5 bis 7 Jahren getrunken werden. Es empfiehlt sich sogar, die Weißweine zu trinken, bevor sie 5 Jahre alt sind. Jedenfalls sind alle diese Weine selbst in leichteren Jahrgängen stets sauber bereitet und stellen mustergültige Beispiele für ihre Appellation dar.

Wer nach Weinen sucht, die sowohl dem Gaumen als auch der Brieftasche behagen, sollte dieses beständig gute Château im südlichen Graves genau im Auge behalten.

JAHRGÄNGE

ROTWEIN

1993 • 81 Der hell- bis mittelrubinrote Wein zeigt ein überraschend ausentwickeltes, fast reifes Bukett von sanfter Kirschen- und Cassis-Frucht, etwas Eichenwürze, milde Säure und einen würzigen, runden Abgang. Getrunken werden will er in den nächsten 5 bis 6 Jahren. Letzte Verkostung: 1/93.

1990 • 85 Vanillinaroma aus neuen Eichenfässern geht einher mit reichfruchtigem, mittelschwerem, schön konzentriertem Geschmack und milder Säure – ein köstlicher Wein, der sich in den nächsten 5 bis 6 Jahren schön trinken lassen wird. Letzte Verkostung: 1/93.

1990 • 86   Cuvée Edouard: Die 1990er Spezial-Cuvée ist geprägt von kräftigerem Eichentoast und süßerer, reiferer Frucht. Das Tannin ist deutlicher spürbar, und obwohl sich dieser Wein jetzt schon gut trinkt, dürfte er sich auch noch 7 bis 8 Jahre schön entfalten.
Letzte Verkostung: 1/93.

1989 • 85   Ein kräftiges, pflaumenwürziges Bukett geht einher mit leichtem bis mittlerem Körper, üppiger Frucht und einem etwas kurzen Abgang. Ein gefälliger Wein, der über die nächsten 2 bis 3 Jahre hinweg schönen Genuß bereiten dürfte. Letzte Verkostung: 1/93.

1988 • 85   Cuvée Edouard: Das gut geführte Château hat einen reifen, duftigen, schmackhaften, mittelschweren 1988er zustande gebracht, der jetzt voll ausgereift ist. Bukett und Geschmack von gerösteten Nüssen, Tabak und roter Frucht sind ein Genuß.
Voraussichtliche Genußreife: Jetzt. Letzte Verkostung: 3/94.

Domaine de Chevalier
Cru Classé (Rot- und Weißwein)

GUT (WEISSWEIN HERVORRAGEND)

Lage der Weinberge: Léognan

Besitzer: Familie Bernard
Leitung: Olivier Bernard
Adresse: 33850 Léognan
Postanschrift: wie oben
Telefon: 33 5 56 64 16 16 – Telefax: 33 5 56 64 18 18

Besuche: nur nach Vereinbarung, montags bis freitags während der Bürozeiten
Kontaktpersonen: Olivier Bernard und Rémy Edange

ROTWEIN

Rebfläche: 30 ha

Durchschnittliches Rebenalter: 35 bzw. 12 Jahre

Rebbestand: 65% Cabernet Sauvignon, 30% Merlot, 5% Cabernet Franc

Pflanzdichte: 10000 Reben/ha

Ertrag (im Durchschnitt der letzten 5 Jahre): 48 hl/ha

GRAND VIN

Name: Domaine de Chevalier

Appellation: Pessac-Léognan

Durchschnittliche Jahresproduktion: 7000 Kisten

Verarbeitung und Ausbau: Gärung in temperaturgeregelten Tanks mit 100 und 150 hl Fassungsvermögen bei relativ kühlen Temperaturen. Lange und schonende Maischung, um die Extraktion nur der feinsten Tannine sicherzustellen. Anschließend 18 bis 22 Monate Ausbau in zur Hälfte neuen, ansonsten in einmal gebrauchten Eichenfässern. Abstich von Faß zu Faß unter Schwerkraft. Der Wein wird mit frischem Eiweiß geschönt und leicht gefiltert.

DIE ROT- UND WEISSWEINE VON PESSAC-LÉOGNAN UND GRAVES

ZWEITWEIN

Name: L'Esprit de Chevalier

Durchschnittliche Jahresproduktion: 7000 Kisten

WEISSWEIN

Rebfläche: 4 ha

Durchschnittliches Rebenalter: 30 Jahre, ausgenommen 1 ha mit 10jährigen Reben

Rebbestand: 70 % Sauvignon, 30 % Sémillon

Pflanzdichte: 10 000 Reben/ha

Ertrag (im Durchschnitt der letzten 5 Jahre): 37 hl/ha

N.B.: Behangausdünnung erfolgt im Juli, dabei verbleibt an jedem Trieb nur eine Traube. Nach der *véraison* (Reifebeginn) im August werden alle nicht gut genug entwickelten Trauben herausgeschnitten. Bei der Lese wird streng sortiert – nur Früchte der 1. Generation werden geerntet. Alle nicht einwandfrei gesunden Beeren werden aus den Trauben entfernt.

L'Esprit de Chevalier ist keine *sélection parcellaire*

GRAND VIN

Name: Domaine de Chevalier

Appellation: Pessac-Léognan

Durchschnittliche Jahresproduktion: 1000 Kisten

Verarbeitung und Ausbau: Gärung in Fässern. 18 Monate Hefesatzlagerung, *assemblage* im Dezember. Der Wein wird mit Bentonit geschönt und bei der Abfüllung leicht gefiltert.

ZWEITWEIN

Name: L'Esprit de Chevalier

Durchschnittliche Jahresproduktion: 500 Kisten

N.B.: Es finden in einem Weinberg oft 4 oder 5 *passages* (Durchgänge) statt, um zu gewährleisten, daß die Früchte jeweils im optimalen Reifezustand geerntet werden.

Beurteilung des derzeitigen Rangs: Entspricht qualitativ einem 2ème Cru im Médoc

Genußreife: Rotwein: 5 bis 20 Jahre nach dem Jahrgangsdatum;
Weißwein: 6 bis 30 Jahre nach dem Jahrgangsdatum

Die kleine, in einem Wald am Südwestrand von Léognan versteckte Domaine de Chevalier ist wahrhaftig etwas für Kenner. Die Weine aus der ebenfalls kleinen Erzeugung gehören zu den gesuchtesten in Pessac-Léognan, wichtiger aber ist ihre untadelige Qualität, zumindest bis in die 1990er Jahre.

Der Ruhm der Domaine de Chevalier geht zweifellos zurück auf den aristokratischen Claude Ricard, der das Gut 1942 erbte, es aber wegen Familienstreitigkeiten im Jahr 1983 an die Brennerei Bernard verkaufen mußte. Claude Ricard wurde weiter mit der Leitung betraut, übergab schließlich aber die Zügel an Olivier Bernard.

Der Rotwein der Domaine de Chevalier hat keine Ähnlichkeit mit dem intensiven, reichhaltigen, erdigen Graves-Stil, wie er am besten von Haut-Brion und La Mission-Haut-Brion zum Ausdruck gebracht wird. Bis in die 1990er Jahre besaß er eher einen subtil mineralisch-erdigen Aspekt, war aber viel leichter im Körper und erinnerte in der Art mehr an einen Médoc als an die Weine von Pessac und Talence. Seit dem Besitzerwechsel ist ein bewußtes Streben nach immer kräftigerem, fester strukturiertem und wuchtigerem Wein zu erkennen. Dabei gibt es keine Probleme, nur verbirgt in den neueren Jahrgängen überzogene Eichenwürze oft den Charme und die Finesse, die typischen Wesenszüge des Rotweins der Domaine de Chevalier.

Der Weißwein der Domaine de Chevalier ist meines Wissens der einzige in der ganzen Region Bordeaux, der über eineinhalb Jahre in neuen Eichenfässern reift. Die Erzeugung ist winzig, und der Wein trinkt sich zwar aus dem Faß fabelhaft, verschließt sich aber meist nach der Abfüllung und blüht erst nach mindestens 10 Jahren wieder auf. Er zeichnet sich jedoch dadurch aus, daß er tatsächlich länger zum Reifen braucht und sich dabei noch anmutiger entfaltet als der superbe Rotwein.

Wer den Süden von Pessac-Léognan (das den nördlichen Teil von Graves bildet) besucht, wird die Domaine de Chevalier nicht so ohne weiteres finden. Ich jedenfalls habe mich am Ende der siebziger Jahre auf meiner ersten Fahrt zu diesem Weingut hoffnungslos verirrt. Das auf drei Seiten von einem Kiefernwald umschlossene, cremefarbene Château ist auf der D 109 von Léognan aus westwärts in Richtung Cestas zu erreichen. Schilder am Eingang des Weinbergs der Domaine de Chevalier weisen dem Besucher den Weg zum Château.

Der Boden der relativ kleinen Weinbergfläche liegt auf einem Kiesbett, enthält aber auch Lehm und Eisen. Probleme bilden hier die Spätfröste und häufige Hagelschläge, die den Ertrag stark schädigen können – aus unerfindlichen Gründen hat kein anderes bedeutendes Château in Bordeaux unter diesen beiden Beeinträchtigungen durch die Natur so viel zu leiden.

Der Wein der Domaine de Chevalier ist teuer – er erzielt Preise wie ein 2ème Cru aus dem Médoc.

JAHRGÄNGE

ROTWEIN

1997 • 87-88+ Dieser Domaine de Chevalier ist einer der feinsten in den letzten 8 bis 10 Jahren. Sattes Rubinpurpurrot geht einher mit Aromen von süßen dunklen Pflaumen, Preiselbeeren und Johannisbeeren, verflochten mit Eichentoast, Gewürzen und Mineralen. Exzellente Reintönigkeit im Verein mit mittlerem Körper und konzentriertem, mildem Eingang vermitteln einen saftigen Eindruck. Auch ein gutes Maß an Tannin hat dieser klar gezeichnete 1997er aufzuweisen. Der elegante, geschmacksintensive Wein mit feiner Substanz und sanfter Art dürfte in 2 bis 3 Jahren schön zu trinken sein.
Voraussichtliche Genußreife: 2001 bis 2013. Letzte Verkostung: 3/98.

1996 • 84-86 Der tief rubinrote Wein schmeckt etwas einseitig mit seinem überzogenen Holzton und seiner Tanninstrenge, aber darunter verbirgt sich doch auch etwas Beerenfrucht. Mittlerer Körper und gute Gewichtigkeit sind vorhanden, doch die für den Jahrgang typische Härte und Adstringenz sind nicht zu übersehen. Vermutlich wird dieser Wein im Lauf der nächsten 10 Jahre abmagern. Letzte Verkostung: 11/97.

1995 • 80? Eine übermächtige Eichenholzkomponente macht jeden Versuch zunichte, das eventuell vorhandene Maß an Frucht herauszuspüren. Ja, dieser Wein ist in sich zurückgezogen, ja, er hat leichten Körper, ja, er läßt mineralische Spuren erkennen – wo aber sind Gewichtigkeit, Reife und Intensität der Frucht? Letzte Verkostung: 11/97.

1994 • 77? Das mittlere bis dunkle Rubinrot trügt insofern, als sich dahinter ein Wein verbirgt, der sich seit der Abfüllung hohl und aggressiv tanninstreng ausnimmt. Aus der im Faß vorhandenen süßen, reifen Frucht ist reizlose Art und zweifelhaftes Gleichgewicht geworden. Ich glaube nicht, daß sich das wieder ändern wird. Dieser Wein erinnert mich an den 1975er.
Letzte Verkostung: 1/97.

1993 • 76 Dieser erschreckend schmale, karge, ungeheuer tanninstrenge Wein hat so gut wie nichts an Frucht und Charme zu bieten. Im Duft spürt man zwar etwas Gewürz und frisches

Eichenholz, an Geschmack und Fülle aber nur wenig, vielmehr ist im wesentlichen alles Struktur: Säure, Alkohol und Holztannin.
Letzte Verkostung: 1/97.
1992 • 85   Der 1992er bietet im fruchtigen Bukett reichliche Vanillin- und Toastnoten; hinzu kommt ein schönes, dunkles Rubinrot. Dieser Wein ist zwar leichter und eindimensionaler als üblich, aber er ist konzentriert, mild und eichenwürzig und dürfte sich 7 bis 8 Jahre lang schön trinken. Letzte Verkostung: 11/94.
1991 • 87   Die Domaine de Chevalier bringt in schwierigen Jahren oft attraktive Weine zustande – der 1991er macht keine Ausnahme. Die Farbe ist tief rubinrot, das Bukett eichenwürzig. Hinzu kommen bewundernswerte Struktur, dichte, reife, süße Frucht und ein langer, tanninherber Nachklang. Diesem Wein werden 2 bis 3 Jahre Kellerreife gut tun. Letzte Verkostung: 1/94.
1990 • 88   Ich hätte das Potential für eine hervorragende Note zugetraut, doch er zeigt die für so viele neuere Jahrgänge aus diesem Weingut typische auffällige Eichenholznote. Die Farbe ist ein tiefes Rubinrot, das Bukett bietet außer dem charakteristischen starken, süßwürzigen Eichenton auch die füllige Kirschen- und Johannisbeerfrucht des Jahrgangs, verwoben mit Tabak- und Kräuternuancen. Dieser elegante, stilvolle, mittelschwere 1990er mit schöner Milde, ausgezeichneter Konzentration und moderatem Tannin dürfte anmutig heranreifen.
Voraussichtliche Genußreife: Jetzt bis 2010. Letzte Verkostung: 9/97.
1989 • 89   Im fülligen, aufgeschlossenen Stil der Domaine de Chevalier zeigt der dunkel rubinrote 1989er eine rauchige, toastwürzige Eichennote, die besser integriert ist als in späteren Jahrgängen. Ein an Kräuter erinnerndes Bukett von süßen Kirschen und schwarzen Johannisbeeren geht einem mittelschweren Wein mit milder Säure, reifer, fleischiger Frucht, mäßigem Tannin und schönem Nachklang voraus. Der 1989er ist noch nicht soweit entwickelt wie der 1990er.
Voraussichtliche Genußreife: 1999 bis 2010. Letzte Verkostung: 10/97.
1988 • 90   Mit dem 1988er brachte die Domaine de Chevalier einen der feinsten Weine dieses Jahrgangs zuwege. Er ist dunkel rubinrot, hat ein noch unentfaltetes, aber generöses Bukett mit Nuancen von rauchigem frischem Eichenholz, Cassis und Blumen, dazu vollmundige, reich ausgestattete, mittelschwere Art – die schönste Leistung dieses Weinguts seit dem 1983er.
Voraussichtliche Genußreife: Jetzt bis 2008. Letzte Verkostung: 3/97.
1987 • 86   Auch in schlechten Jahren wird hier Gutes produziert: der 1987er zeigt ein intensives, vanilleduftiges, rauchiges, eichenholzwürziges Bukett, reife Geschmacksfülle mit Nuancen von Himbeeren und schwarzen Johannisbeeren, dazu mittleren Körper, überraschende Konzentration und reichliches mildes Tannin im Abgang – der Wein trinkt sich inzwischen schön.
Voraussichtliche Genußreife: Jetzt. Letzte Verkostung: 3/90.
1986 • 88   Dieser Wein hat sich nicht so gleichmäßig entwickelt, wie ich hoffte. Das attraktive Bukett von Erde, Kräutern, Mineralen sowie roter und schwarzer Frucht wirkt gefällig; im Geschmack findet sich unaufgelöstes, adstringierendes Tannin. Trotz kurzem Abgang ist dies doch ein sehr guter, vielleicht sogar ausgezeichneter Wein, der sich in den nächsten 10 Jahren weiter entfalten und dabei hoffentlich noch zulegen wird.
Voraussichtliche Genußreife: Jetzt bis 2012. Letzte Verkostung: 11/95.
1985 • 86   Der 1985er hat die für diesen Jahrgang charakteristische süße, reife, volle Frucht, aber mehr Tannin als andere Graves-Weine aus diesem Jahr. Für einen 1985er wird er langsam heranreifen, doch er verfügt nicht über die Konzentration, die man in Weinen dieses Guts zu finden erwartet.
Voraussichtliche Genußreife: Jetzt bis 2005. Letzte Verkostung: 3/90.
1984 • 85   Der 1984er Domaine de Chevalier enthält einen ungewöhnlich hohen Anteil an Cabernet Sauvignon (90 %). Er wird von rauchigem frischem Eichenholz deutlich geprägt, zeigt aber auch viel reife Frucht, mäßiges Tannin und schöne Tiefe. Er ist einer der wenigen Stars dieses Jahrgangs.
Voraussichtliche Genußreife: Jetzt. Letzte Verkostung: 3/89.

BORDEAUX

1983 • 91 Der 1983er ist der feinste Domaine de Chevalier der letzten 15 Jahre. In der Jugend war er tanninstreng und hart, doch inzwischen hat sich das Tannin verflüchtigt, und ein klassisches Beispiel für die Eleganz, markante Süße und hinreißende Komplexität, wie sie aus diesem Weingut kommen kann, ist übrig geblieben. Das intensive Bukett von Tabak, süßer schwarzer Frucht, Rauch, Süßholz und gedörrten Kräutern ist umwerfend. Auf der Zunge zeigt sich der Wein vollmundig, mittelschwer und von expansiver, saftiger Art. Schärfen gibt es keine, denn das gesamte Tannin ist wunderschön in diesem opulenten, verführerischen, üppigen Wein aufgegangen. Voraussichtliche Genußreife: Jetzt bis 2005. Letzte Verkostung: 10/97.

1982 • 71? Der 1982er Domaine de Chevalier ist und bleibt eine der großen Enttäuschungen dieses Jahrgangs. Im Faß zeigte er mehr Frucht, doch in halben und normalen Flaschen weist er krassen Mangel an Frucht und Extrakt auf und vermittelt eine harte, hohle Art mit viel adstringierendem Tannin und allzuviel grasiger, unreifer Krautigkeit. Ein Teil des Ertrags von 1982 war durch Hagel geschädigt, und es scheint, daß der Wein durch beeinträchtigte Trauben gelitten hat. Ich habe auch von guten Flaschen gehört, und Michael Broadbent hat diesem Wein 4 von 5 möglichen Sternen zuerkannt – vielleicht hatte ich einfach nur Pech. Letzte Verkostung: 9/95.

1981 • 83 Der 1981er ist sauber bereitet, es fehlt ihm aber an geschmacklicher Dimension, Tiefe und Charme – ein Wein mit mittlerem Körper, ausgeprägter Vanillin-Eichenholzwürze, aggressivem Tannin, rubinroter Farbe und magerem Abgang. Ob er wohl je aufblühen und wahren Genuß bereiten wird? Voraussichtliche Genußreife: Jetzt bis 2000. Letzte Verkostung: 3/89.

1980 • 84 In diesem mittelmäßigen Jahrgang ist der zutiefst fruchtige, offen gewirkte Domaine de Chevalier auffallend gut gelungen. Sein Bukett wird vom Vanillin frischer Eichenholzfässer beherrscht, der Körper ist mittelkräftig bei überraschender Konzentration und leichtem Tannin – ein geschmeidiger, hochklassiger Wein, der sich in den nächsten Jahren schön trinken wird. Voraussichtliche Genußreife: Jetzt. Letzte Verkostung: 10/84.

1979 • 85 Der schon seit seiner Abfüllung sehr angenehm süffige 1979er Domaine de Chevalier ist charmant, geschmeidig, fruchtig, hat mittleren Körper und hält sich gut. Sein duftiges Bukett von reifer Beerenfrucht und Zedernholz ist sehr verlockend. Auf der Zunge zeigt sich der Wein geschmeidig, mittelschwer, eichenholzwürzig, rund und nachhaltig. Voraussichtliche Genußreife: Jetzt. Letzte Verkostung: 12/89.

1978 • 92 Neben dem glorreichen 1970er ist dieser Jahrgang mein Favorit aus der Domaine de Chevalier während dieses Jahrzehnts. Der 1978er ist seit eh und je ein mustergültiger Graves mit einem Bukett von Tabak, Rauch, Zedernholz, süßer Beeren- und Cassisfrucht. Der noch immer üppig fruchtige, runde, generöse, mittelschwere, ausnehmend stilvolle und elegante Wein zeigt, welchen exquisiten Grad an Finesse die Domaine de Chevalier ohne Einbußen an Geschmacksfülle und Konzentration zuwege bringen kann. Voraussichtliche Genußreife: Jetzt bis 2005. Letzte Verkostung: 10/97.

1977 • 76 Das Gut hat einen der besseren 1977er zuwege gebracht: mild und fruchtig, mit mäßig intensivem, mittelkräftigem Geschmack, in dem sich angenehme Beerenfruchtigkeit zeigt. Voraussichtliche Genußreife: Jetzt – wahrscheinlich stark im Nachlassen. Letzte Verkostung: 3/81.

1976 • 78 Ein offenes, würziges, recht erdiges, reifes, fast verbranntes Bukett wird begleitet von vollreifem, mildem, nicht übermäßig konzentriertem, aber fruchtigem Geschmack. Voraussichtliche Genußreife: Jetzt – vermutlich im Nachlassen. Letzte Verkostung: 4/87.

1975 • 68 Jeder macht einmal einen Fehler, und ich habe sogar einen ziemlich schweren gemacht, indem ich diesen Wein kaufte, bevor ich ihn gekostet hatte. Der 1975er hat sich beständig als enttäuschend erwiesen. Wie dem 1982er war auch ihm Hagel zum Verhängnis geworden. Immerhin hat der 1975er Domaine de Chevalier noch immer eindrucksvolle, dunkel rubinrote, jugendfrische Farbe, aber auf der Zunge ist er hohl und außerordentlich adstringierend, außerdem zeigt er pelziges Tannin und einen harten, rauhen Abgang, aber vielleicht kommen ja nach

weiterer Lagerung noch Charme und Frucht zum Vorschein. Allerdings nimmt meine Skepsis immer mehr zu.
Voraussichtliche Genußreife: Jetzt bis 2000? Letzte Verkostung: 12/90.

1974 • 76   Ein schmackhafter, geschmeidiger, fruchtiger 1974er ohne die Strenge und Hohlheit, die so viele Weine aus diesem Jahrgang beeinträchtigt. Er ist inzwischen genußreif; vielleicht halten das Tannin und sein allgemeines Gleichgewicht ihn noch einige Jahre vor dem völligen Niedergang bewahrt.
Voraussichtliche Genußreife: Jetzt – wahrscheinlich stark im Nachlassen. Letzte Verkostung: 6/80.

1973 • 87   Diesen Wein habe ich 1990 zum ersten und einzigen Mal getrunken – er war eine Offenbarung. Die meisten 1973er waren schon am Ende desselben Jahrzehnts im Niedergang, aber dieser bei Freunden in Bordeaux genossene Wein zeigte noch tief rubinrote Farbe mit nur einem geringen Bernsteinsaum. Das explosiv-intensive Bukett von Pflaumen, rauchigem Eichenholzvanillin und Mineralen war wunderbar. Auf der Zunge spürte man reinen Samt bei süßer, expansiver, reifer Frucht und einem langen, kräftigen, alkoholischen Abgang. Kann das wahrhaftig ein 1973er sein? Auf jeden Fall ist er der beste Wein, der 1973 in der linken Hälfte der Region Bordeaux entstanden ist.
Voraussichtliche Genußreife: Jetzt. Letzte Verkostung: 4/90.

1971 • 67   Eine rechte Enttäuschung – dieser schon ganz aufgelöste, vorzeitig senile Wein zeigt starke Braunfärbung, scharfen, fast aufgekochten Geschmack und mageren, kurzen Abgang. Über seinen Höhepunkt ist er längst hinaus. Letzte Verkostung: 3/81.

1970 • 90   Der 1970er Domaine de Chevalier zeigt ein klassisches, süßes Bukett mit Noten von Johannisbeeren und Tabak im Verein mit rundem, expansivem, samtigem, burgunderähnlichem Geschmack. Der seidenzarte Wein, in dem sich kein unangenehmer Säure- oder Tanningehalt breitmacht, ist seit 1980 voll ausgereift, doch gut gelagerte Exemplare (wie das hier beschriebene) bieten nach wie vor herrlich eleganten, komplexen Genuß. Die Farbe weist schon beträchtlich viel Rostrot auf, im Geschmack aber sind keine Anzeichen für Oxidation oder Fruchteinbuße zu erkennen.
Voraussichtliche Genußreife: Jetzt bis 2003. Letzte Verkostung: 6/96.

1966 • 84   Zwar hält sich der 1966er noch zäh an seiner Fruchtkomponente fest, aber er beginnt doch inzwischen viel Braun in der Farbe zu zeigen und schmeckt ein wenig ausgetrocknet. Trotzdem hat er noch eine bejahrt-elegante, schmackhafte Fülle und Würze, die ihn sehr ansprechend machen.
Voraussichtliche Genußreife: Jetzt – vermutlich im Nachlassen. Letzte Verkostung: 8/82.

1964 • 90   Als ich in der ersten Ausgabe meines Buchs über diesen Wein schrieb, schätzte ich ihn nur mäßig ein. Zwei inzwischen verkostete Flaschen vermittelten von ihm ein bedeutend besseres Bild. In beiden zeigte er dunkel rubinrote Farbe mit leichtem Bernstein-Orange am Rand, und das Bukett ließ einen gerösteten, vollen, intensiv konzentrierten Charakter erkennen, wie er für ein heißes Jahr typisch ist. Auf der Zunge war dieser Wein für einen Domaine de Chevalier überaus körperreich und alkoholstark, dabei auch reichhaltig, voll, intensiv und samtig. Ich hatte diesen Wein eindeutig unterbewertet. Er ist zwar nicht so superb wie der 1964er La Mission-Haut-Brion, aber ein prachtvoll duftiger, genußbetonter Wein mit reichlicher, üppiger Geschmacksfülle ist der 1964er Domaine de Chevalier auf jeden Fall.
Voraussichtliche Genußreife: Jetzt. Letzte Verkostung: 11/89.

1961 • 86   Ähnlich wie der 1964er zeigt auch der 1961er bessere Farbe, aber eine derbere Art und hinlängliche Anzeichen dafür, daß er zu Anfang der siebziger Jahre auf seinem Höhepunkt war. Das komplexe, ausgereifte Bukett von gedörrter Frucht und Nüssen ist hochklassig, aber auf der Zunge bringt der Wein nicht die erwartete, für diesen Jahrgang charakteristische Fülle und Tiefe zum Vorschein. Eine 1989 verkostete Flasche hatte mehr Frucht, machte mir aber doch nicht soviel Eindruck, wie ich in Anbetracht des Jahrgangs erwartet hätte. Nichtsdestoweniger ist dieser Wein zwar nicht groß, aber doch sehr gut.
Voraussichtliche Genußreife: Jetzt. Letzte Verkostung: 11/89.

ÄLTERE JAHRGÄNGE

Die zwei Weine der Domaine de Chevalier aus den fünfziger Jahren, die ich verkosten durfte, erwiesen sich als exzellent. Der 1959er (89 Punkte 1988) war voller, reichhaltiger, muskulöser und tanninreicher als der 1961er. Er dürfte ohne weiteres noch bis zum Ende des Jahrhunderts durchhalten. Der 1953er (92 Punkte 1989) war voll ausgereift und verführerisch in einer Art wie ein 1970er oder 1978er – ein herrlich duftiger, üppiger Hochgenuß. Wenn man diesen Wein noch länger aufbewahren möchte, geht man ein hohes Risiko ein, daher ist seinen Besitzern nur zu empfehlen, ihn unverzüglich auszutrinken.

WEISSWEIN

1996 • 78 Extrem kräftige Säure und starker Holzton machen es fraglich, ob dieser Wein je großen Genuß bereiten wird. Zweifellos wird er sich mit seiner mächtigen Säure 20 bis 30 Jahre halten, aber er hat nicht viel Fleisch auf den Knochen.
Voraussichtliche Genußreife: 2005 bis 2015. Letzte Verkostung: 11/97.

1995 • 85 Ein solide gebauter, straff gewirkter, hochgezüchteter trockener Weißwein mit viel Schwefel, Holzton und Säure. Er legt allmählich an Fülle zu und könnte schließlich eine höhere Note verdienen, doch die schrille, strenge Säure und der ausgeprägte Eichenton stimmen bedenklich. Dessenungeachtet ist er ein mittelschwerer, ordentlich bereiteter weißer Graves, der sich mühelos 2 Jahrzehnte lang halten dürfte.
Voraussichtliche Genußreife: 2005 bis 2015. Letzte Verkostung: 3/97.

1994 • 91+ Dieser Jahrgang dürfte sich als der feinste Domaine de Chevalier seit dem 1983er und 1985er erweisen. Er zeigt weniger Eichenton als üblich; das mächtige Aroma mit Nuancen von Honig, Kirschen, Rauch und Melonen geht einher mit vollem Körper, kraftvoller, dichter, hochkonzentrierter Art und einem fast 45 Sekunden langen Nachklang – einer der größeren, konzentrierteren, wuchtigeren Weine der Domaine aus den letzten 20 Jahren. Angesichts des Verhaltens früherer Spitzenjahrgänge ist damit zu rechnen, daß sich dieser auf 10 bis 15 Jahre nach der Abfüllung verschließt und sich 25 bis 30 Jahre und länger schön entfaltet.
Letzte Verkostung: 3/97.

1993 • 89 Der zitrusfruchtige 1993er Domaine de Chevalier zeigt bisher noch keine Gestalt und auch nicht den kernigen, vollmundigen, muskulösen Charakter des hervorragenden 1992ers, vielmehr ist er in sich zurückgezogen und unentwickelt, seine reichliche, frisch-säuerliche Frucht wird ergänzt durch noch reichlicheren Eichentoast. Dieser Wein ist zwar straff gewirkt, fest und bestimmt sehr gut, aber mein Instinkt sagt mir, daß er nicht so reichhaltig und voll werden wird wie der 1992er. Er wird sich mindestens 15 bis 20 Jahre gut halten.
Letzte Verkostung: 11/94.

1992 • 90 Der 1992er zeigt ein straffes, aber verheißungsvolles Bukett von reicher, honigduftiger Melonenfrucht, schön ergänzt durch einen rauchigen Eichenton. Dieser fest gefügte, konzentrierte, mächtig ausgestattete, noch verschlossene Wein mit vielschichtiger Frucht und einem mineralisch stahligem Kern braucht 7 bis 12 Jahre, bis er sich erschließt, und dürfte mindestens 25 Jahre überdauern. Letzte Verkostung: 1/94.

1991 • 89 Der 1991er zeigt exzellente Frucht, intensive mineralische und eichenwürzige Noten, mittleren Körper, ungeheure Nachhaltigkeit, und sein Geschmack explodiert geradezu am Gaumen. Dieser Wein, der sich bereits zu verschließen beginnt, dürfte einige Jahrzehnte überdauern. Selbst in leichten Jahrgängen können sich die Weißweine der Domaine de Chevalier 15 bis 20 Jahre halten. Letzte Verkostung: 1/94.

1989 • 86 Dieser Wein hat nicht die Konzentration wie der 1988er; bei den hohen Erwartungen, die ich hegte, bin ich vom bisherigen Eindruck enttäuscht. Im Bukett findet sich reichlich intensive Vanillin-Eichenholzwürze sowie einige zarte Nuancen von Mineralen, Kräutern, und nicht ganz reifen Aprikosen. Im übrigen fehlt dem Wein bei mittlerem Körper einiges an Konzentration und Tiefe. Voraussichtliche Genußreife: Jetzt. Letzte Verkostung: 4/91.

DIE ROT- UND WEISSWEINE VON PESSAC-LÉOGNAN UND GRAVES

1988 • 90   Der 1988er ist ein klassischer Domaine de Chevalier mit superber Konturenschärfe, feinduftiger, eichenholzwürziger, mineralischer Art, kargem Geschmack – alles bei untergründiger, tiefer Fülle und außergewöhnlicher Nachhaltigkeit. Er ist im Augenblick kein großer Genuß, dürfte sich aber in 7 bis 8 Jahren entfalten und dann mindestens 15 Jahre überdauern. Voraussichtliche Genußreife: Jetzt bis 2005. Letzte Verkostung: 4/91.

1987 • 88   Die 1987er Weißweine aus Graves werden stark unterbewertet. Dieser Wein jedenfalls zeigt mehr Tiefe, Reife und Komplexität als der 1989er oder 1986er, die von oberflächlichen Beobachtern als weit besser eingeschätzt werden. Die Farbe ist hell strohgelb, das Bukett stärker entwickelt, mit Nuancen von Honig, Kräutern, Mineralen und Orangen versehen – bei mittlerem Körper, überraschend milder, aufgeschlossener Art zeigt der 1987er Domaine de Chevalier sehr schöne Tiefe, mäßige Säure und einen eichenholzwürzigen, alkoholstarken Abgang. Voraussichtliche Genußreife: Jetzt bis 2003. Letzte Verkostung: 11/90.

1986 • 85   Der hell strohgelbe 1986er mit seinem ausgeprägt eichenholzwürzigen, stark zurückhaltenden Bukett ist stahlig, straff gewirkt, außerordentlich karg und schwer zu beurteilen. Wenn er einmal mehr Konzentration und Charme entwickeln sollte, könnte er eine höhere Punktnote verdienen, meine Notizen aber sagen seit der ersten Probe aus dem Faß immer dasselbe.
Voraussichtliche Genußreife: Jetzt bis 2000. Letzte Verkostung: 3/90.

1985 • 93   Der 1985er dürfte sich für die Domaine de Chevalier als ein außergewöhnlicher Jahrgang erweisen. Nach den Maßstäben dieses Châteaus ist er als üppig zu bezeichnen. Er ist zwar inzwischen verschlossener als zu der Zeit, als ich ihn aus dem Faß verkostete, aber sein außergewöhnliches Maß an Reife und Fülle kann er nicht verbergen. Er ist körperreich, hat gute Säure – ein brillant bereiteter Wein mit Honig, Feigen, Melonen und Mineralen im duftigen Bukett und Geschmack – für den geduldigen Liebhaber dürfte er außerordentlichen Genuß bereithalten.
Voraussichtliche Genußreife: Jetzt bis 2010. Letzte Verkostung: 12/90.

1983 • 93   In diesem Jahrgang brachte die Domaine de Chevalier einen der besten Weißweine der Appellation und zugleich einen der ganz großen Erfolge der achtziger Jahre hervor. Als ich den 1983er das letzte Mal verkostete, war er unglaublich verschlossen, ließ aber trotzdem das profunde mineralisch-honigduftige Bukett, den reichhaltigen, intensiven, vollmundigen, ausnehmend fest strukturierten Geschmack und einen langen, explosiv gehaltvollen Abgang erkennen. Dennoch hat er sich seit der Abfüllung nur wenig entfaltet und macht ganz den Eindruck eines der langlebigsten Weißweine der letzten Jahrzehnte aus der Domaine de Chevalier.
Voraussichtliche Genußreife: Jetzt bis 2015. Letzte Verkostung: 1/91.

1982 • 87   Der 1982er ist ein eher fleischiger, vollmundiger und aufgeschlossener Vertreter des Weißweins der Domaine de Chevalier. Ihm fehlt die Struktur und Konturenschärfe sowie die große Tiefe und untergründige Komplexität des 1983ers, aber er hat viel rauchiges, vanillinduftiges Eichenholz, eine kräftige, füllige, vollmundige Art und im Abgang reichlich Alkohol und Holzaroma zu bieten.
Voraussichtliche Genußreife: Jetzt bis 2003. Letzte Verkostung: 3/90.

1981 • 82   Neben einem überraschend starken Schwefelgeruch zeigt der 1981er schmalbrüstigen, mineralischen Geschmack mit Anklängen an Melonen und Kräuter, dazu mittleren Körper, kräftige Säure und viel Holzaroma, jedoch nicht die Fülle und auch nicht das Gleichgewicht oder die Komplexität eines typischen Domaine de Chevalier.
Voraussichtliche Genußreife: Jetzt bis 2005. Letzte Verkostung: 3/88.

1979 • 88   Der 1979er ist ein Beispiel dafür, wie langsam sich der weiße Domaine de Chevalier entwickelt. Ich bin überzeugt, daß die meisten seiner Besitzer diesen Wein bereits getrunken haben, dabei beginnt er jetzt erst sich zu entfalten und aufzublühen. Ein reichhaltiges Aroma von Melonen, Kräutern und Eichenholz steigt sanft aus dem Glas auf. Auf der Zunge zeigt dieser Wein mittleren Körper, exzellente Fülle und große Nachhaltigkeit bei langem, frischem Abgang.
Voraussichtliche Genußreife: Jetzt bis 2000. Letzte Verkostung: 3/89.

1976 • 88 Für einen Domaine de Chevalier zeigt der 1976er schon vollreife mittelgoldgelbe Farbe, bei relativ direktem, offenem, honigduftigem Bukett, viel Körper und Glyzerin auf der Zunge und einem langen, alkoholstarken, fülligen Abgang. Ich finde diesen Wein köstlich, aber für die Domaine de Chevalier durchaus nicht typisch.
Voraussichtliche Genußreife: Jetzt bis 2000. Letzte Verkostung: 12/90.

1975 • 84 Ich wollte, ich würde diesen Jahrgang besser kennen; dieser Wein schmeckt außerordentlich gedämpft und überraschend leicht, und es fehlt ihm an Fülle, Komplexität und Nachhaltigkeit. Habe ich ihn in einem unzugänglichen verschlossenen Stadium seiner Entwicklung vorgefunden?
Voraussichtliche Genußreife: Jetzt. Letzte Verkostung: 11/90.

1971 • 73 Nachdem ich diesen Wein mehrfach verkostet habe, bin ich jetzt überzeugt, daß er eine mittelmäßige Leistung der Domaine de Chevalier darstellt. Er hat einen schlichten, fast banalen Duft ohne große Eigenständigkeit, begleitet von mittlerem Körper, kompakter, eindimensionaler Art, ja fast sterilem Geschmack.
Voraussichtliche Genußreife: Jetzt. Letzte Verkostung: 11/90.

1970 • 83 Dies ist ein spektakulärer Jahrgang für den Weißwein der Domaine de Chevalier. Die Farbe ist mittelgold, das mächtige, stark hervortretende Bukett erinnert an Gewürze, honigsüße Frucht, Nüsse und Feigen. Auf der Zunge zeigt sich der Wein körperreich, voll, üppig, ja sogar opulent, mit einem dramatisch langen, kräftigen Abgang. Bei aller Konzentration und Ausdruckskraft ist das Besondere an diesem Wein seine wundervolle Säure, die ihm klare, saubere Konturen verleiht.
Voraussichtliche Genußreife: Jetzt bis 2005. Letzte Verkostung: 11/90.

1966 • 88 Ein hochklassiges Bukett von Mineralen und Kräutern bildet den ersten Eindruck. Auf der Zunge zeigt sich mittlerer Körper und noch immer frische lebendige Art bei exzellenter Fülle und einem zarten, eleganten Charakter – ein leichterer, aber interessanter und verlockender Domaine de Chevalier.
Voraussichtliche Genußreife: Jetzt. Letzte Verkostung: 3/86.

1962 • 93 Das spektakulär frische und zugleich mächtige Bukett von Frühlingsblumen, Melonen, Kräutern und Mineralen ist fast unschlagbar – der körperreiche, außergewöhnlich volle, sanfte und doch untadelig ausgewogene Wein ist auf dem prachtvollen Höhepunkt seiner Reife angelangt, zeigt dabei aber in Farbe, Frische und Frucht noch keinerlei Alterserscheinungen. Ein Geniestreich von einem Weißwein. Bravo!
Voraussichtliche Genußreife: Jetzt bis 2000. Letzte Verkostung: 3/87.

COUHINS-LURTON
Cru Classé (nur für Weißwein)

SEHR GUT

Lage der Weinberge: Léognan

Besitzer: André Lurton
Adresse: 33850 Léognan
Postanschrift: wie oben
Telefon: 33 5 57 25 58 58 – Telefax: 33 5 57 74 98 59

Keine Besuche möglich

DIE ROT- UND WEISSWEINE VON PESSAC-LÉOGNAN UND GRAVES

WEISSWEIN

Rebfläche: 5,5 ha

Durchschnittliches Rebenalter: 15 bis 18 Jahre

Rebbestand: 100% Sauvignon Blanc

Pflanzdichte: 6500 Reben/ha

GRAND VIN

Name: Château Couhins-Lurton

Appellation: Pessac-Léognan

Verarbeitung und Ausbau: Gärung in zu 50% neuen Eichenfässern. 12 Monate Hefesatzlagerung mit häufigem Aufrühren. Der Wein wird geschönt und bei der Abfüllung gefiltert.

Kein ZWEITWEIN

Beurteilung des derzeitigen Rangs: Entspricht der Klassifizierung

Genußreife: 3 bis 8 Jahre nach dem Jahrgangsdatum

André Lurton, ein Mitglied der allgegenwärtigen Familie Lurton, betreibt dieses kleine Juwel von einem Weingut mit großer Hingabe und produziert unter Einsatz von Faßgärung und Hefelagerung einen rein von Sauvignon Blanc gekelterten, beständig superben Weißwein von überraschender Komplexität, Fülle und Nachhaltigkeit. Ich selbst würde ihn allerdings nicht länger als 7 bis 8 Jahre aufbewahren, aber das entspricht lediglich meiner persönlichen Vorliebe für relativ junge und frische Weine dieser Art. Der Preis des Couhins-Lurton hinkt noch weit hinter der Qualität her; Liebhaber von weißem Graves sollten nach diesem schwer aufzutreibenden, makellos bereiteten Wein auf die Suche gehen.

JAHRGÄNGE

WEISSWEIN

1995 • 87 Der 1995er Couhins-Lurton, eine der besseren Leistungen dieses Jahrgangs, zeigt zitrus- und melonenfruchtiges Aroma mit Kräutern und rauchigem Eichenholz im Hintergrund. Mittlerer Körper und frische, herbe Säure zeichnen diesen straff gewirkten Wein mit seiner sahnigen Fülle aus. Er dürfte sich schließlich als sehr gut oder gar ausgezeichnet erweisen und ein Jahrzehnt lang schönen Genuß bereiten. Letzte Verkostung: 3/97.

1994 • 90 Der zarte 1994er zeigt das reintönige, reichhaltige Aromaprofil, das der Couhins-Lurton meist vorweisen kann. Duftnuancen von Süßholz, Rauch, Melonen und Feigen leiten über zu einem mittelschweren, hochintensiven Wein mit schöner, reifer Frucht am Gaumen und einem eleganten, trockenen, säuerlichen Abgang.
Voraussichtliche Genußreife: Jetzt bis 2006. Letzte Verkostung: 3/97.

1993 • 91 Es ist schade, daß von diesem Wein, einem meiner Lieblinge unter den trockenen weißen Graves, so wenig produziert wird. Er entsteht rein von Sauvignon Blanc, besitzt aber eine Intensität und Fülle, als wäre ihm Sémillon beigemischt, was jedoch durchaus nicht der Fall ist. Der 1993er ist ein mustergültiger klassischer weißer Graves mit wundervoll intensiven Noten von Mineralen, Rauch und Honig, dazu mittlerem bis vollem Körper, großer Reintönigkeit und Lebendigkeit sowie herrlicher Konturenschärfe im langen Abgang. Er dürfte sich mindestens ein Jahrzehnt lang schön trinken. Letzte Verkostung: 11/94.

BORDEAUX

DE FIEUZAL
Cru Classé (nur für Rotwein)

AUSGEZEICHNET

Lage der Weinberge: Léognan

Besitzer: S.A. du Château Fieuzal
Adresse: 124, avenue de Mont de Marsan, 33850 Léognan
Telefon: 33 5 56 64 77 86 – Telefax: 33 5 56 64 18 88

Besuche: nur nach Vereinbarung

ROTWEIN

Rebfläche: 37,5 ha

Durchschnittliches Rebenalter: 30 Jahre

Rebbestand: 60 % Cabernet Sauvignon, 33 % Merlot, 4,5 % Cabernet Franc, 2,5 % Petit Verdot

Pflanzdichte: 8300 Reben/ha

Ertrag (im Durchschnitt der letzten 5 Jahre): 45 hl/ha

Durchschnittliche Jahresproduktion insgesamt: 225 000 Flaschen

GRAND VIN

Name: Château de Fieuzal

Appellation: Pessac-Léognan

Durchschnittliche Jahresproduktion: 140 000 bis 150 000 Flaschen

Verarbeitung und Ausbau: Vinifikation 3 Wochen in temperaturgeregelten kunststoffbeschichteten Edelstahltanks. Malolaktische Säureumwandlung teils im Faß (20 % des Ertrags), teils im Tank. Ab Dezember 18 Monate Ausbau in zu 60 % neuen Eichenfässern. Der Wein wird mit Eiweiß geschönt und leicht gefiltert.

ZWEITWEIN

Name: L'Abeille de Fieuzal

Durchschnittliche Jahresproduktion: 75 000 bis 80 000 Flaschen

WEISSWEIN

Rebfläche: 10 ha

Durchschnittliches Rebenalter: 25 Jahre

Rebbestand: 50 % Sémillon, 50 % Sauvignon

Pflanzdichte: 8300 Reben/ha

Ertrag (im Durchschnitt der letzten 5 Jahre): 45 hl/ha

Durchschnittliche Jahresproduktion insgesamt: 60 000 Flaschen

DIE ROT- UND WEISSWEINE VON PESSAC-LÉOGNAN UND GRAVES

GRAND VIN

Name: Château de Fieuzal

Appellation: Pessac-Léognan

Durchschnittliche Jahresproduktion: 40 000 Flaschen

Verarbeitung und Ausbau: Lese von Hand in mehrfachen Durchgängen. Gärung in zu 80 % neuen Eichenfässern. 12 Monate Hefesatzlagerung mit regelmäßigem Aufrühren. Der Wein wird geschönt und leicht gefiltert.

ZWEITWEIN

Name: L'Abeille de Fieuzal

Durchschnittliche Jahresproduktion: 20 000 Flaschen

Beurteilung des derzeitigen Rangs: Entspricht qualitativ einem 2ème oder 3ème Cru aus dem Médoc; seit 1985 ist der Weißwein erstaunlich gut und inzwischen den Besten der Appellation ebenbürtig

Genußreife: Rotwein: 5 bis 20 Jahre nach dem Jahrgangsdatum; Weißwein: 4 bis 10 Jahre nach dem Jahrgangsdatum

De Fieuzal war lange Zeit ziemlich wenig bekannt, und das ist erstaunlich, wenn man bedenkt, daß es sich dabei um ein relativ altes und in der Region hoch angesehenes Weingut handelt. Die Keller liegen in der hügeligen Landschaft an der D 651 am Rand von Léognan in Richtung Saucats. Allerdings war es um die Mitte der achtziger Jahre mit der Unbekanntheit von Château de Fieuzal ganz plötzlich vorbei, als es nämlich merklich reichhaltigere, komplexere Weine hervorzubringen begann. Das heißt aber nicht, daß die älteren Jahrgänge nicht gut bereitet worden wären, aber sie zeigten einfach nicht jenen blendenden Charakter wie die meisten jüngeren Jahrgänge.

Ein großer Teil des Verdienstes am Aufstieg von de Fieuzal fällt dem enthusiastischen Leiter Gérard Gribelin zu, der 1974 das Gut in die Hand nahm. 1977 wurden Edelstahltanks mit Temperaturregelung installiert, in den achtziger Jahren wurde die Maischdauer allmählich verlängert, und es fanden mehr Eichenfässer Verwendung. Der große Durchbruch kam für den weißen de Fieuzal im Jahr 1985, als das Weingut den ersten einer ganzen Reihe erstaunlicher weißer Graves herausbrachte. Gribelin spricht mit Anerkennung von dem großen Beitrag zur Wiederaufrichtung der Reputation von Château de Fieuzal, den sein inzwischen im Ruhestand lebender technischer Direktor und Kellermeister, Monsieur DuPouy, geleistet hat: Er war in jeder Hinsicht ein Perfektionist und entfaltete in der Weinbereitung von Château de Fieuzal bemerkenswerte Begabung und Flexibilität. Erstaunlicherweise hat sich der hohe Qualitätsstand nicht in einem rasanten Anstieg der Preise ausgewirkt, und so ergibt sich mit das günstigste Preis-/Leistungs-Verhältnis der ganzen Region Graves. 1994 ging Château de Fieuzal an die Versicherungsgesellschaft Fructivie über, die in dankenswerterweise weiterhin Gérard Gribelin mit der Leitung des Guts betraute.

JAHRGÄNGE

ROTWEIN

1997 • 87-88 Bei viermaliger Verkostung machte der 1997er de Fieuzal mit Ausnahme einer dumpfig schmeckenden Flasche einen außerordentlich guten Eindruck. Er ist einer der satter purpuroten Weine des Jahrgangs und zeigt beträchtliche Mengen an intensiver Cassis-Frucht, vereint mit Nuancen von Tabak, Kräutern und Teer. Dieser eindrucksvoll reintönige, mittelschwere, reichhaltige Wein mit moderatem Tannin und opulentem Eingang dürfte frühzeitig ansprechend wirken (2 bis 4 Jahre Kellerreife werden ihm gut tun) und sich 12 bis 15 Jahre lang halten. Voraussichtliche Genußreife: 2002 bis 2014. Letzte Verkostung: 3/98.

1996 • 86-87+   Wenn dieser Wein am Gaumen Fülle gewinnt, wird er eine höhere Note verdienen. Der schlanke, elegante, dunkel rubinpurpurrote Fieuzal hat in Duft und Geschmack attraktive Frucht von schwarzen Johannisbeeren mit Nuancen von Rauch, Bleistift und Mineralen, dazu mittleren Körper, mäßig kräftiges Tannin und einen würzigen, ausdrucksvollen Abgang.
Voraussichtliche Genußreife: 2006 bis 2020. Letzte Verkostung: 3/98.

1995 • 90   Dieser überaus elegante Wein zeigt tiefes Rubinpurpurrot und ein attraktives Aroma von Rauch, schwarzen Johannisbeeren, Mineralen und blumigen Düften. Der Geschmack ist üppig, mild und reif bei mittlerem Körper, mildem Tannin und einer samtigen Art, die an Opulenz grenzt. Dieser Wein zeigt keinerlei Schwere, und weder das Tannin noch die Säure, noch der Alkohol wirken aufdringlich – ein nahtloser, äußerst sauberer Bordeaux, der schon früh zu trinken sein dürfte, aber dennoch ausgezeichnete Lebenserwartung hat.
Voraussichtliche Genußreife: 2003 bis 2020. Letzte Verkostung: 11/97.

1994 • ?   Vor der Abfüllung schien der 1994er de Fieuzal mindestens ebenso gut wie der 1993er zu sein, aber zwei inzwischen verkostete Flaschen zeigten schimmeligen Geruch von nassem Karton, der jede Beurteilung unmöglich machte. Es kommt selten vor, daß man zwei Flaschen mit Korkengeschmack hintereinander erwischt. Letzte Verkostung: 1/97.

1993 • 87+   Ein wohlgelungener roter 1993er Graves. Sein sattes, tintendunkles Purpurrot läßt eher an einen großen als an einen mäßigen Jahrgang wie 1993 denken. Daneben bietet er starken Duft von Tabakblättern, schwarzen Johannisbeeren, Süßholz und Rauch. Mittlerer Körper, moderates Tannin und Jugendfrische machen diesen wohlausgestatteten Wein bereits zugänglich, aber weitere 1 bis 3 Jahre Kellerreife werden ihm doch guttun. Im übrigen dürfte er ein untypischer langlebiger 1993er sein.
Voraussichtliche Genußreife: 1999 bis 2015. Letzte Verkostung: 1/97.

1992 • 86   Dieser tief rubinpurpurrote 1992er zeigt reife Milde und schöne Tiefe. Hinzu kommen mittlerer Körper und viel saftige schwarze Frucht, eingehüllt in rauchige Eichenholzwürze. Dieser stilvolle, schmackhafte, elegante und nuancenreiche Graves wird von 2 bis 3 Jahren Kellerreife profitieren und die nächsten 10 Jahre überdauern. Letzte Verkostung: 11/94.

1991 • 82   Der 1991er ist jahrgangstypisch komprimiert und kompakt, hat aber ausgezeichnete dunkelrubinrote Farbe, ein monolithisches, toastwürziges, erdiges Bukett, schöne Tiefe und Reife und eine eindimensionale Persönlichkeit. Er sollte im Lauf der nächsten 10 Jahre getrunken werden. Letzte Verkostung: 1/94.

1990 • 88   Dieser Wein hat sich in der Flasche wunderschön entwickelt, so daß meine früheren Notizen über ihn außerordentlich geizig wirken. Die Farbe ist ein gesundes, dunkles Rubinpurpurrot. Das Aroma hat sich weitgehend erschlossen und zeigt viel Frucht von Preiselbeeren, schwarzen Kirschen und Cassis, auch Noten von viel frischem Eichenholz, Erde und Zedernholz finden sich im mäßig intensiven Bukett. Mittlerer Körper, süße Frucht, erkleckliches Glyzerin (ein Merkmal vieler 1990er) und sanftes Tannin beweisen, daß dieser Wein stark an Fülle gewonnen hat, wobei das Tannin auch besser integriert wurde – nach wie vor ein jugendfrisches, vielversprechendes Gewächs.
Voraussichtliche Genußreife: 2000 bis 2012. Letzte Verkostung: 8/97.

1989 • 97   Der 1989er de Fieuzal zeigt tief rubinpurpurrote Farbe mit leichter Aufhellung am Rand. Dieser mit neuen Fässern verwöhnte Wein bietet im mäßig intensiven Bukett eine reichliche Eichentoastnote neben roter und schwarzer Johannisbeerfrucht mit Nuancen von Erde und Kräutern. Am Gaumen zeigt der Wein mittleren Körper, milde Säure und im Abgang hohen Tanningehalt. In der Art ist er kompakter und schlanker als sein etwas süßerer, vollmundigerer Artgenosse von 1990.
Voraussichtliche Genußreife: 1999 bis 2010. Letzte Verkostung: 3/97.

DIE ROT- UND WEISSWEINE VON PESSAC-LÉOGNAN UND GRAVES

1988 • 86   Der 1988er ist ein extraktreicher, dunkler Wein mit exzellentem Bukett von süßer Johannisbeerfrucht, mittlerem Körper und einem kompakten, sehr tanninreichen (fast adstringierenden) Abgang. Dieser de Fieuzal war seit der Abfüllung verschlossen und scheint beträchtlich längere Flaschenreife zu brauchen. Seiner Art nach wird er sein Tannin nie ganz loswerden und stets eine gewisse Adstringenz und Kargheit aufweisen. Sicher wird er noch einmal zwei Jahrzehnte überdauern, seinen kantigen Charakter aber nicht verlieren.
Voraussichtliche Genußreife: Jetzt bis 2012. Letzte Verkostung: 1/97.

1987 • 86   Der 1987er de Fieuzal ist überraschend robust, reichfruchtig, dabei körperreicher und muskulöser als die anderen 1987er der Spitzenklasse. Er verfügt über geringe Säure und mildes Tannin und hat überraschend viel Alkohol und Wucht im Abgang. Er ist nun wohl trinkreif, hat sich aber seit der Verkostung aus dem Faß nicht viel verändert.
Voraussichtliche Genußreife: Jetzt bis 2000. Letzte Verkostung: 3/90.

1986 • 87   Dieser Jahrgang ist im südlichen Teil von Pessac-Léognan ausgesprochen unterschiedlich ausgefallen, doch de Fieuzal hat eine schöne Leistung vollbracht. Die Farbe ist ein jugendfrisches, tiefes Rubinrot mit Purpurschein, und das Bukett zeigt sich noch weniger entfaltet als bei jüngeren Fieuzal-Jahrgängen, in ihm stehen Erde, Gewürze, frisches Eichenholz neben mäßig süßer Cassis- und Preiselbeerfrucht. Dieser mittelschwere, stark mit Tannin versehene Wein entwickelt sich im Schneckentempo und dürfte eine lange Lebenserwartung haben. Ich hatte damit gerechnet, daß er inzwischen ausgereift sein würde, anscheinend braucht er aber noch 4 bis 5 Jahre Kellerreife.
Voraussichtliche Genußreife: 2001 bis 2016. Letzte Verkostung: 1/97.

1985 • 87   Der 1985er hat nun seinen Gipfel erreicht. Er zeigt tiefe rubinrote Farbe mit beträchtlicher Aufhellung am Rand. Das milde Bukett von fülliger Frucht, Kräutern, Rauch und *pain grillé* geht einher mit offen gewirkter, vollmundiger, zugänglicher Art bei mäßiger Gewichtigkeit, schöner Fülle und einem milden Abgang, in dem sich noch leichtes Tannin zeigt.
Voraussichtliche Genußreife: Jetzt bis 2006. Letzte Verkostung: 1/97.

1985 • 85   Der überraschend dunkel rubinrote 1984er de Fieuzal ist ein stämmiger, solid gebauter Wein mit guter Tiefe und Nachhaltigkeit. Nach 2 bis 3 Jahren Kellerreife zeigt er eine kräftige, fest strukturierte, von Cabernet beherrschte Persönlichkeit – ein unerwarteter Erfolg für diesen Jahrgang.
Voraussichtliche Genußreife: Jetzt bis 2000. Letzte Verkostung: 3/89.

1983 • 86   Das elegante, würzige, reichfruchtige Bukett wird begleitet von gutem, festem Tannin, mittlerem Körper, exzellenter Konzentration und guter Struktur und Nachhaltigkeit. Der 1983er de Fieuzal ist ein sauber bereiteter, geschliffener Wein, der in den letzten 3 oder 4 Jahren an Wucht und Fülle zugelegt hat.
Voraussichtliche Genußreife: Jetzt bis 2001. Letzte Verkostung: 3/89.

1982 • 86   Dieser Wein war stets attraktiv und zugleich trügerisch aufgeschlossen. Seine Farbe ist dunkel rubinrot, das volle Aroma erinnert an Schokolade und Beeren, enthält aber auch kräftige Eichenwürze und eine rauchige Toastnote. Für einen de Fieuzal ist der 1982er muskulöser und intensiver als sonst. Er dürfte sich mindestens ein Jahrzehnt schön entwickeln und erinnert an den 1989er, nur ist er nicht so konzentriert.
Voraussichtliche Genußreife: Jetzt. Letzte Verkostung: 1/89.

1981 • 80   Der 1981er hat ein angenehmes, kräuterduftiges, an Beeren erinnerndes Bukett, gute Säure, mittlere Gewichtigkeit und mäßiges Tannin. Er ist ein geschliffener, straffer, kompakter Wein.
Voraussichtliche Genußreife: Jetzt. Letzte Verkostung: 1/89.

1978 • 82   Der tief rubinrote mit leichtem Bernsteinsaum versehene 1978er de Fieuzal hat ein überraschend unentfaltetes, verhaltenes Bukett, etwas attraktive, reife, rauchige Frucht, mittleren Körper, gute Tiefe und Nachhaltigkeit, aber auch viel Tannin, das er erst noch abstreifen muß. Ob die Frucht wohl verblassen wird, bevor das Tannin verschwindet?
Voraussichtliche Genußreife: Jetzt bis 2000. Letzte Verkostung: 1/89.

BORDEAUX

1975 • 78 Dieser Wein beginnt abzumagern, wobei sich die unerfreulicheren Charakteristiken des Jahrgangs deutlich abzeichnen. Die Farbe ist ein dunkles Granatrot mit einigem Bernsteingelb und Orange am Rand. Das Bukett weist mehr Gewürz und Erde als Frucht auf. Das mächtige Tannin, das sich bei vielen 1975ern nachteilig bemerkbar macht, durchzieht den Geschmack ohne ein Gegengewicht. Der Wein besitzt zwar mittleren Körper und einige Konzentration, aber die brutale Schärfe des Tannins hinterläßt einen ungefälligen Eindruck.
Voraussichtliche Genußreife: Jetzt bis 2005. Letzte Verkostung: 1/97.

1970 • 87 Bei mehreren Verkostungen hat sich dieser Wein inzwischen als der feinste Fieuzal aus den 1970er Jahren herausgestellt. In seinem Granatrot zeigt sich ein deutlicher rostroter Saum. Das provokative, offen gewirkte Bukett von Tabakrauch, roten Johannisbeeren und Kräutern wird begleitet von mittelschwerer, runder Art und saftigem Geschmack. Im mäßig langen Abgang zeigen sich weder Schärfe noch Bitterkeit, Magerkeit oder Kargheit.
Voraussichtliche Genußreife: Jetzt bis 2002. Letzte Verkostung: 1/97.

WEISSWEIN

1996 • 88 Der trockene weiße de Fieuzal, eine der besseren Leistungen des Jahrgangs 1996, zeigt ein rauchiges, verschwenderisch mit Holznoten versehenes Aroma mit attraktiver süßer Frucht. Der Wein besitzt kräftige Säure, auch die erforderliche Fülle und sahnige Sanftheit als Gegengewicht zur Struktur. Er dürfte sich verschließen und 5 bis 7 Jahre Kellerreife verlangen. Er ist zwar schlanker und nicht so opulent wie Spitzenjahrgänge von de Fieuzal, aber für diesen Jahrgang ein guter Erfolg. Voraussichtliche Genußreife: 2003 bis 2012. Letzte Verkostung: 3/97.

1995 • 88 Als überaus gelungene Leistung für diesen Jahrgang, in dem in Pessac-Léognan und Graves so viele enttäuschend dünne, leichte Weine zustande gekommen sind, zeigt der 1995er de Fieuzal ein kräuterhaftes, zitrusfruchtiges, rauchiges Bukett, kräftigen Holzton, mittleren Körper mit guter Konzentration sowie Fülle und Milde durch reichliches Glyzerin im Abgang.
Voraussichtliche Genußreife: 2000 bis 2010. Letzte Verkostung: 3/97.

1994 • 92 Ein großartiger Wein aus diesem Gut, das ja meistens mit den besten weißen Graves hervorbringt. Er zeigt ein aus dem Glas hervorquellendes zitrusfruchtiges Aroma mit Nuancen von Honig und Rauch, mittleren bis vollen Körper, exquisite Konzentration, superbe Konturenschärfe und einen frischen, langen, fest strukturierten Abgang. Dieser fabelhafte de Fieuzal dürfte sich über mindestens 15 Jahre schön entfalten. Letzte Verkostung: 3/97.

1993 • 92 Der reichhaltige, kraftvolle 1993er bietet ausdrucksstarken Geschmack bei körperreicher Art, vollgepackt mit honigfeiner, an Wachs erinnernder Melonenfrucht und Eichenwürze. Hinzu kommen kernige, feste Substanz und ein langer frischer Abgang. Weißer de Fieuzal entsteht von 50 % Sémillon und 50 % Sauvignon Blanc und wird in zu 100 % neuen Eichenfässern vergoren und ausgebaut. Dieser Jahrgang dürfte mindestens 10 bis 15 Jahre überdauern.
Letzte Verkostung: 1/97.

1992 • 91 Der 1992er zeigt ein mächtiges, sahnig-volles Aroma von rauchigem frischem Eichenholz und reifer Frucht; hinzu kommen mittlerer bis voller Körper, exzellente Konzentration und ein kerniger Abgang. Zwar ist dieser Jahrgang nicht so klar gezeichnet wie manche andere, er bietet jedoch üppige Vollmundigkeit, die in den nächsten 7 bis 8 Jahren genossen werden will.
Letzte Verkostung: 1/97.

1991 • 86 Der 1991er ist ein gut gelungener Wein aus einem schwierigen Jahrgang. Er ist zwar verhalten, besitzt aber eine gewisse Eleganz, dazu Zitronenfrische und feine Honigsüße, leichten bis mittleren Körper, Eichentoast und einen schmackhaften, trockenen Abgang. Getrunken werden sollte er in den nächsten 5 bis 6 Jahren. Letzte Verkostung: 1/94.

1989 • 90 Wie viele andere 1989er Graves-Weißweine hat auch der de Fieuzal nicht ganz soviel Biß und auch nicht die erwartete Konturenschärfe, einfach weil er zu wenig Säure aufweist. Dessenungeachtet darf er jedoch als einer der am besten gelungenen Weine des Jahrgangs bezeichnet werden. Er ist voll, honigduftig, rauchig mit wundervoll reifem Apfel- und Melonengeschmack.
Voraussichtliche Genußreife: Jetzt bis 2000. Letzte Verkostung: 3/93.

DIE ROT- UND WEISSWEINE VON PESSAC-LÉOGNAN UND GRAVES

1988 • 92 Dieser beispielhaft schöne weiße Graves zeigt ein vollintensives Bukett von Honig, Blumen und rauchigem frischem Eichenholz. Auf der Zunge hat er eine Opulenz und Fülle, die nur das Ergebnis niedriger Erträge bzw. alter Reben sein kann – ein wundervoll sauberer, reichhaltiger, klassischer weißer Graves.
Voraussichtliche Genußreife: Jetzt bis 2005. Letzte Verkostung: 1/96.

1987 • 88 Hell golden mit einem verhaltenen, aber verlockenden Bukett von Feigen, Melonen, rauchigem frischem Eichenholz und Honig; im Mund nicht so konzentriert und voll wie der 1988er, aber zart, mit schöner Säure, Komplexität und einem überaus erfreulichen Abgang.
Voraussichtliche Genußreife: Jetzt. Letzte Verkostung: 4/91.

1986 • 85 Ich bin noch nie ein großer Bewunderer der Graves-Weißweine von 1986 gewesen, und diese Leistung von de Fieuzal ist noch schlichter als üblich, ohne tiefgründige Komplexität und Konturenschärfe im Geschmack. Er ist voll, stellt sich aber stämmig und vierschrötig und etwas formlos dar.
Voraussichtliche Genußreife: Jetzt. Letzte Verkostung: 4/91.

1985 • 93 Bislang ist der 1985er mein Favorit unter allen Weißwein-Jahrgängen von de Fieuzal. Zugleich bezeichnet er auch den Durchbruch, als das Weingut in der Qualität mit den besten der Region in Wettbewerb trat. Die Farbe ist noch immer jung, das Bukett hat wundervoll intensiven, honigsüßen, an Feigen, Melonen, Orangen, Kräuter und Eichenholz erinnernden Duft – ein körperreicher, voller, mit viel Extrakt und Nachhaltigkeit ausgestatteter, schön ausgewogener, sensationeller weißer Graves.
Voraussichtliche Genußreife: Jetzt bis 2005. Letzte Verkostung: 7/97.

LA GARDE
Ohne Klassifizierungsrang

SEHR GUT

Lage der Weinberge: Martillac

Besitzer: Dourthe Frères (C.V.B.G.)
Adresse: 33650 Martillac
Postanschrift: c/o Dourthe Frères, B.P.49, 35, rue de Bordeaux, 33290 Parempuyre
Telefon: 33 5 56 35 53 00 – Telefax: 33 5 56 35 53 29

Besuche: nur nach Vereinbarung

ROTWEIN

Rebfläche: 44,5 ha

Durchschnittliches Rebenalter: 20 Jahre bei Cabernet Sauvignon und 23 bei Merlot

Rebbestand: 65 % Cabernet Sauvignon, 35 % Merlot

Pflanzdichte: 6500 Reben/ha

Ertrag (im Durchschnitt der letzten 5 Jahre): 55 hl/ha

Durchschnittliche Jahresproduktion insgesamt: 250 000 Flaschen

GRAND VIN

Name: Château La Garde

Appellation: Pessac-Léognan

Durchschnittliche Jahresproduktion: 150 000 Flaschen

BORDEAUX

Verarbeitung und Ausbau: Lese von Hand. Vinifikation in temperaturgeregelten Tanks. Malolaktische Säureumwandlung teils im Tank, teils im Faß. Anschließend 15 bis 20 Monate Ausbau (je nach Jahrgang) in zu 65 % neuen Eichenfässern. Der Wein wird mit Eiweiß geschönt, aber nicht gefiltert.

ZWEITWEIN

Name: La Chartreuse du Château La Garde

Durchschnittliche Jahresproduktion: 100 000 Flaschen

WEISSWEIN

Rebfläche: 5,5 ha

Durchschnittliches Rebenalter: 15 Jahre

Rebbestand: 100 % Sauvignon Blanc

Pflanzdichte: 6500 Reben/ha

Ertrag (im Durchschnitt der letzten 5 Jahre): 34 hl/ha

Durchschnittliche Jahresproduktion insgesamt: 25 000 Flaschen

GRAND VIN

Name: Château La Garde

Appellation: Pessac-Léognan

Durchschnittliche Jahresproduktion: 25 000 Flaschen

Verarbeitung und Ausbau: Lese von Hand, mehrere Durchgänge. Kaltabsetzen des Mosts. Gärung und malolaktische Säureumwandlung in jährlich zu $1/3$ erneuerten Eichenfässern. 10 bis 12 Monate Hefesatzlagerung mit regelmäßigem Aufrühren. Der Wein wird geschönt, aber nicht gefiltert.

Kein ZWEITWEIN

Beurteilung des derzeitigen Rangs: Entspricht qualitativ einem Cru Bourgeois aus dem Médoc

Genußreife: Rotwein: 2 bis 6 Jahre nach dem Jahrgangsdatum; Weißwein: 2 bis 4 Jahre nach dem Jahrgangsdatum

Seit das große Handelshaus Dourthe im Jahr 1990 den Besitz übernahm, bringt das Gut exzellenten Rot- und Weißwein hervor, der großes Interesse verdient und obendrein ein ausgezeichnetes Preis/Leistungs-Verhältnis bietet.

JAHRGÄNGE

ROTWEIN

1995 • 88   Der 1995er zeigt ein süßes, offen gewirktes, attraktives Aroma von Gras und schwarzen Johannisbeeren, ergänzt durch Rauch und vanillinduftiges frisches Eichenholz. Dieser elegante, saftige, vollmundige, schmackhafte rote Graves läßt sich in den nächsten 7 bis 8 Jahren gut trinken – einer von vielen feinen Weinen, die der Verbraucher erst noch entdecken muß. Letzte Verkostung: 11/97.

1994 • 88   Dieses Weingut bringt immer wieder feine Weine hervor, die auf dem Markt größere Anerkennung verdienen. Der 1994er ist ein mustergültiger roter Graves mit viel süßer Johannisbeerfrucht und Noten von Rauch und Tabak, mittlerem bis vollem Körper, wundervoll mildem, rundem Geschmack und üppig-sanfter Art. Dieser köstliche, reintönige, volle Wein dürfte sich über 7 bis 8 Jahre schön trinken lassen. Letzte Verkostung: 3/96.

1993 • 87   Der 1993er zeigt schön integriertes frisches Eichenholz, ein moderat intensives reintöniges Aroma von reifer Cassis-Frucht, eine mittelschwere, elegante Persönlichkeit und ausdrucksvollen Geschmack. Das Tannin ist weder aggressiv noch adstringierend. Dieser Wein dürfte bei der Freigabe trinkreif sein und sich ein Jahrzehnt lang halten. Letzte Verkostung: 11/94.

HAUT-BAILLY
Cru Classé (nur für Rotwein)

AUSGEZEICHNET

Lage der Weinberge: Léognan

Besitzer: Robert G. Wilmers
Adresse: Route de Cadaujac, 33850 Léognan
Telefon: 33 5 56 64 75 11 – Telefax: 33 5 56 64 53 60

Besuche: nur nach Vereinbarung
Kontaktperson: Jean Sanders (Tel. 5 56 63 19 54, Fax: 5 56 27 16 02)
oder Serge Charitte (Tel. siehe oben)

ROTWEIN

Rebfläche: 27,5 ha

Durchschnittliches Rebenalter: 35 Jahre

Rebbestand: 65 % Cabernet Sauvignon, 25 % Merlot, 10 % Cabernet Franc

Pflanzdichte: 10 000 Reben/ha

Ertrag (im Durchschnitt der letzten 5 Jahre): 50 hl/ha

Durchschnittliche Jahresproduktion insgesamt: 180 000 Flaschen

GRAND VIN

Name: Château Haut-Bailly

Appellation: Pessac-Léognan

Durchschnittliche Jahresproduktion: 120 000 Flaschen

Verarbeitung und Ausbau: Vinifikation normalerweise 3 Wochen. Anschließend 12 bis 14 Monate Ausbau in Eichenfässern (55 % des Ertrags in neuen, der Rest in älteren Fässern). Der Wein wird weder geschönt noch gefiltert.

ZWEITWEIN

Name: La Parde Haut-Bailly

Durchschnittliche Jahresproduktion: 60 000 Flaschen (unterschiedlich je nach Jahrgang)

Beurteilung des derzeitigen Rangs: Entspricht qualitativ einem 3ème Cru aus dem Médoc

Genußreife: 5 bis 20 Jahre nach dem Jahrgangsdatum

Nach Maßstäben von Graves ist Haut-Bailly ein relativ junges Gut. Seine Geschichte ist aber dennoch nicht uninteressant. Ein gewisser Monsieur Bellot de Minières, der zweite Besitzer von

Haut-Bailly im Jahr 1872, war anscheinend der Meinung, daß der Wein einen kräftigen Schuß Cognac zur Aufmunterung gut vertragen könne. Darum ließ er nach dem Ausspülen der Fässer den zu diesem Zweck benutzten Cognac einfach darin. Heutzutage hört man Gerüchte, es komme in Burgund vor, daß schwächeren Jahrgängen hier und dort in aller Heimlichkeit mit *eau de vie* aufgeholfen werde, Monsieur Bellot de Minières aber machte damals kein Geheimnis aus der «besonderen» Dimension seines Weins.

1955 übernahm die Familie Sanders den Besitz. Es wird erzählt, Daniel Sanders – ein begeisterter Weinfreund aus Belgien – sei von dem 1945er Haut-Bailly so angetan gewesen, daß er nach einigem Hin und Her kurzerhand beschloß, das Weingut zu kaufen. Sein Sohn Jean, der im nahe gelegenen Château Courbon lebt (woher ein angenehmer, trockener weißer Graves kommt), übernahm die Leitung von Haut-Bailly nach dem Tode seines Vaters. Im Juli 1998 wurde der Besitz an Robert G. Wilmers verkauft.

Seit dem Beginn der sechziger Jahre hatte das Weingut in der Qualität einige Unbeständigkeit gezeigt. Der 1961er war zwar fabelhaft, auch der köstliche 1964er, aber erst 1979 kam nach längerer Zeit der Mittelmäßigkeit wieder einheitlich bessere Qualität auf. Der Beschluß, bis zu 30 % des Leseguts für einen Zweitwein zu verwenden, dazu ein erhöhter Anteil an neuen Eichenfässern und die zur Erzielung reiferen Leseguts bewußt auf einen späteren Termin hinausgeschobene Lese haben Haut-Bailly in den achtziger Jahren zunehmend verbesserte Weine eingetragen.

In der Jugend ist dieser Wein nicht gerade sehr leicht einzuschätzen. Ich weiß nicht recht warum, aber er stellt sich oft ein wenig dünn und leicht dar, scheint aber dann in der Flasche Wucht und Tiefe zuzulegen. Als ich Jean Sanders danach fragte, meinte er, es sei ihm ganz und gar nichts daran gelegen, einen Wein zu bauen, der auf Publizisten Eindruck mache, insbesondere bevor er in der Flasche sei. Er glaubte, daß das überaus hohe Alter seines Rebbestands und sein traditioneller Weinbereitungsstil ohne die geringste Filtrierung (im modernen Bordeaux eine Seltenheit) nun einmal einen Wein ergebe, der einige Zeit brauche, bis er seinen ganzen Charme und Charakter zur Geltung bringen könne. Der Haut-Bailly wird das Format oder die Wucht seines Nachbarn de Fieuzal kaum je erreichen, doch dafür zeigt er in Spitzenjahrgängen außergewöhnliche Eleganz.

JAHRGÄNGE

1997 • 86-87 Der 1997er Haut-Bailly, einer der zartesten, elegantesten, graziösesten Weine von Bordeaux, zeigt tiefes Rubinrot und bereits schön entwickelte, süße, würzige Aromen von roten Johannisbeeren und Tabak. Der Wein ist mittelschwer, subtil, reichfruchtig und harmonisch – dieser sanfte, aufgeschlossene Haut-Bailly wird zwischen 2000 und 2010 auf seinem Gipfel sein. Letzte Verkostung: 3/98.

1996 • 87-88+ Tanninstrenger, fester gefügt, muskulöser und weniger charmant als der 1995er zeigt sich der 1996er Haut-Bailly mit intensiver Frucht von roten Johannisbeeren und Kirschen, Rauch, Erde und einem Hauch Trüffel im Aroma. Leichter bis mittlerer Körper, moderates Tannin und eine hochelegante Art zeichnen diesen sauber bereiteten Wein aus, auch wenn ihm die Ausdruckskraft des 1995ers fehlt.
Voraussichtliche Genußreife: 2003 bis 2018. Letzte Verkostung: 3/98.

1995 • 90 Dieser wunderschön tief rubinrote Wein bietet ein klassisches Aromaprofil von Rauch, Kirschen, roten und schwarzen Johannisbeeren, dazu süße, üppige, entgegenkommende Frucht, mittleren Körper, echte Delikatesse und Eleganz (nichts Dünnes oder Verwässertes), vollendete Ausgewogenheit und einen schönen, langen, geschmeidigen, samtigen Nachklang – ein Bordeaux, so zart duftig, lieblich und schwungvoll schwebend wie eine Ballerina.
Voraussichtliche Genußreife: 2000 bis 2018. Letzte Verkostung: 11/97.

1994 • 88 Der Haut-Bailly, einer der feinsten 1994er aus der Appellation Pessac-Léognan, hat dunkelrubinrote Farbe mit Purpurschimmer. Das süße Bukett von schwarzen Johannisbeeren,

DIE ROT- UND WEISSWEINE VON PESSAC-LÉOGNAN UND GRAVES

Erde und Mineralen und der reife, mittelschwere, vollmundige Geschmack geben den eleganten Stil des roten Graves in schönster Form wieder. Im Mund fühlt sich der charmante Wein voll und doch ätherisch an und zeigt keinerlei Schärfe (im Jahrgang 1994 keine Kleinigkeit), dafür aber schön integrierte Säure und Eichenwürze.
Voraussichtliche Genußreife: Jetzt bis 2005. Letzte Verkostung: 1/97.

1993 • 87 Der dunkelrubinrote 1993er Haut-Bailly bietet ein überraschend intensives, sinnliches, süßes, würziges, beerenduftiges Bukett. Im Geschmack findet sich eine leichte Tanninschärfe, doch ansonsten hat der mittelschwere, reife, exzellente 1993er Charme, Fülle und reintönige, ausgewogene Art. Dieser stets stilvolle Wein dürfte sich über 1 bis 3 Jahre hinweg entfalten und das erste Jahrzehnt des nächsten Jahrhunderts überdauern. Überdies ist er zu einem vernünftigen Preis zu haben. Letzte Verkostung: 1/97.

1992 • 86 Dieses Weingut ist in letzter Zeit mit auf kompromißlose Weise bereiteten Weinen von unbestreitbarer Finesse stark hervorgetreten. Der 1992er Haut-Bailly zeichnet sich durch ein kräftiges, elegantes Rauch- und Kirschenaroma, reifen, runden, generösen, vollen, fruchtigen Geschmack (der hohe Merlot-Anteil ist erkennbar) und einen sanften, samtigen, anmutigen Nachklang aus. Die klassische Eleganz von Haut-Bailly, vereint mit bewundernswerter Reife, Extraktfülle und Tiefe kommt schön zur Geltung. Der 1992er dürfte sich über 7 bis 10 Jahre hinweg schön trinken. Ein eindrucksvoller Wein! Letzte Verkostung: 11/94.

1990 • 92 Der 1990er Haut-Bailly, der mir schon immer ein wenig lieber war als der 1989er, hat sich wiederum als der Stärkere erwiesen. Er zeigt volleres, satteres Dunkelrubinrot, dazu ein vorbildliches Bukett von Rauch, Tabak, Brombeeren und Cassis. Dieser stilvolle, reife, geschmeidige, generöse Wein hat mittleren Körper, keinerlei Schärfe und ist gut gebaut – alle Komponenten sind im Gleichgewicht. Er wird über die nächsten 15 Jahre schön zu trinken sein. Letzte Verkostung: 11/96.

1989 • 89 Der 1989er ist ein reifer, milder, geschmeidiger Wein mit tief rubinroter Farbe und attraktivem Bukett von Kräutern, süßer Beerenfrucht und rauchigem Tabak. Bei seiner sanften, eingängigen Art und milden Säure dürfte er sich anmutig weiterentwickeln und mindestens noch einmal 12 Jahre lang eleganten, seidigen Genuß bereiten. Letzte Verkostung: 11/96.

1988 • 89 Der 1988er ist voll und reichhaltig mit profundem Aromaprofil von Mineralen, Gewürzen, süßen Eichennoten und Johannisbeerfrucht, mildem Geschmack bei vollem Körper, sanfter Beschaffenheit und einem langen, glatten, herrlichen Abgang. Nach weiteren 3 bis 4 Jahren Flaschenreife könnte sich dieser Wein durchaus als herausragend erweisen.
Voraussichtliche Genußreife: Jetzt bis 2003. Letzte Verkostung: 1/93.

1986 • 85 In Anbetracht der allgemein kräftigen, tanninreichen Persönlichkeit dieses Jahrgangs ist der 1986er Haut-Bailly ein milder Wein, aber er läßt sich dafür auch in sehr jungen Jahren gut trinken. Das vollintensive Bukett von süßem, rauchigem Eichenholz und reifer Pflaumenfrucht ist sehr attraktiv. Auf der Zunge zeigt sich der Wein nachhaltig, reichfruchtig und geschmeidig, und der Abgang ist überraschend sanft.
Voraussichtliche Genußreife: Jetzt bis 2005. Letzte Verkostung: 1/97.

1985 • 86 Viel Tiefe hat dieser Haut-Bailly nicht, wohl aber Charme, Finesse und süße Brombeer- und Johannisbeerfrucht. Die Eichen- und Rauchnote, die der junge Wein zeigte, hat sich zum Teil verflüchtigt und einer gewissen Krautigkeit hinter dem Eichenton Platz gemacht. Der Wein hat mittleren Körper, mildes Tannin und anfänglich auch Vollmundigkeit, die aber rasch einer leichteren, geschmeidigeren, aber nicht übermäßig interessanten Art weicht.
Voraussichtliche Genußreife: Jetzt bis 2002. Letzte Verkostung: 1/97.

1983 • 87 Der 1983er, ein typischer Haut-Bailly, ist dunkel rubinrot, hat ein reichhaltiges, üppiges Bukett von reifen schwarzen Johannisbeeren und attraktivem, eichenholzwürzigem Vanillinaroma. Auf der Zunge zeigt er sich aufgeschlossen mit fülligem, seidigem, reifem und rundem Tannin. Hinzu kommt ein mittlerer Körper und Pomerol-ähnliche, seidige, füllige Art; der 1983er ist bereits voll ausgereift.
Voraussichtliche Genußreife: Jetzt. Letzte Verkostung: 1/91.

1982 • ? Ich habe diesen Wein stets als den schrecklich unbeständigsten seines Jahrgangs empfunden. So waren neulich verkostete Flaschen kaum mittelmäßig. Der Wein hat stark an Farbe eingebüßt und zeigt ein verwaschenes Rostrot sowie dünnen, adstringierenden, tanninherben Geschmack ohne Fülle, Charme oder Intensität. Ich habe auch schon großartige Flaschen erlebt, jedoch nicht bei neueren Verkostungen. Ich gebe diesen Wein auf. Letzte Verkostung: 9/95.

1981 • 84 Der 1981er Haut-Bailly ist weder profund noch überaus konzentriert, aber duftig, elegant, würzig, mild, fruchtig und bemerkenswert süffig. Er hat nicht den Biß und die Tiefe des 1982ers, 1983ers oder 1979ers, dafür ist er in leichterem Stil angenehm und gefällig.
Voraussichtliche Genußreife: Jetzt. Letzte Verkostung: 12/87.

1979 • 87 Der 1979er Haut-Bailly, beständig einer der köstlichsten Weine aus diesem weitgehend übersehenen Jahrgang, hat exzellente, tief rubinrote Farbe, ein reichhaltiges, mäßig intensives, rauchiges Bukett voll Eichenholzwürze und reifer Frucht, milden, seidigen, fülligen und fruchtigen Geschmack, leichtes Tannin und samtigen Abgang – ein harmonischer, sehr schöner Wein.
Voraussichtliche Genußreife: Jetzt. Letzte Verkostung: 3/88.

1978 • 81 Aus irgendwelchen Gründen zeigte der jetzt genußreife 1978er bei aller fruchtigen, charmanten und milden Art nie ganz die Tiefe und Dimension des 1979ers. Inzwischen nimmt er leichte Bernstein-Orange-Färbung an und weist ein kräuterwürziges, eichenholzduftiges Bukett, milden, locker gewirkten Geschmack und einen sanften Abgang auf.
Voraussichtliche Genußreife: Jetzt. Letzte Verkostung: 1/91.

1976 • 62 Haut-Bailly hatte mit dem Jahrgang 1976 keinen Erfolg. Eine Hitzewelle vor der Lese ließ die Trauben überreif werden. Der Wein ist inzwischen durchgereift und nimmt sich mit locker gewirkter Struktur, sehr geringer Säure und verwässertem Geschmack sogar alt aus.
Letzte Verkostung: 9/79.

1975 • 76 Ich habe diesen vegetabilen, dünnen, tanninherben Wein stets mit Punktzahlen von knapp über 60 bis knapp über 70 bewertet, also erwies er sich diesmal als relativ gut. Das Bukett hat sich entfaltet und zeigt nun recht attraktive grasige, johannisbeerfruchtige Aromanuancen, aber viel Frucht ist nicht da, und das Tannin beherrscht noch immer dieses Leichtgewicht, das keine Zukunft hat. Letzte Verkostung: 12/95.

1973 • 55 Dieser Wein ist total zusammengebrochen, zeigt ein verwaschenes, vegetabiles, dünnes Aroma und flachen, süßlichen, leichten Geschmack ohne Biß, Konzentration oder Nachhaltigkeit – ein Musterbeispiel von einem Bordeaux im Niedergang. Letzte Verkostung: 9/88.

1971 • 75 Der 1971er Haut-Bailly ist charmant, aber etwas leicht und flau und jetzt im Nachlassen – seine Braunfärbung wird immer tiefer und ausgeprägter. Der samtige, milde, fruchtige Geschmack ist angenehm, verblaßt aber im Glas rasch.
Voraussichtliche Genußreife: Jetzt – wahrscheinlich stark im Nachlassen.
Letzte Verkostung: 12/83.

1970 • 87 Bei einer Verkostung von 1970er Bordeaux-Weinen vor einigen Jahren hielt sich der Haut-Bailly gut und zeigte damit, daß er wahrscheinlich der beste Jahrgang aus diesem Château zwischen dem 1964er und dem 1979er war. Er hat noch immer die vordergründige, rauchige, liebliche und kräuterwürzige Frucht, mittleren Körper, mildes, samtiges Tannin und einen langen, sanften, alkoholstarken Abgang.
Voraussichtliche Genußreife: Jetzt. Letzte Verkostung: 10/88.

1966 • 85 Voll ausgereift, recht fruchtig, aber ein wenig verhaltener und strenger als der reichhaltigere, opulentere 1970er, zeigt der 1966er eine gewisse Bräunung am Rand, gute Konzentration, erdig-fruchtigen Geschmack und einen milden, runden Abgang.
Voraussichtliche Genußreife: Jetzt – vermutlich im Nachlassen. Letzte Verkostung: 4/82.

1964 • 88 Ich hatte das Glück, diesen Wein in Bordeaux kosten zu können und fand ihn exzellent, ja fast hervorragend. Das reife, geröstete Bukett mit Karamel, Tabak, Rauch und dunkler Frucht war nahezu sensationell. Im Mund fühlte er sich füllig, generös ausgestattet und samtig an – der 1964er Haut-Bailly ist wahrscheinlich schon seit mindestens 10 Jahren voll ausgereift,

DIE ROT- UND WEISSWEINE VON PESSAC-LÉOGNAN UND GRAVES

zeigt aber keine Anzeichen, daß die Frucht sich abschwächt. Er ist unverändert kräftig, mild und überaus verführerisch.
Voraussichtliche Genußreife: Jetzt. Letzte Verkostung: 3/90.

1961 • 93   Dieser Wein ist prachtvoll – zweifellos der beste Haut-Bailly, den ich je gekostet habe. Inzwischen ist er sogar noch besser als vor 6 Jahren, als ich ihn zum ersten Mal probierte. Dem Glas entströmt ein mächtiges Bukett mit erdigen, rauchigen, tabakduftigen und an reife Beerenfrucht erinnernden Noten. Die opulente, fast ölige Geschmacksfülle ist ungeheuer konzentriert, dick, reichhaltig und wuchtig. Es ist kein bißchen adstringierende, strenge Art übriggeblieben, dafür ziemlich kräftiger Alkohol und ein herrlich intensiver, langer, explosiv reichhaltiger Abgang. Wie lange wird dieser 1961er wohl noch leben? Ich hatte geglaubt, er wäre inzwischen im Niedergang, aber er hat das Potential für mindestens weitere 10 Jahre.
Voraussichtliche Genußreife: Jetzt bis 2001. Letzte Verkostung: 3/90.

ÄLTERE JAHRGÄNGE

Ich habe superbe Exemplare vom 1928er Haut-Bailly erlebt, z. B. eine in hervorragender Verfassung befindliche Flasche im Dezember 1995 (90 Punkte). Sie zeigte Bernsteingelb und Orange am Rand, dabei eine Fülle von süßen Düften und Noten von Zedernholz und Tabak bzw. Zigarrenkisten, außerdem Pflaumenfrucht bei samtig-seidiger Statur. Ein stilvoller, verführerischer Wein ohne übermäßiges Tannin (anders als so mancher 1928er). Andererseits war eine Flasche 1900er Haut-Bailly bei einer Verkostung in Paris im März 1996 meiner Meinung nach eine Fälschung. Er schmeckte wie ein traubiger junger spanischer Wein mit reichlich, ja übermäßig viel Eichenholzwürze und erstaunlich dunkler rubinpurpurroter Farbe. Die Flasche sah zwar echt aus, der Wein aber war für einen 1900er zu einfach, traubig und eindimensional.

HAUT-BRION
Premier Cru seit 1855

HERVORRAGEND

Lage der Weinberge: Pessac

Besitzer: Domaine de Clarence Dillon S.A.
Adresse: 33600 Pessac
Postanschrift: B.P. 24, 33604 Pessac Cedex
Telefon: 33 5 56 00 29 30 – Telefax: 33 5 56 98 75 14

Besuche: nur nach Vereinbarung
Kontaktperson: Carla Kuhn

ROTWEIN

Rebfläche: 42,5 ha

Durchschnittliches Rebenalter: 36 Jahre

Rebbestand: 45 % Cabernet Sauvignon, 37 % Merlot, 18 % Cabernet Pflanzdichte: 8000 Reben/ha

Durchschnittliche Jahresproduktion insgesamt: 18 000 bis 22 000 Kisten

BORDEAUX

GRAND VIN

Name: Château Haut-Brion

Appellation: Pessac-Léognan

Durchschnittliche Jahresproduktion: 14 000 bis 18 000 Kisten

Verarbeitung und Ausbau: Lese von Hand. Vinifikation in temperaturgeregelten 225-hl-Edelstahltanks. Gärführung und Umpumpen erfolgen nach Computerprogrammen (Durchschnittstemperatur 30 °C). 22 Monate Ausbau in neuen Eichenfässern. Der Wein wird mit frischem Eiweiß geschönt.

ZWEITWEIN

Name: Bahans-Haut-Brion

Durchschnittliche Jahresproduktion: 4000 Kisten

WEISSWEIN

Rebfläche: 2,5 ha

Durchschnittliches Rebenalter: 27 Jahre

Rebbestand: 63 % Sémillon, 37 % Sauvignon

Pflanzdichte: 8000 Reben/ha

Durchschnittliche Jahresproduktion insgesamt: 800 Kisten

GRAND VIN

Name: Château Haut-Brion Blanc

Appellation: Pessac-Léognan

Durchschnittliche Jahresproduktion: 800 Kisten

Verarbeitung und Ausbau: Gärung in zu 100 % neuen Eichenfässern. 13 bis 16 Monate Hefesatzlagerung. Der Wein wird mit Eiweiß geschönt.

ZWEITWEIN

Name: Les Plantiers du Haut-Brion

Beurteilung des derzeitigen Rangs: Entspricht der Klassifizierung

Genußreife: Rotwein: 6 bis 35 Jahre nach dem Jahrgangsdatum; Weißwein: 5 bis 25 Jahre nach dem Jahrgangsdatum

Château Haut-Brion liegt in der betriebsamen Vorstadt Pessac und ist das einzige Premier Cru in amerikanischem Besitz. Die Familie Dillon erwarb es 1935 in sehr schlechtem Zustand und investierte beträchtliche Summen in die Weinberge und Keller. Heute ist das schöne Gut eines der Schmuckstücke von Graves.

Die Weinbereitung untersteht in Haut-Brion dem rührigen, tüchtigen Jean Delmas (einem der begabtesten Kellertechniker der Welt), der auf eine warme, kurze Gärzeit schwört. Dafür reift der Haut-Brion im Vergleich mit anderen Bordeaux-Weinen sehr lange (bis zu 30 Monate) in neuen Eichenfässern und wird neben dem Clinet in Pomerol mit am spätesten abgefüllt.

Der Weinstil von Haut-Brion hat sich im Lauf der Jahre verändert. Die herrlich vollen, erdigen, fast süß zu nennenden Weine aus den fünfziger und ersten sechziger Jahren sind in der Zeit zwischen 1966 und 1974 einem leichteren, kargeren, eingängigen, ja fast simplen Stil gewichen,

DIE ROT- UND WEISSWEINE VON PESSAC-LÉOGNAN UND GRAVES

dem es an der Fülle und Tiefe fehlte, die man von einem Premier Cru eigentlich erwartet. Es bleibt ein Rätsel, ob das nun Absicht oder eine vorübergehende Schwäche von Haut-Brion war – die Mitarbeiter von Haut-Brion reagieren jedenfalls empfindlich und unwirsch auf derartige Bemerkungen. Beginnend mit dem Jahrgang 1975 zeigen die Weine wieder mehr von der gewohnten erdigen Fülle und Konzentration, wie man sie aus der Zeit zwischen 1966 und 1974 kennt. Heute produziert Haut-Brion zweifellos wieder Wein, der seinem Status als Premier Cru gerecht wird. Ab dem Jahrgang 1978 reihen sich alle Weine beständig unter die feinsten der Region und unter meine Favoriten ein.

Ob Zufall oder nicht, die Qualität des Haut-Brion begann sich nach der Ära 1966 bis 1974 zu erholen, als Douglas Dillons Tochter Joan 1975 Vorstandsvorsitzende wurde. Nach dem Tod ihres ersten Mannes, Prinz Charles von Luxemburg, heiratete sie 1978 den Duc de Mouchy. Um dieselbe Zeit wurde auch der Ertragsanteil erhöht, der an den Zweitwein Bahans-Haut-Brion abgezweigt wird, wodurch sich die Qualität des Haut-Brion eindeutig gebessert hat. Außerdem scheint es, daß Jean Delmas allein die Zuständigkeit für den Betrieb des Weinguts übertragen wurde – in Bordeaux wird einhellig bestätigt, daß er zu den talentiertesten und kenntnisreichsten Weinbaufachleuten und Weingutsverwaltern Frankreichs zählt. Seine hervorragenden wissenschaftlichen Arbeiten in der Klonforschung sind in Frankreich unübertroffen. In den überaus ertragreichen achtziger Jahren entschloß sich Jean Delmas – ähnlich wie sein Kollege Christian Moueix im Château Pétrus in Pomerol – zum Ausdünnen der Frucht. Das hat zweifellos zu noch größerer Konzentration sowie zur außerordentlichen Qualität des 1989ers beigetragen, der im gegenwärtigen Stadium als der großartigste Haut-Brion erscheint, den es seit dem 1959er und 1961er gegeben hat.

Es ist interessant zu bemerken, daß bei blinden Verkostungen der Haut-Brion oft als das aufgeschlossenste und leichteste aller Premiers Crus auftritt. Eigentlich aber ist er nicht leicht, sondern nur anders, vor allem im direkten Vergleich mit den eichenholzwürzigen, vollmundigen, tanninherberen Weinen aus dem Médoc und den milderen, von Merlot geprägten Weinen vom rechten Gironde-Ufer. Trotz dieser frühreifen Art zeigt er in Spitzenjahrgängen jedoch die Fähigkeit, 30 und mehr Jahre zu überdauern, und damit ist die Zeitspanne seiner Genußreife weitaus länger als bei den anderen Premiers Crus.

Gleichzeitig mit der Qualitätsverbesserung beim Haut-Brion hat sich seit 1978 auch die Qualität des Zweitweins, Bahans-Haut-Brion, gesteigert, und damit ist er inzwischen zum besten Zweitwein von Bordeaux geworden. Nur in bestimmten Jahrgängen wird er vom Zweitwein von Château Latour, Les Forts de Latour, übertroffen.

Zum Weißwein von Haut-Brion ist zu sagen, daß er von den meisten Beobachtern stets als der feinste weiße Graves eingestuft wird. Auf Wunsch des Châteaus ist er jedoch nicht in die Klassifizierung aufgenommen worden, weil die Erzeugung so gering ist. Nichtsdestoweniger ist dieser Weißwein unter Jean Delmas, der einen weißen Graves mit der Opulenz eines Montrachet anstrebt, von einem Höhepunkt zum anderen geschritten. Neuere Jahrgänge, z. B. der 1994er, 1989er und 1985er, sind überwältigend.

Als persönliche Bemerkung darf ich hinzufügen, daß ich in den über 30 Jahren, die ich damit zugebracht habe, so viele Bordeaux-Weine zu probieren, wie ich nur irgend konnte, als einzige Geschmacksveränderung bei mir eine stetig wachsende Zuneigung zum Haut-Brion festgestellt habe. An dem rauchigen, mineralischen, an Zigarrenkisten und süße Cassis-Frucht erinnernden Charakter dieses Weins finde ich immer mehr Gefallen, je älter – und, Jean Delmas würde zweifellos sagen, je weiser – ich werde.

JAHRGÄNGE

ROTWEIN

1997 • 91-93 Haut-Brion arbeitete nicht nur bei seinem Grand Vin mit strenger Auslese: Nur 45% des Ertrags wurden für ihn verarbeitet, und nur 35% des dabei ausgeschiedenen Leseguts fanden Eingang in den Zweitwein Bahans-Haut-Brion. Der 1997er Haut-Brion ist ein uneingeschränkter Erfolg und zählt zu den feinsten Premiers Crus. Seine Farbe ist ein undurchdringlich dunkles Rubinpurpurrot. Der kräftig entwickelte Duft bietet Aromen von Teer, Tabak und süßer, fülliger Pflaumen- und Cassis-Frucht. Mittlerer Körper, ungewöhnliche Harmonie, milde Säure und feines Tannin gehen einem erstaunlich langen, verführerischen, reintönigen Nachklang voraus. Während der Wein im Glas stand, kamen immer mehr Nuancen von Schokolade, Tabak und schwarzer Frucht zum Vorschein. Es ist schwer, diesen Haut-Brion mit anderen Jahrgängen zu vergleichen. Offenbar ist der 1997er nicht so wuchtig und vollgepackt wie der 1995er und 1996er, aber er ist ein seidiger, üppiger Haut-Brion, der schon bei der Freigabe gut zu trinken sein und zwei Jahrzehnte überdauern wird. Letzte Verkostung: 3/98.

1996 • 95-96+ In den aus 50% Merlot, 39% Cabernet Sauvignon und 11% Cabernet Franc zusammengesetzten 1996er Haut-Brion fanden nur 60% des Ertrags Eingang. Es stimmt zwar, daß die Appellationen Pessac-Léognan und Graves im Jahr 1996 nicht soviel Glück hatten wie das Médoc, aber die Weine aus der Hand von Jean Delmas (Haut-Brion, La Mission-Haut-Brion und La Tour-Haut-Brion) sind auch in diesem Jahrgang brillant ausgefallen, und damit setzte sich ein Trend fort, der Haut-Brion unter die beständigsten Premiers Crus von Bordeaux einreiht (man denke nur an die überragenden Leistungen in so schwierigen Jahren wie 1993, 1992 und 1987). Der 1996er Haut-Brion hat an Gewichtigkeit zugelegt und war im November noch milder und duftiger als im Frühjahr; er zeigt dunkles Rubinrot mit Purpurschimmer. Das eigentliche Gepräge von Haut-Brion ist meist der glorreiche Duft von Tabak, schwarzer Frucht, Rauch und getrockneten Kräutern gemeinsam mit milder Geschmeidigkeit – alles vereint in einem konzentrierten Wein, der freilich nie die Wucht oder Tanninstrenge eines Médoc oder die dicke Öligkeit eines Spitzenweins von der anderen Seite der Gironde hat. Wie ich schon oft geschrieben habe, bewundere ich den Haut-Brion zwar seit eh und je, doch inzwischen bin ich seinem Duft und seiner Komplexität ganz und gar verfallen. Er ist nie der mächtigste unter den Premiers Crus, aber er gehört meist zu den hinreißendsten Weinen dieser Elitegruppe und hat das profundeste Aromaprofil unter seinesgleichen. Nach alledem dürfte sich der 1996er als ein exquisiter Wein erweisen, vielleicht ist er etwas fester gefügt und verschlossener als der superbe 1995er, aber doch überaus reichhaltig und voll Frucht mit Nuancen von Rauch, Kirschen und Tabak. Hinzu kommen mittlerer Körper, außergewöhnliche Reintönigkeit und Ausgewogenheit und ein langer, moderat tanninherber Abgang. Das Tannin ist im übrigen außerordentlich mild.
Voraussichtliche Genußreife: 2004 bis 2030. Letzte Verkostung: 3/98.

1995 • 96 Dieser Wein hat sich bei jeder meiner Verkostungen als brillant erwiesen. Er ist zugänglicher und aufgeschlossener als der 1996er, hat satte, rubinpurpurrote Farbe und ein umwerfendes Aromaprofil von schwarzer Frucht, Vanillin, Gewürzen und Holzrauch. Der multidimensionale, volle, mittelschwere bis körperreiche Wein mit vielschichtiger reifer Frucht und schön integriertem Tannin- und Säuregehalt ist ein anmutiger, nahtloser, außergewöhnlicher Haut-Brion, der sich schon in der Jugend überraschend gut trinken lassen dürfte.
Voraussichtliche Genußreife: 2000 bis 2030. Letzte Verkostung: 11/97.

1994 • 93 Im Kontrast zum entgegenkommenden, vordergründigen Duft des 1993ers ist der 1994er aromatisch verschlossen. Erst mit einiger Nachhilfe kommen Nuancen von Trüffeln, süßer schwarzer Frucht sowie von Mineralen bzw. Steinen zum Vorschein. Dieser würzige, körperreiche, kraftvolle Wein hat maskulinere Struktur als der 1993er und potentiell komplexeren, volleren Charakter. Er ist superb gebaut, schön ausgewogen und so reintönig, wie ein Wein nur sein kann. Eichenholz, Säure und Tannin sind vorbildlich integriert.
Voraussichtliche Genußreife: 2002 bis 2025. Letzte Verkostung: 4/98.

DIE ROT- UND WEISSWEINE VON PESSAC-LÉOGNAN UND GRAVES

1993 • 92   Der 1993er Haut-Brion, einer der großen Weine dieses Jahrgangs, hat eine aus Granatrot, Pflaumenblau und Purpur zusammengesetzte Farbe, ein ausdrucksvolles, duftiges, süßes Aromaprofil von schwarzen Johannisbeeren, Mineralen, Bleistift und Erde, dazu mittelschweren bis körperreichen, konzentrierten Geschmack, der nichts von der Härte oder Krautigkeit des Jahrgangs an sich hat. Dieser vielschichtige Wein besitzt mildes Tannin, gute Nachhaltigkeit und hervorragende Reintönigkeit. Sein Preis ist im Vergleich zu neueren Haut-Brion-Jahrgängen geradezu moderat. Man sollte ihm 3 bis 4 Jahre Kellerreife gönnen und ihn zwischen 2001 und 2020 genießen. Letzte Verkostung: 1/97.

1992 • 90   40 % des Ertrags wurden vom Grand Vin von Haut-Brion ausgeschlossen. So entstand ein stilvoller, im Geschmack ausdrucksstarker Wein, der mich an den 1985er in etwas verkleinertem Maßstab erinnert. Die schöne, tief rubinrote Farbe geht einher mit einem hervorquellenden Bukett von schwarzer Frucht, Rauch und Mineralen. Schöne Reife und hervorragende Fülle im Verein mit mittlerem Körper, einer eleganten Persönlichkeit und einem geschmeidigen, mäßig tanninherben Abgang vermitteln den Eindruck, daß dieser Wein in 4 bis 5 Jahren trinkreif sein und sich 15 bis 20 Jahre halten wird. Ein großartiger Erfolg für 1992!
Letzte Verkostung: 11/94.

1991 • 86   Der 1991er Haut-Brion ist karg, tanninstreng und verschlossen. Allerdings zeigt er ein gutes, dunkles Rubinrot und ein straffes, aber verheißungsvolles Aroma von schwarzer Frucht, Mineralen und Vanillin. Er ist würzig bei guter Tiefe und klarer Linienführung, aber kann er sich aus seiner Hülle herausschälen und mehr Charme und Finesse an den Tag legen? Wenn nicht, wird er wohl abmagern, ehe das Tannin sich mildert.
Voraussichtliche Genußreife: Jetzt bis 2008. Letzte Verkostung: 1/94.

1990 • 96   Wie außerordentlich der 1990er Haut-Brion ist, vergesse ich nur zu oft, weil er im mächtigen Schatten des 1989ers steht. Bei dieser Blindverkostung jedoch erwies der 1990er sich als ein großer Wein. Sein Preis ist übrigens nicht so stark gestiegen, wie man es bei seiner Qualität erwarten sollte. Er ist ein überreifer Wein mit einem sehr weit entfalteten, duftigen, süßen Bukett von Cassis, Mineralen, geräucherten Kräutern, heißen Steinen, Tabak und Toast. Der vollmundige, reichhaltige, superb konzentrierte, aufgeschlossene und ehrfurchtgebietend ausgestattete Wein mit seinem mittleren bis vollen Körper verlangt 4 bis 6 Jahre Kellerreife und ist imstande, 20 bis 25 Jahre und mehr zu überdauern – ein wenig beachteter, unterbewerteter 1990er, der mehr Aufmerksamkeit verdient.
Letzte Verkostung: 4/98.

1989 • 100   Der herrliche 1989er Haut-Brion – einer aus einer Handvoll wahrhaft profunder Weine eines Jahrgangs, der bis auf die Pomerols, einige St-Emilions und einige besonders gute Leistungen aus dem Médoc meist überbewertet wird – gehört zu den größten Premiers Crus, die ich je gekostet habe. Er mutet mich an wie der 1959er in seiner Jugend gewesen sein muß, aber er ist eher noch reichhaltiger und hinreißender im Aroma. Die Farbe ist ein tiefdunkles Rubinpurpurrot. Hinzu kommt ein süßer Duft von fülliger Frucht, Tabak, Eichenwürze, Mineralen und Rauch. Dieser fabelhaft konzentrierte Wein mit mächtigem Gehalt an Frucht, Extrakt und Glyzerin wirkt fast dickflüssig in seiner Fülle. Milde Säure verleiht ihm noch mehr Anziehungskraft und ansprechende Art. Seit der Abfüllung hat er sich nicht im geringsten fortentwickelt, und doch bereitet er mit seiner üppigen Substanz seit eh und je herrlichen Genuß. Er verlangt noch 5 bis 6 Jahre Flaschenreife, bis er die fabelhafte Duftigkeit des Haut-Brion entfaltet. Seinen eigentlichen Gipfel wird er um 2003 bis 2005 erreichen und sich dann 15 bis 25 Jahre lang schön trinken. Letzte Verkostung: 4/98.

1988 • 91   Der 1988er ist nach demselben Schema gebaut wie der 1966er, aber er ist konzentrierter und kraftvoller. Das dichte Bukett von Tabak, reifer schwarzer Frucht und würzigem Eichenholz beginnt sich gerade erst zu entfalten. Dieser Wein mit seinem mittelschweren Körper, seiner Fülle und seinem Tannin sowie einem guten Kern von Frucht muß noch bis zum Ende des Jahrhunderts im Keller ruhen.
Voraussichtliche Genußreife: 2000 bis 2025. Letzte Verkostung: 1/93.

1987 • 88   Hätte ich doch von diesem Wein nur mehr gekauft, vor allem bei dem günstigen Preis, für den er einst zu haben war! Der 1987er ist schon seit der Abfüllung köstlich. Er zeigt ein dramatisches, erdiges Bukett mit Noten von angesengtem Leder, mildem Tabak und reifen schwarzen Johannisbeeren. Zwar ist er kein Kraftprotz mit seinem mittelschweren Körper, seiner generösen, reichhaltigen Fruchtigkeit und seiner verführerischen Persönlichkeit, aber er ist duftig, rund, elegant und köstlich und seit Beginn der 1990er Jahre genußreif, ohne Anzeichen eines Verblassens von sich zu geben. Freilich sollte man es mit längerer Aufbewahrung nicht übertreiben. Voraussichtliche Genußreife: Jetzt. Letzte Verkostung: 1/97.

1986 • 96   Der 1986er Haut-Brion, der – wie ich früher meinte – inzwischen längst ausgereift sein sollte, ist nach wie vor unaufgeschlossen, hochkonzentriert und wuchtig und läßt mehr Tannin erkennen als die meisten Spitzenweine dieses Jahrgangs. Er besitzt das typische Bukett von Rauch, Tabak und süßen schwarzen Johannisbeeren, dazu subtile Noten von frischem Eichenholz und Mineralen. Dieser intensive, reichhaltige Wein mit seinem mittleren bis vollen Körper hat seinen Gipfel noch immer nicht erreicht, er ist fraglos der Graves-Wein des Jahrgangs und steht den großen 1986er Premiers Crus aus dem Médoc kaum in etwas nach.
Voraussichtliche Genußreife: 2000 bis 2015. Letzte Verkostung: 5/98.

1985 • 94   Dieser Haut-Brion war stets einer der verführerischeren, schmackhaftesten, komplexeren aus den 1980er Jahren. Aus meinen Notizen geht hervor, daß er die Quintessenz an Eleganz und Finesse des Haut-Brion-Stils darstellt. Die Farbe ist nach wie vor ein tiefes Rubinpurpurrot mit leichter Aufhellung am Rand. Das überwältigende Bukett von intensiver, fülliger schwarzer Frucht, Rauch, Zedernholz, Kräutern und frischem Eichenholz leitet über zu einem generös konzentrierten, vollen, herrlich proportionierten und vielschichtigen Haut-Brion ohne jede Schärfe. Alles – Alkohol, Säure, Tannin – geht wundervoll in der nahtlosen Harmonie des 1985ers auf.
Voraussichtliche Genußreife: Jetzt bis 2010. Letzte Verkostung: 10/97.

1984 • 84   Der fein mit Düften von Mineralen, Tabak und reifer Frucht ausgestattete 1984er Haut-Brion hat mittleren Körper und erstaunlich gute Tiefe und Länge. Ein kraftvoller Wein ist er nicht gerade, sondern mild, sanft und in jungen Jahren ideal zu trinken.
Voraussichtliche Genußreife: Jetzt. Letzte Verkostung: 4/88.

1983 • 87   Der voll ausgereifte 1983er ist ein sehr guter Wein mit schöner Tiefe und reichhaltiger, milder, üppiger Frucht sowie einem reichlichen Maß an Tannin im Abgang. Der Gesamteindruck ist aufgeschlossen, reif und füllig. Er ist ein gut gelungener Wein, aber nach den neueren Maßstäben von Haut-Brion fehlt es ihm an Faszination, und er ist in erschreckendem Tempo ausgereift. Von allen relativ reifen Haut-Brions hat dieser Jahrgang neben dem 1978er eine ausgeprägte Teer- oder Asphaltkomponente im Aromaprofil.
Voraussichtliche Genußreife: Jetzt bis 2004. Letzte Verkostung: 7/97

1982 • 94   Jean Delmas bleibt dabei, daß der 1982er das moderne Gegenstück zum 1959er Haut-Brion ist. Ich bin nicht bereit, ganz so weit zu gehen, aber auf jeden Fall ist er ein reichhaltiger, verlockender Haut-Brion mit mittlerem bis vollem Körper, der gerade beginnt, das typische Aromaprofil von Mineralen, Tabak und reifer Johanisbeerfrucht dieses duftigen, komplexen Premier Cru zu zeigen. Der 1982er Haut-Brion ist meiner Meinung nach nicht mit dem vollkommenen 1989er vergleichbar, dennoch ist er ein voller, körperreicher Wein mit schön integriertem, mildem Tannin, mit echter Klasse und Rasse und einem süßen, expansiven, langen Abgang. Er hat lange gebraucht, um seine Tanninhülle abzuwerfen und seine wahre Haut-Brion-Persönlichkeit zur Geltung zu bringen. Seinen Gipfel dürfte er in 3 bis 5 Jahren erreicht haben und sich in den nächsten zwei Jahrzehnten des kommenden Jahrhunderts schön trinken lassen.
Letzte Verkostung: 9/95.

1981 • 85   Meine ersten Notizen über diesen Wein sind uneinheitlich, aber bei zwei Verkostungen gegen Ende der achtziger Jahre zeigte sich der 1981er als einschmeichelnder, sanfter Wein mit mittlerem Körper, rauchiger, vanillinduftiger Eichenholzwürze, rundem, reifem Geschmack und einem milden, üppigen Abgang. Nach den Maßstäben der meisten Haut-Brion-Jahrgänge

seit 1978 fehlt es ihm allerdings an Kraft und Fülle, aber nichtsdestoweniger hat er charmante, leichtere, aufgeschlossene Art und befindet sich auf dem Höhepunkt seiner Reife.
Voraussichtliche Genußreife: Jetzt bis 2000. Letzte Verkostung: 1/91.
1979 • 93   Dieser schon bei seiner Freigabe genießbare Wein hat in der Flasche eine spektakuläre Entwicklung genommen und ist nach wie vor einer der üppigsten, komplexesten und befriedigendsten Haut-Brions der letzten 20 Jahre – bestimmt der feinste Wein dieses Jahrgangs von links der Garonne und Gironde. Er hat tief dunkles Pflaumen-Granatrot angenommen und zeigt ein prachtvolles, ausgeprägtes Haut-Brion-Bukett von fülliger schwarzer Frucht, Erde, Tabak, Rauch und süßem Früchtekuchen. Dieser reichhaltige Wein mit seinem mittleren bis vollen Körper und eindrucksvoller Eleganz, Reintönigkeit und Harmonie ist kein Schwergewicht und auch nicht übermäßig opulent in der Art (wie der 1989er und 1990er Haut-Brion), sondern eher fest gefügt und mit markantem Geschmack begabt. Er vereint Kraft, Fülle und Eleganz mit außergewöhnlichem Gleichgewicht.
Voraussichtliche Genußreife: Jetzt bis 2006. Letzte Verkostung: 10/97.
1978 • 90?   Mit fortschreitender Entwicklung hat dieser Wein eine ausgeprägte Geruchsnote von flüssigem Teer oder Asphalt angenommen, die in mancher Hinsicht zum Wesen von Graves gehört, aber es fehlen in auffälliger Weise einige der anderen im Haut-Brion meist vertretenen Nuancen. Der Wein ist voll ausgereift, tief granatrot, und der asphaltähnliche Geruchseindruck wiederholt sich auch im Geschmack, in dem sich Rauch, Teer und süße schwarze Frucht vereinen. Dieser überraschend ausentwickelte Wein ist schon seit mindestens einem Jahrzehnt trinkreif. Ich würde mit diesem Haut-Brion-Jahrgang mein Glück nicht auf die Probe stellen, sondern ihn in den nächsten 5 bis 6 Jahren austrinken.
Voraussichtliche Genußreife: Jetzt bis 2003. Letzte Verkostung: 10/97.
1977 • 74   In diesem schlechten Jahrgang war der Nachbar La Mission-Haut-Brion tatsächlich besser als der Haut-Brion mit seiner mittelrubinroten Farbe, seinem aromatischen, würzigen, aber etwas vegetabilen Aroma und ziemlich leichtem Geschmack und einiger Strenge im Abgang. Er sollte in den nächsten 5 Jahren getrunken werden.
Voraussichtliche Genußreife: Jetzt – vermutlich im Nachlassen. Letzte Verkostung: 9/83.
1976 • 86   In die mittelrubinrote Farbe schleicht sich am Rand allmählich Bernsteingelb ein; der 1976er ist schon seit Anfang der achtziger Jahre voll ausgereift, trinkt sich aber noch immer gut. Das würzige, erdige, eichenholzduftige und mäßig fruchtige Bukett wirkt elegant. Am Gaumen zeigt sich der Wein mild, rund, mit mittlerem Körper und charmanter Art, gegen Ende der achtziger Jahre scheint er sogar etwas Gewichtigkeit zugelegt zu haben. Man sollte jedoch nichts riskieren und ihn in den nächsten Jahren austrinken.
Voraussichtliche Genußreife: Jetzt. Letzte Verkostung: 1/90.
1975 • 93+   Ich muß zugeben, ich habe diesen Wein früher falsch beurteilt. Inzwischen habe ich ihn seines Preis/Leistungs-Verhältnisses wegen auf Auktionen erstanden. Der Haut-Brion, der zunächst mild und leicht erscheinen kann, besaß im Vergleich mit dem phänomenalen La Mission-Haut-Brion und La Tour-Haut-Brion nie viel Intensität. Das hat sich in den letzten 5 bis 7 Jahren jedoch geändert. Entweder hat dieser Wein beträchtlich an Gewichtigkeit zugelegt, oder ich war die vielen Male, die ich ihn im Jungzustand verkostet habe, nicht in Form. Inzwischen hat er ein berückend komplexes, rauchiges, süßfruchtiges Bukett mit Noten von Tabak, getrockneten Kräutern und angesengtem Leder entwickelt, wie es ein großer Haut-Brion besitzt. Der körperreiche 1975er mit seinem deutlichen, reifen Tannin zeigt beträchtliche Fülle und Intensität. Er bietet 1 bis 2 Stunden nach dem Dekantieren schönen Genuß, obschon das Tannin bemerkbar bleibt, und verträgt weitere 15 bis 20 Jahre Aufbewahrung. Ja, ich habe diesen Wein wahrhaftig unterschätzt. Ich habe ihn 1995 ein halbes Dutzend mal verkostet, und jedesmal erwies er sich als großartig. Man braucht sich nicht zu wundern, wenn die Punktnote sogar noch steigt, denn ich glaube nicht, daß der 1975er Haut-Brion seinen Gipfel schon erreicht hat. Beeindruckend!
Letzte Verkostung: 12/95.

1974 • 76 Für den Jahrgang kann der Haut-Brion als bescheidene Leistung gelten. Er ist jetzt voll ausgereift und ein wenig knapp bei Frucht, hat ein offen gewirktes, würziges, erdiges Bukett, etwas unrunden Geschmack bei mittlerem Körper und einen kurzen Abgang.
Voraussichtliche Genußreife: Jetzt – vermutlich im Nachlassen. Letzte Verkostung: 3/79.

1971 • 88 Nach meiner Ansicht ist der 1971er der beste Haut-Brion, der zwischen 1966 und 1975 entstand. Er ist voll genußreif, hat üppigen, lieblichen, reifen, erdigen und reichfruchtigen Geschmack, mittleren bis vollen Körper, ein kraftvolles, hochintensives, würziges Bukett und seidige, geschmeidige Art. Dieser sehr stilvolle, köstliche Wein sollte ausgetrunken werden. Ich habe ihn seit 1982 nicht mehr verkostet, nehme aber an, daß er noch in gutem Zustand ist.
Voraussichtliche Genußreife: Jetzt. Letzte Verkostung: 4/82.

1970 • 85 Der überraschend leichte, beständig gefällige und erfreuliche Wein ist doch alles in allem nichts Besonderes. Vielmehr stellt sich der 1970er Haut-Brion seit eh und je ungefüge dar, es mangelt ihm an der außerordentlichen Duftigkeit und Komplexität, wie dieses Weingut sie zuwege bringen kann. Bei dieser Verkostung zeigte der Wein vegetabile Tabaknoten, gute Würze, einige Frucht und mittelrubinrote Farbe mit viel Bernsteingelb. Tannin und Säure waren für die vorhandene Menge an Frucht, Glyzerin und Extrakt zu stark. Am besten austrinken.
Letzte Verkostung: 6/96.

1966 • 86 Der auf seinem Höhepunkt stehende 1966er Haut-Brion hat ein attraktives, erdiges, fruchtiges Bukett von mäßiger Intensität. In Gewichtigkeit und Fülle liegt er im mittleren Bereich, eher an der Grenze zu karger, leichter Art – ein erfreulicher, nicht zu schwerer Wein, recht ansprechend, aber den Proportionen nach nicht wirklich ein Premier Cru. Man sollte ihn in allernächster Zeit austrinken. Voraussichtliche Genußreife: Jetzt. Letzte Verkostung: 11/84.

1964 • 90 Während dieser Jahrgang im Médoc sehr unterschiedlich ausfiel, weil viele Châteaux von den schweren Regenfällen überrascht wurden, war er in Graves als sehr gut zu bezeichnen. Der 1964er Haut-Brion ist voll ausgereift, wie sich am Bernsteinsaum erkennen läßt, und hat ein herrlich reiches, erdiges, tabak- und mineralduftiges Bukett. Auf der Zunge zeigt sich reifer, tiefer, geschmeidiger, üppiger Geschmack; der körperreiche Wein sollte ausgetrunken werden, denn er ist schon hart an der Grenze.
Voraussichtliche Genußreife: Jetzt. Letzte Verkostung: 10/88.

1962 • 88 Der 1962er ist seit eh und je ein sehr feiner Haut-Brion mit Punktnoten um 90. Bei dieser Verkostung erwies er sich als würzig und mild mit Tabak, getrockneten Kräutern sowie roter und schwarzer Frucht im Bukett – ein voller, runder, mittelschwerer, ausgereifter Wein.
Letzte Verkostung: 12/95.

1961 • 100 Der dunkelgranatrote 1961er Haut-Brion ist reine Vollendung mit glorreich intensivem Aromaprofil von Tabak, Zedernholz, Schokolade, Mineralen sowie süßer roter und schwarzer Frucht, ergänzt durch einen rauchigen Holzton – von Anfang an eine großartige Leistung (der erste Jahrgang von Jean Delmas). Äußerst voller Körper und vielschichtige, viskose Frucht machen diesen Wein zu einer wahren Leckerei – stets erstaunlich!
Voraussichtliche Genußreife: Jetzt bis 2005. Letzte Verkostung: 3/97.

ÄLTERE JAHRGÄNGE

Bei der Verkostung im Dezember 1995 wurden der 1959er (93 Punkte) und der 1947er Haut-Brion (86 Punkte) den in sie gesetzten Erwartungen nicht gerecht. Sonst erreicht der 1959er meist Punktnoten im Bereich von 96 bis 100, denn dieser Wein kann es mit dem herrlichen 1961er ohne weiteres aufnehmen. Obwohl nun auch diesmal der 1959er hervorragend war, erschien er doch zusammenhaltloser, weniger konzentriert und stärker ausentwickelt als der 1961er; sein Aromaprofil war stärker geröstet und nicht so mild und ölig wie bei früher verkosteten Flaschen. Im Februar 1997 verkostete ich den außerordentlich rauchigen, milden, vollen, beeindruckend ausgestatteten 1957er Haut-Brion (90 Punkte). Er war voll ausgereift, wie die

DIE ROT- UND WEISSWEINE VON PESSAC-LÉOGNAN UND GRAVES

dunkel granatrote Farbe mit einigem Rostrot zu erkennen gab, sehr aromatisch, füllig und saftig, mit vollmundigem Geschmack, reichlich Glyzerin und süßer Frucht. Auch er ist ein Beispiel für einen erstklassigen Wein aus einem wenig gepriesenen Jahrgang. Dunkel rubinrot mit deutlichem Bernsteingelb und Rostrot zeigte sich der 1955er Haut-Brion (97 Punkte; 10/94); er bot ein mächtiges Bukett von Walnüssen, Tabak, feuchtem Gestein und rauchiger, Cassis-ähnlicher Frucht, dazu mittleren Körper mit außergewöhnlicher Eleganz und Süße – ein voller, konzentrierter Wein ohne jede Schärfe. Bei bemerkenswerter Jugendfrische und schönem Gleichgewicht ist er imstande, noch einmal 10 bis 20 Jahre zu überdauern. Den 1953er Haut-Brion (95; 10/94) kauft man heute am besten in Magnumflaschen oder noch größeren Formaten. Er ist zwar schon seit Jahrzehnten voll ausgereift, hat sich aber das charakteristische Bukett von angesengtem Leder, Tabakblättern und überreifer Duftigkeit bewahrt, das den Haut-Brion so markant heraushebt. Der Wein ist überaus mild und zeigt viel Bernsteingelb und Rostrot am Rand, besitzt aber nach wie vor volle, sanfte Frucht und mittleren bis vollen Körper. Er will bald getrunken sein, darum Vorsicht mit Flaschen im Normalformat.

Der 1949er Haut-Brion (91 Punkte; 12/95) zeigte die typischen Noten von Zigarrenkisten, Aschenbechern und Tabak neben Düften von gedörrten Kräutern und reifer Frucht. Die Farbe war mittelgranatrot mit deutlichem rostrotem Saum. Dieser mittelschwere, runde, milde Wein ist über seinen Höhepunkt hinaus, aber dennoch etwas Besonderes. Am besten austrinken. Weder der 1948er noch der 1947er haben mir je einen günstigen Eindruck gemacht. Der 1948er (75 Punkte; 3/97) aus einem kalten Privatkeller in Bordeaux präsentierte sich gedämpft, konfus, ohne Zusammenhalt und besonderen Ausdruck. Bei mehreren Verkostungen erwies sich der 1947er (mein Geburtsjahrgang) stets als zu alkoholisch mit hohem Säuregehalt und nicht genug Frucht und Fleisch für das imposante Gebein dieses Weins. Der 1945er Haut-Brion (100 Punkte; 10/94) ist profund. Er demonstriert das Wesentliche des Haut-Brion-Stils. Die Farbe ist noch immer ein gesundes, tiefdunkles Granatrot mit nur geringfügigem bernsteingelbem Saum. Das mächtige, durchdringende Bukett von süßer, schwarzer Frucht, rauchigen Nüssen, Tabak und Teer entströmt dem Glas. Der Wein hat außergewöhnliche Dichte, viel Frucht und Extrakt, massiven, körperreichen, öligen Geschmack mit wenig Tannin und reichlich Glyzerin und Alkohol – ein monumentaler, voll ausgereifter Haut-Brion von fabelhafter Fülle, der keine Anzeichen für einen Niedergang von sich gibt. Ehrfurchtgebietend! Ein besonderes Verkostungserlebnis war für mich der 1943er Haut-Brion (89 Punkte; 1/97). Dieser Jahrgang galt als der feinste aus dem 2. Weltkrieg. Der Wein, nach Kriegsende abgefüllt, zeigte tief granatrote Farbe und ein Aroma von verbrannter Erde, flüssigem Teer und abgehangenem Rindfleisch. Begleitet wurde dieses provokative Aromaprofil von süßer Frucht in reichlichen Mengen, von adstringierendem Tannin und einem trockenen, ungefügen Abgang. Dieser außerordentlich komplexe Wein mit der vor allem auf den Eingang beschränkten Frucht wird jetzt magerer, karger und kantiger.

Der 1937er hat zu Recht den Ruf, ein harter Jahrgang zu sein, doch der karge, noch immer von Tannin beherrschte 1937er Haut-Brion (89+? Punkte; 12/95) schimmerte in gesundem, dunklem, dichtem Farbton mit nur wenig Bernsteingelb am Rand. Aromanuancen von Mineralen, Tabak, Zedernholz und Kaffee waren begleitet von einem muskulösen, mittelschweren Wein mit viel Kraft und Frucht, doch das typische harte Tannin des Jahrgangs war noch da. Dieser 1937er Haut-Brion in einer Magnumflasche hätte sich noch einmal 20 bis 30 Jahre und länger gehalten. Unterschiedliche Probiernotizen besitze ich vom 1928er (97 Punkte; 10/94). In Bestform ist er der konzentrierteste, portweinähnlichste Haut-Brion, den ich je gekostet habe. Sein mächtiger, fleischiger, an Teer, Karamel und füllige schwarze Frucht erinnernder Charakter geht einher mit öliger Konsistenz, die sich über den Gaumen ausbreitet. Bei anderen Verkostungen zeigte er sich überreif, noch gesund und intakt, aber fast bizarr in seiner überzogenen Art. Er hat etwas Zeitloses an sich. Der 1926er, einer der besten Zwanziger-Jahrgänge, ist neben dem 1921er, 1928er und 1929er stets etwas übersehen worden. Der als einer der großen Weine dieses Jahrgangs geltende 1926er Haut-Brion (97 Punkte; 3/98) wirkt mit seiner angerösteten, schokoladigen, süßen, dichten, dickflüssigen Art ungewöhnlich. Er zeigt eindrucksvoll tiefe Farbe mit etwas Orange am Rand und ein mächtiges Bukett von Tabak, Minze, Schokolade, gerösteten Nüssen und geräuchertem Entenfleisch. Dieser untypisch körperreiche, wuchtige Haut-Brion mit seiner überaus öligen, aber äußerst tanninreichen und rustikalen Art wird noch einmal 20 bis 30 Jahre überdauern. Der 1921er Haut-Brion (79 Punkte; 12/95) besaß dichte, beeindruckende Farbe, extrem hohen Tanningehalt und einen ältlichen Geruch von verschwitztem Leder und ungelüfteten Kleidern, dazu vage Nuancen von Kaffee, Schokolade und gedörrten Kräutern im Geschmack. Das adstringierende Tannin verlieh diesem Wein eine rauhe, aus den Fugen geratene Persönlichkeit.

WEISSWEIN

1996 • 93 In diesem Jahr, in dem viele ausgemergelte trockene Weißweine mit sehr kräftiger Säure zustande kamen, macht der 1996er Haut-Brion eine rühmliche Ausnahme. Er zeigt außergewöhnliche Konzentration, pikante Säure und prachtvoll vielschichtigen Geschmack von Butter, Zitrusfrucht, Oliven und Rauch. Dieser mittelschwere Wein ist noch sehr unentwickelt und braucht lange Flaschenreife, um einen Teil der festen Struktur abzuwerfen.
Voraussichtliche Genußreife: 2010 bis 2025. Letzte Verkostung: 11/97.

1995 • 92 In diesem Jahrgang enthält der Haut-Brion Blanc nicht soviel Sémillon, weil Jean Delmas der Ansicht war, daß die Dürre dieser Rebsorte mehr Abtrag getan hat als dem Sauvignon. Demzufolge ist der 1995er nicht so grandios in seinen Proportionen, aber dennoch einer der beiden besten trockenen weißen Graves dieses Jahrgangs. Seine Farbe ist ein helles Gold, sein Aroma zitrusfruchtig und honigfein mit subtilem Eichentoast. Mittlerer Körper, exquisite Konzentration und Linienklarheit zeichnen diesen Wein aus, der sich nun verschließen und ein Jahrzehnt lang in diesem Zustand verharren dürfte.
Voraussichtliche Genußreife: 2007 bis 2025. Letzte Verkostung: 11/97.

1994 • 98 Dieser spektakuläre weiße Graves wird vermutlich dem 1989er Haut-Brion den Rang ablaufen. Die Lese begann Ende August, und der Wein hat die ölige Substanz eines großen Burgunder Grand Cru. Das superbe Aroma von honigsüßer Frucht und rauchigem Eichenholz ist viel stärker entfaltet und auffälliger als beim subtileren, noch eingezogeneren Laville-Haut-Brion. Ehrfurchtgebietende Fülle, kernige Substanz, große Reintönigkeit und klare Gliederung zeichnen diesen betörend intensiven, körperreichen trockenen Weißwein aus, der sich über 30 Jahre und länger schön entfalten dürfte. Letzte Verkostung: 7/97.

1993 • 94 Der 1993er ist sogar noch etwas besser als der sensationelle 1992er Haut-Brion-Blanc und zeigt ein einschmeichelndes Bukett von öliger, reifer, honigsüßer Frucht mit mineralischen Nuancen, dazu körperreichen, hochkonzentrierten Geschmack, bewundernswerte Säure, große Lebendigkeit und Linienklarheit und einen reichhaltigen, langen, herben, erfrischenden Abgang. Dieser volle Haut-Brion-Blanc hat mehr Komplexität im Aroma als der muskulöse, kernige 1992er. Beide Weine sind unverwüstlich und werden mühelos 20 bis 30 Jahre überdauern.
Letzte Verkostung: 11/94.

1992 • 93 Wieder ein Schwergewicht von einem Haut-Brion-Blanc mit einem mächtig hervorströmenden Bukett von süßer, honigduftiger Frucht. Mit vollem Körper, vielschichtiger Fülle und sahniger Vollmundigkeit ist dieser Wein derzeit weiter entfaltet und dramatischer als sein Artgenosse, der 1992er Laville-Haut-Brion. Er verfügt über feine Säure und einen explosiv langen, herben Abgang – ein blendender Haut-Brion-Blanc, der sich 30 Jahre und länger schön trinken lassen wird. Letzte Verkostung: 1/94.

1989 • 98 Ob sich dieser Wein am Ende als besser herausstellt als der profunde 1994er und 1985er, bleibt abzuwarten. Kein Zweifel aber besteht daran, daß er der großzügigste und am kräftigsten gebaute Haut-Brion Blanc ist, den ich je gekostet habe. Jean Delmas als Verwalter der Dillon-Güter, meinte, der 1989er komme der vollmundigen, kernigen Art eines großen Grand-Cru-Weißweins aus Burgund vollkommen gleich. Nur 600 Kisten gab es von diesem reichhaltigen, alkoholstarken, üppigen Wein mit seiner erstaunlichen Fülle und Nachhaltigkeit im Ge-

DIE ROT- UND WEISSWEINE VON PESSAC-LÉOGNAN UND GRAVES

schmack und einem höchst ausgeprägten, mineralisch honigsüßen Charakter. Die geringe Säure dürfte auf eine kürzere Lebensdauer als normal schließen lassen, ich bin aber überzeugt, daß dieser Wein wenigstens 25 Jahre vor sich hat. Ein sensationeller Wein!
Voraussichtliche Genußreife: Jetzt bis 2005. Letzte Verkostung: 1/97.

1988 • 85 Mit seinem verhaltenen, leichten Bukett mit Noten von Mineralen, Zitronen, Feigen und Melonen ist dieser straff gebaute, relativ säurereiche Haut-Brion Blanc zweifellos ein Langstreckenläufer – wieviel Genuß und Charakter sich aber entfalten werden, bleibt schwer abzuschätzen. Voraussichtliche Genußreife: Jetzt bis 2005. Letzte Verkostung: 4/91.

1987 • 88 Dieser sich schön entwickelnde Wein zeigt ein elegantes, mäßig intensives, sanft mineralisches Bukett mit Kräutern und Feigenfrucht. Bei mittlerem Körper und wundervoller Konzentration in recht zarter, aber schmackhafter Art besitzt dieser Haut-Brion Blanc untadeliges Gleichgewicht, sollte aber doch bald getrunken werden.
Voraussichtliche Genußreife: Jetzt. Letzte Verkostung: 11/90.

1985 • 97 Ein erstaunlicher Wein von Anfang an – unglaublich reich mit einer samtigen, fülligen Konsistenz, übervoll von Kräutern, Melonen und Feigenfrucht, dazu üppige Art und große Nachhaltigkeit, Fülle und viel Charakter. Nach dem Abfüllen verschloß er sich nicht und ist auch jetzt noch ein ausnehmend körperreicher, intensiv konzentrierter und doch klar umrissener weißer Graves. Hätte man die Gage eines Rock-Stars, dann wäre er genau das richtige für die *Fête* zur Jahrtausendwende. Voraussichtliche Genußreife: Jetzt bis 2010. Letzte Verkostung: 1/97.

ÄLTERE JAHRGÄNGE

Ich besitze praktisch keine Probiernotizen über ältere Jahrgänge des Haut-Brion Blanc. Geschmeckt haben mir der 1983er, 1982er und 1981er, und ich gab ihnen auch gute Noten (zwischen 86 und 89); ich erinnere mich auch an einen außerordentlich wuchtigen, körperreichen 1976er. Im übrigen ist dieser Wein wegen seiner sehr geringen Erzeugung selten anzutreffen.

ZWEITWEIN (ROT)

BAHANS-HAUT-BRION

SEHR GUT

JAHRGÄNGE

1997 • 86-87 Der 1997er Bahans-Haut-Brion ist dunkel rubinrot und hat subtilen Duft von Mineralen, Tabak, Erde, schwarzen Johannisbeeren und Pflaumen. Im Abgang findet sich leichtes Tannin vor, doch insgesamt ist dieser Wein ein vordergründiger Genuß, der in den ersten 7 bis 8 Lebensjahren getrunken sein will. Letzte Verkostung: 3/98.

1996 • 87-89 Der 1996er Bahans-Haut-Brion hat ähnlichen, aber fester strukturierten Charakter. Auch als Zweitwein ist er ein exzellenter Vertreter dieses Weinguts. Seine Farbe ist dunkel rubinrot, der Wein selbst mittelschwer, mild, voll, und er bringt bereits die aus dem *terroir* von Haut-Brion stammende Komplexität schön zum Ausdruck. Letzte Verkostung: 11/97.

1995 • 89 Der 1995er ist ein aromatischer, runder, komplexer, eleganter Wein, der alle Charakteristiken seines großen Bruders teilt, aber weniger Tiefe und dafür unmittelbarer ansprechende Art aufweist – ein echter Graves mit seinem rauchigen, gerösteten Duft und seiner süßen, rauchgeschwängerten Frucht von schwarzen Kirschen und Johannisbeeren. Er dürfte sich ein Jahrzehnt lang schön trinken. Letzte Verkostung: 11/97.

1994 • 88   Ein exzellenter Wein, der um die charakteristische Strenge, ja manchmal Hohlheit des Jahrgangs glücklich herumgekommen ist. Dieser Bahans ist dunkel rubinrot und hat exzellente, süße, würzige Aromen von Rauch und schwarzen Johannisbeeren, dazu überraschend reifen, konzentrierten Geschmack, samtige Substanz und einen köstlichen, gefälligen Nachklang. Diese Glanzleistung ist sogar besser als mancher berühmtere 1994er und dürfte sich mindestens 5 bis 8 Jahre lang schön trinken. Letzte Verkostung: 1/97.

1993 • 87   Der komplexe, dunkel rubinrote 1993er mit einem gewissen Maß an Haut-Brion-Charakter (vor allem im Aroma von Tabak, Erde und süßer Johannisbeerfrucht) wird zwar nie die Gewichtigkeit und Entfaltungsfähigkeit des Grand Vin aufbringen, aber er bietet charmante, geschmeidige Art, ein gebietstypisches Aromaprofil, feine Reife und Würze, milde Säure und einen sanften Abgang. Am besten sollte er in den nächsten 7 bis 8 Jahren getrunken werden. Letzte Verkostung: 1/97.

1992 • 85   Der mitteldunkel rubinrote 1992er mit einem Bukett von Johannisbeeren und Kräutern ist geschmeidig, mittelschwer, charmant und harmonisch und dürfte sich 4 bis 6 Jahre lang schön trinken. Letzte Verkostung: 11/94.

1991 • 76   Der 1991er ist kurz, wässerig, leicht im Körper, und es fehlt ihm an Farbe und Frucht. Letzte Verkostung: 1/94.

1990 • 88   Der 1990er hat an Gewichtigkeit zugelegt, seit ich ihn zuerst verkostete, aber er zeigt auch schon etwas Bernsteingelb am Rand. Das Bukett von Rauch, Gras, Tabak, gerösteten Kräutern und schwarzen Johannisbeeren geht einher mit vollmundigem, sanftem Geschmack, wohlintegriertem Tannin und einem fülligen Nachklang mit milder Säure. Dieser Wein dürfte sich weitere 6 bis 7 Jahre schön trinken lassen.

1989 • 90   Ich bin erstaunt, wie köstlich sich der 1989er Bahans-Haut-Brion hält. Zwar steht er vor der vollen Reife, läßt aber noch keine Anzeichen von Bernsteingelb erkennen. Er ist ein Graves, wie er im Buch steht, mit seinem süßen, an schwarze Johannisbeeren, Tabak und gedörrte Kräuter erinnernden Bukett, dem mittelschweren Körper und der saftigen Konsistenz – ein reintöniger, wunderbarer Wein mit vollmundigem Geschmack und milder Säure. Er dürfte noch 5 bis 8 Jahre lang schönen Genuß bereiten. Letzte Verkostung: 11/96.

1988 • 86   Der 1988er, ein klassischer Vertreter von Graves, bietet die typischen Aromen von Tabak und schwarzer Frucht. Dieser mittelschwere, milde, runde und verführerische Wein dürfte sich noch 5 bis 6 Jahre lang schön trinken. Letzte Verkostung: 1/93.

1982 • 85   Dieser Wein war schon im Alter von zwei Jahren so angenehm zu trinken, daß man kaum glauben kann, er sei noch nicht aus den Fugen gegangen. Die mittelrubinrote Farbe zeigt einen bernsteingelben Saum, das Bukett ist mustergültig für Graves, mit Nuancen von Mineralen, Gewürz, Tabak sowie roter und schwarzer Frucht. Der geschmeidige, attraktive 1982er mit seiner milden Säure und mittelschwerem Körper sollte nun ausgetrunken werden, denn noch Besseres ist von ihm nicht mehr zu erwarten. Letzte Verkostung: 9/95.

LARRIVET-HAUT-BRION
Grand Cru de Graves

Lage der Weinberge: Léognan

Besitzer: ANDROS S.A.
Adresse: 84, route de Cadaujac, 33850 Léognan
Telefon: 33 5 56 64 75 51 – Telefax: 33 5 56 64 53 47

Besuche: nur nach Vereinbarung; montags bis donnerstags von 8.30 bis 12 und von 13.30 bis 17.30 Uhr; freitags von 13.30 bis 16.30 Uhr
Kontaktperson: Mme Gervoson oder Mme Duval

DIE ROT- UND WEISSWEINE VON PESSAC-LÉOGNAN UND GRAVES

ROTWEIN

Rebfläche: 32 ha

Durchschnittliches Rebenalter: 20 Jahre

Rebbestand: 50 % Cabernet Sauvignon, 50 % Merlot

Pflanzdichte: 7200 Reben/ha

Ertrag (im Durchschnitt der letzten 5 Jahre): 55 hl/ha

Durchschnittliche Jahresproduktion insgesamt: 200 000 Flaschen

GRAND VIN

Name: Château Larrivet-Haut-Brion

Appellation: Pessac-Léognan

Durchschnittliche Jahresproduktion: 100 000 Flaschen

Verarbeitung und Ausbau: Vinifikation 3 bis 4 Wochen, je nach Jahrgang, bei 26 bis 28 °C.
18 Monate Ausbau in jährlich zur Hälfte erneuerten Eichenfässern. Der Wein wird geschönt und gefiltert.

ZWEITWEIN

Name: Domaine de Larrivet

Durchschnittliche Jahresproduktion: 100 000 Flaschen

WEISSWEIN

Rebfläche: 9 ha

Rebbestand: 60 % Sauvignon, 35 % Sémillon, 5 % Muscadelle

Durchschnittliche Jahresproduktion insgesamt: 55 000 Flaschen

GRAND VIN

Name: Château Larrivet-Haut-Brion

Appellation: Pessac-Léognan

Durchschnittliche Jahresproduktion: 25 000 Flaschen

Verarbeitung und Ausbau: Gärung in neuen Eichenfässern. 12 Monate Hefesatzlagerung. Der Wein wird geschönt und bei der Abfüllung gefiltert.

ZWEITWEIN

Name: Domaine de Larrivet

Durchschnittliche Jahresproduktion: 30 000 Flaschen

Beurteilung des derzeitigen Rangs: Entspricht qualitativ einem Cru Bourgeois aus dem Médoc

Genußreife: 3 bis 10 Jahre nach dem Jahrgangsdatum

N.B.: Michel Rolland leitet inzwischen die Kellertechnik, und Jean-Michel Arcaute fungiert als Berater.

Larrivet-Haut-Brion ist in europäischen Weinliebhaberkreisen recht bekannt. Das Gut liegt in der Nähe von Léognan, neben dem viel berühmteren Château Haut-Bailly. Vor einiger Zeit hat es einen Besitzerwechsel gegeben, und nun will das Gerücht in Bordeaux von einer Renaissance der Qualität wissen.

JAHRGÄNGE

ROTWEIN

1992 • 85 Ein attraktiver, dunkler, pflaumenfarbener Wein mit mäßig intensivem Duft von fülligen schwarzen Kirschen und Aromen von würzigem Früchtekuchen. Dieser sanfte, runde, leichte bis mittelschwere Wein hat schöne Frucht, bewundernswerte Reintönigkeit und einen samtigen Nachklang, und mit seiner eingängigen Geschmacksfülle trinkt er sich in den nächsten 3 bis 5 Jahren ideal. Letzte Verkostung: 11/94.

1990 • 86 Der beruhigend gute 1990er verleiht der Appellation Graves schönen Ausdruck. Tiefes Rubinrot, ein Duft von Rauch, Kräutern und Zedernholz und mittlerer Körper zeichnen diesen geschmeidigen, köstlichen Wein mit reichlicher Kirschfrucht im sanften Abgang aus. Voraussichtliche Genußreife: Jetzt. Letzte Verkostung: 1/93.

1989 • 73 Der mittelschwere 1989er ist verdächtig hell in der Farbe. Sein scharfes, adstringierendes Tannin wirkt grün und aggressiv. Offen gestanden ist an diesem Wein nicht viel dran. Letzte Verkostung: 1/93.

1988 • 85 Der 1988er ist zwar leicht, zeigt aber gute rubinrote Farbe, ein erdiges, fruchtiges Bukett, runden reifen, charmanten Geschmack und mildes Tannin im Abgang. Er läßt sich in den nächsten 6 bis 7 Jahren ideal trinken. Letzte Verkostung: 1/93.

1986 • 78 Der 1986er scheint überraschend leicht und etwas verwässert bei mittelrubinroter Farbe und milder Erdbeer- und Kirschenfruchtigkeit. Er sollte in den nächsten Jahren getrunken werden.
Voraussichtliche Genußreife: Jetzt. Letzte Verkostung: 3/90.

1985 • 84 Der Vorzug des 1985ers liegt in seinem mustergültigen Graves-Bukett mit Noten von Tabak und reifer Frucht. Auf der Zunge hätte man gern mehr Vollmundigkeit und Substanz gespürt.
Voraussichtliche Genußreife: Jetzt. Letzte Verkostung: 3/89.

WEISSWEIN

1996 • 74 Die überaus starke, schrille Säure ist das Verhängnis dieses ausdrucksschwachen trockenen weißen Graves, der sich zwar längere Zeit aufbewahren lassen wird, aber doch zu wenig Reife und Fleisch auf den Knochen hat.
Voraussichtliche Genußreife: 2000 bis 2010. Letzte Verkostung: 3/97.

1995 • 76 Dieser extrem säurereiche, herbe, mittelschwere Wein hat eine kräftige Eichennote, überraschend viel SO_2 und ausgemergelten, kargen Geschmack. Er wird sich 2 Jahrzehnte halten, die Frage ist nur, wieviel Charme und Frucht er aufbringen kann. Letzte Verkostung: 3/97.

1994 • 84 Der leichte bis mittelschwere Wein mit seinem Duft von Rauch, Kräutern und Honig bietet überdurchschnittliche Konzentration, aufgeschlossene Frucht und einen kurzen, kompakten Abgang. Am besten wird er in den nächsten 5 bis 6 Jahren getrunken.
Letzte Verkostung: 3/97.

1993 • 75 Der flache, weiche, säureschwache Geschmack wirkt diffus, es fehlt ihm an Konzentration. Im Abgang zeigt der Wein ziemlich starke Wässerigkeit. Letzte Verkostung: 11/94.

1992 • 88 Eine exzellente Leistung von Larrivet-Haut-Brion. Das mächtig aus dem Glas hervorströmende, reife, honigduftige Aroma bietet Anklänge an Wachs, Minerale und Toast und läßt den Sémillon durchblicken. Der volle, körperreiche, mit vielschichtiger, glyzeringeschwängerter Frucht versehene, korpulente, vollblütige weiße Graves dürfte in den ersten 5 bis 7 Lebensjahren köstlich zu trinken sein. Letzte Verkostung: 1/94.

DIE ROT- UND WEISSWEINE VON PESSAC-LÉOGNAN UND GRAVES

LAVILLE-HAUT-BRION
Cru Classé (für Weißwein)

HERVORRAGEND

Lage der Weinberge: Pessac

Besitzer: Domaine de Clarence Dillon S.A.
Adresse: 33600 Pessac
Postanschrift: B.P. 24, 33604 Pessac Cedex
Telefon: 33 5 56 00 29 30 – Telefax: 33 5 56 98 75 14

Besuche: nur nach Vereinbarung
Kontaktperson: Carla Kuhn

WEISSWEIN

Rebfläche: 3,5 ha

Durchschnittliches Rebenalter: 51 Jahre

Rebbestand: 70 % Sémillon, 27 % Sauvignon, 3 % Muscadelle

Pflanzdichte: 10 000 Reben/ha

Durchschnittliche Jahresproduktion insgesamt: 1100 Kisten

GRAND VIN

Name: Château Laville-Haut-Brion

Appellation: Pessac-Léognan

Durchschnittliche Jahresproduktion: 1100 Kisten

Verarbeitung und Ausbau: Gärung bei 20 °C in zu 100 % neuen Eichenfässern. 13 bis 16 Monate Hefesatzlagerung. Der Wein wird mit Eiweiß geschönt.

Kein ZWEITWEIN

Beurteilung des derzeitigen Rangs: Beständig einer der drei besten weißen Graves

Genußreife: 10 bis 45 Jahre nach dem Jahrgangsdatum

Das sehr kleine Gut bringt einen der langlebigsten Weißweine Frankreichs hervor. Der Boden des Weinbergs ist nicht so stark kieshaltig, dafür schwerer als der von La Mission-Haut-Brion. Die Erzeugung ist gering, aber das trägt zum Seltenheitswert dieses Weißweins nur noch bei. Er wird in neuen Eichenfässern vergoren und ausgebaut und nimmt im Alter einen wächserne Fülle an. Aus dem Faß verkostet sich der Laville großartig, aber nach dem Abfüllen verschließt er sich vollständig und entfaltet sich manchmal erst nach 5 bis 10 Jahren wieder. Sein Renommee und sein beständig hohes Qualitätsniveau gewährleisten einen erschreckend hohen Preis. Vielleicht ist das auch der Grund, weshalb 95 % in den Export gehen.

JAHRGÄNGE

WEISSWEIN

1996 • 90 Der 1996er Laville ist eine der leichteren Leistungen des Guts in den neunziger Jahren. Dessenungeachtet ist ein prachtvolles Maß an Komplexität und Eleganz in diesen zitrus- und melonenfruchtigen Wein gepackt. Er hat zwar nicht die Wucht und den Körper wie z. B. der kraftstrotzende 1994er, ist aber doch eindrucksvoll. Bei guter Säure wirkt dieser Wein auf verhaltene Art sauber, frisch und stilvoll und dürfte sich 12 bis 15 Jahre und länger schön trinken. Letzte Verkostung: 11/97.

1995 • 88 Dem 1995er Laville-Haut-Brion fehlt es etwas an der Komplexität und Intensität des 1994ers und anderer guter Jahrgänge, vielmehr ist er herb, hat aber in Duft und Geschmack reife Feigen- und Melonenfrucht mit einer Wachsnote. Leichter bis mittlerer Körper, kräftige Säure und hervorragende Reintönigkeit zeichnen diesen schmackhaften, erfrischenden Laville aus, der zwischen 2000 und 2010 gut zu trinken sein wird. Letzte Verkostung: 11/97.

1994 • 94 Dieser straff gewirkte, mittelschwere Wein zeigt intensiven, süßen Duft von Toast, Mineralen, Honig und Gewürzen. Am Gaumen spürt man reife Frucht und Intensität, doch der Gesamteindruck ist verschlossen und unentwickelt. Der 1994er dürfte 20 bis 25 Jahre Entfaltungszeit vor sich haben. Letzte Verkostung: 3/97.

1993 • 90 Der 1993er Laville-Haut-Brion könnte nach einigen weiteren Jahren Kellerreife durchaus dem vollen, robusten 1992er den Rang ablaufen, im Augenblick aber ist er noch straff und im Körper leichter als dieser. Vielmehr zeigt er sich stilvoll, verschlossen, aber auf Finesse angelegt und kann Aromen von würziger, honigduftiger Frucht und Eichentoast, frische Säure und eine reichhaltige, fest gefügte Persönlichkeit vorweisen. Letzte Verkostung: 11/94.

1992 • 91 Der 1992er Laville war der verschlossenste weiße Graves, den ich verkostet habe. Die Farbe ist ein mittleres Strohgelb, der straffe, aber verheißungsvolle Duft läßt süße Frucht mit Wachston erkennen; hinzu kommen voller, körperreicher Geschmack, ausreichende Säure, opulente, kernige Fülle und ungeheure Nachhaltigkeit. Zwar ist er nicht so monumental wie der 1989er, aber dennoch ein erstklassiger Laville-Haut-Brion, der sich 20 bis 30 Jahre lang schön trinken lassen dürfte. Letzte Verkostung: 1/94.

1989 • 96 Diese begeisternde Leistung von Laville-Haut-Brion mit überreichem Bukett von honigsüßen, hochreifen Melonen, Feigen und angerauchtem frischem Eichenholz ist einfach großartig. Im Mund ist dieser Wein umwerfend reichhaltig, konzentriert und intensiv, seine Substanz erinnert mehr an einen weißen Grand-Cru-Burgunder als an einen kargen weißen Graves. Der Säuregehalt ist niedrig, der Alkoholgehalt dafür hoch, was darauf schließen läßt, daß dieser Weißwein in den ersten 10 bis 15 Jahren getrunken werden sollte. An reiner Kraft und üppiger Art ist er wohl der dramatischste Laville-Haut-Brion, den es bisher gegeben hat. Die Erzeugung war sehr gering; nur 900 Kisten kamen zustande.
Voraussichtliche Genußreife: Jetzt bis 2020. Letzte Verkostung: 4/91.

1988 • 87 Es fehlt ihm zwar die Persönlichkeit des schwergewichtigen 1989ers, aber auch der 1988er ist ein wunderbar bereiteter, wächserner, melonenduftiger Wein mit einem Anflug von Kräutern und rauchigem Eichenholz. Er hat bessere Säure und schärfer umrissene Konturen als der 1989er, doch fehlt ihm dessen blendender Charakter. Nichtsdestoweniger dürfte er sich als ein überaus langlebiger Laville herausstellen, der vielleicht nicht so hohen Genuß verspricht wie der 1989er, trotzdem aber viel Geschmacksfülle in einer geschliffeneren, zivilisierteren Weise bietet.
Voraussichtliche Genußreife: 2000 bis 2010. Letzte Verkostung: 3/97.

1987 • 86 Der Jahrgang ist 1987 für die Weißweine von Graves sehr gut ausgefallen. Dieser Laville-Haut-Brion ist zwar leichter, doch sein wundervoll präziser, an Kräuter, Melonen und Feigen erinnernder Geschmack bietet sich bei mittlerem Körper mit viel Charme und Charakter dar. Außerdem ist genug Säure für Lebendigkeit und Konturenschärfe vorhanden. Dieser charmante Wein wird sich ein Jahrzehnt lang schön trinken.
Voraussichtliche Genußreife: Jetzt bis 2001. Letzte Verkostung: 1/90.

1986 • Es wurde zwar ein 1986er Laville-Haut-Brion produziert, aber noch bevor er freigegeben wurde, stufte ihn das Château aus Enttäuschung über seinen Geschmack ab.

1985 • 93 Dieser üppige, volle, körperreiche Laville-Haut-Brion mit feiner Honigsüße dürfte sich über die nächsten zwei Jahrzehnte hinweg schön trinken. Er gehört zu den kräftigeren, reichhaltigeren Weinen aus diesem Château, hat aber auch die nötige Säure für Gleichgewicht

und Frische. So hochreif und alkoholstark wie der 1989er ist er nicht, dafür aber vielleicht ein typischerer Laville-Haut-Brion der reichsten und vollsten Art.
Voraussichtliche Genußreife: Jetzt bis 2008. Letzte Verkostung: 12/90.

ÄLTERE JAHRGÄNGE

Ich habe den 1984er seit der Faßprobe nicht mehr zu Gesicht bekommen, aber der 1983er (90 Punkte) ist ein eleganter, hochklassiger, mustergültiger Laville, während der 1982er (87 Punkte) einen stämmigen, vierschrötigen, schweren Eindruck macht und die Finesse und Eleganz des 1983ers vermissen läßt. Noch ältere Jahrgänge, die ich gekostet habe, waren u.a. der jetzt vollreife, ungeheuer kraftvolle 1976er (91 Punkte), der klassische, langlebige, straff gewirkte, gut gebaute 1975er (90 Punkte) sowie der glorreiche 1966er (92 Punkte) und der 1962er (88 Punkte). 1990 bekam ich dann Gelegenheit, den 1945er Laville-Haut-Brion «Crème de Tête» zu verkosten, den Michael Broadbent als spektakulär bezeichnet hat. Im blinden Vergleich gegen die normale *cuvée* von 1945 bestand tatsächlich ein Unterschied. Beide Weine waren umwerfende Leistungen und erinnerten eher an alten, kraftvollen Sauternes als an einen weißen Graves – massive, reichhaltige Weine voll Honigduft und doch trocken, und ihre Reichhaltigkeit und Fülle übten eine überwältigende Wirkung auf den Gaumen aus. Der Crème de Tête war eindeutig reichhaltiger und voller. Ich gab ihm 93 Punkte.

LA LOUVIÈRE
Ohne Klassifizierungsrang

AUSGEZEICHNET

Lage der Weinberge: Léognan

Besitzer: André Lurton
Adresse: 33850 Léognan
Postanschrift: c/o Château Bonnet, 33240 Grézillac
Telefon: 33 5 57 25 58 58 – Telefax: 33 5 57 74 98 59

Besuche: montags bis freitags von 9 bis 12 und von 14 bis 17 Uhr
Kontaktperson: Valérie Faure (Tel. 33 5 56 64 75 87, Fax: 33 5 56 64 71 76)

ROTWEIN

Rebfläche: 32 ha

Durchschnittliches Rebenalter: 20 bis 22 Jahre

Rebbestand: 64% Cabernet Sauvignon, 30% Merlot, 3% Cabernet Franc, 3% Petit Verdot

Pflanzdichte: 6500 bis 8500 Reben/ha

GRAND VIN

Name: Château La Louvière

Appellation: Pessac-Léognan

Verarbeitung und Ausbau: Vinifikation in temperaturgeregelten Edelstahltanks. Ausbau in zu 50 bis 75% neuen Eichenfässern, Abstich alle drei Monate. Der Wein wird geschönt und gefiltert.

BORDEAUX

ZWEITWEIN

Name: L. de La Louvière

WEISSWEIN

Rebfläche: 15 ha

Durchschnittliches Rebenalter: 20 bis 22 Jahre

Rebbestand: 85 % Sauvignon, 15 % Sémillon

Pflanzdichte: 6500 bis 8500 Reben/ha

GRAND VIN

Name: Château La Louvière

Appellation: Pessac-Léognan

Verarbeitung und Ausbau: Gärung in zu 50 % neuen Eichenfässern. 12 Monate Hefesatzlagerung mit Aufrühren. Der Wein wird geschönt und gefiltert.

ZWEITWEIN

Name: L. de La Louvière

Beurteilung des derzeitigen Rangs: Entspricht qualitativ einem 4ème Cru aus dem Médoc

Genußreife: Rotwein: 3 bis 12 Jahre nach dem Jahrgangsdatum; Weißwein: 2 bis 6 Jahre nach dem Jahrgangsdatum

Obwohl La Louvière in Léognan nicht in die Klassifizierung einbezogen ist, produziert das Gut inzwischen bessere Weine als manches Cru Classé. Vor allem die neueren Jahrgänge stehen auf demselben Qualitätsniveau wie 4èmes Crus im Médoc. Der Besitzer André Lurton erwarb 1965 das Gut, dessen Weinberge sich zwischen Haut-Bailly und Carbonnieux in eindrucksvoller Lage befinden, und hat es gründlich verjüngt.

Angestrebt werden Weine mit sofortiger Genußreife, die aber auch konzentriert, frisch und rein sein sollen. Lurton hat alles das erreicht. Es stimmt zwar, daß die Rotweine mit der Brillanz der Weißweine zunächst nicht Schritt hielten, aber das hat sich seit der Mitte der achtziger Jahre geändert, und inzwischen sind beide Weine exzellent. Allerdings bleibt La Louvière auch weiterhin stark unterbewertet, und so hat der Liebhaber hier Gelegenheit, sich mit köstlichen Weinen höchster Qualität einzudecken, die sich mit manchen aus den renommiertesten Weingütern in Graves messen können.

JAHRGÄNGE

ROTWEIN

1996 • 86-87+   Der 1996er La Louvière ist einer von der härteren, tanninreicheren, maskulineren und fester gefügten Art; er zeigt sich dunkel rubinrot mit Purpurschimmer. Das Aroma bietet Nuancen von Tabakblättern, Rauch, schwarzen Kirschen und Johannisbeeren. Im Mund fühlt sich der mittelschwere, straff gewirkte Wein verschlossen an, läßt aber exzellentes Lebensdauerpotential erkennen. Wenn er an Fülle zulegt, verdient er eine Punktnote im oberen Achtzigerbereich.
Voraussichtliche Genußreife: 2003 bis 2014. Letzte Verkostung: 3/98.
1995 • 87   Bei dem ausnehmend verführerischen, locker gewirkten 1995er La Louvière entströmt dem Glas das charakteristische Aroma von Tabak, Rauch, Laub, Kräutern, roten und schwarzen Johannisbeeren. Dieser mustergültige Graves zeigt exzellente Reife, geschmeidige

DIE ROT- UND WEISSWEINE VON PESSAC-LÉOGNAN UND GRAVES

Art, mittleren Körper und eine köstliche Fruchtigkeit mit gerösteten Nuancen. Er bietet bereits jetzt und in den nächsten 10 bis 12 Jahren schönen Genuß. Letzte Verkostung: 11/97.

1994 • 89   La Louvière darf sowohl mit Rotweinen als auch mit Weißweinen zu den aufsteigenden Sternen der AC Pessac-Léognan gerechnet werden. Der 1994er ist einer der Schlager seines Jahrgangs, und es lohnt sich, ihn zu kaufen. Sein tiefes Rubinpurpurrot und sein Duft von Rauch, schwarzen Johannisbeeren und Kräutern wirken provokativ. Hinzu kommen kraftvolle, dichte Geschmacksfülle, moderates Tannin, exzellente, ja hervorragende Konzentration und bewundernswerte Reintönigkeit. Dieser eindrucksvoll ausgestattete Wein dürfte sich zwischen 2000 und 2012 schön trinken. Letzte Verkostung: 3/96.

1993 • 87   Der 1993er zeigt sattes, dunkles Rubinpurpurrot und ein straffes, aber exzellentes Bukett von reifen schwarzen Kirschen und Johannisbeeren, Mineralen und Eichentoast. Der Wein hat schönste Geschmackskonzentration und Fülle (die nicht bei vielen 1993er Bordeaux-Weinen üblich ist), reife, kernige Art und einen langen, kräftigen, vollen, moderat tanninherben Abgang. Frucht und Tannin geben frühe Trinkreife zu erkennen, lassen aber auch auf 10 bis 15 Jahre Lebensdauer schließen. Letzte Verkostung: 11/94.

1992 • 87   Dieses Weingut bringt wundervolle Weißweine und klassische Rotweine hervor. Seit 1988 ist hier eine Fülle wohlgelungener Weine zustande gekommen, und der 1992er macht keine Ausnahme. Er bietet dunkle, satte rubinpurpurrote Farbe, ein kräftiges, würziges, süßes Bukett von Cassis, Kräutern und Tabak sowie rauchige Noten von schwarzen Johannisbeeren mit einem bedachtsamen Hauch Eichenwürze für bessere Struktur und Süße. Dieser üppig sanfte, köstliche, bereits komplexe La Louvière mit seinem mittleren bis vollen Körper dürfte sich 7 bis 10 Jahre lang gut trinken lassen. Letzte Verkostung: 11/94.

1990 • 90   Der 1990er zeigt sattes Purpurrot, ein unentfaltetes Bukett von schwarzer Frucht, Rauch und gegrilltem Fleisch, dazu vollen Körper, milde Säure und intensive, konzentrierte Frucht – alles vereint in einem vielschichtigen, reintönigen, milden Wein, der zwar noch nicht voll ausgereift, aber doch schon köstlich zu trinken ist. Seinen Gipfel wird er in 2 bis 3 Jahren erreichen und 12 bis 15 Jahre auf ihm verharren. Letzte Verkostung: 11/96.

1989 • 88   Der milde, schön entwickelte 1989er zeigt dunkel rubinrote Farbe mit leichter Aufhellung am Rand. Er bietet ein reifes, johannisbeerfruchtiges Bukett, verwoben mit Nuancen von frischem Eichenholz, Kräutern, Oliven und Tabak. Mit seinem mittleren Körper und seiner sanften Substanz dürfte sich dieser üppige Wein noch 8 bis 10 Jahre lang schön trinken. Letzte Verkostung: 11/96.

1988 • 89   Der 1988er ist einer der feinsten La Louvières, die ich gekostet habe – ein konzentrierter, schön ausgewogener Wein mit köstlicher, rauchiger Cassis-Fruchtigkeit, die sich auf dem Gaumen ausbreitet. Die eindrucksvolle, opulente Art und das samtige Tannin machen ihn für die nächsten 10 Jahre zu einem köstlichen Genuß.
Voraussichtliche Genußreife: Jetzt bis 2002. Letzte Verkostung: 1/93.

1986 • 85   Der Rotwein von La Louvière wird in einem Stil bereitet, der frühe Genußreife gewährleisten soll, und der 1986er macht keine Ausnahme hiervon. Er ist mild, hat aber große Geschmacksfülle mit grasiger, würziger Fruchtigkeit und Tabakduft, tiefer Farbe und vollmundiger, lieblicher, konzentrierter Art.
Voraussichtliche Genußreife: Jetzt. Letzte Verkostung: 3/89.

1985 • 85   Der 1985er zeigt mehr Struktur als üblich, einigermaßen überraschend beim lose gewirkten Charakter des Jahrgangs, aber er hat auch reife, pflaumige, tabakduftige und -würzige Frucht bei mittlerem Körper.
Voraussichtliche Genußreife: Jetzt. Letzte Verkostung: 3/89.

1984 • 74   Der 1984er ist zu leicht und gebrechlich, ohne viel Biß und Geschmacksfülle, dabei mild, fruchtig und frisch, aber flach.
Voraussichtliche Genußreife: Jetzt. Letzte Verkostung: 3/89.

1983 • 87   Der bemerkenswert gut gelungene 1983er La Louvière hatte mit die dunkelste Farbe von allen bedeutenderen Graves-Weinen, die mir die Union des Grands Crus bei einer Weinpro-

be vorsetzte. Der Wein mit seinem mittleren bis vollen Körper hat das Tannin abgeworfen und zeigt nun wundervolle Reife, exzellente Ausgewogenheit, tiefen, konzentrierten Geschmack und süßen, erdigen Tabakduft.
Voraussichtliche Genußreife: Jetzt bis 2003. Letzte Verkostung: 1/88.

1982 • 87   Dieser Wein schmeckt schon seit der Abfüllung ausgereift, hat aber noch nichts von seiner süßen, sanften Johannisbeerfrucht oder dem an Tabak und Kräuter erinnernden Aromaprofil eingebüßt. Der stets milde Wein mit seiner weichen Säure bleibt auch weiterhin in seiner geschmeidigen Art ein schöner Genuß. Neuere Louvière-Jahrgänge sind kraftvoller gebaut und zeigen mehr Extrakt, Farbe und Intensität. Infolgedessen sind sie in der Jugend nicht mehr so charmant. Der 1982er sollte in den nächsten 4 bis 5 Jahren getrunken werden.
Letzte Verkostung: 9/95.

1981 • 75   Der am wenigsten gelungene La Louvière vom Beginn der achtziger Jahre zeigt sich mager, ziemlich karg bei mittlerem Körper und relativ kompaktem, neutralem Geschmack.
Voraussichtliche Genußreife: Jetzt. Letzte Verkostung: 6/84.

1978 • 83   Der voll ausgereifte 1978er La Louvière ist charmant fruchtig, mild, rund und geschmeidig mit angenehm beeren- und tabakduftigem Charakter. Er zeigt mittleren bis vollen Körper, wenig Tannin, frühreife, süffige Art und sollte ausgetrunken werden.
Voraussichtliche Genußreife: Jetzt – vermutlich im Nachlassen. Letzte Verkostung: 12/84.

WEISSWEIN

1996 • 79   Die im Jahrgang 1996 so häufige scharfe Säure vermittelt bei diesem Wein am Gaumen ein mageres, kompaktes Gefühl. Das Aromaprofil zeigt exzellente Reintönigkeit und attraktive Duftfülle, doch die Säure wirkt erschreckend. Vielleicht wird sie sich mit zunehmender Flaschenreife mildern, viel Hoffnung habe ich aber nicht. Letzte Verkostung: 1999 bis 2006.
Letzte Verkostung: 11/97.

1995 • 87   Ein fesselndes Bukett von Butter, Kräutern, Feigen, rauchigem Eichenholz und reifer Frucht leitet über zu einem mittelschweren Wein mit kräftiger Säure, expansiver Substanz und sauberer, reifer, voller Frucht im Abgang. Der 1995er ist zwar nicht so ausdrucksstark und reichhaltig wie der 1994er und 1993er, doch er stellt für einen weißen Graves in diesem Jahrgang eine wohlgelungene Leistung dar.
Voraussichtliche Genußreife: Jetzt bis 2003. Letzte Verkostung: 11/97.

1994 • 90   Kräftige Düfte von Erde, Mineralen und Rauch vereinen sich mit reifer Frucht in diesem mittelschweren, sanften, geschmeidigen und konzentrierten Wein. Der Abgang ist lang und überzeugend. Dieser 1994er erscheint weniger fest gefügt als manche seiner Jahrgangsgenossen, deshalb möchte ich empfehlen, ihn in den ersten 10 Lebensjahren zu trinken.
Letzte Verkostung: 6/97.

1993 • 90   Dieses Weingut produziert sehr gute Rot- und Weißweine. Es ist daher keine Überraschung, daß der 1993er ein superber, mittelschwerer bis körperreicher Wein mit Nuancen von Rauch und Honig, vielschichtiger Geschmacksfülle, exzellenter Reintönigkeit und bis zu 10 Jahren Lebensdauerpotential ist. Letzte Verkostung: 11/94.

1989 • 86   Ein relativ fülliger, offen gewirkter, reichfruchtiger La Louvière, dem es etwas an Biß und Konturenschärfe fehlt, mit unbestreitbar vierschrötiger, stämmiger Fruchtigkeit und eingängiger Art. Dieser Wein hat kein langes Leben vor sich.
Voraussichtliche Genußreife: Jetzt. Letzte Verkostung: 4/91.

1988 • 87   Der 1988er ist ein Musterbeispiel dafür, wie köstlich der weiße La Louvière sein kann. Er hat genau das richtige Maß an Säure, um ihm klare Linie zu verleihen, und der allgemeine Eindruck spricht von reicher, honigsüßer Melonen- und Feigenfrucht in Hülle und Fülle. Auch ein schöner Anflug von angerauchtem Eichenholz und sogar etwas Feuersteinaroma im Abgang fehlen nicht – ein wunderschöner, außerordentlich sauber bereiteter weißer Graves, der noch einige Jahre lang viel Genuß bereiten wird.
Voraussichtliche Genußreife: Jetzt. Letzte Verkostung: 4/91.

1987 • 85 Der Jahrgang 1987 wird beim weißen Graves außerordentlich unterbewertet. La Louvière brachte einen schmackhaften, honigduftigen, an Melonen und Feigen erinnernden Wein mit mittlerem Körper, einem Anflug von Eichenholzwürze, guter Säure und frischem langem Abgang hervor. Voraussichtliche Genußreife: Jetzt. Letzte Verkostung: 11/90.

MALARTIC-LAGRAVIÈRE
Cru Classé (Rot- und Weißwein)

Lage der Weinberge: Léognan

Besitzer: Alfred-Alexandre Bonnie
Adresse: 39, avenue de Mont de Marsan, 33850 Léognan
Postanschrift: B.P.7 – 33850 Léognan
Telefon: 33 5 56 64 75 08 – Telefax: 33 5 56 64 53 66

Besuche: nur nach Vereinbarung
Kontaktperson: Bruno Marly

ROTWEIN

Rebfläche: 15 ha · Durchschnittliches Rebenalter: 28 Jahre

Rebbestand: 50 % Cabernet Sauvignon, 25 % Merlot, 25 % Cabernet Franc

Pflanzdichte: 10 000 Reben/ha

Ertrag (im Durchschnitt der letzten 5 Jahre): 47 hl/ha

Durchschnittliche Jahresproduktion insgesamt: 84 000 Flaschen

GRAND VIN

Name: Château Malartic-Lagravière

Appellation: Pessac-Léognan

Durchschnittliche Jahresproduktion: 60 000 Flaschen

Verarbeitung und Ausbau: Lese von Hand, Sortierung im Weinberg. Vinifikation 2 bis 4 Wochen in temperaturgeregelten Edelstahltanks. Malolaktische Säureumwandlung im Tank und zum Teil in Eichenfässern. 16 bis 18 Monate Ausbau in jährlich zu $1/3$ erneuerten Eichenfässern. Der Wein wird geschönt und gefiltert.

ZWEITWEIN

Name: Le Sillage de Martillac

Durchschnittliche Jahresproduktion: 24 000 Flaschen

WEISSWEIN

Rebfläche: 4 ha · Durchschnittliches Rebenalter: 25 Jahre

Rebbestand: 85 % Sémillon, 15 % Sauvignon

Pflanzdichte: 10 000 Reben/ha

Ertrag (im Durchschnitt der letzten 5 Jahre): 45 hl/ha

Durchschnittliche Jahresproduktion insgesamt: 24 000 Flaschen

BORDEAUX

GRAND VIN

Name: Château Malartic-Lagravière

Appellation: Pessac-Léognan

Durchschnittliche Jahresproduktion: 12 000 Flaschen

Verarbeitung und Ausbau: Lese von Hand. Absetzen des Mosts in Edelstahltanks; Gärung in zu $1/3$ neuen Eichenfässern. 8 bis 9 Monate Hefesatzlagerung. Der Wein wird geschönt und gefiltert.

ZWEITWEIN

Name: Le Sillage de Martillac

Durchschnittliche Jahresproduktion: 12 000 Flaschen

Beurteilung des derzeitigen Rangs: Entspricht einem Cru Bourgeois aus dem Médoc

Genußreife: Rotwein: 5 bis 12 Jahre nach dem Jahrgangsdatum; Weißwein: 3 bis 10 Jahre nach dem Jahrgangsdatum

N.B.: Das Weingut, früher Besitz der Laurent-Perrier-Gruppe, wurde inzwischen von Alfred Alexandre Bonnie erworben. Im September 1997 wurde der Bau einer neuen Kellerei in Angriff genommen. Das Château soll ebenfalls renoviert werden. Der Ertrag wird auf 45 hl/ha beschränkt, und die Auslese erfolgt strenger (1996 entfielen auf den Grand Vin lediglich 60 % des Ertrags gegenüber früher 85 %). Michel Rolland und Athanase Fakorellis fungieren bei Rotwein als Berater, Denis Dubourdieu ist zuständig für den Weißwein.

Malartic-Lagravière, eines von zahlreichen Weingütern in Léognan, produziert viel besseren Weißwein als Rotwein. Früher lag der Hektarertrag hoch, weil der ehemalige Besitzer, Jacques Marly, der selten vertretenen Meinung war, daß junge Reben und hohe Erträge besseren Wein ergeben als alte Reben und niedrige Erträge.

Der Rotwein von Malartic-Lagravière ist im Stil leicht, streng, tanninherb, und es fehlt ihm allgemein an Fülle und Tiefe. Da er in der Jugend wenig anspricht, sollte man hoffen, daß er sich im Alter auffüllen und seine Entwicklung verbessern werde. Aber das war bisher nicht der Fall. Nach dem Verkauf dieses tief abgesunkenen Weinguts und der Berufung eines neuen kellertechnischen Teams dürften seine Geschicke nun wieder Auftrieb erhalten.

JAHRGÄNGE

ROTWEIN

1996 • 74-78 Staubtrockenes, hartes Tannin dominiert die offenbar schmale, kantige Persönlichkeit dieses Weins. Die Farbe ist dunkel rubinrot, der Wein hat leichten bis mittleren Körper, es fehlt an Tiefe und Fülle.
Letzte Verkostung: 3/98.

1995 • 76 Übermäßig viel Eichentoast kennzeichnet diesen mittelschweren, schlichten, monolithischen Wein. Sanfte Pflaumen- und Kirschenfrucht ist zwar vorhanden, aber Holzton und Tannin überwiegen.
Letzte Verkostung: 11/97.

1994 • 74 Der 1994er hat nicht so satte Farbe wie der 1993er. Er erscheint mager und ausgelaugt mit hohler Persönlichkeit, nur Holz, Alkohol, Säure und Tannin sind im Abgang zu spüren. Ich kann nicht glauben, daß dieser Wein jemals aus seinem Tiefschlaf erwacht.
Letzte Verkostung: 1/97.

DIE ROT- UND WEISSWEINE VON PESSAC-LÉOGNAN UND GRAVES

1993 • 77   Ein aus dem *terroir* stammender, erdiger Duft mit einem Anklang an rote Johannisbeeren verflüchtigt sich rasch im Glas. Der dunkel rubinrote Wein zeigt ein kräuterwürziges, an Oliven und Paprika erinnerndes Aromaprofil, kräftiges Tannin, leichten Körper und einen durchschnittlichen Abgang. Am besten wird er in den nächsten 4 bis 6 Jahren zu trinken sein. Letzte Verkostung: 1/97.

1992 • 71   Mittleres Rubinpurpurrot und ein verschlossenes, fast nicht wahrnehmbares Bukett, das zögerlich trockenen, abgestandenen Kräuterduft und eine Eichennote von sich gibt, kennzeichnen diesen kompakten, dürren, uncharmanten Wein mit unerbittlich hartem Tannin, wenig Frucht und keinerlei tröstlicher Charakteristik. Letzte Verkostung: 11/94.

1991 • 72   Der 1991er zeigt dünne, wässerige Farbe und ein weiches, vages Bukett von erdiger roter Frucht und Gewürzen, wenig Tiefe und im Abgang nur Tannin und Säure.
Letzte Verkostung: 1/94.

1990 • 73   Der 1990er ist ein übermäßig in sich gekehrter, verschlossener Wein, dabei erschreckend hell in der Farbe. Auch der grasige Duft und Geschmack wirkt überraschend.
Letzte Verkostung: 1/93.

1989 • 82   Der 1989er ist bei leichtem bis mittlerem Körper extrem subtil, vordergründig, jedoch fest genug strukturiert, um die Jahrhundertwende zu überdauern.
Voraussichtliche Genußreife: 2000 bis 2007. Letzte Verkostung: 1/93.

1988 • 77   Der 1988er Malartic-Lagravière ist mager, karg, leicht im Körper und allzu geschliffen in der Art. Ein wenig Überschwang wäre sehr zu begrüßen gewesen.
Voraussichtliche Genußreife: Jetzt bis 2000. Letzte Verkostung: 1/93.

1986 • 82   Der mittelrubinrote 1986er ist angenehm, aber nicht besonders ausdrucksvoll und scheint etwas unter den schweren Unwettern gelitten zu haben, die unmittelbar vor der Lese in Graves wüteten.
Voraussichtliche Genußreife: Jetzt. Letzte Verkostung: 11/90.

1985 • 84   Reif, maßvoll fruchtig, mit einem gesunden Schuß frischer Eichenholzwürze zeigt sich der 1985er sehr angenehm, nur hat er wenig Nachhaltigkeit oder Biß.
Voraussichtliche Genußreife: Jetzt. Letzte Verkostung: 3/90.

WEISSWEIN

1996 • 79   Angesichts der vielen sauren, nichtssagenden weißen Graves aus dem Jahrgang 1996 ist die Leistung von Malartic-Lagravière nicht so übel, wie es der Punktnote nach scheint. Der Wein hat leichten Körper, frische Säure, eine an Grapefruit erinnernde Art und herben Abgang – ein erfrischender Wein, der sich 10 bis 12 Jahre lang schön trinken wird.
Letzte Verkostung: 11/97.

1995 • 86   Der höchst lebendige, herbe, mittelschwere 1995er Malartic-Lagravière zeigt frische, kräuterwürzige, fruchtige Nuancen, schöne Reintönigkeit und eine fesselnde mineralische Komponente. Die Eichenwürze verleiht der Persönlichkeit dieses Weins klares Profil.
Voraussichtliche Genußreife: 2000 bis 2007. Letzte Verkostung: 11/97.

1994 • 89   Der 1994er, der feinste Weißwein dieses Guts seit Jahren, enthält Sémillon, während er sonst rein aus Sauvignon besteht. Das Resultat ist ein voller, intensiverer, überzeugenderer weißer Graves. Er zeigt bei mittlerem Körper eine honigduftige Melonenfrucht, Gewürz, pikante, subtile Kräuter, Frische, fruchtige Süße und wundervolle Klarheit der Linien und dürfte sich 15 bis 20 Jahre lang schön trinken. Letzte Verkostung: 3/97.

1993 • 72   Dieser extrem dünne, wässerige und leichte Wein mit grünem, überzogen krautigem Geschmack ist einfach uninteressant. Letzte Verkostung: 11/94.

1992 • 76   Wer den Geruch zerquetschter grüner Erbsen und unreifer Limonen liebt, der wird für diesen Wein mehr übrig haben als ich. Der 1992er wirkt am Gaumen scharf und kantig, doch seiner Reintönigkeit, Leichtigkeit und äußersten Kargheit werden Masochisten vielleicht Interesse abgewinnen können. Mein Geschmack ist das nicht. Letzte Verkostung: 1/94.

1989 • 82   Die Entscheidung, nur Sauvignon Blanc zu verwenden, den Wein in Edelstahltanks zu vergären und dann 7 bis 8 Monate lang in großen Fässern reifen zu lassen, finde ich seltsam.

BORDEAUX

Ich sage das, weil dieses Gut oft einen Weißwein mit schrillem Charakter hervorbringt, der sich als zu zitronensäuerlich und herb darstellt. Zweifellos wird der Wein mit seiner kräftigen Säure lange leben, wenn es aber um die Frage geht, wieviel Genuß er bereiten wird, muß Malartic-Lagravière passen. Dieser 1989er ist einfach zu herb und erinnert mehr an einen Muscadet als an einen seriösen weißen Graves. Die Farbe ist hell strohgelb-grünlich, die Art verhalten, der Abgang wenig eindrucksvoll.
Voraussichtliche Genußreife: Jetzt. Letzte Verkostung: 4/91.

1988 • 87   Der 1988er ist einer der besten Weißweine, den ich je aus diesem Gut gekostet habe. Allerdings muß ich eventuelle Interessenten von vornherein warnen, daß das kräftige Bukett von Mineralen, grünen Erbsen und frisch gemähtem Gras allen, die einen verhaltenen Wein lieben, übermäßig intensiv vorkommen kann. Im Mund zeigt dieser Wein eine frische, an Melonen erinnernde Reichhaltigkeit, im Abgang jedoch ist er karg und leicht bei etwas zu kräftiger Säure.
Voraussichtliche Genußreife: Jetzt. Letzte Verkostung: 4/91.

1986 • 81   Ein wenig dünn und leicht, aber frisch und herb auf eine nicht zu strenge Weise zeigt der gefällige, strohgelbe Wein mittleren Körper und sollte in den nächsten 7 bis 8 Jahren getrunken werden.
Voraussichtliche Genußreife: Jetzt. Letzte Verkostung: 3/89.

1985 • 85   Ein attraktiver Malartic-Lagravière mit ausgeprägtem Duft von frischem Grasschnitt und grünen Erbsen. Hell strohgelbe Farbe, (zur Abwechslung einmal) viel Frucht, mittlerer Körper und frische, karge Art kennzeichnen diesen Wein, der noch keine Alterserscheinungen zu erkennen gibt.
Voraussichtliche Genußreife: Jetzt bis 2000. Letzte Verkostung: 3/89.

ÄLTERE JAHRGÄNGE

Wenn der Malartic-Lagravière auch niemals profund oder überzeugend ausfällt, dem Zahn der Zeit widersteht er jedenfalls, das beweisen Beispiele des 1971ers, 1975ers, 1978ers und 1979ers, die ich 1988 verkostete. Keiner von diesen Weinen war schon auf dem Weg bergab, und viele zeigten mäßig attraktiven, kräuter- und honigduftigen, an Melonen erinnernden Charakter. Dessenungeachtet fehlte auch nicht der Eindruck von Kargheit und Magerkeit im Abgang. Dieser markante Weißwein hat seine Anhänger, doch muß ich zugeben, daß ich nicht zu ihnen gehöre.

LA MISSION-HAUT-BRION
Cru Classé (Rotwein)

HERVORRAGEND

Lage der Weinberge: Pessac

Besitzer: Domaine de Clarence Dillon S.A.
Adresse: 33600 Pessac
Postanschrift: B.P. 24, 33602 Pessac
Telefon: 33 5 56 00 29 30 – Telefax: 33 5 56 98 75 14

Besuche: nur nach Vereinbarung
Kontaktperson: Carla Kuhn

DIE ROT- UND WEISSWEINE VON PESSAC-LÉOGNAN UND GRAVES

ROTWEIN

Rebfläche: 20,5 ha

Durchschnittliches Rebenalter: 21 Jahre

Rebbestand: 48 % Cabernet Sauvignon, 45 % Merlot, 7 % Cabernet Franc

Pflanzdichte: 10 000 Reben/ha

Durchschnittliche Jahresproduktion insgesamt: 7000 bis 10 000 Kisten

GRAND VIN

Name: Château La Mission Haut-Brion

Appellation: Pessac-Léognan

Durchschnittliche Jahresproduktion: 6000 bis 9000 Kisten

Verarbeitung und Ausbau: Vinifikation in temperaturgeregelten 180- hl-Edelstahltanks. Gärführung und Umpumpen werden über Computerprogramme gesteuert; mittlere Temperatur 30 °C. 20 Monate Ausbau in neuen Eichenfässern. Der Wein wird mit frischem Eiweiß geschönt

ZWEITWEIN

Name: La Chapelle de La Mission

Durchschnittliche Jahresproduktion: 1200 Kisten

Beurteilung des derzeitigen Rangs: Entspricht qualitativ einem Premier Cru im Médoc

Genußreife: 8 bis 40 und mehr Jahre nach dem Jahrgangsdatum

La Mission-Haut-Brion in Talence produziert einen der großartigsten Weine der gesamten Region Bordeaux. Das Gut liegt an der Route Nationale 250, seinem alten Rivalen Haut-Brion gegenüber, und die Geschichte seiner unvergleichlich brillanten Leistungen erstreckt sich über weite Teile des 20. Jahrhunderts.

1919 kaufte die Familie Woltner La Mission und führte – vor allem durch den verstorbenen Frédéric Woltner und seinen Sohn Henri – die Qualität seines Weins auf einen Stand, der den Premiers Crus im Médoc und dem benachbarten Haut-Brion ebenbürtig, ja oft überlegen war.

Woltners Genie fand in Bordeaux weithin Anerkennung. Er war als hochbegabter Weinkoster und Önologe bekannt und leistete 1926 bei der Einführung der leicht zu reinigenden emaillierten Gärtanks aus Metall Pionierdienste. Viele Beobachter schrieben den dichten, vollen, wuchtigen, fruchtigen Charakter des La Mission diesen kurzen, gedrungenen Behältern zu, die aufgrund ihrer Form den Kontakt zwischen Traubenschalen und Most während der Gärzeit verbesserten. Unter der neuen Verwaltung wurden sie nun durch hochmoderne computergesteuerte Vinifikationsanlagen ersetzt.

Der Weinstil von La Mission-Haut-Brion zeichnet sich seit eh und je durch intensive Fülle, kräftigen Körper, schöne Farbe und viel Extrakt sowie reichlich Tannin aus. Ich hatte das Vergnügen, die besten La Mission-Jahrgänge bis zurück in das Jahr 1921 kosten zu dürfen – dieser Wein überdauert in der Flasche ohne weiteres 30 bis 40 Jahre. Er ist auch stets weit voller und wuchtiger als der ehemalige Erzrivale Haut-Brion. Aus diesem Grund sowie dank seiner beachtlichen Gleichmäßigkeit auch in schlechten und mittelmäßigen Jahren (neben Latour in Pauillac hat La Mission in dieser Hinsicht die besten Leistungen in Bordeaux aufzuweisen) ist der La Mission zu einem der populärsten Weine von ganz Bordeaux geworden.

Henri Woltner starb im Jahr 1974; bis zum Verkauf von La Mission-Haut-Brion im Jahr 1983 an die derzeitigen Besitzer von Haut-Brion wurde La Mission von François und Francis Dewavrin-Woltner geleitet. Interne Familienstreitigkeiten über die Verwaltung des Weinguts gaben schließlich den Anstoß zum Verkauf von La Mission und seinen beiden Schwestergütern, La Tour-Haut-Brion und Laville-Haut-Brion – letzteres produziert nur Weißwein. Die Woltners leben heute im Napa Valley und produzieren dort Chardonnay aus Steillagen am Howell Mountain.

Seit 1983 hat nun Jean Delmas auch dem Château La Mission seine Weinbereitungs-Philosphie aufgeprägt. Das bis dahin hier tätige Team wurde unverzüglich entlassen, und Delmas schaffte neue Eichenfässer an, was infolge finanzieller Schwierigkeiten gegen Ende des Woltner-Regimes lange versäumt worden war. Heute reift der La Mission wie der Haut-Brion stets in zu 100 % neuen Eichenfässern. Außerdem wurde der Merlot-Anteil auf 45 % gesteigert und der Anteil von Cabernet Sauvignon und Cabernet Franc verringert.

Die ersten Jahrgänge unter Delmas waren sehr gut, aber es mangelte ihnen an der Wucht und der außerordentlichen Fülle, wie sie im La Mission in früheren Spitzenjahren zu finden waren – bei aller technischen Korrektheit fehlte es ihnen an der Seele und an der Persönlichkeit. Mit der Installierung einer hochmodernen Weinbereitungsanlage rechtzeitig für den Jahrgang 1987 ist nun der Qualitätsstand wieder ebenso hoch wie in der ruhmvollen Vergangenheit. Der Wein ist sauberer, und irgendwelche Mängel, etwa ein hoher Gehalt an flüchtigen Säuren, wie er in manchen älteren La Mission-Jahrgängen auftrat, haben unter der Leitung von Delmas kaum noch die Chance, ihr unerfreuliches Wesen zu treiben. So produzierte La Mission-Haut-Brion nach der Übergangszeit zwischen 1983 und 1986 einen der allerbesten Weine von 1987, einen Star des Jahrgangs 1988, einen üppigen 1989er – unbestreitbar der feinste La Mission der achtziger Jahre. In den wegen Septemberregen schwierigen neunziger Jahren sind jeweils Weine entstanden, die zu den feinsten von ganz Bordeaux gehören.

Es ist unwahrscheinlich, daß der La Mission im neuen Stil eine so lange Lebensdauer haben wird wie die älteren Jahrgänge, dafür ist er aber in jüngeren Jahren nicht so unzugänglich und von strengem Gerbstoff beherrscht. Schließlich und endlich bleibt der La Mission-Haut-Brion unverändert ein Wein in Premier-Cru-Qualität.

JAHRGÄNGE

1997 • 87-88 Wer in letzter Zeit die Weinberge von La Mission-Haut-Brion besichtigt hat, dem sind sicherlich die umfangreichen Neuanpflanzungen aufgefallen. Ich frage mich, ob das dadurch im Durchschnitt zurückgegangene Rebenalter die Erklärung für eine gewisse Schmalbrüstigkeit und Kargheit beim 1997er La Mission-Haut-Brion bietet. Ich möchte aber nicht allzu kritisch sein, denn eigentlich ist dieser Wein sehr gut, ja möglicherweise hervorragend. Er hat dunkel rubinpurpurrote Farbe, mittleren Körper, Aromen von schwarzer Frucht, Gras, Tabak, Benzin und Erde. Das trockene, harte Tannin im Abgang ist bedenklich, es scheint aber in Tiefe und Extrakt ein Gegengewicht zu haben. Dieser zwar nicht große, aber sehr gute La Mission hat mäßige Lebenserwartung.
Voraussichtliche Genußreife: 2001 bis 2012. Letzte Verkostung: 3/98.

1996 • 90-91+ Der 1996er La Mission ist ein echter *vin de garde* mit dichter, tiefdunkler rubinpurpurroter Farbe, strafferer, aber kraftvoller Persönlichkeit und zurückhaltendem Aromaprofil. Dieser volle, stämmige, muskulöse Wein macht am Gaumen einen tiefen, mittelschweren bis körperreichen Eindruck und scheint 7 bis 8 Jahre Kellerreife zu verlangen. Er ist für einen La Mission-Haut-Brion untypisch zurückgezogen, hat aber außerordentliche Tiefe und zeichnet sich durch Nuancen von Rauch, Mineralen, getrockneten Kräutern, Schokolade und Beerenfrucht aus.
Voraussichtliche Genußreife: 2004 bis 2025. Letzte Verkostung: 3/98.

1995 • 91 Der 1995er La Mission-Haut-Brion zeigte sich diesmal straff und verschlossen und hatte nichts von der Duftigkeit und Aufgeschlossenheit, die er bei mehreren Faßproben aufwies.

DIE ROT- UND WEISSWEINE VON PESSAC-LÉOGNAN UND GRAVES

Aber keine Sorge, dieser Wein ist offensichtlich erstklassig mit seinem dichten Rubinpurpurrot, dem verhaltenen, aber verheißungsvollen Duft von gerösteten Kräutern und süßer, pfefferiger, würziger Frucht, seinem mittleren bis vollen Körper und seiner bewunderungswürdigen Kraft, Tiefe und Fülle. So großartig er auch sein mag, es steht doch nicht zu erwarten, daß er z. B. den Jahrgang 1994 überragen wird.
Voraussichtliche Genußreife: 2003 bis 2020. Letzte Verkostung: 11/97.

1994 • 91 Dieser großartige La Mission mit seiner samtigen Substanz ist überraschend aufgeschlossen. Sein dunkles Purpurrot deutet auf einen hohen Grad an Extraktion hin, und das duftige Bukett von Rauch, Tabak, Leder, gerösteten Kräutern und Cassis wirkt echt umwerfend. Der (mindestens derzeit) erstaunlich locker gewirkte, geschmacksintensive Wein zeichnet sich durch üppig volle, runde, mittelschwere bis körperreiche Art aus und ist mit Frucht, Glyzerin, Komplexität und Charme reich beladen.
Voraussichtliche Genußreife: 1999 bis 2015. Letzte Verkostung: 1/97.

1993 • 90 Der 1993er La Mission-Haut-Brion ist einer der verheißungsvollsten Weine seines Jahrgangs – Jean Delmas kann auf seine Leistungen in allen drei Weingütern (La Tour-Haut-Brion, La Mission-Haut-Brion und Haut-Brion) in diesem regengeplagten Jahrgang stolz sein – und zeigt tiefdunkles Rubinpurpurrot und ein provokatives Aroma von schwarzen Johannisbeeren, Mineralen, Rauch und süßem Eichenholz. Der elegante, reichhaltige Wein hat mittleren Körper und überraschend mildes Tannin, das sich im Abgang zwar bemerkbar macht, den Genuß an diesem komplexen, reintönigen 1993er, der keine Adstringenz oder Krautigkeit aufweist, aber nicht schmälert.
Voraussichtliche Genußreife: 1999 bis 2010. Letzte Verkostung: 1/97.

1992 • 89 Der für den Jahrgang ausgezeichnete 1992er La Mission-Haut-Brion bietet dunkles Rubinrot, ein intensives, blumiges Bukett von schwarzen Johannisbeeren und Mineralen sowie geschmeidige, mittelschwere, den Gaumen umschmeichelnde Geschmacksfülle. Dieser sanfte, opulente Wein zeigt im prachtvollen Abgang viel Glyzerin und lustvolle Alkoholstärke. Er ist in den nächsten 10 bis 12 Jahren schön zu trinken, und niemand soll sich wundern, wenn er in ein paar Jahren eine sogar noch bessere Note verdient. Letzte Verkostung: 11/94.

1991 • 87 La Mission hatte im Jahrgang 1991 beträchtlichen Erfolg. Der tief rubinrote Wein bietet ein Bukett von Rauch, Mineralen und Beerenduft, sanften, eleganten und vollen, ja sogar fetten, harmonischen Geschmack, gutes Gleichgewicht und einen körperreichen Abgang. Dieser La Mission zeigt schöne, frühe Reife und schmackhafte, aromatische Art und dürfte in den nächsten 6 bis 10 Jahren viel Genuß bereiten. Letzte Verkostung: 1/94.

1990 • 94+ Der 1990er entwickelt sich in der Flasche ähnlich wie der 1990er Haut-Brion und hat meine frühere Note von 92 Punkten übertroffen. Er wirkt auffallend mit seinem süßen, würzigen Bukett mit Nuancen von Zedernholz, Früchtekuchen und gerösteter schwarzer Frucht; hinzu kommen bewunderungswürdige Fülle, saftige, üppig volle Art, reichlich Frucht und Glyzerin, milde Säure und ein körperreicher, vielschichtiger Abgang. Dieser herrlich kernige, intensive La Mission-Haut-Brion kann sich in der Qualität mit dem legendären 1989er messen und wird noch weitere 2 Jahrzehnte schönen Genuß bereiten. Letzte Verkostung: 11/96.

1989 • 100 Ich werde mich gewiß mit niemandem streiten, der glaubt, daß der 1989er La Mission-Haut-Brion bis ins letzte so profund ist wie der 1989er Haut-Brion. Er ist ein spektakulärer Wein, und mit zunehmender Flaschenreife wird er immer mehr mein Favorit unter den La Mission-Haut-Brions, gleichrangig mit dem 1982er, 1975er, 1961er, 1959er und 1955er. Der 1989er prunkt mit dichtem Dunkelpurpurrot, einem süßen Bukett von gerösteter Cassis-Frucht und Nuancen von Schokolade, Tabak, Teer und Mineralen. Er ist überaus körperreich, ölig, mild, füllig und reichhaltig, und obwohl er noch jugendlich unfertig ist, trinkt er sich doch bereits köstlich. Bis zur Jahrhundertwende dürfte er noch an Flaschenbukett zulegen und dann weitere 15 bis 20 Jahre feinsten Genuß gewähren. Letzte Verkostung: 11/96.

1988 • 90 Vielleicht hat die hohe Qualität des Merlot (in diesem Jahrgang liegt der Anteil bei 45 %) dem 1988er zu signifikanter Opulenz und Tiefe der Frucht verholfen. Auf diese Weise ist

er sauber, profund, körperreich, konzentriert, voll und schön strukturiert ausgefallen und wird mit seiner Wucht und Milde noch 15 bis 20 Jahre überdauern – ein kraftvoller, tiefgründiger und doch sanfter Wein.
Voraussichtliche Genußreife: Jetzt bis 2012. Letzte Verkostung: 1/93.

1987 • 87 Nachdem ich nun schon fast zwei Kisten von diesem Wein getrunken habe, kann ich mich nur ärgern, daß ich mir nicht mehr vom 1987er La Mission-Haut-Brion in den Keller legte. Nicht daß er so phänomenal wäre, aber er zeigt sich beständig als einer der duftigsten und verführerischsten Weine dieses Jahrgangs. Er ist stets ein klassisches Beispiel für La Mission und den exotischen, an Tabak, Rauch und gedörrte Kräuter erinnernden Charakter eines erstklassigen Graves gewesen. Er zeigt sich satinzart mit milder Säure, schöner frischer und reifer Cassis-Frucht, mittlerem Körper und rundem Abgang und hält sich auf seinem Höhepunkt, ohne Anzeichen eines Auseinanderbrechens von sich zu geben.
Voraussichtliche Genußreife: Jetzt bis 2001. Letzte Verkostung: 7/97.

1986 • 91 Dieser grasige, mittelschwere La Mission-Haut-Brion zeigt ausgeprägte erdige Art und muß noch einiges Tannin abwerfen. Die Farbe ist ein jugendfrisches dunkles Rubinpurpurrot, und das noch immer verschlossene, unentfaltete Bukett weist süße Cassisfrucht auf. Es steckt bewundernswerte Wucht in diesem eher durch Würze und Struktur als durch die Süße seiner Frucht geprägten Wein. Da er noch immer jung ist, dürfte er sich noch 10 Jahre lang schön fortentwickeln.
Voraussichtliche Genußreife: 2000 bis 2012. Letzte Verkostung: 5/97.

1985 • 92 Während der jüngere Bruder, der 1986er, dicht gewirkt und verschlossen bleibt, zeigt sich der 1985er köstlich opulent, vollmundig und freizügig. Die Farbe ist ein dunkles Rubinpurpurrot mit granatrotem Saum. Der Wein bietet ein süßes, rauchiges Bukett mit Nuancen von flüssigem Teer und schwarzen Johannisbeeren und einer toastwürzigen Eichennote im Hintergrund. Er hat während der Entfaltung in der Flasche an Gewichtigkeit zugelegt und nimmt sich nun mit der reichlichen, üppigen, fülligen schwarzen Frucht, verbunden mit der in der Appellation so stark hervortretenden rauchigen, gerösteten Art, besser aus denn je. Die milde Säure und der offene, vollmundige Charakter gewähren bei mittlerem bis vollem Körper köstlichen Genuß.
Voraussichtliche Genußreife: Jetzt bis 2006. Letzte Verkostung: 10/97.

1984 • 82 Der für den Jahrgang gut gelungene 1984er La Mission hat mäßig dunkle Farbe und ist rund, kräuterwürzig, fruchtig und süffig.
Voraussichtliche Genußreife: Jetzt. Letzte Verkostung: 3/89.

1983 • 89 Der erste von Jean Delmas und seinen Mitarbeitern produzierte La Mission-Haut-Brion bietet im provokativen Bukett Nuancen von süßlichem Asphalt, Rauchfleisch und animalischen Gerüchen. Dunkles Granatrot sowie würzige Geschmacksnoten von Erde, Trüffeln und fülligen schwarzen Johannisbeeren, verwoben mit Süßholz, zeichnen diesen mittelschweren Wein aus, der sich rasch entwickelt hat – ein exzellenter La Mission.
Voraussichtliche Genußreife: Jetzt bis 2005. Letzte Verkostung: 5/97.

1982 • 98 Dieser Wein hat sich aus tiefer Zurückgezogenheit gelöst und zeigt das klassische, an Eisen, Tabak, süße schwarzen Johannisbeeren und gedörrte Kräuter erinnernde Bukett eines großen Graves. Die Farbe ist nach wie vor tiefdunkel purpurrot, die Konsistenz voll und ölig. Dieser milde, expansive, kernige, enorm konzentrierte Wein beginnt gerade sein sekundäres Aromaprofil zu entfalten und ist bereits ein Hochgenuß, obschon er noch sehr jugendfrisch wirkt. An reiner Komplexität und Klasse steht der 1989er La Mission höher, aber an purer hedonistischer Verlockung kommt der 1982er dem 1959er und 1961er gleich. Möglicherweise stellt er das moderne Pendant zum 1959er dar. Genießen kann man ihn in den nächsten 25 bis 30 Jahren.
Letzte Verkostung: 9/95.

1981 • 90 Offenbar geriet der 1981er La Mission glatt in Vergessenheit, nachdem einmal der vielbesprochene 1982er entstanden war, dabei ist er meiner Meinung nach einer der Stars seines

DIE ROT- UND WEISSWEINE VON PESSAC-LÉOGNAN UND GRAVES

Jahrgangs. Er machte mit seinem kräftigen, reichhaltigen, rauchigen Beerenbukett, seinem mittleren Körper und alkoholstarken, tiefen Geschmack sowie mit seiner mächtigen Frucht und dem langen Abgang einen guten Eindruck. Von seinem Tannin hat er schon viel abgeworfen und scheint dem Höhepunkt seiner Reife entgegenzugehen, auf dem er dann wohl 10 bis 15 Jahre verharren wird.
Voraussichtliche Genußreife: Jetzt bis 2005. Letzte Verkostung: 2/91.

1980 • 72   Ich hatte gemeint, dieser Wein werde sich bei der letzten Verkostung besser halten, aber er zeigte sich außerordentlich leicht, mit einem zarten, zurückhaltenden, fast wässerigen Bukett, mit nichtssagendem, mittelschwerem Geschmack und kurzem, recht dünnem Abgang. Er sollte ausgetrunken werden, bevor er noch weiter verblaßt.
Voraussichtliche Genußreife: Jetzt. Letzte Verkostung: 1/89.

1979 • 91   Der 1979er ist einer der wenigen Weine aus den siebziger Jahren, die ich von La Mission nicht so gut gelungen finde wie vom Nachbar-Château Haut-Brion. Nichtsdestoweniger brachte La Mission in diesem reichlichen Jahr einen wundervoll eleganten, überraschend konzentrierten Wein zustande, der in der Art dem 1971er ähnelt. Es fehlt ihm zwar die außerordentliche Tiefe und Komplexität, wie La Mission sie in großen Jahren wie 1982 oder 1978 erreicht, aber trotzdem ist der 1979er ein sehr feiner Wein mit einer Lebenserwartung von 15 Jahren.
Voraussichtliche Genußreife: Jetzt bis 2005. Letzte Verkostung: 2/91.

1978 • 96   Der 1978er La Mission-Haut-Brion ist wie der 1975er ein guter Kandidat für den Titel «Wein der Jahrgangs». Mit tief rubinpurpurroter Farbe und keinerlei Anzeichen von Alter ist er weit weniger ausentwickelt als der Haut-Brion. Neben intensiver Duftigkeit zeigt er geschmeidige, samtige Art sowie schön entfalteten, reichhaltigen, mineralischen, rauchigen, von Cassis geprägten Duft und Geschmack. Dieser körperreiche, gehaltvolle und vielschichtige, konzentrierte Wein trinkt sich bereits sehr gut, verspricht aber mit weiterer Flaschenreife noch besser zu werden.
Voraussichtliche Genußreife: Jetzt bis 2010. Letzte Verkostung: 5/97.

1977 • 74   Dieser Wein schmeckte zwar überzuckert und stark kräuterhaft, ich war aber überrascht festzustellen, daß er noch schmackhaft und auf seine Art süffig war. Kein Zweifel, der 1977er ist etwas zu vegetabil, dabei aber mild und voll ausgereift; wer ihn noch im Keller hat, sollte ihn bald trinken.
Voraussichtliche Genußreife: Jetzt. Letzte Verkostung: 1/89.

1976 • 76   Ich habe nie gefunden, daß der 1976er La Mission ein besonders guter Wein wäre, denn schon nach 4 Jahren zeigte er Alterserscheinungen und nahm eine bernsteinbräunliche Farbe an. Allerdings hatte er sich, als ich ihn zum letzten Mal verkostete, gegen vorher kaum verändert, er ist nach wie vor alkoholstark, locker gewirkt, fast flau mit einem einigermaßen aufgekochten, gerösteten Charakter. Andererseits besitzt er aber auch reife Frucht und ziemlich geringen Säuregehalt.
Voraussichtliche Genußreife: Jetzt. Letzte Verkostung: 1/89.

1975 • 100   Der 1975er La Mission ist seit jeher der beständigste Wein seines Jahrgangs. Er ist überaus konzentriert und beginnt inzwischen so viel Tannin abzustreifen, daß er voll gewürdigt werden kann; bei enormer Konstitution hat er das fabelhafte Aromaprofil von Graves entfaltet – Tabak, schwarze Frucht, Minerale, gedörrte Kräuter und Zedernholz. Nun präsentiert er sich mächtig, massiv, vollmundig, saftig mit nur noch mäßigem Tannin und einem leicht bernsteingelben Saum und dürfte um die Jahrhundertwende seinen Höhepunkt erreichen; dann wird er noch 30 bis 40 Jahre überdauern. Dieser außerordentliche La Mission kommt in der Art dem 1945er am nächsten und zeigt zudem Anklänge an den süßen, reifen 1959er.
Letzte Verkostung: 12/95.

1974 • 86   Als ich die 1974er erstmals verkostete, standen in diesem mittelmäßigen Jahrgang drei Weine weit an der Spitze: Latour, Trotanoy und der La Mission-Haut-Brion, der auch heute noch äußerst lebendig ist und mindestens weitere 7 bis 10 Jahre Lebensdauer vor sich hat. Er zeigt einen strengeren, sehnigeren Stil als gewöhnlich, ausgezeichnete, tiefe, dunkel granatrote

BORDEAUX

Farbe sowie ein kraftvolles mineralisches, rauchiges, erdiges und würziges Bukett, mittleren bis vollen Körper, sehr hartes Tannin und insbesondere für einen 1974er sehr gute Geschmackstiefe. Zweifellos hat der von den Gletschern der Eiszeit hinterlassene tiefgründige Kiesboden im Weinberg von La Mission maßgeblich dazu beigetragen, daß dieser Wein zu einem der großen Erfolge des regennassen Jahrgangs geworden ist.
Voraussichtliche Genußreife: Jetzt. Letzte Verkostung: 3/91.

1973 • 58 Das würzige, etwas wässerige Bukett schwindet nach 30 bis 40 Sekunden im Glas. Am Gaumen zeigt sich der Wein dünn und hart. Letzte Verkostung: 1/89.

1972 • 86 Dieser Wein beweist, wie gut der La Mission-Haut-Brion in einem ungünstigen Jahr gelingen kann. 1972 war sicherlich das schlechteste der siebziger Jahre, dieser Wein aber zeigt ein wundervolles, würziges, zernduftiges, etwas käuterhaftes Beerenbukett, reifen, runden, würzigen Geschmack, mittleren Körper und attraktiv üppigen Abgang. Dieser köstliche, erstaunlich gut gelungene Wein sollte in nächster Zeit ausgetrunken werden.
Voraussichtliche Genußreife: Jetzt. Letzte Verkostung: 1/89.

1971 • 87 Der köstliche 1971er La Mission ist schon seit wenigstens 5 bis 6 Jahren genußreif, ein rustikaler Wein mit kräftigem, erdigem, mineralischem Zigarrenkistenbukett, großzügiger, jedoch derber Geschmacksfülle und einem wuchtigen, staubigen Abgang. Ich nehme an, daß sich der 1971er noch mindestens ein Jahrzehnt schön trinken läßt.
Voraussichtliche Genußreife: Jetzt bis 2000. Letzte Verkostung: 10/90.

1970 • ? Dieser Wein ist verdientermaßen berühmt oder eher berüchtigt für seine Unbeständigkeit – viele Flaschen sind durch einen Essigstich beeinträchtigt, während andere sauberer und bedeutend besser schmecken. Bei meinen letzten drei Verkostungen – auch bei dieser – hat er sich nun mehr von seiner negativen Seite gezeigt. Fraglos besaß er vollen Körper, bewundernswerte Konzentration, muskulöse, vollmundige Art, doch die Essigsäure war mehr als nur eine subtile Komponente. Sie stand vielmehr sehr im Vordergrund, und der Wein wirkte zusammenhaltslos mit den ersten Anzeichen struktureller Risse. Ich habe auch hervorragende Exemplare erlebt, allerdings nicht mehr in den letzten drei Jahren. Letzte Verkostung: 6/96.

1969 • 67 Das stumpfe, harte, fast neutrale Bukett erinnert mich an einige steril gefilterte kalifornische Cabernets unserer Zeit. Auf der Zunge zeigt sich dieser Wein hohl mit hartem, rauhem, derbem Tannin, das alle Frucht, die je vorhanden gewesen sein mag, verdeckt. Zwar waren der 1963er und 1968er viel schlimmere Jahrgänge für die meisten Châteaux in Bordeaux, aber ich glaube doch nach wie vor, daß der 1969er sich schließlich noch als der unattraktivste in den letzten 30 Jahren herausstellt. Letzte Verkostung: 1/89.

1968 • 82 In den fünfziger, sechziger und siebziger Jahren galten La Mission-Haut-Brion und Latour als die sichersten Anlagen in schlechten Jahren. Mit dem 1968er bewies La Mission eindeutig seine Fähigkeit, auch in katastrophalen Jahren gute Weine hervorzubringen. Kein Jahrgang hatte schlechtere Witterungsvoraussetzungen als der 1968er, doch der La Mission aus diesem Jahr erwies sich als eine von wenigen Überraschungen, obwohl er kaum als großer Wein zu bezeichnen ist. Ein mildes, warmes, großzügig fruchtiges, an Leder erinnerndes Bukett wird begleitet von rundem und (wahrscheinlich infolge kräftiger Anreicherung) alkoholstarkem Geschmack sowie einem samtigen, eichenholzwürzigen, fein süßen Abgang. Es fehlt diesem Wein zwar an Komplexität, doch er hat noch Frucht, und der kräftige Alkoholgehalt verleiht ihm reichhaltigen, warmen, angenehmen Charakter. Wer ihn noch besitzt, sollte ihn austrinken, denn er verblaßt nach 3 bis 4 Minuten im Glas.
Voraussichtliche Genußreife: Jetzt – vermutlich im Nachlassen. Letzte Verkostung: 1/89.

1967 • 84 Zu Beginn der siebziger Jahre gehörte der 1967er La Mission-Haut-Brion zu den acht bis zehn Spitzenweinen des Jahres aus dem Médoc und Graves. Inzwischen hat er begonnen, seine Frucht einzubüßen und derbe, kernige Art anzunehmen, wobei ein strenges Tannin in der Persönlichkeit des Weins die Oberhand zu gewinnen scheint. Es ist noch etwas Frucht vorhanden, und der Wein ist auch noch ansprechend, ich würde aber raten, ihn möglichst bald auszutrinken.
Voraussichtliche Genußreife: Jetzt. Letzte Verkostung: 1/89.

DIE ROT- UND WEISSWEINE VON PESSAC-LÉOGNAN UND GRAVES

1966 • 89   Der 1966er war zwar nie ganz so voll und tief wie der 1964er, ist aber doch ein schön bereiteter, eleganter La Mission-Haut-Brion mit sehr zedernholz- und lederduftigem, fruchtigem Bukett, mittlerem bis vollem Körper und einem langen, geschmeidigen, samtigen Abgang. Ich möchte allen, die ihn noch in ihrer Weinsammlung haben, raten, diesen Wein in den nächsten Jahren auszutrinken. Besser wird er wohl nicht mehr, eher könnte er allmählich anfangen seine Frucht zu verlieren.
Voraussichtliche Genußreife: Jetzt bis 2000. Letzte Verkostung: 1/89.

1964 • 91   Der Jahrgang 1964 erwies sich in Pomerol, St-Emilion und Graves als großartig, während im weiten Teilen des Médoc die Erzeuger ihren Cabernet Sauvignon noch nicht gelesen hatten, als starke Regenfälle einzusetzen begannen. Der La Mission-Haut-Brion war stets einer der großen Erfolge des Jahrgangs, aber er hat nun seinen Höhepunkt überschritten und begibt sich langsam auf Talfahrt. Ich kann das gut beurteilen, weil ich ziemlich viel davon im Keller habe und ihn deshalb häufig verkosten kann. Seine dunkelrote Farbe beginnt allmählich eine Spur Bernsteingelb und Orange zu zeigen. Er hat ein klassisches La Mission-Bukett mit Düften von Zedernholz, Leder, Rauch und in diesem Jahrgang sogar einem Anflug von Trüffeln. Die Geschmacksfülle ist noch immer expansiv mit wundervoll lieblicher Reife in der Frucht und kräftigem, alkoholischem Abgang. Wer ihn noch im Keller hat, sollte sich langsam daranmachen, ihn zu trinken.
Voraussichtliche Genußreife: Jetzt. Letzte Verkostung: 6/91.

1963 • 72   Für einen Jahrgang, den viele für einen der schlechtesten in der Zeit nach dem Zweiten Weltkrieg hielten, hat sich der La Mission-Haut-Brion doch als ein angenehmer Wein herausgestellt. Er hat nichts Vegetabiles oder Verwässertes in seinem zedernholzduftigen, würzigen, rauchigen, fruchtigen, jedoch leicht überzuckerten Bukett. Auf der Zunge zeigt der Wein überraschend kräftigen Körper und lebendige Frucht, dabei aber einen scharfen, alkoholischen Abgang, und nach ein paar Minuten im Glas verblaßt er völlig. Für den Jahrgang darf man diesen Wein als einen bedeutenden Erfolg betrachten.
Voraussichtliche Genußreife: Jetzt – vermutlich stark im Nachlassen. Letzte Verkostung: 1/89.

1962 • 84   Ich habe den 1962er nie für einen besonders großen Erfolg gehalten. Er ist zwar ein eleganter, mittelschwerer Wein, hat aber wenig Komplexität oder Tiefe, zeigt allerdings angenehmen, geschmeidigen zedernholz-, rauch- und zigarrenkistenduftigen Charakter sowie gefällige Pflaumenfrucht und einen milden Abgang. Wer ihn im Keller hat, darf diesem noch immer von Lebenskraft strotzenden Wein einige weitere Jahre zutrauen.
Voraussichtliche Genußreife: Jetzt – vermutlich im Nachlassen. Letzte Verkostung: 1/89.

1961 • 100   Der 1961er La Mission-Haut-Brion, einer der größten seines Jahrgangs, ist schon seit 5 bis 10 Jahren ein fabelhafter Genuß. Bei guter Lagerung dürfte er auch noch einmal 10 bis 20 Jahre überdauern. Er ist stärker entfaltet und eingängiger als der 1959er und stets ein vollmundiger, hocharomatischer Wein mit dem mustergültigen Graves-Bukett von Tabak, Grillfleisch, Mineralen, Gewürzen sowie süßer roter und schwarzer Frucht. Mit seiner dichten, körper- und alkoholreichen, überaus vollmundigen Art ist der sanfte, opulente 1961er nach wie vor ein Hochgenuß. Überwältigend!
Letzte Verkostung: 10/94.

ÄLTERE JAHRGÄNGE

Es ist interessant zu bemerken, daß vielen 1959ern wie auch den 1982ern nachgesagt wurde, es fehle ihnen an Säure und Entfaltungspotential. Wie erklärt sich dann, daß viele 1959er noch weniger ausentwickelt, dabei aber voller, frischer und vollständiger wirken als viele 1961er? So großartig beispielsweise der 1961er La Mission auch ist, der ebenso vollkommene 1959er (100 Punkte; 10/94) ist doch noch nicht so weit fortgeschritten, dabei reichhaltiger, tiefer in der Farbe, konzentrierter und wuchtiger! Er verlangt mindestens noch 3 bis 5 Jahre Kellerreife, bis er seinen Gipfel erreicht. Dieser würzige, hochkonzentrierte, noch junge und tief verschlossene, aber reich ausgestattete Wein mit seiner pflaumenblau-purpurroten Farbe dürfte um die Jahrtausendwende in Bestform sein und dann noch 20 bis 25 Jahre überdauern. Auch wenn man Haut-Brion und Mouton-Rothschild nichts von ihrer Größe absprechen will, ist doch der 1955er La Mission (100 Punkte; 10/94) der «Wein des Jahrgangs». Er besitzt ein süßes Bukett mit Noten von Zedernholz, Nelken, Rauch und schwarzen Himbeeren sowie vollen, körperreichen, bemerkenswert harmonischen Geschmack, der von reifer Frucht, Glyzerin und kräftigem Alkohol überströmt. Das Tannin ist vollkommen abgeschmolzen, und der Wein zeigt einen beträchtlichen rostroten Saum, es ist also unwahrscheinlich, daß der 1955er von weiterer Aufbewahrung noch profitiert. Er gibt allerdings keine Anzeichen von Gebrechlichkeit oder Niedergang zu erkennen, daher darf man von ihm mit Gewißheit noch 10 bis 15 Jahre schönen Genuß erwarten – ein erstaunlicher, komplexer, superb ausgewogener La Mission-Haut-Brion! Ich habe mir von Leuten, die den 1953er (93 Punkte; 10/94) seit seiner Jugend kennen, berichten lassen, daß er schon gegen Ende der 1950er Jahre ausnehmend schön zu trinken war. Inzwischen hat er offenbar nichts von seiner schwelgerischen, geschmeidigen, explosiven Frucht eingebüßt. Noch besser wird er allerdings nicht mehr, daher ist es ratsam, ihn zu trinken. Er bietet köstliche, rauchige Beerenduftigkeit, seidige, sanfte Konsistenz und einen langen, kräftigen Abgang. Die milde Säure verleiht ihm Lebendigkeit, und das Tannin ist abgeschmolzen. Wer so glücklich ist, diesen prachtvollen Wein im Keller zu haben, sollte ihn in den nächsten Jahren austrinken. La Mission hat ferner einen anständigen 1951er (81 Punkte) und einen großartigen 1952er (93 Punkte) zuwege gebracht, die ich aber seit 1991 nicht mehr verkostet habe. Der 1950er (95 Punkte; 10/94) hat ein mächtiges Bukett mit Noten von frisch gebrautem Kaffee, Hickory- und Zedernholz und Schokolade. Dieser überaus vollmundige, körperreiche und konzentrierte Wein, der sein Alter kaum zu erkennen gibt (die Farbe ist noch immer undurchdringlich dunkel granatrot) befindet sich auf seinem Gipfel und dürfte in den nächsten 15 bis 20 Jahren schönen Genuß bereiten.

Der 1949er (100 Punkte; 10/94) zeigt intensive angesengte Düfte von gedörrten Kräutern, rauchiger Cassis-Frucht und gegrilltem Fleisch. Er ist enorm vollmundig, mild, sanft und opulent sowie voll ausgereift, ehrfurchtgebietend intensiv und nachhaltig – ein großartiger Wein aus dem harmonischsten Bordeaux-Jahrgang des Jahrhunderts. Der 1948er (93 Punkte; 10/94) bietet ein kraftvolles, geröstetes, reichhaltiges Bukett mit Noten von Tabak, reifer Johannisbeerfrucht und rauchigen Kastanien. Er zeigt weder Bernsteingelb noch Braun, die Frucht ist konzentriert und stark extrahiert, der Körper voll und der Abgang reichlich mit Alkohol und Tannin versehen. Eindeutig befindet sich dieser Wein auf seinem Gipfel, gibt aber noch keine Anzeichen von sich, daß seine Frucht im Verblassen sein könnte, vielmehr dürfte er noch einmal 10 bis 20 Jahre überdauern. Im 1947er (95 Punkte; 10/94) beweist ein mächtiges, portweinähnliches Bukett mit Noten von Schokolade, Zedernholz, Erde und Pflaumenfrucht, welche außerordentliche Reife in diesem Jahr zustande kam. Dieser alkoholstarke, wuchtige und gehaltvolle, zugleich aber samtige und milde La Mission-Haut-Brion kommt einer Beerenauslese so nahe, wie man es sich nur vorstellen kann – ein außergewöhnlicher Wein mit großer Geschmacksdimension und Nachhaltigkeit. Der 1945er La Mission (94; 10/94) ist fraglos ein großartiger Wein mit fabelhafter Konzentration, er weist aber eine harte, lederige, rauhe Konsistenz auf. Zwar ist er sehr wuchtig, zutiefst reichhaltig und undurchdringlich dunkel, aber der Tanningehalt ist extrem hoch, und so fragt man sich, ob zuerst die Frucht oder das Tannin abfällt. Dieser Wein hat das Potential, die nächsten 20 bis 25 Jahre zu überdauern, und darin liegt viel von der *mystique* dieses Jahrgangs.

Der außergewöhnliche 1929er (97 Punkte; 10/94) – vielleicht ein Jahrhundertwein, dessen Art von alten Kennern mit der des 1982ers oder des 1990ers verglichen wird – stellte sich wundervoll opulent und ölig dar. Henri Woltner schrieb, daß sich der 1929er La Mission im Jahr 1933 fabelhaft trinken ließ, bezweifelte damals aber seine Fähigkeit, ein hohes Alter zu erreichen. Wie sehr ging er damit fehl! Mit noch immer tief granatroter Farbe und nur ganz wenig

Bernsteingelb am Rand zeigt dieser Wein ein unglaublich exotisches, sinnenbetörendes Bukett voller Nuancen von Tabak, schwarzen Johannisbeeren, Zedernholz und Leder. Am Gaumen findet sich neben kräftigem Alkohol eine bemerkenswert süße, volle, expansive, überwältigende Konzentration der Frucht, die das nötige Gegengewicht zum Alkohol bildet – ein samtiger, üppiger, körperreicher Wein, den zu trinken geradezu eine Lust ist.

ZWEITWEIN

La Chapelle de la Mission

JAHRGÄNGE

1997 • 83-85   Der sanfte, runde, mit Kräuternuancen versehene 1997er Chapelle-Haut-Brion (von der Frucht der jüngeren Reben) wirkt vordergründig, entgegenkommend, fruchtig, eingängig und schlicht. Ich möchte empfehlen, ihn in den ersten 4 bis 5 Jahren nach der Freigabe zu trinken. Letzte Verkostung: 3/98.

1996 • 86-87   Der 1996er ist ein sanfter, runder, komplexer Wein mit Nuancen von Zedernholz und Rauch, dazu mittlerem Körper und üppiger, süßer Frucht. Ein langes Leben steht ihm nicht bevor, aber als mustergültiger, im Lauf der nächsten 7 bis 8 Jahre genußreifer Graves läßt sich dieser Wein durchaus empfehlen. Letzte Verkostung: 3/98.

1995 • 90   Der 1995er nimmt sich extraktreicher aus als der 1996er und bietet eine schöne, volle, mittelschwere, wohlausgestattete Persönlichkeit. Er hat viel vom Charakter des La Mission-Haut-Brion in seiner süßen, mit Noten von Rauch, Tabak und gerösteten Kräutern verflochtenen Beerenfrucht. Als runder, würziger und generöser Wein ohne jegliche Schärfe wird er über die nächsten 7 bis 8 Jahre ideal zu trinken sein. Letzte Verkostung: 11/97.

1993 • 86   Auf rund 1000 Kisten belief sich die Produktion dieses Zweitweins von La Mission-Haut-Brion. Es ist nicht verwunderlich, daß er sich schmackhaft, voll, mittelschwer und sanft darstellt und sich in den nächsten 7 bis 8 Jahren ideal trinken läßt. Die Tatsache, daß 18 bis 20 % des Ertrags ausgeschieden wurden, dürfte der Grund dafür sein, daß sowohl dieser Wein als auch der La Mission-Haut-Brion im Jahr 1993 superb ausgefallen sind. Letzte Verkostung: 11/94.

1992 • 86   Der Jahrgang 1992 dieses neuen Zweitweins von La Mission-Haut-Brion präsentiert sich sanft, fruchtig, attraktiv, mittelschwer, mit reintöniger, reifer Frucht schwarzer Kirschen und Noten von Rauch und Tabak. Er sollte in den nächsten 3 bis 4 Jahren getrunken werden. Letzte Verkostung: 11/94.

Olivier
Cru Classé (Rot- und Weißwein)

GUT (SEIT 1995)

Lage der Weinberge: Léognan

Besitzer: Familie Bethmann
Leitung: J.-J. de Bethmann
Adresse: 33850 Léognan
Postanschrift: wie oben
Telefon: 33 5 56 64 73 31 – Telefax: 33 5 56 64 54 23

Besuche: nur nach Vereinbarung

BORDEAUX

ROTWEIN

Rebfläche: 32,5 ha

Durchschnittliches Rebenalter: 20 Jahre

Rebbestand: 55 % Cabernet Sauvignon, 35 % Merlot, 10 % Cabernet Franc

Pflanzdichte: 8000 bis 10 000 Reben/ha

Ertrag (im Durchschnitt der letzten 5 Jahre): 45 bis 50 hl/ha

Durchschnittliche Jahresproduktion insgesamt: 18 000 Kisten

GRAND VIN

Name: Château Olivier

Appellation: Pessac-Léognan

Durchschnittliche Jahresproduktion: Auslese aus 40 % bis 70 % des Gesamtertrags

Verarbeitung und Ausbau: Vinifikation 10 bis 30 Tage bei 25 bis 30 °C in temperaturgeregelten beschichteten Edelstahltanks. Nach malolaktischer Säureumwandlung 12 Monate Ausbau in jährlich zu $^1/_3$ erneuerten Eichenfässern. Der Wein wird geschönt und gefiltert.

ZWEITWEIN

Name: Réserve d'O du Château Olivier

Durchschnittliche Jahresproduktion: 30 bis 60 % des Gesamtertrags

WEISSWEIN

Rebfläche: 12 ha

Durchschnittliches Rebenalter: 30 Jahre

Rebbestand: 55 % Sémillon, 40 % Sauvignon, 5 % Muscadelle

Pflanzdichte: 8000 bis 10 000 Reben/ha

Ertrag (im Durchschnitt der letzten 5 Jahre): 40 bis 45 hl/ha

Durchschnittliche Jahresproduktion insgesamt: 6000 Kisten

GRAND VIN

Name: Château Olivier

Appellation: Pessac-Léognan

Durchschnittliche Jahresproduktion: 40 bis 70 % des Gesamtertrags

Verarbeitung und Ausbau: Lese von Hand. Gärung in jährlich zu $^1/_3$ erneuerten Eichenfässern. 12 Monate Hefesatzlagerung. Der Wein wird geschönt und bei der Abfüllung gefiltert.

ZWEITWEIN

Name: Réserve d'O du Château Olivier

Durchschnittliche Jahresproduktion: 30 bis 60 % des Gesamtertrags

Beurteilung des derzeitigen Rangs: Entspricht insbesondere seit 1995 der Klassifizierung

Genußreife: Rotwein: 2 bis 8 Jahre nach dem Jahrgangsdatum; Weißwein: 2 bis 4 Jahre nach dem Jahrgangsdatum

DIE ROT- UND WEISSWEINE VON PESSAC-LÉOGNAN UND GRAVES

Dieses Weingut ist eines der ältesten in den Region Bordeaux, es geht zurück auf das 12. Jahrhundert. Einer seiner prominentesten Gäste war im 14. Jh. der Schwarze Prinz (der Sohn von König Edward III. von England), der als Befehlshaber in Bordeaux die berühmtesten englischen Ritter in vielen Schlachten gegen die Franzosen im Kampf um die Herrschaft über die Provinz Aquitanien anführte. Seit dem Ende des Zweiten Weltkriegs hat die ursprünglich aus Deutschland stammende Familie de Bethmann den Besitz übernommen. Unter ihrer Leitung sind hier keine profunden Weine entstanden. Sowohl die Weißweine als auch die Rotweine aus dem Château Olivier sind stets mittelmäßig und ungewöhnlich einfach, leicht und ausdrucksschwach für ein Cru Classé mit Weinbergen in so guter Lage in der Gegend von Léognan. Eingeweihte in Bordeaux behaupten, daß die von den Bethmanns dem großen Handelshaus Eschenauer gewährte Exklusivität häufig daran schuld war, daß der Wein nicht an Vergleichsproben teilnehmen konnte, wo seine Schwächen aufgedeckt worden wären. Nun ist dieses Alleinverkaufsrecht in der Mitte der achtziger Jahre abgelaufen, und der Wein kann ohne weiteres mit den Nachbargewächsen verglichen werden. Trotz aller Berichte, daß Verbesserungen geschehen seien, haben alle meine Verkostungen bis zum Jahrgang 1989 unverändert ergeben, daß dieses Gut über noch unausgeschöpftes Potential verfügt.

Ich bin aber überzeugt, daß der neue Leiter Jean-Jacques de Bethmann, der im Château Olivier wohnt, sich nun bemüht, die Qualität der Weine anzuheben. Der Ausleseprozeß wird in den 1990er Jahren immer strenger gehandhabt, und die Anschaffung einer Konzentrationsanlage (Umkehrosmose), die im Jahrgang 1998 in Betrieb genommen werden soll, dürfte die Gewähr dafür bieten, daß der Olivier weit interessanter werden wird. Die Jahrgänge ab 1994 sind auf jeden Fall viel besser als die früheren.

JAHRGÄNGE

ROTWEIN

1997 • 85-87 Die Weine der schönen alten Burg Olivier in Pessac-Léognan befinden sich im Aufschwung. Der 1997er zeigt dunkel rubinrote Farbe mit Purpurschimmer. Mit dem süßen Aroma von Brombeeren, Cassis und Toast geht ein offen gewirkter, mittelschwerer, charmanter Wein einher, der leichtes Tannin und milde Säure aufweist. Er ist nicht gerade kraftvoll, aber elegant und reintönig und dürfte sich über die nächsten 10 Jahre schön trinken.
Letzte Verkostung: 3/98.
1996 • 85 Dieser harmonische, reintönige, leichte bis mittelschwere Graves hat dunkel rubinrote Farbe, sanfte geschmeidige Art sowie attraktive Kirschenfrucht mit mineralischen und staubigen Nuancen.
Voraussichtliche Genußreife: 1999 bis 2010. Letzte Verkostung: 3/98.
1995 • 84 Karger als der 1996er präsentiert sich der kompakte, schlanke, tanninreiche 1995er mit leichtem bis mittlerem Körper – eine einwandfreie, aber nicht gerade inspirierende Leistung.
Voraussichtliche Genußreife: 2000 bis 2008. Letzte Verkostung: 3/98.
1994 • 85 Der hell- bis mittelrubinrote 1994er zeigt ein würziges Aroma mit Kirschen- und Johannisbeerduft und Eichentoast im Hintergrund. Dieser mittelschwere Wein hat ordentliche Frucht, Würze und auch etwas von den für die Gewächse aus dieser Gegend von Graves charakteristischen Erde-, Mineral- und Tabaknoten. Letzte Verkostung: 3/98.
1993 • 74 Die hell- bis mittelrubinrote Farbe dieses Weins wirkt angemessen, das ausgeprägt grasige, vegetabile Aroma bietet zwar Würze, aber kaum Frucht. Eine wässerige Art ist an diesem leichten, süffigen, einfachen roten Graves zu bemerken. Er sollte in den nächsten 3 bis 4 Jahren getrunken werden. Letzte Verkostung: 1/97.
1992 • 75 Der 1992er bietet zwar eindrucksvoll tiefe Farbe und würzige Noten im eichenbetonten Bukett, aber es fehlt ihm die Frucht, Konzentration und Nachhaltigkeit des 1991ers. Am

Gaumen wird eine flache Art immer deutlicher. Dieser Wein sollte in den ersten 2 bis 3 Lebensjahren getrunken werden. Letzte Verkostung: 11/94.

1991 • 85   Im schwierigen Jahrgang 1991 hat Olivier eine verdienstvolle Leistung erbracht. Die tief rubinrote Farbe geht einher mit einem offenen, eingängigen Bukett von Gras, Tabak, Gewürz und Johannisbeeren. Eine verschwenderische Eichennote verleiht dem Wein aufgeschlossene, sinnliche, ansprechende Art, aber jenseits der Eichenholzkosmetik präsentiert sich attraktive reife Frucht in einem sanften, samtigen, mittelschweren Format. Dieser charmante Wein trinkt sich in den nächsten 4 bis 5 Jahren am besten. Letzte Verkostung: 1/94.

WEISSWEIN

1996 • 75   Dieser schmal gebaute Wein zeigt scharfe Säure und einen Mangel an Fülle und Konzentration, so daß längere Aufbewahrung riskant erscheint. Das reichliche Maß an rauchiger Eichenholzwürze ist nur insofern bemerkenswert, als es kaschiert, wie wenig Frucht der Wein hat. Voraussichtliche Genußreife: Jetzt bis 2005. Letzte Verkostung: 3/97.

1995 • 82   Ein flacher, aber gefälliger trockener weißer Graves mit kräuterduftigem Bukett. Geringe Intensität, feine Honignote und eine verschwenderische Fülle an frischem Eichenholz sind die Eindrücke am Gaumen. Trotz kräftiger Säure und Holznote ist der Geschmack des mittelschweren Weins doch angenehm.
Voraussichtliche Genußreife: Jetzt bis 2006. Letzte Verkostung: 3/97.

1994 • 87   Dieser intensiv fruchtige weiße Graves bietet honigduftige Zitrusaromen, mittleren Körper, eine gewisse Eleganz und reichliche reife Frucht in entgegenkommender Art. Er sollte am besten in den nächsten 5 bis 6 Jahren getrunken werden. Letzte Verkostung: 3/95.

1993 • 81   Der monolithische, mit schmackhafter Eichenholznote versehene, leichte bis mittelschwere, erfrischende, aber schlichte trockene Weißwein sollte in nächster Zeit getrunken werden. Letzte Verkostung: 11/93.

1992 • 84   Der zarte 1992er präsentiert sich mit einem zitrusfruchtigen Bukett, das an Steine erinnert; hinzu kommen mittlerer Körper, gefälliger Geschmack und ein kompakter Abgang. Letzte Verkostung: 1/94.

1991 • 76   Der wässerige 1991er hat einen zuckersüßen, klebrigen Abgang.
Letzte Verkostung: 1/94.

PAPE-CLÉMENT
Cru Classé (nur für Rotwein)

AUSGEZEICHNET

Lage der Weinberge: Pessac

Besitzer: Société Montagne
Adresse: 216, avenue du Docteur Nancel Pénard, 33600 Pessac
Postanschrift: B.P. 164, 33607 Pessac Cedex
Telefon: 33 5 56 07 04 11 – Telefax: 33 5 56 07 36 70

Besuche: nur nach Vereinbarung, montags bis freitags von 9 bis 12 und von 14 bis 17 Uhr
Kontaktperson: Bernard Pujol

ROTWEIN

Rebfläche: 30 ha

Durchschnittliches Rebenalter: 38 Jahre

Rebbestand: 60% Cabernet Sauvignon, 30% Merlot, 10% Cabernet Franc

DIE ROT- UND WEISSWEINE VON PESSAC-LÉOGNAN UND GRAVES

Pflanzdichte: 7500 Reben/ha

Ertrag (im Durchschnitt der letzten 5 Jahre): 40 bis 45 hl/ha

Durchschnittliche Jahresproduktion insgesamt: 140 000 Flaschen

GRAND VIN

Name: Château Pape-Clément

Appellation: Pessac-Léognan

Durchschnittliche Jahresproduktion: 100 000 bis 120 000 Flaschen

Verarbeitung und Ausbau: Vinifikation 20 bis 24 Tage, malolaktische Säureumwandlung zur Hälfte im Tank, zur Hälfte in Fässern. Anschließend 15 bis 20 Monate Ausbau in zu 60 % bis 90 % neuen Eichenfässern (je nach Jahrgang). Abstich alle 3 Monate. Der Wein wird mit frischem Eiweiß geschönt, aber bei der Abfüllung nicht gefiltert.

ZWEITWEIN

Name: Le Clémentin du Pape-Clément

Durchschnittliche Jahresproduktion: 20 000 bis 50 000 Flaschen

WEISSWEIN

Rebfläche: 2,5 ha

Durchschnittliches Rebenalter: 20 Jahre

Rebbestand: 45 % Sémillon, 45 % Sauvignon, 10 % Muscadelle

Pflanzdichte: 7500 Reben/ha

Ertrag (im Durchschnitt der letzten 5 Jahre): 30 hl/ha

Durchschnittliche Jahresproduktion insgesamt: 8000 bis 10 000 Flaschen

GRAND VIN

Name: Château Pape-Clément

Appellation: Pessac-Léognan

Durchschnittliche Jahresproduktion: 6000 bis 8000 Flaschen

Verarbeitung und Ausbau: Klären des Mosts durch Abstich von Faß zu Faß.
10 Monate Hefesatzlagerung mit häufigem Aufrühren. Anteil der neuen Fässer 20 bis 40 %.
Der Wein wird geschönt und gefiltert.

ZWEITWEIN

Name: Le Clémentin du Château Pape-Clément

Durchschnittliche Jahresproduktion: 2000 bis 4000 Flaschen

Beurteilung des derzeitigen Rangs: Entspricht seit 1986 qualitativ einem 2ème Cru aus dem Médoc

Genußreife: Rotwein: 5 bis 20 Jahre nach dem Jahrgangsdatum;
Weißwein: 3 bis 8 Jahre nach dem Jahrgangsdatum

Pape-Clément liegt im Bereich der Vorstadt Pessac, einige Kilometer vom berühmten Château Haut-Brion entfernt. Seit jeher zählt es zu den bedeutendsten Weingütern der Region Bordeaux. Bertrand de Goth, sein ursprünglicher Besitzer, erwarb das Landgut im Jahr 1300; schon

6 Jahre später wurde er zum Papst gewählt und nannte sich Klemens V. Für Frankreich besonders bedeutend war sein kühner Entschluß, die päpstliche Residenz in die vielgerühmte, sonnendurchglühte provenzalische Stadt Avignon verlegt zu haben, wo das Babylonische Exil des Papsttums begann. Der Wein, den Papst Klemens V. auf seinem Landgut in der Nähe von Avignon baute, ist unter dem Namen Châteauneuf du Pape berühmt geworden. Während nun der Papst in Avignon lebte, stiftete er das Weingut Pape-Clément der Kirche, und in ihrem Besitz blieb es denn auch bis zur Enteignung in der Französischen Revolution.

Heute befindet sich das Weingut im Besitz der Erben des französischen Dichters Paul Montagne. In den fünfziger, sechziger und anfangs auch in den siebziger Jahren hatte niemand Anlaß zu Zweifeln an der Qualität des Weins von Pape-Clément, aber seit 1975 zogen mangelhafte Beachtung der Details sowie zu geringe Investitionen in kellertechnische Ausrüstungen und Fässer einen Niedergang nach sich. Im darauffolgenden Jahrzehnt waren die Weine oft dumpfig, es fehlte ihnen an Frische, kurz gesagt, sie waren nicht mehr sauber bereitet. Die lange Reihe dürftiger bis mittelmäßiger Leistungen endete 1985, nachdem der junge, enthusiastische Bernard Pujol eingestellt worden war. Er erhielt freie Hand für die Wiederherstellung der Qualität des Pape-Clément, und so entstand, eingeleitet durch einen profunden 1986er, eine Folge von Weinen, die inzwischen den beiden Großen, Haut-Brion und La Mission-Haut-Brion, nahekommen.

Die Weinberge von Pape-Clément liegen auf außerordentlich leichtem, kieshaltigem Boden und bringen einen Wein hervor, der in Bestform ein faszinierendes, überzeugendes Bukett mit einer Fülle an dunkler Frucht, verwoben mit starken Düften von Tabak und Mineralen, bietet. Der relativ hohe Merlot-Anteil sorgt dafür, daß dieser Wein schon in sehr jungen Jahren schön zu trinken ist, aber in Spitzenjahrgängen auch ohne weiteres einige Jahrzehnte haltbar bleibt. In der zweiten Hälfte der achtziger Jahre wurde Pape-Clément mit profunden Weinen der Jahrgänge 1996, 1990, 1988 und 1986 zu einem der Stars von Bordeaux.

Die Ausrichtung auf hohe Qualität deutet sich auch in einer Vergrößerung der Rebfläche für die raren Weißweine des Guts an. Früher war die winzige Erzeugung (meist nur einige hundert Kisten) allein für den Eigenverbrauch im Château bestimmt. Inzwischen beläuft sich die Produktion auf rund 600 Kisten.

JAHRGÄNGE

ROTWEIN

1997 • 87-90   Der Pape-Clément, einer der besten 1997er aus der Region Graves, zeigt dunkles Rubinrot mit Purpurnuancen. Das Aroma bietet Düfte von gerösteten Kräutern, Zedernholz, Tabak und Früchtekuchen. Milde Säure, Üppigkeit und Charme bei mittlerem Körper und viel Frucht sind die Merkmale dieses komplexen, saftigen, opulenten Weins, der schon früh ein prachtvoller Genuß sein wird. Wenn er dann noch klarere Linien und mehr Nachhaltigkeit entwickelt, dürfte er eine noch höhere Note verdienen.
Voraussichtliche Genußreife: 2001 bis 2009. Letzte Verkostung: 3/98.

1996 • 90-92   Ein klassisches Graves-Aromaprofil von Gras, Tabak, Rauch, Früchtekuchen und roten und schwarzen Johannisbeeren kennzeichnet den dichten, vollen, mittelschweren 1996er, der schönste Reintönigkeit und Reife mit glorreicher Finesse und Komplexität vereint. Er ist kein muskulöser, wuchtiger Wein, sondern besticht eher durch klare Linie und Delikatesse. Das Tannin ist zwar mild, dennoch ist der 1996er Pape-Clément imstande, zwei Jahrzehnte zu überdauern.
Voraussichtliche Genußreife: 2002 bis 2020. Letzte Verkostung: 3/98.

1995 • 90   Der 1995er Pape-Clément, eine sanftere, zugänglichere Version des tanninreicheren 1996ers, zeigt tiefes Rubinpurpurrot und ein schönes Bukett mit Noten von Gewürz, Bleistift, Mineralen, Rauch und schwarzen Johannisbeeren mit einem Hauch Tabak. Der volle, reife,

DIE ROT- UND WEISSWEINE VON PESSAC-LÉOGNAN UND GRAVES

schön gewirkte, komplexe Wein zeigt mittleren Körper, eingangs süße Frucht, eine gewisse Eleganz und untadeliges Gleichgewicht – er ist bereits ein Genuß.
Voraussichtliche Genußreife: Jetzt bis 2015. Letzte Verkostung: 11/97.

1994 • 87 Der mittelrubinrote 1994er ist leichter als erwartet. Das Aromaprofil von Tabak, roten Johannisbeeren und Mineralen leitet über zu einem mittelschweren, verhaltenen, gemessenen Wein mit süßer Frucht und ohne Schärfe, vielmehr mit einer sanften Persönlichkeit. Dieser elegant gestaltete Pape-Clément wird sich in den nächsten 7 bis 8 Jahren schön trinken.
Letzte Verkostung: 1/97.

1993 • 86 Wenig beeindruckende mittelrubinrote Farbe steht neben einem mustergültigen Graves-Bukett von Beeren, Tabak und Würze mit einem Anflug von verbrannter Erde und heißem Stein. Dieser Wein ist leichter als der großartige 1990er, doch in der Art des Jahrgangs ist er wohlausgewogen und zeigt süße Frucht von roten Johannisbeeren und Pflaumen, unbestreitbare Eleganz und Finesse sowie einen sanften, runden Abgang. Er gewährt mehr Genuß, als in der Punktnote zum Ausdruck kommt, und dürfte in den nächsten 7 bis 8 Jahren schön zu trinken sein. Letzte Verkostung: 1/97.

1992 • 83 Obwohl die hell- bis mittelrubinrote Farbe auf Verwässerung hindeutet, besitzt dieser Pape-Clément ein charakteristisch komplexes Bukett von Tabak, Kräutern, Zedernholz und süßer roter und schwarzer Frucht. Dem leichten, gefälligen, aber kurzen Wein mit seiner milden Säure fehlt es an Konzentration, doch hat er so viel vom Charakter des vorbildlich geführten Guts, daß er Aufmerksamkeit verdient. Zu trinken ist er in den nächsten 2 bis 4 Jahren.
Letzte Verkostung: 11/94.

1991 • 87 Der exzellente 1991er bietet ein intensiv duftiges Bukett von Zedernholz, Tabak, Rauch und schwarzer Frucht. Dieser mittelschwere, bewunderungswürdig nachhaltige Wein besitzt schöne Tiefe, süße, füllige Frucht, wunderbare Eleganz und einen sanften, satinzarten Abgang; er ist bereits köstlich zu trinken, hält sich aber auch noch 7 bis 8 Jahre. Eindrucksvoll!
Letzte Verkostung: 1/94.

1990 • 91 Der 1990er ist ein reichhaltiger, vollendeter Wein mit tief rubinpurpurroter Farbe und einem süßen Bukett von schwarzer Frucht, Tabak, gerösteten Kräutern und Fleisch. Dieser mittelschwere, konzentrierte Wein ist überraschend tanninreich und noch unentwickelt. Er erscheint zwar als einer der am besten gelungenen Weine von Pape-Clément und kann es mit dem aufnehmen, was hier 1988 und 1986 produziert wurde, er braucht aber längere Flaschenreife (nochmals 4 bis 5 Jahre), als ich ursprünglich annahm.
Voraussichtliche Genußreife: 2001 bis 2019. Letzte Verkostung: 11/96.

1989 • 87 Der 1989er ist straff und zeigt schlanke, karge Art und adstringierendes Tannin. Er besitzt mittlere Gewichtigkeit und reife Frucht, doch der Charme und die Geschmeidigkeit, die er einige Jahre nach der Abfüllung an den Tag legte, scheint sich hinter die Struktur zurückgezogen zu haben. Dieser undurchdringliche 1989er verlangt 4 bis 5 Jahre Kellerreife. Ob dann das Tannin so weit abschmilzt, daß der Wein zu vollkommener Harmonie gelangt, ist zweifelhaft.
Letzte Verkostung: 11/96.

1988 • 92 Der 1988er besitzt nicht nur die typische Eleganz und Duftigkeit eines Graves, sondern auch eindrucksvoll tiefe Farbe; hinzu kommt ein hinreißendes Bukett mit Noten von gerösteten Kastanien, Tabak, Johannisbeeren und erdigem Gestein. Zu bemerken wäre, daß dies ein untypisch verschlossener Pape-Clément ist, aber er zeigt bei kräftigem, samtigem Tannin wundervolle Reife. Der Nachklang ist angefüllt mit rauchigen schwarzen Kirschen.
Voraussichtliche Genußreife: Jetzt bis 2008. Letzte Verkostung: 1/93.

1987 • 85 Bei Ähnlichkeit mit dem La Mission-Haut-Brion in der milden, verführerischen, samtigen Art und im eingängigen Geschmack ist der charmante und fruchtige 1987er Pape-Clément für diesen Jahrgang ausgesprochen gut gelungen.
Voraussichtliche Genußreife: Jetzt. Letzte Verkostung: 11/90.

1986 • 91 Der 1986er ist ein beachtlicher Wein, und das ist erstaunlich, wenn man bedenkt, daß der Weinberg während der schweren Unwetter kurz vor der Ernte überschwemmt war. Zweifellos

sorgte eine sehr strenge Auslese dafür, daß nur spätgelesene Trauben in den 1986er eingingen, der sich durch ein stilvolles, von schwarzen Johannisbeeren und Mineralen beherrschtes und durch das würzige Aroma von frischem Eichenholz schön gestütztes Bukett auszeichnet. Die Farbe ist tief rubinpupurrot, der Körper mittelkräftig mit ausgezeichneter Reife und Fülle – kein Schwergewicht von einem Wein, aber er hat schön gebaute, anmutige Art und einen langen, stilvollen Abgang. Unbestreitbar ist dies der feinste Wein, der zwischen 1961 und 1988 in diesem schönen Weingut in Pessac entstanden ist.
Voraussichtliche Genußreife: Jetzt bis 2008. Letzte Verkostung: 2/91.

1985 • 87 Der 1985er ist der beste Pape-Clément seit dem 1975er, ein duftiger, geschmeidiger, schmackhafter Wein mit viel Finesse und Charme. Er ist zutiefst konzentriert, hat mittleren Körper sowie nachhaltige und komplexe Art.
Voraussichtliche Genußreife: Jetzt bis 2000. Letzte Verkostung: 2/91.

1983 • 78 Ein brauchbarer Pape-Clément mit mittelrubinroter Farbe, einem attraktiven, kräuterartigen, würzigen, reiffruchtigen, von Eichenholzvanillin beherrschten Bukett und mit straffem, kompaktem, rustikalem Geschmack.
Voraussichtliche Genußreife: Jetzt – vermutlich im Nachlassen. Letzte Verkostung: 3/89.

1982 • 62 Meine Punktnoten für diesen ausgesprochen gräßlichen Wein schwanken um 60. Er gibt pilzige, schimmelige Gerüche mit erdigen und fäkalischen Komponenten von sich und zeigt verwaschenen Geschmack; intakt sind nur Säure, Tannin und Alkohol. Dieser Wein stammt aus einer für Pape-Clément wirtschaftlich sehr schwierigen Zeit. Zum Glück ist seit 1986 eine ganze Reihe prachtvoller Weine entstanden. Letzte Verkostung: 9/95.

1981 • 65 Dieser Wein hat sich besser gehalten als der 1982er, zeigt aber relativ schwächlichen, verwässerten, dürftigen Geschmack, einen erdigen Geruch von unsauberen Fässern und Bauernhof sowie milden, verblassenden Abgang.
Voraussichtliche Genußreife: Jetzt. Letzte Verkostung: 1/89.

1979 • 75 Mit mittlerem Körper, eindimensionaler Art und nur einem schwachen Hauch des berühmten tabak- und mineralduftigen Buketts ist der 1979er ein leichter, karger, gedämpfter Pape-Clément.
Voraussichtliche Genußreife: Jetzt. Letzte Verkostung: 1/89.

1978 • 72 Dieser Wein hat seine Frucht zum größten Teil eingebüßt und eine erdige, abgestandene, an Pilze erinnernde Art angenommen. Die mittelrubinrote Farbe zeigt schon ziemlich viel Bernsteingelb und Braun. Der Abgang ist durch übermäßige Säure und eine leichte Unsauberkeit geprägt. Etwas untergründige Frucht ist noch vorhanden, jedoch scheint der Wein rasch in sich zusammenzufallen. Letzte Verkostung: 1/89.

1976 • 62 Die gesamte Frucht ist nun aus diesem ohnehin nie besonders guten Vertreter dieses Jahrgangs gewichen.
Letzte Verkostung: 7/88.

1975 • 87 Der beste Pape-Clément der siebziger Jahre. Das komplexe rauchige, erdige Bukett von gerösteten Kastanien wirkt intensiv. Am Gaumen zeigt der dunkel granatrote Wein mittleren Körper und leichtere Art als die meisten 1975er, aber er hat exzellente Konzentration, überraschende Geschmeidigkeit und einen feinen, würzigen, mineralischen Abgang mit einem Hauch Trüffeln und Holzkohle. Man kann nicht damit rechnen, daß das Tannin jemals ganz abschmilzt.
Voraussichtliche Genußreife: Jetzt bis 2008. Letzte Verkostung: 10/97.

1970 • 84 Der 1970er war zwar in seiner Jugend eindrucksvoll, hat aber wie viele Pape-Clément-Jahrgänge aus den siebziger Jahren dem Zahn der Zeit nicht standgehalten. Er zeigt sich inzwischen locker gewirkt und verliert seine Frucht, aber dennoch hat der mit mittlerem Körper, sehr milder und geschmeidiger Art versehene Wein ein hochklassiges, zedernholzduftiges, würziges Bukett und gute Geschmacksfülle, die aber beide rasch im Glas verblassen.
Voraussichtliche Genußreife: Jetzt – wahrscheinlich stark im Nachlassen.
Letzte Verkostung: 12/84.

DIE ROT- UND WEISSWEINE VON PESSAC-LÉOGNAN UND GRAVES

1966 • 85   Dieser Wein ist schon seit dem Anfang der siebziger Jahre voll ausgereift und stellt stets eines der besten Beispiele für den Stil dieses Weinguts dar. Er ist beständig, elegant, hat das typische Pape-Clément-Bukett mit rauchigen Tabakdüften und Nuancen von Erde, Zedernholz und Johannisbeerfrucht; seit dem Ende der siebziger Jahre ist der 1966er dabei, an Intensität einzubüßen und in der Farbe Bernsteingelb anzunehmen. Der Wein ist zwar noch immer gut, aber Säure und Tannin werden im Abgang spürbarer, und die Frucht ist nicht mehr so intensiv. Er war einmal ein schöner, eleganter Wein, jetzt aber beginnt er nachzulassen.
Voraussichtliche Genußreife: Jetzt. Letzte Verkostung: 11/87.

1964 • 88   Von diesem Wein kaufte ich eine halbe Kiste und hatte davon fünf tadellose Flaschen, aber die letzte 1979 geöffnete Flasche war stark verblaßt. Dagegen verkostete ich Ende der achtziger Jahre in Bordeaux zwei Flaschen, und diese waren ausgezeichnete, fast hervorragende Beispiele dieses Jahrgangs, der für Pape-Clément stets als erstklassig gegolten hat. Wenn dieser Wein also gut gelagert wurde, dann dürfte er noch immer ein großes, rauchiges, geröstetes, an Trüffeln und Beeren erinnerndes Bukett, relativ fülligen, alkoholstarken Geschmack und langen, üppigen Abgang aufweisen. Man sollte bei Auktionen auf diesen Wein in großformatigen Flaschen achten, denn er ist eindeutig einer der Schlager des Jahrgangs.
Voraussichtliche Genußreife: Jetzt – vermutlich im Nachlassen. Letzte Verkostung: 3/88.

1961 • 92   Bei extremer Reichhaltigkeit und vollem Körper, mit opulenter, fast an geröstete Kastanien erinnernder Fruchtigkeit, vielschichtiger Fülle und einem langen, seidigen, kräftigen Abgang stellt dieser Wein fast die Essenz der von Mineralen und Tabak geprägten Art von Graves dar, den man mit Haut-Brion in Verbindung bringt. Er ist voll ausgereift und beginnt nach 30 Minuten im Glas zu verblassen – ein sicheres Anzeichen, daß er unverzüglich getrunken werden will.
Voraussichtliche Genußreife: Jetzt bis 2000. Letzte Verkostung: 6/97.

WEISSWEIN

1996 • 88   In einem Jahr, in dem der weiße Graves allgemein außerordentlich sauer ausgefallen ist, präsentiert sich der 1996er Pape-Clément sauber bereitet. Obwohl auch er etwas von der herben Säure des Jahrgangs aufweist, hat er doch schöne, kräuterduftige Zitrusfrucht, hinter der sich diese Herbheit weitgehend verbirgt. Rauchige Würze und stahlige Mineralnoten ergeben insgesamt eine erfrischende, markante Art. Bei der kräftigen Säure und dem guten Extraktgehalt dürfte dieser Wein sich 10 bis 15 Jahre lang gut halten. Letzte Verkostung: 11/97.

1995 • 87   Der 1995er Pape-Clément ist zwar nicht so gut gelungen wie der 1994er, er hat aber nicht die wässerige, säuerliche Art so vieler anderer 1995er Graves-Weißweine. Das Aromaprofil von Zitrusfrüchten, Feigen und Rauch leitet über zu einem mittelschweren, schön konzentrierten Wein mit exzellenter Reintönigkeit und Eleganz. Er verfügt über gute Säure, einen mäßig langen Abgang und ein gewisses Entfaltungspotential.
Voraussichtliche Genußreife: 2000 bis 2008. Letzte Verkostung: 11/97.

1994 • 91   Der aus 10 % Muscadelle, 35 % Sauvignon und 55 % Sémillon zusammengesetzte 1994er ist hervorragend. Das Aroma entströmt dem Glas mit reichem Duft von tropischer Frucht, honigsüßen Feigen und Rauch. Fülle, superbe Reintönigkeit und Intensität bewirken, daß diesem mittelschweren, köstlich fruchtigen, stilvollen Weißwein schwer zu widerstehen ist. Er wird sich 10 bis 15 Jahre gut halten. Eindrucksvoll! Letzte Verkostung: 3/97.

1993 • 90   Der 1993er ist der bisher beste weiße Pape-Clément. Er hat ein duftiges, wunderbar reifes Bukett mit würziger Frucht und schön integriertem Eichenton, vollen, mittelschweren bis körperreichen, frischen Geschmack von Mineralen, Honig und Melonen und einen lebendigen, erfrischenden Abgang. Er dürfte sich über 10 bis 15 Jahre hinweg schön trinken.
Letzte Verkostung: 11/94.

BORDEAUX

Picque-Caillou
Ohne Klassifizierungsrang

GUT

Lage der Weinberge: Mérignac

Besitzer: Familie Denis
Leitung: Paulin Calvet
Adresse: Avenue de Pessac, 33700 Mérignac
Postanschrift: wie oben
Telefon: 33 5 56 47 37 98 – Telefax: 33 5 56 47 17 72

Besuche: nur nach Vereinbarung
Kontaktperson: Nicolas Leclerc

ROTWEIN

Rebfläche: 20 ha

Durchschnittliches Rebenalter: 25 Jahre

Rebbestand: 45 % Cabernet Sauvignon, 45 % Merlot, 10 % Cabernet Franc

Pflanzdichte: 10 000 Reben/ha

Ertrag (im Durchschnitt der letzten 5 Jahre): 35 bis 40 hl/ha

Durchschnittliche Jahresproduktion insgesamt: 100 000 bis 110 000 Flaschen

GRAND VIN

Name: Château Picque-Caillou

Appellation: Pessac-Léognan

Durchschnittliche Jahresproduktion: 60 000 bis 70 000 Flaschen

Verarbeitung und Ausbau: Vinifikation 15 bis 22 Tage in Edelstahltanks. Malolaktische Säureumwandlung im Tank, 12 bis 14 Monate Ausbau in jährlich zu $1/3$ erneuerten Eichenfässern. Der Wein wird geschönt und gefiltert.

ZWEITWEIN

Name: Château Chêne Vert

Durchschnittliche Jahresproduktion: 30 000 bis 40 000 Flaschen

WEISSWEIN

Rebfläche: 1 ha

Durchschnittliches Rebenalter: 6 Jahre

Rebbestand: 50 % Sémillon, 50 % Sauvignon

Pflanzdichte: 10 000 Reben/ha

Ertrag (im Durchschnitt der letzten 5 Jahre): 40 hl/ha

Durchschnittliche Jahresproduktion insgesamt: 5000 Flaschen

DIE ROT- UND WEISSWEINE VON PESSAC-LÉOGNAN UND GRAVES

GRAND VIN

Name: Château Picque-Caillou

Appellation: Pessac-Léognan

Durchschnittliche Jahresproduktion: 2000 Flaschen

Verarbeitung und Ausbau: Klären des Mosts in Edelstahltanks; Gärung in einmal gebrauchten Eichenfässern. 6 bis 8 Monate Hefesatzlagerung; der Wein wird geschönt und bei der Abfüllung im Juli nach der Lese gefiltert.

ZWEITWEIN

Name: Petit Caillou Blanc

Durchschnittliche Jahresproduktion: 2000 bis 3000 Flaschen

Beurteilung des derzeitigen Rangs: Entspricht in Bestform qualitativ einem 5ème Cru aus dem Médoc

Genußreife: 3 bis 12 Jahre nach dem Jahrgangsdatum

Picque-Caillou ist das letzte noch übrige Weingut in der Gemarkung Mérignac, die heute als Standort des unaufhörlich expandierenden internationalen Flughafens von Bordeaux besser bekannt ist. Der leichte, kieshaltige, steinige Boden und der hohe Anteil an Cabernet Franc und Merlot im Verschnitt erbringen einen aromatischen, fruchtigen Wein, der in jungen Jahren unbestreitbar verführerisch sein kann. Der Weinberg hat ähnlichen Boden wie die berühmten Pessac-Châteaux Haut-Brion und Pape-Clément. Die Qualität der Weinbereitung ist exzellent, und das ist weitgehend der Familie Denis, der dieses Weingut seit 1920 gehört, zu verdanken.

JAHRGÄNGE

ROTWEIN

1993 • ? Ich habe diesen Wein ein einziges Mal verkostet; er zeigte sich eigentümlich vegetabil und unreif. Letzte Verkostung: 11/94.

1990 • 86 Das Weingut hat 1990 mit einem vollen, reifen Wein mit Aromen von Rauch, Tabak, Eiche und Erde seine Form wiedergefunden. Schöne, runde Frucht und gute Tiefe gehen dem glatten Abgang dieses mustergültigen Graves der leichteren Art voraus, der in den nächsten 5 bis 6 Jahren getrunken werden sollte. Letzte Verkostung: 1/93.

1989 • 76 Der enttäuschende 1989er ist überreif und zeigt eine gesottene, geräucherte Komponente.

Voraussichtliche Genußreife: Jetzt. Letzte Verkostung: 1/93.

1988 • 86 Der 1988er ist neben dem 1985er der beste Wein von Picque-Caillou in diesem Jahrzehnt. Er hat tief rubinrote Farbe, ein ausgeprägt erdiges Johannisbeeraroma und ist vollmundig, ja sogar opulent und mit Frucht vollgepackt; er dürfte sich 6 bis 7 Jahre lang schön trinken. Letzte Verkostung: 1/93.

BORDEAUX

RAHOUL
Ohne Klassifizierungsrang

GUT

Lage der Weinberge: Portets

Besitzer: Alain Thiénot
Adresse: Route du Courneau, 33640 Portets
Postanschrift: wie oben
Telefon: 33 5 56 67 01 12 – Telefax: 33 5 56 67 02 88

Besuche: vorzugsweise nach Vereinbarung, montags bis freitagsvon 9 bis 12 und von 14 bis 17 Uhr
Kontaktperson: Nathalie Schwartz

ROTWEIN

Rebfläche: 17,5 ha

Durchschnittliches Rebenalter: 20 Jahre

Rebbestand: 80 % Merlot, 20 % Cabernet Sauvignon

Pflanzdichte: 5600 Reben/ha

Ertrag (im Durchschnitt der letzten 5 Jahre): 55 hl/ha

Durchschnittliche Jahresproduktion insgesamt: 125 000 Flaschen

GRAND VIN

Name: Château Rahoul

Appellation: Graves

Durchschnittliche Jahresproduktion: 70 000 Flaschen

Verarbeitung und Ausbau: Lese von Hand, vollständiges Entrappen. Vinifikation etwa 20 Tage in temperaturgeregelten Edelstahltanks. 15 bis 18 Monate Ausbau in jährlich zu $1/3$ erneuerten Eichenfässern. Der Wein wird geschönt und gefiltert.

ZWEITWEIN

Name: Château La Garance

Durchschnittliche Jahresproduktion: 55 000 Flaschen

WEISSWEIN

Rebfläche: 5 ha

Durchschnittliches Rebenalter: 25 Jahre

Rebbestand: 80 % Sémillon, 20 % Sauvignon

Pflanzdichte: 5600 Reben/ha

Ertrag (im Durchschnitt der letzten 5 Jahre): 45 hl/ha

Durchschnittliche Jahresproduktion insgesamt: 28 000 Flaschen

DIE ROT- UND WEISSWEINE VON PESSAC-LÉOGNAN UND GRAVES

GRAND VIN

Name: Château Rahoul

Appellation: Graves

Durchschnittliche Jahresproduktion: 18000 Flaschen

Verarbeitung und Ausbau: Lese von Hand. Klären des Mosts, anschließend Gärung in zu 50% neuen Eichenfässern und 6 bis 8 Monate Hefesatzlagerung ohne Abstich. Schönung und Filterung vor dem Abfüllen.

ZWEITWEIN

Name: Château La Garance

Durchschnittliche Jahresproduktion: 10000 Flaschen

Beurteilung des derzeitigen Rangs: Entspricht qualitativ einem Cru Bourgeois aus dem Médoc

Genußreife: (Rotwein) 5 bis 12 Jahre nach dem Jahrgangsdatum; (Weißwein) 3 bis 8 Jahre nach dem Jahrgangsdatum

N.B.: Dem Besitzer Alain Thiénot (Négociant aus der Champagne) gehört seit 1981 auch Château de Ricaud (Loupiac)

Château Rahoul verfügt außerdem über 3 ha in Cérons und produziert jährlich 18000 Flaschen Süßwein

Das Weingut in der Nähe der Ortschaft Portets ist in manchen Kreisen hoch angesehen. Ich habe aber seine Weine bislang stets als überwältigend eichenholzaromatisch und etwas ungleichgewichtig empfunden. Der Rebbestand ist noch immer jung; erst wenn er einmal ausgewachsen ist, kann er vielleicht genügend Frucht aufbringen, um ein Gleichgewicht gegen das Holzaroma zu schaffen. Wer kräftigeren Einfluß von Eichenholz liebt, wird natürlich diese Weine höher einschätzen. 1991 wurde Rahoul an Alain Thiénot aus der Champagne verkauft.

JAHRGÄNGE

ROTWEIN

1995 • 83 Der dunklere 1995er hat im Duft mehr Reife, als ich beim 1994er vorfand. Er hat auch mehr Fett und Alkohol, aber eine gewisse Zusammenhaltslosigkeit und Wässerigkeit am Gaumen und im Abgang. Letzte Verkostung: 11/97.
1994 • 84 Der 1994er zeigt gesundes, tiefes Rubinrot, sanfte, reife, aufgeschlossene Aromen von Beeren, Kräutern und Toast, milde Säure, sanfte Geschmeidigkeit und mittelschweren, sauberen, gefälligen Abgang und sollte in den nächsten 5 bis 7 Jahren getrunken werden.
Letzte Verkostung: 3/96.
1993 • 85 Der gut gelungene 1993er Rahoul hat gesunde, dunkle rubinpurpurrote Farbe und ein volles, rauchiges Bukett von fülligen schwarzen Kirschen und Toast. Im dichten, kraftvollen, konzentrierten Geschmack mag es an Komplexität fehlen, doch dieses Defizit wird durch beträchtliche Intensität und Wucht sowie durch einen geschmeidigen, leicht tanninherben Abgang ausgeglichen. Dieser Wein dürfte sich ein Jahrzehnt lang schön trinken.
Letzte Verkostung: 11/94.
1992 • 85 Der 1992er Rahoul erweist sich als viel besser, als ich gedacht hätte. Graves war 1992 allgemein recht erfolgreich, und dieser Wein zeigt mittel- bis dunkelrubinrote Farbe und ein attraktives Bukett von schwarzen Kirschen, Tabak und rauchigem Eichenton. Er ist unkompliziert, mittelschwer, sanft und in den nächsten 4 bis 5 Jahren ideal zu trinken.
Letzte Verkostung: 11/94.

1991 • 83   Rahoul hat einen attraktiven 1991er gestaltet. Mittleres Rubinrot geht einher mit einem süßen, reifen Bukett von Cassis, Tabak und Gewürzen. Dieser sanfte, runde, elegante, schön bereitete 1991er dürfte sich 3 bis 4 Jahre lang schön trinken. Letzte Verkostung: 1/94.

1989 • 85   Der 1989er zeigte ein kräftiges, rauchiges Aroma von schwarzen Kirschen, dazu mittleren Körper und einen sanften, exotischen Abgang. Der Alkohol machte sich stark bemerkbar, und die Säure war verdächtig schwach. Der Wein sollte in den nächsten 4 bis 5 Jahren getrunken werden. Letzte Verkostung: 1/93.

1988 • 77   Kompakter Geschmack mit einer Eichenholznote und ein kurzer, leerer Abgang lassen mein Interesse am 1988er gering bleiben. Letzte Verkostung: 1/93.

SMITH-HAUT-LAFITTE
Cru Classé (nur für Rotwein)

AUSGEZEICHNET

Lage der Weinberge: Martillac

Besitzer: Daniel und Florence Cathiard
Adresse: 33650 Martillac
Postanschrift: wie oben
Telefon: 33 5 57 83 11 22 – Telefax: 33 5 57 83 11 21

Besuche: nur nach Vereinbarung
Kontaktperson: Daniel oder Florence Cathiard

ROTWEIN

Rebfläche: 43,5 ha

Durchschnittliches Rebenalter: 30 Jahre

Rebbestand: 50% Cabernet Sauvignon, 35% Merlot, 15% Cabernet Franc

Pflanzdichte: 7000 bis 9000 Reben/ha

Ertrag (im Durchschnitt der letzten 5 Jahre): 36 hl/ha

Durchschnittliche Jahresproduktion insgesamt: 1500 hl

GRAND VIN

Name: Château Smith-Haut-Lafitte

Appellation: Pessac-Léognan

Durchschnittliche Jahresproduktion: 10000 Kisten

Verarbeitung und Ausbau: Vinifikation 3 bis 4 Wochen bei 28 bis 32 °C in temperaturgeregelten Edelstahltanks. Malolaktische Säureumwandlung und 15 bis 18 Monate Ausbau in zu 50% neuen Eichenfässern. Abstich alle 3 Monate, kein Schönen, kein Filtern.

ZWEITWEIN

Name: Les Hauts-de-Smith

Durchschnittliche Jahresproduktion: 3000 bis 4000 Kisten

DIE ROT- UND WEISSWEINE VON PESSAC-LÉOGNAN UND GRAVES

WEISSWEIN

Rebfläche: 11 ha

Durchschnittliches Rebenalter: 25 Jahre

Rebbestand: 95 % Sauvignon Blanc, 5 % Sauvignon Gris

Pflanzdichte: 7000 bis 9000 Reben/ha

Ertrag (im Durchschnitt der letzten 5 Jahre): 38 bis 40 hl/ha

Durchschnittliche Jahresproduktion insgesamt: 400 hl

GRAND VIN

Name: Château Smith-Haut-Lafitte

Appellation: Pessac-Léognan

Durchschnittliche Jahresproduktion: 3000 Kisten

Verarbeitung und Ausbau: Keltern in einer Ballonpresse, Kaltklären des Mosts in Edelstahltanks. Gärung in zu 50 % neuen Eichenfässern. 12 Monate Hefesatzlagerung. Der Wein wird mit Bentonit geschönt und gefiltert.

ZWEITWEIN

Name: Les Hauts-de-Smith

Durchschnittliche Jahresproduktion: 1000 Kisten

Beurteilung des derzeitigen Rangs: Seit Anfang der 1990er Jahre produziert das Château beständig Weine, die in der Qualität einem 2ème Cru gleichkommen

Genußreife: Rotwein: 5 bis 25 Jahre nach dem Jahrgangsdatum; Weißwein: 5 bis 15 Jahre nach dem Jahrgangsdatum

Jahrzehntelang war dieses prachtvolle Gut, Eigentum der Familie Eschenauer aus Bordeaux, weit unter Form. Schließlich wurde es 1991 an Florence und Daniel Cathiard verkauft. Sie hatten zunächst das Mißgeschick, sich mit den verregneten Jahrgängen 1991, 1992, 1993, 1994 und 1995 plagen zu müssen, doch durch ihr unbedingtes Streben nach Qualität, dazu einen unerbittlich strengen Ausleseprozeß und eine langfristige Zielsetzung brachten sie in der schwierigen Zeit anfangs der neunziger Jahre bessere Weine zuwege, als die vorherigen Besitzer es in so ausnehmend guten Jahren wie 1990 und 1982 vermocht hatten. Heute ist Smith-Haut-Lafitte eines der glänzendsten Erfolgsbeispiele von Bordeaux und zeigt, was gewissenhafte Besitzer durch harte Arbeit in kurzer Zeit leisten können.

Der Stil der Weiß- und Rotweine vereint markante Fülle mit beträchtlicher Eleganz, Finesse und Komplexität. Der internationale Markt ist oft unberechenbar, und es kommt mir so vor, als ob die Preise, die Smith-Haut-Lafitte mit seinen neueren Jahrgängen erzielt, unter dem Niveau liegen, das sie einmal erreichen werden, wenn die Qualität dieser Weine in aller Welt bekannt und anerkannt sein wird.

JAHRGÄNGE

ROTWEIN

1997 • 88-90 Durch den unermüdlichen Einsatz von Florence und Daniel Cathiard gelangt dieses Weingut von Höhepunkt zu Höhepunkt. Der Smith-Haut-Lafitte gehörte nie zu den Schwergewichten, sondern bringt eher den eleganten Stil von Bordeaux zur Geltung, in dem sich Geschmacksintensität, Finesse und Komplexität auf eindrucksvolle Weise vereinen. Der 1997er ist ein aufgeschlossener, schön bereiteter Wein, der möglicherweise zum Zeitpunkt der Abfüllung eine hervorragende Note verdienen wird. Die Farbe ist ein tiefes Rubinpurrot, das Aromaprofil ausdrucksvoll; Noten von Schokolade, Mineralen, Crème de Cassis und subtilem *pain grillé* entströmen diesem Wein. Sinnlichkeit, milde Säure, mittlerer Körper und schön gezeichnete, lange am Gaumen schwebende Geschmacksnuancen sind die Merkmale dieses ungeheuer fesselnden Smith-Haut-Lafitte, der schon in der Jugend schön zu trinken sein dürfte, sich aber auch 15 Jahre und länger halten wird. Letzte Verkostung: 3/98.

1996 • 90-92 Sattes, tiefes Rubinpurpurrot geht einem Bukett von Rauch, Vanillin, süßen Kirschen und schwarzen Johannisbeeren voraus. Der mittelschwere, ähnlich wie der 1995er gebaute, aber tanninreichere und nicht so aufgeschlossene Wein zeigt hervorragende Konzentration, Reintönigkeit und Ausgewogenheit. Er ist schön bereitet, potentiell komplex, duftig und harmonisch und dürfte sich anmutig entfalten.
Voraussichtliche Genußreife: 2004 bis 2020. Letzte Verkostung: 3/98.

1995 • 90 Dieser Wein nimmt sich schon außerordentlich gut aus, obwohl er seinem Gipfel noch längst nicht nahe ist. Seine tief rubinpurpurrote Farbe leitet über zu Düften von gerösteten Kräutern, verwoben mit Nuancen von schwarzen Johannisbeeren, Trüffeln, Vanillin und Mineralen. Üppig sanft, mit reifer Cassis-Frucht im Eingang, großartigem Gleichgewicht, mittlerem Körper und vielschichtiger Intensität präsentiert sich dieser elegante, graziöse, weiche, schön bereitete Bordeaux.
Voraussichtliche Genußreife: 2001 bis 2018. Letzte Verkostung: 11/97.

1994 • 88 Smith-Haut-Lafitte ist es gelungen, das in diesem Jahrgang vorhandene Potential an adstringierendem Tannin zu dämpfen und einen überraschend sanften, geschmeidigen, samtigen 1994er hervorzubringen. Dieser Wein hat gesunde, purpurrote Farbe, ein rauchiges, würziges Aroma von schwarzen Johannisbeeren, milde, mittelschwere, wohlausgestattete Geschmacksfülle, eine Jugendlichkeit und Traubigkeit, die noch nicht die Komplexität des 1993ers zeigt, sowie einen moderat tanninherben Abgang. Der 1994er dürfte in 2 bis 4 Jahren seinen Gipfel erreichen und auf ihm 15 bis 18 Jahre verharren.
Letzte Verkostung: 1/97.

1993 • 87 Das tiefe Rubinpurpurrot ist für einen 1993er Pessac-Léognan eindrucksvoll. Dieser Smith-Haut-Lafitte hat ein mustergültiges Graves-Bukett mit Nuancen von Rauch, heißem Stein, süßen Johannisbeeren und Maulbeerfrucht und einem Hauch von gerösteten Kräutern. Der elegante, aber geschmacksintensive, mittelschwere, konzentrierte Wein bietet gute Reife und süßen Eingang, leichtes Tannin, eine schöne Dosis Eichentoast und sanfte, doch saftige Art. An ihm wird deutlich, was ich meine, wenn ich sage, daß französische Weine oft Intensität ohne besondere Wucht besitzen. Diese wunderbare Leistung darf in den nächsten 6 bis 7 Jahren genossen werden. Letzte Verkostung: 1/97.

1992 • 86 Der 1992er ist für den Jahrgang fraglos ein gut gelungener Wein. Er zeigt elegante, würzige, mineralische, rauchige Noten im von schwarzen Kirschen geprägten Bukett, dazu mittleren Körper, feine Reife und Extraktfülle, samtige Substanz und im Abgang leichtes Tannin. Er sollte in den nächsten 7 bis 8 Jahren getrunken werden. Letzte Verkostung: 11/94.

1991 • 85 Der 1991er hat dunkel rubinrote Farbe, attraktiven Duft von Cassis, Tabak, Kräutern und Gewürzen, exzellentes Gleichgewicht, beträchtliche Finesse, mittleren Körper, bewundernswerte Reife und im Abgang leichtes Tannin. Eine für diesen Jahrgang gute Leistung, die sich 7 bis 8 Jahre lang schön trinken lassen wird. Letzte Verkostung: 1/94.

1990 • 86 Der 1990er ist eine überraschend gute Leistung aus diesem bislang stets unter seiner Form gebliebenen Weingut. Die Farbe ist dunkel rubinrot, das Bukett bietet attraktive, verführerische Aromen von süßer roter Frucht, Vanillin und Gewürzen. Im Mund zeigt sich glatte, samtige Substanz, feine Reife, saftige Frucht, attraktives Glyzerin und ein kräftiger, üppig sanfter Abgang. Dieser sinnliche, eingängige Graves dürfte für weitere 5 bis 7 Jahre köstlichen Genuß bereiten. Letzte Verkostung: 1/93.

DIE ROT- UND WEISSWEINE VON PESSAC-LÉOGNAN UND GRAVES

1989 • 81   Der 1989er ist ein Paradebeispiel eines Weins, dessen delikater, fruchtiger Charakter durch übermäßigen Einsatz von frischem Eichenholz unterdrückt wird. Die Wucht der Eichenholznote zermalmt fast die ganze Finesse und Eleganz dieses Weins. Voraussichtliche Genußreife: Jetzt. Letzte Verkostung: 1/93.

1988 • 75   Schmale, strenge, unterernährte Geschmacksnoten sind im 1988er deutliche Kennzeichen für gleichgültige Verarbeitung. Darüber hinaus ist der Wein zu leicht, und es fehlt ihm an Charme und Ausgewogenheit. Caveat emptor! Letzte Verkostung: 1/93.

WEISSWEIN

1996 • 87   Trotz der kräftigen Säure ist es Smith-Haut-Lafitte gelungen, einen komplexen, milden Wein mit mittlerem Körper und einem mäßig intensiven Aroma von gerösteten Kräutern, Rauch und reifer Frucht (Grapefruit und Melonen) zuwege zu bringen. Er hat exzellente Reintönigkeit, eine elegante, frische Persönlichkeit und einen herben, erfrischenden Abgang. Voraussichtliche Genußreife: 2000 bis 2010. Letzte Verkostung: 11/97.

1995 • 89   Der 1995er, eine der besseren Leistungen dieses Jahrgangs, zeigt ein Aromaprofil von Rauch, Butter, Feigen und Melonen sowie mittelschweren, erfrischenden Geschmack mit einer Note von zermalmtem Gestein. Dieser würzige, höchst lebendige Wein besitzt sowohl Delikatesse als auch Intensität. Voraussichtliche Genußreife: Jetzt bis 2008. Letzte Verkostung: 11/97.

1994 • 91   Der reine, faßvergorene Sauvignon bietet in herrlicher Fülle reichhaltige, honigwürzige Feigen- und Melonenfrucht, große Reintönigkeit und schön integrierten Eichenton. Dieser weder schwerfällige, noch übertrieben alkoholstarke, charmante, komplexe und schön bereitete weiße Graves dürfte sich 15 Jahre lang schön trinken. Letzte Verkostung: 3/97.

1993 • 89   Das Weingut treibt seine Qualität immer höher, und seine Weißweine gehören zu den feinsten, die heute in Graves produziert werden. Der 1993er, ein reiner Sauvignon Blanc, bietet vollen, honigwürzigen Melonenduft mit attraktiven Eichentoastnoten. Der Wein ist voll, ja fett, es liegt ihm gute Säure zugrunde, und er zeigt Frische und Lebendigkeit. Er dürfte sich 3 bis 4 Jahre lang schön trinken lassen. Letzte Verkostung: 11/94.

1992 • 87   Der exzellente 1992er vereint alle kräuterwürzigen, melonen- und zitrusfruchtigen Komponenten des 1991ers mit einem Anflug von Honig und rauchigem Eichenholz. Das Resultat ist ein voller, konzentrierter, mittelschwerer Wein mit brillanter Linienklarheit, reichlicher Frucht und einem frischen, langen Abgang. Er ist bereits köstlich zu trinken, verspricht aber auch noch 10 Jahre und mehr zu überdauern. Letzte Verkostung: 3/96.

1991 • 84   Der 1991er ist ein leichter, melonen- und zitrusfruchtiger, frischer, reiner trockener Sauvignon mit mittlerem Körper und schönster Reintönigkeit, doch sein Abgang ist zu kurz – daher verdient er keine höhere Note. Letzte Verkostung: 1/94.

LA TOUR-HAUT-BRION
Cru Classé (für Rotwein)

SEHR GUT

Lage der Weinberge: Pessac

Besitzer: Domaine de Clarence Dillon S.A.
Adresse: 33600 Pessac
Postanschrift: B.P. 24, 33602 Pessac
Telefon: 33 5 56 00 29 30 – Telefax: 33 5 56 98 75 14

Besuche: nur nach Vereinbarung
Kontaktperson: Carla Kuhn

BORDEAUX

ROTWEIN

Rebfläche: 5 ha

Durchschnittliches Rebenalter: 23 Jahre

Rebbestand: 42 % Cabernet Sauvignon, 35 % Cabernet Franc, 23 % Merlot

Pflanzdichte: 10 000 Reben/ha

Durchschnittliche Jahresproduktion insgesamt: 2000 bis 2500 Kisten

GRAND VIN

Name: Château La Tour-Haut-Brion

Appellation: Pessac-Léognan

Durchschnittliche Jahresproduktion: 2000 bis 2500 Kisten

Verarbeitung und Ausbau: Lese von Hand. Vinifikation in temperaturgeregelten 180-hl-Edelstahltanks. Gärführung und Umpumpen werden durch Computerprogramme gesteuert. Mittlere Temperatur 30 °C. 20 Monate Ausbau in neuen Eichenfässern. Der Wein wird mit frischem Eiweiß geschönt.

Kein ZWEITWEIN

Beurteilung des derzeitigen Rangs: Entspricht seit 1983 qualitativ einem 5ème Cru; vor 1983 entsprach es einem 2ème Cru aus dem Médoc

Genußreife: Seit 1983: 5 bis 10 Jahre nach dem Jahrgangsdatum; vor 1983: 8 bis 35 Jahre nach dem Jahrgangsdatum

La Tour-Haut-Brion befand sich bis 1983 im Besitz der Familie Woltner, der ja auch La Mission-Haut-Brion gehörte. 1983 wurden beide Güter sowie das Woltnersche Weißweingut Laville-Haut-Brion an die amerikanischen Besitzer von Haut-Brion verkauft.

Die Weine von La Tour-Haut-Brion wurden bis 1983 in gleicher Weise wie der La Mission-Haut-Brion dort vergoren und ausgebaut. Waren beide Weine mit der malolaktischen Säureumwandlung am Ende, dann begann ein Ausleseverfahren, wobei die aussichtsreichsten Partien für den La Mission-Haut-Brion gewählt und die übrigen für den La Tour-Haut-Brion verwendet wurden. In Jahrgängen wie 1982 und 1975 war der Qualitätsunterschied zwischen den beiden Weinen kaum merklich. Um dem La Tour-Haut-Brion eine eigenständige Persönlichkeit zu verleihen, wurde ihm mehr dunkel purpurroter, sehr tanninreicher Preßwein beigegeben als dem La Mission-Haut-Brion. So entstand ein Wein mit mehr Format, Gerbstoffgehalt, Farbe und Biß, als selbst der La Mission-Haut-Brion aufzuweisen hatte. Infolge der Beimischung von Preßwein entwickelten sich die meisten Jahrgänge des La Tour-Haut-Brion langsamer. In manchen Jahrgängen – vor allem 1973 und 1976 – erwies er sich schließlich als besser als der berühmtere Stallgefährte.

Seit die Familie Dillon und mit ihr Jean Delmas die Weinbereitung in die Hand genommen haben, hat sich der Stil des La Tour-Haut-Brion beträchtlich gewandelt. Er ist nicht mehr der Zweitwein von La Mission-Haut-Brion. Delmas hat sich dafür entschieden, den La Tour-Haut-Brion in einem leichteren Stil vom eigenen Rebbestand des Guts zu bereiten, der inzwischen aus relativ jungen Weinstöcken besteht. Das Resultat ist ein nicht mehr so imposanter, dafür geschmeidigerer Wein, der nicht nur dem La Mission, sondern sogar auch dem Zweitwein von Haut-Brion, dem Bahans-Haut-Brion, unterlegen ist. Für Anhänger des alten, untersetzten, muskulösen, stämmigen Stils von La Tour-Haut-Brion aus der Zeit vor 1983 muß die neue Art verwirrend wirken. Immerhin ist dieser Wein nun früher trinkreif, und das ist, wie ich vermute, die moderne Absicht.

DIE ROT- UND WEISSWEINE VON PESSAC-LÉOGNAN UND GRAVES

JAHRGÄNGE

1997 • 85-86   Dunkel rubinrot mit markantem Duft von provençalischen Oliven, Paprika, Tabak und roten Johannisbeeren zeigt sich dieser mittelschwere, leicht kräuterhafte, etwas kantige La Tour-Haut-Brion mit Frucht und Würze im Eingang, aber trockenem Tannin im Abgang. Er dürfte früh genußreif sein und sich ein Jahrzehnt halten. Letzte Verkostung: 3/98.

1996 • 89-90   Neben dem 1995er ist dieser Wein eine der stärksten Leistungen von La Tour-Haut-Brion, seit das Gut in den Besitz der Familie Dillon gelangt ist und der Wein von Jean Delmas, dem Leiter von Haut-Brion, produziert wird. Der 1996er weist ein markantes, Cabernet-Sauvignon-dominiertes Aroma von Zedernholz, Früchtekuchen, Gewürzen und schwarzen Johannisbeeren auf, dazu exzellente Fülle, Vollmundigkeit am Gaumen sowie überraschende Üppigkeit und Reife. Der jetzt höhere Cabernet-Sauvignon-Anteil hat zu einem attraktiven, mittelschweren Wein geführt, der sich in den ersten 10 bis 15 Lebensjahren schön trinken lassen dürfte. Letzte Verkostung: 3/98.

1995 • 89+   Der 1995er La Tour-Haut-Brion, der feinste seit 15 Jahren, bietet kräftigen Duft von Kaffeebohnen, Tabak, Gewürzen, Rauch, gerösteten Kräutern und süßer roter und schwarzer Frucht. Der Wein ist nachhaltig und rund und weist reichlich rote Johannisbeeren sowie einen guten Grund an Säure auf, die ihm klare Linie verleiht; hinzu kommt ein würziger, üppiger, milder Abgang mit leichtem, aber spürbarem Tannin.
Voraussichtliche Genußreife: 2001 bis 2015. Letzte Verkostung: 11/97.

1994 • 89   Ein überraschend geschmeidiger, duftiger, voller, mittelschwerer Wein ist in diesem Jahrgang entstanden, der eigentlich einen Hang zu abweisender Tanninstrenge, ja hohler Art hat. Der 1994er La Tour-Haut-Brion hat tief rubinpurpurrote Farbe sowie das charakteristische Graves-Aroma von Rauch, Gras, Tabak und süßer schwarzer Frucht. Der Wein präsentiert sich mit klarem Ausdruck in einem sauberen, reintönigen Stil der Bereitung sowie mit schön integriertem Tannin im glatten Abgang. Er trinkt sich bereits gut, hält sich aber auch noch 10 bis 14 Jahre. Letzte Verkostung: 1/97.

1993 • 88   Der exzellente La Tour-Haut-Brion zeigt mitteldunkles Rubinrot, ein würziges, pfefferiges, süßes, an schwarze Frucht erinnerndes Aroma, reintönige, erdige Tabaknuancen, eine sinnliche Üppigkeit und Reife, mittleren Körper und einen sanften, einschmeichelnden Abgang. Auch Komplexität und ansprechende Art hat dieser Wein bereits vorzuweisen, und er dürfte sich weitere 10 bis 12 Jahre lang schön trinken.
Letzte Verkostung: 1/97.

1992 • 87   Dieser Wein ist für den Jahrgang gut gelungen. Seine Farbe ist ein gesundes, mitteldunkles Rubinrot, sein pikantes Aroma erinnert an Rauch, Erde, Tabak, süße Pflaumen und Kirschen. Attraktive, geschmeidige Geschmacksfülle mit schöner Konzentration und ein süßer, eleganter, reifer, expansiver Abgang machen ihn für die nächsten 5 bis 6 Jahre zum Genuß. Letzte Verkostung: 11/94.

1991 • 85   Der 1991er zeigt tiefes Rubinpurpurrot, ein süßes, würziges Bukett mit Nuancen von Mineralen und Tabak sowie exzellenten Geschmack und schöne Fülle im Eingang, nur im Abgang ist er etwas kurz. Dieser attraktive, entgegenkommende Wein sollte in den nächsten 4 bis 5 Jahren getrunken werden. Letzte Verkostung: 1/94.

1990 • 86   Der sanfte, fruchtige, erdige 1990er ist nicht so konzentriert wie der 1989er und zeigt den an Minerale und Tabak erinnernden gerösteten Charakter der Weine aus dem nördlichen Graves. Dieser behäbige, vollmundige La Tour-Haut-Brion sollte in den nächsten 7 bis 10 Jahren getrunken werden. Letzte Verkostung: 1/93.

1989 • 88   Der 1989er La Tour-Haut-Brion ist exzellent. Er beruht vorwiegend auf Cabernet Sauvignon (85 % sowie 15 % Merlot) und zeigt ein kräftiges Bukett von Kräutern, Rauch und Cassis, viel Reife, mittleren bis vollen Körper und kräftigen, alkoholstarken, säurearmen Abgang.
Voraussichtliche Genußreife: Jetzt bis 2000. Letzte Verkostung: 1/93.

1988 • 83 Der 1988er hat das typische aggressive, harte Tannin dieses Jahrgangs, dabei guten Körper und schöne Nachhaltigkeit auf der Zunge. Charmant ist er nicht, eher karg und kraftvoll. Voraussichtliche Genußreife: Jetzt bis 2003. Letzte Verkostung: 1/93.

1986 • 82 Der 1986er zeigt sich als ein milder, geschmeidiger, kommerzieller Wein, dem es an Tiefe, Dimension und Komplexität fehlt.
Voraussichtliche Genußreife: Jetzt bis 2002. Letzte Verkostung: 11/90.

1985 • 84 Der 1985er ist gut, aber etwas kurz und ein wenig zu tanninreich für die vorhandene Frucht; es fehlt ihm an Nachhaltigkeit und interessanter Art.
Voraussichtliche Genußreife: Jetzt bis 2001. Letzte Verkostung: 3/89.

1984 • 82 Der für einen La Tour-Haut-Brion relativ leichte 1984er ist schlicht, angenehm, fruchtig, hat einen gewissen Graves-Charakter und sollte bald getrunken werden.
Voraussichtliche Genußreife: Jetzt. Letzte Verkostung: 3/88.

1983 • 84 Ein potentiell guter La Tour-Haut-Brion. Er ist allerdings leichter und geschmeidiger in der Art als frühere Jahrgänge dieses Weins. Der 1983er stellt das Ergebnis der in Haut-Brion – von wo aus die Weinbereitung erstmals geleitet wird – gehandhabten ganz anderen Methode dar. Gute mittel- bis dunkelrubinrote Farbe, würzige, milde, geschmeidige und sehr zugängliche Art – dieser Wein dürfte ziemlich rasch ausreifen.
Voraussichtliche Genußreife: Jetzt. Letzte Verkostung: 3/89.

1982 • 95 Im undurchdringlich tiefdunklen Rubinpurpurrot dieses Weins, der sich als tanninstrenger als der 1982er La Mission-Haut-Brion erweist, zeigt sich noch wenig Entwicklung, dagegen finden sich im Bukett reichliche Aromen von verbrannter Erde und süßen schwarzen Johannisbeeren, verwoben mit Düften von Kräutern, Leder und Gewürzen. Bei vollem Körper und großer Fülle besitzt dieser Wein jedoch nicht die milde, ölige Konsistenz, den Extrakt und die Intensität des La Mission. Man sollte ihm noch 2 bis 4 Jahre Kellerreife gönnen.
Voraussichtliche Genußreife: 2001 bis 2018. Letzte Verkostung: 9/95.

1981 • 85 Der 1981er La Tour-Haut-Brion ist ein robuster, aggressiver, ziemlich tanninreicher Wein mit viel Wucht und Kraft, aber es fehlt ihm an Finesse. Die Farbe zeigt sich eindrucksvoll dunkel, Frucht und Körper bringen beträchtliches Gewicht auf die Zunge – kein Wein für Bordeaux-Liebhaber, die auf baldige Genußreife Wert legen.
Voraussichtliche Genußreife: Jetzt bis 2005. Letzte Verkostung: 3/88.

1980 • 75 Der ziemlich leichte, etwas bitter und knapp ausgestattete 1980er La Tour-Haut-Brion hat ein rauchiges, erdiges, interessantes Bukett und schlichten Geschmack.
Voraussichtliche Genußreife: Jetzt – vermutlich im Nachlassen. Letzte Verkostung: 4/83.

1979 • 85 In der Art dem 1981er recht ähnlich, nur nicht so tanninreich, dafür offener gewirkt und fruchtiger, dabei dunkel in der Farbe, mit würzigem Bukett, guter Gewichtigkeit, Fülle und Nachhaltigkeit im Geschmack sowie mittlerem bis vollem Körper, zeigt der 1979er La Tour-Haut-Brion im Bukett beginnende Reife mit erdigen, rauchigen, mineralischen Graves-Noten – ein attraktiver, aufgeschlossener, inzwischen genußreifer Wein.
Voraussichtliche Genußreife: Jetzt. Letzte Verkostung: 10/84.

1978 • 95 Diesen Wein, einen der besten seines Jahrgangs, versuche ich immer wieder auf Auktionen zu erstehen. Seine Farbe ist nach wie vor ein schwärzliches Granatpurpurrot, sein explosives Bukett bietet Nuancen von Braten und Kräutern, Trüffeln, Süßholz, asiatischem Gewürz und süßer Cassis-Frucht. Der wuchtige, muskulöse, körperreiche 1978er La Tour-Haut-Brion mit seinem kräftigen Tannin und seiner profunden Fülle steht kurz vor dem Gipfel, auf dem er dann 10 bis 20 Jahre lange verharren dürfte. Eine bemerkenswerte Leistung!
Voraussichtliche Genußreife: 2000 bis 2020. Letzte Verkostung: 4/98.

1976 • 80 Dieser voll ausgereifte Wein ist eindeutig besser als der diffuse und verwässerte La Mission-Haut-Brion, aber für einen La Tour-Haut-Brion auch nicht sehr tief oder komplex, zeigt ein offen gewirktes, rauchiges, erdiges Bukett, milden, recht diffusen Geschmack, mittleren bis vollen Körper und einen kurzen, recht derben Abgang.
Voraussichtliche Genußreife: Jetzt. Letzte Verkostung: 10/80.

DIE ROT- UND WEISSWEINE VON PESSAC-LÉOGNAN UND GRAVES

1975 • 96 Der 1975er La Tour-Haut-Brion ist stets ein großartiger Wein gewesen. Wie viele andere Weinfreunde auch habe ich den Fehler begangen, ihn zu früh zu trinken. Jetzt habe ich nur noch zwei Flaschen (von eineinhalb Kisten) im Keller. Dieser Wein ist stärker ausentwickelt als der La Mission-Haut-Brion und zeigt ein mächtiges, aber mildes Bukett von Zedernholz, Tabak, Mineralen, Schokolade, Rauch und Cassis sowie ebensolche Geschmacksnoten. Massiv, körperreich, das Tannin schön integriert mit der süßen, fülligen Frucht, weist dieser Wein guten Biß und jene kräftige Kontur auf, die in fast allen 1975ern zu finden ist. Darüber hinaus besitzt er außergewöhnlichen Extrakt und große Lebenserwartung, so daß er sicher noch einmal mindestens 20 Jahre schönsten Genuß bereiten wird. Letzte Verkostung: 10/97.

1974 • 83 Wie der Wein aus dem Schwester-Château La Mission ist auch der La Tour-Haut-Brion ein unbestreitbarer Erfolg für diesen Jahrgang. Robust, etwas rustikal, ungeschliffen, reichhaltig, deftig; es fehlt ihm zwar an Finesse, dafür aber hat er viel Durchschlagskraft und Geschmacksfülle. Der Körper ist mittel bis voll, die Konzentration gut.
Voraussichtliche Genußreife: Jetzt – vermutlich im Nachlassen. Letzte Verkostung: 7/82.

1971 • 84 Fester und strenger als der La Mission mit vielleicht ein wenig zuviel Tannin, als für ihn gut ist, zeigt sich der 1971er La Tour-Haut-Brion inzwischen seit einigen Jahren genußreif. Das mustergültige Bukett mit Düften von Mineralen und verbranntem Tabak ist recht interessant. Am Gaumen spürt man mittleren bis vollen Körper, etwas karge und harte, aber kräftige und robuste Art.
Voraussichtliche Genußreife: Jetzt. Letzte Verkostung: 2/83.

1970 • 88? Zwar hatte ich bei diesem, praktisch dem Zweitwein von La Mission-Haut-Brion, keine Probleme mit einem Essigstich, dennoch erreichte der 1970er La Tour-Haut-Brion nie eine hohe Punktzahl, denn er ist nun einmal ein vierschrötiger, untersetzter, stämmiger Wein mit erklecklicher Wucht und Kraft, tanninstrenger und weniger schön ausgewogen als der großartige 1975er. Ich glaube nicht, daß er seine Rauheit irgendwann einmal ablegt. Wohl mag er noch 20 bis 30 Jahre überdauern, wozu aber ihn aufbewahren? Letzte Verkostung: 6/96.

1966 • 88 Der volle, kräftige, würzige, jetzt ausgereifte Wein mit seiner typischen satt dunkel rubinroten La Tour-Haut-Brion-Farbe, in der sich lediglich kleine Fünkchen von Bernsteingelb zeigen, hat ein üppiges Bukett mit reicher Frucht und erdigem, tabakduftigem Aroma. Am Gaumen wirkt er nicht so massiv wie andere La Tour-Haut-Brions, dafür zeigt er mehr Finesse und Gleichgewicht – ein sehr attraktiver Graves.
Voraussichtliche Genußreife: Jetzt. Letzte Verkostung: 3/81.

1961 • 95 Den 1961er La Tour-Haut-Brion habe ich nur einmal verkostet, und dabei zeigte er bemerkenswerte Konzentration und Fülle und schien noch volle 20 Lebensjahre vor sich zu haben. In der sehr dunklen Farbe war nur ein Anflug von Bernsteingelb zu erkennen. Der kräftige, kernige, dickflüssige Wein hatte ein opulentes und exotisches Bukett von reifen Johannisbeeren, Zimt, Tabak und Trüffeln. Mit seinen massiven Proportionen, seiner vielschichtigen Frucht und seinem noch reichlich vorhandenen Tannin war der 1961er La Tour-Haut-Brion ein Fest für den Geschmackssinn.
Voraussichtliche Genußreife: Jetzt bis 2030. Letzte Verkostung: 3/79.

ÄLTERE JAHRGÄNGE

Gerne wäre ich mehr Vertretern alter Jahrgänge von La Tour-Haut-Brion begegnet, denn alle, die ich verkosten durfte, waren außergewöhnlich in der Qualität. Der 1947er (95 Punkte 1990) war prachtvoll reichhaltig, wenn auch die flüchtige Säure manchen Puristen abstoßen mag. Jedenfalls besaß er ungeheure Mengen an Frucht sowie eine kernige, ja dickflüssige Konsistenz. Er ist ein großartiger Wein, der sich noch weitere 10 Jahre schön trinken wird. Andere Jahrgänge von La Tour-Haut-Brion, die ich zu kosten Gelegenheit hatte, waren ein massiver, noch immer unentwickelter und erschreckend junger 1959er. Ihn habe ich zuletzt im Restaurant Clavel im

Jahr 1988 getrunken; er war noch immer schwarzpurpurrot und noch mindestens 10 Jahre von seiner höchsten Reife entfernt. Ich gab ihm 92 Punkte, aber ich bin sicher, daß er eine bessere Note verdient, wenn er erst einmal auf seinem Höhepunkt angelangt ist. Schließlich war der 1955er (94 Punkte 1990), obwohl er nicht das schwergewichtige Bukett seines Stallgefährten, des 1955ers La Mission, besitzt, dennoch ein enorm konzentrierter, kerniger Graves im alten Stil und dürfte mindestens nochmals zwei Jahrzehnte Lebenszeit vor sich haben. Es ist schade, daß der La Tour-Haut-Brion nicht mehr in diesem Stil bereitet wird; dem Liebhaber kann nur geraten werden, auf Auktionen nach alten guten Jahrgängen von La Tour-Haut-Brion Ausschau zu halten, die ab und zu einmal auftauchen.

LA TOUR-MARTILLAC
Cru Classé (für Rot- und Weißwein)

GUT

Lage der Weinberge: Martillac

Besitzer: Familie Kressmann
Adresse: Chemin de la Tour, 33650 Martillac
Telefon: 33 5 56 72 71 21 – Telefax: 33 5 56 72 64 03

Besuche: an Werktagen von 10 bis 12 und von 14 bis 17 Uhr;
an Wochenenden nur nach Vereinbarung
Kontaktperson: Tristan Kressmann

ROTWEIN

Rebfläche: 28 ha

Durchschnittliches Rebenalter: 35 Jahre

Rebbestand: 60 % Cabernet Sauvignon, 35 % Merlot, 5 % Cabernet Franc, Malbec und Petit Verdot

Pflanzdichte: 7600 Reben/ha

Ertrag (im Durchschnitt der letzten 5 Jahre): 45 hl/ha

Durchschnittliche Jahresproduktion insgesamt: 165 000 Flaschen

GRAND VIN

Name: Château La Tour Martillac

Appellation: Pessac-Léognan

Durchschnittliche Jahresproduktion: 120 000 Flaschen

Verarbeitung und Ausbau: Vinifikation 3 Wochen in temperaturgeregelten Edelstahltanks. Malolaktische Säureumwandlung bei einem Teil des Ertrags in neuen Eichenfässern. Ausbau in zu 50 % neuen Eichenfässern. Abstich alle 3 Monate. Der Wein wird geschönt und leicht gefiltert.

ZWEITWEIN

Name: La Grave Martillac

Durchschnittliche Jahresproduktion: 45 000 Flaschen

DIE ROT- UND WEISSWEINE VON PESSAC-LÉOGNAN UND GRAVES

WEISSWEIN

Rebfläche: 10 ha

Durchschnittliches Rebenalter: 40 Jahre

Rebbestand: 55 % Sémillon, 40 % Sauvignon, 5 % Muscadelle

Pflanzdichte: 7600 Reben/ha

Ertrag (im Durchschnitt der letzten 5 Jahre): 50 hl/ha

Durchschnittliche Jahresproduktion insgesamt: 65 000 Flaschen

GRAND VIN

Name: Château La Tour-Martillac

Appellation: Pessac-Léognan

Durchschnittliche Jahresproduktion: 45 000 Flaschen

Verarbeitung und Ausbau: Gärung in zu 50 % neuen Eichenfässern. 15 Monate Hefesatzlagerung. Der Wein wird geschönt und gefiltert.

ZWEITWEIN

Name: La Grave Martillac

Durchschnittliche Jahresproduktion: 20 000 Flaschen

Beurteilung des derzeitigen Rangs: Der Rotwein entspricht qualitativ einem Cru Bourgeois aus dem Médoc; der Weißwein ist seit 1987 ausgezeichnet und verdient seinen Rang als Cru Classé von Graves

Genußreife: (Rotwein) 5 bis 10 Jahre nach dem Jahrgangsdatum; (Weißwein) 3 bis 7 Jahre nach dem Jahrgangsdatum

Nach den Maßstäben von Graves ist La Tour-Martillac kein altes Weingut, denn seine Geschichte geht nur auf die Mitte des 19. Jahrhunderts zurück. Seit 1930 befindet es sich im Eigentum der berühmten Familie Kressmann aus Bordeaux und wird heute von Tristan Kressmann geleitet.

Der Weißwein zeigt seit dem Jahrgang 1987 bedeutende Verbesserungen und darf inzwischen als einer der profundesten weißen Graves gelten. Leider läßt sich für den Rotwein nicht dasselbe sagen. Er ist nach wie vor ein schlichter, mittelmäßiger Wein, der gewöhnlich ein gewisses Maß an korrekter Kirschfrucht aufweist. Selbst in opulenten Jahren wie 1982 und 1989 zeigt er einen kompakten, einfachen, wenig ausdrucksvollen Charakter. Ich kenne keine neueren Rotweinjahrgänge von La Tour-Martillac, die nicht innerhalb von 7 bis 8 Jahren hätten verbraucht sein müssen.

JAHRGÄNGE

ROTWEIN

1996 • 85-87 Es sieht so aus, als sei dies eine sehr gute, ja exzellente Leistung von La Tour-Martillac. Die Farbe ist tief rubinpurpurrot, das mäßig intensive Aroma zeigt Nuancen von Mineralen, Vanillin und schwarzen Johannisbeeren. Im Eingang findet sich attraktive Vollmundigkeit, die sich auch am Gaumen fortsetzt, hinzu kommt moderates Tannin. Viel Komplexität hat dieser Wein nicht, aber schöne Tiefe und gutes Gleichgewicht.
Voraussichtliche Genußreife: 2004 bis 2012. Letzte Verkostung: 3/98.

1995 • 86   Der Duft von Oliven, Tabak, Rauch, roten Johannisbeeren und Kirschen leitet über zu einem eleganten, mittelschweren, sanften, glatten Wein, der sich bereits schön trinkt, aber auch noch 10 Jahre hält. Letzte Verkostung: 11/97.

1994 • 81?   Der 1994er La Tour-Martillac hat tief rubinpurpurrote Farbe, die auf Reife und kräftigen Extrakt schließen läßt, das Aromaprofil aber hat wenig Interessantes zu bieten. Er ist völlig verschlossen, kompakt, am Gaumen hart mit nur einem Anflug von süßer Frucht. Der Abgang besteht aus adstringierendem Tannin, Säure, Holz und Alkohol. Ich bin mir nicht sicher, ob dieser Wein lange leben wird, aber ich habe das Gefühl, daß an ihm mehr ist, als er sich derzeit anmerken läßt. Letzte Verkostung: 1/97.

1993 • 84   Der durchaus saubere 1993er zeigt das mustergültige Aromaprofil eines jungen Bordeaux mit Nuancen von Erde, Vanillin, Bleistift und Cassis. Nach einigem Atmen kommen die Kräuter- und Paprikanoten des Jahrgangs zum Vorschein. Dieser würzige Wein mit seinem moderaten Tannin, mittleren Körper und einer Tendenz zu schlanker, karger Art sollte in den nächsten 4 bis 5 Jahren getrunken werden, ehe er abmagert.
Letzte Verkostung: 1/97.

1992 • 75   Die eindrucksvolle, satte, dunkelrubinrote Farbe ist nicht zu übersehen, aber das bis auf vage Düfte von Erde und Gras völlig fehlende Bukett gibt doch Anlaß zu Besorgnis. Am Gaumen läßt der Wein einen Ansturm von Tannin, Holz und Erde, aber wenig Frucht, Reife oder Charme erkennen. Er sollte in den nächsten 4 bis 5 Jahren getrunken werden, bevor er noch mehr aus dem Gleichgewicht gerät. Letzte Verkostung: 11/94.

1991 • 76   Der leichte, scharf kräuterhafte (fast vegetabile) 1991er muß in den nächsten 4 bis 5 Jahren getrunken werden. Letzte Verkostung: 1/94.

1990 • 85   Der 1990er ist durchaus kein Kraftprotz, vielmehr ein leichter bis mittelschwerer, eleganter Graves mit duftigem Bukett von Erde, Mineralen und Beeren sowie mit reifem Geschmack. Dieser überaus eingängige Wein zeigt sanftes Tannin, schöne Tiefe und alles in allem Finesse und Ausgewogenheit. Er sollte in den nächsten 7 bis 8 Jahren getrunken werden.
Letzte Verkostung: 1/93.

1989 • 80?   Das Bestreben der Besitzer, 1989 einen dichteren, volleren Wein zu produzieren, ist unverkennbar. Anscheinend haben sie dabei aber unerfreulich hohen Tanningehalt extrahiert. Neben einer reichlichen Eichennote herrscht insgesamt der Eindruck von Strenge, Mangel an Charme und überaus adstringierendem Tannin vor.
Voraussichtliche Genußreife: Jetzt bis 2000. Letzte Verkostung: 1/93.

WEISSWEIN

1996 • 75   Der ähnlich wie der 1995er gebaute, aber nicht so konzentrierte, dafür säurereichere 1996er zeigt rauchige Eichenwürze und einen Anflug von Zitronen- und Melonenfrucht. Im Mund wirkt die Säure äußerst kräftig, und ich glaube nicht, daß dieser Wein viel Charme oder ansprechende Art entfalten wird. Letzte Verkostung: 11/97.

1995 • 85   Dieser säurereiche Wein mit seinem kräftigen Holzton zeigt in Duft und Geschmack Aromen von Kräutern und Zitrusfrüchten, dazu mittleren Körper und einen kurzen, aber gefälligen Abgang. Angesichts des ungewöhnlich hohen Säuregehalts dürfte sich dieser 1995er noch 10 bis 15 Jahre gut halten. Letzte Verkostung: 11/97.

1994 • 90   Dieser volle, reichhaltige, schön ausgestattete Wein mit seiner milden Säure bietet ein generöses, intensives Bukett von rauchigem Eichenholz, Feigen und anderer reifer Frucht. Er hat mittleren bis vollen Körper, kann ölige Substanz und beträchtliche Konzentration in etwas schwererer Art als bei seinesgleichen vorweisen und verträgt 8 bis 12 Jahre Aufbewahrung.
Letzte Verkostung: 3/97.

1993 • 89   La Tour-Martillac bringt in neuerer Zeit exzellente, ja herausragende trockene Weißweine hervor. Der 1993er prunkt mit reichlicher, konzentrierter Frucht, mittlerem Körper, wunderbarer Reintönigkeit, einer feinen Säuregrundlage und einem langen, rauchigen, honigwürzigen Abgang. Genießen läßt er sich in den nächsten 10 bis 12 Jahren. Letzte Verkostung: 11/94.

DIE ROT- UND WEISSWEINE VON PESSAC-LÉOGNAN UND GRAVES

1992 • 90   Der 1992er hat ein mächtiges, volles, rauchiges, honigduftiges Bukett, das auf knapp gehaltene Erträge und Faßgärung zurückzuführen ist. Dieser mittelschwere Wein ist vollgepackt mit reicher, kerniger Frucht, wunderbarer Reintönigkeit und Linienklarheit und hat einen ausgezeichneten trockenen Abgang. Er dürfte sich noch 7 bis 9 Jahre lang schön trinken. Letzte Verkostung: 1/94.

1991 • 86   Der 1991er zeigt schöne Frucht in einem leichten bis mittelschweren, eleganten Format. Dieser stilvolle Graves mit seinem mäßig intensiven Bukett bei schöner Tiefe und frischem Abgang will in den nächsten 5 bis 6 Jahren getrunken werden. Letzte Verkostung: 1/94.

1989 • 88   Der 1989er ist zwar nicht so konzentriert wie der 1987er und der 1988er, aber er besitzt ein immens attraktives, zitronenfruchtiges, grasiges, eichenholzwürziges Bukett, mittleren Körper, milden, reichfruchtigen Geschmack und gute Nachhaltigkeit. Er wird bald großen Genuß bereiten. Voraussichtliche Genußreife: Jetzt. Letzte Verkostung: 4/91.

1988 • 90   Ein ausdrucksvolles Beispiel dafür, wie köstlich und komplex ein weißer Graves sein kann. Das fein honigduftige, würzige, melonen- und feigenfruchtige Bukett zeigt gerade soviel Eichenholzwürze wie für klare Konturen und komplexe Art erforderlich ist. Im Mund zeigt der Wein mittleren Körper, nachhaltige, reiche Art bei klarer Linie und einen überraschend frischen und doch körperreichen, intensiven Abgang. Voraussichtliche Genußreife: Jetzt. Letzte Verkostung: 2/91.

1987 • 88   Wie ich schon mehrfach betont habe, war 1987 ein exzellentes Jahr für weißen Graves, obwohl viele Beobachter von diesem Jahrgang nichts wissen und lieber alles nur schwarz-weiß sehen wollten. Dieser kräuterwürzige, rauchige weiße Graves mit seiner feinen Honigsüße hat wunderbar klaren, reichhaltigen Geschmack, mittleren Körper und einen üppigen, nachhaltigen, frischen Abgang. Voraussichtliche Genußreife: Jetzt. Letzte Verkostung: 1/91.

SONSTIGE WEINGÜTER IN GRAVES

ARCHAMBEAU
Ohne Klassifizierungsrang

GUT

Lage der Weinberge: Illats

Besitzer: Jean-Philippe Dubourdieu
Adresse: 33720 Illats
Telefon: 33 5 56 62 51 46 – Telefax: 33 5 56 62 47 98

Besuche: vorzugsweise nach Vereinbarung, montags bis freitags von 9 bis 12 und von 14 bis 18 Uhr
Kontaktperson: Mme Dubourdieu

ROTWEIN

Rebfläche: 19 ha

Durchschnittliches Rebenalter: 15 Jahre

Rebbestand: 45 % Merlot, 40 % Cabernet Sauvignon, 15 % Cabernet Franc

Pflanzdichte: 5500 Reben/ha

Ertrag (im Durchschnitt der letzten 5 Jahre): 50 hl/ha

Durchschnittliche Jahresproduktion insgesamt: 800 hl

BORDEAUX

GRAND VIN

Name: Château d'Archambeau

Appellation: Graves

Durchschnittliche Jahresproduktion: 400 hl

Verarbeitung und Ausbau: Gär- und Maischdauer 18 Tage. Malolaktische Säureumwandlung im Tank. 12 Monate Ausbau wechselweise in Tanks und Eichenfässern. Der Wein wird geschönt und gefiltert.

ZWEITWEIN

Name: Château Mourlet

Durchschnittliche Jahresproduktion: 300 hl

WEISSWEIN

Rebfläche: 2,5 ha

Durchschnittliches Rebenalter: 20 Jahre

Rebbestand: 80 % Sauvignon, 20 % Sémillon

Pflanzdichte: 5500 Reben/ha

Ertrag (im Durchschnitt der letzten 5 Jahre): 40 hl/ha

Durchschnittliche Jahresproduktion insgesamt: 335 hl

GRAND VIN

Name: Château d'Archambeau

Appellation: Graves

Durchschnittliche Jahresproduktion: 200 hl

Verarbeitung und Ausbau: Gärung bei $1/3$ des Ertrags in Eichenfässern und bei $2/3$ im Tank. Hefesatzlagerung, Schwefelung, anschließend weiterer Ausbau auf feinem Geläger. Die Verarbeitungszeit bis zur Abfüllung beträgt 8 bis 10 Monate. Der Wein wird geschönt und gefiltert.

ZWEITWEIN

Name: Château Mourlet

Durchschnittliche Jahresproduktion: 135 hl

Beurteilung des derzeitigen Rangs: Entspricht qualitativ einem guten Cru Bourgeois

Genußreife: Rotwein: 2 bis 5 Jahre nach dem Jahrgangsdatum; Weißwein: 2 bis 5 Jahre nach dem Jahrgangsdatum

Vom Rotwein von Archambeau habe ich bisher nur wenige Jahrgänge zu Gesicht bekommen. Sie waren mild, etwas kommerziell ausgerichtet, aber rund und schmackhaft.

Der ganze Stolz des kleinen Guts in der Gemeinde Cérons ist jedoch der auf kieshaltigem lehmigem Boden wachsende und von der für ihre Technik auf diesem Gebiet berühmten Familie Dubourdieu bereitete Weißwein. Ihre Methode verbindet kühle Gärung mit der vielbesprochenen *macération pelliculaire* (längere Einmaischung der Traubenschalen im gärenden Most). Auf diese Weise entstehen ausgeprägt frische und duftige Weine mit sanfter Art, feiner Honigsüße und einem langen, lebhaft fruchtigen, generösen Abgang. Liebhaber tun am besten daran, sich an die jüngeren Jahrgänge dieses weißen Graves zu halten, denn er sollte innerhalb von 5 Jahren getrunken werden.

Die Preise des Archambeau bleiben im Rahmen.

BARDINS
Ohne Klassifizierungsrang

Lage der Weinberge: Pessac-Léognan

Besitzer: Yves de Bernardy de Sigoyer
Adresse: 124, avenue de Toulouse, 33140 Cadaujac
Telefon: 33 5 56 30 75 85 oder 33 5 56 30 71 51 – Telefax: 33 5 56 30 04 99

Besuche: nach Vereinbarung

ROTWEIN

Rebfläche: 7 ha

Durchschnittliches Rebenalter: 23 Jahre

Rebbestand: 42 % Cabernet Franc, 32 % Merlot, 15 % Cabernet Sauvignon, 11 % Malbec und etwas Petit Verdot

Pflanzdichte: 6000 Reben/ha

Ertrag (im Durchschnitt der letzten 5 Jahre): 50 hl/ha

Durchschnittliche Jahresproduktion insgesamt: 350 hl

GRAND VIN

Name: Château Bardins

Appellation: Pessac-Léognan

Verarbeitung und Ausbau: Gär- und Maischdauer 3 bis 5 Wochen in temperaturgeregelten Tanks. Malolaktische Säureumwandlung ebenfalls im Tank, anschließend 12 Monate Ausbau in jährlich zu $1/3$ erneuerten Eichenfässern. Der Wein wird geschönt; keine Angaben über Filterung.

Kein ZWEITWEIN

WEISSWEIN

Rebfläche: 0,5 ha

Durchschnittliches Rebenalter: 30 Jahre

Rebbestand: je $1/3$ Sémillon, Sauvignon und Muscadelle

Pflanzdichte: 6000 Reben/ha

Ertrag (im Durchschnitt der letzten 5 Jahre): 48 hl/ha

Durchschnittliche Jahresproduktion insgesamt: 16,8 hl

BORDEAUX

GRAND VIN

Name: Château Bardins

Appellation: Pessac-Léognan

Durchschnittliche Jahresproduktion: 16,8 hl

Verarbeitung und Ausbau: Gärung im Faß. 10 Monate Hefesatzlagerung in zu 50 % neuen Eichenfässern. Der Wein wird geschönt, aber nicht gefiltert.

Kein ZWEITWEIN

Beurteilung des derzeitigen Rangs: Entspricht qualitativ einem Cru Bourgeois aus dem Médoc

Genußreife: Rotwein: 3 bis 7 Jahre nach dem Jahrgangsdatum; Weißwein: 2 bis 4 Jahre nach dem Jahrgangsdatum

Ich habe aus diesem sehr kleinen Weingut, das dicht neben dem renommierteren Château Bouscaut in der Gemeinde Cadaujac liegt, erst eine Handvoll Jahrgänge zu sehen bekommen. Der Besitzer hat sich für einen interessanten Rebbestand entschieden, und zwar für einen besonders hohen Anteil an Cabernet Franc für Rotwein, der dadurch ein mildes, würziges, kräuterhaftes Bukett bekommt, und einen außergewöhnlich hohen Anteil von Muscadelle für den Weißwein, so daß dieser reichfruchtig, mild und in jungen Jahren ideal genußreif ausfällt.

BARET
Kein Klassifizierungsrang

GUT

Lage der Weinberge: Villenave d'Ornon

Besitzer: Familie Ballande
Adresse: 33140 Villenave d'Ornon
Postanschrift: c/o Maison Borie-Manoux, 86, Cours Balguerie Stuttenberg, 33082 Bordeaux-Cedex
Telefon: 33 5 56 00 00 70 – Telefax: 33 5 56 87 60 30

Besuche: nur nach Vereinbarung
Kontaktperson: Philippe Castéja bei Borie-Manoux

ROTWEIN

Rebfläche: insgesamt 41,5 ha, jedoch sind derzeit nur 20 ha mit Rotweinreben bestockt

Durchschnittliches Rebenalter: 30 Jahre

Rebbestand: 60 % Cabernet Sauvignon, 35 % Merlot, 5 % Cabernet Franc

Pflanzdichte: 7000 Reben/ha

Ertrag (im Durchschnitt der letzten 5 Jahre): 50 bis 52 hl/ha

Durchschnittliche Jahresproduktion insgesamt: 6500 Kisten

GRAND VIN

Name: Château Baret

Appellation: Pessac-Léognan

Durchschnittliche Jahresproduktion: 4500 Kisten

DIE ROT- UND WEISSWEINE VON PESSAC-LÉOGNAN UND GRAVES

Verarbeitung und Ausbau: Vinifikation 4 Wochen in temperaturgeregelten Edelstahltanks. Malolaktische Säureumwandlung im Tank. Ab Dezember 12 bis 18 Monate Ausbau (je nach Jahrgang) in zu 30 % neuen Eichenfässern. Der Wein wird geschönt, aber nicht gefiltert.

ZWEITWEIN

Name: Château de Camparian

Durchschnittliche Jahresproduktion: 2000 Kisten

WEISSWEIN

Rebfläche: 4 ha

Durchschnittliches Rebenalter: 25 Jahre

Rebbestand: 70 % Sauvignon, 30 % Sémillon

Pflanzdichte: 7000 Reben/ha

Ertrag (im Durchschnitt der letzten 5 Jahre): 54 bis 55 hl/ha

Durchschnittliche Jahresproduktion insgesamt: 1360 Kisten

GRAND VIN

Name: Château Baret

Appellation: Pessac-Léognan

Verarbeitung und Ausbau: *Macération pelliculaire* 12 bis 24 Stunden (je nach Jahrgang) in 40-hl-Betontanks. Gärung bei 75 % des Ertrags in (zu 30 % neuen) Eichenfässern und bei 25 % im Tank. 6 bis 8 Monate Hefesatzlagerung mit häufigem Aufrühren.
Der Wein wird weder geschönt noch gefiltert.

ZWEITWEIN

Name: Château de Camparian

Durchschnittliche Jahresproduktion: 1000 Kisten

Beurteilung des derzeitigen Rangs: Der Rotwein hat sich seit 1985 stark verbessert; der Bestand an Weißweinreben ist seit 1987 voll ausgewachsen; einer der noch unbekannten, aber zunehmend besser werdenden Weine aus Graves

Genußreife: Rotwein: 4 bis 10 Jahre nach dem Jahrgangsdatum;
Weißwein: 2 bis 5 Jahre nach dem Jahrgangsdatum

In diesem Weingut hat es bedeutende Veränderungen gegeben, seit Philippe Castéja, eines der führenden Mitglieder des berühmten Handelshauses Borie-Manoux, im Jahr 1981 die Leitung übernommen hat. Baret liegt ganz nahe bei Bordeaux in der Gemeinde Villenave d'Ornon und bringt inzwischen sehr gute Weine hervor, die es verdient hätten, besser bekannt zu sein.

Der Rotwein ist tiefer, fruchtiger und sehr viel interessanter geworden und trinkt sich mit weit mehr Genuß als in den sechziger und siebziger Jahren, als er noch oft derb und hart ausfiel. Die Qualität des Weißweines ist seit 1987 gestiegen, nachdem in gewissem Umfang Faßgärung, längere Lagerung auf der Hefe und kühlere Gärtemperaturen eingeführt wurden. Das Ergebnis zeigt sich in exzellenten Weißweinen, die es mit allen außer den allerbesten Graves schon recht gut aufnehmen können.

BORDEAUX

BOYREIN
Ohne Klassifizierungsrang

Lage der Weinberge: Roaillan

Besitzer: Jean Médeville und Söhne
Adresse: Château Boyrein, 33410 Roaillan
Postanschrift: c/o Château Fayau, 33410 Cadillac
Telefon: 33 5 57 98 08 08 – Telefax: 33 5 56 62 18 22

Besuche: vorzugsweise nach Vereinbarung
Kontaktperson: M. Médeville

ROTWEIN

Rebfläche: 21,5 ha

Durchschnittliches Rebenalter: 25 Jahre

Rebbestand: 50 % Cabernet Sauvignon, 30 % Merlot, 20 % Cabernet Franc

Pflanzdichte: 5000 Reben/ha

Ertrag (im Durchschnitt der letzten 5 Jahre): 42 hl/ha

Durchschnittliche Jahresproduktion insgesamt: 900 hl

GRAND VIN

Name: Château Boyrein

Appellation: Graves

Durchschnittliche Jahresproduktion: 9200 Kisten

Verarbeitung und Ausbau: Vinifikation 12 bis 15 Tage in Edelstahltanks; Umpumpen von Hand. Malolaktische Säureumwandlung in Zementtanks. 18 Monate Ausbau in unterirdischen Tanks. Der Wein wird geschönt und bei der Abfüllung gefiltert.

ZWEITWEIN

Name: Château Puy Boyrein

Durchschnittliche Jahresproduktion: etwa $1/3$ des Gesamtertrags

WEISSWEIN

Rebfläche: 10 ha

Durchschnittliches Rebenalter: 18 Jahre

Rebbestand: 50 % Sauvignon, 30 % Sémillon, 20 % Muscadelle

Pflanzdichte: 5000 Reben/ha

Ertrag (im Durchschnitt der letzten 5 Jahre): 40 hl/ha

Durchschnittliche Jahresproduktion insgesamt: 400 hl

DIE ROT- UND WEISSWEINE VON PESSAC-LÉOGNAN UND GRAVES

GRAND VIN

Name: Château Boyrein

Appellation: Graves

Durchschnittliche Jahresproduktion: 200 hl

Verarbeitung und Ausbau: Kaltstabilisierung des Mosts (4 bis 5 Tage). Gärung bei Temperaturen unter 20 °C. Ausbau in unterirdischen Tanks. Der Wein wird gefiltert.

ZWEITWEIN

Name: Château Puy Boyrein

Durchschnittliche Jahresproduktion: 200 hl

BRONDELLE
Ohne Klassifizierungsrang

Lage der Weinberge: Langon

Besitzer: Vignobles Belloc Rochet
Adresse: Château Brondelle, 33210 Langon
Telefon: 33 5 56 62 38 14 – Telefax: 33 5 56 62 23 14

Besuche: nur nach Vereinbarung
Kontaktperson: Jean-Noël Belloc

ROTWEIN

Rebfläche: 24 ha

Durchschnittliches Rebenalter: 20 Jahre

Rebbestand: 60 % Cabernet Sauvignon, 40 % Merlot

Pflanzdichte: 6600 Reben/ha

Ertrag (im Durchschnitt der letzten 5 Jahre): 53 hl/ha

Durchschnittliche Jahresproduktion insgesamt: 170 000 Flaschen

GRAND VIN

Name: Château Brondelle

Appellation: Graves

Durchschnittliche Jahresproduktion: 80 000 Flaschen

Verarbeitung und Ausbau: Vinifikation 3 Wochen bei 28 bis 30 °C. Malolaktische Säureumwandlung nach Abzug im Tank. 12 Monate Ausbau in jährlich zu $\frac{1}{4}$ erneuerten Eichenfässern. Der Wein wird geschönt und gefiltert.

ZWEITWEIN

Name: Château La Rose Sarron

Durchschnittliche Jahresproduktion: 40 000 Flaschen

BORDEAUX

WEISSWEIN

Rebfläche: 16 ha

Durchschnittliches Rebenalter: 20 Jahre

Rebbestand: 50 % Sémillon, 45 % Sauvignon, 5 % Muscadelle

Pflanzdichte: 5000 Reben/ha

Ertrag (im Durchschnitt der letzten 5 Jahre): 55 hl/ha

Durchschnittliche Jahresproduktion insgesamt: 115 000 Flaschen

GRAND VIN

Name: Château Brondelle

Appellation: Graves

Durchschnittliche Jahresproduktion: 40 000 Flaschen

Verarbeitung und Ausbau: 12 Stunden *macération pelliculaire*, anschließend Kaltabsetzen. Gärung im Tank bei 18 °C. 4 Monate Hefesatzlagerung auf feinem Geläger im Tank. Der Wein wird geschönt und gefiltert.

SPEZIAL-CUVÉE: Cuvée Anaïs

Appellation: Graves

Durchschnittliche Jahresproduktion: 15 000 Flaschen

Verarbeitung und Ausbau: Gärung in zu 60 % neuen und zu 40 % einmal gebrauchten Eichenfässern. 10 Monate Hefesatzlagerung mit regelmäßigem Aufrühren (gegen Ende des Prozesses weniger häufig). Der Wein wird geschönt und gefiltert.

ZWEITWEIN

Name: Château La Rose Sarron

Durchschnittliche Jahresproduktion: 20 000 Flaschen

CABANNIEUX
Ohne Klassifizierungsrang

Lage der Weinberge: Portets

Besitzerin: Mme Régine Dudignac-Barrière
Adresse: 44, route du Courneau – 33640 Portets
Telefon: 33 5 56 67 22 01 – Telefax: 33 5 56 67 32 54

Besuche: nur nach Vereinbarung
Kontaktperson: Mme Régine Dudignac-Barrière

ROTWEIN

Rebfläche: 13 ha

Durchschnittliches Rebenalter: 30 Jahre

Rebbestand: 50 % Merlot, 45 % Cabernet Sauvignon, 5 % Cabernet Franc

DIE ROT- UND WEISSWEINE VON PESSAC-LÉOGNAN UND GRAVES

Pflanzdichte: 5000 Reben/ha

Ertrag (im Durchschnitt der letzten 5 Jahre): 58 hl/ha

Durchschnittliche Jahresproduktion insgesamt: 740 hl

GRAND VIN

Name: Château Cabannieux

Appellation: Graves

Durchschnittliche Jahresproduktion: 650 hl

Verarbeitung und Ausbau: Vinifikation etwa 3 Wochen. 18 Monate Ausbau in zu 20% neuen Eichenfässern. Der Wein wird geschönt und gefiltert.

ZWEITWEIN

Name: Château du Curcier und Château Migot

Durchschnittliche Jahresproduktion: 100 hl

WEISSWEIN

Rebfläche: 6 ha

Durchschnittliches Rebenalter: 20 Jahre

Rebbestand: 80% Sémillon, 20% Sauvignon

Pflanzdichte: 5000 Reben/ha

Ertrag (im Durchschnitt der letzten 5 Jahre): 57 hl/ha

Durchschnittliche Jahresproduktion insgesamt: 380 hl

GRAND VIN

Name: Château Cabannieux

Appellation: Graves

Durchschnittliche Jahresproduktion: 350 hl

Verarbeitung und Ausbau: Gärung 15 Tage bei niedriger Temperatur. Je nach Jahrgang erfolgt der Ausbau entweder in Edelstahltanks bis zur Abfüllung oder eine Zeitlang in Edelstahltanks auf dem Geläger und anschließend 3 Monate in Eichenfässern mit Hefesatzaufrühren. Der Wein wird geschönt und gefiltert.

ZWEITWEIN

Name: Château de Curcier und Château Haut-Migot

Durchschnittliche Jahresproduktion: 30 hl

Beurteilung des derzeitigen Rangs: Ein Graves mittlerer Qualität, etwa einem Cru Bourgeois aus dem Médoc vergleichbar

Genußreife: Rotwein: 2 bis 8 Jahre nach dem Jahrgangsdatum;
Weißwein: 2 bis 4 Jahre nach dem Jahrgangsdatum

BORDEAUX

CAILLOU
Ohne Klassifizierungsrang

Lage der Weinberge: Cérons

Besitzer: S.A. Château du Caillou
Adresse: Route de Saint-Cricq, 33720 Cérons
Telefon: 33 5 56 27 17 60 – Telefax: 33 5 56 27 00 31

Besuche: nur nach Vereinbarung
Kontaktperson: M. Bayi

WEISSWEIN

Rebfläche: 3 ha

Durchschnittliches Rebenalter: 30 Jahre

Rebbestand: 50 % Sémillon, 50 % Sauvignon

Pflanzdichte: 6000 Reben/ha

Ertrag (im Durchschnitt der letzten 5 Jahre): 40 hl/ha

Durchschnittliche Jahresproduktion insgesamt: 120 hl

GRAND VIN

Name: Cuvée Saint-Cricq du Château Caillou

Appellation: Graves

Durchschnittliche Jahresproduktion: 45 hl

Verarbeitung und Ausbau: Lese von Hand, Kaltabsetzen bei 7 °C, Stabilisierung 4 bis 5 Tage. Der Gärprozeß beginnt im Tank, anschließend Abstich in Eichenfässer und 7 Monate Hefesatzlagerung mit häufigem Aufrühren. Der Wein wird geschönt, aber nicht gefiltert.

ZWEITWEIN

Name: Château du Caillou

Durchschnittliche Jahresproduktion: 80 hl

CANTELYS
Ohne Klassifizierungsrang

Lage der Weinberge: Martillac

Besitzer: Daniel und Florence Cathiard
Adresse: G.F.A. Malice, 4, chemin de Bourran, 33650 Martillac
Telefon: 33 5 57 83 11 22 – Telefax: 33 5 57 83 11 21

Besuche: nur nach Vereinbarung
Kontaktperson: Daniel oder Florence Cathiard

DIE ROT- UND WEISSWEINE VON PESSAC-LÉOGNAN UND GRAVES

ROTWEIN

Rebfläche: 28,5 ha

Durchschnittliches Rebenalter: 10 Jahre

Rebbestand: 50 % Cabernet Sauvignon, 50 % Merlot

Pflanzdichte: 7500 Reben/ha

Ertrag (im Durchschnitt der letzten 5 Jahre): 30 hl/ha

Durchschnittliche Jahresproduktion insgesamt: 1500 Kisten

GRAND VIN

Name: Château Cantelys

Appellation: Pessac-Léognan

Durchschnittliche Jahresproduktion: 1500 Kisten

Verarbeitung und Ausbau: Vinifikation 3 bis 4 Wochen bei 28 bis 32 °C in temperaturgeregelten Edelstahltanks. 12 bis 14 Monate Ausbau in Eichenfässern. Der Wein wird weder geschönt noch gefiltert.

Kein ZWEITWEIN

WEISSWEIN

Rebfläche: 11 ha

Durchschnittliches Rebenalter: 10 Jahre

Rebbestand: 70 % Sauvignon Blanc, 20 % Sémillon, 10 % Sauvignon Gris

Pflanzdichte: 7500 Reben/ha

Ertrag (im Durchschnitt der letzten 5 Jahre): 30 hl/ha

Durchschnittliche Jahresproduktion insgesamt: 10 000 Flaschen

GRAND VIN

Name: Château Cantelys

Appellation: Pessac-Léognan

Durchschnittliche Jahresproduktion: 10 000 Flaschen

Verarbeitung und Ausbau: Lese von Hand, Keltern mit Ballonpresse, Kaltklären des Mosts in Edelstahltanks. Gärung in (zu 50 % neuen) Eichenfässern. 10 Monate Hefesatzlagerung mit regelmäßigem Aufrühren. Der Wein wird mit Bentonit geschönt und gefiltert.

Kein ZWEITWEIN

CHERET-PITRES
Ohne Klassifizierungsrang

GUT

Lage der Weinberge: Portets, Virelade

Besitzer: Caroline und Pascal Dulugat
Adresse: 33640 Portets
Telefon und Telefax: 33 5 56 67 27 76

Besuche: täglich, vorzugsweise nach Vereinbarung
Kontaktperson: Pascal oder Caroline Dulugat

ROTWEIN

Rebfläche: 5,5 ha (plus 7,5 ha AC Bordeaux)

Durchschnittliches Rebenalter: 35 Jahre

Rebbestand: 60 % Merlot, 40 % Cabernet Sauvignon

Pflanzdichte: 5500 Reben/ha

Ertrag (im Durchschnitt der letzten 5 Jahre): 55 hl/ha

Durchschnittliche Jahresproduktion insgesamt: 275 hl

GRAND VIN

Name: Château Cheret-Pitres

Appellation: Graves Rouge

Verarbeitung und Ausbau: 18 Monate Ausbau, zur Hälfte in einmal gebrauchten Fässern und zur Hälfte in Betontanks

ZWEITWEIN

Name: Château Cheret

Beurteilung des derzeitigen Rangs: Entspricht qualitativ ohne weiteres einem guten Cru Bourgeois aus dem Médoc

Genußreife: 3 bis 8 Jahre nach dem Jahrgangsdatum

Ich habe mich schon oft an dem rauchigen, tabakduftigen, reichfruchtigen Charakter der Weine von Château Cheret-Pitres erfreut und besitze enthusiastische Probiernotizen über den 1975er, 1978er, 1982er und 1985er. Er ist kein weithin bekannter Wein, aber gerade deshalb oft überaus preiswert. Die Weinberge liegen in der Gemarkung Portets, und zweifellos verleihen die alten Reben und der hohe Anteil an Merlot dem Wein seine charakteristische Fülle und Geschmeidigkeit. Weißwein erzeugt dieses Gut allerdings nicht.

DIE ROT- UND WEISSWEINE VON PESSAC-LÉOGNAN UND GRAVES

CHICANE
Ohne Klassifizierungsrang

Lage der Weinberge: Toulenne bei Langon

Besitzer: François Gauthier
Adresse: 1, route de Garonne, 33210 Toulenne
Postanschrift: La Magdelaine, 33490 Saint-Pierre d'Aurillac
Telefon: 33 5 56 76 43 73 – Telefax: 33 5 56 76 42 60

Besuche: nur nach Vereinbarung

ROTWEIN

Rebfläche: 5,5 ha

Durchschnittliches Rebenalter: 20 Jahre

Rebbestand: 55 % Cabernet Sauvignon, 35 % Merlot, 10 % Malbec

Pflanzdichte: 3300 bis 5000 Reben/ha

Ertrag (im Durchschnitt der letzten 5 Jahre): 45 bis 50 hl/ha

Durchschnittliche Jahresproduktion insgesamt: 28 000 Flaschen und 60 hl Preßwein

GRAND VIN

Name: Château Chicane

Appellation: Graves

Durchschnittliche Jahresproduktion: 28 000 Flaschen

Verarbeitung und Ausbau: Vinifikation 3 Wochen in temperaturgeregelten Edelstahltanks.
12 Monate Ausbau in jährlich zu $1/4$ erneuerten Eichenfässern. Der Wein wird geschönt und gefiltert.

ZWEITWEIN

wird im Faß unter dem Namen Tourloumet verkauft

N.B.: Das Gut wurde bis 1993 von Pierre Coste geführt. Inzwischen hat es sein Neffe, der Architekt François Gauthier, übernommen und etliche Änderungen eingeführt:
- Die Kultivierung erfolgt nach traditionellen Methoden (z. B. regelmäßiges Pflügen)
- Unkrautvernichter werden nicht verwendet
- Strenger Rebschnitt und Behangausdünnung werden gegebenenfalls durchgeführt
- Vinifikation: Früher fand der Gärprozeß in Betontanks mit 150 bis 250 hl Fassungsvermögen statt. Heute läuft er in kleineren Edelstahltanks (50 bis 80 hl Fassungsvermögen) ab
- Denis Dubourdieu fungiert als kellertechnischer Berater.

BORDEAUX

Clos Floridène
Ohne Klassifizierungsrang

SEHR GUT

Lage der Weinberge: Pujols-sur-Ciron und Illats

Besitzer: Denis und Florence Dubourdieu
Adresse: Quartier Videau, 33210 Pujols-sur-Ciron
Postanschrift: Château Reynon, 33410 Béguey Cadillac
Telefon: 33 5 56 62 96 51 – Telefax: 33 5 56 62 14 89

Besuche: nur nach Vereinbarung
Kontaktperson: Florence Dubourdieu

ROTWEIN

Rebfläche: 5 ha

Durchschnittliches Rebenalter: 25 Jahre

Rebbestand: 80 % Cabernet Sauvignon, 20 % Merlot

Pflanzdichte: 5500 Reben/ha

Ertrag (im Durchschnitt der letzten 5 Jahre): 40 hl/ha

Durchschnittliche Jahresproduktion insgesamt: 200 hl

GRAND VIN

Name: Clos Floridène

Appellation: Graves

Durchschnittliche Jahresproduktion: 180 hl

Verarbeitung und Ausbau: Lange Vinifikation bei hohen Temperaturen; intensive Extraktion, gelegentlich *saignées*. Dem Grand Vin wird kein Preßwein zugesetzt. 12 Monate Ausbau in jährlich zu $1/4$ bis $1/3$ erneuerten Eichenfässern. Der Wein wird geschönt und gefiltert.

ZWEITWEIN

Name: Château Montalivet

Durchschnittliche Jahresproduktion: unterschiedlich

WEISSWEIN

Rebfläche: 12 ha

Durchschnittliches Rebenalter: 25 Jahre

Rebbestand: 40 % Sémillon, 40 % Sauvignon, 20 % Muscadelle

Pflanzdichte: 7000 Reben/ha

Ertrag (im Durchschnitt der letzten 5 Jahre): 37 hl/ha

Durchschnittliche Jahresproduktion insgesamt: 480 hl

DIE ROT- UND WEISSWEINE VON PESSAC-LÉOGNAN UND GRAVES

GRAND VIN

Name: Clos Floridène

Appellation: Graves

Durchschnittliche Jahresproduktion: 50 000 bis 53 000 Flaschen

Verarbeitung und Ausbau: Gärung in Eichenfässern. 11 Monate Hefesatzlagerung mit häufigem Aufrühren. Der Wein wird geschönt und gefiltert.

ZWEITWEIN

Name: Château Montalivet

Durchschnittliche Jahresproduktion: 10 000 Flaschen

Beurteilung des derzeitigen Rangs: Entspricht beim Weißwein qualitativ einem Cru Classé

Genußreife: (Weißwein) 2 bis 5 Jahre nach dem Jahrgangsdatum

Die kleine Domaine gehört dem Bordeaux-Weißweinspezialisten Denis Dubourdieu. Im geht – und zwar zu Recht – der Ruf voraus, er habe mit seinem Verfahren der *macération pelliculaire* die Weißweinbereitung in der Region Bordeaux revolutioniert. Es handelt sich dabei um ein längeres Einmaischen der Traubenschalen im Most bei relativ kühler Temperatur. Dies beruht auf der inzwischen auch von anderen Autoritäten bestätigten Überzeugung Dubourdieus, daß es die Bestandteile der Traubenschalen sind, die dem Wein aromatische Komplexität und reichhaltige Frucht verleihen.

Schon der erste Schluck der wundervollen Weine, die er produziert, zeigt, daß der Clos Floridène ein superber weißer Graves ist, der es mit der Qualität so legendärer Weine wie Laville-Haut-Brion, Haut-Brion-Blanc und Domaine de Chevalier ohne weiteres aufnehmen kann. Obwohl Dubourdieus Talente überall auf dem europäischen Kontinent und in Großbritannien höchste Anerkennung finden und der Clos Floridène von allen Seiten entdeckt worden ist, bleibt der Preis nach wie vor relativ bescheiden, er ist ein weit unterbewerteter exzellenter Wein, der am Firmament von Graves unter den Cru-Classé-Sternen sicher einen Platz verdient hätte. Das Weingut bringt in bescheidener Menge auch einen guten, sanften Rotwein hervor, der aber die blendende Qualität des Weißweins nicht teilt.

Couchéroy
Kein Klassifizierungsrang

GUT

Lage der Weinberge: Martillac

Besitzer: André Lurton
Adresse: 33650 Martillac
Postanschrift: S.C.E.A. Les Vignobles André Lurton, Château Bonnet, 33420 Grézillac
Telefon: 33 5 57 25 58 58 – Telefax: 33 5 57 74 98 59

Keine Besuche möglich

BORDEAUX

ROTWEIN

Durchschnittliches Rebenalter: 10 bis 12 Jahre

Rebbestand: 50 % Cabernet Sauvignon, 50 % Merlot

Pflanzdichte: 6500 bis 8500 Reben/ha

GRAND VIN

Name: Château Couchéroy

Appellation: Graves

Verarbeitung und Ausbau: Vinifikation etwa 21 Tage in temperaturgeregelten Edelstahltanks. Malolaktische Säureumwandlung teils im Tank und teils in Eichenfässern. Ab November 12 Monate Ausbau in zu 25 bis 30 % neuen Eichenfässern. Der Wein wird geschönt und gefiltert.

Kein ZWEITWEIN

WEISSWEIN

Durchschnittliches Rebenalter: 10 bis 12 Jahre

Rebbestand: 90 % Sauvignon, 10 % Sémillon

Pflanzdichte: 6500 bis 8500 Reben/ha

GRAND VIN

Name: Château Couchéroy

Appellation: Graves

Verarbeitung und Ausbau: Gärung teils in temperaturgeregelten Edelstahltanks, teils in Eichenfässern; rund 10 Monate Hefesatzlagerung. Der Wein wird geschönt und bei der Abfüllung gefiltert.

Kein ZWEITWEIN

COURRÈGES-SÈGUES DU CHÂTEAU DE GAILLAT
Kein Klassifizierungsrang

Lage der Weinberge: Saint-Pardon-de-Conques

Besitzer: S.C.E.A. du Château de Gaillat
Adresse: 33210 Langon
Postanschrift: wie oben
Telefon: 33 5 56 63 50 77 – Telefax: 33 5 56 62 20 96

Besuche: nur nach Vereinbarung
Kontaktperson: Hélène Bertrand-Coste

ROTWEIN

Rebfläche: 1,5 ha

Durchschnittliches Rebenalter: 30 Jahre

Rebbestand: 75 % Cabernet Sauvignon, 25 % Merlot

Pflanzdichte: 6800 Reben/ha

DIE ROT- UND WEISSWEINE VON PESSAC-LÉOGNAN UND GRAVES

Ertrag (im Durchschnitt der letzten 5 Jahre): 45 hl/ha

Durchschnittliche Jahresproduktion insgesamt: 9000 Flaschen

GRAND VIN

Name: Courrèges-Sègues du Château de Gaillat

Appellation: Graves

Durchschnittliche Jahresproduktion: 9000 Flaschen

Verarbeitung und Ausbau: Vinifikation 18 Tage bei höchstmöglicher Temperatur. 12 bis 18 Monate Ausbau, je nach Jahrgang, in zu 25 % neuen Eichenfässern. Der Wein wird geschönt, aber nicht gefiltert.

Kein ZWEITWEIN

CRUZEAU
Ohne Klassifizierungsrang

GUT

Lage der Weinberge: St-Médard d'Eyrans

Besitzer: André Lurton
Adresse: 33850 Léognan
Postanschrift: c/o Château Bonnet, 33420 Grézillac
Telefon: 33 5 57 25 58 58 – Telefax: 33 5 57 74 98 59

Keine Besuche möglich

ROTWEIN

Rebfläche: 50 ha

Durchschnittliches Rebenalter: 15 bis 18 Jahre

Rebbestand: 55 % Cabernet Sauvignon, 43 % Merlot, 2 % Cabernet Franc

Pflanzdichte: 6500 bis 8500 Reben/ha

GRAND VIN

Name: Château du Cruzeau

Appellation: Pessac-Léognan

Verarbeitung und Ausbau: Vinifikation in temperaturgeregelten Edelstahltanks. 12 Monate Ausbau in zu 25 bis 35 % neuen Eichenfässern. Der Wein wird geschönt und gefiltert.

Kein ZWEITWEIN

WEISSWEIN

Rebfläche: 30 ha

Durchschnittliches Rebenalter: 15 bis 18 Jahre

Rebbestand: 85 % Sauvignon, 15 % Sémillon

Pflanzdichte: 6500 bis 8500 Reben/ha

BORDEAUX

GRAND VIN

Name: Château de Cruzeau

Appellation: Pessac-Léognan

Verarbeitung und Ausbau: Gärung zur Hälfte in (25 % neuen) Eichenfässern, zur Hälfte in Edelstahltanks. Abfüllung nach 10 Monaten (Hefesatzlagerung im Faß). Der Wein wird geschönt und gefiltert.

Kein ZWEITWEIN

Beurteilung des derzeitigen Rangs: Entspricht derzeit qualitativ einem guten Cru Bourgeois; mit dem Heranwachsen des Rebbestands werden weitere Verbesserungen eintreten

Genußreife: Rotwein: 5 bis 8 Jahre nach dem Jahrgangsdatum;
Weißwein: 2 bis 6 Jahre nach dem Jahrgangsdatum

André Lurton, der sich in der Region Graves ein beachtliches Weinimperium geschaffen hat, kaufte 1973 dieses Gut und begann 1979 mit umfangreichen Neuanpflanzungen. Der neue Rebbestand ist nach den Maßstäben von Bordeaux noch jung. Der Wein aber zeigt bereits vielversprechendes Potential. Hier wird mit Vollerntemaschinen gearbeitet und ein reichfruchtiger roter Graves mit sanfter, offener Art und rauchigem Bukett produziert, der Liebhaber anspricht, denen es auf alsbaldigen Genuß ankommt.

Der Weißwein wird von handgelesenen Trauben bereitet und teils in Edelstahltanks, teils in Eichenfässern ausgebaut; er hat fast kalifornischen Stil mit viel Frucht, will aber innerhalb von wenigen Jahren getrunken sein.

Die Preise der Cruzeau-Weine sind bemerkenswert anständig, und darin liegt auch ein großer Teil ihrer Anziehungskraft.

FERRANDE
Kein Klassifizierungsrang

GUT

Produktion: 18000 Kisten Rotwein; 4500 Kisten Weißwein

Rebbestand: (rot) 34 % Merlot, 33 % Cabernet Sauvignon, 33 % Cabernet (weiß) 60 % Sémillon, 35 % Sauvignon, 5 % Muscadelle

Zweitwein: Lognac

Rebfläche: 44 ha

Besitzer: Familie Delnaud

Faßreifezeit: 15 bis 18 Monate

Durchschnittsalter der Reben: 28 Jahre

Beurteilung des derzeitigen Rangs: Entspricht qualitativ einem guten Cru Bourgeois

Genußreife: Rotwein: 3 bis 10 Jahre nach dem Jahrgangsdatum;
Weißwein: 2 bis 7 Jahre nach dem Jahrgangsdatum

Dieses Gut in der Gemeinde Castres ist stets zuverlässig, auch wenn es keine große Begeisterung weckt. Es befindet sich seit 1954 im Besitz der Familie Delnaud. Ich finde, die Rot- und Weißwei-

DIE ROT- UND WEISSWEINE VON PESSAC-LÉOGNAN UND GRAVES

ne von Ferrande gehören zu den erdigsten in der Region Graves. Bei Verkostungen habe ich bemerkt, daß dieser Wesenszug sowohl Bewunderung als auch intensive Ablehnung erfahren kann.

Die Weißweine haben sich im letzten Jahrzehnt stark verbessert und legen inzwischen weit mehr Charme und Frucht an den Tag, neigen aber immer noch zu erdiger, manchmal karger und unrunder Art. Die Preise sind bescheiden, und die Lebensdauer, insbesondere der Rotweine, ist löblich.

LA FLEUR JONQUET
Kein Klassifizierungsrang

Lage der Weinberge: Portets

Besitzerin: Laurence Lataste
Adresse: Le Puy de Choyne, Arbanats, 33640 Portets
Postanschrift: 5, rue Amélie – 33200 Bordeaux
Telefon: 33 5 56 17 08 18 – Telefax: 33 5 56 22 12 54

Besuche: nur nach Vereinbarung
Kontaktperson: Laurence Lataste

ROTWEIN

Rebfläche: 3,5 ha

Durchschnittliches Rebenalter: 10 Jahre

Rebbestand: 70 % Merlot, 15 % Cabernet Franc, 15 % Cabernet Sauvignon

Pflanzdichte: 5500 Reben/ha

Ertrag (im Durchschnitt der letzten 5 Jahre): 50 bis 55 hl/ha

Durchschnittliche Jahresproduktion insgesamt: 20 000 bis 22 000 Flaschen

GRAND VIN

Name: Château La Fleur Jonquet

Appellation: Graves

Durchschnittliche Jahresproduktion: 18 000 bis 20 000 Flaschen

Verarbeitung und Ausbau: Lese von Hand oder maschinell, je nach Jahrgang. Vinifikation etwa 3 Wochen in temperaturgeregelten Edelstahltanks. Malolaktische Säureumwandlung im Tank, anschließend 12 bis 15 Monate Ausbau in jährlich zu $1/4$ erneuerten Eichenfässern.
Der Wein wird geschönt und gefiltert.

ZWEITWEIN

Name: J de Jonquet

Durchschnittliche Jahresproduktion: 2000 bis 4000 Flaschen (der Zweitwein wird nicht immer produziert, Wein in ungeeigneter Qualität wird vielmehr an den Handel verkauft)

WEISSWEIN

Rebfläche: 1 ha

Durchschnittliches Rebenalter: 45 Jahre und 7 bis 8 Jahre

BORDEAUX

Rebbestand: 50% Sémillon, 40% Sauvignon, 10% Muscadelle

Pflanzdichte: 5500 Reben/ha

Ertrag (im Durchschnitt der letzten 5 Jahre): 45 bis 50 hl/ha

Durchschnittliche Jahresproduktion insgesamt: 6000 Flaschen

GRAND VIN

Name: Château La Fleur Jonquet

Appellation: Graves

Durchschnittliche Jahresproduktion: 6000 bis 7000 Flaschen

Verarbeitung und Ausbau: Lese von Hand. Gärung in jährlich zu ¼ erneuerten Eichenfässern. 11 Monate Hefesatzlagerung mit häufigem Aufrühren. Der Wein wird geschönt und bei der Abfüllung gefiltert.

Kein ZWEITWEIN

DE FRANCE
Ohne Klassifizierungsrang

Lage der Weinberge: Léognan

Besitzer: S.A.B. Thomassin
Adresse: 98. route de Mont de Marsan, 33850 Léognan
Telefon: 33 5 56 64 75 39 – Telefax: 33 5 56 64 72 13

Besuche: nur nach Vereinbarung; montags bis donnerstags von 8.30 bis 12 und von 13.30 bis 17 Uhr, freitags von 8.30 bis 12 und von 13.30 bis 16 Uhr
Kontaktperson: Arnaud Thomassin

ROTWEIN

Rebfläche: 28 ha

Durchschnittliches Rebenalter: 30 Jahre

Rebbestand: 60% Cabernet Sauvignon, 40% Merlot

Pflanzdichte: 5000 und 6950 Reben/ha

Ertrag (im Durchschnitt der letzten 5 Jahre): 56 hl/ha

Durchschnittliche Jahresproduktion insgesamt: 1500 hl

GRAND VIN

Name: Château de France

Appellation: Pessac-Léognan

Durchschnittliche Jahresproduktion: 900 hl

Verarbeitung und Ausbau: Vinifikation 3 bis 4 Wochen in temperaturgeregelten Edelstahltanks (max. 30 bis 32°C). 12 bis 18 Monate Ausbau in jährlich zur Hälfte erneuerten Eichenfässern. Der Wein wird geschönt und gefiltert.

DIE ROT- UND WEISSWEINE VON PESSAC-LÉOGNAN UND GRAVES

ZWEITWEIN

Name: Château Coquillas

Durchschnittliche Jahresproduktion: 550 hl

WEISSWEIN

Rebfläche: 3,5 ha

Durchschnittliches Rebenalter: 10 Jahre

Rebbestand: 70 % Sauvignon, 20 % Sémillon, 10 % Muscadelle

Pflanzdichte: 5000 und 6950 Reben/ha

Ertrag (im Durchschnitt der letzten 5 Jahre): 50 hl/ha

Durchschnittliche Jahresproduktion insgesamt: 130 hl

GRAND VIN

Name: Château de France

Appellation: Pessac-Léognan

Durchschnittliche Jahresproduktion: 100 hl

Verarbeitung und Ausbau: Gärung bei 17 °C in jährlich zur Hälfte erneuerten Eichenfässern. Abfüllung nach 8 Monaten. Hefesatzaufrühren einmal wöchentlich; gegen Ende des Ausbaus alle 2 Wochen. Der Wein wird geschönt und gefiltert.

ZWEITWEIN

Name: Ganga Cata

Durchschnittliche Jahresproduktion: 12 hl

Beurteilung des derzeitigen Rangs: Seit 1986 hat sich die Qualität stark verbessert; der Wein gehört jetzt zu den besseren, wenn auch wenig bekannten in der Region

Genußreife: Rotwein: 4 bis 10 Jahre nach dem Jahrgangsdatum

Praktisch der ganze Rebbestand dieses Nachbarguts des renommierteren Château de Fieuzal wurde seit 1971 neu angepflanzt. Der Besitzer, ein Industrieller, sparte bei der Renovierung keine Kosten und baute eine Kellerei mit hochmodernen Edelstahlgärtanks. Die anfänglichen Resultate waren nicht weiter eindrucksvoll, aber 1968 leitete der Besitzer Thomassin zwei Dinge ein, die bedeutende positive Auswirkungen auf den Wein zeitigten. Zuerst beschloß er, so spät wie möglich zu ernten, und zweitens führte er eine strenge Auslese bei den fertigen Weinen ein, so daß nur noch die besten Posten unter dem Namen Château de France auf den Markt kommen.

DE GAILLAT
Ohne Klassifizierungsrang

Lage der Weinberge: Langon

Besitzer: Familie Coste
Adresse: 33210 Langon
Telefon: 33 5 56 63 50 77 – Telefax: 33 5 56 62 20 96

Besuche: nur nach Vereinbarung
Kontaktperson: Hélène Bertrand-Coste

BORDEAUX

ROTWEIN

Rebfläche: 10 ha

Durchschnittliches Rebenalter: 30 Jahre

Rebbestand: 65 % Cabernet Sauvignon, 30 % Merlot, 5 % Malbec

Pflanzdichte: 5000 bis 6000 Reben/ha

Ertrag (im Durchschnitt der letzten 5 Jahre): 50 hl/ha

Durchschnittliche Jahresproduktion insgesamt: 70 000 Flaschen

GRAND VIN

Name: Château de Gaillat

Appellation: Graves

Durchschnittliche Jahresproduktion: 60 000 Flaschen

Verarbeitung und Ausbau: Vinifikation je nach Jahrgang 3 bis 5 Wochen bei höchstmöglicher Temperatur mit Umpumpen und *pigeage*. 12 bis 18 Monate Ausbau in zu 10 % neuen Eichenfässern. Der Wein wird geschönt und gefiltert.

ZWEITWEIN

Name: Aliénor de Gaillat

Durchschnittliche Jahresproduktion: 10 000 Flaschen

WEISSWEIN

Rebfläche: 0,5 ha

Durchschnittliches Rebenalter: 30 Jahre

Rebbestand: 100 % Sémillon

Pflanzdichte: 6800 Reben/ha

Ertrag (im Durchschnitt der letzten 5 Jahre): 55 hl/ha

Durchschnittliche Jahresproduktion insgesamt: 22 hl

GRAND VIN

Name: Château de Gaillat

Appellation: Graves

GAZIN ROCQUENCOURT
Ohne Klassifizierungsrang

GUT

Lage der Weinberge: Léognan

Besitzer: Jean-Marie Michotte und seine Schwester Françoise Baillot-Michotte
Adresse: 74, avenue de Cestas, 33850 Léognan
Telefon: 33 5 56 64 77 89 – Telefax: 33 5 56 64 77 89

Besuche: nur nach Vereinbarung

DIE ROT- UND WEISSWEINE VON PESSAC-LÉOGNAN UND GRAVES

ROTWEIN

Rebfläche: 14 ha

Durchschnittliches Rebenalter: 24 Jahre

Rebbestand: 70 % Cabernet Sauvignon, 20 % Merlot, 10 % Cabernet Franc

Pflanzdichte: 6250 Reben/ha

Ertrag (im Durchschnitt der letzten 5 Jahre): 50 hl/ha

Durchschnittliche Jahresproduktion insgesamt: 680 hl

GRAND VIN

Name: Gazin Rocquencourt

Appellation: Pessac-Léognan

Durchschnittliche Jahresproduktion: 580 hl

Verarbeitung und Ausbau: Vinifikation 3 bis 4 Wochen in Edelstahltanks mit häufigem Umpumpen. Anschließend 12 Monate Ausbau in jährlich zu $1/4$ erneuerten Eichenfässern. Der Wein wird geschönt und gefiltert.

ZWEITWEIN

Name: Les Granges de Gazin

Durchschnittliche Jahresproduktion: 100 hl

Jean Gervais
Ohne Klassifizierungsrang

Lage der Weinberge: Portets

Besitzer: Familie Counilh
Adresse: Vignobles Counilh et Fils, 51–53 route des Graves, 33640 Portets
Telefon: 33 5 56 67 1 61 – Telefax: 33 5 56 67 32 43

Besuche: montags bis freitags von 9 bis 12 und von 14 bis 18 Uhr
Kontaktperson: Denis Counilh

ROTWEIN

Rebfläche: 28 ha

Durchschnittliches Rebenalter: 30 Jahre

Rebbestand: 60 % Merlot, 40 % Cabernet

Pflanzdichte: 6000 Reben/ha

Ertrag (im Durchschnitt der letzten 5 Jahre): 50 hl/ha

Durchschnittliche Jahresproduktion insgesamt: 1400 hl

BORDEAUX

GRAND VIN

Name: Château Jean Gervais

Appellation: Graves

Durchschnittliche Jahresproduktion: 80 000 Flaschen

Verarbeitung und Ausbau: Vinifikation 12 bis 18 Tage in temperaturgeregelten Edelstahltanks; häufiges Umpumpen. 18 Monate Ausbau in beschichteten Zementtanks. Der Wein wird geschönt, aber nicht gefiltert.

ZWEITWEIN

Name: Château Lanette

Durchschnittliche Jahresproduktion: 40 000 Flaschen

WEISSWEIN

Rebfläche: 13 ha

Durchschnittliches Rebenalter: 35 Jahre

Rebbestand: 80 % Sémillon, 15 % Sauvignon, 5 % Muscadelle

Pflanzdichte: 5500 Reben/ha

Ertrag (im Durchschnitt der letzten 5 Jahre): 60 hl/ha

Durchschnittliche Jahresproduktion insgesamt: 650 hl

GRAND VIN

Name: Château Jean Gervais

Appellation: Graves

Durchschnittliche Jahresproduktion: 40 000 Flaschen

Verarbeitung und Ausbau: Gärdauer 18 bis 22 Tage in temperaturgeregelten Tanks. 3 bis 6 Monate Hefesatzlagerung in Rototanks, anschließend 9 bis 12 Monate in beschichteten Betontanks. Der Wein wird geschönt, aber nicht gefiltert.

ZWEITWEIN

Name: Château Tour de Cluchon

Durchschnittliche Jahresproduktion: 15 000 Flaschen

Du Grand-Abord
Ohne Klassifizierungsrang

Lage der Weinberge: Portets

Besitzer: Vignobles M.C. Dugoua
Adresse: 56, route des Graves, 33640 Portets
Telefon: 33 5 56 67 22 79 – Telefax: 33 5 56 67 22 23

Besuche: vorzugsweise nach Vereinbarung
Kontaktperson: Colette Dugoua

DIE ROT- UND WEISSWEINE VON PESSAC-LÉOGNAN UND GRAVES

ROTWEIN

Rebfläche: 8 ha

Durchschnittliches Rebenalter: 40 Jahre

Rebbestand: 90 % Merlot, 10 % Cabernet Sauvignon

Pflanzdichte: 5500 Reben/ha

Ertrag (im Durchschnitt der letzten 5 Jahre): 50 bis 55 hl/ha

Durchschnittliche Jahresproduktion insgesamt: 390 hl

GRAND VIN

Name: Château du Grand-Abord

Appellation: Graves

Verarbeitung: Vinifikation 18 Tage in Edelstahltanks bei 28 °C. Ausbau: 300 hl (für die Normal-Cuvée) 12 Monate in Edelstahl- und Betontanks; 50 hl (für die Cuvée Passion) 12 Monate in neuen Eichenfässern. Der Wein wird geschönt, aber nicht gefiltert.

ZWEITWEIN

Name: Château Bel Air

Durchschnittliche Jahresproduktion: 390 hl

WEISSWEIN

Rebfläche: 3,5 ha

Durchschnittliches Rebenalter: 35 Jahre

Rebbestand: 80 % Sémillon, 20 % Sauvignon

Pflanzdichte: 5500 Reben/ha

Durchschnittliche Jahresproduktion insgesamt: 170 hl

GRAND VIN

Name: Château du Grand-Abord

Appellation: Graves

Durchschnittliche Jahresproduktion: 170 hl

Verarbeitung und Ausbau: Gärung bei 18 bis 20 °C in Edelstahltanks. Der Wein wird geschönt und gefiltert.

Kein ZWEITWEIN

BORDEAUX

Du Grand Bos
Ohne Klassifizierungsrang

Lage der Weinberge: Castres und Portets

Besitzer: André Vincent und S.C. du Château du Grand Bos
Adresse: 33640 Castres
Postanschrift: wie oben
Telefon: 33 5 56 67 39 20 – Telefax: 33 5 56 67 16 77

Besuche: nur nach Vereinbarung
Kontaktperson: André Vincent

ROTWEIN

Rebfläche: 10 ha

Durchschnittliches Rebenalter: 31 Jahre

Rebbestand: 45 % Cabernet Sauvignon, 45 % Merlot, 8 % Petit Verdot, 2 % Cabernet Franc

Pflanzdichte: 5600 Reben/ha

Ertrag (im Durchschnitt der letzten 5 Jahre): 52,19 hl/ha

Durchschnittliche Jahresproduktion insgesamt: 500 hl

GRAND VIN

Name: Château du Grand Bos

Appellation: Graves

Durchschnittliche Jahresproduktion: 3000 Kisten

Verarbeitung und Ausbau: *Macération pré-fermentaire*, Gärung bei 30 °C, *macération post-fermentaire* 15 bis 20 Tage. Malolaktische Säureumwandlung im Tank, anschließend Ausbau in zu 33 % neuen Eichenfässern. Abstich alle 3 Monate, Abfüllung nach 15 bis 18 Monaten. Der Wein wird geschönt, aber nicht gefiltert.

ZWEITWEIN

Name: Château Plégat La Gravière

Durchschnittliche Jahresproduktion: 2500 Kisten

WEISSWEIN

Rebfläche: 1 ha

Durchschnittliches Rebenalter: 27 Jahre

Rebbestand: 60 % Sémillon, 30 % Sauvignon, 10 % Muscadelle

Pflanzdichte: 5600 Reben/ha

Ertrag (im Durchschnitt der letzten 5 Jahre): 43,92 hl/ha

Durchschnittliche Jahresproduktion insgesamt: 30 hl

DIE ROT- UND WEISSWEINE VON PESSAC-LÉOGNAN UND GRAVES

GRAND VIN

Name: Château du Grand Bos

Appellation: Graves

Durchschnittliche Jahresproduktion: 350 Kisten

Verarbeitung und Ausbau: Schonendes Pressen. Absetzen des Mosts bei 10 bis 12°C, kühle Gärung in Eichenfässern. 8 Monate Hefesatzlagerung mit häufigem Aufrühren. Meist werden zu 50% neue und zu 50% einmal gebrauchte Fässer verwendet. Der Wein wird geschönt und gefiltert.

Kein ZWEITWEIN

LA GRAVE
Ohne Klassifizierungsrang

Produktion: 1000 Kisten Rotwein; 500 Kisten Weißwein

Rebbestand: (rot) 50% Merlot, 50% Cabernet Sauvignon (weiß) 100% Sémillon

Rebfläche: 6 ha

Besitzer: Peter Vinding-Diers

Faßreifezeit: 20 bis 22 Monate

Durchschnittsalter der Reben: 28 Jahre

Kein ZWEITWEIN

Beurteilung des derzeitigen Rangs: Entspricht qualitativ einem Cru Bourgeois aus dem Médoc

Genußreife: Rotwein: 3 bis 8 Jahre nach dem Jahrgangsdatum;
Weißwein: 2 bis 7 Jahre nach dem Jahrgangsdatum

GRAVILLE LACOSTE
Ohne Klassifizierungsrang

GUT

Lage der Weinberge: Pujols-sur-Ciron

Besitzer: Hervé Dubourdieu
Postanschrift: c/o Château Roumieu Lacoste, 337720 Barsac
Telefon: 33 5 56 27 16 29 – Telefax: 33 5 56 27 02 65

Besuche: nur nach Vereinbarung
Kontaktperson: Hervé Dubourdieu

WEISSWEIN

Rebfläche: 8 ha

Durchschnittliches Rebenalter: 52 Jahre (die ältesten Weinstöcke sind fast 75 Jahre alt)

Rebbestand: 70% Sémillon, 20% Sauvignon, 10 Muscadelle

Pflanzdichte: 6500 Reben/ha

BORDEAUX

Ertrag (im Durchschnitt der letzten 5 Jahre): 48 hl/ha

Durchschnittliche Jahresproduktion insgesamt: 60 000 Flaschen

GRAND VIN

Name: Château Graville Lacoste

Appellation: Graves Blanc

Durchschnittliche Jahresproduktion: 60 000 Flaschen

Verarbeitung und Ausbau: Kaltstabilisierung des Mosts. Gärung in temperaturgeregelten Edelstahltanks bei 18 °C. Ausbau im Tank, vierfacher Abstich bis zur Abfüllung. Der Wein wird geschönt, aber nicht gefiltert.

ZWEITWEIN

Name: Les Fleurs de Graville (100 % Sémillon)

Durchschnittliche Jahresproduktion: 3000 Flaschen

Haut-Bergey
Ohne Klassifizierungsrang

Lage der Weinberge: Léognan

Besitzerin: Sylviane Garcin-Cathiard
Adresse: 33850 Pessac-Léognan
Telefon: 33 5 56 64 05 22 – Telefax: 33 5 56 64 06 98

Besuche: nur nach Vereinbarung, montags bis freitags von 9 bis 12 und von 15 bis 17 Uhr
Kontaktperson: Mme Sylviane Garcin-Cathiard

ROTWEIN

Rebfläche: insgesamt 22,5 ha, jedoch nur 17 ha in Ertrag

Durchschnittliches Rebenalter: 28 Jahre

Rebbestand: 64 % Cabernet Sauvignon, 35 % Merlot, 1 % Malbec

Pflanzdichte: 6500 Reben/ha

Ertrag (im Durchschnitt der letzten 5 Jahre): 45 hl/ha

Durchschnittliche Jahresproduktion insgesamt: 100 000 Flaschen

GRAND VIN

Name: Château Haut-Bergey

Appellation: Pessac-Léognan

Durchschnittliche Jahresproduktion: 70 000 Flaschen

Verarbeitung und Ausbau: Vinifikation 3 Wochen in temperaturgeregelten Edelstahltanks. Anschließend 12 bis 18 Monate Ausbau in jährlich zu $1/3$ erneuerten Eichenfässern. Der Wein wird geschönt und gefiltert.

DIE ROT- UND WEISSWEINE VON PESSAC-LÉOGNAN UND GRAVES

ZWEITWEIN

Name: Les Hauts de Bergey

Durchschnittliche Jahresproduktion: 30 000 Flaschen

WEISSWEIN

Rebfläche: insgesamt 3 ha, jedoch nur 1,5 ha in Ertrag

Durchschnittliches Rebenalter: 7 Jahre

Rebbestand: 73 % Sauvignon, 27 % Sémillon

Pflanzdichte: 6800 Reben/ha

Ertrag (im Durchschnitt der letzten 5 Jahre): 40 hl/ha

Durchschnittliche Jahresproduktion insgesamt: 8000 Flaschen

GRAND VIN

Name: Château Haut-Bergey

Appellation: Pessac-Léognan

Durchschnittliche Jahresproduktion: 8000 Flaschen

Verarbeitung und Ausbau: Gärung in zu 70 % neuen Eichenfässern. 10 Monate Hefesatzlagerung. Der Wein wird geschönt und gefiltert.

Kein ZWEITWEIN

Beurteilung des derzeitigen Rangs: Entspricht qualitativ einem Cru Bourgeois aus dem Médoc

Genußreife: 4 bis 8 Jahre nach dem Jahrgangsdatum

HAUT-CALENS
Ohne Klassifizierungsrang

Lage der Weinberge: Beautiran

Besitzer: Albert Yung
Adresse: 33640 Beautiran
Postanschrift: wie oben
Telefon: 33 5 56 67 05 25 – Telefax: 33 5 56 67 24 41

Besuche: nur nach Vereinbarung

ROTWEIN

Rebfläche: 9 ha

Durchschnittliches Rebenalter: 15 Jahre

Rebbestand: 50 % Cabernet Sauvignon, 50 % Merlot

Pflanzdichte: 3300 und 5000 Reben/ha

Ertrag (im Durchschnitt der letzten 5 Jahre): 55 hl/ha

Durchschnittliche Jahresproduktion insgesamt: 700 hl

BORDEAUX

GRAND VIN

Name: Haut-Calens

Appellation: Graves

Durchschnittliche Jahresproduktion: 500 hl

Verarbeitung und Ausbau: Vinifikation 21 Tage in temperaturgeregelten Tanks; täglich zweimaliges Umpumpen. 24 Monate Ausbau in Edelstahltanks bis zur Abfüllung.

ZWEITWEIN

Name: Château Belle Croix

Durchschnittliche Jahresproduktion: 200 hl

Haut-Gardère
Ohne Klassifizierungsrang

GUT

Lage der Weinberge: Léognan

Besitzer: S.A. du Château Fieuzal
Adresse: 33850 Léognan
Telefon: 33 5 56 64 77 86 – Telefax: 33 5 56 64 18 88

Besuche: nur nach Vereinbarung

ROTWEIN

Rebfläche: 20 ha

Durchschnittliches Rebenalter: 15 Jahre

Rebbestand: 55 % Cabernet Sauvignon, 40 % Merlot, 5 % Cabernet Franc

Pflanzdichte: 8300 Reben/ha

Ertrag (im Durchschnitt der letzten 5 Jahre): 45 hl/ha

Durchschnittliche Jahresproduktion insgesamt: 120 000 Flaschen

GRAND VIN

Name: Château Haut-Gardère

Appellation: Pessac-Léognan

Durchschnittliche Jahresproduktion: 60 000 bis 70 000 Flaschen

Verarbeitung und Ausbau: Vinifikation 3 Wochen in temperaturgeregelten Edelstahltanks. Malolaktische Säureumwandlung im Tank. Ab Dezember 18 Monate Ausbau in zu 30 % neuen Eichenfässern. Der Wein wird geschönt und leicht gefiltert.

DIE ROT- UND WEISSWEINE VON PESSAC-LÉOGNAN UND GRAVES

ZWEITWEIN

Name: L'Abeille de Fieuzal

Durchschnittliche Jahresproduktion: 50 000 bis 60 000 Flaschen

WEISSWEIN

Rebfläche: 5 ha

Durchschnittliches Rebenalter: 15 Jahre

Rebbestand: 50 % Sauvignon, 45 % Sémillon, 5 % Muscadelle

Pflanzdichte: 8300 Reben/ha

Ertrag (im Durchschnitt der letzten 5 Jahre): 45 hl/ha

Durchschnittliche Jahresproduktion insgesamt: 30 000 Flaschen

GRAND VIN

Name: Château Haut-Gardère

Appellation: Pessac-Léognan

Durchschnittliche Jahresproduktion: 20 000 Flaschen

Verarbeitung und Ausbau: Lese von Hand in mehreren Durchgängen.
Gärung in zu 80 % neuen Eichenfässern. 12 Monate Hefesatzlagerung bis zur Abfüllung.
Der Wein wird geschönt und leicht gefiltert.

ZWEITWEIN

Name: L'Abeille de Fieuzal

Durchschnittliche Jahresproduktion: 10 000 Flaschen

N.B.: Das Gut, das früher zu Fieuzal gehörte, ist im August 1995 wieder mit diesem vereinigt worden. Neue Besitzerin von Fieuzal und Haut-Gardère ist die Banque Populaire. Fieuzal war von den früheren Eigentümern Gribelin und Negrevergne 1994 verkauft worden.

Beurteilung des derzeitigen Rangs: Entspricht qualitativ einem Cru Bourgeois aus dem Médoc

Genußreife: Rotwein: 2 bis 6 Jahre nach dem Jahrgangsdatum;
Weißwein: 2 bis 6 Jahre nach dem Jahrgangsdatum

Trotz der noch jungen Reben sind aus diesem außerordentlich gut geführten Château in den letzten Jahrgängen großartig reichhaltige duftige, schmackhafte Rotweine und stilvolle Weißweine gekommen. Der Weinberg liegt auf einem sehr schönen Vorkommen an kieshaltigem Boden in der Gegend von Léognan. Die Preise sind bemerkenswert günstig, vor allem wohl weil sich die Kunde darüber, wie gut diese Weine sein können, noch nicht verbreitet hat. Vor dem Zweiten Weltkrieg hatte Haut-Gardère einen so großen Ruf, daß es dieselben Preise erzielte wie Domaine de Chevalier, de Fieuzal und Malartic-Lagravière.

BORDEAUX

Haut-Lagrange

Lage der Weinberge: Léognan

Besitzer: Francis Boutemy
Adresse: 31, route de Loustalade, 33850 Léognan
Telefon: 33 5 56 64 09 33 – Telefax: 33 5 56 64 10 08

Besuche: nur nach Vereinbarung
Kontaktperson: Francis Boutemy

ROTWEIN

Rebfläche: 13 ha

Durchschnittliches Rebenalter: 10 Jahre

Rebbestand: 55 % Cabernet Sauvignon, 45 % Merlot

Pflanzdichte: 7000 Reben/ha · Ertrag (im Durchschnitt der letzten 5 Jahre): 52 hl/ha

Durchschnittliche Jahresproduktion insgesamt: 95 000 Flaschen

GRAND VIN

Name: Château Haut-Lagrange

Appellation: Pessac-Léognan

Durchschnittliche Jahresproduktion: 95 000 Flaschen

Verarbeitung und Ausbau: Vinifikation in temperaturgeregelten Betontanks. 80 % des Ertrags werden im Tank, 20 % in neuen Eichenfässern ausgebaut; Ausbauzeit 18 Monate. Der Wein wird geschönt und gefiltert.

Kein ZWEITWEIN

WEISSWEIN

Rebfläche: 1,5 ha · Durchschnittliches Rebenalter: 10 Jahre

Rebbestand: 50 % Sémillon, 40 % Sauvignon, 10 % Sauvignon Gris

Pflanzdichte: 7000 Reben/ha

Ertrag (im Durchschnitt der letzten 5 Jahre): 50 hl/ha

Durchschnittliche Jahresproduktion insgesamt: 11 000 Flaschen

GRAND VIN

Name: Château Haut-Lagrange

Appellation: Pessac-Léognan

Durchschnittliche Jahresproduktion: 11 000 Flaschen

Verarbeitung und Ausbau: Kaltabsetzen des Mostes 12 bis 72 Stunden, je nach Jahrgang. Gärung größtenteils in Tanks, in denen der Wein mit wenigen Abstichen 9 Monate zubringt; 20 % des Ertrags werden in neuen Eichenfässern vergoren und lagern darin ebenfalls 9 Monate auf dem feinen Geläger bei regelmäßigem Aufrühren. Der Wein wird nicht geschönt, aber gefiltert.

Kein ZWEITWEIN

HAUT-NOUCHET
Ohne Klassifizierungsrang

Lage der Weinberge: Martillac

Besitzer: Louis Lurton
Adresse: 33650 Martillac
Telefon und Telefax: 33 5 56 72 69 74

Besuche: nur nach Vereinbarung

ROTWEIN

Rebfläche: 28 ha

Durchschnittliches Rebenalter: 10 Jahre

Rebbestand: 72 % Cabernet Sauvignon, 28 % Merlot

Pflanzdichte: 6600 Reben/ha

Ertrag (im Durchschnitt der letzten 5 Jahre): 32 hl/ha

Durchschnittliche Jahresproduktion insgesamt: 900 hl

GRAND VIN

Name: Château Haut-Nouchet

Appellation: Pessac-Léognan

Durchschnittliche Jahresproduktion: 6500 Kisten

Verarbeitung und Ausbau: Vinifikation 3 bis 4 Wochen in Edelstahltanks. Nach malolaktischer Säureumwandlung 16 Monate Ausbau in jährlich zu $1/3$ erneuerten Eichenfässern. Der Wein wird geschönt, aber nicht gefiltert.

ZWEITWEIN

Name: Domaine du Milan

Durchschnittliche Jahresproduktion: 3500 Kisten

WEISSWEIN

Rebfläche: 11 ha

Durchschnittliches Rebenalter: 13 Jahre

Rebbestand: 78 % Sauvignon, 22 % Sémillon

Pflanzdichte: 6600 Reben/ha

Ertrag (im Durchschnitt der letzten 5 Jahre): 21 hl/ha

Durchschnittliche Jahresproduktion insgesamt: 230 hl

BORDEAUX

GRAND VIN

Name: Château Haut-Nouchet

Appellation: Pessac-Léognan

Durchschnittliche Jahresproduktion: 2500 Kisten

Verarbeitung und Ausbau: Gärung in jährlich zu ¼ erneuerten Eichenfässern. 6 bis 8 Monate Hefesatzlagerung mit regelmäßigem Aufrühren. Der Wein wird geschönt und gefiltert.

ZWEITWEIN

Name: Domaine de Milan

Durchschnittliche Jahresproduktion: je nach Jahrgang unterschiedlich

N.B.: Seit 1992 organischer Anbau (mit ECOCERT-Siegel)

L'Hospital
Ohne Klassifizierungsrang

Lage der Weinberge: Portets

Besitzer: Marcel F. Disch
Adresse: Lieu-dit Darrouan, 33640 Portets
Postanschrift: wie oben
Telefon: 33 5 56 67 54 73 – Telefax: 33 5 56 67 09 33

Besuche: nach Vereinbarung, an Wochentagen (außer mittwochs) von 11 bis 18 Uhr
Kontaktperson: Danielle David

ROTWEIN

Rebfläche: 7 ha

Durchschnittliches Rebenalter: 27 Jahre

Rebbestand: 78 % Merlot, 10 % Cabernet Sauvignon, 10 % Cabernet Franc, 2 % Malbec

Pflanzdichte: 7000 Reben/ha

Ertrag (im Durchschnitt der letzten 5 Jahre): 48 bis 52 hl/ha

Durchschnittliche Jahresproduktion insgesamt: 45 000 Flaschen

GRAND VIN

Name: Château de l'Hospital

Appellation: Graves

Durchschnittliche Jahresproduktion: 30 000 Flaschen

Verarbeitung und Ausbau: Gär- und Maischdauer 18 bis 25 Tage in temperaturgeregelten Edelstahltanks (bei 28 bis 30 °C). 12 bis 18 Monate Ausbau je nach Jahrgang in zu 25 bis 35 % neuen, ansonsten in einmal gebrauchten Eichenfässern. Der Wein wird geschönt, meist aber nicht gefiltert.

DIE ROT- UND WEISSWEINE VON PESSAC-LÉOGNAN UND GRAVES

ZWEITWEIN

Name: Château Thibaut-Ducasse

Durchschnittliche Jahresproduktion: 15 000 Flaschen

WEISSWEIN

Rebfläche: 3 ha

Durchschnittliches Rebenalter: 27 Jahre

Rebbestand: 63 % Sémillon, 34 % Sauvignon, 3 % Muscadelle

Pflanzdichte: 7000 Reben/ha

Ertrag (im Durchschnitt der letzten 5 Jahre): 40 hl/ha

Durchschnittliche Jahresproduktion insgesamt: 16 000 Flaschen

GRAND VIN

Name: Château de l'Hospital

Appellation: Graves

Durchschnittliche Jahresproduktion: 9000 Flaschen

Verarbeitung und Ausbau: Keltern mit pneumatischer Presse. 3 bis 5 Tage Kaltabsetzen des Mosts und Kaltstabilisierung bei 7 °C. Gärung in Fässern, und 6 bis 8 Monate Ausbau auf dem feinen Geläger mit regelmäßigem Aufrühren. Der Wein wird mit Eiweiß geschönt, aber bei der Abfüllung nicht gefiltert. Es werden zu 40 % neue und zu 60 % einmal gebrauchte Fässer verwendet.

ZWEITWEIN

Name: Château Thibaut-Ducasse

Durchschnittliche Jahresproduktion: 7000 Flaschen

Beurteilung des derzeitigen Rangs: Entspricht qualitativ einem Cru Bourgeois aus dem Médoc

Genußreife: Rotwein: 5 bis 10 Jahre nach dem Jahrgangsdatum;
Weißwein: 3 bis 8 Jahre nach dem Jahrgangsdatum

Leider haben mir die Weine aus diesem Gut, dessen Château unter Denkmalschutz steht, nie besonderen Eindruck gemacht. Die Rotweine sind meist hart, karg und staubtrocken. Der Weißwein, früher rein von Sauvignon, enthält jetzt einen hohen Sémillon-Anteil.

LAFARGUE
Ohne Klassifizierungsrang

Lage der Weinberge: Martillac und St-Médard d'Eyrans

Besitzer: Jean-Pierre Leymarie
Adresse: 5, impasse de Dony, 33650 Martillac
Telefon: 33 5 56 72 72 30 – Telefax: 33 5 56 72 64 61

Besuche: vorzugsweise nach Vereinbarung, montags bis freitags von 9 bis 16 Uhr
Kontaktperson: Jean-Pierre Leymarie

BORDEAUX

ROTWEIN

Rebfläche: 18 ha

Durchschnittliches Rebenalter: 19 Jahre

Rebbestand: 40 % Cabernet Sauvignon, 40 % Merlot, 15 % Cabernet Franc, 2,5 % Malbec, 2,5 % Petit Verdot

Pflanzdichte: 6500 Reben/ha

Ertrag (im Durchschnitt der letzten 5 Jahre): 55 hl/ha

Durchschnittliche Jahresproduktion insgesamt: 1000 hl

GRAND VIN

Name: Château Lafargue

Appellation: Pessac-Léognan

Durchschnittliche Jahresproduktion: 600 hl

Verarbeitung und Ausbau: Vinifikation etwa 1 Monat (*macération carbonique*). 12 bis 15 Monate Ausbau in jährlich zu $1/3$ erneuerten Eichenfässern. Der Wein wird geschönt und gefiltert.

ZWEITWEIN

Name: Château Haut de Domy

Durchschnittliche Jahresproduktion: 400 hl

WEISSWEIN

Rebfläche: 2 ha

Durchschnittliches Rebenalter: 8 Jahre

Rebbestand: 50 % Sauvignon Blanc, 30 % Sauvignon Gris, 20 % Sémillon

Pflanzdichte: 6500 Reben/ha

Ertrag (im Durchschnitt der letzten 5 Jahre): 55 hl/ha

Durchschnittliche Jahresproduktion insgesamt: 110 hl

GRAND VIN

Name: Château Lafargue

Appellation: Pessac-Léognan

Durchschnittliche Jahresproduktion: 110 hl

Verarbeitung und Ausbau: Gärung in neuen Eichenfässern. 6 Monate Hefesatzlagerung mit häufigem Aufrühren. Der Wein wird geschönt und gefiltert.

Kein ZWEITWEIN

LAMOUROUX
Ohne Klassifizierungsrang

Lage der Weinberge: Cérons

Besitzer: M. Lataste
Adresse: Grand Enclos du Château de Cérons, 33720 Cérons
Telefon: 33 5 56 27 01 53 – Telefax: 33 5 56 27 08 86

Besuche: nur nach Vereinbarung
Kontaktperson: M. Lataste

ROTWEIN

Rebfläche: 2 ha

Durchschnittliches Rebenalter: 20 Jahre

Rebbestand: 50% Cabernet Sauvignon, 50% Merlot

Pflanzdichte: 6000 Reben/ha

Ertrag (im Durchschnitt der letzten 5 Jahre): 45 hl/ha

Durchschnittliche Jahresproduktion insgesamt: 12 000 Flaschen

GRAND VIN

Name: Château Lamouroux

Appellation: Graves

Durchschnittliche Jahresproduktion: 12 000 Flaschen

Verarbeitung und Ausbau: Vinifikation 15 bis 20 Tage, je nach Jahrgang. 16 Monate Ausbau in zwei- bis dreimal gebrauchten Eichenfässern. Der Wein wird geschönt und gefiltert.

Kein ZWEITWEIN

WEISSWEIN

Rebfläche: 24 ha

Durchschnittliches Rebenalter: 30 Jahre

Rebbestand: 60% Sémillon, 40% Sauvignon

Pflanzdichte: 6000 Reben/ha

Ertrag (im Durchschnitt der letzten 5 Jahre): 40 hl/ha

Durchschnittliche Jahresproduktion insgesamt: 60 000 Flaschen trockener, 12 000 Flaschen süßer Weißwein

GRAND VIN

Name: Grand Enclos du Château de Cérons

Appellation: Cérons

Durchschnittliche Jahresproduktion: 12 000 Flaschen süßer Weißwein

Verarbeitung und Ausbau: Gärung in jährlich zu $1/3$ erneuerten Eichenfässern. Abfüllung nach 18 Monaten Ausbau. Der Wein wird geschönt und gefiltert.

BORDEAUX

ZWEITWEIN

Name: Château Lamouroux

Durchschnittliche Jahresproduktion: 60 000 Flaschen trockener Weißwein

DE LANDIRAS
Ohne Klassifizierungsrang

Lage der Weinberge: Landiras

Besitzer: S.C.A. Domaine La Grave – Peter Vinding-Diers
Adresse: 33720 Landiras
Telefon: 33 5 56 62 44 70 – Telefax: 33 5 56 62 43 78

Besuche: nur nach Vereinbarung
Kontaktperson: Peter Vinding-Diers

ROTWEIN

Rebfläche: 1,5 ha

Durchschnittliches Rebenalter: 30 Jahre

Rebbestand: 67 % Cabernet Sauvignon, 33 % Merlot

Pflanzdichte: 5000 Reben/ha

Ertrag (im Durchschnitt der letzten 5 Jahre): 45 hl/ha

GRAND VIN

Name: Château de Landiras

Appellation: Graves

Durchschnittliche Jahresproduktion: 200 Kisten

Verarbeitung und Ausbau: Relativ kurze Vinifikation in Edelstahltanks. Malolaktische Säureumwandlung in Fässern. Anteil der neuen Eichenfässer je nach dem Jahrgang. Der Wein wird geschönt, aber nicht gefiltert.

ZWEITWEIN

Name: La Colombe de Landiras

Durchschnittliche Jahresproduktion: 300 Kisten

WEISSWEIN

Rebfläche: 12,5 ha

Durchschnittliches Rebenalter: 7 Jahre

Rebbestand: 80 % Sémillon, 20 % Sauvignon Gris

Pflanzdichte: 9100 Reben/ha

Ertrag (im Durchschnitt der letzten 5 Jahre): 40 hl/ha

Durchschnittliche Jahresproduktion insgesamt: 500 hl

DIE ROT- UND WEISSWEINE VON PESSAC-LÉOGNAN UND GRAVES

GRAND VIN

Name: Château de Landiras

Appellation: Graves

Durchschnittliche Jahresproduktion: 2000 Kisten

Verarbeitung und Ausbau: Gärung in Fässern unter Verwendung von Wildhefen. 6 bis 9 Monate Ausbau (Experimente mit 18 Monaten sind im Gang). Restzuckergehalt meist 3 g/l infolge von Sterilfilterung. Keine Schönung.

ZWEITWEIN

Name: La Colombe de Landiras

Durchschnittliche Jahresproduktion: 3000 Kisten

LESPAULT
Ohne Klassifizierungsrang

Lage der Weinberge: Martillac

Besitzer: S.C. du Château Lespault, Jean-Claude Bolleau
Adresse: SCF Domaines Kressmann, Chemin Latour, 33650 Martillac
Telefon: 33 5 56 72 71 21 – Telefax: 33 5 56 72 64 03

Keine Besuche möglich

ROTWEIN

Rebfläche: 4 ha

Durchschnittliches Rebenalter: 40 Jahre

Rebbestand: 70 % Merlot, 25 % Cabernet Sauvignon, 5 % Malbec

Pflanzdichte: 7200 Reben/ha

Ertrag (im Durchschnitt der letzten 5 Jahre): 45 hl/ha

Durchschnittliche Jahresproduktion insgesamt: 30 000 Flaschen

GRAND VIN

Name: Château Lespault

Appellation: Pessac-Léognan

Durchschnittliche Jahresproduktion: 30 000 Flaschen

Verarbeitung und Ausbau: Vinifikation 3 bis 4 Wochen in temperaturgeregelten Edelstahltanks. 16 Monate Ausbau in zu 25 % neuen Eichenfässern. Der Wein wird geschönt und gefiltert.

Kein ZWEITWEIN

BORDEAUX

WEISSWEIN

Rebfläche: 2 ha

Durchschnittliches Rebenalter: 35 Jahre

Rebbestand: 75 % Sauvignon, 25 % Sémillon

Pflanzdichte: 7200 Reben/ha

Ertrag (im Durchschnitt der letzten 5 Jahre): 50 hl/ha

Durchschnittliche Jahresproduktion insgesamt: 10 000 Flaschen

GRAND VIN

Name: Château Lespault

Appellation: Pessac-Léognan

Durchschnittliche Jahresproduktion: 10 000 Flaschen

Verarbeitung und Ausbau: Lese von Hand, schonendes Pressen. Gärung in zu 25 % neuen Eichenfässern. 8 Monate Hefesatzlagerung. Der Wein wird geschönt und gefiltert.

Kein ZWEITWEIN

MAGENCE
Ohne Klassifizierungsrang

Lage der Weinberge: St-Pierre de Mons

Besitzer: Guillot de Suduiraut, d'Antras
Adresse: 33210 St-Pierre de Mons
Telefon: 33 5 56 63 07 05 – Telefax: 33 5 56 63 41 42

Besuche: vorzugsweise nach Vereinbarung, montags bis freitags von 9 bis 11 und von 14 bis 17 Uhr; an Wochenenden nur nach Vereinbarung

ROTWEIN

Rebfläche: 21 ha

Durchschnittliches Rebenalter: 35 Jahre

Rebbestand: 45 % Cabernet Sauvignon, 31 % Merlot, 24 % Cabernet Franc

Pflanzdichte: 5500 Reben/ha

Ertrag (im Durchschnitt der letzten 5 Jahre): 52 hl/ha

Durchschnittliche Jahresproduktion insgesamt: 1000 bis 1100 hl

GRAND VIN

Name: Château Magence

Appellation: Graves

Durchschnittliche Jahresproduktion: 100 000 Flaschen

DIE ROT- UND WEISSWEINE VON PESSAC-LÉOGNAN UND GRAVES

Verarbeitung und Ausbau: Vinifikation, nach Rebsorten getrennt, in temperaturgeregelten Edelstahltanks mit 200 hl Fassungsvermögen. Gärdauer 8 bis 10 Tage, täglich zweimaliges Umpumpen; Maischdauer 20 bis 30 Tage bei max. 30 bis 31 °C im Tank. In den ersten 4 Monaten jeweils monatlicher Abstich. 24 Monate Ausbau in Edelstahltanks, Schönung mit Albumin, Filterung soweit erforderlich.

ZWEITWEIN

Name: Château Brannens

Durchschnittliche Jahresproduktion: 30 000 Flaschen

WEISSWEIN

Rebfläche: 14 ha

Durchschnittliches Rebenalter: 38 Jahre

Rebbestand: 50 % Sémillon, 50 % Sauvignon

Pflanzdichte: 5500 und 3500 Reben/ha

Ertrag (im Durchschnitt der letzten 5 Jahre): 50 hl/ha

Durchschnittliche Jahresproduktion insgesamt: 700 hl

GRAND VIN

Name: Château Magence

Appellation: Graves

Durchschnittliche Jahresproduktion: 70 000 Flaschen

Verarbeitung und Ausbau: Vinifikation nach Rebsorten getrennt in temperaturgeregelten Edelstahltanks mit 200 hl Fassungsvermögen. Je nach dem Jahrgang werden bis zu 80 % des Ertrags einer 12 bis 18stündigen *macération pelliculaire* (unter Schutzgas) unterzogen. Gärdauer 5 bis 8 Tage bei max. 20 bis 21 °C; 12 Monate Ausbau, nach Rebsorten getrennt, in Edelstahltanks
Max. 3 Monate Hefesatzlagerung, *assemblage*, anschließend eine Woche Lagerung bei −5 °C vor der Abfüllung. Gegebenenfalls leichte Filterung.

ZWEITWEIN

Name: Château Brannens

Durchschnittliche Jahresproduktion: 20 000 Flaschen

DE MAUVES
Ohne Klassifizierungsrang

Lage der Weinberge: Podensac

Besitzer: Bernard Bouche
Adresse: 25, rue François Mauriac, 33720 Podensac
Telefon: 33 5 56 27 17 05 – Telefax: 33 5 56 27 24 19

Besuche: vorzugsweise nach Vereinbarung
Kontaktperson: Bernard Bouche

BORDEAUX

ROTWEIN

Rebfläche: 20 ha

Durchschnittliches Rebenalter: 20 Jahre

Rebbestand: 70 % Cabernet Sauvignon, 30 % Merlot

Pflanzdichte: 4000 Reben/ha

Ertrag (im Durchschnitt der letzten 5 Jahre): 55 hl/ha

Durchschnittliche Jahresproduktion insgesamt: 1000 hl

GRAND VIN

Name: Château de Mauves

Appellation: Graves

Durchschnittliche Jahresproduktion: 1000 hl

Verarbeitung und Ausbau: Vinifikation 3 bis 4 Wochen in temperaturgeregelten Edelstahltanks. 2 Jahre Ausbau im Tank, Schönung und Filterung.

Kein ZWEITWEIN

WEISSWEIN

Rebfläche: 2 ha

Durchschnittliches Rebenalter: 40 Jahre

Rebbestand: 100 % Sémillon

Ertrag (im Durchschnitt der letzten 5 Jahre): 50 hl/ha

Durchschnittliche Jahresproduktion insgesamt: 100 hl

GRAND VIN

Name: Château de Mauves

Appellation: Graves

Durchschnittliche Jahresproduktion: 100 hl

Verarbeitung und Ausbau: Lange Vinifikation, konstant bei 18 °C. Frühe Abfüllung – schon nach 4 bis 6 Monaten. Der Wein wird geschönt und gefiltert.

Kein ZWEITWEIN

Perin de Naudine
Ohne Klassifizierungsrang

Lage der Weinberge: Castres

Besitzer: Olivier Colas
Adresse: 8, impasse des Domaines, 33640 Castres
Telefon: 33 5 56 67 06 55 oder 33 1 40 62 94 35 – Telefax: 33 5 56 67 59 68

Besuche: nur nach Vereinbarung
Kontaktperson: Olivier Colas oder Frank Artaud (Tel. siehe oben)

DIE ROT- UND WEISSWEINE VON PESSAC-LÉOGNAN UND GRAVES

ROTWEIN

Rebfläche: 8 ha

Durchschnittliches Rebenalter: 20 Jahre

Rebbestand: 50 % Merlot, 25 % Cabernet Franc, 25 % Cabernet Sauvignon

Pflanzdichte: 5800 Reben/ha

Ertrag (im Durchschnitt der letzten 5 Jahre): 60 hl/ha

Durchschnittliche Jahresproduktion insgesamt: 30 000 Flaschen

GRAND VIN

Name: Château Perin de Naudine

Appellation: Graves

Durchschnittliche Jahresproduktion: 25 000 bis 30 000 Flaschen

Verarbeitung und Ausbau: Vinifikation in temperaturgeregelten Edelstahltanks. 18 Monate Ausbau in jährlich zu ¼ erneuerten Eichenfässern. Der Wein wird geschönt, aber nicht gefiltert.

ZWEITWEIN

Name: Sphinx de Naudine

Durchschnittliche Jahresproduktion: 20 000 Flaschen

WEISSWEIN

Rebfläche: 2 ha

Durchschnittliches Rebenalter: 6 Jahre

Rebbestand: 60 % Sémillon, 30 % Sauvignon, 10 % Muscadelle

Pflanzdichte: 5800 Reben/ha

Ertrag (im Durchschnitt der letzten 5 Jahre): 60 hl/ha

Durchschnittliche Jahresproduktion insgesamt: 120 hl

GRAND VIN

Name: Les Sphinx de Naudine

Appellation: Graves

Durchschnittliche Jahresproduktion: 16 000 Flaschen

Verarbeitung und Ausbau: Lese von Hand. Kaltabsetzen. Gärung in neuen Eichenfässern. 6 Monate Hefesatzlagerung. Der Wein wird geschönt und gefiltert.

Kein ZWEITWEIN

Pessan
Ohne Klassifizierungsrang

Lage der Weinberge: Portets

Besitzerin: Mme Bitot
Adresse: 33640 Portets
Postanschrift: Château Fayau, 33410 Cadillac
Telefon: 33 5 57 98 08 08 – Telefax: 33 5 56 62 18 22

Besuche: vorzugsweise nach Vereinbarung, v. a. an Wochenenden.
Montags bis freitags von 9 bis 12 und von 14 bis 17 Uhr
Kontaktperson: M. Médeville

ROTWEIN

Rebfläche: 8 ha

Durchschnittliches Rebenalter: 25 Jahre

Rebbestand: 50% Cabernet Sauvignon, 30% Merlot, 20% Cabernet Franc

Pflanzdichte: 5000 Reben/ha

Ertrag (im Durchschnitt der letzten 5 Jahre): 48 hl/ha

Durchschnittliche Jahresproduktion insgesamt: 380 hl

GRAND VIN

Name: Château Pessan

Appellation: Graves

Durchschnittliche Jahresproduktion: 50 000 Flaschen

Verarbeitung und Ausbau: Vinifikation 15 Tage in Edelstahltanks. Filterung nach malolaktischer Säureumwandlung; Ausbau in unterirdischen Tanks

Kein ZWEITWEIN

WEISSWEIN

Rebfläche: 2 ha

Durchschnittliches Rebenalter: 20 Jahre

Rebbestand: 70% Sauvignon, 30% Sémillon

Pflanzdichte: 5000 Reben/ha

Ertrag (im Durchschnitt der letzten 5 Jahre): 44 hl/ha

GRAND VIN

Name: Château Pessan

Appellation: Graves

Durchschnittliche Jahresproduktion: 10 000 Flaschen

DIE ROT- UND WEISSWEINE VON PESSAC-LÉOGNAN UND GRAVES

Verarbeitung und Ausbau: Die Trauben werden gepreßt, es wird jedoch kein Preßwein zugesetzt. Nach dem Absetzen des Mosts (24 Stunden) Gärung in temperaturgeregelten Edelstahltanks bei unter 20 °C. Während des Gärprozesses wird Bentonit zur Proteinbildung beigegeben. Frühe Filterung und Abfüllung

Kein ZWEITWEIN

PEYRE BLANQUE
Ohne Klassifizierungsrang

Lage der Weinberge: Budos

Besitzer: Jean Médeville und Söhne
Adresse: Château Peyre Blanque, Budos
Postanschrift: Château Fayau, 33410 Cadillac
Telefon: 33 5 57 98 08 08 – Telefax: 33 5 56 62 18 22

Besuche: vorzugsweise nach Vereinbarung, v.a. an Wochenenden.
Montags bis freitags von 9 bis 12 und von 14 bis 17 Uhr
Kontaktperson: M. Médeville

ROTWEIN

Rebfläche: 7 ha

Durchschnittliches Rebenalter: 7 Jahre

Rebbestand: 90 % Cabernet Sauvignon, 10 % Merlot

Pflanzdichte: 5000 Reben/ha

Ertrag (im Durchschnitt der letzten 5 Jahre): 50 hl/ha

Durchschnittliche Jahresproduktion insgesamt: 350 hl

GRAND VIN

Name: Château Peyre Blanque

Appellation: Graves

Verarbeitung und Ausbau: Vinifikation 15 Tage in Edelstahltanks. Ausbau bei 20 % des Ertrags in neuen Eichenfässern. Filterung und Abfüllung nach 18 Monaten.

Kein ZWEITWEIN

WEISSWEIN

Rebfläche: 1 ha

Durchschnittliches Rebenalter: 7 Jahre

Rebbestand: 80 % Muscadelle, 20 % Sauvignon

Pflanzdichte: 5000 Reben/ha

Ertrag (im Durchschnitt der letzten 5 Jahre): 55 hl/ha

BORDEAUX

GRAND VIN

Name: Château Peyre Blanque

Appellation: Graves

Verarbeitung und Ausbau: Die Trauben werden gepreßt, es wird jedoch kein Preßwein zugesetzt. Nach dem Absetzen des Mosts (24 Stunden) Gärung in temperaturgeregelten Edelstahltanks bei unter 20°C. Während des Gärprozesses wird Bentonit zur Proteinbildung beigegeben. Frühe Filterung und Abfüllung.

Kein ZWEITWEIN

PIRON
Ohne Klassifizierungsrang

Lage der Weinberge: St-Morillon

Besitzer: Paul Boyreau – G.F.A. du Château Piron
Adresse: 33650 St-Morillon
Telefon: 33 5 56 20 25 61 – Telefax: 33 5 56 78 48 36

Besuche: nur nach Vereinbarung – täglich außer sonntags
Kontaktperson: Paul Boyreau

ROTWEIN

Rebfläche: 6 ha · Durchschnittliches Rebenalter: 20 Jahre

Rebbestand: 50% Cabernet Sauvignon, 50% Merlot

Pflanzdichte: 5000 Reben/ha

Ertrag (im Durchschnitt der letzten 5 Jahre): 45 hl/ha

Durchschnittliche Jahresproduktion insgesamt: 250 hl

GRAND VIN

Name: Château Piron

Appellation: Graves

Durchschnittliche Jahresproduktion: 25 000 bis 30 000 Flaschen

Verarbeitung und Ausbau: Vinifikation in Edelstahltanks. 20 bis 24 Monate Ausbau im Tank. Der Wein wird geschönt und bei der Abfüllung gefiltert.

Kein ZWEITWEIN

WEISSWEIN

Rebfläche: 13 ha

Durchschnittliches Rebenalter: 25 Jahre (manche Weinstöcke sind 40 bis 50 Jahre alt)

Rebbestand: 50% Sémillon, 50% Sauvignon

Pflanzdichte: 5000 Reben/ha

Ertrag (im Durchschnitt der letzten 5 Jahre): 45 hl/ha

Durchschnittliche Jahresproduktion insgesamt: 500 bis 700 hl

DIE ROT- UND WEISSWEINE VON PESSAC-LÉOGNAN UND GRAVES

GRAND VIN

Name: Château Piron

Appellation: Graves

Verarbeitung und Ausbau: Gärung in temperaturgeregelten Edelstahltanks. Ein Teil des Ertrags wird in zur Hälfte neuen Eichenfässern ausgebaut. Der Wein wird geschönt und gefiltert und spätestens nach 12 Monaten abgefüllt.

ZWEITWEIN

Name: Château du Courreau

Beurteilung des derzeitigen Rangs: Entspricht qualitativ einem Cru Bourgeois aus dem Médoc

Genußreife: Rotwein: 2 bis 6 Jahre nach dem Jahrgangsdatum;
Weißwein: 2 bis 6 Jahre nach dem Jahrgangsdatum

PONTAC-MONPLAISIR
Ohne Klassifizierungsrang

GUT

Lage der Weinberge: Villenave d'Ornon

Besitzer: Jean Maufras
Adresse: 33140 Villenave d'Ornon
Telefon: 33 5 56 87 08 21 – Telefax: 33 5 56 87 35 10

Besuche: nur nach Vereinbarung
Kontaktperson: Alain Maufras (Tel. 33 6 09 28 80 88)

ROTWEIN

Rebfläche: 10,5 ha

Durchschnittliches Rebenalter: 25 Jahre

Rebbestand: 60 % Merlot, 40 % Cabernet Sauvignon

Pflanzdichte: 6500 Reben/ha

Ertrag (im Durchschnitt der letzten 5 Jahre): 58 hl/ha

Durchschnittliche Jahresproduktion insgesamt: 450 hl

GRAND VIN

Name: Château Pontac-Monplaisir

Appellation: Pessac-Léognan

Durchschnittliche Jahresproduktion: 380 hl

Verarbeitung und Ausbau: Gär- und Maischdauer 3 bis 4 Wochen in Edelstahltanks und beschichteten Betontanks. 16 bis 18 Monate Ausbau in zu 30 % neuen Eichenfässern (70 % einmal gebraucht). Der Wein wird geschönt, aber nicht gefiltert.

BORDEAUX

ZWEITWEIN

Name: Château Limbourg

Durchschnittliche Jahresproduktion: 50 hl

WEISSWEIN

Rebfläche: 4 ha

Durchschnittliches Rebenalter: 20 Jahre

Rebbestand: 50 % Sémillon, 50 % Sauvignon

Pflanzdichte: 6500 Reben/ha

Ertrag (im Durchschnitt der letzten 5 Jahre): 60 hl/ha

Durchschnittliche Jahresproduktion insgesamt: 270 hl

GRAND VIN

Name: Château Pontac-Monplaisir

Appellation: Pessac-Léognan

Durchschnittliche Jahresproduktion: 200 hl

Verarbeitung und Ausbau: Der Gärprozeß beginnt in Edelstahltanks (15 Tage) und verläuft dann in neuen Eichenfässern weiter. 10 Monate Ausbau in zu 35 % neuen und zu 65 % einmal gebrauchten Eichenfässern. Hefesatzlagerung mit regelmäßigem Aufrühren. Der Wein wird geschönt, aber nicht gefiltert.

ZWEITWEIN

Name: Château Limbourg

Durchschnittliche Jahresproduktion: 50 hl

Beurteilung des derzeitigen Rangs: Entspricht qualitativ einem Cru Bourgeois aus dem Médoc

Genußreife: Rotwein: 3 bis 6 Jahre nach dem Jahrgangsdatum;
Weißwein: 1 bis 4 Jahre nach dem Jahrgangsdatum

Das Weingut Pontac-Monplaisir liegt auf sehr sandigem, leicht kieshaltigem Boden in der Nähe von Château Baret. Der Weißwein von Pontac-Monplaisir ist ein mustergültiger Graves mit ausgeprägtem, intensivem, kräuterwürzigem, mineralischem Charakter, mittlerem Körper und reichlicher Frucht. Manche Weinliebhaber finden die Kräuterwürze fast überzogen. Dieser Wein ist nicht zum Hinlegen bestimmt, er will vielmehr innerhalb von 2 bis 3 Jahren getrunken sein. Der Rotwein ist nicht so interessant – mild, schlicht, relativ leicht, aber schmackhaft und sauber bereitet.

DIE ROT- UND WEISSWEINE VON PESSAC-LÉOGNAN UND GRAVES

ROCHEMORIN
Ohne Klassifizierungsrang

GUT

Lage der Weinberge: Martillac

Besitzer: André Lurton
Adresse: 33650 Martillac
Postanschrift: c/o Château Bonnet, 33420 Grézillac
Telefon: 33 5 57 25 58 58 – Telefax: 33 5 57 74 98 59

Keine Besuche möglich

ROTWEIN

Rebfläche: 61 ha

Durchschnittliches Rebenalter: 15 bis 18 Jahre

Rebbestand: 60 % Cabernet Sauvignon, 40 % Merlot

Pflanzdichte: 6500 bis 8500 Reben/ha

GRAND VIN

Name: Château de Rochemorin

Appellation: Pessac-Léognan

Verarbeitung und Ausbau: Vinifikation in temperaturgeregelten Edelstahltanks. 12 Monate Ausbau in zu 25 bis 35 % neuen Eichenfässern; Abstich alle 3 Monate. Der Wein wird geschönt und gefiltert.

Kein ZWEITWEIN

WEISSWEIN

Rebfläche: 23 ha

Durchschnittliches Rebenalter: 15 bis 18 Jahre

Rebbestand: 90 % Sauvignon, 10 % Sémillon

Pflanzdichte: 6500 bis 8500 Reben/ha

GRAND VIN

Name: Château de Rochemorin

Appellation: Pessac-Léognan

Verarbeitung und Ausbau: Gärung in zu 25 % neuen Eichenfässern. 10 Monate Hefesatzlagerung mit regelmäßigem Aufrühren. Der Wein wird geschönt und gefiltert.

Kein ZWEITWEIN

Beurteilung des derzeitigen Rangs: Entspricht qualitativ einem Cru Bourgeois aus dem Médoc

Genußreife: Rotwein: 3 bis 8 Jahre nach dem Jahrgangsdatum;
Weißwein: 2 bis 5 Jahre nach dem Jahrgangsdatum

Der Name des aufstrebenden Weinguts in der Gemeinde Martillac soll auf maurische Ursprünge und ein befestigtes Château hinweisen. Viele Beobachter in Graves sind der Ansicht, der Weinberg befinde sich in einer der besten Lagen der Appellation auf einer Anhöhe mit ausgezeichnetem Wasserabzug. Der Rebbestand ist allerdings noch relativ jung, da André Lurton, der dynamische Erbauer eines Weinimperiums in der Gegend von Léognan in Graves sowie in Entre-Deux-Mers, dieses Gut erst 1973 erworben hat. Er pflanzte den Weinberg, der mit großen Bäumen bewachsen war, neu an.

Unter den neueren Jahrgängen hat mir der tabak- und mineralduftige, würzige, reichfruchtige Charakter aller Rotweine seit 1985 in dem von Lurton bevorzugten schlichten, kommerziellen Stil guten Eindruck gemacht. Die Weißweine sind wundervoll zart und leicht, außerordentlich trocken und aromatisch, aber dennoch klassische Beispiele für weißen Graves in einem ziemlich kargen, feuersteinduftigen Stil. Nach diesem Weingut sollte man Ausschau halten, wenn man makellose Weine zu vernünftigen Preisen sucht.

SAINT-JEAN DES GRAVES
Ohne Klassifizierungsrang

Lage der Weinberge: Pujols-sur-Ciron

Besitzer: Jean-Gérard David
Postanschrift: c/o Château Liot, 33720 Barsac
Telefon: 33 5 56 27 14 31 – Telefax: 33 5 56 27 14 42

Besuche: nur nach Vereinbarung – montags bis freitags von 9 bis 12 und von 14 bis 17 Uhr
Kontaktperson: M. oder Mme David

ROTWEIN

Rebfläche: 9 ha

Durchschnittliches Rebenalter: 30 bis 40 Jahre

Rebbestand: 70 % Merlot, 30 % Cabernet Franc

Pflanzdichte: 5500 Reben/ha

Ertrag (im Durchschnitt der letzten 5 Jahre): 50 hl/ha

Durchschnittliche Jahresproduktion insgesamt: 450 hl

GRAND VIN

Name: Château St-Jean des Graves

Appellation: Graves

Durchschnittliche Jahresproduktion: 3800 Kisten

Verarbeitung und Ausbau: Die Hälfte des Ertrags wird in (zum Teil neuen) Eichenfässern, die andere Hälfte im Tank ausgebaut. Der Wein wird geschönt und gefiltert.

Kein ZWEITWEIN

WEISSWEIN

Rebfläche: 11 ha

Durchschnittliches Rebenalter: 30 bis 40 Jahre

Rebbestand: 50 % Sémillon, 50 % Sauvignon

Pflanzdichte: 5500 Reben/ha

DIE ROT- UND WEISSWEINE VON PESSAC-LÉOGNAN UND GRAVES

Ertrag (im Durchschnitt der letzten 5 Jahre): 45 hl/ha

Durchschnittliche Jahresproduktion insgesamt: 450 hl

GRAND VIN

Name: Château Saint-Jean des Graves

Appellation: Graves

Durchschnittliche Jahresproduktion: 4000 Kisten

Verarbeitung und Ausbau: Vinifikation 15 Tage in temperaturgeregelten Edelstahltanks. 9 Monate Ausbau im Tank. Der Wein wird geschönt, aber nicht gefiltert.

Kein ZWEITWEIN

SAINT-ROBERT
Ohne Klassifizierungsrang

Lage der Weinberge: Pujols-sur-Ciron

Besitzer: Foncier Vignobles
Adresse: Château St-Robert, 33210 Pujols-sur-Ciron
Postanschrift: Domaine de Lamontagne, 33210 Preignac
Telefon: 33 5 56 63 27 66 – Telefax: 33 5 56 76 87 03

Besuche: montags bis freitags von 8.30 bis 12.30 und von 14 bis 18 Uhr
Kontaktperson: Mme Poupot

ROTWEIN

Rebfläche: 23 ha

Durchschnittliches Rebenalter: 20 Jahre

Rebbestand: 50 % Merlot, 30 % Cabernet Sauvignon, 20 % Cabernet Franc

Pflanzdichte: 7000 Reben/ha

Ertrag (im Durchschnitt der letzten 5 Jahre): 50 hl/ha

Durchschnittliche Jahresproduktion insgesamt: 1100 hl

GRAND VIN

Name: Château St-Robert und Cuvée Poncet-Deville

Appellation: Graves

Durchschnittliche Jahresproduktion: 100 000 Flaschen

Verarbeitung und Ausbau: Vinifikation 3 Wochen. Die Spezial-Cuvée wird 13 Monate in zu 100 % und der Château Saint-Robert 10 Monate in zu 25 % neuen Eichenfässern ausgebaut. Beide Weine werden geschönt und gefiltert.

Kein ZWEITWEIN

WEISSWEIN

Rebfläche: 7 ha

Durchschnittliches Rebenalter: 15 Jahre

BORDEAUX

Rebbestand: 60% Sémillon, 40% Sauvignon

Pflanzdichte: 7000 Reben/ha

Ertrag (im Durchschnitt der letzten 5 Jahre): 50 hl/ha

Durchschnittliche Jahresproduktion insgesamt: 350 hl

GRAND VIN

Name: Château St-Robert und Cuvée Poncet-Deville

Appellation: Graves

Durchschnittliche Jahresproduktion: 40 000 Flaschen

Verarbeitung und Ausbau: Die normale Cuvée wird im Tank vergoren und 6 Monate auf dem Hefesatz gelagert. Die Spezial-Cuvée wird in Eichenfässern vergoren und ebenfalls 6 Monate auf dem Hefesatz gelagert. Beide Weine werden nicht geschönt, aber gefiltert.

Kein ZWEITWEIN

LE SARTRE
Ohne Klassifizierungsrang

Lage der Weinberge: Léognan

Besitzer: G.F.A. du Château le Sartre
Adresse: 33850 Léognan
Telefon: 33 5 57 96 56 20 – Telefax: 33 5 57 96 59 19

Besuche: nur nach Vereinbarung, montags bis freitags von 8 bis 11.30 und von 14 bis 17.30 Uhr
Kontaktperson: Anthony Perrin

ROTWEIN

Rebfläche: 17,5 ha

Durchschnittliches Rebenalter: 15 Jahre

Rebbestand: 70% Cabernet Sauvignon, 30% Merlot

Pflanzdichte: 7200 Reben/ha

Ertrag (im Durchschnitt der letzten 5 Jahre): 55 hl/ha

Durchschnittliche Jahresproduktion insgesamt: 120 000 Flaschen

GRAND VIN

Name: Château Le Sartre

Appellation: Pessac-Léognan

Durchschnittliche Jahresproduktion: 120 000 Flaschen

Verarbeitung und Ausbau: Vinifikation in temperaturgeregelten Edelstahltanks. Ausbau in zu 20% neuen Eichenfässern. Der Wein wird geschönt und gefiltert.

Kein ZWEITWEIN

DIE ROT- UND WEISSWEINE VON PESSAC-LÉOGNAN UND GRAVES

WEISSWEIN

Rebfläche: 7 ha

Durchschnittliches Rebenalter: 15 Jahre

Rebbestand: 70 % Sauvignon, 30 % Sémillon

Pflanzdichte: 7200 Reben/ha

Ertrag (im Durchschnitt der letzten 5 Jahre): 45 hl/ha

Durchschnittliche Jahresproduktion insgesamt: 35 000 Flaschen

GRAND VIN

Name: Château Le Sartre

Appellation: Pessac-Léognan

Durchschnittliche Jahresproduktion: 35 000 Flaschen

Verarbeitung und Ausbau: Gärung in zu 20 % neuen Eichenfässern. 10 Monate Hefesatzlagerung mit regelmäßigem Aufrühren, aber ohne Abstechen. Der Wein wird geschönt und gefiltert.

Kein ZWEITWEIN

DU SEUIL
Ohne Klassifizierungsrang

Lage der Weinberge: Cérons

Besitzer: M. und Mme Bob Watts
Adresse: 33720 Cérons
Telefon: 33 5 56 27 11 56 – Telefax: 33 5 56 27 28 79

Besuche: nur nach Vereinbarung
Kontaktperson: Bob Watts

ROTWEIN

Rebfläche: 44,5 ha

Durchschnittliches Rebenalter: 35 Jahre

Rebbestand: 50 % Merlot, 40 % Cabernet Sauvignon, 10 % Cabernet Franc

Pflanzdichte: 5550 Reben/ha

Ertrag (im Durchschnitt der letzten 5 Jahre): 55 hl/ha

Durchschnittliche Jahresproduktion insgesamt: 250 hl/ha

GRAND VIN

Name: Château du Seuil

Appellation: Graves

Durchschnittliche Jahresproduktion: 33 300 Flaschen

Verarbeitung und Ausbau: Lese von Hand und maschinell.
Vinifikation in temperaturgeregelten Edelstahltanks.
15 Monate Ausbau in zu 30 % neuen Eichenfässern.
Der Wein wird nicht geschönt, aber gefiltert.

ZWEITWEIN

Name: Domaine du Seuil

Appellation: Premières Côtes de Bordeaux

Durchschnittliche Jahresproduktion: 115 hl

WEISSWEIN

Rebfläche: 3 ha

Durchschnittliches Rebenalter: 15 Jahre

Rebbestand: 80 % Sémillon, 20 % Sauvignon

Pflanzdichte: 5550 Reben/ha

Ertrag (im Durchschnitt der letzten 5 Jahre): 55 hl/ha

Durchschnittliche Jahresproduktion insgesamt: 150 hl

GRAND VIN

Name: Château du Seuil

Appellation: Graves

Durchschnittliche Jahresproduktion: 20 000 Flaschen

Verarbeitung und Ausbau: 60 % des Ertrags werden in Edelstahltanks kühl vergoren und 3 Monate auf dem Hefesatz gelagert. 40 % des Ertrags werden in neuen Eichenfässern (unter Verwendung ausgewählter Hefen) vergoren, 4 bis 5 Monate auf dem Hefesatz gelagert und regelmäßig aufgerührt. Der Wein wird nicht geschönt, aber gefiltert.

ZWEITWEIN

Name: Domaine du Seuil

Appellation: Bordeaux Blanc Sec

Durchschnittliche Jahresproduktion: 15 000 Flaschen

DOMAINE DE LA SOLITUDE
Ohne Klassifizierungsrang

Lage der Weinberge: Martillac

Besitzer: Communauté Religieuse de la Sainte Famille (ein Nonnenkloster)
Postanschrift: c/o Domaine de Chevalier, 33650 Martillac
Telefon: 33 5 56 72 74 74 – Telefax: 33 5 56 72 74 74

Besuche: nur nach Vereinbarung; montags bis freitags von 8.30 bis 12.30 Uhr
Kontaktperson: Schwester Evelyne Brel

DIE ROT- UND WEISSWEINE VON PESSAC-LÉOGNAN UND GRAVES

ROTWEIN

Rebfläche: 20 ha

Durchschnittliches Rebenalter: 30 Jahre

Rebbestand: 40% Merlot, 30% Cabernet Franc, 25% Cabernet Sauvignon, 5% Malbec

Pflanzdichte: 5500 Reben/ha

Ertrag (im Durchschnitt der letzten 5 Jahre): 43 hl/ha

GRAND VIN

Name: Domaine de la Solitude

Appellation: Pessac-Léognan

Durchschnittliche Jahresproduktion: 5000 Kisten

Verarbeitung und Ausbau: Vinifikation 3 Wochen in temperaturgeregelten Tanks bei max. 30 °C. 15 Monate Ausbau in (1, 2 und 3 Jahre alten) Eichenfässern. Der Wein wird geschönt und gefiltert.

Kein ZWEITWEIN

WEISSWEIN

Rebfläche: 5 ha

Durchschnittliches Rebenalter: 30 Jahre

Rebbestand: 50% Sémillon, 50% Sauvignon

Pflanzdichte: 5500 Reben/ha

Ertrag (im Durchschnitt der letzten 5 Jahre): 35 hl/ha

GRAND VIN

Name: Domaine de la Solitude

Appellation: Pessac-Léognan

Durchschnittliche Jahresproduktion: 1500 Kisten

Verarbeitung und Ausbau: Gärung in zu 15% neuen Eichenfässern (alle übrigen 1 bis 5 Jahre alt). 14 Monate Hefesatzlagerung. Der Wein wird geschönt und bei der Abfüllung gefiltert.

Kein ZWEITWEIN

Seit dem Jahrgang 1993 wird das Gut, das sich im Besitz eines Nonnenklosters in Martillac befindet, von der Domaine de Chevalier bewirtschaftet

LE THIL COMTE CLARY
Ohne Klassifizierungsrang

GUT

Lage der Weinberge: Léognan

Besitzer: G.F.A. Le Thil
Adresse: 33850 Léognan
Telefon: 33 5 56 30 01 02 – Telefax: 33 5 56 30 03 32

Besuche: nur nach Vereinbarung · Kontaktperson: Jean de Laître

BORDEAUX

ROTWEIN

Rebfläche: 8,5 ha

Durchschnittliches Rebenalter: 8 Jahre

Rebbestand: 70 % Merlot, 30 % Cabernet Sauvignon

Pflanzdichte: 6700 Reben/ha

Ertrag (im Durchschnitt der letzten 2 Jahre): 55 hl/ha

Durchschnittliche Jahresproduktion insgesamt: 450 hl

GRAND VIN

Name: Château Le Thil Comte Clary

Appellation: Pessac-Léognan

Durchschnittliche Jahresproduktion: 3700 Kisten

Verarbeitung und Ausbau: Vinifikation 3 bis 4 Wochen bei 27 bis 31 °C in Edelstahltanks mit elektronischer Temperaturregelung. Malolaktische Säureumwandlung bei 20 °C, anschließend 12 Monate Ausbau in zu 20 % neuen Eichenfässern; Abstich alle 3 Monate. Der Wein wird geschönt und gefiltert.

ZWEITWEIN

Name: Château Crigean

Durchschnittliche Jahresproduktion: 1300 Kisten

WEISSWEIN

Rebfläche: 3 ha

Durchschnittliches Rebenalter: 7 Jahre

Rebbestand: 50 % Sémillon, 50 % Sauvignon

Pflanzdichte: 6700 Reben/ha

Ertrag (im Durchschnitt der letzten 5 Jahre): 50 hl/ha

Durchschnittliche Jahresproduktion insgesamt: 150 hl

GRAND VIN

Name: Château Le Thil Comte Clary

Appellation: Pessac-Léognan

Durchschnittliche Jahresproduktion: 1600 Kisten

Verarbeitung und Ausbau: *Macération pelliculaire*, Pressen, 2 Tage Kaltabsetzen bei 10 °C; elektronische Temperaturregelung. Gärung: Sauvignon bei 18 °C in Edelstahltanks, Sémillon in neuen Eichenfässern. Hefesatzlagerung: bei Sauvignon im Tank, bei Sémillon in neuen Eichenfässern mit regelmäßigem Aufrühren. Abfüllung nach 9 Monaten; *assemblage* unmittelbar vor der Abfüllung. Der Wein wird geschönt, aber nicht gefiltert.

Kein ZWEITWEIN

DIE ROT- UND WEISSWEINE VON PESSAC-LÉOGNAN UND GRAVES

N.B.: Der angegebene Durchschnittsertrag gilt für die 2 letzten Jahre. Die Weinberge liegen zwischen den Rebflächen von Château Carbonnieux, Smith-Haut-Lafitte und Bouscaut. «Geschaffen» wurde das Gut 1990 von dem Pariser Arzt Jean de Laître; 1994 verfügte es über 10,5 ha Rebfläche.

Um vollkommene Reife zur Lesezeit zu gewährleisten, wird Laubauslichtung sowie Behangausdünnung von Hand ausgeführt. Auch die Lese erfolgt von Hand, und das Traubengut wird zweimal sortiert – im Weinberg und im Keller.

Der hohe Merlot-Anteil ist auf den Boden zurückzuführen: Kies in den oberen, kalkhaltiger Lehm in den tieferen Schichten.

La Tour de Boyrin
Ohne Klassifizierungsrang

Lage der Weinberge: Roaillan und Langon

Besitzer: Jacques Goua
Adresse: 41, cours du Maréchal de Lattre de Tassigny, 33210 Langon
Postanschrift: wie oben
Telefon: 33 5 56 63 18 62 – Telefax: 33 5 56 63 18 62

Besuche: nur nach Vereinbarung
Kontaktperson: M. oder Mme Jacques Goua

ROTWEIN

Rebfläche: 11 ha

Durchschnittliches Rebenalter: 30 Jahre

Rebbestand: 60 % Cabernet Sauvignon, 40 % Merlot

Pflanzdichte: 5000 Reben/ha

Durchschnittliche Jahresproduktion insgesamt: 500 hl

GRAND VIN

Name: Château La Tour de Boyrin

Appellation: Graves

Durchschnittliche Jahresproduktion: 650 hl

Verarbeitung und Ausbau: Vinifikation 21 bis 25 Tage; Ausbau in Zement- und Edelstahltanks. Der Wein wird geschönt und gefiltert.

Kein ZWEITWEIN

WEISSWEIN

Rebfläche: 9 ha

Durchschnittliches Rebenalter: 50 Jahre

Rebbestand: 70 % Sémillon, 20 % Sauvignon, 10 % Muscadelle

Pflanzdichte: 5000 Reben/ha

Durchschnittliche Jahresproduktion insgesamt: 300 hl

BORDEAUX

GRAND VIN

Name: Château La Tour de Boyrin

Appellation: Graves Supérieur

Durchschnittliche Jahresproduktion: 350 bis 400 hl

Verarbeitung und Ausbau: Die gesamte Produktion wird an den Handel verkauft. Im Château selbst erfolgt keine Abfüllung.

Kein ZWEITWEIN

Du Tourte
Ohne Klassifizierungsrang

Lage der Weinberge: Toulenne, bei Langon

Besitzer: Hubert Arnaud
Adresse: Route de la Tourte, 33210 Toulenne (Langon)
Postanschrift: c/o M. Hubert Arnaud, 44, rue de Fleurs, 75006 Paris
Telefon: 33 1 46 88 40 08 – Telefax: 33 1 46 88 01 40

Besuche: nur nach Vereinbarung
Kontaktperson: Hubert Arnaud

ROTWEIN

Rebfläche: 2 ha

Durchschnittliches Rebenalter: 30 Jahre

Rebbestand: 70 % Merlot, 30 % Cabernet Sauvignon

Pflanzdichte: 5000 Reben/ha

Ertrag (im Durchschnitt der letzten 5 Jahre): 35 bis 40 hl/ha

Durchschnittliche Jahresproduktion insgesamt: 70 hl

GRAND VIN

Name: Château du Tourte

Appellation: Graves

Durchschnittliche Jahresproduktion: 70 hl

Verarbeitung und Ausbau: Vinifikation 3 Wochen in temperaturgeregelten Edelstahltanks. 15 Monate Ausbau in zur Hälfte neuen Eichenfässern. Der Wein wird geschönt, aber nicht gefiltert.

Kein ZWEITWEIN

WEISSWEIN

Rebfläche: 2 ha

Durchschnittliches Rebenalter: 30 Jahre

Rebbestand: 85 % Sémillon, 15 % Sauvignon

Pflanzdichte: 5000 Reben/ha

DIE ROT- UND WEISSWEINE VON PESSAC-LÉOGNAN UND GRAVES

Ertrag (im Durchschnitt der letzten 5 Jahre): 45 hl/ha

Durchschnittliche Jahresproduktion insgesamt: 90 hl

GRAND VIN

Name: Château du Tourte

Appellation: Graves

Durchschnittliche Jahresproduktion: 90 hl

Verarbeitung und Ausbau: Gärung in temperaturgeregelten Edelstahltanks. 10 Monate Ausbau in zu 30 % neuen Eichenfässern. Der Wein wird geschönt und gefiltert.

Kein ZWEITWEIN

LE TUQUET
Ohne Klassifizierungsrang

Lage der Weinberge: Beautiran

Besitzer: Paul Ragon
Adresse: 33640 Beautiran
Telefon: 33 5 56 20 21 23 – Telefax: 33 5 56 20 21 83

Besuche: nur nach Vereinbarung, werktags von 8 bis 12 und von 14 bis 18 Uhr
Kontaktperson: Paul Ragon

ROTWEIN

Rebfläche: 34,5 ha

Durchschnittliches Rebenalter: 25 Jahre

Rebbestand: 45 % Merlot, 35 % Cabernet Sauvignon, 20 % Cabernet Franc

Pflanzdichte: 5000 Reben/ha

Ertrag (im Durchschnitt der letzten 5 Jahre): 57 hl/ha

Durchschnittliche Jahresproduktion insgesamt: 2000 hl

GRAND VIN

Name: Château Le Tuquet

Appellation: Graves

Durchschnittliche Jahresproduktion: 100 000 Flaschen

Verarbeitung und Ausbau: Vinifikation 17 bis 21 Tage; 12 Monate Ausbau in zu 30 % neuen Eichenfässern. Der Wein wird geschönt und gefiltert.

ZWEITWEIN

Name: Château de Bellefont und Château Louloumey-Le Tuquet

Durchschnittliche Jahresproduktion: 160 000 Flaschen

BORDEAUX

WEISSWEIN

Rebfläche: 15,5 ha

Durchschnittliches Rebenalter: 30 Jahre

Rebbestand: 70 % Sémillon, 30 % Sauvignon

Pflanzdichte: 5500 Reben/ha

Ertrag (im Durchschnitt der letzten 5 Jahre): 48 hl/ha

Durchschnittliche Jahresproduktion insgesamt: 750 hl

GRAND VIN

Name: Château Le Tuquet

Appellation: Graves

Durchschnittliche Jahresproduktion: 60 000 Flaschen

Verarbeitung und Ausbau: 10 bis 15 Tage kühle Gärung. Der Wein wird geschönt und gefiltert.

ZWEITWEIN

Name: Château de Bellefont – Château Louloumey-Le Tuquet

Durchschnittliche Jahresproduktion: 40 000 Flaschen

LA VIEILLE FRANCE
Ohne Klassifizierungsrang

GUT

Lage der Weinberge: Portets

Besitzer: Michel Dugoua
Adresse: 1, chemin du Malbec, 33640 Portets
Telefon: 33 5 56 67 19 11 oder 33 6 11 70 15 24 – Telefax: 33 5 56 67 17 54

Besuche: montags bis freitags von 9 bis 12 und von 14 bis 19 Uhr
Kontaktperson: Mme Dugoua

ROTWEIN

Rebfläche: 8,5 ha

Durchschnittliches Rebenalter: 30 Jahre

Rebbestand: 75 % Merlot, 25 % Cabernet Sauvignon

Pflanzdichte: 5500 Reben/ha

Ertrag (im Durchschnitt der letzten 5 Jahre): 50,6 hl/ha

Durchschnittliche Jahresproduktion insgesamt: 430 hl

GRAND VIN

Name: Château La Vieille France

Appellation: Graves

Durchschnittliche Jahresproduktion: 150 hl

DIE ROT- UND WEISSWEINE VON PESSAC-LÉOGNAN UND GRAVES

Verarbeitung und Ausbau: Vinifikation 17 bis 21 Tage, je nach Jahrgang. Anschließend 12 Monate Ausbau in jährlich zu $1/3$ erneuerten Eichenfässern. Der Wein wird geschönt, aber nicht immer gefiltert.

N.B. Zusammensetzung des Grand Vin: 50 % Merlot, 50 % Cabernet Sauvignon

ZWEITWEIN

Name: Château Cadet de la Vieille France

Durchschnittliche Jahresproduktion: 150 hl

N.B. Zusammensetzung des Zweitweins: 75 bis 80 % Merlot und 20 bis 25 % Cabernet Sauvignon, je nach Ertrag.

WEISSWEIN

Rebfläche: 4,5 ha

Durchschnittliches Rebenalter: 30 Jahre

Rebbestand: 80 % Sémillon, 20 % Sauvignon

Pflanzdichte: 5500 Reben/ha

Ertrag (im Durchschnitt der letzten 5 Jahre): 50,6 hl/ha

Durchschnittliche Jahresproduktion insgesamt: 250 hl

GRAND VIN

Name: Château La Vieille France

Appellation: Graves

Durchschnittliche Jahresproduktion: 3000 Flaschen

Verarbeitung und Ausbau: Gärung in neuen Eichenfässern. 7 bis 8 Monate Hefesatzlagerung mit häufigem Aufrühren. Der Wein wird geschönt und soweit erforderlich gefiltert.

ZWEITWEIN

Name: Cadet La Vieille France

Durchschnittliche Jahresproduktion: 15 000 Flaschen

VILLA BEL AIR
Ohne Klassifizierungsrang

Lage der Weinberge: St-Morillon

Besitzer: Familie Cazes
Adresse: Villa Bel Air, 33650 St-Morillon
Telefon: 33 5 56 20 29 35 – Telefax: 33 5 56 78 44 80

Besuche: nur nach Vereinbarung
Kontaktperson: Guy Delestrac (Tel. und Fax siehe oben)

BORDEAUX

ROTWEIN

Rebfläche: 9,5 ha

Durchschnittliches Rebenalter: 10 Jahre

Rebbestand: 50 % Cabernet Sauvignon, 40 % Merlot, 10 % Cabernet Franc

Pflanzdichte: 7500 Reben/ha

Ertrag (im Durchschnitt der letzten 5 Jahre): 45 hl/ha

Durchschnittliche Jahresproduktion insgesamt: 12 000 Kisten

GRAND VIN

Name: Villa Bel-Air

Appellation: Graves

Durchschnittliche Jahresproduktion: 12 000 Kisten

Verarbeitung und Ausbau: Gär- und Maischdauer rund 15 Tage in temperaturgeregelten Edelstahltanks. Malolaktische Säureumwandlung im Tank, anschließend 12 Monate Ausbau im Faß (keine neuen Eichenfässern). Der Wein wird geschönt und gefiltert.

Kein ZWEITWEIN

WEISSWEIN

Rebfläche: 9 ha

Durchschnittliches Rebenalter: 10 Jahre

Rebbestand: 42 % Sauvignon Blanc, 42 % Sémillon, 16 % Muscadelle

Pflanzdichte: 7500 Reben/ha

Ertrag (im Durchschnitt der letzten 5 Jahre): 45 hl/ha

Durchschnittliche Jahresproduktion insgesamt: 11 000 Kisten

GRAND VIN

Name: Villa Bel-Air

Appellation: Graves

Durchschnittliche Jahresproduktion: 11 000 Kisten

Verarbeitung und Ausbau: Kaltabsetzen des Mosts. Gärung in neuen Eichenfässern. 8 Monate Hefesatzlagerung mit regelmäßigem Aufrühren alle 15 Tage. Der Wein wird geschönt und bei der Abfüllung gefiltert.

Kein ZWEITWEIN

Die Weine von Pomerol

Pomerol, der kleinste unter den großen Rotweinbereichen von Bordeaux, bringt mit die teuersten, erfreulichsten und glanzvollsten Weine der Welt hervor, aber obwohl die Nachfrage nach ihnen so außerordentlich groß ist, daß sie ihren Liebhabern genau zugeteilt werden müssen, ist Pomerol die einzige Appellation von Bordeaux, die ihre Gewächse nie in eine starre Qualitätshierarchie gepreßt hat. Als im Jahr 1855 die berühmte und inzwischen historische Klassifizierung der Weine von der Gironde von Mitgliedern des Weinhandels in Bordeaux aufgestellt wurde, ließen sie die nur rund 15 km weiter östlich auf dem rechten Gironde-Ufer gelegenen Gebiete Pomerol und St-Emilion völlig außer acht. Beide hatten sich bereits mit Weinen hoher Qualität einen guten Ruf erworben, weil aber damals die Reise über die Gironde nach Libourne noch umständlich war (Brücken waren erstmals 1820 gebaut worden), hatte sich der Handel von St-Emilion und Pomerol aus zum größten Teil in Richtung Nordfrankreich, Belgien und Holland entwickelt. Im Gegensatz hierzu verkauften die großen Weingüter im Médoc über Handelshäuser in Bordeaux. In vielen Fällen wurden diese Firmen, die sogenannten *négociants*, von englischen und irischen Familien geführt, die sich in Bordeaux niedergelassen hatten und ihre bestehenden Kontakte zum britischen Weinhandel nützten. Die Klassifizierung von 1855 bestand deshalb im wesentlichen aus einer kurzen Liste bekannter Weingüter im Médoc, zu denen nur noch das berühmte Château Haut-Brion in Graves hinzukam. Warum? Weil diese Châteaux nun einmal seit jeher ihre Produktion zum größten Teil an die *négociants* in Bordeaux lieferten, die den Wein ihrerseits nach England exportierten, und es eben diese Handelshäuser waren, die die Klassifizierung von 1855 aufstellten, aber mit den Châteaux in Pomerol und St-Emilion vor dem Ende der 1860er Jahre nur wenig oder gar keine Geschäfte tätigten, handelten sie aus Unkenntnis – oder schlimmer noch, aus Eigensucht –, als sie nur rund fünf Dutzend Châteaux aus dem Médoc in ihre Liste einbezogen.

Erst lange nach 1855 wurde auch eine Klassifizierung der Weine von St-Emilion unternommen – und zwar zunächst 1954 mit anschließenden Änderungen 1969, 1985 und 1997. Für die Weine von Pomerol dagegen gab es nie eine Klassifizierung. Das ist eigentlich verwunderlich, denn sie begannen gegen Ende der 1940er Jahre große Popularität und Bekanntheit zu erlangen, nachdem sie von dem bekannten englischen Weineinkäufer Harry Waugh, der damals für das hochangesehene Haus Harvey's in Bristol arbeitete, über den grünen Klee gelobt wurden. Ihre Reputation ist inzwischen derart gewachsen, daß heute viele Weine aus Pomerol stärker gefragt sind als mancher hochberühmte Médoc und Graves.

St-Emilion ist mit einer Rebfläche von knapp 5400 ha ein großer Bereich, der nördliche Nachbar Pomerol dagegen nur ein Zwerg mit seinen 775 ha – weniger als die Rebfläche von St-Julien, der kleinsten Appellation im Médoc.

Um den Erfolg der Weine von Pomerol zu verstehen, muß man zunächst die besonderen Eigenschaften der Merlot-Traube (die in der Appellation vorherrschende Sorte) in Betracht ziehen, aber auch den Wandel der Konsumgewohnheiten bei den Weinfreunden und schließlich den Einfluß von Jean-Pierre Moueix und seinem Sohn Christian und des von ihnen errichteten Imperiums.

An erster Stelle also steht die Merlot-Traube, die nach Auskunft des INAO (Institut National des Appellations d'Origine) 70 bis 75 % des Rebbestands in Pomerol ausmacht. Ihr folgt Cabernet Franc mit 20 bis 25 % und schließlich Cabernet Sauvignon mit 5 %. Keine andere Appellation von Bedeutung in Bordeaux verfügt über einen so großen Merlot-Anteil im Bestand. Vorwiegend von Merlot gekelterte Weine aber sind allgemein milder, auf opulente, eingängige Weise fruchtiger, üppiger, außerdem weniger mit stark hervortretendem Tannin behaftet und schließlich auch alkoholstärker als Weine, die in erster Linie auf Cabernet Sauvignon beruhen.

Zweitens suchen unserer Tage viele Verbraucher (und Restaurants) nach Weinen, die in jungen Jahren schon genußreif sind, und infolgedessen finden die Weine von Pomerol ein aufnahmebereites Publikum vor. Die meisten Pomerols sind nämlich schon 4 bis 6 Jahre nach der Lese

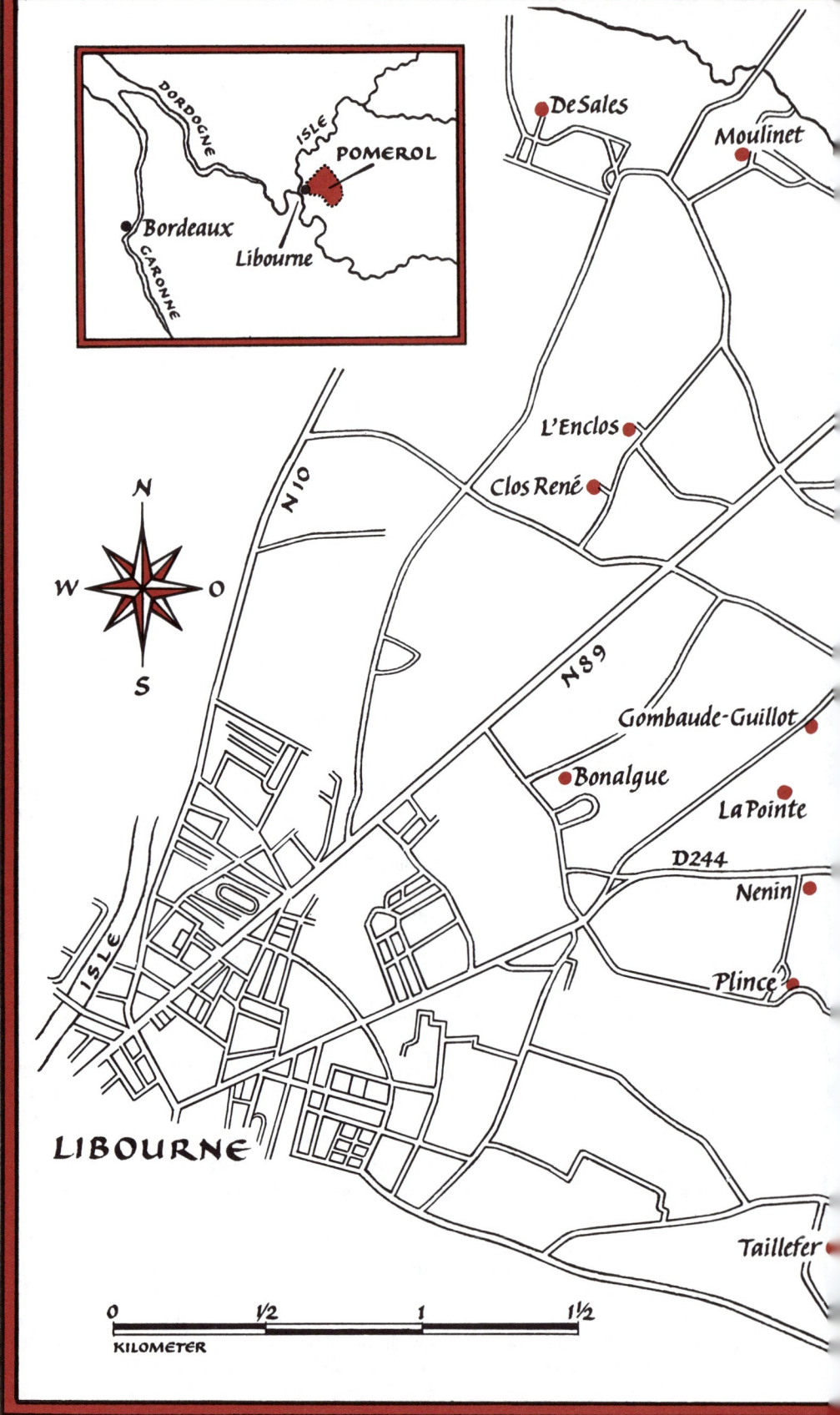

schön zu trinken, aber trotz dieser frühen Genußreife bewahren die Spitzenweine oft über 15 bis 25 Jahre hinweg ihre Frucht und entwickeln sich außerordentlich gut.

Drittens verdankt keine andere Weinbaugegend Frankreichs ihren Erfolg in so hohem Maß einem einzelnen wie Pomerol ihn Jean-Pierre Moueix verdankt. Im Jahr 1930 kam er als etwas über Zwanzigjähriger aus Corrèze, einer weltverlassenen Gegend im Massif Central, nach Libourne. Bei den vornehmen Handelsherren, die sich am berühmten Quai des Chartrons in Bordeaux mit den Weinen aus dem Médoc befaßten, galt er als Außenseiter. Moueix wandte sich deshalb ostwärts jenen Weinbaubereichen zu, an die man in den Handelshäusern in Bordeaux nur in zweiter Linie dachte – Pomerol und St-Emilion. Allerdings waren die Zeiten schlecht, denn am Anfang der dreißiger Jahre befand sich die Welt inmitten einer Depression, aus der sie erst nach dem Zweiten Weltkrieg wieder richtig herausfand. Vor dem Krieg aber erkannte der junge Moueix durchaus, daß ihm der historische Absatzmarkt für große Bordeaux-Weine, nämlich England, verschlossen war. Der Handel dort wurde von den Häusern am Quai des Chartrons beherrscht, wo freilich niemand groß auf die Weine von Pomerol achtete. Moueix baute anfangs einen kleinen Handel auf und bereiste regelmäßig die Bretagne, Belgien und Holland, wo er für seine Pomerols begeisterte Abnehmer fand. Schon 1937 hatte sich sein *négociant*-Geschäft in Libourne – der Stadt, die heute als Haupthandelshafen für Pomerol dient – etabliert. In den Jahren nach dem Zweiten Weltkrieg erwarb er in Pomerol drei Weingüter – Trotanoy, Lagrange und La Fleur Pétrus – und mit anderen Châteaux vereinbarte er exklusive Vertriebsrechte.

1964 erfüllte sich für Moueix endlich ein Traum, als er eine 50%ige Beteiligung an einem Weingut erwerben konnte, das lange sein Herzenswunsch gewesen war – Château Pétrus. Moueix war fest überzeugt, daß es ebenso großartige Weine wie die Premiers Crus im Médoc hervorbrachte. Aber trotz dieser enthusiastischen Einschätzung war Pétrus bis dahin in etablierten Weinliebhaberkreisen noch nicht besonders bekannt. Das sollte sich jedoch bald ändern.

Im Lauf der fünfziger und sechziger Jahre führte Moueix einen unermüdlichen Kreuzzug (manche sagen, eine unerschöpfliche Werbekampagne) für die Weine von Pomerol. Sein spektakulärer Aufstieg zu führender Position und die Erlangung seines Wohlstands waren letztendlich das Ergebnis harter Arbeit und der Erzeugung außergewöhnlicher Weine, vor allem in seinen beiden wichtigsten Châteaux, Pétrus und Trotanoy. In den sechziger und ersten siebziger Jahren übertrafen diese beiden Flaggschiffe unter seinen Weinen oft die Premiers Crus aus dem Médoc.

Der unerhörte Aufstieg, den Moueix und seine Weine zu verzeichnen hatten, brachte Pomerol Aufmerksamkeit und Prestige ein, und das blieb anderen Weinerzeugern in dieser ländlichen Appellation nicht verborgen. Sie begannen ebenfalls, die Qualität ihrer Gewächse zu verbessern. Heute kann zwar niemand die beherrschende Rolle des Hauses Jean-Pierre Moueix im Absatz der Weine von Pomerol in Frage stellen, aber inzwischen mehrt sich die Zahl derer, die es mit der bisher unbestrittenen Überlegenheit von Pétrus aufnehmen wollen.

Die berühmtesten Châteaux in Pomerol befinden sich auf einem Plateau. Pétrus liegt auf der höchsten Stelle, und seine Rebfläche befindet sich zum größten Teil auf Lehm, während die ebenfalls hochrenommierten Nachbargüter ringsum mehr Kies im Boden haben. In Rufweite von Pétrus liegen La Fleur Pétrus, Certan de May, Vieux-Château-Certan, Le Pin, La Conseillante und l'Evangile. Unmittelbar nordwestlich schließen sich Lafleur, l'Eglise-Clinet und La Fleur de Gay an. Der tiefgründige (ebenfalls lehmhaltige) Kiesboden dieser Güter läßt sowohl Merlot als auch Cabernet Franc gleichermaßen ausgezeichnet gedeihen, Pétrus aber hat 95 % Merlot und lediglich 5 % Cabernet Franc im Rebbestand. Die anderen Pomerol-Güter dagegen verfügen in Anerkenntnis der Tatsache, daß sich die Cabernet-Trauben, und zwar insbesondere die Sorte Cabernet Franc, für ihren Boden besonders eignen, über entsprechend höhere Anteile an diesen.

Nach Westen hin, wo sich am Rand des Plateaus von Pomerol das Château Trotanoy befindet, nimmt der Kiesgehalt im Boden weiter zu. In nassen Jahren ist diese Gegend oft infolge der besseren Wasserdurchlässigkeit der tiefgründigen Kiesbetten in günstigerer Lage. Noch weiter

DIE WEINE VON POMEROL

im Westen in Richtung der Route Nationale 89 (von Libourne nach Bordeaux) verändert sich die Bodenbeschaffenheit zu einem Gemisch von Kies und Sand und schließlich zu leichtem, feuersteinhaltigem Sandboden. Auf diesen Böden wachsen keine langlebigen Weine, dafür viele milde, fruchtige, überaus gefällige und geschmeidige Pomerols. Allerdings erreichen auch die Besten unter ihnen niemals die Kraft, Lebensdauer und Fülle der Weine von den Kiesböden und den kies- und eisenhaltigen Lehmböden auf dem Plateau.

Wer vor allem das Médoc und Graves kennt, wird von Pomerol mit seiner kleinen Rebfläche und den bescheidenen Bauernhäusern, die sich hier als «Châteaux» ausgeben, überrascht sein. Selbst Pétrus verfügt nur über ein bemerkenswert bescheidenes Gebäude, für das man den Begriff «Château» schon aufs äußerste dehnen muß. Das größte Weingut der Appellation, de Sales, ist das einzige in Pomerol, dessen Hauptgebäude Anspruch auf Vergleichbarkeit mit einem Château im Médoc erheben darf – und zwar mit einem der bescheideneren Art. Die drei nächstgrößten Weingüter von Pomerol sind Nenin, Taillefer und La Pointe. Keines von ihnen darf jedoch zur Spitzengruppe gerechnet werden, obwohl die Erwerbung von Nenin durch Michel Delon (von Léoville-Las Cases) im Jahr 1997 Aussicht auf freudige Überraschungen birgt. Die besten Weingüter liegen in der Größe meist zwischen 8 und 14 ha, manche sind aber noch viel kleiner. Beispielsweise sind drei derzeitige Superstars von Pomerol echte Zwerge: Lafleur, Certan de May oder l'Eglise-Clinet könnten, wenn sie wollten, ihre Gesamtproduktion allein in der Stadt Bordeaux absetzen, denn keines dieser Güter ist größer als 6 ha.

Was sind nun die typischen Wesenszüge der Weine von Pomerol? Das dichte Rubinrot, das intensive, reife, von Beerenfrucht und Pflaumen überquellende, oft auch von schwarzen Kirschen und Himbeeren beherrschte Bukett, in dem sich manchmal Düfte von Trüffeln und Mokka vorfinden, und schließlich eine sanfte, üppige, fast ölige Konsistenz, zumindest in den besten Jahrgängen – dies alles stammt aus dem Füllhorn der Merlot-Traube.

Der in Pomerol gepflegte Stil ist im allgemeinen der sanfteste, mildeste, seidigste, üppigste und reichfruchtigste in Bordeaux. Damit aber ist die große Vielfalt an Stilen, die sich hier vorfindet, nicht erschöpfend beschrieben – das kann nur durch die Betrachtung der einzelnen Erzeuger geschehen. Die allgemeine Qualität der Weinbereitung ist in Pomerol außerordentlich hoch. Nur in St-Julien im Médoc findet man ein so brillantes Niveau der Weinerzeugung.

Der Pétrus ist häufig der größte, aber auch der konzentrierteste, vollste und langlebigste Wein der Appellation. Der schwere Lehmboden in den Weinbergen von Pétrus bringt wuchtigen Wein hervor, doch bis zum Anfang der achtziger Jahre war der Trotanoy bei Blindverkostungen häufig nicht vom Pétrus zu unterscheiden und auf jeden Fall nach diesem der ausgeglichenste und meistgefragte Pomerol (neben Lafleur). Das ist nicht weiter verwunderlich, denn der Pétrus enthält 95 % und der Trotanoy 90 % Merlot, und beide Weine werden von demselben Kellerteam in gleicher Weise bereitet und gepflegt. Ein dritter Pomerol rivalisiert stets mit dem Pétrus und stellt ihn in manchen Jahren sogar in den Schatten: Der Wein aus dem völlig unbekannten, winzigen Château Lafleur. Interessant zu bemerken ist, daß sein Weinberg direkt neben dem von Pétrus auf dem Plateau liegt und ebenfalls über einen sehr alten Rebbestand verfügt, der bei kleinen Erträgen hochkonzentrierten, fest gefügten Most mit exotischem Geschmack ergibt.

Während nun Pétrus, Trotanoy und Lafleur seit eh und je die vollsten, dunkelsten, massivsten Weine von Pomerol hervorbringen, produzieren l'Evangile, La Conseillante, Petit-Village, La Fleur Pétrus und l'Eglise-Clinet die anmutigsten, mildesten, elegantesten und burgunderähnlichsten Weine der Appellation. Keines dieser Güter kann für seinen Wein so massive oder volle Art in Anspruch nehmen, wie sie der Pétrus, Trotanoy oder Lafleur zeigen, aber kein Pomerol-Enthusiast würde die Chance verpassen wollen, auch von diesen Weinen ein paar Flaschen oder besser noch Kisten in seinen Keller zu legen.

L'Evangile und La Conseillante haben mit den größten Ruf in Pomerol, ihre Leistungen aber sind unbeständig. La Conseillante lag in den sechziger und siebziger Jahren weit unter seiner Bestform, kam aber dann in den achtziger Jahren mit einigen der großartigsten Weine seiner ruhmreichen Geschichte wieder groß heraus. Der 1981er, 1982er, 1983er, 1985er, 1989er und 1990er sind überreiche, schwelgerische Genüsse. Auch l'Evangile wies einige Unbeständigkeit auf, doch wenn diesem Gut feine Weine gelingen, dann können sie mit den besten selbst von Pétrus, Trotanoy oder Lafleur in Konkurrenz treten. So produzierte l'Evangile in den Jahren 1947, 1950, 1961, 1975, 1982, 1985, 1990 und 1995 spektakuläre Weine. Bedenkt man, daß die Familie Rothschild (von Lafite-Rothschild) 1989 eine größere Beteiligung an l'Evangile erworben hat, dürfte dieses Gut schließlich über die nötigen finanziellen Mittel verfügen, um ein echter Rivale für Pétrus sowohl in der Qualität als auch im Preis zu werden. Der traumhafte 1990er und der üppige 1995er bilden bereits Hinweise hierauf.

La Fleur Pétrus scheint schon dem Namen nach für hohen Ruhm prädestiniert, bringt aber nur selten Weine hervor, die diesem Namen Ehre machen. Nach der Erwerbung einer Weinbergparzelle mit altem Rebenbestand von Le Gay um die Mitte der 1990er Jahre dürfte sich hieran einiges ändern. Bislang läßt sich immerhin von sehr guten, wenn auch nicht superben Pomerols der samtigen, früh genußreifen, doch eleganten und anmutigen Art sprechen.

Dem Petit-Village fehlte es lange Zeit an der untadeligen Pflege, wie ein Besitzer sie aufbringt, der sich seiner Aufgabe ganz und gar widmet. Dann aber brachte der potentiell großartige Weinberg gegen Ende der siebziger Jahre unter der Leitung von Bruno Prats erstklassige Weine hervor. Auch als Prats den Besitz verkaufte, blieb der Qualitätsanstieg ungebrochen. Superbe Weine entstanden 1982, 1985, 1988 und 1989. In jüngerer Zeit sind sie zwar immer noch sehr gut, aber nicht so beständig, wie ich erwartet hätte.

Seit dem Erscheinen des großartigen 1985ers erweist sich auch l'Eglise-Clinet als aufgehender Superstar der Appellation. Schon immer hatte das Gut viel vorzuweisen, worauf es stolz sein konnte: Die Jahrgänge 1921, 1929, 1945, 1947, 1948, 1949, 1950, 1957 und 1959 sind herrlich volle Weine von großer Lebenskraft. Wegen einer Flaute in den sechziger und siebziger Jahren geriet es jedoch weitgehend in Vergessenheit. Das traditionell geführte, großartige Weingut verfügt über mit den ältesten Rebbestand in Pomerol und produziert einen explosiv fruchtigen, satt dunklen Wein, der wie eine Essenz von dunkler Frucht und Mineralen schmeckt. Interessanterweise ist dies eines der wenigen kleinen Güter in Pomerol, die in einem Zweitwein alles verarbeiten, was für den *grand vin* nicht geeignet erscheint.

Es gibt in Pomerol noch einen dritten Stil, man könnte ihn den «Médoc-Stil» nennen. Ein Weingut, Vieux-Château-Certan, bringt Wein hervor, der einen hohen Anteil an Cabernet Sauvignon und Cabernet Franc enthält (also weniger Merlot als sonst hier üblich), und deshalb in der Art eher Médocs als anderen Pomerols gleicht. Vieux-Château-Certan genoß im 19. und in der ersten Hälfte des 20. Jh. hohes Ansehen und galt als eines der großartigsten Pomerol-Weingüter. Die Jahrgänge 1947, 1948 und 1950 sind legendär. Allerdings machte es in den sechziger und siebziger Jahren eine Schwächeperiode durch, die zum Niedergang seiner Reputation führte. Alles das hat sich seit dem Jahrgang 1982 wieder gewandelt.

Eine vierte Schule in Pomerol bietet Weine von leichter, geschmeidiger und früh trinkreifer Art. Sie überdauern nur selten mehr als ein Jahrzehnt, sind dafür aber in dieser Appellation mit unaufhörlich steigenden Preisen relativ günstig zu haben. Die meisten dieser Güter liegen im westlichen Teil der Appellation auf leichten Sandböden. Ein großes Renommee hat keines von ihnen, viele aber, vor allem l'Enclos, Clos René und de Sales, bringen ausgeglichene Weine hervor, die auf Gaumen, Brieftasche und Geduld wohltätige Wirkung haben.

Viele weitere Weingüter gibt es noch in Pomerol; die vielleicht großartigste Entwicklung der achtziger Jahre war das Heranwachsen potentieller Superstars wie Certan de May, Clinet, La Fleur de Gay und Le Pin.

La Fleur de Gay wurde im Jahrgang 1982 von Dr. Alain Raynaud, dem Besitzer des bekannten Pomerol-Châteaus La Croix de Gay, erstmals vorgestellt. Es ist in Bordeaux ungewöhnlich, daß ein Weingutsbesitzer eine Parzelle mit seinen allerbesten Weinstöcken (in diesem Fall eine zu 100% mit Merlot besetzte Lage in der Nähe von Pétrus und Lafleur) abtrennt und einen besonderen Wein daraus erzeugt. Der La Fleur de Gay wird nur in neuen Eichenfässern ausgebaut und ist ein Wein von erstaunlicher Fülle und exotischer Hochreife. Schon der erste Schluck vom 1990er, 1989er, 1988er, 1987er, 1986er 1985er oder 1983er überzeugt vollkommen.

Clinet gehörte bis 1985, als Jean-Michel Arcaute, der Schwiegersohn des Besitzers, die Leitung übernahm, zu den Gütern, die unter ihrer Form lagen. In bemerkenswert kurzer Zeit legte Clinet seine Mittelmäßigkeit ab und begann Weine hervorzubringen, die zu den komplexesten und konzentriertesten der Appellation zählen. Heute reiht sich Clinet unter die Titanen von Pomerol ein und ist imstande, ebenbürtig neben die Allerbesten zu treten. So entstanden hier 1989, 1990, 1994 und 1995 praktisch vollkommene Beispiele.

In den letzten zwei Jahrzehnten ging ein weiterer Superstar auf: das kleine Weingut Le Pin. Sein Wein aus einem fast zu 100% mit Merlot besetzten winzigen Weinberg ist vielleicht der duftigste, schwelgerischste und eigenwilligste in Bordeaux. Die Besitzerfamilie Thienpont hat sich darauf verlegt, einen Wein in der Art des Pétrus, jedoch in exotischerer Ausführung, zu produzieren. Das einzige, was am Le Pin zu Fragen Anlaß gibt, ist seine Lebenserwartung. Dennoch ist er fraglos zum Kultwein für Milliardäre geworden, die bereit sind, die astronomischen Preise zu bezahlen, die dieser Wein auf Auktionen erzielt.

Als weitere große Weingüter sind Latour à Pomerol mit legendären Weinen (1947, 1950, 1959 und 1961) und das von zwei der begabtesten Önologen von Bordeaux, dem Ehepaar Dany und Michel Rolland, geführte Bon Pasteur zu nennen.

Alles in allem sind in Pomerol heute weniger Weingüter auf einem unzulänglichen Qualitätsstand als noch vor 10 Jahren. Allerdings besteht auch kein Zweifel, daß manche der größeren Güter, beispielsweise Nenin, Taillefer und La Pointe, bessere Weine produzieren könnten. Es ist schade, daß ihnen das nicht gelingt, denn ihre Weinberge stellen für die Verhältnisse in Pomerol große Flächen dar und könnten einen guten Einstieg in die reichhaltigen, vollmundigen, genußreichen Weine dieser Appellation bilden.

POMEROL
(aus Insider-Sicht)

Potential allgemein: mittel bis superb

Am langlebigsten: Clinet, l'Eglise-Clinet, l'Evangile, Le Gay, Gazin, Pétrus, Trotanoy

Am elegantesten La Conseillante, Gazin, La Grave, Lafleur, Latour à Pomerol, Pétrus, Vieux-Château-Certan

Am konzentriertesten: Clinet, l'Eglise-Clinet, l'Evangile, Le Gay, Gazin, Lafleur, Pétrus, Trotanoy

Bestes Preis/Leistungs-Verhältnis: Bon Pasteur, l'Enclos, La Grave, La Loubière, de Sales

Am exotischsten: Le Pin, Clos l'Eglise (seit 1997)

Am schwersten zu ergründen (in der Jugend): Lafleur, Pétrus, Vieux-Château-Certan

Jung am besten zu trinken: La Conseillante, Petit-Village, Le Pin

Aufstrebende Weingüter: La Fleur-Pétrus, Nenin

Die großartigsten neueren Jahrgänge: 1995, 1990, 1989, 1982, 1975, 1970, 1961, 1950, 1949, 1948, 1947, 1945

Pomerol im Überblick

Lage: rechts der Dordogne, die Südgrenze bildet die Bahnlinie Libourne-Bergerac sowie die Stadt Libourne, die Nordgrenze das Flüßchen Barbanne

Rebfläche: 775 ha

Gemeinden: Pomerol

Durchschnittliche Jahresproduktion: 368 000 Kisten

Crus Classés: keine – für die Weine von Pomerol gibt es keine Klassifizierung

Hauptrebsorten: vorherrschend Merlot, gefolgt von kleineren Beständen an Cabernet Franc und noch kleineren an Cabernet Sauvignon – Hauptbodenarten: Lehm- und eisenhaltiger Kies herrscht auf dem Plateau von Pomerol vor; nach Lalande de Pomerol hin steigt der Sandanteil im Kiesboden an.

Verbrauchergerechte Klassifizierung der Châteaux von Pomerol

Hervorragend
Clinet
La Conseillante
l'Eglise-Clinet
l'Evangile
La Fleur de Gay
Lafleur
Pétrus
Le Pin
Trotanoy

Ausgezeichnet
Bon Pasteur
Certan de May
Clos l'Eglise (seit 1977)
La Croix-du-Casse
La Fleur Pétrus
Gazin
Latour à Pomerol
Nenin (seit 1997)
Petit-Village
Vieux-Château-Certan

Sehr gut
Beau Soleil, Certan-Giraud, La Croix de Gay, Domaine de l'Eglise, l'Enclos, Le Gay, Gombaude-Guillot, La Grave à Pomerol (früher La Grave Trigant de Boisset)

Gut
Bellegrave, Bonalgue, Bourgneuf, Clos du Clocher, Clos René, La Croix, Haut-Maillet, Rouget, de Sales, La Violette, Vraye-Croix-de-Gay

SONSTIGE BEACHTENSWERTE WEINGÜTER IN POMEROL

Beauchene, Beauregard, de Bourgueneuf, La Cabanne, Le Caillou, Cantelauze, Le Carillon, Clos du Pélérin La Commanderie, Croix St-Georges, Croix Taillefer, Croix Toulifaut, Ferrand, Feytit-Clinet, Feytit-Guillot, La Ganne, Grand Moulinet, Grange Neuve, Guillot, Guillot Clauzel, Haut Cloquet, Haut Ferrand, Lafleur Gazin, Lafleur du Roy, Lagrange, La Loubière, Mazeyres, Montviel, Moulinet, Nouvelle Eglise, La Patache, Plince, Plincette, La Pointe, Pont Cloquet, Prieurs de la Commanderie, Ratouin, Rempart, La Renaissance, Rêve d'Or, La Rose Figeac, St-Pierre, Tailhas, Taillefer, Thibeaud-Maillet, Tour Robert, de Valois, Vieux Maillet, Vieux Château Ferron

BEAUREGARD
Ohne Klassifizierungsrang

Lage der Weinberge: Catusseau

Besitzer: S.C. du Château Beauregard
Adresse: 33500 Pomerol
Telefon: 33 5 57 51 13 36 – Telefax: 33 5 57 25 09 55

Besuche: nur nach Vereinbarung (montags bis freitags von 9 bis 12 und von 14 bis 17 Uhr)
Kontaktperson: Vincent Priou

ROTWEIN

Rebfläche: 17 ha

Durchschnittliches Rebenalter: 30 Jahre

Rebbestand: 60% Merlot, 35% Cabernet Franc, 5% Cabernet Sauvignon

Pflanzdichte: 6000 Reben/ha

Ertrag (im Durchschnitt der letzten 5 Jahre): 45 hl/ha

Durchschnittliche Jahresproduktion insgesamt: 100 000 Flaschen

GRAND VIN

Name: Château Beauregard

Appellation: Pomerol

Durchschnittliche Jahresproduktion: 70 000 Flaschen

Verarbeitung und Ausbau: Vinifikation 2 bis 4 Wochen in temperaturgeregelten Edelstahltanks bei 25 bis 33 °C. Malolaktische Säureumwandlung in Eichenfässern. 15 bis 20 Monate Ausbau in zu 60 bis 75 % neuen Eichenfässern (je nach Jahrgang). Der Wein wird geschönt, aber nicht gefiltert.

ZWEITWEIN

Name: Le Benjamin de Beauregard

Durchschnittliche Jahresproduktion: 30 000 Flaschen

Beurteilung: Entspricht qualitativ einem 5ème Cru aus dem Médoc

Genußreife: 5 bis 12 Jahre nach dem Jahrgangsdatum

Gleich hinter dem Dörfchen Catusseau liegt Beauregard am Südrand des Plateaus von Pomerol. Es gehört zu den wenigen Weingütern in der Appellation, die ein so ansehnliches Gebäude besitzen, daß es den Namen Château verdient. Der Weinberg bietet bedeutendes Potential. Die meisten Beobachter von Pomerol glauben, daß der tiefgründige, kieshaltige Boden für die Entstehung hochwertiger Weine geradezu ideal ist. Bis in die Mitte der achtziger Jahre hinein aber kamen nur frühreife, rustikale Weine zustande. Seither produziert der Leiter Paul Clauzel feinere Gewächse mit kräftigerer Farbe sowie schönerer Reife und Konzentration. Auch wird der Sauberkeit im Keller größere Aufmerksamkeit gewidmet. 1991 verkaufte die Familie Clauzel ihr Gut an den Crédit Foncier de France. Inzwischen hat sich der Qualitätsanstieg gefestigt.

JAHRGÄNGE

1997 • 86-88   Im letzten halben Dutzend Jahre hat Beauregard attraktive Weine produziert, und der 1997er ist entgegenkommend, auf frühe Reife ausgelegt und bietet Düfte von *pain grillé*, schwarzen Kirschen und Schokolade. Die Frucht ist reif und süß, der Wein ausgesprochen geschmeidig, mit milder Säure und einem vollen, gefälligen Abgang. Dieser für einen jungen Bordeaux schon überraschend weit entwickelte, bereits trinkreife Wein dürfte zwischen 1999 und 2006 schönen Genuß bereiten. Letzte Verkostung: 3/98.

1996 • 85-86   Der 1996er Beauregard zeigt viel Eichentoast und mittelschwere Persönlichkeit. Die Farbe ist ein gesundes Rubinpurpurrot, und neben Vanillin bietet das Aromaprofil reichliche Noten von Süßkirschen und schwarzer Frucht. Der Wein ist würzig, vollmundig und in schlichter, geschmeidiger, eichenwürziger Art sauber bereitet.
Voraussichtliche Genußreife: Jetzt bis 2008. Letzte Verkostung: 3/98.

1995 • 87   Der 1995er, ein exzellenter Wein, hat tief rubinrote Farbe und ein Aroma von Rauch, Vanillin-Beeren und Schokolade. Bei mittlerem Körper, schöner Reife, süßer Frucht, moderatem Tannin und milder Säure ist dies ein feiner Beauregard.
Voraussichtliche Genußreife: Jetzt bis 2010. Letzte Verkostung: 11/97.

1994 • 87   Dieser dunkel rubinpurpurrote, straff gewirkte, mittelschwere Wein mit einem verschlossenen Aroma von Erde, Rauch und schwarzer Frucht hat sehr gute bis exzellente Konzentration, aber auch kräftiges Tannin. Seit der Abfüllung hat er sich in sich zurückgezogen und braucht nun 3 bis 4 Jahre Kellerreife.
Voraussichtliche Genußreife: 2001 bis 2012. Letzte Verkostung: 1/97.

1993 • 87   Der tief pflaumenfarbene Wein, ein Schlager seines Jahrgangs, bietet milde, schwelgerische Art mit üppiger, an schwarze Kirschen und Rauch erinnernder Geschmacksfülle, überraschend weicher, sahniger Substanz und schöner, reifer Frucht, die aus dem Glas hervorquillt und den Gaumen ohne jede Schärfe umschmeichelt. Dieser wohlgelungene, mittelschwere, schmackhafte Pomerol wird sich die nächsten 7 bis 8 Jahre hindurch gut trinken lassen.
Letzte Verkostung: 1/97.

1992 • 88   Der 1992er ist der beste Beauregard seit Jahren. Er bietet dunkel rubinrote Farbe, ein intensiv würziges, duftiges, reichfruchtiges Bukett, sanften, vollmundigen Geschmack, mittleren bis vollen Körper und einen runden, sanften Abgang. Dieser erstaunlich extraktreiche, wuchtige 1992er sollte in den nächsten 5 bis 7 Jahren getrunken werden.
Letzte Verkostung: 11/94.

1990 • 87   Der muskulöse, kernige, körperreiche Wein hat beträchtliche Wucht und Intensität vorzuweisen. Aus dem Faß wirkte er lediglich füllig, und es fehlte ihm an Individualität und Komplexität. Inzwischen hat er aber beträchtliche Persönlichkeit entwickelt. Dieser Beauregard, der feinste seit langem, sollte in den nächsten 7 bis 8 Jahren getrunken werden.
Letzte Verkostung: 1/93.

DIE WEINE VON POMEROL

BELLEGRAVE
Ohne Klassifizierungsrang

GUT

Lage der Weinberge: Lieu-dit René

Besitzer: Jean-Marie Bouldy
Adresse: Lieu-dit René, 33500 Pomerol
Telefon: 33 5 57 51 20 47 – Telefax: 33 5 57 51 23 14

Besuche: montags bis samstags von 8 bis 12 und von 14 bis 19 Uhr
Kontaktperson: Jean-Marie Bouldy

ROTWEIN

Rebfläche: 8 ha

Durchschnittliches Rebenalter: 35 Jahre

Rebbestand: 75 % Merlot, 20 % Cabernet Franc, 5 % Cabernet Sauvignon

Pflanzdichte: 6000 Reben/ha

Ertrag (im Durchschnitt der letzten 5 Jahre): 45 hl/ha

Durchschnittliche Jahresproduktion insgesamt: 360 hl

GRAND VIN

Name: Château Bellegrave

Appellation: Pomerol

Durchschnittliche Jahresproduktion: 40 000 Flaschen

Verarbeitung und Ausbau: Vinifikation 3 bis 4 Wochen, die eine Hälfte in Edelstahltanks, die andere in Zementtanks, beide mit Temperaturregelung. Ein Drittel des Ertrags durchläuft die malolaktische Säureumwandlung in Eichenfässern, ansonsten ab November 22 Monate Ausbau in Eichenfässern. Der Wein wird mit Eiweiß geschönt, aber nicht gefiltert.

ZWEITWEIN

Name: Château des Jacobins

Durchschnittliche Jahresproduktion: 60 bis 80 hl (je nach Jahrgang)

Beurteilung: Entspricht qualitativ einem Cru Bourgeois aus dem Médoc

Genußreife: 3 bis 8 Jahre nach dem Jahrgangsdatum

Das Weingut Bellegrave liegt westlich der RN 89 auf leichtem, kieshaltigem Sandboden und bringt milde, süffige und eingängige Weine hervor, die in jungen Jahren getrunken sein wollen. Es scheint, daß der Besitzer Jean Bouldy vernünftig einzuschätzen weiß, was er auf diesem weniger vielversprechenden Bodentyp in Pomerol hervorzubringen imstande ist. Das Ergebnis ist sauber bereiteter, frischer, fruchtiger Wein, der ein großes Publikum anspricht.

JAHRGÄNGE

1993 • 80   Der 1993er Bellegrave ist ein gefälliger, fruchtiger, monolithischer Pomerol mit leichtem Tannin, feinem Körper und einem soliden, aber wenig inspirierenden Abgang. Er sollte in den nächsten 5 bis 7 Jahren getrunken werden. Letzte Verkostung: 11/94.

1992 • 85   Das aufstrebende Gut bringt seit einiger Zeit Besseres zuwege. Der 1992er zeigt attraktive, an Himbeeren und Pflaumen erinnernde Frucht, Eichentoast und einen Anflug von Kräutertee in Duft und Geschmack. Der mittelschwere Wein mit hinlänglicher Tiefe und sanftem, gefälligem Abgang sollte in den nächsten 5 bis 6 Jahren getrunken werden.
Letzte Verkostung: 11/94.

1989 • 84   Der 1989er Bellegrave ist ausnehmend säurearm und alkoholstark. Wer einen fülligen, reifen, pflaumenduftigen und vordergründigen Wein liebt, für den bietet dieser schlichte, stämmige, schön ausgestattete Pomerol köstlichen Genuß.
Voraussichtliche Genußreife: Jetzt. Letzte Verkostung: 11/90.

1988 • 82   Der 1988er ist leichter im Stil, zeigt aber denselben Nachdruck auf schlichte, reife, schmackhafte Frucht und mittelschwere, eingängige Art.
Voraussichtliche Genußreife: Jetzt. Letzte Verkostung: 11/90.

1985 • 83   Den 1985er Bellegrave fand ich attraktiv lieblich, pflaumenduftig und mild bei mittlerem Körper und idealer, unmittelbarer Trinkreife.
Voraussichtliche Genußreife: Jetzt. Letzte Verkostung: 3/90.

Bon Pasteur
Ohne Klassifizierungsrang

AUSGEZEICHNET

Lage der Weinberge: Maillet

Besitzer: Familie Rolland
Adresse: Maillet, 33500 Pomerol
Postanschrift: 15, cours des Girondins, 33500 Libourne
Telefon: 33 5 57 51 10 94 – Telefax: 33 5 57 25 05 54

Besuche: nur nach Vereinbarung
Kontaktperson: Dany Rolland (Tel. und Fax siehe oben)

ROTWEIN

Rebfläche: 6,5 ha

Durchschnittliches Rebenalter: 30 Jahre

Rebbestand: 80 % Merlot, 20 % Cabernet Franc

Pflanzdichte: 6000 Reben/ha

Ertrag (im Durchschnitt der letzten 5 Jahre): 42 hl/ha

Durchschnittliche Jahresproduktion insgesamt: 275 hl

GRAND VIN

Name: Le Bon Pasteur

Appellation: Pomerol

Durchschnittliche Jahresproduktion: 33 000 Flaschen

DIE WEINE VON POMEROL

Verarbeitung und Ausbau: Vinifikation 25 bis 35 Tage (je nach Jahrgang) in kleinen Edelstahltanks mit 70 hl Fassungsvermögen. Malolaktische Säureumwandlung im Faß. 15 bis 22 Monate Ausbau in zu 80 % neuen Eichenfässern. Bei Schönung und Filtrierung gibt es keine festen Regeln.

Kein ZWEITWEIN

Beurteilung: Entspricht qualitativ einem 4ème oder 5ème Cru aus dem Médoc

Genußreife: 5 bis 14 Jahre nach dem Jahrgangsdatum

Bon Pasteur gehört dem hochbegabten Önologen-Ehepaar Dany und Michel Rolland, das in Libourne ein Laboratorium unterhält. Die Liste der Auftraggeber liest sich wie ein Who's Who von Pomerol, St-Emilion und anderen bedeutenden Bordeaux-Appellationen. Der Ruf Michel Rollands hat sich so verbreitet, daß er von vielen führenden Weinerzeugern der Welt – von Ornellaia in Italien über Casa Lapostolle in Chile bis zum renommierten Harlan Estate im Napa Valley (Kalifornien) – als Berater herangezogen wird.

Der Erfolg von Michel Rolland und die Gründung eines «Förderkreises» für das Prestige von Pomerol haben zwei vorherrschende Lehrmeinungen im Hinblick auf Lesetermine und Kellertechniken entstehen lassen. Die eine wird durch die Firma Jean-Pierre Moueix und ihre führenden Sprecher Christian Moueix und dessen Önologen Jean-Claude Berrouet vertreten und besagt, daß die Merlot-Traube nicht zu spät gelesen werden dürfe. Der Hauptpunkt dabei ist, daß eine frühe Lese wesentlich sei, um ausreichende Stabilität und Säure im Wein zu bewahren. Darüber hinaus halten Moueix und Berrouet auf eine kürzere Maischzeit, um so den Weinen mehr Eleganz zu verleihen.

Im Gegensatz hierzu setzen Michel Rolland und seine Kollegen auf möglichst späte Lese, um Frucht mit einem gewissen Maß an *surmaturité* (Überreife) zu erzielen. Ferner legt Rolland Wert auf lange Maischdauer, damit Weine mit tiefer Farbe sowie großer Fülle und Lebensdauer entstehen.

Es besteht keine Frage, daß Rollands Philosophie bei manchen führenden Publizisten in Frankreich, insbesondere bei Michel Bettane aus Paris, einem der besten Weinkritiker und -koster Europas, Anklang gefunden hat. Er ist ein entschiedener Anhänger Rollands, von dem er glaubt, er habe den richtigen Weg zur Erzeugung außergewöhnlicher Weine eingeschlagen. Interessant ist immerhin, daß zwei Weine, nämlich Clinet und La Fleur de Gay, seitdem Rolland als Berater herangezogen wurde, neben dem Pétrus bestehen können.

Die Weinberge von Château Bon Pasteur befinden sich nicht gerade in bester Lage. Die 7 ha erstrecken sich in der Nordostecke von Pomerol in der Nähe des Dorfs Maillet. Der Boden weist zwei verschiedene Zusammensetzungen auf; die eine besteht aus Kies und Lehm, die andere ist vorwiegend leichterer, tiefgründiger Kies. Unter Ausnutzung des sehr alten Rebenbestands holt Rolland durch späte Lese, lange Maischdauer und den Ausbau in zu 80 % neuen Eichenfässern das Höchstmögliche aus seinem Weinberg heraus. In den Jahrgängen 1982, 1988, 1989, 1990, 1995 und 1996 beispielsweise erzielte er außergewöhnlich Weine.

JAHRGÄNGE

1997 • 89-91   Sattes, dunkles Rubinpurpurrot leitet über zu einem üppigen Wein mit großer, an Mokka, Brombeeren und Kirschen erinnernder Geschmacksfülle. Bei mittlerem bis vollem Körper und einem Hauch *surmaturité* ist dieser überaus sanfte, volle, ja fast ölige Bon Pasteur schon jetzt unwiderstehlich. Milde Säure, reiche Frucht und viel Glyzerin machen ihn frühzeitig zum Genuß, er hat aber auch die nötige Tiefe und genug Tannin für mindestens 10 bis 12 Jahre weitere Entfaltung. Ein Schlager seines Jahrgangs.
Letzte Verkostung: 3/98.

1996 • 88-90   Dieser Wein liegt nach wie vor auf gutem Entfaltungskurs und ist eine der besseren Leistungen aus Pomerol in diesem Jahrgang. Er zeigt dichtes Rubinpurpurrot und ein exzellentes Aromaprofil von schwarzen Kirschen, Mokka und süßem Eichentoast. Der selbst für einen Pomerol volle, ja fette, aber auch elegante und reintönige Wein präsentiert sich mit schöner Linienführung und Struktur bei moderatem Tannin und feinster Qualität und wird sich gut halten. Voraussichtliche Genußreife: 2002 bis 2015. Letzte Verkostung: 3/98.

1995 • 90   Dieser Wein könnte sich als hervorragend erweisen. Er bietet dunkle Pflaumenfarbe und ein feines Aromaprofil mit Tönen von *pain grillé*, Bleistift, Rauch, schwarzen Kirschen und Johannisbeeren. Im Mund präsentiert sich dieser Bon Pasteur mild, mittelschwer, rund, würzig und saftig mit vollmundigem Abgang.
Voraussichtliche Genußreife: 2001 bis 2012. Letzte Verkostung: 11/97.

1994 • 89   Das für Pomerol charakteristische Merlot-Bukett mit Nuancen von Mokka, Schokolade, Tabak, süßen schwarzen Kirschen und Pflaumen leitet über zu einem mittelschweren Wein mit moderatem Tannin, exzellenter Reintönigkeit, hervorragender Fülle und einem milden Abgang. 3 bis 4 Jahre Kellerreife sind unumgänglich.
Voraussichtliche Genußreife: 2000 bis 2012. Letzte Verkostung: 1/97.

1993 • 88   Dieser Wein mit seinem satten, dunklen Granatrubinrot mit Pflaumenblau ist eine schöne Leistung für den Jahrgang 1993, der übrigens jedem, der Bordeaux-Wein zu vernünftigen Preisen sucht, noch immer gute Gelegenheiten bietet. Der 1993er Bon Pasteur zeigt ein süßes, rauchiges Bukett mit Noten von Kaffee und schwarzen Kirschen, überraschende Fülle, sanfte Art, milde Säure und einen würzigen, kernigen, mittelschweren Abgang. Er ist einer der konzentriertesten, köstlichsten und komplexesten Vertreter dieses Jahrgangs.
Voraussichtliche Genußreife: Jetzt bis 2007. Letzte Verkostung: 1/97.

1992 • 86   Das berühmte Önologen-Team Dany und Michel Rolland hat einen wunderbaren 1992er Bon Pasteur zuwege gebracht. Er ist dunkel rubinrot und bietet ein Bukett von Rauch, Mokka, Schokolade und schwarzen Kirschen, dazu reife Frucht, mittleren Körper, ein tanninherbes Rückgrat, befriedigende Tiefe und mehr Struktur und Nachhaltigkeit als mancher andere 1992er. Er wird sich 5 bis 7 Jahre, vielleicht sogar länger, schön trinken.
Letzte Verkostung: 11/94.

1990 • 91   Der 1990er Bon Pasteur ist als Wein vollkommener als der 1989er, reicher an Fruchtextrakt, milder, voller und expansiver in der Substanz und besitzt eine schöne Strukturgrundlage sowie ein Bukett mit einem eindrucksvollen Maß an Mokka, Schokolade, fülliger Kirschenfrucht, verwoben mit Rauch- und Vanillearomen. Dieser körperreiche, jugendfrische Wein – tatsächlich erscheint er viel jünger, als es bei dem Altersunterschied von 1 Jahr möglich wäre – präsentiert sich hervorragend und dürfte ab dem Ende der 1990er Jahre bis 2015 schönen Genuß bereiten. Letzte Verkostung: 11/96.

1989 • 90   Zwar hat der 1989er Bon Pasteur beim Fachhandel nicht gerade reißenden Absatz gefunden, ich aber habe ihn oft getrunken und ihm stets 89 bis 90 Punkte zuerkannt. Das Bukett bietet ein interessantes Gemisch von Seegras, salzigen Meeresbrisen, Rauch und Schokoladepralinen mit Kirschen. Bei mittlerem bis festem Körper zeigt sich eine feste Tanninherbheit, doch es entfaltet sich auch beträchtliche Komplexität sowie Fülle und Wucht. Dieser köstliche 1989er dürfte noch 10 bis 12 Jahre schön zu trinken sein. Letzte Verkostung: 11/96.

1988 • 89   Der 1988er läßt keine Zweifel aufkommen: tiefes, undurchdringliches Dunkelrubinrot (dunkler als der 1989er) mit einem mächtigen Bukett von Schokolade, Pflaumen, Johannisbeeren und Kräutern – ein körperreicher Wein mit herrlichem Extrakt und beträchtlicher Lebenserwartung.
Voraussichtliche Genußreife: Jetzt bis 2008. Letzte Verkostung: 1/93.

1986 • 87   Der 1986er Bon Pasteur ist ausgezeichnet. Rolland hatte als einer von wenigen Erzeugern mit einem größeren Anteil an Merlot im Rebbestand (90%) das Glück, 1986 einen besseren Wein zuwege zu bringen als 1985. Der 1986er zeigt tief rubinrote Farbe, ein kraftvolles, reichhaltiges, an Toast und Pflaumen erinnerndes Bukett und üppige, mittlere bis schwere Ge-

DIE WEINE VON POMEROL

schmacksfülle, unterstützt von beträchtlichem Tannin. Dieser Wein dürfte relativ bald genußreif sein, dann aber weit über ein Jahrzehnt haltbar bleiben.
Voraussichtliche Genußreife: Jetzt bis 2000. Letzte Verkostung: 3/90.

1985 • 84   Der 1985er ist trinkreif, mild, fruchtig, hat mittleren Körper, jedoch nicht die Konzentration und Struktur großer Jahrgänge.
Voraussichtliche Genußreife: Jetzt. Letzte Verkostung: 3/90.

1984 • 80   Der recht akzeptable 1984er Bon Pasteur ist einer der besseren Pomerols aus diesem Jahrgang – mäßig tief in Farbe und Extrakt, pflaumenduftig und überhaupt der beste Beweis dafür, was Michel Rolland selbst in einem schlechten Jahr herauszuholen imstande ist.
Voraussichtliche Genußreife: Jetzt. Letzte Verkostung: 3/90.

1983 • 85   Der 1983er Bon Pasteur hat reiche Frucht und ein wundervolles Bukett mit dem Duft schwarzer Johannisbeeren. Er ist geschmeidig, sanft und frühreif, ein Wein mit mittlerem Körper, der sich schön trinkt.
Voraussichtliche Genußreife: Jetzt. Letzte Verkostung: 3/90.

1982 • 96   Ich habe diesen Wein aus verschiedenen Kisten mit halben und normalen sowie aus einer Handvoll Magnumflaschen verkostet. Mit Ausnahme einer halben Flasche mit muffigem Geruch war er seit seiner Freigabe 1984 immer ein Hochgenuß. Er ist ein klassischer Pomerol. 1982 hob das renommierte Önologen-Ehepaar Dany und Michel Rolland die Qualität des Bon Pasteur weit über das Terroir hinaus und brachte dadurch einen gewissen amerikanischen Weinkritiker dazu, genauer auf die Arbeit dieser beiden zu achten. Der 1982er war von Anfang an voll und reichhaltig und zeigte die für diesen Jahrgang kennzeichnende sanfte Konsistenz und herrliche Opulenz. Er hat inzwischen einen bernsteingelben Saum angenommen, gibt aber keine Zeichen eines Abbaus in Farbe oder Frucht zu erkennen. Das mächtige Bukett von Toffee, Karamel, süßer schwarzer Frucht, Gewürz und Zedernholz ist geradezu umwerfend. Dieser überaus konzentrierte, körperreiche und seidig-zarte Bon Pasteur mit seiner Fülle und kräftigen Statur bietet mindestens in den nächsten 10 Jahren schönsten Genuß. Er ist einer von den wenigen Bordeaux-Weinen, die niemals eine stumpfe Periode durchgemacht haben.
Letzte Verkostung: 9/95.

1981 • 85   Dieser geschmeidige, reichfruchtige, elegante, würzige und milde Wein mit mittlerem Körper zeigt dickliche, an Mokka und schwarze Johannisbeeren erinnernde Fruchtigkeit, harmonische, füllige Art, unmittelbare Zugänglichkeit, und er ist voll ausgereift.
Voraussichtliche Genußreife: Jetzt. Letzte Verkostung: 12/90.

1980 • 82   Der in diesem schwierigen Jahrgang sehr gut gelungene Bon Pasteur ist ein milder, mittelschwerer Wein mit schöner Reife und saftiger, milder Art.
Voraussichtliche Genußreife: Jetzt – vermutlich im Nachlassen. Letzte Verkostung: 6/84.

1979 • 78   Dem 1979er fehlte von Anfang an der generöse, reife, reichfruchtige Charakter, der mir so gut gefällt und den ich mit dem Wein aus diesem Gut nun einmal verbinde. Dieser aber ist zwar sauber bereitet, wirkt jedoch karg und recht mager.
Voraussichtliche Genußreife: Jetzt. Letzte Verkostung: 6/84.

1978 • 86   Der gut gelungene 1978er Bon Pasteur hat Karamel, Toast, Kräuter und Kaffee im Bukett. Er ist reichlich ausgestattet, voll, konzentriert, mit vielschichtiger reifer Merlot-Frucht und einem langen, alkoholstarken, sanften Abgang. Er ist einer der besten Pomerols aus diesem Jahrgang.
Voraussichtliche Genußreife: Jetzt. Letzte Verkostung: 1/90.

BORDEAUX

BONALGUE
Ohne Klassifizierungsrang

GUT

Lage der Weinberge: Pomerol

Besitzer: Pierre Bourotte
Adresse: Vignobles Pierre Bourotte S.A., 16, rue Faidherbe, 33502 Libourne Cedex
Postanschrift: Vignobles Pierre Bourotte S.A., B.P. 79, 33502 Libourne Cedex
Telefon: 33 5 57 51 62 17 – Telefax: 33 5 57 51 28 28

Besuche: nur nach Vereinbarung
Kontaktpersonen: Pierre Bourotte und Ludovic David

ROTWEIN

Rebfläche: 6,5 ha

Durchschnittliches Rebenalter: 25 Jahre

Rebbestand: 80% Merlot, 20% Cabernet Franc

Pflanzdichte: 5500 Reben/ha

Ertrag (im Durchschnitt der letzten 5 Jahre): 45 hl/ha

Durchschnittliche Jahresproduktion insgesamt: 2500 bis 3000 Kisten

GRAND VIN

Name: Château Bonalgue

Appellation: Pomerol

Durchschnittliche Jahresproduktion: 2000 bis 2500 Kisten

Verarbeitung und Ausbau: Lange Gär- und Maischdauer. 12 bis 18 Monate Ausbau in jährlich zur Hälfte erneuerten Eichenfässern.

ZWEITWEIN

Name: Château Burgrave

Durchschnittliche Jahresproduktion: 2500 Kisten

Beurteilung: Entspricht qualitativ einem Cru Bourgeois aus dem Médoc

Genußreife: 4 bis 10 Jahre nach dem Jahrgangsdatum

Bonalgue ist ein relativ unbekanntes Gut in Pomerol, aber seine Qualität ist gleichmäßig sauber und in Spitzenjahren sogar sehr gut. Der Weinberg liegt auf einem Gemisch von Kies- und Sandboden unmittelbar am Ortseingang von Libourne hinter der Rennbahn an der RN 89. Er liefert tiefdunklen, stämmigen, vollmundigen Wein, dem es an Komplexität, nicht aber an Charakter, Frucht oder vollmundiger, genußreicher Art fehlt.

DIE WEINE VON POMEROL

JAHRGÄNGE

1997 • 85-86   Eine beständig gute Quelle für volle, attraktive Weine mit milder Säure, die sich jung schön trinken, aber auch recht gut halten. Der 1997er Bonalgue hat noch mildere Säure und ist noch aufgeschlossener als andere Jahrgänge; er zeigt tief rubinrote Farbe, reichliche reife Pflaumen- und Kirschenfrucht, sanfte Art, gutes Glyzerin und im offen gewirkten Abgang kaum einen Tanninbiß. Dieser Wein dürfte sich 4 bis 5 Jahre gut trinken lassen.
Letzte Verkostung: 3/98.

1996 • 85-86   Ein Pomerol mit relativ fetter, aufgeschlossener Art, einem Eichenton und fast überreifem Geschmack (in Form einer Dörrpflaumennuance). Der sanfte, reife, auffallend eichenwürzige, mittelschwere 1996er mit seiner milden Säure möchte in den ersten 5 bis 6 Lebensjahren getrunken werden. Letzte Verkostung: 3/98.

1995 • 86   Dunkles Rubinrot, süße, reife Beerenfrucht und ein Aroma von gerösteten Erdnüssen zeichnen den sanften, runden, samtigen 1995er Bonalgue aus, der milde Säure und moderate Gewichtigkeit aufweist – ein attraktiver Wein für baldigen Genuß.
Voraussichtliche Genußreife: Jetzt bis 2004. Letzte Verkostung: 11/97.

1989 • 85   Der 1989er steht nicht weit hinter dem 1982er zurück. Er ist tief rubinpurpurrot, hat ein vordergründiges, aber verlockendes Bukett von süßen, füllligen Brombeeren – dieser sanfte, trügerisch eingängige, generös ausgestattete Wein trinkt sich bei weitem zu süffig für seine 13 und mehr Prozent an Alkohol, aber langlebig wird er nicht sein.
Voraussichtliche Genußreife: Jetzt. Letzte Verkostung: 4/91.

1988 • 83   Der 1988er hat mehr Tannin als der 1989er, er ist würzig und im Stil härter, hat aber den reichen, dunkelfruchtigen Charakter von Bonalgue schön bewahrt. Dieser Wein mit seinem mittelschweren Körper dürfte jetzt auf seinem Gipfel sein.
Voraussichtliche Genußreife: Jetzt. Letzte Verkostung: 4/91.

1986 • 82   Der 1986er ist etwas leicht und nicht so eindrucksvoll, wie ich gehofft hatte, aber er bietet schlichte Pflaumenfrucht bei schönem Extrakt und einem milden, sanften Abgang. Er sollte in den nächsten 3 bis 4 Jahren getrunken werden.
Voraussichtliche Genußreife: Jetzt. Letzte Verkostung: 3/90.

1985 • 85   Der 1985er zeigt einen gesunden Schuß an rauchigem Aroma von frischem Eichenholz und hat üppigen, mittelschweren Geschmack, ist vollgepackt mit Beerenfrucht und hat im Abgang mildes Tannin.
Voraussichtliche Genußreife: Jetzt. Letzte Verkostung: 3/89.

1984 • 78   Der recht würzige und robuste, aber ein wenig derbe und uncharmante 1984er Bonalgue dürfte sich noch eine kleine Weile schön trinken.
Voraussichtliche Genußreife: Jetzt. Letzte Verkostung: 3/88.

BOURGNEUF
Ohne Klassifizierungsrang

GUT

Lage der Weinberge: bei Bourgneuf, im Herzen von Pomerol, gleich neben Trotanoy

Besitzer: Xavier Vayron
Adresse: 1, le Bourgneuf, 33500 Pomerol
Telefon: 33 5 57 51 42 03 – Telefax: 33 5 57 25 01 40

Besuche: vorzugsweise nach Vereinbarung, täglich von 9 bis 12 und von 14 bis 19 Uhr
Kontaktperson: M. und Mme Xavier Vayron

BORDEAUX

ROTWEIN

Rebfläche: 9 ha

Durchschnittliches Rebenalter: 40 Jahre

Rebbestand: 90 % Merlot, 10 % Cabernet Franc

Pflanzdichte: 6000 Reben/ha

Ertrag (im Durchschnitt der letzten 5 Jahre): 40 hl/ha

Durchschnittliche Jahresproduktion insgesamt: 380 hl

GRAND VIN

Name: Château Bourgneuf

Appellation: Pomerol

Durchschnittliche Jahresproduktion: 360–380 hl

Verarbeitung und Ausbau: Langsame Vinifikation, 15 bis 20 Tage in temperaturgeregelten Betontanks. 10 bis 12 Monate Ausbau in jährlich zu $1/5$ erneuerten Eichenfässern. Der Wein wird mit Eiweiß geschönt und schonend gefiltert. Zwischen Lese und Abfüllung liegen 22 Monate.

Kein ZWEITWEIN

Beurteilung: Entspricht qualitativ einem Cru Bourgeois aus dem Médoc

Genußreife: 5 bis 10 Jahre nach dem Jahrgangsdatum

Angesichts der guten Lage des Weinbergs mitten in der Appellation auf dem Plateau, unmittelbar westlich von Trotanoy, kann ich mich nur wundern, warum von Bourgneuf keine besseren Weine kommen. Vielleicht sind die robust eindrucksvollen 1995er und 1996er Vorboten besserer Dinge. Die Erträge liegen in vernünftigem Rahmen, und wenn man mit den Besitzern spricht, dann sieht man sofort, daß sie sehr wohl auf traditionelle Weinbereitung achten. Das alles verwirrt mich, denn was ich bisher zu kosten bekommen habe, waren monolithische, eindimensionale Weine mit sehr kräftigem Körper und viel Tannin; woran es fehlt, ist die untergründige Eleganz, die Finesse und die sogenannte «Rasse». Ein altes Weingut mit großem Potential.

JAHRGÄNGE

1997 • 86-87   In den letzten Jahren produziert Bourgneuf besseren Wein. Nach wohlgelungenen Leistungen in 1995 und 1996 ist nun der 1997er ein prächtiger, lebendiger Pomerol mit reichlich Körper- und Geschmacksfülle. Die satte, tief purpurrote Farbe geht einher mit einem provokativ würzigen Aromaprofil von gerösteten Kräutern, Vanillin, *pain grillé*, Kaffee sowie frischen und gedörrten Pflaumen. Der Wein zeigt exzellente Reife, vollen Körper (ungewöhnlich in diesem Jahrgang) und einen muskulösen, anhaltenden Abgang. Er hat moderates Tannin und deshalb wohl höhere Lebenserwartung als die meisten 1997er.
Voraussichtliche Genußreife: 2001 bis 2012. Letzte Verkostung: 3/98.
1996 • 86-87   Der 1996er erweist sich als attraktiver Pomerol mit dunkel rubinpurpurroter Farbe und Süßkirschenaroma, verwoben mit Nuancen von Süßholz und Vanillin. Exzellente Reife, gute Vollmundigkeit und milde, üppige, vordergründig ansprechende Art verleihen diesem Wein beträchtlichen Charme. Er dürfte sich über 10 bis 12 Jahre hinweg schön trinken lassen.
Letzte Verkostung: 3/98.

1995 • 89   Der 1995er Bourgneuf, ein Schlager seines Jahrgangs, ist wohl der feinste Wein, den ich aus diesem Gut je gekostet habe. Seine Farbe ist ein tief dunkles Purpurrot, das verschlossene, aber vielversprechende Aromaprofil zeigt Schwarzkirschen- und Himbeerfrucht mit einer Kaffeenuance. Dieser mittelschwere bis körperreiche, wuchtige, im Eingang schwer bepackte, vollmundige Pomerol wirkt kräftig, heftig und deftig. Wenn dieser exzellente, vollreife Wein auch noch Komplexität entwickelt, dann verdient er eine hervorragende Punktnote. Voraussichtliche Genußreife: 2000 bis 2014. Letzte Verkostung: 11/97.
1994 • 84   Dem herben, schlanken, aber kräftigen und fest strukturierten 1994er dürfte am Ende doch die nötige Frucht und Extraktfülle als Gegengewicht zum Tannin fehlen. Voraussichtliche Genußreife: 2000 bis 2008. Letzte Verkostung: 1/97.
1994 • 85   Eine gewisse Rauheit und Rustikalität gehen einher mit süßer Frucht, mittlerem Körper, kerniger Geschmacksfülle, kräftiger Farbe und einem würzigen Abgang. Der 1993er Bourgneuf will in den nächsten 5 bis 7 Jahren getrunken werden. Letzte Verkostung: 1/97.
1992 • 74   Mitteldunkles Rubinrot und ein leichtes, vor allem von nicht ganz reifer Frucht geprägtes Bukett kennzeichnen diesen schlichten, eindimensionalen Wein, der an zuviel Tannin und einer vegetabilen, grünen Art leidet. Nicht gerade eindrucksvoll. Am besten austrinken. Letzte Verkostung: 11/94.
1990 • 87   Mit tief dunklem Rubinrot und einem mächtigen pflaumig-würzigen, an Überreife grenzenden Bukett präsentiert sich dieser üppige, volle, kernige Wein als der eindrucksvollste Bourgneuf seit Jahren. Voraussichtliche Genußreife: Jetzt bis 2002. Letzte Verkostung: 1/93.
1989 • 84   Der 1989er Bourgneuf ist ein stämmiger, reifer, vierschrötiger Wein mit überreicher Frucht, gutem Körper und mildem Tannin im alkoholstarken Abgang. Voraussichtliche Genußreife: Jetzt. Letzte Verkostung: 1/93.
1988 • 82   Dem 1988er fehlt es an Frucht und an der kräftigen Art des 1989ers, dennoch ist er ein achtbarer, schlichter, mittelschwerer Pomerol, der sich in den nächsten 5 bis 7 Jahren schön trinken läßt. Letzte Verkostung: 1/93.
1986 • 84   Der 1986er läßt kluge Verwendung von würzigem, rauchigem Eichenholz sowie wunderbar geschmeidige, vollmundige Fruchtigkeit, einen guten, langen Abgang und schlichten Stil erkennen. Voraussichtliche Genußreife: Jetzt. Letzte Verkostung: 3/90.
1985 • 82   Der 1985er ist typisch für dieses Weingut: dick, pflaumenwürzig, vierschrötig, aber im wesentlichen einfach und traubenfruchtig. Voraussichtliche Genußreife: Jetzt. Letzte Verkostung: 3/89.

LA CABANNE
Ohne Klassifizierungsrang

Lage der Weinberge: Pomerol

Besitzer: J.-P. Estager
Adresse: 33500 Pomerol
Postanschrift: 33 à 41, rue de Montaudon, 33500 Libourne
Telefon: 33 5 57 51 04 09 – Telefax: 33 5 57 25 13 38

Besuche: nur nach Vereinbarung
Kontaktperson: François Estager

ROTWEIN

Rebfläche: 10 ha

Durchschnittliches Rebenalter: 30 Jahre

BORDEAUX

Rebbestand: 94% Merlot, 6% Cabernet Franc

Pflanzdichte: 5800 Reben/ha

Ertrag (im Durchschnitt der letzten 5 Jahre): 47 hl/ha

Durchschnittliche Jahresproduktion insgesamt: 470 hl

GRAND VIN

Name: Château La Cabanne

Appellation: Pomerol

Durchschnittliche Jahresproduktion: 60 000 Flaschen

Verarbeitung und Ausbau: Vinifikation 20 Tage in temperaturgeregelten Edelstahl- und Kunststofftanks. Malolaktische Säureumwandlung im Tank, anschließend 14 bis 18 Monate Ausbau in zu 60% neuen Eichenfässern. Der Wein wird geschönt und gefiltert.

ZWEITWEIN

Name: Domaine de Compostelle

Durchschnittliche Jahresproduktion: je nach Jahrgang unterschiedlich

Beurteilung: Entspricht qualitativ einem Cru Bourgeois aus dem Médoc

Genußreife: 5 bis 12 Jahre nach dem Jahrgangsdatum

Dieses Gut wird von Jean-Pierre Estager, einem der echten Gentlemen von Pomerol, geleitet. Ihm gehört nicht nur Château La Cabanne, sondern er hat auch Besitzungen in Montagne-St-Emilion (Château La Papeterie), und ein weiteres Weingut in Pomerol (Château Haut-Maillet) hat er gepachtet. Die ansehnliche Produktion von La Cabanne wird international vertrieben – ein solid bereiteter, fülliger Pomerol mit rustikalem Aroma von staubiger, zedernholzduftiger, pflaumenwürziger Frucht, begleitet von generöser, oft etwas derber Art ohne große Finesse, dafür mit übermäßig viel Tannin. Wenn nun dieser Wein auch nicht gerade überwältigend ausfällt, so ist er doch zuverlässig bereitet und hält dem Zahn der Zeit lange stand. Die Weinberge sind stark zerstückelt, das Château selbst aber liegt im Herzen von Pomerol, nicht weit vom berühmten Château Trotanoy.

JAHRGÄNGE

1995 • 86   Der 1995er ist eine sanftere, mildere, nicht so klar gezeichnete Version des 1994ers. Er hat sich in der Mitte noch nicht recht aufgefüllt und scheint nicht die Wucht und den Biß des Vorgängers zu besitzen. Dessenungeachtet ist er ein attraktiver, mittelschwerer Wein mit exzellenter Reintönigkeit und Reife. Gewinnt er am Gaumen auch Fülle, dann wird er eine Punktnote in den oberen 80 verdienen. Er muß aber wohl recht früh getrunken werden, denn die Lebenserwartung des 1994ers hat er nicht.
Letzte Verkostung: 11/97.
1994 • 87   Der 1994er La Cabanne ist ein überraschend voller, wuchtiger, konzentrierter Wein, der eine neue Stilrichtung für dieses (lange Zeit für leichte Pomerols bekannte) Gut darstellt. Einige Monate vor der Abfüllung zeigt dieser Wein viel kräftige Frucht von schwarzen Kirschen, ausgezeichnete Farbsättigung und reichlich Tiefe und Fülle. Milde Säure, guter Biß und moderates Tannin machen ihn bereits in der Jugend zugänglich, ich nehme aber an, daß er sich gute 10 Jahre halten wird. Letzte Verkostung: 3/96.

DIE WEINE VON POMEROL

1993 • 77   Gute, saubere, würzige, aber leichte Frucht geht einher mit einem schlanken, festen, tanninstrengen Wein, dem es an Tiefe und Reife fehlt. Er sollte in den nächsten 7 bis 8 Jahren getrunken werden. Letzte Verkostung: 11/94.

1992 • 80   Der 1992er La Cabanne ist typisch für viele Weine aus diesem Jahrgang. Er bietet ein unkompliziertes, aber attraktiv fruchtiges, reifes Bukett, leichten bis mittleren Körper, sanftes Tannin und milde Säure und wird sich 4 bis 6 Jahre halten. Letzte Verkostung: 11/94.

1990 • 84   Das süße, fruchtige, eichenwürzige Aroma des 1990ers geht einher mit guter, sanfter Substanz und einem ordentlichen Abgang. Letzte Verkostung: Jetzt bis 2000.
Letzte Verkostung: 1/93.

1989 • 84   Der 1989er hat aufgrund der Eigenart des Jahrgangs mehr Frucht, Alkohol und Tannin als gewöhnlich. Er zeigt auch leichtes rauchiges Eichenholzaroma und gute dunkelrubinrote Farbe – ein reichfruchtiger, milder Pomerol mit mittlerem Körper, der sich in der Jugend gut trinken lassen dürfte.
Voraussichtliche Genußreife: Jetzt. Letzte Verkostung: 1/93.

1988 • 82   La Cabanne produziert oft eingängige, gefällige Pomerols in einem leichteren Stil. Der 1988er ist solch ein leichter, eichenholzwürziger Wein mit sauberem, aber nicht gerade aufregendem Charakter. Genußreif ist er in den nächsten 3 bis 5 Jahren.
Letzte Verkostung: 3/93.

1986 • 73   Der 1986er ist außerordentlich leicht und hat wässerig-verdünnten Geschmack, der auf die übergroßen Erträge beim Merlot in diesem Jahr hinweist. Dieser Wein mit mittlerem Körper will in den nächsten Jahren getrunken sein.
Voraussichtliche Genußreife: Jetzt. Letzte Verkostung: 3/90.

1985 • 74   Der 1985er hat ein leichtes, kirschenfruchtiges Bukett sowie einfachen, angenehmen, aber nicht besonders interessanten Geschmack. Letzte Verkostung: 3/89.

1984 • 80   Der ein wenig karge, aber gewiß überdurchschnittliche 1984er La Cabanne zeigt ordentliche Reife und Frucht.
Voraussichtliche Genußreife: Jetzt. Letzte Verkostung: 3/88.

1982 • 72   Dieses Leichtgewicht hält sich nur noch knapp am Leben und zeigt einen stark bernsteingelben Saum, staubige, verwaschene Aromen und schmalbrüstigen, kompakten Geschmack, dem es an Konzentration und Komplexität fehlt. Zukunft hat er keine mehr.
Letzte Verkostung: 9/95.

CERTAN-GIRAUD
Ohne Klassifizierungsrang

SEHR GUT

Lage der Weinberge: auf dem Plateau von Certan in Pomerol

Besitzer: Société Civile des Domaines Giraud
Adresse: Château Certan-Giraud, 33500 Pomerol
Postanschrift: 1, Grand Corbin, 33330 St-Emilion
Telefon: 33 5 57 74 48 94 – Telefax: 33 5 57 74 47 18

Besuche: nur nach Vereinbarung
Kontaktperson: Philippe Giraud

ROTWEIN

Rebfläche: 7,5 ha

Durchschnittliches Rebenalter: 30 Jahre

Rebbestand: 80 % Merlot, 20 % Cabernet Franc

BORDEAUX

Pflanzdichte: 5500 Reben/ha

Ertrag (im Durchschnitt der letzten 5 Jahre): 52 hl/ha

Durchschnittliche Jahresproduktion insgesamt: 394 hl

GRAND VIN

Name: Château Certan-Giraud

Appellation: Pomerol

Durchschnittliche Jahresproduktion: 394 hl

Verarbeitung und Ausbau: Vinifikation etwa 3 Wochen in offenen Betontanks, je nach Jahrgang. Nach malolaktischer Säureumwandlung 12 bis 14 Monate Ausbau in Eichenfässern. Der Wein wird geschönt, aber nicht gefiltert.

Kein ZWEITWEIN

Beurteilung: Entspricht qualitativ einem 5ème Cru aus dem Médoc

Genußreife: 3 bis 10 Jahre nach dem Jahrgangsdatum

Bedenkt man, daß Pétrus, Certan de May und Vieux-Château-Certan die unmittelbaren Nachbarn von Certan-Giraud sind, dann dürfte es kaum unvernünftig sein anzunehmen, daß die Weine aus diesem Gut etwas Besonderes zu bieten haben. Der zwischen diese hochrenommierten Châteaux auf dem berühmten Plateau von Pomerol eingeschobene Weinberg bringt denn auch tatsächlich Weine in hoher Qualität und in der typisch reichhaltigen, fülligen, fruchtigen Art hervor.

Die Gewächse von Certan-Giraud kletterten stetig auf der Qualitätsskala aufwärts, bis 1984 aus ungeklärten Gründen eine Flaute einsetzte. Neuere Jahrgänge lassen eine Rückkehr zum reifen, runden, saftigen Stil erkennen, der früher den Certan-Giraud in Frankreich wie im Ausland zu einem populären Wein gemacht hatte.

Einen preiswerteren Pomerol als aus diesem Château kann man auf dem prestigeträchtigen Plateau nicht bekommen. Der kieshaltige Boden des Weinbergs gibt eine der besten Lagen in Pomerol ab; die Verwendung neuer Eichenfässer und eine lange Maischdauer können der Weinqualität nur förderlich sein. Manche Beobachter sagen, die Familie Giraud habe die Erträge zu stark ansteigen lassen, und darauf sei der Qualitätsrückgang bei den Weinen nach 1982 zurückzuführen gewesen. Jedenfalls ist dieses Weingut durchaus ernstzunehmen, und übrigens produzieren seine Besitzer auch den feinen Château Corbin in St-Emilion.

JAHRGÄNGE

1997 • ?   Der 1997er Certan-Giraud schien betrüblich säurearm (wo ich doch säurereiche Weine gar nicht mag). Überzogen reifer, an Dörrpflaumen und Erde gemahnender Geschmack läßt einen fetten, formlosen Wein zustande kommen, dem es an Linienklarheit und Struktur mangelt. Es dürfte interessant sein, diesen Wein nach 5 bis 6 weiteren Monaten Faßausbau erneut zu verkosten. Mein Urteil ist noch nicht endgültig. Letzte Verkostung: 3/98.

1996 • 86-87   Ich habe bei diesem Wein eine gewisse Unterschiedlichkeit vorgefunden, doch bei den meisten Degustationen erwies er sich als dichter, fetter, reifer Pomerol mit milder Säure und mit Aromen von Dörrpflaumen, fülligen schwarzen Kirschen, Rauch und getrockneten Kräutern im reifen, lebendigen Duft. Der vollschlanke, saftige, mittelschwere bis körperreiche Geschmack wirkt für den Jahrgang weit entwickelt, aber ansprechend und köstlich. Voraussichtliche Genußreife: Jetzt bis 2007. Letzte Verkostung: 3/98.

1995 • 87   Der für dieses Gut typische 1995er erweist sich als sehr feiner Pomerol mit süßem, fülligem, an Überreife grenzendem Geschmack. Er zeigt tief rubinrote Farbe und ein lebendiges Aromaprofil von Rauch und schwarzer Frucht. Am Gaumen findet sich deutliches Glyzerin vor, hinzu kommen mittlerer bis voller Körper, milde Säure sowie viel Kraft, Saft und Fülle in diesem vollmundigen, schmackhaften, schwelgerisch üppigen Wein.
Voraussichtliche Genußreife: Jetzt bis 2009. Letzte Verkostung: 11/97.

1994 • 87   Der 1994er scheint an Gewichtigkeit zugelegt zu haben und wirkt klarer gezeichnet und reichhaltiger als der offen gewirkte 1995er. Er hat dunkle Pflaumenfarbe und ein süßes, fülliges Aroma mit Nuancen von Dörrpflaumen, Johannisbeeren und Kirschen. Dieser sanfte, vollschlanke, üppige, köstliche Pomerol will in den nächsten 5 bis 8 Jahren getrunken werden.
Letzte Verkostung: 3/96.

1993 • 86   Aus diesem Gut kommen oft vollschlanke, nicht ganz konturenscharfe, aber üppig fruchtige, manchmal fette, saftige Weine, die am besten in den ersten 6 bis 10 Lebensjahren genossen werden. Der vollmundige, reintönige 1993er wirkt zwar monolithisch, hat aber gute Frucht und ist nicht mit übermäßig viel Tannin befrachtet. Er sollte in den nächsten 6 bis 8 Jahren getrunken werden. Letzte Verkostung: 11/94.

1990 • 87   Der 1990er wirkte im Faß recht diffus und fruchtig und ist nun aus der Flasche deutlich eindrucksvoller. Er zeigt sich reichhaltig, dicht und wohlausgestattet – ein opulenter, kerniger, vollbepackter Wein, der mich an den 1982er erinnert. Zu trinken sein wird er in den nächsten 10 bis 12 Jahren. Letzte Verkostung: 1/93.

1989 • 87   Der 1989er macht inzwischen einen weit besseren Eindruck. Schwarzrubinrote Farbe und ein berauschend intensives Bukett von schwarzen Johannisbeeren zeichnen diesen samtigen, kräftig gebauten, reichhaltigen, alkoholstarken Wein aus, der zwar geringe Säure, aber kräftiges Tannin aufweist.
Voraussichtliche Genußreife: Jetzt bis 2001. Letzte Verkostung: 1/93.

1988 • 85   Der reife, mittelschwere, vollmundige, aber schlichte 1988er Certan-Giraud ist ein attraktiver Wein, der im Lauf der nächsten 3 bis 6 Jahre schönen Genuß bieten dürfte.
Letzte Verkostung: 1/93.

1986 • 78   Der 1986er Certan-Giraud ist wässrig, eindimensional und im Vergleich mit den in diesem Weingut im Lauf des letzten Jahrzehnts entstandenen Weinen enttäuschend. Ihm hätte ein höherer Anteil neuer Eichenfässer und eine strengere Auslese oder vielleicht auch nur überhaupt eine Auslese bestimmt gutgetan.
Voraussichtliche Genußreife: Jetzt. Letzte Verkostung: 3/90.

1985 • 84   Der 1985er ist vollgepackt mit Frucht und zeigt sehr wenig Säure, daher sollte man seine zarte, sanfte Art jetzt genießen.
Voraussichtliche Genußreife: Jetzt. Letzte Verkostung: 3/90.

1984 • 78   Dieser schöne rubinrote, würzige, milde, etwas metallische Wein mit seinem leichten Körper sollte möglichst bald getrunken werden.
Voraussichtliche Genußreife: Jetzt. Letzte Verkostung: 3/88.

1983 • 87   Der Certan-Giraud ist einer der allerbesten Pomerols aus diesem Jahrgang: dunkel rubinrot, mit einem kräftigen, reifen Bukett, in dem sich die Frucht schwarzer Kirschen mit dem Duft frischer Gartenkräuter und überreifer Tomaten mischt – ein dichter, öliger, körperreicher Wein mit mäßigem Tannin, schöner Reichhaltigkeit, Fülle und tiefer Konzentration, der beträchtlichen Genuß zu bieten hat.
Voraussichtliche Genußreife: Jetzt. Letzte Verkostung: 12/90.

1982 • 88   Aufgrund dessen, daß dieser Wein sich schon im ersten Jahrzehnt so gut trinken ließ, hatte ich damit gerechnet, stärkere Alterserscheinungen an ihm zu finden. Dessenungeachtet zeigt er nach wie vor dichtes, dunkles Rubinpurpurgranatrot. Das Bukett weist süße, füllige, erdige Noten von Tabak, Mokka, Schokolade und Beerenfrucht auf. Dieser körperreiche, vollmundige, sanfte Wein mit seiner öligen Konsistenz ist einer der feinsten Certan-Girauds, die es je gegeben hat. Ursprünglich meinte ich, er müßte bis 1995 ausgetrunken werden, freue mich aber sagen zu dürfen, daß er noch weitere 4 bis 5 Jahre Aufbewahrung verträgt. Letzte Verkostung: 9/95.

1981 • 84   Der 1981er ist zwar nicht so großartig wie der 1982er und 1983er, aber dennoch attraktiv, fruchtig und köstlich, dabei aufgeschlossen und genußreif. Seine Farbe ist dunkelrubinrot, sein Bukett mäßig intensiv und pflaumenduftig, der Körper mittel bis voll, das Tannin sehr leicht und der Abgang rund und sanft.
Voraussichtliche Genußreife: Jetzt – vermutlich im Nachlassen.
Letzte Verkostung: 6/84.

Certan de May
Ohne Klassifizierungsrang

AUSGEZEICHNET

Lage der Weinberge: Pomerol

Besitzerin: Mme Barreau-Badar
Adresse: 33500 Pomerol
Telefon: 33 5 57 51 43 53 – Telefax: 33 5 57 51 88 51

Besuche: nur nach Vereinbarung
Kontaktperson: Jean-Luc Barreau oder Mme Barreau-Badar

ROTWEIN

Rebfläche: 5 ha

Durchschnittliches Rebenalter: 40 Jahre

Rebbestand: 70 % Merlot, 25 % Cabernet Franc, 5 % Cabernet Sauvignon

Pflanzdichte: 5500 Reben/ha

Ertrag (im Durchschnitt der letzten 5 Jahre): 40 hl/ha

Durchschnittliche Jahresproduktion insgesamt: 25 000 Flaschen

GRAND VIN

Name: Certan de May de Certan

Appellation: Pomerol

Verarbeitung und Ausbau: Vinifikation 4 bis 6 Wochen in Edelstahltanks; anschließend 14 bis 16 Monate Ausbau in zu 40 % neuen Eichenfässern. Der Wein wird geschönt, aber nicht gefiltert.

Kein ZWEITWEIN

Beurteilung: Entspricht insbesondere seit 1979 einem 2ème Cru aus dem Médoc

Genußreife: 6 bis 20 Jahre nach dem Jahrgangsdatum

Das kleine Juwel von einem Weingut ist zu einem Stern am Firmament von Pomerol aufgestiegen. Der Weinberg befindet sich in allerbester Lage auf der höchsten Erhebung von Pomerol zwischen Vieux-Château-Certan und Pétrus. Jahrelang wurde sein Wein in einem anderen Château bereitet, aber seit 1974 hat die derzeitige Eigentümerin Madame Odette Barreau-Badar gemeinsam mit ihm Sohn Jean-Luc die Sache bis ins kleinste Detail in die Hand genommen. Das

Ergebnis zeigte sich in einer Reihe von bemerkenswert vollen, konzentrierten Pomerols, die das Weingut in die vorderste Reihe der Appellation gerückt haben.

Es gibt eine ganze Menge von Gründen dafür, daß der Certan de May seit 1976 als einer der vielversprechendsten Weine von Pomerol in Erscheinung getreten ist. 1976 wurden nämlich die alten hölzernen Gärfässer durch Edelstahltanks ersetzt, außerdem konnte Jean-Luc Barreau seine wachsende Handlungsfreiheit zu mehreren Maßnahmen nutzen, denen zweifellos die bessere Qualität des Certan de May zu verdanken ist. So wird jetzt die Lese möglichst spät durchgeführt, außerdem sorgt eine extrem lange Maischdauer – fast 1 Monat – für außerordentlich großen Extraktreichtum, undurchdringlich schwarzpurpurrote Farbe und gewaltigen Tanningehalt für lange Lebensdauer. Im Ausbau werden zu 40% neue Eichenfässer benutzt und dabei eine vollendete Verbindung zwischen dem Aroma von frischem Eichenholz und der reifen, konzentrierten Frucht erreicht.

Allerdings entsteht auf diese Weise nicht etwa ein Pomerol, der sich schon in jungen Jahren trinken läßt. Die meisten besseren Jahrgänge seit Mitte der siebziger Jahre brauchten mindestens 7 bis 10 Jahre Flaschenreife, bevor sie größere Fortentwicklung an den Tag legten. Leider ist Certan de May, bislang einer meiner Favoriten unter den Weingütern in Pomerol, seit dem Ende der 1980er Jahre dann doch wieder zunehmend unbeständig geworden.

JAHRGÄNGE

1997 • 78-83? Dieser mitteldunkel rubinrote Wein ist ziemlich vegetabil und zeigt ausgeprägte Aromen von Paprika, Kräutern und Oliven. Im Mund erscheinen das kräftige Tannin und die karge, kantige Persönlichkeit bei mittlerem Körper ohne Charme und Frucht – alles in allem überaus grün und wenig eindrucksvoll. Letzte Verkostung: 3/98.

1996 • 86-87 Dieser dunkel rubinpurpurrote Certan de May mit granatrotem Schimmer ist herb, muskulös, kernig und zeigt grasige Beerenfrucht mit einem Anflug von Tabak bei mittlerem bis vollem Körper, kräftigem Tannin und einem kargen, würzigen, adstringierenden Abgang. Der Wein hat seinen Zusammenhalt noch nicht gefunden. Er besitzt zwar Kraft und Tiefe, doch sein Tannin ist trocken und hart.
Voraussichtliche Genußreife: 2003 bis 2016. Letzte Verkostung: 3/98.

1995 • 90+ Der 1995er, ein eindrucksvoller Certan de May, zeigt dicht rubinpurpurrote Farbe und ein mäßig intensives Aroma von schwarzen Oliven, Zedernholz, Himbeeren und Kirschen, verflochten mit Eichentoast. Auch im Mund ist die Eichenwürze deutlich, ebenso das kräftige Tannin. Dessenungeachtet zeigt der Wein schöne Tiefe und vielschichtige, konzentrierte Art mit beträchtlicher Muskulatur und Wucht – ein kraftvoller, noch nicht ausentwickelter, gewaltig ausgestatteter Certan de May, der sich als der feinste Wein aus diesem Gut seit dem 1988er erweisen dürfte, allerdings verlangt er viel Geduld.
Voraussichtliche Genußreife: 2006 bis 2020. Letzte Verkostung: 11/97.

1994 • 87 Mit seiner dunkel rubinpurpurroten Farbe und dem charakteristischen Certan-de-May-Duft von gerösteten Erdnüssen, sowie Kräutern, schwarzen Kirschen und Johannisbeeren erinnert dieser Wein an den vollmundigen, offen gewirkten 1983er. Er hat moderates Tannin, ist überraschend weit entwickelt, mild und in der Art ansprechend. Wer ihn genießen will, muß jedoch eine starke krautige Note in Kauf nehmen. Dieser Wein wird sich 10 bis 12 Jahre lang gut halten. Letzte Verkostung: 1/97.

1993 • ? Leider wiesen die verkosteten Proben einen dumpfigen, an feuchte Keller und altes, verschimmeltes Holz erinnernden Charakter auf, der das Aromaprofil des Weins beherrschte. Das war bedauerlich, denn ansonsten zeigte der 1993er Certan de May kräftige Farbe, eine reife, körperreiche, wuchtige Konstitution und moderates Tannin in einem langen, kraftvollen, ausdrucksstarken Abgang. Ein Urteil behalte ich mir vor.
Letzte Verkostung: 11/94.

BORDEAUX

1992 • 87? Zuerst die gute Nachricht: Der 1992er Certan de May ist offensichtlich ein wuchtiger, konzentrierter Wein, bei dem die intensiv krautige Seite erfreulich gedämpft erscheint. Das Resultat ist ein Wein mit kraftvoll reichem Duft von schwarzen Johannisbeeren, vereint mit Noten von rauchigem Eichenholz, Tabak und Kräutern, bei mittlerem bis vollem Körper, sanfter, seidiger Art, exzellenter Konzentration, milder Säure und weichem Tannin. Er dürfte schon bei der Freigabe genußreif sein, sich aber auch 10 bis 12 Jahre lang gut halten. Die schlechte Nachricht lautet, daß manche Flaschen im Bukett, allerdings nicht im Geschmack, dumpfigen, feuchten Karton aufweisen. Wenn es sich nicht um schlechte Korken handelt, wäre es dann möglich, daß bei der Herstellung oder Reinigung der Fässer Dampf angewendet wurde, so daß sich Feuchtigkeit im Holz festsetzt, die nun den lästigen Geruch verursacht? Letzte Verkostung: 11/94.

1990 • 91 Der 1990er bietet reichliche süße, füllige Düfte von Zedernholz, Laub und Cassis im Verein mit gedörrten Kräutern und Eichentoast. Voll, körperreich, mild und sanft präsentiert sich dieser Wein bereits mit etwas Bernsteingelb am Rand und einer frühreifen, einschmeichelnden Persönlichkeit. Er wird in den nächsten 15 Jahren schönen Genuß gewähren. Letzte Verkostung: 11/96.

1989 • 87 Ich habe zum 1989er Certan de May aufgrund seines bizarren Erscheinungsbilds vor der Abfüllung und seiner konventionelleren, locker gewirkten Art nach der Abfüllung einige Vorbehalte geäußert. Bei der jetzt verkosteten Flasche ergab sich eine abgehangene, an altes Rindfleisch oder Wild erinnernde Komponente, die bei manchen, die nun einmal nichts als frisches Eichenholz und Frucht schmecken möchten, auf Ablehnung stoßen wird. Zwar besitzt der Wein gute Konzentration, aber sein eigenartiges Aromaprofil und sein strenges Tannin dominieren gegenüber Konzentration und Frucht – gewiß ein markantes Gewächs, es reicht aber nicht an die Qualität heran, die Certan de May in den Jahrgängen 1988, 1986, 1985, 1982, 1981 und 1979 zustande gebracht hat. Voraussichtliche Genußreife: Jetzt bis 2009. Letzte Verkostung: 11/96.

1988 • 92+ Der noch verschlossene, unentwickelte 1988er Certan de May präsentiert sich als muskulöser, kraftvoller, tief rubinpurpurroter Wein, der noch wenig Entfaltung zeigt. Dabei verspricht er mit seinem an Tabakblätter, Gewürz, Zedernholz, schwarze Kirschen und Johannisbeeren erinnernden Bukett viel Gutes. Hinzu kommen ans Exotische grenzende Geschmacksnuancen von gedörrten Kräutern und Fleisch in einem körperreichen, intensiven, reichhaltigen und langlebigen Wein, der noch Flaschenreife verlangt. Voraussichtliche Genußreife: 2000 bis 2015. Letzte Verkostung: 10/97.

1987 • 87 Der 1987er Certan de May ist einer der breitschultrigsten, alkoholstärksten und massivsten Weine des Jahrgangs. Hätte er eine höhere Lebenserwartung, dann könnte er eine höhere Benotung verdienen, denn seine ansprechende Art mit mäßig intensivem, rauchigem Aroma von gedörrter Beerenfrucht und der konzentrierte, dabei füllige, kräuterwürzige und fruchtige Geschmack sind nicht zu übersehen. Dieser üppige 1987er sollte getrunken werden, solange er noch jung ist. Voraussichtliche Genußreife: Jetzt. Letzte Verkostung: 3/90.

1986 • 90 Dieser Wein zeigt bereits einen Orangesaum im Rubinrot. Zu dem Bukett mit markanten grasigen, rauchigen, eichenwürzigen Nuancen von schwarzen Johannisbeeren, angerauchtem Tabak und Kräutern gesellt sich festgefügter, mittelschwerer bis voller Geschmack ohne die fette, fleischige Art, die noch vor ein paar Jahren festzustellen war. Dessenungeachtet gibt der 1986 beträchtliche Vitalität, Fülle und muskulösen Körperbau zu erkennen. Er verhält sich mehr wie ein Médoc, nicht wie ein Pomerol, und verlangt noch einige Jahre Kellerreife. Voraussichtliche Genußreife: 2000 bis 2015. Letzte Verkostung: 9/97.

1985 • 94 Ein glänzender Wein mit auffallendem Aromaprofil von Zedernholz, Rauch, Süßholz, fülliger schwarzer Frucht und asiatischen Gewürzen. Im Mund fühlt er sich fleischig an und verrät einen Hauch von gedörrten Kräutern in der süßen, opulenten, eingedickten schwarzen Frucht neben Erde und Eichenholz. Milde Säure und üppige Fülle kennzeichnen diesen voll ausgereiften Wein, der sich mindestens noch einmal 10 Jahre auf seinem Gipfel halten wird. Voraussichtliche Genußreife: Jetzt bis 2008. Letzte Verkostung: 9/97.

1983 • 86   Der 1983er Certan de May hat vielleicht mehr Tannin, Eichenholzwürze und adstringierende Strenge, als gut für ihn ist; er zeigt sich stämmig, sehr wuchtig, mit derber Art, exzellenter Konzentration, aber einem rauhen Geschmack im Abgang. Dieser Wein wird lange, lange brauchen, bis er sein Tannin abwirft.
Voraussichtliche Genußreife: Jetzt bis 2010. Letzte Verkostung: 3/85.

1982 • 96+   Jedesmal wenn ich diesem Wein bei einer Verkostung außerhalb des eigenen Kellers begegnet bin, habe ich ihn für einen Pétrus gehalten und unter die großartigsten 1982er eingereiht. Meine Punktnoten liegen zwischen 96 und 100. Aus dem eigenen Keller ist er mir stets fabelhaft konzentriert, eindrucksvoll, tief in sich zurückgezogen und bei weitem nicht so einschmeichelnd und offenherzig erschienen. Die vorliegende Probiernotiz stammt von einem Wein aus meinem Keller – einem kalten, feuchten Raum. Der Wein gibt in der nach wie vor undurchdringlich dunklen, dichten rubinpurpurroten Farbe keine Alterungsanzeichen zu erkennen. Das Bukett besteht aus zurückhaltenden Aromen von hochreifer, fülliger Frucht (schwarze Kirschen) im Verein mit Noten von Erde, Trüffeln, Zedernholz und Schokolade. Körperreich und hochkonzentriert mit Extrakt, Glyzerin und Tannin in Hülle und Fülle verlangt dieser ungeheuer reichhaltige, hinreißende Pomerol meiner Meinung nach weitere 5 Jahre, bis er seinen Gipfel erreicht, auf dem er sich ohne weiteres in den ersten drei Jahrzehnten des kommenden Jahrhunderts halten dürfte – ein majestätischer Wein, der feinste unter den jüngeren Certan-de-May-Jahrgängen, die ich zu kosten bekommen habe, aber er entfaltet sich nur im Schneckentempo. Letzte Verkostung: 9/95.

1981 • 90   In diesem Jahr, in dem so viele karge, spartanische Weine entstanden sind, brachte Certan de May einen der wenigen Stars zuwege. Er hat sich so viel Lebensfrische und Jugendkraft bewahrt, daß ich zu glauben geneigt bin, er werde sich als einer der langlebigsten seines Jahrgangs erweisen. Die Farbe ist unverändert dunkelrubinrot ohne Aufhellung am Rand. Das zurückhaltende Bukett mit Nuancen von Mineralen, schwarzen Kirschen, Erde und Gewürzen vereint sich mit wuchtigem, reichhaltigem, dennoch etwas kargem, aber bemerkenswert vielschichtigem und vollmundigem Geschmack, der für den Jahrgang untypisch wirkt. Der Wein läßt sich zwar schon trinken, 1 bis 3 Jahre Flaschenreife würden ihm aber noch guttun.
Voraussichtliche Genußreife: 1999 bis 2012. Letzte Verkostung: 9/97.

1979 • 93   Der 1979er Certan de May, einer der beiden feinsten Pomerols aus diesem Jahrgang, bietet nach wie vor erregenden Genuß. Die dichte, granatrote Farbe zeigt am Rand etwas Bernsteingelb. Das auffallende Bukett hält Nuancen von gedörrten Kräutern, süßer, fülliger Frucht, Erde, Mineralen, Rauch und Fleisch bereit. Im Mund spürt man, daß dieser überraschend körperreiche, intensive, volle, konzentrierte Wein viel von seinem Tannin abgeworfen, dabei aber bemerkenswerte Frische und Präsenz behalten hat.
Voraussichtliche Genußreife: Jetzt bis 2010. Letzte Verkostung: 9/97.

1978 • 85   Der ungewöhnlich würzige, leicht pfefferige und kräuterduftige, aber reichhaltige, staubige, reife und körperreiche 1978er Certan de May hat dunkel rubinrote Farbe, sehr guten Extrakt, aber ziemlich pikanten, Rhône-ähnlichen Geschmack.
Voraussichtliche Genußreife: Jetzt. Letzte Verkostung: 11/89.

1976 • 84   Der 1976er Certan de May ist ein opulenter, sehr reifer, reichhaltiger, dichter, körper- und alkoholreicher Wein mit sehr viel strafferer Struktur und größerer Fülle als mancher andere Wein dieses Jahrgangs. Er ist seit 1980 voll ausgereift, zeigt aber noch keine Anzeichen nachlassender Frucht. Mit seiner korpulenten, kräftigen Art trinkt er sich jetzt bereits herrlich, dürfte aber noch einmal 4 bis 5 Jahre durchhalten.
Voraussichtliche Genußreife: Jetzt. Letzte Verkostung: 7/90.

BORDEAUX

ÄLTERE JAHRGÄNGE

Nach einer Blindverkostung des 1945er Certan de May (96 Punkte; 10/94) war ich fest überzeugt, es handle sich um einen Pétrus oder einen großen Trotanoy-Jahrgang. Er zeigt tief dunkles Granatrot und ein mächtiges Bukett von süßen Pflaumen, schwarzen Himbeeren, Thymian und gegrilltem Fleisch. Im Mund fühlt sich der Wein spektakulär an mit seinem süßen Kern von Frucht und seinem öligen, glyzeringetränkten, kräftigen, alkoholischen Abgang. Er verfügt über ausreichende Konzentration, um das Tannin größtenteils zu verdecken, und dürfte sich mit seiner massiven Art noch 20 Jahre lang gut trinken.

CLINET
Ohne Klassifizierungsrang

HERVORRAGEND

Lage der Weinberge: Pomerol

Besitzer: Versicherungsgesellschaft GAN (Leitung: Jean-Michel Arcaute)
Adresse: 33500 Pomerol
Postanschrift: c/o Château Jonqueyres, 33750 Saint-Germain-du-Puch
Telefon: 33 5 56 68 55 88 – Telefax: 33 5 56 30 11 45

Besuche: nur nach Vereinbarung

ROTWEIN

Rebfläche: 9 ha

Durchschnittliches Rebenalter: 38 Jahre

Rebbestand: 80 % Merlot, 10 % Cabernet Franc, 10 % Cabernet Sauvignon

Pflanzdichte: 6600 Reben/ha

Ertrag (im Durchschnitt der letzten 5 Jahre): 45 hl/ha

Durchschnittliche Jahresproduktion insgesamt: 4000 Kisten

GRAND VIN

Name: Château Clinet

Appellation: Pomerol

Durchschnittliche Jahresproduktion: 3500 Kisten

Verarbeitung und Ausbau: Gär- und Maischdauer bis zu 45 (normalerweise 30 bis 40) Tage in kleinen Edelstahltanks mit Sprühkühlsystem. Malolaktische Säureumwandlung und anschließend mindestens 24 bis 28 Monate Ausbau in neuen Eichenfässern. Die *assemblage* geschieht nach und nach bei den alle 3 Monate erfolgenden Abstichen. Der Wein wird weder geschönt noch gefiltert.

ZWEITWEIN

Name: Fleur de Clinet

Durchschnittliche Jahresproduktion: 500 Kisten

Beurteilung: Entspricht seit 1988 einem Premier Cru aus dem Médoc

Genußreife: 7 bis 18 Jahre nach dem Jahrgangsdatum

DIE WEINE VON POMEROL

Ein oft gehörtes Argument für die besondere Qualität eines Weins ist der Begriff *terroir*, jenes magische Etwas, das der Boden eines Weinbergs dem Wein mitteilt und ihm damit einen besonderen Charakter verleiht. Nun verfügt Clinet tatsächlich über prachtvollen *terroir* auf der höchsten Stelle des Plateaus von Pomerol (gerade nur einige hundert Meter von Superstars wie Lafleur und Pétrus entfernt und unmittelbar neben l'Eglise-Clinet gelegen) und bildet doch ein großartiges Beispiel dafür, wie ein tüchtiger junger Mann mit seinem Streben nach Qualität mehr bewirkt als das Vertrauen auf die Fähigkeit des Bodens, hochwertigen Wein hervorzubringen.

Ich spreche von Jean-Michel Arcaute, der die Tochter des damaligen Besitzers Georges Audy heiratete. 1986 übernahm Arcaute die Leitung von Clinet, und in weniger als 4 Jahren führte er dieses weit unter Form befindliche Gut in die Spitzenklasse von Pomerol. Wie brachte er das fertig? Zunächst wurde der berühmte Önologe Michel Rolland beauftragt, den Lesetermin festzusetzen und die Art der Weinbereitung und des Ausbaus zu bestimmen. Damit stand fest, daß bei Clinet die Lese möglichst spät stattfinden würde. Tatsächlich werden seit 1987 die Weinberge von Clinet mit als die letzten in Pomerol abgeerntet. Außerdem wurde der Einsatz der seit 1982 benutzten Vollerntemaschinen wieder aufgegeben. Auf diese Weise entstand ein 1987er, der nicht nur als *der* Wein der Appellation, sondern vielleicht sogar als einer der zwei besten Weine des Jahrgangs gelten darf (der andere war der Mouton-Rothschild), dann folgten ein glorreicher 1988er und ebenfalls hinreißend großartige Weine in den Jahren 1989, 1990 und 1995. Arcaute läßt den Clinet eine Maischzeit von bis zu einem Monat durchmachen und hat gleichzeitig den früher hohen Anteil von Cabernet Sauvignon auf 15 % gesenkt.

Der Clinet hat sich zu einem der faszinierendsten Weine der neueren Zeit nicht nur in Pomerol, sondern in ganz Bordeaux entwickelt, und es lohnt sich sehr, nach ihm zu suchen.

JAHRGÄNGE

1997 • 90-93 Wiederum ein hervorragendes Beispiel aus diesem superb geführten Gut. Der 1997er Clinet ist äußerst aufgeschlossen und zeigt das charakteristische schwarzpurpurrote Erscheinungsbild sowie deutliche Anzeichen später Lese (*surmaturité*). Das Aroma weist füllige Nuancen von Brombeeren, Heidelbeeren, Süßholz und Rauch auf, hinzu kommen milder, mittelschwerer bis körperreicher, konzentrierter Geschmack, sanfte Säure, satinzarte, ölige Substanz und üppig vollmundige Art. Dieser Wein wird sich bei der Freigabe schon prachtvoll trinken, ist aber auch imstande, 12 bis 15 Jahre zu überdauern. Letzte Verkostung: 3/98.

1996 • 91-93? Der hinreißende 1996er Clinet wird über seine gesamte mindestens 20 bis 25 Jahre umfassende Lebenslinie hinweg interessant zu verfolgen sein. Er zeigt undurchdringliche schwarzgranatrote Farbe, Anzeichen von *surmaturité* (gemeint ist eher Hochreife als Überreife), reichlich Eichentoast und Rauch sowie kräftiges Tannin. Auch Frucht, Extrakt und Glyzerin sind in Hülle und Fülle vorhanden. Der Wein wirkt adstringierend und fest gefügt, mit einer stärker Médoc-ähnlichen Kargheit, als andere Clinet-Spitzenjahrgänge sie aufweisen, aber auch an süßer Pflaumen-, Schwarzkirschen- und Brombeerfrucht fehlt es nicht. Die Säure ist mild, das Tannin kräftig, die Konzentration erfreulich. Dieser Wein wird in der Jugend nicht zugänglich sein, sich vielmehr noch weiter verschließen und mindestens 6 bis 8 Jahre Kellerreife verlangen. Voraussichtliche Genußreife: 2006 bis 2025. Letzte Verkostung: 3/98.

1995 • 96 Der 1995er Clinet, wiederum ein außerordentlicher Wein im verschlossenen *vin-de-garde*-Stil, verkörpert die Quintessenz von Pomerol. Der an Brombeeren und Cassislikör erinnernde Duft ist ehrfurchtgebietend, die Farbe ein sattes Schwarzpurpurrot, der Wein überaus körperreich, wuchtig, mit vielschichtiger, glyzeringetränkter Geschmacksfülle von Süßholz, Brombeeren und schwarzen Johannisbeeren, massiver Reichhaltigkeit und öliger Substanz – eine konzentrierte, eindrucksvolle Leistung.
Voraussichtliche Genußreife: 2006 bis 2025. Letzte Verkostung: 11/97.

1994 • 92 Tintendunkel rubingranatrote Farbe und ein ungeheuer intensives Bukett von schwarzen Trüffeln, Süßholz, Zedernholz und schwarzer Frucht zeichnen diesen phänomenal extraktreichen, massiven, mächtigen Wein aus, dessen Konzentration schon fast zuviel des Guten ist. Seine Lebenserwartung beläuft sich auf 25 bis 30 Jahre. Die bemerkenswerte Reintönigkeit und Intensität der Frucht sowie die likörähnliche Fülle und Öligkeit muß man selbst erlebt haben. Dieser Pomerol in außerordentlich dichter, massiv ausgestatteter, kontroverser Art wird Geduld reichlich lohnen. Das Tannin ist kräftig, der Extraktgehalt aber ebenso.
Voraussichtliche Genußreife: 2004 bis 2025. Letzte Verkostung: 1/97.

1993 • 90 Satte Pflaumenfarbe geht einher mit beträchtlicher Vollmundigkeit, Üppigkeit und Wucht. Dieser Wein, einer der konzentriertesten seines Jahrgangs, erinnert an den prachtvollen 1987er Clinet und bietet reichliche Aromen von fülligen schwarzen Johannisbeeren und Kirschen in Duft und Geschmack, vereint mit Nuancen von Erde, Trüffeln und Tabak; auch Rauch und Süßholz haben ihren Platz im Geschmacksprofil – eine köstlich, komplexe, mittelschwere bis körperreiche, erstaunlich hochklassige Leistung in einem ansonsten schwachen Jahrgang.
Voraussichtliche Genußreife: Jetzt bis 2012. Letzte Verkostung: 1/97.

1992 • 88+ Seit 1988 hat sich Clinet – an der Qualität gemessen – in das vorderste Glied in Pomerol vorgearbeitet. Der noch in sich zurückgezogene, dichte, tiefdunkel purpurrote 1992er ist ein beeindruckender Vertreter seines Jahrgangs. In Körper, Extrakt und Reife ist er so gut ausgestattet wie nur sonst ein 1992er. Mittelschwer bis voll, mit superber Reintönigkeit und Reichhaltigkeit, allgemein gutem Gleichgewicht, schöner Nachhaltigkeit und milder Säure präsentiert er sich als Anwärter auf eine hervorragende Punktnote in 3 bis 4 Jahren und dürfte sich dann mindestens 10 bis 15 Jahre lang schön trinken. Ein sehr eindrucksvoller 1992er! Letzte Verkostung: 11/94.

1991 • 87 Der 1991er Clinet, ein exzellenter Wein in einem für die meisten Weingüter in Pomerol katastrophalen Jahr, könnte sich als der beste der Appellation erweisen! Seine überraschend tief rubinpurpurrote Farbe läßt nichts von den schrecklichen Bedingungen ahnen, unter denen die Trauben geerntet wurden. Das Bukett von reintöniger, voller Frucht schwarzer Himbeeren mit subtilem Eichenton geht einher mit mittlerem Körper, erstaunlicher Reife, Fülle und einem überaus nachhaltigen Abgang. Man kann sich kaum vorstellen, wieviel Mühe es gekostet haben muß, im Jahr 1991 einen so verführerischen und reichhaltigen Wein zustande zu bringen. Er dürfte sich über 7 bis 10 Jahre hinweg schön trinken lassen. Letzte Verkostung: 1/94.

1990 • 95 Der 1990er Clinet wird leicht übersehen, weil der 1989er eine so hervorragende Benotung erhält. Indessen hat auch er sich von einer Degustation zur anderen immer besser gezeigt und war selbst im Schatten des massiven 1989ers von Anfang an ein herausragender Wein. Die Farbe ist ein tief dunkles Purpurrot, das fabelhaft süße Bukett erinnert an füllige schwarze Frucht, Veilchen, Minerale und Eichentoast. Dieser körperreiche, volle, wohl ausgestattete Wein weist schönste Reintönigkeit, herrlichen Extrakt, großartige Statur und mit der Säure fein integriertes Tannin auf. Allmählich rückt er zu dem legendären 1989er immer näher auf.
Voraussichtliche Genußreife: 2000 bis 2020. Letzte Verkostung: 11/96.

1989 • 100 Das Aroma entströmt dem Glas mit reintönigen Düften von Blumen, schwarzen Himbeeren, Johannisbeeren, Vanillin und Trüffeln. Der körperreiche, nahtlos gefügte 1989er mit seiner fabelhaften Konzentration und massiven Fülle, dabei ohne jede Schwere oder Schwerfälligkeit ist einer der profundesten Jungweine, die ich je gekostet habe. Die Süße seiner Frucht, seine vielschichtige Geschmacksfülle im Verein mit bemerkenswerter Substanz bilden den Stoff für Legenden. Sowohl der 1989er als auch der 1990er sind zugänglich (der hohe Merlot-Anteil sichert ihnen milde Art) und dabei doch weitgehend unentfaltet. Wer es jung mag, sollte ruhig ein, zwei Flaschen genießen. Allerdings wären 4 bis 5 Jahre Kellerreife für beide Jahrgänge ideal. Bei dem Extraktreichtum und der Nachhaltigkeit des 1989ers darf man ihm 25 bis 30 Jahre Lebenszeit zubilligen.
Voraussichtliche Genußreife: 2001 bis 2030. Letzte Verkostung: 11/96.

DIE WEINE VON POMEROL

1988 • 90   Der 1988er ist ein blendendes Beispiel für Clinet. Seine Farbe ist ein tiefes Schwarzpurpurrot, und das Bukett zeigt die klassischen Pomerol-Nuancen von Trüffeln, Pflaumen, feinen Kräutern und frischem Eichenholz. Der Wein hat außergewöhnlichen Extraktreichtum und einen körperreichen, tanninherben Abgang.
Voraussichtliche Genußreife: Jetzt bis 2010. Letzte Verkostung: 1/93.

1987 • 90   Der dunkel rubinrote 1987er Clinet mit seinem schön sich entfaltenden Bukett von Lakritze, schwarzen Johannisbeeren, Kräutern und rauchigem frischem Eichenholz ist ein überraschend wuchtiger, konzentrierter Wein mit mittlerem bis vollem Körper – ein außergewöhnlicher Erfolg. Erstaunlich!
Voraussichtliche Genußreife: Jetzt bis 2000. Letzte Verkostung: 1/91.

1986 • 88   Der 1986er ist zwar nicht so verlockend wie der 1985er, aber für den Jahrgang sicherlich ausgezeichnet gelungen. Die Farbe ist mittelrubinrot, das Bukett ausgeprägt würzig und eichenholzduftig bei eindrucksvoller Geschmackstiefe und Nachhaltigkeit sowie hartem Tannin im Abgang – dieser kräftige Wein sollte in den nächsten 10 Jahren getrunken werden.
Voraussichtliche Genußreife: Jetzt bis 2002. Letzte Verkostung: 3/89.

1985 • 87   Mit dem 1985er hat sich Clinet wieder aus der Mittelmäßigkeit gelöst. Er ist konzentriert und mit voller, in einen Schleier von rauchigem Eichenholz gehüllter Beerenfrucht beladen, ein sinnenberauschendes, wenn auch ausgefallenes, verlockendes Füllhorn von einem Wein mit breitem, vollmundigem Geschmack und ein absoluter Genuß, auch wenn die säurearme, überreife Art darauf hinweist, daß er nicht lange zu leben hat.
Voraussichtliche Genußreife: Jetzt. Letzte Verkostung: 4/91.

1984 • 78   Das Bukett bietet das Aroma von Tee und würziger Frucht. Am Gaumen wirkt der Wein locker gefügt, mild, lieblich und angenehm. Er muß baldigst getrunken werden.
Voraussichtliche Genußreife: Jetzt – vermutlich im Nachlassen. Letzte Verkostung: 3/88.

1982 • 73   Heute ist der Clinet einer der aufregendsten französischen Weine, dagegen gehörte er 1982 zu denen, die ganz besonders weit unter Form waren. Damals wurden Erntemaschinen eingesetzt, die Erträge waren hoch, es fand keine Auslese statt, und Eichenholz kam wenig zur Anwendung. Auf diese Weise entstanden dickliche, diffuse, locker gebaute Weine wie dieser, der nun kurz vor dem Kollaps steht. Letzte Verkostung: 9/95.

ÄLTERE JAHRGÄNGE

Clinet produzierte in den 1960er, 70er und frühen 80er Jahren so viele mittelmäßige Weine, daß man ohne weiteres zu glauben geneigt ist, der 1987er und der 1988er seien die ersten Spitzengewächse aus diesem Gut gewesen. Allerdings bewies eine im Dezember 1995 verkostete Magnumflasche 1947er (96 Punkte) in überzeugender Weise, daß hier stets das Potential für bemerkenswerte Weine vorhanden war. In diesem Kontext zeigte er sich als einer der wuchtigsten und konzentriertesten Weine und in seiner reinen, jugendlichen Lebenskraft zugleich als einer der am jüngsten gebliebenen. Mit seiner tiefdunkel granatpurpurroten Farbe und seiner großen Fülle und Dichte bewies dieser intensive, duftige, hochreife Clinet mächtige, opulente Konsistenz, prachtvolle Konzentration und Reintönigkeit sowie einen langen, schwergewichtigen Abgang, in dem hinter massivem Extrakt doch noch einiges Tannin steckte. Er dürfte sich noch einmal 25 bis 30 Jahre schön trinken lassen.

CLOS DU CLOCHER
Ohne Klassifizierungsrang

GUT

Lage der Weinberge: Pomerol, im Zentrum des Plateaus, südlich der Kirche

Besitzer: GFA du Clos du Clocher
Adresse: Ets. J.-B. Audy, 35, Quai du Priourat, 33502 Libourne
Postanschrift: Ets. J.-B. Audy, B.P. 79, 33502 Libourne
Telefon: 33 5 57 51 62 17 – Telefax: 33 5 57 51 28 28

Besuche: nur nach Vereinbarung
Kontaktpersonen: Pierre Bourotte, Ludovic David

ROTWEIN

Rebfläche: 6 ha

Durchschnittliches Rebenalter: 25 Jahre

Rebbestand: 80 % Merlot, 20 % Cabernet Franc

Pflanzdichte: 5500 Reben/ha

Ertrag (im Durchschnitt der letzten 5 Jahre): 45 hl/ha

Durchschnittliche Jahresproduktion insgesamt: 2000 bis 2500 Kisten

GRAND VIN

Name: Clos du Clocher

Appellation: Pomerol

Durchschnittliche Jahresproduktion: 1500 bis 2000 Kisten

Verarbeitung und Ausbau: Lange Gär- und Maischdauer; 12 bis 18 Monate Ausbau in jährlich zur Hälfte erneuerten Eichenfässern. Der Wein wird geschönt und leicht gefiltert.

ZWEITWEIN

Name: Esprit du Clocher

Durchschnittliche Jahresproduktion: 500 bis 1000 Kisten

Beurteilung: Entspricht qualitativ einem Cru Bourgeois aus dem Médoc

Genußreife: 5 bis 12 Jahre nach dem Jahrgangsdatum

Das von der Öffentlichkeit kaum zur Kenntnis genommene Weingut liegt unmittelbar südlich der großen Kirche, die in Pomerol die Weinberglandschaft beherrscht. Die Produktion von Clos du Clocher findet ihren Weg nur selten über die Grenzen Europas hinaus. Die zu 80 % mit Merlot und zu 20 % mit Cabernet Franc besetzte Rebfläche bringt einen körperreichen Wein mit schöner Geschmacksfülle hervor, dem es nur etwas an Schliff und Finesse fehlt, der aber sonst recht ansprechend ist. Beständig ist der Clos du Clocher burgunderähnlich und zeigt seidige, geschmeidige Art mit sehr viel Charme und Frucht.

Alles in allem wird dieser in Spitzenjahrgängen oft ausgezeichnete Pomerol etwas unterbewertet. Trotzdem ist er nicht billig, denn die kleine Erzeugung wird von den Anhängern des Weinguts, dessen traditioneller Markt in den Benelux-Ländern liegt, mit Begeisterung aufgenommen.

DIE WEINE VON POMEROL

JAHRGÄNGE

1996 • 85-87   Dieser mittelschwere Pomerol erscheint als gute Leistung für den Jahrgang. Die Farbe ist ein gesundes Dunkelrubinrot mit Purpurnuancen. Süße schwarze Kirschenfrucht vereint sich mit Kirschwasser, Schokolade und Eichenwürze. Dieser milde, runde Wein mit guter Tiefe und schönem Gleichgewicht wird zwar kein Langstreckenläufer, aber auf die kurze Strecke bietet er gefälligen Genuß.
Voraussichtliche Genußreife: Jetzt bis 2008. Letzte Verkostung: 3/98.

1995 • 86   Der 1995er, ein sanfter, sauber bereiteter, attraktiver Pomerol, bietet Aromen von Rauch, getrockneten Kräutern und schwarzen Kirschen, verflochten mit Erde und Eichenwürze. Der runde, fruchtige, mittelschwere, schlichte, aber gefällige Wein hat moderates Tannin im Abgang.
Voraussichtliche Genußreife: 2001 bis 2010. Letzte Verkostung: 11/97.

1993 • 80?   Dieser mitteldunkel rubinrote Wein mit würzigem, verwaschen fruchtigem Duft wird von Tannin und Körper anstatt von Reife und Frucht beherrscht. Vermutlich magert er ab, ehe er Charme entfalten kann. Letzte Verkostung: 11/94.

1992 • 85?   Der für den Jahrgang wohlgelungene Wein mit Noten von Mokka und süßer, reifer Cassis-Frucht zeigt sich mittelschwer und vollmundig mit schöner Reife und einem Hauch von Eleganz, doch das adstringierende Tannin im Abgang gibt Anlaß zu Besorgnis. Ich empfehle, ihn bald zu trinken, etwa in den nächsten 4 bis 5 Jahren. Letzte Verkostung: 11/94.

1990 • 87   Über die locker gewirkte Struktur und die bescheidene Lebenserwartung des 1990ers könnte man zwar streiten, aber an der eindrucksvollen Farbe, dem mächtigen, tiefen, vollmundigen, von Schokolade, Kräutern, Dörrpflaumen und Cassis geprägten Geschmack sowie am lustvollen, kräftigen Abgang ist kein Zweifel möglich. Dieser gute, ölige Tropfen wird in den nächsten 7 bis 9 Jahren erfreulichen Genuß bereiten. Letzte Verkostung: 1/93.

1989 • 88   Der 1989er Clos du Clocher ist das feinste Beispiel für die Weine dieses Guts, soweit ich sie kenne. Seine Farbe ist tief purpur-rubinrot, sein kräftiger Duft von Brombeeren und Vanillin geprägt. Das Gegengewicht zu Extrakt und Frucht bildet gutes, tragfähiges Tannin, doch der Säuregehalt ist niedrig. Dieser konzentrierte Wein wird sehr bald eindrucksvollen Genuß bereiten, dürfte aber genug Potential besitzen, um 10 bis 12 Jahre zu überdauern. Letzte Verkostung: 1/93.

1988 • 85   Der 1988er ist ein reifer, vollmundiger, kerniger Wein, der eine gewisse Eichenholznote zeigt. Wer Pomerol der entgegenkommenden, fülligen Art mag, sollte ihn probieren.
Voraussichtliche Genußreife: Jetzt bis 1999. Letzte Verkostung: 1/93.

1986 • 84   Der 1986er ist muskulöser und tanninreicher als der 1985er, dabei zeigt er weniger Charme und vordergründige Frucht – wer aber im Pomerol eine Médoc-ähnliche Struktur bevorzugt, dem wird er besser vorkommen, als meine Benotung aussagt.
Voraussichtliche Genußreife: Jetzt bis 1999. Letzte Verkostung: 3/90.

1985 • 85   Der 1985er hat lebendige Kirschenfrucht, ein duftiges, verlockendes Bukett, mittleren Körper, auf der Zunge elegante Art und beträchtlichen Charme. Dieser Wein ist ein größerer Genuß, als meine Benotung vielleicht vermuten läßt.
Voraussichtliche Genußreife: Jetzt. Letzte Verkostung: 3/88.

1984 • 79   Der 1984er Clos du Clocher ist ein fragiler, leichter, lieblicher und würziger Wein und inzwischen voll ausgereift.
Voraussichtliche Genußreife: Jetzt – vermutlich im Nachlassen. Letzte Verkostung: 3/88.

1982 • 87   Bis zum Jahrgang 1989 war mir der 1982er der liebste Clos du Clocher. Dieser Wein hat inzwischen volle Reife erreicht, dürfte sich aber noch bis 1997 schön trinken. Er ist dunkel rubingranatrot mit nur einem leichten Bernsteinsaum – ein aufgeschlossener Wein mit einem Bukett voller Düfte von gerösteten Kastanien, reifen Pflaumen und Süßholz. Im Mund nimmt er sich opulent, generös ausgestattet und säurearm aus und zeigt einen fülligen, kräftigen Abgang. Auf jeden Fall ist er ein verführerisches Geschmackserlebnis.
Voraussichtliche Genußreife: Jetzt. Letzte Verkostung: 11/90.

BORDEAUX

Clos L'Eglise (seit 1997)
Ohne Klassifizierungsrang

AUSGEZEICHNET

Lage der Weinberge: bei Château Clinet

Besitzerin: Sylviane Garcin-Cathiard
Adresse: Lieu-dit Clinet, 33500 Pomerol
Postanschrift: c/o Château Haut-Bergey, 33850 Léognan
Telefon: 33 5 56 64 05 22 – Telefax: 33 5 56 64 06 98

Besuche: nur nach Vereinbarung
Kontaktperson: Sylviane Garcin-Cathiard

ROTWEIN

Rebfläche: 6 ha

Durchschnittliches Rebenalter: 25 Jahre

Rebbestand: 60 % Merlot, 40 % Cabernet Franc

Pflanzdichte: 6500 Reben/ha

Ertrag (im Durchschnitt der letzten 5 Jahre): 40 hl/ha

Durchschnittliche Jahresproduktion insgesamt: 35 000 Flaschen

GRAND VIN

Name: Clos l'Eglise

Appellation: Pomerol

Durchschnittliche Jahresproduktion: 35 000 Flaschen

Verarbeitung und Ausbau: Vinifikation Tage in temperaturgeregelten Holzfässern mit 60 hl Fassungsvermögen. Anschließend 24 Monate Ausbau in neuen Eichenfässern. Der Wein wird geschönt, aber nicht gefiltert.

Kein ZWEITWEIN

Beurteilung: Entspricht qualitativ einem Cru Bourgeois aus dem Médoc, doch 1997 wurden bedeutende Qualitätsverbesserungen eingeleitet

Genußreife: 5 bis 12 Jahre nach dem Jahrgangsdatum

Das Weingut, eines von vielen in Pomerol mit dem Namensbestandteil *église* – denn viele Weinberge liegen in unmittelbarer Nähe der Kirche – befindet sich in guter Lage auf dem Plateau neben Château Clinet. Ich habe von Clos l'Eglise schon manchen guten Wein gekostet (der 1964er ist einer meiner Favoriten), doch der relativ hohe Anteil an Cabernet Franc am Verschnittrezept verleiht diesem Gewächs eine Médoc-ähnliche Kargheit. Gerade dieser Mangel an Fülle und Opulenz läßt den Clos l'Eglise in Spitzenjahren geradezu mager erscheinen, und wenn der Cabernet nicht voll zur Reife gelangt, dann kann dieser Wein übermäßig kräuterhaft, ja sogar vegetabil erscheinen. Auch der Einsatz von Vollerntemaschinen scheint nicht gerade auf allzu eifrige Bemühungen um Qualität hinzuweisen.

1997 wurde Michel Rolland von den neuen Besitzern für die Kellertechnik berufen, und das Resultat ist der feinste Clos l'Eglise, den ich je gekostet habe. Bei diesem Einsatz für beste Qualität wird dieser Pomerol künftig ernst zu nehmen (und zu trinken) sein.

JAHRGÄNGE

1997 • 89-91 Unter dem neuen Regime – Gaston Garcin-Cathiard und seine Frau – hat sich der 1997er Clos l'Eglise als voller Erfolg erwiesen. Er besteht aus 60% Merlot und 40% Cabernet Franc und ist der feinste Wein dieses Guts, den ich kenne! Früher war der Clos l'Eglise meist ein krautiges, dünnes Gewächs, und nun hat sich das häßliche Entlein in einem einzigen Jahr zu herrlicher Schönheit gemausert. Die Farbe ist ein dichtes Rubinpurpurrot, das umwerfende Bukett schon weit entfaltet und hinreißend. Süße, füllige Aromen von Schwarzkirschenfrucht und Likör werden schön ergänzt durch einen rauchigen Eichenton. Dieser runde, mittelschwere bis körperreiche, üppig sanfte und opulente, schwelgerische Pomerol mit seiner milden Säure ist ein sinnlicher, vollmundiger Genuß. Alle Hochachtung den neuen Besitzern dafür, daß sie dieses todkranke Besitztum wieder gesunden ließen. Ein großer Geheimtip!
Voraussichtliche Genußreife: 2002 bis 2012. Letzte Verkostung: 3/98.

1992 • 78 Mäßig intensive Aromen von Eichenholz und Cassis-Frucht mit krautiger Note präsentieren sich mit leichtem Körper und moderat tanninherber Statur. Dieser 1992er Clos l'Eglise sollte in den nächsten 4 bis 5 Jahren ausgetrunken werden, denn seine Frucht besitzt nicht die nötige Tiefe, um das Tannin zu überdauern. Letzte Verkostung: 11/94.

1990 • 87 Der 1990er ist seit Jahren der beste Wein aus diesem Gut. Es zeigt ein exzellentes Bukett von Cassis, Eichenwürze und subtilen Kräuternoten. Im Mund präsentiert er sich mittelschwer mit attraktiver Reife, Eleganz und einem vollmundigen, überraschend reichhaltigen, langen Abgang. Er sollte in den nächsten 7 bis 10 Jahren getrunken werden. Letzte Verkostung: 1/93.

1989 • 76 Der 1989er ist leicht, intensiv krautig und kurz im Geschmack.
Voraussichtliche Genußreife: Jetzt bis 1999. Letzte Verkostung: 1/93.

1988 • 72 Der 1988er ist ähnlich wie der 1989er, hat aber weniger Körper und Alkohol. Er sollte in den nächsten Jahren getrunken werden. Letzte Verkostung: 1/93.

1986 • 81 Aufgrund des Jahrgangs zeigt der 1986er mehr Klasse und Fülle als der wässerige, leichte 1985er. Vielleicht hat ihm der spätgelesene Cabernet Sauvignon mehr Tiefe verliehen, aber im Vergleich mit anderen Pomerols nimmt er sich trotzdem knapp aus. Er besitzt attraktive Eichenholzwürze, ist aber ansonsten ein Leichtgewicht und könnte mehr Vollmundigkeit und Kraft gut vertragen.
Voraussichtliche Genußreife: Jetzt. Letzte Verkostung: 3/90.

1985 • 78 Den 1985er finde ich bei mittlerem Körper leicht und elegant, aber etwas knapp in Substanz und Nachhaltigkeit.
Voraussichtliche Genußreife: Jetzt. Letzte Verkostung: 3/90.

1984 • 82 Dieser Wein mit überraschend tiefer Farbe und einem würzigen, kräuterduftigen Bukett hat bei karger, unterernährter Geschmackspalette doch genug Frucht für anständigen Genuß.
Voraussichtliche Genußreife: Jetzt. Letzte Verkostung: 3/88.

1983 • 83 Der voll ausgereifte 1983er mit seinem mäßig intensiven, kräuterwürzigen Bukett, milder Art und mittlerem Körper hat sein leichtes Tannin abgeworfen und stellt sich nun als würziger, schlichter Wein dar.
Voraussichtliche Genußreife: Jetzt. Letzte Verkostung: 1/89.

1982 • 74 Der 1982er Clos l'Eglise, einer der Pomerols, die ich am wenigsten liebe, hat nie viel Extrakt, Intensität oder auch die prägenden Charakteristiken des Jahrgangs (süße, expansive, reife Frucht und opulente, kernige Substanz) an den Tag gelegt. Vielmehr zeigt er bei leichtem Körper vegetabile, teeähnliche Aromen in einem zwar würzigen, aber dünnen Format. Er hält sich noch am Leben, wer aber fragt danach? Letzte Verkostung: 9/95.

CLOS RENÉ
Ohne Klassifizierungsrang

GUT

Produktion: 6800 Kisten

Rebbestand: 60 % Merlot, 30 % Cabernet Franc, 10 % Malbec

ZWEITWEIN

Name: Moulinet-Lasserre

Rebfläche: 11 ha

Besitzer: Pierre Lasserre

Faßreifezeit: 20 bis 24 Monate

Durchschnittsalter der Reben: 30 Jahre

Beurteilung: Entspricht qualitativ einem 5ème Cru aus dem Médoc

Genußreife: 5 bis 15 Jahre nach dem Jahrgangsdatum

Clos René liegt weit westlich von den bedeutenderen Châteaux von Pomerol, unmittelbar südlich der Appellation Lalande de Pomerol. In dieser Gegend entstehen meist offen gewirkte, recht fruchtige, geschmeidige und süffige Weine. Zwar bildet der Stil von Clos René keine Ausnahme von dieser Regel, ich habe aber – beginnend mit dem Jahrgang 1981 – einen deutlichen Wandel hin zu etwas kräftiger gebauter, dunklerer Art bei etwas mehr Substanz und Konzentration bemerkt. Vielleicht hat die Beratung durch Michel Rolland, den hochangesehenen Önologen von Libourne und Besitzer von Château Bon Pasteur, diese Entwicklung von einem guten, runden, fruchtigen Pomerol zu einem sehr feinen, seriöseren Wein bewirkt. Wie dem auch sei, es gibt keinen Zweifel, daß in den achtziger Jahren die besten Weine aus diesem Weingut in letzter Zeit entstanden sind. Der Clos René gehört nicht zu den bekanntesten Pomerols, und daher ist auch sein Preis recht günstig.

JAHRGÄNGE

1996 • 81-83   Der mittelschwere Clos René mit seinem leichten Körper läßt deutlich einige der Probleme erkennen, mit denen sich die Winzer von Pomerol wegen der starken Regenfälle, die Ende August und in der dritten Septemberwoche niedergingen, herumschlagen mußten. Dieser Wein hat mitteldunkle rubinrote Farbe und süße Beerenfrucht in dem an Zinfandel erinnernden Aroma. Er besitzt anständige Konzentration und Reintönigkeit, aber sonst ist nicht viel an ihm. Er sollte in den nächsten 5 bis 7 Jahren getrunken werden. Letzte Verkostung: 11/97.

1992 • 75   Der 1992er Clos René ist sanft und wässerig mit reifer Beerenfrucht und einer starken Note von gerösteten Erdnüssen. Dieser geschmeidige, ja diffuse Wein sollte in den nächsten 2 bis 4 Jahren getrunken werden. Letzte Verkostung: 11/94.

1991 • 78   Für die nächsten 3 bis 4 Jahre besitzt der Duft von Rauch, Kräutern und teeähnlichen Aromen des erstaunlich ausentwickelten 1991er Clos René einige Anziehungskraft. Der Wein zeigt zwar Reife und Substanz, hat aber einen kurzen Abgang – alles in allem eine annehmbare Leistung für einen 1991er vom rechten Dordogne-Ufer. Letzte Verkostung: 1/94.

1990 • 88   Das hochreife Bukett des 1990ers mit Nuancen von frischen und gedörrten Pflaumen geht einher mit einem stämmigen, lebendigen Wein von beträchtlicher Wucht, milder Art, vollmundiger Frucht und seidenzarter Substanz. Dieser eindrucksvollste Clos René seit Jahren wird im Lauf der nächsten 10 bis 15 Jahre schön zu trinken sein. Letzte Verkostung: 1/93.

1989 • 85   Der 1989er Clos René hat ein verlockendes Bukett von überreifer, fast süßer, voller Cassis-Frucht. Im Mund wird der angenehme Eindruck durch leichte Art etwas gedämpft. Dabei ist dieser Wein alkoholkräftig, mild und fruchtig.
Voraussichtliche Genußreife: Jetzt. Letzte Verkostung: 1/93.

1988 • 86   Der 1988er Clos René hat mehr Tannin und kräftigere Struktur als der 1989er und ist ein voller, reichhaltiger Wein.
Voraussichtliche Genußreife: Jetzt bis 1999. Letzte Verkostung: 1/93.

1986 • 84   Der 1986er hat zwar kräftiges Tannin, der Gesamteindruck wird aber doch von milder Art und geschmeidiger, seidiger Frucht bestimmt. Mir ist der 1985er lieber, dennoch verdient dieser 1986er Aufmerksamkeit, wenn es um einen leichteren Pomerol geht, der in den nächsten 5 bis 6 Jahren getrunken werden will.
Voraussichtliche Genußreife: Jetzt. Letzte Verkostung: 3/90.

1985 • 87   Der 1985er hat breite, reife, volle, pflaumenwürzige Frucht, nachhaltigen, sanften Geschmack, mittleren bis vollen Körper, einen seidigen, langen, Abgang und eindrucksvolle Konzentration.
Voraussichtliche Genußreife: Jetzt. Letzte Verkostung: 3/90.

1983 • 86   Der gut gelungene 1983er Clos René ist untypisch dicht, körperreich, reif, korpulent und mit vielschichtiger Frucht vollgepackt. Dieser ziemlich dickflüssige, liebliche, dabei intensiv duftige und reichfruchtige Wein mit mildem Tannin im Abgang ist ein schwelgerischer Genuß.
Voraussichtliche Genußreife: Jetzt. Letzte Verkostung: 3/90.

1982 • 86   Der üppige, füllige und fruchtige 1982er Clos René ist überraschenderweise nicht so tief und so kräftig wie der 1983er, aber doch ein süffiger, geschmeidiger, köstlicher Wein mit rundem, mildem Tannin im Abgang.
Voraussichtliche Genußreife: Jetzt. Letzte Verkostung: 1/85.

1981 • 84   Der geschmeidige, würzige, intensiv fruchtige 1981er Clos René mit reichlichem Geschmack von schwarzen Johannisbeeren hat wunderbar füllige Art bei mittlerem bis vollem Körper und leichtem bis mäßigem Tannin.
Voraussichtliche Genußreife: Jetzt. Letzte Verkostung: 6/84.

1979 • 74   Der 1979er Clos René ist ziemlich neutral und schlicht, hat mittelintensiven, reifen Beerengeschmack, leichten Körper und wenig Tannin.
Voraussichtliche Genußreife: Jetzt – vermutlich im Nachlassen. Letzte Verkostung: 3/83.

1978 • 83   Der 1978er ist ein schön konzentrierter, runder, fruchtiger Wein, dem es an Biß und Komplexität fehlt. Er hat jedoch reifen, fruchtigen Geschmack bei mittlerem Körper zu bieten.
Voraussichtliche Genußreife: Jetzt. Letzte Verkostung: 4/84.

1976 • 73   Der diffuse, überreife, locker gewirkte und recht fragile 1976er Clos René hat mittelrubinrote Farbe mit einem Bernsteinschimmer am Rand bei lieblichem Geschmack und übermäßig milder, unzusammenhängender Art. Vor einigen Jahren war er noch attraktiver, jetzt aber beginnt er zu verblassen.
Voraussichtliche Genußreife: Jetzt – vermutlich stark im Nachlassen. Letzte Verkostung: 12/84.

1975 • 80   Ein typischer 1975er, tanninreich, noch immer jugendlich hart und verschlossen, allerdings etwas weniger wuchtig, konzentriert und ausdrucksstark als andere Weine aus diesem Jahrgang. Dieser Wein hat mäßig dunkle Farbe, und das jahrgangstypische harte Tannin ist bei ihm noch sehr ausgeprägt.
Voraussichtliche Genußreife: Jetzt. Letzte Verkostung: 5/84.

ÄLTERE JAHRGÄNGE

Es spricht für den Jahrgang 1947, daß Clos René – ein Gut, das in Spitzenjahren meist nicht über 85 Punkte hinauskommt – damals einen derart phänomenalen Wein hervorbringen konnte. Wer das Glück hat, ihm auf einer Auktion zu begegnen, kann sich freuen, denn sein Preis liegt wahrscheinlich weit unter seinem Wert. Der 1947er Clos René (95 Punkte; 10/94) zeigt die viskose Art so vieler großer Pomerols aus diesem Jahrgang. Zu der dichten granatroten Farbe kommt ein Bukett mit Nuancen von Aprikosen, Kaffee und fülligen schwarzen Kirschen. Dieser körperreiche Macho von einem Wein mit seiner vielschichtigen Frucht ist voll ausgereift, aber bemerkenswert gesund und dürfte noch weitere 10 bis 15 Jahre schönsten Genuß bereiten.

La Conseillante
Ohne Klassifizierungsrang

HERVORRAGEND

Lage der Weinberge: Pomerol und St-Emilion

Besitzer: Société Civile des Héritiers Nicolas
Adresse: Château La Conseillante, 33500 Pomerol
Telefon: 33 5 57 51 15 33 – Telefax: 33 5 57 51 42 39

Besuche: nur nach Vereinbarung

ROTWEIN

Rebfläche: 12 ha

Durchschnittliches Rebenalter: 40 Jahre

Rebbestand: 70 % Merlot, 25 % Cabernet Franc, 5 % Malbec/Pressac

Pflanzdichte: 5000 bis 5500 Reben/ha

Ertrag (im Durchschnitt der letzten 5 Jahre): 47 hl/ha

Durchschnittliche Jahresproduktion insgesamt: 5000 bis 6000 Kisten

GRAND VIN

Name: La Conseillante

Appellation: Pomerol

Durchschnittliche Jahresproduktion: 5000 bis 6000 Kisten

Verarbeitung und Ausbau: Vinifikation 3 Wochen in temperaturgeregelten Edelstahltanks. Nach malolaktischer Säureumwandlung 21 Monate Ausbau in zu 90 % neuen Eichenfässern. Der Wein wird geschönt, aber nicht gefiltert.

Kein ZWEITWEIN

Beurteilung: Entspricht qualitativ einem 2ème Cru aus dem Médoc

Genußreife: 5 bis 20 Jahre nach dem Jahrgangsdatum

Das sehr hoch angesehene Weingut in Pomerol bringt mit die elegantesten, üppigsten und köstlichsten Weine der Appellation hervor. Auf der negativen Seite ist zu verbuchen, daß zwischen 1971 und 1980 viele Jahrgänge eine Neigung zu verwässerter Art zeigten und übermäßig schnell ausreiften. La Conseillante, im Besitz der Familie Nicolas, brachte dagegen in den achtziger Jahren meist brillante Leistungen, wobei der 1981er, 1982er, 1985er, 1989er und 1990er zu den feinsten Weinen aus ganz Bordeaux gehören. Der Weinberg befindet sich in glänzender Lage im östlichen Teil von Pomerol neben l'Evangile, Petit-Village und Vieux-Château-Certan, unmittelbar an der Grenze zu St-Emilion. Der tiefgründige, kieshaltige, mit Lehm und Eisen untermischte Boden dieser Gegend kommt nicht nur La Conseillante und dem Nachbargut l'Evangile zugute, sondern auch den beiden großen Weingütern auf der anderen Straßenseite, nämlich Figeac und Cheval Blanc, die jedoch nach St-Emilion gehören.

Der La Conseillante ist ein untadelig in Edelstahltanks bereiteter und in jährlich zu 90% erneuerten Eichenfässern gereifter Wein. 1989 und 1990 wurden sogar zu 100% neue Eichenfässer benutzt. Die Art ist nicht so wuchtig wie beim Pétrus, Trotanoy, Lafleur oder Certan de May, dafür stets geschmeidiger und früher genußreif. Da nun der La Conseillante offenbar am Anfang nie so gut wirkt wie später in der Flasche, habe ich ihn stets unterbewertet und mußte meine Benotung später immer nach oben korrigieren. Vielleicht liegt es an dem relativ hohen Anteil von Cabernet Franc (25%), daß der Wein in der ersten Zeit leichter wirkt, als er sich nachher erweist. Die neueren Jahrgänge haben in der Regel in 6 bis 8 Jahren ihre volle Reife erreicht. Bei der großen Nachfrage und der gelegentlich profunden Art ist der La Conseillante stets ein teurer Wein – sein Preis liegt gewöhnlich weit über dem der meisten 2èmes Crus aus dem Médoc.

JAHRGÄNGE

1997 • 86-89 Ich bin ein Fan dieses Weinguts, das mit die elegantesten und zugleich üppigsten Weine von Bordeaux hervorbringt, die außerdem schon in frühester Jugend zu genießen sind und sich doch lange halten. Bei vier Degustationen des 1997ers La Conseillante fand ich unterschiedliche Resultate. Der dunkel rubinrote Wein hat süße Himbeerfrucht, aber auch paprikaähnliche Krautigkeit habe ich ihn ihm entdeckt, als ob der Cabernet Franc bei der Lese nicht ganz reif gewesen wäre. Bei schöner Konzentration und milder Säure ist dies ein guter, vielleicht sehr guter Wein, ich glaube aber nicht, daß er an den 1996er oder den 1995er heranreicht. Voraussichtliche Genußreife: 1999 bis 2008. Letzte Verkostung: 3/98.

1996 • 88-90 Der 1996er La Conseillante ist einer der sinnlicheren, burgunderähnlichen Weine des Jahrgangs. Die Merkmale des Guts – offene Art, generöse Eichenwürze, süße, sahnige Himbeerfrucht mit Kirschgeistnuance – kommen neben Reintönigkeit, Rundheit und Frühreife schön zur Geltung. Außerdem zeigt der Wein bewunderungswürdige Finesse und Eleganz, keinerlei Schärfe und eine für den tanninreichen, wuchtigen Jahrgang untypische nahtlose, köstliche Art. Der 1996er dürfte sich nach der Abfüllung schon gut trinken, aber auch mindestens 15 Jahre überdauern.
Letzte Verkostung: 3/98.

1995 • 89 Man ist versucht, diesem Wein allein schon wegen seiner verführerischen Art eine hervorragende Note zu geben. Allerdings glaube ich nicht, daß er ganz das große Maß an Extrakt und Konzentration besitzt, um sie zu verdienen, aber überaus erfreulich ist er doch. Die tief rubinrote Farbe geht einher mit offen gewirktem Duft von schwarzen Kirschen, Himbeeren, Rauch und gedörrten Kräutern. Runde, üppige, reife Frucht, mittlerer Körper, außerordentliche Eleganz und Reintönigkeit und ein sanfter, samtiger Abgang machen diesen Wein zu flüssigem, seidigem Charme.
Voraussichtliche Genußreife: 2000 bis 2014. Letzte Verkostung: 11/97.

1994 • 88 Dunkles Rubingranatrot und ein zurückhaltendes, würziges Aroma von pfefferiger schwarzer Frucht (auch Trüffeln?) – die für La Conseillante charakteristische süße, charmante, verlockende Frucht wird von der Tanninstrenge und Kargheit des 1994ers in den Hintergrund gedrängt. Er hat mehr Gewichtigkeit als der 1993er, aber auch mehr Struktur. Es steckt zwar gute

Frucht unter dem Tannin, doch der 1994er verlangt in für La Conseillante untypischer Weise noch 1 bis 3 Jahre Kellerreife, dann dürfte er 10 bis 12 Jahre überdauern. Letzte Verkostung: 1/97.

1993 • 87   Der für den Jahrgang wohlgelungene 1993er La Conseillante zeigt attraktives Dunkelrubinrot, ein verlockendes Bukett von schwarzen Himbeeren und süßem Vanillin, schöne, milde, runde, gaumenschmeichelnde Geschmacksfülle sowie einen Abgang mit viel schwarzer Frucht und Glyzerin. Der bereits köstliche und eingängige, mäßig wuchtige Wein dürfte sich 7 bis 8 Jahre lang schön trinken. Letzte Verkostung: 1/97.

1992 • 79   Der 1992er La Conseillante zeigt leichten bis mittleren Körper, ein attraktives, aber verwässertes Bukett von Himbeeren und Vanillin, geschmeidige Substanz und einen kurzen, flachen, holzbetonten Abgang. Bei seinem Mangel an Konzentration sollte er in den nächsten 3 bis 4 Jahren getrunken werden. Dieser Wein, der doch sonst einer der elegantesten, stilvollsten von Bordeaux ist (und dazu mein Favorit), stellt diesmal eine Enttäuschung dar.
Letzte Verkostung: 11/94.

1991 • 83   Der sanfte, seidige, graziöse Stil von La Conseillante findet sich im zarten, mit leichtem Körper versehenen 1991er vor. Mitteldunkles Rubinrot leitet über zu einem duftigen Bukett mit Nuancen von rauchigem Eichentoast und Himbeeren. Der Abgang ist zwar kurz, in der Mitte aber zeigt sich schöne Frucht. Dieser Wein sollte in den nächsten 4 bis 5 Jahren getrunken werden. Letzte Verkostung: 1/94.

1990 • 97   Der 1990er läßt in der tief rubinroten Farbe und im lebendigen Bukett von Eichentoast, schwarzen Kirschen, Himbeeren, Kirschgeist, Süßholz und asiatischen Gewürzen seinen ganzen Charme spielen. Samtig, geschmeidig, sinnlich, eingängig zeigt sich dieser La Conseillante so mild und verführerisch, wie man kaum einen zweiten Wein findet. Er demonstriert in bewunderungswürdiger Weise, weshalb die Pomerols oft die Burgunder von Bordeaux genannt werden. Bei allem Glanz wirkt der 1990er La Conseillante trotz der milden Säure und früh ausgereiften Art doch jugendfrisch. Er ist zwar bereits schön zu trinken, wird sich aber über nochmals 12 bis 20 Jahre hinweg weiter entfalten. Letzte Verkostung: 4/98.

1989 • 97   Dieser in die oberen 90er-Punktränge gehörende La Conseillante ähnelt im Stil sehr dem 1990er. Ein Vergleich der beiden Jahrgänge zeigt, daß der 1989er in Tannin und Struktur zwar etwas kräftiger, mit seiner duftigen, exotischen, süßen, expansiven, schmackhaften Art jedoch unwiderstehlich ist. Diese beiden Weine repräsentieren in Vollendung den seidenzarten Stil von La Conseillante, der oft zu dem irrigen Eindruck führt, diese Weine würden sich nicht halten. Ich habe mich von dem immer besser und besser werdenden 1982er (der allerdings nie so überwältigend im Geschmack war wie der 1989er oder der 1990er) ebenfalls irreführen lassen. Eine der unerklärlichen Tatsachen im Zusammenhang mit dem Bordeaux-Wein ist, daß sogar die milderen, gefälligen, vordergründigen Weine sich tadellos halten können, wenn sie gut gelagert werden. Wer einen 1989er oder 1990er La Conseillante besitzt, kann ihn bedenkenlos schon jetzt genießen, ihn genausogut aber auch 20 Jahre aufbewahren. Letzte Verkostung: 4/98.

1988 • 86   Der 1988er kommt im Vergleich mit dem 1989er und 1990er nicht mit, und doch ist er ist ein vollmundiger, milder, charmanter Wein mit samtiger Zartheit und mittlerem Körper, der sich in den nächsten Jahren schön trinkt.
Voraussichtliche Genußreife: Jetzt bis 1999. Letzte Verkostung: 1/93.

1987 • 86   Der 1987er ist besser als der 1988er – ein expansiver, burgunderartiger, köstlich fruchtiger, milder und charmanter Wein und ein verführerischer, saftiger Genuß. Er hat keine harten Kanten, weil kein Tannin und nur wenig Säure vorhanden sind. Die reife Merlot-Frucht kommt bei mittlerem Körper schön zur Geltung.
Voraussichtliche Genußreife: Jetzt. Letzte Verkostung: 4/91.

1986 • 87   Dieser Wein ist rasch ausgereift. Am Rand zeigt er im mitteldunklen Granatrot beträchtlich viel Orange und Rostrot. Das duftige Bukett von Tabak, gedörrten Kräutern, Beerenfrucht und Vanillin geht einher mit einem mittelschweren, seidigen Wein mit großzügigen, runden, rauchigen, beerenfruchtigen Geschmacksnoten sowie leichtem Tannin im Abgang.
Voraussichtliche Genußreife: Jetzt bis 2005. Letzte Verkostung: 5/97.

DIE WEINE VON POMEROL

1985 • 94 Einer der wahrhaft glorreichen 1985er Pomerols und aussichtsreicher Kandidat für den Titel «Wein des Jahrgangs». Er ist schon seit dem Ende der 1980er Jahre voll ausgereift. Sein glänzendes Aromaprofil setzt sich zusammen aus Rauch, gedörrten Kräutern und fülliger Frucht von schwarzen Himbeeren, verwoben mit Kirschwasser und *pain grillé*. Im Mund spürt man einen reichen Zusammenklang von Beeren, Schokolade, Kaffee bzw. Mokka. Dieser mittelschwere Wein hatte von Anfang an verführerische, seidige Sanftheit.
Voraussichtliche Genußreife: Jetzt bis 2005. Letzte Verkostung: 4/98.

1984 • 84 Der für den Jahrgang sehr gut gelungene 1984er La Conseillante hat ein duftiges Bukett von süßer Himbeerfrucht und würzigem Eichenholz. Der Geschmack zeigt sich sanft, reif und mittel körperreich.
Voraussichtliche Genußreife: Jetzt. Letzte Verkostung: 4/91.

1983 • 87 Dieser Wein verdient 90 Punkte für sein Bukett und 85 Punkte für seinen Geschmack. Er ist schon seit mehreren Jahren voll ausgereift und sollte nun ausgetrunken werden. Am Rand tauchen Bernsteingelb und Rostrot in beträchtlichem Maß auf. Das süße, aus dem Glas hervorströmende füllige Bukett zeigt markant blumige, an Trüffeln, schwarze Kirschen, Erde und Rauch erinnernde Persönlichkeit. Säure und Tannin drängen sich allmählich durch den vollmundigen Geschmack nach vorn, und ein krautiger Hauch ist mit zunehmendem Alter deutlich spürbar geworden, dennoch ist dieser La Conseillante nach wie vor rund, sinnlich und herrlich reif – allerdings will er getrunken werden.
Voraussichtliche Genußreife: Jetzt. Letzte Verkostung: 11/97.

1982 • 95? Dieser Wein hat aus meinem eigenen Keller nie so aufregend geschmeckt wie aus anderen Quellen. Keine meiner Flaschen hat je einen Einfluß von Überhitzung spüren lassen (Schwund, fleckige Etiketten, hochgetriebener Korken), aber der Wein kommt aus meinem Keller (seit längerem) voll ausgereift mit ziemlich viel Bernsteingelb in der Farbe. Er ist zwar hervorragend, aber andere Beispiele zeigen weit mehr Fülle und Intensität, so daß ich sie als typischer für den 1982er La Conseillante empfinden muß. Bei mehreren Blindverkostungen habe ich ihn für einen Lafleur gehalten, und das beweist, wie großartig dieser Wein sein kann. Ich möchte mich zwar nicht zu der Behauptung versteigen, er könne es mit dem heroischen Duo von 1989 und 1990 aufnehmen, doch der voll ausgereifte 1982er La Conseillante prunkt mit einem ungewöhnlich süßen Bukett von Früchtekuchen, fülligen Kirschen und Johannisbeeren, ergänzt durch toastwürzige Eichenholznoten. Er besitzt die für seine Herkunft typische Seidigkeit und Üppigkeit und ist mit seiner sanften, vollen, konzentrierten Art einfach unwiderstehlich. Köstlich zu trinken war er schon von Anfang an, und doch ist er imstande, weitere 10 bis 15 Jahre zu überdauern. Bei Weinen wie diesem sehe ich nicht ein, warum man sich den Genuß noch länger vorenthalten sollte. Er ist so verführerisch, duftig und schmackhaft, wie man es von einem Bordeaux nur verlangen kann. Letzte Verkostung: 9/95.

1981 • 89 Dieser Wein hat sich auf den Weg bergab begeben. Er war ein hervorragender La Conseillante, der sich schon in der Jugend herrlich trinken ließ. Als sich um die Mitte der neunziger Jahre der Babyspeck verlor, war der Wein zwar nicht mehr so verlockend, aus großen Flaschenformaten (z.B. Magnum) aber doch immer noch exzellent, ja vielleicht hervorragend. Er zeigt tief rubinrote Farbe mit einer gewissen Aufhellung am Rand. Das toastwürzige Bukett mit Noten von Kirschen und Himbeeren geht einher mit einem durch Rauch, gedörrte Kräuter, süße Kirschen und Himbeeren geprägten Geschmack, dem sich eine gerade richtig dosierte Eichennote zugesellt. Die Säure ist kräftig genug, Tannin und Fett aber sind abgeschmolzen.
Voraussichtliche Genußreife: Jetzt. Letzte Verkostung: 11/97.

1979 • 78 Der recht leichte, substanzarme 1979er La Conseillante ist trinkreif, hat wenig Tannin, nicht viel Körper und einen recht milden, etwas dünnen Geschmack, aber er ist attraktiv und gefällig.
Voraussichtliche Genußreife: Jetzt. Letzte Verkostung: 4/83.

1978 • 75 Der 1978er ist nicht viel anders als der 1979er – er leidet an denselben Übeln: Mangel an Tiefe, Biß und Körper. Die Farbe ist mittelrubinrot und zeigt am Rand einen Bernsteinschim-

mer; der Körper ist mittelschwer, der Geschmack mild, reif, ein wenig diffus und strukturarm, der Abgang kurz und neutral. Dieser Wein muß ausgetrunken werden.
Voraussichtliche Genußreife: Jetzt – vermutlich im Nachlassen. Letzte Verkostung: 6/87.

1976 • 72 Der 1976er zeigt starke Braunfärbung und steht am Rand des Zusammenbruchs. Wenn man sich beeilt, findet man in ihm allerdings gerade noch genug überreife, dickliche, milde Frucht und samtige Art, an der man seine Freude haben kann – aber nicht mehr lange.
Voraussichtliche Genußreife: Jetzt – wahrscheinlich stark im Nachlassen.
Letzte Verkostung: 6/84.

1975 • 89 Der 1975er La Conseillante trinkt sich sehr schön (besser als ich je dachte) und hat mich mit seinem süßen blumigen Bukett von fülligen schwarzen Kirschen mit einem Hauch Kirschgeist und vagem Trüffelduft überrascht. Mittlerer Körper, süße, runde Art und hartes Tannin im Abgang zeichneten diesen Wein, der so oft zusammenhanglos und flach geschmeckt hat, bei einer Verkostung im Januar 1996 schön aus. Er ist zwar voll durchgereift, aber sehr wohl imstande, noch 5 bis 10 Jahre zu überdauern. In der Farbe zeigt sich viel Orange und Rostrot, was auf fortgeschrittenere Reife schließen läßt, als aus Aromaprofil und Geschmack hervorgeht. Vielleicht sind Unterschiede zwischen Flaschen im Spiel, aber jedenfalls war dieses Exemplar kräftiger und intensiver als das zuvor verkostete. Letzte Verkostung: 1/96.

1971 • 80 Der im Jahr 1976 recht charmante, fruchtige und verführerisch süffige 1971er La Conseillante hat inzwischen zu verblassen begonnen, nimmt zunehmende Braunfärbung an und büßt seine Frucht ein. Noch bietet er geschmeidigen, runden Geschmack, aber seinen Höhepunkt hat er weit hinter sich.
Voraussichtliche Genußreife: Jetzt – vermutlich stark im Nachlassen. Letzte Verkostung: 6/82.

1970 • 93 Der 1970er La Conseillante zeigt im Bukett alle Nuancen, für die dieses Weingut berühmt ist – süße, füllige schwarze Kirschen, Karamel, Mokka, Toast und Trüffeln –, dazu milden, runden, konzentrierten Geschmack, sanfte, samtige Konsistenz und einen kräftigen, vollen, alkoholischen Abgang. Das war die letzte Flasche aus einer ganzen Kiste mit glorreichem Wein. Die anderen elf habe ich vielleicht zu früh getrunken, alle aber waren rasch geleert, sobald der Korken einmal heraus war. Wer noch von diesem Wein hat, sollte ihn allerdings jetzt trinken. Nur wer das Glück hat, diesen großartig proportionierten La Conseillante in größeren Flaschenformaten zu besitzen, kann sich noch auf mindestens 10 weitere Jahre Genuß freuen.
Letzte Verkostung: 6/96.

1966 • 85 Der mit seinem zedernholz- und tabakduftigen Bukett fast Médoc-ähnliche 1966er La Conseillante hat seinen Höhepunkt erreicht. Bei seiner festen, sauber gefügten Art und mittelrubinroten Farbe mit nur wenig Bernsteingelb wird er in den nächsten Jahren wohl kaum nachlassen – ein recht verhaltener La Conseillante, jedoch komplex und interessant.
Voraussichtliche Genußreife: Jetzt. Letzte Verkostung: 5/84.

1964 • 88 Ich fand gegen Ende der achtziger Jahre eine exzellente Flasche 1964er La Conseillante vor, die sich als besser erwies, als ich in meinen Probiernotizen für die erste Ausgabe dieses Buchs angegeben hatte. Dieser mittelrubinrote Wein mit leichtem Bernsteinsaum zeigt ein sensationelles Bukett mit Nuancen von rauchiger, fast butteriger, überreifer Pflaumenfrucht, Nüssen und Kräutern. Im Mund fühlt sich der Wein rund, generös, ja sogar opulent an und weist große Konzentration sowie einen langen, alkoholstarken Abgang auf. Dieser Wein ist nach den Maßstäben des Châteaus kräftiger gebaut und muskulöser als üblich.
Voraussichtliche Genußreife: Jetzt. Letzte Verkostung: 11/89.

1961 • 87 Der 1961er La Conseillante scheint ganz allmählich seine Frucht einzubüßen und abzumagern. Inzwischen ist er kantiger geworden und zeigt mehr Bernsteingelb, Rostrot und Orange. Auch wird das Tannin im Abgang aggressiver und gibt zu erkennen, daß dieser Wein seinen Gipfel überschritten hat und sich auf dem Abstieg befindet. Letzte Verkostung: 12/95.

DIE WEINE VON POMEROL

ÄLTERE JAHRGÄNGE

Ich muß gestehen, ich habe mir nie träumen lassen, daß so viele 1959er Pomerols sich als so voll und konzentriert erweisen würden. Der La Conseillante aus diesem Jahrgang (95 Punkte; 10/94) zeigt ein duftiges Bukett von Blumen, schwarzen Himbeeren und Rauch, mittleren bis vollen Körper, mildes Tannin und wundervolle, reintönige, expansive, süße Frucht. Er ist ein klassisches Beispiel für die Fähigkeit von La Conseillante, ausdrucksstarke Weine mit außerordentlicher Eleganz und Komplexität hervorzubringen.

Es ist schon einige Jahre her, seit ich den 1949er (97 Punkte; 5/95) gekostet habe, aber zu der halben Kiste, die ich in hervorragender Verfassung erwarb, darf ich sagen, daß jede Flasche außergewöhnlich war und ein prachtvoll reifes Bukett von fülliger schwarzer Frucht sowie milden, expansiven Geschmack bei mittlerem Körper und seidiger Konsistenz beinhaltete. Interessant ist, daß der La Conseillante, der doch nie der tanninreichste, muskulöseste und wuchtigste Wein ist, sich schon in bemerkenswert jugendlichem Alter schön trinkt und doch seine Frucht jahrzehntelang bewahren kann. Ein Freund der Besitzerfamilie Nicolas erzählte mir, er habe mehrere Kisten 1949er schon in den frühen fünfziger Jahren ausgetrunken, weil er damals schon so gut schmeckte – erneut ein Beweis, daß Ausgewogenheit und nicht Tannin der Schlüssel zu langer Haltbarkeit ist. Ich hege durchaus die Hoffnung, daß der 1989er und der 1990er sich als ebenso ehrfurchtgebietend und lebenskräftig erweisen werden wie der 1949er. Der 1947er La Conseillante (92 Punkte im Dezember 1995) ist schon seit einiger Zeit voll ausgereift, und doch zeigt seine Farbe nur wenig Orange und Rostrot am Rand. Er ist ein Wein der zarteren, eleganteren Art mit mittlerem Körper, süßer Frucht von schwarzen Himbeeren, verwoben mit Düften von Kräutern, Rauch und Zedernholz, sowie mit einem langen, milden, alkoholischen Abgang. Er sollte ausgetrunken werden.

LA CROIX
Ohne Klassifizierungsrang

GUT

Lage der Weinberge: Catusseau

Besitzer: S.C. Joseph Janoueix
Adresse: 33500 Pomerol
Postanschrift: Maison J. Janoueix, 37, rue Pline Parmentier, B.P.192, 33506 Libourne
Telefon: 33 5 57 51 41 86 – Telefax: 33 5 57 51 76 83

Besuche: nur nach Vereinbarung
Kontaktanschrift: Maison Joseph Janoueix (Tel. und Fax. siehe oben)

ROTWEIN

Rebfläche: 10 ha

Rebbestand: 60 % Merlot, 20 % Cabernet Franc, 20 % Cabernet Sauvignon

Durchschnittliche Jahresproduktion insgesamt: 4500 Kisten

GRAND VIN

Name: Château La Croix

Appellation: Pomerol

Durchschnittliche Jahresproduktion: 4500 Kisten

BORDEAUX

Beurteilung: Entspricht qualitativ einem Cru Bourgeois aus dem Médoc

Genußreife: 4 bis 12 Jahre nach dem Jahrgangsdatum

La Croix liegt am Rand von Libourne etwas abseits der D 24 auf einem aus Kies und Sand zusammengesetzten Boden. Kein Wein aus dieser Gegend gehört zu dem runden Dutzend, das die Spitzengruppe von Pomerol bildet. Nichtsdestoweniger ist La Croix ein angesehenes Weingut mit kräftigem, dunklem, tannin- und körperreichem Wein, an dem nichts zu kritisieren ist als ein Mangel an Finesse. Die besten Beispiele bieten vollmundigen, rustikalen, einfachen Geschmack und lohnen 6 bis 12 Jahre Aufbewahrung. In manchen Jahrgängen habe ich festgestellt, daß sich eine dumpfige Art störend bemerkbar macht, die mehr Sorgfalt bei der Sauberkeit im Keller nahelegt. Zum Glück kommt das nicht häufig vor. In der Presse wird das Château nicht sehr häufig erwähnt, und wenn man bedenkt, daß La Croix durchaus für die Appellation typische Weine hervorzubringen imstande ist, kann man dieses Weingut nur als leicht unterbewertet bezeichnen.

JAHRGÄNGE

1993 • 78   Dieser mittelschwere, schlichte, eindimensionale Pomerol zeigt leichte Beerenfrucht mit Erde- und Kräuternuancen, Würze und einen moderat tanninherben Abgang. Er sollte in den ersten 10 Lebensjahren getrunken werden. Letzte Verkostung: 11/94.

1990 • 87   Der vollmundige 1990er, ein reichhaltiger, öliger Wein mit rustikaler Persönlichkeit und dickfruchtigem Geschmack, gewährt im Lauf der nächsten 10 Jahre nicht gerade komplexen, aber befriedigenden Genuß. Letzte Verkostung: 1/93.

1989 • 85   Der volle, ölige, extraktreiche 1989er zeigt vielschichtige, erdige, würzige Frucht und einen langen, alkoholstarken Abgang. Es fehlt an Biß und Struktur, aber der überwältigend kraftvolle, intensive Geschmack ist nicht zu verkennen. Der ungebremste, rustikale Stil mag manchem nicht behagen.
Voraussichtliche Genußreife: Jetzt bis 2005. Letzte Verkostung: 1/93.

1988 • 82   Der 1988er La Croix hat milden, fruchtigen, gefälligen Charakter und runde, süffige Art. Er sollte in den nächsten 2 bis 4 Jahren getrunken werden. Letzte Verkostung: 1/93.

1986 • 84   Der 1986er La Croix mit seinem erdigen Bukett voll grasiger Tabak- und Cassis-Düfte ist durchaus attraktiv und bereits stark entwickelt. Im Mund erweist sich der Wein als alkoholstark, reif, recht füllig, aber er hat einen rauhen, harten Abgang.
Voraussichtliche Genußreife: Jetzt bis 2000. Letzte Verkostung: 3/90.

1985 • 84   Der 1985er ist ein überaus fülliger, vollfruchtiger, körperreicher Wein mit süßer, runder, generöser Art und vollmundiger, sauberer, opulenter Beerenfrucht.
Voraussichtliche Genußreife: Jetzt. Letzte Verkostung: 3/90.

1983 • 86   La Croix brachte 1983 einen sehr wuchtigen Wein mit fast 14,8 % Alkohol heraus. Er ist tief rubingranatrot mit dichtem, pflaumenwürzigem, dickflüssigem, schwergewichtigem Geschmack, vollem Körper und kerniger, dicker Art. Was ihm fehlt, sind Finesse und Eleganz, doch er macht dies durch seine Kraft wett.
Voraussichtliche Genußreife: Jetzt. Letzte Verkostung: 3/89.

1982 • 86   Der ebenfalls gut gelungene 1982er La Croix ist etwas weniger alkoholstark als der schwere, massive 1983er; die Farbe ist dunkel rubinrot, er besitzt reiche, vielschichtige reife Frucht, mildes Tannin und einen eindrucksvollen, langen, würzigen Abgang.
Voraussichtliche Genußreife: Jetzt bis 2000. Letzte Verkostung: 1/91.

1981 • 84   Der 1981er La Croix benimmt sich unbeständig; manche Flaschen zeigen Mängel in der Farbe, während andere sich durch reichen, reifen Kirschengeschmack bei vollem Körper und deftiger Gewichtigkeit auszeichnen. Die Punktnote bezieht sich auf die besseren Flaschen.
Voraussichtliche Genußreife: Jetzt. Letzte Verkostung: 11/84.

LA CROIX-DU-CASSE
Ohne Klassifizierungsrang

AUSGEZEICHNET

Lage der Weinberge: Pomerol

Besitzer: Familien Arcaute-Audy
Adresse: 33500 Pomerol
Postanschrift: c/o Château Jonqueyres, 33750 Saint-Germain-du-Puch
Telefon: 33 5 56 68 55 88 – Telefax: 33 5 56 30 11 45

Besuche: nur nach Vereinbarung

ROTWEIN

Rebfläche: 9 ha

Durchschnittliches Rebenalter: 33 Jahre

Rebbestand: 80% Merlot, 20% Cabernet Franc

Pflanzdichte: 6600 Reben/ha

Ertrag (im Durchschnitt der letzten 5 Jahre): 48 hl/ha

Durchschnittliche Jahresproduktion insgesamt: 4600 Kisten

GRAND VIN

Name: Château La Croix-du-Casse

Appellation: Pomerol

Durchschnittliche Jahresproduktion: 4000 Kisten

Verarbeitung und Ausbau: Gär- und Maischdauer bis zu 45 Tage in kleinen Edelstahltanks mit eingebauter elektronischer Temperaturregelung. Abstich in zu 60% neue Eichenfässer (normalerweise zur malolaktischen Säureumwandlung), anschließend 24 Monate Ausbau. Die *assemblage* erfolgt nach und nach beim Abstechen in dreimonatigen Abständen. Der Wein wird weder geschönt noch gefiltert.

ZWEITWEIN

Name: Domaine du Casse

Durchschnittliche Jahresproduktion: 600 Kisten

Beurteilung: Entspricht seit 1986 einem 5ème Cru aus dem Médoc

Genußreife: 4 bis 10 Jahre nach dem Jahrgangsdatum

Jean-Michel Arcaute, der Château Clinet aus der Mittelmäßigkeit geführt und zum Superstar gemacht hat, leitet dieses Gut, und ihm ist auch die Wiederherstellung der Weinqualität zu verdanken. Das südlich von Catusseau auf einer Terrasse mit Sand- und Kiesboden gelegene sehr kleine Weingut ist nicht so bekannt und auch nicht in so guter Lage wie Clinet, und trotzdem scheint es, daß Arcaute in den Jahrgängen 1988, 1989, 1994 und 1995 das Höchstmaß an Qualität und Charakter aus ihm herausgeholt hat.

BORDEAUX

JAHRGÄNGE

1997 • 86-88 Der 1997er La Croix du Casse, ein weiterer Wein des brillanten Jean-Michel Arcaute unter Beistand des ebenso talentierten Michel Rolland, ist ein Pomerol der zurückgezogeneren, verschlosseneren und strafferen Art. Er zeigt sattes Purpurrot, ein verhaltenes Aromaprofil sowie vielversprechenden, jedoch straffen Geschmack von Cassis, Kirschen und *pain grillé*. Dieser Wein mit seiner schönen Tiefe und verheißungsvollen Art läßt beträchtlichen Raum für Optimismus, doch er gehört zu den wenigen Pomerols, die 2 bis 3 Jahre Kellerreife verlangen. Voraussichtliche Genußreife: 2002 bis 2012. Letzte Verkostung: 3/98.

1996 • 88-89+ Tintendunkles Purpurrot und ein lebendiges Aroma mit reichlichen Nuancen von Bleistift, Süßholz, Mineralen und schwarzen Johannisbeeren zeigt dieser dichte, volle Wein mit seinem mittleren Körper und moderatem Tannin sowie genug süßer Frucht und Vollmundigkeit für die Struktur – ein eindrucksvoller, eingezogener, noch unentwickelter Pomerol, der sich zwischen 2004 und 2012 auf seinem Gipfel befinden dürfte. Letzte Verkostung: 3/98.

1995 • 90 Der hervorragende, dicht rubinpurpurrote 1995er bietet umwerfenden Duft von Brombeeren, Cassis, Mineralen und Eichenwürze. Mittlerer bis voller Körper, reichliche, an *pain grillé* erinnernde Geschmacksfülle und süße, mit Glyzerin und Tannin getränkte Frucht zeichnen diesen Wein aus, der Nachhaltigkeit am Gaumen sowie einen im Mund sich aufbauenden Nachklang aufweist. Dieser beeindruckende, reintönige, volle Pomerol verdient größte Beachtung. Voraussichtliche Genußreife: 2000 bis 2015. Letzte Verkostung: 11/97.

1994 • 89 Nach der Abfüllung (bei La Croix-du-Casse gibt es kein Schönen und Filtern) stellt sich der dunkel pflaumenfarbene 1994er besser dar als vorher und zeigt ein exotisches Bukett von Kaffee, Tabak, süßen, füllingen schwarzen Johannisbeeren und Kirschen sowie reifen, extraktreichen Geschmack von erstaunlicher Opulenz (besonders für einen 1994er), mit feiner Reintönigkeit, milder Säure und moderatem Tannin. Dieser mittelschwere, hochinteressante Wein ist bereits genußreif, hält sich aber auch noch 10 bis 12 Jahre. Letzte Verkostung: 1/97.

1993 • 86 Attraktives, dunkles Rubinrot wird ergänzt durch rauchigen Eichentoast und ganze Ladungen von süßer Frucht schwarzer Johannisbeeren und Kirschen. Der üppige, runde, milde Wein besitzt Fett und Reife sowie entgegenkommende Art. Er sollte in den nächsten 6 bis 7 Jahren getrunken werden. Letzte Verkostung: 1/97.

1992 • 86 La Croix-du-Casse produziert seit einigen Jahren ausnehmend wohlgelungene Weine. Der rubinpurpurrote 1992er zeigt ein mäßig intensives Bukett von süßen schwarzen Kirschen und Eichentoast, feinen Extraktreichtum, mittleren Körper, milde Säure und im Abgang moderates Tannin. Er sollte in den nächsten 5 bis 8 Jahren getrunken werden. Letzte Verkostung: 11/94.

1990 • 89 Der 1990er ist die bisher feinste Leistung aus diesem Gut. Er bietet tief schwarzrubinrote Farbe, ein expansives, süßes, cassisduftiges Bukett, sanften, üppigen, opulenten, superb ausgestatteten Geschmack, höchste Nachhaltigkeit, milde Säure und einen sanften, langen Abgang. Er sollte in den ersten 7 bis 9 Lebensjahren getrunken werden. Letzte Verkostung: 1/93.

1989 • 87 Der 1989er ist schwarzrubinpurpurrot und hat ein kräftiges, reichhaltiges, expansives Bukett, voll vom Aroma reifer Pflaumen, von Schokolade, Zedernholz und angerauchtem frischem Eichenholz. Er bietet herrliche Konzentration, körperreiche Art und Geschmacksfülle sowie reichlich Alkohol und mildes Tannin im Abgang und dürfte in den ersten 10 Lebensjahren schönen Genuß gewähren.
Voraussichtliche Genußreife: Jetzt. Letzte Verkostung: 1/93.

1988 • 86 Der 1988er La Croix du Casse zeigt tiefe, wohlausgestattete, körperreiche Geschmacksfülle mit viel Extrakt und gutem Tannin, frischer Säure und einen sehr erfreulichen, mäßig nachhaltigen Abgang.
Voraussichtliche Genußreife: Jetzt bis 2000. Letzte Verkostung: 1/93.

1984 • 77 Dieser Wein ist nicht schlecht, sondern zeigt würzige, schön fruchtige Art und unauffälligen Alkohol.
Voraussichtliche Genußreife: Jetzt. Letzte Verkostung: 3/88.

DIE WEINE VON POMEROL

LA CROIX DE GAY
Ohne Klassifizierungsrang

SEHR GUT

Lage der Weinberge: 10 Parzellen in ganz Pomerol verstreut

Besitzer: G.F.A. La Croix de Gay (Dr. Alain Raynaud)
Adresse: 33500 Pomerol
Telefon: 33 5 57 51 19 05 – Telefax: 33 5 57 71 15 62

Besuche: täglich von 8 bis 12 und von 14 bis 18 Uhr
Kontaktperson: Marie-France Cubiller

ROTWEIN

Rebfläche: 10 ha

Durchschnittliches Rebenalter: 40 Jahre

Rebbestand: 80 % Merlot, 10 % Cabernet Franc, 10 % Cabernet Sauvignon

Pflanzdichte: 5800 Reben/ha

Ertrag (im Durchschnitt der letzten 5 Jahre): 50 hl/ha

Durchschnittliche Jahresproduktion insgesamt: 60 000 Flaschen

GRAND VIN

Name: Château La Croix de Gay

Appellation: Pomerol

Durchschnittliche Jahresproduktion: 40 000 Flaschen

Verarbeitung und Ausbau: Vinifikation in temperaturgeregelten Betontanks, Maischdauer 15 Tage, malolaktische Säureumwandlung im Tank, anschließend 14 Monate Ausbau in jährlich zu $1/3$ erneuerten Eichenfässern. Der Wein wird mit Eiweiß geschönt und leicht gefiltert.

ZWEITWEIN

Name: La Commanderie

Durchschnittliche Jahresproduktion: 20 000 Flaschen

Beurteilung: Entspricht einem 5ème Cru aus dem Médoc

Genußreife: 3 bis 17 Jahre nach dem Jahrgangsdatum

La Croix de Gay, die großartigste Entdeckung des Engländers Harry Waugh am Ende der fünfziger Jahre, erwies sich in den siebziger und ersten achtziger Jahren als unbeständig und sogar unzulänglich. Inzwischen hat der tüchtige Besitzer Dr. Raynaud jedoch die Qualität zunehmend verbessert und produziert hier jetzt wieder einen der attraktivsten und eingängigsten Pomerols. 1982 brachte Dr. Raynaud eine Luxus-Cuvée namens La Fleur de Gay von einer Parzelle mit sehr alten Merlot-Weinstöcken zwischen Pétrus und Lafleur heraus. Diese Luxus-Cuvée (siehe getrennte Besprechung Seite 756) ist eine der Raritäten von Bordeaux und zugleich einer der großartigsten Weine der Appellation, der es in Komplexität und Intensität mit den feinsten Pomerols aufnehmen kann. Skeptiker meinen allerdings, daß Dr. Raynauds Entschluß, diese Spezial-Cuvée zu produzieren, dem Hauptwein La Croix de Gay die besten Grundlagen für Fülle und Rückgrat entzieht, aber trotzdem hat dieser unverkennbar enorme Verbesserungen erfahren.

Die Weinberge von La Croix de Gay liegen auf dem nördlichen Teil des Plateaus von Pomerol unmittelbar hinter einem Friedhof an der schmalen, die Appellation durchquerenden Landstraße D 245. Der Boden besteht in dieser Gegend aus einem Gemisch von Kies und Sand.

JAHRGÄNGE

1997 • 87-88 Dieser Wein wirkt fast burgundisch mit seiner lebendigen, reintönigen Schwarzkirschenfrucht und Würze. Der dem 1996er gegenüber weit konzentriertere und vielschichtigere 1997er La Croix de Gay zeigt dunkel rubinrote Farbe und ein schönes, bereits entfaltetes Aroma von dunkler Frucht, Vanillin und Gewürz. Der offen gewirkte, runde, stilvolle, untadelig gelungene Wein hat mittleren Körper, keinerlei Schärfe, jedoch straffendes Tannin – kein Kraftprotz, aber höchst zufriedenstellend.
Voraussichtliche Genußreife: 2000 bis 2009. Letzte Verkostung: 3/98.

1996 • 80-82 Ein würziger Eichenton, verwoben mit leichten Aromen von Pflaumen und Kirschen, ist in diesem komprimierten, aber eleganten, mittelschweren Wein mit herber Säure und einer sehr knappen Art vorzufinden – ein säuerlicher, frischer Wein in einem leichteren Stil als andere neuere Jahrgänge.
Voraussichtliche Genußreife: 1999 bis 2007. Letzte Verkostung: 3/98.

1995 • 87 Ein verführerischer, eleganter, attraktiver Pomerol mit tief rubinroter Farbe, reichlicher, süßer Pflaumen-, Kirschen- und Beerenfrucht, vereint mit subtilem Eichentoast. Dieser runde, üppige Wein hat genug Frucht und Glyzerin, um schön vielschichtige Substanz in stilvollem Format zu ermöglichen.
Voraussichtliche Genußreife: 2002 bis 2015. Letzte Verkostung: 11/97.

1994 • 87+ Dichtes, sattes Dunkelrubinpurpurrot weist auf schöne Intensität und Reife hin. Süße Beerenfrucht, verwoben mit Vanillin, Kräutern und Gewürzen, zeichnet das Aromaprofil aus. Mittlerer Körper, gute Fülle und Reintönigkeit und ein sanfter, vollmundiger Eingang verleihen diesem stilvollen, konzentrierten Wein eine exzellente Erscheinung.
Voraussichtliche Genußreife: 2000 bis 2012. Letzte Verkostung: 1/97.

1993 • 86 Der für den Jahrgang attraktive, dunkel rubinrote 1993er zeigt süßen Duft von schwarzen Kirschen mit einer schönen Eichenholznote. Elegant, rund, sanft und opulent präsentiert sich der köstliche, milde Pomerol, der im Lauf der nächsten 6 bis 8 Jahre getrunken sein will. Letzte Verkostung: 1/97.

1992 • 86 Der runde, charmante, verführerische 1992er hat süße, bedachtsam mit Eichentoast vereinte Frucht schwarzer Johannisbeeren. Er ist ein eleganter, leichter bis mittelschwerer Wein mit schöner Tiefe, milder Säure und leichtem Tannin im Abgang und läßt sich in den nächsten 5 bis 6 Jahren ideal trinken. Letzte Verkostung: 11/94.

1991 • 82 Der leichte 1991er zeigt Düfte von süßer Frucht und Eichentoast und einen eingängigen, gefälligen Nachklang. Getrunken werden will dieser Wein in den nächsten 4 bis 5 Jahren. Letzte Verkostung: 1/94.

1990 • 86 Eine geradezu verschwenderische Aromafülle von vanillinsüßem Eichentoast und reifer Beerenfrucht entströmt beim verführerischen 1990er dem Glas. Im Mund würde man sich mehr Tiefe wünschen, doch alles in allem ist dies ein reichfruchtiger, sanfter, eleganter, aber interessanter Pomerol, der sich weitere 7 bis 8 Jahre lang schön trinken lassen wird.
Letzte Verkostung: 1/93.

1989 • 86 Der 1989er La Croix de Gay ist außergewöhnlich tief, konzentriert und körperreich und hat exzellenten Tannin- und Extraktgehalt. Die Säure ist schwach, doch das kräftige Tannin und der hohe Alkoholgehalt dürften dem Wein auf 6 bis 15 Jahre hinaus gute Haltbarkeit sichern. Er ist der eindrucksvollste jüngere La Croix de Gay, den ich kennengelernt habe, und

DIE WEINE VON POMEROL

legt deutlich Zeugnis von den zunehmenden Bemühungen um Details und die Qualität dieses Weins ab. Voraussichtliche Genußreife: Jetzt bis 2005. Letzte Verkostung: 1/93.

1988 • 86   Der 1988er zeigt viel frisches Eichenholz und hat gute Konzentration sowie sanfte, samtige, fast opulente Konsistenz und milden, seidenzarten Abgang.
Voraussichtliche Genußreife: Jetzt. Letzte Verkostung: 1/93.

1986 • 85   Der 1986er bietet einen gesunden Schuß frisches Eichenholz, tiefe rubinrote Farbe, mittleren Körper, eine attraktive, süße, reine Pflaumenfruchtigkeit, gute Nachhaltigkeit und mäßiges Tannin im Abgang, und er wird sich über etliche Jahre schön trinken.
Voraussichtliche Genußreife: Jetzt bis 2000. Letzte Verkostung: 3/90.

1985 • 85   Der 1985er ist für La Croix de Gay ein voller Erfolg mit seinem mäßig intensiven, eleganten, reifen, würzigen Bukett, seinem attraktiven, sanft in frische Eichenholzwürze verpackten Geschmack, seinem mittleren Körper und samtigen Abgang.
Voraussichtliche Genußreife: Jetzt. Letzte Verkostung: 3/89.

1984 • 80   Der 1984er ist leicht, aber fruchtig, mild, rund und wohl auch über die nächsten 2 bis 3 Jahre hinweg noch mit Genuß zu trinken.
Voraussichtliche Genußreife: Jetzt. Letzte Verkostung: 3/89.

1983 • 80   Der mittelrubinrote, mit leichtem Granatrot am Rand versehene 1983er La Croix de Gay hat ein gras- und kräuterhaftes, pflaumenduftiges Bukett, runden, etwas zerfaserten und flauen, alkoholstarken Geschmack und einen scharfen, aber säure- und strukturarmen Abgang. Er ist voll durchgereift und sollte möglichst bald ausgetrunken werden.
Voraussichtliche Genußreife: Jetzt. Letzte Verkostung: 11/90.

1982 • 77   Der mittelrubinrote, am Rand schon bräunlich überhauchte 1982er La Croix de Gay hat ein monolithisches, reifes Bukett ohne große Ausdruckskraft, dazu mittleren Körper, etwas wässerigen, säurearmen Geschmack und einen flauen, voll durchgereiften Abgang.
Voraussichtliche Genußreife: Jetzt. Letzte Verkostung: 3/89.

1961 • 85   Obwohl der 1961er La Croix de Gay (aus einer Magnumflasche) elegant, rund, fruchtig, gefällig und köstlich war, ließ er sich doch qualitativ nicht mit anderen 1961ern vergleichen. Letzte Verkostung: 12/95.

ÄLTERE JAHRGÄNGE

1995 hatte ich endlich das Glück, den 1947er La Croix de Gay zu probieren, den Harry Waugh seinerzeit mit seinen glühenden Lobpreisungen berühmt gemacht hat. Er war superb, zeigte portweinähnliche Intensität und viskosen, gehaltvollen, gerösteten Charakter. Meine Bewertung: 92 Punkte! Der zweitbeste Jahrgang, den ich gekostet habe, war der 1964er (90 Punkte in 1990). Wie so viele Pomerols aus diesem für die Appellation großartigen Jahrgang ist dieser körperreiche, gehaltvolle, alkoholstarke Wein vollgepackt mit Frucht und hat sanfte, opulente Art.

Domaine de l'Eglise
Ohne Klassifizierungsrang

SEHR GUT

Lage der Weinberge: Pomerol

Besitzer: Familien Castéja und Preben-Hansen
Adresse: 33500 Pomerol
Postanschrift: c/o Borie-Manoux, 86, Cours Balguerie Stuttenberg, 33082 Bordeaux
Telefon: 33 5 56 00 00 70 – Telefax: 33 5 57 87 60 30

Besuche: nur nach Vereinbarung
Kontaktanschrift: Maison Borie-Manoux (Tel. und Fax siehe oben)

BORDEAUX

ROTWEIN

Rebfläche: 7 ha

Durchschnittliches Rebenalter: 30 Jahre

Rebbestand: 80 % Merlot, 20 % Cabernet Franc

Pflanzdichte: 7500 Reben/ha

Ertrag (im Durchschnitt der letzten 5 Jahre): 47 hl/ha

GRAND VIN

Name: Château du Domaine de l'Eglise

Appellation: Pomerol

Durchschnittliche Jahresproduktion:

Verarbeitung und Ausbau: Vinifikation etwa 3 Wochen in temperaturgeregelten Edelstahltanks. Nach malolaktischer Säureumwandlung 16 bis 18 Monate Ausbau in zu 65 % neuen Eichenfässern. Der Wein wird geschönt, aber nicht gefiltert.

Kein ZWEITWEIN

Beurteilung: Entspricht seit 1986 einem 5ème Cru aus dem Médoc

Genußreife: 5 bis 15 Jahre nach dem Jahrgangsdatum

Das Weingut befindet sich in schöner Lage direkt neben dem Friedhof von Pomerol auf dem Hochplateau und hat kieshaltigen, mit Sand vermischten Boden. Château und Weinberg gelten als die ältesten in Pomerol. Auf dem Gut betrieben die Hospitaliers de Saint-Jean de Jerusalem (Johanniter) Weinbau und führten ein Hospital für Aussätzige, das als Domaine Porte Rouge bekannt war. Wie so viele Kirchengüter wurde auch dieses in der Französischen Revolution enteignet und in private Hände übertragen, wo es denn auch geblieben ist. 1973 wurde es von dem Handelshaus Borie-Manoux erworben.

Solide, zuverlässige Weine entstanden hier bereits in den siebziger und achtziger Jahren, und seit dem Ende der achtziger Jahre hat sich die Qualität sogar noch weiter verbessert. Die Domaine de l'Eglise wurde durch den Frost im Jahr 1956 besonders stark geschädigt, und der Weinberg mußte völlig neu bestockt werden. Der leichtere, mehr kommerzielle Weinstil in den 1970er, 80er, ja auch noch den 90er Jahren wurde inzwischen durch einen volleren, profunderen und überzeugenderen Stil verdrängt.

JAHRGÄNGE

1997 • 85-86 Fesselnde Aromen von frisch geröstetem Kaffee, Beeren, Schokolade und Toast entströmen dem mitteldunkel rubinroten Wein. Rund, vollschlank, saftig mit mäßiger Konzentration und einem kurzen Abgang präsentiert sich dieser wohlgelungene, kompetent bereitete Pomerol, der in den ersten 4 bis 7 Lebensjahren getrunken werden will.
Letzte Verkostung: 3/98.

1995 • 87 Eindrucksvolle, satte, schwarzpurpurrote Farbe geht einher mit exzellenter Frucht schwarzer Kirschen und Johannisbeeren, mittlerem Körper, schöner Reintönigkeit und erstaunlicher Opulenz und Öligkeit. Wird dieser Wein bei der Abfüllung nicht allzusehr geschönt und gefiltert, dann könnte er sich für eine noch höhere Punktnote qualifizieren.
Voraussichtliche Genußreife: 2001 bis 2016. Letzte Verkostung: 11/97.

1994 • 86   Dunkles Rubinrot und attraktive Düfte von fülligen Kirschen, Erde und Gewürz kennzeichnen diesen mittelschweren, gefälligen, reifen 1994er, der keine Schärfen oder vegetabilen Noten aufweist und sich 7 bis 8 Jahre lang gut trinken lassen dürfte. Letzte Verkostung: 1/97.

1993 • 78   Dieser sanfte, verwässerte Wein zeigt schwächliches, mitteldunkles Rubinrot und zwar gefälligen, aber flachen Geschmack, dem es an Konzentration und Präzision fehlt. Er sollte in den nächsten 4 bis 5 Jahren getrunken werden. Letzte Verkostung: 1/97.

1990 • 82   Leider haben Überproduktion und überreife Frucht einen weichen, säurearmen, mittelschweren 1990er hervorgebracht, der zwar rund und schmackhaft, doch im wesentlichen eindimensional ist und dem es an Biß und Tiefe fehlt.
Voraussichtliche Genußreife: Jetzt bis 2000. Letzte Verkostung: 1/93.

1989 • 90   Die Firma Borie-Manoux widmet sich der Qualität ihrer Spitzenweine mit vollem Ernst. Hierfür gibt es keinen besseren Beweis als den herrlich reichhaltigen, extraktreichen, immens eindrucksvollen 1989er Domaine de l'Eglise. Seine Farbe ist schwarzrubinrot, der Geschmack fabelhaft, extraktreich, an frische und gedörrte Pflaumen erinnernd, mit viel Tannin und Alkohol und für den Jahrgang reichlicher Säure – ein reichhaltiger, breitschultriger Pomerol der massivsten Art, die ich von der Domaine de l'Eglise je gekostet habe. Seiner großen Milde wegen dürfte er schon in der Jugend ansprechend sein.
Voraussichtliche Genußreife: Jetzt bis 2015. Letzte Verkostung: 1/93.

L'EGLISE-CLINET
Ohne Klassifizierungsrang

HERVORRAGEND

Lage der Weinberge: Pomerol

Besitzer: G.F.A. Château l'Eglise-Clinet (Familie Durantou)
Adresse: 3350 Pomerol
Telefon: 33 5 57 25 99 00 – Telefax: 33 5 57 25 21 96

Besuche: nur nach Vereinbarung
Kontaktperson: Denis Durantou

ROTWEIN

Rebfläche: 6 ha

Durchschnittliches Rebenalter: 40 bis 45 Jahre

Rebbestand: 70 bis 80 % Merlot, 20 bis 30 % Cabernet Franc

Pflanzdichte: 6500 Reben/ha

Ertrag (im Durchschnitt der letzten 5 Jahre): 45 hl/ha

GRAND VIN

Name: Château l'Eglise Clinet

Appellation: Pomerol

Durchschnittliche Jahresproduktion: 1800 Kisten

Verarbeitung und Ausbau: Vinifikation 15 bis 21 Tage in Betontanks (es wird keine allzu hohe Temperatur zugelassen). Malolaktische Säureumwandlung in Edelstahltanks, anschließend möglichst baldiger Abstich in zu 40 bis 70 % neue Eichenfässer. 15 bis 18 Monate Ausbau im Eichenfaß (zwei Winter, Abfüllung stets vor Beginn des zweiten Sommers). Der Wein wird mit Eiweiß geschönt, aber nicht gefiltert.

ZWEITWEIN

Name: La Petite Eglise

Durchschnittliche Jahresproduktion: 12 000 Flaschen

Beurteilung: Entspricht seit 1985 einem 2ème Cru aus dem Médoc

Genußreife: 5 bis 15 Jahre nach dem Jahrgangsdatum

Dieses Weingut, vor allem wegen seiner geringen Produktion eines der am wenigsten bekannten in Pomerol, bringt hervorragend und traditionell bereiteten Wein in einem typisch fülligen, saft- und kraftvollen, reichfruchtigen Stil hervor. Der Weinberg befindet sich in schöner Lage auf dem Plateau hinter der Kirche, wo der Boden aus einem tiefgründigen Kiesbett mit Beimischungen von Sand, Lehm und Eisen besteht.

Eglise-Clinet ist eines der wenigen Weingüter in Pomerol, die nach dem schweren Frost im Jahr 1956 ihren Bestand nicht neu anzupflanzen brauchten, und verfügt demzufolge über sehr alte, zum Teil über hundertjährige Reben.

Bis 1983 bewirtschaftete Pierre Lasserre, der Besitzer des größeren und bekannteren Pomerol-Weinguts Clos René, diesen Weinberg nach dem *métayage*-System (ein Pachtvertrag) und brachte einen Wein hervor, der sich durch volle, ausgewogene, geschmeidige, feste und stets sauber bereitete Art auszeichnete. Seither wird das Gut von dem jungen, tüchtigen Denis Durantou geleitet, der es an die höchste Spitze in der inoffiziellen Hierarchie von Pomerol zu führen bestrebt ist. Das Geheimnis des Erfolgs ist nicht nur in Durantous bedeutendem Einsatz für hohe Qualität zu suchen, sondern auch in dem durchschnittlich 40 bis 45 Jahre alten Rebbestand und schließlich darin, daß in ertragreichen oder schwierigen Jahren ein Viertel des Leseguts aussortiert und für den Zweitwein La Petite Eglise verwendet wird. Man kann den Bestrebungen von Denis Durantou gar nicht genug Beifall zollen.

Der Preis für eine Flasche l'Eglise-Clinet ist hoch, denn die Kenner haben längst bemerkt, daß dieser Wein zu dem knappen Dutzend Spitzengewächse der Appellation zählt.

JAHRGÄNGE

1997 • 91 bis 95 Neben Pétrus, Lafleur, Trotanoy, Clinet, l'Evangile, Le Pin, Bon Pasteur und eventuell Clos l'Eglise ist der 1997er l'Eglise-Clinet einer der vollkommensten Pomerols dieses Jahrgangs. Der milde, erstaunlich volle, schwarzpurpurrote Wein bietet intensive Aromen von schwarzen Himbeeren, Cassis, Kirschlikör sowie subtile Düfte von Unterholz, Trüffeln und Eichentoast. Mittlerer bis voller Körper, schöne Fülle und Öligkeit zeichnen diesen zu den wenigen Superstars von Pomerol zählenden Wein aus. Eine bemerkenswerte Leistung!
Voraussichtliche Genußreife: 2001 bis 2020. Letzte Verkostung: 3/98.

1996 • 93-95 Dieser Wein hat beträchtlich an Fülle zugelegt. Schon im März 1997 schmeckte er ausgesprochen fein, jetzt aber erscheint er als einer der Superstars vom rechten Dordogne-Ufer. Dank gebührt dem Besitzer Denis Durantou für die außerordentlich strenge Auslese, die zu diesem intensiven Pomerol geführt hat. Tiefdunkles Schwarzpurpurrot geht einher mit reichlich dem Glas entströmender süßer, likörähnlicher Brombeer- und Himbeerfrucht. Der körperreiche, gewichtige, breitschultrige Pomerol mit außergewöhnlichem Extraktgehalt hat genug

DIE WEINE VON POMEROL

Tannin, um 25 bis 30 Jahre Lebensdauer zu gewährleisten. Derzeit dominiert die Frucht im 1996er, der aber auch große Intensität und Vielschichtigkeit sowie subtile Nuancen von Eichentoast und schwarzen Trüffeln aufweist – ein massiver l'Eglise-Clinet, der zwischen 2005 und 2025 auf seinem Gipfel sein dürfte. Letzte Verkostung: 3/98.

1995 • 96   Einer der ehrfurchtgebietendsten Weine des Jahrgangs ist der 1995er l'Eglise-Clinet, der sowohl aus dem Faß als auch aus der Flasche fabelhaft wirkt. Die Farbe ist ein tiefdunkles Purpurrot, das noch verschlossene Aroma bietet ein Duftgemisch von schwarzen Himbeeren, Kirschen, Kirschgeist, Rauch und Trüffeln. Körperreich und voll, mit kräftigem Tannin und profunder Frucht präsentiert sich dieser dichte, ausgesprochen klar gezeichnete, vielschichtige, multidimensionale l'Eglise-Clinet, der sein eigentliches Potential nur ahnen läßt. Er nimmt sich aus wie eine im Werden begriffene Legende. Ich konnte von der außerordentlichen Substanz dieses Weins gar nicht genug bekommen. Intensität und Fülle ohne Schwere – eine kellertechnische Meisterleistung!
Voraussichtliche Genußreife: 2008 bis 2030. Letzte Verkostung: 11/97.

1994 • 90   Der 1994er zeigt satte, dunkel rubinpurpurrote Farbe sowie ein straffes, aber vielversprechendes Aroma von reifen Kirschen, Maulbeeren und Johannisbeeren neben einer vagen Note von schwarzen Trüffeln. Mittlerer bis voller Körper, reintönige Frucht, ein vielschichtiger Eindruck und hartnäckiges Tannin im muskulösen Abgang kennzeichnen diesen Wein, der nicht so charmant ist wie der aufgeschlossene 1993er. Vielmehr verlangt der gewichtigere, vollere 1994er 5 bis 6 Jahre Kellerreife. Eine eindrucksvolle Leistung.
Voraussichtliche Genußreife: 2002 bis 2022. Letzte Verkostung: 1/97.

1993 • 87   Dieser Wein verdient möglicherweise eine bessere Note, aber da ich kein Fan von Rotweinen mit grünen Untertönen bin, hat mich vielleicht das würzige Paprikabukett zur Zurückhaltung verleitet. Dessenungeachtet hat dieser tief rubinpurpurrote Wein ein schon entfaltetes, intensives Aroma mit unverkennbaren Nuancen von gegrilltem Fleisch, Rauch, Pfeffer und süßer Frucht. Am Gaumen präsentiert er sich mit reifer, sanfter fruchtiger Süße und milder Säure. Bei mittlerem Körper zeigt er die Fruchtigkeit von Kirschlikör und schwarzen Himbeeren, die das Kennzeichen dieses Weinguts bildet. Der 1993er dürfte nach 2 bis 3 Jahren Kellerreife auf seinem Höhepunkt anlangen und 12 bis 14 Jahre dort verweilen. Ich würde aber doch raten, ihn eher jung zu trinken, weil die Frucht verblassen könnte.
Letzte Verkostung: 1/97.

1992 • 85   Tiefes Rubinrot und ein würziges, reifes Bukett von schwarzen Kirschen und rauchigem Eichenholz sowie konzentrierter, voller, mittelschwerer Geschmack kennzeichnen den 1992er l'Eglise-Clinet mit seiner bewunderungswürdigen Intensität und seinem vollmundigen Abgang. Er dürfte 5 bis 7 Jahre lang unkomplizierten aber köstlichen Genuß bereiten.
Letzte Verkostung: 11/94.

1991 • 84   Dieser 1991er gehört zu der Handvoll Pomerols, die geschmeidig, reif und süffig sind. Er bietet ein betörendes Bukett von roter und schwarzer Frucht, Tabak, Tee und Schokolade. Würzig, sanft und rund ist dieser für einen 1991er Pomerol wohlausgestattete mittelschwere Wein, der in den nächsten 4 bis 5 Jahren getrunken werden sollte. Letzte Verkostung: 1/94.

1990 • 92   Der 1990er, der noch immer an Fülle zulegt, ist ein reichhaltiger, vollkommener Wein mit tiefdunkel rubinpurpurroter Farbe, einem noch nicht voll entfalteten Bukett mit süßen, fülligen Aromen von schwarzen Kirschen, Rauch und Schokolade. Hinzu kommen körperreicher, vielschichtiger, expansiver Geschmack, milde Säure, reichliche süße Frucht und mehr Tiefe und Länge als beim 1989er. Diesem auch noch stärker in sich zurückgezogenen Wein sollte man weitere 2 bis 3 Jahre Kellerreife gönnen und ihn dann in den folgenden 2 Jahrzehnten genießen. Letzte Verkostung: 11/96.

1989 • 90?   Der 1989er hat sich bei neueren Verkostungen als unterschiedlich herausgestellt. Bei der letzten zeigte er tief granatrote Farbe mit bernsteingelbem Saum. Hinzu kam üppiger, an Schokoladensüße und füllige schwarze Kirschenfrucht erinnernder Geschmack mit milder, aber kräftiger Säure und ausgezeichneter bis großartiger Konzentration. Nach einigem Atmen

BORDEAUX

entfalteten sich Gewürz- und Zedernholznoten. Dieser vollmundige Wein scheint sich im Eiltempo der Reife zu nähern. Ich schlage vor, ihn ab jetzt im Lauf der nächsten 15 Jahre zu genießen. Die hier besprochene Flasche war weiter entwickelt als einige andere 1996 verkostete. Letzte Verkostung: 11/96.

1988 • 88 Der 1988er hat mittleren Körper, hervorragende Konzentration und ein Bukett von rauchigem Eichenholz und Pflaumen. Er dürfte zwischen jetzt und 2002 am besten sein. Letzte Verkostung: 1/93.

1986 • 92 Der 1986er Eglise-Clinet ist ein noch immer junger Wein mit dichter Farbe und reichlicher Frucht und Intensität. Ich mag ihn seit jeher lieber als andere Jahrgänge, z.B. 1982, 1983 und 1989. Der körperreiche 1986er zeigt exzellente Konzentration und eine hochreife Komponente. Genußreif ist er schon jetzt, er kann aber auch noch 20 bis 30 Jahre Aufbewahrung vertragen. Letzte Verkostung: 12/95.

1985 • 95 In diesem Jahrgang, in dem nicht so viele superbe Weine entstanden sind wie ursprünglich vorhergesagt, könnte sich der Eglise-Clinet als einer der beiden langlebigsten Pomerols erweisen (der andere ist l'Evangile). Er ist weit konzentrierter als manche Superstars der Appellation (z.B. Trotanoy und Pétrus) und hat sich seine dichte, tiefdunkle rubinpurpurrote Farbe ebenso bewahrt wie ein noch unentfaltetes, aber vielversprechendes Bukett mit Nuancen von Kirschgeist, schwarzen Himbeeren, Mineralen und Trüffeln. Dieser reichhaltige, mittelschwere bis körperreiche, jugendfrische und intensive Eglise-Clinet mit seiner prachtvollen Reintönigkeit und schönen Vielschichtigkeit am Gaumen entwickelt sich im Schneckentempo. Voraussichtliche Genußreife: 2001 bis 2020. Letzte Verkostung: 9/97.

1984 • 81 Abgesehen von einer Härte im Abgang zeigt dieser sauber bereitete Wein schöne Farbe, gute Frucht und makellose Behandlung. 2 bis 3 Jahre Kellerreife tun ihm sicher gut. Voraussichtliche Genußreife: Jetzt. Letzte Verkostung: 3/89.

1983 • 86 Der gut gelungene 1983er Eglise-Clinet ist dunkel rubinrot mit leichtem Bernsteinsaum, zeigt ein dichtes, reifes, volles Bukett von schwarzen Kirschen, kernigen, festen, reifen Geschmack, vollen Körper, geringe Säure und mildes Tannin. Dieser kräftige Wein ist rasch herangereift. Voraussichtliche Genußreife: Jetzt. Letzte Verkostung: 3/89.

1982 • 89 Zwar zeigte der 1982er Eglise-Clinet reichliche füllige, reife Frucht, aber er gehörte nie zu den überzeugendsten Weinen seines Jahrgangs. Bei einer Verkostung im Dezember 1995 bot er mehr Tiefe dar als bei der ersten Faßprobe und nach der Abfüllung. Mit seiner reichhaltigen, körperreichen, vollmundigen und monolithischen Art ist er ein saftiger Bordeaux, aber sein Geschmack ist unkompliziert, ja schlicht. Letzte Verkostung: 12/95.

1981 • 84 Der 1981er Eglise-Clinet ist nicht so kraftvoll und reichhaltig wie der 1982er und 1983er, eher leicht, aber doch sehr fruchtig, geschmeidig, würzig bei mittlerem bis vollem Körper, mäßigem Tannin und einem guten Abgang. Voraussichtliche Genußreife: Jetzt. Letzte Verkostung: 6/84.

1978 • 82 Der 1978er ist voll ausgereift und hat ein schokoladiges, leicht rauchiges, fruchtiges Bukett – ein milder, runder, mäßig konzentrierter Wein, gefällig in der Art, aber es fehlt ihm ein wenig an Gewichtigkeit und Fülle. Voraussichtliche Genußreife: Jetzt. Letzte Verkostung: 1/85.

1975 • 92 Der 1975er Eglise-Clinet ist fast so konzentriert wie der Evangile und der La Mission-Haut-Brion, daneben aber extrem jugendfrisch mit dichter dunkel rubinpurpurroter Farbe ohne Alterserscheinungen. Dieser milde, expansive, mit fülliger Frucht, mächtigem Körper und Tannin versehene Wein ist bei aller Jugend entgegenkommend, dürfte sich aber noch über mindestens 25 bis 30 Jahre hinweg weiterentwickeln. Letzte Verkostung: 11/96.

1971 • 92 Der 1971er Eglise-Clinet ist gewiß einer der Weine des Jahrgangs. Ich erinnere mich, ihn ganz am Anfang verkostet zu haben, ich erkannte aber nicht, daß seine Qualität sich als so eindrucksvoll herausstellen würde. Dieser reichhaltige, opulente Wein mit seiner außerordentlichen Intensität und jener viskosen, saftigen Pomerol-Persönlichkeit könnte es ohne weiteres mit den beiden größten Pomerols von 1971 – Trotanoy und Pétrus – aufnehmen. Er ist voll ausgereift, dürfte aber noch einmal 10 Jahre überdauern. Letzte Verkostung: 12/95.

1964 • 89   Mild und köstlich, mit tief rubingranatroter Farbe und bernsteingelbem Saum, präsentiert sich der 1964er Eglise-Clinet alkoholstark und in Hülle und Fülle mit reifer Frucht versehen, obwohl er die Intensität, Reichhaltigkeit oder Komplexität des 1971ers nicht ganz erreicht. Er sollte nun ausgetrunken werden. Letzte Verkostung: 9/95.

1961 • 92   Der 1961er Eglise-Clinet zeigte sattes, tiefdunkles Granatrot mit etwas Bernsteingelb und Rostrot am Rand. Das mächtige Bukett mit Nuancen von Sojasauce, gegrilltem Fleisch, Mokka, Schokolade und fülliger Kirschenfrucht geht einher mit einem körperreichen, hochreifen Wein mit exzellenter, samtiger Fülle, Nachhaltigkeit und Ausgewogenheit. Trinken läßt er sich im Lauf der nächsten 10 Jahre. Letzte Verkostung: 9/95.

ÄLTERE JAHRGÄNGE

Der 1959er Eglise-Clinet (96 Punkte; letzte Verkostung 10/95) hatte immensen Körper und ein mächtiges Bukett von überreifen Kirschen, Kirschgeist, asiatischen Gewürzen, Früchtekuchen und Häagan-Dazs-Jamocha-Chocolate-Chip-Eis. Diesen extrem viskosen, öligen, milden Wein mit seinem sanften Gefüge und seiner jugendlichen Art muß man selbst gekostet haben, um es zu glauben. Ich würde ihn gern auf einer Auktion finden! Er dürfte den 1961er überdauern und sich noch einmal 20 bis 25 Jahre schön trinken lassen.

Der 1950er Eglise-Clinet (95 Punkte; 9/95) ist ein weiteres Meisterwerk dieser Appellation aus einem ansonsten übersehenen Jahrgang. Dieser superbe, milde, samtige, enorm konzentrierte, hochreife Pomerol strömt über vom Aroma schwarzer Kirschen und Johannisbeeren, verflochten mit Nuancen von Rauch, Zedernholz, Mineralen und Vanille. Der korpulente, bemerkenswert jugendliche 1950er Eglise-Clinet bietet noch auf 10 bis 20 Jahre hinaus deftigen, kräftigen, vollmundigen Genuß.

Der geradezu vollkommene 1949er Eglise-Clinet (99 Punkte; 9/95) ist einer aus einer Reihe alter Jahrgänge dieses Hauses, die sich durch umwerfende Fülle, außerordentliche Intensität, Öligkeit und – wie auch der Wein aus dem Nachbargut Château Lafleur – die Quintessenz von Kirschenfrucht und Kirschgeist auszeichneten. Dabei zeigte er tiefdunkles Purpurrot ohne die geringste Aufhellung am Rand. Im Glas wirkte er mehr wie ein Port und nicht wie ein trockener Tischrotwein. Außerordentliche Viskosität, Fülle und Extrakt prägen den kolossalen Körperbau dieses Eglise-Clinet. Milde Säure und reifes Tannin sorgen dafür, daß dieser noch immer junge Wein keinerlei Schärfe aufweist. Gewiß ist er einer der am stärksten unterbewerteten großen Weine des Jahrhunderts. Er dürfte sich weitere 25 Jahre schön trinken lassen.

Der 1947er Eglise-Clinet (100 Punkte; 9/95) ist ein Geniestreich, einer der großartigsten Weine, die ich je gekostet habe. Könnte man doch mehr als 100 Punkte vergeben! Tiefdunkles Purpurrot, ein mächtiges, ja überwältigendes Bukett von schwarzen Kirschen, Cassis, Mokka, Kaffee, Tabak und asiatischen Gewürzen, dazu ein extrem voller Körper mit Schicht über Schicht an Glyzerin, Extrakt und reifer Frucht sowie beträchtliche Alkoholstärke kennzeichnen diesen herrlich ausgewogenen, massiven Wein.

Der bemerkenswerte 1945er Eglise-Clinet (98 Punkte; 9/95) zeigte nichts von der Strenge oder Adstringenz dieses langlebigen Jahrgangs, sondern vielmehr ein umwerfendes Bukett von Trüffeln, Vanille, Schokolade und reichlicher schwarzer und roter Frucht, ferner viskose Substanz, ehrfurchtgebietende Fülle, massiven Körper und einen aus Frucht, Glyzerin und Alkohol zusammengesetzten Nachklang. Ein bemerkenswerter Wein mit schwergewichtigem Abgang. Wow!

Der 1921er (100 Punkte; 9/95) präsentierte sich in tiefdunklem Rubingranatrot, mit reichlicher, süßer, opulenter Frucht, ehrfurchtgebietender Konzentration, kräftigem Alkohol und dem Charakter eines Vintage Port. Er gibt noch kaum Altersanzeichen zu erkennen und ist ein massives Beispiel dafür, was Pomerol schon seit so langer Zeit in so außergewöhnlicher Weise geleistet hat, nämlich sinnenbetörende, hochreife Weine von Merlot und Cabernet Franc zu produzieren, die besser schmecken und ihre Frucht länger bewahren als mancher Médoc. Der 1921er Eglise-Clinet und der 1921er Pétrus gehören zu den im profundesten Sinne großen Weinen, die ich je genießen durfte.

L'Enclos
Ohne Klassifizierungsrang

SEHR GUT

Lage der Weinberge: zum Teil bei Libourne

Besitzer: G.F.A. du Château l'Enclos
Adresse: 1, L'Enclos, 33500 Pomerol
Telefon: 33 5 57 51 04 62 – Telefax: 33 5 57 51 43 15

Besuche: vorzugsweise nach Vereinbarung
Kontaktperson: Hugues Weydert

ROTWEIN

Rebfläche: 9,5 ha

Durchschnittliches Rebenalter: 33 Jahre

Rebbestand: 82 % Merlot, 17 % Cabernet Franc, 1 % Pressac

Pflanzdichte: 6000 Reben/ha

Ertrag (im Durchschnitt der letzten 5 Jahre): 46,97 hl/ha

Durchschnittliche Jahresproduktion insgesamt: 4400 Kisten

GRAND VIN

Name: Château l'Enclos

Appellation: Pomerol

Durchschnittliche Jahresproduktion: 4400 Kisten

Verarbeitung und Ausbau: Vinifikation bei max. 32° C in temperaturgeregelten Tanks; malolaktische Säureumwandlung im Tank bei 24°C; Gesamtdauer 3 bis 4 Wochen. Ab Ende November 17 Monate Ausbau in jährlich zu $1/3$ erneuerten Eichenfässern.
Der Wein wird mit Eiweiß geschönt und leicht gefiltert.

Kein ZWEITWEIN

Beurteilung: Entspricht qualitativ einem 5ème Cru aus dem Médoc

Genußreife: 3 bis 15 Jahre nach dem Jahrgangsdatum

Das auf sandigem kies- und feuersteinhaltigem Boden im äußersten westlichen Teil von Pomerol gelegene Weingut ist wenig bekannt, produziert aber sehr feinen Wein. Vielleicht habe ich auch nur Glück gehabt und lediglich die besten Jahrgänge von l'Enclos gesehen, doch dieser Wein hat mich durch seine beständig sanfte, samtige, volle, geschmeidige, schön konzentrierte, reine Brombeerfruchtigkeit und durch seine allgemeine Harmonie beeindruckt. In den meisten Jahr-

DIE WEINE VON POMEROL

gängen braucht der Enclos nur 3 bis 4 Jahre Flaschenreife, um seine opulente, volle, seidige Fruchtigkeit schön zur Geltung zu bringen, doch die Weine halten sich auch in der Flasche gut.

Die meisten Liebhaber halten die Weine von Pomerol für teuer, und das stimmt auch, denn die Rebflächen sind klein und die weltweite Nachfrage nach diesen Merlot-Weinen ist groß. Immerhin bietet der l'Enclos unter allen Weinen der Appellation mit das günstigste Verhältnis von Qualität zu Preis.

JAHRGÄNGE

1997 • 85-86 Als eingängiger, milder, vollschlanker Rotwein zeigt der 1997er Enclos mäßig reiche Frucht schwarzer Kirschen mit Nuancen von Schokolade und Mokka, mittleren Körper, geschmeidige Substanz und einen kurzen Abgang. Er dürfte in den nächsten 5 bis 6 Jahren ideal zu trinken sein. Letzte Verkostung: 3/98.

1995 • 86 Der 1995er zeigt dunkles Rubinpurpurrot, satinzarte Substanz, Duft und Geschmack von Mokka, Kaffee und Kirschen, milde Säure und eine aufgeschlossene, vollschlanke Persönlichkeit. Dieser Wein sollte in den nächsten 7 bis 8 Jahren getrunken werden. Letzte Verkostung: 11/97.

1994 • 72 Der 1994er Enclos ist überraschend leicht, wässerig und vegetabil, ohne echte Tiefe und Reife. Ich finde diese enttäuschende Leistung des ansonsten exzellenten Weinguts unerklärlich. Letzte Verkostung: 3/96.

1992 • 74 Verwässerung und möglicherweise eine nicht streng genug gehandhabte Auslese haben zu einer uncharakteristisch dürftigen Leistung geführt. Der 1992er Enclos ist leicht, dünn und kompakt. Am besten austrinken. Letzte Verkostung: 11/94.

1991 • 72 Einer meiner Favoriten unter den Weingütern in Pomerol hat eine enttäuschende Leistung abgeliefert. Dem einfachen, wässerigen 1991er mangelt es an Frucht und Persönlichkeit. Letzte Verkostung: 1/94.

1990 • 89 Der 1990er ist noch fester strukturiert und reichhaltiger als der 1989er. Sehr dunkle Farbe, betörende Aromen von Tabak, Pflaumen und Kaffee in Duft und Geschmack, alles in einem hochreifen, körperreichen Format, zeichnen den feinsten Enclos seit dem 1982er aus. Er wird in den nächsten 5 bis 15 Jahren schönen Genuß gewähren. Letzte Verkostung: 1/93.

1989 • 87 Der 1989er bietet herrlichen Genuß an sanfter, konzentrierter, brombeer- und veilchenduftiger Frucht dar. Der körperreiche und seidenzarte Wein verdeckt mit seinen Unmengen an reicher Frucht fast das stattliche Tannin im Abgang. Dieser schön bereitete, intensiv duftige Wein dürfte sich in den nächsten 10 bis 12 Jahren wunderbar trinken lassen. Letzte Verkostung: 1/93.

1988 • 83 Der 1988er Enclos ist ein schlichter, fruchtiger Wein von milder Art, mit ordentlicher Konzentration, einem attraktiven, würzigen, pflaumen- und mokkaduftigen Bukett und mit mäßig langem Abgang. Er trinkt sich bereits schön, und es darf mit erfreulicher, wenn auch nicht gerade inspirierender Weiterentwicklung über nochmals 4 bis 5 Jahre gerechnet werden. Letzte Verkostung: 1/93.

1986 • 84 Der 1986er ist nicht ganz so gut wie der 1975er, 1979er oder 1982er, hat mit diesen aber die Persönlichkeit von l'Enclos gemeinsam. Der Stil ist auf einen frühreifen, milden, fruchtigen Wein gerichtet, der nach Pflaumen und schwarzen Johannisbeeren duftet und seidig zarte Art besitzt. In den nächsten Jahren dürfte sein Charme schönen Genuß bereiten, auch wenn es an großer Tiefe und Komplexität fehlt.
Voraussichtliche Genußreife: Jetzt. Letzte Verkostung: 11/90.

1985 • 85 Der 1985er ist köstlich voll, nachhaltig, expansiv, samtig und bereits ein vollendeter Genuß. Bei mittlerem Körper und einer Überfülle aus Karamel und Beerenfrucht vermittelt dieser Pomerol einen Eindruck, wie wenn man in eine zarte Praline beißt.
Voraussichtliche Genußreife: Jetzt. Letzte Verkostung: 3/90.

1983 • 86   Der 1983er Enclos ist ein fülliger, saft- und kraftvoller Wein mit sehr aufgeschlossener, entgegenkommender, traubig ansprechender Art, mit rundem, reifem, üppigem Geschmack und einem samtigem Abgang. Voraussichtliche Genußreife: Jetzt. Letzte Verkostung: 3/89.

1982 • 87   Der seit seiner Entstehung köstlich zu trinkende 1982er Enclos bietet nach wie vor attraktive Noten von Tee, geräucherter Ente und Kirschen in Duft und Geschmack, dazu mittleren bis vollen Körper und sanfte, seidige Persönlichkeit. Ein bernsteingelber Saum und die milde Säure deuten darauf hin, daß er in den nächsten 4 bis 5 Jahren getrunken sein will. Letzte Verkostung: 9/95.

1979 • 85   Der köstlich fruchtige Wein mit seiner wundervoll duftigen Art, die an schwarze Johannisbeeren erinnert, mit mittlerem Körper und seidig-samtiger Konsistenz, leichtem Tannin und rundem, generösem Abgang ist ein außerordentlich erfreuliches Gewächs und trinkt sich schön, ohne die geringsten Anzeichen für einen Niedergang.
Voraussichtliche Genußreife: Jetzt. Letzte Verkostung: 1/91.

1975 • 89   Ein hervorragend lieblicher, reifer, runder, sanfter, milder Wein mit Unmengen an Brombeerfrucht, einem komplexen Bukett von Beeren und Trüffeln sowie mit einem samtigen Abgang; der schön bereitete 1975er Enclos hat mittleren bis vollen Körper und trinkt sich wundervoll, verträgt aber auch noch weitere Kellerreife. Er ist ein Schlager seines Jahrgangs.
Voraussichtliche Genußreife: Jetzt bis 2001. Letzte Verkostung: 1/85.

1970 • 86   Der 1970er Enclos ist ähnlich in der Art wie der 1975er und der 1982er. Er ist vielleicht tanninreicher, aber nichtsdestoweniger samtig, reif, zart und geschliffen bei dunkel rubinroter Farbe und dichtgepackter Frucht, und sein Abgang schmeichelt dem Gaumen.
Voraussichtliche Genußreife: Jetzt. Letzte Verkostung: 1/85.

L'Evangile
Ohne Klassifizierungsrang

HERVORRAGEND

Lage der Weinberge: Pomerol

Besitzer: S.C. du Château l'Evangile
Adresse: 33500 Pomerol
Telefon: 33 5 57 51 15 30 oder 33 5 57 51 45 95 – Telefax: 33 5 57 51 45 78

Besuche: nur nach Vereinbarung
Kontaktperson: Mme. Ducasse

ROTWEIN

Rebfläche: 14,5 ha

Durchschnittliches Rebenalter: 40 Jahre

Rebbestand: 75 % Merlot, 25 % Cabernet Franc

Pflanzdichte: 5600 bis 6300 Reben/ha

Ertrag (im Durchschnitt der letzten 5 Jahre): 35 hl/ha

Durchschnittliche Jahresproduktion insgesamt: 510 hl

GRAND VIN

Name: Château l'Evangile

Appellation: Pomerol

Durchschnittliche Jahresproduktion: 400 hl

DIE WEINE VON POMEROL

Verarbeitung und Ausbau: Gärdauer 12 bis 14 Tage, Maischdauer 15 bis 20 Tage. Malolaktische Säureumwandlung im Tank, anschließend 16 bis 20 Monate Ausbau in zu 35 bis 40% neuen Eichenfässern. Der Wein wird geschönt, aber nicht gefiltert.

ZWEITWEIN

Name: Le Blason de l'Evangile

Durchschnittliche Jahresproduktion: 14 600 Flaschen

Beurteilung: Entspricht qualitativ einem Premier Cru aus dem Médoc

Genußreife: 6 bis 25 Jahre nach dem Jahrgangsdatum

Wer den 1947er, 1950er, 1961er, 1975er, 1982er, 1985er, 1989er, 1990er, 1995er oder 1997er Evangile gekostet hat, weiß, wieviel majestätische Fülle und überzeugenden Charakter dieses Weingut in seine Weine zu legen versteht. Es grenzt im Norden an die Weinberge von La Conseillante, Vieux-Château-Certan und Pétrus, im Süden an das große St-Emilion-Gut Cheval Blanc und befindet sich also mit seinen 14 ha in brillanter Lage auf tiefgründigem, mit Lehm und Sand vermischtem Kiesboden. Mit diesen Vorzügen, so glaube ich, kann l'Evangile (leider kein Muster an Beständigkeit) Weine hervorbringen, die es mit Pétrus und Lafleur aufnehmen könnten.

So ist es in den neunziger Jahren nun auch geschehen, nachdem 1990 die Familie Rothschild (von Lafite-Rothschild) eine Mehrheitsbeteiligung erwarb. Dort kennt man das unerhörte Potential dieses Weinguts, und so dürfte l'Evangile demnächst mit Pétrus und Lafleur sowohl in der Qualität als auch leider im Preis um die Spitzenstellung ringen.

Sicherlich hat auch der verstorbene Louis Ducasse die Besonderheiten seines Weinguts gekannt, denn er erklärte Kritikern rundheraus, der l'Evangile sei ganz genauso gut wie das Nachbargewächs Pétrus und sogar komplexer. Die höchst bemerkenswerte Madame Ducasse (93 Jahre in 1998) leitet noch immer die täglichen Geschäfte von l'Evangile. Ich erinnere mich an ein Lunch zu Beginn der 1990er Jahre, bei dem diese erstaunliche Dame einen 1964er, 1961er und 1947er aus ihrem privaten Keller servierte. Bei diesem üppigen Mahl mit gigantischen Mengen an Trüffeln, *ris de veau* und *filet de bœuf* bemerkte ich, daß Madame Ducasse als einzige keinen Gang ausließ und ihr Glas mit den glorreichen Weinen rascher leerte als ihre Gäste!

Wenn nun das Rothschild-Team die späte Lese beibehält, bei der so reichhaltiges, konzentriertes Lesegut geerntet wird, außerdem die Erträge unter 45 hl/ha hält und den Anteil an neuen Eichenfässern auf mindestens 50% erhöht, dann bleibe ich bei meiner Meinung, daß l'Evangile zu einem der strahlendsten Sterne am Firmament von Pomerol werden wird, und zwar nicht nur in großen, sondern auch in weniger glänzenden Jahrgängen.

JAHRGÄNGE

1997 • 90-93 Der 1997er Evangile, ein großartiger Erfolg in diesem Jahrgang, ist meiner Meinung nach besser als der 1996er. Er grenzt an Überreife, verkraftet dies aber, ohne flau oder formlos zu wirken, und prunkt mit dichtem Schwarzpurpurrot sowie mit süßen, außerordentlich reifen Aromen von Brombeerlikör, Pflaumenkonfitüre und einem Anflug von Dörrpflaumen und Trüffeln. Mild, ölig und fett, mit überaus sanfter Säure, präsentiert sich dieser kernige, vollmundige, wuchtige, wohlausgestattete Wein in so schwelgerischer Art, daß er nach der Abfüllung alle Köpfe verdrehen wird. Er wird bereits jung köstlich sein, aber doch 10 bis 15 Jahre überdauern. Ein erregender, markanter Bordeaux. Letzte Verkostung: 3/98.

1996 • 89-91 Man wird sich erinnern, daß ich nach der ersten Verkostung gegen diesen Wein Vorbehalte wegen seines adstringierenden Tannins geäußert habe. 8 Monate später erwies sich diese Strenge weniger als Problem, obwohl der Wein noch immer ein kräftiges Tanninprofil

aufweist. Dichte, rubinpurpurrote Farbe leitet über zu sich entfaltenden exotischen Noten von Dörrpflaumen, schwarzen Himbeeren, Erde und Trüffeln. Der Wein wirkt in sich zurückgezogen, dicht und wuchtig und hat im hochreifen Geschmack dasselbe kräftige Tannin, die Note von Dörrpflaumen und die Fruchtigkeit schwarzer Himbeeren, dazu große Gewichtigkeit und Muskelkraft. Ich finde ihn noch etwas zusammenhaltlos, bin aber überzeugt, daß er sich weiter so mausern wird, wie er sich über die letzten 7 bis 8 Monate hinweg schon entfaltet hat.
Voraussichtliche Genußreife: 2005 bis 2018. Letzte Verkostung: 3/98.

1995 • 92+ Nach dreimaliger Verkostung zeigte sich dieser Wein nach der Abfüllung verschlossen, eingezogen und etwas weniger eindrucksvoll als aus dem Faß. Dennoch ist er ein hervorragender Evangile und dürfte sich als langlebiger herausstellen als der üppige 1990er, wenn vielleicht auch nicht so opulent. Auf jeden Fall ist er eine der Spitzenleistungen dieses Jahrgangs. Dichtes Rubinpurpurrot geht einher mit Aromen von Mineralen, schwarzen Himbeeren, Erde und Gewürzen. Der abgefüllte Wein erscheint gedämpft gegenüber den Faßproben (zuviel geschönt und gefiltert?), die in Fülle und Geschmack vielschichtige Dimensionen aufwiesen. Kräftiges Tannin im Abgang und viel süße Frucht am Gaumen deuten jedoch darauf hin, daß dieser Wein schließlich etwas Besonderes sein wird. Wäre er vielleicht noch besser ausgefallen, wenn das Filtern weggelassen und natürliche Abfüllung vorgenommen worden wäre? Ich glaube es, aber wie dem auch sei, das mächtige Tannin kann die hervorragende Reife, Reintönigkeit und Tiefe dieses Weins nicht überdecken. Allerdings ist nicht damit zu rechnen, daß dieser Pomerol vor Ablauf von weiteren 5 bis 8 Jahren genußreif sein wird – das ist länger, als ich ursprünglich dachte.
Voraussichtliche Genußreife: 2005 bis 2020. Letzte Verkostung: 11/97.

1994 • 92 Eine der erfolgreichsten Leistungen des Jahrgangs ist der 1994er Evangile. Er hat dichte, satte rubinrote Farbe, ein prachtvolles, süßes Bukett von *framboise* und Cassis mit Noten von Mineralen und Süßholz im Hintergrund. Dieser mittelschwere Wein zeigt nahtlose, opulente Art, fabelhafte Reintönigkeit in der vielschichtigen Frucht, superben Extraktreichtum und schönes Gleichgewicht. Er ist einer der wenigen 1994er, deren Tannin sich weitgehend hinter dem Reichtum an Frucht verbirgt – ein herrlicher Evangile.
Voraussichtliche Genußreife: 2001 bis 2020. Letzte Verkostung: 1/97.

1993 • 89 Dunkel rubinpurpurrot mit einem süßen Bukett von Himbeeren, schwarzen Trüffeln und Erde präsentiert sich der milde, vollmundige Evangile, der nichts von dem vegetabilen Paprikacharakter der Jahrgangs an sich hat. Sanft, erstaunlich kraftvoll und konturenscharf für einen 1993er läßt er mittleren Körper, eine gewisse Eleganz sowie süße schwarze Frucht und eine Zedernholznuance im geschmeidigen Format erkennen. Dieser eindrucksvolle 1993er ist bereits genußreif, hält sich aber auch noch 10 bis 15 Jahre. Letzte Verkostung: 1/97.

1992 • 78 Der 1992er Evangile war vor der Abfüllung viel eindrucksvoller, jetzt stellt er sich mittelschwer, sanft und flach dar. Er zeigt leichten Körper, hartes Tannin und ein deutliches Defizit an Frucht und Tiefe. In Anbetracht des schönen Potentials, das dieser Wein im Faß aufwies, frage ich mich, ob er zu den 1992ern gehört, die bei der Abfüllung entscheidend geschwächt wurden. Im Kontext mit der Weinberglage und dem Leistungsstreben des Guts ist er eine Enttäuschung. Man sollte ihn in den nächsten 5 bis 6 Jahren trinken.
Letzte Verkostung: 11/94.

1990 • 96 Der 1990er ist nach wie vor einer der großen Evangiles der neueren Zeit; er kann sich mit so superben Jahrgängen wie 1995, 1985, 1982, 1975, 1950 und 1947 messen. Die Farbe ist ein tiefes Purpurrot; das noch jugendliche, aber vielversprechende Bukett zeigt Nuancen von süßer schwarzer Frucht, Schokolade, Karamel, Trüffeln und Mineralen. Der Wein selbst ist ausgesprochen körperreich mit bewunderungswürdigem Gehalt an Glyzerin und Extrakt. Die Entfaltung im Glas beweist, daß er noch tief in den Kinderschuhen steckt. Der Abgang ist voll süßer Frucht, und das moderate Tannin wird vom Extrakt überdeckt. Dieser fabelhaft reintönige, reichhaltige 1990er Evangile wird sich ab der Jahrhundertwende bis 2020 schön trinken lassen.
Letzte Verkostung: 11/96.

DIE WEINE VON POMEROL

1989 • 90 Ich bin immer wieder überrascht, wie gut beste Flaschen vom 1989er Evangile sind. Er ist aufgeschlossener und zeigt größere Reife als der 1990er, seine Farbe ist dunkel rubinpurpurrot (am Rand beginnt sich gerade etwas Bernsteingelb zu zeigen), das exotische, süße Bukett enthält Nuancen von Schokolade, Toffee und gedörrten Kräutern, der vollmundige, reife Geschmack bietet milde Säure und weit mehr Komplexität und Fülle, als ich zuerst gedacht hatte. Dieser köstliche Wein steht kurz vor dem Höhepunkt – vielleicht beginnt er sich deshalb so schön auszunehmen. Er verspricht ein großartiger Evangile zu werden, ein weit besserer als ich ihn meinen Lesern dargestellt hatte. Ich würde empfehlen, ihn in den nächsten 10 Jahren zu trinken, denn ich glaube nicht, daß er auch nur annähernd die Lebenserwartung, Wucht und Kraft besitzt wie der 1990er.
Letzte Verkostung: 11/96.

1988 • 87 Der 1988er Evangile besitzt das für dieses Château typische an Brombeeren und Pflaumen erinnernde Bukett, dazu beträchtliche Anmut, viel Charme, Tiefe und Harmonie. Er ist frühreif und dürfte sich 10 bis 12 Jahre lang schön trinken.
Letzte Verkostung: 1/93.

1986 • 87 Dieser voll ausgereifte Wein zeigt ein kräuterwürziges, reichfruchtiges Bukett mit Noten von Zedernholz und Erde. Er ist etwas aus den Fugen gegangen und beginnt seine Frucht und Vollmundigkeit einzubüßen; ich halte es deshalb für ratsam, ihn im Lauf der nächsten Jahre zu trinken.
Voraussichtliche Genußreife: Jetzt. Letzte Verkostung: 12/95.

1985 • 95 Der 1985er Evangile ist noch immer relativ unentwickelt und jugendlich, seine dunkel rubinrote Farbe zeigt noch keine Alterserscheinungen, sein ungeheuer komplexes, vieldimensionales Bukett von schwarzen Johannisbeeren, Himbeeren, exotischen Gewürzen und Eichenholz strömt nicht freizügig aus dem Glas. Dieser volle, hochkonzentrierte, schön ausgewogene und tanninherbe Wein mit seinem mittleren bis vollen Körper entfaltet sich langsamer als andere 1985er.
Voraussichtliche Genußreife: Jetzt bis 2015. Letzte Verkostung: 10/94.

1984 • 76 Das milde, kräuterteehafte Aroma nimmt den Geruchssinn ganz in Anspruch, im Mund zeigt sich der Wein leicht, mild und fruchtig, dann aber fällt er ab und hat einen wässerigen Abgang. Er sollte am besten ausgetrunken werden.
Voraussichtliche Genußreife: Jetzt. Letzte Verkostung: 3/89.

1983 • 90 Der immer hervorragende 1983er Evangile zeigt dunkel rubinpurpurrote Farbe, dazu ein umwerfendes Bukett von schwarzen Himbeeren, asiatischen Gewürzen und Mineralen. Er ist kein Kraftprotz, sondern ein eleganter, mittelschwerer, wunderschön gewirkter Pomerol mit betörendem Duft und mildem, rundem, sanftem Geschmack ohne jede Schärfe. Er hat sich bemerkenswerte Frische und Lebendigkeit sowie gute Nachhaltigkeit bewahrt. Auf seinem derzeitigen Gipfel dürfte er noch eine Weile verharren.
Voraussichtliche Genußreife: Jetzt bis 2005. Letzte Verkostung: 12/95.

1982 • 96 Ich habe nie eine Flasche dieses Weins erlebt, die weniger als spektakulär gewesen wäre. Er entwickelt sich noch immer ganz langsam. Seine reine Fülle und sein exotisches Bukett von Sattelleder, fülligen schwarzen Johannisbeeren, Süßholz, Rauch, gegrillten Steaks und Trüffeln waren stets auffallend. Vollmundig und opulent, mit eindrucksvoller Geschmacksbreite und Intensität und ehrfurchtgebietend langem, kernigem Abgang erinnert der kolossale 1982er an den 1961er und 1947er Evangile. Er dürfte mindestens noch weitere 20 Jahre mühelos überdauern. Letzte Verkostung: 9/95.

1981 • 73 Der unerwartet leichte, diffuse, in der Konzentration unzulängliche 1981er liegt weit unter dem Standard dieses ausgezeichneten Weinguts. Seine Farbe ist mittelrubinrot und der Geschmack einfach zu neutral; am besten trinkt man diesen Wein schleunigst aus.
Voraussichtliche Genußreife: Jetzt. Letzte Verkostung: 4/84.

1979 • 88 Der 1979er Evangile ist schon seit der Mitte der achtziger Jahre voll genußreif – ein verführerischer, sinnlicher Wein mit milder Frucht von Himbeeren und schwarzen Johannisbeeren, einem wundervollen Bukett von Veilchen, Mineralen und Gewürzen, dazu mittlerem Körper und einem sanften, samtigen Abgang. Fast erinnert er an ein Grand Cru aus Chambolle-Musigny. Voraussichtliche Genußreife: Jetzt. Letzte Verkostung: 1/91.

1978 • 84   Der attraktiv füllige, würzige und solide 1978er Evangile ist aus unerfindlichen Gründen nicht allzu komplex. Mir ist er immer als guter, schlichter, schön konzentrierter Wein, aber sonst nichts Besonderes vorgekommen.
Voraussichtliche Genußreife: Jetzt. Letzte Verkostung: 4/84.

1975 • 96   Der 1975er Evangile zeigte einiges Bernsteingelb sowie ein mächtiges Bukett von Früchtekuchen, Zedernholz und reichlicher schwarzer Frucht, durchzogen von Trüffeldüften. Nur der 1982er Evangile hat ein ähnliches Bukett. Dieser wuchtige, kraftvolle, mit reicher, fülliger Frucht und kräftigem Tannin durchwirkte, körperreiche Wein mit seinem superben Extrakt ist zwar so mild, daß er zugänglich wirkt, hat aber noch 2 bis 3 Jahre bis zur vollen Reife vor sich.
Voraussichtliche Genußreife: 2000 bis 2025. Letzte Verkostung: 12/95.

1971 • 70   Der 1971er Evangile beginnt nachzulassen, zeigt bereits zunehmende Braunfärbung und erinnert an modernde Vegetation; die Farbe ist mittelrubinrot-bräunlich; das an Minze erinnernde Aroma wirkt würzig und etwas brandig, und der Geschmack ist kurz, arzneihaft und unstabil.
Voraussichtliche Genußreife: Jetzt – vermutlich stark im Nachlassen. Letzte Verkostung: 3/80.

1970 • 84   Der voll ausgereifte, schön runde, fruchtige, milde, elegante und charmante Wein mit dem typischen Evangile-Bukett von Veilchen und Himbeeren bei mittlerem Körper und samtiger Art sollte baldigst getrunken werden.
Voraussichtliche Genußreife: Jetzt. Letzte Verkostung: 3/81.

1966 • 85   Der 1966er ist voll ausgereift, hat aber offenbar weit längere Lebenserwartung als der 1970er, auch mehr Körper und Tannin, lebhaft brillante, dunkel rubinrote Farbe mit einem Anflug von Bernstein und einen langen, erfreulichen, vollen, pflaumenwürzigen Abgang – ein harmonischer, geschmeidiger, sehr fruchtiger Wein.
Voraussichtliche Genußreife: Jetzt. Letzte Verkostung: 3/79.

1964 • 87   Ein korpulent gebauter Evangile, in dessen dunklem Granatrot leichtes Bernsteingelb am Rand erscheint. Er bietet süße schwarze Frucht, durchwirkt mit Erde und Rauch. Im Mund spürt sich dieser Wein rund und generös an, ohne jede Schärfe und mit viel Intensität. Allerdings hat er mehr Monolithisches an sich, als das Aromaprofil erraten läßt. Zwar ist er voll ausgereift, er dürfte sich bei guter Lagerung aber noch 5 bis 7 Jahre halten.
Letzte Verkostung: 3/94.

1961 • 99   Der 1961er besitzt ein mächtiges Bukett mit Noten von Kaffee, süßer, fülliger schwarzer Frucht und von in Butter gerösteten Nüssen und Trüffeln. Die sirupartige Konsistenz und die fabelhafte Intensität und Fülle waren kaum zu glauben. Bei seiner portweinartigen Reichhaltigkeit erinnert dieser körperreiche, massiv ausgestattete, voll ausgereifte Wein an den großen 1947er. Dabei erzählte mir Madame Ducasse, daß zwei Drittel der Rebfläche 1957 neu angepflanzt wurden, so daß 66 % des Ertrags von dreijährigen Reben stammten! Wer das Glück hat, ein paar Flaschen von diesem Nektar zu besitzen, kann sich 10 bis 15 Jahre damit Zeit lassen.
Letzte Verkostung: 3/94.

ÄLTERE JAHRGÄNGE

Der 1947er Evangile ist vielleicht 100 Punkte wert, bei einer Verkostung im Dezember 1995 konnte ich ihm jedoch nur 97 Punkte geben. Er ist ein ehrfurchtgebietender Wein, ölig, füllig, körperreich, mit außerordentlicher Intensität, Wucht, Reintönigkeit und Vielschichtigkeit an schwarzer Frucht, Trüffeln und Zedernholz, und repräsentiert die Quintessenz eines Evangile. Weitere 15 bis 20 Jahre dürfte er überdauern.

DIE WEINE VON POMEROL

FEYTIT-CLINET
Ohne Klassifizierungsrang

Lage der Weinberge: im Zentrum von Pomerol

Besitzer: Familien Chasseuil und Domergue (bewirtschaftet durch Ets. J.-P. Moueix)
Adresse: 33500 Pomerol
Postanschrift: c/o Ets. J.-P. Moueix, 54, Quai du Priourat, B.P. 129, 33502 Libourne Cedex
Telefon: 33 5 57 51 78 96 – Telefax: 33 5 57 51 79 79

Besuche: nur für Fachbesucher nach Vereinbarung
Kontaktperson: Frédéric Lospied

ROTWEIN

Rebfläche: 5,5 ha

Durchschnittliches Rebenalter: 20 Jahre

Rebbestand: 85 % Merlot, 15 % Cabernet Franc

Pflanzdichte: 5500 bis 6000 Reben/ha

Ertrag (im Durchschnitt der letzten 5 Jahre): 60 hl/ha

Durchschnittliche Jahresproduktion insgesamt: 2000 Kisten

GRAND VIN

Name: Château Feytit-Clinet

Appellation: Pomerol

Durchschnittliche Jahresproduktion: 2000 Kisten

Verarbeitung und Ausbau: Vinifikation etwa 18 Tage in temperaturgeregelten Betontanks. Nach malolaktischer Säureumwandlung im Tank ab Dezember/Januar 18 Monate Ausbau in zu 20 % neuen (ansonsten 2- bis 4mal gebrauchten alten) Eichenfässern. Alle 3 Monate Abstich von Faß zu Faß. Der Wein wird geschönt, aber nicht gefiltert.

Kein ZWEITWEIN

Beurteilung: Entspricht qualitativ einem Cru Bourgeois aus dem Médoc

Genußreife: 5 bis 12 Jahre nach dem Jahrgangsdatum

Obwohl das Weingut Feytit-Clinet seit 1967 im Rahmen eines *métayage*-Vertrags von der renommierten Firma Jean-Pierre Moueix bewirtschaftet wird, bringt es doch meist relativ schlichte, einfache Weine ohne besondere Distinktion hervor. Der auf dem westlichen Teil des Plateaus von Pomerol (neben Latour à Pomerol) gelegene Weinberg sollte eigentlich interessanteren Wein hervorbringen. Vielleicht sind die Erträge zu hoch, doch andererseits achtet niemand in Bordeaux schärfer auf Ertragsbeschränkung als das Haus Jean-Pierre Moueix. Die meisten Jahrgänge von Feytit-Clinet sind ab Freigabe trinkreif, vertragen aber 7 bis 10 Jahre Aufbewahrung.

BORDEAUX

JAHRGÄNGE

1993 • 76   Zwar hat dieser Wein eine exzellente Farbe, aber ein vegetabiler Charakter von unreifer Frucht in Duft und Geschmack macht ihn zu einer schwachen Leistung. Überdies deutet der trockene, adstringierende Abgang darauf hin, daß die Weiterentwicklung problematisch verlaufen wird. Letzte Verkostung: 11/94.

1992 • 76   Die üppig sanfte, reife Frucht dieses Weins bei der Faßprobe ist von grüner, harter, tanninstrenger Art ohne den geringsten Charme verdrängt worden. Was ist passiert? Letzte Verkostung: 11/94.

1990 • 86   Der mittelschwere 1990er Feytit-Clinet zeigt ein hochreifes Bukett mit Toast- und Vanillinaromen, dazu viel reiche, ölige Frucht und einen sanften, vollmundigen, geschmeidigen Abgang. Dieser Wein ist einer der besten von Feytit-Clinet seit Jahren.
Voraussichtliche Genußreife: Jetzt. Letzte Verkostung: 1/93.

1989 • 84   Der 1989er zeigt ein mäßig intensives, reifes, würziges, schlichtes Bukett, mittleren bis vollen Körper, viel Extrakt und kräftiges, überraschend hartes Tannin.
Voraussichtliche Genußreife: Jetzt bis 2002. Letzte Verkostung: 1/93.

1988 • 84   Der 1988er Feytit-Clinet ist ein unkomplizierter, würziger, reifer Pomerol, dem frische Säure mehr Konturenschärfe und Klarheit im Geschmack verleiht. Ferner hat der Wein ein elegantes Pflaumenbukett und einen langen, üppigen, würzigen Abgang. Im Vergleich mit den Schwergewichten der Appellation ist er zwar kein Kraftprotz, aber charmant und stilvoll und dürfte seine Bestform ab sofort bis 2003 an den Tag legen. Letzte Verkostung: 1/93.

1985 • 84   Der 1985er hat ein intensives Bukett von Kirschen und angerauchtem Eichenholz, gute Fülle, festes Tannin und einige Eleganz.
Voraussichtliche Genußreife: Jetzt. Letzte Verkostung: 3/89.

LA FLEUR DE GAY
Ohne Klassifizierungsrang

HERVORRAGEND

Lage der Weinberge: Der größere der beiden Teile liegt auf der höchsten Terrasse von Pomerol, bei Château Pétrus

Besitzer: G.F.A. La Croix de Gay
Adresse: 33500 Pomerol
Telefon: 33 5 57 51 19 05 – Telefax: 33 5 57 72 15 62

Besuche: täglich von 8 bis 12 und von 14 bis 18 Uhr
Kontaktperson: Marie-France Cubiller

ROTWEIN

Rebfläche: 4 ha

Durchschnittliches Rebenalter: 40 Jahre

Rebbestand: 100 % Merlot

Pflanzdichte: 5800 Reben/ha

Ertrag (im Durchschnitt der letzten 5 Jahre): 35 hl/ha

Durchschnittliche Jahresproduktion insgesamt: 15 000 Flaschen

DIE WEINE VON POMEROL

GRAND VIN

Name: Château La Fleur de Gay

Appellation: Pomerol

Durchschnittliche Jahresproduktion: 15 000 Flaschen

Verarbeitung und Ausbau: Vinifikation in temperaturgeregelten Betontanks. Nach einwöchiger Kaltmaischung bei 12 bis 15 °C verläuft der Gärprozeß bei Temperaturen bis max. 32 °C. Die Maischdauer beträgt ca. 3 Wochen bei 30 °C. Malolaktische Säureumwandlung in neuen Eichenfässern, anschließend 18 Monate Ausbau ebenfalls in neuen Eichenfässern. Der Wein wird mit frischem Eiweiß geschönt, aber nicht gefiltert.

Kein ZWEITWEIN

La Fleur de Gay, die Luxus-Cuvée von La Croix de Gay (siehe Seite 739), wurde 1982 von Dr. Alain Raynaud erstmals herausgebracht. Diese kommt aus einer kleinen Parzelle mit sehr alten Weinstöcken, die zwischen Pétrus und Vieux-Château-Certan liegt und zu Dr. Raynauds bekanntem Weingut La Croix de Gay gehört. Durch Ausbau in zu 100 % neuen Eichenfässern kommt ein Wein zustande, der durch überzeugende Opulenz und Süße sowie durch ungewöhnliche Reinheit der Frucht gekennzeichnet ist. Bereitung und Ausbau dieses Weins mit seiner luxuriösen Geschmacksfülle und intensiven, körperreichen Art werden von Michel Rolland beaufsichtigt. Die bisherigen Jahrgänge haben allem Anschein nach eine Lebenserwartung von 10 bis 20 Jahren.

JAHRGÄNGE

1997 • 86-88 Tiefes Rubinpurpurrot und ein verhaltenes, aber vielversprechendes Aroma von schwarzen Himbeeren, Cassis, Mineralen und Eichentoast zeichnen diesen eleganten, anmutigen Wein aus, der exzellente Reintönigkeit und Konzentration besitzt. Nur der etwas kurze Abgang verhindert eine bessere Punktnote.
Voraussichtliche Genußreife: 2000 bis 2009. Letzte Verkostung: 3/98.

1996 • 86-88 Der untypisch schmal gebaute, schlanke, karge La Fleur de Gay ist dennoch sauber bereitet und hat in Hülle und Fülle Eichenwürze sowie schwarze Johannisbeeren mit kräftigen mineralischen Nuancen im straff komprimierten Aromaprofil. Kräftige Säure und Tannin sowie eine Eichenholznote beherrschen den Geschmack dieses mittelschweren, zurückgezogenen, spartanischen Weins. Eine gewisse Süße im Abgang und ein gewichtiges Gefühl geben Anlaß zu der Hoffnung, daß sich die Frucht noch auffüllt. Es dürfte interessant sein, diesen Wein nach der Abfüllung erneut zu verkosten.
Voraussichtliche Genußreife: 2004 bis 2016. Letzte Verkostung: 3/98.

1995 • 90+ Der 1995er La Fleur de Gay hat begonnen, sich nach der Abfüllung in sich zurückzuziehen. Die Farbe ist ein gesundes Rubinpurpurrot, im Duft zeigen sich Aromen von Mineralen, *pain grillé*, ein Hauch Dörrpflaumen und ein Schuß schwarze Kirschen und Cassis, verflochten mit Vanillin aus neuen Eichenfässern. Der mittelschwere Wein zeigt Noten von schwarzen Johannisbeeren mit einer Fenchelnuance, kräftiges Tannin, eindrucksvolle Reintönigkeit, Tiefe und Nachhaltigkeit. Allerdings verlangt er Geduld.
Voraussichtliche Genußreife: 2003 bis 2018. Letzte Verkostung: 11/97.

1994 • 89+ Dunkel rubingranatrote Farbe und süßen, würzigen Duft von Eichenholz und schwarzer Frucht zeigt dieser fest strukturierte, mäßig tanninstrenge, mittelschwere Wein mit seiner exzellenten Grundlage aus Frucht, Extrakt und Glyzerin. Er verlangt noch 5 bis 6 Jahre Kellerreife; im Augenblick wirkt er noch karg und verschlossen.
Voraussichtliche Genußreife: 2003 bis 2014. Letzte Verkostung: 1/97.

1993 • 87 Dieser dunkel rubinrote Wein ist mit Noten von Eichenwürze und *pain grillé* überlagert und straff gewirkt, aber er zeigt alle Anzeichen einer guten Entwicklung, so daß er möglicherweise eine etwas höhere Punktnote verdient, als ich sie ihm zugebilligt habe. Der schön gebaute, mittelschwere, elegante und konzentrierte 1993er verlangt noch 1 bis 3 Jahre Kellerreife und dürfte sich mindestens 10 bis 12 Jahre gut halten. Übrigens ist er dem exzellenten 1987er La Fleur de Gay nicht unähnlich.
Letzte Verkostung: 1/97.
1992 • 87 Der 1992er zeigt so sattes Purpurrot wie kaum ein anderer Wein aus diesem Jahrgang. Mit seinem reifen Bukett von schwarzen Himbeeren, Pflaumen und Toast, seiner exzellenten Konzentration, seinem mittleren bis vollen Körper, moderatem bis kräftigem Tannin, milder Säure und exzellenter Nachhaltigkeit ist er doch zutiefst in sich zurückgezogen und fest strukturiert. Er dürfte sich 10 bis 12 Jahre lang schön trinken lassen. Bravo! Letzte Verkostung: 11/94.
1991 • 85 Dieser 1991er ist für seinen Jahrgang gut geraten und zeigt solide mittelrubinrote Farbe sowie ein würziges, reifes Bukett von schwarzen Johannisbeeren, schön durchsetzt mit rauchigem Eichenton. Mittlerer Körper und milde Säure zeichnen diesen gefälligen, geradlinigen Wein aus, der sich 4 bis 7 Jahre lang schön trinken wird. Letzte Verkostung: 1/94.
1990 • 92 Offenbar habe ich den 1990er La Fleur de Gay unterschätzt. Er ist ein hervorragender Wein, der an Fülle gewonnen hat und sich bei der Verkostung neben dem 1989er nicht zu verstecken brauchte. Seine Farbe ist ein tiefdunkles Purpurrot, sein Bukett bietet süße, füllige schwarze Frucht, hinzu kommen mittlerer bis voller Körper, reifes Tannin sowie vielschichtiger Extrakt- und Glyzeringehalt im reintönigen, geschmeidigen, milden Abgang. Überraschenderweise hat dieser Wein sich in Charakter, Konzentration und Fülle stark entfaltet.
Voraussichtliche Genußreife: Jetzt bis 2015. Letzte Verkostung: 11/96.
1989 • 94+ Dieser Wein ist, insbesondere für einen 1989er, in sich zurückgezogen und noch nicht formiert, aber neben seiner fast undurchdringlich dunklen purpurroten Farbe zeigt er ein süßes, reintöniges Bukett von schwarzen Himbeeren, Cassis, Süßholz, Veilchen und Mineralen, fein durchwirkt mit einer hochfeinen Eichennote. Am Gaumen finden sich großartige Frucht, vielschichtige Fülle, mittlerer bis voller Körper und fabelhafte Harmonie und Präzision. Bei so viel superber Intensität und eleganter Persönlichkeit kann man nur von einem Musterbeispiel der Kellerkunst sprechen. Der Nachklang bleibt mindestens 35 bis 40 Sekunden erhalten. Wie viele andere 1989er Pomerols verlangt auch dieser noch 2 bis 3 Jahre Kellerreife; dann dürfte er sich mindestens die ersten 15 Jahre des nächsten Jahrhunderts hindurch halten.
Letzte Verkostung: 11/96.
1988 • 93 Von dem hervorragenden 1988er sind nur begrenzte Mengen (1000 bis 1500 Kisten) entstanden. Er ist es auf jeden Fall wert, sich ein Bein darum auszureißen und dem Weinhändler schönzutun, damit man ein paar Flaschen bekommt. Seine schwarzrubinpurpurrote Farbe macht ihn zu einem der dunkelsten Weine des Jahrgangs. Das Bukett ist jetzt sehr verhalten, insbesondere im Vergleich mit dem phantastischen Duft und der Opulenz in der Jugend. Allerdings braucht man wahrhaftig kein Talent, um die Düfte von rauchigem Eichenholz und Toast, dunklen Pflaumen, Piment und orientalischen Gewürzen sowie die reichliche, hochreife Frucht herauszufinden. Am Gaumen zeigt sich der Wein höchst konzentriert und fest gefügt, mit beträchtlichem Tannin – dieser massive, körperreiche, überaus aggressive La Fleur de Gay wird nicht die ansprechende Üppigkeit aller anderen Pomerols erreichen, doch wenn man ihm 4 bis 5 Jahre Zeit zur Milderung läßt, dann wird er sich als ein umwerfender Pomerol erweisen.
Voraussichtliche Genußreife: Jetzt bis 2010. Letzte Verkostung: 1/93.
1987 • 90 Der 1987er La Fleur de Gay ist füllig, verführerisch und sanft mit expansivem Brombeergeschmack, wenig Säure und leichtem Tannin. Der volle, glorreich vielfältige, bewunderungswürdig extraktreiche Geschmack wird von der Würze der zu 100% neuen Eichenfässer schön eingerahmt. Dieser exotische, gefällige Wein dürfte in den nächsten 5 bis 7 Jahren schönen Genuß bereiten. Er ist einer der wenigen großen 1987er.
Voraussichtliche Genußreife: Jetzt bis 2002. Letzte Verkostung: 4/91.

DIE WEINE VON POMEROL

1986 • 89+ Ich habe diesen Wein, von dem ich hoffte, er wäre hervorragend, ein wenig überbewertet. Hervorragend mag er zwar immer noch sein, aber sein Verharren in relativ eindimensionaler Art hat mich dazu veranlaßt, die Punktnote abzusenken. Die Farbe ist ein tiefes Rubinpurpurrot mit geringfügiger Aufhellung am Rand. Das feste Bukett gibt reichliche Mengen an frischem Eichenholz zu erkennen. Es geht einher mit einem wuchtigen, muskulösen Wein, der noch verschlossen und wenig entgegenkommend wirkt. Er hat gute Gewichtigkeit und reife Frucht, ich hätte aber jetzt, nachdem er 10 Jahre alt ist, gern gesehen, wenn mehr Komplexität und Charme in ihm aufgekeimt wären.
Voraussichtliche Genußreife: 1999 bis 2012. Letzte Verkostung: 4/97.

1985 • 89 Der 1985er zeigt gewaltige Fülle, ein überwältigend intensives Bukett, luxuriösen Geschmack, vollen Körper und abgeschmolzenes Tannin, das ihm satinzarte Konsistenz verleiht. In Anbetracht seiner milden Art möchte ich nicht raten, ihn lange aufzubewahren, sondern ich empfehle, ihn jung zu trinken, dann wird er denkwürdigen Genuß bereiten.
Voraussichtliche Genußreife: Jetzt. Letzte Verkostung: 1/91.

1983 • 88 Dieser Wein, der vor einigen Jahren auf seinem Gipfel war, hat inzwischen einiges an Frucht und Fett eingebüßt. Die Farbe, noch immer ein dunkles Rubingranatrot, zeigt etwas Bernsteingelb am Rand. Das Bukett bietet Düfte von Unterholz und fülliger, süßer Brombeer- und Kirschenfrucht, verwoben mit Tee, Rauch und Kräutern. Allerdings taucht im Abgang dieses mittelschweren Weins adstringierendes, trockenes Tannin auf. Die vollmundige Art, die er in seiner Jugend besaß, magert nun ab.
Voraussichtliche Genußreife: Jetzt. Letzte Verkostung: 4/97.

1982 • 79 Wie sehr haben sich die Dinge geändert! Der Debut-Jahrgang dieser Luxus-Cuvée von La Croix de Gay hat sich nicht gut gehalten. In der Farbe nimmt er beträchtliches Bernsteingelb an. Der Geschmack ist würzig und erdig und zeigt zwar etwas von der Reife des Jahrgangs, aber in einer diffusen Persönlichkeit. Zudem fehlt es ihm an Konzentration und Konturenschärfe. Hat er zu verblassen angefangen? Letzte Verkostung: 9/95.

LA FLEUR-PÉTRUS
Ohne Klassifizierungsrang

AUSGEZEICHNET

Lage der Weinberge: auf dem Plateau von Pomerol, im Westen grenzt Lafleur an, im Süden Pétrus

Besitzer: S.C. du Château La Fleur-Pétrus (J.-P. Moueix)
Adresse: 33500 Pomerol
Postanschrift: c/o Ets. J.-P. Moueix, 54, Quai du Priourat, B.P. 129, 33502 Libourne-Cedex
Telefon: 33 5 57 51 78 96 – Telefax: 33 5 57 51 79 79

Besuche: nur für Fachbesucher nach Vereinbarung · Kontaktperson: Frédéric Lospied

ROTWEIN

Rebfläche: 13,5 ha

Durchschnittliches Rebenalter: 30 Jahre

Rebbestand: 80% Merlot, 20% Cabernet Franc

Pflanzdichte: 5500 bis 6000 Reben/ha

Ertrag (im Durchschnitt der letzten 5 Jahre): 40 hl/ha

Durchschnittliche Jahresproduktion insgesamt: 3500 Kisten

BORDEAUX

GRAND VIN

Name: Château La Fleur-Pétrus

Appellation: Pomerol

Durchschnittliche Jahresproduktion: 3500 Kisten

Verarbeitung und Ausbau: Vinifikation 20 Tage in temperaturgeregelten Betontanks. $\frac{1}{4}$ des Ertrags macht die malolaktische Säureumwandlung in Eichenfässern, der Rest in Tanks durch. 18 Monate Ausbau in zu 50 % neuen (ansonsten bis zu 2mal gebrauchten) Eichenfässern. Abstich alle 3 Monate von Faß zu Faß. Der Wein wird geschönt, aber nicht gefiltert.

Kein ZWEITWEIN

Beurteilung: Entspricht qualitativ einem 3ème Cru aus dem Médoc

Genußreife: 5 bis 15 Jahre nach dem Jahrgangsdatum

La Fleur Pétrus liegt auf der Ostseite des Plateaus von Pomerol zwischen Lafleur und Pétrus (daher auch der Name), wo viele der besten Weingüter zu finden sind, und so muß hier wohl einer der exquisitesten Pomerols entstehen. Das berühmte Haus Jean-Pierre Moueix kaufte das Gut im Jahr 1952, und der Weinberg wurde neu bestockt, nachdem er 1956 durch den schweren Frost praktisch vollständig zerstört worden war. Der Wein von La Fleur Pétrus ist leichter in Körper und Art als andere Pomerols aus dem Hause Moueix, z. B. Pétrus, Trotanoy und Latour à Pomerol, doch die Kenner schätzen an ihm Eleganz und die geschmeidige, zarte, seidige Beschaffenheit. Er reift meist ziemlich rasch und läßt sich oft schon 5 bis 6 Jahre nach der Lese schön trinken. In den jüngeren Jahrgängen sind sehr feine Weine zustande gekommen, aber ich kann mir nicht helfen, ich meine, die Qualität könnte und sollte noch höher sein. Das dürfte wohl auch eintreten, denn eine kleine Parzelle mit alten Reben aus dem Besitz von le Gay wurde inzwischen von der Firma Moueix für La Fleur-Pétrus erworben.

Aufgrund seines Namens, seiner Qualität und der geringen Erzeugung ist der La Fleur Pétrus ziemlich teuer.

JAHRGÄNGE

1997 • 89-91 Der 1997er, ein schöner La Fleur-Pétrus, bildet die Fortsetzung des deutlichen Qualitätsanstiegs in diesem Gut. Mit seinem dichten Rubinpurpurrot und seinem üppigen, würzigen Duft von schwarzen Kirschen, Kirschgeist, Kräutern und Früchtekuchen wirkt er verführerisch. Am Gaumen zeigt er sich mittelschwer bis körperreich und voll, ohne jedes harte Tannin und ohne scharfe Säure. Dieser opulente, reichhaltige Wein ohne Ecken und Kanten wird bei der Freigabe genußreif sein, er hat aber auch genug Extrakt und Gleichgewicht für 12 bis 14 Jahre schöne Entfaltung. Eindrucksvoll. Letzte Verkostung: 3/98.

1996 • 87-90 Dieser Wein, einer der besseren Pomerols des Jahrgangs, hat an Gewichtigkeit zugelegt, seit ich ihn das erste Mal verkostete. Er hat tief rubinrote Farbe, ein exzellentes Aromaprofil von dunklen Pflaumen, Kirschen, Gewürzen und einer Spur Trüffeln. Verschlossen, mit exzellenter, ja vielleicht hervorragender Tiefe der Frucht, stellt sich dieser mittelschwere bis körperreiche, wuchtige, konzentrierte La Fleur-Pétrus als eindrucksvolle Leistung in diesem Jahrgang dar, vor allem für die stark auf die Merlot-Traube angewiesenen Weine vom rechten Dordogne-Ufer.

Voraussichtliche Genußreife: 2004 bis 2018. Letzte Verkostung: 3/98.

1995 • 93 Der seit seiner Entstehung blendende 1995er hat bei der Abfüllung nichts eingebüßt. Das satte, dunkle Purpurrot läßt auf beträchtliche Tiefe und Konzentration schließen. Im süßen

DIE WEINE VON POMEROL

Duft finden sich Aromen von Kirschgeist, verflochten mit Noten von schwarzen Himbeeren, Mineralen und Rauch. Voller Körper, superbe Reichhaltigkeit und Reintönigkeit, Ladungen von Tannin und eine vielschichtige, multidimensionale Persönlichkeit kennzeichnen diesen großartigen La Fleur-Pétrus, den feinsten Wein, den ich in diesem Gut in den 20 Jahren, seit ich nach Bordeaux komme, gekostet habe. Wie man sich erinnern wird, habe ich bereits darüber berichtet, daß eine 4 ha-Parzelle mit alten Reben von Le Gay an La Fleur-Pétrus verkauft und dadurch dessen Rebfläche auf 13,5 ha vergrößert worden ist. Ich glaube, daß diese Erwerbung den La Fleur-Pétrus gestärkt hat, was besonders im 1995er spürbar ist – eine herrliche Leistung! Voraussichtliche Genußreife: 2005 bis 2025 Letzte Verkostung: 11/97.

1994 • 89+ Das attraktive Aroma von Kirschen, Kirschgeist und *pain grillé* leitet über zu einem mittelschweren, verhaltenen, gemessenen, reintönigen Wein. Daneben bietet der 1994er eindrucksvoll satte Farbe sowie einen Kern von süßer, konzentrierter Frucht und moderates Tannin im Abgang. Fülle, Extrakt und Gleichgewicht sind in diesem verschlossenen, aber wohlausgestatteten Wein vorhanden, der zwischen 2003 und 2018 getrunken werden sollte.
Letzte Verkostung: 1/97.

1993 • 87 Diese feine Leistung von La Fleur-Pétrus ist ein mittelschwerer, fest strukturierter, zurückgezogener Pomerol mit dunkel rubinpurpurroter Farbe und einem attraktiven, blumigen Bukett mit schwarzer Frucht; hinzu kommen schöne Würze und große Nachhaltigkeit.
Voraussichtliche Genußreife: 2002 bis 2016. Letzte Verkostung: 1/97.

1992 • 87 Es ist kein Geheimnis, daß die Familie Moueix bestrebt ist, die Qualität des Weins aus diesem Weingut, das zwei große Namen von Pomerol – Lafleur und Pétrus – in sich vereint, anzuheben. Ein neuer Keller wurde gebaut, Behangausdünnung wird praktiziert, und das Durchschnittsalter der Reben ist respektabler geworden. Vielleicht wird La Fleur-Pétrus nun allmählich seinem grandiosen Namen gerecht. Der exzellente 1992er bietet tief rubinpurpurrote Farbe und ein mächtiges, süßes, fülliges Bukett von schwarzer Frucht, Karamel und Vanillin. Dieser reife, volle, elegante und doch wuchtige Wein mit seinem mittleren Körper, schöner Dichte und Konzentration dürfte sich in den ersten 8 bis 15 Lebensjahren außerordentlich gut trinken. Letzte Verkostung: 11/94.

1990 • 88 Der 1990er ist spürbar weniger konzentriert als der 1989er. Sein Bukett bietet Aromen von Tabak, Kaffee, Mokka und roter Frucht, verflochten mit einer Eichennote. Im Mund zeigt sich der Wein mittelschwer, mäßig ausgestattet und bewundernswert reintönig mit moderatem Tannin und frischer Säure – für einen 1990er ungewöhnlich. Er sollte in den nächsten 10 bis 12 Jahren getrunken werden. Letzte Verkostung: 1/93.

1989 • 91 Im Jahr 1989 wurden 50 % des Fruchtbehangs herausgeschnitten, um den Ertrag herabzusetzen und die Intensität des Weins zu steigern. Auf diese Weise entstand der wohl feinste La Fleur-Pétrus seit dem 1950er und dem 1947er. Die Farbe ist undurchdringlich dunkel rubinrot, das straffe und doch ausdrucksvolle Bukett zeigt exotische Gewürze, Mokka und tiefe, hochreife Frucht von schwarzen Kirschen – ein mittelschwerer Wein mit einem Kern von Tiefe und Nachhaltigkeit. Die bewundernswerte Geschmacksintensität stützt sich auf kräftigen Alkohol- und Tanningehalt.
Voraussichtliche Genußreife: Jetzt bis 2009. Letzte Verkostung: 1/93.

1988 • 85 Der 1988er ist ein schmackhafter, attraktiver, reifer, angenehmer Wein mit recht guter Tiefe, mittlerem Körper und genug Nachhaltigkeit und Tannin für schönen Genuß auf 10 Jahre.
Voraussichtliche Genußreife: Jetzt bis 2000. Letzte Verkostung: 1/93.

1987 • 87 Dieser Wein ist eines der besseren Beispiele aus diesem Château in den letzten Jahren. Er zeigt überraschend dunkel rubinpurpurrote Farbe, viel reiche, reife Pflaumenfrucht und einen üppigen, alkoholstarken Abgang; er sollte in jungen Jahren getrunken werden. Ein Schlager seines Jahrgangs.
Voraussichtliche Genußreife: Jetzt. Letzte Verkostung: 11/90.

1986 • 83 Ich hätte in dem substanzarmen, aber gefälligen 1986er gern etwas mehr Vollmundigkeit und Tiefe vorgefunden. Er ist ziemlich aufgeschlossen, etwas kompakt und dünn sowie

stark ausentwickelt und zeigt im Abgang leichtes Tannin. Man fragt sich in Anbetracht des Teams, das ihn produziert hat, warum dieser Wein nicht konzentrierter ist.
Voraussichtliche Genußreife: Jetzt. Letzte Verkostung: 3/90.

1985 • 85   Der 1985er La Fleur Pétrus ist fruchtig, stilvoll, sanft und schmackhaft. Er zeigt gute Reife, mittleren Körper, ein aromatisches Bukett und milden, samtigen Abgang.
Voraussichtliche Genußreife: Jetzt. Letzte Verkostung: 3/90.

1983 • 81   Der 1983er ist recht leicht und fruchtig, dabei charmant, hat mittleren Körper, ein offen gewirktes, fruchtiges, pflaumenwürziges, leicht eichenholzduftiges Bukett, aber eine großartige Leistung von La Fleur-Pétrus ist er nicht. Er sollte ausgetrunken werden.
Voraussichtliche Genußreife: Jetzt. Letzte Verkostung: 3/85.

1982 • 90?   Bei Verkostungen dieses Weins ist seit seiner Abfüllung Unbeständigkeit an den Tag getreten. Manchmal zeigt er Pflaumen- oder Maulbeerfrucht mit einem Hauch Vanillin, sanfte, glatte Substanz, exzellentes Aromaprofil und hervorragende Konzentration und Persönlichkeit. Bei anderen Gelegenheiten erwies sich der Wein als eher krautig in Duft und Geschmack; Säure und Tannin kamen deutlich zum Vorschein. Bei der letzten Verkostung hielt sich der Wein außerordentlich gut, schmeckte aber voll ausgereift. Letzte Verkostung: 9/95.

1981 • 84   Der sehr milde, etwas dickliche und zu geschmeidige 1981er La Fleur Pétrus ist dennoch ein köstlich fruchtiger, saftiger Wein mit mittlerem Körper und dürfte in den nächsten 5 bis 6 Jahren schön zu trinken sein.
Voraussichtliche Genußreife: Jetzt. Letzte Verkostung: 10/84.

1979 • 85   Der 1979er ist ein eleganter, geschmeidiger, sehr fruchtiger Wein mit kräftigem Duft von reifen Pflaumen und würzigem Eichenholzvanillin. Er hat mittleren Körper, mittel- bis dunkelrubinrote Farbe und üppige, schön konzentrierte Art – kein kräftiger, deftiger, voller Pomerol, vielmehr ein sanfter, zarter, aber doch fruchtiger und interessanter Wein.
Voraussichtliche Genußreife: Jetzt. Letzte Verkostung: 2/83.

1978 • 84   Der 1978er ist dem 1979er ziemlich ähnlich, zeigt aber einen deutlicheren bernsteinbräunlichen Anflug; er hat reichhaltige, füllige und reife Merlot-Fruchtigkeit, mittleren und vollen Körper und leichtes, rundes Tannin.
Voraussichtliche Genußreife: Jetzt. Letzte Verkostung: 2/85.

1977 • 73   In diesem schlechten Jahr produzierte La Fleur Pétrus einen anständigen, milden, fruchtigen Wein mit mittlerem Körper, nicht übermäßig störender vegetabiler Krautigkeit und einem angenehmen, sauberen Bukett.
Voraussichtliche Genußreife: Jetzt – wahrscheinlich stark im Nachlassen.
Letzte Verkostung: 4/82.

1976 • 83   Der 1976er La Fleur Pétrus ist ziemlich durchgereift und zeigt Braunfärbung am Rand, ansonsten ist er ein charmanter, offen gewirkter, sehr milder, runder Wein mit ansprechender Art, aber wie die meisten 1976er Bordeaux-Weine ist er etwas verwässert und flau und hat wenig Säure.
Voraussichtliche Genußreife: Jetzt – wahrscheinlich stark im Nachlassen.
Letzte Verkostung: 1/80.

1975 • 90   Ein hervorragender, verhaltener, noch immer jugendlicher Wein mit leichtem bernsteingelbem Saum in der gesunden, dunklen rubinpurpurroten Farbe. Das Bukett ist verhaltener, weniger freigebig als bei manchen 1975ern. Süße Beerenfrucht wird durch Nuancen von Erde und frischem Eichenholz ergänzt. Dieser mittelschwere, stilvolle, konzentrierte Wein mit seinem kraftvollen Tannin und genug Frucht, Glyzerin und Extrakt für weitere Lebenszeit wird auch in den nächsten 10–15 Jahren köstlichen Genuß gewähren. Letzte Verkostung: 12/95.

1970 • 87   Ein erstklassiger Erfolg für den Jahrgang. Der 1970er La Fleur Pétrus ist jetzt auf seinem Höhepunkt, sehr rund und reichfruchtig, mit mittlerem Körper, üppiger, samtiger Art und einem langen Abgang. Der vorherrschende Eindruck spricht von reichen, gedörrten schwarzen Kirschen und Gewürzen.
Voraussichtliche Genußreife: Jetzt. Letzte Verkostung: 1/91.

1966 • 84 Der vollreife 1966er La Fleur Pétrus hat Eichenholz, Trüffeln und milde, reife Merlot-Frucht im Bukett, dazu mittleren Körper und einen Bernsteinsaum. Dieser Wein läßt sich zwar noch aufbewahren, sollte aber besser getrunken werden.
Voraussichtliche Genußreife: Jetzt – vermutlich im Nachlassen. Letzte Verkostung: 1/80.

1964 • 85 Dieses Jahr war für Pomerol und für alle Weingüter des Hauses Jean-Pierre Moueix ganz wunderbar. Der stämmige etwas rustikale La Fleur-Pétrus ist ein korpulenter, lieblicher, reifer Wein, voll und schmackhaft, mit gutem Körper, aber im Geschmack kommt eine gewisse Derbheit zum Vorschein.
Voraussichtliche Genußreife: Jetzt. Letzte Verkostung: 4/78.

1961 • 92 Der 1961er La Fleur-Pétrus zeigte mildes Aroma von schwarzen Trüffeln, schöne Frucht und Viskosität. Dieser elegante, expansive und reife Wein mit hervorragender Ausgewogenheit, Fülle und Nachhaltigkeit ist voll ausgereift, aber großartig erhalten, und läßt sich auch in den nächsten 10 bis 15 Jahren wunderbar trinken. Letzte Verkostung: 12/95.

ÄLTERE JAHRGÄNGE

Der 1947er La Fleur-Pétrus (90 Punkte im Dezember 1995) präsentierte sich tief rubingranatrot mit würzigem, blumigem, an Beeren erinnerndem Bukett, mittlerem Körper und der von diesem Jahrgang erwarteten Öligkeit sowie einem sanften, runden, samtigem Abgang. Er ist schon seit langem auf seinem Gipfel und sollte deshalb ausgetrunken werden. Ebenfalls hervorragend waren der 1950er (95 Punkte in 1989) und der 1952er (91 Punkte in 1989).

LE GAY
Ohne Klassifizierungsrang

SEHR GUT

Lage der Weinberge: Pomerol

Besitzerin: Marie-Geneviève Robin
Adresse: 33500 Pomerol
Telefon: 33 5 57 51 2 43

Besuche: nur nach Vereinbarung

ROTWEIN

Rebfläche: 8 ha

Durchschnittliches Rebenalter: 20 bzw. 5 Jahre

Rebbestand: 50 % Merlot, 50 % Cabernet Franc

Pflanzdichte: 5900 Reben/ha

Ertrag (im Durchschnitt der letzten 5 Jahre): 40 hl/ha

GRAND VIN

Name: Château Le Gay

Appellation: Pomerol

Durchschnittliche Jahresproduktion: 2000 Kisten

Ausbau: 18 bis 20 Monate in Eichenfässern

BORDEAUX

Kein ZWEITWEIN

Beurteilung: Entspricht qualitativ einem 4ème Cru aus dem Médoc

Genußreife: 10 bis 25 Jahre nach dem Jahrgangsdatum

Unmittelbar nördlich des Plateaus von Pomerol liegt das etwas ramponierte Weingut Le Gay mit seinem unaufgeräumten, ziemlich düsteren Weinkeller. Seit dem Tod ihrer Schwester Thérèse vor einigen Jahren ist nun Marie Robin zusammen mit ihrer Nichte Sylvie und ihrem Neffen Jacques Guinaudeau Besitzerin von Le Gay und dem benachbarten Weingut Lafleur. Das Haus Jean-Pierre Moueix aus Libourne führt den weltweiten Vertrieb des Le Gay aus.

Das Weingut hat enormes Potential mit seinem alten Rebbestand und Erträgen von 15 bis 20 hl/ha, aber es ist seit jeher unbeständig. Großartiges Lesegut wird oft infolge der Verwendung von alten, manchmal unsauberen Fässern zu mittelmäßigem Wein. Bis 1982 trieben sich um die uralten Fässer, in denen der Wein von Le Gay lagerte, noch Scharen von Hühnern und Enten herum. 1996 verkaufte Le Gay seine nach Meinung vieler Kenner beste Parzelle mit altem Rebenbestand an La Fleur-Pétrus. Das dürfte sich für Le Gay selbst kaum günstig auswirken. Gut beratene Pomerol-Enthusiasten sollten nach alten Le-Gay-Jahrgängen suchen, denn manche sind hinreißend, z.B. der 1947er (98 Punkte 3/98) und der 1950er (94 Punkte; 4/98).

Der Stil von Le Gay erbringt wuchtigen, vollen, tanninreichen, manchmal massiven und undurchdringlich dunklen Wein. In manchen Jahren erweist sich der Le Gay als derb und umwerfend, in anderen dagegen herrscht Harmonie und Gleichgewicht zwischen Wucht mit reifer Frucht, fester Säure und Tannin. Fast immer ist der Le Gay bei der Verkostung in der Jugend der am wenigsten entgegenkommende Pomerol, oft braucht er 8 bis 10 Jahre Kellerreife, bis er sein Tannin ablegt. Auf alle, die einen milden und eingängigen Bordeaux bevorzugen, wirkt der Le Gay geradezu einschüchternd.

JAHRGÄNGE

1997 • 76-78 Als ich diesen enttäuschenden Le Gay verkostete, kam mir unwillkürlich eine Magnumflasche 1947er in den Sinn, die ich Ende März in Paris degustierte und die ohne weiteres eine Punktnote hoch in den 90ern verdiente. Sie enthielt einen aufregend opulenten, dickflüssigen, mit Glyzerin und Frucht vollgepackten Le Gay. Vom 1997er läßt sich so etwas nicht sagen. Er hat zwar dunkel rubinrote Farbe, aber wenig Charme, Finesse oder Reife. Vielmehr ist er mager und schwächlich und ein todsicherer Anwärter auf komplette Auszehrung im Lauf der nächsten 10 Jahre. Letzte Verkostung: 3/98.

1996 • 85-86 Dieser monolithische, erdige, dichte, tanninstrenge Wein hat zwar Statur und Wucht, aber seine Adstringenz und seine harte Struktur schrecken Hedonisten sicher ab. Anderen dagegen mag gerade die Statur, Dichte und Erdigkeit selbst bei dem Mangel an Charme gefallen.
Voraussichtliche Genußreife: 2003 bis 2015. Letzte Verkostung: 3/98.

1995 • 82 Diesem dunkel rubinroten Wein fehlt es an dem Charme, der Tiefe und der Frucht, die man von einem Pomerol erwartet, vielmehr zeigt er übermäßig viel Tannin, Körper und Struktur für das bißchen Frucht, das er hat. Bei so strenger Persönlichkeit wird er auf kurze Sicht nicht recht zu genießen sein.
Voraussichtliche Genußreife: 2005 bis 2015. Letzte Verkostung: 11/97.

1994 • 86 Der 1994er hat mittleren Körper, tief rubinpurpurrote Farbe und im Bukett Eichenwürze, Minerale und schwarze Frucht. Er ist ein stämmiger, muskulöser, tanninstrenger Wein mit genug Frucht als Gegengewicht zur Struktur. Man sollte ihm 1 bis 3 Jahre Kellerreife gönnen und ihn dann in den nächsten 10 Jahren trinken.
Letzte Verkostung: 3/96.

DIE WEINE VON POMEROL

1992 • 78   Dieser ungewöhnlich leichte, verwässerte Le Gay besitzt nicht die für ihn typische Robustheit und furiose Intensität. Vielmehr ist der mittelrubinrote 1992er kurz, mager und tanninstreng und sollte in den nächsten 4 bis 5 Jahren getrunken werden.
Letzte Verkostung: 11/94.

1990 • 88   Der 1990er besitzt eine Rauheit und lederige Adstringenz, die seine Punktnote drücken. Ansonsten zeigt er tief rubinrote Farbe, gute Würze, ein erdiges, animalisches, an Fleisch erinnerndes Aroma, mittleren bis vollen Körper, rustikales Tannin und einen würzigen Abgang. Bei ihm sind die Ecken und Kanten rauher, weniger samtig als beim 1989er, aber manches davon mag sich nach weiteren 5 bis 6 Jahren Kellerreife verflüchtigen. Seine Lebensdauer beträgt zweifellos 2 Jahrzehnte. Letzte Verkostung: 11/97.

1989 • 90   In diesem Weingut ist der 1989er besser ausgefallen als der 1990er. Er zeigt jugendliche, tief rubinpurrote Farbe und dichten, tanninherben, muskulösen Geschmack, in dem sich Milde und Opulenz zu entwickeln beginnen. Dieser noch verhaltene, für einen 1989er traubige, handwerklich gestaltete, robuste Pomerol wird von weiteren 2 bis 3 Jahren Kellerreife durchaus profitieren und dürfte noch 15 bis 20 Jahre überdauern. Letzte Verkostung: 11/97.

1988 • 86   Der 1988er ist mäßig voll, körperreich, tief und eichenholzwürzig; bei optimistischer Einschätzung dürfte er um die Jahrhundertwende genußreif werden.
Voraussichtliche Genußreife: Jetzt bis 2010. Letzte Verkostung: 1/93.

1986 • 87   Der 1986er Le Gay wird vor allem denen gefallen, die mächtige, stämmige, massige, alle Sinne mit vielschichtigem Tannin attackierende Weine im Stil des 19. Jahrhunderts mögen. Er ist ein verschlossener, unzugänglicher Wein, der nur widerwillig die reife Frucht preisgibt, die er, nach seiner tiefen Farbe und Wucht zu schließen, doch besitzen muß. Dieser Wein wird beträchtliche Zeit brauchen, bis er sich mildert und glättet. Wie viele Weinfreunde wohl genug Geduld für ihn aufbringen werden?
Voraussichtliche Genußreife: Jetzt bis 2010. Letzte Verkostung: 3/90.

1985 • 86   Den Le Gay in jungen Jahren zu verkosten, hat mir noch nie Spaß gemacht. Nach einiger Zeit kommen dann Finesse und Rasse zum Vorschein, doch im Augenblick ist der 1985er noch immer hart, unzugänglich und abweisend und obendrein fürchterlich tanninstreng. Dabei ist er körperreich und tief und zeigt schöne Vielfalt, wie lange aber wird man noch auf ihn warten müssen? Meine Punktnote kann sich jedenfalls als zu kurz gegriffen erweisen, wenn dieser Wein sich mildert und glättet. Voraussichtliche Genußreife: Jetzt bis 2008. Letzte Verkostung: 3/89.

1983 • 83   Der 1983er ist ein guter Le Gay, alkoholstark, tanninreich, etwas schwerfällig und ungefüge, aber wuchtig und reif. Schwache Säure mag vielleicht eine lange, schöne Entfaltung beeinträchtigen, dieser Wein wird aber mit seiner direkten, körperreichen, vollen, aggressiven Art vielen Liebhabern Freude machen.
Voraussichtliche Genußreife: Jetzt bis 2000. Letzte Verkostung: 9/87.

1982 • 89+?   Unterschiedliche Flaschen und Unbeständigkeit bei Verkostungen lassen den 1982er Le Gay nach wie vor zwischen Hoffnung und Besorgnis auf- und niedersteigen. Er zeigt dunkel rubingranatrote Farbe mit nur einem Hauch Bernsteingelb am Rand, sein pikantes Aromaprofil mit Nuancen von Erde, Gewürzen, Paprika und süßer, fülliger Frucht wirkt intensiv, aber zwiespältig. Der körperreiche, noch immer zutiefst in sich zurückgezogene und dichte Wein hat pelziges Tannin, aber auch eindrucksvolle Nachhaltigkeit aufzuweisen. Manche Flaschen zeigen jedoch abstoßenden, dumpfig-moderigen Geruch. Selbst gesunde Exemplare brauchen noch 4 bis 5 Jahre Kellerreife, man sollte aber kein vorschnelles Urteil über diesen Wein fällen. Dr. Jekyll und Mr. Hyde treffen sich hier mit Monsieur Le Gay! Letzte Verkostung: 9/95.

1981 • ?   Die köstlich fruchtigen, geschmeidigen, tiefen Faßproben des 1981er Le Gay waren beeindruckend, aber in der Flasche zeigt er erstaunliche Unterschiedlichkeit. Manche Exemplare haben ein unsauberes, mangelhaftes Bukett, während andere sich als voll, fruchtig und sauber erweisen. Da man natürlich von außen nicht sehen kann, welche Flaschen in Ordnung sind, sollte man diesen Wein am besten meiden. Bei zwei erneuten Verkostungen 1988 kamen ähnliche Ergebnisse zustande. Letzte Verkostung: 4/88.

1979 • 84   Der schön gelungene 1979er Le Gay ist reichfruchtig und zeigt Düfte von schwarzen Johannisbeeren und Veilchen neben einem erdigen Trüffelaroma. Bei mittlerem bis vollem Körper hat er leichtes bis mäßiges Tannin und einen guten Abgang.
Voraussichtliche Genußreife: Jetzt. Letzte Verkostung: 6/82.

1975 • 89+?   Der noch verschlossene 1975er Le Gay ist ein Wein mit eindrucksvollem Extraktgehalt und beginnt gerade erst eine gewisse Aromaentfaltung zu zeigen. Süße Nuancen von überreifen schwarzen Kirschen, verwoben mit Spuren von Mineralen und Erde, gehen einher mit kraftvollem, muskulösem, tanninherbem, wuchtigem, noch unausgereiftem Geschmack. Die gesunde, dunkel granat-rubinrote Farbe gibt noch keinen bernsteingelben Saum zu erkennen. Trotz ungeheurem Tanningehalt ergeben sich positive Zeichen aus der reichhaltigen, süßen, exotischen Frucht. Dieser Kraftprotz von einem Wein im alten Stil erinnert an den 1948er und den 1945er. Darüber, ob er sein Tannin je abwerfen und zu Harmonie gelangen wird (ich glaube nicht daran), kann man noch lange Debatten führen, denn es wird wohl noch 20 Jahre dauern, bis er sich eventuell als herrlicher Bordeaux präsentieren kann – nur würde ich mich nicht darauf verlassen. Letzte Verkostung: 12/95.

1966 • 83   Der voll ausgereifte 1966er Le Gay hat mäßig dunkel rubinrote Farbe mit einem Bernsteinschimmer, ein erdiges, karges, Médoc-ähnliches, verhaltenes Bukett, mittleren Körper und einen soliden, etwas rustikalen Abgang.
Voraussichtliche Genußreife: Jetzt – vermutlich im Nachlassen. Letzte Verkostung: 9/82.

1962 • 85   Der noch immer feste, aber voll ausgereifte 1962er Le Gay hat ein mäßig intensives Bukett von reifen Pflaumen und mineralischen Düften. Am Gaumen zeigt er sich konzentriert, überraschend ausgewogen und interessant.
Voraussichtliche Genußreife: Jetzt – vermutlich im Nachlassen. Letzte Verkostung: 11/79.

1961 • 68   Der für den großartigen Jahrgang enttäuschende Le Gay hat ein bizarres, arzneihaftes Bukett, locker gewirkte Struktur, streng fruchtigen Geschmack und unausgewogene Art.
Voraussichtliche Genußreife: Jetzt – wahrscheinlich stark im Nachlassen.
Letzte Verkostung: 11/79.

GAZIN
Ohne Klassifizierungsrang

AUSGEZEICHNET

Lage der Weinberge: Lieu-dit Gazin, Pomerol

Besitzer: G.F.A. du Château Gazin
Adresse: Lieu-dit Gazin, 33500 Pomerol
Telefon: 33 5 57 51 07 05 – Telefax: 33 5 57 51 69 96

Besuche: nur nach Vereinbarung
Kontaktperson: Nicolas de Baillencourt

ROTWEIN

Rebfläche: 23,5 ha

Durchschnittliches Rebenalter: 35 Jahre

Rebbestand: 90 % Merlot, 7 % Cabernet Sauvignon, 3 % Cabernet Franc

Pflanzdichte: 5600 Reben/ha

Ertrag (im Durchschnitt der letzten 5 Jahre): 43 hl/ha

Durchschnittliche Jahresproduktion insgesamt: 90 000 Flaschen

DIE WEINE VON POMEROL

GRAND VIN

Name: Château Gazin

Appellation: Pomerol

Durchschnittliche Jahresproduktion: 70 000 Flaschen

Verarbeitung und Ausbau: Vinifikation 3 Wochen in kleinen temperaturgeregelten Betontanks. Malolaktische Säureumwandlung im Faß; 15 bis 18 Monate Ausbau in jährlich zur Hälfte erneuerten Eichenfässern. Der Wein wird geschönt und gegebenenfalls gefiltert.

ZWEITWEIN

Name: Hospitalet de Gazin

Durchschnittliche Jahresproduktion: 20 000 Flaschen

Beurteilung: Entspricht seit 1988 einem Cru Classé aus dem Médoc

Genußreife: 5 bis 15 Jahre nach dem Jahrgangsdatum

Die meisten Bordeaux-Kommentatoren halten Gazin in hohem Ansehen, vermutlich wegen seiner idealen Lage unmittelbar hinter Pétrus, dem es 1969 sogar 5 ha Weinbergland verkaufte. Allerdings spricht die Geschichte der Leistungen dieses Guts, eines der größten in Pomerol, von Mittelmäßigkeit in den sechziger und siebziger Jahren. Seit dem Ende der achtziger Jahre hat Gazin jedoch mit einer Folge von erstklassigen Weinen einen eindrucksvollen Wiederaufstieg erlebt.

Übrigens ist der Gazin seit eh und je ein teurer Wein. Ein guter, alter Ruf und die hervorragende Lage neben Pétrus und l'Evangile auf dem Plateau von Pomerol stützen ihn sicherlich. Optimistische Anzeichen, daß der 1988er und 1989er bei Gazin eine Wende zu höherer Qualität darstellen, dürften von allen Liebhabern schmackhafter, fülliger, saftiger Pomerols mit großer Freude aufgenommen worden sein.

JAHRGÄNGE

1997 • 87-88+ Ich habe diesen Wein bei drei Gelegenheiten verkostet und ihn jedesmal so überaus extraktreich gefunden, daß es mir schien, als seien bei der Gärung und der anschließenden Maischung vielleicht sogar einige eher unerwünschte Komponenten (starkes, rauhes Tannin) in ihn gelangt. Immerhin gibt es im 1997er Gazin auch vieles zu bewundern, doch ist es noch zu früh, um genau zu beurteilen, wohin er sich bewegt. Gewiß gehört der mächtige, tiefdunkel rubinpurpurrote Wein zu den *vins de garde* seines Jahrgangs, und er hat *pain grillé*, Kirschlikör, Oliven und Eichentoast in Duft und Geschmack. Das Tannin ist für einen 1997er auf jeden Fall erstaunlich stark, ansonsten erscheint der Wein voll, mittelschwer bis körperreich und etwas rustikal. Er dürfte 2 bis 3 Jahre Kellerreife brauchen, bis er genußreif wird, dürfte dann aber 15 Jahre überdauern. Wenn sich das Tannin während der Faßausbauzeit besser integriert, könnte er auch eine höhere Punktnote verdienen.
Letzte Verkostung: 3/98.
1996 • 89-91+ Der tanninreiche, seriöse, dunkelpurpurrote 1996er Gazin zeigt ein mäßig intensives Aromaprofil mit Toast, schwarzer Frucht, gerösteten Kräutern, Süßholz und Schokolade. Exotische, rauchige, mittelschwere bis körperreiche Geschmacksfülle geht einher mit kräftigem Tannin, doch gibt der Wein alle Anzeichen für volle Ausstattung und Langlebigkeit zu erkennen. Der lange Abgang, der sich im Mund aufbaut, bietet in Hülle und Fülle schwarze Frucht, Glyzerin und mildes Tannin. Alle Pomerol-Fans, die auf sofort genußreifen Wein Wert legen, müssen

diesmal eine Ausnahme machen und ein paar Jahre warten, bis der 1996er Gazin etwas von diesem Tannin ablegt. Voraussichtliche Genußreife: 2003 bis 2020. Letzte Verkostung: 3/98.

1995 • 90   Dieser tief rubinpurpurrote Wein hat sich nach der Abfüllung zurückgezogen; zwar läßt er noch etwas von seinem exotischen, an geröstete Kräuter und Fleisch erinnernden Charakter ahnen, das verhaltene Aromaprofil gibt aber in erster Linie Eichenholz, Rauch, Gewürz und im Hintergrund füllige Frucht ab. Am Gaumen zeigt sich der Wein mittelschwer bis körperreich, fein ausgefeilt und – abgesehen von spürbar hartem Tannin im Abgang – relativ nahtlos mit seinem expansiven Geschmack voll Eichenwürze, Frucht und Tiefe.
Voraussichtliche Genußreife: 2002 bis 2018. Letzte Verkostung: 11/97.

1994 • 90   Der undurchdringlich dunkel rubinpurpurrote, mit verschwenderischer Eichenwürze versehene Wein zeigt ein mächtiges Bukett mit Nuancen von Zedernholz, Cassis, Rauch und Bratenfleisch, dazu öligen, vollmundigen Geschmack sowie beträchtliche Kraft und Fülle im muskulösen, moderat tanninherben Abgang. Dieser wuchtige, eindrucksvoll strukturierte Pomerol verlangt Geduld.
Voraussichtliche Genußreife: 2003 bis 2018. Letzte Verkostung: 1/97.

1993 • 89   Als eine der feinsten Leistungen dieses Jahrgangs präsentiert sich dieser dunkle Wein mit seinem eindrucksvollen Aroma von schwarzen Himbeeren, Kirschen, Mokka und provençalischen Oliven. Der tiefe, dichte, mit für seinen Jahrgang erstaunlich viel Fett und Glyzerin versehene 1993er zeigt sich üppig, im Geschmack expansiv, mittelschwer, reintönig, voll und konzentriert und dürfte mindestens 1 bis 12 Jahre prachtvollen Genuß gewähren. Angesichts der allgemeinen Reputation dieses Jahrgangs zählt er wahrscheinlich zu den erschwinglicheren Bordeaux-Weinen. Letzte Verkostung: 1/97.

1992 • 89   Der 1992er Gazin ist einer der beachtenswertesten Weine dieses Jahrgangs. Er zeigt tiefdunkles Rubinpurpurrot und ein kräftig hervorströmendes, süßes Bukett von Karamel, schwarzen Kirschen, Vanillin und Rauch. Mit reifem, mittelschwerem bis körperreichem, vollem, konzentriertem Geschmack und saftiger Substanz präsentiert er sich als untadelig gebauter Wein, der zwar bereits zugänglich ist, sich aber im Lauf von 3 bis 4 Jahren weiter entfalten und schließlich mindestens ein Jahrzehnt überdauern wird. Gazin hat gegenüber früheren Jahren ein beachtliches Comeback geschafft. Bravo! Letzte Verkostung: 11/94.

1990 • 93   Der wuchtige, volle, ausgewogene 1990er Gazin zeigt tiefdunkles Rubinpurpurrot und ein süßes, jugendfrisches Bukett von schwarzen Kirschen, Schokolade, Zedernholz und Eichentoast. Dieser komplexe, harmonische, noch junge Gazin mit seiner Fülle und Dichte, seinem mittleren bis vollen Körper, vielschichtigem Geschmack und einem für die Langlebigkeit eines Weins wesentlichen Kern von süßer, fülliger Frucht besitzt moderates, schön mit der Säure integriertes Tannin.
Voraussichtliche Genußreife: Jetzt bis 2016. Letzte Verkostung: 11/96.

1989 • 89   Der wundervoll aufgeschlossene 1989er präsentiert sich in dunklem Rubinrot ohne Bernsteingelb am Rand. Sein kräftiges, süßes Bukett mit Nuancen von Kirschfrucht, Zedernholz, Gewürzen, Kräutern und Karamel geht einher mit Geschmeidigkeit, exzellenter Konzentration, weicher Säure und mildem Tannin im runden, generösen Abgang. Dieser Wein steht kurz vor der vollen Reife, bietet aber die Aussicht auf weitere 10 Jahre schönen Genuß.
Letzte Verkostung: 11/96.

1988 • 87   Nach langen Jahren der Mittelmäßigkeit befindet sich Gazin jetzt wieder auf dem richtigen Weg. Die Wende begann mit dem 1988er, einem wunderbar verführerischen, vollen, kräftigen, breitschultrigen, herrlichen Wein mit leichtem Tannin, reichhaltiger, saftiger Art und einem satinzarten, alkoholstarken Abgang. Wem könnte darüber hinaus das kräftige Bukett von Kräutern, Mokka und süßer Frucht entgehen?
Voraussichtliche Genußreife: Jetzt bis 2003. Letzte Verkostung: 1/93.

1986 • 79   Der 1986er mit seinem leicht vegetabilen, würzigen Pflaumenbukett scheint von der Zunge zu gleiten, ohne mehr als nur eine Spur von Tannin und Alkohol zu hinterlassen.
Voraussichtliche Genußreife: Jetzt. Letzte Verkostung: 3/90.

DIE WEINE VON POMEROL

1985 • 76   Der 1985er zeigt annehmbare Reife, ist aber ziemlich nichtssagend und bei mittlerem Körper alles in allem ein mittelmäßiger, eindimensionaler Wein.
Voraussichtliche Genußreife: Jetzt. Letzte Verkostung: 3/89.

1984 • 64   Der 1984er Gazin ist wässerig, leicht und diffus, ein unbedeutender Wein, den man am besten meidet.
Letzte Verkostung: 3/88.

1982 • 81   Seit dem Jahrgang 1988 gehört Gazin zu den aufsteigenden Sternen am Firmament von Bordeaux. Der 1982er entstand dagegen offensichtlich in einer Zeit wenig inspirierender Leistung, als Qualität in diesem Weingut nicht an oberster Stelle stand. Das Bukett zeigt Nuancen von Kräutertee und würziger, süßer, fülliger Kirschenfrucht; es geht einher mit mittlerem Körper, einer gewissen Wässerigkeit und runder, gefälliger Art. Seine Frucht wird dieser angenehme, aber nicht gerade ausdrucksstarke Wein kaum noch länger als 4 bis 5 Jahre halten, und deshalb sollte er ausgetrunken werden.
Letzte Verkostung: 9/95.

1961 • 93   Der 1961er Gazin zeigte ein umwerfendes Bukett mit Noten von Karamel, Schokolade und Kaffee, dazu kam mittlerer bis voller Körper, milder, expansiver, exotischer, an schwarze Kirschen und Früchtekuchen erinnernder Geschmack und ein kerniger, voller, samtiger Abgang. Dieser Wein ist schon eine geraume Weile auf seinem Gipfel, gibt aber noch keine Anzeichen von verblassender Frucht oder Farbe zu erkennen.
Voraussichtliche Genußreife: Jetzt. Letzte Verkostung: 12/95.

GOMBAUDE-GUILLOT
Ohne Klassifizierungsrang

SEHR GUT

Lage der Weinberge: bei Château Clinet und Guillot

Besitzerin: Mme. Laval
Adresse: 3, Les Grands Vignes, 33500 Pomerol
Telefon: 33 5 57 51 17 40 – Telefax: 33 5 57 51 16 89

Besuche: nur nach Vereinbarung, montags bis freitags von 9.30 bis 17.30 Uhr

ROTWEIN

Rebfläche: 8 ha

Durchschnittliches Rebenalter: 35 Jahre

Rebbestand: 70 % Merlot, 28 % Cabernet Franc, 2 % Malbec

Pflanzdichte: 6000 Reben/ha

Ertrag (im Durchschnitt der letzten 5 Jahre): 42,7 hl/ha

GRAND VIN

Name: Gombaude-Guillot

Appellation: Pomerol

Durchschnittliche Jahresproduktion: 25 000 bis 30 000 Flaschen

Verarbeitung und Ausbau: Vinifikation 3 bis 4 Wochen in temperaturgeregelten Betontanks. Es wird darauf geachtet, daß die Lese stattfindet, wenn die Trauben (Schalen und Kerne) ausgereift sind, aber noch keine Anzeichen von *surmaturité* zu erkennen geben. Ausbau in zu 30 % neuen

Eichenfässern; der Anteil kann je nach Jahrgang schwanken, z.B. wurden 1990 zu 100% neue Eichenfässer verwendet, 1995 dagegen reichten 65% aus. Auch ist die Faßausbauzeit je nach Jahrgang verschieden: meist 12 bis 14 Monate.
Nach dem Schönen erfolgt Lagerung in Edelstahltanks.
Filtration findet nicht statt.

ZWEITWEIN

Name: Cadet de Gombaude

Durchschnittliche Jahresproduktion: 6000 Flaschen

N.B.: Der Zweitwein wird nur dann produziert, wenn ein Jahrgang zu ungleichmäßig für einen einzigen Wein ausfällt.

Beurteilung: Entspricht qualitativ einem 5ème Cru aus dem Médoc

Genußreife: 5 bis 15 Jahre nach dem Jahrgangsdatum

Die Entwicklung dieses Weinguts nimmt einen interessanten Verlauf. Ich erinnere mich noch, daß mich bei Verkostungen am Anfang der achtziger Jahre die siebziger Jahrgänge durchaus nicht beeindruckten, aber bei einer neuerlichen Verkostung der Jahrgänge bis zurück auf das Jahr 1982 kam ich zu dem Schluß, daß Gombaude-Guillot in bestimmten Jahren einen Pomerol von sehr guter Qualität hervorbringen kann.

Die Rebfläche besteht aus drei Parzellen auf völlig unterschiedlichen Bodentypen. Die einzige auf dem Plateau gelegene Parzelle hat vorwiegend schwereren Lehm und Kies mit hohem Eisengehalt, die zweite hat vor allem Sandboden mit etwas Kies vermischt, und die dritte weist vorwiegend Kiesboden auf.

Alte Weinstöcke und relativ niedrige Erträge – 30% weniger als in vielen weit renommierteren Châteaux – erbringen oft auffallend reichhaltige, konzentrierte Weine. Interessant ist auch, daß Gombaude-Guillot im Jahr 1985 eine Cuvée Spéciale als Auslese aus den besten Partien der drei Weinbergparzellen herausbrachte und in zu 100% neuen Eichenfässern ausbaute. Dieser Wein war so überaus erfolgreich, daß das Château in den Jahren 1988 und 1989 das Experiment wiederholte.

Wie aus den folgenden Probiernotizen hervorgeht, kann hier von großer Beständigkeit nicht die Rede sein, wenn aber alles zusammenstimmt, gehört der Gombaude-Guillot durchaus zu dem Dutzend Spitzenweinen von Pomerol.

JAHRGÄNGE

1990 • 85   Bei attraktiver, mittelrubinroter Farbe und einem ausgeprägten Bukett von Kirschen, Rauch und Kräutern zeigt die runde, ausnehmend sanfte, vollmundige Normal-Cuvée milde Säure, schöne Reife und einen Schuß entgegenkommende, kernige Frucht sowie Glyzerin. Dieser Wein sollte in den nächsten 5 bis 8 Jahren getrunken werden.
Letzte Verkostung: 1/93.

1989 • 86   Die 1989er Normal-Cuvée zeigt mittleres Rubinpurpurrot und ein Aroma von gedörrten dunklen Pflaumen und Cassis. Im Mund fühlt sich der Wein konzentriert und mittelschwer an und zeigt eine seidige Opulenz der Frucht, wie sie nur die besten Vertreter dieses Jahrgangs aufweisen. Mit großer Nachhaltigkeit, aber schwacher Säure und mäßigem Tannin ist dies ein sanfter Pomerol. Vor der Abfüllung hatte ich ihn interessanterweise sehr viel höher eingestuft. Voraussichtliche Genußreife: Jetzt bis 2005. Letzte Verkostung: 1/93.

1989 • 87   *Cuvée Spéciale* – Dieser in zu 100% neuen Eichenfässern ausgebaute Wein ist reichhaltiger, mit Frucht vollgepackt, aber der Unterschied zwischen den beiden Cuvées ist beim 1989er

DIE WEINE VON POMEROL

weniger auffallend als in früheren Jahren. Dieser körperreiche, milde, seidige Pomerol trinkt sich wohl in den ersten 7 bis 10 Jahren seiner Lebenszeit am besten.
Letzte Verkostung: 1/93.

1988 • 84   Die 1988er Normal-Cuvée von Gombaude-Guillot hat rubinrote Farbe, ein würziges Bukett und mittleren Körper, dazu schön konzentrierten Geschmack und etwas scharfes Tannin im Abgang. Dieser Wein bietet den allgemeinen Eindruck von zwar nicht großer, aber doch annehmbarer Tiefe. Letzte Verkostung: 1/93.

1988 • 89   *Cuvée Spéciale* – Diese in zu 100 % neuen Eichenfässern ausgebaute Luxus-Cuvée zeigt überraschenderweise nicht soviel rauchigen Vanillin-Charakter im Bukett wie man erwarten möchte. Allerdings ist sie voll, körperreich mit intensivem Duft und Geschmack von schwarzen Johannisbeeren, Pflaumen und Mineralen. Dieser Schönheit dürfte eine großartige Entwicklung bevorstehen.
Voraussichtliche Genußreife: Jetzt bis 2003. Letzte Verkostung: 1/93.

1987 • 78   Der 1987er ist ein leichter, relativ milder, etwas dünner, zwar sauber bereiteter, aber uninteressanter Pomerol.
Voraussichtliche Genußreife: Jetzt. Letzte Verkostung: 11/90.

1985 • 88   Der tief rubinpurpurrote 1985er hat ein intensives Bukett von Cassis und anderer dunkler Frucht sowie volle, ölige Art und liebliche, hochreife Frucht – ein expansiver, generös ausgestatteter, voll genußreifer Wein.
Voraussichtliche Genußreife: Jetzt bis 2001. Letzte Verkostung: 4/91.

1985 • 93   *Cuvée Spéciale* – Es ist kein Irrtum: die 1985er Cuvée Spéciale kann sich neben den großen Pomerols wie Lafleur, l'Evangile, l'Eglise-Clinet und Pétrus durchaus sehen lassen. Sie ist, wie die undurchdringliche schwarzpurpurrote Farbe zu erkennen gibt, noch ein junger Wein. Das mächtige Bukett von Mineralen, hochreifer Cassis-Frucht und rauchigem frischem Eichenholz wirkt höchst verlockend. Im Mund erweist sich der Wein als wuchtig, außergewöhnlich konzentriert und schön ausgewogen mit einem Abgang, der wohl über eine Minute andauert. Der Wein hat reichlich Tannin, aber er ist mild, und obwohl er bereits trinkbar ist, zeigt er sich doch noch unentwickelt und lohnt gute 4 bis 5 Jahre Kellerreife.
Voraussichtliche Genußreife: Jetzt bis 2008. Letzte Verkostung: 1/91.

1982 • 87   Der kräftige, runde, generös ausgestattete, kernige 1982er hat seinen Höhepunkt erreicht, wie der Bernsteinsaum erkennen läßt. Das starke Bukett von gerösteten Nüssen, Rauch und hochreifen Pflaumen wird begleitet von opulentem, alkoholstarkem, ausdrucksvollem Geschmack. Ein schöner Genuß für baldigen Verbrauch.
Voraussichtliche Genußreife: Jetzt. Letzte Verkostung: 12/90.

La Grave à Pomerol
(bis Jahrgang 1992 La Grave Trigant de Boisset)
Ohne Klassifizierungsrang

SEHR GUT

Lage der Weinberge: auf dem Nordwestteil des Plateaus von Pomerol

Besitzer: Christian Moueix
Adresse: 33500 Pomerol
Postanschrift: c/o Ets. J.-P. Moueix, 54, quai du Priourat, B.P.129, 33502 Libourne-Cedex
Telefon: 33 5 57 51 78 96 – Telefax: 33 5 57 51 79 79

Besuche: nach Vereinbarung, nur für Fachbesucher
Kontaktperson: Frédéric Lospied

ROTWEIN

Rebfläche: 8 ha

Durchschnittliches Rebenalter: 25 Jahre

Rebbestand: 90 % Merlot, 10 % Cabernet Franc

Pflanzdichte: 5500 bis 6000 Reben/ha

Ertrag (im Durchschnitt der letzten 5 Jahre): 50 hl/ha

Durchschnittliche Jahresproduktion insgesamt: 3500 Kisten

GRAND VIN

Name: Château La Grave à Pomerol

Appellation: Pomerol

Durchschnittliche Jahresproduktion: 3500 Kisten

Verarbeitung und Ausbau: Vinifikation 20 Tage, eine Hälfte des Ertrags in Edelstahltanks, die andere in Betontanks (mit Temperaturregelung). Malolaktische Säureumwandlung bei ¼ des Ertrags im Faß; anschließend 18 Monate Ausbau in jährlich zu ⅓ erneuerten (ansonsten 2- bis bis 4mal gebrauchten) Eichenfässern. Abstich alle 3 Monate von Faß zu Faß. Der Wein wird geschönt, aber nicht gefiltert.

Kein ZWEITWEIN

Beurteilung: Entspricht qualitativ einem 5ème Cru aus dem Médoc

Genußreife: 3 bis 12 Jahre nach dem Jahrgangsdatum

La Grave ist eines der relativ unbekannten Weingüter in Pomerol, die zunehmend bessere Weine hervorbringen. Seit 1971 befindet sich das Château im Besitz des gewissenhaften und sachkundigen Christian Moueix, der auch die Geschäfte des väterlichen Hauses in Libourne führt. La Grave liegt unmittelbar östlich der Route Nationale 89 – in Richtung der französischen Trüffelhauptstadt Périgueux – an der Grenze zu Lalande-de-Pomerol auf außerordentlich stark kieshaltigem Sandboden, auf dem etwas leichtere, weniger wuchtige Weine wachsen als auf dem Plateau von Pomerol.

Alle Jahrgänge seit 1980 sind gut gelungen; der 1990er und der 1982er sind echte Klassiker. Normalerweise ist der La Grave nach 5 bis 6 Jahren Flaschenreife schön zu trinken, obwohl manche Jahrgänge auch 12 bis 15 Jahre Aufbewahrung vertragen. Er ist zwar nicht gerade der teuerste Pomerol, andererseits aber auch nicht der preisgünstigste. In Anbetracht der großen Qualität jedoch, die dieser Wein in neueren Jahrgängen an den Tag legt, sollte man dieses Weingut durchaus ernst nehmen.

JAHRGÄNGE

1997 • 86-88 Ein sinnliches Aroma von Kirschen, Beeren, Kaffee, gerösteten Kräutern und Zedernholz geht einher mit einem verführerischen, charmanten Pomerol, einem runden, mittelschweren, schön konzentrierten, reintönigen, seidigen Wein ohne jede Schärfe, der in den 7 bis 8 Jahren nach seiner Freigabe getrunken werden sollte. Letzte Verkostung: 3/98.

1996 • 86-87 Der wohlgelungene 1996er La Grave mit seinem Duft von Rauch, Kaffee und Kirschen zeigt gute Konzentration, schön mit der Säure integriertes Tannin und eine runde, attraktive Sanftheit, so daß er schon in seiner Jugend ideal zu trinken ist.
Voraussichtliche Genußreife: Jetzt bis 2007. Letzte Verkostung: 3/97.

DIE WEINE VON POMEROL

1995 • 86   Der wundervolle, charmante 1995er, eine der stärksten Leistungen seit Jahren aus diesem Gut (das früher La Grave-Trigant de Boisset hieß), zeigt tiefes Rubinrot und reichliche, süße Kirschenfrucht, verflochten mit einer hochfeinen, würzigen Eichennote, sowie eine vielschichtige, sinnliche Persönlichkeit – ein mustergültiger, mittelschwerer Pomerol, der in den nächsten 10 bis 12 Jahren getrunken werden will.
Letzte Verkostung: 11/97.
1990 • 89   Der 1990er ist der feinste La Grave Trigant de Boisset, den ich kenne. Er zeigt sich tief rubinrot mit einem duftigen Bukett von süßer schwarzer Frucht, Toast und Mokka. Dieser üppige, tiefe, saftige und sahnige Wein bietet prächtige Vollmundigkeit und sprudelt über vor Frucht.
Voraussichtliche Genußreife: Jetzt bis 2001. Letzte Verkostung: 1/93.
1989 • 87   Der 1989 ist konzentrierter, alkoholstärker und fester strukturiert als der 1988er. Sein exzellentes Bukett von würzigem, rauchigem Eichenholz, schwarzen Kirschen und Pflaumen wird begleitet von mittlerem Körper, kräftigem Alkoholgehalt, viel Tannin und sehr guter Konzentration.
Voraussichtliche Genußreife: Jetzt bis 2002. Letzte Verkostung: 1/93.
1988 • 86   Der 1988er prangt mit seinem intensiven, von frischem Eichenholzduft beherrschten Bukett, würziger, reifer Frucht, mittlerem Körper, mildem Tannin, kräftiger Säure und mäßigem Alkoholgehalt im Abgang. Die Reichhaltigkeit des 1989ers besitzt er nicht, aber wer am Pomerol einen verhalteneren, geschliffeneren Stil schätzt, dürfte den 1988er bevorzugen.
Voraussichtliche Genußreife: Jetzt bis 2001. Letzte Verkostung: 1/93.
1986 • 81   Der 1986er zeigt mehr Tannin als üblich, doch der allgemeine Eindruck spricht von leichter Art und zarter, gedämpfter Frucht bei leichtem bis mittlerem Körper.
Voraussichtliche Genußreife: Jetzt. Letzte Verkostung: 3/90.
1985 • 84   Wie in diesem Jahrgang üblich, ist auch der 1985er La Grave Trigant de Boisset ein eleganter, milder, fruchtiger Wein.
Voraussichtliche Genußreife: Jetzt. Letzte Verkostung: 3/90.
1983 • 85   Der 1983er ist für einen La Grave ziemlich kräftig und reichfruchtig, hat rubingranatrote Farbe, überraschend reichliche Säure für einen 1983er aus Pomerol, dazu reife, rauchige, pflaumenwürzige Fruchtigkeit und mittleren Körper.
Voraussichtliche Genußreife: Jetzt. Letzte Verkostung: 1/89.
1982 • 86   Dieser Wein ist seit dem Ende der 1980er Jahre voll ausgereift und bietet ein attraktives, vegetabil-fruchtiges Bukett von Oliven, Pfeffer und Kirschenfrucht mit einem Hauch Mokka. Der sanfte, mittelschwere und runde Wein mit seiner gefälligen Persönlichkeit trinkt sich weiterhin gut; dennoch kann ich keinen Grund für längere Aufbewahrung sehen.
Letzte Verkostung: 9/95.

LAFLEUR
Ohne Klassifizierungsrang

HERVORRAGEND

Lage der Weinberge: auf dem Plateau von Pomerol

Besitzerin: Marie-Geneviève Robin
Adresse: Château Grand Village, 33240 Mouillac
Telefon: 33 5 57 84 44 03 – Telefax: 33 5 57 84 83 31

Besuche: nur nach Vereinbarung
Kontaktpersonen: Sylvie und Jacques Guinaudeau

BORDEAUX

ROTWEIN

Rebfläche: 4,5 ha

Durchschnittliches Rebenalter: über 30 Jahre

Rebbestand: 50 % Merlot, 50 % Cabernet Franc

Pflanzdichte: 5900 Reben/ha

Ertrag (im Durchschnitt der letzten 5 Jahre): 38 hl/ha

Durchschnittliche Jahresproduktion insgesamt: 170 hl

GRAND VIN

Name: Château Lafleur

Appellation: Pomerol

Durchschnittliche Jahresproduktion: 1000 Kisten

Verarbeitung und Ausbau: Gär- und Maischdauer 15 bis 21 Tage, je nach Jahrgang. Malolaktische Säureumwandlung und 18 Monate Ausbau in Eichenfässern, die zu einem Drittel bis zur Hälfte jährlich erneuert werden. Der Wein wird mit frischem Eiweiß geschönt, jedoch nicht systematisch gefiltert.

ZWEITWEIN

Name: Les Pensées de Lafleur

Durchschnittliche Jahresproduktion: 250 Kisten

Beurteilung: Entspricht qualitativ einem Premier Cru aus dem Médoc

Genußreife: 8 bis 40 Jahre nach dem Jahrgangsdatum

Ich habe schon seit eh und je eine besondere Zuneigung zu diesem kleinen Weingut in Pomerol. In der Mitte der siebziger Jahre, als ich die Weine von Lafleur erstmals kostete, konnte ich nichts Schriftliches darüber auftreiben. Dennoch fanden wir in unserer kleinen Gruppe den Wein häufig ganz genauso überzeugend wie den Pétrus. Bei meinem ersten Besuch in Lafleur im Jahr 1978 sprach ich noch sehr wenig Französisch, und damals lernte ich die beiden bejahrten Besitzerinnen, die verstorbene Thérèse Robin und ihre Schwester Marie, als zwar gebrechlich, aber überaus charmant kennen. Das Château Lafleur war damals wie heute eher eine Scheune als eine Weinkellerei. Trotz ihres hohen Alters ließen es sich die beiden Damen nicht nehmen, mit dem Fahrrad nach Le Gay zu fahren, wo sich die offiziellen Empfangsräume für die Châteaux Lafleur und Le Gay befinden. Offensichtlich amüsierten sie sich sehr über meine Erscheinung und nannten mich nur Monsieur le Taureau (Stier), und sicherlich wirkte ich in dem winzigen *chai*, in dem die Fässer sowie eine Menge Enten, Hühner und Kaninchen untergebracht waren, etwas überdimensional. Es hat mich seit jeher erstaunt, daß Weine von so großem Extraktreichtum und außerordentlich überwältigendem Charakter in so unbekümmerter Umgebung entstehen können.

Heute ist nur noch eine der Schwestern Robin, nämlich Marie, am Leben, und sie hat die Zügel in Lafleur an ihre Nichte und ihren Neffen, Sylvie und Jacques Guinaudeau, übergeben. Sie übernahmen die Leitung mit dem Jahrgang 1985 und werteten nicht nur den gesamten Lafleur-Ertrag von 1987 ab, sondern führten zugleich einen Zweitwein namens Les Pensées de Lafleur ein. Das ist angesichts der winzigen Produktion dieses kleinen Weinguts ziemlich bemerkenswert. Die Keller sind noch immer dieselben, nur wurden die Enten, Hühner und Kaninchen inzwischen daraus vertrieben und mit ihnen der Mist, den sie produzierten. Zudem arbeitet Lafleur jetzt mit 50 bis sogar 66 % neuen Eichenfässern für jeden Jahrgang.

Hat der Wein dadurch aber gewonnen? Er ist nach wie vor sowieso der einzige in der Appellation, der beständig mit dem Pétrus konkurrieren und ihn manchmal sogar übertreffen kann. Selbst Jean-Pierre Moueix gab das mir gegenüber einmal zu, und ich habe den Lafleur und den Pétrus oft genug nebeneinander probiert und weiß, daß der eine ein ebenso außerordentlicher Wein ist wie der andere. Was das Aroma angeht, ist er in vielen Jahrgängen sogar komplexer als der Pétrus, zweifellos wegen des hohen Anteils an Cabernet Franc.

Viel von seiner Größe verdankt der Lafleur dem Boden, einem tiefgründigen, mit Eisen und etwas Sand angereicherten Kiesbett, der aber auch bedeutende Mengen an Phosphor und Kalium enthält. Seit vielen Jahren sind die Erträge sehr niedrig, und zwar nach dem Motto des Vaters der Schwestern Robin, der oft sagte, bei Lafleur gehe Qualität über Quantität.

Es gibt legendäre alte Lafleur-Jahrgänge, dennoch ist die Geschichte dieses Weinguts nicht ohne gemischte Resultate verlaufen. Der 1970er und der 1971er hätten besser sein können, und der 1981er wird durch fauliges Aroma beeinträchtigt. Inzwischen beaufsichtigt ein Önologe die Weinbereitung, und selbst wenn die ältesten Weinstöcke (in Lafleur brauchte nach dem Frost von 1956 nichts neu angepflanzt zu werden) einmal gerodet werden müssen, bleibt das Durchschnittsalter noch immer eindrucksvoll. Seit 1982 (der 1982er und der 1983er wurden von Christian Moueix und Jean-Claude Berrouet bereitet) ist der Lafleur nun nicht mehr so exotisch und vielleicht stärker durch moderne kellertechnische Auffassungen, die von der Erfüllung bestimmter technischer Parameter ausgehen, geprägt. Nichtsdestoweniger bleibt der Lafleur, gemessen an den höchsten in Bordeaux gültigen Maßstäben, auch unter diesen Umständen einer der ausdrucksvollsten, exotischsten und großartigsten Weine nicht nur von Pomerol, sondern der ganzen Welt.

JAHRGÄNGE

1997 • 91-93 Mir gefällt der 1997er Lafleur besser als der 1996er. Er ist einer von den wenigen Lafleurs, die schon in jungen Jahren für den Glücklichen, der etwas davon bekommen konnte, schönsten Genuß bereithält. Eine beeindruckend satte, tiefe rubinpurpurrote Farbe geht einher mit dem klassischen Lafleur-Aromaprofil – füllige schwarze Himbeeren, Kirschlikör, Dörrpflaumen und Minerale. Aufgeschlossen, körperreich, sinnlich, mit öliger Konsistenz und reichlichem mildem Tannin präsentiert sich dieser üppig volle, schon weit entwickelte Lafleur, der bereits in 2 bis 3 Jahren prachtvoll zu trinken ist, aber auch zwei Jahrzehnte überdauern wird. Der einzige andere Lafleur-Jahrgang, der in so früher Jugend so entfaltet und seidenzart geschmeckt hat, war der 1983er. Letzte Verkostung: 3/98.

1996 • 90-91+ Obwohl er vorwiegend von Cabernet Franc bereitet ist und nur einen geringen Merlot-Anteil hat, scheint dieser Wein bereits Gestalt anzunehmen, aber er wird doch zweifellos 15 bis 20 Jahre Kellerreife brauchen. Wer also einen Wein für seine Kinder oder Enkel kaufen möchte, kann weiterlesen. Die Farbe ist ein dichtes Purpurrot, der Wein selbst karg, aber klassisch. Das Aromaprofil zeigt Frucht von Kirschen und schwarzen Himbeeren, verwoben mit Kirschgeist, Mineralen und Trüffeln. Hinzu kommen voller Körper, superbe Konzentration und gewaltiges Tannin. Die ungeheure Strenge schreckt wahrscheinlich alle mit Ausnahme der unerschütterlichsten Weinfreunde ab. Dieser Lafleur wird vermutlich 50 bis 60 Jahre überdauern. Die Frage ist nur, wann er überhaupt genießbar wird. Ich tippe auf die Zeit zwischen 2020 und 2045. Letzte Verkostung: 3/98.

1995 • 93+ Auch dieser ist ein ehrfurchtgebietender Lafleur, zugleich aber ein zutiefst verschlossenes, tanninstrenges Monster, das längere Reifezeit brauchen wird als jeder Médoc aus diesem Jahrgang. Er prunkt in undurchdringlichem Schwarzpurpurrot und mit verhaltenem, aber vielversprechendem Aroma, das die Essenz von Brombeeren, Himbeeren und Kirschen darstellt. Damit verwoben sind die charakteristischen, mineralischen Terroir-Nuancen von Lafleur. Hinzu kommen voller Körper, staubtrockenes, adstringierendes Tannin und ein vielschich-

tiges, wuchtiges Gefühl am Gaumen. Er ist genau die Art von jungem Bordeaux, bei der ich noch vor zwei Jahrzehnten sofort zugegriffen hätte, inzwischen aber muß ich mich darauf beschränken, ihn zu bewundern und zu wünschen, ich wäre zwanzig Jahre jünger. Dieser Wein ist gewaltig, herrlich und ungeheuer verheißungsvoll, aber ich glaube kaum, daß er vor dem Ende des zweiten Jahrzehnts im nächsten Jahrhundert zu trinken sein wird!
Voraussichtliche Genußreife: 2020 bis 2050. Letzte Verkostung: 11/97.

1994 • 93+ Für den, der 10 bis 15 Jahre Geduld aufbringen kann, bietet dieser ausnehmend konzentrierte, massive, tanninreiche, in sich zurückgezogene, tief dunkelpurpurrote Lafleur schönste Aussichten. Das provokative Bukett von Süßholz, Veilchen, schwarzen Himbeeren und Trüffeln geht einher mit einem mächtigen, strengen, zutiefst verschlossenen, dichten Wein, den sich nur leisten sollte, wer bis zum Ende des ersten Jahrzehnts im kommenden Jahrtausend zu warten bereit ist.
Voraussichtliche Genußreife: 2008 bis 2030. Letzte Verkostung: 1/97.

1993 • 90+ Der 1993er Lafleur zeigt dunkles Purpurrot mit undurchdringlicher Mitte und ist straff strukturiert, tanninreich und wegen seiner ungeheuren Wucht und Festigkeit fast ganz ohne Charme. Im Bukett bietet er Nuancen von prachtvoll süßen schwarzen Himbeeren, Kirschgeist und Trüffeln (ähnlich wie der Evangile sie aufweist), daneben aber muß man sich mit ungezähmter Kraft, mittlerem bis vollem Körper, vielschichtiger Fülle und unerbittlich strengem Tannin auseinandersetzen – ein tief eingezogener, dichter, reintöniger Wein.
Voraussichtliche Genußreife: 2005 bis 2020. Letzte Verkostung: 1/97.

1992 • 91 Im Jahrgang 1992 hat Lafleur einen Wein gestaltet, der so von Kraft strotzt, daß man es erst glaubt, wenn man ihn gekostet hat. Neben so vielen verwässerten, leichten, weichen Weinen kann ich die Konzentration, die Lafleur zustande gebracht hat, kaum für möglich halten. Die Farbe ist ein beeindruckend sattes, dunkles Schwarzpurpurrot. Das straffe Bukett bietet Düfte von süßer Cassis-Frucht und fülligen schwarzen Kirschen, verflochten mit Aromen von asiatischen Gewürzen und Mineralen. Hinzu kommen große Fülle, mittlerer bis voller Körper, bewunderungswürdige Dichte, vielschichtige, am Gaumen schwebende Frucht, beträchtliches Tannin und beachtliche Nachhaltigkeit. Dieser Wein wäre in jedem Jahrgang großartig, für 1992 aber stellt er eine bemerkenswerte Leistung dar – erstaunlich!
Voraussichtliche Genußreife: 2000 bis 2015. Letzte Verkostung: 11/94.

1990 • 97 Der 1990er Lafleur ist ebenso wuchtig, muskulös und hochkonzentriert, aber das Tannin ist reifer und besser integriert. Auf diese Weise zeigt er sich als ein phänomenal extraktreicher Wein, der die Hochreife des Jahrgangs 1990 offenbart und in dem sich die süße Frucht schwarzer Kirschen in Hülle und Fülle vorfindet. Mein Assistent Pierre Rovani bemerkte: «Warum schmeckt dieser Wein so sehr wie der Rayas [der hochrenommierte, auf Grenache beruhende Châteauneuf-du-Pape]?» Seine Frage hat tiefere Berechtigung insofern, als beide Erzeuger ihr Lesegut gern im Stadium der Hochreife einbringen, wodurch der Wein etwas Exotisches, Fesselndes erhält. Trotz seiner Statur ist der 1990er Lafleur schon weiter entwickelt als der 1989er, er wird aber aufgrund seiner massiven Gewichtigkeit, viskosen Substanz und auch im Abgang vorhandenen profunden Vollmundigkeit ohne weiteres dieselbe Lebensdauer aufbringen. Er verlangt noch 5 bis 10 Jahre Kellerreife und wird sich dann 4 Jahrzehnte halten. Letzte Verkostung: 11/96.

1989 • 95+ Leider habe ich von dem 1989er Lafleur noch nicht so viel gesehen wie ich gern möchte. Bei der hier zugrunde gelegten Verkostung hatte der Wein sich in sich zurückgezogen und erschien im Vergleich mit meinen früheren Notizen etwas gedämpft und verhalten. Er ist enorm, körperreich, wuchtig, tanninherb, hat dunkel purpurrote Farbe, ein an Erde, Trüffeln, Pflaumen, Süßholz und Minerale erinnerndes Bukett, kraftvolle Art, mächtige Frucht und pelziges Tannin im Abgang. Ich würde in den nächsten 5 bis 10 Jahren keine Flasche öffnen.
Voraussichtliche Genußreife: 2005 bis 2035. Letzte Verkostung: 11/96.

1988 • 94 Der 1988er Lafleur, ein aussichtsreicher Anwärter auf den Titel «Wein des Jahrgangs», ist noch immer überaus jugendlich und braucht noch gute 10 Jahre Kellerreife. Seine dichte,

tiefdunkle Pflaumenfarbe läßt keine Anzeichen einer Aufhellung am Rand erkennen. Das verhaltene, aber vielversprechende Bukett von Kirschgeist, Mineralen, Veilchen und asiatischen Gewürzen muß noch immer aus dem Glas herausgekitzelt werden. Dieser körperreiche, volle, konzentrierte Wein mit seiner außergewöhnlichen Wucht und vielschichtigen, kraftvollen Frucht bei superber Reintönigkeit und pelzigem Tannin ist etwas für wahre Kenner.
Voraussichtliche Genußreife: 2003 bis 2035. Letzte Verkostung: 7/97.

1986 • 94+ Der 1986er Lafleur, einer der wenigen Weine von rechten Dordogne-Ufer, die es mit den wuchtigen Cabernet-Sauvignon-Weinen aus dem Médoc aufnehmen können, ist fest gefügt, tanninstreng, eingezogen und braucht noch weitere 5 bis 8 Jahre Kellerreife. Er besitzt ein Bukett mit Noten von fülligen schwarzen Kirschen, Kräutern, Mineralen und Erde sowie dichten, rustikalen Tanningehalt in seiner körperreichen Wucht und Fülle. Er ist noch kein Genuß, gewiß aber eindrucksvoll. Werde ich diesen Wein immer nur bewundern müssen, anstatt ihn genießen zu dürfen?
Voraussichtliche Genußreife: 2005 bis 2030. Letzte Verkostung: 7/97.

1985 • 96 Der 1985er Lafleur ist ein viel breiter gefächerter Wein als der 1985er Pétrus. Er hat ein ganz besonderes, an reife Pflaumen, Minerale und Veilchen erinnerndes Bukett mit einer Intensität, wie nur alte Weinstöcke sie hervorbringen. Die Farbe ist tief rubinpurpurrot, bei außergewöhnlicher Fülle und Tiefe der Frucht, vollem Körper und wuchtigem, nachhaltigem Abgang. Dieser Wein steht ebenbürtig neben den anderen Mammut-Jahrgängen von Lafleur – 1989, 1988, 1986, 1982, 1979, 1975 und 1964.
Voraussichtliche Genußreife: Jetzt bis 2015. Letzte Verkostung: 1/91.

1984 • 84 Der für den Jahrgang wirklich gut gelungene 1984er Lafleur hat ein süßes, reifes Bukett und ist leichter auf der Zunge als gewöhnlich, ich war jedoch überrascht von der Tiefe der Frucht und von der Nachhaltigkeit
Voraussichtliche Genußreife: Jetzt. Letzte Verkostung: 2/89.

1983 • 93 Der tief rubinrote Wein mit beträchtlich viel Bernsteingelb am Rand ist – mindestens in den letzten zwei Jahrzehnten – der einzige Lafleur aus einem sehr guten Jahrgang, der schon voll ausgereift ist. Ich habe ihn aus Normal- und Magnumflaschen verkostet und stets als überaus eigenwillig und exotisch empfunden. Sein kraftvoll hervorströmendes fülliges Bukett mit Noten von Kirschwasser, Pflaumen, Süßholz und asiatischen Gewürzen ist superb, sein sanfter runder, milder, mittelschwerer bis voller Geschmack hüllt den Gaumen mit viel Glyzerin und weichem Tannin ein. Dieser offen gewirkte, überraschend weit entfaltete, üppige Lafleur dürfte sich noch 10 bis 15 Jahre schön trinken.
Voraussichtliche Genußreife: Jetzt bis 2010. Letzte Verkostung: 11/97.

1982 • 97 Dieser Wein überzeugt mich immer mehr. Über die letzten Jahre hinweg hat er außergewöhnliche Fülle entfaltet. Seinen von Schwarzkirschenmarmelade geprägten Duft muß man selbst erlebt haben, sonst glaubt man es nicht. Dieser Wein ist ganz anders als der volle, tanninherbe, kolossale 1975er oder die durch ihren mammuthaften Körperbau beeindruckenden Weine von 1985, 1988, 1989 und 1990. Am nächsten kommt dem 1982er noch der 1990er. Unverwechselbar ist auch der überreife Kirschlikörcharakter im Bukett dieses dunkel rubinroten Weins. Als weitere Duftkomponenten bietet er fabelhaft exotische Noten von Weihrauch. Der übervolle, alkoholstarke, von Glyzerin und Extrakt strotzende Geschmack grenzt ans Surreale. Hinzu kommen Noten von Orangenmarmelade, Soja sowie saftige Frucht von schwarzen Kirschen und Pflaumen – das alles vereint ergibt den 1982er Lafleur. Dieser vollmundige Wein mit seinen ausgefallenen Geschmacksnoten erscheint manchem allzu intensiv und eigenwillig, aber welch ein überzeugendes Plädoyer zugunsten alter Merlot- und Cabernet-Franc-Reben ist er doch! Vor 10 Jahren war er eigentlich milder, er hat im Alter an Biß und Tannin zugenommen. Ich würde ohne zu zögern auch jetzt schon eine Flasche genießen, aber zweifellos wird dieser Wein in den nächsten 10 Jahren noch zulegen. Die beiden ersten Jahrzehnte des nächsten Jahrhunderts dürfte er jedenfalls überdauern.
Letzte Verkostung: 9/95.

1981 • ?   Erhebliche Unterschiede von Flasche zu Flasche beeinträchtigen den 1981er Lafleur. Die guten Exemplare zeigen saftige, geschmeidige, kernige, würzige, samtige, konzentrierte Fruchtigkeit, mittleren Körper und leichtes Tannin. Bei den anderen stört ein unerfreulich dumpfiges, fauliges Aroma, das auch an der Luft nicht verschwindet. Ein Wein für Spielernaturen. Letzte Verkostung: 3/87.

1979 • 98+   Zu Beginn der neunziger Jahre glaubte ich, der Lafleur würde zum «Wein seines Jahrgangs», insbesondere für seriöse Sammler, die einen Wein nicht nur nach seiner potentiellen Langlebigkeit, sondern auch nach seiner Geschmacksfülle und Komplexität beurteilen. Dieser für seinen Jahrgang so untypische 1979er ist phänomenal konzentriert und voll, massiv körperreich und tanninstreng. Er ist ein ganz anderer Lafleur als alles, was dann bis zur Mitte der achtziger Jahre aus diesem Château gekommen ist, und zeigt sich noch eingezogen mit zurückhaltendem, aber vielversprechendem Bukett von Mineralen, feuchter Erde (Trüffeln?) und übersüßer, reicher Frucht von Brombeeren und Pflaumen. Man muß ihn gekostet haben, um zu glauben, daß in diesem Jahrgang solche Fülle an Körper, Geschmack und Glyzerin zustande kommen konnte. Dieser Wein bleibt der einzige große, vielleicht sogar legendäre Vertreter seines Jahrgangs. Man sollte ihn bis zum Ende des Jahrzehnts unberührt ruhen lassen, und auch die ersten drei Jahrzehnte des kommenden Jahrtausends hindurch dürfte er sich mühelos halten. Letzte Verkostung: 10/94.

1978 • 93   Mehr und mehr nimmt sich der 1978er Lafleur neben dem La Mission-Haut-Brion und dem Latour wie einer der ganz großen Weine dieses Jahrgangs aus. Seine Farbe ist ein dunkles Pflaumengranatrot, sein umwerfendes Bukett zeigt Noten von schwarzer Kirschenfrucht, verwoben mit Süßholz, Mineralen, Zedernholz und Gewürzen. Mit seinem mittleren bis vollen Körper und dem noch vorhandenen kraftvollen Tannin ist dieser extraktreiche Wein für den Jahrgang 1978 untypisch. In seiner wuchtigen, breitschultrigen, muskulösen, männlichen Art beginnen sich sekundäre Nuancen und große Komplexität abzuzeichnen. Ich war stets der Meinung, daß dieser Wein sich ähnlich entwickeln könnte wie der 1966er, und nun bin ich mehr denn je überzeugt, daß er in den Siebzigern das Pendant zu diesem Jahrgang darstellt. Voraussichtliche Genußreife: 2000 bis 2020. Letzte Verkostung: 11/97.

1976 • 78   Wie so mancher Pomerol aus diesem Jahrgang (der durch die intensive Hitze und Trockenheit des Sommers 1976 geprägt ist), zeigt auch der Lafleur einen überreifen Charakter. Seine Struktur ist diffus, die Art etwas flau und weich, doch der Geschmack angenehm füllig und reif, nur an der Säure fehlt es, und das Tannin verblaßt rasch.
Voraussichtliche Genußreife: Jetzt – wahrscheinlich stark im Nachlassen.
Letzte Verkostung: 9/82.

1975 • 100   Der 1975er Lafleur besitzt einen überwältigenden Kern an so extraktreicher Frucht, wie sie in großen Lafleurs wie dem 1982er, 1985er, 1988er, 1989er und 1990er nicht zustande gekommen ist. Noch immer extreme Tanninstrenge und dunkles schwärzliches Purpurgranatrot gehen einher mit einem mächtigen Bukett von fülliger schwarzer Frucht, Erde, Mineralen und Gewürzen. Dieser massiv proportionierte Wein, der noch ganze Schiffsladungen Tannin abwerfen muß, ist ganz und gar etwas für das 21. Jahrhundert. Mit seiner monumentalen Art wird er sich wie manche der großen 1928er verhalten. Wer noch größere Bestände von 1975er Lafleur besitzt, darf eine Flasche öffnen, sollte sie aber 4 bis 6 Stunden vor dem Genuß dekantieren. Wer jedoch nur noch ein paar Flaschen im Keller hat, tut gut daran, sie mindestens bis zur Jahrhundertwende ruhen zu lassen, denn dies ist ein Wein mit 50 bis 75 Jahren Lebenserwartung aus einem ungleichmäßigen, verwirrenden, doch manchmal auch trostreichen Jahrgang. Letzte Verkostung: 12/95.

1971 • 83   Dieser voll ausgereifte Wein hat ein opulentes, saftiges, würziges, liebliches Bukett, das an Zedernholz und Kräuter erinnert. Der milde, geschmeidige, breite Geschmack zeigt viel reife Frucht und wenig Tannin.
Voraussichtliche Genußreife: Jetzt – wahrscheinlich stark im Nachlassen.
Letzte Verkostung: 2/84.

DIE WEINE VON POMEROL

1970 • 88? Der seit eh und je muskulöse, wuchtige, körperreiche 1970er Lafleur weist beängstigende dumpfe Kelleraromen auf. Bei undurchdringlich granatroter Farbe zeigt er aber auch ein süßes, rauchiges, geröstetes Bukett mit animalischen und kräuterhaften Noten, vereint mit Nuancen von feuchter Erde und asiatischen Gewürzen. Bei unbestreitbarer Rauheit und Strenge (daran ist das adstringierende Tannin schuld) erweist er sich als wuchtig, aber unausgereift, und ich bin mir durchaus nicht sicher, ob er jemals zu voller Harmonie gelangen wird. Genußreif ist er jetzt schon und bleibt es für die nächsten 20 Jahre. Letzte Verkostung: 6/96.
1966 • 96 Aus einer Magnumflasche zeigte dieser Wein tief rubinpurpurrote Farbe mit leicht bernsteingelbem Saum. Er bietet im wesentlichen den Geschmack von schwarzen Kirschen, verwoben mit Noten von feuchtem Stein und kaltem Stahl bei vollem Körper, höchster Konzentration, bewundernswerter Struktur, prachtvoller Tiefe und Konturenschärfe, massiven Reserven an Frucht und einem erstaunlich langen Nachklang. Er nähert sich seinem Höhepunkt und dürfte noch 20 bis 25 Jahre überdauern. Letzte Verkostung: 10/94.
1964 • 89 Der unverändert dunkle, mit nur einem schwachen Bernsteinsaum versehene 1964er Lafleur ist kräftig, gehaltvoll, körperreich, intensiv, mit gewaltigem Extrakt und großer Fülle. Er ist noch tanninstreng, beginnt sich aber zu entfalten und zeigt altmodische, kernige, wuchtige Art, der es ein wenig an Komplexität, nicht aber an Vollmundigkeit fehlt.
Voraussichtliche Genußreife: Jetzt. Letzte Verkostung: 6/84.
1962 • 91 Bei den letzten drei Verkostungen habe ich diesem Wein stets knapp über 90 Punkte zugebilligt. Er hat etwas Rustikales in seinem strengen Tannin, doch sein prachtvolles Bukett mit Nuancen von Kirschwasser, gerösteten Nüssen, Balsamholz und Erde wirkt hinreißend. Im Mund fühlt er sich füllig, körperreich, fett und konzentriert an und zeigt vielschichtigen Extrakt- und Tanningehalt. Dieser kernige, überaus gut erhaltene 1962er scheint immer besser und besser zu werden. Voraussichtliche Genußreife: Jetzt bis 2015. Letzte Verkostung: 12/96.
1961 • 98 Mit dem 1961er hatte ich bis vor ein paar Jahren Pech. Bei vier neueren Verkostungen lag dieser Wein nun am oberen Ende meiner Skala. Die letzte Flasche war noch ausgesprochen jung mit tiefdunklem schwärzlichem Purpurrot und einem kraftvollen Bukett von schwarzen Trüffeln, süßer, überreifer Kirschfrucht und gegrilltem Fleisch. Ein sensationeller Wein mit mächtigem Körper, massivem Extraktgehalt, sprühender Lebendigkeit und beträchtlichem Tannin im vollen, exotischen Abgang – seinem Höhepunkt ist er immer noch nicht nahe.
Letzte Verkostung: 12/95.

ÄLTERE JAHRGÄNGE

Der 1959er (88 Punkte in 12/87) ist robust gebaut, muskulös, straff in der Art und beeindruckt durch sein Format und Gewicht. Mehr als dem 1964er und 1970er fehlt es ihm jedoch an Charme und Finesse. Er dürfte sich noch weitere 10 bis 15 Jahre gut halten. Der 1955er (92 Punkte in 12/87) war mir allerdings stets lieber. Er hat den für Lafleur so typischen exotischen, mineralischen Charakter von dunkler Frucht, massive Wucht und ölige Art sowie noch viel hartes Tannin im Abgang.

Das wohl am besten gehütete Geheimnis in Bordeaux ist, daß der Jahrgang 1950 in Pomerol so spektakulär war. Der 1950er Lafleur (100 Punkte; 10/94) könnte mit seiner außerordentlichen Konzentration ohne weiteres für einen 1947er oder 1945er gelten. Die Farbe ist ein schwärzliches Purpurrot, und das Bukett bietet Noten von Zedernholz, Gewürzen und schwarzer Frucht. Der Geschmack ist massiv reichhaltig und vollmundig, und im Abgang zeigt sich mildes Tannin. Mit seiner viskosen, kernigen Struktur dürfte sich dieser reintönige Wein ohne weiteres noch 15 bis 20 Jahre halten.

Beim 1949er Lafleur (96+ Punkte; 10/94) geht satte granatpurpurrote Farbe mit einem zurückhaltenden Bukett einher, das mit einiger Nachhilfe intensive reine, füllige Kirscharomen von sich gibt, in die sich Düfte von Mineralen und Süßholz mischen. Sensationelle Konzentration und vielschichtige, reichhaltige Frucht sowie kräftiges Tannin kennzeichnen diesen milden, bemerkenswert jugendlichen Wein, der noch immer nicht auf seinem Höhepunkt angekommen ist! Er wird noch weitere 20 bis 30 Jahre überdauern.

Es gibt viele 1947er, die in Belgien abgefüllt worden sind. Ich habe die belgische Lafleur-Abfüllung des 1947ers gekostet, sie liegt zwischen sehr gut bis gelegentlich hervorragend. So gut sie aber auch sein mag, die Château-Abfüllung, von der die nun folgende Verkostungsnotiz stammt, verschlägt einem die Sprache. Dieser Wein ist außerordentlich profund und übertrifft in diesem Jahrgang sowohl Pétrus als auch Cheval Blanc, obwohl auch diese ganz vollkommene Weine sein können. Der 1947er Lafleur (100 Punkte; 10/94) ist weiter entfaltet und aufgeschlossener als der 1949er und der 1945er. Er zeigt dichte, portweinähnliche Farbe mit leichtem Bernsteinsaum. Das Bukett ist ein wahres Smörrebröd von Aromen, die von Karamel bis zu fülligen schwarzen Himbeeren und Kirschen, mit Honig gerösteten Nüssen, Schokolade und Trüffeln reichen. Die ölige, viskose Konsistenz hat bei allen trockenen Weinen, die ich je gekostet habe, nicht ihresgleichen. Es findet sich darin weder volatile Säure noch Restzucker, wie sie doch in manchen großen 1947ern vorhanden sind. Die Fülle und Frische dieses Weins ist unglaublich. Der länger als eine Minute anhaltende Nachklang umhüllt den Gaumen mit vielschichtiger, konzentrierter Frucht. Es gibt viele große Lafleurs, doch der 1947er bildet die Quintessenz dessen, was dieses winzige, aber herrliche, bei Kommentatoren fast das ganze Jahrhundert hindurch völlig unbeachtet gebliebene Weingut hervorbringen kann. Bis auf den heutigen Tag ist er der einzige Wein, der mir Tränen entlockt hat!

Der dem 1947er in Aromakomplexität, Geschmack, Fülle und Substanz ähnliche 1945er (100 Punkte; 10/94) ist noch schwärzer, dabei nicht so weit entwickelt und eher klassisch strukturiert als der portähnliche 1947er. Der 1945er schmeckt jung, jedoch erstaunlich ölig, voll und wuchtig und wird ohne weiteres noch einmal 40 bis 50 Jahre überdauern. Ob der 1975er sich etwa als ebenso denkwürdig erweisen wird?

ZWEITWEIN

LES PENSÉES DE LAFLEUR

JAHRGÄNGE

1993 • 86   Es scheint, daß der Zweitwein von Lafleur aus den sanfteren, geschmeidigeren Cuvées des kleinen Weinguts zusammengestellt ist. Der 1993er Pensées de Lafleur (Produktion 500 Kisten) zeigt eindrucksvolle Farbe, gute Reife, die in Lafleur-Spitzenjahrgängen vorzufindenden exotischen Komponenten von fülligen schwarzen Kirschen und moderates Tannin. Er ist weit zugänglicher als sein großer Bruder. Dieser Wein läßt sich in 2 bis 3 Jahren schön trinken und wird sich 10 bis 15 Jahre lang halten. Letzte Verkostung: 11/94.

1992 • 86   Der 1992er Zweitwein des kleinen Weinguts Lafleur ist dunkel rubinrot und hat ein Bukett von süßen schwarzen Kirschen, Mineralen und Erde. Bei tanninreicher Art läßt der Wein unter der Festigkeit und Strenge füllige Frucht erkennen. Wenn er etwas von dem Tannin losgeworden ist, dürfte er ein schöner Vertreter des Jahrgangs sein. Ich finde es bemerkenswert und bewunderungswürdig, daß ein Weingut mit einer Produktion von nur 1500 Kisten bereit ist, 500 Kisten zum Zweitwein zu deklarieren, um die Außergewöhnlichkeit seines Grand Vin zu gewährleisten. Das nenne ich Qualitätsbewußtsein. Letzte Verkostung: 11/94.

1991 • 74   1991 wurde kein Lafleur produziert. Ein großer Teil des Ertrags ging in den Zweitwein Les Pensées de Lafleur ein. Man versteht leicht, warum. Das einzige Positive, das dieser leichte, verwässerte, kurze, kompakte 1991er zu bieten hat, ist anständige Kirschenfrucht. Er sollte in den nächsten 4 bis 5 Jahren getrunken werden. Letzte Verkostung: 1/94.

DIE WEINE VON POMEROL

1990 • 89 Neben reichlichem Tannin und einem Anflug von hochreifer, fülliger Kirschenfrucht mit einer Kirschwassernuance bietet der 1990er beträchtliche Kraft und Fülle. Hinzu kommt eine überraschende Individualität mit einer exotischen, lebensprühenden Persönlichkeit. Voraussichtliche Genußreife: Jetzt bis 2002. Letzte Verkostung: 1/93.

1989 • 89 Kann ein Zweitwein wahrhaftig so köstlich sein? Die ungeheuren Anstrengungen, die Lafleur unternimmt, um alles nicht ausgesprochen Sublime aus dem Grand Vin fernzuhalten, spiegelt sich im 1989er Pensées de Lafleur. Dieser körperreiche, fest gefügte, hochkonzentrierte Wein zeigt erstaunliche Fülle und unglaublich tiefe, dichte Cassisfrucht mit mineralischen und exotischen Nuancen und dürfte sich mindestens noch 2 Jahrzehnte lang weiter entfalten. Voraussichtliche Genußreife: Jetzt bis 2010. Letzte Verkostung: 1/93.

LAFLEUR GAZIN
Ohne Klassifizierungsrang

Lage der Weinberge: zwischen Château Gazin und Château Lafleur

Besitzerin: Mme. Delfour-Borderie (Betriebsführung: Ets. J.-P. Moueix)
Adresse: 33500 Pomerol
Postanschrift: c/o Ets. J.-P. Moueix, 54, quai du Priourat, B.P.129, 33502 Libourne-Cedex
Telefon: 33 5 57 51 78 96 – Telefax: 33 5 57 51 79 79

Besuche: nach Vereinbarung nur für Fachbesucher · Kontaktperson: Frédéric Lospied

ROTWEIN

Rebfläche: 7,2 ha · Durchschnittliches Rebenalter: 20 Jahre

Rebbestand: 80 % Merlot, 20 % Cabernet Franc

Pflanzdichte: 5500 bis 6000 Reben/ha

Ertrag (im Durchschnitt der letzten 5 Jahre): 50 hl/ha

Durchschnittliche Jahresproduktion insgesamt: 3000 Kisten

GRAND VIN

Name: Château Lafleur-Gazin

Appellation: Pomerol

Durchschnittliche Jahresproduktion: 3000 Kisten

Verarbeitung und Ausbau: Vinifikation 18 bis 20 Tage in Betontanks ohne Temperaturregelung. Nach malolaktischer Säureumwandlung im Tank 18 Monate Ausbau in zu 20 % neuen (ansonsten 2- bis 4mal gebrauchten) Eichenfässern; Abstich alle 3 Monate von Faß zu Faß. Der Wein wird geschönt, aber nicht gefiltert.

Kein ZWEITWEIN

Beurteilung: Entspricht qualitativ einem Cru Bourgeois aus dem Médoc

Genußreife: 5 bis 10 Jahre nach dem Jahrgangsdatum

Lafleur Gazin liegt zwischen den beiden Weingütern Gazin und Lafleur. Sein Wein wird von der Firma Jean-Pierre Moueix produziert, die dieses Gut im Rahmen eines Pachtvertrags bewirtschaftet. Der Wein ist geschmeidig, rund und schlicht in der Art. In Anbetracht der Lage bleibt es rätselhaft, warum er so einfach und leicht ausfällt.

BORDEAUX

JAHRGÄNGE

1997 • 86-88 Der 1997er ist eines der feinsten Beispiele für Lafleur-Gazin, die ich in den letzten Jahren verkostet habe. Das exotische Aroma von frisch geröstetem Kaffee, Schokolade und Erde wirkt provokativ. Im Mund erweist sich der Wein als mittelschwer bis körperreich und üppig mit viel sinnlicher, vordergründig ansprechender Art, guter Tiefe, attraktivem Glyzerin und einem stämmigen, strammen Abgang. Er sollte innerhalb von 7 bis 8 Jahren nach der Freigabe getrunken werden. Letzte Verkostung: 3/98.

1993 • 74 Mitteldunkles Rubinrot leitet über zu einem grünen, kräuterhaft duftenden Wein mit hartem, kargem, kompaktem Geschmack, dem es an Charme, Frucht und Finesse fehlt. Letzte Verkostung: 11/94.

1992 • 72 Dieser eindrucksvoll dunkle, aber verschlossene, harte und karge Wein zeigte vor der Abfüllung weit mehr Frucht, Körper und Qualität. Der Geschmack wirkt ausgemergelt, hohl und streng. Letzte Verkostung: 1/94.

1990 • 83 Der 1990er hat an Gewichtigkeit zugelegt und bietet nun fleischige, sanfte, fette Geschmacksfülle, reiche Pflaumenfrucht und einen saftigen Abgang.
Voraussichtliche Genußreife: Jetzt. Letzte Verkostung: 1/93.

1989 • 78 Die Art des 1989er La Fleur Gazin deutet darauf hin, daß die Lese zu früh durchgeführt wurde. Die magere Art, der unüblich hohe Säuregehalt und das grüne, harte, unreife Tannin wirken nicht erfreulich. Allerdings ist auch deutliche Alkoholstärke vorhanden, und die Bereitung ist ansonsten sauber.
Voraussichtliche Genußreife: Jetzt bis 2000. Letzte Verkostung: 1/93.

1988 • 84 Ursprünglich war der 1988er tanninstreng, karg und mager, es fehlte ihm an Frucht und Charakter. In der Flasche hat sich der Wein dann zum Leben erweckt und viel reichhaltigere Frucht sowie eine sinnliche Eichenholznote und sanfte Substanz entwickelt.
Voraussichtliche Genußreife: Jetzt. Letzte Verkostung: 1/93.

LAGRANGE
Ohne Klassifizierungsrang

Lage der Weinberge: neben der Kirche, auf dem Plateau von Pomerol

Besitzer: Ets. J.-P. Moueix
Adresse: 33500 Pomerol
Postanschrift: c/o Et. J.-P. Moueix, 54, quai du Priourat, B.P.129, 33502 Libourne-Cedex
Telefon: 33 5 57 51 78 96 – Telefax: 33 5 57 51 79 79

Besuche: nach Vereinbarung nur für Fachbesucher
Kontaktperson: Frédéric Lospied

ROTWEIN

Rebfläche: 8 ha

Durchschnittliches Rebenalter: 28 ha

Rebbestand: 95 % Merlot, 5 % Cabernet Franc

Pflanzdichte: 5500 bis 6000 Reben/ha

Ertrag (im Durchschnitt der letzten 5 Jahre): 50 hl/ha

Durchschnittliche Jahresproduktion insgesamt: 3000 Kisten

DIE WEINE VON POMEROL

GRAND VIN

Name: Château Lagrange

Appellation: Pomerol

Durchschnittliche Jahresproduktion: 3000 Kisten

Verarbeitung und Ausbau: Vinifikation 18 bis 20 Tage in temperaturgeregelten Betontanks. Malolaktische Säureumwandlung bei einem Drittel des Ertrags in Eichenfässern, ansonsten im Betontank, anschließend 18 Monate Ausbau in zu 30 % neuen (ansonsten bis zu 4mal gebrauchten) Eichenfässern; Abstich alle 3 Monate von Faß zu Faß. Der Wein wird geschönt, aber nicht gefiltert.

Kein ZWEITWEIN

Beurteilung: Entspricht qualitativ einem Cru Bourgeois aus dem Médoc

Genußreife: 5 bis 12 Jahre nach dem Jahrgangsdatum

Auch der Wein dieses Guts, eines von mehreren im Besitz und unter der Leitung der Firma Jean-Pierre Moueix, ist nur selten anzutreffen. Lagrange befindet sich in guter Lage in der Nähe des Plateaus von Pomerol, doch sein Weinberg wurde vor einiger Zeit weitgehend neu bestockt. Hier wächst ein ziemlich stämmiger Pomerol mit satter Farbe, viel Wucht und Tannin, aber ohne große Komplexität. Ältere Jahrgänge wie 1970, 1975 und 1978 erweisen sich als hartnäckig kraftvolle, düstere, derbe Weine, die sich nur langsam entwickeln – ein Weinstil, den ich nicht ansprechend finde.

JAHRGÄNGE

1997 • 86-88 Der für seinen Jahrgang überraschend zurückgezogene, verschlossene und harte 1997er Lagrange zeigt Noten von Beerenfrucht, Schokolade und Erde, dazu gute Dichte und eine feste, kantige Persönlichkeit. Die Zeit wird erweisen, ob sich mehr Charme und Frucht einstellen. Voraussichtliche Genußreife: 2002 bis 2009. Letzte Verkostung: 3/98.

1995 • 86 Der 1995er hat milde Säure und ein einschmeichelndes, reintöniges Bukett von fülligen schwarzen Kirschen, Schokolade, Waldboden und Holz aufzuweisen. Hinzu kommen exzellente Konzentration und mittlerer Körper – ein attraktiv reifer, dichter Pomerol, der sich 10 bis 14 Jahre lang schön trinken lassen wird. Letzte Verkostung: 11/97.

1994 • 86 Der 1994er Lagrange zeigt den Duft süßer, pflaumenwürziger schwarzer Frucht, vereint mit rauchigem Eichentoast. Dieser milde, mittelschwere bis körperreiche, reintönige, wohlgelungene Pomerol dürfte sich zu einem sehr guten Wein mit einschmeichelnderer Persönlichkeit als üblich entwickeln und in den nächsten 10 bis 12 Jahren schön zu trinken sein. Letzte Verkostung: 3/96.

1993 • 77 Mitteldunkles Rubinrot leitet über zu einem Bukett mit würzigen, erdig-feuchten Noten und zu strengem, mittelschwerem, kargem Geschmack. Bei längerer Aufbewahrung dürfte das starke Tannin die Frucht des Weins beherrschen. Letzte Verkostung: 3/96.

1992 • 84+ Der dunkel rubinrote 1992er Lagrange mit seinem würzigen, straff gewirkten Bukett leidet unter einer kompakten Persönlichkeit und einer beträchtlichen Tanninstrenge. Dem Wein liegt gute Frucht zugrunde, die ihm kernige, robuste, rauhe Art verleiht. Er sollte noch 2 bis 3 Jahre im Keller ruhen und dürfte dann, sofern er nicht abmagert, ein Jahrzehnt überdauern. Letzte Verkostung: 11/94.

1990 • 86 Der 1990er hat sich gut entwickelt – sogar viel besser, als ich für möglich gehalten hatte. Er ist tief rubinrot, hat ein Bukett von Kirschen mit einer gerösteten Note sowie fetten, fülligen, kernigen Geschmack. Dieser korpulente Pomerol wird in den nächsten 5 bis 6 Jahren schönen Genuß gewähren. Letzte Verkostung: 1/93.

1989 • 75   Der 1989er ist typisch rauh, mager, karg und zu tanninreich für eine anmutige Entfaltung.
Voraussichtliche Genußreife: Jetzt bis 2000. Letzte Verkostung: 1/93.
1988 • 77   Der 1988er ist flach, nichtssagend und ausdruckslos. Letzte Verkostung: 1/93.
1986 • 73   Dieser Wein zeigt stets einen stumpfen, eindimensionalen Charakter mit kaum ausreichender Frucht bei ziemlich kräftigem Tannin im Abgang. Vielleicht ist mir etwas entgangen, aber ich meine, er sollte bald getrunken werden, denn sein Gleichgewicht schien nicht ganz in Ordnung zu sein.
Voraussichtliche Genußreife: Jetzt. Letzte Verkostung: 3/90.
1985 • 83   Der 1985er ist ein eingängiger, fruchtiger, geschmeidiger Wein, der sofortigen Genuß bietet.
Voraussichtliche Genußreife: Jetzt. Letzte Verkostung: 3/89.

Latour à Pomerol
Ohne Klassifizierungsrang

AUSGEZEICHNET

Besitzer: S.C. du Château Pétrus
Adresse: 33500
Postanschrift: c/o Et. J.-P. Moueix, 54, quai du Priourat, B.P. 129, 33502 Libourne-Cedex
Telefon: 33 5 57 51 78 96 – Telefax: 33 5 57 51 79 79

Besuche: nach Vereinbarung, nur für Fachbesucher
Kontaktperson: Frédéric Lospied

ROTWEIN

Rebfläche: 8 ha

Durchschnittliches Rebenalter: 35 Jahre

Rebbestand: 85 % Merlot, 15 % Cabernet Franc

Pflanzdichte: 5500 bis 6000 Reben/ha

Ertrag (im Durchschnitt der letzten 5 Jahre): 40 hl/ha

Durchschnittliche Jahresproduktion insgesamt: 3000 Kisten

GRAND VIN

Name: Château Latour à Pomerol

Appellation: Pomerol

Durchschnittliche Jahresproduktion: 3000 Kisten

Verarbeitung und Ausbau: Vinifikation rund 20 Tage in temperaturgeregelten Betontanks. Malolaktische Säureumwandlung ebenfalls im Tank. 18 Monate Ausbau in zu 50 % neuen (ansonsten 1- bis bis 2mal gebrauchten) Eichenfässern; Abstich alle 3 Monate von Faß zu Faß. Der Wein wird geschönt, aber nicht gefiltert.

Kein ZWEITWEIN

Beurteilung: Entspricht qualitativ einem 3ème Cru aus dem Médoc

Genußreife: 6 bis 20 Jahre nach dem Jahrgangsdatum

DIE WEINE VON POMEROL

Latour à Pomerol produziert herrlich dunklen Wein, meist im wuchtigen, opulenten, vollmundigen Stil von Pomerol. Die Rebfläche besteht aus zwei Parzellen. Die eine liegt in der Nähe der Kirche von Pomerol auf einem tiefgründigen Kiesbett. Die zweite, kleinere Parzelle befindet sich weiter im Osten an der RN 89 auf sandigerem, leichterem Boden, ganz in der Nähe des Weinguts La Grave à Pomerol, das Christian Moueix gehört.

Der Latour à Pomerol kann majestätisch sein – in bestimmten Jahrgängen einer der zwei oder drei größten Weine der Appellation. Der 1947er, 1948er, 1950er, 1959er, 1961er und 1970er bilden überzeugende Beispiele dafür, daß dieses Weingut es mit den größten in ganz Bordeaux aufnehmen kann, außer dem 1982er aber erinnert in den fast 30 Jahren seither nichts mehr an diese legendären Weine. Manche Beobachter behaupten zwar, der Latour à Pomerol komme in Wucht und Struktur dem Pétrus am nächsten, das aber stimmt nicht, vielmehr hat er bei aller Reichhaltigkeit und Fülle mehr mit anderen von Moueix beeinflußten Gewächsen wie Trotanoy als mit Pétrus gemeinsam.

Übrigens kostet der Latour à Pomerol gewöhnlich nur ein Fünftel soviel wie der Pétrus und nur die Hälfte vom Trotanoy und Lafleur und ist deshalb für einen so hochwertigen Pomerol mit so geringer Produktion relativ preiswert.

JAHRGÄNGE

1997 • 85-86   Dieser dunkel rubinrote Wein ist ein maskulinerer, schlankerer, tanninreicherer Pomerol, als ich es in einem so sanften, verführerischen Jahrgang erwartet hätte. Das Bukett bietet Düfte von Erde, Trüffeln und Beerenfrucht, im Eingang findet sich gute Reife, aber am Gaumen verengt sich der Geschmack rasch und wird karg, zurückhaltend und ausdrucksschwach.
Voraussichtliche Genußreife: 2002 bis 2010. Letzte Verkostung: 3/98.

1996 • 86-88   Der Wein mit mittlerem bis vollem Körper und würzigem Duft von schwarzen Kirschen, Kaffee und Toast zeigt neben dunkler Pflaumenfarbe gute Reife, moderates Tannin und attraktive Substanz. Er ist zwar nicht profund, aber unbestreitbar sehr gut und dürfte schon in der Jugend relativ zugänglich sein.
Voraussichtliche Genußreife: 2001 bis 2015. Letzte Verkostung: 3/98.

1995 • 89+   Der 1995er Latour à Pomerol dürfte sich zu einem herausragenden Wein entwickeln, doch nach der Abfüllung zeigte er zunächst beträchtlich viel Biß und Struktur. Seine Farbe ist dunkel rubinpurpurrot, sein ausdrucksvolles Aroma hat Noten von Rauch, Kräutern, schwarzer Frucht, Eisen, Maulbeeren und Gewürz. Der Wein selbst ist generös und vollmundig, mittelschwer bis körperreich bei exzellenter Fülle und Reintönigkeit, doch seine Tanninstrenge und eine leichte Bitterkeit verhinderten eine bessere Benotung. Mehrere Jahre Flaschenreife könnten ihn zu einem exzellenten, ja hervorragenden Latour à Pomerol wandeln.
Voraussichtliche Genußreife: 2004 bis 2020. Letzte Verkostung: 11/97.

1994 • 89   Dieser Wein hat tiefdunkel purpurrote Farbe, ein pikantes, würziges Bukett von fülligen Erdbeeren, schwarzen Kirschen, Gras und Tabak, attraktive Fülle und Reife, mittleren Körper, milde Säure und einen langen, lustvollen Abgang. Ein köstlicher Latour à Pomerol, der sich 10 bis 14 Jahre schön trinken lassen dürfte. Letzte Verkostung: 1/97.

1993 • 87   Brillantes, dunkles Purpurrot und ein reichfruchtiges, würziges Bukett mit feiner Mokkanuance ergeben einen positiven Anfangseindruck. Der Wein selbst zeigt schöne Reife, mittleren Körper, exzellentes Gleichgewicht und wird 12 bis 15 Jahre gut zu trinken sein. Er ist kein Kraftprotz, sondern ein sauber bereiteter, ausgewogener Pomerol der eleganten Art mit milder Säure und viel reifer Frucht.
Voraussichtliche Genußreife: 1999 bis 2010. Letzte Verkostung: 1/97.

1992 • 86   Dieser Wein ist ein schönes Beispiel dafür, was ein gewissenhafter Erzeuger in einem Jahrgang der leichteren Art wie 1992 anstreben sollte. Anstatt auf Wucht, Intensität, Struktur und Langlebigkeit hinzuarbeiten, scheint es mir am besten gewesen zu sein, den Charme und die Frucht des Jahrgangs zur Geltung zu bringen. Genau das hat Latour à Pomerol getan, und es ist dabei ein verführerischer, süffiger, angenehm fruchtiger, milder Wein mit einem Bukett von Beeren, Kaffee und Kräutern sowie mit guter Reife, attraktivem Geschmack und einem geschmeidigen Abgang herausgekommen, der sich in den nächsten 4 bis 6 Jahren schön trinken lassen wird. Letzte Verkostung: 11/94.

1990 • 88   Der 1990er ist ein hochreifer, geschmeidiger, bereits köstlicher Wein. Er ist in einer öligeren, volleren, fleischigeren Art gestaltet als der 1989er, zeigt schöne Reife, generöse Fruchtigkeit und einschmeichelnden, süßen, pflaumenwürzigen Geschmack mit Eichennote. Voraussichtliche Genußreife: Jetzt bis 2004. Letzte Verkostung: 1/93.

1989 • 87   Der 1989er Latour à Pomerol ist gekennzeichnet durch tief rubinpurpurrote Farbe, ein hochintensives Bukett mit Noten von Gewürzen, Holz, Pflaumen und Cassis, expansivem, infolge der reifen Frucht süß erscheinendem, vollem Geschmack und reichlichem Tannin im Abgang. Voraussichtliche Genußreife: Jetzt bis 2015. Letzte Verkostung: 1/93.

1988 • 87   Der 1988er Latour à Pomerol weist ein eichenholzwürziges, mildes, fruchtiges Bukett mit Noten von Tee und Beeren sowie reichhaltigen, reifen, konzentrierten Geschmack mit einiger Süße und Nachhaltigkeit auf – ein vollmundiger Wein, der sich über die nächsten 7 bis 9 Jahre gut trinken lassen wird. Letzte Verkostung: 1/93.

1986 • 87   Der 1986er ist strammer und tanninreicher als gewöhnlich, hat ausgezeichnete, tiefe Farbe, vollen Körper und ein an Zedernholz, Tee und Pflaumen erinnerndes Bukett, das schön von frischem Eichenholz unterstützt wird. Bei dem kräftigen Gerbstoff und der wuchtigen Art möchte ich empfehlen, diesen Wein noch 3 bis 5 Jahre im Keller ruhen zu lassen. Voraussichtliche Genußreife: Jetzt bis 2002. Letzte Verkostung: 3/90.

1985 • 88   Immer wieder fällt mir die Ähnlichkeit des gehaltvollen, körperreichen, konzentrierten, reifen und sinnlichen 1985ers mit dem brillanten 1970er dieses Weinguts auf. Fülle, Nachhaltigkeit und Wucht zeichnen diesen Wein mit seinem expansiven Geschmack und reichlichen Tannin aus – eine gewisse Kellerreife wird ihm sicher noch bekommen. Voraussichtliche Genußreife: Jetzt bis 2005. Letzte Verkostung: 3/89.

1984 • 82   Bei diesem festen, strengen, durchaus nicht entgegenkommenden Wein scheint doch schöne Frucht unter dem Tannin zu lauern. Voraussichtliche Genußreife: Jetzt. Letzte Verkostung: 3/89.

1983 • 88   Der für den Jahrgang überaus gut gelungene 1983er Latour à Pomerol gehört zu den reichhaltigsten, am kräftigsten gebauten, dunkelsten und fülligsten Pomerols aus diesem Jahr. Seine kräftige, stämmige, reife und muskulöse Art hat er behalten, obwohl das Tannin inzwischen abgeschmolzen ist. Das mit Düften von Mokka, Schokolade und Pflaumen angefüllte Bukett ist eine Kostbarkeit. Voraussichtliche Genußreife: Jetzt bis 2005. Letzte Verkostung: 5/91.

1982 • 94   Unerfreulicherweise zeigte die Hälfte der 8 bisher geöffneten Flaschen aus meiner Kiste 1982er Latour à Pomerol einen Korkengeschmack (einen üblen sogar). Was mich dabei ärgert, ist die Tatsache, daß dies eigentlich ein spektakulärer Wein ist! So üppig und voll er aber auch sein mag, er ist doch weit entfernt von den legendären Weinen, die Latour à Pomerol in den Jahren 1961, 1959, 1950, 1948 und 1947 hervorbrachte. Die Flaschen ohne Korkengeschmack zeigen einen voll ausgereiften, aber mindestens noch einmal 10 Jahre lebensfähigen Wein mit dunkel rubingranatroter Farbe, einem intensiv duftigen, kraftvollen, würzigen, süßen Bukett von *pain grillé*, schwarzen Kirschen, Mokka und Kräutern und sanftem, opulentem Geschmack, der ohne Adstringenz oder Säuerlichkeit über den Gaumen strömt. Dieser vollmundige, köstliche Wein ist bereits genußreif, wird aber noch eine gute Weile halten. Nur wüßte ich gern, ob meine Leser auch die Erfahrung gemacht haben, daß so viele Flaschen einen Korkengeschmack aufweisen. Letzte Verkostung: 9/95.

1981 • 85   Der 1981er ist ein feiner Latour à Pomerol, auch wenn er vom 1982er und 1983er in den Hintergrund gedrängt worden ist. Er hat für den Jahrgang mäßig dunkle Farbe, dazu dichte,

DIE WEINE VON POMEROL

reife, gehaltvolle Art und mittleren Körper bei schönem Gleichgewicht – ein samtiger, vollmundiger Wein, doch nicht so eindrucksvoll, wie ich ursprünglich gedacht hatte.
Voraussichtliche Genußreife: Jetzt. Letzte Verkostung: 3/89.

1979 • 85 Der frühreife, füllige, geschmeidige und süffige 1979er Latour à Pomerol erweist sich als reichlich ausgestattet, charmant und seidig ohne viel Tannin. Er hat mittleren Körper, dunkel rubinrote Farbe und aufgeschlossene Art.
Voraussichtliche Genußreife: Jetzt. Letzte Verkostung: 10/84.

1978 • 83 Der 1978er Latour à Pomerol zeigt sich dicklich, mild, reif, rund und schön zu trinken. Wie bei so manchem Pomerol aus diesem Jahrgang entdecke ich im Abgang eine gewisse Überreife und einen Mangel an Nachhaltigkeit, aber dennoch ist der 1978er ein angenehmer, fruchtiger Wein.
Voraussichtliche Genußreife: Jetzt – vermutlich im Nachlassen. Letzte Verkostung: 2/83.

1976 • 86 1976 brachte Latour à Pomerol einen gehaltvollen, würzigen, konzentrierten Wein mit großer Geschmacksfülle hervor und vermied dabei den überreifen Charakter, der so viele andere Pomerols beeinträchtigte. So zeichnet sich dieser Wein bei mittlerem Körper durch üppige, seidige, sanfte Fülle und schöne Frucht aus und wird angenehm durch Eichenholzwürze ergänzt. Er ist schon seit einem Jahrzehnt voll ausgereift und hat kein spürbares Tannin mehr.
Voraussichtliche Genußreife: Jetzt. Letzte Verkostung: 1/89.

1975 • 67 In einem Jahrgang mit vielen superben Pomerols ist der Latour à Pomerol aus unerklärlichen Gründen enttäuschend ausgefallen. Er zeigt sich streng, tanninreich, hohl und ohne jeden Charme, zudem fehlt es ihm an Frucht, Substanz und Farbe. Letzte Verkostung: 11/88.

1971 • 82 Dieser wundervolle Wein hatte seinen Höhepunkt in der Mitte der siebziger Jahre erreicht und beginnt nun ganz allmählich zu verblassen. In der Farbe zeigt sich leichtes Braun, doch der Geschmack ist mild und rund bei mittlerem Körper, ohne Tanninrest. Das erstklassige Bukett besitzt noch immer Zedernholz und würzige Frucht, verfliegt aber rasch im Glas.
Voraussichtliche Genußreife: Jetzt – vermutlich im Nachlassen. Letzte Verkostung: 10/82.

1970 • 93 Dieser Wein ist seit eh und je ein opulenter, reichhaltiger, konzentrierter, glorreicher, vollmundiger Pomerol. Trotz starkem Bernsteinsaum zeigte die verkostete Flasche Frucht in Hülle und Fülle sowie milden, glyzerinbetonten Geschmack. Mit seinem komplexen Bukett von Trüffeln, Kaffee, Mokka, Schokolade und schwarzen Kirschen ist dieser exotische, fette, reife Latour à Pomerol einer der großen Schlager seines Jahrgangs. Man sollte die Aufbewahrung jedoch nicht zu lange ausdehnen – er will getrunken sein. Letzte Verkostung: 9/96.

1966 • 87 Der 1966er nimmt sich in diesem durch karge, elegante, verhaltene Art gekennzeichneten Jahrgang untypisch reif, gehaltvoll und dicht aus. Seine Farbe ist noch immer ziemlich dunkel und zeigt etwas Orange am Rand; das Bukett enthält reife, tiefe Frucht und Eichenholzwürze sowie Nuancen von Teer und Trüffeln. Dieser wuchtige, körperreiche, gehaltvolle Wein sollte allerdings bald ausgetrunken werden.
Voraussichtliche Genußreife: Jetzt. Letzte Verkostung: 4/81.

1961 • 100 Obwohl der 1947er Cheval Blanc unter Sammlern weithin als «der Wein des Jahrhunderts» gilt, verdient doch der 1961er Latour à Pomerol auch einen Anteil an diesem Titel. Versucht man einem Wein wie diesem Punkte zu erteilen, dann fällt einem das Wort von den «hinkenden Vergleichen» ein. Eigentlich liegt er außerhalb aller Punktetabellen. Dürfte ich nur einen einzigen Bordeaux aussuchen, dann käme der 1961er Latour à Pomerol (neben dem 1947er Lafleur) bestimmt in die engste Wahl. Mit seiner phänomenalen Fülle, seiner erstaunlichen Konturenschärfe und Ausgewogenheit kann er bis zu Tränen rühren. Sein sattes, dunkles Purpurrot gibt keine Anzeichen von Bernsteingelb, Orange oder Rostrot zu erkennen, das Bukett bietet außerordentlich volle, intensive Aromen von fülligen Pflaumen, schwarzen Johannisbeeren, Süßholz und Trüffeln. Bemerkenswerte portweinähnliche Viskosität und Fülle und ein länger als eine Minute anhaltender Nachklang kennzeichnen diesen Wein, der eine Klasse für sich darstellt. Er ist einfach phänomenal, großartiger noch als der 1961er Pétrus und der 1961er Latour (zwei vollkommene Weine). Seiner Jugendfrische nach zu schließen (er ist der noch am wenigsten ausentwickelte Wein seines Jahrgangs), hat er genug Lebenskraft für weitere 20 bis 30 Jahre. Letzte Verkostung: 12/96.

ÄLTERE JAHRGÄNGE

Der 1959er Latour à Pomerol (98 Punkte; 12/95) zeigte mächtige Noten von Kaffee, geschmolzenem Karamel, süßer, fülliger Frucht von roten und schwarzen Johannisbeeren und Kirschen in Duft und Geschmack. Dieses ölige, volle, überaus reichhaltige Schwergewicht von einem Pomerol ist auf seinem Höhepunkt angelangt und will getrunken sein – ein verlockender Gedanke für die wenigen, die ihn noch besitzen.

Ebenfalls prachtvolle Jahrgänge von Latour à Pomerol sind der 1950er und der 1948er. Der 1950er (98 Punkte; 3/97) präsentiert sich nach wie vor als unverwüstlicher Kraftprotz, viskos, unglaublich voll und körperreich, mit Frucht, Extrakt und Glyzerin in Hülle und Fülle und durchaus imstande, noch weitere zwei Jahrzehnte zu überstehen. Die 1950er Pomerols gleichen den 1947ern aufs Haar! Der 1948er (96 Punkte; 3/96) belegte bei einer Blindverkostung dieses Jahrgangs in Bordeaux den ersten Platz. Er zeigte sich exotisch, sehr reichhaltig und vollmundig mit reichlichen Noten von Kaffee bzw. Mokka, Kirschwasser und Frucht in voll ausgereifter Persönlichkeit. Ein unerhörter Erfolg!

Ich hatte das große Glück, den 1947er Latour à Pomerol mehrmals verkosten zu dürfen, und mehrmals habe ich ihm glatte 100 Punkte gegeben, auch bei der letzten Verkostung im Dezember 1995. Er hat gewissermaßen ältere Ansprüche darauf, den Titel Wein des Jahrhunderts mit dem 1961er Latour à Pomerol teilen zu dürfen. Der 1947er zeigte außerordentlich tiefdunkles Purpurrot mit nur geringer Aufhellung am Rand. Dieses exotische, verführerische, ehrfurchtgebietend konzentrierte Mammut von einem Wein klingt im Mund ohne Ende nach. Er mutet an wie eine Kreuzung aus dem 1947er Cheval Blanc und dem 1947er Pétrus. Mild, voll, betörend – was noch könnte man über ein so vollkommenes, überwältigendes Gewächs sagen? Diese süße Kostbarkeit dürfte noch weitere 20 Jahre lang Genuß bereiten.

MOULINET
Ohne Klassifizierungsrang

Lage der Weinberge: Pomerol

Besitzer: G.F.A. du Domaine Moulinet (Leitung: Armand Moueix)
Adresse: Château Moulinet, 33500 Pomerol
Postanschrift: c/o Château Fonplégade, 33330 St-Emilion
Telefon: 33 5 57 74 43 11 – Telefax: 33 5 57 74 44 67

Keine Besuche möglich

ROTWEIN

Rebfläche: 18 ha

Durchschnittliches Rebenalter: 25 Jahre

Rebbestand: 60 % Merlot, 30 % Cabernet Sauvignon, 10 % Cabernet Franc

Pflanzdichte: 5400 Reben/ha

Ertrag (im Durchschnitt der letzten 5 Jahre): 50 hl/ha

Durchschnittliche Jahresproduktion insgesamt: 990 hl

DIE WEINE VON POMEROL

GRAND VIN

Name: Château Moulinet

Appellation: Pomerol

Durchschnittliche Jahresproduktion: 600 hl

Verarbeitung und Ausbau: Vinifikation rund 3 Wochen, zur Hälfte in Betontanks und zur Hälfte in Edelstahltanks. Anschließend 18 Monate Ausbau in jährlich zu $1/3$ neuen Eichenfässern. Der Wein wird geschönt, aber nicht gefiltert.

ZWEITWEIN

Name: Clos Sainte-Anne

Durchschnittliche Jahresproduktion: 390 hl

Beurteilung: Entspricht qualitativ einem Cru Bourgeois aus dem Médoc

Genußreife: 3 bis 8 Jahre nach dem Jahrgangsdatum

Moulinet, eines der größten Güter in Pomerol, liegt im nordwestlichen Teil der Appellation in der Nähe des ebenfalls großen Château de Sales. Der Boden bringt in dieser Gegend leichteren Wein hervor, und der Moulinet ist sicherlich der allerleichteste. Seine Farbe ist ungewöhnlich hell, sein Duft nur schwach, und er wird von den Besitzern – der Familie Armand Moueix – in einem sehr kommerziellen Stil bereitet. In Bestform, beispielsweise in den Jahrgängen 1989 und 1982, fällt er rund, fruchtig und elegant aus, meist aber bietet er sich neutral und ausdruckslos, wenn auch sauber und gleichmäßig dar.

JAHRGÄNGE

1996 • 83-85 Obwohl dieser Pomerol nur ein schlichter, unkomplizierter Wein ist, zeigt er doch neben milder Säure keinerlei Verwässerung. Die Farbe ist tief rubinrot, im attraktiven, mäßig intensiven Aroma findet sich viel süße Frucht, hinzu kommt runder, seidiger Geschmack und leichtes Tannin. Dieser Wein dürfte sich in den nächsten 5 bis 7 Jahren schön trinken.
Letzte Verkostung: 11/97.

1990 • 83 Der 1990er Moulinet, ein gefälliger Wein mit leichter Art und mittlerem Körper, zeigt sanftes Tannin, kräftigen Alkohol, aber wenig Konzentration und Biß. Bestenfalls könnte man ihn charmant und angenehm nennen. Er sollte in den nächsten 5 bis 6 Jahren getrunken werden. Letzte Verkostung: 1/93.

1989 • 85 Der 1989er ist wohl als Wein so gut, wie Moulinet ihn hervorbringen kann: kräftig, lieblich, reif, angenehm zu trinken, ohne große Komplexität, aber mit viel schlichter, stämmiger, üppiger Frucht bei mittlerem Körper, milder Art und alkoholstarkem Abgang.
Voraussichtliche Genußreife: Jetzt. Letzte Verkostung: 1/93.

1988 • 79 Der 1988er wird sich länger halten als der 1989er, aber es ist fraglich, ob er mit seinem unterernährten, kargen, kompakten Geschmack je viel Genuß bereiten wird.
Letzte Verkostung: 1/93.

1986 • 78 Der 1986er ist für einen Pomerol karg und mager, sollte aber in Anbetracht seines geringen Gewichts und seines Charakters in den nächsten Jahren getrunken werden.
Voraussichtliche Genußreife: Jetzt. Letzte Verkostung: 3/90.

1985 • 82 Der 1985er ist ein Wein in überdurchschnittlicher Qualität mit milder, etwas kommerzieller Fruchtigkeit, mittlerem Körper und angenehmem, reifem, eingängigem Geschmack.
Voraussichtliche Genußreife: Jetzt. Letzte Verkostung: 3/90.

BORDEAUX

NENIN (SEIT 1997)
Ohne Klassifizierungsrang

AUSGEZEICHNET

Lage der Weinberge: Pomerol, Catusseau

Besitzer: S.C.A. du Château Nenin
Leitung: Jean-Hubert Delon
Adresse: 33500 Pomerol
Telefon: 33 5 57 51 00 01 – Telefax: 33 5 57 51 77 47

Besuche: nur nach Vereinbarung, von 9 bis 11 und von 14 bis 16.30 Uhr
Kontaktperson: Lionel Bares

ROTWEIN

Rebfläche: 25 ha

Durchschnittliches Rebenalter: 28 Jahre

Rebbestand: 75 % Merlot, 25 % Cabernet Franc

Pflanzdichte: 6000 Reben/ha

GRAND VIN

Name: Château Nenin

Appellation: Pomerol

Verarbeitung und Ausbau: noch nicht festgelegt; es darf jedoch damit gerechnet werden, daß alles wie in Léoville-Las Cases geschieht und sehr hohe Maßstäbe angelegt werden. Der Ausbau dürfte 18 Monate lang in zu 30 % neuen Eichenfässern (für den Jahrgang 1996) erfolgen; Schönung wird auf jeden Fall mit frischem Eiweiß vorgenommen.

ZWEITWEIN

Name: Fugue de Nenin

Beurteilung: Entsprach bis 1997 qualitativ einem Cru Bourgeois aus dem Médoc

Genußreife: 5 bis 15 Jahre nach dem Jahrgangsdatum

Das historische Gut befand sich von 1847 bis 1977 im Besitz der Familie Despujol; dann wurde es an Michel und Hubert Delon, die Besitzer von Léoville-Las Cases, verkauft. Offenbar stehen große Dinge bevor. Nenin hat unter Weinliebhabern eine treue Anhängerschaft, nur habe ich nie so recht herausbringen können, weshalb. Gewiß war ich von einer Flasche 1947er, die ich 1983 kostete, sehr angetan, aber abgesehen von diesem prachtvollen Wein sowie dem ausgezeichneten 1975er habe ich den Nenin stets als gut, aber leider etwas derb und rustikal empfunden.

Der Nenin neigt allgemein zur festen, harten, kernigen Art. Seit 1976 hat das Château keine besonders guten Leistungen aufzuweisen gehabt, seinen Weinen fehlte es an Intensität, Charakter und Komplexität. Könnte das an zu hohen Erträgen gelegen haben, oder hat sich der Einsatz einer Vollerntemaschine ab 1982 ungünstig auf die Qualität ausgewirkt? Zugunsten des Weinguts sei gesagt, daß energische Bemühungen unternommen wurden, um es aus der Flaute herauszubringen. Nenin hatte klug daran gehandelt, den brillanten Önologen Michel Rolland aus Libourne zu Rate zu ziehen, der auf der Verwendung eines größeren Anteils an neuen Eichenfässern und auf größerer Sauberkeit bestand. Dessenungeachtet wurde die Weinlese weiter maschinell durchgeführt, und trotz der Bemühungen von Rolland lösten auch die neueren Jahrgänge keine Begeisterung aus. Das alles soll sich nun unter dem Regime des Perfektionisten Michel Delon ändern.

JAHRGÄNGE

1997 • 87-89   Dieser Wein ist der erste Nenin-Jahrgang, der aus der Hand des tatkräftigen Vater- und-Sohn-Teams Michel und Jean-Hubert Delon stammt. Die beiden investieren ein Vermögen in die Aufgabe, das renommierte Gut aus der Mittelmäßigkeit zu heben. In den Weinbergen wird ein komplettes Drainagesystem installiert, und es werden noch weitere umfangreiche Maßnahmen durchgeführt, die alle dazu bestimmt sind, Nenin an die Spitze der Qualitätshierarchie von Pomerol zu führen. Ich habe keinen Zweifel, daß dies den Delons gelingt. Ein Drittel des Ertrags wurde an den Zweitwein abgegeben, der den Namen Fugue de Nenin tragen soll. Der 1997er ist der feinste Nenin der letzten Jahre, aber ich glaube, daß er nur einen ersten Schimmer davon zeigt, welche Höhe die Qualität hier schließlich erreichen wird. Er setzt sich zusammen aus 81,5 % Merlot und 18,5 % Cabernet Franc, zeigt tief rubinpurpurrote Farbe, ein sinnliches Aromaprofil von schwarzen Kirschen, Mokka und Pflaumen, mittleren Körper, exzellente Reife und Reintönigkeit, sanftes, schön integriertes Tannin und einen mäßig langen Nachklang. Der vollmundige Wein ist für einen Pomerol überraschend klar umrissen (der Médoc-Einfluß?) und dürfte zwischen 2001 und 2012 auf dem Höhepunkt sein.
Letzte Verkostung: 3/98.

1996 • 76-78   Der mitteldunkel rubinrote, dünne Wein mit seinem leichten Körper offenbart die ungünstige Wirkung übermäßiger Regenfälle vor und während der Ernte. Eine gewisse Frucht ist vorhanden, aber der Wein ist im Vergleich mit anderen Leistungen der letzten Zeit schwächlich. Er sollte in den nächsten 5 bis 7 Jahren getrunken werden.
Letzte Verkostung: 11/97.

1995 • 86   Der 1995er zeigt gesunde, dunkel rubinrote Farbe, reichliche, süße, füllige Kirschen- und Pflaumenfrucht im Duft, mittleren Körper, milde Säure und ist in Substanz und Abgang locker gewirkt, aber ansprechend geschmeidig. Er will in den ersten 5 bis 7 Lebensjahren getrunken werden. Letzte Verkostung: 11/97.

1994 • 87   Der exzellente 1994er ist der feinste Nenin seit 20 Jahren. Dunkles Rubinrot geht einher mit aufgeschlossener, sanfter, geschmeidiger Art, schöner Reife, mildem Tannin und der schmeichelnden Seidigkeit der Merlot-Frucht. Dieser Wein wird bei der Freigabe gefällig zu trinken sein, sich aber auch 7 bis 8 Jahre halten.
Letzte Verkostung: 3/96.

1993 • 86?   Der 1993er Nenin zeigt gesunde, dunkle rubinpurpurrote Farbe, ein süßes Bukett von schwarzen Himbeeren und Kirschen, dazu mittleren Körper und festes Tannin im Abgang. Bei einer Verkostung wies die Probe ein Spur moderiges Holz auf, andere Beispiele waren dagegen reintönig, gesund, reif und potentiell sehr gut. Wie vielen anderen 1993ern tut auch dem Nenin längere Kellerreife gut, und er wird 10 bis 15 Jahre überdauern. Letzte Verkostung: 11/94.

1990 • 84   Der mit überraschend guter Farbe ausgestattete 1990er zeigt attraktive, blumige Noten von Mineralen und schwarzer Frucht, dazu mittleren Körper, moderates Tannin und einen kurzen, strammen Abgang.
Voraussichtliche Genußreife: Jetzt bis 2001. Letzte Verkostung: 1/93.

1989 • 78   Der 1989er ist für den Jahrgang schrecklich leicht und ausdrucksschwach, er ähnelt eher einem ganz einfachen Bordeaux als einem Pomerol der besseren Art. Weiches Tannin, eine magere Fruchtigkeit und ein nichtssagender Charakter sind seine Kennzeichen.
Voraussichtliche Genußreife: Jetzt. Letzte Verkostung: 4/91.

1988 • 76   Der 1988er gleicht weitgehend dem 1989er, nur hat er mehr kräuterhafte Art und eine aufdringliche Muffigkeit, die Anlaß zu Besorgnis gibt.
Voraussichtliche Genußreife: Jetzt bis 2000. Letzte Verkostung: 4/91.

1986 • 83 Der 1986er ist leichter und hat mehr Tannin als der 1985er, aber auch er ist für einen Pomerol locker gewirkt und sollte bald getrunken werden.
Voraussichtliche Genußreife: Jetzt. Letzte Verkostung: 3/90.

1985 • 84 Der 1985er zeigt gute Frucht und Fülle und ist sauber bereitet – zwar kein Schwergewicht, aber doch immerhin ein charmanter, geschmeidiger, fruchtiger Pomerol mit mittlerem Körper und attraktiver, offener Persönlichkeit.
Voraussichtliche Genußreife: Jetzt. Letzte Verkostung: 3/89.

1984 • 75 Der mittelrubinrote 1984er hat ein überzuckertes Bukett, ist aber mild, leicht und angenehm.
Voraussichtliche Genußreife: Jetzt. Letzte Verkostung: 3/88.

1982 • 76 Der 1982er entstand in einer für Nenin schwierigen Zeit (inzwischen sind die Weine bedeutend besser), daher fiel er leicht, weich und dünn aus und beginnt bereits aus den Fugen zu gehen und abzumagern. Im hellen bis mittleren Rubinrot ist viel Bernsteingelb erkennbar. In das Bukett mischen sich alte, dumpfige Kellergerüche; der Wein selbst ist rauh und hat wenig Tiefgang. Am besten ist es, ihn auszutrinken. Letzte Verkostung: 9/95.

PETIT-VILLAGE
Ohne Klassifizierungsrang

AUSGEZEICHNET

Lage der Weinberge: Pomerol

Besitzer: AXA Millésimes
Adresse: 33500 Pomerol
Postanschrift: c/o Châteaux et Associés, 33250 Pauillac
Telefon: 33 5 56 73 24 70 – Telefax: 33 5 56 59 26 42

Besuche: nur nach Vereinbarung
Kontaktperson: Stéphanie Destruhaut (Tel. 33 5 56 59 66 12, Fax: 33 5 56 59 24 63)

ROTWEIN

Rebfläche: 11 ha

Durchschnittliches Rebenalter: 35 Jahre

Rebbestand: 80 % Merlot, 10 % Cabernet Franc, 10 % Cabernet Sauvignon

Pflanzdichte: 7500 Reben/ha

Ertrag (im Durchschnitt der letzten 5 Jahre): 45 hl/ha

Durchschnittliche Jahresproduktion insgesamt: 4500 Kisten

GRAND VIN

Name: Château Petit-Village

Appellation: Pomerol

Durchschnittliche Jahresproduktion: 4500 Kisten

Verarbeitung und Ausbau: Gär- und Maischdauer 22 bis 35 Tage, je nach Jahrgang, in temperaturgeregelten Betontanks. Malolaktische Säureumwandlung in neuen Eichenfässern; 12 bis 18 Monate Ausbau bis zur Abfüllung; Abstich alle 3 Monate Der Wein wird mit frischem Eiweiß geschönt und leicht gefiltert.

DIE WEINE VON POMEROL

Kein ZWEITWEIN

Beurteilung: Entspricht qualitativ einem 5ème Cru aus dem Médoc

Genußreife: 5 bis 15 Jahre nach dem Jahrgangsdatum

Petit-Village ist ein Pomerol-Gut im Aufwind. Im Jahr 1971 nahm Bruno Prats, der dynamische Besitzer des berühmten Château Cos d'Estournel im Médoc, die Weinbereitung in die Hand, und sofort begann sich die Qualität dramatisch zu bessern. Petit-Village kam in den Genuß beträchtlicher Investitionen, sorgfältiger Pflege durch seinen Besitzer sowie der für die Weinerzeugung erforderlichen modernen Technik. Auf diese Weise entstand eine Reihe von Weinen, die sich durch gute bis außergewöhnliche Qualität auszeichneten. Gegen Ende der achtziger Jahre verkaufte Prats das Château Petit-Village an einen Versicherungskonzern, der Jean-Michel Cazes und sein brillantes Kellerteam unter der Leitung von Daniel Llose aus Lynch-Bages mit der Leitung beauftragte.

Der Stil des Petit-Village betont den rauchigen Toast-Charakter neuer Eichenfässer sowie üppige, geschmeidige Fruchtigkeit von schwarzen Johannisbeeren und makellos saubere Weinbereitung und -pflege. Die neueren Jahrgänge besitzen eine Lebenserwartung von 10 bis 15 Jahren, sind aber schon im Alter von 5 bis 6 Jahren völlig trinkreif. Ältere Jahrgänge (vor 1982) haben sich allgemein als enttäuschend erwiesen, der Weinliebhaber tut also gut daran, bei Einkäufen bis höchstens zum 1978er zurückzugehen.

Es spricht sehr viel dafür, daß das Château Petit-Village inzwischen zur Spitzengruppe in Pomerol aufgerückt ist und sein Wein zu dem besten Dutzend Gewächse der Appellation gezählt werden darf. Die Lage der Weinberge ist jedenfalls superb: Im Norden grenzen sie an Vieux-Château-Certan und Certan de May, im Osten an La Conseillante und im Süden an Beauregard. Im Boden findet sich reichlich Kies und in tieferen Schichten Eisen, vermischt mit Lehm. Der hohe Merlot-Anteil im Rebbestand gewährleistet einen vollen, üppigen Wein, wenn diese Traube ganz ausreift und der Ertrag auf ein vernünftiges Maß beschränkt wird. Der Petit-Village ist auch insofern zu empfehlen, als sein Preis gegenüber dem verbesserten Qualitätsstand noch nicht aufgeholt hat.

JAHRGÄNGE

1997 • 85-87 Dieser Wein hat fast überhaupt keine Säure, was ihn rund, übermäßig weich, «*facile*», macht. Füllige Pflaumen- und Beerenfrucht, vereint mit Noten von *pain grillé*, Kräutern und Gewürzen, verleihen diesem Wein sinnliche Üppigkeit, aber ich würde nicht empfehlen, ihn lange aufzubewahren. Mit seiner unbestreitbar entgegenkommenden Art dürfte er in den nächsten 5 bis 6 Jahren schönen Genuß bereiten. Letzte Verkostung: 3/98.
1996 • 83-86 Die Unterschiedlichkeit von einer Flasche zur anderen war nicht so stark, als daß ich nicht einen klaren Eindruck von diesem eichenwürzigen, vordergründigen, kommerziellen Wein hätte gewinnen können. Die Farbe ist ein tiefes Rubingranatrot, und neben der Eichenwürze zeigt das Aromaprofil Rauch und füllige Beerenfrucht, vermischt mit Vanillin und Schokolade. Dieser mittelschwere, volle, runde, reichfruchtige Pomerol ist dazu bestimmt, auf mittlere Sicht getrunken zu werden.
Voraussichtliche Genußreife: Jetzt bis 2005. Letzte Verkostung: 3/98.
1995 • 86 Der 1995er zeigt mehr Struktur und Linienklarheit als aus dem Faß. Seine Farbe ist ein fortgeschrittenes dunkles Granatrubinrot, im Duft finden sich Rauch, Kräuter und süße Kirschen, der Geschmack ist fett, rund, generös ausgestattet, unkompliziert, aber befriedigend. Dieser verführerische, vollschlanke, ja üppige Pomerol bietet für die nächsten 5 bis 8 Jahre anspruchslosen Genuß. Letzte Verkostung: 11/97.
1994 • 81 Mitteldunkles Rubinrot und ein geradliniges Aromaprofil von Erde, Gewürz, Johannisbeeren und Kirschen gehen einher mit einem stumpfen, harten Wein, dem es an Intensität,

Reife und Nachhaltigkeit fehlt. Er sollte in den nächsten 6 bis 7 Jahren getrunken werden. Letzte Verkostung: 1/97.

1993 • 78 Dunkel rubinrote Farbe und ein vegetabiles, kräuterhaftes Aromaprofil kennzeichnen diesen dünnen, ausgemergelten, kaum beachtenswerten Wein. Er sollte in den nächsten 5 bis 6 Jahren getrunken werden. Letzte Verkostung: 1/97.

1992 • 79 Der mittelrubinrote 1992er zeigt ein sanftes, kräuter- und leicht eichenwürziges Bukett, dem alles Fruchtige fehlt. Im Geschmack finden sich zwar schwarze Kirschen vor, doch alles in allem besteht der Charakter des Weins aus unkomplizierter, simpler Frucht in einem mittelschweren Format ohne klare Konturen. Dieser Wein will in den nächsten 2 bis 3 Jahren getrunken werden. Letzte Verkostung: 11/94.

1991 • 74 Der hell rubinrote 1991er bietet ein stumpfes Bukett von Kräuternoten mit Nuancen von Kaffee, Eichenholz und Beeren. Im Eingang erscheint der Wein ordentlich, doch der Geschmackseindruck besteht vor allem aus Sanftheit und kräuterhafter Frucht und verflüchtigt sich bald in einem dünnen, kurzen Abgang. Dieser Wein sollte in den nächsten Jahren getrunken werden. Letzte Verkostung: 1/94.

1990 • 90 Der 1990er ist ein offenherziger, entgegenkommender, köstlicher Wein, eine reichhaltige, eichenwürzige, rauchige, alkoholstarke, üppige Leistung, die wunderbaren Genuß gewährt. Dieser sanfte, opulente, überaus geschmeidige, reife Pomerol dürfte in den nächsten 8 bis 12 Jahren schön zu trinken sein. Letzte Verkostung: 1/93.

1989 • 88 Der 1989er ist mild, rund, offenherzig, vordergründig in der Art, aber auch köstlich. Das mächtige, von Schokolade, Pflaumen und süßer Eichenholzwürze überquellende Bukett, der expansive, schwelgerisch füllige Geschmack, der dem Gaumen mit süßer, reifer Frucht schmeichelt. Allerdings besagt ein deutlicher Mangel an Säure und Struktur, daß dieser generöse Wein in den nächsten 5 bis 7 Jahren getrunken werden will.
Voraussichtliche Genußreife: Jetzt. Letzte Verkostung: 1/93.

1988 • 92 Dem 1988er ist kein langes Leben beschieden. Interessenten sollten daran denken, daß dieser Petit-Village wahrscheinlich in den ersten 10 Lebensjahren getrunken werden muß. Aber er wird herrlichen Genuß bereiten! An dem üppigen, verführerischen, samtigen Charakter dieses hochkonzentrierten 1988ers kann es keinen Zweifel geben. Die dunkel rubinpurpurrote Farbe weist auf Reife und Extraktreichtum hin, das mächtige Aroma von exotischen Gewürzen, Schmalz, süßen Pflaumen, rauchigem Toast und frischem Eichenholz ist einfach hinreißend. Dieser kräftige, konzentrierte, herrliche, extraktreiche Pomerol ist ganz Samt und Geschmeidigkeit.
Voraussichtliche Genußreife: Jetzt bis 2000. Letzte Verkostung: 1/93.

1987 • 85 Wie köstlich sind doch die 1987er Pomerols ausgefallen! Verbraucher und Restaurants, denen es auf sofort trinkreife Pomerols ankommt, wären gut beraten, wenn sie den besseren 1987ern wieder mehr Aufmerksamkeit schenkten. Dieser milde, würzige, eichenholz- und pflaumenduftige Wein hat überraschend gute Konzentration, runde, satinzarte Art und einen kräftigen, alkoholstarken, toastwürzigen Abgang. Getrunken werden will er in den nächsten 4 bis 6 Jahren. Voraussichtliche Genußreife: Jetzt. Letzte Verkostung: 2/91.

1986 • 87 Das intensive Aroma von rauchigem frischem Eichenholz, Kräutern und dunkler Frucht besticht sofort. Im Mund gibt der Wein mittleren Körper, mäßige Konzentration, mildes Tannin und vielleicht festere Struktur zu erkennen als andere neuere Jahrgänge von Petit-Village.
Voraussichtliche Genußreife: Jetzt bis 2000. Letzte Verkostung: 3/90.

1985 • 89 Dieser opulente, vollreife, duftige, köstlich vielfältige, milde Wein hat zwar zu wenig Rückgrat und Biß, bietet dafür aber viel würzige, füllige, verführerische Frucht. Der Abgang ist wunderbar, ja sogar explosiv, ohne jede Rauheit.
Voraussichtliche Genußreife: Jetzt. Letzte Verkostung: 3/90.

1983 • 87 Der recht geschmeidige, füllige, reichfruchtige Wein mit vollem Körper und dunkel rubingranatroter Farbe duftet nach Brombeeren und toastwürzigem Eichenholz. Auf der Zunge wirkt er als frühreif, lieblich, vollmundig und köstlich.
Voraussichtliche Genußreife: Jetzt bis 2000. Letzte Verkostung: 7/88.

DIE WEINE VON POMEROL

1982 • 93   Ich trinke diesen Wein regelmäßig seit der Mitte der 1980er Jahre, weil ich seinem dramatisch und freigebig hervorsprudelnden Duft und Geschmack von getrockneten Kräutern, Mokka, schwarzen Kirschen und angeräuchertem frischem Eichenholz einfach nicht widerstehen kann. Stets hat sich dieser Wein als opulent, vollmundig, saftig und füllig erwiesen. Interessant ist, wieviel Konturenschärfe und Klasse der 1982er Petit-Village entwickelt hat, aber dennoch sehe ich keinen guten Grund dafür, ihn noch länger aufzubewahren – er will bald getrunken sein. In der dunkel granatroten Farbe zeigt sich ein beträchtlicher bernsteingelber Saum. Das umwerfende Bukett geht einher mit korpulentem, reifem Geschmack und Unmengen fülliger Frucht. Mit seiner milden Säure ist dieser sanfte, gehaltvolle Wein ein prachtvolles Beispiel für Merlot-Vollmundigkeit. Könnte man Wein mit Süßigkeiten vergleichen, dann wäre hier Milky Way im Verein mit Reese's Peanut Butter Cup angebracht.
Letzte Verkostung: 9/95.

1981 • 85   Der 1981er Petit-Village ist eindeutig leichter und weniger konzentriert als der wuchtige 1982er und auch nicht so tief fruchtig wie der 1983er, aber er zeigt frühreife, milde, sanfte, füllige Merlot-Fruchtigkeit, dazu rundes, weiches Tannin und einen langen, üppigen Abgang.
Voraussichtliche Genußreife: Jetzt. Letzte Verkostung: 3/87.

1979 • 84   Der 1979er Petit-Village verfügt nicht über die Konzentration des 1981ers, 1982ers und 1983ers, aber er kann eine reife, mäßig intensive Fruchtigkeit, mittleren Körper, ein würziges, rauchiges Bukett und einen angenehmen Abgang bieten.
Voraussichtliche Genußreife: Jetzt. Letzte Verkostung: 2/83.

1978 • 83   Der mittelrubinrote, am Rand schon recht stark bernsteinbräunliche 1978er hat ein würziges, leicht kräuterhaftes, eichenholzduftiges Bukett und zeigt geschmeidigen, mäßig konzentrierten, fruchtigen, an Beeren und Kräuter erinnernden Geschmack, dazu leichtes Tannin und einen milden, runden Abgang.
Voraussichtliche Genußreife: Jetzt. Letzte Verkostung: 2/89.

PÉTRUS
Ohne Klassifizierungsrang

HERVORRAGEND

Lage der Weinberge: auf dem höchsten Teil des Plateaus von Pomerol

Besitzer: S.C. du Château Pétrus
Adresse: 33500 Pomerol
Postanschrift: c/o Ets. J.-P. Moueix, 54, quai du Priourat, B.P. 129, 33502 Libourne-Cedex
Telefon: 33 5 57 51 78 96 – Telefax: 33 5 57 51 79 79

Besuche: nach Vereinbarung, nur für Fachbesucher
Kontaktperson: Frédéric Lospied

ROTWEIN

Rebfläche: 11,5 ha

Durchschnittliches Rebenalter: 40 Jahre

Rebbestand: 95 % Merlot, 5 % Cabernet Franc

Pflanzdichte: 5500 bis 6000 Reben/ha

Ertrag (im Durchschnitt der letzten 5 Jahre): 35 hl/ha

Durchschnittliche Jahresproduktion insgesamt: 3000 Kisten

BORDEAUX

GRAND VIN

Name: Pétrus

Appellation: Pomerol

Durchschnittliche Jahresproduktion: 3000 Kisten

Verarbeitung und Ausbau: Vinifikation 20 bis 24 Tage in temperaturgeregelten Betontanks. Malolaktische Säureumwandlung bei 80 % des Ertrags im Tank, bei 20 % in neuen Eichenfässern. 20 Monate Ausbau in neuen Eichenfässern, Abstich alle 3 Monate von Faß zu Faß. Der Wein wird mit Eiweiß geschönt und ohne Filtern abgefüllt.

Kein ZWEITWEIN

Beurteilung: Entspricht qualitativ einem Premier Cru aus dem Médoc

Genußreife: 10 bis 30 Jahre nach dem Jahrgangsdatum

Der Pétrus, der berühmteste Wein von Pomerol, ist in den letzten zwei Jahrzehnten zum teuersten Rotwein von ganz Bordeaux geworden. Der Weinberg liegt auf einem Flecken Lehmboden mitten auf dem Plateau von Pomerol und bringt von 11,5 ha Weine hervor, die mit so großer Sorgfalt gepflegt werden, wie kaum ein anderer Wein auf dieser Erde. Nach dem strengen Ausleseverfahren des Eigentümers Christian Moueix wird in den meisten Jahrgängen der Pétrus rein von Merlot bereitet.

Die Zahl der legendären Pétrus-Jahrgänge ist kaum noch überschaubar, und das hat zweifellos mit dazu beigetragen, daß die Preise in stratosphärische Höhen gestiegen sind. Der 1921er, 1929er, 1945er, 1947er, 1948er, 1950er, 1961er, 1964er, 1970er, 1971er, 1975er, 1982er, 1989er, 1990er, 1994er und 1995er zählen zu den monumentalsten Weinen, die mir je auf die Zunge gekommen sind. Obwohl nun der Pétrus von der Fachpresse der Welt geradezu in den Himmel gehoben wird, muß man doch insbesondere angesichts der Leistungen seit 1976 die Frage stellen, ob der Pétrus auch heute noch so großartig ist, wie er es einmal war. Es gibt keinen Zweifel, daß Pétrus in manchen Jahrgängen, z. B. 1986, 1983, 1981, 1979, 1978 und 1976 ein wenig ins Wanken geriet, aber seit 1989 ist das Gut wieder in bester Form und hat eine Folge brillanter Weine hervorgebracht.

JAHRGÄNGE

1997 • 92-94   1997 entstanden nur 2500 Kisten Pétrus (gegenüber 4500 Kisten in einem Jahr mit reichlichem hochwertigem Ertrag). Der Wein prunkt mit tiefdunkel rubinpurpurroter Farbe und einem umwerfenden, süßen Aroma von *pain grillé*, fülligen Kirschen, Pflaumen und schwarzen Himbeeren. Im Mund zeigt sich voller Körper, überraschend kräftiges Tannin, milde, ölige, opulente Art und Substanz und schließlich ein strukturierter, alles in allem aber aufgeschlossener Abgang. Dieser Wein, einer der konzentriertesten und komplexesten des Jahrgangs, verlangt zwei Jahrzehnte Kellerreife. Mit einem anderen Pétrus-Jahrgang zu vergleichen ist der 1997er nur schwer. Offensichtlich ist er weit besser als die Weine aus der ersten Hälfte der 1980er Jahre (nur der 1982er macht eine rühmliche Ausnahme) sowie aufgeschlossener als der 1994er, 1995er und 1996er. Der 1997er erinnert vielleicht an den prachtvollen 1967er, den ich allerdings nie als Jungwein verkostet habe, der sich jetzt aber in blendender Form präsentiert (ich habe ihn am 31. Dezember 1997 aus einer superben Magnumflasche genossen), obwohl er doch aus einem leichten Jahrgang stammt, in dem früh reifende Weine entstanden. Den Freunden von Zahlen und Daten sei gesagt, daß die Lese bei Pétrus an drei verschiedenen Tagen, am 11., am 17. (der Großteil) und am 23. September, stattfand. Manche Weinstöcke wurden aufgrund des

unregelmäßigen Reifezustands, der 1997 fast alle Weingüter betraf, eher Beere um Beere als Traube um Traube abgeerntet.
Letzte Verkostung: 3/98.

1996 • 91-93 Trotz allem Pessimismus, den der Besitzer Christian Moueix um sich verbreitete, hat sich dieser Jahrgang als außerordentlich wohlgelungen erwiesen. Der Wein zeigt dichtes, undurchdringlich tiefes Purpurrot, reifen Duft von Maulbeeren, Zedernholz und Kaffee sowie eine dichte, wuchtige, tanninreiche, mittelschwere bis volle Persönlichkeit mit viel Würze, Glyzerin und Nachhaltigkeit und braucht längere Flaschenreife. Die Durchschnittsproduktion von Pétrus beläuft sich in einem Jahr mit guter Qualität auf rund 4500 Kisten, doch als Folge des von Moueix betriebenen unerbittlichen Ausleseprozesses kamen 1996 nur 1800 Kisten zustande.
Voraussichtliche Genußreife: 2006 bis 2025. Letzte Verkostung: 3/98.

1995 • 96+ Es ist interessant, wie sich dieser Wein stetig weiterentwickelt. Dadurch nimmt der 1995er Pétrus, unbezweifelbar einer der Superstars seines Jahrgangs, eine Persönlichkeit an, die dem außerordentlich eingezogenen, muskulösen 1975er ähnelt. Dieser Pétrus wird nicht schon in der Jugend zugänglich sein wie etwa das vollkommene Duo von 1989 und 1990. Er zeigt tiefdunkles Rubinpurpurrot, ein umwerfendes Aroma von *pain grillé*, fülliger schwarzer Frucht und frisch geröstetem Kaffee. Am Gaumen wird neben einem die Zähne färbenden Extraktgehalt ein massiver Körper sowie reiche süße schwarze Frucht mit deutlich wuchtigem Tannin als Gegengewicht spürbar – ein mit vielschichtiger Substanz mächtig ausgestatteter, herber Pétrus mit gewaltiger Statur, ein Monster, das 10 Jahre Kellerreife verlangt. Alle die Weisheiten, daß der Merlot milde, sanfte, früh trinkreife Weine hervorbringt, kann man hier vergessen, denn die Frucht ertragsschwacher, alter Merlot-Reben, verarbeitet in einer Weise, wie es beim Pétrus und anderen Pomerols der Spitzenklasse geschieht, erbringt ebensoviel Lebensdauerpotential wie nur irgendein großer auf Cabernet Sauvignon beruhender Wein dieser Welt. Der 1995er Pétrus dürfte jedenfalls 50 Jahre und mehr überdauern.
Voraussichtliche Genußreife: 2007 bis 2050. Letzte Verkostung: 11/97.

1994 • 93+ Der undurchdringlich schwarzpurpurrote, mit süßem Duft von Vanille, *pain grillé*, fülligen Kirschen und Cassis ausgestattete, volle, dichtgepackte Wein zeigt vielschichtigen Geschmack und einen Kern von Süße, große Tiefe und riesige Menge an Glyzerin – ein Pétrus in tanninreichem klassischem Stil und mit immensem Körper, großer Reintönigkeit und einem noch unentfalteten Nachklang. Dieser Wein verlangt 10 Jahre Kellerreife.
Voraussichtliche Genußreife: 2006 bis 2035. Letzte Verkostung: 1/97.

1993 • 92+ Der 1993er, ein Anwärter auf den Titel des konzentriertesten Weins seines Jahrgangs, zeigt sattes Purpurrot mit Pflaumenfarbe und ein süßes Bukett von schwarzer Frucht, asiatischen Gewürzen und Vanille. Dieser mächtige, wuchtige, ungeheuer volle und dichte Wein mit seiner großartigen Reintönigkeit ist ein Meisterwerk der Kellerkunst. In einem Jahrgang, der für so viel immense Fülle und Nachhaltigkeit nicht gerade bekannt ist, weist der stämmige, reich ausgestattete Pétrus milde Säure und kräftiges Tannin auf, woraus zu schließen ist, daß 8 bis 10 Jahre Kellerreife nötig sein werden. Dieser Wein dürfte eine Lebenserwartung von 30 Jahren besitzen und damit der langlebigste seines Jahrgangs sein. Höchst beeindruckend!
Letzte Verkostung: 1/97.

1992 • 90+ Der 1992er Pétrus ist eindeutig einer der beiden Kandidaten für den Titel «Wein des Jahrgangs». Die normale Durchschnittsproduktion von 4500 Kisten wurde strikt begrenzt und betrug lediglich 2600 Kisten. Dadurch entstand ein für seinen Jahrgang untypisch konzentrierter, kraftvoller, reichhaltiger Wein mit satter, dunkel rubinpurpurroter Farbe und einem straffen, aber vielversprechenden Bukett von süßen schwarzen Kirschen, Vanillin, Karamel und Mokka mit Kräuternoten. Superb dichte Frucht, wuchtige Fülle sowie wunderbar mildes Tannin machen diesen Wein zu einer brillanten Leistung. Er braucht 3 bis 5 Jahre Kellerreife und dürfte mindestens 15 bis 20 Jahre überdauern.

Interessant ist, daß die Weinberge von Pétrus und von Trotanoy Anfang September 1992 mit schwarzer Plastikfolie abgedeckt wurden, um den Regen größtenteils abzuleiten, damit der

Weinbergboden nicht durchnäßt und als Folge davon die Frucht aufgeschwemmt wurde. Diese Maßnahme hat sich offensichtlich gelohnt.
Letzte Verkostung: 11/94.

1990 • 100   Der phänomenal reichhaltige, wohlausgestattete 1990er Pétrus hat sich seit der ersten Verkostung noch aus dem Faß als reine Magie erwiesen. Seine Farbe ist ein dichtes Purpurrot mit Pflaumennuance. Das umwerfende Bukett gibt schwarze Frucht, vereint mit Aromen von Eichentoast, Karamel und Blumen, zu erkennen. Massiv voll und körperreich, mit etwas milderer Säure und weicherem Tannin als bei seinem älteren Bruder, dem 1989er, präsentiert sich der 1990er außerordentlich reichhaltig, nahtlos, mit vielschichtiger Geschmacksfülle und einem fast 45 Sekunden lang nachklingenden Abgang. Er ist zwar dank seiner üppig sanften Art schon erstaunlich zugänglich, hat aber noch keine sekundären Nuancen zu entfalten begonnen. Er dürfte in 10 bis 15 Jahren auf den Gipfel gelangen und sich dort drei Jahrzehnte halten.
Voraussichtliche Genußreife: 2006 bis 2035. Letzte Verkostung: 6/98.

1989 • 100   Millionenschwere Sammler werden am Vergleich zwischen dem 1989er und dem 1990er Pétrus ihre Freude haben. Der 1989er hat etwas sattere Farbe und erscheint sowohl im Aroma als auch am Gaumen straffer gewirkt. Allerdings ist das Haarspalterei, denn auch er ist ein überwältigend opulenter, vollmundiger, körperreicher, erstaunlich konzentrierter, exotischer, lebensprühender Pétrus, der seiner bemerkenswerten Jugendfrische nach zu schließen noch weitere 7 bis 8 Jahre Flaschenreife verlangt. Zudem hat man das Empfinden, daß das Tannin etwas kräftiger ausgebildet ist. Auf jeden Fall nimmt sich der 1989er mit seinem außerordentlichen Gleichgewicht zwischen allen Komponenten ebenfalls wie ein Wein für 30 Jahre aus. Eine erstaunliche Leistung! Letzte Verkostung: 6/98.

1988 • 91   Der 1988er Pétrus ist auf beruhigende Weise hervorragend, aber ein herrlicher Pétrus ist er nicht. Seine gesunde dunkel rubinpurpurrote Farbe geht einher mit einem jungen, noch eingezogenen Wein mit hohem Tanningehalt, mittlerem Körper und einem Kern an süßer, reifer Frucht. Er braucht noch weitere 7 bis 10 Jahre Kellerreife. Letzte Verkostung: 12/95.

1987 • 87   In Anbetracht der Leistungen von Pétrus in den Jahren 1980 und 1984 wäre ich nicht überrascht, wenn meine Benotung für den 1987er in 5 bis 6 Jahren um drei bis vier Punkte steigen würde. Dieser Wein ist einer der körperreichsten und am wenigsten entwickelten des Jahrgangs; er zeigt einen gewaltigen Einschlag von Tannin, zugleich aber auch ausgezeichnete untergründige Kraft und Fülle. Die Schwierigkeit mit ihm besteht darin, daß er ungeheuer verschlossen, ja undurchdringlich wirkt, woraus sich erklärt, weshalb meine Punktnote viel zu tief gegriffen sein könnte. Ein Millionär, der diesen Wein für ein im Jahr 1987 zur Welt gekommenes Kind in den Keller legt, darf sicher sein, ihn zu dessen 21. Geburtstag in alter Frische vorzufinden.
Voraussichtliche Genußreife: Jetzt bis 2010. Letzte Verkostung: 11/90.

1986 • 87   Je öfter ich diesen Wein verkostete, desto mehr hatte ich das Gefühl, er lasse einiges zu wünschen übrig. Er hat ein Bukett mit kräuterteeähnlichen, rauchigen und kirschfruchtigen Noten entwickelt, wobei sich im Hintergrund frisches Eichenholz verbirgt. Seinen Babyspeck hat er abgelegt, und nun sackt er in der Mitte ein wenig durch und zeigt für einen Pomerol untypische, fast Médoc-ähnliche Kargheit und Tanninstruktur. Man darf ihn eher mittelschwer als körperreich nennen, und offenbar macht er ein ungefüges Stadium durch. Wird er sich erholen oder weiter an Frucht einbüßen?
Voraussichtliche Genußreife: Jetzt bis 2010. Letzte Verkostung: 2/97.

1985 • 88   Dieser Wein war im Faß ganz großartig, aber er wurde anscheinend in einer Zeit abgefüllt, als bei Pétrus Schönen und Filtern allzusehr im Schwang war (seit dem Ende der 1980er Jahre wird der Pétrus nicht mehr gefiltert). Jedenfalls stellt er sich kräuterhaft, mittelschwer, mit guter, aber nicht gerade inspirierender Konzentration und deutlich grasiger Fruchtigkeit von Kirschen und Beeren dar. Die Farbe ist ein diffuses Rubinrot mit viel Bernsteingelb am Rand. Ich würde raten, diesen Wein im Lauf der nächsten 10 Jahre auszutrinken oder – besser noch – zu verkaufen!
Voraussichtliche Genußreife: Jetzt bis 2010. Letzte Verkostung: 2/97.

DIE WEINE VON POMEROL

1984 • 87   Der 1984er Pétrus hat sich als überraschend gut erwiesen. Er zeigt tiefe Farbe, ein intensives, liebliches, kräuterwürziges Bukett, mittleren bis vollen Körper, feine Nachhaltigkeit und viel Tannin. Dieser für den Jahrgang höchst eindrucksvolle Wein braucht noch 2 bis 3 Jahre Kellerreife und wird vermutlich eine Lebensdauer von 10 bis 12 Jahren erreichen.
Voraussichtliche Genußreife: Jetzt. Letzte Verkostung: 11/90.

1983 • 87?   Der (selbst in Doppelmagnumflaschen) voll ausgereifte 1983er Pétrus zeigt grasige, krautige, vegetabile Duftnoten, dazu viel süße, manchmal etwas zusammenhaltlose Frucht im Geschmack, mittleren bis vollen Körper sowie Glyzerin und Alkohol in Hülle und Fülle, jedoch nicht wirklich genug Frucht als Gegengewicht. Jedenfalls ist er nicht ganz so harmonisch und ausgewogen, wie er sein sollte und will in den nächsten 5 bis 10 Jahren getrunken werden. Letzte Verkostung: 12/95.

1982 • 98   Der 1982er erfüllt zwar nicht ganz meine Erwartungen nach der Faßprobe (damals fand ich ihn vollendet), nichtsdestoweniger ist er aber doch ein kolossaler Pétrus. Er zeigt ein noch unentfaltetes, süßes, expansives Bukett von reifer Frucht, provençalischen Kräutern, Schokolade und Gewürzen, dazu vollen Körper, tanninreiche und hochkonzentrierte Art und braucht weitere 5 bis 8 Jahre Kellerreife. Er dürfte für eine Lebenszeit von mindestens 25 bis 30 Jahre gut sein.
Letzte Verkostung: 6/98.

1981 • 86   Ich erinnere mich noch, wie hinreißend der 1981er Pétrus aus dem Faß schmeckte, aber aus der Flasche hat er sich nie ebenso gut präsentiert. So habe ich ihm immer weniger Punkte zugebilligt. Bei der letzten Verkostung zeigte dieser Wein eine zurückhaltende, leichte, verwaschene Persönlichkeit mit vegetabilen, an Kirschen und Kaffee erinnernder Frucht, verwoben mit eichenwürzigen Düften. Dank seiner herben, schlanken, kargen Art schmeckt er eher wie ein Médoc, ohne die Süße, Vollmundigkeit oder Öligkeit eines Pétrus. Er ist wohl einer der am stärksten überbewerteten Weine der beiden letzen Jahrzehnte. Da sich in diesem 16 Jahre alten Wein praktisch kein Depot vorfand, frage ich mich, ob er nicht übertrieben stark geschönt bzw. gefiltert wurde.
Voraussichtliche Genußreife: 2000 bis 2015. Letzte Verkostung: 12/95.

1980 • 89   Der 1980er Pétrus hat sich überraschend gut dargestellt. Das Bukett mit Noten von gedörrten Kräutern, geschmolzenem Asphalt und süßer Konfitüre leitet über zu einem vollen, mittelschweren bis körperreichen Wein mit beträchtlicher Nachhaltigkeit. Er scheint mit zunehmendem Alter noch eindrucksvoller geworden zu sein. Könnte dieser Wein wirklich besser sein als der 1981er und 1979er? Jedenfalls ist er voll ausgereift und läßt sich in den nächsten 10 Jahren schön trinken.
Letzte Verkostung: 12/95.

1979 • 86   Ich erinnere mich noch, wie überwältigend der 1979er Pétrus aus dem Faß schmeckte, doch kommt er seinem anfänglichen Potential einfach nicht nahe. Selbst aus einer Imperialflasche zeigt er sich mager, kompakt, tanninherb, hart und karg; es fehlt ihm der Charme und die Fülle erstklassiger Pomerols aus diesem Jahrgang. Die Farbe ist ein gesundes Mittelrubinrot. Zwar hat dieser Wein nicht die vegetabilen Untertöne des 1978ers, aber er läßt doch viel zu wünschen übrig.
Voraussichtliche Genußreife: Jetzt bis 2010. Letzte Verkostung: 12/95.

1978 • 83   Vom 1978er Pétrus war ich nie begeistert, doch war ich bereit, ihm einiges zugute zu halten und mich von ihm aus einer Imperialflasche verführen zu lassen. Er zeigte mittelrubinrote Farbe, dazu im Bukett vegetabile Noten von Kräutern und unreifen Tomaten, dazu mittleren Körper sowie durchschnittliche Konzentration und Nachhaltigkeit im Geschmack. Dieser Wein ist weder etwas Besonderes noch überhaupt Pomerol-ähnlich.
Voraussichtliche Genußreife: Jetzt bis 2006. Letzte Verkostung: 12/95.

1976 • 88   Der 1976er Pétrus ist schon seit seiner Freigabe voll ausgereift. Er zeigte von Anfang an intensive Aromen von überreifen Tomaten, Dörrgemüse sowie roter und schwarzer Frucht mit einer süßen Eichentoastnote und stellt sich nach wie vor als ein Pétrus der gefälligen, voll-

mundigen Art dar, jedoch ohne den Körper, die Wucht und die Tiefe eines großen Jahrgangs. Übrigens will er bald getrunken sein.
Letzte Verkostung: 12/95.

1975 • 98+ Der 1975er zeigt jugendliche, rustikale, brutal wuchtige Art, dazu tiefdunkle rubingranatpurpurrote Farbe und ein schwellendes Bukett von überreifen schwarzen Kirschen, Mokka, Schokolade und Trüffeln. Er ist überaus körperreich, ungeheuer tanninherb, aber ehrfurchtgebietend konzentriert und wird jedem schmecken, der eine Neigung für leicht unzivilisierte Weine hat. Dieser Gigant von einem Pétrus (der letzte in dieser Art produzierte) hat bis zur vollen Reife noch mindestens ein Jahrzehnt vor sich und besitzt mit seiner exquisiten Konzentration und Intensität das Potential für 50 Jahre Lebenszeit.
Letzte Verkostung: 6/98.

1973 • 87 Der Wein des Jahrgangs und der beste jetzt genußreife Pétrus aus den siebziger Jahren. Bedenkt man den überreichen Ertrag und die verwässerte Qualität vieler Weine des Jahres 1973, dann ist der Pétrus sensationell konzentriert, reichhaltig, geschmeidig, füllig, nuancenreich und, wie mir Freunde versichern, unverändert köstlich.
Voraussichtliche Genußreife: Jetzt. Letzte Verkostung: 12/84.

1971 • 95 Der 1971er ist ein sensationeller Pétrus, der sich schon seit Mitte der siebziger Jahre schön trinkt. Die pflaumen-granatrote Farbe mit deutlichem Orangeschimmer am Rand und das Bukett mit Düften von Schokolade, Mokka und süßer Frucht werden begleitet von reichhaltigem, samtigem, körperreichem Geschmack mit vielschichtiger seidiger Frucht. Sicherlich ist dieser 1971er der Wein des Jahrgangs. Leichtes bis mittleres Tannin und kräftiger Alkohol werden den fülligen, öligen Wein noch ein weiteres Jahrzehnt gut in Form halten – ein Pétrus der verführerischsten Art.
Voraussichtliche Genußreife: Jetzt bis 2005. Letzte Verkostung: 6/98.

1970 • 98+ Der dunkel granatrote 1970er Pétrus mit rostrotem Saum hat sich in den letzten 4 bis 5 Jahren prächtig entwickelt. In der Jugend war er straff und zurückhaltend, ist aber inzwischen zu einem echten Kraftpaket herangewachsen. Dieser massive, überaus extrakt- und körperreiche, füllige, ölige Wein besitzt ein mächtiges Bukett mit Noten von Gewürzen, Tabak, schwarzen Kirschen und Mokka – eine wahre Wucht. Er ist zwar voll ausgereift, hat aber noch 20 Jahre Lebenszeit vor sich. Dieser spektakuläre Pétrus zeigt sich nun dem 1971er, in dessen Schatten er fast zwei Jahrzehnte lang stand, überlegen. Wer ihn besitzt, hat einen echten Nektar im Keller.
Voraussichtliche Genußreife: Jetzt bis 2025. Letzte Verkostung: 6/96.

1967 • 92 In diesem Jahrgang, in dem so viele leichtgewichtige Weine entstanden, läßt sich nur der Stallgefährte Trotanoy mit dem großen Pétrus vergleichen, der jetzt voll ausgereift ist, gute dunkel rubinrote Farbe mit minimaler Braunfärbung und stämmige, vollmundige, warme und generöse Geschmacksfülle zeigt. Er hat viel reife Merlot-Frucht, viskose, wuchtige Art und rasch dahinschwindendes Tannin – ein wundervoller Pétrus, der sich über ein Jahrzehnt hinweg noch schön trinken wird. Meinen 50. Geburtstag feierte ich mit meiner Frau zusammen bei einer Flasche dieses Weins, und wir genossen sehr seine wunderbare, schmackhafte, komplexe Intensität und nahtlose Konsistenz.
Voraussichtliche Genußreife: Jetzt bis 2005. Letzte Verkostung: 5/98 (aus einer Magnumflasche)

1966 • 89 Der ausgezeichnete, von anderen noch höher als von mir eingeschätzte 1966er Pétrus hat ein kräuterwürziges, süßfruchtiges Zedernholzbukett, vollen Körper und sehr schöne dichte, reife, Beerenfrucht – ein kräftiger, konzentrierter, etwas derber Wein, der ein wenig außer Gleichgewicht zu sein scheint. Der 1966er Pétrus hat reichlich Tannin, Alkohol und Geschmacksfülle, aber alles das stimmt nie richtig zusammen.
Voraussichtliche Genußreife: Jetzt bis 2002. Letzte Verkostung: 6/91.

1964 • 97 Der dunkel rubingranatrote, mit einem Hauch von Orange- und Rostrot am Rand versehene 1964er Pétrus bietet ein mächtiges, rauchig-geröstetes Bukett von fülliger Frucht, Kaffee und Mokka, wuchtige, massiv ausgestattete Art und eine Fülle von Alkohol, Glyzerin und

DIE WEINE VON POMEROL

Tannin, dazu überwältigende Frucht und erstaunliche Nachhaltigkeit. Zu kritisieren bleibt lediglich, daß er vielleicht größer und robuster ist, als gut für ihn wäre. Glückliche Besitzer einwandfrei gelagerter Flaschen tun gut daran, sie noch ein paar Jahre ruhen zu lassen. Das ist zwar zugegebenermaßen schwer, aber man sollte es beherzigen.
Voraussichtliche Genußreife: Jetzt bis 2025. Letzte Verkostung: 11/95.

1962 • 91 Der voll ausgereifte 1962er mit seinem Bukett von Minze, Schokolade, Kräutern und Zedernholz, seinem mittelschweren, wohlproportionierten Geschmack und seiner fest gefügten Persönlichkeit erinnert an einen Médoc. Seine Farbe ist noch immer gesund dunkel rubinrot mit nur geringem Bernsteingelb am Rand. Er ist nicht so wuchtig oder opulent, sondern ein hervorragendes Beispiel für einen Pétrus der anmutigen, eleganteren Art. Bei einer Blindverkostung hätte ich ihn nie als Pomerol erkannt.
Letzte Verkostung: 12/95.

1961 • 100 Der voll ausgereifte 1961er Pétrus zeigt portweinähnliche Fülle (er erinnert damit an den 1947er Pétrus und den 1947er Cheval Blanc). In der Farbe ist schon viel Bernsteingelb und Granatrot zu erkennen, doch ist der Wein vollgepackt mit viskosen, vollen Geschmacksnoten von überreifer Frucht von schwarzen Kirschen mit einem Anflug von Mokka. Bei extrem vollem Körper und großer Fülle an Glyzerin und Alkohol zeichnet sich dieser ölig-schwere Wein durch ehrfurchtgebietende Vollmundigkeit aus. Auch hier denkt man an Reese's Peanut Butter Cup, garniert mit Kaffee und Kirschen in einer Schale aus Valrhona-Schokolade.
Voraussichtliche Genußreife: Jetzt bis 2010. Letzte Verkostung: 6/98.

ÄLTERE JAHRGÄNGE

Der 1959er (93 Punkte im Dezember 1995) war ölig, mild, glorreich, fruchtig, füllig mit viel Glyzerin, vollem Körper und viskosem, langem, kräftigem Abgang. Er ist durchgereift, aber voller Intensität und Leben und dürfte sich noch 10 bis 15 Jahre lang schön trinken. Der außergewöhnliche 1950er Pétrus (99 Punkte; 6/98), den mir Jean-Pierre Moueix zusammen mit dem 1950er Lafleur erstmals vorsetzte, zeigte mir, wie spektakulär dieser Jahrgang in Pomerol gewesen sein muß. Dieser Wein mit seinem Mammutkörperbau ist noch immer jugendfrisch und weniger ausentwickelt als jüngere, ebenfalls überwältigende Jahrgänge wie der 1961er. Massiv und reichhaltig, mit spektakulär satter Farbtiefe und der in reiferen Jahren bei Pétrus vorkommenden weichen, öligen Konsistenz, wird sich der 1950er noch einmal 20 bis 30 Jahre gut halten.

Der 1949er (95 Punkte; 10/94) ist zwar variabel, aber doch stets ein mächtiger, vollmundiger, immenser Wein, allerdings ohne die Öligkeit und portähnliche Fülle des 1947ers oder 1950ers. Als ich ihn vor 10 Jahren zum ersten Mal verkostete, erschien er mir dicklich und eindimensional, aber enorm voll. Seither hat er die mächtige, exotische Vollmundigkeit des Pétrus angenommen, ebenso die herrlich reine Frucht von Pflaumen und schwarzen Kirschen mit einem Hauch von Mokka und Kaffee. Er entwickelt sich schön und wirkt für einen 45 Jahre alten Wein bemerkenswert jugendlich. Der Jahrgang 1948 (95 Punkte; 11/97) war einer von denen, die bei der Presse kaum Beachtung fanden. Wer die Gelegenheit dazu hat, tut gut daran, sich um einwandfrei gelagerte Flaschen des 1948ers zu bemühen, die etwa auf dem Markt erscheinen sollten. Ich habe schon früher von einigen anderen großen 1948ern berichtet, z. B. Vieux-Château-Certan, La Mission-Haut-Brion und Cheval Blanc, doch der 1948er Pétrus hat mich bei Blindverkostungen vollkommen an der Nase herumgeführt. Sein Bukett von Zedernholz, Leder, Kräutern und Cassis brachte mich nämlich auf den Gedanken, es handle sich um ein Premier Cru aus Pauillac. Die Farbe ist nach wie vor dicht mit nur einem moderaten Hauch Orange am Rand. Der Wein selbst ist reichhaltig, zwar karger und linearer als üblich, jedoch körperreich mit kräftigem Geschmack und einem würzigen, mäßig tanninherben Abgang. Auf seinem Gipfel ist er zwar angelangt, aber durchaus noch imstande, weitere 10 bis 15 Jahre zu überdauern. Doch Vorsicht ist geboten – manche Flaschen zeigen (selbst für diese Epoche) zuviel flüchtige Säure. Der

1947er Pétrus (100 Punkte; 6/98) ist der übervollste «Jahrhundertwein». Zwar hat er nicht soviel Portweinähnlichkeit wie der Cheval Blanc, aber er ist doch ein massiver, öliger, viskoser Wein mit erstaunlicher Wucht, Fülle und Fruchtsüße. Der dem Glas entströmende Duft bietet Nuancen von fülliger Frucht, Rauch und Butterkaramel, und die Viskosität erinnert an Motorenöl 10 bis W–40. Er ist so dick und voll, daß ein Löffel darin stehen könnte. Hinzu kommen traumhafte Mengen an Frucht sowie kräftiger Alkohol, aber Tannin ist kaum zu spüren. Dieser Wein ist zwar schon genußreif, dürfte aber in Anbetracht seines erstaunlich hohen Frucht-, Glyzerin- und Alkoholgehalts durchaus imstande sein, noch zwei Jahrzehnte zu überdauern. Während der 1947er Pétrus ein wuchtiger, saftiger, fruchtiger Wein ist, präsentiert sich der 1945er (98+ Punkte; 10/94) als tanninstrenger, in sich gekehrter Koloß, der noch 5 bis 10 Jahre Kellerreife verlangt. Seine Farbe zeigt mehr jugendfrisches Purpur als beim 1947er, und das Bukett bietet Aromen von schwarzer Frucht, Süßholz, Trüffeln und Rauchfleisch. Dieser massiv gebaute schlummernde Riese mit seinem ungeheuer hohen Tannin- und Extraktgehalt könnte sich zu einem weiteren vollendeten Pétrus entwickeln.

Der tief rubingranatrote 1929er Pétrus (100 Punkte im September 1995) zeigte etwas Bernsteingelb und Orange am Rand. Er war ein mächtiger, dickflüssiger Wein mit außergewöhnlichen Aromen von Kaffee, Mokka, schwarzen Kirschen, Kräutern und Zedernholz, ölig, voll, tanninherb, massiv konzentriert und dabei bemerkenswert intakt. Man hätte ihn ohne weiteres für einen 30 oder 35 Jahre alten Wein halten können. Der 1921er Pétrus (100 Punkte) war bei der Verkostung im September 1995 – zurückhaltend ausgedrückt – nicht von diesem Universum! Seine tiefdunkle Farbe zeigte viel Bernsteingelb am Rand, doch das kraftvolle Bukett mit Nuancen von schwarzen Himbeeren, frisch gebrautem Kaffee sowie Mokka- und Toffeepralinen ging einher mit einer so milden, opulenten, vollsaftigen Geschmacksfülle, wie ich sie noch kaum gekostet habe. Diesen außerordentlich vollen und opulenten, unglaublich konzentrierten Wein mit einer interessanten Zedernholznote im Geschmack hätte man mit dem 1950er oder 1947er verwechseln können. Im Dezember 1996 verkostete ich aus einer in einem Privatkeller in St-Emilion gefundenen Magnumflasche einen Wein, der als 1900er Pétrus galt. Er war exzellent, wenn auch nicht außergewöhnlich (ich gab ihm 89 Punkte) und trug noch Anzeichen von süßer Kirschen- und Brombeerfrucht zur Schau.

N.B.: Kaufinteressenten für Pétrus-Weine müssen sich im klaren darüber sein, daß zahlreiche Fälschungen auf dem Markt sind. Die gefragtesten Jahrgänge, d. h. 1990, 1989, 1982, 1970, 1961 und 1947, sind hier die üblichen Verdächtigen. Für die Herkunft jeder Flasche, die man kauft, sollte man eine Garantie verlangen.

LE PIN
Ohne Klassifizierungsrang

HERVORRAGEND

Lage der Weinberge: Pomerol, Lieu-dit Les Grands Champs

Besitzer: G.F.A. du Château Le Pin (Familie Thienpont)
Adresse: 33500 Pomerol
Postanschrift: Hof te Ottebeke, 9680 Etikhove, Belgien
Telefon: 33 5 57 51 33 99 – Telefax: 32 55 31 09 66

Besuche: nur nach Vereinbarung
Kontaktperson: Jacques Thienpont

DIE WEINE VON POMEROL

ROTWEIN

Rebfläche: 2 ha

Durchschnittliches Rebenalter: 32 Jahre

Rebbestand: 92 % Merlot, 8 % Cabernet Franc

Pflanzdichte: 6000 Reben/ha

Ertrag (im Durchschnitt der letzten 5 Jahre): 30 bis 37 hl/ha

Durchschnittliche Jahresproduktion insgesamt: 600 bis 700 Kisten

GRAND VIN

Name: Château Le Pin

Appellation: Pomerol

Durchschnittliche Jahresproduktion: 600 bis 700 Kisten

Verarbeitung und Ausbau: Gär- und Maischdauer meist kurz, etwa 15 Tage in Edelstahltanks bei max. 32 bis 36°C, Temperaturregelung von Hand. Anschließend malolaktische Säureumwandlung und 14 bis 18 Monate Ausbau in Eichenfässern. Frühzeitige *assemblage*, Abstich alle 3 Monate von Faß zu Faß. Der Wein wird mit frischem Eiweiß geschönt, aber nicht gefiltert.

Kein ZWEITWEIN

Beurteilung: Entspricht qualitativ einem Premier Cru aus dem Médoc

Genußreife: 4 bis 12 Jahre nach dem Jahrgangsdatum

Die Familie Thienpont, der auch das bekanntere Nachbargut Vieux-Château-Certan gehört, erwarb 1979 das kleine, im Zentrum des Plateaus gelegene Le Pin. Früher hatte es Madame Laubie gehört, deren Familie es seit 1924 besaß. Nach erklärter Absicht der heutigen Besitzer soll hier ein Pétrus-ähnlicher Wein von großer Fülle und Majestät entstehen. Schon bei den ersten Jahrgängen tanzten die Pomerol-Enthusiasten vor Freude, und man kann inzwischen wohl sagen, daß hier ein herrlich vielfältiger, deutlich eichenwürziger Pomerol von kräftiger Art entsteht. Es ist auch nicht etwa zu früh für die Aussage, daß der Le Pin nicht nur zu den großen, sondern auch zu den exotischsten und teuersten Weinen von Pomerol gezählt werden darf.

Viel vom verschwenderischen Charakter des Le Pin geht wahrscheinlich darauf zurück, daß in diesem Gut als einem von nur einer Handvoll in Bordeaux die malolaktische Säureumwandlung in neuen Eichenfässern vorgenommen wird. Das ist eine sehr arbeitsaufwendige Methode, die nur in Weingütern mit einer relativ kleinen Erzeugung durchgeführt werden kann, in denen der Wein praktisch ständig unter Aufsicht ist. Ich glaube aber, daß gerade diese Technik dem Le Pin sein mächtiges, rauchiges, exotisch duftiges Bukett verleiht. Wie dem auch sei, zweifellos trägt der eisenhaltige Kiesboden an dieser Stelle des Plateaus von Pomerol (wie man mir sagt, der höchstgelegene Weinberg hier) mit zur Entstehung des Le Pin bei, der inzwischen eine eingeschworene Anhängerschaft besitzt.

Wenn dieser Wein überhaupt Kritik verdient, dann die, daß ihm längere Aufbewahrung eventuell nicht besonders gut bekommt. Ich jedenfalls habe meine Vorbehalte gegenüber seinem Lebensdauerpotential, aber es läßt sich andererseits auch nicht abstreiten, daß, soweit es üppigen, komplexen Trinkgenuß in den ersten 15 Jahren nach der Lese angeht, kein anderer Wein in Pomerol oder ganz Bordeaux – vielleicht nur mit Ausnahme des Haut-Marbuzet aus St-Estèphe mit seinem hochreifen Stil – der so überaus erfreulichen, schwelgerischen Art des Le Pin gleichkommt.

BORDEAUX

JAHRGÄNGE

1997 • 90-92   Der schon weit entfaltete 1997er Le Pin zeigt ein komplexes Aromaprofil von frisch geröstetem Kaffee, Rauch, provençalischen Kräutern, süßem Kirschlikör und schwarzer Kirschenfrucht. Im Mund erweist sich der Wein als rund, samtig, mit milder Säure und exzellenter Konzentration und Nachhaltigkeit – ein saftiger, fesselnder Wein, der in den ersten 10 bis 11 Lebensjahren getrunken werden will. Letzte Verkostung: 3/98.

1996 • 92-94   Nur ein Drittel des Ertrags ist in den 1996er Le Pin eingegangen, daher werden Flaschen aus diesem Jahrgang noch schwerer aufzutreiben sein als sonst üblich. Der Wein zeigt ein dichteres, satteres Rubinpurpurrot als der 1995er sowie ein exotisches, noch nicht formiertes, aber lebensprühendes Aromagemisch von Vanillin, *pain grillé*, Rauch und fülligen schwarzen Kirschen. Der reife, dichte, für einen 1996er Pomerol untypisch vollmundige Wein ist sinnlich, mittelschwer und konzentriert. Er dürfte sich noch vor der Abfüllung festigen und sich dann schön entwickeln. Voraussichtliche Genußreife: 2000 bis 2015. Letzte Verkostung: 3/98.

1995 • 93+   Der dichte, rubinrote Le Pin bietet Aromanuancen von Bleistift, gerösteten Nüssen, Rauch, Gewürz, Früchtekuchen, schwarzen Kirschen und weißer Schokolade. Der üppige, körperreiche Wein mit milder Säure, aber viel Biß und Tannin im Abgang und einem reichhaltigen Geschmacksprofil von Cola, Kirschgeist und schwarzen Himbeeren legt seit der Abfüllung weit mehr Struktur an den Tag als im Faß. Er erscheint nun genauso fest gefügt und tanninreich wie der 1996er und wird einige Jahre brauchen, bis er sich erschließt.
Voraussichtliche Genußreife: 2002 bis 2018. Letzte Verkostung: 11/97.

1994 • 91+   Verglichen mit seinem älteren Bruder, dem 1993er, ist der 1994er Le Pin ein verhaltenerer, nicht so lebendiger und entgegenkommender Wein. Seine Farbe ist ein gesundes, dunkles Rubinpurpurrot, hinzu kommen Eichenwürze und ein seidiger, opulenter Eingang, doch ist dieser Le Pin fester gefügt, stärker konzentriert und zeigt mittleren bis vollen Körper, vielschichtige Frucht, mäßiges Tannin und einen langen, reichhaltigen, fülligen Abgang. Auch bei ihm erklären sich die beeindruckenden Erfolge bei Blindverkostungen aus Eichenwürze, hervorragender Reintönigkeit und üppiger Vollmundigkeit. Letzte Verkostung: 1/97.

1993 • 90   Der 1993er hat das Le-Pin-typische pflaumendunkle Granatrot und ein exotisches, eigenwilliges Bukett von Eichenholz, Kräutern, Kaffee und fülligen schwarzen Kirschen. Dieses aufwendige Aromaprofil begleitet einen erwartungsgemäß hochreifen, köstlichen, milden, mittelschweren, mit Frucht vollgepackten Wein. Wer sich aus Kindertagen an schwelgerisch verschwenderische Banana-Splits und andere Eiscremeköstlichkeiten erinnert, kann solche Genüsse sicherlich auch in Weinbegriffe transponieren, denn das ist es, was Le Pin zu bieten hat.
Voraussichtliche Genußreife: Jetzt bis 2010. Letzte Verkostung: 1/97.

1992 • 82?   Dieser Wein hat zweifellos zuviel Eichentoast für seine zarte, fragile Konstitution. Er zeigt mittleres bis dunkles Rubinrot, ein aggressiv eichenholzwürziges, leicht rauchiges, kräuterhaftes Aroma und mittelschweren, an schwarze Kirschen erinnernden Geschmack, der gegen die Holznote nicht anzukommen imstande ist. Dieser etwas wässerige Wein mit seiner milden Säure und seiner Kosmetik aus Rauch, Vanillin und Holz will in den nächsten 5 bis 6 Jahren getrunken werden. Angesichts der ungeheuerlichen Preise, die für die gut 500 Kisten Le Pin (meist ein exotischer und brillanter Wein) verlangt werden, hätte der Besitzer diesen Jahrgang eigentlich abstufen sollen. Letzte Verkostung: 11/94.

1990 • 98   Dieser Le Pin zählt zu den profundesten, die es bisher gibt. Er zeigt dichte, pflaumendunkle rubinrote Farbe und ein spektakuläres, schwelgerisches Aromaprofil von exotischen Gewürzen, fülligen Kirschen und anderer dunkler Frucht, vermischt mit verschwenderischen Mengen an *pain grillé*. Am Gaumen präsentiert sich der Wein als Fruchtbombe mit samtiger Substanz, vielschichtiger Konzentration, fabelhafter Reife, reichem Glyzerin und schön integriertem mildem Tannin. Diesem übervollen, üppig-sanften, körperreichen Le Pin ist nicht zu widerstehen, obschon er der Entwicklung nach noch in den Kinderschuhen steckt.
Voraussichtliche Genußreife: Jetzt bis 2012. Letzte Verkostung: 12/96.

DIE WEINE VON POMEROL

1989 • 96 Die dunkle rubinpurpurrote Farbe des 1989ers ist vielleicht noch ein wenig satter als beim 1990er. Das Bukett zeigt neben Süße auch Noten von gedörrten Kräutern, Kokosnüssen und flüligen schwarzen Johannisbeeren mit viel rauchigem Eichenholz. Der körperreiche, massiv konzentrierte, mit mächtigen Schichten an Glyzerin und deutlicher spürbarem Tannin als der 1990er versehene Wein wirkt nicht nur fabelhaft und faszinierend, sondern hat auch außerordentliche Einzigartigkeit vorzuweisen – fraglos ein hinreißender Tropfen. Ist er aber wirklich den Preis von 4000 bis 5000 $ die Flasche wert, der für Spitzenjahrgänge des Le Pin Ende 1997 auf Auktionen gezahlt wurde?
Voraussichtliche Genußreife: 1999 bis 2012. Letzte Verkostung: 12/96.

1988 • 92 Dieser Wein hat sich in der Flasche schön entwickelt. Die Farbe ist ein tiefes Rubinrot mit Purpurnuancen. Die scharfe Eichennote ist abgeschmolzen und läßt nun viel *pain grillé* und süße, reiche Frucht von schwarzen Kirschen und Johannisbeeren sowie einen Anflug von Pflaumen zutage treten. Dieser schokoladige, volle, mittelschwere bis körperreiche, hochkonzentrierte Le Pin weist mehr Struktur und Tannin auf als in manchem anderen Jahrgang zu spüren ist – auf jeden Fall ein herrlich flüliger, schwelgerischen Genuß versprechender Wein.
Voraussichtliche Genußreife: 2000 bis 2010. Letzte Verkostung: 11/97.

1987 • 88 Das große, exotische, duftige, rauchige und eichenholzwürzige Bukett gibt sich zunächst kraftvoll und ungebremst. Je länger aber der Wein im Glas steht, desto mehr kommt der Charakter von reifer roter Frucht zum Vorschein, schließlich begleitet von einem wundervoll sanften, einschmeichelnden, frühreifen Geschmack; dieser Wein sollte in den nächsten 4 bis 5 Jahren getrunken werden. In seiner absoluten Köstlichkeit stellt er einen weiteren bedeutenden Erfolg für den Jahrgang 1987 in Pomerol dar.
Voraussichtliche Genußreife: Jetzt. Letzte Verkostung: 11/90.

1986 • 91 Der 1986er Le Pin ist nicht so einschmeichelnd und opulent wie der ölige, verschwenderisch reichhaltige, vollmundige 1985er, aber ein häßliches Entlein ist er auch nicht. Sein außerordentliches Bukett von rauchigem Eichenholz und pflaumenduftiger Frucht wird begleitet von konzentrierter, wuchtiger Art und dem stärksten Tanningehalt aus diesem Weinberg seit dem ersten Jahrgang vor einem Jahrzehnt. Er wird den vordergründigen, frühreifen Charme des 1985ers, 1983ers und 1982ers nicht bieten können, wer aber Geduld hat, wird erleben, daß der 1986er unter Weinfreunden stets angenehm auffallen wird.
Voraussichtliche Genußreife: Jetzt bis 2008. Letzte Verkostung: 11/90.

1985 • 93 Dieser Wein hat ein unüblich zusammenhaltloses, übermäßig eichenwürziges und leichtes Stadium durchgemacht, das aber hat sich in den letzten 1 bis 2 Jahren völlig geändert. Jetzt zeigt er tiefe Pflaumenfarbe mit geringfügiger Aufhellung am Rand. Das dem Glas entströmende Bukett bietet verlockende Düfte von Rauch und Kräutern, süßer, flüliger Johannisbeerfrucht und toastwürzigem Eichenholz. Im Mund vereinen sich Karamel, Toffee und Mokka mit flüliger Kirschfrucht zu öliger, voller, satinzarter, völlig unwiderstehlicher Art.
Voraussichtliche Genußreife: Jetzt bis 2008. Letzte Verkostung: 12/96.

1984 • 87 Dieser 1984er ist wohl eines der schönsten Beispiele seines Jahrgangs. Das süße, eichenholzwürzige Aroma mit Nuancen von Kräutern, Kaffee und Schokolade ist überwältigend. Im Mund zeigt sich der runde, opulente, für den Jahrgang erstaunlich reife Wein mit Frucht vollgepackt, und der Abgang ist reich an samtigem, würzigem Geschmack.
Voraussichtliche Genußreife: Jetzt. Letzte Verkostung: 11/90.

1983 • 98 Der 1983er Le Pin bietet ein mächtiges, reich hervorströmendes Bukett von rauchigem Eichenholz, Gewürzen und süßer Frucht. Dieser herrlich opulente, üppige Wein zeigt die prachtvolle Süße und Reife der Frucht, die so sehr das prägende Merkmal dieses Weinguts darstellen, dazu milde Säure, kräftiges Glyzerin, superben Extraktreichtum und sensationellen Abgang. In der Jugend machte er bei geringeren Dimensionen in Aroma und Geschmack einen leichteren Eindruck. Nachdem er nun seinen Gipfel erreicht hat, stellt er einen meiner zwei bis drei Lieblingsvertreter dieses exotisch gestylten, eigenwilligen Weins dar. Am besten genießt man ihn in den nächsten 7 bis 8 Jahren. Letzte Verkostung: 10/94.

1982 • 100 Dieser Wein entzieht sich jeder Punktwertung; nach wie vor bietet er exotischen Genuß und ungebremste Opulenz – man muß ihn selbst probiert haben, um zu glauben, wie sehr. Er verströmt spektakuläre, intensive, durchdringende Düfte von fülliger roter und schwarzer Frucht, Karamel, Kakao, Soja und Vanille. Der extrem volle, reichhaltige, mit vielschichtiger, konzentrierter Frucht versehene, milde, expansive Geschmack ist im Augenblick köstlicher als beim 1982er Pichon-Lalande. Er kostet allerdings auch rund 2000 $ die Flasche – wenn man ihn überhaupt auftreiben kann! Einen so mitreißenden, ungeheuer konzentrierten und hochreifen Wein habe ich kaum je gekostet. Wie lange wird er sich noch halten? In Anbetracht seiner gesunden Farbe und seines außerordentlichen Extraktreichtums und Gleichgewichts dürften weitere 10 bis 15 Jahre Aufbewahrung nicht unmöglich sein – vorausgesetzt daß man seiner magnetischen Anziehungskraft überhaupt widerstehen kann. Letzte Verkostung: 9/95.

1981 • 89 Der 1981er Le Pin hat noch nichts von seinem toastwürzigen Eichenholzcharakter eingebüßt. Dazu bietet er mittelrubinrote Farbe und ein kräuterwürziges Bukett mit Noten von süßen schwarzen Kirschen. Bei mittelschwerem Körper, eleganter, sanfter Art und voller Reife schmeckt er sehr gut, wenn auch nicht außergewöhnlich. Letzte Verkostung: 12/95.

N.B.: Auch der Le Pin ist ein Luxuswein, der sich bei auf Fälschungen spezialisierten Gaunern großer Beliebtheit erfreut. Insbesondere der 1992er ist ein Favorit solcher Fälscher.

PLINCE
Ohne Klassifizierungsrang

Lage der Weinberge: neben Château Nenin und gegenüber Château La Pointe

Besitzer: GFA du Château Plince
Adresse: 33500 Libourne
Telefon: 33 5 57 51 20 24 – Telefax: 33 5 57 51 59 62

Besuche: nur nach Vereinbarung

Kontaktperson: Michel Moreau

ROTWEIN

Rebfläche: (derzeit) 8,5 ha

Durchschnittliches Rebenalter: 30 Jahre

Rebbestand: 68 % Merlot, 24 % Cabernet Franc, 8 % Cabernet Sauvignon

Pflanzdichte: 5500 Reben/ha

Ertrag (im Durchschnitt der letzten 5 Jahre): 53 hl/ha

Durchschnittliche Jahresproduktion insgesamt: 440 hl

GRAND VIN

Name: Château Plince

Appellation: Pomerol

Durchschnittliche Jahresproduktion: 440 hl

Verarbeitung und Ausbau: Vinifikation 3 bis 4 Wochen in temperaturgeregelten Betontanks. Nach malolaktischer Säureumwandlung 15 Monate Ausbau in zu 20 % neuen Eichenfässern. Der Wein wird geschönt, aber nur wenn nötig gefiltert.

DIE WEINE VON POMEROL

Kein ZWEITWEIN

Beurteilung: Entspricht qualitativ einem Cru Bourgeois aus dem Médoc

Genußreife: 5 bis 10 Jahre nach dem Jahrgangsdatum

Der Plince ist ein solider, recht voller, deftiger, würziger, tiefer, aber nur selten komplexer Pomerol, meist aber höchst zufriedenstellend. Das Gut gehört der Familie Moreau, in deren Besitz sich auch Clos l'Eglise befindet, der Vertrieb aber liegt in der Hand des Hauses Jean-Pierre Moueix in Libourne.

Ich kenne den Plince als beständig sauberen, gut bereiteten Wein. Für Größe mag sein Potential nicht ausreichen, aber die Lage des Weinbergs wird gut genutzt für einen kräftigen, stämmigen Stil und eine Lebensdauer von 8 bis 10 Jahren.

JAHRGÄNGE

1996 • 84-86 Dieser monolithische, dichte, dunkel rubinpurpurrote Wein ist nicht gerade ausdrucksstark, aber er bietet bei mittlerem Körper korpulente, vollmundige, süße Pflaumen- und Kirschenfrucht in solider, unkomplizierter Art. Er sollte in den nächsten 5 bis 8 Jahren getrunken werden. Letzte Verkostung: 11/97.

1993 • 80 Der 1993er zeigt schöne Farbe und Dichte, aber das Tannin beherrscht die Frucht. Alles in allem ist die Persönlichkeit dieses Weins kernig und eindimensional, und er dürfte sich 6 bis 7 Jahre lang gut halten. Letzte Verkostung: 11/94.

1992 • 76 Mir hat die unkomplizierte Robustheit dieses Weins im Faß gefallen, aber jetzt, nach der Abfüllung, hat er viel an Charme und Frucht eingebüßt und zeigt sich trocken, hart und schmal mit strengem Tannin und einem ältlichen, faden Aroma von Kräutern und schwarzen Kirschen. Er sollte in den nächsten 2 bis 4 Jahren getrunken werden. Letzte Verkostung: 11/94.

1990 • 82 Schlichte, kernige, stämmige Frucht bietet der mittelschwere, unkomplizierte, monolithische 1990er. Bei milder Säure ist dieser volle Wein doch zu einfach, als daß er eine bessere Punktnote verdienen könnte.
Voraussichtliche Genußreife: Jetzt. Letzte Verkostung: 1/93.

1989 • 85 Der 1989er zeigt den Jahrgangscharakter von hochreifen Pflaumen und schwarzer Frucht. Er ist ein überraschend intensiver, extraktreicher Wein mit kräftigem Tannin im Abgang und einem Alkoholgehalt von 13 bis 13,5 % – eines der eindrucksvollsten Gewächse, die ich aus diesem Weingut kenne.
Voraussichtliche Genußreife: Jetzt bis 2000. Letzte Verkostung: 1/93.

1988 • 80 Der 1988er Plince nimmt sich sehnig und ohne Charme aus, jedoch wird er sich aufgrund seines hohen Tanningehalts ordentlich halten und die ersten 4 bis 5 Jahre des nächsten Jahrhunderts überdauern. Letzte Verkostung: 1/93.

1986 • 82 Der 1986er Plince ist für den Jahrgang überraschend aufgeschlossen und zeigt bei mittlerem Körper reife Pflaumenfruchtigkeit, angemessene Komplexität und einen angenehmen, wenn auch nicht gerade spektakulären Abgang.
Voraussichtliche Genußreife: Jetzt. Letzte Verkostung: 3/90.

1985 • 84 Der 1985er ist ein sehr reifer, süffiger, fülliger Wein mit voller, körperreicher Art, schwacher Säure, wenig Tannin und einem schmackhaften Abgang.
Voraussichtliche Genußreife: Jetzt. Letzte Verkostung: 3/89.

BORDEAUX

LA POINTE
Ohne Klassifizierungsrang

Lage der Weinberge: Pomerol

Besitzer: Bernard d'Arfeuille
Adresse: 33500 Pomerol
Telefon: 33 5 57 51 02 11 – Telefax: 33 5 57 51 42 33

Besuche: nur nach Vereinbarung

ROTWEIN

Rebfläche: 21,5 ha

Durchschnittliches Rebenalter: über 25 Jahre

Rebbestand: 75 % Merlot, 25 % Cabernet Franc

Durchschnittsertrag: 40 bis 55 hl/ha

Durchschnittliche Jahresproduktion insgesamt: 10 000 Kisten

GRAND VIN

Name: Château La Pointe

Appellation: Pomerol

Durchschnittliche Jahresproduktion: 10 000 Kisten

Verarbeitung und Ausbau: Gär- und Maischdauer 16 bis 21 Tage in temperaturgeregelten Edelstahltanks. Malolaktische Säureumwandlung im Tank, anschließend Ausbau in kleinen, jährlich zu $1/3$ erneuerten Eichenfässern. Der Wein wird geschönt und gefiltert. Die Abfüllung erfolgt 15 bis 18 Monate nach der Lese.

ZWEITWEINE

Name: Château La Pointe Riffat

Beurteilung: Entspricht qualitativ einem Cru Bourgeois aus dem Médoc

Genußreife: 3 bis 10 Jahre nach dem Jahrgangsdatum

La Pointe bringt recht unterschiedliche Leistungen hervor. Seine Weine können rund, fruchtig, einfach und generös sein wie etwa der 1970er, allzu oft aber fallen sie nichtssagend leicht und substanzarm aus. Ältere Jahrgänge, z. B. der 1975er, 1976er, 1978er und 1979er, zeigten meist ungemeinen Mangel an jener vollen, kernigen, geschmeidigen und schmackhaften Frucht, die für einen guten Pomerol als typisch gilt. Die große Produktion garantiert dem Wein dennoch weite Verbreitung. Der Merlot-Anteil im Rebbestand wurde inzwischen stark vergrößert. Alles in allem aber ist dieser Wein ein mittelmäßiger Pomerol.

JAHRGÄNGE

1995 • 83 Der 1995er hat gesunde mittelrubinrote Farbe, süße Kirschenfrucht und Toast im Aroma, mittleren Körper, eine gefällige, ausgewogene Persönlichkeit, moderate Geschmackskonzentration und milde Säure. Wie der 1994er will auch er in den ersten 5 bis 7 Jahren nach der Abfüllung getrunken werden.
Letzte Verkostung: 11/97.

1994 • 76 Der 1994er La Pointe zeigt mitteldunkle, an Preiselbeeren erinnernde Farbe, Noten von Gras, Eichenholz und unbestimmter Frucht sowie deutliche Verwässerung, leichten bis mittleren Körper und einen schwach tanninherben Abgang.
Letzte Verkostung: 3/96.

1989 • 74 Der mittelrubinrote, an den Rändern durch Verwässerung aufgehellte, leichte, schlicht fruchtige, alkoholstarke 1989er läßt viel zu wünschen übrig. Er will in den nächsten 3 bis 5 Jahren getrunken sein.
Letzte Verkostung: 1/93.

1988 • 76 Der 1988er ist leicht und eindimensional bei mittlerem Körper. Er sollte in den nächsten 4 bis 5 Jahren getrunken werden.
Letzte Verkostung: 1/93.

1986 • 84 Der 1986er könnte zu den besseren Weinen gezählt werden. Er zeigt würzigen Duft von frischem Eichenholz, attraktive Pflaumenfruchtigkeit, mittleren Körper und einen guten Abgang; er will eindeutig in den nächsten 5 bis 6 Jahren getrunken sein. Da die meisten Pomerols ihrer kleinen Produktion wegen teuer sind, kann der Preis dieses Weins in Anbetracht der Qualität nur als angemessen gelten.
Voraussichtliche Genußreife: Jetzt. Letzte Verkostung: 3/90.

1985 • 83 Der 1985er La Pointe ist ziemlich leicht, aber ausgewogen, reichfruchtig und bei mittlerem Körper ein angenehmer Wein zum Mittagessen oder für ein Picknick.
Voraussichtliche Genußreife: Jetzt. Letzte Verkostung: 3/89.

ROUGET
Ohne Klassifizierungsrang

GUT

Lage der Weinberge: Pomerol

Besitzer: Familie Labruyère
Adresse: Château Rouget, 33500 Pomerol
Telefon: 33 5 57 51 05 85 – Telefax: 33 5 57 51 05 85

Besuche: nur nach Vereinbarung
Kontaktperson: M. Ribeiro

ROTWEIN

Rebfläche: 17,5 ha

Durchschnittliches Rebenalter: 28 Jahre

Rebbestand: 85 % Merlot, 15 % Cabernet Franc

Pflanzdichte: 6000 Reben/ha

Ertrag (im Durchschnitt der letzten 5 Jahre): 35 hl/ha

Durchschnittliche Jahresproduktion insgesamt: 450 hl

GRAND VIN

Name: Château Rouget

Appellation: Pomerol

Durchschnittliche Jahresproduktion: 29 000 Flaschen

BORDEAUX

Verarbeitung und Ausbau: Vinifikation in temperaturgeregelten Edelstahltanks. Rund 15 Monate Ausbau in jährlich zu ⅓ erneuerten Eichenfässern (ab 1997 malolaktische Säureumwandlung in neuen Eichenfässern).

ZWEITWEIN

Name: Vieux Château des Templiers

Durchschnittliche Jahresproduktion: 29 000 Flaschen

Beurteilung: Entspricht qualitativ einem Cru Bourgeois aus dem Médoc

Genußreife: 5 bis 15 Jahre nach dem Jahrgangsdatum

Historisch gesehen ist Rouget eines der illustresten Weingüter von Pomerol. In einer der ersten Ausgaben des Cocks et Féret «Bordeaux et ses Vins» steht es an vierter Stelle, aber inzwischen wurde es im Renommee von vielen anderen Weingüter überholt. Es gibt jedoch keinen Zweifel, daß der Rouget ein voller, interessanter Wein sein kann; beispielsweise waren der 1945er und der 1947er ganz überwältigend und tranken sich am Ende der achtziger Jahre beide noch superb.

Bis vor kurzem leitete François-Jean Brochet das alte schöne Gut, das im Norden der Appellation Pomerol auf sehr sandigem Boden liegt und einen wunderbaren Blick auf das durch die Bäume schimmernde Flüßchen Barbanne bietet. Die Weinbereitung erfolgte unter Brochets Leitung nach traditionellen Methoden, und er unterhielt auch einen außerordentlich großen Vorrat an alten Jahrgängen. Nachdem er seinen Besitz an die Familie Labruyère verkauft hat, dürften einige Verbesserungen zu erwarten sein.

Der Rouget-Stil macht gegenüber Verbrauchern, die einen jung trinkreifen Wein wollen, keine Zugeständnisse. Er zeigt sich dunkel, voll, körperreich, oft sehr tanninstreng, und 8 bis 10 Jahre Kellerreife sind meist das Minimum. Manchmal fällt dieser Wein allzu derb und rustikal aus, fast immer aber ist er köstlich, voll, reif und würzig. Die achtziger und neunziger Jahrgänge zeigen einen geschmeidigeren, nicht mehr so konzentrierten Geschmack, woran sich Fragen hinsichtlich eines Stilwandels knüpfen.

Der Rouget ist ein sehr preiswerter Pomerol, selbst seine alten Jahrgänge sind nicht überteuert.

JAHRGÄNGE

1990 • 85   Der 1990er zeigt mehr Frucht und Fülle als üblich. Er hat mittleren Körper, ist überraschend aufgeschlossen mit sanftem, alkoholkräftigem Abgang und will in den nächsten 6 bis 7 Jahren getrunken werden. Letzte Verkostung: 1/93.

1989 • 84   Der 1989er ist ein herrlich voller, mittelschwerer Wein mit staubtrockenem Tannin, kräftigem Alkohol, schöner Reife und langem, hartem, gerbstoffreichem Abgang. Eleganz erlangt er nie, aber als ein Pomerol der deftigen Art ist er doch ein interessanter Genuß.
Voraussichtliche Genußreife: Jetzt bis 2006. Letzte Verkostung: 1/93.

1988 • 84   Der für seinen Jahrgang mäßig erfolgreiche 1988er Rouget bietet eine zum Teil unter dem Tannin verborgene Note von schwarzen Kirschen, dazu mittleren Körper und ein voll entfaltetes Bukett von erdiger Frucht, verwoben mit den Düften von Mineralen und Kräutern.
Voraussichtliche Genußreife: Jetzt bis 2006. Letzte Verkostung: 1/93.

1986 • 82   Aus unerfindlichen Gründen zeigt der 1986er Rouget sehr aufgeschlossene, frühreife, kommerzielle Art, die – wie ich hoffe – nicht etwa einen neuen künftigen Stil ankündigt. Dieser Wein ist mild und fruchtig, aber auch recht einfach und entspricht kaum dem, was Rouget erreichen kann.
Voraussichtliche Genußreife: Jetzt. Letzte Verkostung: 3/90.

DIE WEINE VON POMEROL

1985 • 84   Der 1985er machte aus dem Faß einen wesentlich besseren Eindruck, doch nach der Abfüllung hat sich der Wein verhüllt. Seine Farbe ist schön rubinrot, doch Charme und Tiefe sind verborgen, vielleicht hinter einer Mauer von rustikalem Tannin versteckt. Nach den Maßstäben dieses Jahrgangs wirkt dieser Wein straff und unentwickelt.
Voraussichtliche Genußreife: Jetzt bis 2005. Letzte Verkostung: 3/89.

1983 • 82   Der reichfruchtige, würzige, füllige und recht konzentrierte 1983er Rouget zeigt sich kräftig, körperreich, mäßig tanninherb und trinkt sich inzwischen schön.
Voraussichtliche Genußreife: Jetzt bis 2000. Letzte Verkostung: 2/88.

1982 • 85   Es scheint, daß ich die Qualität des 1982er Rouget bei der früheren Beurteilung dieses Weins überschätzt habe. Er ist noch immer relativ verschlossen und hart, doch die reiche, reife, intensive Frucht, die ich bei den Faßproben vor der Abfüllung vorgefunden hatte, konnte ich nicht wieder entdecken. Nichtsdestoweniger ist der 1982er gewiß gut, und wer ihn besitzt, sollte 3 bis 4 Jahre abwarten, denn aus diesem Château kommen oft Weine, die erst nach gut 10 Jahren Kellerreife ihr volles Potential an den Tag bringen.
Voraussichtliche Genußreife: Jetzt bis 2000. Letzte Verkostung: 1/91.

1981 • 80   Der 1981er Rouget ist gut, kommt aber im Vergleich gegen den wuchtigeren 1982er und den traubigen, fülligen, saftigen, 1983er nicht mit. Nichtsdestoweniger hat er schöne Frucht, recht hartes, aggressives Tannin und einen ordentlichen, aber nicht gerade begeisternden Abgang.
Voraussichtliche Genußreife: Jetzt. Letzte Verkostung: 6/83.

1978 • 82   Der stämmige, würzige, fruchtige 1978er Rouget mit seinem mittleren bis vollen Körper wirkt auf der Zunge attraktiv, aber etwas ungefüge und schwerfällig. Er besitzt jedoch mäßiges Tannin und kommt deshalb vielleicht noch in Form.
Voraussichtliche Genußreife: Jetzt. Letzte Verkostung: 6/83.

1971 • 80   Der voll ausgereifte 1971er Rouget zeigt staubige Art, ein würziges, erdiges, zedernholzduftiges Bukett, schön konzentrieren Geschmack, aber ein etwas derbes Gefüge. Die mittelrubinrote Farbe läßt durch einen Bernsteinschimmer erkennen, daß dieser Wein getrunken werden will.
Voraussichtliche Genußreife: Jetzt – vermutlich im Nachlassen. Letzte Verkostung: 6/84.

1970 • 84   Der kräftige, rechte füllige, wohlausgestattete 1970er Rouget zeigt vollen Körper und zedernholzduftige, reichhaltige Frucht von schwarzen Johannisbeeren, straff gefügten Geschmack und mäßig aggressives, noch immer deutlich spürbares Tannin.
Voraussichtliche Genußreife: Jetzt. Letzte Verkostung: 6/84.

1964 • 87   Der 1964er ist ein großer Erfolg für Rouget. Die Vorliebe für Weine mit straffer, kräftiger, tanninreicher Art hat in diesem Jahrgang einen Wein mit mehr Ausgewogenheit und Harmonie hervorgebracht. Er ist zutiefst fruchtig und zeigt erdige Geschmacksnuancen sowie die Frucht schwarzer Johannisbeeren in Hülle und Fülle – dieser körperreiche 1964er Rouget besitzt Wucht, Symmetrie und überraschende Nachhaltigkeit und ist einer der besseren Pomerols aus diesem Jahrgang.
Voraussichtliche Genußreife: Jetzt. Letzte Verkostung: 1/85.

BORDEAUX

DE SALES
Ohne Klassifizierungsrang

GUT

Lage der Weinberge: zum Teil im Nordwesten von Pomerol, zum Teil zwischen Pomerol und Libourne

Besitzer: G.F.A. du Château de Sales – Familie de Lambert
Adresse: 33500 Pomerol
Telefon: 33 5 57 51 04 92 – Telefax: 33 5 57 25 23 91

Besuche: vorzugsweise nach Vereinbarung
Kontaktperson: Bruno de Lambert

ROTWEIN

Rebfläche: 47 ha

Durchschnittliches Rebenalter: gut 25 Jahre

Rebbestand: 70 % Merlot, 15 % Cabernet Franc, 15 % Cabernet Sauvignon

Pflanzdichte: 5600 Reben/ha

Ertrag (im Durchschnitt der letzten 5 Jahre): 49,3 hl/ha

Durchschnittliche Jahresproduktion insgesamt: 2200 hl

GRAND VIN

Name: Château de Sales

Appellation: Pomerol

Durchschnittliche Jahresproduktion: 150000 bis 180000 Flaschen

Verarbeitung und Ausbau: Gär- und Maischdauer 17 bis 22 Tage in temperaturgeregelten Betontanks bei max. 30°C. Umpumpen je nach Qualität des Tannins. Nach der malolaktischen Säureumwandlung im Tank geht die Hälfte des Ertrags in Eichenfässer (neue werden nie verwendet), die andere Hälfte in Tanks. Beim Abstich nach jeweils 3 Monaten wird zwischen Tanks und Fässern gewechselt; abschließend nochmals 6 Monate Tanklagerung bis zur Abfüllung. Der Wein wird mit frischem Eiweiß geschönt und leicht gefiltert.

ZWEITWEIN

Name: Château Chantalouette

Durchschnittliche Jahresproduktion: 50000 bis 100000 Flaschen (je nach Jahrgang)

Beurteilung: Entspricht qualitativ einem Cru Bourgeois aus dem Médoc

Genußreife: 3 bis 10 Jahre nach dem Jahrgangsdatum

De Sales ist das größte Weingut von Pomerol und besitzt auch das einzige wirklich großartige Château der Appellation. Es liegt in der Nordwestecke von Pomerol auf vorwiegend sandigem, mit Kies untermischtem Boden und befindet sich im Besitz und unter der Leitung der Familie de Lambert. Seine Weine rücken immer mehr unter die erfreulichsten Pomerols auf; ihre schiere geschmeidige, schimmernde, runde, generöse und reife Fruchtigkeit und ihre sanfte, seidige Persönlichkeit werden weithin geschätzt. Zwar hat de Sales schon immer guten Wein hervorgebracht, die neueren Jahrgänge aber machen einen besonders guten Eindruck. Wuchtige, aggres-

DIE WEINE VON POMEROL

sive, eichenholzwürzige oder breite Art sind ihm fremd, vielmehr steht unverzügliche Trinkreife im Vordergrund. Trotz dieser frühreifen Art besitzt er doch die Fähigkeit, sich über 10 bis 12 Jahre gut zu halten.

Der beständig gute de Sales wird zwar kaum je ein großer Pomerol werden, aber er hat mich auch selten enttäuscht. Bei seinem bescheidenen Preis ist er stets empfehlenswert.

JAHRGÄNGE

1996 • 85-86   De Sales ist im Comeback begriffen, und das ist eine gute Nachricht für alle, die einen preisgünstigeren Pomerol suchen. Der elegante, sanfte, nach Beeren und Kaffee duftende 1996er zeigt mittleren Körper, milde Säure und attraktive Frucht – ein sauber bereiteter, mittelschwerer Pomerol, der in den ersten 7 bis 8 Lebensjahren getrunken werden sollte.
Letzte Verkostung: 3/98.

1995 • 87   Dieser de Sales wird sich vielleicht als der beste seit dem 1982er erweisen. Er zeigt tief rubinrote Farbe und ein verführerisches Bukett von fülligen Kirschen, Erde, Kirschgeist mit einer fesselnden Balsamholznote. Im Mund bietet der geschmeidige Wein sehr gute Konzentration, runde, samtige, ansprechende Art und einen sauberen, üppig sanften, mit einer Beerennuance durchsetzten Abgang. Dieser 1995er Pomerol trinkt sich zwar schon gut, dürfte aber noch mindestens 7 bis 8 Jahre halten. Ein Geheimtip.
Letzte Verkostung: 11/97.

1993 • ?   Der 1992er und der 1993er de Sales leiden unter dem gleichen Problem: unerfreuliche, dumpfige Aromen, die an feuchtes Holz oder nasses Hundefell erinnern. Ein Urteil behalte ich mir vor. Letzte Verkostung: 11/94.

1990 • 89   Der kräftige, volle 1990er hat ein Bukett, das mit seinen süßen, aufgeschlossenen Noten von Leder, Gewürz, Toffee, Karamel und Beeren an den 1989er erinnert. Hinzu kommen volle, reife Frucht, mittlerer Körper, schöne Vollmundigkeit und ein langer Abgang. Dieser Wein ist in den nächsten 7 bis 12 Jahren schön zu trinken.
Letzte Verkostung: 1/93.

1989 • 85   Der 1989er ist für einen de Sales überraschend körperreich und zeigt ein tiefes, intensives Bukett von schwarzen Kirschen, verflochten mit Düften von Vanillin und Toast. Im Mund spürt man schöne Reife und kräftigen Alkohol, und es schließt sich ein langer, tanninherber, voller Abgang an.
Voraussichtliche Genußreife: Jetzt bis 2003. Letzte Verkostung: 1/93.

1988 • 84   Der aufgeschlossene 1988er bietet in den kommenden 4 bis 6 Jahren attraktiven Genuß. Letzte Verkostung: 1/93.

1986 • 80   Der 1986er ist leicht, hat aber Charme und ansprechende Art bei nicht zu schwerem Körper.
Voraussichtliche Genußreife: Jetzt. Letzte Verkostung: 4/91.

1985 • 83   Der 1985er ist ein sehr milder, eingängiger, geschmeidiger und fruchtiger Wein, der jung getrunken sein will. Er könnte zwar mehr Biß und Nachhaltigkeit vertragen, doch als unkompliziertes Gewächs zu einem vernünftigen Preis ist er kaum zu schlagen.
Voraussichtliche Genußreife: Jetzt. Letzte Verkostung: 4/91.

1984 • 78   Der offen gewirkte, einnehmende, milde, fruchtige Charakter zeigt keinen vegetabilen oder unreifen Einschlag. Dieser Wein mit seinem leichten bis mittleren Körper sollte bald getrunken werden.
Voraussichtliche Genußreife: Jetzt. Letzte Verkostung: 4/91.

1983 • 85   Der für de Sales vielleicht etwas untypische 1983er ist füllig, lieblich, alkoholstark mit opulenter Fruchtigkeit, einem reifen Bukett von schwarzen Kirschen und Pfirsichen und mit milder, dicklicher Art. Der geringe Säuregehalt legt baldigen Verbrauch nahe.
Voraussichtliche Genußreife: Jetzt. Letzte Verkostung: 4/91.

1982 • 85 Dieser Wein hat sich weit länger gehalten, als ich gedacht hätte. Seit eh und je bietet er in Duft und Geschmack Nuancen von Mokka, *root beer* und Kirschen bei mittlerem Körper, seidiger Art und guter Frucht und Vollmundigkeit. Er zeigt bereits ziemlich viel Bernsteingelb am Rand und beginnt nachzulassen und abzumagern, daher sollte er ausgetrunken werden. Letzte Verkostung: 9/95.

1981 • 86 Der 1981er de Sales ist ein schöner Erfolg aus diesem Jahrgang, recht sanft und konzentriert, mit reifer, reicher Frucht, würzigem Eichenholzduft, mittlerem Körper und einem langen Abgang – ein anmutiger, schmackhafter Wein.
Voraussichtliche Genußreife: Jetzt. Letzte Verkostung: 11/84.

TROTANOY
Ohne Klassifizierungsrang

HERVORRAGEND

Lage der Weinberge: im Westteil am höchsten Hang von Pomerol
(eines der Weingüter, die Pétrus umgeben)

Besitzer: S.C. du Château Trotanoy (Betriebsführung: Ets. J.-P. Moueix)
Adresse: 33500 Pomerol
Postanschrift: c/o Ets. J.-P. Moueix, 54, quai du Priourat, B.P.129, 33502 Libourne-Cedex
Telefon: 33 5 57 51 78 96 – Telefax: 33 5 57 51 79 79

Besuche: nach Vereinbarung, nur für Fachbesucher
Kontaktperson: Frédéric Lospied

ROTWEIN

Rebfläche: 9 ha

Durchschnittliches Rebenalter: 30 Jahre

Rebbestand: 80 % Merlot, 10 % Cabernet Franc und 10 % sonstige Rebsorten

Pflanzdichte: 5500 bis 6000 Reben/ha

Ertrag (im Durchschnitt der letzten 5 Jahre): 35 hl/ha

Durchschnittliche Jahresproduktion insgesamt: 2500 bis 3000 Kisten

GRAND VIN

Name: Château Trotanoy

Appellation: Pomerol

Durchschnittliche Jahresproduktion: 2500 bis 3000 Kisten

Verarbeitung und Ausbau: Gärdauer 7 bis 10 Tage in kleinen temperaturgeregelten Betontanks, anschließend 1 Woche Maischung auf den Schalen. Malolaktische Säureumwandlung bei 30 % des Ertrags in neuen Eichenfässern, ansonsten im Tank. 18 bis 20 Monate Ausbau in jährlich zu zwei Dritteln erneuerten Eichenfässern. Der Wein wird geschönt, aber nicht gefiltert.

Kein ZWEITWEIN

Beurteilung: Entspricht qualitativ einem 2ème Cru, manchmal einem Premier Cru aus dem Médoc

Genußreife: 7 bis 20 Jahre nach dem Jahrgangsdatum

DIE WEINE VON POMEROL

Schon lange ist der Trotanoy einer der großen Weine von Pomerol, ja von ganz Bordeaux. Seit 1976 ist er einem Deuxième Cru ebenbürtig und in Jahrgängen vor 1976 war er oft so profund wie ein Premier Cru.

Seit 1953 gehört das Château Trotanoy dem Haus Jean-Pierre Moueix und ist heute der Wohnsitz von Jean-Jacques Moueix. Seine Weinberge liegen 1 km westlich von Pétrus zwischen der Kirche von Pomerol und dem Ort Catusseau auf lehmigem Kiesboden. Der Wein wird genauso bereitet und behandelt wie der von Pétrus, mit der Ausnahme, daß für ihn jährlich nur zu 66 % neue Eichenfässer verwendet werden.

Bis zum Ende der siebziger Jahre war der Trotanoy ein opulent reichhaltiger, intensiver, körperreicher Wein, der meist ein volles Jahrzehnt Kellerreife brauchte, bis er auf seinen Zenit gelangte. In manchen Jahren kam er in Kraft, Intensität und Konzentration erstaunlich nahe an den Pétrus heran. Zu seinen beneidenswerten Leistungen gehörte es, daß er auch in für Bordeaux schlechten Jahren gut, manchmal sogar brillant ausfiel. Der 1967er, 1972 und 1974er sind nur drei Beispiele für Jahrgänge, in denen der Trotanoy zu den besten zwei bis drei Weinen in der ganzen Region Bordeaux zählte.

Am Ende der siebziger Jahre wurde der Stil deutlich leichter, obzwar der Trotanoy dann mit dem außerordentlich opulenten, reichhaltigen, übervollen 1982er zur alten Form zurückzufinden schien. Bis 1995 hat es dann eine Folge von zwar guten, aber nicht überwältigenden Weinen gegeben. Natürlich hat der nicht gerade große Weinberg von Trotanoy in gewissem Umfang neu bestockt werden müssen, und das Lesegut dieser jüngeren Reben wird mitverarbeitet. Wie dem auch sei, der Trotanoy gehört offenbar nicht mehr unbedingt zu den drei oder vier Spitzenweinen von Pomerol, vielmehr ist er in den achtziger Jahren (mit Ausnahme des 1982ers) von anderen Châteaux wie Clinet, l'Eglise-Clinet, Vieux-Château-Certan, Le Pin, Lafleur, Lafleur de Gay, l'Evangile, La Conseillante und in bestimmten Jahrgängen sogar von Bon Pasteur überflügelt worden. Bedenkt man die Konkurrenzbereitschaft und das Sachkönnen von Christian Moueix und seinem Team, dann dürfte hier aber bald Wandel eintreten. Die neueren Jahrgänge machen wieder starken Eindruck, unter anderem der sensationelle 1995er.

Der Trotanoy ist ein teurer Wein, weil er bei Kennern in aller Welt in hohem Ansehen steht. Dennoch erzielt er selten mehr als den halben Preis von Pétrus, und das sollte man nicht vergessen, denn er hat (in bestimmten Jahrgängen) mehr als nur oberflächliche Ähnlichkeit mit dem großen Pétrus.

JAHRGÄNGE

1997 • 90-92 Strikte Auslese durch Christian Moueix erbrachte 1997 lediglich 2500 Kisten Trotanoy. Diese eindrucksvoll gebaute, konzentrierte Leistung wird zu den langlebigsten Weinen des Jahrgangs gehören. Die Farbe ist ein dichtes Rubinpurpurrot, das Aroma bietet Düfte von schwarzen Trüffeln, frischen und gedörrten Pflaumen und reifen Kirschen. Im Mund zeigt der Wein hervorragende Fülle, breite, expansive Vollmundigkeit, moderates Tannin und exzellente Klarheit der Linie (bei 1997ern kein verbreitetes Merkmal) – ein echter *vin de garde* in einem Jahrgang, der eine Fülle von Weinen hervorgebracht hat, die früh getrunken sein wollen. Voraussichtliche Genußreife: 2004 bis 2015. Letzte Verkostung: 3/98.

1996 • 90-91+ Der dunkel rubinpurpurrote Wein, ein zutiefst verschlossener *vin de garde*, hat im Aroma Trüffeln, Minerale und süße Frucht von schwarzen Kirschen und Himbeeren. Im Mund präsentiert er sich mittelschwer bis körperreich mit kräftigem Tannin, muskulöser Art und kerniger Intensität der alten Schule in Geschmack, Substanz und Persönlichkeit. Allerdings besitzt der 1996er nicht die Lebendigkeit und das außerordentliche Potential des 1995ers, aber er stellt eine tüchtige Leistung aus einem in Pomerol ungleichmäßig ausgefallenen Jahrgang dar.
Voraussichtliche Genußreife: 2003 bis 2020. Letzte Verkostung: 3/98.

1995 • 93+ Dieser Wein, ein fabelhafter Erfolg für Trotanoy, hat beträchtliches Potential und könnte einmal eine höhere Punktnote verdienen, als ich sie ihm zugebilligt habe. Der 1995er prangt in tiefem Purpurrot, sein umwerfendes Bukett bietet schwarze Trüffeln, Kirschen und Himbeeren, vermischt mit Nuancen von Eichenholzwürze und blutigem Rindfleisch. Dieser körperreiche, dichte, breitschultrige, extraktreiche Trotanoy ist superb und so wuchtig und verschlossen wie sein Rivale Lafleur. Man darf also nicht in die irrige Meinung verfallen, er werde auf mittlere Sicht gefälligen Genuß bereithalten. Bei aller schönen Art hat er doch überaus kräftiges Tannin und verlangt 7 bis 8 Jahre Kellerreife. Bravo!
Voraussichtliche Genußreife: 2005 bis 2025. Letzte Verkostung: 11/97.

1994 • 89+ Die dunkel rubinpurpurrote Farbe und das verschlossene Aromaprofil müssen ausgelotet werden, bis man auf die süße, reife Frucht stößt, die sich seit der Abfüllung zurückgezogen zu haben scheint. Der maskuline 1994er Trotanoy ist unentwickelt, wuchtig und braucht 5 bis 7 Jahre Kellerreife. Seine Fülle, sein mittlerer bis voller Körper mit hervorragendem Extraktreichtum sowie seine stämmige, stramme Art machen ihn zum echten *vin de garde*.
Voraussichtliche Genußreife: 2003 bis 2020. Letzte Verkostung: 1/97.

1993 • 90 Diesen Wein solle man sich aus dem weitgehend ignorierten Jahrgang 1993 herauspicken. Der Trotanoy zeigt satte purpurrote Farbe und ein süßes, reife Bukett von schwarzen Kirschen, Süßholz und Erde, dazu hochklassigen Geschmack, mittleren bis vollen Körper, moderates Tannin und einen Kern an süßer, konzentrierter Frucht – eine glänzende Leistung, ein Schlager des Jahrgangs.
Voraussichtliche Genußreife: 2001 bis 2018.

1992 • 88 Der 1992er bietet dichte, satte, dunkel rubinrote Farbe und ein exzellentes, süßes Bukett von schwarzen Kirschen, Mokka, Mineralen und Vanillin, dazu mittelschweren, konzentrierten Geschmack, wundervolle Saftigkeit und Geschmeidigkeit der Frucht und einen langen, kräftigen, vollen Abgang. Diesem expansiven, moderat tanninreichen Trotanoy werden 2 bis 3 Jahre Kellerreife guttun, und er wird dann 12 bis 15 Jahre überdauern. Letzte Verkostung: 11/94.

1990 • 91 Dieser Wein hat mehr Wucht, Extrakt, Alkohol und Glyzerin sowie kräftigeres Tannin als der 1989er. In seinem tiefen Rubinrot sind keine Anzeichen von Bernsteingelb zu erkennen. Aggressives Tannin im Abgang läßt darauf schließen, daß ihm weitere 10 bis 15 Jahre bevorstehen. Der aufgeschlossene 1990er mit seiner milden Säure und süßen Frucht ist der reichhaltigste Trotanoy aus der Zeit zwischen 1982 und 1995 – ein erfreulicher, erstklassiger Wein aus diesem großartigen *terroir*. Er wird sich in den nächsten 15 Jahren schön trinken.
Letzte Verkostung: 11/96.

1989 • 88 Der 1989er Trotanoy ist ein eleganter, reifer Wein. Er zeigt tief rubinrote Farbe mit leicht bernsteingelbem Saum; hinzu kommt ein Bukett mit süßer, reifer Frucht und Noten von provençalischen Kräutern, schwarzen Oliven und Zedernholz. Dieser gefällige, entgegenkommende Wein mit seinem mittleren Körper und seiner runden, fruchtigen, sanften Art dürfte in den nächsten 10 bis 12 Jahren schönen Genuß bereiten.
Letzte Verkostung: 11/96.

1988 • 86 Der sehr gute 1988er zeigt im attraktiven Bukett Noten von Pflaumen und Vanillin, am Gaumen schöne Konzentration, festes, relativ hartes Tannin und einen würzigen, langen Abgang. Er ist zwar schmackhaft, mir wäre aber etwas mehr aufregende Art lieber.
Voraussichtliche Genußreife: Jetzt bis 2008. Letzte Verkostung: 1/93.

1986 • 84 Mir sagt dieser Wein immer noch nicht besonders zu. Er ist zwar voll ausgereift, aber ungewöhnlich vegetabil mit gerösteten und Kräutertee-Aromen. In der mittelrubinroten Farbe zeigt sich ein bernsteingelber Rand, und am Gaumen erweist sich der Geschmack als hohl, obschon am Anfang süße Kirschenfrucht wahrnehmbar ist. Der mittelschwere Abgang wirkt relativ dünn.
Voraussichtliche Genußreife: Jetzt bis 2005. Letzte Verkostung: 3/97.

1985 • 85 Auch dieser Wein ist eine enttäuschende Leistung; er scheint mit zunehmendem Tempo Frucht und Fett einzubüßen. In der mittelrubingranatroten Farbe erscheint am Rand

viel Rostrot. Im Bukett finden sich Aromen von Oliven, gegrilltem Gemüse und unkomplizierter Kirschfrucht. Im Mund fühlt sich der Wein mittelschwer und sanft an. Etwas Säure und Tannin treten durch die magere Substanz zutage und lassen es ratsam erscheinen, diesen Wein bald auszutrinken.
Voraussichtliche Genußreife: Jetzt bis 2003. Letzte Verkostung: 3/97.

1984 • 84 Bedenkt man, welche Schwierigkeiten dieser Jahrgang gemacht hat, dann ist dieser Wein gut ausgefallen, Er ist reif, tanninreich, fest gebaut und besitzt Tiefe und Nachhaltigkeit.
Voraussichtliche Genußreife: Jetzt. Letzte Verkostung: 3/89.

1983 • 81 Der 1983er Trotanoy ist eine Enttäuschung und der erste aus einer Reihe von Jahrgängen mit Weinen in minderer Qualität, als man sie bei einem so berühmten Weingut erwartet hätte. Er ist ein wenig stumpf und leicht und scheint bei zuviel Tannin für die magere Frucht nicht ganz im Gleichgewicht zu sein. Meine Benotung kann sich in der weiteren Entwicklung dieses Weins vielleicht sogar als allzu großzügig erweisen, denn er scheint eher Frucht einzubüßen, anstatt sich, wie ich es gehofft hatte, aufzufüllen.
Voraussichtliche Genußreife: Jetzt. Letzte Verkostung: 1/89.

1982 • 94 Dieser vollreife, herrlich verführerische, duftige, komplexe Wein bietet intensive Aromen von fülliger Frucht, Mokka, gedörrten Kräutern und süß toastwürzigem Eichenholz. Mit vollem Körper, expansiver, керniger Konzentration, reichlicher Frucht und milder, weicher Säure ist er der prachtvollste Trotanoy seit dem superben 1975er. Er ist zwar noch jung, aber doch schon sanft, köstlich und ein idealer Genuß für mindestens die nächsten 10 bis 15 Jahre.
Letzte Verkostung: 9/95.

1981 • 85 Der 1981er Trotanoy ist ein elegant gebauter, ausdrucksstarker, mäßig voller Wein mit guter, tiefer, reifer Frucht, einem würzigen Bukett mit Eichenholz- und Lederdüften, bei mittlerem Körper, schöner Konzentration und leichtem Tannin im Abgang.
Voraussichtliche Genußreife: Jetzt bis 2000. Letzte Verkostung: 12/90.

1979 • 86 Der überraschend frühreife, charmant geschmeidige und fruchtige 1979er Trotanoy entwickelt sich in der Flasche weiterhin schön. Er ist inzwischen durchaus trinkreif, aber kein kraftvoller oder gar massiver Trotanoy, sondern vielmehr ein runder, fülliger, eleganter Wein mit gutem Gleichgewicht.
Voraussichtliche Genußreife: Jetzt. Letzte Verkostung: 12/90.

1978 • 84 Der 1978er Trotanoy ist rasch ausgereift und trinkt sich jetzt schön. Sein ausgewachsenes Bukett erinnert an Kräuter, frische Tomaten und schwarze Johannisbeeren. Auf der Zunge zeigt er mittleren Körper, milde und samtige Art ohne die Tiefe der Frucht, die man im Trotanoy sonst findet. In diesem locker gewirkten, kräuterwürzigen, etwas kargen 1978er findet sich nur noch wenig Tannin.
Voraussichtliche Genußreife: Jetzt. Letzte Verkostung: 12/90.

1976 • 84 Den von anderen Kritikern allgemein hoch eingeschätzten 1976er habe ich sehr genossen, aber er ist jetzt voll durchgereift und gibt Zeichen von Überreife und einen dicklichen, säurearmen Charakter zu erkennen. Er ist recht pflaumenwürzig, füllig, ja sogar pfefferig und hat wunderbar sanfte Struktur – ein köstlicher Trotanoy in exotischem Stil, aber es fehlt ihm an Rückgrat und Struktur.
Voraussichtliche Genußreife: Jetzt – vermutlich im Nachlassen. Letzte Verkostung: 10/83.

1975 • 95 Der exquisite 1975er Trotanoy hat meine Stimme als einer der drei feinsten Weine aus diesem Weingut in den letzten 25 Jahren (die anderen sind der 1970er und der 1982er). Er trinkt sich schon seit etlichen Jahren herrlich und zeigt im komplexen, süßen, duftigen Bukett fabelhafte Noten von Mokka, Toffee und fülligen schwarzen Kirschen. Der körperreiche, herrlich konzentrierte, samtige Wein mit seinem festen Abgang ist ein wuchtiger, voller, komplexer, großartiger Trotanoy. Genußreif ist er im Lauf der nächsten 10 bis 15 Jahre. Wie bei so vielen erstklassigen Pomerols aus dem Jahrgang 1975 hat auch seine Frucht eine Süße und Fülle, wie sie in den meisten 1975er Médocs nicht anzutreffen ist – eine glorreiche Leistung!
Letzte Verkostung: 12/95.

1974 • 86   Der 1974er Trotanoy ist einer der besten Weine dieses Jahrgangs (eindeutig der beste Pomerol), er ist jetzt voll ausgereift und sollte in nächster Zeit ausgetrunken werden. Bei ungewöhnlich konzentrierter, überraschend reifer und fruchtiger Art zeigt er mittleren bis vollen Körper und einen sanften Abgang mit Nuancen von Mokka, Kaffee und Schokolade.
Voraussichtliche Genußreife: Jetzt. Letzte Verkostung: 2/91.

1971 • 93   Ich erinnere mich, wie absolut köstlich dieser dunkel granatrote Wein um die Mitte der siebziger Jahre war, und doch scheint er jedesmal, wenn ich mich wieder mit ihm befasse, in der Flasche noch zugelegt zu haben. Er ist unverändert superb mit viel samtiger, reifer, übervoller Merlot-Frucht, opulenter Art und einem langen, körperreichen, kräftigen Abgang – einer der feinsten Weine des Jahrgangs (nur hinter dem Pétrus muß er zurückstehen). Bedenkt man, wie lange er sich schon auf seinem Höhepunkt hält, dann kann ich auch durchaus falsch liegen, wenn ich behaupte, er müsse getrunken werden.
Voraussichtliche Genußreife: Jetzt bis 2002 Letzte Verkostung: 7/97.

1970 • 96+   Dieser Wein hat sich in den letzten 4 bis 5 Jahren prächtig entwickelt. Er ist noch verschlossener und möglicherweise sogar konzentrierter als der 1970er Pétrus (auch tanninreicher) und zeigt sich als mächtiger, nach alter Art massiver, voller, reichhaltiger Wein, voll gepackt mit Schokolade und Beerenfrucht und versehen mit einer Spur Leder, Rauchfleisch und Süßholz. Die tiefdunkle granatrote Farbe zeigt noch kein Bernsteingelb, das Bukett beginnt sich gerade erst zu entfalten. Sein Geschmack ist so hochkonzentriert, daß ich mich unterfange zu behaupten, er sei in dieser Hinsicht seit dem Zweiten Weltkrieg noch von keinem Trotanoy übertroffen worden. Dabei nehme ich an, daß er noch zu einem relativ günstigen Preis zu haben sein dürfte. Wer ihn besitzt, darf diesen Genuß für die Zeit zwischen 2000 und 2030 einplanen. Der 1970er Trotanoy, einer der drei großartigsten Weine seines Jahrgangs, ist neben dem außerordentlichen 1961er und 1945er wohl auch der feinste Tropfen aus diesem Haus.
Letzte Verkostung: 6/96.

1967 • 91   Dies ist ein spektakulärer Wein für seinen Jahrgang. Ich hätte gedacht, er würde inzwischen seine Frucht einbüßen, aber als ich ihn das letzte Mal verkostete, war er immer noch überschäumend reichhaltig, vollbeladen mit Frucht und ein reiner Genuß. Bei körperreicher, bemerkenswert konzentrierter Art bietet dieser vieldimensionale Wein für den Jahrgang erstaunliche Opulenz und Fülle. Ein durchschlagender Erfolg.
Voraussichtliche Genußreife: Jetzt. Letzte Verkostung: 12/90.

1966 • 85   Ich beginne mich zu fragen, wann dieser nach wie vor tanninreiche, strenge und verschlossene Wein mit seiner eindrucksvollen Farbe und Konzentration sich endlich entfalten wird. Dieser kraftvolle, untersetzte Trotanoy verliert möglicherweise seine Frucht vor dem Tannin. Voraussichtliche Genußreife: Jetzt. Letzte Verkostung: 1/87.

1964 • 90   Dieser eindrucksvoll kräftige, tiefe, dunkle Trotanoy zeigt am Rand nur einen Hauch von Bernstein, dabei hervorragende Reife und Konzentration und eine fast portweinähnliche Viskosität. Die leichte Bitterkeit, die ich in der ersten Ausgabe dieses Buchs erwähnte, hat sich bei meinen beiden letzten Verkostungen dieses Weins nicht als Problem erwiesen, vielmehr bildet der 1964er eindeutig eine großartige Leistung von Trotanoy. Er ist nun voll ausgereift und dürfte sich in Anbetracht seines Formats und seiner Konzentration noch mindestens weitere 10 Jahre schön trinken.
Voraussichtliche Genußreife: Jetzt bis 2002. Letzte Verkostung: 11/90.

1962 • 88   Der Spitzen-Pomerol des Jahrgangs ist nach wie vor köstlich mit seinem kräftigen, würzigen, zedernholz- und tabakduftenden Bukett und seinem milden, vollen, runden Geschmack, der lange auf der Zunge schwebt. Dieser harmonische und attraktive Wein sollte allerdings ausgetrunken werden.
Voraussichtliche Genußreife: Jetzt. Letzte Verkostung: 1/83.

1961 • 98   Der 1961er, dem ich beständig zwischen 96 und 100 Punkte zuerkannt habe, ist fraglos der großartigste Trotanoy der Nachkriegszeit. Seine satte, tintendunkle Pflaumenfarbe zeigt am Rand ein wenig Bernsteingelb. Das herrliche Bukett von fülligen schwarzen Himbeeren, Rauch,

Nelken, Teer und Karamel wirkt umwerfend. Mit seinem öligen, vollen, milden, mit Glyzerin und Extrakt befrachteten Geschmack ist dieser massive, körperreiche, überwältigend vollmundige und ganz und gar ausgereifte Wein imstande, noch weitere 10 bis 20 Jahre zu überdauern.

VIEUX-CHÂTEAU-CERTAN
Ohne Klassifizierungsrang

AUSGEZEICHNET

Lage der Weinberge: auf dem Plateau von Pomerol

Besitzer: Familie Thienpont
Adresse: 33500 Pomerol
Postanschrift: wie oben
Telefon: 33 5 57 51 17 33 – Telefax: 33 5 57 25 35 08

Besuche: nur nach Vereinbarung
Kontaktperson: Alexandre Thienpont

ROTWEIN

Rebfläche: 13,5 ha

Durchschnittliches Rebenalter: 35 Jahre

Rebbestand: 60 % Merlot, 30 % Cabernet Franc, 10 % Cabernet Sauvignon

Pflanzdichte: 5800 Reben/ha

Ertrag (im Durchschnitt der letzten 5 Jahre): 40 hl/ha

Durchschnittliche Jahresproduktion insgesamt: 60 000 Flaschen

GRAND VIN

Name: Vieux-Château-Certan

Appellation: Pomerol

Durchschnittliche Jahresproduktion: 50 000 bis 60 000 Flaschen

Verarbeitung und Ausbau: Vinifikation 15 Tage in Holzfässern, malolaktische Säureumwandlung rund 3 Wochen in Edelstahltanks; anschließend 18 bis 22 Monate Ausbau in jährlich zur Hälfte erneuerten Eichenfässern. Der Wein wird geschönt, aber nicht gefiltert.

ZWEITWEIN

Name: Gravette de Certan

Durchschnittliche Jahresproduktion: je nach Jahrgang

Beurteilung: Entspricht qualitativ einem 2ème Cru aus dem Médoc

Genußreife: 5 bis 20 Jahre nach dem Jahrgangsdatum

Vieux-Château-Certan, einer der berühmten Namen in Pomerol, ist der ganze Stolz seiner Besitzer, der Familie Thienpont. Im 19. und zunächst auch im 20. Jahrhundert galt sein Wein als der feinste von ganz Pomerol. Erst nach dem Zweiten Weltkrieg wurde er vom Pétrus verdrängt. Die beiden Weine könnten nicht verschiedener sein, denn der Vieux-Château-Certan beruht in

Stil und Komplexität auf einem hohen Anteil an Cabernet Franc und Cabernet Sauvignon, während der Pétrus fast rein aus Merlot besteht. Der Weinberg liegt im Zentrum des Plateaus, umgeben von der vornehmsten Aristokratie der Appellation: Certan de May, La Conseillante, l'Evangile, Petit-Village und Pétrus. Der Boden ist Kies über eisenreichem Lehm. Hier wächst ein Wein, der die Stärke des Pétrus oder anderer von Merlot beherrschter Weine vom Plateau nicht erreicht, dafür aber oft eine Duftigkeit und Eleganz besitzt, die an Spitzenweine aus dem Médoc erinnert.

Ein Besuch im *chai* von Vieux-Château-Certan läßt gesunden Respekt vor der Tradition erkennen. Die Gärung findet noch immer in großen, alten Holzfässern statt, und das Château lehnt es ab, mehr als 50 % neue Eichenfässer für den Ausbau eines Jahrgangs einzusetzen. Der Wein ruht bis zu 2 Jahre lang in Großgebinden und wird bei der Abfüllung nicht gefiltert. In der Zeit nach dem Zweiten Weltkrieg wurde der Vieux-Château-Certan größtenteils von Léon Thienpont bereitet, erst seit seinem Tod im Jahr 1985 wird das Gut von seinem Sohn Alexandre geleitet, der als *régisseur* im Château La Gaffelière in St-Emilion gelernt hat. Als der junge, schüchterne Thienpont das Gut übernahm, schüttelten die Oldtimer den Kopf wegen seines Mangels an Erfahrung, er aber ließ sich nicht beirren und führte die von seinem Nachbarn Christian Moueix im Château Pétrus praktizierten Techniken der Fruchtausdünnung ein.

Aufgrund seiner historischen Reputation für exzellente Qualität ist der Vieux-Château-Certan ein teurer Wein.

JAHRGÄNGE

1997 • 87-88   Der typisch elegante, zarte und graziöse 1997er Vieux-Château-Certan zeigt dunkel rubinrote Farbe, ein würziges Beerenaroma mit Kräuternuance, ausgewogenen, mittelschweren, ausgefeilten Geschmack, schöne Milde und in die Säure wohlintegriertes Tannin. Nichts wirkt eckig an diesem gemessenen, attraktiv gestalteten Wein.
Voraussichtliche Genußreife: 2000 bis 2010. Letzte Verkostung: 3/98.

1996 • 87-90   Dieser dunkel rubinrote Wein bietet ein fesselndes Aromaprofil mit Nuancen von Zedernholz, Früchtekuchen, asiatischen Gewürzen, Rauch und Cassis. Im Mund gibt eine Olivennote die Cabernet-Sauvignon-Komponente in diesem Pomerol zu erkennen. Mittlerer Körper, schöne Reife und ein beträchtliches Potential an Komplexität und Eleganz zeichnen diesen sehr guten, ja exzellenten Vieux-Château-Certan aus, der über zwei Jahrzehnte hinweg schönen Genuß bereiten dürfte.
Voraussichtliche Genußreife: 2002 bis 2016. Letzte Verkostung: 3/98.

1995 • 88?   Größere Unterschiede zwischen einzelnen Flaschen haben mich unsicher gemacht, wohin ich diesen Wein in der Qualitätshierarchie von Bordeaux eigentlich stecken soll. Ich habe ihn seit der Abfüllung dreimal innerhalb von 14 Tagen verkostet. Zweimal zeigte er sich überaus verschlossen und fest mit fortgeschrittener pflaumenblau/granatroter Farbe, kräftigem Tanningehalt, süßer Frucht von schwarzen Johannisbeeren und Dörrpflaumen mit einer Olivennote sowie im mittelschweren Abgang Adstringenz. Nach diesen beiden Flaschen zu schließen, würde der Wein noch 5 bis 7 Jahre Reifezeit brauchen und könnte sich dann zwei Jahrzehnte halten. Die dritte Flasche war untypisch weit entwickelt und zeigte ähnliche Farbe, erwies sich aber als viel offener gewirkt mit Noten von provençalischen Kräutern und Frucht von schwarzen Kirschen und Cassis bei mittelschwerer, fülliger, üppiger Art. Gewisse Unterschiede zwischen einzelnen Flaschen bin ich gewöhnt, da aber die Qualität bei allen drei Flaschen ungefähr gleich war, hat mich das aufgeschlossene, entgegenkommende Exemplar verunsichert.
Letzte Verkostung: 11/97.

1994 • 88   Der 1994er nimmt sich gut aus, er zeigt kein herbes Tannin und keine vegetabile Art. Seine Farbe ist dunkel rubinrot, sein süßer Duft zeigt Nuancen von fülligen Kirschen und asiatischen Gewürzen mit einem Anflug von Rauch. Dichter, voller, mittelschwerer Geschmack,

exzellente Konzentration und feine Reintönigkeit sowie milde Säure und Vollmundigkeit zeichnen diesen Wein aus, der sich daher schon jetzt und bis 2010 schön trinken läßt.
Letzte Verkostung: 1/97.

1993 • 84   Dieser nach der Abfüllung enttäuschende, grün und krautig wirkende, mittelschwere Wein zeigt zwar Würze und rote Frucht, schmeckt aber unreif und ist mager ausgestattet.
Voraussichtliche Genußreife: Jetzt bis 2006. Letzte Verkostung: 1/97.

1992 • 78   Mittleres Rubinrot und ein leichtes Bukett von Kirschfrucht mit Kräuternote kennzeichnen diesen würzigen, kompakten, mittelschweren Wein, der zwar einiges Tannin besitzt, aber einen kurzen Abgang aufweist. Er sollte in den nächsten 4 bis 5 Jahren getrunken werden.
Letzte Verkostung: 11/94.

1990 • 91   Der 1990er, dem ich früher ein paar Punkte mehr gegeben hatte, ist in sich zurückgezogen, aber vielversprechend. Das mächtige Maß an strengem Tannin hat mich überrascht, ich glaube aber, daß es genug Gegengewicht in der süßen, fülligen Frucht von schwarzen Johannisbeeren und Kirschen mit Noten von Kokosnuß, Gewürz und Erde besitzt. Der Wein ist körperreich und muskulös und das Tannin weit ausgeprägter als bei früheren Verkostungen.
Voraussichtliche Genußreife: 2003 bis 2020. Letzte Verkostung: 11/96.

1989 • 85   Der karge, leichte 1989er zeigte schon einen Saum von Bernsteingelb und Orange. Zwar schmeckte der Wein nicht überhitzt, aber diese Flasche ist wohl auf der Reise von Bordeaux nach Amerika unbekömmlichen Temperaturen ausgesetzt gewesen. Auf jeden Fall möchte ich eine weitere Verkostung abwarten, weil ich hoffe, daß diese nicht repräsentativ für die Qualität des 1989ers war. Letzte Verkostung: 11/96.

1988 • 91   Der 1988er ist ein klassischer Vieux-Château-Certan. Das mächtige Bukett von Cassis, Kräutern und frischem Eichenholz geht einher mit einem mittelschweren Wein, dessen tiefer Geschmack von schwarzen Kirschen mit Bedacht in eine toastwürzige Eichennote verpackt ist. Extraktreich, konturenscharf und untadelig ausgewogen, zeigt sich dieser Pomerol imstande, durchaus 20 bis 25 Jahre zu überdauern.
Voraussichtliche Genußreife: Jetzt bis 2010. Letzte Verkostung: 1/93.

1987 • 85   Die intensive Kräuterwürzigkeit, die dieser Wein bei der Faßprobe zeigte, hat sich inzwischen gelegt, und es ist ein einschmeichelnder, nach Zedernholz, schwarzen Johannisbeeren und Kräutern duftender Wein mit guter Tiefe, leichtem Tannin und einem fülligen, hochbefriedigenden Abgang dabei herausgekommen.
Voraussichtliche Genußreife: Jetzt. Letzte Verkostung: 4/91.

1986 • 92   Dieser Wein ist eine der feinsten Leistungen des Jahrgangs 1986 auf dem rechten Dordogne-Ufer. Seine Farbe ist nach wie vor tief rubinrot, das komplexe Bukett zeigt Noten von Zedernholz, Früchtekuchen, asiatischen Gewürzen, gedörrten Kräutern und schwarzen Johannisbeeren. Im Mund spürt man moderates Tannin und eindrucksvoll konzentrierte Geschmacksfülle, die dem ganzen Gaumen schmeichelt. In diesem mittelschweren bis körperreichen, vollen 1986er sind Wucht und Finesse bewundernswert vereint. Er ist zwar noch jugendfrisch, aber doch schon mild und genügend ausentwickelt, um immensen Genuß zu bereiten.
Voraussichtliche Genußreife: Jetzt bis 2012. Letzte Verkostung: 3/96.

1985 • 87   Der mittelrubingranatrote 1985er mit leichtem Bernsteinsaum zeigt eine ausgeprägte Note von gedörrten Kräutern, Oliven und grünem Tabak. Auch etwas süße Beerenfrucht tritt in diesem mittelschweren, fragilen, sanften und doch verführerisch charmanten Wein in Erscheinung. Er ist weder ein Kraftprotz noch übermäßig konzentriert, aber rund, schmackhaft und komplex.
Voraussichtliche Genußreife: Jetzt bis 2002. Letzte Verkostung: 3/96.

1984 • 78   Ein magerer Wein, aber er hat attraktiven, würzigen Charakter, annehmbare Frucht und noch 3 bis 5 Jahre zu leben.
Voraussichtliche Genußreife: Jetzt. Letzte Verkostung: 3/89.

1983 • 88   Der Vieux-Château-Certan dieses Jahrgangs ist schön gelungen, hat dunkel rubinrote Farbe, ein reiches, beerenfruchtiges, etwas an Minze und Eichenholz erinnerndes Bukett, dazu

fülligen, runden, vollen Geschmack, gutes, rundes Tannin und mittleren bis vollen Körper. Wie den meisten 1983er Pomerols fehlt es ihm etwas an Säure, aber mit seiner üppigen Art ist er früh reif.
Voraussichtliche Genußreife: Jetzt. Letzte Verkostung: 1/89.

1982 • 88?   Immer wieder unterschiedliche Flaschen haben sich bei meinen Verkostungen des 1982er Vieux-Château-Certan vorgefunden. Aus Magnumflaschen war er hervorragend und verdiente 90 bis 92 Punkte. Aus normalen 0,75 bis l-Flaschen zeigt er sich sanft und kräuterwürzig, wundervoll köstlich und rund, jedoch nicht so komplex oder konzentriert. Dieser Wein ist zwar sehr gut, aber keiner von den Stars des Jahrgangs. Seine gesunde, dunkel rubinrote Farbe weist etwas Bernsteingelb auf. Das Bukett ist pfefferig mit Noten von Kräutern, Oliven und Vanillin, hinzu kommt füllige Frucht schwarzer Kirschen. Der voll ausgereifte, üppige, saftige Wein mit mittlerem bis vollem Körper, exzellenter Konzentration und einem Abgang mit weicher Säure und so gut wie keinem Tannin will in den nächsten 7 bis 8 Jahren getrunken werden. Dem 1986er, 1988er und 1990er gebe ich den Vorzug vor dem 1982er Vieux-Château-Certan. Letzte Verkostung: 9/95.

1981 • 87   Der 1981er ist außerordentlich gut, reichfruchtig, mit einem Bukett von schwarzen Johannisbeeren und Zedernholz, verflochten mit subtilen, kräuterwürzigen Düften. In seiner festen, gut strukturierten Art ist er ziemlich Médoc-ähnlich bei mittlerem Körper und strengem Tannin – ein sauber bereiteter, für den Jahrgang überraschend generöser Wein.
Voraussichtliche Genußreife: Jetzt bis 2005. Letzte Verkostung: 7/91.

1979 • 78   Der für einen Wein solcher Reputation recht leichte 1979er Vieux-Château-Certan hat mittelrubinrote Farbe, ein mäßig intensives, von Kirschenfrucht und Eichenholz geprägtes Bukett, mittleren Körper, mildes, leichtes Tannin und einen annehmbaren Abgang.
Voraussichtliche Genußreife: Jetzt. Letzte Verkostung: 7/83.

1978 • 82   Der 1978er Vieux-Château-Certan hat viel kräftigere Farbe als der 1979er, dazu bessere Konzentration, relativ volle, geschmeidige Art, mittleren Körper, leichtes Tannin und einen runden, attraktiven Abgang.
Voraussichtliche Genußreife: Jetzt. Letzte Verkostung: 7/83.

1976 • 75   Der etwas eindimensionale, mit milder, reifer Pflaumenfrucht und leichtem Eichenholzaroma versehene 1976er hat mittlere Konzentration, kein spürbares Tannin und einen angenehmen, doch uninteressanten Abgang.
Voraussichtliche Genußreife: Jetzt – vermutlich im Nachlassen. Letzte Verkostung: 7/83.

1975 • 90   Der beste Vieux-Château-Certan der siebziger Jahre hat ausgezeichnete Kraft und Fülle sowie Komplexität und Ausgewogenheit. Er ist mittel- bis dunkel rubinrot, zeigt ein duftiges, reifes, volles, würziges Bukett von Pflaumen und Zedernholz sowie vollen Körper, kräftigen, konzentrierten Geschmack und mäßiges Tannin; dieser Wein beginnt seinen Höhepunkt zu erreichen.
Voraussichtliche Genußreife: Jetzt bis 2000. Letzte Verkostung: 12/88.

1971 • 74   Der 1971er ist ein kleiner Wein, zwar recht angenehm, aber unzulänglich in Konzentration, Fülle, Charakter und Nachhaltigkeit. Er ist schon seit einiger Zeit trinkreif und scheint inzwischen seine Frucht einzubüßen.
Voraussichtliche Genußreife: Jetzt – vermutlich im Nachlassen. Letzte Verkostung: 9/79.

1970 • 80   Das burgunderähnliche Aroma von Kirschenfrucht und erdigen, eichenholzduftigen, würzigen Komponenten ist recht ansprechend. Am Gaumen erweist sich der 1970er Vieux-Château-Certan als mäßig konzentriert, leicht, fruchtig und charmant. Allerdings hat er nur wenig von der Wucht, Fülle und Tiefe, die man erwartet.
Voraussichtliche Genußreife: Jetzt. Letzte Verkostung: 4/80.

1966 • 74   Der 1966er Vieux-Château-Certan zeigt starke Braunfärbung, ist aber noch solide und besitzt mäßig reife Frucht, mittleren Körper, recht strenge, unnachgiebige Art und einen kurzen Abgang. Etwas adstringierendes Tannin ist ihm noch verblieben. Dieser Wein mit seinem stark Médoc-ähnlichen Charakter ist allerdings nicht sehr eindrucksvoll. Letzte Verkostung: 2/82.

DIE WEINE VON POMEROL

1964 • 90   Der wundervolle, runde, generöse, samtige und zutiefst fruchtige 1964er hat ein sehr liebliches, reifes Bukett mit Düften von Frucht, Eichenholz und Trüffeln, dazu milden, reichlich ausgestatteten Geschmack, mittleren bis vollen Körper und einen langen, seidigen Abgang und zeigt sich nach wie vor üppig, voll und intensiv (aus einer Magnumflasche).
Voraussichtliche Genußreife: Jetzt. Letzte Verkostung: 3/91.

1961 • 86   Dieser Wein wird in meinen Notizen recht unterschiedlich beurteilt. Vor etlichen Jahren war er kräftig und wuchtig, aber derb, grob, und es fehlte ihm total an Finesse. Bei einer Verkostung verschiedener Jahrgänge von Vieux-Château-Certan zeigte er sich dann zwar noch etwas rauh, hatte aber reiche, tiefe, jugendfrisch duftige Frucht, vollen Körper, viel Wucht und Kraft und eindrucksvolle Nachhaltigkeit. Die Punktnote gilt für die bessere Version.
Voraussichtliche Genußreife: Jetzt. Letzte Verkostung: 5/83.

ÄLTERE JAHRGÄNGE

Der 1952er Vieux-Château-Certan (94 Punkte; 10/94) befindet sich in außerordentlich guter Verfassung. Dieser Erfolgsschlager war mild, zedernholzduftig mit mächtigem, geröstetem, rauchigem, fast an Hickoryholz erinnerndem Bukett, ganz ähnlich einem Graves der Spitzenklasse. Bei vollem Körper, glorreicher Konzentration und Fülle besitzt dieser Wein noch immer reichlich Tannin und Jugendfrische und wird sich ohne weiteres noch einmal 10 bis 20 Jahre halten. Der 1950er (97 Punkte; 10/94) ist ein bemerkenswert voller und noch jugendlicher Wein aus diesem fabelhaften Pomerol-Jahrgang. Die Farbe ist nach wie vor ein erstaunliches Granatpurpurrot, und das Bukett bietet sensationell reife Aromen von Schokolade und Cassis, verwoben mit Noten von Kräutern, Süßholz, asiatischen Gewürzen und Kaffee. Dieser extrem körperreiche, ähnlich wie der 1947er portweinartig viskose Kraftprotz ist wohl einer der am wenigsten bekannt gewordenen profunden Weine des Jahrhunderts.

Der 1948er Vieux-Château-Certan (98 Punkte; 12/97) ist ebenfalls ein zutiefst großartiger Wein aus diesem in Vergessenheit geratenen Jahrgang. Ich habe ihn im letzten Jahr viermal verkostet, und jedesmal erwies er sich als außergewöhnlich mit seiner tiefdunklen purpurgranatroten Farbe, begleitet von einem mächtigen, exotischen Bukett von Karamel, süßer Cassisfrucht, Sojasauce, Walnüssen und Kaffee. Vollmundige, fabelhaft konzentrierte Geschmacksfülle, sanfte Säure und mildes Tannin umhüllen den Gaumen. Dieser hochkonzentrierte Wein hat erstaunlichen Glyzerin- und Alkoholgehalt. Er ist zwar voll durchgereift, gibt aber noch keine Anzeichen von Nachlassen zu erkennen und dürfte ohne weiteres noch einmal 15 bis 20 Jahre überdauern. Denkwürdig! Auch der 1947er Vieux-Château-Certan (97 Punkte;10/94), den ich im Lauf der letzten Jahre mehrmals verkostet habe, ist ein blendender Wein und typisch für so viele 1947er Pomerols. Seine volle, viskose, portweinähnliche Art ist das Kennzeichen dieses Jahrgangs. Dieser Wein ist schon stärker entfaltet als der 1948er und legt ein rauchiges Bukett mit Noten von Trüffeln, Fleisch und schwarzen Johannisbeeren sowie massiven, kernigen, mit Glyzerin, Extrakt und Alkohol vollgepackten Geschmack an den Tag. Zwar weist er mehr Bernsteingelb am Rand auf als der 1948, doch – wow – welch ein Mundvoll Wein! Wie bei vielen 1947er Pomerols wäre ich in Anbetracht seiner Öligkeit und Dickflüssigkeit nicht erstaunt, wenn ein Löffel in ihm stehenbleiben würde. Er wird sich noch 10 bis 12 Jahre lang schön trinken.

Zweimal habe ich den 1945er verkostet und beide Male hoch eingestuft (98 bis 100; 10/94); er ist eine außergewöhnliche Leistung aus einem oft erschreckend tanninstrengen Jahrgang. Seine tiefdunkle Pflaumenfarbe zeigt nur wenig Granatrot am Rand. Das mächtige Bukett besitzt Noten von Rauchfleisch, schwarzen Himbeeren, Pflaumen, Süßholz und Teer. Dichter, kerniger, wuchtiger Geschmack mit kräftigem Tannin und erstaunlich voller Frucht kennzeichnet diesen auf seinem Höhepunkt befindlichen lebensvollen Wein, bei dem ich keinen Grund zu der Annahme sehe, weshalb er nicht noch weitere zwei Jahrzehnte überdauern sollte.

Dunkel granatrot mit deutlich rostrotem bis bernsteingelbem Saum präsentiert sich der 1928er Vieux-Château-Certan (96 Punkte; 10/94) mit einem würzigen, pfefferigen, kräuterhaften Bukett und süßen Noten von Karamel und schwarzer Frucht sowie mächtigem, kernigem Geschmack, reichen Mengen an Tannin, vollem Körper und einem rustikalen, adstringierenden Abgang. Er befindet sich noch immer in bester Verfassung und dürfte noch einmal 10 bis 20 Jahre überdauern.

Sonstige Weingüter in Pomerol

Beausoleil
Ohne Klassifizierungsrang

SEHR GUT

Lage der Weinberge: Pomerol

Besitzer: G.F.A du Château Beausoleil – Familien Arcaute-Audy
Adresse: 33500 Pomerol
Postanschrift: c/o Château Jonqueyre, 33750 Saint-Germain-du-Puch
Telefon: 33 5 56 68 55 88 – Telefax: 33 5 56 30 11 45

Besuche: nur nach Vereinbarung

ROTWEIN

Rebfläche: 3,5 ha

Durchschnittliches Rebenalter: 35 Jahre

Rebbestand: 95 % Merlot, 5 % Cabernet Franc

Pflanzdichte: 6600 Reben/ha

Ertrag (im Durchschnitt der letzten 5 Jahre): 48 hl/ha

Durchschnittliche Jahresproduktion insgesamt: 1850 Kisten

GRAND VIN

Name: Château Beausoleil

Appellation: Pomerol

Durchschnittliche Jahresproduktion: 1850 Kisten

Verarbeitung und Ausbau: Gär- und Maischdauer 45 Tage in kleinen Edelstahltanks mit eingebauter elektronischer Temperaturregelung. Abstich in zu 80 % neue Eichenfässer (schon zur malolaktischen Säureumwandlung) sowie 24 Monate Ausbau. Die *assemblage* erfolgt nach und nach bei weiteren Abstichen alle drei Monate. Der Wein wird mit Eiweiß geschönt und ohne Filtern abgefüllt.

Dieser Wein ist ernstzunehmen, da Jean-Michel Arcaute und Michel Rolland an ihm beteiligt sind

Kein ZWEITWEIN

DIE WEINE VON POMEROL

BEAUCHÊNE
Ohne Klassifizierungsrang

Lage der Weinberge: Libourne

Besitzer: Familie Leymarie
Adresse: 15, impasse du Vélodrome, 33500 Libourne
Postanschrift: Charles Leymarie & Fils, 90/92, avenue Foch, 33500 Libourne
Telefon: 33 5 57 51 07 83 – Telefax: 33 5 57 51 99 94

Besuche: nur nach Vereinbarung
Kontaktperson: Gregory Leymarie

ROTWEIN

Rebfläche: 9,5 ha

Durchschnittliches Rebenalter: 40 Jahre

Rebbestand: 65 % Merlot, 30 % Cabernet Franc, 5 % Cabernet Sauvignon

Pflanzdichte: 5500 Reben/ha

Ertrag (im Durchschnitt der letzten 5 Jahre): 44 hl/ha

Durchschnittliche Jahresproduktion insgesamt: 56 000 Flaschen

GRAND VIN

Name: Château Beauchêne

Appellation: Pomerol

Durchschnittliche Jahresproduktion: 12 000 Flaschen

Verarbeitung und Ausbau: Nach dem Gärprozeß wird der beste Posten Merlot ausgewählt und der malolaktischen Säureumwandlung in neuen Eichenfässern unterzogen. Anschließend 18 Monate Ausbau in zu 100 % neuen Eichenfässern. Der Wein wird geschönt und leicht gefiltert.

N.B.: Auf den Château Beauchêne entfallen normalerweise 12 bis 25 % der Produktion. Er stellt eine Auslese von alten Merlot-Reben (55 bis 60 Jahre) in der Lage Clos Mazeyres dar. Alles übrige wird unter dem Namen Clos Mazeyres abgefüllt. Erster Jahrgang 1995.

ZWEITWEIN

Name: Clos Mazeyres

Appellation: Pomerol

Durchschnittliche Jahresproduktion: 43 000 Flaschen

Verarbeitung und Ausbau: Gär- und Maischdauer 15 bis 30 Tage, je nach Jahrgang, in temperaturgeregelten Betontanks. 18 Monate Ausbau im Tank bis zur Abfüllung.

BORDEAUX

DE BOURGUENEUF
Ohne Klassifizierungsrang

Lage der Weinberge: Pomerol

Besitzer: Familie Meyer
Adresse: S.C.E.A. Château de Bourgueneuf, Vignobles Meyer, 33500 Pomerol
Telefon: 33 5 57 51 16 76 – Telefax: 33 5 57 25 16 89

Besuche: werktags von 8 bis 12 und von 14 bis 18 Uhr
Kontaktperson: M. Meyer

ROTWEIN

Rebfläche: 5 ha

Rebbestand: 60 % Merlot, 40 % Cabernet Franc

Durchschnittliche Jahresproduktion insgesamt: 25 000 Flaschen

GRAND VIN

Name: Château de Bourgueneuf

Appellation: Pomerol

Durchschnittliche Jahresproduktion: 25 000 Flaschen

Verarbeitung und Ausbau: Vinifikation 3 Wochen in Beton- und Edelstahltanks. Ausbau zunächst 8 Monate im Tank, anschließend 12 Monate in Eichenfässern. Der Wein wird geschönt, aber nicht gefiltert.

Kein ZWEITWEIN

LE CAILLOU
Ohne Klassifizierungsrang

Lage der Weinberge: zum Teil auf dem Plateau von Pomerol bei «Le Caillou»; der Rest im nordwestlichen Teil der Appellation

Besitzer: G.F.A. Giraud-Belivier
Adresse: c/o André Giraud, Château Le Caillou, 33500 Pomerol
Telefon: 33 5 57 51 06 10 – Telefax: 33 5 57 51 74 95

Besuche: vorzugsweise nach Vereinbarung (v. a. Gruppen), werktags, außer mittwochs, von 9 bis 12 und von 14 bis 18 Uhr
Kontaktperson: Sylvie Giraud

ROTWEIN

Rebfläche: 7 ha

Durchschnittliches Rebenalter: 25 Jahre

Rebbestand: 75 % Merlot, 25 % Cabernet Franc

Ertrag (im Durchschnitt der letzten 5 Jahre): 46 hl/ha

Durchschnittliche Jahresproduktion insgesamt: 40 000 Flaschen

DIE WEINE VON POMEROL

GRAND VIN

Name: Château Le Caillou

Appellation: Pomerol

Durchschnittliche Jahresproduktion: 40 000 Flaschen

Verarbeitung und Ausbau: Vinifikation 3 bis 4 Wochen, je nach Jahrgang, in Betontanks. Nach malolaktischer Säureumwandlung werden zwei Drittel des Ertrags in Eichenfässern, der Rest im Tank ausgebaut. Beim Abstich alle 3 Monate erfolgt Wechsel zwischen Faß und Tank. Der Wein wird geschönt, aber nicht gefiltert.

Kein ZWEITWEIN

CANTELAUZE
Ohne Klassifizierungsrang

Lage der Weinberge: Pomerol

Besitzer: Jean-Noël Boidron
Adresse: 6, place Joffre, 33500 Libourne
Telefon: 33 5 57 51 64 88 – Telefax: 33 5 57 51 56 30

Besuche: nur nach Vereinbarung
Kontaktperson: Jean-Noël Boidron

ROTWEIN

Rebfläche: 0,75 ha

Durchschnittliches Rebenalter: 15 Jahre

Rebbestand: 90 % Merlot, 10 % Cabernet Franc

Pflanzdichte: 5850 Reben/ha

Ertrag (im Durchschnitt der letzten 5 Jahre): 22,5 hl/ha

Durchschnittliche Jahresproduktion insgesamt: 18 hl

GRAND VIN

Name: Château Cantelauze

Appellation: Pomerol

Durchschnittliche Jahresproduktion: 18 hl

Verarbeitung und Ausbau: Vinifikation 3 bis 4 Wochen in temperaturgeregelten Tanks. Kein Hefezusatz. 75 % des Ertrags werden in Eichenfässern, 25 % im Tank ausgebaut. Der Wein wird geschönt, aber nicht gefiltert.

BORDEAUX

LE CARILLON
Ohne Klassifizierungsrang

Lage der Weinberge: Pomerol

Besitzer: Louis Grelot
Adresse: 33500 Pomerol
Telefon: 33 5 57 84 56 61

Besuche: nur nach Vereinbarung
Kontaktperson: Louis Grelot

ROTWEIN

Rebfläche: 1 ha

Durchschnittliches Rebenalter: 8 Jahre

Rebbestand: 100 % Merlot

Pflanzdichte: 5500 Reben/ha

Ertrag (im Durchschnitt der letzten 5 Jahre): 35 hl/ha

Durchschnittliche Jahresproduktion insgesamt: 35 hl

GRAND VIN

Name: Château Le Carillon

Appellation: Pomerol

Durchschnittliche Jahresproduktion: 35 hl

Verarbeitung und Ausbau: traditionelle Vinifikation (3 Wochen) in Holzfässern. Nach malolaktischer Säureumwandlung mindestens 18 Monate Ausbau in zu 25 % neuen Eichenfässern. Der Wein wird geschönt, aber nicht gefiltert.

Kein ZWEITWEIN

CLOS DU PÉLERIN
Ohne Klassifizierungsrang

Lage der Weinberge: Pomerol

Besitzer: Norbert und Josette Egreteau
Adresse: Clos du Pèlerin, Grand Garrouilh, 33500 Pomerol
Telefon: 33 5 57 74 03 66 – Telefax: 33 5 57 25 06 17

Besuche: vorzugsweise nach Vereinbarung
Kontaktpersonen: Norbert und Josette Egreteau

ROTWEIN

Rebfläche: 3,2 ha

Durchschnittliches Rebenalter: 30 Jahre

Rebbestand: 80 % Merlot, 10 % Cabernet Franc, 10 % Cabernet Sauvignon

Pflanzdichte: 6000 Reben/ha

Ertrag (im Durchschnitt der letzten 5 Jahre): 44 hl/ha

DIE WEINE VON POMEROL

GRAND VIN

Name: Clos du Pèlerin

Appellation: Pomerol

Durchschnittliche Jahresproduktion: 150 hl

Ausbau: in Tanks und (zu $1/3$ neuen) Eichenfässern. Die Abfüllung erfolgt 2 $1/2$ Jahre nach der Lese. Der Wein wird geschönt, aber nicht gefiltert.

Kein ZWEITWEIN

LA COMMANDERIE
Ohne Klassifizierungsrang

Lage der Weinberge: Catusseau, im südlichen Teil von Pomerol

Besitzerin: Marie-Hélène Dé
Adresse: 1, chemin de la Commanderie, 33500 Pomerol
Telefon: 33 5 57 51 79 03 – Telefax: 33 2 35 59 65 15

Besuche: nur nach Vereinbarung
Kontaktperson: Marie-Hélène Dé (Tel. und Fax siehe oben)

ROTWEIN

Rebfläche: 5,5 ha

Durchschnittliches Rebenalter: 40 Jahre

Rebbestand: 80 % Merlot, 20 % Cabernet Franc

Pflanzdichte: 5500 Reben/ha

Ertrag (im Durchschnitt der letzten 5 Jahre): 50 hl/ha

Durchschnittliche Jahresproduktion insgesamt: 300 hl

GRAND VIN

Name: Château La Commanderie

Appellation: Pomerol

Durchschnittliche Jahresproduktion: 240 hl

Verarbeitung und Ausbau: Vinifikation 15 bis 30 Tage in Edelstahltanks. Nach Möglichkeit werden keine Zuchthefen zur Verstärkung verwendet. 2 Jahre Ausbau, teils in (zu 30 % neuen) Eichenfässern, teils im Tank. Der Wein wird geschönt und gefiltert.

ZWEITWEIN

Name: Château Haut-Manoir

Durchschnittliche Jahresproduktion: 60 hl

La Croix St-Georges
Ohne Klassifizierungsrang

Lage der Weinberge: zwischen Vieux-Château-Certan, Petit-Village und Le Pin

Besitzer: S.C. Joseph Janoueix
Adresse: 33500 Pomerol
Postanschrift: c/o Maison J. Janoueix, 37, rue Pline Parmentier, B.P. 192, 33506 Libourne
Telefon: 33 5 57 51 41 86 – Telefax: 33 5 57 51 53 16

Besuche: nur nach Vereinbarung
Kontaktanschrift: Maison J. Janoueix (Tel. und Fax siehe oben)

ROTWEIN

Rebbestand: 95 % Merlot, 5 % Cabernet Franc

GRAND VIN

Name: Château La Croix St-Georges

Appellation: Pomerol

Verarbeitung und Ausbau: Vinifikation und malolaktische Säureumwandlung in temperaturgeregelten Tanks. 12 bis 15 Monate Ausbau in zu 40 % neuen Eichenfässern. Der Wein wird mit Eiweiß geschönt und vor der Abfüllung 8mal abgestochen.

La Croix Taillefer
Ohne Klassifizierungsrang

Lage der Weinberge: Im Südostteil von Pomerol

Besitzer: S.A.R.L. La Croix Taillefer (Leitung: Marie-Claude Rivière)
Adresse: 33500 Pomerol
Postanschrift: B.P. 4, 33500 Pomerol
Telefon: 33 5 57 25 08 65 – Telefax: 33 5 57 74 15 39

Besuche: vorzugsweise nach Vereinbarung, werktags, außer mittwochs, von 9 bis 12 Uhr
Kontaktperson: Maryse François

ROTWEIN

Rebfläche: 2 ha

Durchschnittliches Rebenalter: 50 Jahre

Rebbestand: 100 % Merlot

Pflanzdichte: 6000 Reben/ha

Ertrag (im Durchschnitt der letzten 5 Jahre): 48 hl/ha

Durchschnittliche Jahresproduktion insgesamt: 12 000 Flaschen

GRAND VIN

Name: La Croix Taillefer

Appellation: Pomerol

Durchschnittliche Jahresproduktion: 12 000 Flaschen

DIE WEINE VON POMEROL

Verarbeitung und Ausbau: Vinifikation rund 3 Wochen in temperaturgeregelten 70-hl-Edelstahltanks. 18 Monate Ausbau in zu 40 % neuen, 30 % einmal und 30 % zweimal gebrauchten Eichenfässern. Der Wein wird geschönt und gefiltert.

Kein ZWEITWEIN

La Croix Toulifaut
Ohne Klassifizierungsrang

Lage der Weinberge: zwischen Château Beauregard in Pomerol und Château Figeac in St-Emilion

Besitzer: Jean-François Janoueix
Adresse: 33500 Pomerol
Postanschrift: c/o Maison J. Janoueix, 37, rue Pline Parmentier, B.P. 192, 33506 Libourne
Telefon: 33 5 57 51 41 86 – Telefax: 33 5 57 51 76 83

Besuche: nur nach Vereinbarung
Kontaktperson: M. und Mme Jean-François Janoueix (Tel. und Fax siehe oben)

ROTWEIN

Rebfläche: 1,5 ha

Durchschnittliches Rebenalter: 30 Jahre

Rebbestand: 100 % Merlot

Pflanzdichte: 5700 Reben/ha

Ertrag (im Durchschnitt der letzten 5 Jahre): 42 hl/ha

Durchschnittliche Jahresproduktion insgesamt: 70 hl

GRAND VIN

Name: Château La Croix Toulifaut

Appellation: Pomerol

Durchschnittliche Jahresproduktion: 70 hl

Verarbeitung und Ausbau: Vinifikation etwa 3 Wochen. 18 bis 20 Monate Ausbau in zu 100 % neuen Eichenfässern. Der Wein wird mit Eiweiß geschönt, aber nicht gefiltert

Kein ZWEITWEIN

Ferrand
Ohne Klassifizierungsrang

Lage der Weinberge: Pomerol und Libourne

Besitzer: Henry Gasparoux und Söhne
Adresse: «Ferrand», Chemin de la Commanderie, 33500 Libourne
Telefon: 33 5 57 51 21 67 – Telefax: 33 5 57 25 01 41

Besuche: montags bis freitags von 13.30 bis 17.30 Uhr
Kontaktperson: Mme Petit

BORDEAUX

ROTWEIN

Rebfläche: 11,5 ha · Durchschnittliches Rebenalter: 30 Jahre

Rebbestand: 50 % Merlot, 50 % Cabernet Franc

Pflanzdichte: 5500 Reben/ha

Ertrag (im Durchschnitt der letzten 5 Jahre): 50 hl/ha

Durchschnittliche Jahresproduktion insgesamt: 80 000 Flaschen

GRAND VIN

Name: Château Ferrand

Appellation: Pomerol

Durchschnittliche Jahresproduktion: 80 000 Flaschen

Verarbeitung und Ausbau: Traditionelle Vinifikation in temperaturgeregelten Edelstahltanks. 12 bis 18 Monate Ausbau in jährlich zu $1/3$ erneuerten Eichenfässern. Der Wein wird geschönt und gefiltert.

Kein ZWEITWEIN

FEYTIT-GUILLOT
Ohne Klassifizierungsrang

Lage der Weinberge: Pomerol

Besitzerin: Irène Lureau
Adresse: Catusseau, 33500 Pomerol
Telefon: 33 5 57 51 46 58 – Telefax: 33 5 56 63 19 37

Besuche: nur nach Vereinbarung
Kontaktperson: Irène Lureau

ROTWEIN

Rebfläche: 1,3 ha · Durchschnittliches Rebenalter: 25 Jahre

Rebbestand: 70 % Merlot, 20 % Cabernet Franc, 10 % Cabernet Sauvignon und Malbec

Pflanzdichte: 5000 Reben/ha

GRAND VIN

Name: Château Feytit-Guillot

Appellation: Pomerol

Verarbeitung und Ausbau: Vinifikation in Betontanks. Ausbau zunächst 6 Monate in Tanks, anschließend weitere 14 Monate in Eichenfässern (einmal gebrauchte Fässer von Château Cheval-Blanc). Der Wein wird geschönt, aber nicht gefiltert.

Kein ZWEITWEIN

N.B.: Nur ein Teil der Produktion (3 bis 4 Fässer) ist Erzeugerabfüllung, der Rest wird im Faß an den Handel verkauft.

DIE WEINE VON POMEROL

La Ganne
Ohne Klassifizierungsrang

Lage der Weinberge: Pomerol

Besitzer: Michel Dubois
Adresse: 224, avenue Foch, 33500 Libourne
Telefon: 33 5 57 51 18 24 – Telefax: 33 5 57 51 62 20

Besuche: nur nach Vereinbarung, montags bis freitags sowie an Samstagvormittagen
Kontaktpersonen: Michel und Paule Dubois

ROTWEIN

Rebfläche: 3,8 ha

Durchschnittliches Rebenalter: 35 Jahre

Rebbestand: 80% Merlot, 20% Cabernet Franc und Cabernet Sauvignon

Pflanzdichte: 6000 Reben/ha

Durchschnittliche Jahresproduktion insgesamt: 144 hl

GRAND VIN

Name: Château La Ganne

Appellation: Pomerol

Durchschnittliche Jahresproduktion: 120 hl

Verarbeitung und Ausbau: Lese von Hand, Gär- und Maischdauer 3 bis 4 Wochen in temperaturgeregelten Betontanks. Malolaktische Säureumwandlung im Tank, anschließend 12 Monate Ausbau in jährlich zu $1/3$ erneuerten Eichenfässern. Der Wein wird mit frischem Eiweiß geschönt, aber nicht gefiltert.

ZWEITWEIN

Name: Vieux Châteaubrun

Durchschnittliche Jahresproduktion: 24 hl

Grand Moulinet
Ohne Klassifizierungsrang

Lage der Weinberge: Lieu-dit Grand Moulinet, Pomerol

Besitzer: Jean-Pierre Fourreau
Adresse: Ollet-Fourreau, 33500 Néac
Postanschrift: Ollet-Fourreau, Château Haut-Surget, 33500 Néac
Telefon: 33 5 57 51 28 68 – Telefax: 33 5 57 51 91 79

Besuche: nur nach Vereinbarung, täglich von 8 bis 12 und von 14 bis 18 Uhr
Kontaktperson: Jean-Pierre und Patrick Fourreau

ROTWEIN

Rebfläche: 2 ha

Durchschnittliches Rebenalter: 20 Jahre

Rebbestand: 90 % Merlot, 5 % Cabernet Franc, 5 % Cabernet Sauvignon

Pflanzdichte: 5500 Reben/ha

Ertrag (im Durchschnitt der letzten 5 Jahre): 42 hl/ha

Durchschnittliche Jahresproduktion insgesamt: 11 000 Flaschen

GRAND VIN

Name: Château Grand Moulinet

Appellation: Pomerol

Durchschnittliche Jahresproduktion: 11 000 Flaschen

Verarbeitung und Ausbau: Gärdauer 15 Tage, Maischdauer 1 Monat. Anschließend 1 Jahr Ausbau in zu 100 % neuen Eichenfässern. Der Wein wird geschönt und gefiltert.

Kein ZWEITWEIN

Grange Neuve
Ohne Klassifizierungsrang

Lage der Weinberge: im Westteil von Pomerol

Besitzer: M. Gros
Adresse: Grangeneuve, 33500 Pomerol
Postanschrift: wie oben
Telefon: 33 5 57 51 23 03 – Telefax: 33 5 57 25 36 14

Besuche: nur nach Vereinbarung
Kontaktperson: M. Gros

DIE WEINE VON POMEROL

ROTWEIN

Rebfläche: 7 ha

Durchschnittliches Rebenalter: 40 Jahre

Rebbestand: 100 % Merlot

Pflanzdichte: 6700 Reben/ha

Ertrag (im Durchschnitt der letzten 5 Jahre): 45 hl/ha

Durchschnittliche Jahresproduktion insgesamt: 320 hl

GRAND VIN

Name: Château Grange Neuve

Appellation: Pomerol

Durchschnittliche Jahresproduktion: 30 000 Flaschen

Verarbeitung und Ausbau: Vinifikation rund 1 Monat mit mehrfachem Umpumpen. Nach Kaltabsetzen ab Dezember 12 bis 18 Monate Ausbau, je nach Jahrgang, in jährlich zu $^1/_3$ erneuerten Eichenfässern. Der Wein wird mit Eiweiß geschönt und leicht gefiltert.

ZWEITWEIN

Name: La Fleur des Ormes

Durchschnittliche Jahresproduktion: 12 000 bis 13 000 Flaschen

GUILLOT
Ohne Klassifizierungsrang

Lage der Weinberge: Pomerol

Besitzer: G.F.A. Luquot Frères
Adresse: Les Grands Champs, 33500 Catusseau
Postanschrift: 152, Avenue de l'Epinette, 33500 Libourne
Telefon: 33 5 57 51 18 95 – Telefax: 33 5 57 25 10 59

Besuche: nach Vereinbarung, montags bis freitags von 9 bis 19 Uhr
Kontaktperson: Jean-Paul Luquot

ROTWEIN

Rebfläche: 4,5 ha

Durchschnittliches Rebenalter: 29 Jahre

Rebbestand: 71 % Merlot, 29 % Cabernet Franc

Pflanzdichte: 5950 Reben/ha

Ertrag (im Durchschnitt der letzten 5 Jahre): 52 hl/ha

Durchschnittliche Jahresproduktion insgesamt: 240 hl

BORDEAUX

GRAND VIN

Name: Château Guillot

Appellation: Pomerol

Durchschnittliche Jahresproduktion: 29 000 Flaschen

Verarbeitung und Ausbau: Vinifikation 20 bis 25 Tage in temperaturgeregelten Betontanks. Anschließend 16 Monate Ausbau in jährlich zu $1/3$ erneuerten Eichenfässern. Der Wein wird geschönt, aber nicht gefiltert.

Kein ZWEITWEIN

Guillot Clauzel
Ohne Klassifizierungsrang

Lage der Weinberge: Catusseau

Besitzer: M. und Mme. Clauzel
Adresse: 33500 Pomerol
Telefon: 33 5 57 51 14 09 – Telefax: 33 5 57 51 57 66

Besuche: nur nach Vereinbarung (außer an Wochenenden)
Kontaktperson: Mme Clauzel

ROTWEIN

Rebfläche: 1,7 ha

Durchschnittliches Rebenalter: 33 Jahre

Rebbestand: 60 % Merlot, 40 % Cabernet Franc

Pflanzdichte: 7000 Reben/ha

Ertrag (im Durchschnitt der letzten 5 Jahre): 30 bis 35 hl/ha

Durchschnittliche Jahresproduktion insgesamt: 650 Kisten

GRAND VIN

Name: Château Guillot-Clauzel

Appellation: Pomerol

Durchschnittliche Jahresproduktion: 350 bis 400 Kisten

Verarbeitung und Ausbau: Vinifikation 20 bis 35 Tage, je nach Jahrgang (1992: 3 Wochen, 1995: 5 Wochen) bei 28 bis 32 °C. Täglich dreimaliges Umpumpen, malolaktische Säureumwandlung in Fässern. 12 bis 15 Monate Ausbau in zu 50 bis 60 % neuen (ansonsten einmal gebrauchten) Eichenfässern. Der Wein wird manchmal (je nach Jahrgang) geschönt, aber nicht gefiltert.

ZWEITWEIN

Name: Château Graves Guillot

Durchschnittliche Jahresproduktion: 250 bis 300 Kisten

DIE WEINE VON POMEROL

HAUT-CLOQUET
Ohne Klassifizierungsrang

Lage der Weinberge: Pomerol

Besitzer: François de Lavaux
Adresse: 33500 Pomerol
Postanschrift: c/o Ets. Horeau Beylot, B.P. 125, 33501 Libourne Cedex
Telefon: 33 5 5751 06 07 – Telefax: 33 5 57 51 59 61

Besuche: nur nach Vereinbarung

ROTWEIN

Rebfläche: 3 ha

Durchschnittliches Rebenalter: 15 bis 20 Jahre

Rebbestand: 50 % Merlot, 30 % Cabernet Sauvignon, 20 % Cabernet Franc

Ertrag (im Durchschnitt der letzten 5 Jahre): 40 bis 45 hl/ha

Durchschnittliche Jahresproduktion insgesamt: 18 000 Flaschen

GRAND VIN

Name: Château Haut-Cloquet

Appellation: Pomerol

Durchschnittliche Jahresproduktion: 18 000 Flaschen Verarbeitung und Ausbau: Vinifikation 18 bis 23 Tage in temperaturgeregelten Edelstahl- und Betontanks. Malolaktische Säureumwandlung meist im Tank (bei einem sehr kleinen Teil des Ertrags manchmal in Eichenfässern). 8 bis 12 Monate Ausbau wechselweise in zu 10 bis 15 % neuen Eichenfässern (60 % des Ertrags) und in Betontanks (40 % des Ertrags). Der Wein wird geschönt und gefiltert.

Kein ZWEITWEIN

HAUT-FERRAND
Ohne Klassifizierungsrang

Lage der Weinberge: Pomerol und Libourne

Besitzer: Henry Gasparoux und Söhne
Adresse: «Ferrand», Chemin de la Commanderie, 33500 Libourne
Telefon: 33 5 57 51 21 67 – Telefax: 33 5 57 25 01 41

Besuche: montags bis freitags von 13.30 bis 17.30 Uhr
Kontaktperson: Mme Petit

ROTWEIN

Rebfläche: 4,5 ha · Durchschnittliches Rebenalter: 25 Jahre

Rebbestand: 70 % Merlot, 30 % Cabernet Franc

Pflanzdichte: 5500 Reben/ha

Ertrag (im Durchschnitt der letzten 5 Jahre): 45 hl/ha

Durchschnittliche Jahresproduktion insgesamt: 20 000 Flaschen

BORDEAUX

GRAND VIN

Name: Château Haut-Ferrand

Appellation: Pomerol

Durchschnittliche Jahresproduktion: 20 000 Flaschen

Verarbeitung und Ausbau: Traditionelle Vinifikation in temperaturgeregelten Edelstahltanks. 12 bis 18 Monate Ausbau in jährlich zu $1/3$ erneuerten Eichenfässern. Der Wein wird geschönt und gefiltert.

Kein ZWEITWEIN

HAUT-MAILLET
Ohne Klassifizierungsrang

Lage der Weinberge: Pomerol

Besitzer: J.-P. Estager
Adresse: 33500 Pomerol
Postanschrift: 33 à 41, rue de Montaudon, 33500 Libourne
Telefon: 33 5 57 51 04 09 – Telefax: 33 5 57 25 13 38

Besuche: nur nach Vereinbarung
Kontaktperson: François Estager

ROTWEIN

Rebfläche: 5 ha

Durchschnittliches Rebenalter: 23 Jahre

Rebbestand: 60 % Merlot, 40 % Cabernet Franc

Pflanzdichte: 5800 Reben/ha

Ertrag (im Durchschnitt der letzten 5 Jahre): 48 hl/ha

Durchschnittliche Jahresproduktion insgesamt: 240 hl

GRAND VIN

Name: Château Haut-Maillet

Appellation: Pomerol

Durchschnittliche Jahresproduktion: 30 000 Flaschen

Verarbeitung und Ausbau: Vinifikation 20 Tage in temperaturgeregelten Edelstahltanks. Malolaktische Säureumwandlung im Tank, anschließend 14 bis 18 Monate Ausbau (je nach Jahrgang) in zu 30 % neuen Eichenfässern. Der Wein wird geschönt und gefiltert.

Kein ZWEITWEIN

Beurteilung: Entspricht qualitativ einem Cru Bourgeois aus dem Médoc

Genußreife: 4 bis 10 Jahre nach dem Jahrgangsdatum

Jean-Pierre Estager, dem bekannten Besitzer von La Cabanne, gehört auch dieses winzige Gut am Rand von Pomerol neben Bon Pasteur. Von seinem Wein wird nur sehr wenig exportiert, denn seine Rebfläche hat gerade nur 5 ha.

DIE WEINE VON POMEROL

LAFLEUR DU ROY
Ohne Klassifizierungsrang

Lage der Weinberge: Catusseau, im Südteil von Pomerol

Besitzer: Yvon Dubost
Adresse: 13, rue des Lavandières, Catusseau, 33500 Pomerol
Telefon: 33 5 57 51 74 57 – Telefax: 33 5 57 25 99 95

Besuche: nur nach Vereinbarung, montags bis freitags von 9 bis 12 und von 14 bis 18 Uhr
Kontaktperson: Laurent Dubost

ROTWEIN

Rebfläche: 3,2 ha

Durchschnittliches Rebenalter: 30 Jahre

Rebbestand: 80 % Merlot, 10 % Cabernet Franc, 10 % Cabernet Sauvignon

Pflanzdichte: 5500 Reben/ha

Ertrag (im Durchschnitt der letzten 5 Jahre): 50 hl/ha

Durchschnittliche Jahresproduktion insgesamt: 20 000 Flaschen

GRAND VIN

Name: Château Lafleur du Roy

Appellation: Pomerol

Durchschnittliche Jahresproduktion: 20 000 Flaschen

Verarbeitung und Ausbau: Vinifikation 3 Wochen in temperaturgeregelten Edelstahltanks. 18 Monate Ausbau in zu 20 % neuen Eichenfässern. Abstich alle 3 Monate, Schönung mit Eiweiß (im Tank), Abfüllung ohne Filtern.

Kein ZWEITWEIN

Beurteilung: Entspricht qualitativ einem Cru Bourgeois aus dem Médoc

Genußreife: 4 bis 10 Jahre nach dem Jahrgangsdatum

Den Wein aus diesem Gut, das im südwestlichen Teil der Appellation Pomerol auf sandigem, kieshaltigem Boden zwischen Château Plince und Château Nenin liegt, bekomme ich selten zu Gesicht. Der größte Teil der Erzeugung wird in Belgien und Dänemark abgesetzt. Monsieur Dubost ist zugleich Besitzer des Weinguts Vieux-Château-Carré in St-Emilion.

BORDEAUX

La Loubière
Ohne Klassifizierungsrang

Lage der Weinberge: im Südostteil von Pomerol

Besitzerin: Marie-Claude Rivière
Adresse: 33500 Pomerol
Postanschrift: B.P. 4, 33500 Pomerol
Telefon: 33 5 57 25 08 65 – Telefax: 33 5 57 74 15 39

Besuche: vorzugsweise nach Vereinbarung, werktags, außer mittwochs, von 9 bis 12 Uhr
Kontaktperson: Maryse François

ROTWEIN

Rebfläche: 2,5 ha

Durchschnittliches Rebenalter: 40 Jahre

Rebbestand: 100 % Merlot

Pflanzdichte: 6000 Reben/ha

Ertrag (im Durchschnitt der letzten 5 Jahre): 45 hl/ha

Durchschnittliche Jahresproduktion insgesamt: 14 000 Flaschen

GRAND VIN

Name: La Loubière

Appellation: Pomerol

Durchschnittliche Jahresproduktion: 14 000 Flaschen

Verarbeitung und Ausbau: Vinifikation etwa 3 Wochen in temperaturgeregelten 87-hl-Edelstahltanks. Anschließend 15 Monate Ausbau in jährlich zu $1/3$ erneuerten Eichenfässern. Der Wein wird geschönt und gefiltert.

Kein ZWEITWEIN

Mazeyres
Ohne Klassifizierungsrang

Lage der Weinberge: im Süd- und Ostteil der Appellation, in der Gemarkung Libourne

Besitzer: Caisse de Retraite de la Société Générale
Adresse: 56, avenue Georges Pompidou, 33500 Libourne
Telefon: 33 5 57 51 00 48 – Telefax: 33 5 57 25 22 56

Besuche: nur nach Vereinbarung
Kontaktperson: Alain Moueix

ROTWEIN

Rebfläche: 19 ha

Durchschnittliches Rebenalter: über 33 Jahre

Rebbestand: 80 % Merlot, 20 % Cabernet Franc

DIE WEINE VON POMEROL

Pflanzdichte: 6000 Reben/ha

Ertrag (im Durchschnitt der letzten 5 Jahre): 48 hl/ha

Durchschnittliche Jahresproduktion insgesamt: 1000 hl

GRAND VIN

Name: Château Mazeyres

Appellation: Pomerol

Durchschnittliche Jahresproduktion: 85 000 Flaschen

Verarbeitung und Ausbau: Vinifikation etwa 3 Wochen in kleinen temperaturgeregelten Edelstahltanks (60 bis 120 hl). Malolaktische Säureumwandlung bei $1/3$ des Ertrags in neuen Eichenfässern, die übrigen zwei Drittel werden nach der malolaktischen Säureumwandlung im Tank in gebrauchte Eichenfässer abgestochen. Anschließend 18 Monate Ausbau in Eichenfässern. Der Wein wird mit frischem Eiweiß geschönt, aber nicht gefiltert.

ZWEITWEIN

Name: Château Beaulieu

Durchschnittliche Jahresproduktion: 20 000 Flaschen

Beurteilung: Entspricht qualitativ einem Cru Bourgeois aus dem Médoc

Genußreife: 3 bis 8 Jahre nach dem Jahrgangsdatum

MONTVIEL
Ohne Klassifizierungsrang

Lage der Weinberge: Pomerol

Besitzer: Yves und Cathérine Péré-Vergé
Adresse: 1, rue du Grand Moulinet, 33500 Pomerol
Postanschrift: 15, rue Henri Dupuis, 62500 St-Omer
Telefon: 33 5 57 51 87 92 – Telefax: 33 3 21 95 47 74

Besuche: nur nach Vereinbarung
Kontaktperson: Jean-Marie Bouldy (Tel. 33 5 57 51 20 47, Fax 33 5 57 51 23 14)

ROTWEIN

Rebfläche: 5 ha

Durchschnittliches Rebenalter: 25 Jahre

Rebbestand: 80 % Merlot, 20 % Cabernet Franc

Pflanzdichte: 6000 Reben/ha

Ertrag (im Durchschnitt der letzten 5 Jahre): 45 hl/ha

Durchschnittliche Jahresproduktion insgesamt: 23 000 Flaschen

GRAND VIN

Name: Château Montviel

Appellation: Pomerol

BORDEAUX

Verarbeitung und Ausbau: Vinifikation 4 Wochen in temperaturgeregelten Edelstahltanks. Malolaktische Säureumwandlung in Eichenfässern; anschließend 18 Monate Ausbau in zu 40 % neuen (ansonsten 1 und 2 Jahre alten) Eichenfässern. Der Wein wird geschönt, aber nicht gefiltert.

ZWEITWEIN

Name: La Rose Montviel

Durchschnittliche Jahresproduktion: unterschiedlich

NOUVELLE EGLISE
Ohne Klassifizierungsrang

Produktion: 1.200 Kisten

Rebbestand: 50 % Merlot, 50 % Cabernet Franc

Kein ZWEITWEIN

Rebfläche: 3 ha

Besitzer: Servant-Dumas

Faßreifezeit: 18 bis 24 Monate

Durchschnittsalter der Reben: 25 Jahre

Beurteilung: Entspricht qualitativ einem Cru Bourgeois aus dem Médoc

Genußreife: 4 bis 8 Jahre nach dem Jahrgangsdatum

LA PATACHE
Ohne Klassifizierungsrang

Lage der Weinberge: Lieu-dit La Patache in Pomerol

Besitzer: S.A.R.L. de La Diligence
Adresse: La Patache, 33500 Pomerol
Postanschrift: B.P. 78, 33350 St-Emilion
Telefon: 33 5 57 55 38 03 – Telefax: 33 5 57 55 38 01

Besuche: vorzugsweise nach Vereinbarung, montags bis freitags von 8 bis 18 Uhr
Kontaktperson: Philippe Lauret

ROTWEIN

Rebfläche: 3,3 ha

Durchschnittliches Rebenalter: 35 Jahre

Rebbestand: 80 % Merlot, 20 % Cabernet Franc

Pflanzdichte: 6600 Reben/ha

Ertrag (im Durchschnitt der letzten 5 Jahre): 50 hl/ha

DIE WEINE VON POMEROL

GRAND VIN

Name: Château La Patache

Appellation: Pomerol

Durchschnittliche Jahresproduktion: 150 hl

Verarbeitung und Ausbau: Vinifikation (einschl. malolaktische Säureumwandlung) in Edelstahltanks. Anschließend Ausbau in zu 50 % neuen Eichenfässern. Der Wein wird geschönt, aber nicht gefiltert.

Kein ZWEITWEIN

PLINCETTE
Ohne Klassifizierungsrang

Lage der Weinberge: Pomerol

Besitzer: J.-P. Estager
Adresse: 33500 Pomerol
Postanschrift: 33 bis 41, rue de Montaudon, 33500 Libourne
Telefon: 33 5 57 51 04 09 – Telefax: 33 5 57 25 13 38

Besuche: nur nach Vereinbarung
Kontaktperson: François Estager

ROTWEIN

Rebfläche: 2 ha

Durchschnittliches Rebenalter: 18 Jahre

Rebbestand: 70 % Merlot, 30 % Cabernet Franc

Pflanzdichte: 5800 Reben/ha

Ertrag (im Durchschnitt der letzten 5 Jahre): 48 hl/ha

Durchschnittliche Jahresproduktion insgesamt: 96 hl

GRAND VIN

Name: Château Plincette

Appellation: Pomerol

Durchschnittliche Jahresproduktion: 12 000 Flaschen

Verarbeitung und Ausbau: Vinifikation 20 Tage in temperaturgeregelten Edelstahltanks. Malolaktische Säureumwandlung ebenfalls im Tank, anschließend 14 bis 18 Monate Ausbau, je nach Jahrgang, in zu 20 % neuen Eichenfässern. Der Wein wird geschönt und gefiltert.

Kein ZWEITWEIN

BORDEAUX

Pont Cloquet
Ohne Klassifizierungsrang

Lage der Weinberge: Pomerol

Besitzerin: Stéphanie Rousseau
Adresse: Pont Cloquet, Petit Sorillon, 33230 Abzac
Telefon: 33 5 57 49 06 10 – Telefax: 33 5 57 49 38 96

Besuche: nur nach Vereinbarung · Kontaktperson: Stéphanie Rousseau

ROTWEIN

Rebfläche: 0,5 ha

Durchschnittliches Rebenalter: 41 Jahre

Rebbestand: 80 % Merlot, 20 % Cabernet Franc

Pflanzdichte: 6000 Reben/ha

Durchschnittliche Jahresproduktion insgesamt: 27 hl

GRAND VIN

Name: Château Pont Cloquet

Appellation: Pomerol

Durchschnittliche Jahresproduktion: 27 hl

Verarbeitung und Ausbau: Vinifikation 30 Tage bei max. 31 °C. Malolaktische Säureumwandlung im Faß, anschließend 18 Monate Ausbau in neuen Eichenfässern. Der Wein wird geschönt, aber nicht gefiltert.

Kein ZWEITWEIN

Prieurs de la Commanderie
Ohne Klassifizierungsrang

Lage der Weinberge: Lieu-dit René in Pomerol

Besitzer: Clément Fayat
Adresse: Lieu-dit René, 33500 Pomerol
Postanschrift: c/o Château La Dominique, 33330 St-Emilion
Telefon: 33 5 57 51 31 36 – Telefax: 33 5 57 51 63 04

Keine Besuche möglich

ROTWEIN

Rebfläche: 3,5 ha

Durchschnittliches Rebenalter: 30 Jahre

Rebbestand: 75 % Merlot, 15 % Cabernet Franc, 10 % Cabernet Sauvignon

Pflanzdichte: 6000 Reben/ha

Ertrag (im Durchschnitt der letzten 5 Jahre): 40 bis 42 hl/ha

Durchschnittliche Jahresproduktion insgesamt: 140 hl

DIE WEINE VON POMEROL

GRAND VIN

Name: Prieurs de la Commanderie

Appellation: Pomerol

Durchschnittliche Jahresproduktion: 15 000 Flaschen

Verarbeitung und Ausbau: Vinifikation 3 bis 4 Wochen in temperaturgeregelten Edelstahltanks bei 30 bis 32 °C. Anschließend 12 bis 18 Monate Ausbau in jährlich zu $^1/_3$ erneuerten Eichenfässern. Der Wein wird mit Eiweiß geschönt und gefiltert.

ZWEITWEIN

Name: St-André

Durchschnittliche Jahresproduktion: rund 3000 Flaschen

Beurteilung: Entspricht qualitativ einem Cru Bourgeois aus dem Médoc

Genußreife: 3 bis 8 Jahre nach dem Jahrgangsdatum

Das weit im Westen der Appellation gelegene Weingut hieß früher Saint-André. Es befindet sich im Besitz von Monsieur Fayat, dem auch das renommierte Château La Dominique in St-Emilion gehört. Ich habe nur einige wenige Jahrgänge aus dem Château Prieurs de la Commanderie gekostet – es waren saubere, wenn auch wenig interessante Weine. Von dem mineralreichen Sandboden dieser Gegend kommen bekanntermaßen leichtere Pomerols, die bald getrunken werden wollen.

RATOUIN
Ohne Klassifizierungsrang

Lage der Weinberge: Pomerol

Besitzer: G.F.A. Familie Ratouin
Adresse: Village de René, 33500 Pomerol
Telefon: 33 5 57 51 47 92 oder 33 5 57 51 19 58 – Telefax: 33 5 57 51 47 92

Besuche: nur nach Vereinbarung
Kontaktperson: Jean-François Beney

ROTWEIN

Rebfläche: 2,5 ha

Durchschnittliches Rebenalter: 40 Jahre

Rebbestand: 80 % Merlot, 20 % Cabernet Franc

Pflanzdichte: 6000 Reben/ha

Ertrag (im Durchschnitt der letzten 5 Jahre): 50 hl/ha

Durchschnittliche Jahresproduktion insgesamt: 14 000 Flaschen

BORDEAUX

GRAND VIN

Name: Château Ratouin Cuvée Rémi (erster Jahrgang 1995)

Appellation: Pomerol

Durchschnittliche Jahresproduktion: 18 000 Flaschen

Verarbeitung und Ausbau: Vinifikation 3 Wochen. Diese Spezial-Cuvée besteht rein aus Merlot. Anschließend 1 Jahr Ausbau in zu 100 % neuen Eichenfässern. Der Wein wird geschönt und gefiltert.

ZWEITWEIN

Name: Château Ratouin

Durchschnittliche Jahresproduktion: 12 000 Flaschen

Domaine du Rempart
Ohne Klassifizierungsrang

Lage der Weinberge: Pomerol, bei Château Gazin

Besitzerin: Paulette Estager
Adresse: Propriétés Jean-Marie Estager, 55, rue des 4 Frères Robert, 33500 Libourne
Telefon: 33 5 57 51 06 97 – Telefax: 33 5 57 25 90 01

Keine Besuche möglich

ROTWEIN

Rebfläche: 2 ha

Durchschnittliches Rebenalter: 20 Jahre

Rebbestand: 100 % Merlot

Pflanzdichte: 6000 Reben/ha

Ertrag (im Durchschnitt der letzten 5 Jahre): 50 hl/ha

Durchschnittliche Jahresproduktion insgesamt: 100 hl

GRAND VIN

Name: Domaine du Rempart

Appellation: Pomerol

Durchschnittliche Jahresproduktion: 100 hl

Verarbeitung und Ausbau: Vinifikation etwa 22 Tage in beschichteten Betontanks.
2 Jahre Ausbau in Tanks bzw. alten Eichenfässern.
Der Wein wird geschönt und gefiltert.

Kein ZWEITWEIN

DIE WEINE VON POMEROL

LA RENAISSANCE
Ohne Klassifizierungsrang

Lage der Weinberge: Pomerol

Besitzer: François de Lavaux
Adresse: 33500 Pomerol
Postanschrift: c/o Ets. Horeau Beylot, B.P.125, 33501 Libourne
Telefon: 33 5 57 51 06 07 – Telefax: 33 5 57 51 59 61

Besuche: nur nach Vereinbarung

ROTWEIN

Rebfläche: 3 ha

Durchschnittliches Rebenalter: 15 bis 25 Jahre

Rebbestand: 85 % Merlot, 15 % Cabernet Franc

Pflanzdichte: 5500 Reben/ha

Ertrag (im Durchschnitt der letzten 5 Jahre): 40 hl/ha

Durchschnittliche Jahresproduktion insgesamt: 18 000 Flaschen

GRAND VIN

Name: Château La Renaissance

Appellation: Pomerol

Verarbeitung und Ausbau: Gär- und Maischdauer 18 bis 23 Tage in temperaturgeregelten Edelstahl- und Betontanks. Malolaktische Säureumwandlung im Tank (bei einem sehr kleinen Teil des Ertrags manchmal auch in Eichenfässern). 8 bis 12 Monate Ausbau wechselweise in zu 10 bis 15 % neuen Eichenfässern (60 % des Ertrags) und Betontanks (40 % des Ertrags).
Der Wein wird geschönt und gefiltert.

Kein ZWEITWEIN

RÊVE D'OR
Ohne Klassifizierungsrang

Lage der Weinberge: Lieu-dit Cloquet, Pomerol

Besitzer: Maurice Vigier
Adresse: Cloquet, 33500 Pomerol
Telefon: 33 5 57 51 11 92 – Telefax: 33 5 57 51 87 70

Besuche: nur nach Vereinbarung · Kontaktperson: Maurice Vigier

ROTWEIN

Rebfläche: 7 ha

Durchschnittliches Rebenalter: 40 Jahre

Rebbestand: 80 % Merlot, 20 % Cabernet Sauvignon

Durchschnittliche Jahresproduktion insgesamt: 280 hl

BORDEAUX

GRAND VIN

Name: Château Rêve d'Or

Appellation: Pomerol

Durchschnittliche Jahresproduktion: 1500 Kisten

Verarbeitung und Ausbau: Gär- und Maischdauer 3 bis 4 Wochen in temperaturgeregelten Edelstahltanks. Anschließend 18 Monate Ausbau in zu 30 % neuen Eichenfässern. Der Wein wird geschönt, aber nicht gefiltert.

ZWEITWEIN

Name: Château du Mayne

Durchschnittliche Jahresproduktion: 18 000 Flaschen

LA ROSE FIGEAC
Ohne Klassifizierungsrang

Lage der Weinberge: 1 ha im Norden und 4,5 ha im äußersten Süden von Pomerol

Besitzer: D.F.A. Despagne-Rapin
Adresse: 33500 Pomerol
Postanschrift: Maison Blanche, 33570 Montagne
Telefon: 33 5 57 74 62 18 – Telefax: 33 5 57 74 58 98

Besuche: nach Vereinbarung, montags bis freitags während der Geschäftszeit
Kontaktperson: Gérard Despagne

ROTWEIN

Rebfläche: 5,5 ha (Neubestockung im Gang)

Durchschnittliches Rebenalter: 40 Jahre

Rebbestand: 85 % Merlot, 15 % Cabernet Franc

Pflanzdichte: 5350 Reben/ha

Ertrag (im Durchschnitt der letzten 5 Jahre): 50 hl/ha

Durchschnittliche Jahresproduktion insgesamt: 270 hl

GRAND VIN

Name: Château La Rose Figeac

Appellation: Pomerol

Durchschnittliche Jahresproduktion: 15 000 Flaschen

Verarbeitung und Ausbau: Vinifikation 15 bis 20 Tage in kunststoffbeschichteten Tanks. Anschließend 12 bis 15 Monate Ausbau in neuen Eichenfässern. Der Wein wird geschönt und gefiltert.

DIE WEINE VON POMEROL

ZWEITWEIN

Name: Château Hautes Graves de Beaulieu

Durchschnittliche Jahresproduktion: 3000 bis 4000 Flaschen

SAINT-PIERRE
Ohne Klassifizierungsrang

Lage der Weinberge: Pomerol

Besitzer: Familie de Lavaux
Adresse: 33500 Pomerol
Postanschrift: c/o Ets. Horeau Beylot, B.P. 125, 33501 Libourne
Telefon: 33 5 57 51 06 07 – Telefax: 33 5 57 51 59 61

Besuche: nur nach Vereinbarung

ROTWEIN

Rebfläche: 3 ha

Durchschnittliches Rebenalter: 35 Jahre

Rebbestand: 65 % Merlot, 20 % Cabernet Franc, 15 % Cabernet Sauvignon

Pflanzdichte: 5500 Reben/ha

Ertrag (im Durchschnitt der letzten 5 Jahre): 30 bis 40 hl/ha

Durchschnittliche Jahresproduktion insgesamt: 15 000 bis 18 000 Flaschen

GRAND VIN

Name: Château St-Pierre

Appellation: Pomerol

Durchschnittliche Jahresproduktion: 15 000 bis 18 000 Flaschen

Verarbeitung und Ausbau: Gär- und Maischdauer 18 bis 23 Tage in temperaturgeregelten Edelstahl- und Betontanks. Malolaktische Säureumwandlung im Tank (bei einem sehr kleinen Teil des Ertrags manchmal auch in Eichenfässern). 8 bis 12 Monate Ausbau wechselweise in zu 10 bis 15 % neuen Eichenfässern (60 % des Ertrags) und Betontanks (40 % des Ertrags). Der Wein wird geschönt und gefiltert.

Kein ZWEITWEIN

TAILHAS
Ohne Klassifizierungsrang

Lage der Weinberge: Libourne

Besitzer: S.C. du Château Tailhas
Adresse: Route de St-Emilion, Pomerol, 33500 Libourne
Telefon: 33 5 57 51 26 02 – Telefax: 33 5 57 25 17 70

Besuche: montags bis freitags, vorzugsweise nach Vereinbarung, von 9 bis 12 und von 14 bis 18 Uhr; samstags nur nach Vereinbarung
Kontaktperson: Luc Nebout

BORDEAUX

ROTWEIN

Rebfläche: 10,5 ha

Durchschnittliches Rebenalter: 35 Jahre

Rebbestand: 70 % Merlot, 15 % Cabernet Franc, 15 % Cabernet Sauvignon

Pflanzdichte: 5600 Reben/ha

Ertrag (im Durchschnitt der letzten 5 Jahre): 45 hl/ha

Durchschnittliche Jahresproduktion insgesamt: 5000 Kisten

GRAND VIN

Name: Château du Tailhas

Appellation: Pomerol

Verarbeitung und Ausbau: Vinifikation 3 Wochen in temperaturgeregelten Edelstahl- und Betontanks. Malolaktische Säureumwandlung bei einem Teil des Ertrags in Fässern. Ausbau wechselweise teils in neuen Eichenfässern (10 bis 18 Monate, je nach Jahrgang), teils in Tanks. Der Wein wird geschönt und gefiltert.

ZWEITWEIN

Name: Château La Garenne

Beurteilung: Entspricht qualitativ einem Cru Bourgeois aus dem Médoc

Genußreife: 3 bis 10 Jahre nach dem Jahrgangsdatum

TAILLEFER
Ohne Klassifizierungsrang

Lage der Weinberge: Libourne

Besitzer: Héritiers Armand Moueix
Adresse: 33500 Libourne
Telefon: 33 5 57 25 50 45 – Telefax: 33 5 57 25 50 45

Besuche: nur nach Vereinbarung
Kontaktperson: Sandrine Yonnet

ROTWEIN

Rebfläche: 12 ha

Durchschnittliches Rebenalter: 25 Jahre

Rebbestand: 75 % Merlot, 25 % Cabernet Franc

Pflanzdichte: 6000 Reben/ha

Ertrag (im Durchschnitt der letzten 5 Jahre): 50 hl/ha

Durchschnittliche Jahresproduktion insgesamt: 6500 Kisten

DIE WEINE VON POMEROL

GRAND VIN

Name: Château Taillefer

Appellation: Pomerol

Durchschnittliche Jahresproduktion: 5000 Kisten

Verarbeitung und Ausbau: Gär- und Maischdauer 3 bis 4 Wochen in Betontanks. Nach malolaktischer Säureumwandlung 15 Monate Ausbau in jährlich zu $1/3$ erneuerten Eichenfässern. Der Wein wird geschönt, aber nicht gefiltert.

ZWEITWEIN

Name: Château Fontmarty

Durchschnittliche Jahresproduktion: 1500 Kisten

Beurteilung: Entspricht qualitativ einem Cru Bourgeois aus dem Médoc.

Genußreife: 3 bis 10 Jahre nach dem Jahrgangsdatum.

Der Taillefer ist ein schlichter, fruchtiger Wein mit mittlerem Körper, jedoch ohne große Komplexität, dafür meist sauber bereitet und rund. Er zeigt 7 bis 10 Jahre schöne Entfaltung, bevor er seine Frucht einbüßt. In den neueren Jahrgängen sind beständig erfreuliche, attraktive, sorgfältig gepflegte Weine zustande gekommen, die zwar nicht begeistern, aber korrekt sind. Die Rebfläche besteht aus einer Reihe von Parzellen um das Château, ganz im Süden der Appellation, an der Grenze zu St-Emilion.

THIBEAUD-MAILLET
Ohne Klassifizierungsrang

Lage der Weinberge: Pomerol

Besitzer: Roger und André Duroux
Adresse: 33500 Pomerol
Telefon: 33 5 57 51 82 68 – Telefax: 33 5 57 51 58 43

Besuche: vorzugsweise nach Vereinbarung, von 9 bis 12 und von 14 bis 20 Uhr
Kontaktperson: Roger oder André Duroux

ROTWEIN

Rebfläche: 1,2 ha

Durchschnittliches Rebenalter: 25 Jahre

Rebbestand: 85 % Merlot, 15 % Cabernet Sauvignon

Pflanzdichte: 5000 Reben/ha

Ertrag (im Durchschnitt der letzten 5 Jahre): 50 hl/ha

Durchschnittliche Jahresproduktion insgesamt: 6000 Flaschen

BORDEAUX

GRAND VIN

Name: Château Thibeaud-Maillet

Appellation: Pomerol

Durchschnittliche Jahresproduktion: 5000 bis 6000 Flaschen

Verarbeitung und Ausbau: Vinifikation rund 4 Wochen in temperaturgeregelten Tanks. Anschließend 16 bis 18 Monate Ausbau in zu 50 % neuen Eichenfässern. Der Wein wird geschönt und leicht gefiltert.

Kein ZWEITWEIN

Tour Robert
Ohne Klassifizierungsrang

Lage der Weinberge: in Libourne zwischen Château Mazeyres und Château de Sales

Besitzer: Dominique Leymarie
Adresse: Chemin de Grangeneuve, 33500 Libourne
Telefon: 33 6 09 73 12 78 – Telefax: 33 5 57 51 99 94

Besuche: nach Vereinbarung montags bis freitags von 8 bis 18 Uhr
Kontaktperson: Dominique Leymarie

ROTWEIN

Rebfläche: 4,5 ha

Durchschnittliches Rebenalter: 30 Jahre

Rebbestand: 65 % Merlot, 30 % Cabernet Franc, 5 % Cabernet Sauvignon

Pflanzdichte: 6000 Reben/ha

Ertrag (im Durchschnitt der letzten 5 Jahre): 43 hl/ha

Durchschnittliche Jahresproduktion insgesamt: 26 000 Flaschen

GRAND VIN

Name: Château Tour Robert

Appellation: Pomerol

Durchschnittliche Jahresproduktion: 6000 bis 8000 Flaschen

Verarbeitung und Ausbau: Vinifikation 21 bis 40 Tage, je nach Jahrgang, in temperaturgeregelten Edelstahltanks bei 29 bis 31 °C. Teilweises Umpumpen alle 3 Stunden zu Beginn, *pigeage* am Ende des Prozesses. Anschließend 12 bis 15 Monate Ausbau in zu 60 bis 70 % neuen Eichenfässern. Der Wein wird geschönt und gefiltert.

ZWEITWEIN

Name: Château Robert

Durchschnittliche Jahresproduktion: 18 000 bis 20 000 Flaschen

DIE WEINE VON POMEROL

DE VALOIS
Ohne Klassifizierungsrang

Lage der Weinberge: in Pomerol und Libourne in der Nähe der Châteaux Taillefer, Tailhas, La Croix und Beauregard

Besitzer: M. Leydet
Adresse: S.C.E.A. des Vignobles Leydet, Rouilledinat, 33500 Libourne
Telefon: 33 5 57 51 19 77 – Telefax: 33 5 57 51 00 62

Besuche: montags bis freitags von 8 bis 12 und von 14 bis 19 Uhr;
samstags nur bis 12 Uhr
Kontaktperson: M. Leydet

ROTWEIN

Rebfläche: 7,7 ha

Durchschnittliches Rebenalter: 30 Jahre

Rebbestand: 75 % Merlot, 13 % Cabernet Franc, 10 % Cabernet Sauvignon, 2 % Malbec

Pflanzdichte: 6000 Reben/ha

Ertrag (im Durchschnitt der letzten 5 Jahre): 45 hl/ha

Durchschnittliche Jahresproduktion insgesamt: 45 000 Flaschen

GRAND VIN

Name: Château de Valois

Appellation: Pomerol

Durchschnittliche Jahresproduktion: 45 000 Flaschen

Verarbeitung und Ausbau: Gärdauer 7 Tage bei 30 bis 33 °C, Maischdauer je nach Jahrgang 4 bis 6 Wochen bei max. 22 °C. Anschließend 14 bis 16 Monate Ausbau: 35 % des Ertrags in neuen Eichenfässern, 20 % in Tanks, der Rest wird zwischen ein- und zweimal gebrauchten Fässern aufgeteilt. Der Wein wird geschönt und gefiltert.

Kein ZWEITWEIN

VIEUX MAILLET
Ohne Klassifizierungsrang

Lage der Weinberge: Lieu-dit Maillet in Pomerol

Besitzer: G.F.A. du Château Vieux Maillet (Leitung: Isabelle Motte)
Adresse: 33500 Pomerol
Telefon: 33 5 57 51 04 67 – Telefax: 33 5 57 51 04 67

Besuche: nur nach Vereinbarung
Kontaktperson: Isabelle Motte

BORDEAUX

ROTWEIN

Rebfläche: 2,5 ha · Durchschnittliches Rebenalter: 30 Jahre

Rebbestand: 80 % Merlot, 20 % Cabernet Franc

Pflanzdichte: 5600 Reben/ha

Ertrag (im Durchschnitt der letzten 5 Jahre): 48 hl/ha

Durchschnittliche Jahresproduktion insgesamt: 15 500 Flaschen

GRAND VIN

Name: Château Vieux Maillet

Appellation: Pomerol

Durchschnittliche Jahresproduktion: 15 500 Flaschen

Verarbeitung und Ausbau: Vinifikation 18 bis 25 Tage, je nach Jahrgang, in temperaturgeregelten Betontanks. Malolaktische Säureumwandlung in Eichenfässern. 12 bis 16 Monate Ausbau in zu 40 bis 50 % neuen (ansonsten ein- bis zweimal gebrauchten) Eichenfässern. Der Wein wird geschönt und gefiltert.

Kein ZWEITWEIN

VIEUX CHÂTEAU FERRON
Ohne Klassifizierungsrang

Lage der Weinberge: Libourne

Besitzer: Familie Garzaro
Adresse: 36. route de Montagne, 33500 Libourne
Postanschrift: c/o Château Le Prieur, 33500 Libourne
Telefon: 33 5 56 30 16 16 – Telefax: 33 5 56 30 12 63

Besuche: nur nach Vereinbarung, montags bis freitags von 10 bis 12 und von 15 bis 18 Uhr
Kontaktperson: Pierre Etienne Garzaro

ROTWEIN

Rebfläche: 4 ha · Durchschnittliches Rebenalter: 35 Jahre

Rebbestand: 90 % Merlot, 10 % Cabernet Franc

Pflanzdichte: 7300 Reben/ha

Ertrag (im Durchschnitt der letzten 5 Jahre): 47 hl/ha

Durchschnittliche Jahresproduktion insgesamt: 25 000 Flaschen

GRAND VIN

Name: Vieux Château Ferron

Appellation: Pomerol

Durchschnittliche Jahresproduktion: 15 000 Flaschen

DIE WEINE VON POMEROL

Verarbeitung und Ausbau: Vinifikation 15 bis 21 Tage in temperaturgeregelten Beton- und Edelstahltanks. Am Ende des Prozesses wird 3 bis 4 Tage lang eine Temperatur von etwa 30°C eingehalten. Nach malolaktischer Säureumwandlung 12 bis 14 Monate Ausbau in zu 100% neuen Eichenfässern. Der Wein wird geschönt, aber nicht gefiltert.

ZWEITWEIN

Name: Clos des Amandiers

Durchschnittliche Jahresproduktion: 10000 Flaschen

LA VIOLETTE
Ohne Klassifizierungsrang

Produktion: 2.000 Kisten

Rebbestand: 80% Merlot, 20% Cabernet Franc

Kein ZWEITWEIN

Rebfläche: 4 ha

Besitzer: Familie Servant-Dumas

Faßreifezeit: 24 Monate

Durchschnittsalter der Reben: 35 Jahre

Beurteilung: Entspricht qualitativ einem Cru Bourgeois aus dem Médoc

Genußreife: 5 bis 15 Jahre nach dem Jahrgangsdatum

Das kaum bekannte Weingut produziert 2000 Kisten aus einem Weinberg in guter Lage in der Nähe der Kirche von Pomerol. La Violette ist oft unbeständig, kann aber auch herrlich volle Weine hervorbringen. Ich habe den 1962er, 1967er und 1982er jeweils nur einmal gekostet, sie alle aber verdienten hervorragende Noten für Intensität, Extraktgehalt, Komplexität und Charakter. Andere Jahrgänge dagegen zeigen lockeres Gefüge, manchmal dumpfigen Geruch von alten Fässern und nur zu häufig rustikale und derbe Art.

VRAYE-CROIX-DE-GAY
Ohne Klassifizierungsrang

Lage der Weinberge: Pomerol

Besitzerin: Baronne Guichard
Adresse: 33500 Pomerol
Postanschrift: S.C.E. Baronne Guichard, Château Siaurac, 33500 Néac
Telefon: 33 5 57 51 64 58 – Telefax: 33 5 57 511 41 56

Besuche: nur nach Vereinbarung (normalerweise während der Geschäftszeit)
Kontaktperson: M. Bartoletto

BORDEAUX

ROTWEIN

Rebfläche: 3,2 ha

Durchschnittliches Rebenalter: 35 Jahre

Rebbestand: 80 % Merlot, 15 % Cabernet Franc, 5 % Cabernet Sauvignon

Pflanzdichte: 5500 Reben/ha

Ertrag (im Durchschnitt der letzten 5 Jahre): 40 hl/ha

Durchschnittliche Jahresproduktion insgesamt: 175 hl

GRAND VIN

Name: Château Vray-Croix-de-Gay

Appellation: Pomerol

Durchschnittliche Jahresproduktion: 175 hl

Verarbeitung und Ausbau: Vinifikation etwa 3 bis 4 Wochen. Nach malolaktischer Säureumwandlung 18 Monate Ausbau in zu 30 % neuen Eichenfässern. Der Wein wird geschönt und gefiltert.

Kein ZWEITWEIN

Beurteilung: Entspricht qualitativ einem Cru Bourgeois aus dem Médoc

Genußreife: 5 bis 12 Jahre nach dem Jahrgangsdatum

St-Emilion

St-Emilion ist die größte Touristenattraktion von Bordeaux. Manche meinen sogar, das mittelalterliche Städtchen mit seinen Mauern und Türmen, das sich über mehrere Hügel inmitten eines Meers von Reben hinzieht, sei Frankreichs schönster Weinort.

Die Winzer von St-Emilion bilden eine streng in sich geschlossene Zunft, die fest davon überzeugt ist, daß ihre Weine die besten von Bordeaux sind. Im übrigen fühlt man sich hier noch immer zurückgesetzt, weil die ganze Gegend auf dem rechten Gironde-Ufer in der Klassifizierung der Weine aus dem Jahr 1855 vergessen wurde. Dabei ist St-Emilion mit rund 5400 ha die größte Rotwein-Appellation im Weinbaugebiet Bordeaux.

Zu erreichen ist St-Emilion von Bordeaux aus in 40 Minuten Autofahrt. An seiner Nordgrenze liegt Pomerol, und Osten bzw. Süden schließen sich die wenig bekannten Satelliten-Appellationen Montagne, Lussac, Puisseguin und St-Georges St-Emilion sowie die Côtes de Francs und die Côtes de Castillon an. Die besseren Lagen von St-Emilion befinden sich in ganz bestimmten, geographisch deutlich voneinander abgegrenzten Gegenden. Früher kamen die feinsten Weine von St-Emilion meist aus Weinbergen auf dem Kalksteinplateau, an den Kalksteinhängen (den *côtes*) und auf der Kiesterrasse an der Grenze zu Pomerol. In den 1990er Jahren hat es sich jedoch herausgestellt, daß auch andere Terroirs in der Hand perfektionistischer Erzeuger außerordentlich feine Weine hervorbringen können. Die Weingüter der «Côtes de St-Emilion» erstrecken sich auf den Kalksteinhängen um die Stadt, und sogar innerhalb deren Mauern gibt es einige Weinberge. Viele der bekanntesten Weine von St-Emilion – Ausone, beide Beauséjours, Belair, Canon, Magdelaine, L'Arrosée und Pavie – wachsen an den *côtes*. Von den insgesamt 13 offiziellen Premier-Grand-Cru-Weingütern (die neueste Klassifizierung stammt aus dem Jahr 1996) haben 10 wenigstens einen Teil ihrer Weinberge an diesen Kalksteinhängen. Die Weine von den *côtes* sind alle einmalig und eigenständig, gemeinsam aber ist ihnen ein fester, verhaltener, überaus karger Charakter in der Jugend. Bei richtigem Ausbau weicht diese jugendliche Strenge jedoch im allgemeinen bald schöner Fülle, Kraft und Komplexität.

Gewiß ist Ausone mit seinen eindrucksvollen, in die Felsen der Kalksteinhänge getriebenen Kellern und seinen steilen, mit sehr alten, knorrigen Weinstöcken bestandenen Weinbergen das berühmteste Weingut von den Côtes von St-Emilion. Im 19. Jahrhundert galten seine Weine als mit die besten von ganz Bordeaux. Dabei war der Ausone bis 1976, als ein neues Kellerteam die Arbeit aufnahm, erstaunlich wenig charaktervoll. Er ist meist anders als die übrigen St-Emilions von den Côtes – strenger, tanninherber, mit einem exotischen, lieblichen Bukett erinnert er im Geschmack mehr an die Kargheit des Médoc als an seine Nachbargüter. In den Jahren 1982, 1983, 1988, 1989 und 1990 brachte das Château wahrhaft großartige Weine hervor. Doch interne Zwistigkeiten zwischen den Besitzerfamilien Vauthier und Dubois-Challon führten gar zu Rechtsstreitigkeiten, und schließlich kauften Alain Vauthier und seine Familie die Besitzanteile von Madame Dubois-Challon auf. Daraus haben sich subtile, aber doch wichtige Änderungen in der Grundeinstellung zur Weinbereitung ergeben, die in den Jahrgängen 1995, 1996 und 1997, in denen Ausone hinreißende Weine hervorbrachte, besonders augenfällig wurden.

Die einzigen anderen Weingüter von den Côtes, die ebensolche Komplexität und schiere Klasse zustande bringen können wie Ausone, sind Canon und Magdelaine. Ein großer Teil der Weinberge von Canon liegt wie die von Ausone an den Kalksteinhängen. Canon hat seit langem einen ausgezeichneten Ruf, und unter der Führung von Eric Fournier, der das Gut seit 1972 leitet, hat es neue Höhen erreicht. Der Canon wurde zu einem der wuchtigsten und vollsten Weine von den Côtes, doch zu Beginn der 1990er Jahre erlebte das Gut einen jähen Niedergang. Eine im Faßkeller aufgetretene Verschmutzung war schuld daran, daß betrüblich viele Flaschen einen dumpfigen Geschmack aufwiesen. Hinzu kam eine zunehmende Ungleichmäßigkeit, und schließlich wurde Canon 1996 an die Firma Chanel (der bereits Château Rauzan-Ségla in Margaux gehört) verkauft und ein neues Betriebsführungsteam unter der Leitung des hochtalentierten Duos John Kolasa und David Orr berufen. Ich bin sicher, daß das Weingut unter der

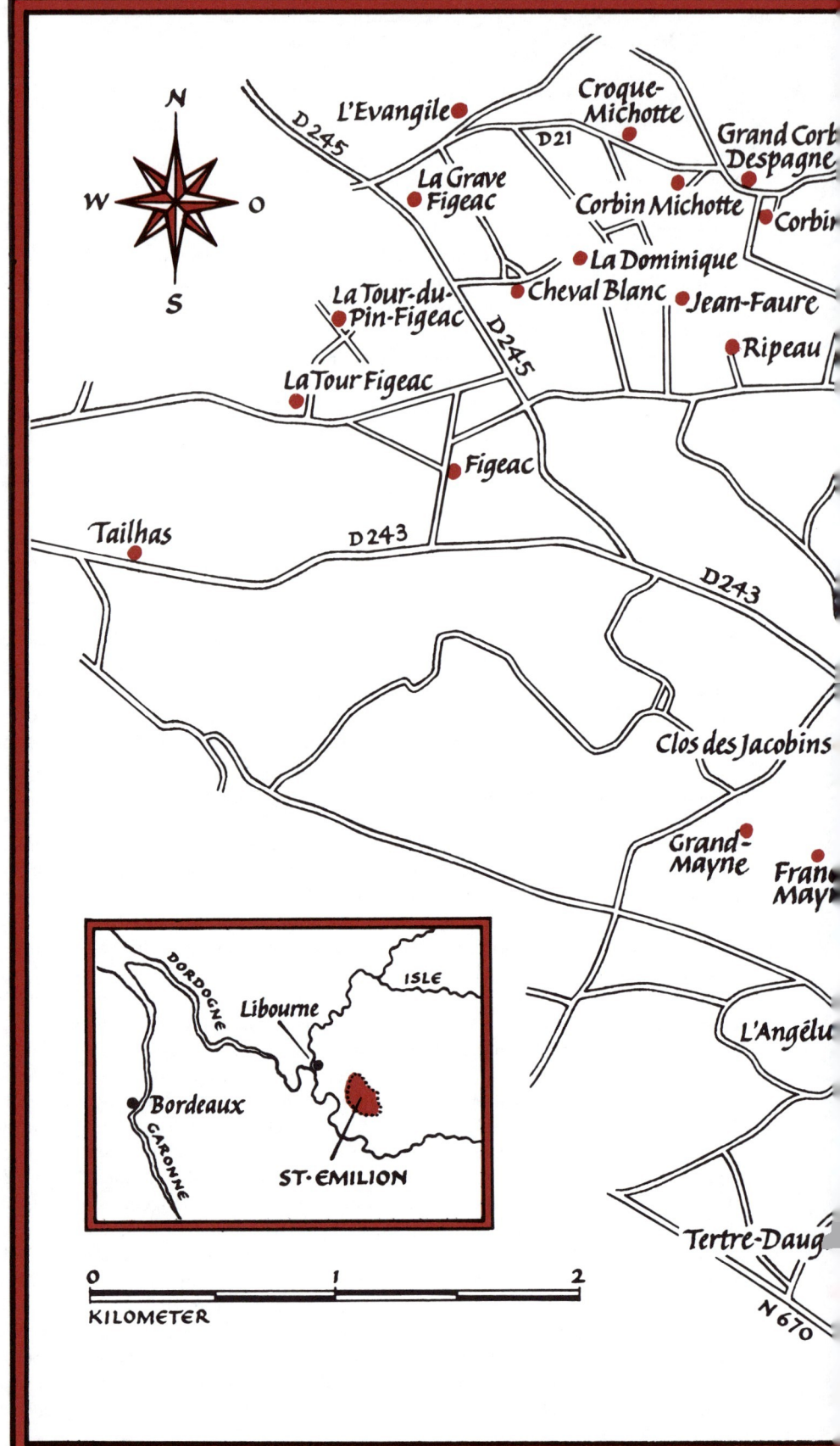

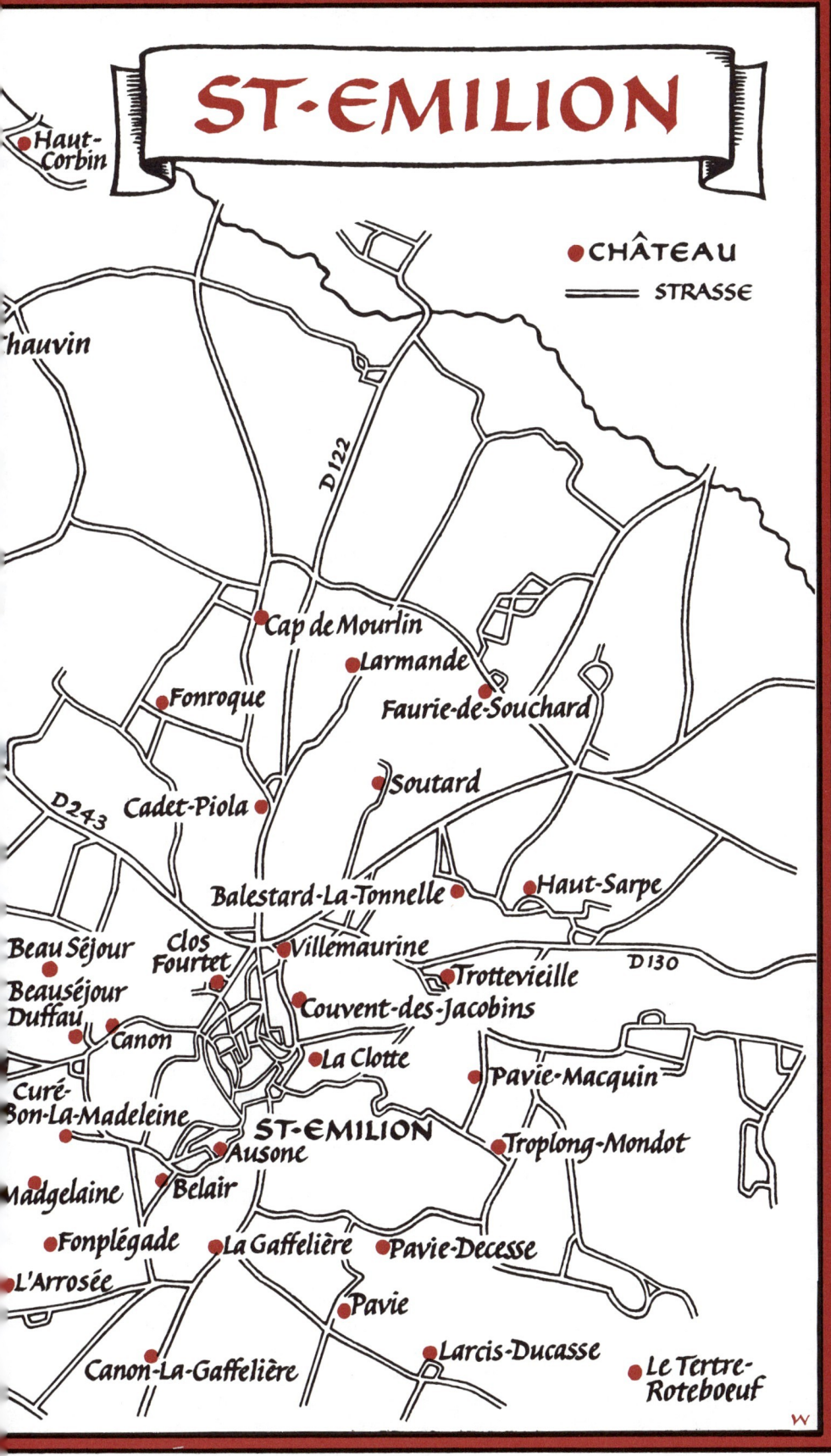

neuen Leitung bald wieder in Form kommt. Jedenfalls reift der Wein von Canon trotz seiner ausgezeichneten Haltbarkeit doch rascher heran als der Ausone (der oft 30 Jahre und länger völlig verschlossen und undurchdringlich bleibt).

Magdelaine darf als würdiger Herausforderer von Ausone angesehen werden. Seine Weinberge liegen wie die von Canon und Ausone auf den Kalksteinhängen südlich von St-Emilion. Während jedoch Ausone und Canon in ihrem Verschnittrezept etwa 50 % Cabernet Franc und 50 % Merlot haben, sind es bei Magdelaine bis zu 90 % Merlot. Daher ist der Magdelaine auch meist vollmundiger, runder und sanfter als der Ausone und der Canon. Allerdings war seine allgemeine Qualität in den siebziger und achtziger Jahren denn doch lediglich gut und nicht unbedingt begeisternd. Am Ende der achtziger und in der Mitte der neunziger Jahre brachte Magdelaine dann jedoch ganz vollendete Weine hervor und vermittelte den Eindruck, daß die Qualität auf ein höheres Niveau angehoben wurde.

Von den übrigen Spitzenweingütern an den Côtes von St-Emilion, bringt L'Arrosée – kein Premier Grand Cru, sondern ein Grand Cru Classé – seit Beginn der sechziger Jahre prachtvollen Wein hervor, der oft zu dem halben Dutzend der Spitzengruppe von St-Emilion zählt. Er besitzt gute Haltbarkeit, und wegen seiner Fülle und seines hocharomatischen Buketts wird er häufig als der burgunderhafteste St-Emilion von den Côtes bezeichnet.

Jahrelang gehörten Pavie und sein Schwester-Château Pavie-Decesse etwas weiter oben am Hang Jean Paul Valette, einem der freundlichsten und liebenswürdigsten Männer in St-Emilion. Pavie ist ein Premier Grand Cru Classé, Pavie-Decesse ein Grand Cru Classé, und beide sind immer gut, aber leichter, eleganter, eingängiger in der Art. Valette hatte auch schon 1982, 1986 und 1989 versucht, vollere, kräftigere Weine hervorzubringen, und 1990 produzierte er mit die feinsten Weine, die je aus diesen beiden Gütern gekommen sind. Dann aber bereiteten ungleichmäßige Leistungen aus beiden Châteaux Sorgen. 1997 wurde Pavie-Decesse dann an den hochmotivierten, qualitätsbewußten Gérard Perse verkauft, der bereits in einem anderen Weingut von St-Emilion, nämlich Monbousquet, eine Renaissance herbeigeführt hat. 1998 kaufte er außerdem Pavie und wurde damit zum bedeutendsten Grundbesitzer in St-Emilion.

Belair, das nächste Nachbargut von Ausone, bringt nicht oft denkwürdigen Wein hervor, aber obwohl er leichter, zarter und früher reif ist als der Ausone, kann er in Bestform doch ein klassischer, stilvoller St-Emilion sein, und er hat sogar das Potential, große Höhen zu erklimmen, wie es 1983 und 1989 geschah. Viel öfter jedoch präsentiert er sich stumpf und nichtssagend und spricht höchstens Liebhaber spartanisch-karger Rotweine an.

Von den übrigen berühmten Weingütern an den Côtes von St-Emilion haben sich seit ganz kurzem einige, die eine Zeitlang keine besonders guten Leistungen zu verzeichnen hatten, gewaltig angestrengt und bringen wieder zunehmend besseren Wein hervor. Die Weingüter Beauséjour von Duffau-Lagarrosse und Clos Fourtet von André Lurton haben sich seit dem Ende der 1980er Jahre in der Qualität dramatisch verbessert. Der Stil von Clos Fourtet ist dabei der kommerziellere, seit die harte, tanninherbe, strenge und unnachgiebige Art zugunsten einer modernen, geschmeidigen, fruchtigen, süffigen und eingängigen aufgegeben wurde. Beauséjour dagegen hat seine Qualität zwar auch verbessert, betont aber weiterhin den klassischen Stil der Côtes von St-Emilion: tanninreich, fest, mit kräftiger Farbe und großer Langlebigkeit. Bemerkenswert ist, daß dieses Weingut in den Jahren 1988, 1989 und 1990 drei hervorragende Leistungen erbrachte, wobei der 1990er sogar ein echtes Schwergewicht ist und einer der profundesten Jungrotweine war, den ich je gekostet habe.

Auf den Hängen im Westen von St-Emilion liegt ein zweites Beauséjour, das aber der Familie Bécot gehört und sich Beau-Séjour Bécot schreibt. Die in der Klassifizierung der Weine von St-Emilion im Jahr 1985 vorgenommene Degradierung dieses Weinguts vom Premier Grand Cru zum Grand Cru Classé kam für mich zwar nicht überraschend, ich war aber beeindruckt davon, wie die Bécots sofort nach der Abstufung darangingen, vollere, komplexere Weine zu gestalten. Den Lohn dafür ernteten sie 1996 mit der Wiederaufstufung zum Premier Grand Cru Classé. Inzwischen haben sie unter dem Namen La Gomerie eine Cuvée von alten Reben, und zwar

100 % Merlot, herausgebracht. Die ersten Jahrgänge waren üppig voll und intensiv nach der Art des Starweinguts Le Pin in Pomerol.

Drei weitere Güter den von Côtes verfügen über das Potential, mit die profundesten Weine von St-Emilion hervorzubringen, haben aber bis vor kurzem nur selten dergleichen geschafft. Die Premiers Grands Crus Classés La Gaffelière und Trotte Vieille und das Grand Cru Classé Angélus besitzen Weinberge in schönsten Lagen mit geeignetem Boden für großartigen Wein.

Der La Gaffelière ist stets ein Wein gewesen, der Rätsel aufgibt und meist unter der Leistung blieb, die man von einem Premier Grand Cru Classé von St-Emilion in so superber Lage erwarten darf. Bei einer Verkostung aller Jahrgänge der sechziger und siebziger Jahre fallen vor allem der 1961er und der 1970er als besonders großartig auf. Allerdings begann erst 1982 eine allgemeine Verbesserung der Qualität. Seither hat der La Gaffelière seine Form wiedergewonnen. Er wird sich zwar nie unter die Schwergewichtler von St-Emilion einreihen, darf aber neben Figeac in Finesse und Eleganz als einer der typischsten Vertreter der Premiers Grands Crus Classés gelten.

Trotte Vieille war ebenfalls lange Zeit ein enttäuschendes Weingut und ist auch immer noch betrüblich unbeständig, doch unter der Leitung von Philippe Castéja ist seit dem Ende der achtziger Jahre Fortschritt zu erkennen. Angélus hatte bis zur verdienten Aufstufung bei der Neuordnung der Klassifizierung 1996 nur den Rang eines Grand Cru Classé. Es machte in den sechziger und siebziger Jahren eine schlimme Zeit der Mittelmäßigkeit durch, begann zu Anfang der achtziger Jahre wieder gute und dann seit 1988 erstaunlich intensive, volle und sogar hervorragende Weine zu produzieren, die zu den größten nicht nur in St-Emilion, sondern in ganz Bordeaux gerechnet werden können. Dieses Weingut veranschaulicht mehr als irgendein anderes in Bordeaux, welch außerordentliche Dinge geschehen können, wenn eine inspirierte Persönlichkeit – in diesem Fall Hubert de Boüard – schockiert von den schmachvollen Produkten der Vorgänger, sich daran begibt, kompromißlosen Wein zu erzeugen. Der Angélus geriet in den neueren großartigen Jahrgängen 1989, 1990 und 1995 prachtvoll, aber – was vielleicht noch mehr bedeutet – in schwierigen Jahren sogar superb, wofür 1992, 1993 und 1994 herausragende Beispiele darstellen.

Dies sind aber nicht die einzigen aufstrebenden Weingüter auf dem Kalksteinplateau oder an den Hängen von St-Emilion. Einer der neuesten Superstars von St-Emilion ist Canon-La-Gaffelière, eigentlich eines der Châteaux, deren Lage als an den *«pieds de côtes»*, also dem Fuß des Kalksteinhangs, bezeichnet wird. Dieses Gut bringt seit dem Ende der achtziger Jahre großartige Weine hervor und hat sich auch in den neunziger Jahren hervorragend bewährt.

Ebenfalls sorgfältige Aufmerksamkeit verdient Château Troplong-Mondot. Die erstaunliche Qualität der neueren Jahrgänge von Troplong-Mondot hat auch außerhalb von St-Emilion viel Aufmerksamkeit erregt. Dieser von einer der führenden Kellermeisterinnen von Bordeaux, Christine Fabre, produzierte Wein trägt alle Kennzeichen eines angehenden großen Klassikers von St-Emilion. Dieser unterbewertete Wein hat sich ab Ende der achtziger Jahre als besonders brillant erwiesen und hätte meiner Meinung nach 1996 zum Premier Grand Cru Classé befördert werden müssen.

Ernsthafter Beachtung ist auch Pavie-Macquin wert. Dieses Weingut brachte ähnlich wie Angélus, Troplong-Mondot, Canon-La-Gaffelière und Trotte Vieille in den siebziger und teilweise auch achtziger Jahren mittelmäßige Qualität hervor. Dann aber, am Ende der achtziger Jahre, kamen bei Pavie-Macquin superbe Weine der Jahrgänge 1988, 1989 und 1990 zustande, und auf diesem Erfolg ist Mitte der neunziger Jahre weiter aufgebaut worden. Auch hier scheint es sich um einen aufsteigenden Stern der Appellation zu handeln. Der mit organischen Methoden kultivierte Weinberg (eine Seltenheit in Bordeaux) befindet sich in schönster Lage oben an einem Kalksteinhang, der den Namen Côte Pavie trägt. Im Geschmack des Pavie-Macquin findet die Essenz ertragsschwacher alter Reben deutlichen Ausdruck.

Le Tertre-Rotebœuf, ein winziges Juwel von einem Weingut, liegt an den Côtes neben dem berühmteren Château Larcis-Ducasse und hat seit Mitte der achtziger Jahre unter der tüchtigen

Leitung seines Besitzers François Mitjavile monumentale Weine hervorgebracht. Dieses Weingut ist die größte Entdeckung, die mir in der Region Bordeaux je gelungen ist. Bei ihm gibt es keine Kompromisse, und so entsteht der einzige Wein, der wahrhaftig als der Pétrus von St-Emilion bezeichnet werden kann, so voll und überzeugend ist er. Le Tertre-Roteboeuf hätte eigentlich bei der Klassifizierung 1996 zum Premier Grand Cru Classé ernannt werden müssen, doch allzu viele einflußreiche Leute sind auf den Starstatus dieses Weinguts neidisch.

Ebenfalls ausgezeichneter Wein wächst in St-Emilion auf den sogenannten «Graves-Terrassen», oft auch als *graves et sables anciens* (Kies und Sand aus der Vorzeit) bezeichnet. Nur 4 km von der Stadt St-Emilion entfernt liegt unmittelbar nordöstlich von Libourne dieses Gebiet, dessen Boden – wie der Name schon sagt – aus einem Kiesbett besteht, das mit Lehm und Sand vermischt ist. Hier bringen die Spitzengüter Cheval Blanc, Figeac, La Dominique, Corbin und Corbin-Michotte einen sanften, samtigen, üppigen Wein hervor, der sich schon in jungen Jahren sehr schön zeigt, in Spitzenjahren aber auch über hervorragende Lebensdauer verfügt. Diese Weingüter liegen an der Südostgrenze von Pomerol und haben oft dieselbe üppige, geschmeidige Fruchtigkeit wie die beiden nächsten Nachbarn in Pomerol, l'Evangile und La Conseillante, aufzuweisen.

Viele Bordeaux-Enthusiasten behaupten, daß es keinen großartigeren St-Emilion gibt als den Cheval Blanc. Selbst nach der Renaissance von Ausone bleibt der Wein von Cheval Blanc der Inbegriff des St-Emilion: opulent, außerordentlich reichhaltig, exotisch, schon in der Jugend erstaunlich eingängig, aber in superben Jahrgängen wie 1982 und 1990 mit einer Lebenserwartung von 30 bis 40 Jahren. Cheval Blanc und Figeac sind die beiden einzigen Premiers Grands Crus Classés im *graves*-Gebiet von St-Emilion. Allerdings würde ein objektive Analyse der Spitzengüter in dieser Gegend zeigen, daß La Dominique eigentlich auch verdient, mit in die oberste Klasse aufgenommen zu werden.

Die Weinberge von Cheval Blanc liegen auf tiefgründigem Kiesboden mit einer Beimischung von Lehm, Sand und Eisen. Der vielleicht einzigartigste Aspekt dieses Weins ist, daß die Cabernet-Franc-Traube wahrscheinlich nirgendwo sonst in Bordeaux so berauschend duftige, üppige, hinreißende Gewächse hervorbringt. Der Cheval Blanc ist oft überwältigend reichhaltig, tief und fruchtig, vor allem in Jahrgängen wie 1921, 1929, 1947, 1948, 1949, 1953, 1961, 1964, 1982, 1983, 1985, 1990 und 1995, und das erklärt wahrscheinlich, warum dieser Wein oft getrunken wird, bevor er seine volle Reife erlangen kann. Der unmittelbare Nachbar Figeac wird gelegentlich mit dem Cheval Blanc verglichen, er verkörpert aber eigentlich einen ganz anderen Weinstil. Er hat einen für St-Emilion hohen Anteil an Cabernet Sauvignon, wächst auf viel stärker sandigem Boden als der Cheval Blanc und fällt daher eher kräuterduftig und leichter aus. Immerhin aber ist der Figeac in großen Jahrgängen ein komplex fruchtiger, milder, charmanter, konzentrierter Wein, der sich schon im Alter von 4 bis 5 Jahren schön trinken läßt. Leider hat anscheinend nur eine Handvoll neuerer Jahrgänge – der 1964er, 1970er, 1975er, 1982er und 1990er – genug in sich, um dem Zahn der Zeit auf Dauer zu widerstehen. Auf jeden Fall ist das Terroir außergewöhnlich, und wenn der Figeac einen Volltreffer landet, dann erweist er sich in Komplexität und Charakter als einzigartig, nur geschieht das leider allzu selten.

La Dominique, ein aufstrebendes Weingut mit eindrucksvollen Leistungen, liegt unmittelbar nördlich von Cheval Blanc. Es produziert ausgezeichneten Wein mit sanfter Fülle, tiefer Fruchtigkeit, viel Körper und 10 bis 20 Jahren Lebenserwartung – er hätte die Aufstufung zum Premier Grand Cru Classé sehr wohl verdient. In manchen Jahren, 1955, 1970, 1971, 1982, 1989 und 1990, kann Château La Dominique neben den Besten von St-Emilion bestehen.

Es wäre eine allzu große Vereinfachung, wollte man behaupten, daß die feinen Weine von St-Emilion einzig und allein vom *graves*-Plateau, den *côtes* und dem Kalksteinplateau kommen. Vielmehr bringen andere Gegenden der Appellation St-Emilion von andersartigem Boden in verschiedenen Weingütern ebenfalls exzellente Weine hervor.

Auf den sandigen Hängen der sogenannten *plaine* von St-Emilion sind u. a. die Châteaux Larmande, Cap de Mourlin und Cadet-Piola Quellen schöner Weine. Das Plateau, das sich von

St-Emilion aus südwärts erstreckt, weist vorwiegend Lehm- und Sandboden über Kalkgestein auf. In dieser Gegend ist Soutard das führende Weingut, und auch La Clotte und Balestard-La-Tonnelle sind beständig groß in Form und zeichnen sich durch feine Weine aus.

Schließlich ist noch ein Weingut da, das in keine der oben beschriebenen Gegenden von St-Emilion fällt und ebenfalls exzellenten Wein zu bieten hat, nämlich Clos des Jacobins, 1 km nordwestlich von St-Emilion.

In der Appellation St-Emilion gilt eine eigene Qualitätsklassifizierung. Auf dem Papier sollte dieses 1954 entwickelte System das beste in Bordeaux sein. Es beruht nämlich auf Reputation, Bodenanalyse und Geschmacksprüfung. Anders als die ungeheuer starre, unflexible Klassifizierung von 1855 (in der es bisher als einzige Veränderung die 1973 verfügte Aufstufung von Mouton-Rothschild gegeben hat) soll die Klassifizierung von St-Emilion alle 10 Jahre revidiert werden, so daß in der Theorie gute Weingüter aufgewertet und schlechte degradiert werden können. Allerdings wurde bei der ersten größeren Revision im Jahr 1969 nur wenig verändert. Es wurde dabei lediglich eine vierstufige Hierarchie eingeführt. Sie blieb bis 1985 gültig und sah in der obersten Ebene 12 Premiers Grands Crus Classés vor, von denen zwei als die besten anerkannt wurden und den Titel Premiers Grands Crus Classés «A» erhielten. Die übrigen zehn Premiers Grands Crus Classés wurden mit «B» bezeichnet. Auf der zweitobersten Stufe der Qualitätsskala standen die Grands Crus Classés, und zwar 72 an der Zahl. Die dritte Qualitätsstufe trug den Titel Grand Cru, und die unterste Stufe bildeten die einfacheren Weine, die lediglich Anspruch auf die AC St-Emilion hatten. Bei der Neuordnung von 1996 gab es keine Degradierungen aus dem Premier-Grand-Cru-Classé-Rang, vielmehr wurden zwei Weingüter, Angélus und Beau-Séjour Bécot, in diesen Rang erhoben – zu Recht, wie ich meine.

Ein Trend, der von St-Emilion seinen Ausgang genommen hat (und sich möglicherweise auf ganz Bordeaux ausweiten wird), ist die Mikrovinifikationswelle, die Erzeugung kleiner Mengen aus ausgewählten Weinbergparzellen, die meist einen hohen Merlot-Anteil im Bestand haben. Den ersten Beispielen der folgenden Weine nach zu schließen, gehören diese zu den hinreißendsten, exotischsten, konzentriertesten und überzeugendsten in ganz St-Emilion. Erst die Zeit wird erweisen, wie sie sich entwickeln und ob ihre himmelhohen, manchmal lachhaften Preise gerechtfertigt sind. Freilich besteht Einmütigkeit dahin gehend, daß diese Weine von Perfektionisten in dem Bestreben produziert werden, die Qualitätsanforderungen so hoch zu schrauben, wie es nur irgend geht. Zunächst ist der Château Valandraud eine *assemblage* von Weinen aus mehreren Weinbergparzellen. Der von seinen Ideen besessene, hochtalentierte Weingutsbesitzer Jean-Luc Thunevin hat vor 1991, dem Debut-Jahrgang des Valandraud, überhaupt noch nie Wein gemacht. Sein Gewächs ist zu einem heißbegehrten Sammlerstück geworden und erzielt schlichtweg surreale Preise, höhere noch als Cheval Blanc oder Ausone, was auf die herrschende Elite von St-Emilion sicherlich beunruhigend wirkt. Dieser überaus reichhaltige Wein entsteht von der hochreifen, spätgelesenen Frucht extrem ertragsschwacher Reben und wird ungeschönt und ungefiltert abgefüllt – eine Seltenheit beim modernen Bordeaux. Es gab aufregende Leistungen selbst in schwierigen Jahren wie 1993 und 1994 und absolut spektakuläre in Jahren wie 1995 und 1996. Allen Anzeichen nach haben diese Weine eine Lebenserwartung von 15 bis 20 Jahren, da es aber noch keine bewährten Beispiele gibt, läßt sich bei aller vielversprechenden Art nicht mit Sicherheit sagen, wie sie sich entwickeln werden.

Ein weiterer Wein der Luxuspreisklasse aus der Mikrovinifikationswelle ist der La Gomerie von Gérard Bécot, dem Besitzer von Beau-Séjour Bécot. Dieser Wein wird rein von Merlot erzeugt und in zu 100 % neuen Eichenfässern vergoren und ausgebaut. Bisher sind auf diese Weise eindrucksvoll reichhaltige, sanfte schwergewichtige Merlots von extrem reifer Frucht entstanden, die ohne Filtern abgefüllt wurden. Sie wirken zwar etwas aufgeschlossener als der Valandraud, lassen aber doch mit einer Lebensdauer von mindestens 10 bis 15 Jahren rechnen. Ein weiterer Neuling auf dem Hinderniskurs der Mikrovinifikations-Luxuspreisklasse heißt La Mondotte. Er entstand zwar erstmals schon 1995, doch es war der Jahrgang 1996 (800 Kisten), der die Weinwelt auf den Kopf stellte. Er besteht fast rein aus Merlot aus einer Parzelle mit 30jährigen Reben zwischen Le Tertre-Rotebœuf und Canon-La Gaffelière, wird in zu 100 % neuen Eichenfässern vergoren und ausgebaut und ist einer der konzentriertesten jungen Bordeaux-Weine, die ich je gekostet habe. Allen Anzeichen nach wird er mindestens zwei Jahrzehnte überdauern. La Mondotte stammt aus der Erzeugung des perfektionistischen Besitzers von Canon La Gaffelière, Comte Stephan de Neipperg.

Weitere Spitzenqualitätsweine, die bei Kennern Wellen schlagen, sind La Couspaude und Ferrand-Lartigue. Beide entstehen in kleinsten Mengen, vorwiegend von Merlot, und werden zu 100 % in neuen Eichenfässern verarbeitet. La Couspaude enthält allerdings 30 % Cabernet Franc und stammt aus der Erzeugung der in St-Emilion sehr bekannten Familie Aubert. Manche Kommentatoren wünschen sich zwar einen zurückhaltenderen Gebrauch neuer Eichenfässer bei diesem Wein, er ist aber ein exotischer, ausgefallener, lebenssprühender, ausnehmend sauber bereiteter St-Emilion. Ebenso hohen hedonistischen Ansprüchen genügt der Ferrand-Lartigue aus einem kleinen Weingut, das seit Mitte der neunziger Jahre exquisite Weine hervorbringt. Als weiterer Wein dieses Stils ist der Rol Valentin von E. Prissette zu nennen, ein üppiger, ausnehmend reichhaltiger Wein mit Substanz, Frucht und Eichenwürze in verschwenderischer Fülle.

In Anbetracht der unerhörten Erfolge, die diese Weine aus limitierter Produktion bisher gefeiert haben, gibt es keinen Grund, daran zu zweifeln, daß sich in St-Emilion genug Nacheiferer finden dürften, die dem Liebhaber Weine anbieten, über die in Aufregung zu geraten sich lohnt, vorausgesetzt, man kann sie auftreiben – und bezahlen.

Ganz allgemein finden die Weine von St-Emilion bei einem breiten Publikum enormen Anklang. Sie reifen früh, sind vollmundig, rund, generös, eingängig und süffig. Zwar sind die Premiers Grands Crus Classés teuer, aber viele der Grands Crus Classés werden bedeutend unter ihrem Wert gehandelt und können deshalb ausgesprochen preiswert sein.

Da nun die Bodenarten, die Kellertechniken und die Mischung der Traubensorten in St-Emilion so unterschiedlich sind, ist es zunehmend schwieriger, die Jahrgänge in dieser sehr großen Appellation generell zu beurteilen. Sicherlich lassen sich als große St-Emilion-Jahrgänge der 1990er, 1983er und 1982er (wahrscheinlich die drei besten nach dem 2. Weltkrieg) nennen. Erstklassige Jahrgänge waren auch 1995, 1989, 1986, 1970, 1964 und natürlich 1961. Der Schlüssel zu guten Jahrgängen liegt in St-Emilion in der gesunden Blüte und Reife der Merlot- und Cabernet-Franc-Trauben, die in dieser Region die bedeutendsten Sorten darstellen.

Da es hier sehr viele Weingüter gibt, habe ich den Schwerpunkt meiner Verkostungen und der Beschreibungen in diesem Abschnitt auf die Premiers Grands Crus Classés und die Grands Crus Classés gelegt. Das mag arrogant anmuten, in Anbetracht der schieren Zahl von Weingütern allein aus diesen beiden Kategorien, die eine Besprechung verdienen, mußte ich die einfacheren Châteaux weitgehend unberücksichtigt lassen, außer wo der Qualitätsstand besonderes Interesse verdient. Weine aus dieser Qualitätsklasse können natürlich auch gut sein, zeigen aber nie die Beständigkeit der Spitzenweingüter.

St-Emilion
(aus Insider-Sicht)

Potential allgemein: mittel bis superb

Größte Lebenserwartung: Angélus, l'Arrosée, Ausone, Beauséjour-Duffau, Canon-la-Gaffelière, Cheval Blanc, La Dominique, Magdelaine, La Mondotte, Pavie-Decesse (seit 1997), Pavie Macquin, Troplong-Mondot, Valandraud

Am elegantesten: Ausone, Belair, Chauvin, Figeac, La Gaffelière, La Plagnotte-Bellevue, Trotte Vieille

ST-EMILION

Am konzentriertesten: Angélus, l'Arrosée, Ausone, Beauséjour-Duffau, Canon-la-Gaffelière, Cheval Blanc, Destieux, La Dominique, Larmande, Magdelaine, Monbousquet, La Mondotte, Moulin St-Georges, Pavie-Decesse (seit 1997), Pavie-Macquin, Troplong-Mondot, Valandraud

Bestes Preis/Leistungs-Verhältnis: Corbin, Corbin-Michotte, Daugay, La Fleur de Jaugue, Lucie Rolland-Maillet, Vieux Fontin

Am exotischsten: Cheval Blanc, La Couspaude, Ferrand-Lartigue, La Gomérie, La Mondotte, Le Tertre-Rotebœuf, Valandraud, Rol Valentin, Gracia, l'Hermitage

Am schwersten zu ergründen (in der Jugend): Ausone, Belair, Canon, Fonroque, Larcis-Ducasse

Am meisten unterbewertet: Clos des Jacobins, Clos de l'Oratoire, Faugères, Larmande, La Tour-Figeac, Monbousquet, Moulin St-Georges, Pavie-Macquin

Jung am besten zu trinken: Dassault, Le Tertre-Rotebœuf

Aufstrebende Weingüter: Barde-Haut, Chauvin, Clos de l'Oratoire, Grandes Murailles, Daugay, Destieux, Faugères, La Fleur de Jaugue, Grand Pontet, Monbousquet, Pavie-Decesse, Rol Valentin

Die großartigsten neueren Jahrgänge: 1995, 1990, 1983, 1982, 1964, 1961

St-Emilion im Überblick

Lage: Der Bereich ist Teil des Weinbaugebiets Bordeaux und liegt auf dem rechten Ufer der Dordogne, südöstlich von Pomerol, etwa 30 km von der Stadt Bordeaux entfernt.

Rebfläche: 5374 ha

Gemeinden: St-Emilion, St-Hippolyte, St-Christophe-des-Bardes, St-Laurent-des-Combes, St-Pey-d'Armens, St-Sulpice-de-Faleyrens, Vignonnet, St-Etienne-de-Lisse

Durchschnittliche Jahresproduktion: 2800000 Kisten

Crus Classés: insgesamt 68 – 2 Premiers Grands Crus Classés A, 11 Premiers Grands Crus Classés B, 55 Grands Crus Classés

Hauptrebsorten: Merlot, Cabernet Franc

Hauptbodenarten: Die Faustregel heißt Vielfalt: Die Hanglagen südlich von St-Emilion befinden sich auf Kalkstein, in Richtung Pomerol herrschen Lehm, Sand und Kies vor.

Verbrauchergerechte Klassifizierung der Châteaux von St-Emilion

HERVORRAGEND
Angélus, Ausone, Canon-La-Gaffelière, Cheval Blanc, La Gomerie, La Mondotte, Le Tertre-Rotebœuf, Troplong-Mondot, Valandraud

AUSGEZEICHNET
L'Arrosée, Beau-Séjour Bécot, Beauséjour (Duffau-Lagarrosse), Canon, Clos de l'Oratoire, La Couspaude, La Dominique, Ferrand-Lartigue, Figeac, Grand-Mayne, L'Hermitage (seit 1997), Larmande, Monbousquet (seit 1994), Pavie-Macquin, Rol Valentin (seit 1995), Soutard

BORDEAUX

SEHR GUT

Balestard-La-Tonnelle, Barde-Haut (seit 1997), Cadet-Piola, Chauvin, Clos Fourtet, Clos des Jacobins, Corbin-Michotte, Faugères, La Gaffelière, Grand-Pontet, Gracia (seit 1997); Magdelaine, Moulin St-Georges, Quinault-L'Enclos

GUT

Belair, Bellefont-Belcier, Cap de Mourlin, Chante-Alouette-Cormeil, Clos la Madeleine, Clos Saint-Martin, La Clotte, Corbin, Couvent-des-Jacobins, Croque-Michotte, Curé-Bon, Daugay, Dassault, Destieux, Faurie-de-Souchard, de Ferrand, Fleur-Cardinale, La Fleur Pourret, Fonplégade, Fonroque, Franc-Mayne, Godeau, Haut Brisson, Haut-Corbin, Haut-Sarpe, Jean-Faure, Le Jurat, Larcis-Ducasse, Laroze, Lucie, Mauvezin, Pavie, Pavie-Decesse, Petit-Faurie-de-Soutard, Pindefleurs, Ripeau, Rocher-Bellevue-Figeac, Rolland-Maillet, St-Georges-Côte Pavie, Tertre-Daugay, La Tour-Figeac, La Tour du Guetteur, La Tour-du-Pin-Figeac-Moueix, Trotte Vieille

SONSTIGE BEACHTENSWERTE WEINGÜTER

Béard, Bellevue, Bergat, Berliquet, Bernateau, Bienfaisance, Jacques Blanc, La Bonnelle, Bouquey, Cadet-Bon, Cantenac, Capet-Guillet, Castelot, Cauze, Cheval-Noir, Clos Labarde, Clos Larcis, Clos Trimoulet, La Clusière, La Commanderie, Cormeil-Figeac, Côtes de Rol, Couronne, Coutet, La Croix-Figeac, La Croix de Jaugue, Cruzeau, La Fleur, Fombrauge, Fonrazade, Galius, La Grace Dieu, La Grace Dieu Les Menuts, La Grace Dieu des Prieurs, Grand-Corbin, Grand-Corbin-Despagne, Grand-Corbin-Manuel, La Grave-Figeac, Guadet-St-Julien, Haut-Mazerat, Haut-Quercus, Haut Villet, Lafleur-Vachon, Laniote, Laroque, Leydet-Figeac, Leydet-Valentin, Magnan La Gaffelière, Martinet, Matras, Monlot Capet, Moulin Bellegrave, Moulin du Cadet, du Paradis, Pasquette, Patris, Pavillon-Cadet, Petit Figeac, Peyrelongue, Pipeau, Pontet-Fumet, Le Prieuré, Prieuré-Lescours, Puy-Blanquet, Puy Razac, Quercy, Rocher, Rose-Pourret, Roylland, St-Lô, Sansonnet, Tauzinat l'Hermitage, Tour Baladoz, La Tour-du-Pin-Figeac-Giraud-Bélivier, Trimoulet, Val d'Or, Vieux-Château-Carré, Vieux Sarpe, Villemaurine, Jean Voisin, Yon-Figeac

ANGÉLUS
Premier Grand Cru Classé B

HERVORRAGEND

Lage der Weinberge: St-Emilion

Besitzer: De Boüard de Laforest und Söhne
Adresse: Mazerat, 33330 St-Emilion
Telefon: 33 5 57 24 71 39 – Telefax: 33 5 57 24 68 56

Besuche: nur nach Vereinbarung

ST-EMILION

ROTWEIN

Rebfläche: 23 ha · Durchschnittliches Rebenalter: 30 Jahre

Rebbestand: 50 % Merlot, 47 % Cabernet Franc, 3 % Cabernet Sauvignon

Pflanzdichte: 6500 bis 7000 Reben/ha

Ertrag (im Durchschnitt der letzten 5 Jahre): 40 hl/ha

Durchschnittliche Jahresproduktion insgesamt: 125 000 Flaschen

GRAND VIN

Name: Château Angélus

Appellation: St-Emilion Grand Cru

Durchschnittliche Jahresproduktion: 110 000 Flaschen

Verarbeitung und Ausbau: Gär- und Maischdauer 2 bis 3 Wochen in temperaturgeregelten Edelstahltanks. Malolaktische Säureumwandlung im Faß, anschließend 18 bis 22 Monate Ausbau in zu 100 % neuen Eichenfässern. Der Wein wird mit frischem Eiweiß geschönt, aber nicht gefiltert.

ZWEITWEIN

Name: Carillon de Angélus

Durchschnittliche Jahresproduktion: 15 000 Flaschen

Beurteilung des derzeitigen Rangs: Entspricht qualitativ einem Premier Cru aus dem Médoc

Genußreife: 4 bis 12 Jahre nach dem Jahrgangsdatum

Angélus spricht seit langem schon ein breites Publikum an. Seine umfangreiche, zum großen Teil exportierte Produktion, ein ansehnliches Etikett und der charmante, geschmeidige Stil haben dem Gut bei Liebhabern der Weine von St-Emilion eine starke Anhängerschaft eingetragen. Angélus liegt im Mazerat-Tal; seine Weinberge befinden sich an den unteren Hängen auf kalkhaltigem Lehm und auf gemischtem Lehm- und Sandboden in bester Südlage.

In den sechziger und siebziger Jahren produzierte Angélus Wein, der sich anfänglich durch charmante, fruchtige Intensität auszeichnete, dann aber innerhalb von wenigen Jahren vollständig verfiel. Das wurde in den achtziger Jahren anders, nachdem der bekannte Önologe Michel Rolland zu Rate gezogen wurde. Er setzte 100 % neue Eichenfässer für den Ausbau des Weins durch. Früher war der Wein in Tanks gelagert worden, mit Eichenholz kam er überhaupt nicht in Berührung. Das Verfahren, den Wein in kleinen Eichenfässern zu vergären und auch die malolaktische Säureumwandlung in diesen ablaufen zu lassen (wie im Château Le Pin in Pomerol), bringt noch zusätzliche Komplexität und Intensität ein. Es kann aber nur in kleinen Weingütern oder bei großem Aufwand an Lohnkosten durchgeführt werden, weil es viel Zeit und schwere körperliche Arbeit erfordert.

Die Ergebnisse sind verblüffend. Allerdings ließ der Besitzer Hubert de Boüard de Laforest, als Angélus bei der Klassifizierungsänderung 1985 die Aufstufung in den Premier-Grand-Cru-Classé-Rang verweigert wurde, auch eine viel strengere Auslese vornehmen, um nur die besten Partien in den Wein gelangen zu lassen. 1996 wurde ihm die Rangerhöhung dann zuteil.

Der neue Stil ist zwar mit intensiver, reichhaltiger, geschmeidiger und voller Fruchtigkeit nach wie vor auf frühe Trinkreife ausgerichtet, doch jetzt hat der Wein viel tiefere Farbe, mehr Konzentration sowie mehr tragfähiges Tannin, so daß er sich besser hält. Sicherlich sind der profunde 1988er, 1989er, 1990er, 1994er, 1995er, 1996er und 1997er die feinsten Weine der letzten drei oder vier Jahrzehnte. Älteren Jahrgängen, d. h. vor 1986, ist mit größter Vorsicht zu begegnen, denn sie sind inzwischen wahrscheinlich völlig in sich zusammengefallen.

JAHRGÄNGE

1997 • 90-93   Seit 1988 läßt sich mit Überzeugung behaupten, daß kein anderer St-Emilion so beständig brillant ist wie der Angélus. Selbst in so schwierigen Jahren wie 1992 und 1993 kamen in diesem Weingut höchst achtbare Weine zustande. 1997 begann es am 12. September mit der Lese und beendete sie am 10. Oktober. Der Grand Vin setzt sich aus 60% Merlot und 40% Cabernet Franc zusammen. Es überrascht nicht, daß auch der 1997er wieder eine grandiose Leistung darstellt. Ein so sattes Purpurrot findet man bei keinem anderen Premier Cru von St-Emilion. Das Aromaprofil bietet in reichlichem Maß *pain grillé*, Trüffeln, Vanille, Brombeeren und andere füllige Fruchtnuancen. Sanftes Tannin, verschwenderische Konzentration und eine üppige, saftige, milde, ölige Art machen diesen überaus voll ausgestatteten, unbestreitbar fesselnden Angélus schon in der Jugend unwiderstehlich. Dabei dürfte er sich für einen 1997er als langlebig erweisen. Voraussichtliche Genußreife: 2000 bis 2015. Letzte Verkostung: 3/98.

1996 • 92-94   Dieser Wein, der bei mehreren Verkostungen gut abgeschnitten hat, zeigt dichte schwarzpurpurrote Farbe, ein kraftvolles Aromaprofil von gegrilltem Fleisch sowie süßer Frucht von Brombeeren, Pflaumen und Johannisbeeren, dazu vollen Körper, reichlich Tannin und muskulöse, kernige Geschmacksfülle von außergewöhnlicher Intensität. Eine Eichennote ist zwar vorhanden, aber nicht so ausgeprägt wie nach gleicher Zeit bei anderen Jahrgängen. Dieser 1996er zeigt sich verschlossen und hat 20 bis 30 Jahre Lebenserwartung, obwohl er nicht so unbändig tanninreich ist, wie man es in diesem Jahrgang erwartet hätte.
Voraussichtliche Genußreife: 2003 bis 2020. Letzte Verkostung: 3/98.

1995 • 95   Der tiefdunkel purpurrote 1995er Angélus, eine superbe Leistung in diesem Jahrgang, zeigt sich massiv, wuchtig und voll mit viel reifem, mildem Tannin. Im Aromaprofil bietet er provençalische Oliven, füllige schwarze Kirschen, Brombeeren, Trüffeln und Toast. Dieser sehr körperreiche Wein ist vielschichtig, ölig und reintönig – der konzentrierteste unter den Premiers Grands Crus von St-Emilion.
Voraussichtliche Genußreife: 2002 bis 2025. Letzte Verkostung: 11/97.

1994 • 92   Der ebenfalls tintendunkel schwarzpurpurrote 1994er bietet himmlische Düfte von Rauchfleisch, Grillgewürzen, Hickoryholz sowie reichlich Cassis und Kirschlikör. Die phänomenale Reintönigkeit und Dichte der Frucht sowie die schöne Ausgewogenheit sind bei der massiven, muskulösen Persönlichkeit dieses mächtigen, körperreichen, von Extrakt überquellenden Weins einfach bewunderungswürdig – ein Geniestreich der Kellerkunst.
Voraussichtliche Genußreife: 2000 bis 2020. Letzte Verkostung: 1/97.

1993 • 92   Der undurchdringlich dunkle, schwarzpurpurrote 1993er, einer der vier oder fünf konzentriertesten Weine dieses Jahrgangs, bietet ein intensiv duftiges Aroma von Rauch, Oliven, Schokolade, schwarzer Frucht, Hickoryholz und süßer Eichenwürze. Er ist so erstaunlich voll und körperreich und zeigt so massiven Extrakt – es ist unfaßlich, daß in diesem Jahr ein solcher Wein entstanden sein kann. Man sollte ihm 3 bis 4 Jahre Kellerreife gönnen und kann ihn dann in den darauffolgenden 15 bis 18 Jahren schön genießen. Letzte Verkostung: 1/97.

1992 • 89   Kein anderes Weingut hat seit 1986 eine eindrucksvollere Reihe von Weinen hervorgebracht als Angélus. In diesem meist leichten, oft verwässerten Jahrgang hat Angélus einen der Stars produziert. Die Farbe ist ein dunkles Rubinpurpurrot, das kräftige Bukett zeigt Nuancen von Rauch, Süßholz, Kräutern, Schokolade und reifer Cassisfrucht. Der Abgang der 1992ers ist von mildem Tannin ohne jede Verwässerung gekennzeichnet. Charme, Fülle, Tiefe, Reintönigkeit und Geschmeidigkeit sind die Merkmale dieses eindrucksvollen Weins.
Voraussichtliche Genußreife: Jetzt bis 2004. Letzte Verkostung: 11/94.

1991 • 87   Der 1991er, einer der wenigen gut gelungenen Weine dieses Jahrgangs in St-Emilion, zeigt ein komplexes Bukett von Schokolade, Kaffee, Eichentoast, Kräutern und füllliger roter Frucht. Der mittelschwere, milde, runde Geschmack bietet üppig reife Frucht für unmittelbaren Genuß. Dieser Wein dürfte sich in den nächsten 5 bis 6 Jahren schön trinken. Bedenkt man, wie schwierig dieses Jahr war, ist diese Leistung beachtlich. Letzte Verkostung: 1/94.

ST-EMILION

1990 • 96   Der tiefdunkel purpurrote 1990er ist milder (aufgrund der großen Reife dieses Jahrgangs) und säureärmer als der 1989er, was ihm ein etwas aufgeschlosseneres, einschmeichelnderes Aroma- und Geschmacksprofil verleiht. Der Gesamteindruck spricht von kräftiger, stämmiger, äußerst reichhaltiger, vollmundiger Art mit dem für Angélus charakteristischen Bukett von rauchigem, vanillinsüßem Eichenholz, Oliven, fülliger Cassis-Frucht und Gewürzen.
Letzte Verkostung: 11/96.

1989 • 96   Der 1989er weist einen mächtigen Abgang mit spürbarerem Tannin als beim 1990er auf. Mich zwischen fabelhaften Vertretern ihrer jeweiligen Jahrgänge zu entscheiden, ist mir im Augenblick völlig unmöglich. Vermutlich werde ich schließlich den 1990er vor dem 89er ausgetrunken haben, doch beide sind für 25 bis 30 Jahre Lebensdauer gut, wobei der 1989er wahrscheinlich in 5 bis 6 Jahren seinen Höhepunkt erreicht, während der 1990er einige Jahre Kellerreife mehr braucht. Letzte Verkostung: 11/96.

1988 • 91   Der 1988er ist ein reichhaltiger, fast übervoller St-Emilion mit einem überströmenden Bukett von Süßholz, würzigem frischem Eichenholz, Cassis, Oliven und Mineralen. Auf der Zunge erweist er sich als körperreich, tief und konzentriert mit ausgezeichnetem Extrakt und einem langen, kräftigen, mäßig tanninreichen Abgang.
Voraussichtliche Genußreife: Jetzt bis 2006. Letzte Verkostung: 4/91.

1986 • 89   Der 1986er hat dunkelrubinrote Farbe, ein breites, expansives, aufgeschlossenes Bukett von reifen Pflaumen, würzigem, rauchigem, frischem Eichenholz und subtilen Kräutern. Am Gaumen zeigt der Wein außergewöhnliche Fülle, schöne Nachhaltigkeit und Reife. Er ist zwar bereits jung schön zu trinken, hat aber das Potential für weitere 10 bis 15 Jahre Lebensdauer.
Voraussichtliche Genußreife: Jetzt bis 2006. Letzte Verkostung: 3/90.

1985 • 87   Der 1985er ist ein verführerisch sanfter, geschmeidiger Wein mit breitgefächertem Geschmack und Aroma von Beerenfrucht und Kräutern. Er ist körperreich und konzentriert, dabei aufgeschlossen und köstlich – ein üppiger Wein.
Voraussichtliche Genußreife: Jetzt. Letzte Verkostung: 3/90.

1984 • 72   Der 1984er ist hell, hat ein fast burgunderhaftes Bukett mit Wald- und Pilzdüften in der Kirschenfrucht; er ist mild und voll ausgereift und will getrunken werden.
Voraussichtliche Genußreife: Jetzt – vermutlich im Nachlassen. Letzte Verkostung: 3/89.

1983 • 83   Ähnlich wie der 1982er ist auch dieser Wein viel zu rasch durchgereift. Er entstand in einer Zeit, als zwar die Voraussetzungen ausgezeichnet waren, der Besitzer aber seinen Wein übermäßig schönte und filterte (beides wurde gegen Ende der achtziger Jahre abgeschafft). Der 1983er hat mittelrubinrote Farbe mit einem Bernsteinsaum, dazu ein grasiges, an Cassis und Eichenholz erinnerndes Bukett und milden, locker gewirkten, fast flauen Geschmack. Das Tannin ist abgeschmolzen, und so muß dieser Wein unverzüglich getrunken werden.
Voraussichtliche Genußreife: Jetzt – vermutlich im Nachlassen. Letzte Verkostung: 1/89.

1982 • 77   Es darf nicht vergessen werden, daß 1982 noch keine Auslese getroffen wurde und in der Weinbereitung ein ganz anderer Stil und Grundgedanke herrschte als heute. Der nach der Abfüllung mild und reif erschienene 1982er hat rasch nachgelassen. Er zeigt viel Bernsteingelb, Orange und Rostrot, wirkt diffus und flau, und während er zwar noch eine gewisse süße, füllige Frucht besitzt, weist er doch ältlichen, pilzigen, erdigen Geschmack auf. Er ist eindeutig im Niedergang und sollte schleunigst ausgetrunken werden. Letzte Verkostung: 9/95.

1978 • 75   Dieser typische Angélus aus der Zeit vor 1981 ist leicht, völlig durchgereift und zeigt schon viel Braun in der Farbe. Er verliert bereits seine Frucht, ist aber auf eine leichte, für Picknicks geeignete Art gefällig und charmant.
Voraussichtliche Genußreife: Jetzt – wahrscheinlich stark im Nachlassen.
Letzte Verkostung: 3/83.

1976 • 55   Der 1976er Angélus ist eine totale Katastrophe – leicht, blaß, ohne Frucht, ohne Charakter, ohne Charme, nur noch Alkohol und ein entfernter Fruchtgeschmack.
Letzte Verkostung: 6/80.

1975 • 50 Der 1975er ist ein dürftiger Wein mit brauner Farbe und einem ältlichen, vegetabilen Aroma von moderndem Laub, dazu so gut wie ganz ohne jede reife, fruchtige Intensität – eine unannehmbar schwache Leistung aus einem ansonsten ausgezeichneten, wenn auch etwas ungleichmäßigen Bordeaux-Jahrgang. Letzte Verkostung: 3/86.

L'ARROSÉE
Grand Cru Classé

AUSGEZEICHNET

Lage der Weinberge: St-Emilion

Besitzer: G.F.A du Château L'Arrosée (Leitung: François Rodhain)
Adresse: 33330 St-Emilion
Telefon: 33 5 57 24 70 47

Besuche: nur nach Vereinbarung
Kontaktperson: François Rodhain

ROTWEIN

Rebfläche: 10 ha

Durchschnittliches Rebenalter: 25 Jahre

Rebbestand: 50 % Merlot, 30 % Cabernet Sauvignon, 20 % Cabernet Franc

Pflanzdichte: 5500 Reben/ha

Ertrag (im Durchschnitt der letzten 5 Jahre): 30 bis 35 hl/ha

Durchschnittliche Jahresproduktion insgesamt: 35 000 bis 40 000 Flaschen

GRAND VIN

Name: Château L'Arrosée

Appellation: St-Emilion Grand Cru

Durchschnittliche Jahresproduktion: 35 000 bis 40 000 Flaschen

Verarbeitung und Ausbau: Gär- und Maischdauer 20 bis 25 Tage in temperaturgeregelten Betontanks. Malolaktische Säureumwandlung im Tank; 12 Monate Ausbau in zu 100 % neuen Eichenfässern; Abstich alle 3 Monate (von Hand). Der Wein wird mit frischem Eiweiß geschönt (in Tanks nach der *assemblage*), aber nicht gefiltert.

Kein ZWEITWEIN (außer 1987)

Beurteilung des derzeitigen Rangs: Aufstufung zum Premier Grand Cru Classé wäre zu empfehlen; entspricht qualitativ einem 3ème Cru aus dem Médoc

Genußreife: 5 bis 20 Jahre nach dem Jahrgangsdatum

L'Arrosée ist eines der beim Publikum am wenigsten bekannten Weingüter von St-Emilion. Bei seiner schönen Lage an den *côtes* dürfte es in nächster Zeit, wenn die hohe Qualität seiner Weine einmal besser ans Tageslicht kommt, bald mehr von sich reden machen.

Seit 1911 befindet sich das Gut im Besitz der Familie Rodhain, und seit 1953 wird es von François Rodhain geleitet. Drei Jahrzehnte lang wurde seine Produktion leider in Bausch und Bogen an die Winzergenossenschaft in St-Emilion geliefert, weil es im Gut selbst keine keller-

ST-EMILION

technischen Einrichtungen gab. Seit Mitte der 1960er Jahre finden die Weinbereitung und die Abfüllung nur noch im Château statt.

Der Stil von L'Arrosée ist einzigartig – vollmundig, aber doch fest und wuchtig, duftig, reichhaltig und voll. Der Wein hat viel Charakter und erinnert manchmal an einen südlichen Médoc wie La Lagune, ein andermal – beispielsweise 1985, 1986, 1989 und 1990 – ähnelt er einem vollen, sinnlichen Burgunder. So erinnert mich der 1985er immer wieder an den Richebourg von Henri Jayer. Der bekannte holländische Weinautor Hubrecht Duijker nennt den L'Arrosée übrigens «den feinsten Wein der Appellation».

JAHRGÄNGE

1997 • 86-88 Der 1997er ist zwar unerwartet leicht, aber höchst elegant und zeigt in reichlichem Maß das L'Arrosée-typische Aroma von schwarzen Kirschen, im Eingang milde Säure und Aufgeschlossenheit, dazu mittleren Körper und einen sauberen, charmanten Abgang – ein stilvoller, verhaltener L'Arrosée, der in den ersten 7 bis 9 Lebensjahren getrunken werden will.
Letzte Verkostung: 3/98.

1996 • 89-91+ Nach erneuten Degustationen setze ich zwar nicht mehr ganz soviel Vertrauen in diesen Wein wie bisher, ich glaube aber nach wie vor, daß er das Zeug zur Entfaltung zu einem hervorragenden St-Emilion und zu einem der feinsten, am besten strukturierten und tanninreichsten Weine hat, die seit 1986 aus diesem Gut gekommen sind. Er war verschlossen, als ich ihn verkostete, und zeigte nichts von dem Charme des 1995ers oder 1990ers, dennoch hat er die Kraft, Wucht und Tanninstrenge des Jahrgangs. Der mittelschwere bis körperreiche Wein besitzt das süße L'Arrosée-Aroma von schwarzen Kirschen und feinem Eichentoast. Er wirkt eingezogen, würzig und herb und verlangt in untypischer Weise 6 bis 8 Jahre Kellerreife. Reintönigkeit und Fülle als Gegengewicht zum Tannin hat er genug, Genaueres läßt sich aber doch erst nach der Abfüllung sagen.
Voraussichtliche Genußreife: 2006 bis 2015. Letzte Verkostung: 3/98.

1995 • 90 Dieser duftige Wein mit seiner mitteldunklen rubinroten Farbe und seinen komplexen Aromanuancen von Kirschgeist, *pain grillé* und Rauch bietet in Hülle und Fülle Frucht von Himbeeren, Johannisbeeren und Kirschen. Er ist kein Kraftprotz, aber elegant, multidimensional, rund, samtig und mit seiner Üppigkeit und süßen Frucht einfach unwiderstehlich und so verführerisch wie kaum ein anderer in diesem Jahrgang.
Voraussichtliche Genußreife: Jetzt bis 2012. Letzte Verkostung: 11/97.

1994 • 87+ Tief rubinrote Farbe und ein verhaltenes Aromaprofil weisen darauf hin, daß sich der Wein in sich zurückgezogen hat. Am Gaumen bietet er wenig Charme, doch zeigt er dichte, mittelschwere, konzentrierte, aber verschlossene und herbe Geschmacksfülle. Dieser Wein dürfte sich gut entwickeln, nur das nach der Abfüllung spürbar gewordene strenge Tannin könnte sich nach 7 bis 8 Jahren als störend erweisen. Auf jeden Fall sollte man dem 1994er L'Arrosée weitere 2 bis 4 Jahre Kellerreife gönnen, er wird sich dann 15 Jahre halten.
Letzte Verkostung: 1/97.

1993 • 88 Der 1993er L'Arrosée, eine für diesen Jahrgang eindrucksvolle Leistung, zeigt mitteldunkles Rubinrot und ein komplexes, burgunderähnliches Bukett von fülliger Kirschenfrucht und süßem, rauchigem Eichentoast mit einem Hauch Zedernholz. Überhaupt besitzt der mittelschwere Wein eine milde, expansive Art, wie man sie bei Burgundern der Spitzenklasse antrifft, dazu seidig-samtige Substanz sowie bewunderungswürdige Komplexität und Eleganz. Dieser schön entwickelte, wohlgelungene 1993er läßt sich in den nächsten 5 bis 7 Jahren mit Genuß trinken.
Letzte Verkostung: 1/97.

1992 • 87 Auf lediglich 36 hl/ha beschränkte sich L'Arrosée in diesem ertragreichen Jahr. Auf diese Weise entstand ein 1992er der schwelgerischen Art. Dem L'Arrosée-Stil getreu bietet er reichliche Noten von rauchigem Eichentoast sowie füllige schwarze Kirschen und Himbeeren im Aroma- und Geschmacksprofil. Saftig, expansiv, reif und seidenzart präsentiert sich dieser köstliche, entgegenkommende Wein, der sich in den nächsten 5 bis 7 Jahren schön trinken lassen wird. Letzte Verkostung: 11/94.

1990 • 93   Der eindrucksvolle 1990er L'Arrosée hat ein provokatives, starkduftiges Bukett von Mineralen, Trüffeln, fülliger Himbeerfrucht und feinem Eichentoast. Voll, mild und körperreich mit schön integriertem, moderatem Tannin präsentiert sich der üppige, komplexe, vielschichtige Wein als Spitzenleistung in diesem qualitätvollen Jahrgang.
Voraussichtliche Genußreife: Jetzt bis 2015. Letzte Verkostung: 11/96.

1989 • 88   Der 1989er zeigt dunkelrubinrote Farbe mit leichter Aufhellung am Rand sowie in Hülle und Fülle erdige Frucht schwarzer Kirschen und eine angenehm süße, toastwürzige Eichennote. Er weist mehr Reichhaltigkeit, Glyzerin, Intensität und Konturenschärfe auf als bei früheren Verkostungen. Genußreif ist er jetzt und für die kommenden 10 Jahre.
Letzte Verkostung: 11/96.

1988 • 83   Der 1988er hält den Vergleich mit dem bisherigen Standard nicht aus. Er hat mittleren Körper, würzige und fruchtige Art, gute Tiefe, aber nicht viel Nachhaltigkeit, und es fehlt ihm an Komplexität und Intensität. Es schmerzt mich zu sehen, wie dieses Weingut, dessen Weine ich so sehr liebe, aus dem durch die bisherigen Leistungen vorgegebenen Tritt fällt.
Voraussichtliche Genußreife: Jetzt bis 2000. Letzte Verkostung: 1/91.

1986 • 92   Für einen L'Arrosée hat dieser Jahrgang untypisch lange gebraucht, um seine Form abzurunden. Von Anfang an zeigte er beträchtliche Wucht sowie muskulöse, konzentrierte Art und deftiges Tannin. Dieses Tannin wirft er nun ab, und es erscheint ein überaus interessantes, an staubtrockene Kräuter, schwarze Kirschen, Kirschwasser und Minerale erinnerndes Bukett mit einem subtilen Hauch Vanillin aus neuen Eichenfässern im Hintergrund, daneben mittelschwerer, konzentrierter Geschmack mit festem Tannin – alles in allem ein höchst entgegenkommender Wein. Er ist noch immer jugendfrisch und weist nur einen schwachen Bernsteinsaum in der tief rubinpurpurroten Farbe auf. Dieser L'Arrosée ist sicherlich einer der langlebigsten seit dem 1961er.
Voraussichtliche Genußreife: Jetzt bis 2012. Letzte Verkostung: 12/97.

1985 • 93   Der 1985er ist seit mehreren Jahren voll ausgereift und sollte bis zum Jahr 2004 ausgetrunken werden. Seine tief rubinrote Farbe weist etwas Bernsteingelb und Orange am Rand auf. Das Aromaprofil ist nach wie vor umwerfend mit seinen Noten von fast überreifen schwarzen Kirschen und Himbeeren, verwoben mit feinstem *pain grillé*. Dieser geschmeidige, üppig-sanfte, mit vielschichtiger, gehaltvoller Frucht und viel Glyzerin und Alkohol luxuriös ausgestattete Wein befindet sich auf seinem Gipfel.
Voraussichtliche Genußreife: Jetzt bis 2004. Letzte Verkostung: 12/97.

1984 • 86   Ist dieser Wein der beste 1984er von St-Emilion? Natürlich ist François Rodhain einer von jenen Perfektionisten, die den Lesetermin soweit wie möglich hinausschieben, um hochreife Frucht ernten zu können. Er arbeitet in diesem Jahrgang auch erstmals fast zu 100 % mit neuen Eichenfässern. Der 1984er ist eine wahre Offenbarung: breit, sanft, eichenholzwürzig, mit schwarzen Kirschen im Geschmack scheint er eher an einen Clos Vougeot als an einen St-Emilion zu erinnern – ein reifer, fruchtiger Wein mit überraschender Tiefe.
Voraussichtliche Genußreife: Jetzt. Letzte Verkostung: 3/89.

1983 • 88   Dieser voll ausgereifte Wein zeigt einige Rustikalität mit seinem aggressiven Tannin, das – wie ich glaube – nie verschwinden wird. Der dunkelgranatrote Wein mit Bernsteinsaum bietet ein kraftvolles Aromaprofil mit einer Note von feuchter Erde (oder sind es schwarze Trüffeln?). Der Wein ist mittelschwer, hat exzellente Frucht, jedoch im Abgang ein so rauhes Tannin, daß ihm keine hervorragende Benotung zuteil werden kann. Er dürfte sich noch einmal 7 bis 8 Jahre schön trinken lassen. Letzte Verkostung: 12/97.

1982 • 93   Früher habe ich den 1985er und 1986er L'Arrosée höher bewertet als den 1982er, aber meine damalige Einschätzung verliert rasch an Gültigkeit. Dieser 1982er ist ein superber

ST-EMILION

Vertreter seines Jahrgangs. Schon im Alter von 7 bis 10 Jahren zeigte er sich köstlich und aufgeschlossen und nahm dann mehr Struktur, Gewichtigkeit und Linienklarheit an. Er trinkt sich überaus gefällig, ist aber fraglos der am kräftigsten konzentrierte und vollste L'Arrosée aus den außergewöhnlichen achtziger Jahren. Seine Farbe ist ein tiefdunkles Rubinpurpurgranatrot, das Bukett bietet enorme Fülle an dichter roter und schwarzer Frucht sowie Noten von Kräutern und süßem Eichenholz (obwohl er weniger damit in Berührung gekommen ist als der 1985er und 1990er). Der körperreiche, umwerfend volle, komplexe, brillante L'Arrosée zeigt deutlich die Opulenz und ölige Substanz des Jahrgangs 1982 und läßt sich schon jetzt schön trinken, kann aber auch noch mindestens 10 bis 15 Jahre Aufbewahrung vertragen. Letzte Verkostung: 9/95.

1981 • 85 Der 1981er L'Arrosée zeigt klassische Proportionen an Kraft und Gleichgewicht und ist einer der besseren Weine von St-Emilion. Seine Farbe ist mittel dunkelrubinrot, dazu kommt ein intensiver Duft von reifen schwarzen Kirschen und würzigem Eichenholz, ein mittlerer Körper und für den Jahrgang überraschende Wucht, ferner gutes Tannin und ein mäßig langer Abgang.
Voraussichtliche Genußreife: Jetzt. Letzte Verkostung: 3/90.

1978 • 87 Dieser Wein ist einer der allerbesten St-Emilions seines Jahrgangs. Bei der sehr späten Lese des Jahres 1978 bekamen manche Weine zuviel Reife ab, der L'Arrosée aber ist überaus fest strukturiert und gut bereitet. Seine dunkelrubinrote Farbe zeigt einen leichten Bernsteinsaum, das Bukett ist tief, reichhaltig, reiffruchtig, eichenholzwürzig und läßt mehr an einen Médoc als an einen St-Emilion denken. Auf der Zunge erweist sich der Wein als körperreich, konzentriert, kraftvoll, substanzreich und im Abgang nachhaltig.
Voraussichtliche Genußreife: Jetzt. Letzte Verkostung: 1/85.

1970 • 85 Dieser kräftige, körperreiche Wein hat dunkelrubinrote Farbe mit einem leichten Bernsteinsaum, dazu ein eichenholzwürziges Bukett von schwarzen Kirschen, vollen, rustikalen, würzigen und nachhaltigen Geschmack sowie einen langen, jedoch etwas adstringierenden Abgang. Sollte das Tannin zu stark sein?
Voraussichtliche Genußreife: Jetzt bis 1999. Letzte Verkostung: 3/89.

1964 • 87 Der inzwischen voll ausgereifte, aber noch nicht in Verfallsgefahr befindliche, wunderbar duftige Wein hat ein kräftiges, reiches, tiefes Bukett, das sich im Glas schön entfaltet. Der Geschmack erweist sich als vollmundig, konzentriert und reichhaltig mit kerniger Art, beträchtlicher Wucht und erstaunlich viel Alkohol.
Voraussichtliche Genußreife: Jetzt – vermutlich im Nachlassen. Letzte Verkostung: 6/84.

1961 • 94 Ich hoffe, daß neuere Jahrgänge wie der 1982er, 1985er und 1986er schließlich an diesen großen Wein herankommen werden. Er kann es mit den feinsten St-Emilions aus diesem legendären Jahrgang aufnehmen. Seine Farbe ist mittel rubingranatrot, das Bukett mächtig, würzig, lieblich, an Früchtebrot erinnernd und mit Intensität überladen, der Geschmack zeigt sich üppig, expansiv, reich ausgestattet und seidenzart, die Konsistenz ist opulent und der Abgang nachhaltig, rauchig, alkoholstark – dieser Wein ist bereits seit 5 bis 6 Jahren voll ausgereift.
Voraussichtliche Genußreife: Jetzt – vermutlich im Nachlassen. Letzte Verkostung: 12/90.

AUSONE
Premier Grand Cru Classé A

HERVORRAGEND

Lage der Weinberge: St-Emilion

Besitzer: Micheline, Alain und Catherine Vauthier
Adresse: 33330 St-Emilion
Telefon: 33 5 57 24 68 88 – Telefax: 33 5 57 74 47 39

BORDEAUX

ROTWEIN

Rebfläche: 7 ha

Durchschnittliches Rebenalter: 45 bis 50 Jahre

Rebbestand: 50 % Merlot, 50 % Cabernet Franc

Pflanzdichte: 6000 bis 6500 Reben/ha

Ertrag (im Durchschnitt der letzten 5 Jahre): 35 hl/ha

Durchschnittliche Jahresproduktion insgesamt: 230 hl

GRAND VIN

Name: Château Ausone

Appellation: St-Emilion Grand Cru

Durchschnittliche Jahresproduktion: 20 000 bis 25 000 Flaschen

Verarbeitung und Ausbau: Gär- und Maischdauer 3 bis 4 Wochen in Holzfässern mit Temperaturregelung. Malolaktische Säureumwandlung in neuen Eichenfässern, anschließend 19 bis 23 Monate Ausbau bis zur Abfüllung. Der Wein wird generell mit frischem Eiweiß (leicht) geschönt, aber nicht filtert. Abstich erfolgt alle 3 Monate, die *assemblage* wird im März nach der Lese durchgeführt und das Mischungsverhältnis bei der Abfüllung soweit nötig angepaßt.

ZWEITWEIN

Name: Chapelle Madeleine

Durchschnittliche Jahresproduktion: 7000 Flaschen (seit 1997)

Beurteilung des derzeitigen Rangs: Seit 1976 verdient Ausone seinen Status als Premier Grand Cru Classé und entspricht qualitativ einem Premier Cru aus dem Médoc

Genußreife: 15 bis 50 Jahre nach dem Jahrgangsdatum

Wenn jemand, der zum ersten Mal nach Bordeaux kommt, lediglich Zeit für einen einzigen Besuch in einem Weingut hätte, dann sollte er das kleine Château Ausone hoch oben an einem der Hänge außerhalb der mittelalterlichen Stadtmauer von St-Emilion wählen. Die Lage von Ausone ist spektakulär und lädt noch mehr zum Staunen ein, weil der kleine Weinberg voller alter Reben steht und der Weinkeller des Guts in großen Kalksteinhöhlen untergebracht ist. Der Name Ausone stammt von dem römischen Dichter Ausonius, der von 320 bis 395 n. Chr. lebte. Von ihm ist bekannt, daß er hier in der Gegend ein Weingut besaß; es lag aber wohl näher an Bordeaux als an St-Emilion, und obwohl es auf dem Grund und Boden von Ausone römische Ruinen gibt, ist doch zweifelhaft, daß Ausonius selbst wirklich etwas damit zu tun hatte.

Trotz der historischen Bedeutung von Ausone und der Tatsache, daß es über eine der hervorragendsten Lagen in ganz Bordeaux verfügt, waren seine qualitativen Leistungen in den sechziger und siebziger Jahren mittelmäßig, ja sogar schlecht. Wandel trat erst 1976 ein, als der neue *régisseur* Pascal Delbeck seinen Dienst antrat. Hatte Ausone in den vierziger, fünfziger und sechziger Jahren viele trockene, müde und blaßfarbige Weine produziert, so brachte nun Delbeck einen großartigen Jahrgang nach dem anderen hervor. Das begann schon mit dem hervorragenden 1976er, einem der zwei besten Weine von Bordeaux in diesem Jahr.

Seiner außerordentlich geringfügigen Produktion wegen ist der Ausone im Handel so gut wie überhaupt nicht zu finden. Er ist eine noch größere Rarität als der berühmte Pétrus aus Pomerol, allerdings bei weitem nicht so teuer. Der Stil von Ausone ist ganz anders als der des zweiten hochberühmten Châteaus von St-Emilion, Cheval Blanc.

ST-EMILION

Obwohl zwischen den beiden Besitzerfamilien von Ausone, Dubois-Challon und Vauthier, ein herzliches Verhältnis zu bestehen schien, führten interne Zwistigkeiten sowie ständige Reibung hinsichtlich der Weinbereitungsphilosophie dazu, daß die Familie Vauthier um die Mitte der 1990er Jahre die Anteile von Madame Dubois-Challon kaufte. Der Kellermeister Pascal Delbeck wurde durch Alain Vauthier ersetzt, der als önologischen Berater Michel Rolland aus Libourne heranzieht. Den Klagen alter Anhänger des Dubois-Challon/Delbeck-Stils, der Ausone werde nun entgegenkommender, kommerzieller produziert, liegt doch wohl nichts als Eigeninteresse zugrunde. Die einzigen von Vauthier und Rolland eingeführten Änderungen bestehen darin, die Lese ein wenig später durchzuführen, wenn es das Wetter erlaubt, und die malolaktische Säureumwandlung im Faß anstatt im Tank ablaufen zu lassen. Die beiden ersten Jahrgänge unter dem neuen Regime (1995 und 1996) waren spektakuläre Weine mit aller für Ausone bezeichnenden Eleganz, Finesse und außerordentlicher, mineralbetonter Persönlichkeit sowie mit größerer Konzentration und Intensität. Tatsächlich hat sich der 1995er Ausone während der Reifezeit in Faß und Flasche brillant entwickelt, und es fehlt ihm entgegen allen Behauptungen aus der Dubois-Challon/Delbeck-Ecke durchaus nichts von der «typicité». Ich bin überzeugt, daß der Ausone unter der inspirierten Leitung von Alain Vauthier beständiger ausfallen und noch größere Qualitätshöhen erklimmen wird.

JAHRGÄNGE

1997 • 91-94 Dieser Wein ist eindeutig einer der Superstars seines Jahrgangs. Die Farbe ist ein gesundes dunkles Purpurrot, das Aromaprofil bietet himmlische Nuancen von schwarzer Frucht, Süßholz, Mineralen und an die Côte Rôtie erinnernden Noten, und ebenso faszinierend ist das Geschmacksprofil. Zwar strotzt er nicht gerade vor Kraft, und er hat auch nicht die Intensität, den Extrakt und die Fülle des 1996ers und 1995ers, aber in der Komplexität seiner Aromen, vereint mit intensiver, aber keineswegs schwerer Geschmacksfülle, ist dieser 1997er geradezu unwirklich und zeigt bei mittlerem Körper superbe Reife und glorreiche Ausgewogenheit – ein mustergültiges Beispiel dafür, daß ein Wein in Geschmack, Intensität und Nachhaltigkeit niemals langweilig zu werden braucht. Dieser Ausone ist für das Weingut untypisch früh aufgeschlossen, dabei aber durchaus imstande, mehr als 2 Jahrzehnte zu überdauern.
Voraussichtliche Genußreife: 2005 bis 2020. Letzte Verkostung: 3/98.

1996 • 94-95+ Der 1996er, ein brillanter Ausone, zeigt im multidimensionalen Bukett den für das Weingut typischen mineralischen Charakter. Daneben finden sich Nuancen von Pflaumenlikör, vermischt mit Noten von schwarzen Johannisbeeren, kaltem Stahl, Blumen und Steinsplitt. Dicht und vollmundig präsentiert sich dieser mittelschwere Ausone mit seiner außerordentlicher Fülle ohne eine Spur von Schwerfälligkeit. Ihm gebührt die Palme für ein seltenes Maß an Gleichgewicht zwischen Geschmack und Struktur. Ich war überzeugt, in dem aus dem Glas aufströmenden Duft Veilchen zu finden oder doch etwas, das mich an den 1990er Musigny des Comte de Vogüé erinnerte. Der 1996er Ausone, zweifellos einer der großen Weine dieses Jahrgangs, verlangt ein Jahrzehnt Kellerreife.
Voraussichtliche Genußreife: 2006 bis 2050. Letzte Verkostung: 3/98.

1995 • 93 Der 1995er wird für Ausone als historischer Jahrgang im Gedächtnis bleiben. Es war dies das erste Jahr, in dem Alain Vauthier nach über einem Jahrzehnt interner Kämpfe zwischen den Besitzern als Alleineigentümer ganz für Weinbergpflege, Weinbereitung und Ausbau zuständig war. Die ungewöhnliche Mineralnote des Ausone ist im 1995er vorhanden, daneben finden sich aber noch weitere Aromen, ein reichhaltiger, multidimensionaler Geschmackseindruck und volle Substanz – und in allem erhält das *terroir* brillanten Ausdruck. Der Wein prangt in dichtem Rubinpurpurrot und bietet ein noch in der Entfaltung begriffenes, straff gewirktes Bukett von Frühlingsblumen, Mineralen, Erde und schwarzer Frucht. Der reichhaltige, opulente und für einen noch jungen Ausone erstaunlich sinnliche, mittelschwere 1995er besitzt exquisites

Gleichgewicht zwischen Säure, Tannin, Alkohol und Frucht. Er hat noch nicht nahtlose Gestalt angenommen, aber alle Elemente für außerordentliche Entfaltung in der Flasche sind gegeben. In Anbetracht der zurückgezogenen Art dürfte dieser Wein noch 5 bis 7 Jahre Kellerreife benötigen und wird sich über 30 bis 40 Jahre hinweg im Schneckentempo weiterentwickeln. Voraussichtliche Genußreife: 2003 bis 2045. Letzte Verkostung: 11/97.

1994 • 86? Bei mitteldunkler rubinroter Farbe und deutlicher Vanillin- und Mineralnote hat dieser karge, mittelschwere Wein größere Reife und mehr Tiefe der Frucht aufzuweisen als der 1993er, dennoch wirkt er weder großzügig noch eindrucksvoll. Man sollte ihm 5 bis 7 Jahre Ruhe gönnen, dann wird man sehen, ob sich hinter dem rauhen Tannin auch Substanz verbirgt. Letzte Verkostung: 1/97.

1993 • 85? Die verhaltene Art des 1993er Ausone bietet mineralische und Bleistiftnoten sowie etwas Johannisbeerfrucht im zurückhaltenden Bukett. Der karge, mittelschwere, tanninreiche, gedämpfte und schmalbrüstige Wein wird vermutlich abmagern, lange bevor das Tannin abschmilzt. Dieses Leichtgewicht sollte trotz seiner Herbheit in den nächsten 12 Jahren getrunken werden. Letzte Verkostung: 1/97.

1992 • 80? Der fest strukturierte, tanninreiche 1992er Ausone gibt zögerlich den Duft von Staub, Blumen, roter Frucht, Holz und Mineralen frei. Leichter Körper, flache Art, Kirschfrucht- und Kräuternoten kennzeichnen den Geschmack dieses Weins, dem es im Abgang an Tiefe und Intensität fehlt. Er ist zu tanninstreng und sehnig, als daß er in nächster Zukunft Genuß gewähren könnte, und wird vermutlich abmagern, ehe das Tannin sich mildert.
Letzte Verkostung: 11/94.

1990 • 92+ Der 1990er ist nicht charmant oder frühreif, sondern zutiefst verschlossen, doch seine Farbe ist ein dichtes, dunkles Rubinrot ohne Bernsteingelb oder Orange am Rand. Die Frucht zeigt einen süßen Kern, der muskulöse Wein hat mittleren bis vollen Körper und reichhaltigen, breitgefächerten Geschmack ohne Einbußen an den für Ausone charakteristischen Mineral-, Gewürz- und Johannisbeernoten. Der 1990er braucht 15 bis 20 Jahre Kellerreife und könnte es dann möglicherweise mit dem 1983er oder 1982er aufnehmen – aber sicher ist das nicht.
Voraussichtliche Genußreife: 2008 bis 2030. Letzte Verkostung: 11/96.

1989 • 88 Der 1989er zeigt Bernsteingelb am Rand und ein scharfkantiges Bukett mit Noten von grünem Tabak und Mineralen sowie moderigem Holz und erdiger Frucht. Dieser mittelschwere Wein ist würzig und elegant bei mäßigem Körper und einer Schiffsladung Tannin im strengen Abgang. Er verlangt mindestens 10 bis 15 Jahre Kellerreife.
Voraussichtliche Genußreife: 2005 bis 2020. Letzte Verkostung: 11/96.

1988 • 91 Der 1988er braucht sicher noch 20 Jahre, bis er auf den Gipfel seiner Reife gelangt. Anders als bei manchen 1988ern, bei denen Ungleichgewicht mit zu viel Tannin und zu wenig Frucht herrscht (immer ein beunruhigendes Zeichen), steht im Ausone extraktreiche, saftige, rote und schwarze Frucht bei mittlerem Körper, superber Konzentration, hoher Intensität und großer Wucht reichlich zur Verfügung.
Voraussichtliche Genußreife: 2008 bis 2040. Letzte Verkostung: 1/93.

1987 • 87 Ein erfolgreicher Jahrgang für Ausone; es entstand ein Wein mit fast 13% natürlichem Alkoholgehalt. Er ist erstaunlich reif und hat den für das Château typischen exotischen, mineralduftigen Charakter, mittleren Körper, reiche Frucht, hochklassige Art und dürfte sich in den nächsten 12 bis 20 Jahren schön trinken lassen. Wenn er sich in der Flasche weiter festigt und an Gewicht zulegt, dann kann er sich noch so gut erweisen wie der wunderbare 1976er Ausone und eine Lebenserwartung von über 20 Jahren haben. Ein wahrer Schlager!
Voraussichtliche Genußreife: Jetzt bis 2010. Letzte Verkostung: 12/90.

1986 • 78? Der 1986er ist zwar eine nicht grade inspirierende Leistung von Ausone, aber doch tiefer, voller und interessanter als der enttäuschende 1985er. Seine Farbe ist ein tiefes Rubingranatrot mit etwas Bernsteingelb am Rand. Das Bukett bildet ein Gemisch von kräuterwürziger Kirschenfrucht mit erdigen Noten, Gewürzen und mineralischen Untertönen. Der noch immer

tanninherbe Wein, bei dem Gefüge und Adstringenz gegenüber der mageren Frucht dominieren, ist hohl am Gaumen und zeigt wenig Tiefe oder Fülle. Selbst bei größter Nachsicht kann ich mir nicht vorstellen, daß dieser Ausone jemals mehr als allenfalls durchschnittliche Qualität erlangt.
Voraussichtliche Genußreife: 2000 bis 2020. Letzte Verkostung: 11/97.

1985 • 75? Ich war nie beeindruckt von diesem Wein, der nur so vor sich hin dümpelt und wenig Konzentration, Komplexität oder Geschmacksdimension zuwege bringt. Im hellen Rubingranatrot zeigt sich ein Bernsteinsaum. Das wenig inspirierende Bukett bietet staubtrockene Aromen von gedörrter Frucht, Erde und Gewürz. Moderates Tannin kennzeichnet diesen leichten bis mittelschweren Wein, neben flacher Frucht und einem herben, adstringierenden Abgang. Man muß stark damit rechnen, daß die Frucht abmagert, bevor das Tannin sich mildert.
Voraussichtliche Genußreife: Jetzt bis 2008. Letzte Verkostung: 11/97.

1983 • 94 Der wuchtige, volle, körperreiche 1983er Ausone hat höheren Alkoholgehalt als gewöhnlich. Die Farbe ist mittelrubinrot, der Geschmack voll und lieblich bei wenig Säure, aber großer Konzentration und einem glorreichen Duft von Mineralen und asiatischen Gewürzen; dieser Wein dürfte eine Lebensdauer von noch 15 bis 20 Jahren haben, dabei aber schon sehr früh mit Genuß zu trinken sein – eine Seltenheit beim Ausone.
Voraussichtliche Genußreife: Jetzt bis 2010. Letzte Verkostung: 10/94.

1982 • 95+ Endlich beginnt dieser Wein das verschwenderische Lob und die hohe Note zu rechtfertigen, die ich ihm bei der Faßprobe gab, als er sich als einer der außerordentlichsten Jungweine erwies, den ich je gekostet hatte. Sein Dämmerzustand hat über ein Jahrzehnt gedauert. Als ich ihn dann zuletzt verkostete, war er dabei, jenes provokative Ausone-Bukett von Mineralen, Gewürzen, Erde und roter und schwarzer Frucht zu entfalten. Bei enormem Körperbau und massiver Fülle an Extrakt und Tannin dürfte sich dieser wuchtige, noch immer in der Entwicklung stehende Wein als einer der größten Ausones der Nachkriegszeit erweisen. Er ist noch 5 bis 10 Jahre von seinem Gipfel entfernt, und obwohl die exotische Süße und verschwenderische Fülle des Jahrgangs 1982 bereits zum Vorschein kommt, sollte man ihn doch bis zur Jahrhundertwende unberührt lassen. Er könnte sich als ein Wein für 50 Jahre herausstellen.
Letzte Verkostung: 9/95.

1981 • 82 Dieser mittelrubinrote Wein ist noch immer verschlossen, zeigt aber annehmbar reife Frucht. Allerdings macht mir das harte Tannin Sorgen. Der mittelschwere 1981er Ausone hat gute Konzentration, wird jedoch meiner Meinung nach stets karg, straff und ohne Charme bleiben. Er braucht noch 10 Jahre, um sich zu mildern und zu entwickeln.
Voraussichtliche Genußreife: Jetzt bis 2010. Letzte Verkostung: 1/90.

1980 • 75 Der 1980er Ausone ist ein leichter Wein aus einem leichten Jahrgang. Er hat mittelrubinrote Farbe, ein geringes, schlichtes Bukett von Pflaumen und Kräutern, dazu mittleren Körper und durchschnittlich intensiven Geschmack.
Voraussichtliche Genußreife: Jetzt. Letzte Verkostung: 6/84.

1979 • 87? Aus dem Faß schmeckte mir der 1979er besser als der hochgepriesene 1978er. Inzwischen aber hat er sich verschlossen und gibt sich unzugänglich und steif. Seine Farbe ist hell bis mittelrubinrot, sein Bukett würzig und straff mit Spuren von Eichenholz, reifen schwarzen Kirschen, Gewürzen und angekohlter Erde, und bei mittlerem Körper ist der Geschmack weiterhin erstaunlich unentwickelt und karg. Wird die in der Jugend gezeigte herrliche Frucht wieder zum Vorschein kommen und das Tannin überleben?
Voraussichtliche Genußreife: 2000 bis 2015. Letzte Verkostung: 2/91.

1978 • 88? Der 1978er ist als klassischer Ausone noch immer unentwickelt und erstaunlich jugendfrisch, hat aber dunkelrubinrote Farbe, ein Aroma von reifer Frucht, Mineralen und würzigem Eichenholz, dazu mittleren Körper mit viel Tannin und einem langen Abgang. Dieser Wein zeigt sich karg, hartnäckig langsam in der Entwicklung und anscheinend für lange Aufbewahrung prädestiniert. Wird aber die Frucht durchhalten?
Voraussichtliche Genußreife: Jetzt bis 2015. Letzte Verkostung: 3/91.

1976 • 94   Der 1976er ist der feinste Ausone der siebziger Jahre und neben dem Lafite-Rothschild aus Pauillac einer der beiden hervorragend großartigen Weine dieses Jahrgangs. Dieser wahrhaft profunde, für den Jahrgang überraschend dunkle Wein hat ein üppiges, intensives, komplexes Bukett von Mineralen, Süßholz, Trüffeln und reifer, würziger Frucht schwarzer Johannisbeeren, dazu vollen Körper, wuchtige, kräftig gebaute Art und beachtliches Format. Erstaunlicherweise ist er noch viel kräftiger als mancher jüngere Ausone, z. B. der 1978er, 1979er, 1985er und 1986er, und in diesem schwierigen Jahr wahrhaftig ein Triumph für den Kellermeister.
Voraussichtliche Genußreife: Jetzt bis 2010. Letzte Verkostung: 10/94.

1975 • 74   Dieser extrem strenge und harte, aufdringlich nach feuchter, dumpfiger Erde und Kräutern riechende Wein mit seiner kargen, fruchtarmen Art hält sich vielleicht noch 50 Jahre, aber er ist hohl und ohne jeden Charme. Interessanterweise ist dagegen der spektakuläre 1976er ein Kandidat für den Titel «Wein des Jahres». Letzte Verkostung: 12/95.

1971 • 78   Der angenehme, aber substanzarme 1971er mit seiner hell- bis mittelrubinroten, am Rand rostroten Farbe hat einen leichten, würzigen Eichenholzduft sowie Nuancen von Mineralen und modernder Vegetation. Er ist nicht übertrieben konzentriert, aber annehmbar fruchtig bei schmackhafter, angenehmer Art, und er trinkt sich unverändert schön. Eine 1988 im Château gekostete Magnumflasche verdiente übrigens höheres Lob (86 Punkte), doch profund war auch sie bei weitem nicht.
Voraussichtliche Genußreife: Jetzt. Letzte Verkostung: 3/88.

1970 • 69   Der sehr leichte 1970er Ausone hat ein Bukett, das an verwelkende Blumen und staubige Frucht erinnert. An den Rändern zeigt sich Braunfärbung, und er beginnt auszutrocknen. Bei mittlerem Körper ist er wohl der am wenigsten eindrucksvolle der «großen Acht» von Bordeaux. Sehr enttäuschend. Letzte Verkostung: 1/87.

1967 • 65   Ein dünnes, nichtssagendes Bukett wird begleitet von neutralem, verwaschenem Geschmack bei beträchtlicher Braunfärbung. Dieser Wein ist zwar kein völliger Versager, aber doch außerordentlich enttäuschend. Letzte Verkostung: 9/83.

1966 • 78   Dieser Wein, zweimal aus gut gelagerten Flaschen in Bordeaux verkostet, hat einen bernsteingelb/rostroten Ton in seiner mittelgranatroten Farbe. Das attraktive Bukett erinnert an welke Frucht, altes Leder und getrocknete Kräuter. Im Mund zeigt der Wein zunächst Süße, die aber rasch dahinschwindet und Adstringenz, Herbheit und einer mittelschweren, hohlen Persönlichkeit Platz macht. Der 1966er befindet sich eindeutig im Nachlassen.
Letzte Verkostung: 3/97.

1961 • 88   Ein reifes, portweinähnliches Bukett von getrockneten Früchten, Kräutern, altem Tee und Mineralen bildete das interessante Aromaprofil. Im Mund zeigt sich mehr Süße und Fett, als man von einem Ausone erwartet, doch ein pflaumenartiger Unterton deutet an, daß die Frucht mehr als fast überreif war. Im Hintergrund machten sich hartes Tannin, Säure und erdige Art bemerkbar, aber alles in allem war dies ein guter bis exzellenter Wein, dessen positive Attribute die ungünstigeren überwogen. Letzte Verkostung: 3/97.

ÄLTERE JAHRGÄNGE

Das Freundlichste, was man über viele ältere Ausone-Jahrgänge, insbesondere aus der Zeit nach dem Zweiten Weltkrieg, sagen kann, ist, daß sie noch leben. In den vierziger oder fünfziger Jahren ist kaum einer zu finden, der nicht wenigstens trinkbar wäre. Obwohl also Ausone oft eine beträchtliche Langlebigkeit an den Tag legt, bleibt denn doch die Frage, wieviel Genuß diese Weine schließlich noch bieten können. So zeigten Spitzenjahrgänge wie der 1945er, 1947er, 1952er, 1955er und 1959er zwar noch Leben, zugleich aber auch den kargen, unterernährten, recht uncharmanten Ausone-Stil. Ich kann gar nicht begreifen, warum nicht mehr Fülle und Tiefe zustande kommen konnten, aber das hohe Maß an trockenem, adstringierendem Tannin ist in vielen dieser Weine einfach nicht zu verkennen. Mein Favorit unter den älteren Ausone-Jahrgängen ist der 1955er, doch selbst er ist weit davon entfernt, eine hervorragende Punktnote zu verdienen.

Der im September 1995 verkostete 1949er Ausone (86 Punkte) zeigte mittelgranatrote Farbe mit beträchtlichem Rostrot am Rand. Attraktive mineralische und an schwarze Frucht erinnernde Aromen entströmten diesem ansonsten kargen, schmalbrüstigen, leichten bis mittelschweren, mit kräftiger Säure ausgestatteten Wein – ein Ausone wie aus dem Lehrbuch.

Der 1874er Ausone (96 Punkte) brachte mich zu der Überlegung, daß der Grund, weshalb ich den Ausone nie voll geschätzt und verstanden habe, darin liegen muß, daß ich bisher noch keine Gelegenheit hatte, 121 Jahre darauf zu warten, daß er voll ausreift! Jedenfalls besaß er bei der Verkostung im September 1995 ein süßduftendes Bukett mit Nuancen von Tomaten, Kräutern, Mineralen und schwarzer Frucht, dazu mittelschweren, kernigen, glyzerinbetonten, vollmundigen Geschmack und einen prächtig anhaltenden, kräftigen, von Mineralen dominierten milden Nachklang. Dieser Wein dürfte sich noch weitere 30 bis 40 Jahre schön trinken lassen.

Die erste Anmerkung in meinen Notizen zum 1929er (96 Punkte; 9/94) lautet «cedar city». Obschon die helle Farbe stark rostrot schimmert, zeigt der 1929er Ausone ein fabelhaftes Bukett von Gewürzen, Zedernholz und süßer, fülliger Frucht. Bei wundervoller Reife weist er jene typische Kargheit und den trockenen Abgang auf, der so viele Ausones kennzeichnet. Dabei ist er reichhaltig, mittelschwer und intakt, ich würde mich aber nicht trauen, ihn noch länger aufzubewahren. Dennoch besitzt er mehr Frucht, Fülle und Komplexität, als die flache Farbe ahnen läßt. Der 1921er Ausone (92 Punkte; September 1995) war elegant und nicht so viskos, doch immer noch bemerkenswert voll und duftig. Auch gab er mehr Tannin und zudem den Médoc-ähnlichen Stil zu erkennen, der Ausones Markenzeichen darstellt. Komplexe, süße Aromen von Beerenfrucht, verwoben mit Mineralen, getrockneten Blumen und Gewürzen begleiteten einen mittelschweren, konzentrierten, voll ausgereiften, ausgeglichenen Geschmack. Während der Wein im Glas stand, begann er rasch seine Frucht einzubüßen.

Meine Notizen besagen, daß der 1900er Ausone (94 Punkte; 9/94) ein 90-Punkte-Bukett und einen 99-Punkte-Geschmack besaß, dabei ist der Ausone meist stark im Bukett, aber kurz im Geschmack. Es ist unglaublich, daß ein 94 Jahre alter Wein so viel Reichhaltigkeit und Geschmacksfülle haben kann. Das mächtige geröstete Bukett mit Noten von Nelken, Kaffee und honigsüßen roten Früchten geht einher mit einem kraftvollen, alkoholstarken, reifen Geschmack voll feinster Süße und bemerkenswerter Nachhaltigkeit. Die helle Farbe ist ähnlich wie bei einem roströtlichen White Zinfandel. Die kräftige Süße vermittelte mir den Eindruck, daß bei diesem Wein die Gärung unterbrochen wurde, so daß er Restsüße behielt. Auf jeden Fall ist er erstaunlich jugendfrisch und lebendig geblieben.

BALESTARD-LA-TONNELLE
Grand Cru Classé

SEHR GUT

Lage der Weinberge: St-Emilion

Besitzer: G.F.A. Capdemourlin
Adresse: 33330 St-Emilion
Postanschrift: Château Roudier – 33570 Montagne
Telefon: 33 5 57 74 62 06 – Telefax: 33 5 57 74 59 34

Besuche: nur nach Vereinbarung
Kontaktperson: Jacques Capdemourlin

BORDEAUX

ROTWEIN

Rebfläche: 10,5 ha

Durchschnittliches Rebenalter: 33 ha

Rebbestand: 65% Merlot, 20% Cabernet Franc, 10% Cabernet Sauvignon, 5% Malbec

Pflanzdichte: 5400 Reben/ha

Ertrag (im Durchschnitt der letzten 5 Jahre): 43 hl/ha

Durchschnittliche Jahresproduktion insgesamt: 5000 Kisten

GRAND VIN

Name: Château Balestard-La-Tonnelle

Appellation: St-Emilion Grand Cru

Verarbeitung und Ausbau: Gär- und Maischdauer 3 bis 4 Wochen in Edelstahltanks mit Temperaturregelung (Freon). Nach malolaktischer Säureumwandlung Ausbau von 70% des Ertrags in (zu 40% neuen) Eichenfässern, während der Rest in Edelstahltanks verbleibt. Ausbauzeit 18 Monate; der Wein wird geschönt und gefiltert. Ab 1997 durchläuft ein Teil des Ertrags die malolaktische Säureumwandlung in Fässern

ZWEITWEIN

Name: Chanoine de Balestard

Durchschnittliche Jahresproduktion: unterschiedlich (er wird nicht systematisch produziert)

Beurteilung des derzeitigen Rangs: Entspricht qualitativ einem 5ème Cru aus dem Médoc

Genußreife: 5 bis 14 Jahre nach dem Jahrgangsdatum

Mir ist Balestard-La-Tonnelle stets als das (verkleinerte) Lynch-Bages von St-Emilion vorgekommen. Es produziert nämlich unter der Leitung von Jacques Capdemourlin einen ganz ähnlichen kräftigen, tiefen, vollen, kernigen Wein mit satter Farbe. Manchmal ist der Balestard sogar kräftiger und alkoholstärker, als es für ihn gut ist, meist aber stellt er sich in immens erfreulichem Stil dar und ist normalerweise nach 5 bis 6 Jahren Flaschenreife schön zu trinken, dabei jedoch über 10 Jahre und länger anmutig entfaltungfähig.

Der Name des Weinguts ist in einem Gedicht des Poeten François Villon aus dem 15. Jahrhundert verewigt, der damals «jenen göttlichen Nektar mit dem Namen Balestard» besang. Der Weinberg (weithin erkennbar an einer Windmühle auf dem Hügel) liegt von hohen Zypressen umsäumt auf dem Kalksteinplateau neben Château Soutard, östlich der Stadt St-Emilion. Besondere Erfolge feiert Balestard seit 1970, und in Anbetracht der annehmbaren Preise, die Jacques Capdemourlin für seinen Wein verlangt, darf man hier von einem besonders preisgünstigen St-Emilion sprechen.

JAHRGÄNGE

1996 • 80   Dunkel rubinpurpurrot, tanninreich, adstringierend und karg zeigt sich dieser Wein, der möglicherweise zuviel Muskeln und Struktur für seine Frucht aufweist. Er wirkt hart, straff, und es fehlt ihm an Charme.
Voraussichtliche Genußreife: 2003 bis 2010. Letzte Verkostung: 11/97.

1995 • 86   Der 1995er hat die milde Säure und die füllige Reife des Jahrgangs sowie mittleren bis vollen Körper. Allerdings zeigte er sich bei meinen drei Verkostungen doch zusam-

ST-EMILION

menhaltlos. Er ist aber von der Art, die nach 5 bis 6 Monaten im Faß klarere Linie und Persönlichkeit annehmen kann. Mein Urteil ist vielleicht zu knapp, denn immerhin hat der Wein Saft und Kraft. Letzte Verkostung: 3/96.

1994 • 85? Der 1994er zeigt nach wie vor gesunde dunkelrubinrote Farbe, ein süßes, volles Aroma mit Nuancen von Rauch, Fleisch, schwarzen Kirschen und Süßholz, dazu milden, anhaltenden, kernigen Geschmack, exzellente Reintönigkeit und im Abgang moderates Tannin – ein konzentrierter, vollmundiger, stämmiger St-Emilion, der sich 10 bis 12 Jahre lang schön trinken lassen dürfte. Letzte Verkostung: 3/96.

1992 • 75 Dieser hellrubinrote Wein zeigt ein würziges, aber stumpfes Aroma, tanninreichen, mittelschweren Geschmack und einen schmalen, strengen Abgang. Man muß damit rechnen, daß er bei weiterer Aufbewahrung noch schwächlicher wird.
Letzte Verkostung: 11/94.

1990 • 87 Der kräftige, vollmundige 1990er mit seinem Duft von Eichenholz, Schokolade und Kräutern hat bewundernswerte Dichte, Alkoholstärke und offene Art.
Voraussichtliche Genußreife: Jetzt bis 2002. Letzte Verkostung: 1/93.

1989 • 86 Der 1989er ist ein himbeer- und brombeerduftiger Wein von fülliger Art, dem es an Säure mangelt, doch dafür hat er kräftigen Alkohol und stämmige, vollmundige, substanzreiche Art. Jung getrunken bietet dieser Wein in den ersten 7 bis 9 Lebensjahren schönen Genuß. Bei seiner Ähnlichkeit mit dem 1982er – der im Lauf der letzten 10 Jahre immer mehr Biß und Struktur entwickelt hat – kann es auch durchaus sein, daß der 1989er viel länger lebt, als ich ihm prophezeie. Für den «Stil des Hauses» von Balestard ist er jedenfalls typisch.
Voraussichtliche Genußreife: Jetzt bis 2005. Letzte Verkostung: 4/91.

1988 • 83 Der 1988er ist ein schmalbrüstig gebauter, kompakter, karger Wein, der in den nächsten 5 bis 10 Jahren getrunken werden sollte. Er wird sich vielleicht noch länger halten, aber auch bei ihm liegt das Problem im mangelhaften Gleichgewicht zwischen übermäßigem Tannin und der verfügbaren Frucht.
Voraussichtliche Genußreife: Jetzt bis 2000. Letzte Verkostung: 4/91.

1986 • 85 Dieser unbändige Kraftprotz von einem Wein bietet explosive Frucht und machohaften Körper mit kerniger Art. Zartheit und Charme kann man von ihm nicht verlangen, vielmehr fesselt er die Aufmerksamkeit des Weinliebhabers durch Intensität und Muskelkraft. Der 1986er ist für dieses Weingut typisch, hat aber passend zu seinem schweren, robusten Stil auch mehr Tannin als sonst im Abgang.
Voraussichtliche Genußreife: Jetzt bis 2001. Letzte Verkostung: 3/89.

1985 • 86 Der 1985er ist ein deftiger, fülliger, reichhaltiger, aber nicht etwa schwerfälliger Wein mit viel kräftiger, fleischiger Frucht und vollem Körper.
Voraussichtliche Genußreife: Jetzt – vermutlich im Nachlassen. Letzte Verkostung: 3/89.

1984 • 77 Für einen St-Emilion aus diesem Jahrgang ist der 1984er Balestard sehr gut gelungen. Er zeigt sich fruchtig, mild, sauber und überraschend vollmundig und solide.
Voraussichtliche Genußreife: Jetzt – vermutlich im Nachlassen. Letzte Verkostung: 3/88.

1983 • 86 Der mächtige 1983er Balestard ist vielleicht für manchen Geschmack allzu kräftig, zeigt schwarzrubinrote Farbe und ein reifes, ausgewachsenes Bukett mit Nuancen von Pflaumen, Teer und Trüffeln. Am Gaumen erweist er sich als wuchtig, dicht und alkoholstark – ein anachronistisches Mammut von einem Wein, der sicherlich unter Kennern manche Kontroverse auslöst.
Voraussichtliche Genußreife: Jetzt. Letzte Verkostung: 1/89.

1982 • 89 Ich erinnere mich, daß ich diesen Wein für 7 $ die Flasche kaufte und schon damals überzeugt war, für diesen Preis einen phantastischen Wein erstanden zu haben – tiefdunkle schwarzpurpurrote Farbe, voll, reichhaltig, nicht gerade komplex, aber kernig, vollmundig und befriedigend. Bemerkenswert, daß der 1982er Balestard wenig Altersanzeichen zu erkennen gibt. Nach wie vor ist er ein saftiger, kraftvoller Tropfen voll Glyzerin und Extrakt, auch etwas Komplexität hat sich in dem intensiven Duft von Süßholz, Braten und fülligen schwarzen Kirschen unerwarteterweise entwickelt. Dieser wuchtige, reichhaltige Wein dürfte sich auch weiterhin schön trinken und über ein Jahrzehnt hinweg auch noch mehr Komplexität erlangen. Letzte Verkostung: 9/95.

1981 • 84   Ich mag seit jeher die unkomplizierte, vollmundige Art und reiche Fruchtigkeit des Balestard. Der 1981er beginnt allerdings seinen kraftvollen, fruchtigen Geschmack zu verlieren. Er zeigt sich schlicht, generös und körperreich, aber er wird müde und will ausgetrunken werden.
Voraussichtliche Genußreife: Jetzt – vermutlich im Nachlassen. Letzte Verkostung: 3/87.

BARDE-HAUT (SEIT 1997)
Grand Cru

SEHR GUT

Lage der Weinberge: an der Grenze zwischen St-Emilion und St-Christophe des Bardes, bei Château Troplong-Mondot

Besitzer: Dominique Philippe
Adresse: St-Christophe-des-Bardes, 33330 St-Emilion
Telefon: 33 5 57 24 78 21 – Telefax: 33 5 57 24 61 15

Besuche: nur nach Vereinbarung
Kontaktperson: Dominique Philippe oder Bernard Lamaud

ROTWEIN

Rebfläche: 16,8 ha

Durchschnittliches Rebenalter: 33 Jahre

Rebbestand: 75% Merlot, 25% Cabernet Franc

Pflanzdichte: 6000 Reben/ha

Ertrag (im Durchschnitt der letzten 2 Jahre – Besitzerwechsel Februar 1996): 38 hl/ha

Durchschnittliche Jahresproduktion insgesamt: 80 000 Flaschen

GRAND VIN

Name: Château Barde-Haut

Appellation: St-Emilion

Durchschnittliche Jahresproduktion: 40 000 Flaschen

Verarbeitung und Ausbau: Gär- und Maischdauer 21 Tage in temperaturgeregelten Betontanks. Malolaktische Säureumwandlung und anschließend 18 bis 20 Monate Ausbau in zu 100% neuen Eichenfässern. Der Wein wird geschönt, aber meist nicht gefiltert.

ZWEITWEIN

Name: Le Vallon de Barde-Haut

Durchschnittliche Jahresproduktion: 40 000 Flaschen

ST-EMILION

JAHRGÄNGE

1997 • 88-91 Dieser eindrucksvolle Wein von Dominique Philippe stammt aus einem Weinberg in der Nähe von Château Troplong-Mondot. 1997 wurde Michel Rolland, der einflußreichste Önologe von Bordeaux, zu Rate gezogen, um den Qualitätsstand noch höher zu heben. Das Resultat ist herrlich voller, sinnlicher St-Emilion, der größte Aufmerksamkeit verdient. Ich war bei meinen drei Verkostungen jedesmal zutiefst beeindruckt. Die Farbe ist ein sattes Schwarzpurpurrot, das umwerfende Bukett mit Noten von Süßholz, Cassis, Brombeeren, Toast und Trüffeln wirkt bereits weit entfaltet und verlockend. Der kraftvolle Wein mit für einen 1997er erstaunlicher Struktur ist reif (eine gewisse *sur-maturité* fällt auf) und hat mittleren Körper, vielschichtige, saftige Frucht und mildes Tannin im eindrucksvoll ausgestatteten, nachhaltigen, ausgewogenen Abgang. Dieser Wein dürfte eine hervorragende Punktnote erreichen, wenn er bei der Abfüllung nicht zu stark geschönt und gefiltert wird. Bravo! Ein Geheimtip! Voraussichtliche Genußreife: 2000 bis 2010. Letzte Verkostung: 3/98.

BEAU-SÉJOUR BÉCOT
Premier Grand Cru Classé B

AUSGEZEICHNET

Lage der Weinberge: auf dem Plateau von St-Emilion, bei Château Canon, 200 m von der Kirche

Besitzer: Gérard und Dominique Bécot
Adresse: Château Beau-Séjour Bécot, 33330 St-Emilion
Telefon: 33 5 57 74 46 87 – Telefax: 33 5 57 24 66 88

Besuche: nach Vereinbarung, montags bis freitags
Kontaktperson: Gérard oder Dominique Bécot

ROTWEIN

Rebfläche: 16,5 ha

Durchschnittliches Rebenalter: 35 Jahre

Rebbestand: 70 % Merlot, 24 % Cabernet Franc, 6 % Cabernet Sauvignon

Pflanzdichte: 6000 Reben/ha

Ertrag (im Durchschnitt der letzten 5 Jahre): 42 hl/ha

Durchschnittliche Jahresproduktion insgesamt: 90 000 Flaschen

GRAND VIN

Name: Château Beau-Séjour Bécot

Appellation: St-Emilion Grand Cru

Durchschnittliche Jahresproduktion: 70 000 bis 75 000 Flaschen

Verarbeitung und Ausbau: Gär- und Maischdauer 20 bis 28 Tage in temperaturgeregelten Edelstahltanks. Malolaktische Säureumwandlung und anschließend 18 bis 20 Monate Ausbau in Eichenfässern (davon je nach Jahrgang 50 bis 90 % neu).
Keine Schönung und keine Filterung.

BORDEAUX

ZWEITWEIN

Name: Tourelle de Beau-Séjour Bécot

Durchschnittliche Jahresproduktion: 15 000 bis 20 000 Flaschen

Beurteilung des derzeitigen Rangs: Entspricht der Klassifizierung

Genußreife: 5 bis 12 Jahre nach dem Jahrgangsdatum

Die Qualität des Beau-Séjour Bécot hat sich seit der Mitte der achtziger Jahre bedeutend verbessert. Eigentümlicherweise wurde er bei der Revision der Klassifizierung im Jahr 1985 abgestuft, dann aber 1996 wieder in den Rang eines Premier Grand Cru Classé erhoben. Das auf dem Kalksteinplateau schön gelegene Weingut bringt körperreiche, geschmeidige und vollmundige Weine hervor. Fraglos trägt die Entscheidung, nur hochreife Frucht zu ernten, beim Ausbau in hohem Maß neue Eichenfässer zu verwenden und die Weine im Naturzustand abzufüllen, viel zur kernigen, schwelgerisch vollen Art bei. Als kellertechnischer Berater fungiert der bekannte Önologe Michel Rolland aus Libourne.

JAHRGÄNGE

1997 • 85-87   Der im Augenblick etwas zu sehr von einem Holzton beherrschte 1997er Beau-Séjour Bécot zeigt tief rubinrote Farbe, im reifen Aroma und Geschmack Kirschen und Johannisbeeren, dazu mittleren Körper, milde Säure und vollschlanke, gefällige, sanfte Art.
Voraussichtliche Genußreife: 1999 bis 2007. Letzte Verkostung: 3/98.

1996 • 89-92   Dieser aus dem Faß stets eindrucksvolle Wein könnte sich als der seit Jahren feinste aus diesem Gut erweisen. Er wirkt untypisch reif, intensiv und wuchtig (vor allem für ein Gewächs vom rechten Dordogne-Ufer) und zeigt schöne Zugänglichkeit ohne die schwere Tanninhülle mancher Weine aus diesem Jahrgang – irgendwie ist es dem Besitzer Gérard Bécot gelungen, volle Extraktion ohne bitteres Tannin zu erzielen. Die Farbe ist ein sattes Purpurrot, das ungewöhnlich reife Aroma bietet Noten von schwarzen Himbeeren und Kirschgeist, verwoben mit süßem Eichentoast. Der körperreiche, muskulöse, volle Wein mit vielschichtiger Frucht sowie Glyzerin, Extrakt und einem kraftstrotzenden Abgang scheint hervorragendes Potential zu besitzen. Überdies ist er zu einem vernünftigen Preis zu haben, obwohl er als Premier Grand Cru Classé in der Bordeaux-Hierarchie ziemlich weit oben steht.
Voraussichtliche Genußreife: 2003 bis 2018. Letzte Verkostung: 3/98.

1995 • 89   Der sinnliche 1995er Beau-Séjour Bécot bietet dunkle Pflaumenfarbe und ein süßes, würziges, aus dem Glas hervorströmendes Aroma mit Noten von Vanillin, schwarzen Kirschen und Johannisbeeren. Im Mund präsentiert er sich als geschmeidiger, reifer, hedonistisch gestalteter Bordeaux mit gaumenschmeichelnder Weichheit in Hülle und Fülle, ohne jede Schärfe und mit einem eindrucksvoll ausgestatteten, reichhaltigen Abgang. Er ist zwar bereits zugänglich, ich empfehle aber nochmals 1 bis 2 Jahre Flaschenreife.
Voraussichtliche Genußreife: 2000 bis 2014. Letzte Verkostung: 11/97.

1994 • 87   Dunkelrubinrot und ausgestattet mit dem verschwenderischen Eichentoastaroma von Bécot besitzt dieser mittelschwere Wein mehr Struktur als der 1993er, aber nicht soviel Charme und frühreife Art wie dieser. Obschon er qualitativ dem 1993er ebenbürtig, potentiell sogar langlebiger ist als dieser, bin ich nicht sicher, ob er sich im Hinblick auf reinen Genuß mit ihm messen kann.
Voraussichtliche Genußreife: 1999 bis 2012. Letzte Verkostung: 1/97.

1993 • 87   Dieser mittelschwere, köstliche Wein ist etwas für diejenigen, die einen günstigen Kauf in einem nicht allzu hochgelobten Jahrgang suchen. Er zeichnet sich aus durch tief rubinrote Farbe, ein aufgeschlossenes, frühreifes, süßes Bukett von Rauch und fülligen Kirschen,

ST-EMILION

würzigen, runden Geschmack mit guter Nachhaltigkeit und Reintönigkeit sowie Ausgewogenheit und Eleganz. Der Abgang ist reinste Seide. Zu trinken ist dieser Wein in den nächsten 5 Jahren. Letzte Verkostung: 1/97.

1992 • 86   Der solide, dunkle, konzentrierte 1992er zeigt eine süße, reife Komponente von roter und schwarzer Frucht, dramatischen, würzigen, mit verschwenderischem Eichenton ausgestatteten Geschmack, milde Säure, schöne Fülle und einen mittelschweren, kräftigen Abgang. Er ist geschmeidig und bereits trinkreif, hält sich aber auch noch 6 bis 7 Jahre. Dieses Weingut in St-Emilion ist im Begriff, auf der Qualitätsleiter aufzusteigen. Letzte Verkostung: 11/94.

1990 • 88   Der 1990er ist eine sehr gut gelungene Leistung mit tiefdunkel rubinroter Farbe und einem kräftigen, würzigen Bukett mit Noten von Eichenholz, Vanillin und schwarzen Kirschen. Hinzu kommen mittlerer bis voller Körper, gutes Tannin, kräftiger Biß und ein überraschend langer, fest strukturierter Abgang.
Voraussichtliche Genußreife: Jetzt bis 2005. Letzte Verkostung: 1/93.

1989 • 87   In den letzten Jahrgängen zeigt dieser Wein in der Jugend überreichliche Eichenholzwürze. Wenn eine Kritik angebracht ist, dann die, daß die Besitzer zu großzügig mit frischem Eichenholz umgehen. In einem Jahrgang wie dem 1989er dürfte sich jedoch ein kräftiger Schuß Eichenholz gut auswirken, weil die untergründige Konzentration und die dickliche, säurearme Frucht die feste Struktur aus dem Faßausbau brauchen, um dem Wein klare Linie zu geben. Der 1989er hat umwerfend hohen Alkoholgehalt, üppige, konzentrierte, reichhaltige, liebliche Frucht von schwarzen Kirschen, dazu opulente Art und viel mildes Tannin im Abgang. Er dürfte schon früh köstlich zu trinken sein.
Voraussichtliche Genußreife: Jetzt bis 2002. Letzte Verkostung: 4/91.

1988 • 85   Der 1988er ähnelt dem 1989er mit seinem aggressiven eichenholzwürzigen Bukett. Allerdings tritt dieses an der Luft zurück, und die reife Johannisbeerfrucht schiebt sich nach vorn. Das Tannin ist aggressiver als beim 1989er, und der Wein scheint gute bis sehr gute Konzentration und Nachhaltigkeit aufzuweisen. Aller Wahrscheinlichkeit nach wird der 1988er den 1989er überleben, ob er aber genausoviel Genuß bereiten wird?
Voraussichtliche Genußreife: Jetzt bis 2004. Letzte Verkostung: 4/91.

1986 • 87   Neben dem 1989er ist der 1986er der feinste Wein, den ich aus diesem Weingut kenne. Er hat ein erstaunliches Maß an rauchiger Eichenholzwürze sowie Frucht in überwältigender Menge. Ein sehr wuchtiger, körperreicher, gehaltvoller Wein mit beeindruckend schwarzrubinroter Farbe und einem unbestreitbar verführerischen, sinnlichen Bukett sowie sanfter, opulenter Art.
Voraussichtliche Genußreife: Jetzt bis 2005. Letzte Verkostung: 3/90.

1985 • 85   Der 1985er ist ein gehaltvoller, reifer, relativ alkoholstarker Wein mit charmanter, frühreifer Persönlichkeit, mittlerem bis vollem Körper, wenig Säure, jedoch viel Fleisch und Frucht.
Voraussichtliche Genußreife: Jetzt. Letzte Verkostung: 3/90.

1983 • 86   Der 1983er zeigt überraschend gute Farbe, ein Bukett von reifen Himbeeren und Eichenholzwürze, sanfte, konzentrierte, milde Geschmacksfülle und mittleren bis vollen Körper.
Voraussichtliche Genußreife: Jetzt. Letzte Verkostung: 1/89.

1982 • 72   Der 1982er entstand in einer Zeit, als die Weine von Beau-Séjour Bécot – gelinde gesagt – nicht gerade inspirierend ausfielen. Er ist nach wie vor eindimensional, mild und kompakt ohne Tiefe und Intensität. Wie ich schon vor über 10 Jahren sagte, wird er sich wohl halten, aber niemals etwas anderes werden als ein verwaschener, mager ausgestatteter, für den Jahrgang 1982 untypischer St-Emilion. Letzte Verkostung: 9/95.

1981 • 70   Der verdächtig helle 1981er Beau Séjour hat ein nichtssagendes, kaum erkennbares fruchtiges Bukett, dabei übermäßige Eichenholzwürze und hohle, magere, recht enttäuschende Art.
Voraussichtliche Genußreife: Jetzt – wahrscheinlich stark im Nachlassen.
Letzte Verkostung: 9/84.

1979 • 72   Für seine Klasse und vor allem auch für seinen Preis läßt dieser dürftige kleine Wein viel zu wünschen übrig. Er ist mittelrubinrot, hat ein einfaches, eichenholzwürziges, schwach intensives Beerenbukett, mittleren Körper und tanninreichen, kurzen, auf der Zunge abfallenden Geschmack. Sicherlich ist dieser Wein trinkbar, aber viele einfache St-Emilions aus der Genossenschaftskellerei übertreffen ihn durchaus.
Voraussichtliche Genußreife: Jetzt – wahrscheinlich stark im Nachlassen.
Letzte Verkostung: 11/82.

1978 • 78   Der voll ausgereifte 1978er ist eine achtbare Leistung von Beau-Séjour: fruchtig, pflaumenwürzig, mild, annehmbar konzentriert und mittel körperreich. Der Abgang zeigt keine bittere Note, und insgesamt ist der Wein gut ausgewogen.
Voraussichtliche Genußreife: Jetzt – wahrscheinlich stark im Nachlassen.
Letzte Verkostung: 10/82.

1976 • 62   Der inzwischen völlig verblaßte und ausgetrocknete 1976er hat ein vegetabiles Bauernhofaroma, dazu milden, verwässerten Geschmack, mittleren Körper und einen sehr kurzen Abgang. Letzte Verkostung: 10/83.

1975 • 75   Bei Beau Séjour entstand 1975 ein akzeptabler Wein. Mittelrubinrot, mit einem sich entfaltenden Bukett von Kirschen und Eichenholz, dazu straffen, harten tanninherben Geschmack, mittleren Körper und einen guten Abgang.
Voraussichtliche Genußreife: Jetzt. Letzte Verkostung: 5/84.

1971 • 80   Der wahrscheinlich beste Wein dieses Guts aus den 1970er Jahren ist sauber bereitet, hat ein offen gewirktes pflaumen- und eichenholzwürziges Bukett, mittleren Körper, milden, würzigen Geschmack mit guter Reife sowie leichtes Tannin im Abgang.
Voraussichtliche Genußreife: Jetzt – vermutlich im Nachlassen. Letzte Verkostung: 12/84.

1970 • 65   Dieser karge, kompakte Wein ist müde und für die magere Frucht zu tanninreich – er wird nur weiter verfallen.
Letzte Verkostung: 5/84.

BEAUSÉJOUR (DUFFAU-LAGARROSSE)
Premier Grand Cru Classé

AUSGEZEICHNET

Lage der Weinberge: Côtes von St-Emilion

Besitzer: Erben Duffau-Lagarrosse
Adresse: 33330 St-Emilion
Telefon: 33 5 57 24 71 61 – Telefax: 33 5 57 74 48 40

Besuche: nach Vereinbarung, montags bis samstags von 9 bis 12 und von 14 bis 19 Uhr
Kontaktperson: Michel Dubos

ROTWEIN

Rebfläche: 7 ha

Durchschnittliches Rebenalter: 35 Jahre

Rebbestand: 65 % Merlot, 25 % Cabernet Franc, 10 % Cabernet Sauvignon

Pflanzdichte: 6500 Reben/ha

Ertrag (im Durchschnitt der letzten 5 Jahre): 38 bis 42 hl/ha

Durchschnittliche Jahresproduktion insgesamt: 37 000 Flaschen

ST-EMILION

GRAND VIN

Name: Château Beauséjour

Appellation: St-Emilion Grand Cru

Durchschnittliche Jahresproduktion: 37 000 Flaschen

Verarbeitung und Ausbau: Vinifikation 25 bis 30 Tage in temperaturgeregelten Beton- und Edelstahltanks. Malolaktische Säureumwandlung meist im Tank, anschließend 16 bis 18 Monate Ausbau in jährlich zur Hälfte erneuerten Eichenfässern. Der Wein wird mit frischem Eiweiß geschönt, aber nicht gefiltert.

ZWEITWEIN

Name: Croix de Mazerat

Durchschnittliche Jahresproduktion: wird nur in untypischen Jahren produziert; ansonsten ermöglichen sehr niedrige Erträge und strenge Behangausdünnung die Verwendung des gesamten Leseguts für den Grand Vin

Beurteilung des derzeitigen Rangs: Entspricht der Klassifizierung; einem 2ème oder 3ème Cru aus dem Médoc gleichwertig

Genußreife: 10 bis 30 Jahre nach dem Jahrgangsdatum

Es gibt in St-Emilion zwei Weingüter namens Beauséjour; beide liegen an den *côtes*, und beide zählen zur Creme de la Creme der Appellation – den Premiers Grands Crus Classés. Dennoch könnte der Unterschied zwischen den beiden Weinen nicht größer sein. Die Anziehungskraft des Beau-Séjour Bécot beruht größtenteils auf ungezähmt fülliger Frucht im Verein mit toastwürzigen Eichennoten. Dagegen ist der Beauséjour-Duffau, obwohl auch ein dichter, wuchtiger Wein, doch viel verhaltener, karger, stärker mineralbetont. Er tendiert mehr in die Richtung des Ausone, während der Beau-Séjour Bécot eher mit La Dominique oder Cheval Blanc verwandt ist.

Das Château Beauséjour-Duffau wird von Jean-Michel Dubos geleitet, und er hat seit der Mitte der 1980er Jahre bedeutende Qualitätsverbesserungen zuwege gebracht. Wie aus meinen Probiernotizen hervorgeht, war der 1990er Beauséjour-Duffau einer der profundesten Jungrotweine, den ich je zu verkosten das Vergnügen hatte. Er dürfte mit unter die legendären Weine des 20. Jahrhunderts zu rechnen sein.

Der kleine Weinberg, der seit der Besitzteilung im Jahr 1869, aus der die beiden Beauséjours hervorgingen, stets Eigentum derselben Familie war, hat als Boden ein Gemisch von kalkhaltigem Lehm und Kalkgestein. Dubos' Beschluß, die Lese später durchzuführen und dabei eine strengere Auslese zu treffen, hat gewiß dazu beigetragen, daß der Wein in den letzten Jahren größere Fülle und Statur erlangt hat. Allerdings ist der Beauséjour-Duffau nichts für Leute, die außerstande sind, lange auf einen Genuß zu warten, denn er braucht meist ein Jahrzehnt Kellerreife, ehe er sich zu mildern beginnt.

JAHRGÄNGE

1997 • 86-87+ Dieser reintönige, elegante, dunkelrubinrote Wein zeigt die charakteristische Sanftheit des Jahrgangs. Mäßig intensive Frucht von schwarzen Himbeeren, vermischt mit mineralischen und trüffelähnlichen Noten, leitet über zu einem mittelschweren, auf Finesse ausgelegten Wein mit moderatem Tannin, der sich vielleicht als etwas hart und kantig erweist. Es sind aber genügend günstige Komponenten vorhanden, um Optimismus zu rechtfertigen. Voraussichtliche Genußreife: 2003 bis 2012. Letzte Verkostung: 3/98.

BORDEAUX

1996 • 88-91   Dieser Wein hat vieles, was für ihn spricht, aber sein hoher Tanningehalt hält mich davon ab, ihm unumwundene Zustimmung zu geben. Dessenungeachtet gefällt mir seine satte, dunkelrubinpurpurrote Farbe ebenso wie das verlockende, intensive, straffe Aromaprofil mit Nuancen von schwarzen Himbeeren und Mineralen. Im Mund zeigen sich schöne Gewichtigkeit, hervorragende Reintönigkeit und lebendige Linie. Schön ist auch, wie sich die Geschmacksnuancen am Gaumen auffalten. Bei allem erfreulichen Potential jedoch hat das Tannin eine nervenaufreibende Schärfe und Strenge. In Anbetracht dieser Eigenart wird wohl erst eine Degustation nach der Abfüllung näheren Aufschluß geben. Alle Komponenten für einen erstklassigen Wein sind vorhanden, aber es wird beträchtlich viel Geduld nötig sein.
Voraussichtliche Genußreife: 2008 bis 2025. Letzte Verkostung: 3/98.

1995 • 89+   Bei mehreren Gelegenheiten erwies sich dieser Wein aus dem Faß als prachtvoll mit seiner satten dunkelpurpurroten Farbe und seinem süßen Charakter mit Nuancen von Kirschgeist, schwarzen Kirschen, Mineralen und Trüffeln, nicht unähnlich der auf alte Reben zurückgehenden Intensität des großen Lafleur aus Pomerol. Allerdings ist der Wein völlig verschlossen, die Noten von Erde, Mineralen und schwarzer Frucht kommen erst nach einigem Atmen zum Vorschein. Auch im Mund erweist er sich als völlig eingezogen und extrem tanninreich.
Letzte Verkostung: 11/97.

1994 • 87?   Dieser Wein ist schwierig zu bewerten. Seine Farbe ist ein schwärzliches Granatrot mit Pflaumennuance. Im Duft zeigt er süße, an alte Reben gemahnende Essenz von Kirschen und Mineralen mit Gewürz und Erde im Hintergrund. Der dichte, ungeheuer tanninreiche, traditionell gestaltete 1994er Beauséjour-Duffau wird eventuell abmagern, wenn die Frucht rascher verblaßt als das Tannin. Er ist Weinfreunden, die auf alsbaldigen Genuß aus sind, nicht zu empfehlen.
Voraussichtliche Genußreife: 2004 bis 2016. Letzte Verkostung: 1/97.

1993 • 87   Neben dichter rubingranatroter Farbe zeigt der 1993er einen rauchigen, erdigen Charakter von dunkler Frucht, dazu mittleren Körper, moderates Tannin und schöne Fülle und Ausgewogenheit. Nach 2 bis 3 Jahren Kellerreife dürfte er sich als attraktiver, mittelschwerer Wein erweisen und zwischen 2002 und 2010 schön zu trinken sein. Letzte Verkostung: 1/97.

1992 • 87+   Wie der exzellente 1988er und 1989er sowie der kraftstrotzende, volle, monumentale 1990er beweisen, hat dieses kleine Château eine Erfolgsserie. Der 1992er (Produktion nur 2000 Kisten) stellt eine herausragende Leistung aus einer ausdrucksschwachen Gruppe von Premiers Grands Crus Classés dar. Er zeigt undurchdringlich tiefes Rubinpurpurrot und ein kräftiges Bukett von reifen schwarzen Kirschen, vermischt mit Düften von Mineralen, Blumen, Erde und Eichenholz. Der überraschend dichte, konzentrierte und bemerkenswert tanninreiche Wein mit seinem mittleren bis vollen Körper ist wuchtig, voll und entfaltungsfähig, braucht aber 3 bis 4 Jahre, um sein Tannin abzuwerfen, und wird sich dann 10 bis 15 Jahre halten. Er gehört zu den noch am wenigsten entwickelten Vertretern des Jahrgangs 1992 und liefert erneut den Beweis, daß Beauséjour-Duffau einen der feinsten Bordeaux-Weine produziert.
Letzte Verkostung: 11/94.

1990 • 100   Ich habe den 1990er Beauséjour-Duffau seit der Abfüllung ein halbes Dutzend Mal verkostet und bin überzeugt, daß er in 15 bis 20 Jahren als einer der feinsten Weine aus diesem Jahrhundert gelten wird. Er steht gleichauf mit so legendären Gewächsen wie dem 1961er Latour à Pomerol. Der 1990er Beauséjour-Duffau war von Anfang an der konzentrierteste Wein seines Jahrgangs. Seine Farbe ist nach wie vor ein undurchdringlich dunkles Purpurrot, das Bukett bietet fabelhafte Aromen von schwarzer Frucht (Pflaumen, Kirschen und Johannisbeeren) neben gerösteten Komponenten von Kräutern und Nüssen und einer hinreißenden Mineralnote. Hinzu kommen phantastische Konzentration, hervorragende Reintönigkeit und eine fast noch nie dagewesene Kombination von Fülle, Komplexität, Ausgewogenheit und Harmonie. Besonders faszinierend an dieser Leistung ist, daß so gut der Beauséjour-Duffau sowieso schon ist, ich doch keinen Jahrgang aus diesem Weingut kenne, der auch nur entfernt einen solchen Qualitätsstand aufweist. Bei mehreren Blindverkostungen habe ich diesen Wein für den 1989er

ST-EMILION

oder 1990er Pétrus gehalten! Tatsächlich ist der 1990er Beauséjour-Duffau aber noch konzentrierter als diese beiden herrlichen Gewächse. Er dürfte zwischen 2002 und 2030 auf seinem Höhepunkt sein. Letzte Verkostung: 5/98.

1989 • 88   Der 1989, der – wie mir gesagt wurde – qualitativ dem 1990er entsprechen soll, zeigt sich denn doch als ein Wein mit kleinerer Statur. Die Farbe ist ein mäßig dunkles Rubinpurpurrot, im Aroma zeigen sich Grenache-ähnliche Nuancen von Erdnußbutter und schwarzen Kirschen. Dieser würzige, tanninherbe, mittelschwere bis körperreiche 1989er verspricht viel Gutes, besitzt aber doch nicht die profunde, unwahrscheinliche Konzentration und Statur des 1990ers. Der 1989er verlangt weitere 2 bis 3 Jahre Flaschenreife und wird sich so lange halten wie der 1990er, aber dessen Größe wird er nie erreichen. Letzte Verkostung: 11/96.

1988 • 87   Der 1988er besitzt exzellente Tiefe und Fülle und weist ein würzig-erdiges, reiches Bukett voller Aroma von Süßholz, Pflaumen, Gewürzen, Eichenholz und subtilen Kräutern auf. Der außerordentlich konzentrierte, mit schöner Säure und moderater Alkoholstärke versehene, sauber bereitete, komplexe Wein dürfte inzwischen volle Genußreife erlangt haben und bis in das erste Jahrzehnt des kommenden Jahrhunderts hinein behalten.
Letzte Verkostung: 1/93.

1986 • 83   Aus dem Faß und aus der Flasche hat sich der 1986er stets als ein leichter, flach gebauter, eindimensionaler Wein mit viel Holz und Tannin im Abgang dargestellt. Zwar haben sich etwas Frucht und Charme entwickelt, dennoch gehört er nicht zu den tonangebenden 1986ern.
Voraussichtliche Genußreife: Jetzt bis 2002. Letzte Verkostung: 3/89.

1985 • 84   Der 1985er zeigt nicht soviel Tiefe, wie ich erwartet hätte. Er ist ein leichter Wein mit mittlerem Körper, guter, würziger Fruchtigkeit, milder Art und angenehmer Nachhaltigkeit. Für seine Klasse stellt er jedoch keine begeisternde Leistung dar.
Voraussichtliche Genußreife: Jetzt bis 2005. Letzte Verkostung: 3/89.

1983 • 86   Dieser Wein hat sich als ein sehr schönes Beispiel für Beauséjour erwiesen. Die mittel dunkelrubinrote Farbe zeigt am Rand einen leichten Bernsteinschimmer. Das Bukett bietet ein mäßig intensives Aroma von dunkler Frucht, Rauch, Süßholz und Mineralen. Im Mund spürt man mittleren Körper und festes Tannin, das sich noch mildern muß, dabei aber anscheinend sehr guten Extrakt. Dieser schon nahezu voll ausgereifte Wein dürfte sich mindestens ein weiteres Jahrzehnt lang noch schön weiterentwickeln.
Voraussichtliche Genußreife: Jetzt bis 2001. Letzte Verkostung: 1/89.

1982 • 89+?   Der 1982er Beauséjour-Duffau überraschte mich durch Jugendfrische und Tanninstrenge. Unter diesem herben Furnier liegt exzellente, vielleicht sogar hervorragende Konzentration. Die Farbe ist nach wie vor ein gesundes, dunkles Rubinpurpurrot mit höchstens einer Spur Granatrot und Aufhellung am Rand, das Bukett bietet provokative Aromen von überreifer schwarzer Frucht, Mineralen und Leder. Der körperreiche, volle, für einen 1982er aber tanninherbe und untypisch karge Wein ist schwer zu ergründen. Wird sich die Frucht halten, während sich das Tannin mildert, so daß eine noch höhere Benotung gerechtfertigt wäre, oder wird der Wein abweisend tanninstreng und verschlossen bleiben, ohne sich je voll zu entfalten? Ich möchte wetten, daß er sich zumindest als exzellent, vielleicht sogar als herausragend erweisen wird – es ist nur eine Frage der Geduld. Letzte Verkostung: 9/95.

1981 • 82   Mittelrubinrote Farbe und eine feste, adstringierende, strenge Persönlichkeit kennzeichnen diesen Wein, dessen straffe Art ich bewundere, in dem ich aber gern etwas mehr Frucht und Tiefe gesehen hätte.
Voraussichtliche Genußreife: Jetzt. Letzte Verkostung: 11/84.

1979 • 74   Der 1979er Beauséjour ist unverzeihlich leicht, schwächlich, gebrechlich; es fehlt ihm an der Fülle und Konzentration, die man von Weinen dieser Klasse erwarten darf. Er hat kein Tannin und sollte deshalb am besten ausgetrunken werden. Letzte Verkostung: 7/83.

1978 • 61   Der 1978er ist ein kräftigerer, vollerer Wein mit mehr Substanz als der blasse 1979er, bei aller Vollmundigkeit und Wucht aber wird er durch ein stark metallisches, bizarres Bukett

beeinträchtigt, das untypisch und fremdartig wirkt. Überwindet man diesen Geruch, dann findet man gute Struktur und Frucht vor.
Voraussichtliche Genußreife: Jetzt – vermutlich im Nachlassen. Letzte Verkostung: 7/83.
1976 • 70   Eine zufriedenstellende Leistung von Beauséjour: Der 1976er hat reife, konzentrierte Frucht, mittleren Körper, einfache Struktur und ein charmantes, fruchtiges Bukett – kein kraftvoller Wein, jedoch sauber bereitet und gefällig.
Voraussichtliche Genußreife: Jetzt – vermutlich im Nachlassen. Letzte Verkostung: 7/83.
1970 • 60   Der extrem dünne, harte, säuerliche Geschmack läßt nichts vom Charakter des Jahrgangs 1970 erkennen. Man kann einfach nicht begreifen, was bei diesem erschreckend verwässerten, hohlen Wein schiefgelaufen sein könnte. Letzte Verkostung: 7/83.
1964 • 62   In diesem Jahr, in dem es so viele ausgezeichnete St-Emilions gab, brachte Beauséjour einen nichtssagenden, stumpfen Wein mit schwacher Farbe und ohne Frucht, Charme oder ansprechende Art hervor. Eine herbe Enttäuschung.
Letzte Verkostung: 7/83.

BELAIR
Premier Grand Cru Classé B

GUT

Lage der Weinberge: St-Emilion

Besitzerin: Madame Hélyette Dubois-Challon
Adresse: 33330 St-Emilion
Telefon: 33 5 57 24 70 94 – Telefax: 33 5 57 24 67 11

Besuche: nach Vereinbarung, an Werktagen von 10 bis 12 und von 15 bis 19 Uhr
Kontaktperson: Mme Delbeck

ROTWEIN

Rebfläche: 12,5 ha

Durchschnittliches Rebenalter: 30 Jahre

Rebbestand: 75 % Merlot, 25 % Cabernet Franc

Pflanzdichte: 6600 Reben/ha

Ertrag (im Durchschnitt der letzten 5 Jahre): 39 hl/ha

Durchschnittliche Jahresproduktion insgesamt: 490 hl

GRAND VIN

Name: Château Belair

Appellation: St-Emilion Grand Cru

Durchschnittliche Jahresproduktion: 50 000 Flaschen

Verarbeitung und Ausbau: Die Gärung wird angeregt durch eigene, aus biodynamischem Anbau in einem Teil der Weinberge gewonnenen Hefen. 18 bis 26 Monate Ausbau in jährlich zur Hälfte erneuerten Eichenfässern (unterschiedlich je nach Jahrgang); regelmäßiger Abstich. Der Wein wird mit frischem Eiweiß geschönt, aber nicht gefiltert. Trauben, Most und Wein werden in der Kellerei nur durch Schwerkraft bewegt.

ST-EMILION

Kein ZWEITWEIN

Beurteilung des derzeitigen Rangs: Entspricht vor allem seit 1979 einem 5ème Cru aus dem Médoc

Genußreife: 5 bis 15 Jahre nach dem Jahrgangsdatum

Belair hat wie so viele andere Weingüter in Bordeaux wieder aus einer längeren Phase der Mittelmäßigkeit herausgefunden. Es hatte im 19. Jahrhundert eine große Reputation, und seine Geschichte läßt sich bis ins 14. Jahrhundert zurückverfolgen. Bernard Ginestet, der führende französische Autor über die Weine von Bordeaux, nennt Belair mit großer Zuversicht «das Lafite-Rothschild unter den St-Emilions von den *côtes*». Sollte das zu hoch gegriffen sein? Das kleine Weingut gehört der Familie Dubois-Challon, die früher einen Anteil am Nachbargut Ausone besaß. Das Qualitätsniveau des Belair ist ein Spiegelbild von Ausone. Der Wiederaufstieg des Ausone setzte mit dem Jahrgang 1976 ein, und um dieselbe Zeit begann auch Belair wieder Weine in besserer Qualität hervorzubringen. Das Team, das für den Ausone zuständig war (bis zum Besitzerwechsel Mitte der 1990er Jahre) – Pascal Delbeck/ Marcel Lanau/ Jean-Claude Berrouet –, zeichnet für den Belair verantwortlich, und wie aus den nachstehenden Probiernotizen hervorgeht, zeigt der Wein deutliche Verbesserungen, obwohl er seine straffe, karge, verhaltene, verschlossene Art beibehalten hat. Nur ein Teil des Weinbergs liegt an den *côtes*, der andere befindet sich auf dem Plateau. Könnte es beim Belair noch weitere Verbesserungen geben?

JAHRGÄNGE

1997 • 86-87   Kellermeister Pascal Delbeck hat offensichtlich einen untypisch sanften, entgegenkommenden, ansprechenden 1997er bereitet, der nicht lange brauchen wird, um sich zu erschließen. Dunkles Rubinrot geht einher mit Aromen süßer schwarzer Kirschen mit mineralischen Nuancen. Hinzu kommen mittlerer Körper und leichtes Tannin im runden, attraktiven Nachklang. Dieser Wein verlangt 2 bis 3 Jahre Kellerreife und dürfte sich 10 bis 12 Jahre halten. Letzte Verkostung: 3/98.

1996 • 80-85   Der kantige, mineralduftige Wein mit leichtem Körper präsentierte sich karg und spartanisch; es fehlte ihm an Frucht, Glyzerin und Vollmundigkeit.
Voraussichtliche Genußreife: 2003 bis 2012. Letzte Verkostung: 3/98.

1995 • 85   In diesem gedämpften Bordeaux stehen rote und schwarze Johannisbeeren in Konkurrenz mit mineralischen, an feuchte Steine erinnernden Komponenten. Auch ein Eichenton ist in diesem mittelschweren, harten, kargen, aber überaus subtilen und verhaltenen St-Emilion spürbar. Vielleicht ist er nur zurückhaltender, als es sein müßte.
Voraussichtliche Genußreife: 2002 bis 2015. Letzte Verkostung: 11/97.

1994 • 85   Dieser mitteldunkel rubinrote Wein zeigt süße Frucht von roten Johannisbeeren und Kirschen, milde Säure, leichten Körper, etwas von der Belair-typischen Erdigkeit, eine würzige, tanninherbe Persönlichkeit und einen kompakten Abgang.
2000 bis 2007. Letzte Verkostung: 1/97.

1993 • 76   Mittleres Granatrot und ein stickiges Aroma von alten Fässern sind die Merkmale dieses durch einen Charakter von Steinsplitt, grünen, vegetabilen Fruchtnoten und schmalem, leichtem Geschmack beherrschten Weins. Letzte Verkostung: 1/97.

1992 • 74?   Leichte, verwaschene Farbe und schwacher, stumpfer Duft gehen einher mit einem Mangel an Tiefe und Biß. Auch der Abgang dieses flachen, dünnen Weins ist nicht besonders ausgeprägt. Drei Notizen von Faßproben zeigen ähnliche Resultate. Letzte Verkostung: 11/94.

1990 • 89   Süße, fast überreife Frucht, reichliche mineralische, an Stein erinnernde Düfte sowie ein Hauch Eichenholz liegen der eingezogenen Persönlichkeit dieses mittelschweren Weins zugrunde. Die Aromen von hochreifen Kirschen und Pflaumen erinnern vage an den großen Lafleur aus Pomerol.
Voraussichtliche Genußreife: Jetzt bis 2010. Letzte Verkostung: 1/93.

1989 • 88   Der 1989er zeigt ein mächtiges, rauchiges, gedörrtes, exotisches Bukett von Pflaumen und asiatischen Gewürzen, überraschend frische Säure und reichliches, aber mildes Tannin. Der Alkoholgehalt ist gewaltig, der fruchtige Geschmack hat sensationellen Extraktreichtum – eine brillante Leistung.
Voraussichtliche Genußreife: Jetzt bis 2010. Letzte Verkostung: 1/93.

1988 • 85   Der 1988er ist eine gute, allerdings nicht gerade außergewöhnliche Leistung. In Anbetracht des Jahrgangs überrascht es nicht, daß er magerer und karger in der Art ist, er hat aber eine gute Grundlage an Johannisbeerfrucht sowie feines Tannin und macht allgemein einen eleganten und anmutigen Eindruck.
Voraussichtliche Genußreife: Jetzt bis 2010. Letzte Verkostung: 4/91.

1987 • 86   Dieser elegante, reife, geschmeidige, köstlich fruchtige und komplexe Wein ist erstaunlicherweise besser und dabei billiger als der höher gepriesene 1988er, 1986er und 1985er. Er hat viel Extrakt und zeigt einen langen, reifen, verführerischen Abgang. Dieser großartig gelungene 1987er St-Emilion will früh getrunken sein.
Voraussichtliche Genußreife: Jetzt. Letzte Verkostung: 3/90.

1986 • 86   Eine enttäuschende Leistung von Belair. Die mittelrubinrote Farbe scheint etwas verwaschen, und das Bukett ist verschlossen, bietet aber einige staubige, kräuterwürzige Nuancen von roter Frucht. Im Mund erweist sich der Wein als adstringierend, zu tanninreich und sehr karg, und der Abgang ist ohne Charme oder Konzentration. Die Zukunft des 1986ers ist dubios. Voraussichtliche Genußreife: Jetzt bis 2005. Letzte Verkostung: 3/90.

1985 • 77   Der 1985er Belair verblüfft mich, denn er scheint mir etwas leicht zu sein und zu wenig Biß und Intensität zu besitzen. Habe ich diesen Wein bisher aus Faß und Flasche falsch aufgefaßt? Voraussichtliche Genußreife: Jetzt bis 2005. Letzte Verkostung: 3/89.

1983 • 88   Dieser für Belair erstaunlich wuchtige und volle Jahrgang mit seiner ausgezeichneten Farbe und tiefer, reifer, tannin- und körperreicher Art hat kräftigen Stil und dürfte sich als der langlebigste Belair seit über 20 Jahren erweisen – recht eindrucksvoll.
Voraussichtliche Genußreife: Jetzt bis 2005. Letzte Verkostung: 2/89.

1982 • 88   Über ein Jahrzehnt lang habe ich mich gefragt, welcher Belair-Jahrgang der bessere ist: der aufgeschlossene, sanfte und doch kraftvolle 1983er oder der fester gefügte, exotische 1982er. Ich weiß es immer noch nicht genau. Der 1982er hat sich inzwischen aus dem Stadium des häßlichen Entleins herausgemausert und beginnt Noten von Pilzen und Leder, verflochten mit Düften von süßer schwarzer Frucht, Kräutern und Mineralen zu zeigen. Dieses komplexe Bukett leitet über zu sehr guter Konzentration. Obwohl noch immer spürbar hartes Tannin vorliegt, ist dies ein traditionell bereiteter St-Emilion mit schönem Extrakt. Als Rivale des 1983ers kann der 1982er Belair 10 bis 15 Jahre mehr an Lebenserwartung aufweisen.
Voraussichtliche Genußreife: jetzt bis 2008. Letzte Verkostung: 12/96.

1981 • 74   Der 1981er ist, wie man in Bordeaux voller Enthusiasmus sagt, «ein Wein von großer Finesse und Eleganz». Er zeigt sich leicht, fruchtig und mild mit mittelrubinroter Farbe, gefälliger Art und recht hartem Tannin im Abgang, dürfte aber kaum noch an Geschmacksfülle oder Tiefe gewinnen.
Voraussichtliche Genußreife: Jetzt. Letzte Verkostung: 3/87.

1979 • 85   Der 1979er – der erste attraktive Belair in fast 20 Jahren – hat den Duft reifer schwarzer Johannisbeeren sowie von würzigem Eichenholz und Veilchen. Auf der Zunge zeigt er mittleren Körper, üppige, frühreife Fruchtigkeit und leichtes Tannin – ein köstlich milder, fruchtiger, sehr eleganter Wein.
Voraussichtliche Genußreife: Jetzt – vermutlich im Nachlassen. Letzte Verkostung: 1/87.

1978 • 80   Dieser Wein wirkt am Gaumen eine Spur zu leicht und flüchtig, bietet ansonsten aber milden, gefälligen, eingängigen, fruchtigen Geschmack und einen guten Abgang.
Voraussichtliche Genußreife: Jetzt – vermutlich im Nachlassen. Letzte Verkostung: 2/86.

1976 • 75   Der 1976er ist achtbar, hätte aber vielleicht besser sein können, wenn man bedenkt, wie ausgezeichnet der Ausone in diesem Jahrgang ausgefallen ist. So stellt er sich etwas leicht, mild, fruchtig und lieblich dar und zeigt die auffallend überreife Art des Jahrgangs; spürbares Tannin weist er nicht auf, und er war schon zu Anfang der achtziger Jahre ausgereift. Voraussichtliche Genußreife: Jetzt – vermutlich im Nachlassen. Letzte Verkostung: 6/82.

1975 • 70   Ich finde diesen Wein hohl, es mangelt ihm an Frucht, statt dessen hat er zuviel Tannin. Die mittelrubinrote Farbe zeigt Braunfärbung an den Rändern, und bei mittlerem Körper ist die Art etwas dürftig, das Bukett lederig und hart und der Abgang kurz und streng. Dieser Wein scheint einer von den 1975ern zu sein, deren Tanningehalt die Frucht bei weitem überwiegt. Letzte Verkostung: 5/84.

1971 • 65   Der recht mager ausgestattete Wein ohne viel Bukett hat bräunliche Farbe, trockenen, adstringierenden, harten Geschmack und keinerlei Charme. Heutzutage erlebt man es nur noch selten, daß ein Spitzen-Château Weine mit einem derartigen Qualitätsniveau hervorbringt. Letzte Verkostung: 9/78.

1970 • 68   Der 1970er Belair hat annehmbare Farbe mit nur einem Anflug von Braun, dazu ist er hart und würzig, der Abgang erscheint derb und bitter – ein untypischer 1970er. Letzte Verkostung: 7/81.

BELLEFONT-BELCIER
Grand Cru

GUT

Lage der Weinberge: St-Laurent-des-Combes

Adresse: 33330 St-Laurent-des-Combes
Telefon: 33 5 57 24 72 16 – Telefax: 33 5 57 74 45 06

Besuche: montags bis freitags von 8.30 bis 17.30 Uhr

ROTWEIN

Rebfläche: 12 ha

Durchschnittliches Rebenalter: 30 Jahre

Rebbestand: 83 % Merlot, 10 % Cabernet Franc, 7 % Cabernet Sauvignon

Ertrag (im Durchschnitt der letzten 5 Jahre): 40 hl/ha

Durchschnittliche Jahresproduktion insgesamt: 450 hl

GRAND VIN

Name: Château Bellefont-Belcier

Appellation: St-Emilion Grand Cru

Verarbeitung und Ausbau: Malolaktische Säureumwandlung in Eichenfässern; 18 Monate Ausbau in zu 80 % neuen Eichenfässern. Der Wein wird geschönt und gefiltert.

ZWEITWEIN

Name: Marquis de Bellefont

Durchschnittliche Jahresproduktion: unterschiedlich

Beurteilung des derzeitigen Rangs: Entspricht qualitativ einem Cru Bourgeois aus dem Médoc

Genußreife: 3 bis 8 Jahre nach dem Jahrgangsdatum

Das in der Gemeinde St-Laurent-des-Combes, in der Nähe der hervorragenden *terroirs* von Tertre-Roteboeuf und Larcis-Ducasse in bester Lage befindliche Weingut hat in der Mitte der neunziger Jahre begonnen, interessantere Weine hervorzubringen. Früher waren sie schlicht, sanft, gefällig, es fehlte ihnen an Distinktion, und sie wirkten eher monolithisch. Nun ist das Gut dazu übergegangen, die Lese später durchzuführen, reifere Frucht zu ernten und eine strengere Auslese bei dem, was unter dem Namen des Châteaus abgefüllt wird, vorzunehmen. Das Resultat bestand in sehr guten Weinen in 1994, 1995 und 1996, die alle besser sind als die früheren Jahrgänge.

JAHRGÄNGE

1997 • 84-85   Dieser schmackhafte, runde, gefällige Wein mit Vollmundigkeit, Substanz und Nachhaltigkeit wird sich 3 bis 5 Jahre schön trinken. Letzte Verkostung: 3/98.

1996 • 87   Der 1996er zeigt ein komplexes Aroma von Rauch, gerösteten Kräutern, süßen schwarzen Kirschen und Süßholz, das für einen 1996er überraschend aufgeschlossen wirkt. Sanfte, runde, seidige Frucht im Geschmack geht einher mit milder Säure und saftiger Art. Dieser üppig vollmundige St-Emilion läßt sich in den nächsten 5 bis 8 Jahren schön trinken. Letzte Verkostung: 11/97.

1995 • 87   Der 1995er mit seiner dichten Farbe und seiner reichhaltigen, füllige, mit Nuancen von Kräutern, Süßholz und Eichentoast verwobenen schwarzen Frucht ist so etwas wie ein Geheimtip. Im vollmundigen Geschmack zeigen sich feiner Extrakt und Glyzerin. Dieser sanfte, milde, opulente Wein dürfte in den ersten 7 bis 8 Jahren nach der Freigabe schönen Genuß gewähren. Letzte Verkostung: 11/97.

1994 • 86   Der 1994er Bellefont-Belcier ist ein solider, vollmundiger, kerniger Wein mit moderaten Mengen an Frucht, Glyzerin und Extrakt und will in den ersten 7 bis 8 Lebensjahren getrunken werden. Letzte Verkostung: 3/96.

BERLIQUET
Grand Cru Classé

Lage der Weinberge: St-Emilion

Besitzer: Vicomte und Vicomtesse Patrick de Lesquen
Adresse: 33330 St-Emilion
Telefon: 33 5 57 24 70 48 – Telefax: 33 5 57 24 70 24
Besuche: nur nach Vereinbarung, täglich von 9 bis 12 und von 14 bis 18 Uhr

ROTWEIN

Rebfläche: 9 ha

Durchschnittliches Rebenalter: 35 bis 45 Jahre

Rebbestand: 67% Merlot, 25% Cabernet Franc, 8% Cabernet Sauvignon

Pflanzdichte: 5500 Reben/ha

Ertrag (im Durchschnitt der letzten 5 Jahre): 45 hl/ha

Durchschnittliche Jahresproduktion insgesamt: 410 hl

ST-EMILION

GRAND VIN

Name: Château Berliquet

Appellation: St-Emilion Grand Cru

Durchschnittliche Jahresproduktion: 30 000 Flaschen

Verarbeitung und Ausbau: Gär- und Maischdauer 30 bis 40 Tage in temperaturgeregelten Tanks. Malolaktische Säureumwandlung in Eichenfässern (getrennte Posten). 14 bis 16 Monate Ausbau in zu 80 % neuen Eichenfässern. Abstich alle 3 Monate von Faß zu Faß. Der Wein wird geschönt, aber nicht gefiltert. Die *assemblage* erfolgt gegen Ende der Ausbauzeit.

ZWEITWEIN

Name: Les Ailes de Berliquet

Durchschnittliche Jahresproduktion: (1996 ca.) 24 000 Flaschen

Beurteilung des derzeitigen Rangs: Entspricht qualitativ einem Cru Bourgeois aus dem Médoc

Genußreife: 4 bis 12 Jahre nach dem Jahrgangsdatum

Das schöne Weingut mit seinen herrlichen Höhlenkellern befindet sich in bester Lage unmittelbar außerhalb der Stadt St-Emilion – auf dem Kalksteinplateau könnte man sich gar keine bessere Stelle wünschen als hier unmittelbar neben Canon, Magdelaine und Tertre-Daugay. 1985 wurde Berliquet als einziges Weingut zum Grand Cru Classé befördert. Sein Ruhm muß jedoch im 18. Jahrhundert weit größer gewesen sein, denn 1794 schrieb ein bekannter *courtier* aus Libourne über die exzellente Qualität eines St-Emilion-Weins namens Berliquet.

Bis 1978 hielt sich das Gut bescheiden im Hintergrund, denn sein Wein wurde bis zu diesem Jahrgang von der großen Genossenschaftskellerei in St-Emilion bereitet. Seither werden nun Bereitung, Ausbau und Abfüllung unter der Aufsicht der Kellertechniker der Genossenschaft in dem attraktiven Château selbst vorgenommen. Bisher war hier die Qualität eher solide als aufregend zu nennen, das aber dürfte sich ändern. Für den 1997er wurde Patrick Valette als kellertechnischer Berater herangezogen, und das Resultat war der meiner Meinung nach feinste Wein, der in diesem Gut je entstanden ist.

JAHRGÄNGE

1997 • 86-88   Der 1997er zeigt tiefdunkles Purpurrot und zurückhaltende, aber vielversprechende Aromen von schwarzen Johannisbeeren, Brombeeren, Eiche, Erde und Gewürz. Kraftvoll, dicht und kernig, ohne die offen gewirkte Zugänglichkeit anderer 1997er präsentiert sich dieser schön proportionierte, deftige Wein mit moderatem Tannin im Abgang. Er wird in 3 bis 4 Jahren genußreif sein und sich mindestens weitere 12 Jahre halten und stellt für dieses meist unter Form befindliche Weingut eine schöne Leistung, womöglich sogar einen Schlager des Jahrgangs dar. Letzte Verkostung: 3/98.

1996 • 78   Ein kantiger, straffer, tanninstrenger Wein mit nicht genug Frucht als Gegengewicht zur muskulösen Struktur. Vermutlich wird er im Lauf seiner Lebensdauer von 10 bis 15 Jahren abmagern. Letzte Verkostung: 11/97.

1995 • 75   Der mitteldunkel rubinrote Wein mit seinem die magere Frucht dominierenden Aroma von Erde, Teer und Gewürz wirkt komprimiert und gedrückt in seiner kantigen Kargheit und seinem schmalbrüstigen, tanninstrengen, adstringierenden Abgang. Ich kann nicht glauben, daß dieser Wein sich je schön entfaltet.
Letzte Verkostung: 11/97.

1990 • 86 Dieser sanfte, schmackhafte, kräuter- und kirschenduftige Wein mit attraktiven Nuancen von Erde und Gewürz im Hintergrund ist ein mittelschwerer, üppiger, ausgereifter St-Emilion mit schöner Vollmundigkeit. Er dürfte sich im Lauf von 5 bis 6 Jahren schön trinken.
Voraussichtliche Genußreife: Jetzt bis 2003. Letzte Verkostung: 11/97.

1989 • 82 Der mittelrubinrote Wein mit seinem würzigen, erdigen Bukett von reifen Beeren hat mittleren Körper, für den Jahrgang überraschend gute Säure und schönen Biß, aber es fehlt ihm die Konzentration und Tiefe der besten Weine dieser Appellation. Das Tannin ist mäßig adstringierend.
Voraussichtliche Genußreife: Jetzt. Letzte Verkostung: 4/91.

1988 • 79 Dieser kompakte, relativ gedämpfte St-Emilion könnte mehr Fülle, Tiefe und Charme vertragen. Er ist würzig, aber mager und nicht sehr kräftig gebaut. Der Abgang ist überraschend kurz und weist mäßiges Tannin auf.
Voraussichtliche Genußreife: Jetzt – vermutlich im Nachlassen. Letzte Verkostung: 1/93.

CADET-PIOLA
Grand Cru Classé

SEHR GUT

Lage der Weinberge: Im nördlichen Teil von St-Emilion, auf dem Kalksteinplateau

Besitzer: G.F.A. Jabiol
Adresse: 33330 St-Emilion
Postanschrift: B.P. 24, 33330 St-Emilion
Telefon und Telefax: 33 5 57 74 47 69

Besuche: nach Vereinbarung werktags von 9 bis 11 und von 14 bis 16 Uhr
Kontaktperson: Amélie Jabiol

ROTWEIN

Rebfläche: 7 ha

Durchschnittliches Rebenalter: 30 Jahre

Rebbestand: 51% Merlot, 28% Cabernet Sauvignon, 18% Cabernet Franc, 3% Malbec

Pflanzdichte: 5600 Reben/ha

Ertrag (im Durchschnitt der letzten 5 Jahre): 38 hl/ha

Durchschnittliche Jahresproduktion insgesamt: 36000 Flaschen

GRAND VIN

Name: Château Cadet-Piola

Appellation: St-Emilion Grand Cru

Durchschnittliche Jahresproduktion: 36000 Flaschen

Verarbeitung und Ausbau: Gär- und Maischdauer 21 Tage in Edelstahltanks mit eingebauter Temperaturregelung. Nach malolaktischer Säureumwandlung 18 Monate Ausbau in (zu 40% neuen, zu 30% einmal und zu 30% zweimal gebrauchten) Eichenfässern. Anschließend weitere 4 Monate Ruhezeit in Tanks bis zur Abfüllung. Der Wein wird geschönt, aber nicht gefiltert.

ST-EMILION

ZWEITWEIN

Name: Chevalier de Malte

Durchschnittliche Jahresproduktion: Dieser Zweitwein wird nur produziert, wenn der junge Cabernet Franc als nicht gut genug für den Hauptwein befunden wird

Beurteilung des derzeitigen Rangs: Entspricht der Klassifizierung; qualitativ einem 5ème Cru aus dem Médoc gleichwertig

Genußreife: 6 bis 17 Jahre nach dem Jahrgangsdatum

Es muß wohl an der kleinen Produktion von Cadet-Piola liegen, daß die Qualität dieses Weins so lange relativ geheim geblieben ist. Das Château, von dem aus man einen schönen Blick auf St-Emilion hat, liegt weder an den *côtes* noch im *graves*-Bereich, sondern einen halben Kilometer nördlich der Stadt auf einem felsigen Gelände mit Lehmboden und einer Kalksteinunterschicht; es dient ausschließlich als Kellerei, nicht als Wohnung. Die Besitzer erklären, hier sei das Mikroklima wärmer als an anderen Stellen der Appellation.

Die Familie Jabiol (ihr gehört auch das Weingut Faurie-de-Souchard in St-Emilion) erzielt mit konservativen Methoden schwarzrubinroten, vollen und intensiven, körperreichen Wein, der im letzten Jahrzehnt so manches berühmtere und teurere Premier Grand Cru Classé in den Schatten gestellt hat. Der Cadet-Piola ist seinen Preis stets wert, und es ist zu hoffen, daß eine stärkere Publikumsnachfrage ihm auch größere Bekanntheit eintragen wird.

JAHRGÄNGE

1995 • 87   Der 1995er hat eindrucksvoll satte rubinpurpurrote Farbe und ein süßes Aroma von Blaubeeren und schwarzen Himbeeren, vermischt mit vagen Düften von Eichenholz und Mineralen. Reif, mittelschwer und spürbar tanninherb präsentiert sich dieser voll ausgestattete, muskulöse verschlossene Wein, der trotz seiner milden Säure 4 bis 5 Jahre Kellerreife verlangt. Er stellt eine sehr schöne Leistung dar und dürfte sich 10 bis 12 Jahre gut halten.
Letzte Verkostung: 11/97.

1994 • 86   Der 1994er Cadet-Piola zeigt gesunde rubinpurpurrote Farbe, ein Bukett von Oliven, Süßholz und süßer Frucht von schwarzen Kirschen, dazu mittleren Körper und einen straffen, tanninreichen Abgang. Dieser Wein könnte eine Médoc-ähnliche Kargheit entwickeln, er ist aber ein guter, solide bereiteter, muskulöser St-Emilion, der in den nächsten 10 Jahren getrunken werden will. Letzte Verkostung: 3/96.

1993 • 85   Bedenkt man das Potential des Jahrgangs 1993 für strenge, harte, tanninreiche Weine und dazu die Neigung von Cadet-Piola, rustikale, dichte, straffe Weine zu produzieren, dann hätte man einen Wein erwartet, der einem den Zahnschmelz abbeizt. Dem ist nicht so. Vielmehr hat dieses Weingut einen sanften, vollmundigen, mittelschweren, geschmeidigen, gefälligen 1993er hervorgebracht, der in den nächsten 5 bis 7 Jahren schönen Genuß bereiten wird.
Letzte Verkostung: 11/94.

1992 • 72   Der kompakte 1992er Cadet-Piola zeigt mittelrubinrote Farbe, ein wenig beeindruckendes, wässeriges Bukett und kurzen, sanften, reifen, aber substanzschwachen Geschmack, der von einer adstringierenden, trockenen, tanninherben Note beherrscht wird. Dieser Wein wird in 4 bis 6 Jahren abgemagert sein, man sollte ihn deshalb trinken, solange er jung ist.
Letzte Verkostung: 11/94.

1990 • 87   Der 1990er ist ein klassischer Cadet-Piola – kräftig strukturiert, tiefdunkel, zutiefst zurückgezogen und fast undurchdringlich. Bei schwarzrubinpurpurroter Farbe und äußerst tanninstrenger und harter Art scheint er doch die nötige Konzentration als Gegengewicht zu der straffen Persönlichkeit zu besitzen. Dieser Wein ist nichts für Ungeduldige.
Voraussichtliche Genußreife: Jetzt bis 2010. Letzte Verkostung: 1/93.

1989 • 87 Der 1989er ist wahrscheinlich feiner, als meine Punktnote vermuten läßt. Er hat satte, schwarzrubinrote Farbe und wirkt eindrucksvoll, aber sein Bukett ist verschlossen. Auf der Zunge erweist er sich als ein überaus muskulöser, harter, strenger, tanninreicher Koloß, der wenigstens 7 bis 10 Jahre Kellerreife braucht und dann einige Jahrzehnte überdauern dürfte. Diese kraftvolle, unentwickelte Art ist für Cadet-Piola typisch.
Voraussichtliche Genußreife: Jetzt bis 2010. Letzte Verkostung: 4/91.

1988 • 86 Der 1988er Cadet-Piola ist unerbittlich tanninreich, aber der kräftige, volle Geschmack von schwarzen Kirschen, verflochten mit dem Duft von frischem Eichenholz, Schokolade und provençalischen Kräutern, gibt mir eine Grundlage für die Aussage, daß dieser Wein die nötige Tiefe besitzt, um sich gegen das Tannin durchzusetzen. Er hat mittleren bis vollen Körper und dürfte sich bis zu 2 Jahrzehnte lang schön halten.
Voraussichtliche Genußreife: Jetzt bis 2010. Letzte Verkostung: 1/93.

1986 • 85? Der 1986er ist ein ausnehmend unentwickelter, gerbstoffreicher, tiefdunkler St-Emilion – der Tanningehalt macht mir sogar einige Sorgen, aber es ist ein kräftiges Maß an voller, nachhaltiger, kerniger Frucht im Geschmack deutlich zu erkennen. Jetzt bleibt nur noch die Frage, wann sich der ungeheuer hohe Tanningehalt genügend mildert, damit dieser Wein rund und verführerisch werden kann. Ob die Frucht solange durchhält?
Voraussichtliche Genußreife: Jetzt bis 2010. Letzte Verkostung: 11/90.

1985 • 86 Der 1985er Cadet-Piola ist ein für seinen Jahrgang tanninreicher, kräftig gebauter Wein. Die Farbe ist tief rubinrot, das Bukett würzig, pflaumenduftig, intensiv – ein körperreicher, dichter, kerniger, inzwischen genußreifer Wein mit viel Charakter.
Voraussichtliche Genußreife: Jetzt bis 2000. Letzte Verkostung: 3/90.

1983 • 85 Obwohl nicht so gut gelungen wie der wundervolle 1982er, ist auch der 1983er Cadet-Piola ein dunkler, reifer, körperreicher, bewunderungswürdig gebauter St-Emilion mit viel Konzentration, Kraft und Wucht.
Voraussichtliche Genußreife: Jetzt. Letzte Verkostung: 1/89.

1982 • 87+ Der 1982er Cadet-Piola ist nach wie vor dunkelrubinpurpurrot und zeigt bewunderungswürdige Fülle, pelziges Tannin und ein vielversprechendes, aber doch noch völlig unentfaltetes Aromaprofil (Süßholz, schwarze Frucht, Kräuter und Gewürz). Trotz vollem Körper und exzellenter Konzentration besitzt dieser Wein nur einen Ansatz von Komplexität. Er ist zwar geschmeidiger als noch vor 10 Jahren, aber nach wie vor ein tanninherber Mundvoll Wein. Masochisten mögen jetzt schon ihre Freude an ihm haben, ich aber empfehle noch einmal 3 bis 4 Jahre Kellerreife; er dürfte sich das erste Jahrzehnt des nächsten Jahrhunderts hindurch gut halten. Letzte Verkostung: 9/95.

CANON
Premier Grand Cru Classé B

AUSGEZEICHNET

Lage der Weinberge: Côtes von St-Emilion

Besitzer: Familie Wertheimer – Chanel Inc.
Adresse: 33330 St-Emilion
Postanschrift: B.P. 22, 33330 St-Emilion
Telefon: 33 5 57 55 23 45 – Telefax: 33 5 57 24 68 00

Besuche: nur nach Vereinbarung, werktags von 14 bis 18 Uhr
Kontaktperson: John Kolasa oder Mme Defrance

ST-EMILION

ROTWEIN

Rebfläche: 18 ha

Durchschnittliches Rebenalter: 35 Jahre

Rebbestand: 55 % Merlot, 45 % Cabernet Sauvignon

Pflanzdichte: 6500 Reben/ha

Ertrag (im Durchschnitt der letzten 5 Jahre): 35 hl/ha

Durchschnittliche Jahresproduktion insgesamt: 650 hl

GRAND VIN

Name: Château Canon

Appellation: St-Emilion Grand Cru

Durchschnittliche Jahresproduktion: 295 hl

Verarbeitung und Ausbau: Gär- und Maischdauer rund 15 Tage in Holzfässern mit Temperaturregelung. 18 Monate Ausbau in zu 65 % neuen Eichenfässern. Der Wein wird geschönt, aber nicht gefiltert.

ZWEITWEIN

Name: Clos J. Kanon (verwendet von der früheren Besitzerfamilie Fournier; ein neuer Name ist noch nicht gewählt und registriert)

Durchschnittliche Jahresproduktion: unterschiedlich

Beurteilung des derzeitigen Rangs: Entspricht seit 1982 einem 3ème oder 4ème Cru aus dem Médoc; vor 1982 und Anfang der neunziger Jahre war die Qualität unbeständig

Genußreife: 7 bis 25 Jahre nach dem Jahrgangsdatum

Canon zählt zu den St-Emilions von den *côtes*. Es befindet sich in herrlicher Lage auf den Hängen südwestwärts der Stadt, eingeschoben zwischen die Premiers Grands Crus Classés Belair, Magdelaine, Clos Fourtet und Beauséjour. Die Weinberge liegen zum Teil am Hang und zum Teil auf dem Plateau und weisen verschiedene Bodentypen, von Kalkstein und Lehm bis zu Sand über Kalkgestein, auf.

Canon, seit 1919 Besitz der Familie Fournier, wurde Mitte der neunziger Jahre an die Firma Chanel verkauft. Der Name leitet sich jedoch von seinem Besitzer im 18. Jahrhundert her, der Jacques Kanon hieß. Ein sehr traditioneller, langer, bei hohen Temperaturen in großen Eichenfässern ablaufender Gärprozeß läßt erkennen, daß hier für die Liebhaber geschmeidiger Bordeaux-Weine nichts zu holen ist. Der Canon ist tanninherb, wuchtig, für lange Lebensdauer gebaut, geprägt durch eine ausgesprochen starke Eichenholzwürze, die in leichteren Jahrgängen sogar die Frucht verdecken kann. Der in solchen Fällen übereifrige Gebrauch teurer neuer Eichenfässer (jährlich mindestens 65 %) ist die einzige Kritik, die ich am Canon zu üben habe. Ich liebe den 1982er, 1983er, 1985er, 1986er, 1988er und 1989er, denn in den achtziger Jahren hatte der Canon unter der Führung von Eric Fournier und seines brillanten *maître de chai* Paul Cazenave eine Qualität erreicht, die oft ebenbürtig neben, ja manchmal sogar über den führenden St-Emilions Cheval Blanc und Ausone stand. Allerdings führte dann nach dem exzellenten 1990er eine Reihe miserabler Leistungen dazu, daß das Vertrauen in den Canon schwand. Verschlimmert wurde das noch durch eine Verschmutzung in den Lagerkellern, aufgrund deren viele zwischen 1992 und 1996 produzierte Weine einen übertrieben dumpfigen Geruch und

Geschmack annehmen. Die neuen Besitzer haben den alten *chai* unverzüglich renoviert und damit in dankenswerter Weise die Ursache der abstoßenden Erscheinungen beseitigt.

In Bestform ist der Canon ein herrlich reicher, tiefer und konzentrierter Wein, muskulös und körperreich und in der Reife reichfruchtig, zedernholzduftig und oft so großartig, daß es ein Rätsel bleibt, warum dieser Wein nicht bekannter ist, denn in den achtziger Jahren war der Canon bestimmt einer der drei oder vier Spitzenweine aus St-Emilion, und vermutlich wird er unter den neuen Besitzern seinen guten alten Ruf wieder erlangen.

JAHRGÄNGE

1997 • 77-81 Ich erwarte nun, seit Canon sich im Besitz von Chanel befindet und von dem tüchtigen Team John Kolasa und David Orr geführt wird, wieder Besseres. Allerdings nahm sich der 1997er bei meiner bisher einzigen Verkostung dürftig aus. Seine Farbe war ein dunkles Rubingranatrot, und er zeigte eine krautige Erdigkeit, überraschend starke Säure, weit entwickelten Geschmack und leichten Körper. Wie es jetzt aussieht, dürfte er eine Enttäuschung sein. Letzte Verkostung: 3/98.

1996 • 78-82? Dieser Wein mit seiner mitteldunkel rubinroten Pflaumenfarbe bietet im Aroma süßen Duft von schwarzer Frucht, der aber rasch verblaßt und Noten von Erde, Lehm, Mineralen, Eichenholz und Gras Platz macht. Im Eingang zeigt der mittelschwere Wein etwas angenehme Fülle, doch verengt er sich bald auf strenges Tannin und eine kantige, schmalbrüstige Persönlichkeit. Die Säure ist auffallend, das Tannin überstark, und dem ganzen Wein ist Auszehrung vorbestimmt. Meine Bewertung könnte noch immer zu generös sein.
Voraussichtliche Genußreife: 2002 bis 2010. Letzte Verkostung: 3/98.

1995 • 74 Ich konnte in diesem sehnigen, dünnen, kargen, säure- und tanninreichen Wein keine tröstlichen Eigenschaften entdecken, und so sehr ich mir Mühe gab, war es mir auch nicht möglich, für die künftige Entwicklung dieses Weins positive Aspekte zu erblicken.
Voraussichtliche Genußreife: 2000 bis 2008. Letzte Verkostung: 11/97.

1994 • ? Dieser Wein ist nicht nur karg, schmal und unerfreulich am Gaumen, er wird auch noch beeinträchtigt durch moderige Noten von feuchtem Holz und nassem Karton, die an schlechte Korken denken lassen, ähnlich wie die, von denen auch der 1993er befallen ist. Eine sehr enttäuschende Leistung. Letzte Verkostung: 1/97.

1993 • ? Neben unerfreulichem, strengem, straffem Tannin hat dieser knappe, unattraktive Wein schimmelige, an nasses Hundefell oder moderigen Karton erinnernde Noten. Nicht zu empfehlen. Letzte Verkostung: 1/97.

1992 • ? Im Faß hatte ich den 1992er Canon für einen der am besten gelungenen St-Emilions gehalten. Wie bei vielen anderen 1992ern auch scheint aber die fragile Frucht des Weins bei der Abfüllung gelitten zu haben. Das Ergebnis ist ein erstaunlich harter, strenger, scharfgeschnittener, leicht abgezehrt wirkender Wein. Die Farbe ist gesund, Frucht und Eingang nehmen sich zunächst gut aus, aber viel Tiefe oder Nachhaltigkeit ist nicht vorhanden – nichts als Tannin, Alkohol, Säure und Holz. Ist dieser Wein nur verschlossen oder einfach hohl und leer? Unangenehme Gerüche machten sich bei der letzten Verkostung nicht bemerkbar.
Letzte Verkostung: 11/94.

1990 • 87 Der 1990er kann es in der Qualität nicht mit dem 1989er aufnehmen. Er ist kraftvoll, eingezogen und besitzt adstringierendes Tannin sowie straffe Art. Im Bukett findet sich die Frucht schwarzer Himbeeren, hinzu kommen Kaffee und Schokolade in Duft und Geschmack. Dieser tanninherbe, mittelschwere Wein verlangt beträchtliche Geduld.
Voraussichtliche Genußreife: 2000 bis 2025. Letzte Verkostung: 1/93.

1989 • 92 Der 1989er Canon wird dem 1982er an Konzentration und Komplexität nicht gleichkommen, doch erscheint er im Stil wie eine Synthese zwischen dem 1985er und dem 1986er. Er ist tief rubinpurpurrot, hat ein reiches, würziges, mäßig intensives Bukett von frischem Eichen-

holz und schwarzen Johannisbeeren, dazu vollen Körper und recht burgunderhafte, mit viel Tiefe ausgestattete Art. Extraktreichtum und Reinheit des Geschmacks sind beeindruckend.
Voraussichtliche Genußreife: Jetzt bis 2008. Letzte Verkostung: 5/95.

1988 • 87 Die tief rubinpurrote Farbe des 1988ers wirkt eindrucksvoll, das würzige Bukett mit Nuancen von Mineralen, Cassis und Teer faszinierend. Der Tanningehalt ist zwar hoch, aber der Wein besitzt exzellente Konzentration und große Nachhaltigkeit, und er vermittelt das Gefühl, daß die Erträge niedrig gehalten wurden, was ihm innere Stärke und Tiefe verleiht. Dieser Canon der nicht ganz so generösen Art dürfte mindestens 2 Jahrzehnte überdauern.
Voraussichtliche Genußreife: 1999 bis 2012. Letzte Verkostung: 1/93.

1987 • 85 Canon produzierte in diesem manchmal unterbewerteten Jahrgang einen wundervollen Wein. Er ist mittelrubinrot, hat ein duftiges Bukett von dunkler Frucht und würzigem Eichenholz, dazu geschmeidige, eingängige, anmutig ausgestattete Art.
Voraussichtliche Genußreife: Jetzt. Letzte Verkostung: 3/90.

1986 • 89+ Dieser Wein ist noch immer in seinem hohen Tanningehalt gefangen. Die Farbe ist ein dunkles Rubingranatrot ohne bernsteingelben Saum, das Bukett bietet vor allem Minerale, Erde und Rauch mit dunkler Frucht von Pflaumen und Cassis im Hintergrund. Im Eingang präsentiert sich der Wein voll, mittelschwer und elegant, im Abgang zeigt er starkes Tannin. Er ist zwar schon zugänglich, aber doch noch jugendfrisch und lebendig.
Voraussichtliche Genußreife: 1999 bis 2015. Letzte Verkostung: 12/97.

1985 • 89 Dieser kurz vor der vollen Reife stehende St-Emilion bietet im Aroma- und Geschmacksprofil eine köstliche Kombination mit Nuancen von Kirschgeist, Mineralen und rauchigem Eichenholz, dazu sanften, mittelschweren, üppigen, milden Geschmack mit schöner Substanz – ein charmanter, reichhaltiger, stilvoller Wein, der viel Freude machen wird.
Voraussichtliche Genußreife: Jetzt bis 2007. Letzte Verkostung: 12/97.

1983 • 88 Der 1983er Canon hat seine volle Reife erreicht. In seiner dunklen granatrubinroten Farbe erscheint Rostrot und Bernsteingelb am Rand. Das Bukett mit Noten von Leder, Erde, Gewürz, süßen Pflaumen und Früchtekuchen wirkt entgegenkommend. Im Mund zeigen sich schöne Fülle, Alkoholstärke, milde Säure und im Abgang rustikales Tannin. Dieser Wein ist rasch herangereift, dürfte sich aber (wenn er in einem kalten Keller gelagert wird) noch einmal 10 bis 12 Jahre halten. Letzte Verkostung: 12/97.

1982 • 94 Dieser stets spektakuläre 1982er bot in den ersten 5 bis 6 Jahren nach der Abfüllung üppigen Genuß. Seit dem Ende der achtziger Jahre hat er festere Struktur angenommen, jedoch nichts von seiner Kraft, Vollmundigkeit oder Konzentration eingebüßt. Er ist imstande, noch einmal mindestens 20 Jahre zu überdauern, aber ich kann es niemandem verübeln, wenn er sich diesen Genuß nicht so lange versagen mag. In der dichten Farbe zeigt sich kein Bernsteingelb. Junge Primäraromen von schwarzer Frucht, Eichentoast und Blumen dominieren im mäßig intensiven Bukett. Dieser volle, reichhaltige, körperreiche, multidimensionale Canon ist fraglos der konzentrierteste, den ich kenne, und in seiner breitgefächerten, milden Überfülle einer der wenigen Canons, die mehr Tiefe und Frucht als Tannin besitzen. Er wird im Lauf der nächste 25 Jahre schönen Genuß bereiten. Letzte Verkostung: 9/93.

1981 • 75 Während Canon in den Jahren 1978 und 1979 gute Weine produzierte und einen großen, vielleicht legendären 1982er sowie einen großartigen 1985er, 1986er, 1988er und 1989er zuwege brachte, bleibt der 1981er weit hinter meinen Erwartungen zurück. Die an Besessenheit grenzende Vorliebe des Châteaus für neue Eichenfässer hat diesem von Geburt an zu leichten und fragilen Wein, der nicht imstande war, der vollen Wucht des Tannins und Vanillins aus diesen neuen Fässern standzuhalten, nicht gutgetan. So ist er übermäßig tanninreich, mager und ungleichgewichtig ausgefallen. Die Zeit mag ihm noch helfen, nur sollte man sich nicht darauf verlassen. Voraussichtliche Genußreife: Jetzt bis 2000. Letzte Verkostung: 2/88.

1980 • 72 In diesem Jahrgang stelle ich am Canon gute Frucht und durchschnittliche Farbe, aber auch übermäßig viel Eichenholzwürze im Bukett fest. Man könnte ihn einen mäßigen Erfolg für den Jahrgang nennen, mir wäre es aber lieber, wenn er weniger störend vegetabilen

Charakter und dafür mehr angenehme, geschmeidige Fruchtigkeit von schwarzen Johannisbeeren hätte.
Voraussichtliche Genußreife: Jetzt – vermutlich im Nachlassen. Letzte Verkostung: 7/87.

1979 • 86   Dieser Canon, einer der besten St-Emilions seines Jahrgangs, hat eindrucksvoll dunkelrubinrote Farbe ohne jeden Bernsteinschimmer, dazu tanninreiche, jugendfrische Geschmacksfülle. Er zeigt gute Konzentration, Tiefe und kräftigen Körper, aber das Tannin herrscht noch immer vor. Der 1979er Canon ist ein junger, muskulöser Wein mit großem Potential, falls die Frucht durchhält.
Voraussichtliche Genußreife: Jetzt bis 2003. Letzte Verkostung: 1/91.

1978 • 85   Der 1978er Canon ist dem 1979er ähnlich, jedoch magerer und karger und braucht noch Zeit zur Entwicklung. In der dunkelrubinroten Farbe ist etwas Bernsteinschimmer zu erkennen, und der relativ kräftige, tanninreiche Wein mit härterem, uncharmanterem Stil, als er sonst bei Canon üblich ist, hat sich langsamer entwickelt, als ich erwartete.
Voraussichtliche Genußreife: Jetzt bis 2005. Letzte Verkostung: 1/91.

1976 • 70   Der 1976er gehört nicht zu meinen Favoriten aus dem Hause Canon; er ist diffus, und es fehlt ihm an Tiefe und Struktur. Braunfärbung, übermäßiger Tanningehalt und Eichenholzduft ohne tragfähige Frucht als Gegengewicht machen diesen Wein nur noch ungefüger. Er sollte bald oder nie getrunken werden. Letzte Verkostung: 10/82.

1975 • 68   Der 1975er Canon entwickelt sich nicht gut. Er ist noch immer ungestüm tanninreich, obwohl die Frucht schon zu verblassen beginnt; es fehlt ihm eindeutig an Extrakt und der nötigen Konzentration, um gegen den adstringierenden, harten Charakter ankommen zu können. Die Farbe hat sich bereits von Mittelrubinrot zu deutlichem Bernstein-Orange an den Rändern gewandelt. Das staubige Tannin verdeckt, was noch an Frucht verbleibt. Die Zukunft dieses Weins ist zweifelhaft. Letzte Verkostung: 1/89.

1971 • 65   Dieser enttäuschend dünne, schwächliche, an Charme und Frucht arme Wein ist ausgetrocknet und hat einen bitteren, strengeren Abgang. *Caveat emptor!*
Letzte Verkostung: 1/89.

1970 • 84   Ein guter Canon, aber er besitzt bei weitem nicht die Qualität, die der junge Eric Fournier, der 1972 die Leitung übernahm, in der Zeit von 1978 bis 1990 zustande gebracht hat. Dieser Wein ist voll ausgereift, aber etwas leichter und weniger konzentriert als erwartet, dafür duftig und würzig, mit einem Charakter von gedörrten Pflaumen; er hat den größten Teil seines Tannins abgeworfen und sollte nun getrunken werden.
Voraussichtliche Genußreife: Jetzt – vermutlich im Nachlassen. Letzte Verkostung: 2/85.

1966 • 86   Diese Spitzenleistung von Canon, ein voller, intensiver, tief konzentrierter Wein, ist noch immer in erstklassiger Verfassung und hat ein kräftiges, vollintensives Bukett von reifer Frucht und geschmolzenem Toffee. Am Gaumen zeigt er sich vollendet harmonisch, mild, voll, samtig, körperreich und vollmundig. Bei einer Nachverkostung aus einer halben Flasche im Jahr 1987 schien die Frucht im Verblassen zu sein.
Voraussichtliche Genußreife: Jetzt. Letzte Verkostung: 6/87.

1964 • 88   Dieser Wein ist einer der feinsten aus dem Château Canon in den sechziger Jahren: körperreich, voll, noch immer lebenskräftig und opulent, mit einem gedörrten, würzigen Bukett von Teer und Pflaumen, kräftigem, alkoholstarkem Geschmack und beträchtlicher Nachhaltigkeit. Dieser Canon-Jahrgang hat mehr Kraft als Finesse.
Voraussichtliche Genußreife: Jetzt. Letzte Verkostung: 4/91.

1961 • 88   Dieser Wein war schon voll ausgereift, als ich ihn vor über 10 Jahren das letzte Mal verkostete. Er ist ein großartiger 1961er mit dunkelgranatroter Farbe und einem übersprudelnd intensiven Aromaprofil mit Noten von Rauchfleisch, fülliger Frucht, Trockengewürzen sowie fesselnde Nuancen von Trüffeln und gegrilltem Gemüse. Mittelschwer und unverändert frisch präsentiert sich dieser Wein mit viel Extrakt und vollem Körper. Ein gewisses Maß an Tannin ist im Abgang vorhanden und wird zweifellos auch bleiben, wenn die Frucht ganz verblaßt ist.
Letzte Verkostung: 11/95.

ST-EMILION

ÄLTERE JAHRGÄNGE

Obwohl der 1959er (95 Punkte; letzte Verkostung 10/94) sicherlich von der Frucht relativ junger Reben entstand (der Frost von 1956 brachte für Canon erhebliche Bestandsverluste), nahm sich diese Flasche spektakulär aus. Im süßen Bukett von Schokolade und fülligen schwarzen Kirschen und in der tief dunkelgranatroten Farbe waren kaum Altersanzeichen zu erkennen. Eine krautige Art zeigt sich im Untergrund (junge Reben?), doch die superbe Fülle und die kernige Vollmundigkeit waren sensationell. Der Wein hat genug Substanz und Tannin für weitere 15 bis 20 Jahre Entfaltung – ein prachtvoller Canon!

CANON-LA-GAFFELIÈRE
Grand Cru Classé

HERVORRAGEND

Lage der Weinberge: Côtes von St-Emilion

Besitzer: Comtes de Neipperg
Adresse: 33330 St-Emilion
Telefon: 33 5 57 24 71 33 – Telefax: 33 5 57 24 67 95

Besuche: nur nach Vereinbarung, an Werktagen von 9 bis 12 und von 14 bis 17 Uhr
Kontaktperson: Cécile Gardaix

ROTWEIN

Rebfläche: 19 ha

Durchschnittliches Rebenalter: 32 Jahre

Rebbestand: 55 % Merlot, 40 % Cabernet Franc, 5 % Cabernet Sauvignon

Pflanzdichte: 5500 Reben/ha

Ertrag (im Durchschnitt der letzten 5 Jahre): 40 hl/ha

Durchschnittliche Jahresproduktion insgesamt: 100 500 Flaschen

GRAND VIN

Name: Château Canon-La-Gaffelière

Appellation: St-Emilion Grand Cru

Durchschnittliche Jahresproduktion: 75 000 bis 80 000 Flaschen

Verarbeitung und Ausbau: Seit 1997 Vinifikation bis zu 4 Wochen in Holzfässern mit Temperaturregelung. Nur einheimische Hefen finden Verwendung; *remontage* nur in Fässern, in denen keine *pigeage* stattfindet. Malolaktische Säureumwandlung in kleinen Fässern auf feinem Geläger mit häufiger *bâtonnage;* Abstich erst 1 bis 2 Monate nach Abschluß der malolaktischen Säureumwandlung. 12 bis 18 Monate Ausbau in jährlich zur Hälfte erneuerten Eichenfässern. Keine weiteren Abstiche, sondern Einleiten von Sauerstoff (sog. *micro-bullage*).
Der Wein wird geschönt, aber nicht gefiltert.

BORDEAUX

ZWEITWEIN

Name: Côte Migon-La-Gaffelière

Durchschnittliche Jahresproduktion: 10 000 Flaschen

Beurteilung des derzeitigen Rangs: Entspricht seit 1985 einem 2ème oder 3ème Cru aus dem Médoc; Aufstufung zum St-Emilion Premier Grand Cru Classé wäre zu empfehlen

Genußreife: 3 bis 14 Jahre nach dem Jahrgangsdatum

Canon-La-Gaffelière, ebenfalls ein Weingut von den *côtes*, hat den größten Teil seiner Weinberge auf flachem Gelände mit Sandboden am Fuß der Hänge. Über zwei Jahrzehnte lang brachte das mit starker Publizität umgebene Weingut leichten, neutralen, mittelmäßigen Wein zu überraschend hohen Preisen hervor. Das alles hat sich schlagartig geändert, als der junge brillante Stephan von Neipperg die Leitung übernahm. Tatsächlich gibt es wahrscheinlich kein Grand Cru Classé in St-Emilion, das stärkere Verbesserung zeigt als 1985 Canon-La-Gaffelière.

Zu den Veränderungen, die dem neuen Erfolg dieses Weinguts zugrunde liegen, gehört späte Lese zur Erlangung des höchstmöglichen Reifegrads beim Lesegut, die Einführung eines Zweitweins für schwächere Partien und längere Maischdauer zur Erzielung kräftigerer Farbe und Intensität. Auch wurde der Anteil an neuen Eichenfässern erhöht. Als Ergebnis dieser Neuerungen entstehen höchst opulente, einschmeichelnde St-Emilions. Dieses Weingut ist eindeutig einer der Stars der Appellation, wie sich an den Jahrgängen seit Ende der 1980er Jahre in bewunderungswürdiger Weise zeigt.

JAHRGÄNGE

1997 • 90-92 Dieser 1997er ist einer von den wenigen, die mich daran erinnerten, wie bestimmte 1982er in demselben Alter schmeckten. Er ist ein explosiver, opulenter, umwerfender Wein, der den Gaumen mit superber Fülle an Geschmack und Glyzerin einhüllt. Die satte schwarzrubinrote Farbe geht einher mit bereits entfalteten Duft- und Geschmacksnoten von *pain grillé*, Rauch, Süßholz, Oliven, Brombeeren und Cassis. Im Mund wirkt er ölig mit herrlicher Konzentration, milder Säure und einem kraftstrotzenden Abgang – ein luxuriöser, reichhaltiger, übervoller Canon-La-Gaffelière, der sich bereits in der Jugend schön trinken läßt, aber auch mindestens 12 Jahre überdauern wird. Sehr eindrucksvoll! Leider war die Produktion 1997 sehr gering, weil Stephan von Neipperg nur 35 % des Ertrags in den Grand Vin übernahm.
Letzte Verkostung: 3/98.

1996 • 90-91 Dieser beeindruckend extraktreiche, undurchdringlich dunkelpurpurrote, lebensprühende St-Emilion bietet intensive Aromen von fülligen schwarzen Kirschen, geschmolzener Schokolade, *pain grillé* und Gewürzen. Im Mund wirkt er körperreich und mächtig und zeigt vielschichtige Fülle an Extrakt, Glyzerin und Tannin – ein immenser, exotischer Wein, der ein halbes Dutzend Jahre Kellerreife verlangt.
Voraussichtliche Genußreife: 2004 bis 2018. Letzte Verkostung: 3/98.

1995 • 91+ Der massive, körperreiche Wein mit seinen starken Duftnuancen von Zigarrenkisten, Schokolade, schwarzen Johannisbeeren und Kirschen ist mit vielschichtiger Frucht, Extrakt, Glyzerin und Alkohol vollgepackt sowie würzig und tanninreich und braucht mindestens 5 bis 6 Jahre Kellerreife. Im Abgang zeigt sich der 1995er Canon-La-Gaffelière lang und reichhaltig, und das Tannin ist mild und nicht adstringierend.
Voraussichtliche Genußreife: 2004 bis 2020. Letzte Verkostung: 11/97.

1994 • 90 Dichtes Purpurrot geht einher mit auffallend reintönigen Aromen von provençalischen Oliven, fülligen schwarzen Johannisbeeren, Rauch und *pain grillé*. Der reife, moderat tanninherbe, muskulöse, aber doch elegante Wein mit mittlerem bis vollem Körper braucht

ST-EMILION

noch weitere 2 bis 4 Jahre Kellerreife und dürfte sich dann 16 bis 17 Jahre schön halten – ein eindrucksvoller, ausgewogener 1994er. Letzte Verkostung: 1/97.

1993 • 88   Die satte, dunkelpurpurrote Farbe dieses 1993ers ist so eindrucksvoll, wie man sie nur selten in diesem Jahrgang antrifft. Das Aromaprofil bietet reichlich Erde, Süßholz, Rauch und dunkle Pflaumenfrucht. Hinzu kommen ein süßer, erstaunlich reifer Eingang und mittlerer bis voller Körper. Dieser attraktive, ansprechende Wein, dessen leichtes Tannin sich unter der milden Säure, der Frucht und der Substanz verbirgt, dürfte sich 10 bis 12 Jahre lang schön trinken. Da er aus einem weitgehend vergessenen Jahrgang stammt, ist sein Preis außerdem günstig. Letzte Verkostung: 1/97.

1992 • 87   Das untadelig geführte Gut, einer der strahlenden Sterne von St-Emilion, hat einen untypisch vollen und konzentrierten, köstlichen 1992er zuwege gebracht. Er ist tief dunkelrubinrot und hat ein würziges Bukett mit Noten von Toast und schwarzen Johannisbeeren, dazu reifen, mittelschweren bis körperreichen Geschmack und exzellente Fülle. Dieser feine 1992er dürfte bei Weinfreunden auf beträchtliches Interesse stoßen. Zu trinken ist er in den nächsten 7 bis 8 Jahren. Letzte Verkostung: 3/96.

1990 • 92   Der 1990er ist ein tiefer Wein, in dessen sattem Rubinpurpurrot sich kein Bernsteingelb zeigt. Er bietet reichliche Aromen von gegrilltem Fleisch, schwarzen Johannisbeeren, Zedernholz und süßem Eichentoast. Der trotz milder Säure fest strukturierte, körperreiche Wein mit moderatem Tannin und schöner Fülle dürfte gegen Ende des Jahrhunderts seinen Höhepunkt erreichen und sich dann 10 bis 15 Jahre schön trinken lassen. Letzte Verkostung: 11/96.

1989 • 89   Der 1989er entwickelt sich weiterhin schön, allerdings rascher, als ich ursprünglich dachte. Im dunklen Granatrot zeigt sich ein leichter bernsteingelber Saum, das mächtige Bukett weist verschwenderischen Holzton sowie Noten von Kräutern, Oliven und schwarzer Frucht auf. Hinzu kommen attraktive Nuancen von Soja und asiatischen Gewürzen, reiche, saftige Frucht, mittlerer bis voller Körper und sanfte, geschmeidige Substanz. Dieser Wein wird sich in den nächsten 10 bis 12 Jahren schön trinken lassen. Letzte Verkostung: 11/96.

1988 • 90   Der 1988er hat alles, was der 1989er hat, obendrein aber noch klare Umrisse, Struktur und mehr Tiefe und Konzentration. Der herrlich duftige Wein bietet ein wahres Smörrebröd an Aroma, von rauchigem, toastwürzigem frischem Eichenholz bis zu lieblichen schwarzen Johannisbeeren und asiatischen Gewürzen. Im Mund erweist er sich als körperreich, verführerisch rund und ausgestattet mit expansiver Geschmacksfülle bei üppigem, samtigem, langem und kräftigem Abgang – ein prachtvoll bereiteter, reichhaltiger, wundervoll sauberer Wein mit hohem Extraktgehalt, der sich in den nächsten 10 bis 12 Jahren schön trinken lassen dürfte. Voraussichtliche Genußreife: Jetzt bis 2004. Letzte Verkostung: 11/97.

1986 • 87   Neben dem 1988er und 1989er ist der 1986er der feinste Wein aus diesem Gut in über drei Jahrzehnten und bestimmt einer der großen Schlager des Jahrgangs. Eventuell verdient er später noch eine höhere Punktnote. Zu 65 % neue Eichenfässer, verlängerte Maischdauer und sorgfältige Beachtung aller Details haben einen Wein mit schwarzrubinroter Farbe und außergewöhnlicher Konzentration und Nachhaltigkeit erbracht, der sich durch wundervolle Opulenz und Fülle auf der Zunge auszeichnet und hochinteressanten Genuß bietet. Ich glaube zwar nicht, daß er der langlebigste St-Emilion des Jahrgangs 1986 sein wird, aber dafür hat er mehr frühzeitig ansprechende Art als mancher andere Wein, und darin liegt sein besonderer Wert. Voraussichtliche Genußreife: Jetzt bis 2005. Letzte Verkostung: 3/90.

1985 • 85   Der 1985er Canon-La-Gaffelière ist ein guter, geschmeidiger, reichfruchtiger Wein mit expansiver Geschmackspalette. Er will bald getrunken sein.
Voraussichtliche Genußreife: Jetzt. Letzte Verkostung: 3/89.

1984 • 73   Der 1984er ist ein sauber bereiteter, korrekter, einfacher, fruchtiger und genußreifer Wein. Voraussichtliche Genußreife: Jetzt – vermutlich im Nachlassen. Letzte Verkostung: 7/89.

1983 • 82   Der leichte, geschmeidige, fruchtige, würzige und trinkreife 1983er Canon-La-Gaffelière zeigt mittleren Körper, würzigen, eingängigen Charme und leichtes Tannin.
Voraussichtliche Genußreife: Jetzt – vermutlich im Nachlassen. Letzte Verkostung: 3/85.

1982 • 76 Der mit beträchtlichem Bernsteingelb in der verwaschenen rubinroten Farbe aufwartende, würzige, kräuterduftige Wein hat noch Frucht im Aromaprofil, aber seinen Höhepunkt hat er eindeutig überschritten. Er entstand, bevor Stephan von Neipperg das Gut durchgreifend erneuerte. Seit 1988 produziert Canon-La-Gaffelière selbst in ungünstigen Jahren bessere Weine als diesen 1982er und gehört eindeutig zu dem Dutzend Spitzenweingüter von St-Emilion. Der simple, wenig interessante 1982er sollte bald ausgetrunken werden, denn die Zeit arbeitet nicht mehr für ihn. Letzte Verkostung: 9/95.

1981 • 72 Ein recht hoher Wein ohne ausreichende Frucht als Gegengewicht zu Eichenholzwürze und Tannin – es wäre ratsam, den 1981er Canon-La-Gaffelière in den nächsten Jahren zu trinken, ehe er noch mehr aus dem Gleichgewicht gerät.
Voraussichtliche Genußreife: Jetzt – wahrscheinlich stark im Nachlassen.
Letzte Verkostung: 2/83.

1979 • 75 Der trinkreife 1979er Canon-La-Gaffelière ist mild und kräuterwürzig, hat mittleren Körper, angenehme Frucht, aber nicht viel eigene Art.
Voraussichtliche Genußreife: Jetzt – wahrscheinlich stark im Nachlassen.
Letzte Verkostung: 2/84.

1978 • 75 Der 1978er ist voll ausgereift, und in Anbetracht der Tendenz dieses Weins, sich wie ein Burgunder zu verhalten und ziemlich rasch dahinzuscheiden, wird man ihn am besten austrinken. Seine hellrubinrote Farbe zeigt ziemlich viel Braun. Der runde, milde, fruchtige Wein ist eindimensional und leicht, aber sauber bereitet.
Voraussichtliche Genußreife: Jetzt – wahrscheinlich stark im Nachlassen.
Letzte Verkostung: 2/84.

CAP DE MOURLIN
Grand Cru Classé

GUT

Lage der Weinberge: St-Emilion – Pieds de Côtes

Besitzer: G.F.A. Capdemourlin
Adresse: 33330 St-Emilion
Postanschrift: Château Roudier, 33570 Montagne
Telefon: 33 5 57 74 62 06 – Telefax: 33 5 57 74 59 34

Besuche: nur nach Vereinbarung

ROTWEIN

Rebfläche: 14 ha

Durchschnittliches Rebenalter: 35 Jahre

Rebbestand: 60 % Merlot, 25 % Cabernet Franc, 12 % Cabernet Sauvignon, 3 % Malbec

Pflanzdichte: 5400 Reben/ha

Ertrag (im Durchschnitt der letzten 5 Jahre): 45 hl/ha

Durchschnittliche Jahresproduktion insgesamt: 6000 Kisten

GRAND VIN

Name: Château Cap de Mourlin

Appellation: St-Emilion Grand Cru

ST-EMILION

Verarbeitung und Ausbau: Gär- und Maischdauer 3 bis 4 Wochen in Beton- und Edelstahltanks mit Temperaturregelung (Freon). Nach malolaktischer Säureumwandlung gelangen 60 % des Ertrags in (zu 50 % neue) Eichenfässer, der Rest verbleibt in Edelstahltanks. Ausbauzeit 12 bis 18 Monate, je nach Jahrgang. Der Wein wird geschönt und gefiltert.

ZWEITWEIN

Name: Capitan de Mourlin

Durchschnittliche Jahresproduktion: wird nicht regelmäßig produziert

Beurteilung des derzeitigen Rangs: Entspricht qualitativ einem feinen Cru Bourgeois aus dem Médoc

Genußreife: 3 bis 10 Jahre nach dem Jahrgangsdatum

Die Familie Capdemourlin verfügt schon seit mehr als fünf Jahrhunderten über Grundbesitz in St-Emilion. Ihr gehört auch das bekannte Grand Cru Classé Balestard-La-Tonnelle sowie das Château Petit-Faurie-de-Soutard, beide in St-Emilion, und das ausgezeichnete Château Roudier in Montagne-St-Emilion. Bis 1983 gab es in St-Emilion zwei Grands Crus Classés namens Cap de Mourlin, eines gehörte Jean Capdemourlin, das andere Jacques Capdemourlin. Die beiden Güter sind seit 1983 vereint, und damit hat die Konfusion, die sich um diese beiden Châteaux früher breitmachte, ihr Ende gefunden.

Cap de Mourlin produziert typisch robusten, vollen, körperreichen St-Emilion mit viel Frucht und Kraft. Manchmal fehlt es ein wenig an Finesse, stets aber ist schöne Vollmundigkeit vorhanden. Die Weinberge liegen auf flachem, sandigem, steinigem Boden an den sogenannten *pieds de côtes*.

JAHRGÄNGE

1995 • 80   Der mittelrubinrote 1995er zeigt eine ungefüge, hohle Mitte, und es fehlt ihm an Frucht und Tiefe im Abgang. Für diesen sonst zuverlässigen St-Emilion sieht der 1995er nach einer Enttäuschung aus. Letzte Verkostung: 11/97.

1994 • 84?   Der 1994er offenbart eine karge, strenge Seite mit Härte im Abgang. Er besitzt gute Frucht, mittleren Körper und Tiefe, aber das Tannin dominiert, und ich fürchte, das bleibt so. Letzte Verkostung: 3/96.

1992 • 76   Eine Spur Menthol und Konfitüre in diesem Wein wirkt angenehm. Seine Farbe ist ein mittleres Rubinrot; hinzu kommen leichtes Tannin und kompakte, muskulöse und doch sanfte Art. An Tiefe und Nachhaltigkeit mangelt es ihm. Er sollte in den nächsten 5 bis 6 Jahren getrunken werden. Letzte Verkostung: 11/94.

1990 • 87   Wer einen leichten Wein mit Eleganz und Finesse sucht, der sollte den kraftstrotzenden 1990er meiden. Dieser stämmige, rustikale Wein hat mehr Tannin, als er für ein Jahrzehnt Lebensdauer braucht. Diesem Tannin stehen reichliche Mengen an fetter Cassis-Frucht, süßer Eichenwürze, Glyzerin und Alkohol als Gegengewicht gegenüber.
Voraussichtliche Genußreife: Jetzt bis 2003. Letzte Verkostung: 1/93.

1989 • 86   Der 1989er zeigt viel toastwürziges, rauchiges, frisches Eichenholz und vollen Körper mit hohem Alkoholgehalt, wenig Säure und einem vollen, lieblichen, langen Abgang. Das Tannin ist reichlich, aber mild.
Voraussichtliche Genußreife: Jetzt bis 2006. Letzte Verkostung: 4/91.

1988 • 85   Der 1988er hat mehr Bordeaux-Art in seinem mageren, knappen, straffer gewirkten Gefüge. Das Tannin ist kräftig, der Wein konzentriert, und diesmal scheint die Frucht dem Tanningehalt angemessen.
Voraussichtliche Genußreife: Jetzt bis 2004. Letzte Verkostung: 4/91.

BORDEAUX

CHAUVIN
Grand Cru Classé

SEHR GUT

Lage der Weinberge: St-Emilion – bei Château Cheval Blanc

Besitzerinnen: Marie-France Février und Béatrice Ondet
Adresse: 1, Les Cabannes Nord, 33330 St-Emilion
Postanschrift: B.P. 67, 33330 St-Emilion
Telefon: 33 5 57 24 76 25 – Telefax: 33 5 57 74 41 34

Besuche: nur nach Vereinbarung
Kontaktpersonen: Marie-France Février und Béatrice Ondet

ROTWEIN

Rebfläche: 15,5 ha

Durchschnittliches Rebenalter: 30 Jahre

Rebbestand: 80% Merlot, 15% Cabernet Franc, 5% Cabernet Sauvignon

Pflanzdichte: 5500 Reben/ha

Ertrag (im Durchschnitt der letzten 5 Jahre): 45 hl/ha

Durchschnittliche Jahresproduktion insgesamt: 48 000 Flaschen

GRAND VIN

Name: Château Chauvin

Appellation: St-Emilion Grand Cru

Durchschnittliche Jahresproduktion: 40 000 Flaschen

Verarbeitung und Ausbau: Gär- und Maischdauer meist 3 bis 6 Wochen in temperaturgeregelten Edelstahltanks. Malolaktische Säureumwandlung teils (35 bis 50% des Ertrags) in Eichenfässern. 12 bis 15 Monate Ausbau in Eichenfässern. Der Wein wird geschönt, aber nur gefiltert, wenn dies laut Labortest erforderlich ist.

ZWEITWEIN

Name: La Borderie de Chauvin

Durchschnittliche Jahresproduktion: schwankt zwischen 4000 und 15 000 Flaschen

Beurteilung des derzeitigen Rangs: Entspricht seit 1989 einem Cru Bourgeois aus dem Médoc

Genußreife: 3 bis 10 Jahre nach dem Jahrgangsdatum

Dieses Nachbargut von Cheval Blanc hat mit den neuesten Jahrgängen, insbesondere 1995, 1996 und 1997, beträchtliche Fortschritte an den Tag gelegt. Spätere Lese sowie die Einführung strengerer Auslese und eines Zweitweins haben zu bedeutenden Verbesserungen der Weinqualität geführt, und freilich hat auch der allgegenwärtige Michel Rolland als Önologe die Hand im Spiel. Chauvin darf also durchaus als aufgehender Stern am Himmel von St-Emilion betrachtet werden.

ST-EMILION

JAHRGÄNGE

1997 • 86-87 Der extrem aufgeschlossene, köstliche St-Emilion mit seiner mitteldunklen Pflaumen/Purpurfarbe zeigt reichliche Kirschgeist- und Cassis-Noten. Der sanfte, üppige Wein mit milder Säure, attraktivem Gehalt an Glyzerin und verführerischer Vollmundigkeit ist bereits genußreif und sollte in seinen ersten 7 bis 8 Lebensjahren getrunken werden.
Letzte Verkostung: 3/98.

1996 • 87-88 Der 1996er hat sich trotz kräftigen Tanningehalts als eine sehr feine Leistung von Chauvin herausgestellt. Er hat dichten, mittleren bis vollen Körper und viel typische Frucht von schwarzen Johannisbeeren, verflochten mit kräftigem, feinem Eichentoast. Der Wein ist zwar fest gefügt, reif und untadelig bereitet, aber das Tannin wird 4 bis 5 Jahre brauchen, um abzuschmelzen.
Voraussichtliche Genußreife: 2002 bis 2010. Letzte Verkostung: 11/97.

1995 • 87 Der 1995er Chauvin ist dem 1994er nicht unähnlich. Tiefdunkel rubinpurpurrote Farbe und ein süßes Aroma von fülliger, fast überreifer schwarzer Frucht mit Noten von Eichenholz und Gewürz zeichnen diesen üppigen, attraktiven, vollschlanken St-Emilion aus, der seiner sehr milden Säure wegen in den nächsten 6 bis 10 Jahren getrunken werden sollte.
Letzte Verkostung: 11/97.

1994 • 87 Der purpurrote 1994er Chauvin bietet überfüllige schwarze Kirschen und eine reichliche, süße Eichentoastnote. Opulenter Geschmack, mittlerer bis voller Körper und milde Säure begleiten moderates Tannin. Dieser Wein dürfte sich als Schlager des Jahrgangs erweisen, wenn seine Qualität nach dem Ausbau und der Abfüllung erhalten bleibt. Letzte Verkostung: 3/96.

1993 • 82 Der rubinrote 1993er Chauvin ist ein leichter, fruchtiger, sanfter St-Emilion mit attraktiver, an Kräuter erinnernder Kirschen- und Johannisbeerfrucht, leichtem Tannin, schöner Reintönigkeit und einem kurzen Abgang. Letzte Verkostung: 11/94.

1992 • 79 Dem mittelrubinroten, mäßig tanninreichen Wein mit schwacher Intensität und charmanten Fruchtnoten im Bukett mangelt es an Tiefe. Seine Reife und seine schöne Frucht machen ihn für die nächsten 4 bis 5 Jahre zu einem leichten, anspruchslosen Genuß.
Letzte Verkostung: 1/94.

1990 • 88 Der explosiv reichhaltige, fruchtige, ölige 1990er zeigt viel samtiges, glattes Tannin, exzellente Konzentration und mittleren bis vollen Körper. Dieser bewunderungswürdig ausgestattete, opulente, schwelgerische Chauvin ist der feinste seit Jahrzehnten aus diesem Gut.
Voraussichtliche Genußreife: Jetzt bis 2005. Letzte Verkostung: 1/93.

1989 • 86 Der Önologe Michel Rolland aus Libourne führte erstmals die Oberaufsicht bei der Weinbereitung im Château Chauvin. So entstand ein 1989er mit breiter Geschmackspalette, schwelgerischer Fülle, großer Konzentration, tiefem Extrakt und üppiger Art.
Voraussichtliche Genußreife: Jetzt bis 2001. Letzte Verkostung: 4/91.

1988 • 84 Mittel- bis dunkelrubinrote Farbe, ein würziges Bukett mit subtilen Pflaumen- und Kräuterdüften kennzeichnen diesen Wein mit mittlerem Körper, gutem Extrakt, schöner Eichenholzvanillinwürze und straff gewirktem Geschmack. Er wird vielleicht den 1989er überleben, aber ich glaube nicht, daß er genausoviel Genuß bereiten wird.
Voraussichtliche Genußreife: Jetzt bis 2002. Letzte Verkostung: 4/91.

Cheval Blanc
Premier Grand Cru Classé A

HERVORRAGEND

Lage der Weinberge: bei Château Figeac, an der Grenze zu Pomerol

Besitzer: Fourcaud-Laussac Erben
Adresse: 33330 St-Emilion
Telefon: 33 5 57 55 55 55 – Telefax: 33 5 57 55 55 50

Besuche: nur nach Vereinbarung
Kontaktperson: Nathalie Moussaire – Pierre Lurton (Direktor)

ROTWEIN

Rebfläche: 36,5 ha

Durchschnittliches Rebenalter: 40 Jahre

Rebbestand: 66 % Cabernet Franc, 34 % Merlot

Pflanzdichte: 6000 Reben/ha

Ertrag (im Durchschnitt der letzten 5 Jahre): 38 hl/ha

Durchschnittliche Jahresproduktion insgesamt: 120 000 Flaschen

GRAND VIN

Name: Château Cheval Blanc

Appellation: St-Emilion Grand Cru

Durchschnittliche Jahresproduktion: 80 000 Flaschen

Verarbeitung und Ausbau: Gär- und Maischdauer 3 bis 4 Wochen in temperaturgeregelten Edelstahl- und Betontanks. Malolaktische Säureumwandlung im Tank, anschließend 18 Monate Ausbau in neuen Eichenfässern; Abstich alle 3 Monate. Der Wein wird mit frischem Eiweiß geschönt, aber nicht gefiltert.

ZWEITWEIN

Name: Petit Cheval

Durchschnittliche Jahresproduktion: 30 000 Flaschen

Beurteilung des derzeitigen Rangs: Entspricht qualitativ einem Premier Cru aus dem Médoc

Genußreife: 5 bis 20 Jahre nach dem Jahrgangsdatum

Der Cheval Blanc ist unzweifelhaft einer der profundesten Weine von Bordeaux. Fast das ganze Jahrhundert hindurch stand er einsam an der Spitze der Hierarchie von St-Emilion als der feinste Wein, den diese Appellation hervorzubringen imstande war. Erst seit die Renaissance des Ausone um die Mitte der siebziger Jahre einsetzte, mußte der er das Rampenlicht mit ihm teilen. Der Cheval Blanc ist ein bemerkenswert charaktervolles Gewächs. Dabei muß sich das Gut, das im *graves*-Bereich von St-Emilion an der Grenze zu Pomerol liegt, wo es nur durch einen Graben von den Pomerol-Gütern l'Evangile und La Conseillante getrennt ist, seit langem den Vorwurf gefallen lassen, es produziere einen Wein, der sowohl ein Pomerol als auch ein St-Emilion sei.

Unter den «großen Acht» von Bordeaux hat der Cheval Blanc wahrscheinlich den größten zeitlichen Rahmen der Genußreife aufzuweisen. Er ist meist schon bei der Abfüllung köstlich zu trinken und besitzt doch in Spitzenjahren die Fähigkeit zu ungeheuer langem Leben. Keines der Premiers Crus aus dem Médoc, auch nicht Pétrus in Pomerol, kann Anspruch auf solche Flexibilität erheben. Nur Haut-Brion kommt an die frühe Genußreife sowie an die Ausstattung, das allgemeine Gleichgewicht und die Intensität von Cheval Blanc heran, die für 20 bis 30 Jahre Lebensdauer bürgen. Was mich anbetrifft, ist Cheval Blanc nun einmal Cheval Blanc – weder wie ein Pomerol noch wie ein anderer St-Emilion, den ich kenne. Die bei Cheval Blanc getroffene besondere Zusammenstellung von Traubensorten, nämlich $2/3$ Cabernet Franc und $1/3$ Merlot, wobei noch eine winzige Parzelle mit alten Malbec-Reben mitspielt, ist überaus ungewöhnlich. Kein anderes großes Château verwendet soviel Cabernet Franc. Seltsamerweise erreicht aber diese Traube auch nur auf dem Kies-, Sand- und Lehmboden von Cheval Blanc über einer Unterschicht von eisenhaltigem Gestein seinen Zenit und bringt einen außergewöhnlich reichhaltigen, reifen, intensiven, viskosen Wein hervor.

Zu den Besonderheiten von Cheval Blanc gehört es auch, daß das Gut sich seit 1852 im Besitz derselben Familie befindet. Bis 1989 lebte im Château als Mitglied der Familie Fourcaud-Laussac der hochragende Jacques Hébrard, dessen ganzer Lebensinhalt es war, die Reputation von Cheval Blanc auf noch größere Höhen zu führen. Als Nachfolger von Hébrard übernahm Bernard Granchamp die Leitung des Weinguts, trat aber 1990 von dieser Stelle wieder zurück, was Gerüchten über Familienstreitigkeiten um die Zukunft von Cheval Blanc Nahrung gegeben hat. Gegenwärtig wird das Gut von dem hochtalentierten und hochangesehenen Pierre Lurton geleitet.

Der Weinstil von Cheval Blanc trägt zweifellos zu der immensen Popularität bei: dunkelrubinrote Farbe, opulente Fülle und Fruchtigkeit, vor allem in sehr guten Jahrgängen, dazu körperreiche, üppige und sanfte Art und schon früh trügerisch eingängige Süffigkeit. Das Bukett ist besonders ausdrucksvoll. In Bestform ist der Cheval Blanc sogar noch duftiger als der Château Margaux. Nuancen von Mineralen, Menthol, exotischen Gewürzen, Tabak und intensiver, hochreifer, dunkler Frucht überwältigen dann den Weinfreund. Viele lassen sich von dem frühreifen Charme an der Oberfläche zu der falschen Annahme verleiten, dieser Wein könne nicht lange aufbewahrt werden. In großen, reichhaltigen Jahrgängen entwickelt sich der Cheval Blanc jedoch außergewöhnlich gut, und so muß man befürchten, daß viel zuviel von diesem Wein schon lange getrunken ist, bevor seine wahre Majestät sich zu zeigen beginnt.

Wie aus meinen Probiernotizen hervorgeht, kann der Cheval Blanc ein überreicher, exotischer Wein von unglaublicher Tiefe und Fülle sein. In manchen Jahren dagegen hat er sich aber auch schon als einer der enttäuschendsten unter den «großen Acht» von Bordeaux erwiesen. So zeigte Cheval Blanc in den sechziger und siebziger Jahren keine besonders großen Leistungen, als jedoch Jacques Hébrard in den achtziger Jahren in wachsendem Maß auf alle Details achtete, wurde die Qualität des Weins beständiger. Zwei aufeinanderfolgende Jahre zu Beginn des Jahrzehnts – 1982 und 1983 – brachten Cheval Blanc die feinsten Weine seit der prachtvollen Trilogie 1947, 1948 und 1949.

Cheval Blanc hat neben Haut-Brion unter den «großen Acht» von Bordeaux die bescheidensten Preise.

JAHRGÄNGE

1997 • 90-92 Der 1997er Cheval Blanc nahm sich gut aus. Er ist weder so extraktreich oder phänomenal reichhaltig wie der 1990er oder 1982er, aber exotisch, verführerisch und opulent. Die Erträge waren 1997 in diesem Weingut extrem gering (35 hl/ha); die Lese begann am 8. September und endete am 25. September. Wegen Schwierigkeiten mit dem Cabernet Franc enthält dieser Cheval Blanc einen untypisch hohen Merlot-Anteil. Der Grand Vin, in den 25 % des Ertrags eingegangen sind, besteht aus 70 % Merlot und 30 % Cabernet Franc (im Kontrast

zum klassischeren Verhältnis von 66 % Cabernet Franc und 34 % Merlot). Der tief rubinpurpurrote 1997er bietet lebensprühende, exotische Noten von Kokosnuß, Kaffee, fülligen schwarzen Kirschen und Johannisbeeren sowie eine feine Nuance von *pain grillé*. Dieser runde, elegante, mittelschwere Wein hat prachtvoll süße Frucht und in keiner Komponente auch nur die geringste Schärfe. Die Säure ist mild, das Tannin sanft und reif und der Abgang eindrucksvoll. Dieser unbestreitbar saftige, fesselnde Cheval Blanc wird bei der Freigabe genußreif sein und dürfte mindestens 12 Jahre überdauern.
Letzte Verkostung: 3/98.

1996 • 90-94   Der 1996er hat in für die Weine dieses Guts typischerweise beträchtliche Gewichtigkeit und Fülle gewonnen, seit ich ihn zuerst verkostete. 40 % des Ertrags von 1996 wurden abgestuft, doch die Qualität des Cabernet Franc, der im Grand Vin oft einen Anteil von 50 bis 60 % ausmacht, war sehr gut. Die Erträge beliefen sich auf 30 bis 35 hl/ha. Die tief granatrote Farbe mit Pflaumennuance geht einher mit prachtvoll exotischen, süßen Aromen von Rauch, Kokosnuß, Menthol, fülligen Himbeeren und Brombeeren. Mittlerer Körper, reife Frucht, hervorragende Konzentration und saftige Art verleihen diesem Wein in der Qualitätshierarchie einen hohen Rang. Im Abgang ist eine fesselnde Süße von Schokolade und Kaffeebohnen festzustellen. Dieser Cheval Blanc nimmt sich eindrucksvoll, schmackhaft, multidimensional aus und wird beim Ausbau im Faß an Statur und Wucht noch zulegen.
Voraussichtliche Genußreife: 1999 bis 2020. Letzte Verkostung: 3/98.

1995 • 92   Der 1995er, ein schöner, attraktiver Cheval Blanc, weist einen höheren Merlot-Anteil (50 % Merlot/50 % Cabernet Franc). im Mischungsverhältnis auf als üblich. Er hat nicht soviel an Fülle oder Gewichtigkeit zugelegt wie sein jüngerer Bruder, der 1996er, doch nimmt er sich hervorragend aus und zeigt ein betörendes, exotisches Bukett von Rauch, schwarzen Johannisbeeren und Kaffee. Komplexer, voller, reintöniger Geschmack und wohlausgestatteter mittlerer bis voller Körper leiten über zu einem Abgang mit erstaunlich festem Tannin. Anders als der mildere, reifere 1996er ist der 1995er wohl fester strukturiert und potentiell langlebiger.
Voraussichtliche Genußreife: 2002 bis 2020. Letzte Verkostung: 11/97.

1994 • 88+?   Mit dunkelrubinpurpurroter Farbe und einem komplexen, würzigen Bukett von Tabak, Vanille, schwarzen Johannisbeeren, Mineralen und Blumen, zeigt sich der 1994er kräftiger und fester strukturiert als sein älterer Bruder, der 1993er, aber ist er deshalb auch besser? Er hat im Abgang pelziges Tannin, das dem ansonsten eindrucksvollen und im Eingang milden, mittelschweren, üppigen Geschmacksprofil einigen Abtrag tut. Wie ich schon oft betont habe, hat der Cheval Blanc die Tendenz, sich mit zunehmendem Alter aufzufüllen, an Gewichtigkeit zuzunehmen und in Aroma und Substanz an Breite zu gewinnen. Vielleicht wird auch dieser Wein sich in diese Richtung entfalten. Wenn das zutrifft, wird sich meine Punktnote allzu sparsam ausnehmen. Bleibt das Tannin dagegen adstringierend, und die Frucht verblaßt, dann habe ich den 1994er überbewertet.
Voraussichtliche Genußreife: 2002 bis 2017. Letzte Verkostung: 1/97.

1993 • 87   Dunkelrubinrot mit Purpurschimmer zeigt sich dieser ansprechende Cheval Blanc mit dem charakteristischen Bukett von süßer schwarzer Frucht, Kokosnuß, Vanille und einem Hauch Menthol. Der Wein ist mittelschwer, elegant, reintönig; es fehlt ihm zwar an Volumen und Reichhaltigkeit, aber er wirkt im Mund sanft, köstlich und für das Weingut typisch. Der schmackhafte, charmante 1993er dürfte sich 7 bis 8 Jahre lang schön trinken lassen.
Letzte Verkostung: 1/97.

1992 • 77   Der für das großartige Weingut leichte und flache Wein zeigt ein vanillinbetontes Bukett mit fülliger Beerennote, Kräutern und Kaffee. Viel Tiefe, Körper oder Nachhaltigkeit besitzt er nicht. Er sollte in den nächsten 4 bis 5 Jahren getrunken werden, denn das harte Tannin im Abgang deutet darauf hin, daß dieser Wein rasch abmagern wird.
Letzte Verkostung: 11/94.

1990 • 99   Der 1990er erweist sich bei jeder neuen Verkostung als immer üppiger. Er hat alle Merkmale eines heißen, trockenen Jahrs – milde Säure, hochreife (fast überreife) Frucht, opu-

ST-EMILION

lente, ölige Substanz, schöne Süße der Frucht und einen langen, üppigen Abgang. Bei der letzten Degustation habe ich ihn wegen seines ausdrucksvollen Buketts von Kokosnuß, Eichentoast, Rauch und reichlicher Frucht schwarzer Johannisbeeren und Kirschen fast für einen Le Pin gehalten. Der Wein ist körperreich, voll und konzentriert mit vielschichtigem Extrakt und gut kaschiertem Tannin. Ich bin immer mehr überzeugt, daß dies der profundeste Cheval Blanc seit dem legendären 1982er ist. Sein vollmundiger, milder Charakter macht ihn schon jetzt trinkreif, er ist aber noch immer jugendfrisch und hat tieferes Purpurrot vorzuweisen als der reifer wirkende 1989er. Er dürfte mindestens auf weitere 15 bis 20 Jahre exotische Opulenz bieten – ein hinreißender Cheval Blanc! Letzte Verkostung: 6/98.

1989 • 89 Seit der Abfüllung hat der 1989er oft ausgezeichnet geschmeckt, aber er ist im Kontext des Jahrgangs wenig inspirierend. Bei der hier besprochenen Degustation nahm er sich besser aus als in den letzten Jahren. Eine große Leistung ist der 1989er für dieses Château jedoch nicht. Die Farbe zeigt bereits einen Bernsteinrand, und das Bukett von Bleistift, Zedernholz, Gewürz, schwarzer Frucht und Vanillin erinnert eher an einen jungen Lafite als an den exotischen Stil, den man in einem heißen, trockenen, reifen Jahr mit Cheval Blanc verbindet. Dieser mittelgewichtige, leicht tanninherbe 1989er ist sehr zugänglich. Meine Punktnote für ihn liegt beständig zwischen 87 und 89; das bedeutet einen ausgezeichneten Wein, doch bedenkt man den Jahrgang und das *terroir*, dann ist dies keiner der Stars. Er dürfte sich noch 10 bis 15 Jahre und länger schön trinken, denn im eleganten Gerüst dieses Weins zeigt sich moderates Tannin, aber Wunder darf man von ihm nicht erwarten. Letzte Verkostung: 11/96.

1988 • 87 Der 1988er Cheval Blanc zeigt feine Reife und ein kühles, fast an Menthol erinnerndes Pflaumenbukett, verwoben mit dem Aroma von Rauch und frischem Eichenholz. Im Mund spürt man aggressives Tannin, doch die Tiefe, die man von renommierten Weingütern verlangen darf, ist nicht vorhanden. Der 1988er ist ein sehr guter Cheval Blanc, aber ich hatte mehr erwartet.
Voraussichtliche Genußreife: Jetzt bis 2005. Letzte Verkostung: 1/93.

1987 • 85 Der 1987er Cheval Blanc ist für den Jahrgang gut gelungen. Sein würziges, kräuterduftiges, liebliches Bukett wird begleitet von einem frühreifen, runden, füllligen, fruchtigen Geschmack ohne viel Biß oder Struktur. Köstliche, grasige Johannisbeerfrucht mit kräftiger, rauchiger, süßer Eichenholzwürze als Gegengewicht ist deutlich vorhanden – ein verführerischer Wein.
Voraussichtliche Genußreife: Jetzt. Letzte Verkostung: 3/90.

1986 • 92 Früher meinte ich, der 1986er sei besser als der 1985er, doch dessen offen gewirkter Charme und seine exotische Persönlichkeit wirken überzeugender als die verhaltenere, tanninstrengere und verschlossenere Art des 1986ers. Dieser hat immerhin nach wie vor jugendfrische, satte, dunkelrubinrote Farbe ohne Bernsteingelb am Rand, und das sich entfaltende Bukett bietet neben Noten von Gras und Tabak auch süße Frucht von Brombeeren, Himbeeren und Kirschen. Das in der Jugend des Weins so auffällige rohe Eichenholz ist mehr in den Hintergrund getreten und hat eher einem Zedernholzcharakter Platz gemacht. Mittlerer bis voller Körper und moderates Tannin kennzeichnen diesen klar umrissenen Cheval Blanc, der eher die Persönlichkeit eines Médoc aufweist als die typische Opulenz von St-Emilion. Dieser Wein ist voll, intensiv und wohlgelungen, aber er braucht noch etliche Jahre Flaschenreife.
Voraussichtliche Genußreife: 1999 bis 2012. Letzte Verkostung: 12/97.

1985 • 93 Der voll ausgereifte, aber für weitere 10 bis 15 Jahre Lebensdauer gerüstete Wein mit seinem lebendigen Duft (füllige schwarze Frucht, Süßholz, asiatische Gewürze, Kräuter, gegrilltes Fleisch) ist ein Cheval Blanc der üppig reichhaltigen, opulenten, mittelschweren bis körperreichen, vollmundigen, saftigen Art und scheint mit jeder Degustation besser zu werden. Wie so viele Weine aus diesem Gut ist auch er imstande, in der Flasche an Gewichtigkeit zuzulegen.
Voraussichtliche Genußreife: Jetzt bis 2005. Letzte Verkostung: 1/98.

1983 • 95 Der 1983er, ein klassisches Beispiel für Cheval Blanc, legt in der Flasche an Gewichtigkeit zu und entwickelt sich günstig. Sein sattes Dunkelrubinrot mit einer schwachen Aufhellung am Rand läßt weniger Altersanzeichen erkennen als die meisten 1983er vom rechten Dordogne-Ufer. Das mächtige Bukett mit Noten von Minze, fülliger schwarzer Frucht, Schokolade und Kaffee ist sensationell und erstaunlich schön entfaltet. Der Wein bietet lustvolle, reichhaltige, ölige Frucht in mittelschwerer bis körperreicher, milder, konzentrierter, schwelgerischer Art. Schärfen finden sich nicht vor, jedoch reichlich Tannin im üppig sanften Abgang. Dieser großartige Cheval Blanc trinkt sich jetzt schon prachtvoll, dürfte aber weitere 20 Jahre schönen Genuß bereiten und sich dabei immer mehr entfalten. In Anbetracht seiner Qualität ist er nach wie vor etwas unterbewertet. Letzte Verkostung: 12/97.

1982 • 100   Dieser Wein erweist sich als eine der modernen Legenden von Bordeaux. Er war schon in den ersten 7 bis 8 Jahren in der Flasche spektakulär, entwickelte dann aber allmählich klarere Linie, Struktur und Tannin. 1998 erscheint er sogar jünger als 5 bis 6 Jahre zuvor! Er zeigt dichte, undurchdringliche granatrote Farbe mit leichtem Bernsteingelb am Rand. Das schon früher auffällige Bukett bietet nach wie vor reichliche Noten von frisch geröstetem Kaffee, geschmolzener Schokolade und übervoller, süßer schwarzer Frucht. Dieser exotische, körperreiche, moderat tanninherbe, massive Cheval Blanc ist bekannt für seine schiere Opulenz und Intensität, allerdings finde ich ihn heute fester strukturiert und klarer umrissen als vor einem Dutzend Jahre. Er scheint für lange Entfaltung bereit, denn obwohl ich ursprünglich meinte, er werde 1993 voll ausgereift sein, sieht es jetzt so aus, als ob es weitere 4 bis 5 Jahre dauern wird, bis er seinen Höhepunkt erreicht, auf dem er dann 20 Jahre und länger verweilen kann. Die einzige Frage, die für die Millionäre unter uns Weinfreunden von Interesse sein dürfte, ist, ob der 1990er ihm gleichkommen wird. Beide sind ehrfurchtgebietende Gewächse.
Letzte Verkostung: 4/98.

1981 • 90   Ich habe diesen Wein mehrfach bei Faßproben und auch zweimal bei Vergleichsproben vor dem Abfüllen verkostet. Nie konnte ich ihm mehr als eine durchschnittliche Note geben. Nach dem Abfüllen zeigte er sich dann bei mehreren Verkostungen als ein ganz anderer Wein: relativ reichhaltig, würzig, pflaumenduftig, mit mildem, seidigem, vielschichtigem Geschmack, guter Konzentration und mäßigem Tannin. Er trinkt sich nach wie vor schön und hat genug Potential für 5 bis 7 Jahre weitere Lebenszeit. Er ist zwar kein Schwergewicht nach der Art des 1982ers und 1983ers, aber köstlich und voll ausgereift.
Voraussichtliche Genußreife: Jetzt bis 2000. Letzte Verkostung: 10/90.

1980 • 80   Der 1980er Cheval Blanc ist für diesen mittelmäßigen Jahrgang recht gut gelungen. Mittelrubinrote Farbe, ein mäßig intensives Bukett von Kräutern, Zedernholz und Frucht kennzeichnen diesen Wein mit seinem mittleren Körper bei annehmbarer Konzentration und einem geschmeidigen, milden Abgang.
Voraussichtliche Genußreife: Jetzt – vermutlich im Nachlassen. Letzte Verkostung: 10/90.

1979 • 84   Der 1979er Cheval Blanc ist ein charmanter, eleganter Wein, dem es etwas an Tiefe und Fülle fehlt (zweifellos wegen allzu reichlicher Erträge), aber er zeigt mäßig intensive reife Pflaumenfrucht, ein zedernholzduftiges, kräuterwürziges Aroma und milden, sehr aufgeschlossenen, eingängigen, runden Geschmack – ein leichter, aber sauber bereiteter, rasch ausreifender Cheval Blanc.
Voraussichtliche Genußreife: Jetzt. Letzte Verkostung: 3/89.

1978 • 87   Der fest gebaute, konzentrierte 1978er Cheval Blanc hat in seiner Jugend seltsamerweise nicht die frühreife, vollmundige, charmante Frucht an den Tag gelegt, die in den meisten Cheval-Blanc-Jahrgängen zu finden ist. Er ist noch immer dunkelrubinrot, hat ein relativ hartnäckiges, unentfaltetes Bukett, in dem sich reiche, reife Frucht von schwarzen Johannisbeeren, aber auch mineralische Nuancen, Kräuter und geröstete Nüsse ahnen lassen. Im Mund erweist er sich als tanninreich bei mittlerem Körper und bewunderungswürdiger Konzentration. Er erinnert an den stilvollen, kargen 1966er, erscheint aber konzentrierter.
Voraussichtliche Genußreife: Jetzt bis 2008. Letzte Verkostung: 10/90.

1977 • 68   Cheval Blanc erlebte 1977 ein katastrophales Jahr; über 75% des Ertrags gingen durch schlechte Witterung verloren. Der in diesem Jahr entstandene Wein hätte eigentlich

ST-EMILION

abgestuft gehört. Er ist hell, hat ein süßliches, vegetabiles Aroma und flachen Geschmack sowie einen unerfreulichen, strengen, adstringierenden Abgang. Letzte Verkostung: 10/90.

1976 • 82 In diesem von extremer Trockenheit, Hitze und alle Hoffnung zunichte machenden Regenfällen zur Lesezeit geprägten Jahr brachte der Cheval Blanc einen offen gewirkten, hochreifen, gerösteten, inzwischen voll ausgereiften Wein hervor. Er hat inzwischen an Gewichtigkeit zugelegt und zeigt eine gewisse Braunfärbung an den Rändern, hat aber ein ausgewachsenes Bukett von reifer Frucht, Mineralen, Nüssen und toastwürzigem Eichenholz. Auf der Zunge ist der Wein opulent, füllig, mit generösem, saftigem, vollmundigem, pflaumenfruchtigem Geschmack ausgestattet. Bei geringer Säure und sehr milder Art ist der 1976er Cheval Blanc schon seit der Freigabe genußreif, aber er entfaltet und entwickelt sich immer noch weiter. Diesen Wein habe ich anfänglich unterschätzt.
Voraussichtliche Genußreife: Jetzt. Letzte Verkostung: 10/90.

1975 • 90 Der Cheval Blanc war vor 15 Jahren einer der aufgeschlosseneren und erfreulicher zu trinkenden 1975er, doch inzwischen ist seine Entwicklung erheblich langsamer geworden. Er zeigt einiges von der eigenwilligen, exotischen Cheval-Blanc-Komplexität mit Schokolade, Minze, Zedernholz und süßer Frucht im moderat intensiven Bukett. Die Farbe hat zwar einen beträchtlichen bernsteingelben Saum, aber doch einen tief rubingranatroten Kern. Hinzu kommt reichliche, süße, reife Frucht mit spürbarem Glyzerin und Extrakt. Dieser Cheval Blanc ist voll, fest gefügt und besitzt von fülliger Frucht überlagerte Wucht und Tanninstrenge. Ich bewundere und genieße diesen voll ausgereiften Wein, der noch mindestens weitere 15 Jahre zu überdauern imstande ist. Letzte Verkostung: 12/95.

1973 • 55 Der 1973er Cheval Blanc ist total verblichen und nur noch ein blasses, verwaschenes Gewächs mit einem dünnen, verwässerten Abgang. Letzte Verkostung: 3/91.

1971 • 84 Der etwas enttäuschende 1971er ist zwar sehr gut, hat aber in den letzten Jahren starke Braunfärbung angenommen. Nichtsdestoweniger zeigt er noch viel liebliche Frucht, einen gebrannten, gerösteten Charakter im Bukett und mittleren Körper. Dieser gefällige, recht schlichte Cheval Blanc sollte in den nächsten 2 bis 3 Jahren getrunken werden.
Voraussichtliche Genußreife: Jetzt. Letzte Verkostung: 10/90.

1970 • 85 Der 1970er ist etwas besser als der 1971er und seit über 10 Jahren ausgereift. Seine Farbe ist rubingranatrot mit leichter Braunfärbung; im lieblichen Aroma zeigen sich Düfte von Zedernholz und Tabak, der Geschmack ist füllig, reif und rund bei annehmbarer Konzentration und mildem Tannin. Bei mittlerem Körper und sehr milder Art fehlt es diesem Wein an der Konturenschärfe und Konzentration, die ein Premier Grand Cru Classé eigentlich besitzen sollte, und er will nun getrunken werden.
Voraussichtliche Genußreife: Jetzt. Letzte Verkostung: 10/90.

1967 • 77 Der inzwischen im Niedergang befindliche 1967er Cheval Blanc hat sich im ersten Jahrzehnt seiner Lebenszeit schön getrunken, aber in seinem ansonsten tabakduftigen, pflaumenwürzigen Bukett eine ist Note von moderndem Laub aufgekommen. Im Mund zeigt er sich mild und rund, jedoch rasch verblassend.
Voraussichtliche Genußreife: Jetzt – wahrscheinlich stark im Nachlassen.
Letzte Verkostung: 4/90.

1966 • 85 Diese gute, jedoch nicht großartige Leistung von Cheval Blanc ist inzwischen voll ausgereift. Mittelrubinrote Farbe mit Bernsteinsaum kennzeichnet diesen verhaltenen Cheval Blanc mit seinem stilvollen, zurückhaltenden Bukett von Mineralen, schwarzen Johannisbeeren und würzigem Eichenholz. Am Gaumen zeigt der Wein mittleren Körper, mäßig vollmundige Art und nicht das Maß an Üppigkeit und Konzentration, wie man es vom Cheval Blanc in diesem hochangesehenen Jahrgang erwartet hätte.
Voraussichtliche Genußreife: Jetzt. Letzte Verkostung: 10/90.

1964 • 95 Der 1964er stellt sich wunderbar reichhaltig, dick, wuchtig und konzentriert dar – der ausdrucksvollste Wein aus diesem Château seit den monumentalen Jahrgängen 1947, 1948 und 1949. Die Farbe ist undurchdringlich dunkelrubinrot mit nur einem schwachen Bernstein-

saum, das kraftvolle und doch verhaltene Bukett weist Nuancen von gedörrter, reifer Frucht, Zedernholz, Kräutern und Mineralen auf, die Art ist erstaunlich jung und tanninherb mit vielschichtiger, reifer Frucht. Dieser schwergewichtige Cheval Blanc im alten Stil dürfte sich noch weitere 10 bis 15 Jahre lang wie reiner Nektar trinken und entwickelt sich im Schneckentempo immer weiter.
Voraussichtliche Genußreife: Jetzt bis 2010. Letzte Verkostung: 10/90.

1962 • 76   Der kompakte, klein gebaute, enttäuschende 1962er Cheval Blanc gehörte nie zu meinen Favoriten aus diesem unterbewerteten Jahrgang. Inzwischen befindet er sich im Niedergang, büßt seine Frucht ein und trocknet aus; er ist aber noch immer ein leichter, netter Wein mit einem gewissen Charme und runder, sanfter Fruchtigkeit. Am besten dürfte er sich noch aus großformatigen Flaschen trinken, denn ich glaube, die Normalflaschen sind schon weit über den Höhepunkt hinaus. Freunde sagen mir, sie hätten gute Exemplare aus diesem Jahrgang gekostet. Letzte Verkostung: 10/90.

1961 • 93   Diesen Wein habe ich in Verkostungen immer wieder mit einem großen Graves verwechselt. Seine Farbe ist undurchdringlich dunkelrubingranatrot mit einem rostroten Saum, das kräftige, ausgewachsene Bukett hat Nuancen von verbranntem Tabak, Erde und Kiesboden. Auf der Zunge nimmt sich der 1961er lieblich, reif und körperreich, äußerst mild und geschmeidig und eindeutig auf dem Höhepunkt aus. Ich habe überdurchschnittliche Unterschiedlichkeit von Flasche zu Flasche festgestellt, aber die besten Exemplare dieses Weins sind herrlich voll und üppig.
Voraussichtliche Genußreife: Jetzt bis 2001. Letzte Verkostung: 10/90.

ÄLTERE JAHRGÄNGE

Der größte Jahrgang der fünfziger Jahre ist der 1953er (95 Punkte; letzte Verkostung 3/96). Ich bin sicher, daß dieser Wein seit mindestens 15 bis 20 Jahren voll ausgereift ist. Dessenungeachtet hat er über die ganze Zeit hinweg seinen Zauber bewahrt und ist in Duft und Geschmack der hinreißendste Cheval Blanc, den ich kenne – höchstens der 1982er könnte einmal so profunde Duftigkeit entwickeln. Ein Kraftprotz ist der 1953er zwar nicht, aber unglaublich verführerisch und so sanft und seidig. Aus den fünfziger Jahren ebenfalls bemerkenswert ist der 1959er (92 Punkte; 2/95), ein dichterer, fester gebauter Wein als der 1961er, obschon ich nicht sicher bin, ob er je die Höhen erreicht, auf denen dieser bereits steht. Allerdings scheint er genug Ausstaffierung und Kraft zu besitzen, um den 1961er zu überleben. Der 1955er (90 Punkte; 3/95) zeigt strengeren, körperreicheren, weniger verführerischen Stil, ist aber nichtsdestoweniger ungeheuer eindrucksvoll, reichhaltig und für weitere 5 bis 10 Jahre Entwicklung gut. Es ist fast 10 Jahre her, daß ich den 1950er gekostet habe, aber mir gefiel seine seidenzarte Art außerordentlich; er ist ein weiteres großartiges Beispiel aus diesem unterschätzten Jahrgang.

Ich habe dem 1949er Cheval Blanc auch schon 100 Punkte zugebilligt, ihn häufiger aber um die Mitte der 90er oder etwas darüber eingestuft. Bei der letzten Verkostung im Dezember 1995 gab ich ihm 96 Punkte. Er ist einer der Großen von Cheval Blanc – nicht so portwein- und sirupähnlich wie der 1947er, eher klassisch gestaltet. Das soll aber nicht heißen, er sei karg ausgestattet. Vielmehr ist er unglaublich voll, mild, expansiv, körperreich und hat enorme Mengen an Glyzerin, Frucht, Alkohol und Extrakt vorzuweisen. Er ist zwar schon seit Jahrzehnten genußreif, bietet aber nach wie vor ein exotisches Bukett von asiatischen Gewürzen, Zedernholz und mächtiger, süßer Frucht. Mit seiner ölig dicken Substanz und lebendigen, reintönigen, hinreißenden Art dürfte er sich auch nochmals 10 bis 20 Jahre schön trinken. Der 1948 (96 Punkte; 10/94) ist der noch am wenigsten entfaltete Cheval Blanc aus den vierziger Jahren. Seine undurchdringlich dunkle Farbe erinnert an Pflaumen und Lakritze. Das mächtige Bukett von Erde, Soja, Zedernholz und gerösteten Kräutern geht einher mit einem körperreichen Wein von immenser Wucht, Intensität und Struktur. Er wird sich ohne weiteres mindestens noch einmal

ST-EMILION

20 Jahre halten. Einen 1947er Cheval Blanc (100 Punkte; 11/97) viermal in den letzten drei Jahren aus tadellos gelagerten Magnumflaschen degustieren zu dürfen, hat mir erneut vor Augen geführt, welch einen herrlichen Beruf ich habe. Die einzigen neueren Bordeaux-Jahrgänge, die auch nur entfernt der Fülle, Substanz und Viskosität so vieler 1947er vom rechten Dordogne-Ufer nahekommen, sind die 1982er und 1990er. Was kann ich über dieses Mammut von einem Wein, der eher an einen Portwein als an einen trockenen Tischrotwein erinnert, überhaupt nur sagen? Der 1947er Cheval Blanc hat so dickflüssige Konsistenz, daß er ohne weiteres als Motoröl fungieren könnte. Das mächtige Bukett von Früchtekuchen, Schokolade, Leder, Kaffee und asiatischen Gewürzen wirkt umwerfend. Die ölige Substanz und Fülle der süßen Frucht ist erstaunlich. Dabei muß man bedenken, daß dieser Wein vom rein technischen Aspekt her erschreckend säurearm und übermäßig alkoholstark ist. Auch der Gehalt an flüchtiger Säure dürfte bei modernen Önologen als untragbar gelten. Wie aber könnten sie erklären, daß dieser Wein nach 50 Jahren noch immer bemerkenswert frisch, phänomenal konzentriert und zutiefst komplex ist? Da bekommt man so seine Zweifel an der Richtung der modernen Kellertechnik. Mit Ausnahme einer einzigen trüben, beeinträchtigten, essigstichigen Doppelmagnumflasche war dieser Wein jedesmal, wenn ich ihn verkostet habe, vollkommen oder doch fast vollkommen. Doch Vorsicht ist geboten: Es sind zahlreiche gefälschte Flaschen, insbesondere Magnumflaschen, des 1947er Cheval Blanc auf dem Markt.

Der Wein, der seit eh und je in seinem Jahrgang den größten Ruf genießt, ist der 1921er Cheval Blanc. Ich hatte diesen Wein schon früher zweimal verkostet und war von beiden Flaschen enttäuscht, bei einer Verkostung im Dezember 1995 erwies er sich jedoch aus einer Magnumflasche als geradezu unwirklich. Ich gab ihm 98 Punkte. Er zeigte tiefdunkle Farbe mit beträchtlichem Bernsteinsaum, dazu bemerkenswert frische, süße, füllige Aromanoten von schwarzer Frucht, asiatischen Gewürzen, Kaffee, Kräutern und Schokolade. Bei ölig dicker Konsistenz und massenhaft Frucht muß dieser mächtige, massive, körperreiche Wein 14% Alkohol gehabt haben. Man hätte ihn ohne weiteres mit dem 1947er oder 1949er verwechseln können.

CLOS FOURTET
Premier Grand Cru Classé B

SEHR GUT

Lage der Weinberge: gegenüber der Kirche von St-Emilion

Besitzer: Familie Lurton
Adresse: 33330 St-Emilion
Telefon: 33 5 57 24 70 90 – Telefax: 33 5 57 74 46 52

Besuche: nach Vereinbarung
Kontaktpersonen: Tony Ballu und Jean-Louis Rivière

ROTWEIN

Rebfläche: 19 ha

Durchschnittliches Rebenalter: 20 Jahre

Rebbestand: 72% Merlot, 22% Cabernet Franc, 6% Cabernet Sauvignon

Pflanzdichte: 6600 Reben/ha

Ertrag (im Durchschnitt der letzten 5 Jahre): 40 hl/ha

Durchschnittliche Jahresproduktion insgesamt: 100000 Flaschen

BORDEAUX

GRAND VIN

Name: Clos Fourtet

Appellation: St-Emilion Grand Cru

Durchschnittliche Jahresproduktion: 70 000 Flaschen

Verarbeitung und Ausbau: Gär- und Maischdauer rund 1 Monat in temperaturgeregelten Edelstahltanks. Malolaktische Säureumwandlung beim gesamten Ertrag in Eichenfässern. Ausbauzeit je nach Jahrgang 12 bis 18 Monate. Der Anteil an neuen Eichenfässern schwankt zwischen 60 und 100 %. Der Wein wird mit frischem Eiweiß geschönt, aber nicht gefiltert.

ZWEITWEIN

Name: Domaine de Martialis

Durchschnittliche Jahresproduktion: 30 000 Flaschen

Beurteilung des derzeitigen Rangs: Entspricht der Klassifizierung; qualitativ einem 5ème Cru aus dem Médoc

Genußreife: 3 bis 20 Jahre nach dem Jahrgangsdatum

Das Weingut liegt an den *côtes* von St-Emilion, fast am Ortseingang gegenüber der Place de l'Eglise und dem Hôtel Plaisance. Bis vor kurzem war das Interessanteste an Clos Fourtet der riesige unterirdische Weinkeller, der zu den schönsten in der ganzen Region Bordeaux zählt. Wie manche andere hoch angesehene, aber überbewertete Premiers Grands Crus Classés von St-Emilion brachte auch dieses in den zwei letzten Jahrzehnten zwar guten Wein hervor, aber dem Standard seines Rangs in der Klassifizierung wurde er nicht gerecht. Er litt vielmehr unter einer neutralen, stumpfen, stämmig-fruchtigen, trockenen, adstringierenden Art und der seltsamen Erscheinung, zwar älter, aber nicht besser zu werden. Kurz gesagt, er entwickelte sich in der Flasche nicht gut. Das alles hat sich zum Besseren gewandelt, seit sich die Familie Lurton ernsthaft darum bemüht, die Qualität anzuheben, was seit dem Jahrgang 1989 deutlich erkennbar wird. Die Lurtons, Besitzer zahlreicher Weingüter in ganz Bordeaux, haben im Clos Fourtet umfangreiche Renovierungsarbeiten durchgeführt. Als Folge hiervon verdienen die Weine des Guts mehr denn je beachtet (und gekauft) zu werden.

JAHRGÄNGE

1997 • 86-88   Der 1997er zeigt satte rubinpurpurrote Farbe sowie viel süße Brombeerfrucht, verflochten mit Nuancen von Kies bzw. Mineralen und Eichentoast. Der elegante, eindrucksvoll milde und reife Clos Fourtet hat vielleicht nur zwei Mängel: seinen nicht gerade ausdrucksstarken Abgang und eine subtile Krautigkeit. Das leichte bis moderate Tannin läßt 2 bis 3 Jahre Kellerreife geraten erscheinen.
Voraussichtliche Genußreife: 2001 bis 2012. Letzte Verkostung: 3/98.

1996 • 89-91?   Der eingezogene, tanninstrenge, aber doch eindrucksvolle 1996er Clos Fourtet zeigt dichte purpurrote Farbe bis zum Glasrand. Das Aroma bietet süße Brombeerfrucht, verflochten mit Süßholz und Vanillin. Der im Eingang volle, mittelschwere Wein besitzt potentiell hervorragende Reife, Extrakt und bewunderungswürdige Reintönigkeit. Allerdings ist das Tannin derzeit stark, die Art kantig und straff. Die Entwicklung kann so oder so verlaufen – entweder ergibt sich das nötige Gleichgewicht für eine hervorragende Benotung, oder das Tannin wird aggressiver und die Punktnote geringer.
Voraussichtliche Genußreife: 2004 bis 2018. Letzte Verkostung: 3/98.

ST-EMILION

1995 • 88 Der 1995er, eine sehr schöne Leistung von Clos Fourtet, hat mitteldunkle Pflaumenfarbe und Aromen von süßer schwarzer Kirschenfrucht, vereint mit Mineralen und Eichentoast. Bei mittlerem Körper und exzellenter Linienklarheit und Reintönigkeit wirkt er am Gaumen straff, und der Abgang ist würzig und hat kräftigen Biß. Dieser Wein hat sich seit der Abfüllung in sich zurückgezogen, aber er besitzt schöne Milde und Tiefe. Allerdings ist das Tannin sehr kräftig, und so verlangt dieser 1995er Geduld.
Voraussichtliche Genußreife: 2004 bis 2018. Letzte Verkostung: 11/97.

1994 • 88 Eindrucksvolles, sattes Purpurrot weist auf einen Wein mit Saft und Kraft hin. Im Mund ist das kräftige Tannin des Jahrgangs spürbar, es hat aber als Gegengewicht vielschichtige, reife Cassis-Frucht, attraktive rauchige Nuancen und feines Glyzerin bei großer Nachhaltigkeit. Dieser wuchtige, mächtig gebaute, potentiell hervorragende Clos Fourtet verlangt 3 bis 4 Jahre Kellerreife. Voraussichtliche Genußreife: 2002 bis 2018. Letzte Verkostung: 1/97.

1993 • 86 Der 1993er Clos Fourtet, eine feine Leistung für diesen Jahrgang, zeigt dichtes Rubinpurpurrot und attraktive Aromen von schwarzen Kirschen mit Nuancen von Mineralen und Holz. Der Wein hat ein wenig von der Krautigkeit des Jahrgangs, sie ist aber bei der samtigen Art und der vollmundigen, süßen Frucht nicht aufdringlich. Milde Säure und Aufgeschlossenheit deuten darauf hin, daß dieser Wein ab sofort und in den nächsten 7 bis 8 Jahren getrunken sein will. Letzte Verkostung: 11/94.

1992 • 86 Aus dem Faß habe ich diesen Wein unterschätzt. Er zeigt weit mehr Frucht, Reife, Tiefe und Nachhaltigkeit, als ich früher gedacht hatte. Der 1992er Clos Fourtet bietet dunkelrubinrote Farbe, ein angenehmes Aroma von fülliger schwarzer Frucht und Toast, dazu mittleren Körper, süße, expansive Frucht und samtige Art. Dieser schöne Leistung sollte in den nächsten 6 bis 7 Jahren getrunken werden. Letzte Verkostung: 11/94.

1990 • 90 Der 1990er zeigt eindrucksvolle schwarzrubinrote Farbe und ein dramatisches Bukett von schwarzer Frucht, Rauch, gerösteten Nüssen, Blumen und Kräutern. Mittlerer bis voller Körper, saftige Art und eindrucksvolle Konzentration zeichnen diesen fest strukturierten, tanninreichen Clos Fourtet aus, der einen kräftigen, konzentrierten, multidimensionalen Nachklang aufweist. Bravo!
Voraussichtliche Genußreife: Jetzt bis 2010. Letzte Verkostung: 1/93.

1989 • 86 Der 1989er ist alkoholstark, üppig, überaus eingängig und süffig in der Art; sein Mangel an Biß, klarer Linie und Tannin könnte Anlaß zu Besorgnis geben.
Voraussichtliche Genußreife: Jetzt bis 2004. Letzte Verkostung: 1/93.

1988 • 79 Der 1988er hat sich bei Vergleichsproben nicht gut bewährt. Seine Frucht ist verblaßt, und das Tannin ist hart, mager und spürbar aggressiv geworden. Ich möchte sogar behaupten, daß der 1988er zuungunsten seiner Konzentration und Frucht mit Tannin überladen ist. *Caveat emptor!* Letzte Verkostung: 4/91.

1986 • 78 Der 1986er ist eindimensional und läßt Biß und Tiefe vermissen.
Voraussichtliche Genußreife: Jetzt. Letzte Verkostung: 3/90.

1985 • 84 Der 1985er Clos Fourtet ist der leichteste aller Premier Grand Cru-Classé-Weine aus diesem Jahrgang. Mittelrubinrote Farbe, geschmeidiger, monolithischer, fruchtiger Geschmack und mildes Tannin gehen einem angenehmen, gefälligen Abgang voraus.
Voraussichtliche Genußreife: Jetzt. Letzte Verkostung: 3/90.

1983 • 78 Ein eindimensionaler, weicher Wein mit leichtem Körper und so gut wie überhaupt keinem Tannin und mit kurzem Abgang. Eine der großen Enttäuschungen des Jahrgangs.
Voraussichtliche Genußreife: Jetzt. Letzte Verkostung: 3/89.

1982 • 84 Das seit langem mit Mittelmäßigkeit geschlagene St-Emilion-Gut brachte 1982 einen zufriedenstellenden Wein hervor: mittelrubinrot mit einem attraktiven Bukett von Eichenholzvanillin und reifer, kräuterduftiger Beerenfrucht bei mittlerem Körper und aufgeschlossener, frühreifer, reichhaltiger und geschmeidiger Fruchtigkeit, die dem Gaumen wohltut. Dieser Wein ist voll ausgereift.
Voraussichtliche Genußreife: Jetzt. Letzte Verkostung: 3/89.

BORDEAUX

1981 • 78 Ein mittelschwerer 1981er St-Emilion mit überdurchschnittlich intensiver Frucht, doch die etwas schwächliche Konstitution des Weins wird allzu stark vom Holzaroma beherrscht. Eine schöne, an reife Kirschen erinnernde Komponente weist auf guten Reifegrad der Trauben hin, doch das Tannin ist zu ausgeprägt.
Voraussichtliche Genußreife: Jetzt. Letzte Verkostung: 2/87.

1979 • 82 Der 1979er hat dunkle Farbe bei attraktiver, reifer Frucht, mittlerem bis vollem Körper und einem guten, sauberen Abgang. Das Bukett hat sich entfaltet, und der Wein ist auf dem Höhepunkt seiner Reife angelangt.
Voraussichtliche Genußreife: Jetzt – vermutlich im Nachlassen. Letzte Verkostung: 6/84.

1978 • 84 Der erste Wein in einer Reihe guter, wenn auch nicht superber Gewächse von Clos Fourtet hat sich in der Flasche schön gesetzt und zeigt verlockende Düfte von schwarzen Johannisbeeren, dazu offen gewirkte, milde, reiffruchtige Art, mittleren Körper und einen guten Abgang mit mäßigem Tannin.
Voraussichtliche Genußreife: Jetzt – vermutlich im Nachlassen. Letzte Verkostung: 5/83.

1975 • 70 Dieser Wein scheint seine Frucht eingebüßt zu haben und ausgetrocknet zu sein, wobei nur ein Übermaß an Tannin und eine uncharmante, hohle Struktur zum Vorschein gekommen sind. Letzte Verkostung: 5/84.

1971 • 70 Dieser für einen 1971er mit kräftiger Farbe ausgestattete Wein hat sehr wenig Bukett, eine stumpfe, strenge, neutrale Fruchtigkeit und im Abgang stark adstringierendes Tannin, dem einfach nicht genug Frucht als Gegengewicht gegenübersteht.
Voraussichtliche Genußreife: Jetzt – wahrscheinlich stark im Nachlassen.
Letzte Verkostung: 2/79.

1970 • 72 Der 1970er zeigt dieselben Wesenszüge wie der 1971er. Zwar ist er ein kräftiger, reiferer Wein, jedoch eindimensional, etwas derb und tanninreich mit nichtssagendem Geschmack.
Voraussichtliche Genußreife: Jetzt – wahrscheinlich stark im Nachlassen.
Letzte Verkostung: 8/78.

Clos des Jacobins
Grand Cru Classé

SEHR GUT

Lage der Weinberge: St-Emilion

Besitzer: Domaines Cordier
Adresse: 33330 St-Emilion
Postanschrift: Domaines Cordier, 53, rue du Dehez, 33290 Blanquefort
Telefon: 33 5 56 95 53 00 – Telefax: 33 5 56 95 53 01

Besuche: nur nach Vereinbarung
Kontaktanschrift: Public Relations Service

ROTWEIN

Rebfläche: 8,5 ha

Durchschnittliches Rebenalter: 40 Jahre

Rebbestand: 70 % Merlot, 30 % Cabernet Franc

Pflanzdichte: 6000 bis 6500 Reben/ha

Durchschnittliche Jahresproduktion insgesamt: 56000 Flaschen

ST-EMILION

GRAND VIN

Name: Château Clos des Jacobins

Appellation: St-Emilion Grand Cru

Durchschnittliche Jahresproduktion: 56 000 Flaschen

Verarbeitung und Ausbau: Gär- und Maischdauer 16 bis 18 Tage in kunststoffbeschichteten Tanks. Anschließend 18 bis 20 Monate Ausbau in jährlich zu $1/3$ erneuerten Eichenfässern; Abstich alle 3 Monate. Der Wein wird mit frischem Eiweiß geschönt und gefiltert.

Kein ZWEITWEIN

Beurteilung des derzeitigen Rangs: Entspricht qualitativ einem 5ème Cru aus dem Médoc

Genußreife: 3 bis 12 Jahre nach dem Jahrgangsdatum

Das große Handelshaus Cordier erwarb das schöne, efeubewachsene Château vor den Toren von St-Emilion im Jahr 1964. Für den Clos des Jacobins wird trotz seiner wirklich guten Qualität nur wenig Publizität getrieben, und so ist er nach wie vor der wohl am wenigsten bekannte feine Weine aus dem Haus Cordier. Er ist über die letzten Jahrzehnte hinweg bei tiefer Farbe recht beständig, reichhaltig, rund, sahnig und pflaumenwürzig, oft mit reiffruchtiger Opulenz ausgestattet. Adstringierendes, aggressives Tannin kennt dieser Wein nicht, so daß der Clos des Jacobins innerhalb von 10 bis 12 Jahren getrunken sein will.

JAHRGÄNGE

1993 • 83 Dem dunklen, moderat tanninherben 1993er Clos des Jacobins mangelt es an der dem Wein sonst eigenen Vollmundigkeit und charmanten Art. Er ist ein Kandidat für bis zu 10 Jahre Kellerreife. Letzte Verkostung: 11/94.

1990 • 86 Der 1990er weist sanftes Tannin, ein kräftiges Aroma von Kräutern und Brombeeren, vollen, üppigen Geschmack, milde Säure und große Nachhaltigkeit sowie viel Frucht auf, die das Tannin kaschiert.
Voraussichtliche Genußreife: Jetzt bis 2002. Letzte Verkostung: 1/93.

1989 • 86 Der 1989er zeigt geschmeidige, üppig sanfte Art, große Reife und einen kurzen Abgang. Wegen der hohen Alkoholstärke und der schwachen Säure will dieser Wein jung getrunken sein.
Voraussichtliche Genußreife: Jetzt bis 2000. Letzte Verkostung: 1/93.

1988 • 88 Der 1988er ist ein sehr schön gelungener tief rubinroter Wein mit einem Bukett von Frühlingsblumen, schwarzen Johannisbeeren und Süßholz. Im Mund zeigt er viel volle, konzentrierte Frucht, hartes Tannin und schöne Nachhaltigkeit. Mir ist er lieber als der 1989er.
Voraussichtliche Genußreife: Jetzt bis 2003. Letzte Verkostung: 1/93.

1986 • 86 Der Clos des Jacobins ist oft so etwas wie der Figeac des kleinen Mannes, denn dem Bukett dieses viel berühmteren Weins gleicht der kräuterwürzige, an Zedernholz und schwarze Johannisbeeren erinnernde Duft oft so sehr, daß es bei blinden Verkostungen zu Verwechslungen kommen kann. Der 1986er ist ein ziemlich muskulöser, alkoholstarker Wein mit viel mildem Tannin im Abgang. Er läßt sich jetzt schon trinken, kann aber auch noch 10 Jahre im Keller ruhen.
Voraussichtliche Genußreife: Jetzt bis 2000. Letzte Verkostung: 3/90.

1985 • 84 Der 1985er ist sehr mild und fruchtig, hat mittleren Körper, angenehme Art und trinkt sich in den nächsten 3 bis 4 Jahren sehr schön. Es fehlt ihm der Extraktgehalt neuerer Jahrgänge.
Voraussichtliche Genußreife: Jetzt. Letzte Verkostung: 3/89.

1983 • 87 Der 1983er Clos des Jacobins ist einer der größten Erfolge der Appellation in diesem sehr guten, aber ungleichmäßigen Jahrgang: dunkelrubinrot, mit intensiver, geschmeidiger Brombeerfruchtigkeit, üppiger, reifer, sanfter Art, mäßigem Tannin, viel durchschlagskräftigem Alkohol und einem langen Abgang. Er ist rasch ausgereift.
Voraussichtliche Genußreife: Jetzt. Letzte Verkostung: 3/85.

1982 • 89 Der 1982er ist wahrscheinlich der feinste Clos des Jacobins, den ich je gekostet habe. Er hat ein kräuterwürziges, reifes, liebliches Bukett voll Brombeerfrucht, am Gaumen zeigt sich der Wein körperreich, mit süßer Reife und vielschichtiger, satinzarter Frucht – ein milder, übervoll fruchtiger, saftiger, köstlicher Wein. Bei blinden Verkostungen verwechsle ich ihn immer wieder mit dem Figeac.
Voraussichtliche Genußreife: Jetzt bis 2001. Letzte Verkostung: 5/97.

1981 • 85 Der 1981er ist für den Jahrgang gut gelungen. Allerdings nimmt er sich neben dem erstaunlichen 1982er und dem kräftigen 1983er Clos des Jacobins bei aller frühreifen, milden, intensiv fruchtigen Art, trotz seinem komplexen, zedernholzduftigen, kräuterwürzigen Bukett, mittlerem Körper und üppigem, schön konzentriertem Geschmack doch bescheiden aus.
Voraussichtliche Genußreife: Jetzt – vermutlich im Nachlassen. Letzte Verkostung: 11/90.

CLOS DE L'ORATOIRE (SEIT 1990)
Grand Cru Classé

AUSGEZEICHNET

Lage der Weinberge: St-Emilion

Besitzer: Comtes de Neipperg
Adresse: Château Peyreau, 33330 St-Emilion
Telefon: 33 5 57 24 71 33 – Telefax: 33 5 57 24 67 95

Besuche: nach Vereinbarung, werktags von 9 bis 12 und von 14 bis 17 Uhr
Kontaktperson: Cécile Gardaix

ROTWEIN

Rebfläche: 10 ha

Durchschnittliches Rebenalter: 25 Jahre

Rebbestand: 80 % Merlot, 20 % Cabernet Franc

Pflanzdichte: 5500 Reben/ha; Neuanpflanzungen 7100 Reben/ha

Ertrag (im Durchschnitt der letzten 5 Jahre): 37 hl/ha

Durchschnittliche Jahresproduktion insgesamt: 50 000 bis 55 000 Flaschen

GRAND VIN

Name: Clos de l'Oratoire

Appellation: St-Emilion Grand Cru

Durchschnittliche Jahresproduktion: 45 000 Flaschen

Verarbeitung und Ausbau: Seit 1997 verlängerte Vinifikation bis zu 4 Wochen in Holzfässern mit Temperaturregelung. Nur einheimische Hefen finden Verwendung; *remontage* nur in Fässern, in denen keine *pigeage* stattfindet. Malolaktische Säureumwandlung in kleinen Fässern auf feinem

ST-EMILION

Geläger mit häufiger *bâtonnage*, Abstich erst 1 bis 2 Monate nach Abschluß der malolaktischen Säureumwandlung. 12 bis 18 Monate Ausbau in jährlich zur Hälfte erneuerten Eichenfässern. Keine weiteren Abstiche, sondern Einleiten von Sauerstoff, soweit erforderlich.
Der Wein wird geschönt, aber nicht gefiltert.

ZWEITWEIN

wird im Faß verkauft

Durchschnittliche Jahresproduktion: 38 bis 76 hl, je nach Jahrgang

Beurteilung des derzeitigen Rangs: Entspricht v. a. seit 1990 einem 4ème oder 5ème Cru aus dem Médoc

Genußreife: 3 bis 8 Jahre nach dem Jahrgangsdatum

Ich habe gute Erfahrungen mit diesem stämmigen, robusten, vollmundigen St-Emilion, dem es an Finesse fehlt, der dafür aber saft- und kraftvollen Geschmack bietet. Die Jahrgänge 1982, 1983 und 1985 waren zwar eindimensional, aber erfreulich mit ihrer saftigen, knackigen Frucht. Unter dem Regime des Comte de Neipperg (er erwarb das Gut 1991, und ihm gehören auch Canon-La-Gaffelière und La Mondotte) ist die Qualität steil angestiegen.

Der Weinberg des Clos de l'Oratoire befindet sich nicht in so guter Lage wie mancher andere in St-Emilion, sondern nordöstlich der Stadt auf sehr leichtem Sandboden, der aber keinen besonders guten Wasserabzug hat.

JAHRGÄNGE

1997 • 89-92 Ich will es von vornherein deutlich sagen – dieser ist der größte Clos de l'Oratoire, den es je gegeben hat! Der Besitzer Stephan de Neipperg bringt in St-Emilion bemerkenswerte Dinge zuwege, nicht nur im Clos de l'Oratoire, sondern auch im seinem Flaggschiffweingut Canon-La-Gaffelière und neuerdings im Luxus-Mikroweingut La Mondotte. Der 1997er ist ein verschwenderisch reichhaltiger, luxuriöser, lebensprühender Wein, der höchsten hedonistischen Ansprüchen genügt. Seine Farbe ist ein undurchdringliches Schwarzpurpurrot, sein umwerfendes Aroma zeigt Noten von *pain grillé*, Schokolade, Cassis und Süßholz. Hinzu kommen voller Körper, ölige, vielschichtige schwarze Frucht, milde Säure – ein dichter, saftiger Hochgenuß. Er dürfte schon bei der Freigabe köstlich zu trinken sein, aber auch über 10 bis 15 Jahre lang schönste Freude bereiten. Letzte Verkostung: 3/98.

1996 • 87-89 Der tiefdunkel purpurrote, mit starken Aromanuancen von fülligen schwarzen Kirschen, Eichentoast, provençalischen Kräutern und Gewürzen versehene, muskulöse 1996er bietet im Eingang, am Gaumen und im Abgang rote und schwarze Frucht in Hülle und Fülle. Dieser dichte, tanninherbe, mittelschwere bis körperreiche Wein wird nach der Abfüllung Geduld verlangen.
Voraussichtliche Genußreife: 2003 bis 2015. Letzte Verkostung: 3/98.

1995 • 89 Der eindrucksvolle, vielleicht sogar hervorragende 1995er Clos de l'Oratoire ist ein Schlager seines Jahrgangs. Neben dichter rubinpurpurroter Farbe bietet er attraktive Aromen von fleischiger, süßer Kirschenfrucht, verflochten mit rauchigem Eichentoast. Bei mittlerem bis vollem Körper und würzigem, vielschichtigem Geschmack zeigt dieser Wein schöne Klarheit der Linie, Biß und Tannin im langen, kräftigen, wohlausgestatteten Abgang. Eine gewisse Flaschenreife ist erforderlich.
Voraussichtliche Genußreife: 2001 bis 2015. Letzte Verkostung: 11/97.

1994 • 87 Der 1994er präsentiert sich als dichter, kerniger St-Emilion mit mittlerem bis vollem Körper und reichlicher, reintöniger Frucht von schwarzen Kirschen, durchsetzt mit Düften von provençalischen Kräutern, Oliven und Eichentoast. Dieser milde, reife Rotwein wird sich in den nächsten 7 bis 8 Jahren ideal trinken. Letzte Verkostung: 3/96.

1993 • 86   Die satte, dunkle rubinrote Farbe und das reife, mäßig intensive Bukett von schwarzen Kirschen, Kräutern, würzigem Eichenholz und Erde sind lobenswert. Mittlerer bis voller Körper und expansiver, milder, konzentrierter Geschmack sowie leichtes Tannin kennzeichnen diesen wohlgelungenen Bordeaux aus, der sich im Lauf von 5 bis 7 Jahren schön trinken lassen wird. Letzte Verkostung: 11/94.

1990 • 88   Dieser eindrucksvolle Wein, ein Schlager seines Jahrgangs, hat tiefdunkle rubinpurpurrote Farbe, ein fülliges Bukett von hochreifer Frucht und Eichenholz sowie körperreichen, intensiven Geschmack. Dieser kräftige Wein dürfte im Lauf von 10 bis 15 Jahren mehr Finesse und Grazie entfalten.
Letzte Verkostung: 1/93.

CLOS SAINT-MARTIN
Grand Cru Classé

GUT

Produktion: 800 Kisten

Rebbestand: 60 % Merlot, 40 % Cabernet Franc

Kein ZWEITWEIN

Rebfläche: 1,3 ha

Besitzer: Familie Reiffers

Faßreifezeit: 18 bis 20 Monate

Durchschnittsalter der Reben: 25 Jahre

Beurteilung des derzeitigen Rangs: Entspricht qualitativ einem guten Cru Bourgeois aus dem Médoc

Genußreife: mindestens 5 bis 10 Jahre nach dem Jahrgangsdatum

Einige meiner französischen Kollegen preisen schon seit langem die Qualität der Weine aus diesem winzigen Weingut in St-Emilion (dem kleinsten Grand Cru Classé der Appellation), das hinter der Kirche Saint-Martin (daher auch der Name) auf lehmigem Kalksteinboden liegt. Seine Erzeugung ist wirklich sehr klein. Der feinste Jahrgang, den ich kenne, ist der 1990er. Wenn er für die Qualität und den Stil aus dem Clos Saint-Martin typisch ist, dann verdient dieses Gut eine bessere Bewertung, als ich sie ihm gegeben habe. Der berühmte Michel Rolland aus Libourne wirkt hier als Önologe.

JAHRGÄNGE

1997 • 86-87+   Der muskulöse, konzentrierte, dunkel rubinpurpurrote Clos St-Martin stellt einen wuchtigen Vertreter des Jahrgangs 1997 dar, der 2 bis 3 Jahre Kellerreife verlangt. Zu den Noten von schwarzen Kirschen und Cassis gesellen sich Erde und Minerale. Im Mund zeigt der mittelschwere Wein kräftiges Tannin (für einen 1997er ungewöhnlich), milde Säure sowie beträchtliches Glyzerin und viel Extrakt im langen Abgang. Er dürfte sich als Schlager dieses Jahrgangs erweisen.
Voraussichtliche Genußreife: 2002 bis 2012. Letzte Verkostung: 3/98.

ST-EMILION

1995 • 81 Obwohl der gefällige 1995er tiefes Rubinrot und ein beerenduftiges Aroma zeigt, ist er doch weich und wässerig und sollte in den nächsten 3 bis 4 Jahren ausgetrunken werden. Letzte Verkostung: 11/97.

1994 • 81 Der mittelrubinrote 1994er Clos Saint-Martin ist ein leichter, einfacher Wein ohne große Konzentration und Komplexität. Er sollte in den nächsten 4 bis 5 Jahren getrunken werden. Letzte Verkostung: 3/96.

1993 • 85 Dieser St-Emilion weist burgunderähnliche Milde und Breite auf, dazu gute Reife, runde, vollmundige Persönlichkeit und weiche Säure. Zu trinken ist er in den nächsten 5 bis 6 Jahren. Letzte Verkostung: 11/94.

1992 • 83 Dieser sanfte, runde, reichfruchtige Wein besitzt burgunderähnliche Geschmeidigkeit und eine entgegenkommende Persönlichkeit. Er will in den nächsten 3 bis 4 Jahren getrunken werden. Letzte Verkostung: 11/94.

1990 • 89 Dunkle Farbe und ein reintöniges, aber dramatisches Bukett zeichnen den 1990er aus, der massiven, fruchtigen Extrakt, vollen Körper, tiefe, multidimensionale Geschmacksfülle und einen langen, würzigen Abgang aufweist. Die beträchtliche Tiefe der Frucht kaschiert das erkleckliche Tannin fast ganz.
Voraussichtliche Genußreife: Jetzt bis 2010. Letzte Verkostung: 1/93.

1989 • 86 Der 1989er enthält ausreichend reifes Tannin für bis zu 15 Jahre Aufbewahrung, bedenkt man jedoch die Harmonie und die üppige, verschwenderische Fülle, die dieser Wein auf der Zunge zeigt, dann werden ihn die meisten meiner Leser wahrscheinlich lieber schon in den ersten 10 Jahren trinken.
Voraussichtliche Genußreife: Jetzt bis 2002. Letzte Verkostung: 1/93.

1988 • 86 Das intensive Bukett von Kräutern, schwarzer Frucht, Gewürzen und Eichenholz des 1988ers leitet über zu einem reichhaltigen, geschmeidigen, generös ausgestatteten Wein, in dem Kraft und Finesse geschickt miteinander vereint sind.
Voraussichtliche Genußreife: Jetzt. Letzte Verkostung: 1/93.

LA CLOTTE
Grand Cru Classé

GUT

Lage der Weinberge: St-Emilion

Besitzer: Héritiers Chailleau
Adresse: 33330 St-Emilion
Telefon: 33 5 57 24 66 85

Besuche: nur nach Vereinbarung
Kontaktperson: Nelly Moulierac

ROTWEIN

Rebfläche: 3,2 ha

Durchschnittliches Rebenalter: 43 Jahre

Rebbestand: 70 % Merlot, 30 % Cabernet Franc

Pflanzdichte: 6000 Reben/ha

Ertrag (im Durchschnitt der letzten 5 Jahre): 30 hl/ha

Durchschnittliche Jahresproduktion insgesamt: 100 hl

BORDEAUX

GRAND VIN

Name: Château La Clotte

Appellation: St-Emilion Grand Cru

Durchschnittliche Jahresproduktion: unterschiedlich

Verarbeitung und Ausbau: Gär- und Maischdauer 35 bis 40 Tage in temperaturgeregelten Betontanks bei max., 32°C. Viermal täglich Umpumpen. Malolaktische Säureumwandlung in Eichenfässern; 18 Monate Ausbau in zu 30% neuen Eichenfässern.
Der Wein wird geschönt, aber nicht gefiltert.

ZWEITWEIN

Name: Clos Bergat Bosson

Durchschnittliche Jahresproduktion: unterschiedlich

Beurteilung des derzeitigen Rangs: Entspricht qualitativ einem Cru Bourgeois, manchmal sogar einem 5ème Cru aus dem Médoc

Genußreife: 3 bis 12 Jahre nach dem Jahrgangsdatum

Das kleine La Clotte gehört den Chailleaus, die als Besitzer des in einer Seitenstraße von St-Emilion versteckten, ungeheuer populären Restaurants «Logis de la Cadène» bekannter geworden sind. Mit der Bewirtschaftung des Weinguts ist die Firma Jean-Pierre Moueix betraut, die dafür drei Viertel des Ertrags exklusiv in aller Welt vertreiben darf. Das restliche Viertel wird im Restaurant angeboten. Ich habe diesen Wein oft genossen und fand ihn sehr typisch für einen fülligen, vollmundigen, gut bereiteten St-Emilion. Er ist trinkreif, wenn er auf den Markt kommt, hält seine Frucht aber schön und entwickelt sich 10 bis 12 Jahre lang. Die besten neueren Jahrgänge waren der 1975er, 1982er, 1983er, 1985er, 1986er, 1988er, 1989er und 1990er. Der Weinberg befindet sich in guter Lage am Rand des Kalksteinplateaus, unmittelbar außerhalb der alten Stadtmauer von St-Emilion.

JAHRGÄNGE

1997 • 85-86 Dieser unkomplizierte, kernige, säurearme, vierschrötige Wein bietet unmittelbar ansprechende Art und recht reichliche Mengen an Frucht, Glyzerin und Alkohol. Seine würzige Kirschfrucht und seine Eingängigkeit werden ihm viele Freunde gewinnen. Zu trinken ist er in den nächsten 4 bis 5 Jahren. Letzte Verkostung: 3/98.
1993 • 83 La Clotte gestaltet beständig geschmeidige, saftige St-Emilions mit attraktiven, fülligen Noten von Pflaumen und schwarzen Kirschen, Kräutern und Zedernholz. Dieser 1993er besitzt mittleren Körper, gute Frucht und Reife, leichtes Tannin, milde Säure und einen seidenzarten Abgang. Er sollte in den nächsten 7 bis 8 Jahren getrunken werden.
Letzte Verkostung: 11/94.
1992 • 85 Der Stil des Weinguts bietet allgemein betörend reife, füllige Frucht in einem geschmeidigen Format. Auch der 1992er ist fruchtig, sanft und füllig und will in den nächsten 4 bis 5 Jahren getrunken werden. Letzte Verkostung: 11/94.
1990 • 89 Der 1990er ist eine umwerfende Leistung. Sein verführerisches Bukett von fülliger Beerenfrucht, Kräutern und Vanillin hat mich gefesselt. Höchste Konzentration und vielschichtige Frucht kennzeichnen diesen multidimensionalen, vollgepackten Wein, der über die nächsten 10 Jahre hinweg schon zu trinken sein wird. Letzte Verkostung: 1/93.

ST-EMILION

La Clusière
Grand Cru Classé

Lage der Weinberge: St-Emilion, an der Côte Pavie

Besitzer: M. und Mme Gérard Perse
Adresse: 33330 St-Emilion
Telefon: 33 5 57 55 43 43 – Telefax: 33 5 57 24 63 99

Besuche: nur nach Vereinbarung
Kontaktperson: Laurence Argutti

ROTWEIN

Rebfläche: 3 ha

Durchschnittliches Rebenalter: 30 Jahre

Rebbestand: 70% Merlot, 20% Cabernet Franc, 10% Cabernet Sauvignon

Pflanzdichte: 5300 Reben/ha

Ertrag (im Durchschnitt der letzten 5 Jahre): 45 hl/ha

Durchschnittliche Jahresproduktion insgesamt: 19000 Flaschen

GRAND VIN

Name: Château La Clusière

Appellation: St-Emilion Grand Cru

Durchschnittliche Jahresproduktion: 19000 Flaschen

Verarbeitung und Ausbau: Gärdauer rund 10 Tage und Maischdauer rund 20 Tage in Edelstahltanks. Früher wurde der Wein in einmal gebrauchten Fässern von Château Pavie ausgebaut, jetzt erfolgen der 18monatige Ausbau und die malolaktische Säureumwandlung in zu 100% neuen Eichenfässern. Der Wein wird geschönt, aber nicht gefiltert.

Kein ZWEITWEIN

Beurteilung des derzeitigen Rangs: Entspricht qualitativ einem Cru Bourgeois aus dem Médoc

Genußreife: 6 bis 15 Jahre nach dem Jahrgangsdatum

Wer einmal Château Pavie besucht hat, der wurde wahrscheinlich von dem früheren Besitzer Jean Paul Valette den Hang hinauf zu den unterirdischen Kellern ganz oben an diesem Hügel geführt. Hier befinden sich auch der kleine Weinberg und die Keller von La Clusière. Der Wein aus diesem Gut ist meist überraschend streng in der Art und besitzt hartes Tannin sowie gar nicht entgegenkommende Persönlichkeit. Nun sollte man annehmen, daß einige Kellerreife den Wein mildern würde, ich aber habe gegenteilige Erfahrungen gemacht. Es steht mit dem La Clusière vermutlich genau so wie bei nur allzu vielen Weinen, die zwar älter, aber dabei nicht besser werden. Wer sehnigen, muskulösen, kargen, ja sogar strengen Bordeaux liebt, der wird an diesem St-Emilion mehr Freude haben als ich. In Anbetracht der Tatsache, daß dieses Gut 1998 in den Besitz von Gérard Perse übergegangen ist, darf man mit einer bedeutenden Qualitätsverbesserung rechnen.

JAHRGÄNGE

1997 • 77-79   Diesem gefälligen, eindimensionalen, sauber bereiteten Wein fehlt es an Körper und Intensität. Zweifellos wird unter dem neuen Besitzer Gérard Perse der 1998er einen neuen Qualitätsmaßstab für dieses lange in schwacher Form befindliche Weingut setzen.
Letzte Verkostung: 3/98.

1992 • 76   Ein erdiges, kräuterhaftes Aroma und moderat ausgestatteter, straffer Geschmack lassen mittleren Körper und muskulöse Art, aber wenig Charme oder Frucht erkennen. Dieser karge, streng tanninherbe Wein wird zweifellos abmagern, ehe sich Anmut oder Eleganz entwickeln können. Letzte Verkostung: 11/94.

1990 • 89   Der 1990er ist der eindrucksvollste La Clusière, den ich je gekostet habe. Tief rubinrote Farbe und ein aus dem Glas hervorquellendes Bukett mit Düften von reifen Himbeeren und Vanillin begleiten diesen opulenten Wein, der vielschichtige, reiche, Frucht mit ganzen Ladungen an Glyzerin und einem langen, samtigen Abgang vereint. Er ist bereits köstlich zu trinken, hat aber auch die erforderliche Tiefe und Ausgewogenheit für weitere 10 bis 12 Jahre Entfaltung. Letzte Verkostung: 1/93.

1989 • 77?   Der Alkoholgehalt des 1989ers ist hoch, und das grüne, herbe, unreife Tannin läßt darauf schließen, daß die Trauben vielleicht analytisch, nicht aber physiologisch reif waren. Dieser Wein ist sehnig und hat keinen Charme. Letzte Verkostung: 1/93.

1988 • 79   Der 1988er ist zwar etwas besser als der 1989er, aber auch er ist umwerfend tanninherb und widerborstig bei einer aggressiven Art, die jeden Charme völlig zudeckt.
Letzte Verkostung: 1/93.

CORBIN
Grand Cru Classé

GUT

Lage der Weinberge: St-Emilion – auf dem Graves-Plateau

Besitzer: Société Civile des Domaines Giraud
Adresse: 1, Grand Corbin, 33330 St-Emilion
Postanschrift: wie oben
Telefon: 33 5 57 74 48 94 – Telefax: 33 5 57 74 47 18

Besuche: nur nach Vereinbarung
Kontaktperson: Philippe Giraud

ROTWEIN

Rebfläche: 12,5 ha

Durchschnittliches Rebenalter: 30 Jahre

Rebbestand: 71 % Merlot, 29 % Cabernet Franc

Pflanzdichte: 5500 Reben/ha

Ertrag (im Durchschnitt der letzten 5 Jahre): 51 hl/ha

Durchschnittliche Jahresproduktion insgesamt: 645 hl

ST-EMILION

GRAND VIN

Name: Château Corbin

Appellation: St-Emilion Grand Cru

Durchschnittliche Jahresproduktion: 645 hl

Verarbeitung und Ausbau: Gär- und Maischdauer rund 3 Wochen in offen Betontanks. Anschließend 12 bis 14 Monate Ausbau in jährlich zu $1/3$ erneuerten Eichenfässern. Der Wein wird geschönt, aber nicht gefiltert.

Kein ZWEITWEIN

Beurteilung des derzeitigen Rangs: Ab und zu bringt Corbin Weine in der Qualität eines Premier Grand Cru Classé hervor, aber im allgemeinen entspricht es einem guten Cru Bourgeois aus dem Médoc

Genußreife: 3 bis 12 Jahre nach dem Jahrgangsdatum

Corbin ist eindeutig ein Weingut, das volle, tieffruchtige, üppige Weine hervorzubringen imstande ist. Die erste Bekanntschaft machte ich mit seinem Wein bei einem Abendessen, zu dem der 1970er blind serviert wurde. Er war überaus erfreulich, runde, körperreich, konzentriert und köstlich mit viel Frucht. Seither habe ich dieses Weingut mit Bedacht genau beobachtet. In großen Jahren, beispielsweise 1970, 1975, 1982, 1989 und 1990, kann es dieser Wein mit den besten St-Emilions aufnehmen. Schwierigkeiten macht ihm seine Ungleichmäßigkeit.

Corbin liegt auf dem *graves*-Plateau in der Nähe der Grenze zu Pomerol. Der berühmte Professor Enjalbert aus Bordeaux behauptet, der Weinberg von Corbin liege auf einer Bodenart, die mit der von Cheval Blanc übereinstimmt. Der Stil von Corbin erreicht in heißen, sonnigen, trockenen Jahren höchste Höhen; dann ist dieser Wein dunkel, füllig, reif, körperreich und bewunderungswürdig konzentriert. Leider ist er auch einigermaßen teuer, denn er genießt in den Benelux-Ländern und in England schon seit langem große Beliebtheit.

JAHRGÄNGE

1997 • 84-85   Der solid bereitete, vollschlanke St-Emilion mit guter Tiefe, mittlerem Körper, robustem Gewürz und der Frucht schwarzer Kirschen wird sich in den nächsten 4 bis 5 Jahren schön trinken. Letzte Verkostung: 3/98.

1996 • 80?   Dieser Wein hat zuviel Tannin für seine ausdrucksschwache Konzentration an Frucht. Mittelrubinrote Farbe begleitet einen Wein mit Kirschen-, Kräuter- und Erdaromen. Doch das staubtrockene Tannin und der auch sonst rustikale Charakter bilden keine guten Vorzeichen für die künftige Entwicklung. Dieser Wein dürfte sich ein Jahrzehnt halten, aber er hat nicht genug Fleisch auf den Knochen.
Voraussichtliche Genußreife: 2000 bis 2006. Letzte Verkostung: 11/97.

1995 • 86   Der 1995er zeigt satte Farbe sowie süße Frucht, milde Säure und gute Reife. Er stellt sich als ein St-Emilion der aufgeschlossenen, eingängigen Art dar, der in den ersten 5 bis 7 Lebensjahren getrunken werden möchte. Letzte Verkostung: 11/97.

1994 • 85   Der 1994er zeigt nicht soviel Intensität. Er ist ein mittelschwerer, fruchtiger, gefälliger, aber im wesentlichen eindimensionaler St-Emilion, der in den ersten 5 bis 6 Lebensjahren getrunken werden sollte. Letzte Verkostung: 3/96.

1993 • 80   Der 1993er Corbin, ein korrekter, mittelschwerer St-Emilion, zeigt schlichte, schmackhafte Johannisbeerfrucht und würzige Noten, aber es fehlt ihm an Komplexität und Konzentration. Er dürfte sich 5 bis 6 Jahre lang schön trinken. Letzte Verkostung: 11/94.

BORDEAUX

1990 • 87   Dieser Wein ist in beschleunigtem Tempo ausgereift. Nichtsdestoweniger ist er ein köstlicher, vollschlanker Corbin, in dessen dunkelgranatroter Farbe am Rand bereits Rostrot und Orange auftauchen. Er bietet ein attraktives, fülliges Bukett von Früchtekuchen und Gewürz, dazu üppigen, sanften, mittelschweren Geschmack mit viel Glyzerin und Vollmundigkeit. Der dem 1989er ähnliche 1990er will wie dieser nun getrunken werden.
Voraussichtliche Genußreife: Jetzt bis 2004. Letzte Verkostung: 11/97.

1989 • 87   Der 1989er zeigt extrem schwache Säure und mildes Tannin, doch der Gesamteindruck vermittelt große Wucht, opulente, fast ölige Art und frühe Genußreife. Wer diesen kraftvollen, hochreifen, an Australien erinnernden Stil mag und den Wein innerhalb der ersten 10 Lebensjahre trinkt, darf betörenden Genuß von ihm erwarten.
Voraussichtliche Genußreife: Jetzt bis 2004. Letzte Verkostung: 3/95.

1988 • 74   Der 1988er ist leicht und dünn und zeigt grasigen, ausdruckslosen Charakter.
Letzte Verkostung: 4/91.

1986 • 75   Der 1986er ist allzu locker gewirkt und mild; er erscheint ohne jede scharfe Kontur und hat wohl an Übererträgen gelitten. Ansonsten aber ist er ein fruchtiger, sanfter, gefälliger Wein, der sich angenehm trinkt, nur wären ein wenig mehr Struktur und Konzentration zu wünschen. Voraussichtliche Genußreife: Jetzt. Letzte Verkostung: 3/90.

1985 • 83   Der 1985er zeigt den überreifen Charakter, den ich im Corbin oft vorfinde; er hat eine weiche, üppig fruchtige, angenehme Konstitution und einen etwas kurzen und zu alkoholstarken Abgang. Voraussichtliche Genußreife: Jetzt. Letzte Verkostung: 3/90.

CORBIN-MICHOTTE
Grand Cru Classé

SEHR GUT

Lage der Weinberge: St-Emilion, an der Grenze zu Pomerol, nicht weit von den Châteaux Cheval Blanc und Figeac

Besitzer: Jean Noël Boidron
Adresse: 33330 St-Emilion
Telefon: 33 5 57 51 64 88 – Telefax: 33 5 57 51 56 30

Besuche: nur nach Vereinbarung
Kontaktperson: Emmanuel Boidron

ROTWEIN

Rebfläche: 7 ha

Durchschnittliches Rebenalter: 35 Jahre

Rebbestand: 65 % Merlot, 30 % Cabernet Franc, 5 % Cabernet Sauvignon

Pflanzdichte: 5850 Reben/ha

Ertrag (im Durchschnitt der letzten 5 Jahre): 37 hl/ha

Durchschnittliche Jahresproduktion insgesamt: 260 hl

GRAND VIN

Name: Château Corbin-Michotte

Appellation: St-Emilion Grand Cru

Durchschnittliche Jahresproduktion: 260 hl

ST-EMILION

Verarbeitung und Ausbau: Lange Vinifikation in temperaturgeregelten Tanks. Nur einheimische Hefen kommen zur Anwendung. 70 % des Ertrags werden in neuen Eichenfässern ausgebaut, der Rest verbleibt 24 Monate im Tank. Der Wein wird geschönt, aber nicht gefiltert.

ZWEITWEIN

Name: Château Les Abeilles

Durchschnittliche Jahresproduktion: unterschiedlich

Beurteilung des derzeitigen Rangs: Ab und zu bringt Corbin-Michotte Weine in der Qualität eines Premier Grand Cru Classé hervor, aber im allgemeinen entspricht es einem 5ème Cru aus dem Médoc

Genußreife: 3 bis 12 Jahre nach dem Jahrgangsdatum

Corbin-Michotte ist eines von fünf Châteaux an der Grenze zu Pomerol, die den Namensbestandteil Corbin führen. Dieses Gut hat das Potential für eine Spitzenstellung in dieser Gegend. Es ist klein und verfügt über relativ alte Rebbestände auf einem sandigen Lehmboden, der mit feinem Kies vermischt ist und über eine von den Franzosen *crasse de fer* genannte eisenhaltige Unterschicht verfügt. Der Weinberg ist mit Mineralen beladen, die – wie der Besitzer behauptet – dem Bukett des Weins eine besondere Dimension verleihen.

Die Produktion von Corbin-Michotte wird vorwiegend direkt an Kunden in ganz Europa, vor allem in der Schweiz, wo sich der größte Absatzmarkt für dieses Weingut befindet, verkauft. Die Jahrgänge, die ich gekostet habe, erinnerten mich mehr an Pomerols als an St-Emilions. Sie waren tiefdunkel, hatten ausgeprägten Charakter von schwarzen Beeren und Pflaumen und sanfte, opulente Art.

JAHRGÄNGE

1997 • 78-82   Dieser St-Emilion, einer meiner Favoriten, scheint 1997 auf die Nase gefallen zu sein. Anders als die meisten hier besprochenen Weine, die ich zwei- bis viermal verkostet habe, konnte ich den Corbin-Michotte nur einmal degustieren. Dabei zeigte er sich leicht und grasig bei geringer Farbsättigung und mittelmäßiger Tiefe und Extraktfülle. Er ist einer der am wenigsten eindrucksvollen aus diesem Weingut in den letzten 10 Jahren und muß in den ersten 5 bis 6 Lebensjahren getrunken werden. Letzte Verkostung: 3/98.

1996 • 83-86   Mir gefiel die sanfte, sinnliche Beerenfruchtigkeit des mittelschweren 1996er Corbin-Michotte sowie auch die Tatsache, daß nicht versucht wurde, ein Maximum an Extraktion zu erreichen, so daß Tanninstrenge und Komprimiertheit vermieden wurden. Dieser saftige St-Emilion ist zwar kein Kraftprotz, aber er hat viel vordergründig ansprechende Art und will bald getrunken werden.
Voraussichtliche Genußreife: Jetzt bis 2005. Letzte Verkostung: 3/98.

1995 • 89   Der 1995er Corbin-Michotte, eine schwelgerische Leistung, zeigt tief rubinrote Farbe, ein Gewürzschubladen-Aroma mit fülligen Pflaumen- und Kirschennoten sowie mittelschweren, üppigen, saftigen, opulenten Geschmack mit milder Säure. Dieser überschäumend fruchtige, schmackhafte St-Emilion dürfte zu einem günstigen Preis zu haben sein. Auf einer allein vom reinen Genuß bestimmten Punkteskala würde er eine noch höhere Note verdienen. Ein Geheimtip!
Voraussichtliche Genußreife: Jetzt bis 2007. Letzte Verkostung: 11/97.

1994 • 89   Der 1994er zeigt dichtes Rubinpurpurrot und ein wunderbar ausdrucksvolles Aroma von fülligen schwarzen Johannisbeeren, Mineralen und Blumen. Dieser reife, extraktreiche Wein mit seinem mittleren bis vollen Körper und vielschichtiger Geschmacksfülle ist zweifellos ein Schlager seines Jahrgangs. Er ist ab der Freigabe und im Lauf der nächsten 10 Jahre zu trinken. Letzte Verkostung: 3/96.

1990 • 87   Der 1990er ist dem 1989er ähnlich, ebenso reif, aber etwas tiefer und sollte in den nächsten 7 bis 8 Jahren getrunken werden. Letzte Verkostung: 1/93.

1989 • 86   Der schwarzpurpurrote 1989er ist übervoll von Extrakt, körperreich, vollduftig, mit einem Aroma von hochreifen Pflaumen und Mineralen bei einem Alkoholgehalt von fast 14 %, relativ wenig Säure, aber dafür kräftigem Tannin.
Voraussichtliche Genußreife: Jetzt bis 2002. Letzte Verkostung: 1/93.

1988 • 83   Der 1988er hat mittleren Körper und angenehme, korrekte Art mit annehmbarer Säure und Nachhaltigkeit. Er will im Lauf der nächsten 5 bis 7 Jahre getrunken werden.
Voraussichtliche Genußreife: Jetzt. Letzte Verkostung: 4/91.

1985 • 86   Der inzwischen voll ausgereifte 1985er Corbin-Michotte hat dunkelrubinrote Farbe, ein würziges, pflaumenduftiges Bukett von schwarzen Johannisbeeren, sanfte, runde, generös ausgestattete Geschmacksfülle und milde, seidige Art.
Voraussichtliche Genußreife: Jetzt. Letzte Verkostung: 11/90.

1982 • 87   Dieser erstaunliche Corbin-Michotte ist rasch ausgereift und sollte getrunken werden. Er bietet ein gedörrtes Pflaumenbukett mit mineralischen Düften, reichen, kräftigen, alkoholstarken, vollmundigen und kernigen Geschmack, beträchtlichen Körper sowie reichlich Glyzerin und Alkohol im milden Abgang. Er ist ein köstlicher Genuß von einem St-Emilion, aber es hat keinen Sinn, ihn noch länger aufbewahren zu wollen.
Voraussichtliche Genußreife: Jetzt. Letzte Verkostung: 3/90.

LA COUSPAUDE
Grand Cru Classé

AUSGEZEICHNET

Lage der Weinberge: St-Emilion (*monoterroir* über felsigem Grund auf den Höhen knapp 300 m vom Stadtzentrum von St-Emilion)

Besitzer: G.F.A. du Château La Couspaude
Adresse: 33330 St-Emilion
Postanschrift: B.P. 40, 33330 St-Emilion
Telefon: 33 5 57 40 01 15 oder 33 5 57 40 15 76 – Telefax: 33 5 57 40 10 14

Besuche: nur nach Vereinbarung
Kontaktperson: Jean-Claude Aubert

ROTWEIN

Rebfläche: 7 ha

Durchschnittliches Rebenalter: 35 Jahre

Rebbestand: 70 % Merlot, 18 % Cabernet Franc, 12 % Cabernet Sauvignon

Pflanzdichte: 6500 Reben/ha

Ertrag (im Durchschnitt der letzten 5 Jahre): 38 bis 40 hl/ha

Durchschnittliche Jahresproduktion insgesamt: 3000 Kisten

ST-EMILION

GRAND VIN

Name: Château La Couspaude

Appellation: St-Emilion Grand Cru

Durchschnittliche Jahresproduktion: 270 bis 300 hl

Verarbeitung und Ausbau: Vinifikation 25 bis 35 Tage in Edelstahltanks mit geringem Fassungsvermögen (60 hl)*. Malolaktische Säureumwandlung in zu 100% neuen Eichenfässern; 25% des resultierenden Weins werden wiederum in neue Eichenfässer abgestochen. Ausbauzeit 14 bis 16 Monate. Der Wein wird weder geschönt noch gefiltert.

ZWEITWEIN

Name: Junior

Durchschnittliche Jahresproduktion: (bisher noch nicht produziert)

Beurteilung des derzeitigen Rangs: Entspricht qualitativ 3ème oder 4ème Cru aus dem Médoc

Genußreife: 5 bis 15 Jahre nach dem Jahrgangsdatum

* Diese Tanks sollen 1998 gegen 50-hl-Holzfässer mit Temperaturregelung ausgetauscht werden, die dann alle 3 Jahre erneuert werden sollen.

Der kleine, ummauerte Weinberg der Familie Aubert ist vor einiger Zeit dadurch bekannt geworden, daß er Wein mit exotisch reifer, reicher, sinnlicher Art hervorbringt. Dabei war er bis noch vor kurzem ziemlich nichtssagend gewesen und hat erst in den letzten 3 bis 4 Jahrgängen so glänzende, generös ausgestattete Form angenommen. Kritiker finden ihn zwar übertrieben eichenholzgewürzt (auch ich gebe zu, daß Eichenholz einen prominenten Bestandteil ausmacht), ich glaube jedoch, daß sich die Eichennote im Lauf der Entwicklung im Wein auflösen wird, weil er genug Fülle und Konzentration besitzt. Das ist beim 1994er bereits erkennbar und beginnt auch beim 1995er zum Vorschein zu kommen. Meine Voraussage lautet, daß dieser Wein immer mehr im Preis steigen wird, sobald der internationale Markt seine Qualität erkennt.

JAHRGÄNGE

1997 • 86-87 Dieser Wein hat vielleicht mehr Potential, als die reine Punktnote zum Ausdruck bringt. In den letzten 2 Märzwochen war er von einem Holzton dominiert. Seine Farbe ist ein tiefes Rubinrot, der Wein selbst wirkt etwas kantig und übermäßig eichenholzgewürzt, aber vielleicht ist doch mehr Fleisch und Fruchtfülle vorhanden als bei meinen drei ersten Degustationen. Der Extraktionsgrad erscheint etwas überzogen, und im Abgang zeigt sich trockenes, straffes Tannin. Zwar hat der Wein bei der Degustation ungefüge und lose gewirkt, aber er stammt schließlich aus einem tadellos geführten Weingut, und deshalb darf man ihm einiges Zutrauen entgegenbringen.
Voraussichtliche Genußreife: 2000 bis 2007. Letzte Verkostung: 3/98.

1996 • 89-91 Der satt rubinpurpurrote 1996er La Couspaude offenbart ein an süßer Brombeerfrucht und Kirschlikörnuancen reiches Aroma, in dem sich auch Eichentoast bemerkbar macht. In diesem saftigen, körperreichen, reifen, würzigen Wein ist die verschwenderische Behandlung mit neuen Eichenfässern bis zur äußersten Grenze getrieben, sie wird aber nicht überschritten. Der aus 70% Merlot und 30% Cabernet Franc bestehende Wein (3000 Kisten in 1996) ist wuchtig, intensiv und moderat tanninherb. Der Ausbau insgesamt findet in zu 100% neuen Eichenfässern statt, und zuvor läuft die malolaktische Säureumwandlung ebenfalls in neuen Eichenfässern ab. Anschließend werden 25% dieses Weins in wiederum neue Eichenfässer abgestochen und darin ausgebaut. Dieser Teil der Cuvée trägt die Bezeichnung «200%ige *élevage* in neuen Eichenfässern».
Voraussichtliche Genußreife: 2003 bis 2018. Letzte Verkostung: 3/98.

1995 • 90 Auch diese Leistung stammt aus der exotischen Le-Pin-Schule von St-Emilion-Weinen, die von extrem reifer Frucht gewonnen, in zu 100 % neuen Eichenfässern ausgebaut und ohne Filtrieren abgefüllt werden (die malolaktische Säureumwandlung läuft ebenfalls in neuen Eichenfässern ab). Der 1995er La Couspaude zeigt ein reifes, fülliges Aroma von Kirschgeist, schwarzen Johannisbeeren und Süßholz mit reichlichen Noten von Rauch und *pain grillé*. Voller Körper, milde Säure und eine lebendige Persönlichkeit kennzeichnen diesen Wein, der fraglos auf sich aufmerksam machen wird. Traditionalisten finden ihn vielleicht zu aufdringlich und sinnlich, aber niemand könnte behaupten, daß es nicht eine Freude und ein Vergnügen ist, ihn zu kosten … und ist das nicht der eigentliche Zweck eines solchen Stoffs? Überdies wird er noch heranreifen und sich nach einiger Aufbewahrungszeit zivilisierter ausnehmen.
Voraussichtliche Genußreife: 2000 bis 2015. Letzte Verkostung: 11/97.

1994 • 89 Der 1994er hat an Gewichtigkeit zugelegt und könnte nach einigen weiteren Jahren Flaschenreife eine hervorragende Punktnote verdienen. Er zeigt tief rubinpurpurrote Farbe und ein kräftiges Aroma von Toast und Rauch, provençalischen Kräutern und fülligen schwarzen Kirschen. Dieser dichte, reichhaltige, vollmundige, wohlausgestattete Wein dürfte sich im Lauf von 7 bis 8 Jahren schön trinken. Letzte Verkostung: 3/96.

1993 • 86 Die einzige Schwäche des 1993ers ist eine leichte Paprikanote in der Frucht. Ansonsten zeigt er sich als dunkler, dichter, konzentrierter und eindrucksvoll ausgestatteter Wein mit schöner Reintönigkeit, Reife, natürlicher Kernigkeit und einem langen Abgang. Er dürfte sich über 10 bis 12 Jahre hinweg schön trinken lassen. Letzte Verkostung: 11/94.

1992 • 85 Der 1992er hat sich als achtbare Leistung aus einem schwierigen Jahr erwiesen. Seine dunkelrubinrote Farbe leitet über zu einem attraktiven, reifen Bukett von schwarzen Kirschen und rauchigem Eichenholz. Dieser mittelschwere, sanfte, samtige Wein mit schöner Reintönigkeit und Reife sollte in den nächsten 3 bis 4 Jahren getrunken werden. Letzte Verkostung: 11/94.

COUVENT-DES-JACOBINS
Grand Cru

GUT

Lage der Weinberge: St-Emilion

Besitzer: M. und Mme Alain Borde
Adresse: Rue Guadet, 33330 St-Emilion
Postanschrift: wie oben
Telefon: 33 5 57 24 70 66 – Telefax: 33 5 57 24 62 51

Besuche: nur nach Vereinbarung
Kontaktperson: M. oder Mme Alain Borde

ROTWEIN

Rebfläche: 10,5 ha

Durchschnittliches Rebenalter: 45 Jahre

Rebbestand: 65 % Merlot, 25 % Cabernet Franc, 10 % Cabernet Sauvignon

Pflanzdichte: 6000 Reben/ha

Ertrag (im Durchschnitt der letzten 5 Jahre): 45 hl/ha

Durchschnittliche Jahresproduktion insgesamt: 480 hl

ST-EMILION

GRAND VIN

Name: Couvent-des-Jacobins

Appellation: St-Emilion Grand Cru

Durchschnittliche Jahresproduktion: 300 hl

Verarbeitung und Ausbau: Gär- und Maischdauer rund 3 Wochen in temperaturgeregelten Edelstahl- und Betontanks. Anschließend 15 bis 18 Monate Ausbau in (jährlich zu $1/3$ erneuerten) Eichenfässern. Der Wein wird geschönt, aber nicht gefiltert.

ZWEITWEIN

Name: Château Beau-Mayne

Durchschnittliche Jahresproduktion: 100 hl

Beurteilung des derzeitigen Rangs: Entspricht qualitativ einem 5ème Cru aus dem Médoc

Genußreife: 4 bis 14 Jahre nach dem Jahrgangsdatum

Couvent-des-Jacobins, benannt nach dem Dominikanerkloster, das im 13. Jahrhundert an dieser Stelle erbaut worden war, ist ein aufstrebendes Weingut, das von der Familie Joinaud-Borde, in deren Besitz es sich seit 1902 befindet, untadelig geführt wird.

Die Weinberge liegen unmittelbar am Stadtrand von St-Emilion auf sandigem Lehmboden an den *côtes*, wo dunkle, volle, recht alkoholstarke Weine mit viel Substanz und Charakter wachsen. In den achtziger Jahren besserte sich die Qualität des Couvent-des-Jacobins, weitgehend, weil die Besitzer einen Zweitwein für Posten einführten, die für den *grand vin* nicht genügten. Auch wurde die Verwendung neuer Eichenfässer auf jährlich 33 % gesteigert.

Das Weingut am Ortseingang hat die bemerkenswertesten unterirdischen Keller der Gegend, und damit ist es ein Prunkstück, das selbst dann einen Besuch lohnen würde, wenn seine Weine nicht so ausdrucksvoll wären.

JAHRGÄNGE

1990 • 85   Füllige Kräuter- und Beerenaromen beherrschen das Bukett des 1990ers. Im Mund zeigt sich feine Reife, eine üppig sanfte, fruchtige Persönlichkeit und ein glatter, kräftiger, milder Abgang ohne feste Struktur. Alt wird er wohl kaum werden, aber schönen Genuß bereitet dieser Couvent-des-Jacobins schon frühzeitig.
Voraussichtliche Genußreife: Jetzt bis 2001. Letzte Verkostung: 1/93.

1989 • 86   Der 1989er hat bemerkenswerte Ähnlichkeit mit dem wundervollen 1982er. Er ist ein tiefdunkler, intensiv duftiger, körperreicher Wein mit vielschichtigem Extrakt und öliger, pflaumenwürziger Fülle bei kräftigem Alkohol und schwacher Säure.
Voraussichtliche Genußreife: Jetzt bis 2000. Letzte Verkostung: 4/91.

1986 • 87   Der 1986er dürfte sich als einer der langlebigsten Weine aus diesem Gut in über zwei Jahrzehnten erweisen. Er ist tief rubinpurpurrot, hat ein ausgeprägt würziges Bukett von Eichenholz und Johannisbeeren, verwoben mit Kräuterdüften, dazu zeigt er hochreife Frucht, mittleren Körper und einen exzellenten Abgang mit viel mildem Tannin.
Voraussichtliche Genußreife: Jetzt bis 2001. Letzte Verkostung: 3/90.

1985 • 86   Der 1985er ist ein mustergültiger St-Emilion, geschmeidig, generös, eingängig und besitzt viel Frucht von schwarzen Johannisbeeren, verflochten mit einem Anflug von toastwürzigem Eichenholz. Dieser Wein mit seinem mittleren bis vollen Körper bietet sowohl Komplexität als auch vollmundige Fülle.
Voraussichtliche Genußreife: Jetzt. Letzte Verkostung: 3/90.

1983 • 85 Der 1983er Couvent-des-Jacobins ist fast ebenso konzentriert und tief wie der 1982er, ein milder, geschmeidiger, fruchtiger, voll ausgereifter Wein mit mittlerem Körper und guter Farbe.
Voraussichtliche Genußreife: Jetzt – vermutlich im Nachlassen Letzte Verkostung: 11/89.

1982 • 87 Der 1982er Couvent hat noch eindrucksvolle dunkelrubinrote Farbe, ein komplexes Beerenbukett mit Nuancen von Zedernholz, Kräutern, Schokolade und Süßholz. Am Gaumen zeigt sich dieser vollmundige Wein tief, vielfältig und körperreich mit verführerischer, seidiger Art. Inzwischen ist er voll ausgereift.
Voraussichtliche Genußreife: Jetzt bis 2001. Letzte Verkostung: 2/96.

DASSAULT
Grand Cru Classé

GUT

Lage der Weinberge: St-Emilion

Besitzer: S.A.R.L. Château Dassault
Adresse: 1, Couprie, 33330 St-Emilion
Telefon: 33 5 57 24 71 30 – Telefax: 33 5 57 74 40 33

Besuche: nur nach Vereinbarung
Kontaktperson: Laurence Brun-Vergriette

ROTWEIN

Rebfläche: 22,5 ha

Durchschnittliches Rebenalter: 30 Jahre

Rebbestand: 65% Merlot, 30% Cabernet Franc, 5% Cabernet Sauvignon

Pflanzdichte: 5200 Reben/ha

Ertrag (im Durchschnitt der letzten 5 Jahre): 40 hl/ha

Durchschnittliche Jahresproduktion insgesamt: 150 000 Flaschen

GRAND VIN

Name: Château Dassault

Appellation: St-Emilion Grand Cru

Durchschnittliche Jahresproduktion: 80 000 Flaschen

Verarbeitung und Ausbau: Gär- und Maischdauer mindestens 20 Tage in temperaturgeregelten Tanks. Ca. 50 bis 70% des Ertrags durchlaufen die malolaktische Säureumwandlung in neuen Eichenfässern, der Rest gelangt nach diesem Prozeß aus dem Tank in einmal gebrauchte Fässer. Ausbauzeit 18 Monate. Der Wein wird geschönt, aber nicht gefiltert.

ZWEITWEIN

Name: Château Merissac

Durchschnittliche Jahresproduktion: 70 000 Flaschen

Beurteilung des derzeitigen Rangs: Entspricht qualitativ einem guten Cru Bourgeois aus dem Médoc

Genußreife: 3 bis 9 Jahre nach dem Jahrgangsdatum

ST-EMILION

Dassault bringt beständig sanfte, fruchtige, geschmeidige, schlichte Weine hervor, die stets gut bereitet, vielleicht etwas sehr kommerziell ausgerichtet sind und in jungen Jahren getrunken sein wollen. Es gibt aber an ihrer attraktiven, unkomplizierten Art nichts auszusetzen. Das einzige Bedenken gilt der Tatsache, daß durch längere Aufbewahrung selten eine Verbesserung dieses Weins zu erzielen ist. Wenn man also anerkennt, daß dieser Wein relativ jung getrunken werden muß, dann ist es unwahrscheinlich, daß der Dassault jemals enttäuscht. Ist er nicht der perfekte St-Emilion für Restaurants?

Ich zögere, es niederzuschreiben, aber ich habe bemerkt, daß bestimmte Flaschen des Dassault, insbesondere nach dem durchweg exzellenten Jahrgang 1990, gelegentlich ein an schlechte Korken erinnerndes, moderiges Aroma von feuchtem Karton aufweisen. Es tritt nicht in allen Flaschen auf, aber ich habe es bei meinen Verkostungen ab und zu vorgefunden, und zwar vor der Abfüllung wie auch nachher.

JAHRGÄNGE

1996 • 85-86   Das Weingut, das meist sanften, fruchtigen St-Emilion der leichteren Art hervorbringt, hat offenbar einen aufgeschlossenen, opulenten, runden Wein mit mehr Tiefe und Gewichtigkeit als sonst produziert. Er ist zwar nicht so fest strukturiert und tanninreich wie mancher andere 1996er, besitzt aber tiefe Himbeer- und Cassisfrucht mit Kirschgeistnuancen in einem mittelschweren, gefälligen, eingängigen Stil. Zu trinken ist er in den nächsten 6 bis 8 Jahren. Letzte Verkostung: 11/97.

1995 • 85   Dieser Wein bietet satte, purpurrote Farbe, einen milden, vollmundigen Charakter und viel Saft, Kraft und entgegenkommende Art. Es bleibt abzuwarten, wieviel vom Duft und Geschmack nach der Abfüllung noch bleibt.
Voraussichtliche Genußreife: 1999 bis 2006. Letzte Verkostung: 11/97.

1994 • 79   Der karge Charakter und das strenge Tannin sind zwei der weniger erfreulichen Seiten des Jahrgangs 1994. Der Wein ist adstringierend und schmal, hat kräftigen Eichenton, aber nicht genug Frucht. Letzte Verkostung: 1/97.

1993 • 82?   Zwei Proben des 1993er Dassault zeigten das moderige Kartonaroma, das ich auch in einigen anderen Bordeaux-Weinen gefunden habe. Hierfür sind mehrere Erklärungen vorgebracht worden, u.a. schlecht gepflegte Fässer, die Verwendung von Chlor als Reinigungsmittel in der Kellerei (es verdampft und setzt sich in den Fässern fest) sowie schlechte Korken oder Filter. Trotz dieser dumpfigen Kartonnote bietet dieser kommerzielle, leichte bis mittelschwere, eingängige Wein schöne Preiselbeerfrucht. Zu trinken ist er in den nächsten 4 bis 5 Jahren. Letzte Verkostung: 1/97.

1990 • 87   Der 1990er ist die stärkste Leistung, die ich von Dassault kenne. Ein frühreifes Bukett mit süßer Pflaumennote, Süßholz und schwarzen Kirschen leitet über zu einem Wein, der von Frucht geradezu überquillt. Zu trinken ist dieser saftige, vollmundige 1990er in den nächsten 7 bis 8 Jahren. Letzte Verkostung: 1/93.

1989 • 84   Der 1989er hat lockere Struktur, traubigen, expansiven Geschmack, sehr milde und alkoholstarke Art; es fehlt ihm an Festigkeit und Klarheit der Linie. Er wird aber in jungen Jahren bestimmt ein köstlich sanfter Tropfen sein.
Voraussichtliche Genußreife: Jetzt. Letzte Verkostung: 4/91.

BORDEAUX

DAUGAY
Ohne Klassifizierungsrang

GUT

Besitzer: Christian de Boüard de la Forest
Telefon: 33 5 57 24 78 12

Rebfläche: 5,2 ha

Rebsorten: 50 % Merlot, 48 % Cabernet Franc, 2 % Cabernet Sauvignon

Durchschnittliche Jahreserzeugung insgesamt: 2500 Kisten

Faßreifezeit: 14 bis 16 Monate

Durchschnittliches Rebenalter: 25 Jahre

Beurteilung des derzeitigen Rangs: Entspricht qualitativ einem Cru Bourgeois aus dem Médoc

Genußreife: 3 bis 12 Jahre

Das kleine Gut ist Eigentum des Bruders von Hubert de Boüard von Château Angélus, zu dem der Weinberg bis 1984 gehörte. Der hier entstehende Wein ist ein sehr guter, aber im Verhältnis zu den heute üblichen Preisen einigermaßen unterbewerteter St-Emilion.

JAHRGÄNGE

1996 • 85-86 Der 1996er Daugay ist ein würziger, mittelschwerer, von Cabernet Franc beherrschter Wein mit Noten von Gras, roten und schwarzen Johannisbeeren und Tabak, guter Tiefe und schönerer Sanftheit als mancher andere aus dieser Gegend von St-Emilion. Zu trinken ist er in den nächsten 7 bis 8 Jahren. Letzte Verkostung: 3/98.

1995 • 85 Der 1995er zeigt sich fleischig und reif mit tief rubinroter Farbe, einer gewissen Eleganz, schwarzer Frucht mit Kräuternuance, guter Reife und üppig sanfter Vollmundigkeit. Letzte Verkostung: 11/97.

1994 • 86 Der 1994er Daugay hat nicht so satte Farbe wie der 1993er, ist aber auf ähnlich offen gewirkte, rauchige, reichfruchtige Art gebaut und weist gutes Glyzerin, mittleren Körper und einen milden Abgang auf. Er sollte in den nächsten 5 bis 6 Jahren getrunken werden. Letzte Verkostung: 1/97.

1993 • 86 Der für seinen Jahrgang eindrucksvolle, exzellente, tief rubinpurpurrote Wein (50 % Cabernet Franc und 50 % Merlot) bietet ein süßes, komplexes Bukett von Kräutern, schwarzer Frucht und Rauch. Mit geschmeidiger Substanz, guter bis exzellenter Konzentration, milder Säure und feiner Reife (kein bitteres Tannin und keine Krautigkeit) ist er ein Genuß und ein Schlager dieses Jahrgangs. Trinken sollte man ihn in den nächsten 5 bis 7 Jahren. Letzte Verkostung: 1/97.

ST-EMILION

DESTIEUX
Grand Cru

GUT

Lage der Weinberge: St-Hippolyte

Besitzer: Christian Dauriac
Adresse: 33330 St-Emilion
Telefon: 33 5 57 24 77 44 oder 33 5 57 40 25 05 – Telefax: 33 5 57 40 37 42

Besuche: nur nach Vereinbarung
Kontaktperson: Christian Dauriac

ROTWEIN

Rebfläche: 8 ha

Durchschnittliches Rebenalter: 45 Jahre

Rebbestand: ⅔ Merlot, ⅓ Cabernet

Pflanzdichte: 5000 Reben/ha

Ertrag (im Durchschnitt der letzten 5 Jahre): 29 hl/ha

Durchschnittliche Jahresproduktion insgesamt: 30 000 Flaschen

GRAND VIN

Name: Château Destieux

Appellation: St-Emilion Grand Cru

Durchschnittliche Jahresproduktion: 26 000 Flaschen

Verarbeitung und Ausbau: Vinifikation in Tanks bei rund 3 Wochen Maischdauer. Malolaktische Säureumwandlung in zu 100 % neuen Eichenfässern. Insgesamt 18 Monate Ausbauzeit. Der Wein wird leicht geschönt, aber nicht gefiltert.

ZWEITWEIN

Name: Château Laubarède

Beurteilung des derzeitigen Rangs: Entspricht qualitativ einem guten Cru Bourgeois aus dem Médoc

Genußreife: 5 bis 15 Jahre nach dem Jahrgangsdatum

Das in der Satellitengemeinde St-Hippolyte auf Lehm- und Kalksteinboden in einer mit besonders trockenem und heißem Mikroklima gesegneten Ecke der Appellation St-Emilion gelegene Weingut bringt besonders attraktiven, pflaumenwürzigen, vollmundigen, straffen Wein mit guter Konzentration und viel Alkohol hervor.

Als treibende Kräfte hinter der Reihe neuerer Erfolge stehen der Besitzer, M. Dauriac, und sein begabter Berater, der Önologe Michel Rolland. Die Weine von Destieux gehören zu den dunkelsten, wuchtigsten und dichtesten der Appellation. Wären Muskeln und Körpermasse entscheidende Kriterien für Größe, dann stünde der Destieux recht weit oben.

JAHRGÄNGE

1997 • 85-86 Dieser wohlgelungene 1997er grenzt an Überreife, bietet aber positive Komponenten von frischen und gedörrten Pflaumen und süßer, fülliger Kirschenfrucht, daneben gesunde rubinpurpurrote Farbe – ein runder Wein mit milder Säure und schöner Substanz. Er wird sich 5 bis 6 Jahre lang gut trinken. Letzte Verkostung: 3/98.

1996 • 85-87 Das mit erschwinglichen Preisen glänzende Gut hat einen dichten, schwarzpurpurroten 1996er mit viel Tannin und kräftiger, fleischiger, konzentrierter Frucht produziert. Wie immer hat auch diese Leistung schöne Persönlichkeit, und trotz allzu viel Tannin ist der Wein vollmundig, dicht und gefällig. Er ist höchst empfehlenswert und verträgt eventuell 10 bis 15 Jahre Kellerreife. Letzte Verkostung: 3/98.

1995 • 85 Wohlgelungen, mit tief rubinpurpurroter Farbe und süßen, erdigen Aromen von schwarzen Johannisbeeren zeigt dieser mittelschwere, moderat tanninherbe Wein schöne Frucht im Eingang, Gewürz, Leder und Eisen als Geschmacksnuancen und gute Tiefe, aber eine gewisse Härte im Abgang.
Voraussichtliche Genußreife: 2001 bis 2010. Letzte Verkostung: 11/97.

1993 • 70 Die Weine von Destieux besitzen stets kräftige Farbe, muskulöse Art, Körper und Tannin. Woran es ihnen fehlt, ist Charme und Finesse. Der 1993er ist dafür typisch in seiner Härte, seinem allzu starken Tannin und seiner kernigen, im wesentlichen uncharmanten, unzugänglichen Art. Dieser Wein wird zwar 10 bis 15 Jahre überdauern, wieviel Genuß er aber bereiten wird, darüber läßt sich streiten. Letzte Verkostung: 11/96.

1989 • 85 In vielen der achtziger Jahre bin ich geradezu begeistert von den Leistungen des Besitzers von Destieux, Monsieur Dauriac, der meist wuchtige, dichte, tanninreiche Weine mit genug Potential für 10 bis 15 Jahre Lebensdauer produziert. Dem 1989er fehlte es zunächst an Konturenschärfe und klarer Gliederung, er hat sich aber zu einem vollen, extraktreichen, kräftigen, konzentrierten Wein entwickelt, der vielleicht nur zuviel Tannin besitzt.
Voraussichtliche Genußreife: Jetzt bis 2005. Letzte Verkostung: 4/91.

1988 • 77 Der 1988er hat überaus eindrucksvolle rubin-purpurrote Farbe, aber keinen Charme und keine Finesse, denn das übermäßige Tannin ist so adstringierend und aufdringlich, daß dieser Wein kaum eine Chance hat, sich hindurchzuarbeiten und anmutig zu entfalten.
Letzte Verkostung: 4/91.

1986 • 86 Der 1986er Destieux ist ein wuchtiger, dichter, tanninreicher Wein mit gewaltiger Tiefe der Frucht, vollem Körper und im Abgang viel Extrakt und Tannin. Er dürfte sich als der langlebigste Destieux der letzten Jahrzehnte erweisen, hat aber auch genug Frucht, um sich gegen das Tannin durchzusetzen.
Voraussichtliche Genußreife: Jetzt bis 2005. Letzte Verkostung: 3/90.

1985 • 87 Der 1985er Destieux ist ein finster-dichter Wein mit großer Geschmacksfülle, üppigen Mengen an reifer Frucht, voller Art und mäßiger Lebenserwartung.
Voraussichtliche Genußreife: Jetzt bis 2001. Letzte Verkostung: 3/90.

LA DOMINIQUE
Grand Cru Classé

AUSGEZEICHNET

Lage der Weinberge: St-Emilion (angrenzend an Château Cheval Blanc)

Besitzer: Clément Fayat
Adresse: La Dominique, 33330 St-Emilion
Telefon: 33 5 57 51 31 36 – Telefax: 33 5 57 51 63 04

Besuche: nach Vereinbarung, montags bis freitags von 8 bis 12 und von 14 bis 17.30 Uhr

ST-EMILION

ROTWEIN

Rebfläche: 21,5 ha

Durchschnittliches Rebenalter: 25 Jahre

Rebbestand: 80 % Merlot, 15 % Cabernet Franc, 5 % Cabernet Sauvignon

Pflanzdichte: 5500 Reben/ha

Ertrag (im Durchschnitt der letzten 5 Jahre): 45 hl/ha

Durchschnittliche Jahresproduktion insgesamt: 990 hl

GRAND VIN

Name: Château La Dominique

Appellation: St-Emilion Grand Cru

Durchschnittliche Jahresproduktion: 100 000 Flaschen

Verarbeitung und Ausbau: Vinifikation 21 bis 18 Tage bei 29 bis 32 °C in kleinen temperaturgeregelten Edelstahltanks. Malolaktische Säureumwandlung in neuen Eichenfässern, anschließend 18 Monate Ausbau in (je nach Jahrgang) zu 50 bis 70 % neuen Eichenfässern. Der Wein wird mit frischem Eiweiß geschönt und schonend gefiltert.

ZWEITWEIN

Name: St-Paul de Dominique

Durchschnittliche Jahresproduktion: 32 000 Flaschen

Beurteilung des derzeitigen Rangs: Entspricht qualitativ einem 3ème Cru aus dem Médoc; Aufstufung zum Premier Grand Cru Classé wäre zu empfehlen

Genußreife: 5 bis 20 Jahre nach dem Jahrgangsdatum

La Dominique befindet sich in allerbester Lage an der Grenze zu Pomerol, ganz in der Nähe von Cheval Blanc, und verfügt über einen aus Kalkstein, Kies und sandigem Lehm zusammensetzten Boden. Ein ausgefeiltes Wasserabzugssystem, das in der Mitte des 19. Jahrhunderts gebaut wurde, hat die Chancen auf gute Weine auch in nassen Jahren wesentlich verbessert. Die wahrhaft großen La-Dominique-Weine von 1971, 1982, 1989, 1990 und 1995 hätten bei der 1996 vorgenommenen Neuordnung der Rangliste von St-Emilion ohne weiteres als Qualifikationsnachweis für die Aufstufung zum Premier Grand Cru Classé genügen sollen. Leider aber kam es nicht so. Dieses Château ist nicht mit soviel Glanz und Renommee wie die anderen Spitzenweingüter umgeben, und das kann sich der Weinliebhaber, der nach St-Emilions zu annehmbaren Preisen Ausschau hält, zunutze machen.

Der Besitzer Fayat, der übrigens 1978 das Cru-Bourgeois-Château Clément-Pichon im Médoc hinzukaufte, hat sich für Weinbereitung und *élevage* des La Dominique die Mitarbeit des hochgeachteten Önologen Michel Rolland aus Libourne gesichert. Unter seiner Aufsicht entstehen Weine mit kräftiger Farbe, intensiver, hochreifer, opulenter und körperreicher Art. Die jährlich zu 50 bis 70 % neuen Eichenfässer wirken sich sehr günstig aus, und auch die Entscheidung, einen Zweitwein für nicht so erstklassig gelungenes Material, z. B. von jungen Reben, einzuführen, hat zu weiterer Qualitätsverbesserung beigetragen.

Bei alledem wird der Wert der Weine von La Dominique nach wie vor zu gering eingeschätzt.

JAHRGÄNGE

1997 • 87-88   Der 1997er La Dominique mit seinem exotischen, glanzvollen Aroma von Brombeeerlikör und fülligen schwarzen Kirschen wirkt begeisternd. Mittlerer Körper, sanfte Art und schön integrierter Eichentoast kennzeichnen diesen verschwenderisch fruchtigen, milden, vollschlanken Wein, der in den ersten 10 Lebensjahren getrunken sein will. Wie so viele 1997er schmeckt auch dieser bereits stark entwickelt. Letzte Verkostung: 3/98.

1996 • 87-88+   Dunkles Rubinpurpurrot und eine Duftkombination von Mineralen, schwarzen Himbeeren und Johannisbeeren bietet dieser La Dominique, der eine fester strukturierte, herbere Persönlichkeit mit schärfer adstringierendem Tannin angenommen hat. Er ist muskulös, verschlossen und noch unentwickelt, aber der Tanningehalt macht mir Sorgen.
Voraussichtliche Genußreife: 2005 bis 2014. Letzte Verkostung: 3/98.

1995 • 89   Der 1995er ist ebenfalls ein tanninreicher La Dominique, aber er hat süßere Frucht, mehr Reife und (zumindest derzeit) größere Intensität im Aroma von Vanillin, Brombeeren und Himbeeren. Im Mund zeigen sich schöne Milde, mittlerer bis voller Körper, moderates Tannin und ein vielschichtiges, volles, klassisches Geschmacksprofil.
Voraussichtliche Genußreife: 2003 bis 2016. Letzte Verkostung: 11/97.

1994 • 88   Der 1994er La Dominique weist etwas von der typischen adstringierenden Strenge des Jahrgangs auf, aber er ist vollgepackt mit sahniger, reifer Himbeer- und Johannisbeerfrucht. Mein Instinkt sagt mir, daß Ausgewogenheit zwischen Frucht und Tannin gelungen ist. Der Wein zeigt dichte, dunkelrubinpurpurrote Farbe und süße Aromen von Eiche, Erde, Rauch und schwarzen Johannisbeeren. Dieser mittelschwere bis körperreiche, reife 1994er hat bewunderungswürdige Konzentration, moderates Tannin und exzellente Reintönigkeit.
Voraussichtliche Genußreife: 2002 bis 2016. Letzte Verkostung: 1/97.

1993 • 86   Dieser Wein könnte sich als besser erweisen, als aus meiner Punktnote hervorgeht. Seine Farbe ist ein extrem sattes, dunkles Blaupurpurrot, sein Aroma setzt sich zusammen aus süßer, hochreifer Pflaumen- und Cassis-Frucht, Süßholz und rauchigem Eichentoast. Mittlerer Körper, Saft und Kraft sind die Merkmale dieses exzellenten, dichten, reich ausgestatteten 1993ers ohne grüne Art oder adstringierende Tanninstrenge; weitere 1 bis 3 Jahre Kellerreife werden ihm gut tun.
Voraussichtliche Genußreife: 1999 bis 2012. Letzte Verkostung: 1/97.

1992 • 79   Das reife Bukett von Kräutern, schwarzen Johannisbeeren und Vanillin wirkt flüchtig, aber attraktiv. Der mittelschwere Wein bietet simple Cassis-Frucht, doch der Abgang ist kurz, kompakt und moderat tanninherb. Der 1992 erinnert an den 1981er und 1979er La Dominique, nur er ist leichter und karger. Letzte Verkostung: 11/94.

1990 • 92   Der milde 1990er offenbart *sur-maturité* (Hochreife). Sein Bukett setzt sich zusammen aus Gras, Tabak und fülligen Cassis-Düften, verflochten mit Aromen von Süßholz und Erde. Dichte Art, spätleseartige Reife im Geschmack, voller Körper und milde Säure zeichnen diesen mächtigen, vollmundigen Wein aus, der viel zu gut schmeckt, als daß man ihm widerstehen könnte. Seiner Statur und Tiefe nach dürfte er aber auch ohne weiteres noch 10 bis 15 Jahre überdauern. Letzte Verkostung: 11/96.

1989 • 93   Ich habe den 1989er schon oft getrunken, seit ich ihn *en primeur* zu einem bescheidenen Preis kaufte. Er ist typisch aufgeschlossen, zeigt tiefdunkles Purpurrot und ein intensives, süßes Bukett von schwarzen Himbeeren, Zedernholz und Toast. Im Mund drängt sich der Begriff «Opulenz» wegen der Viskosität und dem superben Maß an fülliger, mit einer feinen Holznote schön durchsetzter schwarzer Frucht geradezu auf. Dieser milde, expansive, von Leben sprühende, ja überschäumende St-Emilion dürfte sich 10 bis 15 Jahre lang schön trinken. Man kann ihn sich nach dem Muster des großen 1971ers gebaut vorstellen, er ist aber noch besser als dieser. Letzte Verkostung: 11/96.

1988 • 87   In mancher Hinsicht ist es schade, daß mit dem 1989er eine so spektakuläre Leistung gelungen ist, weil dadurch nämlich der 1988er in den Hintergrund gedrängt wird, der doch

auch große Anerkennung verdient. Er ist ein eher typischer (oder wie die Bordelais einem weismachen wollen, «klassischer») Wein mit einem verlockenden, frühreifen, kräftigen Bukett von Pflaumenfrucht und süßem, vanillinduftigem Eichenholz. Im Mund gibt er nichts Hartes und Rauhes zu erkennen. Vielmehr bietet er überströmend vollen, fruchtigen, opulenten Geschmack, mittleren bis vollen Körper und einen langen, satinzarten Abgang.
Voraussichtliche Genußreife: Jetzt bis 2001. Letzte Verkostung: 4/91.

1986 • 88   Der 1986er hat tief rubingranatrote Farbe, ein würziges Bukett von angerauchtem, frischem Eichenholz, reicher, pflaumenwürziger Frucht und Mineralen sowie körperreiche und intensive Art mit beeindruckendem Extraktreichtum, gewaltiger Wucht und im Abgang lange Nachhaltigkeit. Er besitzt nicht die Opulenz oder frühreife, ansprechende Art der Jahrgänge 1990, 1989 oder 1982, aber er hat volle Reife erreicht. Er ist ein festerer, straffer gefügter, eher Médoc-ähnlicher La Dominique. Letzte Verkostung: Jetzt bis 2005. Letzte Verkostung: 11/95.

1985 • 74   Der 1985er La Dominique ist eine Enttäuschung; er schmeckt nach grünem Saft aus unzulänglichem Ausbau und zu hohem Ertrag. Auch in der Flasche hat er sich nicht zu seinem Vorteil entwickelt. Am besten meidet man diesen Wein. Letzte Verkostung: 12/88.

1983 • 87   Dieser Wein muß bald getrunken werden. In seiner dunkelgranatroten Farbe zeigt sich am Rand beträchtliches Bernsteingelb und Orange. Das betörende, ausdrucksvolle Bukett weist Noten von Kräutern, fülliger Frucht, Erde und Vanillin auf. Am Gaumen macht sich rustikales Tannin bemerkbar, aber der vollmundige, solide, sanfte Wein ist voll ausgereift, daher gilt es seine Intensität und Frucht zu genießen, bevor er nachzulassen beginnt und Tannin, Säure und Alkohol stärker in Erscheinung treten.
Voraussichtliche Genußreife: Jetzt bis 2000. Letzte Verkostung: 6/96.

1982 • 91   Dieser Wein war so preisgünstig, daß ich drei- bis sechsmal im Monat von ihm trank – bis meine Bestände allmählich zur Neige gingen. Er ist nicht so ausnehmend gut wie der 1989er und der 1990er La Dominique, aber herrlich opulent, allerdings auch aggressiver tanninherb. Die Farbe ist nach wie vor ein pflaumendunkles Rubinpurpurrot mit nur leichter Aufhellung am Rand. Das Bukett von fülliger schwarzer Frucht mit Düften von Süßholz, Rauch und *pain grillé* leitet über zu mittelschwerem bis vollem, expansivem, kernigem Geschmack mit etwas Tannin im Abgang. Dieser Wein hat durch die Kellerreife sehr an Klarheit der Linie gewonnen. Ich hatte geglaubt, er werde 1995 voll ausgereift sein, aber er ist noch immer im Jünglingsalter und dürfte mit seiner köstlichen, stämmigen, strammen Art in 1 bis 2 Jahren auf den Höhepunkt gelangen, wo er sich weitere 12 bis 15 Jahre halten wird. Letzte Verkostung: 6/98.

1981 • 84   Der 1981er La Dominique ist ein komplexer, mittelschwerer, schön ausgewogener Wein mit einem straffen, aber vielversprechenden Bukett von frischem Eichenholz, reicher Frucht und Kräuterdüften. Er zeigt sich sauber bereitet und bei mittlerem Körper voll ausgereift, dürfte sich aber in der Flasche noch 4 bis 6 Jahre gut halten.
Voraussichtliche Genußreife: Jetzt. Letzte Verkostung: 2/89.

1980 • 78   Der für seinen Jahrgang gut gelungene 1980er La Dominique ist ein geschmeidiger, fruchtiger Wein mit etwas kräuterhaftem, vegetabilem Anflug im Bukett. Am Gaumen zeigt er gute Frucht, mittleren Körper und einen milden, angenehmen Abgang.
Voraussichtliche Genußreife: Jetzt – vermutlich im Nachlassen. Letzte Verkostung: 6/84.

1979 • 75   Mir hat dieser stets magere, karge Wein, dem es an Fülle mangelt, nie große Bewunderung abgenötigt. Er ist allenfalls annehmbar mit einem attraktiven Bukett, als La Dominique aber eine Enttäuschung. Vielleicht kommt mit der Zeit verborgene Frucht zum Vorschein, aber Wetten würde ich darauf nicht abschließen.
Voraussichtliche Genußreife: Jetzt. Letzte Verkostung: 11/88.

1978 • 85   Dieser voll ausgereifte, wunderschöne, vollmundige, fruchtige La Dominique hat ein würziges Bukett von Kräutern, Zedern- und Eichenholzdüften, mittleren Körper, leichtes Tannin und einen milden, geschmeidigen, würzigen Abgang. Ein gut bereiteter Wein, der sich auf weitere 10 Jahre gut halten und schön trinken wird.
Voraussichtliche Genußreife: Jetzt bis 2000. Letzte Verkostung: 1/91.

1976 • 83   Dieser La Dominique ist (wie die meisten 1976er) etwas locker gewirkt, hat aber nicht die suppige Weichheit und strukturarme Art so vieler Weine aus diesem Jahrgang. Sein reifes, würziges Zedern- und Eichenholzbukett ist voll entwickelt. Am Gaumen zeigt sich dieser Wein mild, schön konzentriert und expansiv – ein köstlicher, mittelschwerer Tropfen.
Voraussichtliche Genußreife: Jetzt – vermutlich im Nachlassen. Letzte Verkostung: 2/84.

1975 • 89   Ein typischer 1975er, hart, adstringierend, vielversprechend, aber beharrlich unentwickelt und tanninstreng, unverändert verschlossen und taub, aber er zeigt gute Farbe, im Bukett einen Anflug von reifer Pflaumenfrucht und Zedernholz sowie annehmbare Gewichtigkeit und Nachhaltigkeit im Abgang. Nach wie vor steht die Frucht hinter dem Tannin zurück.
Voraussichtliche Genußreife: Jetzt. Letzte Verkostung: 3/88.

1971 • 90   Ein einziger Schluck vom 1971er kann den größten Skeptiker zum sofortigen Bewunderer von La Dominique machen. Er ist ein sensationeller Wein, nicht nur der beste St-Emilion, sondern überhaupt einer der Spitzenweine dieses Jahrgangs. Die Farbe ist mittelgranatrot, das konzentrierte, liebliche, reichhaltige Bukett bietet Düfte von Kräutern, Zedernholz, asiatischen Gewürzen und reifer Beerenfrucht, die Art ist sanft und seidig mit vielschichtiger, reifer Frucht und einem üppigen, alkoholstarken Abgang. Dieser Wein ist sicher ein Schlager des Jahrgangs, denn er steht schon über ein Jahrzehnt auf dem Höhepunkt seiner Reife. Warum aber etwas riskieren? Man sollte ihn lieber jetzt trinken.
Voraussichtliche Genußreife: Jetzt. Letzte Verkostung: 1/90.

1970 • 88   Der 1970er ist ein sehr attraktiver, ausgereifter St-Emilion, der zwar noch keine Gefahr läuft, auseinanderzufallen, aber doch am besten in den nächsten Jahren ausgetrunken werden sollte. In der mittelrubinroten Farbe zeigt sich leichtes Bernsteingelb, der Wein ist mild, duftig, reiffruchtig und bewunderungswürdig konzentriert mit einem samtigen Abgang. In den letzten Jahren hat er in der Flasche an Gewichtigkeit zugelegt und sollte nun in den nächsten 2 bis 4 Jahren getrunken werden.
Voraussichtliche Genußreife: Jetzt. Letzte Verkostung: 1/91.

Faugères
Grand Cru

SEHR GUT

Lage der Weinberge: St-Etienne de Lisse

Besitzerin: Corinne Guisez
Adresse: 3333 St-Etienne de Lisse
Telefon: 33 5 57 40 34 99 – Telefax: 33 5 57 40 36 14

Besuche: nach Vereinbarung, werktags von 8 bis 12 und von 14 bis 18 Uhr
Kontaktpersonen: A. Dourthe und S. Canfailla

ROTWEIN

Rebfläche: 12 ha in 1997

Durchschnittliches Rebenalter: 30 Jahre

Rebbestand: 70% Merlot, 25% Cabernet Franc, 5% Cabernet Sauvignon

Pflanzdichte: 6000 Reben/ha

Ertrag (im Durchschnitt der letzten 5 Jahre): 45 hl/ha

Durchschnittliche Jahresproduktion insgesamt: 110000 Flaschen

ST-EMILION

GRAND VIN

Name: Château Faugères

Appellation: St-Emilion Grand Cru

Durchschnittliche Jahresproduktion: 110 000 Flaschen

Verarbeitung und Ausbau: Vinifikation 3 Wochen in temperaturgeregelten konischen Edelstahltanks. Malolaktische Säureumwandlung bei 20 % des Ertrags in kleinen Fässern. 14 bis 16 Monate Ausbau in zu 50 % neuen Eichenfässern. Der Wein wird mit frischem Eiweiß geschönt und gefiltert.

Kein ZWEITWEIN

Beurteilung des derzeitigen Rangs: Qualitativ einem 5ème Cru aus dem Médoc gleichwertig

Genußreife: 3 bis 15 Jahre

JAHRGÄNGE

1997 • 87-88 Dieses Weingut zeigt beständig ein beträchtliches Potential und sollte durchaus berücksichtigt werden, wenn es um hochwertigen Wein in einem guten Preis/Leistungs-Verhältnis geht. Der 1997er zeichnet sich durch satte purpurrote Farbe, reintönige, süße Frucht von schwarzen Kirschen und Beeren, schön integrierten Eichenton und einen Hauch Minerale und Süßholz aus. Dieser reife, vollschlanke, wohlausgestattete Wein mit seiner milden Säure und bewunderungswürdigen kernigen Vollmundigkeit wird sich bereits in den ersten 10 Lebensjahren außerordentlich gut trinken, ich nehme aber an, daß er sich länger halten wird. Ein Schlager des Jahrgangs. Letzte Verkostung: 3/98.

1996 • 86-87 Tief purpurrot, mit würziger Eichennote und schwarzen Johannisbeeren im Aroma, präsentiert sich dieser mittelschwere, dichte, muskulöse 1996er, der im Abgang trockenes Tannin, aber auch reichlich Frucht, Extrakt und Fülle aufweist. Wenn sich alles schön zusammenfügt, wird dies ein exzellenter Wein zu einem sehr günstigen Preis.
Voraussichtliche Genußreife: 2003 bis 2012. Letzte Verkostung: 11/97.

1995 • 87 Dunkelrubinpurpurrote Farbe und ein rauchiges, sinnliches Aroma von schwarzen Kirschen, Süßholz, Vanillin und Gewürz sind Merkmale dieses mittelschweren, eleganten, aber schmackhaften, vollmundigen St-Emilion, der exzellente Tiefe und feine Ausgewogenheit besitzt. Im langen Abgang zeigt sich etwas Tannin, aber alles in allem ist dies ein zugänglicher, vordergründiger Bordeaux, der in den nächsten 7 bis 8 Jahren getrunken werden sollte. Auch er bietet ein gutes Preis/Leistungs-Verhältnis.

1993 • 85 Dieser solide gebaute, reife, mittelschwere Wein zeigt schöne Konzentration, viel schwarze Frucht und einen würzigen, mäßig tanninherben Abgang. Er dürfte sich in den nächsten 7 bis 8 Jahren schön trinken. Letzte Verkostung: 11/94.

1992 • 85 Der 1992er Faugères zeigt Eichennote, Gewürz, Kräuter, Tannin und reife Frucht in einem eingängigen, mittelschweren Format und wird sich 4 bis 5 Jahre lang schön trinken lassen. Letzte Verkostung: 11/94.

BORDEAUX

FERRAND-LARTIGUE
Grand Cru

AUSGEZEICHNET

Lage der Weinberge: St-Emilion

Besitzer: M. und Mme Pierre Ferrand
Adresse: 33330 St-Emilion
Telefon: 33 5 57 74 46 19 – Telefax: 33 5 57 74 49 19

Besuche: nur nach Vereinbarung
Kontaktperson: Laurent Descos

ROTWEIN

Rebfläche: 3 ha · Durchschnittliches Rebenalter: 40 Jahre

Rebbestand: 90 % Merlot, 10 % Cabernet Franc

Pflanzdichte: 5900 Reben/ha

Ertrag (im Durchschnitt der letzten 5 Jahre): 30 hl/ha

Durchschnittliche Jahresproduktion insgesamt: 12 000 Flaschen

GRAND VIN

Name: Château Ferrand-Lartigue

Appellation: St-Emilion Grand Cru

Durchschnittliche Jahresproduktion: 12 000 Flaschen

Verarbeitung und Ausbau: Gärdauer 10 Tage, Maischdauer 10 Tage. 20 Monate Ausbau in zu 70 % neuen (und 30 % einmal gebrauchten) Eichenfässern. Der Wein wird mit Eiweiß leicht geschönt und ohne Filtern abgefüllt.

Kein ZWEITWEIN

Beurteilung des derzeitigen Rangs: Qualitativ einem 4ème Cru aus dem Médoc gleichwertig

Genußreife: 4 bis 15 Jahre

JAHRGÄNGE

1997 • 85-86 Das untadelig geführte Weingut hat einen 1997er hervorgebracht, der einer von wenigen ist, die ich nur einmal verkosten konnte. Er schien mir für seine zarte Konstitution übermäßig viel Tannin aufzuweisen, hat aber guten Extrakt, Kirschen-, Erdbeer- und Cassis-Frucht, reichlich *pain grillé*, mittleren Körper sowie im Abgang trockenes Tannin. Interessant ist, daß der perfektionistische Besitzer nicht Traube für Traube, sondern Beere für Beere lesen ließ, um möglichst feinen Wein zu erzielen. Der 1997er ist zwar kein so großer Erfolg wie der 1995er und 1996er, ist aber ein wirklich guter Wein, der im Augenblick von einem Holzton beherrscht wird. Er dürfte sich 5 bis 7 Jahre lang schön trinken. Letzte Verkostung: 3/98.

1996 • 90-91 Der 1996er, eine wunderbare Leistung aus diesem kleinen Weingut, prangt in sattem Rubinpurpurrot und bietet eine verschwenderische Eichennote und betörenden Rauch- und Holzkohlecharakter. Der Wein ist fest gefügt und reichhaltig und hat vielschichtige Frucht von flüligen schwarzen Kirschen, vereint mit Schokolade und Cassis. Trotz seinem für Ferrand

Lartigue hohen Tanningehalt besitzt er Milde und Zugänglichkeit. Wieder einmal hat das kleine Gut einen Schlager des Jahrgangs produziert.
Voraussichtliche Genußreife: 2000 bis 2010. Letzte Verkostung: 3/98.

1995 • 89 Der 1995er Ferrand Lartigue, ein sinnlicher, offen gewirkter Wein, zeigt dunkelrubinrote Farbe, ein fülliges Aroma von kandierten Früchten und Toast, im Geschmack reife, samtige, komplexe, generöse Frucht von schwarzen Kirschen und Cassis sowie milde Säure. Dieser mittelschwere, bereits köstliche Wein trinkt sich ab sofort und in den nächsten 10 Jahren gut. Ein Schlager des Jahrgangs. Letzte Verkostung: 11/97.

1994 • 89+ Dieser wuchtige, mittelschwere bis volle 1994er hat tief rubinpurpurrote Farbe sowie ansehnliche Statur und Gewichtigkeit. Ein duftiges Bukett (rote und schwarze Frucht, Rauch und Toast) und geschmeidige, seidige Art kennzeichnen diesen St-Emilion, der in den ersten 10 Lebensjahren getrunken werden will – ein sehr sinnlicher Wein. Letzte Verkostung: 1/97.

1993 • 88 Der elegante, komplexe Wein zeigt dunkle rubinpurpurrote Farbe sowie süße, toastwürzige, rauchige Aromen, vereint mit reifer Frucht von schwarzen Johannisbeeren und Kirschen. Hinzu kommen mittlerer Körper und exzellente Reintönigkeit und Reife. Dieser stilvolle, seidige Wein trinkt sich jetzt und in den nächsten 5 bis 7 Jahren gut. Letzte Verkostung: 1/97.

FIGEAC
Premier Grand Cru Classé B

AUSGEZEICHNET

Lage der Weinberge: St-Emilion – auf dem Kiesplateau

Besitzer: Thierry Manoncourt
Adresse: 33330 St-Emilion
Telefon: 33 5 57 24 72 26 – Telefax: 33 5 57 74 45 74

Besuche: nur nach Vereinbarung

ROTWEIN

Rebfläche: 39,5 ha

Durchschnittliches Rebenalter: 35 Jahre

Rebbestand: 35 % Cabernet Sauvignon, 35 % Cabernet Franc, 30 % Merlot

Pflanzdichte: 6000 Reben/ha

Durchschnittliche Jahresproduktion insgesamt: 18 500 Kisten

GRAND VIN

Name: Château Figeac

Appellation: St-Emilion Grand Cru

Durchschnittliche Jahresproduktion: 18 500 Kisten.

Verarbeitung und Ausbau: 14 bis 18 Monate Ausbau in Eichenfässern.

ZWEITWEIN

Name: La Grangeneuve de Figeac

Beurteilung des derzeitigen Rangs: Entspricht qualitativ einem 2ème Cru aus dem Médoc

Genußreife: 3 bis 15 Jahre nach dem Jahrgangsdatum

Das mit rund 40 ha mittelgroße Weingut liegt auf dem Kiesplateau schräg über die Straße hinweg Cheval Blanc gegenüber (früher war es größer, und es gehörte Landbesitz dazu, der inzwischen zum Bestandteil von Cheval Blanc geworden ist). Viele Beobachter halten den Figeac seit langem für den zweitbesten Wein von St-Emilion – der Besitzer Thierry Manoncourt ist sogar fest überzeugt, daß sein Wein der feinste in der Appellation ist, und tut seine Meinung freimütig allen seinen Besuchern kund. Daß aus den Weinbergen von Cheval Blanc inzwischen viel Wein kommt, der früher den Namen Vin de Figeac trug, scheint seine Ansicht nur zu bestärken. Seitdem nun der Ausone mit dem Jahrgang 1976 seinen Wiederaufstieg begonnen und sich die Aufmerksamkeit der Weinliebhaber für die ausgezeichnete Qualität anderer St-Emilions verstärkt hat, muß sich Figeac mit zunehmender Konkurrenz herumschlagen.

Der aristokratisch wirkende und liebenswürdige Thierry Manoncourt produziert den Figeac in einem sehr populären Stil. In Spitzenjahrgängen ist sein Wein in Art und Qualität dem sagenhaft teuren Nachbarn Cheval Blanc viel näher, als der Preisunterschied vermuten ließe. Mit rubinroter Farbe, reichfruchtiger Art, einem ausdrucksvollen Duft von Menthol, Kräutern, Zedernholz und dunkler Frucht erweist sich der frühreif geschmeidige und charmante Figeac meist in der Jugend schon als gefällig, und er reift auch rasch aus, obwohl in seinem Rezept ein höherer Anteil an tanninreichem, adstringierendem Cabernet Sauvignon enthalten ist als in irgendeinem anderen bedeutenden St-Emilion. Die meisten neueren Jahrgänge (selbst die am schönsten konzentrierten) neigen zu voller Genußreife schon im Alter von 5 bis 6 Jahren. Nur die feinsten Figeac-Jahrgänge zeigten das Vermögen, 15 Jahre und länger in der Flasche zu reifen. Diese Schwäche aber ist nicht unbemerkt geblieben.

Kritiker von Figeac behaupten, dieser Wein könne profund sein, vielleicht sogar der größte in der Appellation, wenn die Lese später durchgeführt und die erstaunlich kurze Maischzeit verlängert würde. Einer der talentiertesten Önologen aus Libourne erklärte mir einmal, wenn er diesen Wein bereitete, dann könnte der Figeac besser sein als der Cheval Blanc.

Figeac hat auch in weniger günstigen Jahren gute Leistungen erbracht. Der 1977er, 1974er und 1968er, alles kaum begeisternde Jahrgänge, waren hier erheblich besser als bei den meisten gleichrangigen Gütern. Ich habe oft Schwierigkeiten bei der Beurteilung des Figeac, wenn er weniger als ein Jahr alt ist. In diesem frühen Stadium schmeckt dieser Wein häufig dünn, krautig und übermäßig vegetabil, füllt sich dann aber auf und legt im zweiten Jahr im Faß an Gewichtigkeit zu. Vielleicht beruht diese eigentümliche Charakteristik auf den hohen Anteilen an Cabernet Sauvignon und Cabernet Franc in den auf Kiesboden wachsenden Rebbeständen.

Der Preis des Figeac liegt allgemein am oberen Ende des Niveaus der besten 2èmes Crus aus dem Médoc, das aber erscheint bei der Qualität dieses Weins durchaus angemessen und realistisch.

Wer nach St-Emilion kommt, sollte nicht versäumen, sich zu einem Besuch bei Monsieur Manoncourt in seinem Château anzumelden. Diesen wunderschönen Landsitz mit den enormen, geschmackvoll ausgestatteten unterirdischen Kellern sowie seinen Besitzer, der so leidenschaftlich glaubt, der Name Figeac dürfe nicht in einem Atemzug mit Cheval Blanc und Ausone, sondern stets nur vor diesen beiden genannt werden, darf man sich nicht entgehen lassen.

JAHRGÄNGE

1997 • 81-85 Die hell- bis mittelrubinrote Farbe wirkt besorgniserregend, aber das Weingut strebt ja allgemein einen eleganten, verhaltenen Stil an. Der im Alter von 6 Monaten bereits schön zu trinkende 1997er Figeac ist in seiner Reife bemerkenswert weit fortgeschritten. Das pfefferige, kräuterwürzige Aroma von roten Johannisbeeren ist hübsch, aber nicht intensiv. Im Mund fühlt sich der leichte Wein sanft, rund und säurearm an. Er zeigt deutlich Charme, aber keine echte Tiefe oder Intensität. Ich würde empfehlen, ihn in den ersten 5 bis 6 Lebensjahren zu trinken. Letzte Verkostung: 3/98.

ST-EMILION

1996 • 83-86 Dieser hochinteressante Wein hat ein Aroma für 90 Punkte, aber nur Geschmack für 75 Punkte. Ich mag großen Figeac (z.B. den 1990er und 1982er), aber nur zu oft zeigt sich dieser Wein blutarm. Das umwerfende Aroma von Tabak, Früchtekuchen, asiatischen Gewürzen und Weihrauch wirkt fesselnd, am Gaumen aber erweist sich der Wein als kantig, schmalbrüstig und leicht im Körper, ohne genug Frucht und Fleisch für die Struktur. Falls er sich vertiefen oder an Gewichtigkeit zulegen sollte, dürfte meine Punktzahl bedeutend ansteigen, aber das adstringierende Tannin und die hohle Mitte des Geschmacks geben Anlaß zu Besorgnis.
Voraussichtliche Genußreife: 2000 bis 2008. Letzte Verkostung: 3/98.

1995 • 89 Der zum 50. Jubiläum der Besitzerfamilie Manoncourt herausgebrachte 1995er Figeac ist ein prachtvoll dunkelrubinroter, ganz aus Delikatesse und Komplexität bestehender Wein. Die multidimensionale, verlockende Duftfülle von Rauch, Toast, asiatischen Gewürzen, Menthol und Kirschen leitet über zu sanftem, rundem, vollem Geschmack mit Kirschgeistnuancen, vermischt mit Noten von schwarzen Johannisbeeren, Kräutern und grünem Tabak, der im Gegensatz zum hervorragenden Bukett allerdings nicht ganz so ausdrucksvoll wirkt. Dieser milde, aufgeschlossene Figeac läßt sich schon jung trinken, aber auch aufbewahren.
Voraussichtliche Genußreife: Jetzt bis 2010. Letzte Verkostung: 11/97.

1994 • 84 Die mitteldunkel rubinrote Farbe des 1994ers geht einher mit einem Aroma von Paprika, Oliven und schwarzen Johannisbeeren. Die Kräuterwürze kann nach 3 bis 4 Jahren Kellerreife in einen Zedernholzcharakter übergehen. Der Wein ist zwar zu tanninreich, kann aber bei mittlerem Körper reife, süße Frucht, gute Reintönigkeit und ein mittelschweres Gefühl im Mund vorweisen. Wer etwas für karge Weine übrig hat, dürfte von dieser Leistung mehr angetan sein als ich.
Voraussichtliche Genußreife: 2000 bis 2010. Letzte Verkostung: 1/97.

1993 • 79 Der dunkelrubinrote, schlanke, straffe Wein mit vegetabilem, paprikaduftigem Bukett bietet im Eingang süße Frucht, die aber rasch austrocknet und im gedämpften, leichten Abgang strenges Tannin zum Vorschein kommen läßt. Vielleicht ist dies der richtige Begleiter zu einer Gemüseterrine? Zu trinken ist er in den nächsten 5 bis 6 Jahren.
Letzte Verkostung: 1/97.

1990 • 94 Der 1990er ist ein großartiger Figeac, potentiell vollkommener und komplexer als der 1982er. Er zeigt (für einen Figeac recht untypische) dunkelpurpurrote Farbe und ein prachtvolles Bukett von Oliven, Früchtekuchen, fülliger schwarzer Frucht, Mineralen und Süßholz. Mittlerer bis voller Körper und reichliche glyzeringeschwängerte süße Frucht stehen mäßigem Tannin und milder Säure gegenüber. Der vollmundige, reichhaltige, zugleich aber auch elegante und komplexe Wein ist aufgrund seiner süßen Frucht bereits zugänglich, verspricht aber nach 3 bis 4 Jahren Flaschenreife noch mehr Genuß; er wird 20 Jahre überdauern. Ich sage voraus, daß der 1990er Figeac einer der Weine mit dem hinreißendsten Aroma- und Geschmacksprofil der neunziger Jahre sein wird – ein grandioser Wein! Letzte Verkostung: 11/96.

1989 • 83 Der 1989er ist ein unterernährter, schmalbrüstiger, krautiger Wein mit mittelrubinroter Farbe, wenig Charme und ganz ohne Konzentration oder Intensität. In Anbetracht des hohen Anteils von Cabernet Franc und Cabernet Sauvignon im Mischungsverhältnis überrascht es nicht, daß ein ausgeprägt grüner, vegetabiler Charakter zu bemerken ist, aber der Mangel an Intensität und Geschmack war diesmal noch deutlicher, als ich es in Erinnerung hatte.
Letzte Verkostung: 11/96.

1988 • 83 Der 1988er hat mäßig tief rubinrote Farbe, starkes Tannin und einen herben, mageren, kargen, überaus kräuterhaften Charakter, gefolgt von einem leichten, überraschend kurzen Abgang.
Voraussichtliche Genußreife: Jetzt bis 2000. Letzte Verkostung: 1/93

1986 • 87 Diesen Wein habe ich in seiner Jugend überschätzt, weil ich glaubte, im Lauf der Zeit würden sich Fett und Reife einstellen. Nach wie vor zeigt er ein Bukett mit Noten von Erde, Minze und Kräutern, vermischt mit Düften von Eichenholz und schwarzer Frucht, aber der Geschmack hat sich in der Mitte nicht aufgefüllt und ist immer noch karg mit deutlich hartem

Tannin im Abgang. Dieser Wein, der in seiner Jugend köstlich war, ist auch jetzt noch ein schmackhafter, sehr guter bis ausgezeichneter Figeac, aber so herausragend, wie ich es ihm vorhergesagt hatte, ist er nicht geworden.
Voraussichtliche Genußreife: Jetzt bis 2006. Letzte Verkostung: 11/97.

1985 • 86   Neben dunklem Rubingranatrot mit Bernsteingelb am Rand zeigt dieser rauchige, zedernholzduftige, kräuterwürzige Wein auch reife Frucht und eine kräftige Eichenholznote. Dieser 1985er ist schon seit Jahren ausgereift und sollte in Anbetracht seiner Milde und des bernstein/orangefarbenen Saums in den nächsten 5 bis 6 Jahren getrunken werden. Bei mittlerem Körper ist er sanft und nicht besonders konzentriert, aber elegant und gefällig.
Voraussichtliche Genußreife: Jetzt bis 2002. Letzte Verkostung: 11/96.

1983 • 87   Dieser voll ausgereifte Wein bietet ein Bukett von Kräutern, Süßholz, Rauch und fülliger Beerenfrucht; hinzu kommen geschmeidiger, an Früchtekuchen erinnernder Geschmack, samtiges Tannin und milde Säure. Im untypisch scharfen Abgang ist Alkohol deutlich zu spüren. Dieser Wein steht am Ende seiner Entwicklung und sollte am besten in den nächsten Jahren getrunken werden, ehe die Frucht verblaßt und der Alkohol noch spürbarer wird.
Voraussichtliche Genußreife: Jetzt. Letzte Verkostung: 11/96.

1982 • 93   Dieses wunderbare beispielhafte Figeac gehört zu den feinsten Weinen, die in diesem Gut je entstanden sind. (Ich nehme an, daß der 1990er ihm würdig an die Seite treten wird.) Der 1982er trinkt sich schon seit 4 bis 5 Jahren köstlich, er war nie ein Kraftprotz oder Schwergewicht, zeigt aber außerordentliche Duftigkeit und Komplexität. Das intensive Bukett von Beerenfrucht, asiatischen Gewürzen und Kräutern wirkt provokativ. Am Gaumen zeigt der mittelschwere Wein keinerlei Schärfe, sondern schöne Reife, seidig zarte Art und die für Figeac charakteristische Fruchtigkeit mit Noten von Oliven, schwarzen Johannisbeeren und Vanillin. Es ist schwer vorherzusagen, wie lange ein Wein wie dieser sich halten wird. Auf seinem Höhepunkt ist er jedenfalls, und er dürfte dort noch einmal 15 Jahre verharren. Letzte Verkostung: 9/95.

1981 • 82   Der weder aus dem Faß noch aus der Flasche übermäßig eindrucksvolle 1981er Figeac schmeckt etwas langweilig und kommerziell. Er ist kräuterwürzig, sehr mild, samtig, hat mittleren Körper, leichtes Tannin und geringe Säure, was auf rasches Ausreifen hindeutet.
Voraussichtliche Genußreife: Jetzt. Letzte Verkostung: 3/88.

1979 • 83   Der inzwischen reife und schön zu trinkende 1979er Figeac hat ein mäßig intensives Bukett mit milder, würziger, zedernholzduftiger Frucht, dazu annehmbare, aber nicht weiter ungewöhnliche Fülle und Konzentration, mittleren Körper und einen milden Abgang ohne spürbares Tannin – ein gewiß guter, aber für die Klasse und den Preis eines Figeac enttäuschender Wein.
Voraussichtliche Genußreife: Jetzt – vermutlich im Nachlassen. Letzte Verkostung: 2/84.

1978 • 85   Anfänglich erschien der 1978er Figeac sehr fruchtig, mild, ziemlich schlicht und dazu bestimmt, jung getrunken zu werden. Die Entwicklung in der Flasche ist geprägt durch eine Vertiefung des Geschmacks und eine ausgeprägtere Fülle sowie die Entfaltung eines kräftigeren Körpers. Inzwischen ist dieser Wein beeindruckender geworden, aber bei voller Reife ist er doch ein Leichtgewicht, dem es an Konzentration fehlt.
Voraussichtliche Genußreife: Jetzt. Letzte Verkostung: 3/91.

1977 • 75   Der Figeac ist einer von wenigen Weinen, die in diesem schlechten Jahrgang gut gelungen sind: Das Château hat einen fruchtigen, milden, samtigen 1977er mit gutem Körper und annehmbarer Nachhaltigkeit zustande gebracht.
Voraussichtliche Genußreife: Jetzt – wahrscheinlich stark im Nachlassen.
Letzte Verkostung: 10/84.

1976 • 86   Der 1976er Figeac war einer der Spitzenerfolge dieses Jahrgangs und in allen Verkostungen stets eindrucksvoll. Ein kräftiges, tiefes, zedernholzduftiges, reif-fruchtiges Bukett mit schöner Komplexität, auf der Zunge sanfte, volle, körperreiche Art ohne die suppige Weichheit und den verwässerten Charakter so vieler Weine aus diesem Jahrgang war er in der Vollreife ein runder, konzentrierter, reichhaltiger Genuß.

ST-EMILION

Voraussichtliche Genußreife: Jetzt – wahrscheinlich stark im Nachlassen.
Letzte Verkostung: 6/83.

1975 • 87 Der fortgeschrittenen Farbe nach könnte es sich um einen 30 bis 40jährigen Wein handeln, demgegenüber besitzt der 1975er Figeac ein umwerfendes Bukett von Zedernholz, reifer, fülliger Kirschen- und Johannisbeerfrucht, asiatischen Gewürzen und Kräutertee. Es leitet über zu einem immer trockener werdenden Geschmack, in dem die Teekomponente immer deutlicher hervortritt und das Tannin die Oberhand gegenüber der Frucht gewinnt. Es finden sich zwar noch Nuancen von reifen Kirschen, Kräutern und Kaffee vor, aber der Wein dürfte doch am Ende seiner Entwicklung stehen. Diesen Beobachtungen steht freilich entgegen, daß der 1975er in einem Dekanter 2 Tage lang durchhielt, ehe er zu verblassen begann.
Letzte Verkostung: 12/95.

1971 • 84 Ich hatte stets geglaubt, diesem Wein fehle es an Fülle und Tiefe, und deshalb sei er in diesem allgemein für St-Emilion und Pomerol doch guten Jahrgang enttäuschend. Im Jahr 1984 bekam ich dann zwei Beispiele des 1971er Figeac zu sehen, die sich als reif, geröstet, tief und köstlich fruchtig herausstellten, so daß ich mich über das ungewöhnliche Maß an Unterschiedlichkeit von Flasche zu Flasche wunderte.
Voraussichtliche Genußreife: Jetzt – wahrscheinlich stark im Nachlassen.
Letzte Verkostung: 12/84.

1970 • 90 Dieser Wein ist schon seit mindestens einem Jahrzehnt voll ausgereift, aber nach wie vor zeigt er kräuter-, mineral- und pflaumenduftiges Bukett bei reifem, üppigem, expansivem Geschmack, der seit Mitte der achtziger Jahre noch ein wenig an Gewichtigkeit und Intensität gewonnen zu haben scheint. Das Tannin ist ganz und gar abgeschmolzen, und der Gesamteindruck ist der eines runden, generös ausgestatteten, seidig-zarten Weins. Ich würde empfehlen, ihn in den nächsten 3 bis 5 Jahren zu trinken, aber ich habe mich im Lebensdauerpotential des Figeac schon so oft geirrt, daß auch dieser Wein durchaus noch länger ausdauern kann.
Voraussichtliche Genußreife: Jetzt. Letzte Verkostung: 1/91.

1966 • 85 Eine achtbare Leistung von Figeac, schön bereitet, fruchtig, duftig, mit reifer Frucht und Zedernholz im Bukett. Dieser Wein war schon bei der letzten Verkostung voll ausgereift, hat aber die Ausstaffierung und das Gleichgewicht für gute Haltbarkeit. Der 1966er ist nicht so kraftvoll und körperreich wie der 1964er oder 1970er, aber elegant und attraktiv.
Voraussichtliche Genußreife: Jetzt. Letzte Verkostung: 1/82.

1964 • 94 Nachdem ich zahlreiche normalgroße und eine Kiste von Magnumflaschen durchprobiert habe, kann ich eindeutig erklären, daß dieser 1964er einer der zwei bis drei größten Figeacs ist, die ich je gekostet habe. Er trinkt sich seit dem Anfang der siebziger Jahre sagenhaft schön und bildet den überzeugenden Beweis, daß Figeac mit den breitesten Zeitrahmen der Genußreife in ganz Bordeaux besitzt. Der Wein ist nach wie vor ein großartiger Vertreter des Jahrgangs 1964 – opulent, mit intensiver, tiefer, reicher Fruchtigkeit, samtiger Art und einem sensationellen Bukett voller Zedernholz, Kastanien, Pflaumen, Kräuter und Rauch. Dieser außerordentlich sanfte und reife Wein spricht allen Gesetzen des Alterns hohn.
Voraussichtliche Genußreife: Jetzt. Letzte Verkostung: 10/94.

1962 • 80 Der noch erfreuliche, aber seine Frucht bereits einbüßende und bedeutende Braunfärbung annehmende 1962er Figeac ist ein für dieses Château recht leichter Wein und sollte getrunken werden.
Voraussichtliche Genußreife: Jetzt – wahrscheinlich stark im Nachlassen.
Letzte Verkostung: 7/80.

1961 • 94? Mehrere kürzlich verkostete Flaschen dieses Weins gaben Anzeichen dafür zu erkennen, daß der 1961er aus den Fugen geht und seine Frucht verliert. Andererseits habe ich ihn in den USA aus einer in einem kalten Keller gelagerten Magnumflasche erlebt und war von seiner außerordentlichen Qualität begeistert, die wieder einmal die Weisheit bestätigte, daß es bei altem Bordeaux keine großen Weine, sondern nur große Flaschen gibt. Aus dieser mit peinlicher Sorgfalt aufbewahrten Magnumflasche zeigte der 1961er dunkelgranatrote Farbe mit mäßigem

Rostrot am Rand. Das mächtige, starkduftige Bukett von Früchtekuchen, Zedernholz, fülligen Pflaumen und anderer schwarzer Frucht leitete über zu einem opulenten, üppigen, reichhaltigen Wein mit mildem Tannin im Abgang. Dieser Flasche war voll ausgereift, hätte sich aber noch einmal 10 Jahre gehalten. Letzte Verkostung: 7/97.

ÄLTERE JAHRGÄNGE

Den 1959er (91 Punkte in 1990) habe ich seit der letzten Ausgabe dieses Buchs nicht wieder verkostet, aber ich nehme an, daß gut gelagerte Flaschen noch immer eindrucksvoll sein dürften. Er war ein wuchtiger, voller, sonnengedörrter Figeac, typisch für die trocken-heiße Wachstumsperiode von 1959. Der 1955er (95 Punkte; letzte Verkostung 10/94) ist einer von jenen brillanten, aber unbekannten großen Weinen des Jahrhunderts, die von Zeit zu Zeit auf Auktionen erscheinen und für ein Butterbrot weggehen, weil der Jahrgang so wenig Pressepublizität hatte. Dieser 1955er, der doch aus einem Château stammt, das meist rasch heranreifende Weine produziert, ist unentwickelter als der 1964er, aber reichhaltiger als der 1982er und der 1990er (zumindest nach ihrem jetzigen Erscheinungsbild). Er bietet außerordentlichen Duft von reifen Pflaumen, Cassis, Minze, Kräutern, Rauch und Gewürzen, ist für einen Figeac dicht und konzentriert und hat noch Tannin abzuwerfen – ein Kandidat für ein halbes Jahrhundert Entfaltungszeit. Einen 1953er (93 Punkte; 10/94) erstehen zu wollen, kann riskant sein, wenn die Flasche nicht einwandfrei gelagert war. In Bestform zeigt er ein mächtiges Bukett mit Noten von Rauch, Erde, Kräutern, Mineralen, Frucht und Menthol; hinzu kommen sanfter, samtiger, mittelschwerer Geschmack, kein spürbares Tannin und kräftiger Alkohol im Abgang. Er ist seit mindestens 2 Jahrzehnten völlig ausgereift, daher wird er vermutlich nicht mehr besser. Der 1950er (88 Punkte; 12/96) ist wiederum ein feiner Wein aus diesem unterschätzten Jahrgang, in dem einige sehr feine St-Emilions und herrliche Pomerols zustande kamen. Er besaß dunkelgranatrote Farbe mit Orange und Bernsteingelb am Rand. Das Bukett bot intensive Noten von Rauch, Grillgewürz, Zedernholz und getrockneten Früchten und leitete über zu einem mittelschweren, sanften, runden, geschmeidigen Wein, der offenbar schon seit mindestens 10 Jahren voll ausgereift ist.

Der herrliche 1949er (94 Punkte; 1/96) ist einer der größten Figeacs, die ich kenne. Sein Aromaprofil umfaßte Noten von Zigarrenkisten und Früchtekuchen; hinzu kam eine prachtvoll reichhaltige, nahtlose Geschmacksfülle, die ohne jede Schwere über den Gaumen strömte, und schließlich außergewöhnliche Süße der Frucht und reichlich Glyzerin. Diesem glorreichen Figeac möchte ich einmal in größeren Formaten, z. B. Magnumflaschen, begegnen! Der 1947er (70 Punkte; 11/96) wies ein ältliches, vegetabiles, an getrocknete Früchte erinnerndes Bukett auf, das zur ebenfalls ältlich wirkenden, mit Bernsteingelb und Rostrot versehenen Farbe paßte. Im Mund machten sich staubtrockenes Tannin, scharfer Alkohol und das Fehlen echter Fülle und Frucht bemerkbar. Für einen Wein aus meinem Geburtsjahr war er enttäuschend.

LA FLEUR
Grand Cru

Lage der Weinberge: auf einem Hügel nördlich von St-Emilion

Besitzerin: Madame Lacoste
Adresse: 33330 St-Emilion
Postanschrift: c/o Ets. Jean-Pierre Moueix, 54, quai du Priourat, B.P. 129, 33502 Libourne
Telefon: 33 5 57 51 78 96 – Telefax: 33 5 57 51 79 79

Besuche: nach Vereinbarung, nur für Fachbesucher
Kontaktperson: Frédéric Lospied

ST-EMILION

ROTWEIN

Rebfläche: 9 ha

Durchschnittliches Rebenalter: 20 Jahre

Rebbestand: 90 % Merlot, 10 % Cabernet Franc

Pflanzdichte: 5500 bis 6000 Reben/ha

Ertrag (im Durchschnitt der letzten 5 Jahre): 50 hl/ha

Durchschnittliche Jahresproduktion insgesamt: 2000 Kisten

GRAND VIN

Name: Château La Fleur

Appellation: St-Emilion Grand Cru

Durchschnittliche Jahresproduktion: 2000 Kisten

Verarbeitung und Ausbau: Vinifikation 18 Tage in Betontanks ohne Temperaturregelung. Malolaktische Säureumwandlung im Tank, anschließend 18 Monate Ausbau in zu 20 % neuen Eichenfässern; Abstich alle 3 Monate von Faß zu Faß. Der Wein wird geschönt, aber nicht gefiltert.

Kein ZWEITWEIN

Beurteilung des derzeitigen Rangs: Entspricht qualitativ einem Cru Bourgeois aus dem Médoc

Genußreife: 2 bis 8 Jahre nach dem Jahrgangsdatum

Christian Moueix, Mitbesitzer von Château Pétrus, betreibt auch dieses kleine Weingut in St-Emilion. Jahrelang haben die Weine nie viel Charakter an den Tag gelegt, sondern eher eine schlichte, milde, leichte, eingängige Art. In der Mitte der neunziger Jahre entdeckte ich in ihnen dann mehr Frucht und Tiefe und infolgedessen mehr Charme und Eingängigkeit. Die Weinbereitung und der Vertrieb liegen in den Händen der Firma Jean-Pierre Moueix. In der Regel sollte der La Fleur innerhalb von 7 bis 8 Jahren getrunken werden, da er selten über die erforderliche Ausstaffierung für längere Kellerlagerung verfügt.

JAHRGÄNGE

1997 • 85-86 Der 1997er La Fleur, ein charmanter, reichfruchtiger, vordergründiger Bordeaux ohne Schärfen, bietet kräftige Kirschenfrucht im Verein mit Kräutern und Gewürzen. Er präsentiert sich bereits samtig, weit entfaltet und trinkfertig, kann also ab seiner Freigabe bis 2006 genossen werden.

1996 • 84-85 Der sanfte, elegante, gefällige Wein zeigt schöne Johannisbeeren- und Kirschenfrucht in eingängiger, genußreifer, leichter und milder Form. Diese Leistung nimmt sich zwar etwas kommerziell aus, ist aber für den in St-Emilion schwierigen Jahrgang gut gelungen. Voraussichtliche Genußreife: Jetzt bis 2004. Letzte Verkostung: 3/98.

1995 • 87 Weinfreunde und Restaurants, die nach einem sanften, verführerischen, reichfruchtigen Bordeaux Ausschau halten, der nicht so teuer ist wie Schmuck von Tiffany, sollten diesen ansprechenden, mittelschweren bis vollen, runden, samtigen St-Emilion unter die Lupe nehmen. Er hat mitteltief rubinrote Farbe und ein schön entfaltetes Bukett von rülligen schwarzen Kirschen, Erdbeeren und Gewürzen. Der geschmeidige Geschmack ist ganz Finesse, Frucht und Saftigkeit. Dieser köstliche 1995er La Fleur ist jetzt und in den nächsten 7 bis 8 Jahren schön zu trinken. Ein Geheimtip. Letzte Verkostung: 11/97.

1994 • 86 Der wohlgelungene 1994er La Fleur aus einem Jahrgang, der auf dem rechten Dordogne-Ufer günstiger ausfiel als im Médoc, zeigt mittelrubinrote Farbe sowie attraktive Beerenfrucht, vermischt mit Vanillin und Gewürz. Im Eingang findet sich mittelschwere, konzentrierte Geschmacksfülle in schlichter, gefälliger, reintöniger Form ohne großen Anspruch. Dieser schmackhafte, im Stil fast burgunderähnliche St-Emilion dürfte sich in den ersten 5 bis 8 Lebensjahren schön trinken lassen. Letzte Verkostung: 11/97.

1993 • 86? Das Weingut bringt seit einiger Zeit bessere Weine hervor; es überrascht also nicht, daß auf den köstlich opulenten 1992er ein zwar tanninreicherer und fest strukturierter, aber dabei konzentrierter und vielversprechender 1993er gefolgt ist. Der Wein hat vielleicht zuviel Tannin, jedoch gute Tiefe und Reife. Nach dem Schönen dürfte er zugänglicher und geschmeidiger erscheinen. Letzte Verkostung: 11/94.

1992 • 86 Dieser Wein hat sich als weit besser herausgestellt, als ich vorausgesagt hatte. Bei seiner vollschlanken, saftigen Art besteht kein Grund, den Genuß aufzuschieben. Der üppige, vordergründige, vor fülliger Frucht und Eichentoast überquellende Bordeaux dürfte sich 4 bis 6 Jahre lang schön trinken lassen. Letzte Verkostung: 11/94.

1990 • 86 Der 1990er bietet ein übervolles Bukett mit Noten von vanillinsüßem Eichenholz, fülliger Beerenfrucht und Blumen. Er ist ganz aus seidiger, vollmundiger, saftiger Substanz und mildem Tannin. Zu trinken ist er in den nächsten 5 bis 7 Jahren – kein komplexer, aber ein überaus köstlicher Wein. Letzte Verkostung: 1/93.

FONPLÉGADE
Grand Cru Classé

GUT

Lage der Weinberge: an den Hängen südlich von St-Emilion

Besitzer: Armand Moueix
Adresse: 33330 St-Emilion
Telefon: 33 5 57 74 43 11 – Telefax: 33 5 57 74 44 67

Besuche: vorzugsweise nach Vereinbarung, täglich außer dienstags und mittwochs von 10 bis 18 Uhr
Kontaktperson: Sébastien Nugues

ROTWEIN

Rebfläche: 18 ha

Durchschnittliches Rebenalter: 35 Jahre

Rebbestand: 60 % Merlot, 35 % Cabernet Franc, 5 % Cabernet Sauvignon

Pflanzdichte: 5400 Reben/ha

Ertrag (im Durchschnitt der letzten 5 Jahre): 50 hl/ha

Durchschnittliche Jahresproduktion insgesamt: 990 hl

GRAND VIN

Name: Château Fonplégade

Appellation: St-Emilion Grand Cru

Durchschnittliche Jahresproduktion: 600 hl

ST-EMILION

Verarbeitung und Ausbau: Vinifikation rund 3 Wochen, jeweils zur Hälfte in Edelstahl- und Betontanks. 18 Monate Ausbau in jährlich zu $1/3$ erneuerten Eichenfässern. Der Wein wird geschönt, aber nicht gefiltert.

ZWEITWEIN

Name: Château Côtes des Trois Moulins

Durchschnittliche Jahresproduktion: 390 hl

Beurteilung des derzeitigen Rangs: Entspricht qualitativ einem Cru Bourgeois, in manchen Jahrgängen jedoch auch einem 5ème Cru aus dem Médoc

Genußreife: 3 bis 12 Jahre nach dem Jahrgangsdatum

Fonplégade verdient höheres Renommee, als ihm bisher zuteil wird. Der Weinberg befindet sich in bester Lage an den Südhängen von St-Emilion, nicht weit vom berühmten Weingut Magdelaine. Das Château wurde gegen Ende des 19. Jahrhunderts von seinem damaligen Besitzer, einem *négociant* namens Boisard, erbaut und ist eines der ansehnlicheren in der Appellation. Seit 1953 gehört das Gut der Familie Armand Moueix.

Der Stil des Weins von Fonplégade hat sich im Lauf der Jahre nicht verändert. Er ist einer der besten aus den Armand Moueix-Besitzungen, meist dunkel, mit viel reicher, pflaumenwürziger Frucht von dunklen Kirschen, einem Schuß rauchigem, toastwürzigem, frischem Eichenholz und mit milder, üppiger Art. Er ist jung bereits schön zu trinken, in den meisten Jahrgängen hat er aber auch das Potential für 10 und mehr Jahre Lebensdauer. In der Hierarchie von St-Emilion ist Fonplégade unterbewertet.

JAHRGÄNGE

1995 • 86   Der 1995er zeigt schwarzblaurubinrote Farbe und reichliche süße schwarze Johannisbeeren im verlockenden Aromaprofil. Im Geschmack finden sich vielschichtige Frucht, gutes Glyzerin, kräftiger Extrakt, Gewürz und ein beruhigend langer Abgang.
Voraussichtliche Genußreife: 2001 bis 2012. Letzte Verkostung: 11/97.
1994 • 75   Der 1994er zeigte sich vor der Abfüllung beständig abweisend, uncharmant und kantig und danach auch nicht besser. Mittelrubinrote Farbe mit einem wässerigen Rand und ein staubtrockenes, nach Filterpapier riechendes Aroma kennzeichnen diesen kurzen, knappen, nichtssagenden Wein, dem es an der für gute Entwicklung nötigen Frucht und Tiefe fehlt.
Letzte Verkostung: 1/97.
1993 • 85   Dieser attraktive Wein hat nichts vom vegetabilen paprikaähnlichen Charakter, der in vielen 1993ern anzutreffen ist, vielmehr kann dieser mittelschwere, dunkelrubinrote Fonplégade süße Frucht von reifen Pflaumen vorweisen. Milde Säure und üppige, zugängliche Art dürften ihn auf weitere 6 bis 7 Jahre zu einem sauberen, zwar wenig inspirierenden, aber wohlschmeckenden Genuß machen. Letzte Verkostung: 1/97.
1992 • 80   Mittelrubinpurpurrote Farbe und ein würziges Bukett mit Noten von fülligen Kirschen kennzeichnen diesen mittelschweren Wein, der etwas Tannin, milde Säure und durchschnittliche Konzentration zu bieten hat. Er ist ein gefälliger, wenn auch nicht besonders interessanter Tropfen und sollte in den nächsten 5 bis 6 Jahren getrunken werden.
Letzte Verkostung: 11/94.
1990 • 88   Der 1990er weist exzellente Konzentration, viel Tannin, satte Farbe, schöne Säure und körperreiche Robustheit auf – ein wohlgelungener St-Emilion, der feinste Fonplégade seit Jahren. Zu trinken ist er in den nächsten 8 bis 12 Jahren.
Letzte Verkostung: 1/93.

1989 • 85 Der 1989er ist ein generös fruchtiger, alkoholstarker Wein, der bis zu 10 Jahre überdauern kann. Es fehlt ihm allerdings an der besonderen Dimension in Konzentration und Komplexität, die von den Spitzenweinen der Appellation in diesem Jahrgang an den Tag gelegt wird. Er ist rund, geschmeidig und bereits mit großem Genuß zu trinken.
Voraussichtliche Genußreife: Jetzt bis 2002. Letzte Verkostung: 1/93.

FONROQUE
Grand Cru Classé

GUT

Lage der Weinberge: Am Westhang des Lieu-dit Cadet

Besitzer: G.F.A. Château Fonroque
Adresse: 33330 St-Emilion
Postanschrift: c/o Ets. Jean-Pierre Moueix, 54, quai du Priourat, B.P. 129, 33502 Libourne
Telefon: 33 5 57 51 78 96 – Telefax: 33 5 57 51 79 79

Besuche: nach Vereinbarung, nur für Fachbesucher
Kontaktperson: Frédéric Lospied

ROTWEIN

Rebfläche: 18 ha

Durchschnittliches Rebenalter: 35 Jahre

Rebbestand: 70 % Merlot, 30 % Cabernet Franc

Pflanzdichte: 5500 bis 6000 Reben/ha

Ertrag (im Durchschnitt der letzten 5 Jahre): 45 hl/ha

Durchschnittliche Jahresproduktion insgesamt: 6500 Kisten

GRAND VIN

Name: Château Fonroque

Appellation: St-Emilion Grand Cru

Durchschnittliche Jahresproduktion: 6500 Kisten

Verarbeitung und Ausbau: Vinifikation 18 Tage in temperaturgeregelten Betontanks. Malolaktische Säureumwandlung im Tank, anschließend 18 Monate Ausbau in zu 25 % neuen Eichenfässern; Abstich alle 3 Monate von Faß zu Faß. Der Wein wird mit Eiweiß geschönt, aber nicht gefiltert.

Kein ZWEITWEIN

Beurteilung des derzeitigen Rangs: Entspricht qualitativ einem Cru Bourgeois aus dem Médoc

Genußreife: 4 bis 12 Jahre nach dem Jahrgangsdatum

Fonroque liegt für sich allein nordwestlich von St-Emilion. Das Weingut gehört dem hochangesehenen Haus Jean-Pierre Moueix aus Libourne und wird von Christian Moueix geleitet. Nun wird der Name Moueix häufiger mit so berühmten Weingütern in St-Emilion und Pomerol wie Pétrus, Trotanoy und Magdelaine in Verbindung gebracht, und deshalb ist der Wein von Fonroque meist überaus preiswert, aber auch interessant und eigenständig sowie stets gut bereitet.

ST-EMILION

Der Stil neigt mehr zur robusten, vollen, tanninreichen, mittelschweren Art von St-Emilion. Aufbewahrung verträgt dieser Wein recht gut, in besseren Jahrgängen verlangt er sogar nach 2 bis 3 Jahren Kellerreife, ehe er sich schön trinkt.

JAHRGÄNGE

1997 • 84-86+   Dieser mittelrubinrote Wein ist ein St-Emilion der rustikalen, animalischen, erdigen Art. Er zeigt reintönige Kirschenfrucht, mittleren Körper, moderates Tannin und einen ordentlichen Abgang. Er ist ein wenig zu karg und vielleicht widersprüchlich und damit typisch für die Weine aus dieser Lage.
Voraussichtliche Genußreife: 2001 bis 2009. Letzte Verkostung: 3/98.

1996 • 85-86   Mit dunklem Rubinrot und Noten von Erde, schwarzen Kirschen, Teer und Gras präsentiert sich dieser elegante, mittelschwere, moderat ausgestattete Wein in staubtrockener Art und mit einem würzigen, sauberen Abgang. Er hat süße Frucht im Eingang, und das Tannin ist unaufdringlich, deshalb rechne ich damit, daß er sich rasch entfalten und 10 bis 12 Jahre überdauern wird. Letzte Verkostung: 3/98.

1995 • 87   Der dunkelrubinrote, würzige, mittelschwere bis volle Wein besitzt ein festes, aber vielversprechendes Aroma mit Noten von Eisen, Erde, fülliger Johannisbeerfrucht und Kirschgeist, dazu exzellente Fülle, eine markante Erde- und Trüffelkomponente in Duft und Geschmack sowie moderates Tannin im soliden Abgang. Dieser muskulöse, aber vollmundige Fonroque stellt eine schöne Leistung dar.
Voraussichtliche Genußreife: 2000 bis 2012. Letzte Verkostung: 11/97.

1992 • 74?   Im Faß hielt ich den 1992er Fonroque mit tief rubinroter Farbe, einem kräftigen, sonnengedörrten Bukett von Gewürzen, Erde und Fleisch sowie reifem, mittelschwerem Geschmack für exzellent. Nach der Abfüllung zeigt er sich nun unbändig tanninstreng, bereits bar jeder Frucht und im Lauf der nächsten 3 bis 4 Jahre der völligen Auszehrung überantwortet. Ein Wein ohne Charme, nichts als Muskeln ohne Verstand. Am besten meidet man ihn. Letzte Verkostung: 11/94.

1990 • 88   Der 1990er ist ein kräftiger, vollmundiger, milder, opulenter St-Emilion mit vollem Körper, guter Intensität und schöner Tiefe. Er hat reichliche Frucht, viel Gewürz und Kräuter und einen schönen Hauch süßes Vanillin aus neuen Eichenfässern. Dieser feinste Fonroque seit Jahrzehnten kann in den nächsten 10 Jahren getrunken werden. Letzte Verkostung: 1/93.

1989 • 86   Der 1989er ist ausgezeichnet und hat das Format, die Fülle und den kräftigen Alkoholgehalt dieses Jahrgangs aufzuweisen, dazu eine opulente, vollmundige Art. Dieser kräftig gebaute Fonroque dürfte für die nächsten 5 bis 9 Jahre schönen Genuß bereiten.
Voraussichtliche Genußreife: Jetzt bis 2000. Letzte Verkostung: 4/91.

1988 • 83   Der 1988er zeigt untergründige reife Frucht, würziges frisches Eichenholz, gute Säure und im Abgang aggressives Tannin – ein gefälliger, doch ausdrucksschwacher Wein.
Voraussichtliche Genußreife: Jetzt bis 2000. Letzte Verkostung: 4/91.

1983 • 85   Ein typischer Fonroque, tief dunkel, mit kräftigem, aber mildem Tannin und vielschichtiger reifer Frucht bei mittlerem Körper.
Voraussichtliche Genußreife: Jetzt. Letzte Verkostung: 3/88.

1982 • 85   Der 1982er Fonroque ist in einem offen gewirkten Stil bereitet, hat ein intensiv fruchtiges, würziges, pflaumenduftiges Bukett, vollen Körper, dunkelrubinrote Farbe mit etwas Bernsteinschimmer, samtige Art und einen milden, generösen Abgang – ein kräftiger, fülliger und überreich fruchtiger Wein mit viel reifem Tannin; er sollte in den nächsten Jahren ausgetrunken werden.
Voraussichtliche Genußreife: Jetzt. Letzte Verkostung: 1/90.

BORDEAUX

Franc-Mayne
Grand Cru Classé

GUT

Lage der Weinberge: St-Emilion

Besitzer: Georgy Fourcroy u.a.
Adresse: 33330 St-Emilion
Telefon: 33 5 57 24 62 61 – Telefax: 33 5 57 24 68 25

Besuche: nur nach Vereinbarung · Kontaktperson: Lise Bessou

ROTWEIN

Rebfläche: 7 ha

Durchschnittliches Rebenalter: 30 bis 35 Jahre

Rebbestand: 90% Merlot, 10% Cabernet Franc

Pflanzdichte: 6500 Reben/ha

Ertrag (im Durchschnitt der letzten 5 Jahre): bis 1995: 50 hl/ha; ab 1996: 43 hl/ha

Durchschnittliche Jahresproduktion insgesamt: 40 000 Flaschen

GRAND VIN

Name: Château Franc-Mayne

Appellation: St-Emilion Grand Cru

Durchschnittliche Jahresproduktion: 30 000 Flaschen

Verarbeitung und Ausbau: Vinifikation rund 1 Monat in temperaturgeregelten Tanks. Malolaktische Säureumwandlung in kleinen Eichenfässern, anschließend 15 bis 18 Monate Ausbau in zu 80% neuen Eichenfässern; Abstich alle 3 Monate. Der Wein wird geschönt, aber nicht gefiltert.

ZWEITWEIN

Name: Les Cèdres de Franc-Mayne

Durchschnittliche Jahresproduktion: 10 000 Flaschen

Beurteilung des derzeitigen Rangs: Entspricht qualitativ einem Cru Bourgeois aus dem Médoc

Genußreife: 3 bis 8 Jahre nach dem Jahrgangsdatum

Die große Versicherungsgesellschaft AXA erwarb Franc-Mayne im Jahr 1987 und traf sodann eine kluge Wahl, indem sie Jean-Michel Cazes, den Besitzer von Château Lynch-Bages, und seinen begabten Kellermeister Daniel Llose damit beauftragte, die Renovierung des Weinguts und die Weinerzeugung zu überwachen. 1996 wurde das Gut an die Familie Fourcroy aus Belgien verkauft.

Franc-Mayne ist bei weitem das bekannteste der insgesamt 17 Güter in St-Emilion, die den Namensbestandteil «Franc» führen, aber von den anderen bringt keines Weine hervor, die dem Qualitätsstand von Franc-Mayne gleichkommen. Das Gut liegt im nordwestlichen Teil von St-Emilion an einer Hügelkette, die in die Nachbar-Appellation Côtes de Francs übergreift.

Dieser St-Emilion gehörte nie zu meinen Favoriten, obschon unter der Leitung von Cazes Verbesserungen geschehen und weitere wohl noch zu erwarten sind. Dieser Wein will in den ersten 7 bis 10 Lebensjahren getrunken werden.

JAHRGÄNGE

1996 • 84-86 Ein neuer Besitzer hat die Weine von Franc-Mayne, die früher zu auffälliger Vegetabilität neigten, stark verbessert. Der mittelschwere 1996er hat zwar noch eine Kräuternuance, aber attraktive, reife Frucht von roten und schwarzen Johannisbeeren bei etwas minzeduftiger, dabei üppig sanfter und aufgeschlossener Art. Dieser Wein dürfte in einigen Jahren trinkreif sein und ein Jahrzehnt überdauern. Letzte Verkostung: 11/97.

1993 • 76 Der Franc-Mayne hat immer ein ausdrucksvoll satte rubinpurpurrote Farbe, doch der auffallend vegetabile, kräuterhafte Duft und der hohle, von Tannin, Holz und Struktur dominierte Geschmack des 1993ers stellen ein Problem dar. Dieser Wein hätte mehr Frucht, Glyzerin und Extrakt nötig. Er muß bald getrunken werden, denn er wird rasch abmagern.
Letzte Verkostung: 11/94.

1992 • 76 Der dunkelrubinrote 1992er hat eine ausgeprägt kräuterhafte, vegetabile Komponente im Bukett, dazu leichten bis mittleren Körper, hohlen, flachen Geschmack und einfach zuviel Tannin im Abgang. Das ist nichts für mich. Letzte Verkostung: 11/94.

1991 • 73 Das aggressive Kräuteraroma des 1991ers läßt Mangel an Frucht und statt dessen zuviel grüne Art erkennen. Im Geschmack findet sich zwar weiche, wässerige Frucht vor, aber alles in allem ist dies eine dünne, nichtssagende Leistung. Letzte Verkostung: 1/94.

1990 • 89 Der milde 1990er ist noch bedeutend voller als der erstklassige 1989er und hat sensationelle Reife und Tiefe, die kernige Fruchtigkeit schwarzer Kirschen, eine viskose Substanz und einen blenden Abgang – ein explosiv reichhaltiger Wein, der in ein paar Jahren eine höhere Punktnote verdienen kann.
Voraussichtliche Genußreife: Jetzt bis 2007. Letzte Verkostung: 1/93.

1989 • 87 Der purpurrote 1989er ist ein Wein mit würzigem, fülligem Bukett, Unmengen an reifer Cassis-Frucht, einer sanfte, aber expansiveren Art, milder Säure und im Abgang kräftigem Alkohol. Dieser vollreife, saftige St-Emilion sollte in den ersten 5 bis 7 Lebensjahren getrunken werden.
Voraussichtliche Genußreife: Jetzt bis 2000. Letzte Verkostung: 1/93.

1988 • 79 Das attraktive, würzige, intensiv kräuterduftige Bukett wird begleitet von relativ hohlem, dünnem Geschmack und kurzem Abgang. Die Farbe ist schön, der Gesamteindruck jedoch kaum begeisternd.
Voraussichtliche Genußreife: Jetzt – vermutlich im Nachlassen. Letzte Verkostung: 4/91.

1986 • 79 Der 1986er Franc-Mayne ist ein fruchtiger, schmackhafter, pflaumenwürziger St-Emilion ohne jede Komplexität, jedoch mit erfreulichem Geschmack und ansprechender Art.
Voraussichtliche Genußreife: Jetzt – vermutlich im Nachlassen. Letzte Verkostung: 3/89.

La Gaffelière
Premier Grand Cru Classé B

SEHR GUT

Lage der Weinberge: St-Emilion, zwischen der Stadt und dem Bahnhof

Besitzer: Léo de Malet-Roquefort
Adresse: Château La Gaffelière, 33330 St-Emilion
Telefon: 33 5 57 24 72 15 – Telefax: 33 5 57 24 65 24

Besuche: nach Vereinbarung, täglich von 8 bis 12 und von 14 bis 18 Uhr
Kontaktperson: Eric Degliane oder Jean-Marie Galeri

BORDEAUX

ROTWEIN

Rebfläche: 21,5 ha

Durchschnittliches Rebenalter: 40 Jahre

Rebbestand: 65% Merlot, 30% Cabernet Franc, 5% Cabernet Sauvignon

Pflanzdichte: 5800 bis 6600 Reben/ha

Ertrag (im Durchschnitt der letzten 5 Jahre): 43 hl/ha

Durchschnittliche Jahresproduktion insgesamt: 10 000 Kisten

GRAND VIN

Name: Château La Gaffelière

Appellation: St-Emilion Grand Cru

Verarbeitung und Ausbau: Vinifikation 15 bis 21 Tage in temperaturgeregelten Edelstahltanks. Malolaktische Säureumwandlung bei 50% des Ertrags in kleinen Eichenfässern, beim Rest im Tank. Anschließend 16 bis 18 Monate Ausbau in (zu 50% neuen und zu 50% einmal gebrauchten) Eichenfässern; Abstich alle 4 Monate. Der Wein wird mit Eiweiß geschönt und leicht gefiltert.

ZWEITWEIN

Name: Clos la Gaffelière

Durchschnittliche Jahresproduktion: 5000 Flaschen

Beurteilung des derzeitigen Rangs: Seit 1985 verdient La Gaffelière seinen Status als Premier Grand Cru Classé; vor 1985 herrschte Unbeständigkeit

Genußreife: 5 bis 15 Jahre nach dem Jahrgangsdatum

Das eindrucksvolle viergeschossige Château und die Kellerei von La Gaffelière stehen einander vor den Mauern von St-Emilion gegenüber. Das historische Weingut ist eines der vornehmsten in Bordeaux; es gehört seit über vier Jahrhunderten der Familie de Malet-Roquefort. Der heutige Besitzer, Comte Léo de Malet-Roquefort, ist ein großer Reiter und Jäger vor dem Herrn, was nicht verwundern kann, wenn man erfährt, daß seine Vorfahren – stolze Normannen – von Wilhelm dem Eroberer für ihre Heldentaten in der Schlacht von Hastings geehrt wurden.

Der Wein von La Gaffelière hat einen widersprüchlichen Ruf. In den sechziger Jahren war er gut und der 1970er sogar eindrucksvoll, dann allerdings dauerte es 12 Jahre, bis aus den Kellern des Châteaus wieder ein erstklassiger Jahrgang erschien. Ich kann nicht sagen, woran das gelegen haben mag, denn das Gut befindet sich in schöner Lage auf kalkhaltigem Lehmboden, und bei allen meinen Besuchen war ich beeindruckt von der Sauberkeit der Weinbereitungsanlagen und von den Bemühungen des Grafen und seiner Mitarbeiter. Nichtsdestoweniger entstanden vor der Mitte der achtziger Jahre allzu wenige Weine, die größerer Aufmerksamkeit wert gewesen wären. Seither aber bringt Château La Gaffelière wieder Weine hervor, die seinem Rang in der Elite der Premiers Grands Crus Classés von St-Emilion Ehre machen.

Als Stil strebt dieses Weingut Eleganz und zarte Art an. Ein breitgebautes, tanninreiches Monstrum von einem Wein soll er auf keinen Fall sein, dafür zeigt er in Bestform ein Maß an Finesse, wie es andere St-Emilions im allgemeinen nicht zuwege bringen.

Der Comte de Malet-Roquefort ist auch der Besitzer des aufstrebenden Weinguts Tertre-Daugay in St-Emilion.

ST-EMILION

JAHRGÄNGE

1997 • 86-88   Dieser Wein, eine schöne Leistung von La Gaffelière, könnte sich als einer der besten unter seinen eleganteren, auf Finesse ausgelegten Jahrgangsgenossen erweisen. Er ist leicht bis mittelschwer und hat eine reiche feine Eichenholznote, durchsetzt mit reifer Kirschenfrucht, Vanillin und Gewürz. Der klassische Eingang zeigt schön mit der Säure integriertes Tannin. Im Mund ergibt sich ein Eindruck von Intensität, jedoch mit sehr viel ausgefeilter Finesse. Im Abgang wird leichtes Tannin erkennbar, und die Linienführung ist für diesen Jahrgang mit vielen runden, verschwommenen Weinen klar gezeichnet.
Voraussichtliche Genußreife: 2001 bis 2012. Letzte Verkostung: 3/98.

1996 • 86-88   Der 1996er La Gaffelière, eindeutig ein Produkt der auf Finesse ausgerichteten kellertechnischen Schule, scheint in seiner Faßentwicklung ein Übergangsstadium durchzumachen. Er zeigt attraktive, dunkelrubinrote Farbe neben würzigem Vanillin und der Frucht von Kirschen, Erdbeeren sowie roten und schwarzen Johannisbeeren. Der schlanke, reintönige, zarte, mittelschwere Wein ist wohlgelungen mit seiner Eleganz und genug Frucht für Liebhaber, die zur Schwelgerei neigen. Wenn er sich noch mildert und an Breite zulegt, dürfte er eine Punktenote in den oberen Achtzigern verdienen.
Voraussichtliche Genußreife: 2000 bis 2012. Letzte Verkostung: 3/98.

1995 • 87   Der dunkelrubinrote Wein bietet eine würzige, rauchige Eichennote und milden, reifen Geschmack von Kirschen und roten Johannisbeeren in einem komprimierten, aber verlockenden, mittelschweren, mit Finesse reich versehenen Format. Tannin ist vorhanden, aber der Gesamteindruck spricht von schöner Frucht und einem trockenen, frischen Abgang.
Voraussichtliche Genußreife: 2000 bis 2010. Letzte Verkostung: 11/97.

1994 • 84   Dieser verhaltene, elegante, schöne Wein hat hell bis mittelrubinrote Farbe und anständigen frischen, herben Geschmack mit Noten von Kirschen und Erde, aber nicht viel Substanz oder Vollmundigkeit. Nach den Faßproben erwartete ich mehr Intensität und Charme, aber allzu viel an Frucht, Extrakt und Glyzerin sind weggefallen.
Voraussichtliche Genußreife: Jetzt bis 2006. Letzte Verkostung: 1/97.

1993 • 77   Dieser Wein ist schlank, straff, erdig und im Körper leicht ausgefallen und wirkt am Gaumen und im Abgang etwas ausgemergelt. Sein Mangel an Frucht, Glyzerin und Tiefe gibt Anlaß zu Befürchtungen für die Zukunft.
Letzte Verkostung: 3/96.

1992 •   Der 1992er La Gaffelière zeigt gute Frucht und Eichentoast in einem leichten bis mittelschweren, sanften, geschmeidigen Format. Dieser runde, graziöse Wein wird sich in den nächsten 5 bis 6 Jahren ideal trinken und stellt in diesem Jahrgang einen schönen Erfolg, vor allem der verführerischen, weichen, von Finesse gekennzeichneten Art dar.
Letzte Verkostung: 11/94

1991 • 78   Der 1991er La Gaffelière besitzt die für diesen Jahrgang auf dem rechten Dordogne-Ufer typische hohle Art, dennoch verfügt er über eine gewisse Eleganz und Reife, leichten bis mittleren Körper und einen würzigen Abgang. Er sollte in den nächsten 4 bis 5 Jahren getrunken werden. Letzte Verkostung: 1/94.

1990 • 90   Der tief rubinrote 1990er bietet reichliche Aromen von Eichenholzsüße, reifer Beerenfrucht und Blumen. Im Mund weist der stilvolle, mittelschwere, schön proportionierte Wein exzellente Konzentration, anständige Säure, moderates Tannin und beträchtliche Eleganz und Fülle auf. Er ist der feinste La Gaffelière seit dem 1970er und dem 1947er.
Voraussichtliche Genußreife: Jetzt bis 2088. Letzte Verkostung: 1/93.

1989 • 89   Der 1989er bietet ein verlockendes Bukett von schwarzen Kirschen, Frühlingsblumen, Mineralen und angerauchtem frischem Eichenholz. Bei mittlerem bis vollem Körper besitzt er für den Jahrgang gute Säure, mildes Tannin und einen langen, samtigen, reichhaltigen Abgang – ein sehr stil- und ausdrucksvoller la Gaffelière.
Voraussichtliche Genußreife: Jetzt bis 2010. Letzte Verkostung: 1/93.

1988 • 87   Der 1988er ist gut bereitet, nicht so eindrucksvoll im Format wie der 1989er, aber ein eleganter, verhaltener, charmanter Wein, in dem sich das in vielen Weinen seines Jahrgangs vorherrschende überstarke Tannin nicht vorfindet.
Voraussichtliche Genußreife: Jetzt bis 2000. Letzte Verkostung: 4/91.

1986 • 87   Der 1986er La Gaffelière hat das Potential für einen der besten Weine aus diesem Château. Er ist reichhaltig, elegant gestaltet, hat ein Bukett von würzigem, frischem Eichen- und Zedernholz und von schwarzen Johannisbeeren. Der Körper ist mittel bis voll bei wunderbarer Konturenschärfe und schönem Biß – ein stilvoller, anmutiger Wein, der sich über die nächsten 12 bis 15 Jahre schön trinken lassen wird.
Voraussichtliche Genußreife: Jetzt bis 2006. Letzte Verkostung: 3/91.

1985 • 86   Der 1985er hat ein vollintensives, würziges, kräuterduftiges, reichfruchtiges Bukett, mittleren Körper, mildes Tannin und einen geschmeidigen Abgang.
Voraussichtliche Genußreife: Jetzt. Letzte Verkostung: 3/91.

1984 • 76   Der sehr helle 1984er mit seinem leichten Duft von kandierter Beerenfrucht und frischem Eichenholz hat sanfte Art und dezente Reife.
Voraussichtliche Genußreife: Jetzt. Letzte Verkostung: 3/89.

1983 • 84   In den anfänglichen Verkostungen zeigte sich dieser Wein beileibe nicht als einer der Stars seines Jahrgangs, sondern lediglich als gut, wenn auch eindeutig besser als viele der unterdurchschnittlichen Leistungen aus diesem Château in den siebziger Jahren. Mittel dunkelrubinrote Farbe, ein feines Bukett von zerdrückter Beerenfrucht, mittlerer Körper und elegante Art zeichnen diesen mäßig tanninreichen Wein aus. @U1 = Voraussichtliche Genußreife: Jetzt. Letzte Verkostung: 1/89.

1982 • 88   Der 1982er ist einer der wenigen wohlgelungenen Weine aus einer für La Gaffelière enttäuschenden Periode. Er zeigt den subtilen, eleganten Stil, den dieses Weingut bevorzugt, sowie ein attraktives, anmutiges Bukett von süßem Eichentoast und reifen schwarzen Kirschen. Mittlerer Körper, seidige Zartheit, kräftige Würze und milde Säure kennzeichnen diesen Wein, der keine Schärfe aufweist. Er sollte in den nächsten 4 bis 6 Jahren getrunken werden. Letzte Verkostung: 9/95.

1981 • 72   Dieser Wein hat die wenige Frucht, die er einst besaß, eingebüßt und stellt sich nun mager, dünn, kompakt, ohne Charme und Frucht dar. Viel Zukunft scheint er nicht mehr zu haben. Letzte Verkostung: 11/90.

1979 • 76   Dieser voll ausgereifte, aber relativ flach erscheinende La Gaffelière hat ein mäßig intensives Bukett von Beeren, Vanille und Kräutern, dazu runden, angenehmen Geschmack bei leichtem Körper und mildem, sauberem Abgang. Besser dürfte dieser Wein kaum noch werden. Letzte Verkostung: 11/90.

1978 • 67   Der extrem kräuterhafte, beinahe vegetabile Wein mit seinem milden, verschwommenen, unzulänglich konzentrierten Geschmack, steht am Anfang des Niedergangs und sollte schleunigst getrunken werden. Letzte Verkostung: 11/90.

1975 • 79   Dieser Wein hat sich als weit besser herausgestellt, als ich anfänglich dachte. Er hat nichts von dem für den Jahrgang so typischen harten Tannin, sondern vielmehr milden, eleganten, reifen, fruchtigen Duft und Geschmack, schön getragen von vanillinsüßem, frischem Eichenholzaroma bei mittlerem Körper. In der Farbe zeigt sich ein Bernsteinsaum, und in Anbetracht der leichten und milden Art sollte dieser Wein bald getrunken werden.
Voraussichtliche Genußreife: Jetzt – vermutlich im Nachlassen. Letzte Verkostung: 11/90.

1971 • 68   In der ersten Ausgabe meines Buchs wies ich schon darauf hin, daß dieser Wein am Rande des Zusammenbruchs stand; inzwischen ist er in vollem Niedergang, wie das moderige, pilzige, holzige, leicht oxidierte Bukett erkennen läßt. Im Mund zeigt sich dieser Wein schwächlich, es fehlt ihm an Konzentration, und im Abgang werden Alkohol und Säure deutlich spürbar. Über seinen Höhepunkt ist dieser Wein weit hinaus. Letzte Verkostung: 11/90.

1970 • 86   Der 1970er ist seit jeher einer der besten La Gaffelières aus den sechziger und siebziger Jahren. Er ist noch immer relativ reichhaltig und elegant, sein Bukett ist voll von

rauchiger, pflaumenwürziger Frucht. Im Mund zeigt sich dieser Wein rund, mit seidiger Art und sanftem Abgang bei mittlerem Körper. Voll ausgereift ist er schon seit über einem Jahrzehnt, er hat aber noch nichts von seiner Frucht oder seinem Charme eingebüßt.
Voraussichtliche Genußreife: Jetzt. Letzte Verkostung: 11/90.

1966 • 78   Der 1966er La Gaffelière ist ein schlichter Wein – mager, karg, mit einem gewissen Maß an Eleganz und Charme, aber kompakt, ziemlich eindimensional und im übrigen voll ausgereift. Voraussichtliche Genußreife: Jetzt – vermutlich im Nachlassen. Letzte Verkostung: 10/78.

1964 • 60   Diffuse, flache, ungelenke Geschmackselemente scheinen miteinander in Widerstreit zu liegen. Das arzneihafte, bizarre Bukett verrät, daß bei der Bereitung dieses Weins etwas schiefgegangen sein muß. Letzte Verkostung: 4/80.

1961 • 85   Als ich zuletzt über diesen Wein schrieb, meinte ich, er müsse ausgetrunken werden, aber eine Flasche, die ich 1990 in Frankreich verkostete, hatte schöne Tiefe und Frische. Sie hätte ohne weiteres noch 7 bis 8 Jahre überdauert. Die Farbe war mittelrubinrot mit einem bernstein-rostroten Saum; das Bukett zeigte die typische Intensität und Opulenz des Jahrgangs. Auf der Zunge erwies sich der Wein als reif und voll mit untergründiger, würziger und mineralischer Fruchtigkeit. Der Abgang war lang und alkoholstark. Wie schon gesagt, sollte dieser Wein ausgetrunken werden, wenn auch die von mir zuletzt verkostete Flasche noch weitere 4 bis 5 Jahre zu leben gehabt hätte.
Voraussichtliche Genußreife: Jetzt – vermutlich im Nachlassen. Letzte Verkostung: 11/90.

ÄLTERE JAHRGÄNGE

Die beiden feinsten alten La Gaffelière-Jahrgänge, die ich kenne, waren ein köstlich eleganter, runder, sehr duftiger 1953er (89 Punkt in 1988) und ein reichhaltiger, fülliger, überraschend intensiver, 1947er (88 Punkte – ich habe ihn zur Feier meines 40. Geburtstags im Jahr 1987 getrunken).

LA GOMERIE
Grand Cru

HERVORRAGEND

Lage der Weinberge: St-Emilion

Besitzer: Gérard und Dominique Bécot
Adresse: 33330 St-Emilion
Telefon: 33 5 57 74 46 87 – Telefax: 33 5 57 24 66 88

Besuche: nur nach Vereinbarung · Kontaktperson: Gérard oder Dominique Bécot

ROTWEIN

Rebfläche: 2,6 ha

Durchschnittliches Rebenalter: 35 Jahre

Rebbestand: 100 % Merlot

Pflanzdichte: 5600 Reben/ha

Ertrag (im Durchschnitt der letzten 5 Jahre): 37 hl/ha

Durchschnittliche Jahresproduktion insgesamt: 9000 Flaschen

BORDEAUX

GRAND VIN

Name: La Gomerie

Appellation: St-Emilion Grand Cru

Durchschnittliche Jahresproduktion: 9000 Flaschen

Verarbeitung und Ausbau: Gär- und Maischdauer 25 bis 30 Tage in Holzfässern, anschließend 20 Monate Ausbau in zu 100% neuen Eichenfässern. Der Wein wird weder geschönt noch gefiltert.

Kein ZWEITWEIN

Beurteilung des derzeitigen Rangs: Entspricht qualitativ einem 2ème Cru aus dem Médoc

Es handelt sich um ein winziges Weingut der Mikrovinifikationswelle, dessen Wein Gérard Bécot, der Besitzer von Beau-Séjour Bécot, von 100% Merlot produziert und in zu 100% in neuen Eichenfässern ausbaut. Es überrascht nicht, daß Weine wie dieser in der Fachpresse mit ungeheurem Applaus bedacht werden. Abgesehen davon, daß er schwer aufzutreiben und sehr teuer ist, präsentiert er sich als eindrucksvoller, reichhaltiger, sahniger, kraftstrotzender Merlot, der jeden verführt, der ihn einmal probiert. Mir scheint, daß Gérard Bécot – mit Erfolg, möchte ich hinzufügen – den Versuch macht, einen Luxuswein ähnlich dem Le Pin aus Pomerol zu produzieren. Bislang sind nur einige wenige Jahrgänge entstanden, aber sie alle beeindrucken sehr. Wie wird das Alter dieses Weins aussehen? Die Zeit wird es erweisen.

JAHRGÄNGE

1997 • 87-89+ Dieser reine Merlot hat sich bei drei Degustationen gleichlautenden Notizen zufolge als entgegenkommender, vollschlanker, sinnlicher, glänzender St-Emilion gezeigt, der in den nächsten 7 bis 9 Jahren beträchtlichen Genuß gewähren wird. Dunkelpurpurrote Farbe geht einher mit überströmenden Aromen von vanillinsüßem Toast aus neuen Eichenfässern und hochreifer Frucht von frischen und gedörrten Pflaumen mit Kirschgeistnuance. Dieser üppig zarte, opulente 1997er mit seiner milden Säure und hervorragenden Reintönigkeit ist so verführerisch wie kaum ein zweiter. Er trinkt sich bereits köstlich, hält aber für die ersten 10 Lebensjahre immense Freude bereit. Letzte Verkostung: 3/98.

1996 • 93-94 Dieser explosiv reichhaltige, tiefdunkel purpurrote Wein zeigt am Gaumen erstaunliche Fülle und Intensität bei außerordentlicher Vollmundigkeit und Reife der an Kirschen und Kirschlikör erinnernden Frucht, dabei ohne die geringste Schwere. Der geradezu luxuriös vielschichtige sortenreine Merlot aus einer kleinen Parzelle der Familie Bécot wirkt ungeheuer üppig, exotisch und hinreißend. Voller Körper und erstaunlicher Extraktreichtum bei schönster Reintönigkeit machen ihn zu einem Genuß, dessen Entwicklung zu verfolgen hochinteressant sein dürfte.
Voraussichtliche Genußreife: 2002 bis 2016. Letzte Verkostung: 3/98.

1995 • 93 Der Debut-Jahrgang von La Gomerie, der Le-Pin-ähnliche 1995er, nimmt sich nach der Abfüllung fabelhaft aus. Seine Farbe ist ein dichtes Rubinpurpurrot, das Aroma bietet exotische Noten von asiatischen Gewürzen, Soja, Kaffee und reifer Beeren- und Kirschenfrucht. Dieser körperreiche, dicke und ölige Wein ist herrlich konzentriert und weist reichliches, mildes, wohlintegriertes Tannin auf. Die Säure ist mild, was zur üppig sanften Persönlichkeit dieser überaus vollen, auffallend schönen Leistung beiträgt.
Voraussichtliche Genußreife: Jetzt bis 2012. Letzte Verkostung: 11/97.

ST-EMILION

GRACIA* (SEIT 1997)
Grand Cru

SEHR GUT

Lage der Weinberge: im Nordwestteil von St-Christophe des Bardes auf kalkhaltigem Lehmboden

Besitzer: Michel Gracia
Adresse: St-Christophe des Bardes, 33330 St-Emilion
Telefon: 33 5 57 24 77 98 – Telefax: 33 5 57 74 24 72

Besuche: nur nach Vereinbarung
Kontaktperson: Michel Gracia

ROTWEIN

Rebfläche: 1,3 ha

Durchschnittliches Rebenalter: 30 Jahre bei Merlot, 10 Jahre bei Cabernet Franc

Rebbestand: 75 % Merlot, 25 % Cabernet Franc

Ertrag: 20 hl/ha (1997)

Durchschnittliche Jahresproduktion insgesamt: 3000 Flaschen

GRAND VIN

Name: Château Gracia*

Appellation: St-Emilion Grand Cru

Durchschnittliche Jahresproduktion: 3000 Flaschen

Verarbeitung und Ausbau: Gär- und Maischdauer rund 21 Tage in Betontanks. Malolaktische Säureumwandlung in neuen Eichenfässern. Ausbauzeit 13 bis 18 Monate.
Der Wein wird weder geschönt noch gefiltert.

Kein ZWEITWEIN

* N. B.: Der Name ist vom Besitzer noch nicht endgültig festgelegt.

JAHRGÄNGE

1997 • 87-90 Dieser Wein, fraglos ein Schlager des Jahrgangs, ist eine Kreation von Michel Gracia, einem Freund von Alain Vauthier (Ausone) und Jean-Luc Thunevin (Valandraud), deren Einfluß in der Qualität des Produkts aus dem winzigen St-Emilion-Weingut deutlich erkennbar ist. Der tiefdunkel purpurrote Wein wirkt konzentriert, schwelgerisch und luxuriös üppig. Im Aroma zeigen sich hochreife Düfte von Kirschlikör und süßen Beeren. Den Gaumen umspülen reiche, konzentrierte Frucht und Glyzerin sowie fast ölige Substanz. Außerordentlich milde Säure trägt zu der umwerfenden Wirkung der saftigen Persönlichkeit dieses Weins bei, dem schon jetzt kaum zu widerstehen ist.
Voraussichtliche Genußreife: 1999 bis 2008. Letzte Verkostung: 3/98.

BORDEAUX

GRAND-CORBIN
Grand Cru

Lage der Weinberge: St-Emilion, bei Pomerol

Besitzer: Société Familiale, Alain Giraud
Adresse: 5, Grand Corbin, 33330 St-Emilion
Telefon: 33 5 57 24 70 62 – Telefax: 33 5 57 74 47 18

Besuche: nur nach Vereinbarung
Kontaktperson: Philippe Giraud

ROTWEIN

Rebfläche: 13 ha

Durchschnittliches Rebenalter: 35 Jahre

Rebbestand: 68 % Merlot, 27 % Cabernet Franc, 5 % Cabernet Sauvignon

Pflanzdichte: 5500 Reben/ha

Ertrag (im Durchschnitt der letzten 5 Jahre): 51 hl/ha

Durchschnittliche Jahresproduktion insgesamt: 687 hl

GRAND VIN

Name: Château Grand-Corbin

Appellation: St-Emilion Grand Cru

Durchschnittliche Jahresproduktion: 615 hl

Verarbeitung und Ausbau: Gär- und Maischdauer 3 Wochen in Betontanks. 13 bis 14 Monate Ausbau in jährlich zu $1/3$ erneuerten Eichenfässern. Der Wein wird geschönt und gefiltert.

ZWEITWEIN

Name: Château Tour du Pin Franc

Durchschnittliche Jahresproduktion: 70 hl

Grand-Corbin, ein Weingut in schöner Lage an der Grenze zwischen Pomerol und St-Emilion, produziert beständig runden, stämmigen St-Emilion mit allgemein kräftiger Farbe, der innerhalb von 10 Jahren getrunken sein will. Die alte, ursprünglich aus Pomerol stammende Besitzerfamilie Giraud arbeitet wie der Nachbar auf Figeac mit einem relativ hohen Anteil an Cabernet Franc im Verschnittrezept. Das geht auch gut, wenn die Cabernet-Trauben voll ausreifen können, aber in Jahren, in denen das nicht geschieht, nimmt sich der Grand-Corbin oft allzu kräuterhaft, ja vegetabil aus. Die besten neueren Jahrgänge, die ich gekostet habe, waren ein vielversprechender 1996er, ein ausgezeichneter 1985er und ein sanfter, alkoholstarker, vollmundiger 1989er, der wohl nicht alt werden wird, aber in 7 bis 8 Jahren nach der Lese köstlichen Genuß bereitet.

ST-EMILION

JAHRGÄNGE

1996 • 87-88 Der tiefdunkel purpurrote Wein, eine für dieses Weingut starke Leistung, bietet ein würziges Aroma von Toast und fülliger Frucht, reichhaltigen, schön konzentrierten Geschmack, mittleren bis vollen Körper und viel Kraft und Nachhaltigkeit. Gute Säure läßt im Verein mit der Konzentration dieses Weins eine Lebenserwartung von mindestens 13 bis 15 Jahren voraussagen. Dieser Grand-Corbin gehört zu den am festesten strukturierten, die ich kenne. Letzte Verkostung: 3/97.

1993 • 86 Dieser körperreiche, opulente Wein zeigt gute Farbe, vollschlanken, an geröstete Kräuter, Kaffee und schwarze Kirschen erinnernden, Merlot-betonten Charakter, reichliche, saftige Frucht, milde Säure und kräftigen Alkohol im Abgang – ein strammer, vollmundiger St-Emilion, der in den ersten 7 bis 8 Lebensjahren getrunken sein will. Letzte Verkostung: 11/94.

GRAND-MAYNE
Grand Cru Classé

AUSGEZEICHNET

Lage der Weinberge: östlich der Stadt St-Emilion

Besitzer: Jean-Pierre Nony
Adresse: 1, le Grand-Mayne, 33330 St-Emilion
Telefon: 33 5 57 74 42 50 – Telefax: 33 5 57 24 68 34

Besuche: nur nach Vereinbarung
Kontaktperson: M. oder Mme Nony

ROTWEIN

Rebfläche: 19 ha

Durchschnittliches Rebenalter: 32 Jahre

Rebbestand: 67 % Merlot, 25 % Cabernet Franc, 8 % Cabernet Sauvignon

Pflanzdichte: 5550 Reben/ha

Ertrag (im Durchschnitt der letzten 5 Jahre): 42 hl/ha

Durchschnittliche Jahresproduktion insgesamt: 800 hl

GRAND VIN

Name: Château Grand-Mayne

Appellation: St-Emilion Grand Cru

Durchschnittliche Jahresproduktion: 85 000 Flaschen

Verarbeitung und Ausbau: Vinifikation 21 bis 30 Tage in temperaturgeregelten Edelstahltanks. Malolaktische Säureumwandlung bei 80 % des Ertrags in neuen Eichenfässern und bei 20 % im Tank; der letztere Teil wird anschließend in einmal gebrauchte Fässer abgestochen. Abfüllung nach 19 bis 20 Monaten. Der Wein wird geschönt und gefiltert.

BORDEAUX

ZWEITWEIN

Name: Les Plants du Mayne

Durchschnittliche Jahresproduktion: 20 000 Flaschen

Beurteilung des derzeitigen Rangs: Grand-Mayne hat beständig alles im Griff und kann sich ohne weiteres mit den besseren Premiers Grands Crus Classés von St-Emilion messen; ein aussichtsreicher Kandidat für eine Beförderung bei einer Neuordnung der Rangliste von St-Emilion; entspricht qualitativ einem 3ème Cru aus dem Médoc

Genußreife: 5 bis 15 Jahre nach dem Jahrgangsdatum

Professor Enjalbert als berühmte Autorität für die Bodenbeschaffenheit in Pomerol und St-Emilion weist in seinen Vorlesungen und in seinen Werken darauf hin, daß Grand-Mayne über eine der bevorzugtesten Lagen in ganz St-Emilion verfügt. Die für hiesige Verhältnisse außergewöhnliche Höhe – 55 m über dem Meeresspiegel – und der Boden – vorwiegend Lehm und Kalkgestein, untermischt mit Eisen – verleihen diesem Weinberg mit das günstigste Potential in der gesamten Appellation. Das vollständig renovierte, vanilleeisfarbene Château ist besonders an einem Tag mit strahlend blauem Himmel ein prachtvoller Anblick.

Die Weine sind in den achtziger Jahren von einem Höhepunkt zum anderen geschritten, seit der brillante Önologe Michel Rolland aus Libourne hier seine Weinbereitungs-Philosophie ausübt. Dabei entstehen St-Emilions der opulenteren und volleren Art, Weine, die aus dem superben Boden des Weinbergs und seiner großartigen Lage ausnehmend kraftvollen Körper und viel Glyzeringehalt beziehen. Seit 1975 wird der Grand-Mayne in temperaturgeregelten Edelstahltanks vergoren. Ab Mitte der achtziger Jahre wurde der Anteil an neuen Eichenfässern angehoben, was – für meinen Geschmack – ein perfektes Gegengewicht zu dem vollen, intensiven Fruchtcharakter dieses Weins einbringt.

Der Grand-Mayne ist einer der aufsteigenden Sterne der Appellation, die Preise sind jedoch sehr annehmbar geblieben, was sich der Weinliebhaber gut zunutze machen kann. Wer meine Begeisterung für den Grand-Mayne übertrieben findet, möge daran denken, daß der verstorbene Baron Philippe de Rothschild, nachdem er den 1955er Grand-Mayne in einem Restaurant in Belgien gekostet hatte, sofort mehrere Kisten bestellte und anbot, als Gegenleistung eine gleiche Anzahl Flaschen vom 1955er Mouton-Rothschild zu liefern!

JAHRGÄNGE

1997 • 90-91 Grand-Mayne hat im Jahrgang 1997 Großartiges geleistet. Dieser Wein ist wegen seines schönen Gleichgewichts und aufgeschlossenen, generösen Charakters einer meiner Favoriten des Jahrgangs. Die Farbe ist ein sattes Purpurrot; hinzu kommen prachtvoller Geschmack von süßen Himbeeren und schön integriertes Tannin. Ein vanillinsüßer Eichenton verleiht diesem mittelschweren bis vollen, vielschichtigen, konzentrierten und doch eleganten Wein klare Linie, und milde Säure, reifes Tannin und reichlich Frucht und Glyzerin gewährleisten, daß er schon früh viel Genuß bietet. Ein blendender Schlager des Jahrgangs.
Voraussichtliche Genußreife: 2001 bis 2012. Letzte Verkostung: 3/98.

1996 • 87-89+ Ich habe das Aromaprofil von schwarzen Himbeeren, Mineralen, Süßholz und Vanillin sehr genossen. Im Mund zeigt der Wein nun mehr Tannin als im letzten Frühjahr. Aber er weist auch immer noch reichliche Mengen an schwarzer Frucht auf, dazu mittleren Körper und einen reintönigen, sauberen, vollen Abgang. Wenn sich dieser 1996er auffüllt, ist mit höheren Punktnoten zu rechnen.
Voraussichtliche Genußreife: 2002 bis 2015. Letzte Verkostung: 11/97.

ST-EMILION

1995 • 90 Der tiefdunkel purpurrote 1995er Grand-Mayne, ein ausgesprochener Schlager seines Jahrgangs, zeigt ein süßes, sahniges Aroma von schwarzen Himbeeren mit subtilen Eichentoastnoten. Der sowohl kraftvolle als auch elegante Wein verfügt über vielschichtige Fülle, schön im Tannin integrierte Säure und einen eindrucksvollen, körperreichen, nachhaltigen Abgang. Er dürfte früh zu trinken sein und sich länger als ein Jahrzehnt halten.
Voraussichtliche Genußreife: 2000 bis 2013. Letzte Verkostung: 11/97.

1994 • ? Vielleicht wird man sich an meine Vorbehalte gegenüber den drei Faßproben erinnern, bei denen sich eine stickige Kartonkomponente zeigte. Drei Degustationen nach der Abfüllung haben dann bestätigt, daß irgend etwas das Aromaprofil dieses Weins beeinträchtigt. Ob dieser stickige Geruch im Lauf der Kellerreife verschwindet, bleibt abzuwarten. Alles das ist sehr beklagenswert, wenn man bedenkt, welche ungeheure Mühe sich die ansonsten mit großen Leistungen aufwartende Besitzerfamilie Nony mit dem Grand-Mayne gibt. Letzte Verkostung: 1/97.

1993 • ? Tiefes Rubinrot und ein Aroma von Eichenholz, Vanillin und Kräutern gehen einher mit diesem mittelschweren, adstringierenden, kargen Wein, bei dem sich in zwei getrennten Proben ein dumpfiger Geruch von feuchtem Holz oder nassem Hundefell bemerkbar machte. Ich behalte mir mein Urteil vor. Letzte Verkostung: 1/97.

1992 • 86 Der 1992er Grand-Mayne hat sich als ein für diesen Jahrgang sehr guter Wein erwiesen. Attraktive, dunkelrubinrote Farbe und ein kräftiges, würziges Bukett von schwarzen Johannisbeeren und Kirschen gehen einher mit mittlerem Körper, exzellenter Reife, leichtem Tannin und einem üppigen, kräftigen, saftigen Abgang. Zu trinken ist dieser Wein in den nächsten 5 bis 6 Jahren. Letzte Verkostung: 11/94.

1990 • 90 Der 1990er hat eindrucksvoll satte Farbe, dazu ein Bukett von schwarzen Kirschen, Mineralen und Rauch mit einem Hauch von gedörrten Kräutern. Im Mund zeigt sich der Wein würzig, voll, nachhaltig und massiv, dazu bietet er körperreiche, milde, füllige Art und mindestens 13 bis 15 Jahre Haltbarkeit. Letzte Verkostung: 11/96.

1989 • 92 Der 1989er ist jetzt schon gut zu trinken, wird aber nach 1 bis 3 Jahren Kellerreife noch besser sein. Er zeigt tiefdunkles Purpurrot, ein süßes Bukett von schwarzen Himbeeren, Mineralen und Eichentoast, dazu dichten, mittelschweren bis körperreichen Geschmack mit herrlicher Reintönigkeit und Harmonie und einen würzigen, langen, milden, tannherben Abgang. Dieser saubere, extraktreiche Wein läßt sich in den nächsten 13 bis 15 Jahren genießen.
Letzte Verkostung: 11/96.

1988 • 87 Der 1988er ist ein kraftvoller, alkoholstarker, vordergründiger Wein mit intensiver, vanillinduftiger Fruchtigkeit von Pflaumen und vollmundigem, kernigem Geschmack.
Voraussichtliche Genußreife: Jetzt bis 2003. Letzte Verkostung: 1/93.

1987 • 85 Das Château Grand-Mayne brachte einen der erfolgreichsten Weine aus diesem zu Unrecht geschmähten Jahrgang hervor: erstaunlich dunkelrubinrot mit einem ausgeprägten, vollen Cassis-Bukett und mildem, generös ausgestatteten Geschmack bei sanftem Tannin und geringer Säure – ein Wein, der in nächster Zeit getrunken sein will.
Voraussichtliche Genußreife: Jetzt. Letzte Verkostung: 4/91.

1986 • 87 Der 1986er Grand-Mayne nimmt sich außerordentlich gut aus mit seinem vollintensiven Bukett von Zedernholz, reifer Frucht und würzigem Eichenholz, auf der Zunge gefolgt von ausgezeichneter Tiefe, viel Extrakt und einem langen, tanninreichen, wuchtigen und eindrucksvollen Abgang.
Voraussichtliche Genußreife: Jetzt bis 2002. Letzte Verkostung: 3/90.

1985 • 86 Der 1985er hat sehr gute Farbe, ein mäßig intensives Bukett von würzigem Eichenholz und reifer Frucht, dazu mittleren Körper, konturenscharfen, expansiven Geschmack, und macht insgesamt einen eleganten Eindruck.
Voraussichtliche Genußreife: Jetzt. Letzte Verkostung: 3/89.

BORDEAUX

Grand-Pontet
Grand Cru Classé

SEHR GUT

Lage der Weinberge: neben Château Beau-Séjour Bécot, auf dem westlichen Teil des Plateaus von St-Emilion

Besitzer: Familie Bécot-Pourquet
Adresse: 33330 St-Emilion
Telefon: 33 5 57 74 46 87 – Telefax: 33 5 57 24 66 88

Besuche: nur nach Vereinbarung
Kontaktperson: Gérard oder Dominique Bécot

ROTWEIN

Rebfläche: 14 ha

Durchschnittliches Rebenalter: 35 Jahre

Rebbestand: 75 % Merlot, 15 % Cabernet Franc, 10 % Cabernet Sauvignon

Pflanzdichte: 6000 Reben/ha

Ertrag (im Durchschnitt der letzten 5 Jahre): 40 hl/ha

Durchschnittliche Jahresproduktion insgesamt: 75 000 Flaschen

GRAND VIN

Name: Château Grand-Pontet

Appellation: St-Emilion Grand Cru

Durchschnittliche Jahresproduktion: 60 000 bis 75 000 Flaschen

Verarbeitung und Ausbau: Vinifikation rund 20 bis 28 Tage in temperaturgeregelten Edelstahltanks. Malolaktische Säureumwandlung bei 60 % des Ertrags in neuen Eichenfässern, 40 % verbleiben im Tank und werden anschließend in einmal gebrauchte Fässer abgestochen. Ausbauzeit 13 bis 18 Monate.
Der Wein wird grundsätzlich nicht geschönt oder gefiltert, nur bei starker Trübung wird eine leichte Schönung durchgeführt.

ZWEITWEIN

Name: Le Dauphin de Grand-Pontet

Durchschnittliche Jahresproduktion: 5000 bis 15 000 Flaschen

Beurteilung des derzeitigen Rangs: Jahrzehntelang waren die Leistungen unterdurchschnittlich, seit 1988 aber hat sich die Qualität wesentlich verbessert, und so ist der Klassifizierungsrang inzwischen wohlverdient

Genußreife: Vor 1988: 3 bis 7 Jahre, seit 1988: 6 bis 15 Jahre nach dem Jahrgangsdatum

Grand-Pontet, im Besitz der Familie Bécot, liegt unmittelbar neben deren renommiertem Château Beau-Séjour auf dem hochgeschätzten westlichen Kalksteinplateau von St-Emilion. Schon seit Jahren sind viele Kenner von St-Emilion der Ansicht, daß dieses Weingut bei Verbesserungen und einer strengeren Auslese sehr wohl Anspruch auf Beförderung in den Rang eines Premier

ST-EMILION

Grand Cru Classé erheben könnte. Nun sind Verbesserungen vorgenommen worden, und die Jahrgänge seit 1988 wirken durchaus eindrucksvoll.

Es ist nicht unwahrscheinlich, daß sich das Gut den Aufstieg zum Premier Grand Cru Classé bis zur nächsten Neuordnung der Klassifizierung verdienen kann.

JAHRGÄNGE

1996 • 87-90   Tiefdunkles Rubinpurpurrot und verschwenderischer Reichtum an süßem, rauchigem Eichenton, fülligen schwarzen Kirschen und Gewürzen im Aroma kennzeichnen diesen extraktreichen, tanninherben, mittelschweren Wein mit internationaler Statur (weitgehend infolge der reichlichen Eichenholzbehandlung), ich nehme jedoch an, daß sich mit fortschreitender Flaschenreife Komplexität und weitere Nuancen entfalten werden.
Voraussichtliche Genußreife: 2003 bis 2012. Letzte Verkostung: 11/97.

1995 • 88   Dunkelrubinpurpurrot und mit einem aufgeschlossenen, entfalteten Aroma von Gewürz, schwarzen Kirschen und Toast präsentiert sich dieser geschmeidige, runde, generöse, mittelschwere bis körperreiche Wein, der milde Säure, im Abgang einiges Tannin, dazu klare Linie sowie vollschlanke, saftige Art aufweist. Genußreif ist er schon jetzt, aber auch auf ein weiteres Dutzend Jahre hinaus. Letzte Verkostung: 11/97.

1994 • 88   Dieser mittelschwere bis körperreiche Wein zeigt das typische Eichenholzfurnier, das den Weinen der Familie Bécot so sehr eigen ist. Außerdem besitzt er reiche, milde Frucht, kernige Art, schöne Reintönigkeit und Reife sowie Glyzerin im muskulösen, aber doch seidigen Abgang. Er wird sich in den nächsten 10 Jahren schön trinken lassen. Letzte Verkostung: 1/97.

1993 • 87   Kluge Köpfe sollten den 1993er Grand-Pontet genauer in Augenschein nehmen, denn ich glaube, daß er aufgrund des geringen Ansehens, das dieser Jahrgang hat, im Preis erschwinglich sein dürfte. Dabei hat dieser dunkelrubinrote Wein ein süßes, beerenduftiges, kräftig mit rauchiger, toastwürziger Eichennote durchzogenes Bukett sowie milde Säure und lustvolle, runde, geschmeidige Art – ein köstlicher, komplexer Bordeaux.
Voraussichtliche Genußreife: Jetzt bis 2004. Letzte Verkostung: 1/97.

1992 • 82   Kräftiger Duft mit deutlich spürbarem Alkohol, aggressiver Eichennote (zuviel?) und reife Frucht gehen einher mit leichtem Körper und einer weichen, dicklichen Persönlichkeit. Dieser St-Emilion der fleischigen, vordergründigen Art dürfte in den nächsten 3 bis 5 Jahren manches schlichte, vollmundige Glas Wein bieten können. Letzte Verkostung: 11/94.

1990 • 89   Der üppig fruchtige, mit einer süßen, rauchigen Eichennote befrachtete 1990er läßt ölige Geschmacksfülle aus dem Glas quellen. Reichliche Mengen an Frucht, ein seidiges, körperreiches Gefühl und ein opulenter, herrlich langer Abgang kennzeichnen diesen Wein, der für 6 bis 10 Jahre beträchtlichen Genuß bereit hält – ein Schlager des Jahrgangs!
Letzte Verkostung: 11/95.

1989 • 84   Der 1989er ist leichter als mancher andere Wein aus diesem Jahrgang und erscheint im mittleren Geschmacksbereich etwas dünn. Im übrigen ist er ein alkoholstarker, stämmiger St-Emilion der sanften Art.
Voraussichtliche Genußreife: Jetzt. Letzte Verkostung: 1/93.

1988 • 82   Der 1988er hat ein ausdrucksschwaches Bukett mit frischem Eichenholz und etwas verschwommen würziger, reifer Frucht. Auf der Zunge ist er mild, schön konzentriert, aber eindimensional. Er sollte in den nächsten 3 bis 4 Jahren getrunken werden. Letzte Verkostung: 1/93.

1986 • 83   Der 1986er Grand-Pontet ist ein vordergründiger St-Emilion mit milder Pflaumenfrucht, einem kräftigen, alkoholstarken Abgang und ansprechender Art.
Voraussichtliche Genußreife: Jetzt bis 2000. Letzte Verkostung: 3/90.

1985 • 77   Der 1985er ist ein leichter, einfacher, fruchtiger Wein ohne viel Körper, aber mit guter, schlichter, ansprechender Art.
Voraussichtliche Genußreife: Jetzt – vermutlich im Nachlassen. Letzte Verkostung: 3/89.

BORDEAUX

L'Hermitage (seit 1997)
Grand Cru

AUSGEZEICHNET

Lage der Weinberge: angrenzend an Château Matras

Besitzer: G.F.A. du Château Matras (Familie Bernard)
Adresse: 33330 St-Emilion
Telefon: 33 5 57 24 72 46 – Telefax: 33 5 57 51 70 19

Besuche: nur nach Vereinbarung
Kontaktperson: Véronique Gaboriaud

Rebfläche: 3 ha

Durchschnittliches Rebenalter: 45 Jahre

Rebbestand: 75 % Merlot, 25 % Cabernet Franc

Pflanzdichte: 5500 Reben/ha

Ertrag: 27 hl/ha

Durchschnittliche Jahresproduktion insgesamt: 10 800 Flaschen

Name: Château L'Hermitage

Appellation: St-Emilion Grand Cru

Durchschnittliche Jahresproduktion: 10 800 Flaschen

Verarbeitung und Ausbau: Gär- und Maischdauer rund 3 Wochen in temperaturgeregelten Edelstahltanks. Malolaktische Säureumwandlung in zu 100 % neuen Eichenfässern, anschließend 18 Monate Ausbau. Der Wein wird weder geschönt noch gefiltert.

JAHRGÄNGE

1997 • 87-90   Dieser Jahrgang ist das Debut der Luxus-Cuvée von Château Matras in St-Emilion. Sie setzt sich zusammen aus 75 % Merlot und 25 % Cabernet Franc und präsentiert sich als besonders blendender 1997er. Die Farbe ist ein tiefdunkles Purpurrot, Duft und Geschmack bieten Aromen von süßer, reintöniger Brombeerfrucht und fülligen Kirschen in einem opulenten, fast öligen, mittelschweren bis körperreichen Format. Bei diesem schön konzentrierten und umrissenen Wein sind Holz, Säure und Tannin nahtlos in die seidige Substanz integriert. Er dürfte sich bei der Freigabe schon wunderbar trinken, aber sich auch 10 bis 12 Jahre gut halten. Ein Schlager des Jahrgangs. Letzte Verkostung: 3/98.

ST-EMILION

LARCIS-DUCASSE
Grand Cru Classé

GUT

Lage der Weinberge: St-Emilion und St-Laurent des Combes

Besitzer: Jacques-Olivier Gratiot
Adresse: 33330 St-Emilion
Telefon: 33 5 57 24 79 84 – Telefax: 33 5 57 24 64 00

Besuche: nach Vereinbarung, werktags von 9 bis 12 und von 14 bis 17 Uhr
Kontaktperson: Brigitte Séguin

ROTWEIN

Rebfläche: 11 ha

Durchschnittliches Rebenalter: 35 Jahre

Rebbestand: 65 % Merlot, 25 % Cabernet Franc, 10 % Cabernet Sauvignon

Pflanzdichte: 5000 Reben/ha

Ertrag (im Durchschnitt der letzten 5 Jahre): 45 hl/ha

Durchschnittliche Jahresproduktion insgesamt: 500 hl

GRAND VIN

Name: Château Larcis-Ducasse

Appellation: St-Emilion Grand Cru

Durchschnittliche Jahresproduktion: 500 hl

Verarbeitung und Ausbau: Gär- und Maischdauer 15 Tage bis 6 Wochen (je nach Jahrgang) in temperaturgeregelten Betontanks. Malolaktische Säureumwandlung im Tank, anschließend 18 Monate Ausbau in (jährlich zu $1/3$ erneuerten) Eichenfässern; Abstich zwei- bis dreimal jährlich von Faß zu Faß. Der Wein wird mit frischem Eiweiß geschönt und gefiltert.

Kein ZWEITWEIN

Beurteilung des derzeitigen Rangs: Entspricht qualitativ einem 5ème Cru aus dem Médoc

Genußreife: 8 bis 20 Jahre nach dem Jahrgangsdatum

Larcis-Ducasse befindet sich an den *côtes* von St-Emilion südöstlich der Stadt neben Château Pavie auf Hängen mit kalkhaltigem Lehmboden in schönster Südlage. Sein Wein genießt einen ausgezeichneten Ruf, doch bis zum Beginn der achtziger Jahre war die Qualität nicht besonders eindrucksvoll. Vor 1982 waren allzuviele Weine immer wieder mager, karg und dürftig in Geschmack und Struktur; nur den 1945er habe ich in bester Erinnerung. Seit 1982 hat sich die Qualität des Larcis-Ducasse verbessert, doch ich habe das Gefühl, daß er sogar noch feiner sein könnte.

JAHRGÄNGE

1997 • 76-78 Bei drei verschiedenen Verkostungen zeigte sich dieser Wein leicht und ungefüge mit kräuterhaften Noten, die an grünen chinesischen Tee erinnerten. Mittlerer Körper und etwas Kirschenfrucht und staubige, erdige Noten waren seine Merkmale – nicht gerade das eindrucksvollste Gewächs, das ich kenne.
Voraussichtliche Genußreife: 1999 bis 2007. Letzte Verkostung: 3/98.

1996 • 84-86 Dieses *terroir*, eines der großartigsten in St-Emilion, bringt leider immer wieder wenig inspirierende Weine hervor. Der 1996er Larcis-Ducasse hat mittelrubinrote Farbe und ein aufgeschlossenes, kommerziell gefälliges Aromaprofil von Kirschen, Kräutern und Erde. Der Wein selbst ist mittelschwer, schlicht und einfach und will in den nächsten 7 bis 8 Jahren getrunken werden. Letzte Verkostung: 11/97.

1995 • 87 Der 1995er zeigt mäßig satte dunkelrubinpurpurrote Farbe. Das würzige, reife, reichfruchtige Aroma mit Nuancen von Erde und Eichenholz zeigt moderate Intensität. Ein gewisses Maß an Tannin, gute Reintönigkeit, mittlerer Körper und feste, gemessene, elegante Art lassen eine Lebensdauer von 12 Jahren erwarten, volle Genußreife wird aber schon in 2 bis 3 Jahren eintreten. Letzte Verkostung: 11/97.

1994 • 87 Tiefe, satte, rubinpurpurrote Farbe geht einher mit süßen, reifen Aromen von Kirschen, schwarzen Johannisbeeren und asiatischen Gewürzen. Der mittelschwere, elegante, gefällige Wein hat samtige Substanz, schöne Konzentration, aber keinerlei hohle Art oder hartes Tannin (zwei Merkmale, mit denen viele 1994er geplagt sind). Dieser wohlgelungene, geschmeidige Wein dürfte sich in den nächsten 8 bis 10 Jahren gut trinken lassen. Letzte Verkostung: 1/97.

1993 • 85 Der mitteldunkel rubinrote Wein mit hellrötlichem Saum bietet süße, reintönige Frucht von Kirschen und roten Johannisbeeren in einem sänftiglich weichen, subtil würzigen, mittelschweren Format – ein eleganter, verhaltener, geschmeidiger, wohlschmeckender 1993er. Milde Säure und die von vegetabilem Charakter und adstringierendem Tannin unbeeinträchtigte Art machen ihn für die nächsten 6 bis 7 Jahren zum schönen Genuß. Letzte Verkostung: 1/97.

1992 • 76 Der hell- bis mittelrubinroten Farbe fehlt es an Tiefe. Das vegetabile, kräuterhafte Bukett und der harte, tanninstrenge, mittelschwere, fruchtarme Geschmack bilden weitere Beweise für einen Jahrgang, der in dieser guten Hanglage von St-Emilion Probleme bot. Dieser Wein wird zweifellos die wenige Frucht, die er besitzt, im Lauf von 3 bis 4 Jahren einbüßen. Letzte Verkostung: 11/94.

1991 • 76 Der 1991er ist ein gefälliger, sanfter, leichter, kräuterwürziger Wein, der in den nächsten 3 bis 4 Jahren getrunken sein will. Letzte Verkostung: 1/94.

1990 • 90 Der 1990er bietet beeindruckende Fülle, ein würziges, nach Zedernholz und Cassis duftendes Bukett, sahnige, samtige Substanz und vollen, körperreichen Geschmack. Die vielschichtige Frucht stützt sich auf moderates Tannin. Etwas mehr Konzentration, und dieser Wein hätte monumental sein können.
Voraussichtliche Genußreife: Jetzt bis 2008. Letzte Verkostung: 1/93.

1989 • 86 Der 1989er ist zwar voll mit Tannin beladen und seiner Struktur nach für bis zu 30 Jahre Lebensdauer gebaut, schien mir aber nicht ganz jenen Kern an Frucht, Tiefe und Intensität zu besitzen, den der 1988er aufweist. Er ist voll und tanninreich und wird seinen Höhepunkt erst in der Mitte des ersten Jahrzehnts im nächsten Jahrhundert erreichen. Dieser auf imposante Weise unentwickelte Wein wird am Ende eine bessere Note verdienen – allerdings nur, wenn die Frucht nicht austrocknet, bevor sich das Tannin mildert.
Voraussichtliche Genußreife: Jetzt bis 2010. Letzte Verkostung: 4/91.

1988 • 87 Larcis-Ducasse hat 1988 einen ausgezeichneten, körperreichen, gehaltvollen Wein mit eindrucksvoller Reife und Nachhaltigkeit sowie mindestens 20 Jahre Lebenserwartung hervorgebracht. Ein bewunderungswürdiger Wein im alten Stil, der vor allem geduldige Weinliebhaber anspricht.
Voraussichtliche Genußreife: Jetzt bis 2010. Letzte Verkostung: 1/93.

ST-EMILION

1986 • 85   Der 1986er zeigt schöne Reife, nachhaltigen, vollen, an Zedernholz und Pflaumen erinnernden Geschmack, mittleren bis vollen Körper und einen konzentrierten, geschmeidigen, alkoholstarken Abgang, in dem kräftiges Tannin spürbar ist.
Voraussichtliche Genußreife: Jetzt bis 2002. Letzte Verkostung: 3/90.

1985 • 79   Dem 1985er fehlt es an Konturenschärfe, Tiefe und Klarheit der Linie, und er sollte in den nächsten 4 bis 5 Jahren ausgetrunken werden. Allzu reichliche Erträge haben diesem Wein ihren Stempel aufgedrückt.
Voraussichtliche Genußreife: Jetzt. Letzte Verkostung: 3/89.

1983 • 86   Als ich diesen Wein kurz nach der Abfüllung verkostete, machte er keinen guten Eindruck. Jetzt, nach einiger Zeit, hat er den Abfüllschock überwunden und erscheint viel reichhaltiger und voller, als ich je geglaubt hätte. In der mittel dunkelrubinroten Farbe zeigt sich ein leichter Bernsteinsaum, das Bukett ist kräftig, würzig und erinnert an Zedernholz, Kräuter und rote Frucht, außerdem sind sowohl Komplexität als auch Charakter vorhanden. Im Mund gibt dieser Wein klassische Struktur bei mittlerem Körper, viel Tannin und sehr gutem Extrakt zu erkennen. Er ist bereits schön zu trinken, dürfte sich aber noch mindestens 7 bis 10 Jahre weiterentwickeln.
Voraussichtliche Genußreife: Jetzt bis 2001. Letzte Verkostung: 3/90.

1982 • 87   Ungleich lautende Probiernotizen sind für diesen Wein seit der Abfüllung bezeichnend. Die feinsten Exemplare (das aus der hier beschriebenen Degustation gehörte dazu) zeigen tiefe Farbe mit geringfügiger Aufhellung am Rand, ein pikantes, kräuterwürziges Bukett mit Noten von Kirschen und Erde sowie mittelschweren bis körperreichen, konzentrierten Geschmack. Spürbares adstringierendes Tannin stellt angesichts des Gehalts an Glyzerin und Süße kein Problem dar. Dieser Wein wird sich nochmals 10 Jahre halten. Letzte Verkostung: 9/95.

1981 • 75   Der 1981er ist zu unrund, es fehlt ihm an vollmundiger, generöser Art und Frucht. Vielmehr ist er nur gerade ein annehmbarer Wein, der bald getrunken werden sollte – und das aus einem Château mit so guter Reputation!
Voraussichtliche Genußreife: Jetzt – vermutlich im Nachlassen. Letzte Verkostung: 6/84.

1979 • 78   Dieser mittelrubinrote Larcis-Ducasse mit seinem recht kräftigen, würzigen, fruchtigen Aroma besitzt durchschnittliche bis überdurchschnittliche Geschmacksintensität von geringerer Tiefe als bei anderen St-Emilions. Dabei hat dieser Wein untergründige Festigkeit und Struktur.
Voraussichtliche Genußreife: Jetzt – vermutlich im Nachlassen. Letzte Verkostung: 11/83.

1978 • 72   Der recht mittelmäßige, helle, leichte Wein hat ein Bukett, das an Erdbeeren und Kirschen erinnert. Auf der Zunge entdeckt man nicht viel außer kurzem, flachem, wässerigem Geschmack mit etwas Tannin und einem trockenen, von Eichenholz geprägten Nachgeschmack.
Voraussichtliche Genußreife: Jetzt – vermutlich im Nachlassen. Letzte Verkostung: 9/82.

LARMANDE
Grand Cru Classé

AUSGEZEICHNET

Lage der Weinberge: St-Emilion

Besitzer: Groupe La Mondiale
Adresse: 33330 St-Emilion
Telefon: 33 5 57 24 71 41 – Telefax: 33 5 57 74 42 80

Besuche: nur nach Vereinbarung
Kontaktperson: Marc Dworkin

BORDEAUX

ROTWEIN

Rebfläche: 24,5 ha

Durchschnittliches Rebenalter: 30 Jahre

Rebbestand: 65 % Merlot, 30 % Cabernet Franc, 5 % Cabernet Sauvignon

Pflanzdichte: 6000 Reben/ha

Ertrag (im Durchschnitt der letzten 5 Jahre): 41,5 hl/ha

Durchschnittliche Jahresproduktion insgesamt: 1120 hl

GRAND VIN

Name: Château Larmande

Appellation: St-Emilion Grand Cru

Durchschnittliche Jahresproduktion: 890 hl

Verarbeitung und Ausbau: Vinifikation rund 3 Wochen in temperaturgeregelten Edelstahltanks. Malolaktische Säureumwandlung bei ²/₃ des Ertrags in neuen Eichenfässern, das restliche Drittel wird nach der malolaktischen Säureumwandlung in einmal gebrauchte Eichenfässer abgestochen. Ausbauzeit 16 bis 18 Monate; Abstich alle 3 Monate. Der Wein wird mit frischem Eiweiß geschönt, aber nicht gefiltert. Die *assemblage* erfolgt erst unmittelbar vor dem Schönen.

ZWEITWEIN

Name: Le Cadet de Larmande

Durchschnittliche Jahresproduktion: 230 hl

N. B.: Die Groupe La Mondiale kaufte 1993 das Château Pavillon Cadet. Das kleine 2,5-ha-Gut wurde bei der Neuklassifizierung der Grands Crus von St-Emilion 1996 in Château Larmande einbezogen.

Beurteilung des derzeitigen Rangs: Entspricht qualitativ einem 3ème Cru aus dem Médoc

Genußreife: 4 bis 15 Jahre nach dem Jahrgangsdatum

Ich erinnere mich noch an meinen ersten Besuch im Château Larmande in der Mitte der siebziger Jahre auf Wunsch des verstorbenen Martin Bamford, eines der kenntnisreichsten Beobachter von Bordeaux. Er hatte mir gesagt, daß ich hier einen der besten Weine von St-Emilion antreffen würde, und zwar weil die Familie Mèneret sich so sehr um Qualität bemühe. Larmande liegt im nördlichen Teil von St-Emilion und ist nach dem alten *lieu-dit* (Flurnamen) der Weinberglage benannt. Es ist eines der ältesten Güter in St-Emilion, seine Weinbaugeschichte geht zurück auf das 13. Jahrhundert. Den größten Teil unseres Jahrhunderts hindurch befand es sich im Besitz der Familie Mèneret-Capdemourlin und wurde mit großem Enthusiasmus von Philippe und Dominique Mèneret geleitet. 1991 verkauften die Mènerets dann das Gut an eine große französische Firma, und die Qualität blieb erhalten.

In der Mitte der siebziger Jahre wurde der gesamte *chai* anläßlich der Einführung von temperaturgeregelten Edelstahltanks renoviert. Der Anteil neuer Eichenfässer wurde in Spitzenjahren auf fast 66 % gesteigert.

Der Schlüssel zur Qualität des Larmande liegt in später Lese, strenger Auslese (in den achtziger Jahren wurde ein Zweitwein eingeführt) und relativ niedrigen Erträgen. Als Folge hiervon haben sich die Leistungen von Larmande seit der Mitte der siebziger Jahre als makellos erwiesen. Es gibt nur wenige Premiers Grands Crus Classés, die sich rühmen dürfen, mit solcher Beständigkeit feine Weine hervorgebracht zu haben.

ST-EMILION

JAHRGÄNGE

1997 • 87-89   Dieses stets tadellos geführte Weingut hat einen 1997er mit tiefem, sattem Purpurrot und reichlich Süßholz, *pain grillé* und fülliger Schwarzkirschen- und Beerenfrucht gestaltet. Der sanfte, mit mildem Tannin und weicher Säure ausgestattete Wein enthält bewundernswert viel Glyzerin und Extrakt in einem mittelschweren, geschmeidigen Format. Dieser Wein dürfte bei der Freigabe bereits köstlich zu trinken sein, sich aber auch mindestens 10 Jahre gut halten. Ein Geheimtip. Letzte Verkostung: 3/98.

1996 • 88-89   Dieser satt dunkelrubinpurpurrote Wein, eine ausnehmend schöne Leistung für diesen Jahrgang, zeigt verschwenderische Noten von gedörrten Kräutern, Süßholz, rauchigem Eichenholz und schwarzen Johannisbeeren sowie mittleren bis vollen Körper, moderates Tannin und überraschende Substanz, Fülle und für einen 1996er gute Zugänglichkeit.
Voraussichtliche Genußreife: 2000 bis 2014. Letzte Verkostung: 3/98.

1995 • 88   Der 1995er ist nach demselben Muster geschnitzt wie der 1996er, nur hat er mehr Glyzerin und Frucht sowie mildere Säure. Ansonsten zeigt er tief rubinpurpurrote Farbe und intensive Aromen von Kräutern, *pain grillé*, fülligen Brombeeren und Cassis, verflochten mit Holzfeuernuancen. Dieser Wein ist sanft, rund, mittelschwer bis körperreich, bietet eine sinnliche Kombination von Glyzerin, Frucht, mildem Tannin und kräftigem Alkohol und dürfte sich 10 bis 12 Jahre lang schön trinken. Letzte Verkostung: 11/97.

1994 • 86+?   Seit der Abfüllung hat sich der 1994er in sich zurückgezogen, so daß mein ursprüngliches Urteil vielleicht nicht mehr gerechtfertigt erscheint. Die Farbe ist ein dunkles Rubinpurpurrot, das Aroma mit Eichenholznote wirkt straff und gedämpft, der Eingang mild und eindrucksvoll, aber hartes, bitteres Tannin schwächt die ansonsten attraktive, mittelschwere bis körperreiche, muskulöse Leistung ab. Untypisch für Larmande verlangt dieser Wein Geduld.
Voraussichtliche Genußreife: 2003 bis 2015. Letzte Verkostung: 1/97.

1993 • 86   Die dunkle rubinpurpurrote Farbe ist für den Jahrgang sehr satt. Der im typischen Larmande-Stil gebaute, verschwenderisch eichenwürzige, rauchige, an den Duft schwarzer Kirschen erinnernde Wein zeigt einen reifen Eingang, mittleren Körper, störendes, trockenes Holztannin sowie einen festen, muskulösen, soliden Abgang. Ich bin nicht überzeugt, daß genug Tannin abschmelzen wird, um samtige Substanz zu ermöglichen, aber der 1993er dürfte auch als eher rustikaler St-Emilion von 1999 bis 2004 schön zu trinken sein.
Letzte Verkostung: 1/97.

1992 • 85   Das tadellos geführte Weingut hat einen 1992er mit einer an kalifornischen Cabernet Sauvignon erinnernden Minzenote sowie sanfter, reifer, reintöniger Frucht von schwarzen Johannisbeeren hervorgebracht. Mittlerer Körper und runde Art mit attraktivem Eichenton und straffem Tannin im Abgang machen diesen Wein ab sofort für die nächsten 5 bis 7 Jahre genußreif. Letzte Verkostung: 11/94.

1990 • 88   Der charmante, liebenswerte 1990er Larmande zeigt schöne Farbe, exzellente reife Pflaumen- und Cassis-Frucht, vollen Körper und im Abgang beträchtliches Tannin. Die charakteristischen Merkmale des Jahrgangs 1990 – ein hohes Maß an hartem Tannin, viel saftige, kernige Frucht und ausnehmend milde Säure – sind alle vorhanden.
Voraussichtliche Genußreife: Jetzt bis 2003. Letzte Verkostung: 1/93.

1989 • 88   Der 1989er Larmande ist nahezu so fest strukturiert oder konzentriert wie der 1988er. Wer wunderbar runden, üppigen, sanften, alkoholstarken und üppigen St-Emilion liebt, für den hält dieser hochreife, kräftige Wein mit seiner vollen Art manchen schönen Genuß bereit.
Voraussichtliche Genußreife: Jetzt bis 2001. Letzte Verkostung: 1/93.

1988 • 90   Der 1988er Larmande, einer der schwelgerischsten Weine des Jahrgangs, war schon jung köstlich, entwickelt sich aber weiterhin gleichmäßig und eindrucksvoll. Die Farbe ist nach wie vor dunkelpurpurrot mit nur einer geringfügigen Aufhellung am Rand, das intensive Aro-

maprofil weist reichlich Süßholz, Minerale, Brombeer- und Kirschenfrucht auf. Ähnliche Noten mit einer zusätzlichen grünen Tabaknuance zeigt dieser körperreiche, volle, reintönige, würzige und rauchige Wein am Gaumen.
Voraussichtliche Genußreife: Jetzt bis 2004. Letzte Verkostung: 11/97.

1986 • 87   Der für seinen Jahrgang typische 1986er Larmande ist karg und fest strukturiert, scheint aber an Gewichtigkeit zugelegt zu haben und zeigt nun etwas mehr Frucht und Fett als in seiner Jugend. Die Farbe ist ein dunkles Rubinpurpurrot, das Bukett besitzt Noten von Erde, Mineralen, Rauch und reifer Beerenfrucht, es muß aber noch dem Glas entlockt werden. Am Gaumen erweist sich der Wein als mittelschwer mit spürbarem Tannin und exzellenter Reintönigkeit und Reife der Frucht in linearer Form.
Voraussichtliche Genußreife: Jetzt bis 2008. Letzte Verkostung: 11/97.

1985 • 87   Der voll ausgereifte dunkelgranatrote Wein (mit etwas Bernsteingelb am Rand) offenbart ein süßes, an Überreife grenzendes Bukett mit Noten von Erde, Gras, Gewürzen und schwarzen Kirschen; auch etwas Vanillin ist noch spürbar. Im Mund zeigt er sich sanft und rund, ohne jede Schärfe, dafür mit milder Säure und köstlicher Frucht – aber dieser Wein muß bald getrunken werden.
Voraussichtliche Genußreife: Jetzt bis 2001. Letzte Verkostung: 11/97.

1983 • 87   Der kräftige, volle, körperreiche und üppige 1983er Larmande hat tiefe Farbe und kraftvollen Bau. Das Tannin ist bereits abgestreift, er dürfte sich aber noch 5 bis 6 Jahre schön trinken.
Voraussichtliche Genußreife: Jetzt. Letzte Verkostung: 1/89.

1982 • 88   Obwohl der 1982er Larmande seinen Höhepunkt längst erreicht hat, hält er sich auf dem Gipfel ohne Anzeichen von Fruchtverlust – das ist stets das Kennzeichen eines Bordeaux der Spitzenklasse. Nach wie vor dunkelgranatrot mit etwas Bernsteingelb am Rand zeigt er ein süßes, fülliges Bukett von Kräutern, Süßholz, Beeren und asiatischen Gewürzen sowie dickliche, ölige Substanz. Körperreich, saftig und voller Frucht präsentiert sich dieser sanfte, samtige Larmande, warum also den Genuß noch länger aufschieben? Ich nehme an, daß er noch 7 bis 8 Jahre andauern wird. Letzte Verkostung: 9/95.

1981 • 83   Der leichteste und eleganteste der drei aufeinanderfolgenden guten Jahrgänge hat mittelrubinrote Farbe, ein reifes, mäßig intensives, pflaumenduftiges und leicht kräuterwürziges Bukett, mittleren Körper, gute Konzentration und einen feinen, frischen, sauberen Abgang.
Voraussichtliche Genußreife: Jetzt – vermutlich im Nachlassen. Letzte Verkostung: 6/84.

1980 • 75   In Anbetracht der ungünstigen Voraussetzungen in diesem Jahrgang ist der recht leichte und geschmeidige 1980er Larmande gut gelungen. Er hat ein duftiges, leichtes Bukett von Kräutern, Eichenholz und Kirschenfrucht, mittleren Körper und milden, angenehmen Geschmack.
Voraussichtliche Genußreife: Jetzt – vermutlich im Nachlassen. Letzte Verkostung: 6/84.

1978 • 82   Der voll ausgereifte 1978er Larmande ist ein sehr stilvoller, eleganter, fruchtiger Wein mit mittlerem Körper, einem feinen, recht intensiven Bukett von Zedernholz, Kräutern und Pflaumen und schön ausgewogenem, kräftigem Geschmack.
Voraussichtliche Genußreife: Jetzt – vermutlich im Nachlassen. Letzte Verkostung: 6/84.

ST-EMILION

LUCIE
Grand Cru

GUT

Lage der Weinberge: St-Emilion

Besitzer: Michel Bartolussi
Adresse: 33330 St-Emilion
Postanschrift: 316, Grands Champs, 33330 St-Sulpice de Faleyrens
Telefon: 33 5 57 74 44 42 – Telefax: 33 5 57 24 73 00

Besuche: nur nach Vereinbarung
Kontaktperson: Michel Bartolussi (Tel. 33 5 57 24 72 63)

ROTWEIN

Rebfläche: 4,3 ha

Durchschnittliches Rebenalter: 30 Jahre

Rebbestand: 90 % Merlot, 10 % Cabernet Franc

Pflanzdichte: 6500 Reben/ha

Ertrag (im Durchschnitt der letzten 5 Jahre): 35 hl/ha

Durchschnittliche Jahresproduktion insgesamt: 150 hl

GRAND VIN

Name: Château Lucie

Appellation: St-Emilion Grand Cru

Durchschnittliche Jahresproduktion: 120 hl

Verarbeitung und Ausbau: Gär- und Maischdauer rund 4 Wochen in Betontanks. Malolaktische Säureumwandlung in zu 60 % neuen Eichenfässern. Ausbauzeit 16 Monate. Der Wein wird weder geschönt noch filtert.

ZWEITWEIN

Name: Bord-Lartigue

Durchschnittliche Jahresproduktion: 5000 Flaschen

Beurteilung des derzeitigen Rand: Entspricht qualitativ einem guten Cru Bourgeois aus dem Médoc

Genußreife: 4 bis 10 Jahre

JAHRGÄNGE

1997 • 84-85 Dieser mittelrubinrote Wein hat attraktive, vordergründige Frucht, aber das trokkene Tannin im Abgang gibt Anlaß zu Besorgnis. Letzte Verkostung: 3/98.
1996 • 85-87 Der wohlgelungene, fest strukturierte Wein besitzt mittleren Körper, moderate Gewichtigkeit und süße, mit Gewürz und Toast durchzogene Beerenfrucht. Ein Teil der vollmundigen Opulenz, die er bei der letzten Verkostung zeigte, ist abgefallen und hat kräftigerem Tannin Platz gemacht, dennoch wird dieser Wein zugänglich sein und rasch heranreifen, so daß

BORDEAUX

er in seinen ersten 5 bis 7 Lebensjahren getrunken werden will. Jedenfalls ist er attraktiv und bietet ein gutes Preis/Leistungs-Verhältnis. Letzte Verkostung: 3/98.

1995 • 87   Tief rubinrot mit kräuterwürzigem Aroma und Noten von fülligen Kirschen und Beeren präsentiert sich dieser sanfte, runde, fruchtige, offen gewirkte St-Emilion mit gefälliger Persönlichkeit und geschmeidigem Abgang. Er wird in den nächsten 3 bis 5 Jahren ideal zu trinken sein. Ein Geheimtip. Letzte Verkostung: 11/97.

MAGDELAINE
Premier Grand Cru Classé B

SEHR GUT

Lage der Weinberge: Kalksteinterrasse vor der Stadt St-Emilion, neben den Châteaux Canon und Belair.

Besitzer: Ets. J.-P. Moueix
Postanschrift: c/o Ets. Jean-Pierre Moueix, 54, quai du Priourat, B.P. 129, 33502 Libourne
Telefon: 33 5 57 51 78 96 – Telefax: 33 5 57 51 79 79

Besuche: nach Vereinbarung, nur für Fachbesucher
Kontaktperson: Frédéric Lospied

ROTWEIN

Rebfläche: 9,5 ha

Durchschnittliches Rebenalter: 30 Jahre

Rebbestand: 90 % Merlot, 10 % Cabernet Franc

Pflanzdichte: 5500 bis 6000 Reben/ha

Ertrag (im Durchschnitt der letzten 5 Jahre): 40 hl/ha

Durchschnittliche Jahresproduktion insgesamt: 3000 Kisten

GRAND VIN

Name: Château Magdelaine

Appellation: St-Emilion Grand Cru

Durchschnittliche Jahresproduktion: 3000 Kisten

Verarbeitung und Ausbau: Vinifikation rund 20 Tage in temperaturgeregelten Betontanks. Malolaktische Säureumwandlung im Tank, anschließend 18 Monate Ausbau in zu 50 % neuen Eichenfässern; Abstich alle 3 Monate von Faß zu Faß. Der Wein wird mit frischem Eiweiß geschönt, aber nicht gefiltert.

Kein ZWEITWEIN

Beurteilung des derzeitigen Rangs: Entspricht qualitativ einem 3ème Cru aus dem Médoc

Genußreife: 7 bis 20 Jahre nach dem Jahrgangsdatum

Magdelaine, eines der Châteaux an den *côtes*, hat Weinberge in schönster Lage auf kalkreichem Boden hoch über dem Tal der Dordogne. Sein Wein gehört seit Anfang der sechziger Jahre zu den besten St-Emilions. Seit 1952 ist das Weingut Alleinbesitz der berühmten Firma Jean-Pierre Moueix in Libourne. Magdelaine hat im Rebbestand den höchsten Merlot-Anteil (90 %) aller renommierten Châteaux auf dem Kalksteinplateau von St-Emilion.

ST-EMILION

Die meisten Experten billigen diesem Weingut hervorragendes Potential zu, aber gegen Ende der siebziger und in einem großen Teil der achtziger Jahre war die Qualität bei Magdelaine zwar gut, aber selten inspirierend. Seit 1989 aber ist sie dank vielschichtigerer Frucht, Fülle und Komplexität beeindruckender geworden.

Nichtsdestoweniger bleibt der Magdelaine vor allem wegen seines hohen Anteils an Merlot ein sehr ausdrucksvoller St-Emilion. Nun sollte man annehmen, dieser Wein müsse mild, vollmundig und aufgeschlossen sein – dem aber ist nicht so. Ziemlich lange Gärzeit, frühe Lese und das Einmaischen einer gewissen Portion Stiele verleihen dem Magdelaine einen überaus tanninreichen, langsam sich entfaltenden Stil. Er braucht normalerweise 5 bis 7 Jahre Flaschenreife, um seinen Charakter schön zur Geltung zu bringen.

Bei der kleinen Produktion, der guten alten Reputation und der Zugehörigkeit zur Firma Moueix ist der Magdelaine seit jeher teuer, sein Preis entspricht dem eines 2ème Cru aus der Médoc-Spitzenklasse.

JAHRGÄNGE

1997 • 86-88 Strenge Auslese (es werden nur 1800 Kisten produziert) wurde in diesem von Christian Moueix geleiteten Weingut durchgeführt. Der Wein wird sich vielleicht als etwas leicht erweisen, aber er besitzt doch viele attraktive Komponenten. Die Farbe ist dunkelrubinrot, das Aroma bietet süße Kirschenfrucht mit Kirschgeistnuancen und Noten von Kräutern, Erde und Gewürz. Im exzellenten Eingang finden sich Eleganz, Reife und mildes Tannin vor. Mittlerer Körper, Delikatesse und Finesse machen diesen St-Emilion schon bei der Freigabe genußreif, er dürfte sich aber auch ein Jahrzehnt lang anmutig entfalten. Letzte Verkostung: 3/98.

1996 • 86-87 Überraschend weit entwickeltes dunkles Rubinrot und Pflaumenblau kennzeichnen diesen eleganten, auf Delikatesse und Finesse ausgelegten Magdelaine. Im Eingang wetteifern Gewürz, Gras und reife Kirschen mit Johannisbeeren und Vanillin um Beachtung. Hinzu kommen exzellente Reife, mittlerer Körper, sanfte, milde, runde Substanz und im guten Abgang moderates Tannin.
Voraussichtliche Genußreife: 2000 bis 2015. Letzte Verkostung: 3/98.

1995 • 91 Der 1995er, eine herrliche Leistung von Magdelaine, zeigt satte rubinpurpurrote Farbe und ein süßes Aroma mit Düften von schwarzen Kirschen und Kirschgeist sowie Noten von sinnlichem Toast und Vanillin. Dieser reife, volle, körperreiche Wein hat hervorragende Intensität, Reintönigkeit und Ausgewogenheit vorzuweisen – ein schöner, harmonischer, nachhaltiger, erstaunlich verführerischer und zugänglicher Magdelaine, der viele Bewunderer finden wird.

1994 • 88 Der dunkelrubinrote 1994er Magdelaine mit tief granatroter Mitte bietet reichliche Mengen an fülliger schwarzer Kirschenfrucht. Der mittelschwere, elegante, üppige, tanninreiche Wein mit feiner Reintönigkeit und Ausgewogenheit dürfte für mindestens 16 Jahre stilvollen Genuß gewähren. In Anbetracht der Neigung des Magdelaine, sich trotz eines hohen Merlot-Gehalts nach der Abfüllung zu verschließen, war ich überrascht, wie offen und lebendig dieser Wein schmeckte.
Voraussichtliche Genußreife: 1999 bis 2015. Letzte Verkostung: 1/97.

1993 • 87 Neben dunkelrubinroter Farbe und süßer, kräftiger Kirschenfrucht im moderat intensiven Bukett zeigt dieser elegante, mittelschwere, füllige, sanfte Magdelaine mittleren Körper, reintönige Frucht, offenen Charme sowie genug Nachhaltigkeit und Struktur für 10 bis 12 Jahre Aufbewahrung. Man sollte dem 1993er nochmals 1 bis 3 Jahre Flaschenreife gönnen, bevor man den Korken zieht. Letzte Verkostung: 1/97.

1992 • 86 Dunkles Rubinrot und würziger Duft von schwarzen Kirschen und Eichenholz mit einer teeähnlichen Nuance kennzeichnen diesen mittelschweren, mäßig tanninreichen Wein, der mehr Tiefe und Reife vorweisen kann als die meisten Premiers Grands Crus Classés in diesem schwierigen Jahrgang. Er ist ein hochklassiger, eleganter St-Emilion mit mäßiger Nachhaltigkeit und bescheidenen Mengen an schwarzer Kirschenfrucht, der sich 10 bis 12 Jahre lang gut halten wird. Letzte Verkostung: 11/94.

1990 • 92   Der 1990er Magdelaine gehört zu den üppigsten Vertretern dieses Weinguts. Im Bukett zeigen sich interessante Düfte von Kräutern, Beeren, Mineralen und Vanillin. Reichliche, ja verschwenderische, süße Noten von Tabak, Kaffee und Orangentee sind in diesem hochreifen Merlot-betonten Wein vorzufinden. Die Säure ist ausreichend und das moderate Tannin fest. Der Magdelaine repräsentiert eine eigene Art von St-Emilion, die manchen Weinfreunden zu karg erscheint. Der opulente, ja übervolle 1990er bildet die Ausnahme von dieser Regel. Voraussichtliche Genußreife: Jetzt bis 2008. Letzte Verkostung: 3/96.

1989 • 90   Der noch immer jugendfrisch tief rubinpurpurrote 1989er Magdelaine läßt nach längerem Dämmerschlaf sein Aromaprofil zum Vorschein kommen. Süße schwarze Kirschen und Kirschgeist, Gewürze und subtile Kräuter- und Erdenoten finden sich darin vor. Am Gaumen erweist sich der Wein, der Eleganz, Reife und Finesse schön miteinander vereint, als klassisch. Im Abgang bleibt moderates Tannin erkennbar. Alles in allem ist dies ein gemessener, fest strukturierter hochfeiner Magdelaine, der – im für den Jahrgang 1989 aus diesem Teil von Bordeaux untypischer Weise – noch einige weitere Jahre Kellerreife verlangt. Voraussichtliche Genußreife: 2000 bis 2020. Letzte Verkostung: 3/97.

1988 • 85   Das Bukett des 1988ers wirkt verhalten, der Wein aber zeigt schöne Reife und Intensität neben attraktiver Kirschenfrucht und einer Eichentoastnote. Voraussichtliche Genußreife: Jetzt bis 2005. Letzte Verkostung: 1/93.

1986 • 75   Dieser Wein hat sich bei allen meinen Verkostungen stets als mittelmäßig erwiesen. Die Farbe ist ein mittleres Rubinrot mit Granatrot und Bernsteingelb am Rand. Der Wein weist deutliche Erdigkeit und Kräuterhaftigkeit auf, beide sind weit stärkere Komponenten als die Frucht oder der Jahrgangscharakter. Tannin ist reichlich vorhanden, der mittlere Geschmackseindruck aber hohl und nichtssagend – ein karger, leerer Wein ohne genügend Tiefe und Vollmundigkeit. Er stammt aus einer Zeit, in der Magdelaine nicht in Form zu sein schien. Letzte Verkostung: 3/95.

1985 • 84   Was der 1985er besitzt, ist sanfte Frucht mit Kirschgeistnuancen in einem komprimierten Format bei mittlerem Körper. Der leichte, subtile Wein weist eine burgunderähnliche Kirschnote und mineralische Erdigkeit auf. Man könnte ihn stilvoll und elegant nennen, doch das trifft nicht den Kern. Es fehlt diesem Magdelaine einfach an Konzentration, und er ist zu flach und unterernährt für einen Wein dieser Klasse aus einem unbestreitbar großartigen *terroir*. Voraussichtliche Genußreife: Jetzt bis 2003. Letzte Verkostung: 3/97.

1983 • 85   Der geradezu brutal tanninstrenge, verschlossene und aggressive 1983er Magdelaine hat ausgezeichnete Farbe, kräftigen Körper und viel reiche, reife Frucht und Wucht, aber das unbändige Tannin erinnert an den 1975er. Voraussichtliche Genußreife: Jetzt bis 2010. Letzte Verkostung: 1/90.

1982 • 88+?   Nicht übereinstimmende Probiernotizen und eine stärker lineare, kompakte Persönlichkeit, als ich sie erwartet hätte, haben mich dazu veranlaßt, meinen Eindruck vom 1982er Magdelaine etwas nach unten zu korrigieren. Dieser Wein schmeckte aus dem Faß entwaffnend sanft und fruchtig und erwies sich doch aus der Flasche oft als schrecklich tanninstreng und verschlossen. Auf jeden Fall zeigt der 1982er hartnäckig langsame Entwicklung, und es mangelt ihm an der süßen Frucht am Gaumen, die für eine bessere Punktnote unumgänglich wäre. Die Farbe ist ein gesundes mittleres bis dunkles Rubinrot, und das Bukett bietet süße Düfte von Kirschen, Eichenholz, Erde und Kräutern. Der mittlere Körper und die ausgefeilte, ja übermäßig polierte und zurückhaltende Art tragen dazu bei, daß dieser Wein meinen großen Erwartungen nicht gerecht wird. Er braucht noch weitere 3 bis 3 Jahre Kellerreife und dürfte sich nochmals 13 bis 15 Jahre halten. Letzte Verkostung: 9/95.

1981 • 80   Ein Beispiel für einen Wein mit einem wunderschönen, duftigen, sanften Beerenbukett und mäßig intensiver Geschmacksfülle, der durch überzogenen Aufenthalt im Eichenfaß

ST-EMILION

einen harten, adstringierenden, tanninherben Geschmack bei mangelnder Frucht angenommen hat. Die Farbe ist sehr schön, das Bukett zeigt Vanillin- und Waldaroma, aber auf der Zunge gibt dieser Wein nichts her. Vielleicht wird die Zeit der Frucht mehr Raum geben.
Voraussichtliche Genußreife: Jetzt bis 2000. Letzte Verkostung: 3/87.

1979 • 84   Dieser Magdelaine zeigt zugängliche Art, runden, sanften, aufgeschlossenen, seidigen Geschmack, mittleren Körper, gute Konzentration, leichtes Tannin und schöne Genußreife.
Voraussichtliche Genußreife: Jetzt. Letzte Verkostung: 5/82.

1978 • 86   Der sehr reife 1978er Magdelaine ist lieblich und intensiv fruchtig mit runder, generöser, schön konzentrierter Art. Es fehlt ihm vielleicht etwas an Säure, aber allgemein ist er gut ausgewogen und zeigt vanillinsüße Eichenholzwürze – ein vordergründiger Magdelaine.
Voraussichtliche Genußreife: Jetzt. Letzte Verkostung: 3/86.

1975 • 88   Der sich noch immer im Schneckentempo entwickelnde 1975er Magdelaine ist nach wie vor ein vielversprechender, mit Mineralnoten befrachteter, würziger muskulöser Wein mit viel Extrakt und Tannin. Die Farbe ist ein dunkles Granatrot mit etwas Bernsteingelb am Rand, das Bukett bietet rauchige, erdige Aromen, vereint mit reichlicher süßer schwarzer Frucht (vor allem Kirschen). Im Mund zeigt der kraftvolle Wein mittleren bis vollen Körper, und im Abgang ist adstringierendes Tannin spürbar. Der Eindruck am Gaumen ist für die sonst elegante, stilvolle Art des Magdelaine eher deftig. Weitere 3 bis 3 Jahre Kellerreife werden ihm gut tun, ich bezweifle aber, daß sich das Tannin bei diesem eindrucksvollen Bordeaux im alten Stil jemals ganz zerstreuen wird.
Voraussichtliche Genußreife: Jetzt bis 2015. Letzte Verkostung: 10/96.

1970 • 89   Der 1970er hat fast 25 Jahre gebraucht, um seinen Gipfel zu erklimmen. Er hat eindrucksvolle dunkelgranatrote Farbe mit einem nur leichten, bernsteingelben Saum; hinzu kommt ein ausdrucksvolles Bukett mit Noten von Unterholz, Erde, Johannisbeeren und Kirschen mit Mineralen im Hintergrund. Kraftvoll am Gaumen bei mittlerem bis vollem Körper und reichlicher Würze präsentiert sich dieser stämmige, fleischige, noch immer tanninreiche Magdelaine, der wahrscheinlich nie vollkommene Harmonie erlangen wird, aber doch einen schmackhaften, vollmundigen Bordeaux abgibt.
Voraussichtliche Genußreife: Jetzt bis 2010. Letzte Verkostung: 2/95.

1967 • 82   Dieser Wein ist stets eines der besten Beispiele seines Jahrgangs. Er läßt zwar bereits nach, hat aber ein interessantes Bukett mit Nuancen von Schokolade, Zedernholz und Minze sowie milden, vollen, überraschend tiefen, durch leicht adstringierende Art etwas beeinträchtigten Geschmack.
Voraussichtliche Genußreife: Jetzt – vermutlich im Nachlassen. Letzte Verkostung: 2/85.

1962 • 85   Der für seinen Jahrgang wunderschön gelungene 1962er Magdelaine ist schon seit einiger Zeit genußreif, hält aber seine Frucht weiterhin gut. Sein ausgewachsenes, würziges Bukett mit Noten von Zedernholz, Kräutern und reifer Frucht ist überaus eindrucksvoll. Im runden, generösen Geschmack zeigt sich guter Körper, aber kein Tannin, und trotz der Braunfärbung an den Rändern hat dieser Wein noch lange zu leben.
Voraussichtliche Genußreife: Jetzt. Letzte Verkostung: 1/81.

1961 • 92   Der 1961er ist einer der größten Magdelaines, die ich je gekostet habe, obwohl es bei ihm stets unterschiedliche Flaschen gegeben hat. Das aus dem Glas hervorquellende, umwerfende Bukett bietet Düfte von Früchtekuchen, Zedernholz und fülligen Johannisbeeren und Kirschen. Körperreich, voll, exotisch und mit vielschichtiger Frucht präsentiert sich dieser opulente, üppige, hinreißende Wein.
Voraussichtliche Genußreife: Jetzt bis 2005. Letzte Verkostung: 3/97.

ÄLTERE JAHRGÄNGE

Erwartungsgemäß erweist sich Unterschiedlichkeit von Flasche zu Flasche als Problem. Außerdem wurden viele ältere Magdelaine-Jahrgänge nicht im Château, sondern in Belgien abgefüllt, denn das Weingut verkaufte oft Faßwein an seine dortigen Kunden. Ich habe zwar auch wenig begeisternde Exemplare von 1953, 1955 und 1959 erlebt, beste Flaschen aus diesen Jahrgängen waren aber stets eindrucksvoll. Der 1953er (bis zu 88 Punkte; letzte Verkostung 12/96), 1955er (87 Punkte; 12/96) und 1959er (90 Punkte; 11/96) machen durch Kraft und Fülle großen Eindruck. Der 1952er, den ich nur einmal im Jahr 1991 verkostet habe, bekam 88 Punkte und schien genug Substanz und Struktur für weitere 10 bis 15 Jahre Lebensdauer zu besitzen. Allerdings sind Herkunft und Zustand der jeweiligen Flasche bei den meisten über 20 Jahre alten Weinen von größter Bedeutung.

MONBOUSQUET (SEIT 1994)
Grand Cru

AUSGEZEICHNET

Lage der Weinberge: St-Emilion

Besitzer: M. und Mme Gérard Perse
Adresse: 33330 St-Emilion
Telefon: 33 5 57 24 67 19 – Telefax: 33 5 57 74 41 29

Besuche: nur nach Vereinbarung
Kontaktperson: Laurent Lusseau

ROTWEIN

Rebfläche: 31,5 ha · Durchschnittliches Rebenalter: 35 Jahre

Rebbestand: 60% Merlot, 30% Cabernet Franc, 10% Cabernet Sauvignon

Pflanzdichte: 5400 Reben/ha

Ertrag (im Durchschnitt der letzten 5 Jahre): 30 hl/ha

Durchschnittliche Jahresproduktion insgesamt: 128000 Flaschen

GRAND VIN

Name: Château Monbousquet

Appellation: St-Emilion Grand Cru

Durchschnittliche Jahresproduktion: 128000 Flaschen

Verarbeitung und Ausbau: Gärdauer 2 Wochen, Maischdauer ca. 4 Wochentage in Edelstahltanks. 18 Monate Ausbau in zu 100% neuen Eichenfässern. Der Wein wird weder geschönt noch gefiltert.

ZWEITWEIN

Name: L'Angélique de Monbousquet

Beurteilung des derzeitigen Rangs: Entspricht seit 1993 qualitativ einem 3ème oder 4ème Cru aus dem Médoc

Genußreife: vor 1993: 3 bis 8 Jahre, seit 1993: mindestens 5 bis 20 Jahre nach dem Jahrgangsdatum

ST-EMILION

Dieses große Weingut war der ganze Stolz der Familie Querre, die hier einen fruchtigen, geschmeidigen St-Emilion hervorbrachte und zu stets annehmbaren Preisen außerordentlich gut verkaufte. Dieser Wein wollte in den ersten 5 bis 6 Lebensjahren getrunken werden.

Zu Beginn der neunziger Jahre verkaufte die Familie Querre das Gut an den im Supermarktgeschäft reich gewordenen Gérard Perse. Dieser renovierte unverzüglich die Keller, zog Michel Rolland als kellertechnischen Berater heran und begann einen der inzwischen konzentriertesten und faszinierendsten Weine von St-Emilion zu produzieren. Die Erträge wurden in den Jahrgängen 1994, 1995, 1996 und 1997 auf unter 30 hl beschränkt. Das erste Beispiel für Perses Bemühungen um Spitzenqualität kam im schwierigen Jahrgang 1993 zustande, in dem der Monbousquet zu den feinsten Weinen der Appellation gehörte. Heute bringt das Weingut erregende Weine hervor, die jedem Kenner, der multidimensionale, vollkommene St-Emilions mit einer Lebenserwartung von mindestens 2 Jahrzehnten sucht, zufriedenstellen wird.

Hier geht in St-Emilion ein Superstar auf. Mancher meiner Leser, der (wie auch ich) in den siebziger Jahren Weine von Monbousquet gekauft hat, wird sich daran erinnern, daß aus diesem Château stets sanfter, anspruchsloser, kommerziell gestylter Wein kam, aber das hat sich unter der Leitung des passionierten neuen Eigentümers von Grund auf gewandelt.

JAHRGÄNGE

1997 • 90-92   Der tiefdunkel purpurrote 1997er schraubt das Maß der Üppigkeit auf beträchtliche Höhen. Er ist ein eindrucksvoll ausgestatteter Wein mit vielschichtiger, fülliger Preiselbeer- und Cassis-Frucht, schön integrierten toastwürzigen Düften von *pain grillé* sowie öliger Substanz, hinter der sich beträchtliches Tannin verbirgt. Anders als so mancher verschwommene 1997er ist er ein klar umrissener, körperreicher, kraftvoller, klassischer Bordeaux.
Voraussichtliche Genußreife: 2002 bis 2018. Letzte Verkostung: 3/98.

1996 • 90-91+   Der eingeschränkte Ertrag von 24 hl/ha hat einen Wein mit außerordentlicher Fülle, Kraft und Tanninstrenge erbracht. Er ist fraglos ein echtes Sammlerstück, aber er verlangt Geduld. Tiefdunkles Purpurrot geht einher mit süßen, reintönigen Aromen von Cassis, Blaubeeren und rauchigem Eichentoast. Hinzu kommen massive, körperreiche und wuchtige Art, vielschichtige, reife Frucht, bemerkenswerte Tiefe und ein deftiges, kraftstrotzendes Gefühl – ein klassischer, muskulöser *vin de garde*, der längere Kellerreife verlangt.
Voraussichtliche Genußreife: 2007 bis 2020. Letzte Verkostung: 3/98.

1995 • 92   Der dem 1996er ähnliche 1995er besitzt zugänglichere Frucht und auch zwar kräftiges, aber durch mildere Säure und mehr Glyzerin und Fett abgepolstertes Tannin. Hinzu kommen tiefdunkel purpurrote Farbe und glorreicher Duft von Eichenholz, Gewürz und reichlicher schwarzer Frucht. Diesen körper- und extraktreichen, vielschichtigen Wein muß man selbst probiert haben – das gilt vor allem für die Weinfreunde, denen der Monbousquet als der sanfte, anspruchslose, kommerziell gestylte St-Emilion in Erinnerung ist, der er jahrzehntelang war. Obwohl er aufgeschlossener ist als sein kraftstrotzender jüngerer Bruder, verlangt auch der 1995er 4 bis 5 Jahre Kellerreife.
Voraussichtliche Genußreife: 2003 bis 2022. Letzte Verkostung: 11/97.

1994 • 90   Tiefdunkel purpurrot mit einem straffen, aber vielversprechenden Aroma von Kirschenkonfitüre, schwarzen Johannisbeeren, geräucherten Kräutern und gegrilltem Fleisch präsentiert sich dieser dichte, kernige Wein mit mittlerem bis vollem Körper und dem strengen Tannin des Jahrgangs. Allerdings hat der 1994er genug Frucht, Glyzerin und Extrakt als Gegengewicht zur Struktur. Er verlangt 3 bis 3 Jahre Kellerreife, verspricht aber 15 Jahre zu überdauern. Letzte Verkostung: 1/97.

1993 • 89   Dieser mit einem verschwenderischen Eichenholzton ausgestattete, dicht purpurrote Wein, ein Schlager seines Jahrgangs, zeigt reichliche süße Frucht von schwarzen Kirschen und

Johannisbeeren sowie Noten von Rauch. Der extraktreiche, volle, keinerlei Schärfe aufweisende St-Emilion ist fett, kernig, reintönig, reichlich mit Glyzerin versehen und läßt sich jung trinken, aber auch 10 bis 12 Jahre lang aufbewahren. Letzte Verkostung: 1/97.

LA MONDOTTE (SEIT 1996)
St-Emilion

HERVORRAGEND

Lage der Weinberge: St-Laurent des Combes, östlich von Château Troplong-Mondot und westlich von Château Tertre-Rotebœuf

Besitzer: Comtes de Neipperg
Adresse: 33330 St-Emilion
Postanschrift: c/o Château Canon-La-Gaffelière, 33330 St-Emilion
Telefon: 33 5 57 24 71 33 – Telefax: 33 5 57 24 67 95

Keine Besuche möglich (im Umbau)
Kontaktperson: Cécile Gardaix

ROTWEIN

Rebfläche: 4 ha

Durchschnittliches Rebenalter: 35 Jahre

Rebbestand: 75 % Merlot, 25 % Cabernet Franc

Pflanzdichte: 5500 bis 6500 Reben/ha

Ertrag (im Durchschnitt der letzten 5 Jahre): 35 hl/ha

Durchschnittliche Jahresproduktion insgesamt: 20 000 Flaschen

GRAND VIN

Name: Château La Mondotte

Appellation: St-Emilion

Durchschnittliche Jahresproduktion: 20 000 Flaschen

Verarbeitung und Ausbau: Seit 1997 Vinifikation bis zu 4 Wochen in Holzfässern mit Temperaturregelung. Nur einheimische Hefen finden Verwendung; *remontage* nur in Fässern, in denen keine *pigeage* stattfindet. Malolaktische Säureumwandlung in kleinen Fässern auf feinem Geläger mit häufiger *bâtonnage*, Abstich erst 1 bis 2 Monate nach Abschluß der malolaktischen Säureumwandlung. 13 bis 18 Monate Ausbau in neuen Eichenfässern. Keine weiteren Abstiche, sondern Einleiten von Sauerstoff. Der Wein wird geschönt, aber nicht gefiltert.

Kein ZWEITWEIN

Beurteilung des derzeitigen Rangs: Wenn der 1996er und 1997er typisch für das sind, was La Mondotte zu leisten imstande ist, dann entspricht dieses Gut qualitativ einem 1er oder 2ème Cru aus dem Médoc

Der La Mondotte ist einer der konzentriertesten jungen Bordeaux-Weine, die ich kenne. Es ist irrelevant, ob er der Pétrus oder der Le Pin von St-Emilion zu sein versucht, denn dieser von dem höchst begabten Comte Stephan de Neipperg, dem Besitzer von Canon-La-Gaffelière und

Clos de l'Oratoire, produzierte Wein ist ein Glanzstück, das stets die Blicke, aber auch ungerechtfertigte Eifersucht auf sich ziehen wird.

JAHRGÄNGE

1997 • 93-95   Der 1997er La Mondotte ist fraglos der großartigste Wein dieses Jahrgangs auf dem rechten Dordogne-Ufer (St-Emilion und Pomerol) und ein Anwärter auf den Titel «Wein des Jahres 1997». Wie sein Pendant von 1996 gehört auch der 1997er zu den konzentriertesten Wein, die ich je gekostet habe. Bei meinen zwei Degustationen war ich jedesmal begeistert von seiner Qualität. Von der satten, undurchdringlich schwarzpurpurroten Farbe bis zum außerordentlich intensiven Duft von fülligen Brombeeren mit Nuancen von Cassislikör ist er fabelhaft. Expansiv und körperreich, mit erfreulichem Extraktreichtum und einem opulenten, ölig zarten Gefühl, extrem milder Säure und einem länger 40 Sekunden anhaltenden Nachklang präsentiert sich diese herrliche Leistung. Der mittelschwere bis volle, auffallende, unglaublich dichte und reichhaltige 1997er ist zwar nicht ganz so klar umrissen wie der 1996er und auch etwas weniger konzentriert (hier spalte ich Haare), aber doch ein neues Meisterwerk der Kellerkunst. Voraussichtliche Genußreife: Jetzt bis 2014. Letzte Verkostung: 3/98.

1996 • 95-98   Dieser Wein, fraglos einer der Superstars des Jahrgangs, ist insbesondere für einen 1996er vom rechten Dordogne-Ufer untypisch wuchtig und ölig. Er prunkt mit undurchdringlich dunklem Rubinpurpurrot und himmlischem Duft von fülliger schwarzer Frucht, Trüffeln, Süßholz, Kaffee und rauchigem Eichenholz. Im Mund fühlt sich der Wein körperreich und nahtlos an und zeigt Säure, Alkohol und Tannin prachtvoll miteinander integriert. Der bemerkenswert dicke, vielschichtige und extravagant reichhaltige Wein hat im kraftstrotzenden Abgang beträchtlichen Tanninbiß. Wenn er sich so weiterentwickelt wie vom Frühjahr bis in den Spätherbst, dürfte er eine noch höhere Punktnote verdienen. Eine erstaunliche Leistung! Voraussichtliche Genußreife: 2005 bis 2025. Letzte Verkostung: 3/98.

MOULIN DU CADET
Grand Cru Classé

Lage der Weinberge: am Hang neben Château Fonroque

Besitzer: S.C. du Château Moulin du Cadet
Adresse: 33330 St-Emilion
Postanschrift: c/o Ets. Jean-Pierre Moueix, 54, quai du Priourat, B.P. 129, 33502 Libourne
Telefon: 33 5 57 51 78 96 – Telefax: 33 5 57 51 79 79

Besuche: nach Vereinbarung, nur für Fachbesucher
Kontaktperson: Frédéric Lospied

ROTWEIN

Rebfläche: 5 ha

Durchschnittliches Rebenalter: 25 Jahre

Rebbestand: 85% Merlot, 15% Cabernet Franc

Pflanzdichte: 5500 bis 6000 Reben/ha

Ertrag (im Durchschnitt der letzten 5 Jahre): 50 hl/ha

Durchschnittliche Jahresproduktion insgesamt: 2500 Kisten

BORDEAUX

GRAND VIN

Name: Château Moulin du Cadet

Appellation: St-Emilion Grand Cru

Durchschnittliche Jahresproduktion: 2500 Kisten

Verarbeitung und Ausbau: Vinifikation rund 20 Tage in temperaturgeregelten Betontanks. Malolaktische Säureumwandlung bei 20 % des Ertrags in Fässern. Anschließend 18 Monate Ausbau in zu 40 % neuen Eichenfässern, Abstich alle 3 Monate. Der Wein wird mit frischem Eiweiß geschönt, aber nicht filtert.

Kein ZWEITWEIN

Beurteilung des derzeitigen Rangs: Entspricht qualitativ einem Cru Bourgeois aus dem Médoc

Genußreife: 3 bis 8 Jahre nach dem Jahrgangsdatum

Moulin du Cadet ist ein sehr kleines Weingut mit 5 ha auf dem Plateau nördlich von St-Emilion. Es bringt recht duftige Weine der leichteren Art ohne große Tiefe, aber mit attraktivem Bukett hervor. Seit die berühmte Firma Jean-Pierre Moueix für die Weinbereitung zuständig ist, darf man mit mehr Fülle und Tiefe rechnen.

JAHRGÄNGE

1993 • 86   Wer auf der Suche nach einem 1993er ganz aus kerniger, fleischiger, saftiger Frucht mit opulenter, üppiger Art ist, der sollte den Moulin du Cadet näher in Augenschein nehmen. Dieser reife, fruchtige Wein mit milder Säure und mittlerem Körper ist ideal für Weinfreunde, die sich einen Genuß nicht lange versagen möchten. Letzte Verkostung: 11/94.

1990 • 86   Der vor verschwenderischer Frucht übersprudelnde, mittelschwere, vollmundige 1990er mit seiner geschmeidigen, schmackhaften und entgegenkommenden Art sollte in den nächsten 3 bis 5 Jahren getrunken werden. Letzte Verkostung: 1/93.

1989 • 85   Der 1989er hat vollen, lieblichen, expansiven Geschmack und zeigt gute Konzentration und Nachhaltigkeit.
Voraussichtliche Genußreife: Jetzt. Letzte Verkostung: 4/91.

Moulin St-Georges
Grand Cru

SEHR GUT

Lage der Weinberge: St-Emilion, unterhalb von Château Ausone

Besitzer: Catherine und Alain Vauthier
Adresse: Moulin St-Georges, 33330 St-Emilion
Telefon: 33 5 57 24 70 26 – Telefax: 33 5 57 74 47 39

Keine Besuche möglich

ST-EMILION

ROTWEIN

Rebfläche: 7 ha

Durchschnittliches Rebenalter: 20 Jahre

Rebbestand: 66 % Merlot, 34 % Cabernet Franc und Cabernet Sauvignon

Pflanzdichte: 5500 Reben/ha

Ertrag (im Durchschnitt der letzten 5 Jahre): 42 hl/ha

Durchschnittliche Jahresproduktion insgesamt: 25 000 bis 40 000 Flaschen

GRAND VIN

Name: Moulin St-Georges

Appellation: St-Emilion Grand Cru

Durchschnittliche Jahresproduktion: 35 000 Flaschen

Verarbeitung und Ausbau: Vinifikation 3 bis 4 Wochen in temperaturgeregelten Edelstahltanks. Malolaktische Säureumwandlung bei 80 bis 90 % des Ertrags in neuen Eichenfässern, der Rest verbleibt bis zum Ende dieses Prozesses im Tank. Ausbauzeit 15 bis 20 Monate. Der Wein wird je nach Jahrgang geschönt, aber nie gefiltert.

Kein ZWEITWEIN

Beurteilung des derzeitigen Rangs: Entspricht qualitativ einem 3ème oder 4ème Cru aus dem Médoc.

Dem Besitzer von Château Ausone, Alain Vauthier, gehört auch dieses kleine Gut in bester Lage (zwischen Ausone und La Gaffelière), aus dem er herrliche Weine gestaltet. Man kann sich den Moulin St-Georges als Juniorversion des großen Ausone vorstellen.

JAHRGÄNGE

1997 • 87-89 Im Lauf der letzten Jahre ist dieser Wein stets ein Schlager des jeweiligen Jahrgangs gewesen. Auch der 1997er ist ein großer Erfolg, allerdings aufgeschlossener und mit etwas geringerer Lebenserwartung als seine beiden Vorgänger. Dessenungeachtet gibt es an diesem entgegenkommenden, hedonistisch ausgerichteten Wein vieles, was gefällt. Die Farbe ist ein gesundes Dunkelpurpurrot, und das Aromaprofil besteht aus fülligen schwarzen Himbeeren und Kirschen, durchzogen von einer Holzrauchnuance. Dieser reife, im Eingang mit reichlich Glyzerin versehene, generös ausgestattete, seidenzarte, fast ölige Wein dürfte sich jung schön trinken, aber auch 7 bis 8 Jahre überdauern. Letzte Verkostung: 3/98.

1996 • 89-91 Der tanninreiche, dichte, konzentrierte Wein hat mittleren Körper, reichlich Extrakt und ein faszinierendes Aroma von Mineralen, Brombeeren, Erde, Trüffeln und Vanillin und ist vollgepackt mit reifer Frucht. Man tut ihm nicht unrecht, wenn man ihn als eine maßstäblich verkleinerte Version des großen Ausone betrachtet. Er ist zwar entgegenkommender als ein junger Ausone, aber dennoch hochgespannt und straff gebaut, besitzt hervorragende Reintönigkeit und Konzentration, und wenn sich das Tannin noch besser integriert, kann er auch nach der Abfüllung mit einer Punktnote über 90 rechnen. Ein Schlager des Jahrgangs. Voraussichtliche Genußreife: 2003 bis 2020. Letzte Verkostung: 3/98.

1995 • 90 Der 1995er Moulin St-Georges, ein prachtvoller Wein und Schlager seines Jahrgangs, zeigt dichte purpurrote Farbe und ein süßes Aroma von schwarzen Himbeeren und Johannisbeeren, durchzogen von hochfeinen Eichentoast- und Mineralnoten. Diesem tiefen, vollen, reintönigen, reifen St-Emilion mit seiner eleganten, harmonischen und überzeugenden Art steht eine glänzende Zukunft bevor.

Voraussichtliche Genußreife: 2001 bis 2016. Letzte Verkostung: 11/97.

PAVIE
Premier Grand Cru Classé B

GUT

Lage der Weinberge: St-Emilion, Côte Pavie

Besitzer: M. und Mme Gérard Perse
Adresse: 33330 St-Emilion
Telefon: 33 5 57 55 43 43 – Telefax: 33 5 57 24 63 99

Besuche: nur nach Vereinbarung
Kontaktperson: Laurence Argutti

ROTWEIN

Rebfläche: 36,5 ha

Durchschnittliches Rebenalter: 45 Jahre

Rebbestand: 55 % Merlot, 25 % Cabernet Franc, 20 % Cabernet Sauvignon

Pflanzdichte: 5300 Reben/ha

Ertrag (im Durchschnitt der letzten 5 Jahre): 48 hl/ha

Durchschnittliche Jahresproduktion insgesamt: 180 000 Flaschen

GRAND VIN

Name: Château Pavie

Appellation: St-Emilion Grand Cru

Durchschnittliche Jahresproduktion: 180 000 Flaschen

Verarbeitung und Ausbau: Gärdauer rund 10 Tage und Maischdauer 20 Tage. Anschließend Ausbau in zu 50 % neuen Eichenfässern. Der Wein wird geschönt, aber nicht filtert. Ab 1998 soll die malolaktische Säureumwandlung in zu 100 % neuen Eichenfässern, gefolgt von rund 18monatigem Ausbau, stattfinden.

Kein ZWEITWEIN

N. B.: Veränderungen unter dem neuen Regime: Es wurden eine neue *cuverie* und ein neuer Faßkeller (für die *élevage*) gebaut.

Beurteilung des derzeitigen Rangs: Entspricht qualitativ einem 4ème oder 5ème Cru aus dem Médoc

Genußreife: 7 bis 20 Jahre nach dem Jahrgangsdatum

Pavie hat die größte Rebfläche von allen Premiers Grands Crus Classés von St-Emilion und produziert siebenmal soviel Wein wie das Nachbargut Ausone und doppelt soviel wie La Gaffelière nebenan. Die Weine von Pavie sind in der ganzen Welt bekannt.

ST-EMILION

Die Weinberge befinden sich in herrlicher Lage südöstlich von St-Emilion (mit dem Auto 5 Minuten) auf dem östlichen Teil der *côtes*.

Bis 1998 gehörte das Gut Jean Paul Valette, der es seit 1967 leitete, nachdem er sein Farmerdasein in Chile aufgegeben hatte. Er war einer der freundlichsten Weingutsbesitzer in St-Emilion; seine Gastlichkeit und dazu die hochinteressanten Weinlagerkeller von Pavie in alten Kalksteinhöhlen machten sein Gut zu einem obligatorischen Touristenziel.

Trotz seiner großen Produktion und seiner Popularität erbringt Pavie nicht gerade die größten Leistungen aller Weingüter aus der Spitzengruppe von St-Emilion. In vielen Jahren sind die Weine zu leicht und hell und werden ziemlich früh braun und vollreif. Valette war sich über diese Probleme im klaren und strebte seit dem Jahrgang 1979 konzentriertere, dunklere, körperreichere Weine an. Das bedeutet aber durchaus nicht, daß alle vor 1979 entstandenen Pavies nichtssagend und schwächlich wären; nur gab es leider allzu viele Jahrgänge, beispielsweise den 1976er, 1975er, 1974er und 1966er, die weit unter einem annehmbaren Standard lagen. Zum Glück gehört diese Unbeständigkeit der Vergangenheit an. Der Pavie ist allerdings kein St-Emilion, den man schon jung trinken kann; die meisten Jahrgänge, vor allem die aus den achtziger und ersten neunziger Jahren, sind am Anfang eigensinnig hart und brauchen mindestens 7 bis 10 Jahre Flaschenreife zur Milderung. Besonders enttäuschend fiel der Wein zu Beginn der 1990er Jahre aus, was zweifellos bei dem Entschluß von Jean-Paul Valette, das Gut zu verkaufen, eine Rolle gespielt hat.

Der Pavie ist für einen St-Emilion der Kategorie Premier Grand Cru Classé nicht überzogen teuer. Vor allem ist es die große Produktion, die bislang dafür sorgt, daß der Preis auf einem realistischen Niveau bleibt. Ich erwarte nun, daß unter der Leitung von Gérard Perse großartige Weine zustande kommen.

JAHRGÄNGE

1997 • 83-85 Der dunkelrubinrote 1997er ist kräuterwürzig und erdig, schlank am Gaumen und hat nichts vom Charme oder der Fülle der besseren Weine der Appellation. Trockenes Tannin, mittlerer Körper und die Statur und Tiefe insgesamt lassen es geraten erscheinen, ihn in den ersten 7 bis 8 Lebensjahren zu trinken.
Letzte Verkostung: 3/98.

1996 • 84-86 Der dunkelrubinrote 1996er Pavie präsentiert sich mit gedrückter, herber Persönlichkeit, mit mäßigen Mengen an Frucht roter Johannisbeeren, neben Erde und Gewürz im Aroma. Zwar läßt er gute, saubere Kellertechnik erkennen, er ist aber zurückhaltend, schmal und kantig und besitzt nicht viel Substanz, Fülle oder Nachhaltigkeit. Er dürfte sich 10 bis 15 Jahre lang halten.
Voraussichtliche Genußreife: 2000 bis 2012. Letzte Verkostung: 3/98.

1995 • 78 Mittelrubinrote Pflaumenfarbe und ein ausgeprägt pfefferiges, würziges, an Laub erinnerndes Aroma mit vagen Anklängen an rote Kirschen und Johannisbeeren kennzeichnen diesen steifen, kargen Wein mit kantiger Persönlichkeit und strengem Tannin. Im Eingang findet sich zwar reife Frucht, aber sie wird rasch von den Strukturkomponenten überdeckt. Vielleicht erweist sich dieser Wein ja noch als gefällig, aber ich bin mir ziemlich sicher, daß er abmagern wird.
Voraussichtliche Genußreife: 2000 bis 2010. Letzte Verkostung: 11/97.

1994 • 80? Diesem strengen Pavie mit leichtem bis mittlerem Körper fehlt es an Frucht, Substanz und Charme. Pelziges Tannin im Abgang wird dafür sorgen, daß die Frucht keine 8 bis 10 Jahre Aufbewahrung überleben wird. Letzte Verkostung: 1/97.

1993 • 75 Der dunkelrubinrote, sehnige, fest gefügte, harte, adstringierende Wein mit seinem erdigen, nichtssagenden Bukett mit vagen Noten von roter Frucht und Paprika wird abmagern, lange bevor das Tannin abschmilzt. Letzte Verkostung: 1/97.

1992 • 78   1992 brachte Pavie einen Wein mit leichtem Körper und kompakter Struktur hervor, der ein Übermaß an Tannin aufweist, das ihm straffe Substanz und einen rauhen Abgang verleiht. Die Frucht genügt nicht als Gegengewicht zur Struktur, daher kommt am Ende ein Wein heraus, der sich zwar mindestens 10 Jahre hält, dabei aber immer schwächer wird und dessen Frucht in den nächsten 4 bis 5 Jahren austrocknet.
Letzte Verkostung: 11/94.

1991 • 82   In diesem Weingut ist der 1991er besser als der 1992er. Pavie hat als eines von einer Handvoll Premiers Grands Crus Classés in St-Emilion überhaupt einen 1991er herausgebracht. Er ist zwar keine strahlende Leistung, hat aber schöne mittelrubinrote Farbe, ein attraktives, würziges Bukett mit kräftigen Noten von Kirschen und Vanillin, dazu reifen, mittelschweren Geschmack, leichtes Tannin und ordentliche Tiefe. Dieser Wein sollte in den nächsten 7 bis 8 Jahren getrunken werden.
Letzte Verkostung: 1/94.

1990 • 92   Der eindrucksvolle 1990er Pavie zeigt tiefe, satte rubingranatrote Farbe sowie ein süßes, markantes Bukett von Trüffeln, asiatischen Gewürzen, schwarzen Kirschen und geräucherten Kräutern; hinzu kommen voller Körper, schöne Kraft und eine an blutiges Rindfleisch erinnernde Fülle. Dieser verschlossene, intensive, tiefe, konzentrierte, muskulöse St-Emilion braucht weitere 3 bis 4 Jahre Kellerreife und dürfte sich dann bis 2018 gut halten. Letzte Verkostung: 11/96.

1989 • 89+   Der 1989er zeigt tief rubingranatrote Farbe ohne das geringste Bernsteingelb am Rand. Er bietet ein exotisches, würziges Bukett von Früchtekuchen, Erde, Schokolade und im Hintergrund süße Waldaromen. Dieser mittelschwere, konzentrierte, nachhaltige und jugendfrische 1989er mit spürbar hartem Tannin scheint sich sehr langsam zu entwickeln. Nach noch einmal 3 bis 3 Jahren Flaschenreife könnte er eine hervorragende Punktnote verdienen.
Voraussichtliche Genußreife: 2003 bis 2016. Letzte Verkostung: 11/96.

1988 • 87   Der noch verschlossene 1988er Pavie ist ein fest strukturierter, tanninherber Wein, der als Gegengewicht elegante, reife, nach Tabak und schwarzen Kirschen duftende Frucht und gute Säure besitzt; hinzu kommt ein nachhaltiger, würziger, tanninreicher Abgang.
Voraussichtliche Genußreife: Jetzt bis 2005. Letzte Verkostung: 1/93.

1986 • 90   Neben dem 1982er ist der 1986er der feinste Pavie der letzten drei Jahrzehnte: tief, körper-, tannin- und extraktreich mit einem Bukett, in dem sich viel süße, rauchige Eichenholzwürze zeigt, und mit einem schier nicht endenwollenden Abgang. Spürbares Tannin ist vorhanden, und das bedeutet, daß man den Genuß noch einige Jahre hinausschieben sollte, bis dieser Wein wirklich ausgereift ist. Dieser durchaus eindrucksvolle Pavie ist eindeutig ein Star des Jahrgangs 1986 in der Appellation St-Emilion.
Voraussichtliche Genußreife: Jetzt bis 2010. Letzte Verkostung: 3/90.

1985 • 86   Der 1985er ist insbesondere für einen Wein aus diesem Jahrgang fest, tanninreich und unzugänglich. Er hat tiefe Farbe und mittleren Körper, braucht aber noch Zeit. Nach einiger Kellerlagerung wird er anmutigen Genuß bieten.
Voraussichtliche Genußreife: Jetzt bis 2005. Letzte Verkostung: 3/90.

1983 • 88   Der inzwischen zur vollen Reife gelangte 1983er Pavie hat ein attraktives Bukett von reicher Himbeer- und Pflaumenfrucht, vermischt mit den Düften von frischem Eichenholz und Kräutern. Die Farbe ist mittel dunkelrubinrot, nur am Rand hat sich ein leichter Bernsteinschimmer eingeschlichen. Am Gaumen zeigt sich der Wein vollgepackt mit reichem, opulentem, expansivem Geschmack von roter Frucht, aber er hat auch genügend Säure und Tannin für guten Biß und Konturenschärfe – ein erstaunlich süffiger, üppig gebauter Pavie, der sich mindestens noch 10 bis 15 Jahre weiterentwickeln dürfte.
Voraussichtliche Genußreife: Jetzt bis 2005. Letzte Verkostung: 3/91.

1982 • 89   Der 1982er Pavie beginnt sein Tannin abzuwerfen und sich zu erschließen. Er zeigt eindrucksvolle, satte granatrubinrote Farbe, ein mustergültiges, Médoc-ähnliches Bukett von Zedernholz, schwarzen Johannisbeeren, Vanillin und gedörrten Kräutern, dazu mittleren Körper, exzellente Konzentration und noch immer moderates Tannin – ein Wein der eleganten,

ST-EMILION

gemessenen Art, der bereits genußreif ist, seinen Gipfel aber erst in weiteren 3 bis 4 Jahren erreichen und sich das erste Jahrzehnt des nächsten Jahrhunderts hindurch dort halten wird. Letzte Verkostung: 9/95.

1981 • 85 Dieser Pavie-Jahrgang hat sich rasch entwickelt. Sein hochklassiges und komplexes Bukett von würzigem Eichenholzvanillin und reifen Kirschen ist attraktiv. Im Mund zeigt der Wein mittleren Körper und eine breite Geschmackspalette mit einer süßen, eichenwürzigen Komponente, die sich gut mit der Frucht verschmolzen hat. Kurz gesagt, ist der 1981er Pavie ein sehr guter, eleganter, mittelschwerer Wein.
Voraussichtliche Genußreife: Jetzt – vermutlich im Nachlassen. Letzte Verkostung: 11/90.

1979 • 85 Dieser attraktive, seiner vollen Reife entgegengehende Pavie hat überraschend dunkelrubinrote Farbe mit nur einer Spur von einem Bernsteinschimmer sowie ein rauchiges, eichenholzwürziges Kräuter- und Beerenbukett, mittleren Körper, gute Kraft, Wucht und mäßiges Tannin – ein schmackhafter, aber kompakter Wein.
Voraussichtliche Genußreife: Jetzt bis 2000. Letzte Verkostung: 3/91.

1978 • 78 Dem locker und offen gewirkten 1978er Pavie fehlt es an Konzentration, Struktur und Festigkeit, dafür aber bietet er liebliche, reife (möglicherweise überreife) Merlot-Fruchtigkeit sowie eindimensionalen Charme. Im Bukett entdeckte ich auch eine vegetabile Note.
Voraussichtliche Genußreife: Jetzt. Letzte Verkostung: 4/82.

1976 • 56 Der recht enttäuschende 1976er Pavie ist ein nichtssagender, stumpfer, verwässerter Wein mit wenig interessantem Geschmack, einem vegetabilen, übermäßig würzigen und holzigen Aroma und blassem, flachem Geschmack. Letzte Verkostung: 9/80.

1975 • 72 Der für diesen Jahrgang recht schwach ausgefallene 1975er Pavie zeigt lieblichen, reifen, nur leicht konzentrierten, fruchtigen Geschmack, mittleren Körper und überraschend wenig Tannin. Dieser kompakte, kleine 1975er Pavie sollte ausgetrunken werden.
Voraussichtliche Genußreife: Jetzt – wahrscheinlich stark im Nachlassen.
Letzte Verkostung: 5/84.

1971 • 81 Der 1971er Pavie ist ein anmutiger, ausgewogener, fruchtiger, milder, eleganter Wein, von dem ich stets den Eindruck hatte, daß er zu den verhaltensten und gedämpftesten aller St-Emilions dieses Jahrgangs gehört. Inzwischen beginnt er seine Frucht zu verlieren, behält aber bei mittlerem Körper doch noch Charme und Finesse, alles jedoch auf bescheiden zurückhaltende Art.
Voraussichtliche Genußreife: Jetzt – vermutlich im Nachlassen. Letzte Verkostung: 3/86.

1970 • 83 Dieser Wein stammt aus einer Zeit, als sich Pavie offensichtlich in einem Leistungstief befand, ist aber trotzdem für den Jahrgang recht gut geraten. Er ist zwar nicht übermäßig komplex, aber stämmig, schlicht und «vierschrötig» (wie Michael Broadbent sich wohl ausdrücken würde), hat ein gedörrtes, reifes Kirschenbukett und vollen, eichenwürzigen, aber eindimensionalen Geschmack – ein recht guter Pavie.
Voraussichtliche Genußreife: Jetzt. Letzte Verkostung: 3/88 (aus einer Magnumflasche).

1961 • 90 Anfänglich war ich von diesem Wein nicht beeindruckt, aber bei einer blinden Verkostung im Jahr 1988 zeigte er ein mächtiges, würziges Bukett von Zedernholz und Pflaumen, reichen, konzentrierten, opulenten Geschmack, erstaunliche Jugendfrische und viel Tannin und Alkohol im Abgang. Es war der reinste Schock für mich, als ich erfuhr, daß es sich um den 1961er Pavie handelte. Diese Flasche hätte ohne weiteres noch einmal 10 bis 15 Jahre überdauert. Mit den relativ müden Exemplaren, die ich früher kennengelernt hatte, hatte dieser Wein keine Ähnlichkeit. Würde sich nun bitte der echte 1961er Pavie zu erkennen geben?
Voraussichtliche Genußreife: Jetzt bis 2005. Letzte Verkostung: 2/88.

PAVIE-DECESSE
Grand Cru Classé

GUT

Lage der Weinberge: St-Emilion

Besitzer: M. und Mme Gérard Perse
Adresse: 33330 St-Emilion
Telefon: 33 5 57 55 43 43 – Telefax: 33 5 57 24 63 99

Besuche: nur nach Vereinbarung
Kontaktperson: Laurence Argutti

ROTWEIN

Rebfläche: 9 ha

Durchschnittliches Rebenalter: 40 Jahre

Rebbestand: 60% Merlot, 25% Cabernet Franc, 15% Cabernet Sauvignon

Pflanzdichte: 5400 Reben/ha

Ertrag (im Durchschnitt der letzten 5 Jahre): 24 hl/ha

Durchschnittliche Jahresproduktion insgesamt: 28 000 Flaschen

GRAND VIN

Name: Château Pavie-Decesse

Appellation: St-Emilion Grand Cru

Durchschnittliche Jahresproduktion: 28 000 Flaschen

Verarbeitung und Ausbau: Gärdauer rund 15 Tage und Maischdauer rund 5 Wochen. Anschließend 18 Monate Ausbau in zu 100% neuen Eichenfässern. Seit 1997 findet die malolaktische Säureumwandlung für den gesamten Ertrag in neuen Eichenfässern statt. Der Wein wird weder geschönt noch gefiltert.

N. B.: Die Erträge werden unter dem neuen Besitzer drastisch beschränkt. Es wurde eine neue *cuverie* gebaut und mit großen Holzfässern ausgestattet. Die Maischdauer wurde verlängert und der Anteil neuer Eichenfässer erhöht.

Kein ZWEITWEIN

Beurteilung des derzeitigen Rangs: Entspricht qualitativ einem 5ème Cru aus dem Médoc

Genußreife: 5 bis 15 Jahre nach dem Jahrgangsdatum

Zwischen 1971 und 1997 gehörte dieses kleine Gut Jean Paul Valette, dem Besitzer des Premier Grand Cru Classé Pavie, das einige hundert Meter weiter unten am Hang unter Pavie-Decesse liegt. 1997 verkaufte Valette es an Gérard Perse, den ehrgeizigen jungen Besitzer von Château Monbousquet.

Der Weinberg von Pavie-Decesse an den *côtes* von St-Emilion befindet sich auf Lehmboden mit Kalksteinunterlage. Die Qualität hat eine ähnliche Entwicklung genommen wie bei dem größeren Namensvetter Pavie. Nach einigen mittelmäßigen Weinen in den siebziger Jahren blieb der Wein auch nach 1979 unbeständig. Mein erster Blick auf den unter dem neuen Regime entstandenen 1997er hat mir jedoch den Eindruck vermittelt, daß von Pavie-Decesse große Dinge erwartet werden dürfen.

Besuchern dieser Gegend empfehle ich nicht nur einen Abstecher nach Pavie, sondern auch nach dem von dort aus über eine mit vielen Kurven bergaufführende Straße erreichbaren Pavie-Decesse. Die Aussicht aus seinen Weinbergen ist atemberaubend.

JAHRGÄNGE

1997 • 89-92 Der erste Jahrgang unter der alleinigen Ägide des neuen Besitzers Gérard Perse ist der feinste Pavie-Decesse, den ich je gekostet habe. Anders als die unter dem vorherigen Regime produzierten mageren, sehnigen, ausgezehrten Weine besitzt dieser tiefdunkel purpurrote 1997er fabelhaft süße Frucht von schwarzen Johannisbeeren und Kirschen mit einer mineralischen Note und subtilem Eichenton. Körperreich, kraftvoll und extraktreich, zugleich aber intensiv und ohne jede Schwere präsentiert sich dieser schön reintönige, wohlausgestattete Pavie-Decesse, der nach der Abfüllung 4 bis 5 Jahre Kellerreife verlangen wird. Bravo Gérard Perse! Voraussichtliche Genußreife: 2002 bis 2018. Letzte Verkostung: 3/98.

1996 • ? Dieser Wein nahm sich im Faß recht anständig aus, aber bei zwei späteren Gelegenheiten zeigte er sich völlig verschlossen mit hohem Tanningehalt, erschreckender Kargheit und gänzlichem Mangel an Frucht. Mein Urteil behalte ich mir vor. Letzte Verkostung: 3/98.

1995 • 82? Vielleicht habe ich mit meiner früheren Beurteilung dieses Weins meine Leser sehr irregeführt (ich gab ihm 86 bis 88 Punkte). Jetzt nach der Abfüllung zeigt sich der 1995er Pavie-Decesse außerordentlich karg mit hohem Tanningehalt, zwar mit bescheidener süßer Frucht von schwarzen Johannisbeeren, Preiselbeeren und Kirschen, aber hohlem Gaumeneindruck und einem trockenen, scharfen, durch spürbares adstringierendes Tannin gezeichneten Abgang. Ich habe diesen Wein bei drei getrennten Faßproben sehr viel besser gefunden, doch zwei Degustationen aus der Flasche haben mich dazu veranlaßt, mein früheres Urteil in Frage zu stellen.
Voraussichtliche Genußreife: 2002 bis 2010. Letzte Verkostung: 11/97.

1994 • 82? Die satte dunkelpurpurrote Farbe des 1994ers läßt auf gute Intensität schließen, doch der Wein ist von Säure und bitterem Tannin beherrscht. Er ist kräftig, fest strukturiert, aber ohne Charme und hätte mehr Glyzerin, Fülle und Tiefe nötig. Vielleicht werden ihm 4 bis 5 Jahre Kellerreife gut tun, aber ich fürchte, er wird sich lediglich als kompakter, gedämpfter Wein mit 13 bis 15 Jahren Lebenserwartung erweisen. Letzte Verkostung: 1/97.

1993 • 86 Für einen Pavie-Decesse, der doch anfänglich zu adstringierender und karger Art neigt, hat sich der 1993er überraschend wacker geschlagen. Er zeigt tief rubinrote Farbe, reichlich Tannin, schöne, extraktreiche, reife Kirschen- und Pflaumenfrucht, unterstützt von Eichenholz- und Kräuterwürze. Gute Reintönigkeit und mittelschweren, fest gewirkten Körperbau kann dieser St-Emilion ebenfalls vorweisen.
Voraussichtliche Genußreife: 2000 bis 2008. Letzte Verkostung: 1/97.

1992 • 84 Faßproben und zwei Degustationen nach der Abfüllung beweisen überzeugend, daß 1992 Pavie-Decesse besseren Wein produziert hat als Pavie. Dunkles Rubinrot geht einher mit würziger, erdiger Frucht im Bukett, begleitet von subtilen Holz- und Kräuternoten. Im Mund erweist sich dieser schmal gebaute, karge, muskulöse St-Emilion mit seinem mittleren Körper ebenfalls als würzig. 1 bis 2 Jahre Aufbewahrung werden ihm gut tun, und er wird sich dann 5 bis 6 Jahre halten. Letzte Verkostung: 11/94.

1991 • 78 Der 1991er Pavie-Decesse ist zwar leicht, zeigt aber attraktive Reife, anständigen Körper, sanften, moderat ausgestatteten Geschmack und einen raschen Abgang. Er sollte in den nächsten 3 bis 4 Jahren getrunken werden. Letzte Verkostung: 1/94.

1990 • 90 Der 1990er bietet kräftige Aromen von süßer Frucht, Mineralen, Schokolade und Kräutern. Hinzu kommen milde Säure, mächtige, kernige Substanz, reichlich Tannin sowie

viel Extrakt und Tiefe – ein ausnehmend kraftvoller Wein, der sich als sensationell erweisen dürfte.
Voraussichtliche Genußreife: Jetzt bis 2010. Letzte Verkostung: 1/93.

1989 • 88   Der 1989er Pavie-Decesse ist ein körperreicher, voller, aber für den Jahrgang überraschend zurückhaltender Wein mit kräuter- und mineralduftiger Fruchtigkeit von schwarzen Kirschen, dazu vollem Körper und frischer Säure.
Voraussichtliche Genußreife: Jetzt bis 2010. Letzte Verkostung: 1/93.

1988 • 86   Der 1988er Pavie-Decesse hat schöne Konzentration, gute Nachhaltigkeit und ein verlockendes Bukett mit erdigem, mineralischem, exotischem Fruchtcharakter, dazu beträchtlich viel Tannin im Abgang. Er braucht unbedingt Kellerreife.
Voraussichtliche Genußreife: Jetzt bis 2009. Letzte Verkostung: 1/93.

1986 • 89   Dieser außerordentlich eindrucksvolle 1986er ist sehr tanninreich und duftig und bedarf längerer Kellerreife. Er ist fast undurchdringlich in der Farbe, sehr reserviert und unentwickelt, aber bei angemessener Geduld wird er sich nach etwa einem Jahrzehnt als einer der Schlager des Jahrgangs herausstellen.
Voraussichtliche Genußreife: 1999 bis 2010. Letzte Verkostung: 4/91.

1985 • 88   Der 1985er Pavie-Decesse hat sich als besser als der Pavie aus diesem Jahrgang erwiesen. Er ist sehr tief in der Farbe, besitzt ein intensives Aroma von schwarzer Johannisbeerfrucht, toastwürzigem Eichenholz und teerähnlichen Düften, nachhaltige, sehr kräftige und straff gebaute Art mit viel Frucht, die fest in ein körperreiches Format eingebunden ist. Er dürfte ein sehr langlebiger 1985er sein.
Voraussichtliche Genußreife: Jetzt bis 2005. Letzte Verkostung: 3/90.

PAVIE-MACQUIN
Grand Cru Classé

AUSGEZEICHNET

Lage der Weinberge: St-Emilion, Côte Pavie

Besitzer: Familie Corre-Macquin
Adresse: 33330 St-Emilion
Telefon: 33 5 57 24 74 23 – Telefax: 33 5 57 24 63 78

Besuche: nur nach Vereinbarung

ROTWEIN

Rebfläche: 15 ha

Durchschnittliches Rebenalter: 25 bis 35 Jahre

Rebbestand: 70 % Merlot, 25 % Cabernet Franc, 5 % Cabernet Sauvignon

Pflanzdichte: 6000 bis 7000 Reben/ha

Ertrag (im Durchschnitt der letzten 5 Jahre): 39 hl/ha

Durchschnittliche Jahresproduktion insgesamt: 6500 Kisten

GRAND VIN

Name: Château Pavie-Macquin

Appellation: St-Emilion Grand Cru

Verarbeitung und Ausbau: 18 bis 20 Monate Faßausbau

ST-EMILION

ZWEITWEIN

Name: Les Chênes de Macquin

Beurteilung des derzeitigen Rangs: Entspricht seit 1988 einem 3ème oder 4ème Cru aus dem Médoc

Genußreife: 5 bis 20 Jahre nach dem Jahrgangsdatum

Pavie-Macquin trägt den Namen von Albert Macquin, seinerzeit führender Spezialist im Pfropfen europäischer Edelreben auf amerikanische Wurzelstöcke – eine unumgängliche Maßnahme, nachdem die Reblaus am Ende des 19. Jahrhunderts die Weinberge von Bordeaux verwüstet hatte.

Dieses Gut befindet sich in schöner Lage an der sogenannten Côte de Pavie, direkt neben den renommierteren Weingütern Troplong-Mondot und Pavie. Die in den siebziger und achtziger Jahren oft enttäuschenden Weine von Pavie-Macquin erlebten in den Jahrgängen 1988, 1989 und 1990 einen bedeutenden Qualitätssprung, weitgehend weil die Familie Corre den brillanten Nicolas Thienpont (von Vieux-Château Certan) als Berater in Weinbaufragen engagierte. Zudem brachte die Beaufsichtigung der Vinifikation und des Ausbaus durch den Önologen Michel Rolland aus Libourne eine vollständige Wende in den Geschicken dieses Châteaus. Das mit organischem Anbau arbeitende Weingut ist inzwischen zu einem der Stars von St-Emilion geworden.

JAHRGÄNGE

1997 • 91-93   Nach Verkostung dieses Weins bei drei getrennten Gelegenheiten bin ich überzeugt, daß er einer der Superstars des Jahrgangs und der feinste Pavie-Macquin ist, den ich kenne. Ganz allgemein fehlt es dem Pavie-Macquin nie an Intensität. Er gehört stets zu den konzentriertesten Weinen von Bordeaux, manchmal aber kann der Tanningehalt so hoch sein, daß eine rustikale Komponente (die Franzosen sagen *sauvage*) auftritt. Der 1997er ist eine kraftstrotzende Leistung in einem Jahrgang, dem es an sanften, verschwommenen, aber schmackhaften und kommerziell anmutenden Weinen nicht mangelt. Die Farbe ist ein undurchdringliches Schwarzpurpurrot, und das Aroma bietet himmlische Düfte von schwarzen Himbeeren und Cassis mit Mineralnoten und erinnert damit an den hochrenommierten Lafleur aus Pomerol oder den herrlich perfekten 1990er Beauséjour-Duffau. Der 1997er Pavie-Macquin zeigt außergewöhnliche, von alten Reben stammende Intensität sowie mehr Struktur als viele andere Weine des Jahrgangs, doch das Tannin ist mild und seidig. Voller Körper, vielschichtiger Extrakt und ölige Substanz sowie ein Abgang, der länger als 40 Sekunden nachklingt, kennzeichnen diesen profund großartigen Wein aus einem guten Jahrgang. Bravo!
Voraussichtliche Genußreife: 2005 und 2020. Letzte Verkostung: 3/98.

1996 • 89-90?   Dicht purpurrot mit straffem, aber vielversprechendem Aroma von Brombeeren, Himbeeren und Kirschenfrucht mit Mineralnote zeigt sich dieser körperreiche, massive Wein, der den Gaumen mit einer Schiffsladung Tannin, Extrakt und Wucht überschüttet. Der 1996er Pavie-Macquin hat karge, straffe, kantige Persönlichkeit und eindrucksvoll konzentrierte Frucht, exzellente Reintönigkeit und einen langen Abgang. Die Frage ist nur, wann dieses Monster jemals genußreif sein wird.
Voraussichtliche Genußreife: 2010 bis 2025. Letzte Verkostung: 3/98.

1995 • 89+?   Der ähnlich wie der 1996er gebaute 1995er zeigt reichliche schwarze Frucht, eindeutig von alten Reben stammende Intensität (man beachte die Mineralnote und den tiefen mittleren Geschmackseindruck), aber ein so starkes, pelziges Tannin, daß es höchstens Masochisten Genuß bereitet. Dieser Wein hat viel Gutes zu bieten, aber dieses Tannin gibt Anlaß zu Besorgnis. Wenn es abschmilzt und die Frucht durchhält, dann kommt eine hervorragende Leistung zustande.
Voraussichtliche Genußreife: 2008 bis 2025. Letzte Verkostung: 11/97.

1994 • 88? Der dunkelrubinrote 1994er legt ein Musigny-ähnliches Bukett von Veilchen, schwarzen Kirschen und Steinsplitt an den Tag. Dieser straffe, tanninreiche, muskulöse Wein verströmt Persönlichkeit und Charakter, aber er verlangt 6 bis 8 Jahre Kellerreife. Er könnte sich als hervorragend erweisen, doch seit der Abfüllung wird er von Struktur und Tannin beherrscht und wirkt nicht mehr so überzeugend wie vergangenes Jahr. Zwar besitzt er reichlich Persönlichkeit und Fülle, aber es bleibt doch die Frage, ob sich dieser Wein anmutig entwickeln oder ob er austrocknen wird.
Voraussichtliche Genußreife: 2005 bis 2020. Letzte Verkostung: 1/97.

1993 • 89+ Dunkelrubinpurpurrote Farbe geht einher mit Aromanoten von Kirschgeist, Erde und Trüffeln. Dieser füllige, körperreiche, wuchtige, noch verschlossene 1993er braucht 7 bis 10 Jahre Kellerreife. Er ist für den Jahrgang untypisch voll, stämmig und muskulös und besitzt eine Lebenserwartung von 20 bis 25 Jahren. Wer hat schon genug Geduld, um abzuwarten, bis dieser eindrucksvoll ausgestattete Wein der alten Schule endlich genußreif wird?
Voraussichtliche Genußreife: 2005 bis 2020. Letzte Verkostung: 1/97.

1992 • 84 Dieses Gut bringt in letzter Zeit erstklassige Weine hervor. Der sanfte, wohlschmeckende, elegante 1992er hat leichten bis mittleren Körper, schöne Reife und Ausgewogenheit und einen gefälligen, zarten Abgang. Zu trinken ist dieser Wein in den nächsten 4 bis 5 Jahren. Letzte Verkostung: 11/94.

1990 • 91 Der 1990er Pavie-Macquin ist voll, mild und reif mit ausgeprägter Komponente von rauchigem Eichenholz und fülligen schwarzen Himbeeren und Johannisbeeren in Duft und Geschmack. Die (von Reife, nicht Zucker) süße Frucht und konzentrierte, durch mittleren bis vollen Körper und milde Säure gekennzeichnete Art lassen auf frühes Ausreifen schließen, aber noch ist der Wein jugendlich und unentwickelt. Er trinkt sich zwar schon köstlich, 3 bis 3 Jahre Kellerreife werden ihm jedoch gut tun. Auf seinem Höhepunkt wird er sich zwischen 2000 und 2008 befinden. Letzte Verkostung: 11/96.

1989 • 90 Der 1989er ist nach wie vor ein Schlager seines Jahrgangs. Seine Farbe ist jugendlich rubinpurpurrot, das Bukett bietet reichliche Mengen an schwarzen Himbeeren und Cassis-Frucht mit einem schönen Anflug von mineralischen und blumigen Noten. Die vanillinwürzige Komponente zeigt sich subtil. Dieser körper- und extraktreiche, elegante Wein dürfte in 3 bis 3 Jahren seinen Höhepunkt erreichen und sich die ersten 15 Jahre des nächsten Jahrhunderts dort halten. Letzte Verkostung: 11/96.

1988 • 87 Der 1988er Pavie-Macquin ist ein ausgezeichneter Wein. Er hat tiefe Farbe, ein würziges Bukett von schwarzen Johannisbeeren, umschmeichelt von süßem Eichenholzvanillin, dazu mittleren Körper, konzentrierte, hochklassige Art mit beträchtlicher Fülle, Finesse und Nachhaltigkeit. Getrunken werden sollte er in den nächsten 8 bis 10 Jahren.
Letzte Verkostung: 1/93.

QUINAULT-L'ENCLOS (SEIT 1997)
Grand Cru

SEHR GUT

Lage der Weinberge: Libourne

Besitzer: Alain und Françoise Raynaud
Adresse: 30, boulevard de Quinault, 33500 Libourne
Telefon: 33 5 57 74 19 52 – Telefax: 33 5 57 25 91 20

Besuche: täglich von 8 bis 12 und von 14 bis 17 Uhr
Kontaktperson: Françoise Raynaud

ST-EMILION

ROTWEIN

Rebfläche: 15 ha

Durchschnittliches Rebenalter: 50 bis 70 Jahre

Rebbestand: 80% Merlot, 10% Cabernet Franc, 10% Cabernet Sauvignon

Pflanzdichte: 5800 Reben/ha

Ertrag (im Durchschnitt der letzten 5 Jahre): 48 hl/ha

Durchschnittliche Jahresproduktion insgesamt: 8000 Flaschen

GRAND VIN

Name: Château Quinault-L'Enclos

Appellation: St-Emilion Grand Cru

Durchschnittliche Jahresproduktion: 50 000 Flaschen

Verarbeitung und Ausbau: 1 Woche Kaltmaischung bei 10°C. Gärung bei 30°C, Maischung (ziemlich warm) 5 Wochen; malolaktische Säureumwandlung in Fässern. 18 Monate Ausbau in ganz neuen Eichenfässern. Der Wein wird weder geschönt noch gefiltert.

ZWEITWEIN

Name: Château Quinault «La Fleur»

Durchschnittliche Jahresproduktion: 30 000 Flaschen (Ausbau in zu 50% neuen und zu 50% einmal gebrauchten Fässern)

Beurteilung des derzeitigen Rangs: Entspricht qualitativ einem 3ème oder 4ème Cru aus dem Médoc

Genußreife: noch nicht feststellbar

Große Erwartungen werden an dieses mitten in Libourne gelegene St-Emilion-Grand-Cru-Gut geknüpft. Es verfügt über außerordentlich alte Rebenbestände und nun auch über einen ungewöhnlich talentierten und bemühten Besitzer. Diesen Namen sollten sich seriöse Bordeaux-Interessenten merken.

JAHRGÄNGE

1997 • 87-88 Dieser Jahrgang stellt das Debüt für dieses Weingut dar, das sich als ausnehmend vielversprechend erweisen dürfte. Dr. Alain Raynaud und seine Frau Françoise haben den im wesentlichen aus einem ummauerten Weinberg mitten in der Stadt Libourne bestehenden Besitz wieder hergerichtet. Entgegen der Auffassung, daß er in die Appellation Pomerol gehören sollte, handelt es sich tatsächlich um ein St-Emilion-Gut. Die Raynauds haben viel in den Neubau von *cuverie* und *chai* investiert, und der erste Jahrgang ist auch schon erstklassig ausgefallen. Die Farbe ist dunkelrubinpurpurrot; süße *pain-grillé*-Noten wetteifern mit reifen Himbeeren, Kirschen und Gewürz um Beachtung. Im Mund zeigt der graziöse, reintönige Wein geschmeidige Substanz, mittleren Körper und bewunderungswürdiges Gleichgewicht – eine eindrucksvolle Debüt-Leistung der Raynauds, denen auch die Châteaux La Croix de Gay und La Fleur de Gay gehören. Man kann damit rechnen, daß künftige Jahrgänge von Quinault-L'Enclos sogar noch besser ausfallen.
Voraussichtliche Genußreife: 2000 bis 2010. Letzte Verkostung: 3/98.

BORDEAUX

Rol Valentin (Seit 1995)
Grand Cru

AUSGEZEICHNET

Lage der Weinberge: auf dem nordwestlichen Teil des Plateaus von St-Emilion

Besitzer: Eric Prisette
Adresse: 33330 St-Emilion
Telefon: 33 5 57 74 43 51 – Telefax: 33 5 57 74 45 13

Besuche: nur nach Vereinbarung
Kontaktperson: Erich Prisette

ROTWEIN

Rebfläche: 3,5 ha

Durchschnittliches Rebenalter: 40 Jahre

Rebbestand: 90 % Merlot, 5 % Cabernet Franc, 5 % Cabernet Sauvignon

Pflanzdichte: 6000 Reben/ha

Ertrag (im Durchschnitt der letzten 5 Jahre): 38 hl/ha

Durchschnittliche Jahresproduktion insgesamt: 15 000 bis 18 000 Flaschen

GRAND VIN

Name: Château Rol Valentin

Appellation: St-Emilion

Durchschnittliche Jahresproduktion: 7000 bis 9000 Flaschen

Verarbeitung und Ausbau: Gärung (8 Tage) und Maischung (3 bis 4 Wochen) in temperaturgeregelten Betontanks. Malolaktische Säureumwandlung in zu 100 % neuen Eichenfässern; Ausbauzeit 14 bis 18 Monate je nach Jahrgang. Der Wein wird geschönt, aber nicht gefiltert. Ab dem nächsten Jahr findet der Gärprozeß in großen Holzfässern statt.

ZWEITWEIN

Name: Les Valentines

Durchschnittliche Jahresproduktion: 5000 bis 7000 Flaschen

JAHRGÄNGE

1997 • 90-92 Es ist schade, daß dieses Weingut so klein ist, denn sein wunderschön gebauter Wein verdient breitere Bekanntheit. Der 1997er Rol Valentin besteht aus 90 % Merlot, 7 % Cabernet Sauvignon und 3 % Cabernet Franc und ist in dem glänzenden, konzentrierten Stil gestaltet, der von vielen in der jüngeren Winzergeneration von St-Emilion bevorzugt wird. Er zeigt dunkelrubinpurpurrote Farbe, ein wunderbar süßes Aromaprofil von Kirschgeist, schwarzen Johannisbeeren und *pain grillé*, mittleren bis vollen Körper, sahnige, expansive, kernige Substanz, milde Säure und außerordentlich reifes Tannin. Eine gewisse *sur-maturité* ist in diesem vielschichtigen, reintönigen, ausdrucksvollen Wein vorzufinden, der sich in nächsten 10 bis 12 Jahren schön trinken wird. Letzte Verkostung: 3/98.

ST-EMILION

1996 • 90-91 Der junge Besitzer Eric Prisette strebt mit dem Rol Valentin einen St-Emilion im Stil des Valandraud an. Der 1996er ist wohlausgestattet, körperreich, tiefdunkel rubinpurpurrot und zeigt verschwenderischen Eichenholzton, hervorragende Reintönigkeit und vielschichtige, fleischige, füllige rote und schwarze Frucht sowie reichlich Glyzerin. Das Tannin ist mild, der Wein selbst breitschultrig und potentiell hervorragend. Man sollte rasch zugreifen, bevor der Preis in schwindelnde Höhen steigt.
Voraussichtliche Genußreife: 2002 bis 2016. Letzte Verkostung: 3/98.

SOUTARD
Grand Cru Classé

AUSGEZEICHNET

Lage der Weinberge: im nördlichen Teil von St-Emilion

Besitzer: Familie des Ligneris
Adresse: 33330 St-Emilion
Telefon: 33 5 57 24 72 23 – Telefax: 33 5 57 24 66 94

Besuche: nach Vereinbarung, nur werktags von 8 bis 12 und von 14 bis 18 Uhr
Kontaktperson: François des Ligneris

ROTWEIN

Rebfläche: 21,5 ha

Durchschnittliches Rebenalter: 35 Jahre

Rebbestand: 65 % Merlot, 35 % Cabernet Franc

Pflanzdichte: 5500 Reben/ha

Ertrag (im Durchschnitt der letzten 5 Jahre): 48 hl/ha

Durchschnittliche Jahresproduktion insgesamt: 130 000 Flaschen

GRAND VIN

Name: Château Soutard

Appellation: St-Emilion Grand Cru

Durchschnittliche Jahresproduktion: 120 000 Flaschen

Verarbeitung und Ausbau: Lange Vinifikation (40 bis 45 Tage in 1997) bei niedrigen Temperaturen. Manchmal ist die malolaktische Säureumwandlung im Juli noch nicht beendet, der Wein wird in diesem Fall nicht geschwefelt. 1 Jahr Ausbau in jährlich zu $1/3$ erneuerten Eichenfässern (verschiedene Größen und Sorten). Lagerung über Winter auf feinem Geläger. Der Wein wird weder geschönt noch gefiltert.

ZWEITWEIN

Name: Clos de la Tonnelle

Durchschnittliche Jahresproduktion: 100 000 Flaschen

Beurteilung des derzeitigen Rangs: Aufstufung zum Premier Grand Cru Classé wäre zu empfehlen; entspricht qualitativ einem 3ème oder 4ème Cru aus dem Médoc

Genußreife: 10 bis 25 Jahre nach dem Jahrgangsdatum

Dieses Weingut, eines der ältesten von St-Emilion, befindet sich seit 1785 im Besitz derselben Familie. Es liegt im nördlichen Teil der Appellation vorwiegend auf Kalksteinboden.

Der Soutard ist in den Benelux-Ländern hoch angesehen, außerhalb Europas aber wird von diesem Wein kaum Kenntnis genommen. Das ist schade, denn er gehört zu den traditionsverbundensten und langlebigsten Weinen von St-Emilion. Gerade im letzteren Punkt kommen ihm nur noch der Ausone und eine Handvoll anderer Weine der Appellation gleich. Manche Jahrgänge überdauern ohne weiteres 25 Jahre und mehr und sind oft ein Jahrzehnt lang völlig unzugänglich.

Für den Ausbau der Weins werden mindestens zu einem Drittel neue Eichenfässer eingesetzt, und die Abfüllung findet oft viel später statt, als es in anderen Châteaux von St-Emilion üblich ist. Deshalb hat der Soutard meist undurchdringlich dunkelrubinrote Farbe (geschönt oder gefiltert wird nicht) und besitzt wuchtige, tanninstrenge Unbändigkeit, die abschreckend wirken kann, solange der Wein jung ist. Dessenungeachtet ist er einer der Geheimtips von St-Emilion. Wer Weine sucht, die imstande sind, 20 und mehr Jahre zu überdauern, der sollte den Soutard ernsthaft in Erwägung ziehen.

JAHRGÄNGE

1993 • 87   Dieses Weingut, das bei der Abfüllung eigene Wege geht (später als üblich), hat einen körperreichen, konzentrierten, reifen 1993er mit erstaunlicher Geschmeidigkeit, guter Grundstruktur und moderatem Tannin gestaltet. Er zeigt viel saftige Merlot-Frucht und eine füllige Persönlichkeit. Im Lauf der Zeit dürften reichlicheres Tannin und klarere Linie erscheinen. Dieser kräftige, stämmige, vollmundige Wein ist ein ausgezeichnetes Beispiel dieses Jahrgangs und dürfte 10 bis 15 Jahre Aufbewahrung vertragen. Letzte Verkostung: 3/96.

1992 • 77   Der 1992er Soutard zeigt mittelrubinrote Farbe, im Bukett Noten von Gras, Rauch und Beerenfrucht, im Mund bescheidene Proportionen und im Abgang hartes Tannin. Er sollte in den nächsten 4 bis 5 Jahren getrunken werden, ehe das Tannin die fragile Frucht zu dominieren beginnt. Letzte Verkostung: 11/94.

1991 • 64   Soutard hätte es sich zweimal überlegen sollen, ob der 1991er überhaupt auf den Markt kommen sollte. Dieser hohle, leichte, enttäuschende, flaue, vegetabile Wein ist kaum zu genießen. Letzte Verkostung: 1/94.

1990 • 88   Der in der Qualität dem 1989er nahekommende 1990er ist ein typischer Soutard mit seinen massiven Proportionen, dem reichlichen Tannin, der fest gefügten, nach alter Art intensiven Konzentration und dem kraftvollen, tanninreichen Abgang.
Voraussichtliche Genußreife: Jetzt bis 2010. Letzte Verkostung: 1/93.

1989 • 90   Wie man sich denken kann, ist der 1989er Soutard einer der unentwickeltsten Weine des Jahrgangs. Er ist eindrucksvoll undurchdringlich rubinpurpurrot, hat ein vanillinduftiges, pflaumenwürziges und an Süßholz erinnerndes Bukett – ein körperreicher, muskulöser, dicht konzentrierter Wein, der mindestens 7 bis 10 Jahre Flaschenreife benötigt. Um die Jahrhundertwende wird er wahrscheinlich eine hervorragende Punktnote verdienen, und man kann sich darauf einstellen, daß er mindestens 20 Jahre überdauert. Er ist einer der eindrucksvollsten Weine des Jahrgangs und kann möglicherweise der langlebigste 1989er St-Emilion werden.
Voraussichtliche Genußreife: 2000 bis 2020. Letzte Verkostung: 4/91.

1988 • 87   Der sehr unentwickelte, dichte, konzentrierte und überhaupt nicht entgegenkommende, wuchtige und kräuterduftige 1988er Soutard mit einem Vanillin- und Cassis-Duft bietet viel Extrakt, aber er ist unter beträchtlichen Mengen an Tannin vergraben. Dieser Wein ist es wert, 20 Jahre und länger aufbewahrt zu werden.
Voraussichtliche Genußreife: Jetzt bis 2020. Letzte Verkostung: 1/93.

1986 • 86   Der Soutard ist stets einer der langlebigsten Weine in der Appellation St-Emilion. Es besteht kein Zweifel, daß die Besitzer diesen Wein absichtlich mit ungeheuer viel Extrakt und

pelzigem Tannin vollpacken, damit er mit Sicherheit 20 Jahre überdauert. Der 1986er ist sehr unentwickelt, unzugänglich, hat ungeheuren Tanningehalt, ist aber auch mit extraktreicher, hochkonzentrierter Frucht ausgestattet.
Voraussichtliche Genußreife: Jetzt bis 2015. Letzte Verkostung: 3/90.

1985 • 90   Der 1985er Soutard ist ein sensationell voller, tanninreicher, tiefer, vieldimensionaler Wein mit schönem Gleichgewicht zwischen Kraft und Anmut. Er ist geschmeidiger als üblich, aber trotzdem imstande, mindestens 20 Jahre zu überdauern.
Voraussichtliche Genußreife: Jetzt bis 2010. Letzte Verkostung: 3/90.

1982 • 87   Der 1982er ist ein altmodischer, für lange Dauer gebauter St-Emilion. Er gehört in die Hand von Liebhabern mit so viel Geduld, daß sie ihn wenigstens 10 Jahre ruhen lassen – ein typisch mächtiger, in der Entwicklung rückständiger Wein mit fast rauhem Tannin. Er ist jetzt recht verschlossen, düster-dunkel, aber wunderbar füllig, untergründig reif und wuchtig am Gaumen; um 2000 wird er sicherlich eine bessere Punktnote erhalten, nur im Moment ist sein Tannin noch zu brutal.
Voraussichtliche Genußreife: 2000 bis 2025. Letzte Verkostung: 3/89.

1981 • 84   Der 1981er ist verschlossen, zeigt aber reife, würzige Pflaumenfrucht, leichte, feste Struktur und viel Wucht und Fülle. Mit diesem 1981er ist Soutard ein eindrucksvoller Wein gelungen, aber auch er braucht Geduld.
Voraussichtliche Genußreife: Jetzt bis 2005. Letzte Verkostung: 6/84.

1979 • 84   Ein sehr gut gelungener 1979er, aber anders als die meisten Weine seines Jahrgangs, ist der Soutard noch weit zurück und sehr tanninstreng bei tief rubinroter Farbe und kräftigem Körperbau, aber noch roh, unentwickelt und im Geschmack einer Faßprobe ähnlicher als einem 5jährigen Wein.
Voraussichtliche Genußreife: Jetzt bis 2005. Letzte Verkostung: 6/84.

1978 • 84   Der 1978er Soutard ist ganz anders im Stil als der 1979er. Er schmeckt viel milder und reifer und hat im mittleren Geschmacksbereich mehr Frucht. Hinzu kommt ein voller Körper, relativ geringe Säure und ein guter, üppiger, mäßig tanninreicher Abgang. Für einen Soutard wird sich dieser Wein schneller als normal entwickeln.
Voraussichtliche Genußreife: Jetzt. Letzte Verkostung: 6/84.

1975 • 87   Sehr eindrucksvoll wirkt der 1975er mit seiner noch jugendfrischen dunkelrubinroten Farbe und seinem gehaltvollen, saftigen, reifen, körperreichen Geschmack, viel den Mund füllendem Tannin und einem langen Abgang – ein kräftiger, typischer Soutard, der sich auch weiterhin sehr langsam entwickeln wird.
Voraussichtliche Genußreife: Jetzt bis 2005. Letzte Verkostung: 10/84.

1966 • 82   Der 1966er ist nicht so kräftig und massiv, wie man meinen möchte, sondern voll ausgereift und hat einen braunen Saum in der dunklen Farbe, bei reifem, harmonischem, lieblichem Eindruck am Gaumen und leichtem Tannin im Abgang. Dieser Soutard-Jahrgang ist überraschend elegant und leichter als erwartet.
Voraussichtliche Genußreife: Jetzt – vermutlich im Nachlassen. Letzte Verkostung: 6/81.

1964 • 90   Der 1964er ist einer der wenigen großen Soutards, von denen man sagen kann, daß sie volle Reife erlangt haben. Das mächtige Bukett von sonnengedörrter Cassis-Frucht, gerösteten Nüssen und rauchigem Eichenholz zeigt auch einen leichten Anflug flüchtiger Säure, der ihn eher noch ansprechender macht. Im Mund zeigt er üppige, körperreiche, opulente Art, ausgeprägte Frucht und im kräftigen Abgang viel Alkohol – ein dichter, altmodischer, superb konzentrierter Wein, der sich mindestens noch einmal 10 bis 15 Jahre schön trinken lassen wird.
Voraussichtliche Genußreife: Jetzt bis 2005. Letzte Verkostung: 3/90.

ÄLTERE JAHRGÄNGE

Der einzige alte Soutard, den ich das Glück hatte probieren zu dürfen, war der 1955er (88 Punkte in 1989). Ich bin sicher, daß er seinerzeit ein überaus rustikaler Wein war; inzwischen ist das Tannin weitgehend abgeschmolzen, und er zeigt sich zwar noch immer relativ fest, aber voll, körperreich und mineralduftig mit viel dunkler Frucht (Pflaumen) im Geschmack.

TERTRE-DAUGAY
Grand Cru Classé

GUT

Lage der Weinberge: St-Emilion

Besitzer: Léo de Malet-Roquefort
Adresse: 33330 St-Emilion
Telefon: 33 5 57 24 72 15 – Telefax: 33 5 57 24 65 24

Besuche: nur nach Vereinbarung
Kontaktperson: E. Degliade oder Jean-Marie Galeri

ROTWEIN

Rebfläche: 14,5 ha

Durchschnittliches Rebenalter: 24 Jahre

Rebbestand: 60% Merlot, 40% Cabernet Franc

Pflanzdichte: 6600 Reben/ha

Ertrag (im Durchschnitt der letzten 5 Jahre): 40 hl/ha

Durchschnittliche Jahresproduktion insgesamt: 550 hl

GRAND VIN

Name: Château Tertre-Daugay

Appellation: St-Emilion Grand Cru

Durchschnittliche Jahresproduktion: 500 hl

Verarbeitung und Ausbau: Vinifikation 3 bis 4 Wochen. Ausbau in zu 30% neuen (ansonsten in ein- bzw. zweimal gebrauchten) Eichenfässern. Der Wein wird geschönt und gefiltert.

ZWEITWEIN

Name: Château de Roquefort

Durchschnittliche Jahresproduktion: 50 hl

Beurteilung des derzeitigen Rangs: Entspricht qualitativ einem guten Cru Bourgeois aus dem Médoc

Genußreife: 5 bis 15 Jahre nach dem Jahrgangsdatum

Dieses Weingut verlor in den sechziger und siebziger Jahren durch schlampige Weinbereitung und mangelhafte Führung und Leitung alles Vertrauen bei den Liebhabern. 1978 kaufte dann der Besitzer von La Gaffelière, Comte Léo de Malet-Roquefort, dieses Weingut und führte bedeutende Verbesserungen in den Weinbergen und im Keller ein. Es dauerte einige Zeit, bis sich die Weinberge wieder erholten, aber sowohl der 1988er als auch der 1989er machten vor allem nach der langen mittelmäßigen Zeit wieder einen vielversprechenden Eindruck.

Dabei ist Tertre-Daugay ein historisches Château, eines der ältesten von St-Emilion. Es liegt an den *côtes* ganz in der Nähe vieler Premiers Grands Crus Classés; der Name stammt übrigens aus dem Gascogner Dialekt und bedeutet «Aussichtshügel». Die ausgezeichnete Lage des Weinbergs von Tertre-Daugay gewährleistet maximalen Reifegrad der Trauben. Der Boden, eine Kombination von Lehm und Kalkstein mit bedeutendem Eisengehalt in den Unterschichten, verleiht dem Wein großen Körper und Konzentration.

JAHRGÄNGE

1997 • 79-82 Der dunkelrubinrote Wein mit kräftiger Holznote zeigt im Eingang eine gewisse Reife sowie Kirschen- und Beerenfrucht, aber im Mund wird er dann schwächlicher, kompakter und kantiger. Dieser leichte 1997er sollte in den ersten 5 bis 7 Lebensjahren getrunken werden. Letzte Verkostung: 3/98.
1993 • 86 Der 1993er ist ein unterernährter Wein mit leichtem Körper, überzogenem Tannin und wenig reifer Frucht. Letzte Verkostung: 11/94.
1990 • 86 Der 1990er zeigt schöne Konzentration, tiefe, dunkelrubinrote Farbe, milde Säure, eine multidimensionale Persönlichkeit und einen langen, üppigen Abgang. Über die nächsten 8 bis 10 Jahre dürfte er beträchtlichen Genuß gewähren. Letzte Verkostung: 1/93.
1989 • 87 Der 1989er ist der beste Wein, den das Gut seit Jahren hervorgebracht hat: Konzentriert, körperreich, mit kräftigem Alkoholgehalt zeigt er sich verschwenderisch, reichfruchtig, breitschultrig und will in etwa 10 Jahren getrunken sein.
Voraussichtliche Genußreife: Jetzt bis 2005. Letzte Verkostung: 1/93.

LE TERTRE-ROTEBŒUF
Grand Cru

HERVORRAGEND

Lage der Weinberge: St-Laurent des Combes

Besitzer: François und Emilie Mitjavile
Adresse: 33330 St-Laurent des Combes
Telefon: 33 5 57 24 70 57 – Telefax: 33 5 57 74 42 11

Besuche: nur nach Vereinbarung

ROTWEIN

Rebfläche: 5,5 ha

Durchschnittliches Rebenalter: 32 Jahre

Rebbestand: 80% Merlot, 20% Cabernet Franc

Pflanzdichte: 6000 bis 7000 Reben/ha

Ertrag (im Durchschnitt der letzten 5 Jahre): 35 hl/ha

Durchschnittliche Jahresproduktion insgesamt: 22 000 Flaschen

BORDEAUX

GRAND VIN

Name: Château Tertre-Rotebœuf

Appellation: St-Emilion Grand Cru

Durchschnittliche Jahresproduktion: 22 000 Flaschen

Verarbeitung und Ausbau: Traditionelle Vinifikation, 3 bis 4 Wochen in Betontanks (mit manueller Temperaturregelung). Malolaktische Säureumwandlung in neuen Eichenfässern, 16 bis 18 Monate Ausbau in zu 100 % neuen Eichenfässern. Schönung und Filtrierung nach den Erfordernissen des Jahrgangs.

Kein ZWEITWEIN

Beurteilung des derzeitigen Rangs: Entspricht qualitativ einem 2ème Cru aus dem Médoc

Genußreife: 3 bis 15 Jahre nach dem Jahrgangsdatum

Es ist schade, aber in unserer kommerziellen Welt doch durchaus verständlich, daß es im Weinbau nur so wenige Menschen gibt wie François Mitjavile. Viele bekannte Erzeuger treiben die Erträge in so unmögliche Höhen, daß sie die Konzeption des *terroir* einer Weinberglage verderben oder gar den Charakter eines Jahrgangs verstümmeln; nicht so dieser Mann, dessen Talent und unermüdlicher Einsatz für die Entstehung der feinstmöglichen Weine so erfrischend wirken.

Das sehr kleine Weingut Le Tertre-Rotebœuf hat inzwischen rund um die Welt Aufsehen erregt, und das sicherlich zu Recht, nur muß man hoffen, daß sich dadurch in diesem mit soviel unerschütterlicher Entschlossenheit von Monsieur Mitjavile geleiteten Château nichts ändert. Er geht keine Kompromisse ein. Er will aus seinem herrlich gelegenen Weinberg einen Wein herausholen, der ebensoviel Extrakt und Intensität besitzt wie ein Lafleur, ein Pétrus oder ein Certan de May in Pomerol. Um das zu erreichen, schiebt Mitjavile die Lese mit am längsten hinaus, hält die Erträge klein und verwendet seit 1985 jährlich zu 100 % neue Eichenfässer, um den Wein zu kräftigen. Es ist auch nicht zu bezweifeln, daß neuere Jahrgänge ein überwältigendes Maß an Frucht und eine sprühende Lebendigkeit an den Tag legen, die in der europäischen Fachpresse ein begeistertes Echo geweckt haben.

Der steile Weinberg in wunderbar geschützter Lage (nahe Larcis-Ducasse) hat seinen Namen von den Ochsen, die früher hier den Pflug ziehen mußten; übersetzt bedeutet er «Hügel der rülpsenden Ochsen». Jedenfalls ist Le Tertre-Rotebœuf unbestreitbar einer der neuen Superstars von Bordeaux.

JAHRGÄNGE

1997 • 87-90 In diesem Lebensstadium ist der 1997er Le Tertre-Rotebœuf zwar eindrucksvoll, aber doch etwas durch rauchige Noten von *pain grillé* beherrscht. Dessenungeachtet ist er ein runder, reifer (*sur-maturité* macht sich spürbar), mittelschwerer, vielschichtiger, opulenter Wein mit milder Säure. Die auffallenden Geschmacksnoten von Eichentoast, fülliger Beerenfrucht, Kaffee und Schokolade sind bewundernswert. Dieser Wein ist schon jung genußreif und sollte am besten in den ersten 7 bis 8 Lebensjahren getrunken werden. Wer sich an den 1985er Le Tertre-Rotebœuf erinnert, wird den 1997er in Stil und Süffigkeit ähnlich finden.
Letzte Verkostung: 3/98.

1996 • 90-93 In diesem in Pomerol und St-Emilion ungleichmäßig ausgefallenen Jahrgang hat Le Tertre-Rotebœuf einen Wein mit luxuriös voller Frucht und allen Zeichen der *sur-maturité* – füllige Pflaumen, Kaffee, Schokolade und milde Säure – geschaffen. Flacher, fleischiger, dichter

Geschmack umhüllt den Gaumen mit öliger Substanz – ein üppiger, reichhaltiger, seidiger Wein, der vor Frucht und Persönlichkeit überquillt. Ich hatte erwartet, daß er mit zunehmender Faßreife fester strukturiert und knapper umrissen erscheint, aber er ist eigentlich noch üppiger und schwelgerischer geworden.
Voraussichtliche Genußreife: Jetzt bis 2012. Letzte Verkostung: 3/98.

1995 • 95   Dieser ist der dritte Jahrgang (die beiden anderen waren 1989 und 1990), in dem Le Tertre-Rotebœuf eine Le-Pin-ähnliche exotische Fülle und Opulenz aufweist. Die Farbe ist ein dichtes Rubinpurpurrot, das hinreißende Aromaprofil besteht aus *pain grillé*, reifer Frucht von schwarzen Kirschen und Johannisbeeren und Nuancen von Trüffeln, Mokka und Toffee. Konzentriert und körperreich, mit vielschichtiger reifer Frucht präsentiert sich dieser vollschlanke, prachtvoll reintönige, expansive, multidimensionale Wein, der aus der Flasche sogar noch besser erscheint als aus dem Faß.
Voraussichtliche Genußreife: 2001 bis 2018. Letzte Verkostung: 11/97.

1994 • 90   Dieser Wein war jedesmal, wenn ich ihm im Lauf seiner Entwicklung im Faß begegnete, noch erstaunlicher und geschmeidiger geworden, jetzt aber hat er sich offenbar in sich zurückgezogen. Seine Farbe ist ein dunkles, sattes Rubinpurpurrot, das straffe, erdige Aroma gibt widerstrebend Noten von fülligen schwarzen Himbeeren und Kirschen sowie Nuancen von gegrilltem Fleisch und Rauch von sich. Dieser Wein mit seinem mittleren bis vollen Körper und mehr spürbarem Tannin als vor der Abfüllung ist fett, dicht und expansiv im Geschmack und besitzt hervorragende Reintönigkeit, Reife und Tiefe. Ich bin aber stets geneigt, der Verkostung nach der Abfüllung mehr Gewicht einzuräumen als dem halben Dutzend Degustationen vorher, denn «was in der Flasche ist, darauf kommt es an». Vielleicht habe ich diesen Wein ja in einem unglücklichen Stadium erwischt, denn er ist zweifellos gewichtig, voll und gewiß hervorragend, aber ich hatte mehr Intensität erwartet.
Voraussichtliche Genußreife: 1999 bis 2012. Letzte Verkostung: 1/97.

1993 • 90   Die Farbe des 1993er Le Tertre-Rotebœuf ist ein tiefes Rubinpurpurrot, das Bukett bietet noch unentwickelte Aromen von süßen Pflaumen, schwarzen Kirschen und Cassis mit einem Anflug von Erde und Eichenholz. Der dichte, mittelschwere bis volle und moderat tanninherbe Wein entspricht nicht der exotischen, offen gewirkten, glänzenden Art des 1989ers und 1990ers, aber er ist eindrucksvoll ausgestattet, und weitere 3 bis 5 Jahre Kellerreife werden ihm gut tun, dann dürfte er sich 15 bis 20 Jahre halten. Ein beeindruckender 1993er, der zu etwa einem Fünftel dessen zu haben ist, was der 1989er und 1990er kosten.
Voraussichtliche Genußreife: 2001 bis 2015. Letzte Verkostung: 1/97.

1992 • 77   Ich bin ein enthusiastischer Fan der Weine von Le Tertre-Rotebœuf, aber auch dieses mit fanatischer Sorgfalt geführte Weingut hat nichts gegen die schlechten Karten ausrichten können, die von Mutter Natur im September 1992 ausgeteilt wurden. Dieser leichte, weiche, würzige, grasige und verwässerte Wein sollte im Lauf der nächsten 3 bis 3 Jahre ausgetrunken werden. Er ist säurearm, und es fehlt ihm an Tiefe. Letzte Verkostung: 11/94.

1991 • 83   Es mutet wie Ironie an, aber der 1991er hat mehr Tiefe, Reife und Frucht zu bieten als der hölzerne, verwässerte, leichte 1992er. Der sanfte, beerenduftige, eichenwürzige 1991er mit seinem mittleren Körper wird 4 bis 5 Jahre lang gefälligen Genuß bieten.
Letzte Verkostung: 1/94.

1990 • 98   Der 1990er zeigte sich bei den letzten paar Degustationen so überwältigend, daß er Sprosse um Sprosse die Punkteskala hinaufkletterte. Bald werde ich keine Punkte mehr zulegen können. Das süße Bukett mit Nuancen von Kaffee, fülliger Beerenfrucht, Rauch, Karamel und Gewürz strömt einem bei diesem herrlich konzentrierten, viskosen, vielschichtigen, geschmeidigen Wein aus dem Glas entgegen. Das Tannin, das dieser prachtvolle Wein besitzt (ich glaube, eine Analyse würde ergeben, daß es beachtlich viel ist), liegt unter der fülligen Frucht und dem Glyzerin tief verborgen. Der 1990er ist so blendend, daß es mir komisch vorkäme, denen, die ihn besitzen, zu raten, sie sollten sich diesen Genuß noch verkneifen. Er dürfte sich jedenfalls 10 bis 15 Jahre lang schön trinken. Letzte Verkostung: 6/98.

BORDEAUX

1989 • 95   Der 1989er, ein großartiger Le Tertre-Rotebœuf, ist wohlausgestattet mit kräftigen Aromen von Schmalz und süßer Frucht. Irgend jemand hat einmal gesagt, ein solcher Wein schmecke wie flüssige Kirschen in Schokolade. Dem 1989er werden weitere 3 bis 3 Jahre Kellerreife gut tun, und er dürfte sich dann 2 Jahrzehnte lang halten. Im Vergleich mit dem 1990er wird er sich eventuell als klassischer, aber wohl nicht als besser erweisen.
Letzte Verkostung: 12/97.

1988 • 91   Mitjaviles 1988er ist außergewöhnlich und wiederum superkonzentriert mit überwältigendem Extraktreichtum und einem wuchtigen, körperreichen, konzentrierten Abgang. So auffallend und ölig wie der 1989er ist er nicht, und daher wird der Liebhaber eines etwas geradlinigeren und kräftiger tanninherben Bordeaux doch wohl lieber zum 1988er greifen. Dieser spektakuläre, fesselnde Wein ist zwar inzwischen nur noch schwer aufzutreiben, doch die Mühe lohnt sich, und sein Erzeuger – einer der tüchtigsten in der ganzen Welt – verdient auf jeden Fall die volle Unterstützung und Anhänglichkeit der Weinfreunde.
Voraussichtliche Genußreife: Jetzt bis 2010. Letzte Verkostung: 4/91.

1986 • 91   Der 1986er ist ein herrlicher, zu 100 % in neuen Eichenfässern ausgebauter Wein mit fabelhafter Reife und Fülle sowie einem erstaunlich langen, opulenten, vollmundigen Abgang. Dieser Wein ist immens verführerisch und körperreich, und trotz seiner früh ansprechenden Art dürfte er sich mindestens über ein Jahrzehnt hinweg schön entwickeln.
Voraussichtliche Genußreife: Jetzt bis 2002. Letzte Verkostung: 3/91.

1985 • 90   Der 1985er Le Tertre-Rotebœuf hat erstaunliche Fülle und einen Duft vorzuweisen, als wäre er ein Wein, der das Drei- bis Vierfache kostet, dazu vollen Körper, opulente, an einen großen 1982er erinnernde Art und durchsetzungskräftigen, erstklassigen Duft und Geschmack.
Voraussichtliche Genußreife: Jetzt bis 2000. Letzte Verkostung: 11/96.

1984 • 81   Ein wohlgelungener 1984er: substanzreich, sauber bereitet, mild und mit schöner Farbe.
Voraussichtliche Genußreife: Jetzt. Letzte Verkostung: 3/91.

1983 • 87   Dieser Wein hat seine volle Reife erreicht und in der tief rubinroten Farbe einen leichten Bernsteinsaum angenommen. Er hat ein kräftiges, würziges, reifes Bukett mit reichlichen mineralischen Düften und hochreifer dunkler Frucht. Auf der Zunge zeigt er sich vollmundig, kernig, körperreich mit ausgezeichnetem Extrakt, samtiger Art und einem langen, kräftigen, alkoholstarken Abgang.
Voraussichtliche Genußreife: Jetzt bis 2000. Letzte Verkostung: 3/90.

1982 • 87   Der 1982er war der erste Jahrgang von Le Tertre-Rotebœuf, den ich zu kosten bekam, und zwar bevor der Besitzer François Mitjavile neue Eichenfässer einzusetzen und eine Auslese vorzunehmen begann. Gewiß gehörte das Rohmaterial zum Feinsten, das er je zur Verfügung hatte, aber der Wein könnte mehr Biß und Struktur vertragen, und das hätte er gehabt, wenn neue Eichenfässer verwendet worden wären. Dennoch bietet er mit seiner reichlichen fast überreifen Kirschenfrucht mit Nuancen von Karamel, Kräutern und Erde beträchtlichen Genuß. Dieser sanfte, geschmeidige, vollmundige Wein wird sich in den nächsten 3 bis 4 Jahren schön trinken lassen. Letzte Verkostung: 9/95.

La Tour-du-Pin-Figeac-Moueix
Grand Cru Classé

GUT

Besitzer: Armand Moueix

Rebfläche: 9 ha

Durchschnittsalter der Reben: 20 Jahre

ST-EMILION

Rebbestand: 60 % Merlot, 30 % Cabernet Franc, 10 % Malbec

Produktion: 4000 Kisten

Faßreifezeit: 16 bis 22 Monate

Kein ZWEITWEIN

Beurteilung des derzeitigen Rangs: Entspricht qualitativ einem Cru Bourgeois aus dem Médoc

Genußreife: 3 bis 12 Jahre nach dem Jahrgangsdatum

La Tour-du-Pin-Figeac-Moueix liegt auf sandigem Lehm- und Kiesboden an der Grenze zu Pomerol zwischen Cheval Blanc und La-Tour-Figeac.

Sein Wein wird in schlichtem, vollmundigem, fruchtigem Stil mit gutem Körper und für eine Lebensdauer von 6 bis 12 Jahren bereitet. Nur wenige Jahrgänge entfalten sich auch über ihren 12. Geburtstag hinaus noch gut.

JAHRGÄNGE

1995 • 87   Der 1995er La Tour-du-Pin-Figeac, ein sinnlicher, entgegenkommender, einschmeichelnder Wein, ist zwar nicht komplex, aber er hat milde Säure, reichliche reife Frucht und mittleren Körper sowie köstliche, sanfte, bezaubernde Art. Er wird sich in den nächsten 7 bis 8 Jahren schön trinken. Letzte Verkostung: 11/97.

1994 • 87   Der dem 1993er ähnliche, aber mit mehr Himbeer- und Kirschfrucht aufwartende, üppige, sanfte Wein mit milder Säure und mittlerem Körper ist von dem starken Tannin und der Adstringenz des Jahrgangs verschont geblieben. Er sollte in den nächsten 6 bis 7 Jahren getrunken werden. Letzte Verkostung: 1/97.

1993 • 86   Dieser sanfte, fruchtige, nach Erdbeeren und Kirschen duftende Wein gibt keineswegs vor, komplex oder intellektuell anspruchsvoll zu sein. Zu trinken ist dieser mittelrubinrote, erfreuliche, köstlich fruchtige Wein mit seiner milden Säure in den nächsten 4 bis 5 Jahren. Letzte Verkostung: 1/97.

1990 • 89   Der verführerische, eindrucksvolle, schwarzrubinrote 1990er ist einer von vielen erfreulichen St-Emilions. Die dichte Farbe, das mächtige Bukett von fülliger Frucht (Pflaumen und Himbeeren), die fleischige, körperreiche Substanz, die verschwenderische Frucht im Geschmack – alles zusammen ergibt eine eindrucksvolle Leistung.
Voraussichtliche Genußreife: Jetzt bis 2008. Letzte Verkostung: 1/93.

1989 • 88   Der 1989er ist konzentriert, wuchtig, körperreich, mit viel Extrakt und einem durchsetzungskräftigen Bukett von dunkler Frucht, frischem Eichenholz und subtilen Kräutern – ein wahrer Kraftprotz von einem Wein, schön ausgewogen, mit für den Jahrgang ordentlicher Säure und einem großartigen Abgang.
Voraussichtliche Genußreife: Jetzt bis 2003. Letzte Verkostung: 1/93.

1988 • 87   Der 1988er ist ein würdiger Konkurrent für den 1989er mit ausgezeichnetem Extrakt, mehr Eleganz, aber dafür weniger Wucht und mit einem reichhaltigen, toast- und pflaumenwürzigen Bukett, in dem sich Düfte von Süßholz und Frühlingsblumen vorfinden – ein körperreicher und für einen 1988er intensiver Wein, der von jetzt an bis 2004 auf dem Höhepunkt sein dürfte.
Letzte Verkostung: 1/93.

1986 • 87   Der 1986er ist vollgepackt mit Beerenfrucht, hat kräftigen Körper und im Abgang bedeutendes Tannin. Es fehlt ihm zwar der Charme des ausgezeichneten 1985ers, dafür aber wird er mindestens zwei Jahrzehnte überdauern.
Voraussichtliche Genußreife: Jetzt bis 2005. Letzte Verkostung: 3/90.

1985 • 87 Der 1985er ist ein eindrucksvoller St-Emilion mit Biß und sehr schöner Ausgewogenheit, wuchtig, konzentriert, reichhaltig, in der Farbe dunkel, körperreich und bereits so mild, daß er sich jetzt schön trinken läßt; seinen ausgeprägten Geschmack aber wird er noch über ein Jahrzehnt hinweg gut bewahren.
Voraussichtliche Genußreife: Jetzt bis 2000. Letzte Verkostung: 3/89.

1982 • 85 Seit Jahren die beste Leistung aus diesem Château: dunkelrubinrot, mit einem attraktiven, reifen, würzigen Beerenbukett; auf der Zunge zeigt sich der 1982er seidig und samtig bei mittlerem bis vollem Körper, leichtem bis mäßigem Tannin und einem guten, sanften Abgang.
Voraussichtliche Genußreife: Jetzt. Letzte Verkostung: 1/85.

TROPLONG-MONDOT
Grand Cru Classé

HERVORRAGEND

Lage der Weinberge: St-Emilion

Besitzer: G.F.A. Valette (Leitung: Christine Valette)
Adresse: 33330 St-Emilion
Telefon: 33 5 57 55 32 05 – Telefax: 33 5 57 55 32 07

Besuche: nur nach Vereinbarung

ROTWEIN

Rebfläche: 30 ha

Durchschnittliches Rebenalter: 40 Jahre

Rebbestand: 80 % Merlot, 10 % Cabernet Franc, 10 % Cabernet Sauvignon

Pflanzdichte: 6000 Reben/ha

Ertrag (im Durchschnitt der letzten 5 Jahre): 41,89 hl/ha

Durchschnittliche Jahresproduktion insgesamt: 130 000 Flaschen

GRAND VIN

Name: Château Troplong-Mondot

Appellation: St-Emilion Grand Cru

Durchschnittliche Jahresproduktion: 100 000 Flaschen

Verarbeitung und Ausbau: Vinifikation in temperaturgeregelten Edelstahltanks. Malolaktische Säureumwandlung in (zu 70 % neuen und zu 30 % in einmal gebrauchten) Eichenfässern. Ausbauzeit 13 bis 24 Monate, je nach Jahrgang. Der Wein wird mit frischem Eiweiß geschönt, aber nicht gefiltert.

ZWEITWEIN

Name: Mondot

Durchschnittliche Jahresproduktion: 30 000 Flaschen

Beurteilung des derzeitigen Rangs: Seit 1985 wäre Aufstufung zum Premier Grand Cru Classé zu empfehlen; entspricht qualitativ einem 2ème oder 3ème Cru aus dem Médoc

Genußreife: 5 bis 15 Jahre nach dem Jahrgangsdatum

ST-EMILION

Das schöne Château, von dem aus man einen herrlichen Blick über die Stadt St-Emilion und die sie umgebenden Weinberge hat, liegt an einem Hang gegenüber der Côte de Pavie und hat im Rebbestand viele alte Weinstöcke. Seit Mitte der achtziger Jahre Michel Rolland als Önologe hinzugezogen wurde und Christine Valette mehr und mehr die Leitung übernahm, hat sich die Qualität der Jahrgänge stark verbessert. Nach längerer Maischdauer in Edelstahltanks erstreckt sich der Ausbau des Weins auf mindestens 18 Monate in Eichenfässern, die jährlich zu 70 % erneuert werden. Der Wein wird zwar geschönt, jedoch nie gefiltert.

Außerdem möchte ich bemerken, daß die Einführung eines Zweitweins die Möglichkeit eröffnet, schwächere Partien für diesen zu verwenden, was nur dazu beiträgt, daß der unter dem Etikett Troplong-Mondot erscheinende Wein gekräftigt wird.

In St-Emilion und Pomerol hat es schon immer berühmte, ja sogar legendäre Weingutsbesitzerinnen gegeben, so zum Beispiel Madame Fournier auf Château Canon und natürlich die bekannte Madame Loubat auf Château Pétrus. Ihnen tritt nun Christine Valette würdig zur Seite, und ihre außerordentlichen Bemühungen um Qualität kommen vor allem in den großen Weinen zum Vorschein, die in Troplong-Mondot in den Jahren 1988, 1989, 1990, 1994, 1995 und 1997 entstanden sind.

JAHRGÄNGE

1997 • 90-92   Mir ist diese Leistung aus dem untadelig geführten Gut Troplong-Mondot lieber als der tanninreiche 1996er. Der eindrucksvolle 1997er ist einer der Spitzenweine des Jahrgangs. Seine Farbe ist ein sattes Schwarzpurpurrot, und im Aroma zeigen sich Nuancen von Brombeeren, Cassis, Oliven und Süßholz zusammen mit schön integriertem Eichentoast. Im Mund spürt man tadelloses Gleichgewicht, prachtvoll süße, vielschichtige reife Frucht, mittleren Körper, fabelhafte Konzentration und mildes, samtiges Tannin. Dieser charmante, verführerische Troplong-Mondot dürfte schon jung gut zu trinken sein.
Voraussichtliche Genußreife: 2001 bis 2015. Letzte Verkostung: 3/98.

1996 • 88-90?   Dieser Wein bietet schöne Aussichten, aber es stellen sich auch Fragen hinsichtlich seiner Ausgewogenheit. Zwar sind die blauschwarze Farbe und das hochklassige Aromaprofil von schwarzer Frucht, Eichentoast, Süßholz und Mineralen hervorragend, aber der ungeheuer hohe Tanningehalt dieses mittelschweren, konzentrierten, aber noch unentwickelten, verschlossenen Weins macht Sorgen. Wird das Tannin abschmelzen und so diesen Troplong-Mondot weniger karg erscheinen lassen als jetzt?
Voraussichtliche Genußreife: 2006 bis 2020. Letzte Verkostung: 3/98.

1995 • 92   Der verschlossene, aber immens vielversprechende, dunkelpurpurrote Wein zeigt ein zurückhaltendes, aber fesselndes Aroma von Unterholz, fülliger schwarzer Frucht, Mineralen und Vanillin. Der tiefe, volle, mittelschwere bis körperreiche und mit hervorragender Extraktfülle und Reintönigkeit versehene 1995er besitzt eine nahtlose Persönlichkeit mit milderem, stärker als beim 1996er integriertem Tannin – ein *vin de garde*, der weitere 7 bis 8 Jahre Kellerreife verlangt. Er steht nicht weit hinter der großartigen Qualität des 1989ers und 1990ers zurück.
Voraussichtliche Genußreife: 2005 bis 2020. Letzte Verkostung: 11/97.

1994 • 90   Mit dunkelrubinpurpurroter Farbe und einem straffen, aber vielversprechenden Duft mit Aromen von Eichentoast, schwarzer Frucht, Süßholz und Gewürz zeigt sich der 1994er Troplong-Mondot für lange Sicht gebaut. Er hat hohen Tanningehalt sowie hervorragende Konzentration und Reife, ist aber weitgehend verschlossen, wenn man von einer gewissen explosiven Süße und Reife am Gaumen absieht. Kaufinteressenten sollten berücksichtigen, daß dieser Wein 7 bis 8 Jahre Kellerreife braucht, um sich abzurunden.
Voraussichtliche Genußreife: 2005 bis 2015. Letzte Verkostung: 1/97.

1993 • 87+   Der dunkelrubinrote Wein mit purpurner Mitte zeigt ein toastwürziges Bukett von Pflaumen, schwarzen Kirschen und Cassis sowie mittelschweren, tanninreichen Geschmack mit

schöner Süße, Reintönigkeit und Reife. Dieser verschlossene 1993er verlangt noch 3 bis 4 Jahre Kellerreife und wird sich dann mindestens ein Dutzend Jahre halten.
Voraussichtliche Genußreife: 2001 bis 2012. Letzte Verkostung: 1/97.

1992 • 89 Bei drei verschiedenen Degustationen aus der Flasche schlug der 1992er Troplong-Mondot einen großen Teil der Konkurrenz von St-Emilion aus dem Feld und stellte sogar viele Premiers Grands Crus Classés in den Schatten. Er zeigt satte schwarzpurpurrote Farbe und ein mächtiges, süßes, reifes Bukett von schwarzen Johannisbeeren, vereint mit Nuancen von Eichentoast, Kräutern und Süßholz. Er ist für den Jahrgang erstaunlich konzentriert mit superber Dichte und Reife der Frucht, moderatem Tannin und einem langen, schön proportionierten Abgang. 3 bis 3 Jahre Kellerreife werden ihm gut tun, dann wird er sich 15 Jahre gut halten. Nach weiterer Flaschenreife könnte er eine hervorragende Punktnote verdienen.
Letzte Verkostung: 11/94.

1991 • 85 In einem für Pomerol und St-Emilion katastrophalen Jahrgang zeichnet sich der 1991er Troplong-Mondot mit seiner mitteldunkelrubinroten Farbe und seinem würzigen, reifen Bukett von Cassis, Vanillin, Süßholz und Toast besonders aus. Mit seinem eleganten, mittelschweren, attraktiven, vollen Geschmack dürfte sich dieser geschmeidige, wohlausgestattete Wein 4 bis 6 Jahre lang schön trinken. Letzte Verkostung: 6/95.

1990 • 98 Das erstaunliche Abschneiden der 1990er Troplong-Mondot überraschte nicht. Dieser zutiefst eingezogene, undurchdringlich dunkelpurpurrote Wein mit Massen von Frucht, Extrakt und Wucht zeigt ein Bukett mit Noten von Schokolade, schwarzen Johannisbeeren, Gras und Tabak sowie klassischen, körperreichen, krafvollen Geschmack. Der massive Abgang hüllt den Mund in Extrakt, Glyzerin und Tannin ein. Wegen der milden Säure nehme ich an, daß der 1990er rasch heranreifen wird.
Voraussichtliche Genußreife: Jetzt bis 2020. Letzte Verkostung: 12/97.

1989 • 96 Der 1989er Troplong-Mondot ist ein außerordentlicher Wein, etwas weniger entwickelt als der 1990er, mit mehr Muskulatur und Tannin, aber ebenso voll und überzeugend. Seine Farbe ist ein undurchdringlich dunkles Rubinpurpurrot, das Bukett bietet Aromen von Süßholz, Dörrpflaumen, schwarzen Kirschen und süßer Cassis-Frucht, vereint mit hochfeinem Eichentoast und Rauch. Dieser körperreiche, volle, vielschichtige, konzentrierte Wein dürfte sich langsamer entfalten als der 1990er – eine spektakuläre Leistung in diesem Jahrgang!
Voraussichtliche Genußreife: 2003 bis 2025. Letzte Verkostung: 12/97.

1988 • 89 Der 1988er ist ein wunderschön bereiteter, eleganter Wein mit tief rubinpurpurroter Farbe, einem faszinierenden Bukett von Pflaumen, würzigem Eichenholz und Mineralen; hinzu kommt eine reiche, vieldimensionale Geschmacksfülle und frische Säure. Auch dieses Beispiel zeigt, was ein junger Besitzer mit strenger Auslese leistet.
Voraussichtliche Genußreife: Jetzt bis 2007. Letzte Verkostung: 12/96.

1986 • 89 Der 1986er ist eine fester strukturierte Version des eleganten, komplexen 1985ers. Er hat einen guten Schuß rauchige Würze von frischem Eichenholz, dazu mittleren Körper, ein mäßig intensives Bukett von Zedernholz und der Frucht schwarzer Johannisbeeren sowie ausgezeichnete Nachhaltigkeit und vollendete Harmonie in allen Details.
Voraussichtliche Genußreife: Jetzt bis 2005. Letzte Verkostung: 3/90.

1985 • 87 Der tief rubinrote 1985er mit seinem komplexen Bukett von würzigem Eichenholz und reifen Johannisbeeren bietet außerordentlich ausgewogenen und sauber konturierten Geschmack, mittleren Körper, ausgezeichnete Tiefe und festes, aber mildes Tannin.
Voraussichtliche Genußreife: Jetzt bis 2005. Letzte Verkostung: 3/90.

1984 • 73 Der sehr leichte, dünne, am Gaumen kurze, aber trinkbare 1984er Troplong muß ausgetrunken werden.
Voraussichtliche Genußreife: Jetzt – vermutlich im Nachlassen. Letzte Verkostung: 3/87.

1982 • 79 Dieser sanfte, einfache, eindimensionale Wein entstand, bevor Christine Valette sich anschickte, Troplong-Mondot auf die Höhen der Bordeaux-Hierarchie zu führen. Der milde, kräuterwürzige, gefällige 1982er beginnt allmählich seine Frucht einzubüßen, so daß Säure,

ST-EMILION

Tannin und Alkohol die Oberhand gewinnen. Am besten sollte man ihn austrinken. Letzte Verkostung: 9/95.

1981 • 79 Der 1981er unterscheidet sich nicht sehr vom 1982er, ist aber vielleicht weniger vollmundig, reif und konzentriert, bei leichtem bis mittlerem Körper, mildem fruchtigem Geschmack und schwachem Tannin im Abgang.
Voraussichtliche Genußreife: Jetzt – vermutlich im Nachlassen. Letzte Verkostung: 1/85.

TROTTE VIEILLE
Premier Grand Cru Classé B

GUT

Lage der Weinberge: St-Emilion

Besitzer: Familien Castéja – Preben-Hansen
Adresse: 33330 St-Emilion
Postanschrift: c/o Maison Borie Manoux, 86, cours Balguerie Stuttenberg, 33082 Bordeaux Cedex
Telefon: 33 5 56 00 00 70 – Telefax: 33 5 57 87 60 30

Besuche: nur nach Vereinbarung
Kontaktanschrift: Borie Manoux (Tel. und Fax. siehe oben)

ROTWEIN

Rebfläche: 10 ha

Durchschnittliches Rebenalter: 40 Jahre

Rebbestand: 50 % Merlot, 45 % Cabernet Franc, 5 % Cabernet Sauvignon

Pflanzdichte: 7500 Reben/ha

Ertrag (im Durchschnitt der letzten 5 Jahre): 46 hl/ha

GRAND VIN

Name: Château Trotte Vieille

Appellation: St-Emilion Grand Cru

Verarbeitung und Ausbau: Vinifikation etwa 3 Wochen. Malolaktische Säureumwandlung in kleinen Fässern. 13 bis 18 Monate Ausbau in zu 90 % neuen Eichenfässern. Der Wein wird geschönt, aber nicht gefiltert.

Kein ZWEITWEIN

Beurteilung des derzeitigen Rangs: Seit 1986 verdient Trotte Vieille seinen Status als Premier Grand Cru Classé; vorher entsprach es qualitativ einem Cru Bourgeois aus dem Médoc

Genußreife: 5 bis 20 Jahre nach dem Jahrgangsdatum

Trotte Vieille zählt zu den gefeierten Premiers Grands Crus Classés von St-Emilion. Seine Weinberge liegen östlich der Stadt auf einer relativ abgelegenen Stelle mit Lehm- und Kalksteinboden. Seit 1949 befindet sich das Gut im Besitz des bekannten Handelshauses Borie-Manoux in Bordeaux, dem auch das 5ème Cru Batailley in Pauillac und die aufstrebende Domaine de l'Eglise in Pomerol sowie eine ganze Reihe weniger bekannter Châteaux von Bordeaux gehören.

Der Trotte Vieille ist ein Wein, mit dem ich manches enttäuschende Erlebnis verbinde. Bis zur Mitte der achtziger Jahre gehörte er zu den mittelmäßigsten von St-Emilion. Vor 1985 fehlte es dem Trotte Vieille nur allzu häufig an Konzentration und Charakter, und oft war er beunruhigend leicht und stumpf; in manchen Jahren ließ auch seine Bereitung zu wünschen übrig.

Seit der Mitte der achtziger Jahre sind die nachlässigen Weinbereitungspraktiken bei Trotte Vieille abgestellt. Ich nehme an, daß der junge, tüchtige Philippe Castéja weitgehend für diesen Wandel in der Weinqualität verantwortlich sein dürfte. Ein strenges Ausleseverfahren, die Verwendung von zu 90 % neuen Eichenfässern, eine spätere Lese und eine verlängerte Maischdauer erbringen einen relativ profunden Wein, der inzwischen wohl imstande wäre, sich mit den Besten der Appellation zu messen.

JAHRGÄNGE

1997 • 85-87 Der schöne, leicht gebaute Wein mit mittlerem Körper, gesunder dunkelrubinpurpurroter Farbe und attraktiven süßen Noten von *pain grillé*, Süßholz und schwarzen Johannisbeeren in Duft und Geschmack ist sanft, vollschlank, eingängig und süffig und dürfte seiner milden Säure und mäßigen Konzentration nach zu schließen am besten in den nächsten 7 bis 8 Jahren zu trinken sein. Letzte Verkostung: 3/98.

1996 • 87-88 Der vor der Abfüllung eindrucksvolle 1996er Trotte Vieille hat die malolaktische Säureumwandlung in kleinen Fässern durchgemacht, und das Resultat hiervon ist ein Wein mit besonders sahniger Substanz und schön integriertem Eichenton. Die Farbe ist ein dunkles Rubinpurpurrot, das attraktive Aroma zeigt Noten von süßer schwarzer Frucht und Vanillin. Substanz, Breite und die Geschmacksfülle mit süßen schwarzen Kirschen und Johannisbeeren sowie Eichenwürze sind bewundernswert; hinzu kommen mittlerer Körper und für einen 1996er sanftes Tannin. Dieser Wein dürfte früh trinkreif sein, sich aber auch gut halten.
Voraussichtliche Genußreife: 2000 bis 2012. Letzte Verkostung: 3/98.

1995 • ? Ich besitze sehr gute Probiernotizen über diesen Wein aus der Zeit vor der Abfüllung, aber bei zwei Degustationen nach der Abfüllung stellte ich in der mittelrubinroten Farbe bereits einen Bernsteinsaum fest. Darüber hinaus zeigte der Wein sich karg, hart, tanninstreng und unausgewogen. Das widerspricht dem Befund vor der Abfüllung so stark, daß ich mir ein Urteil für später vorbehalten möchte. Letzte Verkostung: 11/97.

1994 • 85 Der dunkelrubinrote, mit einem zarten, kräuterwürzigen, kirschenduftigen Zedernholzbukett versehene sanfte Wein mit mittlerem Körper gibt durch milde Säure und starkes Tannin widersprüchliche Signale. Der Eingang wirkt sanft, dann aber bricht das Tannin herein und leitet zu einem gedämpften, kurzen Abgang über. Dieser Wein verlangt 8 bis 10 Jahre Entwicklungszeit. Letzte Verkostung: 1/97.

1993 • 84 Der 1993er Trotte Vieille ist besser als mancher enttäuschende St-Emilion Premier Grand Cru Classé. Er zeigt mittelrubinrote Farbe, süße Kirschenfrucht, einen Hauch *herbes de Provence*, Kargheit am Gaumen und mehr klare Kontur, Fülle und Reife als seinesgleichen. Er dürfte sich 5 bis 7 Jahre lang schön trinken. Letzte Verkostung: 1/97.

1992 • 78 Dieser sanfte Wein mit seinem leichten Körper hat nichts von dem strengen Tannin und dem vegetabilen Charakter so vieler anderer 1992er, aber er hat auch keine wirkliche Dichte oder Tiefe zu bieten. Dennoch zeigt die Beerenfrucht einen gefälligen, geradlinigen Charme und zarte, eingängige, burgunderähnliche, aber etwas verwässerte Art. Getrunken werden sollte dieser Wein in den nächsten 4 bis 5 Jahren. Letzte Verkostung: 11/94.

1991 • 72 Das Weingut ist auf seinen 1991er schrecklich stolz, nur kann ich nicht verstehen, wieso. Er wirkt verwässert und dünn, hat zwar eine gewisse vegetabile Fruchtigkeit, aber wenig Biß und Konzentration. Letzte Verkostung: 1/94.

1990 • 88 Der 1990er ist mindestens sehr gut. Er präsentiert sich zwar noch verschlossen, eichenwürzig, tanninstreng und verlangt eine gewisse Flaschenreife, hat aber vollen Körper und viel Saft und Kraft.
Voraussichtliche Genußreife: Jetzt bis 2005. Letzte Verkostung: 1/93.

1989 • 90 Der 1989er ist ein immens eindrucksvoller Wein mit undurchdringlich schwarzroter Farbe und einem sensationellen Bukett von Süßholz, Schokolade und hochreifen Pflaumen. Im Mund zeigt dieser Wein ein immenses Format, enorme Konzentration, mächtiges Tannin und einen intensiven, alkoholischen, langen, opulenten Abgang. Die Säure scheint der Wucht dieses Weins angemessen, und da er nun in zu 100 % neuen Eichenfässern reift, dürfte er das rechte Maß an toastwürzigem Eichenholz als Gegengewicht zur ehrfurchtgebietend konzentrierten Frucht erhalten. Der 1989er kann sich ohne weiteres als der feinste Trotte Vieille aus den letzten drei oder vier Jahrzehnten erweisen.
Voraussichtliche Genußreife: Jetzt bis 2015. Letzte Verkostung: 4/91.

1988 • 86 Dieser sehr gute, aber ausnehmend tanninreiche und in der Entwicklung rückständige Wein braucht gut 5 bis 6 Jahre Flaschenreife, um seine Strenge abzulegen. Er hat viel reife, reichhaltige Frucht, die Farbe ist dunkelrubinrot, und er vermittelt ein Gefühl von Wucht und Nachhaltigkeit, aber im Augenblick beherrscht das Tannin noch diesen Wein.
Voraussichtliche Genußreife: Jetzt bis 2008. Letzte Verkostung: 4/91.

1987 • 85 Dieser 1987er stellt eine der besseren Leistungen aus St-Emilion dar; er hat ein kräuterwürziges Brombeerbukett, milden, eichenholzwürzigen, reifen Geschmack und sanfte Art bei überraschender Wucht.
Voraussichtliche Genußreife: Jetzt. Letzte Verkostung: 4/91.

1986 • 87 Der 1986er Trotte Vieille hat tief rubinrote Farbe, ein relativ schön entwickeltes, aufgeschlossenes, kräftiges Pflaumen- und Kräuterbukett mit einem beträchtlichen Maß an rauchigem Eichenholz. Am Gaumen erweist sich der Wein als tannin- und körperreich, eichenholzwürzig und konzentriert. Man könnte aus dieser zu den besten in St-Emilion zählenden Lage freilich etwas mehr Komplexität verlangen.
Voraussichtliche Genußreife: Jetzt bis 2008. Letzte Verkostung: 3/90.

1985 • 86 Der 1985er zeigt sehr reifes Beerenaroma, eine deutliche Spur von frischem Eichenholz, liebliche, geschmeidige, runde und generöse Art, mittleren bis vollen Körper und mildes Tannin im Abgang.
Voraussichtliche Genußreife: Jetzt. Letzte Verkostung: 3/90.

1983 • 75 Bei Vergleichsproben mit anderen Premiers Grands Crus Classés aus St-Emilion schnitt der Trotte Vieille als einer der schwächeren Vertreter des Jahrgangs ab. Er hat ordentliche Farbe, aber ein gedünstetes, bizarres Bukett und diffusen, ungefügen Geschmack, und er versprach wenig Interessantes.
Voraussichtliche Genußreife: Jetzt – vermutlich im Nachlassen. Letzte Verkostung: 2/87.

1982 • 79 Der voll ausgereifte 1982er ist etwas diffus, und es mangelt ihm an Konturenschärfe und Biß. Dafür bietet er schlichte, stämmige, vollmundige, samtig sanfte Cassis-Frucht und viel Alkohol im Abgang. Ich sehe keinen Sinn darin, diesen Wein noch länger aufbewahren zu wollen.
Voraussichtliche Genußreife: Jetzt – vermutlich im Nachlassen. Letzte Verkostung: 1/90.

1981 • 70 Es fehlt an Farbe, Frucht und Körper; der Geruch ist ungewöhnlich bizarr. Insgesamt zeigt sich der Wein schwächlich, leicht, ohne jede Substanz – eine Enttäuschung.
Letzte Verkostung: 4/84.

1979 • 84 Eine annehmbare Leistung von Trotte Vieille: ordentliche Farbe, mittlerer bis voller Körper, schön konzentriert am Gaumen, mäßiges Tannin und gute Reife. Ein derzeit rarer Erfolg für das Weingut.
Voraussichtliche Genußreife: Jetzt. Letzte Verkostung: 2/84.

1978 • 64 Der 1978er ist recht gebrechlich, zeigt beginnende Braunfärbung und scheint sich auflösen zu wollen – ein locker gewirkter, flacher, magerer Wein, der wenig zu bieten hat.
Letzte Verkostung: 2/84.

1976 • 55 Ein Versager; die Trauben für den 1976er Trotte Vieille waren bei der Lese offenbar überreif und mit Wasser aufgeschwemmt. So entstand ein strukturarmer, unattraktiver Wein mit wässeriger, verschwommener Art und einem ungewöhnlich strengen Abgang.
Letzte Verkostung: 9/80.

1975 • 70 Hier gibt es offensichtlich nichts, was Aufregung lohnen würde – leicht, mager ausgestattet und tanninreich bei mittlerem Körper oder, wie englische Autoren es gelegentlich ausdrücken, «zu wenig Fleisch auf den Knochen». Letzte Verkostung: 5/84.

VALANDRAUD
Ohne Klassifizierungsrang

HERVORRAGEND

Lage der Weinberge: in St-Emilion und St-Sulpice de Faleyrens

Besitzer: Ets. Thunevin (Leitung: Jean-Luc Thunevin)
Adresse: 1, rue Vergnaud, 33330 St-Emilion
Telefon: 33 5 57 55 09 13 – Telefax: 33 5 57 55 09 12

Keine Besuche möglich

ROTWEIN

Rebfläche: 2,5 ha

Durchschnittliches Rebenalter: 35 Jahre

Rebbestand: 75% Merlot, 20% Cabernet Franc, 5% Malbec

Pflanzdichte: 6600 Reben/ha

Ertrag (im Durchschnitt der letzten 5 Jahre): 35 hl/ha

Durchschnittliche Jahresproduktion insgesamt: 950 Kisten

GRAND VIN

Name: Château de Valandraud

Appellation: St-Emilion Grand Cru

Durchschnittliche Jahresproduktion: 7100 Flaschen (rund 600 Kisten)

Verarbeitung und Ausbau: Vinifikation 8 bis 10 Tage in (regelmäßig erneuerten) Holzfässern bei max. 28 bis 32°C; regelmäßige *pigeage* und *remontage*. Malolaktische Säureumwandlung in neuen Eichenfässern. Ausbauzeit 21 Monate; Abstich alle 3 Monate.
Der Wein wird weder geschönt noch gefiltert.

ZWEITWEIN

Name: Virginie de Valandraud

Durchschnittliche Jahresproduktion: 350 Kisten

Beurteilung des derzeitigen Rangs: Aufstufung zum Premier Grand Cru Classé ist zu empfehlen; entspricht qualitativ einem Premier Cru aus dem Médoc

Genußreife: 5 bis 25 Jahre nach dem Jahrgangsdatum

Der hochtalentierte, von seinen Vorstellungen besessene Jean-Luc Thunevin hat gut lachen bei der gewaltigen Publizität und bei den Preisen, die ihm sein ungeschönter, ungefilterter, üppig voller Valandraud einträgt. Zusammen mit seiner Frau Murielle hat er aus erlesenen Parzellen in St-Emilion ein kleines Weingut zusammengestellt. Seine Erfahrungen mit Weinfachgeschäften und Restaurants in St-Emilion und seine Tätigkeit im Weinhandel haben sich für seine Ideen, was einen großen Wein ausmacht, durchaus nicht als hinderlich erwiesen.

Natürlich ist noch kein Urteil darüber möglich, wie sich der Valandraud im Alter verhält, daß er aber enorm voll, konzentriert und wunderschön klar umrissen ist, steht fest. Selbst in so schwierigen Jahren wie 1992, 1993 und 1994 ist er außergewöhnlich gut gelungen. Mehr als irgendein anderes Weingut in St-Emilion bietet Valandraud die Kostbarkeiten, denen die Milliardäre unter den Weinsammlern in aller Welt nachjagen.

JAHRGÄNGE

1997 • 90-91 Der 1997er Valandraud, ebenfalls eine großartige Leistung aus dem kleinen von Jean-Luc Thunevin und seiner Frau aufgebauten Weingut, ist einer der extraktreichsten Weine des Jahrgangs. Neben hochreifen Elementen (*sur-maturité*) zeigt er dichtes Purpurrot und attraktiven Duft von gerösteten provençalischen Kräutern, *pain grillé*, schwarzen Kirschen, Dörrpflaumen und Cassis. Mittlerer Körper sowie mehr Biß, Linienklarheit und Tannin, als in diesem Jahrgang üblich, werden ergänzt durch hervorragende Reintönigkeit, außerordentliche Reife und große Nachhaltigkeit. Dieser Wein, den einer meiner Freunde zu Recht «erzhedonistisch» genannt hat, dürfte schon bei der Freigabe genußreif sein, aber auch 15 Jahre überdauern. Letzte Verkostung: 3/98.

1996 • 93-94+ Der tiefdunkle rubinpurpurrote Wein ist vollgepackt mit Extrakt und Wucht. Kernig und dickflüssig, mit extrem starkem Tannin und einem prachtvoll reinen, natürlichen Gefühl auf der Zunge, präsentiert er sich strammer als der klassische 1995er und bei höchster Eigenständigkeit mit ungeheurer Geschmacksintensität und Reintönigkeit ausgestattet. Voraussichtliche Genußreife: 2003 bis 2020. Letzte Verkostung: 3/98.

1995 • 95 Dieser herrliche Valandraud gehört zu den feinsten Weinen, die Jean-Luc Thunevin seit seinem Debüt-Jahrgang 1991 produziert hat. Er zeigt undurchdringliche Purpurfarbe und sensationellen Duft von gerösteten Kräutern, schwarzer Frucht (Kirschen, Johannisbeeren und Brombeeren) mit hochfeiner Eichentoastnote (eher eine Nuance als ein dominanter Zug). Dieser hochkonzentrierte, vielschichtig mit Frucht, Glyzerin und Extrakt versehene, nahtlos gebaute, feinste bisherige Valandraud hat das Zeug zu echter Größe. Der Nachklang hält länger als 30 Sekunden an, und das starke Tannin ist bei der Reife und Fülle der Frucht kaum zu spüren. Voraussichtliche Genußreife: 2003 bis 2020. Letzte Verkostung: 11/97.

1994 • 94+ Undurchdringliches Purpurrot und ein festes, verschlossenes Aromaprofil (süße schwarze Johannisbeeren sowie Wald- und Raucharomen entwickeln sich an der Luft) zeigt dieser kraftstrotzende 1994er. Er bietet fabelhafte Reintönigkeit, große Geschmacksintensität, einen süßen Kern von Frucht am Gaumen und einen körperreichen, vielschichtigen, viskosen Abgang. Diesem fraglos zu den feinsten Gewächsen des Jahrgangs zählenden Wein sollte man 5 bis 7 Jahre Kellerreife gönnen. Voraussichtliche Genußreife: 2002 bis 2020. Letzte Verkostung: 1/97.

1993 • 93 Dieser Wein ist unbezweifelbar einer der konzentriertesten seines Jahrgangs. Die Farbe ist ein tiefdunkles Purpurrot, und das Aroma besteht aus fabelhaft süßer, reifer Frucht von schwarzen Kirschen und Johannisbeeren, schön durchzogen von subtiler Eichenwürze und Nuancen von Mineralen und Trüffeln. Voller Körper und das Fehlen jeglicher Schärfe kennzeichnen den unglaublich konzentrierten 1993er Valandraud. Er ist ein Meisterwerk aus einem Jahrgang, in dem ein solcher Wein einfach nicht möglich erscheint. Man sollte ihm weitere 3 bis 4 Jahre Kellerreife gönnen und ihn in den darauffolgenden 15 bis 20 Jahren genießen. Letzte Verkostung: 1/97.

1992 • 88 Das winzige Weingut, das bestrebt ist, das «Le Pin von St-Emilion» zu werden, hat 1992 eine starke Leistung vollbracht. Die stets handverarbeiteten und ohne Filtrierung in die Flasche gebrachten Weine von Valandraud sind zwar nicht leicht aufzutreiben, aber angesichts der Leistungen von 1992 und 1993 kann man sich vorstellen, welche Höhen Valandraud im nächsten ausnehmend guten Bordeaux-Jahrgang erklimmen wird. Der 1992er bietet sattes, tiefdunkles Rubinpurpurrot und ein volles Bukett mit einer süßen Eichennote, unterstützt von reichlicher, fülliger Cassis- und Kirschenfrucht. Der Wein besitzt exzellente Fülle, mittleren bis vollen Körper, erstaunliche Opulenz und kernige Art (im Jahrgang 1992 eine Rarität) sowie einen langen, lustvollen, konzentrierten, von milder Säure geprägten Abgang. Er dürfte sich 7 bis 10 Jahre lang schön trinken. Letzte Verkostung: 11/94.

1991 • 83   Der 1991er ist außergewöhnlich eichenholzwürzig – der Holzton beherrscht das moderate Maß an süßer, reifer Frucht. Dieser Wein ist zwar gut, angesichts seiner Qualität aber überteuert. Letzte Verkostung: 1/94.

VILLEMAURINE
Grand Cru Classé

Lage der Weinberge: St-Emilion (Côtes)

Besitzer: Robert Giraud S.A.
Adresse: 33330 St-Emilion
Postanschrift: Domaine de Loiseau, B.P. 31, 33240 St-André de Cubzac
Telefon: 33 5 57 43 01 44 – Telefax: 33 5 57 43 33 17

Besuche: nur nach Vereinbarung
Kontaktperson: Philippe Giraud

ROTWEIN

Rebfläche: 7 ha

Durchschnittliches Rebenalter: 40 Jahre

Rebbestand: 85 % Merlot, 10 % Cabernet Franc, 5 % Cabernet Sauvignon

Pflanzdichte: 6000 Reben/ha

Ertrag (im Durchschnitt der letzten 5 Jahre): 45 hl/ha

Durchschnittliche Jahresproduktion insgesamt: 3800 Kisten

GRAND VIN

Name: Château Villemaurine

Appellation: St-Emilion Grand Cru

Durchschnittliche Jahresproduktion: 3800 Kisten

Verarbeitung und Ausbau: Gärdauer 1 Woche und Maischdauer 2 Wochen in temperaturgeregelten Edelstahltanks. Malolaktische Säureumwandlung im Tank. 18 Monate Ausbau in zu 33 % neuen Eichenfässern. Der Wein wird geschönt und gefiltert.

Kein ZWEITWEIN

Beurteilung des derzeitigen Rangs: Entspricht qualitativ einem Cru Bourgeois aus dem Médoc

Genußreife: 3 bis 10 Jahre nach dem Jahrgangsdatum

Villemaurine ist eines der interessantesten Weingüter von St-Emilion. Der Name stammt von im 8. Jahrhundert hier eingefallenen Mauren. Sie schlugen ihr Lager an dieser Stelle auf, die dann von den Franzosen «Ville Maure» (Maurenstadt) genannt wurde. Außerdem besitzt Villemaurine mächtige unterirdische Keller, die erhebliches Interesse verdienen. Der Wein dagegen ist bei weitem nicht so interessant. Trotz der Behauptungen des Besitzers Robert Giraud – zugleich ein bedeutender *négociant* –, die Qualität des Villemaurine sei im Steigen, habe ich gefunden, daß es dem Wein an Fülle und Konzentration mangelt und daß er vielmehr recht diffus, hart und mager ist und wenig Charakter aufweist.

JAHRGÄNGE

1997 • 73-74 Dieser leichte, für einen 1997er untypisch säurereiche Wein ohne große Geschmacksfülle hat wenig zu bieten. Letzte Verkostung: 3/98.
1995 • 71 Der scharfe 1995er hat starke Säure, eine gedrückte Persönlichkeit ohne Charme und wenig Frucht. Letzte Verkostung: 3/96.
1994 • 69 Der dünne, säurereiche 1994er zeigt unkomplizierten, mager ausgestatteten Geschmack. Letzte Verkostung: 3/96.
1993 • 75 Eine reichliche Eichennote verdeckt das wenige, das dieser Wein an Frucht besitzt. Die Kombination von leichtem Körper und starkem Tannin bringt keinen köstlichen Wein zuwege. Der 1993er Villemaurine wird rasch abmagern. Letzte Verkostung: 11/94.
1990 • 75 Der von einem unglaublich dominantem Eichenton geprägte 1990er ist leicht und in Tiefe und Charakter unzulänglich. Letzte Verkostung: 1/93.
1989 • 80 Der 1989er hat schwarzpurpurrote Farbe und ein würziges, erdiges Bukett von Kräutern und Cassis – ein kräftiger, kerniger, monolithischer Wein mit eindrucksvollem Tannin, aber einem Mangel an Dimension.
Voraussichtliche Genußreife: Jetzt bis 2003. Letzte Verkostung: 1/96.
1988 • 78 Der 1988er zeigt große Mengen an starkem Tannin, ein breites, eichenholzwürziges, aber einfaches Bukett von reifen Pflaumen sowie viel Alkoholstärke im Abgang.
Voraussichtliche Genußreife: Jetzt bis 2002. Letzte Verkostung: 4/91.

Sonstige Weingüter in St-Emilion

Béard
Grand Cru

Adresse: 33330 St-Laurent des Combes
Telefon: 33 5 57 23 72 96; Telefax: 33 5 57 24 61 88

Produktion: 3000 Kisten

Rebbestand: 65 % Merlot, 35 % Cabernet Franc

Kein ZWEITWEIN

Rebfläche: 8 ha

Besitzer: Familie Goudichaud
Faßreifezeit: 16 bis 20 Monate

Durchschnittsalter der Reben: 30 Jahre

Beurteilung des derzeitigen Rangs: Entspricht qualitativ einem Cru Bourgeois aus dem Médoc

Genußreife: 3 bis 8 Jahre nach dem Jahrgangsdatum

Leider habe ich nicht genug Erfahrung mit Château Béard, um mir eine feste Meinung über seine Weine bilden zu können. Die Jahrgänge, die ich gekostet habe – 1985, 1986, 1988 und 1989 –, waren jedoch fachgerecht bereitet und hatten gute, reine Frucht sowie stämmigen, robusten Charakter. Das seit 1858 bestehende und heute von Véronique Goudichaud geleitete Gut liegt in der Gemeinde St-Laurent des Combes. Madame Goudichaud läßt den Wein von Hand lesen, verwendet keine Unkrautbekämpfungsmittel und arbeitet in Weinbereitung und *élevage* mit traditionellen Methoden. Zwar gehört dieses Weingut nicht in die Spitzengruppe von St-Emilion, doch bietet es offenbar eine verläßliche Alternative zu annehmbaren Preisen.

BELLEVUE
Grand Cru Classé

Lage der Weinberge: neben Château Beau-Séjour Bécot und gegenüber von Château Angélus

Besitzer: Société Civile du Château Bellevue (Jean de Coninck)
Adresse: 33330 St-Emilion
Telefon: 33 5 57 51 16 13 oder 33 5 57 51 06 07; Telefax: 33 5 57 51 59 61

Besuche: nur nach Vereinbarung
Kontaktperson: Jean de Coninck oder Mme Cazenave

ROTWEIN

Rebfläche: 6 ha · Durchschnittliches Rebenalter: 20 bis 25 Jahre

Rebbestand: 67 % Merlot, 16,5 % Cabernet Franc, 16,5 % Cabernet Sauvignon

Pflanzdichte: 5700 Reben/ha

Ertrag (im Durchschnitt der letzten 5 Jahre): 32 hl/ha

GRAND VIN

Name: Château Bellevue

Appellation: St-Emilion Grand Cru

Verarbeitung und Ausbau: Vinifikation 15 Tage bis 3 Wochen (je nach Jahrgang) in temperaturgeregelten Betontanks. Anschließend 12 Monate Ausbau in zu 50 % neuen Eichenfässern. Der Wein wird geschönt, aber nicht gefiltert.

ZWEITWEIN

Name: Château Ramonet

Beurteilung des derzeitigen Rangs: Entspricht qualitativ einem Cru Bourgeois aus dem Médoc

Genußreife: 3 bis 8 Jahre nach dem Jahrgangsdatum

BERGAT
Grand Cru Classé

Lage der Weinberge: St-Emilion

Besitzer: Familien Castéja, Preben-Hansen

Adresse: 33330 St-Emilion
Postanschrift: c/o Borie-Manoux, 86 cours Balguerie Stuttenberg, 33082 Bordeaux Cedex
Telefon: 33 5 56 00 00 70 – Telefax: 33 5 57 87 60 30

Besuche: nach Vereinbarung
Kontaktanschrift: Maison Borie-Manoux (Tel. und Fax. siehe oben)

ST-EMILION

ROTWEIN

Rebfläche: 4 ha

Durchschnittliches Rebenalter: 40 Jahre

Rebbestand: 55 % Merlot, 35 % Cabernet Franc, 10 % Cabernet Sauvignon

Pflanzdichte: 7500 Reben/ha

Ertrag (im Durchschnitt der letzten 5 Jahre): 47 hl/ha

Durchschnittliche Jahresproduktion insgesamt: 180 hl

GRAND VIN

Name: Château Bergat

Appellation: St-Emilion Grand Cru

Verarbeitung und Ausbau: Vinifikation etwa 3 Wochen in temperaturgeregelten Edelstahltanks. Malolaktische Säureumwandlung im Tank, anschließend 13 bis 18 Monate Ausbau in zu 60 % neuen Eichenfässern. Der Wein wird geschönt, aber nicht gefiltert.

ZWEITWEIN

Name: Enclos de Bergat

Beurteilung des derzeitigen Rangs: Entspricht qualitativ einem Cru Bourgeois aus dem Médoc

Genußreife: 3 bis 10 Jahre nach dem Jahrgangsdatum

BERNATEAU
Grand Cru

Lage der Weinberge: St-Etienne de Lisse, St-Sulpice de Faleyrens, Libourne

Besitzer: M. und Mme Régis Lavau
Adresse: 33330 St-Etienne de Lisse
Telefon: 33 5 57 40 18 19 – Telefax: 33 5 57 40 27 31

Besuche: nur nach Vereinbarung
Kontaktperson: Régis Lavau

ROTWEIN

Rebfläche: 17 ha

Durchschnittliches Rebenalter: 35 Jahre

Rebbestand: 80 % Merlot, 15 % Cabernet Franc, 5 % Cabernet Sauvignon

Pflanzdichte: 5500 Reben/ha

Ertrag (im Durchschnitt der letzten 5 Jahre): 53 hl/ha

Durchschnittliche Jahresproduktion insgesamt: 120 000 Flaschen

BORDEAUX

GRAND VIN

Name: Château Bernateau

Appellation: St-Emilion Grand Cru

Durchschnittliche Jahresproduktion: 85 000 Flaschen

Verarbeitung und Ausbau: Vinifikation min. 3 Wochen, anschließend 13 bis 14 Monate Ausbau in zu 15 % neuen Eichenfässern und Tanks. Der Wein wird geschönt und gefiltert.

ZWEITWEIN

Name: Château Tour Peyronneau

Durchschnittliche Jahresproduktion: 180 hl

BIENFAISANCE
Grand Cru

Lage der Weinberge: St-Christophe des Bardes und St-Emilion

Besitzer: Familie Duval-Fleury
Leitung: Patrick Baseden

Adresse: 33330 St-Christophe des Bardes
Telefon: 33 5 57 24 65 83 – Telefax: 33 5 57 24 78 26

Besuche: werktags nach Vereinbarung
Kontaktperson: Christine Peytour

ROTWEIN

Rebfläche: 14 ha

Durchschnittliches Rebenalter: 25 Jahre

Rebbestand: 80 % Merlot, 15 % Cabernet Franc, 5 % Cabernet Sauvignon

Pflanzdichte: 6500 Reben/ha

Ertrag (im Durchschnitt der letzten 5 Jahre): 43 hl/ha

GRAND VIN

Name: Château de Bienfaisance

Appellation: St-Emilion Grand Cru

Durchschnittliche Jahresproduktion: 48 000 Flaschen

Verarbeitung und Ausbau: Vinifikation min. 3 Wochen in temperaturgeregelten Betontanks. Nach malolaktischer Säureumwandlung 13 bis 15 Monate Ausbau in jährlich zu $1/3$ erneuerten Eichenfässern. Der Wein wird mit Eiweiß geschönt und leicht gefiltert.

ZWEITWEIN

Name: Vieux-Château-Peymouton

Durchschnittliche Jahresproduktion: 2700 Kisten

ST-EMILION

Jacques Blanc
Grand Cru

Lage der Weinberge: St-Etienne de Lisse

Besitzer: M. und Mme Pierre Chouet
Adresse: 33330 St-Etienne de Lisse
Telefon: 33 5 57 40 18 01 – Telefax: 33 5 57 40 01 98

Besuche: nach Vereinbarung, montags bis freitags von 8.30 bis 12 und von 13.30 bis 17.30 Uhr
Kontaktpersonen: M. und Mme Pierre Chouet

ROTWEIN

Rebfläche: 20 ha

Durchschnittliches Rebenalter: 35 Jahre

Rebbestand: 66 % Merlot, 32 % Cabernet Franc, 2 % Cabernet Sauvignon

Pflanzdichte: 5000 Reben/ha

Ertrag (im Durchschnitt der letzten 5 Jahre): 50 hl/ha

Durchschnittliche Jahresproduktion insgesamt: 950 hl

GRAND VIN

Name: Château Jacques Blanc Cuvée du Maître

Appellation: St-Emilion Grand Cru

Durchschnittliche Jahresproduktion: 35 000 Flaschen

Verarbeitung und Ausbau: Vinifikation 3 Wochen in temperaturgeregelten Edelstahltanks. Es finden nur einheimische Hefen Verwendung. Regelmäßiges Aufbrechen des Huts und Experimente mit dem sogenannten *micro-bullage*-Verfahren. Malolaktische Säureumwandlung im Tank, anschließend je nach Jahrgang 13 bis 18 Monate Ausbau in zu 30 % neuen Eichenfässern. Der Wein wird mit Eiweiß geschönt und leicht gefiltert.

ZWEITWEIN

Name: Cuvée Aliénor

Durchschnittliche Jahresproduktion: 60 000 Flaschen

N. B.: Das Weingut arbeitet mit biodynamischem Anbau.

La Bonnelle
Grand Cru

Lage der Weinberge: St-Pey d'Armens

Besitzer: F. Sulzer
Adresse: 33330 St-Pey d'Armens
Telefon: 33 5 57 47 15 12 – Telefax: 33 5 57 47 16 83

Besuche: nach Vereinbarung, werktags von 9 bis 12 und von 14 bis 19 Uhr
Kontaktperson: Olivier Sulzer

BORDEAUX

ROTWEIN

Rebfläche: 10 ha · Durchschnittliches Rebenalter: 30 Jahre

Rebbestand: 70 % Merlot, 20 % Cabernet Franc, 10 % Cabernet Sauvignon

Pflanzdichte: 5500 Reben/ha

Ertrag (im Durchschnitt der letzten 5 Jahre): 50 hl/ha

Durchschnittliche Jahresproduktion insgesamt: 500 hl

GRAND VIN

Name: Château La Bonnelle

Appellation: St-Emilion Grand Cru

Durchschnittliche Jahresproduktion: 300 hl

Verarbeitung und Ausbau: Gärdauer 5 Tage und Maischdauer 15 Tage in temperaturgeregelten Edelstahltanks. 12 Monate Ausbau wechselweise in Eichenfässern und Edelstahl- bzw. Betontanks; Abstich alle 3 Monate. Der Wein wird geschönt, aber nicht gefiltert.

ZWEITWEIN

Name: Château La Croix Bonnelle

Durchschnittliche Jahresproduktion: 200 hl

BOUQUEY
Grand Cru

Lage der Weinberge: St-Hippolyte, bei Château La Couronne

Besitzer: Mähler-Besse S.A.
Adresse: 33330 St-Hippolyte
Postanschrift: c/o Mähler-Besse, 49, rue Camille Godard, 33026 Bordeaux
Telefon: 33 5 56 56 04 30 – Telefax: 33 5 56 56 04 59

Besuche: nach Vereinbarung
Kontaktanschrift: Mähler-Besse (Tel. und Fax siehe oben)

ROTWEIN

Rebfläche: 5 ha · Durchschnittliches Rebenalter: 25 Jahre

Rebbestand: 60 % Merlot, 25 % Cabernet Sauvignon, 15 % Cabernet Franc

Pflanzdichte: 5000 Reben/ha

Ertrag (im Durchschnitt der letzten 5 Jahre): 50 hl/ha

Durchschnittliche Jahresproduktion insgesamt: 120 000 Flaschen

GRAND VIN

Name: Château Bouquey

Appellation: St-Emilion Grand Cru

Durchschnittliche Jahresproduktion: 120 000 Flaschen

ST-EMILION

Verarbeitung und Ausbau: Gärdauer 5 Tage und Maischdauer bis zu 22 Tage in kleinen konischen Edelstahltanks mit Temperaturregelung. Ausbau je nach Jahrgang in (zu geringem Teil neuen) Eichenfässern selten länger als 6 Monate bzw. in Tanks bis zu 2 Jahre. Der Wein wird mit Albumin geschönt, aber nicht gefiltert.

ZWEITWEIN

Name: Château Les Fougères

CADET-BON
Grand Cru Classé (seit 1996)

Lage der Weinberge: St-Emilion

Besitzer: S.A. Lorienne
Adresse: 1, Le Cadet, 33330 St-Emilion
Telefon: 33 5 57 74 43 20 – Telefax: 33 5 57 24 66 41

Besuche: nur nach Vereinbarung
Kontaktperson: Marceline und Bernard Gans

ROTWEIN

Rebfläche: 4,5 ha

Durchschnittliches Rebenalter: 35 Jahre

Rebbestand: 70 % Merlot, 30 % Cabernet Franc

Pflanzdichte: 6600 Reben/ha

Ertrag (im Durchschnitt der letzten 5 Jahre): 48 hl/ha

Durchschnittliche Jahresproduktion insgesamt: 2200 Kisten

GRAND VIN

Name: Château Cadet-Bon

Appellation: St-Emilion Grand Cru

Durchschnittliche Jahresproduktion: 1800 Kisten

Verarbeitung und Ausbau: Vinifikation in Edelstahltanks, malolaktische Säureumwandlung z.T. in neuen Eichenfässern. Ausbau in jährlich zu $1/3$ erneuerten Eichenfässern. Der Wein wird geschönt, aber nicht gefiltert.

ZWEITWEIN

wird im Faß verkauft

Beurteilung des derzeitigen Rangs: Entspricht qualitativ einem Cru Bourgeois aus dem Médoc.

Genußreife: 5 bis 15 Jahre nach dem Jahrgangsdatum.

BORDEAUX

CANTENAC
Grand Cru

Lage der Weinberge: St-Emilion

Besitzer: Nicole Roskam-Brunot
Adresse: R.D. 670, 33330 St-Emilion
Telefon: 33 5 57 51 35 22 – Telefax: 33 5 57 25 19 15

Besuche: vorzugsweise nach Vereinbarung
Kontaktperson: Nicole Roskam-Brunot

ROTWEIN

Rebfläche: 12 ha

Durchschnittliches Rebenalter: 21 Jahre

Rebbestand: 80 % Merlot, 15 % Cabernet Franc, 5 % Cabernet Sauvignon

Pflanzdichte: 6000 Reben/ha

Ertrag (im Durchschnitt der letzten 5 Jahre): 52 hl/ha

GRAND VIN

Name: Château Cantenac

Appellation: St-Emilion Grand Cru

Durchschnittliche Jahresproduktion: 60 000 Flaschen

Verarbeitung und Ausbau: Vinifikation 21 bis 18 Tage. Anschließend 18 Monate Ausbau in zu 30 % neuen Eichenfässern. Der Wein wird geschönt und gefiltert.

ZWEITWEIN

Name: Château Jean Melin

Durchschnittliche Jahresproduktion: 18 000 Flaschen

CAPET-GUILLIER
Grand Cru

Lage der Weinberge: St-Hippolyte

Besitzer: Familien Bouzerand und Galinou
Adresse: 33330 St-Hippolyte
Telefon: 33 5 57 24 70 21 – Telefax: 33 5 57 24 68 96

Besuche: montags bis freitags von 9 bis 12 und von 14 bis 17 Uhr;
an Wochenenden nach Vereinbarung
Kontaktperson: Elisabeth Galinou

ROTWEIN

Rebfläche: 15 ha (Gesamtfläche 20 ha)

Durchschnittliches Rebenalter: 35 Jahre

Rebbestand: 60 % Merlot, 25 % Cabernet Franc, 15 % Cabernet Sauvignon

ST-EMILION

Pflanzdichte: 5500 Reben/ha

Ertrag (im Durchschnitt der letzten 5 Jahre): 52 hl/ha

Durchschnittliche Jahresproduktion insgesamt: 806 hl

GRAND VIN

Name: Château Capet-Guillier

Appellation: St-Emilion Grand Cru

Durchschnittliche Jahresproduktion: 480 hl

Verarbeitung und Ausbau: Vinifikation etwa 3 Wochen in Betontanks. Anschließend 13 Monate Ausbau in (neuen und einmal gebrauchten) Eichenfässern.

ZWEITWEIN

Name: Château Grands Sables Capet

Durchschnittliche Jahresproduktion: 326 hl

CASTELOT
Grand Cru

Lage der Weinberge: St-Emilion, von Château Tertre-Daugay durch die Route Nationale 670 A getrennt.

Besitzer: Jean und Françoise Janoueix
Adresse: 33330 St-Emilion
Postanschrift: c/o Maison Janoueix, 37, rue Pline Plarmentier, B.P. 192, 33506 Libourne
Telefon: 33 5 57 51 41 86 – Telefax: 33 5 57 51 53 16

Besuche: nur nach Vereinbarung
Kontaktanschrift: Maison J. Janoueix (Tel. und Fax. siehe oben)

ROTWEIN

Rebfläche: 9 ha

Durchschnittliches Rebenalter: 45 bis 60 Jahre

Rebbestand: 70 % Merlot, 20 % Cabernet Franc, 10 % Cabernet Sauvignon

Ertrag (im Durchschnitt der letzten 5 Jahre): 48 bis 50 hl/ha

Durchschnittliche Jahresproduktion insgesamt: 400 bis 450 hl

GRAND VIN

Name: Château Le Castelot

Appellation: St-Emilion Grand Cru

Durchschnittliche Jahresproduktion: 65 % der Gesamtproduktion (je nach Jahrgang)

Verarbeitung und Ausbau: Vinifikation 3 bis 4 Wochen in temperaturgeregelten Betontanks. Nach malolaktischer Säureumwandlung 2 Jahre Ausbau in jährlich zu $1/3$ erneuerten Eichenfässern. Der Wein wird mit frischem Eiweiß geschönt, aber nicht gefiltert.

BORDEAUX

ZWEITWEIN

Name: Château Haut-Castelot

Durchschnittliche Jahresproduktion: 35 % der Gesamtproduktion

Du Cauze
Grand Cru

Lage der Weinberge: St-Christophe des Bardes

Besitzer: Bruno Laporte
Adresse: 33330 St-Emilion
Telefon: 33 5 57 74 62 47 – Telefax: 33 5 57 74 59 12

Besuche: nach Vereinbarung, werktags von 8 bis 12 und von 14 bis 18 Uhr
Kontaktperson: M. Lladères, Tel. 33 5 57 74 45 21

ROTWEIN

Rebfläche: 20 ha

Durchschnittliches Rebenalter: 40 Jahre

Rebbestand: 90 % Merlot, 10 % Cabernet

Pflanzdichte: 5500 Reben/ha

Ertrag (im Durchschnitt der letzten 5 Jahre): 50 hl/ha

Durchschnittliche Jahresproduktion insgesamt: 1000 hl

GRAND VIN

Name: Château du Cauze

Appellation: St-Emilion Grand Cru

Durchschnittliche Jahresproduktion: 130 000 Flaschen

Verarbeitung und Ausbau: Vinifikation etwa 5 Wochen. Nach malolaktischer Säureumwandlung 13 bis 18 Monate Ausbau in jährlich zu $\frac{1}{4}$ erneuerten Eichenfässern. Der Wein wird geschönt, aber nicht gefiltert.

Kein ZWEITWEIN

Chante-Alouette-Cormeil

Besitzer: Yves Delol
Adresse: 33330 St-Emilion
Telefon: 33 5 57 51 02 63, Telefax: 33 5 57 51 93 39

Produktion: 3500 Kisten

Rebfläche: 8 ha

Durchschnittliches Rebenalter: 20 Jahre

Rebbestand: 60 % Merlot, 20 % Cabernet Franc, 20 % Cabernet Sauvignon

Faßreifezeit: 20 bis 24 Monate

ST-EMILION

Kein ZWEITWEIN

Beurteilung des derzeitigen Rangs: Entspricht qualitativ einem guten Cru Bourgeois aus dem Médoc

Genußreife: 3 bis 10 Jahre nach dem Jahrgangsdatum

CHEVAL-NOIR
Grand Cru

Lage der Weinberge: St-Emilion, bei Château Angélus und Cormeil-Figeac

Besitzer: Mähler-Besse
Adresse: 33330 St-Emilion
Postanschrift: c/o Mähler-Besse, 49, rue Camille Godard, 33026 Bordeaux
Telefon: 33 5 56 56 04 30 – Telefax: 33 5 56 56 04 59

Besuche: nach Vereinbarung
Kontaktanschrift: Mähler-Besse (Tel. und Fax. siehe oben)

ROTWEIN

Rebfläche: 5 ha

Durchschnittliches Rebenalter: 25 Jahre

Rebbestand: 60 % Merlot, 20 % Cabernet Franc, 20 % Cabernet Franc

Pflanzdichte: 5000 Reben/ha

Ertrag (im Durchschnitt der letzten 5 Jahre): 50 hl/ha

Durchschnittliche Jahresproduktion insgesamt: 250 hl

GRAND VIN

Name: Cheval Noir

Appellation: St-Emilion Grand Cru

Durchschnittliche Jahresproduktion: 250 hl

Verarbeitung und Ausbau: Gärdauer 5 Tage und Maischdauer bis zu 22 Tage in kleinen konischen Edelstahltanks mit Temperaturregelung. Malolaktische Säureumwandlung im Tank. 90 % des Ertrags bleiben im Tank, 10 % werden 2 Jahre in (zu geringem Teil neuen) Eichenfässern ausgebaut. Der Wein wird mit Albumin geschönt und gefiltert.

Kein ZWEITWEIN

CLOS LABARDE
Grand Cru

Lage der Weinberge: St-Laurent des Combes, Lieu-dit La Barde

Besitzer: Jacques Bailly
Adresse: Bergat, 33330 St-Emilion
Telefon: 33 5 57 74 43 69 – Telefax: 33 5 57 74 40 26

Besuche: montags bis freitags von 11 bis 12 und von 14 bis 18 Uhr
Kontaktperson: Nicolas Bailly

BORDEAUX

ROTWEIN

Rebfläche: 4,5 ha

Durchschnittliches Rebenalter: 35 Jahre

Rebbestand: 70 % Merlot, 20 % Cabernet Franc, 10 % Cabernet Sauvignon

Pflanzdichte: 4500 Reben/ha

Ertrag (im Durchschnitt der letzten 5 Jahre): 46 hl/ha

Durchschnittliche Jahresproduktion insgesamt: 210 hl

GRAND VIN

Name: Clos Labarde

Appellation: St-Emilion Grand Cru

Durchschnittliche Jahresproduktion: 210 hl

Verarbeitung und Ausbau: Vinifikation 28 bis 30 Tage in temperaturgeregelten Edelstahltanks. Malolaktische Säureumwandlung im Tank, zwei Drittel des Ertrags verbleiben im Tank, des letzte Drittel wird 22 Monate in zu $\frac{1}{3}$ jährlich erneuerten Eichenfässern ausgebaut (bei jedem Abstich erfolgt Wechsel). Der Wein wird geschönt und leicht gefiltert.

Kein ZWEITWEIN

Clos Larcis
Grand Cru

Lage der Weinberge: bei Château Pavie und Larcis-Ducasse

Besitzer: Robert Giraud S.A.
Adresse: 33330 St-Emilion
Postanschrift: Domaine de Loiseau, B.P. 31, 33240 St-André de Cubzac
Telefon: 33 5 57 43 01 44 – Telefax: 33 5 57 43 33 17

Besuche: nur nach Vereinbarung
Kontaktperson: Philippe Giraud

ROTWEIN

Rebfläche: 1 ha

Durchschnittliches Rebenalter: 40 Jahre

Rebbestand: 90 % Merlot, 10 % Cabernet Sauvignon

Pflanzdichte: 6000 Reben/ha

Ertrag (im Durchschnitt der letzten 5 Jahre): 45 hl/ha

Durchschnittliche Jahresproduktion insgesamt: 416 Kisten

GRAND VIN

Name: Clos Larcis

Appellation: St-Emilion Grand Cru

Durchschnittliche Jahresproduktion: 416 Kisten

ST-EMILION

Verarbeitung und Ausbau: Gärdauer 1 Woche und Maischdauer 2 Wochen in temperaturgeregelten Edelstahltanks. Malolaktische Säureumwandlung im Tank, anschließend 16 bis 18 Monate Ausbau in zu 50% neuen Eichenfässern. Der Wein wird geschönt und gefiltert.

Kein ZWEITWEIN

CLOS LA MADELEINE
Grand Cru (1996 abgestuft)

Lage der Weinberge: St-Emilion

Besitzer: S.A. du Clos La Madeleine
Adresse: La Gaffelière Ouest, 33330 St-Emilion
Postanschrift: B.P. 78, 33330 St-Emilion
Telefon: 33 5 57 55 38 03 – Telefax: 33 5 57 55 38 01

Besuche: nach Vereinbarung, montags bis freitags von 8 bis 18 Uhr
Kontaktperson: Philippe Lauret

ROTWEIN

Rebfläche: 2 ha

Durchschnittliches Rebenalter: 35 Jahre

Rebbestand: 50% Merlot, 50% Cabernet Franc

Pflanzdichte: 6600 Reben/ha

Ertrag (im Durchschnitt der letzten 5 Jahre): 45 hl/ha

Durchschnittliche Jahresproduktion insgesamt: 89 hl

GRAND VIN

Name: Clos La Madeleine

Appellation: St-Emilion Grand Cru

Durchschnittliche Jahresproduktion: 89 hl

Verarbeitung und Ausbau: Vinifikation 3 bis 4 Wochen in temperaturgeregelten Edelstahltanks. Malolaktische Säureumwandlung bei der Hälfte des Ertrags in neuen Eichenfässern, die andere Hälfte verbleibt im Tank und wird anschließend in einmal gebrauchte Eichenfässer abgestochen. Ausbauzeit 13 bis 18 Monate. Der Wein wird geschönt, aber nicht gefiltert.

Kein ZWEITWEIN

Beurteilung des derzeitigen Rangs: Entspricht qualitativ einem Cru Bourgeois aus dem Médoc

Genußreife: 4 bis 15 Jahre nach dem Jahrgangsdatum

BORDEAUX

Clos Trimoulet
Grand Cru

Lage der Weinberge: 90% in St-Emilion und 10% in St-Christophe des Bardes und St-Hippolyte

Besitzer: E.A.R.L. Appolot
Adresse: 33330 St-Emilion
Telefon: 33 5 57 24 71 96 – Telefax: 33 5 57 74 45 88

Besuche: nur nach Vereinbarung, montags bis freitags von 9 bis 12 und von 14 bis 18 Uhr; samstags nur am Vormittag
Kontaktperson: Guy Appolot

ROTWEIN

Rebfläche: 11 ha

Durchschnittliches Rebenalter: 30 Jahre

Rebbestand: 80% Merlot, 10% Cabernet Franc, 10% Cabernet Sauvignon

Pflanzdichte: 5500 Reben/ha

Ertrag (im Durchschnitt der letzten 5 Jahre): 55 hl/ha

Durchschnittliche Jahresproduktion insgesamt: 600 hl

GRAND VIN

Name: Clos Trimoulet

Appellation: St-Emilion Grand Cru

Durchschnittliche Jahresproduktion: 490 hl

Verarbeitung und Ausbau: Vinifikation 3 Wochen in temperaturgeregelten Tanks. 70% des Ertrags werden in zu 20% neuen Eichenfässern ausgebaut, und 30% verbleiben im Tank. Ausbauzeit insgesamt 14 Monate. Der Wein wird geschönt und gefiltert.

Kein ZWEITWEIN

La Commanderie
Grand Cru

Lage der Weinberge: Lieu-dit Fortin

Besitzer: Domaines Cordier
Adresse: 33330 St-Emilion
Postanschrift: c/o Domaines Cordier, 53, rue du Dehez, 33290 Blanquefort
Telefon: 33 5 56 95 53 00 – Telefax: 33 5 56 95 53 01

Besuche: nur nach Vereinbarung

ROTWEIN

Rebfläche: 5,3 ha

Durchschnittliches Rebenalter: 25 Jahre

Rebbestand: 90% Merlot, 10% Cabernet Franc

ST-EMILION

Pflanzdichte: 6000 bis 6500 Reben/ha

Durchschnittliche Jahresproduktion insgesamt: 35 000 Flaschen

GRAND VIN

Name: Château La Commanderie

Appellation: St-Emilion Grand Cru

Durchschnittliche Jahresproduktion: 35 000 Flaschen

Verarbeitung und Ausbau: Vinifikation 18 bis 20 Tage in kunstharzbeschichteten Betontanks. Anschließend 18 bis 20 Monate Ausbau in (jährlich zu $\frac{1}{3}$ erneuerten) Eichenfässern; Abstich alle 3 Monate. Der Wein wird mit Eiweiß geschönt und gefiltert.

Kein ZWEITWEIN

CORMEIL-FIGEAC
Grand Cru

Besitzer: Familie Moreaud

Produktion: 4000 Kisten

Rebfläche: 10 ha

Durchschnittliches Rebenalter: 25 Jahre

Rebbestand: 70 % Merlot, 30 % Cabernet Franc

Faßreifezeit: 18 bis 22 Monate

Kein ZWEITWEIN

Beurteilung des derzeitigen Rangs: Entspricht qualitativ einem Cru Bourgeois aus dem Médoc

Genußreife: 3 bis 8 Jahre nach dem Jahrgangsdatum

Dieses Weingut hat, wenn man seine Lage direkt neben dem berühmten Château Figeac bedenkt, bestimmt großes Potential, obwohl sein Boden mehr Sand enthält. Man fragt sich denn auch, was hier zustande kommen könnte, wenn die Auslese strenger wäre und der Besitzer mehr neue Eichenfässer verwenden würde. Ab und zu trifft man eine untergründige, abstoßende Dumpfigkeit an, aber ansonsten sind die Weine geschmeidig, vollmundig und allgemein gut ausgestattet.

CÔTES DE ROL
Grand Cru

Lage der Weinberge: einige 100 m nordöstlich der Stadt St-Emilion

Besitzer: Robert Giraud S.A.
Adresse: 33330 St-Emilion
Postanschrift: Domaine de Loiseau, B.P.31. 33240 St-André de Cubzac
Telefon: 33 5 57 43 01 44 – Telefax: 33 5 57 43 33 17

Besuche: nur nach Vereinbarung
Kontaktperson: Philippe Giraud

BORDEAUX

ROTWEIN

Rebfläche: 3 ha

Durchschnittliches Rebenalter: 30 Jahre

Rebbestand: 80 % Merlot, 10 % Cabernet Franc, 10 % Cabernet Sauvignon

Pflanzdichte: 6000 Reben/ha

Ertrag (im Durchschnitt der letzten 5 Jahre): 50 hl/ha

Durchschnittliche Jahresproduktion insgesamt: 1666 Kisten

GRAND VIN

Name: Château Côtes de Rol

Appellation: St-Emilion Grand Cru

Durchschnittliche Jahresproduktion: 1666 Kisten

Verarbeitung und Ausbau: Gärdauer 1 Woche und Maischdauer 2 Wochen in temperaturgeregelten Edelstahltanks. Malolaktische Säureumwandlung im Tank, anschließend 18 Monate Ausbau in zu 25 % neuen Eichenfässern. Der Wein wird geschönt und gefiltert.

Kein ZWEITWEIN

LA COURONNE
Grand Cru

Lage der Weinberge: St-Hippolyte

Besitzer: EURL C.C.N. – Mähler-Besse
Adresse: 33330 St-Hippolyte
Postanschrift: c/o Mähler-Besse, 49, rue Camille Godard, 33026 Bordeaux
Telefon: 33 5 56 56 04 30 – Telefax: 33 5 56 56 04 59

Besuche: nur nach Vereinbarung
Kontaktadresse: Mähler-Besse (Tel. und Fax. siehe oben)

ROTWEIN

Rebfläche: 9 ha

Durchschnittliches Rebenalter: 20 Jahre

Rebbestand: 60 % Merlot, 25 % Cabernet Sauvignon, 15 % Cabernet Franc

Pflanzdichte: 5000 Reben/ha

Ertrag (im Durchschnitt der letzten 5 Jahre): 50 hl/ha

Durchschnittliche Jahresproduktion insgesamt: 5000 Kisten

GRAND VIN

Name: Château La Couronne

Appellation: St-Emilion Grand Cru

Durchschnittliche Jahresproduktion: 4000 Kisten

ST-EMILION

Verarbeitung und Ausbau: Gärdauer 5 Tage und Maischdauer bis zu 22 Tage in kleinen konischen Edelstahltanks mit Temperaturregelung. Malolaktische Säureumwandlung im Tank, anschließend 12 Monate Ausbau in zu 30% neuen Eichenfässern. Der Wein wird mit Albumin geschönt, aber nicht gefiltert.

Kein ZWEITWEIN

COUTET
Grand Cru

Lage der Weinberge: St-Emilion

Besitzer: Jean und Alain David-Beaulieu
Adresse: 33330 St-Emilion
Telefon: 33 5 57 74 43 21 – Telefax: 33 5 57 74 40 78

Besuche: nur nach Vereinbarung
Kontaktperson: Alain David-Beaulieu

ROTWEIN

Rebfläche: 12 ha

Durchschnittliches Rebenalter: 38 Jahre

Rebbestand: 45% Merlot, 45% Cabernet Franc, 5% Cabernet Sauvignon, 5% Malbec

Pflanzdichte: 5500 Reben/ha

Ertrag (im Durchschnitt der letzten 5 Jahre): 42 hl/ha

Durchschnittliche Jahresproduktion insgesamt: 500 hl

GRAND VIN

Name: Château Coutet

Appellation: St-Emilion Grand Cru

Durchschnittliche Jahresproduktion: 45 000 Flaschen

Verarbeitung und Ausbau: Vinifikation 3 bis 4 Wochen in temperaturgeregelten Edelstahltanks, anschließend 12 Monate Ausbau in jährlich zu $1/3$ erneuerten Eichenfässern. Der Wein wird geschönt und gefiltert.

ZWEITWEIN

Name: Château Belles-Cimes

Durchschnittliche Jahresproduktion: 20 000 Flaschen

LA CROIX-FIGEAC
Grand Cru

Lage der Weinberge: Die größte Parzelle liegt auf dem Kiesplateau und grenzt im Norden an Château Figeac und im Osten an Lamarzelle

Besitzer: M. und Mme Dutruilh
Adresse: 33330 St-Emilion

BORDEAUX

Postanschrift: 14, rue d'Aviau, 33000 Bordeaux
Telefon und Telefax: 33 5 56 81 19 69

Besuche: nur nach Vereinbarung
Kontaktperson: M. und Mme Dutruilh

ROTWEIN

Rebfläche: 5,5 ha

Durchschnittliches Rebenalter: 29 Jahre

Rebbestand: 80 % Merlot, 20 % Cabernet Franc

Pflanzdichte: 5500 bis 6000 Reben/ha

Ertrag (im Durchschnitt der letzten 5 Jahre): 47,5 hl/ha

Durchschnittliche Jahresproduktion insgesamt: 165 hl

GRAND VIN

Name: Château La Croix-Figeac

Appellation: St-Emilion Grand Cru

Durchschnittliche Jahresproduktion: 135 hl

Verarbeitung und Ausbau: Vinifikation 4 bis 5 Wochen in temperaturgeregelten Tanks. Malolaktische Säureumwandlung bei 40 % des Ertrags in neuen Eichenfässern, der Rest verbleibt im Tank. 15 bis 18 Monate Ausbau in (zu 40 % neuen, zu 40 % einmal und zu 20 % zweimal gebrauchten) Eichenfässern. Der Wein wird geschönt und gefiltert.

ZWEITWEIN

Name: Pavillon La Croix-Figeac

Durchschnittliche Jahresproduktion: 4000 Flaschen

La Croix de Jaugue

Lage der Weinberge: St-Emilion

Besitzer: Georges Bigot
Adresse: 150, avenue du Général Leclerc
Telefon: 33 5 57 51 21 29 – Telefax: 33 5 57 51 29 70

Besuche: nur nach Vereinbarung
Kontaktperson: Georges Bigot

ROTWEIN

Rebfläche: 4,5 ha

Durchschnittliches Rebenalter: $1/3$ des Bestands 10 bis 15 Jahre, der Rest 35 Jahre und mehr

Rebbestand: 75 % Merlot, 25 % Cabernet Franc

Pflanzdichte: 6500 Reben/ha

Ertrag (im Durchschnitt der letzten 5 Jahre): 55 bis 60 hl/ha

Durchschnittliche Jahresproduktion insgesamt: 30 000 Flaschen

ST-EMILION

GRAND VIN

Name: Château La Croix de Jaugue

Appellation: St-Emilion

Durchschnittliche Jahresproduktion: 15 000 bis 20 000 Flaschen

Verarbeitung und Ausbau: Vinifikation 20 bis 28 Tage in Betontanks mit Sprühkühlung; ab 1998 Temperaturregelung. 13 bis 16 Monate Ausbau in Beton- und Edelstahltanks. Der Wein wird geschönt und schonend gefiltert.

PRESTIGE-CUVÉE

Name: Château La Fleur de Jaugue

Appellation: St-Emilion Grand Cru

Durchschnittliche Jahresproduktion: 15 000 bis 20 000 Flaschen

N.B.: Dieser Wein entsteht von den besten Cuvées, die meist aus bestimmten Parzellen stammen. Die Erträge sind mit ca. 43 bis 45 hl/ha niedriger als bei den Normal-Cuvées.

Verarbeitung und Ausbau: Vinifikation 20 bis 28 Tage in Betontanks mit Sprühkühlung. Nach malolaktischer Säureumwandlung 13 bis 13 Monate Ausbau in jährlich zu $1/3$ erneuerten Eichenfässern. Der Wein wird geschönt und leicht gefiltert.

Beurteilung des derzeitigen Rangs: entspricht qualitativ einem Cru Bourgeois aus dem Médoc

Genußreife: 3 bis 8 Jahre nach dem Jahrgangsdatum

Croque-Michotte
Grand Cru

Besitzerin: Madame Hélène Rigal-Geoffrion

Produktion: 6500 Kisten

Rebfläche: 14 ha

Durchschnittliches Rebenalter: 35 Jahre

Rebbestand: 75 % Merlot, 25 % Cabernet Franc

Faßreifezeit: 18 bis 20 Monate

Kein ZWEITWEIN

Beurteilung des derzeitigen Rangs: Entspricht qualitativ einem guten Cru Bourgeois aus dem Médoc

Genußreife: 4 bis 12 Jahre nach dem Jahrgangsdatum

Croque-Michotte befindet sich in guter Lage im *graves*-Bereich der Appellation St-Emilion an der Grenze zu Pomerol, ganz in der Nähe der bekannteren Weingüter Cheval Blanc und La Dominique. Der Wein, der hier wächst, ist meist in 5 bis 6 Jahren genußreif und entfaltet sich selten länger als 10 Jahre. Deshalb hat sein vollmundiger, üppiger Stil besonders bei weniger geduldigen Weinliebhabern viele Freunde.

BORDEAUX

CRUZEAU
Grand Cru

Lage der Weinberge: Libourne

Besitzer: G.F.A. Luquot Frères
Adresse: 152, avenue de l'Epinette, 33500 Libourne
Telefon: 33 5 57 51 18 95 – Telefax: 33 5 57 25 10 59

Besuche: nur nach Vereinbarung, montags bis freitags von 9 bis 19 Uhr
Kontaktperson: Jean-Paul Luquot

ROTWEIN

Rebfläche: 4,5 ha · Durchschnittliches Rebenalter: 26 Jahre

Rebbestand: 75 % Merlot, 25 % Cabernet Franc

Pflanzdichte: 5500 Reben/ha

Ertrag (im Durchschnitt der letzten 5 Jahre): 51 hl/ha

Durchschnittliche Jahresproduktion insgesamt: 220 hl

GRAND VIN

Name: Château Cruzeau

Appellation: St-Emilion Grand Cru

Durchschnittliche Jahresproduktion: 27 000 Flaschen

Verarbeitung und Ausbau: Vinifikation 20 Tage in temperaturgeregelten Betontanks. Nach malolaktischer Säureumwandlung 16 Monate Ausbau in zweimal gebrauchten Eichenfässern. Der Wein wird geschönt, aber nicht gefiltert.

Kein ZWEITWEIN

CURÉ-BON
Grand Cru (seit 1996)

Lage der Weinberge: St-Emilion

Besitzer: S.A. Lorienne
Adresse: 9, Magdeleine, 33330 St-Emilion
Postanschrift: c/o S.a. Lorienne, 1, Le Cadet, 33330 St-Emilion
Telefon: 33 5 57 74 43 20 – Telefax: 33 5 57 24 66 41

Besuche: nur nach Vereinbarung
Kontaktpersonen Marceline und Bernard Gans

ROTWEIN

Rebfläche: 4 ha · Durchschnittliches Rebenalter: 30 Jahre

Rebbestand: 84 % Merlot, 15 % Cabernet Franc, 1 % Petit Verdot und Malbec

Pflanzdichte: 6600 Reben/ha

Ertrag (im Durchschnitt der letzten 5 Jahre): 48 hl/ha

Durchschnittliche Jahresproduktion insgesamt: 2000 Kisten

ST-EMILION

GRAND VIN

Name: Château Curé-Bon

Appellation: St-Emilion Grand Cru

Durchschnittliche Jahresproduktion: 1500 Kisten

Verarbeitung und Ausbau: Vinifikation in Edelstahltanks, malolaktische Säureumwandlung zum Teil in neuen Eichenfässern. Ausbau in zu 40 % neuen Eichenfässern. Der Wein wird geschönt, aber nicht gefiltert.

ZWEITWEIN

wird im Faß verkauft

Beurteilung des derzeitigen Rangs: Entspricht qualitativ einem 5ème Cru aus dem Médoc

Genußreife: 5 bis 15 Jahre nach dem Jahrgangsdatum

Dieses kleine Gut befindet sich in herrlicher Lage an den *côtes* von St-Emilion zwischen den berühmten Châteaux Canon, Belair und Ausone. Sein Wein hat einen sehr guten Ruf, ist aber im Export selten anzutreffen. Meine Erfahrung mit dem Curé-Bon ist sehr begrenzt, aber die Weine, die ich gesehen habe, waren allgemein wuchtig, intensiv, muskulös – erstaunlich tanninreiche und fest gebaute St-Emilions, die eine längere Kellerlagerung vertragen.

FAURIE-DE-SOUCHARD
Grand Cru Classé

Lage der Weinberge: St-Emilion

Besitzer: G.F.A. Jabiol-Sciard
Adresse: 33330 St-Emilion
Telefon: 33 5 57 74 43 80 – Telefax: 33 5 57 74 43 96

Besuche: nach Vereinbarung, montags bis freitags (außer mittwochs) von 9 bis 14 Uhr
Kontaktperson: Françoise Sciard

ROTWEIN

Rebfläche: 11 ha

Durchschnittliches Rebenalter: 25 Jahre

Rebbestand: 65 % Merlot, 26 % Cabernet Franc, 9 % Cabernet Sauvignon

Pflanzdichte: 5500 Reben/ha

Ertrag (im Durchschnitt der letzten 5 Jahre): 45 hl/ha

Durchschnittliche Jahresproduktion insgesamt: 58 000 Flaschen

GRAND VIN

Name: Château Faurie-de-Souchard

Appellation: St-Emilion Grand Cru

Durchschnittliche Jahresproduktion: 58 000 Flaschen

Verarbeitung und Ausbau: Vinifikation etwa 3 Wochen. Malolaktische Säureumwandlung zum Teil (33 %) in neuen Eichenfässern; der Rest wird in Tanks abgezogen. 18 bis 20 Monate Ausbau in jährlich zu $1/3$ erneuerten Eichenfässern. Der Wein wird geschönt und gefiltert.

ZWEITWEIN

Name: Souchard (wird nicht jedes Jahr produziert)

Durchschnittliche Jahresproduktion: 1995: 7000 Flaschen

Beurteilung des derzeitigen Rangs: Entspricht qualitativ einem guten Cru Bourgeois aus dem Médoc

Genußreife: 5 bis 15 Jahre nach dem Jahrgangsdatum

Faurie-de-Souchard, eines der ältesten Weingüter in St-Emilion, befindet sich seit 1933 im Besitz der Familie Jabiol. Die Weinberge liegen sowohl auf dem Kalksteinplateau als auch auf kalkhaltigem Lehm- und Sandboden und bringen relativ körper- und tanninreichen, intensiven Wein hervor, der auch in der Flasche noch Geduld verlangt. Anders als viele St-Emilions, die für Genußreife innerhalb von 5 bis 6 Jahren gedacht sind, können die meisten Jahrgänge von Faurie-de-Souchard bis zu 10 oder 15 Jahre überdauern. Wenn überhaupt Kritik angebracht ist, dann die, daß das Tannin oft gegenüber dem Fruchtextrakt überwiegt.

DE FERRAND
Grand Cru

Lage der Weinberge: St-Hippolyte

Besitzer: Baron Bich Erben
Adresse: 33330 St-Hippolyte
Telefon: 33 5 56 74 47 11 – Telefax: 33 5 57 24 69 08

Besuche: nur nach Vereinbarung
Kontaktperson: Jean-Pierre Palatin

ROTWEIN

Rebfläche: 29,5 ha

Durchschnittliches Rebenalter: 30 Jahre

Rebbestand: 70 % Merlot, 15 % Cabernet Franc, 15 % Cabernet Sauvignon

Pflanzdichte: 5400 Reben/ha

Ertrag (im Durchschnitt der letzten 5 Jahre): 50 hl/ha

Durchschnittliche Jahresproduktion insgesamt: 200 000 Flaschen

GRAND VIN

Name: Château de Ferrand

Appellation: St-Emilion Grand Cru

Durchschnittliche Jahresproduktion: 1000 hl

Verarbeitung und Ausbau: Lange Vinifikation. 6 Monate Ausbau in neuen Eichenfässern. Der Wein wird geschönt, aber nicht gefiltert.

ST-EMILION

ZWEITWEIN

Name: Château des Grottes

Durchschnittliche Jahresproduktion: 500 hl

Beurteilung des derzeitigen Rangs: Entspricht qualitativ einem guten Cru Bourgeois aus dem Médoc

Genußreife: 4 bis 12 Jahre nach dem Jahrgangsdatum

Der inzwischen verstorbene Baron Bich, bekannt durch die «Bic»-Schreiber, kaufte das Château de Ferrand im Jahr 1978 und brachte die Weinqualität bedeutend in die Höhe.

Die Weinberge befinden sich in der Gemarkung von St-Hippolyte auf einem Kalksteinplateau. Der Schlüssel zum Erfolg so vieler Ferrand-Jahrgänge liegt in ungewöhnlich später Lese und der Verwendung eines sehr hohen Anteils neuer Eichenfässer zwischen 50 und fast 100 %. Die Weine aus dem Château de Ferrand besitzen das Potential für eine mäßig lange Entwicklung in der Flasche.

FLEUR-CARDINALE
Grand Cru

Lage der Weinberge: St-Etienne de Lisse

Besitzer: Claude und Alain Asséo
Adresse: 33330 St-Etienne de Lisse
Telefon: 33 5 57 40 14 05 – Telefax: 33 5 57 40 28 62

Besuche: nur nach Vereinbarung
Kontaktpersonen: Claude und Alain Asséo

ROTWEIN

Rebfläche: 10 ha

Durchschnittliches Rebenalter: 35 bis 40 Jahre

Rebbestand: 70 % Merlot, 20 % Cabernet Sauvignon, 10 % Cabernet Franc

Pflanzdichte: 6000 Reben/ha

Ertrag (im Durchschnitt der letzten 5 Jahre): 45 hl/ha

Durchschnittliche Jahresproduktion insgesamt: 5000 Kisten

GRAND VIN

Name: Château Fleur-Cardinal

Appellation: St-Emilion Grand Cru

Durchschnittliche Jahresproduktion: 3800 Kisten

Verarbeitung und Ausbau: Vinifikation 3 bis 5 Wochen bei 28 bis 32 °C; dreimal täglich Umpumpen. Malolaktische Säureumwandlung bei ca. 40 bis 60 % des Ertrags in neuen Eichenfässern, der Rest wird nach Beendigung des Prozesses in einmal gebrauchte Fässer abgestochen. Ausbauzeit 13 bis 16 Monate. Der Wein wird nicht systematisch geschönt und nie gefiltert.

BORDEAUX

ZWEITWEIN

Name: Château Bois Cardinal

Durchschnittliche Jahresproduktion: etwa 1000 Kisten

Beurteilung des derzeitigen Rangs. entspricht qualitativ einem Cru Bourgeois aus dem Médoc.

Genußreife: 3 bis 8 Jahre nach Jahrgangsdatum.

Der Fleur-Cardinale wird in einem sehr erfreulichen, runden, generösen Stil bereitet, der sofortigen Genuß bietet. Dabei ist dieser Wein nur selten komplex, eher solid und robust. Das Gut befindet sich in der Gemarkung St-Etienne de Lisse, nicht gerade in bester Lage, aber bemühte Besitzer und die ausgezeichnete Beratung durch den berühmten Önologen Michel Rolland sichern dem Fleur-Cardinale beständige Qualität.

LA FLEUR POURRET
Grand Cru

Besitzer: Versicherungsgruppe AXA

Produktion: 2500 Kisten

Rebfläche: 6,5 ha

Durchschnittliches Rebenalter: 25 Jahre

Rebbestand: 50 % Merlot, 50 % Cabernet Sauvignon

Faßreifezeit: 18 Monate

Kein ZWEITWEIN

Beurteilung des derzeitigen Rangs: Entspricht der Klassifizierung

Genußreife: 3 bis 10 Jahre nach dem Jahrgangsdatum

Bei den wenigen Gelegenheiten, bei denen ich diesen Wein, der unmittelbar vor den Mauern von St-Emilion wächst, probieren durfte, war ich tief beeindruckt. Dem Kiesboden dieser Gegend wird nachgesagt, er bringe reichfruchtige, tiefdunkle, vollmundige Weine mit erstaunlicher Ausdruckskraft und Geschmacksfülle hervor.

FOMBRAUGE
Grand Cru

Lage der Weinberge: St-Christophe des Bardes, St-Etienne de Lisse, St-Hippolyte

Besitzer: S.A. du Château Fombrauge
Adresse: 33330 St-Emilion
Telefon: 33 5 57 24 88 12 – Telefax: 33 5 57 24 66 95

Besuche: nur nach Vereinbarung
Kontaktperson: Thérèse Polledri

ST-EMILION

ROTWEIN

Rebfläche: 75 ha

Durchschnittliches Rebenalter: 27 Jahre

Rebbestand: 75 % Merlot, 15 % Cabernet Sauvignon, 10 % Cabernet Franc

Pflanzdichte: 5500 Reben/ha

Ertrag (im Durchschnitt der letzten 5 Jahre): 40 hl/ha

Durchschnittliche Jahresproduktion insgesamt: 26 000 Kisten

GRAND VIN

Name: Château Fombrauge

Appellation: St-Emilion Grand Cru

Durchschnittliche Jahresproduktion: 20 000 Kisten

Verarbeitung und Ausbau: Gärdauer 5 bis 10 Tage und Maischdauer 21 Tage. 16 Monate Ausbau in zu 30 % neuen Eichenfässern. Der Wein wird geschönt und gefiltert.

ZWEITWEIN

Name: Château Maurens

Durchschnittliche Jahresproduktion: 6000 Kisten

FONRAZADE
Grand Cru

Lage der Weinberge: St-Emilion, neben Château Angélus

Besitzer: Guy Balotte
Adresse: 33330 St-Emilion
Telefon: 33 5 57 24 71 58 – Telefax: 33 5 57 74 40 87

Besuche: täglich außer sonntags
Kontaktperson: Fabienne Balotte

ROTWEIN

Rebfläche: 15 ha

Durchschnittliches Rebenalter: 30 Jahre

Rebbestand: 75 % Merlot, 25 % Cabernet Sauvignon

Pflanzdichte: 5500 Reben/ha

Ertrag (im Durchschnitt der letzten 5 Jahre): 45 bis 48 hl/ha

Durchschnittliche Jahresproduktion insgesamt: 600 hl

BORDEAUX

GRAND VIN

Name: Château Fonrazade

Appellation: St-Emilion Grand Cru

Durchschnittliche Jahresproduktion: 40 hl

Verarbeitung und Ausbau: Vinifikation meist länger als 3 Wochen in temperaturgeregelten Betontanks. Anschließend 18 Monate Ausbau in jährlich zur Hälfte erneuerten Eichenfässern; Abstich alle 3 bis 4 Monate. Der Wein wird mit frischem Eiweiß geschönt, aber nicht gefiltert.

ZWEITWEIN

Name: Château Comte des Cordes

Durchschnittliche Jahresproduktion: 40 hl

GALIUS
Grand Cru

Lage der Weinberge: St-Emilion, St-Sulpice de Faleyrens und Vignonnet

Besitzer: Union des Producteurs de St-Emilion
Adresse: 33330 St-Emilion
Postanschrift: B.P. 27, Haut-Gravet, 33330 St-Emilion
Telefon: 33 5 57 24 70 71 – Telefax: 33 5 57 24 65 18

Besuche: montags bis freitags von 8.30 bis 12 und von 14 bis 18 Uhr
Kontaktperson: Patrick Foulon

ROTWEIN

Rebfläche: 10 ha

Durchschnittliches Rebenalter: 30 bis 37 Jahre

Rebbestand: 70 % Merlot, 20 % Cabernet Franc, 10 % Cabernet Sauvignon

Pflanzdichte: 5500 Reben/ha

Ertrag (im Durchschnitt der letzten 5 Jahre): 50 hl/ha

Durchschnittliche Jahresproduktion insgesamt: 66 000 Flaschen

GRAND VIN

Name: Galius

Appellation: St-Emilion Grand Cru

Durchschnittliche Jahresproduktion: 66 000 Flaschen

Verarbeitung und Ausbau: Gärung bei 30 °C und Maischung 15 bis 20 Tage in temperaturgeregelten Betontanks. Anschließend 12 Monate Ausbau in jährlich zu $1/3$ erneuerten Eichenfässern. Der Wein wird geschönt und gefiltert.

ST-EMILION

GODEAU
Grand Cru

Besitzer: Georges Litvine

Produktion: 2000 Kisten

Rebfläche: 4 ha

Durchschnittliches Rebenalter: 25 Jahre

Rebbestand: 60 % Merlot, 35 % Cabernet Sauvignon, 5 % Cabernet Franc

Faßreifezeit: 18 bis 22 Monate

Kein ZWEITWEIN

Beurteilung des derzeitigen Rangs: Entspricht qualitativ mindestens einem guten Cru Bourgeois aus dem Médoc

Genußreife: 5 bis 15 Jahre nach dem Jahrgangsdatum

LA GRÂCE DIEU
Grand Cru

Lage der Weinberge: St-Emilion

Adresse: 33330 St-Emilion
Postanschrift: c/o S.C.E.A. Pauty; 33330 St-Emilion
Telefon: 33 5 57 24 71 10 – Telefax: 33 5 57 24 67 24

Besuche: nur nach Vereinbarung
Kontaktperson: Mme Ghizzo

ROTWEIN

Rebfläche: 13 ha · Durchschnittliches Rebenalter: 25 Jahre

Rebbestand: 70 % Merlot, 15 % Cabernet Franc, 15 % Cabernet Sauvignon

Pflanzdichte: 6000 Reben/ha

Ertrag (im Durchschnitt der letzten 5 Jahre): 51 hl/ha

Durchschnittliche Jahresproduktion insgesamt: 650 hl

GRAND VIN

Name: Château La Grâce Dieu

Appellation: St-Emilion Grand Cru

Durchschnittliche Jahresproduktion: 500 hl

Verarbeitung und Ausbau: Vinifikation etwa 20 Tage. Ausbau 13 bis 18 Monate in Betontanks. Der Wein wird geschönt und gefiltert.

ZWEITWEIN

Name: Château Etoile Pourret

Durchschnittliche Jahresproduktion: 90 hl

BORDEAUX

La Grâce Dieu des Menuts
Grand Cru

Lage der Weinberge: St-Emilion

Besitzer: S.C.E.A. Vignobles Pilotte-Audier
Adresse: La Grâce Dieu, 33330 St-Emilion
Telefon: 33 5 57 24 73 10 – Telefax: 33 5 57 74 40 44

Besuche: nach Vereinbarung, werktags von 9 bis 12 und von 14 bis 19 Uhr
Kontaktperson: Mme Audier oder M. Pilotte

ROTWEIN

Rebfläche: 13,5 ha

Durchschnittliches Rebenalter: 35 Jahre

Rebbestand: 65 % Merlot, 30 % Cabernet Franc, 5 % Cabernet Sauvignon

Pflanzdichte: 6000 Reben/ha

Ertrag (im Durchschnitt der letzten 5 Jahre): 50 hl/ha

Durchschnittliche Jahresproduktion insgesamt: 650 hl

GRAND VIN

Name: Château La Grâce Dieu des Menuts

Appellation: St-Emilion Grand Cru

Durchschnittliche Jahresproduktion: 650 hl

Verarbeitung und Ausbau: Vinifikation 20 bis 25 Tage in temperaturgeregelten Tanks (mit untergetauchtem Hut). Nach malolaktischer Säureumwandlung werden 80 % des Ertrags 12 Monate in (jährlich zu $1/3$ erneuerten) Eichenfässern und 20 % im Tank ausgebaut. *Assemblage* im Tank. Der Wein wird geschönt, aber nicht systematisch gefiltert.

ZWEITWEIN

Name: Vieux Domaine des Menuts

Durchschnittliche Jahresproduktion: Unterschiedlich – je nach Jahrgang.

La Grâce Dieu des Prieurés
Grand Cru

Lage der Weinberge: St-Emilion

Besitzer: Familie Laubie
Adresse: La Grâce Dieu, 33330 St-Emilion
Telefon: 33 5 57 69 02 78 oder 33 5 57 74 42 87; Telefax: 33 5 57 49 42 47

Besuche: nach Vereinbarung
Kontaktperson: Alain Laubie

ST-EMILION

ROTWEIN

Rebfläche: 6,5 ha

Durchschnittliches Rebenalter: 35 Jahre

Rebbestand: 90 % Merlot, 10 % Cabernet Franc

Pflanzdichte: 5000 Reben/ha

Ertrag (im Durchschnitt der letzten 5 Jahre): 55 hl/ha

Durchschnittliche Jahresproduktion insgesamt: 330 hl

GRAND VIN

Name: Château La Grâce Dieu des Prieurs

Appellation: St-Emilion Grand Cru

Durchschnittliche Jahresproduktion: 200 hl

Verarbeitung und Ausbau: Vinifikation 3 Wochen in temperaturgeregelten Tanks. Anschließend etwa 22 Monate Ausbau in zu 10 % neuen Eichenfässern. Der Wein wird geschönt, aber nicht gefiltert.

ZWEITWEIN

Name: Château Fortin

Durchschnittliche Jahresproduktion: 130 hl

GRAND-CORBIN-DESPAGNE
Grand Cru (1996 abgestuft)

Lage der Weinberge: dicht bei Pomerol, im nördlichen Teil der Appellation

Besitzer: Familie Despagne
Adresse: 33330 St-Emilion
Telefon: 33 5 57 51 08 38 – Telefax: 33 5 57 51 29 18

Besuche: nach Vereinbarung, täglich von 8 bis 19 Uhr
Kontaktperson: François Despagne

ROTWEIN

Rebfläche: 26 ha

Durchschnittliches Rebenalter: 33 Jahre

Rebbestand: 75 % Merlot, 20 % Cabernet Franc, 5 % Cabernet Sauvignon

Pflanzdichte: 6200 Reben/ha

Ertrag (im Durchschnitt der letzten 5 Jahre): 49 hl/ha

Durchschnittliche Jahresproduktion insgesamt: 1300 hl

GRAND VIN

Name: Château Grand-Corbin-Despagne

Appellation: St-Emilion Grand Cru

Durchschnittliche Jahresproduktion: 650 hl

BORDEAUX

Verarbeitung und Ausbau: Gärdauer 5 bis 8 Tage und Maischdauer 20 bis 25 Tage in temperaturgeregelten Edelstahl- und Betontanks. Seit 1996 wird der gesamte Ertrag je nach Jahrgang 13 bis 18 Monate in (zu 40 % neuen, der Rest in ein- bis zweimal gebrauchten) Eichenfässern ausgebaut. Der Wein wird geschönt und gefiltert.

Kein ZWEITWEIN

Beurteilung des derzeitigen Rangs: Entspricht qualitativ einem guten Cru Bourgeois aus dem Médoc

Genußreife: 5 bis 12 Jahre nach dem Jahrgangsdatum

GRAND-CORBIN-MANUEL
Grand Cru

Lage der Weinberge: St-Emilion

Besitzer: Pierre Manuel
Adresse: 33330 St-Emilion
Telefon und Telefax: 33 5 57 51 12 47

Besuche: vorzugsweise nach Vereinbarung
Kontaktperson: Pierre Manuel

ROTWEIN

Rebfläche: 7 ha

Durchschnittliches Rebenalter: 32 Jahre

Rebbestand: 55 % Merlot, 25 % Cabernet Sauvignon, 20 % Cabernet Franc

Pflanzdichte: 6000 Reben/ha

Ertrag (im Durchschnitt der letzten 5 Jahre): 45 hl/ha

Durchschnittliche Jahresproduktion insgesamt: 315 hl

GRAND VIN

Name: Château Grand-Corbin-Manuel

Appellation: St-Emilion Grand Cru

Durchschnittliche Jahresproduktion: 315 hl

Verarbeitung und Ausbau: Vinifikation 3 bis 4 Wochen in temperaturgeregelten Tanks. Nach malolaktischer Säureumwandlung 2 Jahre Ausbau wechselweise (jeweils 1 Jahr) in zu 50 % neuen Eichenfässern bzw. im Tank. Der Wein wird geschönt und gefiltert.

ZWEITWEIN

Name: Clos de la Grande Métairie

Durchschnittliche Jahresproduktion: unterschiedlich

ST-EMILION

LA GRAVE-FIGEAC
Grand Cru

Lage der Weinberge: St-Emilion in der Nähe von Château Cheval Blanc und Figeac sowie von Château La Conseillante in Pomerol

Besitzer: Jean-Pierre Clauzel
Adresse: 1, Cheval Blanc Ouest, 33330 St-Emilion
Telefon: 33 5 57 51 38 47 – Telefax: 33 5 57 74 17 18

Besuche: täglich nach Vereinbarung
Kontaktperson: Jean-Pierre Clauzel

ROTWEIN

Rebfläche: 6,3 ha

Durchschnittliches Rebenalter: 35 Jahre

Rebbestand: 65% Merlot, 35% Cabernet Franc

Pflanzdichte: 5500 Reben/ha

Ertrag (im Durchschnitt der letzten 5 Jahre): 43 hl/ha

Durchschnittliche Jahresproduktion insgesamt: 36 000 Flaschen

GRAND VIN

Name: Château La Grave-Figeac

Appellation: St-Emilion Grand Cru

Durchschnittliche Jahresproduktion: 25 000 Flaschen

Verarbeitung und Ausbau: Vinifikation 20 bis 25 Tage in temperaturgeregelten Betontanks. Anschließend 13 bis 18 Monate Ausbau in (jährlich zu $1/3$ erneuerten) Eichenfässern. Der Wein wird geschönt, aber nicht gefiltert.

ZWEITWEIN

Name: Pavillon Figeac

Durchschnittliche Jahresproduktion: 11 000 Flaschen

Beurteilung des derzeitigen Rangs: Bis 1985 waren die Leistungen dieses Weinguts überdurchschnittlich; seit 1985 entspricht es qualitativ einem Cru Bourgeois aus dem Médoc

Genußreife: 3 bis 8 Jahre nach dem Jahrgangsdatum

Dieses Weingut war, als ich den 1982er und 1983er erstmals kostete, eine echte Entdeckung – beide Jahrgänge tranken sich 1991 immer noch wunderbar. Nach 1983 aber stieg die Produktion, und die Weine wurden lockerer in der Struktur, die Konzentration und der Charakter der vorherigen Jahrgänge ging ihnen verloren. Der Weinberg befindet sich in außerordentlich guter Lage an der Grenze zu Pomerol in der Nähe der großen Weingüter Figeac und Cheval Blanc. 1993 wurde das Gut an Jean-Pierre Clauzel verkauft, und ich erwarte nun, daß die Qualität wesentlich besser wird.

BORDEAUX

GUADET-ST-JULIEN
Grand Cru Classé

Lage der Weinberge: St-Emilion

Besitzer: Robert Lignac
Adresse: 4, rue Guadet, 33330 St-Emilion
Telefon: 33 5 57 24 63 50 – Telefax: 33 5 57 24 63 50

Besuche: nach Vereinbarung montags bis freitags
Kontaktperson: Mme Lignac

ROTWEIN

Rebfläche: 6 ha

Durchschnittliches Rebenalter: 35 Jahre

Rebbestand: 75 % Merlot, 25 % Cabernet Franc

Pflanzdichte: 5200 Reben/ha

Ertrag (im Durchschnitt der letzten 5 Jahre): 35 hl/ha

Durchschnittliche Jahresproduktion insgesamt: 26 000 Flaschen

GRAND VIN

Name: Château Guadet St-Julien

Appellation: St-Emilion Grand Cru

Verarbeitung und Ausbau: Vinifikation 15 bis 21 Tage, anschließend 18 bis 20 Monate Ausbau in zu 40 % neuen Eichenfässern. Der Wein wird geschönt, aber nicht gefiltert.

Kein ZWEITWEIN

Beurteilung des derzeitigen Rangs: Entspricht qualitativ einem Cru Bourgeois aus dem Médoc

Genußreife: 3 bis 9 Jahre nach dem Jahrgangsdatum

Die Weinberge dieses Guts liegen nördlich von St-Emilion auf dem Kalksteinplateau, die Keller und die Weinbereitungsanlage dagegen in der Stadt selbst. Der Stil des Weins ist mild, rund, etwas monolithisch und schlicht, aber gefällig und in Spitzenjahren sogar attraktiv. Es ist stets ratsam, diesen Wein zu trinken, solange er jung ist.

HAUT BRISSON
Grand Cru

Besitzer: Yves Blanc

Produktion: 7000 Kisten

Rebfläche: 13 ha

Durchschnittliches Rebenalter: 22 Jahre

Rebbestand: 60 % Merlot, 30 % Cabernet Sauvignon, 10 % Cabernet Franc

Faßreifezeit: 18 bis 20 Monate

ST-EMILION

Kein ZWEITWEIN

Beurteilung des derzeitigen Rangs: Entspricht qualitativ einem guten Cru Bourgeois aus dem Médoc

Genußreife: 3 bis 10 Jahre nach dem Jahrgangsdatum

HAUT-CORBIN
Grand Cru Classé

Lage der Weinberge: St-Emilion

Besitzer: S.M.A.B.T.P.
Adresse: 33330 St-Emilion
Postanschrift: c/o Château Cantemerle, 33460 Macau
Telefon: 33 5 57 97 02 82 – Telefax: 33 5 57 97 02 84

Besuche: nur nach Vereinbarung
Kontaktperson: Ph. Dambrine

ROTWEIN

Rebfläche: 6 ha

Durchschnittliches Rebenalter: 40 Jahre

Rebbestand: 65 % Merlot, 25 % Cabernet Sauvignon, 10 % Cabernet Franc

Pflanzdichte: 6600 Reben/ha

Ertrag (im Durchschnitt der letzten 5 Jahre): 50 hl/ha

Durchschnittliche Jahresproduktion insgesamt: 40 000 Flaschen

GRAND VIN

Name: Château Haut-Corbin

Appellation: St-Emilion Grand Cru

Durchschnittliche Jahresproduktion: 30 000 Flaschen

Verarbeitung und Ausbau: Gärdauer 4 bis 5 Tage (28 bis 32 °C) und Maischdauer 25 bis 30 Tage (24 bis 26 °C) in Betontanks mit 90 hl Fassungsvermögen, täglich zweimaliges Umpumpen. Malolaktische Säureumwandlung bei 30 % des Ertrags in Eichenfässern. 12 Monate Ausbau in zu 30 % neuen Eichenfässern. Abstich alle 3 Monate, leichte Schönung mit Eiweiß, anschließend *assemblage* und 2 Monate Ruhezeit im Tank; keine Filterung.

ZWEITWEIN

wird im Faß verkauft

Durchschnittliche Jahresproduktion: 10 000 Flaschen

Beurteilung des derzeitigen Rangs: Entspricht qualitativ einem guten Cru Bourgeois aus dem Médoc

Genußreife: 3 bis 8 Jahre nach dem Jahrgangsdatum

BORDEAUX

Haut-Mazerat
Grand Cru

Lage der Weinberge: südwestlich der Stadt St-Emilion, angrenzend an die Châteaux Beauséjour (Duffau-Lagarosse), Canon, Angélus und Berliquet

Besitzer: E.A.R.L. Christian Gouteyron
Adresse: 4, Mazerat, 33330 St-Emilion
Telefon: 33 5 57 24 71 15 – Telefax: 33 5 57 24 67 28

Besuche: nach Vereinbarung montags bis freitags von 9 bis 18 Uhr
Kontaktperson: Christian Gouteyron

ROTWEIN

Rebfläche: 6 ha

Durchschnittliches Rebenalter: 35 Jahre

Rebbestand: 60% Merlot, 30% Cabernet Franc, 10% Cabernet Sauvignon

Pflanzdichte: 5700 Reben/ha

Ertrag (im Durchschnitt der letzten 5 Jahre): 51 hl/ha

Durchschnittliche Jahresproduktion insgesamt: 40 000 Flaschen

GRAND VIN

Name: Château Haut-Mazerat

Appellation: St-Emilion Grand Cru

Durchschnittliche Jahresproduktion: 310 hl

Verarbeitung und Ausbau: Vinifikation 15 Tage in Tanks mit eingebauter Temperaturregelung bei max. 28 bis 30 °C. 18 bis 20 Monate Ausbau in Eichenfässern und Tanks (wechselweise). Der Wein wird geschönt und leicht gefiltert.

Kein ZWEITWEIN

Haut-Quercus
Grand Cru

Lage der Weinberge: St-Emilion, St-Christophe des Bardes, St-Etienne de Lisse, St-Hippolyte und St-Laurent des Combes

Besitzer: Union des Producteurs de St-Emilion
Adresse: 33330 St-Emilion
Postanschrift: B.P. 27, Haut-Gravet, 33330 St-Emilion
Telefon: 33 5 57 24 70 71 – Telefax: 33 5 57 24 65 18

Besuche: montags bis freitags von 8.30 bis 12 und von 14 bis 18 Uhr
Kontaktperson: Patrick Foulon

ST-EMILION

ROTWEIN

Rebfläche: 4,5 ha

Durchschnittliches Rebenalter: 30 bis 37 Jahre

Rebbestand: 60 % Merlot, 25 % Cabernet Franc, 15 % Cabernet Sauvignon

Pflanzdichte: 5500 Reben/ha

Ertrag (im Durchschnitt der letzten 5 Jahre): 50 hl/ha

Durchschnittliche Jahresproduktion insgesamt: 30 000 Flaschen

GRAND VIN

Name: Haut-Quercus

Appellation: St-Emilion Grand Cru

Durchschnittliche Jahresproduktion: 30 000 Flaschen

Verarbeitung und Ausbau: Gärung bei 30 °C und Maischung 15 bis 20 Tage in temperaturgeregelten Betontanks. Anschließend 11 Monate Ausbau in jährlich zu $\frac{1}{3}$ erneuerten Eichenfässern. Der Wein wird geschönt und gefiltert.

HAUT-SARPE
Grand Cru Classé

Lage der Weinberge: unmittelbar nordöstlich von Trotte Vieille auf Sand- und Kiesboden.

Besitzer: Jean und Françoise Janoueix
Adresse: 33330 St-Emilion
Postanschrift: c/o Maison Janoueix, 37, rue Pline Plarmentier, B.P.192, 33506 Libourne
Telefon: 33 5 57 51 41 86 – Telefax: 33 5 57 51 53 16

Besuche: nur nach Vereinbarung
Kontaktanschrift: Maison J. Janoueix

ROTWEIN

Rebfläche: 21 ha · Durchschnittliches Rebenalter: 35 Jahre

Rebbestand: 70 % Merlot, 30 % Cabernet Franc

Pflanzdichte: 6000 Reben/ha

Ertrag (im Durchschnitt der letzten 5 Jahre): 46 hl/ha

Durchschnittliche Jahresproduktion insgesamt: 10 000 Kisten

GRAND VIN

Name: Château Haut-Sarpe

Appellation: St-Emilion Grand Cru

Durchschnittliche Jahresproduktion: 550 hl

Verarbeitung und Ausbau: Vinifikation 3 bis 4 Wochen in temperaturgeregelten Beton- und Edelstahltanks. Nach malolaktischer Säureumwandlung 2 Jahre Ausbau in zu 30 % neuen Eichenfässern; 8maliger Abstich. Der Wein wird mit Eiweiß geschönt, aber nicht gefiltert.

ZWEITWEIN

Name: Jetzt Château Vieux Sarpe (St-Emilion Grand Cru), vor 1996 Le Second de Haut Sarpe (St-Emilion *générique*)

Durchschnittliche Jahresproduktion: 180 hl

Beurteilung des derzeitigen Rangs: Entspricht qualitativ einem guten Cru Bourgeois aus dem Médoc

Genußreife: 5 bis 12 Jahre nach dem Jahrgangsdatum

Haut-Sarpe ist ein zuverlässiges St-Emilion-Weingut im Besitz der *négociant*-Firma J. Janoueix in Libourne. Sein Château, eines der schönsten in der Region, liegt nordöstlich von St-Emilion neben dem hochangesehenen Weingut Balestard-La-Tonnelle. Der Stil des hier produzierten Weins ist dunkel, rustikal, mit breiter Geschmackspalette und meist festem Tannin. In guten Jahrgängen braucht dieser Wein mindestens 5 bis 6 Jahre Kellerreife und hält sich 12 Jahre und länger.

HAUT-VILLET
Grand Cru

Lage der Weinberge: St-Etienne de Lisse

Besitzer: G.F.A. du Château Haut-Villet
Adresse: St-Etienne de Lisse, 33330 St-Emilion
Telefon: 33 5 57 47 97 60 – Telefax: 33 5 57 47 92 94

Besuche: täglich von 10 bis 12 und von 14 bis 18 Uhr
Kontaktperson: Eric Lenormand

ROTWEIN

Rebfläche: 7,5 ha

Durchschnittliches Rebenalter: 40 Jahre

Rebbestand: 70 % Merlot, 28 % Cabernet Franc, 2 % Cabernet Sauvignon

Pflanzdichte: 5500 bis 6400 Reben/ha

Ertrag (im Durchschnitt der letzten 5 Jahre): 38 hl/ha

Durchschnittliche Jahresproduktion insgesamt: 45 000 Flaschen

GRAND VIN

Name: Château Haut-Villet

Appellation: St-Emilion Grand Cru

Durchschnittliche Jahresproduktion: 30 000 Flaschen

Verarbeitung und Ausbau: Vinifikation in temperaturgeregelten Edelstahltanks mit häufiger *remontage*. 12 Monate Ausbau in zu 40 % neuen Eichenfässern. Der Wein wird geschönt, aber nicht gefiltert.

ZWEITWEIN

Name: Château Moulin Villet

Durchschnittliche Jahresproduktion: 10 000 Flaschen

ST-EMILION

CUVÉE SPECIALE

Name: Cuvée Pomone

Appellation: St-Emilion Grand Cru

Durchschnittliche Jahresproduktion: 3000 Flaschen

Verarbeitung und Ausbau: Vinifikation in temperaturgeregelten Edelstahltanks mit häufiger *remontage*. 12 Monate Ausbau in zu 100 % neuen Eichenfässern. Der Wein wird geschönt, aber nicht gefiltert.

(Seit 1997 geschieht die malolaktische Säureumwandlung in neuen Eichenfässern, und die Ausbauzeit beträgt mindestens 16 Monate.)

JEAN-FAURE
Grand Cru

Besitzer: Michel Amart
Adresse: 33330 St-Emilion
Telefon: 33 5 57 51 49 36

ROTWEIN

Rebfläche: 20 ha

Durchschnittliches Rebenalter: 30 Jahre

Rebbestand: 60 % Cabernet Franc, 30 % Merlot, 10 % Malbec

Durchschnittliche Jahresproduktion insgesamt: 10 000 Kisten

Faßausbauzeit: 18 bis 22 Monate

Kein ZWEITWEIN

Beurteilung des derzeitigen Rangs: Entspricht qualitativ einem Cru Bourgeois aus dem Médoc

Genußreife: 3 bis 12 Jahre nach dem Jahrgangsdatum

Dieser Wein ist wegen des hohen Anteils an Cabernet Franc im Verschnittrezept oft schwer zu beurteilen. Der Besitzer vertritt jedoch seit langem die Meinung, daß der Sandboden seiner Weinberge in der Nähe von Cheval Blanc und Figeac bestens für soviel Cabernet Franc geeignet sei.

LE JURAT
Grand Cru

Lage der Weinberge: St-Emilion

Besitzer: S.M.A.B.T.P.
Adresse: 33330 St-Emilion
Postanschrift: c/o Château Cantemerle, 33460 Macau
Telefon: 33 5 57 97 02 82 – Telefax: 33 5 57 97 92 84

Besuche: nur nach Vereinbarung
Kontaktperson: Ph. Dambrine

BORDEAUX

ROTWEIN

Rebfläche: 7,5 ha

Durchschnittliches Rebenalter: 30 Jahre

Rebbestand: 90 % Merlot, 10 % Cabernet Franc

Pflanzdichte: 6600 Reben/ha

Ertrag (im Durchschnitt der letzten 5 Jahre): 50 hl/ha

Durchschnittliche Jahresproduktion insgesamt: 50 000 Flaschen

GRAND VIN

Name: Château Le Jurat

Appellation: St-Emilion Grand Cru

Durchschnittliche Jahresproduktion: 40 000 Flaschen

Verarbeitung und Ausbau: Gärdauer 4 bis 5 Tage (bei 28 bis 32 °C) und Maischdauer 25 bis 30 Tage (bei 24 bis 26 °C) in Betontanks mit 100 hl Fassungsvermögen. Täglich zweimaliges Umpumpen; Kaltmaischung 4 bis 5 Tage bei 8 bis 10 °C. 12 Monate Ausbau in zu 20 % neuen Eichenfässern, Abstich alle 3 Monate. Leichte Schönung mit Eiweiß, *assemblage*, anschließend 2 Monate Ruhezeit im Tank. Keine Filterung.

ZWEITWEIN

wird im Faß verkauft

Durchschnittliche Jahresproduktion: 60 bis 70 hl

Beurteilung des derzeitigen Rangs: Entspricht qualitativ einem guten Cru Bourgeois aus dem Médoc

Genußreife: 3 bis 10 Jahre nach dem Jahrgangsdatum

LAFLEUR-VACHON
Grand Cru

Lage der Weinberge: St-Emilion

Besitzer: Vignobles Raymond Tapon
Adresse: 33330 St-Emilion
Telefon: 33 5 57 74 61 20 – Telefax: 33 5 57 24 69 32

Besuche: nur nach Vereinbarung
Kontaktperson: Nicole Tapon

ROTWEIN

Rebfläche: 4 ha

Durchschnittliches Rebenalter: 35 Jahre

Rebbestand: 70 % Merlot, 20 % Cabernet Franc, 6 % Cabernet Sauvignon, 4 % Malbec

Pflanzdichte: 5500 Reben/ha

Ertrag (im Durchschnitt der letzten 5 Jahre): 48 hl/ha

Durchschnittliche Jahresproduktion insgesamt: 180 hl

ST-EMILION

GRAND VIN

Name: Château Lafleur-Vachon

Appellation: St-Emilion Grand Cru

Durchschnittliche Jahresproduktion: 20 000 Flaschen

Verarbeitung und Ausbau: Vinifikation 17 bis 23 Tage in Tanks mit Sprühkühlung. 18 bis 20 Monate Ausbau in zu 10 bis 20 % neuen Eichenfässern. Der Wein wird geschönt, aber nicht gefiltert.

Kein ZWEITWEIN

LANIOTE
Grand Cru Classé

Lage der Weinberge: St-Emilion

Besitzer: Arnaud de la Filolie
Adresse: 33330 St-Emilion
Telefon: 33 5 57 24 70 80 – Telefax: 33 5 57 24 60 11

Besuche: Gruppen nach Vereinbarung, ansonsten täglich
Kontaktperson: Arnaud de la Filolie

ROTWEIN

Rebfläche: 5 ha

Durchschnittliches Rebenalter: 35 Jahre

Rebbestand: 70 % Merlot, 20 % Cabernet Franc, 10 % Cabernet Sauvignon

Pflanzdichte: 6500 Reben/ha

Ertrag (im Durchschnitt der letzten 5 Jahre): 49 hl/ha

Durchschnittliche Jahresproduktion insgesamt: 32 000 bis 35 000 Flaschen

GRAND VIN

Name: Château Laniote

Appellation: St-Emilion Grand Cru

Durchschnittliche Jahresproduktion: 32 000 bis 35 000 Flaschen

Verarbeitung und Ausbau: Vinifikation 3 bis 4 Wochen in temperaturgeregelten Betontanks bei 23 bis 24 °C am Anfang und 31 bis 32 °C am Ende des Prozesses. 12 Monate Ausbau in zu 35 bis 40 % neuen Eichenfässern. Etwa 25 bis 35 % des Ertrags werden in einmal für Weißwein gebrauchten Fässern ausgebaut (diese werden z. B. von Château Haut-Brion oder Thieuley bezogen), der Rest reift in einmal für Rotwein gebrauchten Fässern. Der Wein wird geschönt und gefiltert.

ZWEITWEIN

Name: La Chapelle de Laniote

Durchschnittliche Jahresproduktion: 5000 Flaschen (nur 1992 produziert)

Beurteilung des derzeitigen Rangs: Entspricht qualitativ einem Cru Bourgeois aus dem Médoc

Genußreife: 3 bis 9 Jahre nach dem Jahrgangsdatum

BORDEAUX

Ich habe nur wenig Erfahrung mit den Weinen aus dem kleinen Weingut Laniote. Es liegt nordwestlich der Stadt St-Emilion auf fettem, eisenhaltigem Lehm- und Kalksteinboden und befindet sich seit über sieben Generationen im Besitz derselben Familie. Der beste Wein, den ich hier zu kosten bekam, war ein opulenter und milder, 1990 voll ausgereifter 1982er. Der 1981er, 1983er und 1985er waren in der Qualität überdurchschnittlich, aber nicht besonders aufregend.

LAROQUE
Grand Cru Classé (ab 1996)

Lage der Weinberge: St-Christophe des Bardes

Besitzer: Familie Beaumartin
Adresse: 33330 St-Emilion
Telefon: 33 5 5724 77 28 – Telefax: 33 5 57 24 63 65

Besuche: vorzugsweise nach Vereinbarung
Kontaktperson: Bruno Sainson

ROTWEIN

Rebfläche: 57 ha, davon bringen nur 27 ha Château Laroque hervor

Durchschnittliches Rebenalter: 30 Jahre

Rebbestand: 87% Merlot, 11% Cabernet Franc, 2% Cabernet Sauvignon

Pflanzdichte: 5265 Reben/ha

Ertrag (im Durchschnitt der letzten 5 Jahre): 44 hl/ha

GRAND VIN

Name: Château Laroque

Appellation: St-Emilion Grand Cru

Durchschnittliche Jahresproduktion: 150 000 Flaschen

Verarbeitung und Ausbau: Vinifikation etwa 4 Wochen in temperaturgeregelten Betontanks, anschließend Abzug von der Maische. 12 Monate Ausbau in jährlich zu $1/3$ erneuerten Eichenfässern, *assemblage* im Tank. Abfüllung nach 22 Monaten mit Schönen und Filtern.

ZWEITWEIN

Name: Château Peymouton

Durchschnittliche Jahresproduktion: 100 000 Flaschen

N.B.: Ferner wird ein Drittwein namens Les Tours de Laroque (50 000 bis 60 000 Flaschen) produziert.

Beurteilung des derzeitigen Rangs: Entspricht qualitativ einem Cru Bourgeois aus dem Médoc

Genußreife: 3 bis 8 Jahre nach dem Jahrgangsdatum

ST-EMILION

LAROZE
Grand Cru Classé

Lage der Weinberge: St-Emilion

Besitzer: Familie Meslin
Adresse: 33330 St-Emilion
Telefon: 33 5 57 24 79 79 – Telefax: 33 5 57 24 79 80

Besuche: nur nach Vereinbarung
Kontaktperson: Guy Meslin

ROTWEIN

Rebfläche: 26,5 ha

Durchschnittliches Rebenalter: 20 Jahre

Rebbestand: 59 % Merlot, 38 % Cabernet Franc, 3 % Cabernet Sauvignon

Pflanzdichte: 5700 Reben/ha

Ertrag (im Durchschnitt der letzten 5 Jahre): 48 hl/ha

Durchschnittliche Jahresproduktion insgesamt: 120 000 bis 150 000 Flaschen

GRAND VIN

Name: Château Laroze

Appellation: St-Emilion Grand Cru

Durchschnittliche Jahresproduktion: 70 000 bis 110 000 Flaschen

Verarbeitung und Ausbau: Vinifikation etwa 3 Wochen in temperaturgeregelten Edelstahltanks mit kleinem Fassungsvermögen; dadurch ist die Verarbeitung getrennt nach Parzellen möglich. Es werden nur einheimische Hefen verwendet, um den Gärprozeß einzuleiten; Gärtemperatur max. 30 bis 34 °C; häufiges schonendes Umpumpen. Malolaktische Säureumwandlung bei 30 % des Ertrags in Eichenfässern, der Rest durchläuft diesen Prozeß im Tank und wird dann 13 bis 18 Monate in Eichenfässern ausgebaut. Abstich alle 3 Monate. Der Wein wird mit Eiweiß geschönt, aber nicht filtert.

Kein ZWEITWEIN

Beurteilung des derzeitigen Rangs: Entspricht qualitativ einem guten Cru Bourgeois aus dem Médoc

Genußreife: 4 bis 8 Jahre nach dem Jahrgangsdatum

Zwar sind mir die Weine von Laroze nie besonders profund vorgekommen, dennoch spricht viel für ihren duftigen, milden, fruchtigen und eingängigen Stil. Sie wollen in den ersten 4 bis 8 Lebensjahren getrunken sein. Wer dies beachtet, hat viel Freude am Charme der Weine von Laroze.

Die Weinberge liegen auf leichtem Sandboden, der nicht zu den besseren *terroirs* von St-Emilion gehört. Die Weinbereitungsanlage ist modern und technisch gut ausgestattet.

BORDEAUX

LEYDET-FIGEAC
Grand Cru

Lage der Weinberge: in der Nähe der Châteaux La Tour-Figeac, Figeac und Cheval Blanc

Besitzer: M. Leydet
Adresse: S.C.E.A. des Vignobles Leydet, Rouilledinat, 33500 Libourne
Telefon: 33 5 57 51 19 77 – Telefax: 33 5 57 51 00 62

Besuche: montags bis freitags von 8 bis 12 und von 14 bis 19 Uhr; samstags nur bis mittags
Kontaktperson: M. Leydet

ROTWEIN

Rebfläche: 3,8 ha

Durchschnittliches Rebenalter: 25 Jahre

Rebbestand: 70 % Merlot, 15 % Cabernet Franc, 15 % Cabernet Sauvignon

Pflanzdichte: 6000 Reben/ha

Ertrag (im Durchschnitt der letzten 5 Jahre): 45 hl/ha

Durchschnittliche Jahresproduktion insgesamt: 22 000 Flaschen

GRAND VIN

Name: Château Leydet-Figeac

Appellation: St-Emilion Grand Cru

Durchschnittliche Jahresproduktion: 22 000 Flaschen

Verarbeitung und Ausbau: Gärdauer 7 Tage (30 bis 33 °C) und Maischdauer 4 bis 6 Wochen je nach Erntequalität. Malolaktische Säureumwandlung in Tanks mit Temperaturregelung bei max. 22 °C. 40 % des Ertrags werden in neuen Eichenfässern, 20 % im Tank und die restlichen 40 % in ein- bis zweimal gebrauchten Fässern ausgebaut. Der Wein wird geschönt und gefiltert.

Kein ZWEITWEIN

LEYDET-VALENTIN
Grand Cru

Lage der Weinberge: im nordwestlichen Teil von St-Emilion

Besitzer: Bernard Leydet
Adresse: Clos Valentin, 33330 St-Emilion
Telefon: 33 5 57 24 73 05

Besuche: nur nach Vereinbarung
Kontaktperson: Bernard Leydet

ROTWEIN

Rebfläche: 5 ha

Durchschnittliches Rebenalter: 20 Jahre

ST-EMILION

Rebbestand: 60% Merlot, 35% Cabernet Franc, 5% Malbec

Pflanzdichte: 5500 Reben/ha

Ertrag (im Durchschnitt der letzten 5 Jahre): 52 hl/ha

Durchschnittliche Jahresproduktion insgesamt: 30 000 Flaschen

GRAND VIN

Name: Château Leydet-Valentin

Appellation: St-Emilion Grand Cru

Durchschnittliche Jahresproduktion: 30 000 Flaschen

Verarbeitung und Ausbau: Traditionell lange Vinifikation in temperaturgeregelten Betontanks. 18 bis 20 Monate Ausbau in jährlich zu $1/3$ erneuerten Eichenfässern. Der Wein wird geschönt und gefiltert.

Kein ZWEITWEIN

MAGNAN LA GAFFELIÈRE
Grand Cru

Lage der Weinberge: St-Emilion

Besitzer: S.A. du Clos La Madeleine
Adresse: Magnan, 33330 St-Emilion
Postanschrift: B.P. 78, 33330 St-Emilion
Telefon: 33 5 57 55 38 03 – Telefax: 33 5 57 55 38 01

Besuche: nach Vereinbarung montags bis freitags von 8 bis 18 Uhr
Kontaktperson: Philippe Lauret

ROTWEIN

Rebfläche: 8 ha

Durchschnittliches Rebenalter: 30 Jahre

Rebbestand: 75% Merlot, 25% Cabernet Franc

Pflanzdichte: 6600 Reben/ha

Ertrag (im Durchschnitt der letzten 5 Jahre): 53 hl/ha

Durchschnittliche Jahresproduktion insgesamt: 425 hl

GRAND VIN

Name: Château Magnan La Gaffelière

Appellation: St-Emilion Grand Cru

Durchschnittliche Jahresproduktion: 425 hl

Verarbeitung und Ausbau: Vinifikation etwa 1 Monat in temperaturgeregelten Betontanks. Anschließend Ausbau im Tank. Der Wein wird geschönt, aber nicht gefiltert.

Kein ZWEITWEIN

BORDEAUX

MARTINET
Grand Cru

Lage der Weinberge: St-Emilion

Besitzer: Familie de Lavaux
Adresse: 33330 St-Emilion
Postanschrift: c/o Ets. Horeau Beylot, B.P. 125, 33501 Libourne
Telefon: 33 5 57 51 06 07 – Telefax: 33 5 57 51 59 61

Besuche: nur nach Vereinbarung

ROTWEIN

Rebfläche: 20 ha

Durchschnittliches Rebenalter: 50 Jahre

Rebbestand: 65 % Merlot, 35 % Cabernet Franc

Pflanzdichte: 5500 Reben/ha

Ertrag (im Durchschnitt der letzten 5 Jahre): 40 bis 45 hl/ha

Durchschnittliche Jahresproduktion insgesamt: 120 000 Flaschen

GRAND VIN

Name: Château Martinet

Appellation: St-Emilion Grand Cru

Durchschnittliche Jahresproduktion: 120 000 Flaschen

Verarbeitung und Ausbau: Vinifikation 18 bis 23 Tage in temperaturgeregelten Beton- und Edelstahltanks. Malolaktische Säureumwandlung meist im Tank (nur gelegentlich bei einem sehr kleinen Teil des Ertrags in Eichenfässern), anschließend 8 bis 12 Monate Ausbau wechselweise in zu 10 bis 15 % neuen Eichenfässern (60 % des Ertrags) bzw. in Betontanks (40 % des Ertrags). Der Wein wird geschönt und gefiltert.

Kein ZWEITWEIN

MATRAS
Grand Cru Classé

Lage der Weinberge: in der Nähe von Château Angélus, Beauséjour-Duffau, Canon und Berliquet

Besitzer: G.F.A. du Château Matras (Familie Bernard)
Adresse: 33330 St-Emilion
Telefon: 33 5 57 24 72 46 – Telefax: 33 5 57 51 70 19

Besuche: nur nach Vereinbarung
Kontaktperson: Véronique Gaboriaud

ST-EMILION

ROTWEIN

Rebfläche: 9 ha

Durchschnittliches Rebenalter: 40 Jahre und mehr

Rebbestand: 60% Cabernet Franc, 40% Merlot

Pflanzdichte: 5500 Reben/ha

Ertrag (im Durchschnitt der letzten 5 Jahre): 45 hl/ha

Durchschnittliche Jahresproduktion insgesamt: 400 hl

GRAND VIN

Name: Château Matras

Appellation: St-Emilion Grand Cru

Durchschnittliche Jahresproduktion: 240 hl

Verarbeitung und Ausbau: Vinifikation 3 Wochen in temperaturgeregelten Edelstahltanks. Malolaktische Säureumwandlung im Tank, anschließend 18 Monate Ausbau in zu 30% neuen Eichenfässern. Der Wein wird geschönt, aber nicht gefiltert.

ZWEITWEIN

Name: L'Hermitage de Matras (von der Frucht der jüngeren Reben)

Durchschnittliche Jahresproduktion: 160 hl

Beurteilung des derzeitigen Rangs: Entspricht qualitativ einem Cru Bourgeois aus dem Médoc

Genußreife: 3 bis 10 Jahre nach dem Jahrgangsdatum

MAUVEZIN
Grand Cru (1996 abgestuft)

Lage der Weinberge: St-Emilion

Besitzer: Pierre Cassat
Adresse: 33330 St-Emilion
Postanschrift: B.P. 44, 33330 St-Emilion
Telefon: 33 5 57 24 72 36 – Telefax: 33 5 57 74 48 54

Besuche: nach Vereinbarung, montags bis freitags
Kontaktperson: Olivier Cassat

ROTWEIN

Rebfläche: 3,5 ha

Durchschnittliches Rebenalter: 40 bis 45 Jahre

Rebbestand: 50% Merlot, 40% Cabernet Franc, 10% Cabernet Sauvignon

Pflanzdichte: 5400 Reben/ha (1 ha mit 6600 Reben)

Ertrag (im Durchschnitt der letzten 5 Jahre): 40 hl/ha

Durchschnittliche Jahresproduktion insgesamt: 130 hl

BORDEAUX

GRAND VIN

Name: Château Mauvezin

Appellation: St-Emilion Grand Cru

Durchschnittliche Jahresproduktion: 15 000 Flaschen

Verarbeitung und Ausbau: Gärdauer 10 Tage und Maischdauer 3 Wochen in temperaturgeregelten Tanks. 12 Monate Ausbau in (je nach Jahrgang) zu 30 bis 80 % neuen Eichenfässern. Der Wein wird geschönt und gefiltert.

Kein ZWEITWEIN

Beurteilung des derzeitigen Rangs: Entspricht qualitativ einem guten Cru Bourgeois aus dem Médoc

Genußreife: 3 bis 10 Jahre nach dem Jahrgangsdatum

MONLOT CAPET
Grand Cru

Lage der Weinberge: St-Hippolyte

Besitzer: Bernard Rivals
Adresse: 33330 St-Hippolyte
Postanschrift: wie oben
Telefon: 33 5 57 24 62 32 – Telefax: 33 5 57 24 62 33

Besuche: montags bis freitags von 8 bis 18 Uhr; am Wochenende nach Vereinbarung
Kontaktperson: Bernard Rivals

ROTWEIN

Rebfläche: 17 ha

Durchschnittliches Rebenalter: 27 Jahre

Rebbestand: 70 % Merlot, 25 % Cabernet Franc, 5 % Cabernet Sauvignon

Pflanzdichte: 5000 Reben/ha

Ertrag (im Durchschnitt der letzten 5 Jahre): 48 hl/ha

Durchschnittliche Jahresproduktion insgesamt: 45 000 Flaschen

GRAND VIN

Name: Château Monlot Capet

Appellation: St-Emilion Grand Cru

Durchschnittliche Jahresproduktion: 45 000 Flaschen

Verarbeitung und Ausbau: Vinifikation 4 bis 5 Wochen in Betontanks bei 27 bis 30 °C. 18 Monate Ausbau in jährlich zur Hälfte erneuerten Eichenfässern. Der Wein wird geschönt und gefiltert.

Kein ZWEITWEIN

ST-EMILION

Moulin Bellegrave
Grand Cru

Lage der Weinberge: Vignonnet, St-Pey-d'Armens, St-Sulpice de Faleyrens

Besitzer: Florian Perrier
Adresse: 33330 St-Emilion
Telefon: 33 5 57 74 97 08 – Telefax: 33 5 57 74 92 79

Besuche: nur nach Vereinbarung
Kontaktperson: Florian Perrier

ROTWEIN

Rebfläche: 16 ha

Durchschnittliches Rebenalter: 30 Jahre

Rebbestand: 60 % Merlot, 20 % Cabernet Franc, 20 % Cabernet Sauvignon

Pflanzdichte: 5000 Reben/ha

Ertrag (im Durchschnitt der letzten 5 Jahre): 45 hl/ha

Durchschnittliche Jahresproduktion insgesamt: 750 hl

GRAND VIN

Name: Château Moulin Bellegrave

Appellation: St-Emilion Grand Cru

Durchschnittliche Jahresproduktion: 3000 Kisten

Verarbeitung und Ausbau: Vinifikation in temperaturgeregelten Edelstahltanks. Malolaktische Säureumwandlung im Tank, anschließend 6 Monate Ausbau in zu 20 % neuen Eichenfässern. Der Wein wird geschönt und gefiltert.

ZWEITWEIN

Name: Château des Graves

Durchschnittliche Jahresproduktion: 200 hl

Du Paradis
Grand Cru

Lage der Weinberge: Vignonnet und St-Emilion

Besitzer: G.F.A. Château du Paradis
Adresse: Vignobles Rany-Saugeon, B.P. 1, 33330 St-Emilion
Telefon: 33 5 57 84 53 27 – Telefax: 33 5 57 84 61 76

Besuche: vorzugsweise nach Vereinbarung, montags bis freitags von 10 bis 18 Uhr
Kontaktperson: Janine Rany-Saugeon

ROTWEIN

Rebfläche: 25,5 ha

Durchschnittliches Rebenalter: 25 Jahre

BORDEAUX

Rebbestand: 75% Merlot, 20% Cabernet Franc, 5% Cabernet Sauvignon

Pflanzdichte: 5000 Reben/ha

Ertrag (im Durchschnitt der letzten 5 Jahre): 47 hl/ha

Durchschnittliche Jahresproduktion insgesamt: 1200 hl

GRAND VIN

Name: Château du Paradis

Appellation: St-Emilion Grand Cru

Verarbeitung und Ausbau: Vinifikation 3 bis 4 Wochen in temperaturgeregelten Tanks. 18 Monate Ausbau in Tanks. Der Wein wird geschönt und gefiltert.

Kein ZWEITWEIN

PASQUETTE
Grand Cru

Lage der Weinberge: am Fuß der Côtes, in der Nähe von Château Tertre-Daugay und L'Arrosée

Besitzer: G.F.A. Jabiol
Adresse: 33330 St-Emilion
Postanschrift: B.P.24, 33330 St-Emilion
Telefon und Telefax: 33 5 57 74 47 69

Besuche: nur nach Vereinbarung
Kontaktperson: Amélie Jabiol im Château Cadet-Piola

ROTWEIN

Rebfläche: 3 ha

Durchschnittliches Rebenalter: 35 Jahre

Rebbestand: 80% Merlot, 10% Cabernet Franc, 10% Cabernet Sauvignon

Pflanzdichte: 5500 Reben/ha

Ertrag (im Durchschnitt der letzten 5 Jahre): 35 hl/ha

Durchschnittliche Jahresproduktion insgesamt: 14000 Flaschen

GRAND VIN

Name: Château de Pasquette

Appellation: St-Emilion Grand Cru

Durchschnittliche Jahresproduktion: 14000 Flaschen

Verarbeitung und Ausbau: Vinifikation 18 Tage in Edelstahltanks. 22 Monate Ausbau in Eichenfässern und Tanks. Der Wein wird geschönt und gefiltert.

ZWEITWEIN

wird nur selten produziert

ST-EMILION

Patris
Grand Cru

Lage der Weinberge: St-Emilion

Besitzer: Michel Querre
Adresse: Patris, 33330 St-Emilion
Postanschrift: c/o Les Hospices de la Madeleine, B.P. 51, 33330 St-Emilion
Telefon: 33 5 57 55 51 60 – Telefax: 33 5 57 55 51 61

Besuche: nur nach Vereinbarung
Kontaktperson: Thierry Delon oder Laurent Simon

ROTWEIN

Rebfläche: 12 ha

Durchschnittliches Rebenalter: 40 Jahre

Rebbestand: 78 % Merlot, 15 % Cabernet Franc, 7 % Cabernet Sauvignon

Pflanzdichte: 5400 Reben/ha

Ertrag (im Durchschnitt der letzten 5 Jahre): 45 hl/ha

Durchschnittliche Jahresproduktion insgesamt: 60 000 Flaschen

GRAND VIN

Name: Château Paris

Appellation: St-Emilion Grand Cru

Durchschnittliche Jahresproduktion: 24 000 Flaschen

Verarbeitung und Ausbau: Vinifikation in temperaturgeregelten Tanks. Malolaktische Säureumwandlung bei 50 % des Ertrags in neuen Eichenfässern, ansonsten im Tank. 13 bis 15 Monate Ausbau in zu 50 % neuen Eichenfässern. Der Wein wird geschönt, aber nicht systematisch gefiltert.

ZWEITWEIN

Name: Filius du Château Patris

Durchschnittliche Jahresproduktion: 30 000 Flaschen

Pavillon-Cadet
Grand Cru

Besitzer: Morvan-Leamas

Produktion: 1300 Kisten

Rebfläche: 2,5 ha

Durchschnittliches Rebenalter: 25 Jahre

Rebbestand: 60 % Merlot, 40 % Cabernet Franc

Faßreifezeit: 14 bis 22 Monate

BORDEAUX

Kein ZWEITWEIN

Beurteilung des derzeitigen Rangs: Entspricht qualitativ einem guten Cru Bourgeois aus dem Médoc

Genußreife: 5 bis 14 Jahre nach dem Jahrgangsdatum

PETIT-FAURIE-DE-SOUTARD
Grand Cru Classé

Lage der Weinberge: St-Emilion

Besitzerin: Françoise Capdemourlin
Adresse: 33330 St-Emilion
Postanschrift: Château Roudier, 33570 Montagne
Telefon: 33 5 57 74 62 06 – Telefax: 33 5 57 74 59 34

Besuche: nur nach Vereinbarung
Kontaktperson: Françoise Capdemourlin

ROTWEIN

Rebfläche: 8 ha

Durchschnittliches Rebenalter: 31 Jahre

Rebbestand: 60 % Merlot, 30 % Cabernet Franc, 10 % Cabernet Sauvignon

Pflanzdichte: 5400 Reben/ha

Ertrag (im Durchschnitt der letzten 5 Jahre): 46 hl/ha

Durchschnittliche Jahresproduktion insgesamt: 3500 Kisten

GRAND VIN

Name: Château Petit-Faurie-de-Soutard

Appellation: St-Emilion Grand Cru

Durchschnittliche Jahresproduktion: 320 hl

Verarbeitung und Ausbau: Vinifikation 3 bis 4 Wochen in beschichteten Betontanks mit Temperaturregelung (Freon). Nach malolaktischer Säureumwandlung 14 bis 16 Monate Ausbau in zu 35 % neuen Eichenfässern. Der Wein wird geschönt und gefiltert.

ZWEITWEIN

Name: Petit-Faurie-de-Soutard Deuxième

Durchschnittliche Jahresproduktion: wird nur selten produziert

Beurteilung des derzeitigen Rangs: Entspricht qualitativ einem guten Cru Bourgeois aus dem Médoc

Genußreife: 5 bis 12 Jahre nach dem Jahrgangsdatum

ST-EMILION

Dieses Weingut in St-Emilion mit seiner relativ kleinen Produktion ist stark unterbewertet. Die Capdemourlins fördern oft die Weine von Balestard-La-Tonnelle mehr als die von Petit-Faurie-de-Soutard. Nichtsdestoweniger befindet sich der Weinberg, der früher zum berühmten Soutard gehörte, in guter Lage auf dem Kalksteinplateau. Seine Weine bieten oft große Fülle und reiche Frucht, ganz ähnlich wie der Balestard, aber infolge höheren Tanningehalts auch mehr Struktur und Biß. Die besten neueren Jahrgänge waren der 1982er, 1983er, 1985er, 1989er und 1990er. Anders als der Balestard braucht dieser Wein 3 bis 4 Jahre Flaschenreife, um sein Tannin abzustreifen, und kann dann mehr als 10 Jahre überdauern.

PETIT FIGEAC
Ohne Klassifizierungsrang

Besitzer: AXA Millésimes
Adresse: 33330 St-Emilion
Telefon: 33 5 57 24 62 61 – Telefax: 33 5 57 24 68 25

Besuche: nur nach Vereinbarung

ROTWEIN

Rebfläche: 3 ha

Rebbestand: 60 % Merlot, 30 % Cabernet Franc, 10 % Cabernet Sauvignon

Pflanzdichte: 5500 Reben/ha

Ertrag (im Durchschnitt der letzten 5 Jahre): 45 hl/ha

Durchschnittliche Jahresproduktion insgesamt: 1500 Kisten

GRAND VIN

Name: Château Petit Figeac

Appellation: St-Emilion

Durchschnittliche Jahresproduktion: 1500 Kisten

Verarbeitung und Ausbau: 14 bis 15 Monate in Eichenfässern

Kein ZWEITWEIN

Beurteilung des derzeitigen Rangs: Entspricht qualitativ einem Cru Bourgeois aus dem Médoc

Genußreife: 3 bis 10 Jahre

DOMAINE DE PEYRELONGUE
Grand Cru

Lage der Weinberge: St-Emilion

Besitzer: Pierre Cassat
Adresse: 33330 St-Emilion
Postanschrift: B.P. 44, 33330 St-Emilion
Telefon: 33 5 57 24 72 36 – Telefax: 33 5 57 74 48 54

Besuche: nach Vereinbarung, montags bis freitags
Kontaktperson: Olivier Cassat

BORDEAUX

ROTWEIN

Rebfläche: 6 ha

Durchschnittliches Rebenalter: 35 bis 40 Jahre

Rebbestand: 65 % Merlot, 25 % Cabernet Franc, 10 % Cabernet Sauvignon

Pflanzdichte: 5400 Reben/ha

Ertrag (im Durchschnitt der letzten 5 Jahre): 45 hl/ha

Durchschnittliche Jahresproduktion insgesamt: 32 000 Flaschen

GRAND VIN

Name: Domaine de Peyrelongue

Appellation: St-Emilion Grand Cru

Durchschnittliche Jahresproduktion: 270 hl

Verarbeitung und Ausbau: Gärdauer 10 Tage und Maischdauer 15 Tage in temperaturgeregelten Tanks. 12 Monate Ausbau in (zu 10 bis 15 % neuen, ansonsten 3 bis bis 3mal gebrauchten) Eichenfässern. Der Wein wird geschönt und gefiltert.

Kein ZWEITWEIN

PINDEFLEURS
Grand Cru

Besitzerin: Micheline Dior
Adresse: 33330 St-Emilion
Telefon: 33 5 57 24 72 04

Produktion: 3500 Kisten

Rebfläche: 8,5 ha

Durchschnittliches Rebenalter: 22 Jahre

Rebbestand: 55 % Merlot 45 % Cabernet Franc

Faßreifezeit: 18 bis 22 Monate

Zweitetikett: Clos Lescure

Beurteilung des derzeitigen Rangs: Aufstufung zum Grand Cru Classé wäre zu empfehlen; entspricht qualitativ einem guten Cru Bourgeois aus dem Médoc

Genußreife: 3 bis 14 Jahre nach dem Jahrgangsdatum

ST-EMILION

PIPEAU
Grand Cru

Lage der Weinberge: St-Laurent des Combes

Besitzer: Dominique Lauret und Richard Mestreguilhem
Adresse: 33330 St-Laurent des Combes
Telefon: 33 5 57 24 72 95 – Telefax: 33 5 57 24 71 25

Besuche: an Öffnungstagen von 9 bis 12 und von 14 bis 18 Uhr
Kontaktperson: Dominique Lauret und Richard Mestreguilhem

ROTWEIN

Rebfläche: 35 ha

Durchschnittliches Rebenalter: 35 Jahre

Rebbestand: 80 % Merlot, 10 % Cabernet Franc, 10 % Cabernet Sauvignon

Pflanzdichte: 6600 Reben/ha

Ertrag (im Durchschnitt der letzten 5 Jahre): 45 hl/ha

Durchschnittliche Jahresproduktion insgesamt: 150 000 Flaschen

GRAND VIN

Name: Château Pipeau

Appellation: St-Emilion Grand Cru

Durchschnittliche Jahresproduktion: 150 000 Flaschen

Verarbeitung und Ausbau: Vinifikation 4 bis 5 Wochen. Ausbau 18 Monate in jährlich zu
$1/3$ erneuerten Eichenfässern. Der Wein wird geschönt, aber nicht gefiltert.

Kein ZWEITWEIN

PONTET-FUMET
Grand Cru

Lage der Weinberge: Vignonnet

Besitzer: S.C.E.A. Vignobles Bardet
Adresse: 17, La Cale, 33330 Vignonnet
Telefon: 33 5 57 84 53 16 – Telefax: 33 5 57 74 93 47

Besuche: nur nach Vereinbarung

ROTWEIN

Rebfläche: 13 ha

Durchschnittliches Rebenalter: 25 Jahre

Rebbestand: 80 % Merlot, 20 % Cabernet Franc

Pflanzdichte: 6000 Reben/ha

Ertrag (im Durchschnitt der letzten 5 Jahre): 50 hl/ha

Durchschnittliche Jahresproduktion insgesamt: 80 000 Flaschen

BORDEAUX

GRAND VIN

Name: Château Pontet-Fumet

Appellation: St-Emilion Grand Cru

Durchschnittliche Jahresproduktion: 80 000 Flaschen

Verarbeitung und Ausbau: Vinifikation 5 bis 8 Wochen in Beton- und Edelstahltanks, je nach Jahrgang. 18 bis 24 Monate Ausbau in jährlich zu ⅓ erneuerten Eichenfässern. Der Wein wird geschönt und gefiltert.

Kein ZWEITWEIN

Le Prieuré
Grand Cru Classé

Lage der Weinberge: St-Emilion, bei Château Trotte-Vieille, Troplong-Mondot und Lasserre, gegenüber Ausone

Besitzer: Olivier Guichard
Adresse: Château Le Prieuré, 33330 St-Emilion
Postanschrift: S.C.E. Baronne Guichard, Château Siaurac, 33500 Néac
Telefon: 33 5 57 51 64 58 – Telefax: 33 5 57 51 41 56

Besuche: nur nach Vereinbarung
Kontaktperson: Gino Bortoletto

ROTWEIN

Rebfläche: 6 ha

Durchschnittliches Rebenalter: 30 Jahre

Rebbestand: 60 % Merlot, 30 % Cabernet Franc, 10 % Cabernet Sauvignon

Pflanzdichte: 5500 Reben/ha

Ertrag (im Durchschnitt der letzten 5 Jahre): 43 hl/ha

Durchschnittliche Jahresproduktion insgesamt: 260 hl

GRAND VIN

Name: Château Le Prieuré

Appellation: St-Emilion Grand Cru

Durchschnittliche Jahresproduktion: 260 hl

Verarbeitung und Ausbau: Vinifikation 3 bis 4 Wochen in temperaturgeregelten Betontanks. Malolaktische Säureumwandlung bei 30 % des Ertrags in neuen Eichenfässern, der Rest verbleibt bis zum Abschluß des Prozesses im Tank. Abstich in zu 30 % neue und zu 70 % einmal gebrauchte Eichenfässer; Ausbauzeit 20 Monate. Der Wein wird mit Albumin geschönt, aber nicht gefiltert.

Kein ZWEITWEIN

Beurteilung des derzeitigen Rangs: Entspricht qualitativ einem Cru Bourgeois aus dem Médoc

Genußreife: 3 bis 8 Jahre nach dem Jahrgangsdatum

ST-EMILION

PRIEURÉ-LESCOURS
Grand Cru

Besitzer: S.C.E. Baronne Guichard
Adresse: 33330 St-Emilion
Telefon: 33 5 57 51 64 58 – Telefax: 33 5 57 51 41 56

Produktion: 2500 Kisten

Rebfläche: 5,5 ha

Durchschnittsalter der Reben: 30 Jahre

Rebbestand: 60 % Merlot, 30 % Cabernet Franc, 10 % Malbec

Faßreifezeit: 12 bis 14 Monate

Zweitetikett: L'Olivier

Rebbestand: 60 % Merlot, 30 % Cabernet Franc, 10 % Cabernet Sauvignon

Beurteilung des derzeitigen Rangs: Entspricht qualitativ einem Cru Bourgeois aus dem Médoc

Genußreife: 3 bis 8 Jahre nach dem Jahrgangsdatum

PUY-BLANQUET
Grand Cru

Lage der Weinberge: St-Etienne de Lisse

Besitzer: Roger Jacquet
Adresse: 33330 St-Etienne de Lisse
Telefon: 33 5 57 40 18 18 – Telefax: 33 5 57 40 29 14

Besuche: nach Vereinbarung, montags bis freitags von 8 bis 12 und von 14 bis 18 Uhr
Kontaktperson: Pierre Meunier

ROTWEIN

Rebfläche: 23 ha

Durchschnittliches Rebenalter: 25 Jahre

Rebbestand: 80 % Merlot, 15 % Cabernet Franc, 5 % Cabernet Sauvignon

Pflanzdichte: 5300 Reben/ha

Ertrag (im Durchschnitt der letzten 5 Jahre): 50 hl/ha

Durchschnittliche Jahresproduktion insgesamt: 1150 hl

GRAND VIN

Name: Château Puy-Blanquet

Appellation: St-Emilion Grand Cru

Durchschnittliche Jahresproduktion: 900 hl

BORDEAUX

Verarbeitung und Ausbau: Vinifikation 3 Wochen in Betontanks. Malolaktische Säureumwandlung im Tank. 20 % des Ertrags werden 12 Monate in (jährlich zu $1/3$ erneuerten) Eichenfässern, die übrigen 80 % in Betontanks ausgebaut. Der Wein wird geschönt und gefiltert.

ZWEITWEIN

Name: Château Laberne

Durchschnittliche Jahresproduktion: 250 hl

Beurteilung des derzeitigen Rangs: Entspricht qualitativ einem Cru Bourgeois aus dem Médoc

Genußreife: 3 bis 8 Jahre nach dem Jahrgangsdatum

PUY-RAZAC
Grand Cru

Lage der Weinberge: St-Emilion

Besitzer: Guy Thoilliez
Adresse: 33330 St-Emilion
Telefon: 33 5 57 24 73 32 – Telefax: 33 5 57 24 73 32

Besuche: nur nach Vereinbarung
Kontaktperson: Guy Thoilliez

ROTWEIN

Rebfläche: 6 ha

Durchschnittliches Rebenalter: 20 Jahre

Rebbestand: 50 % Merlot, 50 % Cabernet Franc

Pflanzdichte: 5200 Reben/ha

Ertrag (im Durchschnitt der letzten 5 Jahre): 52 hl/ha

Durchschnittliche Jahresproduktion insgesamt: 300 hl

GRAND VIN

Name: Château Puy-Razac

Appellation: St-Emilion Grand Cru

Durchschnittliche Jahresproduktion: 300 hl

Verarbeitung und Ausbau: Vinifikation 21 Tage in Zementtanks (manuelle Temperaturregelung). 22 Monate Ausbau im Tank; Abstich alle 2 Monate. Der Wein wird geschönt und gefiltert

Kein ZWEITWEIN

ST-EMILION

QUERCY
Grand Cru

Lage der Weinberge: Vignonnet

Besitzer: Familie Apelbaum-Pidoux
Adresse: 3, Grave, 33330 Vignonnet
Telefon: 33 5 57 84 56 07 – Telefax: 33 5 57 84 54 82

Besuche: nur nach Vereinbarung, täglich
Kontaktperson: Stéphane Apelbaum

ROTWEIN

Rebfläche: 6 ha

Durchschnittliches Rebenalter: 45 Jahre

Rebbestand: 70 % Merlot, 30 % Cabernet Franc

Pflanzdichte: 6500 Reben/ha

Ertrag (im Durchschnitt der letzten 5 Jahre): 40 hl/ha

Durchschnittliche Jahresproduktion insgesamt: 240 hl

GRAND VIN

Name: Château Quercy

Appellation: St-Emilion Grand Cru

Durchschnittliche Jahresproduktion: 15 000 Flaschen

Verarbeitung und Ausbau: Vinifikation 20 bis 40 Tage in Betontanks. Malolaktische Säureumwandlung teils im Tank, teils in Fässern. 18 Monate Ausbau in zu 50 % neuen Eichenfässern; Abstich alle 3 Monate. Der Wein wird mit Eiweiß geschönt und gefiltert.

ZWEITWEIN

Name: Graves de Peyroutas

Durchschnittliche Jahresproduktion: unterschiedlich

RIPEAU
Grand Cru Classé

Lage der Weinberge: St-Emilion, bei Château Cheval Blanc und Figeac

Besitzer: G.F.A. du Château Ripeau – Françoise de Wilde
Adresse: 33330 St-Emilion
Telefon: 33 5 57 74 41 41 – Telefax: 33 5 57 74 41 57

Besuche: vorzugsweise nach Vereinbarung
Kontaktperson: Françoise de Wilde

BORDEAUX

ROTWEIN

Rebfläche: 15 ha

Durchschnittliches Rebenalter: 35 Jahre

Rebbestand: 60 % Merlot, 30 % Cabernet Franc, 10 % Cabernet Sauvignon

Pflanzdichte: 5500 Reben/ha

Ertrag (im Durchschnitt der letzten 5 Jahre): 44 hl/ha

Durchschnittliche Jahresproduktion insgesamt: 700 hl

GRAND VIN

Name: Château Ripeau

Appellation: St-Emilion Grand Cru

Durchschnittliche Jahresproduktion: 700 hl

Verarbeitung und Ausbau: Vinifikation 4 bis 5 Wochen in temperaturgeregelten Tanks. 10 bis 18 Monate Ausbau in jährlich zur Hälfte erneuerten Eichenfässern. Der Wein wird geschönt und leicht gefiltert.

ZWEITWEIN

Name: Roc de Ripeau (1997 von der Frucht junger Reben)

Beurteilung des derzeitigen Rangs: Entspricht qualitativ einem Cru Bourgeois aus dem Médoc

Genußreife: 3 bis 12 Jahre nach dem Jahrgangsdatum

Ripeau ist eines der älteren Weingüter von St-Emilion; es trägt den Namen der Landparzelle, auf dem sich sein Weinberg und sein Château befinden. Der Boden besteht vorwiegend aus Sand, vermischt mit etwas Kies. Obwohl der Weinberg sich in der Nähe von Cheval Blanc und La Dominique befindet, ist seine Lage doch nicht so gut wie bei diesen beiden. Die neuen Besitzer erwarben das Gut im Jahr 1976 und führten größere Renovierungsarbeiten durch. Der Wein ist seit eh und je relativ stämmig, fruchtig und etwas unbeständig, wenn er aber einmal gut ausfällt, dann kann man mit einer Lebensdauer von mindestens 10 Jahren verläßlich rechnen.

Du Rocher
Grand Cru

Lage der Weinberge: St-Etienne de Lisse

Besitzer: G.F.A. Château du Rocher
Adresse: 33330 St-Etienne de Lisse
Telefon: 33 5 57 40 18 20 – Telefax: 33 5 57 40 37 26

Besuche: nur nach Vereinbarung
Kontaktperson: Baron de Montfort

ST-EMILION

ROTWEIN

Rebfläche: 15 ha

Durchschnittliches Rebenalter: 30 Jahre

Rebbestand: 70 % Merlot, 15 % Cabernet Franc, 15 % Cabernet Sauvignon

Pflanzdichte: 5500 Reben/ha

Ertrag (im Durchschnitt der letzten 5 Jahre): 45 hl/ha

Durchschnittliche Jahresproduktion insgesamt: 675 hl

GRAND VIN

Name: Château du Rocher

Appellation: St-Emilion Grand Cru

Durchschnittliche Jahresproduktion: 675 hl

Verarbeitung und Ausbau: Vinifikation in Beton- und Edelstahltanks. Ausbau zur Hälfte in Edelstahltanks und zur Hälfte in Eichenfässern (35 % des Ertrags in neuen Eichenfässern). Der Wein wird geschönt und gefiltert.

Kein ZWEITWEIN

ROCHER-BELLEVUE-FIGEAC
Grand Cru

Lage der Weinberge: auf dem Plateau von Bellevue

Besitzer: M. und Mme Dutruilh
Adresse: 33330 St-Emilion
Postanschrift: 14, rue d'Aviau, 33000 Bordeaux
Telefon und Telefax: 33 5 56 81 19 69

Besuche: nur nach Vereinbarung
Kontaktpersonen: M. und Mme Dutruilh

ROTWEIN

Rebfläche: 7 ha

Durchschnittliches Rebenalter: 29 Jahre

Rebbestand: 80 % Merlot, 20 % Cabernet Franc

Pflanzdichte: 5500 bis 6000 Reben/ha

Ertrag (im Durchschnitt der letzten 5 Jahre): 47,5 hl/ha

Durchschnittliche Jahresproduktion insgesamt: 330 hl

GRAND VIN

Name: Château Rocher-Bellevue-Figeac

Appellation: St-Emilion Grand Cru

Durchschnittliche Jahresproduktion: 270 hl

BORDEAUX

Verarbeitung und Ausbau: Vinifikation 4 bis 5 Wochen in Edelstahltanks. Malolaktische Säureumwandlung bei 40 % des Ertrags in neuen Eichenfässern, ansonsten im Tank. 15 bis 18 Monate Ausbau in (zu 40 % neuen, zu 40 % einmal und zu 20 % zweimal gebrauchten) Eichenfässern. Der Wein wird geschönt, aber nicht gefiltert.

ZWEITWEIN

Name: Pavillon La Croix Figeac

Durchschnittliche Jahresproduktion: 8500 Flaschen

Beurteilung des derzeitigen Rangs: Entspricht qualitativ einem guten Cru Bourgeois aus dem Médoc

Genußreife: 3 bis 8 Jahre nach dem Jahrgangsdatum

Die Domaines Cordier sind seit Mitte der achtziger Jahre für die Bereitung und den Vertrieb dieses Weins zuständig, und die Arbeit des brillanten Cordier-Önologen Georges Pauli hat sich hier eindeutig segensreich ausgewirkt. Freilich gehört dieser Wein nicht zu den langlebigeren St-Emilions. Warum? Zweifellos weil der auf dem Plateau in der Nähe von Figeac an der Grenze zu Pomerol gelegene Weinberg mit einem außergewöhnlich hohen Merlot-Anteil besetzt ist und einen saftigen, fast knackig fruchtigen, runden Wein hervorbringt, der schon früh köstlichen Genuß bereitet und auch am besten innerhalb von 7 bis 8 Jahren getrunken wird. Ältere Jahrgänge zu kaufen, kann ich nicht raten.

ROLLAND-MAILLET
Grand Cru

Besitzer: Michel Rolland
Telefon: 33 5 56 51 10 94, Telefax: 33 5 57 25 05 54

Produktion: 2000 Kisten

Rebfläche: 4 ha

Durchschnittliches Rebenalter: 25 Jahre

Rebbestand: 75 % Merlot, 25 % Cabernet Franc

Faßreifezeit: 18 Monate

Kein ZWEITWEIN

Beurteilung des derzeitigen Rangs: Ein solider, beständig guter bis sehr guter St-Emilion

Genußreife: 3 bis 9 Jahre nach dem Jahrgangsdatum

Bordeaux-Kenner achten oft auf diesen gut bereiteten St-Emilion aus dem Besitz und der Hand des berühmten Önologen Michel Rolland aus Libourne. Dieser Wein ist meist stämmig, robust, tief konzentriert und hat undurchdringlich dunkle Farbe und bis zu einem Jahrzehnt Lebenserwartung. Was ihm fehlt, ist Finesse und Eleganz, aber das macht er durch schiere Wucht und Robustheit wett.

ST-EMILION

LA ROSE POURRET
Grand Cru

Lage der Weinberge: St-Emilion

Besitzer: M. und Mme Philippe Warion
Adresse: 33330 St-Emilion
Telefon: 33 5 57 27 71 13 – Telefax: 33 5 57 74 43 93

Besuche: täglich von 8 bis 12 und von 14 bis 18 Uhr; an Wochenenden nach Vereinbarung
Kontaktperson: Philippe Warion

ROTWEIN

Rebfläche: 8 ha

Durchschnittliches Rebenalter: 35 Jahre

Rebbestand: 70 % Merlot, 30 % Cabernet Franc

Pflanzdichte: 6000 Reben/ha

Ertrag (im Durchschnitt der letzten 5 Jahre): 46 hl/ha

Durchschnittliche Jahresproduktion insgesamt: 50 000 Flaschen

GRAND VIN

Name: Château La Rose Pourret

Appellation: St-Emilion Grand Cru

Durchschnittliche Jahresproduktion: 50 000 Flaschen

Verarbeitung und Ausbau: Lange traditionelle Vinifikation in temperaturgeregelten Tanks. 15 bis 18 Monate Ausbau in zu 30 bis 40 % neuen Eichenfässern. Der Wein wird geschönt und schonend gefiltert.

Kein ZEITWEIN

ROYLLAND
Grand Cru

Lage der Weinberge: St-Emilion

Besitzer: Bernard Oddo
Adresse: 33330 St-Emilion
Telefon: 33 5 57 24 68 27 – Telefax: 33 5 57 24 65 25

Besuche: nach Vereinbarung an Werktagen von 14 bis 18 Uhr
Kontaktperson: Anne Masset

ROTWEIN

Rebfläche: 10 ha

Durchschnittliches Rebenalter: 25 bis 30 Jahre

Rebbestand: 85 % Merlot, 15 % Cabernet Franc

Pflanzdichte: 6000 Reben/ha

Ertrag (im Durchschnitt der letzten 5 Jahre): 45 hl/ha

Durchschnittliche Jahresproduktion insgesamt: 50 000 Flaschen

GRAND VIN

Name: Château Roylland

Appellation: St-Emilion Grand Cru

Durchschnittliche Jahresproduktion: 50 000 Flaschen

Verarbeitung und Ausbau: Vinifikation 4 bis 8 Wochen in temperaturgeregelten Beton- und Edelstahltanks. Nach malolaktischer Säureumwandlung werden 60 % des Ertrags in (jährlich zur Hälfte erneuerten) Eichenfässer, die restlichen 40 % im Tank ausgebaut. Ausbauzeit 18 Monate, Abstich alle 2 Monate. Der Wein wird mit frischem Eiweiß geschönt, aber nicht gefiltert.

Kein ZWEITWEIN

St-Georges-Côte Pavie
Grand Cru Classé

Lage der Weinberge: am Hang von Pavie zwischen Château Pavie und La Gaffelière

Besitzer: Jacques und Marie-Gabrielle Masson
Adresse: 33330 St-Emilion
Telefon: 33 5 57 74 44 23

Besuche: nur nach Vereinbarung
Kontaktperson: Jacques Masson

ROTWEIN

Rebfläche: 5,5 ha

Durchschnittliches Rebenalter: 25 bis 30 Jahre

Rebbestand: 80 % Merlot, 20 % Cabernet Franc

Pflanzdichte: 5500 Reben/ha

Ertrag (im Durchschnitt der letzten 5 Jahre): 46 hl/ha

Durchschnittliche Jahresproduktion insgesamt: 30 000 Flaschen

GRAND VIN

Name: Château St-Georges-Côte Pavie

Appellation: St-Emilion Grand Cru

Durchschnittliche Jahresproduktion: 30 000 Flaschen

Verarbeitung und Ausbau: Vinifikation rund 30 Tage in temperaturgeregelten Tanks. Ausbau in zu 25 % neuen Eichenfässern. Der Wein wird mit Albumin geschönt.

ST-EMILION

ZWEITWEIN

Name: Côte Madeleine

Durchschnittliche Jahresproduktion: seit 1992 nicht mehr produziert

Beurteilung des derzeitigen Rangs: Entspricht qualitativ einem Cru Bourgeois aus dem Médoc.

Genußreife: 3 bis 12 Jahre nach dem Jahrgangsdatum.

Auch dieses sehr kleine Weingut befindet sich in bester Lage an der Côte de Pavie, direkt neben den Weinbergen von Château Pavie auf der einen und von Château La Gaffelière auf der anderen Seite.

Die einzigen Jahrgänge, die ich kennengelernt habe, 1988, 1989 und 1990, waren runde, generös ausgestattete, eingängige St-Emilions, denen es zwar an Komplexität fehlte, die aber dafür in reichlichem Maß schlichte, stämmige Art und dunkle Frucht in schöner Verbindung mit dem Duft von frischem Eichenholz und würzigen Kräutern zu bieten hatten. Ich nehme an, daß diese Weine 8 bis 10 Jahre oder auch noch länger durchstehen. Dieses Weingut verdient ernstliche Beachtung.

St-Lô
Grand Cru

Lage der Weinberge: St-Pey d'Armens, St-Hippolyte und St-Laurent des Combes

Besitzer: Vatana und Söhne
Adresse: 33330 St-Pey d'Armens
Postanschrift: c/o Thailändisches Konsulat, 26, avenue Carnot, 33000 Bordeaux
Telefon: 33 6 09 72 11 24 – Telefax: 33 5 57 22 11 70

Besuche: montags bis freitags von 9 bis 12 und von 14 bis 16.30 Uhr
Kontaktperson: Jean-François Vergne, Tel. 33 5 57 47 15 22

ROTWEIN

Rebfläche: 13 ha

Durchschnittliches Rebenalter: 17 Jahre

Rebbestand: 85% Merlot, 15% Cabernet Franc

Pflanzdichte: 5500 Reben/ha

Ertrag (im Durchschnitt der letzten 5 Jahre): 48 hl/ha

Durchschnittliche Jahresproduktion insgesamt: 60 000 Flaschen

GRAND VIN

Name: Château St-Lô

Appellation: St-Emilion Grand Cru

Durchschnittliche Jahresproduktion: 10 000 Flaschen

Verarbeitung und Ausbau: Vinifikation etwa 2 Wochen. 18 Monate Ausbau in zu 50% neuen Eichenfässern. Der Wein wird geschönt und gefiltert.

BORDEAUX

SANSONNET
Grand Cru

Lage der Weinberge: St-Emilion

Besitzer: G.F.A. du Château Sansonnet
Adresse: 33330 St-Emilion
Telefon: 33 5 57 51 03 65 – Telefax: 33 5 57 25 00 20

Besuche: nur nach Vereinbarung
Kontaktperson: Francis Robin

ROTWEIN

Rebfläche: 7 ha

Durchschnittliches Rebenalter: 35 Jahre

Rebbestand: 65 % Merlot, 20 % Cabernet Franc, 15 % Cabernet Sauvignon

Pflanzdichte: 5500 Reben/ha

Ertrag (im Durchschnitt der letzten 5 Jahre): 45 hl/ha

Durchschnittliche Jahresproduktion insgesamt: 40 000 Flaschen

GRAND VIN

Name: Château Sansonnet

Appellation: St-Emilion Grand Cru

Durchschnittliche Jahresproduktion: 30 000 Flaschen

Verarbeitung und Ausbau: Vinifikation 15 bis 20 Tage. 15 bis 18 Monate Ausbau in jährlich zu ⅓ erneuerten Eichenfässern. Der Wein wird mit Eiweiß geschönt und leicht gefiltert.

ZWEITWEIN

Name: Domaine de la Salle

Durchschnittliche Jahresproduktion: 10 000 bis 15 000 Flaschen

Beurteilung des derzeitigen Rangs: Entspricht qualitativ einem Cru Bourgeois aus dem Médoc

Genußreife: 4 bis 14 Jahre nach dem Jahrgangsdatum

TAUZINAT L'HERMITAGE
Grand Cru

Lage der Weinberge: St-Christophe es Bardes und St-Hippolyte

Besitzer: S.C.E. Vignobles Bernard Moueix
Adresse: 33330 St-Emilion
Postanschrift: c/o Château Taillefer, 33330 St-Emilion
Telefon: 33 5 57 25 50 45 – Telefax: 33 5 57 25 50 45

Besuche: nur nach Vereinbarung

ST-EMILION

ROTWEIN

Rebfläche: 9,5 ha

Durchschnittliches Rebenalter: 35 Jahre

Rebbestand: 90 % Merlot, 10 % Cabernet Franc

Pflanzdichte: 6500 Reben/ha

Ertrag (im Durchschnitt der letzten 5 Jahre): 50 hl/ha

Durchschnittliche Jahresproduktion insgesamt: 60 000 Flaschen

GRAND VIN

Name: Château Tauzinat L'Hermitage

Appellation: St-Emilion Grand Cru

Durchschnittliche Jahresproduktion: 4000 Kisten

Verarbeitung und Ausbau: Vinifikation 4 bis 5 Wochen in temperaturgeregelten Tanks. 12 Monate Ausbau in zu 15 % neuen Eichenfässern. Der Wein wird geschönt, aber nicht gefiltert.

ZWEITWEIN

Name: Grand Treuil

Durchschnittliche Jahresproduktion: 1000 Kisten

Beurteilung des derzeitigen Rangs: Entspricht qualitativ einem Cru Bourgeois aus dem Médoc

Genußreife: 3 bis 8 Jahre nach dem Jahrgangsdatum

TOUR BALADOZ
Grand Cru

Lage der Weinberge: St-Laurent des Combes

Besitzer: S.C.E.A. Château Tour Baladoz
Leitung: Jacques de Schepper

Adresse: 33330 St-Laurent des Combes
Telefon: 33 5 57 88 94 17 – Telefax: 33 5 57 88 39 14

Besuche: nur nach Vereinbarung
Kontaktperson: Jean-Michel Garcion

ROTWEIN

Rebfläche: 9 ha

Durchschnittliches Rebenalter: 28 Jahre

Rebbestand: 80 % Merlot, 15 % Cabernet Franc, 5 % Cabernet Sauvignon

Pflanzdichte: 6000 Reben/ha

Ertrag (im Durchschnitt der letzten 5 Jahre): 45 hl/ha

Durchschnittliche Jahresproduktion insgesamt: 400 hl

GRAND VIN

Name: Château Tour Baladoz

Appellation: St-Emilion Grand Cru

Durchschnittliche Jahresproduktion: 300 hl

Verarbeitung und Ausbau: Vinifikation 3 bis 5 Wochen in Edelstahltanks mit Sprühkühlsystem. Ausbau zunächst 4 bis 8 Monate im Tank, anschließend 10 bis 18 Monate in zu 60 bis 85 % neuen Eichenfässern. Der Wein wird geschönt und gefiltert.

ZWEITWEIN

Name: Château Tour St-Laurent

Durchschnittliche Jahresproduktion: 100 hl

LA TOUR-FIGEAC
Grand Cru Classé

Lage der Weinberge: an der Grenze zu Pomerol, zwischen Château Figeac und Cheval Blanc

Besitzer: Familie Rettenmaier
Adresse: S.C. La Tour-Figeac, B.P. 07, 33330 St-Emilion
Telefon: 33 5 57 51 77 62 – Telefax: 33 5 57 25 36 92

Besuche: nur nach Vereinbarung
Kontaktperson: Otto Max Rettenmaier

ROTWEIN

Rebfläche: 14,5 ha · Durchschnittliches Rebenalter: 35 Jahre

Rebbestand: 60 % Merlot, 40 % Cabernet Franc

Pflanzdichte: 7000 Reben/ha

Ertrag (im Durchschnitt der letzten 5 Jahre): 45 hl/ha

GRAND VIN

Name: Château La Tour-Figeac

Appellation: St-Emilion Grand Cru

Verarbeitung und Ausbau: Vinifikation 3 bis 5 Wochen in temperaturgeregelten Edelstahltanks bei max. 33 bis 34 °C. Malolaktische Säureumwandlung bei einem Teil des Ertrags in Fässern, ansonsten im Tank; anschließend 13 bis 18 Monate Ausbau in zu 30 bis 50 % neuen Eichenfässern. Der Wein wird selten geschönt bzw. gefiltert.

ZWEITWEIN

wird als AC St-Emilion verkauft

Durchschnittliche Jahresproduktion: 7 hl

Beurteilung des derzeitigen Rangs: Entspricht qualitativ einem guten Cru Bourgeois aus dem Médoc

Genußreife: 3 bis 10 Jahre nach dem Jahrgangsdatum

ST-EMILION

Dieses Weingut gehörte wie so viele andere in St-Emilion mit dem Namensbestandteil Figeac früher zur großen Domaine Figeac, bis diese im Jahr 1879 aufgeteilt wurde. Es ist leicht an dem Turm zu erkennen, der mitten in den Weinbergen steht und dem das Château den anderen Teil seines Namens verdankt. Auf der einen Seite grenzt es an Cheval Blanc, im Süden an Figeac und im Westen an Pomerol.

Der hier erzeugte Wein ist sehr gut, nur in der Mitte und gegen Ende der achtziger Jahre war Château La Tour-Figeac nicht in Form. Seit der Übernahme durch die Familie Rettenmaier im Jahre 1994 ist, wie vor allem der 1996er beweist, eine dramatische Qualitätsverbesserung eingetreten.

LA TOUR-DU-PIN-FIGEAC-GIRAUD-BÉLIVIER
Grand Cru Classé

Lage der Weinberge: im nordwestlichen Teil der Appellation, neben Château Cheval Blanc an der Straße von Pomerol nach St-Emilion

Besitzer: G.F.A. Giraud Bélivier – Leitung André Giraud
Adresse: 33330 St-Emilion
Postanschrift: c/o André Giraud, Château Le Caillou, 33500 Pomerol
Telefon: 33 5 57 51 63 93 – Telefax: 33 5 57 51 74 95

Besuche: nach Vereinbarung, montags bis freitags von 9 bis 12 und von 14 bis 18 Uhr
Kontaktperson: Sylvie Giraud

ROTWEIN

Rebfläche: 11 ha

Durchschnittliches Rebenalter: 30 Jahre

Rebbestand: 75 % Merlot, 25 % Cabernet Franc

Pflanzdichte: 5800 Reben/ha

Ertrag (im Durchschnitt der letzten 5 Jahre): 45 hl/ha

Durchschnittliche Jahresproduktion insgesamt: 64 000 Flaschen

GRAND VIN

Name: Château La-Tour-du-Pin-Figeac-Giraud-Bélivier

Appellation: St-Emilion Grand Cru

Verarbeitung und Ausbau: Vinifikation 3 bis 4 Wochen in Betontanks. ⅔ des Ertrags werden in Eichenfässern und ⅓ im Tank ausgebaut. Ausbauzeit 12 Monate. Alle 3 Monate erfolgt Abstich und Wechsel zwischen Tanks und Fässern. Nach *assemblage* 4 Monate Ruhezeit im Tank, Schönung mit Eiweiß, jedoch keine Filterung.

Kein ZWEITWEIN

Beurteilung des derzeitigen Rangs: Entspricht qualitativ einem Cru Bourgeois aus dem Médoc

Genußreife: 3 bis 9 Jahre nach dem Jahrgangsdatum

TRIMOULET
Grand Cru

Lage der Weinberge: St-Emilion

Adresse: 33330 St-Emilion
Postanschrift: B.P. 60, 33330 St-Emilion
Telefon: 33 5 57 24 70 56 – Telefax: 33 5 57 74 41 69

Besuche: nur nach Vereinbarung
Kontaktperson: Michel Jean

ROTWEIN

Rebfläche: 16 ha

Durchschnittliches Rebenalter: 30 Jahre

Rebbestand: 60 % Merlot, 35 % Cabernet Franc, 5 % Cabernet Sauvignon

Pflanzdichte: 6000 Reben/ha

Ertrag (im Durchschnitt der letzten 5 Jahre): 50 hl/ha

Durchschnittliche Jahresproduktion insgesamt: 100 000 Flaschen

GRAND VIN

Name: Château Trimoulet

Appellation: St-Emilion Grand Cru

Durchschnittliche Jahresproduktion: 50 000 Flaschen

Verarbeitung und Ausbau: Gärdauer 8 bis 10 Tage und Maischdauer rund 3 Wochen in temperaturgeregelten Betontanks. Nach malolaktischer Säureumwandlung 12 Monate Ausbau in zu 30 bis 40 % neuen Eichenfässern. Der Wein wird geschönt, aber nicht gefiltert.

ZWEITWEIN

Name: Emilius

Durchschnittliche Jahresproduktion: 55 000 Flaschen

Beurteilung des derzeitigen Rangs: Entspricht qualitativ einem Cru Bourgeois aus dem Médoc

Genußreife: 3 bis 7 Jahre nach dem Jahrgangsdatum

VAL D'OR
Grand Cru

Lage der Weinberge: Vignonnet

Besitzer: S.C.E.A. Vignobles Bardet
Adresse: 17, La Cale, 33330 Vignonnet
Telefon: 33 5 57 84 53 16 – Telefax: 33 5 57 74 93 47

Besuche: nur nach Vereinbarung

ST-EMILION

ROTWEIN

Rebfläche: 11 ha

Durchschnittliches Rebenalter: 30 Jahre

Rebbestand: 80 % Merlot, 15 % Cabernet Franc, 5 % Cabernet Sauvignon

Pflanzdichte: 6000 Reben/ha

Ertrag (im Durchschnitt der letzten 5 Jahre): 50 hl/ha

Durchschnittliche Jahresproduktion insgesamt: 75 000 Flaschen

GRAND VIN

Name: Château du Val d'Or

Appellation: St-Emilion Grand Cru

Durchschnittliche Jahresproduktion: 75 000 Flaschen

Verarbeitung und Ausbau: Vinifikation 5 bis 8 Wochen in Beton- und Edelstahltanks. 18 bis 24 Monate Ausbau in jährlich zu $1/3$ erneuerten Eichenfässern. Der Wein wird geschönt und gefiltert.

Kein ZWEITWEIN

VIEUX-CHÂTEAU-CARRÉ
Grand Cru

Besitzer: Yvon Dubost

Produktion: 1500 Kisten

Rebfläche: 3 ha

Durchschnittliches Rebenalter: 20 Jahre

Rebbestand: 60 % Merlot, 20 % Cabernet Franc, 20 % Cabernet Sauvignon

Faßreifezeit: 14 bis 20 Monate

Kein ZWEITWEIN

Beurteilung des derzeitigen Rangs: Entspricht qualitativ einem Cru Bourgeois aus dem Médoc

Genußreife: 3 bis 7 Jahre nach dem Jahrgangsdatum

VIEUX SARPE
Grand Cru

Lage der Weinberge: östlich der Stadt St-Emilion, auf einem Kalksteinplateau zwischen Château Trotte Vieille und Haut-Sarpe

Besitzer: Jean und Françoise Janoueix
Adresse: 33330 St-Emilion
Postanschrift: c/o Maison Janoueix, 37, rue Pline Plarmentier, B.P. 192, 33506 Libourne
Telefon: 33 5 57 51 41 86 – Telefax: 33 5 57 51 53 16

Besuche: nur nach Vereinbarung
Kontaktanschrift: Maison J. Janoueix (Tel. und Fax. siehe oben)

N. B. Nach der letzten Neuordnung der Klassifikation von St-Emilion gingen 10 ha Rebfläche von Château Vieux Sarpe, die früher zu Haut Sarpe (Grand Cru Classé) gehörten, an dieses zurück, so daß es über eine Rebfläche von 21 ha verfügt. Joseph Janoueix hatte Château Haut-Sarpe im Jahr 1930 gekauft, während das im frühen 19. Jahrhundert davon abgetrennte Château Vieux Sarpe im Jahr 1950 in den Besitz von Jean-François Janoueix kam.

Ab Jahrgang 1996 trägt der Zweitwein von Château Haut Sarpe den Namen Château Vieux Sarpe (nicht mehr Le Second de Haut-Sarpe); der Wein von der restlichen knapp 2 ha großen Rebfläche von Château Vieux Sarpe läuft nun unter dem Namen Château Haut-Badette
(Name des Zweitweins vor 1996).

Folgendes gilt für die Zeit vor 1996:

ROTWEIN

Rebfläche: 12 ha

Durchschnittliches Rebenalter: 40 Jahre

Rebbestand: 70 % Merlot, 20 % Cabernet Franc. 10 % Cabernet Sauvignon

Pflanzdichte: 6000 Reben/ha

Ertrag (im Durchschnitt der letzten 5 Jahre): 45 hl/ha

Durchschnittliche Jahresproduktion insgesamt: 500 hl

GRAND VIN

Name: Château Vieux Sarpe

Appellation: St-Emilion Grand Cru

Durchschnittliche Jahresproduktion: 280 hl

Verarbeitung und Ausbau: Vinifikation 3 bis 4 Wochen in temperaturgeregelten Beton- und Edelstahltanks. Nach malolaktischer Säureumwandlung 2 Jahre Ausbau in zu 30 % neuen Eichenfässern; 8maliger Abstich. Der Wein wird mit Eiweiß geschönt,
aber nicht gefiltert.

ZWEITWEIN

Name: Château Haut-Badette

Durchschnittliche Jahresproduktion: 200 hl

JEAN VOISIN
Grand Cru

Lage der Weinberge: St-Emilion

Besitzer: S.C.E.A. du Château Jean Voisin – Chassagnoux
Adresse: 33330 St-Emilion
Telefon: 33 5 57 24 70 40 – Telefax: 33 5 57 24 79 57

Besuche: nach Vereinbarung, montags bis samstags von 8 bis 12 und von 14 bis 19 Uhr
Kontaktperson: Pierre Chassagnoux

ST-EMILION

ROTWEIN

Rebfläche: 14,5 ha

Durchschnittliches Rebenalter: 20 Jahre

Rebbestand: 75 % Merlot, 20 % Cabernet Franc, 5 % Cabernet Sauvignon

Pflanzdichte: 5200 Reben/ha

Ertrag (im Durchschnitt der letzten 5 Jahre): 45 hl/ha

Durchschnittliche Jahresproduktion insgesamt: 650 hl

GRAND VIN

Name: Château Jean Voisin «Cuvée Amédée»

Appellation: St-Emilion Grand Cru

Durchschnittliche Jahresproduktion: 350 hl

Verarbeitung und Ausbau: Vinifikation 20 bis 30 Tage in temperaturgeregelten Beton- und Edelstahltanks. Malolaktische Säureumwandlung bei 20 % des Ertrags in neuen Eichenfässer. 12 Monate Ausbau in jährlich zu ⅓ erneuerten Eichenfässern. Der Wein wird mit frischem Eiweiß geschönt und gefiltert.

ZWEITWEIN

Name: Château Jean Voisin

Durchschnittliche Jahresproduktion: 300 hl

YON-FIGEAC
Grand Cru Classé

Lage der Weinberge: auf Sandboden (St-Emilion)

Besitzer: Denis Londeix
Adresse: Château Yon-Figeac, 3 und 5 Yon, 33330 St-Emilion
Telefon: 33 5 57 42 66 66 – Telefax: 33 5 57 64 36 20

Besuche: nur nach Vereinbarung
Kontaktperson: Marie Fabre

ROTWEIN

Rebfläche: 25 ha

Durchschnittliches Rebenalter: 25 Jahre

Rebbestand: 80 % Merlot, 20 % Cabernet Franc

Pflanzdichte: 5500 Reben/ha

Ertrag (im Durchschnitt der letzten 5 Jahre): 45 hl/ha

Durchschnittliche Jahresproduktion insgesamt: 1125 hl

BORDEAUX

GRAND VIN

Name: Château Yon-Figeac

Appellation: St-Emilion

Durchschnittliche Jahresproduktion: 800 hl

Verarbeitung und Ausbau: Kaltmaischung (*préfermentaire à froid*) 4 bis 5 Tage. Vinifikation 3 bis 4 Wochen in temperaturgeregelten Edelstahltanks. Malolaktische Säureumwandlung zum Teil in Eichenfässern. 13 bis 15 Monate Ausbau in zu 30 bis 40 % neuen Eichenfässern; zweimaliger Abstich. Der Wein wird mit frischem Eiweiß geschönt, aber nicht gefiltert.

ZWEITWEIN

Name: Château Yon Saint-Martin

Durchschnittliche Jahresproduktion: 200 hl

Beurteilung des derzeitigen Rangs: Entspricht qualitativ einem Cru Bourgeois aus dem Médoc

Genußreife: 3 bis 10 Jahre nach dem Jahrgangsdatum

Château Yon-Figeac mit seinen schönen Türmen und Weinbergen liegt nordwestlich von St-Emilion auf flachgründigem Sandboden. Sein Wein neigt zur runden, seidigen Art mit viel roter und dunkler Frucht. Er hat offenbar keine lange Lebenserwartung – jedenfalls kenne ich keinen, der älter als 7 Jahre alt wäre.

Die Weine von Barsac und Sauternes

Die Weinbaubereiche Barsac und Sauternes sind von der Innenstadt von Bordeaux aus in knapp 40 Autominuten zu erreichen. Hier werden mit hohem Kostenaufwand süße Weißweine produziert, denen Jahr für Jahr Arbeitskräftemangel und Witterungsschwierigkeiten zu schaffen machen. Überdies standen die Erzeuger im größten Teil unseres Jahrhunderts unter dem Eindruck einer schwindenden Nachfrage nach ihren üppig süßen, manchmal übervollen und exotischen Gewächsen, weil der Verbraucher zunehmend zu trockeneren Weinen griff. In Anbetracht dessen, daß in Barsac und Sauternes in einem Jahrzehnt nur selten mehr als drei gute Jahrgänge zustande kommen, mußte den Erzeugern in dieser reizenden ländlichen Weinbaugegend schließlich die pessimistische Überzeugung dämmern, ihre Zeit sei vorüber. Viele Weingüter wechselten die Besitzer, und mehr und mehr Châteaux produzieren inzwischen auch einen trockenen Weißwein, um Geld in die Kasse zu bekommen.

Erstaunlicherweise arbeiten viele Erzeuger trotzdem weiter. Sie wissen, daß ihre Weine zu den bemerkenswertesten der Welt zählen, und hoffen darauf, daß Mutter Natur ihr gutes Glück und zunehmendes Interesse bei den Verbrauchern zu einer größeren Nachfrage und mehr Wertschätzung für ihre Produkte – die unzeitgemäßesten und am stärksten unterbewerteten großen Weine Frankreichs – führen werde.

Vielleicht wächst ihnen jetzt der Lohn für ihre Beharrlichkeit zu. Die zweite Hälfte der achtziger Jahre wird vielleicht von künftigen Historikern als der Beginn der Renaissance von Barsac und Sauternes bezeichnet werden. Viele Gründe sprechen dafür, daß diese Schicksalswende nun eingetreten ist. Tatsächlich schenkte Mutter Natur den Winzern drei superbe, vielleicht sogar legendäre Jahrgänge – 1986, 1988 und 1989 – und verhalf damit der Region und ihren Weinerzeugern zu größerer Aufmerksamkeit. Überdies begannen auch die neunziger Jahre recht vielversprechend; schon 1990 entstanden wieder üppige, wuchtige Weine.

Zweitens beginnen mehrere Weingüter, die eine Zeitlang hart zu kämpfen hatten, wieder einen Wein hervorzubringen, der mehr Interesse verdient. Insbesondere gab der Wiederaufstieg des Château La Tour Blanche, das dem Landwirtschaftsministerium gehört, mit profunden Weinen in den Jahren 1988, 1989 und 1990 ein Signal, daß sogar der französische Staat daran interessiert ist, die große Reputation dieses berühmten Weinguts neu aufzurichten.

Das Château Rabaud-Promis, ebenfalls ein Premier Cru Classé, brachte wieder großartige Weine hervor, die in sensationellen Leistungen in den Jahrgängen 1988, 1989 und 1990 gipfelten. Auch die Übernahme eines der führenden Güter in der Region, Château Rieussec, durch die Domaines Rothschild im Jahr 1984 ließ darauf schließen, daß das Rotweinimperium der Rothschilds nunmehr expandieren und die verschwenderisch vollen, süßen Weißweine mit einschließen wollte. Mit überzeugenden Erfolgen in den Jahren 1988, 1989 und 1990 hat sich erfüllt, was es sich davon versprach.

Um dieselbe Zeit vollzog sich die Wiederbelebung von Château Guiraud unter einem kanadischen Eigentümer mit einer Folge von feinen Jahrgängen.

Alles kulminierte dann mit den Jahren 1988, 1989 und 1990, die als die feinsten Sauternes-Jahrgänge seit 1937 bezeichnet werden. «Futures» dieser Jahrgänge waren bald nur noch schwer zu bekommen, und damit hat sich neue Zuversicht eingestellt. Nach den langen schweren Jahren schienen nun die süßen Weine von Barsac und Sauternes im Begriff, auf den Schlemmertafeln der Welt wieder in Mode kommen.

Zwar kann Mutter Natur den Weinerzeugern der Region außerordentlich günstig sein (wie sie es 1986 bis 1990 ja auch war), aber in der Zeit zwischen 1991 und 1995 ließ sie in dieser Gegend nur wenige inspirierende Weine wachsen. Dagegen ging um die Zeit, als dieses Buch entstand, aus meinen Degustationsnotizen hervor, daß die 1996er und 1997er wieder sehr gut bis exzellent geraten waren. Inzwischen hat die Technik der Natur unter die Arme gegriffen und ein vollkommen neues Weinbereitungsverfahren, die sogenannte Gefrierextraktion, entwickelt. Bei dieser Methode werden in weniger guten Jahrgängen die Trauben eingefroren, und anstatt

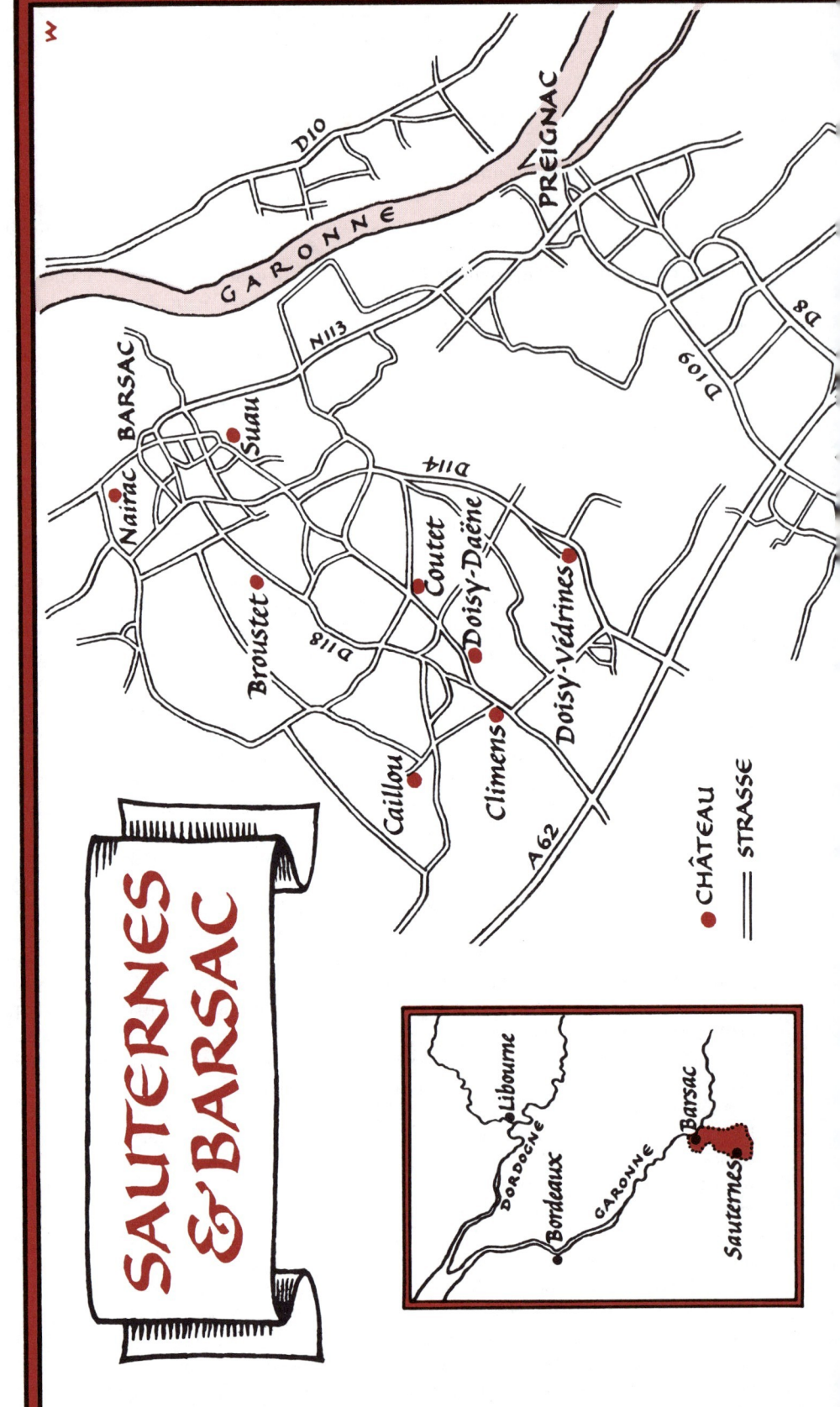

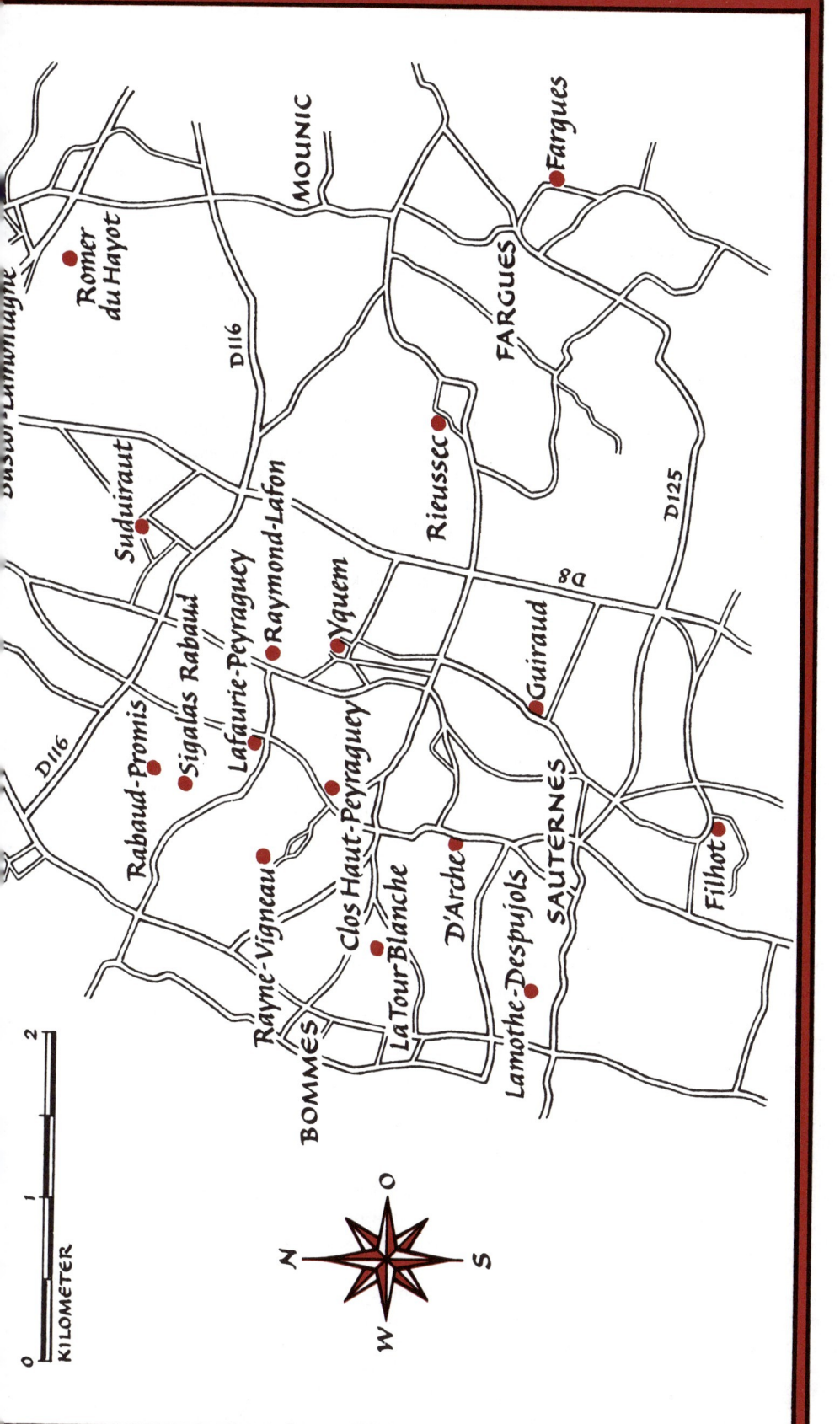

nur leidlicher Weine entstehen vollere und interessantere. Ob sie sich bei den Spitzenweingütern durchsetzen wird und ob sie zu Schwächen führt, wenn die Weine erst einmal 10 bis 25 Jahre alt sind, läßt sich erst nach der Jahrhundertwende ermessen. Fraglos aber hat diese neue Technik dazu beigetragen, die gegenwärtige Qualität vieler Weine aus der Appellation zu verbessern.

Niemand kann leugnen daß die Weinerzeuger von Barsac und Sauternes bei ihren Bemühungen um gute Weine mit überaus ungünstigen Voraussetzungen zu kämpfen haben. Die Hoffnungen und Befürchtungen um das Gelingen eines Jahrgangs erreichen hier ihren Höhepunkt um die Zeit, wenn die meisten rotweinerzeugenden Appellationen weiter nördlich die Lese begonnen oder sogar schon beendet haben. In der zweiten Septemberhälfte stellen sich nämlich die Witterungsverhältnisse ein, die für den jeweiligen Jahrgang in dieser Region maßgeblich sind. In Barsac und Sauternes ist das Wetter um diese Jahreszeit normalerweise dunstig-feucht und mild. Die Morgennebel, die aus dem mitten durch Sauternes fließenden Ciron aufsteigen, fördern im Wechsel mit sonnigen, trockenen Nachmittagen das Wachstum des Schimmelpilzes *Botrytis cinerea* – bekannter unter dem Namen «Edelfäule». Dieser Pilz setzt sich auf den reifen Trauben fest, durchdringt ihre Schale und entzieht den Beeren Wasser. Die von der Edelfäule befallenen, aber ansonsten unbeschädigten Beeren werden nun gelesen. Vor allem bei der Sémillon-Traube verursacht diese Form der Fäule tiefgreifende Veränderungen. Der Pilz läßt die Traubenschalen runzlig werden, verzehrt bis zu 50% des Zuckergehalts, bildet Glyzerin und zersetzt die Weinsäure. Am Schluß hat die Traube nur noch ein Viertel des Saftvolumens, das sie vor dem Befall hatte – einen öligen, konzentrierten, aromatischen, süßen Nektar. Auf eigentümliche Weise kommt als Reaktion eine Überkonzentration des Traubensafts zustande, der dadurch weit mehr Zuckergehalt aufweist als normal. Ein Verlust an Säure tritt dabei nicht ein.

Dieser Prozeß ist dem Zufall unterworfen und braucht viel Zeit. Oft dauert es ein bis zwei Monate, bis ein größerer Teil der weißen Trauben von dem wohltätigen Schimmelpilz befallen ist. In manchen Jahren entwickelt sich nur sehr wenig Edelfäule, und dann fehlt es dem Wein an Geschmacksdimension und Komplexität. Wenn sich Edelfäule bildet, dann verläuft ihr Wachstum schmerzlich langsam und ungleichmäßig. Deshalb können die großen Weine dieser Region auch nur in einem mühsamen, zeitraubenden, arbeitsintensiven Verfahren entstehen, denn es müssen immer wieder Lesemannschaften den Weinberg durchkämmen und die befallenen Beeren gegebenenfalls einzeln herauslesen. Bei den besten Weingütern gehen die Leser wohl ein halbes Dutzend Mal während der Lesezeit, die sich meist den ganzen Oktober und November hindurch erstreckt, durch die Weinberge. Das berühmte Château d'Yquem läßt sogar oft zehnmal lesen. So teuer und zeitraubend dieses Ernteverfahren an sich auch schon ist, ein noch größeres Risiko stellt das Wetter dar. Starker Regen, Hagel oder Frost – im Spätherbst durchaus keine ungewöhnlichen Wettervorgänge in Bordeaux – können einen vielversprechenden Jahrgang im Handumdrehen in eine Katastrophe verwandeln.

Da die Voraussetzungen für die Entstehung großer Weißweine in Barsac und Sauternes so ganz anders sind als für den Rotwein von Bordeaux, ist es auch nicht erstaunlich, daß ein für Rotwein guter Jahrgang beim süßen Weißwein oft mittelmäßig ausfällt. Die Jahre 1982 und 1961 veranschaulichen diese Verhältnisse sehr gut. Beide waren unbestreitbar großartige Jahre für Rotwein, doch für die süßen Weißweine von Barsac und Sauternes sind sie bestenfalls durchschnittlich zu nennen. Dagegen waren 1988, 1980, 1967 und 1962 allesamt Jahre, die für Barsac und Sauternes nach Ansicht der meisten Beobachter als fein bis superb einzustufen sind. Mit Ausnahme von 1988 und 1962 waren gerade diese Jahre für die Rotweine von Bordeaux jedoch nicht besonders erfolgreich.

Wie die Rotweine aus dem Médoc galten die Weißweine aus Barsac und Sauternes im Jahr 1855 als bedeutend genug, um in die damalige Qualitätsklassifizierung einbezogen zu werden. In der Hierarchie (siehe Seite 1213) wurde Yquem als das Spitzengut der Region festgeschrieben und erhielt den Titel «Premier Grand Cru Classé». Ihm folgten die «Premiers Crus Classés» (heute 11 an der Zahl, weil inzwischen mehrere Weingüter geteilt wurden) und sodann 14

DIE WEINE VON BARSAC UND SAUTERNES

«Deuxièmes Crus Classés» (heute sind es 12, weil eines nicht mehr besteht und zwei andere zusammengelegt worden sind).

Vom Verbraucherstandpunkt aus gesehen sind auch noch drei Cru-Bourgois-Weingüter, Raymond-Lafon, de Fargues und Gilette, von Bedeutung, weil sie sich mit ihren exquisiten Weinen mit allen Spitzengütern außer Yquem messen können. Allerdings sind sie in der alten Klassifizierung von 1855 nicht berücksichtigt. Außerdem können es sich eine ganze Reihe von Premiers und Deuxièmes Crus einfach nicht leisten, ihre Ernte in der traditionellen Weise zu einzubringen, indem mehrere Lesemannschaften 4 bis 8 Wochen lang immer wieder die Weinberge durchkämmen. Diese Güter werden ihrem derzeitigen Rang nicht gerecht und sind in meinen Beurteilungen deshalb entsprechend heruntergestuft.

Château d'Yquem überragt (im wörtlichen wie im übertragenen Sinne) alle anderen Weingüter hier himmelhoch, denn es produziert herrlich vollen, vornehmen, einzigartigen Wein – meiner Meinung nach sogar den mit Abstand größten von Bordeaux. Den Premiers Crus im Médoc treten jedes Jahr würdige Herausforderer mit oft genauso eindrucksvollen Weinen entgegen, und auf dem rechten Gironde-Ufer findet das Spitzentrio Cheval Blanc, Ausone und Pétrus in manchen Jahrgängen in der Brillanz anderer Weingüter der jeweiligen Appellationen nicht nur seinesgleichen, sondern wird gelegentlich sogar in den Schatten gestellt. Für den Yquem jedoch gibt es nie einen ebenbürtigen Wein (ausgenommen vielleicht die raren, in winzigen Mengen bereiteten Luxusweine Cuvée Madame von Coutet und Suduiraut). Das liegt nicht etwa daran, daß die anderen Spitzengüter von Barsac und Sauternes wie Climens, Rieussec oder Suduiraut keine superben Weine hervorbringen könnten, sondern vielmehr daran, daß Yquem seinen Wein auf einem so extravagant teuren Qualitätsniveau produziert, daß es für alle anderen Weingüter kommerzieller Irrsinn wäre, dergleichen auch nur zu versuchen.

Als ich im Jahr 1984 die erste Ausgabe dieses Buchs niederschrieb, war ich skeptisch im Hinblick auf das Potential aller Weingüter in Barsac und Sauternes, außer vielleicht einer Handvoll. Inzwischen hat sich die gesamte Region durch den großen Erfolg der Jahrgänge 1986, 1988, 1989 und 1990 völlig verwandelt. Die meisten Erzeuger genießen inzwischen ein Maß an finanziellem Wohlstand, ja sogar an finanzieller Sicherheit, von dem sie noch am Anfang der achtziger Jahre nur träumen konnten. Aber selbst mit so revolutionären Techniken wie der Gefrierextraktion werden diese Weine auch weiterhin mit die schwierigsten in der Welt bleiben, und einige schlechte Jahrgänge in Folge oder auch allzu großes Vertrauen auf neue Technologie könnten zweifellos den Enthusiasmus in der Appellation weitgehend dämpfen. Im Augenblick jedoch ist in dieser noch vor kurzem in so betrüblichem Zustand befindlichen Gegend des Weinbaugebiets Bordeaux Optimismus angesagt.

Barsac und Sauternes
(aus Insider-Sicht)

Potential allgemein: gut bis superb

Am langlebigsten: Climens, Coutet-Cuvée Madame, Gilette, Rieussec, Suduiraut, Yquem

Am elegantesten: Climens, Coutet, Doisy-Védrines, Rieussec, La Tour Blanche

Am konzentriertesten: d'Arche-Pugneau, Coutet-Cuvée Madame, Lafaurie-Peyraguey, Raymond-Lafon, Suduiraut, Yquem

Bestes Preis/Leistungs-Verhältnis: d'Arche-Pugneau, Bastor-Lamontagne, Haut-Claverie, Les Justices, Rabaud-Promis, La Tour Blanche

Am exotischsten: d'Arche-Pugneau, Raymond-Lafon

BORDEAUX

Am schwersten zu ergründen (in der Jugend): Solange diese Weine nicht wenigstens 4 bis 6 Jahre alt sind, lassen sie kaum klare Linie oder Persönlichkeit erkennen.

Am meisten unterbewertet: Rabaud-Promis, La Tour Blanche

Jung am besten zu trinken: keiner unter 4 bis 6 Jahren

Aufstrebende Weingüter: d'Arche-Pugneau, Rabaud-Promis, La Tour Blanche

Die großartigsten neueren Jahrgänge: 1990, 1989, 1988, 1986, 1983, 1976, 1975, 1967, 1962, 1959

N. B.: Sowohl der 1996er als auch der 1997er zeigen vielversprechendes Potential, aber keiner dieser beiden Jahrgänge dürfte so überzeugend wirken wie die 1988er, 1989er und 1990er.

BARSAC UND SAUTERNES IM ÜBERBLICK

Lage: etwa 40 km südöstlich vom Zentrum der Stadt Bordeaux.

Rebfläche: insgesamt 1980 ha; Sauternes 1580 ha, Barsac 400 ha

Gemeinden: Barsac, Bommes, Fargues, Preignac und Sauternes

Durchschnittliche Jahresproduktion: Sauternes 325 000 Kisten, Barsac 145 000 Kisten

Crus Classés: Insgesamt 26: 1 Premier Cru Supérieur (Château d'Yquem), 11 Premiers Crus und 14 Deuxièmes Crus

Hauptrebsorten: Sémillon und Sauvignon Blanc sowie geringe Mengen an Muscadelle

Hauptbodenarten: Tiefgründige Kiesbetten über mächtigen Kalksteinschichten. In weniger günstigen Teilen der Appellation finden sich auch Sand und Lehm.

VERBRAUCHERGERECHTE KLASSIFIZIERUNG DER CHÂTEAUX VON BARSAC UND SAUTERNES

HERVORRAGEND
Climens, Coutet-Cuvée Madame, Gilette, Rieussec, Suduiraut-Cuvée Madame, Yquem*

AUSGEZEICHNET
d'Arche-Pugneau, Coutet, de Fargues, Guiraud, Lafaurie-Peyraguey, Raymond-Lafon, Suduiraut, La Tour Blanche

SEHR GUT
Doisy-Dubroca, Doisy-Védrines, Haut-Claverie, Rabaud-Promis, Sigalas Rabaud

GUT
d'Arche, Bastor-Lamontagne, Broustet, Clos Haut-Peyraguey, Doisy-Daëne, Filhot, Les Justices, Lamothe, Lamothe-Guignard, Liot, de Malle, Nairac, Piada, Rayne-Vigneau, Romer du Hayot, Roumieu-Lacoste

* Obwohl es auch noch weitere hervorragende Weingüter gibt, hat Yquem selten einen ebenbürtigen Konkurrenten und darf deshalb als der einzige Bordeaux-Wein in einer Klasse für sich gelten.

SONSTIGE BEACHTENSWERTE WEINGÜTER IN SAUTERNES UND BARSAC

Caillou, Lamourette, de Rolland, Saint-Marc, Siau

D'Arche
2ème Cru seit 1855

GUT

Lage der Weinberge: Sauternes

Besitzer: S.A. Château d'Arche
Adresse: 33210 Sauternes
Postanschrift: S.C.E.A. Vignobles Pierre Perromat, 33540 Gornac
Telefon: 33 5 56 61 97 64 – Telefax: 33 5 56 61 95 67

Besuche: an Werktagen nach Vereinbarung
Kontaktperson: Jérôme Cosson

WEISSWEIN

Rebfläche: 28 ha

Durchschnittliches Rebenalter: 35 Jahre

Rebbestand: 90 % Sémillon, 10 % Sauvignon

Pflanzdichte: 6000 und 6500 Reben/ha

Ertrag (im Durchschnitt der letzten 5 Jahre): 15 hl/ha

Durchschnittliche Jahresproduktion insgesamt: 55 000 Flaschen

GRAND VIN

Name: Château d'Arche

Appellation: Sauternes

Durchschnittliche Jahresproduktion: 45 000 Flaschen

Verarbeitung und Ausbau: Vinifikation 15 Tage in temperaturgeregelten Edelstahltanks mit kleinem Fassungsvermögen. Anschließend mindestens 4 Monate Ausbau in jährlich zu $1/3$ erneuerten Eichenfässern. Der Wein wird je nach Jahrgang geschönt und meist gefiltert.

ZWEITWEIN

Name: Cru de Braneyre

Durchschnittliche Jahresproduktion: 10 000 Flaschen

Beurteilung des derzeitigen Rangs: Entspricht der Klassifizierung

Genußreife: mindestens 5 bis 15 Jahre nach dem Jahrgangsdatum

Château d'Arche ist ein typisches Beispiel für ein Sauternes-Weingut, das in den achtziger Jahren immer besseren Wein hervorbrachte. Bei der Qualität seiner Erzeugnisse dürfen seine Preise als mit die vernünftigsten in der Appellation gelten. Der Stil von d'Arche zeichnet sich durch sehr ölige, volle Frucht aus, die sicherlich auf den hohen Sémillon-Anteil zurückzuführen ist, aber auch durch späte Lese und durch seriöse Bemühungen um Qualität (es werden normalerweise 7 bis 10 Lesedurchgänge vorgenommen und nur edelfaule Trauben gelesen) erreicht wird.

JAHRGÄNGE

1990 • 87? Der 1990er d'Arche ist möglicherweise überreif und zu alkoholstark. Trotz Saft und Kraft könnte ihm der Mangel an Säure zum Verhängnis werden. Füllt er sich dagegen auf, kann er sich als guter bis sehr guter, muskulöser Sauternes mit kräftiger, kerniger Frucht in alkoholreichem Format erweisen. Es ist zu hoffen, daß er sich weitere 10 Jahre lang schön entfalten wird. Letzte Verkostung: 11/94.

1989 • 86 Der 1989er, der zunächst in Faß und Flasche schwerfällig und ungefüge erschien, hat sich offenbar gemausert (ein hoffnungsvolles Zeichen für den 1990er). Er zeigt unkomplizierte, reife, kernige, muskulöse Frucht bei säurearmer, mäßig süßer Art und dürfte sich 7 bis 8 Jahre lang schön trinken. Letzte Verkostung: 11/94.

1988 • 88 Dieser Wein ist wunderbar bereitet und intensiv und hat ein prachtvolles Bukett von honigsüßer Ananasfrucht. Im Mund erweist er sich als ölig und körperreich bei großer Süße und Präsenz. Langer, reichhaltiger, fast dickflüssiger Abgang. Ein für diesen Jahrgang schon weit entwickelter Wein. Voraussichtliche Genußreife: Jetzt bis 2005. Letzte Verkostung: 4/91.

1986 • 88 Ein für d'Arche ebenfalls sehr erfolgreicher Jahrgang. Er ist zwar nicht so reichhaltig und dick wie der 1988er, hat aber in puncto Aroma mehr Klasse; dieser körperreiche, konzentrierte Wein zeigt markanten Geschmack von honigsüßen Orangen und Ananas und sogar den Duft von Kokosnüssen. Sein Abgang ist lang und frisch mit viel deutlich spürbarer Edelfäule. Voraussichtliche Genußreife: Jetzt bis 2006. Letzte Verkostung: 3/90.

ÄLTERE JAHRGÄNGE

Château d'Arche produzierte einen sehr guten 1983er, aber einen weniger interessanten 1982er und 1981er. Ich besitze auch Notizen über einen erstaunlich guten 1969er. Es darf wohl mit Bestimmtheit behauptet werden, daß dieses Gut durch die Bemühungen von Pierre Perromat, der im Jahr 1981 die Leitung übernahm, in den achtziger Jahren weit großartigere Weine zuwege gebracht hat als in früheren Jahrzehnten.

Bastor-Lamontagne
Ohne Klassifizierungsrang

GUT

Lage der Weinberge: Preignac

Besitzer: Foncier Vignobles
Adresse: 33210 Preignac
Telefon: 33 5 56 63 27 66 – Telefax: 33 5 56 76 87 03

Besuche: montags bis freitags von 8.30 bis 12.30 und von 14 bis 18 Uhr
Kontaktperson: Michel Garat

DIE WEINE VON BARSAC UND SAUTERNES

WEISSWEIN

Rebfläche: 57 ha

Durchschnittliches Rebenalter: 35 Jahre

Rebbestand: 80 % Sémillon, 20 % Sauvignon

Pflanzdichte: 7000 Reben/ha

Ertrag (im Durchschnitt der letzten 5 Jahre): 20 hl/ha

Durchschnittliche Jahresproduktion insgesamt: 1150 hl

GRAND VIN

Name: Château Bastor-Lamontagne

Appellation: Sauternes

Durchschnittliche Jahresproduktion: 100 000 Flaschen

Verarbeitung und Ausbau: Vinifikation 3 Wochen, 25 % des Ertrags in Eichenfässern, der Rest in temperaturgeregelten Edelstahltanks. 15 Monate Ausbau in zu 25 % neuen Eichenfässern. Der Wein wird geschönt und gefiltert.

ZWEITWEIN

Name: Les Remparts de Bastor

Durchschnittliche Jahresproduktion: 30 000 Flaschen

Beurteilung des derzeitigen Rangs: Aufstufung zum 2ème Cru wäre zu empfehlen

Genußreife: 3 bis 15 Jahre nach dem Jahrgangsdatum

Der Bastor-Lamontagne ist stets einer meiner Favoriten gewesen, insbesondere wenn ich mich nach einem Sauternes zu annehmbarem Preis als Alternative zu den glanzvolleren (und natürlich auch teureren) Namen umschaue. Das Weingut in Preignac in der Nähe des großen Château Suduiraut hat meines Wissens noch nie schlechte Weine hervorgebracht. Alles, was ich bisher seit der Mitte der siebziger Jahre dort gekostet habe, war intelligent bereitet, reif, voll, samtig im Stil und von opulenter, reiner Frucht erfüllt. Ein starkes Holzaroma kommt bei diesem Sauternes nicht vor, denn es werden nur wenige neue Eichenfässer verwendet. Vielmehr ist der Weine üppig, reich ausgestattet, süß und in den ersten 10 bis 15 Jahren schön genußreif.

Wie die nachstehenden Probiernotizen bezeugen, ist der Bastor-Lamontagne zwar nicht hervorragend, aber beständig sehr fein. Sein großer Wert liegt im realistischen Preis und in der Jahr für Jahr stetigen Qualität.

JAHRGÄNGE

1989 • 85 Der 1989er Bastor-Lamontagne ist jahrgangstypisch säurearm und reif, hat eine überraschend weit entwickelte mittelgoldene Farbe sowie viel Frucht und eine Derbheit, die ich in anderen Jahrgängen dieses Weins noch selten beobachtet habe. Sicherlich will er recht früh getrunken werden.
Voraussichtliche Genußreife: Jetzt. Letzte Verkostung: 4/91.
1988 • 87 Ein exzellenter Wein mit reichlicher Edelfäule im honigsüßen, nach Ananas und Orangen duftenden Bukett. Im Mund zeigt er sich voll, wunderbar rein, konturenscharf und

nachhaltig bei mäßiger Süße. Dieser Sauternes ist ebensogut als Aperitif wie auch als Dessertwein geeignet.
Voraussichtliche Genußreife: Jetzt. Letzte Verkostung: 4/91.

1986 • 86   Ein weiteres Beispiel eines exzellenten Bastor-Lamontagne mit einem verlockenden Bukett von Karamel, Orangen und Gewürzen, vermischt mit Blumendüften. Der honigsüße, körperreiche und üppige Wein mit viel Alkohol und Glyzerin sowie Spuren von Edelfäule trinkt sich bereits wunderschön.
Voraussichtliche Genußreife: Jetzt. Letzte Verkostung: 3/89.

1983 • 87   Ein verschwenderisch üppiger Wein mit einer Fülle von reifer Ananasfrucht und Edelfäulecharakter, mittlerem bis vollem Körper und einem langen, reichhaltigen, seidigen Abgang, alles vereint zu einem herrlichen Gaumenkitzel. Dieser Bastor-Lamontage ist frühreif und überaus schmackhaft.
Voraussichtliche Genußreife: Jetzt. Letzte Verkostung: 3/88.

1982 • 85   Der Jahrgang 1982 ist bei Bastor-Lamontagne auffallend gut gelungen, ein wunderbarer, reichfruchtiger, mäßig süßer, schön ausgewogener Sauternes mit viel Charakter, aufgeschlossen und genußreif.
Voraussichtliche Genußreife: Jetzt. Letzte Verkostung: 1/85.

1980 • 82   Das Aroma von reifen Ananas und frischen Melonen ist in diesem mittelschweren Wein mit seiner sanften, schön konzentrierten Persönlichkeit deutlich wahrnehmbar. Er ist zwar nicht so gut wie der 1982er oder der 1983er, aber eine beachtenswerte Leistung für eine der preiswertesten Gutsabfüllungen aus Sauternes.
Voraussichtliche Genußreife: Jetzt. Letzte Verkostung: 1/84.

1976 • 85   Bastor-Lamontagne ist ein großer Erfolg in diesem für die Weine von Barsac und Sauternes sehr feinen Jahrgang. Bei voller Genußreife hat er noch genügend Haltbarkeit und zeigt sich als ein öliger, reifer orangen- und aprikosenduftiger Wein mit viel Körper und ausgezeichnetem Geschmack.
Voraussichtliche Genußreife: Jetzt. Letzte Verkostung: 3/86.

1975 • 85   Ein Bukett mit Düften von Zitronen, Butter und tropischen Früchten, dazu reifer Geschmack, mittlerer bis voller Körper und schöne, frische Säure ergänzen einander in diesem mäßig süßen, extraktreichen Wein.
Voraussichtliche Genußreife: Jetzt. Letzte Verkostung: 2/83.

BROUSTET
2ème Cru seit 1855

GUT

Lage der Weinberge: Barsac

Besitzer: Didier Laulan
Adresse: 33720 Barsac
Telefon: 33 5 56 27 16 87 – Telefax: 33 5 56 27 05 93

Besuche: nur nach Vereinbarung, außer sonntags
Kontaktperson: Didier Laulan

WEISSWEIN

Rebfläche: 16 ha

Durchschnittliches Rebenalter: 35 Jahre

Rebbestand: 75 % Sémillon, 15 % Sauvignon, 10 % Muscadelle

DIE WEINE VON BARSAC UND SAUTERNES

Pflanzdichte: 6600 Reben/ha

Ertrag (im Durchschnitt der letzten 5 Jahre): 15 hl/ha

Durchschnittliche Jahresproduktion insgesamt: 210 hl

GRAND VIN

Name: Château Broustet

Appellation: Barsac/Sauternes

Durchschnittliche Jahresproduktion: 20 000 Flaschen

Verarbeitung und Ausbau: Vinifikation in temperaturgeregelten Edelstahltanks mit 27 bis 50 hl Fassungsvermögen. Ausbau im 1. Jahr in Eichenfässern, im 2. Jahr in Edelstahltanks. Der Wein wird geschönt und gefiltert.

ZWEITWEIN

Name: Château de Ségur

Beurteilung des derzeitigen Rangs: Entspricht der Klassifizierung

Genußreife: 5 bis mindestens 20 Jahre nach dem Jahrgangsdatum

Der Broustet zählt zu den am seltensten zu findenden und am wenigsten bekannten Barsacs, vor allem weil die Erzeugung so klein ist. Das Gut gehörte von 1885 bis 1992 der Familie Fournier, dann wurde es an Didier Laulan verkauft.

Seit der Mitte der 1980er Jahre sind bei Broustet viele Verbesserungen geschehen. Zwar spielt sich der Gärprozeß nach wie vor in Edelstahltanks ab, aber der Anteil neuer Eichenfässer im Ausbau ist auf 50 % angehoben worden, und das Château hat einen Zweitwein für schwächere Mostpartien eingeführt. Außerdem ist ein trockener Weißwein in das Programm aufgenommen worden.

JAHRGÄNGE

1989 • 86 Der 1989er will in den ersten 10 Jahren getrunken werden, denn er ist jetzt schon ein kräftiger, fülliger, reichhaltiger, saftiger Tropfen. Für einen 1989er ist er überraschend elegant, aber auch äußerst alkoholstark und nicht allzu komplex, süßer als der 1988er, doch nicht ganz mit derselben Geschmacksdimension und dem Charakter des voraufgegangenen Jahrgangs begabt.
Voraussichtliche Genußreife: Jetzt bis 2002. Letzte Verkostung: 4/91.
1988 • 88 Der 1988er hat den Vorteil, daß er mehr Säure und Komplexität sowie ein belebendes Bukett von honigsüßer Aprikosen- und Pfirsichfrucht besitzt, das zusammen mit seiner sprühenden Lebendigkeit dem kraftvollen, reichhaltigen, intensiven Geschmack ein Gefühl des Gleichgewichts und der Konturenschärfe verleiht – der beste Broustet, den ich je gekostet habe.
Voraussichtliche Genußreife: Jetzt bis 2008. Letzte Verkostung: 4/91.
1980 • 82 Der bei Broustet gut gelungene 1980er ist stämmig, hat schöne Edelfäule, sanfte Ananasfrucht und einen milden, reifen, generösen Abgang.
Voraussichtliche Genußreife: Jetzt. Letzte Verkostung: 1/85.
1978 • 80 Der 1978er Broustet besitzt sauberen, frischen, reifen, fruchtigen Geschmack hinter einer Wand von aggressiver Eichenholzwürze. Am Gaumen zeigt sich dieser Wein recht körperreich, aber etwas hohl und nicht so saftig und süß, wie er sein sollte. Schöne kräftige Art hat er schon, aber etwas mehr vollmundige, reife Frucht würde ihm gut stehen.
Voraussichtliche Genußreife: Jetzt. Letzte Verkostung: 2/84.

1975 • 85 Dieser Broustet ist einer der besseren, die ich gekostet habe, ein recht kraftvoller Wein mit wunderschöner, süßer Fruchtigkeit von Ananas, Pfirsichen und Äpfeln bei mittlerem bis vollem Körper und kräftigem Gefühl am Gaumen. Der lange, lebendige Abgang wirkt überraschend frisch.
Voraussichtliche Genußreife: Jetzt. Letzte Verkostung: 4/82.

1971 • 78 Der 1971er Broustet beginnt zu verblassen und seine Frische und Lebenskraft einzubüßen. Er ist würzig, hat etwas zuviel Eichenholz, doch bei mittlerem bis vollem Körper zeigt er gute Konzentration und nicht zu süßen Geschmack.
Voraussichtliche Genußreife: Jetzt – vermutlich im Nachlassen. Letzte Verkostung: 4/78.

CAILLOU
2ème Cru

Besitzer: Jean-Bernard Bravo
Telefon: 33 5 56 27 16 38; Telefax: 33 5 56 27 09 60

Produktion: 4500 Kisten

Rebbestand: 90 % Sémillon, 10 % Sauvignon Blanc

Zweitwein: Haut-Mayne

Rebfläche: 13 ha

Trockener Weißwein: Vin Sec de Château Caillou

Faßreifezeit: 20 bis 24 Monate

Durchschnittsalter der Reben: 25 Jahre

Beurteilung des derzeitigen Rangs: Entspricht der Klassifizierung, allerdings ist zu beachten, daß sich die Qualität seit Mitte der 1980er Jahre verbessert hat

Genußreife: 5 bis 10 Jahre nach dem Jahrgangsdatum

Das relativ unbekannte Barsac-Weingut liegt an der Route D118 östlich von Barsac. Der Boden des Weinbergs besteht aus Kalkstein und Lehm. Von der Straße aus sieht man schon die beiden Türme, die das zweieinhalbgeschossige Château beherrschen.

Die Reputation von Caillou ist gemischt, Viele Kenner meinen aber, das Gut sei als kompetenter Erzeuger von Barsac-Weinen im leichteren Stil bisher weitgehend übersehen worden. Der Gärprozeß findet in Edelstahltanks mit Temperaturregelung statt, anschließend wird der Wein gefiltert und in kleine Fässer, die jährlich zu 20 % erneuert werden, abgestochen. Mich haben die Weine von Caillou nie besonders beeindruckt, aber der 1947er, den ich 1987 verkostete, war in guter Verfassung. Neuerdings sind anscheinend bedeutende Verbesserungen geschehen, denn der 1988er, 1989er und 1990er schmeckten allesamt seriöser und komplexer als ihre Vorgänger.

DIE WEINE VON BARSAC UND SAUTERNES

JAHRGÄNGE

1990 • 88 Caillou produziert meistens kompakte, reichfruchtige, mäßig süße Weine, die nur selten die Komplexität aufweisen, wie sie bei besseren Weingütern in Barsac und Sauternes anzutreffen ist. Der 1990er hat im Duft Honig, reife Kirschen, Aprikosen und Orangen und bietet überraschend gute Säure sowie einen mittelschweren bis vollen, kernigen Abgang. Er ist so eindrucksvoll, wie ein Caillou überhaupt nur sein kann, und wird sich 10 bis 15 Jahre halten. Letzte Verkostung: 11/94.

1989 • 84 Der 1989er ist ein fetter, süßer, stämmiger Wein ohne große Komplexität oder Linie. Früher gefiel er mir besser, doch seine weiche Säure macht ihn mit zunehmendem Alter immer diffuser. Letzte Verkostung: 11/94.

1988 • 86 Der 1988er ist voll, reif und reichhaltig mit attraktiver, honigwürziger, an Ananas erinnernder Fruchtigkeit bei mittlerem bis vollem Körper und eleganterer Persönlichkeit als seine beiden jüngeren Brüder. Er dürfte sich ein Jahrzehnt gut halten.
Letzte Verkostung: 11/94.

1986 • 77 Ein uninteressanter, ja sogar nichtssagender Wein, dem es an Tiefe fehlt; der Abgang vermittelt einen kurzen, schwachen Eindruck. Schwer zu begreifen, was in diesem ausgezeichneten Jahrgang schiefgelaufen sein mag.
Voraussichtliche Genußreife: Jetzt. Letzte Verkostung: 3/90.

1985 • 82 Der Geschmack von Ananas und Orangen ist bei leichter Intensität und auf verhaltene Weise doch attraktiv. Im Mund zeigt sich dieser Wein sanft lieblich, mit mittlerem Körper und relativ leicht, ohne jede Spur von Edelfäule.
Voraussichtliche Genußreife: Jetzt. Letzte Verkostung: 3/90.

Climens
Premier Cru seit 1855

HERVORRAGEND

Lage der Weinberge: im höchsten Teil von Barsac

Besitzer: Familie Lurton
Adresse: 33720 Barsac
Telefon: 33 5 56 27 15 33 – Telefax: 33 5 56 27 21 04

Besuche: nur nach Vereinbarung
Kontaktperson: Christian Broustaut oder Bérénice Lurton

WEISSWEIN

Rebfläche: 28,5 ha

Durchschnittliches Rebenalter: 35 Jahre

Rebbestand: 100 % Sémillon

Pflanzdichte: 6600 Reben/ha

Ertrag (im Durchschnitt der letzten 5 Jahre): 16 hl/ha

GRAND VIN

Name: Château Climens

Appellation: Barsac/Sauternes

BORDEAUX

Durchschnittliche Jahresproduktion: 40 000 Flaschen (unterschiedlich)

Verarbeitung und Ausbau: Die Gärung findet in jährlich zu ⅓ erneuerten Eichenfässern statt, in denen der Wein auch 12 bis 18 Monate ausgebaut wird. Der Wein wird nicht geschönt, jedoch eventuell gefiltert.

ZWEITWEIN

Name: Les Cyprès de Climens

Durchschnittliche Jahresproduktion: unterschiedlich

Beurteilung des derzeitigen Rangs: Einer der großartigsten süßen Weißweine der Welt

Genußreife: mindestens 7 bis 25 Jahre nach dem Jahrgangsdatum

Das berühmteste Weingut in der Region Barsac/Sauternes ist fraglos das Château d'Yquem, das den konzentriertesten und teuersten süßen Weißwein Frankreichs produziert. Ich jedoch meine, daß sich als Begleiter zum Essen der höchst komplexe und überzeugende Wein aus dem Château Climens in Barsac am besten eignet. Climens befindet sich seit 1971 im Besitz der Familie Lurton, die über ein beträchtliches Imperium von Bordeaux-Weingütern, u. a. auch die berühmten Châteaux Brane-Cantenac, Durfort-Vivens und Desmirail in Margaux, gebietet. Alle diese Güter bringen sehr guten Wein hervor, keines aber hat in seinem jeweiligen Bereich soviel Rang und Ansehen wie Château Climens in Barsac.

Seit so ziemlich zwei Jahrhunderten gilt es als eines der beiden führenden Weingüter hier. Seine Weinberge und das bescheidene eingeschossige Château (es zeichnet sich lediglich durch zwei schiefergedeckte Türme an den Enden aus) befinden sich nördlich des Orts La Pinesse auf dem höchsten Plateau von Barsac – ganze 21 m über dem Meer. Die meisten Beobachter empfinden diese Höhenlage als wichtig für den ausgezeichneten Wasserabzug in diesem Weinberg, wodurch Climens in nassen Jahren einen deutlichen Vorteil gegenüber tiefer gelegenen Ländereien hat.

Die Namen der meisten Châteaux in dieser Gegend lassen sich auf frühere Besitzer zurückführen, nur bei Climens weiß niemand so recht, wie es zu dieser Bezeichnung gekommen ist. Im 19. Jahrhundert gehörte das Château jedenfalls fast durchweg der Familie Lacoste, die ihren Wein Château Climenz-Lacoste nannte. Damals brachte das Weingut von 28 ha eine Produktion von 6000 Kisten Wein zustande, doch gegen Ende des 19. Jahrhunderts verwüstete die Reblaus die meisten Weinberge in Bordeaux und auch die von Château Climens. 1871 wurde Climens dann an Alfred Ribet verkauft, damals der Besitzer von Château Pexoto, eines Weinguts, das später im heutigen Château Sigalas Rabaud aufging.

1885 verkaufte Ribet das Gut an Henri Gounouilhou, dessen Familie das Château Climens betrieb, bis es 1971 von seinem heutigen Besitzer, dem dynamischen Lucien Lurton, erworben wurde. Henri Gounouilhou, der Direktor der berühmtesten Tageszeitung von Bordeaux, «Sud-Ouest», und seine Nachfahren hoben nicht nur das Qualitätsniveau von Climens an, sondern machten das großartige Gut auch einem breiteren Publikum bekannt. Die legendären Jahrgänge 1929, 1937 und 1947 ermöglichten Climens, das Renommee des größeren Nachbarguts Château Coutet zu überflügeln und sogar mit dem großen Château d'Yquem in Wettbewerb zu treten.

Brigitte und Bérénice Lurton haben nun die außerordentliche Reputation des hervorragenden Weinguts noch gesteigert. Sonst wurde nichts verändert, nur die wenigen Muscadelle-Reben, die noch im Weinberg mit seinem aus Kies, rotem Sand und Lehm gemischten Boden wuchsen, wurden entfernt. Der gegenwärtige Rebbestand, der nach Meinung der Lurtons aus dem *terroir* von Château Climens den bestmöglichen Wein hervorbringt, ist 100 % Sémillon. Sauvignon im Verschnittrezept wünschen sie nicht, weil diese Traubensorte dazu neigt, nach einigen Jahren ihr Aroma einzubüßen. Das Durchschnittsalter der Weinstöcke wird auf dem

DIE WEINE VON BARSAC UND SAUTERNES

eindrucksvollen Stand von 35 Jahren gehalten, denn die Lurtons lassen jährlich nur 3 bis 4 % der Rebfläche neu ansetzen. Außerdem ist der Ertrag von 16 hl/ha mit der kleinste aller Weingüter in der Region Barsac/Sauternes. (In einer Zeit, in der die meisten Châteaux den Ertrag ihrer Weinberge verdoppeln, bleibt Climens löblicherweise bei einer durchschnittlichen Jahreserzeugung von nur 3333 Kisten von einer Rebfläche, die um 0,5 ha größer ist als in der Mitte des 19. Jahrhunderts.) Sicherlich ergibt sich aus diesen statistischen Zahlen allein schon eine Erklärung für die außergewöhnliche Konzentration und Qualität des hier produzierten Weins.

Der Wein gärt in Fässern und reift vor der Abfüllung zwei Jahre lang in 225 bis l-*barriques*, die in den meisten Jahren zu 33 % erneuert werden. Auf diese Weise wird versucht, die richtige Verbindung zwischen der honigsüßen ananas- und aprikosenduftigen Frucht und der Toast- und Vanillinwürze von frischem Eichenholz zu erzielen.

Das Kostbare an Climens ist, daß dieses Château den eindeutig elegantesten Wein der Region hervorbringt. Zweifellos kann er in Kraft, Öligkeit und Opulenz nicht mit dem Yquem mithalten, auch nicht mit dem Château Rieussec, Château Suduiraut und der luxuriösen, raren «Cuvée Madame» von Château Coutet. Wenn man jedoch die Größe eines Weins an der außerordentlichen Ausgewogenheit und Finesse mißt, dann hat der Climens nicht nur kaum seinesgleichen, sondern verdient auch vollauf sein Renommee als Quintessenz des Weins der Region. Viele Sauternes geraten manchmal an den Rand der Klebrigkeit, doch der Climens vereint in guten Jahrgängen einen vollen, üppigen, exotischen Charakter von honigsüßer Ananasfrucht mit einem Kern von feiner Zitronensäure, wodurch der Wein frische, pikante Art, klar konturierten Geschmack und ein tiefes, profundes, genußvolles Bukett erlangt.

JAHRGÄNGE

1990 • 95   Der 1990er entfaltet sich außerordentlich gut (besser als ich dachte) und erscheint als würdiger Rivale des blendenden 1988ers. Das superbe Aromaprofil (Ananas, Akazien, Vanille und Honig) geht einher mit einem vollen, körperreichen, für Climens untypisch wuchtigen Wein mit ausreichender Säure, kräftigem Alkohol und noch kräftigerer Extraktfülle und Frucht.
Voraussichtliche Genußreife: 2000 bis 2030. Letzte Verkostung: 11/94.

1989 • 90   Aus unerfindlichen Gründen ist der 1989er nur hervorragend und nicht überwältigend ausgefallen. Es fehlt ihm die Komplexität des 1988ers, aber er ist dennoch ein fülliger, muskulöser, reichhaltiger, intensiver, körperreicher Wein und noch süßer als sonst. Für einen 1989er hat er sogar auch gute Säure. Wenn mehr Komplexität und Biß hinzukommen, wird sich meine Punktnote geizig ausnehmen.
Voraussichtliche Genußreife: Jetzt bis 2010. Letzte Verkostung: 11/94.

1988 • 96   Der 1988er zeigt vielschichtige, honigsüße Ananas- und Orangenfrucht in Duft und Geschmack, lebendige Säure, ein hohes Maß an Edelfäule und einen sagenhaft langen, jedoch konturenscharfen Abgang – ein großer Wein.
Voraussichtliche Genußreife: Jetzt bis 2015. Letzte Verkostung: 11/94.

1986 • 96   Ein völlig überzeugender Climens und in jeder Hinsicht so gut wie der 1988er, wahrscheinlich sogar der beste Climens seit dem spektakulären 1971er. Bei noch hellgoldener Farbe zeigt er ein expansives Bukett von frischem Eichenholz, Orangen, Ananas und anderen tropischen Früchten. Im Mund spürt man große Fülle, die durch die bemerkenswerte Klarheit und Definition dieses Weins nur noch erhöht erscheint. Auch an Edelfäule steht der 1986er dem 1988er in nichts nach. Trotz seiner Intensität und seines Extraktreichtums stellt sich dieser Wein relativ frisch und leicht dar. Der 1986er ist ein umwerfendes Beispiel für einen Climens in Bestform.
Voraussichtliche Genußreife: Jetzt bis 2010. Letzte Verkostung: 1/91.

1985 • 85   Nachteilig wirkt sich bei praktisch allen Weinen des Jahrgangs 1985 aus Barsac und Sauternes aus, daß es nur sehr wenig Edelfäule gab. Dessenungeachtet brachte Climens einen

attraktiven, fruchtigen, blumigen Wein mit feiner Honigsüße, allerdings ohne besonders viel Komplexität, zustande. Er bietet aber vollen, aufgeschlossenen, erfreulichen Geschmack bei mittlerem bis kräftigem Körper.
Voraussichtliche Genußreife: Jetzt bis 2003. Letzte Verkostung: 11/90.

1983 • 92   Der 1983er hat sich seit der Abfüllung beständig verbessert und ist nun ein bei weitem größerer Wein, als ich nach der Faßprobe vermutete. Er zeigt die klassische, honigsüße, an Ananas erinnernde, von Eichenholz geprägte würzige Art, die den Climens so profund macht. Auf der Zunge ist dieser Wein opulent, überaus reichhaltig, mit viel Glyzerin ausgestattet, aber er besitzt auch genügend Säure, die ihm schöne Definition und Frische verleiht – ein wunderschön bereiteter, geradezu umwerfender Barsac, der nur von dem großen 1986er und 1988er in den Schatten gestellt wird.
Voraussichtliche Genußreife: Jetzt bis 2009. Letzte Verkostung: 11/90.

1982 • 80   Den 1982er habe ich nur zweimal verkostet, doch beide Male zeigte er nicht die frische Säure und die Struktur, die man vom Climens erwartet. Vielmehr erscheint er diffus, süß und flau, ohne genug Säure als Gegengewicht – ein Wein, der sicher rasch ausreifen wird.
Voraussichtliche Genußreife: Jetzt. Letzte Verkostung: 3/86.

1980 • 90   Der 1980er ist ein wundervoller Climens-Jahrgang, in dem ein hervorragender Barsac zustande gekommen ist. Sein exotisches Bukett von tropischer Frucht, Ananas und Melonen ist wirklich erstklassig. Auf der Zunge erweist sich der Wein bei mittlerem Körper als voll, nie aber schwer oder klebrig süß, sondern mit frischer, reichhaltiger, sanfter, samtiger und reifer Frucht im Geschmack. Eine superbe Leistung von Climens und einer der besten süßen Weine des Jahrgangs.
Voraussichtliche Genußreife: Jetzt bis 2000. Letzte Verkostung: 12/90.

1979 • 85   Ein schöner Erfolg für Climens, ein blaßgoldener Wein mit grünlichem Schimmer, zwar nicht so konzentriert und nicht so stark von Edelfäule geprägt wie der 1980er, leichter und trockener, aber dennoch relativ reichhaltig, stilvoll und anmutig. Dieser Barsac bietet große Flexibilität insofern, als er ebensogut zum Dessert wie auch als Aperitif serviert werden kann.
Voraussichtliche Genußreife: Jetzt bis 2000. Letzte Verkostung: 3/88.

1978 • 86   Der 1978er Climens ist etwas konzentrierter als der 1979er, aber wie diesem fehlt auch ihm die besondere Dimension, die nur die Edelfäule solchen Weinen verleiht. Aber in diesem Jahrgang konnte der Schimmelpilz infolge ungeeigneter Witterungsbedingungen nicht gedeihen. So ist der 1978er ein fülliger Wein mit voller, fruchtiger Konzentration, mäßiger Süße, kräftigem Körper und einem erstklassigen Bukett von gerösteten Nüssen, Blumen und kandierten Äpfeln – ein eleganter Tropfen.
Voraussichtliche Genußreife: Jetzt. Letzte Verkostung: 2/85.

1977 • 80   Climens brachte in diesem schlechten Jahrgang einen sehr achtbaren Wein zuwege. Er ist hellgolden, mit grünlichem Schimmer, es fehlt ihm an Fülle und Tiefe, aber er bietet überraschend frischen Geschmack von tropischen Früchten, schöne Eleganz und einen Stil, der einem guten, trockenen Graves ähnelt.
Voraussichtliche Genußreife: Jetzt – vermutlich im Nachlassen. Letzte Verkostung: 3/84.

1976 • 87   Der füllige, für einen Climens schon weit ausentwickelte 1976er trinkt sich derzeit prachtvoll. Er ist charmant fruchtig, hat ein expansives Bukett von reifer Frucht, Honig, vanillinsüßer Eichenholzwürze und feinen Kräutern, dazu mittleren Körper, durchschnittliche Säure und eine volle, milde Art.
Voraussichtliche Genußreife: Jetzt. Letzte Verkostung: 3/88.

1975 • 89   Der noch immer bemerkenswert jugendliche und verschlossene 1975er Climens hat hellgoldene Farbe und ein straffes Bukett von Kokosnüssen, Blumen und reifer Frucht. Am Gaumen erweist er sich als untadelig ausgewogen mit frischer Säure, exzellenter Reichhaltigkeit, und der Abgang ist alkoholstark, voll und sehr, sehr lang. Dieser beachtlich körperreiche und kraftvolle Climens ist noch immer erstaunlich verschlossen und unentwickelt und dürfte sich als Langstreckenläufer erweisen.
Voraussichtliche Genußreife: Jetzt bis 2020. Letzte Verkostung: 3/90.

1973 • 84   Der 1973er Climens ist ein Spitzenerfolg aus diesem ansonsten an Leichtgewichten so reichen Jahrgang, sollte nun aber getrunken werden, bevor seine Frische und die lebendige, intensive Frucht dahinschwinden. Dieser für einen Barsac ziemlich trockene Wein zeigt mittleren Körper, gute Säure und genügend Geschmacksfülle, um Interesse zu verdienen.
Voraussichtliche Genußreife: Jetzt. Letzte Verkostung: 3/84.

1972 • 80   Es hat mich verblüfft, wie gut dieser Wein war, als ich ihn zum ersten Mal probierte. Das Jahr war schrecklich, aber Climens brachte trotzdem einen Wein mit guter Reife, einem Anflug von Edelfäule, vollmundiger Art und schönem Gleichgewicht zuwege.
Voraussichtliche Genußreife: Jetzt – vermutlich im Nachlassen. Letzte Verkostung: 3/84.

1971 • 94   Ich habe schon manchen sagenhaften Climens-Jahrgang genossen (der 1947er und der 1949er fallen mir sofort ein), aber der 1971er ist und bleibt mein Favorit unter den ausgereiften Weinen dieses Châteaus. Er ist ein klassischer Climens, kraftvoll und doch verhalten, reich und opulent, aber auch zart – ein Wein mit superber Ausgewogenheit, einem langen, lebendigen, frischen Abgang und mäßiger Süße, die durch exzellente Säure leicht und köstlich ausgeglichen wird. Er ist einer der feinsten Barsacs, die ich kenne. Der honigsüße Ananascharakter, der so sehr einen Wesenszug dieses Weins bildet, ist reichlich spürbar.
Voraussichtliche Genußreife: Jetzt bis 2001. Letzte Verkostung: 12/97.

1970 • 70   Der 1970er Climens ist lediglich ein durchschnittlicher, stumpfer, etwas ungefüger und schwerfälliger Wein. Seine blaßgoldene Farbe ist zwar ganz hübsch, aber diesem leichten Climens fehlt es an Biß – keine besonders gelungene Leistung. Letzte Verkostung: 5/82.

1967 • 83   Vielleicht habe ich einfach Pech gehabt und bin nie einer erstklassigen Flasche 1967er begegnet. Ganz allgemein finde ich diesen Wein kraftvoll und reich konzentriert. Er ist zwar nicht gerade der ausgewogenste Vertreter von Climens, dessenungeachtet aber füllig und vollmundig, und wenn er auch im Abgang etwas derb und ungeschliffen erscheint, so kann man ihn doch als recht zufriedenstellend bezeichnen.
Voraussichtliche Genußreife: Jetzt. Letzte Verkostung: 12/79.

1962 • 89   Die Farbe beginnt tiefer zu werden und einen bernsteingoldenen Ton anzunehmen, aber jedenfalls ist der 1962er wohl der beste Climens aus den sechziger Jahren. Das vollduftige, geröstete Bukett von geschmolzenem Karamel oder in Butter gebräuntem Zucker ist faszinierend. Am Gaumen zeigt sich reichhaltiger, üppiger, öliger Geschmack, der durch schöne Säure frisch und lebendig erhalten wird. Dieser Wein steht ebenbürtig neben dem 1962er Yquem.
Voraussichtliche Genußreife: Jetzt. Letzte Verkostung: 1/85.

ÄLTERE JAHRGÄNGE

Abgesehen von den legendären Jahrgängen 1929 und 1937 (92 bzw. 90 Punkte bei gleichzeitiger Verkostung in 11/88), dem 1947er (von diesem Wein habe ich ein paar enttäuschende Flaschen erlebt – sie waren wohl schlecht gelagert – allerdings rechtfertigte eine Flasche den phänomenalen Ruf dieses Jahrgangs; 94 Punkte in 11/90) und dem 1949er (94 Punkte in 4/91), scheint es mir doch, daß der Climens in Größe und Beständigkeit nie stärker war als jetzt, über zwei Jahrzehnte, nachdem Lucien Lurton die Sache in die Hand genommen hatte. Aus den fünfziger Jahren ragt nur der 1959er (90 Punkte in 1/89) als denkwürdig hervor. Seine größten Weine hat das Château Climens erst in den siebziger Jahren zu produzieren begonnen.

Clos Haut-Peyraguey
Premier Cru seit 1855

GUT

Lage der Weinberge: Bommes

Besitzer: G.F.A. du Château Clos Haut-Peyraguey (Jacqueline und Jacques Pauly)
Adresse: 33210 Bommes
Postanschrift: Château Haut-Bommes, 33210 Bommes
Telefon: 33 5 56 76 61 53 – Telefax: 33 5 56 76 69 65

Besuche: Gruppen nach Vereinbarung; täglich geöffnet
Kontaktperson: Jacques oder Jacqueline Pauly

WEISSWEIN

Rebfläche: 17 ha

Durchschnittliches Rebenalter: 35 Jahre

Rebbestand: 90% Sémillon, 10% Sauvignon

Pflanzdichte: 6600 Reben/ha

Ertrag (im Durchschnitt der letzten 5 Jahre): 14 hl/ha

Durchschnittliche Jahresproduktion insgesamt: 225 hl

GRAND VIN

Name: Château Clos Haut-Peyraguey

Appellation: Sauternes

Durchschnittliche Jahresproduktion: 180 hl

Verarbeitung und Ausbau: Gärung in zu 25% neuen Eichenfässern; 24 Monate Ausbau.
Der Wein wird geschönt, aber nicht gefiltert.

ZWEITWEIN

Name: Château Haut-Bommes

Durchschnittliche Jahresproduktion: 80 hl

Beurteilung des derzeitigen Rangs: Entspricht qualitativ einem Cru Bourgeois

Genußreife: 5 bis 12 Jahre nach dem Jahrgangsdatum

In der Klassifizierung von 1855 gab es nur ein einziges Château Peyraguey als Premier Cru Classé, jedoch im Jahr 1879 wurde das Gut geteilt. Der kleinere Teil erhielt den Namen Clos Haut-Peyraguey. In den sechziger, siebziger und ersten achtziger Jahren war die Qualität seiner Weine über lange Strecken uninteressant. Erst gegen Ende der achtziger und Anfang der neunziger Jahre stellten sich Verbesserungen ein.

JAHRGÄNGE

1990 • 90   Der 1990er ist ein voller, körperreicher, öliger, wuchtiger Wein. Dieser dramatische, markante, alkoholstarke Sauternes hat 20 Jahre Entfaltung vor sich.
Letzte Verkostung: 11/94.

DIE WEINE VON BARSAC UND SAUTERNES

1989 • 86 Der 1989er hält den Vergleich mit dem 1990er und dem 1988er nicht ganz aus, weil er trockener ist und eine wächserne, an Elsässer Tokay-Pinot Gris erinnernde Persönlichkeit besitzt. Damit nimmt er sich zwar nicht schlecht aus, aber neben dem duftigen 1988er und dem übervollen 1990er hat er weniger Statur. Er wird sich 2 Jahrzehnte lang gut halten, doch weist er nicht soviel Fruchtfülle auf, und wenn er erst abzumagern beginnt, verliert er an Interesse. Letzte Verkostung: 11/94.

1988 • 89 Das feinste Bukett und Aromaprofil findet man im 1988er, in dessen Duft sich Geißblatt, Pfirsiche, Aprikosen und Ananas ein Stelldichein geben. Der elegante Wein mit seinem mittleren bis vollen Körper wird sich 15 Jahre halten. Letzte Verkostung: 11/94.

1986 • 85 Dieser Wein ist zwar viel leichter als die meisten 1986er, aber dennoch attraktiv und fruchtig bei mittlerem Körper, schöner Nachhaltigkeit und Ausgewogenheit und einer Spur Edelfäule im an Pfirsiche und Aprikosen erinnernden Geschmack.
Voraussichtliche Genußreife: Jetzt. Letzte Verkostung: 3/89.

1985 • 75 Der eindimensionale, schlichte, einfache, honigsüße Geschmack bietet wenig an Komplexität oder Biß. Von Edelfäule konnte ich keine Spur entdecken.
Voraussichtliche Genußreife: Jetzt. Letzte Verkostung: 6/87.

COUTET
Premier Cru seit 1855

AUSGEZEICHNET/HERVORRAGEND

Lage der Weinberge: Barsac

Besitzer: Philippe und Dominique Baly
Adresse: 33720 Barsac
Telefon: 33 5 56 27 15 46 – Telefax: 33 5 56 27 02 20

Besuche: nach Vereinbarung, montags bis samstags
Kontaktperson: Mme. Bertrand Constantin

WEISSWEIN

Rebfläche: 35 ha

Durchschnittliches Rebenalter: 35 Jahre

Rebbestand: 75% Sémillon, 23% Sauvignon, 2% Muscadelle

Pflanzdichte: 5600 Reben/ha

Ertrag (im Durchschnitt der letzten 5 Jahre): 12 hl/ha

Durchschnittliche Jahresproduktion insgesamt: 45 000 Flaschen

GRAND VIN

Name: Château Coutet

Appellation: Sauternes/Barsac

Durchschnittliche Jahresproduktion: 35 000 Flaschen

Verarbeitung und Ausbau: Vinifikation 3 bis 6 Wochen in zu 35% neuen Eichenfässern bis zum natürlichen Ausgären. 16 bis 18 Monate Ausbau in Eichenfässern. Der Wein wird geschönt und gefiltert.

BORDEAUX

ZWEITWEIN

Name: Chartreuse du Château Coutet

Durchschnittliche Jahresproduktion: 10 000 Flaschen

COUTET CUVÉE MADAME

Diese Cuvée Spéciale wird nur in großen Jahrgängen produziert, der letzte war 1990 (eventuell wird noch ein 1996er herausgebracht). Die Frucht stammt aus einer besonderen 2 bis 2,5 ha großen Parzelle (Rebenalter 35 Jahre) und wird, wenn höchste Reife und einheitliche Konzentration erreicht sind, individuell meist in einem Durchgang gelesen. Vinifikation 3 bis 6 Wochen in zu 100 % neuen Eichenfässern, Ausbauzeit 24 Monate. Der Wein wird geschönt und gefiltert. Die Produktion ist sehr klein; Rebsortenzusammensetzung wie beim Château Coutet.

Beurteilung des derzeitigen Rangs: Entspricht der Klassifizierung; die Cuvée Madame ist jedoch der einzige Wein in der Region Barsac/Sauternes, der sich qualitativ mit dem Yquem messen kann

Genußreife: 5 bis 25 Jahre nach dem Jahrgangsdatum

Coutet ist seit eh und je eines der führenden sowie eines der größten Weingüter in Barsac. Sein Wein ist bekannt und berühmt für elegante, nicht allzu süße und kraftvolle Art, meist gut bereitet, stilvoll und von besonderer Vielseitigkeit, denn er paßt zu mehr verschiedenen Speisen und Gerichten, als die vielen intensiven, hochkonzentrierten, verschwenderisch mit Eichenholzwürze versehenen Weine, die in dieser Region in Hülle und Fülle entstehen.

Allerdings produziert Coutet daneben in winzigen Mengen auch einen unglaublich vollen, öligen Wein, den man im Handel kaum je antrifft, der aber schon deshalb erwähnt werden muß, weil er eines der beiden feinsten Gewächse der Region ist (das andere ist natürlich der Yquem): Er heißt Cuvée Madame und entsteht nur in ganz bestimmten Jahren. Zwischen 1943 und 1997 waren es die Jahrgänge 1943, 1949, 1950, 1959, 1971, 1975, 1981, 1986, 1988 und 1989. Es werden jedesmal nur rund 1200 Flaschen – gerade vier Fässer – dieses Weins bereitet; wer also das Glück hat, einer Flasche zu begegnen, sollte sie unverzüglich probieren, denn die Cuvée Madame von Coutet ist reiner Nektar. Der 1971er, 1981er, 1986er, 1988er und 1989er Cuvée Madame stellen neben dem 1921er Château d'Yquem die feinsten süßen Weine aus dieser Region dar, die ich kenne.

Was nun den normalen Wein von Coutet betrifft, so sind die Jahrgänge unmittelbar nach 1977, als Marcel Baly das Weingut kaufte, leicht und nichtssagend; seit 1983 aber produziert das Weingut fast jedes Jahr erstklassigen Wein. Überhaupt scheint Coutet nun ernstlich darauf aus zu sein, Château Climens seine führende Stellung in Barsac streitig zu machen.

Außerdem bringt Coutet einen trockenen Wein hervor, der sich sehr frisch und zu attraktiven Preisen präsentiert und am besten im Alter von 4 bis 5 Jahren getrunken wird.

JAHRGÄNGE

1990 • 88   Der körperreiche 1990er ist süß, voll und honigwürzig, doch es fehlen ihm die Klarheit und Komplexität des 1989ers.
Letzte Verkostung: 11/94.

1990 • 98   *Cuvée Madame* – Der 1990er ist der vollste und wuchtigste unter den drei Jahrgängen 1990, 1989 und 1988, die alle ein profundes Bukett mit Nuancen von Rauch, Eichentoast, vereint mit honigduftigen Pfirsichen und Aprikosen sowie Kokosnuß und einem Hauch *crème brûlée* bieten. Mit außerordentlich vollmundiger, körper- und extraktreicher Persönlichkeit sowie wunderbarer Säure als Grundlage präsentieren sie sich als spektakuläre Weine.
Voraussichtliche Genußreife: 2002 bis 2030. Letzte Verkostung: 11/94.

DIE WEINE VON BARSAC UND SAUTERNES

1989 • 90   Dies ist einer der wenigen Fälle, in denen der 1989er den besseren Wein darstellt. Als reichhaltigster, süßester und fettester der drei Jahrgänge bietet er ein reintöniges Ananasbukett, dazu vollen Körper und exzellente Konzentration.
Voraussichtliche Genußreife: 2000 bis 2015. Letzte Verkostung: 3/96.

1989 • 95   *Cuvée Madame* – Der tiefgolden schimmernde, kraftstrotzende süße Wein bietet Aromen von Kaffee, Pudding, *pain grillé*, honigduftigen tropischen Früchten und eine Kokosnußnote. Dieser ölige, von Glyzerin, Extrakt und Fülle überströmende, körperreiche, aber außerordentlich klar umrissene Wein weist Wucht und Komplexität in seltener Kombination auf – eine erstaunlich vollmundige Cuvée Madame, die nur im Vergleich mit ihren sie flankierenden Schwestern etwas blaß wirkt.
Voraussichtliche Genußreife: Jetzt bis 2030. Letzte Verkostung: 11/94.

1988 • 89+   Der leichtere, trockenere 1988er hat mit attraktivem, würzigem Vanillin- und Zitrusduft, mittlerem Körper und erdigen Noten nicht soviel in die Waagschale zu werfen wie der 1989er und der 1990er, so daß meine Punktnote nicht höher steigen konnte.
Voraussichtliche Genußreife: 2001 bis 2018. Letzte Verkostung: 11/94.

1988 • 99   *Cuvée Madame* – Diese Cuvée Madame ist nach demselben Modell geschnitzt wie die anderen Jahrgänge, stellt aber vielleicht so etwas wie die Vollendung dar, denn intensiver Edelfäulecharakter und Öligkeit werden von etwas kräftigerer Säure gestützt, so daß der 1988er die Gewichtigkeit und Massivität des 1989ers und 1990ers, jedoch bei größerer Konturenschärfe und Lebendigkeit, besitzt. Wer die Cuvée Madame noch nicht gekostet hat, kann sich einen Wein von solcher honigwürzigen Fülle, Wucht und Geschmacksdimension, aber ohne jede Schwere, kaum vorstellen. Der 1988er ist noch immer jung, sogar jugendfrischer als der 1989er und der 1990er, besitzt gute Säuregrundlage und luxuriös üppige, vielschichtige, viskose, körperreiche Geschmacksfülle mit Nuancen von *crème brûlée*, Pfirsichen, Aprikosen und Birnen. Der Nachklang bleibt über 40 Sekunden erhalten. Diese Cuvée Madame dürfte sich als die profundeste aller bisher produzierten erweisen.
Voraussichtliche Genußreife: 2000 bis 2035. Letzte Verkostung: 11/94.

1986 • 87   Der 1986er ist ein feiner Coutet von frühreifer Art, mit einem schön entfalteten Bukett von tropischer Frucht, Honig und Frühlingsblumen, bei vollem Körper und großer Vielfalt, mit frischer Säure und reichlich Edelfäule im an Aprikosen und Pfirsiche erinnernden Geschmack. Der Abgang ist kräftig und lang mit genau dem richtigen Maß an Säure für schönes Gleichgewicht.

1988 • 96   *Cuvée* Madame – Dieser unglaublich überreiche, ölige Wein hat dieselbe Art von Extrakt (aber ohne die schwere Hülle von toastwürzigem Eichenholzaroma), die man sonst nur in einem großen Yquem-Jahrgang antrifft. In der Entfaltung ist er noch nicht soweit fortgeschritten wie der normale Coutet. Im Augenblick stellt er sich vollgepackt mit honigsüßer tropischer Frucht in wuchtigem Format dar – ein enorm reichhaltiger, fast überwältigend intensiver Barsac, der noch ein Jahrzehnt braucht, bis er seine subtilen Nuancen und komplexen Noten preiszugeben beginnt. Faszinierend!
Voraussichtliche Genußreife: Jetzt bis 2020. Letzte Verkostung: 3/97.

1985 • 84   Mit so vielen 1985ern aus Barsac und Sauternes steht es deshalb problematisch, weil sie sich monolithisch und eindimensional ausnehmen, vor allem im Vergleich mit Jahrgängen, die weit mehr Edelfäule abbekommen haben, wie z.B. der 1986er und 1988er. Wer allerdings gern einen solchen Wein als Aperitif trinkt, der wird den 1985er genau geeignet finden. Er ist frisch, hat viel Frucht, nur fehlt ihm die Komplexität, die man normalerweise von diesem Château erwartet.
Voraussichtliche Genußreife: Jetzt bis 2000. Letzte Verkostung: 3/90.

1983 • 87   Dieser Coutet ist zwar nicht der kräftigste, konzentrierteste oder üppigste, doch bekommt er gute Noten für unbestreitbare Eleganz, Rasse und Klasse sowie für ein frisches, lebendiges Gefühl auf der Zunge. Der Geschmack zeigt exzellente Reife, und eine erfrischende Lebendigkeit, die diesen Barsac außergewöhnlich erfreulich und frei von klebriger Süße erscheinen läßt.
Voraussichtliche Genußreife: Jetzt bis 2005. Letzte Verkostung: 3/89.

1981 • 78   Der überraschend vollreife, schön zu trinkende 1981er Coutet ist ein angenehmer Wein, doch fehlt es ihm an Fülle und Komplexität, dafür bietet er schlichtes, fruchtiges Melonenaroma mit feinem Zitronenduft sowie mäßig süßen, etwas kurzen Geschmack. Er sollte am besten ausgetrunken werden.
Voraussichtliche Genußreife: Jetzt. Letzte Verkostung: 6/84.

1981 • 96   *Cuvée Madame* – Dieser mittelgoldene Wein hat ein mächtiges, honigsüßes Aroma, angefüllt mit Düften von Toast, Orangen, Kokosnüssen und anderen tropischen Früchten. Eine dichte, ölige Geschmacksfülle umschmeichelt den Gaumen. Die Säure ist gerade richtig, um Lebendigkeit und Konturenschärfe zu vermitteln – ein kolossaler Wein.
Voraussichtliche Genußreife: Jetzt bis 2008. Letzte Verkostung: 12/90.

1980 • 80   Der 1980er, eine gute, wenn auch nicht begeisternde Leistung von Coutet, hat selbst für den leichteren Wein dieses Hauses zu wenig Fülle und Tiefe. Dennoch ist er ein tadelloser Aperitif und kann auch zu einem leichteren und nicht allzu süßen Dessert gereicht werden.
Voraussichtliche Genußreife: Jetzt. Letzte Verkostung: 3/86.

1979 • 83   Der 1979er stellt eine der besseren Leistungen von Coutet aus einer Zeit dar, als dieses Weingut vielleicht nicht ganz in Hochform war. Er ist hellgolden, hat ein würziges, zitronenduftiges, blumiges, fruchtiges Bukett, dazu präsentiert er sich elegant, mittelschwer, sauber und frisch auf der Zunge. Voraussichtliche Genußreife: Jetzt. Letzte Verkostung: 7/82.

1978 • 75   Der recht leichte, ein wenig substanzarme 1978er Coutet hat mittleren Körper, mäßige Süße, fruchtige und gefällige Art, zeigt wenig Edelfäule und scheint auf der Zunge abzufallen.
Voraussichtliche Genußreife: Jetzt. Letzte Verkostung: 5/82.

1976 • 86   Der 1976er ist einer der besten Coutets aus den siebziger Jahren: relativ kräftig, mit erstaunlicher Alkoholstärke (15%), einem würzigen, blumigen, zitronenfruchtigen, an reife Aprikosen erinnernden Bukett, vollem Körper, fülligem, saftigem Geschmack und dem Wahrzeichen des Hauses – guter, frischer Säure.
Voraussichtliche Genußreife: Jetzt. Letzte Verkostung: 3/86.

1975 • 86   Der 1975er ist ganz genauso gut wie der offenere, ausdrucksvollere 1976er, aber leichter und in seinen Proportionen für Coutet typischer, mit anmutigem, frischem Geschmack, sehr guter Konzentration und langen Jahren der Entfaltung vor sich.
Voraussichtliche Genußreife: Jetzt bis 2002. Letzte Verkostung: 3/86.

1971 • 87   Der 1971er ist ein prachtvoller Barsac, zwar nicht übermäßig wuchtig, aber mit ausdrucksvoller Präsenz auf der Zunge und einer wunderbar frischen Säure, die in bewundernswerter Weise das Gegengewicht zum honigsüßen Aprikosengeschmack bildet.
Voraussichtliche Genußreife: Jetzt. Letzte Verkostung: 3/86.

1971 • 98   *Cuvée Madame* – Weine wie dieser lassen sich so gut wie überhaupt nicht wirklich beschreiben. Spektakulär war er schon das erste Mal, als ich ihn Mitte der siebziger Jahre probierte, und dann hatte ich das Glück, ihn noch dreimal kosten zu dürfen – eine Flasche war besser als die andere, und das läßt vermuten, daß vielleicht noch mehr Magisches zum Vorschein kommt. Er besitzt eine außergewöhnliche Duftigkeit mit Nuancen von Frühlingsblumen, honigsüßen Früchten, Kräutern und Vanillin sowie einer starken Note von *crème brûlée*. Auf der Zunge gibt er bemerkenswerte Fülle und eine herrliche Säure zu erkennen, die dem Wein klare Linie und lebendige Art verleiht. Edelfäule ist in Hülle und Fülle spürbar, und Vielfalt und Extraktreichtum erreichen ein erstaunliches Maß. Die Farbe hat sich seit der ersten Verkostung kaum verändert, und so sage ich noch weitere 10 bis 20 Jahre Lebensdauer voraus. Nach diesem Wein lohnt es sich zu suchen.
Voraussichtliche Genußreife: Jetzt bis 2005. Letzte Verkostung: 3/88.

1970 • 72   Der recht ausdrucksschwache 1970er Coutet erscheint verwässert und hat ein bizarres Teer- und Pflanzenaroma bei geringer Tiefe. Letzte Verkostung: 2/79.

1967 • 70   In diesem für die Weine von Barsac und Sauternes eigentlich sehr guten Jahrgang bildet der Coutet eine Enttäuschung. Er wirkt außerordentlich leicht und ein wenig kräuterhaft, eher wie ein trockener Graves und nicht wie ein süßer Barsac. Letzte Verkostung: 12/80.

DIE WEINE VON BARSAC UND SAUTERNES

DOISY-DAËNE
2ème Cru seit 1855

GUT

Lage der Weinberge: Barsac

Besitzer: Pierre und Denis Dubourdieu
Adresse: 33720 Barsac
Telefon: 33 5 56 27 15 84 – Telefax: 33 5 56 27 18 99

Besuche: nur nach Vereinbarung

WEISSWEIN

Rebfläche: 15 ha

Durchschnittliches Rebenalter: 35 Jahre

Rebbestand: 70 % Sémillon, 20 % Sauvignon, 10 % Muscadelle

Durchschnittliche Jahresproduktion insgesamt: 90 000 Flaschen

GRAND VIN

Name: Château Doisy-Daëne (100 % Sémillon)

Appellation: Barsac

Durchschnittliche Jahresproduktion: 50 000 bis 60 000 Flaschen

Verarbeitung und Ausbau: Vinifikation (unter Zugabe von Hefen, ohne Temperaturregelung) in jährlich zu $1/3$ erneuerten Eichenfässern. Ausbauzeit 24 Monate, Abstich alle 3 Monate. Der Wein wird mit Bentonit geschönt und gefiltert.

ZWEITWEIN

Name: Château Doisy-Daëne

Appellation: Bordeaux Blanc Sec

Durchschnittliche Jahresproduktion: 30 000 Flaschen (70 % Sauvignon, 20 % Sémillon, 10 % Muscadelle)

N. B.: Bei seltenen Gelegenheiten entsteht ein vollsüßer Wein unter dem Namen L'Extravagance de Doisy-Daëne.

Beurteilung des derzeitigen Rangs: Entspricht der Klassifizierung

Genußreife: 3 bis 12 Jahre nach dem Jahrgangsdatum

Dieses Weingut, eines der mit höchster Ambition und Innovationskraft geleiteten in Bordeaux, bringt einen sehr feinen Barsac hervor, der aber im Umfeld der hier herrschenden Realitäten unter seinem Wert gehandelt wird. Ich möchte ihn zwar nicht gerade als ein Premier Cru Classé einstufen, aber unter die führenden Deuxièmes Crus gehört er bestimmt. Daneben produzieren die Besitzer, Pierre und Denis Dubourdieu, auch noch einen der besten trockenen Weißweine der Gegend, den Doisy-Daëne Sec, einen vollen und erfrischenden, lebendigen, fruchtigen und – was das beste ist – sehr preiswerten Wein. Pierres Sohn Denis, Professor am Institut für Önologie in Bordeaux, hat mit seiner klassischen *macération pelliculaire* (Einmaischung der Traubenschalen bei sehr kühlen Gärtemperaturen) mehr als irgend jemand sonst die Weißweinerzeugung im Weinbaugebiet Bordeaux revolutioniert. Der Zweck dieser Methode ist, möglichst viel schöne Frucht im Wein zu bewahren und zugleich die Verwendung von Schwefeldioxid im Weinbereitungsverfahren auf ein möglichst geringes Maß zu reduzieren.

Der süße Wein von Doisy-Daëne trinkt sich schon in jungen Jahren sehr schön, wodurch viele Liebhaber zu der falschen Auffassung veranlaßt werden, dieser Wein sei nicht lange haltbar. Freilich ist der heutige Stil anders als der des 1924ers und 1959ers. Ich erinnere mich, diese beiden im Jahr 1984 getrunken zu haben – sie waren noch nach wie vor frisch, lebendig und voller Frucht. Der Doisy-Daëne ist einer der erschwinglicheren süßen Weine der Region Barsac/Sauternes. Wer einen Barsac von der jüngeren Art mag, der sollte sich dieses Château gut merken.

JAHRGÄNGE

1990 • 91   Die 1990er Normal-Cuvée zeigt weit mehr Komplexität und Fülle als früher und stellt sich als kraftvoller, opulenter, exquisiter Barsac mit mehr Süße und Intensität dar, als ich sie in früheren Jahrgängen bei Doisy-Daëne vorgefunden habe. Die Farbe ist ein helles bis mittleres Gold, der Duft honig- und edelfäulewürzig; hinzu kommen mächtige Wucht und Alkoholstärke und ein kräftiger Abgang. Der Wein hat gerade genug Säure als Gegengewicht zur markanten Geschmacks- und Kraftfülle und wird sich mindestens die nächsten 15 Jahre lang schön trinken. Letzte Verkostung: 11/94.

1990 • 95   *L'Extravagance* – 1990 produzierte Doisy-Daëne 100 Kisten seiner Luxus-Cuvée L'Extravagance. Dieser sensationelle Wein zeigt kräftigen Edelfäulecharakter, ehrfurchtgebietende Extraktfülle und Intensität und trotz massiver Wucht bemerkenswerte Ausgewogenheit. Er ist nur in halben Flaschen erhältlich, dürfte aber außerhalb von Bordeaux überhaupt nicht zu finden sein. Mittelgoldene Farbe und die außerordentliche Fülle und Kraft lassen vermuten, daß er sich mühelos mindestens weitere 20 Jahre halten wird.
Letzte Verkostung: 11/94.

1989 • 89   Der 1989er zeigt reichliche, reife, honigsüße Frucht, eine elegantere Persönlichkeit, schöne Fülle, Kernigkeit und Tiefe, vollen Körper und milde Säure. Nur den Edelfäulecharakter des 1990ers oder 1988ers besitzt er nicht. Letzte Verkostung: 11/94.

1988 • 89   Der 1988er mit seinem mittleren Körper ist der leichteste dieser Weine. Sein duftiges Bukett bietet Nuancen von Ananas, Pfirsichen und Äpfeln sowie eine Geißblattkomponente, die für Komplexität sorgt. Dieser frische, herbe Wein läßt sich bereits jetzt, aber auch in den nächsten 10 Jahren schön trinken. Letzte Verkostung: 11/94.

1986 • 88   Zwar hat der 1986er nicht die viskose, kernige Art des 1983ers, aber auch er ist ein bewunderungswürdig reichhaltiger, untersetzter, intensiver Barsac mit lebhaft reiner, konturenscharfer Frucht, vollem Körper und einem langen, honigsüßen Abgang.
Voraussichtliche Genußreife: Jetzt bis 2005. Letzte Verkostung: 3/90.

1985 • 82   Ich konnte in diesem Wein keine Spur Edelfäule entdecken, vielmehr stellt er sich recht füllig, schlicht und ohne große Komplexität dar.
Voraussichtliche Genußreife: Jetzt. Letzte Verkostung: 3/90.

1983 • 90   Doisy-Daëne beendete die Weinlese einen Monate später als Yquem und brachte seinen womöglich feinsten Wein seit über zwei Jahrzehnten zuwege. Das kräftige, reife Bukett von Ananas, Pfirsichen und Frühlingsblumen ist sehr attraktiv. Am Gaumen zeigt sich konzentrierte, körperreiche, ölige Art ohne zuviel Schwere oder Alkoholstärke. Exzellente Säure läßt auf eine lange, ereignisreiche Entfaltung hoffen.
Voraussichtliche Genußreife: Jetzt bis 2005. Letzte Verkostung: 3/90.

1982 • 82   Dieser 1982er, einer der besseren seines Jahrgangs, ist reif und fruchtig und bietet den Geschmack frischer Orangen; ein Doisy-Daëne mit mittlerem Körper, guter Nachhaltigkeit, zitronenfrischer Säure, mäßiger Süße und solidem Abgang.
Voraussichtliche Genußreife: Jetzt. Letzte Verkostung: 3/87.

DIE WEINE VON BARSAC UND SAUTERNES

1981 • 78   Der etwas leichte und vielleicht extrem von Eichenholzwürze beherrschte Wein zeigt sich fruchtig, mild, mäßig konzentriert mit wenig Edelfäule und einem kurzen Abgang. Voraussichtliche Genußreife: Jetzt. Letzte Verkostung: 1/85.

1980 • 82   Der 1980er Doisy-Daëne mit seinem überraschend weit entwickelten Bukett hat hellgoldene Farbe, aromatischen, blumigen, an Ananas erinnernden Duft, milden, mäßig süßen, fülligen Geschmack und gerade das rechte Maß an Säure, so daß der Wein keine Schwere annimmt. Voraussichtliche Genußreife: Jetzt. Letzte Verkostung: 6/84.

1979 • 84   Diese straff gewirkte, verhaltene Version eines Doisy-Daëne bietet sehr gute Reife, gehaltvolle, körperreiche Art, viel Eichenholzvanillin im Aroma und schöne Säure. Voraussichtliche Genußreife: Jetzt bis 2000. Letzte Verkostung: 11/85.

1978 • 83   Dieser Wein aus einem ansonsten nicht gerade übermäßig eindrucksvollen Jahrgang, von sehr spät im November gelesenen Trauben bereitet, zeigt weniger Intensität als der 1979er, aber doch ein elegantes, fruchtiges, würziges Bukett, festen, süßen Geschmack und gute, kräftige Säure. Voraussichtliche Genußreife: Jetzt. Letzte Verkostung: 6/84.

1975 • 78   Ein störender Schwefelgeruch scheint immer wieder in verschiedenen Flaschen aufzutauchen. Auf der Zunge zeigt sich der Wein kräftig und sanft mit honigsüßer Ananasfrucht und einem saftigen, süßen Abgang. Der Geschmack ist weit besser als das Bukett. Voraussichtliche Genußreife: Jetzt. Letzte Verkostung: 11/82.

DOISY-DUBROCA
2ème Cru seit 1855

SEHR GUT

Lage der Weinberge: Barsac

Besitzer: Louis Lurton
Adresse: 33720 Barsac
Postanschrift: c/o Château Haut-Nouchet, 33650 Martillac
Telefon: 33 5 56 72 69 74

Besuche: nur nach Vereinbarung
Kontaktperson: Louis Lurton

WEISSWEIN

Rebfläche: 3,2 ha

Durchschnittliches Rebenalter: 20 Jahre

Rebbestand: 100 % Sémillon

Pflanzdichte: 6600 Reben/ha

Ertrag (im Durchschnitt der letzten 5 Jahre): 19 hl/ha

Durchschnittliche Jahresproduktion insgesamt: 65 hl

GRAND VIN

Name: Château Doisy-Dubroca

Appellation: Barsac

Durchschnittliche Jahresproduktion: 500 Kisten

Verarbeitung und Ausbau: Der gesamte Ertrag wird in Eichenfässern vergoren. 1 Jahr Ausbau in jährlich zu 1/3 erneuerten Eichenfässern. Der Wein wird geschönt und gefiltert.

BORDEAUX

ZWEITWEIN

Name: Demoiselle de Doisy

Durchschnittliche Jahresproduktion: 150 Kisten

Beurteilung des derzeitigen Rangs: Ich habe zu wenig Erfahrung mit diesem Wein und bin mir deshalb nicht ganz sicher, aber er könnte sehr wohl eine Aufstufung in den Rang eines Premier Cru Classé verdient haben

Genußreife: 7 bis 20 Jahre nach dem Jahrgangsdatum

Ich habe zwar nur eine Handvoll neuerer Jahrgänge vom Doisy-Dubroca verkostet, dabei aber eine hintergründige Ähnlichkeit mit dem Wein des Barsac-Guts Climens festgestellt. Nun wird allerdings seit Jahren die Bereitung und der Ausbau dieses Weins von demselben Team durchgeführt, das auch im Château Climens dafür zuständig ist.

So großartig der Doisy-Dubroca auch in Jahrgängen wie 1986, 1988 und 1989 ausgefallen sein mag, er ist fabelhaft preiswert geblieben, weil nur wenige Liebhaber dieses Château kennen und noch weniger Zugang zu seinem Wein erhalten. So also ist und bleibt er weitgehend eine Rarität für Insider.

JAHRGÄNGE

1989 • 89 Ein prachtvolles, zitronenduftiges, wächsernes Ananasbukett wird begleitet von öligem, vollem Geschmack, der mehr Säure und klare Definition aufweist, als ich in manchem anderen 1989er vorgefunden habe. Dieser schöne, körperreiche, runde und generöse Wein mit seiner ausgezeichneten Konzentration dürfte sich über weitere 15 bis 20 Jahre gut trinken. Voraussichtliche Genußreife: Jetzt bis 2008. Letzte Verkostung: 4/91.

1988 • 92 Dieser Wein könnte ohne weiteres mit dem großartigen 1988er Climens verwechselt werden. Sein stil- und ausdrucksvolles Bukett von Ananas und Frühlingsblumen mit untergründigen Düften von Zitrusfrüchten und Mineralen drängt sich nach vorn. Im Mund zeigt sich große Konzentration, bemerkenswerte Linien- und Konturenschärfe (infolge guter Säure) und ein umwerfend langer, pikanter, frischer Abgang – eine brillante Verbindung von Kraft und Finesse. Voraussichtliche Genußreife: Jetzt bis 2010. Letzte Verkostung: 4/91.

1986 • 90 Ein prachtvolles Bukett voll Ananasfrucht, gerösteten Nuancen und Eichenholz wird begleitet von gehaltvoller, körperreicher Art und viel Aprikosen, Pfirsichen und Edelfäule im Geschmack. Dieser füllige, vielfältige und nachhaltige Wein tritt gerade in die volle Reife ein. Voraussichtliche Genußreife: Jetzt bis 2005. Letzte Verkostung: 4/91.

DOISY-VÉDRINES
2ème Cru seit 1855

SEHR GUT

Lage der Weinberge: Haut-Barsac

Besitzer: Pierre Castéja
Adresse: Route de Budos, 33750 Barsac
Telefon: 33 5 56 27 15 13 – Telefax: 33 5 56 27 26 76

Besuche: nur nach Vereinbarung
Kontaktperson: Pierre Castéja

DIE WEINE VON BARSAC UND SAUTERNES

WEISSWEIN

Rebfläche: 26,5 ha

Durchschnittliches Rebenalter: 30 Jahre

Rebbestand: 80% Sémillon, 17% Sauvignon, 3% Muscadelle

Pflanzdichte: 6600 Reben/ha

Ertrag (im Durchschnitt der letzten 5 Jahre): 16 hl/ha

Durchschnittliche Jahresproduktion insgesamt: 480 hl

GRAND VIN

Name: Château Doisy-Védrines

Appellation: Sauternes

Durchschnittliche Jahresproduktion: 24 000 Flaschen

Verarbeitung und Ausbau: Vinifikation 3 Wochen in zu 70% neuen Eichenfässern. 18 Monate Ausbau im Faß. Der Wein wird geschönt und gefiltert.

Kein ZWEITWEIN

Beurteilung des derzeitigen Rangs: Entspricht der Klassifizierung

Genußreife: 4 bis 16 Jahre nach dem Jahrgangsdatum

Dieses Weingut befindet sich in schöner Lage südöstlich der beiden berühmtesten Barsac-Châteaux Climens und Coutet. Die kleine Produktion gibt von vornherein nur wenigen Liebhabern eine Chance, selbst festzustellen, wie gut der süße Doisy-Védrines sein kann. Dagegen dürften viele Weinfreunde den trockenen Weißwein und den Rotwein aus diesem Château besser kennen: Der Chevalier de Védrines ist zwar kommerziell, aber köstlich und in der weißen wie in der roten Version gleich gut. Der süße Doisy-Védrines ist weit voller, reichhaltiger und intensiver als der Wein des Nachbarguts Doisy-Daëne und trinkt sich meist nach 5 bis 7 Jahren am besten, obwohl er sich – insbesondere in guten Jahrgängen – erheblich länger aufbewahren läßt.

Doisy-Védrines ist seit 1840 im Besitz der Familie Castéja, der auch die *négociant*-Firma Roger Joanne mehrheitlich gehört. Geleitet wird das Gut wird von Pierre Castéja, einem der wenigen Weinerzeuger in Barsac, die mit der Abstufung eines Jahrgangs, der nicht den Qualitätserwartungen entspricht, schnell bei der Hand sind. Beispielsweise erschienen in den Jahren 1974, 1968, 1965, 1964 und 1963 keine Weine unter dem Etikett Doisy-Védrines.

JAHRGÄNGE

1990 • 87 Trotz einer gewissen monolithischen Art läßt der ölige, vollmundige, süße 1990er keine Zweifel aufkommen. Die Farbe ist ein helles Mittelgold, das Bukett bietet reichlich honigduftige Zitrusfrucht neben Rauch und Vanillin. Mittlerer bis voller Körper, ein Hauch Edelfäule und ein vollschlanker Abgang mit milder Säure kennzeichnen diesen schwergewichtigen, kernigen Wein, der sich 15 bis 20 Jahre lang schön entfalten dürfte.
Voraussichtliche Genußreife: Jetzt bis 2015. Letzte Verkostung: 3/97.
1989 • 88 Mittelgoldene Farbe und ein Bukett von Edelfäule, *crème brûlée* und honigwürzigen Tropenfrüchten sind die Merkmale dieses körperreichen Weins mit guter Säure, vielschichtiger,

glyzeringeschwängerter, vollschlanker, kerniger Frucht und mit kräftiger Würze und Alkoholstärke im lustvollen Nachklang – ein luxuriös gestalteter, entgegenkommender süßer Wein.
Voraussichtliche Genußreife: Jetzt bis 2012. Letzte Verkostung: 3/97.

1988 • 86 Der noch jung wirkende 1988er (jugendfrischer als der kräftigere 1989er und der vollere 1990er) präsentiert sich in eleganterem Stil mit Aromen von Rauch, *crème brûlée* und honigwürzigen Zitrusfrüchten und Ananas in Duft und Geschmack, dazu mittlerem bis vollem Körper, moderater Süße, frischer Säure und einem feinen Abgang. Dieser vielversprechende Wein hat noch weitere 20 Jahre vor sich.
Voraussichtliche Genußreife: Jetzt bis 2018. Letzte Verkostung: 3/97.

1986 • 90 Doisy-Védrines erzeugte 1986 einen superben Wein, kraftvoll, komplex und fast so vollmundig wie der großartige 1989er. Er hat frischere Säure und im Augenblick ein komplexeres, blumiges und honigsüßes Bukett. Die ölige, mächtige, von tropischer Frucht geprägte Geschmacksfülle ist unübersehbar.
Voraussichtliche Genußreife: Jetzt bis 2005. Letzte Verkostung: 11/90.

1985 • 75 Dieser Wein kommt mir überraschend mittelmäßig vor, selbst für einen Jahrgang, in dem es zu wenig Edelfäule gab, die ja den Weinen erst die honigsüße, ölige Art verleiht. Der 1985er ist schlicht und frisch und stellt sich unkompliziert, kurz und kompakt dar.
Voraussichtliche Genußreife: Jetzt. Letzte Verkostung: 11/90.

1983 • 87 Der 1983er ist auf seinem Höhepunkt angelangt. Am Gaumen wirkt er füllig, rund und schmackhaft mit viel Frucht, Süße und überraschend öliger Art. Allerdings fehlt es ihm an Säure und daher auch an Biß und Konturenschärfe. Nichtsdestoweniger gibt es an diesem stämmigen, üppigen, süßen Barsac viel zu bewundern.
Voraussichtliche Genußreife: Jetzt. Letzte Verkostung: 11/90.

1980 • 84 Das volle, würzige, aprikosen- und kokosnußduftige Bukett wirkt sehr einnehmend. Am Gaumen zeigt sich der Wein reif, sehr süß, fast dicklich und konfitüreähnlich mit gutem, süßem, alkoholstarkem Abgang. Dem 1980er Doisy-Védrines fehlt es zwar ein wenig an Finesse, nicht aber an Frucht und kerniger Art.
Voraussichtliche Genußreife: Jetzt. Letzte Verkostung: 2/85.

1978 • 80 Dem charmanten, aber im Stil beträchtlich leichter als üblich ausgefallenen 1978er fehlt es an Edelfäule, dafür aber hat er zitronenfrische, saubere Ananasfruchtigkeit und einen ordentlichen Abgang aufzuweisen. Inzwischen dürfte er allmählich müde werden.
Voraussichtliche Genußreife: Jetzt. Letzte Verkostung: 2/82.

1976 • 84 In vielerlei Hinsicht zeigt der 1976er Doisy-Védrines, ein typisch stämmiger, fülliger, korpulenter Wein, viel reife, viskose, honigsüße Frucht, schöne Edelfäule, vollen Körper und genug Säure, um jede klebrige Süße oder Schwerfälligkeit zu vermeiden.
Voraussichtliche Genußreife: Jetzt. Letzte Verkostung: 9/82.

1975 • 86 Das straffe, verhaltene Bukett muß dem Glas entlockt werden. Im Mund aber kommt kein Zweifel auf, daß dies ein intensiver, körperreicher, reifer, sehr fruchtiger Doisy-Védrines ist. Die ölige, üppige Geschmacksfülle von Aprikosen und Melonen wird bewunderungswürdig ausgewogen durch würziges Eichenholz und gute Säure.
Voraussichtliche Genußreife: Jetzt bis 2003. Letzte Verkostung: 3/89.

DE FARGUES
Ohne Klassifizierungsrang

AUSGEZEICHNET

Lage der Weinberge: Fargues de Langon

Besitzer: Familie Lur Saluces
Adresse: 33210 Fargues de Langon
Telefon: 33 5 57 98 04 20 – Telefax: 33 5 57 98 04 21

Besuche: montags bis freitags von 9 bis 12 und von 14 bis 18 Uhr
Kontaktperson: François Amirault

WEISSWEIN

Rebfläche: 13 ha

Durchschnittliches Rebenalter: 35 Jahre

Rebbestand: 80 % Sémillon, 20 % Sauvignon

Pflanzdichte: 6600 Reben/ha

Ertrag (im Durchschnitt der letzten 5 Jahre): 9 hl/ha

Durchschnittliche Jahresproduktion insgesamt: 12 000 bis 15 000 Flaschen

GRAND VIN

Name: Château de Fargues

Appellation: Sauternes

Durchschnittliche Jahresproduktion: 12 000 bis 15 000 Flaschen

Verarbeitung und Ausbau: Vinifikation und 3½ Jahre Ausbau in Eichenfässern.
Der Wein wird bei Bedarf geschönt, aber nicht gefiltert.

ZWEITWEIN

Name: Guilhem de Fargues (Bordeaux Blanc Sec)

Durchschnittliche Jahresproduktion: 3000 Flaschen

Beurteilung des derzeitigen Rangs: Aufstufung zum Premier Cru Classé wäre zu empfehlen

Genußreife: mindestens 8 bis 25 Jahre nach dem Jahrgangsdatum

1472, dreihundert Jahre bevor die Familie Lur Saluces das berühmte Château d'Yquem erwarb, gehörte ihr bereits Château de Fargues, und es ist bis heute in ihrem Besitz geblieben. Es wurde zwar nicht in die Klassifizierung aufgenommen, sein Wein aber ist brillant, denn er wird praktisch auf dieselbe Weise bereitet und gepflegt wie der Yquem. In manchen Jahren ist der de Fargues der zweitbeste Wein im Bereich Sauternes, und bei blinden Verkostungen verwechseln ihn viele, auch die meisten Experten, mit dem Yquem. Der Fairneß halber muß gesagt werden, daß dieser Wein, wenn ihm auch das große Lebensdauerpotential fehlt, in jungen Jahren dem Yquem überaus ähnlich ist.

Interessanterweise befinden sich die Weinberge von de Fargues viel weiter östlich als die von Yquem, und die Lese findet hier im Durchschnitt 10 Tage später statt. Darüber hinaus ist auch der Hektarertrag kleiner als bei Yquem, so daß, wenn manchmal behauptet wird, bei Yquem ergebe der Ertrag eines Weinstocks ein Glas Wein, bei de Fargues der Ertrag eines Weinstocks nur zwei Drittel eines Glases ausmacht.

Bei der unglaublichen Ähnlichkeit zwischen dem Yquem und dem de Fargues ist dessen Preis – etwa ein Drittel dessen, was man für eine Flasche Yquem zahlen muß – unbestreitbar günstig. Leider aber ist die Produktion sehr klein, wodurch die Chancen vieler Weinliebhaber, diesen (scherzhaft oft Yquem Junior genannten) Wein einmal probieren zu können, doch sehr stark gemindert werden

JAHRGÄNGE

1986 • 93   Dieser ist der feinste junge de Fargues-Jahrgang, den ich das Glück hatte, probieren zu dürfen. Das kann nicht verwundern, wenn man bedenkt, wie außerordentlich gut der Yquem im Jahr 1986 ausgefallen ist. Das toastwürzige, honigsüße, volle Bukett zeigt Düfte von Ananas, Kokosnüssen, *crème brûlée* und Kaffee. Auf der Zunge gibt der fabelhaft gehaltvolle, körperreiche Wein große Geschmacksfülle von Ananas und anderen tropischen Früchten, fein verflochten mit Edelfäule, zu erkennen, dazu schwelgerisch ölige Art, genügend Säure für Frische und Konturenschärfe und schließlich einen kräftigen, würzigen, wahrhaft berauschenden Abgang. Voraussichtliche Genußreife: Jetzt bis 2010. Letzte Verkostung: 3/90.

1985 • 87   Der 1985er ist ein kräftiger, korpulenter, stämmiger Wein mit wenig Edelfäule, aber viel Gehalt und muskulöser Alkoholstärke. Er trinkt sich dank seiner aufgeschlossenen, üppigen Frucht – in schöner Verbindung mit reichlichem rauchigem Aroma von frischem Eichenholz – bereits jetzt wundervoll. Eine gute Säure verleiht diesem Wein Frische. Ich bin überzeugt, daß er sich noch schön entfalten wird, nur erwarte ich auch künftig keine große Komplexität von ihm.
Voraussichtliche Genußreife: Jetzt bis 2002. Letzte Verkostung: 3/90.

1983 • 92   Den Vergleich mit dem außergewöhnlichen Yquem dieses Jahrgangs hält er zwar nicht aus, aber dennoch ist der 1983er de Fargues (der 3 Jahre in zu 100 % neuen Eichenfässern ausgebaut wurde) ein sensationeller, dem Yquem erstaunlich ähnlicher Sauternes. Sein kräftiges Bukett mit Nuancen von Butter, Karamel, Rauch, *crème brûlée* und honigsüßer Ananas ist geradezu verlockend. Auf der Zunge zeigt sich der Wein kraftvoll, sehr süß, reichhaltig, außerordentlich füllig und schön von toastwürzigem frischem Eichenholz eingerahmt. Bei seiner körperreichen, intensiven, breit gebauten Art dürfte ihm eine große Zukunft bevorstehen.
Voraussichtliche Genußreife: Jetzt bis 2008. Letzte Verkostung: 3/90

1981 • 90   Dieser Wein hat sich großartig entfaltet und schmeckt – so schwer das auch zu glauben sein mag – tatsächlich besser als der 1981er Yquem. Er ist spektakulär reichhaltig, süß und alkoholstark und hat mittelgoldene Farbe angenommen. Edelfäule ist reichlich wahrnehmbar, aber die geringe Säure und das ölig dicke Gefühl am Gaumen deuten darauf hin, daß dieser Wein am besten in den kommenden 10 Jahren getrunken werden sollte.
Voraussichtliche Genußreife: Jetzt bis 2000. Letzte Verkostung: 3/90.

1980 • 91   Für de Fargues ist der Jahrgang 1980 besonders großartig ausgefallen: sehr kraftvoll, opulent und exotisch. Sein Bukett von Kokosnüssen, Aprikosen, gebrannten Mandeln und würzigem Eichenholz ist sensationell. Auf der Zunge erweist er sich als überaus gehaltvoll, körperreich und in Geschmack, Substanz und Viskosität dem Yquem bemerkenswert ähnlich. Bei weiteren Verkostungen im Jahr 1989 ergaben sich ebenso enthusiastische Probiernotizen.
Voraussichtliche Genußreife: Jetzt bis 2000. Letzte Verkostung: 3/89.

1979 • 85   Der hellgoldene 1979er de Fargues ist zwar weniger kraftvoll und reichhaltig als üblich, hat aber ein zitronenfruchtiges Bukett von angerauchtem Eichenholz, dazu mittleren bis vollen Körper, ein gewisses Maß an Edelfäule, gute Säure und einen sauberen, würzigen, alkoholstarken Abgang.
Voraussichtliche Genußreife: Jetzt. Letzte Verkostung: 3/86.

DIE WEINE VON BARSAC UND SAUTERNES

1976 • 90   Das durchsetzungskräftige, voll entwickelte *crème-brûlée*-Aroma ist vermischt mit Düften von Karamel und Aprikosen. Der körperreiche, kräftige, robuste Wein mit dicklich süßem, reifem Geschmack von tropischen Früchten und geräucherten Nüssen zeigt sich voll ausgereift, jedoch ohne Anzeichen für ein Nachlassen.
Voraussichtliche Genußreife: Jetzt bis 2005. Letzte Verkostung: 2/91.

1975 • 91   Der 1975er de Fargues ist einer der feinsten Weine aus diesem Château. Er hat ein Yquem-ähnliches Bukett von Kokosnüssen, gerösteten Nüssen, reifer exotischer Frucht und würzigem Eichenholz. Am Gaumen erweist er sich als straffer strukturiert und weniger stark entwickelt als der 1976er. Die Farbe ist heller golden, die Säure kräftiger, aber Konzentration und Fülle sind ganz genauso groß.
Voraussichtliche Genußreife: Jetzt bis 2010. Letzte Verkostung: 2/91.

1971 • 90   Der unglaublich volle, ölige, üppige, würzige und kernige 1971er bietet reichliche Geschmacksfülle von Kokosnüssen, Aprikosen und Mandeln bei viskoser, fruchtiger, körperreicher Art und zu Kopf steigender Alkoholstärke im Abgang. Dieser kräftige, intensive Sauternes im alten Stil ist voll ausgereift.
Voraussichtliche Genußreife: Jetzt. Letzte Verkostung: 12/80.

FILHOT
2ème Cru seit 1855

GUT

Lage der Weinberge: Sauternes

Besitzer: G.F.A. Château Filhot – Familie de Vaucelles
Adresse: 33210 Sauternes
Telefon: 33 5 56 76 61 09 – Telefax: 33 5 56 76 67 91

Besuche: nur nach Vereinbarung
Kontaktperson: Henri de Vaucelles

WEISSWEIN

Rebfläche: 60 ha

Durchschnittliches Rebenalter: 26 Jahre

Rebbestand: 55% Sémillon, 40% Sauvignon, 5% Muscadelle

Pflanzdichte: 6600 Reben/ha

Ertrag (im Durchschnitt der letzten 5 Jahre): 13 bis 14 hl/ha

Durchschnittliche Jahresproduktion insgesamt: 900 hl

GRAND VIN

Name: Château Filhot

Appellation: Sauternes

Durchschnittliche Jahresproduktion: 120 000 Flaschen

Verarbeitung und Ausbau: Vinifikation rund 2 Wochen in temperaturgeregelten Edelstahltanks bei 21 bis 22°C. 24 bis 36 Monate Ausbau in Edelstahltanks sowie in 5 Jahre alten Eichenfässern. Der Wein wird mit Bentonit geschönt und leicht gefiltert.

BORDEAUX

ZWEITWEIN

wird ab 1999 produziert.

Beurteilung des derzeitigen Rangs: Entspricht der Klassifizierung

Genußreife: 4 bis 12 Jahre nach dem Jahrgangsdatum

Filhot, eines der prächtigsten Weingüter im Bereich Sauternes, hat ein Gutshaus aus dem 18. Jahrhundert unter alten Bäumen und mit vornehm gepflegter Atmosphäre. Das Potential zur Erzeugung außergewöhnlicher Weine ist hier sicherlich vorhanden, insbesondere wenn man die herrliche Lage nördlich des Orts Sauternes auf kiesreichen Südwesthängen berücksichtigt. Allerdings hat Filhot erst in der Mitte der achtziger Jahre Weine hervorzubringen begonnen, die seinem Status als 2ème Cru Ehre machen.

Infolge des relativ hohen Anteils an Sauvignon und der Weigerung der Besitzer, neue Eichenfässer zu verwenden, hat der Filhot einen fruchtigeren, aromatischeren und leichteren Geschmack als die breiter gebauten Weine von Sauternes. Alles das ist freilich keine Erklärung dafür, daß Filhot Beständigkeit vermissen läßt und vielmehr in den sechziger, siebziger und ersten achtziger Jahren zahlreiche uninteressante und mittelmäßige Leistungen hervorgebracht hat. Gegen Ende der achtziger Jahre nahm die Qualität dann offensichtlich einen Aufschwung.

JAHRGÄNGE

1990 • 90   Bei Filhot gärt der Wein vorzugsweise im Tank und nicht im Faß. Hier entstand ein 1990er, der eindeutig der beste Wein ist, den ich aus diesem Gut kenne. Er zeigt prachtvoll reife, honigwürzige Tropenfrucht, eine intensive, mittelschwere bis körperreiche Persönlichkeit, wunderbare Reintönigkeit, feine Säure, reichlich Edelfäule und einen langen, schmackhaften Abgang. Die Kombination von Fülle, Frische, Lebendigkeit und Wohlgeschmack macht diesen Wein besonders ansprechend. Letzte Verkostung: 11/94.

1989 • 86   Der dickflüssige, sehr süße, etwas schwerfällige 1989er scheint rasch heranzureifen, wird aber in den nächsten 5 bis 8 Jahren unkomplizierten Genuß voll kandierter Frucht bieten. Letzte Verkostung: 11/94.

1988 • 88   Der 1988er zeigte ein wundervoll reintöniges Bukett mit honigwürziger Ananasnote, dazu vollen, mittelschweren bis körperreichen Geschmack, schöne Säuregrundlage, eine zur Komplexität beitragende Erdigkeit und einen sauberen, reichhaltigen, frischen Abgang. Dieser Wein ist bereits genußreif, dürfte sich aber 10 bis 15 Jahre lang weiter entfalten.
Letzte Verkostung: 11/94.

1986 • 87   Der 1986er ist der beste Filhot, den ich kenne. Die hellgoldene Farbe wird begleitet von einem blumigen Bukett mit den Düften von Ananas und anderen tropischen Früchten, hinzu kommen mittlerer Körper und eine wunderbare, elegante, brillant reine, lebendige Geschmacksfülle mit schöner Edelfäule. Dieser nur mittelsüße Wein eignet sich als Aperitif.
Voraussichtliche Genußreife: Jetzt. Letzte Verkostung: 3/90.

1985 • 78   Dieser extrem süße, fast klebrige 1985er Sauternes mit seinem strukturarmen, flauen, dicklichen Geschmack repräsentiert einen einfachen, nichtssagenden Stil, dem es sowohl an einem Mittelpunkt als auch an Konturenschärfe mangelt.
Voraussichtliche Genußreife: Jetzt. Letzte Verkostung: 3/90.

1983 • 83   Dieser attraktive Sauternes der leichteren Art zeigt keine Spur von seriöser Edelfäule. Der Wein hat schlichten, blumigen, reifen, fast dicklichen Geschmack und einen Körper von mittlerem Format. An Konturenschärfe und Komplexität mangelt es insgesamt.
Voraussichtliche Genußreife: Jetzt. Letzte Verkostung: 4/86.

DIE WEINE VON BARSAC UND SAUTERNES

GILETTE
Cru Bourgeois

HERVORRAGEND

Lage der Weinberge: Preignac

Besitzer: Christian Médeville
Adresse: 33210 Preignac
Telefon: 33 5 56 76 28 44 – Telefax: 33 5 56 76 28 43

Besuche: nach Vereinbarung, montags bis donnerstags von 9 bis 13 und von 14 bis 18 Uhr;
freitags nur bis 17 Uhr
Kontaktperson: Andrée Médeville

WEISSWEIN

Rebfläche: 4,5 ha

Durchschnittliches Rebenalter: 45 Jahre

Rebbestand: 90 % Sémillon, 8 % Sauvignon, 2 % Muscadelle

Pflanzdichte: 6600 Reben/ha

Ertrag (im Durchschnitt der letzten 5 Jahre): 10 hl/ha

Durchschnittliche Jahresproduktion insgesamt: 45 hl

GRAND VIN

Name: Château Gilette

Appellation: Sauternes

Durchschnittliche Jahresproduktion: 6000 Flaschen

Verarbeitung und Ausbau: Vinifikation in Edelstahltanks. Etwa 15 Monate Ausbau im Tank,
Freigabe erst mehrere Jahre nach der Abfüllung.
Der Wein wird geschönt und gefiltert.

Kein ZWEITWEIN

Beurteilung des derzeitigen Rangs: Aufstufung zum Premier Cru wäre zu empfehlen

Genußreife: 20 bis 40 Jahre nach dem Jahrgangsdatum

Gilette ist einer der ungewöhnlichsten Erzeugerbetriebe in Sauternes. Sein Wein gehört zu den feinsten im Bereich, obwohl Gilette nicht in der Klassifizierung enthalten ist. Die Weinberge, etliche Kilometer nördlich von Yquem an der Route D109, liegen auf Sandboden mit einer steinigen und lehmigen Unterschicht. Was jedoch in unserer Welt der strengen kommerziellen Realitäten besonders skurril und ungewöhnlich wirkt, ist die Tatsache, daß der Besitzer Christian Médeville seinen süßen Wein über 20 Jahre lang in Betontanks lagert, ehe er ihn abfüllt. Beispielsweise kam der 1955er erst im Jahr 1984, also 29 Jahre nach der Lese, in die Flasche. Weil diese Weine nun aber so großartig sind und in der Reife feine Honigsüße aufweisen, sehen sich manche führende französische Restaurantbesitzer (wie Pierre Troisgros) dazu veranlaßt, ihre alten Sauternes-Jahrgänge aus dieser Quelle zu schöpfen.

Die spät freigegebenen «Crème de Tête»-Weine von Gilette sind äußerst harmonisch ausgewogen und bemerkenswert schön erhalten mit großer ölig-fruchtiger Geschmacksfülle und tiefer, bernsteingoldener Farbe. Nach jahrzehntelanger Lagerung erscheinen diese Weine oft viel jünger, als ihr Jahrgangsdatum vermuten läßt. Wenn ich richtig vermute, dann ist für die meisten Gilettes eine weitere Kellerreife von 15 bis 25 Jahren nach der Abfüllung durchaus zuträglich. Nachstehend einige Gilette-Jahrgänge, die von Monsieur Médeville in den letzten 10 Jahren herausgegeben worden sind.

JAHRGÄNGE

1975 • 93 *Crème de Tête* – Der 1997 abgefüllte 1975er Gilette, ein überwältigendes Beispiel für diesen Jahrgang, zeigt tiefgoldene Farbe, dazu ein würziges, vanillinduftiges Bukett mit ganzen Ladungen frischer, lebendiger, honigwürziger Zitrus- und butteriger Ananas- und Birnenfrucht. Dieser Wein ist vermutlich süßer, als er schmeckt, doch die kräftige Säure läßt ihn halbtrocken wirken – ein blendender, körperreicher, ausnehmend frischer Sauternes mit rasiermesserscharfer Linienklarheit und einem Nachklang, der länger als 30 Sekunden anhält; alles in allem erstaunlich jugendfrisch und dabei doch so komplex und wundervoll.
Voraussichtliche Genußreife: Jetzt bis 2010. Letzte Verkostung: 3/97.

1971 • 88 *Crème de Tête* – Ein eher verhaltener, karger, verschlossener Wein mit straffem, aber attraktivem Bukett mit Nuancen von Lehmerde, frisch geröstetem Kaffee, Kräutern und honigsüßer Frucht. Mittlerer bis voller Körper, straff gebundener Geschmack, gute Säure und moderate Edelfäule kennzeichnen diesen nicht so generösen, aber stilvollen, geschliffenen Gilette, der sich 15 Jahre und länger schön entfalten dürfte. Letzte Verkostung: 3/97.

1970 • 88 *Crème de Tête* – Der 1970er hat tiefe, satte, goldene Farbe und ein kräftiges, würziges Bukett von butteriger, aprikosenduftiger Frucht, dazu vollen Körper und eine für sein Alter erstaunliche jugendfrische Lebendigkeit; er wird vermutlich noch einmal 15 bis 25 Jahre überdauern. Die reiche Vielfalt der großen Gilette-Jahrgänge fehlt ihm zwar, aber dessenungeachtet ist er ein beeindruckend voller und auch komplexer Wein.
Voraussichtliche Genußreife: Jetzt bis 2005. Letzte Verkostung: 3/90.

1967 • 96 *Crème de Tête* – Alle sind sich einig, daß 1967 kein größerer Wein entstand als der Château d'Yquem, ich hätte aber doch gern einmal Gelegenheit, den 1967er Gilette Crème de Tête im direkten Vergleich mit dem 1967er Yquem zu verkosten. Dieser fabelhaft reichhaltige Wein hat ein ehrfurchtgebietend intensives Bukett mit Nuancen von Karamel und butterigen Haselnüssen im Verein mit dem Aroma honigsüßer Früchte wie Ananas, Orangen und Aprikosen. Dieser prachtvolle Wein mit seiner überreichen Fülle und öligen, kernigen Art und mit genug Säure für große Linienklarheit und Ausgewogenheit hat auf wundersame Weise eine für sein Alter von 23 Jahren erstaunliche Frische bewahrt. Er dürfte sich nun noch einmal 30, vielleicht 40 Jahre weiterentwickeln und entfalten. Bei diesem phantastischen Sauternes ist jeder Schluck eine Sensation!
Voraussichtliche Genußreife: Jetzt bis 2025. Letzte Verkostung: 3/90.

1962 • 90 *Crème de Tête* – Der 1962er bietet ein sehr komplexes, honigsüßes Bukett voller Aprikosen- und Pfirsichdüfte, wie die Edelfäule sie hervorruft. Sehr körperreiche Art, gute Säure und opulent fülliger *crème-brûlée*-Geschmack zeichnen diesen üppigen, rasanten Sauternes aus, der sich mindestens weitere 15 bis 20 Jahre schön trinken wird.
Voraussichtliche Genußreife: Jetzt bis 2015. Letzte Verkostung: 3/90.

1961 • 87 *Crème de Tête* – Ich kenne keinen wirklich großen 1961er Sauternes – vielmehr hat sich meiner Überzeugung nach die große Reputation der Rotweine dieses Jahrgangs lediglich auch auf die süßen Weißweine übertragen. Die aber erreichten nun einmal bei weitem nicht die Qualität der Jahrgänge 1962 oder 1959. Die meisten sind einfach sehr gut, relativ trocken, recht alkoholstark, haben aber weder Charme noch Fülle. Auch der 1961er Gilette ist zwar sehr fein, aber weit weniger reichhaltig und opulent als der 1962er, vielmehr fast trocken. Er ist bestimmt ein einzigartiger Begleiter für ein gehaltvolles Gericht, in dem Leberpastete die Hauptrolle spielt.
Voraussichtliche Genußreife: Jetzt bis 2001. Letzte Verkostung: 3/90.

DIE WEINE VON BARSAC UND SAUTERNES

1959 • 94 *Crème de Tête* – Der 1959er ist ein überreich gefüllter Honigtopf – mitteltiefgolden mit einem mächtigen Bukett von geräucherten Nüssen, Kaffee, Mokka, Kokosnüssen und herrlich konzentrierter Aprikosen- und Pfirsichfrucht. Im Mund zeigt dieser Wein erstaunliche Vielfalt, sehr reichen Glyzeringehalt, viel Körper und einen langen, alkoholstarken, umwerfend intensiven Abgang. Er ist offenkundig voll ausgereift, jedoch noch immer bemerkenswert frisch und jung und kann ohne weiteres noch einmal 20 Jahre und mehr überdauern.
Voraussichtliche Genußreife: Jetzt bis 2010. Letzte Verkostung: 3/90.

1955 • 87 *Crème de Tête* – Der voll ausgereifte, aber immer noch erstaunlich frische und lebendige 1955er Gilette hat tiefgoldene Farbe, ein reichhaltiges, honigsüßes Bukett, vollen Körper und einen reifen, langen Abgang. Wahrscheinlich überdauert er noch weitere 10 bis 15 Jahre.
Voraussichtliche Genußreife: Jetzt bis 2005. Letzte Verkostung: 11/90.

1953 • 86 *Crème de Tête* – Der 1953er ist zwar etwas weniger reichhaltig und füllig als der 1955er, aber würzig und eichenholzduftig mit einem Bukett, das an geschmolzenes Karamel und reife Ananas erinnert, dazu stellt er sich körperreich, frisch und lebendig, ölig und vielfältig dar – ein überaus eindrucksvoller Wein.
Voraussichtliche Genußreife: Jetzt bis 2001. Letzte Verkostung: 11/90.

1950 • 89 Bedenkt man das Alter dieses Weins, dann ist er mit seiner fülligen und süßen Art, ausgezeichneten Reife, dem kräftigen Körper und dem langen, samtigen Abgang eine reine Offenbarung – ein kraftvoller, schwergewichtiger Sauternes, der weitere 15 bis 20 Jahre überdauern wird.
Voraussichtliche Genußreife: Jetzt bis 2005. Letzte Verkostung: 1/85.

GUIRAUD
Premier Cru seit 1855

AUSGEZEICHNET

Lage der Weinberge: Sauternes

Besitzer: S.A. du Château Guiraud
Leitung: Xavier Planty

Adresse: 33210 Sauternes
Telefon: 33 5 56 76 61 01 – Telefax: 33 5 5676 67 52

Besuche: nach Vereinbarung täglich von 8 bis 12 und von 14 bis 18 Uhr
Kontaktperson: Mme Eymery

WEISSWEIN

Rebfläche: 94 ha

Durchschnittliches Rebenalter: 30 Jahre

Rebbestand: 65 % Sémillon, 35 % Sauvignon

Pflanzdichte: 6660 Reben/ha

Ertrag (im Durchschnitt der letzten 5 Jahre): 10 hl/ha

Durchschnittliche Jahresproduktion insgesamt: 9500 Kisten

BORDEAUX

GRAND VIN

Name: Château Guiraud

Appellation: Sauternes

Durchschnittliche Jahresproduktion: 8000 Kisten

Verarbeitung und Ausbau: Vinifikation und 18 bis 36 Monate Ausbau in zu 50 % neuen Eichenfässern. Der Wein wird geschönt und gefiltert.

ZWEITWEIN

Name: Le Dauphin du Château Guiraud

Durchschnittliche Jahresproduktion: 1500 Kisten

Beurteilung des derzeitigen Rangs: Entspricht der Klassifizierung

Genußreife: Mindestens 5 bis 20 Jahre nach dem Jahrgangsdatum

Guiraud ist eines der größten Güter im Bereich Sauternes; von seinen 120 ha Gesamtfläche sind 94 ha mit Reben besetzt. Hier wächst u.a. ein Rotwein der AC Bordeaux Supérieur sowie ein trockener Weißwein namens «G».

Der süße Wein von Guiraud hat inzwischen eine Metamorphose durchgemacht. 1981 kaufte Hamilton Narby, ein Kanadier mit hohen Ambitionen, das Gut und kündigte groß an, auf Guiraud würden jetzt Yquem-ähnliche Methoden mit streng selektiver Weinlese, Faßgärung und langem Ausbau in neuen Eichenfässern eingeführt. Daraufhin verfolgten die Bordeauxwein-Enthusiasten – und vor allem die Nektar-Liebhaber – die Vorgänge auf Guiraud mit größtem Interesse in der Hoffnung, daß der Leiter Xavier Planty imstande sein werde, Narbys Blütenträume zur Reife zu bringen.

Das Erstaunlichste an Guiraud ist, daß sein Wein bei einem sehr hohen Anteil an Sauvignon Blanc (35 %) so voll ausfällt. Zweifellos ist dies der Verwendung neuer Eichenfässer und der späten Lese in mehreren Durchgängen, bei denen nur die reifste Sauvignon-Blanc-Frucht in den Wein gelangt, zu verdanken. Aber dennoch bin ich von die Intensität dieses Weins immer wieder verblüfft. Besonders stark sind die Jahrgänge seit 1983 ausgefallen, und seither gehört der Guiraud oft zu dem halben Dutzend Spitzenweine aus der Region Barsac/Sauternes.

JAHRGÄNGE

1990 • 91 Früher war mir bei Guiraud der 1988er am liebsten, gefolgt vom 1989er und schließlich vom 1990er. Bei neueren Verkostungen hat der 1990er mit seiner Prachtentfaltung an Wucht, extraktreicher, nach Rauch, Butter, Ananas und Orangen duftender Frucht sowie verschwenderischem Reichtum an Eichentoast und an ölig dickflüssiger, massiver Art und Geschmacksfülle den ersten Preis davongetragen. Dieser mächtige Wein wirkt dennoch nicht schwer, weil er über angemessene Säure verfügt, und er dürfte sich mindestens weitere 15 bis 20 Jahre lang schön entfalten. Letzte Verkostung: 11/94.

1989 • 86 Der 1989er wirkt extrem auseinandergefallen. Er ist zwar voll und süß, schmeckt aber wie ein Gemenge aus Zucker, Alkohol und Holz. Das war ein enttäuschender Auftritt des 1989ers. Er dürfte aber wieder an Konturenschärfe gewinnen und zu der aufgrund der Faßprobe vorhergesagten Form zurückfinden. Letzte Verkostung: 11/94.

1988 • 89+ Der 1988er erschien straffer und verhaltener, als ich ihn in Erinnerung hatte; er zeigt ein stilvolles, würziges Bukett von reifer Frucht, etwas Edelfäule, mittelschweren bis körperreichen Geschmack mit schön integrierter Eichenholznote dazu attraktiven, rauchigen, ho-

DIE WEINE VON BARSAC UND SAUTERNES

nigsüßen Fruchtcharakter und einen lebendigen Abgang. Dieser unüblich zurückhaltende, verschlossene Wein dürfte sich 20 bis 30 Jahre gut halten. Letzte Verkostung: 5/98.

1986 • 92 Gut betuchte Sammler sollten sich die Freude leisten, den 1986er, 1988er und 1989er im Lauf ihrer Entwicklung miteinander zu vergleichen. Der 1986er war der bis dahin feinste Guiraud, den es je gegeben hat. Ich vermute aber, daß der 1988er bei kräftigerer Säure und besserer Ausgewogenheit eine größere Lebenserwartung besitzt. Jedenfalls ist der 1986er ein hochkonzentrierter, aromatischer Wein mit reichlich Edelfäule und sanftem, öligem Geschmack von Pfirsichen, Ananas und Aprikosen. Ein schöner Rahmen von frischem Eichenholz ist vorhanden, obschon die Säure insgesamt nicht so kräftig ist wie beim 1988er. Der Abgang nimmt sich außergewöhnlich nachhaltig und wohlausgewogen aus – ein massiver, konzentrierter Wein, der sich mehrere Jahrzehnte lang schön entwickeln dürfte.
Voraussichtliche Genußreife: Jetzt bis 2009. Letzte Verkostung: 3/90.

1985 • 85 Guiraud brachte einen gut bereiteten 1985er hervor, der viel Süße, Reife und vordergründiges Aroma von toastwürzigem, rauchigem frischem Eichenholz zu bieten hat. Edelfäule ist nicht erkennbar, und der Wein zeigt weniger Finesse und Komplexität als beispielsweise die Jahrgänge 1983 und 1986. Dessenungeachtet wird auch dieser schlichte Sauternes seine Liebhaber finden, insbesondere bei allen Freunden eines guten Aperitifs.
Voraussichtliche Genußreife: Jetzt. Letzte Verkostung: 3/90.

1983 • 88 Hellgoldene Farbe, ein reifes, intensives Bukett von Aprikosen und Ananas mit dem Vanillinduft von Eichenfässern zeichnen diesen körperreichen, üppigen, vollen Wein aus; hinzu kommen exzellente Konzentration, superbes Gleichgewicht und ein pikanter, langer, alkoholstarker Abgang.
Voraussichtliche Genußreife: Jetzt bis 2005. Letzte Verkostung: 3/90.

1982 • 78 Der kräftige, breitspurige 1982er, dessen klebrig dickflüssige Fruchtigkeit schon fast an Schwerfälligkeit grenzt und dem es an Finesse und für frische Art ausreichender Säure fehlt, hat zwar viel Fülle, wird aber inzwischen ziemlich müde.
Voraussichtliche Genußreife: Jetzt. Letzte Verkostung: 6/84.

1981 • 80 Das attraktiv fruchtige Bukett zeigt im Aroma frisches Eichenholz, Gewürze, ein kräuterhaftes Element und Ananasfrucht. Am Gaumen erweist sich der Wein bei mittlerem bis vollem Körper als fruchtig, aber es fehlt ihm an Komplexität und Dimension.
Voraussichtliche Genußreife: Jetzt. Letzte Verkostung: 6/84.

1980 • 75 Der überraschend stumpfe und übermäßig aggressiv eichenholzwürzige 1980er Guiraud schmeckt fruchtig, aber flach.
Voraussichtliche Genußreife: Jetzt. Letzte Verkostung: 6/84.

1979 • 84 Dieser feste Wein mit mittlerem bis vollem Körper und einem verhaltenen Bukett von frischen Orangen und Vanillinwürze hat schöne Säure sowie gute Konzentration und Nachhaltigkeit.
Voraussichtliche Genußreife: Jetzt. Letzte Verkostung: 3/84.

1976 • 87 Der dunkel bernsteingoldene Wein hat ein gedörrtes, reif-fruchtiges Bukett und erinnert an sautierte Orangen und Mandeln. Am Gaumen zeigt er sich körperreich, süß und voll mit kräftigem, alkoholstarkem Abgang. Der 1976er hat den Höhepunkt seiner Reife erreicht.
Voraussichtliche Genußreife: Jetzt bis 2009. Letzte Verkostung: 3/84.

1975 • 86 Der 1975er Guiraud ist in der Farbe bedeutend heller als der 1976er, besitzt ein honigsüßes Bukett mit Düften von Pfirsichen und Orangen, verwoben mit dem Aroma von frischem Eichenholz. Am Gaumen erweist sich der Wein füllig und körperreich mit Noten von Mandeln, Butter und Karamel – ein reichhaltiger, eindrucksvoller Guiraud.
Voraussichtliche Genußreife: Jetzt. Letzte Verkostung: 3/87.

LAFAURIE-PEYRAGUEY
Premier Cru

AUSGEZEICHNET

Lage der Weinberge: Bommes

Besitzer: Domaines Cordier
Adresse: Bommes, 33210 Langon
Postanschrift: c/o Domaines Cordier, 53, rue du Dehez, 33290 Blanquefort
Telefon: 33 5 56 95 53 00 – Telefax: 33 5 56 95 53 01

Besuche: nur nach Vereinbarung
Kontaktanschrift: Domaines Cordier (Tel. und Fax siehe oben)

WEISSWEIN

Rebfläche: 40,5 ha

Durchschnittliches Rebenalter: 35 Jahre

Rebbestand: 90% Sémillon, 5% Sauvignon, 5% Muscadelle

Pflanzdichte: 6600 Reben/ha

Ertrag (im Durchschnitt der letzten 5 Jahre): 13 hl/ha

Durchschnittliche Jahresproduktion insgesamt: 70 000 bis 75 000 Flaschen

GRAND VIN

Name: Château Lafaurie-Peyraguey

Appellation: Sauternes

Verarbeitung und Ausbau: Faßgärung bei unter 18 °C. Anschließend 24 bis 30 Monate Ausbau in jährlich zu $1/3$ erneuerten Eichenfässern; Abstich alle 3 Monate, Schönung mit frischem Eiweiß.

ZWEITWEIN

Name: La Chapelle de Lafaurie

N. B.: Es wird auch ein Drittwein unter dem Namen Le Brut de Lafaurie (Bordeaux Blanc Sec) produziert.

Beurteilung des derzeitigen Rangs: Entspricht der Klassifizierung

Genußreife: 5 bis 25 Jahre nach dem Jahrgangsdatum

Das Weingut steckte lange in Schwierigkeiten, ist aber in den achtziger Jahren als Erzeuger von wunderbar reichhaltigen, komplexen und überzeugenden Sauternes-Weinen wieder auf den Plan getreten. Die Beschlüsse des Hauses Cordier, den Anteil von Sauvignon im Verschnittrezept zu verringern, dafür die Zahl der Eichenholzfässer zu erhöhen und eine strengere Auslese zu treffen, begannen sich ab dem Jahrgang 1981 in einer Folge gut gelungener Weine auszuwirken, die in den großartigen Jahrgängen 1983, 1986, 1988 und 1989 gipfelten.

Das Château, eines der ungewöhnlichsten in Sauternes, wurde im 13. Jahrhundert als eine Festung erbaut, die hoch über die Umgebung aufragt. Im Jahr 1913 erwarb das Haus Cordier diesen Besitz. Heute darf der Lafaurie-Peyraguey aufgrund seiner Leistungen im vergangenen Jahrzehnt als zu dem halben Dutzend Spitzenweine von Sauternes gehörig gelten. Er vereint ölige Fülle mit großer Finesse und einer profunden Duftigkeit von honigsüßer Frucht.

DIE WEINE VON BARSAC UND SAUTERNES

Gegen Ende der achtziger Jahre wurde der trockene Weißwein Brut de Lafaurie eingeführt. Ich bin zwar kein großer Bewunderer der vielen recht schweren trockenen Weißweine, die im Bereich Sauternes produziert werden, muß aber sagen, daß dieser der beste ist, den ich in der Appellation gekostet habe. Er wird von 40% Sauvignon Blanc, 40% Sémillon und 20% Muscadelle bereitet und ist wunderbar köstlich und duftig bei überraschender Fülle, dabei aber völlig trocken und frisch.

JAHRGÄNGE

1990 • 92 Ich entsinne mich noch, wie eindimensional, diffus, dick und alkoholstark dieser Wein aus dem Faß und unmittelbar nach der Abfüllung schmeckte, aber inzwischen hat er enorme Fortschritte gemacht. Seine tiefgoldene, maisähnliche Farbe geht einher mit einem sensationellen Bukett (honigduftige Zitrusfrucht, Ananas und Birnen mit Nuancen von Rauch und *crème brûlée*). Im Mund wirkt der Wein körperreich, massiv, ölig mit kräftigem, saftigem Geschmack und vollmundigem Extrakt, viel Glyzerin und großer Viskosität – ein kraftstrotzender süßer Sauternes mit mindestens 30 Jahren Lebenserwartung.
Voraussichtliche Genußreife: 2004 bis 2030. Letzte Verkostung: 12/97.

1989 • 89 Der zwischen zwei ausnehmend gute Lafaurie-Peyraguey-Jahrgänge eingeschobene 1989er könnte sich als ein hervorragender Wein mit großem Entfaltungspotential erweisen. Allerdings hatte ich ihn immer im Vergleich mit zwei glorreichen Beispielen aus diesem Château verkostet. Dabei zeigt sich der 1989er als exzellent, vielleicht sogar herausragend, jedoch in eher verhaltenem und nicht so viskosem Stil wie der 1990er und der 1988er. Vielmehr besitzt er ein lebendiges Aromaprofil mit Nuancen von honigwürziger Tropenfrucht und einem die Komplexität steigernden Hauch von frischem Amontillado Sherry. Mit vollem Körper, guter Säure, weniger Anzeichen für Edelfäule, als ich erwartet hatte, aber exzellentem, ja hervorragendem Extrakt präsentiert sich der 1989er mit stärker monolithischer, eichenholzbetonter Persönlichkeit, aber bei einem solchen Wein dauert es oft 8 bis 10 Jahre, bis sein wahrer Charakter zum Vorschein kommt. Der Abgang hat gute Tiefe und Fülle bei schöner Nachhaltigkeit.
Voraussichtliche Genußreife: 2002 bis 2025. Letzte Verkostung: 12/97.

1988 • 95 Der massiv süße, doch frische, lebendige 1988er bietet ein hinreißendes blumiges Bukett von Vanillepudding, Butter, Orangen, Aprikosen, Rauch und *crème brûlée*. Pikante Säure verleiht dem Ganzen außerordentliche Klarheit. Dieser durch reichliche Edelfäule geprägte körperreiche, hochkonzentrierte, faszinierende, kraftvolle und doch elegante Sauternes wird sich 25 bis 30 Jahre lang schön weiterentfalten.
Voraussichtliche Genußreife: 2001 bis 2030. Letzte Verkostung: 12/97.

1986 • 92 Ein wundervolles Bukett von Ananas, rauchigen Nüssen, Geißblatt und anderen Blüten entströmt dem Glas. Im Mund zeigt dieser volle Wein die Essenz von Aprikosen, Ananas und anderen tropischen Früchten. Die frische Säure verleiht ihm schöne Definition und klare Linie. Der Abgang ist süß, honigfein und lang. Dieser wunderschön bereitete Sauternes ist einer meiner Favoriten aus dem Jahrgang 1986.
Voraussichtliche Genußreife: Jetzt bis 2010. Letzte Verkostung: 11/96.

1985 • 86 Wegen mangelnder Edelfäule ist der 1985er ein relativ schlichter, fruchtiger, voller, aber doch im Geschmack frischer Sauternes, der als Aperitif ideal sein dürfte, als Dessertwein dagegen weniger. Er wird sich wohl 10 bis 15 Jahre halten, sollte aber besser schon in den kommenden 10 Jahren getrunken werden.
Voraussichtliche Genußreife: Jetzt bis 2000. Letzte Verkostung: 3/91.

1983 • 92 Die Mitarbeiter des Hauses Cordier können mit Recht zufrieden sein mit diesem herrlich konzentrierten, komplexen, voll ausgereiften Wein. Mit gewaltiger Intensität, viskoser, reifer Art und vielschichtiger, honigsüßer Aprikosenfrucht ist der ölige 1983er keineswegs langweilig oder schwerfällig, sondern lebendig und überschäumend fruchtig.
Voraussichtliche Genußreife: Jetzt bis 2000. Letzte Verkostung: 3/91.

1982 • 84 Der 1982er ist viel leichter als der 1983er, hat wenig Edelfäule aufzuweisen, wirkt dabei aber recht frisch und fruchtig und zeigt schönes Aroma von Melonen und Blumen. Am Gaumen läßt er mittleren Körper und mäßige Süße sowie würzige, saubere Art erkennen. Voraussichtliche Genußreife: Jetzt. Letzte Verkostung: 3/87.

1981 • 88 Der recht ungewöhnliche 1981er Laufaurie-Peyraguey zeigt reifes Aprikosenaroma, volle, kernige, viskose Art, gute Säure und einen langen, süßen, fülligen Abgang. Der Wein weist ein beträchtliches Maß an Edelfäule auf und ist eindeutig eine der Spitzenleistungen des Jahrgangs. Voraussichtliche Genußreife: Jetzt. Letzte Verkostung: 6/84.

1980 • 84 Der 1980er Lafaurie-Peyraguey kommt zwar nicht an den 1983er und 1981er heran, ist aber trotzdem gut ausgefallen. Für einen Sauternes zeigt er sich mittelgewichtig, hat gute, würzige, reife Ananasfruchtigkeit und durchschnittliche Säure.
Voraussichtliche Genußreife: Jetzt. Letzte Verkostung: 3/83.

1979 • 85 Der 1979er ist der erste einer Folge von gut gelungenen Lafaurie-Peyraguey-Weinen, die in dem Maß, wie das Haus Cordier die Qualität gesteigert hat, zu größerer Fülle gelangt sind. Das wunderbare ananasduftige Bukett ist attraktiv. Der Wein zeigt schöne Edelfäule, gute Säure, mäßige Süße und einen frischen, sauberen Abgang.
Voraussichtliche Genußreife: Jetzt. Letzte Verkostung: 3/82.

1976 • 75 Mit diesem Wein ist eigentlich nichts verkehrt, aber er wirkt eindimensional und nichtssagend, und es fehlt ihm eindeutig an Charakter und Tiefe – ein minderer Sauternes.
Voraussichtliche Genußreife: Jetzt. Letzte Verkostung: 11/82.

1975 • 67 Dieser 1975er, ein sehr untypischer Sauternes, hat ein olivenähnliches, erdiges Aroma, das etwas unsauber und unreif erscheint. Am Gaumen erweist sich der Wein als leicht und überraschend dünn, und der Abgang ist dürftig. Irgend etwas muß 1975 mit dem Lafaurie-Peyraguey schiefgegangen sein. Letzte Verkostung: 12/80.

1970 • 74 Der 1970er ist gefällig und angenehm, doch am Gaumen recht kurz und weder sehr süß noch konzentriert – für einen Sauternes dieser Klasse eine Enttäuschung.
Letzte Verkostung: 12/80.

LAMOTHE
2ème Cru seit 1855

GUT

Lage der Weinberge: Sauternes

Besitzer: Guy Despujols
Adresse: 33210 Sauternes
Telefon: 33 5 56 76 67 89 – Telefax: 33 5 56 76 63 77

Besuche: vorzugsweise nach Vereinbarung, von 10 bis 12.30 und von 14.30 bis 18 Uhr
Kontaktperson: M. oder Mme Guy Despujols

WEISSWEIN

Rebfläche: 7,5 ha

Durchschnittliches Rebenalter: 40 Jahre

Rebbestand: 85 % Sémillon, 10 % Sauvignon, 5 % Muscadelle

Pflanzdichte: 7400 Reben/ha

Ertrag (im Durchschnitt der letzten 5 Jahre): 22,5 hl/ha

Durchschnittliche Jahresproduktion insgesamt: 155 hl

DIE WEINE VON BARSAC UND SAUTERNES

GRAND VIN

Name: Château Lamothe

Appellation: Sauternes

Durchschnittliche Jahresproduktion: 14 000 Flaschen

Verarbeitung und Ausbau: Vinifikation 15 bis 30 Tage, je nach Lesegut und Jahrgang, in Tanks mit kleinem Fassungsvermögen (45 hl). Etwa 50 bis 70 % des Ertrags verbleiben im Tank, der Rest wird 20 bis 30 Monate in zu 30 bis 60 % neuen Eichenfässern ausgebaut. Der Wein wird geschönt und gefiltert.

ZWEITWEIN

Name: Les Tourelles de Lamothe

Durchschnittliche Jahresproduktion: 3000 Flaschen

Beurteilung des derzeitigen Rangs: Zu unbeständig für seinen Rang; Abstufung zum Cru Bourgeois wäre zu empfehlen

Genußreife: 3 bis 12 Jahre nach dem Jahrgangsdatum

Dieses Weingut war im vorigen Jahrhundert als Lamothe-d'Assault bekannt; es wurde dann aber geteilt, und nun gibt es zwei Lamothes, die lediglich durch den Familiennamen des jeweiligen Besitzers unterschieden werden. Lamothe (Despujols) bringt gewöhnlich relativ leichte Weine hervor, die es aber durchaus wert sind, daß man sie probiert, denn es waren schon einige Überraschungen darunter (z. B. der 1986er). Bei dem hohen Muscadelle-Anteil im Verschnittrezept fällt der Stil durch Duftigkeit und milde, aufgeschlossene Frucht auf. Seit dem Ende der 1980er Jahre glaube ich einen merklichen Qualitätsanstieg zu beobachten.

JAHRGÄNGE

1990 • 88   Der 1990er zeigt ölige Persönlichkeit und kräftige, reife, honigwürzige Frucht im Geschmack. Milde Säure, reichliche Intensität sowie körperreiche, vollmundige Art lassen darauf schließen, daß er im Lauf der nächsten 10 Jahre getrunken sein will. Letzte Verkostung: 11/94.
1989 • 87   Der 1989er zeigt weit mehr Fülle, Intensität und Sauberkeit, als frühere Proben vermuten ließen. Er präsentiert sich mit schöner Vollmundigkeit, Öligkeit, milder Säure und lieblicher tropischer Frucht und dürfte sich 7 bis 8 Jahre lang schön trinken. Letzte Verkostung: 11/94.
1988 • 72   Es ist schwer zu begreifen, was mit dem Lamothe-Despujols in einem so wunderbaren Jahrgang wie 1988 passiert sein kann. Dieser Wein ist stumpf, lahm, es fehlt ihm an Frucht, Frische und Charakter. So zeigte er sich bei drei verschiedenen Verkostungen.
Voraussichtliche Genußreife: Jetzt. Letzte Verkostung: 4/91.
1986 • 88   So unbeständig und uninteressant der Lamothe-Despujols auch sein kann, der 1986er ist unbestreitbar ein Schlager dieses Jahrgangs. Sein wunderbares, honigsüßes Bukett mit einem Hauch toastwürzigem Eichenholzduft wird begleitet von opulenter, reichhaltiger, glyzerin- und körperreicher, wunderbar ausgewogener Art – ein Sauternes, der sich 10 bis 15 Jahre lang schön trinken lassen dürfte. Er ist unbezweifelbar der beste Wein, den ich aus diesem Château je gekostet habe. Voraussichtliche Genußreife: Jetzt bis 2005. Letzte Verkostung: 3/90.
1985 • 85   Dieser kräftige, füllige, überraschend reichhaltige und intensive Wein zeigt entschieden mehr Gewichtigkeit und Charakter als mancher andere in diesem Jahrgang. Er läßt sehr wenig Edelfäule erkennen und hat reichlich Frucht in einem relativ schlichten, stämmigen Stil. Voraussichtliche Genußreife: Jetzt. Letzte Verkostung: 3/90.

BORDEAUX

LAMOTHE-GUIGNARD
2ème Cru seit 1855

GUT

Lage der Weinberge: Sauternes

Besitzer: Philippe und Jacques Guignard
Adresse: 33210 Sauternes
Telefon: 33 5 56 76 60 28 – Telefax: 33 5 56 76 69 05

Besuche: montags bis freitags von 8 bis 12 und von 14 bis 18 Uhr
Kontaktpersonen: Philippe und Jacques Guignard

WEISSWEIN

Rebfläche: 17 ha

Durchschnittliches Rebenalter: 35 Jahre

Rebbestand: 90 % Sémillon, 5 % Sauvignon, 5 % Muscadelle

Pflanzdichte: 6600 Reben/ha

Ertrag (im Durchschnitt der letzten 5 Jahre): 17 hl/ha

Durchschnittliche Jahresproduktion insgesamt: 20 000 bis 40 000 Flaschen

GRAND VIN

Name: Château Lamothe-Guignard

Appellation: Sauternes

Durchschnittliche Jahresproduktion: 20 000 bis 40 000 Flaschen

Verarbeitung und Ausbau: Vinifikation in Tanks mit kleinem Fassungsvermögen. Anschließend 12 bis 15 Monate Ausbau in zu 25 % neuen Eichenfässern. Der Wein wird geschönt und gefiltert.

Kein ZWEITWEIN

Beurteilung des derzeitigen Rangs: Entspricht der Klassifizierung

Genußreife: 5 bis 15 Jahre nach dem Jahrgangsdatum

Die Besitzer von Lamothe-Guignard, Philippe und Jacques Guignard, erwarben das Gut im Jahr 1981 und machten sich tatkräftig daran, das Image dieses Weins wieder aufzupolieren. Deshalb sollte man in den neunziger Jahren gut auf diesen Namen achten, denn die Qualität ist hier vielversprechend.

Die Weinberge befinden sich in guter Lage südlich von Yquem, abseits der Route D125, ganz in der Nähe der Premiers Crus Classés Guiraud, La Tour Blanche und Lafaurie-Peyraguey. Die Besitzer haben den Anteil neuer Eichenfässer im Ausbau gesteigert, lassen die Weinberge mehrere Male durchlesen und nur von Edelfäule befallene Trauben auswählen. So entstehen eindrucksvolle, inzwischen recht unterbewertete Weine.

DIE WEINE VON BARSAC UND SAUTERNES

JAHRGÄNGE

1990 • 91   Der 1990er ist ein kraftvoller, öliger, dickflüssiger, kerniger Sauternes mit viel kräftigem Alkohol, reichlicher Frucht und einer überschäumenden Persönlichkeit. Er zeigt schöneres Aromaprofil, mehr Komplexität, Dimension und Klarheit der Linie als noch vor einigen Jahren. Er dürfte sich gut halten und 15 bis 20 Jahre lang weiterentwickeln. Letzte Verkostung: 11/94.

1989 • 91   Der 1989er weist ebenfalls mehr Persönlichkeit und Komplexität auf. Er ist zwar sehr alkoholstark (fast 15 %), vor allem aber ein massiver, extraktreicher, überaus voller, beeindruckend ausgestatteter Wein, der von honigsüßer, butteriger Frucht von Aprikosen, Orangen, Ananas und Zitronen geradezu überströmt. Deutliche Säure verleiht dem mächtigen 1989er Lamothe-Guignard Schwung und Lebendigkeit – ein echter Schlager seines Jahrgangs, der zu einem vernünftigen Preis zu haben sein und mindestens 20 Jahre überdauern dürfte.
Letzte Verkostung: 11/94.

1988 • 89+   Der noch unentwickelte, elegante 1988er hat an Wachs, Honig und Tokay-Pinot Gris erinnernde Duftigkeit und vollen, körperreichen Geschmack, der wegen der kräftigen Säure zurückhaltend und eingezogen wirkt. Dieser verhaltene Wein ist bei weitem nicht so entgegenkommend oder muskulös wie der 1989er und der 1990er, dürfte sich aber 20 bis 25 Jahre gut halten. Letzte Verkostung: 11/94.

1986 • 87   Der 1986er Lamothe-Guignard hat wunderbare, mäßig intensive Ananasfruchtigkeit, reichen samtigen Geschmack, viel Edelfäule und einen langen, seidigen Abgang. Er wird zwar nicht gerade einer der langlebigsten 1986er sein, dürfte aber sicher weitere 5 bis 7 Jahre lang immensen Genuß bereiten.
Voraussichtliche Genußreife: Jetzt bis 1999. Letzte Verkostung: 3/90.

1985 • 84   Die Mängel des Jahrgangs 1985 in Barsac und Sauternes werden auch in diesem schlichten, relativ fülligen, aber uninteressanten, monolithischen Wein erkennbar. Er ist süß, reichhaltig, füllig und schwer, aber an Biß und Komplexität fehlt es ihm einfach.
Voraussichtliche Genußreife: Jetzt. Letzte Verkostung: 3/90.

DE MALLE
2ème Cru

GUT

Besitzerin: Comtesse de Bournazel
Adresse: 33210 Preignac
Telefon: 33 5 56 65 36 86 – Telefax: 33 5 56 76 82 40

Rebfläche: 49 ha

Durchschnittliches Rebenalter: 25 Jahre

Rebbestand: 75 % Sémillon, 25 % Sauvignon Blanc

Durchschnittliche Jahresproduktion insgesamt: 1300 Kisten

Faßausbauzeit: 24 Monate

ZWEITWEIN

Name: Château de Sainte-Hélène

Trockener Weißwein: Chevalier de Malle

Beurteilung des derzeitigen Rangs: Entspricht der Klassifizierung

Genußreife: 5 bis 15 Jahre nach dem Jahrgangsdatum

Das prachtvolle Weingut mit seinem schönen Château aus dem 17. Jahrhundert gehörte früher einem Mitglied der Familie Lur Saluces (Besitzer von Yquem und de Fargues), allerdings nur bis 1785. Seither ist de Malle Eigentum der Familie Bournazel. Es ist ein großes Gut; über die Hälfte seiner Fläche, nämlich 30 ha, liegt in Graves, und nur 25 ha fallen in den Bereich Sauternes. Wer den ausgezeichneten weißen Graves, «M. de Malle» oder den Rotwein «Château Cardaillan» kennt, der weiß, wie gut die Weine aus dem Château de Malle sein können. Ich empfehle allen Besuchern der Region von Barsac und Sauternes, nach Anmeldung einen Abstecher zu diesem schönen Château zu machen, da es seit 1949 unter Denkmalschutz steht.

Selbst wenn man an Architektur nicht interessiert ist, lohnen allein schon die Weine einen Besuch, denn sie gehören zu den elegantesten der Appellation. Zuweilen zeigen sie die Tendenz, leicht auszufallen, aber neuere Jahrgänge dieser verhalteneren und vornehmeren Art von Sauternes sind außerordentlich gut bereitet. Ich möchte noch bemerken, daß ich den 1990er de Malle als den feinsten jungen Wein aus diesem Château empfunden habe, und dieses Urteil wird von den Kennern der Region bestätigt.

JAHRGÄNGE

1990 • 90 Der 1990er de Malle ist der seit Jahrzehnten feinste süße Wein aus diesem Gut und stellt nicht nur eine hervorragende Leistung, sondern bei seinem günstigen Preis auch eine gute Gelegenheit dar. Er ist körperreich, hat exzellente Süße, feine Reintönigkeit und viel reiche, honigsüße Frucht, gestützt auf eine deutliche Eichennote. Die Komplexität und das Aromaprofil des 1988ers hat er noch nicht entwickelt, aber für seinen Jahrgang ist dieser 1990er eindeutig hervorragend und dürfte sich 10 bis 15 Jahre anmutig entfalten. Letzte Verkostung: 11/94.

1989 • 87 Der 1989er erscheint recht einfach, hat mittleren bis vollen Körper, reife, reichhaltige Frucht, genug Säure für schönen Schwung und einen vollmundigen Abgang. Er dürfte sich weitere 10 Jahre lang schön trinken. Letzte Verkostung: 11/94.

1988 • 91 Bei einer neueren Verkostung sang der 1988er sein eigenes Lob in den höchsten Tönen. Er befindet sich seinem Gipfel näher als der 1990er und bietet ein himmlisches Bukett von Kirschen und Kokosnuß sowie markante Düfte von honigsüßer Ananas und Eichentoast. Mittlerer bis voller Körper und exzellente Reintönigkeit, Frische und Reife machen ihn ideal geeignet zum sofortigen Genuß, aber auch zur Aufbewahrung für 10 bis 12 Jahre.
Letzte Verkostung: 11/94.

1986 • 84 Der 1986er ist ein köstlich fruchtiger Wein mit mittlerem Körper, relativ leicht, jedoch mit einem ganzen Obstsalat an Geschmacksnuancen, reichlich Frische, aber weniger Edelfäule, als ich in Anbetracht des Jahrgangs erwartet hätte.
Voraussichtliche Genußreife: Jetzt. Letzte Verkostung: 3/90.

1985 • 79 Diesen Wein mit seinem schlichten, lieblichen, monochromatischen Geschmack habe ich schon immer eindimensional und nichtssagend gefunden.
Voraussichtliche Genußreife: Jetzt. Letzte Verkostung: 3/90.

NAIRAC
2ème Cru seit 1855

GUT

Lage der Weinberge: Barsac

Besitzerin: Nicole Tari-Heeter
Adresse: 33720 Barsac
Telefon: 33 5 56 27 16 16 – Telefax: 33 5 56 27 26 50

Besuche: nur nach Vereinbarung · Kontaktperson: Nicolas Heeter

DIE WEINE VON BARSAC UND SAUTERNES

WEISSWEIN

Rebfläche: 17 ha

Durchschnittliches Rebenalter: 40 Jahre

Rebbestand: 90% Sémillon, 6% Sauvignon, 4% Muscadelle

Pflanzdichte: 8000 Reben/ha

GRAND VIN

Name: Château Nairac

Appellation: Barsac

Durchschnittliche Jahresproduktion: 10 000 Flaschen

Verarbeitung und Ausbau: Vinifikation 1 bis 3 Monate in Eichenfässern, Ausbau 2½ Jahre bis zur Abfüllung. Der Wein wird geschönt und gefiltert.

Kein ZWEITWEIN

Beurteilung des derzeitigen Rangs: Entspricht der Klassifizierung

Genußreife: 5 bis 15 Jahre nach dem Jahrgangsdatum

Nairac ist einer der am untadeligsten und mit passioniertestem Eifer betriebenen Weingüter in Barsac. 1971 kaufte der gebürtige Amerikaner Tom Heeter gemeinsam mit Nicole Tari diesen Besitz. Heeter machte seine Lehrzeit in dem Rotweingut Giscours in der Appellation Margaux durch; dort lernte er auch seine Frau kennen, die aus der Weingutsbesitzerfamilie Tari stammt, (inzwischen sind sie wieder geschieden). Während der achtziger Jahre wurde der gefeierte Emile Peynaud als önologischer Berater hinzugezogen, und Nairac begann mit die besten Weine von Barsac hervorzubringen.

Der Nairac ist für einen Barsac relativ kräftig im Stil, eichenholzwürzig, reif und konzentriert. Zu sagen, er sei untadelig bereitet, ist ein Understatement. Hier gibt es keine Kompromisse, was auch eindeutig daraus hervorgeht, daß 1977 und 1978 überhaupt kein Nairac herausgebracht wurde.

Auf jeden Fall ist der Nairac seinen Preis wert und sollte deshalb von Liebhabern, die einen sehr guten und preiswerten Barsac suchen, unbedingt in Erwägung gezogen werden.

JAHRGÄNGE

1989 • 87 Als ich den 1989er Nairac erstmals aus dem Faß probierte, erschien er mir überzogen eichenholzwürzig und ein wenig zu füllig und alkoholstark. Er hat sich jedoch im Faß schön weiterentwickelt und gibt nun reichlich vanillinduftige, rauchige Eichenholzwürze, ein opulent volles Bukett. schöne Substanz, nachhaltige, kräftige, ölige Geschmacksfülle und genug Säure für Biß und Konturenschärfe zu erkennen. Dieser Wein wird sich wohl rasch entwickeln, denn seine Farbe ist bereits tief mittelgolden.
Voraussichtliche Genußreife: Jetzt bis 2003. Letzte Verkostung: 4/91.
1988 • ? Dieser Wein schmeckt beständig stumpf und gedämpft, und seine Frucht ist gedrückt. So stellte er sich bereits aus dem Faß dar, und auch aus der Flasche hat er diesen Eindruck wiederholt vermittelt. Es ist schwer zu begreifen, weshalb dieser Wein so unentwickelt und ausdruckslos schmeckt. Ein Urteil behalte ich mir vor. Letzte Verkostung: 4/91.
1986 • 89 Der 1986er ist einer der feinsten Nairacs die ich kenne – ein überaus reichhaltiger, konzentrierter, kraftvoller Wein mit viel glyzerinreicher Ananasfrucht, vollem Körper und einem

BORDEAUX

langen, üppigen, sanften Abgang. Er besitzt ausgeprägte Säure und deutliche Edelfäule, ich erwarte deshalb, daß sich dieser erstklassige Wein über eine lange Zeit hinweg entfalten wird.
Voraussichtliche Genußreife: Jetzt bis 2010. Letzte Verkostung: 3/90.

1985 • 81 Dem 1985er mangelt es an Edelfäule, eine typische Erscheinung für den größten Teil dieses Jahrgangs. Abgesehen davon bietet er schlichte Orangen- und Ananasfrucht mit einem ordentlichen Schuß Würze von rauchigem frischem Eichenholz.
Voraussichtliche Genußreife: Jetzt. Letzte Verkostung: 3/89.

1983 • 86 Der äußerst aromatische 1983er Nairac hat ein blumiges Bukett mit Düften tropischer Früchte, dazu kräftigen, reichhaltigen Geschmack wie ein frischer Obstsalat, vollen Körper und einen üppigen, honigsüßen Abgang.
Voraussichtliche Genußreife: Jetzt bis 2002. Letzte Verkostung: 3/90.

1982 • 85 Der 1982er Nairac, vermutlich der am besten gelungene Barsac des Jahrgangs, zeigt hellgoldene Farbe, ein würziges Bukett von Ananas und Eichenholzvanillin, mittleren bis vollen Körper sowie überraschend gute Konzentration und Nachhaltigkeit – ein schöner, mittelschwerer Wein.
Voraussichtliche Genußreife: Jetzt. Letzte Verkostung: 3/89.

1981 • 83 Dem ansonsten sehr guten Nairac fehlt es wie vielen anderen 1981ern an der Edelfäule, die großen Jahrgängen dieser Gegend soviel Charakter verleiht. Der vielleicht etwas zu füllige, zur Stumpfheit neigende Wein hat mittleren bis vollen Körper und durchschnittliche Säure.
Voraussichtliche Genußreife: Jetzt. Letzte Verkostung: 11/84.

1980 • 84 Der 1980er Nairac ist ein ausgewogener, hellgoldener Wein mit schöner Edelfäule, einem würzigen Bukett von tropischer Frucht und Eichenholz, mittlerem Körper, milder Säure und einem fülligen, schmackhaften Abgang – er hat seine volle Reife erreicht.
Voraussichtliche Genußreife: Jetzt. Letzte Verkostung: 11/84.

1979 • 83 Ein guter, ungewöhnlich leichter Nairac, dafür aber elegant, schön konzentriert, mit einem frischen, sauberen, mäßig süßen Abgang.
Voraussichtliche Genußreife: Jetzt. Letzte Verkostung: 11/84.

1976 • 86 Der 1976er, einer der besten Nairacs, hat ein kraftvolles eichenholzwürziges, reiffruchtiges Bukett mit einer kräftigen Vanillinnote. Am Gaumen zeigt er sich körperreich, nachhaltig, üppig und schön konzentriert bei kräftiger Edelfäule.
Voraussichtliche Genußreife: Jetzt. Letzte Verkostung: 11/84.

1975 • 84 Der mit weniger Kraft und nicht so ansprechender Art als der 1976er ausgestattete, im Stil leichtere 1975er Nairac zeigt stillen, introvertierten Charme, dabei aber frische, lebendige Fruchtigkeit, gute Säure und Präsenz am Gaumen sowie einen langen, mäßig süßen Abgang – ein sehr schön bereiteter Wein.
Voraussichtliche Genußreife: Jetzt. Letzte Verkostung: 11/84.

RABAUD-PROMIS
Premier Cru

SEHR GUT

Besitzer: G.F.A. du Château Rabaud-Promis
Leitung. Philippe Dejean

Adresse: 33210 Bommes
Telefon: 33 5 56 76 67 38 – Telefax: 33 5 56 76 63 10

Rebfläche: 33 ha

Durchschnittliches Rebenalter: 35 bis 40 Jahre

DIE WEINE VON BARSAC UND SAUTERNES

Rebbestand: 80% Sémillon, 18% Sauvignon, 2% Muscadelle

Produktion: 5000 Kisten

Faßreifezeit: 24 bis 30 Monate

ZWEITWEIN

Name: Domaine de l'Estremade

Beurteilung des derzeitigen Rangs: Seit 1986 verdient dieser Wein seinen Rang; früher lag die Qualität zwischen mittelmäßig und enttäuschend

Genußreife: Mindestens 5 bis 20 Jahre nach dem Jahrgangsdatum

Dieses Gut gehörte früher zu einer großen alten Domaine namens Rabaud, die im Jahr 1903 in Rabaud-Promis und das bekanntere Sigalas Rabaud aufgeteilt wurde. 26 Jahre später wurden die beiden Güter wieder vereinigt, kurioserweise 1952 aber erneut geteilt.

Bis zum Jahrgang 1986 war der Rabaud-Promis wohl der enttäuschendste aller Premier Cru-Classé-Weine. Dann aber machte das Weingut Fortschritte wie in so kurzer Zeit kein anderes. Nicht nur wurde ein Zweitwein eingeführt, sondern der Hauptwein wird jetzt in kleinen Eichenfässern verarbeitet, die zu einem beträchtlichen Teil jedes Jahr erneuert werden. Früher wurde das gesamte Lesegut ohne weitere Auslese in Betontanks vergoren.

Gewitzte Kenner der süßen Weine von Barsac und Sauternes sollten sich diese Informationen zunutze machen, denn es wird sicher einige Jahre dauern, bis das Preisniveau dem jetzt zum Vorschein kommenden Qualitätsstand entspricht. Wenn die ausgezeichneten Jahrgänge 1986, 1988, 1989 und 1990 typisch für die künftige Richtung des Rabaud-Promis sind, dann dürfte er einer der körperreicheren, üppigeren und intensiveren Sauternes auf dem Markt werden.

JAHRGÄNGE

1990 • 90   Der 1990er zeigt reichliche, honigsüße Fülle, überaus wuchtige Art und beträchtliche Würze. Es fehlt ihm zwar etwas an Säure, doch er ist ein mächtiger, körperreicher Wein, der sich in den nächsten 15 Jahren gut trinken lassen wird. Letzte Verkostung: 11/94.

1989 • 92   Der 1989er ist im Aroma reichhaltig und komplex, dazu mächtig und massiv mit großartiger Klarheit der Linie und überzeugender Frische und Lebendigkeit. Er dürfte sich im Lauf von 20 bis 25 Jahren schön entfalten. Letzte Verkostung: 11/94.

1988 • 93   Der 1988er ist der klassischste dieser drei Jahrgänge. Er weist große Fülle, Süße und Öligkeit auf, dazu etwas kräftigere Säure, reichlich Edelfäule, ein wunderbar volles Bukett mit Düften von Honig, Ananas, Kokosnuß und Orangen. Im Geschmack findet sich herrliche Frucht bei schöner, klarer Linie. Dieser Wein ist bereits zugänglich, verspricht aber 25 bis 30 Jahre mühelos zu überdauern. Letzte Verkostung: 11/94.

1986 • 89   Der 1986er war der erste einer Reihe von Jahrgängen, in denen sich die Rückkehr des Rabaud-Promis zu seinem Rang als Premier Cru Classé manifestiert. Er ist körperreich, hat ein intensives Bukett von Karamel, Ananas und Aprikosen, reichlich Glyzerin, genügend Säure für schönes Gleichgewicht und einen vollen, eichenholzwürzigen Abgang. Seine weitere Entwicklung dürfte anmutig und lang sein.
Voraussichtliche Genußreife: Jetzt bis 2010. Letzte Verkostung: 3/90.

1985 • 83   Das attraktive Bukett von Blumen, Ananas und Kaffee wird begleitet von schlichter, relativ kraftvoller Art mit viel Frucht, doch fehlt es an der Komplexität und Konturenschärfe, deren es bei diesen breit gebauten süßen Weinen bedarf.
Voraussichtliche Genußreife: Jetzt. Letzte Verkostung: 3/90.

1983 • 84 Dieser Wein hat sich etwas besser entwickelt, als ich ursprünglich dachte. Er ist füllig, rund, körperreich, hat viel Frucht, stellt sich aber etwas klebrig und schwerfällig dar, weil er nicht das richtige Maß an Edelfäule und Säure besitzt. Er entstand noch zu einer Zeit, als der Rabaud-Promis in Betontanks und nicht in kleinen Eichenfässern ausgebaut wurde, was vielleicht den Mangel an klarer Linie erklärt.
Voraussichtliche Genußreife: Jetzt. Letzte Verkostung: 3/90.

RAYMOND-LAFON
Ohne Klassifizierungsrang

AUSGEZEICHNET

Lage der Weinberge: Sauternes, angrenzend an Château Yquem

Besitzer: Familie Meslier
Adresse: 33210 Sauternes
Telefon: 33 5 56 63 21 02 – Telefax: 33 5 56 63 19 58

Besuche: täglich, nach Vereinbarung
Kontaktperson: Marie-Françoise Meslier

WEISSWEIN

Rebfläche: 18 ha, jedoch nur 16 ha bestockt

Durchschnittliches Rebenalter: 35 Jahre

Rebbestand: 80 % Sémillon, 20 % Sauvignon

Pflanzdichte: 6666 Reben/ha

Ertrag (im Durchschnitt der letzten 5 Jahre): 9 hl/ha

Durchschnittliche Jahresproduktion insgesamt: 20 000 Flaschen

GRAND VIN

Name: Château Raymond-Lafon

Appellation: Sauternes

Durchschnittliche Jahresproduktion: 20 000 Flaschen

Verarbeitung und Ausbau: 36 Monate Ausbau in neuen Eichenfässern. Der Wein wird geschönt, aber nicht gefiltert.

ZWEITWEIN

Name: Château Lafon-Laroze

Durchschnittliche Jahresproduktion: wird nicht jedes Jahr produziert

Beurteilung des derzeitigen Rangs: Aufstufung zum Premier Cru wäre zu empfehlen

Genußreife: 8 bis 25 Jahre nach dem Jahrgangsdatum

Den Namen Raymond-Lafon muß man sich merken, vor allem wenn man nach einem Sauternes sucht, der an die Brillanz und majestätische Fülle des Yquem heranzureichen vermag, dabei aber nur ein Drittel soviel kostet.

DIE WEINE VON BARSAC UND SAUTERNES

Das kleine Gut grenzt an die Weinberge von Yquem an und kann auf einen ausgezeichneten Ruf zurückblicken. Der 1921er galt sogar als besser als der Yquem aus diesem großen Jahrgang. Den Raymond-Lafon habe ich zwar nie zu probieren bekommen, aber der größte Sauternes, den ich je gekostet habe, war eben jener Yquem von 1921. Später wurde dann Raymond-Lafon lange Zeit vernachlässigt, bis schließlich im Jahr 1972 der Verwalter von Yquem, Pierre Meslier, das kleine Weingut kaufte und seinen guten Ruf allmählich wieder aufbaute.

Mit einem geradezu winzigen Ertrag von 9 hl/ha (noch weniger als bei Yquem), mit derselben Traubenmischung und denselben Bereitungstechniken wie bei Yquem und mit demselben strengen Ausleseverfahren (normalerweise werden 20 bis 100 % des Leseguts abgestuft) hat Raymond-Lafon inzwischen wieder eine Reihe herrlicher Sauternes hervorgebracht, beginnend mit dem großartigen 1975er bis zu dem monumentalen 1990er als vorläufigem Abschluß.

Raymond-Lafon ist auf dem besten Weg, zu einem der großen klassischen Sauternes zu werden. Leider ist er sehr schwer aufzutreiben, weil Pierre Meslier seine sehr kleine Produktion vorwiegend an Privatkunden in ganz Europa verkauft. Man muß sich allerdings wundern, daß dieses direkt neben Yquem gelegene und auf allen Seiten von Premiers Crus Classés umgebene Weingut in Sauternes bei der Klassifizierung von 1855 übersehen wurde.

JAHRGÄNGE

1990 • 95   Der 1990er ist wohl der vollendetste und reichhaltigste aller neuen Jahrgänge von Raymond-Lafon. Er hat hell- bis mittelgoldene Farbe und massiven, körperreichen, honigwürzigen Geschmack.
Voraussichtliche Genußreife: 2002 bis 2025. Letzte Verkostung: 3/96.

1989 • 91+   Der 1989er zeigt Aromen von Honig, Ananas und anderen Tropenfrüchten, Eichentoast sowie ein auffälliges, exotisches Parfum, das weder beim 1988er noch beim 1990er so ausgeprägt ist. Auch weist er weniger Edelfäule auf als die beiden anderen Jahrgänge. Allen dreien gemeinsam ist opulente, körperreiche, exotische, verschwenderisch füllige Persönlichkeit, moderate Süße (am süßesten ist der 1990er) und große Mengen an Extrakt, Glyzerin und Alkohol im Abgang (am reichhaltigsten mutet der 1990er an).
Voraussichtliche Genußreife: 2000 bis 2025. Letzte Verkostung: 3/96.

1988 • 92+   Der 1988er bietet das ausgefeilteste Aromaprofil und die straffste Struktur, während der 1989er im Geschmack am verhaltendsten ist. Alle drei Weine sind bereits genußreif, es ist aber ratsam, bis zur Jahrhundertwende zu warten und sich den Genuß für die darauffolgenden 2 Jahrzehnte aufzusparen. Letzte Verkostung: 11/94.

1987 • 84   Der sehr leichte 1987er mit seinem schlichten, fruchtigen, lieblichen Geschmack dürfte einen attraktiven, wenn auch bescheidenen Aperitif abgeben, dagegen hat er nicht die erforderliche Wucht, Süße oder Komplexität für einen eigenständigen Dessertwein.
Voraussichtliche Genußreife: Jetzt. Letzte Verkostung: 4/91.

1986 • 92   Es ist schwer zu glauben, daß der 1986er den großen 1983er einmal in den Schatten stellen wird, aber die Unterschiede zwischen diesen beiden Weinen sind kaum erwähnenswert. Ich glaube auch nicht, daß der 1986er am Gaumen ebensoviel Eindruck hinterläßt wie der mächtige, massive 1983er, doch er verfügt über reichlich Edelfäule und einen durchsetzungskräftigen, profunden Duft von sautierter Ananas, Vanillin- und Toastwürze und von honigsüßen Pfirsichen. Im Mund fühlt sich der 1986er gefälliger an als der 1983er, dabei aber üppig gehaltvoll und körperreich mit sehr schöner Säure und sanftem, aber intensivem Abgang. Es wird interessant sein, die Entwicklung des 1986ers und des 1983ers zu vergleichen. Ich vermute, daß der 1986er schneller ausreift.
Voraussichtliche Genußreife: Jetzt bis 2012. Letzte Verkostung: 3/90.

1985 • 87   Dieser ist einer der besten 1985er Sauternes, die ich gekostet habe. Er zeigt sich reichhaltig, voll, und obwohl es an Edelfäule fehlt, ist die Qualität seiner Frucht über jeden Tadel

erhaben. Im Duft finden sich reichlich Zitrusfrüchte, Birnen, Pfirsiche und Aprikosen mit vagen Noten von gebrannten Mandeln – ein köstlicher 1985er, der sich anmutig entfalten dürfte.
Voraussichtliche Genußreife: Jetzt bis 2002. Letzte Verkostung: 3/90.

1983 • 93   Ein prachtvoller Wein, hellgolden mit einem wunderbar reinen Aroma von tropischen Früchten wie reifer Ananas und Melonen; hinzu kommt überaus gehaltvolle, körperreiche, viskose Art mit vielschichtiger, süßer Frucht und sehr schöner Säure als Gegengewicht sowie einem erstaunlichen Abgang . Bei alledem entwickelt sich dieser Wein mit beharrlicher Langsamkeit.
Voraussichtliche Genußreife: Jetzt bis 2020. Letzte Verkostung: 11/90.

1982 • 86   In diesem verregneten Herbst brachte Raymond-Lafon nur 33% seiner Produktion in die Flasche, und zwar lediglich von Trauben, die noch vor dem Regen gelesen worden waren. Der Wein ist füllig, sehr fruchtig, süß und gehaltvoll, hat guter Edelfäule, körperreiche und samtige Art und geringe bis mäßige Säure. Der 1982er Raymond-Lafon dürfte sich ziemlich rasch entwickeln.
Voraussichtliche Genußreife: Jetzt. Letzte Verkostung: 3/87.

1981 • 87   Wegen seiner geringen Säure vermute ich, daß sich der 1981er Raymond-Lafon rasch entwickeln wird. Sein prachtvolles, intensives und expansives Bukett bietet neben würzigem Eichenholzvanillin auch Düfte von Zitronen, honigsüßer Ananasfrucht Blumen. Am Gaumen zeigt sich der Wein recht füllig, saftig, reichhaltig und süß bei hohem Alkoholgehalt und einem milden, geschmeidigen, langen und sauberen Abgang.
Voraussichtliche Genußreife: Jetzt. Letzte Verkostung: 3/87.

1980 • 90   1980 war für Raymond-Lafon ein ebenso großartiges Jahr wie für Yquem und de Fargues, die beiden anderen von Pierre Meslier geleiteten Güter. Das hochintensive Bukett von reifer tropischer Frucht und würzigem Eichenholz wird begleitet von einem öligen, kraftvollen, üppigen, körperreichen Wein mit vielschichtiger Frucht und erfrischend kräftiger Säure; dieser Wein hat noch ein Jahrzehnt Weiterentwicklung vor sich.
Voraussichtliche Genußreife: Jetzt bis 2005. Letzte Verkostung: 3/87.

1978 • 89   Ein gutes, aber kein besonderes Jahr für Sauternes. Wenn es um den besten Wein dieses Jahrgangs geht, bekommt der Raymond-Lafon meine Stimme. Ihm fehlt zwar die kräftige Edelfäule der Jahrgänge 1975 und 1980, aber er zeigt schöne Substanz, viskosen, samtigen Geschmack, vollen Körper und eine erfrischende, zitronenfruchtige Säure – nicht der größte Raymond-Lafon, aber gewiß einer der anmutigsten.
Voraussichtliche Genußreife: Jetzt bis 2000. Letzte Verkostung: 1/85.

1975 • 90   Wie viele andere Sauternes aus diesem Jahrgang entwickelt sich auch der Raymond-Lafon recht langsam. Er ist hellgolden mit einem grünen Schimmer, hat üppigen, gehaltvollen, sanften Geschmack, ein straffes, aber doch expansives Bukett von sehr reifer Frucht sowie körperreiche, füllige, süße Art und ist bei schöner Säure knapp gewirkt, so daß er mit Kraft und Fülle auch reiches Potential verbindet.
Voraussichtliche Genußreife: Jetzt bis 2005. Letzte Verkostung: 3/86.

DIE WEINE VON BARSAC UND SAUTERNES

RAYNE-VIGNEAU
Premier Cru

GUT

Lage der Weinberge: Bommes

Besitzer: S.C. du Château Rayne-Vigneau
Adresse: 33210 Bommes
Postanschrift: 17, cours de la Martinique, B.P.90, 33027 Bordeaux Cedex
Telefon: 33 5 56 01 30 10 – Telefax: 33 5 56 79 23 57

Besuche: nach Vereinbarung, jedoch nur Fachbesucher
Kontaktperson: Brigitte Cruse

WEISSWEIN

Rebfläche: 77 ha · Durchschnittliches Rebenalter: 29 Jahre

Rebbestand: 71 % Sémillon, 27 % Sauvignon, 2 % Muscadelle

Pflanzdichte: 6000 Reben/ha

Ertrag (im Durchschnitt der letzten 5 Jahre): 7,5 hl/ha

Durchschnittliche Jahresproduktion insgesamt: 1413 hl

GRAND VIN

Name: Château de Rayne-Vigneau

Appellation: Sauternes

Durchschnittliche Jahresproduktion: 850 hl

Verarbeitung und Ausbau: Vinifikation 3 Wochen in temperaturgeregelten Edelstahltanks; ein Teil des Ertrags wird in neuen Eichenfässern vergoren. Anschließend 18 bis 24 Monate Ausbau in zur Hälfte neuen Eichenfässern. Der Wein wird geschönt und gefiltert.

ZWEITWEIN

Name: Madame de Rayne

Durchschnittliche Jahresproduktion: 300 hl (je nach Jahrgang)

Beurteilung des derzeitigen Rangs: Bis in die Mitte der 1980er Jahre war die Forderung nach Abstufung durchaus begründet, doch seit 1986 hat sich die Qualität immens verbessert

Genußreife: 5 bis 20 Jahre nach dem Jahrgangsdatum

Im 19. Jahrhundert stand die Reputation von Rayne-Vigneau nur hinter Yquem zurück. Nur wenige andere Weingüter in der Region befinden sich in so superber Lage wie Rayne-Vigneau. Aber infolge nachlässiger und gleichgültiger Weinbereitung hat sein Ruf im 20. Jahrhundert stark gelitten. Seit 1971 obliegen Leitung und Vertrieb dem bekannten Handelshaus Mestrezat, dem auch das Cru Classé Grand-Puy-Ducasse in Pauillac gehört, und seit dem Beginn der achtziger Jahre kümmert es sich mit großer Tatkraft um die Qualität der Weine. So hat der Rayne-Vigneau ab 1985 erhebliche Verbesserungen erfahren, und der 1986er, 1988er und 1990er sind die besten Weine, die ich von diesem Château kenne. Die Ausbaudauer beträgt inzwischen 24 Monate in jährlich zu 50 % erneuerten Eichenfässern, während früher bei vermutlich ungenügender Auslese neue Eichenfässer nur minimal Verwendung fanden.

BORDEAUX

JAHRGÄNGE

1990 • 87 Dieser süße, dickflüssige, saftige Sauternes hat nicht soviel Komplexität vorzuweisen wie die Spitzengewächse des Jahrgangs. Vielleicht kommt im Lauf der Zeit mehr zum Vorschein, denn dieser Wein wirkt zuckeriger, klebriger und dicklicher als frühere Beispiele aus diesem Weingut. Die Farbe ist ein helles Gold, doch zeigt der honigwürzige, butterige Rayne-Vigneau nicht soviel Präzision, Konturenschärfe oder Edelfäulecharakter wie seine feinsten Jahrgangsgenossen. Dessenungeachtet bietet dieser unkomplizierte, monolithische 1990er doch reichlichen Genuß.
Voraussichtliche Genußreife: 2000 bis 2012. Letzte Verkostung: 3/97.

1989 • 89 Das blumige, an Pfirsiche und Honig erinnernde Bukett und die mittelschwere bis körperreiche, komplexe, von Finesse geprägte Art des 1989ers wirken trotz der milden Säure erfrischend. Dieser kommerziell gestylte Sauternes läßt sich im Lauf der nächsten 10 Jahre gut trinken. Letzte Verkostung: 11/94.

1988 • 91 Der 1988er ist das beste Beispiel, das ich aus diesem Château bisher gekostet habe. Seine intensive, honigsüße Duftigkeit mit Nuancen von Birnen, Aprikosen und Blumen erinnert an den Muscat de Beaumes de Venise. Im Mund spürt man außergewöhnliche Fülle, schönste Konturenschärfe dank feiner Säure, dazu einen wunderbaren Anflug von toastwürzigem frischem Eichenholz und einen eleganten, sehr erfreulichen, frischen Abgang – ein schön bereiteter, im Geschmack ausdrucksvoller und tadellos ausgewogener Sauternes.
Voraussichtliche Genußreife: Jetzt bis 2006. Letzte Verkostung: 3/90.

1987 • 82 Dieser schlichte, milde, volle, reichfruchtige Wein stellt sich süß und ohne festes Gefüge, jedoch auf eine verhaltene Weise angenehm dar. Es fehlt ihm an Konturenschärfe, Edelfäule und Säure, aber als Aperitif hat er durchaus seine Daseinsberechtigung.
Voraussichtliche Genußreife: Jetzt. Letzte Verkostung: 11/90.

1986 • 90 Das erste beruhigende Beispiel eines Rayne-Vigneau seit Jahren zeigt geschickte Anwendung von frischem Eichenholz, einen eleganten, konzentrierten, schmackhaften Stil und sehr viel Finesse. Der vorherrschende Eindruck spricht von Birnen, Ananas, schönem Gleichgewicht und großem Charakter.
Voraussichtliche Genußreife: Jetzt bis 2001. Letzte Verkostung: 11/90.

1985 • 85 Ein reifer Wein mit Ananas in Duft und Geschmack, gerade genug frischer Eichenholzwürze und recht dicker, monolithischer Art; es fehlt ihm jedoch an Säure, und daher erscheint er farblos – ein schmackhafter und saftiger, aber doch etwas einfacher Wein.
Voraussichtliche Genußreife: Jetzt. Letzte Verkostung: 11/90.

1983 • 82 Ein leichtes Aroma von Ananas und zarter Edelfäule erscheint an der Luft im Bukett dieses einfach proportionierten Sauternes. Im Mund zeigt er gute Reife, angenehme, samtigsanfte Art, mittlere Süße und frische Säure. Im Kontext des Jahrgangs ist er zwar kein begeisternder Wein, für Rayne-Vigneau aber eine gute Leistung.
Voraussichtliche Genußreife: Jetzt. Letzte Verkostung: 11/90.

1982 • 75 Der eindimensionale, fruchtige, süße Geschmack bietet wenig Komplexität, zeigt aber gefällige Reife und ausreichende Säure als Gegengewicht.
Voraussichtliche Genußreife: Jetzt – vermutlich im Nachlassen. Letzte Verkostung: 1/85.

1981 • 75 Milder, fruchtiger, mäßig süßer Geschmack und durchschnittliche Konzentration mit ansprechenden Düften von gebrannten Mandeln und Ananas sind bezeichnend für diesen Wein, der allerdings einen verwässerten Abgang aufweist und dessen Ausstaffierung nicht ausreicht, um ihm viel Interesse zu verleihen.
Voraussichtliche Genußreife: Jetzt – vermutlich im Nachlassen. Letzte Verkostung: 2/85.

1979 • 74 Ein schlichter, fruchtiger, recht süßer Wein ohne viel Edelfäule, aber mit soliden, nicht ganz ausgereiften Geschmacksnuancen von Pfirsichen und Minze. Typisch für den 1979er Rayne-Vigneau ist seine leichte Art, es fehlt ihm an Kraft und Konzentration, und er muß ausgetrunken werden.
Voraussichtliche Genußreife: Jetzt. Letzte Verkostung: 6/83.

DIE WEINE VON BARSAC UND SAUTERNES

1976 • 78   Für einen 1976er ist dieser Wein ein Leichtgewicht, er besitzt aber gute, reife Aprikosenfruchtigkeit, mittleren Körper und einen ordentlichen, mäßig süßen Abgang. Ich bin versucht, ihn als einen schönen Picknick-Sauternes zu bezeichnen.
Voraussichtliche Genußreife: Jetzt. Letzte Verkostung: 2/84.

1975 • 65   Der 1975er ist mit seiner übermäßig starken Säure, seiner mageren, kargen, unergiebigen Art und seinem leichten, vegetabilen, verwaschenen Geschmack eine enttäuschende Leistung. Man fragt sich nur, was in diesem ansonsten ausgezeichneten Jahrgang schiefgelaufen sein kann.
Letzte Verkostung: 6/84.

1971 • 75   Ein scharfer Alkoholgeschmack mischt sich in die milde, zarte, Ananasfruchtigkeit und mittelschwere Art dieses Weins. Er kann nur noch mehr an Gleichgewicht einbüßen.
Voraussichtliche Genußreife: Jetzt. Letzte Verkostung: 2/80.

RIEUSSEC
Premier Cru seit 1855

HERVORRAGEND

Lage der Weinberge: Fargues de Langon

Besitzer: Château Rieussec S.A. – Domaines Barons de Rothschild
Adresse: 33210 Fargues de Langon
Postanschrift: c/o Domaines Barons de Rothschild, 33250 Pauillac
Telefon: 33 1 53 89 78 00 – Telefax: 33 1 53 89 78 01

Besuche: nur nach Vereinbarung

WEISSWEIN

Rebfläche: 74 ha

Durchschnittliches Rebenalter: 33 Jahre

Rebbestand: 90 % Sémillon, 7 % Sauvignon, 3 % Muscadelle

Pflanzdichte: 7000 Reben/ha

Ertrag (im Durchschnitt der letzten 5 Jahre): 20 hl/ha

Durchschnittliche Jahresproduktion insgesamt: 160 000 Flaschen

GRAND VIN

Name: Château Rieussec

Appellation: Sauternes

Durchschnittliche Jahresproduktion: 80 000 Flaschen

Verarbeitung und Ausbau: Gärung und Ausbau in zu 70 % neuen Eichenfässern.
Abfüllung nach 24 Monaten, Schönung mit Eiweiß und Filterung.

BORDEAUX

ZWEITWEIN

Name: Clos Labère

Durchschnittliche Jahresproduktion: 80 000 Flaschen

Beurteilung des derzeitigen Rangs: Seit der Übernahme durch die Domaines Rothschild im Jahr 1984 ist die Qualität des Rieussec in noch schwindelerregendere Höhen emporgestiegen, und er gehört jetzt zu den sechs besten Weinen der Region.

Genußreife: Mindestens 6 bis 25 Jahre nach dem Jahrgangsdatum

Wenn man sich dem Herzen der Appellation Sauternes nähert, erblickt man schon von weitem das Château Rieussec und seinen Aussichtsturm auf einem der höchsten Hügel. Die Rebfläche des Weinguts erstreckt sich auf den Hängen bei Fargues und Sauternes über dem linken Garonne-Ufer und nimmt nach Yquem die höchste Lage ein, und zwar in einem einzigen zusammenhängenden Weinberg, was in Bordeaux eine Seltenheit ist.

Der Ruf von Rieussec ist seit jeher hervorragend, doch nachdem Albert Vuillier das Gut 1971 gekauft hatte, stieg die Weinqualität noch höher, vorwiegend weil er mehr neue Eichenfässer verwendete, die Lese in mehreren Durchgängen vornehmen ließ und nur stark edelfaule Trauben verwendete. Manche Kritiker bemängelten, daß Vuilliers Weine im Lauf der Zeit eine zu dunkle Farbe annähmen (z.B. der 1976er). Vuillier behält zwar den Vorsitz, hat aber 1984 eine Mehrheitsbeteiligung an die Domaines Barons de Rothschild abgegeben, die in der Erzeugung des Rieussec keine Kosten scheuen und keine Kompromisse zulassen. Als Resultat erscheinen seit 1986 wahrhaft profunde Weine, die heute beständig zum besten halben Dutzend der Appellation zählen. Gutbetuchte Sammler werden sich vermutlich noch jahrzehntelang darüber streiten, ob der profundeste Rieussec im Jahr 1988, 1989 oder 1990 entstanden ist.

Es ist kaum anzunehmen, daß sich unter dem Rothschild-Regime der Stil des Rieussec – nämlich Wucht und fast sonnengedörrte Fülle – ändern wird. Der Wein hat meist tiefe Farbe und kräftigen Alkoholgehalt bei exzellenter Konsistenz. Wie mehrere andere Weingüter in Barsac und Sauternes produziert auch Rieussec in kleinen Mengen überaus vollen, intensiv konzentrierten Wein als «Crème de Tête». Wer jemals einem solchen üppigen, öligen Nektar begegnet, sollte ihn unverzüglich probieren. Außerdem bringt Rieussec einen trockenen Weißwein unter der Bezeichnung «R» heraus. Weine dieser Art sorgen für raschen Umsatz, und der «R» ist einer der populärsten und besten Sauternes dieser trockenen Art.

JAHRGÄNGE

1990 • 90   Der 1990er wirkt aufgeschlossen und einschmeichelnd mit seinem Bukett von tropischer Frucht, seinem kräftigen, würzigen, vollen, alkoholreichen Geschmack und seiner feinen Grundlage aus Säure, die dem Ganzen Klarheit und Frische verleiht. Er ist früher genußreif als der 1989er, wird sich aber ebensolange halten.
Voraussichtliche Genußreife: Jetzt bis 2020. Letzte Verkostung: 11/94.

1989 • 92   Nach längerer Zusammenhaltlosigkeit hat sich dieser Wein wieder gemausert. Seine Farbe ist ein tiefes Strohgelb, der intensive Duft erinnert an Karamelcreme, Apfelkuchen und süße reife Ananas und Birnen. Der körperreiche, füllige, alkoholstarke, fette 1989er präsentiert sich mit milder Säure und beträchtlicher Süße – ein üppig voller, öliger, schwergewichtiger Sauternes, der im Lauf der Zeit allmählich zahmer werden wird.
Voraussichtliche Genußreife: 2000 bis 2025. Letzte Verkostung: 11/97.

1988 • 93+   Der 1988er ist verschlossen, körperreich und wuchtig, überaus voll und dicht, wohl der noch am wenigsten entfaltete Wein seines Jahrgangs. Das Bukett bietet verlockende Nuancen von Kokosnuß, Orangen, Vanille und Honig, und im Geschmack zeigt sich großer Extrakt-

DIE WEINE VON BARSAC UND SAUTERNES

reichtum. Säure und Jugendfrische lassen weitere 5 bis 10 Jahre Kellerreife angeraten erscheinen, und die Lebensdauer dürfte 30 Jahre betragen. Letzte Verkostung: 5/98.

1986 • 91 Dieser Wein ist überwältigend komplex und elegant, dabei aber weniger muskulös und auch weniger füllig als der 1983er und der 1989er. In Bukett und Geschmack hat er reichlich rauchige Mandeln, Pfirsiche und honigsüße Aprikosenfrucht. Auf der Zunge zeigt er recht schöne Eleganz und vielleicht nicht ganz soviel Durchschlagskraft, wie man es von Rieussec gewohnt ist. Nichtsdestoweniger ist er ein überzeugender Sauternes, der sich großartig entwickeln dürfte. Voraussichtliche Genußreife: Jetzt bis 2010. Letzte Verkostung: 11/90.

1985 • 86 Ein sehr guter Sauternes für diesen Jahrgang: voll, rund, offen gewirkt, mit viel saftiger, süßer, kandierter Frucht, doch weil es ihm an Edelfäule fehlt, hat dieser Wein auch Mangel an Komplexität, und er stellt sich zwar füllig und schmackhaft, jedoch nicht übermäßig interessant dar. Voraussichtliche Genußreife: Jetzt. Letzte Verkostung: 11/90.

1983 • 92 Der hellgoldene mit einem ganz zarten grünen Schimmer versehene 1983er Rieussec ist aus diesem für Sauternes großartigen Jahr als einer der besten Weine des Châteaus hervorgegangen. Er ist wohlstrukturiert, hat exzellente Säure und tiefe, nachhaltige, volle, körperreiche und viskose Art, zeigt aber trotz seiner Fülle und Kraft weder Schwerfälligkeit noch Klebrigkeit, vielmehr besitzt er prachtvolles Gleichgewicht und einen sehr lange anhaltenden, spektakulären Abgang – einer der großen Erfolge dieses Jahrgangs.
Voraussichtliche Genußreife: Jetzt bis 2005. Letzte Verkostung: 3/88.

1982 • 82 In diesem bei den süßen Weißweinen von Bordeaux vielgeschmähten Jahrgang hat Rieussec durch sehr strenge Auslese einen wunderschönen, fruchtigen, würzigen Wein in leichterem Stil mit mittlerem Körper und hartem Geschmack von tropischen Früchten zustande gebracht. Voraussichtliche Genußreife: Jetzt. Letzte Verkostung: 3/86.

1981 • 86 Der Rieussec gehört zu den besten 1981er Sauternes: Sein sehr duftiges, würziges, reichfruchtiges Bukett, verwoben mit Düften von Aprikosen und geschmolzener Butter, ist erste Klasse. Am Gaumen zeigt sich der Wein in schönem Gleichgewicht bei recht kräftiger, reichhaltiger und bereits wohlschmeckender Art.
Voraussichtliche Genußreife: Jetzt. Letzte Verkostung: 3/86.

1980 • 80 Der etwas stumpfe und ein wenig schwerfällige 1980er Rieussec ist ein guter, relativ voller, würziger, körperreicher Wein mit kräftiger Säure, einiger Edelfäule und annehmbarer Geschmacksintensität. Allerdings gehört er nicht zu den Spitzenweinen dieses Jahrgangs.
Voraussichtliche Genußreife: Jetzt vermutlich im Nachlassen. Letzte Verkostung: 3/84.

1979 • 84 Ein leichter Rieussec, dem die Intensität und Fülle von Jahrgängen wie 1981 und 1983 versagt geblieben ist, der aber dennoch einen eleganten, gut bereiteten, nicht übermäßig wuchtigen Eindruck macht und sich seiner leichten Art wegen als Aperitif gut eignet.
Voraussichtliche Genußreife: Jetzt. Letzte Verkostung: 3/84.

1978 • 82 Der 1978er Rieussec hat gerade neben das Schwarze getroffen: Er ist zwar gut, aber nichts Besonderes, zu alkoholstark, ein wenig zu kräftig und überzogen, allerdings ist ein schöner, honigfeiner Charakter vorhanden und dazu voller, öliger Geschmack, dagegen wenig Edelfäule. Voraussichtliche Genußreife: Jetzt. Letzte Verkostung: 6/84.

1976 • 90 Der 1976er ist einer der kontroversesten Rieussec-Jahrgänge: Weil er sehr dunkelgolden ist, meinen manche Beobachter, er sei oxidiert und gehe aus den Fugen, aber trotz der dunklen Farbe scheint der bemerkenswerte Geschmack zu suggerieren, daß dieser Wein noch eine Strecke Weges vor sich hat. Das mächtige Bukett von gebrannten Mandeln, Karamel, Schokolade und braunem Zucker zeigt eine Spur flüchtige Säure, und deshalb fühlen sich die Technokraten abgestoßen. Dieser unglaublich volle und körperreiche, mit honigsüßer, üppiger Art und äußerst intensiver Geschmacksfülle ausgestattete, exotische und stark proportionierte Wein (15% Alkohol) kann *nur* zum Dessert serviert werden. 1976 belief sich der Ertrag bei Rieussec auf 2,5 hl/ha, das entspricht etwa einem Drittel Glas Wein pro Weinstock. So entstand ein ausdrucksstarker, überzogener Sauternes, aber ich mag ihn sehr.
Voraussichtliche Genußreife: Jetzt bis 2005. Letzte Verkostung: 12/90.

1975 • 90   Dieser kraftvolle, konzentrierte und reichhaltige Sauternes wirkt noch immer jugendfrisch und entfaltet sich langsam weiter – er hat noch Jahrzehnte vor sich. Zitronenduftigkeit, tropische Frucht und Eichenholzvanillin-Aroma kitzeln den Geruchssinn. Ein straffer, voller, körperreicher Geschmack zeigt herrliche Ausgewogenheit und Fülle. Dieser Wein reift im Schneckentempo weiter. Voraussichtliche Genußreife: Jetzt bis 2025. Letzte Verkostung: 12/90.

1971 • 85   Der inzwischen voll ausgereifte 1971er Rieussec hat ein leichtes, honigsüßes Bukett von reifen Aprikosen und Eichenholz, macht einen reifen, körperreichen, süßen Eindruck am Gaumen und zeigt einen frischen, würzigen Abgang.
Voraussichtliche Genußreife: Jetzt. Letzte Verkostung: 10/80.

1970 • 82   Der 1970er ist etwas schwerer im Geschmack und etwas weniger elegant als der 1971er, vielmehr ein korpulenter, voller, süßer Tropfen, ein viskoser, kerniger Sauternes. Seine mäßig bernsteingoldene Farbe deutet auf bevorstehende Vollreife hin, aber dank seiner schönen Säure und Ausgewogenheit wird dieser Wein sich mindestens noch eine Zeitlang gut trinken.
Voraussichtliche Genußreife: Jetzt. Letzte Verkostung: 6/83.

1967 • 84   Rieussec produzierte einen sehr feinen 1967er. Ich habe ihn zwar schon einige Zeit nicht mehr gekostet, vermute aber, daß er bereits seit der Mitte der siebziger Jahre seine volle Reife erreicht hat. Er ist in Stil und Körper leichter als manche der neueren Rieussec-Jahrgänge, aber reichfruchtig und würzig bei einem Aroma von gerösteten Nüssen.
Voraussichtliche Genußreife: Jetzt bis 1996. Letzte Verkostung: 9/79.

ROMER DU HAYOT
2ème Cru seit 1855

GUT

Lage der Weinberge: Preignac und Fargues de Langon

Besitzer: S.C.E. Vignobles du Hayot
Adresse: 33720 Barsac
Telefon: 33 5 56 27 15 37 – Telefax: 33 5 56 27 04 24

Besuche: montags bis freitags von 8 bis 12 und von 14 bis 18 Uhr

WEISSWEIN

Rebfläche: 16 ha

Durchschnittliches Rebenalter: 35 Jahre

Rebbestand: 70 % Sémillon, 25 % Sauvignon, 5 % Muscadelle

Pflanzdichte: 6500 Reben/ha

Ertrag (im Durchschnitt der letzten 5 Jahre): 25 hl/ha

Durchschnittliche Jahresproduktion insgesamt: 50 000 Flaschen

GRAND VIN

Name: Château Romer du Hayot

Appellation: Sauternes

Durchschnittliche Jahresproduktion: 50 000 Flaschen

Verarbeitung und Ausbau: Vinifikation in temperaturgeregelten Edelstahltanks. 18 Monate Ausbau teils im Tank, teils in jährlich zu $1/3$ erneuerten Eichenfässern. Der Wein wird geschönt und gefiltert.

DIE WEINE VON BARSAC UND SAUTERNES

Kein ZWEITWEIN

Beurteilung des derzeitigen Rangs: Entspricht der Klassifizierung

Genußreife: 3 bis 15 Jahre nach dem Jahrgangsdatum

Die Weine von Romer du Hayot, einem kleinen Sauternes-Weingut nahe beim schönen Château de Malle, schmecken mir im allgemeinen gut. Der Stil des Hauses ist auf frischfruchtigen Charakter, mittleren Körper und mäßige Süße ausgerichtet. Der Faßausbau hält sich in Grenzen, so daß die üppige Frucht nicht durch zuviel Eichenholzwürze verdeckt wird.

Dieser Sauternes verdient trotz seines leichteren Stils aufmerksames Interesse und dürfte sich 4 bis 7 Jahre lang schön halten. Erfolgreiche Romer du Hayot-Jahrgänge waren der 1983er, 1979er, 1976er und 1975er. Zum Glück ist der Preis, der für die Weine aus diesem wenig bekannten Château verlangt wird, durchaus annehmbar.

JAHRGÄNGE

1990 • 86   Der 1990er Romer du Hayot zeigt ein mäßig intensives ananasduftiges Bukett, mittleren Körper, reifen, süßen Geschmack und einen sauberen, frischen Abgang – ein unkomplizierter, eingängiger Wein, der sich in den nächsten 7 bis 8 Jahren schön trinken lassen wird. Letzte Verkostung: 11/94.

1989 • 85?   Der 1989er offenbarte überzogenen Schwefelgeruch, wozu sich im Geschmack eine ausgeprägte Note von schlammiger Erde gesellte. Hinter diesen unerfreulichen Erscheinungen verbirgt sich ein schlichter, mittelschwerer, mäßig süßer Wein. Letzte Verkostung: 11/94.

1988 • ?   Der 1988er, an dem ich schon früher unschöne Aromen entdeckt habe, ist schlimmer anstatt besser geworden. Er hat zwar gute Reife und Konzentration vorzuweisen, aber er verbreitet doch einen unangenehmen, fauligen Geruch. Letzte Verkostung: 11/94.

1986 • 86   Der schmackhafte, komplexe Wein ist voll ausgereift und zeigt schöne Fülle und Nachhaltigkeit sowie deutliche Spuren von Edelfäule im Geschmack mit Noten von honigsüßen Pfirsichen, Birnen und Aprikosen.
Voraussichtliche Genußreife: Jetzt. Letzte Verkostung: 3/90.

1985 • 78   Der 1985er ist süß, rund und aromatisch, aber eindimensional und hat einen etwas eintönigen Geschmack. Dieser stämmige Sauternes mit mittlerem Körper trinkt sich einfach und schlicht.
Voraussichtliche Genußreife: Jetzt. Letzte Verkostung: 3/90.

SIGALAS RABAUD
Premier Cru seit 1855

SEHR GUT

Lage der Weinberge: Bommes

Besitzer: Familie Lambert des Granges
Adresse: Bommes, 33210 Langon
Postanschrift: c/o Domaines Cordier, 53 rue du Dehez, 33290 Blanquefort
Telefon: 33 5 56 95 53 00 – Telefax: 33 5 56 95 53 01

Besuche: nach Vereinbarung, montags bis freitags von 9 bis 12 und von 14 bis 17 Uhr
Kontaktperson: Bruno Laporte

BORDEAUX

WEISSWEIN

Rebfläche: 14 ha

Durchschnittliches Rebenalter: 45 Jahre

Rebbestand: 85 % Sémillon, 15 % Sauvignon

Pflanzdichte: 6666 Reben/ha

Ertrag (im Durchschnitt der letzten 5 Jahre): 18 hl/ha

Durchschnittliche Jahresproduktion insgesamt: 26 000

GRAND VIN

Name: Château Sigalas Rabaud

Appellation: Sauternes

Durchschnittliche Jahresproduktion: 18 000 Flaschen

Verarbeitung und Ausbau: Faßgärung bei 18°C. Mindestens 20 Monate Ausbau in jährlich zu $1/3$ erneuerten Eichenfässern; Abstich alle 3 Monate. Der Wein wird geschönt und gefiltert.

ZWEITWEIN

Name: Cadet de Sigalas

Durchschnittliche Jahresproduktion: 8000 Flaschen

Beurteilung des derzeitigen Rangs: Seit dem Anfang der achtziger Jahre verdient der Wein seinen Status als Premier Cru Classé

Genußreife: 5 bis 15 Jahre nach dem Jahrgangsdatum

Dieser Wein ist seit eh und je schwierig zu beurteilen. Fraglos sollten die Weinberge mit ihrer idealen Südlage am Hang von Haut-Bommes mit seinem kieshaltigen Lehmboden außergewöhnlich reife Trauben hervorbringen. Jedesmal aber, wenn ich den Wein von Sigalas-Rabaud koste, fällt mir ein gewisses *laissez-faire* auf. Vielleicht hat sich allerdings an dieser lässigen Haltung seit der Mitte der achtziger Jahre einiges geändert, denn es ist eine bedeutende Verbesserung der Weine festzustellen.

Der Stil von Sigalas Rabaud ist viel leichter und in Bestform eleganter und anmutiger als die überzogene, füllige, alkoholstarke Art anderer Weine gleichen Ranges. Interessanterweise fand der Ausbau früher hier nicht in Eichenfässern statt, vielmehr wurden Tanks aus Beton oder Edelstahl bevorzugt. Der Sigalas Rabaud bietet seit eh und je einen überaus üppig fruchtigen Duft und Geschmack, der zweifellos mehr Liebhaber findet als manche der aggressiv alkoholstarken, dicklichen, öligen, eichenholzwürzigen Giganten, die man anderswo in Sauternes antrifft.

JAHRGÄNGE

1990 • 91 Der mittelgoldene 1990er ist einer der feinsten Weine, die seit vielen Jahren in diesem Château entstanden sind. Süße Aromen von *pain grillé*, *crème brûlée* und Toffee fügen sich in die überwältigende honigwürzige Zitrus- und Tropenfrucht ein. Dieser deftige, kernige, alkoholstarke, dazu körperreiche, süße und ölige Sauternes mit schöner Reintönigkeit und einer an Viognier erinnernden Note von überreifen Pfirsichen im Geschmack dürfte bei längerer Kellerreife noch feiner und subtiler werden.
Voraussichtliche Genußreife: 2002 bis 2020. Letzte Verkostung: 3/97.

DIE WEINE VON BARSAC UND SAUTERNES

1989 • 88 Der bereits weit entfaltete Wein mit fortgeschrittener mittelgoldener Farbe zeigt eine locker gewirkte Persönlichkeit, mittleren Körper, eine gewisse Bitterkeit im Abgang, jedoch reife Toffee- und Aprikosennoten, milde Säure sowie Nuancen von Erde und Eichenholz. Er ist muskulös und kraftvoll, noch etwas ungefüge, aber beeindruckend. So reichhaltig oder vollendet wie der 1988er bzw. 1990er ist der 1989er allerdings nicht.
Voraussichtliche Genußreife: Jetzt bis 2015. Letzte Verkostung: 3/97.

1988 • 89 Der für den Jahrgang typische 1988er ist ein stilvoller, auf Finesse ausgelegter Sauternes mit einem lieblichen gedörrten, honigwürzigen Charakter und mit Düften von Melonen, tropischen Früchten und Vanillin. Er wirkt verhaltener, nicht so breit, muskulös, aber auch nicht so süß wie der 1989er bzw. 1990er, sondern eher elegant, komplex, mittelgewichtig und dürfte sich weitere 15 Jahre lang schön trinken. Letzte Verkostung: 3/97.

1986 • 90 Sigalas-Rabaud produzierte 1986 einen komplexen, eleganten Wein mit kräftiger Edelfäule und schönen Proportionen, dessen honigsüßes, blumiges und würziges Aroma geradezu aus dem Glas hervorquillt. Im Mund zeigt er feine Zitronensäure neben voller, honigsüßer Frucht von Birnen und Ananas, und am Ende steht ein milder, sauber konturierter, langer, alkoholkräftiger Abgang.
Voraussichtliche Genußreife: Jetzt bis 2002. Letzte Verkostung: 11/90.

1985 • 84 Dieser elegante, stilvolle, mit mittlerem Körper versehene, jedoch infolge seines Mangels an Edelfäule im wesentlichen eindimensionale Wein bietet bereits gefälligen, erfreulichen Genuß.
Voraussichtliche Genußreife: Jetzt. Letzte Verkostung: 11/90.

1983 • 86 Der 1983er hat ein intensiv fruchtiges Bukett, das an Ananas erinnert, sowie schöne Tiefe und Konzentration, ölige Art und frische Säure – ein sehr fruchtiger, mäßig süßer, sauberer Sauternes.
Voraussichtliche Genußreife: Jetzt. Letzte Verkostung: 1/85.

1982 • 75 Der 1982er ist ein Sauternes des goldenen Mittelwegs mit guter Frucht, mittlerem Körper und einem angenehmen Abgang, doch wie so viele 1982er besitzt er keine Komplexität.
Voraussichtliche Genußreife: Jetzt. Letzte Verkostung: 1/85.

1981 • 80 Der leichte, aber charmante 1981er mit seinem duftigen, fruchtigen, kräuterwürzigen, fast blumigen Bukett erscheint als typisch proportionierter, mittelschwerer Sigalas Rabaud.
Voraussichtliche Genußreife: Jetzt. Letzte Verkostung: 6/84.

1980 • 75 Der recht eindimensionale stumpfe 1980er ist leicht, nicht sehr konzentriert, und es fehlt ihm die übliche fruchtige Intensität sowie auch der Charme, den der Sigalas Rabaud oft zu bieten hat.
Voraussichtliche Genußreife: Jetzt – vermutlich im Nachlassen. Letzte Verkostung: 2/84.

1979 • 78 Der auf leichtere, erfrischendere Art ansprechende 1979er Sigalas Rabaud hat ein mäßig intensives, fruchtiges, würziges Minzebukett, mittleren Körper, nicht viel Edelfäule, aber frische Säure und eine gewisse Süße – ein charmanter Sauternes.
Voraussichtliche Genußreife: Jetzt. Letzte Verkostung: 9/83.

1976 • 80 Der leichte, fruchtige 1976er, ein typischer Sigalas Rabaud, mit mittlerem Körper zeigt leichten Duft von Ananasfrucht, gute Säure und mäßig süßen, schön ausgewogenen Geschmack; er hat seine volle Reife erreicht.
Voraussichtliche Genußreife: Jetzt – vermutlich im Nachlassen. Letzte Verkostung: 7/80.

1975 • ? Der vom Château selbst hochgepriesene 1975er hat mehr mit einer Auslese von der Mosel gemeinsam als mit einem Sauternes. Der blumige, etwas einfache und kompakte, recht untypische Sigalas Rabaud leidet außerdem unter aufdringlichem Schwefelgeruch.
Letzte Verkostung. 3/86.

1971 • 82 Ein weiteres Leichtgewicht von Sigalas Rabaud, jedoch anmutig und fruchtig, mit einem honigsüßen Bukett von sauberer, frischer Art. Bei mittlerem Körper findet der mäßig süße Geschmack ein schönes Gegengewicht in lebendiger Säure.
Voraussichtliche Genußreife: Jetzt. Letzte Verkostung: 3/81.

1967 • 85 Der 1967er – stets einer meiner Favoriten von Sigalas Rabaud – beginnt nun seine Frucht und Frische zu verlieren. Er ist das gerade Gegenteil eines kraftprotzigen, eichenwürzigen, öligen Sauternes, vielmehr besticht er durch mäßige Süße, ein honigfeines Ananasbukett, mittleren Körper sowie schön konzentrierte, aber überraschend leichte Art – ein Musterbeispiel eines Sigalas Rabaud, doch er will jetzt getrunken sein.
Voraussichtliche Genußreife: Jetzt. Letzte Verkostung: 3/87.

SUAU
2ème Cru seit 1855

Lage der Weinberge: Barsac

Besitzer: Roger Biarnès
Adresse: 33720 Barsac
Postanschrift: c/o Château de Navarro, 33720 Illats
Telefon: 33 5 56 27 20 27 – Telefax: 33 5 56 27 26 53

Besuche: montags bis freitags von 9 bis 18 Uhr
Kontaktperson: Nicole Biarnès

WEISSWEIN

Rebfläche: 8 ha

Durchschnittliches Rebenalter: 29 Jahre

Rebbestand: 80 % Sémillon, 10 % Sauvignon, 10 % Muscadelle

Pflanzdichte: 6000 Reben/ha

Ertrag (im Durchschnitt der letzten 5 Jahre): 20 hl/ha

Durchschnittliche Jahresproduktion insgesamt: 19 000 Flaschen

GRAND VIN

Name: Château Suau

Appellation: Barsac/Sauternes

Durchschnittliche Jahresproduktion: 19 000 Flaschen

Verarbeitung und Ausbau: Vinifikation 2 bis 3 Wochen in Edelstahltanks bei 20 °C. 24 Monate Ausbau zur Hälfte in Edelstahltanks und zur Hälfte in (jährlich zu $1/3$ erneuerten) Eichenfässern. Der Wein wird geschönt und gefiltert.

Kein ZWEITWEIN

Beurteilung des derzeitigen Rangs: Abstufung zum Cru Bourgeois wäre zu empfehlen

Genußreife: 3 bis 10 Jahre nach dem Jahrgangsdatum

Das winzige, an einer Nebenstraße irgendwo in Barsac versteckte Weingut ist ziemlich unbekannt. Ein großer Teil seiner Produktion wird direkt an Privatkunden verkauft. Bei wenig begeisternder Qualität will dieser Wein im allgemeinen in den ersten 10 Lebensjahren getrunken werden.

DIE WEINE VON BARSAC UND SAUTERNES

JAHRGÄNGE

1990 • 89 Der 1990er ist der opulenteste, konzentrierteste und kraftvollste Suau, den ich kenne. Breitschultrig und körperreich präsentiert sich er sich nun mit größerer Präzision und Komplexität im Bukett, was gegenüber der ursprünglich monolithischen Persönlichkeit eine Verbesserung bedeutet. Dieser feine Wein dürfte sich 7 bis 8 Jahre lang schön halten.
Letzte Verkostung: 11/94.

1989 • 87 Der 1989er zeigt in für diesen fetten, schwergewichtigen Jahrgang untypischer Weise Eleganz im Verein mit mittlerem Körper, dazu beträchtliche Finesse, eine liebliche Aprikosen- und Ananasfruchtigkeit und eine frische, saubere Persönlichkeit. Er ist keine Wein für lange Aufbewahrung, sondern will in den nächsten 5 bis 7 Jahren getrunken werden.
Letzte Verkostung: 11/94.

1988 • 78 Da ich von diesem 1988er sowieso nie eine hohe Meinung hatte, überraschte mich sein mittelmäßiger Auftritt nicht. Letzte Verkostung: 11/94.

1986 • 85 Unter den neueren Jahrgängen ist der 1986er das beste Beispiel für diesen Barsac. Sein interessantes Orangen- und Ananasbukett sorgt für einen schönen Anfangseindruck. Im Mund zeigt sich der Wein sanft, ölig und sehr frühreif.
Voraussichtliche Genußreife: Jetzt. Letzte Verkostung: 11/90.

1985 • 79 Dieser eindimensionale, stämmige, muskulöse, relativ füllige Wein mit wenig Komplexität oder Charakter muß in den nächsten 2 bis 3 Jahren getrunken werden.
Voraussichtliche Genußreife: Jetzt. Letzte Verkostung: 11/90.

SUDUIRAUT
Premier Cru seit 1855

AUSGEZEICHNET

Lage der Weinberge: Preignac, angrenzend an Château Yquem

Besitzer: AXA Millésimes
Adresse: 33210 Preignac
Telefon: 33 5 56 63 27 29 – Telefax: 33 5 56 63 07 00

Besuche: nur nach Vereinbarung
Kontaktperson: Alain Pascaud

WEISSWEIN

Rebfläche: 87 ha

Durchschnittliches Rebenalter: 25 Jahre

Rebbestand: 90 % Sémillon, 10 % Sauvignon

Pflanzdichte: 7000 Reben/ha

Ertrag (im Durchschnitt der letzten 5 Jahre): 15 hl/ha

Durchschnittliche Jahresproduktion insgesamt: unterschiedlich

GRAND VIN

Name: Château Suduiraut

Appellation: Sauternes

Durchschnittliche Jahresproduktion: 70 000 bis 140 000 Flaschen

BORDEAUX

Verarbeitung und Ausbau: Vinifikation 10 bis 30 Tage in Eichenfässern (seit 1992). 18 bis 24 Monate Ausbau in zu 20 bis 30% neuen Eichenfässern. Der Wein wird mit Bentonit geschönt und gefiltert.

ZWEITWEIN

Name: Castelnau de Suduiraut

Durchschnittliche Jahresproduktion: 24 000 Flaschen

Beurteilung des derzeitigen Rangs: Entspricht der Klassifizierung.

Genußreife: 5 bis 25 Jahre nach dem Jahrgangsdatum, evtl. länger.

Unmittelbar nördlich von Yquem und an dessen Weinberge angrenzend befindet sich das große, schöne Weingut Suduiraut, das oft einen der bedeutenden Sauternes hervorbringt. Der 1959er, 1967er, 1976er, 1982er, 1988er, 1989er und 1990er sind überwältigende Beispiele hierfür. In Bestform können diese überaus reichhaltigen, üppigen Weine bei blinden Verkostungen manchmal mit Yquem verwechselt werden. Dagegen hat mich die erschreckende Unbeständigkeit von Suduiraut immer wieder in Verwunderung versetzt. In der ersten Hälfte der siebziger Jahre produzierte das Château sogar mehrere Weine, die weit unter dem noch vertretbaren Niveau lagen.

Wenn aber der Suduiraut gut gelingt, dann ist er wahrhaftig sehr gut. In großen Jahrgängen braucht er ein Jahrzehnt, bis er auf seinen Höhepunkt gelangt, dort verharrt er freilich dann ohne weiteres 25 Jahre lang. Meistens zeigt er schöne Farbe, kräftigen Duft und überreiche, in Spitzenjahren sogar massive Fülle und ist alles in allem – wenn auch noch nicht so beständig wie der Climens und der Rieussec – inzwischen doch wieder auf dem rechten Weg.

1982 und 1989 brachte das Château als Rarität eine üppige und teure *crème de tête* namens Cuvée Madame in Superqualität heraus. Diese Luxusversion ist ähnlich wie die ebenfalls in limitierter Auflage erscheinende Cuvée Madame von Château Coutet – allerdings bei noch geringerer Produktion von knapp 1000 Kisten – durchaus imstande, sich mit dem Yquem zu messen.

JAHRGÄNGE

1990 • 88 Die Farbe des 1990ers, ein mittleres Gold, ist in der Entwicklung schon weit fortgeschritten, so daß sich Fragen hinsichtlich der Lebenserwartung stellen. Daneben zeigt er viel Intensität und eine ölige, dicke, saftige Art; nur die große Alkoholstärke und eine gewisse Rauheit haben auf die Punktnote gedrückt. Letzte Verkostung: 11/94.

1989 • 89 Der 1989er ist gut ausgewogen, aber seine Frucht scheint nicht ausreichend, um gegen die hohe Alkoholstärke und die aggressive Art des Weins anzukommen. Er zeigt noch wenig klare Linie, eine gewisse Kellerreife wäre demzufolge günstig, denn Extrakt ist in bewundernswertem Maß vorhanden. Letzte Verkostung: 11/94.

1989 • 96 *Cuvée Madame* – Ein außergewöhnlicher Sauternes: fabelhaft konzentriert, mit öliger Konsistenz, wohl 14 bis 15% natürlichem Alkohol und mammuthaftem Format, sicherlich eine der monumentalen Leistungen dieses Jahrgangs. Wer Kraft und Finesse liebt, wird sich eher an den 1988er halten; wer aber schiere, unbändige Stärke und unglaubliches Format sucht, für den hat die 1989er Cuvée Madame nicht ihresgleichen.

Voraussichtliche Genußreife: 2000 bis 2025. Letzte Verkostung: 4/91.

1988 • 88? Der 1988er zeigt mustergültige hellgoldene Farbe mit einem grünlichen Schimmer. Die Wucht des 1989ers oder 1990ers bringt er zwar nicht auf die Waage, aber er hat bessere Säure, kräftigen Alkohol und beträchtliche Süße. Allerdings ist er etwas ungefüge und braucht noch Zeit, um sich zu mausern. Betrachtet man seine Komponenten getrennt, dann wirkt er

DIE WEINE VON BARSAC UND SAUTERNES

beeindruckend, doch aus der Gesamtperspektive nimmt er sich etwas geringer aus. Letzte Verkostung: 11/94.

1986 • 87 Ich hatte für 1986 einen hervorragenden Suduiraut erwartet, aber daraus wurde nichts. Er ist zwar sehr gut, doch eigentlich hätte er ein Klassiker werden müssen. Nun ist er füllig, reichhaltig, honigsüß, voll Ananasfrucht, mit Kokosnüssen und Butter als Geschmacksnuancen bei körperreicher, vielfältiger Art – es fehlt nur ganz wenig, und er wäre profund gewesen. Muskulös und gehaltvoll ist er wohl, es mangelt ihm lediglich ein Element der Komplexität, das sich in vielen anderen 1986ern findet. Oder wäre es möglich, daß der 1986er Suduiraut weniger Edelfäule abbekommen hat als andere Spitzenweine dieses Jahrgangs?
Voraussichtliche Genußreife: Jetzt bis 2008. Letzte Verkostung: 3/90.

1985 • 79 Dieser Suduiraut-Jahrgang ist erstaunlich leicht und hat schlichten, ausdrucksschwachen, ja sogar nichtssagenden Geschmack. Eine Enttäuschung, wenn man die Reputation des Châteaus bedenkt.
Voraussichtliche Genußreife: Jetzt. Letzte Verkostung: 3/90.

1983 • 87 Der 1983er macht einen guten Eindruck: mittelgoldene Farbe, ein honigsüßes, vielfältiges, blumiges Bukett und voller Körper – allerdings ist dieser 1983er nicht so profund wie andere. Ein eleganter, anmutiger Suduiraut mit süßem, honigfeinem Geschmack und viel Charakter, aber ich hätte mir von diesem Jahrgang mehr erwartet.
Voraussichtliche Genußreife: Jetzt bis 2005. Letzte Verkostung: 3/90.

1982 • 90 *Cuvée Madame* – Der Jahrgang 1982 war zwar für den Rotwein von Bordeaux günstig, nicht aber für den süßen Weißwein. Nur der 1982er Suduiraut Cuvée Madame wurde ein durchschlagender Erfolg. Er ist nach Meinung des *régisseurs* der beste Wein aus diesem Château seit dem großen 1967er und 1959er. Es wurden nur Trauben verarbeitet, die vor Beginn des Regens gelesen worden waren, und so entstand ein äußerst konzentrierter, tiefer, üppiger, honigsüßer Wein mit großer Nachhaltigkeit, superbem Gleichgewicht und der butterigen, viskosen Fülle, für die Suduiraut berühmt ist. Wäre der Edelfäulecharakter nur ein wenig ausgeprägter, dann wäre dieser Wein vollkommen.
Voraussichtliche Genußreife: Jetzt bis 2010. Letzte Verkostung: 3/90.

1981 • 84 Der sehr attraktive, elegante 1981er Suduiraut verfügt nicht über die Fülle des 1982ers oder 1983ers, aber er ist angenehm aufgeschlossen, würzig und reif, wenn auch Kraft und Konzentration unter dem gewohnten Maß liegen – ein sauber bereiteter, mäßig süßer Wein.
Voraussichtliche Genußreife: Jetzt. Letzte Verkostung: 3/84.

1979 • 86 Suduiraut brachte mit diesem ungewöhnlich reichhaltigen, tiefen, kraftvollen 1979er einen Spitzenwein dieses Jahrgangs zustande. Er hat mittelgoldene Farbe, ein reifes, toastwürziges Karamel- und Aprikosenbukett, vollen Körper, viel viskose Frucht und einen langen Abgang.
Voraussichtliche Genußreife: Jetzt. Letzte Verkostung: 3/84.

1978 • 83 Der 1978er ist der 1979er in verkleinertem Maßstab: elegant, weniger süß und beträchtlich weniger gehaltvoll bei mittlerem Körper und für einen Suduiraut recht leichter Art und guter Säure.
Voraussichtliche Genußreife: Jetzt. Letzte Verkostung: 3/86.

1976 • 92 Für meinen Geschmack ist der 1976er der größte Wein der siebziger Jahre aus diesem Château und neben dem 1989er der einzige, der dem 1959er Suduiraut ähnelt. Der mittel- bis dunkelbernsteingoldene, körperreiche, massive Wein hat ein sehr intensives Bukett von Eichenholzvanillin, reifer Ananas und geschmolzenem Karamel. Dieser sehr tiefe, viskose, überaus opulente Suduiraut zeigt enorme Präsenz auf der Zunge.
Voraussichtliche Genußreife: Jetzt bis 2010. Letzte Verkostung: 3/90.

1975 • 78 Dieser Wein aus einem exzellenten Jahrgang, jedoch einer Zeit, als Suduiraut eine Flaute erlebte, zeigt zwar gute Reife, ist aber bestürzend leicht und ein wenig zu einfach und eindimensional für ein Weingut der Spitzenklasse. Auch der Abgang läßt viel zu wünschen übrig.
Voraussichtliche Genußreife: Jetzt. Letzte Verkostung: 6/82.

1971 • 75   Der gefällige, aber leichte, recht mager ausgestattete 1971er Suduiraut ist zwar angenehm und recht schmackhaft, jedoch für einen Wein aus diesem Château doch eine Enttäuschung. Ich habe ihn in letzten Zeit nicht mehr gekostet, wahrscheinlich befindet er sich inzwischen im Nachlassen. Letzte Verkostung: 2/78.

1970 • 80   Ein guter Suduiraut, aber trotz seiner Konzentration und Tiefe schmeckt er flau, übermäßig alkoholstark und einfach zu eindimensional.
Voraussichtliche Genußreife: Jetzt – vermutlich im Nachlassen. Letzte Verkostung: 8/81.

1969 • 78   Der überraschend reichhaltige, fruchtige und vollmundige Suduiraut ist einer von vielen Sauternes, die im Jahrgang 1969 weit besser ausfielen als die Rotweine von Bordeaux.
Voraussichtliche Genußreife: Jetzt – vermutlich im Nachlassen. Letzte Verkostung: 6/77.

1967 • 89   Dieser klassische Suduiraut, ein gehaltvoller, körperreicher, expansiver, viskoser, hochreifer Wein, zeigt ein wunderbares, honigsüßes Bukett mit Nuancen von Karamel und Mandeln, dazu flügigen, süßen, tiefen, saftigen Geschmack und einen muskulösen, aggressiven Abgang. Vielleicht ist der 1967er dem 1959er und 1976er nicht ebenbürtig, bestimmt aber ist er der beste Wein aus diesem Château zwischen diesen beiden Jahrgängen.
Voraussichtliche Genußreife: Jetzt bis 2000. Letzte Verkostung: 3/88.

ÄLTERE JAHRGÄNGE

In meinen Probiernotizen erwähnte ich bereits, was für einen großartigen 1959er das Château Suduiraut hervorgebracht hat. Ich habe diesen Wein bei allen Verkostungen (die letzte war 12/89) beständig mit 92 bis 94 Punkten benotet. Zu den anderen Jahrgängen, über die ich Notizen besitze, kann ich von exzellenten Noten für den 1945er (90 Punkte in 11/86) und den 1947er (93 Punkte in 7/87) berichten. Einen Jahrgang aus der Zeit vor dem 2. Weltkrieg habe ich nie zu Gesicht bekommen, der 1928er und der 1899er gelten jedoch allgemein als legendäre Jahrgänge aus diesem Château. Ferner habe ich auch die Jahrgänge 1949er und 1955 verkostet, sie ließen mich aber ungerührt.

LA TOUR BLANCHE
Premier Cru seit 1855

AUSGEZEICHNET

Lage der Weinberge: Bommes

Besitzer: Landwirtschaftsministerium
Adresse: 33210 Bommes
Telefon: 33 5 57 98 02 73 – Telefax: 33 5 57 98 02 78

Besuche: montags bis freitags

WEISSWEIN

Rebfläche: 36 ha

Durchschnittliches Rebenalter: 24 Jahre

Rebbestand: 77% Sémillon, 17% Sauvignon, 6% Muscadelle

Pflanzdichte: 6000 Reben/ha

Ertrag (im Durchschnitt der letzten 5 Jahre): 11 hl/ha

Durchschnittliche Jahresproduktion insgesamt: 50 000 Flaschen

DIE WEINE VON BARSAC UND SAUTERNES

GRAND VIN

Name: Château La Tour Blanche

Appellation: Sauternes

Durchschnittliche Jahresproduktion: 40 000 Flaschen

Verarbeitung und Ausbau: Sémillon wird in neuen Eichenfässern, Sauvignon und Muscadelle in Tanks vergoren. Anschließend 20 Monate Ausbau in neuen Eichenfässern. Der Wein wird geschönt und gefiltert.

ZWEITWEIN

Name: Les Charmilles de la Tour Blanche

Durchschnittliche Jahresproduktion: 6000 Flaschen

Beurteilung des derzeitigen Rangs: Seit 1986 ist die Qualität von La Tour Blanche stark verbessert; überzeugende Weine entstanden 1988, 1989 und 1990; inzwischen verdient das Château seinen Status.

Genußreife: 5 bis 30 Jahre nach dem Jahrgangsdatum

La Tour Blanche wurde in der Klassifizierung der Weine von Sauternes aus dem Jahr 1855 an der Spitze seiner Klasse unmittelbar hinter Château d'Yquem eingestuft. Seit 1910 wird es vom Landwirtschaftsministerium betrieben, und bis zur Mitte der achtziger Jahre begnügte es sich damit, Weine zu produzieren, die bestenfalls mittelmäßig genannt werden dürfen. Das hat sich ab 1988 mit der Verwendung von zu 100% neuen Eichenfässern im Ausbau und dann auch durch Vergären des gesamten Jahrgangs 1989 in ebenfalls neuen Eichenfässern grundsätzlich gewandelt. Die Keller sind inzwischen vollklimatisiert, und die Erträge wurden auf magere 11 hl/ha beschränkt. Für die neunziger Jahre erscheint La Tour Blanche als ein aufsteigender Stern am Himmel von Sauternes. Zum Glück haben sich die Preise noch nicht an die neue Qualität des La Tour Blanche angeglichen.

Außerdem wird in kleinen Mengen ein Zweitwein von schwächeren Mostpartien sowie trockener Bordeaux Blanc in zwei verschiedenen Versionen produziert.

JAHRGÄNGE

1990 • 92 Der 1990er ist weniger aromatisch, aber voller und körperreicher als der 1988er La Tour Blanche. Von seiner eleganten, honigwürzigen, durch Edelfäule geprägten Art hat er nichts eingebüßt. Er präsentiert sich fett und reichhaltig als ein klassischer Sauternes, der in Anbetracht des Aufschwungs, den dieses Weingut genommen hat, unter seinem Wert gehandelt wird. Er dürfte sich mindestens 3 Jahrzehnte gut halten. Letzte Verkostung: 11/94.
1989 • 90 Der 1989er ist zwar locker gewirkt, zeigt aber reichliche, intensive, honigwürzige Frucht in einem vollen, ausdruckskräftigen, körperreichen Format. Dieser Kraftprotz von einem schweren, süßen, wohlausgestatteten Wein mit starkem Duft von Honig und Blumen trinkt sich bereits gut, kann aber ohne weiteres auch noch 15 bis 20 Jahre durchstehen.
Letzte Verkostung: 11/94.
1988 • 92 Der 1988er zeigt superbe Süße, reichlich Edelfäule, sahnige, honigwürzige Tropenfrucht (Ananas in Hülle und Fülle), wunderbar integrierten Eichentoast, frische Säure und einen reichhaltigen, langen Abgang. Dieser Wein steht noch am Anfang seiner Entfaltung und ist ohne weiteres imstande, 25 bis 35 Jahre zu überdauern.
Letzte Verkostung: 11/94.

1986 • 82 Als ich diesen Wein aus dem Faß verkostete, glaubte ich, er würde sich besser entwickeln. Aber er hat sich schließlich nur als ein relativ schlichter, kompakter, monolithischer Sauternes erwiesen. Er verfügt über gute Frucht, hat jedoch nicht die große untergründige Tiefe und das Maß an Edelfäule, wie man es von anderen 1986ern kennt. Er dürfte für mindestens ein Jahrzehnt schönen, wenn auch nicht gerade begeisternden Genuß gewähren.
Voraussichtliche Genußreife: Jetzt bis 2003. Letzte Verkostung: 3/90.

1985 • 84 Üblicherweise sind die 1985er Sauternes weniger eindrucksvoll als die 1986er, aber bei La Tour Blanche stellt sich der 1985er konzentrierter, mit größerer Intensität und Nachhaltigkeit als der 1986er dar. Nichtsdestoweniger zeigt er dennoch einen auffallenden Mangel an Komplexität und Edelfäule.
Voraussichtliche Genußreife: Jetzt bis 2001. Letzte Verkostung: 3/90.

ÄLTERE JAHRGÄNGE

Der feinste ältere La-Tour-Blanche-Jahrgang, den ich das Vergnügen hatte zu probieren, war ein sehr feines Exemplar des 1975ers (87 Punkte in 1990). Er war im Alter von 15 Jahren noch immer jugendfrisch.

YQUEM
Premier Cru Supérieur seit 1855

HERVORRAGEND

Lage der Weinberge: Sauternes

Besitzer: Familie Lur Saluces
Adresse: 33210 Sauternes
Telefon: 33 5 57 98 07 07 – Telefax: 33 5 57 98 07 08

Besuche: nach Vereinbarung, montags bis freitags von 14.30 bis 16 Uhr
Kontaktperson: Valérie Lailheugue

WEISSWEIN

Rebfläche: 104,5 ha (in Ertrag)

Durchschnittliches Rebenalter: 27 Jahre

Rebbestand: 80 % Sémillon, 20 % Sauvignon

Pflanzdichte: 6600 Reben/ha

Ertrag (im Durchschnitt der letzten 5 Jahre): 10 hl/ha

Durchschnittliche Jahresproduktion insgesamt: 100 000 Flaschen

GRAND VIN

Name: Château d'Yquem

Appellation: Sauternes

Durchschnittliche Jahresproduktion: 100 000 Flaschen

Verarbeitung und Ausbau: Gärung und 3½ Jahre Ausbau in neuen Eichenfässern.
Der Wein wird geschönt und leicht gefiltert.

DIE WEINE VON BARSAC UND SAUTERNES

Kein ZWEITWEIN

N. B. Das Weingut produziert ferner einen trockenen weißen Bordeaux namens «Y d'Yquem».

Beurteilung des derzeitigen Rangs: Wahrscheinlich der einzige Wein von Bordeaux, von dem zu Recht behauptet werden darf, daß er eine Klasse für sich bildet

Genußreife: 10 bis 70 Jahre nach dem Jahrgangsdatum; Spitzenjahrgänge können sogar über 100 Jahre alt werden

Yquem liegt im Herzen des Bereichs Sauternes und überragt auf seinem Hügel die Weinberge vieler Premiers Crus Classés ringsum. Von 1785 bis 1997 befand sich das Gut im Eigentum derselben Familie. Comte Alexandre de Lur Saluces ist das jüngste Mitglied dieser Familie, das den großen Besitz, den er 1968 von seinem Onkel übernahm, leitet. 1997 wurde das Gut an den Konzern Moët-Hennessy verkauft, doch der Comte de Lur Saluces legte Einspruch dagegen ein. Zum Zeitpunkt der Entstehung dieses Buchs war noch kein endgültiges gerichtliches Urteil über die Gültigkeit des Verkaufs ergangen.

Die Besonderheit von Yquem beruht auf mehreren Faktoren. Zunächst hat es eine vollkommene Lage mit einem einmaligen Mikroklima. Zweitens installierte die Familie Lur Saluces ein raffiniertes, aus rund 100 km Rohrleitungen bestehendes Wasserabzugssystem. Drittens herrscht auf Yquem der leidenschaftliche Wille, nur allerfeinsten Wein hervorzubringen, auch wenn das mit finanziellen Verlusten oder Schwierigkeiten verbunden ist. Dieser letzte Faktor ist denn wohl auch der stärkste Grund dafür, daß Yquem so himmelhoch über seinen Nachbarn steht.

Auf Yquem ist man stolz darauf, daß jeder Weinstock nur ein einziges Glas Wein erbringt. Die Trauben werden in bestem Reifezustand einzeln von einer 150köpfigen Lesemannschaft gepflückt, die oft 6 bis 8 Wochen in Yquem verbringt und mindestens viermal die Weinberge durchkämmt. 1964 verteilte sich die Lese sogar auf dreizehn Durchgänge, am Ende aber stellte man fest, daß das gesamte Lesegut unbrauchbar war, und so wurde in diesem Jahrgang überhaupt kein Yquem erzeugt. Nur wenige Weingüter sind bereit oder können es sich leisten, ihre gesamten Trauben dergestalt zu deklassieren. Auf Yquem wurde aber nicht nur 1964, sondern auch 1972 und 1974 überhaupt kein Wein produziert.

Dafür hat der Yquem ein unglaubliches Lebensdauerpotential. Da er so reichhaltig, opulent und süß ist, wird er zwar zum großen Teil getrunken, bevor er noch das Alter von 10 Jahren erreicht, aber eigentlich braucht er fast immer 15 bis 20 Jahre, um sein Bestes zur Geltung zu bringen, und große Jahrgänge halten sich 50 Jahre und länger frisch und voller Vielfalt. Der großartigste Yquem, den ich je kosten durfte, war der 1921er. Er war bemerkenswert frisch und lebendig und wies eine Üppigkeit und Fülle auf, die mir unvergeßlich geblieben sind.

Die Passion für Qualität beschränkt sich aber nicht allein auf die Weinberge. Der Wein reift über 3 Jahre lang in neuen Eichenfässern, wobei durch Verdunstung ein Schwund von 20 % des ursprünglichen Volumens eintritt. Wenn dann der Comte Lur Saluces den Wein für abfüllbereit erklärt, wird noch einmal eine strenge Auswahl unter den allerbesten Fässern getroffen. In exzellenten Jahren wie 1975, 1976 und 1980 wurden dabei nochmals 20 % der Fässer ausgeschieden. In schwierigen Jahren wie 1979 waren es bis zu 60 %, und in dem besonders ungünstigen Jahr 1978 wurden sogar 85 % als unwürdig befunden, den Namen Yquem zu tragen. Meines Wissens gibt es ein so unerbittliches Ausleseverfahren in keinem anderen Weingut. Gefiltert wird der Yquem möglichst nicht – es könnte ja dabei etwas von der Fülle verlorengehen.

Yquem produziert außerdem einen markanten trockenen Weißwein unter dem Namen «Y», dessen Bukett dem des Yquem ähnelt, doch der Geschmack ist eichenholzwürzig und trocken bei meist sehr vollem Körper und deutlich kräftigem Alkohol. Dieser kraftvolle Wein paßt für meinen Geschmack am besten zu gehaltvollen Speisen, beispielsweise *foie gras*.

Anders als andere berühmte Bordeaux-Weine kann man den Yquem nicht *en primeur* zum Hinlegen im eigenen Keller kaufen. Er kommt vielmehr meist vier Jahre nach der Lese zu einem sehr hohen Preis heraus. Wenn man aber bedenkt, welcher Arbeitsaufwand, wieviel Risiko und welche strenge Auslese in ihm stecken, dann ist er wohl einer der wenigen Luxusweine, die ihren stratosphärischen Preis auch wirklich wert sind.

JAHRGÄNGE

1990 • 99   Der 1990er Yquem, eine außerordentliche Leistung in diesem saft- und kraftstrotzenden Jahrgang, ist der reichhaltigste in der fabelhaften Süßweintrilogie 1988, 1989 und 1990. Er zeigt zumindest im gegenwärtigen Stadium der Entwicklung mehr Eleganz und Finesse als mancher andere 1990er. Seine mittelgoldene Farbe geht einher mit einem ausnehmend süßen Bukett von Honig, Tropenfrüchten, Pfirsichen, Aprikosen und wohlintegriertem, hochfeinem, subtilem Eichentoast. Am Gaumen präsentiert sich der Wein massiv mit vielschichtiger, intensiv reifer, von Edelfäule geprägter Frucht. Die überraschend gute Säure und die nahtlose Wucht und Fülle wirken bemerkenswert harmonisch und reintönig. Man ist versucht, diesen Wein mit solchen Titanen wie dem 1989er und dem 1983er gleichzusetzen. Auf jeden Fall ist er einer der reichhaltigsten Yquems, die ich kenne, und verfügt über eine Lebenserwartung von 50 bis 75 Jahren. Er dürfte zwar rascher heranreifen als der 1989er oder der 1986er, aber alle diese Weine können ohne weiteres wenigstens 50 Jahre überdauern.
Voraussichtliche Genußreife: 2003 bis 2050+. Letzte Verkostung: 11/97.
1989 • 97+   Château d'Yquem, unter den Süßweingütern Favorit der Millionäre, hat erwartungsgemäß mit seinem 1989er wieder eine brillante Leistung erbracht. Er ist ein breitgefächerter, massiv reichhaltiger, öliger Wein, der sich mindestens über ein halbes Jahrhundert hinweg mühelos entfalten dürfte. Er besitzt zwar nicht die hinreißende Finesse oder Komplexität des 1988ers bzw. 1986ers, aber er ist weit schwerer und voller als beide und erinnert eher an den 1976er, hat aber mehr Fett und Glyzerin als dieser. Der 1989er ist überaus alkoholstark und reichhaltig und hat ein mächtiges Bukett mit Noten von Rauch, honiggetränkten Kokosnüssen und überreifen Ananas und Aprikosen. Wie stets bei jungen Yquem-Jahrgängen ist die Struktur kaum spürbar. Sie alle sind so extraktreich und früh zugänglich, daß man kaum glauben kann, sie wären imstande, 50 und mehr Jahre zu überdauern. Der 1989er ist jedenfalls der reichhaltigste Yquem der 1980er Jahre, und auch in der Komplexität hat er einen Vorsprung gegenüber dem kraftstrotzenden 1983er. Es bleibt abzuwarten, ob er auch imstande sein wird, die außerordentliche aromatische Komplexität des 1988ers und 1986ers zu entfalten. Letzte Verkostung: 11/97.
1988 • 99   Der 1988er ist ein verhaltenerer, nach dem Muster des außergewöhnlichen 1975ers gestalteter Yquem. Neben seinem Bukett von Honig, Rauch, Orangen, Kokosnüssen und Ananas zeigt dieser wuchtige Wein vollen Körper, vielschichtigen, hochkonzentrierten, extraktreichen Geschmack, beträchtlichen Edelfäuleeinfluß und einen sensationellen Abgang.
Letzte Verkostung: 12/97.
1986 • 98   Der 1986er ist eine wiederum faszinierende Leistung. Mit deutlicherer Edelfäule, aber geringerer Wucht und Alkoholstärke als beim kolossalen 1983er erinnert er an den großartigen 1975er, wobei er sich allerdings frühreifer und auch konzentrierter zeigt. Mehrere hochgeachtete und als Yquem-Enthusiasten bekannte *négociants* in Bordeaux bezeichnen den 1986er als den größten Yquem seit dem legendären 1937er. Sein verlockendes Bukett mit Noten von Ananas, sautierten Haselnüssen, Vanillin und reifen Aprikosen wirkt atemberaubend. Die überzeugend konzentrierte Breite und Tiefe des Geschmacks scheint keine Grenzen zu kennen – dieser körperreiche, kraftvolle, dabei makellos ausgewogene Yquem dürfte auf die Dauer von weiteren 40 bis 55 Jahren denkwürdigen Genuß bereiten. Wie der 1983er ist auch er ein Meisterwerk der Kellerkunst.
Voraussichtliche Genußreife: 2000 bis 2040. Letzte Verkostung: 4/91.
1985 • 89   Der 1985 Yquem ist ein sehr kraftvoller, reichhaltiger, ungewöhnlich konzentrierter Wein. Aber in diesem heißen, trockenen Jahr entwickelte sich in den Weinbergen kaum Edelfäule, und so fehlt dem Wein die gewohnte Komplexität. Dennoch ist auch dieser massive, ölige,

DIE WEINE VON BARSAC UND SAUTERNES

hellgoldene Yquem mit seiner feinen Honigsüße ein überaus vollmundiger Tropfen. Es ist schwer zu sagen, wann ein solcher Wein einmal voll ausgereift sein wird, aber ich stehe nicht an zu behaupten, daß er sich bestimmt mindestens noch 25 bis 30 Jahre gut hält. Dennoch sehe ich ihn nicht unter den großen Yquems.
Voraussichtliche Genußreife: Jetzt bis 2025. Letzte Verkostung: 3/90.

1984 • 87   Dieser unter sehr schwierigen Bedingungen entstandene Jahrgang ist sehr gut ausgefallen. Die Lese begann bei Yquem am 15. Oktober, und der letzte Durchgang erfolgte am 13. November. 75 % des Leseguts wurden für den Yquem verwendet. Gegenwärtig zeigt der Wein viel toastwürzigen Eichenholzduft im Bukett, in dem sich außerdem Nuancen von geräucherten Mandeln, glacierter Ananas, Honig und Karamel finden. Auf der Zunge zeigt der Wein weniger sprühenden Ausdruck, auch weniger Glyzerin und Wucht als gewohnt, aber dennoch ist er ein vielfältiger, körperreicher Yquem mit viel Persönlichkeit und Charakter. Das große Lebensdauerpotential der Spitzenjahrgänge besitzt er wohl nicht, doch ich erwarte durchaus, daß er mindestens noch weitere 20 Jahre überdauern wird.
Voraussichtliche Genußreife: Jetzt bis 2008. Letzte Verkostung: 3/90.

1983 • 96   Der 1983er ist einer der höchstkonzentrierten Yquems in den letzten 20 Jahren; er zeigt umwerfenden Extraktreichtum und überwältigendes Glyzerin. Die Lese begann ungewöhnlich früh für Yquem, nämlich am 29. September, und endete am 18. November. Die meisten Beobachter sind der Meinung, der 1983er werde früher ausreifen als der 1986er, und er werde fast 100 Jahre überdauern. In Anbetracht des unglaublichen Lebensdauerpotentials von Yquem scheint eine solche Voraussage nicht überzogen. Gegenwärtig stellt sich der 1983er enorm dar mit seinem mächtigen Geschmack mit Nuancen von Honig, Ananas, Kokosnüssen und Karamel bei massivem Extrakt und einer öligen, in einem Rahmen von Säure und Eichenholzduft kaum gefaßten Art. Ich glaube nicht, daß sich der Wein seit der Abfüllung verändert hat, und ich würde mit dem Genuß noch mindestens 15 bis 20 Jahre warten.
Voraussichtliche Genußreife: 2005 bis 2050. Letzte Verkostung: 12/90.

1982 • 92   Dieser wegen der Regenfälle zur Lesezeit in Sauternes weitgehend über die Schulter angesehene Jahrgang brachte tatsächlich für Yquem und das Nachbargut Suduiraut großen Erfolg, weil beide ihr Lesegut einbringen konnten, bevor der Regen Schaden verursachte. Yquem wartete dann, bis die Weinberge wieder abgetrocknet waren, und holte am 7. November die letzten Trauben herein. Der 1982er ist ein sehr aufgeschlossener Yquem, füllig, saftig, mit honigsüßer Ananas, Pfirsichen und Aprikosen im Geschmack, dazu einige, aber nicht sehr viel Edelfäule. Auf der Zunge wirkt er massiv, dick und fast ebenso eindrucksvoll wie der 1983er, nur spürt man nicht das gleiche Maß an Nachhaltigkeit oder potentieller Komplexität. Nichtsdestoweniger ist der 1982er ein großer Yquem, der lediglich etwas in den Hintergrund geraten ist, weil der 1983er und der 1986er soviel Aufmerksamkeit in Anspruch nehmen.
Voraussichtliche Genußreife: Jetzt bis 2020. Letzte Verkostung: 12/90.

1981 • 90   Der 1981er ist gewiß ein hervorragender Yquem, aber er wird nicht als eine der größten Leistungen dieses Weinguts gelten können. Er ist hellgolden mit einem mäßig intensiven Bukett von würzigem Eichenholzvanillin, frischen Melonen und tropischen Früchten, hat vollen Körper, durchschnittliche Säure und vermittelt am Gaumen ein fülliges, viskoses, etwas frühreifes Gefühl. Der Abgang ist bemerkenswert lang und sauber, und die Entwicklung wird ziemlich rasch vor sich gehen.
Voraussichtliche Genußreife: Jetzt bis 2015. Letzte Verkostung: 3/87.

1980 • 93   Ein treffendes Beispiel für einen Jahrgang, der bei den süßen Weinen von Barsac und Sauternes besser ausgefallen ist als für Rotweine. Yquem brachte seinen größten Wein seit den Zwillingstitanen von 1975 und 1976 zustande. Er ist mittelgolden, hat ein kräftiges, opulentes, honigsüßes, eichenholzwürziges und blumiges Bukett von tropischen Früchten, dazu reichhaltige, konzentrierte Art, sehr gute Säure, viel Edelfäule und einen überwältigenden Abgang. Ein großer Erfolg, der sich im Schneckentempo immer weiter entwickelt.
Voraussichtliche Genußreife: Jetzt bis 2035. Letzte Verkostung: 12/90.

1979 • 88 Ein immens attraktiver Yquem, aber irgend etwas scheint ihm zu fehlen. Er ist hellgolden, hat das für Yquem typische eichenwürzige, butterig reife Bukett, das nur etwas verhaltener erscheint als sonst. Am Gaumen vermittelt der Wein ein körperreiches, intensives und wohlausgewogenes Gefühl, aber der Abgang fällt etwas kurz aus. Der 1979er Yquem ist nicht ganz so reichhaltig und kraftvoll, wie dieser Wein in Spitzenjahrgängen sein kann. Nur 40 % des Ertrags wurden für ihn verwendet.
Voraussichtliche Genußreife: Jetzt bis 2020. Letzte Verkostung: 12/90.

1978 • 87 Dieses Jahr war für die Weinerzeuger in Barsac und Sauternes besonders schwierig. Anders als beim Rotwein, bei dem es einen späten, aber wundervollen Herbst gab, war die Witterung für die Bildung von Edelfäule nicht günstig, nämlich nicht feucht genug. So entstanden zwar gehaltvolle, körperreiche und viskose Weine, es fehlt ihnen aber an Charakter, und sie schmecken oft stumpf. Der 1978er Yquem ist der beste Wein, den die Appellation hervorbrachte: reichhaltig und honigsüß mit ausgezeichneter Konzentration, viel Alkohol und Körper, aber leider hat er nicht das majestätische Bukett und den komplexen Geschmack, wie sie nur durch ausgeprägt edelfaule Trauben zustande kommen. Lediglich 15 % des Ertrags wurden für den Yquem verwendet.
Voraussichtliche Genußreife: Jetzt bis 2008. Letzte Verkostung: 12/90.

1977 • 85 In diesem miserablen Jahrgang brachte Yquem immerhin einen toastwürzigen, reifen Wein mit Duftnuancen von Ananas und Butter und mit einem vorherrschend eichenwürzigen Charakter zustande. 70 % des Ertrags wurden 1977 ausgeschieden, und so entstand ein Wein, der sich schließlich doch noch als ebensogut erweisen könnte wie der unterbewertete 1973er.
Voraussichtliche Genußreife: Jetzt bis 2000. Letzte Verkostung: 2/84.

1976 • 96 Der 1976er Yquem geht von einem Höhepunkt zum anderen. Wen könnte auch das ehrfurchtgebietende Bukett von Gewürzen, honigsüßer Frucht, Ananas, Bananen, Kokosnüssen und hochreifen Melonen gleichgültig lassen? Dieser körperreiche, viskose, üppige Wein ist seit der Abfüllung dank seiner geringen Säure und seiner frühreifen Persönlichkeit absolut köstlich. Er ist einer der wenigen wirklich großen Yquem-Jahrgänge, die sich bereits so jung mit sehr großem Genuß trinken lassen. 80 % des Leseguts waren für diesen Wein geeignet.
Voraussichtliche Genußreife: Jetzt bis 2025. Letzte Verkostung: 5/97.

1977 • 99 Der 1975er wird sich womöglich als der größte Yquem der modernen Zeit erweisen. Wenn er einmal in weiteren 25 bis 30 Jahren voll ausgereift sein wird, kann er vielleicht ebenbürtig neben den außergewöhnlichen 1937er und 1921er treten. Einstweilen entfaltet er sich in eigensinnig langsamem Tempo stetig weiter. Er ist noch unentwickelter als die jüngeren Jahrgänge 1983 und 1986, nichtsdestoweniger aber ehrfurchtgebietend konzentriert, vollendet ausgewogen und mit dem typischen Yquem-Aroma von Eichenholzvanillin, tropischer Frucht, Ananas, honigsüßen Pfirsichen und gebrannten Mandeln ausgestattet. Er verfügt über außergewöhnlich frische Säure, die den gesamten massiven Extraktreichtum in schönste Konturenschärfe rückt – ein Wein mit erstaunlicher Kraft und Finesse und einem Abgang, den man selbst gekostet haben muß. Diese monumentale Leistung rechtfertigt wahrscheinlich in einem weiteren Jahrzehnt durchaus die höchste Punktnote.
Voraussichtliche Genußreife: 2005 bis 2060. Letzte Verkostung: 5/97.

1973 • 86 Der für dieses in der Region mittelmäßige Jahr erstaunlich gut ausgefallene 1973er Yquem zwar zeigt allzuviel Eichenholzwürze, hat allerdings sehr gute Konzentration, weniger Süße und Edelfäule als der 1975er und 1976er, ist aber schön ausgewogen, füllig und nachhaltig am Gaumen (nur 12 % des Ertrags wurden für den Yquem verwendet).
Voraussichtliche Genußreife: Jetzt. Letzte Verkostung: 3/84.

1971 • 91 Dieser Yquem ist zwar hervorragend, aber ich habe leider immer wieder schlechte Flaschen angetroffen, hoffe jedoch, daß sie allein auf unsachgemäße Lagerung und Behandlung zurückzuführen waren. In einwandfreien Flaschen begegnet man viel reifer, konzentrierter tropischer Frucht und Edelfäule bei körperreicher Art, tiefgoldener Farbe und würzigem, fülligem Geschmack mit Karamel- und Toastnuancen – ein kräftiger, fülliger Wein, der sich für einen

DIE WEINE VON BARSAC UND SAUTERNES

Yquem ziemlich rasch entwickelt. Dieser Jahrgang ist zwar unbestreitbar hervorragend, wird aber doch vielleicht ein wenig überbewertet.
Voraussichtliche Genußreife: Jetzt bis 2010. Letzte Verkostung: 6/98.

1970 • 90 Der etwas weniger weit entwickelte, für meinen Geschmack auch stets um eine Schattierung weniger interessante und komplexe 1970er Yquem ist ein breit gebauter, gehaltvoller, körperreicher, recht alkoholstarker Wein mit ausdrucksvollem Geschmack und frischer Säure. Anders als der 1971er, der bereits kurz vor der vollen Reife steht, hat der 1970er noch einen weiten Weg vor sich und legt trotz eindrucksvoller Art nicht sein ganzes Potential offen dar.
Voraussichtliche Genußreife: Jetzt bis 2025. Letzte Verkostung: 11/84.

1967 • 96 Allein der fraglos große Yquem veranlaßt viele Beobachter zu dem Schluß, der 1967er sei ein superber Jahrgang für ganz Sauternes. In Wahrheit entstand 1967 ein zwar sehr guter, aber ungleichmäßiger Jahrgang. Bei Yquem fiel er fast vollendet aus. Mittel bernsteingoldene Farbe, ein vollintensives Bukett von Vanillinwürze, Honig, reifer Ananas und Kokosnüssen kennzeichnen diesen intensiven, sehr reichen, öligen Yquem mit seiner vielschichtigen, süßen, opulenten Frucht, seinem ausgezeichneten Gleichgewicht und seinem deftigen, kraftvollen Abgang. Der als Begleiter zu Speisen fast zu kräftige und reichhaltige Wein bildet für sich allein ein Dessert.
Voraussichtliche Genußreife: Jetzt bis 2035. Letzte Verkostung: 6/98.

1966 • 85 Der 1966er ist zwar ein sehr guter Wein, für einen Yquem aber nur mittelmäßig. Er bietet bei weitem nicht die Fülle und Intensität, die man erwarten darf, sondern er ist lediglich kräftig, etwas ungefüge und übertrieben eichenwürzig, aber dennoch schön zu trinken.
Voraussichtliche Genußreife: Jetzt bis 2000. Letzte Verkostung: 1/82.

1962 • 90 Ein ausgezeichneter, ja sogar hervorragender Yquem, trotzdem muß ich zugeben, daß er mich nicht so sehr beeindruckt wie andere Beobachter, die ihn voller Ekstase einen der größten Yquems überhaupt genannt haben. Er ist voll und honigsüß, hat ein eichenholzwürziges Aroma von tropischen Früchten, dazu Butterscotch, gedörrte Frucht und Karamel im Geschmack und einen adstringierenden, trockenen, etwas derben Abgang, der für meinen Geschmack eine höhere Note verhindert.
Voraussichtliche Genußreife: Jetzt bis 2025. Letzte Verkostung: 11/82.

1961 • 84 Das Jahr 1961 brachte für Barsac und Sauternes nur einen mittelmäßigen Jahrgang, aber die Tatsache, daß er bei den Rotweinen von Bordeaux so großartig ausgefallen ist, brachte den Süßweinen einen schönen Verkaufserfolg. Den 1961er Yquem habe ich immer wieder als einen muskulösen, ungleichgewichtigen Wein mit einem brandigen Charakter im Bukett und einem übermäßig eichenholzwürzigen, aggressiven Geschmack empfunden, dem die sonst für dieses Gut typische Reife und große Fülle fehlt. Dieser Wein beginnt nun auszutrocknen und ungefüger zu werden; man sollte ihn austrinken.
Voraussichtliche Genußreife: Jetzt. Letzte Verkostung: 4/82.

ÄLTERE JAHRGÄNGE

Es gibt keinen Zweifel: die beiden profundesten und reifsten Yquems, die ich je gekostet habe, sind der 1921er (100 Punkte bei zwei verschiedenen Gelegenheiten, zuletzt 6/96) und der 1937er (96 bis 99 Punkte bei drei verschiedenen Gelegenheiten Ende der achtziger Jahre). Nach diesen beiden Jahrgängen kam noch eine ganze Reihe von superben Yquems, die ich das Glück hatte, probieren zu dürfen, aber offen gestanden konnte sich keiner mit dem 1921er und 1937er messen. Meine Favoriten sind in der Reihenfolge der Vorliebe, die ich für sie hege, der 1928er (97 Punkte; 4/91), der 1929er (97 Punkte; 3/90), der 1959er (94 bis 96 Punkte bei drei Gelegenheiten am Ende der achtziger Jahre) und der 1945er (91 Punkte; 10/95). Der 1945er ist nach allen glaubhaften Berichten ein prachtvoller Wein; leider war die Flasche, die ich im Oktober

1995 verkostete, braun und leicht maderisiert, zwar noch schön duftig, aber im Verblassen. Bei allen Degustationen mit Weinen, die älter sind als 20 Jahre, muß man freilich bedenken, daß es «keine großen Weine, sondern nur große Flaschen» gibt. Den 1947er (aus meinem Geburtsjahr) habe ich nur einmal gekostet, und ich war überrascht, wie trocken er schmeckte – er hatte nichts von der Fülle und Süße, die man in großen Yquem-Jahrgängen findet.

Was nun Yquem-Jahrgänge aus dem 19. Jahrhundert angeht, so hatte ich das Glück, vier davon bei einer Verkostung im Oktober 1995 probieren zu dürfen. Der 1825er Yquem (89 Punkte) zeigte sich in dunklem Gold und schmeckte, da er seine Frucht eingebüßt hatte, fast trocken. In seinem an *crème brûlée* erinnernden Geschmack und Abgang fand sich kräftige Säure vor. Der sehr trockene, erdige 1814er Yquem (67 Punkte) war dunkelgolden und wies eine wenig attraktive Dumpfigkeit auf, die alle Frucht, die noch intakt geblieben sein mochte, überdeckte. Dagegen erwies sich der 1811er (100 Punkte) mit dunkelgoldener Farbe, ehrfurchtgebietend intensivem, süßem Duft, ölig dickflüssigem, fabelhaft extraktreichem Geschmack, haarscharfer Kontur und einem Nachklang, der eine Minute und länger anhielt als die Art von Wein, auf der die Reputation von Yquem beruht. Er war flüssige *crème brûlée* – ein erstaunlicher Wein. Man wird sich erinnern, daß dies der berühmte «Kometenjahrgang» war. (Übrigens, wer gern lacht, der sollte sich einmal das Video des Films «Das Jahr des Kometen» ausleihen – eine weinselige Komödie, die ich nur empfehlen kann). Der 1847er Yquem (100 Punkte) hätte mehr als 100 Punkte bekommen können, wenn das möglich wäre. Er ist massiv, hat erstaunlich jugendliche Farbe, bemerkenswert honigwürzigen, von Edelfäule geprägten Geschmack, umwerfende Fülle und einen über 40 Sekunden nachklingenden Abgang. Man kann sich nur fragen, ob die Yquems unserer Zeit sich auch so lange halten werden. Ich sage ja, wenn ich auch bezweifle, daß von uns allen auch nur einer lange genug leben wird, um herauszufinden, wie der 1975er, 1976er, 1983er, 1986er, 1988er, 1989er oder 1990er nach 148 Jahren schmeckt!

Sonstige Weingüter in Barsac und Sauternes

Andoyse du Hayot
Ohne Klassifizierungsrang

Lage der Weinberge: Barsac

Besitzer: S.C.E. Vignobles du Hayot
Adresse: 33720 Barsac
Telefon: 33 5 56 27 15 37 – Telefax: 33 5 56 27 04 24

Besuche: montags bis freitags von 8 bis 12 und von 14 bis 18 Uhr

WEISSWEIN

Rebfläche: 20 ha

Durchschnittliches Rebenalter: 25 Jahre

Rebbestand: 70 % Sémillon, 25 % Sauvignon, 5 % Muscadelle

Pflanzdichte: 6500 Reben/ha

Ertrag (im Durchschnitt der letzten 5 Jahre): 25 hl/ha

Durchschnittliche Jahresproduktion insgesamt: 65 000 Flaschen

GRAND VIN

Name: Château Andoyse du Hayot

Appellation: Sauternes

Durchschnittliche Jahresproduktion: 65 000 Flaschen

Verarbeitung und Ausbau: Vinifikation in temperaturgeregelten Edelstahltanks. 18 Monate Ausbau teils im Tank, teils in (jährlich zu $1/3$ erneuerten) Eichenfässern. Der Wein wird geschönt und gefiltert.

Kein ZWEITWEIN

D'Arche Pugneau
Ohne Klassifizierungsrang

AUSGEZEICHNET

Lage der Weinberge: Bommes, Preignac, Sauternes, Barsac

Besitzer: Jean-Francis Daney
Adresse: 24, Le Biton, Boutoc, 33210 Preignac
Telefon: 33 5 56 63 50 55 – Telefax: 33 5 56 63 39 69

Besuche: vorzugsweise nach Vereinbarung, v. a. an Wochenenden; an Werktagen von 9 bis 20 Uhr
Kontaktperson: Jean-Pierre oder Jean-Francis Daney, Tel. 33 5 56 63 24 84

WEISSWEIN

Rebfläche: rund 13 ha

Durchschnittliches Rebenalter: 40 Jahre

Rebbestand: 75 % Sémillon, 20 % Sauvignon, 5 % Muscadelle

Pflanzdichte: 7000 Reben/ha

Ertrag (im Durchschnitt der letzten 5 Jahre): 16 hl/ha

Durchschnittliche Jahresproduktion insgesamt: 192 hl

GRAND VIN (Cuvée Spéciale)

Name: Cru d'Arche Pugneau Trie Exceptionnelle

Appellation: Sauternes

Jahresproduktion: 0 bis 85 hl

Verarbeitung und Ausbau: Vinifikation 15 bis 40 Tage in (relativ neuen) Eichenfässern. Anschließend 36 Monate Ausbau, Schönung und Filterung.

GRAND VIN

Name: Cru d'Arche Pugneau

Jahresproduktion: 0 bis 192 hl (Ausbauzeit 24 bis 38 Monate)

Das Weingut ist größter Beachtung wert, denn seine Weine sind außerordentlich gut bereitet und können sich mit den Crus Classés der Spitzenklasse in Barsac/Sauternes messen. Ich habe bemerkenswerte Gewächse von d'Arche Pugneau kennengelernt und vor allem die vom Ende der achtziger Jahre mit Punktnoten um 95 bewertet. Selbst der 1991er war ein erstaunlicher Wein. Besonders empfehlenswert ist die limitierte Cuvée namens Cru d'Arche Pugneau Trie Exceptionnelle, die in Fülle und Intensität einem Yquem oder der Cuvée Madame von Coutet nahekommen kann – ein praktisch unbekanntes Weingut mit ganz herrlichen Weinen.

BARREJATS
Ohne Klassifizierungsrang

Lage der Weinberge: Barsac, zwischen den Châteaux Climens und Caillou

Besitzer: Mireille Daret und Philippe Andurand
Adresse: Clos de Gensac, Mareil, 33210 Pujols sur Ciron
Telefon: 33 5 56 76 69 06 – Telefax: 33 5 56 76 69 06

Besuche: nur nach Vereinbarung
Kontaktperson: Mireille Daret

WEISSWEIN

Rebfläche: 2,5 ha

Durchschnittliches Rebenalter: 40 Jahre

Rebbestand: 85 % Sémillon, 10 % Sauvignon, 5 % Muscadelle

Pflanzdichte: 6600 Reben/ha

Ertrag (im Durchschnitt der letzten 5 Jahre): 16 hl/ha

Durchschnittliche Jahresproduktion insgesamt: 5600 Flaschen

GRAND VIN

Name: Cru Barrejats

Appellation: Sauternes

Durchschnittliche Jahresproduktion: 2400 bis 3600 Flaschen

Verarbeitung und Ausbau: Gärung in neuen Eichenfässern, in denen auch der 18- bis 36monatige Ausbau stattfindet. Der Wein wird geschönt und gefiltert.

ZWEITWEIN

Name: Accabailles de Barrejats

Durchschnittliche Jahresproduktion: 1200 bis 3000 Flaschen

CANTEGRIL
Ohne Klassifizierungsrang

Lage der Weinberge: Barsac

Besitzer: Pierre und Denis Dubourdieu
Adresse: 33720 Barsac
Telefon: 33 5 56 27 15 84 – Telefax: 33 5 56 27 18 99

Besuche: nur nach Vereinbarung

DIE WEINE VON BARSAC UND SAUTERNES

WEISSWEIN

Rebfläche: 20 ha

Durchschnittliches Rebenalter: 35 Jahre

Rebbestand: 70 % Sémillon, 20 % Sauvignon, 10 % Muscadelle

Durchschnittliche Jahresproduktion insgesamt: 50 000 bis 60 000 Flaschen

GRAND VIN

Name: Château Cantegril

Appellation: Barsac-Sauternes

Durchschnittliche Jahresproduktion: 50 000 bis 60 000 Flaschen

Verarbeitung und Ausbau: Gärung (unter Hefezusatz, ohne Temperaturregelung) in jährlich zu $1/3$ erneuerten Eichenfässern. Anschließend 24 Monate Ausbau; Abstich alle 3 Monate. Der Wein wird mit Bentonit geschönt und gefiltert.

Kein ZWEITWEIN

Gravas
Cru Bourgeois

Lage der Weinberge: Barsac

Besitzer: Familie Bernard
Adresse: Domaines Bernard, 33210 Barsac
Telefon: 33 5 56 27 06 91 – Telefax: 33 5 56 27 29 83

Besuche: täglich
Kontaktperson: P. Bernard

WEISSWEIN

Rebfläche: 11 ha

Durchschnittliches Rebenalter: 40 Jahre

Rebbestand: 90 % Sémillon, 10 % Muscadelle

Pflanzdichte: 6600 Reben/ha

Ertrag (im Durchschnitt der letzten 5 Jahre): 25 hl/ha

Durchschnittliche Jahresproduktion insgesamt: 240 hl

GRAND VIN

Name: Château Gravas

Appellation: Sauternes

Durchschnittliche Jahresproduktion: 30 000 Flaschen

Verarbeitung und Ausbau: Vinifikation in Tanks. Anschließend Ausbau im Tank (50 %) und in Eichenfässern (50 %). Der Wein wird geschönt und gefiltert.

Kein ZWEITWEIN

BORDEAUX

GUITERONDE DU HAYOT
Kein Klassifizierungsrang

Lage der Weinberge: Barsac

Besitzer: S.C.E. Vignobles du Hayot
Adresse: 33720 Barsac
Telefon: 33 5 56 27 15 37 – Telefax: 33 5 56 27 04 24

Besuche: montags bis freitags von 8 bis 12 und von 14 bis 18 Uhr

WEISSWEIN

Rebfläche: 34,5 ha · Durchschnittliches Rebenalter: 35 Jahre

Rebbestand: 70 % Sémillon, 25 % Sauvignon, 5 % Muscadelle

Pflanzdichte: 6500 Reben/ha

Ertrag (im Durchschnitt der letzten 5 Jahre): 25 hl/ha

Durchschnittliche Jahresproduktion insgesamt: 100 000 Flaschen

GRAND VIN

Name: Château Guiteronde du Hayot

Appellation: Sauternes

Durchschnittliche Jahresproduktion: 100 000 Flaschen

Verarbeitung und Ausbau: Vinifikation in temperaturgeregelten Edelstahltanks. Anschließend 18 Monate Ausbau teils in Edelstahltanks, teils in (jährlich zu $1/3$ erneuerten) Eichenfässern. Der Wein wird geschönt und gefiltert.

Kein ZWEITWEIN

HAUT-BERGERON
Ohne Klassifizierungsrang

Lage der Weinberge: Sauternes, Preignac, Bommes und Barsac

Besitzer: Robert Lamothe und Söhne
Adresse: 33210 Preignac
Telefon: 33 5 56 63 24 76 – Telefax: 33 5 56 62 23 31

Besuche: montags bis samstags von 8 bis 12 und von 14 bis 19 Uhr
Kontaktperson: Patrick und Hervé Lamothe

WEISSWEIN

Rebfläche: 23,5 ha · Durchschnittliches Rebenalter: 60 Jahre

Rebbestand: 90 % Sémillon, 5 % Sauvignon, 5 % Muscadelle

Pflanzdichte: 8000 Reben/ha

Ertrag (im Durchschnitt der letzten 5 Jahre): 19 hl/ha

Durchschnittliche Jahresproduktion insgesamt: 50 000 Flaschen

DIE WEINE VON BARSAC UND SAUTERNES

GRAND VIN

Name: Château Haut-Bergeron

Appellation: Sauternes

Durchschnittliche Jahresproduktion: 28 000 Flaschen (in den letzten 5 Jahren)

Verarbeitung und Ausbau: Kühle Gärung allein mit einheimischen Hefen. 18 bis 24 Monate Ausbau in zu 50 % neuen Eichenfässern. Der Wein wird geschönt und gefiltert.

ZWEITWEIN

Name: Château Fontebride

Durchschnittliche Jahresproduktion: 20 000 Flaschen (in den letzten 5 Jahren)

N.B.: Es wird auch eine Cuvée Spéciale produziert (erster Jahrgang 1996)

Rebfläche: 0,4 ha

Durchschnittliches Rebenalter: 100 Jahre

Rebbestand: 100 % Sémillon

Pflanzdichte: 9000 Reben/ha

Ertrag: 12 hl/ha

Durchschnittliche Jahresproduktion insgesamt: 50 bis 75 Kisten

Name: Cuvée 100

Appellation: Sauternes

Jahresproduktion: 600 Flaschen (in 1996)

Verarbeitung und Ausbau: Vinifikation 60 Tage in neuen Eichenfässern. Anschließend 30 Monate Ausbau in neuen Eichenfässern. Der Wein wird 1999 abgefüllt, geschönt, aber nicht gefiltert.

HAUT-CLAVERIE
Cru Bourgeois

SEHR GUT

Besitzer: SCEA Sendrey Frères
Adresse: 33210 Preignac
Telefon: 33 5 56 63 24 76 – Telefax: 33 5 56 63 23 31

Rebfläche: 14 ha

Durchschnittliches Rebenalter: 30 Jahre

Rebbestand: 85 % Sémillon, 10 % Sauvignon, 5 % Muscadelle

Faßreifezeit: 15 bis 20 Monate

Produktion: 3000 Kisten

Kein ZWEITWEIN

Genußreife: 5 bis 15 Jahre nach dem Jahrgangsdatum.

Das kaum bekannte, aber ausgezeichnete Weingut liegt südlich des Orts Fargues. In einer Reihe von blinden Verkostungen, die in Frankreich stattgefunden haben, landete Haut-Claverie beständig ziemlich weit oben, und dabei ist dieser Wein nach wie vor zu äußerst günstigen Preisen zu haben. Das Geheimnis seines Erfolgs liegt nicht nur in einem besonders guten Mikroklima, sondern auch in später Lese mit mehreren Weinbergdurchgängen und schließlich in einem der gewissenhaftesten Weingutsbesitzer der ganzen Appellation. Dieses Château dürfte sich wahrscheinlich als einer der aufsteigenden Sterne der Region Barsac/Sauternes erweisen.

HAUT-PICK
Ohne Klassifizierungsrang

Lage der Weinberge: Preignac

Besitzer: Foncier Vignobles
Adresse: Domaine de Lamontagne, 33210 Preignac
Telefon: 33 5 56 63 27 66 – Telefax: 33 5 56 76 87 03

Besuche: nur nach Vereinbarung
Kontaktperson: Michel Garat

WEISSWEIN

Rebfläche: 9 ha

Durchschnittliches Rebenalter: 35 Jahre

Rebbestand: 100 % Sémillon

Pflanzdichte: 7000 Reben/ha

Ertrag (im Durchschnitt der letzten 5 Jahre): 23 hl/ha

Durchschnittliche Jahresproduktion insgesamt: 200 hl

GRAND VIN

Name: Château du Haut-Pick

Appellation: Sauternes

Durchschnittliche Jahresproduktion: 200 hl

Verarbeitung und Ausbau: Vinifikation in temperaturgeregelten Edelstahltanks. 70 % des Ertrags werden in Edelstahltanks, der Rest in Eichenfässern ausgebaut. Der Wein wird geschönt und gefiltert.

Kein ZWEITWEIN

LES JUSTICES
Cru Bourgeois

GUT

Lage der Weinberge: Preignac

Besitzer: Christian Médeville
Adresse: 33210 Preignac
Postanschrift: c/o Château Gilette, 33210 Preignac
Telefon: 33 5 56 76 28 44 – Telefax: 33 5 56 76 28 43

Besuche: nach Vereinbarung, montags bis donnerstags von 9 bis 13 und von 14 bis 18 Uhr; freitags nur bis 17 Uhr
Kontaktperson: Andrée Médeville

WEISSWEIN

Rebfläche: 8 ha

Durchschnittliches Rebenalter: 35 Jahre

Rebbestand: 88 % Sémillon, 10 % Sauvignon, 2 % Muscadelle

Pflanzdichte: 6600 Reben/ha

Ertrag (im Durchschnitt der letzten 5 Jahre): 21 hl/ha

Durchschnittliche Jahresproduktion insgesamt: 160 hl

GRAND VIN

Name: Château Les Justices

Appellation: Sauternes

Durchschnittliche Jahresproduktion: 21 000 Flaschen

Verarbeitung und Ausbau: Vinifikation in Edelstahltanks. Ausbauzeit: 6 Monate im Tank und 10 bis 12 Monate in zu 20 % neuen Eichenfässern. Der Wein wird geschönt und gefiltert.

Kein ZWEITWEIN

LAFON
Ohne Klassifizierungsrang

Lage der Weinberge: Sauternes, Bommes, Preignac und Fargues

Besitzerin: Mme Fauthoux
Adresse: 33210 Sauternes
Postanschrift: wie oben
Telefon: 33 5 56 63 30 82 – Telefax: 33 5 56 63 30 82

Besuche: nur nach Vereinbarung
Kontaktperson: Mme Fauthoux

WEISSWEIN

Rebfläche: 10 ha

Durchschnittliches Rebenalter: 35 Jahre

BORDEAUX

Rebbestand: 95 % Sémillon, 5 % Sauvignon

Pflanzdichte: 6500 Reben/ha

Ertrag (im Durchschnitt der letzten 5 Jahre): 22 hl/ha

Durchschnittliche Jahresproduktion insgesamt: 240 hl

GRAND VIN

Name: Château Lafon

Appellation: Sauternes

Durchschnittliche Jahresproduktion: 240 hl

Verarbeitung und Ausbau: Vinifikation in temperaturgeregelten Edelstahltanks. Anschließend 18 Monate Ausbau in Eichenfässern. Der Wein wird geschönt, aber nicht gefiltert.

Kein ZWEITWEIN

Beurteilung des derzeitigen Rangs: Aufstufung zum 2ème Cru wäre zu empfehlen

Genußreife: 3 bis 15 Jahre nach dem Jahrgangsdatum

LAMOURETTE
Cru Bourgeois

Besitzerin: Anne-Marie Leglise

Rebfläche: 7,5 ha

Durchschnittliches Rebenalter: 25 Jahre

Rebbestand: 90 % Sémillon, 5 % Sauvignon Blanc, 5 % Muscadelle

Jahresproduktion: 2000 Kisten

Ausbau: ausschließlich im Tank

Beurteilung des derzeitigen Rangs: Entspricht der Klassifizierung

Genußreife: 5 bis 8 Jahre nach dem Jahrgangsdatum

Ein Sauternes in schlichtem, fruchtigem, mildem Stil, der ab seiner Freigabe getrunken werden will. Der beste Jahrgang, den ich gekostet habe, war der stilvolle 1986er.

LIOT
Ohne Klassifizierungsrang

GUT

Lage der Weinberge: Barsac

Besitzer: Jean-Gérard David
Adresse: 33720 Barsac
Telefon: 33 5 56 27 15 31 – Telefax: 33 5 56 26 14 42

Besuche: nach Vereinbarung, montags bis Freitag von 9 bis 12 und von 14 bis 17 Uhr
Kontaktperson: M. oder Mme David

DIE WEINE VON BARSAC UND SAUTERNES

WEISSWEIN

Rebfläche: 20 ha

Durchschnittliches Rebenalter: 30 bis 40 Jahre

Rebbestand: 80 % Sémillon, 10 % Sauvignon, 10 % Muscadelle

Pflanzdichte: 7500 Reben/ha

Ertrag (im Durchschnitt der letzten 5 Jahre): 23 hl/ha

Durchschnittliche Jahresproduktion insgesamt: 460 hl

GRAND VIN

Name: Château Liot

Appellation: Sauternes/Barsac

Durchschnittliche Jahresproduktion: 3300 Kisten

Verarbeitung und Ausbau: Vinifikation etwa 3 Wochen im Tank. Anschließend 15 bis 18 Monate Ausbau in zu 15 % neuen Eichenfässern. Der Wein wird geschönt und gefiltert.

ZWEITWEIN

Name: Château du Levant

Durchschnittliche Jahresproduktion: 20 000 Flaschen

Beurteilung des derzeitigen Rangs: Kann unverändert bleiben.

Genußreife: 3 bis 10 Jahre nach dem Jahrgangsdatum.

Das relativ kleine, aber sachkundig geleitete Weingut befindet sich auf dem Kalkstein- und Lehmplateau in den Hügeln von Haut-Barsac. Die Jahrgänge, die ich hier gekostet habe – 1983, 1985 und 1986 –, stellten allesamt volle, fruchtige, runde, sauber bereitete und nicht übersüße Weine dar. Die Weinberge dürften großes Potential aufweisen, denn sie grenzen unmittelbar an die von Château Climens an. Aufgrund der wenigen Jahrgänge, die ich gekostet habe, möchte ich empfehlen, diesen Wein in jungen Jahren zu trinken.

MAURAS
Cru Bourgeois

Lage der Weinberge: am Nordrand der Appellation, nördlich von Château Rabaud-Promis

Besitzer: Société Viticole de France
Adresse: 33210 Sauternes
Postanschrift: Château du Grava, 33550 Haux
Telefon: 33 5 56 67 23 89 – Telefax: 33 5 56 67 08 38

Besuche: nur nach Vereinbarung
Kontaktperson: Patrick Duale

WEISSWEIN

Rebfläche: 15 ha

Durchschnittliches Rebenalter: 25 bis 30 Jahre

BORDEAUX

Rebbestand: 67 % Sémillon, 30 % Sauvignon, 3 % Muscadelle

Pflanzdichte: 6000 Reben/ha

Ertrag (im Durchschnitt der letzten 5 Jahre): 20 bis 25 hl/ha

Durchschnittliche Jahresproduktion insgesamt: 350 hl

GRAND VIN

Name: Château Mauras

Appellation: Sauternes

ZWEITWEIN

Name: Clos du Cion

Mayne
Ohne Klassifizierungsrang

Lage der Weinberge: Barsac, östlich der Bahn, neben Château Suau

Besitzer: Familie Sanders
Adresse: 33720 Barsac
Telefon: 33 5 56 27 17 07 – Telefax: 33 5 56 27 16 02

Besuche: an Werktagen während der Geschäftsstunden
Kontaktperson: Jean Sanders, Tel. 33 5 56 63 19 54

WEISSWEIN

Rebfläche: 8 ha

Durchschnittliches Rebenalter: 30 ha

Rebbestand: 60 % Sémillon, 40 % Sauvignon

Pflanzdichte: 7800 Reben/ha

Ertrag (im Durchschnitt der letzten 5 Jahre): 17 hl/ha

Durchschnittliche Jahresproduktion insgesamt: 140 hl

GRAND VIN

Name: Château du Mayne

Appellation: Barsac-Sauternes

Durchschnittliche Jahresproduktion: 140 hl

Verarbeitung und Ausbau: Vinifikation im Tank. Anschließend 12 Monate Ausbau in zu 20 % neuen Eichenfässern. Der Wein wird geschönt, aber nicht gefiltert.

Kein ZWEITWEIN

Mont-Joye
Bei Aufstellung der Klassifizierung bestand das Weingut noch nicht

Lage der Weinberge: Barsac

Besitzer: Franck und Marguerite Glaunès
Adresse: Quartier Miaille, 33720 Barsac
Postanschrift: c/o Domaine du Pas-St-Georges, 33190 Casseuil
Telefon: 33 5 56 71 12 73 – Telefax: 33 5 56 71 12 41

Besuche: nur nach Vereinbarung
Kontaktpersonen: Franck und Marguerite Glaunès

WEISSWEIN

Rebfläche: 20 ha insgesamt (ein Teil der Fläche fällt in die AC Bordeaux Blanc Sec und ein weiterer Teil in die AC Graves Blanc Sec)

Durchschnittliches Rebenalter: 35 Jahre

Rebbestand: 75 % Sémillon, 15 % Sauvignon, 10 % Muscadelle

Pflanzdichte: 6600 Reben/ha

Ertrag (im Durchschnitt der letzten 5 Jahre): 20 hl/ha

Durchschnittliche Jahresproduktion insgesamt: 2800 Kisten

GRAND VIN

Name: Château Mont-Joye

Appellation: Barsac/Sauternes

Durchschnittliche Jahresproduktion: 1000 Kisten

Verarbeitung und Ausbau: Vinifikation teils in Eichenfässern, teils in beschichteten Tanks. Anschließend 24 Monate Ausbau wechselweise im Tank bzw. in neuen Eichenfässern. Der Wein wird geschönt und gefiltert.

ZWEITWEIN

Name: Château Jacques le Huat

Durchschnittliche Jahresproduktion: 5000 bis 10 000 Flaschen

Verarbeitung und Ausbau: Vinifikation etwa 18 Tage in zu 30 % neuen Eichenfässern, anschließend 20 bis 24 Monate Ausbau. Der Wein wird geschönt und gefiltert.

Monteils
Cru Bourgeois

Lage der Weinberge: Preignac

Besitzer: Familie Diascorn
Adresse: 33210 Preignac
Telefon: 33 5 56 76 12 12 – Telefax: 33 5 56 76 28 63

Besuche: vorzugsweise nach Vereinbarung · Kontaktperson: Hervé Le Diascorn

BORDEAUX

WEISSWEIN

Rebfläche: 11 ha · Durchschnittliches Rebenalter: 25 Jahre

Rebbestand: 75 % Sémillon, 20 % Sauvignon, 5 % Muscadelle

Pflanzdichte: 5500 Reben/ha

Ertrag (im Durchschnitt der letzten 5 Jahre): 21 hl/ha

Durchschnittliche Jahresproduktion insgesamt: 30 000 Flaschen

GRAND VIN

Name: Château Monteils

Appellation: Sauternes

Durchschnittliche Jahresproduktion: 30 000 Flaschen

Verarbeitung und Ausbau: Vinifikation in kleinen Edelstahltanks; die Gärung wird durch Zugabe von Alkohol abgestoppt. 18 Monate Ausbau in Betontanks bzw. neuen Eichenfässern. Der Wein wird geschönt und gefiltert.

Kein ZWEITWEIN

Pernaud
Cru Bourgeois

Lage der Weinberge: Sauternes-Barsac

Besitzer: G.F.A. du Château Pernaud (Leitung: Familie Regelsperger)
Adresse: 33720 Barsac
Telefon: 33 5 56 27 26 52 – Telefax: 33 5 56 27 32 08

Besuche: nach Vereinbarung
Kontaktperson: Jean-Gabriel Jacolin

WEISSWEIN

Rebfläche: 15,5 ha · Durchschnittliches Rebenalter: 30 bis 35 Jahre

Rebbestand: 80 % Sémillon, 15 % Sauvignon, 5 % Muscadelle

Pflanzdichte: 7000 Reben/ha

Ertrag (im Durchschnitt der letzten 5 Jahre): 21,5 hl/ha

Durchschnittliche Jahresproduktion insgesamt: 300 bis 375 hl

GRAND VIN

Name: Château Pernaud

Appellation: Sauternes

Durchschnittliche Jahresproduktion: 70 bis 100 hl

Verarbeitung und Ausbau: Gärung bei 20 °C in temperaturgeregelten Edelstahltanks. Anschließend 18 Monate Ausbau in (zu 5 bis 10 % neuen) Eichenfässern. Der Wein wird bei Bedarf geschönt und gefiltert.

DIE WEINE VON BARSAC UND SAUTERNES

ZWEITWEIN

Name: Château Pey-Arnaud

Durchschnittliche Jahresproduktion: 5000 bis 15 000 Flaschen

Peyraguey
Ohne Klassifizierungsrang

Lage der Weinberge: Preignac, Bommes, Sauternes

Besitzer: Familie Mussotte
Adresse: 33210 Preignac
Telefon: 33 5 56 44 43 48 – Telefax: 33 5 56 01 71 89

Besuche: nur nach Vereinbarung
Kontaktperson: Hubert Mussotte

WEISSWEIN

Rebfläche: 7 ha

Durchschnittliches Rebenalter: 25 Jahre

Rebbestand: 80 % Sémillon, 20 % Sauvignon

Pflanzdichte: 7000 Reben/ha

Ertrag (im Durchschnitt der letzten 5 Jahre): 22 hl/ha

Durchschnittliche Jahresproduktion insgesamt: 130 hl

GRAND VIN

Name: Cru Peyraguey

Appellation: Sauternes

Durchschnittliche Jahresproduktion: 130 hl

Verarbeitung und Ausbau: Vinifikation teils im Tank, teils im Faß. 24 Monate Ausbau in Eichenfässern, wobei der Anteil an neuen Fässern vom Jahrgang abhängt. Der Wein wird manchmal geschönt und gefiltert.

Kein ZWEITWEIN

BORDEAUX

Piada
Cru Bourgeois

GUT

Lage der Weinberge: Barsac

Besitzer: Jean Lalande
Adresse: 33720 Barsac
Telefon: 33 5 56 27 16 13 – Telefax: 33 5 56 27 26 30

Besuche: täglich von 8 bis 19.30 Uhr
Kontaktperson: Jean Lalande

WEISSWEIN

Rebfläche: 10 ha

Durchschnittliches Rebenalter: 40 Jahre

Rebbestand: 95 % Sémillon, 3 % Sauvignon, 2 % Muscadelle

Pflanzdichte: 7900 Reben/ha

Ertrag (im Durchschnitt der letzten 5 Jahre): 25 hl/ha

Durchschnittliche Jahresproduktion insgesamt: 250 hl

GRAND VIN

Name: Château Piada

Appellation: Barsac

Durchschnittliche Jahresproduktion: 130 hl

Verarbeitung und Ausbau: Nach Faßgärung 12 Monate Ausbau in zu 25 % neuen Eichenfässern; Abstich alle 3 Monate. Nach 18 Monaten Abfüllung ohne Schönen, aber mit Filtern.

ZWEITWEIN

Name: Clos du Roy

Durchschnittliche Jahresproduktion: 120 hl

Beurteilung des derzeitigen Rangs: Als eines der besten Cru Bourgeois wäre dieses Château zur Beförderung zum 2ème Cru vorzuschlagen

Genußreife: 3 bis 12 Jahre nach dem Jahrgangsdatum

Dieses Château ist eines der ältesten im Bereich Barsac. Seine Geschichte als Weingut kann es bis in das späte 13. Jahrhundert zurückverfolgen. Seine Weine sind meist reichfruchtig, rund und honigsüß. Die Lebenserwartung des Piada ist zwar nicht allzu lang, aber in den ersten 5 bis 10 Jahren ist er stets köstlich zu trinken. Zu den besten neuen Jahrgängen zählen der 1988er und 1986er.

DIE WEINE VON BARSAC UND SAUTERNES

DE ROLLAND
Cru Bourgeois

Besitzer: Jean Guignard
Rebfläche: 20 ha

Durchschnittliches Rebenalter: 25 Jahre

Rebbestand: 60 % Sémillon, 20 % Sauvignon, 20 % Muscadelle

Jahresproduktion: 4000 Kisten

Faßausbauzeit: 18 Monate

Kein ZWEITWEIN

Beurteilung des derzeitigen Rangs: Entspricht der Klassifizierung

Genußreife: 3 bis 10 Jahre nach dem Jahrgangsdatum

ROUMIEU-LACOSTE
Cru Bourgeois

GUT

Lage der Weinberge: Haut-Barsac (im höchsten Teil von Barsac)

Besitzer: Hervé Dubourdieu
Adresse: 33720 Barsac
Telefon: 33 5 56 27 16 29 – Telefax: 33 5 56 27 02 65

Besuche: nur nach Vereinbarung
Kontaktperson: Hervé Dubourdieu

WEISSWEIN

Rebfläche: 12 ha

Durchschnittliches Rebenalter: 55 Jahre

Rebbestand: 100 % Sémillon

Pflanzdichte: 6800 Reben/ha

Ertrag (im Durchschnitt der letzten 5 Jahre): 15 hl/ha

Durchschnittliche Jahresproduktion insgesamt: 20 000 Flaschen

GRAND VIN

Name: Château Roumieu-Lacoste

Appellation: Sauternes

Durchschnittliche Jahresproduktion: 10 000 Flaschen

Verarbeitung und Ausbau: Vinifikation zur Hälfte in Eichenfässern und zur Hälfte im Tank. Anschließend 10 bis 16 Monate Ausbau in zu 30 % neuen Eichenfässern (1990 wurden zu 100 % neue Fässer eingesetzt). Der Wein wird geschönt, aber nicht gefiltert.

BORDEAUX

ZWEITWEIN

Name: Château Ducasse

Durchschnittliche Jahresproduktion: 10 000 Flaschen

Beurteilung des derzeitigen Rangs: Aufstufung zum 2ème Cru wäre zu empfehlen.

Genußreife: 5 bis 12 Jahre nach dem Jahrgangsdatum.

Die gute Qualität der Weine von Roumieu-Lacoste kommt nicht überraschend, denn schließlich liegt das Gut neben dem berühmten Château Climens in Barsac. Alte Rebbestände und die untadelige Weinbereitungstechnik der Familie Dubourdieu gewährleisten darüber hinaus hohe Beständigkeit. Der Stil ist – passend für einen Barsac – relativ leicht, jedoch liegt darin viel Komplexität, volle Ananasfrucht und ein Anflug von frischem Eichenholz. Dieser Wein sollte er am besten innerhalb von 10 bis 12 Jahren nach der Lese getrunken werden.

SAINT-AMAND
Ohne Klassifizierungsrang

Lage der Weinberge: Preignac

Besitzer: Anne-Mary Fachetti-Ricard
Adresse: 33210 Preignac
Telefon: 33 5 56 76 84 89 – Telefax: 33 5 56 76 24 87

Besuche: vorzugsweise nach Vereinbarung, montags bis donnerstags von 14 bis 18 Uhr

WEISSWEIN

Rebfläche: 20 ha

Durchschnittliches Rebenalter: 30 bis 50 Jahre

Rebbestand: 85 % Sémillon, 14 % Sauvignon, 1 % Muscadelle

Pflanzdichte: 5000 Reben/ha

Ertrag (im Durchschnitt der letzten 5 Jahre): 15 bis 20 hl/ha je nach Jahrgang

Durchschnittliche Jahresproduktion insgesamt: 40 000 bis 50 000 Flaschen

GRAND VIN

Name: Château Saint-Amand

Appellation: Sauternes

Verarbeitung und Ausbau: 2 Jahre in Betontanks. Der Wein wird geschönt und gefiltert.

ZWEITWEIN

Name: Château La Chartreuse

DIE WEINE VON BARSAC UND SAUTERNES

Saint-Marc
Ohne Klassifizierungsrang

Lage der Weinberge: Barsac

Besitzer: Didier Laulan
Adresse: 33720 Barsac
Telefon: 33 5 56 27 16 87 – Telefax: 33 5 56 27 05 93

Besuche: nach Vereinbarung (außer sonntags)
Kontaktperson: Didier Laulan

WEISSWEIN

Rebfläche: 15 ha

Durchschnittliches Rebenalter: 35 Jahre

Rebbestand: 80 % Sémillon, 10 % Sauvignon, 10 % Muscadelle

Pflanzdichte: 6600 Reben/ha

Ertrag (im Durchschnitt der letzten 5 Jahre): 23 hl/ha

Durchschnittliche Jahresproduktion insgesamt: 350 hl

GRAND VIN

Name: Château Saint-Marc

Appellation: Barsac/Sauternes

Durchschnittliche Jahresproduktion: 30 000 Flaschen

Verarbeitung und Ausbau: Vinifikation in kleinen temperaturgeregelten Edelstahltanks mit 27 bis 50 hl Fassungsvermögen. Anschließend 18 Monate Ausbau in Edelstahltanks. Der Wein wird geschönt und gefiltert.

Kein ZWEITWEIN

Beurteilung des derzeitigen Rangs: Kann unverändert bleiben.

Genußreife: 3 bis 10 Jahre nach dem Jahrgangsdatum.

Simon
Ohne Klassifizierungsrang

Lage der Weinberge: Barsac, Preignac

Besitzer: G.F.A. du Château Simon
Adresse: 33720 Barsac

Telefon: 33 5 56 27 15 35 – Telefax: 33 5 56 27 24 79

Besuche: vorzugsweise nach Vereinbarung, üblicherweise von 8 bis 12 und von 14 bis 16 Uhr
Kontaktperson: J. Dufour

BORDEAUX

WEISSWEIN

Rebfläche: 17 ha

Durchschnittliches Rebenalter: 30 Jahre

Rebbestand: 90 % Sémillon, 8 % Sauvignon, 2 % Muscadelle

Pflanzdichte: 7000 Reben/ha

Ertrag (im Durchschnitt der letzten 5 Jahre): 21 hl/ha

Durchschnittliche Jahresproduktion insgesamt: 45 000 Flaschen

GRAND VIN

Name: Château Simon

Appellation: Barsac oder Sauternes

Durchschnittliche Jahresproduktion: 25 000 Flaschen

Verarbeitung und Ausbau: Vinifikation Edelstahltanks (unter Verwendung einheimischer Hefen). Anschließend 1 Jahr Ausbau in (zu 10 bis 30 % neuen) Eichenfässern. Der Wein wird nicht geschönt, aber gefiltert.

ZWEITWEIN

Name: Château Piaut

Durchschnittliche Jahresproduktion: 20 000 Flaschen

Die Satelliten-Appellationen von Bordeaux

Es gibt noch eine ganz Reihe von weniger bekannten Appellationen, die ebenfalls zum Weinbaugebiet Bordeaux gehören und in denen große Mengen Wein produziert werden. Zum größten Teil ist er überall in Frankreich auf dem Markt zu finden, außerhalb aber hat er wenig Erfolg, vor allem in Amerika, wo allzuviel Wert auf Luxusnamen und prestigeträchtige Appellationen gelegt wird. Für den echten Kenner bedeuten aber die Weine aus den Satelliten-Appellationen von Bordeaux oft großartige und preiswerte Einkaufsmöglichkeiten, insbesondere in guten Jahrgängen wie 1982, 1985, 1989 und 1990, in denen günstige Witterungsverhältnisse und die heute verbesserten technischen Voraussetzungen in vielen Weingütern eine große Vielfalt an feinen Weinen zu bescheidenen Preisen entstehen lassen.

Bei meinen jährlichen Reisen nach Bordeaux bringe ich längere Zeit damit zu, die Weine aus den Satellitenbereichen zu verkosten und so einen Überblick darüber zu gewinnen, wer in diesen dem großen Publikum unvertrauten Gegenden Bedeutendes bieten kann. In diesem Abschnitt gebe ich eine Aufstellung der bedeutendsten Weingüter in den Satelliten-Appellationen von Bordeaux. Alle Weine, die hier als sehr gut oder ausgezeichnet eingestuft sind, kann ich den Bordeaux-Liebhabern, die nach preiswerten Weinen aus dieser Gegend Ausschau halten, ohne Vorbehalt empfehlen.

Die Reihenfolge, in der die Satelliten-Appellationen aufgeführt sind, entspricht meiner Einschätzung ihrer qualitativen Rangordnung. Kurz gesagt bildet diese Aufstellung einen Bordeaux-Leitfaden für den kostenbewußten Verbraucher.

Fronsac und Canon-Fronsac

Im 18. und 19. Jahrhundert waren die über die Hügel und Täler von Fronsac und Canon-Fronsac, einige Kilometer westlich von Libourne, verstreuten Weinberge bekannter als die von Pomerol, und ihre Weine erzielten höhere Preise als die von St-Emilion. Weil dann aber die Weingüter in Pomerol verkehrsgünstiger lagen und die meisten Handelshäuser ihren Sitz in Libourne hatten, wurden die Weinberge von Pomerol und St-Emilion besser genutzt als die von Fronsac und Canon-Fronsac. Infolgedessen geriet diese Gegend lange in Vergessenheit, aus der sie erst vor kurzem wieder aufgetaucht ist.

Nun gibt es zwar in Bordeaux keinen Ort, der sich mit der malerischen Schönheit von St-Emilion vergleichen könnte, genausowenig hat aber die stille, freundliche Landschaft von Fronsac und Canon-Fronsac in der Region ihresgleichen. Beide Appellationen befinden sich in schönster Lage auf den sanften Hügeln an der Dordogne und verfügen im Boden über Kalksteinadern, die auf den höheren Erhebungen flacher und an den unteren Hängen tiefgründiger verlaufen.

Die bevorzugt angebauten Traubensorten sind Merlot, Cabernet Franc und Cabernet Sauvignon. Zwar gibt es auch noch Malbec-Anpflanzungen, aber diese Sorte ist inzwischen zurückgegangen. Nachdem die Weinerzeuger von Fronsac und Canon-Fronsac bis in die Mitte der achtziger Jahre weitgehend unbeachtet geblieben waren, können sie sich nun das wachsende Interesse an ihren Weinen, die inzwischen als preiswerte Alternativen zu den freilich glanzvolleren Pomerols und St-Emilions erkannt sind, zunutze machen. Indessen schaffen sich die besten Fronsacs und Canon-Fronsacs eine eigene Identität und bieten insbesondere in Spitzenjahrgängen wie 1989 und 1990 Weine an, die sich reichhaltig, voll, dunkel, relativ breit gebaut und mit beträchtlichem Lebensdauerpotential ausgestattet darstellen. Die strenge und harte Art, die bei Fronsacs und Canon-Fronsacs des älteren Stils so sehr störend wirkte, tritt in Jahrgängen wie 1985, 1989 und 1990 weniger stark hervor. Zudem werden die recht fruchtbaren Weinberge in Fronsac, die oft zu Überproduktion neigen, schonender und sparsamer behandelt. Erstaunlicherweise wird in diesen Appellationen weit mehr auf die Erträge geachtet als in manchen berühmteren Weinbaubereichen von Bordeaux.

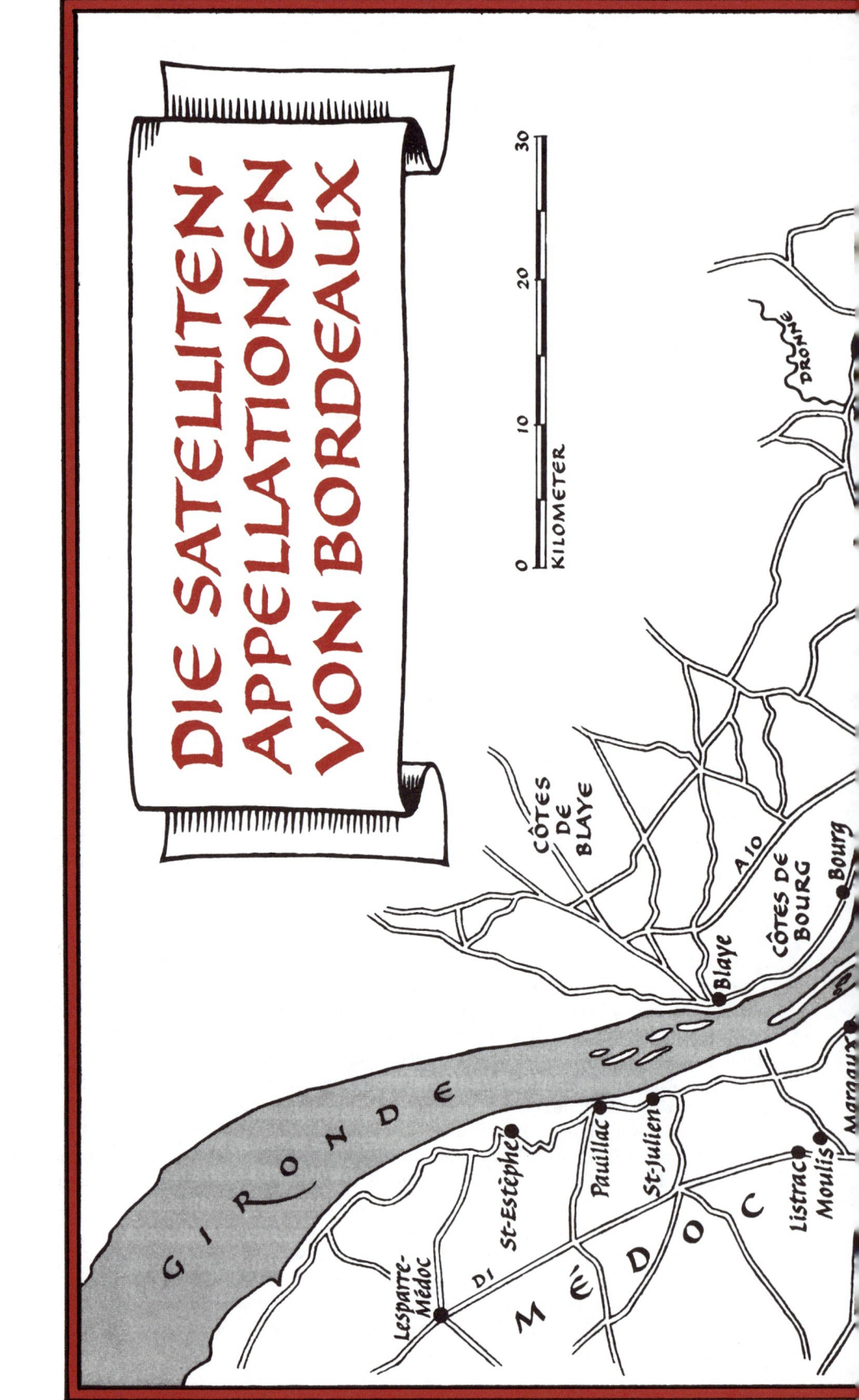

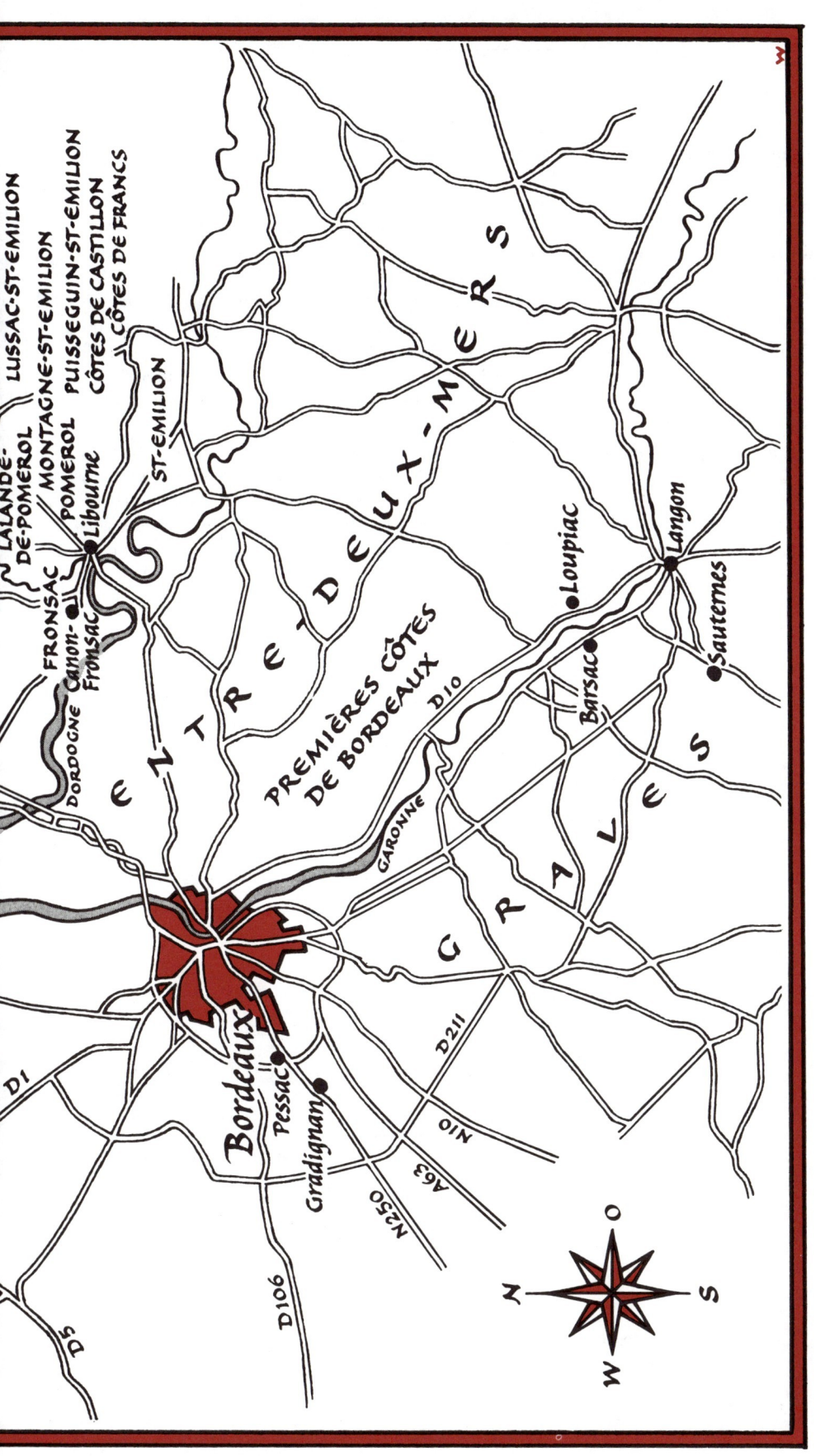

Vor allem das bekannte Haus Jean-Pierre Moueix zeigt sich in Fronsac und Canon-Fronsac sehr aktiv. Es hat mehrere Weingüter, beispielsweise La Dauphine, Canon de Brem und Canon (Moueix), gekauft und beteiligt sich maßgeblich am Vertrieb der Weine anderer Güter wie Mazeris und de Carles. Manche *négociants* in Bordeaux, hauptsächlich Vintex und Europvin, haben ihr Angebot an Weinen aus dieser Gegend erweitert und erkennen damit deren ausgezeichnetes Qualitätspotential an.

Ich verkoste diese Weine mindestens einmal im Jahr und besuche routinemäßig die wichtigsten Weingüter in der Region. Dabei stelle ich fast Jahr für Jahr steigende Qualität fest. 1989 und 1990 haben die besten aufeinanderfolgenden Jahrgänge gebracht, die es in diesen Appellationen je gegeben hat. Die nachstehende Klassifizierung beruht auf dem Leistungsverhalten dieser Weingüter in der Zeit von 1985 bis 1996. Alle als sehr gut oder ausgezeichnet eingestuften Châteaux produzierten 1985, 1989 und 1990 Weine mit einer Lebenserwartung von 10 bis 12 Jahren, und ich vermute, daß sich viele sogar noch länger halten werden. Ich erinnere mich an ein Diner in Château Dalem, wo Jean-Noël Hervé, der Besitzer eines anderen Fronsac-Weinguts, eine Flasche 1928 Moulin-Haut-Laroque zum Vorschein brachte. Sie war im Alter von 60 Jahren überwältigend gut. Natürlich will ich damit nicht sagen, daß diese Weine regelmäßig eine derartige Lebensdauer aufweisen, aber sie haben große Festigkeit und Fülle und besitzen oft eine Médoc-ähnliche Kargheit und Struktur. Obwohl die Weinberge hier dicht bei Pomerol liegen, wirken die Weine doch zumeist ganz und gar nicht Pomerol-ähnlich.

Fronsac im Überblick

Lage: Auf dem rechten Dordogne-Ufer, etwa 22 km vom Zentrum der Stadt Bordeaux entfernt

Rebfläche: 820 ha

Gemeinden: Fronsac, La Rivière, Saillans, St-Aignan, St-Germain-La-Rivière

Durchschnittliche Jahresproduktion: 550 000 Kisten

Crus Classés: Für die Châteaux von Fronsac existiert keine Klassifizierung

Hauptrebsorten: Vorherrschend Merlot, gefolgt von Cabernet Franc, Cabernet Sauvignon und in abnehmenden Mengen Malbec

Hauptbodenarten: Lehm über Kalkstein und etwas Sandstein; der größte Teil der Rebfläche von Fronsac befindet sich in tieferen Lagen.

Verbrauchergerechte Klassifizierung der Châteaux von Fronsac

AUSGEZEICHNET
Fontenil, Moulin-Haut-Laroque, La Fieille-Cure, Villars

SEHR GUT
Dalem, La Dauphine, Rouet

GUT
Cardeneau, de Carles, Clos du Roy, La Croix, La Grave, Jeandeman, Meyney, La Rivière, Trois-Croix

DIE SATELLITEN-APPELLATIONEN VON BORDEAUX

Canon-Fronsac im Überblick

Lage: Auf dem rechten Dordogne-Ufer, etwa 22 km vom Zentrum der Stadt Bordeaux entfernt

Rebfläche: 296 ha

Gemeinden: Alle Châteaux liegen in den Gemarkungen St-Michel-de-Fronsac und Fronsac

Durchschnittliche Jahresproduktion: 195 000 Kisten

Crus Classés: keine

Hauptrebsorten: Merlot, gefolgt von Cabernet Franc, Cabernet Sauvignon und kleinen Mengen Malbec

Hauptbodenarten: Lehm über Kalkstein; die meisten Weingüter nehmen die oberen Hanglagen ein

Verbrauchergerechte Klassifizierung der Châteaux von Canon-Fronsac

AUSGEZEICHNET
Canon (Moueix), Canon de Brem, Cassagne-Haut-Canon-La-Truffière, La Croix-Canon, Moulin-Pey-Labrie, Pavillon

SEHR GUT
Barrabaque, Canon, La Fleur-Cailleau, Grand-Renouil, Mazeris, Pez-Labrie

GUT
Bodet, Mazeris-Bellevue, du Pavillon, Vrai-Canon-Bouché, Vray-Canon-Boyer

Profile der Spitzen-Châteaux

Canon (Canon-Fronsac)

Besitzerin: Mademoiselle Henriette Horeau
Rebfläche: 10 ha
Produktion: 4.000 Kisten
Genußreife: 5 bis 15 Jahre
Rebsorten: Merlot – 95 %, Cabernet Franc – 5 %

Canon de Brem (Canon-Fronsac)

Besitzer: Firma Jean-Pierre Moueix
Rebfläche: 20 ha
Produktion: 8000 Kisten
Genußreife: 5 bis 15 Jahre
Rebsorten: Merlot – 66 %, Cabernet Franc – 34 %

Canon (Moueix) (Canon-Fronsac)

Besitzer: Christian Moueix
Rebfläche: 1 ha
Produktion: 500 Kisten
Genußreife: 5 bis 15 Jahre
Rebsorten: Merlot – 80 %, Cabernet Franc – 20 %

BORDEAUX

Cassagne-Haut-Canon-La-Truffière (Canon-Fronsac)

Besitzer: Familie Dubois
Rebfläche: 12 ha
Produktion: 4500 Kisten, davon 2000 Kisten der Luxus-Cuvée La Truffière
Genußreife: 3 bis 10 Jahre
Rebsorten: Merlot – 70 %, Cabernet Franc – 20 %, Cabernet Sauvignon – 10 %

Dalem (Fronsac)

Besitzer: Michel Rullier
Rebfläche: 12 ha
Produktion: 6500 Kisten
Genußreife: 4 bis 12 Jahre
Rebsorten: Merlot – 70 %, Cabernet Franc – 20 %, Cabernet Sauvignon – 10 %

La Croix-Canon (Canon-Fronsac)

Besitzer: Christian Moueix
Rebfläche: 14 ha
Produktion: 4800 Kisten
Genußreife: 4 bis 15 Jahre
Rebsorten: Merlot- 75 %, Cabernet Sauvignon – 25 %

La Dauphine (Fronsac)

Besitzer: Firma Jean-Pierre Moueix
Rebfläche: 10 ha
Produktion: 4500 Kisten
Genußreife: 4 bis 10 Jahre
Rebsorten: Merlot – 60 %, Cabernet Franc – 40 %

Fontenil (Fronsac)

Besitzer: Michel Rolland
Rebfläche: 7 ha
Produktion: 3500 Kisten
Genußreife: 4 bis 14 Jahre
Rebsorten: Merlot – 85 %, Cabernet Sauvignon – 15 %

Mazeris (Canon-Fronsac)

Besitzer: Christian de Cournaud
Rebfläche: 14 ha
Produktion: 4500 Kisten
Genußreife: 5 bis 15 Jahre
Rebsorten: Merlot – 75 %, Malbec – 25 %

Moulin-Haut-Laroque (Fronsac)

Besitzer: Jean-Noël Hervé
Rebfläche: 14 ha
Produktion: 6000 Kisten
Genußreife: 5 bis 20 Jahre
Rebsorten: Merlot – 65 %, Cabernet Franc – 20 %, Cabernet Sauvignon – 10 %, Malbec – 5 %

DIE SATELLITEN-APPELLATIONEN VON BORDEAUX

MOULIN-PEY-LABRIE (CANON-FRONSAC)

Besitzer: B. & G. Hubau
Rebfläche: 8 ha
Produktion: 4000 Kisten
Genußreife: 5 bis 15 Jahre
Rebsorten: Merlot – 75 %, Cabernet Sauvignon – 15 %, Cabernet Franc – 5 %, Malbec – 5 %

PEZ-LABRIE (CANON-FRONSAC)

Besitzer: Société Civile – Erich Vareille
Rebfläche: 5,5 ha
Produktion: 2000 Kisten
Genußreife: 4 bis 12 Jahre
Rebsorten: Merlot – 70 %, Cabernet Sauvignon – 20 %, Cabernet Franc – 10 %

LA VIEILLE-CURE (FRONSAC)

Besitzer: S.N.C. (ein amerikanisches Syndikat)
Kontaktperson: Colin C. Ferenbach
Rebfläche: 19 ha
Produktion: 8000 Kisten
Genußreife: 4 bis 12 Jahre
Rebsorten: Merlot – 80 %, Cabernet Franc – 15 %, Cabernet Sauvignon – 5 %

LALANDE-DE-POMEROL

Lalande-de-Pomerol ist eine Satelliten-Appellation mittelbar nördlich von Pomerol mit fast 1000 ha Rebfläche. Sie umfaßt die beiden Gemeinden Lalande-de-Pomerol und Néac. In den Weinbergen, die sich bis zu der von dem gewundenen Flüßchen Barbanne gebildeten Nordgrenze von Pomerol hinziehen, wächst nur Rotwein auf relativ leichten Kies- und Sandböden. Die Spitzenklasse von Lalande-de-Pomerol entspricht etwa der Mittelklasse von Pomerol, wobei einige Weine, z. B. Belles-Graves, Grand-Ormeau, Bertineau-St-Vincent, La Croix-St-André und du Chapelain, selbst nach Maßstäben von Pomerol als sehr gut gelten dürfen.

Die Preise haben inzwischen angezogen, aber die übrigens im wesentlichen von Merlot dominierten Spitzenweine dürfen dennoch als annehmbar preiswert gelten.

VERBRAUCHERGERECHTE KLASSIFIZIERUNG DER CHÂTEAUX VON LALANDE-DE-POMEROL

AUSGEZEICHNET
Belles-Graves, du Chapelain, La Croix-St-André, Grand-Ormeau

SEHR GUT
Bel-Air, Bertineau-St-Vincent, Chambran, Jean du Gué Cuvée Prestige, La Fleur-St-Georges, Siaurac, Tournefeuille

GUT
Des Annereaux, Clos des Templiers, Garraud, Haut-Chatain, Haut-Surget, Les Hauts-Conseillants, Laborde, Moncets

Profile der Spitzen-Châteaux

Bel-Air

Besitzer: Familie Musset
Rebfläche 12 ha
Produktion: 5000 Kisten
Genußreife: 3 bis 12 Jahre
Rebsorten: Merlot – 60 %, Cabernet Franc – 15 %, Pressac – 15 %, Cabernet Sauvignon – 10 %

Belles-Graves

Besitzerin: Madame Theallet
Rebfläche 11 ha
Produktion: 5500 Kisten
Genußreife: 3 bis 10 Jahre
Rebsorten: Merlot – 60 %, Cabernet Franc – 40 %

Bertineau-St-Vincent

Besitzer: Michel Rolland
Rebfläche 4 ha
Produktion: 2000 Kisten
Genußreife: 3 bis 10 Jahre
Rebsorten: Merlot – 80 %, Cabernet Franc – 20 %

du Chapelain

Besitzerin: Madame Xann Marc
Rebfläche 1 ha
Produktion: 350 Kisten
Genußreife: 5 bis 10 Jahre
Rebsorten: Merlot – 90 %, Cabernet Franc – 10 %

Chambrun

Besitzer: Jean-Philippe Janoueix
Rebfläche 1,5 ha
Produktion: 800 Kisten
Genußreife: 3 bis 10 Jahre
Rebsorten: Merlot – 90 %, Cabernet Franc – 10 %

La Croix-St-André

Besitzer: Francis Carayon
Rebfläche 15 ha
Produktion: 6500 Kisten
Genußreife: 4 bis 12 Jahre
Rebsorten: Merlot – 70 %, Cabernet Franc – 30 %

La Fleur-St-Georges

Besitzer: A.G.F.
Rebfläche 17 ha
Produktion: 10 000 Kisten
Genußreife: 3 bis 8 Jahre
Rebsorten: Merlot – 70 %, Cabernet Franc – 30 %

DIE SATELLITEN-APPELLATIONEN VON BORDEAUX

Grand-Ormeau

Besitzer: Jean-Claude Beton
Rebfläche 11,5 ha
Produktion: 4800 Kisten
Genußreife: 4 bis 10 Jahre
Rebsorten: Merlot – 65 %, Cabernet Franc – 25 %, Cabernet Sauvignon – 10 %

Siaurac

Besitzerin: Baronne Guichard
Rebfläche 25 ha
Produktion: 7500 Kisten
Genußreife: 3 bis 10 Jahre
Rebsorten: Merlot – 75 %, Cabernet Franc – 25 %

Tournefeuille

Besitzer: G.F.A. Sautarel
Rebfläche 18 ha
Produktion: 6500 Kisten
Genußreife: 5 bis 12 Jahre
Rebsorten: Merlot – 70 %, Cabernet Franc – 15 %, Cabernet Sauvignon – 15 %

Côtes de Bourg

Die mit 3700 ha Ertragsrebfläche überraschend große Appellation Côtes de Bourg liegt auf dem rechten Ufer der Gironde, in nur 5 Minuten mit dem Schiff von der berühmteren Appellation Margaux aus zu erreichen. Die Weinberge hier sind tatsächlich älter als die im Médoc, denn die schöne hügelige Gegend war einst das Zentrum des strategischen Befestigungsgürtels, der in der Zeit der Plantagenet-Herrschaft angelegt wurde. Von den Hanglagen am Fluß aus hat man an vielen Stellen eine prachtvolle Aussicht. Die örtliche Handelskammer versucht, für diese Gegend Reklame zu machen, indem sie für Bourg den Namen «die Schweiz an der Gironde» prägte. Es wäre indessen ebenfalls angebracht, auf die Besonderheit der in einem unkomplizierten, fruchtigen, runden, ansprechenden Stil bereiteten Weine von den Côtes de Bourg sowie auf das wunderschöne alte, hügelige Hafenstädtchen Bourg-sur-Gironde hinzuweisen.

Die Appellation Bourg erstreckt sich nördlich von Fronsac und südlich der Côtes de Blaye auf unterschiedlichen Böden, meist Kalkstein mit verschieden hohem Anteil an Lehm, Kies und Sand. Diese Böden sind beträchtlich fruchtbarer als die im Médoc, und infolgedessen haben die Weinerzeuger hier vor allem Schwierigkeiten damit, die Erträge vertretbar niedrig zu halten und dadurch ein gewisses Maß an Konzentration in ihren Weinen zu erzielen. Die Hauptrebsorte ist hier der Merlot, gefolgt vom Cabernet Franc, Cabernet Sauvignon, Malbec und in sehr geringem Umfang Petit Verdot.

Die meisten Weine der Côtes de Bourg sind in der Qualität durchschnittlich bis unterdurchschnittlich, es fehlt ihnen an Konzentration wegen der zu hohen Erträge, und sie haben oft zu grünes oder zu starkes Tannin (weil die Tendenz zu früher Lese besteht). Immerhin gibt es mindestens sieben oder acht Châteaux, die beständig Gutes produzieren, und einige, deren Weine ohne weiteres 10 und mehr Jahre haltbar sind. Dieser Appellation könnte in Zukunft übrigens schon deshalb wachsende Bedeutung zukommen, weil die starke Nachfrage nach Weinen aus den renommierteren Bereichen von Bordeaux die Preise dort in allzu große Höhen treibt. Die meisten Weine von den Côtes de Bourg sind dagegen zu vernünftigem Preis zu haben.

Côtes de Bourg im Überblick

Lage: Auf dem rechten Gironde-Ufer, 27 km nördlich der Stadt Bordeaux

Rebfläche 3682 ha

Gemeinden: Bayon, Bourg, Comps, Gauriac, Lansac, Mombrier, Prignac-et-Marcmaps, St-Ciers-de-Canesse, St-Seurin-de-Bourg, St-Trojan, Samonac, Tauriac, Teuillac, Villeneuve

Durchschnittliche Jahresproduktion: 350 000 Kisten (davon etwa 1 % Weißwein)

Crus Classés: Eine Klassifizierung gibt es nicht. Die Appellation umfaßt etwa 300 Weingüter und 4 Genossenschaftskellereien

Hauptrebsorten: Rotwein – Merlot, gefolgt von Cabernet Franc und Cabernet Sauvignon und etwas Malbec. Weißwein – Sémillon, Sauvignon Blanc und Muscadelle

Hauptbodenarten: Lehm, Kalkstein, Sandstein und reiner Kiesboden

Verbrauchergerechte Klassifizierung der Châteaux der Côtes de Bourg

Ausgezeichnet
Roc de Cambes, Tayac – Cuvée Prestige

Sehr gut
De Barbe, Brûlesécaille, Guerry, Haut-Maco, Mericer, Tayac – Cuvée Réservée

Gut
Clos La Barette, Croûte-Courpon, Falfas, La Grolet, Gros Moulin, Les Heaumes, Moulin des Graves, Moulin Vieux, Nodoz, Rousselle, Rousset, Soulignac de Robert, Tayac, La Tour-Séguy

Profile der Spitzen-Châteaux

de Barbe
Besitzer: Savary de Beauregard
Rebfläche 55 ha
Produktion: 35 000 Kisten
Genußreife: 3 bis 8 Jahre
Rebsorten: Merlot – 70 %, Cabernet Sauvignon – 25 %, Malbec – 5 %

Brûlesécaille
Besitzer: Jacques Rodet
Rebfläche 20 ha
Produktion: 6500 Kisten
Genußreife: 3 bis 8 Jahre
Rebsorten: Merlot – 50 %, Cabernet Franc – 50 %

DIE SATELLITEN-APPELLATIONEN VON BORDEAUX

Guerry

Besitzer: Bertrand de Rivoyre
Rebfläche 21,5 ha
Produktion: 8500 Kisten
Genußreife: 4 bis 12 Jahre
Rebsorten: Malbec – 34%, Cabernet Sauvignon – 33%, Merlot – 30%

Haut-Maco

Besitzer: Gebrüder Mallet
Rebfläche 34 ha
Produktion: 12000 Kisten
Genußreife: 3 bis 7 Jahre
Rebsorten: Cabernet Franc – 70%, Merlot – 30%

Mercier

Besitzer: Philippe Chéty
Rebfläche 30 ha
Produktion: 6000 Kisten
Genußreife: 3 bis 10 Jahre
Rebsorten: Merlot – 55%, Cabernet Sauvignon – 25%, Cabernet Franc – 15%, Malbec – 5%

Roc des Cambes

Besitzer: François Mitjavile
Rebfläche 9 ha
Produktion: 3000 Kisten
Genußreife: 3 bis 10 Jahre
Rebsorten: Merlot – 65%, Cabernet Sauvignon – 20%, Cabernet Franc – 10%, Malbec – 5%

JAHRGÄNGE

1966 • 88-90   Der tief rubinpurpurrote 1996er Roc de Cambes ist eine starke Leistung aus diesem Weingut François Mitjaviles. Das überreife, süße Aroma mit Düften von Rauch und Beerenfrucht wirkt entgegenkommend und ansprechend. Mittlerer bis voller Körper, runde Art, milde Säure und eine vollschlanke, aufgeschlossene Persönlichkeit zeichnen diesen köstlichen Tropfen aus dem schönsten Weingut der Côtes de Bourg aus. Er dürfte sich in den nächsten 5 bis 8 Jahren schön trinken lassen. Letzte Verkostung: 11/97.

1995 • 88   Tiefdunkles Purpurrot und ein hervorragendes Aroma von schwarzen Kirschen, Erde, Leder, süßer Beerenfrucht mit einem Hauch Mokka gehen einher mit mittlerem Körper, exzellenter Konzentration, einer festen Tanningrundlage und schöner Säure. Dieser Wein dürfte bei der Freigabe genußreif sein, sich aber auch 10 Jahre gut halten. Bemerkenswert ist der natürliche Alkoholgehalt von 13,7%.
Voraussichtliche Genußreife: Jetzt bis 2007. Letzte Verkostung: 11/97.

1994 • 86   Dieser Wein, der in der Flasche nicht so eindrucksvoll wirkt, wie es die Faßproben erwarten ließen, zeigt sanftes Rubinrot, ein weiches Bukett mit Nuancen von Gewürz, Erde und Trüffeln, dazu kräftigen, runden, reifen Geschmack, mittlerem Körper und einen gefälligen Abgang. Er schmeckt seit der Abfüllung merklich weniger fett und konzentriert.
Voraussichtliche Genußreife: Jetzt bis 2003. Letzte Verkostung: 1/97.

1993 • 86   Dieser köstliche, preisgünstige Wein von François Mitjavile, Besitzer von Château Tertre-Rotebœuf, bietet beeindruckend dunkles Rubinpurpurrot, ein kräftiges Bukett mit Noten von Rauch, Schokolade und Beeren, ferner dichten, opulenten Geschmack, mittleren Körper und einen geschmeidigen Abgang. Zu trinken ist er in den nächsten 5 bis 7 Jahren – höchst empfehlenswert für Restaurants. Letzte Verkostung: 11/94.

1992 • 84   Der 1992er ist rund und samtig und zeigt in Duft und Geschmack mehr Frucht und Reife; auch etwas Eichenwürze findet sich vor. Mit seiner sanften, mittelschweren Persönlichkeit bietet er für die nächsten 2 bis 4 Jahre gefälligen Genuß. Letzte Verkostung: 3/98.

1991 • 82   Der 1991er hat mittelrubinrote Farbe, reifes Beerenaroma, leichten bis mittleren Körper, sanftes Tannin, einen glatten Abgang und sollte in den nächsten 3 bis 4 Jahren getrunken werden.

1990 • 90   Ich war stets voll überzeugt von diesem Wein des ganz seiner Aufgabe hingegebenen François Mitjavile, der sich mit seinem hervorragenden kleinen Weingut Le Tertre-Roteboeuf in St-Emilion einen Namen gemacht hat. Anfänglich bewertete ich den 1990er mit 89 und den 1989er mit 88 Punkten. Bei neuerlicher Verkostung war ich hingerissen davon, wie schön sich beide Weine entwickelt haben. Beide sind voll ausgereift, aber doch imstande, weitere 7 bis 8 Jahre zu überdauern. Bei der Preiseskalation, die beim Tertre-Roteboeuf stattgefunden hat, nehme ich an, daß der Roc de Cambes allmählich als «der Roteboeuf des kleinen Mannes» angesehen wird. Der 1990er erwies sich als dem 1989er nur knapp überlegen. Neben tief rubingranatroter Farbe bietet er ein sahniges Bukett mit Noten von Rauch, gerösteten Nüssen und fülligen schwarzen Kirschen; hinzu kommen sanfter, runder geschmeidiger Geschmack, hervorragende Konzentration und ein weicher Abgang mit milder Säure. Dieser köstliche Tropfen bildet den Beweis dafür, daß Weine aus nicht besonders hoch angesehenen Appellationen genauso gut sein können wie solche mit viel feinerem Stammbaum, die das 5- bis 6fache kosten. Voraussichtliche Genußreife: Jetzt bis 2003. Letzte Verkostung: 11/96.

1989 • 89   Der 1989er zeigte auf hohen pH-Wert hindeutende Farbe (reichlich Bernsteingelb am Rand), ein an Graves erinnerndes Bukett mit Tabak- und Gewürznuancen, animalischen, fleischigen Geschmack, viel schokoladensüße Frucht und einen sanften, runden Abgang. Sowohl der 1989er als auch der 1990er stehen auf ihrem Höhepunkt, doch könnte der 1990er mit seiner größeren Nachhaltigkeit und reiferen Frucht den 1989er um 3 bis 5 Jahre überleben. Wer diese Weine früh gekauft hat, darf sich darüber freuen, mit einer Investition von 16 bis 18 $ etwas erstanden zu haben, was jetzt wie Wein für 50 bis 100 $ schmeckt.
Voraussichtliche Genußreife: Jetzt bis 2004. Letzte Verkostung: 6/98.

Tayac – Cuvée Prestige

Besitzer: Pierre Saturny
Rebfläche 20 ha
Produktion: 1000 bis 2000 Kisten
Genußreife: 5 bis 15 Jahre
Rebsorten: Diese Luxus-Cuvée besteht aus rund 75 % Cabernet Sauvignon, 20 % Merlot und 5 % Cabernet Franc und wird nur in besonders guten Jahren wie 1982, 1985, 1986, 1988, 1989 und 1990 produziert

Blaye

Der Bereich Blaye umfaßt rund 3950 ha Rebfläche und schließt unmittelbar nördlich an Bourg an. Die besten Lagen haben Anspruch auf die Appellation Premières Côtes de Blaye. In diesem Bereich werden zwar auch Weißweine in größeren Mengen erzeugt, der Hauptteil der Premières Côtes de Blaye entfällt jedoch auf Rotwein, der dem von Bourg sehr ähnlich ist und sich in seinen besten Vertretern als aufgeschlossen, rund, reichfruchtig, mild und auf bescheidene Weise überaus süffig präsentiert.

Blaye ist wie Bourg eine viel ältere Weinbaugegend als das renommiertere Médoc. Seine Ursprünge gehen auf die Römerzeit zurück, als hier die Verteidigungslinie gegen mögliche

DIE SATELLITEN-APPELLATIONEN VON BORDEAUX

Angriffe auf die Stadt Bordeaux verlief. Heute gehört die Touristenroute von Bourg nach Blaye zu den landschaftlich schönsten in der Region Bordeaux. In Blaye selbst gibt es eine tadellos erhaltene unter Denkmalschutz stehende Befestigungsanlage aus dem 17. Jahrhundert (die Zitadelle) zu besichtigen. Übrigens dürfte es in Feinschmeckerkreisen Überraschung auslösen, daß – falls von staatlicher Seite einmal eine umfangreiche Störfischerei und Kaviar-Produktion in Frankreich zugelassen werden sollte – Blaye wahrscheinlich das Zentrum dieser Industrie werden würde, weil eine wachsende Zahl von Stören die Gironde zu ihrem Lebensraum erwählt hat.

Die Weinberge von Blaye befinden sich zum größten Teil auf Steilhängen in Südlage über der Gironde. Der Boden besteht vorwiegend aus Kalkstein mit Vorkommen von Lehm und hier und da auch Kies. Es ist ein sehr fruchtbarer Boden, der sparsam kultiviert werden muß, damit die Erträge nicht zu hoch ausfallen. Die Traubensorten sind im wesentlichen dieselben wie in Bourg: Der Merlot herrscht im Verschnittrezept vor, gefolgt von Cabernet Franc, Cabernet Sauvignon und Malbec. Die besseren Rotweine von den Côtes de Blaye sind außerordentlich sauber bereitet, reichfruchtig und in den ersten 5 bis 6 Jahren nach der Lese am besten zu trinken. Ferner werden auch Weißweintrauben in einer interessanten Zusammenstellung in der Appellation angebaut, und zwar Sémillon, Sauvignon Blanc, Muscadelle, Merlot Blanc, Folle Blanche, Colombard, Chenin Blanc und Ugny Blanc.

BLAYE IM ÜBERBLICK

Lage: Auf dem rechten Gironde-Ufer, etwa 45 km vom Zentrum der Stadt Bordeaux entfernt; die Côtes de Bourg grenzen im Süden an.

Rebfläche 3950 ha

Gemeinden: Die große Appellation umfaßt über 40 Gemeinden

Durchschnittliche Jahresproduktion: 2 250 000 Kisten, davon 90 % Rotwein, 10 % Weißwein

Crus Classés: Keine; 520 Weingüter sowie 6 Genossenschaftskellereien mit über 500 Mitgliedern

Hauptrebsorten: Rotwein – vorherrschend Merlot; Weißwein – Sauvignon und Sémillon sowie kleinere Bestände an Muscadelle und Colombard

Hauptbodenarten: Kalkhaltiger Lehm-, Sand- und Kiesboden

VERBRAUCHERGERECHTE KLASSIFIZIERUNG DER CHÂTEAUX VON BLAYE

AUSGEZEICHNET
Bel Air La Royère, Haut-Bertinerie, La Tonnelle

SEHR GUT
Haut-Sociando, Les Jonqueyres, Pérenne, Peyraud, Segonzac

GUT
Barbé, Chante-Alouette-la-Roseraie, Clairac, Le Cone-Taillasson-de-Lagarcie, L'Escarde, La Grange, Loumède, Magdeleine-Bouhou, Mayne-Boyer-Chaumet, Les Moines, Pardaillan, Peybonhomme, Peymelon, Ricaud, Sociando, Les Videaux

Profile der Spitzen-Châteaux

Bel Air La Royère

Besitzer: Corinne und Xavier Loriaud
Rebfläche 5 ha
Produktion: 950 bis 1000 Kisten
Genußreife: 2 bis 8 Jahre
Rebsorten: Merlot – 80 %, Malbec – 20 %

Haut-Bertinerie

Besitzer: Daniel Bantegnies
Rebfläche 44,5 ha
Produktion: Rotwein – 26 000 Kisten; Weißwein – 6000 Kisten
Genußreife: Rotwein 3 bis 10 Jahre, Weißwein 1 bis 2 Jahre
Rebsorten: Cabernet Sauvignon – 45 %, Merlot – 45 %, Cabernet Franc – 10 %

Dieses Weingut ist das einzige in der Appellation Blaye, das einen ausgezeichneten Weißwein (95 % Sauvignon Blanc, 2 % Sémillon, 2 % Colombard und 1 % Muscadelle) erzeugt.

Haut-Sociando

Besitzer: Louis Martinaud
Rebfläche 14 ha
Produktion: 6000 Kisten
Genußreife: 2 bis 3 Jahre
Rebsorten: Merlot – 65 %, Cabernet Franc – 35 %

Les Jonqueyres

Besitzer: Pascal Montaut
Rebfläche 14 ha
Produktion: 5000 Kisten
Genußreife: 2 bis 7 Jahre
Rebsorten: Merlot – 75 %, Cabernet Franc – 25 %

Pérenne

Besitzer: Ein dänisches Bankensyndikat
Rebfläche 91 ha
Produktion: 32 000 Kisten
Genußreife: 2 bis 5 Jahre
Rebsorten: Merlot – 54 %, Cabernet Franc – 44 %, Cabernet Sauvignon – 1 %, Malbec – 1 %

Peyraud

Besitzer: Familie Rey
Rebfläche 10 ha
Produktion: 4500 Kisten
Genußreife: 3 bis 6 Jahre
Rebsorten: Merlot – 50 %, Cabernet Sauvignon – 30 %, Cabernet Franc – 15 %, Malbec – 5 %

DIE SATELLITEN-APPELLATIONEN VON BORDEAUX

Segonzac

Besitzer: Jacob Marmet
Rebfläche 30 ha
Produktion: 19 000 Kisten
Genußreife: 3 bis 6 Jahre
Rebsorten: Merlot – 80 %, Cabernet Sauvignon – 20 %, Cabernet Franc – 10 %, Malbec – 10 %

La Tonnelle

Besitzerin: Eve Rouchi
Rebfläche 10 ha
Produktion: 5000 Kisten
Genußreife: 2 bis 5 Jahre
Rebsorten: Merlot – 75 %, Cabernet Franc – 25 %

Puisseguin-St-Emilion

Puisseguin-St-Emilion, die am weitesten östlich gelegene Satelliten-Appellation ist stark im Wachsen. Der Name ist keltischen Ursprungs und bedeutet «der Berg mit dem starken Wein». Über die Hälfte der Produktion entfällt auf die Winzergenossenschaft unter der Marke Roc de Puisseguin. Die meisten Weingüter, die ihren Wein selbst abfüllen, haben beachtenswerte Gewächse zu bieten, die jedoch innerhalb von 5 bis 6 Jahren nach der Lese getrunken sein wollen und beträchtlich preisgünstiger sind als die meisten St-Emilions.

Die guten Jahrgänge richten sich in Puisseguin nach dem gleichen Schema wie im ganzen Libournais, wobei die Spitzenjahre 1982, 1989, 1990 und 1995 den Schatzsuchern in dieser Appellation besonders günstige Gelegenheiten bieten.

Puisseguin-St-Emilion im Überblick

Lage: Auf dem rechten Dordogne-Ufer, etwa 40 km nordöstlich der Stadt Bordeaux und 10 km östlich von Libourne

Rebfläche 720 ha

Gemeinden: Puisseguin

Durchschnittliche Jahresproduktion: 520 000 Kisten

Crus Classés: Keine; 73 Weingüter sowie 1 große Genossenschaftskellerei

Hauptrebsorten: Vorherrschend Merlot, gefolgt von Cabernet Franc und kleineren Beständen an Cabernet Sauvignon

Hauptbodenarten: Lehm über Kalkstein und in geringerem Umfang Sandstein

Verbrauchergerechte Klassifizierung der Châteaux von Puisseguin-St-Emilion

Gut

Durand Laplagne, de Roques, Vieux-Château-Guibeau

Mittel

Beauséjour, Cassat, La Croix-de-Mouchet, Fayan, Gontet-Robin, de Mole, Moulin, Rigaud, Roc de Boissac, Soleil, Teyssier, La Tour Guillotin

Profile der Spitzen-Châteaux

Durand Laplagne

Besitzer: Konsortium Bessou
Rebfläche 13 ha
Produktion: 6000 Kisten
Genußreife: 3 bis 7 Jahre
Rebsorten: Merlot – 70 %, Cabernet Franc – 15 %, Cabernet Sauvignon – 15 %

de Roques

Besitzer: Société Civile
Rebfläche 25 ha
Produktion: 12 000 Kisten
Genußreife: 3 bis 10 Jahre
Rebsorten: Merlot – 60 %, Cabernet Franc – 40 %

Vieux-Château-Guibeau

Besitzer: Société Civile
Rebfläche 40 ha
Produktion: 25 000 Kisten
Genußreife: 2 bis 7 Jahre
Rebsorten: Merlot – 66 %, Cabernet Franc – 17 %, Cabernet Sauvignon – 17 %

Lussac-St-Emilion

Lussac liegt in der Nordostecke des Weinbaubereichs St-Emilion; über die Hälfte seiner Rebfläche von 1380 ha untersteht der örtlichen Winzergenossenschaft, aber es gibt auch eine ganze Reihe schöner Weingüter mit milden, köstlichen, runden und fruchtigen Weinen, die in 5 bis 6 Jahren nach der Lese getrunken werden müssen.

Die Weinberge bestehen im allgemeinen aus vorwiegend von Kalkstein gebildeten *terroirs* und einigen stärker sandigen Böden. Wie die anderen Satelliten-Appellationen von St-Emilion ist auch Lussac eine wahre Fundgrube für preisgünstige Weine.

Lussac-St-Emilion im Überblick

Lage: Auf dem rechten Dordogne-Ufer, etwa 40 km nordöstlich der Stadt Bordeaux und 10 km nordöstlich von Libourne

Rebfläche 1380 ha

Gemeinden: Lussac

Durchschnittliche Jahresproduktion: 775 000 Kisten

Crus Classés: Keine; 215 Weingüter sowie 1 Genossenschaftskellerei mit 90 Mitgliedern

Hauptrebsorten: Merlot und Cabernet Franc

Hauptbodenarten: Sand, Lehm, Kies und kalksteinhaltiger Lehm

Verbrauchergerechte Klassifizierung der Châteaux von Lussac-St-Emilion

SEHR GUT
Bel-Air, Bellevue, Cap de Merle, Carteyron, Courlat, Lyonnat, Villadière, Mayne-Blanc

GUT
de Barbe-Blanche, de Bellevue, Croix-de-Rambeau, Lucas, de Tabuteau, La Tour de Grenet, La Tour de Ségur, des Vieux Chênes

Profile der Spitzen-Châteaux

Bel-Air
Besitzer: Jean-Noël Roi
Rebfläche 20 ha
Produktion: 10 000 Kisten
Genußreife: 3 bis 7 Jahre
Rebsorten: Merlot – 70 %, Cabernet Franc – 20 %, Cabernet Sauvignon – 10 %

Bellevue
Besitzer: Charles Chatenoud
Rebfläche 10 ha
Produktion: 4000 Kisten
Genußreife: 3 bis 10 Jahre
Rebsorten: Merlot – 70 %, Cabernet Franc – 30 %

Cap de Merle
Besitzer: Jacques Bessou
Rebfläche 8 ha
Produktion: 3000 Kisten
Genußreife: 2 bis 7 Jahre
Rebsorten: Merlot – 75 %, Cabernet Franc – 25 %

Courlat
Besitzer: Pierre Bourotte
Rebfläche 13 ha
Produktion: 8000 Kisten
Genußreife: 2 bis 6 Jahre
Rebsorten: Merlot – 70 %, Cabernet Franc – 20 %, Cabernet Sauvignon – 10 %

du Lyonnat
Besitzer: Jean Milhade
Rebfläche 44 ha
Produktion: 25 000 Kisten
Genußreife: 5 bis 12 Jahre
Rebsorten: Merlot – 75 %, Cabernet Franc – 12,5 %, Cabernet Sauvignon – 12,5 %

Mayne-Blanc

Besitzer: Jean Boncheau
Rebfläche 15 ha
Produktion: 7500 Kisten
Genußreife: 2 bis 6 Jahre
Rebsorten: Merlot – 60 %, Cabernet Sauvignon – 30 %, Cabernet Franc – 10 %

Montagne-St-Emilion

Nicht weit vom *graves*-Bezirk im nördlichen St-Emilion und in Pomerol liegt die Satelliten-Gemeinde Montagne-St-Emilion. Die Böden der Hanglagen bestehen in dieser Gegend aus einem Gemisch von Lehm und Kalkstein, während auf den Plateaux Kalkstein mit hartem Felsgestein abwechselt.

Die besten Weine von Montagne stammen fast ausschließlich aus der hügeligen Gegend an der Südgrenze, von wo aus man schöne Blicke auf die Barbanne hat, die durch Lalande-de-Pomerol und Pomerol fließt. Mit die tiefsten und vollsten Weine aller Satelliten-Gemeinden kommen immer wieder aus Montagne, und die besten von ihnen bilden oft ganz besonders günstige Gelegenheiten, weil sie qualitativ einem guten St-Emilion Grand Cru ebenbürtig sein können.

Montagne-St-Emilion im Überblick

Lage: Auf dem rechten Dordogne-Ufer, etwa 35 km nordöstlich der Stadt Bordeaux

Rebfläche 1530 ha

Gemeinden: Montagne

Durchschnittliche Jahresproduktion: 950 000 Kisten

Crus Classés: Keine; 220 Weingüter sowie 1 Genossenschaftskellerei mit 30 Mitgliedern

Hauptrebsorten: Merlot

Hauptbodenarten: Lehm über Kalkstein

Verbrauchergerechte Klassifizierung der Châteaux von Montagne-St-Emilion

Ausgezeichnet
Roudier

Sehr gut
Calon, Croix-Beauséjour, Faizeau, Maison Blanche, Tour-Musset, des Tours, Vieux-Château-St-André

Mittel
Barraud, Beauséjour, Bonneau, Chevalier St-Georges, Corbin, Coucy, La Croix-de-Mouchet, Gachon, Gilet, Grand-Baril, Guadet-Plaisance, de Maison Neuve, Montaiguillon, Négrit, La Papeterie, Petit-Clos-du-Roy, Rochet-Gardet

DIE SATELLITEN-APPELLATIONEN VON BORDEAUX

PROFILE DER SPITZEN-CHÂTEAUX

CALON

Besitzer: Jean-Noël Boidron
Rebfläche 40 ha
Produktion: 14 000 Kisten
Genußreife: 5 bis 15 Jahre
Rebsorten: Merlot – 70 %, Cabernet Franc – 15 %, Cabernet Sauvignon – 15 %

CROIX-BEAUSÉJOUR

Besitzer: Olivier Laporte
Rebfläche 7,5 ha
Produktion: 3500 Kisten
Genußreife: 5 bis 12 Jahre
Rebsorten: Merlot – 70 %, Cabernet Franc – 15 %, Malbec – 15 %

FAIZEAU

Besitzer: Chantel Lebreton und Alain Raynaud
Rebfläche 10 ha
Produktion: 5000 Kisten
Genußreife: 2 bis 8 Jahre
Rebsorten: Merlot – 85 %, Cabernet Sauvignon – 10 %, Cabernet Franc – 5 %

MAISON BLANCHE

Besitzer: Françoise und Gérard Despagne-Rapin
Rebfläche 32 ha
Produktion: 15 000 Kisten
Genußreife: 4 bis 12 Jahre
Rebsorten: Merlot – 70 %, Cabernet Franc – 20 %, Cabernet Sauvignon – 10 %

ROUDIER

Besitzer: Jacques Capdemourlin
Rebfläche 30 ha
Produktion: 1500 Kisten
Genußreife: 5 bis 12 Jahre
Rebsorten: Merlot – 60 %, Cabernet Franc – 25 %, Cabernet Sauvignon – 15 %

TOUR-MUSSET

Besitzer: Henri Guiter
Rebfläche 25 ha
Produktion: 12 000 Kisten
Genußreife: 2 bis 7 Jahre
Rebsorten: Merlot – 50 %, Cabernet Sauvignon – 50 %

DES TOURS

Besitzer: G.F.A. Louis Yerles
Rebfläche 70 ha
Produktion: 55 000 Kisten
Genußreife: 2 bis 5 Jahre
Rebsorten: Merlot – 34 %, Cabernet Franc – 34 %, Malbec- 32 %

Vieux-Château-St-André

Besitzer: Jean-Claude Berrouet
Rebfläche 6,5 ha
Produktion: 3200 Kisten
Genußreife: 3 bis 12 Jahre
Rebsorten: Merlot – 75 %, Cabernet Franc – 25 %

St-Georges-St-Emilion

Seit 1972 haben die Winzer in der kleinen Gemeinde St-Georges bei St-Emilion das Recht, ihre Weine unter der Appellation Montagne-St-Emilion anzubieten. Allerdings suchen mehrere weiterhin nach einer eigenen Identität und bleiben ihrer Appellation St-Georges St-Emilion treu.

Es gibt in St-Georges einige ernstzunehmende Weingüter, angeführt vom Château St-Georges und dem viel kleineren Château Saint-André Corbin.

St-Georges-St-Emilion im Überblick

Lage: Auf dem rechten Dordogne-Ufer, etwa 35 km nordöstlich der Stadt Bordeaux

Rebfläche 178 ha

Gemeinden: St-Georges-St-Emilion ist Teil der Gemeinde Montagne

Durchschnittliche Jahresproduktion: 95 000 Kisten

Crus Classés: Keine; 19 Weingüter

Hauptrebsorten: Merlot

Hauptbodenarten: Lehm über Kalkstein

Verbrauchergerechte Klassifizierung der Châteaux von St-Georges St-Emilion

Sehr gut
Saint-André Corbin, St-Georges

Mittel
Macquin-St-Georges, Belair-Montaiguillon, Tour-du-Pas-St-Georges

Profile der Spitzen-Châteaux

Saint-André Corbin

Besitzer: Jean-Claude Berrouet und Robert Carré
Rebfläche 17 ha
Produktion: 8000 Kisten
Genußreife: 4 bis 12 Jahre
Rebsorten: Merlot – 70 % Cabernet Franc – 30 %

DIE SATELLITEN-APPELLATIONEN VON BORDEAUX

St-Georges

Besitzer: Georges Desbois
Rebfläche 50 ha
Produktion: 25 000 Kisten
Genußreife: 4 bis 15 Jahre
Rebsorten: Merlot – 60 %, Cabernet Sauvignon – 20 %, Cabernet Franc – 20 %

Côtes de Castillon

Die Côtes de Castillon liegen, östlich an Puisseguin-St-Emilion anschließend, etwa 35 km von Bordeaux entfernt. Der Bereich trägt den Namen des Orts Castillon-la-Bataille, wo 1453 die große Schlacht stattfand, die dem Hundertjährigen Krieg ein Ende setzte und in der der englische Feldherr Lord Talbot bei der Niederlage seines Heeres den Tod fand.

Der Weinbau ist in dieser Gegend sehr alt und geht bis auf die Römerzeit zurück. Es kommen hier sehr reiche, fruchtbare Kies- und Sandböden vor, die immer stärker kies- und lehmhaltig werden, je weiter man an den Hängen nach oben kommt. In den höchsten Lagen herrscht dann Kalkstein, vermischt mit Lehm, Mergel und Sandstein, vor. 65 % der Produktion entfallen auf die große Coopérative de Castillon. Der Status einer Appellation Contrôlée wurde dem Bereich 1955 zuerkannt, und seither wächst das Interesse an seinen Weinen als preisgünstige Alternative zu den St-Emilions.

Zwar dürften von den Côtes de Castillon kaum je wirklich superbe Gewächse kommen, es gibt hier aber verschiedene Weingüter, die durchaus runde, geschmeidige, köstlich fruchtige, gelegentlich sogar komplexe Weine zu günstigen Preisen bieten können.

Côtes de Castillon im Überblick

Lage: Auf dem rechten Dordogne-Ufer, 36 km östlich der Stadt Bordeaux, im Norden grenzt die AC Côtes de Francs an und im Westen St-Emilion

Rebfläche 2965 ha

Gemeinden: Insgesamt 8 Gemeinden, oft mit der an den Ortsnamen angefügten Bezeichnung «Castillon». Belvès-de-Castillon, Castillon-la-Bataille, Ste-Colombe, St-Genès-de-Castillon, St-Magne-de-Castillon, Les Salles-de-Castillon und St-Philippe-d'Aiguille

Durchschnittliche Jahresproduktion: 1 650 000 Kisten

Crus Classés: Keine; 250 Weingüter sowie 1 Genossenschaftskellerei mit 150 Mitgliedern

Hauptrebsorten: Merlot, gefolgt von Cabernet Franc

Hauptbodenarten: Lehm über Kalkstein in Hanglagen, stärker sand- und kieshaltige Böden in tieferen Lagen

Verbrauchergerechte Klassifizierung der Châteaux von den Côtes de Castillon

SEHR GUT
Cap de Faugères, Dubois-Grimon, Pitray, Vieux-Champs de Mars

GUT
de Belcier, Côte Montpezat, Puycarpin, La Terrasse, Veyry

MITTEL
d'Aiguilhe, Beynat, Blanzac, du Bois, Les Desmoiselles, Faugères, Fontbaude, La Fourquerie, Haut-Tuquet, Lartigue, Maisières-Aubert, Moulin-Neuf, Moulin Rouge, Palanquey, Robin, Rocher-Bellevue, Roquevieille, Terrasson

Profile der Spitzen-Châteaux

Cap de Faugères
Besitzer: Corinne Guisez
Rebfläche 25 ha
Produktion: 13 000 Kisten
Genußreife: 2 bis 8 Jahre
Rebsorten: Merlot – 50 %, Cabernet Franc – 38 %, Cabernet Sauvignon – 12 %

Dubois-Grimon
Besitzer: Gilbert Grimon
Rebfläche 5 ha
Produktion: 3000 Kisten
Genußreife: 2 bis 5 Jahre
Rebsorten: Merlot – 60 %, Cabernet Franc – 35 %, Malbec – 5 %

Pitray
Besitzerin: Madame de Boigne
Rebfläche 30 ha
Produktion: 16 000 Kisten
Genußreife: 2 bis 8 Jahre
Rebsorten: Merlot – 70 %, Cabernet Franc – 28 %, Malbec – 2 %

Vieux-Champs de Mars
Besitzer: Régis Moro
Rebfläche 17 ha
Produktion: 9500 Kisten
Genußreife: 2 bis 8 Jahre
Rebsorten: Merlot – 80 %, Cabernet Franc – 15 %, Cabernet Sauvignon – 5 %

Côtes de Francs

Côtes de Francs heißt eine der jüngsten Appellationen in der Umgebung von St-Emilion, denn obwohl hier die Ursprünge des Weinbaus im 11. Jahrhundert nachgewiesen werden können, wurde der Gegend erst 1976 der AOC-Status zuerkannt. Die Rebfläche von 885 ha ist zu 20 % mit Weißweinsorten, vorwiegend Sémillon, Sauvignon Blanc und Muscadelle, besetzt.

Die größte Bedeutung der Gegend liegt jedoch wohl bei Rotwein, denn die Côtes de Francs bilden die natürliche östliche Verlängerung der Appellationen Puisseguin-St-Emilion und Lussac-St-Emilion. Die Böden sind ideal geeignet, an den unteren Hängen und auf den Talsohlen findet sich viel Lehm und in den Hanglagen Lehm- und Kalksteingemisch mit Vorkommen von Mergel und Kreide. Die wichtigsten Traubensorten sind Cabernet Sauvignon, Cabernet Franc,

Malbec und Merlot. Eine Besonderheit der Côtes de Franc ist, daß sie Weinberge in Ostlage besitzen, was in Bordeaux sonst selten vorkommt.

Côtes de Francs im Überblick

Lage: Auf dem rechten Dordogne-Ufer, rund 45 km vom Zentrum der Stadt Bordeaux entfernt, westlich von Puisseguin und Lussac

Rebfläche 885 ha

Durchschnittliche Jahresproduktion: 240 000 Kisten, davon 90 % Rotwein und 10 % Weißwein

Crus Classés: Keine; 30 Weingüter sowie 1 Genossenschaftskellerei mit 30 Mitgliedern

Hauptrebsorten: Merlot

Hauptbodenarten: Lehm über Kalkstein

Verbrauchergerechte Klassifizierung der Châteaux von den Côtes de Francs

Sehr gut
Château de Francs, Marsau, La Prade, Puygueraud

Gut
Les Charmes-Godard

Profile der Spitzen-Châteaux

Château de Francs
Besitzer: Hébrard und Boüard
Rebfläche 27 ha
Produktion: 10 000 Kisten
Genußreife: 3 bis 8 Jahre
Rebsorten: Merlot – 60 %, Cabernet Franc – 40 %

Marsau
Besitzer: Jean-Marie und Sylvie Chadronnier
Rebfläche 9,5 ha
Produktion: 4500 Kisten
Genußreife: 2 bis 8 Jahre
Rebsorten: Merlot – 85 %, Cabernet Franc – 15 %

La Prade
Besitzer: Patrick Valette
Rebfläche 4,5 ha
Produktion: 2200 Kisten
Genußreife: 2 bis 6 Jahre
Rebsorten: Merlot – 80 %, Cabernet Franc – 10 %, Cabernet Sauvignon – 10 %

Puygueraud

Besitzer: Familie Thienpont
Rebfläche 30 ha
Produktion: 15 000 Kisten
Genußreife: 3 bis 8 Jahre
Rebsorten: Merlot – 35 %, Cabernet Franc – 30 %, Cabernet Sauvignon – 15 %

Loupiac und Ste-Croix-du-Mont

Da in Barsac und Sauternes die Weinpreise steigen, sehe ich für die Erzeuger der süßen Weißweine von Loupiac und Ste-Croix-Du-Mont eine bedeutendere Rolle voraus. Diese beiden Appellationen, etwa 35 km südlich von Bordeaux, liegen auf dem rechten Ufer der Garonne in idealer Südlage, Barsac und Sauternes gegenüber. AC-Status besitzen sie seit 1930, und viele Beobachter sind der Meinung, die ausgezeichnete Lage der besten Weinberge und der Lehm- und Kalksteinboden seien für die Erzeugung von Süßweinen günstig, insbesondere auch deshalb, weil hier die für die Entstehung der Edelfäule *Botrytis cinerea* so wichtigen Morgennebel häufig vorkommen. Obwohl inzwischen die Süßweine bei Liebhabern erneut Interesse finden, werden hier auch trockene Weißweine sowie in bescheidenen Mengen trockene Rotweine produziert.

Loupiac im Überblick

Lage: Auf dem rechten Garonne-Ufer, 35 km südöstlich der Stadt Bordeaux und rund 10 km von Langon entfernt

Rebfläche 345 ha

Gemeinden: Loupiac

Durchschnittliche Jahresproduktion: 115 000 Kisten

Crus Classés: Keine; 70 Weingüter

Hauptrebsorten: Sémillon, Sauvignon Blanc und Muscadelle

Hauptbodenarten: Lehm über Kalkstein sowie kieshaltiger Lehm auf Sandstein

Ste-Croix-du-Mont im Überblick

Lage: 35 km südöstlich der Stadt Bordeaux und 8 km von Langon entfernt

Rebfläche 435 ha

Gemeinden: Ste-Croix-du-Mont

Durchschnittliche Jahresproduktion: 175 000 Kisten

Crus Classés: Keine; 90 Weingüter

Hauptrebsorten: Sémillon, Sauvignon Blanc und Muscadelle

Hauptbodenarten: vorherrschend Kalkstein mit Lehm

DIE SATELLITEN-APPELLATIONEN VON BORDEAUX

Verbrauchergerechte Klassifizierung der Châteaux von Loupiac und Ste-Croix-du-Mont

Süssweine

SEHR GUT
Bourdon-Loupiac, Clos Jean, Crabitan-Bellevue (Cuvée Spéciale), du Cros, Loubens, Loupiac-Gaudiet, Domaine du Noble, La Rame

Profile der Spitzen-Châteaux

Clos Jean
Besitzer: Lionel Bord
Rebfläche 16 ha
Produktion: 10 800 Kisten
Genußreife: 4 bis 15 Jahre bei Süßwein; 1 bis 3 Jahre bei trockenem Wein
Rebsorten: Sémillon – 90 %, Sauvignon Blanc – 20 %

N.B.: Das Weingut produziert auch einen ausgezeichneten Graves-ähnlichen trockenen Weißwein

Crabitan-Bellevue
Besitzer: G.F.A. B. Solan et Fils
Rebfläche 32 ha
Produktion: 15 000 Kisten
Genußreife: 5 bis 12 Jahre
Rebsorten: Sémillon – 85 %, Sauvignon – 8 %, Muscadelle – 7 %

N.B.: Limitierte Produktion an Cuvée Spéciale ist streng limitiert.

du Cros
Besitzer: Michel Boyer
Rebfläche 42,5 ha
Produktion: 17 000 Kisten
Genußreife: 3 bis 10 Jahre bei Süßwein; 1 bis 3 Jahre bei trockenem Wein
Rebsorten: Sémillon – 70 %, Sauvignon Blanc – 30 %

N.B.: Das Weingut produziert auch einen der feinsten trockenen Weißweine der Gegend

Loubens
Besitzer: Arnaud de Sèce
Rebfläche 20 ha
Produktion: 8500 Kisten
Genußreife: 5 bis 10 Jahre
Rebsorten: Sémillon – 97 %, Sauvignon – 3 %

Loupiac-Gaudiet

Besitzer: Marc Ducau
Rebfläche 27 ha
Produktion: 7500 Kisten
Genußreife: 3 bis 12 Jahre
Rebsorten: Sémillon – 80 %, Sauvignon Blanc – 20 %

Domaine du Noble

Besitzer: Patrick Dejean
Rebfläche 14 ha
Produktion: 4400 Kisten
Genußreife: 3 bis 10 Jahre
Rebsorten: Sémillon – 85 %, Sauvignon – 15 %

La Rame

Besitzer: Yves Armand
Rebfläche 20 ha
Produktion: 4000 Kisten
Genußreife: 5 bis 15 Jahre
Rebsorten: Sémillon – 75 %, Sauvignon – 25 %

N.B.: Die Cuvée Spéciale Réserve de Château bietet noch mehr Fülle.

Sonstige Appellationen

Während sich die Kenner in der Welt des Weins vorwiegend mit den großen Namen und renommierten Appellationen beschäftigen, gibt es auch in weniger angesehenen Gegenden Weinerzeuger, die zu großen Leistungen fähig sind.

Ich habe es mir zur Gewohnheit gemacht, bei jedem Besuch auch die sogenannten *petits vins* von Bordeaux durchzuprobieren. Die nachstehend genannten trockenen Weiß- und Rotweine bilden die Crème de la Crème meiner Verkostungen aus den AC-Bereichen Entre-Deux-Mers, Premières Côtes de Bordeaux und einfach nur Bordeaux. Diese Weine sind sehr fein und teilweise zu bescheidenen Preisen zu haben, und sie stammen von hochmotivierten, ja für ihre Sache begeisterten Erzeugern. Ich empfehle sie meinen Lesern nachdrücklich zu näherer Beschäftigung. Selbst wenn man größere Wechselkursschwankungen berücksichtigt, dürften diese Weine im Einzelhandel selten mehr als 15 $ die Flasche kosten, oft aber können sie mit Weinen konkurrieren, deren Preis das Zweifache beträgt.

Empfohlene Erzeuger aus den Appellationen Entre-Deux-Mers, Bordeaux, Bordeaux Supérieur und Premières Côtes de Bordeaux

Weisswein

Bauduc-Les Trois-Hectares (Bordeaux)
Bonnet (Entre-deux-Mers)
Bonnet-Cuvée Reservée (Entre-Deux-Mers)
Bourdicotte (Entre-Deux-Mers)
Carpia (Bordeaux)
Cayla (Bordeaux)
Cayla-Le Grand-Vent (Bordeaux)
La Closière (Bordeaux)
Fondarzac (Entre-Deux-Mers)
Fongrave (Entre-Deux-Mers)
Launay (Entre-Deux-Mers)
Moulin-de-Launay (Entre-Deux-Mers)
Numero 1-Dourthe (Bordeaux)
Reynon-Vieilles Vignes (Bordeaux)
Château de Racaud (Cadillac)
Roquefort (Entre-Deux-Mers)
Thieuley (Bordeaux)
Thieuley-Cuvée Francis Courselle (Bordeaux)
Toulet (Bordeaux)
La Tour Mirambeau (Entre-Deux-Mers)
Turcaud (Entre-Deux-Mers)

Rotwein

Balestard (Bordeaux)
Bon Jouan (Bordeaux Supérieur)
Bouilh (Bordeaux Supérieur)
de Bru (Bordeaux)
Cablanc (Bordeaux)
Carsin (Premières Côtes de Bordeaux)
Cazalis (Bordeaux)
de Chastelet (Premières Côtes de Bordeaux)
Clos Chaumont (Premières Côtes de Bordeaux)
La Cour d'Argent (Bordeaux Supérieur)
Courteillac (Bordeaux)
La Croix de Roche (Bordeaux Supérieur)
Le Doyenne (Premières Côtes de Bordeaux)
Fontenille (Bordeaux Supérieur)
Fussignac (Bordeaux Supérieur)
Le Grand-Verdus (Bordeaux Supérieur)
La Grande-Chapelle (Bordeaux Supérieur)
Hostens-Picant (Ste-Foy de Bordeaux)
Jonqueyrès (Bordeaux Supérieur)
La Joye (Bordeaux Supérieur)
La Maréchale (Bordeaux Supérieur)
Parenchère (Bordeaux Supérieur)
Paranchère Cuvée Raphael Gazaniol (Premières Côtes de Bordeaux)
Peyrat Cuvée La Fontaine (Premières Côtes de Bordeaux)
Pintey (Bordeaux Supérieur)
Piras (Premières Côtes de Bordeaux)
Plaisance-Cuvée Tradition (Bordeaux)
de Plassan (Bordeaux)
Prieuré-Ste-Anne (Premières Côtes de Bordeaux)
Recougne (Bordeaux Supérieur)
Reignac Cuvée Speciale (Bordeaux Supérieur)
Reynon (Premières Côtes de Bordeaux)
La Terasse (Bordeaux Supérieur)
Terres d'Agnès (Bordeaux Supérieur)
Thieuley (Bordeaux)
Château de la Tour (Bordeaux Supérieur)
Tour de l'Espérance (Bordeaux Supérieur)
La Tuilerie de Puy (Bordeaux Supérieur)

4.
DIE KLASSIFIZIERUNGEN DER WEINE VON BORDEAUX

Bordeaux-Wein ist in den Augen des Handels und der Verbraucher immer nur so gut wie seine Stellung in einer der vielen Klassifizierungen der Weinqualität, die sich jedoch sowohl zugunsten als auch zuungunsten des Verbrauchers auswirken. Die wenigen Châteaux, die das Glück hatten, es in eine Klassifizierung «zu schaffen», besitzen damit gewissermaßen eine Garantie für Berühmtheit, Status und Respekt. Sie können grundsätzlich denselben Preis verlangen wie ihresgleichen, und es sind weitgehend auch nur sie, über die geschrieben wird. Wie aus diesem meinem Buch deutlich hervorgeht, produzieren diese Spitzen-Châteaux aber durchaus nicht immer so guten Wein, wie es sich bei ihrem Rang in der offiziellen französischen Hierarchie gebührt. Andere Châteaux dagegen bringen seit Jahren exzellente Weine hervor; nur weil sie aber 1855, 1955 oder 1959 (als die wichtigsten Klassifizierungen entstanden) nicht als gut genug galten, ist ihnen für ihren Wein weit weniger Geld und vor allem von seiten der Publizisten bedeutend weniger Aufmerksamkeit zuteil geworden. Und doch ist es gerade der exzellente Wein aus solchen weniger bekannten Châteaux, der dem Verbraucher die Möglichkeit gewährt, zu einem erschwinglichen Hochgenuß zu gelangen.

DIE KLASSIFIZIERUNG DER WEINE VON DER GIRONDE AUS DEM JAHR 1855

Von allen Qualitätsklassifizierungen der Weine von Bordeaux ist die aus dem Jahr 1855 die bedeutendste historische Zusammenstellung. Unter Tausenden von Châteaux in der Region Bordeaux wurden 61 Weingüter im Médoc und ein einziges in Graves auf der Grundlage des damaligen Verkaufspreises und des Zustands ihrer Weinberge ausgewählt. Seit 1855 ist in dieser Klassifizierung nur eine einzige Veränderung eingetreten: Im Jahr 1973 wurde das Château Mouton-Rothschild in den Rang eines Premier Cru erhoben. Die Klassifizierung von 1855* stellt eine fünfstufige Pyramide dar, deren Spitze von ursprünglich 4 (heute nach der Erhebung von Mouton-Rothschild jedoch 5) Premiers Crus gebildet wird. Es folgen 15 Deuxièmes Crus, 14 Troisièmes Crus, 10 Quatrièmes Crus und 18 Cinquièmes Crus. Diese Klassifizierung kann zwar

---

* Siehe Seite 1211 f.: Bordeaux: Die offizielle Klassifizierung von 1855.

als ein brauchbarer allgemeiner Leitfaden durch viele der besten Bordeaux-Weine angesehen werden, sie hat aber zahlreiche Mängel, auf die in diesem Buch ausführlich eingegangen wird.

Die Klassifizierung der Weine von der Gironde befaßte sich mit den Rotweingütern in dieser Gegend, daneben wurde 1855 auch eine Klassifizierung der Weingüter in der Region Sauternes und Barsac aufgestellt, die südlich der Stadt Bordeaux süße Weißweine produzieren.* Eines davon, das Château d'Yquem, wurde als «Premier Grand Cru» an die Spitze gesetzt; ihm folgten 23 weitere Châteaux, die in zwei ungefähr gleich starke Gruppen, die «Premiers Crus» und die «Deuxièmes Crus», eingeteilt wurden.

Die übrigen Qualitätsklassifizierungen der Bordeaux-Weine sind viel moderneren Datums, aber ebensowenig genau und zuverlässig wie die von 1855. 1959 wurde eine Rangliste der Weine von Graves, der Gegend unmittelbar südlich der Stadt Bordeaux, aufgestellt.** Dreizehn rotweinproduzierende Châteaux erhielten den Status von «Crus Classés», ebenso acht weißweinproduzierende. 1955 entstand die Klassifizierung der Weine von St-Emilion mit zwei Kategorien, nämlich «Premiers Grands Crus Classés» und «Grands Crus Classés». Sie wurde 1959 durch eine berichtigte Version ersetzt und 1969 sowie nochmals 1985 revidiert. Die Fassung von 1996 erscheint auf Seite 1214.

Pomerol, der kleinste der bedeutenderen Weinbaubereiche von Bordeaux, nordwestlich von St-Emilion gelegen, hat nie eine Qualitätsklassifizierung besessen. Dieser Mangel tut übrigens der Qualität dort keinen Abbruch. Der teuerste und gesuchteste aller Weine von Bordeaux ist der Pétrus, und er ist ein Pomerol. Neben Pétrus gibt es in diesem Bereich noch mindestens ein Dutzend weiterer Châteaux, die für ihren Wein Preise erzielen wie die berühmten 2èmes Crus im Médoc.

Es gibt aber noch eine Klassifizierung der Bordeaux-Weine, die größere Beachtung verdient, nämlich die der sogenannten Crus Bourgeois im Médoc. Diese manchmal etwas abfällig als «Petits Châteaux» bezeichneten kleinen, mittelgroßen und großen Weingüter sind nie in den Genuß eines hohen Prestiges oder Ruhms wie die Crus Classés gekommen. So gut auch die Qualität ihrer Erzeugung gewesen sein mag oder wie sorgfältig sie auch ihre Weinberge pflegen und in Schuß halten mochten, die Crus Bourgeois galten lange Zeit einfach als minderwertig. Es gibt natürlich auch solche darunter, aber in wachsender Zahl zeichnen sich diese Châteaux durch Weine mit sehr hohem Güteniveau aus und sind einem Cru Classé im Médoc durchaus vergleichbar. Außerdem bieten sie dem Kenner neben Qualität auch einen günstigen Preis.

In der ersten Hälfte unseres Jahrhunderts wurden mehrere erfolglose Versuche unternommen, auch die Weine der zahlreichen weniger bekannten Châteaux im Médoc durch eine wirksame Organisation zu fördern. 1932 entstand eine Klassifizierung, die insgesamt 444 Crus Bourgeois, aufgeteilt auf drei Kategorien, umfaßte. Sie enthielt 6 «Crus Bourgeois Supérieurs Exceptionnels», 99 «Crus Bourgeois Supérieurs» und 339 «Crus Bourgeois».

Im Lauf der folgenden Jahrzehnte wurden viele dieser Weingüter in benachbarte Besitzungen einbezogen oder gaben den Weinbau auf. Um deshalb die Klassifizierung auf den neuesten Stand zu bringen, gab das Syndicat des Crus Bourgeois im Jahr 1966 eine neue Rangliste heraus, die dann 1978 zum bisher letzten Mal als revidierte Liste mit 128 Châteaux in drei umbenannten Rangstufen erschien:*** 18 «Crus Grands Bourgeois Exceptionnels», 41 «Crus Grands Bourgeois» und 68 «Crus Bourgeois».

Der von dem Syndicat benutzte Auswahlprozeß ließ allerdings auch immer noch einige Zweifel an der Gültigkeit der Klassifizierung von 1978 offen. Zunächst wurden nur Mitglieder des Syndikats für die Aufnahme in die Klassifizierung zugelassen. So waren beispielsweise die bekannten Châteaux de Pez in St-Estèphe und Gloria in St-Julien dem Syndikat nicht beigetreten und blieben deshalb von der offiziellen Rangliste ausgeschlossen. Kurz gesagt besteht zwar kein Zweifel an der Brauchbarkeit der gegenwärtigen Crus Bourgeois-Klassifizierung, aber durch den Ausschluß von

---

* Siehe Seite 1213: Sauternes-Barsac: Die offizielle Klassifizierung von 1855.
** Siehe Seite 1213: Graves: Die offizielle Klassifizierung von 1959.
*** Siehe Seite 1215: Die Crus Bourgeois im Médoc – die Syndikatsklassifizierung von 1978.

mindestens 10 bekannten Crus Bourgeois mit Weinen bester Qualität, nur weil diese nicht bereit waren, Mitglieder des Syndikats zu werden, bleibt doch wieder viel zu wünschen übrig.

Zusammenfassend ist zu dem ausgefeilten Rangsystem für die Weingüter von Bordeaux also zu sagen, daß zwar viele dieser Châteaux ihre Stellung darin eindeutig verdienen, viele aber auch ebenso eindeutig nicht. Außerdem sind etliche Châteaux überhaupt noch nicht offiziell anerkannt, obwohl sie Jahr für Jahr sehr feinen Wein produzieren.

Diese historischen Klassifizierungen der Weinqualität dienten dennoch sowohl der Förderung der Weine von Bordeaux als auch der Festlegung genau umrissener Richtmarken für die Qualität. Das Klassifizierungssystem beruht auf der Bodenbeschaffenheit und Reputation der jeweiligen Weinberglagen. Aber Besitzer und Kellermeister kommen und gehen, und während nun manches berühmte Bordeaux-Weingut beständig den bei den Witterungsverhältnissen eines Jahres bestmöglichen Wein erzeugt, bringen andere aus Nachlässigkeit, Unfähigkeit oder gar Habgier mittelmäßigen, ja selbst schlechten Wein hervor, der mit dem offiziellen Rang kaum noch etwas zu tun hat.

Die Bordeaux-Klassifizierungen werden in diesem Buch lediglich aus der Perspektive des Verbrauchers oder Käufers betrachtet. Die Qualität des Weins, den ein Weingut im Zeitraum zwischen 1961 und 1996 hervorgebracht hat, wird eingehend geprüft. Die bedeutenden, aber auch viele weniger bekannten Weingüter werden einer nicht so sehr an historischen als vielmehr an qualitativen Gesichtspunkten orientierten Analyse unterzogen, deren Schwerpunkt erstens auf dem Stil und der allgemeinen Qualität des Weins, zweitens auf der relativen Qualität und dem Qualitätsverhalten in der Zeit zwischen 1961 und 1997 und drittens auf dem relativen Wert des jeweiligen Weins liegt.

Die in diesem Buch enthaltenen Beurteilungen, Kommentare und Bewertungen geben meine persönliche Ansicht wieder, die auf meinen gründlichen vergleichenden Verkostungen und zahlreichen Reisen nach Bordeaux seit 1970 beruhen. Niemand kann bestreiten, daß die Freude und der Genuß am Wein eine völlig persönliche und Subjektive Sache ist, doch muß auch bemerkt werden, daß das vorurteilsfreie, kritische Verkosten durch Amateure und Profis meist zu allgemeiner Übereinstimmung darüber führt, welche Weine die größten und welche die schlechtesten sind. Wie überall in der Welt gibt es auch in Bordeaux gültige Maßstäbe für die Qualität der Weine – dieses Buch soll nun ein Führer zu den Weingütern in Bordeaux sein, die eben diese Maßstäbe nicht nur für die Qualität, sondern auch für den Wert setzen.

Der Wein von Bordeaux – die offizielle Klassifizierung von 1855

Premiers Crus

Château Lafite-Rothschild (Pauillac)
Château Latour (Pauillac)
Château Margaux (Margaux)
Château Haut-Brion* (Pessac, Graves)

Deuxièmes Crus

Château Mouton-Rothschild** (Pauillac)
Château Rauzan-Ségla (Margaux)
Château Rauzan-Gassies (Margaux)
Château Léoville-Las Cases (St-Julien)
Château Léoville-Poyferré (St-Julien)
Château Léoville-Barton (St-Julien)
Château Gruaud-Larose (St-Julien)
Château Brane-Cantenac (Cantenac-Margaux)
Château Pichon-Longueville Baron (Pauillac)
Château Pichon-Lalande (Pauillac)
Château Ducru-Beaucaillou (St-Julien)

* Dieser Wein ist zwar ein Graves, war aber weltweit anerkannt und wurde deshalb als Premier Cru in die Klassifizierung aufgenommen.
** Dieser Wein wurde 1973 zum Premier Cru erhoben.

BORDEAUX

Château Durfort-Vivens (Margaux)
Château Lascombes (Margaux)
Château Cos d'Estournel (St-Estèphe)
Château Montrose (St-Estèphe)

Troisièmes Crus

Château Giscours (Labarde-Margaux)
Château Kirwan (Cantenac-Margaux)
Château d'Issan (Cantenac-Margaux)
Château Lagrange (St-Julien)
Château Langoa-Barton (St-Julien)
Château Malescot St-Exupéry (Margaux)
Château Cantenac-Brown (Cantenac-Margaux)
Château Palmer (Cantenac-Margaux)
Château La Lagune (Ludon-Haut-Médoc)
Château Desmirail (Margaux)
Château Calon-Ségur (St-Estèphe)
Château Ferrière (Margaux)
Château Marquis d'Alesme-Becker (Margaux)
Château Boyd-Cantenac (Cantenac-Margaux)

Quatrièmes Crus

Château St.-Pierre (St-Julien)
Château Branaire (St-Julien)
Château Talbot (St-Julien)
Château Duhart-Milon (Pauillac)
Château Pouget (Cantenac-Margaux)
Château La Tour-Carnet (St-Laurent-Haut-Médoc)
Château Lafon-Rochet (St-Estèphe)
Château Beychevelle (St-Julien)
Château Prieuré-Lichine (Cantenac-Margaux)
Château Marquis-de-Terme (Margaux)

Cinquièmes Crus

Château Pontet-Canet (Pauillac)
Château Batailley (Pauillac)
Château Grand-Puy-Lacoste (Pauillac)
Château Grand-Puy-Ducasse (Pauillac)
Château Haut-Batailley (Pauillac)
Château Lynch-Bages (Pauillac)
Château Lynch-Moussas (Pauillac)
Château Dauzac (Labarde-Margaux)
Château Mouton-Baronne-Philippe (jetzt d'Armailhac) (Pauillac)
Château du Tertre (Arsac-Margaux)
Château Haut-Bages-Libéral (Pauillac)
Château Pédesclaux (Pauillac)
Château Belgrave (St-Laurent-Haut-Médoc)
Château de Camensac (St-Laurent-Haut-Médoc)
Château Cos Labory (St-Estèphe)
Château Clerc-Milon-Rothschild (Pauillac)
Château Croizet-Bages (Pauillac)
Château Cantemerle (Macau-Haut-Médoc)

Sauternes-Barsac: Offizielle Klassifizierung von 1855

Premier Cru Supérieur
Château d'Yquem

Premiers Crus

Château Guiraud
Château La Tour Blanche
Château Lafaurie-Peyraguey
Château de Rayne-Vigneau
Château Sigalas-Rabaud
Château Rabaud-Promis

Clos Haut-Peyraguey
Château Coutet
Château Climens
Château Suduiraut
Château Rieussec

Deuxièmes Crus

Château d'Arche
Château Filhot
Château Lamothe
Château de Myrat
Château Doisy-Védrines
Château Doisy-Daëne

Château Suau
Château Broustet
Château Caillou
Château Nairac
Château de Malle
Château Romer

Graves: Offizielle Klassifizierung von 1959

Crus Classés für Rotwein

Château Haut-Brion (Pessac)
Château Bouscaut (Cadaujac)
Château Carbonnieux (Léognan)
Domaine de Chevalier (Léognan)
Château de Fieuzal (Léognan)
Château Haut-Bailly (Léognan)
Château La Mission-Haut-Brion (Pessac)

Château La Tour-Haut-Brion (Talence)
Château La Tour-Martillac (Martillac)
Château Malartic-Lagravière (Léognan)
Château Olivier (Léognan)
Château Pape-Clément (Pessac)
Château Smith-Haut-Lafitte (Martillac)

Crus Classés für Weisswein

Château Bouscaut (Cadaujac)
Château Carbonnieux (Léognan)
Domaine de Chevalier (Léognan)
Château Couhins (Villenave-d'Ornon)

Château Laville-Haut-Brion (Talence)
Château Malartic-Lagravière (Léognan)
Château Olivier (Léognan)
Château La Tour-Martillac (Martillac)

St-Emilion: Offizielle Klassifizierung von 1996

Premiers Grands Crus Classés

(A) Château Ausone
Château Cheval Blanc
(B) Château Angélus
Château Beau-Séjour Bécot
Château Beauséjour (Duffau-Lagarrosse)
Château Belair
Château Canon
Château Figeac
Clos Fourtet
Château La Gaffelière
Château Magdelaine
Château Pavie
Château Trotte Vieille

Grands Crus Classés

Château L'Arrosée
Château Balestard-La-Tonnelle
Château Bellevue
Château Bergat
Château Berliquet
Château Cadet-Bon
Château Cadet-Piola
Château Canon-La-Gaffelière
Château Cap de Mourlin
Château Chauvin
Château Clos des Jacobins
Château Clos de l'Oratoire
Château Clos St-Martin
Château La Clotte
Château La Clusière
Château Corbin
Château Corbin-Michotte
Château Couspaude
Château Couvent-des-Jacobins
Château Curé-Bon
Château Dassault
Château La Dominique
Château Faurie-de-Souchard
Château Fonplégade
Château Fonroque
Château Franc-Mayne
Château Grand-Mayne
Château Grand-Pontet
Château Grandes-Murailles
Château Guadet-St-Julien
Château Haut-Corbin
Château Haut-Sarpe
Château Lamarzelle
Château Laniote
Château Larcis-Ducasse
Château Larmande
Château Laroque
Château Laroze
Château Matras
Château Moulin du Cadet
Château Pavie-Decesse
Château Pavie-Macquin
Château Petit-Faurie-de-Soutard
Château Le Prieuré
Château Ripeau
Château St.-Georges-Côte-Pavie
Château La Serre
Château Soutard
Château Tertre-Daugay
Château La Tour-Figeac
Château La Tour-du-Pin-Figeac (Giraud-Bélivier)
Château La Tour-du-Pin-Figeac (Moueix)
Château Troplong-Mondot
Château Villemaurine
Château Yon-Figeac

Die Crus Bourgeois im Médoc: Syndikats-Klassifizierung von 1978

Crus Grands Bourgeois Exceptionnels

d'Agassac (Ludon)
Andron-Blanquet (St-Estèphe)
Beau-Site (St-Estèphe)
Capbern Gasqueton (St-Estèphe)
Caronne-St.-Gemme (St-Laurent)
Chasse-Spleen (Moulis)
Cissac (Cissac)
Citran (Avensan)
Le Crock (St-Estèphe)

Dutruch-Grand Poujeaux (Moulis)
Fourcas-Dupré (Listrac)
Fourcas-Hosten (Listrac)
du Glana (St-Julien)
Haut-Marbuzet (St-Estèphe)
de Marbuzet (St-Estèphe)
Meyney (St-Estèphe)
Phélan-Ségur (St-Estèphe)
Poujeaux (Moulis)

Crus Grands Bourgeois

Beaumont (Cussac)
Bel-Orme (St-Seurin-de-Cadourne)
Brillette (Moulis)
La Cardonne (Blaignan)
Colombier-Monpelou (Pauillac)
Coufran (St-Seurin-de-Cadourne)
Coutelin-Merville (St-Estèphe)
Duplessis-Hauchecorne (Moulis)
La Fleur Milon (Pauillac)
Fontesteau (St-Sauveur)
Greysac (Bégadan)
Hanteillan (Cissac)
Lafon (Listrac)
de Lamarque (Lamarque)
Lamothe-Cissac (Cissac)
Larose-Trintaudon (St-Laurent)
Laujac (Bégadan)
Liversan (St-Sauveur)
Loudenne (St-Yzans-de-Médoc)
MacCarthy (St-Estèphe)
de Malleret (Le Pian)

Martinens (Margaux)
Morin (St-Estèphe)
Moulin à Vent (Moulis)
Le Meynieu (Vertheuil)
Les-Ormes-de-Pez (St-Estèphe)
Les Ormes-Sorbet (Couquèques)
Patache d'Aux (Bégadan)
Paveil de Luze (Soussans)
Peyrabon (St-Sauveur)
Pontoise-Cabarrus (St-Seurin-de-Cadourne)
Potensac (Potensac)
Reysson (Vertheuil)
Ségur (Parempuyre)
Sigognac (St-Yzans-de-Médoc)
Sociando-Mallet (St-Seurin-de-Cadourne)
du Taillan (Le Taillan)
La Tour de By (Bégadan)
La Tour du Haut-Moulin (Cussac)
Tronquoy-Lalande (St-Estèphe)
Verdignan (St-Seurin-de-Cadourne)

Crus Bourgeois

Aney (Cussac)	Lamothe-Bergeron (Cussac)
Balac (St-Laurent)	Le Landat (Cissac)
La Bécade (Listrac)	Landon (Bégadan)
Bellerive (Valeyrac)	Larivière (Blaignan)
Bellerose (Pauillac)	Lartigue de Brochon
Les Bertins (Valeyrac)	(St-Seurin-de-Cadourne)
Bonneau (St-Seurin-de-Cadourne)	Lassalle (Potensac)
Le Boscq (St-Christoly)	Lavalière (St-Christoly)
du Breuilh (Cissac)	Lestage (Listrac)
La Bridane (St-Julien)	Mac-Carthy-Moula (St-Estèphe)
de By (Bégadan)	Monthil (Bégadan)
Cailloux de By (Bégadan)	Moulin de la Roque (Bégadan)
Cap Léon Veyrin (Listrac)	Moulin Rouge (Cussac)
Carcanieux (Queyrac)	Panigon (Civrac)
Castera (Cissac)	Pibran (Pauillac)
Chambert (St-Estèphe)	Plantey de la Croix (St-Seurin-de-Cadourne)
La Clare (St-Estèphe)	Pontet (Blaignan)
Clarke (Listrac)	Ramage La Batisse (St-Sauveur)
La Closerie (Moulis)	Romefort (Cussac)
de Conques (St-Christoly)	La Roque de By (Bégadan)
Duplessis-Fabre (Moulis)	de la Rose Maréchale
Fonpiqueyre (St-Sauveur)	(St-Seurin-de-Cadourne)
Fonréaud (Listrac)	St.-Bonnet (St-Christoly)
Fort Vauban (Cussac)	St.-Roch (St-Estèphe)
La France (Blaignan)	Saransot (Listrac)
Gallais-Bellevue (Potensac)	Soudars (Avensac)
Grand-Duroc-Milon (Pauillac)	Tayac (Soussans)
Grand-Moulin (St-Seurin-de-Cadourne)	La Tour Blanche (St-Christoly)
Haut-Bages-Monpelou (Pauillac)	La Tour du Haut-Caussan (Blaignan)
Haut-Canteloup (Couquèques)	La Tour du Mirail (Cissac)
Haut-Garin (Bégadan)	La Tour St-Bonnet (St-Christoly)
Haut-Padargnac (Pauillac)	La Tour St-Joseph (Cissac)
Houbanon (Prignac)	des Tourelles (Blaignan)
Hourton-Ducasse (St-Sauveur)	Vernous (Lesparre)
De Labat (St-Laurent)	Vieux-Robin (Bégadan)

Die Rangliste aus heutiger Sicht

Die Klassifizierung der Weine von der Gironde aus dem Jahr 1855 und die späteren Klassifizierungen der Weine von Graves und St-Emilion schufen eine starre Hierarchie, nach der sich bis auf den heutigen Tag richtet, wieviel der Weinliebhaber für eine bestimmte Flasche eines Bordeaux Cru Classé ausgeben muß. Allerdings können diese historischen Klassifizierungen, die einmal geschaffen wurden, um eine Qualitätsrangordnung der Weine von Bordeaux aufzustellen, wenig dazu beitragen, die Qualität eines Weins aus einem bestimmen Château zu ermitteln. Bestenfalls kann der Kenner wie der Neuling sie als Informationen mit historischem Wert betrachten.

Nachstehend präsentiere ich meine eigene Klassifizierung der 160 besten Weine von Bordeaux, eingeteilt in dieselbe fünfstufige Hierarchie, wie sie auch 1855 zugrunde gelegt wurde. Meine Einstufung beruht auf dem Leistungsverhalten dieser Châteaux zwischen 1961 und 1997.

DIE KLASSIFIZIERUNGEN DER WEINE VON BORDEAUX

Dabei wurde größeres Gewicht auf die Richtung gelegt, in die ein Weingut tendiert, sowie auch mehr auf die Qualität des zwischen 1982 und 1997 produzierten Weins als auf die Leistungen des betreffenden Weinguts in der Zeit von 1961 bis 1981. Dies geschieht aus dem einfachen Grund, weil heute das goldene Zeitalter von Bordeaux ist, denn Bordeaux steht in großer Blüte, und es gibt heute mehr Châteaux, die mit besseren Anlagen und mit größerem Sachverstand besseren Wein produzieren als je zuvor.

Meine Klassifizierung umfaßt 160 Weingüter – da ich darin Weine aus allen wichtigen Appellationen von Bordeaux, insbesondere St-Emilion, Pomerol, Graves, Fronsac und Canon-Fronsac, einbeziehe, die (mit Ausnahme von Haut-Brion) früher ausgeschlossen waren, sind es natürlich mehr geworden als die 61 Châteaux von 1855.

Diese Klassifizierung entstammt natürlich meiner persönlichen Erfahrung, aber ich darf doch darauf hinweisen, daß ich alle Weine der betreffenden Erzeuger aus allen bedeutenden Jahrgängen selbst gekostet habe, und zwar nicht nur einmal, sondern viele Male. Außerdem habe ich die allermeisten dieser Châteaux besucht und ihre Einstufung in meiner Klassifizierung intensiv geprüft. Nichts, was ich erkläre, ist willkürlich, sondern ein persönliches Urteil aufgrund jahrelanger Verkostung und jahrelanger Besuche in Bordeaux. Ich glaube auch sagen zu dürfen, daß ich bei alledem vorurteilsfrei vorgegangen bin. Manche Weingutsbesitzer, mit denen ich im Lauf der Jahre nicht gut zurechtgekommen bin, haben ihren Platz unter den Premiers Crus gefunden, und manche, die ich persönlich mag und schätze, haben nicht gut abgeschnitten. Damit riskiere ich mancherlei, aber schließlich hoffe ich doch, daß diese Darstellung der Spitzenweingüter in Bordeaux aus der Perspektive des Verbrauchers am Ende auch für jene Châteaux, die sich unfair behandelt fühlen, eine konstruktive Anregung bilden wird, und ich hoffe zugleich, daß jene, die hier Beifall und Anerkennung finden, auch künftig alles Nötige tun werden, um ihren besten Wein zu produzieren.

Meine Klassifizierung der Spitzen-Châteaux von Bordeaux (Stand 1998)

Premiers Crus (21)

- Angélus (St-Emilion)
- Ausone (St-Emilion)
- Cheval Blanc (St-Emilion)
- Clinet (Pomerol)
- Cos d'Estournel (St-Estèphe)
- Ducru-Beaucaillou (St-Julien)
- L'Evangile (Pomerol)
- Haut-Brion (Graves)
- Lafite-Rothschild (Pauillac)
- Lafleur (Pomerol)
- Latour (Pauillac)
- Léoville-Las Cases (St-Julien)
- Margaux (Margaux)
- La Mission-Haut-Brion (Graves)
- La Mondotte (St-Emilion)
- Mouton-Rothschild (Pauillac)
- Palmer (Margaux)
- Pétrus (Pomerol)
- Pichon-Lalande (Pauillac)
- Le Pin (Pomerol)
- Valandraud (St-Emilion)

BORDEAUX

Deuxièmes Crus (22)

- Beauséjour-Duffau (St-Emilion)
- Canon-la-Gaffelière (St-Emilion)
- Certan de May (Pomerol)
- La Conseillante (Pomerol)
- L'Eglise-Clinet (Pomerol)
- Figeac (St-Emilion)
- La Fleur de Gay (Pomerol)
- La Gomerie (St-Emilion)
- Gruaud-Larose (St-Julien)
- La Lagune (Ludon)
- Léoville-Barton (St-Julien)
- Léoville-Poyferré (St-Julien)
- Lynch-Bages (Pauillac)
- Montrose (St-Estèphe)
- Pape-Clément (Graves)
- Pichon-Longueville Baron (Pauillac)
- Rauzan-Ségla (Margaux)
- Smith-Haut-Lafitte (Pessac-Léognan)
- Le Tertre-Rotebœuf (St-Emilion)
- Troplong-Mondot (St-Emilion)
- Trotanoy (Pomerol)
- Vieux Château Certan (Pomerol)

Troisièmes Crus (26)

- L'Arrosée (St-Emilion)
- Beau-Séjour Bécot (St-Emilion)
- Branaire-Ducru (St-Julien)
- Calon-Ségur (St-Estèphe)
- Cantemerle (Macau)
- Clos de l'Oratoire (St-Emilion)
- Domaine de Chevalier (Graves)
- La Dominique (St-Emilion)
- Duhart-Milon (Pauillac)
- La Gaffelière (St-Emilion)
- Giscours (Margaux)
- Grand-Mayne (St-Emilion)
- Grand-Puy Lacoste (Pauillac)
- Haut-Bailly (Graves)
- Haut-Marbuzet (St-Estèphe)
- La Fleur Pétrus (Pomerol)
- Lagrange (St-Julien)
- Larmande (St-Emilion)
- Latour à Pomerol (Pomerol)
- Magdelaine (St-Emilion)
- Malescot St-Exupéry (Margaux)
- Monbousquet (St-Emilion)
- Pontet-Canet (Pauillac)
- Rol Valentin (St-Emilion)
- Sociando-Mallet (Médoc)
- Talbot (St-Julien)

Quatrièmes Crus (18)

- Beychevelle (St-Julien)
- Bon Pasteur (Pomerol)
- Les Carmes Haut-Brion (Graves)
- Chasse-Spleen (Moulis)
- Clerc-Milon (Pauillac)
- La Couspaude (St-Emilion)
- Ferrand-Lartigue (St-Emilion)
- de Fieuzal (Graves)
- Les Forts de Latour (Pauillac)
- Le Gay (Pomerol)
- Gloria (St-Julien)
- Lafon-Rochet (St-Estèphe)
- La Louvière (Graves)
- Moulin St-Georges (St-Emilion)
- Pavie-Macquin (St-Emilion)
- Quinault-l'Enclos (St-Emilion)
- St-Pierre (St-Julien)
- Soutard (St-Emilion)

DIE KLASSIFIZIERUNGEN DER WEINE VON BORDEAUX

Cinquièmes Crus (73)

Angludet (Margaux)
d'Armailhac (Pauillac)
Bahans-Haut-Brion (Graves)
Balestard-La-Tonnelle (St-Emilion)
Barde-Haut (St-Emilion)
Batailley (Pauillac)
Belair (St-Emilion)
Bourgneuf (Pomerol)
Brane-Cantenac (Margaux)
Cadet-Piola (St-Emilion)
Canon (St-Emilion)
Canon-de-Brem (Canon-Fronsac)
Canon (Moueix) (Canon-Fronsac)
Cantenac-Brown (Margaux)
Cassagne-Haut-Canon-La Truffière (Canon-Fronsac)
Certan-Giraud (Pomerol)
Charmail (Médoc)
Citran (Médoc)
Clos des Jacobins (St-Emilion)
Clos la Madeleine (St-Emilion)
Clos René (Pomerol)
Couvent-des-Jacobins (St-Emilion)
La Croix du Casse (Pomerol)
La Croix de Gay (Pomerol)
Croque-Michotte (St-Emilion)
Dalem (Fronsac)
La Dauphine (Fronsac)
Dauzac (Margaux)
Durfort-Vivens (Margaux)
Domaine L'Eglise (Pomerol)
L'Enclos (Pomerol)
Faugères (St-Emilion)
La Fleur-de-Jaugue (St-Emilion)
Fontenil (Fronsac)
Fourcas-Loubaney (Listrac)
Gazin (Pomerol)
Gombaude-Guillot (Pomerol)
Grand-Pontet (St-Emilion)
Grand-Puy-Ducasse (Pauillac)
La Grave à Pomerol (Pomerol)
Haut-Bages-Libéral (Pauillac)
Haut-Batailley (Pauillac)
L'Hermitage (St-Emilion)
D'Issan (Margaux)
Kirwan (Margaux)
Labegorcé-Zédé (Margaux)
Lanessan (Haut-Médoc)
Langoa-Barton (St-Julien)
Larcis-Ducasse (St-Emilion)
Lascombes (Margaux)
Marquis de Terme (Margaux)
Maucaillou (Moulis)
Meyney (St-Estèphe)
Moulin-Haut-Laroque (Fronsac)
Moulin-Pey-Labrie (Canon-Fronsac)
Les-Ormes-de-Pez (St-Estèphe)
Nenin (Pomerol)
Pavie (St-Emilion)
Pavie-Decesse (St-Emilion)
Pavillon Rouge de Margaux (Margaux)
Petit-Village (Pomerol)
Potensac (Médoc)
Poujeaux (Moulis)
Prieuré-Lichine (Margaux)
Roc des Cambes (Côtes de Bourg)
Siran (Margaux)
Tayac-Cuvée Prestige (Côtes de Bourg)
Du Tertre (Margaux)
La Tour Figeac (St-Emilion)
La Tour-Haut-Brion (Graves)
Tour Haut-Caussan (Médoc)
Tour du Haut-Moulin (Haut-Médoc)
La Tour-du-Pin-Figeac-Moueix (St-Emilion)
Trotte Vieille (St-Emilion)
La Vieille-Cure (Fronsac)

5.
Die Elemente für grossen Bordeaux

Traditionalisten jammern oft der «guten alten Zeit» nach und klagen, daß «der Bordeaux nicht mehr so gemacht wird wie früher». In Wahrheit sind für den Bordeaux-Wein die Zeiten nie besser gewesen, sowohl was die Witterung als auch was die Finanzen angeht. Auch die Qualität der Weinbereitung ist in Bordeaux gegenwärtig so hoch wie noch nie. Die größten Weine, die es in Bordeaux je gegeben hat, sind die von heute. Das Hauptmerkmal der großen Rot- und Weißweine von Bordeaux ist ihre Langlebigkeit. Die Lebenserwartung guter Jahrgänge übertrifft alles, was andere Tischweine der Welt bieten können, und selbst weniger begünstigte Jahrgänge brauchen oft 5 bis 8 Jahre, um sich voll zu entwickeln. Woran liegt das? In der Reihenfolge ihrer Bedeutung sind es die Traubensorten, der Boden, das Klima und die Weinbereitungsmethoden, und alles das soll auf den folgenden Seiten näher besprochen werden.

Die Trauben für roten Bordeaux

Für die Rotweingewinnung werden in der Hauptsache drei Traubensorten, daneben aber auch noch zwei weitgehend aus der Mode gekommene Reben minderer Bedeutung kultiviert. Die Wahl der Trauben hat tiefgreifenden Einfluß auf den Stil des daraus entstehenden Weins. Durch mehrhundertjährige Erfahrung haben die darauf spezialisierten Châteaux gelernt, genau diejenigen Sorten auszuwählen, die auf dem Boden des jeweiligen Guts am besten gedeihen.

Wenn man für die Rotweine im Médoc eine allgemein gültige Formel für die Anteile der verschiedenen Traubensorten im Rebbestand der Châteaux sucht, dann kommt man auf 60 bis 65 % Cabernet Sauvignon, 10 bis 15 % Cabernet Franc, 20 bis 25 % Merlot und 3 bis 8 % Petit Verdot. Freilich hat jedes Château sein eigenes Rezept für die Mischung in seinem Rebbestand – das eine verwendet mehr Merlot, das andere mehr Cabernet Sauvignon oder Cabernet Franc und manche auch mehr Petit Verdot. In der Regel gedeiht auf sehr leichten, stark durchlässigen Kiesböden der Cabernet Sauvignon besser als der Merlot. Aus diesem Grund findet man in der Appellation Margaux einen sehr hohen Anteil an Cabernet Sauvignon. Demgegenüber leistet auf dem schwereren, stärker lehmhaltigen Boden von St-Estèphe der Merlot Besseres, und infolgedessen ist hier ein höherer Merlot-Anteil zu finden. Es gibt natürlich Ausnahmen. Beispielsweise arbeitet in der Appellation Margaux das Château Palmer mit einem ziemlich hohen Merlot-Anteil im Verschnittrezept, ebenso das Château Pichon-Longueville-Comtesse de Lalande auf dem stark kieshaltigen Boden von Pauillac. Wie dem auch sei, auf jeden Fall sind die beiden für die Entstehung eines wohlgelungenen Médoc-Weins bedeutendsten Traubensorten der Cabernet Sauvignon und der Merlot. Im Médoc wird verbreiteter Cabernet angepflanzt, weil er im kieshaltigen, durchlässigen Boden der großartigen Weinberglagen dort gut ausreift und gedeiht. Der Merlot verdankt seine Beliebtheit der Tatsache, daß er in die Mischung, also den Verschnitt mit dem tanninreichen, strengen, tiefdunklen Cabernet Sauvignon, Milde, Vollmundigkeit und Geschmeidigkeit einbringt und damit ein Gegengewicht zur härteren Art des Cabernet Sauvignon bildet.

Wenn nun ein Château in seinem Verschnittrezept einen hohen Anteil an Cabernet Sauvignon verwendet, dann erzielt es damit aller Wahrscheinlichkeit nach einen Wein von satter Farbe und kräftiger, körper- und tanninreicher Art, der sich für lange Lagerung eignet. Wird andererseits ein hoher Merlot-Anteil im Verschnittrezept verwendet, dann dürften in den meisten Fällen Geschmeidigkeit und frühreifer Charme als Wesenszüge im Vordergrund stehen.

Auch Cabernet Franc wird im Médoc mitverarbeitet, allerdings nur in geringem Maß. Es fehlt dieser Traube an der Farbkraft des Cabernet Sauvignon und des Merlot, aber sie bietet komplexe, aromatische Komponenten (insbesondere Düfte von Minze, Kräutern und Gewürzen), die in Bordeaux als Finesse bezeichnet werden. Der Petit Verdot wird nur noch in sehr kleinen Mengen angebaut, denn er reift sehr spät, ja in den meisten Jahrgängen kommt er kaum zu voller Reife. Von Châteaux, die viel Merlot verwenden, wird er oft und gern mitverarbeitet, weil er ein festes, gerbstoffreiches Rückgrat einbringt, das bei zu hoher Merlot-Konzentration fehlt.

Jede dieser Traubensorten reift nun zu einem anderen Zeitpunkt. Der Merlot blüht und reift stets als erster, der Cabernet Franc als zweiter, ihm folgt der Cabernet Sauvignon, und den Schluß bildet der Petit Verdot. Nur wenige Weinliebhaber machen sich klar, daß Spätfröste im Frühjahr und unterschiedliche Witterungsverläufe über die Wachstumssaison hinweg die einen Traubensorten ernstlich schädigen können, während die anderen verschont bleiben. Wegen seiner frühen Blüte wird der Merlot oft durch Spätfröste im Ertrag gemindert. Hinzu kommt, daß er bei feuchter Witterung für Fäule am anfälligsten ist, weil seine Schale weniger fest und widerstandsfähig gegen Krankheiten ist als die des Cabernet Sauvignon oder Petit Verdot.

Dieser Umstand allein kann aber schon für Erfolg oder Mißerfolg ausschlaggebend sein, wenn ein Château über umfangreiche Merlot-Bestände verfügt. Dagegen haben bei auf späte Lese bedachten Weingütern mit von Cabernet Sauvignon dominiertem Rebbestand schon mehr als einmal Regenfälle im Herbst die Felle davonschwimmen lassen, während der Merlot längst in optimalem Zustand eingebracht worden war. Wenn man beispielsweise fragt, warum 1964 die auf Merlot beruhenden Weine wie der Pétrus und der Trotanoy im Vergleich mit den enttäuschenden, auf Cabernet Sauvignon beruhenden Weinen, z. B. Mouton-Rothschild und Lafite-Rothschild, so gut ausgefallen sind, dann lautet die Antwort einfach: weil die Merlot-Ernte schon längst bei besten Wetterverhältnissen gelesen worden war, während der Cabernet durch die später einsetzenden sintflutartigen Regenfälle aufgeschwemmt und verwässert wurde.

Die beiden wichtigsten Appellationen auf dem rechten Ufer der Dordogne sind St-Emilion und Pomerol. Hier ist es üblich, einen hohen Anteil an Merlot und Cabernet Franc im Bestand zu haben. Der Boden dieser beiden Appellationen ist zum großen Teil nicht so durchlässig und häufig infolge eines hohen Lehmgehalts bedeutend schwerer. Der Cabernet Sauvignon liebt solche Böden nicht, und das ist der Grund, weshalb er hier einen geringeren Anteil ausmacht, außer wenn der Boden eines Weinbergs – wie es in diesen Appellationen auch an einigen Stellen vorkommt – besonders kieshaltig und durchlässig ist. Der Merlot dagegen gedeiht in den schwereren Böden gut und überraschenderweise auch der Cabernet Franc. Es gibt natürlich viele Ausnahmen, aber in St-Emilion gilt als Standardformel für die Traubensorten etwa 50% Merlot und 50% Cabernet Franc, allerdings kommen auch noch gewisse Anteile an Cabernet Sauvignon dazu. In Pomerol ist vorherrschende Traube eindeutig der Merlot. Außer in einigen wenigen Weingütern wie Clos L'Eglise und Vieux-Château-Certan wird kaum Cabernet Sauvignon angebaut. Im Durchschnitt setzt sich der Rebbestand in den Weinbergen von Pomerol aus 70 bis 80 % Merlot und 20 bis 30 % Cabernet Franc zusammen. Da überrascht die Feststellung nicht, daß die Weine aus diesen beiden Gegenden rascher zur Genußreife gelangen und allgemein fruchtiger, geschmeidiger und sanfter sind als die Weine aus dem Médoc.

Wie der Name schon besagt (*graves* heißt Kies), ist im Bereich Graves der Boden äußerst kieshaltig und bietet hervorragende Durchlässigkeit. Wie im Médoc ist daher der Cabernet Sauvignon die bevorzugte Traube, aber es wird hier doch auch viel Cabernet Franc und Merlot angebaut, und die Weine fallen infolgedessen meist leichter aus. In regenreichen Jahren geraten die Graves-Weine häufig besser als die anderen, einfach weil der Wasserabzug in diesem Boden so hervorragend funktioniert. Der Jahrgang 1987 ist hierfür ein klassisches Beispiel.

Die Kenntnis der Anteile der verschiedenen Traubensorten im Rebbestand der jeweiligen Châteaux hat den Vorteil, daß man mit einem gewissen Maß an Sicherheit voraussagen kann, in welchen Gegenden die Weine besser und in welchen weniger gut geraten sind, bevor noch die Verkostungsbefunde der Experten vorliegen. Man braucht dazu nur den Witterungsverlauf bis zur Lesezeit und während der Ernte zu kennen und zu berücksichtigen, wie die verschiedenen Traubensorten sich unter solchen Bedingungen verhalten.

Nur selten kommt in Bordeaux ein vollendet gutes Jahr für alle vier Rotweinrebsorten zugleich vor. 1995, 1990, 1989, 1985 und 1982 kamen alle Traubensorten schön zur Reife, und es wurde übereinstimmend festgestellt, daß der Merlot und der Petit Verdot praktisch Vollkommenheit erreicht hatten. Diese drei Jahrgänge wurden zutiefst durch die Opulenz und Reife der Merlot-Traube geprägt, und infolgedessen sind die Weine alkoholstärker, vollmundiger und milder, als es in Jahren möglich ist, die besonders für den Cabernet Sauvignon günstige Verhältnisse bieten. Zwei klassische Beispiele für besonders gute Cabernet-Sauvignon-Jahre sind 1996 und 1986, als der Merlot an Übererträgen litt und viele Weine mit einem hohen Merlot-Anteil dünn und strukturarm wirkten. Im Médoc dagegen mit seinem hohen Anteil an Cabernet Sauvignon entstanden superbe Weine, die deutlich den vollreifen Charakter dieser Traube erkennen ließen.

CABERNET SAUVIGNON Eine stark pigmentierte Traube, adstringierend und gerbstoffreich; sie liefert das Gerüst, die Festigkeit, die dunkle Farbe und den Charakter. Sie reift spät, ist dank ihrer dicken Schale fäuleresistent und besitzt ein ausgeprägtes Aroma von schwarzen Johannisbeeren, manchmal vermischt mit subtilen Kräuterdüften, die im Alter den Geruch von Zedernholz annehmen. Praktisch alle Châteaux von Bordeaux, die Cabernet Sauvignon verarbeiten, verschneiden ihn mit anderen roten Traubensorten. Im Médoc beträgt der Anteil von Cabernet Sauvignon in der Mischung 40 bis 85 %, in Graves 40 bis 60 %, in St-Emilion 10 bis 50 % und in Pomerol 0 bis 20 %.

MERLOT So gut wie alle rotweinproduzierenden Châteaux in Bordeaux verwenden Merlot, weil er runden, generösen, vollmundigen, geschmeidigen, alkoholreichen Wein liefert. Er reift im Durchschnitt 1 bis 2 Wochen früher als der Cabernet Sauvignon. Im Médoc hat diese Traube besondere Bedeutung u.a. im Château Palmer und Pichon Lalande mit ihrem hohem Merlot-Anteil, zu höchsten Höhen aber gelangt sie in den Weinen von Pomerol, wo sie den Hauptanteil stellt. Im Médoc beträgt der Merlot-Anteil im Verschnitt 5 bis 45 %, in Graves 20 bis 40 %, in St-Emilion 25 bis 60 % und in Pomerol 35 bis 100 %. Der Merlot ist ärmer an Säure und Tannin als der Cabernet Sauvignon; daher gelangen in der Regel Weine mit hohem Merlot-Anteil schneller zur Genußreife als Weine mit einem hohen Anteil an Cabernet Sauvignon.

CABERNET FRANC Diese mit Cabernet Sauvignon verwandte Sorte (in St-Emilion und Pomerol heißt sie Bouchet) reift etwas früher und wird in kleinen bis mittleren Mengen beigemischt, um einem Wein mehr Komplexität und Bukett zu verleihen. Der Cabernet Franc hat ein pikantes, oft sehr würziges, an Minze und Oliven erinnerndes, manchmal grasiges Aroma. Er besitzt nicht den vollmundigen, geschmeidigen Charakter des Merlot und auch nicht die Adstringenz, Wucht und Farbkraft des Cabernet Sauvignon. Im Médoc beträgt der Cabernet-Franc-Anteil im Verschnitt 0 bis 30 %, in Graves 5 bis 35 %, in St-Emilion 25 bis 66 % und in Pomerol 5 bis 50 %.

PETIT VERDOT Eine brauchbare, aber ihrer späten Reife wegen meist schwierige Rotweintraube. Petit Verdot liefert intensive Farbe, pelziges Tannin, und wenn er wie in den Jahren 1982, 1989, 1990 und 1996 in Bordeaux voll zur Reife gelangt, hohen Süßegrad (und daher hohen Alkoholgehalt). Reift er nicht aus, dann zeigt er unerfreulich scharfe, säuerliche Art. Im Médoc stehen bei nur wenigen Châteaux mehr als 5 % im Verschnittrezept. In Graves, St-Emilion und Pomerol gibt es nur noch sehr wenig Petit Verdot.

MALBEC Die in anderen Gegenden recht verbreitete Traubensorte (in St-Emilion und Pomerol wird sie auch Pressac genannt) ist in Bordeaux weitgehend außer Gebrauch gekommen und in den meisten Weinbergen inzwischen durch eine der beliebteren Sorten ersetzt worden. So ist es zweifelhaft, ob sie in den besseren Lagen von Bordeaux überhaupt eine Zukunft hat.

DIE TRAUBEN FÜR WEISSEN BORDEAUX

Bordeaux produziert sowohl trockenen als auch süßen Weißwein. Dabei werden gewöhnlich nur drei Traubensorten verwendet: Sauvignon Blanc und Sémillon für trockenen und süßen Wein und in geringem Umfang Muscadelle für süßen Wein.

SAUVIGNON BLANC Diese Sorte wird sowohl für die trockenen Weißweine von Graves als auch für die Süßweine von Barsac/Sauternes verwendet. Sie liefert äußerst markanten Wein mit einem pikanten, etwas kräuterwürzigen Aroma und mit frischem, kargem Geschmack. Einige Châteaux erzeugen weißen Graves rein von Sauvignon Blanc, die meisten aber verschneiden mit Sémillon. In den Verschnittrezepten von Sauternes spielt der Sauvignon Blanc dagegen eine geringere Rolle als in Graves.

SEMILLON Die Sorte ist stark anfällig für die Edelfäule, die ja eine wesentliche Voraussetzung für die Entstehung der hochfeinen Süßweine von Sauternes bildet. Sémillon verleiht sowohl den trockenen Weißweinen von Graves als auch den üppigen Süßweinen von Sauternes volle, sanfte, intensive Art. In der Jugend ist Sémillon sehr fruchtig. Im Alter aber nehmen Weine mit einem hohen Anteil dieser Sorte an Gewichtigkeit und Konsistenz zu. Das ist auch der Grund, weshalb in den Süßweinen von Sauternes und Barsac der Sémillon-Anteil höher ist als in den trockenen Weißweinen von Graves.

MUSCADELLE Die in Bordeaux am wenigsten angebaute Weißweintraube ist sehr empfindlich und krankheitsanfällig, wenn aber gesundes und reifes Lesegut zustande kommt, entsteht daraus Wein mit intensiv blumigem, starkduftigem Charakter. Châteaux in der Region Sauternes/Barsac verwenden die Sorte in geringem Umfang in ihren Verschnitten, und die Weißweinerzeuger von Graves gehen noch sparsamer mit ihr um.

DER BODEN

In Bordeaux hört man von Weinerzeugern oft den Satz, daß der Wein im Weinberg und nicht im Keller entsteht. Im Vergleich damit gelten beispielsweise in Kalifornien als Grundvoraussetzungen für die Entstehung von qualitativ hochwertigem Wein das Klimaprofil, das Sachkönnen des Kellermeisters und die Möglichkeiten der modernen Technik zur Gestaltung des Weins. Nun wird zwar inzwischen auch in Kalifornien dem Boden mehr Beachtung geschenkt, in Bordeaux aber ist die Behauptung, daß die Größe des Weins vor allem vom Boden, dem *terroir*, und nicht vom Können des Kellermeisters oder von der kellertechnischen Ausrüstung abhängt, ziemlich unumstritten.

Das berühmte Médoc ist eine Landmasse in Dreiecksform, die im Westen vom Atlantik, im Osten von der breiten Gironde und im Süden von der Stadt Bordeaux begrenzt ist. Die Spitzenlagen des Médoc erstrecken sich auf der östlichen Hälfte des im wesentlichen flachen Geländes auf leichten Bodenerhebungen entlang der Gironde. Der Boden dieser Gegend ist grundsätzlich für die landwirtschaftliche Nutzung, außer durch Weinbau, ungeeignet. Er enthält außerordentlich viel Kies und Sand, und die tieferen Schichten bestehen teilweise aus schwerem Lehmboden (auf dem schwerere, nicht so feine Weine wachsen) und teilweise aus leichterem Kalkgestein und Kies (hier wachsen feinere, leichtere Weine).

Dieser sehr hohe Kiesgehalt, der die vorherrschende geographische Charakteristik des Weinbaugebiets Bordeaux darstellt, wirkt als ein ausgezeichnetes Drainagesystem und bietet zugleich den Wurzeln der Reben einen durchlässigen Grund, so daß sie auf der Suche nach Nährstoffen, Wasser und Mineralen tief in die untersten Bodenschichten eindringen können.

In der Region Graves südlich der Stadt Bordeaux besagt schon der Name (*graves* = Kies), daß der hier sehr steinige Boden mit Kies stark durchsetzt ist, und zwar bis in noch tiefere Schichten als im Médoc. Dies trägt zu dem einzigartigen Geschmack der Weine aus dieser Region bei, den manche Kommentatoren gern als mineralisch oder erdig bezeichnen.

St-Emilion und Pomerol liegen etwa 30 km östlich der Stadt Bordeaux. Um das reizende mittelalterliche Städtchen St-Emilion herum befinden sich Châteaux in Hanglagen, den sogenannten *côtes* – einst die Wände des Urstromtals. Hier besteht der Boden vorwiegend aus Kreide, Lehm und Kalkgestein. Zu den Châteaux an den *côtes* von St-Emilion zählen berühmte Namen wie Ausone, Canon, Pavie und Belair. Einige Kilometer nordwestlich der Stadt St-Emilion liegt an der Grenze zur Appellation Pomerol der sogenannte *graves*-Bezirk mit stark kieshaltigem Sandboden. Aus dieser Gegend von St-Emilion kommt Wein in einem ganz anderen Stil – vollmundiger, fruchtiger, zugänglicher als die kargen, tanninreichen, verhaltenen Weine von den Kreide-, Kalk- und Lehmhängen der *côtes*. Zwei berühmte Namen stehen für diesen Bezirk: Cheval Blanc und Figeac. Natürlich findet man auch innerhalb dieser Gegenden Stilunterschiede, aber allgemein gesprochen gibt es eben die beiden Haupttypen von St-Emilion: den *graves*-Stil und den *côtes*-Stil, und beide werden jeweils unmittelbar auf den Boden zurückgeführt, auf dem die Weine wachsen.

In Pomerol, das an den *graves*-Bezirk von St-Emilion angrenzt, ist die Zusammensetzung des Bodens ganz ähnlich, jedoch mit einigen Varianten. Château Pétrus, das berühmteste Weingut von Pomerol, liegt auf einem erhöhten Plateau mit einzigartigem, ziemlich schwerem Lehmboden, der nur hier vorkommt.

Die feinen Unterschiede in der Bodenzusammensetzung und ihre Auswirkungen auf Stil und Persönlichkeit der Weine lassen sich am besten am Beispiel von drei einander benachbarten Weingütern veranschaulichen. An der Grenze zwischen den Médoc-Gemeinden Pauillac und St-Julien liegen drei hochangesehene Châteaux – nämlich das 1er Cru Latour in Pauillac, das 2ème Cru Léoville-Las-Cases in St-Julien und das 2ème Cru Pichon-Longueville Baron in Pauillac – dicht beisammen, und ihre Weinberge grenzen aneinander. Die Hektarerträge, die Anteile der Rebsorten im Bestand, die Rebsorten selbst und ihr Durchschnittsalter, die kellertechnischen Methoden und die Ausbauzeit im Faß sind bei den drei Châteaux nicht sehr unterschiedlich. Dennoch haben die drei Weine in Geschmack, Stil, Konsistenz und allgemeiner Entwicklung jeweils ihre ganz eigene Art – sie wachsen eben auf drei verschiedenen Böden.

In Pomerol braucht man lediglich den Boden, auf dem der Pétrus, der berühmteste Wein der Appellation, wächst – schwerer Lehmboden mit hohem Gehalt an Eisen – mit dem Boden des Nachbarweinguts La Fleur Pétrus zu vergleichen, in dem sich wenig Lehm, dafür weit mehr Sand und Kies vorfinden. Obwohl die beiden Weine praktisch auf gleiche Art und sogar von denselben Leuten bereitet werden, könnten sie gar nicht unterschiedlicher sein.

Der Boden ist unbezweifelbar ein sehr wichtiger Faktor für die Vielfalt in Charakter und Stil der Bordeaux-Weine. Er ist nicht, wie es die Bordelais hinzustellen versuchen, das einzige Element eines großen Weins. Ein günstiges Klima, bewährte Anbaupraktiken mit minimaler Düngung, scharfer Rebschnitt und selbstverständlich auch sorgfältige Bereitung und Behandlung sind ebenso wichtig für die Entstehung großer Weine. Die beste Technik, der größte Sachverstand und der durchlässigste Kiesboden allein bringen nun einmal keinen großen Wein zustande, wenn es an den optimalen Klima- und Wetterverhältnissen fehlt, in denen die Trauben zu voller Reife gelangen können.

Das Klima

Charakteristisch für die großen Bordeaux-Jahrgänge ist, daß die Wachstumsperiode durch ungewöhnlich heißes, trockenes und sonniges Wetter gekennzeichnet war. Den ausgezeichneten bis großen Jahrgängen 1900, 1921, 1929, 1945, 1947, 1949, 1959, 1961, 1982, 1989, 1990 und 1995 waren in markanter Weise Sommerhitze, Sonnenschein und an Dürre grenzende Trockenheit gemeinsam. Prominente Château-Besitzer aus Bordeaux, die sich vor einiger Zeit mit der Behauptung hervorgewagt haben, so katastrophale Jahrgänge wie der 1968er, 1965er und 1963er könnten dank der Fortschritte in der Kellertechnik überhaupt nicht mehr vorkommen, haben wohl nicht bedacht, daß von unreifen, vegetabil schmeckenden Trauben kein guter Wein entstehen kann. Bordeaux braucht nun einmal wie andere Weinbaugebiete auch viel Sonnenschein, trockenes Wetter und sommerliche Wärme, wenn ausgezeichneter Wein entstehen soll.

Wenn in Bordeaux die Lese bis in den Oktober hinein verschoben werden muß (also nicht schon im September stattfinden kann), ist das meist ein Anzeichen dafür, daß die Wachstumsperiode überaus kühl und – noch schlimmer – naß gewesen sein muß. Ein Überblick über die feinsten Bordeaux-Jahrgänge zeigt eindeutig, daß der Lesebeginn fast immer im September lag.

1870 am 10. September
1893 am 18. August
1899 am 24. September
1900 am 24. September
1921 am 15. September
1929 am 23. September
1945 am 13. September
1947 am 15. September
1949 am 27. September
1953 am 28. September
1959 am 20. September

1961 am 22. September
1970 am 27. September
1975 am 22. September
1978 am 7. Oktober
1982 am 13. September
1985 am 29. September
1986 am 23. September
1989 am 31. August
1990 am 12. September
1995 am 20. September
1996 am 16. September

Zum Vergleich folgen die Lesebeginndaten einiger allgemein als schlecht ausgefallen anerkannter Jahrgänge:

1951 am 9. Oktober
1954 am 10. Oktober
1956 am 14. Oktober
1957 am 4. Oktober
1963 am 7. Oktober
1965 am 2. Oktober
1968 am 20. September

1969 am 6. Oktober
1972 am 7. Oktober
1977 am 3. Oktober
1984 am 5. Oktober
1991 am 30. September
1992 am 29. September
1993 am 26. September

Die Grundzüge liegen also auf der Hand: Große Jahre sind gekennzeichnet durch reichlich Sonnenschein, Wärme und trockenes Wetter, denn unter solchen Voraussetzungen reifen die Trauben stetig und rasch heran, und die Lese kann früh beginnen. Schlechte Jahre gibt es dann, wenn diese unschätzbaren natürlichen Voraussetzungen fehlen, so daß die Trauben nicht voll ausreifen können und in unreifem oder von Regen aufgeschwemmtem Zustand gelesen werden müssen.

Es gibt nur wenige Ausnahmefälle, in denen sich gute und schlechte Jahrgänge nicht in dieses Schema des Wetterverlaufs einordnen lassen. So entstanden beispielsweise 1979 trotz später Lese (Beginn 3. Oktober) sehr gute Weine. Neuerdings besteht nämlich bei den Weinerzeugern eine zunehmende Tendenz, die sogenannte *surmaturité* anzustreben. Die alte Faustregel, nach der sich früher die Weinlese in Bordeaux richtete, besagte, daß die Trauben 100 Tage nach der Blüte reif seien. Heute werden in dem Bemühen um körperreicheren, volleren und säureärmeren Wein die altgewohnten 100 Tage auf 110 oder gar 120 ausgedehnt. Dieser neue Trend kann also dazu führen, daß es künftig mehr gute Oktoberernten wie die von 1979 geben wird, während ja früher eine Oktoberernte oft mindere Qualität bedeutete.

Der Witterungsverlauf, der beim roten Bordeaux zu ausgezeichneten Jahrgängen führt, gilt für die süßen Weißweine der Region Sauternes/Barsac nicht in gleichem Maß. In dieser Gegend entstehen große Jahrgänge nur beim Zusammentreffen, von dunstigem, feuchtem Wetter am Morgen mit trockenen, sonnigen Nachmittagen. Bei einem solchen Tagesverlauf kann die Edelfäule (*Botrytis cinerea*) auf den Trauben Fuß fassen. Interessant ist dabei, daß sich der Edelfäulebefall nach unterschiedlichen Fahrplänen richtet. Manche Trauben werden sofort ganz befallen, andere erst Wochen später. Der Schlüssel zur Entstehung der großen, üppigen Süßweine dieser Gegend liegt also im Wechsel zwischen Luftfeuchtigkeit und trockener Wärme über längere Zeit hinweg, so daß der Edelfäulebefall sich ausbreiten kann. In dieser Zeit muß das Château die edelfaulen Trauben immer wieder von Hand herauslesen lassen, damit höchste Qualität erreicht werden kann, denn die Edelfäule sorgt ja dafür, daß der in den Trauben verbliebene Saft ungeheuer konzentriert ist, und sie verleiht ihm obendrein den markanten, für diese überreichen süßen Spätleseweine charakteristischen Duft und Geschmack. Es ist also nur natürlich, daß die Lese für die süßen Weine von Barsac/Sauternes fast immer erst stattfindet, lange nachdem die Rotweintrauben im Médoc, in Graves, St-Emilion und Pomerol geerntet und bereits zu Wein verarbeitet sind. Allerdings fällt sie gerade in eine Zeit, in der das Klima in Bordeaux die größten Risiken birgt – Ende Oktober bis in den November hinein.

Schon eine Woche Dauerregen kann in Sauternes und Barsac alle Aussichten auf eine erfolgreiche Ernte zunichte machen. Oft genug wird durch Regen im Spätherbst die Edelfäule von den Trauben heruntergewaschen, während andere Trauben vom Wasser aufgeschwemmt und dadurch in ihrer Intensität geschwächt werden. In den letzten 3 Jahrzehnten kam es nur 1971, 1975, 1976, 1983, 1986, 1988, 1989, 1990 und 1996 für die süßen Weine der Region zu gleichmäßig günstigen Verhältnissen in der Wachstumsperiode.

Bereitung und Ausbau der Weine von Bordeaux

Die Gewinnung von rotem wie von weißem Wein beginnt mit dem Keltern. Insgesamt umfaßt das Gewinnungsverfahren die folgenden Schritte: (1) Lese, (2) Entrappen und Mahlen, (3) Umpumpen in die Gärtanks, (4) Vergären des Traubenzuckers zu Alkohol, (5) Maischen der Schalen und Kerne im Most, um Extrakt- und Farbstoffe zu gewinnen, (6) Abziehen, d.h. Umfüllen des Weins in 225-l-Fässer oder große Tanks, in denen sich dann die bakterielle – d.h. malolaktische – Säureumwandlung abspielt, (7) Abziehen des Weins in Eichenfässer für den Ausbau und (8) Abfüllen des Weins in Flaschen.

In Bordeaux dauert die Ernte der Trauben für trockene Weiß- und Rotweine rund drei Wochen, während sich bei den süßen Weinen die Lese über zwei Monate hinziehen kann. Die für trockene Weine bestimmten Weißweintrauben reifen am frühesten und werden zuerst gelesen. Es folgt die rote Merlot-Traube, und dann kommen die anderen Rotweintrauben, Cabernet Franc, Cabernet Sauvignon und schließlich Petit Verdot. Der Umstand, daß der Merlot von den

Rotweintrauben am frühesten reift, verschafft ihm einen interessanten Vorteil: In den Jahren 1964, 1967, 1987 und 1994 beispielsweise erzielten die Châteaux mit größeren Merlot-Beständen, also vorwiegend die in St-Emilion und Pomerol, bei früher Lese viel bessere Weine als die Châteaux im Médoc, die abwarten mußten, bis der Cabernet reif war, und deshalb durch Herbstregen beeinträchtigt wurden. Es ist also an dem, daß in Jahren mit verregnetem Herbst die Gegenden mit früher Lese, d. h. meistens die Bereiche St-Emilion und Pomerol, ihre Ernte zum größten Teil bereits eingebracht haben. Die Jahrgänge 1964, 1967, 1987 und 1994 bezeugen, daß sie dann auf brillante Erfolge hoffen dürfen, während ihre Kollegen im Médoc sich mit aufgequollenen, vom Regen verwässerten Cabernet Sauvignon-Trauben zufriedengeben müssen.

So entsteht Rotwein

Die wichtigste Entscheidung für die Erzeugung von Qualitätswein betrifft den Lesetermin. Ein Fehler in diesem Punkt ist nicht wieder gutzumachen und kann die Arbeit des ganzen Jahres in Frage stellen. Die Trauben müssen auf dem Höhepunkt der Reife gelesen werden, oder aber der Geschmack leidet unter zuviel Säure oder Krautigkeit. Wenn nun das Lesegut ordnungsgemäß bei voller physiologischer Reife eingebracht wurde, lassen die besseren Châteaux die Trauben in der traditionellen und arbeitsintensiven Weise von Hand sortieren, bevor sie in die Maschine zum Entrappen und Mahlen gelangen. Dieses Aussortieren beschädigter, fauler oder unreifer Trauben ist wesentlich für die Entstehung von Wein hoher Qualität. Im Château Valandraud erfolgt nicht nur das Sortieren, sondern auch das Entrappen von Hand, was in anderen Weingütern von Bordeaux so gut wie unvorstellbar ist.

Die meisten Châteaux aber behaupten, gut damit zu fahren, daß sie den Lesern Anweisung geben, beschädigte oder ungesunde Trauben schon im Weinberg auszuscheiden. Selbstverständlich muß die Lese zwar jedes Jahr mit größter Sorgfalt durchgeführt werden, aber in Jahren, in denen es viel Fäule gibt, ordnen die besseren Châteaux eine besonders strenge Auslese – genannt *triage* – an, bei der alle befallenen Beeren aus den Trauben entfernt werden.

Die erste Entscheidung des Kellermeisters ist dann, ob das Lesegut ganz der nur teilweise entrappt werden soll. Heutzutage wird in den meisten Châteaux vollständig entrappt, d. h. alle Stiele werden entfernt. Dieses Vorgehen steht in Übereinstimmung mit der gegenwärtig in Bordeaux herrschenden Vorliebe für volle, geschmeidige Weine, die sich schon jung trinken lassen, aber trotzdem gut haltbar sind. Einige bekannte Châteaux jedoch geben nach wie vor einen gewissen Anteil Stiele mit den gemahlenen Trauben zusammen in den Gärtank.

Die Gegner dieser Technik führen dagegen an, daß die Stiele eine vegetabile Derbheit in den Wein bringen, einen Teil der Farbsubstanz absorbieren und den Gerbstoffgehalt des Weins übermäßig erhöhen.

Wenn die Trauben nun in einer Maschine, die in Bordeaux *égrappoir* genannt wird, entrappt und gemahlen sind, wird der so gewonnene Most in Tanks gepumpt, in denen der Gärvorgang beginnt.

Seit 30 Jahren besteht in Bordeaux der Trend, die großen alten Gärfässer aus Eichenholz und die Gärbehälter aus Beton durch Edelstahltanks mit Temperaturregelung zu ersetzen, die sich leicht reinigen lassen und es ermöglichen, die Gärtemperatur zu regeln, was besonders vorteilhaft ist, wenn das Lesegut wie beispielsweise 1982 bei heißem Wetter eingebracht wird. Obwohl nun immer mehr Châteaux sich auf Edelstahltanks umstellen, sind doch die traditionellen großen *cuves* aus Eichenholz und die Betonbehälter noch zu finden.

Die Edelstahltanks sind sicherlich am praktischsten, aber gewissenhafte Kellermeister in bedeutenden Weingütern beweisen immer wieder, daß große Weine ebensogut in Eichenfässern entstehen können wie in Beton- und Stahltanks. Befindet sich der Most im Tank, dann setzen die im Weinberg von Natur aus auf den Trauben wachsenden wilden Hefen – in vielen Fällen aber auch zusätzlich beigegebene Kulturhefen – den Prozeß der alkoholischen Gärung, d. h. die

Umwandlung des Traubenzuckers in Alkohol, in Gang. Nun aber muß die Temperatur des gärenden Mosts mit größter Sorgfalt überwacht werden, denn je nachdem, ob die Gärtemperatur kühler oder wärmer ist, beeinflußt sie den Stil des entstehenden Weins.

Heute finden in Bordeaux vor allem bei der Behandlung des Traubenmosts neue Technologien Eingang. Kostspielige Anlagen (bis zu 200 000 $) entziehen aufgeschwemmtem Traubengut Wasser, insbesondere durch zwei Verfahren – erstens Umkehrosmose und zweitens Evaporation im Vakuum. Sie werden zunehmend vor allem von reicheren Weingütern in Jahren eingesetzt, in denen es in Bordeaux zuviel geregnet hat. Bei diesen Verfahren, die schon seit dem Ende der 1980er Jahre Anwendung finden, wird der Wein durch Wasserentzug konzentriert, wobei die Geschmacks- und Feststoffe im Wein unbeeinträchtigt bleiben. Ich habe mit führenden Önologen in Bordeaux ausführlich über die langfristigen Auswirkungen gesprochen, die sowohl die Umkehrosmose als auch die Vakuumevaporation auf die so entstandenen Weine haben können. Es wird weitgehend einmütig die Ansicht vertreten, daß die Resultate bislang eindrucksvoll ausgefallen sind (insbesondere was die Umkehrosmose anlangt), allerdings müssen 10 bis 20 Jahre Kellerreife abgewartet werden, ehe die mit diesen Verfahren behandelten Weine endgültig beurteilt werden können. Dessenungeachtet lassen die ersten Anzeichen erkennen, daß diese Möglichkeiten, in Regenjahren dem Most überschüssiges Wasser zu entziehen, einen technologischen Durchbruch darstellen.

Die meisten Kellermeister in Bordeaux lassen Rotwein bei 25 bis 3 °C gären. Wenige Châteaux lassen die Gärtemperatur über die 30°-Grenze hinaus, nämlich bis auf 32 bis 33°, ansteigen. Mit höherer Gärtemperatur wird der Zweck verfolgt, möglichst viel Farbe und Tannin aus den Traubenschalen zu extrahieren. Bei Temperaturen über 35° besteht jedoch das Risiko, daß die Essigbakterien sich zu sehr vermehren und dem Wein einen unerfreulichen Essigstich verleihen. Außerdem bringen Gärtemperaturen von über 35° die Gefahr mit sich, daß die natürlichen Hefen durch die Wärme abgetötet werden und die Gärung zum Erliegen kommt, also «steckenbleibt». In der Regel streben Châteaux, die mit hoher Gärtemperatur arbeiten, extraktreiche, volle, tanninhaltige Weine an, während mit kühleren Gärtemperaturen um 25° und darunter meist ein leichterer, fruchtigerer und weniger tanninherber Weinstil zu erreichen versucht wird.

Wer mit hohen Temperaturen arbeitet, muß ständig auf der Hut sein und die Gärtanks 24 Stunden am Tag unter Beobachtung halten, denn sobald eine riskante Temperatur erreicht wird, muß der Most sofort gekühlt werden. Bei Edelstahltanks geschieht das ganz einfach dadurch, daß man Kühlwasser außen über die Tanks laufen läßt. Bei Beton- und Holzgärbehältern muß der Most abgezogen und durch Kühlschlangen geleitet werden.

Während der Gärung bildet sich der sogenannte *chapeau* oder Hut aus festen Bestandteilen, Traubenschalen, Stielen und Kernen, die auf der Oberfläche des Mosts schwimmen. Der Kellermeister muß darauf achten, daß dieser Hut feucht oder sogar im Most eingetaucht bleibt, damit Extrakt, Farbe und Tannin aus den Traubenschalen extrahiert werden können. Der Hut muß auch deshalb feucht bleiben, um das Bakterienwachstum zu unterbinden. Das Hochpumpen des gärenden Mosts über den Hut nennt der Franzose *remontage*.

Zu Beginn des Gärvorgangs muß der Kellermeister eine weitere wichtige, den Stil des Weins mitbestimmende Entscheidung treffen, nämlich ob der Most angereichert werden soll oder nicht. Unter Anreicherung, französisch *chaptalisation*, versteht man das Beimischen von Zucker, um den Alkoholgehalt des Weins zu verstärken. In Bordeaux findet dieses Verfahren häufig Anwendung, weil dort ja nur gelegentlich ein Jahr vorkommt, in dem die Trauben einen ausreichend hohen Reifegrad erreichen. In den meisten Jahren genügt der natürliche Traubenzuckergehalt nicht, um Weine mit 12 % Alkohol entstehen zu lassen. Deshalb müssen die Châteaux den Alkoholgehalt meist um 1 bis 2 % aufbessern. Nur in den Jahren 1961, 1982, 1989, 1990 und 1996 (bei Cabernet Sauvignon) war wenig oder keine Anreicherung nötig, weil die Trauben einen superben Reifegrad erlangten.

Ist aller Traubenzucker (und gegebenenfalls der zur Anreicherung beigemischte Zucker) in Alkohol umgewandelt, dann ist die alkoholische Gärung abgeschlossen. An diesem Punkt kommt auf den Kellermeister eine weitere wichtige Entscheidung zu: Er muß überlegen, wie lange die Traubenschalen im Most eingemaischt bleiben sollen. Die Maischdauer hat direkten Einfluß darauf, ob der Wein voll, dunkel, gerbstoffreich und langlebig oder geschmeidig, frühreif und bald für den Genuß geeignet ausfallen wird. In den meisten Châteaux von Bordeaux wird eine Maischdauer von 7 bis 14 Tagen nach der Gärung praktiziert, so daß der Wein insgesamt 21 Tage mit den Traubenschalen in Berührung bleibt. Die Franzosen nennen diese Zeit die *cuvaison*.

Nach der *cuvaison* wird der junge Wein von den Trestern (*marc*), bestehend aus den Traubenschalen und Kernen, getrennt, und zwar durch Abziehen in saubere Tanks oder Holzfässer. Der so gewonnene Vorlaufwein heißt *vin de goutte*. Die Schalen werden nachträglich gepreßt und geben den sogenannten Preßwein (*vin de presse*) ab, einen sehr dunklen, tanninreichen, kernigen, rauhen Wein, der in vielen Fällen mit dem Vorlaufwein gemischt wird. Manchmal aber nimmt der Kellermeister, wenn er zuviel Strenge und Gerbstoffgehalt vermeiden will, keinen Preßwein in den endgültigen Verschnitt auf. Wenn er dagegen seinem Vorlaufwein mehr Muskulatur und Festigkeit verleihen möchte, dann wird er 10 bis 20% Preßwein beimischen. Je robuster, intensiver der Weinstil gewünscht wird, desto mehr *vin de presse* wird dem *vin de goutte* zugesetzt. In den meisten Fällen hängt die Entscheidung darüber, ob der Preßwein mitverwendet werden soll, ganz davon ab, wie der Wein des betreffenden Jahrgangs ausgefallen ist. In Jahren wie 1975 oder 1986 dürfte die Beimischung von Preßwein meistens einen zu gerbstoffstrengen und robusten Wein ergeben haben. In leichteren Jahrgängen, in denen es dem Vorlaufmost an Stärke, Festigkeit und Farbe fehlt, beispielsweise also 1973 und 1980, muß ein entsprechendes Maß an farbstarkem, tanninreichem Preßwein zugegeben werden.

Die bakterielle oder malolaktische Säureumwandlung, bei der sich die scharfe Apfelsäure (malische Säure) in die mildere, sanftere Milchsäure (laktische Säure) verwandelt, ist ein behutsamer Schritt in der Entwicklung des jungen Rotweins. In manchen Châteaux verläuft die malolaktische Säureumwandlung gleichzeitig mit der alkoholischen Gärung, in den meisten Fällen aber zieht sie sich über Monate hin, meist von Oktober nach der Lese bis Ende Januar. Es kommt sogar vor, daß sie gelegentlich den folgenden Frühling und Sommer hindurch weitergeht, üblich ist das aber nicht. Die malolaktische Säureumwandlung ist für den Rotwein besonders bedeutsam, weil sie ihm Rundheit und Charakter verleiht. Eine Bewegung, die gegen Ende der achtziger Jahre begonnen hat und in den neunziger Jahren von immer mehr besseren Châteaux übernommen worden ist, zielt darauf ab, die malolaktische Säureumwandlung in kleinen Fässern und nicht mehr im Tank ablaufen zu lassen. Dieses in Burgund durchaus übliche Verfahren ist in Bordeaux vergleichsweise revolutionär, weil in den hier größeren Weingütern sowohl die alkoholische Gärung als auch die malolaktische Säureumwandlung traditionell in Gärfässern oder Tanks stattfand. Es herrscht die Auffassung, daß die Verwendung kleiner Fässer für die malolaktische Säureumwandlung dem Wein eine sahnigere Konsistenz verleiht und die Eichenholznote besser integriert. Auf jeden Fall können die Weingüter, die mit diesem Verfahren arbeiten, wohlgelungene Weine vorweisen.

Ob für den Ausbau des Weins neue oder alte Eichenfässer benutzt werden sollen, ist in Weinerzeugerkreisen ein heiß umstrittenes Thema. In Bordeaux arbeiten die berühmten Premiers Crus – Lafite-Rothschild, Mouton-Rothschild, Latour, Margaux und Haut-Brion – ebenso wie das große Spitzentrio von St-Emilion und Pomerol – Cheval Blanc, Ausone und Pétrus – zu 100% mit neuen Eichenfässern für praktisch jeden Jahrgang. Bei den übrigen gut geführten Châteaux erbringen offenbar jährlich 33 bis 60% neue Eichenfässer eine schöne Verbindung von Frucht, Tannin und Eichenholzwürze. Je höher der Anteil an neuen Eichenfässern gewählt wird, desto gehaltvoller muß der Wein sein, damit er von der Eichenholzvanillinwürze in Aroma und Geschmack nicht übertäubt wird. Beispielsweise waren viele der leichten, aber fruchtigen Weine aus den Jahren 1973 und 1980 einfach nicht kräftig oder gehaltvoll genug, um den Ausbau in neuen Eichenfässern, der ihnen zuteil wurde, zu vertragen. Neue Fässer verleihen einem Wein ein beträchtliches Maß an Tannin und Vanillinwürze und müssen daher mit Fingerspitzengefühl benutzt werden.

DIE ELEMENTE FÜR GROSSEN BORDEAUX

Eine von mehreren Nebenwirkungen des in Bordeaux aufgrund des Erfolgs der letzten Jahrgänge aufgekommenen Wohlstands ist, daß viel Geld in neue kellertechnische Anlagen und insbesondere in neue Fässer investiert wird. Allzu reichlicher Gebrauch von neuen Eichenfässern kann aber dazu führen, daß die Frucht eines Weins verdeckt wird. Die mächtige, massive Frucht und Konzentration der Weine aus Jahrgängen wie 1982 wird leicht mit frischem Eichenholz in reichlichen Mengen fertig, doch beim Verkosten der zarteren, weniger intensiven und konzentrierten 1981er und auch bei einigen 1989ern habe ich mich jedoch häufig gefragt, ob nicht allzuviel frisches Eichenholz vielleicht mehr Schaden als Nutzen stiftet. Seitdem viele Weingüter unter dem Premier-Cru-Niveau mit 50 bis 75 % neuen Eichenfässern jährlich arbeiten, scheint mir die Gefahr zu bestehen, daß zu viele Bordeaux-Weine ein übertriebenes Maß an Holzwürze abbekommen. Zwar ist die Verwendung neuer Eichenfässer grundsätzlich zu empfehlen und trägt auch dazu bei, die mit dem Gebrauch alter Fässer oft verbundenen Unsauberkeitsprobleme zu vermeiden, aber die in Bordeaux seit der Mitte der achtziger Jahre beobachteten außerordentlich hohen Erträge und der Mangel an Extrakt in vielen Weinen lassen sich hinter den in neueren Bordeaux-Jahrgängen häufig zu findenden großen Mengen an Aroma von frischem Eichenholz nun doch nicht verstecken.

Ein bemerkenswerter Aspekt beim roten Bordeaux ist, daß er sehr lange Zeit in kleinen Eichenfässern verbringt. In den meisten Jahrgängen beträgt die Verweildauer zwischen 12 und 24 bis 30 Monaten. Dabei ist diese Faßausbauzeit in den letzten Jahrzehnten schon bedeutend verkürzt worden, so daß man sich fragen muß, ob die Eilfertigkeit, mit der der Wein in die Flasche und auf den Markt kommt, nicht allmählich übertrieben wird. Die Kellermeister von Bordeaux bemühen sich, mehr Frucht und Frische in ihren Weinen einzufangen und dem bei zu langer Lagerung in Fässern bestehenden Risiko der Oxidation und der Entwicklung übermäßig holziger, trockener, tanninstrenger Art entgegenzuwirken. Die meisten Châteaux von Bordeaux füllen wohl deshalb inzwischen ihren Wein im Frühjahr und Frühsommer des zweiten Jahres nach der Lese ab. Beispielsweise wurden die 1995er und 1996er Bordeaux-Weine von Mai bis Juli 1996 bzw. 1997 abgefüllt. Dagegen wird heute nur noch selten im Spätherbst oder Winter abgefüllt, wie es vor 20 Jahren üblich war. Nur manche prominente Châteaux, z. B. Lafite-Rothschild, Haut-Brion, Latour, Pétrus und Calon-Ségur, warten mit dem Abfüllen, bis ihr Wein mindestens 24 Monate Reifezeit in kleinen Eichenfässern hinter sich hat.

In Jahrgängen wie 1997, 1993, 1992, 1981, 1979 oder 1976, in denen es den Weinen an großer Konzentration und Charaktertiefe mangelt, wird die Faßreifezeit kürzer gehalten als beispielsweise 1975, 1982, 1983, 1986, 1990, 1995 und 1996 mit ihren sehr vollen, reichhaltigen, dunklen und konzentrierten Weinen. Das Prinzip ist einfach: Leichtere, gebrechlichere Weine laufen Gefahr, durch zu lange Faßlagerung gedrückt zu werden, während robuste, virile, volle Weine einen beträchtlich längeren Aufenthalt im Eichenfaß vertragen, ja geradezu verlangen. Freilich besteht keine Frage, daß die praktischen und kommerziellen Gegebenheiten in Bordeaux inzwischen unter allen – außer den ungewöhnlichsten – Umständen, dazu zwingen, den Wein innerhalb von zwei Jahren nach der Lese abzufüllen.

Während der Ausbauzeit in Eichenfässern wird der neue Wein im ersten Jahr viermal umgefüllt. Dieses «Abstechen» ist wichtig, um den Wein zu klären. Es hat den Zweck, die klare Flüssigkeit von dem Satz aus Trubstoffen abzuziehen, die sich am Boden des Fasses angesammelt haben. Geschieht das außerordentlich arbeitsintensive Abstechen nicht rechtzeitig oder sorgfältig genug, dann kann der Wein einen Geruch von faulen Eiern annehmen, weil der Bodensatz Schwefelwasserstoff abgeben. Andererseits behaupten die Franzosen, daß die im Wein schwebenden und allmählich zum Boden des Fasses absinkenden Trubstoffe dem Bordeaux als Substanz und feste Materie die bemerkenswerte Komplexität in Aroma und Geschmack verleihen.

Eine der wichtigsten neueren technischen Entwicklungen auf diesem Gebiet ist das Filtrieren des neuen Weins, bevor er in Fässer gefüllt wird. Das auch in Kalifornien verbreitete Verfahren entzieht dem Wein die Trubstoffe, so daß er klarer wird und sehr viel weniger oft abgestochen werden muß – im ersten Jahr nur einmal. Die Befürworter des Verfahrens vertreten die Meinung, daß der klarere, reinere Wein, der ja nicht so oft manipuliert werden muß, dadurch weniger oxidationsgefährdet sei. Auch kann dieser Wein schon Ende Oktober in neue Eichenfässer gefüllt werden, und damit wird ein Vorsprung von 3 bis 4 Monaten gegenüber den Nachbarn erzielt, wenn im April die Experten zur Kellerprobe erscheinen. Gegner des Filtrierens behaupten dagegen, daß dieses Verfahren, das ja die Feststoffe aus dem Wein entfernt, ihn deshalb der wichtigen Elemente beraube, die er zur Entfaltung eines komplexen Aromas und Geschmacks benötigt. Außerdem diene es lediglich der Arbeitszeiteinsparung und der Absicht, den Wein schon in einem frühen Stadium präsentabel zu machen.

Während der Rotwein noch im Faß ruht, wird in allen Châteaux eine Behandlung vorgenommen, die dazu bestimmt ist, den Wein brillant, klar und frei von Schwebe- und Trubteilchen in die Flasche zu bringen. Es handelt sich um das Schönen, das traditionell mit Eiweiß geschieht, dessen Funktion es ist, die im Faß verteilten feinen Partikel an sich zu ziehen und dann nach dem Niedersinken zusammen mit den anderen dorthin abgesunkenen Trubstoffen am Boden festzuhalten. Bei zu starkem Schönen geht allerdings dem Wein auch Körper, Nachhaltigkeit, Konzentration und Charakter verloren. Heute wird das Schönen unmittelbar vor dem Abfüllen in großen Tanks durchgeführt, und viele Châteaux haben auch das traditionelle Eiweiß gegen wirksamere Substanzen wie Bentonit und Gelatine eingetauscht. In Bordeaux wird nur selten mehr als zweimal geschönt, weil man befürchtet, man müsse die absolute Klarheit durch eine Einbuße an Geschmacksvielfalt erkaufen. Leider besteht kein Zweifel, daß sowieso allzu viele Bordeaux-Weine übermäßig geschönt werden und dadurch an Geschmack und Körper leiden.

Neben der sorgfältigen Bereitung und Behandlung des jungen Rotweins haben alle besseren Châteaux in Bordeaux ein überaus strenges Ausleseverfahren gemeinsam, in dem festgelegt wird, welcher Wein unter dem Namen des Châteaus und welcher unter einem Zweitetikett abgefüllt oder aber faßweise an eine Genossenschaft oder einen Weinhändler in Bordeaux verkauft werden soll. Die besten Châteaux treffen die erste Auslese schon im Weinberg. Beispielsweise wird das Lesegut von jungen (meist unter 7- bis 8jährigen Reben) getrennt vom Lesegut der älteren Weinstöcke verarbeitet. Selbst der Anfänger erkennt deutlich den Unterschied zwischen einem Wein von 25 Jahre alten Weinstöcken und einem Wein von fünfjährigen Reben. Junge Reben bringen zwar Wein mit schöner Farbe hervor, aber er hat selten die Tiefe oder den vollen, konzentrierten Charakter eines Weins von älteren Weinstöcken. Aus diesem Grund wird in guten Châteaux Wein aus jüngeren Rebbeständen niemals mit dem Wein aus alten Beständen gemischt.

Es gibt allerdings auch Châteaux, die keinen Unterschied zwischen alten und neuen Reben machen, aber häufig leidet darunter die Qualität ihrer Weine.

Außer dieser Auslese im Weinberg treffen gute Châteaux auch eine strenge Auswahl zwischen den fertigen Weinen, und zwar normalerweise im Januar oder Februar nach der Lese. Dann setzt sich das Kellerpersonal mit dem beratenden Önologen und in vielen Fälle auch dem Weingutsbesitzer zu einer Verkostung der verschiedenen Weinposten zusammen, die im vorigen Jahrgang entstanden, und beschließen sodann, welche Partien oder *cuvées* in den Wein des Châteaus aufgenommen und welche unter dem Zweitetikett oder gar faßweise verkauft werden sollen. Ungefähr gleichzeitig mit dieser Prozedur verläuft die *assemblage*, das Verschneiden, d.h. Mischen der bestgeeigneten Weinpartien, und zwar werden auch die bis dahin noch getrennt gehaltenen Weine der einzelnen Rebsorten Merlot, Cabernet Sauvignon, Cabernet Franc und Petit Verdot einbezogen. Es ist kein Zufall, daß die Châteaux, in denen diese Auswahl am strengsten durchgeführt wird, häufig auch die besten Weine hervorbringen. Praktisch alle Châteaux führen die *assemblage* im Dezember oder Januar nach der Lese durch.

Sofern während des Ausbaus (*élevage*) nichts Ungewöhnliches im Faß passiert ist (es kommt häufig vor, daß ein unsauberes Faß zu einer bakteriellen Infektion führt), wird nun der Wein aus dem Faß zurück in die Gärtanks abgezogen, endgültig geschönt und sodann im Château in Flaschen abgefüllt.

DIE ELEMENTE FÜR GROSSEN BORDEAUX

Der Gedanke, den Wein ausschließlich im Erzeugerbetrieb abzufüllen (kenntlich an dem Etikettaufdruck *mise en bouteille au château*), ist noch ziemlich neu. Bis noch zum Ende der sechziger Jahre lieferten viele Châteaux normalerweise ihren Wein im Faß an Händler in Bordeaux, Belgien oder England, wo der Wein dann abgefüllt wurde. Eine solche Praxis öffnete nicht nur allerhand Mißbrauch Tür und Tor, sondern es kam auch unsachgemäße Behandlung des Weins in ungeeigneten und unsauberen Anlagen vor. Inzwischen verfügen die Châteaux selbst über moderne Abfüllanlagen, und alle Crus Classés ebenso wie die große Mehrheit der Crus Bourgeois füllen ihren eigenen Wein selbst ab. Das Abfüllen der gesamten Produktion eines Châteaux kann einen Monat und in größeren Weingütern bis zu drei Monate in Anspruch nehmen. Man kann sich also einigermaßen darauf verlassen, daß ein bestimmter Jahrgang eines Châteaus innerhalb des hier genannten Zeitraums abgefüllt worden ist, und das bedeutet für den Verbraucher die Gewähr, daß bei gleicher Behandlung und gleichen Lagerbedingungen der Wein von einer Flasche zur anderen auch gleichmäßig bleibt.

Zum Zeitpunkt der Abfüllung muß der Kellermeister noch einmal eine für den Stil und vielleicht auch für die Qualität des Weins bedeutsame Entscheidung treffen. Immer mehr Châteaux beginnen die in Deutschland hergestellten, technisch hochraffinierten Mikroporenfilteranlagen anzuschaffen, in denen alle Trub- oder Schwebeteilchen aus dem Wein entfernt werden, die bei den verschiedenen Abstech- und Schönvorgängen etwa noch übriggeblieben sein sollten. Zum Glück lassen die meisten Châteaux ihren Wein nur durch einen groben Zellulosefilter laufen. Ich kenne kein seriöses Weingut, das seine Weine steril filtert. Manche Châteaux sind der Meinung, das Filtrieren sei für die Erzielung eines gesunden, sauberen Flaschenweins wesentlich, während andere behaupten, es sei völlig unnötig und beraube den Wein nur seines Körpers, seiner Geschmacksfülle und seiner Lebensdauer.

Wer hat nun recht? Im Streit der Befürworter und Gegner des Filtrierens sprechen gewichtige Gründe für beide Seiten. Die ständige Angst der Einzel- und Großhändler, Importeure, Restaurantbesitzer und auch der Weinerzeuger selbst, daß der Verbraucher glaubt, ein Bodensatz im Wein sei ein Fehler, hat viele Châteaux leider dazu veranlaßt, ihren Wein mehrfach durch feine Filter zu jagen, was dem Wein bestimmt nicht zuträglich ist. Zum Glück begnügen sich die bedeutenderen Châteaux damit, eine leichte Filtrierung als letzten Schliff vorzunehmen, um größere Trubteilchen zu entfernen, oder aber sie lehnen das Filtrieren überhaupt ab und setzen darauf, der Verbraucher werde eines Tages schon noch lernen, daß ein Bodensatz oder *dépôt*, wie die Franzosen sagen, in Wahrheit bei einem älteren Bordeaux das allergesündeste Anzeichen ist.

Das Filtrieren ist im Weinbau eine noch relativ junge Technik (es kam erst in der Mitte der 1970er Jahre auf), und man muß es der Zeit in der Flasche überlassen, die Antwort auf die Frage zu finden, ob das Filtrieren die Fülle, Komplexität und Lebenserwartung des Weins schwächt, wie seine Gegner behaupten. Grundsätzlich erscheint aber bei biologisch stabilen und klaren Weinen, wie es die meisten Bordeaux ja sind, übertriebenes Schönen und Filtrieren überflüssig. Ich habe genug blinde Verkostungen gefilterter Weine im Vergleich mit ungefilterten vorgenommen, um meine grundsätzliche Ablehnung dieses Verfahrens bestätigt zu sehen. Wer behauptet, daß durch das Filtrieren nichts aus einem ansonsten stabilen Wein entfernt wird, ist entweder ein Narr oder ein Lügner.

Wenn der Wein sich schließlich in der Flasche befindet, geben die Châteaux ihn meistens erst zum Versand frei, nachdem er noch 2 bis 4 Monate geruht hat. Es besteht Grund zu der Annahme, daß durch das Abfüllen der Wein so sehr aufgewühlt wird, daß er einen Schock erleidet und mindestens einige Monate braucht, um sich davon zu erholen. Bei meinen Verkostungen von gerade erst abgefüllten Bordeaux-Weinen hat sich diese Ansicht schon oft bestätigt.

So entsteht Weisswein

Das Hauptanliegen bei der Erzeugung der trockenen Weißweine von Bordeaux gilt der Bewahrung eines Elements der Spritzigkeit und Frische. Andernfalls schmecken sie schal oder schwerfällig. Niemand in Bordeaux hat in der Weißweinerzeugung größere Fortschritte geschaffen als Denis Dubourdieu. Als der große Weißwein-Guru von Bordeaux leistete er Pionierarbeit in der kühlen Gärtechnik (bei 15 bis 17 °C) und in einer längeren Einmaischung der Traubenschalen, der sogenannten *macération pelliculaire*. Da die Traubenschalen Aroma- und Geschmacksstoffe an den Wein abgeben, wird durch dieses Verfahren eine größere Intensität in Duft und Geschmack erzielt. Jedenfalls haben die neuen Techniken eine Fülle interessanter, schmackhafter, charaktervoller trockener Weißweine nicht nur im renommierten Bereich Graves, sondern auch in den Appellationen Premières Côtes de Bordeaux und Entre-Deux-Mers hervorgebracht.

Der Weinstil wird freilich auch dadurch beeinflußt, ob die Gärung und der Ausbau in Stahltanks oder Eichenfässern geschieht. In beiden Fällen muß der Kellermeister sorgfältig auf die Vermeidung von Oxidation achten. Dies geschieht am leichtesten durch Behandlung mit dem oxidationshemmenden Mittel Schwefeldioxid. Die meisten hochklassigen Weißweine wie Domaine de Chevalier, Haut-Brion-Blanc, Laville-Haut-Brion und de Fieuzal werden im traubigen Jungzustand in einem als *débourbage* (Entfernen von Fruchtrückständen) bezeichneten Verfahren geklärt. Mehr kommerziell orientierte Erzeuger verwenden eine Zentrifuge oder filtrieren den Wein nach der Gärung, um ihn zu klären. Das traditionelle *débourbage*-Verfahren gewährleistet meiner Ansicht nach die Entstehung komplexerer und interessanterer Weine.

Eine weitere wichtige Entscheidung mit Auswirkungen auf den Stil des weißen Bordeaux ist die, ob man eine malolaktische Säureumwandlung zulassen will oder nicht. Sie kann nämlich durch Erwärmen der Gärbehälter in Gang gesetzt werden und verwandelt dann die ausgeprägtere und schärfere Apfelsäure in die mildere, sanftere Milchsäure. Burgunder werden üblicherweise einer malolaktische Säureumwandlung unterzogen, bei den meisten Bordeaux-Weißweinen jedoch wird sie durch Schwefelung unterbunden. Bei den vielen säurearmen Weinen der achtziger Jahre war das auch das einzig Richtige.

Trockener weißer Bordeaux wird meist innerhalb von 3 bis 6 Monaten nach der Lese abgefüllt, wenn Frische und Spritzigkeit betont werden sollen. Weißweine, die für längere Lebensdauer und weitere Entfaltung gedacht sind, reifen dagegen oft einen Monat lang in neuen Eichenfässern, eventuell aber auch bis zu 16 oder 18 Monate (z. B. der große Weißwein aus der Domaine de Chevalier). Alle trockenen weißen Bordeaux-Weine werden gewöhnlich bei der Abfüllung geschönt und gefiltert; Weine wie de Fieuzal, Laville-Haut-Brion, Haut-Brion-Blanc und Domaine de Chevalier werden dabei mit besonderer Schonung behandelt, um ihnen nichts von ihrer aromatischen Komplexität und ihrer Geschmacksdimension zu nehmen.

Die Erzeugung der süßen Weißweine von Barsac und Sauternes ist eine noch arbeitsaufwendigere und riskantere Prozedur. Voraussetzung für die besten dieser Weine ist fast immer die Lese in mehreren Durchgängen, wobei jeweils nur Trauben ausgewählt werden, die von Edelfäule befallen sind (siehe Seite 1260). Die Erträge dieser selektiven Lese (die eine echte Beerenauslese darstellt) werden von vornherein auf höchstens 25 hl/ha beschränkt. Vergleicht man diese Ziffer mit den 59 bis 65 hl/ha, wie sei bei den benachbarten Rotweinerzeugern durchaus nicht unüblich sind, dann erkennt man sehr wohl, wie schwierig die wirtschaftlichen Verhältnisse bei der Erzeugung der Barsacs und Sauternes sind. Die von Edelfäule befallenen Trauben werden sodann gekeltert, und der Gärprozeß verläuft solange, bis der Zuckergehalt in einen Alkoholgehalt von 14 bis 15 % umgewandelt ist. Dabei bleibt noch immer unvergorener Traubenzucker im Wein übrig. Durch die Verbindung von kräftigem Alkohol mit großer Süße und durch das ausdrucksvolle Aroma und die verschwenderisch üppige Art, die zum Teil auch auf die Edelfäule zurückgeht, gehören diese Süßweine zu den fesselndsten in der Welt.

Eine interessante Technik wurde in Barsac/Sauternes entwickelt und gegen Ende der achtziger Jahre eingeführt, und zwar handelt es sich um die sogenannte Gefrierextraktion. Bei diesem umstrittenen Verfahren wird das eingebrachte Lesegut eingefroren (bei −6°C), so daß sich das Wasser in den Trauben in Eis verwandelt und beim Abpressen ausgeschieden werden kann. Dadurch wird die Konzentration des Traubenmosts beträchtlich gesteigert. Dieses Verfahren wurde bereits in hochangesehenen Châteaux wie Rayne-Vigneau, Rieussec und Rabaud-Promis praktiziert. Auch das Château d'Yquem verfügt über eine Gefrierextraktionsanlage. Zwar befindet sich das Verfahren noch im Versuchsstadium, es hat aber schon eindrucksvolle erste Ergebnisse geliefert. Diejenigen Kritiker, die darin nur einen Trick zur Einsparung von Arbeitskräften sehen, dürften vielleicht noch eines Besseren belehrt werden. Auf jeden Fall lassen sich bei der Gefrierextraktion edelfaule Trauben verarbeiten, ohne daß eine Verwässerung zu befürchten ist, weil ja das Wasser in Form von Eisstückchen ausgeschieden und so der Most gewissermaßen zur Traubenessenz extrahiert wird.

Nach der Gärung reifen die süßen Weißweine der Spitzengüter üblicherweise in Fässern, von denen ein bedeutender Anteil jährlich erneuert wird. Bei Yquem wird der Wein immer mindestens 3 Jahre lang in stets zu 100% neuen Eichenfässern ausgebaut. Andere Spitzengüter, beispielsweise Climens und Suduiraut, verwenden zu 50 bis 100% neue Eichenfässer, und einige Weingüter, vor allem Gilette, lehnen neue Eichenfässer überhaupt ab, bringen aber trotzdem großartigen Wein hervor.

Bei der Abfüllung werden die meisten Süßweine geschönt und leicht gefiltert.

6.
Ratschläge für den Bordeaux-Liebhaber

Lagerung

Wie jeder feine Wein braucht auch der Bordeaux ordnungsgemäße Lagerung, damit er in gutem Zustand auf den Tisch kommen kann, wenn er genußreif ist. Alle Weinfreunde wissen, daß ein erschütterungsfreier, dunkler, feuchter, unterirdischer Keller mit einer gleichmäßigen Temperatur von etwa 12°C für die Lagerung von Wein ideal ist.

Allerdings hat nicht jeder ein eigenes Schloß mit solchen Unterbringungsmöglichkeiten für den geliebten Wein. Zwar ist eine solche Räumlichkeit ideal, zum Glück aber werden sich Bordeaux-Weine auch unter anderen Umweltbedingungen genausogut wohl fühlen und entfalten. Ich habe viele alte Bordeaux-Weine gekostet, die in Schränken oder Kellern gelegen hatten, wo es im Sommer bis zu 18° warm wird, und trotzdem waren sie in bestem Zustand. Wer bei der Lagerung von Bordeaux-Wein die nachstehenden Regeln beachtet, wird wahrscheinlich kaum die Enttäuschung erleben, daß es mit einem seiner kostbaren Tropfen vorzeitig bergab geht.

Regel 1

Auf jeden Fall muß man darauf achten, daß der Wein so kühl wie möglich lagert. Die absolute Obergrenze für lange Lagerung, also 10 Jahre und darüber, liegt bei höchstens 18°C. Weine, die bei solcher Temperatur lagern, reifen zwar etwas schneller aus, aber es wird ihnen nicht schaden. Wenn es gelingt, die Temperatur unter 18° zu bringen, dann braucht man sich um den Zustand der Weine keine Sorgen zu machen. Bei der Idealtemperatur von 12°C entwickeln sich die Weine so langsam weiter, daß die Enkel wahrscheinlich mehr von ihnen haben werden als man selbst. Besonders wichtig ist bei der Temperatur die Gleichmäßigkeit – Schwankungen sollten nur langsam vor sich gehen. Übrigens sind Weißweine viel empfindlicher für nicht ganz ideale Kellertemperaturen. Die trockenen Weißweine von Bordeaux sollten bei einer Temperatur von möglichst genau 12° gelagert werden, während sich die kräftigeren, alkoholstärkeren Süßweine aus Barsac und Sauternes auch bei einer Kellertemperatur von bis zu 18° gut halten.

Regel 2

Man sollte darauf achten, daß der Lagerraum dunkel und frei von Gerüchen und Erschütterungen ist. Eine Luftfeuchte von 50 bis 80 % ist ideal. Über 80 % schaden dem Wein zwar nicht, aber die Etiketten verschimmeln. Bei einer Luftfeuchte von unter 50 % kann es vorkommen, daß die Korken trockener werden als erwünscht.

Regel 3

Bordeaux-Weine aus kraftvollen, reichhaltigen, konzentrierten, körperreichen Jahrgängen reisen und reifen bedeutend besser als solche aus leichten Jahrgängen. Beispielsweise kann nicht nur eine Reise über den Ozean für Bordeaux-Weine aus den Jahren 1971, 1976, 1977 und 1980 verhängnisvoll werden. Diese nicht so konzentrierten und tanninreichen, eher fragilen Jahrgänge leiden oft weit mehr unter längerem Transport als die kräftigen, gerbstoff- und körperreichen 1970er, 1975er, 1978er, 1982er, 1983er, 1985er, 1986er, 1988er, 1989er, 1990er, 1995er und 1996er. Bei der Entscheidung, welche Bordeaux-Weine man einlagern soll, muß man berücksichtigen, daß fragile Weine auch unter idealen Lagerbedingungen viel rascher ausreifen.

Regel 4

Beim Einkauf von neuen Bordeaux-Jahrgängen empfehle ich, stets sofort zuzugreifen, wenn der Wein auf dem Markt erscheint – natürlich erst, wenn man ihn gekostet hat und er einem auch schmeckt. Man kann sich nämlich nicht darauf verlassen, daß alle am Weinhandel Beteiligten, vom Importeur bis zum Einzelhändler, stets sorgfältig auf richtige Lagerung des Weins achten. Die Ansicht, daß man Wein wie Whisky oder Bier im Regal aufrechtstehend bei extremen Temperaturschwankungen und schädlich hellem Licht aufbewahren kann, ist zum Glück nicht mehr so verbreitet, weil doch immer mehr kenntnisreiche Menschen in leitende Positionen von Verkaufsstellen gelangen, die auch Wein führen. Leider aber werden noch immer allzuviele feine Weine schon frühzeitig durch falsche Lagerung geschädigt, und deshalb kann der Weinfreund solche Tragödien nur verhindern, indem er den Wein möglichst früh in eigenen Gewahrsam nimmt. Es gilt rasch zu handeln, um den Wein vor Mißhandlung zu bewahren.

Servieren

Geheime Rituale sind beim Servieren von Bordeaux-Weinen nicht zu beachten. Alles, was man dafür braucht, ist ein guter Korkenzieher, ein sauberes, geruchfreies Dekantiergefäß und ein Sinn für die richtige Reihenfolge sowie dafür, ob man ihn nicht erst einmal atmen lassen soll.

In Bordeaux-Weinen bildet sich ein Bodensatz, insbesondere wenn sie das Alter von 6 bis 7 Jahren überschritten haben. Deshalb ist Dekantieren angebracht – d. h., der Wein wird zunächst in ein sauberes Dekantiergefäß gegossen, um die klare Flüssigkeit von den dunklen Ablagerungen zu trennen, die sich unten in der Flasche angesammelt haben. Ältere Bordeaux-Weine sollte man mit großer Vorsicht aus dem Regal nehmen, um diesen Satz nicht aufzurütteln und den Wein zu trüben. Das Dekantieren kann eine komplizierte Angelegenheit sein, man braucht aber eigentlich nur einen sauberen Behälter, der nicht nach Spülmittel oder sonstigem riecht, und eine ruhige Hand. Wer die nicht hat, sollte sich einen Dekantierapparat anschaffen – das ist eine wunderbare, leider aber teure Erfindung, die jedoch das Dekantieren sehr erleichtert. Besonders wichtig ist es, das Dekantiergefäß zuerst mit chlorfreiem Brunnen- oder Mineralwasser auszuschwenken, auch wenn man glaubt, es sei völlig sauber. Ein Dekantiergefäß, aber auch ein

Weinglas bildet, wenn es im Schrank steht, einen hervorragenden Auffangbehälter für Raum- und Küchengerüche, von denen man so nichts bemerkt, die einem aber störend in die Nase steigt, sobald man Wein hineingießt. Außerdem bleibt in vielen Gläsern ein unsichtbarer Spülmittelrest, denn Geschirrspüler sind auch nicht perfekt. Ich kann gar nicht sagen, bei wie vielen Diners ich schon erleben mußte, daß das herrliche Bukett von Zedernholz und schwarzen Johannisbeeren eines 15 oder gar 20 Jahre alten Pauillac vom Geruch eines Spülmittels oder von einem abgestandenen Küchenduft übertönt wurde, der sich im Glas angesammelt hatte.

Nehmen wir nun an, daß der Wein in ein sauberes Dekantiergefäß gelangt ist; nun gilt es noch die optimale Serviertemperatur zu bedenken, ferner daß der Wein vielleicht erst noch atmen sollte und schließlich, wenn man mehrere verschiedene Bordeaux-Weine servieren will, die Reihenfolge, in der das geschehen soll.

Das mit dem Atmen oder Ablüften ist beim Bordeaux-Wein recht umstritten. Manche Kenner bestehen streng darauf, daß es notwendig sei, andere wieder meinen, es sei einfach Unsinn. Wer hat recht? Ich habe viele Vergleiche angestellt, um herauszufinden, ob dieses Ablüften etwas bringt oder nicht. Die Antwort, wenn es denn überhaupt eine gibt, kenne ich immer noch nicht, aber meine Beobachtungen will ich mitteilen. Beim sorgfältigen Dekantieren bekommt der Bordeaux-Wein vermutlich so viel Luft ab, wie er braucht. Ich habe festgestellt, daß bei jungen, muskulösen, vollen und tanninreichen Jahrgängen 20 bis 90 Minuten an der Luft dazu beitragen, daß der Wein milder wird. Allerdings wird der anfängliche Schwall von Fruchtigkeit, der oft beim Öffnen der Flasche und beim Dekantieren hervorbricht, um einiges schwächer. Bei kräftigem, vollem Bordeaux-Wein ist das Ablüften oft nur ein Tauschhandel – man bekommt eine gewisse Milderung, gibt dafür aber einen Teil des fruchtigen Aromas auf.

Bei leichtgewichtigen, nicht so tanninreichen Bordeaux-Weinen habe ich sogar festgestellt, daß längeres Stehenlassen dem Genuß abträglich ist. Solche Weine sind oft recht fragil oder zu schwach ausgestattet, und wenn man sie lange atmen läßt, dann führt das dazu, daß sie verblassen. Ältere Bordeaux-Jahrgänge sollte man nicht länger als 15 bis 20 Minuten nach dem Dekantieren an der Luft stehen lassen. Leichte ältere Weine und sehr, sehr alte Jahrgänge empfehle ich zu öffnen, zu dekantieren und sofort zu servieren. Wenn ein alter Wein erst einmal zu verblassen beginnt, kann man ihn nicht wieder ins Leben zurückrufen.

Freilich gibt es auch für diese Regel immer Ausnahmen; so kann ich mich an manchen 1945er und auch einige 1961er erinnern, die nicht nur nach den von mir empfohlenen 20 bis 25 Minuten, sondern ganze 4 bis 5 Stunden nach dem Dekantieren noch in Hochform waren. Sich nach der kürzeren Seite hin in der Zeit zu verschätzen, gibt den Gästen Gelegenheit, den Wein ausgiebig im Glas zu schwenken und ihm auf diese Weise Luft zuzuführen, und ist weit besser, als den Wein zu früh zu öffnen und ihn, der doch noch beim Dekantieren so herrlich geduftet hatte, in tiefstem Koma auf den Tisch zu bringen. Ich habe beobachtet, daß die massiveren 1982er 12 bis 14 Stunden an der Luft durchaus vertrugen, aber das liegt vermutlich an ihrer Wucht und Dichte.

Die Serviertemperatur ist ebenfalls ein wichtiger Aspekt. Es erstaunt mich immer wieder, wie oft ich einen großen Bordeaux-Wein zu warm vorgesetzt bekomme. In allen Weinbüchern ist davon die Rede, daß feiner Rotwein bei Zimmertemperatur serviert werden solle. In vielen gut geheizten Eßzimmern herrscht aber oft genug eine Temperatur von 21 bis 24°C, und das ist eine Zimmertemperatur, die keinem feinen Bordeaux-Rotwein behagt. Vielmehr schmeckt ein Bordeaux so warm meist flach und flau, und sein Bukett wirkt diffus und konturenlos. Auch erscheint der Alkoholgehalt höher als gehörig. Die ideale Temperatur für roten Bordeaux ist 18 bis höchstens 20° und für weißen Bordeaux 12 bis 15°C. Wenn man seine besten Weine nicht bei solchen Temperaturen servieren kann, bringt man sie nicht recht zur Geltung. Muß ein roter Bordeaux 10 Minuten in einem Eiskübel abgekühlt werden, weil er zu warm geworden ist, dann gibt es dagegen nichts einzuwenden. Ich habe schon oft an einem heißen Sommertag in Bordeaux oder an der Rhône meinen Pomerol oder Châteauneuf-du-Pape lieber 10 Minuten lang mit Eis abkühlen lassen, als ihn nicht 27° warm zu trinken.

Schließlich gehört zur effektvollen Präsentation der Bordeaux-Weine bei einem Diner auch ein gewisser Sinn für die richtige Reihenfolge. Hierbei sind die Regeln einfach. Leichtere Bordeaux-Weine oder auch Weine aus leichteren Jahrgängen sollten stets vor den reichhaltigeren, volleren Weinen aus großen Jahrgängen serviert werden. Beachtet man das nicht, dann werden leichtere, zartere Weine nach einem wuchtigen, körperreichen Wein blaß erscheinen. Wenn man beispielsweise einen zarten 1979er Margaux, etwa einen d'Issan, nach einem 1975er Lafleur servieren wollte, dann wäre das dem d'Issan gegenüber einfach unfair. Als weitere Reihenfolge ist zu beachten, daß stets jüngere vor älteren Weinen serviert werden sollen. Man braucht das zwar nicht allzu streng zu nehmen, aber jüngere, noch adstringierende Weine sollten vor älteren, milderen, reiferen rangieren.

Bordeaux-Wein zum Essen

Die Kunst, die richtige Flasche Bordeaux zu einer bestimmten Speise oder einer Mahlzeit zu wählen, ist inzwischen so übermäßig reglementiert, daß dies dem Genuß am Wein und am Essen kaum noch zuträglich sein kann. Zeitungs- und Zeitschriftenartikel, ja ganze Bücher werden angefüllt mit ausgeklügelten Regeln, in denen es geradezu als Sünde gilt, nicht den genau richtigen Wein zu einem ganz bestimmten Gericht zu servieren. Anstatt sich auf die Dinner Party zu freuen, zerbricht sich so manche Gastgeberin und so mancher Gastgeber den Kopf meist völlig unnötig über die Wahl des richtigen Weins. Sie wären besser daran, wenn sie den weisen Rat beherzigen würden, den der bekannte französische Restaurateur Henri Berau einmal gegeben hat: «Die erste Voraussetzung für ein angenehmes Diner ist vor allem die richtige Wahl der Gäste.»

Die Spielregeln für die Wahl des richtigen Bordeaux-Weins zum Essen sind nicht schwer zu erlernen. Es handelt sich lediglich um die altbewährten, sogenannten Grundprinzpien, die da besagen: junger Wein vor altem, trockener vor lieblichem, weißer vor rotem, roter zu Fleisch und weißer zu Fisch. Allerdings haben sich die Zeiten gewandelt, und manche der alten Parolen sind außer Kurs gesetzt. Man braucht sich heutzutage nicht zu wundern, wenn man hört, daß ganz bestimmte eßbare Blüten, beispielsweise Kapuzinerkresse, unbedingt zu einem blumigen weißen Graves gehören.

Die Hauptfrage, die man sich stellen muß, lautet, ob ein bestimmtes Gericht einfachen oder komplexen Geschmack bietet. Die beiden beliebten Traubensorten Merlot und Cabernet Sauvignon bringen majestätische Weine mit ungewöhnlicher Komplexität und Geschmackstiefe zustande, die aber als Begleiter zu Speisen erstaunlich eindimensional sind. So komplex und vielseitig sie an sich auch sein mögen, passen sie doch nur zu Speisen, die relativ schlichten Geschmack bieten. Beide passen sich wundervoll an einfache Fleisch- und Kartoffelgerichte an: Filet Mignon, Lammfilet, Steaks, ob gebraten oder gegrillt. Je älter und komplexer Cabernet-Sauvignon- und Merlot-Weine sind, um so einfacher soll das Gericht sein, damit ihre Geschmacksfülle hervorgehoben und nicht übertönt wird. Dieses Prinzip wird in den Restaurants und den Eßzimmern in Bordeaux so gut wie überall beachtet. Hauptgänge, die einen Rotwein schön zur Geltung bringen sollen, sind meistens einfache Lamm- oder Rindfleischgerichte. Also lautet der Grundsatz: einfache Weine zu komplexen Gerichten, komplexe Weine zu einfachen Gerichten. Auch Richard Olney stellt dieselbe Beobachtung in *«The French Menu Cookbook»*, seiner klassischen Auseinandersetzung mit diesem Thema, an.

Eine weitere Frage, die es zu beantworten gilt, lautet: Welchen Stil hat der Wein aus dem betreffenden Jahrgang? Mehrere der größten Küchenchefs in Frankreich haben mir erklärt, daß sie Bordeaux-Weine aus nicht so großen Jahren den besseren Jahrgängen vorziehen, und auch ihre *sommeliers* anweisen, entsprechende Weine für das Restaurant einzukaufen. Wie ist das zu verstehen? Aus der Perspektive des Küchenchefs steht die Speise im Vordergrund, nicht der Wein. Mancher *chef de cuisine* mag da der Ansicht sein, ein großer Bordeaux-Jahrgang mit ausnehmend voller, wuchtiger, alkoholstarker und konzentrierter Art werde nicht nur seiner Kunst die Schau stehlen, sondern es sei auch schwieriger, die richtige Abstimmung mit den Speisen herzustellen. Deshalb ist ihm wohl ein 1992er, 1987er oder 1980er Bordeaux lieber als ein hochkonzentrierter 1990er, 1989er, 1986er oder 1982er. So geben sonderbarerweise die gehaltvollsten Jahrgänge, obwohl sie als Weine großartig sind, doch nicht immer die besten Begleiter zu Speisen ab. Leichtere, aber doch schmackhafte Weine aus nicht so hervorragenden Jahren können delikate und verhaltene Gerichte auf jeden Fall wesentlich besser ergänzen als große Jahrgänge, die man ganz einfachen Gerichten vorbehalten sollte.

Wechsel auf die Zukunft: Bordeaux-Wein im Vorverkauf und worauf man dabei achten muss

Der Weinkauf, mit dem schon normalerweise genug Fallstricke für den Verbraucher verbunden sind, wird vollends kompliziert und riskant, wenn man sich ins «Futures-Geschäft» stürzt.

Oberflächlich betrachtet handelt es sich bei dieser Art von Weinkauf lediglich darum, in ein, zwei Kisten Wein Geld zu einem vorgegebenen Vorverkaufspreis zu investieren, lange bevor der Wein abgefüllt und zum Versand gebracht wird. Man stellt einen Wechsel auf die Zukunft aus in der Annahme, daß der Wein während der Zeit zwischen dem Kauf und der Auslieferung beträchtlich an Wert gewinnt. Bei diesem Kauf geht es darum, den richtigen Wein aus dem richtigen Jahrgang im richtigen internationalen Finanzklima zu erstehen, denn dann kann man beträchtlich sparen. Andererseits kann es eine herbe Enttäuschung sein, wenn man viel Geld in einen vorausgekauften Wein gesteckt hat und dann 12 bis 18 Monate später bei seinem Eintreffen feststellen muß, daß der Preis unverändert geblieben oder sogar inzwischen gefallen ist und daß obendrein die Qualität des Weins den Erwartungen nicht gerecht wird.

Jahrelang waren solche Vorverkaufsangebote weitgehend auf Bordeaux beschränkt, inzwischen kommen sie aber auch aus anderen Regionen. In Bordeaux bieten die Châteaux im Frühjahr nach der Ernte einen Teil ihres Ertrags zum Verkauf an. Das erste Angebot, die *première tranche*, bildet meist schon einen guten Indikator für das Interesse des Handels an dem neuen Wein, für die auf dem Markt herrschenden Verhältnisse und für den endgültigen Preis, den das Publikum zu zahlen haben wird.

Die Makler und Handelshäuser decken sich frühzeitig mit einem Jahrgang ein und bieten nun ihrerseits häufig Teile ihrer Einkäufe den Importeuren, Groß- und Einzelhändlern an, die wiederum diese Weine dem Publikum als Zukunftsinvestition weiterempfehlen. Solche Angebote liegen im Einzelhandel meist im Frühjahr nach der Ernte vor. Beispielsweise wurde der Bordeaux-Jahrgang 1997 im April 1998 im «Subskriptionsverfahren» auf den Markt gebracht. Der Weinkauf zu diesem Zeitpunkt ist nicht ohne mancherlei Risiko. Zwar können Stil und Qualität des Jahrgangs mit 90% Sicherheit von Profis, die den Wein sozusagen im Kindesalter verkosten, ermittelt werden, aber inzwischen hat das stark gewachsene Interesse am Kauf junger Bordeaux-Weine dazu geführt, daß sich Journalisten – qualifizierte und unqualifizierte – in immer größerer Zahl an die Beurteilung von Bordeaux-Weinen wagen. Man kann sich denken, was dabei herauskommt. Viele Publizisten sehen ihre Aufgabe lediglich darin, den jeweiligen Jahrgang über den grünen Klee zu loben, und geben mittlerweile glühendere Anpreisungen von sich als die für Bordeaux zuständige Weinwerbung.

Deshalb sollte der Verbraucher den Rat mehrerer vertrauenswürdiger Profis einholen und dabei vor allem kritisch auf folgendes achten: (1) Hat der betreffende professionelle Weinkoster Erfahrung im Verkosten sowohl junger als auch alter Bordeaux-Jahrgänge? (2) Wieviel Zeit verbringt dieser Weinkoster im Jahr mit dem Verkosten von Bordeaux-Wein, besucht er dabei die Weingüter und studiert den Jahrgang? (3) Gibt der Weinkoster seine Ansicht in unbeeinflußter, unvoreingenommener Form und frei von jeder Handelswerbung wieder? (4) Hat sich der Weinkoster eingehend mit den Wechselbeziehungen zwischen Wetterverhältnissen, den Bedingungen zur Lesezeit, dem Reifeverlauf der Traubensorten und den Bodenarten beschäftigt?

Wenn Wein im Vorverkauf angeboten wird, dann ist dies meist mit begeisterten Äußerungen für den neuesten Jahrgang auf seiten der Weingutsbesitzer und des Weinhandels verbunden. In Frankreich heißt es, «der größte Wein, den es je gegeben hat, ist immer der Wein, der gerade zum Verkauf ansteht», und nach diesen Worten richten sich viele Weinerzeuger und -händler. Es ist nun einmal die Aufgabe des Weinhandels, Wein zu verkaufen, und so muß der Verbraucher eben auf eine Flut von Anpreisungen «großartiger Weine aus einem großartigen Jahrgang zu einem großartigen Preis» gefaßt sein. Das geschieht immer und immer wieder auch bei nur mäßig guten Jahrgängen und hat die Glaubwürdigkeit vieler ansonsten durchaus verantwortungsbewußter Einzelhändler und auch Journalisten erschüttert. Andererseits sind Publizisten, die einen wahrhaft großen Jahrgang nicht erkennen oder nicht anerkennen wollen, genauso unfähig und unglaubhaft.

Um es kurz zu machen, gibt es nur vier vertretbare Gründe für Investitionen in die Zukunft von Bordeaux-Weinen:

(1) *Man möchte vorzugsweise superben Wein aus einem ausgezeichneten oder – noch besser – einem großen Jahrgang kaufen*

Kein Jahrgang läßt sich in Schwarzweiß beschreiben. Selbst im größten Jahrgang gibt es enttäuschende Appellationen und mittelmäßige Weine. Andererseits können in lediglich guten bis sehr guten Jahrgängen ganz superbe Weine entstehen. Man muß unbedingt wissen, wer gut und wer nicht gut in Form ist, um eine kluge Kaufentscheidung treffen zu können. Wenn man die letzten 25 Jahre betrachtet, erkennt man, daß die einzigen wirklich großen Jahrgänge in Bordeaux und auch nur in den genannten Appellationen die folgenden waren:

1996 – Margaux, St-Julien, Pauillac, St-Estèphe
1995 – St-Julien, Pauillac, St-Estèphe, Graves, Pomerol, St-Emilion
1990 – St-Julien, Pauillac, St-Estèphe, Pomerol, St-Emilion, Barsac/Sauternes
1989 – Pomerol, Barsac/Sauternes
1988 – Barsac/Sauternes
1986 – St-Julien, Pauillac, St-Estèphe, Barsac/Sauternes
1982 – St-Julien, Pauillac, St-Estèphe, Graves, Pomerol, St-Emilion

Es gibt keinen vernünftigen Grund, andere Weine als Futures zu kaufen als die Spitzenleistungen eines bestimmten Jahrgangs, weil die Preise in der Zeit zwischen Subskription und Abfüllung im allgemeinen nicht zulegen. Die Ausnahmen sind immer wieder dieselben: Spitzenweine und große Jahrgänge. Wenn das finanzielle Klima nicht mit einiger Sicherheit darauf schließen läßt, daß der Wein nach der Abfüllung voraussichtlich mindestens um 25 bis 30 % teurer auf den Markt kommt, dann tun die meisten Käufer besser daran, ihr Geld inzwischen anderswo zu investieren. Es gilt zu beachten, daß selbst 1990, also in einem Jahrgang, dessen Preise in den letzten 8 Jahren in die Höhe geschossen sind, die Weine ursprünglich zu einem niedrigeren Preis angeboten wurden als die 1989er. Der Preisanstieg beim 1990er setzte erst ein, nachdem er schon 12 Monate abgefüllt war. Der Markt war einfach gesättigt, als der 1990er herauskam. Der 1989er hatte weitaus zuviel Vorschußlorbeeren als «Jahrhundertwein» bekommen, und die großen Anleger hatten ihr Geld bereits in ihn gesteckt, so daß sie beim 1990er nicht in größerem Maßstab einsteigen konnten. Als der 1990er dann in der Flasche war und weithin beurteilt werden konnte, begann sein Preis in den Jahren 1994 und 1995 rasch zu klettern, und das setzte sich fort, da der 1990er fraglos ein großer Jahrgang ist.

Die Entwicklung um die Bordeaux-Zukunftsangebote der Jahrgänge 1975 und 1978 stellt dem Käufer solcher Weine ein interessantes Bild vor Augen: Wer den Jahrgang 1975 im Vorverkauf erstand, fuhr damit außerordentlich gut, denn im Jahr 1977 beliefen sich die Vorangebotspreise für den 1975er in Amerika auf 140 bis 160 $ die Kiste für so illustre Weine wie Lafite-Rothschild und Latour und auf 64 bis 80 $ für 2èmes Crus, darunter so bewährte Rassegewächse wie Léoville-Las Cases, La Lagune und Ducru-Beaucaillou. Als diese Weine im Jahr 1978 in der Flasche auf den Markt kamen, war die hervorragende und potentiell klassische Qualität des Jahrgangs bereits allgemein erkannt, und die Premiers Crus kosteten im Einzelhandel 325 bis 375 $ und

RATSCHLÄGE FÜR DEN BORDEAUX-LIEBHABER

die 2èmes Crus 112 bis 150$ pro Kiste. Vorauskäufer des Jahrgangs 1975 haben seither noch mehr profitiert, denn er ist inzwischen sehr rar geworden, und seine Preise sind weitergeklettert bis auf 900 bis 1200$ je Kiste für die Premiers Crus und auf 350 bis 550$ für die 2èmes bis 5èmes Crus. 1998 kamen die Preise für die 1975er allerdings zum Stehen, weil sich inzwischen Zweifel an der guten Weiterentwicklung mancher Weine ergeben hatten. Ich wäre nicht überrascht, wenn manche Preise jetzt sogar nachgeben – und auch das ist ein Risiko, mit dem man stets rechnen muß.

Bei den Vorausangeboten für den 1978er Bordeaux, die 1980 herauskamen, zeigt sich ein anderes Bild: 1978 war ein sehr gutes Jahr und brachte Weine, die im Stil ähnlich, in der Intensität jedoch geringer waren als der ausgezeichnete Jahrgang 1970. Die Eröffnungspreise für den 1978er Bordeaux lagen sehr hoch und wurden durch einen schwachen Dollarkurs und eine sehr hohe Nachfrage nach den feinsten französischen Weinen noch höher getrieben. Premiers Crus wurden für 430 bis 500$ und 2èmes bis 5èmes Crus für 165 bis 230$ angeboten. Wer damals kräftig in Bordeaux investierte, kaufte zwar guten Wein, als der aber im Frühjahr 1981 auf den Markt kam, lag sein Einzelhandelspreis praktisch auf gleicher Höhe mit dem Vorverkaufspreis. Wer also den 1978er im voraus gekauft hatte, investierte sein Geld pari mit dem späteren Preis und hätte selbst auf dem Sparbuch bessere Zinsen bekommen.

Betrachtet man die Jahrgänge 1979, 1980, 1981, 1982, 1983 und 1985, war nur der Jahrgang 1982 aus der Sicht solcher Vorauskäufe ein wirklich gutes Geschäft. Der 1980er wurde gar nicht erst im Vorverkauf angeboten, weil seine Qualität nur mittelmäßig ausgefallen war. Beim 1979er und 1981er kam es so, daß der Liebhaber, der diese Weine im voraus kaufte, zwei Jahre später – also nachdem er sein Geld zwei Jahre lang festgelegt hatte – denselben Wein in Amerika für ungefähr denselben Preis hätte kaufen können. Das stimmte zwar bei manchen der hochbewerteten 1981er nicht ganz, wohl aber bei den 1979ern. Die 1982er dagegen kletterten im Preis in einem so unglaublichen Tempo, daß sie alle übrigen Jahrgänge der letzten 20 Jahre weit hinter sich ließen. Die Premiers Crus von 1982 wurden im späten Frühjahr 1983 zu Preisen von 350 bis 450$ für Weine wie Lafite-Rothschild, Latour, Mouton-Rothschild, Haut-Brion und Cheval Blanc angeboten. Im März 1985 war der Cheval Blanc auf 650 bis 800$, der Mouton auf 800 bis 1000$ und die übrigen auf 700$ geklettert. Heute liegen die Preise für Premiers Crus zwischen 2500$ je Kiste für den Haut-Brion und 5000$ und mehr pro Kiste für die drei Premiers Crus aus Pauillac. Das ist natürlich für so junge Weine ein bedeutender Wertzuwachs, illustriert aber auch die unersättliche weltweite Nachfrage nach großen Jahrgängen. Die Preise für Raritäten aus beschränkter Produktion, beispielsweise für die Pomerols, sind ebenfalls himmelhoch gestiegen. Der Pétrus zeigt als Preiskletterkünstler wohl die höchste Form: Ausgehend vom Eröffnungspreis von 600$ im April 1983 erklomm er bis 1998 die einsame Höhe von 20000$. Das scheint absurd, wenn man bedenkt, daß dieser Wein erst in einem Jahrzehnt seiner höchsten Reife nahekommen wird. Auch andere Spitzen-1982er aus Pomerol wie Trotanoy, Certan de May und l'Evangile haben ihren Wert inzwischen verdoppelt und verdreifacht. Der Trotanoy, ursprünglich für 280$ angeboten, kostet inzwischen (wenn man ihn auftreiben kann) mindestens 3000$. Der Certan de May ist von 180 auf 3500$ gestiegen, ebenso der l'Evangile.

Die gewaltige Nachfrage nach dem 1982er Bordeaux im Vorverkauf und die starke Publizität, die diesen Jahrgang umgab, veranlaßten manchen zu der Annahme, daß die nachfolgenden Jahrgänge ähnlich im Wert wachsen würden. Das ist aber nicht eingetreten, weitgehend deshalb, weil es in den achtziger Jahren zu viele hochwertige und reichliche Jahrgänge gegeben hat. Ausnahmen bilden nur die Premiers Crus von 1986, die auch weiter im Wert zulegen, weil sie große, langlebige sogenannte Klassiker sind.

(2) *Der angebotene Preis ist insgesamt so interessant, daß man am Ende Geld spart, weil man für den Wein im Vorverkauf weniger zahlt, als wenn er 2 bis 3 Jahre später als Flaschenwein herauskommt*

Viele Faktoren müssen berücksichtigt werden, wenn man dies eindeutig feststellen will. In bestimmten Jahren werden in Bordeaux Weine zu niedrigeren Preisen freigegeben als im Jahr zuvor (die jüngsten Beispiele hierfür sind der 1986er und der 1990er). Hinzu kommt die Frage nach dem internationalen Markt. 1991 – als der 1990er erstmals angeboten wurde – begann sich der amerikanische Dollar zu erholen, blieb aber, abgesehen davon, daß das Land in einer Rezession steckte, doch allgemein noch schwach. Aber auch andere Länder, die gern in Bordeaux einkaufen, beispielsweise England und Frankreich, hatten ebenfalls mit ungelösten und störenden finanziellen Problemen zu kämpfen. Der Ferne Osten war kein großer Mitspieler, und sogar Deutschland, das stets viel Bordeaux abgenommen hat, erlebte einen wirtschaftlichen Abwärtstrend infolge der finanziellen Aufwendungen, die mit den Bemühungen verbunden waren, die heruntergekommene Wirtschaft im Osten Deutschlands wieder zu beleben. Zudem hielten zwei relativ hochwertige Jahrgänge, 1989 und 1988, den Markt besetzt, und so erfuhr der 1990er, so großartig er auch war, erst einen Preisanstieg, als er sich schon fast ein Jahr lang in der Flasche befand. Wer ihn als Future kaufte, hätte ihn zu demselben Preis auch noch 3 Jahre später bekommen können. Solche Zyklen aber sind kurzlebig, vergleicht man damit z. B. die überhitzte Kaufwut für Bordeaux-Futures der Jahrgänge 1995 und 1996. In beiden Fällen waren die Eröffnungspreise die höchsten, die es je gegeben hat, manche 1996er waren sogar um 100 % teurer als ihre Pendants von 1995. Abgesehen von einigen krisenhaften Entwicklungen in Asien war die internationale Konjunktur in Hochstimmung und die Nachfrage nach Luxusproduktion (Nobelkarossen, feiner Wein, teure Uhren usw.) unersättlich. So stiegen die Preise für 1995er und 1996er steil an, obwohl sie schon zu Rekordpreisen herausgekommen waren.

(3) *Man will die Gewähr haben, daß man einen besonders feinen, schwer zu findenden Wein von einem Erzeuger mit großem Renommee, der nur kleine Mengen produziert, auch wirklich bekommt*

Selbst wenn ein Jahrgang nicht unbestreitbar großartig ausgefallen ist oder wenn man nicht sicher sein kann, daß die Preise steigen werden, bleibt doch stets die Tatsache, daß es eine Handvoll kleiner Weingüter, insbesondere in Pomerol und St-Emilion, gibt, die so geringe Mengen an Wein hervorbringen und dabei eine weltweite Anhängerschaft haben, daß man ihre Weine nach Möglichkeit im Vorverkauf erwerben sollte. Das gilt auch, wenn es nur darum geht, sich eine Kiste aus einem Weingut zu sichern, dessen Weine einem früher besonders geschmeckt haben. In Pomerol haben viele Weingüter mit kleiner Produktion, beispielsweise Le Pin, Clinet, La Conseillante, l'Evangile, La Fleur de Gay, Lafleur und Bon Pasteur, in den achtziger Jahren populäre Weine hervorgebracht, auf dem Markt aber sind sie kaum zu finden. In St-Emilion sind die Weine mancher mittelgroßer Güter wie Angélus, L'Arrosée, La Gomerie, Grand-Mayne, Pavie-Macquin, La Dominique, Le Tertre-Rotebœuf, Troplong-Mondot und Valandraud nach dem Abfüllen schon kaum mehr aufzutreiben. Infolgedessen reservieren sich ihre Bewunderer in aller Welt häufig etwas davon, indem sie im voraus bezahlen. Weine aus beschränkter Produktion von Weingütern mit hoher Qualität lohnen auch in nur guten bis sehr guten Jahren Zukunftsinvestitionen.

(4) *Man möchte Wein in halben Faschen oder in den Formaten Magnum, Doppelmagnum, Jeroboam oder Imperial kaufen*

Ein häufig übersehener Vorteil des Kaufs von Vorausangeboten ist der, daß man die Abfüllung der Weine in der Form verlangen kann, wie man sie wünscht. Für solche Abfüllungen kommt immer ein Mehrpreis in Anrechnung, wenn man aber einen bestimmten Wein aus dem Geburtsjahr seiner Kinder haben oder sich den Luxus von halben Flaschen leisten möchte (ein Format, das für den täglichen Verbrauch vernünftig erscheint), dann kann man sich solche Wünsche nur erfüllen, indem man den Wein im Vorverkauf ersteht.

Bevor man sich dazu entschließt, auf dem Vorverkaufsmarkt einzusteigen, muß man auch die weiteren Risiken kennen, die damit verbunden sind. Der Händler, mit dem man die Lieferung vereinbart, könnte bankrott machen, und dann ist man mit seiner Quittung für die Vorauszahlung nur einer von vermutlich einigen hundert Gläubigern des in Konkurs gegangenen Weinhändlers und darf gerade noch darauf hoffen, einen kleinen Teil der Investition zurückzubekommen. Obendrein besteht auch das Risiko, daß der Lieferant des Weinhändlers Konkurs macht oder ein Betrüger ist. Dann bekommt man vielleicht vom Weinhändler sein Geld zurück, aber keinen Wein. Man sollte deshalb sein Vertrauen nur einem Weinhändler schenken, der solche Zukunftsgeschäfte schon früher abgewickelt hat und finanziell auf festem Boden steht. Ferner sollte man Vorverkaufsabschlüsse nur dann tätigen, wenn der Weinhändler eine bestätigte Zusage über die Liefermengen besitzt. Manche Händler verkaufen dem Verbraucher im voraus Bordeaux-Weine, ehe sie eine Bestätigung des Lieferanten in der Hand haben. Man muß also unbedingt von dem Weinhändler einen Nachweis über die ihm gewährte Zuteilung verlangen. Wenn man das nicht tut, könnte einem das *caveat emptor* noch sehr in den Ohren tönen.

Für viele Bordeauxwein-Enthusiasten bedeutet der Vorauskauf des richtigen Weins aus dem richtigen Jahrgang zur richtigen Zeit die Garantie, daß sie flüssige Juwele besitzen, die das Vier- oder Fünffache dessen wert sein können, was sie einmal dafür bezahlt haben. Die Geschichte lehrt jedoch, daß nur eine Handvoll Jahrgänge im Lauf der letzten 25 Jahre in den ersten zwei bis drei Jahren einen derart bedeutenden Wertzuwachs erlebt haben.

7.
Ratgeber für Bordeaux-Besucher

Hotels und Restaurants

Médoc

Pauillac – **L'Hôtel France et Angleterre** (45 km von Bordeaux-Innenstadt)
3 quai Albert Pichon; Tel.: 33 5 56 59 01 20 – Fax: 33 5 56 02 31
20 Zimmer zu etwa 360 FF. Am besten verlangt man ein Zimmer im Anbau, es ist dort ruhiger. Das Restaurant ist überraschend gut und hat eine reichhaltige Weinkarte.

Pauillac – **Château Cordeillan Bages**
(neben Lynch-Bages auf der Südseite von Pauillac an der D2)
Tel.: 33 5 56 59 24 24 – Fax: 33 5 56 59 01 89
Luxusrestaurant, Hotel und Weinschule von Jean Michel Cazes, dem Besitzer von Lynch-Bages. Das ausgezeichnete Restaurant bietet eine erstaunlich umfangreiche Weinkarte; das Hotel ist ruhig und geräumig. Ein gutes Haus für Übernachtung und Mahlzeiten während einer Besuchstour durch die Châteaux in St-Julien, Pauillac und St-Estèphe. Mit 750 bis 1200 FF für Übernachtung und ungefähr ebensoviel für ein Diner zu zweit muß man rechnen.

Margaux – **Relais de Margaux** (20 km von Bordeaux-Innenstadt)
Tel.: 33 5 56 88 38 30 – Fax: 33 5 56 88 31 73
Luxushotel mit 28 Zimmern der Preisklasse 900 bis 1050 FF; das Haus hat seit der Eröffnung in der Mitte der achtziger Jahre gute und schlechte Zeiten erlebt. Die Zimmer sind sehr schön, die Küche übertuert, kleinlich und ungleichmäßig. Gute Weinauswahl bei erschreckenden Preisaufschlägen von 200 bis 400 %.

Arcins – **Lion d'Or** (im Ort an der D2)
Tel.: 33 5 56 58 96 79 (sonntags und montags geschlossen)
Jean-Paul Barbiers Restaurant an der Hauptstraße in Arcins (einige Kilometer nördlich von Margaux) ist eines der meistbesuchten Speiselokale im Médoc. Barbier, ein begeisterter *chef de cuisine*, ermuntert seine Gäste, ihren eigenen Wein, passend zu seiner rustikalen Küche, mitzubringen; wenn man in Gesellschaft einer guten Flasche oder eines bekannten Weingutsbesitzers

erscheint, wird Barbier die meiste Zeit mit am Tisch sitzen. Ein nettes Lokal mit erstaunlich gutem Essen, reichlichen Portionen und geräuschvoller Atmosphäre – wenn man einen ruhigen Abend verbringen möchte, ist der Lion d'Or nicht der richtige Ort. Wer aber könnte einer kleinen Vergleichsprobe mit eigenem Wein zu Lokalspezialitäten wie Alse an Rahmsauce oder dem berühmten Pauillac-Lamm bei mäßigen Preisen widerstehen?

Gaillan-en-Médoc – **Château Layauga** (3 km von Lesparre)
Tel.: 33 5 56 41 26 83 – Fax: 33 5 56 41 19 52

Das charmante Restaurant (mit 7 Fremdenzimmern) nahm Ende der achtziger Jahre starken Aufschwung und bekam im Guide Michelin 1991 den ersten Stern. Die Küche ist ausgezeichnet und bietet viele großartige Fischgerichte sowie Lokalspezialitäten wie Pauillac-Lamm und den *lamproie* Bordelais (Aal im eigenen Saft). Das hört sich eigenartig an, aber ich finde das Gericht superb; es ist eines der wenigen Fischgerichte, das zu einer kräftigen, gehaltvollen Flasche Bordeaux-Rotwein ausgezeichnet paßt.

Bordeaux

Hotel Burdigala, 115, rue Georges Bonnac; Tel.: 33 5 56 90 16 16 – Fax: 33 5 56 93 15 06

Eines der neuesten Hotels in Bordeaux und bei reisenden Geschäftsleuten «in». Es hat 68 Zimmer und 15 Suiten, ein exzellentes Restaurant und ideale Lage in der Stadtmitte, nicht weit von der Place Gambetta. Preislage: 840 bis 1560 FF pro Übernachtung.

Hotel Normandie, 7, cours 30 Juillet; Tel.: 33 5 56 52 16 80 – Fax: 33 5 56 61 68 91

Das Hotel liegt einige Häuserblocks von der Oper und der Maison du Vin entfernt in der Stadtmitte; es ist seit eh und je bevorzugter Treffpunkt der zu Besuch weilenden Weinpublizisten wegen seiner idealen Lage in der Nähe der Allées de Tourny. Die drei führenden Weinfachgeschäfte von Bordeaux sind zu Fuß in drei Minuten zu erreichen. Geräumige Zimmer, aber die Einrichtung ist nicht so modern wie in den neueren Hotels. Das Hotel Normandie hat einen gewissen Charme, aber die Parkplatzsuche ist in dieser Gegend oft sehr mühsam. Die Übernachtung (300 bis 720 FF für ein Zimmer) ist im Hotel Normandie besonders preiswert.

Hotel Sainte-Cathérine, 27, rue Parlement Ste-Cathérine;
Tel.: 33 5 56 81 95 12 – Fax: 33 5 56 44 50 51

Das nicht so übermäßig bekannte, schöne, mittelgroße Hotel mit Zimmer zu etwa 480 bis 1200 FF für eine Übernachtung liegt in der Stadtmitte. Wer für sich sein möchte, ist in dem diskreten Hotel am richtigen Platz.

Mercure Château Chartrons, 81, cours St-Louis; Tel.: 33 5 56 43 15 00 – Fax: 33 5 56 69 15 21

Das große, moderne Hotel nördlich vom Stadtzentrum bietet leicht zugängliche Parkmöglichkeiten sowie 144 Zimmer der Preisklasse von 570 bis 600 FF.

Claret, 18, Parvis des Chartrons (in der Cité Mondiale du Vin);
Tel.: 33 5 45 01 79 79 – Fax: 33 5 56 01 79 00

Das Hotel befindet sich in ausnehmend guter Lage mitten in Bordeaux in der als internationales Schaufenster für Weinerzeuger gedachten Cité Mondiale du Vin. Zimmerpreise: 510 bis 600 FF.

Le Chapon Fin, 5 rue Montesquieu;
Tel.: 33 5 56 79 10 10 – Fax: 33 5 56 79 09 10 (Küchenchef Garcia)

Eines der feinsten Restaurants in Frankreich; ich habe mich schon immer darüber gewundert, warum Küchenchef Garcia nicht schon längst einen zweiten Stern im Guide Michelin hat. Zugegeben, ich kann hier nicht anonym essen und bekomme vielleicht besseren Service als ein anderer Gast. Ich habe von Garcia überall, wo immer er auch war, nur das beste Essen genossen. Er war es, der das Renommee des Restaurant-Hotels La Réserve in Pessac wiederaufrichtete, ehe er umzog und gegenüber dem Bahnhof von Bordeaux das Clavel eröffnete. Heute ist er im berühmten grottenähnlichen Restaurant Le Chapon Fin aus der Jahrhundertwende in der Nähe der Place des Grands Hommes zu finden. Das Ambiente ist superb, die Weinkarte ausgezeichnet und die Küche hervorragend. Garcia ist ein großzügiger *chef de cuisine*, und ich habe sein Restaurant stets hochzufrieden verlassen. Die Preise sind hoch, aber nicht unangemessen. Le Chapon Fin ist sonntags und montags geschlossen.

La Chamade, 20 rue Piliers de Tutelle;
Tel.: 33 55 64 81 3 74 – Fax: 33 5 56 79 29 67 (Küchenchef Carrère)
Keller-Restaurant in der Altstadt von Bordeaux, nur ein paar Minuten zu Fuß von der Place de la Bourse; immer feine Küche. Ich esse dort gern am Sonntag abend, wenn so gut wie alle anderen Restaurants in der Innenstadt geschlossen sind. Die Vorspeise «Salade de Chamade» muß man unbedingt probiert haben. Mittlere Preisklasse.

Jean Ramet, 7 place Jean Jaurès;
Tel.: 33 5 56 44 12 51 – Fax: 33 5 56 52 19 80 (Küchenchef Ramet)
Das kleine Restaurant von Jean Ramet liegt nicht weit vom Grand Théâtre nahe der Gironde, am einen Ende der Place Jean Jaurès – nicht zu verfehlen. Die Küche verdient zwei, vielleicht drei Sterne, aber Ramet bekommt sie nicht, weil das Restaurant so winzig ist und nur 27 Personen Platz bietet. Seine Kochkunst hat Ramet bei den großen Küchenchefs Pierre Troisgros und Michel Guérard gelernt. Ich kann das Restaurant mittlerer Preisklasse gar nicht genug empfehlen. Samstags und sonntags geschlossen.

La Tupina, 6 rue Porte de la Monnaie;
Tel.: 33 5 56 91 56 37 – Fax: 33 5 56 31 92 11 (Küchenchef Xiradakis)
Restaurant der mittleren Preisklasse in der Altstadt. Es wird geführt von Jean-Pierre Xiradakis, einem echten Original. Er ist unbezweifelbar ein Weinenthusiast, seine große Liebe aber gehört seinem Restaurant, das die Küche Südwestfrankreichs pflegt. Infolgedessen darf man mit gehaltvollen, schweren Gerichten wie Ente und *foie gras* in reichlichen Portionen rechnen. Die Weinkarte ist auf wenig bekannte, aber hervorragende Erzeuger abgestimmt und enthält auch eine Auswahl an seltenen Armagnacs. Das Restaurant ist etwas schwierig zu finden: Es liegt in der Nähe der Kathedrale Ste-Croix zwischen der Rue Sauvageau und dem Quai de la Monnaie. Sonntags geschlossen.

Le Pavillon des Boulevards, 120, rue Croix de Seguey;
Tel.: 33 5 56 81 51 02 – Fax: 33 5 56 51 14 58 (Küchenchef Franc)
Das relativ neue Restaurant ist erst Ende der achtziger Jahre auf den Plan getreten, inzwischen aber zu einem der meistbesuchten Lokale in Bordeaux geworden. Die Küche zeigt einen asiatischen Einschlag, und wer inzwischen die *nouvelle cuisine* langsam satt hat, dem wird es hier etwas überraffiniert vorkommen. Aber das unbestreitbare Talent des Küchenchefs Franc zeigt sich in jedem Gericht. Mittlere Preislage. Sonntags geschlossen.

Le Père Ouvrard, 12, rue du Maréchal Joffre; Tel.: 33 5 56 44 11 58
Ein originelleres Bistro kann man sich kaum vorstellen: Außen steht auf einem Schild «Menu de Canard», und auf dem Bürgersteig vor dem Eingang sitzen lebendige Enten in Käfigen (man kann sich sein Opfer selbst aussuchen)! Die Ouvrards, ein junges Paar, bringen traditionelle Gerichte in schönster Vollendung auf den Tisch ihres unprätentiösen Restaurants.

BORDEAUX

Die Vororte von Bordeaux

Bordeaux Le Lac: (10 Minuten von der Stadtmitte)
Hotel Sofitel Aquitania, Tel.: 33 55 66 96 66 0 – Fax: 33 55 66 96 60 0
Hotel Novotel, Tel.: 33 5 56 50 99 70 – Fax: 33 5 56 43 00 66

Ich habe einen beträchtlichen Teil meines Lebens hier verbracht. Bordeaux Le Lac, ein Geschäftszentrum ohne besondere Atmosphäre nördlich von Bordeaux, ist ideal zum Wohnen, vor allem wenn man ein Auto zur Verfügung hat. Die Hotels bieten keimfreie Zimmer mit wirklich laufendem Warmwasser und funktionierenden Telefon- und Telefaxgeräten. Sofitel Aquitania ist teurer; hier kostet die Übernachtung 600 bis 750 FF, während man im Novotel 540 bis 600 FF zahlt. Die Zimmer sind gleich, im Sofitel enthalten sie Minibars. Beide bieten problemloses Parken, was mir sehr wichtig vorkommt. Vorteilhaft ist auch, daß das Médoc, Pomerol und St-Emilion in nur 20 Minuten erreichbar sind.

Bouliac: (20 Autominuten von Bordeaux)
Le St-James, place C. Holstein; Tel.: 33 5 57 97 06 00 – Fax: 33 5 56 20 92 58 (Küchenchef Amat)

Seit einem Jahrzehnt gilt Le St-James unter der Leitung des originellen Küchenchefs Amat als das beste Restaurant in der Region um Bordeaux. Amats einfallsreiche, exzentrische Küche wird auch im Guide Gault-Millau mit begeisterten Kommentaren bedacht. Ich habe im St-James zwar schon herrlich gegessen, war aber im Lauf der letzten 10 Jahre wohl über ein Dutzend Mal hier, und da sind mir auch Enttäuschungen sowie lustlose, unaufmerksame Bedienung vorgekommen. Offengestanden finde ich dieses Restaurant überbewertet und überteuert, und ich kann mich auch einfach nicht daran gewöhnen, daß der *sommelier* einem ein Glas von jeder Flasche Wein wegtrinkt, um «ihn zu prüfen». Nichtsdestoweniger zeigt die Küche großes Talent. Wenn Amat in Stimmung ist, dann kann er mit seinen Gerichten höchsten Genuß bereiten. In der Nähe ist vor kurzem ein Luxushotel eröffnet worden. Die Preise sind äußerst hoch. Wer sich in Bordeaux nicht besonders auskennt, findet den Weg nach Bouliac am besten über eine der Brücken über die Garonne und dann auf der D113 südwärts. Nach 6 oder 7 km tauchen links Wegweiser nach Bouliac und zum Le St-James auf.

Pessac: (10 Autominuten von der Stadtmitte)
Hotel La Réserve, Ave. Bourgailh; Tel.: 33 5 56 07 13 28; Fax: 33 5 56 07 13 28

Unter Küchenchef Garcia war La Réserve das feinste Restaurant der Region. Seit er nicht mehr dort ist, hat sich das Renommee aus Mangel an Sorgfalt verschlechtert, und in den achtziger Jahren mußte La Réserve versuchen, seinen guten Ruf wieder aufzurichten. Die stille Lage im Wald macht es zu einem idealen Aufenthaltsort, wenn man die nahe gelegenen Châteaux Haut-Brion oder La Mission-Haut-Brion besuchen, aber auch der Stadt Bordeaux nahe sein und bequemen Zugang zu den anderen Weingütern von Graves und zur Region Barsac/Sauternes haben möchte. Die Zimmerpreise betragen im Durchschnitt 750 bis 900 FF pro Übernachtung. Es gibt zwar Anzeichen, daß das Restaurant wieder in die Höhe kommt, aber es steht hinter den Spitzenlokalen von Bordeaux noch zurück. Man erreicht La Réserve über die Ausfahrt 13 auf der Ringstraße, die im Norden, Westen und Süden um Bordeaux herumführt. Sobald man von der Ringautobahn abgebogen ist, findet man gute Ausschilderung zum Hotel.

Langon: (50 km südlich von Bordeaux)
Claude Darroze, 95 cours Général Leclerc; Tel.: 33 5 56 63 00 48; Fax: 33 5 56 63 41 15
(Küchenchef Darroze)

Mit die feinsten Gerichte, die ich in Frankreich gegessen habe, sind mir im superben Restaurant Claude Darroze im Zentrum von Langon begegnet. Es ist günstig, hier Aufenthalt zu nehmen, wenn man die Châteaux von Barsac/Sauternes besuchen will. Das Haus verfügt über 16 Zimmer zu erschwinglichen Preisen von 360 bis 450 FF pro Übernachtung, aber besonders zu empfehlen ist Darrozes superbe Kochkunst mit *foie gras*, frischen Trüffeln in der Saison und ausgezeichnetem Lamm und Fisch – eine reichhaltige, überaus einfallsreiche Küche, die unbestreitbar die zwei Sterne im Guide Michelin verdient. Auch die Weinkarte ist großartig und enthält angemessene Preise. Für Armagnac-Liebhaber gibt es hier die feinsten Bas-Armagnacs von Francis Darroze, dem Bruder des Küchenchefs, aus Jahrgängen seit dem Beginn des Jahrhunderts. Bei der Qualität dieser Raritäten sind die Preise fast geschenkt. Von Bordeaux aus kommt man zu Claude Darroze am besten über die Autoroute (A62) bis zur Ausfahrt Langon und folgt dann den Schildern zum «Centre Ville». Das Hotel/Restaurant kann man in der Stadtmitte nicht verfehlen.

Langoiran: (25 Autominuten von Bordeaux-Innenstadt)
Restaurant Saint-Martin (am Garonne-Ufer); Tel.: 33 5 56 67 02 67
Wer ein kleines, charmantes Hotel/Restaurant in einem schönen alten Ort sucht, den außer seinen eigenen Einwohnern nur wenige kennen, der sollte in Saint-Martin Unterkunft nehmen und essen. Das Restaurant liegt am Garonne-Ufer und bietet ländliche französische Küche mit einfallsreichen, gut bereiteten Gerichten zu moderaten Preisen. Die Weinkarte ist ausgezeichnet. Langoiran erreicht man über die Autoroute A62, Ausfahrt Labrède, und weiter auf der Route 113 in Richtung Portets, sodann links den Wegweisern nach Langoiran folgend. Eine ungeheuer alte Brücke über die Garonne führt in den reizenden, stillen Ort. Sehr günstige Zimmerpreise: 279 bis 360 FF pro Übernachtung.

St-Emilion: (35 km östlich von Bordeaux)
Hotel Plaisance, Place Clocher; Tel.: 33 5 57 24 72 32 – Fax: 33 5 57 74 41 11
Das führende Hotel hinter den Mauern der faszinierenden Stadt St-Emilion – für mich die interessanteste und charmanteste in der ganzen Region. Das Hotel liegt an der Place Clocher mit schönem Blick über die hügelige Stadt. Die 12 komfortablen Zimmer kosten zwischen 600 und 900 FF. Im Restaurant gibt es gut zu essen, und die Weinliste strotzt natürlich von St-Emilions.

St-Emilion: **Logis des Remparts**, rue Guadet; Tel.: 33 5 57 24 70 43
Ein Restaurant gibt es hier nicht, aber das Hotel ist sehr schön, wenn man im Plaisance kein Zimmer mehr bekommt. 17 Zimmer zwischen 300 und 480 FF.

St-Emilion: **Logis de la Cadène**, Place Marché au Bois; Tel.: 33 5 57 24 71 40
Das mit großem Enthusiasmus von der Familie Chailleau betriebene Restaurant ist mir in St-Emilion das liebste. Es liegt etwas bergab vom Hotel Plaisance, und hier bekommt man reichliche Portionen an herzhafter Bistro-Kost. Die Weinkarte ist zwar interessant, aber die eigentlichen Juwele sind hier die vielen Jahrgänge von Château La Clotte, dem eigenen Grand Cru Classé des Hauses. Dieser St-Emilion – einer der besseren – ist im Export kaum je zu finden, weil er zum großen Teil hier an Ort und Stelle im Restaurant getrunken wird. Mittlere Preisklasse.

St-Emilion: **Château Grand Barrail**, 33330 St-Emilion;
Tel.: 33 5 57 55 37 00 – Fax: 33 5 57 55 37 49
Das ehemalige Weingut liegt mitten in den Weinbergen von St-Emilion, am Rand von Libourne an der D243. Es ist ein Luxushotel mit 28 Zimmern in der Preislage von 1200 bis 1650 FF. Wer gern in einem Château in den Weinbergen wohnen möchte und über das nötige Kleingeld verfügt, dürfte kaum etwas Geeigneteres finden können.

Bourg-Blaye: **Hotel La Citadelle**, Tel.: 33 5 57 42 17 10 – Fax: 33 5 57 42 10 34
Dieses herrlich gelegene Hotel mit unübertrefflich schönem Blick auf die Gironde wird von Monsieur Chaboz geführt. Es befindet sich in der historischen Zitadelle von Blaye und bietet in

seinem Restaurant gut zubereitete Lokalspezialitäten zu mäßigen Preisen. Die 21 Zimmer sind für 300 bis 360 FF pro Übernachtung recht preiswert (wieviel Fremde kommen auch schon durch Blaye?). Tennisplatz und Swimmingpool sind vorhanden.

Exkursionen für Romantiker und Schlemmer

Brantôme: (90 km nordöstlich von Bordeaux)
Moulin de L'Abbaye
Tel.: 33 5 53 05 80 22 – Fax: 33 5 53 05 75 27

Man muß viel Geld mitnehmen in die herrlich gelegene alte Mühle an einem gemächlich dahinströmenden Flüßchen in der schönen Stadt Brantôme mitten im Périgord (Dept. Dordogne). Von Bordeaux aus fährt man gut 2 Stunden zunächst über die Garonne und auf der N89 durch Libourne, vorüber an den Weinbergen von Pomerol und Lalande-de-Pomerol, durch eine wunderschöne Landschaft in Richtung Périgueux. Von dort aus sind es nur noch 15 Minuten bis Brantôme. 9 Zimmer (Preis ca. 1000 FF die Übernachtung) und 3 Appartements bietet die prachtvolle alte Mühle. Die Küche ist ausgezeichnet, manchmal sogar superb. Einzuwenden habe ich lediglich, daß die Preise auf der Weinkarte absurd teuer sind.

Champagnac de Belair: (2 Stunden von Bordeaux)
Moulin du Roc
Tel.: 33 5 53 02 86 00 – Fax: 33 5 53 54 21 31

5 km nordöstlich von Brantôme liegt abseits der D78 der kleine Ort Champagnac de Belair mit einer ebenfalls alten Mühle an einem gewundenen Flüßchen. Sie ist das romantischste Hotel/Restaurant der Gegend. Für besondere Gelegenheiten oder aber auch nur eine erholsame Übernachtung mietet man am besten eines der vier Appartements im Hause. Das kostet zwar knapp 1.200 FF für eine Nacht, aber es ist eine großartige Unterkunft, und der Charme und die Stille des von Madame Gardillou geleiteten Hauses ist überwältigend. Man ißt hier superb, aber überaus teuer. Nur die Weinkarte mit ihren sündhaft teuren Preisen hat mich nicht gerade begeistert. Aber selbst das kann man hinnehmen, wenn man wie hier im Paradies wohnt.

Eugénie-Les-Bains: (2 Autostunden südlich von Bordeaux)
Les Prés d'Eugénie
Tel.: 33 5 58 05 06 07 – Fax: – 33 5 58 51 10 10 (Küchenchef Guérard)

Wenn mir meine letzte Mahlzeit bevorstünde, dann würde es mich hart ankommen, wenn ich sie nicht in diesem prachtvollen Restaurant ein paar Stunden südlich von Bordeaux einnehmen dürfte. Die nächste Stadt ist Mont-de-Marsan, etwa 25 km weiter nördlich. Michel Guérard ist ein international berühmter Küchenchef und sein Restaurant schon seit langem eines der hochrenommierten französischen Drei-Sterne-Lokale. Von denen würde ich zwar manches auf zwei Sterne degradieren, dafür aber dem Guide Michelin empfehlen, für andere, besonders superbe eine Vier-Sterne-Kategorie zu schaffen, zum Beispiel auch für Les Prés d'Eugénie, wo Einfallsreichtum, Originalität und Qualität sich mit den ungeheuren Talenten von Michel Guérard zu den hervorragendsten Gerichten verbinden, die meine Frau und ich je gegessen haben. Man braucht für diesen Genuß freilich Unmengen von Geld, aber in dem Hotel mit 17 Zimmern sind die Übernachtungspreise überraschend angemessen – im Schnitt 1250 bis 1650 FF die Übernachtung. Wer mehr Platz braucht, kann auch eines von 12 Appartements für 2100 bis 2400 FF bekommen. Wenn man genug Zeit, Geld und Appetit hat, sollte man wenigstens zwei Mahlzeiten dieses Genies genießen.

Arcachon: (55 km westlich von Bordeaux)
Arc Hotel sur Mer; 39, Blvd. de la Plage; Tel.: 33 5 56 83 06 85 – Fax: 33 5 56 83 53 72
Le Nautique, 20, Blvd. de la Plage; Tel.: 33 5 56 83 01 48 – Fax: 33 5 56 83 04 67

55 km westlich von Bordeaux liegt das Seebad Arcachon. Am besten gelangt man dorthin über die Autoroute A63 von Bordeaux südwärts und dann die A66 nach Arcachon. Eine weitere Möglichkeit ist die RN 250, die direkt von Bordeaux nach Arcachon führt. Die beiden obigen Hotels befinden sich in schönster Lage am Strand und bieten moderne Unterkunft zu angemessenen Übernachtungspreisen von 420 bis 530 FF. Ich kenne die Restaurants in Arcachon nicht in dem Maß wie die in den Weinbaubereichen und in Bordeaux selbst, aber ich habe im **Chez Yvette**, 59, Général Leclerc, Tel.: 33 5 56 83 01 55, schon wirklich gut gegessen. Hier bestellt man am besten Fisch und die herrlichen Austern von den nahegelegenen Austernbänken.

Andere Treffpunkte

Weinfachgeschäfte

Bordeaux – **L'Intendant**, 2, allées de Tourny; Tel.: 33 5 56 43 26 39 – Fax: 33 5 56 43 26 45
Beim Weinkauf in den Châteaux von Bordeaux oder in den Fachgeschäften der Stadt selbst bezahlt man meist weit mehr als für denselben Wein bei uns in den USA. Allerdings ist es auch immer interessant, die Auswahl in Weinfachgeschäften anderer Länder zu betrachten. Bordeaux hat mit L'Intendant das architektonisch großartiges Weinfachgeschäft aufzuweisen, das ich kenne. Darüber hinaus bietet es eine ungewöhnliche Auswahl an Bordeaux-Weinen. Es liegt in der Luxus-Einkaufsstraße Allées de Tourny (dem Grand Théâtre gegenüber) und hat eine außerordentlich große Anzahl von Weinen sowie viele alte Jahrgänge am Lager. Ein Besuch in diesem Laden mit seiner interessanten Bauweise und seiner Wendeltreppe ist ein Muß – der viergeschossige Turm birgt 15 000 Flaschen Bordeaux. Enthusiasten brauchen mindestens eine Stunde, um die unglaubliche Auswahl richtig zu würdigen. Dieses Weinfachgeschäft ist eines der großartigsten, nicht nur in Frankreich, sondern in der ganzen Welt – exklusiv für Bordeaux.

Bordeaux – **Badie**, 62 allées de Tourny; Tel.: 33 5 56 52 23 72 – Fax: 33 5 56 81 31 16
Badie liegt einige Häuserblocks von L'Intendant entfernt, gehört denselben Besitzern. Es hat zwar keine so umfangreiche Auswahl, ist aber dennoch ein gutes, für seine preiswerten Weine und sein kenntnisreiches Personal bekanntes Fachgeschäft – seit 1880 ist es das *magasin des Bordelais*.

Bordeaux – **Badie Champagne**; Tel.: 33 5 56 52 15 66 – Fax: 33 5 56 81 31 16
Ein erstaunliches Fachgeschäft mit der größter Champagnerauswahl der Welt – man muß es gesehen haben, um es zu glauben. 450 *références*.

Bordeaux – **La Vinothèque**, 8, cours du 30 Juillet; Tel.: 33 5 56 52 32 05
La Vinothèque hat relativ hohe Preise für anständige Weine sowie eine Unmenge an Weinzubehör, allerdings steht es im Schatten von L'Intendant, Badie und Bordeaux Magnum.

Bordeaux – **Bordeaux Magnum**, 3, rue Godineau; Tel.: 33 5 56 48 00 06
Bordeaux Magnum ist nicht etwa besonders auf großformatige Abfüllungen, beispielsweise in Magnumflaschen, spezalisiert, sondern es konzentriert sich auf hochklassige Bordeaux-Weine.

Buchhandlungen usw.

Bordeaux – **Librairie Mollat**, 15, rue Vital-Carles; Tel.: 33 5 56 56 40 40
Eine der größten Buchhandlungen in Frankreich befindet sich in der Altstadt von Bordeaux in der Fußgängerzone. Ihre Kollektion an Weinbüchern ist außergewöhnlich. Bei Mollat gibt es geradezu alles, was man sich an Literatur vorstellen kann.

Bordeaux – **Virgin Megastore**, Place Gambetta; Tel.: 33 5 56 56 05 70
Der hochmoderne High-Tech-Laden ist ein Muß für alle, die nach seltenen CDs oder Weinbüchern suchen. Die Bordelais sind stolz darauf, das zweite Virgin-Geschäft in ihren Mauern zu haben (das erste befindet sich auf den Champs-Elysées in Paris) und machen es deshalb zum überlaufendsten Treffpunkt in ganz Bordeaux. Eine kleine Caféteria, wo es überraschend gut zu essen und großartigen Kaffee gibt, gehört dazu.

Besuche in den Châteaux von Bordeaux

Bei Besuchen in Bordeaux empfehle ich jemanden mitzunehmen, der wenigstens ein paar Worte Französisch spricht. In den meisten großen Châteaux trifft man ja vielleicht jemanden mit englischen oder deutschen Sprachkenntnissen an, man kann sich aber nicht darauf verlassen, daß das überall der Fall ist.

Um das meiste aus dem Besuch zu machen, sollte man sich entweder direkt schriftlich anmelden (siehe Seite 1257) oder aber über den eigenen Weinfachhändler oder Importeur entsprechende Arrangements treffen lassen.

Beim Zusammenstellen eines Besuchsprogramms für die Châteaux von Bordeaux muß man vor allem daran denken, daß vier Besuche am Tag vermutlich das Maximum darstellen, es sei denn, alle Reisegenossen sind ebenso echte Fans wie man selbst – aber auch dann sind vier Besuche am Tag kaum zu schaffen. In der Festlegung der Reihenfolge muß man darauf achten, daß die vorgesehenen Châteaux auch nahe genug beieinanderliegen. Beispielsweise muß man für einen Besuch im Château Margaux um 9.30 Uhr nicht nur eine Besuchszeit von 45 bis 60 Minuten, sondern auch 30 bis 35 Minuten für die Anfahrt von der Innenstadt Bordeaux her einkalkulieren. Sodann ist es ratsam, für denselben Vormittag höchstens noch einen weiteren Besuch zu vereinbaren, möglichst in der Gemeinde Margaux selbst. Beraumt man etwa einen Besuch in Pauillac oder St-Estèphe auf 11 Uhr an, dann dürfte man bei 30 bis 40 Minuten Fahrzeit, die man von Margaux bis dorthin braucht, wahrscheinlich zu spät kommen. Man muß aber bedenken, daß die Franzosen im Hinblick auf Verabredungen recht genau sind und es fast einer Beleidigung gleichkommt, wenn man nicht rechtzeitig erscheint.

Es folgen einige Empfehlungen für Fahrtrouten mit Besuchen in interessanten Weingütern, wobei genügend Zeit vorgesehen ist. In einem Château bekommt man bestimmt die beiden jüngsten Jahrgänge aus dem Faß zu kosten, man kann aber auch ohne weiteres um eine Probe eines bereits abgefüllten Jahrgangs bitten. Allerdings muß man schon außerordentlich prominent sein, um hoffen zu dürfen, daß man einen Wein zu probieren bekommt, der älter als 4 bis 5 Jahre ist. Ein Besuch besteht meistens aus einem Rundgang durch das Weingut, einer Kellerbesichtigung und einer kleinen Weinprobe. Dabei spuckt man den Probierschluck normalerweise in einen kleinen, mit Sägemehl gefüllten Eimer. In manchen modernen Probierräumen, die in den Châteaux neu hergerichtet worden sind, werden große, moderne Spucknäpfe für diesen Zweck aufgestellt.

Ein Muß für den Besucher im Médoc ist das Château Mouton-Rothschild mit seinem sehenswerten Museum sowie Prieuré-Lichine, das einstige Heim von Alexis Lichine und übrigens das einzige Château, das jeden Tag geöffnet ist. Sicherlich wird man auch manch ein Château sehen wollen, von dem man im eigenen Keller besonders hochgeschätzte Weine hegt und pflegt.

Ratgeber für Bordeaux-Besucher

Auf jeden Fall gilt es zu beachten, daß in Bordeaux wie überall in Frankreich zwischen 12 und 14 Uhr Mittagspause ist und daß man um diese Zeit in keinem Weingut ankommen kann. Zweitens empfangen nur sehr wenige Châteaux während der Lesezeit Besucher. In den achtziger Jahren lag die Ernte infolge der warmen Sommerwitterung oft ziemlich früh. Allgemein aber ist damit zu rechnen, daß die Lese zwischen Mitte September und Mitte Oktober stattfindet.

Empfehlungen Für Besuchsrouten

ROUTE I (Margaux)

8.45 Uhr – Abfahrt in Bordeaux
9.30 Uhr – Château Giscours
10.30 Uhr – Château Margaux
14.00 Uhr – Château Palmer
15.30 Uhr – Prieuré-Lichine

Für das Mittagessen empfehle ich den Lion d'Or in dem Dorf Arcins, einige Kilometer nördlich von Margaux.

ROUTE II (Pauillac)

8.15 Uhr – Abfahrt in Bordeaux
9.30 Uhr – Château Latour
11.00 Uhr – Château Pichon-Longueville-Comtesse de Lalande
14.00 Uhr – Château Lynch-Bages
15.30 Uhr – Château Pichon-Longueville-Baron
17.00 Uhr – Château Mouton-Rothschild

Für das Mittagessen empfehle ich das Restaurant Cordeillan-Bages südlich der Stadt Pauillac, von wo aus die hier genannten Châteaux in 5 Minuten zu erreichen sind.

ROUTE III (St-Julien)

8.30 Uhr – Abfahrt in Bordeaux
9.30 Uhr – Château Beychevelle
11.00 Uhr – Château Ducru-Beaucaillou
14.00 Uhr – Château Talbot
15.30 Uhr – Château Léoville-Las Cases

Mittagessen im Restaurant Cordeillan-Bages.

ROUTE IV (St-Estèphe und Pauillac)

8.15 Uhr – Abfahrt in Bordeaux
9.30 Uhr – Château Lafite-Rothschild
11.00 Uhr – Château Cos d'Estournel
14.00 Uhr – Château Montrose
15.30 Uhr – Château Calon-Ségur

Für Besuche in St-Estèphe, St-Julien und Pauillac ist Übernachtung im Hotel Cordeillan-Bages zu empfehlen.

ROUTE V (Graves)

8.30 Uhr – Abfahrt in Bordeaux
9.30 Uhr – Châteaux Haut-Brion und La Mission-Haut-Brion
11.00 Uhr – Château Pape-Clément
14.30 Uhr – Domaine de Chevalier
16.00 Uhr – Château Haut-Bailly

Für das Mittagessen empfehle ich La Réserve in Pessac, wo man auch Hotelzimmer bekommen kann, wenn man sich die 15 bis 20 Minuten Fahrt von Bordeaux hierher sparen will.

BORDEAUX

ROUTE VI (Barsac/Sauternes)

8.30 Uhr – Abfahrt in Bordeaux
9.30 Uhr – Château Yquem
11.00 Uhr – Château Suduiraut
14.00 Uhr – Château Rieussec
15.00 Uhr – Château Climens

Für das Mittagessen empfehle ich das großartige Restaurant Claude Darroze in Langon. Wenn man dort übernachtet, beträgt die Fahrzeit bis zu allen Weingütern in Sauternes höchstens 15 Minuten.

ROUTE VII (St-Emilion)

8.30 Uhr – Abfahrt in Bordeaux
9.30 Uhr – Château Cheval Blanc
11.00 Uhr – Château Couvent des Jacobins
14.00 Uhr – Châteaux Ausone und Belair
15.00 Uhr – Château Pavie

Für das Mittagessen empfehle ich entweder das Plaisance oder das Logis de la Cadène. Quartiert man sich in einem Hotel in St-Emilion ein, dann benötigt man zu allen Weingütern von St-Emilion oder Pomerol eine Fahrzeit von höchstens 10 Minuten.

ROUTE VIII (Pomerol)

8.30 Uhr – Abfahrt in Bordeaux
9.30 Uhr – Château Pétrus
11.00 Uhr – Vieux-Château-Certan
14.00 Uhr – Château de Sales
15.30 Uhr – Château La Conseillante

Mittagessen im St-Emilion im Plaisance oder im Logis de la Cadène. Quartiert man sich in einem Hotel in St-Emilion ein, dann benötigt man bis Château Pétrus bzw. zu allen Weingütern von Pomerol eine Fahrzeit von höchstens 10 Minuten.

Bei der Ankunft in Bordeaux ist die Maison du Vin, 1 cours 30 Juillet, Tel.: 33 55 65 28 82, im Stadtzentrum der geeignete Ort, um Informationen über das Weinbaugebiet Bordeaux sowie brauchbare Landkarten zu bekommen.

Wer verschiedene Châteaux direkt anschreiben und einen Besuch vereinbaren möchte, kann sich des nachstehenden Musterschreibens in Französisch oder gegebenenfalls auch Englisch bedienen. Als Adresse genügt der Name des Châteaus, der Ort und die Postleitzahl. Die wichtigsten Postleitzahlen lauten:

für Châteaux in St-Estèphe	F-33250 Saint-Estèphe,
für Châteaux in Pauillac	F-33250 Pauillac
für Châteaux in St-Julien	F-33250 Saint-Julien-Beychevelle
für Châteaux in Margaux	F-33460 Margaux
für Châteaux in Graves (Pessac)	F-33602 Pessac
für Châteaux in Graves (Léognan)	F-33850 Léognan
für Châteaux in Sauternes	F-33210 Langon
für Châteaux in Barsac	F-33720 Podensac-Barsac
für Châteaux in St-Emilion	F-33330 Saint-Emilion
für Châteaux in Pomerol	F-33500 Pomerol

Über diese Postleitzahlen erreicht man die meisten Châteaux, es gibt aber auch eine Reihe bedeutender Weingüter, die sich im Besitz von Handelshäusern befinden. In diesem Fall ist es besser, an den jeweiligen *négociant* zu schreiben und mit ihm einen Besuch in einem seiner Châteaux zu vereinbaren. Hier folgen die Adressen wichtiger Handelshäuser, denen bedeutende Châteaux in Bordeaux gehören:

RATGEBER FÜR BORDEAUX-BESUCHER

Geplante Besuche in den Châteaux Talbot, Meyney, Cantemerle, Lafaurie-Peyraguey und Clos des Jacobins vereinbart man mit: La Maison Cordier, 10 quai de Paludate, 33800 Bordeaux.

Geplante Besuche in den Châteaux Pétrus, Trotanoy, Magdelaine, La Fleur Pétrus, Latour à Pomerol und La Grave à Pomerol vereinbart man mit: La Maison Jean-Pierre Moueix, 34 quai du Priourat, 33500 Libourne.

Musterschreiben

Château Margaux,
F-33460 Margaux
France

Betrifft: Besuchsanmeldung

Sehr geehrte Damen und Herren,

Ich möchte gern das Château Margaux am Montag, dem 15. März 1999, besuchen, um die Einrichtungen zur Weinerzeugung zu besichtigen und einen Rundgang durch das Château zu machen. Wenn es möglich ist, würde ich auch gern mehrere neuere Jahrgänge von Château Margaux kosten.

Ihr Einverständnis vorausgesetzt, werde ich am Vormittag des 15. März um 9 Uhr 30 im Château eintreffen.

Sicher ist Ihre Zeit kostbar, aber ich bewundere Ihre Weine ganz besonders und würde mich außerordentlich freuen, Ihr Weingut besichtigen zu dürfen.

Gern erwarte ich Ihre Nachricht und verbleibe
mit freundlichen Grüßen

Messieurs,

Amateur de longue date des vins de votre château, il me serait agréable de pouvoir le visiter lors de mon prochain passage dans la région. J'aimerais également déguster les deux derniers millésimes, si cela était possible.

Pourriez-vous m'indiquer si un rendez-vous le lundi [mardi, mercredi, jeudi, vendredi, samedi, dimanche], 15 janvier [février, mars, avril, mai, juin, juillet, août, septembre, octobre, novembre, décembre] 1999, à 9.30 heures, vous conviendrait.

Vous remerciant vivement d'une prompte réponse, je vous prie d'agréer, Messieurs, l'expression de mes sentiments distingués.

[Unterschrift]

8.
Glossar

Abgang bezeichnet die Nachhaltigkeit des Geschmacks, den ein Wein im Mund hinterläßt. Je länger er anhält (vorausgesetzt, daß es sich um einen angenehmen Nachgeschmack handelt), desto feiner ist der Wein.

adstringierend zusammenziehend, d.h. ein pelziges Gefühl im Mund auslösend. Mit der Güte eines Weins hat das nicht unbedingt zu tun, eher mit hohem Gerbstoffgehalt bei jugendlichen Weinen, die sich erst noch mildern müssen.

aggressiv dient als Bezeichnung für scharfe Säure oder strenges Tannin bzw. beide gleichzeitig.

Aroma Der Geruch oder Duft einer Komponente oder Nuance im Bukett eines Weins.

aufgeschlossen Ein Wein gilt als aufgeschlossen, wenn er seinen Charme und Charakter offen zu erkennen gibt. Er braucht noch nicht voll ausgereift zu sein, ist aber schon ansprechend und schön zu trinken.

Ausgewogenheit Eine der wünschenswertesten Eigenschaften im Wein ist schönes Gleichgewicht zwischen Frucht, Tannin und Säure, so daß ein symmetrischer, harmonischer Eindruck entsteht. Ausgewogene Weine entwickeln sich während der Reifezeit anmutig.

barrique Das in Bordeaux traditionelle Eichenholzfaß mit 225 l Inhalt.

Bauernhof Ein unangenehmes, unreines, fauliges Aroma, das im Wein oft durch unsaubere Fässer oder Weinbereitungsanlagen entsteht.

Beerenaroma In jungen, nicht allzu lange in Eichenholzfässern gelagerten Bordeaux-Weinen entdeckt man oft das Aroma von Brombeeren, Himbeeren, Johannisbeeren Maulbeeren, Erdbeeren oder Preiselbeeren, aber auch von dunklen Kirschen.

blumig Mit Ausnahme mancher Sauternes kann ich in Bordeaux-Weinen nur selten eine blumige Komponente im Bukett entdecken, wie sie beim Riesling oder Muskateller so deutlich in Erscheinung tritt.

Botrytis cinerea Siehe Edelfäule.

Braunfärbung Die Farbe alternder Rotweine wandelt sich von Rubinpurpurrot über Dunkel- und Mittelrubinrot zu Rubinrot mit einem bernsteinfarbenen Saum und schließlich zu Rubinrot mit einem braunen Saum. Wenn ein Wein Braunfärbung annimmt, ist er meist voll durchgereift und entfaltet sich nicht mehr weiter.

brillant Der Begriff bezieht sich auf die Reinheit der Farbe ebenso wie auf die Klarheit eines Weins.

Bukett Die Gesamtheit der Düfte eines Weins bezeichnet man als Bukett. Es entfaltet sich mit zunehmender Flaschenreife zu größerer Vielfalt, als der ursprüngliche Duft der Traube sie bietet.

Cassis Schwarze Johannisbeeren.

chai Kellerei- und Lagergebäude.

GLOSSAR

courtier Weinmakler.

cuvier Gärkeller.

dick Gehaltvoller, reifer, konzentrierter Wein mit geringem Säuregehalt wird oft als dick bezeichnet.

diffus Weine, deren Duft und Geschmack einen Mangel an Struktur und Konturenschärfe zeigen, werden als diffus bezeichnet. Dieser Zustand tritt oft ein, wenn Rotweine zu warm serviert werden.

dünn Gleichbedeutend mit flach, wässerig und körperarm; eine unerwünschte Eigenschaft.

Edelfäule Der Schimmelpilz *Botrytis cinerea*, der unter bestimmten Klima- und Witterungsbedingungen (häufiger Wechsel zwischen hoher Luftfeuchte und trockenem, sonnigem Wetter über längere Zeiträume) die Trauben befällt und ihrem Saft durch Wasserentzug hohe Konzentration verleiht. Edelfäule ist ein wesentliches Element der großen süßen Weißweine von Barsac und Sauternes.

Eichenholzwürze Die meisten Spitzenweine aus Bordeaux reifen zwischen 12 und 30 Monate in kleinen Eichenfässern. In vielen Weingütern werden diese jährlich in unterschiedlichem Umfang erneuert, und das frische Eichenholz verleiht dem Wein einen toastwürzigen Vanillinduft und -geschmack. Bei vernünftigem Gebrauch neuer Eichenfässer und ausreichender Fülle im Wein entsteht eine wunderbare Verbindung von Frucht und Eichenholzwürze. Ist ein Wein nicht gehaltvoll und konzentriert genug, dann kann er jedoch holzig werden.

élevage Ausbau.

erdig Dieser Begriff kann negativen oder positiven Sinn haben; ich verwende ihn als positive Bezeichnung für ein frisches, volles, sauberes Bodenaroma. Erdig ist als ein intensiverer Geruch zu verstehen als das, was man als Wald- oder Trüffelduft bezeichnet.

Essigsäure Alle Weine, auch die feinsten, enthalten Essigsäure, die sich erst bei übermäßiger Konzentration als Essigstich störend bemerkbar macht.

fest gewirkt Junge Weine mit kräftiger Säure, gutem Tanningehalt und sauberer Art werden als fest gewirkt bezeichnet, um zum Ausdruck zu bringen, daß sie sich erst noch entfalten und entwickeln müssen.

flach Ein säurearmer, schwächlicher, wässeriger oder dünner Wein, dem es an Konzentration fehlt, wird auch als flach bezeichnet.

flau Dickliche, an Säure und Geschmacksnuancen arme Weine schmecken oft fad, flach und schwerfällig.

fruchtig Ein guter Wein sollte genügend konzentrierte Frucht besitzen. Bordeaux-Weine verfügen meist über mehr als nur fruchtige Art.

frühreif Hiermit sind Weine gemeint, die rasch genußreif werden, aber auch Weine, die über eine lange Zeitspanne haltbar bleiben und sich dabei anmutig entwickeln, jedoch so schmecken, als würden sie rasch ausreifen, weil sie bereits früh Schmackhaftigkeit und milden Charme entwickeln.

grand vin Der Hauptwein eines Châteaus.

grün Als grün werden Weine bezeichnet, denen man durch Mangel an Fülle und durch einen vegetabilen Charakter anmerkt, daß sie von unreifer Frucht bereitet wurden. In Bordeaux entstanden in schlechten Jahren wie 1972 und 1977 solche grünen Weine.

Hedonismus Die Lehre von der Sinneslust als höchstem Prinzip.

herb Die bei Rotweinen häufige, durch hohen Tannin- oder Säuregehalt verursachte harte, rauhe Art mildert sich im Alter oft zu schöner Herbheit.

hohl Ein verwässerter, an Konzentration und Tiefe armer Wein wird als hohl bezeichnet.

holzig Eichenholzwürze im Bukett und Geschmack ist nur bis zu einem bestimmten Punkt vorteilhaft. Ein durch zuviel Faßreife mit Eichenholzwürze überfrachteter Wein, dessen Frucht dadurch in den Hintergrund gedrängt wird, erscheint holzig.

karg Junger roter Bordeaux erscheint oft herb und hart, nimmt aber nach einiger Reifezeit mildere und vollere Art an.

Komplexität Eine recht subjektive Bezeichnung für die Eigenschaft von Weinen, immer neue, interessante, subtile Duft- und Geschmacksnuancen an den Tag zu bringen.

Konturenschärfe Ein feiner Wein muß sowohl im Bukett als auch im Geschmack klar gezeichnete, präzise Konturen aufweisen. Weine ohne Konturenschärfe wirken diffus wie ein verschwommenes Bild.

Konzentration bedeutet Tiefe und Fülle der Frucht in einem Wein.

GLOSSAR

Korkgeschmack Ein schlechter, unsauberer Korken kann einem Wein einen üblen Beigeschmack verleihen, der oft an feuchten Karton erinnert. Er tritt auch sich auch im Bukett in Erscheinung und kann einen Wein ungenießbar machen.

kernig Kernig bedeutet nicht etwa einen von Traubenkernen stammenden Beigeschmack, sondern eine feste, straffe Art in Substanz und Geschmack.

Körper Als Körper bezeichnet man die Gewichtigkeit und Fülle des Weins, die man auf der Zunge und am Gaumen spürt. Körperreiche Weine zeichnen sich durch starken Gehalt an Alkohol und Glyzerin sowie durch große Konzentration aus. Sollte in ausgewogenem Verhältnis zu Säure und/oder Tannin stehen.

kräuterhaft Manche Weine zeigen im Duft einen deutlichen Anklang an Kräuter wie Thymian, Lavendel, Rosmarin, Majoran, Fenchel oder Basilikum.

krautig Dieser Begriff bezeichnet einen Geruch von Gras und Laub, der oft von zuviel Berührung mit den Traubenstielen herrührt. Wird diese Komponente übermäßig stark, dann nimmt sich der Wein vegetabil oder grün aus.

lang Ein sehr erwünschter Wesenszug ist beim Bordeaux ein langer Abgang, d.h. ein nachhaltiger Geschmack, der manchmal eine halbe Minute bis mehrere Minuten lang zu spüren ist, nachdem man den Wein hintergeschluckt hat.

maître de chai Kellermeister.

massiv In großen Jahrgängen mit hohem Reifegrad und reicher Konzentration entstehen Weine von so kräftiger, körperreicher, gehaltvoller Art, daß man sie nur als massiv bezeichnen kann. Musterbeispiele hierfür sind der 1961er Latour und Pétrus sowie der 1982er Pétrus.

Nase Der allgemeine Geruchseindruck eines Weins, das Bukett, wird gelegentlich auch als Nase bezeichnet.

négociant Handelshaus.

Oxidation Kommt ein Wein während der Bereitung oder Lagerung zu stark mit Luft in Berührung, dann verliert er an Frische und nimmt einen schalen, ältlichen Geruch und Geschmack an, der als oxidiert bezeichnet wird.

pfefferig Eine pfefferige Note ist häufig im pikanten Aroma und Geschmack von Rhône-Weinen anzutreffen, kommt aber gelegentlich auch in Bordeaux-Weinen vor.

pflaumenwürzig Gehaltvolle, konzentrierte Weine erinnern oft in Duft und Geschmack an reife Pflaumen.

rauchig Eine rauchige Note stammt entweder aus dem Boden oder aus dem Eichenholz der Fässer.

régisseur Weinbergverwalter.

robust Ein deftiger, kräftiger, körperreicher, gewichtiger Wein, aber meist ohne große Eleganz oder Raffinesse.

rosiniert Weine von spätgelesenen Trauben, deren Genuß meist zum Ende einer Mahlzeit zu empfehlen ist, erinnern oft an Rosinen, was bei manchen Portweinen und Sherrys durchaus erwünscht sein kann. Im trockenen Bordeaux dagegen gilt eine rosinierte Note als unerwünscht.

rund Dieser in allen Weinen durchaus erwünschte Charakterzug kommt bei älterem, voll ausgereiftem Bordeaux vor, dessen jugendlich adstringierendes Tannin sich gemildert hat, aber auch in jungem Bordeaux, der von vornherein wenig Tannin und Säure aufweist und jung getrunken werden muß.

samtig nennt man einen konzentrierten, milden, reichfruchtigen, runden Wein, der ein sanftes, üppiges Gefühl auf der Zunge vermittelt. Ähnlich zu verstehen ist der Begriff seidig.

Säure Die wichtigsten im Wein vorkommenden natürlichen Säuren sind Apfel-, Milch-, Wein- und Zitronensäure. In angenehmer Konzentration sorgen sie für Frische und Lebendigkeit und wirken konservierend. In warmen Jahren ist der Säureanteil meist geringer als in kühlen Jahren.

schal Stumpfe, schwerfällige, oxidierte Weine, denen es an frischer Säure fehlt, gelten als schal.

scharf Ein unerwünschter Zug; solche Weine sind bitter, unerfreulich und haben harte, kantige, unrunde Art.

schwarze Johannisbeeren Ein ausgeprägter Duft von schwarzen Johannisbeeren in unterschiedlicher Intensität wird als typisch mit Bordeaux-Rotweinen in Verbindung gebracht.

seidig   Eine ähnliche Bezeichnung wie samtig oder üppig, wobei die Betonung jedoch mehr auf zart, manchmal weich liegt.

stumpf   Ein verschlossener, aber noch entwicklungsfähiger Wein wirkt gelegentlich stumpf; meist aber wird dieser Begriff in einem abfälligen Sinn gebraucht und bezeichnet dann einen Wein, von dem keine Entwicklung zum Besseren mehr zu erwarten ist.

surmaturité   Über- bzw. Hochreife.

Tabak   Viele Graves-Rotweine zeigen einen charakteristischen, wundervollen Duft von brennendem Tabak.

Tannin   Der aus Traubenschalen und Stielen extrahierte Gerbstoff bildet zusammen mit dem Alkohol- und Säuregehalt das konservierende Gerüst eines Weins. Im jungen Wein äußert sich Tannin in fester, rauher Art, die sich jedoch mit der Zeit mildert und abschmilzt. Ein tanninstrenger Wein ist meist jung und noch nicht genußreif.

terroir   Boden.

toastwürzig   In vielen Weinen ist eine an Toast erinnernde Duftnote zu entdecken, die dadurch verursacht wird, daß die zur Lagerung benutzten Fässer bei der Herstellung innen angekohlt werden.

überreif   Ein unerwünschtes Merkmal, das durch zu lange am Stock verbliebene und daher überreif gewordene Trauben verursacht wird, die ihre Säure eingebüßt haben und deshalb schwerfällige und unausgewogene Weine ergeben. In heißen Gegenden kommt das häufiger vor als in Bordeaux. Die von vielen Châteaux neuerdings angestrebte *surmaturité* ist dagegen eher als Hochreife zu verstehen und soll den Weinen zu mehr Fülle und Konzentration verhelfen.

vegetabil   bezeichnet einen unerwünschten pflanzlichen Geruch und Geschmack, der meist in Weinen auftritt, die von unzureichend ausgereiften Trauben gekeltert wurden. In manchen Weinen trägt eine subtile Gemüsegartennote auf angenehme Weise zur Komplexität bei, als vorherrschendes Merkmal aber wirkt Vegetabilität unangenehm.

verschlossen   Diese Bezeichnung bedeutet, daß ein Wein sein Potential in sich verborgen hält, meist weil er noch zu jung ist. Junger Bordeaux verschließt sich oft nach 12 bis 18 Monaten nach der Abfüllung und verharrt dann je nach Jahrgang und Lagerungsbedingungen einige Jahre, manchmal sogar mehr als ein Jahrzehnt in diesem Zustand.

viskos   Eine gewisse zähflüssige Art zeichnet Weine mit relativ hoher Konzentration, üppiger, fast dicker Konsistenz, dichtem Fruchtextrakt, hohem Glyzerin- und Alkoholgehalt aus. Wenn genügend Säure als Gleichgewicht vorhanden ist, sind solche Weine oft überaus schmackhaft und ausdrucksvoll. Fehlt die Säure, wirkt solcher Wein eher flau und schwerfällig.

volatil   Als volatil wird Wein mit hohem Gehalt an Essigsäure bezeichnet, die den Wein ungenießbar machen kann.

vollmundig   Weine mit dichter, viskoser Konsistenz durch hohen Glyzeringehalt und Extraktreichtum vermitteln ein volles, oft auch mit einer gewissen Süße verbundenes Gefühl im Mund. Bordeaux-Weine, vor allem Médocs und Pomerols, aus sehr warmen Jahren zeigen häufig eine so zu bezeichnende reife Fülle.

wuchtig   Weine mit kräftigem Körper und intensiver Konzentration werden oft als wuchtig bezeichnet. Die in besonders vollen und tiefen Bordeaux-Jahrgängen zu beobachtende wuchtige Art stellt sich jedoch anders dar als beispielsweise bei Rhône-Weinen.

würzig   Weine haben im Aroma oft Nuancen von bekannten Gewürzen wie Pfeffer oder Zimt. Mit asiatischen Gewürzen sind vor allem Geruchs- und Geschmacksassoziationen mit Sojasauce, Ingwer, Hoisin-Sauce und Sesamöl gemeint.

Zedernholz   Im Bukett von roten Bordeaux-Weinen erkennt man oft mehr oder weniger deutlich den Geruch von Zedernholz als einer von mehreren Komponenten.

REGISTER

Abeille de Fieuzal, L' 564, 565, 661
Abeilles, Les 931
AC St-Emilion 1084
Affatato, Hélène 408
Agassac, d' **442**
A.G.F. 482
Ailes de Berliquet, Les 895
Albada, Eric 416
Alcatel Alsthom 488
Aliénor de Gaillat 652
Alton, d', Geneviève 304
Amart, Michel 1055
Amiral de Beychevelle 261
Amirault, François 1119
Andoyse du Hayot **1162**
Andron-Blanquet **90**
ANDROS S.A. 586
Andurand, Philippe 1164
Angélique de Monbousquet, L' 984
Angélus 22, 26, 28, 29, 30, 32, 34, 38, 40, 42, 864, 865, **866**
Anglas, d' 494
Anglivieille de la Beaumelle, J.-P. 178
Angludet 22, 25, 27, 43, 47, 50, 334, 335, **336**
Anney, Jean 150
Anthonic 441, **443**
Antras, d' 670
Apelbaum, Stéphane 1075

Apelbaum-Pidoux, Familie 1075
Appolot, E.A.R.L. 1032
Appolot, Guy 1032
Arcaute, Jean-Michel 720
Arcaute-Audy, Familien 737, 824
Archambeau 542, **631**
Arche, d' 42, **523**, 1096, **1097**
Arche-Pugneau, d' 1095, 1096, **1163**
Ardouin, Jean 144
Arfeuille, Bernard d' 808
Argutti, Laurence 927, 990, 994
Armailhac, d' 25, 27, 159, **160**
Armes de Lagrange, Les 290
Arnaud, G.F.A. 147
Arnaud, Hubert 688
Arnauld 441, **444**
Arrosée, G.F.A. du Château 870
Arrosée, L' 26, 28, 29, 30, 32, 38, 45, 50, 53, 57, 65, 70, 73, 864, 865, **870**
Arsac, d' 335, **419**
Artigue de Sénéjac 509
Artigues 253
Arvigny, d' 524
Aséo, Claude und Alain 1041

Aubarèdes du Château Tour de Termes, Les 151
Aubert, Jean-Claude 932
Audier, Mme 1046
Audoin, Jean-Louis 152
Audoy S.C.E., Domaines 107
Audoy, Bernard 90, 107
Audoy, Domaines 90
Augerot, Maïté 426
Ausone 22, 26, 28, 38, 40, 42, 43, 50, 53, 56, 59, 864, 865, **873**
AXA Millésimes 230, 232, 348, 1069, 1151
AXA, Versicherungsgruppe 1042

Babeau, Jacques 497
Bahans-Haut-Brion 29, 30, 40, 43, 542, 576, 585
Baillencourt, Nicolas de 766
Baillot-Michotte, Françoise 652
Bailly, Jacques 1029
Bailly, Nicolas 1029
Balestard-La-Tonnelle 866, **879**
Ballande, Familie 634
Ballion, Patrick 170
Ballu, Tony 917
Balotte, Fabienne 1043
Balotte, Guy 1043

REGISTER

Baly, Philippe und Dominique 1109
Barde-Haut 865, 866, **882**
Bardet, S.C.E.A. Vignobles 1071, 1086
Bardins 543, **633**
Bares, Lionel 790
Baret 542, **634**
Baron de Cantemerle, Le 345
Barreau, Jean-Luc 716
Barreau-Badar, Mme 716
Barrejats **1164**
Barrejats, Accabailles de 1164
Barsac 1091, 1095, 1096, 1097
Barthez 531
Bartoletto, M. 855
Bartolussi, Michel 979
Barton & Guestier 487
Barton, Anthony 295, 299
Barton, Léoville 295, 299
BASS, Société 371
Bastide Dauzac, La 351
Bastor-Lamontagne 1095, 1096, **1098**
Batailley 25, 71, 159, 160, **163**
Baudry 421
Bayi, M. 640
Béard 866, **1019**
Beau Soleil 700
Beau-Mayne 935
Beau-Séjour Bécot 26, 28, 29, 30, 865, **883**
Beau-Site **90**, 92
Beau-Soleil 25
Beauchene 701, **825**
Beaulieu 841
Beaumartin, Familie 1058
Beaumont 40, 441, **445**, **524**
Beauregard 29, 30, **701**
Beauregard, S.C. du Château 701
Beauséjour (Duffau-Lagarrosse) 865, **886**
Beauséjour-Duffau 26, 29, 30, 32, 38, 864
Beausoleil **824**

Beausoleil, G.F.A du Château 824
Bécasse, La 160, **247**
Bécot, Gérard und Dominique 883, 963, 970
Bécot-Pourquet, Familie 970
Bel-Air 90, **137**, 655
Bel-Air Coutelin 138
Bel-Air, S. C. du Château 137
Bel-Air-Marquis d'Aligre 335, **420**
Bel-Orme-Tronquoy-de-Lalande 442, **446**
Belair 50, 864, 865, 866, **890**
Belgrave 441, **447**
Belgrave, Diane de 447
Belgrave, S.C. du Château 447
Belle Croix 660
Bellefont, de 689
Bellefont-Belcier 866, **893**
Bellegarde 414
Bellegrave 160, **247**, 700, **703**
Bellerose 252
Belles-Cimes 1035
Bellevue 866, **1020**
Bellevue Laffont 471
Bellevue, Société Civile du Château 1020
Belloc Rochet, Vignobles 637
Belloc, Jean-Noël 637
Beney, Jean-François 845
Benjamin de Beauregard, Le 701
Bergat 866, **1020**
Bergerie de Sénéjac 509
Bergey, Mme 328
Berliquet 866, **894**
Bernadotte 160, **248**
Bernaleau, Régis 430
Bernard, Familie 554, 972, 1062, 1165
Bernard, Olivier 554
Bernateau 866, **1021**
Bernède Grand-Poujeaux, La 469

Bertrand-Coste, Hélène 646, 651
Bessou, Lise 958
Bethmann, Familie 607
Bethmann, J.-J. de 607
Beychevelle 34, 40, 45, 52, 59, 64, 73, 78, 260, **261**
Biarnès 1150
Biarnès, Roger 1150
Bibian, M. 250
Bich Erben, Baron 1040
Bienfaisance 866, **1022**
Bignon, Mme 319
Bigot, Georges 1036
Bijon, F. 482
Bistodeau, Alain 508
Bitot, Mme 674
Blagnac 478
Blanc de Lynch-Bages 214
Blanc, Bruno 484
Blanc, Jacques 866, 1023
Blanc, Yves 1050
Blanquet, Andron 90
Blasco, Catherine 477
Blason de l'Evangile, Le 751
Boidron, Emmanuel 930
Boidron, Jean-Noël 827, 930
Bois Cardinal 1042
Bois du Monteil 429
Boissenot, A.M. und J. 436
Boivert, Jean 495
Boivert, Vincent 527
Bolleau, Jean-Claude 669
Bon Pasteur 25, 28, 29, 30, 32, 38, 40, 42, 53, 699, 700, **704**
Bonalgue 700, **708**
Bondon, Familie 431
Bondon, Marie-Christine 431
Bonnelle, La 866, **1023**
Bonnie, Alfred-Alexandre 595
Bord-Lartigue 979
Borde, M. und Mme Alain 934
Borderie de Chauvin, La 908
Borie, Familie Jean-Eugène 181, 270, 293

REGISTER

Borie, François-Xavier 189, 270
Borie, Jean-Eugène 181, 184, 189, 466
Borie-Manoux 1020
Borie-Manoux, Domaines 220, 251
Borie-Manoux, Maison 741
Bortoletto, Gino 1072
Boscq, Le 40, 90, **138**, 441, **448**
Boüard de la Forest, Christian de 938
Boüard de Laforest und Söhne, De 866
Bouche, Bernard 671
Bouldy, Jean-Marie 703, 841
Bouquet de Monbrison 392
Bouquey 866, **1024**
Bouqueyran **524**
Bourgine, Mme 414
Bourgneuf 28, 700, **709**
Bourgueneuf, de 701, **826**
Bournazel, Comtesse de 1133
Bourotte, Pierre 708, 724
Bouscaut **543**
Bouscaut, S.A. 543
Bouteiller, Bertrand 394
Bouteiller, G.F.A. des Domaines 479, 528, 535
Boutemy, Francis 662
Bouton Rouge de Saransot-Dupré 506
Bouzerand und Galinou, Familien 1026
Boyd-Cantenac 335, **339**
Boyd-Cantenac et Pouget, G.F.A. du 400
Boyd-Cantenac, G.F.A. du Château 339
Boyer, Pierre 420
Boyreau, Paul 676
Boyrein 543, **636**
Branaire 22, 259, 260, **265**
Branaire-Ducru 25, 27, 29, 34, 38, 40, 52, 59, 61, 63, 68
Branas-Grand Poujeaux 441, **449**

Brane-Cantenac 50, 335, **341**
Brannens 671
Braquessac, Jean-François 137
Bravo, Jean-Bernard 1102
Brel, Schwester Evelyne 684
Brest-Borie, Madame de 189, 248
Bridane, La 260, **324**
Brillette 441, **450**
Brondelle 543, **637**
Brossard, Mlle 477
Brousseau, B. 142
Brousseau, Familie 142
Broustaut, Christian 1103
Broustet 42, 1096, **1100**
Brun-Vergriette, Laurence 936
Burgrave 708
Bussier, Patrick 329
By, Domaine de 477

Cabanne, La 701, **711**
Cabannieux 543, **638**
Cabernet Sauvignon Haut-Bages-Libéral, S.A. du 186
Cadet de Gombaude 770
Cadet de la Vieille France 691
Cadet de Larmande, Le 976
Cadet de Sigalas 1148
Cadet La Vieille France 691
Cadet-Bon 866, **1025**
Cadet-Piola 866, **896**
Caillou **640**, 1097, **1102**
Caillou, du 640
Caillou, S.A. Château du 640
Caillou, Le 701, **826**
Cailloux 543
Cailloux de By 515
Cailloux, M. 514
Caisse de Retraite de la Société Générale 840
Calon, Marquis de 94
Calon-Ségur 25, 27, 38, 42, 52, 67, 76, 78, 81, 82, 84, 89, 90, **93**
Calon-Ségur, S.C. 93

Calvet, Paulin 616
Calvez, Suzanne 230, 232
Cambabessouse, Hélène 462, 531
Camensac 441, **451**
Camensac, G.F.A. du Château 451
Camparian, de 635
Campe, Matthias von 482
Camus, Severine 201
Canfailla, S. 944
Canon 32, 38, 40, 45, 47, 50, 53, 69, 73, 82, 84, 865, **898**
Canon-de-Brem 38, 40
Canon-La-Gaffelière 26, 28, 29, 30, 38, 42, 864, 865, **903**
Canon-Moueix 40
Cantegril **1164**
Cantelauze 701, **827**
Cantelys 543, 640
Cantemerle 25, 40, 50, 78, 81, 334, 335, **344**
Cantenac 866, **1026**
Cantenac-Brown 335, **348**
Canuet 349
Cap de Haut Maucaillou 489
Cap de Mourlin 866, **906**
Capbern-Casqueton, Héritiers 139
Capbern-Gasqueton 90, **139**
Capbern-Gasqueton, Denise 93, 416
Capdemourlin, Françoise 1068
Capdemourlin, G.F.A. 879, 906
Capdemourlin, Jacques 879
Capdeville, Mme 250
Capet-Guillet 866
Capet-Guillier **1026**
Capitan de Mourlin 907
Carbonnieux 32, 34, 541, 542, **546**
Cardonne, La 442, **452**
Cardus 453
Carillon de Angélus 867
Carillon, Le 701, **828**
Carles, de 38

REGISTER

Carmes-Haut-Brion, Les 22, 25, 42, 56, 57, 540, 541, 542, **549**
Caronne-Ste-Gemme 442, **453**
Carruades de Lafite 160, 193
Cassagne-Haut-Canon-La-Truffière 38, 40
Cassat, Olivier 1063, 1069
Cassat, Pierre 1063, 1069
Casse, Domaine du 737
Castaing, Domaïne 260, **325**
Castéja, Familie 741, 1013
Castéja, Héritiers 92, 163, 220, 251
Castéja, Philippe 634
Castéja, Pierre 1116
Castéja, Preben-Hansen, Familien 1020
Castéja-Texier, Arlette 151
Castelot 866, **1027**
Cathiard, Daniel und Florence 620, 640
Caudouin, Jean-Philippe 446
Cauze 866
Cauze, Du **1028**
Cave Coopérative Marquis de St-Estèphe 90, 140
Cazauviel 430
Cazeau, Jean-Jacques 325
Cazenave, Mme 1020
Cazes 129
Cazes, Familie 213, 691
Cazes, Jean-Michel 230, 232
Cèdres de Franc-Mayne, Les 958
Certan de May 28, 29, 32, 38, 42, 43, 45, 47, 50, 53, 54, 55, 56, 700, **716**
Certan-Giraud 700, **713**
Chailleau, Héritiers 925
Chambert-Marbuzet 90, **99**
Chanel 408
Chanel Inc. 898
Chanfreau, Caroline, Jean, Elza, Katherine, Marie-Hélène 470, 483
Chanoine de Balestard 880
Chantalouette 812

Chante-Alouette-Cormeil 866, **1028**
Chantecaille, Familie 549
Chantecler Milon 250
Chantegrive 540, 541, 542, **552**
Chantelys **525**
Chapelle de Bages, La 186
Chapelle de La Mission, La 599
Chapelle de Lafaurie, La 1128
Chapelle de Laniote, La 1057
Chapelle Madeleine 874
Chardon, Claude und Yves 435
Charitte, Serge 571
Charmail 25, 27, 441, **454**
Charmant 335, **420**
Charme de Poujeaux, Le 503
Charme Labory, Le 107
Charmes de Kirwan, Les 362
Charmes de Liversan, Les 485
Charmolue, Jean-Louis 123
Chartreuse d'Hosten, La 472
Chartreuse du Château Coutet 1110
Chartreuse du Château La Garde, La 570
Chartreuse, La 1178
Chassagnoux, Pierre 1088
Chasse-Spleen 40, 45, 441, **455**
Chasse-Spleen, S.A. du Château 455
Chasseuil, Familie 755
Château, Bernard 427
Château, G.F.A. du 430
Chauvin 864, 865, 866, **908**
Chêne Vert 616
Chênes de Macquin, Les 997
Cheret 642
Cheret-Pitres 542, **642**
Cheval Blanc 22, 26, 28, 29, 30, 38, 40, 43, 45, 47, 50,
53, 54, 55, 57, 59, 61, 63, 64, 65, 68, 70, 73, 74, 76, 78, 79, 80, 81, 82, 84, 864, 865, **910**
Cheval-Noir 866, **1029**
Chevalier Coutelin 153
Chevalier de Malte 897
Chevalier, Domaine de 22, 29, 32, 34, 38, 42, 43, 45, 47, 48, 50, 55, 56, 57, 59, 62, 65, 70, 72, 73, 540, 541, 542, **554**
Chicane 543, **643**
Chiroulet Réserve, Domaine de 25
Chouet, M. und Mme Pierre 1023
Cissac 441, **459**
Citran 34, 441, 460
Citran, S.A. du Château **460**
Clairefont, de 402
Clarence Dillon S.A., Domaine de 575
Clarke 441, **462**
Clauzel, Jean-Pierre 1049
Clauzel, M. und Mme 836
Clauzel, Mme 836
Clément-Pichon 441, **463**
Clémentin du Pape-Clément, Le 611
Clerc-Milon 25, 27, 29, 30, 40, 42, 45, 159, 160, **167**
Climens 28, 38, 40, 42, 45, 50, 54, 55, 59, 61, 63, 64, 74, 78, 80, 81, 82, 1095, 1096, **1103**
Clinet 22, 25, 28, 29, 30, 32, 34, 38, 40, 42, 43, 45, 82, 699, 700, **720**
Clos Bergat Bosson 926
Clos de l'Oratoire 22, 26, 28, 865, **922**
Clos de la Grande Métairie 1048
Clos de la Tonnelle 1001
Clos des Carmes, Les 550
Clos des Demoiselles 442, 449, **464**
Clos des Jacobins 42, 43, 865, 866, **920**
Clos du Cion 1172

REGISTER

Clos du Clocher 700, **724**
Clos du Clocher, GFA du 724
Clos du Jaugueyron **526**
Clos du Marquis 29, 30, 34, 305, 310
Clos du Pélerin 701, **828**
Clos du Roy 1176
Clos Floridène 38, 40, 42, 540, 541, 542, **644**
Clos Fourtet 26, 28, 29, 866, **917**
Clos Haut-Peyraguey 1096, **1108**
Clos Haut-Peyraguey, G.F.A. du Château 1108
Clos J. Kanon 899
Clos L'Eglise 22, 699, 700, 726
Clos la Gaffelière 960
Clos la Madeleine 866, **1031**
Clos la Madeleine, S.A. du 1031, 1061
Clos Labarde 866, **1029**
Clos Labère 1144
Clos Larcis 866, **1030**
Clos Lescure 1070
Clos Mazeyres 825
Clos René 700, **728**
Clos Saint-Martin 866, **924**
Clos Sainte-Anne 789
Clos St-Martin 43
Clos Trimoulet 866, **1032**
Closerie de Camensac, La 451
Closerie de Malescasse, La 488
Clotte, La 866, **925**
Clusière, La 866, **927**
Colas, Olivier 672
Colombe de Landiras, La 668
Colombier-Monpelou 160, **170**
Commanderie, La 90, **140**, 701, 739, **829**, 866, **1032**
Communauté Religieuse de la Sainte Famille 684
Compostelle, Domaine de 712
Comte d'Arnauld, Le 444

Coninck, Jean de 1020
Connetable de Talbot 320
Conques, de 495
Conseillante, La 25, 28, 29, 30, 32, 38, 40, 43, 47, 53, 54, 65, 70, 78, 81, 82, 699, 700, **730**
Consortium de Réalisation 473, 532
Constantin, Mme Bertrand 1109
Constanzo, di Catherine 101
Coquillas 651
Corbin 865, 866, **928**
Corbin-Michotte 28, 865, 866, **930**
Cordes, Château Comte des 1044
Cordier, Domaines 120, 499, 920, 1032, 1128
Cordonnier, François 468
Cordonnier, François oder Jean-Baptiste 468
Cordonnier, Jean-Baptiste 443
Cordonnier, Pierre 443
Cormeil-Figeac 866, **1033**
Corre-Macquin, Familie 996
Cos d'Estournel 22, 25, 27, 29, 30, 34, 38, 40, 43, 45, 47, 48, 52, 56, 59, 65, 71, 73, 74, 76, 78, 81, 89, 90, **101**
Cos Labory 27, 38, 89, 90, **107**
Cosson, Jérôme 1097
Coste, De la 430
Coste, Familie 651
Côte Madeleine 1081
Côte Migon-La-Gaffelière 904
Côtes de Rol 866, **1033**
Côtes des Trois Moulins 955
Coucheroy 542, **645**
Coufran 441, **465**
Couhins-Lurton 42, 43, 541, 542, **562**
Counilh, Denis 653
Counilh, Familie 653
Courneau, du 426

Couronne 866
Couronne, La 160, **248**, **1034**
Courreau, du 677
Courrèges-Sègues du Château de Gaillat 543, **646**
Courrian, Christine 525
Courrian, Philippe 516
Courrian, Véronique 516
Couspaude, G.F.A. du Château La 932
Couspaude, La 26, 28, 865, **932**
Coutelin-Merville 90, **141**
Coutet 28, 38, 40, 42, 43, 59, 61, 64, 80, 81, 866, **1035**, 1095, 1096, **1109**
Coutet-Cuvée Mme 38, 40, 42, 45, 1095, 1096
Couvent-des-Jacobins 866, **934**
Crigean 686
Crock, Le 90, **110**
Croix Bonnelle, Château La 1024
Croix de Beaucaillou, La 271
Croix de Gay, G.F.A., La 739, 756
Croix de Gay, La 29, 30, 700, **739**
Croix de Jaugue, La 866, **1036**
Croix de Mazerat 887
Croix St-Estèphe, La 110
Croix St-Georges, La 701, **830**
Croix Taillefer, La 701, **830**
Croix Taillefer, S.A.R.L. La 830
Croix Toulifaut, La 701, **831**
Croix, La 700, **735**
Croix-du-Casse, La 25, 28, 29, 700, **737**
Croix-Figeac, La 866, **1035**
Croix-Figeac, Pavillon La 1036
Croizet-Bages 160, **171**
Croque-Michotte 866, **1037**
Crouzet, Laurent 450

REGISTER

Cru de Braneyre 1097
Cruse, Brigitte 178, 1141
Cruse, M. 428
Cruse, Mme Emmanuel 358
Cruzeau 542, **647**, 866, **1038**
Cubiller, Marie-France 739, 756
Curcier, du 639
Curé-Bon 866, **1038**
Curé-Bourse, Domaine de 353
Cuvée Aliénor 1023
Cuvelier 110
Cuvelier, Familie 311
Cyprès de Climens, Les 1104

Dalem 40
Dalton, Geneviève 500
Dambrine, Ph. 344, 1051, 1055
Dame de Cœur du Château Lestage, La 483
Dame de Malescot, La 376
Dame de Montrose, La 124
Daney, Jean-Francis 1163
Daney, Jean-Pierre 1163
Daret, Mireille 1164
Daricarrère, Alain 494
Dassault 865, 866, **936**
Dassault, S.A.R.L. Château 936
Dauga, Olivier 515
Daugay 865, 866, **938**
Dauphin de Grand-Pontet, Le 970
Dauphin du Château Guiraud, Le 1126
Dauphine, La 40
Dauriac, Christian 939
Dauzac 334, 335, **351**
David, Danielle 664
David, Jean-Gérard 680, 1170
David, Ludovic 708, 724
David, M. und Mme 680, 1170
David-Beaulieu, Jean und Alain 1035
Davis, Mme E.M. und Söhne 391

Dé, Marie-Hélène 829
Declercq, Jean-Louis 530
Declercq, S.C. Vignobles 530
Decorde 508
Defrance, Mme 898
Degliade, E. 1004
Degliane, Eric 959
Dejean, Philippe 1136
Delbeck, Mme 890
Delestrac, Guy 691
Delfour-Borderie, Mme 781
Delmas, Sandrine 450
Delnaud, Familie 648
Delol, Yves 1028
Delon, Guy 148, 327
Delon, Jean-Hubert 304, 500, 790
Delon, Jean-Michel 304
Delon, Thierry 1067
Demoiselle de Doisy 1116
Denis, Familie 616
Descos, Laurent 946
Desmirail 335, **421**
Despagne, Familie 1047
Despagne, François 1047
Despagne, Gérard 848
Despagne-Rapin, D.F.A. 848
Despujols, Guy 1130
Destieux 865, 866, **939**
Destruhaut, Stéphanie 526, 792
Devise de Lilian, La 119
Deyrem-Valentin 335, **422**
Dhalluin, Philippe 265
Diascorn, Familie 1173
Diascorn, Hervé Le 1173
Diligence, S.A.R.L. de La 842
Dillon S.A., Domaine de Clarence 589, 598, 623
Dior, Micheline 1070
Disch, Marcel F. 664
Doisy-Daëne 38, 42, 50, 1096, **1113**
Doisy-Dubroca 42, 1096, **1115**
Doisy-Védrines 40, 1095, 1096, **1116**
Domergue, Familie 755
Dominique, La 26, 28, 29, 30, 38, 40, 53, 64, 65, 76, 864, 865, **940**
Donjon de Lamarque 479
Dourthe, A. 944
Dourthe, Frères (C.V.B.G.) 138, 569
Dourthe, M.-F. 311
Dourthe, Magali 489
Dourthe, Philippe 489
Duale, Patrick 1171
Dubois, Michel und Paule 833
Dubois-Challon, Hélyette 890
Dubos, Michel 886
Duboscq und Söhne, Henri 99, 111, 149
Dubost, Laurent 839
Dubost, Yvon 839, 1087
Dubourdieu 644
Dubourdieu, Denis und Florence 644
Dubourdieu, Hervé 657, 1177
Dubourdieu, Jean-Philippe 631
Dubourdieu, Mme 631
Dubourdieu, Pierre und Denis 1113, 1164
Ducasse, Château 1178
Ducasse, Mme 750
Ducellier, Jean-Michel und Alain 366
Ducluzeau 441, **466**
Ducru-Beaucaillou 25, 27, 29, 32, 34, 40, 45, 47, 52, 54, 57, 59, 62, 65, 68, 71, 73, 74, 78, 82, 259, 260, **270**
Dudignac-Barrière, Mme Régine 638
Duffau-Lagarrosse, Erben 886
Dufour, J. 1179
Dugoua, Colette 654
Dugoua, Michel 690
Dugoua, Mme 690
Dugoua, Vignobles M.C. 654
Duhart-Milon 25, 159, 160, **173**

Duhart-Milon, du S. C. Château 173
Duhayot, H. 149
Dulos, Mme Simone 429
Duluc 266
Dulugat, Caroline und Pascal 642
Duplessis 442, **467**
Duplessis-Fabre 442, **468**
Durantou, Denis 743
Durantou, Familie 743
Durfort-Vivens 335, **353**
Duroux, Roger und André 851
Dutruch-Grand-Poujeaux 441, **468**
Dutruilh, M. und Mme 1035, 1077
Duval, Mme 586
Duval-Fleury, Familie 1022
Dworkin, Marc 975

Edange, Rémy 554
Eglise, Domaine de l' 40, 700, **741**
Eglise-Clinet, l' 22, 25, 28, 29, 30, 32, 38, 40, 42, 45, 47, 61, 73, 80, 81, 82, 84, 699, 700, **743**
Eglise-Clinet, G.F.A. Château, l' 743
Egmont 523
Egreteau, Norbert und Josette 828
Emilius 1086
Enclos de Bergat 1021
Enclos, G.F.A. du Château **748**
Enclos, l' 53, 56, 61, 82, 699, 700, 748
Espagnet, Jean-Marc 405
Esprit de Chevalier, L' 555
Esprit du Clocher 724
Estager, Bernard und François 141
Estager, François 711, 838, 843
Estager, J.-P. 711, 838, 843
Estager, Paulette 846
Estremade, l' Domaine de, l' 1137

Etoile Pourret 1045
EURL C.C.N. - Mähler-Besse 1034
Evangile, L' 22, 25, 28, 29, 30, 32, 38, 40, 43, 47, 50, 53, 56, 61, 73, 74, 76, 80, 81, 82, 699, 700, **750**
Evangile, S.C. du Château, l' 750
EXOR-Gruppe 476
Eymery, Mme 1125

Fabre, Marie 1089
Fachetti-Ricard, Anne-Mary 1178
Fargues, de 45, 50, 54, 55, 59, 61, 64, 1096, **1119**
Fargues, Guilhem de 1119
Faugères 22, 865, 866, **944**
Faure, Valérie 591
Faurie, Isabelle 129, 213
Faurie-de-Souchard 866, **1039**
Fauthoux, Mme 1169
Favin, Yvette 432
Fayat, Clément 463, 844, 940
Ferme d'Angludet, La 336
Ferrand 701, **831**
Ferrand, de 47, 866, **1040**
Ferrand, M. und Mme 946
Ferrand-Lartigue 26, 28, 29, 31, 865, **946**
Ferrande 542, **648**
Ferrère, Sophie 236
Ferrière 335, **423**
Ferrière, S.A. du Château 423
Février, Marie-France 908
Feytit-Clinet 701, **755**
Feytit-Guillot 701, **832**
Fiefs de Lagrange, Les 289
Fieuzal, De 25, 27, 28, 29, 30, 32, 38, 42, 43, 65, 540, 541, 542, **564**
Fieuzal, S.A. du Château 564, 660
Figeac 28, 38, 45, 48, 50, 53, 59, 61, 63, 65, 70, 73, 74, 78, 80, 82, 84, 864, 865, **947**

Figula, Nathalie 452, 527, 533
Filhot 1096, **1121**
Filhot, G.F.A. Château 1121
Fillastre, Familie 325
Filolie, Arnaud de la 1057
Flageul, Jean-Louis 450
Fleur de Clinet 720
Fleur de Gay, La 25, 28, 29, 30, 32, 38, 40, 42, 43, 45, 700, **756**
Fleur de Jaugue, La 28, 865
Fleur des Ormes, La 835
Fleur Jonquet, La 543, **649**
Fleur Milon, La 160, **249**
Fleur Pourret, La 866, **1042**
Fleur, La 866, **952**
Fleur-Cardinale 866, **1041**
Fleur-Pétrus, La 22, 26, 28, 29, 32, 40, 61, 65, 70, 79, 80, 82, 84, 699, 700, **759**
Fleur-Pétrus, S.C. du Château La 759
Fleurs de Graville, Les 658
Fleuve, Le 143
Fombrauge 866, **1042**
Fombrauge, S.A. du Château 1042
Fonbadet 160, **176**
Foncier Vignobles 681, 1098, 1168
Fonplégade 866, **954**
Fonrazade 866, **1043**
Fonréaud 441, **470**
Fonroque 32, 865, 866, **956**
Fonroque, G.F.A. Château 956
Fontarney, Domaine de 341
Fontebride 1167
Fonteneau, Georges und Roland 247
Fontenil 38, 40
Fontis **527**
Fontmarty 851
Forner, Familie 451
Fort, Annie 328
Fortin 1047
Forts de Latour, Les 29, 34, 38, 52, 57, 160, 202, **210**
Fougères, Château Les 1025
Foulon, Patrick 1044, 1052

Fourcas Dupré 441, **471**
Fourcas Dupré, S.C.E. du 471
Fourcas Hosten 441, **472**
Fourcas Hosten, S.C. du 472
Fourcas Loubaney 42, 45, 441, **473**
Fourcaud-Laussac Erben 910
Fourcroy, Georgy 958
Fourreau, Jean-Pierre und Patrick 834
Franc-Mayne 866, **958**
France, de 543, **650**
Franck Phélan 135
François, Maryse 830, 840
Frénoy, Maud 295, 299
Fugue de Nenin 790
Fuie St-Bonnet, La 520
Furt, Mme und M. Didier 549

G.F.A. Château Canteloup et La Commanderie 140
G.V.G. 530
Gaboriaud, Véronique 972, 1062
Gaffelière, La 26, 864, 866, **959**
Gaffelière-Naudes, La 82, 84
Gaillat 543
Gaillat, De **651**, 652
Gaillat, S.C.E.A du Château 646
Galeri, Jean-Marie 959, 1004
Galets de La Lauzette, Les 530
Galiane, La 335, **424**
Galinou, Elisabeth 1026
Galius 866, **1044**
GAN, Versicherungsgesellschaft 720
Ganga Cata 651
Ganne, La 701, **833**
Gans, Marceline und Bernard 1025, 1038
Garance, La 618
Garat, Michel 1098, 1168

Garcin-Cathiard, Sylviane 658, 726
Garcion, Jean-Michel 425, 1083
Gardaix, Cécile 903, 922, 986
Garde, La 540, 541, 542, **569**
Gardinier, Thierry 135
Gardinier, Xavier 135
Garenne, La 850
Gartieu, Domaine des 237
Garzaro, Familie 854
Garzaro, Pierre Etienne 854
Gasparoux und Söhne, Henry 831, 837
Gaudin 160, **250**
Gauthier 526
Gauthier, François 643
Gautreau, Jean 510
Gay, Le 40, 53, 61, 70, 80, 699, 700, **763**
Gazin 26, 28, 29, 30, 32, 38, 84, 699, 700, **766**
Gazin Rocquencourt 542, **652**
Gazin, G.F.A. du Château 766
Geens, Roger 432
Gervais, Jean 543, **653**
Gervoson, Mme 586
Ghizzo, Mme 1045
Gilbey, W. und A. 485
Gilette 1095, 1096, **1123**
Gimenez, Héritiers 249
Giraud Bélivier, G.F.A. 1085
Giraud S.A., Robert 1018, 1030, 1033
Giraud, Alain 966
Giraud, André 1085
Giraud, Philippe 928, 966, 1018, 1030, 1033
Giraud, Société Civile des Domaines 928
Giraud, Sylvie 826, 1085
Giraud-Belivier, G.F.A. 826
Giscours 32, 34, 54, 56, 57, 59, 61, 63, 65, 67, 335, **354**
Giscours, G.F.A. du Château 354
Glana, du 260, **276**

Glaunès, Franck und Marguerite 1173
Gloria 22, 25, 27, 38, 61, 64, 65, 259, 260, **277**
Godeau 866, **1045**
Gombaude-Guillot 700, **769**
Gombaude-Guillot Cuvée Spéciale 42
Gomerie, La 26, 28, 865, **963**
Goua, Jacques 687
Goua, M. und Mme 687
Goudichaud, Familie 1019
Gouteyron, E.A.R.L. Christian 1052
Grâce Dieu des Menuts, La **1046**
Grâce Dieu des Prieurés, La 866, **1046**
Grace Dieu, La 866, **1045**
Gracia 22, 865, 866, **965**
Gracia, Michel 965
Gradit, Jean 148
Grand Bos, S.C. Château du 543, **656**
Grand Canyon 170
Grand Duroc Milon 252
Grand Moulinet 701, **834**
Grand Pontet 865
Grand Treuil 1083
Grand-Abord, du 543, 654
Grand-Corbin 866, **966**
Grand-Corbin-Despagne 866, **1047**
Grand-Corbin-Manuel 866, **1048**
Grand-Mayne 26, 28, 38, 40, 43, 865, **967**
Grand-Pontet 26, 28, 29, 31, 866, **970**
Grand-Puy-Ducasse 30, 159, 160, **178**
Grand-Puy-Ducasse, S.C. du Château 178, 529
Grand-Puy-Lacoste 25, 26, 27, 28, 29, 30, 34, 38, 40, 45, 52, 57, 65, 68, 73, 78, 81, 82, 159, 160, **181**
Grandes Chênes Cuvée Prestige, Les 25
Grandes Murailles 22, 865

REGISTER

Grands Graves, S.C. des   546
Grands Millésimes de France   261, 445, 524
Grands Sables Capet   1027
Grands Vignobles de la Gironde   523
Grange Neuve   701, **834**
Grangeneuve de Figeac, La   947
Granges de Gazin, Les   653
Granges des Domaines Edmond de Rothschild, Les   532
Gratiot, Jacques-Olivier   973
Gravas   **1165**
Grave à Pomerol, La   28, 700, **771**
Grave de Guitignan, La   443
Grave Martillac, La   628
Grave Trigant de Boisset, La   700, 771
Grave, La   543, **657**, 699
Grave, S.C.A. Domaine La   668
Grave-Figeac, La   866, **1049**
Graves   536, 540, 541
Graves de Peyroutas   1075
Graves Guillot   836
Graves, des   1065
Gravette de Certan   819
Gravières de Marsac   428
Graville Lacoste   542, **657**
Grazioli, Jean-Pierre   507
Grelot, Louis   828
Gressier Grand-Poujeaux   40, 42, 45, 441, **475**
Greysac   61, 441, **476**
Grivière   **527**, 528
Gromand d'Evry, S.C.   478
Gros, M.   834
Grottes, des   1041
Groupama   442
Gruaud-Larose   22, 25, 27, 32, 38, 40, 42, 43, 45, 47, 48, 50, 52, 54, 56, 57, 61, 64, 65, 68, 70, 71, 73, 78, 81, 84, 259, 260, **281**
Gruaud-Larose, Sarget de   281
Guadet-St-Julien   866, 1050
Guichard, Baronne   855

Guichard, Olivier   1072
Guichard, S.C.E. Baronne   1073
Guignard, Jean   1177
Guignard, Philippe und Jacques   1132
Guigne, Charles de   509
Guillemet, L.   339, 400
Guillot   701, **835**
Guillot Clauzel   701, **836**
Guinaudeau, Sylvie und Jacques   773
Guiraud   40, 42, 45, 50, 59, 1096, 1125
Guiraud, S.A. du Château   **1125**
Guisez, Corinne   944
Guiteronde du Hayot   **1166**
Gurgue, La   335, **424**
Gurgue, S.C. du Château La   424

Hanteillan   442, **477**
Haut Breton-Larigaudière   335, 425
Haut Breton-Larigaudière, SCEA du Château   425
Haut Brisson   866, **1050**
Haut Cloquet   701
Haut de Domy   666
Haut Ferrand   701
Haut Padarnac   252
Haut Villet   866
Haut-Badette   1088
Haut-Bages Averous   214
Haut-Bages-Libéral   45, 59, 160, **186**
Haut-Bages-Monpelou   160, **251**
Haut-Bailly   25, 27, 29, 30, 32, 38, 40, 42, 50, 56, 57, 65, 70, 73, 540, 542, **571**
Haut-Batailley   25, 27, 52, 65, 159, 160, **189**
Haut-Beauséjour   90, **142**
Haut-Bergeron   **1166**
Haut-Bergey   543, **658**
Haut-Bommes   1108
Haut-Brillette   450
Haut-Brion   22, 25, 27, 28, 29, 30, 32, 34, 38, 40, 42, 43, 45, 47, 48, 50, 52, 56, 57, 59, 61, 64, 67, 69, 70, 72, 73, 74, 76, 78, 80, 81, 82, 84, 540, 541, 542, **575**
Haut-Calens   543, **659**
Haut-Castelot   1028
Haut-Claverie   1095, 1096, **1167**
Haut-Cloquet   837
Haut-Corbin   866, **1051**
Haut-Coteau   90, **142**
Haut-Ferrand   837
Haut-Gardère   542, **660**
Haut-Lagrange   543, **662**
Haut-Maillet   700, **838**
Haut-Manoir   829
Haut-Marbuzet   25, 32, 38, 40, 42, 47, 52, 61, 65, 73, 89, 90, **111**
Haut-Mazerat   866, **1052**
Haut-Médoc   437, 441
Haut-Nouchet   543, **663**
Haut-Pick   **1168**
Haut-Quercus   866, **1052**
Haut-Sarpe   866, **1053**
Haut-Villet   **1054**
Haut-Villet, G.F.A. du Château   1054
Hautes Graves de Beaulieu   849
Hauts de Bergey, Les   659
Hauts de Pez, Les   150
Hauts de Pontet, Les   243
Hauts du Tertre, Les   417
Hauts-de-Smith, Les   620
Haye, La   90, **143**
Hayot, S.C.E. Vignobles du   1146, 1162, 1166
Hermitage de Chasse-Spleen, L'   456
Hermitage de Matras, L'   1063
Hermitage, L'   22, 865, **972**
Hessel, Dominique und Marie-Hélène   493
Hontemieux   527
Hortevie   25, 29, 30, 260, **287**
Hospital, l'   543, **664**
Hospitalet de Gazin   767
Hostein, Jean-Noël   171

REGISTER

Hostein, Paul 497
Houissant 90, **144**
Huat, Jacques le 1173

Issan, d' 25, 50, 335, **358**, **359**

J de Jonquet 649
Jabiol, Amélie 896, 1066
Jabiol, G.F.A. 896, 1066
Jabiol-Sciard, G.F.A. 1039
Jacobins, des 703
Jacolin, Jean-Gabriel 1174
Jacquet, Roger 1073
Jaffre, Sylvie 143
Janoueix, Jean und Françoise 831, 1027, 1053, 1087
Janoueix, S.C. Joseph 735, 830
Jaugaret, Domaine de 260, **325**
Jean Voisin 866, **1088**
Jean Voisin-Chassagnoux, S.C.E.A. du Château 1088
Jean, Michel 1086
Jean-Faure 866, **1055**
Jean-Miailhe-Gruppe 465, 521
Jugla, Bernard 170
Jugla, Familie 252
Junior 933
Jurat, Le 866, **1055**
Justices, Les 1095, 1096, **1169**

Kirwan 25, 334, 335, **362**
Kolasa, John 898
Kressmann, Familie 628
Kressmann, Tristan 628
Kuhn, Carla 575, 589, 598, 623

Labégorce 335, **426**
Labégorce-Zédé 335, **365**
Labégorce-Zédé, G.F.A. du Château 365
Laberne 1074
Laborde 478
Labruyère, Familie 809
Lachesnaye **528**

Lacoste, Mme 952
Lacoste-Borie 181
Lady Langoa 295
Lafargue 543, **665**
Lafaurie-Peyraguey 38, 40, 42, 43, 45, 50, 1095, 1096, **1128**
Laffitte-Carcasset 90, **144**
Lafite-Rothschild 22, 25, 27, 29, 32, 34, 38, 40, 42, 43, 45, 47, 50, 52, 54, 56, 59, 61, 71, 74, 78, 159, 160, **193**
Lafleur 22, 26, 28, 29, 30, 32, 38, 40, 42, 45, 47, 50, 53, 56, 57, 61, 65, 69, 70, 72, 73, 74, 76, 79, 80, 81, 82, 84, 699, 700, **773**
Lafleur du Roy 701, **839**
Lafleur Gazin 701, **781**
Lafleur-Vachon 866, **1056**
Lafon 1169
Lafon-Laroze 1138
Lafon-Rochet 25, 27, 29, 34, 65, 89, 90, **114**
Lafon-Rochet, No. 2 du Château **115**
Lagrange 22, 25, 27, 29, 30, 38, 40, 45, 259, 260, **289**, 701, **782**
Lagrange S. A. 289
Lagrave Genesta 454
Lagune, La 25, 27, 52, 57, 59, 67, 334, 335, **366**
Lailheugue, Valérie 1156
Laître, Jean de 685
Lalande 260, **326**
Lalande Borie 260, **293**
Lalande, Jean 1176
Lamarque 441, **478**
Lamaud, Bernard 882
Lambert des Granges, Familie 1147
Lambert, Familie de 812
Lamothe 1096, **1130**
Lamothe Bergeron **529**
Lamothe und Söhne, Robert 1166
Lamothe, Patrick und Hervé 1166

Lamothe-Guignard 42, 1096, **1132**
Lamourette 1097, **1170**
Lamouroux 543, **667**, 668
Landiras, de 543, **668**
Landotte, La 517
Landwirtschaftsministerium 1154
Lanessan 25, 38, 40, 45, 441, **479**
Lanette 654
Langoa et Léoville-Barton, G.F.A. des Châteaux 295, 299
Langoa-Barton 34, 74, 78, 81, 260, **295**
Laniote 866, **1057**
Lapalu, M. 514
Lapiey 497
Laporte, Bruno 1028, 1147
Larcis-Ducasse 29, 84, 865, 866, **973**
Larmande 26, 28, 42, 50, 865, **975**
Laroque 866, **1058**
Larose St-Laurent 483
Larose-Trintaudon 442, **482**
Laroze 866, **1059**
Larrivet, Domaine de 587
Larrivet-Haut-Brion 543, **586**
Larruau 335, **427**
Lartigue, Bernard 490
Lascombes 47, 65, 68, 74, 335, **371**
Lassalle 500
Lasserre, Pierre 728
Lataste, Laurence 649
Lataste, M. 667
Latour 22, 25, 27, 29, 30, 32, 34, 38, 42, 43, 45, 48, 52, 54, 55, 56, 57, 61, 62, 63, 64, 65, 67, 68, 70, 71, 73, 74, 76, 78, 80, 81, 84, 159, 160, **201**
Latour à Pomerol 26, 28, 29, 30, 53, 65, 73, 74, 76, 80, 81, 82, 84, 699, 700, **784**
Laubarède 939
Laubie, Alain 1046

REGISTER

Laubie, Familie 1046
Laulan, Didier 1100, 1179
Lauret, Dominique 1071
Lauret, Philippe 842, 1031, 1061
Laux, Dominique 434
Lauzette Declercq, La **530**
Laval, Mme 769
Lavau, M. und Mme 1021
Lavau, Régis 1021
Lavaux, Familie de 849, 1062
Lavaux, François de 837, 847
Laville-Haut-Brion 25, 28, 29, 30, 32, 40, 42, 43, 47, 50, 57, 59, 65, 72, 73, 84, 541, 542, **589**
Lavillotte 90, **145**
Lecallier, Georges 143
Leclerc, Nicolas 616
Leglise, Anne-Marie 1170
Lencquesaing, May-Elaine de 236
Lenormand, Eric 1054
Léoville-Barton 22, 25, 27, 29, 30, 32, 34, 38, 40, 42, 43, 45, 47, 52, 61, 65, 73, 74, 78, 81, 84, 259, 260, **299**
Léoville-Las Cases 22, 25, 27, 29, 30, 32, 34, 38, 40, 42, 43, 45, 47, 48, 50, 52, 54, 56, 57, 59, 61, 63, 68, 74, 76, 78, 82, 259, 260, **304**
Léoville-Poyferré 22, 25, 27, 29, 30, 38, 50, 52, 259, 260, **311**
Lespault 543, **669**
Lespault, S.C. du Château 669
Lesquen, Vicomte und Vicomtesse Patrick de 894
Lestage 441, **483**
Lestagne 486
Levant, du 1171
Lévêque, Henri und Françoise 552
Leydet, Bernard 1060
Leydet, M. 853, 1060

Leydet-Figeac 866, **1060**
Leydet-Valentin 866, **1060**
Leymarie, Dominique 852
Leymarie, Familie 825
Leymarie, Gregory 825
Leymarie, Jean-Pierre 665
Lichine, Sacha 401
Licorne de Duplessis, La 467
Lignac, Mme 1050
Lignac, Robert 1050
Ligneris, Familie des 1001
Ligneris, François des 1001
Lilian Ladouys 89, 90, **118**
Lilian Ladouys S.A. 118
Limbourg 678
Liot 1096, **1170**
Listrac 437, 441
Litvine, Georges 1045
Liversan 441, **484**
Liversan, S.C.E.A. du Château 484
Lladères, M. 1028
Londeix, Denis 1089
Lorienne, S.A. 1025, 1038
Lospied, Frédéric 755, 759, 771, 781, 782, 784, 795, 814, 952, 956, 980, 987
Loubière, La 699, 701, **840**
Loudenne 442, **485**, 486
Louloumey-Le Tuquet 689
Louvière, L. de la 592
Louvière, La 32, 38, 40, 42, 50, 540, 541, 542, **591**
Lucie 865, 866, **979**
Ludon Pomies Agassac 367
Luquot Frères, G.F.A. 835, 1038
Luquot, Jean-Paul 835, 1038
Lur Saluces, Familie 1119, 1156
Lureau, Irène 832
Lurton, André 351, 562, 591, 645, 647, 679
Lurton, Bérénice 1103
Lurton, Familie 917, 1103
Lurton, Louis 663, 1115
Lurton, Lucien 341, 353, 421
Lurton, Pierre 910

Lurton-Cogombles, Sophie 543
Lurton-Roux, Marie-Laure 433, 467, 522
Lusseau, Laurent 984
Lynch-Bages 22, 25, 27, 29, 34, 38, 40, 42, 45, 47, 48, 52, 65, 71, 73, 74, 76, 78, 81, 159, 160, **213**
Lynch-Moussas 25, 160, **220**

MACIF 504
Magdelaine 28, 29, 31, 32, 40, 43, 61, 64, 65, 68, 72, 73, 78, 79, 84, 864, 865, 866, **980**
Magence 543, **670**
Magnan la Gaffelière 866, **1061**
Magneau 541
Magnol 441, **487**
Mähler-Besse S.A. 523, 1024, 1029
Malaire 528
Malartic-Lagravière 543, **595**
Malbec Lartigue 491
Malescasse 441, **488**
Malescot St-Exupéry 25, 27, 29, 38, 73, 74, 334, 335, **375**
Malescot, G.F.A. Zuger 375
Malet-Roquefort, Léo de 959, 1004
Malinay, Le 443
Malle, de 1096, **1133**
Malleret, De **530**
Malmaison Baronne Nadine De Rothschild **531**
Manoncourt, Thierry 947
Manuel, Pierre 1048
Marbuzet 90, **145**
Marbuzet, Tour de 149
Marcellas, Bertrand de 475
Margaux 330, 334, 335, **379**
Margaux (Château) 22, 27, 29, 30, 32, 34, 38, 40, 43, 45, 47, 48, 50, 52, 54, 55, 56, 57, 71, 73, 74, 78, 80, 81, 82, 84

Margaux, S.C.A. du Château 379
Marly, Bruno 595
Maroteaux, Familie 265
Marquis d'Alesme-Becker 335, **387**
Marquis de Bellefont 893
Marquis de Lalande 327
Marquis de Mons 434
Marquis-de-Terme 335, **389**
Marquis-de-Terme, S.C.A. 389
Marquise d'Alesme 387
Marsac Séguineau 335, **428**
Marsac Séguineau, S.C. du Château 428
Martialis, Domaine de 918
Martinens 335, **429**
Martinet 866, **1062**
Masset, Anne 1079
Masson, Jacques und Marie-Gabrielle 1080
Matras 866, 1062
Matras, G.F.A. du Château 972, **1062**
Maucaillou 40, 45, 52, 441, **489**
Maucaillou, S.A.R.L. du 489
Maucaillou, S.A.R.L. du Château 468
Maufras, Alain 677
Maufras, Jean 677
Mauras **1171**
Maurens 1043
Mauves, de 543, **671**
Mauvezin 866, **1063**
Mayne **1172**
Mayne Lévêque 552, 553
Mayne, du 848
Mayne-Lalande 441, **490**
Mazeris 40
Mazeyres 701, **840**
Mechin, M. 504
Médeville und Söhne, Jean 636, 675
Médeville, Andrée 1123, 1169
Médeville, Christian 1123, 1169
Médeville, M. 636, 674
Médoc 330, 335, 437, 441

Médoc, südliches 334
Meffre, Claude 253, 326
Meffre, G.F.A. Vignobles 276
Meffre, Jean-Paul 276
Meffre, Mme Gabriel 253, 326
Melin, Jean 1026
Merissac 936
Merlaut, Jacques 281
Merlet, Jacques 520
Merlet, Nicole 520
Meslier, Familie 1138
Meslier, Marie-Françoise 1138
Meslin, Familie 1059
Meslin, Guy 1059
Mestreguilhem, Richard 1071
Meunier, Pierre 1073
Meyer, Familie 826
Meyer, M. 826
Meyney 40, 42, 61, 89, 90, **120**
Miailhe, Erich 465, 513, 521
Miailhe, William Alain B. 414
Michotte, Jean-Marie 652
Migot 639
Milan, Domaine du 663
Millésimes, AXA 792
Mirande, Claude 249
Mission-Haut-Brion, La 25, 27, 29, 30, 32, 34, 38, 40, 42, 43, 45, 47, 48, 50, 52, 54, 55, 56, 57, 61, 63, 64, 65, 67, 69, 70, 73, 74, 76, 78, 80, 81, 82, 84, 540, 542, **598**
Mitjavile, François und Emilie 1005
Monbousquet 22, 26, 28, 29, 31, 865, **984**
Monbrison 42, 335, **391**
Mondiale, Groupe La 975
Mondot 1010
Mondotte, La 26, 864, 865, **986**
Monge, Annette 472
Mongravey **430**
Monlot Capet 866, **1064**

Monotte, La 22
Mont-Joye **1173**
Montalivet 644
Monteils **1173**
Montfort, Baron de 1076
Montgravey 335
Montrose 22, 25, 27, 29, 30, 32, 34, 38, 40, 45, 52, 59, 61, 64, 65, 67, 70, 71, 73, 74, 76, 78, 81, 84, 89, 90, **123**
Montviel 701, **841**
Moreau, Michel 806
Moreaud, Familie 1033
Morvan-Leamas 1067
Motte de Clément Pichon, La 463
Motte, Isabelle 853
Moueix, Alain 840
Moueix, Armand 788, 954, 1008
Moueix, Christian 771
Moueix, Ets. J.-P. 755, 781, 782, 814, 980
Moueix, Héritiers Armand 850
Moueix, J.-P. 759
Moueix, S.C.E. Vignobles Bernard 1082
Moulierac, Nelly 925
Moulin à Vent 441, **493**
Moulin Bellegrave 866, **1065**
Moulin de Duhart 173
Moulin de la Rose 260, **327**
Moulin de Laborde **532**
Moulin de St-Vincent 493
Moulin du Cadet 866, **987**
Moulin du Cadet, S.C. du Château 987
Moulin Riche 312
Moulin St-Georges 22, 26, 28, 865, 866, **988**
Moulin Villet 1054
Moulin-d'Arvigny 445
Moulin-Haut-Laroque 40
Moulin-Pey-Labrie 40
Moulin-Rouge 38, 40, 441, **492**
Mouline de Labégorce, La 427

REGISTER

Moulinet 701, **788**
Moulinet, G.F.A. du Domaine 788
Moulinet-Lasserre 728
Moulins de Citran 460
Moulis 437, 442, **494**
Moureau, Philippe 132, 142
Mourlet 632
Moussaire, Nathalie 910
Mouton-Rothschild 22, 25, 27, 29, 30, 34, 40, 42, 43, 45, 47, 48, 50, 52, 61, 64, 65, 68, 71, 73, 74, 76, 78, 81, 82, 84, 159, 160, **222**
Munck, Catherine 289
Mussotte, Familie 1175
Mussotte, Hubert 1175

Nairac 1096, **1134**
Naudine, Perin De 672
Nebout, Luc 849
Neipperg, Comtes de 903, 922, 986
Nenin 61, 82, 699, 700, **790**
Nenin, S.C.A. du Château 790
Noaillac **532**
Nony, Jean und François 453
Nony, Jean-Pierre 967
Nony, M. und Mme 967
Nony-Borie, Vignobles 453
North, Marguerite 118
Notton 341
Nouvelle Eglise 701, **842**
Nugues, Sébastien 954

Oddo, Bernard 1079
Olivier 542, **607**
Olivier, L' 1073
Olivier, Yann 473, 532
Ondet, Béatrice 908
Oratoire de Chasse-Spleen, L' 456
Ormes-de-Pez, Les 65, 74, 76, 84, 89, 90, **129**
Ormes-Sorbet, Les 441, **495**

Padirac, Vicomte Philippe de 144

Pagés, Cailloux und Lapalu, MM. 514
Pagés, M. 514
Pagés, Patrice 471
Pagès, Xavier 532
Pagès, Xavier und Marc 532
Pagodes de Cos, Les 102
Pairault, Fabienne und Philippe 329
Palatin, Jean-Pierre 1040
Palmer 25, 27, 32, 34, 38, 40, 43, 45, 47, 50, 56, 57, 61, 64, 65, 67, 68, 71, 73, 74, 76, 78, 81, 84, 334, 335, **394**
Palmer, S.C. du Château 394
Pape-Clément 22, 25, 27, 28, 29, 34, 38, 42, 43, 45, 61, 69, 72, 73, 74, 76, 78, 81, 540, 541, 542, **610**
Paradis, du 866, **1065**
Paradis, G.F.A. Château du 1065
Paradivin, M. 445
Parde Haut-Bailly, La 571
Parinet, Marie Françoise 222
Pascaud, Alain 1151
Pasquette 866, **1066**
Patache d'Aux 441, **496**
Patache, La 701, **842**
Patris 866, **1067**
Patris, Filius du Château 1067
Pauillac 159, 202
Pauly, Jacqueline und Jacques 1108
Paveil-de-Luze 335, **430**
Pavie 38, 40, 45, 53, 68, 78, 866, **990**
Pavie-Decesse 22, 864, 865, 866, **994**
Pavie-Macquin 22, 26, 28, 29, 31, 38, 40, 864, 865, **996**
Pavillon Figeac 1049
Pavillon La Croix Figeac 1078
Pavillon Rouge du Château Margaux 380

Pavillon-Cadet 866, **1067**
Pedesclaux 160, **252**
Pelegrin, Marie-Claire 515
Pelon, Familie 492
Pensées de Lafleur, Les 40, 774, 780
Péré-Vergé, Yves und Cathérine 841
Perin de Naudine 543, **672**
Pernaud **1174**
Pernaud, G.F.A. du Château 1174
Perrier, Florian 1065
Perrin, Anthony 546, 682
Perrodo, Hubert 426
Perse, M. und Mme Gérard 927, 984, 990, 994
Pessac-Léognan 536, 540, 541
Pessan 543, **674**
Petit Bocq 90, **146**
Petit Caillou Blanc 617
Petit Cheval 910
Petit Figeac 866, **1069**
Petit Mouton de Mouton-Rothschild, Le 222
Petit, Mme 831, 837
Petit-Faurie-de-Soutard 866, **1068**
Petit-Faurie-de-Soutard Deuxième 1068
Petit-Village 38, 42, 43, 53, 64, 81, 699, 700, **792**
Petite Eglise, La 744
Pétrus 22, 26, 28, 29, 30, 32, 38, 40, 42, 43, 45, 47, 48, 50, 53, 54, 55, 56, 59, 61, 62, 64, 65, 68, 70, 72, 73, 74, 76, 79, 80, 81, 82, 84, 699, 700, **795**
Pétrus, S.C. du Château 784, 795
Pey-Arnaud, Château 1175
Peymartin 278
Peymouton 1058
Peyrabon 442, **497**
Peyraguey **1175**
Peyran, François 281, 488
Peyre Blanque 543, **675**

Peyredon-Lagravette 441, **497**
Peyrelongue 866
Peyrelongue, Domaine de **1069**
Peyronie, Pascale 176
Peyronie, Pierre 176
Peytour, Christine 1022
Pez, de 62, 65, 89, 90, **132**
Pez-Labrie 38
Phélan-Ségur 38, 40, 42, 89, 90, **135**
Philippe, Dominique 882
Piada 1096, **1176**
Piaut 1180
Pibran 160, **230**
Pichon-Longueville Baron 22, 25, 27, 29, 32, 34, 38, 40, 42, 43, 45, 52, 74, 159, 160, **232**
Pichon-Longueville Comtesse de Lalande 25, 27, 29, 34, 40, 42, 43, 45, 47, 48, 50, 52, 54, 55, 56, 57, 59, 61, 65, 68, 71, 73, 84, 159, 160, **236**
Picque-Caillou 542, **616**
Pilotte, M. 1046
Pilotte-Audier, S.C.E.A. Vignobles 1046
Pin, G.F.A. du Château Le 802
Pin, Le 22, 26, 28, 29, 30, 38, 40, 42, 43, 45, 47, 50, 53, 54, 699, 700, **802**
Pinault, François 201
Pindefleurs 866, **1070**
Pipeau 866, **1071**
Piron 543, **676**
Piron, G.F.A. du Château 676
Plagnac 441, **499**
Plagnotte-Bellevue, La 864
Plantey 160, **253**
Plantey de la Croix 522
Plantiers du Haut-Brion, Les 576
Plants du Mayne, Les 968
Planty, Xavier 1125
Platon, Géraldine 371
Plégat La Gravière 656

Plince 701, **806**
Plince, GFA du Château 806
Plincette 701, **843**
Pointe Riffat, La **808**
Pointe, La 701, 808
Poitou, Lionel 518
Polledri, Thérèse 1042
Pomerol 693, 699
Pomerol, La Grave à 771
Pomiès d'Agassac 442
Pomys 90, **147**
Pont Cloquet 701, **844**
Pontac-Lynch 335, **431**
Pontac-Monplaisir 542, **677**
Pontac-Phénix 431
Pontet Salanon 535
Pontet-Canet 25, 27, 29, 73, 84, 159, 160, **242**
Pontet-Chappaz 335, **432**
Pontet-Fumet 866, **1071**
Porcheron, Philippe 524, 534
Portet, Nadine 432
Potensac 40, 52, 441, **500**
Pouget 335, **400**
Poujeaux 40, 42, 45, 52, 441, **502**
Poupot, Mme 681
Pourquéry, Jacques de 449, 464
Pradère, Henri 287, 328
Pradines, Les 90, **147**
Prats S.A., Domaines 101, 145
Preben-Hansen, Familie 741, 1013
Prélude à Grand-Puy-Ducasse 179
Prévot, Francine 478
Prieuré du Château Meyney 120
Prieuré, Le 866, **1072**
Prieuré-Lescours 866, **1073**
Prieuré-Lichine 50, 57, 335, **401**
Prieurs de la Commanderie 701, **844**
Priou, Vincent 701
Prisette, Eric 1000
Pujol, Bernard 610
Puy Boyrein 636

Puy-Blanquet 866, **1073**
Puy-Razac 866, **1074**

Quercy 866, **1075**
Querre, Michel 1067
Quié, Jean-Michel 171, 405, 446
Quinault «La Fleur» 999
Quinault-L'Enclos 866, **998**

Rabaud-Promis 38, 40, 42, 1095, 1096, **1136**
Rabaud-Promis, G.F.A. du Château 1136
Ragon, Paul 689
Rahoul 541, 542, **618**
Ramafort **533**
Ramage la Batisse 442, **504**
Ramonet 1020
Rany-Saugeon, Janine 1065
Raoux, Philippe 419
Ratouin 701, 845, **846**
Ratouin, G.F.A. Familie 845
Rauzan-Gassies 335, **405**
Rauzan-Gassies, S.C.I. du Château 405
Rauzan-Ségla 25, 27, 32, 34, 38, 40, 42, 45, 47, 50, 63, 334, 335, **408**
Raymond, Yves 505
Raymond-Lafon 38, 40, 45, 50, 53, 55, 61, 1095, 1096, **1138**
Raynaud, Alain und Françoise 998
Raynaud, Dr. Alain 739
Raynaud, Françoise 998
Rayne, Mme de 1141
Rayne-Vigneau 42, 1096, **1141**
Rayne-Vigneau, S.C. du Château 1141
Rechaudiat, Mme 147
Reflets du Château Cissac, Les 459
Regelsperger, Familie 1174
Reiffers, Familie 924
Reignac Cuvée Spéciale 25
Relais de Liversan, Le 496
Rempart 701
Rempart, Domaine Du **846**

Remparts de Bastor, Les 1099
Remparts de Ferrière, Les 423
Renaissance, La 701, **847**
Renon, Christiane 420, 424
Réserve d'O du Château Olivier 608
Réserve de la Comtesse 34, 237
Réserve de Léoville-Barton, La 299
Réserve du Général 394
Rettenmaier, Familie 1084
Rettenmaier, Otto Max 1084
Rêve d'Or 701, **847**
Rex, Vincent 354
Reyes, Domingo 254
Ribeiro, M. 809
Ribero, Familie 492
Ribero, Laurence 492
Ricard, Patrice 448, 496
Rieussec 28, 38, 40, 42, 45, 50, 59, 61, 1095, 1096, **1143**
Rieussec S.A., Château 1143
Rigal-Geoffrion, Hélène 1037
Ripeau 866, 1075
Ripeau, G.F.A. du Château **1075**
Rivals, Bernard 1064
Rivière, Jean-Louis 917
Rivière, Marie-Claude 830, 840
Robert 852
Robin, Francis 1082
Robin, Marie-Geneviève 763, 773
Roc de Ripeau 1076
Roc des Cambes 25, 27, 29
Rochemorin 541, 542, **679**
Rocher 866
Rocher, du **1076**
Rocher, G.F.A. Château du 1076
Rocher, Vignobles 153
Rocher-Bellevue-Figeac 866, **1077**
Rodhain, François 870

Roederer, Champagne Louis 132, 142
Rol Valentin 26, 865, **1000**
Rolland, Dany 704
Rolland, de 1097, **1177**
Rolland, Familie 704
Rolland, Michel 1078
Rolland-Maillet 865, 866, **1078**
Romefort 529
Romer du Hayot 1096, **1146**
Roque de By, La 515
Roquefort, de 1004
Rose Blanquet, La 152
Rose Cantegril 525
Rose Figeac, La 701, **848**
Rose MacCarthy 112
Rose Montviel, La 842
Rose Noaillac, La 533
Rose Pauillac, La 160, 253
Rose Pourret, La **1079**
Rose Sainte-Croix **534**
Rose Sarron, La 637
Rose-Pourret 866
Roskam-Brunot, Nicole 1026
Rothschild G.F.A., Baronne Philippine de 160, 167, 222
Rothschild, Compagnie Viticole des Barons Edmond et Benjamin de 462, 531
Rothschild, Domaines Barons de 173, 193, 1143
Rothschild, Les Granges des Domaines Edmond de 462
Rouget 82, 84, 700, **809**
Roumieu-Lacoste 1096, **1177**
Rousseau, Stéphanie 844
Roylland 866, **1079**
Rustmann, Mme 319

S.M.A.B.T.P. 344, 1051, 1055
S.N.C. Domaines C.G.R. 452, 527, 533
Sainson, Bruno 1058
Saint-Amand **1178**
Saint-Jean des Graves **680**

Saint-Mambert 160, **254**
Saint-Marc 1097, 1179
Saint-Pierre **849**
Saint-Robert **681**
Sainte-Gemme **535**
Sainte-Hélène, Château de 1133
Saintout, Bruno 324
Sales, de 699, 700, **812**
Sales, G.F.A. du Château, de 812
Salle de Poujeaux, La 503
Salle, Domaine de la 1082
Sanders, Familie 1172
Sanders, Jean 571, 1172
Sanfins, José 348
Sansonnet 866, **1082**
Sansonnet, G.F.A. du Château 1082
Saransot-Dupré 441, **505**
Sartre, G.F.A. du Château le **682**
Sartre, Le 543, 682
Sauternes 1091, 1095, 1096, 1097
Schepper, Jacques de 425, 1083
Schönbeck, Hélène 419
Schröder und Schyler S.A. 362
Schwartz, Nathalie 618
Schyler, Nathalie 362
Sciard, Françoise 1039
Second de Carnet, Le 516
Second de Haut Sarpe, Le 1054
Ségla 409
Segonnes 372
Séguin, Brigitte 973
Ségur 441, **507**
Ségur Calon 93
Ségur de Cabanac 90, **148**
Ségur, de 1101
Ségur, S.C.A. 507
Ségur-Fillon 507
Semeillan-Mazeau 441, **508**
Sendrey Frères, SCEA 1167
Sénéjac 441, **509**
Servant-Dumas 842
Servant-Dumas, Familie 855
Seuil, Domaine du 684

Seuil, du   543, **683**
Seynat-Dulos, Jean-Pierre   429
Sèze, Olivier   454
Siau   1097
Sichel, Marie Pierre und Benjamin   336
Sichel, Peter   336
Sigalas Rabaud   38, 42, 1096, **1147**
Sigoyer, Yves de Bernardy de   633
Sillage de Martillac, Le   595
Simon   **1179**
Simon, G.F.A. du Château   1179
Simon, Laurent   1067
Sirac, Eric   530
Siran   335, **414**
Sirène   276
Sirène de Giscours, La   355
Smith-Haut-Lafitte   22, 25, 27, 28, 29, 30, 32, 34, 540, 541, 542, **620**
Sociando-Mallet   22, 25, 27, 29, 30, 38, 40, 42, 45, 52, 59, 61, 65, 441, **510**
Sociando-Mallet, La Demoiselle de   510
Société Civile des Domaines Giraud   713
Société Civile des Héritiers Nicolas   730
Société Civile du Château Le Boscq   138
Société Familiale   966
Société Montagne   610
Société Viticole de France   1171
Solitude, Domaine de la   543, **684**
Sorge, Jean   422
Souchard   1040
Soudars   441, **513**
Soum-Lévêque, Mme   552
Souquet, Francis und Modeste   146
Soussans   422
Soutard   40, 47, 61, 70, 76, 80, **1001**
Soutard   865

Sphinx de Naudine   673
St-André   845
St-Emilion   857, 864, 865
St-Estèphe   89, 90, 91, 92, 93, 99, 101, 107, 110, 112, 115, 119, 120, 124, 129, 132, 135, 137, 138, 139, 140, 141, 142, 143, 146, 147, 148, 149, 150
St-Georges-Côte Pavie   866, **1080**
St-Jean des Graves   543
St-Julien   255, 259
St-Julien, G.F.A. des Domaines de   311
St-Lô   866, **1081**
St-Pierre   54, 65, 259, 260, **316**, 701
St-Robert   543
St-Roch   91
Suau   **1150**
Suduiraut   38, 40, 42, 53, 59, 68, 74, 80, 82, 84, 1095, 1096, **1151**
Suduiraut, Castelnau de   1152
Suduiraut, Guillot de   670
Suduiraut-Cuvée Madame   1096
Sulzer, F.   1023
Sulzer, Olivier   1023

Tailhas   701, **849**
Tailhas, S.C. du Château   849
Taillefer   701, **850**
Talbot   22, 25, 27, 40, 42, 43, 45, 47, 50, 52, 55, 57, 59, 64, 76, 78, 81, 84, 259, 260, **319**
Tapon, Nicole   1056
Tapon, Vignobles Raymond   1056
Tari-Heeter, Nicole   1134
Tauzinat l'Hermitage   866
Tauzinat-l'Hermitage   **1082**
Tayac   335, **432**
Tayac, S.C. du Château   432
Teles Pinto, Isabel   432
Terme des Gondats   389

Terrey-Gros-Cailloux   260, **328**
Tertre, du   25, 56, 57, 334, 335, **416**
Tertre-Daugay   866, **1004**
Tertre-Rotebœuf, Le   26, 28, 29, 31, 38, 40, 42, 43, 45, 47, 865, **1005**
Tesseron, Alfred und Michel   242
Tesseron, Guy   114, 242
Tesseron, Michel und Alfred   114
Teynac   260, **329**
Theil S.A., Jean   502
Theil, François   444
Theil, Philippe und François   502
Theil-Roggy, S.C.E.A.   444
Théron, Michel   526
Thibaut-Ducasse   665
Thibeaud-Maillet   701, **851**
Thiénot, Alain   618
Thienpont, Alexandre   819
Thienpont, Familie   802, 819
Thienpont, Jacques   802
Thienpont, Luc   365
Thil Comte Clary, Le   542, **685**
Thil, G.F.A. Le   685
Thoilliez, Guy   1074
Thomassin, Arnaud   650
Thomassin, S.A.B.   650
Thunevin, Ets.   1016
Thunevin, Jean-Luc   1016
Tour Baladoz   866, **1083**
Tour Baladoz, S.C.E.A. Château   1083, **1084**
Tour Blanche, La   28, 38, 40, 42, 1095, 1096, **1154**
Tour Blanche, Les Charmilles de la   1155
Tour de Bessan, La   335, **433**
Tour de Boyrin, La   543, **687**
Tour de By, La   40, 441, **514**
Tour de Cluchon   654
Tour de Marbuzet   90, **149**
Tour de Mons, S.C.E.A. La   434
Tour de Pez   90, **149**

REGISTER

Tour de Pez S.A 149
Tour des Termes **150**
Tour du Guetteur, La 866
Tour du Haut-Moulin 38, 40, 42, 441, **518**
Tour du Pin Franc 966
Tour Hassac, La 339, 400
Tour Haut-Brion, La 64
Tour Haut-Caussan 38, 40, 52, 441, **516**
Tour l'Aspic, La 190
Tour Léognan, La 547
Tour Peyronneau 1022
Tour Robert 701, **852**
Tour St-Bonnet, G.F.A. 520
Tour St-Bonnet, La 38, 40, 52, 61, 441, **520**
Tour St-Laurent 1084
Tour-Carnet, La 442, **515**
Tour-de-Mons, La 335, **434**
Tour-des-Termes 90
Tour-du-Pin-Figeac-Giraud-Bélivier, La 866, **1085**
Tour-du-Pin-Figeac-Moueix, La 866, **1008**
Tour-Figeac, La 865, 866, **1084**
Tour-Haut-Brion, La 25, 27, 30, 34, 52, 57, 61, 62, 63, 65, 73, 74, 82, 84, 542, **623**
Tour-Léognan, La 546
Tour-Martillac, La 29, 38, 42, 43, 541, 542, **628**
Tourelle de Beau-Séjour Bécot 884
Tourelles de Fonréaud, Les 470
Tourelles de Lamothe, Les 1131
Tourelles de Longueville, Les 232
Tourloumet 643
Tourte 543
Tourte, du 543, **688**
Tourteran 505
Toustou, Claude-Marie 485
Triaud, Françoise 277, 316
Triaud, Jean-Louis 277, 316
Tricot d'Arsac 432
Trimoulet 866, **1086**
Trois Chardons 335, **435**

Tronquoy de St-Anne 151
Tronquoy-Lalande 89, 90, **151**
Troplong-Mondot 22, 26, 28, 29, 31, 32, 34, 38, 40, 42, 864, 865, **1010**
Trotanoy 22, 26, 28, 30, 38, 40, 48, 53, 61, 63, 64, 65, 68, 69, 70, 72, 73, 74, 79, 81, 84, 699, 700, **814**
Trotanoy, S.C. du Château 814
Trotte Vieille 26, 40, 43, 864, 866, **1013**
Tuquet 543
Tuquet, Le **689**

Union des Producteurs de St-Emilion 1044, 1052

Val d'Or 866, **1086**
Valandraud 22, 26, 28, 29, 31, 32, 864, 865, **1016**
Valandraud, Virginie de 1016
Valentin 422
Valentines, Les 1000
Valette, Christine 1010
Valette, G.F.A. 1010
Vallon de Barde-Haut, Le 882
Valois, de 701, **853**
Valoux 543, 544
Valrose 90, **152**
Van der Voort, Henry J. 248
Vatana und Söhne 1081
Vaucelles, Familie de 1121
Vaucelles, Henri de 1121
Vauthier, Catherine und Alain 988
Vauthier, Micheline, Alain und Catherine 873
Vayron, M. und Mme Xavier 709
Verdignan 441, **521**
Vergne, Jean-François 1081
Vialard, Familie 459
Vicomtesse, La 144
Vieille Cure, La 38
Vieille France, La 541, 542, **690**

Vieux Château des Templiers 810
Vieux Château Ferron 701, **854**
Vieux Châteaubrun 833
Vieux Coutelin **153**
Vieux Domaine des Menuts 1046
Vieux Fontin 865
Vieux Maillet 701, **853**
Vieux Maillet, G.F.A. du Château 853
Vieux Sarpe 866, 1054, **1087**
Vieux-Château-Carré 866, **1087**
Vieux-Château-Certan 26, 28, 38, 40, 42, 45, 53, 54, 61, 70, 74, 76, 80, 81, 82, 84, 699, 700, **819**
Vieux-Château-Gaubert 541
Vieux-Château-Peymouton 1022
Vieux-Coutelin 90
Vieux-Robin 40
Vigier, Maurice 847
Vignobles Rocher Cap de Rive S.A. 432
Villa Bel Air 543, **691**
Villars, Claire 186, 423, 424, 455, 460
Villegeorge 442, **522**
Villemaurine 866, **1018**
Vimières-Le Tronquera, Les 335, **436**
Vincent, André 656
Vinding-Diers, Peter 657, 668
Violette, La 68, 72, 700, **855**
Viollet, Charles 110
Vivier, Le 534
Voisin, Château Jean 1089
Vonderheyden, Bruno 509
Vonderheyden, Laurent 391
Vraye-Croix-de-Gay 700, **855**

Warion, M. und Mme Philippe 1079
Watts, M. und Mme Bob 683
Wertheimer, Familie 898

Weydert, Hugues 748
Wilde, Françoise de 1075
Wilmers, Robert G. 571

Yon Saint-Martin 1090
Yon-Figeac 866, **1089**

Yonnet, Sandrine 850
Yquem 38, 40, 42, 45, 47, 48, 50, 53, 54, 55, 59, 61, 62, 64, 65, 68, 72, 74, 76, 78, 80, 81, 84, 1095, 1096, **1156**

Yung, Albert 659

Zédé, Domaine 365
Zell, Jean-Luc 442
Zuger, Jean-Claude 387
Zuger, Roger 375